《牛津英国历史辞典》

主　编　约翰·坎农(John Cannon)

译　者　孙立田　庞玉洁　郑　阳　杜宪兵　廉晓洁
　　　　曹　牧　周致欣　陈建军　陈立军　张夫妮
　　　　李贺琳　刘　莹

校　译　孙立田　庞玉洁

总校译　孙立田

主 编 简 介

约翰·坎农教授(Professor John Cannon,1926—2012 年) 约翰·坎农教授在 1992 年以前一直担任泰恩河畔纽卡斯尔大学近代史部主任。他主编过多部著作,其中包括《朱尼厄斯的信件》(*Letters of Junius*,1978 年),曾经获得图书馆协会颁发的参考书奖的《布莱克韦尔历史学家词典》(1988 年),以及《牛津英国历史指南》(1997 年)。他的专著包括《福克斯—诺斯联合内阁》(1969 年),《议会改革》(1973 年),《贵族世纪》(1984 年),《牛津插图版不列颠君主史》(1986 年,1998 年),《塞缪尔·约翰逊与汉诺威王朝时期的英格兰政治》(1994 年),以及他与安妮·哈格里夫斯(Anne Hargreaves) 合著的《不列颠的国王和女王》(2001 年)。

目　　录

第一版序言

是谁忘记了戈申？为什么阿姆利则惨案如此重要？什么样的人被称为 nabob？决斗裁判是什么时候被废除的？为什么乐队演奏"更近我主"（'Nearer my God to thee'）？哪一位王后"根本不像人们报告的那般漂亮"？哪一位约克的维金人国王被称为"斗鸡眼"？你在哪里能够找到苏格兰王室宝物？什么是圣彼得奉金？"他们造成一片荒凉，可他们却称之为天下太平"这句话是谁说的？英国是怎样得到香港的？哪位议会下院议员曾经说："伟大的演说家们让我充满绝望，这是群令人生厌的坏蛋？"

没有一个人生来就知道谁将赢得弗洛登战役的胜利，或《国富论》一书将会在什么时候出版，即使是最有学问的历史学家，也是如此。历史专业的学生需要大量资料，而且需要迅速掌握这些资料。我们花费时间来查阅史料，然后进行比较，并试着理解过去发生的事情。首先是理解历史事实，然后是理解历史事实背后的意义。编写本辞典的目的是帮助历史专业的学生满足各个研究层次的需要。

我们已经尽力保证为大家提供正确的信息，并设法使我们的解释不那么陈腐，尽量做到与时俱进。我们始终本着集中国内大量在各自领域内的处于领先地位的优秀学者编写本辞典的原则。因此，本辞典是由撰写《牛津英国历史指南》的100多位作者为班底共同完成的，他们的名字见作者名录，向他们表示感谢是我的荣幸。我们已经对某些有必要更新的词条进行了更新，并根据读者提出的意见对某些词条进行了修正。由于历史学是集体努力的结果（任何一位明智的史学家都清醒地意识到了自己的局限性），因此我们很乐意接受更多的建议和忠告。我们增加了一个简明的大事年表，不仅是为了帮助大家查找正文中提到的历史事件和著作的位置,同时也是为了刺激大家思考政治事件与科学、宗教和文化变化之间的关系。也许这在文学作品中最容易被发现,因为文学作品可以将生命注入干枯的尸骸中。《巴斯的毁灭?》一书的作者是 8 世纪的一个撒克逊人,他在该书中曾表现出对罗马不列颠以往的辉煌感到惊异,1000 多年以后,特罗洛普在其 1874 年出版的《如今世道》(*The Way We Live Now*) 一书中也表现出对最终失败的国际金融家发展步伐的怀疑。星号引导读者参见相关的词条,以便追踪相关的主题。

以上 12 个问题的答案可以在后面的"问题答案"中找到。

约翰·坎宁

2001 年 1 月

致 读 者

　　本辞典所有词条都是按照字母顺序排列的,而且是以词条的第一个标点符号为准。例如,"夺取魁北克"(Quebec,capture of)这个词条就被排在"《魁北克法》"(Quebec Act)这个词条的前面。对于每一个词条,我们都试图使用最适合于它的词目,尤其是要选择它最被人熟知的名称作为词目。把迪斯累里(Disraeli)放在比肯斯菲尔德(Beaconsfield)的词条中就毫无意义,因为只有在迪斯累里生命的最后5年,他才被称为比肯斯菲尔德。此外,我们也没有理由期待所有的读者都记得墨尔本勋爵(Lord Melbourne)就是威廉·兰姆(William Lamb)。如果出现一个头衔有第二个或第三个人受封的情况,那么所有享有那个头衔的人都直接按字母顺序排在一起,目的就是为了方便读者查阅。苏格兰贵族爵位的持有者在词头后面加上[S]以示区别,例如,Melville, George Melville, Ist earl of [S]。同样,[I]是爱尔兰贵族爵位持有者的标志。

　　文本中出现标注星号的词,表示该词是一个可以与词头相互对照的相关词。一般来说,在词条中第一次出现的条目才标注星号,如果只是偶然提到,就没有标注星号。我们没有对1066年以后的英格兰君主和马尔科姆二世(Malcolm II,卒于1034年)之后的苏格兰君主加注星号,因为这些君主本身都有自己的词条。词条后面的"另见"表示本辞典中还有另外一个词条与本词条的主题相关。

　　除了词条之外,在本辞典的最后,还有一个大事年表。这个大事年表时间跨越2000多年,从公元前55年一直延续到现在,将政府和政治方面的历史事件与其他历史事件并列在一起。

作 者 名 录

Geoffrey Alderman　Sandra Dunkin　R.J.Morris

David Aldridge　David Dutton　Maureen Mulholland

Stephen Alford　T.E.Faulkner　David Palliser

Douglas Allen　David French　R.A.C.Parker

Stephen Badsey　Ian Gentles　Nicholas Phillipson

Richard Bailey　John Gillingham　John Pimlott

C.J.Bartlett　Brian Golding　Anthony Pollard

David Bates　Peter Gordon　Bernard Porter

John Beckett　Tim Gray　John Presley

Hugh Berrington　Ralph Griffiths　Michael Prestwich

Clyde Binfield　John R.Guy　Martin Pugh

Jeremy Boulton　Andrew Hanham　A.E.Redgate

Keith Branigan　A.S.Hargreaves　Glynis Ridley

Roy Bridges　John Harrison　Pamela Ritchie

Dauvit Broun　Robert Holland　Lynda Rollason

Nicholas Bryars　Michael Hopkinson　Edward Royle

Angus Buchanan　Kenneth Ingham　Andrew Sanders

John Butt　Alvin Jackson　John Saunders

Kenneth Button　Andrew Jennings　Eleanor Scott

Euan Cameron　Clyve Jones　J.A.Sharpe

James Campbell　J.R.Jones　Gary Sheffield

John Cannon   Ian Keil   Richard Simmons

Sue Cannon   David Knight   Alan Sked

Harold Carter   Christopher Lanigan   E.A.Smith

Stuart Carter   Clive Lee   Richard Smith

Muriel Chamberlain   Bruce Lenman   R.L.Storey

Judith Champ   Andrew Lewer   Keith Stringer

J.A.Chartres   Simon Lloyd Roland Tanner

Thomas Clancy   Roger Lockyer   J.B.Trapp

A.S.E.Cleary   Henry Loyn   John Walton

Colin Coates   Charlotte Lythe   David Washbrook

June Cochrane   Norman McCord   Martyn Webb

Bruce Coleman   Audrey MacDonald   Bruce Webster

John Collis   Norman Macdougall   D.C.Whaley

Eric Cross   Gordon Macmullan   David Wilkinson

Anne Curry   William Marshall   Margaret Wilkinson

John Derry   Ged Martin   Peter Willis

Ian Donnachie   Roger Mason   Austin Woolrych

J.A.Downie   Lewis Mates   Barbara Yorke

Sean Duffy   H.C.G.Matthew

A

abbeys and priories　大修道院和小修道院　男修道院院长（abbots）是大修道院的精神领袖【女修道院院长（abbesses）是管理修女的】，小修道院院长（priors）负责小的修道院或女修道院。在宗教改革（Reformation）以前，大约有27位"戴着主教冠的男修道院院长"出席过议会上院。诸如伊夫舍姆（Evesham）、珀肖尔（Pershore）、巴克法斯特（Buckfast）、塞尔比（Selby）和舍伯恩（Sheborne）这样的大修道院，都拥有广大的地产。1535年，即修道院解散（dissolution of the monasteries）之前编制的《教产账簿》（*Valor Ecclesiasticus*）认定当时大约有563家修道院。最大的宗教团体是奥古斯丁教团（Augustinian canons），该修会拥有170多家男修道院和22家女修道院。他们创办的第一家修道院位于科尔切斯特（Colchester），时间是1100年。其次是本尼迪克特修会（Benedictines）（本笃会），又称黑衣修士会（black monks），该修会拥有大约130家男修道院和60多家女修道院。西多会（Cistercians），又称白衣修士会（white monks），在英格兰和威尔士拥有大约76家修道院，这些修道院通常都建在边远地区，而廷特恩（Tintern）修道院、里沃（Rievaulx）修道院和方廷斯（Fountains）修道院的遗迹都位于英国风景最美的地方。宗教改革以后，如沃本大修道院（Woburn abbey）、希钦小修道院（Hitchin prioroy）和格兰瑟姆农庄（Grantham grange）等私人地产数量的增加，表明大多数修道院的地产最终都落入了绅士或贵族之手。

Abbey theatre　阿比剧院　爱尔兰第一家永久性国家剧院（Irish National Theatre）。为了促进爱尔兰本国戏剧的繁荣，格雷戈里夫人（Lady Gregory）、爱德华·马丁（Edward Martyn）和W.B.叶芝（W.B.Yeats）于1904年创办了该剧院。4

A

年之后J.M.辛格(J.M.Synge)的《西方世界的花花公子》(*The Playboy of the Western World*)在该剧院首演时,曾引起观众的骚乱。剧院原建筑毁于1951年的大火。

Abbot, George(1562—1633). **乔治·阿博特**(1562—1633) 1609年担任利奇菲尔德(Lichfield)主教区主教;1610年担任伦敦主教区主教;1611—1633年担任坎特伯雷大主教。1583年担任巴利奥尔学院(Balliol)研究员(fellow),1597年担任大学学院(University College)院长,这些经历,为其奠定了传道者的声誉。1604年,他被任命为《圣经》新版翻译筹备组成员。1608年,乔治·阿博特为世袭君主制进行的辩护及其在苏格兰为推动主教制度的发展所付出的努力,不仅赢得了詹姆斯一世的信任,而且获得了坎特伯雷大主教的职位。然而,从1621年起,他因意外杀死一名猎场看守人而使自己的神职生涯蒙上了阴影。查理一世统治期间,他的影响力远逊于后任坎特伯雷大主教劳德(Laud)。

abdication crisis, 1936. 退位危机(1936) 因国王爱德华八世(Edward VIII)决意与沃利斯·辛普森夫人(Mrs Wallis Simpson)结婚而引发的一次宪政丑闻。辛普森夫人是美国人,已离过一次婚,当时正准备与她的第二任丈夫离婚。爱德华八世起初曾寄希望于实现贵庶联姻。然而,时任首相鲍德温(Baldwin)却向他发出了最后通牒,迫使国王只能在王位和辛普森夫人二者之间做出选择。爱德华八世选择了后者,并于1936年12月11日宣布退位。

Aberconwy, peace of, 1277. 《阿伯康韦和约》(1277) 该条约的签订结束了卢埃林·阿普·格鲁菲兹(Llywelyn ap Gruffydd)与爱德华一世之间的战争,标志着卢埃林扩张野心终结的开始,其统治范围也被限定在位于康威(Conwy)以西的"领土面积更小的"圭内斯(Gwynedd)公国内。5年后,卢埃林在比尔斯(Builth)附近的一次战役中被爱德华的军队杀死。

Aberdeen 阿伯丁 1178年时王室特许成立的自治市,到1600年时,该市已拥有两所大学。1750年以后,阿伯丁成为重要的港口,并发展了一系列工业,包括亚麻纺织业、棉毛纺织业、造船与工程业、蒸馏业、造纸业、白鲑鱼捕捞业以及花岗岩开采业等。1970 年北海首次开采出石油，阿伯丁随即成为英国海上石油开采之都。

Aberdeen, battle of, 1644.　阿伯丁战役（1644）　继取得 1644 年 9 月 1 日的蒂帕摩（Tippermuir）之战的胜利后，蒙特罗斯（Montrose）依靠一只凭誓约建立起来的强悍军队向阿伯丁进发，经过 9 月 13 日的激烈战斗，蒙特罗斯的军队进入阿伯丁城。少年鼓手被杀事件激怒了蒙特罗斯，他下令洗劫阿伯丁。

Aberdeen, cathedrals　阿伯丁的大教堂　圣马吉尔主教座堂（St Machar's cathedral），是在圣科伦巴（St Columba）的一个弟子于公元 580 年所建的一处教堂的遗址上兴建的，1336 年被爱德华三世（Edward III）毁坏后，又用花岗岩进行了重建。1560—1690 年，大教堂由长老会和圣公会交替掌控，最后完全被长老会掌控。保存至今的能够体现大教堂内部装饰辉煌的是 1520 年建成的教堂正厅的橡木天花板。1688 年，教堂的中央塔楼因暴雨倒塌。圣公会大教堂，是作为圣安德鲁斯礼拜堂（St Andrew's chapel）于 1816 年至 1817 年间建造的，被美国圣公会教徒视为母教堂。

Aberdeen, George Hamilton-Gordon, 4th earl of（1748—1860）.　乔治·汉密尔顿—戈登，第 4 代阿伯丁伯爵（1748—1860）　作为克里米亚战争期间的英国首相，阿伯丁为自己低估了公众对战争行为的焦虑而付出了高昂的代价。不过，此后他还是经历了漫长的公共服务生涯。从哈罗公学和剑桥大学毕业后，他成为一名外交官。在 1828 年威灵顿（Wellington）担任首相和 1841 年皮尔（Peel）担任首相期间，他曾两度出任外交大臣，在改善英法关系方面颇有建树，并解决了美国和加拿大之间长期存在的边界争端问题。1842 年，他与清政府签订了《南京条约》，从而结束了对华战争，根据条约，香港被租借给了英国。阿伯丁是皮尔的忠实支持者，在 1846 年的《谷物法》（Corn Laws）被废除后，两人双双辞职。

1852 年，罗素政府下台，以阿伯丁为首的内阁呈现出稳定的前景。但阿伯

A

丁本人并不走运,他被拖入对俄战争。英国对俄国的猜忌由来已久,然而,尽管这个政治民族确信控制俄国是明智之举,但英国在对俄战争中暴露出来的无能使公众颇为震惊,并开始寻找替罪羊。1855 年 1 月 29 日,下院以 305 票对 148 票通过了要求针对英军在战争期间的表现状况进行调查的罗巴克动议(Roebuck's motion),阿伯丁别无选择,只能引咎辞职。

Aberfan disaster　阿伯方矿难　1966 年 10 月 21 日,一座煤矿顶部发生坍塌,掩埋了位于这个南威尔士村庄里的小学,导致 144 人遇难,其中大多数是儿童。后续调查将这一悲剧的责任归咎于国家煤炭管理委员会(National Coal Board)在有关倾倒废弃物管理方面政策的缺失。

Abernethy, submission of, 1072.　阿伯内西受降(1072)　在诺曼征服之后,英格兰和苏格兰的边界仍然存有争议,苏格兰国王马尔科姆·坎莫尔(Malcolm Canmore)在迎娶了埃德加王子(Edgar the Atheling)的妹妹后,为埃德加提供了庇护。1072 年,威廉远征苏格兰,在珀斯(Perth)附近的阿伯内西迫使马尔科姆投降,并将埃德加流放。

Abyssinian War, 1935—1936.　埃塞俄比亚战争(1935—1936)　埃塞俄比亚①与意大利之间的战争。1934 年 12 月,墨索里尼以发生在瓦瓦(Walwal)的边界事件为借口,谋求意大利在北非的领土扩张。1935 年 10 月 3 日,意大利入侵埃塞俄比亚,并于 1936 年 5 月 5 日占领了埃塞俄比亚首都亚的斯亚贝巴(Addis Ababa)。国际联盟裁定意大利为入侵者,且给予了有限度的制裁,但并未奏效。

Aclea, battle of, 851.　阿克利战役(851)　威塞克斯国王埃塞尔伍尔夫(Æthelwulf)战胜丹麦入侵者的一次重要胜利。850 年,丹麦人第一次在肯特郡的萨尼特(Thanet)过冬。在与这位泰晤士河南面的西撒克逊(West Saxon)国王遭遇之前,丹麦人乘坐 350 只船洗劫了坎特伯雷和伦敦,迫使麦西亚人逃走。威

---

①　旧称阿比西尼亚。——译者注

塞克斯人在当时被誉为"屠杀野蛮人的最伟大的东道主"。

Acre, defence of, 1799.　阿科保卫战（1799）　波拿巴（Bonaparte）在埃及（Egypt）向叙利亚（Syria）挺进，目的是威胁与不列颠结盟的土耳其人。悉尼·史密斯爵士（Sir Sidney Smith）在阿科要塞部署兵力，对法军进行了两个月的抵抗。三个月后，波拿巴丢弃了他的部队，驾船逃回法国。

Acre, siege of, 1189—1191.　阿科围攻战（1189—1191）　第三次十字军东征（the Third Crusade）期间围攻和占领阿科是一个重大的历史事件。阿科是耶路撒冷王国（kingdom of Jerusalem）的主要市镇，1189 年遭到围困。1191 年 6 月，理查一世（Richard I）也加入了围攻者行列。尽管萨拉丁（Saladin）试图解救该城，阿科仍于 7 月陷落。但十字军向南对耶路撒冷的进攻受阻，于是，1192 年 10 月理查一世离开阿科，踏上了危机四伏的归国之途。

Acton, Sir John, 1st Baron Acton（1834—1902）.　约翰·阿克顿，第 1 代阿克顿男爵（1834—1902）　历史学家和罗马天主教自由主义运动代表人物。其父亲一系出身于什罗普郡（Shropshire）的一个古老家族，其母亲是德国人，阿克顿基本上是在欧洲大陆长大的。为天主教自由主义期刊撰写文章使他第一次进入公众视线。他报道了 1870—1871 年的梵蒂冈大公会议（Vatican Council），反对教皇永无谬误论。1858—1865 年，阿克顿当选议会下院议员。1869 年，因其与格莱斯顿（Gladstone）关系密切，被封为贵族。1895 年，他成为剑桥大学的钦定讲座教授（regius professor），同年 6 月 11 日发表了著名的就职演说。他主编了《剑桥近代史》，但最终没有完成。虽然阿克顿没能完成他自己的那些庞大的研究课题，但其作品的发行量却远远超过了一般人的作品。他的作品不是很容易读懂，但阿克顿的一些极具洞察力的警句却深入人心，其中最著名的"权力导致腐败，绝对的权力绝对导致腐败"（"Power tends to corrupt and absolute power corrupts absolutely"）一语出自他 1887 年 4 月 3 日写给曼德尔·克赖顿（Mandell Creighton）的信中。

Acts of Parliament　议会立法　See PARLIAMENT(见议会)

Adam, Robert（1728—1792）.　**罗伯特·亚当**（1728—1792）　苏格兰建筑师,曾与他的哥哥约翰·亚当(John Adam,1721—1992年)和弟弟詹姆斯·亚当(James Adam,1730—1794年)一同在其父威廉·亚当(William Adam,1689—1748年)的建筑师事务所里得到历练。在经历过爱丁堡大学一段时间的学习和遍游欧洲大陆的游学大旅行(grand tour)之后,罗伯特于1758年在伦敦开始了他的职业生涯,不久就根据自己在希腊和意大利旅行中获得的灵感创造了一种纤巧华丽的建筑风格。在建筑的内部装饰方面,他把穹顶、圆柱形的屏风和半圆形拱顶设计与色彩典雅并带有古典主义气息的装饰图案融合在了一起。这种"亚当式装饰风格",配以精美的墙壁、家具和织物,在罗伯特设计完成的凯德尔斯顿庄园(Kedleston,1760—1761年)、西翁庄园(Syon,1760—1769年)、奥斯特利庄园(Osterley,1761—1780年)和肯伍德庄园(Kenwood,1767—1769年)中都有明显的体现。罗伯特设计的最精美的市政工程在爱丁堡,夏洛特广场(Charlotte Square,1791—1807年)、爱丁堡注册大厦(Register House,1774—1792年)和爱丁堡大学最初阶段的设计(1789—1793年)尤其著名。

Adams, Gerry（b.1948）.　**格里·亚当斯**（生于1948年）　政治家。出生在西贝尔法斯特(West Belfast),在圣玛丽基督教兄弟文法学校(St Mary's Christian Brothers Grammar School)接受教育。20世纪70年代初曾遭到拘禁,1983年成为新芬党(Sinn Fein)主席,并且代表西贝尔法斯特当选威斯敏斯特议会(Westminster Parliament)议员,但他并未就任。1992年,亚当斯的议员席位被北爱尔兰社会民主工党(SDLP)赢得,但在1997年他又一次当选。亚当斯还是北爱尔兰议会(Northern Ireland Assembly)议员,他支持2007年与民主统一党(DUP)签订的权利共享条约,根据该条约,他的合作伙伴马丁·麦吉尼斯(Martin McGuinness)就任北爱尔兰第一副部长(Deputy First Minister)。亚当斯一直否认自己是临时爱尔兰共和军(Provisional IRA)成员。

Addington, Henry, 1st Viscount Sidmouth（1757—1844）.　**亨利·阿丁顿,**

第 1 代西德默斯子爵(1757—1844)　首相。在漫长的政治生涯中,阿丁顿既诋毁敌人,也屈尊俯就朋友。他的父亲是名乡村医生,他先后在温切斯特公学(Winchester)和牛津大学接受教育。1784 年他成为议会下院议员,但直到 1789 年皮特(Pitt)把他推到议会下院议长(Speaker)职位以前,一直没有多少影响力。不过,阿丁顿向世人展示了其能力和公正公平之心。由于阿丁顿反对天主教徒解放运动(catholic emancipation),乔治三世选择他于 1801 年接替小皮特担任首相。尽管《亚眠和约》(Peace of Amiens)存在着一些纰漏,但是该和约最初还是得人心的,而且阿丁顿的各种财政政策也得到了普遍的认可。和平解决方案的失败暴露了阿丁顿的缺陷,1804 年他的首相职位被皮特取代。1805 年,阿丁顿被封授贵族头衔,并先后在皮特的新内阁、联合内阁(Ministry of All the Talents)和以珀西瓦尔(Perceval)为首相的内阁中任职。1812 年当利物浦(Liverpool)组阁时,阿丁顿出任内政大臣(home secretary),他担任该职一直到 1821 年,之后继续留在政府,但成为一名没有具体职务的大臣,即不管部大臣(minister without portfolio)。在内政部(Home Office)时,他负责监督激进活动。他深信,迫于民众压力而作出让步将是危险的。然而,在滑铁卢(Waterloo)战役结束后的动乱年月里发生的几次工业纠纷中,他却同情罢工者。如果英国政府听从他的忠告,就不会出现 1819 年的"彼得卢大屠杀"("Peterloo massacre")惨案,因为他曾经告诫曼彻斯特的治安法官(magistrates)不要引发冲突。虽然如此,他认为面对批评仍有必要支持治安法官。1824 年离开内政部之后,阿丁顿仍然是解除天主教禁令和议会改革的坚定反对者,他于 1829 年和 1832 年两次投票反对这两项措施。

Addison, Joseph(1672—1719).　**约瑟夫·艾迪生**(1672—1719)　英国作家和政治家。曾先后受教于查特豪斯公学(Charterhouse)、牛津大学女王学院(Queen's College)和莫德林学院(Magdalen College),担任牛津大学研究员。1705 年,艾迪生因发表歌颂马尔伯勒(Marlborough)在布伦海姆(Blenheim)战胜法国的诗歌《战役》(The Campaign)而受到辉格党(Whigs)的赏识。1706 年被任命为副国务大臣(under-secretary of state),1708 年代表洛斯特威尔(Lostwithiel)地区当选议会下院议员,1709 年被派往爱尔兰,担任爱尔兰总督

A

（Lord-lieutenant）沃顿勋爵（Lord Wharton）的秘书。艾迪生与理查德·斯梯尔（Richard Steele）和乔纳森·斯威夫特（Jonathan Swift）的关系甚笃,这使他成为《闲谈者》（*Tatler*,1709—1710 年）杂志的撰稿人。但更为其带来盛誉的是他为《旁观者》（*Spectator*）杂志所撰写的文章,其中他用大量篇幅刻画了罗杰·德·柯弗利爵士（Sir Roger de Converley）这一人物形象。1714 年乔治一世（George I）继位后,艾迪生回归政界,出任国务大臣（secretary of state）。1716 年艾迪生与沃里克伯爵夫人（countess of Warwick）结婚。

'Addled Parliament'（5 April—7 June 1614） "腐败议会"（1614 年 4 月 5 日—6 月 7 日） 詹姆斯一世（James I）召集的第二届议会因就国王是否有权强制征税所进行的激烈辩论而陷入窘境,议员们担忧此举可能会使国王财政过于宽裕而抛开议会进行统治。在无法打破僵局的情况下,詹姆斯一世不等议会通过任何法案就将其解散。

Adela of Louvain（1100—1151） 勒芬的阿德拉（1100—1151） 阿德拉是亨利一世（Henry I）的王后,也是亨利的第二任妻子。她是在亨利一世因白船（*White Ship*）海难失去唯一的合法继承人之后嫁给他的。这段婚姻的首要目的是能为亨利一世带来一位男性继承人,但未能如愿。在彻底无望的情况下,亨利说服他的重臣们同意由他的女儿继承王位,即玛蒂尔达皇后（Empress Matilda）。

Adelaide（1792—1948） 阿德莱德（1792—1849） 威廉四世的王后。时为克拉伦斯公爵的威廉·亨利（William Henry,duke of Clarence）打算结束他与乔丹夫人（Mrs Jordan）的婚姻关系,其母夏洛特王后（Queen Charlotte）认为,萨克森—迈宁根（Saxe-Meiningen）的阿德莱德最适合做儿子威廉的妻子。于是,1818 年 7 月,阿德莱德嫁给了威廉。阿德莱德缄默含蓄的性格与威廉豪爽直率的个性形成互补。两个女儿的夭折始终笼罩着阿德莱德的生活。但 1830 年威廉继位之后,阿德莱德则尽心尽力地扮演着王后的角色。阿德莱德最初曾给人们留下干政的印象而声誉不佳,不过她在慈善方面所做出的努力扭转了这一印象并赢得了尊重。

Aden 亚丁 中东的一个港口,扼红海出入口。1839 年亚丁被土耳其苏丹(Turkish sultan)割让给英国。1850 年,亚丁成为自由港,并被开发成一个从苏伊士运河到孟买的轮船加煤站。内战(1965—1967 年)结束后,英国从亚丁撤军,亚丁成为南也门人民共和国(People's Republic of South Yemen)的首都。

Admiralty 海军部 在建立常备皇家海军之前,不需要有复杂的组织机构。指挥官应战役的需要而临时任命,战役结束后,大部分船只又恢复为商船,各自返回母港。第一批海军将领是在 13 世纪末时任命的。亨利八世为加强海军力量,付出了极大努力。1540 年,贝德福德勋爵(Lord Bedford)被任命为海军大臣(lord admiral)。1545 年成立了海事委员会(Council for Marine Causes),这是海军部(Navy Board)的前身。查理一世时,宠臣白金汉(Buckingham)被任命为海军事务大臣(lord high admiral),1628 年白金汉被谋杀后,海军事务大臣一职被纳入海事委员会。这一职务安排与第一海军大臣(Ist Lord of the Admiralty)一职一起,在 1708 年后被固定下来。17 世纪时,海军日益增长的重要性得到进一步强化,这体现在海军事务大臣一职被提升到级别最高的职位,原因是 1660 年至 1673 年间这一职位由约克公爵詹姆斯(James, duke of York)担任,1673 年至 1684 年间则由查理二世本人亲自担任。

海军部负责海军的管理和战斗任务的执行,而海军委员会(Admiralty Board)则负责海军将领的任命和战略的制定。查理一世极为重视的舰队,却在内战(Civil War)中抛弃了他。共和政体(Commonwealth regime)建立后,尽管这两个机构被废除,但政府认为有必要用海事专员(commissioners of the Admiralty)和海军专员(naval commissioners)取而代之。在他们的领导下,尤其是在布莱克(Blake)的领导下,海军表现出色。1660 年,查理二世恢复了旧有体制,并且幸运地发现塞缪尔·佩皮斯(Samuel Pepys)是一位非常能干的文官。但同样的管理效率在 18 世纪几乎没有得到保持,英国海军取得的胜利更多靠的是战略战术、斗志和人员素质而不是行政管理水平。由于第一海军大臣始终是政客,往往没有任何海上作战经验,因此第一海务大臣提出了英国海军专业化的建议。

1832 年,英国海军这一双轨制走向终结,其部分原因是出于经济方面的考量,詹姆斯·格雷厄姆爵士(Sir James Graham)将海军部并入海军委员会,并重新明确了责任分工。

在 20 世纪,海军部逐步确立起来的独立行使权力的程度有所下降,原因包括成本的不断上升和技术变革速度的加快等因素,而 1945 年以后海军本身的明显萎缩也是一个重要原因。1931 年,第一海军大臣暂时未能成为内阁成员,这种情况自 1709 年以来是首次出现。1964 年,英国海军经历了自第二次世界大战结束以来的又一次沉重打击,第一海军大臣一职被取消。在三军统一的国防部中,海军参谋长(Chief of Naval Staff)主管海军,是第一海务大臣。

Admonition to the Parliament, 1572. **《对议会的忠告》(1572)**　一份清教徒宣言,由约翰·菲尔德(John Field)等人执笔,内容包括反对主教当权,敦促政府建立一个长老教会体制。这份宣言并未提交到议会。但当一份清教徒提交的议案被否决且下院获悉女王对宣言"厌恶透顶"的表示后,1572 年 6 月,宣言被公开发表。

Adomnán, St（c.628—704）.　**圣阿达姆南(约 628—704)**　爱尔兰学者,外交家,艾奥纳(Iona)修道院第九任院长。出生于乌伊尼尔(Uí Néill)王室,受教于达罗学校(Durrow)。很可能就在这所学校,他成为后来做了诺森伯里亚(Northumbria)王国国王的奥尔德弗里思(Aldfrith)的老师。7 世纪 70 年代,阿达姆南移居艾奥纳,并在此地撰写了《论圣地》(Holy Places)一书。他曾两度拜访国王奥尔德弗里思,一次是 686 年作为布雷加(Brega)王国国王的使者;另一次是 688 年应邀参加罗马复活节(Roman Easter)的庆祝活动。688—692 年,在改变本修道院修士宗教信仰方面的失败,也许影响了阿达姆南为自己的亲戚,即该修道院的创始人科伦巴(Columba)立传,于是,他于 692 年回到爱尔兰。在爱尔兰和苏格兰,阿达姆南都有狂热的崇拜者。

Adrian IV（c.1100—1159）　**阿德里安四世(约 1100—1159)**　原名尼古拉斯·布雷克斯皮尔(Nicholas Breakspear),历史上唯一的英国籍教皇。1154 年当选为教皇后不久,他就发现自己与皇帝腓特烈一世【Frederick I,巴巴罗萨(Barbarossa)】之间存在着分歧。1155—1156 年,他把爱尔兰的统治权授予亨利二世。据罗马教皇的教谕记载【从教谕开头的字眼"褒扬令"(*Laudabiliter*)可知】,阿德里安授予亨利二世对爱尔兰的统治权,是为了让他能够改造这个"粗野而无知的民族"。然而,学界仍在争论这一教谕是否是伪造的。

Adrian,Edgar Douglas,1st Baron(1889—1977). 埃德加·道格拉斯,第1代阿德里安男爵(1889—1977) 科学家。阿德里安出生在伦敦,受教于威斯敏斯特公学和剑桥大学三一学院(Trinity College)。他从事生理学的研究,1913年成为三一学院的研究员,随即从事一战期间炮弹休克症的治疗工作。1919年,阿德里安回到剑桥大学,发表了大量有关神经系统方面研究的论文。1923年,他与另外一个学者共同分享了诺贝尔奖。1937—1951年,阿德里安担任生理学会会长,1951—1965年担任三一学院院长。

Adullamites 亚杜兰集团 这是一个嘲弄性地封给罗伯特·洛(Robert Lowe)等近40位反对1866年罗素勋爵(Lord Russell)议会改革方案的自由党议会下院议员们的名字。1866年3月13日,约翰·布赖特(John Bright)借用专门收留不满现状的大卫(David)的亚杜兰洞穴【cave of Adullam,《旧约·撒母耳记上》22:1】,给那些对议会改革不满的自由党议员起了这样一个绰号。他们的反对导致政府倒台,但德比(Derby)和迪斯累里(Disraeli)的保守党政府推出了进一步的改革措施。

advowsons 圣职推荐权 英国圣公会(Church of England)中任命堂区(parish)牧师或其他有俸圣职(benefice)的权利。这一制度是在宗教改革前(pre-Reformation)教会与国家之间权力斗争中幸存下来的,英国民法诞生后,这一权利受到保护。1978年的《圣职改革方案》(*Benefice Measure*)规定堂区可以参与圣职的任命,但没有取消圣职推荐这一方式。

Adwalton Moor,battle of,1643. 阿德沃尔顿荒原战役(1643) 1643年春,纽卡斯尔(Newcastle)和费尔法克斯父子(Fairfaxes)为了取得约克郡的控制权,调兵遣将,6月30日,在布拉德福德(Bradford)以东的阿德沃尔顿荒原战役

A

中,王党军队取得了一场重要的胜利。布拉德福德和利兹旋即陷落。

Æd(d.878) 埃德(卒于 878) "皮克特人国王"("king of the picts",876—878 年在位),被视为苏格兰的第四代国王,但年代有误。作为肯尼思一世(Kenneth I)之子,在其兄长康斯坦丁一世(Constantine I)之后,继任国王。这是斯堪的纳维亚人(Scandinavian)对苏格兰劫掠最严重的时期。史书上记载的两个对手是默默无闻的吉里克(Giric)和埃德的侄子埃奥查伊德(Eochaid)——斯特拉斯克莱德的卢恩(Rhun of Strathclyde)之子。这两个人都有可能是埃德在斯特拉斯艾伦(Strathallan)之战中的最后对手,埃德在这场战役中身负重伤。

Ædan mac Gabhrain(d.c.608) 埃丹·麦克加布雷恩(约卒于 608 年)达尔里阿达(Dalriada)王国国王。574 年,埃丹的精神领袖圣科伦巴(St Columba)在艾奥纳(Iona)为其加冕。埃丹建立了一个强大的王国,575 年,根据德鲁伊塞特(Druim Cett)会议达成的协议,埃丹第一次获得了对爱尔兰的达尔里阿达的控制权。他领导的成功战役包括远征奥克尼群岛(Orkneys)和马恩岛(Isle of Man)。但在 603 年,他率领大军在德格萨斯坦(Degsastan)进攻强大的诺森伯里亚国王埃塞尔弗里思(Æthelfryth),大败而逃,这可能是他在威尔士的传统中被称为"北方的叛徒埃丹"("Ædan the traitor of the North")的原因。

Ælfheah(954—1012) 埃尔夫赫亚克(954—1012) 坎特伯雷大主教。他在 984 年被任命为温切斯特(Winchester)的主教之前,是迪尔赫斯特(Deerhurst)主教区和巴斯(Bath)主教区的修道士。1006 年他接任埃尔弗里克(Ælfric)成为坎特伯雷大主教。1011 年,丹麦人焚毁了坎特伯雷,并将其囚禁,1012 年 4 月 19 日,他在格林尼治被殴打致死。他的遗体先葬于圣保罗大教堂,后迁葬坎特伯雷。他是公认的圣徒,通常被称为圣阿尔菲奇(St Alphege)。

Ælle(d.c.514) 埃尔(约卒于 514 年) 南撒克逊王国(South Saxon kingdom)的建立者,传说 477 年他带着三个儿子和三条船在塞尔西角(Selsey Bill)附近登陆,把不列颠人赶回安德雷兹威尔德(Andredesweald)。史料记载,他发动的第二场战役于 485 年发生在米尔克雷兹伯纳（Mearcredes burna），附近有一条不知名的小河。此外，491 年，埃尔和他的儿子西萨（Cissa）成功地攻占了靠近佩文西（Pevensey）的安德里达要塞（fort of Anderida）。比德（Bede）称其为诸王国盟主中第一个称霸的，一个强有力的君主。他大概是把不列颠人推向南方的整个盎格鲁—撒克逊人的领袖。

Ælle（**d.867**） **埃尔**（**卒于 867 年**）　诺森伯里亚王国国王（约 863—867 年在位，或者也可能他的统治仅限于 867 年）。他是诺森伯里亚王国最后一位独立的英格兰国王。虽然他可能不是王室出身，但是他试图从其前任奥斯伯特（Osberht）手中篡权。866 年 11 月，丹麦军队占领了约克。埃尔和奥斯伯特团结起来，于 867 年 3 月 21 日试图夺回该城。他们攻入了城墙，但随后双双被杀。

Æthelbald（**d.757**） **埃塞尔鲍尔德**（**卒于 757 年**）　麦西亚（Mercia）王国国王（716—757 年在位）。埃塞尔鲍尔德青年时期曾被迫流亡到其二表弟塞奥尔雷德（Ceolred）的领地，但他成功地取代塞奥尔雷德成为那里的国王。比德（Bede）在 731 年写到，亨伯河（Humber）以南英格兰所有的王国都在埃塞尔鲍尔德的统治之下。在 736 年的一份特许状里，关于埃塞尔鲍尔德的描述证实了比德的说法。他在处理与教会的关系上手段强硬，似乎已经确立了对修道院的强力剥削，而且其本人对修女行为不轨。埃塞尔鲍尔德最后死于家臣之手。

Æthelbert（**d.616**） **埃塞尔伯特**（**卒于 616 年**）　肯特王国国王（560—616 年在位），欢迎圣奥古斯丁（St Augustine）带领的基督教传教士于 597 年到英格兰传教的国王。他对亨伯河（Humber）以南所有的英格兰人行使盟主的权力。由于他的直接支持，基督教传教活动在东南部地区牢牢扎下了根，其统治的核心地区，包括坎特伯雷、罗切斯特（Rochester）和伦敦等地，都设立了主教区。有资料表明，他的统治早在 560 年或 565 年时就开始了，但实际更可能是在 6 世纪 70年代末或 80 年代初才开始的。在 589 年前的某个时间，埃塞尔伯特与巴黎的法兰克国王查理伯特（Charibert）的女儿伯撒（Bertha）结婚。伯撒是基督徒，她因此带来了一名基督教牧师，即主教留德哈德（Liudhard）。他们在位于圣马丁（St

Martin's）的一座教堂里举行了宗教仪式。埃塞尔伯特允许奥古斯丁传教，把圣马丁的一座教堂和城市里的另一场所提供给他使用，后来那个场所成为主教座堂。埃塞尔伯特国王很快就皈依了基督教，他的许多百姓也和他一样皈依了基督教。新的宗教信仰拉近了他与法国以及最终与罗马的关系。埃塞尔伯特一直在东南部行使有效的权力，但 616 年他去世后，肯特王国的主导地位削弱了。

Æthelburg（b.c.605）　埃塞尔伯（约生于 605 年）　肯特国王埃塞尔伯特（Æthelbert）的基督徒女儿。625 年，她与诺森伯里亚国王埃德温（Edwin）结婚，婚后埃德温接受了基督教洗礼，陪同埃塞尔伯北上来到诺森伯里亚王国的主教保利努斯（Bishop Paulinus）也完成了这个王国皈依基督教的最初转变。633 年埃德温败亡，女王埃塞尔伯和主教保利努斯不得不逃回肯特王国。

Æthelfleda, Lady of the Mercians（d.918）.　埃塞尔弗莱德，麦西亚的夫人（卒于 918）　麦西亚王国最后一个独立的统治者。她是威塞克斯（Wessex）王国国王阿尔弗雷德（Alfred）与其麦西亚王国的妻子艾尔斯维斯（Ealhswith）所生的女儿，大约在 885 年至 890 年间，她嫁给了麦西亚国王埃塞尔雷德（Æthelred）。根据记载，即使是在 911 年埃塞尔雷德去世以前，埃塞尔弗莱德也在整个王国行使着国王的权力。尤其是她环绕麦西亚西部地区修筑了一系列堡垒（设防中心），并对威尔士人、北欧裔爱尔兰人（Hiberno-Norse）、帝国的维金人（Vikings），以及占据约克的丹麦人成功地进行了军事进攻。918 年，埃塞尔弗莱德去世，长者爱德华（Edward the Elder）将她的女儿埃尔夫温（Ælfwynn）废黜，收回了王国的统治权。

Æthelfryth（d.c.616）　埃塞尔弗里思（约卒于 616 年）　诺森伯里亚王国国王（约 593—约 616 年在位），比德（Bede）说他是不列颠人最残酷的敌人，这可能是因为埃塞尔弗里思在约克北部地区的卡特里克（Catterick）打败了不列颠人的缘故。603 年，他在德格萨斯坦（Degsastan）击败国王埃丹（Ædan），由此制服了在苏格兰的爱尔兰人。616 年，他在切斯特（Chester）战胜了波伊斯（Powys）王国的威尔士人，从而把威尔士的不列颠人从他们的北方同胞中分离开来。然而,埃塞尔弗里思最终死于盎格鲁—撒克逊人之手。616 年,埃塞尔弗里思威胁雷德沃尔德,要求其交出正在东盎格利亚王国宫廷避难的诺森伯里亚王国的附属国德伊勒(Deira)的继承人埃德温(Edwin),所以雷德沃尔德发动了进攻,在林肯郡的艾德尔河(river Idle)附近杀死了埃塞尔弗里思。

Æthelheard　埃塞尔赫德　西撒克逊人国王(726—740 年在位)。伊尼(Ine)退位并前往罗马后,埃塞尔赫德继承了威塞克斯王国的王位。他的继任受到了阿塞林·奥斯瓦尔德(Atheling Oswald)的挑战,阿塞林声称他是国王查乌林(Ceawlin)的后裔。埃塞尔赫德的统治遭受了麦西亚王国势力扩张的冲击。

Æthelnoth(d.1038）　埃塞尔诺思(卒于 1038 年)　自 1020 年起担任坎特伯雷大主教。埃塞尔诺思通常被称为"好人"("the Good"),并被认为是对克努特(Cnut)有影响的人。埃塞尔诺思修复了因丹麦人袭击而受到损坏的坎特伯雷大教堂,并在 1023 年非常隆重地将殉教的前辈埃尔夫赫亚克(Ælfheah)的遗体移葬到坎特伯雷。

Æthelred(d.c.716）　埃塞尔雷德(约卒于 716 年)　麦西亚王国国王(675—704 年在位),彭达(Penda)之子,我们对他的全部了解是,埃塞尔雷德是个既残酷又虔诚的人。对于实际情况,我们只能管中窥豹。676 年,他对肯特王国大肆劫掠,教堂受到的破坏尤其严重。679 年,他在特伦特(Trent)取得了一场对诺森伯里亚王国的重要胜利。697 年,他手下的贵族谋杀了他的妻子奥斯丽丝(Osthryth),其出身于诺森伯里亚王室。704 年,他宣布退位,隐退于修道院。

Æthelred(d.796）　埃塞尔雷德(卒于 796 年)　诺森伯里亚王国国王(774—778/9 年、790—796 年在位)。我们对诺森伯里亚这段历史的了解是"肮脏,野蛮和短暂"。埃塞尔雷德在位 5 年后,被来自另一个家族艾尔夫沃德(Ælfwald)的成员所取代。790 年,艾尔夫沃德遭到谋杀,埃塞尔雷德重新登上王位后杀了艾尔夫沃德的儿子,并试图通过迎娶麦西亚王国国王奥法(Offa)的女儿来确保自己的安全。796 年,埃塞尔雷德死于谋杀。

A

Æthelred I（d.871）　**埃塞尔雷德一世**（卒于 871 年）　威塞克斯王国国王（865—871 年在位）。作为接替西撒克逊王位的埃塞尔伍尔夫（Æthelwulf）的第三个儿子,埃塞尔雷德不得不忍受丹麦人的首次大劫掠。866 年,丹麦人在东盎格利亚（East Anglian）设立基地,并把注意力第一次转向了诺森伯里亚和麦西亚,进攻威塞克斯的行动因此一直拖到 870 年秋才进行。经过一系列小规模战斗,埃塞尔雷德死于 871 年 4 月的一次战役中,他的弟弟阿尔弗雷德（Alfred）继位。

Æthelred, lord of the Mercians（d.911）.　**埃塞尔雷德,麦西亚的领主**（卒于 911 年）　出身不详。883 年埃塞尔雷德控制了麦西亚西部,当维金人征服了麦西亚的其他地区后,麦西亚西部也处于盎格鲁—撒克逊人的控制之中。埃塞尔雷德发现权宜之计是接受威塞克斯国王阿尔弗雷德（Alfred）的霸王地位,并与其长女埃塞尔弗莱德（Æthelfleda）结婚。两个王国协同行动,共同抗击维金人。然而,埃塞尔雷德备受健康欠佳的困扰,因此在他于 911 年去世之前,埃塞尔弗莱德就已成为麦西亚的真正领袖。

Æthelred II（d.1016）　**埃塞尔雷德二世**（卒于 1016 年）　英格兰国王（978—1016 年在位）。埃塞尔雷德是一位"没有主见的"（"unready"）,或者更准确地说是"不明智的"（"ill-advised"）国王,他于 1013 年至 1014 年间失去了王位。当时,丹麦国王斯韦恩·福克比尔德（Sweyn Forkbeard）迫使他流亡到诺曼底（Normandy）,诺曼底是他 1002 年迎娶的第二任妻子埃玛（Emma）的家乡。《盎格鲁—撒克逊编年史》的作者对这个国王有完整的描述,并带有严重的偏见,说他不仅残酷、无能、犹豫不决,而且还有背叛行为。近代研究的结果显示,对他的评价已经变得温和一些了,注意到了他在法律和财政领域实行有效统治的可靠证据,并指出了这一时期文化和宗教方面取得的发展。但没人否认他的无能,尤其是 1006 年以后其统治的末期,他过于倚重奸诈的方伯（ealdorman）埃德里克·斯特奥纳（Eadric Streona）。不具备军事领导才能是埃塞尔雷德本人作为国王的不幸,却又不得不面对维金人重新开始的劫掠。911 年,当方伯布里特诺思（Byrhtnoth）在莫尔登（Maldon）战役中战败身亡后,维金人的劫掠达到高潮。此后,埃塞尔雷德几次试图以巨额金钱收买丹麦人。对维金人也有零星的武装反抗,例如 1002 年 11 月 13 日,就在过完圣布赖斯节(St Brice's Day)之后,埃塞尔雷德下令杀死"所有在英格兰的丹麦人"。在其统治末期,局势完全失控。1012 年,坎特伯雷大主教埃尔夫赫亚克(Ælfheah)被丹麦人杀害。英格兰人的厌战可以被理解为是丹麦国王斯韦恩(Sweyn)1013 年取得胜利的原因之一。斯韦恩死后,埃塞尔雷德复位。1016 年 4 月 23 日他死于伦敦,当时伦敦正受到克努特(Cnut)入侵的威胁,克努特最终打败了英格兰。

Æthelthryth(Ætheldreda,Audrey),St(c.630—679). 圣埃塞尔思里思(奥德丽·埃塞尔德里达)(约 630—679) 东盎格利亚王国国王安娜(Anna)之女,先后嫁给南格罗尔(south Gyrwe)的汤德伯特(Tondbert)和诺森伯里亚王国的第二代国王埃格弗里思(Ecgfrith),期间她一直保持处女身,最后埃克弗里思随其心愿,使她在贝里克(Berwick)以北的科尔丁厄姆(Coldingham)过上了修道院的生活。埃塞尔德里达在伊利(Ely)建立了一座双修院,也许这是英格兰东南部第一座女修道院。她的宗教热情是由威尔弗里德(Wilfrid)激发出来的,威尔弗里德给她带来了高卢风格的影响。970 年前后,埃塞尔沃尔德(Æthelwold)重新创办伊利修道院之后,正式承认了埃塞尔德里达领导的修道共同体,为其教堂正式命名,并提供了土地,而东盎格利亚统治者的身份,也使她这个西撒克逊王室出身的信徒有了相称的社会地位。

Æthelwold,St(c.908—984). 圣埃塞尔沃尔德(约 908—984) 出生于温切斯特(Winchester)的 10 世纪宗教改革派领袖,对埃德加国王(King Edgar)产生了重要影响。埃塞尔沃尔德可能是一个贵族,曾为阿塞尔斯坦国王(King Æthelstan)提供服务,后来在格拉斯顿伯里(Glastonbury)成为邓斯坦(Dunstan)领导下的一名修道士,955 年国王埃德雷德(Edred)任命他为阿宾登(Abingdon)修道院的院长,963 年埃德加国王任命他为温切斯特主教。964 年,他把新、旧敏斯特教堂里的僧侣全部替换成修道士,并把温切斯特发展成为艺术和学术中心。埃塞尔沃尔德的《祝福语集》(*Benedictional*)把两种礼拜仪式的传统结合在一起,产生了很大影响。他积极参政,与国王埃德加和王后埃尔夫思里思

A

（Ælfthryth）合作密切。埃塞尔沃尔德提高了王室的权威，表明国王和教会是可以和平共处的。

Æthelwulf（**d.858**）　**埃塞尔伍尔夫**（**卒于 858 年**）　威塞克斯王国国王（839—858 年在位）。他是国王埃格伯特（Egbert，802—839 年在位）的儿子和四个国王的父亲，其中最小的儿子是阿尔弗雷德大帝（Alfred the Great，871—899年在位）。埃塞尔伍尔夫是一个不可忽视的人物。他是一个颇有能力的军事领导人，851 年在肯特的阿克利（Aclea）重创丹麦军队，853 年打败波伊斯（Powys）王国的威尔士人。然而，他个人的大部分兴趣却在教会上。他慷慨地为教堂提供资金，即属于他征收的什一税（his Decimations）。855 年，他把王位让给长子埃塞尔鲍尔德（Æthelbald），前往罗马朝圣。一年后，当他带着一个法兰克公主新娘——一位名叫朱迪思（Judith）的年轻女孩回到威塞克斯时，被迫同意将王国加以分割，而他自己的权力仅限于王国的东南部。

Aetius，Flavius（**d.454**）．　**弗莱维厄斯·埃提乌斯**（**卒于 454 年**）　罗马将军。吉尔达斯（Gildas）的《不列颠的毁灭》（*On the Ruin of Britain*）一书中有这样一段内容，被称作"不列颠人的呻吟"（The Groans of the Britons）："不列颠人向三次出任罗马执政官（consul）的埃吉提乌斯（Agitius）抱怨……野蛮人把我们推回大海，大海又把我们推回给野蛮人。"文中的埃吉提乌斯通常被认定是弗莱维厄斯·埃提乌斯，446 年第三次出任罗马执政官，同时也是最后一个对高卢（Gaul）实行有效统治的罗马统帅。

Afghan wars　**阿富汗战争**　1807 年，沙皇亚历山大一世（Tsar Alexander I）的军队到达阿富汗北部边境，从那时起，阿富汗就成为俄罗斯和大英帝国控制的印度之间的一个不稳定的中立区，这场"大博弈"就是围绕着这里展开的。英国发动了三次军事干涉，分别是 1838—1842 年，1878—1881 年，以及 1919—1921年，但无一成功。第一次阿富汗战争针对的是多斯特·穆罕默德（Dost Mohammed），英国远征军占领了阿富汗首都喀布尔（Kabul）。然而，周围的部族依靠多山的有利地形顽强抵抗，英军陷于绝境，被迫撤退，原本 16,000 人的远征军只有一个人越过开伯尔(Khyber)山口回到印度。第二次阿富汗战争是由利顿勋爵(Lord Lytton)的阿富汗推进政策促成的,后来这一政策被即将上台的格莱斯顿(Gladstone)政府于 1880 年否决。第三次阿富汗战争的爆发,是因为哈比布拉汗(Habibullah Khan)要求英国承认其王国的绝对独立地位。这次英军又一次发现阿富汗的地形和人民是难以对付的。1921 年 11 月 21 日,阿富汗的主权得到国际法的正式承认。第四次,也是未曾预料到的对阿富汗的军事干涉开始于 2001 年,当时在英国的协助下,美国作为其打击国际恐怖主义活动的组成部分,将塔利班(Taliban)政权赶下台。但斗争实践证明了这是一场旷日持久且艰难的战争。

Africa, partition of 瓜分非洲 非洲是距离西欧最近的大陆,但其殖民化程度却远远落后于距离西欧更遥远的地区,一个原因是非洲大陆给欧洲人的健康带来的风险,另一个原因是非洲似乎对欧洲人的吸引力不够大。但奴隶贸易和其他商品的贸易却是例外,这些贸易可以顺利地通过沿海的非洲人和阿拉伯的中间商来进行。16 世纪以来,许多海洋国家在非洲设有商站,包括葡萄牙、西班牙,稍晚一些还有荷兰和英国。然而,迟至 19 世纪 60 年代,这些国家进入热带非洲的热情就微乎其微了。英国似乎已经满足于已有的状况。1865 年,英国议会一个特别委员会建议将英国在非洲西海岸的 4 个定居点中的 3 个全部撤出。但此后不久,英国又恢复了对非洲的兴趣。

英国对非洲兴趣的复燃,其原因如下:使用奎宁可以预防疟疾;传教活动;对非洲自然物产有了新的需求;对东方的贸易活动蓬勃发展;当地的叛乱。其他欧洲国家也开始参与进来,特别是法国。1882 年,英国在平息了埃及当地出现的针对总督的叛乱之后,接管了埃及,因为这一叛乱对英国自身的利益,尤其是英国在苏伊士运河(Suez)的利益构成了威胁。这是引发由数个欧洲国家参与的"非洲争夺战"的主要阶段形成的导火索。

为了防止冲突,德国首相俾斯麦(Bismarck)于 1884 年召开了旨在瓜分中非和西非的柏林(Berlin)会议。他们这样做不足为怪,主要原因是没有一个非洲国家对此感到非常绝望。唯一一个直接感受到这次会议影响的新殖民地是刚果"自由邦"(Congo 'Free State'),主要原因在于它的新主人比利时国王利奥波德二世(Leopold II)对其进行的血腥剥削。

在 19 世纪 90 年代,瓜分活动转移到东非和南非。英国占据了最大的份额,包括苏丹(Sudan)、中东部非洲的大部分地区和罗得西亚(Rhodesias)。这一时期的竞争较为激烈,预示着英国 1898 年与法国争夺法绍达(Fashoda)的冲突和第二次布尔战争(Boer War)前夜与德国的冲突。到 1900 年瓜分完成时,除了埃塞俄比亚(Ethiopia)和利比里亚(Liberia),整个非洲实际上几乎全部落入欧洲人之手。

Africa Company **非洲公司** See RROYAL AFRICAN COMPANY(见皇家非洲公司)

Agadir crisis , 1911. **阿加迪尔危机**(1911) 1911 年 7 月,因停靠在摩洛哥港口阿加迪尔的一艘德国炮舰而引发的法德殖民地危机。该危机导致英国政府各部门的大臣们以通过"原则上"同意该炮舰应该被派到非洲大陆的方式,消除了部门间关于未来一旦与德国发生战争时军队所扮演的角色问题的争执。

Agincourt , battle of , 1415. **阿让库尔战役**(1415) 1415 年 8 月 13 日,亨利五世在法国登陆,围困阿夫勒尔(Harfleur)。由于该镇一直顽强抵抗,且英军弹尽粮绝,9 月 23 日,亨利五世决定立即经加莱(Calais)撤回英格兰。大约有 20,000 多人的法国军队试图阻止英军奔向加莱。虽然此时亨利只剩下大约 900 名重甲骑兵和 5,000 名弓箭手,但他别无选择,只能在 10 月 25 日被迫应战。他整理了一下部队,所有骑兵均徒步,在距离敌人 300 码内停住,前线是一个树林环绕的狭窄空地,侧翼部署了弓箭手。法国骑兵直接向英军设计好的这个漏斗型战阵发起冲锋,英军万箭齐发,加之泥泞的地面,法军进攻受阻。许多法军被击毙或被俘,其中就有奥尔良公爵(duke of Orléans)。

Agreement of the People , 1647. **《人民公约》**(1647) 《人民公约》是军队中的激进分子(平等派)因担心军事委员会拟定的《军队建议纲目》(*Heads of the Proposals*)向国王做出让步而提出的一套相反建议。《人民公约》制定于 1647 年

10 月,是在帕特尼(Putney)举行的全军辩论的基础上制定的。《人民公约》强烈要求实质性地扩大议会的特权。克伦威尔和艾尔顿(Ireton)对此进行了反驳,认为如此会使财产安全受到破坏。当该公约提交给议会时,遭到否决。

Agricola,Gnaeus Iulius. **格奈乌斯·尤利乌斯·阿古利可拉** 罗马帝国不列颠行省总督(77—83 年)。阿古利可拉出身于高卢南部一个参议员家庭。他在不列颠行省的所有三个任期内,表现出色,使罗马帝国在该行省有一个较为长久的统治。他先是在布狄卡起义(Boudican revolt,60/1 年)期间在不列颠担任军事保民官(military tribune)。69 年至 73 年,他返回不列颠担任第二十英勇凯旋军团(legio XX Valeria Victrix)的指挥官,期间他率领的罗马军团将战线推进到沿亨伯河—默西河(Humber-Mersey)一线以北地区。77 年,他担任罗马的执政官(consul),大概在年底到达不列颠出任不列颠行省总督。塔西佗关于阿古利可拉统治的记述主要是通过对七个作战季节的叙述而展开的,阿古利可拉使罗马帝国的统治深入到苏格兰,并最终于 83/4 年在格劳庇乌山战役(battle of Mons Graupius)中击败了卡尔加库斯(Calgacus)领导的苏格兰部族。

agricultural revolution **农业革命** 传统上认为农业革命是与工业革命同步发生的,涉及新的作物轮种制的引进(其中包括根茎类作物和人工作物的种植)、畜种的改良以及因议会圈地(parliamentary enclosure)而引发的土地重组等。这些变化是通过持续提高土地生产率,而不是凭借大规模的劳动力投入进而满足了人口的食物需求(伴以一些辅助性的食物进口)取得的,所以也并未因限制劳动力从农村向城镇的流动而减缓工业革命的进程。毫无疑问,由此观点而推导出的最终结果是正确的。食物供应的确或多或少地跟上了人口增长和城市化的步伐。据估计,与 1750 年相比,1850 年的国内生产能够为 650 万额外人口提供食物供应。然而,人们对农业革命的性质,尤其是农业革命发生的时间等问题一直存有疑问。

按照现代的理解,农业革命大致经历了三个阶段(时间上有一定重叠)过程。第一阶段完成于 1750—1770 年前后,取得了两项成果:一是新的农作物的引进,特别是如芜菁(turnips)和甘蓝(swedes)等根茎类作物的引进,这些作物可以套种在粮食作物之间;二是劳动生产率的大大提高。这些变化带来的结果是:减少了土地的休耕(fallow);生产出更多的牲畜饲料;可以获得更多优质的粪肥。

第二阶段从 1750 年左右延续至 1830 年,期间需求迅速增长。在该阶段,农业经济萧条现象不复存在,而原来一直靠采取谷物出口的办法来部分地弥补农业经济的萧条。到 19 世纪早期,实现了进口的平衡。通过圈地运动实现的土地重组和大型农场的逐渐成长,带来了生产率的缓慢增长和区域性专业化生产的发展趋势。诺福克(Norfolk)的农场主们在英格兰率先开始种植三叶草(clover),但直到 1740 年以后,人们才认识到这种新作物带来的重要效益。

第三阶段大约始于 1830 年,有时被称为第二次农业革命,农场主首次对农场进行大量投资,购买化肥以改良土地,并给牲畜购买人工饲料。再加上经过改良的排水系统的引进,结果使 19 世纪 40 年代到 70 年代成为农场的高度发展时期,但不久就被一个严重且持久的农业萧条所取代。

在苏格兰,农业革命呈现出截然不同的形式。虽然有一种倾向曾认为,苏格兰的农业革命与英格兰一样,都是一个长期的变化过程,然而,目前认为,这种观点低估了 18 世纪下半期发生的变化,至少对低地地区(Lowlands)而言是如此。人口的增长,特别是 18 世纪下半期的城市化——尤其以格拉斯哥和爱丁堡最为显著,部分地刺激了个人土地租佃和为市场而生产趋向的快速发展。

到 18 世纪的下半期,农业革命的成果体现在新技术和新作物的采用、向写有完善条款的长期租约的转变和生产率的提高。当时的许多农场主都适应了这些对他们的新要求,因此,已经不存在低地地区和高地(Highland)地区之间的差距。总体来说,到 18 世纪的最后 25 年,农业彻底摈弃了以往的模式,这不只是简单地表现在圈地行为上,更是体现在诸如施肥、种草等进一步有效地利用土地以及组织劳动生产上。这是一个结构性的变革,而不仅仅是对现存趋势的强化,因为它使农作物的产量急剧增长,使苏格兰的农民在几十年的时间里,在产量上赶上了英格兰的水平。

Aidan,St (d.651). 圣艾丹(卒于 651 年) 林迪斯芳(Lindisfarne)修道院首任院长,林迪斯芳也是艾丹的主教座所在地(634—651 年)。艾丹离开艾奥纳(Iona)后,取代了一个为人严厉的同事,与国王渥斯沃尔德(King Oswald)紧密合作,在诺森伯里亚恢复基督教。艾丹留下的遗产是丰富而深厚的:林迪斯芳修道院和他的学生——有王室血统的希尔达(Hilda),二者都是 7 世纪末天空中璀璨的明星。与卡思伯特(Cuthbert)相比,人们对艾丹的崇拜之情不是那么狂热,部分原因可以归结为他对世俗行为的排斥和他那高雅的社交群体的局限性。艾丹的一些遗骨被科尔曼(Colman)从林迪斯芳转移到爱尔兰,10 世纪时,在格拉斯顿伯里(Glastonbury),人们又恢复了对他的崇拜。

aids,feudal　封建协助金　See FUEDAL AIDS(见封建协助金)

Ailred of Rievaulx(1110—1167）.　**艾尔雷德(里沃的)**(1110—1167)　被称为"北方的圣伯尔纳"(St Bernard of the North),12 世纪中期英格兰西多会代表人物。他是诺森伯里亚郡赫克瑟姆(Hexham)一个牧师的儿子,进入里沃修道院九年后被选为位于林肯郡的里夫斯比(Revesby)修道院——里沃女修道院第一任院长。四年后,他被召回担任里沃修道院院长。该修道院不断繁荣扩大,人数增加至组成一个唱诗班的 150 名修道士、500 名在俗修士和仆人。艾尔雷德自己也借助许多朋友、社会关系和他的著述,成为超出西多会以外的一个具有全国性影响的重要人物。

Aix-la-Chapelle,treaty of,1748.　《艾克斯拉沙佩勒条约》(1748)　1748年 3 月至 11 月,奥地利王位继承战争(War of the Austrian Succession)中的交战国双方聚在一起谈判解决方案。英法两国共同议定了一份协议,并说服他们各自的盟友在该协议上签字,这就是《艾克斯拉沙佩勒条约》。奥地利王位继承战争并没有一个明确的胜利者,而所谓的和平也只是承认现状而已。1745 年普鲁士与奥地利单独媾和,但《艾克斯拉沙佩勒条约》承认普鲁士对奥地利西里西亚(Silesia)的占领。根据该条约,帕尔马公国(dukedom of Parma)归属了西班牙的唐菲利普(Don Philip),英国与西班牙之间的各种贸易纠纷得到了裁决。

Akeman Street　阿克曼大道　罗马时期修筑的连接赛伦塞斯特(Cirencester)和维鲁拉米恩(Verulamium)的一条道路,经由奥尔切斯特(Alchester,牛津大学)

横跨英格兰中部以南地区。这条大道现在的名字源于盎格鲁—撒克逊语,意思是"橡树人"("oak-man")。

Alabama case　"亚拉巴马"号索赔案　"亚拉巴马"号是美国内战(American Civil War)期间,英国为南部邦联(Confederate South)建造的用来劫掠联邦商船的最大的一条船。"亚拉巴马"号上的武器装备都是在英国境外筹措的,在其从事海上劫掠活动达到高峰的两年时间里,共捕获联邦商船62艘。"亚拉巴马"号最终于1864年6月被联邦政府军舰"基尔萨季"号(Kearsage)击沉。根据1871年瑞士仲裁结果,美国从英国获得的赔偿款比美国政府要求的赔偿总额还要高。

Alanbrooke,Alan Brooke,1st Viscount(1883—1963). **阿兰·布鲁克,第1代阿兰布鲁克子爵**(1883—1963)　军人。第二次世界大战大部分时间担任大英帝国总参谋长(Chief of the imperial general staff)。布鲁克出身于一个爱尔兰准男爵家庭,主张新教应在爱尔兰居优势地位。1902年他在位于伍尔维奇(Woolwich)的英国皇家军事学院(Royal Military Academy)学习,第一次世界大战期间,他作为炮兵军官在西线指挥作战。第二次世界大战爆发时,他担任中将,负责防空事务。1940年在法国指挥战斗结束后,他被任命为英国本土军队的总司令,负责掩护敦刻尔克大撤退,并于次年晋升为大英帝国总参谋长。对丘吉尔,他既有能力与之分庭抗礼,也可以与之合作共事,他以自己做事的冷静且富于计划性弥补了丘吉尔的大胆和空想。

Alba,kingdom of　阿尔巴王国　"阿尔巴"这一名称是爱尔兰语,最初用来指不列颠,是不列颠的雅称【阿尔比恩(Albion)】。9世纪40年代,达尔里阿达的肯尼思·麦卡尔平(Kenneth MacAlpin of Dalriada)取代皮克特王国,采用该名称来命名其创建的新王国。到11世纪时,阿尔巴更通常地被认为是指斯科舍(Scotia)或苏格兰,但至今为止,盖尔语(Gaelic)中仍然称苏格兰为阿尔巴。

Alban,St　圣奥尔本　从中世纪早期的圣徒传记中可知,圣奥尔本是不列颠首位殉教者。根据描述,他是一名罗马军官,曾庇护过一名教士,在维鲁拉米恩(Verulamium)以身殉教。关于此事发生的时间,人们提出了 3 世纪早期和晚期两种意见。对奥尔本的审判和激情的描述反映了维鲁拉米恩的地形地貌,圣奥尔本大教堂可能会永久保存他死亡或埋葬的遗址。

Albany, Alexander Stewart, 1st duke of[S] (c.1454—1485). 亚历山大·斯图尔特,第 1 代奥尔巴尼公爵【苏格兰】(约 1454—1485) 苏格兰国王詹姆斯二世(James II)的次子,1455 年被封为苏格兰的马奇伯爵(earl of March),1458 年被封为安嫩代尔勋爵(lord of Annandale)和奥尔巴尼公爵。15 世纪 70 年代,作为苏格兰的海军上将和边区监管大臣(march warden),奥尔巴尼成为苏格兰与其弟詹姆斯三世统治下的英格兰联盟(1474 年 10 月建立)之间对抗的明显焦点。1479 年 10 月,奥尔巴尼因被控犯叛国罪而逃亡法国,并在那里结婚生子。其子奥尔巴尼公爵约翰(John, Duke of Albany),在詹姆斯五世在位时(1515—1524 年)曾出任总督。1485 年,奥尔巴尼在巴黎举行的一次骑士比武中被长矛刺中身亡。

Albany, John Stewart, 2nd duke of[S] (1484—1536). 约翰·斯图尔特,第 2 代奥尔巴尼公爵【苏格兰】(1484—1536) 当苏格兰国王詹姆斯四世于 1513 年在弗洛登(Flodden)遇害的时候,其子只有 17 个月大。奥尔巴尼作为詹姆斯二世的孙子,成为假定继承人。1515 年,他被召回苏格兰,出任其年幼的表弟的摄政,一直任职到 1524 年。由于奥尔巴尼出生在法国,所以他一直致力于恢复法国与苏格兰之间的联盟,并且根据 1517 年缔结的《鲁昂条约》(treaty of Rouen),成功地使詹姆斯五世迎娶了一位法国公主。

Albany, Murdac Stewart, 2nd duke of[S] (c.1362—1425). 默达克·斯图尔特,第 2 代奥尔巴尼公爵【苏格兰】(约 1362—1425) 第 1 代奥尔巴尼公爵罗伯特(Robert,卒于 1420 年)之子及其继承人,曾担任福斯河(Forth)以北地区王室首席司法官(royal justiciar)。1402 年,在霍米尔顿山(Homildon Hill)被英格兰人抓获后,被囚禁了 13 年。1416 年,默达克回到苏格兰,并于 1420 年接替他的父亲出任总督。1424 年 5 月 21 日,他在斯昆(Scone)主持了詹姆斯的加冕礼,但次年 3 月在议会被捕,并于 1425 年 5 月 25 日在斯特灵(Stirling)被斩首。

Albany,Robert Stewart,1st duke of[S]**(1339—1420). 罗伯特·斯图尔特,第 1 代奥尔巴尼公爵【苏格兰】**(1339—1420) 罗伯特二世(Robert II)的第三子,作为苏格兰无冕之王长达 32 年之久(1388—1420 年)。年轻的他 1361 年就获得了门蒂思(Menteith)伯爵领(苏格兰),1371 年又取得法夫(Fife)伯爵领(苏格兰)。1382 年,成为王室司库(royal chamberlain),并于 1388 年 12 月担任他那体弱多病的哥哥卡里克伯爵约翰(John,earl of Carrick,后来的罗伯特三世,1390—1406 年在位)的监护人。1398 年,罗伯特被封为奥尔巴尼公爵,这个头衔反映了他的野心。

奥尔巴尼摄政期间,苏格兰政治表现出以下特征:对英格兰始终保持着断断续续的敌意;1418 年以前始终支持罗马教皇本尼狄克十三世(Benedict XIII);越来越致力于与法国结成联盟;残酷地消灭政治对手。

Albert,prince consort(1819—1861). **艾伯特亲王**(1819—1861) 艾伯特是萨克森—科堡公爵欧内斯特与萨克森—科堡—阿尔滕堡公爵奥古斯特的女儿路易丝两人所生的次子。他的父母于 1826 年离婚,他是个害羞而内心细腻的孩子,但很勤奋认真。比利时国王利奥波德一世(Leopold I)身为艾伯特的叔父和维多利亚的舅父,在他的撮合下,艾伯特与其表姐维多利亚女王于 1836 年见面。当时他们双双 17 岁,维多利亚对艾伯特的印象是“非常帅气”。3 年后他们在温莎再次相遇时,维多利亚瞬间就爱上了艾伯特,而艾伯特也很快作出了回应。五天之后,维多利亚向艾伯特提议结婚,1840 年 2 月 10 日两人举行了婚礼。

如果艾伯特就像人们预料的那样,是因维多利亚的热情而神魂颠倒的话,那么他就不会对她的国家保持足够的热诚,她的臣民也不会接受他。人们并不认为他很重要以至于能够与英国女王结婚。他是日耳曼人,是维多利亚的表弟,缺乏财富和地位,在英国没有任何名气,所有这些事实都对艾伯特不利。人们从各个方面(并且错误地)认为他是一个“一心追逐名利的来自科堡的冒险家”,一个政治激进分子，一个教皇制的信奉者，（甚至更糟糕，因为这个表述更准确）一个知识分子。议会削减了他的岁用，并拒绝给予他仅次于女王的优先权。然而，尽管如此还是根据特许证赋予了他应得的优先权，但他没有得到任何头衔，直到1857年才被正式授予"女王的丈夫"（prince consort）的称号。

维多利亚敬佩她的丈夫，但却不愿让他分担自己的政治职责。尽管如此，艾伯特的确还是引导她保持政治上的中立，使她逐渐放弃一直以来对辉格党的偏爱，并在1841年后调解了她与首相皮尔（Peel）之间的关系。1842年后，他充当了维多利亚女王的非正式顾问，私人秘书和唯一知己。艾伯特在许多方面都表现出官僚的潜质：高效、勤勉和细致入微。在皮尔的建议下，他很高兴地出任了英国皇家艺术委员会（Fine Arts Royal Commission）主席，并满腔热情地投入到他所钟爱的事业中去，使南肯辛顿（South Kensington）成为英国艺术与教育中心。他在推动社会进步、科学技术发展，以及政府对艺术与科学的资助方面付出的努力，最终在其组织举办的1851年世界博览会（Great Exhibition）中得到了全面的体现。此外，他在其他公共领域也很活跃。他试图把英国的外交政策引向和平，并坚持认为帕默斯顿（Palmerston）应该向女王提交其制定的政策，而帕默斯顿的拒绝招致1851年被免去外交大臣一职。尽管如此，艾伯特却未能避免1854年克里米亚战争的爆发和1855年帕默斯顿再度出任首相。1861年艾伯特临终之时所做的最后一件事，是劝告英国政府要温和处理因"特伦特"号（Trent）事件引发的派兵侵入华盛顿的主张，也许是艾伯特的忠告避免了英国与美国的战争。

或许艾伯特对他所移居的国家所做的最为持久的贡献，是他与维多利亚一起为人们树立了一个可敬而忠诚的私人生活的榜样。他们共育有9个子女，对孩子们来说，艾伯特是一个虽然严厉但却充满慈爱和献身精神的父亲。他与长子即后来的国王爱德华七世之间的关系，也像伯蒂①（Bertie）抵制父亲为自己设计和监督执行的宏伟教育体系一样，受到影响。这一压力导致威尔士亲王与父母疏远，并日益焦虑不安，艾伯特因此对长子的担心也与日俱增。过度工作的习惯和虚弱的身体导致艾伯特无力或许也缺乏毅力抵御疾病的侵袭，1861年12月14日他死于伤寒，年仅42岁。

———————————

① 即乔治六世。——译者注

Albert Memorial 艾伯特纪念碑 1861 年艾伯特亲王去世后,英国为了给他建立纪念碑举行了一次招标竞赛,G.G.斯科特爵士不出意外地中标。艾伯特纪念碑坐落在海德公园(Hyde Park)内,对面是肯辛顿大街(Kensington Gore),艾伯特音乐厅(Albert Hall)就建在这里。艾伯特音乐厅造价低廉,造型单调乏味,是由一位陆军工程师设计的。艾伯特纪念碑为哥特式建筑,高耸入云,色彩缤纷,装饰考究,布满了赞美维多利亚鼎盛时期艺术成就的雕像,恰好弥补了艾伯特音乐厅建筑上的不足。

Albion 阿尔比恩 不列颠的雅称。公元前 6 世纪第一次在古典文学中使用,要么是指凯尔特人的名字,要么是指多佛尔白崖(white cliffs of Dover)。

Albuera,battle of,1811. 阿尔布埃拉战役(1811) 1811 年 5 月 16 日,由英国、西班牙和葡萄牙组成的 35,000 人联军,在贝雷斯福德元帅(Marshal Beresford)的率领下,阻击由苏尔特元帅(Marshal Soult)率领的试图解救西班牙巴达霍斯(Badajoz)之围的 24,000 名法军。双方损失惨重。但联军在一次混战中,成功地击退了法军,表现出燧发枪手团(Fusilier Brigate)"惊人的"的英雄壮举。

alchemy 炼金术 起源于古代的一门艺术,可以被解释为一门探究人与宇宙及上帝的意志之间关系的学问,要么表现为把有罪之人转变成完美之人的注重灵修的("深奥的")哲学,要么表现为把贱金属变成金银的("浅易的")尝试。寻求长生不老药、酊剂或点金石等,是刺激炼金术产生的因素,而对这些东西的寻求长期以来蒙蔽了社会的各个阶层。

炼金术(al-kimia)大概起源于希腊化时期的亚历山大,再通过伊斯兰文化传播到欧洲。早些时候的道家炼丹术士们是把追求长寿作为(炼丹的)主要目的,而中世纪时期的西方炼金术士们则以炼出黄金或发明出高级药物为目标。由于炼金者们拥有的技能很容易使他们成为贪婪权贵们伤害的对象,所以小心谨慎是他们得到的最明智的劝告,而公众的轻信又鼓励了魔法和欺骗行为。不管怎样,使用炼金术还是为医学做出了很大贡献,它导致最受帕拉塞尔苏斯(Paracelsus)青睐的金属疗法而不是草药疗法的兴起,而金属疗法又最终导致化学疗法的诞生。

尽管约翰·迪(John Dee)、凯内尔姆·迪格比(Kenelm Digby,第9代诺森伯兰伯爵,魔法师)、沃尔特·雷利(Walter Ralegh),甚至查理二世都对炼金术感兴趣,但17世纪中叶,当罗伯特·玻意耳(Robert Boyle)推翻了四"要素"理论的时候,炼金术仍然受到了致命的打击。

Alcock,John(1430—1500). **约翰·阿尔科克**(1430—1500) 基督教会的政治家。阿尔科克出生在贝弗利(Beverley),受教于剑桥大学。1472—1476年间担任罗切斯特(Rochester)主教,1476年转任伍斯特主教,1486年又转任伊利主教。他积极支持爱德华四世,在爱德华四世执政期间,先后担任掌卷法官(master of the rolles)、首席大法官(lord of chancellor,联合)、威尔士会议(Council of Wales)主席和威尔士亲王爱德华(Edward,prince of Wales)的宫廷教师。亨利七世继位后,再次任命他为首席大法官。阿尔科克是剑桥大学耶稣学院(Jesus College)的创始人。

Alcuin(c.735—804). **阿尔昆**(约735—804) 诺森伯里亚人,或许贵族出身,天主教会助祭,查理曼(Charlemagne)的顾问,加洛林文艺复兴(Carolingian Renaissance)时期的建筑师。他出生于735年至745年间,并于767年继他的老师埃尔伯特(Ælbert)之后成为约克学校的老师。他游遍欧洲大陆,781年在帕尔马(Parma)与查理曼会面后,受邀进入宫廷。

此后,阿尔昆开始参与政治生活,并对查理曼的思想产生了影响。目前仍有人认为查理曼留下的一些文字材料出自阿尔昆之手。他写文章驳斥代表异端邪说的"嗣子说"。他大概曾写信给教皇利奥三世(Pope Leo III),在信中明确阐述了教皇和国王各自的职能。查理曼于公元800年加冕罗马帝国皇帝,阿尔昆可能有部分功劳在内。阿尔昆的著述包括有属于最早的一批中世纪时期的政论作品。阿尔昆展现武士国王的理想形象的诗作《主教,国王与约克的圣徒》(*The Bishops,Kings and Saints of York*),是现存最早的中世纪西方拉丁诗歌史上的代表作,在这首诗中,阿尔昆把埃德温(Edwin)树立为至高无上的国王的榜样,把埃尔伯特树立为理想的高级教士的榜样。

A

阿尔昆的著述包括教科书、圣徒传记、评注汇编、祈祷书和查理曼给教皇哈德良一世(Pope Hadrian I)的墓志铭。他为自己写的墓志铭后来发展为一种文学模式。他修订的《圣经》选文集(天主教徒做弥撒时要读的训诫)和拉丁版的《圣经》成为标准的读本。他的信件为我们了解 8 世纪末英格兰教会和诺森伯里亚贵族的低标准生活提供了史料证据;他描写约克的诗篇为我们了解 8 世纪诺森伯里亚的历史、约克学校的发展以及约克的财富和商业活动提供了史料依据。

Aldhelm(**c.639—709**) **奥尔德赫姆**(**约 639—709**) 奥尔德赫姆是他生活的时代最有学问的人之一,被认为与西撒克逊诸国王关系密切,曾在马姆斯伯里(Malmesbury)受教于爱尔兰学者迈尔达(Maildubh);669 年后,又在坎特伯雷学校进行过短期学习,当时该学校在坎特伯雷大主教狄奥多尔(Archbishop Theodore)和哈德良修道院长(Abbot Hadrian)领导下正处于鼎盛时期。身为一位杰出的学者和教师,奥尔德赫姆对教会事务充满激情,675 年被任命为马姆斯伯里修道院院长,705 年又被任命为舍伯恩(Sherborne)第一任主教。他创办修道院,建立教堂,一封幸存下来的信件显示,他曾写信给杜姆诺尼亚国王杰兰特(Geraint,king of Dumnonia),敦促国王遵守罗马基督教复活节的日期。他最大部头的著作是奉献给位于埃塞克斯(Essex)的巴金(Barking)的修女们的《论守贞》(De virginitate),该书由散文和诗歌两部分组成,后来发展为撰写盎格鲁—拉丁著作的一种文体模式。

Alexander I(**c.1077—1124**) **亚历山大一世**(**约 1077—1124**) 苏格兰国王(1107—1124 年在位)。马尔科姆·坎莫尔(Malcolm Canmore)三个儿子中的次子,继其兄长埃德加(Edgar)之后即位。他统治沿福斯河—克莱德河(Forth-Clyde)一线以北地区,而他的弟弟戴维(后来的戴维一世)则以他的名义统治斯特拉斯克莱德(Strathclyde)和洛锡安(Lothian)的大部分地区。他迎娶了亨利一世的私生女西比尔(Sybil),并在 1114 年的威尔士战役中与亨利并肩作战,从而维护了苏格兰与英格兰的友好关系。

Alexander II（1198—1249） **亚历山大二世**（1198—1249） 苏格兰国王（1214—1249 年在位）。"狮王"威廉（William the Lion）的儿子和继任者。英格兰贵族反叛时，亚历山大通过与强迫国王约翰（King John）签署《大宪章》（*Magna Carta*）的男爵们结盟，迅速表明自己反对约翰的态度，而与其结盟的这些男爵们则正式承认了苏格兰对诺森伯兰（Northumberland）、坎伯兰（Cumberland）和威斯特摩兰（Westmorland）的领土要求。1216 年，约克郡的叛军宣誓效忠于亚历山大，他率领苏格兰军队向南深入到多佛尔（Dover），并在此会见了觊觎英格兰王位的法兰西王子路易（Prince Louis），路易承认亚历山大对英格兰边境地区诸郡的权利。继约翰国王去世和英格兰王军在林肯（Lincoln）取得胜利以后，受苏格兰控制的边境领土被重新划分。1217 年 12 月，亚历山大与亨利三世媾和，他放弃了在战争中取得的果实。这些事件的发生，使得英格兰和苏格兰之间的关系朝着一个新的务实的方向发展，两个王国在处理双方关系上都采取了比以前更加温和的政策。亚历山大与亨利三世的妹妹琼的结合，增进了两个王国之间的相互理解。根据 1237 年双方签订的《约克和约》（*treaty of York*），亚历山大彻底放弃了对英格兰边境诸郡的领土要求。苏格兰的资源现在都集中掌握在北部和西部的强权者手中。亚历山大在远征西部各岛屿的途中，在奥本湾（Oban Bay）的凯勒拉岛（Kerrera）死于热病。

Alexander III（1241—1286） **亚历山大三世**（1241—1286） 苏格兰国王（1249—1286 年在位）。亚历山大二世和他的第二任妻子玛丽·德·柯西（Marie de Coucy）两人所生的独子。把亚历山大三世统治时期称作是苏格兰的"黄金时代"这一观点，是在 14—15 世纪得到全面阐述的。苏格兰编年史学家们之宣扬亚历山大三世的声誉，是为了增强苏格兰的民族认同感。然而，关于这些对亚历山大三世的评价，我们还有很多话要说。亚历山大三世幼年即位统治伊始（1249—1260 年），苏格兰就出现了严重的派系斗争。但此后，亚历山大在处理大领主的问题上既坚定而又慎重。在延续早期统治秩序的同时，他向西部发起大规模军事行动，1266 年，挪威放弃马恩岛（Man）和西部诸岛屿主权，亚历山大三世取得了圆满成功。这些领土并入苏格兰是苏格兰国家建设的伟大成就之一，是在保持与英格兰的友好关系基础上才得以实现的。亚历山大三世曾于

1251 年迎娶亨利三世的女儿玛格丽特（Margaret），虽然亨利三世介入了亚历山大三世幼年执政时期发生的权力斗争，但亚历山大三世一再向苏格兰人保证尊重他们的自由。1281—1284 年，亚历山大三世三个孩子的去世和他自己不幸落马身亡（享年 44 岁），这些残酷的事实都危及着亚历山大三世创造的这个"黄金时代"。即便如此，到 1286 年，苏格兰已经以一个统一而坚实的自治国家形象而崛起。

Alexander, Harold Rupert Leofric George, 1st Earl Alexander（1891—1969）. 哈罗德·鲁珀特·利奥弗里克·乔治·亚历山大，第 1 代亚历山大伯爵（1891—1969）　亚历山大出生于英—爱贵族家庭，参加了第一次世界大战的全过程，27 岁时就指挥了一个旅。1939—1940 年，他率领英军在法国参战；1940—1942 年，他回到英国作战。其后负责英国军队从缅甸（Burma）撤退的指挥工作。1942 年 8 月，他出任英军中东战区总司令，而蒙哥马利（Montgomery）则接任第 8 集团军司令。

亚历山大待人礼貌，举止优雅，思维敏捷。丘吉尔说亚历山大"令人舒适的微笑魅力赢得了所有人的心"。在突尼斯（Tunisia）战场指挥英美组成的盟军时，布拉德利（Bradley）说亚历山大"赢得了他的美国下属们的近乎奉承般的赞誉"。然而，在不久之后英美军队联合实施的西西里（Sicily）战役中，当蒙哥马利战胜巴顿（Patton）抓住联军的优先指挥权时，亚历山大就暴露了其无力驾驭那些刚愎自用的下属的弱点。1944 年 12 月 12 日，亚历山大任地中海（Mediterranean）战区盟军最高司令，晋升陆军元帅，又一次在资历上超过了蒙哥马利。1946—1952 年，他是最后一个非加拿大籍的加拿大总督，并被封为伯爵。此后至 1954 年，亚历山大出任丘吉尔内阁政府的国防大臣。

Alexander, Sir William, 1st earl of Stirling（1576—1640）. 威廉·亚历山大爵士，第 1 代斯特灵伯爵（1576—1640）　亚历山大出生在克拉克曼南郡（Clackmannanshire）的门斯特里（Menstrie）。他最初是作为诗人和剧作家而出名的，在亨利王子（Prince Henry）的宫廷任职，并被封为骑士。1614 年，苏格兰国王詹姆斯六世同时也是英格兰国王詹姆斯一世，任命他为苏格兰的上请法官

（master of requests），他担任此职一直到去世。从 1626 年到他去世，他还担任苏格兰的国务大臣（secretary of state），1630 年被封为子爵，1633 年被封为斯特灵伯爵。但有关他的记述并不是很多。"戏剧无法上演，诗歌也让人读不懂"是人们对他的文学作品的评价。

Alexandra（1844—1925） **亚历山德拉**（1844—1925） 爱德华七世的王后。亚历山德拉出生于哥本哈根，是后来的丹麦国王克里斯蒂安九世（Christian IX）的长女。亚历山德拉一生始终保持着一颗温暖的、丹麦式的同情心。1863 年，她与当时还是威尔士亲王的爱德华（Edward, prince of Wales）结婚。这对夫妇受到公众的喜爱，人们也把更多的关注视线从孀居的维多利亚女王身上转移到这对夫妇身上，他们成了社会公众人物。尽管爱德华对亚历山德拉远不能称得上是从一而终，但他们还算是恩爱夫妻。家庭是亚历山德拉生活的全部，部分原因是她不会讲英语，以及她的听觉日益下降。她把自己的大部分时间都奉献给了护理事业和医院工作：1913 年设立"亚历山德拉日"（"Alexandra Day"），出售纸玫瑰来为医院筹措基金。1910 年爱德华去世后，她过上了平静的私人生活，其中大部分时间都居住在桑德灵厄姆（Sandringham）。

Alexandria, battle of, 1801. 亚历山大港战役（1801） 1798 年 8 月，拿破仑对埃及的远征因纳尔逊（Nelson）在尼罗河战役取得胜利而中断，一年之后，拿破仑抛弃了他的军队回到法国。1801 年 3 月，拉尔夫·阿伯克龙比爵士（Sir Ralph Abercromby）率领一支由 14,000 人组成的英军，直逼亚历山大港。3 月 21 日，经过激烈的战斗，阿伯克龙比阵亡，法军投降。

Alford, battle of, 1645. 奥尔福德之战（1645） 奥尔福德之战是蒙特罗斯（Montrose）取得的辉煌战果之一。面对贝利（Baillie）所率军队的穷追不舍，蒙特罗斯带领队伍翻越山岭而退，直到贝利在因弗内斯（Inverness）撤退。1645 年 7 月 2 日，贝利在阿伯丁（Aberdeen）以西的奥尔福德遭遇蒙特罗斯，贝利的部队抵挡不住蒙特罗斯发起的猛烈进攻，大败。

A

Alfred（849—899） **阿尔弗雷德**（849—899） 威塞克斯王国国王（871—899 年在位）。公众对阿尔弗雷德的印象是国家级超人（national superman）。阿尔弗雷德是在他的三个哥哥埃塞尔鲍尔德（Æthelbald）、埃塞尔伯特（Æthelbert）和埃塞尔雷德一世（Æthelred I）依然健在的情况下，依照父亲埃塞尔伍尔夫（Æthelwulf）的遗嘱，被指定为王位继承人的。他是英格兰人的救星，因为正是他把英格兰人从维金人（Vikings）手里解救了出来。他是统一的英格兰王国的缔造者、海军的创始人、军事制度的改革者、城镇规划者、教会的守护神、民众教育的提倡者和散文之父。他像圣人一样，而且平易近人。修正派史学家们单纯强调阿尔弗雷德的宣传才能，却低估了他在其他方面取得的成就。

要想了解阿尔弗雷德的个性、治国政策和方法，我们主要依靠阿瑟（Asser）为其所写的圣徒传记，这部传记表面上看揭示了阿尔弗雷德的一些隐私，但阿尔弗雷德的性格可能还有另外一面。如果否定阿瑟文本可靠性一派的观点（该派观点在 1995 年得到了有力的重申）获胜的话，那么，传统的对阿尔弗雷德一生事业中的一些重要因素的记述就会不复存在了。

阿瑟在其圣徒传记中写到，阿尔弗雷德于 849 年出生在旺蒂奇（Wantage），868 年与一名来自麦西亚的女士结婚。从阿尔弗雷德文章的水平来看，他在拉丁文方面曾接受过良好的教育。他曾协助埃塞尔雷德抗击 865 年入侵的"丹麦大军"，但 871 年阿尔弗雷德之继承王位，在当时很可能并非一件已经确定下来的事情。9 世纪 70 年代，英格兰一直在抗击丹麦人的入侵，丹麦的军队人数众多，训练有素，阴险狡诈，指挥有方，他们的目的是征服和占领英格兰。878 年，维金人首领格思鲁姆（Guthrum）在奇彭纳姆（Chippenham）的出现完全出乎阿尔弗雷德的预料，他逃到了萨默塞特（Somerset）的阿塞尔纳（Athelney），但在最后一次战役中，阿尔弗雷德孤注一掷，在爱丁顿（Edington）打败了丹麦人。结果双方签订了《韦德莫尔和约》（treaty of Wedmore），格思鲁姆接受洗礼，并撤军到东盎格利亚当国王。

西撒克逊王朝是唯一一个面对维金人的威胁，却未遭毁灭的王朝，阿尔弗雷德取得了除丹法区以外的整个英格兰的控制权。对伯格雷德（Burgred）统治下的麦西亚王国这个一直以来的盟友，阿尔弗雷德采取了巧妙的手段来处理与之的关系。他把自己的女儿埃塞尔弗莱德（Æthelfleda）嫁给了大概有麦西亚王室血统的方伯埃塞尔雷德（Ealdorman Æthelred），让他作为藩王统治麦西亚，还将886年时从丹麦人手中收复的伦敦交给他管理。

阿尔弗雷德的成功取决于他个人的能力及其出色的治国手段。早期王朝的稳定对于王室控制地方政府起了很大的作用，虽然关于阿尔弗雷德在位时期塞恩（thegn）轮流出席宫廷会议和财政收入分配制度等情况，只是见诸于阿瑟的记录。阿尔弗雷德新设计的60桨"长船"没有马上取得成功。阿尔弗雷德把民军（fyrd）分成了两部分（一部分在家种田，一部分参军作战），这也许起到了保护农业发展的作用。阿尔弗雷德最有效的改革是建立自治市镇（burh）。这些自治市镇都修筑有堡垒，并由本城的人负责军事防御和城墙的维护，所有这些总共需要大约27,000人。这些自治市镇所处的位置都是经过选择的，如此，在威塞克斯，每个自治市镇与另一自治市镇之间的距离都不超过20英里。

阿尔弗雷德的政府开支高昂。这很可能是因为他要向丹麦人支付巨额的金钱来换取和平，例如，896年就是如此。阿尔弗雷德需要财富来确保贵族对他的支持，来从事国家的建设，来抵御维金人和抗衡那些与他为敌的王朝。阿尔弗雷德的侄子埃塞尔赫尔姆（Æthelhelm）和埃塞尔沃尔德（Æthelwold）在贤人会议（Witan）上质疑他对埃塞尔雷德财产的处置，而且二者很可能会挑战其子爱德华（Edward）的王位。阿瑟断言，阿尔弗雷德在艺术、建筑、慈善和赐给教会礼物方面的投入过于慷慨。他实行的货币制度表明他并不缺少白银，而899年他留下的遗嘱也表明他非常富有。

从表面上看，阿尔弗雷德与教会的关系似乎很和谐。9世纪时西撒克逊诸国王们似乎并没有给教会施加经济压力：据《盎格鲁—撒克逊编年史》（*Anglo-Saxon Chronicle*）记载，阿尔弗雷德曾给罗马送去救济金，并接受了罗马教皇马里纳斯（Pope Marinus）回赠的礼品；阿瑟在圣徒传中也讲述了他给阿塞尔纳（Athelney）修道院和沙夫茨伯里（Shaftesbury）女修道院捐款的事情。然而，来自阿宾登（Abingdon）的证据表明，阿尔弗雷德遭到那里的人的憎恨，被他们称为掠夺者；还有证据表明，他把威塞克斯王国内各地修道院的财产权据为己有，878年来自罗马教皇的一封信中表明他似乎对教会构成了威胁。

阿尔弗雷德所需要的支持不是凭空而来的，所以他试图让自己的臣民们明确他们应尽的义务，要服从国王的权威，懂得国王与臣民的命运是一致的。关于产生于阿尔弗雷德统治时期的文本作者的身份和年代,我们已经进行了大量的讨论,讨论结果部分地取决于我们在多大程度上相信阿瑟所讲述的阿尔弗雷德的思想发展史。阿尔弗雷德法典参考了肯特王国的埃塞尔伯特(Æthelbert)法典和麦西亚王国的奥法(Offa)法典,也包括参考了伊尼(Ine)法典,这样做也许是为了吸引肯特人和麦西亚人的情感。阿尔弗雷德法典编制的目的是把国王提升为立法者,而不是充当一本指南。阿尔弗雷德在法典的序言中,从《十诫》(Ten Commandments)开始为我们讲述了法律的历史,意在表明他的臣民是上帝恩宠的新族群。《盎格鲁—撒克逊编年史》也许是 896 年至 897 年时在阿尔弗雷德的主持下编写的,其内容和结构表明,编写编年史的使命是把阿尔弗雷德纳入到西撒克逊的历史中,把威塞克斯纳入到世界历史中,强调阿尔弗雷德适于作统治者,体现西撒克逊国王捍卫基督教反对异端邪说的斗争,把阿尔弗雷德的事业和人民置于当时的世界强国和重大事件的背景下,赞美他的成就。

阿尔弗雷德在以散文形式为自己翻译的教皇格列高利一世(Pope Gregory I)的《论神职人员的职责》(Pastoral Rule)一书所写的序言中,提出了一个要翻译"最需要让所有的人都知道"的书的计划。他抱怨说,神职人员的拉丁文水平和教育标准普遍大幅度下降,但阿尔弗雷德本人以及经常与他在一起的那些人的行为却反映出他的抱怨多少有些夸大其词。阿尔弗雷德所抱怨的那些人指的是阿瑟、普莱格蒙德(Plegmund)、威尔弗斯(Waerferth)、格林鲍尔德(Grimbald)和约翰(John)。关于这些人是如何参与阿尔弗雷德组织的宫廷讨论和他所制定的大众教育计划,以及他为方伯和地方官员们(reeves)准备的阅读测试题,等等,我们都是依据阿瑟的文本了解到的。阿尔弗雷德把自己翻译的《论神职人员的职责》一书送给威塞克斯的主教们,教育并敦促他们向下面的神职人员讲授。阿尔弗雷德还翻译了两部令人深思的作品:波伊提乌(Boethius)的《哲学的慰藉》(Consolation of Philosophy)和奥古斯丁(Augustine)的《独白》(Soliloquies),以及一些赞美诗。

西撒克逊对英格兰的兼并,10 世纪经济的发展,以及作为铸币场所和行政中心的自治市镇的建立,所有这一切都可以追溯到阿尔弗雷德。虽然英格兰方言文学未能实现腾飞,但是对主教的教育可能促进了 10 世纪的教会改革运动,因为这场改革运动的领导者都是主教。阿尔弗雷德的法律革新可能已经为亨利二世时代诞生的英格兰普通法奠定了基础。

阿瑟夸大了阿尔弗雷德喜欢沉思默想的性格。实际上,阿尔弗雷德是一个残酷而狡猾的统治者,具有敏锐的历史感和真正的责任感,并且善于体察民意。

Alfred the Atheling(c. 1008—c. 1037) **阿尔弗雷德王子**(**约 1008—约 1037**) 埃塞尔雷德(Æthelred)与诺曼底的埃玛(Emma of Normandy)所生的幼子。埃玛的第二次婚姻嫁给了克努特(Cnut),而遭其抛弃的第一次婚姻所生的几个儿子是在诺曼底长大成人的。1035 年克努特去世后,阿尔弗雷德王子做出了造访英格兰的错误决定。他到达英格兰后就被戈德温伯爵(Earl of Godwine)抓获,失明后死在了伊利。

Algeciras 阿尔赫西拉斯 1906 年 1 月至 4 月,欧洲诸列强在西班牙的阿尔赫西拉斯召开了一次会议,解决了 1905 年至 1906 年发生的第一次摩洛哥危机。会议期间,德国曾试图削弱或摧毁《英法协约》(*Anglo-French Entente*),但结果是枉费心机。

Algiers, bombardment of, 1816. 阿尔及尔大轰炸(**1816**) 1816 年 8 月 27日,埃克斯茅斯勋爵(Lord Exmouth)指挥英国 19 艘军舰,对阿尔及尔城进行了长达 8 个小时的轰炸,将大部分城区摧毁。此后,阿尔及尔总督同意在其领地内废除针对基督徒实行的奴隶制。

Allen, William(1532—1594). **威廉·艾伦**(**1532—1594**) 杜埃神学院(Douai College)创办人和首任院长(1568—1585 年),枢机主教(1587 年)。兰开夏郡人,受教于牛津大学奥里尔学院(Oriel College),1556—1560 年间担任圣玛丽学院(St Mary Hall)院长,1561 年在勒芬(Louvain)加入天主教徒的流亡团体组织。1562—1565 年,在英格兰做短期停留后,1565 年前往西班牙属尼德兰的梅赫伦(Mechlin)并在该地受祝圣为司铎,此后访问罗马,并于 1568 年在杜埃创办了神学院,为英格兰的天主教徒提供大学教育,同时培养传教士,希冀在英格兰恢复天主教。1585 年,因身体原因辞去杜埃神学院院长职务,前往罗马,后担任枢机主教,在罗马去世。

Allenby, Edmund, 1st Viscount Allenby（1861—1936）． **埃德蒙·艾伦比，第1代艾伦比子爵**（1861—1936） 军人和官员。1914年以前的大部分时间里艾伦比在非洲服役,1914年后参加了在法国的战斗,直到1917年6月被派往巴勒斯坦（Palestine）。在中东,他证明了自己是运动战的高手。1917年10月,他率军在加沙（Gaza）打败了土耳其人,到圣诞节时,已经攻克了耶路撒冷（Jerusalem）。当后续增援无法被运送到法国的时候,艾伦比接下来的快速军事进展陷于停顿。但1918年9月,艾伦比恢复攻势,他与T.E.劳伦斯上校（Colonel T.E. Lawrence）领导的阿拉伯军队并肩作战,在米吉多战役（battle of Megiddo）一举摧毁了在巴勒斯坦和叙利亚的土耳其军队。

Alliance Party 联盟党 联盟党成立于1970年4月,目的是弥合北爱尔兰联合派（unionists）与民族派（nationalists）之间的分歧。1973年12月,该党派代表出席了桑宁戴尔会议（Sunningdale conference）,并参与了1974年1月至5月权力共享协定的执行。1977年,该党得到的选民支持达到最高点,当时其候选人在地区议会选举中的得票率占到14.4%,近期该党在选举中的表现则一直较弱。虽然联盟党在威斯敏斯特议会从未赢得一个席位,但它在2007年3月北爱尔兰议会选举中取得7个席位,此外还取得了一些地方议员席位。

Alma, battle of, 1854. **阿尔马河战役**（1854） 1854年9月20日,由英国、法国和土耳其组成的远征军在克里米亚（Crimea）登陆一周后,在拉格伦（Raglan）和圣阿尔诺（St Arnaud）的指挥下,对试图阻止他们向阿尔马河附近的塞瓦斯托波尔（Sebastopol）挺近的由缅希科夫（Menshikov）率领的俄军发动了进攻。经过激烈的战斗,俄军被迫撤退。

Almanza, battle of, 1707. **阿尔曼扎战役**（1707） 1707年4月25日,由英国、荷兰和葡萄牙约15,000人组成的联军在高尔韦勋爵（Lord Galway）的率领下,在巴伦西亚（Valencia）附近向由陆军元帅贝里克（Marshal Berwick）率领的人数更多的法国和西班牙的军队发起进攻。尽管盟军在进攻伊始取得了胜利,但葡萄牙军队在右翼的一次失利将英军和荷军暴露给对手,3000 多人被迫投降。

Almenara, battle of, 1710.　阿尔梅纳拉战役(1710)　1710 年 7 月 27 日,在阿拉贡(Aragon)的诺格拉河(river Noguera)上,奥地利的施塔尔伯格伯爵(Count Stahremberg)率领一支由 24,000 人组成的盟军,在斯坦诺普(Stanhope)率领的英军分遣队的协助下,对维拉达里亚斯将军(General Villadarias)和腓力五世(Philip V)率领的一支人数相当的西班牙军队发动进攻。主要因为斯坦诺普率领的英军分遣队打了西班牙军队一个措手不及,西班牙军队战败。

almshouses　救济院　也被称为养老院(bede-house),目的是为年老体弱者提供住宿。救济院是在当时还没有任何其他可以选择的福利救济的背景下建立的。救济院的资金通常来自于捐助者,他们的捐助意图被写在一份指定谁将得到帮助的契约上。

救济院起源于中世纪的修道院,当时的修道院专门建有一些用于救济和待客的房舍。此后,救济院与宗教的这种联系一直保持下来,它们通常都包含一些小型社团,其成员必须定期参加为捐助者的灵魂举行的祷告仪式。救济院里面通常建有一座小教堂,而住在救济院里的人一般来说则由主持教堂礼拜仪式的牧师负责管理。慷慨的捐助人会设立基金,支付救济院所需的燃料、衣服(有时是制服),甚至一些食物和饮料的费用。

到 14 世纪早期,救济院进行的捐赠已经变成一种受人欢迎的慈善宴会形式。宗教改革以后,许多城镇和村庄仍然在创办救济院,救济院的建筑往往也是人们能够接受的。捐助者往往提出这样的要求:只有英国圣公会(Church of England)的成员才有资格接受救助。

Alnwick, battle of, 1093.　阿尼克战役(1093)　苏格兰国王马尔科姆三世(Malcolm III)在位期间,苏格兰与英格兰之间边界冲突不断。威廉·鲁弗斯(William Rufus)占领坎伯兰(Cumberland)和威斯特摩兰(Westmorland)之后,双方谈判破裂。马尔科姆三世侵入诺森伯兰,围攻阿尼克城堡。1093 年 11 月 13

A

日,马尔科姆三世及其长子爱德华被英军一支前来救援的部队杀死。

Alnwick,battle of,1174. 阿尼克战役(1174) 苏格兰"狮王"威廉一世(William I"the Lion")为了实现其对北方各郡领土要求,于 1173 年和 1174 年两次入侵英格兰。1174 年,在攻打卡莱尔(Carlisle)、沃克(Wark)和普拉德霍(Prudhoe)诸城堡失败之后,威廉一世决定对诺森伯兰的沿海平原地区进行大肆劫掠。7 月 13 日上午,威廉一世与随行的几名骑士在阿尼克城堡外,意外地被雷纳夫·格兰维尔(Ranulf Glanvill)率领的一支效忠于亨利二世的军队抓获。在经过一场激烈的战斗之后,威廉一世被绑到亨利二世面前,亨利二世向其强加了多个严厉的条款。

Alnwick castle 阿尼克城堡 中世纪时期诺森伯兰郡一个重要的城堡,14 世纪初以来珀西(Percy)家族的主要住宅。它矗立在阿尔恩河(river Aln)岸边,可以俯瞰河流,周围是 1765 年左右"能人"布朗(Capability Brown)设计修建的公园。阿尼克城堡目前的样子在很大程度上是 19 世纪中叶第 4 代诺森伯兰公爵阿尔杰农(Algernon,4th duke of Northumberland)的杰作。

Alresford,battle of 奥尔斯福德战役 See CHERITON(见切里顿)

Althorp,John Charles Spencer,Viscount,3rd Earl Spencer(1782—1845). 奥尔索普,约翰·查尔斯·斯潘塞,子爵,第 3 代斯潘塞伯爵(1782—1845) 与令人烦恼的政治生活相比,奥尔索普更喜欢享受私人生活带来的乐趣。他不是一个雄辩的演说家,能够赢得下院的信任靠的是他真诚的为人。在格雷(Grey)和墨尔本(Melbourne)担任首相期间,他身居财政大臣(chancellor of the Exchequer)要职。他对 1832 年《改革法案》(*Reform Bill*)持赞成态度,参与了该法案的起草工作,并在确保该法案被下院通过的过程中起到了非常突出的作用。但 1834 年,他表示反对《爱尔兰高压法案》(Irish Coercion Bill),此举导致格雷决定辞职。墨尔本相信,奥尔索普在下院的存在对其政府至关重要。然而 1834 年 11 月奥尔索普继承其父爵位,成为斯潘塞伯爵,这对墨尔本是个沉重打击,结果导致墨尔本辞职。奥尔索普很高兴离开政界并沉浸于农事活动和乡村体育运动中。

Amboyna massacre, 1623.　安汶岛大屠杀（1623）　马鲁古群岛①（Moluccas）的安汶岛②成为英荷之间争夺香料贸易的焦点。1623年,英格兰人的定居点被荷兰人摧毁。这次大屠杀使荷兰和英格兰之间的关系恶化了很多年。

Ambrosius Aurelianus　安布罗修斯·奥雷利阿努斯　安布罗修斯是"最后一个罗马人",不列颠人的领袖,在罗马统治不列颠晚期抵抗入侵者撒克逊人的掳掠中显露头角。他领导的对撒克逊人的抵抗活动在巴登山战役（battle of Mount Badon）达到顶点,这一仗使撒克逊人被击败。

America　美洲　英属美洲十三个殖民地后来形成了美利坚合众国。除佐治亚（Georgia）外,其余12个殖民地主要都是在英王17世纪时赐予英国商业公司或业主（proprietors）的基础上建立的,佐治亚殖民地建立于1732年。大多数殖民地最终都被置于英王的直接控制之下,所以到1750年时,这13个殖民地的公共机构制度和政治制度都有类似之处。美洲的土著居民印第安人被殖民者们逐渐地逐出家园,并且被边缘化。

在南方,1607年建立的弗吉尼亚殖民地于1624年成为英国王室统治下的一个省。与弗吉尼亚相邻的马里兰【Maryland,见巴尔的摩（See BALTIMORE）】,也被置于英国王室的控制之下,但1715年时又恢复为由业主统治。烟草是出口的主要作物,也造就了弗吉尼亚和马里兰这两个殖民地的发展模式。两个殖民地所需的劳动力,是靠来自不列颠群岛的契约佣工（indentured servants）来满足的,这些契约佣工以在此劳动若干年为条件,抵偿船资。大约在1680年后,这些契约佣工逐渐被来自非洲的奴隶取代。在南卡罗来纳（该殖民地建立于1663年）,稻米成为出口的大宗作物,这里的奴隶更加集中,对奴隶的

---

① 旧译摩鹿加群岛。——译者注
② 旧译安波那。——译者注

使用也更加残酷。南卡罗来纳和北卡罗来纳都变成了由英国王室直接控制的殖民地。在佐治亚,这个由人道主义者为穷人建立的庇护所,曾试图在本地禁止实行奴隶制和销售烈酒,但均未见成效,佐治亚最终发展成为一个以种植园为基础的社会。

在北方,由于没有主打产品,所以很多业主家族而不只是契约佣工都来到1662 年就获得了英国王室特许状的马萨诸塞【Massachusetts,见马萨诸塞湾公司(See MASSACHUSETTS BAY COMPANY)】和康涅狄格(Connecticut)。到这里的早期移民都是逃避宗教迫害的清教徒,他们帮助这两个殖民地建立了自己的社会和政治制度。在 1636 年建立的罗得岛(Rhode Island)殖民地,公理宗、浸信会和贵格会之间的冲突在实现宗教宽容的过程中扮演了重要角色。新罕布什尔最早的定居者是来自新英格兰的公理宗,1679 年取得英国王室颁发的特许状。

中部殖民地是 1660 年后建立的,成为源源不断的白人移民的最大接纳地。1644 年,英国王室把纽约赐给了约克公爵詹姆斯(即后来的詹姆斯二世)。詹姆斯又从中将新泽西赐给了几个业主。这两个地区后来均受王室的直接控制。宾夕法尼亚【见彭威廉(See PENN,WILLIAM)】早期的社会生活则被基督教公谊会成员所主导。与宾夕法尼亚南部相邻的特拉华(Delaware),是由宾夕法尼亚低地地区的三个县组成的,纽约市尤其是费城,成为真正的城市中心。

17 世纪时,英国将殖民地视为其过剩人口的容纳地,但到 17 世纪末时,不列颠本土对大量劳动力的需求使得劳动力的供应变得紧张起来。虽然仍有人口继续从不列颠本土移民到殖民地,但移民主要来源于爱尔兰北部和新教德国。随着阿尔斯特(Ulster)的长老派("苏格兰—爱尔兰"),以及德国的浸信会、路德会和摩拉维亚教徒(Moravians)的到来,殖民地的宗教信仰日益多元化。即便如此,人口的自然增长超过移民,成为殖民地人口增长的首要因素,这是殖民地发展的一个可怕特征,为殖民地自信心的迅速增强打下了基础。

在英国人看来,美洲 13 个殖民地对于英国发展一个有利可图的海上商业帝国事业具有非常重要的价值。1651 年以来,面对来自荷兰的竞争,英国采取了包括颁布各种贸易法案【"航海条例"("Navigation Acts")】在内的各种控制措施。外国建造的或有外国船员的船只一律不能在美洲 13 个殖民地从事贸易活动,绝大部分进出口商品的运输都要经过英格兰和苏格兰(1707 年以后)的港口。1696 年贸易委员会(Board of Trade)的成立,为殖民地的管理提供了一个关注点,英国试图收紧对殖民地的控制,尤其是在战争期间。

在罗伯特·沃波尔爵士(Sir Robert Walpole)和纽卡斯尔公爵(duke of Newcastle)执政期间,由于对殖民地实行以"有益的忽视"("salutary neglect")为特征的政策,这些控制措施并没有借助武力得到继续执行。英国只是在与法国和西班牙重开争端,而且是在一批具有帝国思想的政治家和殖民地统治者势力兴起的情况下,才出现了要对殖民地采取更加严格行政控制的要求。而此时,殖民地的政治认同几乎完全形成了。原来的王室特许状已经授予 13 个殖民地以较大的自治权,容许通过广泛选举产生的各殖民地代议制议会(representative assemblies)拥有真正的立法权。这些议会取得了对财政和地方政府的控制权,这一过程是因一批成功家族精英群体的出现而形成的。

1754 年英法两国在北美爆发的战争,促使宗主国(mother country)与殖民地之间必须进行合作,双方的分歧也因需要战胜法国这一天主教力量的共同目标而被掩盖了。英国建立殖民地联盟的计划在 1754 年的殖民地会议上宣告失败。"七年战争"的持续,暴露了殖民地议会对伦敦的猜忌和自私自利,也暴露了各殖民地议会之间存在的相互不信任和利己主义的私心。尽管英国在财富和人口方面所享有的压倒性的优势,例如,纽约和新英格兰的财富和人口数量就超过了法属加拿大殖民地的财富和人口数量,而且英国还动用了正规部队,但直到 1759 年至 1760 年英国才取得战争的胜利。

"七年战争"的胜利令英国人欢欣鼓舞,他们认为这是在上帝的佑护下,基督教新教和自由精神的胜利。然而,战争也使英国的国债大幅增加,而且英国人对殖民地力量的扩张愈发感到忧虑,认为法国及其印第安盟友也将无法对之加以遏制,如此将会加速殖民地与边境部落之间代价更为高昂的新冲突,而 1759 至 1761 年的切罗基战争(Cherokee War)和 1763 年发生在中部殖民地的一场与印第安人的战争则进一步加深了这些忧虑。当英国政府大臣们采取新的措施,提高对殖民地的税收时,殖民地的政治意识被激发出来,同时殖民地之间的合作也进一步加强。殖民地的抵抗运动乃至革命随之而来。

American War 美国战争 See WAR OF 1812(见 1812 年战争)

A

American War of Independence, 1775—1783.　**美国独立战争**（1775—1783）　美国独立的历史根源,最远可以追溯到殖民活动初期出现的一些端倪:一些殖民者与英国政府意见相左,他们希望在殖民地建立一个没有主教和贵族的更加平等的社会,而且殖民地议会已经获得了一些政治经验。此外,不仅殖民地人民的自信心与日俱增,而且殖民地的人口也在大规模增长和繁荣,1715 年时殖民地人口数量不足 50 万人,其中有 70,000 人是黑人奴隶。到了 1770 年,殖民地的人口超过 200 万。

"七年战争"触发了这场危机。战争期间,英国把法国人逐出加拿大。此前,正是来自西班牙或法国对美洲殖民地的觊觎的威胁,才使得殖民者的意愿得到遏制。然而,这一遏制的消除恰恰与英国对殖民地种植园成本不断上升感到担忧的时间吻合在了一起:英国决定要让殖民地为帝国承担更多的责任。1764 年通过的格伦维尔(Grenville)《印花税法》(Stamp Act)引起轩然大波。虽然《印花税法》于 1766 年被废止,但重申英国对美洲殖民地主权的《公告法》(Declaratory Act)使其为吸引殖民地所作出的大部分表态都失去了意义。强制推行的汤森税法(Townshend duties),激起了殖民地人民的武力反抗。1770 年波士顿惨案(Boston massacre)发生之后,出现了 1772 年"葛斯比"号(Gaspée)船被扣事件和 1773 年的"波士顿茶党案"(Boston Tea Party)事件。到 1774 年,美洲殖民地召开会议,决定共同抵抗英国。

1775 年,列克星敦(Lexington)的枪声一打响,英国就面临着一个艰难的军事任务,即不可能对如此一个幅员辽阔的国家实施军事占领和派军驻守。但由于当时有许多美国人仍然效忠于英国王室,加之英国的武装介入,这些都使得英国一度占了上风。美国独立战争的第一阶段,以 1777 年 10 月伯格因(Burgoyne)在萨拉托加(Saratoga)战役中率部投降,其实施的意在切断新英格兰与其他殖民地之间联系的宏大计划宣告失败而结束。英国本来还有挽回灾难的可能,但法国和西班牙却参战了。尽管如此,战争的前景仍然不明朗。华盛顿克服了巨大困难才把他的军队集合在一起。1780 年,康华里(Cornwallis)率领英军主力向南部殖民地进军,但被切断。1781 年 10 月,康华里在约克敦(Yorktown)投降,美国独立战争结束。1783 年签署的《凡尔赛条约》,承认了美国的独立。

美国独立引发的后果,从短期看并不像许多人期待的那样立竿见影。尽管人们确信英国的世界强国形象开始黯然失色,但英国的经济复苏仍十分迅速。然而,从长远来看,世界强国正在向大西洋彼岸发生着重大的转换,19 世纪 60 年代美国内战结束后不久,美国人口就超过了宗主国英国的人口。如果我们从长时段的角度来认识世界重大历史事件的话,那么英国历史上取得的唯一最重要的发展就是美洲殖民地的建立和丧失,再加上英语和英国议会制度在世界范围的传播。

Amherst, Jeffrey Amherst, 1st Baron (1717—1797). **杰弗里·阿默斯特,第 1 代阿默斯特男爵**(1717—1797) 阿默斯特是一名职业军人,在年龄还很小时就已经参军入伍,28 岁时任陆军中校。奥地利王位继承战争期间,在代廷根(Dettingen)战役和丰特努瓦(Fontenoy)战役中表现卓越,1758 年被任命为驻美洲英军总司令,并因征服加拿大而获得巨大声誉。就在英国与殖民地之间的冲突爆发之际,阿默斯特进入内阁,并于 1776 年被晋封为男爵,1778 年至 1782 年被正式任命为英国陆军总司令。诺斯内阁倒台后,他遭解职,但 1793 年至 1795 年又重新担任英国陆军总司令一职。1772 年,乔治三世以不无嘲讽的语气如此说到,阿默斯特为英国作出的贡献无疑是巨大的,"即使是换个人评价,也不会贬低他的贡献"。

Amiens, mise of, 1264. **《亚眠协定》**(1264) 亨利三世与男爵们在经历多年的斗争后,双方一致同意将《牛津条例》(1258 年)是否合法这一问题,交由法国国王路易九世(Louis IX)仲裁。路易九世断然决定支持亨利三世,否定了《牛津条例》的合法性。结果非但没有解决双方的争端,反而迫使西蒙·德·孟福尔(Simon de Montfort)及其支持者公开叛乱。

Amiens, treaty of, 1802. **《亚眠条约》**(1802) 该条约的签订,使英国与历经革命战争和拿破仑战争时期的法国之间自 1793 年至 1814 年所进行的长期战争,出现了唯一一段短暂的和平。到 1801 年,英法间的战事几乎陷入僵局。1801 年皮特(Pitt)的辞职,减轻了其继任者阿丁顿(Addington)谋求和平的难度。根据条约,英国保留锡兰(Ceylon)和特立尼达(Trinidad),但将好望角(Cape of Good Hope）还给荷兰，并且保证将马耳他（Malta）归还给圣约翰骑士团（Knights of St John）；法国则需从那不勒斯（Naples）和意大利中部撤军，埃及则恢复由土耳其人统治。然而，订约各方都彼此拖延履行条款，所谓的和平也只不过是一次武装停火，仅仅持续到 1803 年 5 月，英国随即宣战，继而拿破仑开始策划入侵英格兰。

Amritsar massacre, 1919. 阿姆利则惨案（1919） 1919 年 4 月 13 日，在阿姆利则的贾利安瓦拉巴格广场（Jallianwalla Bagh），R.E.H. 戴尔将军命令士兵向手无寸铁的抗议人群开枪，造成 400 人被杀。大屠杀成为英国压迫印度的标志。圣雄甘地（Mahatma Gandhi）领导了全国性示威游行，这使他成为印度民族运动的领袖。

Anabaptists 再洗礼派教徒 再洗礼派教徒认为，洗礼（bapitism）应该推迟到人们能够理解自己作出的对上帝的承诺时再进行。该派教徒普遍认为，他们应该推翻整个社会秩序，这是造成他们遭遇仇视的根源。这一宗教运动的内部存在着不同的教派，而以 1533 年至 1535 年在明斯特城（Münster）掌权的再洗礼派最为激进，他们主张财产共有和实行一夫多妻制。正是这些主张招致整个运动受到诋毁，使"再洗礼派"成为一个被滥用的术语。亨利八世认为他们是"一个可憎的教派"，并将一些再洗礼派教徒处以火刑；詹姆斯一世在为《王室礼物》（*Basilikon*）一书写的序言中，谴责他们为"一个卑鄙的教派"，而且将更多的再洗礼派教徒处以火刑。

anarchism 无政府主义 虽然对政府的不信任在英国的政治传统中乃寻常之事，但无政府主义作为一种思潮，在英国得到的支持却寥寥无几。尽管无政府主义者很有可能是主张集体主义的平均地权派（collective agrarianists），而且无政府主义理论也只是在法国大革命后才发展起来的，但无政府主义的因素可以被追溯到英国共和国（Commonwealth）时期。潘恩（Paine）就曾声称政府充其量只是一个不可避免的弊害："所谓的政府，其很大一部分作用就是征税。"斯宾塞（Spence）走得更远，他的未来社会愿景是以堂区为单位，而国家只保留最小的权力。1820 年发生的企图谋杀内阁成员的加图街阴谋(Cato Street conspiracy)案,以及斯宾塞的支持者们的所作所为,使无政府主义在人们心目中的形象变得非常可怕。1871 年无政府主义者在国际范围内出现了第一次分裂:一部分是马克思(Marx)的支持者,他们要建立的是无产阶级国家;另一部分是巴枯宁(Bakunin)的支持者,他们判断无政府主义可能会成为专制统治的引擎。英国那些无政府主义者小团体的影响力甚微。1911 年,在伦敦的斯特普尼(Stepney)街区,发生了轰动一时的围攻悉尼街(Sidney Street)100 号事件,有两个外国无政府主义者被迫躲藏起来。20 世纪 30 年代,在卷入西班牙内战(Spanish Civil War)的左翼分子当中,有些人表现出对无政府主义理论的兴趣。但在英国,对无政府主义的恐惧(保守主义传统中的一个重要组成部分),一直比无政府主义本身的影响还要广泛。

Ancrum Moor, battle of, 1545. **安克鲁姆荒原战役**(1545) 在经历 1542 年索尔韦莫斯(Solway Moss)大败后,苏格兰国王詹姆斯五世去世,亨利八世积极谋划让其子爱德华迎娶还在襁褓中的苏格兰女王玛丽(Mary)。当谈判受挫时,亨利决定采取铁腕政策,这就是著名的"粗暴求婚"("rough wooing")。1544 年,赫特福德(Hertford,萨默塞特公爵)洗劫了爱丁堡。翌年,由拉尔夫·埃弗斯爵士(Sir Ralph Evers)和布赖恩·拉顿爵士(Sir Brian Latoun)率领的另一次远征把梅尔罗斯(Melrose)洗劫一空。但摄政阿伦(Arran)和安格斯伯爵(earl of Angus)集结了一支苏格兰军队,于 2 月 17 日给入侵者以沉重打击,并杀死了拉尔夫·埃弗斯爵士和布赖恩·拉顿爵士两位英军将领。

Anderson, Elizabeth Garrett (1836—1917). **伊丽莎白·加勒特·安德森**(1836—1917) 英国第一位有行医资格的女医生。伊丽莎白·加勒特出生在萨福克郡(Suffolk)的奥尔德堡(Aldeburgh),这里也是她去世后被埋葬的地方。她的顽强努力使她于 1865 年获得了英国药剂师协会(Society of Apothecaries)颁发的行医执照,并于 1870 年成为法国第一位女医学博士。她专门从事妇女和儿童疾病的诊疗,创办了第一家完全由女性工作人员组成的医院,最终成为伦敦女子医学院(London School of Medicine for Women)院长。

A

Andrew,St（d. c. AD 60）. 圣安德鲁（约卒于公元 60 年） 加利利（Galilee）的渔夫,是耶稣最早的门徒之一,也是第一位传教士。关于他的生平,虽然人们普遍认为他是在亚加亚（Achaia）的帕特雷（Patras）被钉死在十字架上的,但他受难以后的事迹就鲜为人知了。他是苏格兰的守护神,与其死亡相关的"圣安德鲁十字"（saltire cross）是联合王国国旗（Union Jack）上苏格兰的标志。11 月 30 日为圣安德鲁日（St Andrew's day）。

Andrewes,Lancelot（1555—1626）. 兰斯洛特·安德鲁斯（1555—1626） 1605 年担任奇切斯特（Chichester）主教,1609 年担任伊利主教,1619—1626 年担任温切斯特（Winchester）主教。安德鲁斯受教于剑桥大学彭布罗克学院（Pembroke Hall）,是一个学识渊博的学者,精通 15 门语言。1604 年,他被任命为新版《圣经》翻译筹备组成员之一,主要负责《摩西五经》（Pentateuch）和《旧约》中历史卷的翻译。

Aneurin（late 6th cent.） 安奈林（6 世纪末人） 吟游诗人。人们对安奈林的所有了解几乎都不得不从他创作的史诗《哥多丁》（Y Gododdin）中加以推测,《哥多丁》讲述的是大约公元 600 年时洛锡安哥多丁（Gododdin in Lothian）的不列颠人对伯尼西亚（Bernicia）和德伊勒（Deira）的盎格鲁—撒克逊人发动的一次灾难性突袭。哥多丁在内尼厄斯（Nennius）约 796 年时写作的《不列颠人的历史》（Historia Brittonum）中,与塔利辛（Taliesin）一样,被视为 5 个为反对诺森伯里亚人而斗争的威尔士吟游诗人之一。

Angevin empire 安茹帝国 "安茹帝国"一词通常用来描述亨利二世及其直系继承人占有的或宣称有权拥有的土地的集合。亨利二世通过将三种不同渠道继承得来的土地置于自己的统治之下,使帝国第一次把分散的土地集中在一起。这三种继承得来的土地包括:其一,1066 年时将诺曼底公国（duchy of Normandy）和英格兰王国合并组成的原盎格鲁—诺曼王国（Anglo-Norman realm）。其二,亨利二世还声称拥有布列塔尼公国（duchy of Brittany）的领主权,并宣称从前任英格兰国王那里继承了威尔士和苏格兰。布列塔尼公国是亨利二世从他的母亲,即亨利一世的女儿玛蒂尔达皇后(Empress Matilda)那里继承来的。亨利二世从他的父亲亨利那里继承了安茹伯国(county of Anjou,"安茹帝国"由此而得名),以及曼恩伯国(county of Maine)和图赖讷伯国(county of Touraine)。其三,1152 年亨利二世与阿基坦的埃莉诺(Eleanor of Aquitaine)结婚之后,从埃莉诺那里继承了阿基坦公国(duchy of Aquitaine)。1171 年至 1172 年间亨利二世入侵爱尔兰后,爱尔兰也被并入安茹帝国的领地。由此可见,亨利二世统治的领土幅员辽阔,从比利牛斯山脉(Pyrenees)一直延伸至苏格兰,成为西欧最强大的统治者。

有证据表明,安茹帝国是亨利二世本人亲手建立的。他自 1150 年至 1156 年间,把三种分别继承得来的土地集中在一起,期间虽发生了小杰弗里(Geoffrey the Younger)的反叛,但最终还是被迫降服。小杰弗里反叛事件意义十分重要。如果安茹帝国从本质上说是亨利二世靠投机取巧建立起来的话,那么,从 1189 年帝国的建立者亨利二世去世,到帝国于 1204 年的衰落和解体,期间只经历了短暂的十五年时间,就容易理解了。

那些认为帝国的解体是不可避免的人们,总是强调这样一个事实:无论亨利二世、理查一世,还是约翰,都没有谋求加强中央集权。相反,帝国内每个领主都在自己的领地内保留着自己的制度、法律和习惯,只是在最低限度内执行着"帝国的法律",而且整个帝国没有统一的货币,也没有一个政治中心。与此形成对比的是,不断变化的局势却迫使安茹帝国的领主们出于对其在法国持有的封地的关切,不得不与法国卡佩王朝(Capetian)的国王们结成更具明确意义的封建关系,这种关系在 1200 年签订的《勒古莱和约》(treaty of Le Goulet)中规定的诸条款里被强化到了顶点。只有在英格兰,这些领主们才能在法律上与其法国领主平起平坐。英格兰国王也从未有过把不同领地统一起来传承下去的意图。早在 1169 年,亨利二世在蒙米拉伊(Montmirail)就曾明确表示过,他的每个儿子都应该得到一部分领地。除此之外,安茹王朝辽阔的地域也使政府难以进行有效管理,这一难题又因统治家族内部严重的对立和矛盾而进一步加剧。

尽管这些论点非常有说服力,但事实上,直到 1202 年至 1203 年,安茹帝国基本上还是完整无损的。我们必须要考虑到约翰国王与当时的卡佩王朝国王腓力二世(Philip II)两人之间的竞争力。腓力二世是一个比他父亲路易七世

（Louis VII）更强的对手，一方面是由于他自身的能力很强，另一方面是因为他还掌握了更多的资源。他所要保卫的是一个较之安茹帝国散布于法国的大片领地更加紧凑的公国。另外，约翰完全被腓力二世玩弄于股掌之间。1200 年至 1204 年，约翰原本所有的优势都被腓力二世想方设法消磨殆尽。

所有这些因素结合在一起就意味着，到 1204 年底，只有海峡群岛（Channel Islands）和幅员面积已经大为缩小的加斯科涅（Gascony）还被保留在约翰的手中。1259 年，亨利三世听天由命地放弃了对亨利二世从法国继承来的领地的权利要求。作为回报，路易九世（Louis IX）承认亨利三世是加斯科涅的合法公爵。安茹帝国时代已经走到了尽头。

Angles　盎格鲁人　See ANGLO-SAXONS（见盎格鲁—撒克逊人）

Anglesey　安格尔西岛　威尔士西北部的一个岛郡，经梅奈海峡（Menai Straits）与英国本土隔开。1974 年它成为圭内斯郡（county of Gwynedd）的蒙岛（Ynys Môn）区，但在 1996 年又重新设立为郡。安格尔西岛所处的位置，再加上斯诺登山（Snowdonian mountains）这一保护屏障，使其传统上就成为抵抗外来入侵者罗马人和诺曼人的中心。但爱德华一世占领该岛之后，于 1284 年将其设为威尔士公国（principality of Wales）的一个郡，在 1536 年颁布的《合并法》（*Act of Union*）中，安格尔西岛郡的地位得到确认。

Anglesey, Henry William Paget, 1st marquis of（1768—1854）.　**亨利·威廉·佩吉特，第 1 代安格尔西侯爵（1768—1854）**　军人和官员。1794 年，安格尔西在佛兰德（Flanders）服役，隶属约克公爵（duke of York）麾下。1808 年科伦纳战役（Corunna campaign）期间，他统领骑兵，指挥有方。在滑铁卢（Waterloo）战役中，他表现出大无畏的勇气，率领辎重旅向敌人发起了猛烈进攻，击败了德隆伯爵（comet d'Erlon）的一个师，他因此被封为侯爵，但在战斗中失去了一条腿。1828 年，安格尔西被任命为爱尔兰总督（Lord-lieutenant of Ireland），他支持天主教徒解放运动（catholic emancipation），结果在 1829 年被威灵顿（Wellington）解除了爱尔兰总督一职。格雷（Grey）组阁后，安格尔西重新出任爱尔兰总督,但要面对来自奥康奈尔(O'Connell)的反对。

Anglicanism 英国圣公会 See CHURCH OF ENGLAND(见英国圣公会)

angling 钓鱼术 用杆、线、钩和活的诱饵或人造诱饵捕鱼的一门艺术。该名称源自古英语"*angle*",即钩子。1653 年,艾萨克·沃尔顿(Izaak Walton)的作品《垂钓大全》(*The Compleat Angler*)的畅销,证明了钓鱼在 17 世纪已成为一个颇受大众喜爱的消遣活动。1903 年,英国垂钓者联合会(National Federation of Anglers)成立。

Anglo-catholicism 安立甘公教派 安立甘公教派是 19 世纪时从"书册运动"(tractarianism)中迅速发展起来的教派,并在 20 世纪 20 年代和 30 年代达到其顶峰。查尔斯·戈尔(Charles Gore)把早期的"书册运动"从边缘化的社会现象转变为教会中的核心力量,他实现了纽曼(Newman)无法取得的成就。与"书册运动"强调安立甘公教派自远古时代以来就已存在的延续性相比,极端的安立甘公教派变成了罗马天主教教皇集权的翻版。然而,就其好的方面而言,它具有一种社会主义气质,这点在贫困地区表现得尤其突出。在建立更加频繁的团契关系后,该派添加了蜡饰、圣衣、香祭礼仪,保留了圣礼以及告解。20 世纪 20 年代,随着福音派的削弱,安立甘公教派成为英国教会中的推动性力量。不过,第二次梵蒂冈大公会议(Vatican Council,1962—1965 年)将天主教礼拜仪式"新教化"(protestantizing)的做法,使旧式的安立甘公教派成为一个孤立的团体,对他们而言,授予妇女圣职问题(20 世纪 90 年代)成为其发展的一个主要障碍。

Anglo-Dutch wars 英荷战争 英格兰与荷兰之间共进行了三次战争,分别发生在 1652—1654 年、1665—1667 年和 1672—1674 年。英荷战争为英格兰从共和制到复辟的君主制两个时期之间保持发展的连续性,提供了一个独特的因素。三次战争的目的都是要对英格兰与荷兰共和国之间商业贸易的不平衡作出调整。在第一次英荷战争中,商业贸易安全问题也是一个要解决的目标。1651 年,荷兰拒绝了英吉利共和国提出的与其结成贸易联盟的要求,并派出一

A

支舰队进入英格兰水域,以防止荷兰船只遭到英格兰的检查。一次偶然的冲突点燃了两国之间的战争。只配备了轻型武器的荷兰海军遭到惨败,一次是在1652年,三次是在1653年。此后,荷兰的贸易活动彻底瘫痪了。在1654年4月双方签订的条约①中,克伦威尔对其中宽松的条款给予了承认。克伦威尔这样做的原因在于,他通过另外一个单独的协议,将奥兰治王室(the house of Orange)在最重要的荷兰省(province of Holland)中的所有权位一律排除了出去。

约克公爵詹姆斯(James,duke of York,即后来的詹姆斯二世)在确信能取得胜利的情况下,挑起了第二次英荷战争。1665年6月,他在洛斯托夫特(Lowestoft)海面击败了荷兰重新组建的一只舰队,却未能乘胜扩大战果。1666年,英荷双方各取得了一次代价高昂的胜利,但英格兰的财政陷入枯竭。英格兰的海岸防御体系未能阻挡住荷兰的进攻,大量英格兰舰船在梅德韦河(river Medway)被荷兰人击毁,"皇家查理"号(*Royal Charles*)也被荷兰人俘获。英格兰发动第三次战争的目的是要消灭荷兰共和国。法国侵占了荷兰的东部省份,英国舰队虽然与荷兰有4次交战,1672年1次,1673年3次,但结果则互有胜负。第三次英荷战争是由亲天主教的秘密团体发动的,战争中英格兰与法国结成了同盟,因此这次战争不得人心。英荷战争的反对者在奥兰治的威廉(William of Orange)的鼓动下,促使议会拒绝为战争进一步提供财政支持,查理二世不得不与荷兰讲和。

Anglo-Irish agreement,1985. **《英爱协定》**(1985)　1985年11月15日,由英国首相玛格丽特·撒切尔(Margaret Thatcher)与爱尔兰共和国总理(taoiseach)加勒特·菲茨杰拉德(Dr Garret FitzGerald)在唐郡的希尔斯堡(Hillsborough,Co.Down)共同签署。该协定旨在促进北爱尔兰内部和解和英国与爱尔兰两国政府间的合作。北爱尔兰统一党(Ulster Unionists)认为,该协定是英国和爱尔兰两国共同主宰北爱尔兰事务的体现,并于1985年至1886年间发动了一场激烈的反对英国政府的运动。

---

① 即《威斯敏斯特条约》。——译者注

Anglo-Irish ascendancy 英—爱优势阶层① "新教徒优势阶层"
(protestant ascendancy)这一术语似乎在 1782 年时就已被创造出来了。然而,人
们对这一术语产生兴趣源于 17 世纪英国对爱尔兰实行没收土地政策时期。
1608—1609 年,阿尔斯特(Ulster)垦殖地的所有权从盖尔人(Gaelic)领主手里全
部被转交给英国投资者和定居者;1652—1653 年克伦威尔实行的没收土地政
策,使得爱尔兰其余地区绝大部分天主教地主的财产也都被剥夺。1689—1691
年,威廉麦特(Williamite)取得对爱尔兰战争的胜利②,为没收爱尔兰土地和实
施旨在强化新教徒地产利益的一系列措施铺平了道路。

因此,18 世纪是新教徒优势阶层的黄金时代。1782 年至 1783 年以后,随着
由绅士阶层控制的爱尔兰议会被赋予独立的立法权,新教优势阶层的政治力量
达到顶点。但是,在 18 世纪 90 年代,新教徒优势阶层的主导地位受到了日益强
大的天主教和反对者势力的挑战,而且他们面对 1789 年的起义所表现出的明显
无助,使其很容易受到来自英国的干预。1800 年的《联合法》(Act of Union)废除
了都柏林议会(Dublin Parliament),严重打击了爱尔兰地产利益阶层的政治权
威。随着天主教徒解放运动(catholic emancipation,1829 年)的开展和农民激进
的民族主义运动的兴起,新教徒优势阶层进一步遭受到政治上的挫败。买地立
法,尤其是 1903 年《土地法》的实施,加快了土地向原来的租地农场主手里的回
流,并迅速终结了英—爱优势阶层在经济上的主导地位。

Anglo-Irish treaty,1921. 《英爱条约》(1921) 1921 年 7 月 11 日的停战
协定,结束了爱尔兰共和军(Irish Republican Army)与英军之间自 1919 年以来
一直持续的激烈战争。1921 年 10 月,阿瑟·格里菲思(Arthur Griffith)和迈克
尔·柯林斯(Michael Collins)代表爱尔兰与英国正式开始谈判。12 月 6 日,双方
签署条约,据此爱尔兰成为自由邦(free state),享有自治全权,但阿尔斯特

---

① 也译新教徒优势阶层。——译者注
② 1688 年"光荣革命",英王詹姆斯二世被信奉新教的女婿奥兰治的威廉(William of Orange,
即后来的威廉三世,1689—1702 年在位)赶下台。詹姆斯二世信奉天主教,得到爱尔兰天主教徒的
拥护。爱尔兰天主教徒为了支持詹姆斯二世,不惜与威廉三世一战,这就是"爱尔兰的威廉麦特战
争"(Williamite War in Ireland,1689—1691),结果以爱尔兰和詹姆斯二世的失败而告终。——译
者注

(Ulster)的 6 个郡划归给英国。1922 年 1 月 7 日,爱尔兰议会最终以 64 票对 57 通过了该条约;12 月 6 日,条约正式生效。

Anglo-Japanese treaty,1902. **《英日同盟条约》(1902)** 该条约的签订是为了强化英国在远东(Far East)的安全利益不受法国和俄国的侵犯。英日双方同意,只要缔约一方与其他两个或两个以上国家卷入战争,另一方应给予出兵参战的支持。该条约的签订使人们看到了战争局部化的希望,也促使日本决定于 1904 年进攻俄国。根据 1905 年续订的同盟条约,英日双方同意,只要缔约一方与任何第三国发生战争,另一方应提供军事援助。由于美国的反对,该条约于 1921 年至 1922 年宣告终止。

Anglo-Russian entente,1907. **《英俄协约》(1907)** 该协约签订于 1907 年 8 月 31 日,目的是要解决英俄之间在波斯(Persia)、中国西藏和阿富汗持续进行的长期对抗。为了对付德国,英国外交部还希望能够改善欧洲和近东(Near East)的势力均衡。该协约的签订之所以成为可能,只是因为俄国被日本战败,加之国内发生了革命,力量遭到削弱。

Anglo-Saxon Chronicle **《盎格鲁—撒克逊编年史》** 9 世纪 90 年代初,在阿尔弗雷德(Alfred)的主持下,把各地编年史加以校订增删,汇编而成《盎格鲁—撒克逊编年史》。该书采用编年体的形式,用古英语记录了盎格鲁—撒克逊时期所发生的重大历史事件。后来,在一些具有读写能力僧侣存在的大的宗教中心,《编年史》得到了续写。幸存下来的与坎特伯雷、伍斯特(Worcester)、约克和阿宾登(Abingdon)有关的抄本,为我们提供了英格兰历史上某些时期——阿尔弗雷德统治时期和埃塞尔雷德(Æthelred)统治时期的叙述较为突出,其次是忏悔者爱德华(Edward the Confessor)统治时期和诺曼王朝诸国王统治时期——的较为完整的叙述,但对其他历史时期的叙述则少得可怜。

Anglo-Saxons **盎格鲁—撒克逊人** 盎格鲁—撒克逊人是对从 4 世纪晚期到 7 世纪早期在不列颠定居下来的日耳曼人后裔的统称。盎格鲁—撒克逊人定居不列颠的背景各不相同,有的是以雇佣兵的身份来到不列颠的,有的则是以入侵者的面目进入不列颠的。除了盎格鲁人和撒克逊人之外,还包括朱特人(Jutes)等其他部族。最终用"英格兰人"(English)和"英格兰"(England)的名称来称呼这些人民及其所居住的土地,大概要归功于比德,在他所著的《英吉利教会史》(Ecclesiastical History of the English People)一书中,比德把盎格鲁—撒克逊人统称为英格兰人。比德使用的"英格兰人"这一名称是沿用自教皇格列高利一世(Pope Gregory I),格列高利一世曾把他见到的这些人称为"Angles"①。

虽然许多关于入侵和定居的细节描述是模糊不清的,但就其大部分历史而言,盎格鲁—撒克逊时期的英格兰在中世纪早期的欧洲仍然属于文献记载最为完好的社会之一。除了比德的《英吉利教会史》外,这一时期的史料来源还包括为数众多的圣徒生平传记,以及《盎格鲁—撒克逊编年史》。曾经到过欧洲大陆的盎格鲁—撒克逊传教士的信件有很多被保留下来,其中就包括尤其重要的卜尼法斯(Boniface)的信件。涉及王室的思想观念,以及政府的运作和法律的实施等方面的史料证据相当多,包括用本国方言写成的法典【从肯特王国的国王埃塞尔伯特(Æthelbert)开始】、特许状、令状和遗嘱。史学家们还从对方言文本的研究,以及对地名、艺术品(包括雕塑)和建筑的研究中获得了很多收获。对墓葬、定居点、市镇、王宫【叶维林(Yeavering),切德(Cheddar)】、修道院和教堂的考古研究也是至关重要的。尽管如此,不确定性依然存在。史料证据中存在的空白,对史料解读过程中出现的问题,以及利用不同类型史料加以相互印证过程中出现的问题,都会引起学界激烈的争论。有些问题可能永远也得不到解决,因此,对于我们来说,能够认识到重要课题的研究依赖于偶然幸存下来的证据或发现,例如萨顿胡船葬(ship-burial at Sutton Hoo)的发现和幸存下来的史诗《贝奥武甫》(Beowulf)这一点,就十分有益了。

不知具体从什么时候开始,盎格鲁—撒克逊人建立了许多王国。7世纪时,王国间的力量平衡开始从东南部(肯特王国和东盎格利亚王国)向西北部(诺森

---

① 据说,教皇格列高利一世(约540—604年)有一次在罗马奴隶市场上见到一群金发碧眼皮肤白皙的日耳曼裔孩童被出售,得知这些孩子来自不列颠后,感慨到:Non Angli, Sed angli.意思是:They are not Angles, but angles.所以,Angles一词这里有两个含义,一是指"英格兰人",一是指"天使"。——译者注

A

伯里亚王国、麦西亚王国和威塞克斯王国)发生倾斜,大国开始兼并小国,这就是所谓的"七国时代"(heptarchy)。8世纪是麦西亚王国称霸和诺森伯里亚王国保持独立的时期,9世纪则是威塞克斯王国兴起和英格兰遭受维金人威胁的时代。维金人建立了自己的东盎格利亚王国和诺森伯里亚王国。10世纪时,威塞克斯统一了英格兰。

阿尔弗雷德(Alfred)、阿塞尔斯坦(Athelstan)和埃德加(Edgar)在锻造统一的英格兰民族方面,作出了重要的贡献,而比德的著作和教会的需要则为此起到了促进作用。然而,1066年诺曼底公爵威廉征服英格兰这一事件并非不可避免。划界分国而治这种可能性本来是存在的。7世纪末,有可能在亨伯河(Humber)以南和亨伯河以北(包括苏格兰南部)形成两个王国并立的局面。10世纪时,由其中的一个王国将势力推进到威尔士,而不是让斯堪的纳维业人(Scandinavian)来控制北部地区,这种可能性也是完全存在的。

社会与文化会随着时间的变化而改变。我们对盎格鲁—撒克逊人的异教信仰了解得还不是很充分。7世纪是盎格鲁—撒克逊人皈依基督教的辉煌时期,同时也是圣徒辈出的时代,尤其在诺森伯里亚,涌现出传教士艾丹(Aidan)、土生土长的传教士威尔弗里德(Wilfrid)、卡思伯特(Cuthbert)以及其他一些人;大量的修道院建立起来,包括林迪斯芳(Lindisfarne)、惠特比(Whitby)、里彭(Ripon)、赫克瑟姆(Hexham)和芒克威尔茅斯—贾罗(Monkwearmouth-Jarrow)等。这是一个等级森严的社会,表现在刻尔(ceorls)和格塞特(gesiths,国王或贵族的扈从)如果都杀了人,但交付的赎罪赔偿金(wergelds)是有区别的,贵族在这个社会的政治生活中占有主导地位。随着历史的发展,在这个自由民参与政治生活有着悠久传统的社会,王室的权力和权威不断得到加强。在某些问题上,例如婚姻和战争,新的宗教可能会与传统的价值观发生冲突。盎格鲁—撒克逊时代的某些社会特征,对于现代人来说,初看起来似乎是陌生的,甚至是难以理解的,例如血亲复仇(blood-feud)的做法和扈从制度【institution of the retinue,作战团伙(war-band)】,二者都导致上层社会中存在着大量暴力活动,这种暴力行为集宗教信仰的虔诚性和战争的残暴性于一体,同时得到了牧师的宽恕。然而,盎格鲁—撒克逊时代的其他一些社会特征似乎又与现代社会有类似之处,如妇女的地位一直相对较高,一些女王和王室贵妇,特别是麦西亚的夫人埃塞尔弗莱德

（Æthelfleda，Lady of the Mercians），以及一些女修道院院长，尤其是惠特比修道院的希尔达（Hilda）和埃尔弗莱德（Ælfflaed），她们在王国的政治生活和宗教生活中均扮演着重要的角色。

盎格鲁—撒克逊人的到来终结了不列颠与罗马在文化和制度上的联系，但这种联系在6世纪末又被重新建立了起来。向盎格鲁—撒克逊人传播基督教的人几乎都不是不列颠人，而是爱尔兰人、法兰克的高卢人和罗马人（从奥古斯丁受命来不列颠传播基督教开始），而皈依基督教则使英格兰进入了地中海地区的基督教罗马世界。传教士们同时在与盎格鲁—撒克逊人有亲缘关系的欧洲大陆的异教徒中进行传教工作。卜尼法斯代表罗马教皇出使法兰克，在法兰克的教会改革中发挥了重要作用。盎格鲁—撒克逊人对教皇的崇高敬仰提升了教皇的权威。约克的阿尔昆（Alcuin）是查理曼（Charlemagne）的顾问，同时也是加洛林文艺复兴的代表人物。

然而，英格兰在很大程度上要感谢欧洲。贝内迪克特·比斯科普（Benedict Biscop）从欧洲大陆搜集来的书籍和塔尔苏斯（Tarsus）的狄奥多尔（Theodore）大主教创办的坎特伯雷学校，给英格兰带来了基督教文化和学术。从很早的时候开始，在英格兰的王朝政治中就存在着来自法兰克的支持和影响的因素，其中最为明显的表现是查理曼对麦西亚国王奥法（Offa）的对手提供的支持。加洛林王朝关于教会改革和王权的观念，加洛林王朝的行政与政府机构及其运行，加洛林王朝实行的货币制度和加洛林艺术，所有这一切都对8世纪的英格兰产生了影响。阿尔弗雷德大帝在很多方面都效法加洛林王朝。10世纪和11世纪的英格兰政府机构与加洛林王朝政府机构多有相似之处。英格兰与诺曼底之建立起联系是在10世纪末。贸易，特别是早期阶段的奴隶贸易和后来的羊毛贸易，给英格兰带来了巨额财富，而这也许是吸引克努特（Cnut）和征服者威廉关注英格兰的主要因素。

盎格鲁—撒克逊人在文化、宗教、经济和政治等方面均取得了重要的成就。其在艺术、建筑、英语和盎格鲁—拉丁语的写作，以及学术研究等方面的成就尤其引人注目。尽管盎格鲁—撒克逊人原初不是生活在城市里的人，但斯堪的纳维亚人的活动和阿尔弗雷德统治时期自治市镇的发展，都为10世纪和11世纪英格兰城镇的繁荣奠定了基础。英格兰的货币铸造一直由王室牢牢控制。经济

A

的繁荣使英格兰能够承受频频征收的数额巨大的丹麦金（Danegelds）。到 11 世纪，按照欧洲的标准，盎格鲁—撒克逊时代的英格兰已经成为一个非常复杂且发达的社会，因为它建立了百户区（hundreds），设置了郡（shires），有贵族方伯（ealdormen），有地方官员（reeves），有法庭，也有税收。尽管还没有首都，但温切斯特几乎就是一个大都会。尽管并非在每个方面都做到了整齐划一，但英格兰作为一个国家是统一的。如果不是盎格鲁—撒克逊人卓越的管理才能，威廉一世统治时期就不可能编订出《末日审判书》（*Domesday Book*）。盎格鲁—撒克逊人，尤其是西撒克逊人的这一卓越管理才能在其他方面也有体现，如 10 世纪时铸币地点的布局非常合理，而以"郡"为单位的行政建制一直到 1974 年都几乎没有发生变化。

Anglo-Scottish border   盎格鲁—苏格兰边境   See MARCHES OF SCOTLAND（见苏格兰边疆地区）

Anglo-Scottish wars   盎格鲁—苏格兰战争   See SCOTTISH WARS OF INDEPENDENCE（见苏格兰独立战争）

Angus, Archibald Douglas, 5th earl of［S］（c.1449—1513）. 阿奇博尔德·道格拉斯, 第 5 代安格斯伯爵【苏格兰】（约 1449—1513）   第 4 代安格斯伯爵乔治（George, 4th earl of Angus, 卒于 1463 年）之子和继承人，15 世纪末 16 世纪初时苏格兰著名持不同政见者。1482 年 7 月，安格斯参与了在劳德桥（Lauder bridge）俘获詹姆斯三世（James III）的行动，此举后来为他赢得了一个"给猫系铃的老鼠"[①]（"Bell-the-Cat"）的绰号；1488 年，他再次参与武装反抗詹姆斯三世。尽管如此，安格斯是詹姆斯四世（James IV）的朋友，詹姆斯四世的第一位情人马里恩·博伊德（Marion Boyd）——一位伯爵的侄女——就是安格斯在 1492 年引荐的。1492—1497 年，安格斯出任大法官（Chancellor）。由于失去王室的信任，1501—1509 年安格斯遭到囚禁。他反对 1513 年苏格兰与英格兰

---

① 意为为了大家的利益而承担风险。——译者注

的战争,并对弗洛登(Flodden)之战始终难以释怀,同年末在惠特霍恩(Whithorn)去世。

Angus, Archibald Douglas, 6th earl of[S]（c. 1490—1557）. 阿奇博尔德·道格拉斯,第 6 代安格斯伯爵【苏格兰】（约 1490—1557） 1513 年,道格拉斯从其祖父那里继承了伯爵爵位,当年晚些时候,与孀居的苏格兰王后玛格丽特(Margaret)结婚。他们的女儿成为伦诺克斯(Lennox)的伯爵夫人和达恩利勋爵(Lord Darnley)的母亲。1517—1521 年和 1523—1526 年这两段时间,安格斯是詹姆斯五世(James V)摄政委员会(Council of Regency)成员;1527 年他出任大法官。由于与年轻的国王产生严重分歧,加之妻子与他离婚,1528—1542 年,他在英格兰过着流亡生活。詹姆斯五世去世后,他于 1542 年回到苏格兰,终止了与英格兰的联系,并在安克鲁姆(Ancrum)和平其(Pinkie)战役中取得了出色的战绩。

Angus（Oengus）MacFergus（c. 690—761）. 安格斯·麦克弗格斯（约 690—761） 皮克特人国王。安格斯在位时,皮克特王国处于鼎盛时期。安格斯于 729 年继位,随即确立了自己至高无上的地位。大约在 734 年,阿索尔(Atholl)的国王被打败,国王之子被处以溺刑(一种带有正式仪式的杀戮),国王本人也于 739 年前后被处以溺刑。736 年,安格斯向达尔里阿达(Dalriada)发动进攻,并占领了顿奈德(Dunedd)。但当他把进攻的对象转向斯特拉斯克莱德(Strathclyde)的布立吞人(Britons)时,进展并不那么一帆风顺。756 年,在诺森伯里亚王国国王埃德伯特(Eadberht)的帮助下,安格斯占领了布立吞人的大本营邓巴顿(Dumbarton),但 10 天后他的军队被歼灭殆尽。

Anjou 安茹 法国昂热(Angers)周边地区。安茹的伯爵们在法国北部的政治生活中扮演了至关重要的角色。也正因此,1127 年亨利一世把女儿玛蒂尔达(Matilda)嫁给了年轻的安茹伯爵杰弗里(Geoffrey 'le Bel',若弗鲁瓦),或称为杰弗里·金雀花(Geoffrey Plantagenet)。1154 年,安茹的亨利成为英格兰国王亨利二世,在接下来的五十年里,安茹一直是英格兰相继三任国王即亨利二世、理查一世和约翰的故土。1203—1205 年,由于约翰的无能,使得法王腓力·奥古斯都(Philip Augustus)从安茹家族手中夺走了安茹和诺曼底。

Annates, Acts in Restraint of, 1532, 1534. **《限制初年圣俸法》**(1532, 1534)　这些法律的颁布是亨利八世为劝服教皇批准其第一次婚姻无效,或者要求给予英格兰教会以独立判决其婚姻无效的法定权限而进行的斗争的组成部分。"初年圣俸"①是教皇向新近任命的神职人员征收的一种税。1532 年春议会通过的《有条件限制初年圣俸法》(*Act in Conditional Restraint of Annates*, 23 Hen.VIII c.20),要求暂停支付这一税款。在教皇开除亨利八世的教籍之后,1534 年 11 月至 12 月,议会通过《终止初年圣俸法》(*Act in Absolute Restraint of Annates*, 25 Hen.VIII c.20),彻底废除了向教皇缴纳的初年圣俸。

Anne(1665—1714)　**安妮**(1665—1714)　英格兰、苏格兰(从 1707 年起,英格兰和苏格兰合并为大不列颠)和爱尔兰(1702—1714 年)女王。在留给人们的传统形象中,安妮女王是一个意志薄弱且能力低下的君主,但这一形象已经被彻底颠覆。对她的重新研究表明,安妮女王的为人个性并非特别乏味无趣。她是约克公爵詹姆斯(James, duke of York)和他的第一任妻子安妮·海德(Anne Hyde)所生的小女儿。她所接受的英国圣公会(Church of England)教义的教育,为其余生提供了重要的政治和情感支持。1683 年,18 岁的安妮与她的一个远房表哥丹麦王子乔治(Prince George of Denmark)结婚,两人的爱情关系迅速发展成为一种彼此始终忠贞不渝的情感。在 1688 年光荣革命(Glorious Revolution)中,安妮背弃了他的父亲,加入了奥兰治的威廉(William of Orange)及其妻子,也即安妮自己的姐姐玛丽的阵营。然而,安妮与威廉夫妇的关系不久变得非常紧张,尤其是在威廉夫妇一直没有诞下后嗣,而安妮却在 1689 年成功地生下一个健康的儿子格洛斯特公爵(duke of Gloucester)之后,这种紧张关系进一步加剧。

---

①　"初年圣俸"(也作 First Fruits),指神职人员上任后第一年的圣俸(benefice)。后来教会依据土地初继承捐提出对初年圣俸的要求,规定初年圣俸由领圣俸者(incumbent)献给教皇,1534 年亨利八世规定初年圣俸应献给国王,1703 年安妮女王又规定将其交给"安妮女王基金会"(Queen Anne's Bounty),用以增加贫困牧师的职俸。参见《元照英美法词典》"first fruits"条。——译者注

安妮对威廉国王的仇视,因后者始终丝毫不让乔治王子(Prince George)分享统治权力,更为加深。安妮最为亲近的挚友是马尔伯勒家族(Marlboroughs)和戈多尔芬勋爵(Lord Godolphin)。尤其是从萨拉·马尔伯勒(Sarah Marlborough)那里,当安妮接二连三地怀孕却遭受流产之痛的时候,找到了她所需要的来自阴柔女性的帮助。到1700年,她第17次也是最后一次怀孕,但最终还是流产,此时安妮35岁,实际上已经丧失了生育能力。同年,她唯一存活下来的孩子,格洛斯特的威廉(William of Gloucester),也因患病去世。

1702年3月威廉三世(William III)去世,安妮继位成为女王。此前,安妮一直在耐心地等待着她曾经说过的属于自己的"阳光灿烂的那一天"的到来。在统治的最初几年,她为宫廷生活注入了新的动力,有意识地强调各种礼仪,以此提高自己的君主形象。她无论走到哪里,都会受到人们的欢呼。安妮可以不顾皇家繁文缛节的束缚,勤奋地履行她在统治中枢中占据的职位。她每周主持一到两次内阁会议,与大臣商议国家大事,定期出席上院的辩论,积极支持关乎国家重大利益的事业,例如对法战争、1707年与苏格兰的合并以及1710年后推动与法国的和平。

1710年以前,安妮女王的内阁由"两位领导人"("duumvirs")共同执掌,一个是她的老朋友财政大臣戈多尔芬,另一个是战事国务大臣马尔伯勒。这两个人尽管都不是传统意义上的政党人物,但却充当了主要的"政治领袖"的角色。与前任国王一样,安妮也极力试图摆脱"政党"("party")的控制。1702年,托利党(Toryism)的上层政要们考虑到安妮女王与本党的密切关系,希望在内阁成员的席位分配中托利党能够获得最大的份额,但安妮女王拒绝了托利党人试图清除辉格党人(Whigs)的要求。在1705年戈多尔芬竭力劝说安妮女王平息辉格党这一强大且组织健全的政治集团的不满后,两人之间的关系开始日益紧张,但安妮还是不情愿地在政府中任命了若干个辉格党成员。萨拉·马尔伯勒站在辉格党政治集团的立场上对安妮做出的缺少分寸的欺辱,是安妮被激怒的主要原因,但安妮还不能辞退她,因为她担心萨拉会利用自己对马尔伯勒和戈多尔芬的影响力来诱使他们辞职。

安妮女王信任的第三个"政治领导人"是罗伯特·哈利(Robert Harley)。哈利之所以逐渐地赢得了她的信任,是因为他提出要建立一个由两党共同组成的

A

"温和"内阁,在这件事上哈利的表姐阿比盖尔·马沙姆(Abigail Masham)帮了他的忙,此时马沙姆已经取代萨拉成了安妮最亲密的朋友和知己。然而,1708年,当马尔伯勒和戈多尔芬迫使安妮解除哈利国务大臣一职的时候,哈利试图借助女王的支持建立温和内阁的愿望落空。

到1710年,安妮表现出了为了哈利——后来的牛津勋爵(Lord Oxford)——而牺牲戈多尔芬的意愿,然而,托利党在夏季选举中获得的巨大成功,排除了她所青睐的建立由两党组成的"温和"内阁目标,她不得不接受一个由哈利领导的托利党政府。1714年,随着安妮女王的健康状况趋于恶化,博林布罗克勋爵(Lord Bolingbroke)似乎越来越有可能取代牛津勋爵,尽管女王的态度依然不明朗。7月27日,安妮解除了牛津勋爵的职务。两天后,安妮病重,但在7月30日,她同意让政治上保持中立的施鲁斯伯里公爵(duke of Shrewsbury)担任财政大臣,此举对于确保8月1日她去世后英国王位能顺利转换到汉诺威王朝(Hanoverian dynasty)却没有发生许多人担忧的政治动荡具有十分重要的意义。

Anne of Bohemia(1366—1394) **波希米亚的安妮**(1366—1394) 理查二世(Richard II)的王后。安妮出生于布拉格(Prague),是皇帝查理四世(Emperor Charles IV)的长女。安妮之被选中成为英格兰国王理查二世的第一任妻子,是因为其出身高贵和举止优雅。1382年1月14日,安妮与理查二世在威斯敏斯特的圣斯蒂芬礼拜堂(St Stephen's chapel)举行了婚礼,1月22日,安妮加冕为英格兰王后。安妮为人朴素、谦逊,全身心地爱着理查二世,帮助他克服了严重的抑郁症。

Anne Boleyn(c.1507—1536) **安妮·博林**(约1507—1536) 亨利八世的第二任王后。安妮的父亲托马斯·博林爵士(Sir Thomas Boleyn)出生于伦敦商人家庭,他本人是个侍臣,并以亨利八世的侍寝官(bedchamber)身份取得绅士头衔。安妮曾在法国宫廷生活了数年。1522年安妮回到英格兰,并在王后阿拉贡的凯瑟琳(Catherine of Aragon)的后宫得到一个职位。当时,让亨利八世倾心的是安妮的妹妹、后来成了其情妇的玛丽。安妮是个黑头发,大眼睛,安静而有教养的姑娘。1527年亨利八世就开始谋划解除与凯瑟琳的婚姻,但直到1532年他似乎已经与安妮成为恋人的时候,这一谋划过程都没有停止。1532 年 9 月,安妮被封为彭布罗克女侯爵(marchioness of Pembroke)。1533 年 1 月初,安妮知道自己怀孕了,并于当月 24 日与亨利八世秘密结婚。1533 年 9 月 7 日,伊丽莎白公主(Princess Elizabeth)的诞生令亨利八世非常失望,而 1534 年 9 月安妮的流产就更是一个不祥之兆。亨利八世已经开始四处寻求下一任妻子,但在公开场合,安妮的地位还是稳固的,因为玛丽公主(Princess Mary)已经被宣布为是非合法婚姻所生,而安妮的婚姻则得到新颁布的《叛国法》(Treason Law)的保护。然而,1536 年 1 月阿拉贡的凯瑟琳王后去世,亨利八世有可能开启另一段婚姻已属不容置疑之事。安妮再次怀孕,但在 1 月底,安妮早产,男婴在未出生时已经胎死腹中。此时令亨利八世着迷的是安妮的一个侍女简·西摩(Jane Seymour)。1536 年 4 月底,安妮被指控与几个男人通奸并与其兄弟乔治(George)乱伦。5 月 2 日,安妮被关入伦敦塔,在经过由其叔父诺福克(Norfolk)主持的审讯后被处决。安妮的女儿伊丽莎白也被剥夺了头衔,然而,22 年后伊丽莎白继承了王位。

Anne of Cleves(1515—1557) **克利夫斯的安妮**(1515—1557) 亨利八世的第四任王后,第 3 代克利夫斯公爵约翰(John,3rd duke of Cleves)的女儿。安妮是托马斯·克伦威尔为加强与新教的联盟,在其刻意安排下嫁给亨利八世的。1539 年 12 月,两人初次见面,但亨利八世非常失望,他发现安妮"身体健康,举止得体……但根本不像人们报告的那般漂亮",亨利八世的话暗指的是霍尔拜因(Holbein)那幅讨好安妮的肖像画。在克伦威尔的说服下,亨利八世于 1540 年 1 月与安妮完婚。在克伦威尔倒台并回归天主教后,亨利八世借口婚姻不美满试图迅速使自己摆脱困境。1540 年 7 月,亨利八世宣布废除这段婚姻,安妮被赐予价值相当丰厚的地产和住宅,条件是她必须留在英格兰,并接受"王妹"(royal sister)的身份。不足为怪,安妮对自己的命运已经感到相当满足了。到 1557 年 7 月去世前,安妮一直住在切尔西(Chelsea),葬于威斯敏斯特教堂。

Anne of Denmark(1574—1619) **丹麦的安妮**(1574—1619) 苏格兰国王詹姆斯六世(James VI),即英格兰国王詹姆斯一世的王后,丹麦和挪威的国王

A

腓特烈二世(Frederick II)之女。1589 年 11 月 23 日,安妮与詹姆斯六世结婚,继而在 1590 年 5 月为她举行了王后加冕礼。安妮对艺术感兴趣,对本·琼森(Ben Jonson)和伊尼戈·琼斯(Inigo Jones)均有赞助。她是一个和蔼可亲的女人,喜欢举办化装舞会和跳舞,而她的丈夫詹姆斯六世喜欢进行神学问题的辩论,因此认为她很浅薄。

Anne Neville(1456—1485) **安妮·内维尔**(1456—1485) 理查三世的王后。安妮是 15 世纪末残酷的政治博弈中的一枚棋子。她是"造王者"("the Kingmaker")沃里克伯爵理查德·内维尔(Richard Neville, earl of Warwick)的次女。1470 年,安妮嫁给了亨利六世的继承人威尔士亲王爱德华(Edward, prince of Wales)。但 1471 年她的父亲在巴尼特(Barnet)战役中被杀,3 周后她的新婚丈夫又在蒂克斯伯里(Tewkesbury)阵亡。由于约克派(Yorkists)暂时占了上风,安妮被转送给另一方,并于 1472 年嫁给了爱德华四世的兄弟格洛斯特公爵理查(Richard, duke of Gloucester)。1483 年,爱德华四世去世,理查篡夺王位,7 月 6 日安妮被加冕为王后。她唯一的儿子爱德华 1484 年 4 月去世,年仅 8 岁,理查三世夫妇从此绝嗣。安妮的王后生活持续了不到两年,而她的丈夫作为国王也没有持续多长时间。

Anselm, St(1033—1109). **圣安瑟伦**(1033—1109) 1093—1109 年间任坎特伯雷大主教。安瑟伦出生在意大利北部的奥斯塔(Aosta)。11 世纪 50 年代末,他前往法国北部旅行,在那里,他成为贝克(Le Bec)修道院的一名修士和朗弗朗(Lanfranc)的学生。此后,他升任该修道院的副院长和院长。安瑟伦是一位伟大的哲学家,他的作品包括《独白》(Monologion)、《宣讲》(Proslogion)和《为什么上帝与人同形》(Cur Deus homo)。1093 年 3 月,安瑟伦升任坎特伯雷大主教。随后安瑟伦与威廉二世和亨利一世发生激烈的争辩。安瑟伦争辩的焦点最终集中在他的信条上:服从教皇的权威是第一位且是最为重要的。到 1079 年,威廉二世鲁弗斯(Rufus)与安瑟伦之间的裂隙已经达到无法弥补的程度,大主教自行流亡。据亨利一世 1100 年回忆,安瑟伦曾经有一段时间还能够主持宗教会议,并能够按照自己的意愿管理教会。围绕世俗君主是否具有主教授职权

(investiture of bishops)问题,出现了新的争辩。对此,尽管教皇自11世纪70年代以来就已明令禁止了,但英格兰仍实行这一做法。1103年,安瑟伦再次流亡。直到1106年至1107年,双方才达成最终和解。安瑟伦在某些方面代表了一种处于不断变化中的思想和政治氛围,在这种氛围下,权力的概念正在被重新界定。安瑟伦对宁静的修士世界生活的偏爱,掩盖了他那种把同世俗世界斗争到底视为己任的坚定个性。

Anson, George, 1st Baron Anson(1697—1762). 乔治·安森,第1代安森男爵(1697—1762) 环球世界旅行者,安森曾参与伊丽莎白时期劫掠性海盗活动,这些海盗当时被称为"海狗"(sea-dogs),但他的工作在引导不列颠走上现代商业帝国主义的道路方面,也起到了一定的作用。1739年,安森升任为一支太平洋远征军的司令,他俘获了西班牙一艘满载财宝的船只后继续向西航行,1744年以一个富人的形象回到英国。此后,他通过参与军事和政治活动,跻身贵族行列,并于1751年至1762年间成为英国第一海军大臣。

Anti-Corn Law League 反谷物法同盟 《谷物法》(*Corn Laws*)是一份为了保护英国的谷物生产商而对进口食品强制征税的法案。该法案在1815年颁布后,反对的呼声日益高涨,1838年至1846年达到高峰。1838年成立了"曼彻斯特反谷物法协会"(Manchester Anti-Corn Law Association),并由此推动了全国反谷物法同盟于1839年的建立。同盟的领导者理查德·科布登(Richard Cobden)主张直接介入政治活动,并且在1841年初,同盟在沃尔索尔(Walsall)参加了议会补缺选举活动。尽管同盟的候选人遭到殴打,但介入选举这件事表明反谷物法同盟还是具有一定实力的。在1841年的大选中,有若干个自由贸易鼓吹者当选议员。趋于复杂化的同盟的组织形式也为后来的政治鼓动工作提供了样板。同盟参与竞选,力图在登记注册的选民中寻找到更多的支持者并把反对者排除在外。同盟筹集到了数额巨大的资金,其中大部分来自于不满土地贵族占据统治地位的工厂主阶层。1843年,科布登在约翰·布赖特(John Bright)的帮助下进入议会,他们之间带有夸张色彩的合作,在议会内外均取得成效。1845年和1846年连续两年,马铃薯遭受了灾难性的欠收,由于马铃薯是许多爱尔兰人赖以生存的食物,因而会造成大面积饥荒的威胁。皮尔决定,必须清除所有限制进口食品的障碍,包括《谷物法》。皮尔的决定造成了执政的保守党的分裂,但在包括辉格党和反谷物法同盟在内的反对保守党力量的帮助下,皮尔还是在1846年废除了《谷物法》。

Antigua 安提瓜岛 加勒比海东部背风群岛(Leeward Islands)中的一个岛屿。安提瓜岛与巴布达岛(Barbuda)一起,构成了英联邦所属的一个独立国家。哥伦布曾到达该岛并为之命名,但17世纪时在此殖民的是定居这里的英国人。

Anti-Jacobin 《反雅各宾派评论》 1797年11月创办、1798年7月停办的一份周刊。该刊在其内容简介中声明拥护现有的教会和国家制度,并把讽刺的矛头直接指向英国的激进分子——潘恩(Paine)、戈德温(Godwin)、霍尔克罗夫特(Holcroft)、塞尔沃尔(Thelwall)——以及他们的辉格党盟友,同时附带着抨击了那些所谓的高贵的野蛮人,以及那些思想极端敏感和行为极端恐怖之人。该刊中令人印象深刻的内容包括谴责辉格党"对每个国家都友好,但就是对自己的国家不友好",以及坎宁的名作《人类的朋友与磨刀工》(*The Friend of Humanity and the Knife-Grinder*)。

Antiquaries, Society of 古物学会 1707年由一群志趣相投者建立,这些人每周都在位于伦敦的斯特兰德(Strand)大街的贝尔酒店(Bear tavern)聚会。该学会自1717年以来一直存在至今。1751年学会获得王室特许状,1779年创办了《考古学》(*Archaeologia*)杂志。1875年该学会搬入现址伯林顿大厦(Burlington House)。

antislavery 反对奴隶制度 在18世纪末的英国,人们认为保持奴隶制度对于西印度群岛殖民地的开发具有至关重要的作用,所以强烈反对任何对奴隶制的干涉,而来自布里斯托尔和利物浦这样的奴隶贸易中心的反对声尤其强烈。从道德观念角度出发抨击奴隶制的存在,主要源于18世纪下半叶兴起的福音运动(evangelical movement),这体现了该运动对全人类身心健康的关怀。1787年,

9个教友会教徒和3个圣公会教徒在伦敦联合成立了全国性的废除奴隶贸易委员会,格兰维尔·夏普(Granville Sharp)担任委员会主席,托马斯·克拉克森(Thomas Clarkson)担任委员会秘书。委员会的首要目标是遏制奴隶贸易的发展。1788年,威廉·威尔伯福斯(William Wilberforce),一位出身于赫尔的商人家庭之子,在改宗福音派后,开始加入反对奴隶制的事业,并领导了在议会内的废除奴隶制活动。威尔伯福斯说服自己的朋友威廉·皮特(William Pitt)以非官方的形式向废除奴隶贸易委员会提供支持。此时,英国主要地方性城镇都成立了废除奴隶贸易委员会,其中以曼彻斯特的委员会最为活跃。然而,废除奴隶制运动因英国国内出现的敌视法国大革命的情绪而遭遇挫折。1804年,克拉克森在英国各地开展巡回演讲,再次鼓舞了人们反对奴隶制的热情。而此时,西印度群岛殖民地在英国经济中的重要性已经下降。1807年,格伦维尔勋爵(Lord Grenville)———一位早期的福音派教徒———领导的英国政府对废除奴隶贸易法案表示了支持,并促使议会上院通过了该法案。

从1823年开始,在整个大英帝国范围内兴起了轰轰烈烈的废除奴隶制运动。与此同时,福音派、教友派和卫理公会派的教徒在伦敦也联合成立了反对奴隶制协会(Anti-Slavery Society)。受1830年大选期间发生的废除奴隶制运动的鼓舞,格雷(Grey)政府于1833年推动通过了废除奴隶制法案,宣布在大英帝国范围内废除奴隶制,该法案同时规定,作为适应期,奴隶要作为无报酬的学徒为前主人劳动7年。

Antonine Wall   安东尼长城   罗马人于公元2世纪兴建的穿越不列颠北部的两座城墙中的第二座,也是更偏北边的一座。公元138年哈德良(Hadrian)皇帝去世后,其继任者安东尼·庇护(Antoninus Pius)重新占领了苏格兰,并把占领的区域推进到福斯河—克莱德河(Forth-Clyde)沿线一带。安东尼效仿其前任哈德良,也建造了一道从福斯河口(现在的爱丁堡以西)到克莱德河口(现在的格拉斯哥以西)的防御屏障。安东尼长城长37英里,只有哈德良长城(Hadrian's Wall)长度的一半,城墙的地基用石头修建,而墙身用泥土修建。

Antrim   安特里姆   1973年以前为北爱尔兰6个郡之一,紧邻苏格兰,与托尔海角(Torr Head)相距 13 英里,托尔海角有一条从拉恩(Larne)到斯特兰拉尔(Stranraer)和卡琳赖安(Cairnryan)的重要渡轮航线。北海岸有巨人堤道(Giant's Causeway),东南海岸线则因贝尔法斯特湖(Belfast Lough)的切割而呈锯齿状。在贝尔法斯特于 18 世纪和 19 世纪初取得令人瞩目的发展以前,安特里姆、利斯伯恩(Lisburne)、拉恩、巴利米纳(Ballymena)和科尔雷恩(Coleraine)就已经成为商业市镇。在北爱尔兰各郡中,安特里姆郡的罗马天主教徒人口数量是最少的。

Anzacs 澳新军团　澳大利亚和新西兰军团(Australian and New Zealand Army Corps)是在第一次世界大战伊始筹建的。当时澳大利亚共有 500 万人口,322,000 志愿者应召入伍,其中 60,000 人失去了生命,是伤亡率最高的国家之一。新西兰当时有 110 万人口,124,000 人应召入伍,其中 17,000 人阵亡。在1915 年加利波利(Gallipoli)登陆战役中,澳新军团起到了主要作用,但由于这次战役完全是凭空策划出来的,因而损失惨重。

Apology of the Commons, 1604.　《议会下院权利声明》(1604)　该声明与其说是下院对自身权利进行的声辩,还不如说是对其固有权利进行的有力而明确的重申。这份声明缘起于围绕白金汉郡(Buckinghamshire)选举结果,议会与国王之间发生的一场争论。议会下院坚持认为,议会选举是其自身之事,因此只有下院才对选举结果具有仲裁权。虽然此事最后得到折中解决,但下院仍决定向国王表达意见。下院的这份声明尽管措词谦恭,但坚持认为其特权是固有的权利,而不是国王恩典的结果。下院并且向詹姆斯一世提出如下忠告:"君主的特权很容易被扩大,而且的确在日益扩大。"

Appeals, Act in Restraint of, 1533.　《限制向罗马教皇上诉法》(1533)　《限制向罗马教皇上诉法》主要是由托马斯·克伦威尔促成的(24 Hen. VIII c. 12),该法的通过使亨利八世关于王权至高无上的主张迈出了关键一步。在该法通过之前,托马斯就已经针对神职人员采取了相应的行动,指控他们犯下了因尊敬教皇而侵犯国王统治权的蔑视王权罪,而且在 1532 年规定禁止天主教徒把担任圣职的"初年圣俸"献给罗马教皇。《限制向罗马教皇上诉法》于 1533 年 4 月的第 1 周被议会通过,该法案禁止任何人因离婚问题向罗马教皇提起上诉,其目的有两个:一是让坎特伯雷大主教克兰麦(Cranmer)取得亨利八世与阿拉贡的凯瑟琳(Catherine of Aragon)之间的婚姻是否合法的裁决权;二是使罗马教皇从总体上感到来自英格兰的威胁。

appeasement　绥靖政策　绥靖政策通常被用来指首相内维尔·张伯伦(Neville Chamberlain)在 1937 年至 1939 年间实行的针对纳粹德国(Nazi Germany)的政策,该词用在这里有一些负面的含义。事实上,绥靖政策有一个更加体面的历史。第一次世界大战后,英国因对德国支付战争赔款一事感到不满,于是在经济上对德国实行绥靖政策。纳粹在德国统治的最初几年(1933—1936 年)中,英国对德在贸易方面也实行过类似的政策。1933 年 4 月,拉姆齐·麦克唐纳(Ramsay MacDonald)的国民政府(National Government)与德国缔结的《英德贸易条约》(*Anglo-German Trade Pact*)中有这样一个信条:虽然纳粹并不讨人喜欢,但是也应该与他们做生意。

　　1936 年 3 月,希特勒武装进占莱茵兰(Rhineland)地区,此举虽然违反了《凡尔赛条约》和《洛迦诺公约》,但英法采取了默许的态度,这标志着绥靖政策进入了一个新阶段。1938 年 3 月,希特勒强令德国与奥地利合并,此举也是《凡尔赛条约》所禁止的,同时也显露了希特勒为了满足居住在捷克斯洛伐克(Czechoslovakia)苏台德区(Sudetenland)德国人的要求(不管这一要求是真实的还是虚构的),意图将苏台德区并入德国的野心。在 1938 年 9 月 29 日召开的慕尼黑会议上,苏台德区被割让给德国。苏台德危机期间,张伯伦曾两次赴德国与希特勒会谈,成了民族英雄。1939 年 3 月德国占领布拉格后,英国才放弃了绥靖政策。

appellants　上诉人　1387 年至 1388 年时,理查二世的政治对手们被称为上诉人,因为他们是借助法律的上诉程序在议会起诉国王的大臣们。1386 年,大法官萨福克伯爵米夏埃尔·德·拉·波尔(chancellor Michael de la Pole, earl of Suffolk)被弹劾,理查二世在议会蒙受了羞辱。在 1388 年 2 月召开的"无情议会"("Merciless Parliament")上,理查二世的五个主要对手,格洛斯特伯爵(earl of Gloucester)、阿伦德尔伯爵(earl of Arundel)、沃里克伯爵(earl of Warwick)、德比伯爵(earl of Derby)和诺丁汉伯爵(earl of Nottingham),联合起诉萨福克伯爵、德·维尔(de Vere)、约克大主教、首席大法官(chief justice)罗伯特·特雷西里安(Robert Tresilian)和伦敦的尼古拉斯·本柏(Nicholas Brembre),指控他们犯有叛国罪。特雷西里安和本柏被处决,约克大主教被转到圣安德鲁斯(St Andrews),而萨福克伯爵和德·维尔则在流放中死去。1397 年,理查二世对这些上诉人进行了报复,向格洛斯特伯爵、沃里克伯爵和阿伦德尔伯爵提起指控。

Apprentice Boys　学徒社　学徒社是一个忠诚于阿尔斯特派的组织,之所以此命名,是为了纪念 1689 年 4 月至 7 月詹姆斯党人(Jacobite)在围攻德里(Derry)之前,将德里城门关闭的那 13 个学徒。学徒社这一组织存在至今,拥有约 10,000 名会员。

apprenticeship　学徒期　是指作为某个行业或手艺的学习者所需要的服务期限。学徒(apprentice)通常是一个男孩职业生涯的起点,学徒与雇主之间的关系由一份法律合同来约束,根据合同,学徒要为雇主提供固定年限的服务,而雇主则要承诺在此期间向学徒传授手艺。学徒制是在中世纪时期发展起来的,当时从事某些行业的手工业者组成了行会,而行会通过规定新加入本行业者的人数及其手艺训练的要求,对本行业加以控制和管理。根据 1563 年制定的《工匠法》(*statute of Artificers*),治安法官(magistrates)被赋予强制执行学徒期的权力。学徒在学徒期满后,可以成为帮工(journeymen),即完全意义上的熟练手艺工(skilled tradesmen)。如果帮工能够承担开业的资金,就可以成为凭自己的本事营业的师傅(masters)。

直到 20 世纪下半叶,在诸多传统的要求熟练手艺型工作中,仍普遍沿用着这种学徒期的做法。然而,这种"职业培训"一直受到各种冲击,加之社会提供的正规技术教育越来越广泛,这种传统的学徒期制度趋于衰落。

Aquitaine　阿基坦　法国西南部的一个葡萄盛产区。最初是罗马帝国时期高卢的一个省。9 世纪以后,阿基坦成为法兰西王国(kingdom of France)内多少带有独立性质的公国。1154 年,阿基坦的埃莉诺(Eleanor of Aquitaine)嫁给英格兰国王亨利二世,阿基坦公国从此成为英格兰国王的领地之一,并一直保持到 1453 年。当然,阿基坦的边界一直处于动态变化中。

Arbroath, declaration of 《阿布罗斯宣言》 《阿布罗斯宣言》通常是指 1320 年 6 月苏格兰男爵们写给教皇约翰二十二世(Pope John XXII)的信件,信中宣称苏格兰自古以来就是一个独立的王国,并对英格兰企图征服苏格兰的行为进行了谴责。这封信也是苏格兰国王罗伯特一世(Robert I)因未遵守教皇的停战要求,因而被教皇威胁开除教籍所做出的部分回应。这封信长期以来并未引起人们的注意,直到 17 世纪末时,人们经常把这封信形容为苏格兰的"独立宣言"("Declaration of Independence"),这时它才引起人们的关注。

Arch, Joseph(1826—1919). 约瑟夫·阿奇(1826—1919) 工会主义者和政治家。阿奇出身于沃里克郡(Warwickshire)一个农场工人的家庭,从 9 岁起就开始参加劳动,从事驱赶田间吃庄稼的鸟雀的活计。他利用在始初循道会(primitive Methodists)传教的机会,积累了在公众面前进行演讲的经验,并在 1872 年发起成立了全国农业劳工联合会(National Agricultural Labourer's Union)。1885 年,阿奇代表自由党(Liberal)进入议会,但在次年的选举中落败。1892—1900 年,阿奇重新进入下院,他是第一位进入下院的农场工人。

archaeology 考古学 历史学的一个分支学科,目前已经形成了具有自身特点的专业化的和高度复杂的技术体系,包括对诸如骨骼、随葬品和建筑遗址等主要地下发现物进行发掘、年代断定和辨认等。对于那些没有留下多少甚至没有留下文献资料的社会的研究,考古学是必不可少的;但考古学也可以被用来纠正或修正文献资料中的错误。"工业考古学"("industrial archaeology")这个略微有点容易让人产生误解的术语,目前已被人们普遍认为是指对现代工业遗存,如磨坊、铁路、矿井、蒸汽机车和管道的发掘与保存。海洋考古学(marine archaeology)是考古学另一专业分支,主要涉及沉船物等的发掘。

A

archbishops 大主教 字面意思是诸主教之首或首席主教(chief bishops)。公元5世纪时,这一职衔是指那些位居重要的教会管辖区领导职位的人,特别是指那些都主教(metropolitan bishops)。大主教这一名称源自于某个地区重要城市的主教或一个国家中某个区域的主教,一般来说,都主教是该地区或区域的所有主教大会(assembly of bishops)的主持人。按照基督教教规,这样的地区或区域组成一个教省(province)。据此,米兰(Milan)由于4世纪时是历代罗马皇帝的所在地,因此成为都主教区(metropolitan see),管辖着意大利北部的大部分地区。没有多少证据可以表明,在罗马军团撤出之前,不列颠的教会是按照教省或都主教区这样的结构样式组织起来的。直到597年奥古斯丁(Augustine)来到英格兰后,才设立了坎特伯雷大主教管辖区(archbishopric),而约克到8世纪时才成为一个独立的教省。

然而,坎特伯雷人主教意在强调其地位高于约克大主教的企图一直遭到后者激烈的反对,双方的斗争在11世纪和12世纪时尤其突出。直到14世纪,双方的争执才得到解决,坎特伯雷大主教取得了对约克大主教的优势地位。1192年,经教皇塞莱斯廷三世(Pope Celestine III)批准,苏格兰的主教脱离约克教省的管辖,设立了独立的主教管辖区,但其首主教区【primatial see,即圣安德鲁斯(St Andrews)】直到1472年才提升到大主教管辖区的地位。格拉斯哥(Glasgow)在1492年才设立大主教管辖区。在爱尔兰,阿马(Armagh)、卡舍尔(Cashel)、都柏林和蒂厄姆(Tuam)都是在12世纪取得了大主教管辖区的地位,其中全爱尔兰首主教区设在阿马。根据19世纪30年代的宗教事务法庭(Ecclesiastical Commission)的决定,爱尔兰圣公会大主教职衔的数量被减少到两个:全爱尔兰首主教即阿马大主教和爱尔兰首主教即都柏林大主教。

archdeacons 大助祭 大助祭①字面意思是指诸助祭之长(chiefs of the deacons)。这一职衔的起源可以追溯到《新约》,在《使徒行传》的描述中,圣斯蒂芬(St Stephen)还有其他一些人的职责为发放赈济。随着主教区的建立和主

---

① 也译为"助祭长",为基督教天主教神品之一。在基督教新教中,称"执事长"。——译者注

教管辖区面积的不断扩大,主教把自己管辖区内的某个特定区域的行政管理权委托给大助祭,也由此赋予他为管理该区域的大助祭职衔,这种做法在 12 世纪末的英格兰已明显存在。从 12 世纪中叶开始,大助祭在其辖区内进行定期巡视。第三次拉特兰宗教会议(Lateran Council)之后,大助祭的职责为确保其司法管辖区内的教堂建筑得到修缮。

archery 射箭运动 是从狩猎和战争中使用的弓和箭发展而来的一种运动。11—15 世纪,英格兰人和威尔士人使用的长弓一直在战场上发挥着主导作用,当时政府往往禁止开展其他运动,尤其是足球,目的是为了鼓励人们练习射箭。当枪被发明出来而弓作为武器已属多余的时候,射箭这项运动仍被保留下来。1676 年在爱丁堡成立的射箭队(Company of Archers)最终成为皇家卫队(royal bodyguard)。1781 年,英国成立了皇家射箭协会(Royal Toxophilite Society)。

Arcot, siege of, 1751. 阿尔果德之围(1751) 罗伯特·克莱武(Robert Clive)是东印度公司军队一个年轻的指挥官,当他试图解救被围困在特里奇诺波利(Trichinopoly)要塞的穆罕默德·阿里(Mahomet Ali)时,反而被实力明显占优的法国和印度联军包围在阿尔果德。克莱武坚守阿尔果德 50 天,直到援军到达。这是克莱武取得的第一次重大胜利,遏制了法军向卡纳蒂克(Carnatic)进军的步伐。

***Areopagitica* 《论出版自由》** 《论出版自由》是约翰·弥尔顿(John Milton)为争取出版自由而于 1644 年撰写的一份带有强烈感情色彩的抗辩书。它是弥尔顿针对 1643 年颁布的《出版管制法》(*Licensing Ordiance*)而做出的回应,该法规定,凡书籍、小册子或论文必须事先经过官方主管者的批准,否则不得发印。虽然弥尔顿很清楚自由是一把双刃剑,但他仍对官方这种对书籍出版之前而不是出版之后实行管制的做法表达了憎恶之情。

Argyll, Archibald Campbell, 5th earl of ［S］(1532—1573). 阿奇博尔德·坎贝尔,第 5 代阿盖尔伯爵【苏格兰】(1532—1573) 阿盖尔是一位富有责

任感的新教徒,但其政治上的忠诚性经常发生动摇。1557 年,他以洛恩勋爵(Lord Lorne)的身份,签署了第一份新教贵族的"共同约定"("Common Band")契约,次年阿盖尔继承其父的伯爵爵位。然而,在 1559 年 5 月之前,他并没有正式加入贵族会(Lords of the Congregation)行列。苏格兰女王玛丽(Mary,Queen of Scots)主政期间,阿盖尔一直是深受玛丽宠幸的私人顾问,直到 1565 年他因支持反对达恩利(Darnley)的莫里(Moray)叛乱而被指控犯有叛国罪。1566 年春,阿盖尔与玛丽和解后,在玛丽的军队中担任陆军中尉,但在 1568 年的朗斯德(Langside)战役中失败。1571 年 9 月,阿盖尔在抛弃玛丽转而支持詹姆斯六世后,被马尔(Mar)任命为私人顾问。1573 年 1 月,阿盖尔被莫顿(Morton)任命为大法官,9 个月后去世。

Argyll, Archibald Campbell, 1st marquis of ［S］(c.1607—1661). 阿奇博尔德·坎贝尔,第 1 代阿盖尔侯爵【苏格兰】(约 1607—1661)   坎贝尔的父亲是第 7 代阿盖尔伯爵,信奉天主教,1619 年时被宣布为叛国者。坎贝尔作为一名新教徒,12 岁时就接管了家族庞大的地产,1638 年继承了伯爵爵位。他后来的行为则反复无常。1639 年至 1640 年间,坎贝尔是个极端的圣约派(covenanter)分子,1641 年他与查理一世达成协议,并被加封为侯爵。然后,他再度加入圣约派,但 1645 年在因弗洛奇(Inverlochy)和基尔赛斯(Kilsyth)被蒙特罗斯(Montrose)击败。接着,他加入了欢迎克伦威尔的行列,但 1651 年在得到将被封为公爵的承诺后,又在斯昆(Scone)参加了查理二世的加冕礼。1659 年在与克伦威尔政府讲和后,他代表阿伯丁郡(Aberdeenshire)成为议会下院议员。1660 年查理二世复辟后,坎贝尔被逮捕,并在爱丁堡被处死。坎贝尔这个红头发、眯缝眼的小个子,被克拉伦登(Clarendon)描述为是个"非常狡猾"的人,不过,他那几次扭曲的背叛最终还是毁了他。

Argyll, Archibald Campbell, 9th earl of ［S］(1629—1685). 阿奇博尔德·坎贝尔,第 9 代阿盖尔伯爵【苏格兰】(1629—1685)   坎贝尔的父亲是第 1 代阿盖尔侯爵,1661 年以叛国罪被处死。在邓巴(Dunbar)和伍斯特(Worcester)战役中,坎贝尔站在了王党一边,1663 年被恢复伯爵爵位。约克公爵詹姆斯

（James，duke of York）统治苏格兰期间，坎贝尔因对长老会持同情态度而身处险境，并在 1681 年被关押在爱丁堡城堡。坎贝尔后来乔装打扮逃脱，并在荷兰加入了蒙茅斯（Monmouth）的阵营。在被卷入"麦酒店阴谋案"（Rye House plot）后，他率领一支远征军于 1685 年 5 月进攻苏格兰西部来配合蒙茅斯的起义。然而，由于缺少支援，加之内部意见分歧，坎贝尔被俘。坎贝尔是在爱丁堡被处死的，这里也是他的父亲被处死的地方，他临死时表现得镇定而勇敢。

Argyll，Archibald Campbell，10th earl of（d.1703）. 阿奇博尔德·坎贝尔，第 10 代阿盖尔伯爵（卒于 1703） 苏格兰政治家。在其父亲第 9 代阿盖尔伯爵 1685 年被处死后，阿盖尔的首要目标是收回其作为坎贝尔家族领袖而应继承的财产。由于未能得到詹姆斯二世的同意，阿盖尔于 1688 年投靠了奥兰治的威廉（William of Orange）。由于对威廉和玛丽的支持，1689 年 4 月，他被承认为阿盖尔伯爵，同时恢复了在苏格兰的地产，同年 6 月，英格兰议会撤销了对其父亲剥夺公民权利的判决。从此时起一直到 17 世纪 90 年代中期，阿盖尔和昆斯伯里侯爵（marquis of Queensberry）曾有效地把英格兰王室的注意力引向苏格兰的事务。1701 年他被封为阿盖尔公爵。

Argyll，Archibald Campbell，3rd duke of［S］（1682—1761）. 阿奇博尔德·坎贝尔，第 3 代阿盖尔公爵【苏格兰】（1682—1761） 继 1706 年被封为苏格兰的艾莱伯爵（eal of Islay）后，坎贝尔又在 1743 年继承其兄长第 2 代阿盖尔公爵约翰之位，成为第 3 代阿盖尔公爵。他是英格兰与苏格兰合并的积极支持者，并在 1715 年的谢里夫缪尔（Sheriffmuir）战役中站在苏格兰政府一边。1721 年至 1733 年，他担任苏格兰王玺（privy seal）掌管大臣；自 1733 年直到去世，一直担任苏格兰国玺（great seal）掌管大臣。他长期担任辉格党政府对苏格兰事务的顾问。其兄长第 2 代阿盖尔公爵为人行事高调，飞扬跋扈，是个著名的演说家，而坎贝尔则是个商人。

Argyll，Colin Campbell，Lord Lorne，1st earl of［S］（d. December 1492/January 1493）. 科林·坎贝尔，洛恩勋爵，第 1 代阿盖尔伯爵【苏格兰】

A

（卒于 1492 年 12 月/1493 年 1 月）　科林·坎贝尔是 1445 年被封为第 1 代勋爵的坎贝尔(苏格兰)的孙子。1458 年,科林被加封为伯爵后,不断地获取土地和官职。在阿盖尔身上,综合体现了作为一名精明的王室顾问(royal councillor)所具有的品质与作为一个强大的苏格兰高地氏族酋长所具有的野心。他支持 1474 年与英格兰的结盟,却又于 1482 年 7 月在劳德(Lauder)反对詹姆斯三世。1483 年他出任大法官,但在 1488 年 2 月突然被詹姆斯三世解职。之后他加入了反对国王的强大的权贵联盟,詹姆斯三世死于绍奇伯恩(Sauchie Burn)后,阿盖尔官复大法官之职。

Argyll, Colin Campbell, 6th earl of［S］**(c.1542—1584).** 科林·坎贝尔,**第 6 代阿盖尔伯爵【苏格兰】(约 1542—1584)** 坎贝尔于 1573 年继承了其同父异母兄弟的伯爵爵位,在与摄政莫顿(Regent Morton)因王冠问题发生争执后,被其第二任妻子带到阿盖尔。1578 年他在斯特灵(Stirling)俘获了年轻的国王詹姆斯,并迫使其解除了莫顿的摄政一职。阿盖尔被任命为苏格兰的首席大法官,直到 1584 年去世他一直担任这个职务。

Argyll, John Campbell, 2nd duke of (1678—1743). 约翰·坎贝尔,第 2 **代阿盖尔公爵(1678—1743)** 军人和政治家。阿盖尔 20 多岁的时候就在苏格兰权贵中崭露头角,并且作为苏格兰王室高级专员(lord high commissioner)在 1705 年开启英格兰与苏格兰合并的谈判中起到了关键作用。后来在西班牙王位继承战争中,尽管他一直对马尔伯勒公爵(duke of Marlborough)心怀仇恨,但指挥出色。然而,他与哈利(Harley)领导的保守党政府的关系在其 1711 年至 1712 年担任驻西班牙英军总司令时变得有些恶化。1712 年他出任苏格兰陆军司令,并于 1715 年镇压了詹姆斯党人的叛乱。1716 年至 1719 年辉格党分裂期间,他失去了官职,但后来又官复原职,并于 1725 年负责掌管苏格兰事务。他与沃波尔(Walpole)的关系在 1736 年至 1737 年发生的波蒂厄斯(Porteous)暴动后逐渐恶化,而 1742 年沃波尔首相的下台与他在议会下院制造的偶发事件多少有关。

aristocracy   贵族;贵族制   "Aristocracy"是一个含义并不十分明确的术语,它源自希腊语的"aristokratia"(指最优秀的人的统治)。它比"peerage"(拥有贵族头衔或贵族爵位者)甚至"nobility"(出身于贵族世家或由国王授予贵族或荣誉称号的人)的含义更为广泛。按照一般的说法,它通常指上层阶级或"社会地位较为优越的阶层",但主要限于指地主(landowners)。1688—1832 年间是贵族制的"黄金时代",在这一时期,君主的权力得到稳妥的限制,而来自民主的威胁依然遥不可及。公园和乡村宅邸是贵族留下的重要遗产,如伯顿(Belton,1685 年)、佩特沃思(Petworth,1690 年)、查茨沃斯(Chatsworth,1696 年)、霍华德城堡(Castle Howard,1700 年)、沃本(Woburn,1747 年)、哈伍德(Harewood,1759 年)和赫维宁汉(Heveningham,1778 年),等等。

Arkinholm,battle of,1455.   阿金厄姆战役(1455)   1455 年春,苏格兰国王詹姆斯二世发动的旨在使自己摆脱强大的"黑道格拉斯"家族(Black Douglases)——道格拉斯伯爵詹姆斯(James,earl of Douglas)及其三个兄弟奥蒙德(Ormond)、莫里(Moray)和巴尔维尼(Balvenie)的控制的战役。道格拉斯逃到英格兰,但他的三个兄弟5月1日在兰厄姆(Langholm)附近的阿金厄姆投入了战斗,结果三兄弟被彻底击败,莫里战死,奥蒙德被俘后被处决,巴尔维尼逃走。

Arklow,battle of,1789.   阿克洛战役(1798)   尽管英军1798年6月5日在新罗斯(New Ross)一战中击退了韦克斯福德起义军(Wexford rebels),但起义军依旧对英军构成危险。起义军夺取了戈里(Gorey),并对阿克洛城形成威胁。然而,英国政府加强了对守卫部队很少的阿克洛城的防卫力量,当起义军6月9日向阿克洛城发起进攻时,英军主要凭借炮火将之击退。

***Ark Royal*   "皇家方舟"号**   是指对一系列皇家海军战舰的统称。第一艘"皇家方舟"号战舰最初名为"方舟罗利"号(*Ark Raleigh*),是由国王在1588年购买的。在抗击西班牙无敌舰队(Armada)期间,该舰是埃芬厄姆的霍华德勋爵的旗舰。

Arkwright，Sir Richard（1732—1792）． **理查德·阿克赖特爵士**（1732—1792） 阿克赖特出生在普雷斯顿（Preston），早年在一个理发师门下当学徒，后来在博尔顿（Bolton）自己开业从事理发这一行当。当他到北部纺织业地区去购买制作假发所需头发的时候，遇到了一些试图改进棉织品生产的手工匠，并在18世纪60年代说服了约翰·凯与他一起制造出水力纺纱机，即卷轴纺纱机，阿克赖特于1769年取得了这一纺纱机的专利权。1769年，阿克赖特在诺丁汉开办了第一家以马力为动力的工厂。1771年，他搬到德比郡的克罗姆福德。阿克赖特在1781年和1785年取得的专利权受到兰开夏郡棉织品生产业主们的质疑，这些人最终如愿以偿，上述专利权被撤销，但阿克赖特的"工厂制度之父"的称号还是名副其实的。

Arlington，Henry Bennet，1st earl of（1618—1685）． **亨利·班纳特，第1代阿林顿伯爵**（1618—1685） 在内战时期，班纳特站在了国王一边，后来成为查理二世的外交大臣，并在克伦威尔与法国结盟共同打击西班牙期间一直担任查理二世在马德里的代理人。其生计主要依靠担任公职的收入，1666年他娶了一位荷兰籍的妻子，但在改善英荷关系方面，并没有多少作为。班纳特对法国持不信任态度，所以担任国务大臣时，在执行查理二世的对法政策上总是表现得很拖沓。在他的策划下，查理二世于1670年5月与路易十四（Louis XIV）秘密签订了第一个《多佛尔条约》（treaty of Dover），1665年他被封为男爵，1672年又被加封为伯爵。1673年，作为国务大臣名誉扫地后，阿林顿就任海军委员会委员，并协助撤出在丹吉尔（Tangier）的驻军。

Armada，Spanish　无敌舰队 1588年7月，西班牙国王腓力二世（Philip II）派出了一只由大约138艘船只、约7000名水手和17,000名士兵组成的舰队，入侵英格兰。一旦帕尔马公爵（duke of Parma）率领的西班牙陆军在佛兰德登陆，西班牙军队的数量还将增加一倍。英格兰海军由34艘皇家战舰和大约170艘私人船只组成，指挥官是埃芬厄姆的霍华德勋爵。英军使用的枪支的质量和使用枪支的熟练程度都强于西班牙军队，但反过来，如果双方近身肉搏，则无论是在陆上还是在海上，英军都不是西军的对手。腓力二世之所以派出无敌舰队入侵英格兰,其背后目的就是要终结英格兰对西班牙与其美洲殖民地之间的贸易发起的攻击,同时维护西班牙对弗兰德斯的主权,当然,最重要的是使英格兰异教徒能重新皈依罗马天主教。

在梅迪纳—西多尼亚公爵(duke of Medina-Sidonia)的指挥下,西班牙无敌舰队从里斯本出发,用了3周的时间开往科伦纳。无敌舰队从7月29日在康沃尔(Cornwall)的利泽德角(Lizard Point)被英军发现,到8月6日抵达加莱之前,其经过严格训练的新月阵形仅被英军打破过两次。在加莱,帕尔马公爵指挥的西班牙军队也未做好充分的准备。由于无敌舰队的舰只拥挤在一起,结果在8月7日晚被霍华德勋爵率领的英军战舰轻而易举地击破,转天,在格拉沃利纳(Gravelines)外海上持续进行的战斗中,无敌舰队伤亡惨重。此时又赶上恶劣的天气,被打散了的无敌舰队向北海驶去,霍华德勋爵在后面紧追不放。当无敌舰队绕着苏格兰和爱尔兰返回西班牙时,由于天气异常恶劣,虽然三分之二的船只成功返回,但有30多艘船只在赫布里底群岛(Hebrides)和爱尔兰西海岸沉没。此役,西班牙一方死亡的人数大约是11,000人。虽然天气等因素在很大程度上助了英军一臂之力,但这场战役的确为英格兰赢得了很高的国际声誉,尽管西班牙已经证明她有能力在北半球部署一支庞大的海军。

Armagh 阿马 阿马是北爱尔兰六个郡中最小的一个郡。阿马郡的主要城市是阿马,该城自12世纪以来就一直是大主教管辖区,此外这里还有一个罗马天主教的大主教管辖区。在北爱尔兰南部地区,信奉天主教的人口占优势,1921年阿马议会对成立北爱尔兰表示抗议,随后议会被解散。

Armagh(Ard Machae),archiepiscopal diocese of 阿马大主教区(Armagh,爱尔兰语作 Ard Machae) 由于与圣帕特里克(St Patrick)有着非常紧密联系的原因,阿马必然成为整个爱尔兰境内的罗马天主教会大主教和英国圣公会大主教的驻节地。根据1111年的雷斯布莱塞尔宗教会议(Council of Raithbressail),阿马成为莱斯库恩(Leth Cuinn,爱尔兰北半部)的都主教区,下辖12个主教区。后来,根据1152年的凯尔斯—梅利丰特宗教会议(Council of Kells-Mellifont),爱尔兰又被进一步划分为四个教省,其中辖爱尔兰西部的蒂厄姆教省

(province of Tuam)是从阿马都主教区分割出去的,而辖 11 个教区的阿马依然保留着全爱尔兰首主教的地位。阿马有两座主教座堂,都是献给圣帕特里克的。

Arminianism　阿明尼乌主义　伊丽莎白一世统治时期,英国圣公会(Church of England)不顾她的意愿,绕开礼拜仪式问题,接受了更为严格的加尔文宗信仰,即上帝在造人的时候,就已经预定了谁将得救,谁将沉沦。16 世纪 90 年代,出现了一个和加尔文宗对立的学说,该学说与在雅各布·阿明尼乌(Jacob Arminius)的推动下在荷兰出现的学说非常相近,英格兰的反命定论者因此逐渐地被称为阿明尼乌派。詹姆斯一世统治期间,阿明尼乌派只获得了有限的发展空间,但 1625 年信奉高教会(high-church)的查理一世继位后,阿明尼乌派逐渐在英国圣公会中占据主导地位。查理一世对阿明尼乌派的认同是他与其臣民之间缺乏信任的主要原因之一。

armour　盔甲　留存到现在的中世纪时期的盔甲为数甚少,所以对盔甲的研究在很大程度上要依赖于巨幅雕像、手稿中的图画和文献资料等证据。目前已经确定的是,盔甲的历史经历了三个发展阶段。第一阶段自 11 世纪至 13 世纪,这是盔甲在战争中占据主导地位的阶段。主要的盔甲是及膝的锁子甲,套在棉甲的外面,有的锁子甲还配有头盔。到了 12 世纪中后期,普遍将亚麻材质的外套罩在锁子甲的外面。头盔起初是锥形的,外带一块有坡度的硬片来保护鼻子,但逐渐发展成圆柱形的并带有面甲的大头盔。在第三阶段即从 14 世纪末到 16 世纪初,人们穿戴的是整片的板式盔甲,能够保护身体和四肢。在保护前胸和后背的坚硬的防护板里面,穿有一件棉衬垫(或军用紧身上衣)。这时的头盔出现了多种形状,往往都是利用脸盔来保护整个头部。即使是在这个第三阶段,可能仍然要穿戴保护下体和腋窝部位的盔甲。盔甲发展的第二阶段是承上启下阶段,又部分地与第一、三两阶段有重合。第二阶段见证了硬片式盔甲的发展过程,所谓硬片式盔甲,是指在本质上属于织物服装的布质的护身甲里面,加装上金属硬片(后来称为锁子铠),以加强保护作用。硬片式盔甲可以与整片的板式盔甲一起穿,也可以与坚硬的、后来还能保证关节活动的臂甲、手甲,腿甲和脚甲一起穿。在该阶段,大头盔还一直在使用,但后来逐渐被紧包头部的中头盔所取代,这种中头盔有时带有面甲。我们对盔甲的印象往往都来自于贵族和骑士这些社会上层阶级所穿戴的最昂贵的盔甲。普通士兵对身体的保护一直是靠铁链衣,再配以加强保护性的布甲(镶甲),以及制作简单的头盔(轻盔,水壶式头盔等)。中世纪骑士比武时所穿戴的盔甲往往被误认为与打仗时穿戴的盔甲是一样的。其实,人们在体育运动中,出于保护生命的需要,所穿戴的盔甲较之于打仗时穿戴的盔甲往往更沉重些,而其保护性能也更强,例如,脸盔的制作如果只是为了迎合时尚(*de rigueur*),那么在战斗中就有可能使面部失去保护。在中世纪后期,最昂贵和最时尚的盔甲来自意大利北部和德国南部。但总的来说,普通士兵穿戴的盔甲只是凑合着用的当地制作品,而且往往是一个人穿用后其他人接着再穿。

Arms, Assize of 《武装敕令》 亨利二世在 1181 年颁布《武装敕令》,要求英格兰所有自由人必须进行宣誓,保证在战时自带武器为国王和王国服兵役。该敕令严格规定,每个人都应根据其社会地位和财富装备相应的武器。该敕令后来不断颁布,内容也不断更新,从而有效地延续了古老的盎格鲁—撒克逊时代民军(fyrd)的责任和义务。

Arms, College of 纹章院 See COLLGE OF ARMS(见纹章院)

Armstrong, William Armstrong, 1st Baron (1810—1900). 威廉·阿姆斯特朗,第 1 代阿姆斯特朗男爵(1810—1900) 阿姆斯特朗出生于纽卡斯尔的一个商人家庭。尽管家里为他安排的教育是计划使其将来能成为律师,但阿姆斯特朗从小就对技术试验感兴趣。1847 年,他在纽卡斯尔附近开办了埃尔西克机械厂,生产液压起重机。在克里米亚战争期间,阿姆斯特朗开始介入枪械的制造,并于 1859 年建立了埃尔西克军械公司。在 19 世纪后半期,该公司成为世界一流的集工程、造船和武器装备生产于一体的公司,并于 1897 年接管了惠特沃斯公司(Whitworth company)。1863 年,阿姆斯特朗在诺森伯兰郡的克拉格塞德(Cragside)获得了一处地产,并委托诺曼·肖(Norman Shaw)为他建造了一处豪华宅邸。他于 1887 年受封贵族头衔。

A

army　军队　在诺曼征服之前,军事义务似乎被划分为两种基本形式:一种是由所有成年男性作为民兵(militia)所应承担的服兵役义务,这是根据 1181 年颁布的《武装敕令》(*Assize of Arms*)而形成的英国法律决定的;另一种是小型的永久常备军(permanent standing army),通常体现在中世纪时期的皇家卫队。

到了近代早期,英国军队几乎全部都是以某种方式支付报酬的雇佣军。但是,任何形式的常备军都被视为君主专制的潜在工具。1485 年,亨利七世建立的保卫王室的王室卫士(Yeomen of the Guard),是最早的英国军队单元,并存在至今。议会拨款暂时资助军队成为王室与议会之间最重要的问题之一。1639—1641 年,当议会拒绝为查理一世击退苏格兰的入侵继续拨款,而且不相信他能控制军队镇压爱尔兰叛乱的时候,国王与议会之间的关系就出现了危机。

现代英国军队的鼻祖通常被认为是 1645 年议会建立的"新模范军"(New Model Army),但其在执行克伦威尔在英格兰的统治和征服苏格兰与爱尔兰方面的所作所为,又促使人们对军队抱有一种偏见,而且这种偏见一直持续到近代。1661 年查理二世创建的"国王陛下的卫队和守备军"("His Majesty's Guards and Garrisons")才是英国组成的第一支人数较少的常备军。这支军队存在的目的和职能是建立在王室特权而不是法律的基础上,这个问题在詹姆斯二世统治时期到了非解决不可的地步,并在推翻其政权中起了一定的作用。此后,1689 年的《权利宣言》(*Declaration of Rights*)规定,在没有议会批准的情况下,建立常备军是非法的,并且每年都在《军纪法》(*Mutiny Act*)中重申议会的这一权利,直到1953 年被有固定的 5 年一度立法周期的《武装部队法》(*Armed Forces Act*)所取代。

特别是 1707 年与苏格兰签订了《合并法》(*Act of Union*),并随后平息了詹姆斯党人叛乱之后,英国在国内不需要大量军队。相反,英国只需要一支最低限度的武装力量来维持国内秩序、海外属地的驻军和一支能够在战时参加欧洲盟军的小型部队。按照欧洲的标准,英国军队是以一种既古怪又古老的方式发展起来的,部队核心为规模更大的可根据需要进行扩编和遣散的英国军队提供基础。

在某些国家,军队是政治和社会改革的重点,但在英国,军队总是被视为保守力量的堡垒。尤其是在法国大革命以后,英国政府(通过军营建设)谨慎地把军队与英国社会隔离开来。在欧洲大陆的战争中，购买军职，从中央机构获取大量自主权，以及鞭打士兵等做法在英国已经被淘汰了，并且一直坚持到 19 世纪。英国议会对军国主义的担心就意味着英国政府会严格控制军队的预算，有意地分割指挥系统，忍受军队的效率低下，这样才能保证英国军队在政治上的软弱。英国军官大部分都是从小贵族中选拔出来的，同时也有部分上层贵族，而新兵则都是从最贫穷的阶层中招募的。

英国在 1783 年失去了美洲殖民地，继 1858 年英国王室把东印度公司的军队合并到印度军队之后，英国军队唯一的重要关注点就是印度。用英军和印度军队来守卫英属印度殖民地就成为 19 世纪末英国军队的主要作用。克里米亚战争（1853—1856 年）之后英国所进行的一系列改革与 1871 年爱德华·卡德韦尔废除购买军职，以及 10 年后创建的"郡团"（"county regiments"）结构，均有着特殊的关系，改革后的英国军队主要是以步兵为主的部队在海外服役。英国军队在第二次布尔战争（1899—1902 年）中表现出了严重的军事缺陷，因此为了使英国军队为欧洲战争做好准备，英国又推出军事改革措施，而这些措施与理查德·霍尔丹密切相关。

英国使用小型军队长期驻守海外英属殖民地的传统，意味着在第一次世界大战（1914—1918 年）开始的时候，英国是唯一一个没有实行征兵的交战国，只是到 1916 年 1 月才勉强开始征兵。战时国民军的创建，对于英国来说具有重要的社会意义和政治意义，标志着自内战以来英国军队与社会之间的第一次真正的接触。尽管英国军队最终还是第一次世界大战中最成功的军队，使德国遭受了沉重的打击，但是英国并未留下可资借鉴的军事传统，因为战争给英国带来的社会和文化影响是毁灭性的，而且这种影响一直持续到 20 世纪末。

第一次世界大战的经验，使英国可以更好地应对第二次世界大战（1939—1945 年）。1939 年第二次世界大战爆发前不久的征兵，是英国历史上第一次在和平时期征兵。虽然英国再次赢得了胜利，但在 1945 年英国要面对一个变化了的战局。特别是英军保卫大英帝国和在欧洲作战这两个传统角色已经不再重要了。1945 年后，英国又一次在历史上第一次保持和平时期征兵制【被称为国民服役（National Service）】，并一直持续到 1963 年。此后，英国又恢复了志愿兵制度。自从 1949 年英国加入北约【NATO，北大西洋公约组织（North Atlantic Treaty

Organization）】以来,英军一直扮演着两个重要角色,其一是作为西欧在 1991 年之前对抗苏联的集体防御的一个组成部分;其二是英国为"解散"帝国而"从帝国撤退"（"Retreat from Empire"）所进行的一系列战争。进入 21 世纪,英国的军队必须要适应技术变革的步伐,而且已经因许多战争而遭受了损伤,包括 1969 年至 2005 年的北爱尔兰战争、1982 年的福克兰群岛（Falkland Islands）战争、1990 年和 2003 年的两次伊拉克战争,以及自 2001 年以来与阿富汗的塔利班所进行的长期斗争。

Arnhem, battle of, 1944.　阿纳姆战役（1944）　1944 年 9 月,英国和波兰的空降部队试图固守莱茵河上的阿纳姆大桥,而美军则在占领多个交通要道后向南纵深前进。美军取得了预期的战果,但英国的空降部队遇到了在附近休整的德国党卫军装甲师（SS Panzer divisions）的压倒性的反扑。蒙哥马利不顾来自特别情报部门（ULTRA intelligence）的警告而作出的进攻决定,就是一场试图在 1944 年结束欧洲战争的赌博。

Arnold, Matthew（1822—1888）.　马修·阿诺德（1822—1888）　诗人和文学评论家。拉格比公学（Rugby School）校长托马斯·阿诺德（Thomas Arnold）之子。马修在 1845 年被选为奥里尔研究员职位（Oriel fellowship）之前,曾就读于温切斯特公学和牛津大学。从 1851 年至 1883 年,马修任学校督学（inspector）。1853 年,马修作为一个成熟的诗人显露头角,1857—1867 年任牛津大学的诗学教授。在马修的努力下,有更多形式的文学评论文章为人们所接受。在 1869 年出版的《文化与无政府状态》（*Culture and Anarchy*）一书中,马修把英国社会分为"野蛮人（Barbarians）、非利士人（Philistines）和群氓（Populace）"[①],影响很大。

Arnold, Thomas（1795—1842）.　托马斯·阿诺德（1795—1842）　拉格比

---

① 马修为当时英国三大阶级所取的名字,其中"野蛮人"指贵族阶级;"非利士人"指中产阶级,也译为"市侩";"群氓"指劳工阶级。——译者注

公学(Rugby School)校长。阿诺德曾就读于温切斯特公学和牛津大学基督圣体学院(Corpus Christi College)。1818年,他成为米德尔塞克斯郡(Middlesex County)拉莱汉(Laleham)的牧师。1828年,阿诺德担任了英国最有影响的公学之一——拉格比公学校长,他在学校建立了一座小教堂,这在当时是个不同寻常的举动。阿诺德博士在拉格比公学推行的教育理念是培养所谓的"身体强健的基督教徒"("muscular Christianity"),其良好效果在1857年汤姆·休斯(Tom Hughes)所写的《汤姆·布朗的求学时代》(*Tom Brown's Schooldays*)一书中可以看到。

Arran, James Hamilton, 2nd earl of [S] (**c.1517—1575**). 詹姆斯·汉密尔顿,第2代阿伦伯爵【苏格兰】(约1517—1575) 阿伦是苏格兰国王詹姆斯二世的曾孙。1542年詹姆斯五世去世时,阿伦成为苏格兰王位的假定继承人,而詹姆斯五世的女儿玛丽当时还是个襁褓中的婴儿。从1543年开始,阿伦就代表玛丽摄政。在其摄政初期,实行亲英格兰政策,并迫切想把玛丽嫁给爱德华六世,当此事告吹,而且战争接踵而至的时候,他宣布放弃新教并转而与法国亲近。1554年,阿伦放弃了对吉斯的玛丽(Mary of Guise)的摄政权,尽管此时他仍寄希望于玛丽女王能够嫁给自己的儿子。他反对玛丽与达恩利勋爵(Lord Darnley)的婚姻,并在1565年和1569年之间被迫离开苏格兰。阿伦1569年返回苏格兰后,站在了支持玛丽女王的一方。

Arran, James Hamilton, 3rd earl of [S] (**c.1538—1609**). 詹姆斯·汉密尔顿,第3代阿伦伯爵【苏格兰】(约1538—1609) 阿伦本人是伊丽莎白女王的众多追求者之一,遭到拒绝后,又向苏格兰女王玛丽求婚。1550—1559年,他身在国外,返回苏格兰后成为新教领袖。但在1562年,他被宣布为精神失常。1581年,为了他的堂兄詹姆斯·斯图尔特(James Stewart)的缘故,被劝说放弃了伯爵爵位。

Arran, James Stewart, 4th earl of [S] (**c.1550—1595**). 詹姆斯·斯图尔特,第4代阿伦伯爵【苏格兰】(约1550—1595) 詹姆斯·斯图尔特是苏格兰奥

基尔特里勋爵(Lord Ochiltree)的次子。他在荷兰服完兵役后,于1579年回到苏格兰,很快就得到詹姆斯六世的宠信。在指控摄政莫顿(Morton)一事中,他起到了积极作用。他的堂弟第3代阿伦伯爵詹姆斯·汉密尔顿(James Hamilton)因患有精神病,由他负责照管。1581年,詹姆斯·汉密尔顿同意为了斯图尔特而放弃伯爵爵位。1583年,他在拉斯文突袭行动(Ruthven raid)中遭到基督教新教贵族的袭击,被临时赶下台,但1584年他又官复原职,并处决了高里(Gowrie)伯爵。他曾担任苏格兰大法官,且权倾一时。但在1585年11月的政变中他再次垮台,其公民权遭剥夺且被处以流放。虽然他后来又返回了苏格兰,但被为莫顿伯爵报仇的詹姆斯·道格拉斯爵士(Sir James Douglas)暗杀。

Arras, Congress of, 1435.　阿拉斯会议(1435)　这是根据教皇和巴塞尔会议(Council of Basle)的要求,为努力促成英格兰与法国之间的和平而召开的一次会议。阿拉斯会议由两位枢机主教主持,与会者包括英格兰国王亨利六世、法国国王查理七世和勃艮第公爵腓力(Philip, duke of Burgundy)各自派出的特使,严格地说,勃艮第公爵当时仍然是英格兰的盟友。由于英格兰坚持不放弃亨利六世对法国王位的权利要求,会议未取得任何结果。1435年9月6日,英格兰代表团中途退出会议,此举显然导致了法国与勃艮第最终在9月21日结成同盟。

array, commissions of　征兵委员会　这是一种征召地方武装的举措。根据该委员会的指令,由个人负责在其所在的地区召集武装,这一指令最早是由爱德华一世发出的。英格兰议会因这一征兵举措,成功地从国王那里获得了许多让步。爱德华三世在1327年向议会承诺:除非英格兰遭到外国的侵略,否则任何人不得在本郡之外征召兵员;1344年,爱德华三世承诺:如果要求这些被征召的军人在海外服役,国王应向他们支付酬金;1350年,爱德华三世又承诺:只有经过议会的同意,征兵委员会才能发布征兵令。16世纪中叶以后,英格兰政府认为由各郡的最高军事长官(Lords-Lieutenant)负责征兵工作更加方便,征兵委员会因此逐渐被废弃。

Arrow War, 1856—1860. **"亚罗"号事件**(1856—1860) 1856 年 10 月,当"亚罗"号船在广州登陆时,清政府广东水师怀疑其是海盗船,逮捕了船上的海盗和嫌疑人,结果引发了战争。虽然该船的船员和船主都是中国人,但该船是在香港注册的,并悬挂着英国国旗。西方列强利用"亚罗"号事件,企图从清政府那里攫取更多的特权。1857 年 12 月 29 日,英法联军占领广州,然后直逼天津,并于 1858 年 6 月在天津强迫清政府签订了《天津条约》。根据该条约,清政府同意开放商埠,允许外国公使常驻北京。但在 1859 年,清政府拒绝英国和法国公使进入北京。于是,1860 年 8 月 1 日英法联军第二次在天津的北塘登陆,并于 10 月占领了北京。10 月 18 日,清政府同意履行《天津条约》的内容,并把香港对面的九龙司割让给英国。见"对华战争"(CHINA WARS)。

Arsuf, battle of, 1191. **阿尔苏夫战役**(1191) 1191 年 8 月 22 日,英格兰国王理查一世率领的第三次十字军东征的队伍从阿科(Acre)出发,进军雅法(Jaffa),希冀占领雅法后进攻耶路撒冷。十字军沿着海边行进,其右翼有理查一世的舰队保护。萨拉丁(Saladin)率领的穆斯林军队对十字军不断进行袭扰,但始终无法打破十字军排成的密集阵形,萨拉丁由此意识到只能冒险同十字军展开决战。9 月 7 日,在阿尔苏夫的北部平原上,两军相遇,集结起来的十字军骑兵向萨拉丁发起冲锋,萨拉丁被迫撤退。

Arthur **亚瑟** 亚瑟王(King Arthur)和他的圆桌骑士是中世纪作家借助历史、民俗、神话和想象创作出来的人物。亚瑟王的素材已被不断的重塑和发展,反映了那个时期生活、道德和愿望的各个方面。"真正的"亚瑟王是约公元 600 年时的英国诗歌《哥多丁》(*Gododdin*)、9 世纪内尼厄斯(Nennius)所撰写的《不列颠人的历史》(*Historia Brittonum*)以及 10 世纪的《坎布里纪年》(*Annales Cambriae*)中的两个故事所描写的英雄。亚瑟原本是个身份不明的军阀,9 世纪或 10 世纪发展成威尔士的一个伟大的胜利者。威尔士关于亚瑟的口头传说依次流传到康沃尔(Cornwall)和布列塔尼(Brittany),在布列塔尼的口头传说中,亚瑟逐渐地被人们认为他还活着。这可能是因为圆桌骑士的主题是布列塔尼的吟游诗人创造的。但亚瑟和他的骑士们的故事绝对是 12 世纪 30 年代由蒙茅斯的杰弗里

A

(Geoffrey of Monmouth)在他撰写的那本《不列颠诸王史》(*History of the Kings of Britain*)中虚构出来的。该书把亚瑟描写成一个理想的国王,他征服了欧洲的大部分地区,甚至进攻罗马。亚瑟最后大败,身受重伤后被转移到阿瓦隆(*Avalon*)。

亚瑟王宫对于那些描写英雄和英雄事迹的人们来说,有着巨大的吸引力,在许多有关亚瑟王的文字材料中,描述亚瑟王本人的篇幅并不是很多。当时最受欢迎的作品之一《特里斯坦与伊索尔德的传奇》(*legend of Tristan and Isolde*),往往被添加在亚瑟王的身上。某些关于亚瑟王的故事就是根据这本书的内容演绎出来的。圣杯(Grail)这一元素最初是用法语表述出来的,它是凯尔特人关于神奇的大锅和神圣的食物生产的兽角的传说与基督教情感结合的产物。12 世纪 70 年代和 80 年代特鲁瓦的克雷蒂安(Chrétien of Troyes)在其诗歌中也引入了典雅爱情(courtly love)故事,并把圆桌(Round Table)作为体现骑士精神的中心,克雷蒂安还确认卡米洛特(Camelot)就是亚瑟王宫的所在地。第一部用(中古)英语完成的亚瑟王题材的作品是 12 世纪末莱亚门(Layamon)的《布鲁特》(*Brut*),书中引入了一些魔幻因素。英国文学中对亚瑟王描述最多的是 14 世纪末的《高文爵士与绿衣骑士》(*Sir Gawain and the Green Knight*)。

骑士崇拜是一个欧洲现象。亚瑟王的传奇故事描绘了骑士理想、骑士组织和骑士服饰。亚瑟王的人物性格和事迹在中世纪骑士比武中有时是以亚瑟王的服装,有时是以礼仪的形式被表现出来的,如爱德华三世创立的嘉德勋位(Order of the Garter)就是如此。亚瑟王的故事还具有政治用途。1278 年,爱德华一世到格拉斯顿伯里(Glastonbury)向亚瑟王和吉尼维尔王后(Guinevere)名义上的遗骨表示敬意,就是为了让威尔士人高兴,但他同时也强调他不是威尔士人的救世主。

在近代早期,人们追捧亚瑟王文字材料的热度大大下降。亚瑟王的故事之所以能够在英语世界中幸存下来,是因为托马斯·马洛礼爵士(Sir Thomas Malory)在 1469 年前后完成的一部作品中,重新把亚瑟王叙述成一个悲剧故事,书名为《亚瑟王之死》(*Morte Darthur*),该书 1485 年时由卡克斯顿(Caxton)印刷发行。亨利七世充分地利用威尔士人对亚瑟王的兴趣,例如他给长子取名为亚瑟(Arthur),并且使其在 1489 年成为威尔士亲王,但在都铎王朝,亚瑟的重要意义主要还是体现在庆典活动和文学方面。关于亚瑟王的戏剧和诗歌确实存在,在埃德蒙·斯潘塞(Edmund Spenser)的长诗《仙后》(*Faerie Queene*)中,亚瑟王就占有很大的篇幅。但是在莎士比亚的作品中,却没有对亚瑟王给予任何关注。

虽然德莱顿(Dryden)写了一部关于亚瑟王的剧本,而且普赛尔(Purcell)为该剧本配上了音乐,但是亚瑟王传奇在19世纪已经不是最受欢迎的故事了。沃尔特·司各特爵士(Sir Walter Scott)和威廉·华兹华斯(William Wordsworth)撰写了一些有关亚瑟王的文字材料,从1832年重新开启亚瑟王热潮的作品是丁尼生(Tennyson)以马洛礼的《亚瑟王之死》为基础创作的诗歌。丁尼生诗歌中的人物往往象征着某种个性,他的作品以说教为主。撰写亚瑟王传奇故事的其他作家还包括阿尔杰农·斯温伯恩(Algernon Swinburne)、威廉·莫里斯(William Morris)、马修·阿诺德(Matthew Arnold)以及(具有讽刺意义的是)美国作家马克·吐温。

在20世纪,亚瑟王的故事背景和环境是各种不同类型的小说家和诗人们笔下的一个永久的主题。以亚瑟王为主题的英国音乐作品包括鲍顿(Boughton)、巴克斯(Bax)、帕里(Parry)和埃尔加(Elgar)的作品。此外,英国还有多部以亚瑟王为背景的电影。

人们在确认亚瑟王的位置方面已经做了许多尝试。古往今来,卡米洛特(传说中英国亚瑟王宫廷所在地)的位置是在卡德伯里(Cadbury,这里的一个铁器时代的山丘堡垒是5世纪末不列颠的权力中心)、卡利恩(Caerleon)、科尔切斯特、温切斯特、廷塔杰尔(Tintagel),以及最新但有争议的说法是靠近斯特灵(Stirling)。亚瑟王的发源地与康沃尔(Cornwall)之间关系目前尚不清楚。多尔城堡(Castle Dore)和廷塔杰尔(有5世纪末6世纪初世俗贵族的住宅)被"确认"("identified")为特里斯坦(Tristan)与伊索尔德(Isolde)传奇故事的背景地。格拉斯顿伯里与12世纪中叶吉尼维尔的绑架案有关,因此被认为是阿瓦隆。在1190年或1191年,一些修道士"发现"亚瑟和吉尼维尔墓地,并在13世纪中叶把与圣杯有关联的阿里马西斯的约瑟夫(Joseph of Arimathea)添加到他们的历史中。

Arthur , Prince(1187—c.1203). **阿瑟王子**(1187—约1203) 作为杰弗

里（Geoffrey）和布列塔尼的康斯坦茨（Constance of Brittany）唯一的儿子（遗腹子），阿瑟从其降生的那一刻起就成了布列塔尼公爵。1190 年,阿瑟被他的叔父理查一世立为王位的假定继承人,前途一片光明。但 1199 年理查一世去世后,约翰作为公认的继承人取代阿瑟继承了王位。1202 年,阿瑟的机会来了,当时正与约翰交战的法国国王腓力·奥古斯都（Philip Augustus）决定承认他为诺曼底和安茹的合法统治者。但阿瑟在 1202 年 8 月时被约翰俘房并关押在鲁昂（Rouen）,从此销声匿迹。

Arthur, prince of Wales（1486—1502）. **阿瑟,威尔士亲王**（1486—1502）
亨利七世与约克的伊丽莎白（Elizabeth of York）所生的长子,亨利八世的兄长。阿瑟 15 岁时与阿拉贡的凯瑟琳（Catherine of Aragon）结婚,并在拉德洛（Ludlow）设立了王宫。五个月后,阿瑟死于肺病,葬于伍斯特大教堂。

Artificers, statute of, 1563. **《工匠法》**（1563） 面对大量无业人口的存在,流浪者数量的增加和犯罪率的不断上升,英格兰政府越发感到忧虑,因此对雇主与受雇者之间的服务条件做出了规定。根据《工匠法》,所有接受过职业技能训练且年龄低于 30 岁的未婚者,如果有雇主雇佣他,均不得拒绝;所有年龄在 12 岁至 60 岁的人,都必须受雇从事农业劳作;对于 12 岁至 40 岁的未婚女性,也可以要求其工作。受雇佣者的工资标准由大法官法庭（Court of Chancery）每年加以确定,并逐郡公布。《工匠法》还规定,任何人如果在没有书面许可的情况下离开其居住地,将被视为流浪汉而加以惩处。

Arundel, Henry Fitz Alan, 12th earl of（1512—1580）. **亨利·菲查伦,第12 代阿伦德尔伯爵**（1512—1580） 阿伦德尔是个在都铎王朝中期的政治漩涡中善于巧妙周旋的人物。他支持亨利八世,在反对法国的斗争中表现出色而被授予嘉德勋位（Garter）。在爱德华六世统治期间,阿伦德尔因与诺森伯兰郡公爵不和,被囚禁在伦敦塔一年。1553 年,他表面上支持简·格雷夫人（Lady Jane Grey）,但为了保险起见,暗地里却把掌握的一切信息都报告给玛丽。在玛丽执政期间,他担任王室总管（Lord Steward）,由于他与玛丽同为天主教徒,更是深得玛丽的宠信。在伊丽莎白统治时期,他曾被提名进入女王备选丈夫的行列。然而,1571 年他受到里多尔菲阴谋案(Ridolfi plot)的牵连,16 世纪 70 年代后半期他过上了安静的隐退生活。

Arundel,Philip Howard,13th earl of (1557—1595). **菲利普·霍华德,第 13 代阿伦德尔伯爵(1557—1595)**   菲利普·霍华德的父亲是第 4 代诺福克公爵,1572 年被处决;他的母亲是阿伦德尔伯爵亨利的女儿,在生下他后不久去世。诺福克公爵的爵位自 1572 年起被褫夺,但 1580 霍华德继承了他祖父阿伦德尔伯爵的爵位。1584 年,他皈依了天主教,次年被捕并被囚禁在伦敦塔。1588 年,他因祈祷西班牙无敌舰队取胜而被判犯有叛国罪,被处以死刑,在监狱生活七年多后去世。

Arundel,Thomas Howard,14th earl of (1585—1646). **托马斯·霍华德,第 14 代阿伦德尔伯爵(1585—1646)**   霍华德的父亲生命中的最后 11 年是在伦敦塔中度过的。1604 年,詹姆斯一世恢复了霍华德的伯爵爵位;1611 年,霍华德被授予嘉德勋位(Garter);1615 年,霍华德重新皈依新教。1621 年,他被任命为终身王室典礼官(earl marshal for life)。1639 年,霍华德受命率军恢复苏格兰的社会秩序,但由于没有经过打仗事态便得以平息,他的军事才能未能得到检验。1640 年至 1641 年,他担任王室总管,主持了对斯特拉福德(Strafford)的审判。

Arundel,Thomas (1352—1414). **托马斯·阿伦德尔(1352—1414)**   坎特伯雷大主教。第 8 代阿伦德尔伯爵理查德·菲查伦(Richard Fitz Alan)的第三子。1374 年托马斯担任伊利主教,当时他还是牛津大学的本科生。当 1386 年反对理查二世的贵族掌权时,阿伦德尔被任命为大法官,1388 年又被晋升为约克大主教。1389 年,理查二世恢复统治后,他被免去大法官一职,但从 1391 年开始,他又官复原职,直到 1396 年他转任坎特伯雷大主教。1397 年,理查二世在摧毁了前反对派贵族领导集团的势力后,假借调其到圣安德鲁斯任职的名义,免去了阿伦德尔坎特伯雷大主教一职。1399 年,阿伦德尔因支持亨利四世篡夺王位,又恢复了坎特伯雷大主教一职。在新的王朝统治下,阿伦德尔于

A

1407 年至 1410 年再次出任大法官。1410 年阿伦德尔辞职,此举标志着以亨利王子(后来的亨利五世)为首的反对派集团的兴起。1412 年,在反对派集团倒台后,亨利四世重新任命阿伦德尔为大法官。1413 年亨利五世继位后,阿伦德尔在国王背后施加影响的作用宣告结束。

Arundel castle　阿伦德尔城堡　阿伦德尔城堡位于萨塞克斯(Sussex),在诺曼征服(Norman Conquest)后不久由施鲁斯伯里伯爵罗杰开始兴建。该城堡后来一直到 1243 年以前,属于奥比尼(Aubigny)家族所有;1243 年至 1580 年,该城堡通过婚姻关系被转移到菲查伦家族;1580 年以后,该城堡转入诺福克公爵霍华德家族手中。

Ascham, Roger（1515/16—1568）.　罗杰·阿谢姆（1515/16—1568）　信奉新教的古典学学者,生于约克郡。1530 年,阿谢姆就读于剑桥大学圣约翰学院(St John's College),在那里他深受约翰·奇克爵士(Sir John Cheke)的影响,为约翰讲授的希腊语音课程作助教。阿谢姆本人讲授拉丁语、希腊语和逻辑学,此外,他还是剑桥大学的公共演说家。他于 1545 年出版的《射箭爱好者》(*Toxophilus, the School of Shooting*),用优美的文字叙述了射箭的种种好处,并藉此获得了资助。阿谢姆在担任伊丽莎白公主和后来的爱德华六世的家庭教师之后,于 1550 年出使德意志。由于同情简·格雷夫人(Lady Jane Grey),所以在玛丽女王统治时期,阿谢姆的境遇还不算差,并担任了玛丽的拉丁文秘书,他同时还得到伊丽莎白女王的宠信。阿谢姆最知名的作品是 1570 年出版的《校长,或简单而完美的幼儿拉丁语教学法》(*The Schoolmaster, or Plain and Perfect Way of Teaching Children the Latin Tongue*),书中提倡以昆体良(Quintilian)思想为基础的教育方法。

Ashanti(Asante)wars　阿散蒂战争　阿散蒂帝国(Ashanti empire)位于黄金海岸的腹地,18 世纪晚期达到鼎盛。1807 年,阿散蒂帝国曾试图在毗邻英国贸易站的领土上建立自己的统治区域,此举对英国的贸易构成了威胁,但在 1824 年阿散蒂帝国取得胜利之前,并未导致双方发生武装冲突。由于英国政府的政策摇摆不定,使得阿散蒂帝国在 1863 年再次占领了沿海领土。1873 年,英国政府在又一次改变政策后,派加尼特·吴士礼爵士(Sir Garnet Wolseley)率领一支军队,向阿散蒂帝国扩张领土的行为发起挑战。吴士礼摧毁了阿散蒂帝国的首都库马西(Kumasi)。由于法国和德国在该地区的迅速殖民扩张,促使英国在 1896 年要求阿散蒂帝国降服。当这一要求遭阿散蒂帝国拒绝时,英国于 1900—1901 年派出另外一支远征军,摧毁了阿散蒂帝国,1902 年阿散蒂成为英国王室的直辖殖民地。

Ashburton treaty, 1842. 《阿什伯顿条约》(1842)   1812 年英美战争结束后,英美之间的关系依然难解,双方在缅因州的边境争端依然存在。1841 年,皮尔(Peel)担任英国首相时,英美关系已达到非常糟糕的地步,皮尔甚至要求部署海军以应对可能爆发的战争。皮尔派阿什伯顿男爵——他的妻子是个美国人——作为特使,于 1842 年 4 月与美国签订了《阿什伯顿条约》。根据该条约,英国放弃海上搜索的权利,重新划定缅因州的边界,以北纬 49 度来确定缅因州与加拿大之间的边界。

Ashdown, battle of, 871.   **阿什当战役(871)**   870 年,一支丹麦军队在雷丁(Reading)扎营,并对周围的村庄进行劫掠。大约在 871 年 1 月 8 日前后,威塞克斯王国国王埃塞尔雷德(Æthelred)和他的弟弟阿尔弗雷德(Alfred)在位于伯克郡(Berkshire)丘陵地带的阿什当向丹麦军队发起进攻。根据《盎格鲁—撒克逊编年史》的记载,双方在一片低矮的灌木林周围展开激战,战斗“一直持续到夜幕降临”。丹麦人被赶回营地,这是丹麦人在英格兰的军事推进受到的第一次遏制,但接下来对丹麦人营地的进攻遭到失败。数周后,埃塞尔雷德去世,其子因年幼无法领军作战,阿尔弗雷德随即成为威塞克斯王国国王。

Ashdown, Jeremy, 1st Baron Ashdown ("paddy")(b.1941).   **杰里米·阿什当,第 1 代阿什当男爵("帕迪")(生于 1941 年)**   政治家。1959 年至 1972 年在皇家海军陆战队服役,退役后在英国外交和联邦事务部(Foreign and Commonwealth Office)工作。1983 年,他作为约维尔(Yeovil)地区自由民主党

（Liberal Democrat）的候选人再次进入议会,并于 1988 年接替戴维·斯蒂尔成为自由民主党领袖。在他担任党魁期间,自由民主党在议会的席位从 1992 年的 20 席猛增到 1997 年的 46 席。由于他一直对布莱尔政府保持友好的态度,因此未能说服布莱尔政府进行选举制度的改革。1999 年,杰里米将自由民主党党魁之位让给了查尔斯·肯尼迪（Charles Kennedy）,2001 年他被封为终身贵族（life peer）。2002 年至 2006 年,杰里米担任英国驻波斯尼亚（Bosnia）的高级代表,但 2007 年他被转任为驻阿富汗的联合国特使,这一职位变动令其倍感失落。

Ashingdon , battle of , 1016.　阿兴顿战役（1016）　这是"勇敢者"埃德蒙（Edmund Ironside）和克努特（Cnut）之间长期博弈中的最后一役,发生在埃塞克斯的克劳奇河（river Crouch）附近。战斗中,麦西亚的方伯埃德里克（Eadric）指挥赫里福德郡（Herefordshire）麦肯赛特（Magonsaete）的士兵撤离战场,埃德里克的背叛导致丹麦人取得了决定性的胜利,使得"英语民族所有的花朵"都被砍倒了。埃德蒙与克努特随后在格洛斯特郡的迪尔赫斯特（Deerhurst）会晤,谈判分割埃塞克斯王国,但几周后埃德蒙去世,整个埃塞克斯王国都落入了克努特之手。

asiento（Spanish : contract）　贩奴合约（西班牙语 : 合约）　根据 1713 年在乌得勒支（Utrecht）签订的条约,西班牙向英国作出让步,英国取得向西属美洲殖民地运送黑奴的权利。该合约的有效期为 30 年,然而黑奴贸易从未像英国人期望的那样有利可图,而且 1739 年爆发的詹金斯断耳之战（War of Jenkins's Ear）也与实施奴隶贸易的争论有关,于是英国于 1750 年放弃了合约,获得了 100,000 英镑的赔偿。

Aske , Robert（d.1537）.　罗伯特·阿斯克（卒于 1537）　林肯郡的律师,1536 年至 1537 年,阿斯克领导了求恩朝圣（Pilgrimage of Grace）起义,反对解散修道院,支持罗马天主教。起义首先在林肯郡爆发,随后便蔓延到阿斯克领导的约克郡。由于起义队伍声势浩大,亨利八世不得不表示要宽恕起义者,并同意在 1536 年 11 月接见阿斯克。但在 1537 年 1 月起义重燃后,阿斯克即被逮捕,并于当年 7 月在约克郡被处死。有一个试图制止阿斯克追随者的温和分子曾敦促他们相信亨利八世的诚信,阿斯克为自己的如此天真付出了生命的代价。

Asquith, Herbert Henry, 1st earl of Oxford and Asquith(1852—1928). **赫伯特·亨利·阿斯奎斯, 第 1 代牛津和阿斯奎斯伯爵**(1852—1928) 首相。1908—1914 年,阿斯奎斯推行了一系列重大的宪法和社会改革,在英国历史上留下了重要的一笔。然而,1914 年至 1916 年间,作为战时首相,其政绩乏善可陈;1918—1926 年是自由党内部明争暗斗的不体面时期,在此期间,他的声誉大大下降。

阿斯奎斯的早年生活是在莫利(Morley)和哈德斯菲尔德(Huddersfield)度过的,他的亲戚们都是那里的小业主,从事羊毛贸易。阿斯奎斯很快就摆脱了其卑微的出身,于 1870 年依靠奖学金就读于牛津大学巴利奥尔学院(Balliol College),毕业后当了律师,并以东法夫郡(East Fife)候选人的身份,稳操胜券地赢得议会议员席位,1885 年到 1918 年,他一直是议会议员。阿斯奎斯与第一任妻子海伦共育有五个子女,海伦于 1891 年去世。1894 年,阿斯奎斯再次结婚,其第二任妻子玛戈·坦南特(Margot Tennant)是一个富有的苏格兰化学品巨头的女儿,性格与海伦完全不同。玛戈是个可怕的势利眼,她坚持把她的丈夫称为亨利而不是赫伯特,还说他是个"顽固不化的中产阶级"("incorrigibly middle-class")。

尽管阿斯奎斯出席议会是为了保住那份合法收入,但他的能力很快就得到公认。阿斯奎斯那有条不紊的工作习惯和简洁明了的工作技巧,使他成为一个令人敬畏的议会雄辩家。1892 年,格莱斯顿(Gladstone)任命阿斯奎斯担任内政大臣,这一重要经历为其日后成为首相奠定了重要的基础。但阿斯奎斯随后的事业生涯进入了一段低迷期。1898 年,主要出于财政上的原因,他谢绝了在议会下院担任自由党领袖的机会。更糟糕的是,阿斯奎斯由于在南非战争(South African War)期间支持自由主义的帝国理论,因而被排斥在自由党主流之外。然而,1903 年至 1905 年,他通过捍卫自由贸易反对约瑟夫·张伯伦(Joseph Chamberlain)宣传的贸易保护主义,又重新赢得自由党对他的支持。1905 年 12 月,阿斯奎斯被任命为财政大臣,他马上接受了这一职务。

A

阿斯奎斯向人们证明了他是当代最重要的和最具开创性的财政大臣之一。他强制规定英国人必须向国税局(Inland Revenue)申报自己每年的收入,制订了养老金免税方案,并迫使财政部放弃其对收入超过 5000 英镑需交附加税的反对意见,从而为 1909 年的"人民预算案"("People's Budget")的实施奠定了基础。

1908 年,当坎贝尔—班纳曼(Campbell-Bannerman)退休时,阿斯奎斯继任首相似乎是顺理成章的事。他的内阁成员都是才华横溢的人才,他一向敢于提拔诸如劳合·乔治和温斯顿·丘吉尔这样既有能力又有雄心抱负的人。作为首相,阿斯奎斯在支持劳合·乔治的 1909 年预算案,反对内阁成员的批评意见方面起了关键的作用。经过一系列的公开辩论,阿斯奎斯带领自由党顺利通过了 1910 年的两次大选,并最终解决了自格莱斯顿组阁以来就阻碍他们发展的这一问题。1911 年的《议会法》(Parliament Act)削减了议会上院的权力,并把上院完全排除在金融立法之外。

第一次世界大战的爆发进一步证明了阿斯奎斯的才干。出乎人们意料的是,他成功地说服了内阁同意英国参战,而只有两名内阁成员因此辞职。但阿斯奎斯那待人冷漠和墨守成规的性格不太适应战时的情感氛围。阿斯奎斯召开的内阁会议每次都拖延很长时间,却没有任何结果,而阿斯奎斯本人又经常在开会期间给他热恋中的一位名叫维尼夏·斯坦利(Venetia Stanley)的年轻女子写长信。但让阿斯奎斯感到不幸的是,无论是陆军将领还是海军将领,谁都不能证明自己有能力保证英国在军事上的胜利。1915 年 5 月,阿斯奎斯决定与保守党(Conservative party)和工党(Labour party)组建联合政府,这一决定是阿斯奎斯走向失败的开始。自由党人开始不断指责他实行诸如征兵制这样的右翼政策。当 1916 年 12 月博纳·劳(Bonar Law)和劳合·乔治向阿斯奎斯发出最后通牒的时候,由于错估了自身的实力,他辞去了首相一职。阿斯奎斯辞职的后果是劳合·乔治组成了新的联合政府,而自由党陷于分裂。这导致了 1918 年灾难性的"推举"选举("coupon"election)的选举方式的出现,在这次选举中,阿斯奎斯失去了其议员的席位,而自由党则被工党所取代,成为反对党。虽然 1920 年他在佩斯利(Paisley)的补缺选举中获胜,而且得以连任首相,但那时的阿斯奎斯只代表了一种消极的力量,其目的只是要使自由党能够摆脱劳合·乔治的控制。1926 年,阿斯奎斯最终辞去自由党领袖一职。

Asser（d.909）. 阿瑟（卒于 909） 舍伯恩（Sherborne）的主教。《阿尔弗雷德大帝传》（*Life of King Alfred*）一书的作者。阿瑟是威尔士人，885 年以前，阿瑟担任达费德（Dyfed）的圣大卫（St David）教区的修士和牧师，885 年奉阿尔弗雷德大帝之召，成为其宫廷学者之一。著名的《阿尔弗雷德大帝传》是阿瑟于 893 年利用当时刚刚编纂完成的《盎格鲁—撒克逊编年史》撰写的。900 年，阿瑟取代沃夫斯加（Wulfsige）成为舍伯恩的主教。

assizes 巡回审判 "assizes"一词在法律史上有几种不同的含义。它被用来指：(1)官方机构的会议，尤其指御前会议（king's council），例如 1166 年的《克拉伦登诏令》（Assize of Clarendon）；(2)在这些会议上制定的法令或法规；(3)由这些法令规定的诉讼形式或诉讼程序；(4)巡回法庭制度（system of travelling courts），从亨利二世统治开始，该制度就已成为英国人生活的一部分，并一直延续到 1971 年。13 世纪时，"assize"一词逐渐成为巡回法官巡回审判的总称。1340 年后，担任巡回法官（justices of assize）的人必须是普通民事诉讼法庭的法官（justice of the Court of Common Pleas），或是王座法庭的法官（justice of King's Bench），或是高级律师（serjeants at law）。自亨利二世规定实行巡回审判以来，巡回法庭一直延续到 1971 年，巡回法官要定期到指定的城镇进行巡视，审理严重的刑事案件和重要的民事案件。虽然 1971 年颁布的《法院法》（Courts Act）取消了巡回法庭制度，但资深法官仍然要到重要的人口聚集中心"巡回"审理案件。

Astley，Sir Jacob（1579—1652）. 雅各布·阿斯特利爵士（1579—1652） 为查理一世国王而战的职业军人，1644 年被封为男爵。从内战爆发伊始一直到结束，雅各布始终都出现在为国王而战的战场上。1642 年 10 月 23 日，在埃吉山（Edgehill），雅各布带领他的军队在一名士兵的祷告声中投入了战斗，这名士兵的祷告词是："哦，主啊，你知道我今天有多么的忙碌和紧张。若是我没来得及想起您，求求您可千万别忘了我。"最终，1646 年 3 月 21 日，在斯托昂泽沃尔德（Stow-on-the-Wold）的集市上，雅各布率领国王手中最后一支颇具规模的军队向议会军投降。当时雅各布坐在一面鼓上，对受降者说："小伙子们，你们现在

A

可以去玩耍了,除非你们之间发生了争吵。"

Astor, Nancy W.（1879—1964）. **南希·阿斯特**（1879—1964） 政治家,美国弗吉尼亚州（Virginia）铁路开发商的女儿。南希·阿斯特的第一次婚姻非常不幸,1903 年以离婚宣告结束。次年,她前往英国旅行,三年后与沃尔多夫·阿斯特（Waldorf Astor）结婚。沃尔多夫当时是代表普利茅斯（Plymouth）和萨顿选区的保守党议会下院议员,1919 年他继承其父的贵族爵位后,退出下院,南希替代丈夫在随后的补选中获胜,成为英国第二个当选的女议员。作为一名议员（1919—1945 年）,南希对其关心的事项直言不讳（也许过于直率）,她反对离婚（尽管她自己有过离婚的经历）;把购买酒精饮品的合法年龄提高到 18 岁;把妇女的选举权年龄降低到 21 岁;尤其主张对纳粹德国实行绥靖政策。

asylum 政治避难 政治避难是英国人对于数代逃离宗教或政治暴行的外国难民提供庇护的权利。早期的受益者是 1685 年后来到英国的法国胡格诺派（Huguenots）教徒。就如同英国大多数最佳许可权一样,难民的存在是因为英国没有任何法律可以将他们驱除出去,而不是有一项专门的法律保护他们。在法国大革命期间,根据 1793 年英国议会通过的《移民法》（Alien Act）,这种状况得到改善,但仍有数千法国保王党人到英国寻求庇护,《移民法》于 1826 年被废止。

因此,在维多利亚统治时期又有大量难民涌入英国,其中大多数是左翼分子,包括马志尼（Mazzini）、马克思（Marx）、雨果（Hugo）、赫尔岑（Herzen）、克鲁泡特金（Kropotkin）以及从另一个角度来说还有路易·拿破仑（Louis Napoleon）。1858 年,在前难民奥尔西尼（Orsini）试图用炸弹谋杀拿破仑三世之后,英法之间发生了很大的争执。这导致帕默斯顿（Palmerston）的下台,因为他试图对暴君皇帝作出让步。

英国最终抛弃自由入境政策是出于社会原因而不是政治原因。尽管如此,1905 年针对犹太人颁布的《移民法》并未明确要把难民也排除在外。第一次世界大战期间,这个传统英国自由权第一次受到真正的侵犯。第一次世界大战以后仍然进入英国的难民是受到默许而不是依靠权利。20 世纪 80 年代和 90 年代，当经济发展而不是政治安全成为摆在英国面前一个更为重要主题的时候，难民问题在政治上就突显出来了。

asylums 精神病院 精神病院起源于中世纪的不列颠，当时最著名的精神病院是伦敦的贝特莱姆医院（Bethlem Hospital），即"贝德兰姆"（Bedlam）。疯人院这个精神病院的简称，用语言传递出这样一个心态：疯子就等同于野兽，应该用铁链和皮鞭加以控制。疯人院的病人对于那些好奇的游客来说，就是一大奇观。18世纪末19世纪初，改革者开始宣称精神病院可以被改变为精神疾病的治疗场所，精神病院通过把精神病患者与外界的压力隔离开来，可以使其精神疾病得到治愈。图克家族（Tuke family）在他们建立的约克疗养院（York Retreat）就是采用这种方法来治疗精神病患者。1808年英国颁布了一项赋予各郡设立精神病院收容穷苦精神病患者的法案，目的是给这些人提供可能的治疗和监护。1845年颁布的法案规定要在英国普遍成立穷人精神病院，并设立了专门针对精神疾病的委员会负责监督检查、纠正对精神病患者的侮辱和虐待，制定最佳的治疗方案，并处理那些被定性为对精神病人非法监禁的案件。维多利亚中期的英国小说家查尔斯·里德（Charles Reade）在其所写的小说《硬币》（*Hard Cash*）中深刻地涉及了这个问题，而精神疾病可治愈的承诺似乎使精神病院变得不那么可怕了。然而，由于精神病院住满了无法治愈的病人，而且又无法吸引能够正确看待病人的医生，因此，患者与医生的比率始终居高不下，于是精神病院又恢复了其监管而不是治疗的功能。由于该系统的弊端似乎已经大于其本身应该具备的治疗作用，因此是否应该对精神病患者从身体上和精神上加以约束的问题又被重新提出来了。突发性精神病学专家曾采用"混合疗法"（"moral treatment"）来提高其公信力，但治愈精神病患者的人数并不明显。维多利亚时代，英国政府对精神病院加大投资规模，而且赋予精神科专家和医生更多的行政权力，这种状况一直保持到20世纪的最后25年。1975年以后，英国出现了用所谓社区照顾来替代住院治疗的方式对待精神病患者，但社区关怀的局限性不久就迅速地显现出来了。

Athelstan（d.939）. 阿塞尔斯坦（卒于939年） 英格兰国王（924—939

A

年在位)。阿塞尔斯坦是盎格鲁—撒克逊时代最伟大的国王之一,是长者爱德华(Edward the Elder)的儿子。他成功地将整个英格兰都置于他的统治之下。阿塞尔斯坦自幼在父亲和姑姑家长大,姑姑是麦西亚国王埃塞尔弗莱德(Æthelfleda),因此他能在麦西亚王国和西撒克逊王国的贵族中得到普遍认可。在赫里福德(Hereford)举行的一次会议上,他把威尔士人介绍给大家,特别是威尔士王子海韦尔·迪达(Hywel Dda),海韦尔·迪达是他的宫廷常客。阿塞尔斯坦的军事成就是巨大的。从 927 年起,他确立了对约克的直接控制权。他曾率领远征军对抗苏格兰人,双方最激烈的一场战斗是 937 年布鲁南堡(Brunanburh)战役,当时阿塞尔斯坦和他的兄弟(也是他的继承人)埃德蒙(Edmund)带领西撒克逊和麦西亚组成的联军,战胜了由斯堪的纳维亚人、爱尔兰人和苏格兰人组成的联军。阿塞尔斯坦在国内建立了稳固的和平局面,颁布了适用于所有臣民的重要法典。王室本来是他最重要的权力机关,现在发展成由来自英格兰各地的贵族以及威尔士王子共同出席的至关重要的国民大会。在国际上,他扩大了君主制的范围,把他的两个妹妹分别嫁给法兰克公爵休(Hugh, duke of the Franks)和后来成为德意志国王的奥托大帝(Otto the Great of Germany)。他颁布的特许状用拉丁文写就,风格优美,不仅展现了当时那个时代高超的文书工作素养,而且所有特许状上面都明确标明英格兰国王的正式头衔,以此表明阿塞尔斯坦试图显示他的特殊尊严。铸币权也被阿塞尔斯坦严格地控制在王室的手中,927 年以后,阿塞尔斯坦在硬币上的图像被正式称为 *rex totius Britanniae*,即“全不列颠的国王”。阿塞尔斯坦统治时期是英格兰在西撒克逊王朝统治下走向统一的一个重要阶段。

Athenry, battle of, 1316. 阿森赖战役(1316)　在戈尔韦(Galway)附近爆发的一场战役。1316 年 8 月 10 日,与爱德华·布鲁斯联盟的奥康奈尔(O'Connors)军队在这次战役中受到重挫。他们遭到由理查德·德·伯明翰(Richard de Bermingham)和威廉·德·伯格(william de Burgh)率领的英格兰—爱尔兰联军的抵抗。他们的领袖费利姆·奥康奈尔(Felim O'Connor)被杀,部队被打垮。但爱德华·布鲁斯继续为建立一个他自己的爱尔兰王国而奋斗。

A

Atholl, James Murray, 2nd duke of [S]（c.1690—1764）. 詹姆斯·默里，第 2 代阿索尔公爵【苏格兰】（约 1690—1764） 阿索尔公爵因其拥有广大的地产，同时控制了三分之二珀斯郡（Perthshire）而成为苏格兰高地最伟大的人物之一。詹姆斯的兄长塔利巴丁侯爵威廉（William, marquis of Tullibardine）因支持詹姆斯党人叛乱，在 1715 年后被褫夺了爵位，但他的父亲并未支持这次叛乱，所以根据 1715 年议会的一项法令，可以将继承权转移给詹姆斯。1724 年，詹姆斯继承了公爵爵位。詹姆斯的继承权根据 1733 年的一项法令得到了确认，当时作为王玺掌管大臣（lord privy seal）还继承了艾莱（Islay, 阿盖尔）。1738 年，因拥有斯坦利（Stanley）血统，他又继承了马恩岛（Isle of Man）的统治权。

1745 年，詹姆斯逃往南方，詹姆斯党人塔利巴丁公爵控制了珀斯郡。詹姆斯公爵（Duke James）后来加入了坎伯兰公爵率领的北上征伐詹姆斯党人的队伍，由此得以确保回到北方。詹姆斯公爵的继承人中，乔治·默里勋爵（Lord George Murray）的儿子约翰是其中之一，尽管乔治·默里勋爵的爵位被褫夺，但约翰在把马恩岛的治权卖给国王后，获准继承爵位，成为第 3 代阿索尔公爵。

Atholl, John Murray, 1st marquis of [S]（1631—1703）. 约翰·默里，第 1 代阿索尔侯爵【苏格兰】（1631—1703） 默里的祖父是塔利巴丁伯爵（earl of Tullibardine），但 1626 年时，因为国王许诺在 1629 年封其子为阿索尔伯爵而放弃了塔利巴丁伯爵爵位。1653 年，默里加入了米德尔顿勋爵（Lord Middleton）为支持查理二世而在苏格兰高地发动的起义。王朝复辟时期，默里受到宠信。从 1663 年至 1676 年，他担任苏格兰最高刑事法官（justice-general），并在 1670 年接替他的表弟成为塔利巴丁伯爵。从 1672 年至 1689 年，他出任王玺掌管大臣（keeper of the privy seal），并于 1676 年被晋封为侯爵。1679 年，默里与蒙茅斯公爵并肩作战，在博斯韦尔桥（Bothwell Bridge）抵御圣约派（covenanters），并在 1685 年抵抗阿盖尔入侵的战斗中，发挥了积极作用。1687 年，詹姆斯二世赐给他苏格兰国徽（Thistle）。在光荣革命时期，默里摇摆不定的立场使其失去了广泛的信任，最终他借造访巴斯（Bath）洗温泉浴，逃离了政坛。

Atholl, John Murray, 1st duke of [S]（1660—1724）. 约翰·默里，第 1

A

代阿索尔公爵【苏格兰】（1660—1724） 默里是光荣革命的坚定支持者，1696年被封为塔利巴丁伯爵（earl of Tullibardine），1703 年 5 月继承了他父亲的阿索尔侯爵爵位。一个月后，晋封为阿索尔公爵。从 1696 年至 1698 年，默里担任苏格兰的国务大臣，但在节节败退给昆斯伯里（Queensbury）利益集团后辞职，并从1703 年开始担任王玺掌管大臣。但在 1705 年他辞去王玺掌管大臣一职，并强烈反对英格兰与苏格兰合并的《合并法》，认为苏格兰的意见还未得到恰当的顾及。此后，他站在了托利党人一边。

Atholl, John Stewart, 4th earl of［S］（c.1528—1579）. **约翰·斯图尔特，第 4 代阿索尔伯爵【苏格兰】**（约 1528—1579） 阿索尔孩提时期就继承了父亲的爵位。阿索尔是罗马天主教徒，支持苏格兰女王玛丽的事业。他反对 1560 年的宗教改革，1561 年玛丽从法国返回苏格兰后，他被任命为谘议会成员。1562年，在他的帮助下，在克里奇（Corrichie）平息了其岳父亨特利勋爵（Lord Huntly）发动的一次叛乱。对于玛丽女王的婚姻问题，阿索尔支持女王与达恩利（Darnley）结婚，但反对与博思韦尔（Bothwell）结婚，而且在卡伯里山（Carberry Hill）遭遇战中反对玛丽女王。1567 年莫里重返政坛之前，他一直是摄政委员会（Council of Regency）成员。1578 年，阿索尔与阿盖尔（Argyll）联手向摄政莫顿（regent Morton）发起挑战，并被任命为苏格兰大法官。莫顿在与阿索尔和阿盖尔和解后，重新进入摄政会议。1579 年 4 月，阿索尔在与莫顿参加和解宴会后突然患病身亡。坊间传闻是莫顿投毒杀害了阿索尔，但 1581 年莫顿在被执行死刑时予以否认。

Atholl, Walter Stewart, earl of［S］（c.1360—1437）. **沃尔特·斯图尔特，阿索尔伯爵【苏格兰】**（约 1360—1437） 罗伯特二世与尤菲米娅·罗斯（Euphemia Ross）的次子。1402 年以前为布里金勋爵（Lord of Brechin），1402 年沃尔特·斯图尔特获得了苏格兰凯斯内斯伯爵领（earldom of Caithness），1404 年获得苏格兰阿索尔伯爵领（earldom of Atholl）和梅斯文（Methven）的领主权。沃尔特·斯图尔特的领土野心主要集中在斯特拉森伯爵领（earldom of Strathearn），1427 年他从其侄子詹姆斯一世手中得到了该领地的终身租金。当他的儿子戴维和艾伦先他而亡的时候,阿索尔已是垂暮之年。由于担心詹姆斯一世暗中削弱他在珀斯郡的地位,阿索尔和他的孙子罗伯特组织了一次成功的暗杀阴谋。1437 年 2 月 20 日,国王詹姆斯一世在珀斯布莱克弗里亚斯(Perth Blackfriars)遇害,但 1437 年 3 月 26 日,阿索尔以弑君罪被斩首。

Atholl, John of Strathbogie, earl of(d.1306). **约翰·斯特拉斯博,阿索尔伯爵(卒于 1306 年)** 苏格兰伯爵,在苏格兰独立战争(Wars of Independence)中发挥了重要的作用,尽管前后发挥的作用不一致。1296 年他在邓巴(Dunbar)战役中被俘,囚禁在伦敦塔。在与爱德华一世和解后,1304 年他担任苏格兰北部边区的监管大臣(warden)。后重新效忠苏格兰,并参加了其表弟罗伯特·布鲁斯(Robert Bruce)1306 年的加冕礼,但在 3 个月之后再次被英格兰俘获。他在伦敦被处以绞刑,然后斩首焚尸。他是自 1076 年以来第一个在英格兰被执行死刑的苏格兰伯爵。

Atlantic, battle of the, 1939—1945. **大西洋战役(1939—1945)** 第二次世界大战中具有决定性意义的战役。战前,英国海军专家认为,可以利用"潜艇探测器"("Asdic")打击德军潜艇;英国海军专家还认为,德国利用水面战舰是切断通往英国运输线的最佳手段,这一认识与德国最高当局的看法是一致的。希特勒只是在法国陷落之后才优先考虑使用潜艇,这使得德国潜艇的活动范围扩大到比斯开湾(Bay of Biscay)港口。1941 年上半年,德国采用"狼群"("wolf-packs")式潜艇攻击战术,打垮了英国护航舰队,德国人开始占据上风。但到了 1941 年 6 月,英国开始破译德国的密码,此时德国一直利用"英格玛"("Enigma")密码机生成的密码,向集结在大西洋的德国潜艇发出作战指令。到 1941 年 7 月,因受德国潜艇攻击而造成的英国战舰损失数量下降到不足 6 月份的三分之一。1942 年初,德国军队重新取得军事上的优势,他们开始破译盟军护航舰队的密码程序,同时修改了自己的密码程序,增加了盟军破译的难度。盟军损失的舰船数量超过了英美两国新建舰船的数量。不过,在 1943 年,美国新建舰船的数量远远超过当年损失的数量,是 1941 年建造数量的 12 倍。"远程"飞机和小型护航航空母舰提高了盟军的侦察和攻击能力,加之采用了高频率无

A

线电测向仪搜寻技术,只要德国潜艇发出无线电信号,就能够使盟军的战舰确定潜艇的位置所在。1943年夏,盟军最终取得了大西洋战役的胜利。

Atlantic charter 《大西洋宪章》 《大西洋宪章》是在第二次世界大战处于最黑暗时期,丘吉尔和罗斯福于1941年8月9日至12日举行第一次战时会议时签署的联合宣言。宣言的内容包括,英美两国不寻求任何领土的扩张;任何与有关民族之自由同意相悖的领土变更都应受到谴责;两国尊重每个民族自由选择自己政府形式的权利,每个民族都能在其境内过上既无恐惧又无贫穷的自由生活。英国曾努力争取苏联对《大西洋宪章》的支持,但只得到了苏联措辞含糊的同意声明。

Atrebates 阿特雷巴特人 不列颠的一个部落,罗马统治时期的一个地方行政区(*civitas*)。该部落似乎起源于法国的高卢,因为在这里曾经有一个同名的部落被凯撒记录下来。事实上,高卢的阿特雷巴特国王科米乌斯(Commius)后来逃到了不列颠,而且好像还建立了一个王朝,统治不列颠部落。大约从公元前15年开始,阿特雷巴特人似乎与罗马重新建立了友好关系,也正是阿特雷巴特最后一位国王维瑞卡(Verica)向罗马人请求帮助,这为克劳狄(Claudius)在公元43年入侵不列颠提供了借口。该部落的领地位于泰晤士河以南的伯克郡。

Attacotti 阿塔蔻蒂人 不列颠的一个部落或民族。他们似乎曾经聚居在不列颠的西北角,最有可能是在外赫布里底群岛(Outer Hebrides)。阿塔蔻蒂人只是在罗马帝国晚期的资料如阿米亚努斯·马切利努斯(Ammianus Marcellinus)和圣哲罗姆(St Jerome)的记述中被提到过,他们在这些资料中都称阿塔蔻蒂人以野蛮著称。

attainder, Acts of 《剥夺权利法》 这些法律条款都是令人沮丧的政治武器,根据这些条款,被告将被剥夺正当的审判程序,而正当的法律证据也可以被搁置不理。从形式上说,这些条款是议会的法案,经过了议会上下两院的通过,并得到了国王的批准,据此被剥夺权利者的生命、财产和头衔都会丧失。爱德华二世统治时期,议会曾利用起诉书来对付其宠信的德斯潘塞父子(Despensers),而在玫瑰战争期间,兰开斯特派和约克派也交互使用剥夺权利法来对付各自的对手。1540 年,托马斯·克伦威尔就是在未获准进行自辩的情况下,受到剥夺权利的处罚。在弹劾斯特拉福德(Strafford)失败后对其实行的权利剥夺,是内战前议会与国王之间权力斗争的关键一环。1689 年,詹姆斯党人在都柏林召开的议会上,使用该法案剥夺了所有支持威廉三世者的权利。

Atterbury, Francis(1663—1732)· **弗朗西斯·阿特伯里**(1663—1732) 英国圣公会牧师和托利党高教会派的领袖。阿特伯里先是作为王室指定的学者在威斯敏斯特公学工作,后到牛津大学高圣公会基督教会学院(high Anglican Christ Church)接受教育,并成为牛津大学的学监(don)。1710 年,阿特伯里作为托利党主张恢复英国圣公会之政教合一的高教会派的首席发言人,坚决维护教牧人员代表会议(convocation)的权利。在 1713 年担任罗切斯特主教和威斯敏斯特教长(dean)时,阿特伯里是以第 1 代博林布罗克子爵亨利·圣约翰(Henry St John)为代表的激进的托利党成员。1715 后托利党解体,这使他深感震惊。在 1716 年以前,阿特伯里并非詹姆斯党人,但受一党专制和辉格党国家至上主义思想的驱使,他参与了詹姆斯党人的阴谋。1723 年,其行为被沃波尔(Walpole)察觉,遭到流放。阿特伯里在 1728 年以前一直担任詹姆斯党的司法大臣,但在他去世前的很长一段时间里,鉴于詹姆斯党人的无能,阿特伯里对其已完全不抱任何幻想。

Attlee, Clement, 1st Earl Attlee(1883—1967)· **克莱门特·艾德礼,第 1 代艾德礼伯爵**(1883—1967) 首相。作为律师的儿子,艾德礼从小是在一个舒适的中产阶级家庭环境中长大的,他就读于黑利伯里(Haileybury)和牛津大学大学学院(University College),1905 年获得律师资格。当他第一次接触到伦敦东区(East End)的贫困状况之后,就放弃了法律职业,转而从事社会工作。与此同时,艾德礼开始热衷于社会主义思潮,并于 1907 年加入费边社(Fabians),1908 年加入独立工党(Independent Labour Party)。第一次世界大战期间,他自愿入伍,在加利波利(Gallipoli)、美索不达米亚和法国战场上战绩突出。在后来的岁

A

月中,他保留了"陆军少校"的军衔,把自己与在劳工运动(Labour movement)内部存在的强烈的反军国主义传统分割开来。

第一次世界大战结束后,艾德礼成为斯特普尼市(Stepney)市长,1922 年作为莱姆豪斯(Limehouse)地区候选人当选议会下院议员。进入议会不久,他成为拉姆齐·麦克唐纳(Ramsay MacDonald)的私人秘书,并于 1924 年在短暂的工党政府执政期间,被任命为陆军部副大臣(under-secretary)。1930 年 11 月,他担任兰开斯特公爵领地事务大臣(chancellor of the duchy of Lancaster),但很快就被提升为邮政大臣(postmaster-general)。当 1931 年夏季第二届工党政府垮台,麦克唐纳以各党派一致认可的国民政府首相形象再度执政的时候,艾德礼拒绝追随麦克唐纳。

具有讽刺意味的是,工党在当年大选中的惨败却凸显了艾德礼的优势。工党在议会中的前座席位(front bench)已所剩无几,以至于当 1935 年和平主义者乔治·兰斯伯里(George Lansbury)被迫放弃工党领导权的时候,艾德礼没有遇到任何反对就当选为工党领袖。即便如此,人们普遍预计,艾德礼只是临时党魁。然而,1935 年的大选后,艾德礼在与赫伯特·莫里森(Herbert Morrison)和阿瑟·格林伍德(Arthur Greenwood)的竞选中获胜,保住了工党领袖的位置。

艾德礼本人的素质总是很容易被人低估。他不是演说家,就连他私下里与人交谈时,话语也是短促而简略。但艾德礼确实是一个手段高明的政治家,有能力掌控那些难以相处和固执任性的同事。在 20 世纪 30 年代,他在抑制工党左翼,重新建立工党在联合政府中的有效地位方面发挥了应有作用。1940 年 5 月,在对命运多舛的挪威战役(Norwegian campaign)进行辩论之后,艾德礼明确表示,工党不会为以内维尔·张伯伦(Neville Chamberlain)为首的政府服务。

丘吉尔任首相时,艾德礼先后担任王玺掌管大臣,自治领事务大臣和枢密院院长。从 1942 年起,他还被任命为副首相,而且是英国战时后方权力最为显赫的人物。随着英国在 1945 年大选中政党政治的恢复,艾德礼成为英国当时普遍存在的激进主义情绪的受益者。他是英国历史上第一个工党在政府中占据多数的首相。

1945 年至 1951 年,艾德礼作为首相,帮助英国塑造了其后 25 年的政治发展模式。在政府的主导下,英国工业的国有化得到大幅扩展,包括创建国民保健服务计划(National Health Service)在内的福利国家制度得以建立,确立了英国在西方联盟内的地位。艾德礼领导着一批有才华,即使有时不太和谐的资深大臣,其中包括欧内斯特·贝文(Ernest Bevin)、休·道尔顿(Hugh Dalton)和赫伯特·莫里森。尽管有相当大的困难,但是工党仍然能够维持公众的支持率。

虽然工党在1950年再次赢得大选,但1945年大选中获胜的那批人几乎全都没有出现。工党内部关系陷于紧张,而朝鲜战争的爆发又为工党带来了新的困难。保守党在议会下院中使用各种手段给政府工作制造麻烦,1951年10月艾德礼再次举行大选。在此次大选中,保守党以微弱优势战胜工党,此时也许是艾德礼辞去工党领袖的最佳时机。作为反对党领袖,艾德礼所发挥的作用很有限,也未能为劳工运动确定一个新的角色。在1955年大选中工党再次遭遇失败后,艾德礼辞去工党领袖一职,并以伯爵身份进入议会上院。

艾德礼生性谦和,绝大多数在他手下工作过的人和一般选民是逐渐对他产生敬意的。虽然诸如实行中央计划,国家干预和福利主义等治国理念在过去的二十年中已经不太流行了,但艾德礼在历史上留下的声望仍然很高。

attorney-general　总检察长　英国王室的首席法律官员,在法律诉讼中代表王室起诉或应诉。总检察长这一头衔在1461年首次使用。在17世纪,人们经常指责总检察长对君主俯首听命,而且过于热衷于国家层面案件的诉讼,如1603年柯克(Coke)对沃尔特·雷利爵士(Sir Walter Ralegh)的那次臭名昭著的起诉。现代意义的总检察长是一个政府成员的混合体,因为他不仅是政府的法律顾问和代表,而且也拥有与法律管理有关的历史功能。在这些情况下,总检察长必须是不带有政治倾向性的。

Attwood, Thomas（1783—1856）.　托马斯·阿特伍德(1783—1856)　阿特伍德是银行家,货币改革者和伯明翰政治联盟(Birmingham Political Union)的创始人。阿特伍德认为,英国的经济病是由硬通货造成的,疗治的方法在于纸币的充裕供给。虽然阿特伍德留给我们的印象主要是他对议会改革的支持,但在他自己看来,较之于需要进行的改革货币政策,这只是问题的其次。阿特伍德把他自己视为伯明翰"勤劳"阶级("industrious" classes)的代表,他所谓的勤劳阶

A

级是指商人、业主和技术工人。阿特伍德在 1832 年议会改革期间回到伯明翰，直到 1847 年之前，一直在不停地撰写货币改革方面的文章。

Aubrey, John（1626—1697）．　**约翰·奥布里**（1626—1697）　约翰·奥布里是一位对古文物感兴趣的威尔特郡乡村绅士，曾因打官司和轻率的行为一贫如洗。他生前出版的唯一一部著作是 1696 年出版的涉及占星术的《杂记》(*Miscellanies*)。他在古迹和地貌方面曾写过大量的笔记，但都被别人使用了。1680 年，他把自己以描写当代人生活为主的一些文章集中在一起，以《生活的瞬间》(*Minutes of Lives*)作为标题，寄给了牛津大学的安东尼·à·伍德，但直到 1813 年才出版①，这些文章都是滑稽幽默的经典之作，其中最有名的是他对同样来自北威尔特郡的托马斯·霍布斯的描绘。奥布里认为，我们要感谢霍布斯在 40 岁的时候开始学习欧几里得定理，并且声称，"'上帝，这是不可能的'……让他喜欢上了几何学。"

Auchinleck, Claude（1884—1981）．　**克劳德·奥金莱克**（1884—1981）　英国陆军元帅。1941 年 7 月，奥金莱克接替韦维尔成为中东英军总司令。同年 11 月 17 日，第 8 集团军在艾伦·坎宁安的指挥下，向西进攻昔兰尼加。11 月 22 日，隆美尔发起反击，坎宁安被迫撤退，奥金莱克亲自指挥，并于 11 月 26 日让尼尔·里奇取代坎宁安成为第 8 集团军司令。奥金莱克发起"十字军"战役，向德军不断发起攻势，1942 年 1 月 6 日清除了昔兰尼加的德军。1 月 21 日，隆美尔再次发动反击，并于 2 月 4 日击退了第 8 集团军。丘吉尔认为奥金莱克拖延进攻行动，而 1942 年 5 月隆美尔抢先对英军发动进攻。6 月中旬，第 8 集团军撤退，托布鲁克陷落，英军濒临崩溃的边缘。6 月 25 日，奥金莱克亲自指挥第 8 集团军在阿拉曼组织防御，终于遏制住了隆美尔的攻势。然而，8 月，丘吉尔飞往开罗，以亚历山大和蒙哥马利分别接替了奥金莱克的中东英军总司令和第 8 集团军司令两个职务。奥金莱克作为印度陆军司令结束了他的军人生涯。由于对印度的分裂深感痛心，奥金莱克拒绝了英国王室授予他的贵族爵位。

---

　① 书名为《杰出人物传》。——译者注

Auckland，George Eden，1st earl（1784—1849）． **乔治·伊登，第1代奥克兰伯爵**（1784—1849） 奥克兰是辉格党人，曾经在格雷的内阁中担任贸易委员会主席，在墨尔本的内阁中担任英国第一海军大臣（Ist Lord of the Admiralty）。1835年，他被任命为印度总督（governor-general of India）。奥克兰奉行商业扩张政策，将商业贸易从印度一直扩张到阿富汗和中亚地区，并组织发动了第一次阿富汗战争，而第一次阿富汗战争初期取得的胜利使他获封伯爵爵位。然而，他针对阿富汗"部族"所制定的一些欠缺谨慎的政策，很快在当地引起骚乱。在1841年至1842年的冬季，英军被迫撤出阿富汗，沿途被击毙或冻死的英军不计其数。从喀布尔撤退的16,000名英军中，只有布赖登博士一个人侥幸逃生，布莱登因此称赞自己是"回到印度的军队"。1842年2月，奥克兰勋爵很不光彩的被召回英国。

Auckland，William Eden，1st Baron（1744—1814）． **威廉·伊登，第1代奥克兰男爵**（1744—1814） 政治家和外交家。伊登离开牛津大学后，接受律师培训。1774年，他作为伍德斯托克的候选人进入议会，并迅速确立了自己在议会中的有效地位。他对经济事务和刑法改革特别感兴趣。1778年受雇于诺斯勋爵（Lord North），参与了和美国独立战争的反抗者们进行的谈判，但谈判最终失败。1780年至1782年，他担任爱尔兰首席秘书，并在联合政府执政期间，继续为诺斯工作。但不久之后，他接受了皮特的邀请与法国就订立通商条约进行谈判，并在讽刺诗《鲁里之流》（Rolliad）中作为最主要的告密者形象而受到公众的嘲讽。1789年他被晋封为爱尔兰贵族，1793年又被封为英国贵族。1798年至1804年间，他担任邮政大臣（postmaster-general），而且在联合内阁执政期间，出任了贸易委员会主席一职。

Auden，W.H.（1907—1973）． **W.H.奥登**（1907—1973） 诗人。20世纪30年代有人说奥登是把"红旗与守旧派的绳索缠绕在一起"的人，在牛津大学的文艺青年中形成了"奥登的一代"。马克思、弗洛伊德和艾略特都对他在20世纪30年代发表的《诗集》（Poems）产生过影响。不过，奥登更愿意写诸如"石灰岩赞"、冰岛传奇故事或淳朴的爱情故事一类题材的诗。奥登思想活跃，是一个出色的编年史作家,在 1937 年出版的诗集《西班牙》("Spain")中,他写下了最具权威影响力的诗句"低俗而不诚实的十年"("low,dishonest decade")。第二次世界大战爆发前夕,他移居国外。1955 年他回到牛津大学任诗学教授。

Audley,Thomas,1st Baron Audley of Walden(1488—1544). **托马斯·奥德利,第 1 代沃尔登的奥德利男爵**(1488—1544) 奥德利是来自埃塞克斯郡的一名律师,1514 年成为科尔切斯特市的牧师,1523 作为该自治市的候选人进入议会。他是沃尔西家族的成员,但并没有和沃尔西一起倒台。奥德利后来取代莫尔成为议会下院的议长。1532 年当莫尔辞去大法官一职时,奥德利被任命为掌玺大臣,并于 1533 年出任大法官。在大法官这一职位上,他主持了对莫尔、费希尔(Fisher)以及安妮·博林(Anne Boleyn)案同案犯的审判。1538 年奥德利被封为男爵,并在解散修道院(dissolution of the monasteries)期间获得了沃尔登(Walden)修道院的地产。

Aughrim,battle of,1691. 奥赫里姆战役(1691) 1690 年 7 月的博因河(Boyne)战役并没有结束荷兰国王威廉三世与斯图亚特王朝詹姆斯二世在爱尔兰的冲突。詹姆斯党人占领了利默里克(Limerick)和戈尔韦(Galway)。平息詹姆斯党人的任务留给了威廉三世的荷兰指挥官金克尔(Ginkel)。1691 年 6 月30 日,金克尔占领了阿斯隆(Athlone)。而詹姆斯党人在法国贵族圣鲁斯(Saint-Ruth)的指挥下,在奥赫里姆附近挖掘战壕,同时借助沼泽、溪流和石墙加以抵抗。7 月 12 日,金克尔率领 20,000 多人,向同样数量的詹姆斯党人发起了进攻。激烈的战斗持续了一整天,但在圣鲁斯被杀之后,詹姆斯党人溃败。据守戈尔韦和利默里克地区的詹姆斯党人分别于 7 月末和 10 月投降。

Augustine,St(d.c.604). 圣奥古斯丁(约卒于 604 年) 受教皇大格列高利(Gregory the Great)的指派,奥古斯丁率领一个传教团到盎格鲁—撒克逊人中传播福音。597 年,传教团在肯特王国的萨尼特(Thanet)登陆,当时肯特国王埃塞尔伯特(Æthelbert)是亨伯河(Humber)以南最强大的国王,他的法兰克妻子伯撒(Bertha)是个基督徒。埃塞尔伯特被传教士的真诚所感动,他为传教士们提供了食物,并在坎特伯雷为他们提供了一间住房,容许他们利用当地一个老旧的罗马天主教堂传教。据比德记载,埃塞尔伯特本人最终也接受了洗礼。奥古斯丁回到高卢的阿尔勒(Arles)参加了主教的祝圣仪式后说,他已经使数以千计的盎格鲁—撒克逊人皈依了基督教。奥古斯丁在坎特伯雷建立了主教区,并在那里兴建了他的主教座堂,还在城墙外兴建了圣彼得圣保罗隐修院(奥古斯丁死后改名为圣奥古斯丁隐修院)。

奥古斯丁的成就也许比格列高利稍逊一筹,后者设计并指导了这次传教活动。然而,在格列高利的信件中却显示,上帝有这样一位勤奋的仆人,虽面临巨大的困难,仍能确保新教会承袭自正统的罗马天主教一脉。奥古斯丁建立了基督教会,并通过拉丁文化知识和古典建筑学知识把地中海文明的影响传播给目不识丁的日耳曼人社会。在埃塞尔伯特的支持下,奥古斯丁给两位主教举行了祝圣仪式,在肯特王国的罗切斯特和东撒克逊王国的伦敦建立了主教教区。为了保证教会事业发展的连续性,奥古斯丁在去世前就给他的继任者劳伦蒂乌斯举行了祝圣仪式。

Augustinian canons 奥古斯丁教团 "居于僧界的"或"穿着黑衣的"修士("Regular"or"Black"canons),该团体起源于 11 世纪中期的基督教会改革运动。早期的神职人员(或"修士")群体附属于主教座堂和大教堂,并按照类似修道院规章的方式组织起来,这种做法由来已久。教会改革后的修士,特别是法国南部、意大利和德意志地区的修士,越来越多地接受了在希波的圣奥古斯丁(St Augustine of Hippo,354—430 年)所创守则基础上制定的教规。许多奥古斯丁小隐修院都坐落在城镇中,这些修道院的修士们在他们所在的城镇中扮演着各种不同的角色:供职于堂区教堂和主教教堂,经营医院——如伦敦的圣巴塞洛缪医院(St Bartholomew),担任教师等。在英格兰,第一个真正意义上的奥古斯丁小隐修院是 1100 年在科尔切斯特建立的,这些奥古斯丁修士们通常来自隐修士群体,不过他们更倾向于冥想。

Augustinian(Austin)friars 奥古斯丁(奥斯汀)托钵修会 是由教皇亚历山大四世 1256 年时把众多的意大利小型的隐修士团体联合起来成立的。加入

A

该会的修士必须遵守希波的圣奥古斯丁倡导的教规【见奥古斯丁教团（SEE AU-GUSTINIAN CANONS）】，他们在组织结构上大多效仿多明我会，而多明我会的修士也遵守奥古斯丁倡导的教规。在英格兰，第一个奥古斯丁托钵修会是在克莱尔（Clare）建立的，到解散修道院前夕，已有将近 40 个地方建立了奥古斯丁托钵修会，这些托钵修会通常都位于重要的城镇和港口，如格里姆斯比、赫尔和金斯林，以及牛津大学和剑桥大学等地。

Auld Alliance 老同盟 See FRANCO-SCOTTISH ALLIANCE（见法国—苏格兰同盟）

Auldearn, battle of, 1645. 奥尔德恩战役（1645） 当蒙特罗斯的许多追随者返回家乡的时候，他再也无法取得像 1645 年 2 月因弗洛奇（Inverlochy）战役那样的重大胜利。这次，圣约派军队在约翰·赫里爵士（Sir John Hurry）的率领下，试图于 5 月 9 日在奈恩（Nairn）以东的奥尔德恩突袭蒙特罗斯。结果戈登（Gordon）率领充满活力的骑兵队发起反攻，解决了战斗，赫里逃往因弗内斯（Inverness）。

Aulus Plautius 奥鲁斯·普劳提乌斯 公元 43 年指挥罗马军队入侵不列颠。普劳提乌斯 29 岁时成为罗马执政官，大致统治着多瑙河中游的潘诺尼亚（Pannonia）地区。普劳提乌斯的个人经历，再加上他的政治和家族影响力，使其成为罗马帝国皇帝克劳狄（Claudius）远征不列颠的合适人选。罗马军队共派出四个军团，加上同等数量（大约 20,000 人）的辅助部队，成功侵入不列颠。卡姆罗顿南姆（科尔切斯特）的主要定居点向罗马皇帝投降。当公元 47 年普劳提乌斯离开不列颠时，亨伯河—塞文河一线东南方向的大部分地区都已处于罗马控制之下。

Auray, battle of, 1364. 欧赖战役（1364） 1364 年，曾参加过克雷西（Crécy）和普瓦捷（Poitiers）战役的约翰·钱多斯爵士在关涉布列塔尼公国主权要求斗争中，支持约翰·德·蒙福尔，反对夏尔·德·布卢瓦一派。9 月 27 日，在围攻欧赖之战中,约翰·钱多斯遭到贝特朗·杜·盖克兰的攻击。法国人战败,布卢瓦被杀,盖克兰被俘。

Austen, Jane（1775—1817）. **简·奥斯汀**（1775—1817） 乡村牧师的女儿,后来成为英格兰最受欢迎的小说家之一。正如她在 1816 年出版的《爱玛》（*Emma*）一书中所言,"世界上总有一半人不理解另一半人的快乐",对于她的某些读者来说,她对过往风尚的细微差异所给予的瞬间关注,使她小说中的纯真恋情变得很狭隘;而对于另外一些读者来说,她在小说中对金钱和阶级的现实状况及其对人类幸福的影响的关注,却是扣人心弦的。有人曾建议简·奥斯汀尝试写作历史题材的小说,尽管她回绝了,而且她确信"一个村子里总有 3 个或 4 个家庭值得描写",我们也不能把简·奥斯汀视为一个只是关注鸡毛蒜皮小事的小说家。对于拿破仑战争,简·奥斯汀只是通过水手兄弟们写给她的信才让她稍有关注,但她对约翰逊博士作品的深入理解和严肃对待,反映出她对约翰逊博士的崇拜之情。约翰逊可能不适应简·奥斯汀明快的讽刺喜剧《傲慢与偏见》（*Pride and Prejudice*, 1813 年）,但他肯定会赞赏她在《曼斯菲尔德庄园》（*Mansfield Park*, 1814 年）中表现的道德困境。1817 年,简·奥斯汀去世,终身未婚。她的《诺桑觉寺》（*Northanger Abbey*）和《劝导》（*Persuasion*）两部作品于 1818 由她的姐姐卡桑德拉负责监督出版。

Austin, Herbert（1866—1941）. **赫伯特·奥斯汀**（1866—1941） 汽车制造商。奥斯汀曾在墨尔本的朗兰兹铸造厂当机械学徒工。后来他成为沃尔斯利羊剪绒公司的经理,1893 年奥斯汀回到英格兰,供职于该剪绒公司位于伯明翰的一家分公司。奥斯汀是英国最早设想用汽油驱动汽车的工程师之一,并于 1895 年设计了他的第一辆沃尔斯利三轮汽车。1905 年,奥斯汀在伯明翰的朗布里奇亲自经营自己的奥斯汀汽车有限公司。1906 年,他雇佣 270 名工人生产了 120 辆汽车。1922 年推出的奥斯汀 7 型汽车,即奥斯汀宝贝,价格便宜,使汽车走进寻常百姓之家。

Australia, Commonwealth of **澳大利亚联邦** 澳大利亚联邦有 6 个州,即

新南威尔士州(建立于 1788 年)、西澳大利亚州(建立于 1829 年)、塔斯马尼亚州【原范迪门地(Van Diemen's Land),建立于 1825 年】、南澳大利亚州(建立于 1834 年)、维多利亚州(建立于 1851 年)和昆士兰州(建立于 1859 年),以及实行自治的北领地(建立于 1863 年),再加上澳大利亚首都领地(建立于 1911 年)、诺福克岛(建立于 1856 年)、赫德和麦克唐纳群岛(建立于 1947 年)、科科斯群岛(建立于 1955 年)、圣诞岛(建立于 1958 年)、珊瑚海群岛(建立于 1969)和澳大利亚南极洲领地(建立于 1933 年)。

澳大利亚在世界各大陆中,面积最小、气候最干旱、人口最少。澳大利亚本土的面积和塔斯马尼亚岛的面积加在一起是大不列颠面积的 35 倍。2001 年,澳大利亚人口大约为 2100 万。澳大利亚的名称来源于"虚构的南方大陆"("*Terra Australis Incognita*"),最初是古典地理学家们假定的未知地域。15 世纪晚期,葡萄牙和西班牙航海家最初发现了这个大陆;到 17 和 18 世纪,荷兰人、英国人以及后来的法国人航海到这里后,澳大利亚这个名称才广为人知。

澳大利亚的土著居民是在 4 万多年前跨过低海平面时期出现的大陆桥进入到这个大陆的。他们通过广泛使用火和猎绝巨型动物使澳大利亚的环境大为改善,并建立了一种独特的生活方式。由于澳大利亚与世界其他地区完全隔离,因此这里的土著居民对土地有着强烈的依恋和深入的了解。据估计,英国人来到这里的时候,澳大利亚有 500,000 土著人口。

澳大利亚的近代史起始于 1788 年 1 月 26 日,这一天阿瑟·菲利普船长率领由 11 艘舰船组成的皇家海军第一舰队正式占据了新南威尔士,而在此之前,1770 年詹姆斯·库克船长到达这里时,已经将该地命名为新南威尔士,并且宣布该地为不列颠的领土。1872 年英国人开始占据新荷兰,在正式占有该地后改名为西澳大利亚;在随后的 1829 年,斯特灵船长率领皇家海军建立了斯旺河殖民地。至此,英国宣称对整个澳大利亚都拥有主权。

1788 年 1 月 18 日,当菲利普船长抵达博特尼湾时,他发现这里的土地没有想象的那么肥沃,于是继续航行几英里后进入杰克逊港(现在的悉尼港)。1 月 26 日,菲利普开始把 736 名罪犯(其中包括 188 名女性罪犯)从这里送上陆地。继菲利普之后,英国又有按商业目的组织起来的第二和第三舰队到达这里,随船又带来了 3100 名罪犯。直到 1840 年,英国才停止向新南威尔士运送罪犯,1853

年停止向范迪门地运送罪犯,1855 年停止向诺福克岛运送罪犯。在 1850 年至 1868 年间,共有 10,000 名罪犯被英国政府运送到极为贫困的西澳大利亚作为对殖民地的补贴。到 1868 年为止,英国总计有 160,000 名罪犯被运送到西澳大利亚。当地的土著居民没有对英国人做出任何有效的抵抗。

早期的新南威尔士几乎接近饥荒的边缘,直到 1797 年,殖民地的小麦才能自给自足。然而,1813 年当殖民者翻过悉尼后面的蓝山时,发现了一个面积达数百万英亩的富饶的热带稀树草原(萨瓦纳大草原)。成群的长着上等纤细羊毛的美利奴绵羊(1797 年首次从开普殖民地引进)遍布其间,1880 年时,这片富饶的热带稀树草原养活着超过 6000 万只美利奴绵羊。羊毛出口成为这个殖民地的经济支柱,促使英国不再向这里运送犯人,同时促进了一个新的阶级的产生,即在政治上拥有强大力量的具有资本主义性质的大地产占地者(牧场主)。

1851 年发现金矿后,移民人数急剧上升,新南威尔士和维多利亚的人口加在一起,由 1850 年的 267,000 人增加到 1860 年的 886,000 人,其中 538,000 人居住在新宣布建立的维多利亚殖民地。维多利亚的首府墨尔本迅速成为澳大利亚的金融和工业中心。1854 年巴拉腊特附近的尤里卡栅栏金矿工人暴动事件,最终促使英国在澳大利亚实行了远远早于在本土实行的民主改革。这些民主改革措施包括:1856 年实行的无记名投票制,1857 年实行的成年男性选举权制,1870 年实行的议员薪酬制,以及 1908 年实行的妇女选举权制。

淘金热和农业产量的提高刺激了悉尼和墨尔本的商业、金融业、贸易和工业的发展,1900 年墨尔本的人口超过 50 万。矿山、工厂、港口和剪羊毛工房中使用雇佣劳动力的普及,推动了 19 世纪 70 年代工会制度的兴起。1888 年至 1895 年大罢工的失败导致了由工会支持的工党的建立。1899 年,工党第一次作为少数党在昆士兰主政,但只是昙花一现,1904 年工党才开始在联邦政府主政。

19 世纪 90 年代,经过一系列会议,6 个殖民地一致同意通过进行全民公决来建立一个联邦政府。1901 年 1 月 1 日,澳大利亚联邦宣布正式成立。联邦政府成立后通过的第一批法案之一就是实行所谓的"白澳政策"("White Australia policy"),以保护澳大利亚工人的生活水平。1914 年第一次世界大战的爆发,使新成立的联邦政府面临严峻的考验。由 322,000 人组成的澳大利亚皇家武装部队(Australian Imperial Force,AIF)被派往海外与盟军协同作战。从第一次世界

A

大战结束到第二次世界大战爆发这段时期,第一个阶段由于英国移民的加入,澳大利亚出现了经济繁荣,这次繁荣一直持续到 20 世纪 30 年代发生经济大萧条才结束。在大萧条期间,澳大利亚劳动力的失业率最高时超过了 25%。澳大利亚实行的优先支持大英帝国的政策,对维持其向英国的商品出口起到了帮助作用。随着 1942 年新加坡的陷落,英国军队撤往印度和日本入侵巴布亚新几内亚,第二次世界大战的战火烧到了澳大利亚沿岸,达尔文港(Darwin)遭到了日军的轰炸。战时工党首相约翰·柯廷(John Curtin)向美国寻求军事援助。澳大利亚军队在太平洋战争中发挥了重要的作用,他们是第一支在新几内亚(科科达)战役中在陆地上战胜日军的军队。

出于对英国市场的信心,实行高关税壁垒,20 世纪 60 年代采矿业的繁荣,特别是铝土矿和铁矿石开采业的繁荣,以及石油、天然气和煤炭等新资源的发现,使得澳大利亚在第二次世界大战之后得以实行工党政府鼓励大规模欧洲移民入境的政策。1945 年至 1949 年,有 500,000 欧洲人移民到澳大利亚,其中三分之一来自不列颠群岛。1952 年是欧洲人移民到澳大利亚人数最多的一年,达到 170,000 人。1972 年越南战争结束后,来自亚洲的移民人口开始增多,当时澳大利亚已经接受了超过 100,000 难民。到 1860 年,澳大利亚的人口总数超过百万大关,1920 年超过 500 万,1998 年约为 1900 万。

澳大利亚向西眺望是欧洲,向东眺望是美国,向北眺望是蓬勃发展的亚洲邻国。虽然现在澳大利亚已被正式认定为奉行多元文化的国家,但她与自身的土著民族关系问题仍未得到解决。1993 年澳大利亚联邦政府颁布法律,赋予土著民族土地所有权,从长远来看这将会明显改变土著民族的地位,但与来自欧洲和亚洲的移民不同,近 300,000 的土著民族中,很大一部分人仍然在文化上和地理上属于"边缘居民"("fringe dwellers")。

随着东亚新兴工业化国家的崛起,澳大利亚的相关产业和经济实力已有所下降。此外,由于不再拥有优先进入欧洲市场的优势,澳大利亚现在只能直接与其他以原材料生产为主的国家进行竞争。澳大利亚虽然迄今仍保留着从英国继承而来的所有的政治、组织和政府机构形式,但她已经不再像 1945 年之前那样属于盎格鲁—凯尔特文化,而且由于人口构成发生了变化,拥护共和的情绪日益成熟。

Austrian Succession, War of the　奥地利王位继承战争　尽管英国早已同西班牙进行了"詹金斯断耳之战"（War of Jenkins's Ear），但西欧大部分国家都是因普鲁士国王腓特烈大帝 1740 年 12 月入侵奥地利的西里西亚而被卷入战争的。在欧洲大陆进行的 8 年战争以及随后在殖民地进行的战争，造成 50 万人死亡。西班牙和法国结成了紧密的联盟，时而也会联合普鲁士。英国、皮埃蒙特—撒丁王国、尼德兰联省共和国和奥地利站在西班牙、法国和普鲁士的对立面。英国、奥地利和荷兰的军队在低地国家①地区与法国军队作战。1743 年，乔治二世亲自在代廷根指挥战斗，但在 1748 年签署艾克斯拉沙佩勒（Aix-la-Chapelle）和平条约之前，法军已经突击深入到荷兰的领土。在中欧，英国出资帮助玛丽亚·特蕾西亚抵抗法国和普鲁士的野蛮攻击。在海上作战中，英国取得了胜利，法国海军于 1747 年末被彻底消灭，英国的胜利主要归功于安森和霍克高超的指挥才能。在印度，法军取得了相当大的成功；但在美洲，英军则占据军事上的主导地位，1745 年 6 月英军夺取了路易斯堡。

在英国国内，战争结束了沃波尔的首相生涯，卡特里特成为首相。除了 1745 年至 1746 年的詹姆斯党人叛乱以外，国内冲突似乎已经远离了英国人民，而"七年战争"也不受英国人的欢迎。

Authorized Version　钦定版《圣经》　See BIBLE（见《圣经》）

Avon　埃文郡　根据 1972 年的《地方政府法》（Local Government Act）形成的一个郡。该郡以布里斯托尔、巴斯和滨海韦斯顿为基础，此外还包括格洛斯特郡的一部分和萨默塞特郡北部的一部分。"埃文"这个名字取自于通贯巴斯和布里斯托尔两个城市的埃文河（river Avon）。埃文郡的首府是布里斯托尔。1996 年埃文郡被撤销。

Avranches, compromise of　阿夫朗什妥协　1172 年 5 月 21 日，在诺曼底公国的阿夫朗什大教堂，亨利二世被公开免除了谋杀坎特伯雷大主教托马斯·

---

①　包括荷兰、比利时、卢森堡。——译者注

贝克特一案同谋犯的罪责,但条件是亨利二世必须提供 200 名骑士到圣地耶路撒冷服役一年;亨利二世本人也要参加十字军,要么去圣地与穆斯林作战,要么去西班牙与摩尔人作战;归还从坎特伯雷大教堂夺走的所有财产,并允许英格兰教会向罗马教廷上诉。

B

Babbage, Charles (1792—1871).   **查尔斯·巴贝奇**(1792—1871)   巴贝奇制造了第一代(机械装置)计算机。巴贝奇曾在剑桥大学彼得豪斯学院(Peterhouse)学习数学,1828 年当选为剑桥大学卢卡斯数学教授席位(Lucasian chair of mathematics)。巴贝奇希望通过机械计算来消除数学用表的错误,并于 1834 年开始监制差分机。早在差分机被制造出来之前,巴贝奇就已经看到了其作为分析机将会发挥多么强大的作用,但由于政府中断了资助,巴贝奇的分析机没有完成,不过他发明的分析机的原理被后来的科学家以电子计算机的形式实现了。

Babington plot, 1586.   **巴宾顿阴谋案**(1586)   安东尼·巴宾顿(1561—1586 年)是德比郡的一名绅士,天主教徒,曾在英格兰侍奉过玛丽·斯图亚特。巴宾顿与一位名叫约翰·巴拉德的天主教神父交往密切。巴宾顿阴谋案的计划是谋杀伊丽莎白,并保证玛丽获得自由。巴宾顿的失败是弗朗西斯·沃尔辛厄姆爵士精心策划的结果,弗朗西斯曾雇佣了一个名叫吉尔伯特·吉福德的天主教徒作为情报人员。1586 年 9 月巴宾顿被处死,这个阴谋案也使伊丽莎白确信玛丽已是不可救药,从而也就决定了玛丽最终的命运。

Bacon, Francis, 1st Baron Verulam, 1st Viscount St Albans (1561—1626).   **弗朗西斯·培根,第 1 代维鲁拉姆男爵,第 1 代圣奥尔本斯子爵**(1561—1626)   律师,哲学家和散文家。作为著名律师之子,培根先后就读于剑桥大学三一学院(Trinity College)和出庭律师公会(Inns of Court)。1584 年,培根成为议会下院议员。詹姆斯一世即位后,培根得到迅速提升,在公诉雷利(Ralegh)案件过程

B

中,封授贵族头衔,并最终成为大法官。但在 1621 年,培根被裁定犯有受贿罪,虽然很快就被赦免,但不得不彻底放弃担任公职的生活。

培根那部机智而精辟的《随笔集》(*Essays*)首次出版于 1597 年,书中收录的作品都是英语散文中的经典之作。1605 年,培根出版了《学术的进展》(*Advancement of Learning*)一书,这是他以科学为主题所从事的第一次写作尝试,在这本书中,他对自己在剑桥大学接受的人文教育提出了尖锐批评。1620 年,培根出版了《新工具》(*Novum organum*)一书,以格言的形式展现了他的科学哲学。退职后,培根将自己的作品收集在一起并以《伟大的复兴》(*Great Instauration*)为名出版,书中信息包罗万象,五花八门。培根是科学的殉道者,他为了观察冷冻在防腐上的作用,在做把雪塞在鸡体内的实验时,结果经受不住风寒的侵袭而染病去世。培根去世后,他未完成的《新大西岛》(*New Atlantis*)一书于 1627 年出版,在这部作品中他虚构了一个由科学机构主宰的岛屿。这部书是他所有科学著作中最容易让人理解也令人感到兴奋的作品。培根论述的科学经过条理化的组织而成为常识,他阐述的效用观也令人深感兴趣。

Bacon, Sir Nicholas (1510—1579).　**尼古拉斯·培根爵士**(1510—1579)政治家。尼古拉斯·培根在伊丽莎白一世政府中是个异常吃苦耐劳的人,他的升迁部分原因可以归结为他大学时代的好友。培根曾与马修·帕克一同就读于剑桥大学基督圣体学院(Corpus Christi College),帕克后来成为坎特伯雷大主教。后来,培根与威廉·塞西尔(伯利)建立了友谊,并在 1553 年与塞西尔妻子的姐姐结婚。培根在格雷律师公会(Gray's Inn)攻读法律,参加了解散修道院的运动,并设法从中为自己获得了地产。1542 年和 1545 年,他先后作为威斯特摩兰选区和达特茅斯选区的候选人成为议会下院议员。培根虽然是新教徒,但在玛丽统治时期却得以幸免,没有遇到任何灾难。伊丽莎白一世继位后,培根的两个朋友给他带来了机遇。1558 年 11 月塞西尔连任国务大臣,1558 年 12 月培根被任命为掌玺大臣,1559 年帕克成为坎特伯雷大主教。培根身材壮硕,为人开朗又诚实能干。培根的儿子弗朗西斯·培根 1621 年被封为圣奥尔本斯子爵。

Bacon, Roger (c.1214—1292).　**罗杰·培根**(约 1214—1292)　哲学家。

方济各会修士。培根出生在萨默塞特,在去巴黎教书之前可能曾就读于牛津大学。约 1250 年至 1257 年间,培根又回到牛津大学,但他的方济各会上司要求他重返巴黎,并在巴黎受到怀疑。1265 年,教皇克雷芒四世请求他撰写一部反映当时那个时代知识状况的著作。然而,这一高规格礼遇并未持续多久,1268 年克雷芒四世去世,培根很快再次陷入困境。13 世纪 60 年代他撰写的《大著作》(*Opus majus*)赢得高度赞誉,被称为是现代科学的奠基之作。培根强调知识的有用性,强调要弄清事实,强调实验的必要性。他在炼金术方面的研究使其成为家喻户晓的魔术师。

Baden-Powell, Robert(1857—1941). **罗伯特·巴登—鲍威尔**(1857—1941) 童子军(Boy Scouts)的创始人。巴登—鲍威尔 1876 年入伍,专门从事侦察工作。1897 年,他被任命为驻印度第 5 骑兵卫队指挥官。1899 年,他撰写了《童子军教程》(*Aids to Scouting*)一书,阐述了其关于童子军培训的各种方法。布尔战争期间,他参加了马菲肯(Mafeking)防御战,面对强大的敌人,坚守了 217 天。1903 年,他被任命为骑兵总监。1910 年从部队退役后,巴登—鲍威尔把自己的全部精力都投入到了他几年前发起的童子军运动中来。

badminton 羽毛球运动 羽毛球这一名称来源于历代博福特公爵(dukes of Beaufort)位于格洛斯特郡的庄园巴德明顿,一般认为羽毛球是 19 世纪 70 年代从古老的板羽球游戏发展而来的。羽毛球运动在驻印度英军中很受欢迎,最早的羽毛球比赛规则就是在印度的浦那(Poona)制定的。这一既使人充满活力又利于人际交往的室内运动所具有的便利性,使其得以迅速普及,特别是在斯堪的纳维亚半岛和远东地区。

Baffin, William(d.1622). **威廉·巴芬**(卒于 1622 年) 探险家。在 17 世纪初,巴芬曾进行过多次航海活动,探寻西北航路。他在印度与葡萄牙人发生的一次不大的冲突中遇难。1821 年,他发现的哈得孙湾以北的大岛就是以他的名字命名的。

B

Bagehot, Walter（1826—1877）. **沃尔特·白哲特**（1826—1877） 新闻工作者。出身于萨默塞特郡兰波特的一个银行家家庭,他的父亲是个一神论者,白哲特曾进入伦敦大学学院,并在这里开始学习法律。但他后来转行进入银行业,著述丰硕,从1860年开始担任其岳父詹姆斯·威尔逊创办的杂志《经济学家》(*The Economist*)主编。虽然白哲特能够妙笔传神,而且目光敏锐,但由于他习惯性地对"愚昧的"大众所表现出的高傲态度,对使用珠玑妙语(*bon mot*)表现出的缺乏抗拒力,致使他的很多作品都因此而受人诟病。白哲特最有名的著作是19世纪60年代出版的《英国宪法》(*The English Constitution*),这部著作获得了极大成功,但同时也严重误导了读者。该书写作于艾伯特亲王去世后维多利亚女王隐居的日子,书中有这样一句话:"如果两院一致向女王提交她本人的死刑执行令的话,那么女王必须签署",白哲特夸大君主制软弱性的这句话,更多的目的是想吸引读者的注意力,而不是想揭示其中深刻的道理,这样就容易被读者理解了。

Baginbun, battle of, 1170. 巴金本战役（1170） 1169年,彭布罗克伯爵理查德·德·克莱尔(Richard de Clare)——亦被称为"强弩"("Strongbow")——决定在爱尔兰寻求领土。雷蒙德·勒·格罗斯(Raymond le Gros)率领的一支小规模先遣队在巴金本修筑了防御工事,受到兵力明显占据优势的北方人和爱尔兰人的攻击。入侵者成功侵入爱尔兰。"强弩"随后加入了他们的行列,占领了沃特福德(Waterford)和都柏林,并宣称自己为伦斯特(Leinster)的国王。英格兰人取得了在爱尔兰的第一个立足点。

Bahamas 巴哈马群岛 这些岛屿位于佛罗里达沿岸,是英联邦内的一个独立国家。较大的岛屿有大巴哈马岛和安德罗斯岛,首都拿骚位于新普罗维登斯岛。巴哈马的经济在很大程度上依赖旅游业和飘扬着巴哈马国旗的大型商船队。

Baird, John Logie（1888—1946）. **约翰·洛吉·贝尔德**（1888—1946） 电视的发明者。贝尔德来自苏格兰邓巴顿郡的海伦斯堡,在格拉斯哥大学学习电气工程专业。由于健康状况不佳,贝尔德于 1922 年移居到黑斯廷斯(Hastings),并在那里利用简陋的自制发射装置进行试验。1925 年,贝尔德在塞尔弗里奇百货公司向人们演示了图像模模糊糊的电视机,他随后又向皇家科学研究院的成员进行了公开演示。英国广播公司(BBC)从 1929 年起开始尝试进行电视播送,1936 年亚历山大宫开播常规电视节目。

Bakewell,Robert(1725—1795). **罗伯特·贝克韦尔**(1725—1795) 贝克韦尔因其在拉夫伯勒附近的迪什利所进行的畜种培育活动,尤其是培育出"新莱斯特"("New Leicester")品种的绵羊,而成为英国农业革命的先驱之一。贝克韦尔在畜种的选择方面比其他的地主更为严格,也更富有经验。

Balaclava,battle of,1854. **巴拉克拉瓦战役**(1854) 1854 年 10 月 25 日,俄国克里米亚军队指挥官缅希科夫(Menshikov)率领 25,000 名俄军向巴拉克拉瓦展开进攻,试图以此解除塞瓦斯托波尔(Sebastopol)之围。第 93 苏格兰高地团排成一个"细红线"("thin red line")防御阵形,打退了俄军骑兵的进攻,随后人数上处于劣势的英国重骑旅成功地向俄军骑兵主力发起了一次进攻,再接下来发起的是声名狼藉的轻骑旅的冲锋(Charge of the Light Brigade)。

Baldwin(d.1190). **鲍德温**(卒于 1190 年) 坎特伯雷大主教。鲍德温出生于埃克塞特,约 1170 年进入位于德文郡福特地区的西多会修道院,任该修道院院长,1180 年成为伍斯特主教。1184 年,亨利二世亲自选择鲍德温为坎特伯雷大主教。1188 年,鲍德温加入十字军,他以"克莱尔沃的伯尔纳般的精神和风格"("*the energy and style of Bernard of Clairvaux*")在威尔士宣传圣战。在看望了弥留之际的亨利二世并为理查一世加冕后,鲍德温启程前往圣地。作为英格兰十字军的先头部队,鲍德温于 1190 年 10 月抵达了正遭围攻的阿科,但不久后去世。

Baldwin,Stanley(1867—1947). **斯坦利·鲍德温**(1867—1947) 首相。鲍德温从哈罗公学和剑桥大学毕业后,进入到家族的铁器制造企业,但 1908 年其父亲去世后,鲍德温继承了其父亲的席位,以伍斯特郡比尤德利(Bewdley)选区候选人的身份代表保守党成为议会下院议员。从 1917 年至 1922 年,鲍德温在劳合·乔治领导的联合政府中任职,但他对劳合·乔治首相任期内的最后几年所奉行的冒险主义政策越来越感到忧虑不安。1922 年,鲍德温在保守党后座议员①的卡尔顿俱乐部(Carlton Club)会议上发表了重要演说,导致劳合·乔治政府垮台。随后鲍德温出任短命的保守党政府财政大臣,1923 年 5 月,鲍德温接替此时罹患重病即将不久于人世的安德鲁·博纳·劳,就任首相一职。曾经的企业经营经验使鲍德温意识到自由贸易已经过时,并决意将其废除。为此他呼吁举行大选,以期实行贸易保护政策,但保守党在这次大选中失去了多数党优势,从而使工党首次执政。

不过,虽然鲍德温缺乏劳合·乔治那样的政治手腕,但他却保持着正直,仁爱和富于和解精神的公共生活价值观。在公众的心目中,他是个朴素的有着田园情趣的人,在第一次世界大战期间,他曾把五分之一的私人财产捐献了出去。与带有极端主义情绪的工党和内部争斗不止的自由党相比,鲍德温的和解精神似乎更加可取。在接下来的 1924 年的大选中,自由党在下院的席位减少到 40 个,而保守党在下院的席位则超过 200 个,赢得议会多数席位。鲍德温再次出任首相。

然而,鲍德温所主张的维护国家团结的政策,由于内阁成员构成方面的原因,实行起来并不顺利。为了与保守党中的持自由贸易论者和平相处,鲍德温任命了温斯顿·丘吉尔为财政大臣。他让内维尔·张伯伦负责卫生部是一项富有激励性的任命。1925 年丘吉尔实行的回归金本位制政策对就业产生的影响是预料之中的事,1926 年发生的全国大罢工(General Strike)也同样未出内阁的预料之外。鲍德温没有采纳乔治五世动用军事手段解决问题的建议,而是利用英国公众具有的寂静主义的本能,寻求劳工运动内部温和人士的支持。这项政策取得了明显的成效,英国工会代表大会(Trades Union Congress)抛弃了矿工,并取消了工厂工人罢工行动。然而,与鲍德温个人做出的良好判断相悖的是,1927

---

① 在英国议会下院中,政府要员与反对党的重要人物坐前排的座位,其他地位较低的议员只能坐后排的座位,后者因此而得名。——译者注

年内阁推动通过了惩罚性的《劳资纠纷法》(Trade Disputes Act)，由工会收取的资助工党的政治资金由"不在合同中列明"的原则改为"在合同内列明"。人们希望这一规定将减少工党党员的人数和收入，而实际情况也确实如此。

1929 年至 1931 年间，鲍德温与由报业巨头比弗布鲁克和罗瑟米尔两位勋爵领导的帝国自由贸易论者进行了激烈的斗争。虽然自由贸易时代已经明显接近尾声，但鲍德温对这一问题引起的敏感性比他的保守党内部大多数人都了解得更加清楚。1931 年 3 月 17 日，鲍德温充满激情地向所有保守党成员发出呼吁，要求他们在他与"不断变化的政策要求，以及这两个人（比弗布鲁克和罗瑟米尔）的个人意愿和个人好恶的宣传机器"之间做出选择，鲍德温认为"这些报业业主追求的目标是权力，而且是不负任何责任的权力，即古往今来妓女特有的权力"。

鲍德温终于挺过了难关，而且他的保守党领袖地位也从此再没有受到任何严峻的挑战。1931 年，鲍德温同意在拉姆齐·麦克唐纳内阁中担任枢密院院长（Lord president of the council），并于 1935 年接替麦克唐纳再次出任首相。面对国际社会共同面临的侵略问题，鲍德温早就意识到军备改良计划的必要性。1935 年 11 月，他呼吁举行大选，期间他表明了对国际联盟的支持，结果保守党在大选中赢得了彻底的胜利，但鲍德温对国际联盟的支持实际上只是一个假象。鲍德温明白，如果将石油禁运排除在外，国际联盟对意大利的制裁（意大利已经入侵埃塞俄比亚）不会有任何效果，也正是由于这个原因，鲍德温才支持国际联盟。当他的外交大臣塞缪尔·霍尔爵士与法国总理皮埃尔·赖伐尔签署协议，提出将埃塞俄比亚领土割让给意大利时，鲍德温强令其辞职。

1936 年鲍德温处理爱德华八世退位危机的方式，是无可挑剔的。他根据宪法的规定，在工党领袖克莱门特·艾德礼和英联邦自治领的总理们的支持下，劝告爱德华八世不要与辛普森夫人结婚，否则就违反了贵庶间不能通婚的原则。乔治六世能顺利地继承王位，也主要归因于鲍德温在处理退位危急中表现出的从容和自信。鉴于居位日久，鲍德温在参加完乔治六世加冕典礼的两周之后，以年近 70 岁的高龄辞去首相一职，并依照惯例接受了伯爵爵位。

Balfour, Arthur James, 1st earl of（1848—1930）．阿瑟·詹姆斯，第 1 代

B

鲍尔弗伯爵（1848—1930）　首相。作为一位 20 世纪的英国首相,阿瑟·鲍尔弗在本质上是属于维多利亚时代中期的人,所以他似乎给人一种角色错位的感觉。他非常适应乡村牧师或牛津大学的生活,而且确实撰写了一部具有独创性的著作,这就是他 1879 年出版的《为哲学疑问辩护》(*A Defence of Philosophic Doubt*)一书,评论家们认为该书令人钦佩地总结了他对政治的态度。

鲍尔弗从小是在位于苏格兰边境地区惠廷杰姆的一个家族庄园里长大的,他的父亲曾是一名保守党议会下院议员,母亲是后来的索尔兹伯里勋爵罗伯特·塞西尔的妹妹。年轻时的鲍尔弗是一个惯于独处和理性的人,特别是与他订婚的梅·利特尔顿在 1875 年去世之后,他的这一性格特点表现得更为明显,他从未结婚。在没有特别明确的生活目标情况下,鲍尔弗决定进入政界。1874 年至 1885 年,他作为塞西尔家族控制的赫特福德市候选人成为议会议员。鲍尔弗是个不善言辞的演说家,他通过参与伦道夫·丘吉尔勋爵的“第四党”(“Fourth Party”),强调了自己较为超然的立场。

然而,大约在 1885 年至 1886 年间,鲍尔弗的事业开始腾飞。他离开了对其政治发展有保证的赫特福德,来到东曼彻斯特这个新的且受欢迎的选区参加议员竞选。截至 1906 年,他一直是东曼彻斯特选区的议员候选人。1885 年鲍尔弗担任地方政府委员会主席,1886 年担任苏格兰事务大臣(secretary of state for Scotland),1887 年至 1891 年担任爱尔兰事务首席大臣(chief secretary for Ireland)。鲍尔弗的名声是在其担任爱尔兰事务首席大臣期间确立起来的。首先,他残酷地镇压了爱尔兰农民暴动,得到“血腥的鲍尔弗”(“Bloody Balfour”)诨名;其次,他试图通过社会干预的办法来安抚爱尔兰民族主义者的观点,包括以分期付款的方式把土地出售给爱尔兰的佃农,为爱尔兰投资修建轻轨铁路和在爱尔兰种植马铃薯;等等。

1891 年至 1892 年和 1895 年至 1902 年,鲍尔弗在其舅舅索尔兹伯里的提携下,两度成为议会下院保守党领袖,索尔兹伯里同时把鲍尔弗纳入日后接替首相的人选行列。然而不幸的是,索尔兹伯里也给鲍尔弗留下了一些长期积累起来的问题。特别是因南非战争财政支出巨大,约瑟夫·张伯伦开始进行关税改革。虽然在鲍尔弗的巧妙操纵下,张伯伦从内阁辞职,但结果却导致张伯伦从 1903 年起发动了一场让保守党因坚持贸易保护主义而付出极大代价的运动。鲍尔弗通过妥协的方式,竭力维护保守党内的团结。这就意味着采取"报复"措施,即以关税胁迫其他国家减少对英国商品出口设置的障碍。然而,鲍尔弗这一聪明的辩证法只是使同僚们确信他并不是很在意这个问题。自由贸易论者认为在他们的选区并未得到鲍尔弗的支持,而贸易保护论者则指责鲍尔弗的做法导致了保守党在 1906 年大选中的失败。尽管如此,鲍尔弗政府也确实采取了一些重要的措施,包括通过了 1902 年的《教育法》(Education Act)和 1904 年的《英法协约》(Anglo-French Entente),成立了帝国国防委员会和皇家济贫专门调查委员会。

1906 年以后,主导议会的党派成为主要的贸易保护主义者,鲍尔弗未能行使有效的领导权。1909 年,在保守党居多数席位的议会上院否决劳合·乔治的预算案方面,鲍尔弗没有做出任何努力加以阻止。这导致了鲍尔弗领导的保守党在 1910 年的两次选举中失败。因此,1911 年出现了呼吁"鲍尔弗必须下台"的运动。鲍尔弗最终辞职,成为近代以来所有担任过保守党领袖的人物中,第一个被自己党内的后座议员们赶下台的牺牲品。

尽管如此,作为一个受人尊敬的资深政治家,鲍尔弗此后的政治生涯仍延续了相当长的时间。1914 年第一次世界大战爆发之时,鲍尔弗担任了自由党政府的非官方顾问;1915 年 5 月阿斯奎斯的联合政府任命他为第一海军大臣(Ist Lord of the Admiralty),这也在人们的预料之中。在随后的 1916 年至 1919 年间,鲍尔弗在劳合·乔治的内阁中担任外交大臣,期间他提出了著名的《鲍尔弗宣言》(Balfour declaration),该宣言保证英国政府支持犹太人在巴勒斯坦建立民族之乡(national homeland)。鲍尔弗最后的角色是在 1919 年至 1922 年的劳合·乔治政府、1925 年至 1929 年的鲍德温政府中,担任枢密院院长。

Balfour declaration 《鲍尔弗宣言》 在一定程度上出于确保全世界的犹太人都支持协约国备战努力的目的,劳合·乔治政府授权外交大臣 A.J.鲍尔弗于 1917 年 11 月 2 日向盎格鲁—犹太人的世俗领袖罗斯柴尔德勋爵(Lord Rothschild)发出一封信,信中保证英国政府支持犹太人在巴勒斯坦建立一个"民族之家"(National Home),但同时要维护巴勒斯坦的非犹太居民的权利。由于阿拉伯人对该宣言表现出的日益强烈的不满情绪和暴力行为,1939 年内维尔·张

B

伯伦政府宣布废除《鲍尔弗宣言》。

Ball, John (d.1381). **约翰·鲍尔**（卒于 1381 年） 约翰·鲍尔被当时的编年史学家们视为隐藏在 1381 年农民起义背后的邪恶天才。人们对鲍尔知之甚少，他本人自称从前曾是约克郡圣玛丽修道院的一名教士，后来成为科尔切斯特修道院的教士。1381 年初，鲍尔因抨击现有的教阶制被开除教籍，并监禁在肯特郡的梅德斯通，但被起义军从狱中营救出来。编年史学家们很快就把鲍尔与罗拉德派联系在了一起，但他在农民起义期间进行的布道以及他宣传的平等主义主张，其实都基于已有的基督教传统教义。起义失败后，鲍尔被判处绞刑，并被四马分尸。

Balliol, Edward (c.1280—1364). **爱德华·巴利奥尔**（约 1280 1364） 苏格兰国王约翰·巴利奥尔之子，他本人在 1332 年至 1356 年间是苏格兰名义上的国王。巴利奥尔年轻时就具备了很好的发展前景，1295 年他与法国国王的侄女订婚，最迟在 1301 年又被确认为苏格兰王位的继承人。但苏格兰争取独立的战争造成了巴利奥尔家族的边缘化，1313 年他父亲去世后，爱德华在法国皮卡第（Picardy）地区过着隐居的生活。

1330 年爱德华三世在英格兰发动的政变给巴利奥尔家族带来了新的希望。除了巴利奥尔家族以外，还有其他一些苏格兰家族也失去了自己的地产，1331 年巴利奥尔回到英格兰，成为这批"被剥夺继承权"的贵族领袖。在金霍恩登陆后，他们就取得了第一次巨大的成功：继 1332 年 8 月 11 日在杜普林沼泽之战取胜后，巴利奥尔在斯昆被推举为苏格兰国王。然而，到 1332 年底，巴利奥尔却被迫以不光彩的方式逃往英格兰。被激怒的爱德华三世亲自率兵干预，于 1333 年 7 月 19 日在哈利登山击败了苏格兰人，并再次强行指定巴利奥尔为苏格兰国王。1334 年巴利奥尔不得不为此付出代价，为了苏格兰王国而向爱德华三世宣誓效忠，并把苏格兰南部大部分土地割让给爱德华三世直接统治。

在接下来的五年里，苏格兰人开展了破坏性的游击战争。巴利奥尔本人虽然参加了数次对苏格兰的远征，但显然他只是爱德华三世的代理人。1356 年，巴利奥尔因对自己的前景感到厌倦，加之受年龄所累，将王位让给了爱德华三世以换取养老金。

Balliol, John（c.1250—1313）. **约翰·巴利奥尔**（约 1250—1313） 苏格兰国王（1292—1296 年在位）。巴纳德城堡约翰·巴利奥尔之子,他通过自己的母亲一系成为苏格兰国王"狮王"威廉（William the Lion,1165—1214 年）的兄弟亨廷登伯爵戴维（David,earl of Huntingdon）的后代。巴利奥尔家族在法国、英格兰北部和苏格兰的加洛韦（Galloway）地区都拥有大量领地。1290 年"挪威少女"玛格丽特（Margaret,the"Maid of Norway"）去世,苏格兰王位出现空缺,巴利奥尔家族在加洛韦地区的领地成为决定约翰在苏格兰命运的关键,而且使他得到了一批坚定的支持者。

英格兰国王爱德华一世在诺勒姆召开的议会裁定,由巴利奥尔继承苏格兰王位。1292 年 11 月 30 日,巴利奥尔正式登基。我们有充分的理由认为,爱德华一世议会这个裁定对于大多数苏格兰人来说,是可以接受的。但爱德华一世一直坚持要求所有宣称有权继承苏格兰王位者,都要承认他对苏格兰的领主地位。因此,巴利奥尔在登基之前,不得不向爱德华一世宣誓效忠。在约翰·巴利奥尔统治苏格兰的整个时期,爱德华一世提出的这个领主权要求始终令其备受困扰。他先后 9 次当面请求爱德华一世要顾及对此不满之人的意愿。但令事态变得更为严重的是,1294 年爱德华一世要求约翰·巴利奥尔本人和苏格兰所有最有名望的贵族在其对法战争中服兵役,只是此时由于爱德华正被一起严重的威尔士叛乱搅得心烦意乱,所以苏格兰贵族才得以找到借口推脱掉这件事。但爱德华一世显然不会让这件事无限期地拖延下去,于是不信任国王约翰·巴利奥尔的苏格兰贵族于 1295 年 7 月 12 日成立了一个十二人委员会,剥夺了约翰·巴利奥尔作为国王的权力。1295 年 10 月,十二人委员会与法国腓力四世正式结盟,并准备以武力抵抗爱德华一世。从这点来说,约翰·巴利奥尔已经失去了对苏格兰王国的控制。1296 年,爱德华一世占领了贝里克。苏格兰人的抵抗被瓦伦伯爵（Earl Warenne）在邓巴战役中彻底击败,1296 年 7 月,约翰被迫把苏格兰王国拱手让给爱德华一世。巴利奥尔被带到伦敦囚禁,他的后续生涯从此几乎没有什么影响了。1298 年巴利奥尔自己正式宣布,他不再想与苏格兰有任何关系。1299 年,巴利奥尔被移交给教皇监管,1301 年被释放回其世代领地皮卡第。

B

Ballymore Hill, **battle of**, **1798.** **巴利莫尔山之战**（1798） 1798 年 6 月 4 日,神父墨菲(Father Murphy)带领韦克斯福德起义军(Wexford rebels)在恩尼斯科西附近伏击了英军的一支小分队,杀死了英军指挥官兰伯特·沃波尔上校(Colonel Lambert Walpole)。虽然这只是一场小规模的战斗,但起义军受到了很大的鼓舞。

Balmoral(**Aberdeenshire**) **巴尔莫勒尔**(**阿伯丁郡**) 位于苏格兰的英国王室度假地。现在这栋建筑是 1853 年至 1856 年由阿伯丁的建筑师威廉·史密斯(1817—1891 年)为维多利亚女王建造的,以之取代女王早些时候居住的那栋建于 1834 年至 1839 年间的具有詹姆斯一世时期风格(Jacobethan style)的建筑。被维多利亚女王称为“这个可爱的天堂”的新建筑是苏格兰式豪华白色花岗岩建筑,并体现了艾伯特亲王的修改建议。维多利亚女王每年春秋两季都要在巴尔莫勒尔住上一段时间,她在 1869 年出版的《日记留影——我们的苏格兰高地生活》(*Leaves from the Journal of our Life in the Highlands*)和 1884 年出版的《日记留影续集》(*More Leaves*)中,公开表达了自己对苏格兰的热爱之情。

Baltimore, **George Calvert**, **1st Lord** (**c.1580—1632**). **乔治·卡尔弗特,第 1 代巴尔的摩勋爵**(约 1580—1632) 王室仆人,议会下院议员,1619 年至 1625 年担任国务大臣。1625 年卡尔弗特公开宣布改信天主教,并辞去国务大臣一职。1632 年卡尔弗特在光顾切萨皮克后,从国王查理一世那里获得了从弗吉尼亚划分出来的这块土地的所有权。根据查理一世颁发的马里兰——以查理一世信奉天主教的王后玛丽的名字命名的——特许状,巴尔的摩家族取得了该地的领主权。

Bamburgh castle **班堡城堡** 位于诺森伯兰郡,坐落在玄武岩层之上,可以俯瞰北海。作为盎格鲁—撒克逊时期伯尼西亚(Bernicia)国王的城堡,它与国王位于叶维林(Yeavering)的宫殿和林迪斯芳(Lindisfarne)的王室修道院毗邻。

该城堡后来成为历代诺森伯里亚伯爵的权力中心。1464 年,在兰开斯特家族反对爱德华四世的斗争中,爱德华四世包围了兰开斯特家族一方据守的该城堡,虽然国王希望能将城堡完整地占领下来,但"造王者"沃里克(Warwick the King-maker)还是用重炮对城堡进行了轰击,城堡严重受损,此后便任由其损坏下去了。人们现在看到的班堡城堡的样子是经过近代以来历次修复的结果,特别是阿姆斯特朗勋爵(Lord Armstrong)所做的全面修复。

Bamford,Samuel(1788—1872). **塞缪尔·班福德**(1788—1872) 兰开夏郡激进分子和诗人。班福德是卫斯理公会教徒,在邻近曼彻斯特的米德尔顿长大,早年曾做过仓库看管人、农场雇工,在定期往返于泰恩赛德(Tyneside)和伦敦之间的运煤船上工作过,在以手工织布工作为稳定职业以前,他还作过书商。在威廉·科贝特的影响下,班福德成为一名激进分子,并于 1816 年创办了米德尔顿汉普登俱乐部(Middleton Hampden Club)。1817 年因主张议会改革,被判犯有叛国罪而遭逮捕。无罪释放后,班福德出席了 1819 年 8 月 16 日召开的"彼得卢大会",结果被判犯有叛国罪而在林肯监狱被关押一年。班福德在 1841 年至 1843 年所写的自传中,为自己过去激进的行为进行了辩护,并警告宪章派(chartists)不要使用暴力。

Banbury,battle of 班伯里战役 See EDGECOTE(见埃奇科特)

Bancroft,Richard(1544—1610). **理查德·班克罗夫特**(1544—1610) 坎特伯雷大主教。班克罗夫特出生于兰开夏郡,并在剑桥大学基督学院(Christ's College)学习。1587 年班克罗夫特任威斯敏斯特大教堂的法政牧师(canon),1592 年任大主教惠特吉夫特(Whitgift)的忏悔神父(chaplain),1597 年任伦敦主教,1604 任坎特伯雷大主教。自 1597 年开始,惠特吉夫特患病期间,班克罗夫特实际上就已经在履行大主教的职责,并在伊丽莎白女王去世时为她祈祷。班克罗夫特是主教制度的强有力的倡导者,他对长老制的刻骨仇恨在 1604 年的汉普顿宫会议(Hampton Court conference)上表现明显。

Banda, Hastings Kamuzo（c.1902—1997）. **黑斯廷斯·卡穆祖·班达**（约 1902—1997） 马拉维民族主义政治家。班达曾在美国和苏格兰接受医学教育,1945 年至 1953 年在英格兰行医,1953 年至 1958 年在加纳（Ghana）行医。1953 年,英国政府决定成立中非联邦（Central African Federation）,班达表示强烈抗议。1958 年,班达回到家乡,并以尼亚萨兰非洲人国民大会（Nyasaland African Congress）党主席的身份领导了反对联邦制度的运动。1959 年,殖民政府宣布紧急状态,班达被捕入狱,一年后获释。班达出狱后相继于 1961 年任自然资源和地方行政部长,1963 年出任总理。1963 年底,联邦解散。1964 年尼亚萨兰获得独立,更名为马拉维,班达仍任总理。1966 年马拉维共和国成立,班达任总统,1971 年班达宣布自己为终身总统。

Bangladesh 孟加拉国 1971 年 3 月 25 日,孟加拉国宣布自己为主权国家,但直到当年的 12 月 15 日巴基斯坦才承认其主权地位。孟加拉以前一直被称为东巴基斯坦,1947 年印巴分治时与西巴基斯坦联合,建立了一个新巴基斯坦国家。东孟加拉（即东巴基斯坦）在新建的巴基斯坦国家中一直处于受压制的地位,国家的权力都集中掌握在西巴基斯坦土地——军事精英阶层手里。20 世纪 60 年代,在人民联盟（Awami League）的领导下,东巴基斯坦兴起了一场要求至少实现省自治的运动。尽管这场运动被镇压下去,但当 1970 年叶海亚（Yahya）总统在美国的压力下不得不举行巴基斯坦第一次大选时,人民联盟又强烈地重申了自治的主张。在此次大选中,东巴基斯坦共有 162 个选区,人民联盟赢得了 160 个选区。西巴基斯坦的军事和政治领导人对东巴基斯坦采取了打击行动,逮捕了人民联盟领袖,并动用坦克攻打达卡（Dakha）,残酷的暴力行动迫使东巴基斯坦有 1000 万难民涌入邻国印度,印度军队随后进行了干预。1971 年 12 月 15 日,西巴基斯坦军队投降,孟加拉国的“解放”已成事实。

Bangor, diocese of 班戈主教区 公元 6 世纪建造的班戈大教堂是奉献给戴尼奥尔（Deiniol）的。当时戴尼奥尔作为主教,影响范围覆盖位于威尔士西北部的整个圭内斯公国（principality of Gwynedd）。从 12 世纪开始,在主教戴维（1120—1139 年）的主持下,班戈大教堂开始以主教座堂的地位开展宗教工作。

该主教区包括安格尔西岛（Anglesey），埋葬有许多威尔士圣徒的圣巴德西岛（Holy island of Bardsey），以及斯诺登尼亚（Snowdonia）的山村地区。该主教区许多教堂举行的礼拜仪式都使用威尔士语。

Bangorian controversy 班戈之争 该争论是由本杰明·霍德利（Benjamin Hoadly）引起的，1715 年他被任命为班戈主教区的主教。1716 年，霍德利向拒绝宣誓效忠者发难。1717 年，霍德利在一次布道时表达了一个极端的立场，即基督耶稣从未将权威赋予任何世俗之人，因此个人内心的判断是不可违背的，对于信徒来说，其信仰的真诚与否是对他们的终极检验。对于反对霍德利的人们来说，他似乎打开了引起宗教混乱的闸门。辉格党的大臣们极不情愿看到再次发生宗教论争，因此当此事被提交给教牧人员代表会议的下院时，会议匆忙休会，直到 1852 年才重新召开。

Bank Charter Act, 1844. 《银行特许状法》（1844） 该法是英国政府试图通过建立起一个有效的法律框架，进而实现维护币值稳定的最终结果。该法明确了英格兰银行的地位，规定其中的一个部门即发行部拥有发行纸币的专属职能，在英格兰和威尔士发行最小面额为 5 英镑的法定货币。英格兰银行的另一个部门即银行部则从事商业银行业务，拥有包括制定借贷的最低成本（利息）的权力。

Bank Holiday Act, 1871. 《银行假日法》（1871） 由约翰·卢伯克爵士提议，该法案强制要求清算银行（clearing banks）在某些特定日期停业，从而使这些日期成为公共假日。在英格兰和威尔士，复活节后的星期一、圣灵降临节、八月的第一个星期一和节礼日（Boxing Day）①为公共假期。在苏格兰，元旦、五月和八月的第一个星期一及圣诞节被宣布为假日。

---

① 在圣诞节的次日，如果遇到星期日则推迟一天，按照习俗，这天向雇员等赠送匣装节礼。——译者注

banking 银行业 银行业是一个从事货币交易的系统,包括对存款人的权益加以保障和向贷款人提供资金支持,它是随着中世纪的商业活动对贷款需求日益增长而发展起来的。在英格兰,银行的贷款功能由放款人承担。在 1291 年遭爱德华一世驱逐以前,犹太人是最重要的放款人。后来意大利商人取代了犹太人,经教皇特许,意大利商人可以收取一定比例的利息发放贷款。13 世纪时,信贷对于商业活动和重大工程的融资而言,是必不可少的。最重要的例子是羊毛贸易融资,此外还包括大型建筑工程的融资,例如爱德华在威尔士北部地区兴建诸城堡。14 世纪早期,意大利商人在英格兰从事的贷款活动受到限制,其角色被英格兰的商人和金匠所取代,为了避免违反高利贷法,英格兰商人和金匠在放款时收取的利息非常低。

几个世纪以来,英格兰历代君主一直向商人和地主借款。到 17 世纪后期,随着议会控制政府财政支出权力的日益增长,管理规章愈发显得重要。1694 年成立的英格兰银行为政府和其他贷款使用者提供了资金支持,类似的银行机构在苏格兰和爱尔兰也发展起来。18 世纪晚期以前,这些银行之间并不存在激烈的竞争,但也从这个时期起,不断扩大的商业活动给商人、酿酒商和地主提供了机会,使他们能够基于自己的现金储备建立银行,这时银行之间的竞争才开始日益激烈。由于银行的判断失误时有发生,而当存款人担心自己存放在银行的金钱不安全而要求提现时,就会发生"银行挤兑"("runs on the bank")现象。

1815 年拿破仑战争结束后,由于实行重返金本位制度,引起货币币值波动,结果引发了一系列经济危机。为了稳定货币,英国政府最终在 1844 年颁布了《银行特许状法》(Bank Charter Act),赋予英格兰银行监管纸币发行和监督银行系统活动的职能。在苏格兰和爱尔兰,1845 年时也确立了对银行业务实施监管的权力。

在 19 世纪,随着海外贸易的不断发展和大英帝国的不断扩张,伦敦作为商业银行中心的地位得到进一步强化。这些专业银行家的才干吸引了外国公司和政府前来寻求贷款的业务。这些业务使铁路、重型机械、矿山、大型商业项目的快速发展成为可能。伦敦的许多商业银行也因此生存下来,包括罗斯柴尔德银行,拉扎德兄弟银行,克莱沃特—本森银行和施罗德银行等。英国国内贸易所需的资金支持主要来自为数众多的地方银行,这些地方银行在 19 世纪中期以后经过整合,数量大为减少。地方银行数量的减少一直没有停止,到 1980 年,地方银行业主要由四家银行控制,即巴克莱银行、劳埃德银行、米德兰银行和国民威斯敏斯特银行。

银行所提供的服务日益趋于复杂,消费贷款业务不断扩张,这些一直是银行业发展的特征,而这在很大程度上是技术创新的结果。保障存款安全和发放贷款的业务往往是通过机读卡和电话方式进行的。

银行业经历过的最为严重的危机之一发生于 2007 年,当时在美国出现了一些不良抵押贷款后,总部设在纽卡斯尔的北岩银行(Northern Rock)陷入严重的困境。虽然北岩银行在得到一笔巨额的政府支持贷款后获得喘息之机,但该银行遭遇的窘境仍然招致人们对许多银行家们追求不负责任和破坏性的贷款政策的指责。

Banks, Sir Joseph (1743—1820). **约瑟夫·班克斯爵士**(1743—1820) 探险家,曾担任英国皇家学会主席逾 40 年。班克斯就读于哈罗公学、伊顿公学和牛津大学基督教会学院,学习之余对植物学产生了兴趣。1763 年毕业时,班克斯并未进行赴欧洲大陆的游学大旅行(grand tour),而是乘坐皇家海军舰艇"尼日尔"号(HMS *Niger*)去了纽芬兰和拉布拉多。1764 年班克斯继承了大宗地产后,1768 年至 1771 年间他决然加入了库克船长率领的环球航海探险活动,从塔希提岛(Tahiti)出发,一路观测着金星(Venus)航行,然后探索了未知的南大陆。他像一个英雄一样回到英国后,于 1778 年当选为英国皇家学会主席,并担任此职直到去世。尽管班克斯压制了被他视为竞争对手的一些机构的发展,但他推动了皇家科学研究院和基尤植物园(Kew Gardens)的发展,以及澳大利亚殖民地的开拓。班克斯是英国摄政时期(Regency Britain)[①]科学界令人敬畏的独断专行者。

Banks of England, Ireland, and Scotland **英格兰银行,爱尔兰银行和苏格兰银行** 英格兰银行成立于 1694 年,是一家率先在英格兰提供金融服务的私营

---

① 即 1811—1820 年威尔士亲王乔治摄政时期。——译者注

公司。到 19 世纪,英格兰银行已成为英国中央银行,为政府承担货币管理职能。1946 年它被列入公有制的行列。

爱尔兰银行是 1783 年根据爱尔兰议会的立法许可创建的。虽然在它成立后的半个世纪里,一直在爱尔兰银行业中居主导地位,但它从来都不是中央银行。爱尔兰银行迄今一直履行着商业银行的功能。

1695 年,苏格兰议会授权建立合伙性质的苏格兰银行,旨在为苏格兰提供统一的金融支持。1707 年英格兰与苏格兰《合并法》通过后,尽管苏格兰银行与苏格兰境内的其他银行仍保留着发行自己的钞票(bank-notes)的权利,但苏格兰的金融体系已与英格兰的金融体系相连在了一起。

Bannockburn, battle of, 1314.　班诺克本战役(**1314**)　1314 年初,爱德华二世集结了大批军队,目的是恢复其在苏格兰摇摇欲坠的权威,并解救斯特灵城堡(Stirling castle),该城堡一直遭到苏格兰国王罗伯特一世布鲁斯支持者的围困。英格兰人认为苏格兰人不太可能与之进行一场激战,但布鲁斯组织起他的长矛兵,并挖掘战壕防卫英格兰骑兵的进攻。在 6 月 24 日的激烈战斗中,苏格兰人占据了上风。班诺克本战役的胜利对苏格兰人具有决定性的意义,使苏格兰重获独立。

Banqueting House(**Whitehall**)　**宴会厅**(**怀特霍尔宫**)　宴会厅是英国最精美的大厅之一,1619 年至 1622 年间由伊尼戈·琼斯为詹姆斯一世建造,也是 1698 年怀特霍尔宫火灾中得以幸存下来的为数不多的建筑之一。宴会厅的天花板由鲁宾斯(Rubens)于 1634 年修建完成,其大部分主题是为了表现詹姆斯一世的智慧和美德,天花板那巴洛克式繁华的风格与宴会厅显得拘束的特点形成了奇怪的对比。1649 年查理一世就是从这栋建筑的窗户出去,走上断头台的。1657 年克伦威尔在这里下台,1689 年威廉和玛丽在这里登上王位。

baptists　浸礼宗信徒　浸礼宗是基督教新教主要教派之一,该教派信徒认为,一个人应在成年后能够理解洗礼时再举行这一仪式,而且施洗礼时身体应完全浸在水中。这些观点可能是从 16 世纪的再洗礼派教徒那里继承来的,但浸礼宗信徒设法摆脱了人们对早期再洗礼派教徒的反感。第一个浸礼宗团体是1612年在伦敦成立的,然后迅速蔓延到其他地区。约翰·班扬在王朝复辟时期撰写的作品赢得了浸礼宗信徒的普遍敬仰。汉诺威王朝统治初期,英格兰的浸礼宗只是维持原有的信徒数量,但在19世纪时信徒人数大大增加,1851年浸礼宗在英格兰和威尔士有2700多个信徒团体。

Barbados 巴巴多斯 位于加勒比海东部的一个岛屿,距离特立尼达东北部大约200英里。巴巴多斯南北最长为21英里,东西最宽为14英里,面积比怀特岛(Isle of Wight)稍大一些。当1672年英格兰人移民到这里时,岛上还无人居住。英格兰移民从17世纪30年代开始在这里种植甘蔗。巴巴多斯的首都是布里奇敦(Bridgetown),轻工业的发达促进了旅游业的发展。

Barebone's Parliament 贝尔朋议会 当克伦威尔1653年4月20日解散"残余议会"(Rump)时,他还没有另外建立一个政府取而代之的打算。经过深思熟虑后,克伦威尔决定将国家的最高权力赋予提名会议(nominated assembly)。克伦威尔与其手下的官员共挑选了144名组成会议的成员,由这些人代表英格兰所有的郡,以及爱尔兰、苏格兰和威尔士。7月4日,这144人召开会议,并很快就以投票的形式决定将这个会议称为议会;"贝尔朋议会"这一人们熟悉的绰号来自于"赞美上帝"的贝尔朋(Praise-God Barbone)的名字,贝尔朋是皮革商人,世俗布道者和代表伦敦选区的议会下院议员。其实,贝尔朋在这些议员中并没有代表性,因为议会中大多数人都是绅士,而且温和派的人数要多于宗教和政治激进分子。但这些激进分子极力要改变英格兰的宗教和法律,12月12日温和派大多数议员退出议会,并将权力交还给克伦威尔,这让克伦威尔松了一口气。

Barham,Charles Middleton,1st Lord(1726—1813). 查尔斯·米德尔顿,第1代巴勒姆勋爵(1726—1813) 米德尔顿是亨利·邓达斯(Henry Dundas)的表弟,小皮特(Pitt the Younger)的至交,英国海军财务主管(treasurer)和战事大臣(secretary at war)。因此,米德尔顿几乎是从他1778年担任海军审

计官(comptroller)后就开始进入政府中枢的。米德尔顿活跃的海军生涯与其说让他出了名,不如说更让他有利可图,但他自认为担任审计官才是他最得心应手的工作。1794 年米德尔顿被安排在海军部工作,1795 年辞职,但十年后凭借其持久不衰的声誉,接替邓达斯成为第一海军大臣。米德尔顿被封为巴勒姆勋爵。此外,米德尔顿曾准确地预见了纳尔逊(Nelson)在特拉法尔加(Trafalgar)海战中所需船体强度,从而确保了海战的胜利,这次预见使得米德尔顿那份本来就很杰出的行政管理方面的个人履历显得更加完美。

Baring, Evelyn, 1st earl of Cromer(1841—1917). **伊夫林·巴林,第 1 代克罗默伯爵**(1841—1917) 殖民地总督。巴林自 1858 年至 1872 年在英国皇家炮兵服役,然后前往印度担任他堂兄印度总督诺斯布鲁克勋爵(Lord Northbrook)的私人秘书。1877 年,巴林作为高级专员被派往埃及,经过艰苦努力,他在埃及投资了一家公司,从而有了立足点,其终生的事业也从这里开始了。在以后的 30 年中,他一直都掌握着埃及的实权,1879 年至 1880 年任埃及的总审计长(comptroller-general),1883 年至 1907 年任英国驻埃及总领事。面对埃及的财政危机,恢复埃及的财政偿付能力就意味着要从苏丹撤军,巴林默许了这个方案,但同时对于选择戈登(Gordon)来执行这项任务还是有所担忧。当戈登被围困在喀土穆(Khartoum)时,巴林只能眼巴巴地看着却无能为力。直到 19 世纪 90 年代,基奇纳(Kitchener)才有能力恢复埃及对苏丹的统治。与此同时,巴林也为自己积累了很多荣誉:1892 年他被封为男爵,1899 年被封为子爵,1901 年被封为伯爵。

Barnardo, Thomas John(1845—1905). **托马斯·约翰·巴纳多**(1845—1905) 慈善家。1866 年,他作为一名有着传教士身份的医学专业学生在伦敦医院接受培训,期间参观了贫民窟。贫民窟里众多无家可归的儿童让他感到非常难过,为了帮助这些孩子,他放弃了去中国传教的计划。1867 年 7 月 15 日,他创办了伦敦东区青少年布道所(East End Juvenile Mission)来照顾生病和贫困的儿童。在沙夫茨伯里勋爵的资助下,他开办了一个男童收容所,此后又陆续建立了一系列类似的收容所,被称为"巴纳多医生收容所"(Dr Barnardo's Homes)。

他的慈善工作在英国和加拿大都得到发展,他生前共救助了 59,384 名儿童,而接受过他帮助的儿童多达 500,000 人。

Barnet, battle of, 1471. 巴尼特战役(1471) 在陶顿(Towton)战役中,沃里克(Warwick)曾经是爱德华四世的得力盟友,但在 1470 年时沃里克转而反对爱德华四世并将其赶出英格兰。1471 年 3 月,爱德华四世重返英格兰,并在赫尔附近登陆。此时已经占领了伦敦的沃里克率军出城应战,4 月 14 日,两军在距伦敦以北 14 英里的巴尼特相遇。战斗伊始,沃里克的军队取得了胜利,但由于战场上局面的混乱,加之误把敌方认作己方,导致沃里克的队伍中有声音喊叫说有人叛变了,结果沃里克军队的士气彻底崩溃。沃里克本人在试图上马逃跑时被砍倒。三个星期后,随着在蒂克斯伯里(Tewkesbury)彻底战胜了玛格丽特王后,爱德华四世毫无疑问地稳固了自己的王位。

baronets 准男爵 准男爵是可以世袭的爵士。该爵位是 1611 年詹姆斯一世为驻扎在阿尔斯特(Ulster)的英格兰军队筹措军费而设立的。准男爵仍然是平民身份,因此有资格参加议会下院议员的选举。该爵位设立后不久就打破了授予人数的限制。

barons 男爵 男爵这一名称在开始使用时并不严格,泛指任何大土地所有者(great landowners)或领主(lords),后来它有了确切的含义,指在拥有贵族爵位的五个等级中最低的一级。男爵这个词最初是在诺曼征服以后才开始使用,是指地位更为重要的国王的总佃户①(tenants-in-chief)。随着时间的推移,出现了一个大男爵阶层,他们按照特别的召集令来到主人的身边或参加御前会议。13 世纪议会产生后,男爵是凭令状的召集参加贵族院(House of Lords),并从此设法使这一特权世袭化。但从 1385 年开始,随着较之等级更高的公爵、侯爵、子爵等爵位的设立,男爵被推到了贵族的最低一级。

---

① 也译为"直属封臣"或"直属佃户"。——译者注

Barrosa, battle of, 1811.　巴罗萨战役（1811）　自 1810 年以来,西班牙的加的斯(Cadiz)一直被维克托将军(General Victor)率领的法军围困。1811 年 1 月,一支由英国与西班牙两国组成的联军试图在达费拉(Tafira)以南 50 英里处登陆,以解除法军对加的斯的封锁。3 月 5 日,维克托率领法军隐蔽在奇克拉纳森林(Chiclana Forest),向英西联军的侧翼展开进攻,并占领了巴罗萨山脊(Barrosa ridge)。在格雷厄姆将军(General Graham)的指挥下,英军发起了一次冒险而血腥的反击,成功地击退了法军。

Barrow, Henry（c.1550—1593）.　**亨利·巴罗**（约 1550—1593）　巴罗是早期清教徒中的分离主义者,生于诺福克,就读于剑桥大学卡莱尔学堂(Clare Hall),并成为格雷律师公会(Gray's Inn)的成员。巴罗一度生活放荡,但在约 1580 年时人生态度开始发生转变,专注于神学,尤其是布朗派(Brownist)的神学思想。1586 年被捕后,受到惠特吉夫特(Whitgift)和伯利(Burghley)的亲自审查。在狱中他把自己的非法著作偷运到荷兰。最终,他和约翰·格林伍德因撰写"具有邪恶企图的"书籍受到审讯,被判绞刑。

Barry, Sir Charles（1795—1860）.　**查尔斯·巴里爵士**（1795—1860）　维多利亚时期的建筑师。1817 年至 1820 年,巴里在游历了法国、意大利、希腊、土耳其、埃及和叙利亚后返回伦敦,并建造了若干个具有哥特式风格的教堂。此后,巴里转而借鉴希腊复古式风格,为曼彻斯特先后于 1824—1835 年设计了皇家美术学院、于 1837—1839 年设计了图书馆(Athenaeum)这两大建筑。巴里以意大利宫殿为样板,1830—1832 年设计了旅行家俱乐部,1838—1841 年设计了革新俱乐部,这两个建筑都位于伦敦的波迈街(Pall Mall)。1836 年巴里竞标成功的杰作——议会大厦,属于"哥特式或伊丽莎白时代"的风格,但大厦的建设使其身体极度透支,1860 年巴里过早地离开了人世。

Barton, Elizabeth（c.1506—1534）.　**伊丽莎白·巴顿**（约 1506—1534）　女预言家。被称为"肯特的修女"(Maid of Kent)的伊丽莎白·巴顿是一名佣人,宗教狂,对宗教入迷到精神恍惚和出现幻觉的地步。但是,当她在亨利八世与阿拉贡的凯瑟琳离婚问题上站在了凯瑟琳一边,并声称如果亨利八世与凯瑟琳离婚就将必死无疑时,这位肯特的修女就卷入了政治漩涡。伊丽莎白·巴顿曾一度受到渥兰、莫尔和费希尔的保护,但当克兰麦取代渥兰成为坎特伯雷大主教时,他对伊丽莎白·巴顿进行了审问,结果她承认自称神灵附体是假的。1534年4月,伊丽莎白·巴顿在伦敦的泰伯恩行刑场(Tyburn)被执行死刑。

Basilikon doron(1598). 《王室礼物》(1598) *Basilikon doron*① 一书是1598年英格兰国王詹姆斯一世(同时也是苏格兰国王詹姆斯六世)写给其长子威尔士亲王亨利的一部关于如何行使王权的手册。虽然在语气上不如大约同一时期撰写的《自由君主制的真正法则》《*The Trew Law of Free Monarchies*》一书的辩论性那样强,但是该书让人们清楚地了解了詹姆斯一世尊崇王权的观点。

bastard feudalism 变异封建主义 变异封建主义这一术语似乎是1885年时被发明出来的,用来说明英国当时的社会结构与诺曼征服后的社会结构之间的差异。由威廉一世引入到英格兰的封建制度,其本质是指庄园内的佃户要向其领主承担一定的义务。至于变异封建主义,一个人与其领主之间结成的相互约束关系(bond),其本质不是土地保有关系(tenurial),而是货币关系,而且这种关系不是世袭的,而是终身的;同时这种相互约束关系往往是通过书面契约(written contract)的形式结成的,根据契约,该人作为领主的扈从(retainer),要保证随时服从领主的吩咐,并自备武器和装备。这种关系模式随着英法百年战争的爆发而越来越普遍。爱德华三世及后继的国王们招募军队时,都是通过与领主和其他军事首领签订双方契约的形式进行的,后者承诺提供一定数量的骑兵和弓箭手。所有参战者都将得到相应的酬金。

对于好国王来说,他可以把这种依附关系带来的政治风险大大减少。如果领主能够有效地控制自己的扈从,那么社会公共秩序的维护就有了依靠。而当君主权力虚弱的时候,领主们为争夺地区的统治权而相互争斗,就像诺福克公爵和萨福克公爵之间以及内维尔家族(Nevilles)和珀西家族(Percies)之间发生的

① 希腊语,意为 Royal Gift。——译者注

争斗那样,就不会有社会公共秩序可言。1384 年,议会下院抱怨说,那些做坏事的人穿戴着领主家族的制服(liveries of cloth)和徽章(badges),以求得到领主的庇护,从而逃避应得的惩罚。尽管变异封建主义没有被废除,但通过亨利七世加强枢密院的司法权和 1504 年的立法①——该法规定未经国王的允许,任何人不得豢养家丁——最终还是得到了抑制。

Bastwick,John（1593—1654）. 约翰·巴斯特威克（1593—1654） 巴斯特威克一直在不屈不挠地反对大主教劳德和其他主教。他出生在埃塞克斯,曾就读于剑桥大学伊曼纽尔学院(Emmanuel College),后来成为一名医生。17 世纪 30 年代,他出版了几本小册子,极力提倡长老会教义,并谴责教会的"仪式太多,就像狗身上长满了跳蚤一样"。1637 年,他连同普林(Prynne)和伯顿(Burton)一起被处以枷刑、罚款和终身监禁,他的两只耳朵也被割了下来。巴斯特威克被流放到锡利群岛(Scillies),但 1640 年长期议会撤销原判,他又回到英格兰。

Basutoland 巴苏陀兰 See LESOTHO(见莱索托)

Bath 巴斯 罗马人建立的苏利斯泉(Aquae Sulis②)定居点位于埃文河谷底部多处喷发温泉的地方。其中最主要的一处温泉为国王的巴斯温泉,日出水量近 250,000 加仑,是罗马人的活动中心。在该温泉附近曾发掘出属于铁器时代晚期的硬币,还发掘出了一个执掌凯尔特人一切事务的女神像"苏利斯"【Sulis,类似于罗马女神密涅瓦(Minerva)】,说明前罗马时期凯尔特人存在着对神的崇拜现象。位于巴斯的宗教与温泉区是不列颠最早也最宏伟的罗马民用建筑群。公元 200 年前后,该建筑群进行过一次重要的翻新工程,包括对神殿进行了改造,将浴场的木屋顶替换为砖质筒形穹顶,并在室内修建了一个蓄水池。4 世纪晚期对建筑群的维护由于淤泥堆积而逐渐终止。罗马统治结束后,该建筑

---

① 指《取缔家丁法规》。——译者注
② Aquae Sulis 是巴斯的拉丁文名字,意为"苏利丝之水"。——译者注

群化作一片废墟,但《盎格鲁—撒克逊编年史》中仍然提到巴斯城 577 年时的状况,说明巴斯并未全然沦为无足轻重的地步。973 年,埃德加就是在巴斯举行的加冕礼,1090 年时主教驻节地也由韦尔斯转移到巴斯。1138 年的《斯蒂芬传奇》(Gesta Stephani)提到来自英格兰各地的游客纷纷去巴斯浴场的情景。16 世纪 30 年代,利兰(Leland)评论说巴斯是"患麻风病、脖颈肿大病、疮痂病和身体某些部位剧痛的病人"经常光顾之地。伊丽莎白女王 1591 年时曾对巴斯进行过短暂的访问,但发现这里的气味令人不快。

使巴斯成为乔治时代英格兰受人欢迎的温泉旅游胜地,是"纨绔子弟"理查德·纳什和约翰·伍德两个人努力的结果,纳什于 1705 年至 1761 年间担任司仪(master of ceremonies),他在英格兰推行有序的社会管理和社会高雅行为的标准,主张把身份等级抛在一边,认为这是"把老百姓和大人物团结在一起的快乐秘籍"。纳什在巴斯增加了诸如演唱会、招待会、舞会、焰火、剧院、女帽店、书店、咖啡馆、桥牌以及"春季花园(Spring Gardens)快乐行"(1735 年)和"悉尼花园(Sydney Gardens)快乐行"(1795 年)等内容。乔治王朝时期,伍德在拉尔夫·艾伦的资助下,对巴斯开始了大规模的重建,使巴斯从中世纪时期那种拥挤不堪和杂乱无章的状态变得宽敞有序,拉尔夫的地产就在巴斯城的普赖尔公园(Prior Park)里,为伍德重建巴斯提供了石材。巴斯的辉煌一直持续到 19 世纪初,但此时的成功也已经孕育着灾难,因为像纳什那样粗俗的暴发户接手了巴斯的管理。简·奥斯汀(Jane Austen)的《诺桑觉寺》(Northanger Abbey,1818)小说中的女主角凯瑟琳·莫兰发现,周日在泵房里"见不到一副优雅的面孔"。

Bath, Order of the 巴斯勋位 巴斯意为沐浴,它作为洗涤罪恶的一种象征,后来成为造就纯洁无瑕的骑士的一个重要内容,这种做法是从重大的场合如国王加冕典礼时册封若干数量的骑士发展而来的。到亨利五世统治时期,这些受册封的骑士被称为巴斯骑士。1725 年,嘉德纹章官(Garter King of Arms)约翰·安斯蒂斯建议"恢复"巴斯勋位,得到了沃波尔(Walpole)和乔治一世的认可,一方面是为了给新王朝增光添彩,另一方面是为了应付那些有此追求之人。红绶带(red ribbon)因此成为人们梦寐以求的东西。授予巴斯勋位的名额在 1815 年和 1847 年分别扩大过两次。

B

Bath and Wells, diocese of　巴斯和韦尔斯主教区　909 年创建,目前这个主教区的面积大致与古老的萨默塞特郡相当。虽然韦尔斯本身作为一个宗教中心由威塞克斯国王伊尼(Ine)始建于 704 年前后,但直到 909 年长者爱德华(Edward the Elder)把舍伯恩主教区(bishopric of Sherborne)一分为四时,韦尔斯才成为萨默塞特的新主教区。973 年,邓斯坦在巴斯修道院为全英格兰之王埃德加加冕。第一位诺曼主教约翰·德·威卢拉(1088—1122 年)成为巴斯修道院院长后,于 1090 年将其主教座迁至巴斯。这一举动导致了巴斯的僧侣与韦尔斯大教堂的教士们之间在主教选举问题上产生了严重分歧。1176 年,教皇亚历山大三世宣布巴斯和韦尔斯两个城市为联合主教区(joint-sees),从而解决了双方的分歧。13 世纪时,宏伟的巴斯主教座堂矗立在一系列建筑群内,包括由伯内尔始建的壕沟环绕的主教宫殿和 14 世纪建成的维卡斯科洛斯街道。

Bathurst, Henry, 3rd Earl Bathurst（1762—1834）.　亨利·巴瑟斯特,第 3 代巴瑟斯特伯爵(1762—1834)　巴瑟斯特的祖父是 1712 年时成立的十二人托利党贵族委员会成员之一,负责执行《乌得勒支条约》(treaty of Utrecht)事宜,1772 年 88 岁时被晋封为伯爵。巴瑟斯特的父亲在 1771 年至 1778 年担任大法官,1779 年至 1782 年担任枢密院院长。作为阿普斯利勋爵(Lord Apsley),巴瑟斯特刚到法定年龄就以赛伦塞斯特候选人的身份进入议会,而且因与皮特私人关系甚好而被任命为海军大臣(lord admiral),1789 年之前他一直担任这个职务。1789 年至 1793 年,巴瑟斯特担任财政大臣(lord of the Treasury),1793 至 1802 年,担任印度管理委员会(Board of Control)委员。巴瑟斯特为 19 世纪初上台的托利党政府服务了很长时间,1807 年至 1812 年任贸易委员会(Board of Trade)主席,1812 年至 1827 年任战事国务大臣(secretary for war),1828 年至 1830 年任枢密院院长。按照曾任巴瑟斯特秘书的格雷维尔(Greville)的说法,是为人温和的天性成就了他如此长久的仕途生涯。

"Bats, Parliament of", 1426.　"球棒议会"(1426)　为了争夺对年幼的亨利六世政府的主导权,格洛斯特公爵汉弗莱与温切斯特主教亨利·博福特之间于 1425 年 10 月 30 日在伦敦桥兵戎相见。为此,1426 年 2 月 18 日在莱斯特召开了议会,议会中途休会后又被安排到北安普敦继续召开。所有的议员及其随从都接到命令不准携带武器,但许多人都带着棍棒或"球棒"来开会。汉弗莱和亨利·博福特双方的争执交由议会裁断,双方暂时达成和解。

Baugé, battle of, 1421. **博热战役**(1421) 1421 年 3 月 22 日,克拉伦斯公爵托马斯在安茹战役中,因发动一次鲁莽的突击行动而阵亡。虽然对英格兰来说这至多是一次严重的失败,但博热战役却预示着法国继 1415 年阿让库尔战役之后开始恢复元气。英格兰国王亨利五世前往法国力图挽回局面,但在 1422 年的战役中去世。

Baxter, Richard(1615—1691). **理查德·巴克斯特**(1615—1691) 清教徒神学家。什罗普郡人,在当地接受教育,1638 年成为布里奇诺斯文法学校(Bridgnorth Grammar School)的教师。然而,巴克斯特一直与不从国教的新教徒保持着联系,并散布一些怀疑国教和主教制度的言论。巴克斯特在 1642 年担任基德明斯特(Kidderminster)的牧师一段时间以后,又成为议会军的随军牧师。但此后,他对内战双方都不再抱任何幻想。1660 年,他对查理二世回国表示欢迎,但因在萨伏依会议(Savoy conference)上的顽固态度使得长老会与圣公会之间的会谈破裂。在拒绝担任赫里福德主教后,他前往伦敦传道,1662 年《礼拜仪式统一法》(Act of Uniformity)颁布后被逐出伦敦。他曾帮助推翻詹姆斯二世,并对威廉和玛丽继位表示欢迎。

Bayeux Tapestry **巴约挂毯** 巴约挂毯是一件非凡的作品:它既是一件重要的艺术品,代表了当时那个时代艺术的独特性;也是一件非常出色的政治宣传品,体现了对诺曼人 1066 年时对英格兰王位诉求的支持。巴约挂毯同时也是我们研究当时包括造船与航海、军事战术和装备,乃至更具有家庭生活气息的普通衣服与时装、家具及配件等诸多方面主题在内的无比重要的史料。

严格地说,巴约挂毯是件刺绣工艺品,长约 230 英尺,高约 20 英寸。它是用 8 种颜色的羊绒线在一块纯亚麻布料上绣出来的,各种大块的色彩均以微微前倾的针脚平铺在亚麻布上,并一针一针地绣出每块颜色的脉络或轮廓线。挂毯总共由 6 个单片挂毯拼合而成,6 片挂毯的质量均保持一致,这说明总设计者对挂毯制作过程的监控非常严密。相邻的两片挂毯的接缝处均保持在同一水平线上(不论是上方还是下方),并形成了装饰图案的排列形式。

从政治层面上说,挂毯记录了 1064 年至 1065 年或 1066 年间英格兰发生的若干重大事件,以哈罗德二世在黑斯廷斯战死为事件的高潮。但它对历史事件的记录不是很客观。挂毯设计者的目的是试图向人们传达出一个与其强调的首要道义连接在一起的政治信息——这是任何一个背弃神圣誓言的人不得不接受的必然命运。挂毯上表现出来的是哈罗德正在众目注视之下向诺曼底的威廉公爵进行庄严宣誓,但它实际要向人们讲述的却是:哈罗德是因为忏悔者爱德华去世时登上英格兰王位从而背弃了对威廉的誓言才垮台的。

内部证据表明,巴约挂毯是为威廉的同父异母兄弟巴约的奥多主教制作的。现在人们普遍认为它是在英格兰制作的,可能是在肯特,因为奥多是那里的伯爵(1067—1082 年)。

Beachy Head,battle of,1690.　比奇角之战(1690)　1690 年,当威廉三世和詹姆斯二世为争夺爱尔兰的控制权而搏杀,同时法国威胁要入侵英格兰以分散威廉三世的注意力时,掌握英吉利海峡的控制权就显得至关重要了。当年 6 月,德·图维尔派出由 78 艘舰船组成的法国舰队进入英吉利海峡。指挥英荷联合舰队的托林顿顾虑重重。6 月 29 日法军一举击败荷军,荷军损失 6 艘舰船。托林顿撤回到泰晤士河口的安全地带。托林顿因此受到军事法庭的审判,但被宣判无罪。

beagling　携猎兔犬打猎　携猎兔犬打猎是在猎兔犬的协助下步行捕猎野兔活动,猎兔犬是专门为此项活动而饲养的。这种活动在古典时期的希腊和罗马就已经存在了,后来在英格兰普及开来,到 18 世纪逐渐被猎狐所取代。

Beale,Dorothea(1831—1906).　**多罗西娅·比尔**(1831—1906)　女校长。多罗西娅·比尔出身于一个虔诚的宗教家庭,受宗教信念的影响,成为了一名教师。1848 年她进入伦敦女王学院(Queen's College,London),并在该学院得到了数学教师的职位,后来担任该学院预备学校的校长。不过,比尔的名字之所以被人们记住,是她做切尔滕纳姆女子学院(Cheltenham Ladies' College)院长的经历。1858 年,切尔滕纳姆女子学院面临被关闭的危险。比尔通过提高教师队伍的素质和拓展课程设置,收到了显著的效果。在建立牛津大学圣希尔达学堂(St Hilda's Hall)这一教师培训机构的过程中,比尔也起到了积极的推动作用。

bear-baiting   逗熊游戏   据说这种游戏是 12 世纪时从意大利传入英格兰。这种观赏性非常强的运动,是将一只熊用链子拴住,再将链子固定在木桩上,然后放多只狗同时向熊发起进攻。逗熊游戏通常在被称为熊园的竞技场里进行,如位于泰晤士河南岸的班克赛德熊园,亨利八世和伊丽莎白曾经光顾过这里。玛丽都铎王朝时期,许多贵族都养有成群的逗熊"大猎犬"("sleuths"),并在市场和集市上举行纵犬逗熊游戏。尽管麦考利评论说清教徒憎恶以逗熊来取乐观众不是出于对熊的关切,但社会上已经有了反对这项运动的迹象。当然,这项运动只是逐渐衰落下去的,直到 1835 才在法律上规定为非法并加以禁止。

Beatles   甲壳虫乐队   甲壳虫乐队这一 20 世纪 60 年代出现的利物浦流行音乐组合(Liverpool pop group),是这十年在商业演出上最为成功的摇滚流行乐队,也是集青年文化之大成的社会现象【"披头士"("Beatlemania")】。约翰·列侬(1980 年被谋杀)、保罗·麦卡特尼等"披头四人组"("Fab Four")词曲作者,他们后来的音乐实验主义颠覆并彻底改变了通俗文化,而且仍在对通俗文化产生着影响。

Beaton,David(c.1494—1546).   **戴维·比顿(约 1494—1546)**   苏格兰枢机主教。比顿是格拉斯哥和圣安德鲁斯大主教詹姆斯·比顿的侄子,1539 他接替詹姆斯成为圣安德鲁斯大主教。戴维·比顿在做苏格兰枢机主教,并在詹姆斯五世与法国联姻谈判的过程中发挥很大作用之前,已经在法国拥有一个主教辖区。1542 年詹姆斯五世去世后,吉斯的玛丽(Mary of Guise)非常信赖戴维·比顿,1543 年至 1546 年他被任命为苏格兰大法官。他生活奢华,行为放荡。1546 年 3 月宗教改革者乔治·威沙特(George Wishart)被处以火刑,他从中起到

B

了推波助澜的作用。两个月后,威沙特的朋友冲进圣安德鲁斯城堡,杀死了戴维·比顿。

Beatty,Sir David,later 1st Earl Beatty(1871—1936). **戴维·比提爵士,第1代比提伯爵**(1871—1936) 海军上将。1914年比提成为皇家海军最年轻的上将之一,他同时是英国大舰队(Grand Fleet)的战列巡洋舰分遣舰队的指挥官,这也是英国海军中最负声望的职位之一。他指挥战列巡洋舰队在多格浅滩(Dogger Bank)和日德兰半岛(Jutland)与德军展开恶战,损失了三艘战舰。比提是一个感情外露,恣意张扬且争强好斗的指挥官。1916年12月,他取代杰利科任大舰队总司令。尽管他自己批评杰利科在日德兰半岛之战中缺乏主动进攻性,但他却也同样继续采取了不主动进攻的策略,以达到将德国海上舰只围而聚歼的目的。第一次世界大战即将结束时,他被任命为第一海务大臣(Ist Sea Lord),并一直担任这一职务到1927年。

Beauchamp,Richard,13th earl of Warwick(1382—1439). **理查德·博尚,第13代沃里克伯爵**(1382—1439) 沃里克早年曾追随亨利王子(后来的亨利五世)与威尔士叛军作战,并作为模范骑士赢得了国际声誉。1408年至1410年他前往耶路撒冷朝圣,一路上不时地被在法国、意大利和普鲁士取得的"战功"所中断。亨利在位期间,他被委以重任,并在征服诺曼底过程中发挥了作用。他虽然是亨利六世统治时期枢密院的正式成员,但仍然定期赴法作战。1437年他在法国被任命为中将,死于鲁昂。

Beaufort,Edmund,duke of Somerset **埃德蒙·博福特,萨默塞特公爵**
See SOMERSET,EDMUND BEAUFORT,DUKE OF(见埃德蒙·博福特,萨默塞特公爵)

Beaufort,Henry(c.1375—1447). **亨利·博福特**(约1375—1447) 温切斯特枢机主教。作为冈特的约翰的次子,博福特在教会的地位迅速上升,20岁出头就成为林肯主教区的主教,1404年转任温切斯特主教区主教。作为亨利四世的同父异母的兄弟,他几乎从未远离过兰开斯特王朝统治的中心。1403 年至 1405 年,1413 年至 1417 年,1424 年至 1426 年,他历经三任国王的统治并担任英格兰大法官。然而,在与王室的关系上,他始终心存矛盾。在接受枢机主教的主教红帽问题上,他与亨利五世发生过争执;在亨利六世年幼之时由谁主导英格兰事务问题上,他与格洛斯特的汉弗莱发生过争执。他骄傲自大,雄心勃勃,贪得无厌,他把自己在主教区内应承担的宗教职责都委托给了下属,在中世纪晚期英格兰世俗社会政治中,他是高级教士的典型代表,其风头甚至盖过托马斯·沃尔西。

Beaufort,Joan 琼·博福特　See JOAN BEAUFORT(见琼·博福特)

Beaufort,Lady Margaret(1443—1509).　**玛格丽特·博福特夫人**(1443—1509)　玛格丽特·博福特是亨利七世的母亲,15 世纪最杰出的女性之一。她嫁给里士满伯爵埃德蒙·都铎时还是个孩子,怀上亨利时年仅 12 岁。在她怀孕 6 个月时,都铎去世。她比后来的两任丈夫活得都长,但没有为他们生育过子女。1461 年,亨利 4 岁的时候,母子分离,除了在 1470 年母子两人有为期一周的团聚外,在亨利成为国王以前,母子再未重逢。不过,她全力支持亨利的事业,为帮助亨利在博斯沃思原野之战赢得胜利倾注了全部心血。作为国王的母亲,玛格丽特在其 24 年的余生中发挥了巨大的政治影响力。她是剑桥大学基督学院(Christ's College)和圣约翰学院(St John's College)的创建人。在牛津大学,她设立了第一个神学教席,并在 1879 年建立了第一个以其名字命名的女子学院——玛格丽特夫人学堂(Lady Margaret Hall)。

Beaumaris castle　博马里斯城堡　该城堡位于安格尔西岛(Anglesey)南岸,1294 年 9 月威尔士叛乱结束后开始为爱德华一世修建。该城堡建在兰费耶斯的遗址之上,兰费耶斯曾是威尔士王室的一处庄园,也是安格尔西岛最重要的港口。为了建这个紧挨着兰费耶斯的新的英格兰人的博马里斯自治市镇,原城内的房屋全部被拆除重建,城内的居民要么被转移安置到了纽伯勒(Newborough),要么被重新安置在这个英格兰人的城镇里。

Beaverbrook, Lord（1879—1964）. **比弗布鲁克勋爵**（1879—1964） 报业业主。出生于安大略省一个苏格兰裔加拿大人家庭，威廉·艾特肯曾担任一家公司的谈判代表，成为百万富翁。1910 年他来到英格兰，他的苏格兰裔加拿大同乡安德鲁·博纳·劳使其成为保守党议会下院议员。他精心攀附劳合·乔治，并在劳合·乔治推翻阿斯奎斯的过程中扮演了不可告人的角色。1916 年晋封贵族头衔。

与此同时，比弗布鲁克收购了《每日快报》（*Daily Express*），到 1936 年，该报的发行量已创下每天发行 225 万份的世界纪录。1923 年，他又收购了《标准晚报》（*Evening Standard*）的控股权。1940 年，丘吉尔任命他为飞机生产大臣（minister of aircraft production）。丘吉尔的这一选择非常正确。比弗布鲁克残酷的管理手段确保了皇家空军取得不列颠战役的胜利。

Bechuanaland **贝专纳兰** See BOTSWANA（见博茨瓦纳）

Becket, Thomas（c.1120—1170）. **托马斯·贝克特**（约 1120—1170） 坎特伯雷大主教，在自己的主教座堂被谋杀，后封为圣徒。贝克特是诺曼商人之子，居住在伦敦，1145 年贝克特到坎特伯雷大主教西奥博尔德那里任职。亨利二世在接受西奥博尔德加冕后不久，任命托马斯为大法官。在这个职位上，托马斯展示了其包括行政、外交和军事等方面在内的广泛才能。他热衷于维护国王的利益，即使当国王的利益与教会的利益发生冲突时，托马斯也会给西奥博尔德一个借口而站在国王一边，亨利也因此坚信托马斯是他忠实的朋友。西奥博尔德去世后，亨利决定应该由托马斯来接替他的职务。1162 年 6 月，贝克特受命担任圣职，成为坎特伯雷大主教。

但贝克特甫一上任，就站在了亨利二世的对立面。他极力呼吁追认曾经公然反抗国王的坎特伯雷大主教安瑟伦（Anselm）为圣徒。无论贝克特此举出于什么动机，亨利都有种被出卖了的感觉。两人很快就在许多问题上产生了严重分歧，其中在"犯罪的神职人员"即"神职人员特权"（benefit of clergy）问题上，分歧尤为严重。在 1164 年 10 月召开的北安普敦谕议会（Council of Northampton）上，亨利二世指控贝克特在担任大法官期间行为不当。贝克特看到亨利二世决意要打倒他,就逃到了法国,并一直在法国流亡到1170年。经过数年的无果交涉,到1170年6月约克大主教为亨利二世之子"幼王亨利"(Henry the Young King)举行加冕礼的时候,事态的发展已经到了非常严重的关头。在贝克特看来,为国王举行加冕礼是坎特伯雷大主教的一项特权。在与亨利二世达成协议后,贝克特回到英格兰,目的是要惩罚那些侵犯了坎特伯雷大主教特权的人。11月,贝克特开除了约克大主教和其他两位主教的教籍。这3个人向当时正在诺曼底的国王亨利二世提出申诉,而亨利说的气话促使4名骑士渡过英吉利海峡,并于1170年12月29日在坎特伯雷大教堂杀死了贝克特,这宗谋杀案震惊了整个基督教世界。仅仅过了两年以后,1173年2月,贝克特被教皇亚历山大三世追封为圣徒。

贝克特谋杀案使得整个事态的发展完全发生了改变,亨利二世处于理亏的地位,不得不进行忏悔,而坎特伯雷教会则明显从中受益匪浅。数百年来,贝克特在坎特伯雷大教堂的墓地一直是英格兰最大的朝圣之地,《坎特伯雷故事集》(*Canterbury Tales*)就是这一事实的明证。

Bedchamber crisis,**1839.** **侍寝官危机**(**1839**) 1839年墨尔本勋爵辞职后,罗伯特·皮尔被召回重组内阁。皮尔试图让女王解雇那些丈夫是辉格党人的女侍寝官。女王不但拒绝了皮尔的要求,而且还让墨尔本官复原职,辉格党政治家们也不情愿地回到了自己的岗位上。随着1841年辉格党政府的倒台,侍寝官这个问题再次被提到议事日程上来。这时候,在艾伯特亲王的安排下,这些女侍寝官自愿辞职,这一难题从而得到了解决。

Bede,**St**(672/3—735/6). **圣比德**(672/3—735/6) 英国史学之父,《英吉利教会史》(*Ecclesiastical History of the English People*,约731年)的作者。比德曾担任过助祭(deacon)、司祭(priest)和修士(monk),一般认为比德的生活通常是与贾罗(Jarrow)修道院联系在一起的,但实际上他生活的大多数时间可能是在芒克威尔茅斯(Monkwearmouth)修道院度过的,他进入该修道院的时间是在679年或680年。比德还曾在林迪斯芳和约克做过短暂的旅行。

比德对圣迹及日期和时间的计算特别感兴趣。他进行的一些科学研究在当时是先进的,其历史影响也是深远的。他是第一个系统地使用公元(anno domini)纪年体系的人,而他理想中的 7 世纪教堂的画像启发了国王阿尔弗雷德(King Alfred)和主教埃塞尔沃尔德(Bishop Æthelwold),埃塞尔沃尔德曾试图按照他的画像重建教堂。现代学者的研究在很大程度上要依赖于他。

在历史写作方面,比德深受 4 世纪凯撒里亚的欧西比乌斯(Eusebius of Caesarea)的影响,但他所受到的最大的影响除《圣经》外,大概是罗马教皇格列高利一世。比德撰写历史著作的目的是多方面的,其中最重要的就是要帮助救赎英格兰人。比德在《英吉利教会史》一书中,向人们展示了他精心选择的一系列基督教传教士的典范,如艾丹(Aidan)、卡思伯特(Cuthbert)和渥斯沃尔德(Oswald),等等。比德试图把纷繁复杂的历史置于一个有序的框架内,因此他在该著作中编写了一个他所谓的盎格鲁—撒克逊盟主(bretwaldas)名册。比德也许认为写一部"民族"史会起到促进"民族"统一的作用。在这部书中,他可能一直是用基督教的事迹来替代世俗世界的传奇故事。

比德与一些身居高位的人,包括诺森伯里亚国王切奥尔伍尔夫(Ceolwulf)、赫克瑟姆(Hexham)、主教阿卡(Acca)和约克大主教埃格伯特(Egbert)等保持有联系。然而,由于他主要生活在修道院,缺少社会经历,这可能会使他为人过于理想化,以至于人们认为他有些孤僻。但是,因威尔弗里德(Wilfrid)引发的争吵,可能促使比德写出了另一个版本的关于 7 世纪时的《英吉利教会史》,这和威尔弗里德传记中提供的教会史是不同的。

比德文笔流畅,研究深入,其作品内容微妙而复杂。后人曾试图提高比德的偶像崇拜地位,但由于受到维金人的劫掠,芒克威尔茅斯修道院和贾罗修道院在约 800 年时就已经成为废墟了。据说是比德的遗体在 11 世纪时被移葬到达勒姆(Durham)主教座堂。

Bedford, John of Lancaster, duke of(1389—1435). **兰开斯特的约翰,贝德福德公爵**(1389—1435)   约翰是国王亨利四世的第三个儿子,1414 年被其兄弟亨利五世封为贝德福德公爵。纵观其一生,贝德福德始终与其兄弟亨利五世的政策保持一致。亨利五世在法国作战期间,他代理朝政。贝德福德也证明了自己在军事上的才能,他曾指挥英格兰舰队在 1416 年 8 月解救阿夫勒尔

(Harfleur)之围前击败了法国舰队。1422 年 8 月亨利五世去世后,贝德福德被任命为幼王亨利六世在法国的摄政。他与布列塔尼公爵约翰和勃艮第公爵腓力结盟,并于 1423 年 6 月与腓力的妹妹安妮结婚。他继续对法国作战,而且最初取得了重大胜利。然而,身为在法国的摄政,贝德福德面临着两大困难:一是缺乏资金;二是英格兰政局不稳。英格兰政局不稳的原因,部分要归因于他的弟弟格洛斯特公爵汉弗莱,汉弗莱当时是亨利六世的摄政。1429 年,围攻奥尔良失败之后,为了支持勃艮第公爵腓力,贝德福德辞去了摄政一职,但仍然保留了在诺曼底的政府,并在这里确保了年轻的亨利六世 1431 年 12 月在巴黎举行加冕典礼。1433 年,安妮公爵夫人去世,贝德福德与圣波勒伯爵的女儿雅克利娜结婚,此举破坏了英格兰和勃艮第之间的友好关系。1435 年 9 月,贝德福德在鲁昂去世,贝德福德制定的政策,也随着阿拉斯会议和平谈判的失败而走到了尽头。阿拉斯会议见证了勃艮第公爵腓力最终放弃了与英格兰的结盟。

Bedford, Francis Russell, 4th earl of(1593—1641). **弗朗西斯·罗素,第 4 代贝德福德伯爵(1593—1641)** 贝德福德希望能凭一己之力解决 1641 年初英格兰发生的政治危机,因为他是查理一世和议会派领袖们均可以接受的人物。在与自己的委托人,议会下院中的关键人物约翰·皮姆达成一致意见后,贝德福德计划接受国王的任命,担任财政大臣,并恢复王室的财政收入。贝德福德本来打算要挽救斯特拉福德的性命,但又无法得到议会派同仁们的支持。就在这一关键时刻,他染上了天花,5 月 9 日去世。

Bedford, John Russell, 1st earl of(c.1485—1555). **约翰·罗素,第 1 代贝德福德伯爵(约 1485—1555)** 罗素家族财富的创始人,出生于多塞特的一个绅士家庭,后来成为亨利七世和亨利八世的侍寝官。1537 年,他成为王室事务总管,1539 年封授男爵,并获得嘉德勋位。从 1540 年至 1543 年,他担任海军上将,并从 1542 起到他去世时一直担任王玺掌管大臣。在解散修道院过程中,他获得了巨额财富,其中包括位于德文郡的塔维斯托克,位于贝德福德郡的沃本和位于伦敦的考文特花园等。1553 年简·格雷夫人发表了继承王位的声明,虽然他给予了支持,但仍然成功地保住了玛丽女王对他的宠信。

B

Bedford，John Russell，4th duke of（1710—1771）．　**约翰·罗素，第4代贝德福德公爵**（1710—1771）　1732年约翰·罗素继承了不列颠最富有的公爵领地之一，成为贝德福德公爵。1744年至1748年出任第一海军大臣（Ist Lord of the Admiralty），1748年至1751年又成为南方事务部国务大臣（southern secretary）①。1757年他重新出任公职，并在1761年以前一直担任爱尔兰总督。1762年9月，他前往巴黎进行和平谈判，并于1763年2月签署了《巴黎和约》。此后，他的追随者们往往与格伦维尔（Grenville）的追随者们保持一致行动，完全支持对美洲殖民地采取强硬态度。

Bedford level　贝德福德排水工程　迄今为止在英格兰沼泽地带进行的最具雄心的排沼方案。在第4代贝德福德伯爵弗朗西斯的领导下，一群"冒险家们"于1630年获得了开展这项工程的授权，荷兰工程师费尔默伊登担任工程项目负责人。该工程受到当地人的强烈反对，同时面临着严重的资金短缺和技术上的难题，内战的爆发也使工程中断了一段时间。这项工程最终于1652年正式宣告完成，然而该工程开发出来的土地的价值令人怀疑，而且工程维护成本也过于高昂。

Bedfordshire　贝德福德郡　贝德福德是一个地势低洼并以农业为主的小郡，乌斯河（Ouse）流经该郡的大部分地区。在前罗马时代，贝德福德地区是卡图维劳尼人（Catuvellauni）王国的一部分。571年，英格兰人在一次战斗中战胜了布立吞人（Britons）后，似乎使贝德福德北部地区被纳入到中盎格鲁王国的版图，后来这部分地区又成为麦西亚王国的一个组成部分。9世纪时，威塞克斯国王阿尔弗雷德与丹麦人首领格思鲁姆（Guthrum）将这一地区一分为二，东部地区归丹麦人，西部地区属于威塞克斯王国。四十年后，威塞克斯国王长者爱德华重新夺回东部地区，并于919年在贝德福德城加筑防御工事。11世纪初时，贝德福德城再次屈服于丹麦人的统治。那时，贝德福德已经发展成为一个郡，《盎

---

① 1689年，英格兰将国务大臣（Secretaries of State）的职能正式划分为南方与北方两个事务部（Northern and Southern Departments）；1782年，南方事务部变成内政部（Home Office），而北方事务部变成外交部（Foreign Office）。——译者注

格鲁—撒克逊编年史》1011 年的记事中提到了贝德福德郡。贝德福德本身控制着一条横穿乌斯河的重要河流,而且是驳船在这条河上航行的要道。

　　尽管贝德福德靠近伦敦,但贝德福德郡仍然是一个较为闭塞落后之地。麦秸编织家庭手工业给贝德福德带来了一定程度的繁荣,但 1793 年时约翰·宾仍把贝德福德描述成是个"毫不起眼的未经开化"之地。19 世纪时,贝德福德发生了巨大的变化。到 1851 年,卢顿(Luton)已经超过贝德福德成为最大的城镇。从贝德福德到圣潘克拉斯(St Pancras)的铁路线于 1868 年投入使用,铁路时代的到来极大地促进了贝德福德当地经济的繁荣。制帽业衰退后,制砖业作为替代产业发展起来,卢顿则转而发展起了工程技术行业。1907 年,沃克斯霍尔汽车公司(Vauxhall car company)把总部设在卢顿。到 1961 年,贝德福德城的人口已上升至 63,000 人,而卢顿的人口增至 131,000 人。

Bedlam　贝德兰姆　更确切的名称是贝特莱姆医院(Bethlem hospital)。它原本附属于圣玛丽贝特莱姆(St Mary Bethlem)小隐修院,该隐修院位于主教门街(Bishopsgate)之外,始建于 1247 年,1377 年开始收容所谓的"精神疾病患者"("distracted")。1546 年小隐修院解散后,这家医院被移交给伦敦市,从 1557 年开始这家医院与布里奇韦尔感化院(Bridewell)一起实行共同管理。自 17 世纪初以来,该医院作为英格兰唯一一所公立精神病院和受欢迎的观光胜地,以对待精神病患者野蛮残忍而臭名昭著,"贝德兰姆"一词到目前为止仍然被用来比喻喧嚣不宁之地。

Beecham, Sir Thomas（1979—1961）. 托马斯·比彻姆爵士（1879—1961）　自学成才的英国音乐指挥家。在家族企业的资助下,比彻姆成立了许多一流的管弦乐团,包括 1909 年成立的比彻姆交响乐团、1932 年成立的伦敦爱乐乐团和 1946 年成立的皇家爱乐乐团。比彻姆虽然是理查德·施特劳斯的歌剧和戴流士(Delius)音乐的早期捍卫者,但在他丰富的曲目中也包含有许多小型的"华而不实的演出"("lollipops")。

Beeton, Mrs（1836—1865）. 比顿夫人（1836—1865）　伊莎贝拉·玛丽·

B

比顿【Isabella Mary Beeton,梅森(Mayson)】,1836 年出生于伦敦。虽然在她 4 岁时父亲就去世了,但她接受的教育却较为全面。在海德堡完成学业后,她成了一名出色的钢琴家。不过,她的名字之所以能为人们记住,却是因为她所撰写的有关烹饪和家务管理方面的书籍。1856 年,她嫁给了一位名叫塞缪尔·奥查德·比顿的出版商,并成为其丈夫比顿出版的家庭月刊定期撰稿人。她那实用的写作风格,加之配以精美的插图,使其作品长久不衰,她撰写的《家务管理》(House-hold Management)一书是 1859 年至 1860 年间出版的。

***Beggar's Opera*,The 《乞丐歌剧》** 约翰·盖伊(John Gay)的民谣歌剧(ballad opera)创作是从 1728 年 1 月 29 日在林肯律师公会广场剧院上演的那部创纪录的《乞丐歌剧》开始的。《乞丐歌剧》以被关押在纽盖特监狱(Newgate prison)的囚犯为背景,采用民间曲调和大众熟悉喜爱的歌调形式,对意大利歌剧加以讽刺,同时也嘲讽了以首相罗伯特·沃波尔爵士(Sir Robert Walpole)为代表的政治家、政客和“大人物们”身上普遍存在的问题。

Behn,Aphra (1640—1689). 阿芙拉·贝恩(1640—1689) 戏剧家和小说家。阿芙拉·贝恩于 1640 年 7 月 10 日出生于肯特郡的瓦伊(Wye)。她的童年时代是在西印度群岛度过的,这段经历为其后来写作小说《奥鲁诺克》(Oroo-noko)提供了灵感,主人公奥鲁诺克被描写成卢梭所谓的“自然人”(“natural man”)的祖先。1663 年阿芙拉·贝恩嫁给了一名富商,这使她有机会进入王室。1666 年,查理二世选定当时已经成为寡妇的贝恩到荷兰从事间谍活动。从荷兰回到英格兰后,贝恩开始专心于写作。虽然她的很多作品都是匿名发表的,但是包括德莱顿(Dryden)在内的王朝复辟时期的作家们都对她尊敬有加。

Bek,Anthony (c.1240—1311). 安东尼·贝克(约 1240—1311) 达勒姆(Durham)主教区主教。贝克来自林肯郡,就读于牛津大学,1270 年入职于爱德华王子的府邸。他曾伴随爱德华参加十字军东征,当爱德华在 1274 继承王位成为爱德华一世时,贝克又随同他回到英格兰。从此以后,贝克成为国王爱德华一世最为亲密的顾问之一,并伴随爱德华一世在威尔士和苏格兰作战,参加了福尔柯克(Falkirk)战役,被爱德华一世赐予马恩岛(Isle of Man)的领主权。1283 年,贝克被选为达勒姆主教区主教,并在主教区内拥有巴拉丁领地权。

Belfast　贝尔法斯特　爱尔兰第二大城市,北爱尔兰的经济和政治中心。虽然诺曼人在 12 世纪时就在贝尔法斯特建立了一座城堡,但真正意义上的贝尔法斯特城是在 17 世纪初才发展起来的,1613 年贝尔法斯特取得王室特许建制的令状。1860 年到第一次世界大战期间是贝尔法斯特发展最为显著的年代,这一时期贝尔法斯特的造船业和工程业一同发展起来,亚麻纺织业也得到了进一步的巩固,贝尔法斯特的人口从 1851 年的 87,000 人增长到 1901 年的 349,000 人。随着 1920 年《爱尔兰政府法》(Government of Ireland Act)的实施和爱尔兰岛被一分为二,贝尔法斯特成为新建立的北爱尔兰的首府。

贝尔法斯特的迅速发展在一定程度上决定着它的政治走向。18 世纪时天主教徒在贝尔法斯特全部人口中所占的比例近乎为零,而到 19 世纪末 20 世纪初则增加到占全部人口的三分之一。贝尔法斯特城工业的发展使其与英国经济的联系更加紧密,这一点与新教教徒人口在该城居多数结合在一起,有助于确定贝尔法斯特在政治上是以联合派(unionist)居于主导地位的特点。20 世纪 80、90 年代,贝尔法斯特因遭受爱尔兰共和军(IRA)炸弹袭击活动而损失惨重,但 2002 年的停火使其获得了恢复昔日繁荣景象的机遇。

Belgae　比利其人　拥有罗马公民权的不列颠人。罗马人把高卢西北部地区的所有部族统称为比利其人,但不列颠的比利其人拥有罗马公民权的现象是一个谜。比利其人的罗马公民权最有可能是罗马的行政管理机构人为创造出来的,而且是公元 80 年科吉杜努斯国王(King Cogidubnus)死后确立的。比利其人在温切斯特建立的行政首府被称为温塔比尔格鲁姆(Venta Belgarum)。

Belize　伯利兹　伯利兹位于中美洲,面积比威尔士稍大一点,最初是玛雅帝国(Maya empire)的一部分。英国殖民者多次被西班牙人逐出此地。1862 年它成为英属洪都拉斯殖民地,1973 年重新命名为伯利兹。虽然伯利兹在 1981 年获得独立,但是英国军队仍然在此驻防,目的是防止危地马拉对其提出主权要求。

B

Bell, Alexander Graham（1847—1922）. **亚历山大·格雷厄姆·贝尔**（1847—1922） 电话的发明者。贝尔跟随其父亲向聋人教授其父亲的"可视语言"①（"visible speech"）方法。1870 年贝尔移居加拿大，1873 年成为波士顿大学（Boston University）发声生理学教授。贝尔在研究的过程中，产生了用电来传送话语的想法。1876 年 3 月，贝尔首次用电传送出清晰可辨的语句，为此赢得了 50,000 法郎的发明奖，他用这笔奖金建立了研究耳聋问题的伏特实验室。

Bell, Andrew（1753—1852）. **安德鲁·贝尔**（1753—1852） 马德拉斯教育体制的创始人。贝尔曾就读于苏格兰圣安德鲁斯大学（St Andrews University）。1789 年，他成为东印度公司创办的马德拉斯男孤儿院（Madras Male Orphan Asylum）的院长。由于孤儿院的教师数量少且能力差，所以贝尔尝试实行"班长制"（a system of delegated instruction），让较聪明的学生负责教其他学生。该教育体制被收入著于 1797 年的一本小册子中。贝尔与约瑟夫·兰开斯特（Joseph Lancaster）之间存在着公开的竞争，后者声称自己才是马德拉斯教育体制的创始人。1811 年，英国圣公会（Church of England）成立了"促进贫民教育全国学校协会"（Natinal Schools Society for Promoting the Education of the Poor），贝尔任协会第一任会长。

Bell, Gertrude（1868—1926）. **格特鲁德·贝尔**（1868—1926） 旅行家，考古学家和中东事务外交家。贝尔先是在 18 岁时在牛津大学学习现代史，接下来通过自学熟练掌握了波斯语，1899 年她第一次访问中东后又专攻阿拉伯语。1905 年至 1913 年间，她跟随大篷车队进行了 4 次穿越叙利亚和阿拉伯地区的重要旅行，途中还进行了一些考古挖掘工作，上述旅行经历不仅使其获得了皇家地理学会颁发的奖章，而且她还根据这些旅行经历撰写了几本书，其中最有名的一部是《沙漠和耕地》（The Desert and the Sown）。

Bell, Henry（1767—1830）. **亨利·贝尔**（1767—1830） 贝尔是一名水车

---

① 即用以教聋人说话的发音部位分解图。——译者注

设计师,但在他的职业生涯中,有一部分时间是作为业主经营位于海伦斯堡(Helensburgh)的一家旅馆。贝尔在经营这家旅馆时,就产生了建造一条汽船把客人从格拉斯哥接到旅馆来的想法。1789 年,另一个名叫威廉·赛明顿的苏格兰人已经证明了使用蒸汽机可以提高运河平底船航行的效率。然而正是贝尔将这一想法变成了一个在经济上具有可行性的计划。1812 年,贝尔建造的"彗星"号(Comet)汽船正式下水,并首次取得了商业上的成功。"彗星"号一直定期在格拉斯哥和格里诺克(Greenock)之间航行,1820 年该船遇难沉没。

Benburb, battle of, 1646.　本伯布战役(1646)　1641 年爱尔兰发生反抗英格兰统治的斗争后,局势极其混乱。爱尔兰天主教联盟(catholic confederacy)既与英格兰王党军和议会军展开作战,还要应对一支由门罗(Monro)率领的被派往前去保护阿尔斯特人的苏格兰军队。1643 年英格兰与爱尔兰停战或"休战",奥蒙德(Ormond)得以把军队派回到英格兰为国王作战。1646 年 5 月查理一世投降,但爱尔兰与英格兰的敌对状态仍然存在。1646 年 6 月,门罗的军队在布莱克沃特(Blackwater)附近的本伯布遭欧文·R.奥内尔及其领导的天主教联盟的沉重打击。英格兰议会对此作出反应,先是派迈克尔·琼斯(Michael Jones),接着是派奥利弗·克伦威尔率军进入爱尔兰,以恢复英格兰对爱尔兰的统治。

Benedict Biscop（628—c.690）.　贝内迪克特·比斯科普(628—约 690)　贝内迪克特 25 岁时放弃了在奥斯威(Oswiu)的诺森伯里亚王室的名利地位,开始了他数次前往罗马朝圣的首次旅程。二十年后,当他已经成为勒兰【Lerins,戛纳(Cannes)附近】的修士之后,回到了诺森伯里亚王国,创办了双隐修院:一个是 674 年在芒克威尔茅斯创办的圣彼得隐修院;另一个是 681 年或 682 年在贾罗(Jarrow)创办的圣保罗隐修院。他致力于建立一个稳定和服从的宗教秩序,所制定的规章融合了他在朝圣旅途中考察的 17 个修道院规章的精华。

Benedictines　本笃会会士　努尔西亚的圣本笃(St Benedict of Nursia,约480—约550 年)的修道院规章制度起源于罗马以南的蒙特卡西诺(Monte Cassino)修道院,约 540 年圣本笃(本尼狄克)就是在这里制定出了一套修道院规章。在 11 世纪时受到圣奥古斯丁制定的教规的挑战以前,这套规章汇编一直占据主导地位,它的一个主要优势是适应性强,而且在规章中引入了大量的解释。在英格兰,第一批本笃会修道院很可能是 7 世纪末由约克的威尔弗里德(Wilfrid of York)创办的里彭(Ripon)和赫克瑟姆(Hexham)修道院。此后,本笃会在英格兰得到迅速发展。9 世纪时,维金人(Vikings)对英格兰的劫掠给大多数本笃会修道院都造成了严重的影响,有些修道院被毁,有些修道院后来又得到重建。10 世纪中期,受温切斯特主教埃塞尔沃尔德(Æthelwold)、坎特伯雷大主教邓斯坦(Dunstan)和伍斯特主教伍尔夫斯坦(Wulfstan)的影响,新建了一些修道院,所有这些人自身就是修士。诺曼征服后,一些修道院失去了土地,但其中的多数修道院在新来的诺曼人修道院院长的领导下很快又收回了土地,而且在这一时期还建立了一些新修道院。本笃会女修道院的数量也在增加,但最为久负盛名的是诸如沙夫茨伯里(Shaftesbury)或威尔顿(Wilton)这样的盎格鲁—撒克逊人建立的修道院。

本笃会修士地位受到的挑战,来自越来越趋附于世俗社会的新的修道派别,如西多会(Cistercians)和奥古斯丁教团的修士(Augustinians)等,再有就是展现出新的灵性信仰的托钵修会修士(friars)。到 16 世纪,本笃会修士的数量已经有所下降,而且已失去了主要的活力。

benefit of clergy　神职人员特权　坎特伯雷大主教托马斯·贝克特(Thomas Becket)一直为之奋力争取的权利,但直到贝克特被谋杀后,亨利二世才于 1176 年承认了神职人员享有的这项特权。根据该特权,神职人员在受到犯有重罪等一定范围罪名的指控时,享有世俗法庭审讯和判决的豁免权。这一豁免权后来扩大到俗人,任何人只要能够通过朗读《圣经》中的一段诗篇来证明自己识字,都可以享有这一权利。1827 年该特权被议会废除。

benevolences　贡金　尽管 1484 年议会通过的法案废止了臣民所谓出于友善或慈善之心向王室交纳的贡金,但国王们仍然继续向臣民征收。贡金最终被弃用是由于其收益率低,而强制性贷款(Forced loans)的实际作用更大。

Bengal, acquisition of　占领孟加拉　1765 年 8 月 12 日,莫卧儿帝国皇帝阿拉姆(Mughal emperor Shah Alam)宣布,由英国东印度公司作为其在孟加拉、比哈尔(Bihar)和奥里萨(Orissa)诸邦的财政总管(*diwan*,即行政官员)。这等于确认了东印度公司在印度的角色已经开始由一个从事贸易的公司向同时具有政治权力性质的公司的转变,并使孟加拉成为新帝国的"桥头堡"。1773 年,当沃伦·黑斯廷斯(Warren Hastings)彻底清除了地方行政长官(nawab)在孟加拉的残余势力后,英国最终实现了对孟加拉的全部占领。

Bennett, Arnold（1867—1931）.　**阿诺德·本涅特**（1867—1931）　与乔治·艾略特(George Eliot)一样,本涅特是一个着重描写地方中产阶级生活的优秀小说家,在他的小说中,陶瓷作坊、运河景观、窑炉、煤车、烟筒以及灰尘是经常出现的场景。《老妇人的故事》(*The Old Wive's Tale*,1908 年)讲述了两姐妹的生活,她们是伯斯利【Bursley,伯斯勒姆(Burslem)】一名布商的女儿。《克莱汉格》(*Clayhanger*,1910 年)追溯了将蒸汽印刷技术引入陶器制作的过程。本涅特出生于汉利(Hanley),他原本是名事务律师(solicitor),但 1888 年来到伦敦后,就在伦敦以从事编辑和撰写短篇小说为生。

Benson, battle of, c.777.　本森战役（约 777）　这是麦西亚和威塞克斯两个王国之间在牛津郡发生的一场重要战役。麦西亚国王奥法打败了威塞克斯国王基内伍尔夫,并占领了泰晤士河以南的领土。

Benson, Edward（1826—1896）.　**爱德华·本森**（1826—1896）　坎特伯雷大主教。出生在伯明翰,就读于剑桥大学三一学院(Trinity College),曾在拉格比公学任教,相继担任威灵顿公学(Wellington College)第一任校长(1859—1872年)、特鲁罗(Truro)第一任主教(1877 年),1883 年任坎特伯雷大主教。他热衷于盛典仪式,曾在恢复了的主教法庭处理过一起指控林肯主教爱德华·金(Edward King)在礼仪上有问题的案件,从而恢复了坎特伯雷大主教对公共礼拜仪式(common worship)的监管权。

B

Bentham , Jeremy（1748—1832）. **杰里米·边沁**（1748—1832） 英国哲学家,功利主义激进分子。就读于牛津大学,20 岁之前就获得了出庭律师(barrister)资格,但他从未实际做过律师工作。边沁对英国法律提出了尖锐批评,认为其晦涩难懂,并以毕生之力按照功利主义的原则将之体系化。在他 1776 年出版的第一部具有重要影响的著作《政府片论》(A Fragment on Government)中,边沁猛烈抨击了布莱克斯通(Blackstone)对英国宪法进行的辩护。边沁对道德哲学做出的最重要的贡献,体现在其 1789 年出版的《道德和立法原则导论》(Introduction to the Principles of Morals and Legislation)一书中,他在该书里阐述了以最大多数人的最大幸福作为立法目标的功利主义理论。在他提出的"快乐计算"("felicific calculus")中,边沁试图向人们证明如何根据不同行为所产生出的快乐总量来衡量这些行为的价值。边沁在哲学激进分子中的思想领袖地位,成为推动 19 世纪英国在法律、社会、工业、经济以及政治等诸多领域进行改革的一个非常重要因素。

Bentinck , Lord George（1802—1848）. **乔治·本廷克勋爵**（1802—1848）
本廷克是将政治与运动统一起来的典型人物。他的父亲是波特兰公爵,本廷克曾担任其妻子的叔叔坎宁的私人秘书,并从 1828 年起任议会下院议员。尽管他支持天主教徒解放运动(catholic emancipation),支持格雷(Grey)的内阁,并且有保留地支持《改革法案》(Reform Bill),但他还是与其他坎宁派一起在 19 世纪 20 年代末抛弃了威灵顿,并与德比迪利派(Derby Dilly)一起,重新回到保守党阵营。1841 年,本廷克谢绝了皮尔提供给他的职位,在下院也不发表意见,而是把自己所有的时间和精力都投入到运动上去。1845 年至 1846 年间,因对皮尔实行的废除《谷物法》政策感到非常愤怒,本廷克带头表示强烈反对,他说:"我被人出卖了,这是我不能忍受的!"本廷克的个人声望使其成为议会下院中主张贸易保护主义者的领袖,并成功地使皮尔内阁垮台。尽管本廷克仍然继续捍卫贸易保护主义,但因在 1847 年投票同意犹太人进入议会,与保守党同僚关系疏远,辞去了保守党领袖一职。短暂的复职之后,本廷克因突发心脏病去世。

Bentinck , Lord William（1774—1839）. **威廉·本廷克勋爵**（1774—1839）

军人和官员。1803 他在印度担任马德拉斯（Madras）地方长官,但在 1806 年 7 月韦洛尔（Velore）发生的兵变中,因有处理不当之责而被召回英国。随后他到地中海参加战斗,1811 年成为驻西西里岛（Sicily）英军司令,1814 年成功地组织了进军热那亚的远征。从 1827 年至 1835 年,本廷克担任印度孟加拉省总督。期间,他进行了一系列改革,如消除债务,整顿法律制度,废除殉夫（寡妇自焚）等陋习,改善交通,引进教育计划,并且打开了印度人进入仕途的渠道。1833 年他成为第一任印度总督。

Bentley,Richard（1662—1742）. **理查德·本特利**（1662—1742）   学者和辩论家。先后就读于韦克菲尔德文法学校（Wakefield Grammar School）和剑桥大学圣约翰学院（St John's College）,1694 年担任皇家图书馆员。在《法拉里斯书信集》①（*Letters of Phalaris*）论战中,本特利证明了这些书信都是伪造的,从而奠定了其作为一名杰出的古典学学者的声望。1700 年,本特利当选剑桥大学三一学院（Trinity College）院长。本特利与同事之间的关系非常紧张,甚至达到剑拔弩张的程度,他的同事们曾多次试图剥夺其院长职务,但均被本特利一一化解。

Beowulf   《**贝奥武甫**》   盎格鲁—撒克逊诗歌。这部史诗写作于公元 1000 年,作者不详。其出处、具体写作日期和背景起源均不确定,但长期以来人们一直倾向于认为,这部史诗的背景可能起源于 8 世纪的诺森伯里亚王国或麦西亚王国。《贝奥武甫》写作的主要背景是约 500 年时的斯堪的纳维亚南部地区,但也涉及亨吉斯特、国王奥法以及其他英国历史中的人物。该部史诗在描述贝奥武甫与巨妖的三次大战之前,先概括描述了丹麦的传奇故事。在前两次大战中,年轻的耶阿特族（Geat）英雄贝奥武甫使国王赫罗斯加（Hrothgar）和丹麦人摆脱了居住在沼泽的恶魔格伦德尔（Grendel）及其母亲的捕食。最后,年事已高的贝奥武甫与守护宝藏的火龙交战,杀死火龙,自己也受伤而失去了生命。

---

①   法拉里斯（？—约公元前 554 年）,古希腊人,西西里的阿克拉加斯王国【Acragas,今阿格里真托（Agrigento）】的僭主,以残酷闻名。据说他曾把活人放在铜牛里烧死,把人们的惨叫当做牛的吼声来听。后其统治被推翻,他本人也被放入铜牛中烧死。罗马帝国时代修辞家亚德利亚努斯（Adrianus of Tyre）在公元 2 世纪晚期为他编纂了书信集,共 148 封。1699 年,本特利撰写的《论法拉里斯书信集》（*Dissertation on the Letters of Phalaris*）,证明这些书信系伪造。——译者注

Berengaria（**c.1164/5—c.1230**）. **贝伦加丽娅**（约 1164/5—约 1230） 理查一世的王后。理查一世在进行第三次十字军东征时,纳瓦拉①的桑乔六世的女儿贝伦加丽娅与其结婚。贝伦加丽娅在前往耶路撒冷的途中,其乘坐的船只在塞浦路斯海岸沉没,受到塞浦路斯的统治者艾萨克·康尼努斯(Isaac Comnenus)的胁迫。理查一世占领了塞浦路斯,并与贝伦加丽娅完婚。1191 年 5 月,贝伦加丽娅在利马索尔被加冕为王后。此后,她很少见到自己的丈夫,而在英格兰则一次也没有见到过。

Berkeley,George（**1685—1753**）. **乔治·伯克利**（1685—1753） 哲学家,主教。伯克利是他生活的时代最著名的哲学家之一,他出生于爱尔兰的基尔肯尼,具有英格兰血统。尽管他是都柏林三一学院的研究员,但 1713 年至 1720 年间一直居住在伦敦或在欧洲大陆旅行。1724 年,他被任命为德里(Derry)的教长,但他的主要兴趣是筹集资金在百慕大(Bermuda)建立一所学院来传播福音,1728 年至 1732 年间他在美洲。从 1734 年起,伯克利成为克罗因(Cloyne)的主教,他的晚年几乎都是在这个主教区度过的。伯克利对洛克和牛顿的唯物主义进行了抨击,他的唯心主义哲学主要体现在 1710 年出版的《人类和知识原理》(*Treatise Concerning the Principles of Human Knowledge*),以及 1713 年出版的《希勒斯和斐洛诺斯三篇对话》(*Three Dialogues*)两部著作中。

Berkshire 伯克郡 伯克郡位于泰晤士河上游南部地区,由泰晤士河将其与牛津郡和白金汉郡分割开来。从阿芬顿(Uffington)一直到斯特雷特利(Streatley),即沿着伊克尼尔德驿道(Icknield Way)和伯克郡山脊路(Ridgeway)一线,有白垩丘陵从该郡中心区域穿过。因此,在开阔的丘陵地上有一北一南两个东西走廊。

在罗马统治时期,该地区属于阿特雷巴特人(Atrebates)的领土。从撒克逊人占领这里初期,该地区就是麦西亚王国和威塞克斯王国之间相互争夺的区域。

---

① 纳瓦拉位于西班牙北部和法国西南部,是中世纪封建国家纳瓦尔王国的所在地。——译者注

7世纪中叶,麦西亚王国取得优势,直到8世纪70年代前后,该地区仍然在麦西亚国王奥法(Offa)的控制之中。9世纪初,威塞克斯国王埃格伯特(Egbert)重新夺回了这一地区。旺蒂奇(Wantage)是威塞克斯王室的一处地产,阿尔弗雷德大帝(Alfred the Great)就出生在这里。伯克郡可能是最早设立的由方伯统治的郡之一。伯克郡的郡治最初是在位于泰晤士河对面的牛津郡的多切斯特主教区,然后是在温切斯特,从909年起是在威尔特郡的拉姆斯伯里(Ramsbury),再从拉姆斯伯里最终转到新建立的索尔兹伯里主教区。这表明,伯克郡是个与其他地区接壤之地,缺乏一个强大的首府。1066年,威廉在沃灵福德渡过泰晤士河,开始在温莎修建城堡,并很快把温莎城堡确定为王室的一个重要行宫。由于温莎的位置跨越在一些通往伦敦的主要道路上,这使得伯克郡的战略地位变得十分重要。在12世纪国王斯蒂芬(King Stephen)和玛蒂尔达(Matilda)进行内战期间,沃灵福德城堡被玛蒂尔达占据。在17世纪爆发的内战期间,伯克郡处于王党与议会派双方对峙的交界地带,沃灵福德始终由国王占据,而温莎则始终由议会控制。

伯克郡始终保持着静谧的乡村地区特征,羊群在开阔的山坡上吃草,纽伯里(Newbury)和阿宾登(Abingdon)以毛纺织业闻名。位于泰晤士河岸的雷丁(Reading)因优越的地理位置,始终保持着繁荣的景象,在18世纪20年代,笛福(Defoe)发现雷丁"地域辽阔,物阜民丰,商贸极为发达"。但在东部广大的丘陵地区和多沙砾的石南灌丛荒原地带,人口稀少。在南部地区,尽管肯尼特(Kennet)和1810年开始投入运行的埃文运河(Avon canal)在一定程度上促进了贸易的繁荣,但威尔特郡和伯克郡之间的交通(1809年建成一条运河),从一开始就杂乱无章。伯克郡市镇的规模始终很小,这种状况直到雷丁城大幅扩展后才发生了改变,1801年雷丁的人口为9000人,1901年增加到60,000人,1991年达到134,000人。成立于1841年的亨特利(Huntley)和帕尔默(Palmer)饼干合股公司位于雷丁。尽管迪德科特(Didcot)作为铁路枢纽之地而在20世纪取得了很大的发展,但旺蒂奇、沃灵福德和法灵登(Faringdon)等城镇,尽管有主要交通干线通过,却依然规模很小。伯克郡始终是英国东西交通必经之地。19世纪30年代,布律内尔(Brunel)设计的大西铁路(Great Western railway)贯穿伯克郡的北部,使伯克郡北部有一大片区域被分割出去;1847年投入使用的汤顿

(Taunton)至雷丁的铁路线,穿过亨格福德(Hungerford)和纽伯里。1971 年建成的 M4 高速公路,将伯克郡从东部的布雷(Bray)到西部的梅姆伯雷(Membury)一分为二。根据 1972 年实行的地方政府重组改革,伯克郡从白金汉郡取得了斯劳(Slough)和伊顿(Eton),但阿宾登、法灵登、旺蒂奇和沃灵福德被划归牛津郡——这是麦西亚王国迟来的胜利。

Berlin, Congress of, 1878. 柏林会议(1878) 1878 年 6 月在德国首相俾斯麦操纵下召开的一次欧洲主要国家高层会议。索尔兹伯里勋爵(Lord Salisbury)和比肯斯菲尔德(本杰明·迪斯累里)勋爵【Lord Beaconsfield (Benjamin Disraeli)】代表英国出席了会议。俄土战争(Russo-Turkish War)结束后,双方签订了《圣斯特凡诺条约》(treaty of San Stefano),欧洲列强对俄罗斯根据该条约而获取的利益感到不满。《圣斯特凡诺条约》规定,建立一个"大保加利亚公国"("Big Bulgaria"),大保加利亚公国实行自治,领土范围包括巴尔干半岛(Balkans)的二分之一,而巴尔干半岛几乎就是俄罗斯的势力范围。根据柏林会议上签订的《柏林条约》,大保加利亚公国被分割,其中一部分领土归还给土耳其管辖。奥地利"占领和管辖"波斯尼亚(Bosnia)和黑塞哥维那(Herzegovina)。土耳其把塞浦路斯租借给英国。迪斯累里在回到伦敦后吹嘘说,他已经为欧洲争取到了"体面的和平"("Peace with Honour"),但索尔兹伯里后来的结论是,他们在竭力支持土耳其帝国时,"下错了赌注"("backed the wrong horse")。

Bermuda 百慕大 是位于大西洋西部的一群岛屿,距离美国东海岸 600 英里。百慕大是英国殖民地,享有独立的领土和内部自治地位。百慕大是以西班牙探险家胡安·贝穆德斯的名字命名的,但自 1612 年以来,百慕大一直由英国人控制。

Bernicia, kingdom of 伯尼西亚王国 该王国可能起源于泰恩河和威尔河周围地区的盎格鲁—撒克逊人定居点,但在 6 世纪末和 7 世纪时王国迅速扩张,并控制了蒂斯河(Tees)与福斯湾(Forth)之间的所有领土。首见记载的国王是艾达(Ida,约 547—559 年在位)。艾达的孙子埃塞尔弗里思(Æthelfryth,592—616 年)、曾孙渥斯沃尔德(Oswald,634—642 年)和奥斯威(Oswiu,642—670 年)在位时期进行军事扩张,使渥斯沃尔德和奥斯威得以确立了对其他盎格鲁—撒克逊人和凯尔特人王国的广泛统治。伯尼西亚王朝在英格兰北部的盟主地位只是受到了德伊勒(Deira)王国的埃德温(Edwin,617—633 年在位)的挑战,埃德温统治了伯尼西亚和德伊勒,但到埃格弗里思(Ecgfrith,670—685 年在位)的德伊勒王朝统治结束的时候,德伊勒已经与伯尼西亚合并,形成了诺森伯里亚政区(province)。埃格弗里思在尼奇塔尼斯梅尔(Nechtansmere)战役惨败于皮克特人,从而结束了其对北方凯尔特人的进一步统治。867 年以后,当德伊勒的大部分地区遭受斯堪的纳维亚人蹂躏的时候,伯尼西亚(或伯尼西亚的大部分地区)实际上是作为一个单独的政区,在被称为"班堡的方伯"("ealdormen of Bamburgh")的王朝统治下再度兴起的。

Bertha　伯撒　法兰克国王查理伯特(Charibert)的女儿,在 597 年前的某个时间嫁给了肯特王国国王埃塞尔伯特(Æthelbert),但条件是她能继续坚持她的基督教信仰。伯撒并未使信奉异教的埃塞尔伯特皈依基督教,教皇大格列高利(Gregory the Great)因此曾在 601 年给她写信加以指责,但似乎很可能是伯撒与更强大的墨洛温王朝统治者之间的关系影响了埃塞尔伯特,使埃塞尔伯特在597 年接受了奥古斯丁率领的基督教传教团。伯撒死于 616 年前。

Berwick, treaty of, 1357.　《贝里克条约》(1357)　苏格兰国王戴维二世(David II)于 1346 年在内维尔十字路口(Neville's Cross)战役中被俘。11 年后,根据《贝里克条约》,戴维二世在缴纳了 100,000 马克的高额赎金后被释放回国。

Berwick, treaty of, 1560.　《贝里克条约》(1560)　1558 年至 1560 年是英格兰与苏格兰关系最为重要的时期。1558 年玛丽·都铎的去世使信奉新教的伊丽莎白一世继承了英格兰王位。1559 年,苏格兰女王玛丽成为法国王后,母亲吉斯的玛丽(Mary of Guise)担任苏格兰的摄政。吉斯的玛丽推行的天主教化政策遭到受约翰·诺克斯(John Knox)的宗教热忱影响的贵族会(Congregation)中的贵族们的反对。根据 1560 年 2 月签订的《贝里克条约》,伊丽莎白一世承诺支持反叛的贵族。

Berwick-on-Tweed　特威德河畔贝里克　位于特威德河口的诺森伯里亚沿海城镇。贝里克位于英格兰和苏格兰边境地区,为双方必争之地,在 1482 年该城最终归属英格兰之前,双方易手达十三次之多。1558 年建成的伊丽莎白时代的城墙防御工事,采用了当时意大利最先进的建筑方法,也是唯一幸存下来的意大利风格的城墙。贝里克有三个各具风格的桥梁:17 世纪建造的老桥(Old Bridge),结构典雅,用了 25 年才最终建成;1847 年至 1850 年建成的皇家边境桥(Royal Border Bridge),是一座令人印象深刻的铁路高架桥,由罗伯特·斯蒂芬森(Robert Stephenson)设计;皇家特威德桥(Royal Tweed Bridge)建于 1928 年,为混凝土结构,建这座桥的目的是为了把主干道向北延伸。

Bessemer,Sir Henry（1813—1898）.　**亨利·贝塞麦爵士**（1813—1898）贝塞麦与众不同之处在于他是一名职业发明家。他最成功的发明是以其名字命名的可以生产大量钢铁的炼钢法,在此之前,钢是一种短缺且昂贵的金属材料。贝塞麦 1856 年发明的这种炼钢方法,是指从炉底风嘴向炉内鼓入空气,使空气通过已经融化的生铁并与铁水中多余的碳发生化合作用,从而生产出大量的低碳钢。采用"贝塞麦转炉"（"Bessmer converters"）炼出的钢广泛用于铁轨、船板和大型武器的锻件。

Betjeman,Sir John（1906—1984）.　**约翰·贝杰曼爵士**（1906—1984）　桂冠诗人(Poet laureate)和散文家,其古怪行为使人们低估了他的文学天赋。贝杰曼 1958 年出版的《诗集》(Collected Poems)畅销达 100 多万册;而作为播音员,他成为全国知名的人士。他为保护维多利亚时代的建筑和他年轻时普遍存在但正不断消失的"大都市郊区"（"Metroland"）做了大量工作。贝杰曼在莫尔伯勒公学(Marlborough)的读书生活并不快乐,牛津大学才是他成长并步入文坛之地。他把怀旧和讽刺手法结合在一起,记录了居住在郊外的中产阶级的所作所为。

贝杰曼的作品带有几分托马斯·哈代式的忧伤和质朴风格,但带给人们更多的是快乐。

Bevan, Aneurin (1897—1960). **安奈林·比万(1897—1960)** 最具争议性的工党政治家之一。比万出生于特里迪格的一个矿工家庭。他在 1948 年确立的国民保健服务计划(National Health Service)仍然是工党留给英国的延续最为持久的遗产。第二次世界大战期间,他几乎是孤身一人反对丘吉尔。1945 年艾德礼任命他为卫生大臣(minister of health)时,他此前并没有过担任部长的经历。1951 年,当其内阁同僚坚持对牙科和眼科治疗强制收费时,比万辞去了卫生大臣一职。有人指责说,那些被称为"比万们"(Bevanites)的比万追随者,以《论坛报》(Tribune)为中心,在工党内部又形成了党派。但与此同时,人们也发现比万是个难对付的人,尤其是在 1957 年召开的工党会议之后,在这次会议上比万公开谴责了英国实行的单边核裁军计划,并声称工党的外交大臣不应该被"脱光了衣服送进会议室"。1948 年,他因嘲讽(其实是被过度解读了)托利党人是"比害虫还低等的动物",结果给政敌们提供了一个大肆攻击他的借口。

Beveridge, William H.(1879—1963). **威廉 H·贝弗里奇(1879—1963)** 社会改革家。在牛津大学受过教育。贝弗里奇加入了伦敦东区的汤因比服务所(Toynbee Hall),并在那里结识了悉尼·韦布和比阿特丽斯·韦布夫妇(Sidney and Beatrice Webb)。1908 年,他进入贸易委员会,并在起草 1909 年的《劳工介绍所法》(Labour Exchanges Act)和 1911 年的《国民保险法》(National Insurance Act)过程中起到了主要作用。1919 年,他担任伦敦经济政治学院(LSE)院长。在牢固地确立该学院在英国社会科学领域研究的声望的同时,贝弗里奇那带有独裁倾向的管理方式也不可避免地引发了冲突,1937 年他辞去伦敦经济政治学院院长一职,到牛津大学大学学院(University College)担任院长。1939 年第二次世界大战爆发时,贝弗里奇应邀主持一项战后社会服务调查项目。他的两份报告,即 1942 年的《社会保险和联合服务》和 1944 年的《自由社会的充分就业》,成为 20 世纪 40 年代末工党政府的福利立法依据。

Beverley　贝弗利　贝弗利是约克郡的一个城镇,位于赫尔河谷。约克主教约翰在此建立或重新恢复了一座修道院,1037 年约翰被封圣,成为贝弗利的圣约翰。历任约克大主教都是该城镇的领主,12 世纪 20 年代,约克大主教瑟斯坦授予该城镇的市民与约克城市民一样的特权(liberties)。约 1220 年至 1400 年间重建的贝弗利大教堂,无论在规模上还是在美观上,都超过了某些英格兰主教座堂。贝弗利蓬勃发展,到 1377 年时已经成为英格兰最大的 12 个城镇之一。15 和 16 世纪时,贝弗利的贸易和工业衰落下去。

Bevin, Ernest（1881—1951）.　欧内斯特·贝文（1881—1951）　工联主义者和工党政治家。贝文是一个乡村助产士的私生子,11 岁时辍学。1911 年,他成为码头工人工会(Dockers' Union)的专职官员,1920 担任该工会的副总书记(assistant general secretary)。在 1920 年进行的针对码头工人的"肖调查案"("Shaw Inquiry")中,贝文提供的证词使其在第一次世界大战甫一结束后的几年中,成为举国瞩目的人物。在他的策划下,18 家工会合并组成了运输和杂务工工会(Transport and General Workers' Union),他并且在 1922 年担任了这家工会的第一任总书记(general secretary)。1926 年全国总罢工的失败,使他更加坚信工会只有凭实力才能取得好的谈判结果。

1929 年至 1931 年间执政的工党政府的垮台,贝文被进一步推向了政治舞台,并在 20 世纪 30 年代推动工党在经济和重整军备方面实行切实可行的政策,发挥了重要作用。在 1935 年召开的工党会议上,贝文做了一次令所有人深感震惊的演讲,该演讲对解除和平主义者乔治·兰斯伯里的领导权起到了帮助作用。1937 年,贝文出任工会代表大会(TUC)主席,并成为劳工运动中最有影响力的人物之一。

当工党在 1940 年 5 月加入丘吉尔的战时联合政府时,丘吉尔出乎意料地但也是富有创见性地任命贝文掌管劳工部(Ministry of Labour)。59 岁时,贝文成为议会下院议员。在英国政府中,恐怕没有哪一个人能像贝文一样,可以与劳动者真正保持平等的合作。

随着工党在 1945 年大选中的获胜,贝文在新组成的工党政府中出任外交大臣。在这个岗位上,他为英国未来 40 年的外交政策打下了坚实基础。贝文对苏联所采取的一贯强硬的立场得到了保守党的认可。在贝文的影响下,英国政府继续进行原子弹的制造工作,并且在 1949 年创建北约的过程中发挥了主导作用。

20 世纪 30 年代以来,贝文的身体状况一直欠佳。1950 年大选以后,他再也无力履行职责,在辞职后不到一个月就去世了。贝文虽然没有接受过正规教育,但他是一个充满智慧的伟人。

Bible **《圣经》** 《圣经》不单纯是一本书,而是由不同体裁汇集而成的文库。"圣经"一词源于希腊文"biblia",意为一组书卷,为复数【Greek biblia-books (plural)】。《圣经》中篇幅较大的一部分是《旧约》,《旧约》是犹太人圣典汇编,最初用希伯来文写就,内容包括教义(或《律法》)、历史、预言和诗歌。《新约》最初用希腊文写成,内容也包括不同的体裁,如保罗和其他使徒的书信、历史叙事(《使徒行传》)、预言(《启示录》)和 4 部《福音书》,《福音书》不能称作历史,而是要让人们牢记的使徒们的行传和耶稣的言论。

圣经最早的一批英文译本都不是全本,而只是些内容前后并不连贯的选译本,其中包括凯德蒙(Cædmon,约 680 年)的释义本、比德(673—735 年)翻译的《约翰福音》部分章节,以及用中古英语的韵律翻译的版本。第一批全本英文版圣经是 14 世纪时翻译的各种版本的《新约》,是在罗拉德派(Lollard)的影响下,依据通俗拉丁文本圣经即《通俗译本》或称《武加大本》(Vulgate)翻译过来的。而此时各种非法的手抄译本仍在不断出现,直到各种印刷本出来后,手抄本的流行才真正得到遏制,这些印刷本有:1456 年印刷出版的《通俗译本》、1488 年印刷出版的希伯来文本圣经和 1516 年印刷出版的伊拉斯谟(Erasmus)的希腊文本《新约》。受伊拉斯谟的希腊文本《新约》的启发,廷代尔(Tyndale)在 1526 年首次依据原始的希腊文本将《新约》翻译成英文,并于 1529 年至 1530 年将希伯来文本的《摩西五经》也翻译成英文。科弗代尔(Coverdale)1535 年出版的第一部全本《英文圣经》(English Bible)就是部分地以廷代尔的英文版《新约》为蓝本,1539 年至 1540 年科弗代尔又负责监督出版了《大圣经》(Great Bible)。1557 年在日内瓦(Geneva)发行的新版圣经,首次采用章节的形式,奠定了所谓的《日内瓦圣经》(Geneva Bible)的基础,这本圣经是献给伊丽莎白女王(1560 年)的。不过,1568 年时帕克(Parker)得到授权,主持修订《大圣经》,此次修订更偏向于以拉丁文本圣经为蓝本,称为《主教圣经》(Bishop'Bible)。与此同时,流亡国外的英国天主教徒于 1582 年在兰斯依据《通俗译本》将《新约》翻译成英文,随后于 1609 年至 1610 年又在杜埃把《旧约》翻译成英文。在 1604 年召开的汉普顿宫会议上,詹姆斯一世任命了一个专门小组,整理出版国王詹姆斯本圣经(又称钦定本),该版本于 1611 年出版,集以前所有英译本圣经之大成。钦定译本因其水平很高,而取代了以前所有版本,并成为以后 250 年来英国唯一普遍使用的版本。虽然 1881 年至 1885 年时,在新的学术资助下,对钦定本又进行了修订,出版了保守的修订版(1881 年出版了《新约》修订版,1885 年出版了《旧约》修订版),但进入 20 世纪以来,圣经的译本种类仍在不断激增,包括杰姆斯·莫法特(James Moffatt)的 1922 年版和 1924 年版圣经,罗纳德·诺克斯(Ronald Knox)的 1945 年版和 1949 年版圣经,接下来是 1952 年版的修订标准译本(Revised Standard Version),1961 年版和 1970 年版的《新英文圣经》(*New English Bible*),1966 年版的《耶路撒冷圣经》(*Jerusalem Bible*),等等。

Bible Christians　圣经基督徒　1815 年威廉·奥布赖恩(William O' Bryan,1778—1868 年)在德文郡北部创立的一个与卫理公会(methodist)有关联的教派。威廉·奥布赖恩是英国圣公会和贵格会信徒的后裔,他本人是个农场主,属于卫斯理公会派(Wesleyan),性格富有魅力但有些执拗。1907 年,圣经基督徒与新卫理公会(New Connexion)和联合自由长老会(United Free Churches)联合,成为联合卫理公会的一个组成部分,1932 年加入卫理公会。

Bible Society　圣经公会　福音派复兴运动中出现的最大的泛教派组织,成立于 1804 年,目的是推动《圣经》在世界各地的发行。圣经公会的总部位于伦敦,设有一个委员会,由 15 名英国圣公会信徒、15 名不从国教者和 6 名外国人组成。圣经公会发行《圣经》遵循的基本原则是,只有政府当局授权出版的《圣经》才能够流通,对此无需解释。到 20 世纪 70 年代,圣经公会每年发行《圣经》的数量达到 1,000,000 册,涉及的语言超过 1000 种。

Biedcanford, battle of, c.571. 比德坎福德战役（约 571） 比德坎福德战役虽然明显是一场重要的战役，但这场战役的具体情况还难以确定。《盎格鲁—撒克逊编年史》记述得似乎很清楚，这是威塞克斯王国国王查乌林的兄弟卡撒战胜不列颠人的一场战役，卡撒占领了林伯里（Lygeabyrig）、艾尔斯伯里、本辛顿和恩舍姆镇。对于这四个镇，我们多少有些信心可以将它们分别确定为林伯里【Limbury，现在的卢顿（Luton）北部地区的一部分】、艾尔斯伯里（Aylesbury）、本森（Benson）和恩舍姆（Eynsham）。但斯滕顿①否认比德坎福德这一地名指的是贝德福德，而且令历史学家们一直感到困惑不解的是，不列颠人是否在 571 年以前始终占据着艾尔斯伯里河谷。

Big Ben 大本钟 安装在威斯敏斯特议会大厦东端塔楼内的时钟的名字，原本只是指重达 13 吨的时钟本身。一般认为大本钟因本杰明·霍尔爵士而得名，他是 1859 年主持建钟的政府专员。

Bigod, Roger, 5th earl of Norfolk（1245—1306）. **罗杰·比戈德，第 5 代诺福克伯爵**（1245—1306） 爱德华一世在位时期势力最强大的男爵之一。1266 年，比戈德接替父亲休·比戈德的职务，成为首席政法官（justiciar）；1270 年又接替叔叔成为伯爵和英格兰世袭的巡回法官助理（marshal）。比戈德为爱德华贡献了一生，参加了很多次对威尔士和苏格兰的战役。然而，他与国王之间的关系却一点儿也不融洽。1297 年，比戈德拒绝指挥加斯科涅（Gascony）战役。据说，爱德华一世曾对他说："你要么去指挥这场战役，要么被处以绞刑"，比戈德对此反驳道："我既不会去指挥这场战役，也不会被绞死"。爱德华一世被迫让步，还确认了使其免于处罚的令状。比戈德的政治地位因债务而受到削弱，在生命的最后几年中，他不得不向爱德华一世妥协。

billeting 提供军队膳宿 国王要求臣民为其军队提供膳宿的权利一直是

---

① 弗兰克·M·斯滕顿爵士（Sir Frank M.Stendon），英国著名历史学家，著有《盎格鲁—撒克逊时代的英格兰》（*Anglo-Saxon England*）等著作。——译者注

王室特权的一个组成部分。尽管这一要求因酬报太低而从来不受人欢迎,但在17世纪以前,它始终没有成为需要从宪法上加以解决的重要问题。1628年的《权利请愿书》(petition of right)曾有过这样的抱怨:"大批的陆军和海军被分散到各郡,而当地的居民在强制之下,不得不违背自己的意愿让这些军队住进自己的家里。"光荣革命后,这一法律被修改为:普通公民无需为军队安排膳宿,但旅店老板必须接待之,并按规定的标准收费。

billiards and snooker　台球和斯诺克台球　台球是19世纪发展起来的颇受大众追捧的一种游戏。当时在考文特花园开办了一个现代台球室,伦敦的许多俱乐部随后也都开办了台球室。斯诺克是由驻印英军从台球中发展而来的,而斯诺克一词的由来,据说是源于当时英国军队中对军校一年级新生的流行叫法。虽然台球从未得到广泛的普及,但观看斯诺克比赛的电视观众却非常多。许多酒吧玩的是一种简单些的不同于正式比赛的赌注式台球,台球桌也比正式比赛用的台球桌要小些。

Bill of Rights　《权利法案》　英格兰议会于1689年12月通过,《权利法案》使议会在1689年2月13日时向威廉和玛丽提出的《权利宣言》具有了法律效力。该法案的内容紧随《权利宣言》,详尽阐述了人民享有的各项古老的权利,指出正是因为信奉天主教的詹姆斯二世最近以来滥用王室的特权,才被视为放弃了王位,因此才造成王位的空缺。根据《权利法案》,王位继承的顺序首先为信奉新教的玛丽的后嗣,其次是玛丽的妹妹及其后嗣。任何信奉天主教者,或与天主教徒婚嫁者,均不得继承王位。21世纪初,一直有建议提出以新的法案取代《权利法案》,或者对《权利法案》进行实质性的修改,并呼吁取消对天主教徒的限制。

Birgham, treaty of, 1290.　《伯厄姆条约》(1290)　英格兰与苏格兰之间签订的条约,该条约最初于1290年7月18日在伯厄姆(贝里克郡)草拟,1290年8月28日在北安普敦正式签署。根据条约,亚历山大三世的孙女和继承人"挪威少女"玛格丽特(Margaret, the "Maid of Norway")婚配给卡那封的爱德华(Edward of Caernarfon, 即后来的爱德华二世)。1290 年 9 月玛格丽特去世, 条约成了多余。

Birkenhead, HMS, 1852. 英国皇家海军舰艇"伯肯黑德"号(1852) 1852 年 2 月 25 日夜, 支援卡菲尔战争(Kaffir War)的"伯肯黑德"号明轮船在开普敦海岸沉没, 船上当时载有 480 名士兵和 13 名妇女与儿童。士兵和船员们奉命迅速在甲板上列队站立, 以避免导致载着妇女和儿童的小船倾覆。几乎所有的士兵和船员都牺牲在这片鲨鱼经常出没的水域。他们的行为在维多利亚时代被誉为勇敢无比的典范, 但也有人责难说这种行为是一种不必要的牺牲。

Birmingham 伯明翰 伯明翰从一个地方性城镇发展成为具有全国性影响的重要城市, 主要得益于 18 世纪时取得的发展, 当时, 道路和运河交通得到改善, 而伯明翰地处交通中心, 使其获得了发展的优势。伯明翰这一名称指伯尔马(Beorma)人的小村庄或定居地, 据推测, 伯尔马可能是撒克逊人的一位首领, 在《末日审判书》(1086 年)时代, 伯明翰只不过是个小村落。中世纪时期, 伯明翰开始发展, 但在政治上始终被笼罩在沃里克和考文垂的阴影里。1700 年, 伯明翰的人口超过 10,000 人, 而截止到此时, 伯明翰仍没有取得议会的席位, 也没有公司。直到 1830 年, 伯明翰政治联盟(Birmingham Political Union)带头敦促实行议会改革, 并于 1832 年获得两个议会下院席位, 1838 年伯明翰成立了市议会。19 世纪 70 年代, 在约瑟夫·张伯伦(Joseph Chamberlain)市长的领导下, 伯明翰因其市政企业和创办于 1870 年的梅森学院(Mason's College), 名气变得越来越大。1900 年, 梅森学院取得王室颁发的特许状, 改名为梅森大学。伯明翰的经济发展呈现出多元化的趋势, 1879 年在伯恩维尔(Bournville)成立了吉百利食品有限公司(Cadbury), 1896 年成立了通用电气公司, 19 世纪 90 年代在布罗米奇城堡(Castle Bromwich)成立了邓禄普橡胶公司, 1905 年成立了奥斯汀汽车公司。

Birmingham, diocese of 伯明翰主教区 伯明翰主教区的大部分地区, 也包括伯明翰市在内,基本覆盖沃里克郡北部地区。该主教区是 1905 年时主要从伍斯特(Worcester)主教区分离出来的。伯明翰主教区主教座堂的前身是圣菲利普(St Philip)堂区的教堂,该教堂由托马斯·阿彻(Thomas Archer)于 1711 年至 1719 年设计完成,而教堂的窗户是 19 世纪时伯恩·琼斯和威廉·莫里斯重修的。

Birmingham Political Union　伯明翰政治联盟　1830 年时由托马斯·阿特伍德(Thomas Attwood)建立,目的是敦促政府实行议会改革,以此来作为经济危机的补救措施。伯明翰政治联盟的领导者主要是当地的商人和制造商,旨在把中产阶级和工人阶级的改革者们团结起来,支持货币改革和以家庭为单位的选举权改革。1832 年《改革法案》通过之后,伯明翰政治联盟分裂,1834 年该联盟彻底解体。

Birmingham riots, 1791.　伯明翰骚乱(1791)　1791 年伯明翰发生的骚乱事件,预示着英国保守派对法国大革命的同情者们的强烈反感。约瑟夫·普里斯特利是一位科学家,同时也是个一位论派教徒(Unitarian)。他曾在自己的著作中,愚蠢地把火药排列在迷信和过失之后,并从此被称为"火药普里斯特利"("Gunpowder Priestley")。1791 年 7 月 14 日,在庆祝攻占巴士底狱(Bastille)活动晚宴结束后,他的住宅、图书馆和科研设施均被参加骚乱的暴民烧毁。4 名暴民因此被处决。

birth control　节育　还在很早于 19 世纪以前,人们似乎就已经广泛采取了节育措施。当时提倡的是用草药混合物来降低性欲或引发流产,至少 18 世纪初以来,当招摇撞骗的江湖文学作品把中断性交的做法与可怕的导致身体虚弱的医疗投诉联系在一起时,人们似乎就已经对节育措施有所了解了。18 世纪初时还出现了男性避孕用具的广告,当时的人们使用动物肠子制成的避孕套,以避免感染性病。19 世纪 20 年代和 30 年代,人们开始公开讨论节育措施。更多的公开辩论是在所谓的马尔萨斯联盟(1877—1927 年)成立之后,该联盟分发了大约 300 万本提倡节育的小册子。

　　然而,在 1875 年以前,能够证明英国夫妇实行家庭计划生育的统计数据非常少。在 1870 年以前,节育仅限于上层阶级和某些产业工人群体。1870 年以后,当英国在几代人内经历了所谓的生育率转变之后,所有这一切都发生了改变。在 1880 年至 1930 年间,育龄妇女的生育率下降了 60% 以上,英国家庭的规模平均减小了近三分之二。出生率的不断下降主要归因于夫妇在婚内采取的节育措施。同样清楚的是,在生育率下降的早期阶段,避孕主要采用的是传统的方法,比如禁欲,中断性交和在"安全期"性交,而不是使用诸如避孕套、子宫帽或海绵之类的专门避孕工具。夫妇在婚内采取节育措施可能是由于妇女做出了限制家庭规模的新决策,而妇女做出的这一新决策又受到了多种因素的推动,如女权主义观点的影响,越来越多的关于重复分娩带来的危险的信息,以及 1880 年开始实行的普及义务教育,等等,普及义务教育也减少了儿童原本对家庭经济的贡献。

　　20 世纪 60 年代女性避孕药物的研发,产生了广泛的道德和社会影响。鉴于对青少年怀孕率增长的关注,人们提倡女性使用避孕药物。

　　bishops　主教　主教的职责是从《新约》中使徒的职责逐渐演变而来的。教会认可两种不同形式的神职工作(ministry),一种是在当地且固定在当地从事的神职工作,如本堂牧师和教师从事的工作;另一种是不固定在某个地区而是往来于各地从事的神职工作,如使徒、先知和福音传播者从事的工作。"episcopus"(主教,bishop)一词的字面意思是"overseer"(监督者),这就非常明确地说明了主教的职责所在。

　　主教的宗教权管辖区域称作主教区(diocese),"主教区"一词来自于罗马帝国时期的区域管理单位。从 3 世纪初开始,不列颠群岛就存在着一定数量的基督徒,到 314 年时不列颠已经有数位主教,其中 3 位主教参加了 314 年时召开的阿尔勒宗教会议(Council of Arles)。罗马人从不列颠撤出后,基督教在英格兰的传教活动被迫转入地下,但威尔士、爱尔兰和苏格兰的基督教会仍然保持着主教制度。

　　597 年奥古斯丁来到英格兰传教之后,英格兰的基督教会逐渐重建起来,主教制度也开始复苏,但盎格鲁—撒克逊时代早期的主教区,管辖的空间范围可能非常广阔。诺曼征服后,很多主教的主教教座①(see)转移到较大的城市,如舍伯恩(Sherborne)主教区的主教教座转移到了索尔兹伯里,塞尔西主教区的主教教座转移到了奇切斯特。宗教改革后,英国圣公会保留了主教制,亨利八世而且建立了5个新的主教区,分别是布里斯托尔主教区、切斯特主教区、格洛斯特主教区、牛津主教区和存续时间很短暂的威斯敏斯特主教区。随着19世纪大都市的发展,又有一批新的主教区建立起来,包括1836年建立的里彭(Ripon)主教区、1848年建立的曼彻斯特主教区、1877年建立的圣奥尔本斯(St Albans)主教区和特鲁罗(Truro)主教区、1880年建立的利物浦主教区、1882年建立的纽卡斯尔主教区、1884年建立的绍斯韦尔(Southwell)主教区以及1888建立的韦克菲尔德(Wakefield)主教区,新主教区建立的过程一直持续进入到20世纪。

Bishops' wars, 1639—1640.　**主教战争**(1639—1640)　查理一世认为宗教分歧是造成国家衰弱的一个重要根源,因此,1637年他命令苏格兰长老会以英格兰的祈祷书为范本,使用新的祈祷书。这一决定引发了苏格兰人的抗议,苏格兰人起草了一份旨在捍卫"真正的宗教"的《民族圣约》(national covenant),标志着抗议活动达到了高潮。查理一世召集了一支军队,但这支军队是由一群没有经过任何训练的乌合之众组成的,1639年6月,查理一世接受了贝里克停战协定。1640年,查理一世再次与苏格兰开战,但结果却更加糟糕。苏格兰军队迅即侵入英格兰,8月28日在纽本(Newburn)轻而易举地歼灭了查理一世的军队,并占领了英格兰的东北部。苏格兰方面表示,除非且直到查理一世召开议会,否则不会从英格兰撤军。查理一世的政策已经崩溃。

Black and Tans　**黑棕部队**　爱尔兰王室警吏团的昵称,因利默里克猎犬组(Limerick hound pack)或这支部队制服的颜色而得名。这支辅助性警吏部队是1920年至1921年时在不列颠从退役军人中招募的,目的是加强面临极大压力的皇家爱尔兰警队(RIC)的力量。这支纪律涣散的辅警力量以酗酒和残忍著

---

①　主教教座,主要指主教座,后来象征主教或大主教的职位、权威或管辖权。源自拉丁语sedes,意为"椅子"。该职位表示主教具有司法权和管辖权。后引申为主教教区。参见丁光训《基督教大辞典》。——译者注

称,在爱尔兰共和军(IRA)的暴行发生之后,黑棕部队随之对其采取了一系列的报复行动。

Blackburn, diocese of 布莱克本主教区 该主教区创立于 1927 年,其所辖区域大部分是从曼彻斯特主教区分割出来的,还包括除利物浦和曼彻斯特以外的兰开夏郡(Lancashire)的大部分地区,由乡村和多个以棉纺织为主的城镇组成。该主教区的主教座堂是原来的堂区教堂圣玛丽大教堂,该教堂建于 1818年,属复兴哥特式建筑运动早期的风格。

Black Death 黑死病 黑死病是一种灾难性流行病,1348 年夏季首次袭击了英格兰。对神职人员、持有土地的农民的死亡率统计数据显示,这次爆发的黑死病可能夺去了英格兰三分之一到二分之一人口的生命。通常认为,黑死病是一种腺鼠疫(bubonic plague),是由跳蚤和老鼠传播的。黑死病对经济造成了重大影响,尽管这些影响在 14 世纪 70 年代之前还没有完全显现出来。黑死病后,耕地面积大幅减少,一些土地变成了牧场。劳动力更加昂贵,但领主意在恢复农民劳役的企图没有得逞。

Blackheath, battle of, 1497. 布莱克希思战役(1497) 1497 年夏,康沃尔郡人发动的一次声势浩大的起义,起义的原因是国王亨利七世为了发动对苏格兰国王詹姆斯四世的战争,向平民征税,而康沃尔郡人认为只有北方地区才有缴纳此项税收的义务。在托马斯·弗拉默克和奥德利勋爵的领导下,起义军穿过韦尔斯、索尔兹伯里和温切斯特后,直逼伦敦。然而,多布尼勋爵和牛津伯爵率领原本准备出征苏格兰的军队在布莱克希思迎战起义军,起义的队伍被打散。弗拉默克和奥德利被处决。

Black Hole of Calcutta 加尔各答黑洞 据传言,1756 年 6 月 20 日,罗伯特·克莱武的强劲对手,即孟加拉的地方行政长官西拉杰·乌德·达乌拉把146 个在加尔各答俘房的英国人关进了一间小警卫室。次日,只有 21 人幸存下来。西拉杰·乌德·达乌拉在该事件中是否要承担罪责以及实际受害者的人数

（可能为 43 人），现在仍无定论。

Black Parliament, 1320. **黑暗议会**（1320） 1320 年 8 月 4 日，苏格兰议会在斯昆（Scone）召开，会上对阴谋杀害罗伯特一世并企图将威廉·索利斯爵士（Sir William Soulis）推上王位者进行了审判。威廉·索利斯的父亲是这一"大业"（Great Cause）中的王位的竞争者之一。威廉·索利斯爵士被判终身监禁，但有些人却没有这么幸运。罗杰·莫布雷爵士尽管在这次审讯前就已经去世，但仍被处以溺刑和绞刑，并被枭首。

"Black Prince" "黑王子" See EDWARD THE BLACK PRINCE（见黑王子爱德华）

Blackstone, Sir William（1723—1780）. **威廉·布莱克斯通爵士**（1723—1780） 布莱克斯通被公认为是普通法领域最伟大的著作家之一。他既是一名执业出庭律师，也是一名法学学者，1758 被任命为牛津大学第一位维尼里安普通法教授（Vinerian professor of law）。他的《英国法释义》（*Commentaries*）一直以来都被视作是最具权威的英国法著作之一，也是备受人们尊崇的研究英国法的史料来源之一。

Blackwater, battle of **布莱克沃特战役** See YELLOW FORD（见黄滩战役）

Bladensburg, battle of, 1814. **布莱登斯堡战役**（1814） 1814 年战胜拿破仑后，英国得以在从 1812 年时开始的对美国的战争中采取攻势。英军总司令罗伯特·罗斯（Robert Ross）率领一支 4000 人的部队，在切萨皮克湾（Chesapeake Bay）登陆。1814 年 8 月 24 日，英军在布莱登斯堡轻而易举地歼灭了一支民兵力量，为了报复 1813 年时美国人对多伦多的洗劫，英军进入华盛顿后焚烧了白宫。

Blair, Anthony（"Tony"）（**b.1953**）. **安东尼·布莱尔**（"**托尼·布莱尔**"）（**生于1953年**） 首相。托尼·布莱尔先后就读于爱丁堡的费德斯公学（Fettes College）和牛津大学圣约翰学院（St John's College），后效仿其兄长威廉（William）到林肯律师公会（Lincoln's Inn）深造，获得了律师资格。1983年，布莱尔作为工党在达勒姆（Durham）的塞奇菲尔德（Sedgefield）选区的候选人进入议会；作为新闻发言人，布莱尔善于表达，言辞犀利，加之应对媒体的高超技巧，很快确立了自己的名声。1988年，布莱尔当选为影子内阁（shadow cabinet）成员；1994年约翰·史密斯（John Smith）去世后，布莱尔成为英国内政事务（Home Affairs）发言人。在击败约翰·普雷斯科特（John Prescott）和玛格丽特·贝克特（Margaret Beckett）后，布莱尔轻松赢得了工党党魁的竞选。他继续推行尼尔·金诺克（Neil Kinnock）的工作方针，以摆脱工党给人们留下的"极左派"印象，树立"新工党"（"New Labour's"）形象，结果在1997年5月的英国大选中，布莱尔领导的工党以压倒性优势赢得选举。布莱尔一直坚持认为他的政府将是一个激进的改革政府，他实施了一系列新举措，但似乎并非所有的这些新举措都经过了深思熟虑。他在苏格兰、威尔士和伦敦推行权力下放，但当地民众声称权力下放已经起到作用，而民族主义者们也做得很好的时候，这一结果显然让布莱尔政府感到意外。布莱尔在废除上院议员世袭制后，似乎没有更进一步的后续想法跟上。布莱尔对欧洲经济共同体（EEC）的支持因欧元表现不佳而受到了抑制，而且他发现，只有放弃传统的工党支持力量，才能赢得企业界的支持。对于布莱尔来说，有时很难把新旧工党紧密团结在一起。尽管布莱尔本人在民众中一直保持着很高的支持率，但保守党在威廉·黑格（William Hague）的领导下，一直试图东山再起。尽管如此，在2001年的大选中，布莱尔领导的政府赢得了第二个执政期，大多数内阁成员也保持不变。布莱尔领导的第二届政府要面对的挑战，主要来自于国际恐怖主义的蔓延。2005年，布莱尔赢得第三次大选，这也使他成为英国工党历史上最为成功的领导人。

尽管来自恐怖主义的威胁有助于国家的团结，而且也可能使当时执政的政府获得了民众的支持，但布莱尔与美国联手干预伊拉克事务这件事，仍显示出国内在这个问题上存在的严重分歧。布莱尔政府被指控伪造证据，以获得英国民众对发动伊拉克战争的支持。布莱尔在电视荧屏上展现出的魅力以及对下院的出色掌控,帮助他继续保住了较高的民众支持率。布莱尔取得的最引人注目的政治成就,可能是在他的推动下为陷于四分五裂的北爱尔兰带来了和平,尽管这一成就的取得在很大程度上要归因于 2001 年恐怖分子对纽约"双子塔"的袭击,因为这次恐怖袭击使许多过去一直支持爱尔兰共和军(IRA)的美国人改变了观点,转而对现行的恐怖主义政策提出质疑。但随着其能量的逐渐枯竭,布莱尔的第三个任期被证明面临着很多困难。与许多英国首相一样,布莱尔也因为任职时间太长而越来越不受欢迎。与迅速推翻萨达姆·侯赛因(Saddam Hussain)在伊拉克的统治形成对比的是,在伊拉克恢复和平不仅旷日持久,而且充满了血腥,即使在塔利班重新集结后阿富汗战争的重启,也无助于伊拉克和平的恢复。在英国国内,布莱尔受到了对其产生严重不良影响的诸如腐败和任用亲信的各种指责,当他就"金钱换爵位"("sale of peerages")一案接受警方质询时,布莱尔更是焦头烂额。2007 年,布莱尔把首相一职让给了长期担任其财政大臣的戈登·布朗,并接受了联合国中东特使一职。回顾布莱尔十年的首相生涯,时间似乎有些莫名其妙的短暂,他当初提出的那些欠缺考虑的新举措、未能完成的改革始终困扰着他。布莱尔简短的离职告别演说,也只得到了人们"短暂的关注"。

Blake,Robert(1599—1657).　**罗伯特·布莱克**(1599—1657)　海军上将。就读于牛津大学。1642 年,布莱克自愿加入议会军,在围攻莱姆(Lyme)和汤顿(Taunton)的战役中,战功卓著。1649 年 2 月,布莱克与同为陆军上校的另外两人一起,被共和国任命为海军上将。他上任后接受的第一个任务就是消灭鲁珀特亲王(Prince Rupert)率领的正在围攻金塞尔(Kinsale)的王党海军。在获胜后,布莱克对鲁珀特的王军展开追击,一直打到里斯本(Lisbon)。1652 年 11 月 30 日,布莱克在邓杰内斯角(Dungeness)败给了特龙普(Tromp)统率的荷兰海军,但 1654 年 2 月 18—20 日,布莱克在波特兰(Portland)和比奇角(Beachy Head)一洗前耻,打败了荷兰海军。1654 年,布莱克被任命为英国地中海舰队司令,指挥了对土耳其和西班牙的战役。1657 年 4 月,时值伦敦民众庆祝感恩节之际,布莱克率军战胜了西班牙西印度舰队。

Blake, William (1757—1827). **威廉·布莱克**(1757—1827) 画家、雕刻师、哲学家、空想家和诗人。他的第一部代表作是 1789 年出版的诗集《天真之歌》(*Songs of Innocence*),他的另一部诗集《经验之歌》(*Songs of Experience*)出版于 1794 年。尽管布莱克渴望出名,渴望拥有一个狂热的读者群,来建立一个他心中的理想社会"新耶路撒冷"(New Jerusalem),但他有很多年都是在贫困中度过的。布莱克晚年主要从事绘画而不是写作,并拥有众多的崇拜者。布莱克是位个性很强、不落俗套的实验主义者,所以其作品一直富有挑战性和神秘性。布莱克创作了大量优秀作品,其中还包括《老虎,老虎》(*Tyger, tyger*)和《耶路撒冷》(*Jerusalem*)这两部同样属于英语诗歌中最有名的诗篇。

Blanketeers, March of the, 1817. **披毯者的进军**(1817) 1816 年 11 月的温泉场(Spa Fields)骚乱后,英国政府中止人身保护令(habeas corpus),禁止规模超过 50 人的集会。1817 年 3 月 10 日,大约 5000 多名纺织工人聚集在曼彻斯特的圣彼得广场(St Peter's Fields),他们随身披戴着毛毯和围毯,准备进军伦敦向摄政王(prince regent)请愿。英国政府派出骑兵加以阻止,在当众宣读《暴乱治罪法》(Riot Act)后,驱散了大部分请愿者,有 300 名请愿者抵达了位于斯托克波特(Stockport)的大桥,但多数人由此返回。

Blatchford, Robert (1851—1943). **罗伯特·布拉奇福德**(1851—1943) 英国社会主义者和民族主义者,同时也是作家和记者。1885 年至 1891 年,布拉奇福德为英国报纸《星期日纪事报》(*Sunday Chronicle*)撰写文章,1891 年与他人共同创办了《号角》(*Clarion*),这是一份颇受大众欢迎的宣传社会主义思想的周刊,他担任该刊主编达 20 年之久。布拉奇福德主张的社会主义都是些威廉·莫里斯(William Morris)式的朴实无华的思想,而不是卡尔·马克思(Karl Marx)主张的革命学说。他的社会主义主张催生了许多组织,如号角童子军(Clarion Scouts)、号角广场俱乐部(Clarion Field Club)和全国号角自行车俱乐部(National Clarion Cycling Club)等。他最重要的著作是 1894 年出版的《可爱的英格兰》(*Merrie England*),销量超过 200 万册,被称为有史以来英国社会主义者写出的最好宣传文件。

Blenheim, battle of（1704）. **布伦海姆战役**（1704） 1704 年初,法国和巴伐利亚（Bavarians）联军在西班牙王位继承战争（War of the Spanish Succession）中,对神圣罗马帝国首都维也纳（Vienna）形成威胁。马尔伯勒公爵（duke of Marlborough）率军从低地国家（Low Countries）出发向多瑙河（Danube）进军,与萨伏依的欧根（Eugene of Savoy）率领的盟军合在一处。1704 年 8 月 13 日,马尔伯勒公爵在巴伐利亚的布伦海姆村,向塔拉尔元帅（Marshal Tallard）率领的 60,000 名强大的法国和巴伐利亚联军发起进攻,塔拉尔的中路军受到沉重打击,这也成为战役的转折点,当欧根向敌军右翼发起进攻时,法巴联军全线溃败。此役,法国和巴伐利亚军队损失了 38,000 人,而获胜的英国、荷兰和奥地利一方也伤亡了 12,000 人。

Blenheim palace（Oxon.）. **布伦海姆宫**（牛津） 马尔伯勒公爵（duke of Marlborough）的宅邸,也是温斯顿·丘吉尔爵士出生的地方。布伦海姆宫位于伍德斯托克（Woodstock）,安妮女王为了嘉奖第 1 代马尔伯勒公爵约翰·丘吉尔在 1704 年布伦海姆之战取得的对法国的胜利,将布伦海姆宫赐予了他。设计这座宫殿的建筑师是约翰·范布勒爵士（Sir John Vanbrugh）,他同时也是军人和剧作家。亨利·怀斯（1653—1738 年）主要负责庭园设计,1709 年布里奇曼（Bridgeman）签署的一份规划平面图显示,有一条主干道跨过范布勒设计的桥梁,直接延伸到布伦海姆宫的园林。1764 年前后,"能人"布朗（Capability Brown）在园林中种植了树木,并安装了浇灌设施。宫殿本身由一个人字形的中央大厦组成,两边都有庭园。宫殿里面是大厅、酒吧、图书馆和其他一些房间,室内陈列着绘画、家具、青铜器和挂毯。温斯顿·丘吉尔爵士就葬于布伦海姆公园边的布莱登（Bladon）墓地。

Bligh, William（1754—1817）. **威廉·布莱**（1754—1817） 海员。布莱出生于普利茅斯,16 岁参加海军。1787 年,他率领一支探险队,乘坐英国皇家海军舰艇"贝西亚"号【Bethia,后更名为"邦蒂"号（Bounty）】远赴太平洋,目的是设法搞到面包果树以便移植到西印度群岛。航行途中,船员发生哗变,领导哗变的是他的朋友大副弗莱彻·克里斯琴（Fletcher Christian）。布莱是一个优秀的航海家,但脾气暴躁,说话粗鲁。1789 年 4 月 28 日船员哗变后,布莱与另外 18 名船员被置于一艘敞篷船上,随波逐流。经过长达 41 天、航程超过 3500 多英里的漂流,他们到达帝汶岛(Timor),只有一名船员丢了性命,还是被当地的土著人杀死的。布莱回到英国后,被送上军事法庭,但被判无罪。此后,布莱又重新开始了自己的探险事业,并担任了新南威尔士州州长,他去世时已晋升海军中将。

Blitz 伦敦大轰炸 "Blitz"一词为英国人的俗语,指对英国城镇进行的空袭,尤指 1940 年至 1941 年纳粹德国在夜间对英国实施的空袭,该词源自"Blitzkrieg"一词,意为"闪电战"("lightning war")。虽然具有战略性重要地位的城镇,如贝尔法斯特(Belfast)、曼彻斯特(Manchester)、谢菲尔德(Sheffield)、格拉斯哥(Glasgow)、赫尔(Hull)、普利茅斯(Plymouth)以及考文垂(Coventry)等,均受到轰炸,但德国实施大轰炸的主要目标是伦敦。在长达两个多月的时间里,伦敦只有一个晚上没有遭到轰炸。伦敦大轰炸造成了重大人员伤亡,但给人们带来的恐惧感尤其严重,建筑物受到的破坏更为严重。在德国进攻苏联从而把空军力量转向苏联之前的 1940 年至 1941 年间,英国约有 42,000 人死于空袭。

Bloemfontein, convention of, 1854. 《布隆方丹公约》(1854) 1836 年至 1837 年,成千上万的布尔农场主(Boer farmers)为摆脱英国的统治,离开了开普省(Cape),英国政府对布尔人的这一"大迁徙"("Great Trek")感到困惑不解。1845 年,英国吞并了纳塔尔省(Natal);接下来又在追击布尔人的过程中,于 1848 年吞并了奥兰治河领地(Orange River Territory)。但英国仍然很难控制这些地区,于是在 1852 年与布尔人签订了《桑德河公约》(Sand River convention),承认在德兰士瓦(Transvaal)的布尔人的独立地位,同时希望德兰士瓦的布尔人不要帮助奥兰治河领地的布尔人独立。但英国在奥兰治河领地的统治仍不稳定,在 1854 年召开的布隆方丹会议上,英国政府令人惊讶地对统治政策做出了根本性改变:把权力交还给布尔人。但这一安排并未取得理想的结果,反而导致了两次布尔战争(Boer Wars)的爆发。

Blois, treaty of (1572). 《布卢瓦条约》(1572) 1570 年伊丽莎白一世被

开除教籍后,面临的处境十分困难。1571 年,企图暗杀伊丽莎白一世的里多尔菲阴谋案(Ridolfi plot)败露。为了自保,伊丽莎白一世寻求与法国和解,法国人曾经支持过苏格兰女王玛丽,但此时正与西班牙处于敌对状态。沃尔辛厄姆(Walsingham)与法国人进行谈判,1572 年 4 月 21 日,法国国王查理九世在布卢瓦同意与英格兰签署该共同防御条约。

Bloody Assizes　血腥的巡回审判　指对 1685 年蒙茅斯叛乱(Monmouth's rebels)进行的大规模审判。审判由杰弗里斯(Jeffreys)主持,还有另外四名法官参加。法官们表示,不认罪肯定就意味着将被判处死刑,而且执行死刑的命令就在判决有罪的当日下达。认罪者人数众多,在汤顿(Taunton)的法庭上,两天之内有 500 人被判处死刑;在韦尔斯(Wells),一天之内就判处了 540 人死刑。大约有 250 人被分散到发生叛乱地区的各个城镇处决,被腌渍过的头颅和四肢不全的尸体在整个西部地区进行了公开示众。

Blore Heath, battle of, 1459.　布洛希思战役(1459)　1459 年约克公爵反叛亨利六世时,沃里克的父亲即索尔兹伯里伯爵(earl of Salisbury)支持约克公爵的行动。索尔兹伯里伯爵从约克郡出发,在拉德洛(Ludlow)附近加入了约克公爵的队伍,约克公爵本人当时正在威尔士。拥护亨利六世的军队在奥德利勋爵(Lord Audley)的率领下,在德雷顿市场(Market Drayton)集结,以防止索尔兹伯里伯爵的队伍与约克公爵的队伍会合,并于 9 月 23 日在布洛希思向索尔兹伯里的队伍发动了进攻。奥德利战败被杀,索尔兹伯里伯爵的队伍与约克公爵的队伍成功会合。

Blyton, Enid Mary (1897—1968).　伊妮德·玛丽·布莱顿(1897—1968)　儿童作家。布莱顿出生于伦敦的东达利奇(East Dulwich),接受培训后成为一名幼儿教师。她的第一批作品是 1922 年出版的诗集《儿童絮语》(Children Whisper)和 1924 年出版的故事集《伊妮德·布莱顿童话故事》(The Enid Blyton Book of Fairies)。在她创作的大量作品中,主要包括以 1940 年出版的《我是淘气女生》(The Naughtiest Girl in the School)为开端的以学校生活为背景的系列故事,以及家喻户晓的《五伙伴历险记》("Famous Five")系列和《探秘七人组》("Secret Seven")系列为代表的冒险故事。诺迪(Noddy)和他的玩偶世界(Toyland)中的朋友们都成了电视名人。布莱顿的作品虽然因其写作风格的局限性、道德取向,以及故事中含有的种族主义、性别歧视和庸俗势利等因素一直饱受人们的批评,却始终深受儿童的喜爱。

Boat Race　牛津剑桥划船比赛　牛津大学和剑桥大学之间第一次进行的 8 人单桨划船挑战赛是 1829 年在泰晤士河(Thames)的亨利河段(Henley)举办的,牛津大学获胜。1836 年比赛移至伦敦举行,并从 1839 年开始成为每年一度的盛事。比赛的距离是从帕特尼(Putney)至莫特湖(Mortlake),全长共 4.25 英里。

Boer wars　布尔战争　第一次布尔战争(1880—1881 年)只是些小规模的战斗,布尔人(荷兰裔南非农场主)在马朱巴山(Majuba)战胜英军后,取得了战争的胜利,两个布尔人共和国——德兰士瓦共和国(republic of the transvaal)和奥兰治自由邦共和国(republic of the Orange Free State)——赢得了独立,布尔人渴望已久的愿望终于实现,但共和国的外交政策仍由英国控制。尽管布尔人贫穷落后,但英国还是接受了双方达成的这一协定。然而,当 1886 年在德兰士瓦共和国的威特沃特斯兰德(Witwatersrand)发现有大型金矿后,一切都发生了改变。1899 年,英国再次发动了对布尔人的战争,并取得了胜利。

英国人之所以关注布尔人发现的金矿这一新财富,还有其他原因。如果金矿使布尔人过于强大,他们就很可能与德国结盟,如此就会威胁到英国在南非其他地区的霸权地位。詹姆森(Jameson)发动的军事突袭行动失败引发的余波,更加剧了英国人的忧虑,因为在布尔人击退詹姆森突袭行动后,德皇向德兰士瓦共和国总统发来了电报表示祝贺。此外,参加挖掘金矿的外侨①(uitlanders)经常抱怨受到虐待,尽管这些抱怨多属夸大其词。为了缓和外侨的不满情绪,英国与布尔人进行了谈判,但英国人似乎并非真心要谈判,因为英国在南非的主要代理

---

①　外侨,尤指布尔战争前居住在奥兰治自由邦与德兰士瓦的英国侨民。——译者注

人米尔纳(Milner)似乎早就想与布尔人开战。在谈判的最后关头,恰恰是布尔人于 1899 年 10 月 10 日向英国发出最后通牒。外国舆论大多把英国视为这次战争的侵略者,即《圣经》中被牧羊人大卫(David)杀死的歌利亚(Goliath)。

第二次布尔战争初期,被视为大卫的布尔人英勇善战。在开战的头几个月,布尔人给予英军沉重打击,并深入到纳塔尔(Natal)。1900 年 5 月,战局开始发生逆转,主要体现在英军可以部署的兵力数量远远超过了布尔人。到 10 月,德兰士瓦共和国大部分地区已被英军重新占领,总统克留格尔(Kruger)则早已逃走,两个共和国均被英国兼并且置于英国统治之下。但战争并未结束,布尔人继续进行"游击"战,英国人采取稳扎稳打的战术,通过扫荡,焚烧农场,并把以妇女为主的非战斗性人员赶入卫生条件极差的"集中营"("concentration camps")等方式,最后才彻底打垮了布尔人的游击战。1901 年 6 月,自由党领袖坎贝尔—班纳曼(Campbell-Bannerman)对英军采取的这样一种军事手段公开进行了抨击,称这是一种"非常野蛮的手段"。

当 1902 年 5 月最后一批布尔人投降的时候,大多数英国人早已对这场战争感到深恶痛绝,因为有 5774 名英国士兵在这场战争中阵亡(布尔人一方阵亡的人数还要多)。布尔人虽然被打败,但没有屈服。在 5 月 31 日签订的《弗里尼欣条约》(treaty of Vereeniging)中,布尔人仍然坚持捍卫自己的种族利益的政策。对于英国来说,英军在战争中的糟糕表现带来的结果也并非全然无益,因为它导致英国暂时中止了实行富有侵略性的帝国主义政策,并进行了全民性大反省。许多志愿入伍者被发现身体不适合服兵役这一事实,导致"英国人身体状况"这一问题又被重新提了出来,从而有助于推动英国政府采取更多改善福利和健康的政策。

Bohun, Humphry de, 4th earl of Hereford(c. 1276—1322)。 **汉弗莱·德·博亨,第 4 代赫里福德伯爵**(约 1276—1322) 1298 年,博亨继承了他父亲的赫里福德伯爵爵位和英格兰军事和司法官(constable)职位,此时正值爱德华一世与主要大贵族们关系依然相当紧张的时期。但在 1302 年时,博亨与爱德华一世的女儿、荷兰伯爵约翰(John)的遗孀结婚。爱德华二世统治时期,博亨是约法委员会(Ordainers)主要成员,并参与了谋杀加韦斯顿(Gaveston)的行动。班诺克本（Bannockburn）战役失败后，博亨被苏格兰人监押，但后来又被交换回国。1321 年，他因反对德斯潘塞父子（Despensers），与兰开斯特的托马斯（Thomas of Lancaster）联手举兵，后在巴勒布里奇（Boroughbridge）战役中被杀。

Bolingbroke，Henry St John，1st Viscount（1678—1751）． 亨利·圣约翰，第 1 代博林布罗克子爵（1678—1751） 圣约翰 1701 年至 1708 年作为伍顿巴西特（Wootton Bassett）地区的候选人、1710 年至 1712 年作为伯克郡的候选人，先后当选为托利党议会下院议员。1704 年至 1708 年担任战事大臣（secretary at war），1710 年至 1713 年担任北方事务部国务大臣（secretary of state for the northern department），1713 年至 1714 年担任南方事务部国务大臣。1713 年，圣约翰负责谈判并签署了《乌得勒支条约》，从而结束了西班牙王位继承战争（War of the Spanish Succession）。他与罗伯特·哈利（Robert Harley）之间日益扩大的裂痕造成了托利党内阁的瘫痪。被乔治一世解除职务之后，圣约翰又受到褫夺公民权的处罚，逃往法国，并支持觊觎英格兰王位的詹姆斯·爱德华·斯图亚特（James Edward Stuart）。1723 年被赦免后返回英格兰，1725 年恢复了被没收的地产，但仍被禁止进入议会上院。在反对沃波尔（Walpole）的过程中，他通过自己的著述，特别是发表在报纸《工匠》（*Craftsman*）上的文章，为"爱国者"和托利党各方提供了大量智识上的支持。

Bombay（Mumbai） 孟买 印度西海岸的一个岛屿，最初为葡萄牙人控制。1661 年，该岛屿作为布拉干萨的凯瑟琳（Catherine of Braganza）的嫁妆的一部分，送给了查理二世。1673 年，英国东印度公司（East India Company）把西海岸的商站从苏拉特（Surat）转移到这里。1818 年马拉地帝国的佩什瓦王朝（Maratha Peshwa）被打败后，孟买城成为印度大管辖区的首府。1901 年，孟买的人口已达到 850,000 人，成为大英帝国第三大城市，仅位列伦敦和加尔各答（Calcutta）之后。

Bondfield，Margaret（1873—1953）． 玛格丽特·邦德菲尔德（1873—1953） 工会领导人和第一位女性内阁大臣。邦德菲尔德 13 岁时离开学校，成为一名店员。她加入了费边社（Fabian Society），全身心地投入到社会主义政治活动中。她对店员生活困境的直接了解使其在全国店员工会（National Union of Shop Assistants）中的地位不断上升，并在 1898 年担任该工会的副书记。1923 年她当选为议会下院议员，1924 年工党执政时她担任劳工部的议会秘书，在 1929 年至 1931 年的第二届工党政府中出任劳工大臣。邦德菲尔德认同菲利普·斯诺登（Philip Snowden）的财政保守主义思想，并在 1931 年 8 月对内阁做出的削减失业救济金的决定表示了支持。但在同年的大选中，她失去了议会下院议员席位。

Boniface, St（c.675—754）. 圣卜尼法斯（约 675—754） 圣卜尼法斯或许是盎格鲁—撒克逊时代早期最伟大的传教士。圣卜尼法斯原名温弗里德（Wynfrith），718 年离开英格兰，先是协助威利布罗德（Willibrord）在弗里西亚（Frisia）传教，后担任黑森（Hesse）和图林吉亚（Thuringia）地区主教并独立开展传教工作。731 年，圣卜尼法斯被任命为大主教，后来担任教皇使节。在法兰克王国国王的支持下，他成为欧洲的宗教领袖人物。754 年，圣卜尼法斯返回弗里西亚继续从事劝化异教徒改信基督教工作，在那里，他及其追随者遭异教徒劫匪杀害。

Book of Common Prayer 《公祷书》 根据 1548 年 9 月 23 日发布的一份公告，爱德华六世设立了一个委员会，负责监督"在整个王国内统一礼拜仪式"的准备工作。1549 年 3 月颁布的《礼拜仪式统一法》（Act of Uniformity）规定，在全英格兰王国内只能使用新的《公祷书》。《公祷书》包含早祷礼文、晚祷礼文、圣礼（如洗礼和圣餐礼）的管理形式，以及祈祷用的圣诗集等。

1549 年之后，宗教改革思想特别是来自德意志和瑞士的宗教改革思想迅速为英国学者所接受，并在 1552 年发行的第二版《公祷书》中有一定体现。第二版《公祷书》使用很少，因为玛丽一世继位后，礼拜仪式又暂时回归到古老的拉丁礼拜仪式。伊丽莎白一世统治时期，1559 年又对 1552 年版《公祷书》进行了修订并投入使用，该修订版成为 1662 年版《公祷书》的范本，直到 20 世纪，1662 年版《公祷书》仍是安立甘宗各教会的标准礼仪书。

book of sports **《关于体育运动的布告》** 星期日是一周中的非工作日,属传统的娱乐消遣时间,但清教牧师把这一天等同于安息日,并通过禁止常规性的消遣活动来维护星期日的"神圣性"。然而,这会疏远公众对国教的感情。因此,1618 年詹姆斯一世发表了一份布告,宣布所有人在星期日做完礼拜后,均有从事"合法的娱乐活动"的权利。1633 年,查理一世重新命令贯彻这份布告。

Books of Discipline **《规章》** 1560 年版和 1578 年版的《规章》都阐述了一个无法完全实现的理想。1560 年版《规章一书》(*First Book of Discipline*)主要是由坚定的加尔文主义者约翰·诺克斯(John Knox)写作完成的。该书在很大程度上依赖于日内瓦(Geneva)的加尔文教派的《教会法令》(*Ordinances*)。1572 年诺克斯去世,三年后,安德鲁·梅尔维尔(Andrew Melville)开始撰写《规章二书》(*Second Book of Discipline*),意在清除苏格兰教会中主教制度政府的最后残余。

Boot,Jesse(1850—1931). **杰西·布特**(1850—1931) 布特出生于诺丁汉,他的父亲是卫斯理公会的在俗布道者并在诺丁汉经营一家草药店。布特抓住了满足医药需求的主流趋势这一利好商机,聘请了一位有执照的药剂师在各个药店配药。布特通过在各地开设分店和并购其他连锁零售商等形式,把业务推广到全国。

Booth,Charles(1840—1916). **查尔斯·布斯**(1840—1916) 布斯是利物浦一个富有的船主和社会调查者。根据社会民主联盟(Social Democratic Federation)的调查,在全部就业人口中,生活贫困者约占 25%。对于这一调查结果,布斯并不接受,他开始自己进行调查,并出版了 17 卷本的 1889—1903 年间伦敦穷人的生活和劳动著作。布斯的主要调查结果是,社会民主联盟估计的贫困人口所占比例过低,实际占 30.7%。布斯对后来的社会调查者们的调查工作和自由党政府(1906—1914 年)的施政方针均产生了重要影响。

Booth,William(1829—1912). **威廉·布斯**(1829—1912) 奋兴宗教热

诚运动者(revivalist)和基督教救世军(Salvation Army)的创始人。布斯加入了诺丁汉的卫理公会,1844 年改变了宗教信仰。1865 年他在伦敦东区建立了一个传道会,救世军就是从这个传道会发展起来的。有一段时期,布斯专门针对宗教阵线发动圣战,但经验表明,贫困是救赎的一个巨大阻碍。他在 1890 年出版的《最黑暗的英格兰以及出路》(*In Darkest England*)①一书中概述了自己的社会改革的计划。

Booth's rising,1659. 布斯起义(1659) 布斯起义是保王党派发动的诸多试图推翻共和国政体的行动之一。1655 年发生在威尔特郡的彭拉多克起义(Penruddock's rising)已遭彻底失败,但 1659 年乔治·布斯爵士(Sir George Booth)充分利用奥利弗·克伦威尔(Oliver Cromwell)死后局势不明朗这一时机,在柴郡(Cheshire)成功地号召起一大批支持者。1659 年 8 月 19 日,约翰·兰伯特(John Lambert)毫不费力地在温宁顿桥(Winnington bridge)击垮了起义军。布斯被囚禁在伦敦塔,但 1660 年获释。在查理二世的加冕礼上,布斯受封贵族。

Borders 苏格兰边区② 从 1973 年起,该地区成为苏格兰的一个行政区,包括贝里克郡(Berwick)、皮布尔斯郡(Peebles)、罗克斯堡郡(Roxburgh)和塞尔扣克郡(Selkirk)。苏格兰边区地处丘陵地区,其经济一直以养羊业和纺织业为主,同时因该地区的城堡和修道院、宁静的乡村和小城镇所带来的吸引力,旅游业也在不断发展。

Borneo,North 北婆罗洲 尽管西班牙在 16 世纪时就接触到了这个地区,但直到 1759 年亚历山大·达尔林普尔(Alexander Dalrymple)的远征,才使该地区与外部世界建立起了联系。东印度公司在此建立了数个定居点。1846 年,纳闽岛(Labuan)被英国占领,成为英国王室直接控制的殖民地。1877 年,英国北婆罗洲公司(British North Borneo Companey)开始在此建立政府。1941—1942

---

① 书名全称为:*In Darkest England:And The Way Out*。——译者注
② 又音译为"博德斯行政区"。——译者注

年,日本入侵北婆罗洲,促使英国将北婆罗洲变成直辖殖民地。1963 年后,北婆罗洲成立代议制政府并成为马来西亚联邦(Malaysian Federation)的成员。

Boroughbridge, battle of, 1322. 巴勒布里奇战役(1322) 在反抗爱德华二世和德斯潘塞父子(Despensers)的过程中,兰开斯特的托马斯(Thomas of Lancaster)退入约克郡,谋求在那里加入苏格兰人的队伍。1322 年 3 月 16 日,托马斯试图渡过尤尔河(Ure)时,在巴勒布里奇被坎伯兰郡长安德鲁·哈克拉爵士(Sir Andrew Harcla)率领的一只强大的弓箭手队伍阻住了去路。托马斯投降,以叛国罪被处决。

boroughs 自治市镇 "borough"(在苏格兰写作"burgh")这个词曾经引起过无休无止的混乱。盎格鲁—撒克逊时期古英语中的 *burg*、*burh* 和 *byrig* 这些词原本都是指有设防的地方。不过,在 1086 年编定的《末日审判书》(*Domesday Book*)中,使用的是该词的拉丁语形式 *burgus*,意思是指"town"(城镇),并且用 *burgenses*(burgesses,市民)一词指生活在这些城镇中的居民。12 世纪时,市镇农役保有权(burgage tenure)开始被视为是英国自治市镇的标准特征,即每个自治市镇的市民都享有一处支付租金的 burgage(不动产),通常指一所房屋。到了 13 世纪,大的市镇开始制定出各种旨在明确哪些人是"自由的市民"(free burgesses)的规则,以此保证市民——仅指享有一定政治权利的城镇居民——被明确限定为那些已经完成学徒期,或已缴付了费用的市民的儿子(有时是市民的遗孀或女儿)。

13—17 世纪,由于许多市镇都获得了特权,"自治市镇"一词又有了更多的含义。从 13 世纪晚期开始,王室官员往往把"自治市镇"一词限定于指享有更多特权的城市地区,特别是指那些拥有司法独立权的自治市镇,他们被称为"司法自治市镇"("juridical boroughs")。还有一些市镇,当然这些市镇的情况并不总是相同的,则被称为"税收自治市镇"("taxation boroughs"),因为这些市镇支付给王室的税收的比率与其他市镇不同,尤其是在 1334 年之后,这种情况更为突出。最后,在 13 和 14 世纪,郡守必须在他们任职的郡中选择出一些市镇,由这些市镇选出代表出席议会,这些市镇通常被称为"议会自治市镇"("parliamentary boroughs"）。到了 16 和 17 世纪，"自治市镇"一词主要在两种含义下使用：一种是在法律上具有法人地位的城镇（legally corporate town），通常拥有王室颁发的特许状所授予的特权；二是有权选举市民出席议会的自治市镇。大多数重要的自治市镇既具有法人地位，也有权选举议会议员。但也有少数被称为"议会自治市镇"的城镇并没有取得王室特许状授予的特权，如加顿（Gatton）；还有一些迅速发展的重要城镇却不具有选举议员的资格，如伯明翰和曼彻斯特。

现代意义上的自治市镇肇始于 19 世纪 30 年代。1832 年颁布的《改革法》（*Reform Act*）从两个方面对议会选举权做出了修改，即哪些自治市镇有议会选举资格，哪些人拥有议会选举投票权。1835 年颁布的《市政法人法》（Municipal Corporation Act）解散了将近 200 个自治市镇的法人团体，并由当地纳税人选出的市议会取而代之。1838 年，诸如伯明翰和曼彻斯特这样的新城镇都取得了法人自治市镇的资格。

Boston 波士顿 位于林肯郡的威瑟姆河（river Witham）附近，曾经是英国最大的港口之一。1066 年以后波士顿才成为一个城镇，但因羊毛出口而迅速繁荣起来。在 13 世纪，波士顿的纳税额超过其他所有港口城镇，仅少于伦敦。波士顿的主要建筑仍然是中世纪时期修建的圣博托尔夫教堂（St Botolph），又称"波士顿树桩"（"Boston stump"），教堂的塔高为 272 英尺。

Boston"massacre"，1770. 波士顿"惨案"（1770） 波士顿"惨案"指 1770 年 3 月 5 日，英军与马萨诸塞的波士顿群众发生冲突，在没有得到命令的情况下向平民开枪射击，三名波士顿平民被打死。人们迅速利用了该事件的宣传价值，尤其是雕刻家保罗·里维尔（Paul Revere）以雕像的形式，描述了这次惨案。在接下来的审讯中，开枪的士兵被判过失杀人而无罪释放。

Boston Tea Party，1773. 波士顿茶党案（1773） 波士顿茶党案标志着美洲殖民地对英国的统治从抵制发展到武装反抗的阶段。在废除了汤森税法（Townshend duties）中规定的对殖民地其他产品的征税权后，英国仍继续征收不得人心的茶税。1773 年，东印度公司获准直接将需要纳税的茶叶出口到美洲。

1773 年 12 月 16 日,一群波士顿人装扮成"莫霍克人或印第安人"("Mohawks or Indians"),将东印度公司停泊在波士顿的三艘船上的茶叶全部倒入波士顿港,这一对英国人财产进行公开挑衅的行为,促使英国议会于 1774 年通过了《强制法》(Intolerable Acts)。

Boswell,James(1740—1795). 詹姆斯·博斯韦尔(1740—1795) 作家。就读于爱丁堡中学(Edinburgh High School)和爱丁堡大学,其父为奥欣莱克勋爵(Lord Auchinleck)。博斯韦尔能拥有重要地位,要感谢塞缪尔·约翰逊(Samuel Johnson)。正是他们之间的友谊,才使得博斯韦尔写出了《约翰逊传》(Life of Johnson,1791 年)一书,以及《赫布里底群岛旅行日记》(Journal of a Tour to the Hebrides,1785 年)。博斯韦尔的非约翰逊式的文学成就的代表作是 1768 年出版的《科西嘉岛纪实》(Account of Corsica)。由于身心投入不足,博斯韦尔不是个成功的律师,他进入议会的愿望也始终没有实现。

Bosworth,battle of,1485. 博斯沃思战役(1485) 理查三世篡取爱德华五世王位之举受到了亨利·都铎(Henry Tudor),即后来的亨利七世的挑战。亨利在米尔福德港(Milford Haven)登陆,理查三世则将其军队全部集中在莱斯特(Leicester),因为他可以在此观察事态的进展。8 月 22 日,双方的军队在博斯沃思荒野(Market Bosworth)附近遭遇,理查三世在安比恩山头(Ambien hill)选择了一处有利的阵地,但由于斯坦利勋爵(Lord Stanley)的背叛,其人数上的绝对优势被抵消。理查三世在徒步作战时被砍杀,其尸体被吊挂在马背上运至莱斯特的方济会教堂(Grey Friars)下葬。

Botany Bay 博特尼湾 博特尼湾是 1770 年 4 月 29 日库克船长(Captain Cook)发现的,他以此来命名之,可能是为了纪念约瑟夫·班克斯爵士(Sir Joseph Banks)率领的英国皇家海军舰艇"奋进"号(Endeavour)船上的植物学家们。1786 年,班克斯把博特尼湾鼓吹成是理想的罪犯流放地。1788 年 1 月 20 日,英国第一支舰队在此登陆,结果发现班克斯的描述有些言过其实,于是转而驶向杰克逊港(Port Jackson),在悉尼港湾(Sydney Cove)登陆。不过,博特尼湾这个名称成了澳大利亚的代名词,并成为首个罪犯流放地。

B

Bothwell, James Hepburn, 4th earl of (c.1535—1578). 詹姆斯·赫伯恩,第4代博思韦尔伯爵(约 1535—1578) 博思韦尔家族在苏格兰南部有很大的影响力。博思韦尔虽然是个新教徒,但他起初是吉斯的玛丽(Mary of Guise)的支持者,并对英格兰人持强烈的敌对态度。博思韦尔没有参与谋杀里奇奥(Rizzio),而且当苏格兰女王玛丽与达恩利(Darnley)之间的关系不断恶化时,成了女王亲密的朋友。1567 年,一系列事件发展到戏剧性高潮。在 2 月的达恩利伯爵谋杀案中,博思韦尔是主谋。5 月 7 日博思韦尔与妻子离婚,5 月 12 日封授奥克尼公爵(duke of Orkney),5 月 15 日与玛丽在荷里路德宫(Holyrood palace)结婚。博思韦尔地位的迅速提升引起政敌们的强烈不满,这些人公开向他发起挑战。玛丽和博思韦尔逃到博思威克城堡(Borthwick castle),博思韦尔从这里逃脱,但自 6 月 15 日卡伯里山遭遇战(encounter at Carberry Hill)后,两人被迫永远分手。玛丽被囚禁在洛赫利文城堡(Lochleven castle),博思韦尔则被囚禁在奥克尼和设得兰群岛(Shetland)。后来博思韦尔又逃往丹麦人统治下的挪威。丹麦国王视其为一个有用的筹码,先是把他囚禁在马尔默(Malmö),后又囚禁在西兰岛(Zealand)的德拉索尔姆(Dragsholm)。博思韦尔最后在西兰岛死于精神病。他的尸体经过防腐处理后被保存在福勒瓦伊勒(Faarvejle)附近一座教堂的地下室里。

Bothwell Bridge, battle of, 1679. 博斯韦尔桥战役(1679) 狂热的主教制维护者、圣安德鲁斯大主教詹姆斯·夏普(James Sharp)在 1679 年 5 月被谋杀后,圣约派(covenanters)在西南部地区举行了起义。6 月 1 日,起义者在德拉姆克洛格(Drumclog)击败了邓迪子爵克拉弗豪斯的约翰·格雷厄姆(John Graham of Claverhouse, Viscount Dundee),并占领了格拉斯哥,但 6 月 22 日在博斯韦尔桥被蒙茅斯公爵詹姆斯(James, duke of Monmouth)打垮。

Botswana 博茨瓦纳 原英国保护地贝专纳兰(Bechuanaland)。英国在这一地区的影响力是 19 世纪初由伦敦传教会(London Missionary Society)和从开普殖民地（Cape Colony）北上的商人确立起来的。直到来自南非共和国（South African Republic，德兰士瓦）的布尔人和德国人建立的殖民地分别对英国统治的该地东部、西部地区构成压力后，英国政府才于1885年宣布博茨瓦纳为英国的保护地。1966年，博茨瓦纳独立。

Boudicca 布狄卡 爱西尼部落（Iceni tribe）的不列颠王后。公元60/1年，布狄卡领导了不列颠人反抗罗马人统治的起义。布狄卡的丈夫普拉苏塔古斯（Prasutagus）在罗马人入侵时是受罗马人庇护的爱西尼王国国王。然而，当公元60年普拉苏塔古斯去世时，罗马人决定将爱西尼王国并入不列颠行省。但罗马人的接管工作似乎没有做好，而根据罗马历史学家塔西佗（Tacitus）的记述，事情最后以布狄卡遭鞭打和她的两个年轻的女儿遭强奸而告结束。爱西尼王国的邻国特里诺文特人（Trinovantes）也加入到布狄卡策动的反抗队伍中。起义军占领并摧毁了罗马人在科尔切斯特的新殖民地，在伦敦也取得了胜利，然后摧毁了维鲁拉米恩（Verulamium），这是他们的老对手卡图维劳尼人（Catuvellauni）的首府。罗马总督苏埃托尼乌斯·保里努斯（Suetonius Paullinus）最后成功地组建起一支力量足够强大的军队，并在一次激战中与起义军展开了较量。最终不列颠人被击败，起义队伍瓦解。起义失败后不久，布狄卡自杀身亡。

Boulton，Matthew（1728—1809）. 马修·博尔顿（1728—1809） 伯明翰的企业家和工程师。博尔顿自1759年以来，发展了他父亲的纽扣产业，并于1760年至1762年间创办了自己的新工厂——索霍工厂（Soho Works）。与他的同事韦奇伍德（Wedgwood）一样，博尔顿也是集制造与销售于一体。早在1771年之前，博尔顿的工厂就一直困扰于水力动力不足，所以他在1773年得到了瓦特1769年取得的专利的三分之二股份，并从1775年起与瓦特共同合作研制蒸汽机。

Bourchier，Thomas（c.1410—1486）. 托马斯·鲍彻（约1410—1486） 坎特伯雷大主教。爱德华三世的曾孙。鲍彻在牛津大学学习期间就已成为伍斯特大学的校长和伍斯特主教区的主教。因为他具有"高贵的血统"，所以1454年

B

被男爵委员会(baronial council)择选为坎特伯雷大主教,时值亨利六世精神失常,英格兰实际由男爵委员会统治。1460 年约克家族进入伦敦,他表示欢迎,并对约克家族出身的爱德华四世继位表示同意,而对于理查三世和亨利七世的加冕这一无法改变的事情,他也似乎做好了接受的心理准备。

Bourges, treaty of, 1412. 《布尔日条约》(1412) 英格兰国王亨利四世与奥尔良公爵(duke of Orléans)之间签订的《布尔日条约》源起于法国的内战。作为对亨利四世帮助其打击勃艮第公国的回报,奥尔良公爵接受了英格兰提出的对阿基坦(Aquitaine)公国的主权要求。1412 年 7 月,亨利四世派出了一支军队,但由于此时奥尔良人已经与勃艮第达成了一项临时停战协议,所以《布尔日条约》的内容一直没有实现。

Bouvines, battle of, 1214. 布汶战役(1214) 发生于 1214 年 7 月 27 日,是欧洲历史上具有决定性意义的一场战役。在布汶(佛兰德)附近,法国国王腓力二世"奥古斯都"(Philip II "Augustus", 1179—1223 年在位)的军队彻底打败了针对他的各国联军,包括英格兰国王约翰派遣的远征军,莱茵兰(Rhineland)各公国的分遣军和约翰的外甥、神圣罗马帝国皇帝不伦瑞克的奥托(Otto of Brunswick)的军队。腓力二世的胜利使英格兰国王约翰后来不得不在兰尼米德(Runnymede)签署了《大宪章》(*Magna Carta*)。

bowls 草地滚球戏 又称为滚木球戏,是所有运动形式中最为古老也最为流行的形式之一。和其他许多运动形式一样,草地滚球戏是在维多利亚时代后期的英国蓬勃开展起来的。1895 年,伦敦只有一块城市草坪,但到 1907 年已有76 块草坪。当人们开始使用重心略偏的木球(biased bowls),同时在游戏中允许采用一定的战术打法时,现代意义上的草地滚球游戏就发展起来了。苏格兰草地滚球协会(Scottish Bowling Association)成立于 1892 年,英国草地滚球协会成立于 1903 年,而国际草地滚球委员会(International Board)成立于 1905 年。在地面稍微隆起的草地上开展的皇冠式草地滚球戏(Crown green bowls),在英格兰中部地区和北部地区较为盛行。

Bow Street runners　弓街管理者　弓街管理者是附属于弓街警察局（Bow Street Police Office）的治安官（constable），弓街警察局是 18 世纪中叶由治安法官（magistrate）约翰·菲尔丁爵士（Sir John Fielding）建立的。1792 年，伦敦仿照弓街警察局的模式建立了 7 所警察局。这些公仆在维持治安上起了很大的作用，但其报酬很微薄，1829 年《大都市警察法》（Metropolitan Police Act）颁布后，治安官被警察取而代之。

Boxer Rising，1900.　义和团运动（1900）　随着欧洲列强侵略势力在中国的扩大，华北地区民众的反抗情绪日益强烈。在慈禧太后的鼓动下，在中国的年轻人中，形成了一个被称作义和团（Society of Harmonious Fists）或"义和拳"（Boxers）的组织。义和团向皈依基督教者、传教士，以及在外国人控制的铁路上工作的工人进行打击。1900 年 6 月 20 日，义和团运动在北京爆发。7 月 14 日，由 6 个国家组成的联军在天津登陆，行进 80 英里，8 月 14 日到达北京。

boxing　拳击运动　拳击运动是从没有规则约束的对抗活动中发展起来的，在拳击过程中，可以使用摔跤、踢打、以手抠眼睛、用牙咬、揪头发等手法，甚至在对手倒下时可以继续对其踢打。早期的职业拳击赛一直要持续到一方无法继续再战为止。1838 年，伦敦拳击锦标赛（London Prize Ring）规则正式执行，拳击比赛有了用栏索围起来的拳击台。自 1867 年制定《昆斯伯里规则》（Queensbury rules）以来，这些拳击规则经过一段时间后才真正确立起来，包括拳击手要佩戴拳击手套，每个回合的时间为 3 分钟，以及选手在被击倒 10 秒后站不起来算输，等等。1880 年成立了业余拳击协会（Amateur Boxing Association），1904 年拳击运动被纳入奥林匹克运动会（Olympic Games）比赛项目。对于职业拳击比赛，自 1919 年以来，尽管国际性的权威拳击组织的数量在不断增加，但监管工作一直由英国拳击管理委员会（British Board of Control）负责。

Boyle，Robert（1627—1691）.　罗伯特·玻意耳（1627—1691）　玻意耳是第 1 代科克伯爵（earl of Cork）的小儿子，以研究气压问题而闻名。17 世纪 50 年代，他是"隐形学院"（"invisible college"）的成员，之所以被称为隐形学院，是因

B

为与牛津大学瓦德汉学院（Wadham College）的约翰·威尔金斯（John Wilkins）有关系的这些人从未真正聚在一起过。隐形学院在英格兰科学革命（scientific revolution）中起了关键作用,是皇家学会的核心。

Boyne,battle of the,1690.　博因河战役(1690)　1689 年夏季,詹姆斯二世重申对整个爱尔兰拥有统治权,但这一企图因在德里（Derry）和恩尼斯基伦（Enniskillen）受到的抵抗而摇摇欲坠。1689 年 7 月,威廉三世取得纽敦巴特勒（Newtown Butler）战役的胜利,此役是威廉三世对詹姆斯二世展开反击的开始。战役结束的第二天,德里得到解放。1690 年 6 月,威廉三世来到德里,亲自指挥军队向南挺近。詹姆斯党人决定在都柏林北部的博因河沿线投入战斗。7 月 1 日,双方军队在此相遇,詹姆斯二世的军队大约有 25,000 多人,而威廉三世的兵力稍多。最终,威廉三世的军队渡过博因河,向詹姆斯二世发起正面攻击,取得了决定性胜利。虽然此战造成的伤亡不重,但战争的结果却具有决定性意义。

Boys' Brigade　基督少年军　1883 年威廉·亚历山大·史密斯（William Alexander Smith）在格拉斯哥创建。史密斯创建这个组织,是为了管理在他的苏格兰免费教会主日学校（Sunday School）学习的孩子们。他试图利用军事训练和严格纪律的手段来提高男孩子的道德水平,使他们成为更加虔诚的基督徒。基督少年军的徽章是一个锚,格言是"又坚固又牢靠"①（"Sure and Stedfast"）,基督少年军的统一制服包括筒帽、腰带和粗帆布书包。

Boy Scouts　童子军　巴登—鲍威尔（Baden-Powell）于 1908 年创办的少年运动。巴登—鲍威尔创立童子军运动的念头,来自于人们对他撰写的军事训练教材《侦察手册》（*Aids to Scouting*）所表现出来的兴趣,同时也受到基督少年军这一组织的启发。1907 年 7 月 29 日至 8 月 9 日,巴登—鲍威尔在普尔港（Poole Harbour）附近的布朗西岛（Brownsea Island）开办了一座训练营。次年,巴登—鲍

---

① 语出自《圣经·希伯来书》,完整的表述为:"我们有这指望如同灵魂的锚,又坚固又牢靠,且通入幔内。"——译者注

威尔正式成立了童子军,并撰写了《童子军教程》(*Scouting for Boys*)。童子军成立后的两年内,成员发展到 100,000 人。童子军与基督少年军不一样,巴登—鲍威尔认为,基督少年军对男生的那种训练会摧毁孩子们的个性。其他一些类似的组织也陆续加入到童子军组织中来,如 1914 年幼狼童子军(Wolf Cubs)的加入,1919 年罗浮童子军(Rover Scouts)的加入,1982 年稚龄童子军(Beavers)的加入。到目前为止,童子军运动已经遍布到 150 个国家,成员有 1600 万人左右。

Bracton,Sir Henry(c. 1210—1268). **亨利·布雷克顿爵士**(约 1210—1268) 普通法方面最伟大的法学家之一。布雷克顿出生于德文郡,曾担任埃克塞特主教座堂的教长。亨利三世在位期间,他曾担任巡回法官(justice in Eyre)和王座法庭的法官(justice of King's Bench)。但布雷克顿的名气主要还是基于他的那部巨著《论英格兰的法律和习惯》(*De legibus et consuetudinibus Angliae*,"On the Laws and Customs of England"),不过一直有人认为该书的大部分内容都是出自他人之手。

Braddock Down,battle of,1643. **布雷多克丘陵战役**(1643) 1643 年初,议会和国王双方仍在为争夺西南部地区而相互搏杀。1643 年 1 月 19 日,拉尔夫·霍普顿爵士(Sir Ralph Hopton)在利斯卡德(Liskeard)附近的布雷多克丘陵击败了一支议会军。

Bradford **布拉德福德** 尽管布拉德福德早在 1251 年就取得了王室特许状,但此时它仍只是个在当地具有一定重要影响的纺织业市镇。17 世纪,布拉德福德的发展退步了。西莉亚·法因斯(Celia Fiennes)[1]在她 17 世纪 90 年代时的旅行手记中没有提到布拉德福德,而笛福(Defoe)在其 18 世纪 20 年代的作品中,虽然用了很大的篇幅描写利兹,却忽略了布拉德福德。布拉德福德的复兴得益于精纺毛织品贸易的发展和运河网络的扩大。1774 年布拉德福德运河竣

---

① 西莉亚·法因斯(1662—1741),英国著名旅行家和旅行志作家,17 世纪末骑马旅行全国各地,著有《英格兰旅行记》(*Through England on a Side Saddle in the Time of William and Mary*)。她的旅行手记是研究当时英国社会与经济状况的宝贵资料。——译者注

工,1777 年布拉德福德运河与利兹和利物浦运河完成连接,使布拉德福德在东部和西部海岸有了出海口。19 世纪最初的几十年间,布拉德福德已经开始了惊人的发展。到 1851 年,布拉德福德已成为英国第七大城镇,人口超过 100,000 人。自 1846 年以来,布拉德福德又成为英国快速发展的铁路系统的一个组成部分。20 世纪,布拉德福德没有得到很好的利用。在德国空军(Luftwaffe)的轰炸中,布拉德福德因不是主要的目标,故遭受的损失相对较小,但在战后的城市发展规划中,布拉德福德却被这些规划者们给毁掉了。J.B.普里斯特利的作品,尤其是《光辉岁月》(*Bright Day*)——布拉德福德(Bruddersford)有轨电车的挽歌,还能唤起我们对爱德华时代的布拉德福德的许多美好回忆,当时羊毛业在英国还占主导地位。

Bradford, diocese of　布拉德福德主教区　布拉德福德主教区是 1919 年时从韦克菲尔德(Wakefield)主教区和里彭(Ripon)主教区中分离出来的,建立该主教区的目的是为了满足这个毛织业中心人口不断增长的需要。该教区的主教座堂是 15 世纪时兴建的堂区教堂,18 世纪时增加了一些配套设施,1953 年至 1965 年又进行了大规模的扩建。

Bradlaugh, Charles(1839—1891). **查尔斯·布雷德洛**(1833—1891)
激进人物,无神论者,共和派出身的记者。他出生于伦敦,他的职业生涯是从担任事务律师的书记员并在业余时间从事宣传宗教与世俗分离论的演讲开始起步的,最终成为英国维多利亚时代最令人敬畏的公众演说家之一。1862 年,他接办《国民改革家》(*National Reformer*)杂志,1866 年成立了国民世俗社团(National Secular Society)。1873 年,他创建了全国共和党联盟(National Republican League)。1877 年,他因与安妮·贝赞特(Annie Besant)一起再版宣传节育的《诺尔顿小册子》("*Knowlton Pamphlet*")而声名狼藉。1880 年,他以北安普敦候选人的身份当选为议会下院议员,但由于他是个公开的无神论者,被禁止进行宗教宣誓。直到 1886 年,他进入下院的努力才取得成功,他也由此成为英国民主舆论的领导者。

Bradshaw, John（1602—1659）. **约翰·布拉德肖**（1602—1659） 审讯并判处国王查理一世死刑的高等法庭（High Court Justice）的庭长。在这次审讯过程中，他表现得束手无策。面对查理一世对法庭的合法性进行的公然挑战，布拉德肖狼狈不堪，曾两次下令将查理一世逐出法庭。在审讯即将结束，法庭宣判查理一世为"暴君、叛徒和杀人犯"之后，布拉德肖拒绝了国王的上诉要求。不过，布拉德肖在当选国务会议（Council of State）主席后，对克伦威尔1653年解散残余议会（Rump Parliament）的权利还是进行了抵制。当1659年重开残余议会时，布拉德肖再次担任国务会议主席职位，但在王朝复辟前几个月去世。

Bramham Moor, battle of, 1408. **布拉默姆荒原战役**（1408） 在1403年反对亨利四世统治的叛乱中，诺森伯兰伯爵亨利·珀西躲过一劫，但他的儿子"急性人"（Hotspur）在什鲁斯伯里（Shrewsbury）被杀。1408年，亨利·珀西再次举兵反抗亨利四世的统治。亨利·珀西率领叛军南下到瑟斯克（Thirsk），但没有得到多少人的支持。1408年2月20日，亨利·珀西的叛军在布拉默姆荒原被打败，其本人也被杀。

Brandywine, battle of, 1777. **布兰迪万战役**（1777） 1777年6月，约翰·伯戈因（John Burgoyne）率英军从加拿大出发，南下打击美国的反英力量。7月，北美洲英军总司令豪（Howe）率领一支军队从纽约出发，经海路在马里兰登陆后向北挺近。华盛顿南下保护费城，在布兰迪万溪（Brandywine Creek）附近占据了有利阵地。9月11日，豪从侧翼攻击华盛顿，随后开赴费城并意图占领之。但英国人得意没多久，10月就传来了伯戈因已在萨拉托加投降的消息。

Braose, William de（d.1211）. **威廉·德·布鲁斯**（卒于1211年） 在英格兰国王约翰以反复无常的方式对待自己的臣民这一做法中，他对待威廉的做法是最为臭名昭著的一个例子。威廉是威尔士边区贵族（Welsh marcher lord），1199年时支持了约翰对英格兰王位的要求，但1201年威廉在米尔博（Mirebeau）俘获了约翰的侄子和王朝的对手布列塔尼的阿瑟（Arthur of Brittany），招致大祸临头，因为只有包括他在内的为数不多的人知道阿瑟是被谋杀的。约翰越来越

B

担心威廉对自己的忠诚度。从 1205 年开始,当威廉的妻子玛蒂尔达(Matilda)在无意中泄露了阿瑟死亡的秘密后,约翰决定除掉威廉。约翰无情地追捕威廉一家。玛蒂尔达和她的儿子们失踪,1211 年威廉在法国流亡时去世。

"Bread or blood" riots, 1816. "面包或流血"暴动(1816) 滑铁卢战役结束后的几年里,物价飞涨,失业率升高,商业衰退。沼泽地区的农业雇工生活贫困,工资报酬很低,而且得不到妥善安置。他们抱怨征收什一税、实行圈地、使用脱粒机打谷和雇佣爱尔兰劳动力,因此,纵火、砍倒树木和残害牲口的事件时有发生。最严重的一次是 1816 年 5 月发生在利特尔波特的骚乱,当时一大群人被义勇骑兵队(yeomanry)驱散,其中两人死亡。在这一事件中,5 人被绞死,9 人被流放。据说抗议者已经举起了"不给面包就要流血"的牌子相威胁。

Brecon cathedral 布雷肯主教座堂 See SWANSEA(见斯旺西)

Breconshire 布雷肯郡 南威尔士的一个边境郡,该郡的名称来自于威尔士的布雷切尼奥格王国(Kingdom of Brycheiniog)。诺曼征服后,布雷切尼奥格王国被布雷肯(Brecon)领地取代。根据 1536 年威尔士与英格兰签订的《合并法》(Act of Union),布雷肯领地和北部的比尔斯(Builth)合并为一个郡,即布雷肯郡。1974 年,该郡成为新成立的波伊斯郡(Powys)的一个区,1996 年威尔士实行行政建制改革后,布雷肯仍是波伊斯郡的一部分。

布雷肯郡的地形以丘陵为主,包括布雷肯山(佩尼范峰,高达 2906 英尺,也是个国家公园)、布莱克山(Black Mountains)和大森林地质公园。布雷肯郡只有大约 6% 的面积是低于 500 英尺的低洼地带,由瓦伊河和阿斯克河河谷形成。

Breda, declaration of, 1660. 《布雷达宣言》(1660) 1660 年 4 月,查理二世在荷兰流亡期间发表的宣言。这是一份很高明的政治文件,既有安抚人心的一面,却又措辞含糊。宣言承诺实行大赦,答应支付拖欠蒙克(Monck)军队的款项,并保证宗教信仰会受到尊重。宣言把最具有争议的问题都留给了议会去自由讨论。

Breda, treaty of, 1667. 《布雷达条约》(1667) 1667 年 7 月 31 日签订, 该条约结束了第二次英荷战争。该条约中最重要的条款, 是使英格兰获得了包括新阿姆斯特丹(更名为纽约)在内的新尼德兰。根据该条约, 对 1651 年的《航海条例》(*Navigation Act*)做出了修改, 允许荷兰把从尼德兰南部出口的货物运往英格兰。

Brémule, battle of, 1119. 布雷穆勒战役(1119) 1119 年 8 月 20 日亨利一世和法国国王路易六世之间进行的一场战役。路易侵入诺曼底, 而且很希望把亨利一世拉入战争。路易指挥军纪松弛的骑兵向英军和诺曼公国的近卫队发动了攻击。亨利一世本人的头盔有几处受损, 但法军被打败, 四散而逃。

Brétigny, treaty of, 1360. 《布雷蒂尼条约》(1360) 1356 年黑王子(Black Prince)在普瓦捷(Poitiers)取得重大胜利后, 爱德华三世于 1359 年重启对法国的战争。由于无法彻底打败法军, 1360 年 5 月, 爱德华三世在沙特尔(Chartres)附近的布雷蒂尼与法国开始谈判。爱德华三世答应将减少法王约翰的赎金, 同时以取得对吉讷(Guînes)和阿基坦(Aquitaine)的全部主权作为放弃对法国王位要求的交换。

bretwalda 盎格鲁—撒克逊盟主 "bretwalda"一词最早出现在《盎格鲁—撒克逊编年史》829 年的记载中。《盎格鲁—撒克逊编年史》A 版本称, 威塞克斯王国的埃格伯特(Egbert)是第八位成为"布雷特瓦尔达"(意为不列颠的统治者)的国王。该书的其他版本则使用了"brytenwalda"一词, 意为"广大地区的统治者"。至于哪个词是"确切的", 人们还有不同的看法。该词与比德的下列陈述之间的关系似乎对于该词的解释更具有重要意义, 比德声称有七位统治者对整个或大部分不列颠岛拥有绝对的统治权(*imperium*): 最早的统治者是 5 世纪末萨塞克斯王国的国王埃尔(Ælle), 最晚的是诺森伯里亚王国的国王奥斯威(Oswiu, 卒于 670 年)。

如果——这种可能性很大——"bretwalda"一词是早期出现的词汇, 那么它就是一种富有诗意的赞美之词。比德对绝对统治权以及掌握绝对统治权力之人的评论,来源于某些用"7"(sevens)来归总统治者人数的惯用语(后来我们还发现,内尼厄斯也用"7"来归总统治不列颠的 7 个罗马皇帝)。这里出现了两个问题:首先,比德的资料是从哪里得到的? 比德为什么挖掘这些资料? 比如记载极为模糊的国王埃尔的资料;其次,即使关于早期的政治安排的记载非常模糊不清,比德就不能传播从介乎于具有诗意般的修辞与已经得到确立的制度之间的因素中派生出来的传统吗?

Brian Boru(d.1014). 布赖恩·博罗(卒于 1014 年) 爱尔兰至尊国王(high kings)中最伟大的国王,属于原本弱小的达尔凯斯(Dál Cais)芒斯特王朝(Munster dynasty),该王朝在 10 世纪中叶时臻于鼎盛。布赖恩的父亲森尼提格·麦克·罗凯恩(Cennétig mac Lorcáin)使这个家族开始走上政治舞台,罗凯恩 951 年去世时,已经是芒斯特(托蒙德)北部地区的国王。976 年,布赖恩继承了其兄马斯加梅因(Mathgamain)之王位,芒斯特王朝迅速崛起,统治着利默里克(Limerick)和沃特福德(Waterford)两个维金人城镇。此时,布赖恩把挑战的对象转向了当时爱尔兰的至尊国王、中部地区的统治者、南部乌伊尼尔(Uí Néill)的国王梅尔·塞克奈尔·麦克·道姆奈尔(Mael Sechnaill mac Domnaill)。道姆奈尔最终于 1002 年归顺布赖恩,并拥布赖恩为爱尔兰至尊国王。1005 年,布赖恩正式采用"爱尔兰人的皇帝"这一称号。1014 年,布赖恩在克朗塔夫(Clontarf)战役中大败伦斯特人(Leinstermen)和都柏林的北欧裔爱尔兰人发动的叛乱,但布赖恩也在这次战役中被杀。

Bridewell 布里奇韦尔感化院 即伦敦布里奇韦尔,建立于 1555 年,是英格兰第一家"感化院"(House of Correction),从那以后,"Bridewell"一词常被用来描述类似的机构。16 世纪英格兰贫困人口数量激增,感化院被用来惩罚和改造那些犯有轻微罪行者。1610 年,英格兰各地普遍建立了感化院。

bridge 桥牌运动 桥牌运动是 19 世纪时从惠斯①演变而来的,而惠斯

---

① 纸牌游戏的一种。——译者注

特据信起源于近东。"bridge"这个词本身的来源就难以说清,但很有可能是从俄语的"biritch"一词派生出来的,"biritch"的意思是"无将"(no trumps)。桥牌与惠斯特之间最基本的区别在于桥牌是通过叫牌来确定将牌的花色(trump suit)和定约(forecast)。地方性的桥牌俱乐部为数众多,都隶属于英国桥牌联盟,该联盟定期发布积分点,玩家由此可以确定自己作为选手的等级资格,是俱乐部的选手,还是地区性的选手,等等。

Bridgeman, Charles (d.1738). 查尔斯·布里奇曼(卒于 1738 年) 1728年至 1738 年间国王乔治二世的皇家园丁。布里奇曼在英国景观园林设计的发展中起到了重要作用。从园林的设计风格上说,布里奇曼的作品介于 1600 年代末的几何布局风格和威廉·肯特与绰号"能人"的兰斯洛特·布朗(Lancelot "Capability" Brown)的自由设计风格之间。他在诸如汉普顿宫、肯辛顿宫、里士满宫、圣詹姆斯公园和温莎宫等皇家园林的设计中,均扮演了非常活跃的角色,与此同时他还设计了一些私家园林,包括克莱尔蒙特、伊斯特伯里和温波尔等。

Bridgwater, Francis Egerton, 3rd duke of (1736—1803). 弗朗西斯·埃杰顿,第 3 代布里奇沃特公爵(1736—1803) 1748 年布里奇沃特继承了其兄长的公爵爵位,当时他只有 11 岁。1758 年,他向孀居的汉密尔顿公爵夫人——冈宁家族的姐妹之一——求婚,未果,此后他把自己的全部时间都投入到开发其在兰开夏郡地产上的煤炭资源。为此他在 1761 年雇用布林德利(Brindley)修建了一条从沃斯利(Worsley)到索尔福德(Salford)的运河,连带着在艾威尔河(river Irwell)上游的巴顿(Barton)修建了一条有名的沟渠,之后又修建了从曼彻斯特到利物浦的长达 28 英里的运河。布里奇沃特终身未婚,死后葬于邻近他的阿什里奇(Ashridge)地产的小加德斯登(位于赫特福德郡)。

Brigantes 布里甘特人 拥有罗马公民权的不列颠部落联盟。布里甘特人的意思是"高地人"("upland people")或"山地居民"("hill-dwellers"),属于奔宁山脉(Pennine)的中心地带。所以,这样一个幅员辽阔的地区不是某一个部落的领地,而是一个松散的部落联盟,这就不会让人感到奇怪了。整个联盟或许

B

有一个中心区,地点可能位于哈德斯菲尔德附近的阿蒙兹伯里或斯科奇科纳附近的斯坦威克(Stanwick)。可以确定的是,当罗马人到达布里甘特人南部边境的时候,布里甘特人的统治者只有一个,那就是卡蒂曼杜女王。

Briggitines 布里吉特修会 瑞典的圣布里吉特(约 1303—1373 年)大约在 1346 年时创立,为男女双修的教派。布里吉特修会尊奉奥古斯丁会会规和圣布里吉特制定的章程,包括"救世主的规章"。该教派在英国只有一座修道院,即 1415 年亨利五世创建的特威克南修道院,1431 年该修道院迁至西翁。

Bright,John(1811—1889). 约翰·布赖特(1811—1889) 激进的政治家,罗奇代尔纺织厂厂主之子。1830 年约翰做的关于节制问题的第一次公开演讲显示出贵格会对他产生的极大影响。作为反谷物法同盟(1839—1846 年)的首席公开演讲者,约翰先后作为达勒姆(1843 年)、曼彻斯特(1847—1857 年)和伯明翰选区的候选人当选为议会下院议员。他支持自由贸易,反对限制纺织厂成年工人工作时间的立法。19 世纪 50 年代,他呼吁和平,提倡紧缩开支,主张议会改革,但由于反对克里米亚战争而不得人心。1868 年至 1870 年,他进入自由党内阁,担任贸易委员会主席;1873 年至 1874 年、1880 年至 1882 年,他先后出任兰开斯特公爵领地事务大臣(chancellor of the duchy of Lancaster)。1882年,他以辞职的方式抗议英国海军对亚历山大港的轰炸。据说约翰是最好战的和平主义者,是 19 世纪最伟大的演说家之一。

Brighton 布赖顿 最初名为"Brithelmston",是萨塞克斯郡的一个渔村。18 世纪中叶,布赖顿开始迅速发展,当时理查德·罗素博士向人们介绍说这里的空气有益健康。有很多人光顾过布赖顿,包括范妮·伯尼和塞缪尔·约翰逊(1770 年)。1784 年,威尔士亲王乔治也亲临过布赖顿。1784 年,亨利·霍兰德(Henry Holland)在布赖顿最初建成的是古典式风格的皇家亭阁,1817 年纳什(Nash)采用东方风格(外观为印度风格,内饰为中国风格)对其进行了重建。

Brigit,St(c.450—c.525). 圣布里吉特(约 450—约 525) 与科伦巴(Columba)和帕特里克(St Patrick)一起成为爱尔兰的守护神。布里吉特出生在劳斯郡(Louth)的福哈特(Faughart),年轻时为了逃避婚姻而毁容,常戴着面纱。她于 470 年创办的基尔代尔(Cill-Dale,Kildare)修道院后来发展成为学术与灵修中心。

Brihuega,battle of,1710. 布里韦加战役(1710) 面对重振旗鼓的旺多姆公爵率领的 12000 名法国与西班牙联军的压力,斯坦诺普勋爵指挥的 4000 名英军被迫从马德里撤退到加泰罗尼亚(Catalonia)。1710 年 12 月 9 日,法西联军在布里韦加追上英军,斯坦诺普率军顽强作战,直至弹尽粮绝。英军最后战至不足 500 人,斯坦诺普别无选择,只得投降。

Brindley,James(1716—1772). 詹姆斯·布林德利(1716—1772) 布林德利是一名工程师,出生在德比郡,他的职业生涯是从在斯塔福德郡的利克做造水车木匠开始的。1759 年,他受雇于布里奇沃特公爵,负责修建从沃斯利到曼彻斯特的运河。此后,布林德利又监督修建了几条运河,包括 1767 年开通的从利物浦至曼彻斯特的运河;特伦特河和默西河运河,该运河长达 140 英里,中间有经过海尔卡斯尔的 2880 码长的隧道;以及沟通斯塔福德郡和伍斯特的运河。

Bristol 布里斯托尔 位于埃文河和弗罗姆河交汇处的一座城市。虽然 1020 年以前,布里斯托尔没有留下任何历史记载,但到 1066 年时,它已经是一个繁荣的港口了。诺曼人在这里建造了一座在英格兰具有重要战略意义的城堡。到 1216 年,布里斯托尔已经具有足够大的影响力,市民甚至选举产生了一位市长。根据 1377 年缴纳人头税额度排名,布里斯托尔仅位列约克之后,是第二大地方性城市。当 1373 年国王给予布里斯托尔郡法人地位(county corporate)时,其重要性得到了认可。1542 年,布里斯托尔成为主教座堂所在地,地位进一步提高。17 世纪末和整个 18 世纪是布里斯托尔的黄金时代。布里斯托尔的财富主要来自于跨大西洋贸易(特别是奴隶贸易)及其相关的新兴产业(糖和烟草)。然而,到 1800 年,布里斯托尔的重要地位被利物浦、曼彻斯特和伯明翰所取代。在 19 世纪 30 年代和 40 年代,在 I.K.布律内尔的帮助下,布里

B

斯托尔成为英国重要的铁路和大西洋海运的终点站。自 1868 年以来,在埃文茅斯新建的码头帮助布里斯托尔恢复了往日的繁荣。

Bristol, diocese of　布里斯托尔主教区　布里斯托尔主教区是 1542 年时亨利八世创建的,主教区所辖区域大致与现在的布里斯托尔城重叠。由于布里斯托尔主教区十分贫困,加之要在不增加主教人数的情况下创建里彭主教区和曼彻斯特主教区,导致该主教区在 1836 年时与格洛斯特主教区实行了为期很短的联合。但随着人口的不断增长,这一主教区联合体显然越来越不适合发展的需要,于是根据 1884 年的一项法令,布里斯托尔主教区重新恢复了独立地位。布里斯托尔主教区的主教座堂是前圣奥古斯丁会的修道院。

Bristol riots, 1831.　布里斯托尔骚乱(1831)　格雷的第二次《改革法案》(Reform Bill)遭议会上院否决,在各地引发了大规模的示威游行和骚乱。布里斯托尔本身就有民众不喜欢遵守公共秩序的名声,而此次发生的骚乱既是对寡头政治集团的反对,也是对上院否决改革法案之举的反抗。点燃布里斯托尔骚乱事件导火索的,是查尔斯·韦瑟雷尔爵士 10 月 29 日到布里斯托尔主持巡回法庭开庭。韦瑟雷尔是《改革法案》的公开反对者,季审法庭法官。在骚乱过程中,市政厅、海关大厦、主教官邸以及女王广场的一部分均遭到攻击和抢劫。两天后,军队清场,12 人被杀,100 人被捕。接下来的审讯,有 31 人被判处死刑,但最终执行死刑的是 5 人。

Britain, Battle of, 1940.　不列颠战役(1940)　1940 年 6 月 18 日,丘吉尔宣布"法国之战已经结束,我期待着不列颠之战的开始"。7 月 2 日希特勒在犹疑不决中下达了计划入侵英国的命令。丘吉尔政府在得到大多数公众舆论支持的情况下,选择了继续战斗。德国如果没有空中优势,就不可能成功入侵英国。德国试图摧毁英国皇家空军战斗机指挥部,从而赢得制空权。双方的单座战斗机在关键性的遭遇战中实力旗鼓相当。德国的梅塞施米特式 109E 型战斗机的速度与英国的喷火式战斗机一样快,比英国的飓风式战斗机速度快,但英国的各种机型行动更加灵活。7 月中旬到 8 月中旬,德军的轰炸机对英国的航线展开攻击。德军的计划是迫使英国皇家空军攻击德国的护航战斗机,以避免自己的轰炸机受到攻击。8月13日,德军开始实施主战计划,即攻击英国的机场和飞机制造厂。英国飞机和飞行员损失的数量很快超过了可补充替代的数量。9月7日和9日,德军对伦敦进行了猛烈轰炸,但这次轰炸也使德军损失了84架飞机。显然,英国皇家空军并没有被击败,希特勒推迟了入侵英国的决定。9月15日,德军再度对伦敦实施轰炸,而这次轰炸又为英国皇家空军提供了一次取胜的良机,德军损失了60架飞机,而英军只损失了26架飞机。9月17日,希特勒再次推迟了入侵英国的计划,到10月12日,希特勒完全放弃了该计划。在不列颠战役中,英军损失的飞机不到800架,而德军损失的飞机将近1400架。英国参加这次战役的机组人员近3000人,其中有507人牺牲。丘吉尔说得没错:"在人类冲突的战场上,从未有过这么多的人欠了这么少的人这么多的情。"

Britannia　不列颠尼亚　罗马人给不列颠群岛起的名称,1586年卡姆登使这一名称再度流行后,不列颠尼亚成为不列颠富有诗意的名称。不列颠尼亚后来被拟人化为一个坐着的女性形象,并以这一形象——由弗朗西斯·斯图尔特塑造——出现在查理二世1667年颁发的布雷达和平奖章和1672年铸造的铜币上;在象征着英格兰与苏格兰联合的"联合之盾"中,两个盾并排摆放,分别托着圣乔治十字架和圣安德鲁十字架。

British Academy　英国学术院　鉴于具有世界性影响的科学与文学学术院协会(Association of Scientific and Literary Academies)于1899年在威斯巴登解散,1901年成立了英国学术院,并很快就获得了王室特许状。但英国学术院在人文学科领域的影响力能够与皇家学会在自然科学领域的影响力相媲美,要到很多年以后。到20世纪40年代中期,英国学术院的发展处于停滞不前的状态,但在查尔斯·韦伯斯特爵士(1950年至1954年担任学术院院长)和莫蒂默·惠勒(学术院秘书)的领导下,英国学术院的工作效率提高了,研究的领域也扩大了。到1970年,英国学术院已成立了富有生气的研究委员会,设立了资助年轻学者的基金,政府拨款增加了,在伯林顿宫(Burlington)有了新的办公场所,与国外的交流更加频繁。英国学术院的总部设在伦敦卡尔顿府联排10号。

B

British and Foreign School Society　英国及海外学校协会　该协会源于约瑟夫·兰开斯特的作用,兰开斯特 1798 年时在萨瑟克建立了一所学校和培训机构。在乔治三世承诺每年提供 100 英镑资助的情况下,兰开斯特于 1808 年建立了"促进旨在为贫民提供教育的皇家英国或兰开斯特教育体制协会"(The society for Promoting the Royal British or Lancasterian System for the Education of the Poor),后改为英国及海外学校协会。兰开斯特提出的"导生制"这一教学方式,可以使得更多的人接受初级水平层面的大众教育,而此前的任何一种教学方式都无法使教育的受众规模达到这样一个程度。该协会在英国创办了近 4000 所导生学校。

British Association for the Advancement of Science　英国科学促进协会
这一流动性机构成立于 1831 年,在促进公众对科学的认识方面起到了重要作用。皇家学会立足于伦敦,就像个绅士俱乐部;皇家科学研究院虽然时尚,但费用高昂。所以,英国科学促进会的成立,其重要推动因素是出于地方自豪感和对公众科学素养下滑的忧虑。英国科学促进会第一次会议是在约克召开的,接下来的第二次和第三次会议分别在牛津和剑桥召开,此后轮流在英国其他工商业城市召开。

British Broadcasting Corporation(BBC). 英国广播公司(BBC)　英国主要的媒体组织,最早见证了英国广播(1922 年)和电视(1936 年)的应用。1922 年成立时,名为 British Broadcasting Company,五年后成为现名。英国广播公司从一开始就是个垄断组织,目的是避免美国自由广播企业所出现的"混乱"局面。

英国广播公司的基调是由其创始人约翰·里思确定下来的。1922 年至 1926 年,里思担任英国广播公司总经理,1927 年至 1938 年担任英国广播公司董事长。里思本人尊奉苏格兰长老会派价值观,这确保了英国广播公司能够履行其告知、教育和娱乐的职能,并对任何事物的观察与评论保持不偏不倚的态度。为了确保广播公司能秉持公正的立场,在广播公司成立初期,英国政府禁止其涉足有争议的问题,即使 1928 年政府取消了这一禁令,广播公司依然行事谨慎。

第二次世界大战期间,为了满足国内的服务需求,英国广播公司播放了内容和形式更加多样的节目,包括播放有轻音乐的军事节目(1945 年改为轻音乐节目)和播放高雅艺术和古典音乐的第三套节目。这种节目广播模式一直保持到 20 世纪 60 年代,此后英国广播电台采用了第一、二、三和四套节目(20 世纪 90 年代又增加了第五套节目)的新的节目广播形式,1967 年英国广播公司又开设了一个地方广播电台。在电视播放方面,二战结束后,英国广播公司恢复了电视节目播放,从而受到人们的普遍欢迎。从 1962 年开始,英国广播公司又开办了电视第二频道,即 BBC2 台。在有线电视、卫星电视和交互媒体的时代,英国广播公司作为一个受政府财政资助的公立机构,其享有的特权地位正越来越多地受到质疑,而且经常被指责为是个有着"自由党"倾向的机构。

British empire　大英帝国　1920 年前后,即在其发展的巅峰时期,大英帝国成为世界上有史以来最大的帝国,拥有全世界四分之一的陆地面积和五分之一的人口。就像所有巨大的橡树一样,大英帝国这颗大橡树也是从幼小的树苗长起的。英国之崛起,始于都铎王朝时期的航海探险事业。英国第一个殖民地是 1585 年建立的弗吉尼亚殖民地,但维持的时间并不长,因为在四年后,当一艘船返回弗吉尼亚时,发现那里的英国殖民者已经无影无踪了。1607 年,英国人重新建立了弗吉尼亚殖民地,并有幸维持了下来。除此之外,英国人也在其他一些地区,尤其是在加勒比群岛的一些地区建立了殖民地。在印度,英国人建立了多个贸易站。

大英帝国本质上是个商业帝国,主要靠持有王室特许状的贸易垄断公司经营,而英国皇家海军则对帝国的维系提供军事上的保护。为了确保专享垄断贸易带来的利益,英国政府在 17 世纪中叶通过了一系列航海条例,以阻止各殖民地与除英国之外的任何国家和地区进行商业贸易。通过"七年战争",英国在1756—1757 年控制了印度的大部分地区。占领印度成为后来所称的"第一"大英帝国达到顶峰的标志,而 1776 年美洲十三个殖民地爆发的反抗斗争则使第一大英帝国解体。

美洲殖民地(加拿大除外)的丧失,总体上对大英帝国的发展构成了威胁。然而,事实上大英帝国仍在继续扩张。甚至就在美洲殖民地逐步丧失之际,库克船长正想方设法在澳洲探寻建立新的殖民地的可能性。1788 年,英国在澳洲建立了第一个殖民地——新南威尔士。与此同时,英国在西非的塞拉利昂也建立了一个殖民地,作为已获得自由身份的奴隶们的家园。作为法国大革命的成果,英国人还取得了特立尼达、马耳他、直布罗陀和好望角等殖民地。

19 世纪 80 年代,英国人被灌输的是一种自觉的帝国主义情感教育。英国人追求的帝国扩张是一种自觉的行为,而不仅仅是接受像帝国主义者 J.R.西利说的那样的"一不留神"就扩张了。这种自觉的帝国主义情感直接刺激了英国对非洲的争夺,最终使非洲大陆东部和南部的大部分地区纳入英国的殖民地版图。大英帝国这一阶段殖民扩张的高潮是第二次布尔战争(Boer War, 1899—1902 年)。第二次布尔战争结束后,大英帝国殖民地唯一的一次实质性的增加是"托管"地,即原来由德国和奥斯曼帝国占有的土地,这些地区在第一次世界大战结束后被划分给了英国。

大英帝国此时达到了其发展的顶峰。绝大多数英国人都觉得,大英帝国的存在是有好处的,J.A.霍布森曾表示说:尽管人们还存在着一些不同的看法,但就像罗斯伯里勋爵(Lord Rosebery)说的那样,大英帝国是"迄今世人所能看到的永远最伟大的世俗机构"。令人感到好奇的是,像英国这么小的一个国家竟然能够统治如此辽阔的地区。英国是怎样做到的呢?

对于这个问题,简单地回答就是:"非常吃力。"如果英国真的想极力去控制大英帝国,那么对于英国来说这个压力就太大了。英国之所以能够成功地掌控这样一个大帝国,主要是通过说服他人来承担压力。在"白人"占多数的殖民地,这些白人都是从欧洲来的定居者,对于这些人英国早在 19 世纪初就给了他们有效的自治权。而在其他借助当地官员统治的殖民地,则在当地居民中采取分而治之的办法,或者是采取保护当地的社会与权力结构的政策,以此尽量把可能造成的破坏程度降到最低。最初每个殖民地都有愿意与英国殖民者合作的人,但时间一长,这些人就有些不太情愿了,特别是当英国的实力逐渐削弱的时候。第二次世界大战结束后,当非殖民化运动开始时,这种状况最终拖垮了大英帝国。

大英帝国给英国和殖民地双方均留下了遗产。对于前殖民地来说,大英帝国给它们带来了一段时间的稳定,使资本主义、基督教、议会制度、作为通用语言的英语和(最受益的)板球得以在殖民地传播开来。此后,大英帝国赋予了这些殖民地一个新的俱乐部成员的资格,即英联邦成员。就英国而言,这个资产负债表是有争议的。英国从大英帝国中所获得的利益可能没有英国人所想的那样多。然而,大英帝国的崩溃让英国感到既是经济上的损失,又是情感上的损失。20世纪后半叶时英国出现的一些问题之所以进一步恶化,无疑与无法接受大英帝国的崩溃有关。

British Empire, Order of the　英帝国特等勋位　这是1917年6月时值第一次世界大战最黑暗的日子,英国国王设立的第一个民主或精英爵士勋位。尽管其贵族化程度远远低于过去的勋位,但仍然被分成五个等级,分别是:大十字最高勋位男女爵士(the Knights Grand Cross)、英帝国高级勋位男女爵士(the Knights Commander)、英帝国高级勋位获得者(Commander)、英帝国勋位军官(Officers)和英帝国勋位获得者。具有同样重要意义的是,首次有大量女性被授予这一勋位。

British Guiana　英属圭亚那　See GUYANA(见圭亚那)

British Honduras　英属洪都拉斯　See BELIZE(见伯利兹)

British Museum and Library　不列颠博物馆和图书馆　1753年,为了收藏国家获得的科顿(Cotton)、哈利(Harley)和斯隆(Sloane)三人的历史收藏品,英国政府利用公共彩票的收入,在布卢姆茨伯里(Bloomsbury)的蒙塔古宅邸(Montagu House)建立了不列颠博物馆。不列颠图书馆是1973年根据英国政府颁布的法令,作为国家资料中心而建立的,它同时也是收藏各种版本图书的图书馆。不列颠博物馆自1759年开放以来,规模不断扩大,最初的蒙塔古宅邸已无法满足其发展的需要,但自从博物馆的图书馆迁到位于圣潘克拉斯(St.Pancras)的新建筑后,博物馆的大中庭得以开发改善设施。目前的古希腊风格的不列颠博物馆建筑是罗伯特·斯默克爵士设计的,19世纪50年代时向公众开放。

British National Party　英国国家党　作为英国民族阵线的一个分支,成立于 1982 年。英国国家党在威斯敏斯特、加的夫和爱丁堡均没有任何议员席位,但该党声称它在一些地方议会中拥有 48 个议员席位。该党的党章明确提出,通过鼓励非白人的英国公民自愿返回其出生地或国籍的方式,来致力于恢复英国的"纯粹白种人"社会。目前,该党的立场已经从原来的反犹太主义转向谴责狂热的伊斯兰教。该党的其他政策主张还包括要求恢复死刑、强烈反对同性恋和退出欧洲联盟。

British Somaliland　英属索马里　前英国保护国,位于红海出海口附近。19 世纪欧洲列强瓜分非洲期间,英国于 1884 年宣布将索马里的部分领土作为其保护国。第二次世界大战期间,英军占领了过去一直由意大利控制的邻近索马里的地区。1960 年,英国的这两个过去的属国联合起来,建立了独立的索马里国家。

British Union of Fascists　英国法西斯联盟　英国法西斯联盟建立于 1932年,由奥斯瓦尔德·莫斯利爵士领导的新党和英国各种小法西斯团体组成。为了自卫和防范来自激进的犹太青年和共产主义者的攻击,英国法西斯联盟组成了一个准军事组织——黑衫党(Blackshirts)。然而,莫斯利期望看到的英国社会危机并未出现。英国法西斯联盟也未能掀起一场全国性的群众运动。1934年 6 月奥林匹亚会议结束后,当黑衫党人面对诘难者的责难而采取不必要的强硬措施加以压制时,英国法西斯联盟遭受了一次挫折。1936 年 10 月 4 日,1900名法西斯主义分子举行了游行活动,在伦敦东区的"电缆街战役"("Battle of Cable Street")中被 100,000 名反法西斯群众阻止,被迫原路返回,此时英国政府决定对法西斯联盟采取行动。1936 年英国政府颁布《公共秩序法》(*Public Order Act*),禁止穿着政治类制服,同时赋予警察禁止公众游行的权力。1940 年,英国法西斯联盟的许多成员被监禁,但这一法西斯联盟运动从未对政府的稳定构成威胁。

Britons　不列颠人　罗马占领时期生活在不列颠的民族。"不列颠人"这个名字似乎是不列颠人为自己起的,在公元前 4 世纪末希腊探险家皮西亚斯的航海记述中首次出现。"不列颠人"一词的希腊语是"Prettani"(或"Pritani"),拉丁作家如卡图鲁斯和凯撒等写作为"Brittani",当时还出现了罗马行省的名称,称"Britannia"(不列颠尼亚)。尽管"Brittani"这个词的含义还不够明确,但人们认为它的意思与"纹身的人"("the tattooed people")多少有些近似。

一般来说,在罗马作家们的笔下,不列颠人被描绘为生活十分悲惨的野蛮人,以兽皮为衣甚至干脆赤身裸体,实行一夫多妻制。根据声称曾在罗马见到过不列颠年轻人的斯特拉博①的描述,不列颠人身材较高,但长着罗圈腿,而且举止粗俗。但凯撒认为,并非所有的不列颠人都是野蛮人,他发现生活在东南沿海周边地区的不列颠人文明程度较高,不同于生活在内陆地区的不列颠人。甚至在罗马入侵之前,生活在东南沿海地区的不列颠人就已经形成了较为复杂的社会和政治结构,并且对来自罗马的事物表现出浓厚的兴趣。这里的不列颠人使用金币和铜币,对外出口原材料(金、银、铁)以及谷物和皮革,然后换回诸如青铜器、银器、陶器和酒等制成品。这些产品主要是在为数不多的重要部落中心,如卡姆罗顿南姆(科尔切斯特)和维鲁拉米恩(圣奥尔本斯)等地发现的。

因此,从某种程度上说,在公元 43 年克劳狄入侵之前的一个世纪中,不列颠人在政治和社会等方面取得的发展,为罗马征服之后所带来的政治制度的确立铺平了道路。对于那些作为大部落之行政中心的核心居住区,罗马人和不列颠人都很熟悉。同样,无论罗马人还是不列颠人,他们也都习惯于生活在由一个君主独掌大权,并有一个精英阶层支持的社会中。

罗马人在不列颠建立了行省管理制度,这种制度至少在其初期保存了不列颠人业已存在的部落框架。因此,罗马人在公元 70 年至公元 120 年间,在不列颠建立了大约 15 个自治部落行政区(civitates),每个自治部落都有经选举产生的地方行政官员和管理机关,而且每个部落都以一个主要城市作为统治的中心。第一批被允许实行地方自治的地区,都是在罗马入侵之前就已显示出政治成熟性的地区,如肯特、埃塞克斯、赫特福德郡和白金汉郡等,在这些地区建立了坎蒂

---

① 斯特拉博(公元前 64 年或前 63 年—公元 23 年以后?),希腊地理学家和历史学家,著有《地理学》《历史概论》和《地理概论》等著作。——译者注

人（Cantiaci）、特里诺文特人（Trinovantes）和卡图维劳尼人（Catuvellauni）自治的城邦，其他城邦是后来增加的。毫无疑问，第一批地方行政官员和管理人员都来自于过去的部落精英。根据塔西佗（Tacitus）的记载，到公元80年，不列颠人在住房、衣着、语言和饮食等方面，普遍效仿罗马人的式样。无论城镇还是乡村，住宅都装饰有马赛克，墙面抹有灰泥，屋顶有天花板，使用地采暖，有独立的卫生间。不列颠人还生产罗马式的鞋子和凉鞋。各种双耳细颈椭圆罐子除了装有葡萄酒之外，还装有橄榄油、鱼酱和其他外来食品，这些都是从地中海进口的。

不列颠人之采用罗马化的生活方式究竟有多广泛，学术界仍有不同的看法。在罗马统治时期，不列颠大概有不到100个城镇，大多数城镇的规模都非常小，所有城镇的人口加起来也不可能超过200,000人。即使把假定的总共3000个维拉的人口也算上，城镇的人口数量也不会增加多少，因为维拉里的人口绝大多数都是农业劳动力和仆人。如果我们把以上城镇人口数与最新估算的罗马时期不列颠总计约200至300万人口加以比较的话，我们就可以看到罗马化的不列颠人只占少数。然而，即使在农村有人居住的地区，也能看到有体现罗马化迹象的因素，如为数很少的罗马式建筑，也能发现有进口的陶器、玻璃、硬币和罗马式的珠宝，甚至偶尔还会发现有拉丁文的涂鸦。随着新农具、新作物和土地管理新方法的引进，以及经济作物和农业商品化的不断加强，农业耕作方式也出现了一些变化。当然，最能体现这些变化的地区都出现在维拉数量最多之地，这一点并不让人感到奇怪。在有维拉的地区之外，罗马化迹象最明显的地区往往是平民（civilian）定居点，这些平民定居点是由罗马军队在北部和西部设置的防御堡垒发展起来的。对于少数不列颠人来说，生活方式的确发生了巨大的变化，但绝大多数不列颠人给人留下的印象却是生活方式一如既往，几乎没有变化。

Britten，Benjamin（1913—1976）．　**本杰明·布里顿**（1913—1976）　布里顿是他那一代英国人中最杰出的作曲家，自幼就表现出音乐创作的天赋。布里顿就读于伦敦的皇家音乐学院（Royal College of Music），但他事业的发展却牢牢扎根在东盎格利亚，他与家人在这里生活了30年。1945年，布里顿的歌剧《彼得·格兰姆斯》（Peter Grimes）在伦敦首映。这部歌剧影响巨大，人们这样评论说：布里顿写过一部歌剧，这部歌剧把独特的现代音乐风格与对普通的音乐大众的吸引力结合在了一起,迅即奠定了在国际歌剧曲目中的地位。从那以后,布里顿众多的作品都展示了他流畅地书写人类声音的能力。布里顿还是位杰出的钢琴家,1948 年他创办的奥尔德堡音乐节(Aldeburgh Festival)体现了他为音乐表演作出的贡献。

Brontë family　勃朗特家族　1820 年,出生于爱尔兰的帕特里克·勃朗特带着他的康沃尔人妻子和六个孩子来到布拉德福德附近的霍沃思堂区牧师寓所。勃朗特夫人和两个年龄最大的女儿去世后,其他的孩子们由姨妈照顾,但这些孩子几乎和没人管一样,基本上要靠自己。夏洛特、埃米莉和安妮在断断续续上过学后,做过一段为期不长的教师工作,最后回到霍沃思照顾她们的父亲。她们的父亲患有焦虑症,病因与她们那个不负责任且因酗酒和吸食鸦片而债务缠身的弟弟布兰韦尔有关。埃米莉写的一些诗歌被夏洛特发现后,姐妹三人就各自以自己名字的第一个字母分别化名为柯勒、艾利斯和阿克顿·贝尔,出版了一部诗歌合集《柯勒、艾利斯及阿克顿·贝尔诗集》(*Poems by Currer, Ellis, and Acton Bell*)。这部诗集虽然销量不佳,但却鼓舞了姐妹三人继续从事小说创作。夏洛特 1847 年出版了《简·爱》(*Jane Eyre*)、1849 年出版了《雪莉》(*Shirley*)、1853 年出版了《维莱特》(*Villette*),成为文学界的名人。埃米莉 1848 年出版的《呼啸山庄》(*Wuthering Heights*)以其内容新颖、富于激情,同样满足了很多人的欣赏口味。安妮 1847 年出版了《阿格尼丝·格雷》(*Agnes Grey*)、1848 年出版了《怀佛庄的房客》(*Tenant of Wildfell Hall*),尽管她的名气可能被两个更有才华的姊妹给遮盖了,但其作品仍悄然得到人们的欣赏。布兰韦尔的债务虽被免除,但在 1848 年时去世,随后不久埃米莉也去世了。次年夏天,安妮去世。夏洛特1854 年最终嫁给了她父亲的助理牧师,但也在婚后不久去世。

Brooke, Sir Basil, 1st Lord Brookeborough (1880—1974).　**巴兹尔·布鲁克,第 1 代布鲁克伯勒勋爵**(1880—1974)　1943 年至 1963 年任北爱尔兰总理。布鲁克是阿尔斯特垦殖地地产主的后裔,在经历了一段时间的军事生涯后开始从政。他支持建立了北爱尔兰特警,1933 年至 1940 年担任农业大臣,是詹姆斯·克雷格爵士政府中最活跃的人物。布鲁克在 1940 年至 1943 年间担任商务大臣,因批评政府在战争时期没有做出任何有效反应而当选为北爱尔兰总理。他坚决反对向占北爱尔兰人口少数的天主教徒作出让步,但在处理经济事务上政策保守。

Brooke,Sir James(1803—1868). 詹姆斯·布鲁克爵士(1803—1868) 布鲁克,"沙捞越的白人罗阇"("the White Raja of Sarawak"),出生在印度的贝拿勒斯,在英国接受的教育,1819 年加入马德拉斯的军队。因在第一次缅甸战争(1824—1826 年)中负伤,1830 年退役。5 年后,布鲁克继承了一大笔财产,成为在东南亚的探险家。1841 年,布鲁克听到他的朋友、沙捞越的罗阇正在应对一场严重的叛乱的消息,急忙伸出援助之手,助其粉碎了叛乱。作为回报,布鲁克的这位沙捞越罗阇朋友承诺在自己死后,由沙捞越的领主、文莱的苏丹将沙捞越的罗阇之位(rajadom)授予布鲁克。布鲁克接受了这一回报,并在沙捞越建立了布鲁克王朝。

Brougham,Henry Peter,1st Baron Brougham and Vaux(1778—1868). 亨利·彼得·布鲁厄姆,第 1 代布鲁厄姆和沃克斯男爵(1778—1868) 布鲁厄姆出身于威斯特摩兰的一个小绅士家庭,就读于爱丁堡大学,是他那个时代最知名的律师之一。布鲁厄姆帮助创办了《爱丁堡评论》(*Edinburgh Review*)杂志,并为之作出了巨大贡献,使这份杂志成为当时最重要的政治期刊。1802 年,布鲁厄姆取得在英国执律师业(bar)资格,1810 年成为议会下院议员。布鲁厄姆是位杰出的演说家,支持辉格党中的自由派,拥护反对奴隶制的事业,赞成普及民众教育和进行法律改革。

布鲁厄姆没有博得所在党派领导人的信任,他们认为布鲁厄姆支持卡罗琳王后是出于个人发展的需要。他对民众事业的支持,特别是对反对奴隶制事业的支持,使其在 1830 年以约克郡候选人的身份当选为议会下院议员。辉格党上台后,他本来寄希望于能得到更高的职位,但最终还是不情愿地接受了带有贵族头衔的大法官一职,因为这意味着他不得不放弃下院议员的席位和丰厚的执律师业收入。布鲁厄姆在任期间完成了一系列重要的法律改革,但他与同事之间的分歧造成墨尔本 1834 年没能再继续任用他。此后,布鲁厄姆再也没有复出,而且在晚年性格变得十分怪僻。

Brown, James Gordon（b.1951）. **詹姆斯·戈登·布朗**（生于 1951 年）
首相。布朗出生在格拉斯哥,其父为苏格兰长老会牧师。布朗在科卡尔迪接受
教育后到爱丁堡大学攻读历史学专业并取得了第一个学位。在电视台工作过一
段时间后,布朗于 1983 年作为邓弗姆林东区的工党候选人再次参选议会下院议
员,并成功当选。他与托尼·布莱尔一起致力于重塑工党形象,把工党改造成
"新工党",1997 年在布莱尔第一届政府中出任财政大臣,并创下连续 10 年担任
该职务的纪录。

布朗上任后采取的第一个措施,是在货币政策方面给予英格兰银行更大的
自主权,使英国在很长一段时间里金融保持稳定,经济保持增长,布朗也因此得
到赞誉。长期以来,人们一直把布朗视为布莱尔的铁定继任者,甚至有传言说布
朗对首相一职等待得越来越不耐烦。2007 年 9 月,布朗接任首相,得到了人们
的尊重和欢迎。曾有强烈的迹象表明,布朗可能会提前举行大选,以此来确认自
己的权威地位,但当布朗决定不提前举行大选时,结果受到行事优柔寡断的指
责,这一指责对于布朗这个一直被视为独断专行的强硬派人物,这个(被布莱尔
比喻成)"砸出闷响的铁拳"（"a clunking fist"）的人来说,多少有点儿奇怪。
2007 年末北岩银行（Northern Rock）倒闭后出现的金融危机,给英国带来了更加
严重的后果,许多人把北岩银行的倒闭归咎于实行过度借贷政策,而推行过度借
贷政策恰恰是布朗担任财政大臣后几年的特色。在与欧盟的关系上,人们普遍
认为布朗没有他的前任布莱尔热情高。此外,布朗为了削弱苏格兰民族主义力
量而作出的权力下放政策决定,也给他带来了麻烦,因为布朗的这一决定反倒使
苏格兰民族党（SNP）得势,使之在少数党政府中控制了苏格兰议会,结果布朗只
能说服苏格兰继续留在联合王国。布朗已婚,有两个儿子。

Brown, Lancelot（1715/16—1783）. **兰斯洛特·布朗**（1715/16—1783）
英国景观设计师,人们通常叫他"能人",因为每次有人向他咨询某地景观设计
问题时,他总是说这个地方有"潜力"。布朗出生在诺森伯兰,起初他在柯克哈
勒为威廉·雷恩爵士工作,但 1741 年他南迁到斯托（Stowe）。布朗在斯托的景

观发展过程中发挥了突出的作用,当时吉布斯和肯特正在斯托从事园林建筑工作。布朗的景观设计讲究利用地面的自然状态,如丛林、带状林木、桥梁、形状不规则的湖泊,以及周围环绕的林地和草坪,因此很快就确立了自己独特的景观设计风格。一些重要的园林项目开始按照布朗的风格来进行设计,其中包括从1750年开始设计建造的克鲁姆、朗利特、伯顿康斯特布尔、查茨沃斯(从1761年开始设计建造)和布伦海姆宫(大约从1764年开始设计建造),等等。1764年,布朗被任命为汉普顿宫的园林设计大师。沃波尔曾这样评价布朗:"他的景观设计如此贴近自然原貌,以致经他设计建造的景观总让人误以为就是自然本身。"

Browne, Robert (c.1550—1633). **罗伯特·布朗**(约1550—1633) 布朗是早期的清教分离主义者,出身于拉特兰的一个富有家庭。1572年从剑桥大学基督圣体学院(Corpus Christi College)毕业后,布朗有一段时间在伦敦担任一所学校的校长和露天传教牧师(1572—1578年),后来去了剑桥郡。他主张政教分离,因此在东盎格利亚创建了一个独立的宗教团体,后来被称为布朗派(Brownists)。1591年,布朗接受了主教的授圣职礼,成为北安普敦郡阿彻齐的堂区长(rector),直到去世。

Browne, Sir Thomas (1605—1682). **托马斯·布朗爵士**(1605—1682) 医生和作家。布朗出生在伦敦,就读于牛津大学、蒙彼利埃大学和帕多瓦大学。1633年,布朗获得莱顿大学医学博士学位后,回到哈利法克斯附近实习。1637年,布朗在诺里奇定居。1643年,布朗授权出版了他最著名的著作《一个医生的宗教信仰》(Religio medici),该书对上帝、造物和人的奥秘进行了深入的思考,引起轰动。1658年出版的《瓮葬》(Urn Burial)和《塞勒斯花园》(The Gardern of Cyrus),反映了布朗作为古文物研究者的兴趣所在。

Browning, Robert (1812—1889). **罗伯特·布朗宁**(1812—1889) 布朗宁出生在坎伯韦尔,他的父亲是英格兰银行的职员。布朗宁幼年时就在父亲的书斋中博览群书。他早期的许多作品都是以历史为依据的。1835年出版的诗剧《帕拉塞尔苏斯》（*Paracelsus*）描写了一个 16 世纪时的医生。1837 出版的《斯特拉福德》（*Strafford*）是一个毫无生气的诗剧，而他的《国王维克托和国王查理》（*King Victor and King Charles*）描述的是关于 18 世纪时皮埃蒙特（Piedmont）王朝争端的事，引起了人们无休无止的讨论，但该作品始终未被搬上舞台。1843 年创作的《纹章盾上的污点》（*A Blot on the Scutcheon*）是他连续花费三个晚上的时间完成的，布朗宁也因这次创作而最终想通决定放弃戏剧创作。1842 年出版的诗集《戏剧抒情诗》（*Dramatic Lyrics*）中，包括"我的前公爵夫人"（"My Last Duchess"）、"在一座西班牙修道院的内心独白"（"Soliloque in a Spanish Cloister"）和"魔笛手"（"The Pied Piper"）等。1845 年出版的《戏剧浪漫诗及抒情诗》（*Dramatic Romances and Lyrics*）中，增加了"海外乡愁"（"Home Thoughts from Abroad"）、"失去的领袖"（"The lost Leader"）和"他们是怎样将好消息从根特带到艾克斯的"（"How they Brought the Good News from Ghent to Aix"）。1846 年布朗宁与已是著名诗人的伊丽莎白·巴雷特结婚。婚后他们基本住在意大利，直到 1861 年伊丽莎白去世。布朗宁最成功的作品是《指环和书》（*The Ring and the Book*）（1868—1869 年出版），讲述的是 17 世纪末发生在意大利的一个颇具戏剧性的谋杀故事，并从不同视角呈现了故事的情节。

Bruce, Edward（d.1318）. 爱德华·布鲁斯（卒于 1318 年） 苏格兰国王罗伯特一世的兄弟，1313 年成为卡里克伯爵，1315 年至 1318 年为爱尔兰有名无实的国王。爱德华·布鲁斯是个杰出且残忍的军人，但野心勃勃。1306 年罗伯特一世刚刚登上王位，爱德华就成了他最重要的军事指挥官之一。1308 年，爱德华率兵劫掠加洛韦地区，使得英格兰在该地区的统治仅限于控制几个城堡。随后，他又采取了一系列军事行动，这些军事行动在 1313 年开始的斯特灵城堡围攻战中达到了高潮。在 1314 年 6 月 24 日的班诺克本战役中，爱德华负责指挥前部分队。

接下来，在罗伯特一世的全力支持下，爱德华开始实施了远征爱尔兰的行动。1315 年 5 月底，在阿尔斯特贵族们的支持下，爱德华似乎已经在阿尔斯特登陆，但爱德华随后便迫使这些阿尔斯特贵族承认自己为爱尔兰国王。爱德华继续向南进军，但没有得到他所期待的支持。爱德华作为爱尔兰国王的地位不

B

可能维持下去,1318 年 10 月,他在邓多克附近的福格哈特战役中被杀。

Bruce,James（1730—1794）. **詹姆斯·布鲁斯**（1730—1794） 英国探险家。布鲁斯之声名鹊起,是他向西方世界宣布自己揭示了青尼罗河的源头为阿比西尼亚(埃塞俄比亚)的塔纳湖。1768 年,布鲁斯从开罗(Cairo)出发,沿着尼罗河上游一路远行到达阿斯旺(Aswan),之后继续前行,最终于 1770 年 11 月到达塔纳湖。在经历重重凶险的回国之旅后,布鲁斯终于在 1774 年回到英格兰,但令他没有想到的是,人们竟对其发现青尼罗河源头的真实性持严重的怀疑态度。后来的旅行家们证实了布鲁斯的发现。

Bruce,Robert（1210—1295）. **罗伯特·布鲁斯**（1210—1295） 被称为"王位竞争者"的罗伯特·布鲁斯是 13 世纪苏格兰贵族中的主要成员,国王罗伯特一世的祖父。布鲁斯的领地面积广大,从米德尔塞克斯一直延伸到阿伯丁郡,其中最为重要的集中的领地位于埃塞克斯、达勒姆郡和苏格兰的西南部地区。布鲁斯的跨国利益在他与格洛斯特伯爵的女儿伊莎贝尔·德·克莱尔的婚姻中得到体现。布鲁斯还担任坎伯兰郡的郡长,在刘易斯战役中支持亨利三世对抗西蒙·德·孟福尔(Simon de Montfort)。布鲁斯是个真正以四海为家的人物,1271 年至 1272 年他参加了十字军,奔赴圣地。按照他母亲一系算,布鲁斯是戴维一世的后代,因此,当 1291 年至 1292 年苏格兰王位出现空位时,在宣称有权继承王位或在"诸多王位竞争者"中,布鲁斯是主要人选之一,但当爱德华一世宣布支持约翰·巴利奥尔时,布鲁斯大失所望。

Bruce,Robert（d.1304）. **罗伯特·布鲁斯**（卒于 1304 年） 1295 年去世的罗伯特·布鲁斯的长子,国王罗伯特一世的父亲。通过与基尔康克尔的亚当的寡妻马乔里(Marjorie)结婚,罗伯特成为卡里克伯爵(earldom of Carrick),而这一地位的上升也使得布鲁斯家族陷入与他们的邻居加洛韦勋爵约翰·巴利奥尔的敌对状态。当罗伯特的父亲和约翰·巴利奥尔在 1291 年至 1292 年成为苏格兰王位的主要竞争对手,巴利奥尔登上王位但罗伯特拒绝承认时,布鲁斯家族与约翰·巴利奥尔的敌对关系进一步加剧。英格兰取得邓巴战役(1296 年 4 月 27

日）的胜利后,罗伯特向爱德华一世提出了苏格兰王位的要求。面对罗伯特的这一请求,爱德华一世给出了非常有名的答复:"除了要为你赢得王国,我们难道就没有其他事可做吗?"尽管遭到回绝,但罗伯特仍然与英格兰保持着盟友关系,一直到他去世。

Bruce,Robert I of Scotland 苏格兰国王罗伯特·布鲁斯一世 See ROBERT I(见罗伯特一世)

Brudenell,James Thomas 詹姆斯·托马斯·布鲁德内尔 See CARDIGAN,7TH EAL OF(见第 7 代卡迪根伯爵)

Brummell,George（1778—1840）. 乔治·布鲁梅尔（1778—1840） 被称为"纨绔子弟"的布鲁梅尔。英国衣着讲究的时髦绅士(dandy),其父为诺斯勋爵(Lord North)的私人秘书。乔治以服饰讲究时髦且能说会道闻名,他利用一笔丰厚的遗产成为时尚界的权威人士。乔治为人非常自我,在 1811 年王室撤回对他的支持之前,他一直是威尔士亲王乔治(George,prince of Wales)的密友。由于债台高筑,乔治不得不于 1816 年逃往加莱(Calais)。

Brunanburh,battle of,937. 布鲁南堡战役（937） 布鲁南堡战役是阿塞尔斯坦统治时期取得的最高军事成就,它见证了威塞克斯王国的势力进入到了德文郡、威尔士南部,以及北部地区。937 年,一只强大的联军试图在海湾地区阻止住阿塞尔斯坦。斯特拉斯克莱德的欧文和来自都柏林的奥拉夫·格思弗里思加入了苏格兰国王康斯坦丁二世的队伍。在大概是发生于亨伯河附近的残酷战斗中,阿塞尔斯坦和他的弟弟埃德蒙占了上风。

Brunei 文莱 15 世纪时发展成为一个强大的伊斯兰苏丹国。1888 年,被布鲁克统治的沙捞越(Brookes' Sarawak)和英国北婆罗洲公司的辖区所包围,成为英国的保护国。后来苏丹恢复了统治地位,并在 1963 年时拒绝加入马来西亚联邦。

B

Brunel, Isambard Kingdom（1806—1859）. **布律内尔**（1806—1859） 工程师。杰出移民马克爵士（Sir Marc）之子。布律内尔在巴黎接受的科学教育。1826 年至 1828 年,布律内尔在为父亲负责的泰晤士河隧道（Thames Tunnel）工程工作期间因工负伤,被送到布里斯托尔进行康复治疗。就在布里斯托尔期间,布律内尔被任命为多项工程的工程师,包括建造克利夫顿桥（1829—1831 年）的工程师、建造浮动港口（1830—1831 年）的工程师和修建大西铁路（1833 年开始修建）的工程师。布律内尔设计修建的大西铁路既展现了他的远见之明,也暴露了他设计上的缺陷:7 英尺的宽轨铁路保证了运输的质量和速度,但降低了货物传送的灵活性。布律内尔设想的从布里斯托尔出发横渡大西洋的航线,在他设计的两艘主要船只"大西方"号（*Great Western*,1837 年）和"大不列颠"号（*Great Britain*,1843 年）上得到了体现。这两艘船所达到的商业技术高度甚至超过了他 1858 年设计的非常先进的"大东方"号（*Great Eastern*）。布律内尔是一个发愤图强的人,他取得的两个最大的成就是设计建造了位于索尔塔什的艾伯特桥和临近调试的"大东方"号,而他也主要因为这些工程,常年超负荷工作积劳成疾,过早离世。

Brussels, treaty of 《**布鲁塞尔条约**》 1948 年 3 月 17 日签署,签署国包括英国、法国、比利时、荷兰和卢森堡。上述国家通过该条约,成立了布鲁塞尔条约组织,该组织也被称为西欧联盟（Western European Union）。因此,《布鲁塞尔条约》的签署是后来形成的"北大西洋公约组织"（NATO）的一个重要步骤。

"Brutus" **"布鲁特斯"** 根据一个非同寻常的传说,不列颠是特洛伊的埃涅阿斯（Aeneas of Troy）的曾孙布鲁特斯建立的。多少个世纪以来,这个传说一直萦绕在人们的脑海之中。12 世纪时,蒙茅斯的杰弗里曾讲述说,布鲁特斯是如何经历了千难万险,终于在托特尼斯（Totnes）登陆,临至英格兰,他制服了居住在这里的巨人族,以自己的名字为这个地方命名,并为了有新的特洛伊城（New Tory）而建成了伦敦。

Brut y tywysogyon（"**Chronicle of the Princes**"） 《**国王编年史**》 《国王编

年史》是研究中世纪威尔士历史最有价值的叙述性史料。该书是从已失传的拉丁文原作翻译过来的,自 14 世纪以来,在威尔士共留存下来 3 种不同的版本,这些版本成为蒙茅斯的杰弗里所撰写的《不列颠诸王史》(*Historia regum Britanniae*)的续篇。这几种版本均以卡德瓦拉德·芬迪盖德开篇,并把他 682 年时去世这件事视为不列颠人和撒克逊人历史上的一个重大事件;以 1282 年时最后一位国王卢埃林·阿普·格鲁菲兹的去世作为结束,这件事也同样被视为不列颠人和撒克逊人历史上的一个重大事件。

Brycheiniog　布雷切尼奥格王国　中世纪时期威尔士的一个王国,这个王国据说是由布雷根(Brychan)开创的,布雷根是 5 世纪时一个爱尔兰的酋长与阿斯克河谷(Vale of Usk)地区的加斯迈德兰(Garthmadrun)王国的公主所生的儿子。布雷根的血脉到约 940 年时中断,而布雷切尼奥格王国也屈服于德赫巴斯(Deheubarth)王国的统治。1093 年,该王国被勒弗马尔凯的伯纳德(Bernard of Neufmarché)征服,伯纳德在威尔士边疆地区行使的领主权被称为布雷肯(Brecon,是 Brychan 的误写)。

Buchan, John Comyn, earl of [S] (d.1308).　约翰·科明,巴肯伯爵【苏格兰】(卒于 1308 年)　巴肯的一生,揭示了那些希望保持苏格兰王国领土完整的苏格兰杰出人物们所面对的困难。他是约翰·巴利奥尔的支持者,反对爱德华一世对苏格兰王位的觊觎。然而,1296 年时,他也曾时断时续地向爱德华一世妥协和屈服,甚至在 1297 年时还被爱德华一世派去镇压安德鲁·默里领导的起义。不过,巴肯非但没有镇压起义军,反而加入了起义的队伍,并在福尔柯克战役中参加了对爱德华一世的战斗,成为苏格兰反抗英格兰统治的代表性人物,直到 1304 年爱德华一世取得对苏格兰战争的最后胜利。布鲁斯谋杀其表兄巴德诺赫的约翰·科明事件,迫使巴肯最终倒向英格兰一边。1308 年,他在因弗鲁里惨败于布鲁斯。

Buchan, Alexander Stewart, 1st earl of [S] (d.c.1406).　亚历山大·斯图尔特,第 1 代巴肯伯爵【苏格兰】(约卒于 1406 年)　巴德诺赫勋爵。罗伯特二

世第四子。1372 年被任命为苏格兰北部地区的首席司法官,并在此职位上得到了"巴德诺赫之狼"的绰号。1382 年,他与罗斯的女伯爵尤菲米娅结婚,由此成为巴肯伯爵。因与苏格兰高地的各路强盗沆瀣一气,1388 年他被解除首席司法官职务。

Buchanan,**George**（1506—1582）. **乔治·布坎南**（1506—1582） 布坎南是他生活的时代苏格兰最著名的人文主义者。布坎南在巴黎接受的教育,并在巴黎期间赢得了新拉丁文诗人和剧作家的声誉。布坎南深受伊拉斯谟的影响,其反教权的观点导致经常与教会发生冲突,最终被监禁在葡萄牙宗教裁判所。1561 年,布坎南回到苏格兰,并与玛丽·斯图亚特的宫廷和苏格兰新的新教派别长老会派建立了联系。1567 年,玛丽女王被罢黜后,他成为最有影响力的攻击玛丽者。1597 年,他以优雅的对话形式出版的《论苏格兰人的王权》（*De jure regni apud Scotos*）一书和 1582 年出版的不朽之作《苏格兰史》（*Rerum Scoticarum historia*）,为反抗君主的暴政进行了有力辩护。

Buckingham,**Edward Stafford**,**3rd duke of**（1478—1521）. **爱德华·斯塔福德**,**第 3 代白金汉公爵**（1478—1521） 斯塔福德的父亲是理查三世的重要支持者,1483 年在索尔兹伯里被捕后遭处决。亨利七世恢复了斯塔福德的公爵爵位。斯塔福德有王室血统,因为格洛斯特公爵托马斯是爱德华三世的小儿子,而斯塔福德的母亲凯瑟琳·伍德维尔是爱德华四世王后的姐姐。但在生性疑忌的亨利八世面前,这样的家庭背景对于斯塔福德来说,不啻为一份危险的遗产。1520 年,一封匿名信指控公爵犯有散布叛国言论罪。斯塔福德被从桑伯里传唤回伦敦,1521 年 5 月 17 日被处决。

Buckingham,**Henry Stafford**,**2nd duke of**（1455—1483）. **亨利·斯塔福德**,**第 2 代白金汉公爵**（1455—1483） 白金汉出身于地位牢固的兰开斯特家族。在约克派统治期间,他无法指望受到信任。但随着爱德华四世的去世,机会的大门向其打开了。白金汉与格洛斯特公爵理查结成联盟,两位公爵于 1483 年夏天开始掌握了大权。随着格洛斯特公爵继位成为理查三世,白金汉的地位看上去似乎也很稳固。然而,理查三世继位不足 4 个月,白金汉就加入了南方绅士们的反叛队伍。由于背叛国王,11 月 2 日白金汉在索尔兹伯里被迅即处死。如果白金汉没有死的话,会发生什么可能呢? 他也许会转而为亨利·都铎效力;他也许会根据自己的判断而选择加入胜利者的一方;他也许甚至对王位产生了幻想。

Buckingham,George Villiers,1st duke of(1592—1628). **乔治·维利尔斯,第 1 代白金汉公爵**(1592—1628) 白金汉因长相俊美而引起了詹姆斯一世的注意,到 1616 年时,白金汉取代罗伯特·卡尔成为詹姆斯一世的宠臣。然而,与卡尔不同,白金汉表现出了相当强的行政管理能力。国王一而再再而三地确认自己对白金汉的依赖是没有问题的做法,意味着将会使白金汉因一些不得人心的政策而备受指责,如詹姆斯一世为了查理王子而制定的"与西班牙联姻"的政策就是其中的一个例子。只是在 1623 年,白金汉因被迫逗留在西班牙期间,他才使自己摆脱了詹姆斯一世的监护。白金汉打算建立一个反西班牙联盟,在这个联盟中,法国是个关键的因素,但宗教问题使得形势复杂化,因为法国的拉罗歇尔的新教徒们正受到他们自己的国王的攻击,并且呼吁查理一世来拯救他们。1625 年,白金汉派出远征军攻打西班牙的加的斯(Cadiz),1627 年又派出远征军支援拉罗歇尔的新教徒,但这两次远征均以惨败告终。1626 年,议会下院曾试图弹劾白金汉;两年后,下院再次谴责白金汉是英格兰所有罪恶的根源。受议会下院行动的鼓舞,1628 年 8 月约翰·费尔顿在朴次茅斯暗杀了白金汉。接下来发生的一系列事件表明,白金汉只不过是英国政策失灵的一个表象,而不是造成问题的原因。

Buckingham,George Villiers,2nd duke of(1628—1687). **乔治·维利尔斯,第 2 代白金汉公爵**(1628—1687) 维利尔斯继他父亲、第 1 代白金汉公爵之后,成为第 2 代白金汉公爵。白金汉是和王室的孩子一起长大的。内战期间,他站在了国王一边,但在 1647 年又重新恢复了自己的地产。1651 年,白金汉代表查理二世,亲自参与了入侵苏格兰的战争。1657 年,在经历了一段国外流亡的生活后又回到英格兰。查理二世复辟后,白金汉优先得到提升,但由于缺乏管理

B

能力,再加上疾病缠身难以履行职责,成为"卡巴尔"五人枢密会议中最无关紧要的人物。

Buckingham palace(**London**). **白金汉宫**(**伦敦**) 英国女王陛下在伦敦的正式住所。白金汉宫的前身为"白金汉府邸",是建筑师威廉·温德(卒于1722年)在1702年至1705年间为第1代白金汉公爵约翰·谢菲尔德设计建造的。1762年,乔治三世将其买了下来,并于1762年至1769年由威廉·钱伯斯爵士进行了扩建。1825年,乔治四世请他的朋友约翰·纳什进行设计,纳什把白金汉府邸与白金汉宫整合在一起。白金汉宫的一些房间于1993年开始向公众开放,所收费用用于支付1992年遭受火灾的温莎城堡的部分重建工作。

Buckinghamshire **白金汉郡** 白金汉郡几乎没有一个统一完整的地形。奇尔特恩丘陵白垩丘陵从西南绵延至东北,穿过该郡的中部。该郡南北之间的交通一直很糟糕,威廉·考珀曾居住过的位于北部的奥尔尼(Olney)与格雷(Grey)曾居住过的位于南方的斯托克波吉斯(Stoke Poges)相比,完全是另一个世界,格雷就是在斯托克波吉斯创作完成了他的《墓畔哀歌》("*Elegy in a Country Churchyard*")。该郡的郡府不是位于接近中部的艾尔斯伯里,而是位于西北角顶端的小镇白金汉,这使得白金汉郡的辐射作用不断增强。

罗马征服以前,白金汉郡属于卡图维劳尼人的领土,旧英国首相乡间别墅附近的大小金布尔被认为是纪念卡西维劳努斯的孙子库诺比莱纳斯的地方。公元6世纪时,这个地区是布立吞人和英格兰人相互争夺之地,根据后来的《盎格鲁—撒克逊编年史》记载,英格兰人在571年占据了艾尔斯伯里。该地区成为麦西亚王国的一部分。白金汉作为一个郡,可能是在威塞克斯国王长者爱德华对丹麦人发动大规模进攻,并于918年把白金汉作为一个边防哨所而加强防御之后才发展起来的。1010年,白金汉首次作为一个郡在文献中被提到,而当时它的大部分地区遭到丹麦人第二次入侵的蹂躏。在《末日审判书》(*Domesday Book*)中,白金汉似乎一直是个很重要的城镇,但它并没有保住自己的突出地位,而是被艾尔斯伯里、威科姆、马洛和切舍姆超过。白金汉郡的工业发展得比较晚。在1801年进行的人口统计中,斯劳甚至都不是个独立的人口统计单位,而是被合入了阿普顿堂区。19世纪时,白金汉郡铁路运输网络建设刺激了沃尔弗顿、斯劳和威科姆经济的增长。20世纪,白金汉郡因邻近伦敦而发生了巨大变化,人口分布的重心开始南移。作为一个新兴城镇,位于东北部的米尔顿·凯恩斯的发展将使白金汉郡的人口分布有望恢复平衡。

budget 预算 编制年度金融法规计划这一做法,一直以来被认为是源于威廉·朗兹,他在1675年至1700年间担任英格兰财政署官员。"Budget"一词可以追溯到18世纪30年代,源自于装有财政大臣的财政建议的皮夹子或"bougette"。到19世纪,编制年度预算的做法得到了发展,此时的年度预算包括一份对财政署上一财政年度收入和支出的评估,再加上对下一财政年度预期支出需要的估算,以及满足这些支出所需的财政措施。随着国家可自行支配的经济手段范围的扩大,预算已经失去了其某些方面的重要作用。

"Bulge, battle of the", 1944. "楔入战役"(1944) 面对英美盟军在法国和比利时取得的一系列军事胜利,1944年9月希特勒决定实施反击,为此秘密地配备了包括12个装甲军团在内的强大军力,试图突破阿登高地,重新夺回安特卫普。1944年12月16日,德军向盟军发起进攻,德军之所以选择这个时间行动,是因为这一天的天气恶劣,可以减弱盟军的空中优势。德军的进攻一开始很顺利,但很快就被英美盟军阻止。尤为重要的是,美军的防守部队占据着各条道路的交叉口,特别是美军第101空降师迅速占领了巴斯托涅(Bastogne),并在巴斯托涅抵挡住了德军六天的围困。

Bunker Hill, battle of, 1775. 邦克山战役(1775) 1775年4月列克星敦遭遇战后,盖茨将军发觉自己在波士顿陷入大陆军的包围。查尔斯顿半岛扼制着波士顿向北的要道。6月16日,大陆军继续缩小包围圈,逼近查尔斯顿。次日,盖茨派出2000英军,试图将大陆军逐出查尔斯顿。盖茨达到了目的,但英军也付出了死伤1000多人的代价。

Bunyan, John(1628—1688). 约翰·班扬(1628—1688) 清教徒作家。

其父为贝德福德附近的一个补锅匠。班扬曾因其妻子的虔诚而遭遇过一次严重的信仰危机。随后他加入了贝德福德的一个不信奉国教的新教群体,并在 1657 年开始从事布道工作。王朝复辟后,社会上对不从国教者秘密集会的敌视死灰复燃。班扬因拒绝放弃布道,导致其在接下来 12 年的大部分时间里都是在监狱中度过的。直到 1672 年查理二世颁布《信教自由令》(*Declaration of Indulgence*),班扬才获得自由。班扬利用在狱中被强加于身的这段"悠闲"时光,创作了一系列有关神学和祈祷的作品。他在狱中所写的《天路历程》(*Pilgrim's Progress*),使其成为家喻户晓的人物。

Burford, battle of, c.752. **伯福德战役(约 752)** 在这场战役中,麦西亚国王埃塞尔鲍尔德(Æthelbald)被威塞克斯王国的卡思雷德打败,从而使威塞克斯王国的领土扩大到泰晤士河以北。777 年奥法在本森战役取得的胜利,则使威塞克斯王国得到的土地化为乌有。

burgages **自治市镇保有制** 土地保有制形式,有多种类型。在苏格兰的皇家自治市镇,这些自治市镇都是以缴纳租金为条件从国王那里取得的财产,这些自治市镇同时要履行昼夜值守义务。在英格兰,有些自治市镇是自由保有的财产;在有资格选举议会议员的议会自治市镇,这些自治市镇有投票选举议员的权利,而该选举权赋予这些自治市镇的价值要远远超过它们本身所具有的经济价值。

Burgh, Hubert de(c.1175—1243). **休伯特·德·伯格(约 1175—1243)** 休伯特是一个诺福克绅士的幼子,他的权势不断上升,直至掌握了英格兰金雀花王朝的大权,还娶了苏格兰国王的一个妹妹。12 世纪 90 年代,休伯特担任约翰的侍从。1205 年,他为保卫约翰在安茹的希农城堡,与法国国王腓力·奥古斯都作战,从此名声鹊起。休伯特被召回英格兰后,约翰任命他为首席政法官,时值《大宪章》危机上演到高潮的时刻。休伯特在首席政法官这一职位上一直干到 1232 年。在 1215 年至 1217 年的战争中,休伯特起到了决定性作用,成功地抵御了法国路易王子 1216 年至 1217 年时对多佛尔城堡的围攻,并且在 1217

年 8 月的桑威奇或多佛尔战役中,指挥英格兰舰队获得了胜利。从 1219 年起,休伯特就是亨利三世幼年执政时政府中最具影响力的人物。1221 年,休伯特娶了他的第三任妻子,即苏格兰国王亚历山大二世的妹妹玛格丽特,四年后被晋封为肯特伯爵。1232 年,彼得·德罗什(Peter des Roches)说服亨利三世解除了休伯特的职务,并把他投入监狱。1233 年,休伯特奇迹般地逃走,但再也没有恢复先前的影响力。

Burghley,William Cecil,1st Lord(1520—1598). **威廉·塞西尔,第 1 代伯利勋爵**(1520—1598) 1571 年被封为勋爵,林肯郡绅士理查德·塞西尔之子。塞西尔从格兰瑟姆和斯坦福德文法学校毕业后,于 1535 年考入剑桥大学圣约翰学院(St John's College)。塞西尔是罗杰·阿谢姆、托马斯·史密斯、约翰·奇克和沃尔特·哈登等重要人文主义学者圈子中的成员。1541 年,塞西尔与奇克的女儿玛丽结婚,同年进入格雷律师公会(Gray's Inn)。玛丽在他们的第一个儿子托马斯出生后一年就去世了。1545 年 12 月,塞西尔再婚,他的新婚妻子米尔德丽德是新教人文主义者安东尼·库克爵士的女儿。

16 世纪 40 年代初,塞西尔加快了其政治生涯的前进步伐。根据塞西尔自己撰写的年谱,他在 1543 年进入议会,1551 年受封骑士,并于 1550 年至 1553 年成为枢密院成员(和首席秘书)。在玛丽统治的最后三年中,塞西尔隐居在温布尔登(Wimbledon)。1558 年 11 月,塞西尔重新开始了他的政治生活,就在玛丽·都铎去世的当天,他就开始了工作,以确保伊丽莎白公主能够满意地登基。在 1572 年被任命为财政大臣之前,塞西尔一直担任枢密院首席秘书和伊丽莎白女王的私人秘书。在 1559 年至 1560 年间的斗争中,他把自己置于冲突的中心,支持苏格兰新教派贵族会。与枢密院的其他同事一样,塞西尔也希望伊丽莎白结婚,这件事成了近十年间至关重要的政治问题,因为它涉及伊丽莎白与苏格兰女王玛丽·斯图亚特及玛丽在法国的亲属之间的斗争,也涉及新教与天主教之间思想上的斗争。

1584 年,塞西尔与弗朗西斯·沃尔辛厄姆爵士合作,共同起草了一份要求英国人一律遵守的《联合契约》(bond of association),根据该契约,一旦伊丽莎白女王遭到外国天主教徒的暗杀,他们可以采取相应的行动。从 1585 年至 1598

年去世为止,是塞西尔为伊丽莎白女王效力生涯的第二个阶段,虽然一般认为塞西尔在这一阶段的施政工作显得更为"保守",但塞西尔作为议会保护人、作为共同执掌枢密院的人物、作为王室监护法庭的掌权人以及财政大臣,仍是政坛上十分活跃的人物。

对塞西尔的评价,众说纷纭。有些早期的塞西尔传记作者以及当代人都强调他对英格兰存在的罗马天主教敌对势力感到的担忧、他在政治上的成功和他对学术的保护。麦考利则认为,塞西尔只不过是个纯粹的行政管理者。但塞西尔具有强烈的天道意识,而且强烈认为欧洲新教王国与天主教王国之间的斗争是一种天启。

burghs　自治市镇　"boroughs"一词的另外一种拼写方式,是个苏格兰词汇,意指享有特权的城镇。传统观点认为,第一批皇家自治市镇是由戴维一世建立的;1450 年以后,由臣民建立的自治市镇数量越来越多。苏格兰的自治市镇在许多方面不同于英格兰的自治市镇。苏格兰自治市镇在法律和习惯上更具统一性;在 1707 年之前,苏格兰自治市镇在王国政治中所发出的声音也更加一致;而且苏格兰皇家自治市镇的确自 16 世纪以来就有了自己的会议。

Burke, Edmund（1729—1797）.　埃德蒙·伯克（1729—1797）　辉格党政治家和保守的政治哲学家。伯克出生在爱尔兰,母亲是天主教徒,父亲是新教徒。作为一名新教徒,伯克长大以后被送到都柏林三一学院(Trinity College, Dublin)学习。他在伦敦学习法律,但很快就将注意力转向写作。1766 年,伯克成为议会下院议员,这一身份一直保持到他去世。对于时政问题,伯克具有一种无与伦比的使用一般原理加以描述的天赋,因此他的许多演讲都包含有政治哲学方面的专题。

伯克也经常被指责为立场前后不一。他对爱尔兰天主教徒所处的困境(他强烈反对占主导地位的新教徒野蛮对待天主教徒)和印度人在孟加拉所处的困境持有的立场,与其拒绝接受法国大革命者们提出的自然权利(natural rights)的思想形成了鲜明的对比。同样,伯克对美洲殖民地人民所抱的同情态度似乎也与他坚持的议会主权至上观点相矛盾。然而,如果我们牢记其政治哲学中的组织思想,我们就可以看到,在伯克的著作中存在着一种潜在的一致性。在为爱尔兰的天主教徒、孟加拉的印度人和美洲殖民地人民辩护时,伯克并不认为他们拥有决定自己命运的自然权利,而是认为在这些社会中存在着合法的(即传统的)权威的滥用问题。同样,伯克支持 1688 年至 1689 年发生在英格兰的辉格革命,而谴责 1789 年发生的法国大革命,虽然从表面上看,伯克对待这两个事件的态度是矛盾的,但我们也可以从中找到其潜在的一致性。在这两种情况下,伯克试图捍卫的是政治权威的传统模式。在英格兰发生的辉格革命是一个在方向上发生了改变的革命,因为这场革命保存了业已确立起来的国教制国家形式,避免了詹姆斯二世以违宪手段将英格兰变成一个罗马天主教性质国家的企图。相比之下,法国大革命则是一场真正的革命,它颠覆了"高贵而庄严的城堡",即传统的和稳固的法国国家的全部基础。伯克 1790 年出版的《法国大革命反思录》(Reflections on the Revolution in France),被普遍认为是为传统政治文化进行辩护的保守主义典型之作。不过,伯克也承认,有些变革是不可避免的。伯克也的确认为,一个国家如果没有推动变革的手段,就等于没有保护自己的手段。

作为一个务实的政治家和国务活动家,伯克也留下了自己的印记。他认为,政党政治的形成是抵制国王违宪行为影响的一种手段,他为此所做的慷慨激昂的辩护,是推动政党政治在英国走向合法化的一个重要步骤。此外,尽管伯克在政府中只是担任了财政部主计长(paymaster-general)这样一个低级职务,而且任期只有短暂的两届时间,但他对政府所施加的影响力却相当大。他对法国大革命的强烈谴责有助于强化英国的反法政策。同样,他在《论与殖民地的和解》(rapprochement)演说中发出的对美洲殖民地人民同情之声,对英国政府最终与美洲殖民地达成和解也起到了促进作用。最后,伯克因不满沃伦·黑斯廷斯在孟加拉做总督时的统治,在议会上院执意对其进行弹劾,这件事后来成为促使东印度公司改革的不可抗拒的动力。

Burma(**Myanmor**)　**缅甸**　1752 年到 1885 年,缅甸由雍笈牙王朝(Alaungpaya dynasty)统治。雍笈牙王朝初期,实行对外扩张政策,试图征服(尽管未能占领)泰国。然而,雍笈牙王朝的对外扩张遭到来自统治印度的英国人这一反对扩张势力的严重遏制,并最终失败。英国对缅甸的征服是以蚕食的形

B

式进行的,这一过程开始于 1826 年,到 1885 年才彻底完成。最初,英国是把缅甸作为英属印度的一个省加以统治,1937 年改由英国直接统治。1942 年至 1945 年,缅甸被日本占领。第二次世界大战结束后,英国殖民部仍然希望恢复对缅甸的统治。然而,日本占领期间,缅甸反法西斯人民自由联盟(Anti-Fascist People's Freedom League)已经兴起,并组织了大规模的反抗日本统治的群众运动。此时,该自由联盟把反抗的对象指向了英国的殖民统治。1948 年 1 月 4 日,独立缅甸共和国诞生。

Burma campaigns(1941—1945). **缅甸战役**(1941—1945) 缅甸战役涉及三个目标:第一个目标是在美国的支持下,重新打通通往中国的公路交通线;第二个目标是确保英国对印度的控制;第三个目标是收复英国丢失的领地,尤其是盛产橡胶和锡的半岛马来西亚。1944 年,斯利姆将军击败了日军的进攻;1945 年,蒙巴顿指挥的东南亚盟军司令部组织了收复缅甸的战役。

Burmese wars 缅甸战争 英国以印度为基地向缅甸的雍笈牙王朝(1752—1885 年)发动的三次战争。第一次战争发生于 1824—1826 年,是针对缅甸的对外扩张而做出的反应,英国认为这对加尔各答构成了威胁。在付出重大的人员伤亡后,英国取得了战争的胜利,东印度公司吞并了阿萨姆、阿拉干和丹那沙林,并在缅甸工室派驻驻扎官。第二次缅甸战争发生于 1852 年,起因是缅甸人针对英国驻扎官干涉缅甸事务发动的武装反抗,战争的结果导致英国又吞并了勃固。第三次战争发生于 1885—1886 年,是英国针对缅甸王室试图煽动缅甸人的反英情绪而做出的反应。在第三次战争结束之后,缅甸王朝被取代,上缅甸被英国吞并,全缅甸作为英属印度的一个省,由英国直接统治。

Burney,Frances(Fanny)(1752—1840). 弗朗西斯·伯尼(范尼,弗朗西斯的爱称)(1752—1840) 小说家和剧作家。弗朗西斯是音乐史学家查尔斯·勃尔尼的女儿。在父亲的交往圈子里,她结识了塞缪尔·约翰逊和埃德蒙·伯克。弗朗西斯总是以平静的心态观察人类的行为,她的第一部小说《埃维莉娜》(*Evelina*)于 1778 年匿名出版后就受到好评,而 1782 年出版的第二部小说《塞西莉亚》(*Cecilia*)把她带入了上流社会,使她 1786 年时在夏洛特王后的宫廷中得到了一个很小的职位。五年后,出乎朋友和家人意料的是,她嫁给了一个穷困潦倒的法国避难者达尔布莱将军。1802 年到 1812 年,他们夫妇俩居住在法国。滑铁卢战役发生时,她住在布鲁塞尔。她的日记中包含了许多对宫廷和文学生活的描述。

Burns, John E. (1858—1943). **约翰·E.伯恩斯**(1858—1943) 工会组织者和自由工党主义的倡导者。伯恩斯出生在伦敦。尽管没有接受多少教育,但他还是成了一名工程师,并加入了工程师联合会(Amalgamated Society of Engineers)。伯恩斯是一个成功的演说家,是 1889 年伦敦码头工人罢工的组织者之一。1884 年,伯恩斯加入了社会民主联盟(Social Democratic Federation),而且作为一个社会主义激进分子而享有盛誉。然而,到了 19 世纪 90 年代,伯恩斯与马克思主义和工联主义决裂,转而支持促进工人阶级在自由党内的利益。1892年,伯恩斯以独立的工党党员身份,代表巴特西选区进入议会下院。1905 年,伯恩斯在自由党政府中接受了地方政府委员会主席职务。1914 年,伯恩斯辞去了在政府中的职务,显然是以此来抗议英国对德宣战。

Burns, Robert (1759—1796). **罗伯特·彭斯**(1759—1796) 诗人,艾尔郡一租地农场主之子。彭斯自幼受到一位开明的堂区学校校长的良好教育,长大后对文学产生了浓厚兴趣。彭斯的第一个创作期恰遭逢其父亲 1784 年去世,他自己经营农场失败,以及他与琼·阿莫那段充满激情的风流韵事沸沸扬扬之时。彭斯 1786 年出版的诗集《主要用苏格兰方言写的诗集》(*Poems Chiefly in the Scottish Dialect*),是他创作的顶峰。这部精心创作的诗歌选集在文学界引起了轰动,彭斯也因此开始受到人们越来越狂热的崇拜。在爱丁堡,彭斯成了人们顶礼膜拜的偶像,但这令他感到焦躁不安,因此已做好结婚后移民牙买加的准备。因为当地给他提供了一个农场,又在 1789 年时任命他担任了当地税务部门的官员,彭斯才决定放弃移民,继续留在了苏格兰。彭斯文学生涯的第二个创作期,以其在 1789—1803 年间为詹姆斯·约翰逊编辑的《苏格兰音乐总汇》(*The Scots Musical Museum*)为标志,里面收录了 100 多种优秀的苏格兰方言歌曲和歌

B

词。1796 年,伯恩斯因贫困在邓弗里斯去世,时年 37 岁。

Burton, Sir Richard(1821—1890). **理查德·伯顿爵士**(1821—1890)
旅行家,阿拉伯语学者和维多利亚时代著名的置身事外者。伯顿于 1842 年加入
印度军队。在印度期间,他掌握了很多种语言和许多人们难以理解的知识,尤其
是关于伊斯兰教方面的知识。因此,当他在 1853 年冒充阿拉伯人到麦加旅行
时,当地人都以为他是阿拉伯人。伯顿出名之后,率领一支探险队到非洲东北部
的哈勒尔从事探险活动。此后,英国皇家地理学会又选择由他负责学会组织的
著名的 1856 年东非探险活动。1858 年,伯顿发现了坦噶尼喀湖。伯顿后来还
到黄金海岸、喀麦隆火山、达荷美①、巴西和美国西部等地旅行。伯顿翻译出版
了《天方夜谭》(*Arabian Nights*)和《爱经》(*Kama Sutra*)。伯顿的这些功绩使许
多维多利亚时代的人震惊不已,这其中也包括他的妻子,而伯顿的著述大多毁于
他的这位妻子之手。

Bury St Edmunds and Ipswich, diocese of **贝里圣埃德蒙兹和伊普斯威奇
主教区** 该主教区面积大致与萨福克郡相当,是 1914 年时从诺里奇主教区分离
出来新建的教区。这是自丹麦人入侵后,在丹麦人的重压下邓尼奇主教区解体
以来,萨福克郡首次拥有自己的主教区。主教座堂位于贝里圣埃德蒙兹,其前身
是原来的 15 世纪时的垂直式堂区教堂(毗邻被毁的前诺曼大修道院的塔楼)。

Busaco, battle of, 1810. **波萨科战役**(1810) 拿破仑与奥地利议和后,决
定把英国人逐出西班牙和葡萄牙。马塞纳奉命率领一只法军大部队前往执行这
一任务,与此同时,威灵顿则在托里什韦德拉什部署防线。1810 年 9 月 27 日,
马塞纳在位于里斯本东北部的波萨科向英军发起进攻,但未能取得进展。威灵
顿退回到托里什韦德拉什,次年,威灵顿从这里向法军发起了反攻。

Buss, Frances Mary(1827—1894). **弗朗西丝·玛丽·巴斯**(1827—

① 贝宁旧译。——译者注

1894） 女性高等教育的先驱。弗朗西斯·巴斯 14 岁时开始任教。她于 1849 年进入伦敦大学女王学院（Queen's College），一边上学，一边从事创办北伦敦女士专科学校工作。学校初创时只有 35 名学生，一年后学生人数达到 135 人。巴斯是妇女选举权的狂热支持者，并发起了为女士争取大学入学考试资格的运动。埃米莉·戴维斯创办剑桥大学格顿学院过程中，巴斯给予了大量帮助。

Bute, John Crichton-Stuart, 3rd marquis of（1847—1900）. **约翰·克赖顿—斯图亚特，第 3 代比特侯爵**（1847—1900） 慈善家和学者。比特在 6 个月大时就继承了侯爵爵位。从哈罗公学和牛津大学基督教会学院毕业后，他皈依了天主教。比特大部分时间都致力于加的夫港口码头建设和位于格拉摩根郡的家族地产的经营。在苏格兰，比特是格拉斯哥大学和圣安德鲁斯大学的捐助者，并对苏格兰历史有着浓厚的兴趣。1892 年到 1898 年间，比特担任圣安德鲁斯的堂区长。

Bute, John Stuart, 3rd earl of [S]（1713—1792）. **约翰·斯图亚特，第 3 代比特伯爵【苏格兰】**（1713—1792） 首相。1755 年比特开始担任威尔士亲王的家庭教师，因此，当威尔士亲王 1760 年继承英格兰王位成为乔治三世时，比特的影响力日益增加，这甚至引起了政治上的争议。比特刚开始时只是在宫廷内任职，1761 年被提升为国务大臣，1762 年 5 月被任命为首席财政大臣，次年 4 月辞职。比特本意上是要推行德政，而且这一施政方针也曾给乔治三世留下了非常深刻的印象，但因困难重重，比特心灰意冷，最终放弃了努力。由于人们对比特在辞职后仍在施加影响——作为"幕后首相"——的过度担忧，造成了格伦维尔和罗金厄姆两届政府的不稳定。除了在政治领域的作为外，比特不仅是教育、文学和美术的赞助者，而且还是一个热衷于科学的学者，尤其热衷于植物学。

Butler, Josephine（1828—1906）. **约瑟芬·巴特勒**（1828—1906） 女权运动者。出生于诺森伯兰郡，约翰·格雷之女。1852 年，她嫁给了乔治·巴特勒，乔治是一名大学教师，后来担任温切斯特大学的教务长。她第一次从事慈善工作的对象是牛津的贫困妇女，1864 年搬到利物浦后继续致力于慈善事业。

1869 年至 1870 年,她担任英格兰北部女性高等教育委员会主席;1869 年至 1885 年,担任全国妇女废除传染性疾病法协会的秘书,传染性疾病法案在 1866 年至 1869 年被议会通过,旨在控制驻军城镇和港口的妇女卖淫行为。1890 年其丈夫去世后,她退出了公众视野。

Butler,Richard Austen（1902—1982）. **理查德·奥斯汀·巴特勒**（1902—1982） 巴特勒出生在印度,就读于剑桥大学,1929 年作为萨弗伦沃尔登选区的候选人进入议会下院。作为教育委员会主席,他负责制定了 1944 年的《教育法》(*Education Act*)。该法案提出中等教育体系由三类中等学校组成①,同时引入"11 岁"考试制度。巴特勒在全部三个主要部门都担任过大臣:1951 年至 1955 年任财政大臣;1957 年至 1962 年任内政大臣;1962 年至 1965 年任外交大臣。1957 年为了支持麦克米伦、1963 年为了支持道格拉斯—霍姆,巴特勒两次错过了出任党魁的机会。1965 年巴特勒退出政坛,接受了剑桥大学三一学院院长的职位。

Butt,Dame Clara（1872—1936）. **克拉拉·巴特女爵士**（1872—1936） 英国女低音歌唱家,就读于皇家音乐学院。她第一次取得的重大成功是 1892 年在皇家音乐学院上演的格鲁克的歌剧中扮演了俄耳甫斯②。不过,巴特的职业生涯主要集中在音乐会的舞台上,她那高挑的身材和摄人心魄的形象,与她浑厚有力的声音形成了绝配。她对埃尔加的音乐情有独钟,1899 年在诺里奇音乐节上演唱了埃尔加的《海景》(*Sea Pictures*)套曲的第一首。

Butt,Isaac（1813—1879）. **艾萨克·巴特**（1813—1879） 爱尔兰地方自治运动创始人。最初,巴特是奥兰治托利主义的有力捍卫者。然而,他的工联主义思想以及他的财产权利主张使其越来越多地带有强烈的民族主义情感色彩。1848 年 5 月,巴特在为青年爱尔兰领袖们辩护时,竭力主张在都柏林建立一个

---

① 即文法学校、技术中学和现代中学。——译者注
② 奥菲士,希腊神话中的人物,诗人和歌手,善于弹竖琴,弹奏时猛兽俯首,顽石点头。——译者注

附属于英国议会的爱尔兰议会,以抵消与英国建立联系给爱尔兰带来的不良经济后果。虽然自 1852 年至 1865 年他代表爱尔兰的约尔选区在英国议会有一席之地,但有一段时间因在国家政治中被边缘化而感到苦恼。1868 年,巴特为爱尔兰的芬尼亚反抗者们进行的辩护,恢复了其在人们心目中爱国者的声誉。1871 年,巴特作为爱尔兰地方自治运动的领导人,代表爱尔兰的利默里克选区重新进入议会。1873 年,在巴特的帮助下,爱尔兰通过地方自治联盟创建了一个爱尔兰民族组织,但巴特去世时,他的位置已被更为激进的副手们取代。

Butterworth,George(1885—1916). **乔治·巴特沃斯**(1885—1916) 英国作曲家,是无数个战争牺牲品中令人惋惜的人物之一。就读于伊顿公学和牛津大学三一学院。巴特沃斯是对英国民歌感兴趣的一群音乐家中的领导成员,这些音乐家中包括塞西尔·夏普和拉尔夫·沃恩·威廉斯等。巴特沃斯作品不多,篇幅也很小,但他发明了一种独特的发声法,并把圆润的而且经常是悦耳的管弦乐编排进他 1912 年创作的牧歌《什罗普郡一少年》(*A Shropshire Lad*)和1913 年创作的《绿柳岸边》(*The Banks of Green Willow*)之中。1916 年 8 月 5 日,巴特沃斯在索姆河战役中遇难。

Bye plot,1603. 次要阴谋(1603) 在苏格兰饱受各种阴谋折磨的苏格兰国王詹姆斯六世(同时也是英格兰国王詹姆斯一世),刚一抵达他的新王国英格兰就遇上了新的阴谋。所谓的"次要阴谋",是指一位名叫威廉·沃森的天主教神父策划的一个愚蠢的阴谋,该阴谋的主要计划是在格林尼治抓住国王,并迫使国王同意在王国内实行宗教宽容政策。次要阴谋虽然以失败告终,但随后的调查牵出了一个"主要阴谋",并使沃尔特·雷利入狱。

Byland,battle of,1322. 拜兰战役(1322) 1322 年 3 月,爱德华二世的支持者在巴勒布里奇取得的胜利使爱德华二世深受鼓舞,他决定在夏季对苏格兰再实施一次战役。在围攻贝里克之战未能获胜后,爱德华二世领军撤退,苏格兰国王罗伯特·布鲁斯(罗伯特一世)率军追击。当爱德华二世抵达里沃修道院时,布鲁斯的军队从诺思阿勒尔顿出发,越过山脉向英军发起了进攻。10 月 14

日,苏格兰军队在老拜兰(Old Byland)打败了英格兰的皇家后卫队,但爱德华二世逃脱,跑到了约克。一个英格兰国王在自己的王国里被人打得逃跑实在不是件光彩的事。

Byng,John(1704—1757). **约翰·宾**(1704—1757) 宾的海军生涯有一个良好的开端。宾是托林顿子爵的幼子,托林顿是帕萨罗角战役中的英雄,1727年至1733年间担任第一海军大臣。宾14岁时就参加了海军,并亲历过帕萨罗角战役,1745年被提升为海军少将。1756年"七年战争"爆发后,宾奉命率领一只分遣舰队前往守卫梅诺卡岛。他发现有一支敌军登陆该岛,还有一支法国舰队在岛的外围游弋。虽然宾的舰队吸引了敌军的注意力,但表现欠佳,撤回直布罗陀,驻守梅诺卡岛的英军只能听天由命。当驻岛英军投降时,宾引起公愤,立即被召回并接受军事法庭的审判,被判处死刑。宾的宽宥请求被驳回,并在停留在朴次茅斯港的"蒙纳克"号(*Monarque*)军舰的后甲板上被执行枪决。宾死的时候表现得很勇敢也很镇定。伏尔泰1759年出版的《老实人》(*Candide*)中,有这样一句著名的评论:"为了激励他人"(pour encourager les autres),英国人喜欢时不时地枪毙一名海军将官。

Byrd,William(c.1543—1623). **威廉·伯德**(约1543—1623) 英国伊丽莎白时代和詹姆斯一世时期重要的作曲家。在伯德创作的大量作品中,包括有英文圣歌和合唱歌曲、拉丁文经文歌和弥撒曲,以及键盘音乐和合奏音乐。伯德是作曲家托马斯·塔利斯的学生,1563年被任命为林肯主教座堂的管风琴师和唱诗班指挥。1570年,伯德接受了皇家教堂堂士职位,并在那里与塔利斯共司管风琴师之职。伯德与塔利斯一同被伊丽莎白一世授予印行音乐作品的专利权。

Byron,George Gordon,6th Baron Byron(1788—1824). **乔治·戈登·拜伦,第6代拜伦男爵**(1788—1824) 诗人。1798年,拜伦继承了男爵爵位和纽斯特德修道院。拜伦从哈罗公学和剑桥大学毕业后,就开始了后来为其诗歌创作积累素材的游学大旅行。1812年,拜伦发表了长篇叙事诗《恰尔德·哈罗尔德游记》(*Childe Harold*)中的前两章,一夜成名。拜伦的政治活动与位于伦敦的荷兰府邸有着密切的关系,他的首次演讲是关于诺丁汉郡工人破坏机器行为的立法问题,但 1816 年当他与妻子——女继承人安娜贝拉·米尔班克分居以后,就离开了英国。在意大利,拜伦被赞颂为"革命诗人";出于对自由的热爱之情,1824 年拜伦参加了希腊独立战争。拜伦死于热病,当时他的杰作《唐璜》(*Don Juan*)尚未完成。

C

cabal **卡巴尔** 卡巴尔的字面意思是策划阴谋的秘密组织或派别,也指这种阴谋本身,这里专指 1671 年至 1673 年查理二世的政府。卡巴尔一词是由该届政府中 5 个大臣名字的第一个字母组合而成的,这 5 个大臣各怀野心。克利福德勋爵原本是德文郡的一个乡绅,后来爬到财政大臣之位,皈依了天主教,鼓吹采取战争的手段来夺取荷兰的商业财富。阿林顿是个廷臣,野心家,一直妄想实现被他说成是查理二世之愿望的事业。白金汉一心想成为首席大臣,他在民众中有一定的声望,并主张宗教信仰自由。后来被晋升为沙夫茨伯里伯爵的阿什利勋爵也主张宗教信仰自由。愤世嫉俗的劳德戴尔则统治着苏格兰。1673年,由于克利福德的去世,白金汉和沙夫茨伯里走向对立面,这个阴谋集团随之瓦解。

cabinet **内阁** 由首相任命的政府中的执行委员会。内阁是 17 世纪晚期时从机构日益庞大的枢密院中逐渐发展而来的。内阁的发展经历了两个至关重要的阶段:第一个阶段是乔治一世统治时期,国王不再出席内阁会议,首席大臣因此取代了国王的位置并且可以把自己的观点强加给内阁同僚们;第二个阶段是内阁集体责任制的兴起。

在 18 世纪,内阁成员绝大多数都出身于贵族。18 世纪 60 年代,乔治·格伦维尔内阁共有 9 名成员,而出身平民的只有他自己一个人,即便如此,格伦维尔的哥哥也是一位伯爵。直到 19 世纪末,平民才在内阁成员中占据多数。像大多数委员会一样,内阁成员的人数也出现了增多的趋势。1783 年的福克斯—诺斯的联合内阁有 7 名成员;1841 年的皮尔内阁有 14 名成员;1895 年索尔兹伯里的内阁有 19 名成员;1995 年 7 月约翰·梅杰的内阁有 23 名成员。

用白哲特的话说,内阁把政府的立法部门和行政部门联系在了一起。内阁成员通常来自于议会下院中的多数党,再加上一些贵族。与此同时,内阁成员均为各行政部门的首脑。英国政府作为一个整体,总共由大约 100 人组成,包括国务大臣、各部次官和党鞭①,但政府作为一个机构,从来不召开全体各部参加的会议。

随着政府职能的不断扩大,内阁这一更适应 19 世纪时小政府需要的机构所面临的压力也越来越大。长期以来,委员会一直是内阁组织的一个特征,但这些委员会都是为了特定目的而设立的,也是暂时性的。现代的内阁常务委员会制度实际上肇始于第二次世界大战时期。由各部大臣组成的小型内阁委员会主要处理特别重要、特别敏感或者牵涉面特别宽而单独一个部门难以决策的事务。到 1995 年,英国共有 19 个内阁委员会或小组委员会。

近年来关于内阁问题的讨论,主要集中在首相的权力越来越大,而内阁的地位却日益下降这一问题上。在 20 世纪,首相的职权的确扩大了,这一点几乎没有人怀疑。不过,内阁在政府中依然扮演着终极上诉法庭的角色。

Cabot,John（d.1489）and Sebastian（1474—1557）. 约翰·卡伯特（卒于 1498）和塞巴斯蒂安·卡伯特（1474—1557） 关于卡伯特父子的生平,还有许多不清楚之处,但可以肯定的是,他们父子发现了美洲东北部海岸并确定它是美洲大陆的一部分,而塞巴斯蒂安则使英国人徒劳地朝着相反的方向寻找去往东方的通道。约翰·卡伯特出生在热那亚,但为威尼斯和西班牙政府工作。1493 年约翰·卡伯特来到布里斯托尔,受哥伦布的启发,试图横渡大西洋。在经历了一次失败后,约翰·卡伯特于 1497 年乘坐"马修"号（Matthew）到达了布雷顿角和纽芬兰,而他一开始还以为自己已经到达了中国（Cathay）。约翰·卡伯特死在其第二次探险的途中。塞巴斯蒂安肯定在 1508 年时曾试图探索过去往东方的西北航路,他很可能到达了哈得孙湾入口处,之后又沿着北美海岸向南

---

① 指议会中某一政党的一位重要官员,负责协助政党领袖指挥本党议员采取一致行动。党鞭一般是一人,也可以是多人。——译者注

继续航行。

Cade, Jack（d.1450）. **杰克·凯德**（卒于 1450 年） 肯特人反叛的领袖。凯德的身份仍是个谜。凯德的军事经验表现在他的组织才能、领导才能,以及对1450 年 5 月底爆发的数以千计的肯特反叛者所进行的军纪整饬等方面。凯德领导了这场自发的抗议亨利六世无能政府的运动,7 月 3 日,反叛者冲破政府的阻止进入伦敦。在伦敦,凯德失去了对他的追随者们的控制,反叛者在政府的说服下解散了。虽然凯德自己已被赦免,但他仍然坚持战斗,7 月 12 日,他在拒捕中受了致命伤。

Cadoc, St **圣卡多克** 6 世纪时威尔士的一位重要学者。在威尔士接受过一位爱尔兰修道士的培养后,据说他又到爱尔兰寻求利斯莫尔修道院院长莫出塔的指教,然后回到兰斯派迪德研究雄辩术。他在兰卡范的重要基地后来成为宗教与文学研究中心。

Cadwaladr（d.664）. **卡德瓦拉德**（卒于 664 年） 威尔士国王。卡德瓦隆之子。卡德瓦隆在 634 年被诺森伯里亚国王渥斯沃尔德杀死之前,曾蹂躏了诺森伯里亚王国。658 年,卡德瓦拉德本人在埃克塞特附近的平霍遭西撒克逊人重创。他于 664 年至 645 年间去世,这件事似乎标志着不列颠人试图从撒克逊人入侵中复兴之梦的破灭。卡德瓦拉德的事迹虽然没有被记载下来,但在后来的预言诗中仍被描述成一个举足轻重的人物,就像亚瑟王一样,成为一个将再次崛起并带领他的人民走向胜利的带有几分神秘色彩的英雄。

Cadwallon（d.634）. **卡德瓦隆**（卒于 634 年） 圭内斯国王。卡德瓦隆与他的盟友麦西亚国王彭达一起,在 633 年的哈特菲尔德战役中杀死了诺森伯里亚王国的国王埃德温,并于次年杀死埃德温的继任者德伊勒的奥斯里克和伯尼西亚的恩弗里思。634 年,卡德瓦隆本人在赫克瑟姆附近的哈文菲尔德战役中被恩弗里思的哥哥渥斯沃尔德击败。

Cadwgan（Cadogan）（d.1111）. **卡杜根**（卡多根）（卒于 1111 年） 威尔士王子。其父布莱迪恩·阿普·辛芬在 1063 年至 1075 年间统治圭内斯和波伊斯。卡杜根从 11 世纪 80 年代开始,发动了针对德赫巴斯王国的里斯·阿普·图德的战争,里斯·阿普·图德在 1093 年被诺曼人杀死。1094 年,卡杜根与圭内斯的国王格鲁菲兹·阿普·卡南结盟,在威尔士领导了一次大规模的对来犯的诺曼人的反击战。威廉·鲁弗斯亲率两支远征军前来恢复统治。1102 年,卡杜根与施鲁斯伯里伯爵贝莱姆的罗伯特一起,发动了反抗亨利一世统治的起义,但被击败。卡杜根是在试图重建自己在波伊斯的统治时被谋杀的。

Caedmon（d.680）. **凯德蒙**（卒于 680 年） 凯德蒙系惠特比隐修院一位从未受过任何教育的老牧人,他在梦中奇迹般地获得了创作方言圣诗的能力。当凯德蒙醒来时,还记得他在梦中吟唱的赞美上帝的圣歌,而且还增添了一些诗句。惠特比女隐修院的院长希尔达在获知凯德蒙新获得的这一能力后,便把他带到隐修院的修士中接受测试。据比德的记载,测试结果是凯德蒙只记得几行诗。

Caedwalla（c.659—689）. **卡德沃拉**（约 659—689） 威塞克斯王国国王（685—687 年在位）。威塞克斯王室的家族成员,卡德沃拉首次见诸于记载,是他被流放到奇尔特恩丘陵和威尔德荒原之地的时候。他自立为威塞克斯国王,并广泛扩展自己的势力,特别是他征服了怀特岛,并消灭了岛上业已存在的王朝。此后不久,卡德沃拉前往罗马,接受了洗礼,死后被葬在圣彼得大教堂。

Caen, treaty of, 1091. **《卡昂条约》**（1091） 1087 年,征服者威廉临终之前,把英格兰交给了次子威廉·鲁弗斯,把诺曼底公国交给了长子罗贝尔。1091 年,鲁弗斯率领一支远征军到达诺曼底,迫使罗贝尔在卡昂或鲁昂签订了一份条约。鲁弗斯和罗贝尔联手在科唐坦赶走了弟弟亨利（后来的亨利一世）,但到 1094 年,鲁弗斯和罗贝尔之间又爆发了战争。

Caerleon **卡利恩** 位于格温特郡,原为罗马第二奥古斯都军团（legio II

Augusta)的驻扎地。公元 1 世纪 70 年代中期或晚期时,卡利恩成为罗马军团的永久性总部,当时担任不列颠总督的可能是弗朗蒂努斯(Frontinus)。卡利恩考古挖掘表明,那里存在着诸如军用公共浴室这样的令人印象深刻的建筑。

Caernarfon castle(Gwynedd) 卡那封城堡(圭内斯) 始建于 1283 年 6 月,时值第二次威尔士战争期间。卡那封城堡把切斯特伯爵休于 11 世纪末在卡那封建造的城堡的护堤也合并了进来,从而恢复了早期城堡所象征的领主权。卡那封与天主教罗马的联系得到了有意识地培育。1283 年,在修建该城堡时发现了一具尸体,这具尸体被认为是君士坦丁皇帝所谓的父亲,即马格努斯·马克西穆斯(383—388 年)。建成后的卡那封城堡为带有多边形塔楼的带状砖石结构,其城墙则模仿自君士坦丁堡。国王塔是公国的行政中心,上面装饰着帝国鹰。最后,爱德华选择该城堡作为其子,即后来的爱德华二世、首位英格兰人威尔士亲王的出生地。

Caernarfonshire 卡那封郡 威尔士北部的一个郡。这里曾经是凯尔特人温尼多特部落领土的一部分,后来成为威尔士圭内斯王国的领土。"阿封"是蒙岛(Môn①,即安格尔西岛)对面的一片土地,卡那封郡的名称源于罗马人修建的军事要塞塞贡蒂乌姆的卡斯特鲁姆(Castum,或称 Caer),也就是"卡那封"。根据 1284 年颁布的《里兹兰法》(statute of Rhuddlan),阿封连同利恩半岛、以南的梅里昂尼德和康韦河以西的阿莱奇维德合并,成为卡那封郡。在 1536 年的威尔士与英格兰《合并法》(Act of Union)中,卡那封仍然是一个独立的郡,但 1974 年时卡那封郡成为圭内斯郡的一部分。1996 年,蒙岛从圭内斯郡分离出去,卡那封郡、梅里昂尼德和阿伯康韦组成新的圭内斯郡。

该郡地形以斯诺登群山(Eryri②)为主,其中包括威尔士的最高峰伊尔怀德法峰(yr Wyddfa),高 3560 英尺。该郡以农业为主,主要从事养羊业,但 18 世纪和 19 世纪大规模的采石和采矿活动使得卡那封的风景受到严重损坏。1901 年

---

① 在威尔士语中,安格尔西岛(Anglesey)读为 Ynys Môn。——译者注
② 威尔士语,意思是鹰的天地。——译者注

时,该郡 89.6% 的人口使用威尔士语,而且 47.7% 的人口只使用威尔士语,到了 1991 年,使用威尔士语的人口比例已降至 61.5%。

Caerwent　凯尔文特　位于格温特(Gwent)的罗马人城镇,原系西卢尔人(温塔西卢尔拉姆)部落的首府。罗马人对南威尔士的占领始终以驻扎在卡利恩的罗马军团要塞为核心,这种情况一直到公元 121 年至 122 年罗马皇帝哈德良到此巡幸为止。哈德良明确地认为该地区已经做好了实行地方自治的准备,而且罗马人统治的凯尔文特镇也已经得到开发。有碑文可以明确证实,凯尔文特的部落管理是通过镇会议进行的。

Caesar,Julius　尤利乌斯·凯撒　罗马政治家和将军。公元前 100 年出生于一个显赫贵族家庭。公元前 59 年,凯撒升任罗马执政官。在他的军事指挥下,山南高卢成为罗马统治的一个行省。凯撒在公元前 58 年至公元前 54 年进行的一系列辉煌战役中,又征服了高卢的其余部分,直抵莱茵河。公元前 55 年下半年,正值罗马执政官选举之际,凯撒入侵不列颠,但他的舰队因遇到暴风雨而被迫撤退。次年,凯撒再次入侵不列颠,这一次击败了卡西维劳努斯统治的不列颠东南部部落。为了凯撒对不列颠这个带有几分神秘色彩岛屿的几次入侵,罗马元老院投票表决延长了感恩节的时间,结果延长的时间比凯撒征服高卢的时间还要长。

Calais,possession of　加莱领地　从 1347 年爱德华三世占领,到 1558 年法国人收复的这段时期,加莱一直处于英格兰人的掌控之中。加莱实际上是"英格兰在海外的一个非常小的殖民地",1536 年起才在英格兰议会中获得代表席位。英格兰占领加莱不久,就开始鼓励移民到加莱。此后,加莱城的官员、守备部队和商人几乎全部来自于英格兰。

Calais,treaty of,1360.　《加莱条约》(1360)　根据 1360 年 5 月在布雷蒂尼签订的《加莱条约》,英格兰国王爱德华三世获得阿基坦、普瓦图、庞蒂厄、吉讷和加莱的全部主权,同时作为回报,放弃对法国王位和诺曼底、安茹及曼恩的主权要求,并同意法国人以支付赎金的形式赎回国王约翰二世。

Calcutta（Kolkata） 加尔各答 1690 年 8 月 24 日,英国东印度公司的代理人乔布·查诺克在孟加拉胡格利河沿岸的加尔各答建立了贸易站。当孟加拉取代马德拉斯成为东印度公司的主要商业区时,加尔各答迅速发展起来。该镇吸引了大量的英国人,1834 年被正式确定为英属印度的首都。1901 年,加尔各答这座城市成为大英帝国仅次于伦敦的第二大城市。然而,1912 年,英属印度首都迁到新德里后,加尔各答开始了其长期衰落的过程。

Caledonii 喀利多尼亚人 居住在苏格兰高地的民族。对于一个在已知世界里已经被边缘化的民族来说,喀利多尼亚人在罗马作家的作品中出现的次数之多却是惊人的。西菲利纳斯告诉我们,喀利多尼亚人实际上是一个部落联盟,而不是一个单一的部落实体,塔西佗也证实了这一联盟的存在。根据塔西托的记载,在格劳庇乌山战役爆发之前,卡尔加库斯向喀利多尼亚人发表演说,他是该联盟的"众多领导人之一"。塔西佗描述的喀利多尼亚人长着红头发,而且身材高大。

calendar reform,1751. 历法改革（1751） 为了弥补尤利乌斯·凯撒的儒略历缺陷,1582 年以后,欧洲大部分地区都采用了教皇格列高利十三世提出的历法改革方案。一些新教国家依然使用旧的历法,而旧历法与新历法越来越不同步①。格列高利历法改革法（The Act 24 Geo.II c.23）采取在 1752 年 9 月中抹掉 11 天的做法,来保持新历与旧历的同步。与此同时,英格兰以 1 月 1 日取代 3 月 25 日作为新的一年的开始,从而与苏格兰保持一致。人们对新的历法提出抗议,并非是为了"找回那 11 天",而是想知道如果签订的合约或生日恰好就在已经消失的 1752 年 9 月 2 日至 14 日之间的某一天的话,那么他们该如何解决由此带来的那些实际困难。

---

① 旧历比新历迟 11 天。——译者注

Calgacus 卡尔加库斯 卡尔加库斯是塔西佗给喀利多尼亚人部落联盟首领起的名字,他于公元83年至84年在格劳庇乌山战役中领导喀利多尼亚人抵抗阿古利可拉率领的罗马军队。卡尔加库斯似乎只是在战前向喀利多尼亚人发表了演说,激励他的追随者们要像自由的不列颠人一样抵抗罗马人。该演说包含了那句著名的对罗马人的嘲讽:"他们造成一片荒凉,可他们却称之为天下太平。"不过,诸如此类的演说在古希腊罗马史中是司空见惯之事。

Callaghan, James（1912—2005）. 詹姆斯·卡拉汉（1912—2005） 首相。卡拉汉是唯一一位在政府各个部门中都担任过最高职位的人:1964年至1967年担任财政大臣,1967年至1970年担任内政大臣,1974年至1976年担任外交大臣,最终在1976年至1979年担任首相。卡拉汉16岁时就离开了学校,谋得一份文职工作。1936年,卡拉汉加入工会,成为全国税务人员联合会(Inland Revenue Staff Federation)的专职助理秘书。

1945年,卡拉汉以工党党员的身份作为加的夫南部选区的候选人当选议会下院议员。他迅速树立起了自己的声望,并于20世纪50年代成为公认的盖茨克尔①式的人物。1960年,卡拉汉在工党副党魁的竞选中被乔治·布朗击败。1963年盖茨克尔去世后,卡拉汉再次竞选工党领袖,但仅名列第三,排在哈罗德·威尔逊和布朗之后。1964年工党重新上台执政,卡拉汉担任财政大臣。然而,他的权威受到布朗领导的一个新成立的经济事务部的挑战。卡拉汉任财政大臣期间,曾受到投机者对英镑的狙击,由此而引发的1967年英镑贬值迫使卡拉汉辞职。

卡拉汉转任内政大臣后,试图努力解决英联邦国家公民移民英国的问题,1969年8月又受命负责派遣英军进驻北爱尔兰。作为唯一一位有工会背景的资深大臣,卡拉汉阻止了芭芭拉·卡斯尔和威尔逊1969年提出的旨在改革工会法的措施。

卡拉汉担任外交大臣期间,正值英国为是否加入欧洲经济共同体而展开激

---

① 盖茨克尔(1906—1963),1955年至1963年担任英国工党领袖,1962年曾在工党会议上发表反对英国加入欧洲经济共同体的演说。——译者注

烈辩论之际。这个问题造成了工党的分裂,卡拉汉尽管不完全反对英国加入欧洲经济共同体,但也对加入的想法提出了批评。他着手安排就希斯政府同意加入的条款进行重新谈判。1974 年 6 月至 1975 年 3 月,卡拉汉访问了很多外国首脑,以期解决有关欧洲经济共同体的预算、共同体农业政策以及英联邦国家在共同体中的地位安排等细节问题。但卡拉汉起的作用实际上并不大,即使有些变化,也是表面性的。

1976 年威尔逊宣布辞职,卡拉汉击败迈克尔·富特,继任工党领袖和首相。但卡拉汉这届首相任期的前景非常暗淡。通货膨胀还在蔓延,1976 年 9 月英国政府被迫向国际货币基金组织申请了 23 亿英镑的备用信贷。由于工党在下院中只占少数,工党政府得不到议会中占多数的党派的有效支持,因此 1977 年时卡拉汉为了维持政府的运转,不得不与自由党达成协议,把定价权力下放给苏格兰和威尔士。

在 1978 年至 1979 年这一"人们怨声载道的冬天",英国爆发了一系列的罢工,抗议政府对工资增长的限制,工党政府因此陷入瘫痪。1979 年 3 月,卡拉汉就定价权力下放给苏格兰和威尔士问题举行了全民公投,结果遭到失败。在议会,工党政府以一票之差未能通过不信任动议,在随后进行的大选中工党败北。1980 年 10 月卡拉汉辞去工党领袖一职,1987 年受封终身贵族。卡拉汉继威尔逊之后接任首相,现在看来就是杯诱人的毒酒。

Calvert, George　乔治·卡尔弗特　See BALTIMORE, IST LORD(见第 1 代巴尔的摩勋爵)

Calvinism　加尔文主义　让·加尔文(1509—1564 年)提出的学说,主要是在他 1536 年出版的《基督教原理》(*Institutes*)一书中明确阐述出来的。加尔文深受圣奥古斯丁的上帝先知先觉的命定论影响,因此认为一个人能否成为上帝的选民,能否得救,早在其诞生之前就已经由上帝决定了。自由意志只是一种幻想。依据该前提,教会组织认为,上帝的选民应该与大臣们分享政府的权力。

1559 年,加尔文主义被约翰·诺克斯从日内瓦传入苏格兰后,成为苏格兰全国奉行的教义,并于 1690 年被确立为苏格兰的国教。在英格兰,加尔文主义首先试图竭力对英国圣公会施加影响,接下来又试图取而代之。1660年以后,加尔文主义在一开始时成为不信奉国教诸教派中最有实力的教派,但其地位很快便被浸信会和公理会取代;到18世纪初,加尔文主义又受到索齐尼主义和上帝一位论(unitarianism)的渗透。

Cambridge,Great St Mary's 剑桥大学圣玛丽大教堂 通常称为大学教堂,该教堂是座精美的晚期垂直式堂区教堂,坐落于国王街和市场广场之间一个绝佳的位置。西塔始建于1491年,1550年时只完成了一半的工程,整个工程全部完成于1608年,原本打算建的塔尖,最终一直未被补上去。

Cambridge,Richard of Conisborough,1st earl of(1385—1415). **科尼斯伯勒的理查德,第1代剑桥伯爵**(1385—1415) 理查德是约克公爵埃德蒙的小儿子,爱德华三世的孙子。他没有土地,在1408年与马奇伯爵埃德蒙·莫蒂默的妹妹安妮·莫蒂默秘密结婚之前,一直依靠不定期地领取国库的年金生活。显然理查德因怨恨而精神错乱后,制定了愚蠢的发动叛乱计划,并使自己相信埃德蒙·莫蒂默赞同他的叛乱动机。至于斯克罗普勋爵亨利是怎样卷入这一反叛阴谋的,至今仍是个谜。剑桥伯爵和斯克罗普勋爵因策划谋杀亨利五世及其兄弟们而被判有罪,并在南安普敦被斩首。

Cambridgeshire 剑桥郡 剑桥郡是一个宁静且人口稀少,以农业为主的郡,南部以平缓的白垩丘陵为主,北部地区地势平坦,与沼泽地相连。卡姆河把该郡的南部地区一分为二,流经北部地区并在伊利附近汇入乌斯河。该郡的居民以小土地所有者为主,他们同情清教徒和不从国教的新教徒,并在政治上保持独立。根据1972年的《地方政府法》,剑桥郡接管了亨廷登郡、彼得伯勒的司法管辖区,从而使剑桥郡的总面积增加了50%以上。现代剑桥郡见证了科学技术园的发展,起始于亨廷登的A14号公路已成为英国最繁忙和拥挤的道路之一。

剑桥城原本是罗马人的定居地,也是公路网的中心枢纽,卡姆河从城市中心穿过。剑桥城的重要性,因其处于以乌斯河为中心的内河航运复杂网络的最南端而得到进一步加强。最初,这里是盎格鲁人的殖民地,7世纪时成为东盎格鲁人和麦西亚人反复必争之地。673 年伊利地区创建修道院后,剑桥城发展起来并迅速繁荣,而且在 870 年丹麦人的劫掠中幸免于难。诺曼人主教座堂始建于 1083 年,1109 年获得主教座堂的地位。伊利的独特位置使该地的主教获得了类似于巴拉丁伯爵的地位。1888 年,伊利岛取得设立自己的郡议会权利,马奇成为该郡的首府,但 1958 年时再次与剑桥郡合并。

在 870 年丹麦人进行的第一次劫掠以前,剑桥城就开始走下坡路了,10 世纪初长者爱德华(Edward the Elder)把剑桥城从丹麦人手中解放出来,但在 1011 年时剑桥城再次落入丹麦人之手。诺曼征服以后,威廉一世在 1068 年时建造了城堡,剑桥城于 1201 年得到了王室颁发的特许状。每年仲夏日举办的斯陶尔布里奇市集(Stourbridge fair)是当时欧洲最大的市集之一。13 世纪剑桥大学的发展,造成市民与大学师生之间长期的对抗,但也使这个学术中心与东盎格利亚市镇交杂在一起,这些因素进而塑造了今天剑桥的特点。

剑桥郡的北部地区几个世纪以来几乎完全被沼泽和水切断了与外界的联系。由于这里与世隔绝,因而成了逃难者的天然庇护所,其中在此避难的最有名的人物是抵抗诺曼人的领袖赫里沃德。排干沼泽的建议曾被反复提出,但直到 17 世纪时,排沼工程才开始进行,贝德福德伯爵通过荷兰工程师费尔默伊登的努力,成功地开发了这一广阔的沼泽地区。

剑桥郡的沼泽地区一直以来就是人们关注的一个兴趣点。卡姆登写道:"生活在沼泽地区的人,(就如同这个地方一样)是一种野蛮的、未开化的、嫉妒他人的……而且往往踩着高跷行走的人。"对伊利主教座堂的敬仰通常会缓和人们对城市本身的厌恶。1698 年,西莉亚·法因斯是这样描写伊利的:"这是我所见过的最肮脏的地方……整个城市就是个不折不扣的泥潭……我的房间里就有青蛙、蛇蜥和蜗牛。"威斯贝奇是个繁荣的港口,展示了许多优雅的建筑,但佩夫斯纳在 1954 年却言简意赅地写道,沼泽地区"长出了大量的马铃薯、甜菜和其他根茎类作物,还有小麦,却从未长出过大量的建筑"。

Cambridge University 剑桥大学 剑桥大学的历史可以追溯到 1209 年,当时牛津大学与当地市民发生冲突,因而牛津大学的一些职员纷纷迁入剑桥城。1284 年,伊利主教休·德·鲍尔舍姆(Hugh de Balsham)创办了剑桥大学的第一所学院——彼得豪斯学院(Peterhouse)。在王室的保护和赞助下,剑桥大学得以进一步扩张:1441 年,亨利六世建立了国王学院(King's College);1546 年,亨利八世建立了三一学院(Trinity College)。宗教改革运动后,剑桥大学贫困学生大量消失,取而代之的是富裕家庭的子弟。文艺复兴时期的许多重要学者都与剑桥大学有关,包括伊拉斯谟(Erasmus)、阿谢姆(Ascham)和费希尔(Fisher)。由于清教主义在东盎格利亚的盛行,因此在内战期间剑桥大学支持议会的事业。在学术上,科学的发展是剑桥大学的重要特征,牛顿是三一学院最著名的典范。1873 年卡文迪什实验室(Cavendish Laboratory)的开放,更是进一步提高了剑桥大学在科学领域的声誉。在这一时期,剑桥大学还建立了两所女子学院,一所是1869 年建立的格顿学院(Girton);另一所是 1871 年建立的纽纳姆学院(Newnham)。

在其最初的 6 个世纪里,剑桥大学与牛津大学一样,也是一个神学院。一直到 1871 年,剑桥大学的研究员按要求必须是独身的具有神品职级的人员。有些古老的学院可以追溯到中世纪时期,如 1352 年建立的基督圣体学院(Corpus Christi College)、1357 年建立的彭布罗克学院(Pembroke)和 1380 年建立的三一霍尔学院(Trinity Hall)。有些学院是都铎王朝时期建立的,如 1505 年建立的基督学院(Christ's College)、1584 年建立的三一学院(Trinity)和伊曼纽尔学院(Emmanuel)等。唐宁学院(Downing)建立于 1800 年,该学院成立以前,曾就1717 年乔治·唐宁爵士(Sir George Downing)最初赠与的遗产问题,经历了漫长而麻烦的法律诉讼。19 世纪末建立了塞尔文学院(Selwyn,1882 年)和圣埃德蒙学院(St Edmunds,1896 年)。20 世纪 60 年代,剑桥大学至少出现了 6 所新学院:丘吉尔学院(Churchill,1960 年)、达尔文学院(Darwin,1964 年)、露西卡文迪什学院(Lucy Cavendish,1965 年)、克莱尔学堂(Clare Hall,1966 年)、菲茨威廉学院(Fitzwilliam,1966 年)和沃尔夫森学院(Wolfson,1969 年)。罗宾逊学院(Robinson College)创办于 1977 年。20 世纪,剑桥大学最大的进步之一就是大学图书馆迁入西路,并于 1934 年对外开放,设计者为贾尔斯·吉尔伯特·斯科特爵士(Sir Giles Gilbert Scott)。20 世纪末,围绕着剑桥大学周围,一大批科学研究设施得到了显著发展。

C

Cambuskenneth abbey（**Stirling**） **康帕内斯修道院**（**斯特灵**） 康帕内斯修道院是 12 世纪 40 年代苏格兰国王戴维一世修建的若干奥古斯丁小修道院中的一个。1488 年,詹姆斯三世就葬在了这里。16 世纪初,该修道院进行了工程浩大的重建工作。现在唯一保留下来的建筑是 14 世纪的一座独立的钟楼。

Camden,**battle of**,**1780**. **卡姆登战役**（**1780**） 1779 年 12 月,亨利·克林顿爵士（Sir Henry Clinton）远征南卡罗来纳（South Carolina）,以期得到忠英分子的支持。1780 年 5 月,英军攻陷查尔斯顿（Charleston）,并关押了 6000 名反抗者。随后,克林顿将查尔斯顿移交给康华里（Cornwallis）。德·卡尔博（De Kalb）率领一支反攻队伍从北卡罗来纳（North Carolina）出发,于 1780 年 8 月 16 日在卡姆登与英军相遇。虽然康华里率领的英军在人数上与美军相比相差悬殊,但最终打垮了美军,并杀死了德·卡尔博。

Camden,**Charles Pratt**,**1st Earl**（**1714—1794**）. **查尔斯·普拉特**,**第 1 代卡姆登伯爵**（**1714—1794**） 卡姆登于 1738 年获准执律师业。1757 年在皮特政府担任总检察长（attorney-general）,并代表唐顿（Downton）选区成为议会下院议员。1761 年,卡姆登被提升为普通民事诉讼法庭首席大法官。他处理的最著名的案件莫过于 1763 年涉及威尔克斯（Wilkes）与涉嫌诽谤的《北不列颠人》（*North Briton*）刊物案。卡姆登裁定一般逮捕令为非法,因而大受欢迎。在查塔姆的第二届政府中,卡姆登担任首席大法官,并在 1770 年之前一直掌管国玺。在查塔姆去世之前,卡姆登一直保持着在野党的身份,但在罗金厄姆政府执政期间,他成为枢密院院长,并担任此职直到去世。

Camden,**William**（**1551—1623**）. **威廉·卡姆登**（**1551—1623**） 卡姆登是英国最杰出的历史学家出身的校长之一。他出生在伦敦,先后就读于圣保罗公学和牛津大学。1575 年到 1597 年间,在威斯敏斯特公学执教,后来成为该校校长。卡姆登著有两部代表作,分别是 1586 年出版的《不列颠志》（*Britannia*）和 1615 年出版的《伊丽莎白女王时期编年史》（*Annals of Queen Elizabeth*）,前者对不列颠古代风俗制度进行了考察,后者作为一种媒介确立了伊丽莎白在人们心目中的统治地位。

Cameron, David（b.1966）. 戴维·卡梅伦（生于 1966 年） 政治家。就读于伊顿公学和牛津大学布雷齐诺斯学院。2001 年,卡梅伦代表威特尼选区成为议会下院议员,2005 年成为保守党领袖。卡梅伦一直试图为保守党重新定位,并重塑保守党的形象,他尤其重视环境和绿色环保问题。卡梅伦在议会下院的表现一直很有活力,但批评者则指责他追求时髦,而且思维不清晰。

Cameronians 卡梅伦派 1690 年以前,卡梅伦派被称为"Society people"("一小撮人"),指苏格兰西南部地区追随理查德·卡梅伦（1648—1680 年）和唐纳德·卡吉尔（约 1627—1681 年）的露天布道,并恪守圣约的一批人。当卡梅伦在战斗中被杀、卡吉尔被处绞刑后,各种持不同政见的社会团体联合起来反对《忠诚宣誓法》（*Test Act*）。1690 年之后,卡梅伦派建立了著名的卡梅伦步兵团（Cameronian regiment）来对付詹姆斯,而且拒绝加入已经恢复起来的苏格兰长老会,并把苏格兰长老会视为埃拉斯都派①（Erastian）。卡梅伦派最终于 1876 年成为独立教派。

Campaign for Nuclear Disarmament（CND） 核裁军运动（CND） 英国最大的组织,两次针对英国核威慑力量和美国在英国的核基地而掀起的抗议示威浪潮运动都与之有关。该组织是 1958 年时由诸如伯特兰·罗素等英国著名知识分子成立的,旨在敦促英国进行单方面的核裁军。该组织在成立后不久就参与了直接行动委员会组织的示威活动,直接行动委员会是个具有无政府主义倾向的小规模组织。1958 年的向位于伯克郡的奥尔德玛斯顿核基地发起复活节进军活动,吸引了将近 1 万名支持者,而支持 1959 年和 1960 年时活动的人数则接近 10 万人。单方面核裁军主张在 1960 年工党大会上取得的成功,是核裁军运动发展的顶点,但盖茨克尔在 1961 年设法扭转了英国单方面进行核裁军的

---

① 信奉瑞士神学家埃拉斯都（Tomas Elastus,1524—1583 年）学说者,该学说主张国家高于教会而有权干预宗教事务。此指当时长老派用以称呼主张国家权力至上的一派人。——译者注

决定,1963 年英国与美国、苏联签署的《禁止部分核试验条约》(Test Ban),使得英国的核裁军运动失去了发展的动力。

20 世纪 80 年代,由于美苏关系出现了新的冰点,核裁军运动作为一个群众运动再次兴起。到 1982 年,该组织拥有大约 10 万名成员,吸引了大约 40 万人到海德公园举行集会。更进一步的控制核武器多边协议的签署,既受到核裁军运动组织的欢迎,同时也使其失去了发动群众运动的锐气。

Campbell,Sir Colin,1st Baron Clyde (1792—1863). **科林·坎贝尔爵士,第 1 代克莱德男爵**(1792—1863)　坎贝尔出生于格拉斯哥,1807 年入伍。他先后参加过 1808—1814 年的半岛战争(Peninsular War)、1823 年的镇压德梅拉拉起义①(Demerara insurrection)、1839—1842 年的侵略中国的鸦片战争(Opium War)、1848—1849 年的第二次锡克战争(Sikh War)以及 1854 年的克里米亚战争(Crimean War)。1857 年印度发生兵变之际,他被任命为驻印度英军总司令,主要负责解除发动兵变的印度士兵对勒克瑙和坎普尔的围攻。

Campbell-Bannerman,Sir Henry (1836—1908). **亨利爵士,坎贝尔—班纳曼**(1836—1908)　首相。作为一个和蔼可亲、平易近人的政治家,坎贝尔—班纳曼却得到了一个缺乏创见性的名声。但事实上,坎贝尔—班纳曼向人们证明了他比其对手思想更加敏锐,意志也更加坚定的一面。在处境艰难的后格莱斯顿时期,正是他把自由党团结在了一起,并领导自由党在 1906 年的大选中获胜。

坎贝尔—班纳曼先后在格拉斯哥和剑桥大学读书,并成为家族企业的合伙人。自 1868 年他作为斯特灵自治市候选人当选议会下院议员以来,就显示出他是一个激进的格莱斯顿派,支持苏格兰政教分离和爱尔兰地方自治。

然而,坎贝尔—班纳曼在 1868 年和 1880 年两届格莱斯顿政府中,作为一名资历较浅的大臣,影响甚微。1884 年至 1885 年,他曾短暂担任过爱尔兰事务首席大臣,1886 年升任战事国务大臣并进入内阁。他在 1892 年格莱斯顿的最后

---

　　① 得名于英属圭亚那的德梅拉拉河。——译者注

一届政府,以及 1894 年至 1895 年罗斯伯里的内阁中一直担任战事国务大臣一职,尽管那时他心怀抱负,谋求成为议会下院的议长。不过,坎贝尔—班纳曼注定要填补格莱斯顿卸任后留下的权力真空。1896 年罗斯伯里辞职,1898 年威廉·哈考特爵士辞去自由党领袖职务。当约翰·莫利和 H.H.阿斯奎斯都谢绝接过这杯诱人的毒酒的时候,坎贝尔—班纳曼几乎就被默认为自由党的领袖了。

坎贝尔—班纳曼甫一上台,就面临着如何领导该时期主要因为布尔战争而分裂的自由党的难题。基奇纳采取的设置集中营来镇压布尔人的手段,激起坎贝尔—班纳曼的愤怒,并说出了那句令人难忘的话语:"这场战争究竟到什么时候不再是场战争呢? 那就是当采取各种野蛮的手段在南非来进行这场战争的时候。"坎贝尔—班纳曼的政治前途,在 1902 年至 1904 年时随着鲍尔弗政府在关税改革方面产生的分歧而迅速发生了改变。1905 年至 1908 年,作为首相,坎贝尔—班纳曼成功地弥合了新自由主义政策与格莱斯顿的传统政策之间存在的鸿沟。他采取公司董事长的做法,给予那些能力非凡的大臣们完全的行动自由。他制定了与工会和学校膳食有关的重要改革法案,委托阿斯奎斯设计了养老金方案,委托霍尔丹(Haldane)对英国陆军进行了重组。当 1908 年坎贝尔—班纳曼因健康原因辞去首相一职的时候,他已经为自由党指明了他们的下一个伟大目标——削弱议会上院的权力。

Camperdown, battle of, 1797. 坎珀当战役(1797) 坎珀当是荷兰的一个沿海村庄。1797 年 10 月 11 日,荷兰舰队就在这个靠近海岸的地方被英国海军上将邓肯率领的舰队击败。当时,荷兰实际上正处于大革命时期的法国的有效控制之下,荷兰的海军受法国的指派,协助其入侵爱尔兰。在这场战役中,荷兰舰队的旗舰和其他 9 艘舰船均被击沉。

Campion, Edmund (1540—1581). **埃德蒙·坎皮恩**(1540—1581) 基督教殉教者。坎皮恩是伦敦的一个书商之子,曾就读于牛津大学,1568 年在牛津被任命为助祭,尽管他具有天主教的倾向。1573 年,坎皮恩出于信仰,在杜埃改奉天主教。作为 1580 年耶稣会派往英格兰传教团的成员,他在传播天主教的过程中小心谨慎,不带有任何政治倾向。但他那"令人愉快的性格"和有说服力的传教工作引起英格兰当局的警觉,特别是当他出现在牛津的圣玛丽大教堂,散发小册子《十大理由》(Decem rationes),谴责英国圣公会之后,英格兰当局将其逮捕并关入伦敦塔。由于他拒绝放弃自己的信仰,当局对他施以酷刑。最终,当局给他捏造了一个阴谋推翻女王的罪名,在泰伯恩行刑场将其处以绞刑。

Canada 加拿大 自 1867 年加拿大成为自治领以来,其大部分地区都被英国和法国开辟为殖民地。甚至在约翰·卡伯特(John Cabot)1497 年来此探险之前,可能就有来自欧洲的船只确定了大浅滩(Grand Banks)渔场的位置。尽管英国政府没有鼓励英国人到这里移民,但纽芬兰仍然成为英国的第一个海外殖民地。

17 和 18 世纪,人们在使用"加拿大"这个名称时,主要是指圣劳伦斯低地地区(St Lawrence Lowlands)。英国涉足这个地区的殖民活动,通常被认为是从 1759 年沃尔夫在亚伯拉罕平原取得胜利后开始的,但这并不是英国夺取殖民地的第一次尝试。早在 1629 年,柯尔克兄弟就占领了魁北克要塞,但三年后,魁北克又回到法国人的手中。1690 年和 1711 年,英国多次发动对魁北克的进攻,但均以失败告终。

从 1670 年开始,英国通过哈得孙湾公司声称对鲁珀特地区拥有主权。随着毛皮贸易的不断扩大,该公司在遥远的北部和西部海岸建立了诸多商站,并确立了英国对这个地区的主权。在 18 世纪与法国进行的长期冲突斗争中,英国夺取了阿卡迪亚地区,并于 1713 年将其更名为新斯科舍。由于无法保证阿卡迪亚人的效忠,英国当局于是把他们逐出此地。

随着 1763 年《巴黎条约》(treaty od Paris)的签订,英国对北美洲殖民地的控制再无竞争对手。如何把法国的天主教徒融入进来成为英国在下一个世纪要实现的主要目标。1774 年的《魁北克法》(Quebec Act)保障了宗教信仰自由和法律习惯,但这样做的结果也使英国与其殖民地(从北到南)之间的关系更加趋于紧张。

当英国与其他英属北美殖民地之间爆发冲突的时候,新斯科舍归入位于哈利法克斯(Halifax)的军事要塞的管辖。魁北克则因害怕参与反抗英国统治的殖民地中那些更为激进的新教徒,仍然保持了对英国的效忠。美国独立战争取得胜利之后,那些效忠于英国政府的难民纷纷涌向北部。英裔美国难民的到来引发了该地区的新危机。新斯科舍被划分成两个殖民地:新不伦瑞克和新斯科舍半岛。爱德华王子岛已经在 1769 年取得了独立的管理权,而布雷顿角岛则作为保王分子的避难所,享受了长达 40 年的独立地位。1791 年,英国将魁北克殖民地沿渥太华河分成上加拿大省和下加拿大省。从此以后,上加拿大省主要以讲英语的人口为主。

对于英国来说,北美殖民地所具有的战略上的重要性比经济上的重要性更加突出。渔业发展有了保障之后,这些殖民地还能发挥其他两个方面的作用:首先,它们可以为英国提供一些重要资源,如小麦、木材和矿产资源;其次,它们也为英国人提供了一个移民的地方。1815 年以后,来自苏格兰高地和爱尔兰北部地区的人口成群结队地涌入加拿大。移民人口的大量流入加剧了殖民地的政治家们与母国之间的紧张关系,同时也成为推动下加拿大 1837 年至 1838 年发动的反抗英国统治斗争的重要因素。为了解决这一问题,所制定的加拿大第三部宪法即《联合法案》(*Union Act*),将上、下加拿大合并,目的就是通过合并把讲法语的人口覆盖进来。然而,法裔加拿大政治家们与讲英语的改革派联合了起来,共同抵制这一企图。加拿大第四部宪法,即 1867 年的《英属北美法案》(*British North America Act*),否决了主张社会同化者提出的政策,再次将上、下加拿大分开,同时将新斯科舍和新不伦瑞克加入进来,共成立四个省。虽然这四个省都被纳入联邦体制之内,但均享有高度的自治权。第四部宪法已被证明是最为成功的宪法,但魁北克的分离主义倾向正如 1995 年全民公决所显示的那样,依然十分强烈。

随着《英属北美法案》的实施,加拿大这个名称的使用被扩展到所涉及的四个省份。此后,其他地区要么被并入这四个省,要么相继加入了联邦:西北地区是 1870 年通过哈得孙湾公司以购买的方式加入联邦的,马尼托巴加入的时间是 1870 年,不列颠哥伦比亚是 1871 年,爱德华王子岛是 1873 年,北极群岛是 1880 年,育空地区是 1898 年,阿尔伯塔和萨斯喀彻温是 1905 年,纽芬兰是 1949 年。根据 1931 年的《威斯敏斯特法》,加拿大与英国一样,是平等的主权国家。1949 年以后,加拿大的终审法庭不再是伦敦的枢密院司法委员会。

仅在 1902 年至 1912 年间,就有超过 150 万英国人移民到加拿大。第二次世界大战以后，移民到加拿大的英国人数更多。在加拿大英语地区，与英国之间的文化和情感联系一直十分紧密，而且加拿大在两次世界大战中都在英国所属的同盟中做出了巨大的贡献。不过，二战以后，加拿大的政治家和外交家们则试图在世界事务中开拓出一个属于自己的独立的空间。

到2007年，加拿大的人口已经达到3300万。自二战以来，加拿大和英国之间的贸易已趋于平衡，但贸易量处于低水平运行状态，这是值得考虑的问题。由于美国的经济影响力日益扩大，因此美国对加拿大的影响也越来越大。1989年的《自由贸易协定》（*Free Trade Agreement*）以及后来的《北美自由贸易协定》（*North American Free Trade Agreement*）的通过，确认并且也确实增强了加拿大发展与大陆贸易的取向。

canal system　运河系统　英国建立运河网络体系的时间比较晚，因为英国天然赋有可资航行的河流，这为沿海航运提供了便利条件。1564年至1566年间，英国开凿了一条将埃克塞特和托普瑟姆（Topsham）连通的新渠，并在记载中首次提到使用了拦河闸或水闸（pound lock）这一内河航行的关键技术。到了17世纪30年代，拦河闸技术已经被应用于利河（Lea）、泰晤士河（Thames）和沃里克郡的埃文河（Avon）上。

1745年开通的纽里运河（Newry canal）是英国第一条现代意义上的运河，这条运河把蒂龙（Tyrone）煤田与通往都柏林市场的海上运输出口连接了起来。英格兰的第一条运河——桑基布鲁克（Sankey Brook）航运交通，把圣海伦斯（St Helens）的煤矿同默西河（river Mersey）和利物浦连通在一起（1757年）。尽管桑基运河是一条大规模的平行式运河，但1761年布里奇沃特公爵开凿的运河是英国第一条没有和任何河流相交通的独立航线。当这条运河于1767年全部完工时，它把布里奇沃特公爵在曼彻斯特西北部的煤矿与西南部的朗科恩（Rouncorn）连通起来，而且在这条宽阔的30英里长的运河上，没有设置任何拦河闸。

1766年至1772年是英国运河发展的繁荣时期，在此期间大多数运河的设计开凿都与詹姆斯·布林德利有关。此后，干流运河（trunk route）的开发随之而来。这些干流运河包括：1777年开通的大干流运河（Grand Trunk canal），该运

河将特伦特河和默西河贯通,并通过 1772 年建成的伯明翰运河(Birmingham ca-
nal)把中部的工业区与赫尔港口和利物浦港口连接起来;1772 年开通的连接斯
塔福德郡和伍斯特郡的干流运河,并通过这条干流运河将这两个郡与塞文河
(Severn)连在一起;1789 年开通的连接泰晤士河与塞文河的运河;1790 年开通
的考文垂运河和牛津运河。以上运河完成了从西北地区到伦敦的贯通英国南北
的水路航线。伯明翰是英国运河系统的中心枢纽。横向干流运河 1810 年通过
肯尼特(Kennet)和埃文运河把布里斯托尔和伦敦连接起来,1815 年又连通了利
兹和利物浦。英国第一条穿过奔宁山脉(Pennine)的运河是 1804 年建成的罗奇
代尔运河(Rochdale canal)。在苏格兰,1790 年建成的福斯和克莱德运河(Forth
and Clyde canal)把爱丁堡和格拉斯哥连接起来;而 1822 年开通的喀里多尼亚运
河(Caledonian canal)穿过大峡谷(Great Glen),取代了经过彭特兰湾(Pentland
Firth)的那段危险旅程。

运河给英国带来了创造性的影响,一些新的城镇因此建立起来,尤其是斯陶
尔波特(Stourport)、朗科恩(Runcorn)、埃尔斯米尔港(Ellesmere Port)和古尔
(Goole);运河也创造了就业机会,据记载,1851 年运河解决了大约 37,000 名男
性和 2500 名女性的就业问题。此外,建造运河还使那个时代的许多最伟大的工
程师得到了人们的关注,例如布林德利、斯米顿(Smeaton)、伦尼(Rennie)和特尔
福德(Telford)。

英国的运河系统只是到了 19 世纪 20 年代才全部建成,但这一运河体系不
久就证明了其在应对日益增长的交通压力面前表现出的灵活性的不足。由于各
个运河的规格不统一,结果就降低了整合的水平,因为当时大部分运河系统采用
的是布林德利的较窄的(7 英尺)运河模式。为了维护水库而造成的水资源的短
缺也限制了水路运输。因此,到 19 世纪 40 年代中期,像皮克福德家族这样的大
运输商迅速地放弃了运河运输而改为从事铁路运输。

第一次世界大战期间,运河运输业继续衰退;在两次世界大战之间,运河运
输业进一步衰退;直到 1939 年至 1945 年间,才有些许的恢复。1948 年运河的
国有化并未改变其衰落的趋势,尽管运河的运输量在 1953 年以前一直在保持着
增长。1955 年,在依旧使用的 2100 英里长的运河中,可有可无的部分占到
36%。根据 1968 年的《运输法》(Transport Act),大约 1000 英里长的运河被确定

为"巡航水道"("cruising waterways"),此后,运河主要用于休闲娱乐,一些运河保护组织对某些运河,特别是肯尼特和埃文运河及罗奇代尔运河进行了修复。

Canning,Charles John,1st Earl（1812—1862）. **查尔斯·约翰,第1代坎宁伯爵**（1812—1862）　坎宁在1856年被任命为印度总督之前,曾在罗伯特·皮尔内阁中担任外交副大臣,在阿伯丁勋爵的政府中担任邮政大臣。坎宁担任印度总督的那些年,主要面对的问题是1857年爆发的印度兵变。他调回了一支正在开往中国的军队,并坚持采取军事的手段平息兵变。兵变平息后,坎宁反对对兵变者进行大规模报复的要求,因而赢得了"仁慈的坎宁"("Clemency Canning")的绰号。坎宁在印度兵变后所实行的政策,始终以重组军队和提高印度人对英国的忠诚度为中心。他创立了印度第一批大学,通过了附庸法案,保证了印度土邦制度的连续性,并禁止干涉印度的宗教信仰和习俗。

Canning,George（1770—1827）. **乔治·坎宁**（1770—1827）　首相。坎宁是小皮特最杰出的追随者,但作为一个阴谋家又得不到人们的信任。坎宁还曾有过这样的境遇:父亲死于贫穷,母亲一直以演艺为生。他是被一个富有的叔叔抚养长大的,就读于伊顿公学和牛津大学。1794年进入议会下院后,坎宁在演讲方面表现出突出的才能,并写出了一些诙谐性辩论文章,谴责法国大革命,支持英国的对法战争。1807年波特兰成为首相时,坎宁被任命为外交大臣。他防止了丹麦舰队落入法国之手,支持西班牙和葡萄牙反对拿破仑的战争。但坎宁对瓦尔赫伦岛远征的失败加剧了人们对他的不信任感,因此他试图让卡斯尔雷成为远征失败的替罪羊。双方为此发生了著名的决斗,结果是两人在议会中的席位均被移到了后排。坎宁到1818年才以印度管理委员会主席身份重新回到内阁。1822年,当坎宁即将起航前往印度赴任总督之际,卡斯尔雷自杀,导致他被任命为外交大臣。坎宁的成功既耀眼又有争议。由于坎宁一直坚持反对定期会议制度,所以他迫切要求英国脱离欧洲。在承认了西班牙所属美洲殖民地的独立地位以后,坎宁打开了拉丁美洲与英国的商业贸易之门。1827年,当坎宁受命组阁时,威灵顿和皮尔均拒绝在他的手下任职。坎宁的内阁是个联合内阁,其成员由自由党中的托利派和保守党中的辉格派组成。1827年8月,坎宁意外死亡,距离他担任首相一职仅有三个月的时间,这意味着他在首相任期内还没有来得及履行本届政府的承诺。

canon law　教会法　教会法是整个教会的法律,4 世纪以后成为一个完整的法律体系,其很多条款的制定都来自于(罗马)民法的启发。所有欧洲国家都承认教会法的权威;在许多发生政教冲突的国家,尤其是在英格兰发生的著名的亨利二世与托马斯·贝克特之间的冲突,都起因于教会法与各国国内法之间在司法管辖的界限上存在的争议,如在圣职推荐权、教士犯罪的审判权或其他司法问题方面存在的争议。

Canterbury　坎特伯雷　坎特伯雷在铁器时代晚期一直是个重要的定居地,公元 1 世纪晚期,在该地修建了名为杜罗佛努姆(Durovernum)的平民城镇首府(*civitas*-capital),该都城位于大斯陶尔河的两侧。到了 4 世纪后半叶,坎特伯雷处于衰落状态。后来该城作为信奉异教的英格兰肯特王国的都城而再度兴起,597 年教皇大格列高利派圣奥古斯丁到此传教。格列高利本打算在伦敦和约克设立大主教,但后来发生的一系列历史偶然事件,使得奥古斯丁及其后任者们一直留在了坎特伯雷。坎特伯雷成为英格兰较大的建有城墙的城镇之一,拥有自治法人地位,但在 16 世纪 30 年代以前,坎特伯雷一直由基督教大教堂(Christ Church,主教座堂)和圣奥古斯丁大修道院统治。宗教改革时期的解散修道院运动,使坎特伯雷城在经济上蒙受了很大的损失,但由于瓦隆人难民引进了丝织业,城市经济又得到了适度的恢复。后来坎特伯雷成为绅士和神职人员的社交中心。

Canterbury, metropolitan diocese of　坎特伯雷都主教区　奥古斯丁到肯特王国传教四年以后,即 601 年,在教皇大格列高利的鼓励下,建立了包括东肯特地区在内的坎特伯雷都主教区。坎特伯雷都主教区的边界范围本身几乎一直没有什么变化,但坎特伯雷教省的主教教座数量则从 735 年的 12 个变成了今天的 29 个。1920 年实行的政教分离,使威尔士主教区从坎特伯雷都主教区中分离了出去。8 世纪末,利奇菲尔德都主教区的地位几乎超过了坎特伯雷,但只是昙花一现。在 803 年召开的克罗菲绍宗教会议上,教皇利奥恢复坎特伯雷都主教区在英格兰的最高宗教地位的决定得到了确认。由于教皇格列高利在为坎特伯雷和约克两个教省规划的蓝图中未能明确两者之间的关系,造成约克教省一直要求从坎特伯雷教省中独立出来。1070 年,当坎特伯雷大主教兰弗朗克要求约克大主教托马斯服从其领导时,双方之间的地位之争发展到了顶峰,但在随后的 1072 年召开的温切斯特宗教会议上,确认了坎特伯雷教省的地位高于约克教省。1118 年,双方围绕地位问题再起争端,并一直持续到英诺森六世在位期间(1352—1362 年)才最终得以解决。约克作为"英格兰的首主教",在英格兰的北部地区拥有都主教的权威;而坎特伯雷作为"全英格兰的首主教",在整个王国拥有最高权威。虽然坎特伯雷大主教在坎特伯雷仍然保留着他的主教座,但自 1185 年以来,大主教的官邸就一直在兰贝斯宫。

Canterbury Tales **《坎特伯雷故事集》** 14 世纪末乔叟的未竟杰作。乔叟在"总引"中把聚集在塔巴尔德旅店(萨瑟克)的形形色色的朝圣者——作了介绍,包括饱受战争磨难的骑士、长相甜美但自命不凡的女修道院院长和瘦弱的学者—僧侣。这些人通过交流讲述 24 个故事的方式,来减轻前往位于坎特伯雷的托马斯·贝克特圣地朝圣旅途中的寂寥。这 24 个故事中,既有像骑士讲的古希腊那样高雅的浪漫爱情故事,也有像磨坊主、管家讲的当时英格兰那些低俗的滑稽故事。

Cantiaci **坎蒂人** 坎蒂人是不列颠的一个部落群体,罗马统治时期的一个地方行政区。坎蒂人这一名称似乎是罗马统治者创造出来的,因为在罗马征服以前的记载中,没有一个部落或部落联盟曾经使用过这个名称。这个新的地方行政区的首府建在坎特伯雷,并将其命名为杜罗佛努姆坎特科鲁姆。

Cape Breton Island **布雷顿角岛** 自 1820 年以来,布雷顿角岛已经成为新斯科舍省的一部分。最初法国人将该岛命名为国王岛,并在岛上修建了路易斯堡,1763 年法国将该岛割让给英国。

Cape Finisterre, battles of, 1747.　菲尼斯特雷角战役（1747）　发生于1747 年 5 月和 10 月的两次遭遇战。这两次战役的性质是一样的,因为均源于英国皇家海军试图切断法国与其在美洲的殖民地之间的联系。在第一次遭遇战中,安森率领的英国皇家海军歼灭了法国的一个护航的小分遣舰队。在第二次遭遇战中,尽管法国的商船大多数都设法逃脱了,但霍克仍击沉了法国六艘战舰。

Cape of Good Hope　好望角　1795 年,英国人从荷兰人手中夺取了开普敦,并于 1814 年使荷兰正式将开普敦割让给英国。由于英国移民与荷兰定居者(布尔人)之间在奴隶制和宗教信仰方面存在的紧张关系,导致 1835 年布尔人为了重建自己的领地而不得不进行"大迁徙"。1853 年,好望角成为英国王室直辖殖民地。1910 年,好望角成为一个省,并与布尔人的纳塔尔共和国、德兰士瓦和奥兰治自由邦一起组成南非联邦。

Cape Passaro, battle of, 1718.　帕萨罗角战役（1718）　帕萨罗角是西西里岛的南角。1718 年 7 月 31 日,乔治·宾爵士率领英国舰队在此击败了西班牙舰队,摧毁或俘获了 17 艘西班牙军舰。英国当时还未与西班牙宣战,但已经全力支持查理六世皇帝夺取意大利南部的野心。

Cape St Vincent, battle of, 1797.　圣文森特角战役（1797）　1797 年 2 月14 日,英国与西班牙历经四个月的敌对状态之后,约翰·杰维斯爵士率领的 15艘英国战舰与西班牙的 27 艘战舰组成的舰队在葡萄牙的西南海角遭遇。为了阻止西班牙舰队绕过英国舰队的尾部向西行进以达到与向东行进的本国战舰会合的目的,纳尔逊指挥"船长"号驶离队列,向西班牙舰队发起进攻,"船长"号一直坚持战斗到弹尽粮绝,纳尔逊与英军士兵一起先后跳到西班牙战舰"圣尼古拉斯"号和"圣约瑟夫"号上,这两艘战舰成了纳尔逊"独享的舰桥"。在这次战役中,共有 4 艘西班牙战舰被英军俘获。

capitalism　资本主义　资本主义是市场经济制度的代名词,而市场经济制度之走向成熟,是在中世纪时期和重商主义时代实行的限制竞争行为逐渐被消灭之后才实现的。在过去的两个世纪里,世界经济的增长,在很大程度上是通过自由市场制度取得的,而主流的经济理论也为自由市场制度的合理性提供了理论上的依据。但对自由市场制度的批评也从未间断过,其中既有温和的批评,也有极端的批评。温和的批评是,自由市场制度固有的局限性,要求它应该通过政府的干预来得到修正;极端的批评是,自由市场制度固有的缺陷必然会导致其最终走向崩溃。

自由市场资本主义所表现出的积极的一面,是它建立在强调个人可以自由追求自己的目标基础之上,而且这一目标的实现只受法律的约束。理想化的纯粹的竞争环境体现在最有效的结构中。这种结构意味着所有参与竞争的人都可以从中受益,通过竞争可以淘汰掉那些低效无能的生产者并确保消费者所支付的价格是最低的。

当然,一般来说,人们也都承认自由市场不是对现代经济或其之前的经济的一个完全准确的描述。市场的自由运行会受到一系列因素的阻碍。市场垄断权就是其中的障碍之一。政府政策的干预是市场无法完全自由运行的又一因素。诸如弗里德曼这样的货币主义理论家们在解释出现通货膨胀的原因时,认为这是国家对货币体系的控制疲弱造成的。按照这一观点,如果能够消除阻碍市场自由运行的各种因素,那么市场体制就可以取得完全令人满意的效果。但自由市场也有一个难以解决的领域,即一旦市场失灵,私人生产者是无法充分提供所需的社会公用品的,而只能依靠政府来提供。这些社会公用品包括交通运输网络、法律与社会秩序、社会福利、国防、健康以及教育,等等。同样,自由市场难以解决的问题还在于,政府对社会公用品的支出是间接的,是通过税收的手段实现的。

人们更为熟悉的批评来自于这样一批学者,他们认为资本主义还没有达到其理想的形态,而是暂时存在着一些缺陷。建立在约翰·梅纳德·凯恩斯著作的思想基础之上的凯恩斯主义,提出了一个基本假设,即市场体制需要有政府的管理,因为市场本身无法创造出对整个社会来说最为理想的成果。凯恩斯主义的拥护者们认为,国家干预可以减少失业率,可以保证经济增长。马克思主义者们关于资本主义的观点更为激进。马克思认为,资本主义不是建立在利益互补的基础上,而是建立在阶级冲突的基础上。此外,马克思还认为,资本主义自身就存在着通过阶级冲突而自我毁灭的种子。资本主义之取得殖民地,只是通过获得新的和额外的市场,来延缓其最终必然走向瓦解的一个手段。关于马克思所预测的资本主义世界正在不断遭受失败直至走向灭亡学说,其他学者的解释是,这一结果是资本主义国家政府军费开支等人为因素造成的。

capital punishment 死刑 在所有欧洲国家的刑事司法体系中,死刑最初具有至关重要的地位。尽管人们对苏格兰的死刑的历史研究甚少,但绞刑显然是苏格兰边境两边执行死刑的标准方法。根据英格兰的法律,斩首、绞刑、溺刑和肢解刑,或绑在树桩上施以火刑(如果罪犯是女性的话),都是为犯有叛国罪者保留的刑罚。

来自地下考古挖掘的证据表明,早在盎格鲁—撒克逊时期,英格兰就已经有了死刑。当然,我们无法估算出这一时期和后来的中世纪时期英格兰究竟有多少人被处以死刑,尽管那时被执行死刑的人数似乎很少。而这一切在都铎王朝时期发生了根本性的变化。到伊丽莎白统治时期,有许多罪犯被执行了死刑,而且被执行死刑的人数在 1603 年之后仍在上升。

18 世纪为我们提供了更多的有关死刑执行仪式及群众反应方面的文献记录。18 世纪时执行死刑的人数比 17 世纪早期要少,许多被处以死刑的罪犯被判为死缓,尤其是在这些罪犯被送到美洲殖民地之前,改判的数量非常之多。19 世纪早期,英国对罪犯的惩罚理念发生了急剧转变。对于那些罪行严重但没有杀人的罪犯,将他们送到澳大利亚或关押在新型监狱成为标准的惩罚手段。到了 19 世纪中叶,只有杀人犯才会被判处死刑,而且 1868 年以后,执行死刑的地点都是在监狱,而不是在公共场所。也就是从那时起,开始出现了有关废除死刑的讨论。在 20 世纪,围绕是否废除死刑的争论不断出现,这导致英国于 1965 年废除了事实上的死刑。

Caracalla 卡拉卡拉 罗马皇帝。塞普蒂米乌斯·塞维鲁皇帝的长子,他的真名是马可·奥利略·安东尼努斯。卡拉卡拉是他的一个昵称,这与他习惯于穿军用斗篷有关。208 年,卡拉卡拉同父亲一起来到不列颠,并参加了入侵苏格兰的战争。211 年,他父亲死在约克后,卡拉卡拉把军队撤回到哈德良长城,然后返回罗马。为了证明自己才是罗马皇帝的合法继承人,卡拉卡拉谋杀了自己的弟弟。卡拉卡拉本人也于 218 年遭到暗杀。

Caratacus 卡拉塔库斯 不列颠国王。卡拉塔库斯的父亲是伟大的不列颠国王库诺比莱纳斯。公元 40 年左右库诺比莱纳斯死后,卡拉塔库斯和他的哥哥托葛杜努斯把卡图维劳尼王国一分为二。公元 43 年,他们率领自己的军队反抗罗马人入侵,但托葛杜努斯在泰晤士河的战役结束后不久就去世了,卡拉塔库斯向西逃走。五年后他再次出现的时候,率领着一支来自于威尔士东南部的西卢尔人队伍。当罗马人在格洛斯特的金士赫姆和罗克塞特设置要塞时,卡拉塔库斯撤退到威尔士中部地区,并开始组织奥陶维斯人进行斗争。在大概发生于凯尔苏斯附近的一场难解难分的激战中,尽管他的军队英勇善战,但还是失败了。卡拉塔库斯自己逃到布里甘特部族王国,但却被该王国的卡蒂曼杜女王引渡给罗马人。在戴着枷锁被带到罗马后,卡拉塔库斯在克劳狄面前进行了一段大胆的演讲【塔西佗(Tacitus)凭想象记载下来的】,这使他及其家人得到了赦免。卡拉塔库斯的余生是在罗马的流亡中度过的。

Carausius 卡劳修斯 罗马篡位者,公元 286 年至 293 年在位。286 年,卡劳修斯在被统治帝国西部的奥古斯都(皇帝)马克西米安惩戒之前就发动了武装反抗。卡劳修斯被任命为巡防英吉利海峡的罗马舰队司令后,获得了大量令马克西米安垂涎的战利品。卡劳修斯自立为帝后,于 286 年至 293 年间统治着不列颠和高卢西北部地区。293 年,马克西米安任命的不列颠最高统治者君士坦提乌斯·克洛卢斯在高卢与卡劳修斯的作战中获得胜利,卡劳修斯最终被他的财政大臣阿莱克图斯暗杀。

Carberry Hill, encounter at, 1567. 卡伯里山遭遇战(1567) 1567 年 5 月苏格兰女王玛丽因与博思韦尔结婚,引起贵族的普遍反对。6 月 15 日,在爱丁堡以东的卡伯里山附近,玛丽与博思韦尔遭遇反抗贵族率领的一支强大的军队。虽然双方还在进行着谈判,但玛丽的军队却开始逃跑。博思韦尔向北逃去,最后在丹麦遭到终身囚禁。玛丽为了她仍在襁褓中的儿子詹姆斯,被迫退位。

Carbisdale, battle of, 1650. 卡比斯代尔战役(1650) 1650 年初,蒙特罗斯率领一支小部队从卑尔根出发,驶向奥克尼群岛。当蒙特罗斯把部队移动到陆地上时,4 月 27 日在多诺赫附近的卡比斯代尔遭到突袭。蒙特罗斯的支持者们被击溃,蒙特罗斯被俘并于同年 5 月在爱丁堡被处以绞刑。

Cardiff 加的夫 威尔士首府,位于塔夫河河口。加的夫城就建在罗马人公元 76 年时修建的一个军事堡垒的原址之上。中世纪时期,凯尔特人圣泰罗在北面的兰达夫建立了自己的教堂。但直到诺曼人来到这里,加的夫才恢复了往日的生机,罗伯特·菲茨哈蒙在罗马的军事堡垒内建起了自己的城堡。1147 年后的某个时候,加的夫取得了王室颁发的特许权。虽然按照威尔士的标准,加的夫算是个比较大的城镇,但后来也没有证据表明它有多么重要。1801 年进行的第一次人口普查显示,加的夫的人口为 1870 人,在威尔士各城镇中仅排名第 21 位。

随着冶铁业的兴起,加的夫作为重要港口而开始迅速发展起来,它先后通过 1798 开通的格拉摩根运河和 1840—1841 年修建的塔夫河谷铁路,与内陆地区连接起来。但从 19 世纪中叶开始,煤炭出口上升为主导产业,到 1913 年加的夫的煤炭出口达到 1350 万吨。1881 年,当加的夫的人口数量上升到 82,761 人的时候,它已成为而且此后一直是威尔士最大的城镇。加的夫的崛起与比特女侯爵密切相关,她在加的夫拥有大片城市地产。比特女侯爵在加的夫建的系列码头在英国也是独一无二的,因为这些码头的建设都是比特女侯爵一人的私人地产提供的。

1889 年,加的夫成为郡级自治市,1905 年被定名为城市,而且逐渐地获得了一个新的角色——威尔士大都市。加的夫湾的开发是近代以来加的夫取得的最重要的发展,加的夫湾的老旧船坞区正在向内港发展模式转变。2001 年,加的夫的人口为 305,000 人。加的夫市为威尔士国民议会所在地。

Cardigan, James Brudenell, 7th earl of(1797—1868). 詹姆斯·布鲁德

内尔,第7代卡迪根伯爵（1797—1868） 1824年,卡迪根以布鲁德内尔勋爵的身份加入第8轻骑兵团,1832年用金钱买得了第15轻骑兵团的指挥权,1834年因行为不端而被解职。但他并不甘心,1836年又花钱买取了第11轻骑兵团的指挥权,并于1837年继承了卡迪根家族的伯爵爵位。卡迪根因在克里米亚战争中指挥轻骑旅,特别是1854年在巴拉克拉瓦率领轻骑旅向俄军冲锋损失惨重而声名狼藉。他为自己取名卡迪根,是因这场战争而流行起来的"卡迪根"牌羊毛衫外套。

Cardiganshire　卡迪根郡　位于威尔士西海岸的一个郡,濒临爱尔兰海。1974年,该地区成为达费德郡的锡里迪吉恩行政区,但1996年时被重组为郡,并保留了锡里迪吉恩这一名称。卡迪根这个名字就源自锡里迪吉恩,而锡里迪吉恩这一名称据推测来自于沃塔迪尼人的领袖丘恩达的儿子塞雷迪格。1277年爱德华一世征服卡迪根后,根据1284年的《里兹兰法》(*statute of Rhuddlan*),按照英格兰的模式在威尔士领地设郡,卡迪根为其中的一个郡。根据1536年威尔士与英格兰的《合并法》,卡迪根仍是一个郡,并一直被保留到现在(1974年至1996年这段时间除外)。卡迪根郡西部地区是讲威尔士语的主要地区。

Cardwell, Edward（1813—1886）.　**爱德华·卡德韦尔**（1813—1886）　利物浦商人之子,就读于温切斯特公学和牛津大学巴利奥尔学院(Balliol College)。1841年,卡德韦尔成为保守党议会下院议员。1846年保守党分裂后,他追随主张自由贸易的皮尔派。在阿伯丁和帕默斯顿领导的内阁中,卡德韦尔担任了包括殖民地大臣在内的一些职务,并成为引人注目的行政改革者。从1868年起,卡德韦尔担任格莱斯顿内阁的战事大臣,期间废除了以鞭刑作为军法,并进行了重大的军事改革。他将步兵团按照指定的区域加以管理,并且与驻防地联系在一起;缩短了军队服役期;英军总司令的职权明确隶属于国防大臣。卡德韦尔废除购买军官职衔制曾引起争议;当《陆军管理法案》(*Army Regulation Bill*)在1871年遭议会上院否决时,通过王室颁发的令状完成了这一改革。

Carey, George（b.1935）.　**乔治·凯里**（生于1935年）　坎特伯雷大主教。

出生在埃塞克斯,并在那里接受教育。从英国皇家空军退役后,凯里就读于伦敦神学院和伦敦大学国王学院。毕业后,他先后担任过伊斯灵顿的牧师助理、神学院的讲师、达勒姆的圣尼古拉斯教堂的代牧(1975 年)、布里斯托尔三一学院院长(1982 年)、巴斯和韦尔斯主教区的主教(1987 年),1991 年担任坎特伯雷大主教。凯里最初是个福音派信徒,他在英国圣公会中提倡宗教宽容精神,并积极推动与罗马天主教和东正教的统一。凯里于 2002 年退休。

Carey,Henry 亨利·凯里 See HUNSDON,IST BARON(见第 1 代亨斯顿男爵)

Carham,battle of,1018. 卡罕战役(1018) 苏格兰国王马尔科姆二世与其盟友斯特拉斯克莱德的欧文,利用克努特力图成为英格兰国王的时机,入侵了诺森伯里亚。在科尔德斯特里姆西南部的卡罕,马尔科姆二世重创了诺森伯里亚人。这场战役标志着北方力量的平衡发生了重大转变,有助于使特威德河成为英格兰与苏格兰双方的边界。

Carlisle,Charles Howard,3rd earl of(1669—1738). **查尔斯·霍华德,第 3 代卡莱尔伯爵**(1669—1738) 虽然两次出任首席财政大臣一职,但卡莱尔的政治生涯却显得无足轻重,他最后的成就是修建了霍华德城堡。1692 年,他继承了伯爵爵位。威廉三世对卡莱尔非常宠信,并于 1701 年 12 月任命他为首席财政大臣。但 1702 年安妮继位以后,他被解职。1715 年 5 月,乔治一世再次任命他为首席财政大臣,但 10 月就让位于沃波尔。由于痛风病的加剧,加之对霍华德城堡的喜爱,使他不愿离开约克郡。卡莱尔去世后,葬于霍克斯穆尔设计的位于霍华德城堡附近的巨大陵墓中。

Carlisle,diocese of 卡莱尔主教区 创建于 1133 年,在 19 世纪以前,卡莱尔主教区的辖区一直与坎布里亚郡重合。该主教区最初的历史较为复杂,因为尽管根据教规,卡莱尔主教区一直是约克都主教区的管辖范围,但在政治上却受苏格兰国王的统治长达 21 年之久(从 1136 年到 1157 年)。卡莱尔主教座堂以其 14 世纪时的精美曲线式东窗而闻名,该教堂建于 1102 年,原本是奥古斯丁女修道院。

Carlyle,Thomas(1795—1881). **托马斯·卡莱尔**(1795—1881) 历史学家和散文作家。卡莱尔出生于苏格兰的埃克尔费亨,是一个信奉长老会派的石匠之子,就读于爱丁堡大学。为了谋生,先后做过家庭教师、校长和记者。卡莱尔对当代德国文学有着浓厚的兴趣,1823 年他撰写的《席勒传》(*Life of Schiller*)问世,1824 年他又翻译出版了歌德的作品《威廉·迈斯特》(*Wilhelm Meister*)。卡莱尔与简·威尔士·卡莱尔(Jane Welsh Carlyle)的结合,标志着他那艰辛但却令人赞美的漫长的婚姻生活的开始。到 19 世纪 20 年代末,卡莱尔已成为著名评论家,并于 1833 年至 1834 年出版了文集《拼凑的裁缝》(*Sartor Resartus*)。1834 年,卡莱尔离开爱丁堡前往伦敦,开始了其作为历史学家和政治说教者的生涯。在 1839 年出版的《宪章运动》(*Chartism*)和 1843 年出版的《过去与现在》(*Past and Present*)两部著作中,卡莱尔以生动的语言描述了被统治者对统治者们提出的道德要求。在 1837 年出版的《法国大革命》(*French Revolution*)、1845年编辑出版的《奥利弗·克伦威尔书信演说集详解》(*Oliver Cromwell's Letters and Speeches,With Elucidations*),以及 1858 年至 1865 年完成的巨著《普鲁士腓特烈大帝史》(*History of Friedrich II of Prussia*)等著作中,卡莱尔均以丰富的想象力描述了政治领袖的道德力量。

Carmarthenshire 卡马森郡 威尔士西南部的一个郡。该地区曾是早期威尔士达费德王国的一部分,其核心地区成为后来的德赫巴斯王国的中心。在诺曼征服时期,英格兰国王在卡马森自治市确立了领主权。卡马森郡是根据1284 年的《里兹兰法》(*statute of Rhuddlan*)设立的。根据 1536 年威尔士与英格兰的《合并法》(*Act of Union*),英格兰国王行使领主权和次级领主权的一些领地被并入卡马森郡。1974 年卡马森成为达费德郡的一个地区,但 1996 年卡马森又恢复成为一个郡,辖区范围和原来一样,没有变化。

卡马森郡是个富于威尔士传统的郡。卡马森这一名称是威尔士语"Caerfyrddin"的英文化写法,源于威尔士语的名字"Merlin"(墨林)。在卡马森地区,讲威尔士语的人口占 58.0%；在迪内弗尔则上升到 66.5%；在拉内利降至 46.5%。新设立的卡马森郡人口在 2000 年时为 169,000 人，其中 44,000 人生活在拉内利。

Carmelites　加尔默罗会　加尔默罗会最初是作为一个修会于 12 世纪中叶在巴勒斯坦地区建立的，并且称在加尔默山①上修行的早期隐士们是该修会的前身。1242 年时，该会在英格兰建立了数个团体。不久以后，这些加尔默罗会被重组为托钵修会（"白衣修士"）。在英格兰，该修会一直颇受欢迎，解散修道院运动发生时有将近 40 座修道院。

Carnatic wars　卡纳蒂克战争　南印度的卡纳蒂克地区见证了英国与法国之间最初的势力之争。昌达·萨希布与穆罕默德·阿里为争夺阿尔果德地区行政长官之位，相互对立，而且这一对立还与英国东印度公司和法国东印度公司之间的对抗纠缠在一起。法国支持昌达·萨希布，英国则支持穆罕默德·阿里。1760 年，英国在万达瓦西战役中赢得了一场决定性的胜利。然而，英国的霸权受到了海德尔·阿里和迈索尔的提普·苏丹的挑战。直到 1799 年韦尔斯利（威灵顿）战胜提普，英国人才彻底确保了在南印度的统治。

Carnegie，Andrew（1835—1919）．安德鲁·卡内基（1835—1919）　慈善家。卡内基出生在苏格兰的邓弗姆林，但在美国长大。卡内基的巨额财富主要来自于铁路和钢铁工业，1901 年他退休，目的是监督自己的财富能得到"广泛的分配"。从 1882 年起，卡内基就开始从事慈善事业，当时他为邓弗姆林捐赠了一座图书馆，此后他又在英国、美国和加拿大捐赠了数以百计的图书馆。

Caroline of Brandenburg-Anspach（1683—1737）．勃兰登堡—安斯巴赫的卡罗琳（1683—1737）　乔治二世的王后，勃兰登堡—安斯巴赫侯爵约翰·腓特烈之女。1705 年卡罗琳与乔治·奥古斯特结婚，乔治·奥古斯特是汉诺威选

---

① 又译卡尔迈勒山。——译者注

侯,1727 年成为大不列颠的国王。卡罗琳在英国的生活从 1714 年起就开始远离了平静。乔治·奥古斯特性情暴躁、易怒,做威尔士亲王时,就和父亲乔治一世的关系非常糟糕;而乔治·奥古斯特和卡罗琳与他们自己的儿子威尔士亲王弗雷德里克的关系也是极度紧张。卡罗琳对丈夫向其他女性献殷勤的行为并未感到特别愤怒,因为她觉得这至少使他不会无所事事。卡罗琳对乔治二世的影响相当大,罗伯特·沃波尔爵士(Sir Robert Walpole)得到乔治二世的宠信与她有着直接的关系。作为一位聪慧和饱学的女性,卡罗琳捐助成立了牛津大学女王学院(Queen's College)。

Caroline of Brunswick(1768—1821). **不伦瑞克的卡罗琳**(1768—1821)

乔治四世的王后。1795 年 3 月卡罗琳与她堂兄威尔士亲王乔治的结合是个巨大的灾难。两人的亲密关系仅限于婚后的第一个夜晚,1796 年 1 月他们的女儿夏洛特公主出生后,两人就分居了。此后,卡罗琳的大部分时间都是在欧洲大陆和一位陌生的随从度过的,从而招来了许多流言蜚语。1806 年的"微妙调查"使她洗清了通奸的罪名,但调查的结论是她一直很轻浮。1820 年乔治成为国王以后,卡罗琳回到英格兰,并提出自己是王后的权利要求。卡罗琳的要求被众多与乔治为敌的人所接受,并且赢得了大量民众的支持。但 1821 年 7 月在威斯敏斯特教堂举行乔治加冕典礼时,卡罗琳现身并要求进入教堂,结果弄巧成拙。两周后,卡罗琳去世。

Carr, Robert, 1st Viscount Rochester, 1st earl of Somerset (c. 1587—1645). **罗伯特·卡尔,第 1 代罗切斯特子爵,第 1 代萨默塞特伯爵**(约 1587—1645) 卡尔作为王室的宠臣,其生涯是从担任苏格兰国王詹姆斯六世的侍从开始的。1612 年詹姆斯六世的首席大臣罗伯特·塞西尔死后,卡尔担任了国王的秘书,政治影响力才变得重要起来。卡尔与他的主要盟友亲西班牙和天主教的北安普敦伯爵亨利·霍华德之间的关系,因他爱上了北安普敦伯爵的亲戚,即埃塞克斯伯爵的妻子弗朗西丝·霍华德,而得到了进一步加强。詹姆斯六世成立了一个特别法庭,判决弗朗西丝与埃塞克斯伯爵的婚姻无效。1613 年,弗朗西丝嫁给了此时已是萨默塞特伯爵的卡尔。与此同时,卡尔原来的朋友,曾反对他与弗朗西丝结婚的托马斯·奥弗伯里爵士则被排除出政治舞台,被詹姆斯六世关入伦敦塔,奥弗伯里最终死在伦敦塔,死亡的原因从表面上看系自然因素造成的。直到 1615 年,詹姆斯六世才知道奥弗伯里实际上是被弗朗西丝毒死的。卡尔和弗朗西丝因谋杀罪而受到审判,虽然卡尔辩解说自己是清白的,但两人均被判谋杀罪名成立。詹姆斯六世最终使两人免于一死,在经过了几年舒适的监禁生活后,卡尔和弗朗西丝过上了隐居的生活。

Carroll,Lewis(1832—1898). **卡罗尔·刘易斯**(1832—1898) 原名查尔斯·勒特维奇·道奇森,卡罗尔是他的笔名。作家和数学家。道奇森是在一个乡村牧师的家庭中长大的,在牛津大学读书时,数学和古典学研究成绩优异,被任命为基督教会学院的数学讲师(1855—1881 年)。道奇森生性腼腆,说话口吃,在小伙伴中非常不起眼儿,因此他总是用一些小故事、智力测验和谜语来取悦小伙伴们,其中有些他为基督教会学院院长里德尔的女儿们虚构的故事后来经过修改,以《艾丽丝漫游奇境记》(*Alice's Adventures in Wonderland*)作为书名于 1865 年出版,成为不朽的名作。1871 年道奇森又出版了《艾丽丝漫游奇境记》的续集《镜中世界》(*Through the Looking Glass*)。道奇森还出版过数学著作、诗篇和论述大学事务的一些小册子,所有作品都具有很强的逻辑性和幽默感。此外,道奇森还是个相当不错的摄影师。

Carson,Sir Edward(1854—1935). **爱德华·卡森爵士**(1854—1935) 尽管至今卡森仍被视为爱尔兰地方自治运动的主要反对者,但实际上他是个比传统上描述的形象更为复杂的人物。卡森出身于南爱尔兰一个有新教背景的中产阶级家庭,后来成为一名成功的律师和爱尔兰联合派政治家。1893 年,卡森将自己从事的政治和法律事业转至伦敦,并同时担任了爱尔兰和英国的副总检察长。1910 年,卡森当选为统一党领袖,并与阿尔斯特省抵制第三个《地方自治法案》(*Home Rule Bill*)有着密切联系。1914 年,卡森不得不接受划分爱尔兰的必要性。作为战时内阁成员,卡森在 1916 年促使阿斯奎斯辞职一事中发挥了重要作用。1915 年至 1916 年,卡森出任总检察长;1917 年至 1918 年,出任第一海军大臣。但他的管理能力受到严厉批评。卡森对《英—爱条约》(*Anglo-Irish* *treaty*)的谴责,与其说是他乐于接受北爱尔兰政府,倒不如说是发自肺腑。

Carteret,**John**,**2nd Baron Carteret**,**1st Earl Granville**（1690—1763）. **约翰·卡特里特**,**第 1 代卡特里特男爵**,**第 1 代格兰维尔伯爵**（1690—1763） 卡特里特通过 1719 年至 1720 年的波罗的海外交而名声大震,1721 年成为国务大臣。由于受沃波尔和汤森的妒忌,1724 年被降为爱尔兰总督,1730 年又遭解职,于是他成为反对辉格党的领袖。1742 年沃波尔下台,卡特里特被任命为北方事务部国务大臣。卡特里特是乔治二世非常宠信的大臣,在奥地利王位继承战争过程中,他制定了对英国盟友奥地利施以援助的复杂外交方案。1744 年 11 月,格兰维尔被迫辞职。在经过几年的半退隐生活后,格兰维尔在纽卡斯尔的说服下,于 1751 年出任枢密院院长。格兰维尔是个卓有成就的古典学者、语言学家和智者,但他因低估了议会下院的权力而使自己的政治事业受到限制。

Carthusians 加尔都西会 是 11 世纪时复兴古代埃及式的独居"隐修生活"运动的一个组成部分,1084 年由布鲁诺(卒于 1101 年)在格勒诺布尔,即后来的大沙特勒斯附近以一群隐修士集体的形式创办。作为对贝克特被谋杀的补赎,亨利二世于 1178 年在萨默塞特的威特姆建立了英国第一个加尔都西会;1342 年至 1414 年间又增加了六个,包括 1371 年成立的伦敦加尔都西会和亨利五世在希恩创办的英国最大的加尔都西会。英国的加尔都西会一直保持着俭朴的本色,也从不奢望扩大修会的规模,以圣洁著称。在解散修道院运动发生时,伦敦查特豪斯修道院的最后一任院长约翰·霍顿与修道士们集体殉教。

Cartimandua 卡蒂曼杜 不列颠布里甘特王国女王。卡蒂曼杜是亲自掌权的女王。公元 51 年,她把率领威尔士人抵抗罗马入侵的领袖卡拉塔库斯交给了罗马人。她与罗马人缔结了条约,使得罗马人所建立的新省在北部边境地区有了一个友好的土著人王国。然而,卡蒂曼杜与其丈夫维纳修斯因个人间的和政治上的分歧,造成王国的统治极不稳定。维纳修斯的野心开始时因罗马人支持卡蒂曼杜而受阻,但在公元 69 年的内战中,他夺取了王国的统治权。卡蒂曼杜被罗马骑兵解救,但从此再也未能恢复王位。

Cartwright, Edmund（1743—1823）. **埃德蒙·卡特赖特**（1743—1823）
发明家。议会改革者约翰·卡特赖特的弟弟。埃德蒙·卡特赖特是个信奉国教
的神职人员。1785 年,他取得了水力织布机的专利,随后在唐克斯特附近建立
了一家纺织厂。1789 年,他发明了一台羊毛精梳机,该机器因节省劳动力,结果
引起了工人们的骚动。卡特赖特被迫放弃自己的工厂,但他的各项发明却得到
广泛的应用,1809 年,议会给予卡特赖特 1 万英镑奖金。

Cartwright, Thomas（1535—1603）. **托马斯·卡特赖特**（1535—1603）
长老会派早期的重要人物。卡特赖特出生于赫特福德郡,毕业于剑桥大学圣约
翰学院(St John's College)。玛丽继位后,卡特赖特被驱逐出境,1562 年他以三
一学院研究员的身份回到英格兰,但因在礼袍问题和教会的统治上持有不同意
见,离开英格兰而前往爱尔兰(1565—1567 年)。1569 年卡特赖特以玛格丽特
夫人学堂的神学教授身份回到英格兰后,因鼓吹在英格兰建立长老派教会统治,
与三一学院的院长惠特吉夫特发生了冲突。在 1570 年教授职位被解除、1571
年研究员职位被剥夺的情况下,卡特赖特移居到日内瓦。作为当时学术界最重
要的清教徒,卡特赖特拒绝与布朗派和巴罗派交往。

Carvetii 卡尔维蒂人 不列颠的一个部落,拥有罗马公民权。卡尔维蒂人
是英格兰北部布里甘特人部落联盟中众多小部落之一。卡尔维蒂人的名字意思
是"鹿人"。他们占据着布里甘特人领土西北角最远端地区,包括坎伯兰和威斯
特摩兰的部分地区。首府建在卡莱尔,罗马人称之为卢古瓦利乌姆。

Casablanca conference 卡萨布兰卡会议 1943 年 1 月 14 日至 24 日,丘
吉尔与罗斯福在摩洛哥会面,讨论决定盟军采取的下一步战略。斯大林拒绝与
会,因为他正在密切关注德军在斯大林格勒周围的行动。双方就在法国北部开
辟第二战场的前景问题进行了讨论,但英国方面认为时机还不成熟。

Casement, Sir Roger（1864—1916）. **罗杰·凯斯门特爵士**（1864—1916）
人道主义者和爱尔兰的英雄。凯斯门特曾先后担任英国驻刚果自由邦和亚马

孙地区的领事,因揭露欧洲人对土著人的残暴行径而于 1911 年受封爵士。此后他回到爱尔兰家乡,并在第一次世界大战期间与英国的敌对国开展了合作,当凯斯门特乘一艘德国潜艇在特拉利附近登陆,准备帮助爱尔兰人发动复活节起义时被捕,因通敌罪在 1916 年被处以绞刑。

Cashel,archiepiscopal diocese of 卡舍尔大主教区 爱尔兰卡舍尔大主教区是 1111 年由雷斯布莱塞尔宗教会议决定成立的,该大主教区同时负责监督爱尔兰南半部里斯摩加的 12 个主教区。1152 年召开的凯尔斯—梅利丰特宗教会议进一步将爱尔兰重新划分成 4 个教省,并通过建立都柏林教省削弱卡舍尔大主教区在爱尔兰西南部地区的权力。目前,卡舍尔仍然是天主教大主教区主教座的所在地,但 1838 年时圣公会主教座与都柏林主教座合并。

·Casket Letters 银匣信件 这些装在小银匣中的信件是 1567 年被发现的,据称这些信件是玛丽·斯图亚特谋杀她的第二任丈夫达恩利勋爵的确凿证据。目前保存下来的信件副本表明,尽管显示不出系直接伪造的迹象,但却可以看出玛丽对手的拙劣篡改。

Cassivellaunus 卡西维劳努斯 不列颠酋长或国王。关于卡西维劳努斯的情况,我们只是通过尤利乌斯·凯撒的战争日记,以及后来戴奥·卡修斯对凯撒在公元前 55 年和 54 年入侵不列颠的衍生描述中才了解到的。然而,可能在罗马征服不列颠以前,卡西维劳努斯就已经是不列颠东南部的一个关键性人物。他所统治的区域从距离海洋大约 75 英里开始,一直延伸到泰晤士河的远端,由此不仅可以确定他的领地就在奇尔特恩丘陵,而且还能表明他可能已经在此建立了一个以卡图维劳尼人名称命名的王国。卡西维劳努斯的领导能力,可以从不列颠人选择他领导抵抗凯撒的入侵得到证实。

Castillon,battle of,1453. 卡斯蒂永战役(1453) 1453 年 7 月 17 日,英格兰失去了已经占有长达 300 年之久的加斯科涅。英格兰军队在不了解法军防御力量的情况下,与加斯科涅军队联合向多尔多涅河右岸法军设防的炮兵阵地发起进攻,结果被法军击退,英格兰军队四散而逃,传奇式的人物、65 岁的英军指挥官施鲁斯伯里在溃败中丧生。此战之后,英格兰在法国的领地只剩下了加莱。

Castle Howard 霍华德城堡 位于约克郡的莫尔顿附近,是最宏伟的私人建筑之一,可以同查茨沃斯宅邸相媲美。这座城堡是第 3 代卡莱尔伯爵委托约翰·范布勒建造的,从 1699 年开始,伯爵使原本杂乱无序的亨德斯凯尔菲小村落的面貌逐渐改观。该城堡的主建筑是由范布勒设计的。城堡豪华的正门、壮观的穹顶和开阔的花园这三大特点,均受到范布勒设计建造的四风殿和霍克斯穆尔设计的庄严的陵墓的影响。

Castlereagh, Robert Stewart, Viscount, 2nd marquess of Londonderry (1769—1822). 罗伯特·斯图尔特,卡斯尔雷子爵,第 2 代伦敦德里侯爵 (1769—1822) 卡斯尔雷超越了其在阿尔斯特的政治背景,成为不列颠与爱尔兰联合的支持者,才华横溢的战事大臣,最终成为杰出的外交大臣。1790 年,卡斯尔雷进入爱尔兰议会下院,不久就被小皮特的政策所吸引,并于 1794 年当选为英国议会下院议员。卡斯尔雷对法国发生的变革表示同情,但对法国大革命最终沦为暴力感到遗憾,同时也对雅各宾派的思想通过秘密组织爱尔兰人联合会在爱尔兰产生的影响感到忧虑。他支持英国的对法战争,在 1798 年镇压爱尔兰叛乱的过程中发挥了突出作用,在执行都柏林议会通过的《爱尔兰联合法》(Irish Act of Union)过程中肩负起主要责任。他支持解放天主教,而当乔治三世对此加以阻挠时,他与皮特一同辞职。从 1802 年开始,卡斯尔雷为阿丁顿的内阁效劳,从 1804 年开始在皮特的第二届政府中任职。皮特去世后,卡斯尔雷辞职,但在波特兰的内阁中出任战事大臣。半岛战争爆发伊始,卡斯尔雷就表示了支持,并率先提出由韦尔斯利(威灵顿)统帅英军的建议。远征瓦尔赫伦岛的失败,意味着卡斯尔雷只能作为替罪羊辞去战事大臣一职。作出从瓦尔赫伦岛撤军的决定无疑是痛苦的,但对卡斯尔雷来说,更令他感到痛苦的是坎宁迫切希望由他来承担远征失败的责任。结果造成波特兰政府倒台,卡斯尔雷与坎宁之间也因此彼此交恶,而两人争斗的结果则是在议会中的席位双双被降至后座长达数年之久。

C

1812 年利物浦内阁成立时,卡斯尔雷被任命为外交大臣并担任议会下院议长,他的机会来了。卡斯尔雷建立了反拿破仑的最终联盟,而且在维也纳会议上为确定欧洲的和平版图做了大量工作。他致力于定期召开大国会议,但不是为了维持现状,而是通过调节不可避免的变故来维系和平。卡斯尔雷逐渐疏远梅特涅,到 1820 年,他又使英国从神圣同盟中摆脱出来,并把神圣同盟谴责为"一片庄严的神秘主义和无稽之谈"。尽管卡斯尔雷由于怀疑俄罗斯在近东的扩张而使其在希腊人起义问题上与梅特涅拉近了关系,但他更认真考虑的问题是承认西班牙所属美洲殖民地的独立。1822 年,卡斯尔雷因过度劳累身体被拖垮,精神陷于崩溃,自杀身亡。

castles 城堡 城堡是 10 世纪时首先在法国兴起的。英格兰的第一批城堡是忏悔者爱德华统治时期由他的诺曼追随者兴建的,而且当时作为舶来品,遭到英格兰人的强烈反对。到撒克逊时代晚期,英格兰很多高贵气派的宅邸似乎都已经用栅栏和壕沟封围起来,但防御功能较差。城堡之被引入英格兰是 1066 年诺曼人入侵的直接结果。

诺曼历史学家奥德里克·维塔利斯曾经说过,英格兰人作战非常勇敢,但却败给了诺曼人,原因就是他们没有城堡。威廉因拥有一个木制城堡,才确保其首次登陆英格兰就取得了成功。黑斯廷斯战役结束后,诺曼人进入伦敦,威廉在伦敦做的第一件事就是下令在此建立一个能够控制整个城市的城堡,即伦敦塔。正是凭借城堡,威廉得以确保对这个新王国的统治;而那些接受威廉封地的贵族们也同样在领地内修建城堡,来确保对自己领地内的控制。诺曼征服之后随即修建起来的城堡,无论是国王修建的,还是其封臣修建的,通常都是耗时不多就可以建成的土木结构。在形状上,这些城堡要么是由一条被称为环形工事的壕沟围起来的设防封闭建筑;要么是城寨,城寨就是一种土丘,顶部筑有防御设施,周围绕有壕沟,而壕沟又和下一个高度低一些的设防封闭建筑相连。诸如温莎、多佛尔和里士满这样的大城堡,似乎从一开始就是按照住宅与堡垒两用型设计修建的。威廉一世为压服伦敦而修建的白塔,把两个大套房、一座宏伟的教堂和宽阔的储物场地都合并在了一起。在诺曼征服期间,所有的诺曼贵族,无论大小,似乎都修建有城堡。不过,由于木制城堡不是很经久耐用,因此这些城堡的主人们很快就被迫决定是否要用石头城堡取而代之。此外,城堡在战争中的重要性也意味着城堡的设计要不断更新,因此,维持城堡的军事功效就意味着要不断支出费用。许多小土地所有者不再修建城堡,而是改为建造设防的庄园宅邸。修建城堡成为富有的贵族和王室的特权。因此,那些当今非常有名的丰碑式的城堡,都是 12 世纪及以后重建或翻新的。在不列颠最为完善的城堡中,就包括有在威尔士北部为爱德华一世修建的那些城堡,如康威城堡、卡那封城堡和哈勒赫城堡。尽管后来火药被应用于战争,但城堡在军事上的重要性依旧存在。以后有很多这样的例子,如蒙茅斯郡的拉格伦城堡在设计修建时就把大炮作为防御系统的一部分。在英国内战期间,城堡再一次显示出其重要性,当时国王占据了很多城堡,并重新予以加固。正是因为认识到城堡在战争中起到的重要作用,取得内战胜利的议会派才将幸存下来的大部分城堡予以拆毁。

Cat and Mouse Act, 1913. **《猫和老鼠法》**(1913) 由于对激进的妇女选举权论者采取的绝食抗议策略感到恼火,阿斯奎斯政府通过了《因健康原因临时释放犯人法》(Prisoners' Temporary Discharge for Ill-Health Act),即通常所说的《猫和老鼠法》(3 Geo.V c.4)。根据该法,犯人可以被释放,但随即可以将其重新逮捕。

Cateau-Cambrésis, treaty of, 1559. **《卡托—康布雷齐和约》**(1559) 玛丽·都铎与西班牙的腓力(Philip)之间的婚姻,将她于 1557 年拖入了一场灾难性的对法战争。在这场战争中,英格兰失去了加莱。1558 年 11 月伊丽莎白继承王位后,迫切寻求和平。1559 年 4 月 3 日,英法签署了《卡托—康布雷齐和约》。根据和约,法国不再支持苏格兰女王玛丽对英格兰王位的权利要求,而英格兰则暗示对重新夺回加莱不再抱有希望,因为法国将在 8 年内保留加莱,然后再根据某些可能被打破的条件恢复对加莱的统治权。

cathedrals **主教座堂** 主教区的总教堂,大主教或主教座位所在地。主教座堂的组织联络、礼拜活动等,由教长负责。英格兰教会最古老的主教区有坎特伯雷(597 年)、伦敦(604 年)、罗切斯特(604 年)、约克(625 年)、诺里奇(631

年)、林肯(林齐,634 年)、达勒姆(林迪斯芳,635 年)、利奇菲尔德(656 年)、赫里福德(676 年)和伍斯特(680 年)。最新建立的主教区有伯明翰(1905 年)、萨瑟克(1905 年)、切姆斯福德(1914 年)、贝里圣埃德蒙兹(1914 年)、考文垂(1918 年)、布拉德福德(1920 年)、德比(1927 年)、吉尔福德(1927 年)、莱斯特(1927 年)和朴次茅斯(1927 年)。

Catherine of Aragon(1485—1536). **阿拉贡的凯瑟琳**(1485—1536) 亨利八世的第一任王后。凯瑟琳是王朝政治的牺牲品。她是西班牙的费迪南德和伊莎贝拉的女儿,1501 年 10 月被送到英格兰与亨利七世的长子阿瑟王子成婚。这对年轻的夫妇被送到拉德洛,阿瑟在此地去世,距离两人结婚只有五个多月。

阿瑟去世后,凯瑟琳一直留在了英格兰。1503 年,根据王室的安排,她应该嫁给阿瑟的弟弟亨利。然而,亨利七世并没有急于让凯瑟琳和亨利结婚,因此,凯瑟琳在英格兰王室有好几年的时间一直处于尴尬的地位。但亨利八世 1509 年继位时,他迅速地履行了与凯瑟琳的婚姻协议。虽然直到 1516 年他们才迎来第一个孩子玛丽的诞生,但他们的婚姻生活最初还是和美的。到 1526 年,出于公和私两方面的原因,亨利才意识到他娶的是自己的嫂子,因此想与凯瑟琳离婚。从这时起,凯瑟琳就无法掌控自己的婚姻了,虽然她一直在抗争,并拒绝进修道院做修女。1531 年 7 月,亨利离开凯瑟琳,而且再也没有与她见面。凯瑟琳的晚年是在巴克登和金博尔顿度过的,在王后的头衔遭剥夺,并被禁止看望自己女儿的情况下,只能以虔诚的信仰寻求抚慰。1536 年 1 月凯瑟琳去世,葬于彼得伯勒修道院。

Catherine of Braganza(1638—1705). **布拉干萨的凯瑟琳**(1638—1705) 查理二世的王后,葡萄牙国王约翰之女。1662 年 5 月 21 日,凯瑟琳嫁给了查理二世,他们的婚姻被英国商人视为"有史以来我们国家做的最有益的一件事"。凯瑟琳带来的嫁妆包括孟买和丹吉尔。凯瑟琳身材娇小、黑发、和蔼可亲,但受教育程度很低。不过,她还是有一些魅力,1663 年当佩皮斯看到与国王在一起的凯瑟琳时,觉得她"真是漂亮极了"。凯瑟琳与查理的情妇卡斯尔梅恩夫人之间的关系日益紧张也是不可避免的。凯瑟琳多次流产,即使生下来的孩子也都夭折了。尽管一再有人因此建议两人离婚,但查理却始终维持着与凯瑟琳的婚姻。1685 年 2 月查理去世后,凯瑟琳搬到萨默塞特宫居住,后回到葡萄牙。

Catherine Howard（1520—1542）. **霍华德·凯瑟琳**（1520—1542） 亨利八世的第五任王后,诺福克公爵的侄女。凯瑟琳 19 岁时,亨利就开始对她感兴趣了。1540 年 7 月 9 日亨利与克利夫斯的安妮之间的婚姻被宣判无效,两个星期后,亨利与凯瑟琳结婚。凯瑟琳身材娇小、容貌漂亮而且为人活泼。亨利送给她很多礼物,但到 1541 年底,亨利听到了有关凯瑟琳在婚前婚后与人私通的各种传闻。凯瑟琳婚前与弗朗西斯·迪勒姆和自己的表弟托马斯·卡尔佩珀间发生的那些事,成为她被指控犯有叛国罪的主要依据。凯瑟琳被软禁在西翁宫,1542 年 2 月 13 日被斩首。

Catherine Parr（1512—1548）. **凯瑟琳·帕尔**（1512—1548） 亨利八世的第六任王后,肯德尔的托马斯·帕尔爵士之女。凯瑟琳受过良好的教育,是新教的同情者。当她引起亨利的注意时,已经 31 岁,而且结过两次婚。他们的婚礼是 1543 年 7 月 12 日在汉普顿宫举行的。凯瑟琳使王室多少有了些家庭感,也使玛丽和伊丽莎白喜欢上了自己。1547 年亨利去世以后,凯瑟琳嫁给了托马斯·西摩,西摩是个野心勃勃的人物,过去一直爱慕凯瑟琳,此时已被晋封为休德利的西摩男爵。1548 年 9 月 7 日,凯瑟琳在生下一个女儿后不久就去世了。

Catherine of Valois（1401—1437）. **瓦卢瓦的卡特琳**（1401—1437） 亨利五世的王后,法国国王查理六世最小的女儿。1420 年 6 月 2 日卡特琳与亨利结婚,时值法国和英格兰之间激烈的战争结束之后,因此这一婚姻被视为国家大事。与此同时,英格兰与法国双方签订了《特鲁瓦条约》(*treaty of Troyes*),使亨利成为查理的王位继承人。卡特琳与亨利的儿子,即后来的亨利六世,于 1421 年 12 月在温莎宫出生。卡特琳陪同亨利到法国的阿夫勒尔,1422 年 5 月亨利死于痢疾,卡特琳当月返回英格兰时,已经成了寡妇。随后,卡特琳与欧文·都铎秘密结婚,他们的孙子就是后来的国王亨利七世。卡特琳去世于 1437 年 2

月,被葬在威斯敏斯特教堂的圣母堂,后来又被移葬在亨利五世墓旁。

Catholic Apostolic Church 使徒公教会 是千禧年信徒的一个教派,该教派是从 1826 年以来在奥尔伯里公园召开的一系列会议发展而来的,奥尔伯里公园是伦敦银行家和托利党政治家亨利·德拉蒙德(1786—1860 年)在萨里的住所。爱德华·欧文是与会者之一,他是位于伦敦的摄政广场苏格兰长老会(Scottish Church)牧师,当时正处于可以自由发挥自己才能的最好时期。1832年,欧文被赶出摄政广场,他在纽曼街建立了一个教派。该教派成为第一个神圣使徒公教会。这个新教派得到了德拉蒙德的慷慨支持,并确立了使徒、先知、福音传道者和牧师的等级制度。由于只有使徒才能够授予圣职,因此,尽管该教派在 1851 年时声称有 6000 名教徒,但到 1901 年最后一位使徒去世后则失去了发展的势头。

Catholic Association(1823—1829). **天主教协会**(1823—1829) 丹尼尔·奥康奈尔的天主教协会于 1823 年成立于爱尔兰,是 19 世纪给英国政府施加压力最成功的团体之一。该组织的目标是说服或迫使英国政府承认天主教徒解放运动,允许天主教徒进入议会。该协会组织了多次请愿活动,举行了多次大规模群众集会,每个月向会员征收 1 便士的"天主教租"("catholic rent")。此外,该协会还因从事训练和恐吓活动而受到指控。当奥康奈尔 1828 年 7 月在克莱尔郡通过补选重新进入议会时,尽管按照规定,他作为天主教徒不能宣誓就职,但威灵顿为了避免爆发内战的风险不得不做出让步。

catholic emancipation 天主教徒解放运动 该运动所取得的成果,是 1829年英国议会通过一项法律,废除了《忠诚宣誓法》和《市镇社团法》(*Test and Corporation Acts*),使英国的罗马天主教徒获得了全面参与公共生活的权利。奥康奈尔在克莱尔郡补选中获胜,成为议会下院议员,使威灵顿确信英国无法控制爱尔兰,只能接受大多数人的要求。毕竟,英国的天主教徒在大选中起不了多大作用。但威灵顿和皮尔的行为被激进的托利党视为严重的背叛,保守党的分裂为辉格党赢得 1830 年大选的胜利和随后进行的十年议会改革铺平了道路。

catholicism　天主教　"Catholicism"一词源于基督教会中的信仰至公主义，但自 16 世纪以来，该词是指接受教皇权威的基督教派。同时，该词也指英国在宗教改革运动后出现的那些特别宗教团体，这些宗教团体反对王权对在英格兰的教会拥有至高无上权利的主张。尽管这些宗教团体受到刑事法规的明令禁止，但仍存在下来，最终在 18 世纪末和 19 世纪初英国解除了这些禁令。这一过程可以分成几个阶段加以了解。第一个阶段以 17 世纪时得以幸存下来的这些不服从英国圣公会者团体开始，到 1688 年为止。在这个阶段，天主教徒发起了一个传教运动，以维护天主教的生活和礼拜仪式。天主教圣礼的性质意味着教众所依赖的司祭必须在欧洲专门培养传教士的神学院中接受过培训。欧洲的第一批神学院是由枢机主教威廉·艾伦于 16 世纪 70 年代在佛兰德的杜埃和罗马创办的。由于司祭很容易受到犯有叛国罪的指控，所以他们一直为自己的生命安全提心吊胆，需要依靠来自世俗家庭（主要是绅士家庭）的保护。在 17 世纪 80 年代以前，一直有世俗的天主教徒和神职人员遭到处决。当然，针对天主教徒的刑事法规，在施行的程度上是有区别的，要视当时的具体情况而定。在某些地区，天主教的蓬勃发展没有受到任何阻碍。兰开夏郡的部分地区、英格兰东北部地区和中部地区是天主教徒相对安全之地。在爱尔兰，绝大多数天主教徒都生活在阿尔斯特以外的地区；在苏格兰，天主教势力较强的地区是苏格兰高地和苏格兰岛屿。

第二阶段是从 1688 年到 18 世纪中叶。在这个阶段中，在天主教势力较强的地区，天主教徒有可能建立自己的生活方式。18 世纪初，舆论氛围开始转而反对宗教迫害政策，因此事关限制宗教信仰自由的法律也几乎没有得到执行。到 18 世纪中期，天主教的活动在很大程度上得到了社会的容忍，由流动的传教士或绅士忏悔神父主持的小规模教众的宗教生活开始进入一种安静独立的状态。

1745 年詹姆斯党人的最终失败消除了人们对天主教的政治敌意，但直到 1829 年，禁止天主教徒担任议会下院议员的法律才被废除。在 18 世纪 40 年代，天主教徒在英格兰和威尔士的人口中所占的比例是微不足道的，但也就是从那时起，天主教徒人口数量开始进入一个新的适度增长阶段。天主教的势力开始转而向城镇发展，伦敦、中部地区和北部地区的部分城市中，都有天主教势力的兴起。天主教的小教堂和学校也开始出现了,尽管严格地说仍是不合法的。天主教徒人数迅速增加。18 世纪末时天主教徒人数只有 80,000 人,而根据 1851 年进行的宗教信仰人口普查,天主教徒的人数已增加到将近 700,000 人。导致天主教徒人数增长的原因,一部分是内生性的,另一部分是由于贫穷的爱尔兰天主教徒的大规模迁入。由于法国爆发了大革命,神职人员的培训被迫转移到英国来进行,因此也造成神职人员的人数增加,组织规模变大,天主教会的权力也日益加强。

1850 年天主教教阶制在英格兰和威尔士的恢复,使英国的天主教徒获得了一种归属感,即完全归属于罗马教皇领导下的普世教会。对于英国的天主教徒来说,他们在 1850 年以后的任务就是要依照欧洲天主教的形象来重建英国的天主教,建立天主教教堂和天主教学校,培养人们的虔诚信仰和忠诚,从而到 20 世纪中叶,在英国确立起强大而紧密团结的天主教文化特征。

Catholic University of Ireland　爱尔兰天主教大学　虽然从 1793 年开始,天主教徒可以在都柏林三一学院取得学位,但没有多少天主教徒这样去做。1844 年,皮尔提议在爱尔兰的科克、贝尔法斯特和戈尔韦建立不属于特定宗教派别的学院,但该提议在爱尔兰天主教团体中引起分歧,大多数天主教徒对此加以谴责,认为这是对上帝的不敬,1850 年召开的瑟勒斯宗教会议警告天主教徒不要到这些学院接受教育。大主教卡伦接下来主持召开了一个宗教委员会,决定成立一所天主教大学。这所天主教大学于 1854 年开始招生,首批学生 20 人,但由于没有政府的帮助,发展甚微。在 1906 年自由党政府中担任爱尔兰事务首席大臣的奥古斯丁·比勒尔,于 1908 年对天主教大学进行重组,建立了爱尔兰国立大学,位于都柏林、科克和戈尔韦的学院被纳入进来。虽然爱尔兰国立大学名义上不属于特定宗教派别,但实际上一直在天主教的控制之下。

Cato Street conspiracy　加图街阴谋　该阴谋是计划在 1820 年 2 月时对进晚餐的利物浦勋爵内阁成员实施谋杀。谋杀案的领导者是平均地权论者托马斯·斯彭斯的追随者阿瑟·西斯尔伍德。结果,谋杀案的策划者们被政府雇佣的间谍出卖,当他们在加图街的一个马厩中集合时遭逮捕。西斯尔伍德和另外

4 名共谋者于 1820 年 5 月 1 日被处决。

Catterick, battle of, 6th cent. 卡特里克战役（6 世纪） 安奈林的诗歌《哥多丁》（*Gododdin*）讲述了来自爱丁堡的北不列颠人是怎样在卡特里克被伯尼西亚和德伊勒的人击败的。这场战役大概发生在 6 世纪末，使诺森伯里亚成为撒克逊强国迈出了重要的一步。

Catuvellauni 卡图维劳尼人 不列颠人的一个部落，罗马统治时期的一个地方行政区。在戴奥·卡修斯对公元 43 年克劳狄入侵不列颠的记述中，首次提到卡图维劳尼人，当时他们正领导不列颠人抵抗罗马军队。我们通过塔西奥瓦努斯国王和他的继任者库诺比莱纳斯发行的硬币，至少可以追溯出这个部落王国的三代国王。事实上，曾于公元前 54 年抵抗凯撒入侵，并被称为卡西维劳努斯的酋长大概已经开始着手创建卡图维劳尼王国了。公元 70 年中期罗马人使卡图维劳尼人享有罗马公民权，反映出该王国力量的扩张。卡图维劳尼人的首府在维鲁拉米恩，其曾是塔西奥瓦努斯王国的首府。

Cavalier Parliament（1661—1679）. 骑士议会（1661—1679） 骑士议会取代了将流亡中的查理二世召回的非常议会。尽管骑士议会的绝大部分成员都效忠于国王，但他们绝不愿意放弃议会的权利。在骑士议会中，人员占多数的信奉国教者比国王还不愿意原谅非国教徒。骑士议会首先下令公开将圣约派分子处以火刑，支持对不信奉国教者采用残酷的刑法，并迫使查理二世于 1673 年撤销了其《信教自由令》（*Declaration of Indulgence*）。

cavaliers 骑士党 内战时期支持查理一世的保王党的绰号。像"圆颅党"（"roundheaded"）一样，"骑士党"最初也是对骑士一词的滥用。该词源于西班牙语的"绅士"（*caballero*）一词，暗含天主教、外国特性和不道德之意。保王党为了达到自己的目的，并没有完全排斥这个绰号，而是对其进行了重新定义。他们认为自己出身高贵，之所以被选出来捍卫国王，是因为他们忠诚，有良心。

Cavell，Edith（1865—1915）．**伊迪丝·卡维尔**（1865—1915） 伊迪丝·卡维尔是诺福克一教堂代牧之女，在接受培训成为护士之前，曾在布鲁塞尔做过女家庭教师。1907 年，卡维尔成为布鲁塞尔圣吉勒医院的护士长，到 1914 年第一次世界大战爆发时，她仍在那里工作。卡维尔为数百名比利时人和协约国的难民安排了逃生路线，1915 年 8 月被德国人逮捕。同年 10 月 7 日卡维尔受到军事法庭审判，10 月 12 日被枪决，她死的时候表现得大义凛然。卡维尔之死，引起了世界性的反应，人们一致呼吁追认她为烈士。卡维尔的尸体后来被改葬在诺里奇主教座堂。为了纪念卡维尔，人们在伦敦特拉法尔加广场附近的圣马丁广场为她建立了一座纪念碑。

Cavendish，Lord Frederick（1836—1882）．**弗雷德里克·卡文迪什勋爵**（1836—1882） 第 7 代德文希尔公爵次子。1865 年卡文迪什以自由党身份进入议会。他的妻子是格莱斯顿夫人的侄女，因此卡文迪什后来成了格莱斯顿的私人秘书。1882 年，当 W.E.福斯特辞职时，卡文迪什被派往爱尔兰取代福斯特成为爱尔兰事务首席大臣。5 月 6 日卡文迪什抵达都柏林后，当他与爱尔兰事务部常务次官 T.H.伯克在凤凰公园散步时，被一称为"常胜军"（"Invincibles"）的秘密团体刺杀。卡文迪什被谋杀引起社会的震动，他被葬在查茨沃斯，300 名议会下院议员乘专列从伦敦赶去参加了他的葬礼。

Cavendish，Henry（1731—1810）．**亨利·卡文迪什**（1731—1810） 第 3 代德文希尔公爵的侄子。卡文迪什在伦敦过上隐居生活之前，曾就读于剑桥大学和巴黎大学。他从事气体化学前沿领域的研究工作，分离"易燃气体"（氢气），以证明水不是一个元素，而是一种化合物。为了纪念他，剑桥大学成立了卡文迪什实验室。

Cavendish，William 威廉·卡文迪什 See DEVENSHIRE，4TH DUKE OF（见第 4 代德文希尔公爵）

Cawnpore（Kanpur） **坎普尔** 坎普尔见证了兵变时期印度反抗英国殖民

统治的艰苦斗争。驻守坎普尔的英军被迫向纳那·萨希布投降,而当纳那·萨希布听到亨利·哈夫洛克爵士的援军抵近坎普尔时,下令杀死了所有被关押的英军。哈夫洛克重新夺回坎普尔后,随即实施了残忍的报复行动。然而,他走后留下的驻军无力控制该地区,纳那·萨希布手下的将军坦提亚·托普又收复了坎普尔。直到 1857 年 12 月,科林·坎贝尔爵士才率领英军最终夺回坎普尔。

Caxton,William(c.1420—c.1492). 威廉·卡克斯顿(约 1420—约 1492)
卡克斯顿是来自于肯特的一个著名商人,他在英格兰成功地创办了第一个印刷所。卡克斯顿在科隆和低地国家学习过印刷技术,1473 至 1474 年在布鲁日制作出第一本印刷的英文版书籍——他自己的译著《特洛伊史回顾》(*Le Receuil des histoires de Troye*)。卡克斯顿 1476 年在威斯敏斯特创办的印刷所总共印制了将近 100 册图书,其中包括乔叟、高尔、约翰·利德盖特和马洛礼的作品。

Ceawlin(d.c.593). 查乌林(约卒于 593 年) 西撒克逊人国王(560—591 年在位)。查乌林从 560 年开始统治西撒克逊王国,与不列颠人进行斗争。据说在 577 年的迪勒姆战役中,他击败了三个国王,并占领了格洛斯特、赛伦塞斯特和巴斯,从而使生活在西南部地区的不列颠人从布里斯托尔海峡北部地区的不列颠人分离出去。591 年,因人们对查乌林统治的不满,产生了一位新国王或藩王切奥尔。592 年,查乌林在沃德内斯贝奥格被击败后,遭到流放,翌年被杀。比德把他列为第二位盎格鲁—撒克逊盟主。

Cecil,Sir Robert(1563—1612). 罗伯特·塞西尔爵士(1563—1612) 詹姆斯一世时期的政治家。虽然他是伊丽莎白一世的首席大臣威廉·塞西尔(伯利)的小儿子,但却是父亲的政治继承人。塞西尔身材矮小,有些驼背,而且身体虚弱,1584 年进入议会。1591 年被封为骑士时,他已经代理国务大臣一职,尽管直到 1596 年才得到正式任命。在伊丽莎白统治的最后 10 年间,塞西尔一派的权力受到伊丽莎白的新宠埃塞克斯伯爵为首的一个小集团的挑战。不过,塞西尔派很幸运,埃塞克斯伯爵因野心过大而被处决。这使得塞西尔在 1598 年他父亲死后,作为伊丽莎白的首席大臣,没有了任何政治对手。只是詹姆斯六世即将继位的前景使塞西尔的地位受到了威胁,但塞西尔通过与苏格兰国王秘密通信,摆平了这件事。1603 年詹姆斯成为英格兰国王后,塞西尔继续保留着自己的职位。对于政府的日常事务,詹姆斯都依靠塞西尔这位他的"小猎犬"来处理。塞西尔虽然是个坚定的新教徒,但他与国王一样,以相对宽容的态度对待天主教徒。他热爱和平,并在 1604 年结束了与西班牙的长期战争。1608 年詹姆斯任命塞西尔为财政大臣,当时他已经是索尔兹伯里伯爵。塞西尔为了加强国王的财政而做出的最大努力是提出了实行财政改革的《大契约》(*Great Contract*),1610 年他已接近成功,但最终还是失败了,这大大地削弱了塞西尔的影响力。尽管此时的塞西尔还不到 50 岁,但健康状况已每况愈下,1612 年,塞西尔去世。塞西尔继承了被称为西奥博尔德的王子府邸,但由于该府邸所处位置非常适于狩猎,詹姆斯对此觊觎已久。塞西尔一直就是个精明的廷臣,于是用西奥博尔德宅邸与詹姆斯交换了距此地数英里以外的位于哈特菲尔德的一处破败的王宫,并在这里建造了富丽堂皇的宅邸,其后人现在仍住在里面。

Celtic church 凯尔特教会 凯尔特教会一词是指在威尔士、爱尔兰和苏格兰三个国家中发展起来的基督教会,之所以使用这个词,是因为基督教在这三个国家的活动有许多共同特点,但我们同时也不应掩盖一个事实,那就是这三个国家的基督教彼此之间确实有着实实在在的差异。这种差异在主教区的辖区范围概念上表现得尤其明显,主教区辖区范围是基于罗马帝国的行政管理区划这一基础之上的,但爱尔兰与此并没有正式的联系,因此主教区制度很难在爱尔兰生根。罗马人撤出不列颠时,大部分威尔士人和苏格兰人仍是异教徒,基督徒最早在爱尔兰出现的确切日期是公元 431 年,有记载说 431 年主教帕拉迪乌斯"来到信奉基督的爱尔兰人当中"。福音在爱尔兰的传播主要来自于不列颠。不列颠 5 世纪早、中期最著名的传教士是圣帕特里克。对帕特里克的崇拜在爱尔兰的蔓延,以及与帕特里克密切相关的基督教中心阿马的发展,可以与威尔士人对圣大卫的崇拜相媲美,而 563 年爱尔兰圣徒科伦巴到达艾奥纳(苏格兰),则标志着爱尔兰人在不列颠和欧洲大陆漫长的传教活动的开始。

Celts 凯尔特人 从公元前 5 世纪开始,希腊的民族学家们就把凯尔特人描述成欧洲中部和西部的主要民族之一，并指出他们是从马赛进入内陆的。凯撒在《高卢战记》(*De bello Gallico*)一书中称，只有生活在高卢中部和南部地区的高卢人才把自己称为凯尔特人，比利其人生活在高卢北部地区，阿基坦人生活在高卢西南部地区。

文艺复兴时期，人们重新燃起对凯尔特人的兴趣。1582年乔治·布坎南提出，不列颠之前的居民是凯尔特人或高卢人，因为高卢和不列颠的古代地名很相似。因此，"凯尔特人"一词被扩展为所有使用布里多尼语、凯尔特语、康沃尔语、威尔士语、爱尔兰语、马恩岛语和苏格兰语的人。

为了确定古代凯尔特人的身份，18世纪和19世纪的学者们转而借助考古学方法，把某些考古发掘物和葬礼仪式说成是"凯尔特人的"。早在1863年，肯布尔和弗兰克斯就已认定从不列颠出土的具有独特的曲线艺术装饰风格的物品是"凯尔特人的"。在瑞士的纳沙泰尔湖的拉特诺打捞出来的物品中，也发现了这种艺术风格。到19世纪末，拉特诺文化被认为就是凯尔特人的民族文化，拉特诺艺术也就是"凯尔特人的"艺术。此外，人们还认为拉特诺文化与凯尔特人在种族、语言、艺术和物质文化之间也存在着密切联系。诸如鲍威尔(1958年)和菲利普(1962年)等学者利用考古学的方法来探求拉特诺文化的起源和传播。根据自铁器时代初期就一直延续下来的丧葬仪式证据，以及所发现的很集中的富于装饰性的早期拉特诺艺术品，人们认为拉特诺文化起源的中心地是在法国北部和德国西部一带，更确切地说是在香槟地区。有人认为，凯尔特人在公元前4世纪和公元前3世纪时就是从这里向外扩张的，迁移到法国南部和西部、不列颠和中欧地区。

这一解释受到了越来越多的批评。因为它无法说明为什么在伊比利亚半岛有讲凯尔特语的部族，却很少见到具有拉特诺特征的物品；而所谓的公元前4世纪和公元前3世纪时不列颠遭到入侵恰好是不列颠岛与欧洲大陆交往最少的时期；此外，从铁器时代早期到后期的延续性，被认为是几乎所有像不列颠那样有足够完整的考古记录的地区的社会发展常态。所谓的凯尔特人"扩张"，在很大程度上是人们对考古记录误解的结果。这一已被修改但仍存有争议的关于凯尔特人问题的观点，正迫使我们采用新的模式来解释关于语言、物质文化和艺术风格在凯尔特人之间的传播与接受现象，说明凯尔特人在语言、物质文化和艺术风格方面很可能是彼此相互独立的。把讲凯尔特语的人群称为"凯尔特人"被认为是出于 17 世纪学者的主观选择,至于所谓的不列颠人的、比利时人的或高卢人的说法大概也是如此。如果我们同意这样一种观点,即在古代的不列颠根本就不存在凯尔特人,那么接下来的问题就是,所谓的凯尔特教会、凯尔特艺术等术语,或者把威尔士人、爱尔兰人和苏格兰人描述成是"凯尔特人",都是没有任何历史依据的。

Census Act,1800. **《人口普查法》**(1800) 18 世纪时英国人口规模究竟如何,尚且很难确定。1753 年,托马斯·波特在议会提议每年进行一次人口普查,但该提议遭到反对者的批评,理由是此举将会给敌人提供有价值的信息,反对者并且抱怨说那将会冒犯英国人的自由权利。该法案因此在议会上院被搁置起来。1800 年,在约翰·里克曼的建议下提出的人口普查法案,在议会中没有遇到任何反对意见,获得通过。1801 年 3 月 10 日,进行了大不列颠第一次人口普查。根据人口普查报告,英格兰和威尔士的人口为 916.8 万人,苏格兰为 159.9 万人,显示出大不列颠人口增长的趋势。伦敦的人口为 100 万,相当于大不列颠其他所有城镇人口的总和,这个结果使当时的英国人深感震惊。这次人口普查在提供英国人口统计数据方面发挥了里程碑的作用,此后英国每隔十年进行一次人口普查。

Central 中部区 苏格兰一行政管理区,创建于 1973 年,由克拉克曼南郡全部、珀斯郡一部、斯特灵郡大部和西洛锡安郡的博尼斯地区组成。中部区下设三个区,分别是克拉克曼南、福尔柯克和斯特灵。1996 年 4 月,中部区行政建制撤销,所有地方政府的职能均由原来的各个区接管。

Cenwalh(d.672) **森沃尔赫**(卒于 672 年) 威塞克斯王国国王(642—645 年和 648—672 年在位)。645 年,森沃尔赫因抛弃其妻——威塞克斯的强大邻国麦西亚王国国王的妹妹,被麦西亚国王驱逐出自己的王国。森沃尔赫在东盎格利亚王国宫廷寻求庇护,并在那里受洗,但在 648 年返回威塞克斯。森沃尔赫最大的成就是打击布立吞人,相继于 652 年在埃文河畔布拉德福德战役、658

年的彭南战役和 661 年的波茨堡（可能是什鲁斯伯里附近的波森茨堡）战役中
取得胜利。在与麦西亚王国的对抗中，森沃尔赫就没有那么幸运了，而且在 661
年被麦西亚王国夺取了汉普郡的部分地区，而麦西亚国王又将夺取的汉普郡的
那些地区赐予了萨塞克斯王国。

Cenwulf（d.821）　**森伍尔夫（卒于 821 年）**　麦西亚王国国王（796—821
年在位）。森伍尔夫之成为麦西亚的国王，是在伟大的奥法国王之子埃格弗里
思的短暂统治之后，可以肯定的是，森伍尔夫是通过政变的手段成为麦西亚国王
的。他接管了奥法在英格兰南部地区广泛的统治权。798 年，他残酷地镇压了
肯特发生的暴动。森伍尔夫在肯特的权力，因与坎特伯雷大主教伍尔弗雷德
（805 年被授任）发生的一次激烈争执而遭到削弱。

Ceolwulf（d.764）　**切奥尔伍尔夫（卒于 764 年）**　诺森伯里亚王国国王
（729—731 年和 731—737 年在位）。与比德同时代的一些盎格鲁—撒克逊人之
所以能够流芳百世，要感谢比德，切奥尔伍尔夫也是如此，因为比德撰写的《英
吉利教会史》就是献给"最荣耀的国王切奥尔伍尔夫"的。一位编年史学家曾
说，切奥尔伍尔夫在 731 年这一年先是"被俘和削发，然后又恢复了统治"。6 年
后的 737 年，切奥尔伍尔夫被永久罢免。此后，作为一名修道士，切奥尔伍尔夫
长期生活在林迪斯芳。

ceorl　**刻尔**　该词是早期（7 至 9 世纪）英格兰法律中使用的一个术语，指
自由人等级中身份最低的一个阶层。因此，在威塞克斯王国，刻尔的人身赔偿金
为 200 先令，其他自由人阶层的人身赔偿金则分别为 600 先令和 1200 先令。在
肯特，刻尔的社会地位较其他地区的刻尔要高一些。但即使在西撒克逊，刻尔一
旦成为自由农民家户的家长，就有服兵役义务，可以拥有奴隶，同时具有很重要
的法律地位。在 11 世纪，自由农民的地位持续下降，到 1300 年，该词才有了现
代意义上的这种被贬低的含义。

Cerdic, House of　**塞迪克家族**　9 世纪末《盎格鲁—撒克逊编年史》开始

编纂时,阿尔弗雷德国王以及此前所有西撒克逊国王们都被视为塞迪克的后裔,但实际情况很难确定。塞迪克和他的儿子金里克来到不列颠,在《盎格鲁—撒克逊编年史》第 495 年的纪事中有记载,但有关塞迪克父子条目的记述有很多地方前后矛盾。

Ceylon 锡兰 See SRI LANKA(见斯里兰卡)

Chad(Ceadda),St(**d.673**). **圣查德**(**塞达**)(**卒于 673 年**) 诺森伯兰郡的四兄弟之一,他们都是"著名的司祭"。查德曾在爱尔兰学习,是艾丹(Aidan)的信徒。664 年,查德继其兄长切德之后,成为拉斯廷厄姆隐修院院长,并被国王奥斯威指定为诺森伯里亚主教。但当他从坎特伯雷大主教狄奥多尔那里得知他的主教祝圣礼(665 年)不合规后,辞去了诺森伯里亚主教一职。后来担任麦西亚主教(第 5 任)、中盎格鲁教区主教,670 年任林齐主教区主教,他的主教座在利奇菲尔德。

Chadwick,Edwin(1800—1890). **埃德温·查德威克**(1800—1890) 改革家。约翰·斯图亚特·穆勒称查德威克为"时代思想的组织和设计者之一"。他出生在曼彻斯特,后来成为一名律师。1832 年,他被任命为济贫法委员会成员,1833 年又被任命为工厂童工委员会成员。查德威克对这两个委员会出台的报告施加了巨大的影响。1834 年,被任命为济贫法委员会秘书,但这个职位使他受到了猛烈的批评。查德威克关注已久的另一件事情是公共卫生改革,从1848 年到 1854 年,他一直担任新成立的卫生委员会委员。由于被有意安排退休,查德威克的公职生涯从而结束。查德威克工作勤奋,意志坚定,但同时为人粗鲁,缺乏幽默感,没有耐心,固执己见且过于自信。

Chalgrove Field,battle of,1643. **查尔格罗夫原野战役**(1643) 鲁珀特亲王利用一系列精彩的突袭战,打乱了埃塞克斯伯爵 1643 年夏季实施的进军牛津计划。6 月 17 日,鲁珀特亲王派出一支以骑兵为主的近 2000 人的队伍,此举大大出乎议会派几支防守部队的意料。第二天,收兵回来的路上,鲁珀特在位于沃特灵顿和牛津之间的查尔格罗夫突然掉头对议会追兵实施了攻击,议会军惨败。在抗议查理一世征收造船费中出名的约翰·汉普登在这场战役中身负致命伤。

Chamberlain, Sir Austen（1863—1937）. **奥斯汀·张伯伦爵士**（1863—1937） 尽管奥斯汀·张伯伦未能得到首相一职,但他的大臣生涯则与众不同。他的崛起在很大程度上要归因于父亲约瑟夫的栽培。在鲍尔弗内阁（1903—1905 年）中担任财政大臣时,他强烈支持实行关税改革。第一次世界大战期间,他承担了美索不达米亚战役失败的责任,并于 1917 年辞去主管印度事务的国务大臣一职。但很快就被国王召回担任财政大臣,而且一直是劳合·乔治联合政府的主要支持者,直到 1922 年 10 月联合政府下台。1921 年,他接替安德鲁·博纳·劳成为保守党领袖,但失去了通过效忠劳合·乔治而成为首相的机会。作为鲍德温内阁（1924—1929 年）的外交大臣,因签署 1925 年的《洛迦诺公约》（*Locarno treaties*）给人们留下了深刻的印象。

Chamberlain, Joseph（1836—1914）. **约瑟夫·张伯伦**（1836—1914） 激进分子和帝国主义者。张伯伦以生产螺丝钉致富,这使他 38 岁时就可以从自己的企业中退休。张伯伦把余生献给了政治事业,他首先进入了伯明翰市议会,1873 年至 1875 年担任伯明翰市长,然后代表伯明翰成为议会下院议员。张伯伦是一位思想超前的社会改革家,他清除贫民窟,为穷人建造房屋,建立免费的公共图书馆和艺术馆,把伯明翰的天然气、水和污水处理系统纳入市政所有权范围。张伯伦对贵族提出了尖锐批评,认为他们百无一用（"他们未曾付出半点辛劳,也不会感到劳苦"）。

1880 年,张伯伦升入内阁。但由于他在民族问题上坚持的爱国主义观点,使其在自由党政府中过得很不舒服。格莱斯顿制定的有关南非和埃及的政策是对张伯伦最重要的考验,而恰恰是格莱斯顿的这些软弱政策,导致张伯伦在 1886 年爱尔兰地方自治问题上与自由党的关系正式破裂。张伯伦依附的新自由党统一派集团从未与自由党的其他派别言归于好,反而最终与保守党结成联盟,这为张伯伦再次提供了重要发展平台,使其在 1895 年出任索尔兹伯里政府的殖民地大臣。

作为殖民地大臣,张伯伦推行的政策与其国内政策一样激进,他主张由中央政府建立他所谓的不列颠"帝国地产"。张柏林同时相信帝国地产还会扩大,尤其是在南非,因此他积极推动英国政府在南非先是采取秘密行动——詹姆森突袭行动,接下来又挑起第二次布尔战争,以迫使布尔人各共和国就范。然而,张伯伦与一般意义的帝国主义分子不同,他一方面寻求帝国的扩张,但又担心扩张过度。本着这种想法,他于1898年瞒着索尔兹伯里试图与德国建立一个保护性联盟。张伯伦还希望巩固英国对殖民地的统治。为了实现这一目标,1903年他公开站出来支持实行帝国特惠制,并从内阁辞职,以准备在下届大选(1906年)获胜后推行该政策。但结果是导致了保守党的分裂,自由党取得了压倒性的胜利。张伯伦的做法可能是正确的。然而,1906年7月,张伯伦因中风而瘫痪。关税改革运动由于失去了张伯伦的强力支持,逐渐失败。

Chamberlain, (Arthur) Neville(1869—1940). (阿瑟)内维尔·张伯伦(1869—1940) 首相。张伯伦出生在伯明翰,约瑟夫·张伯伦之子,先后就读于拉格比公学和伯明翰梅森理学院。起初他似乎命中注定要成为企业家,但1911年被选为市议会议员,这使他有了一个展示其市政改革能力的机会。他在地方政府工作的良好记录使其成为第一次世界大战期间成立的烈酒贸易监督控制委员会委员,并于1916年被任命为兵役总监。

1918年张伯伦49岁时,代表伯明翰选区当选为保守党议会下院议员。张伯伦虽然对劳合·乔治没有丝毫好感,但支持组成联合政府(1918—1922年)。1922年,张伯伦同父异母的弟弟奥斯汀未能说服保守党维持与自由党的联合,但张伯伦同意鲍德温和安德鲁·博纳·劳的观点,认为联合政府已经失去了作用。1922年,张伯伦加入安德鲁·博纳·劳政府并出任邮政大臣,1923年出任卫生大臣,1923年至1924年出任财政大臣。1924年至1929年,张伯伦又回到鲍德温的第二届政府并出任卫生大臣一职。

张伯伦担任卫生大臣这几年间,为自己树立了一个20世纪英国最伟大的社会改革者的形象。在他的努力争取下,内阁同意为1925年通过的寡妇、孤儿和老年者补贴法案提供财政支持。他倡议制定了具有重要意义的1929年《地方政府法》(Local Government Act),从而废除了济贫委员会,同时将济贫委员会管理的相关机构移至各郡和郡级自治市镇。与此同时,张伯伦还促成了私人开发商与地方政府之间的合作,为工人阶层建造了近 100 万套房屋。

在 1929 年的大选中,鲍德温政府失败。张伯伦一方面同意鲍德温提出的由他对保守党中央机构加以重组并建立保守党研究部的建议,但同时利用 1929 年至 1931 这段时间竭力争取放弃自由贸易政策。在鲍德温出国期间,张伯伦代表保守党参加了最终组成"国民政府"的谈判,并在国民政府中出任了财政大臣一职。

张伯伦担任财政大臣期间恰逢 20 世纪 30 年代的经济大萧条,因此是面临挑战的时期。1932 年,张伯伦说服内阁同意放弃自由贸易政策,对几乎所有的进口商品一律征收 10% 的关税,只有来自大英帝国内部的商品除外。1934 年,张伯伦恢复实行原来的削减失业支出政策,并在 1935 年降低了所得税。尽管这一对家庭开支有利的金融政策因面对纳粹德国的威胁需要改善军备而被搁置起来,但他制定的预算政策有助于恢复经济,从而使得国家财政能够满足支持 1939 年爆发的战争的需要。

1937 年 5 月鲍德温辞去首相一职,张伯伦顺理成章地成为其继任者。几乎整整三年之后,张伯伦在一片批评声中辞职。对张伯伦的批评是由英国从挪威撤军引起的,但更主要的是由于公众对其战前外交政策幻想的破灭。张伯伦对纳粹德国的政策通常与"绥靖政策"紧密相关。当时英国人普遍认为,1919 年在凡尔赛签署的条约中德国受到了不公正的待遇。张伯伦认为自己有责任使英国避免与德国发生战争,即使战争无法避免,也要尽可能地拖延两国间发生敌对行动的时间。但张伯伦根本无法阻止意大利对西班牙内战的干预,而希特勒所谓的"入侵"奥地利也让他措手不及。张伯伦在捷克危机期间(1938 年 9 月)制定的政策,因法国不愿履行对捷克的条约义务而无法得到贯彻。尽管如此,9 月 15 日张伯伦戏剧般地飞往贝希特斯加登会见希特勒之举,在英国国内深受欢迎;而他第二次访问德国并签署了《慕尼黑协定》(*Munich Agreement*),在当时更被英国人赞誉为一次外交上的胜利。

1939 年,当涉及英国要保证波兰边界安全的时候,张伯伦感到绥靖政策彻底结束了。在当时人看来,张伯伦就是个容易上当受骗的英国绅士,完全不是残酷无情的希特勒的对手。1940 年 5 月张伯伦辞去首相一职,从而为温斯顿·

丘吉尔上台铺平了道路。张伯伦辞职不久后去世。

Chanak crisis（September-October 1922）. **恰纳克①危机**（1922 年 9 月至 10 月） 穆斯塔法·凯末尔领导下的土耳其民族主义者,对 1920 年的《色佛尔条约》(*Sèvres treaty*)规定的将土耳其的部分领土割让给希腊感到不满。1922 年 8 月,土耳其民主主义者使用武力手段将希腊人逐出士麦那,并威胁要渡过达达尼尔海峡进入希腊。出于对海峡安全的忧虑,劳合·乔治加强了英国在恰纳克的军事力量,从而阻止土耳其人的企图。根据 10 月 11 日达成的一项协议,避免了冲突的发生。东色雷斯和阿德里安堡交还给土耳其;作为交换条件,土耳其承认达达尼尔海峡为中立区。

chancellor of the Exchequer 财政大臣 财政大臣这一职位由财政部的最高官员担任。该职位所发生的几次关键性的变化,体现在议会下院 1706 年和 1713 年通过的决议案中,即财政大臣只考虑国王在公共支出方面的提议,同时财政大臣被赋予唯一拥有制定财政计划的行政权力。随着公共支出和税收的增长,以及政府承担的经济责任越来越多,财政大臣一职的重要性也大大提高。

Chancery, Court of 大法官法庭 诺曼王朝时期,开始出现了作为王室秘书处的法庭这一机构。该法庭主要负责签发王室特许状和令状,并加盖国玺,国玺由掌管该法庭的大法官保管。到 14 世纪时,普通法已经成为由独立于国王的法庭行使的并普遍适用于整个王国的法律,但国王在这一法律体系之外,依然保留了执掌司法的权力,人们可以在谘议会向国王提出申诉,以寻求得到救济。不过,到 14 世纪末时,各种申诉开始由大法官直接受理;到 15 世纪末,他便独自开庭听审诉讼。

与普通法实施的规则受传统和法令的约束相比,大法官可以不受这些严格的程序的束缚,大法官法庭开庭也不受时间和地点的限制,而且判案迅捷,诉讼费用低廉,生活贫穷的人和社会中的弱者尤其受益,因此受理的诉讼案件数量稳

---

① 现名恰纳卡莱。——译者注

步增长,到 16 世纪时,其受理的诉讼案件数量已经达到不堪重负的地步。

这种由大法官实行的司法形式,被称为"衡平"。最初,人们并没有把衡平法视为是普通法的竞争对手,但随着衡平法庭受理的诉讼案件的增加,双方的对立情绪随之出现。1616 年,就普通法和衡平法两者的司法管辖权问题,王座法庭首席大法官柯克与衡平法庭大法官埃尔斯米尔之间爆发了激烈冲突。此后,衡平法的实施逐渐受到判例的约束,衡平法庭的诉讼费用也越来越高昂,而判案的时效却越来越低,到 19 世纪时,案件的审理往往要花费 30 年的时间。在埃尔登担任衡平法庭大法官期间(1801—1827 年),因积压未办的案件越来越多,问题到了十分严重的程度。根据 1873 年颁布的《司法组织法》(*Judicature Act*),衡平法庭被降格为新成立的高等法庭(High Court of Justice)的一个分庭,即衡平分庭,分庭法官被赋予同时执行普通法和衡平法的权力。

在爱尔兰,由大法官来主持一个独立的衡平法庭。在苏格兰,自 12 世纪时就设立了大法官一职,其职能与英格兰的大法官几乎相同。在现在的英国,大法官已经变成了主管法律事务的司法大臣,而不再是一个独立的衡平法系的大法官。

Channel Islands 海峡群岛 当 1204 年约翰失去诺曼底公国余下的领地时,英格兰对在法国的面积广阔的领地仍然全部保留着君主权。海峡群岛由四个较大的岛即泽西、根西、奥尔德尼和萨克以及许多小岛组成。2001 年时泽西岛的人口总数为 87, 000 人,根西岛为 60, 000 人,奥尔德尼岛为 2300 人,萨克岛为 591 人。泽西岛的面积最大,东西宽 10 英里,南北长 5 英里,其首府圣赫利尔位于南海岸。海峡群岛的官方语言为英语和法语,但在一些地区也同时仍在使用诺曼法语方言。这些群岛由女王任命的副总督代表自己进行管理。第二次世界大战期间,这些群岛被德国军队占领,1945 年 5 月 9 日获得解放。

Channel Tunnel 海峡隧道 最早关于修建海峡隧道的详细提议可以追溯到 1802 年的《亚眠和约》(*peace of Amiens*),当时的建议是修建两条可以通过马车和建有马厩设施的隧道。万幸的是隧道没有建成。随着铁路的出现,修建海峡隧道工程更具有了切实可行性。在伦敦公司、查塔姆公司和多佛尔公司做了

C

一些勘探挖掘工作后,1872 年成立了英吉利海峡公司。1966 年,法国总理和英国首相承诺在英法之间建造一条隧道。海峡隧道工程于 1987 年 12 月开工,1991 年 6 月完工。1994 年 5 月,法国总统密特朗和英国女王伊丽莎白二世共同宣布海峡隧道正式开通。在经历了一系列尴尬有趣的小意外事故后,1994 年 11 月第一批乘客通过了隧道。

chantries　附属礼拜堂　附属礼拜堂是个人、行会或团体修建的,人们捐建附属礼拜堂是为了祈祷灵魂在炼狱中能够得到安宁,富人们往往捐以重金。宗教改革运动时期,英国总共有大约 3000 座附属礼拜堂。附属礼拜堂于 1547 年被解散,表面上看是为了使教会摆脱迷信的做法。

Chaplin, Charles（1889—1977）.　查尔斯·卓别林(1889—1977)　电影演员和导演。卓别林出生在伦敦一个杂耍剧团演员家庭,童年生活非常悲惨。在 1913 年签约好莱坞的启斯东公司以前,卓别林在弗莱德卡尔诺公司学习杂耍技巧。卓别林通过扮演一个身着肥大无比的裤子、留着八字胡的哀婉动人的流浪汉角色而在无声电影中成名,他展现这一人物形象的无声电影有《孩子》(*The Kid*)、《淘金记》(*The Gold Rush*)和《城市之光》(*City Lights*)等。有声电影出现后,卓别林的电影作品大为减少,但他于 1972 年获得美国电影艺术和科学学会的特别奖,1975 年被英国女王封为爵士。卓别林的个人生活屡次遭受疾风暴雨式的考验,1952 年他因受到政治上的敌意而离开美国,永久定居瑞士。

chapters and chapter houses　牧师会和牧师会礼堂　就重要性而言,隐修院、主教座堂或大学基金会的牧师会礼堂仅次于教堂。宗教改革运动以前,教徒们每天都聚集在牧师会礼堂中祈祷、阅读一章牧师会规章(牧师会因此而得名),处理日常事务。英格兰和威尔士都有牧师会礼堂的典型样板,包括位于约克郡的里沃、格拉摩根郡的马格姆和萨默塞特郡的韦尔斯等地的牧师会礼拜堂遗址。

Charge of the Light Brigade, 1854.　轻骑旅的冲锋(1854)　在 1854 年 10

月 25 日的巴拉克拉瓦战役中,拉格伦勋爵命令卢肯勋爵率领他的骑兵出击,阻止俄军将缴获的大炮从中央堤高地(Causeway Heights)拖走。由于下的命令含混不清,导致卢肯错误地派出轻骑旅向位于另一位置即北部峡谷的防守坚固的俄军据点发起冲锋,结果造成卡迪根勋爵率领的 673 名战士组成的强大轻骑旅伤亡约三分之一。或多或少是因为丁尼生描述此役的一首诗的缘故,这次军事行动成了军事上犯的愚蠢错误和对命令一味盲目服从的标志。

charity schools 慈善学校 虽然在伊丽莎白时代就有私人捐助者为穷人创办慈善学校,但慈善学校数量的大大增加是在 17 世纪末。创办慈善学校主要是为了实现宗教和道德的目的,同时也是为了帮助穷人具备谋生的能力。基督教知识促进会(Society for Promoting Christian Knowledge,SPCK)在 1699 年召开的第一次会议上,就考虑过如何以最佳的方式在伦敦的每个堂区建立"教义问答学校"("Catechetical Schools")。教义问答学校招收 7 岁至 12 岁的儿童,上课时间为每天上午的 7 点至 11 点和下午的 1 点至 5 点。不过,到 1760 年,慈善学校运动开始处于停滞不前的状态。

Charles I(1600—1649) 查理一世(1600—1649) 英格兰、苏格兰和爱尔兰国王(1625—1649 年在位)。查理是苏格兰国王詹姆斯六世的次子,出生在苏格兰,1604 年詹姆斯六世登上英格兰王位成为詹姆斯一世时,查理来到了英格兰。少年时期的查理,儒雅矜持,把他的哥哥亨利王子当成英雄来崇拜。只是 1612 年亨利被打倒后,查理作为明确的王位继承人,才进入政治舞台的中心。1621 年,当议会考虑英格兰是否应该站在新教一边干预"三十年战争"时,查理参加了议会上院。詹姆斯一世作为新教领袖,希望通过查理与"天主教世界力量最为强大的国王"西班牙国王的妹妹玛丽亚公主结婚来弥合宗教上的分歧。

查理说服父亲让自己隐姓埋名进行一次西班牙浪漫之旅。1623 年 2 月,在王室宠臣白金汉的陪同下查理踏上了行程,经过两周艰苦的骑行,他们穿过法国到达马德里,并在马德里受到了隆重的欢迎。在逐渐意识到西班牙公主只是这场权力游戏中的一枚棋子后,查理认清了西班牙势力的扩张会对英格兰构成威胁这一事实。查理 9 月回国的时候,并没有把西班牙公主一同带回,而是开始筹划建立一个反西班牙的联盟。对于这个联盟来说,等够取得法国的支持至关重要,因此白金汉公爵安排查理迎娶法国国王路易十三的妹妹亨丽埃塔·玛丽亚。

詹姆斯一世一直致力于和平,但在 1624 年被说服召开了议会。查理和白金汉公爵与议会的主要成员合作,为实施与西班牙的战争寻找理由。但当 1625 年 3 月詹姆斯一世去世而查理继位后,查理就可以自主行事了。查理一世立即召开议会,由于议会下院不信任白金汉公爵,因此只是象征性地同意出资。在英格兰远征西班牙加的斯港遭到失败后,1626 年议会对白金汉公爵进行了弹劾,查理一世为此解散了议会。接下来,查理一世采取了强制性贷款的方式,筹集再次远征的费用,这次远征是为了援助法国的新教徒。而当这次远征也遭到失败时,查理一世与议会之间发生更进一步的冲突似乎已不可避免。但查理一世 1628 年接受了议会提出的《权利请愿书》,局势得到缓和,国王与议会冲突中的重要人物白金汉公爵当年 8 月被暗杀。

1629 年议会重新召开时,查理一世本来希望能够和议会取得一致,但宗教问题又出来了。查理一世是高教会派,并提拔任用阿明尼乌派教徒,而议会议员中大部分人都是低教会派。下院起草了一项反对阿明尼乌教义的决议,当查理一世试图使议会休会以阻止议员们讨论该决议时,埃利奥特与其同事们却将议长按在了椅子上。针对这一造反行为,查理一世将冒犯议长的所有人员均逮捕入狱,并从此完全将议会抛在一边。查理一世的独断专行远远不止体现在"十一年暴政"上,而且还体现在继续庇护阿明尼乌派教徒,特别是坎特伯雷大主教劳德,这更是引起了公众的愤慨。此外,查理一世还一意孤行,在未经议会同意的情况下征税。尽管如此,查理一世的个人独断专行也没有受到威胁,直到主教战争的惨败才使查理别无选择,只能召开议会。到 1640 年底,查理一世的地位已经遭到严重削弱,以至于不得不接受议会提出的使其权力受到严格约束的法案。此外,查理一世还不得不同意议会对劳德和他的首席大臣斯特拉福德进行的弹劾和随后对两人做出的死刑判决。然而,当议会打破常规,试图剥夺查理一世对军队的控制权时,持保守观点者开始聚集在查理一世的周围并支持他。

因此,查理一世已经把自己变成了宪政的保护者。但在 1642 年 1 月,查理一世却屈从于王后主张的采取强硬措施的压力,带着一队全副武装的卫兵,前往议会下院。查理一世进入议会的会议室后,要求逮捕反对他的五名议员。但正如查理一世马上意识到的那样，"鸟儿已经都飞走了"。查理一世于是决定离开首都伦敦，号召人们支持国家。1642年8月，查理一世在诺丁汉升起了王党的军旗，不久又在牛津成立了王党的大本营。在随之而来的内战中，查理一世显示出良好的耐性和果断性。但王党分子的力量只够应付一场短期的战争，而议会掌握的资源则足以坚持长期的战争。然而，即使查理一世战败了，作为国王他仍是一个至关重要的人物。议会军队正是特别出于这一担心，才于1647年6月派了一个步兵队把国王从议会的监护下转移到了伦敦附近。查理一世被囚禁在汉普顿宫，11月逃脱，跑到怀特岛上的卡里斯布鲁克城堡寻求避难。

此时英格兰的政治局势混乱不堪，议会、军队和苏格兰人都向查理一世提出各自的建议。面对敌手之间的相互不团结，查理一世则不顾风险，从中挑拨离间，图谋坐收渔人之利。1648年春爆发的一系列军事冲突被称为第二次内战。在经历了这些军事冲突后，军队确信只有清除掉国王，才能实现永久的和平。1648年12月，军队"清洗"了议会中的保守分子，使剩下来的议员组成的"残余议会"得以毫无阻碍地成立了一个高等法庭来审判国王。查理一世拒绝为自己辩护，并坚称他只向上帝负责。查理一世被判处死刑，并于1649年1月30日在怀特霍尔宫宴会厅前被斩首。

查理一世身上具有很多优秀的品质。他热爱艺术，收藏了一批欧洲最好的绘画作品。他爱自己的妻子和孩子，也爱上帝。但他所持的王权至上的观念和独裁倾向，使他与自己的臣民之间出现了裂痕，从而葬送了他一直竭力维护的君主制度。

Charles II（1630—1685） **查理二世**（1630—1685） 英格兰、爱尔兰和苏格兰国王（1649年继位，1660—1685年复辟王位）。在1648年至1651年间，查理二世接受了现实的教训，他懂得了如何适应快速变化的环境，同时也不再对任何人抱以信任之心。他曾委派蒙特罗斯到苏格兰高地招募军队，但后来却撤回对他的支持，反而与1650年4月击败并绞死蒙特罗斯的力量更为强大的圣约派达成了协议。查理二世应阿盖尔之邀出访苏格兰时，履行了那份协议并公开谴责了父母的宗教信仰和政策。当克伦威尔的军队向前推进时，查理二世冒险侵入英格兰。1651年9月，在伍斯特遭到惨败后，查理二世不切实际地逃往法国。

共和派内部的分歧使查理二世在 1660 年实现了无条件的王朝复辟。只有那些老的内战时期查理一世的支持者们在 1661 年至 1662 年时向查理二世提出了一些条件要求,如恢复实行严格的国教信仰划一法,放弃 1662 年时他宣布的《信教自由令》(*Declaration of Indulgence*)。在王朝复辟的最初几年,查理二世的重臣克拉伦登劝告他要在法律允许的范围内行使国王的权力。在 1665 年至 1667 年的英荷战争遭到失败后,查理二世抛弃了克拉伦登,开始实行了一条新的政策路线。

鉴于法国是当时欧洲最为强大的国家,查理二世与他的兄弟詹姆斯以及卡巴尔政府大臣们一起,同法国签订了多个条约,以此来保证一旦与荷兰重开战端,英格兰能够有取胜的把握。法国提供的补贴和通过扩大与法国的贸易而增加的收入,可以减少甚至消除国王对议会的依赖。查理二世、詹姆斯和克利福德还认为,他们可以改宗天主教,并制定宗教宽容政策。在 1670 年秘密签订的《多佛尔条约》(*treaty of Dover*)中,法国国王路易十四承诺,一旦英格兰因国王改宗天主教而发生叛乱,法国将给予军事援助。为了防止出现意外,查理二世没有像詹姆斯和克利福德那样很快改宗,而是拖延到 1685 年临终之际才改宗天主教。1672 年全年,英格兰都没有召开过议会,这在查理二世继位以来尚属首次。如果对荷兰的战争取得胜利,那么查理二世就能够在英格兰基于他的实力而实行专制统治。但由于与荷兰的海战陷入僵局,结果使得议会迫使查理二世收回了他的《信教自由令》,批准了禁止天主教徒担任公职的《忠诚宣誓法》(*Test Act*),同时迫使詹姆斯和克利福德辞职。在 1673 年至 1674 年,议会拒绝为国王筹款之事进行投票表决,迫使查理二世不得不舍弃法国,与荷兰讲和。

查理二世在国内政治上也不得不做出了让步,让他的新任财政大臣丹比重新回到维护国教会利益的立场上,对天主教徒和不从国教者强制执行刑法。丹比对法国势力的增强感到惊慌,希望通过支持奥兰治的威廉来与法国抗衡,并通过促成威廉与詹姆斯的女儿、王位继承人玛丽之间的婚姻来进一步推动这一政策。查理二世为了提高路易十四因为英国保持中立将要付出的代价,就认可了这段婚姻;但路易十四发现,贿赂反对派所要花费的代价更低,于是把显示丹比有罪的秘密文件交给了反对派。此举迫使查理二世不得不将丹比免职,并解散了议会。与此同时,试图谋杀查理二世的天主教阴谋案被"揭露"出来。詹姆斯本人的天主教信仰和专制主义倾向,以及来自法国的支持,使查理二世似乎明显成为受益者。而流放詹姆斯又使查理二世受到人们的质疑:是否他会坚定不渝地抵制辉格党的法案,从而使詹姆斯永远被排斥出王位继承人资格。

然而,查理二世认为,排斥王位合法继承人的继承权等于把神授的世袭君主制度改变为王位是经选举产生的且权力有限的职位。1679 年 7 月,查理二世解散议会,终止了第一个《排斥法案》(Exclusion Bill)的通过。当查理二世患病,而流放多年的詹姆斯回国捍卫自己的王位继承权时,查理二世派他到苏格兰行使国王的权利。1680 年,查理二世鼓动议会上院驳回第二个《排斥法案》,再次阻止了排斥法案的通过。1681 年 3 月,查理二世解散了他曾下令在牛津召开的第三届辉格党议会。此后,查理二世再也没有召开议会,因为他与法国签订了一份新的密约,法国提供的补助金使其面临的财政问题有了保障。

查理二世有两个建设性的成就值得称赞。首先,在 17 世纪 60 年代,他成功地顶住了来自查理一世的支持者们的强大压力,没有违背旨在弥合因内战而造成分裂的《补偿法》(Act of Indemnity)。其次,在试图中止宗教迫害方面他个人所表现出的宽容和无能为力,则在其保护学术自由中得到了充分的展示,尽管他没有在自然科学方面做过什么事情,只是观察过皇家学会的实验。

查理二世放荡的私人生活与其法国祖父亨利四世非常相似,但这对政治的影响不大。查理二世唯一一位在政治上活跃且有一定影响力的情妇是朴次茅斯公爵夫人,她是为法国利益卖力的。至于那位始终没有怀过孕的葡萄牙公主凯瑟琳,则在政治上根本就无足轻重。

Charles, prince of Wales(b.1948). 威尔士亲王查尔斯(生于 1948 年)
查尔斯三岁时,母亲继承了王位成为伊丽莎白二世女王。查尔斯先后就读于奇姆学校、苏格兰的戈登斯敦学校、澳大利亚的吉朗文法学校、剑桥大学三一学院和威尔士的阿伯里斯特威斯大学的大学学院,并在那里学习了威尔士语。1958年查尔斯被封为威尔士亲王,1969 年入住卡那封城堡。之后查尔斯入伍,并完成了一系列军事训练计划,包括驾驶超音速飞机,取得直升机飞行员的资格,在"皇家方舟"号(Ark Royal)军舰甲板上发射弩炮,在扫雷舰和潜艇上的训练,以及猎雷艇的指挥,等等。查尔斯个人的业余爱好非常广泛,不仅包括绘画、音乐和表演,而且还有冲浪、航海、滑雪、钓鱼、射击、骑马和马球,他的马球技术达到国际水平。查尔斯在这些活动中付出了极大的努力,但他得到的回报却是在报纸上被越来越多地描绘成一个与鲜花交谈、对代用药物感兴趣的"怪人","一个年轻的无用之人"和"懦夫"。查尔斯对环境、现代建筑和自然资源保护等他认为非常重要的事情所发表的公开言论,往往受到对他有成见的那些群体的粗暴对待。1981 年,查尔斯与戴安娜·斯潘塞小姐在圣保罗大教堂举行婚礼。他们的两个儿子威廉王子和亨利王子分别出生于 1982 年和 1984 年,但这段婚姻的不和谐越来越成为人们评论的话题,1992 年查尔斯夫妇开始分居,1996 年离婚。戴安娜王妃在巴黎离世后,查尔斯于 2005 年与卡米拉·帕克—鲍尔斯(康沃尔公爵夫人)结婚。

Charleston, battle of, 1780. 查尔斯顿战役(1780) 1779 年,英国政府决定集中力量对付美国南部各州,以鼓舞忠英派的士气。克林顿率领一支强大的远征军从纽约出发,到达佐治亚后向北进军包围了查尔斯顿。经过激烈战斗,美国守军于 1780 年 5 月 12 日投降。但这一胜仗的政治反响却令人失望。

Charlotte Augusta, Princess(1796—1817). 夏洛特·奥古斯塔公主(1796—1817) 威尔士亲王乔治和不伦瑞克的卡罗琳之女,父母之间的仇恨一直是夏洛特承受的主要压力。童年时期的夏洛特很少接触外部世界。1813 年 12 月,夏洛特与奥兰治的王子威廉订婚,但因她不愿住在荷兰而解除了婚约。她的倔强脾气暂时弥合了父母间相互敌对的关系,但父亲却将她逐出家门,母亲也拒绝接纳她。1816 年,当萨克森—科堡公国的利奥波德向夏洛特求婚时,夏洛特欣然接受,5 月 2 日他们举行了婚礼。1817 年 11 月 5 日,夏洛特死于流产。

Charlotte of Mecklenburg-Strelitz(1744—1818). 梅克伦堡—施特雷利茨的夏洛特(1744—1818) 乔治三世的王后。尽管夏洛特 1761 年嫁给乔治三世是在两人素未谋面的情况下,从德意志诸公主名单中挑选出来的,但他们的婚姻非常幸福。在许多人看来,夏洛特是个相当迟钝,且相貌实在平平的人,但乔治对她则是一往情深。在乔治长期精神失常的岁月里,夏洛特虽然对乔治偶尔发作的暴力倾向感到惊恐不安,但一直精心照顾他。夏洛特先于乔治去世,1818

年 11 月被葬在温莎的圣乔治礼拜堂。

charters　特许状　特许状即授予特定的权利。特许状对于研究中世纪时期法律史、宪政史和城市史具有十分重要的意义。但利用特许状材料时我们必须小心谨慎,因为经常出现伪造特许状的情况,篡改特许状的事情也时有发生,而且我们对当时特许状中使用的措词也很难准确地作出判断。最古老的一批特许状似乎出现于 7 世纪最初的 10 年,是肯特王国国王埃塞尔伯特(Æthelbert)统治期间颁发给教会的。后来以特许状的形式向个人授予土地的情况越来越常见,所谓"书田"("bookland")一词即表示凭特许状而持有的土地。再后来出现了颁发给城镇的特许状,这些特许状赋予城镇以举办市场或集市的权利、收税的权利,或者选举本城镇官员的权利。特许状作为执行王室政策的常规手段,似乎是从 1095 年开始被引进到苏格兰的,时值国王埃德加统治时期。亨利一世、斯蒂芬和亨利二世的"加冕特许状"("coronation charters")虽然各具特点,但都更像是政治宣言,因为这些国王都承诺要遵循王国传统的法律实行善政。尽管这样的承诺并未得到完全信守,但特许状却隐含着对王权进行一定限制的意义,这为 1215 年《大宪章》的制定铺平了道路,而且《大宪章》本身后来也不断得到确认。颁发给行会和贸易公司的特许状出现的时间更晚些。特许状所具有的神圣不可侵犯性,被认为是奠定财产所有权的基石。也因此之故,当 1681 年以后查理二世和詹姆斯二世试图收回有议员选举权自治市镇的特许状,并重新调整具有这一特权的自治市镇时,激起了强烈反对。

chartism(1837—1854)　**宪章运动**(1837—1854)　宪章运动是首次尝试建立一个代表整个英国工人阶级利益的独立政党的运动。对于许多追随者来说,宪章运动归根到底要解决的是"刀子和叉子的问题"。然而,宪章运动的纲领包含了一系列的政治要求。之所以把参加这一运动的人称为宪章派,是因为他们以《人民宪章》的形式提出了六点要求,即成年男子都具有普选权;议会每年进行一次改选;议会选举采取无记名秘密投票的形式;废除议会下院议员的财产资格限制;下院议员应领取薪金;平等分配选区。该运动的目的是使宪章能够成为国家的法律,而为了达到这一目的,应尽可能采取合法的宪政手段,但必要时也可以采用暴力。为了征集群众对提交给下院的请愿书的支持,宪章派付出了极大的努力,但每次提交的请愿书都遭下院否决。宪章派于是寻求其他策略,他们曾提出各种计划方案,包括使其中央机构宪章派代表大会成为国民公会即人民的议会,由此可以摆脱现行议会的控制;计划在 1839 年 8 月举行全国总罢工(称为"全国休假日")。此外,发动地方性暴动也是计划中的一种方案,但 1839 年 11 月的一次失败的起义即纽波特城起义似乎表明,没有"实力"是无法取胜的。

　　从起源上说,宪章运动是一个统称,它汇聚了许多支对现实不满的激进分子派别。1837 年,伦敦和各地都建立了"工人协会";在伯明翰,宪章运动伊始时是与中产阶级激进分子和主张币制改革者结成了紧密的同盟;在利兹,欧文空想社会主义者与中产阶级的激进分子和体力劳动者中的激进分子结合在了一起。在西赖丁的其他城镇和北部工业区,当地人们的不满对象也包括了 1834 年的《新济贫法》(New Poor Law)。宪章派一直试图建立一个全国性的组织,但屡遭失败;各地宪章派之间最有效的联系方式是通过广泛传阅的宪章运动机关报《北极星报》(Northern Star)。虽然宪章派未能实现他们的六点要求,但后来除了议会每年改选一次这一点外,其他五点要求都被实现了。

Chatsworth House(Derbys.) **查茨沃斯宅邸**(**德比郡**) 历代德文希尔公爵卡文迪什家族的乡间宅邸。1552 年由威廉·卡文迪什爵士开始动工兴建,但未及完工时卡文迪什去世,宅邸最终由他的遗孀哈德威克的贝丝,即施鲁斯伯里夫人完成。该伊丽莎白时代的宅邸后来被目前的这座建筑取代,这座建筑包括有威廉·塔尔曼 1687 年至 1696 年设计建造的南侧厅和东侧厅,以及 1704 年至 1707 年托马斯·阿彻设计建造的北侧厅。查茨沃斯宅邸的天花板由韦里奥、桑希尔和拉盖尔绘制,家具由威廉·肯特设计制作,雕塑由西伯和卡诺瓦完成,同时还有伦勃朗、弗朗斯·哈尔斯、凡·戴克、丁托列托和莱利的绘画作品。查茨沃斯宅邸的正式花坛由乔治·伦敦和亨利·怀斯设计建造,而小瀑布顶端的古典神庙是托马斯·阿彻 1702 年设计建造的。从 1761 年开始,"能人"布朗对地面做出了重大改变,种上了新的植物,同时在 1760 年至 1764 年由潘恩设计建造了一座桥。19 世纪时,第 6 代德文希尔公爵和他的园丁约瑟夫·帕克斯顿爵士设计了一个由瀑布、喷泉和水池构成的水利系统,1843 年设计建造的帝王喷泉成为该水利系统的顶峰之作。

Chaucer, Geoffrey(c.1343—1400).**杰弗里·乔叟**(约 1343—1400) 乔叟的声誉之所以能够长盛不衰,不仅体现在他创作的诗歌和散文作品内容广泛且质量上乘方面,而且体现在他基于中部地区方言而采用的伦敦英语已经获得了广泛的认可上。他通过吸收法语的词汇、概念和表达形式,对英语产生了相当大的影响。

乔叟出生在一个殷实的酒商家庭,在包括理查二世在内的不同贵族家庭中先后担任过侍从和从骑士。乔叟特别受命参加过英法百年战争(大约在 1359 年),作为贸易和外交使者出使过意大利和法国,担任过伦敦口岸的关税审计员和修建威斯敏斯特宫工程的主管。乔叟在贵族圈里的处境,也许奠定了他在人生的权力与爱情游戏中以旁观者面目出现的基础。例如在他的作品《公爵夫人的书》(*The Book of the Duchess*)里面,似乎就暗示着有这么一位彬彬有礼的旁观者,在 1369 年前后兰开斯特公爵冈特的约翰(John of Gaunt)的夫人布兰奇(duchess Blanche)去世时,对约翰加以抚慰;而在三节联韵诗《缺乏坚定》("Lack of Steadfastness")里,也有旁观者向国王提出忠告。

除了那部由五部分内容组成的悲剧杰作《特罗伊拉斯和克莱西德》(*Troilus and Criseyde*)外,乔叟的大部分诗歌都是中短篇之作,而在《声誉之宫》(*The House of Fame*)这部作品里的梦幻破碎结局部分,我们也许看到乔叟在一个雄心勃勃的创作试验计划中失去了方向。乔叟为人严肃庄重,而且很少表现出灰心泄气,但他也是一个"高尚而富有哲理的爱情诗人"【阿斯克(Usk)】。尤其突出的是,乔叟不仅能够惟妙惟肖地模仿他人的声音,如从《百鸟议会》(*The Parliament of Fowls*)中腼腆的雌猎鹰到《坎特伯雷故事集》中性格暴烈的旅店主,而且也能以十分公正的态度明确表达不同的世界观。乔叟唯一直接提到的 14 世纪的事件,是在《坎特伯雷故事集》中"女尼的教士的故事"(*Nun's Priest's Tale*)里以幽默的口吻描述的约克·斯吉洛①(Jakke Straw)这位 1381 年农民起

---

① 约克·斯吉洛即 1381 年农民起义领袖瓦特·泰勒的绰号。——译者注

义领袖,但在《坎特伯雷故事集》里随处都可以看到乔叟对当时的宗教欺骗和滥用金钱和权势等问题的嘲讽。

Chaumont,treaty of,1814. 《肖蒙条约》(1814) 即使拿破仑(Napoleon)在 1813 年的莱比锡(Leipzig)战役遭到失败以后,他仍然是个危险人物。英国外交大臣卡斯尔雷(Castlereagh)担心拿破仑与东部的任何一个强国单独媾和。1814 年 3 月,卡斯尔雷经过谈判,与俄国、普鲁士和奥地利签订了《肖蒙条约》。根据该条约,英国与上述三国一致同意:每个国家提供 15 万军队对法作战,并保护欧洲免受法国的侵略,条约的有效期为 20 年。

Cheke,Sir John(1514—1557)**. 约翰·奇克爵士**(1514—1557) 出生于剑桥,新教徒,希腊语学者和教育家,从 1529 年起任剑桥大学圣约翰学院(St John's College)的研究员。1540 年至 1551 年,奇克作为钦定教授(regius professor),在朋友托马斯·史密斯爵士(Sir Thomas Smith)和罗杰·阿谢姆(Roger Ascham)的支持下,提出了新的"伊拉斯谟式的"("Erasmian")希腊语发音法。亨利八世统治时期,奇克担任爱德华王子的家庭教师。爱德华继承王位成为爱德华六世后,赐予奇克土地,加封其为爵士,同时使其担任剑桥大学国王学院(King's College)院长职务。此外,奇克还担任议会下院议员、地方议会的书记员和国务大臣。因支持简·格雷夫人(Lady Jane Grey),奇克在 1553 年至 1554 年被玛丽女王投入监狱,但在 1556 年被玛丽的特工引诱到布鲁塞尔之前,已经获准移民到巴塞尔(Basle),后来又再次被关押在伦敦。奇克在宣布放弃自己的新教信仰之后获释,但出狱后不久去世。

Chelmsford,diocese of 切姆斯福德主教区 目前的切姆斯福德主教区创建于 1914 年,其辖区范围与埃塞克斯郡所属区域重合。604 年,奥古斯丁(Augustine)授任梅利特斯(Mellitus)为伦敦主教,以使东撒克逊人皈依基督教,但取得的成效只维持了很短一段时间。650 年前后,诺森伯里亚国王奥斯威(Oswiu)派遣切德(Cedd)到东撒克逊担任主教。在 675 年埃罗森瓦尔德主教(Bishop Eorcenwald)调任伦敦主教以前,埃塞克斯主教区一直是个独立的教区。从 675

年至 19 世纪,埃塞克斯主教区一直是伦敦主教区的一部分。1845 年,埃塞克斯主教区从伦敦主教区分离出去,与罗切斯特(Rochester)主教区合并,只是在 1877 年时被转入到新创建的圣奥尔本斯(St Albans)主教区。随着切姆斯福德主教区的创建,埃塞克斯又有了自己的主教。

Chelsea hospital(London) 皇家切尔西医院 查理二世为退伍老兵建的医院。在每年的王朝复辟纪念日(Oak Apple Day),即 5 月 29 日,皇家切尔西医院养老金领取者(pensioner)都会穿上 18 世纪的军服,纪念这所医院的建立者查理二世。医院的建筑由克里斯托弗·雷恩(Christopher Wren)所建,奠基的时间是 1682 年 2 月。

Chequers 首相乡间别墅 首相乡间别墅位于白金汉郡文多弗(Wendover)附近的奇尔特恩丘陵(Chilterns),是 1917 年由费勒姆的李勋爵(Lord Lee of Fareham)捐赠出来作为首相在乡间的居所。李勋爵是保守党议会下院议员,1900 年首次进入议会,是劳合·乔治(Lloyd George)的崇拜者,1917 年担任食品生产局局长(director-general of food production),1919 年进入农业部,1921 年进入海军部。别墅的核心部分建于都铎王朝时期,附属建筑部分完成于维多利亚时代,1909 年至 1912 年李勋爵又对别墅进行了实质性重建。

Cheriton, battle of, 1644. 切里顿战役(1644) 朗德威高地(Roundway Down)战役结束后,霍普顿(Hopton)和沃勒(Waller)继续在威塞克斯交战,各自部署力量谋划占领温切斯特(Winchester)。3 月 29 日,双方在切里顿相遇。王军骑兵深陷于表面有车辙的泥泞道路,结果损失惨重,霍普顿被迫撤退。

Cheshire 柴郡 柴郡位于英格兰西北部低地地区,东接奔宁山脉(Pennines)的西南部,西临弗林特郡—登比郡(Flint-Denbighshire)山地,就像一个吊床悬挂在两山之间。罗马人曾在德瓦【Deva,切斯特(Chester)】建立了一个军团要塞,作为向威尔士进军的基地,但这些地名也反映出受到过早期凯尔特人的影响以及斯堪的纳维亚人入侵的迹象。该地区最初是麦西亚王国的一部分,10 世

C

纪时成为一个"郡",12 世纪时柴郡的辖区与目前的柴郡辖区大体一致。1237年当巴拉丁伯爵领地由王室直接管辖时,柴郡尽管地处边陲,但城堡并不算多;最值得夸耀的是典型的半木结构的乡村大宅邸。

柴郡以出产食盐和奶酪而久已闻名于世,但其农业的重要性在英国长期处于中等地位,直到其乳制品业在专业化生产的刺激下日益扩大之后,该郡的农业地位才开始提高。受不断扩张的棉纺织业的影响,斯托克波特(Stockport)和柴郡东北部地区的其他城镇迅速成长起来,伯肯黑德(Birkenhead)围绕着坎默尔莱尔德(Cammell Laird)的船厂发展起来。19 世纪,柴郡的人口翻了两番,出产的煤和食盐通过运河输往英格兰各地,以克鲁(Crewe)和切斯特为中心的铁路网向四面八方辐射,默西河(river Mersey)下面修建的隧道在 1886 年把伯肯黑德与利物浦连接在一起。化工产业兴起后,诺斯威奇(Northwich)成为食盐生产中心,朗科恩(Runcorn)和日光港(Port Sunlight)成为肥皂生产的集中地,由此减少了柴郡对纺织业的依赖。柴郡北部的大部分地区已成为附近的兰开夏郡(Lancashire)城市中心的郊外住宅区。

chess 国际象棋 关于国际象棋的起源问题已有过很多讨论,但仍然没有弄清楚。它似乎在公元 6 世纪前后出现于印度或中国,并且已经被波斯人所接受,波斯人称之为沙特兰兹(*shat-ranj*)。国际象棋之传入西方,是通过阿拉伯人和维金人(Vikings)。1831 年在赫布里底群岛(Hebrides)发现了一套维金人使用的象牙国际象棋,其时间可以追溯到 12 世纪。中世纪时期,下一盘国际象棋所花费的时间是很长的,16 世纪时由于规则赋予后(queen)和象(bishop)两枚棋子以更强的实力,下一盘棋所需的时间才大为缩短。国际象棋比赛在经历了重重困难之后,被纳入 1924 年成立的世界国际象棋联合会(World Chess Federation)的管理之下。

Chester 切斯特 罗马人称之为德瓦(Deva),原为公元 70 年至 80 年时为罗马第二辅助军团(*Legio II Adiutrix*)建立的军团要塞。从公元 80 年至 90 年开始,成为罗马第二十英勇凯旋军团(*Legio XX Valeria Victrix*)的长期驻地。在以后的罗马统治时期,尽管切斯特可能还是军事基地,但罗马人的占领强度则在降低。1066 年诺曼人入侵以后,威廉向北进军平定当地民众的反抗,尤其是威尔士人的反抗,于是在切斯特开始兴建城堡,而且设立了一个世袭的伯爵领地①,尽管 1237 年时该领地又改为由王室直接管辖。作为行政中心,切斯特一直很繁荣,但到 1600 年时,由于河流淤塞,切斯特作为港口的功能已经无法维持下去了。

1506 年切斯特取得王室颁发的特许状;内战时期,切斯特市与柴郡因一起支持议会派而受到严重影响。18 世纪中期,切斯特回归为一个安静且富足的乡村小镇。二层连排式的中世纪拱廊建筑非常独特,但其中许多黑白相间的半木结构建筑都是在维多利亚时代复原的。

Chester, battle of, c.616. 切斯特战役(约 616) 约 616 年,诺森伯里亚王国的国王埃塞尔弗里思(Æthelfryth)打败了波伊斯(Powys)王国的不列颠人,杀死了他们的领袖塞莱夫(Selyf)。根据比德(Bede)的记载,切斯特战役爆发之前,埃塞尔弗里思对来自班戈伊斯科德【Bangor-is-y-Coed,雷克瑟姆(Wrexham)附近)】的僧侣进行了大屠杀,这些僧侣当时正在祈祷不列颠人能取得胜利。撒克逊人的胜利是他们向西扩张的一部分,而撒克逊人的西进最终在斯特拉斯克莱德(Strathclyde)的不列颠人和威尔士的不列颠人之间置入了一个楔子。

Chester cathedral 切斯特主教座堂 本笃会圣沃堡修道院(St Werburgh abbey)是 1092 年时在盎格鲁—撒克逊人的一座修道院原址上建立起来的。该修道院创作出了最早的切斯特神秘剧(Chester mystery plays),雷纳夫·黑格登(Ranulph Higden,卒于 1364 年)创作的《史综》(*Polychronicon*)是该修道院对中世纪学术做出的重要贡献。解散修道院运动以后,该修道院于 1541 年重建,成为新建主教区的主教座堂。该修道院的建筑在不列颠现存下来的修道院里,属于其中保护最为完好的。尽管有 5 个免戒室(misericord)被教长豪森(Dean Howson)以"非常不适宜"为由而拆毁,但唱诗席上的雕刻(1390 年前后)还是十分精美的。

---

① 即巴拉丁领地。——译者注

Chesterfield, Philip Dormer Stanhope, 4th earl of（1694—1773）. **菲利普·多默·斯坦诺普,第 4 代切斯特菲尔德伯爵**（1694—1773） 政治家和外交家。切斯特菲尔德能在 1714 年进入政坛,要感谢他的亲戚詹姆斯·斯坦诺普（James Stanhope）。1726 年切斯特菲尔德继承了他父亲的伯爵爵位,1728 年至 1732 年他担任英国驻海牙（Hague）的大使,但回国后他加入了反对沃波尔（Walpole）的阵营。沃波尔下台后,他于 1745 年与佩勒姆政府（Pelhams）讲和,并接受了爱尔兰总督的职位。1746 年,他被任命为国务大臣（北方事务部）,但发现与自己的上司同事纽卡斯尔（Newcastle）很难相处,因此于 1748 年辞职。切斯特菲尔德著有《写给儿子的信》（*Letters to his son*）,在他去世后的那一年出版;约翰逊（Johnson）对该作品曾做过非常有名的描述,称其展示了"娼妓的道德和舞蹈大师的礼仪"。

Chester-le-Street, diocese of **切斯特勒斯特里特主教区** 该主教区创建于 883 年。875 年林迪斯芳（Lindisfarne）的修道士遭到驱逐,他们带着卡思伯特（Cuthbert）的遗物定居在了切斯特勒斯特里特。受圣徒崇拜的影响,切斯特勒斯特里特成为东北部地区的权力中心。995 年该主教区的主教座移至达勒姆（Durham）。

Chesterton, Gilbert Keith（1874—1936）. **吉尔伯特·基斯·切斯特顿**（1874—1936） 切斯特顿和他的朋友西莱尔·贝洛克（Hilaire Belloc,1870—1953 年）是爱德华七世时代英格兰最著名的天主教作家,萧伯纳（Shaw）给他们起了个绰号叫"切斯特贝洛克"（"Chesterbelloc"）。他们是爱管闲事的新闻记者,一直忙于公开论辩,特别是与萧伯纳、吉卜林（Kipling）和韦尔斯（Wells）的公开论辩。切斯特顿最优秀的作品可能是 1904 年创作的小说《诺廷山上的拿破仑》（*The Napoleon of Notting Hill*）、1905 年创作的《奇职怪业俱乐部》（*The Club of Queer Trades*）和 1908 年创作的《一个名叫星期四的男人》（*The Man who was Thursday*）,尽管他最受欢迎的作品是从 1911 年起开始出版的"布朗神父"（Father Brown）系列探案小说。切斯特顿作品中表现出的多愁善感有时也令人感到乏味,他和贝洛克共同具有的深深的乡愁也许在贝洛克的诗歌"哈纳克磨坊"("Ha'nacker Mill")中得到了最好的体现。

Chevy Chase, battle of 切维切斯战役 See OTTERBURN(见奥特本)

Chichele, Henry (c.1362—1443). 亨利·奇切利(约 1362—1443) 坎特伯雷大主教,伦敦著名商人的儿子和兄弟。奇切利最初担任牛津大学新学院(New College)的研究员。从 1406 年开始,他作为大使为王室效力,并赢得圣戴维兹(St Davids)主教的职位,1414 年被亨利五世提升为坎特伯雷大主教。1438 年,奇切利创办了牛津大学万灵学院(College of All Souls)。

Chichester(Roman) 奇切斯特(罗马) 罗马人统治时期雷格尼人(Regni)行政区的首府,罗马人称其为诺维奥马古斯(Noviomagus)。这个罗马人的城镇很早就发展起来了,这要归因于国王科吉杜努斯(King Cogidubnus)的影响,他在罗马人到来之前就统治这里,在这个城镇早期的罗马铭文上,曾两次特别提到这个国王的名字。

Chichester, Arthur, 1st Baron (1563—1625). 阿瑟,第 1 代奇切斯特男爵(1563—1625) 爱尔兰总督(Lord deputy)。奇切斯特出生在德文郡。1604 年他接替芒乔伊(Mountjoy)担任爱尔兰总督,并担任这一职务长达 11 年之久,直到 1615 年退休。奇切斯特对爱尔兰的管理有两个突出的特点:一是削弱当地的爱尔兰人对自己的酋长的忠诚度,这曾导致爱尔兰的伯爵们于 1607 年纷纷逃离爱尔兰,即"伯爵出逃"(Flight of the Earls)事件;二是鼓励苏格兰人和英格兰人移民到阿尔斯特(Ulster)。

Chichester, diocese of 奇切斯特主教区 1075 年,根据伦敦市议会(Council of London)的决定,塞尔西(Selsey)的主教座迁至奇切斯特,从而建立了奇切斯特主教区,该主教区的辖区范围与萨塞克斯郡的辖区大致吻合。奇切斯特主教座堂兴建于 1091 年至 1305 年间,始建者是诺曼人,但在 1191 年至 1210 年间进行了大规模的重建,其建筑风格酷似坎特伯雷主教座堂。

Chichester-Clark, James, Lord Moyola（1923—2002）. **詹姆斯·奇切斯特—克拉克,莫约拉勋爵**（1923—2002） 北爱尔兰总理。奇切斯特—克拉克出生于一个大土地所有者的家庭。他是 1963 年至 1966 年斯托蒙特议会（Stormont Parliament）中联合派重要成员,1966 年至 1967 年曾担任议会下院领袖,1967 年至 1969 年担任农业大臣。因反对新的地方政府选举权而于 1969 年 4 月从内阁辞职,但他巧妙地把总理奥尼尔（O'Neill）的支持者和反对者两派的力量联合起来,并于当年 5 月 1 日成功地取代奥尼尔,成为北爱尔兰总理。1971 年初,更为激进的临时爱尔兰共和军（Provisional IRA）的出现,迫使奇切斯特—克拉克要求伦敦发出新的安全倡议。但当这一要求未能得到满足时,他辞去总理职务,获封终身贵族（life peer）。

children 儿童 儿童在英国社会总人口中所占的比例,随着时间的变化而不断变化。据估计,1801 年时 15 岁以下的儿童占英国人口总数的三分之一,到 19 世纪中叶,这一比例增加到近 40%。到 1991 年,儿童在全国人口中所占的比例已经下降到四分之一左右。尽管每年都有很多孩子出生,但婴儿死亡率很高,直到 19 世纪的最后 25 年间,卫生保健才有所改善。官方的统计数据表明,在 19 世纪 70 年代以前,不同社会阶层之间每个家庭的儿童数量几乎没有什么差别,当时比较富裕的家庭采取避孕的方式节育。20 世纪时,尤其是 20 世纪 60 年代引进女性口服避孕丸之后,避孕措施已经普及到社会的各个阶层。

随着时间的推移,人们对儿童的态度也发生了变化。基于原罪说而形成的幼年时期（childhood）概念,要求从洗礼的时候开始就向他们充分灌输基督教的价值观,从而把他们从魔鬼的手中拯救出来。在人们的头脑中,孩子的形象不是天真无邪的,而是一个小恶魔,如果不及时加以纠正,很容易犯罪。所以,人们普遍认为,需要对社会各阶层的所有孩子都进行宗教教育。照顾孩子通常是父母的任务,但在富人阶层,孩子的护理往往由专门的仆人承担,如育婴女佣或"保姆"。在中世纪晚期,贵族的儿子在 12 岁左右就要被送到另一个贵族家里去做侍从（pages）。后来,上层阶级的孩子们在家接受住在家里的家庭教师（或女家庭教师）的教育,而中产阶级则是把他们的孩子们送到离家很远的寄宿学校（boarding schools）。

18 世纪时,既有的儿童及童年的传统观念开始受到巨大的挑战,而这一挑战是在让一雅克·卢梭(J.J.Rousseau)的那部最富有争议性的作品《爱弥儿》(*Émile*)中表达出来的。1763 年,《爱弥儿》的英文版问世。卢梭认为,儿童出生时是天真无邪的,除非受到成年人的腐蚀,这种天性会一直保持下去。尽管多年来持这个观点的人始终只是少数,但它却有助于缓和对待儿童的严厉态度。此外,这种关于儿童的新观点也刺激了以帮助他们学习为目的的特殊儿童玩具和娱乐活动的开发。18 世纪末出版商约翰·纽伯里(John Newberry)引领的一个重大创新,就是专门针对儿童读者而创作出版的儿童文学作品。

在关于儿童的争论中所提出来的各种关于儿童应该享受的快乐闲暇时光,对于绝大多数儿童来说,几乎完全是可望而不可及的事。在乡村地区,贫困家庭的孩子总要承担一些家务或其他工作。在城市和工业地区,也一直延续着这种模式,刚刚满 3 岁的孩子就要从事纺织、采矿和其他职业。查尔斯·金斯利(Charles Kingsley)在其《水孩子》(*The Water Babies*)一书中对伦敦烟囱清洁工的记述,以及狄更斯(Dickens)的许多文学作品,都是以小说的形式吸引人们去关注众多儿童的现实生活。在 19 世纪,国家通过控制就业方式、资助和规范全日制教育(full-time education)的手段而越来越多地介入到保护儿童的事情上来。20 世纪时,国家在这些方面的干预仍在继续,如提高儿童完成全日制义务教育(compulsory full-time education)的年龄、给儿童提供各种各样的教育机会等。

Chiltern hundreds　奇尔特恩王室直属领地　议会议员不能直接辞职,因此,如果他们希望退休,必须要申请一个国王直接管辖下的有收益的职位,这样就可以取消他们的议员资格。按照惯例,这个职位就是奇尔特恩王室直属领地的管家(stewardship)。

Chimney Sweeps Act, 1875.　《烟囱清洁工法》(1875)　关于专门从事清扫烟囱的小男孩们悲惨境况问题,早在 18 世纪 60 年代时慈善家乔纳斯·汉韦(Jonas Hanway)就曾提出过。以立法的形式保障这些小男孩们能够得到良好的待遇,在很大程度上没有取得多少成效。沙夫茨伯里勋爵(Lord Shaftesbury)直到生命的最后一刻,一直都在想方设法解决此事。1875 年颁布的《烟囱清洁工法》(38 & 39Vic.C.70)规定,烟囱清洁工应该在警察局登记备案,而如果他们忽视安全的话,就收回从业证书。

China wars(1839—1842 and 1856—1860). **对华战争**(1839—1842 和 1856—1860) 这两次对华战争也被称为"鸦片战争"。英属印度殖民地种植的鸦片,是中国与英国进行贸易的为数不多的商品之一。1839 年,清政府试图禁止鸦片贸易。由此而引发的是一场不对称的战争,清军无力抵挡英军的坚船利炮。根据清政府与英国签订的《南京条约》,香港被割让给英国。1850 年至 1864 年,中国陷入一场被称为太平天国起义的惨烈的内战。西方列强利用这一时机,英法联军于 1857 年占领了广州。1859 年 6 月,清军在大沽炮台击退了英法联军,但 1860 年英法联军还是占领了大沽炮台,并在亚瑟港①【Port Arthur,现在的旅大②(Luda)】建立了海军基地。《北京条约》签订后,清政府把九龙司割让给了英国,而英法联军为了报复中国的所谓暴行,纵火烧毁了北京圆明园。

Chippendale,Thomas(1718—1779). **托马斯·奇彭代尔**(1718—1779) 家具制作者和设计者,约克郡一木工之子。大约在 18 世纪 50 年代,奇彭代尔在伦敦开设了自己的工场和店铺。奇彭代尔设计的产品种类范围甚广,包括家具、地毯、壁纸和黄铜器皿等等,既有供绅士家庭使用的精致易碎的用具,也有仆人使用的简洁朴素的用品。1754 年,他出版了《绅士与家具木工指南》(*The Gentleman and Cabinet-Maker's Director*)一书,对欧美家具设计风格产生了重要影响。

Chippenham,battle of,878. **奇彭纳姆战役**(878) 878 年 1 月 6 日,格思鲁姆(Guthrum)率领的丹麦军队对阿尔弗雷德(Alfred)率领的威塞克斯军队发动了突然袭击,当时后者正在威尔特郡的奇彭纳姆宿营。阿尔弗雷德被迫躲入萨默塞特郡的沼泽地带。

---

① 即旅顺的英文名称。——译者注
② 即现在的大连。——译者注

Chippenham, treaty of See WEDMORE(见韦德莫尔)

chivalry 骑士精神 骑士精神一词的前身是法语"*chevalerie*",这表明骑士精神这一行为准则最初源于骑马作战的武士(warrior)这一身居特殊社会地位者。公元800年至1100年间,随着战争的发展和演变,骑马作战的武士这一类军人在军事上和社会上的地位与重要性都得到了提高,并且从这类武士群体身上产生出一种体现道德、宗教和社会行为要求的准则。经过几个世纪的发展,这一社会准则通过骑士比武中的行为表现、对战争规则的遵守、骑士等级制度规范以及纹章制度的实施,而被更加严格地确定下来。教会也热衷于鼓励武士精英阶层这一合乎规范要求的行为,而几次十字军东征也对"骑士精神中体现出的独特的基督教精神"的塑造起到了帮助作用。关于艺术与文学作品中的描述究竟是反映了骑士精神这一现实,还是为了塑造这一精神才刻意去如此创作,对于这个问题,研究骑士制度的历史学家们一直存有争论。尽管从某种程度上说,骑士精神到中世纪晚期时已经制度化,但它仍然是一个内容模糊的概念。不过,国王、贵族和绅士之间能够建立起一条社会纽带,骑士精神从中起到了重要的作用;而且通过骑士精神,还确立起了要求绅士应该遵守的行为准则,即作为绅士,应该重视维护个人的荣誉(honour)、为人慷慨(generosity)、保持忠诚(loyalty)和行为勇敢(courage)。正因为如此,虽然骑马作战的骑士时代早已成为了历史,但骑士精神却存续下来。

cholera 霍乱 霍乱是一种急性腹泻病,其传染途径是被粪便污染的饮用水和食物。1817年孟加拉发生霍乱,接着向外蔓延,从而引发了第一次严重的世界性流行病疫情。1831年10月,亚细亚霍乱(Asiatic cholera)最终传至英格兰的森德兰(Sunderland)地区,并很快蔓延到纽卡斯尔、爱丁堡和伦敦,最后蔓延到法国。据估计,这次霍乱在英格兰和苏格兰造成约31,000人死亡,在爱尔兰造成约20,000人死亡。1848年在伦敦爆发的第二次霍乱更加严重,造成英格兰、威尔士和苏格兰约有65,000人死亡,爱尔兰的死亡人数约为30,000人。最后两次爆发的霍乱分别是1853年至1854年和1866年,疫情不太严重。尽管霍乱让人们感到恐惧,但就造成的死亡而言,肺结核和热病的危害要超过霍乱。

但随着地方政府的重组,促进了公共卫生事业的进步,1893年以后英国几乎没有出现多少类似的疫情案例。

Christadelphians 基督弟兄会 基督弟兄会是约翰·托马斯1848年在纽约创立的一个基督教教派,但该教派在英国也拥有支持者。最初该教派的名称是托马斯派(Thomasites),美国内战期间,该派为了取得根据信仰免服兵役的合法权利,采用了基督弟兄会【"基督的兄弟"("Brother of Christ")】这一名称。该教派的核心信仰是千禧年主义(millennialist),期望基督复临而在耶路撒冷统治世界一千年。

Christianity 基督教 基督教是从犹太教中发展出来的,最终成为西欧占主导地位的宗教,它同时也奠定了英国长达14个世纪的众多文化遗产的基础。在不列颠时期,城市的基督教会相当活跃,以至于派遣出伦敦、约克和科尔切斯特三个主教区的主教出席了314年召开的阿尔勒宗教会议(Council of Arles)。尽管异教崇拜在360年至380年间出现过短暂的复兴,但当尼尼安(Ninian)和帕特里克(Patrick)等历史人物于4世纪末开始出现的时候,异教崇拜趋于衰落。盎格鲁—撒克逊入侵者带着他们的诸神沃登(Woden)和托尔(Thor)来到不列颠后,除了凯尔特人西部边缘地带以外,基督教在不列颠几乎不复存在。基督教在凯尔特人中得以立足之前,隐修制度已经先行传入凯尔特人,因此领导教会的是修道士而非主教。帕特里克(约390—461年)在爱尔兰传播福音,尼尼安(约360—432年)在加洛韦(Galloway)的皮克特人中间传播福音,肯蒂格恩(Kentigern,卒于612年)则在斯特拉斯克莱德(Strathclyde)地区传播福音;伊尔蒂德(Illtud,约卒于540年)和大卫(David,约530—约589年)在威尔士传播福音,科伦巴(Columba)约563年时定居在艾奥纳(Iona),而艾丹(Aidan)在635年时将基督教从艾奥纳传到了林迪斯芳(Lindisfarne)。当奥古斯丁(Augustine)率领的罗马传教士于597年到达肯特时,两个基督教派因组织差异和对复活节日期存有不同意见,出现了分歧,进而导致冲突的发生,直到644年召开惠特比宗教会议(Synod of Whitby),确立了罗马派基督教的正统地位,这一冲突才得以解决,罗马派基督教在不列颠传播开来。尽管统治者皈依基督教【如肯特王国的国王埃塞尔伯特(Æthelbert)和诺森伯里亚王国的国王埃德温(Edwin)】有助于加快整个国家人民皈依基督教的速度,但转变宗教信仰仍然是一个漫长的过程。然而,在政治家兼大主教狄奥多尔(statesman-archbishop Theodore)重组教区之后,基督教的发展出现了短暂的黄金时代,在此期间涌现出比德这样的学者和诸如克雷迪顿的卜尼法斯(Boniface of Crediton)这样的传教士。9世纪维金人劫掠者(Viking raiders)摧毁了教堂,但教会并未被彻底摧毁。

在大约从1050年开始的以后两个世纪里,为了把福音的真谛和教会法普遍应用于社会,基督教会通过格列高利改革、加强对神职人员的纪律约束和限制他们的世俗生活等方式,进行了不懈的努力。诺曼征服使英格兰与欧洲主要国家在政治上和宗教上结合在了一起,同时也导致英格兰宗教生活的复兴。尽管忏悔者爱德华已经在威斯敏斯特重建了修道院教堂,但教会的管理还是进行了重组,开始实行了主教制,位于牛津的天主教学校后来逐渐发展成为一所大学。隐修制度也再度繁荣,但结构却发生了变化,克吕尼的修道士、西多会的修士和奥古斯丁修会的教士都是从最初的本笃会中分离出去的。基督教作为一个救赎的宗教,其魅力之一就是对来世的承诺。由于死后被惩罚的可能性远比进入天堂的可能性要大得多,因此永遭天谴的威胁被用来强迫人们服从道德规范。到了15世纪,探险家、商人和殖民者已经开始把基督教传播到欧洲以外的地区。帝国事业的扩张不仅涉及殖民和贸易,而且也包括积极的有目的的宗教扩张,有时国旗先行,十字架紧随在后,有时则恰好相反。尽管在20世纪末非殖民化运动不断发展,但基督教在这些新独立的地区不仅远未消失,反而变得更加富有活力,特别是在非洲。

除了教友派信徒(贵格会教徒)以外,得到所有基督徒承认的最重要的圣事(或"圣礼")就是圣餐(eucharist)和洗礼(baptism)。其他一些未得到普遍承认的圣事还有坚振礼(confirmation)、婚配(marriage)、圣职授职礼(ordination)、忏悔礼(confession)和给病人施涂油礼(anointing)。对于大多数基督徒来说,《圣经》是一部重要的文字材料,一些人视其为神圣的经典;但对其他一些人来说,《圣经》则只是一部历史书。基督徒面临的最大挑战一直是基督教教义的剧变,它导致了宗教改革运动(英格兰教会与罗马天主教会关系的破裂)的发生和现世主义(secularism)倾向。根据1851年至1853年英国做礼拜人数普查报告,结果显示,近 40% 的英国人不愿意或不能定期到某个指定的教堂去做礼拜,这一点令人担忧。尽管基督教在 20 世纪末仍然是英国的国教,但来自世俗主义的挑战因加入了带有不同宗教信仰的移民的种族融合以及邪教吸引力的扩大而日益增强。

Christian socialism　基督教社会主义　See SOCIALISM, CHRISTIAN(见社会主义,基督教徒)

Christmas　圣诞节　圣诞节的字面意义为"基督弥撒"(Christ-Mass),是纪念基督耶稣诞生的礼拜仪式。有证据表明,4 世纪初时,在罗马每年都要于 12 月 25 日按照惯例举行耶稣诞辰的庆祝仪式,但没有证据支持 12 月 25 日确实就是基督耶稣的生日这一说法。之所以选择 12 月 25 日,是因为异教徒有在那一天举行庆祝活动的传统。现代圣诞节的许多特征,如圣诞树、圣诞卡和圣诞礼品盒都是维多利亚时代而不是更早时期留下的。

Church Army　教会军　教会军是 1882 年时由来自肯辛顿(Kensington)的一个 35 岁的英国圣公会牧师威尔逊·卡莱尔牧师(the Revd Wilson Carlile)创办的,其组织机构有意识地模仿布斯(Booth)的基督教救世军(Salvation Army)。与基督教救世军一样,卡莱尔的教会军致力于在穷人中传播福音。

church commissioners　英国圣公会委员会　See ECCLESIASTICAL COM-MISSIONERS(见宗教事务委员会)

churches　教堂　See ABBEYS; CATHEDRALS; PARISH CHURCHES(见修道院;主教座堂;堂区教堂)

Churchill, Lord Randolph(1849—1895).　**伦道夫·丘吉尔勋爵**(1849—1895)　丘吉尔从 1874 年起成为议会下院议员,1880 年保守党失利后,他带领一个被称为"第四党"(Forth Party)的小集团在暗中削弱诺思科特(Northcote)的领导地位。丘吉尔利用地方团体组织对全国联盟（National Union）的不满，要求实行迪斯累里（Disraeli）提出的"托利党民主"（"Tory Democracy"）。丘吉尔说话使用的语言和说话的态度都非常鲁莽，作为一个年轻人，做事总是匆匆忙忙，这也许是他预料到梅毒会缩短其职业生涯的缘故。1884年，丘吉尔与索尔兹伯里（Salisbury）达成协议，放弃全国联盟以便融入集体领导，从而终结了诺思科特成为首相的机会。1885年索尔兹伯里组阁后，丘吉尔被任命为印度事务大臣（Secretary for India），期间他兼并了整个缅甸。丘吉尔虽然与巴涅尔（Parnell）领导的民族主义者一直眉来眼去，可格莱斯顿（Gladstone）刚一提出要推行地方自治，丘吉尔就举起了联合派的旗帜："阿尔斯特将要战斗，阿尔斯特将是正确的"。1886年，作为财政大臣和议会下院保守党领袖，丘吉尔对内阁同僚失去耐心，寻求与张伯伦（Chamberlain）的自由党统一派（Liberal Unionists）建立战略联盟，并开始向索尔兹伯里的领导权威发起挑战。当丘吉尔在削减预算方面受到挫折后，他策略地提出辞职，而索尔兹伯里则称他虚张声势，并接受了他的辞职。此后，丘吉尔因健康和经济方面的困扰，再也没有回归政坛。

Churchill, Sir Winston Leonard Spencer（1874—1965）. **温斯顿·伦纳德·斯潘塞·丘吉尔爵士**（1874—1965） 首相。丘吉尔于1874年出生在布伦海姆宫（Blenheim palace），是伦道夫·丘吉尔勋爵（Lord Randolph Churchill）的长子。他的母亲是美国女继承人詹妮·杰尔姆（Jennie Jerome）。丘吉尔先后就读于哈罗公学（Harrow）和桑德赫斯特皇家军事学校（Sandhurst，现称学院），毕业后他加入了英国第四轻骑兵团（the 4th Husssars），并在苏丹中部的恩图曼（Omdurman）战役中指挥枪骑兵冲锋陷阵。1899年至1900年，丘吉尔在南非担任战地记者，曾在当地被布尔人俘获，但最终逃脱。1916年，丘吉尔有几个月的时间是在战壕里度过的。

1900年，丘吉尔代表保守党进入议会下院，但不到四年的时间，就因自由贸易问题转而支持自由党，并于1904年加入了自由党。在1906年的大选中，丘吉尔以自由党的身份重新进入议会，并在坎贝尔—班纳曼（Campbell-Bannerman）的领导下开始了他的大臣生涯，担任殖民部次长（under-secretary for the colonies）。1908年，丘吉尔33岁时，首相阿斯奎斯（Asquith）将其纳入内阁，担任贸易委员会主席。1910 年,阿斯奎斯又将未满 35 岁的丘吉尔调任内政部。早在 1908 年,丘吉尔就与克莱门蒂娜·霍齐尔(Clementine Hozier)结婚,霍齐尔为他的余生提供了一个稳定的感情基础。与此同时,丘吉尔与劳合·乔治(Lloyd George)一起,通过建立劳工交流市场和社会保险制度,为奠定福利国家(welfare state)的基础发挥了重要作用。丘吉尔任内政大臣期间,还有一件令人记忆犹新的奇事,即 1910 年他曾派军队到威尔士镇压了托纳潘迪(Tonypandy)矿工的罢工运动。

1911 年,丘吉尔担任第一海军大臣,成为举足轻重的人物。在完成了海军上将费希尔(Admiral Fisher)的工作之后,丘吉尔用"超无畏级"(super-dread-noughts)战舰取代了"无畏级"(dreadnoughts)战舰,建立了海军航空兵,并开始用燃油替代煤炭作为舰队使用的燃料。在 1914 年至 1918 年的第一次世界大战中,丘吉尔为英国做出的贡献之一是准备好了舰队;丘吉尔做出的另外一个贡献是促进了坦克的开发。然而,丘吉尔所做的最让人难以忘却的事,是他策划了 1915 年的达达尼尔海峡战役(Dardanelles campaign),丘吉尔的设想是将土耳其逐出战争,使西方的协约国与俄国建立联系,以尽快结束第一次世界大战。由于海军行动的迟缓,对加利波利(Gallipoli)实施的进攻遭到失败。该战役结束后,阿斯奎斯被迫与保守党组建联合政府,而保守党憎恨丘吉尔,视其为叛徒,于是丘吉尔被调任兰开斯特公爵领地事务大臣(chancellor of the duchy of Lancaster)。由于无法再对战争的进程施加任何影响,丘吉尔辞职,指挥皇家苏格兰火枪团(Royal Scots Fusiliers)的一个营赴法国作战。几个月后,丘吉尔被劳合·乔治重新召回,出任军需大臣(minister of munitions)。1918 年至 1920 年间,丘吉尔出任国防大臣,负责把皇家空军飞行中队从 154 个削减成战后计划好的 24 个,其中只有两个中队负责本土防御。丘吉尔曾试图说服同僚推翻俄国的布尔什维克政权,但未成功。

1921 年,丘吉尔成为殖民地大臣,并与爱尔兰自由邦(Irish Free State)签订了条约。同时,在 T.E.劳伦斯的建议下,与阿拉伯人签订了一项和平协议。尽管丘吉尔对劳合·乔治的土耳其政策持反对意见,但在 1922 年的恰纳克危机(Chanak crisis)问题上,还是高调支持了劳合·乔治首相。当几个月后联合政府倒台时,丘吉尔在 1922 年的大选中败北,于是开始研究第一次世界大战史,并于

1923 年出版了其一战史研究成果的第一卷①。丘吉尔的一个朋友打趣地说道，"温斯顿写了一本关于他自己的巨著，还给这本书起名为《世界危机》(*The World Crisis*)"。

1924 年 10 月，丘吉尔重新进入议会下院，被首相鲍德温(Baldwin)任命为财政大臣，并重新加入保守党。1925 年，丘吉尔使大不列颠恢复了金本位制度，但不幸的是，按照第二次世界大战前 1 英镑等于 1 美元的价值对等原则，这对英国出口商没有起到多大的帮助作用。三年后，丘吉尔提出"十年价格稳定"的方案，根据这个方案制定财政预算的前提是未来 10 年不能有战争发生。与此同时，丘吉尔以整个海军部将要辞职作为威胁手段，阻止了对海军军费预算的削减，这一手法与他当年削减皇家空军军费预算的做法如出一辙。在 1926 年爆发的总罢工(General Strike)过程中，丘吉尔完全控制了官方报纸《英国公报》(*British Gazette*)来发表自己的言论。然而，丘吉尔的明星光环日渐暗淡。随着鲍德温政府 1929 年的倒台，丘吉尔也在接下来的 10 年间离开了政坛。

20 世纪 30 年代，丘吉尔被排斥于政府之外。他对英国在印度推行宪法取得的进步进行的攻击，以及为爱德华八世进行的辩护，都没有引起太大的反响。同样，丘吉尔也未能因为自己是法西斯主义的死敌而吸引到公众的注意力。在西班牙内战(Spanish Civil War)期间，丘吉尔既欣赏墨索里尼，也同情佛朗哥。最后，在诸如失业、贸易保护、经济复苏等当时的重大经济问题上，丘吉尔几乎没有发表过任何看法。

然而，丘吉尔确实肩负起了抵抗纳粹德国的事业。当时丘吉尔面临着许多阻力，特别是财政部反对重整军备，因为财政部预测英国经过一年的战争就会破产；而外交部此时还不清楚英国的盟友将会是谁：美国保持中立；英联邦的那些自治领的立场难以预测；即使苏联可以被拉进来，但与苏联结盟可能会把佛朗哥推入轴心国的怀抱并封锁地中海，从而使英国失去出海口。以上这些问题，都会给绥靖分子们以很好的口实。丘吉尔的确相信战争是可以避免的，而且知道希特勒希望与英国结盟。然而，丘吉尔认为，建立一个对抗独裁者希特勒的大同盟(grand alliance)将会使希特勒调整自己的计划。即使达不到这一目的，希特勒

---

① 即《世界危机》。——译者注

也许会在战争到来之前就被推翻。但如果德国不明白道理,那么战争将会爆发。不过,丘吉尔预测拥有海军和空军力量的英国将会在战争中做出自己的贡献。当然,丘吉尔错误地估计了法国军队的实力。

当战争来临时,丘吉尔回到了海军部,尽管此时他的所作所为俨然已经是首相了。几乎与此同时,丘吉尔参与制定了一项狂妄的计划,即派遣一支远征军到挪威,表面上是把芬兰从苏联人手中拯救出来,但实际上是为了切断瑞典对德国的铁矿石供应。由于缺乏空中的掩护,这场战役无疑意味着一场灾难。具有讽刺意味的是,因此而受到指责的反倒是张伯伦,而丘吉尔却升任首相,成了国家政府的首脑。

作为战时领袖,丘吉尔既残酷无情,又容易急躁冲动。尽管他决心要尽一切可能来赢得这场战争,但实际上却几乎没有多少办法去实现这一目的。不过,丘吉尔做了他能够做的,即采取了轰炸攻势,以及实施了地中海战役。丘吉尔一旦决定了采取行动,就立即着手鼓舞将军们的斗志,同时对违抗者加以清洗,期间也犯了许多错误,包括致使法国舰队在奥兰(Oran)的覆灭、对希腊的入侵、保卫克里特岛(Crete)和对远东的疏忽。尽管如此,丘吉尔的首相一职却是安稳的,因为在1940年的夏天,丘吉尔通过发表一系列蔑视纳粹德国的无与伦比的雄辩演讲,已成为英国人民抵抗精神的化身。丘吉尔真正希望的胜利取决于美国的加入,当美国参战后,丘吉尔说服了美国人将欧洲作为主战场,并参与了北非战役。当希特勒向斯大林发起进攻时,丘吉尔立即向苏联提供了援助。1944年10月,战争即将结束之际,丘吉尔在了解到美国计划战争一结束就将军队撤回国内后,与斯大林签署了"百分比协定"(Percentages agreement),将巴尔干半岛划分为不同的势力范围,并使希腊摆脱了共产主义的控制。

作为战时领袖,丘吉尔几乎没有时间管理国内的事务。对于战后要实行的计划,丘吉尔也没有表现出太大的兴趣。1942年,当《贝弗里奇报告》(*Beveridge Report*)公布时,丘吉尔对一个已经破产的英国能否负担得起这份社会保障计划表示怀疑。不管怎样,他把国内事务交给艾德礼和他的工党同僚们都是一个错误,因为在1945年7月,当战争的胜利一经确定,英国的选民们就把注意力转向艾德礼及其工党同僚。丘吉尔仍然受到英国人的尊敬,但选民们担心他不是领导英国进行战后重建的合适人选。不过,作为保守党和反对党的领袖,丘吉尔在政治上的地位较之以前的和平时期更加安稳。对于国际事务,他不断地发出自己的声音,就像他当初曾经警告说希特勒的威胁正在不断上升一样,此时他发出的警告则是笼罩欧洲的"铁幕"正在徐徐降下。他还公开呼吁人们要为建立一个统一的欧洲而努力,尽管他并未明确指出英国是否应该成为这个统一的欧洲的一部分。

1951 年,丘吉尔再度出任首相一职,此时他已经 77 岁,在此以前曾两次中风,担任首相后又至少两次中风。尽管如此,他领导的政府却非常成功。艾登作为外交大臣大放异彩,麦克米伦创造了地方政府建造廉租房的纪录,对于工党开创的福利国家制度建设,本届政府没有做过任何消极的事情。1955 年 4 月,丘吉尔同意从首相的位置上退休,在所有民主政治家中还没有哪个人像他那样为自己的生涯画上一个圆满的句号。1965 年,丘吉尔从议会下院退休后不久去世,英国人为他举行了国葬,并把他安葬在布莱登教堂墓园(Bladon church-yard)。

Church in Wales 威尔士教会 威尔士教会作为安立甘宗(Anglican Communion)的成员之一,出现于 1920 年,因为 1914 年制定的威尔士教会与英国圣公会脱离的法案是 1920 年生效的。威尔士自古以来就存在的四大主教区,即班戈(Bangor)主教区、圣阿瑟夫(St Asaph)主教区、圣戴维兹(St Davids)主教区和兰达夫(Llandaff)主教区,组成了一个独立自主的教会,圣阿瑟夫主教区的主教阿尔弗雷德·乔治·爱德华兹(Alfred George Edwards)成为首任威尔士大主教。

Church Missionary Society 英国圣公会传教会 成立于 1799 年,是旨在派遣传教士到非洲和东方传教的组织。该传教会是英国圣公会中首个有效的传教机构,尽管很早以前英国圣公会就建立了基督教知识促进会(Society for Promoting Christian Knowledge)和国外福音传播协会(Society for the Propagation of the Gospel)等组织。英国圣公会传教会在神学上一贯坚持福音派的观点,一直赞助《圣经》的翻译工作。

Church of England 英国圣公会 尽管英国圣公会作为埃拉斯都派(Erastian)的一个宗教机构,其历史只是从 16 世纪才开始的,但基督教在不列颠群岛的出现则是在公元 2 世纪和 3 世纪的罗马不列颠时期,是来自罗马的商人、管理者和士兵传播的结果。现在所说的英国教会,其历史可以追溯到 635 年时艾丹(Aidan)把凯尔特基督教再次传播到诺森伯里亚王国,以及 597 年时奥古斯丁把罗马基督教再次传播到肯特王国这一时期。尽管中世纪时期英格兰的国王们对教会行使了相当大的权力,但只有到了 1534 年与罗马教廷彻底决裂后,才完全确立了王权对教会至高无上的权力,也就是从此时起,才有了所谓的英格兰的国教会或圣公会(Ecclesia Anglicana)的存在。1534 年颁布的《至尊法》(Act of Supremacy)正式宣布亨利八世取代教皇成为"英国圣公会唯一的最高首脑"("the only supreme head of the Church"),在伊丽莎白统治时期颁布的《至尊法》(1559 年)中,对措辞进行了修改,以攻击性味道不太强的"最高统治者"("Supreme Governor")代替了"最高首脑"。

除了最高统治者发生了变化以外,英国圣公会在法律和行政管理方面几乎与过去一样。教会法庭及其惩处手段、教区行政制度、主教和大助祭的权威等,完全延续以往的做法。除修道院以外的主教座堂也像以前一样存续下来。教会法保持不变。虽然此时英格兰的教会是在国王的控制之下,但坎特伯雷教牧人员代表会议(convocation of Canterbury)和约克教牧人员代表会议(convocation of York)照常举行。亨利八世以后的英国圣公会是不折不扣的埃拉斯都派,教会的管理人员几乎全是王室的代理人。事实上,宗教改革以后,神职人员也是王权至上主义的鼓吹者,堂区的牧师们在布道坛上大声宣讲的是君权神授(divine right)、不抵抗主义(non-resistance)和被动服从的教义。

尽管亨利八世事实上没有和过去的神学和礼拜仪式决裂,但爱德华六世在位时,来自于布塞尔(Bucer)、茨温利(Zwingli)以及加尔文(Calvin)的欧洲大陆的宗教改革和创新因素大量注入到英国圣公会中来。玛丽在位时,英国圣公会曾短暂地回归天主教,伊丽莎白统治时期,英国圣公会走向全面稳定。《公祷书》(Books of Common Prayer)和《三十九条信纲》(Thirty-Nine Artticles)均视 1559 年颁布的《至尊法》和《礼拜仪式统一法》(Act of Uniformity)为神圣不可侵犯,并试图调和英格兰人内部不同宗教观点之间的差异。如果英格兰的公民都不折不扣地履行国王的每周去教堂做礼拜的强制命令,那么就不用去检验每一个人的良心，因为"没有可以进入灵魂世界的窗口"（"no windows into men's souls"）。对于英国圣公会来说，长老派和坚持信奉罗马天主教都是不能被接受的。大多数英格兰人都信奉了国教，但还是有少数人没有信奉，一些人仍然坚持罗马天主教，还有一些人坚持长老派或更为极端的新教的观点。在 1649 年至 1660 年的"空位期"（Interregnum）时期，各种教派的发展进入全盛时代，此后，各教派间很难达成妥协。王朝复辟后，对那些已经任命的除主教以外的神职人员的资格一律不予认可，并要求进行忠诚宣誓。结果，有上千名神职人员（incumbents）被逐出教会，成为不从国教的新教徒（nonconformists）。从那以后，英国圣公会不再是整个民族的教会。

1689 年以后，教会生活依然动荡不安，但 1714 年以后逐渐平息。给 18 世纪的教会附上懒散和理性冷漠的名声是不恰当的。不过，参加教堂礼拜仪式的人数日益下降。《祈祷书》和影响力较大的布道对于一个没有文化和没有受过教育的民族来说，是不适用的。因此，卫斯理兄弟的布道只能针对那些乐意倾听之人，但这两个忠实的国教牧师、同时也是高教派人员（high churchmen），却均被逐出教会，这是教会的耻辱。

尽管有证据表明，福音派和卡罗琳高教会派（Caroline high-church）在 18 世纪陷入困境，但福音派的全面复兴一直延续到 19 世纪，而随着"书册运动"（tractarian movement）的展开，教会生活也呈现出生气勃勃的局面。福音主义造就了许多著名人物，在神职人员中有诸如西米恩（Simeon）等，而在世俗人士中则有诸如威尔伯福斯（Wilberforce）和沙夫茨伯里（Shaftesbury）等。由基布尔（Keble）、纽曼（Newman）和皮由兹（Pusey）领导的书册运动，自其伊始就把英国圣公会的传统追溯到了奥古斯丁时期，但后来发展成一个天主教派全面复兴的强大运动。

18 和 19 世纪，当大英帝国向全世界扩张之时，英国圣公会也随着向外扩张，或者说，在某些情况下，英国圣公会带动了大英帝国的扩张。1800 年英国圣公会只有两个海外主教区，1882 年增加到 72 个，到 20 世纪 90 年代则增加到 450 个主教区（分布在 28 个教省）。圣公会从只是英国民族的教会发展成属于许多民族的世界性教会。为了提高圣公会的凝聚力和共识，1867 年召开了由 67 名主教出席的第一届兰贝斯会议（Lambeth conference）；1878 年，在坎特伯雷大主教的召集下,召开了第二届兰贝斯会议。到目前为止,坎特伯雷大主教仍然每隔十年主持召开一届兰贝斯会议。

英国圣公会在 20 世纪取得的发展,包括了女性在英格兰从 1987 年开始可以被祝圣为助祭之职(diaconate),从 1994 年起可以被祝圣为司祭之职(priesthood),使得圣公会成为第一个采取这种做法的国教会。泛基督教主义作为 20世纪教会生活的一个重要组成部分,其势力的扩展,已经达到了可以与目前在英语世界占有突出地位的非基督教宗教信仰进行对话的程度。在大主教罗恩·威廉斯(Rowan Williams)的任期内,英国圣公会遇到了与提倡"同性恋解放"("gay liberation")相关的许多困难。

Church of Ireland 爱尔兰教会 爱尔兰教会的建立可以追溯到公元 4 世纪,圣帕特里克(St Patrick)于公元 432 年前后到爱尔兰传播福音,并建立了一个独特的凯尔特基督教,但由于爱尔兰部分地区被盎格鲁—诺曼人征服,凯尔特基督教又加入了主流的西方基督教。尽管亨利八世在 1536 年与罗马教廷决裂后建立了爱尔兰的教会,但宗教改革运动在爱尔兰开展得不像在英格兰那样普遍。修道院在讲盖尔语地区继续发展,修道士们继续追求圣职,耶稣会士(Jesuits)也于 1545 年前后到达了爱尔兰。爱尔兰的宗教改革运动在很大程度上是失败的。虽然绝大多数爱尔兰人都使用盖尔语,但做礼拜时却禁止使用盖尔语,而且爱尔兰的教会又和政府殖民机构紧密纠缠在一起。1580 年后,传教的牧师纷纷涌入爱尔兰,但 1610 年前后英格兰—苏格兰人(Anglo-Scottish)对阿尔斯特(Uster)的殖民统治,使其成为新教的堡垒,厄谢尔(Ussher)在 1615 年撰写的《爱尔兰一百零四条信纲》(*104 Irish Articles*)宣传的是加尔文教精神,而克伦威尔实行的没收天主教徒的地产以使新教徒获得经济优势的政策,进一步加剧了爱尔兰人的对抗情绪。威廉三世 1691 年做出的宗教宽容的承诺,在 1791年之前就是一个形同虚设的规定。1833 年圣公会大主教之职被减少到 2 个、主教之职被减少到 8 个之后,福音派一直占主导地位的爱尔兰教会于 1869 年与英国圣公会彻底分离。目前,爱尔兰教会有 2 个大主教的职位和 12 个主教区,2000 年时教会成员总数为 375,000 人(其中北爱尔兰为 281,000 人;爱尔兰共和国为 94,000 人)。

Church of Scotland　苏格兰长老会　苏格兰长老会声称其历史延续于尼尼安(Ninian)和科伦巴(Columba)。尽管路德宗(Lutheran)是第一个影响到苏格兰宗教改革(Scottish Reformation)的教派,但约翰·诺克斯(John Knox)1559年从日内瓦(Geneva)回到苏格兰后,就开始了按照长老制重塑苏格兰教会的过程,这一过程直到1690年才完成。长老会派(kirk)与王室之间始终为苏格兰教会应该实行长老制还是主教制而争斗不休。长老制是在1560年召开的第一届长老会全会(General Assembly)上提出来的。1638年签订的《民族圣约》(*National Covenant*)、1643年签订的《庄严同盟与圣约》(*Solemn League and Covenant*)和1643年至1652年召开的威斯特敏斯特会议(Westminster Assembly)确认了民众对长老制的普遍认可。至于主教制的提出,一方面是因为斯图亚特王朝的君主们一直倾向于实行主教制,另一方面是因为1637年颁布的《祈祷书》和1660年主教制的恢复使这一倾向进一步得到了强化。长老制与主教制之间的冲突,通过1688年的光荣革命(Glorious Revolution)最终得以解决:所有大臣必须同意威斯敏斯特会议决定的信条。在18世纪,长老会因分裂而受到削弱:一派支持教区管理者的圣职授予权;另一派则支持各教堂一般教徒推选的权利。两派的分歧,导致自由教会(Free Church)的产生。1847年,分离者建立了苏格兰联合长老会(United Presbyterian Church);1900年,联合长老会与自由教会合并成苏格兰联合自由教会(United Free Church)。1874年废除了圣职授予权,礼拜仪式也同时取得了新的重大发展,1921年颁布的《苏格兰长老会法》(*Church of Scotland Act*)为1929年苏格兰长老会与苏格兰联合自由教会的合并铺平了道路。目前,苏格兰长老会的最高权力机构长老会全会由牧师和长老等额组成,女性于1966年可以成为长老,1968年可以被任命为牧师。

churchwardens　堂区俗人执事　堂区俗人执事是堂区会议(parish meeting)代表或堂区委员。从12世纪到16世纪中叶,堂区俗人执事主要负责提供和维护本堂区公众做礼拜所需的一切事宜。此外,堂区俗人执事还附带履行一项职责,即负责把本堂区道德上有不端行为的普通信徒和神职人员送交教会法庭。他们每年在堂区会议上所做的陈述是堂区生活信息的主要来源。

Cinque Ports 五港同盟 肯特郡和萨塞克斯郡各港口组成的海事同盟。同盟的特权来自国王,而同盟则为国王提供海军以作为回报,这一历史至少可以追溯到12世纪,直到都铎王朝时期,同盟依旧是一支强大的海上力量。最初的"五港"包括黑斯廷斯(Hastings)、新罗姆尼(New Romney)、海斯(Hythe)、多佛尔(Dover)和桑威奇(Sandwich),拉伊(Rye)和温奇尔西(Winchelsea)后来也加入进来。五港监管大臣(lord warden)一职一直是王室赠予的十分重要的荣誉。

Cintra, convention of, 1808. 《辛特拉协定》(1808) 半岛战争(Peninsular War)初期英国在维梅鲁(Vimeiro)战胜法国之后,双方于1808年8月30日缔结的协定。休·达尔林普尔爵士(Sir Hew Dalrymple)谈判达成的条款非常荒谬。所有的法国军队、装备和战利品均由英国船只运回法国。签订这一条约的消息在伦敦引起轩然大波,官方为此进行了调查,达尔林普尔的指挥权因此被解除。

Cirencester 赛伦塞斯特 多布尼人(Dobunni)部落行政区的首府,称科里尼厄姆(Corinium),后来逐渐发展成为罗马不列颠时期最大的城镇之一。该城镇是在福斯大道(Fosse Way)上两个相连的要塞遗址上发展起来的。4世纪时的一个碑文中提到,罗马统治末期不列颠四个省中的第一省(Britannia Prima①)的一位堂区长(Rector,即统治者)曾表示,赛伦塞斯特可能是一个省会。尽管没有证据表明大约公元400年以后赛伦塞斯特曾被盎格鲁—撒克逊人占领,但《盎格鲁—撒克逊编年史》577年的条目中称赛伦塞斯特是三个前罗马城镇之一。

Cistercians 西多会 又名"白衣"修士会("white" monks),是1098年由莫莱姆的圣罗贝尔(Robert of Molesme)在勃艮第地区的西多(Cîteaux)建立的一个修道会,起因于莫莱姆本笃会的一批修士对所在本笃会隐修院内戒规松懈感到不满。西多会的宗旨是严格遵守本笃会的戒规。西多会的地产按照自给自足的"农庄"("granges")形式组织起来,雇用在俗的弟兄("conversi")从事生产,

---

① 拉丁语,意为"第一不列颠省"(First Britain)。——译者注

这些在俗的弟兄虽然不是修士,但也要遵守戒规,身着专门的宗教服装。在克服了最初的困难之后,西多会取得了非凡的成功,特别是在圣伯尔纳(St Bernard)时期,伯尔纳于 1112 年加入西多会,后来成为克莱尔沃女隐修院(daughter house of Clairvaux)的院长。

在英格兰和威尔士,西多会的第一座隐修院是 1128 年在萨里(Surrey)的韦弗利(Waverley)建立的,随后不久,廷特恩(Tintern)修道院和里沃(Rievaulx)隐修院也建立起来。到 1152 年为止,英格兰和威尔士大约建立了 40 所西多会隐修院,此外,在苏格兰和爱尔兰也出现了西多会团体,如苏格兰的梅尔罗斯(Melrose)。

civil law　民法　民法一词有两个含义:1. 它是罗马法的同义词,欧洲大部分国家都采用罗马法。随着罗马帝国的衰亡,幸存下来的罗马法或民法深受习惯法(custom)的影响。因此,罗马法呈现出两种形式,一是纯粹的古典罗马法(classical Roman law);二是发生变异的罗马习惯法(Roman customary law),这种变异的罗马习惯法为西欧许多蛮族和后蛮族时代的社会所采用。

英国的法律尽管从来没有"接受"("received")或采用罗马法(Roman Law),但无疑受到民法的影响。几乎没有证据能够证明罗马法自罗马人占领不列颠后就幸存下来了,但诺曼征服使英格兰与欧洲大陆的传统建立了更加紧密的联系,特别是通过教会法的影响。尽管格兰维尔(Glanvill)在他的书中曾明确表示说英国法律与罗马法绝不是一回事儿,可他本人显然有坚实的罗马法基础。布雷克顿(Bracton)通常被公认为深受罗马法影响。但在英格兰,民法从来没有对普通法形成严重的威胁。2. 民法的另一个含义指它是有别于刑法的法律,即调解个人之间法律纠纷的法律。普通法本质上是民法,因为普通法法庭的工作主要是建立令状制度(writ system),从而使个人能在国王的法庭上提起诉讼。

civil list　王室年俸　王室年俸是议会拨付的用于君主个人及其家庭开支的专款。王室年俸惯例制度始于威廉和玛丽统治时期,每年固定为 700,000 英镑,君主可以利用王室年俸支付津贴和薪金。1727 年时,沃波尔(Walpole)因为希望能继续担任首相一职,结果使乔治二世获得了一笔非常丰厚的年俸。王室年俸制度不断招致批评。维多利亚女王在 1861 年艾伯特去世后,过了许多年隐居的生活,花费甚少,得到了一本名为《她用王室年俸做什么?》(*What does she do with it?*)的小册子作为补偿。20 世纪 60 年代战后的通货膨胀,使王室年俸问题在伊丽莎白二世统治时期再次被提出来。1971 年,为解决王室年俸问题而组成的特别委员会建议,王室年俸中节省下来的任何资金均应返回国库,对于拨付的王室年俸数额也应该进行定期审查。

civil service　文官　虽然英国对文官的数量不断加以裁减,但文官仍然是当代英国数量增长最大的领域之一。在 17 世纪,文官,即直接受雇于政府的人员,数量很少。两个国务大臣一共才雇用 15 名文官。

19 世纪时,文官数量的增长速度较为温和,几乎跟不上英国人口的增长速度。1815 年英国有 25,000 名文官;1851 年增加到 39,000 名;1871 年增加到 54,000 名;1891 年增加到 79,000 名。政府各部门接二连三地引进了一些文官改革措施。在财政部,诺斯(North)于 1776 年提出了文官择优晋升的理念;1782 年谢尔本(Shelburne)开启了文官固定工资的先河;1805 年出现了助理大臣(assistant secretary)一职,即常任大臣(permanent secretary)的前身。1854 年的《诺思科特—特里维廉报告》(*Northcote-Trevelyan Report*)对英国的文官制度进行了全面的评估,该报告建议:将大学毕业的决策者与低级的管理人员的不同职责区别开来;通过公开的竞争考试招募文官;实行部门之间的轮岗制以及基于评价的择优晋升制等。1855 年,英国成立了文官事务委员会(Civil Service Commission),专门负责监督文官的招募工作。

20 世纪,英国文官队伍大量扩充,人数很难计算。各种各样的规定令人厌烦,一位评论员曾提到英国文官队伍的"各种统计戏法"("statistical conjuring tricks"),例如把成千上万的文官重新分类,从而给人留下文官的数量正在下降的印象。实际上,到 1939 年,英国的文官数量已上升到 387,000 人,1979 年上升到 730,000 人。这些数字的上升都附有进一步的报告。1918 年,霍尔丹(Haldane)对高级文官因忙于事务而几乎无暇思考问题表示了忧虑。普洛登(Plowden)在 1961 年抱怨说,财政部没有一个恰当的制度来控制开支,这一见解令人相当担忧。1968 年,富尔顿委员会(Fulton Committee)对继续保留没有多少从政经验的绅士担任文官的惯例提出了强烈批评。有鉴于此,1970年英国建立了一个文官学院(Civil Service College),专门进行文官制度的研究和对文官的培训。

在公众的眼中,文官的形象虽然可能依旧是个戴着细条纹礼帽的政府官员,但大多数文官的工作地点都在伦敦以外的地方,而且有一半的文官是女性。在这些非企业行业任职的文官队伍中,绝大多数供职于国防部(Ministry of Defence)、就业和养老金部(Department of Work and Pensions)、税务海关总署(Board of Revenue and Customs)、教育与技能部(Department of Education and Skills)、环境事务部(Department for Environment)和内政部(Home Office)。

civil wars,1642—1651. 英国内战(1642—1651) 1629年查理一世解散议会,而且决意再也不召开议会。如果当时的英国不是多个王国并存,也许查理一世已经实现了自己的愿望。17世纪30年代,查理一世决定废除苏格兰的长老派宗教礼拜仪式,以英国圣公会的祈祷仪式取而代之,从而使苏格兰的宗教活动与英格兰的宗教活动保持一致。苏格兰起义爆发后,查理一世于1639年和1640年曾发动两次"主教战争"(Bishops'wars),试图平息苏格兰人的起义,但均遭惨败。在贵族的坚持下,查理一世不得不召开议会。但议会一召开,下院就拒绝了查理一世的征税要求,并着手解散一些享有特权的政府所属机构,取消船税,撤销星室法庭(court of Star chamber)、审判宗教案件的特权法庭宗教事务高等法庭(court of High Commission)和监护人法庭(court of Wards),等等;议会还通过了一项《三年会期法》(Triennial Act),剥夺了教会法庭的处罚权,通过"褫夺公权法"剥夺了查理一世的主要大臣斯特拉福德(Strafford)的权利。查理一世是在承受巨大耻辱的情况下,被迫同意这些变革措施的,因此许多人对于他能否履行自己的诺言持怀疑态度。当1641年秋爱尔兰叛乱爆发时,查理一世能否赢得信任就成了一个关键问题。各种关于居住在爱尔兰的新教徒移民饱受迫害的夸张报道,点燃了英格兰人的怒火。人们普遍认为英格兰应该派出一支军队镇压这场叛乱,但在这支军队的指挥权是否应赋予国王的问题上,议会与查理一世未能达成一致。查理一世试图逮捕五个带头反对他的议员,因为查理一世认为正是这些人加深了英格兰人对自己的不信任感。在英格兰人对查理一世的不信

C

任感中还掺杂着一种忧虑在内,即他们担心无法指望国王来保护英格兰免遭来自国际天主教的威胁。因此,围绕着税收、议会的权利和君主权限而在法律和宪法层面进行的争论,因宗教恐慌而变得愈发激烈。

尽管议会控制着英国的中部、东部和包括伦敦在内的东南部地区,但这绝不意味着议会方面肯定能取得胜利。1642 年 10 月的埃吉山(Edgehill)一战,查理一世几乎打败议会军队;而在 1643 年,王党军队取得了一连串的胜利。尽管约翰·皮姆(John Pym)竭尽了全力,使得议会阵营保持了团结,但议会一方的运气在 1643 年这一年仍跌到了谷底。

议会之扭转对查理一世战局的原因,仍然是英国有多个王国并存这一现实。为了争取苏格兰的支持,英格兰议会承诺支持其长老派教会政府,并在英格兰实行长老派宗教;作为回报,苏格兰派出一支 20,000 人的军队援助英格兰议会。经过谈判,双方于 1643 年订立了《庄严同盟与圣约》(*Solemn League and Covenant*),1644 年初,苏格兰军队进入英格兰。1644 年 7 月,议会军与苏格兰军队组成的联军在约克附近的马斯顿荒原(Marston Moor)一役中重创王军。然而,1644 年 9 月埃塞克斯(Essex)率领的议会军在康沃尔的洛斯特威西尔(Lostwithiel)陷入王军的包围,马斯顿荒原的胜果几乎被销蚀殆尽。人们对贵族领导议会军已经不再抱有任何幻想,亨利·范内爵士(Sir Henry Vane)和奥利弗·克伦威尔(Oliver Cromwell)领导的主战派清除了议会军中的贵族,取消了议会对军队的领导权,创建了"新模范军"(New Model Army)。新模范军由托马斯·费尔法克斯爵士(Sir Thomas Fairfax)领导,通过向士兵发放固定工资和实行宗教教化把他们团结在一起。新模范军在 1645 年 6 月的内斯比战役、1645 年 7 月的兰波特(Langport)战役和 1645 年 9 月的布里斯托尔战役等几次战役中,迅速击溃了王军。到 1646 年 5 月,查理一世把自己交给了苏格兰人。

查理一世拒绝接受战场上失败的结果,一边拖延与议会的和谈,以期利用军队和议会之间的严重分歧,一边竭力说服苏格兰人向其提供帮助。1648 年初,王党分子在肯特、威塞克斯、威尔士和海军中发动暴乱,同时期待苏格兰人能够站在国王一边出兵援助。但苏格兰军队迟迟未到,新模范军没费吹灰之力就平息了暴乱。当 1648 年 7 月汉密尔顿公爵(duke of Hamilton)率领苏格兰军队越过边界进入英格兰时,几乎没有得到任何援助。1648 年 8 月,克伦威尔在位于普雷斯顿(Preston)和尤托克西特(Uttoxeter)的中间地带,彻底打垮了汉密尔顿的军队。新模范军一方面所向披靡,同时发觉议会仍有意与国王进行和谈。为了防止这一结果的出现,军队占领了伦敦,将下院中支持谈判的议员清洗了出去,同时谋划对国王进行审判及判处其死刑事宜。"残余议会"(Rump Parliament)废除了君主制和上院后,旋即于1649年和1650年先后入侵了爱尔兰和苏格兰。尽管克伦威尔在爱尔兰的德罗赫达(Drogheda)和韦克斯福德(Wexford)采取了残酷的手段,但他花了三年时间才最终征服爱尔兰。苏格兰人在1650年9月的邓巴(Dunbar)战役中惨遭失败,但未停止抵抗,而且一年后,苏格兰人在查理二世的带领下攻入了英格兰。1651年9月,查理二世的军队在伍斯特被击溃,这位倒霉的国王逃到了欧洲大陆。虽然1660年英格兰恢复了国王、上院和英国圣公会,但享有特权的政府已经不复存在。1641年宪政改革的成果被保留了下来,但作为内战的遗产,宗教自由和议会在国家中的统治地位在1688—1689年的光荣革命时期又被重新提出。

clans 家族 *clann* 是盖尔语,主要含义是指孩子。《迪尔集》(*Book of Deer*)一书中提到了戴维一世统治时期(1124—1153年)的一些家族,其中包括摩根家族(Clan Morgan)和卡南家族(Clan Canan)的 toiseachs。toiseach 的含义是王室官员(royal official)。所谓的麦金托什家族(Mackintoshes)是 *Clann an Toiseach*,从字面意义上理解就是"王室官员的孩子"("the toiseach's children")。

卡南家族和摩根家族未能延续下来。持续不断的动荡和盛衰兴亡似乎构成了苏格兰诸家族历史的典型特征。苏格兰高地(Highland)的大多数家族都起源于讲盖尔语的群落,后来的封建制度就嫁接在这些群落之上。尤其是在马里(Moray)地区,现在仍然存在着一些封建家族,如弗雷泽家族(Frasers)、奇泽姆家族(Chisholms)、格兰特家族(Grants)和罗斯家族(Rosses)等。

根据封建制度,一个家族的首领拥有绝对的土地所有权,家族首领职位则实行长子继承制(primogeniture)。女性继承人,或未成年的男性继承人的封君所享有的监护权,可能会对部族的同一性构成威胁。通过控制女性继承人的婚姻,即安排其与主要家族中的旁系联姻,以及在家族内部设置监护人一职,可以在某种程度上保证部族的同一性不被破坏。所谓的亲属关系,对于一个家族的大部分成员来说在很大程度上只是一种臆造,因为他们是在很晚的时候才开始以家族作为姓氏的。

1493 年唐纳德家族(Clan Donald)对岛屿王国的统治权被剥夺后,该家族分裂成若干个更小的麦克唐纳家族(MacDonald clans),其中三个较大的麦克唐纳家族一直主宰着苏格兰高地的历史,它们分别是位于东北地区的戈登家族(Gordons)、位于北部高地和赫布里底群岛的麦肯齐家族(Mackenzies)和位于西部地区的坎贝尔家族(Clan Campbell)。1644 年至 1746 年间,由于苏格兰高地诸家族对低地(Lowland)政治长达一个世纪的血腥干预,使得人们对这些高地家族的信任感大打折扣。在最后一次詹姆斯党人的反叛结束以后,通过立法,家族作为一个集军事、司法和文化于一体的单位被打破。市场经济和垦殖运动最终彻底埋葬了家族制度。

Clapham sect 克拉珀姆教派 克拉珀姆教派是一个颇具影响力的福音派传播网络,该教派于 19 世纪早期在克拉珀姆建立了自己的活动基地。当时该教派的名称几乎尽人皆知,而该名称大概是詹姆斯·斯蒂芬爵士(Sir James Stephen)1844 年时在《爱丁堡评论》(*Edinburgh Review*)中创造出来的。尽管银行家亨利·桑顿(Henry Thornton,1760—1815 年)提供了克拉珀姆教派活动的核心场所,但该教派的主要人物,也就是桑顿的亲戚威廉·威尔伯福斯(William Wilberforce)在 1797 年至 1808 年间也住在那里。该教派最初的那个群体,从最年长的格兰维尔·夏普(Granville Sharp)开始到最后一个幸存者托马斯·克拉克森(Thomas Clarkson)为止,为该教派提供了大约 60 年的公共服务。他们取得的最大胜利是 1807 年废除了奴隶贸易,1833 年在大英帝国废除了奴隶制。

Clare,Gilbert de(d.1230). 吉尔伯特·德·克莱尔(卒于 1230 年) See GLOUCESTER,4TH EARL OF(见第 4 代格洛斯特伯爵)

Clare,Gilbert de(1243—1295). 吉尔伯特·德·克莱尔(1243—1295) See GLOUCESTER,6TH EARL OF(见第 6 代格洛斯特伯爵)

Clare, Richard de（d.1176）. 理查德·德·克莱尔（卒于 1176 年） See PEMBROKE, EARL OF（见彭布罗克伯爵）

Clarence, Albert Victor Christian Edward, duke of（1864—1892）. 阿尔伯特·维克托·克里斯琴·爱德华, 克拉伦斯公爵（1864—1892） 克拉伦斯是威尔士亲王爱德华的长子。他似乎是先天智力低下, 5 岁时就被形容为"神情呆滞和无精打采"。13 岁时克拉伦斯进入达特茅斯海军学院（Dartmouth Naval College）。他还在剑桥大学三一学院（Trinity College）接受过一段时间的教育, 尽管他的一个导师曾说他的能力尚处于"非正常的蕴蓄期"。三一学院授予了他荣誉学位。此后, 克拉伦斯被安排进入陆军, 按部队指挥官的报告所述, 他甚至连最基本的训练活动都力不能及。家里人称呼他"埃迪"（"Eddie"）, 他始终固执任性, 把自己具有的那点儿智力全都用在了各种艳遇上。他的父亲在 1890 年写道, "他的教育和未来一直是我们相当焦虑的问题"。当然, 他们也建议他结婚。1891 年, 克拉伦斯的表妹泰克的玛丽公主（Princess Mary of Teck）接受了他的求婚。但在 1892 年 1 月 14 日, 也就是举行婚礼前的一个月, 克拉伦斯死于肺炎。克拉伦斯死后没过多久, 他的弟弟娶了他的未婚妻, 并继位成为乔治五世。克拉伦斯更多耸人听闻的故事与开膛手杰克的系列谋杀案（Ripper murders）有关。

Clarence, George, 1st duke of（1446—1478） 乔治, 第 1 代克拉伦斯公爵（1446—1478） 克拉伦斯是爱德华四世的弟弟, 据传是被淹死在白葡萄酒桶中。他禁不住王位的诱惑, 支持"造王者"沃里克（Warwick the Kingmaker）——克拉伦斯娶了沃里克伯爵的女儿伊莎贝尔（Isabel）——而反对其兄爱德华四世。1470 年, 亨利六世重登王位后, 克拉伦斯抛弃沃里克, 转而帮助爱德华四世恢复王位。在 15 世纪 70 年代初, 他深受爱德华四世的宠信, 但他的好斗性格和桀骜不驯激怒了国王。1477 年克拉伦斯被捕入狱, 在伦敦塔被秘密处决, 处决的方式则从未正式披露过。

Clarendon, Assize of 《克拉伦登诏令》 1166 年时根据亨利二世的指令在克拉伦登颁布的法令（即向国王的法官们发出的一系列指令）。该诏令要求大陪审团(grand juries)可以对被怀疑犯有重罪的人提出指认(name),即"指控"("present"),以使郡长能将这些人带上郡法庭(county courts),接受王室法官的审讯。该诏令在英格兰对罪犯提起公诉(public prosecution)机制的发展过程中,迈出了重要一步。

Clarendon,constitutions of 《克拉伦登宪章》 是亨利二世提出的关于他对英格兰教会拥有的习惯权利的声明。该宪章是1164年在克拉伦登举行的一次谘议会会议上颁布的,旨在解决国王与贝克特(Becket)的争论中利害攸关的一些问题。亨利二世要求主教们必须承诺遵守这些习惯,但由于一些宪章条款,包括被视为削弱神职人员特权(benefit of clergy)的那一款,似乎对教会的特权构成了威胁,因而受到教皇亚历山大三世的谴责,结果导致国王与教会的争端逐步升级。

Clarendon,Edward Hyde,1st earl of(1609—1674). 爱德华·海德,第1代克拉伦登伯爵(1609—1674) 在长期议会(Long Parliament)的第一届会议(1640年至1641年)过程中,海德领导议员们对查理一世的各类特权法庭(prerogative courts)进行了抨击,但在长期议会的第二届会议中,他认为约翰·皮姆(John Pym)的政策也同样对宪政的自由构成了威胁。他在查理一世发表的讨伐议会的声明中把自己的名字也同时署了上去,并于1642年5月在约克加入了查理一世的阵营。1643年,作为枢密院成员(privy counsellor)和财政大臣,他说服查理一世在牛津召开了议会。同样,作为流亡在外的查理二世的顾问,他劝查理二世不要把王朝复辟的希望寄托于外国干预上。

1660年,他被封为克拉伦登伯爵并晋升为首席大法官。他的已有身孕的女儿安妮(Anne)与约克公爵詹姆斯(James,duke of York)结婚这件事,招致他受到企图控制王室的指责。他反对进行第二次英荷战争。但当战争以英格兰的失败而告终时,查理二世抛弃了他,转而支持议会对他的弹劾。克拉伦登逃到法国,并在法国完成了他那部不朽的著作《英国叛乱和内战史》(*History of the Rebellion*)。

Clarendon，Henry Hyde，2nd earl of（1638—1709）．　**亨利·海德，第 2 代克拉伦登伯爵**（1638—1709）　克拉伦登是首席大法官克拉伦登伯爵之子，玛丽女王和安妮女王的母亲安妮·海德（Anne Hyde）的兄弟。在妹夫詹姆斯二世 1685 年继位后，克拉伦登与弟弟罗切斯特（Rochester）都得到了很高的职位。从 1685 年到 1687 年，克拉伦登一直担任王玺掌管大臣，而且还担任了爱尔兰总督。但作为新教徒，他对詹姆斯二世轻率地实行天主教化的政策感到越来越担忧。1687 年 1 月，他们兄弟俩均被免职。1688 年至 1689 年革命期间，克拉伦登加入了威廉的阵营。然而，他拒绝宣誓效忠新的君主威廉和玛丽，结果招致在 1690 年和 1691 年两次被关入伦敦塔。

Clarendon，George Villiers，4th earl of（1800—1870）．　**乔治·维利尔斯，第 4 代克拉伦登伯爵**（1800—1870）　辉格党政治家。克拉伦登曾在多个分属不同党派的首相手下供职，包括阿伯丁（Aberdeen）、帕默斯顿（Palmerston）、罗素（Russell）和格莱斯顿（Gladstone，1853—1858 年，1865—1866 年，1868—1870 年）的内阁。保守党党魁德比（Derby）曾两次给他提供政府职位。他是一位优秀的语言学家，一位公认的外交事务专家。克拉伦登在卡洛斯战争（Carlist wars）期间作为驻西班牙马德里（Madrid）大使，以及后来在 1847 年至 1852 年间担任爱尔兰总督的经历，使他掌握了熟练的外交技能。1853 年克拉伦登担任外交大臣，不幸的是，在克里米亚战争期间，内阁处于四分五裂之中。克拉伦登使自己出人头地的最大机会是 1856 年巴黎会议期间，当时他拒绝了帕默斯顿较为极端的要求。

Clarendon code　《克拉伦登法典》　把王朝复辟后为了重新确立英国圣公会的地位而通过的法令用该名称来表示，是不准确的。这些法令体现了议会中占多数的骑士的报复心理，而不是查理二世的首席大臣克拉伦登勋爵（Lord Clarendon）个人的决断。1662 年颁布的《礼拜仪式统一法》（*Uniformity Act*）要求神职人员实行主教祝圣礼，而且只能使用《公祷书》。1664 年颁布的《秘密集会法》（*Conventicle Act*）规定，除国教外，任何信奉它教的集会均为非法，要受到惩罚。1665 年颁布的《五英里法》（*Five Mile Act*）规定，不信奉国教的教士不得进入离城镇 5 英里范围以内的地方。

Clarkson, Thomas (1760—1846). **托马斯·克拉克森**(1760—1846) 废奴主义者。克拉克森出生于剑桥郡的威斯贝奇(Wisbech),就读于剑桥大学圣约翰学院(St John's College),在那里他开始关注奴隶制问题。1787 年,他协助成立了一个禁止奴隶贸易委员会,并在 1794 年身体垮掉以前一直发表废除奴隶制的演讲。1805 年,他重新开始进行演讲,并且一直坚持到 1807 年大英帝国结束奴隶贸易。他与威廉·威尔伯福斯(William Wilberforce)一起于 1823 年成立了反对奴隶制协会,任副会长,1833 年废除奴隶制的法案在大英帝国实行之后,克拉克森仍然对更为广泛的废奴运动继续保持着关注。

class 阶级 阶级问题是关于权力的问题。历史学家们一直使用"社会阶级"的概念来理解和认识社会经历、社会关系,以及过去与现在发生的社会冲突。到 20 世纪 60 年代,历史学家们已经构建了社会阶级演变的主要框架。大约在 18 世纪末和 19 世纪初,英国人对英国社会的思考方式开始发生转变。18 世纪的英国社会是一个以依附和保护关系(relationships of deference and patronage)为基础而建立起来的等级秩序(hierarchy of ranks)社会。新的阶级关系和阶级意识(consciousness of class)与经济变革有关,与资本主义关系的主导地位有关,最重要的是与职业重组有关,而职业重组是劳动分工和以机器生产为基础的新技术的引进所造成的结果。早期的阶级冲突同工联主义(trade unionism)和新技术密切相关,19 世纪 30 年代和 40 年代所经历的阶级冲突与宪政的变革有关。19 世纪 80 年代和 1926 年之前的 25 年,是劳资纠纷(industrial conflict)的关键时期。

在这一解释的背后,存在着一系列的假设。三大阶级模式(three-class model)在英国人的著述中占据统治地位,这一三大阶级模式与 1817 年李嘉图(Ricardo)确定的三个生产要素大致相关。贵族是地租的获取者,中产阶级是利润的获得者,而工人阶级则是工资的收入者。尽管严格地按照马克思主义的学说,认为资本与劳动之间的分化冲突日益严重的研究成果在英国并不多见,但潜在冲突的观念在历史解释中仍占中心地位。阶级与市场地位有关,因此也与教育特权以及财产权有关。

这一历史解释一直受到质疑。18世纪的历史学家们已经确认存在有一种"中间等级"("middle sort"),尤其是消费模式中的中间等级人群的存在。通过对19世纪30年代和40年代政治事件的再审视,几乎找不到多少关于建立在经济关系基础之上的带有自我意识的冲突群体。进一步的研究工作表明,在主要的社会阶级内部缺乏一致的经历。阶级内部存在的性别、党派、宗教、地区和种族等方面的差别,较之于阶级本身,可以提供更为重要的认同性。

Classis Britannica 大不列颠舰队 保卫英吉利海峡的罗马舰队的名称。大不列颠舰队的主要基地设在布洛涅(Boulogne),它的另一个重要基地位于多佛尔(Dover)。刻有大不列颠舰队符号"_CL BR_"的砖头和瓦片广泛分布于肯特和东萨塞克斯(East Sussex)。

Claudius 克劳狄 罗马皇帝(公元41—54年在位)。卡利古拉(Caligula)被暗杀后,时值中年的克劳狄出人意料地被宣布为罗马皇帝。为了回报军队的支持,同时也为了证明自己的实力,克劳狄决定重新开启其前辈尤利乌斯·凯撒(Julius Caesar)的事业,于公元43年入侵不列颠。克劳狄皇帝亲自来到不列颠,正式从卡姆罗顿南姆(Camulodunum,科尔切斯特)进入不列颠。在这个罗马新省停留了16天后,克劳狄回到罗马,庆祝胜利。

Cleveland 克利夫兰 克利夫兰是根据1972年英国地方政府改革法而新建立的非都市郡(non-metropolitan counties)之一。它跨越位于约克郡和达勒姆郡之间的界河蒂斯河(Tees)。米德尔斯伯勒(Middlesbrough)和斯托克顿(Stockton)曾经在1968年至1974年合并成蒂赛德郡级自治市(Teesside county borough),该市与哈特尔浦(Hartlepool)和邻近米德尔斯伯勒的约克郡地区共同构成克利夫兰郡(Cleveland county)。然而,这些地区的很多居民对这个郡没有认同感,1996年克利夫兰郡被取消。

Clifford,Thomas Clifford,1st Baron(1630—1673). 托马斯·克利福德,

第1代克利福德男爵（1630—1673） 克利福德是德文的一名绅士，王朝复辟（Restoration）后，他决心有所作为。1660年他当选为议员，并经常发表演说，1660年12月他被任命为王宫内室侍从（gentleman of the privy chamber）。他强烈反对荷兰，并敦促政府于1664年发动了第二次对荷战争。1666年，他成为王室的审计官（comptroller），1668年至1672年任王室司库（treasurer），1672年至1673年任首席财政大臣（lord high treasurer），并被封为贵族。但作为卡巴尔（Cabal）内阁的成员，克利福德似乎显得有勇无谋。首先，他主张与路易十四（Louis XIV）秘密签订《多佛尔条约》（treaty of Dover），但该条约的签订却使查理二世陷入非常尴尬的境地；其次，他提议继续留任财政大臣，但这个短期的权宜之计又使他的智慧受到怀疑；第三，他竭力推动了第三次英荷战争。当1673年《忠诚宣誓法》（Test Act）通过时，他辞去所有公职，并公开宣称自己是一位天主教徒。

Clitherow, St Margaret（1556—1586）． **圣玛格丽特·克利瑟罗**（1556—1586） 天主教殉教者。她是约克郡一郡长的女儿，嫁给了一个屠户，1574年成为天主教徒。她因窝藏耶稣会士和神父，并在家里听弥撒曲，而在约克郡受到审讯。她拒绝辩护，被判决有罪，并最终被重压致死。她是那个时代敢于不尊奉国教、不向暴虐势力低头的典型代表。1970年，她被封为圣徒。

Clive, Robert（1725—1774）． **罗伯特·克莱武**（1725—1774） 军人和政治家，帮助英国政府确保了对印度的控制。他出生在什罗普郡（Shropshire），1743年加入东印度公司（East India Company）。八年以后，当英、法两国在印度爆发战争时，他自愿入伍，并克服一切困难，夺取并占据了阿尔果德（Arcot）。1756年他被调到孟加拉时，法国支持的孟加拉长官西拉杰·乌德·达乌拉（Siraj-ud-Daula）已经占领了加尔各答（Calcutta）。克莱武组织了一支小部队于1757年1月重新夺回了这座城市，但西拉杰仍然是一个主要威胁。克莱武率领不到3200人的部队向内陆推进，在普拉西（Plassey）迎战西拉杰的50,000人军队。1757年6月23日，战斗打响，克莱武仅以23人的伤亡击败了西拉杰。

至此，克莱武成了孟加拉无可争议的主宰者，1760年他回到英格兰。1762

年他被封授为爱尔兰贵族,成为普拉西的克莱武男爵。1765 年,他作为孟加拉总督回到印度,并针对东印度公司的管理推出了一系列改革措施。然而,公司的腐败依旧,1772 年他被迫在议会上为自己辩护。虽然被证明无罪,但克莱武还是于 1774 年 11 月 22 日自杀了。

Clogher(Clochar mac nDaimine), diocese of **克洛赫主教区** 爱尔兰阿马教省的克洛赫主教区是根据 1111 年雷斯布莱塞尔宗教会议(Council of Raithbressail)建立的。16 世纪以前,担任该主教区的主教通常是爱尔兰人,而不是盎格鲁—诺曼人。宗教改革运动以来,克洛赫主教区既有天主教的主教,也有国教的主教。

Clontarf, battle of, 1014. **克朗塔夫战役(1014)** 面对伦斯特(Leinster)和都柏林的斯堪的纳维亚人王国(North kingdom of Dublin)的抵抗,布赖恩·博罗(Brian Boru)仍然宣称自己是爱尔兰的至尊国王(high king)。1014 年 4 月 23 日,双方的军队在都柏林城外展开交战,布赖恩因年纪太大不能参战,军队由他的儿子默查德(Murchad)指挥。尽管斯堪的纳维亚人被打败,但布赖恩因手下保护不周,被敌人杀死。

club-men **棍棒队** 并非所有的英国人都热衷于打内战,到 1644 年,人们对各支军队造成的破坏已经无法忍受。特别是在王党分子占据的南部和西部地区,乡村的民众团体开始联合起来,对抗王军和议会军。尽管这些民众团体主要是以棍棒、镰刀和铁锹加以武装的,但他们的力量依然令人敬畏,当地的指挥官都试图取得他们的支持与合作。

clubs **俱乐部** 王朝复辟后,伦敦及重要地区的城市出现了持续几十年的俱乐部和社团数量激增的景象,其中许多俱乐部或社团都选择酒馆或咖啡馆作为聚会的地点。尽管约翰逊(Johnson)、伯克(Burke)和吉本(Gibbon)等所属的最著名的俱乐部是文学俱乐部,但绝大多数俱乐部都是宴饮俱乐部、政治俱乐部以及赌博俱乐部。1824 年由 J.W.克罗克创办的雅典娜神殿(Athenaeum)是一家文学俱乐部；1832年托利党在议会大选中遭到毁灭性失败后，为了恢复该党的运势，建立了卡尔顿（Carlton）俱乐部；1836年建立的改革俱乐部（Reform Club）是辉格党人俱乐部，是针对卡尔顿俱乐部的成功而做出的迅速反击。维多利亚时代晚期和爱德华七世时期是绅士俱乐部（gentlemen's club）的鼎盛时代，这些俱乐部都提供一夜住宿、图书馆，以及良好的餐饮设施。在社会等级的另一端是工人俱乐部（working men's club），俱乐部成员在一起喝啤酒、欣赏当地的滑稽表演、唱歌或玩多米诺骨牌。

Cluniacs　克吕尼修道士　来自于克吕尼修道院（勃艮第）的本笃会修道士，克吕尼修道院是909年时由阿基坦公爵威廉（William, duke of Aquitaine）创建的。其发展的早期阶段，在院长们尤其是奥多（927—942年）、奥蒂罗（Odilo, 994—1048年）和休（Hugh, 1049—1109年）的领导下，克吕尼修道院达到了相当繁荣的程度，并对欧洲其他地区的修道院改革产生了很大的影响。英格兰第一座克吕尼所属修道院是由威廉·德·瓦伦（William de Warenne）于1077年在刘易斯（Lewes）建立的。这所修道院是英格兰最大的克吕尼所属修道院，后来英格兰又建立了大约30多个克吕尼所属修道院。虽然这些修道院最初都接受克吕尼修道院（勃艮第）的领导，因此被视为"外邦人的修道院"（"alien priories"），但这些修道院中大多数都购买了所在地的"国籍"（national identity），成为所在国的"外来裔居民"（"denizens"）。

Clwyd　克卢伊德　克卢伊德是威尔士的一个郡。该郡是根据1972年《地方政府法》（*Local Government Act*）于1974年创建的，1996年撤销。克卢伊德郡包括原来的登比郡（Denbighshire）和弗林特郡（Flintshire），以及从梅里奥尼思（Merioneth）划转过来的西南部的埃迪尼安（Edeyrnion）乡村地区。由于该郡覆盖了整个北威尔士的煤田，因此从某种意义上说，该郡拥有一个共同的工业遗产，但基本上不存在共同的历史认同。1996年，该郡被划分为三个新的独立行政区：登比郡、弗林特郡和雷克瑟姆（Wrexham），而位于克卢伊德西部边界的科尔温（Colwyn）则与阿伯康韦（Aberconwy）合并。

Cnut（**d.1035**）　**克努特**（**卒于 1035 年**）　英格兰国王（1016—1035 年在位）。克努特是丹麦国王斯韦恩·福克比尔德（Sweyn Forkbeard）的小儿子，1013 年至 1014 年曾与其父王在英格兰并肩作战。斯韦恩迫使英格兰国王埃塞尔雷德（Æthelred）流亡国外，并使整个英格兰臣服，但于 1014 年 2 月去世。克努特率领军队返回丹麦，在撤军前，克努特残忍地将英格兰人质手足砍断，然后将这些人质留在了桑威奇（Sandwich）海岸。1015 年 9 月，克努特又率军回到英格兰，在与埃塞尔雷德的儿子"勇敢者"埃德蒙（Edmund Ironside，卒于 1016 年 11 月）进行了激烈的战斗后，征服了英格兰。此后，克努特给英格兰王国带来了将近 20 年实实在在的和平与繁荣。1018 年在牛津举行的一次大会议上，克努特承诺将遵守国王埃德加（Edgar）的法律。1019 年，他继承其兄之位成为丹麦国王，1028 年他又取得了挪威国王之位。主要基于政治原因，克努特与埃塞尔雷德的遗孀——诺曼底的埃玛（Emma of Normandy）举行了基督教婚礼，而且在很大程度上依赖埃塞尔雷德的许多重要顾问，尤其是 1002—1023 年间担任约克大主教和伍斯特主教的伍尔夫斯坦（Wulfstan）。伍尔夫斯坦是克努特法典的主要制定者。在克努特统治时期，地方政府继续在郡、百户区（hundreds）和百户邑（wapentakes）这样的行政区域中运行。克努特充分地利用了处于繁荣时代的英格兰王国的财富，定期在全国范围内征收丹麦金，这对于他建立稳定的统治十分重要。对于从其前辈国王那里承继下来的复杂的铸币制度，克努特继续保持了铸币成色的高标准。克努特对基督教的虔诚绝非仅仅停留在表面上，1027 年他访问罗马，出席康拉德皇帝（Emperor Conrad）的加冕礼，给人们留下了深刻的印象。克努特同时借着访问罗马的机会进行了谈判，为英国商人和朝圣者们的行旅赢得了有利的条件。克努特在声望上遭受的损失，全然是因为生物学意义上的意外造成的。1035 年他去世死时还很年轻。克努特的两个儿子——埃尔夫吉夫（Ælfgifu）所生的"飞毛腿"哈罗德（Harold Harefoot）和埃玛所生的哈撒克努特（Harthacnut），都是在 20 岁出头去世的。在忏悔者爱德华（1042—1066 年在位）的统治下，这一古老的王朝重新回到英格兰之手，使得英格兰的历史学家们没有谁愿意成为克努特的伟大辩护者。当然，毫无疑问，研究中世纪斯堪的纳维亚的历史学家们都有充分的理由称其为"克努特大帝"（"Cnut the Great"）。

Coalbrookdale **科尔布鲁克代尔** 位于什罗普郡(Shropshire),是 18 世纪取得巨大发展的冶铁工业遗址。当年这里的冶铁工业是达比家族(Darby family)利用当地的原材料进行生产,并通过塞文河(Severn)进行运输而发展起来的。在科尔布鲁克代尔铁桥(Ironbridge)的基础上建立的综合博物馆是英国最好的博物馆之一。

Cobbett,William (1763—1835). **威廉·科贝特**(1763—1835) 激进的记者,他创办的《政治纪事》(*Political Register*,1802—1835 年)是当时最具影响力的激进报刊。科贝特利用该刊物,每周都猛烈抨击现有的政治体制"陋规"("Old Corruption")。科贝特出生在萨里(Surrey)的一个农场,并在那里长大。1784 年他入伍后到加拿大的新斯科舍(Nova Scotia)服役,并被提升为士官长(serjeant-major)。1791 年他回到英格兰后,就试图揭露军队中的财政腐败现象,但未成功,因此不得不先后逃到法国和美国。1792 年至 1799 年,科贝特在费城(Philadephia)期间,出于爱国之心,捍卫英国的利益。1800 年,当他回到英格兰时,作为保守党的支持者曾受到欢迎。不过,科贝特很快就对他所称的"体制"("The System")失去了信心,并从 1806 年开始要求实行议会改革。1810 年,科贝特因煽动罪被判处两年的监禁,关押在纽盖特监狱(Newgate gaol),从此他被视为一个危险的激进分子。当人身保护令(habeas corpus)在 1817 年被中止时,他逃往美国。1819 年科贝特回国后,重新开始了农耕生活,还创作了一些杰出的文学作品,并以《骑马乡行记》(*Rural Rides*)为名出版。1833 年,他代表奥尔德姆(Oldham)选区当选为议会下院议员。

Cobden,Richard (1804—1865). **理查德·科布登**(1804—1865) 英国激进的政治家。科布登一生致力于维护自由贸易和国际和平,强烈反对贵族统治。他在成功地领导曼彻斯特争取法人自治市镇资格的斗争运动后,加入了反谷物法同盟(Anti-Corn Law League)。1841 年,科布登作为绍斯波特(Southport)选区的候选人当选议会下院议员,并在议会内外都证明了自己是一个相当出色的演讲者。科布登在提高反谷物法同盟的声望方面做出了重要的贡献。1846 年,皮尔(Peel)对科布登给予了不乏夸张的赞扬,称科布登在废除谷物法上起到了主要作用。此后,科布登仍然是一位杰出的改革家,但由于他反对克里米亚战争(Crimean War)和帕默斯顿(Palmerston)颇得人心的外交政策,致使他的影响力大为降低。1859年至1860年,科布登与法国谈判,签订了一个重要的商业条约。

Cochrane,Thomas,10th earl of Dundonald〔S〕(1775—1860). 托马斯·科克伦,第10代邓唐纳德伯爵【苏格兰】(1775—1860) 科克伦的一生漫长而丰富多彩。1793年他加入其叔叔所服役的海军。1800年至1801年间,他指挥"疾速"号(Speedy)战舰,猎捕西班牙的商船。此后,他进入政界,并于1806年代表霍尼顿(Honiton)选区重新当选议会下院议员,然后作为弗朗西斯·伯德特爵士(Sir Francis Burdett)的合作伙伴进入威斯敏斯特。他们二人组成了激进的一对儿,强烈要求实行议会改革。1814年,科克伦卷入了一场证券交易欺诈案,被判处一年监禁,并被逐出议会。虽然他的威斯敏斯特选民再次使他当选议员,但他没能成为第二个威尔克斯(Wilkes)。1818年,科克伦放弃议会的工作,前往南美,此时西班牙所属的南美殖民地正发生叛乱,科克伦代表智利、秘鲁和巴西的利益与西班牙交战,表现出了英雄主义的行为。1848年至1851年,他再次担任驻西印度群岛英军最高指挥官,并被提升为海军上将。科克伦是一个充满活力且勇敢的领导人,但同时也是一个糟糕的下属。科克伦是个令人不安的民族英雄,死后葬于威斯敏斯特大教堂。

Cockburn,Henry(1779—1854). 亨利·科伯恩(1779—1854) 苏格兰律师,法官和日记作者。他1856年出版的《编年纪》(Memorials of his Time),至今为止仍然是对苏格兰政治和爱丁堡社会最为生动的记述之一。他是一位人脉广泛的辉格党员,一生都是在爱丁堡度过的。此外,科伯恩不仅是一个成功的、有才华的刑事犯罪辩护律师,而且是《爱丁堡评论》(Edinburgh Review)的创办者之一。1830年,他成为苏格兰的副总检察长(solicitor-general),起草了《苏格兰改革法》(Scottish Reform Act),1834年又被提升为苏格兰法官(Scottish bench)。他在任巡回法官时创作的具有强烈地形学特色的《巡回旅行》(Circuit Journeys)是一部杰作,只是没有引起人们的重视。

cock-fighting　斗鸡　斗鸡是一项残忍而血腥的运动,这项运动可能是被罗马人引入英国的。所谓斗鸡,是指把通过使用金属或骨质尖刺集中训练过的斗鸡放在圆形的斗鸡场上相互啄咬,通常以斗鸡死掉为结束。在举行斗鸡比赛时,根据比赛的规则,可以按照各种方式将鸡配对儿比赛,当斗鸡开始时,除了喧闹的场面外,通常还会夹杂着大量的赌博活动。斗鸡比赛首先在各郡举行,通常为期三天,期间往往还伴随着赛马比赛。19 世纪初,反对这项运动的呼声开始出现,尽管英国在 1835 年和 1849 年曾颁布法令禁止斗鸡,但在煤矿地区仍然存在斗鸡现象,而且现在还有人私下进行斗鸡比赛。

Codrington , Sir Edward（1770—1851）.　爱德华·科德林顿爵士（1770—1851）　科德林顿出生于格洛斯特郡的一个准男爵家庭,1783 年参加海军。他参加了 1794 年的"光荣的六月一日大海战"（Glorious First of June）,表现突出。在特拉法尔加（Trafalgar）海战中,他担任"猎户座"号（Orion）战舰的舰长。1827年,他接受了一项在东地中海的艰巨指挥任务,当时这里正发生希腊人反抗土耳其统治的起义。科德林顿率领的分遣舰队到此本来是为了执行一项停战协议,但 10 月 20 日却意外地与土耳其一支舰队发生冲突,结果科德林顿在摩里亚半岛（Morea）西南部的纳瓦里诺湾（Navarino Bay）全歼了这支土耳其舰队。英国政府一方面赞扬了科德林顿的行为,同时又解释说这场战斗是个"意外事件"。1837 年,科德林顿被晋升为蓝水海军上将（admiral of the blue）。1839 年至 1842年,科德林顿负责指挥英国的海峡舰队（Channel fleet）。

coffee-houses　咖啡馆　通过成立于 1600 年的东印度公司（East India Company）,咖啡、茶和巧克力进入到了英国人的生活之中。英国第一家咖啡馆,作为小酒馆和啤酒馆的替代物,于 1650 年出现在牛津,1652 年伦敦也出现了咖啡馆。这些咖啡馆作为国内外新闻、思想和小道消息的交流与传播中心,得以发展起来。开始时,咖啡馆与邮政局合作传递信件,但到 1700 年,由于咖啡馆经营者对信件传递工作的安排非常妥善周到,邮政局为此每年要支付给他们大笔的费用。

咖啡馆所在的位置、经营状况和风格决定着顾客的层次和种类。很多咖啡馆不久就成为政治总部,著名的可可树咖啡馆(Cocoa-Tree)是保守党们流连忘返之地;欧金达咖啡馆(Ozinda)是詹姆斯党人常去的地方;士麦那和圣詹姆斯咖啡馆(Smyrna and St James)则是辉格党人经常光顾之地。咖啡馆除了用于教育目的、开会、约会或策划抢劫之外,偶尔也是贩奴的场所。从 1830 年开始,咖啡馆的用途范围逐渐缩小,而仍在经营的那些咖啡馆,无疑又恢复了其小酒馆或小酒店的功能,或演变成俱乐部。

Cogidubnus　科吉杜努斯　不列颠雷格尼族(Regnenses)国王。科吉杜努斯可能是阿特雷巴特人(Atrebates)的王子,因为他所领导的王国包括老阿特雷巴特王国(the old Atrebatic kingdom)的南部地区。根据塔西佗(Tacitus)的记载,科吉杜努斯是罗马人的忠诚朋友,这可以从他的名字台比留·克劳狄(Tiberius Claudius)上得到证实,他之所以取了这个名字,是因为克劳狄(Claudius)授予了他罗马公民的身份。他似乎已经被安排为罗马人新创建的王国的国王,并且已在奇切斯特港口的菲什本(Fishbourne)为罗马人提供了一个安全的基地。罗马兵营的遗址上矗立的那座宫殿很可能就是科吉杜努斯下令建造的,尽管他可能没有活到公元 1 世纪 70 年代末这座宫殿建成的那一天。

coins and currency　硬币和通用货币　国王的铸币权是王室权力最直观的表现之一。铸币厂的数量受到严格的控制,对铸币许可证的发放也是相当谨慎的。伪造或损坏硬币被视为一种十恶不赦的罪行。1350 年,爱德华三世宣布伪造硬币以严重的叛国罪论处。迟至 1742 年,将先令镀金后冒充畿尼①(guinea)使用仍然被处以叛国罪。这些罪名并非虚张声势的恐吓。1786 年,菲比·哈里斯(Phoebe Harris)就因此而当着 20,000 人之众被处以火刑,而克里斯琴·墨菲(Christian Murphy)也因此于 1789 年被处决。

公元前 55 年凯撒(Caesar)入侵不列颠时,在英格兰南部就有硬币流通。那些硬币在很大程度上是模仿高卢人的硬币铸造的。卡图维劳尼人(Catuvellauni)国王塔西奥瓦努斯(Tasciovanus)在公元前 20 年前后铸造了金、银

---

① 英国旧金币,价值 1.05 英镑。——译者注

和铜质的硬币。公元 43 年以后，罗马人以自己帝国的硬币取代了不列颠人铸造的硬币，但到了公元 430 年时，不列颠不再输入罗马的硬币，也不再使用。

那些进入罗马帝国的民族，如汪达尔人（Vandals）、西哥特人（Visigoths）、伦巴第人（Lombards）、法兰克人（Franks）、盎格鲁人以及撒克逊人等等，很快就开始发行自己的货币。起初，他们是以罗马硬币为样本来铸造自己的硬币，但后来的国王们纷纷将自己的名字和头像镌刻其上。大约在公元 600 年前后，英格兰出现了金司雷萨斯（gold thrymsas）和银斯凯特（silver sceats）。目前所知道的可以确定的最早的硬币，被认为是由短命的麦西亚国王皮达（Peada）于 656 年铸造出来的。此后不久，大致在 670 年至 685 年间，诺森伯里亚国王埃格弗里思（Ecgfrith）将自己的名字铸在了硬币上。8 世纪 50 年代，丕平（Pepin）成为法兰克王国的国王后，采用了一种全新的银币，并用拉丁语的"第纳尔"（"denarius"）一词来命名这种银币。当英格兰人也借用了"第纳尔"这一名称时，虽然是用"便士"（penny）一词来命名自己的硬币，但依然保留了用符号"d."来表示便士的意思：12 第纳尔（denarii）等于 1 索里达（solidus），20 索里达（solidi）等于 1 英镑（pound 或 libra），后来用£.S.d.分别表示英镑、先令和便士，这种货币体系一直延续到 1971 年英国开始采用十进制为止。麦西亚国王奥法（Offa）在几年的时间内就发行了自己的银便士，在此后的六百年里，这种银便士成为货币的主要式样。973 年，埃德加（Edgar）进行了一次伟大的币制改革，实行将破损的硬币回收重铸后再发行的货币制度。

在诺曼征服后的两个世纪里，英格兰银便士的图案设计几乎没有什么变化，但兑换的问题一直难以解决。由于便士只有一种面额，因此只能被切割成 1/2 便士或 1/4 便士使用。据《盎格鲁—撒克逊编年史》记载，1124 年，如果有人携带一镑（240 便士）进入市场，他可能会发现只能得到价值 12 便士的东西。斯蒂芬统治的内战期间是英格兰铸币状况最糟糕的时期，当时彼此存在竞争的几种硬币都在流通范围之内，其中许多硬币都是粗制滥造的。

中世纪晚期，英格兰的贸易有了巨大的增长。在 1279 年至 1280 年间，爱德华一世实行了重要的重铸货币制度，铸造出了新的硬币，如 1/2 便士和 1/4 便士的银币，目的就是为了解决将硬币剪切使用的问题。爱德华三世统治期间，在铸币上的创新是于 1344 年引入了三种面值的金币，分别是 1 弗罗林（florin，相当于 6 个先令)、1/2 弗罗林和 1/4 弗罗林。后来又增加使用了一种被称为诺波尔（noble）的金币，分别为 1 诺波尔（相当于 80 银便士），1/2 诺波尔和 1/4 诺波尔。硬币图案的设计也变得更吸引人。1/2 弗罗林硬币的图案是一只温和的豹子（俗称金钱豹）。诺波尔金币的图案之一是经过精心设计的爱德华三世在一艘双船楼战舰（two-castled ship）上的场面，这也许是为了纪念他在 1340 年斯鲁伊斯（Sluys）海战中取得的大捷。爱德华四世统治时期，诺波尔金币被一种名为"诺波尔—天使"（noble-angel）的币值相同的硬币取代，这是一种带有天使长米迦勒（archangel Michael）图案的金币。几乎与诺波尔—天使硬币同时出现的是名为瑞奥（ryal，源于法语 *royaux*）的硬币，价值 10 先令，上面有象征约克派的玫瑰图案，因此俗称"玫瑰—诺波尔"（rose-noble）。

都铎王朝时期铸造的硬币有三个显著的特点，一是币值不稳定；二是大量新硬币的引入；三是逼真的君主头像图案的出现。尽管此前经历了几十年的政治动荡，但亨利七世却继承了一个稳定的货币制度。然而，亨利八世上台后，从 1526 年开始一步步地推行货币贬值政策，结果推高了物价。伊丽莎白费了很大的气力才控制住物价不断升高的局势。这一时期新铸造的硬币包括：1489 年亨利七世铸造的外观华丽的金沙弗林（golden sovereign）硬币，面值分别为 1 沙弗林和 1/2 沙弗林；亨利八世铸造的金玫瑰克朗（gold Crown of the Rose），有相当于 5 先令面值的 1 金玫瑰克朗和 1/2 金玫瑰克朗，而 1/2 金玫瑰克朗后来固定为银硬币并一直流通到 20 世纪；最后是 1526 年铸造的乔治诺波尔（George noble），币面首次出现了守护神的头像。亨利七世铸造的银先令，称为泰斯通（testoon，该词来源于法文 tête），上面的肖像与亨利七世国王本人十分相像。此后，一些名人的肖像开始被铸在全国流通的硬币上，如 1544 年至 1547 年间铸造的 1 布里斯托尔格罗特（Bristol groat）硬币上就铸有亨利八世老年的肖像；1550 年至 1553 年间铸造的银先令铸有爱德华六世的肖像；1561 年至 1582 年间铸造的 1 英镑的金币上铸有专横的伊丽莎白的肖像；1638 年至 1639 年间铸造的先令上铸有风度优雅的查理一世的肖像；1663 年铸造的克朗上铸有沉默寡言的查理二世的肖像。

1604 年，詹姆斯一世为庆祝英格兰和苏格兰的联合，铸造了一种名为"联合"（"unite"）或"一体"（"unit"）的金克朗，同时把自己的头衔"大不列颠国王"

("King of Great Britain")和"我要使他们成为一个民族"("I will make them one people")的铭文铸在了上面。但詹姆斯一世统治期间所推出的一个更为重要的举措是,他首先开始铸造铜币。1613 年,哈林顿勋爵(Lord Harington)取得铸造铜法寻①(farthing)的专利权,俗称哈林顿(Haringtons),这是一种介于硬币与代币之间的货币。

内战期间,采取的铸币措施带有一定的孤注一掷特点,特别是"应急货币"("siege-money")的铸造。铸造这种货币的材料没有任何限制,不管是什么金属,只要能够找到,都随便拿来作为铸币的材料,而且铸出的形状也是千奇百怪。共和国成立后,颁布了自己的铸币制度,所发行的硬币上的铭文是用英文书写的,其中一句铭文"上帝与我们同在"("God with us")激起了骑士党人的明确反对,他们说"共和国在这一面,而上帝在另一面"("the Commonwealth was on one side and God on the other")。

1660 年查理二世一回到英格兰,就立即着手解决货币问题。查理二世采取的币制改革措施之一,就是使用来自非洲几内亚(Guinea)的黄金铸造金币,称为畿尼(guinea),并规定 1 畿尼等于 21 先令。但小面值硬币的需求问题仍然没有解决,社会上流通的商人交易用的代币就有数千种之多。为了满足人们对小面值硬币的需求,1672 年查理二世铸造了面值半便士的铜币和价值四分之一便士的法寻,而且在这些新币上首次出现了 Britannia 的字样。

查理二世也是苏格兰和爱尔兰的国王。苏格兰硬币的铸造始于 12 世纪初戴维一世统治时期。但铸造出的硬币数量很少,而且当时只在爱丁堡、贝里克(Berwick)和罗克斯堡(Roxburgh)设有铸币厂。苏格兰的硬币有它自己的特点,其国际地位在 15 和 16 世纪时因持续贬值而受到削弱。1603 年苏格兰国王詹姆斯六世继承英格兰王位成为詹姆斯一世时,苏格兰的 1 英镑只值英格兰 1 英镑的十二分之一。苏格兰货币之所以不断贬值,部分原因是在银中掺杂了其他一些金属,铸造出的货币中贵金属成分严重不足。詹姆斯一世时期,首次铸造了 1 银合金便士和半便士。随后,詹姆斯三世铸造了 1 银合金普莱克(plack,该词源于法语 plaque),开始时 1 银合金普莱克价值 3 便士,后来价值 6 便士。詹姆

---

① 法寻为 1961 年以前的英国铜币,1 法寻等于四分之一便士。——译者注

斯三世同时还铸造了半银合金普莱克,以及 1 铜法寻(1466 年)。詹姆斯五世统治时期,发行了波比(bawbee,价值 1.5 便士)和半个波比的钱币。玛丽在位时,发行的是被称为"硬头"(hardhead)的货币。1603 年以后,银合金铸币被终止了,但被称为"硬头",伯都斯(bodles)或特纳尔(turner)的面值为两便士的铜币,在英格兰与苏格兰签订《合并法》之前仍在继续发行。

目前所知爱尔兰最早的硬币,是由维金人建立的都柏林王国国王西特里克·奥拉夫森(Sihtric Olafsson)仿照英格兰的银便士铸造的,时间为 990 年以后。但直到诺曼征服之后,当约翰推出了印有竖琴图样的硬币时,爱尔兰才开始发行固定的硬币。爱尔兰没有铸造金币,而且和苏格兰一样也用银掺杂其他金属来铸造钱币。在都铎王朝时期,爱尔兰的硬币也遭受了与苏格兰和英格兰的硬币同样的严重贬值的命运。1689 年,詹姆斯二世发行了一种名为"枪币"("gun-money")的青铜币。詹姆斯二世在博因河(Boyne)战役失败后,这种枪币以其金属价来收购时,价值还不到其面值的 3%。1723 年,因发行伍德(Wood)的半便士硬币而引起的爱尔兰人民的愤怒,与这些半便士硬币本身没有多少关系,因为这些硬币的成色是相当不错的,爱尔兰人的愤怒其实更与英格兰与爱尔兰之间的关系状况有关。

在威尔士,直到诺曼入侵之后,才开始有了铸币。人们已经在威尔士发现了属于 9、10 和 11 世纪的储藏有硬币的密窖,但这些硬币全都是外来的,主要是来自于英格兰人、维金人或阿拉伯人铸造的硬币。海韦尔·迪达(Hywel Dda)在约 940 年时发行的银便士是在切斯特(Chester)铸造的,样式仿自于英格兰的一种硬币,而这种硬币很可能是英格兰人赠与的。

硬币的重量问题是个长期存在的难题。个体的商人和金融家从很早起就发行了个人汇票(personal bills of exchange),支票(cheque)和钞票(banknote)就是在个人汇票基础上发展起来的。现存最早的支票可以追溯到 1659 年,目前被保存在金融资料研究所(Institute of Banking Library)里,是一张 400 英镑的支票。票据信用(paper credit)迅速发展,据计算,到 17 世纪末,英格兰和威尔士流通的硬币只有 1160 万英镑,而流通中的记账、钞票和账单则价值达到 1500 万英镑。1725 年,英格兰银行开始印制和发行大面额的纸币。

到 1696 年英国实行大规模货币重铸时,金银复本位制(bimetallism)仍然是货币制度的基础,金和银构成英国货币的主要支柱。后来在 18 世纪,由于银产量的下降使其价格变得极为昂贵,英国货币几乎完全转为使用黄金铸造。铸造小面额硬币的困难依然存在。乔治三世发行的一些铜币,即"车轮"币("cartwheels"),由于在铸造时把所含的铜的价值本身也考虑了进去,结果分量过重而不方便携带,导致各种代币仍然充斥全国。

20 世纪,英国货币制度在四个方面的发展值得注意。首先是严重的通货膨胀,特别是第二次世界大战后出现的严重通货膨胀,导致英国不得不废除了几种硬币:深受男装经销商欢迎的法寻于 1960 年停止使用,而半便士硬币尽管在 1971 年改用十进制时保留了下来,但还是在 1984 年被废止。其次,1971 年时,为加入欧洲经济共同体(EEC)做准备,英国整个货币体系采用了十进制。第三,20 世纪 90 年代,英国在是否应该加入欧洲货币体系(European currency)的问题上进行了激烈的争论。第四,信用卡和电子银行的普及,意味着硬币在金融交易中所发挥的作用越来越小,这预示未来将会有这么一天,人们只是为了在星期天购买糖果和报纸一类的东西时才会在身上带着钱。

Coke, Sir Edward(1552—1634). 爱德华·柯克科克爵士(1552—1634)

律师,法官和议会人物。柯克 1578 年取得出庭律师资格。1592 年,他成为伦敦市记录法官(recorder),年末成为副总检察长(solicitor-general)。1593 年,伊丽莎白女王先后任命他为议会下院议长(Speaker of the House of Commons)和总检察长(attorney-general)。柯克以理智而严酷的态度为王室处理了多起有名的诉讼案件,包括 1601 年对埃塞克斯伯爵(earl of Essex)的审讯、1603 年对沃尔特·雷利爵士(Sir Walter Ralegh)的审讯和 1605 年对涉嫌"火药阴谋案"(Gunpowder plot)人员的审讯。1606 年,柯克成为普通民事诉讼法庭首席大法官(chief justice of Common Pleas)。柯克认为,国王的特权是由法律规定的,不能任意扩大。1613 年,柯克调任王座法庭首席大法官(chief justice of King's Bench),这个职位提高了他的声望,但影响力则不如普通民事诉讼法庭大法官之职。1616 年,詹姆斯一世撤销了柯克担任的所有公职。1621 年,柯克重新成为议会下院议员,并在议会中反对国王实行的专利权政策。柯克发挥的最后一个重要政治作用是在 1628 年参与起草了《权利请愿书》(*Petition of Right*)。

Coke,Thomas William,1st earl of Leicester（1754—1842）． **托马斯·威廉·科克,第1代莱斯特伯爵**（1754—1842） "诺福克的科克"（"Coke of Norfolk"）是一个自信的辉格党议会下院议员,代表诺福克选区长达50多年之久。科克的名字之所以被人们记住,是因为他是一个农业改良者。科克的新的农作物轮作制提高了生产力:芜菁（作为羊的冬季食物）先于粮食作物种植,接下来种植粮食作物,收获后再种植草（作为羊的夏季食物）,而将草收获后再种植粮食作物;羊的饲养又为小麦和大麦的种植提供了肥料。由于公众对科克农业改良工作的宣传,使得他的叔祖父——1744年被封为莱斯特伯爵（earl of Leicester）的托马斯·科克（Thomas Coke,1697—1759年）——在农业改良方面做出的贡献反而被忽视了。

Colchester 科尔切斯特 罗马不列颠时期第一座"都城"（"capital"）。卡姆罗顿南姆（Camulodunum）是铁器时代晚期不列颠南部最重要的"奥皮达"①（*oppidum*）遗址,不列颠国王库诺比莱纳斯【Cunobelinus,即辛白林（Cymbelin）】统治的所在地。公元43年,卡姆罗顿南姆向罗马投降后,这里被建成为罗马军团的军事堡垒。当整个城镇在布狄卡起义（Boudican revolt）中被夷为平地的时候,这里正为供奉克劳狄（Claudius）而动工兴建一座神庙。后来这座城镇和神庙又被重建。

Cold War 冷战 指美国和苏联之间的对抗,从20世纪40年代末一直持续到80年代末。之所以称为"冷战",是因为这场对抗是通过外交和意识形态的手段进行的,而不是诉诸武力。冷战期间,英国是美国的盟友。随着苏联的解体,冷战结束。苏联解体的原因,主要是其出兵干预阿富汗造成的,同时也与其民主化进程有关。

Coleridge,Samuel Taylor（1772—1834）． **塞缪尔·泰勒·柯尔律治**（1772—1834） 诗人和博学者。他与华兹华斯（Wordsworth）合作,奠定了英国

---

① 村寨,一般为各地区的经济与政治中心。在考古学上称为"奥皮达"。——译者注

浪漫主义文学的基础。两人于 1798 年合作出版的《抒情歌谣集》(*Lyrical Ballads*)就是以柯尔律治的《古舟子咏》(*Rime of the Ancient Mariner*)作为开篇的。受疾病和缺乏自信心理的困扰,柯尔律治的诗歌创作生涯很短暂,他散落的一些未及完成的作品包括《克里斯特贝尔》(*Christabel*)和《忽必烈汗》(*Kubla Khan*),《忽必烈汗》的创作是因创作著名的《一个来自波洛克的人》("*a person from Porlock*")而中断的。柯尔律治虽然对皮特政府没有好感,而且他对皮特政府那"幼稚的煽动人们反对的宣传"已经变得很温和,但从他 1830 年发表的最后一部重要著作《论教会和国家的组织》(*On the Constitution of Church and State*)中,我们仍然可以看到他坚定地捍卫着其视教会和国家为"同一块磁铁的两极"的信念。

Colet,John(1467—1519). **约翰·科利特**(1467—1519) 神职人员和教育家。科利特出生在伦敦,可能曾就读于剑桥大学,然后前往巴黎、奥尔良(Orléans)和意大利游历。大约在 1496 年,科利特开始在牛津大学任教,并因揭示了《保罗书信》(*Pauline Epistles*)内容的含义而名声鹊起。自 1499 年与伊拉斯谟(Erasmus)第一次见面开始,科利特的虔诚和口才就给伊拉斯谟留下了深刻印象,后来科利特成为伊拉斯谟的赞助人和助手。从 1505 年开始,直到 1519 年患汗热病去世为止,科利特一直担任圣保罗大教堂的教长。科利特在 1509 年重建了圣保罗公学(St Paul's School),并给予了资助。

College of Arms 纹章院 由理查三世在 1484 年创立,目的是将勋位(order)纳入到纹章设计认可范围。嘉德纹章官(Garter king-of-arms)级别最高,虽然他所负责的只是其权限范围内的勋位授予。克拉伦斯克斯纹章官(Clarenceux king-of-arms)负责特伦特河(Trent)以南地区勋位授予,诺雷纹章官(Norroys king-of-arms)负责特伦特河以北地区和阿尔斯特(Ulster)地区勋位授予。苏格兰的纹章由皇家纹章大臣(Lord Lyon king-of-arms)下属的纹章大臣办公室(Lyon Office)负责授予。

Collingwood,Cuthbert,1st Baron(1750—1810). **卡思伯特·科林伍德**,

第 1 代科林伍德男爵（1750—1810） 科林伍德出生于泰恩河畔纽卡斯尔（Newcastle upon Tyne），1761 年参加海军时，与纳尔逊（Nelson）不同的是他身后没有任何势力的支持。论不屈不挠的勇气，科林伍德毫无疑问可以和纳尔逊比肩，但科林伍德坦然淡定的性格则有助于他能做出更为平衡的判断。科林伍德参加了1794 年的"光荣的六月一日大海战"（Glorious First of June）和 1797 年 2 月的圣文森特角（Cape St Vincent）战役，但却不无遗憾地承认，在纳尔逊指挥下取得的尼罗河战役胜利中，自己并不在纳尔逊的指挥序列，直到 1799 年 2 月科林伍德才被晋升为海军上将。在特拉法尔加（Trafalgar）战役中，科林伍德指挥"皇家君主"号（*Royal Sovereign*）战舰，在中午时以视死如归的气势打响了战斗，下午 4 时30 分纳尔逊阵亡，科林伍德接替了纳尔逊的舰队指挥权。此后，科林伍德被封为贵族，1810 年 3 月他死在海上，但葬在圣保罗大教堂纳尔逊墓的旁边。

Collins，Michael（1890—1922）. **迈克尔·柯林斯**（1890—1922） 柯林斯是 20 世纪众所周知的人物，爱尔兰人的革命领袖。他出身于科克（Cork）西部的一个农场主家庭，15 岁时就来到了伦敦。在爱尔兰爆发的复活节起义（Easter Rising）中，他在都柏林扮演了幕后角色。柯林斯被拘留后，成为重组后的爱尔兰志愿军（Irish Volunteers）/爱尔兰共和军（Irish Republican Army）的重要人物。1921 年 10 月至 12 月，柯林斯尽管内心极不情愿，但还是代表爱尔兰出席了英爱会议，并签署了《英—爱条约》（*Anglo-Irish treaty*），这显示出他的实用主义哲学思想。1922 年 1 月至 6 月，作为临时政府主席，柯林斯主持了新国家的成立仪式，同时也竭力安抚他以前那些反对签署《英—爱条约》的同事们。1922 年 8月 22 日，柯林斯作为军队统帅视察赞成签署《英—爱条约》的军队时，在科克西部遭伏击身亡。

Colonial Office 殖民部 殖民部在地位和结构上的变化折射了大英帝国的盛衰兴废。在 17 世纪的大部分时间里，尽管美洲殖民地建立起来了，但在威斯敏斯特并没有设立相应的机构。直到 1696 年，英国才成立了一个贸易和殖民委员会（Board of Trade and Plantations），并设主席主持委员会工作，该委员会从属于枢密院。1768 年，设立了专门负责殖民地事务的第三大臣之职（a third secretaryship），该大臣通常被称为美洲大臣（American secretary）。到 1782 年，随着反抗英国统治的殖民地几乎不复存在，第三大臣之职和贸易委员会均被废除，不过在 1786 年时又恢复了贸易委员会的设置。殖民地事务转由内政大臣负责。亨利·邓达斯（Henry Dundas）任内政大臣期间，于 1794 年又恢复设立了第三大臣，该大臣负责战争和殖民地事务。与此同时，印度事务的管理则落入 1784 年成立的管理委员会（Board of Control）。1854 年之前，这些颇属权宜之计的措施足以满足英国政府的需要，但在 1854 年又设立了专门负责管理殖民地事务的第四国务大臣（a forth secretary of state）。1925 年，英国对殖民地事务的管理部门再次进行了重组，成立了新的自治领部（Dominions Office），该部同时有自己的国务大臣。20 世纪 60 年代异常迅猛的非殖民化运动，使得殖民部管理的地区所剩无几。1966 年，英国废除了负责殖民地管理的大臣一职，殖民部与英联邦关系部（Commonwealth Relations Office）合并。1968 年 10 月，殖民部与英联邦关系部均并入外交部（Foreign Office）。

Columba, St（d.597）. 圣科伦巴（卒于 597 年）　圣科伦巴于 565 年时创办艾奥纳（Iona）修道院，该修道院在使诺森伯里亚王国、麦西亚王国和皮克特王国（Pictland）人民皈依基督教方面，做出了巨大贡献。圣科伦巴大致于 519 年至 522 年间出生在多尼戈尔（Donegal）的提尔康奈尔（Cenél Conaill）家族，该家族为爱尔兰北方的王室乌伊尼尔（Uí Néill）家族的分支。早在公元 6 世纪 50 年代，科伦巴就已经创办了德里（Derry）修道院，而在此之前，他曾因参与 561 年的德累比恩（Cúl Drebene）战役而在泰尔顿【今米斯郡（Co. Meath）】宗教会议（Synold of Teltown）上受到谴责，这促使他长期离家，前往达尔里阿达（Dalriada）的南部地区朝圣。574 年，达尔里阿达国王科纳尔（King Conall）把艾奥纳岛交给了他。圣科伦巴在政治上的杰出地位或许可以解释为什么大家都认为，他的祷告可以帮助包括渥斯沃尔德（Oswald）在内的那些得到支持的国王们取得胜利。

Columbanus, St（c.543—615）. 圣高隆班（约 543—615）　高隆班出生在爱尔兰的伦斯特（Leinster），年轻时就开始了其宗教生活。大约在 590 年时，高隆班满怀着传教的热情,与其他 12 名修士一同离开了班戈(Bangor)修道院。他极大地影响了修道院生活方式在高卢地区的传播,同时也吸引了众多的追随者。610 年,高隆班因对女王布伦希尔德(Queen Brunhilde)之孙的不道德行为提出批评,被女王逐出勃艮第。此后,高隆班定居在伦巴第(Lombardy),并在博比奥(Bobbio)创办了大修道院,后死于博比奥。

Combination Acts(1799—1800) **《结社法》**(1799—1800) 1799 年至 1800 年间,由于政府害怕引起社会动荡乃至革命,因此针对工会(工人合作组织)颁布了《结社法》。这些法令并未击垮工会组织,但的确迫使工会组织的活动进入到慎重或秘密阶段。由普莱斯(Place)幕后策划、约瑟夫·休姆(Joseph Hume)提出的一场要求废除《结社法》的宣传活动后,这些法令在 1824 年至 1825 年被废除。随后,工会活动掀起了一个高潮。

'commercial revolution' **"商业革命"** 商业革命比工业革命早发生了两个世纪,同时涵盖了英国海外贸易的高潮时期。英国商业革命经历了三个长时段的发展,而在这三个长时段之间又分别存在着实质性的停滞期。1475 年到 1550 年是英国商业革命发展的第一个阶段,期间英国生产的宽幅呢绒(broadcloths)和毛纺织品的市场销售量迅速扩大,因为进口英国商品的地区变得更加繁荣。第二个阶段是 1630 年至 1689 年,期间有两大环境加速了英国贸易的扩张:一是英国在与荷兰的相互竞争中,赢得了南欧地区的市场;二是由于英国恢复出口廉价的糖、烟草和印花布而赢得了许多新市场,无形中导致新的商品贸易的兴起。1730 年至 1760 年是第三个阶段,该阶段的商业革命与美洲和西印度群岛(West Indies)人口、生产力和购买力的增长密切相关。

在第一个阶段,英国粗纺毛织品出口是其海外贸易的支柱,但 1510 年以后,羊毛出口贸易大幅下降。在通货膨胀时期,呢绒出口的数量到 1550 年增加了一倍多。随着伦敦与安特卫普之间贸易量的增加,在商人冒险家公司(Company of Merchant Venturers)的控制下,以牺牲地方港口的利益为代价,伦敦获利颇丰。

17 世纪英国第二次海外贸易的扩张,很大程度上可以归因于英国商品向南欧地区出口量的增长。不仅西班牙对英国商品的需求量增加了,而且葡萄牙和

意大利对英国商品的需求量也在增加。英国生产的轻质呢绒（light cloths）或
"新呢绒"（"New Draperies"）对于这些市场具有很大吸引力，并且在与荷兰商品
的竞争中，占有越来越大的优势。

1500 年至 1750 年间，若干种新的进口商品为英国带来了超大的利润空间。
16 世纪时英国主要的进口商品为奢侈品，尤其是来自法国的葡萄酒，但在接下
来的 100 年间，西班牙和葡萄牙成为英国重要的葡萄酒供应商。除葡萄酒外，英
国进口的商品绝大部分都是购自荷兰但却产自欧洲许多地区的工业品。17 世
纪，英国工业的逐步增长减少了国内对外国工业品的依赖。英国与波罗的海地
区之间的贸易因 1579 年成立的东地公司（Eastland Company）的活动而更加直
接。在英国农业歉收的那些年间，来自波罗的海地区的谷物成为英国可靠的常
备物，但 1650 年以后从波罗的海地区进口的新的原料对英国来说变得更为重
要。随着海军和商人船队的发展，英国从波罗的海地区进口了大量木材、钾肥、
焦油、沥青、亚麻和大麻。1650 年以后，瑞典的铁也成为英国重要的进口商品。

内战爆发以前，英国与欧洲以外国家之间的贸易居于无关紧要的地位，但到
1700 年时贸易量迅速增长，当时来自美洲和亚洲的商品占到英国全部进口商品
的三分之一。当发现在弗吉尼亚可以种植烟草，而巴西的甘蔗可以在西印度群
岛大量种植以后，就为后来大西洋经济的发展和与非洲的三角贸易（triangular
trade）奠定了基础。1600 年成立的东印度公司起初主要是从事胡椒贸易，接下
来才是棉布贸易。奴隶贸易，以及糖、咖啡、烟草、胡椒和东方棉花的贸易巩固了
18 世纪英国第三次贸易扩张的基础，而这恰恰发生现在工业化取得很大进展之
前。布里斯托尔、利物浦和格拉斯哥从这些贸易发展中受益最多。

大西洋贸易是在商人合股公司（merchant partnerships）的控制下进行的。如
果是远程贸易，而且投入的资本较大的话，合股公司就是最可取的商业组织形
式。一旦确立了要进行贸易，恢复采取合股公司的贸易组织形式就成为普遍的
现象。1555 年成立的俄罗斯公司（Russia Company）、1581 年成立的利凡特公司
（Levant Company）和 1672 年成立的皇家非洲公司（Royal Africa Company），都是
按照这种模式运作的；只有 1670 年成立的哈得孙湾公司（Hudson's Bay
Company）保留着对其领地的控制权。东印度公司也幸存下来了，而且与其他公
司相比，其贸易量和所投入的资本数额都是最大的。

商业革命对英国的经济和政府均产生了重要影响。英国商业革命得到了主张实行贸易保护政策的重商主义者的支持,特别是得到了航海条例的支持,而对外贸易的发展所带来的资本积累则是商业革命的成果。来自外国的产品也给从事国内贸易的经销商们带来了利润。商人将资本投入到土地上可能比将资本投入到工业上更为重要,但伦敦的发展在欧洲确实是个特例。

Commius 科米乌斯 高卢贵族,曾与尤利乌斯·凯撒(Julius Caesar)结盟,并被封为高卢阿特雷巴特人(Atrebates)的国王。公元前55年,凯撒入侵不列颠之前,曾派他去争取不列颠各部落的支持,但被不列颠人扣押。公元前55年底,凯撒入侵不列颠时,科米乌斯获释,并参加了公元前54年凯撒入侵不列颠的战役。公元前52年,科米乌斯与高卢起义领袖韦辛格托里克斯(Vercingetorix)一起反抗罗马的统治,失败后逃到不列颠,成立了一个新的阿特雷巴特人王朝。

common law 普通法 普通法并非起源于古老的郡法庭(court of shire)和百户区法庭(court of hundred)依据的习惯法,亦非起源于领主对其附庸(vassals)行使的封建法(feudal law),而是起源于国王通过御前会议(curia regis)行使的属于国王的司法管辖权(justice of the king)。作为所有臣民的最高领主,国王拥有在所有臣民中主持正义的“剩余权利”(residual right);作为直属封臣(tenants-in-chief)的封建领主,国王有权利和义务召开御前会议听审他们之间的争端。然而,在亨利二世统治以前,除了直属封臣,其他所有臣民只有在特殊的情况下才能得到国王的司法审判。不过,到亨利二世在位时期,通过实行这样一项原则,即“如果没有国王的令状,任何人无需就其自由持有地(freehold land)的争端出庭应诉”,扩大了国王司法审判对象的范围。随着国王令状越来越受到诉讼当事人的欢迎,人们也就越来越多地到王室法庭而不是地方法庭或封建法庭(feudal courts)去寻求司法审判,地方法庭和封建法庭因此而逐渐衰落下去。

国王的司法审判由来自御前会议的巡回法官(itinerant justices)来执行。当普通民事诉讼法庭(Court of Common Pleas)、王座法庭(Court of King's Bench)和财税法庭(Court of Exchequer)都发展成为独立机构的时候,这些法庭应用的法律就是普通法。到爱德华一世统治时期,英格兰已经存在有一个"普通法"("common law")了,其含义是在整个王国范围内由王室法庭所行使的法律,因此它也是在整个王国范围内"普遍适用"("Common")的法律。

"普通法"这一术语逐渐被应用到英国法律体系中,并且通常指经由法庭的判决而逐渐建立起来的一种法律体系。因此,该术语是用来指通过法庭的判决而确立起来的法律规则,而不是由议会正式制定的法律(成文法)。

Common Market　共同市场　See EUROPEAN ECONOMIC COMMUNITY (见欧洲经济共同体)

Common Pleas, Court of　普通民事诉讼法庭　三个普通法法庭之一。普通民事诉讼法庭是从御前会议(curia regis)中分离出来的,开始时随国王在全国的巡行而流动开庭。按照《大宪章》的规定,应有一个法庭设在某一固定的地点,后来普通民事诉讼法庭被固定设在威斯敏斯特大厅(Westminster Hall)。在中世纪时期,它是最为繁忙的普通法法庭。此后的几个世纪以来,其司法管辖权由于不断受到其他法庭的侵占,地位逐渐下降。根据1873年颁布的《司法组织法》(Judicature Act),普通民事诉讼法庭与王座法庭(Court of Queen's Bench)、财税法庭(Court of Exchequer)一起,成为高等法庭(High Court of Justice)的分庭。1800年,普通民事诉讼分庭和财税分庭最终都被并入王座分庭(Queen's Bench Division)。

Commons, House of　议会下院　从起初仅拥有微弱的权力开始,议会下院现在已经发展到能够与首相有效地分享英国最高统治权的程度。最初召集下院的议员们到议会开会,与其说是为了听取他们的建议,不如说是为了让他们同意征税。1254年,各郡的骑士首次被召集到议会;在1265年西蒙·德·孟福尔(Simon de Montfort)召开的议会上,除了骑士外,还有一些来自自治市镇和城市的代表参加。"议会下院"一词的早期用法,在含义上有很大的不确定性,所谓的议会全体会议,既指全体议员参加的会议,也指一些议员团体参加的会议。从14世纪初起,下院开始作为一个单独的"院"(house)在一起开会。参加议会的骑士与市民而不是男爵们待在一起,因为骑士与市民有着更多共同利益,这大大加强了议会下院的力量。那些地位低一些的下级教士,虽然一直作为代表曾参加过早期的一些议会,但于1340年以后退出议会和原来的教牧人员代表会议,下级教士的这一做法使议会下院更易于凝聚成为一个整体。

议会下院很快就开始成为接受各种申诉的渠道,并带头以立法的形式来消除人们的不满情绪。下院手中的主要武器是掌握的税收权,早在1395年,下院就采用了这样的程式化用语:批准税收的决定"是在议会上院的建议与同意下,由议会下院做出的"(the grant was made"by the Commons with the advice and assent of the Lords")。都铎王朝时期,国王利用议会来规范王位的继承以及实行宗教改革,使下院的地位进一步提高。后来还有两件事的发展有助于强化下院对自身身份的认同感:其一,1547年下院获准将圣斯蒂芬教堂(St Stephen's chapel)作为召开会议的地点,在1834年该教堂失火之前下院一直在那里举行会议;其二,与此同时,下院也开始有了自己的正式的会议记录,即《议会下院日志》(Journals of the House of Commons)。

17世纪,议会上、下两院之间发生激烈的博弈,结果是下院的权力加大了,而上院的权力则相对萎缩了。的确,当下院在1649年不受任何控制地飞速发展时,上院和王权因被视为"既危险且又无用"而被废除。尽管1660年后,权力的平衡点又回到了上院和王权一方,但1688年以后议会地位的巩固有助于下院地位的加强,这尤其表现在对国王权力的种种限制方面,即未经议会的同意,国王不能行使其统治权,换言之,议会不能成为恭顺国王的议会。此外,下院还重申了其在征税问题上享有的唯一的决定权。尽管上院仍保留了相当大的影响力,但从1832年开始,选民人数的增加进一步影响了两院权力的平衡,扩大了下院代表国家的权利,也慢慢降低了人们对世袭制的信念。

任何对现代议会下院问题的探讨,都会以两个相互有关联的特征作为出发点,即下院的行政权近乎居于主导权的地位和始终存在的政党的权力。在下院履行的各项职能中,立法职能占有最为显著的地位。但立法带有明显的行政烙印,因为最重要的法案都是由时任政府提出的。人们对下院扮演的现代角色所提出的批评意见,主要集中在后座议员(backbenchers)被所谓的政党的严格控制上,人们同时批评下院有意忽视行政权本来已经应该具有的优势地位,即使下院是由 659 个真正独立于任何党派的成员组成的。

首先要注意的是这一由来已久的规则,即增加税收的建议只能由国王提出。任何单个的下院议员要想提出一项增加财政支出的法案,必须获得政府的支持,否则只能把新税的征收强加给地方议会。最近以来下院运作程序上出现的变化,是把大部分时间都用在了政府管理方面,下院议员每年只有 10 天的时间来讨论他们的议案,而且每增加 1 天的讨论,都要进行投票表决。

行政权强大的第二个表现是其几乎垄断了所有的信息。大臣们的背后都有一个经验丰富且消息灵通的部门;而后座议员则只能依靠其个人资源来获取信息。在 20 世纪 60 年代,下院断断续续地尝试建立了一些专门的特别委员会(select committee),对政府活动的特定领域进行调查,1979 年以后,下院采取的这些措施成为了永久性的方案。那些在特别委员会中任职的人员的确会使后座议员的信息更加灵通。不过,特别委员会本身并不检查立法,这是大行政区临时且非专门化的常设委员会的职责。

行政权具有优势地位的第三个特征表现在议员对所属党派的忠诚和政党组织上。几乎所有的下院议员(议长除外)都是作为某个政党的候选人当选的,下院议员大部分时间都跟随他们所属的政党在下院投票。人们对于英国议会中政党的凝聚力问题已经做出了很多解释。党鞭(whips)本人不能拒绝重新选举一个持不同政见的成员,即使党鞭的撤出可能会给议员的选区团体造成一些困难。两大党派对执政权的期待,以及保守党对荣誉的渴望,都可能会促使潜在的反抗者回归到相应的阵营中去。

因此,政府才是议会下院通过立法的主导力量。但政府在行使这些行政权和其他一些权力时,要对议会下院负责。从传统意义上说,政府对议会负责这一制度,一直以来最明显地体现在议会对政府行使的"质询时间"①(question time)上。然而,质询时间的价值被过分地夸大了。1997 年工党政府把议会下院的质询时间缩减为每周的一个时间段上,通常由来自于首相和反对党领袖的"声率"("sound-bites")来决定。一般的辩论过程采用另外一种方式,其中辩论双方可以突出显示对方的失误或管理上的漏洞。但议员不能为难自己本党内的大臣来

---

① 指政府大臣在议会中回答议员提出的质询的时间。——译者注

取悦对手,这是绝对禁止的。目前,特别委员会(select committees)正在成为促使大臣们对议会下院负责的主要途径,尽管特别委员会也有它们的局限性。即使特别委员会不参与立法问题的辩论,它们也能够使议会下院详细审查政府各部门的工作,将各部门报告公之于众是一个行之有效的抑制大臣们逃避责任和官僚主义作风的手段。

Commonwealth　共和国　共和国的雏形出现于 1649 年 1 月 4 日"残余议会"(Rump Parliament)进行的一次表决,最终决议是:"除上帝外,人民才是一切正义力量的源泉",而由人民的代表组成的议会下院拥有最高权力。两天后,下院成立了审判查理一世的高等法庭(High Court of Justice)。在废除君主制后不久,议会上院也被废除。1649 年 5 月 19 日,议会通过另外一项内容简短的法案,正式宣布英格兰为共和国。从 2 月开始,国家行政权被赋予了了国务会议(Council of State),国务会议对"残余议会"负责,其成员每年由"残余议会"选举产生,实际上主要来自"残余议会"中的议员。

克伦威尔的军队征服苏格兰和爱尔兰后,共和国的范围也扩大到了这两个王国。"残余议会"奉行的实利主义观点及其与人们要求的"神圣改革"("a godly reformation")的明显背离,使其在 1652 年所面临的来自军队要求其为继任者让路的压力越来越大。虽然"残余议会"最终确实提出了一项建议 1653 年 11 月召开新议会的法案,但其内容(未能幸存下来)使军队感到不满,克伦威尔一怒之下于 4 月 20 日解散了"残余议会"。1653 年 7 月,克伦威尔召集了一个"提名会议"【nominated assembly,即 1653 年 7 至 12 月的"贝尔朋议会"("Barebone's Parliament")】,但存在时间不长,12 月便自行解体。12 月 16 日,共和政体让位给克伦威尔的护国政体(Protectorate)。1659 年 5 月,军队对理查德·克伦威尔发动政变后,共和政体得到了短期的恢复,但军官与"残余议会"议员之间重新开始的争吵很快就显露出二者在政治上的失败。1660 年 2 月 21 日,当蒙克将军(General Monck)重新接纳那些在"普赖德清洗"(Pride's Purge)中隐退的议员,从而为王朝复辟铺平道路时,他受到了人们的拥戴。

Commonwealth of Nations　英联邦　目前的英联邦包括不列颠及昔日大

C

英帝国的大部分领地,共由 53 个国家组成,分布在所有有人居住的大陆上。根据 2008 年的统计,英联邦的人口大约为 19 亿人。莫桑比克虽然以前不是英国的殖民地,但在 1995 年时,作为一个特例,被接纳为英联邦的成员。

在此背景下,这里所使用的"英联邦"这个词,可以追溯到 20 世纪初,它源于这样一种认识:几个英国较早时期建立起来的殖民地已经在所有重要方面都实现了自治,因此,把它们称为"殖民地",或沿用旧称"大英帝国",似乎是降低了它们事实上独立的价值。一些人感到,使用"英联邦"这个新词可以更好地体现大英帝国的组成形式,即它是由平等国家组成的联邦。然而,这种新的联邦形式不是每个人都喜欢的。热衷于"英联邦理想"("commonwealth ideal")的人们早就就自治领(dominions)在联邦中的地位问题提出过一般性构想:在制定英联邦的政策时,各自治领享有平等的权利;而英联邦的政策一旦确立,则该政策普遍适用于所有的自治领。不过,最终的结果却恰恰相反,各个自治领都拥有单独制定自己的政策的平等权利。

自治领的这项权益,是经过 1921 年至 1922 年英联邦内部在华盛顿海军会议(Washington naval conference)上的辩论和 1922 年的恰纳克事件(Chanak affair)之后,于 20 世纪 20 年代初确立下来的。1923 年,加拿大成为英联邦中第一个在没有涉及不列颠的情况下,与外国势力订立条约【《大比目鱼条约》,the Halibut Fish treaty】的自治领。加拿大这一做法奠定了以后自治领地位发展的一种模式。1926 年的帝国会议(imperial conference)正式发表了一项重要声明,明确了自治领的地位;1931 年的《威斯敏斯特法》又确认了自治领的立法权。自治领的这一地位,当时只适用于有欧洲移民定居的殖民地,而不适用于"非白人"殖民地("non-white" colonies)。1947 年,当印度这个新独立的国家被接纳为英联邦成员国时,这种状况才发生变化,英联邦现在所具有的多种族的特征也因此而被确立起来。

随着非殖民化进程的发展,其他前殖民地也纷纷加入到这一进程中来。许多老帝国主义者以自豪的心情注视着这个非殖民化过程。他们中的一些人把新建立的英联邦视为大英帝国发展达到的顶峰。从某种意义上说,确实如此,因为在大英帝国思想中一直就存在着一个所谓的"托管统治"("trusteeship")的强烈传统。然而,英联邦可以成为大英帝国替代物的思想很快就被打破了。英联邦最新的成员国极其小心翼翼地关注着它们来之不易的民族独立地位,而且成员国之间还存在着尖锐的矛盾冲突,尤其是在种族隔离问题上,这个问题曾迫使南非在 1961 年脱离英联邦。因此,乐观的帝国主义者当初设想的英联邦的实力,还远不如在世界范围内联合起来的"第三种力量"("third force")。

按当前状况来看,英联邦完全不同于其他任何国家间的国际组织。英联邦设有一个秘书处,1965 年设立了秘书长,除此之外,与其他国际组织几乎没有什么共同之处。英联邦没有任何权力,也没有统一的政策、原则和共同遵守的制度。大多数成员国是议会制民主国家,但不是全部;大多数成员国保留了英国的法律形式,但不是全部;大多数成员国打板球,但也不是全部。唯一一个所有成员国都具备的共同特征,就是在宪法的意义上都承认英国国王是英联邦的象征性首脑,但只有不到一半的成员国承认英国国王是自己国家的首脑。英联邦曾一度被视为一个经济体,一个潜在的自由(或特惠)贸易区,但这一想法从未令人信服过,当英国于 1973 年加入欧洲经济共同体(European Economic Community)时,这种想法也随之破灭。

无论如何,英联邦仍然要为实现一个目标而提供服务,那就是为属于完全不同文化背景的国家之间提供一个非正式的讨论和合作平台。这一职能是由许多专门的英联邦机构承担的,包括伦敦联邦研究所(Commonwealth Institute in London),英联邦议会协会(Commonwealth Parliamentary Association),英联邦大学协会(Association of Commonwealth Universities),英联邦教育培训促进会(Commonwealth of Learning)等等,而每两年召开一次的英联邦政府首脑会议(conferences of Commonwealth heads of government)也承担着这一职能。英联邦所体现的理想火花仍然在闪烁着,尽管是断断续续的。

Common Wealth Party 共同富裕党 共同富裕党成立于 1942 年,是由自由党的议会下院议员理查德·阿克兰爵士(Sir Richard Acland)发起的前进运动(a movement Forward March)和剧作家 J.B.普里斯特利的 1941 年委员会结合的产物。共同富裕党是一个空想的社会主义党,其成员以中产阶级为主。第二次世界大战期间,主要政党的选举都暂停了,这极大地提振了共同富裕党的士气。恢复选举后,共同富裕党与英国大多数新党派一样,也遭受了毁灭性打击。1945

年大选后,阿克兰呼吁解散共同富裕党,并呼吁其成员以个人名义加入工党。

Communist Party of Great Britain　英国共产党　布尔什维克革命的成功,导致英国左派重新改组,英国共产党于 1920 年成立。1922 年,英国共产党在议会下院获得两个席位,其中的一席带有工党色彩。共产党这个新政党的优势主要集中在南威尔士和工业化集中的苏格兰。1935 年,当威利·加拉赫(Willie Gallacher)赢得了西法夫(West Fife)的席位后,英国共产党小有成绩。该党严格奉行斯大林主义路线(Stalinist line),而第二次世界大战的爆发使英国共产党与斯大林在思想上发生了剧烈的冲突。英国共产党认为,1939 年 9 月爆发的这场战争是一场必须不惜一切代价也要赢得胜利的反法西斯战争,但在一个月之后,这场战争却变成了一场"非正义的帝国主义战争",当时已经与希特勒结盟的斯大林曾明确表示说,他的英国同志们①做出了一个错误的判断。1941 年德国对苏联发动进攻,使得英国共产党重新受到了评价。此后,英国共产党的发展没有取得什么较大的突破,冷战(Cold War)的发展迫使其转为守势。1989 年苏联解体,人们对英国共产党的评价又有了新的认识。党内一部分人坚决要求将共产党改名为"民主左翼"(Democratic Left),而反对者则坚持要求保留共产党的名称。在 1997 的大选中,5 位共产党候选人与"官方妖怪狂欢发疯党"(Monster Raving Loony Party)一起共获得了八分之一的选票。

commutation　劳役折算　指履行封建义务的形式从劳役地租或实物地租向货币地租的转变。实行劳役折算显然对领主有利,因为农奴(serf)为领主提供劳役时往往是不情愿的,而且缺乏热情;当然,劳役折算也使农奴可以更加明确地了解自己应承担的义务是什么,这样他就可以安排自己的时间。劳役折算这一过程开始于 12 世纪,14 世纪时加速发展,16 世纪时几乎全部完成。

companies, trading　贸易公司　通过垄断海外贸易,贸易公司不仅取得了巨额财富,而且在英帝国主义发展的历史过程中发挥了重要推动作用。国家支

---

① 即英国共产党。——译者注

持贸易公司的权力,贸易公司则使国家变得更加富有。早期英国最重要的贸易公司的典型,是12至14世纪经营羊毛贸易的各贸易中心商人公司(Merchants of the Staple)。接下来出现的典型是15世纪末的伦敦商人冒险家公司(Merchant Venturers of London)等,这些公司成为日益扩大的呢绒工业的海外贸易垄断者。在16世纪的最后25年里,英国的海外贸易取得了蓬勃发展。法国公司、西班牙公司、俄罗斯公司、巴巴利公司(Barbary Company)、利凡特公司(Levant Company)和东地公司【Eastland Company,即波罗的海公司(Baltic Company)】都是在这个时期建立的。然而,随着17世纪末发挥更大作用的海军的建立,在欧洲范围内实行垄断贸易的必要性宣告终结。只有那些从事世界范围贸易的公司,如1600年建立的东印度公司(East India Company),还仍然需要保护自己。

Compton,Henry(1632—1713). **亨利·康普顿**(1632—1713) 伦敦主教,其父为保王派的北安普敦伯爵。在1666年毕业于牛津大学女王学院(Queen's College)以前,康普顿在新建立的皇家骑兵卫队(Horse Guards)服役(从1661年起)。他先后被授任多个圣职,包括基督教堂(Christ Church)的教士(1669—1674年)、牛津主教区的主教(1674—1675年)和伦敦主教区的主教(1675—1713年)。在担任伦敦主教区主教期间,他还负责詹姆斯二世的两个信奉新教的女儿玛丽公主和安妮公主的教育。1685年,詹姆斯二世暂停了他的工作。他是1688年时邀请威廉来英格兰的七人之一。在恢复主教职位后,他曾在坎特伯雷大主教桑克罗夫特(Sancroft)被停职期间,短暂地扮演了英格兰首主教(primate)的角色,于1689年4月为威廉和玛丽举行了加冕礼。

compurgation 宣誓断案法(共誓涤罪) 也称"誓证裁决法"(law-wager),是盎格鲁—撒克逊时期的一种审判方式。按照这种审判方式,被告可以通过把一定数量的证人带到法庭,由这些证人以目击者的身份证明自己无辜的方式,来反驳原告提出的指控。威塞克斯王国国王伊尼(Ine)的法典对宣誓助诉人(compurgators)的身份曾做出了一些规定。诺曼征服(Norman Conquest)以后,宣誓断案法逐渐退出历史舞台。

Comyn,John（d.1303）. **约翰·科明**（卒于 1303 年） 被称为"红色科明"（"Red Comyn"）。从 1286 年亚历山大三世去世以后,到 1292 年约翰·巴利奥尔（John Balliol）继位之前这段时期,科明是苏格兰王国的监护人（摄政）。在签订《伯厄姆条约》（treaty of Birgham）的谈判中,他发挥了很大的作用,并随后支持他的姐夫巴利奥尔成为苏格兰国王。他于 1296 年屈从于爱德华一世,但于 1297 年 12 月却加入了威廉·华莱士（William Wallace）的阵营。

Comyn,John（d.1306）. **约翰·科明**（卒于 1306 年） 被称为"红色科明"（"Red Comyn"）,约翰·科明（John Comyn）之子和继承人,著名苏格兰爱国者。科明是其叔叔约翰·巴利奥尔（John Balliol）国王的忠实支持者,在巴利奥尔被迫退位后,他仍然坚定不移地忠诚于巴利奥尔,并且从 1298 年起以巴利奥尔的名义担任了苏格兰王国的监护人或摄政。可能是因为他拒绝抛弃巴利奥尔去支持布鲁斯（Bruce）争夺王位,从而激起布鲁斯愤怒的缘故,科明在邓弗里斯（Dumfries）的方济各教堂被布鲁斯谋杀。

Confederation of British Industry（CBI） **英国工业联合会**（CBI） 英国工业联合会是 1965 年时由几个原来的雇主组织合并建立起来的,这些雇主组织包括英国工业联合会、英国雇主联合会（British Employer's Confederation）和英国全国制造商协会（National Association of British Manufacturers）。与过去那些雇主联合会一样,英国工业联合会建立的目的也是试图影响政府的经济决策。英国工业联合会是代表雇主利益的最强大的游说团体。

Congregation,Lords of,1557. **贵族会**（1557） 指一群誓言以自己的生命维护、推进和确立归正会①（reformed church）在苏格兰之地位的贵族。由阿盖尔伯爵（earl Argyll）、格伦凯恩伯爵（earl of Glencairn）以及莫顿伯爵（earl Morton）、洛恩勋爵（Lord Lorne）和邓恩的厄斯金（Erskine of Dun）等人签署的"共同约定"

---

① 基督教新教加尔文宗教会的另一统称。"归正"（reformed）意指经过改革而复归正确。也译为"归正宗",即加尔文宗。——译者注

("Common Band"),是吉斯的玛丽(Mary of Guise)摄政期间新教徒对法国控制苏格兰的程度日益加重所做出的反应。

congregationalists　公理宗　公理宗是新教的主要教派之一。由于公理宗坚信各个教堂都应该由教堂的会众实行独立自主的管理,因此它们也被称为宗教独立派或分离主义者。第一批公理会是在 16 世纪末建立的,其数量在内战期间迅速增加。19 世纪初,公理会的数量又出现了一次大的增长。根据 1851 年进行的宗教信仰人口普查,英格兰和威尔士共有公理会教堂 3,244 座,尽管不及卫理公会教堂数量的三分之一,但比浸信会的教堂多。1831 年,公理会联盟(Congregational Union)成立。该联盟必然是一个松散的联盟,1972 年与英格兰长老会(Presbyterian Church of England)合并,组成联合归正会(United Reformed Church)。

Congress system　定期会议制度　定期会议制度①是根据 1815 年 11 月 20 日"四国同盟"("Quadruple Alliance")第二次与法国签署的《巴黎条约》(treaty of Paris)第六条款而正式确立起来的。定期会议制度早在 1815 年 3 月的《肖蒙条约》(treaty of Chaumont)中就有了先兆,当时反对拿破仑的主要盟国,即奥地利、英国、普鲁士和俄罗斯决定在战后仍要团结一致,以维护和平。四国同盟的定期会议共召开过 4 次,第 1 次是 1818 年在艾克斯拉沙佩勒(Aix-la-Chapella)召开;第 2 次是 1820 年在特罗保(Troppau)召开;第 3 次是 1821 年在卢布尔雅那②(Laibach)召开;第 4 次是 1822 年在维罗纳(Verona)召开。定期会议制度因成员国间目标的分歧而解体:位于东部的几个国家希望借此来"监督"("police")整个欧洲;而英国则坚持认为定期会议制度只是用来保障和平的。然而,定期会议制度预示了 20 世纪的国际联盟和联合国为维护和平所做的努力。

① 又称欧洲协调(Concert of Europe)。——译者注
② 旧称莱巴赫。——译者注

Congreve, William（1670—1729）. **威廉·康格里夫**（1670—1729） 英国诗人和剧作家,毕业于基尔肯尼学校（Kilkenny School）和都柏林三一学院（Trinity College, Dublin）。康格里夫上大学后很快就放弃了法律专业,而专攻文学。1691 年,他在出版《匿名女人》（*Incognita*）后,觉得自己擅长使用诙谐的语言创作喜剧。1693 年出版的《老光棍》（*The Old Batchelour*）和《两面派》（*The Double Dealer*）、1695 年出版的《以爱还爱》（*Love for Love*）和 1700 年出版的《如此世道》（*The Way of the World*）使其在文坛上名声鹊起。由于剧本《如此世道》好评寥寥,康格里夫感到失望,于是放弃了剧本的创作。

Connacht（Connaught） **康诺特** 康诺特这一名字来自于爱尔兰神话中的人物“身经百战的康纳”（Conn of the Hundred Battles）,8 世纪时受乌伊布莱恩王朝（Uí Briúin dynasty）统治。13 世纪时,该王朝的霸权地位受到以德·伯格（de Burgh）家族为首的盎格鲁—诺曼人的殖民活动的威胁。1570 年,康诺特管辖区（presidency of Connacht）的建立,以及此后康诺特郡的建立,导致该地出现了一个又一个的种植园。1641 年爱尔兰人反抗英格兰统治的结果,是英格兰幸存下来的信奉天主教的土地所有者都被送到康诺特,人们以格言的形式概括了克伦威尔（Cromwell）实行的这一政策过程:“要么下地狱,要么去康诺特!”康诺特在 1798 年的反抗英格兰统治的斗争中发挥了重要作用,康诺特人亲眼目睹了法国安贝尔将军（General Humbert）在基拉拉（Killala）登陆。康诺特也是 19 世纪末爆发的土地战争（Land Wars）中许多著名事件发生的现场,其中最让人难忘的是涉及地产商卡普敦·博伊科特（Captain Boycott）的事件。

Connolly, James（1868—1916）. **詹姆斯·康诺利**（1868—1916） 作家和工会领袖。康诺利是爱尔兰最重要的社会主义者。尽管他未能成功地调和社会主义与民族主义,但在爱尔兰和苏格兰仍有相当大的影响力。康诺利出生在爱丁堡,后参加了英国军队。他自学成才,成为贝尔法斯特和都柏林的社会主义者的组织者,1896 年创建了爱尔兰社会主义共和党（Irish Socialist Republican Party）,1898 年建立了“工人共和国”（“the Worker's Republic”）。1910 年,他与詹姆斯·拉金（James Larkin）组织成立了爱尔兰运输和普通工人工会（Irish

Transport and General Worker's Union），并领导了1913年封厂之后的罢工运动。在复活节起义(Easter Rising)中康诺利身负重伤,被绑在椅子上处死。

Conrad, Joseph（1857—1924）. **约瑟夫·康拉德**（1857—1924） 作家。康拉德出生在乌克兰(Ukraine),其父亲是一个被处以国内流放的革命者。康拉德后来出海成为一名水手,1878年首次到了英国,并于1886年加入英国国籍。虽然他的英语口语一直讲得不是很流利,但他从事写作时使用的却是英语,1895年他出版了《阿尔马耶的蠢事》(*Almayer's Folly*)一书。接下来他很快于1896年出版了《群岛上的被遗弃者》(*An Outcast of the Islands*),1897年出版了《"水仙"号上的黑家伙》(*The Nigger of the "Narcissus"*),1900年出版了《吉姆老爷》(*Lord Jim*),1904年出版了《诺斯特罗莫》(*Nostromo*)。康拉德以自己的海上经历为素材,从道德评判的视角描写了种种海上冒险活动。在《吉姆老爷》一书中,主人公吉姆是"锈迹斑斑"的"帕特纳"号(*Patna*)船上的大副,因为对自己一次不必要的弃船行为感到耻辱,最终以牺牲生命为代价完成了自我救赎。他在1902年出版的中篇小说《黑暗之心》("*Heart of Darkness*")是以其在刚果(Congo)的经历为蓝本创作的,该小说与他创作的其他作品一样,对帝国主义进行了尖锐的批判。

conscription **征兵** 1914年时,英国是唯一一个依靠志愿者入伍来充实军队的大国。这一传统一直持续到1916年1月,当时英国将近250万的军人都是志愿入伍的。但到了1915年夏季,志愿入伍的人数已无法赶上预期的伤亡人数。阿斯奎斯(Asquith)为此采取了妥协的办法。1916年1月,英国通过立法,对单身男性实行征兵制;同年5月又通过了第二个法令,规定已婚男性也应应征入伍。1939年,英国迅速推行征兵制。

Conservative Party **保守党** 保守党(一般来说)是英国政治中两个主要政党里偏于保守的政党。保守党的历史比英国任何一个政党的历史都要长,也有可能比世界上任何一个政党的历史都要长,从19世纪30年代初以来,该政党就以保守党的名义始终保持着自身制度上的连续性,尽管它融汇了包括维护国教制和君主权力的托利主义等在内的种种传统。在 19 世纪保守主义背景下孕育产生的小皮特(the younger Pitt)政府,因其对法国大革命时期的雅各宾主义(Jacobinism)采取的抵制态度,获得了更为广泛的吸引力和更多的关注。1830年,当天主教徒解放运动(catholic emancipation)和议会改革等问题打破了原有的共同一致性时,保守党长期以来几乎垄断政府统治的局面才宣告终结。在围绕 1831 年至 1832 年的《改革法案》的斗争中,尽管遭到了失败,但对该党的发展来说却是所经历的一次严峻的考验,新改名的保守党也明确了自己的目标,即维护已经建立起来的制度,避免使其受到进一步的损害。

保守党的竞争对手是辉格党(Whig Party),辉格党与其激进的盟友一起发展成为自由党(Liberal Party)。20 世纪初自由党解体后,保守党受到的主要挑战是来自于以工会为基础的工党(Labour Party),因为工党可以操纵工人阶级的选票。这一变化也牵涉到保守党在其他一些主要问题上发生的转变。维多利亚时期的保守党一直明确支持捍卫宪法以及与宪法相关的各种利益,包括捍卫君主制和议会上院、已经确立的国教制、与爱尔兰的联合、土地所有权制、财产权和继承权、有限的选举权等。从第一次世界大战前后开始,这些传统问题在很大程度上被社会经济问题取代了。保守党认识到这一时期受到的主要威胁来自于工联主义、平等主义、收入再分配的社会福利政策、社会主义和布尔什维主义(Bolshevism)。保守党越来越成为一个代表商人利益,或者更明确地说代表中产阶级利益的政党。这一时期的保守党领袖主要来自于商人阶级或职业阶层,而不是来自于地产阶级和贵族阶层。与此同时,在工人阶级中通常有三分之一的人支持保守党,而支持的原因也不一样,有的是出于爱国认同,有的是出于对移民的不满,有的是出于对天主教徒或不从国教者(dissenter)的仇视,有的则仅仅是出于经济利益的考量。

在 1830 年至 1886 年间,保守党大部分时间都居于反对党地位,仅在 1841年和 1874 年的两次大选中获胜。选举权的扩大、城市化和工业化的推进都是对保守党不利的因素,1846 年在《谷物法》问题上的分歧,对保守党造成了长期的损害。接下来,保守党因自由党在 1886 年《爱尔兰地方自治法案》(*Irish Home Rule*)问题上发生分裂,且在接下来 20 年的大部分时间里自由党统一派(liberal Unionlists)执政而从中受益。尽管因 1911 年的《议会法》解除了保守党主导的议会上院的绝对否决权,以及因爱尔兰地方自治运动的推进而使保守党遭到沉重打击,但第一次世界大战的爆发,再次使保守党从中获益,使之回归执政党的地位,而自由党则再次分裂。一战以后,正处于四分五裂的自由党的选票大部分落入保守党之手,保守党也由此确立了自己的执政党地位,并从 1931 年起主导了由各党派联合组成的国民政府。然而,第二次世界大战削弱了保守党在国民政府中的主导地位,工党进入政府并负责"大后方"("home front")事务的管理。在 1945 年的大选中,保守党遭到惨败。1945 年至 1951 年,工党政府围绕着实行混合型经济(mixed economy)、福利国家(welfare state)建设和实施充分就业等问题,确立了实行名为"战后共识"("post-war consensus")的政治。从 1951 年到 1964 年,保守党历届政府都把接受这一遗产作为基础。殖民帝国遗留的问题也得到清除。保守党已经接受了充分的民主。20 世纪 70 年代,当这一国内"共识"政治在通胀上升、劳资纠纷、失业人数增加和经济竞争力下降等压力下崩溃的时候,保守党明确转向(也许是回归)以 1979 年至 1990 年撒切尔政府为代表的自由市场经济。保守党的该执政期以及接下来的连续四次赢得大选,都得益于工党内部的分裂。尽管与 19 世纪相比,20 世纪更属于"保守党的世纪",但保守党政府的主导地位在很大程度上要归功于政治上的左派的分裂。

保守党在意识形态方面从来没有一个明确的认同,其政治活动一般总是比较务实,一切都要为了能赢得大选和保持住执政地位的需要而做出调整。三次大选的惨败(1997 年、2001 年和 2005 年),迫使保守党对自己的政治地位重新做出评估,从而导致保守党领袖的快速更迭:约翰·梅杰(John Major)、威廉·黑格(William Hague)、伊恩·邓肯·史密斯(Iain Duncan Smith)、迈克尔·霍华德(Michael Howard)和戴维·卡梅伦(David Cameron)。保守党最新制定的政策旨在使自己在公众面前展示出更加温和的形象。尽管保守党在恢复其在地方政府中的地位方面已经取得了很大的进步,但在威尔士和苏格兰问题上表现出的相对软弱仍是影响其发展的一个严重障碍。

consistory courts **(主教)教区法庭** (主教)教区法庭是主教在其所辖主教区设置的法庭,是裁决严重的诽谤案件以及与个人财产遗嘱有关案件的正规场所。一旦(主教)教区法庭裁定被告犯有诽谤罪,就可以对其施以处罚。该法庭通常由大法官（chancellor，该大法官为俗人）主持，如被告不服该法庭的裁决，可以上诉到大主教法庭（court of the archbishop）。

constable 军事和司法官 中世纪时期重要的国家官员之一，该官职源于王室或贵族家庭的总管（*comes stabuli*），即王室马厩总管（count of the stables）。第一位担任皇家军事总长（lord high constable）的是玛蒂尔达皇后（Empress Matilda）的一位支持者，玛蒂尔达还封他为赫里福德伯爵（earl of Hereford）。此后，该职位先后由博亨家族（Bohuns）、伍德斯托克的托马斯（Thomas of Woodstock），以及托马斯的后代白金汉公爵爱德华（Edward，duke of Buckingham）担任，爱德华在 1521 年时被亨利八世处决。军事和司法官拥有调动军队、执行戒严令和审判与骑士有关案件的职责。苏格兰的军事和司法长官负责指挥军队，从罗伯特一世统治时期开始，军事和司法长官成为历代埃罗尔伯爵（earls of Erroll）的海氏家族（Hay family）的世袭职位。

Constable，John（1776—1837）. 约翰·康斯太布尔（1776—1837） 英国风景画家。康斯太布尔出生于萨福克郡的东伯格霍尔特（East Bergholt），为一磨坊主之子。起初他本想成为一名神职人员，后来跟随其父从事磨坊主工作，最终在父亲的允许下去了伦敦的皇家艺术院艺术学校（Royal Academy Schools）学习。在本杰明·韦斯特（Benjamin West）的鼓励下，康斯太布尔基本只画风景画，他曾说："我的艺术可以在每一个树篱下找到"。1819 年，他成为英国皇家艺术院准会员（RAR），但 10 年之后他才被选为全职会员。

Constantín，son of Fergus（d.820）. 康斯坦丁，费格斯之子（卒于 820 年） 康斯坦丁从 790 年开始成为皮克特人国王，811 年开始成为苏格兰的达尔里阿达（Dalriada）王国国王。康斯坦丁是第一位依照权利同时统治皮克特人和苏格兰盖尔人的国王。789 年，他在击败竞争对手后，先是成为了皮克特人的国王；811 年又取得了达尔里阿达王国国王之位，此前其父亲于 778 年至 811 年一直是达尔里阿达王国国王。康斯坦丁的权力基础是位于中部地区的皮克特人领地福特日乌（Fortriu）。

Constantine（c.274—337） **君士坦丁**（约 274—337） 君士坦丁是第一位皈依基督教的罗马皇帝（306—337 年），被称为"君士坦丁大帝"（"the Great"）。他出生在纳伊苏斯【Naissus），即现在的尼什（Nis）】，君士坦提乌斯一世（Constantius I）与海伦娜（Helena）之子。305 年，君士坦提乌斯继任帝国西部的奥古斯都（*Augustus*），即地位较高的皇帝（senior emperor）。306 年，君士坦丁逃出帝国东部的奥古斯都加莱里乌斯（Galerius）的宫廷，在父亲临终时及时到达约克，并被驻扎在约克的军队非法拥立为奥古斯都。312 年，君士坦丁入侵意大利，在罗马附近击败了马克森提（Maxentius）。到 324 年时，君士坦丁已成为唯一的奥古斯都。君士坦丁从财政、法律和神学方面促进了基督教的发展，并于 337 年临终时接受了洗礼。他可能先后在 312 年和 314 年时重访过不列颠，并在 315 年时接受了"不列颠尼库斯"（*Britannicus*）的头衔。

Constantine III（d.411） **君士坦丁三世**（卒于 411 年） 篡位者，由驻扎在不列颠的罗马军队拥立为皇帝。在 5 世纪初时，罗马统治下的不列颠并没有重兵把守，因为斯提里科（Stilicho）为了帮助意大利抵御日耳曼人的入侵，已在 401 年至 402 年时把军队从不列颠撤回意大利。公元 406 年，马可（Marcus）夺取了统治不列颠的权力，但几个月后就被格拉提安（Gratian）所取代。格拉提安统治的时间也很短，其位被君士坦丁三世篡取。君士坦丁三世的统治较为有效，他设法在高卢和西班牙取得了大量领土。君士坦丁三世最终被西罗马帝国皇帝霍诺留（Honorius）的军队击败，411 年君士坦丁三世被俘后遭处决。

Constantine I（d.877） **康斯坦丁一世**（卒于 877 年） "皮克特人国王"（862—876 年在位），由于编年史上的错误，人们往往把他视为苏格兰王国的第三位国王。康斯坦丁一世是肯尼思一世（Kenneth I）之子，继承了其伯父唐纳德一世（Donald I）的王位。他一生的事业主要耗费在一次次的对斯堪的纳维亚人的入侵所做的殊死抵抗上。866 年，都柏林的挪威人国王（Norwegian king）蹂躏了皮克特王国；875 年，约克的丹麦国王哈夫丹（Halfdan）在多勒（Dollar）重创了康斯坦丁一世。877 年，康斯坦丁一世在"因弗多瓦特"（"Inverdufata"，但不确定）为丹麦人所杀。

Constantine II（d.952） **康斯坦丁二世**（卒于952年）　"苏格兰"国王（900—940/5年在位）。埃德（Æd，卒于878年）之子。康斯坦丁二世奠定了苏格兰王国的基础。904年，他在斯特拉森（Strathearn）战胜了丹麦人，该役成为苏格兰人抵抗斯堪的纳维亚人入侵的转折点。918年康斯坦丁二世（可能）在科布里奇（Corbridge，位于纽卡斯尔以西）再次战胜丹麦人之后，开始实行与丹麦人和解的政策，这一政策因其女儿嫁给丹麦国王格思弗里思（Guthfrith）而得到了巩固。这是为了支持丹麦的约克人对付威塞克斯诸王们而进行的生死存亡的斗争。当934年阿塞尔斯坦（Athelstan）的入侵深入到邓诺特（Dunnottar）时，威塞克斯的诸王们开始对苏格兰本土构成了威胁。937年，面对英格兰的一次入侵，康斯坦丁和格思弗里思之子奥拉夫（Olaf）率领的来自都柏林的丹麦人向英格兰人发动了进攻，结果在布鲁南堡（Brunanburh）战役中遭到毁灭性的失败。

Constantine III（d.997） **康斯坦丁三世**（卒于997年）　"苏格兰"国王（自995年）。康斯坦丁三世是在肯尼思二世（Kenneth II）遭到暗杀后继承王位的，但在位仅一年半的时间。康斯坦丁三世是国王科林（Cuilén）之子，也是国王埃德（Æd，卒于878年）的后人中最后一个做国王的。康斯坦丁三世被王朝内部与之对立的另一王室分支成员肯尼思三世所害。

Constantius I（Constantius Chlorus）（d.306） **君士坦提乌斯一世**（君士坦提乌斯·克洛卢斯）（卒于306年）　先后被任为凯撒即副帝（deputy emperor）、西罗马帝国的奥古斯都（皇帝）（292—306年）。293年，君士坦提乌斯从篡位者卡劳修斯（Carausius）手中夺回了权力。卡劳修斯是被阿莱克图斯（Allectus）暗杀的，后者随即篡取了帝国的权力。君士坦提乌斯的军队在不列颠对阿莱克图斯发动了进攻，阿莱克图斯被杀，君士坦提乌斯以胜利者的身份进入伦敦。公元305年至306年，当时与马克西米安（Maximian）同为罗马帝国皇帝的君士坦提乌斯在不列颠北部发动了一场战役。君士坦提乌斯的儿子君士坦丁（Constantine）参加了战斗，君士坦提乌斯在约克去世后，君士坦丁被拥立为皇帝。

constitution　宪法　宪法是指一系列管理国家政府的正式或非正式的规章制度。宪法的主要内容包括政府各机构之间的权力分配,对政府权力的限制,以及任命或选举政府管理人员的方法等。

宪法的存在意味着对国家的统治者有一定的限制。如果国家决策依赖于一个专制君主的心血来潮或独裁者的主观臆断的话,那么就很难说宪法发挥了作用。大多数国家,以及很多民间组织都有成文的宪法,即一个限定统治者权力的书面规则,以及根据宪法中规定的程序所做的任何修正案。例如,美国宪法就是指 1787 年时被认可的文件,同时包括后来通过的 27 条修正案。

人们有时会对成文和不成文宪法(written and unwritten constitution)之间的关系作出比较。一般认为,英国宪法是不成文宪法,但英国宪法与成文宪法之间的区别被夸大了。英国的独特之处在于,它没有一个可以被正式称为宪法的文件。英国的宪法散布于数以百计的议会法令和司法判决之中。认为英国存在一个不成文宪法的人,通常关注的是英国宪法的另一个特征,即惯例的重要性。英国有些最重要的宪法规则的确就是"惯例"(conventions)。英国存在的一个惯例是国王要按照大臣们的建议来作为,尽管英国并没有直接的法律强迫国王这么做,但国王总是会做到这一点。同样按照惯例,如果政府未能通过议会下院的信任投票,则要么辞职,要么举行大选。

由于成文宪法的缺失,所以有人认为英国需要有一个权利法案来保护自己的公民,提出这一主张的另一个特别理由是认为 1689 年《权利法案》(Bill of Rights)涉及的主要是政府结构问题。在人权问题上,欧洲已经有了立法。英国人的权利法案的确立,将肯定会导致更多的立法,一些公民也无疑会谋划出更多的权利,但随之而来的是另外一些人将会针锋相对地提出下面的看法:任何一项权利法案都应该同时附有一个正式的责任声明。

Conventicles Act,1664.　《秘密集会法》(1664)　该法(16 Car.II c.4)是《克拉伦登法典》(Clarendon code)中最残忍的条款,颁布该法的目的是要在王朝复辟(Restoration)后重新确立英国圣公会的独尊地位。该法禁止人们参加任何 5 人以上以宗教为目的的聚会,除非是举行英国圣公会仪式。

Convention of Estates, 1689.　非常议会（1689）　由于苏格兰国王詹姆斯七世在 1688 年时逃走,导致苏格兰议会不能合法召开。在此情况下只能退而求其次,召开非常议会。此前,在紧急情况下也经常召开非常议会。此次非常议会是 1689 年 3 月 14 日在爱丁堡召开的。非常议会根据《权利宣言书》(*Claim of Rights*),宣布詹姆斯七世已被废黜。

Convention of royal burghs　苏格兰皇家自治市镇会议　苏格兰皇家自治市镇会议可以追溯到 14 世纪,1487 年颁布的一项法令规定每年召开一次皇家自治市镇会议。与会者除了来自苏格兰议会的自治市镇代表以外,1707 年之后还有来自英国议会的自治市镇代表。同一批委员通常同时在这两个机构里任职。

Convention Parliaments　非常议会　当召开合法的议会遇到障碍时,17 世纪发生的宪政危机带来了两个机会。第一个机会出现在王朝复辟时期。1660 年 4 月 25 日,在长期议会解散一个月后,召开了一次非常会议,会议宣布政府应该由国王、议会上院和下院组成。这次非常会议采取的第一个行动就是宣称该会议本身就是真正的议会,"无论它还存在着什么缺陷或违规之处"。1689 年詹姆斯二世逃走后,意味着不可能召开合法的议会,于是又同样召开了非常会议。1 月 22 日在威斯敏斯特召开的会议除了名称以外,其他方面均与议会并无二致,而且这次会议采取的第一个行动,用 1660 年时的原话来说,也是宣布此次会议本身就是议会。

conversion of England　英格兰改宗　See CHRISTIANITY(见基督教)

convocations of Canterbury and York　坎特伯雷教牧人员代表会议和约克教牧人员代表会议　这两个教省的代表会议最初是主教出席的会议,可以追溯到坎特伯雷大主教狄奥多尔(Archbishop Theodore,668—690 年)时代,尽管约克教省代表会议规模要小一些,其历史意义也稍逊一筹,而且在 733 年时才独立召开。参见教牧人员代表会议的人员有:主教座堂的代表(proctors)和修道院的代表,后来堂区的神职人员也参加了会议(13 世纪)。开始时与会者不论神品高低,都坐在一起,15 世纪时主教和品级较低的神职人员分成了上院和下院①。坎特伯雷和约克教牧人员代表会议的立法通常是由主教座堂的教士(cannons)进行的,这种局面一直持续到亨利八世强制性大幅度地限制了它们的权力【1532 年和 1534 年的《至尊法》】。在 1689 年和 1700 年至 1717 年的两次坎特伯雷教牧人员代表会议上,由于辉格党人控制的主教院与托利党人控制的教士院之间发生的激烈争执,导致国王暂停了这两次会议。在受到福音派和"书册运动"(tractarian)复兴的鼓舞以前,坎特伯雷教牧人员代表会议只有两次(1852 年和 1861 年)在形式上聚在一起开会讨论问题。

Conway,treaty of 《**康韦条约**》 See ABERCONWY(见阿伯康韦)

Cook,James（1728—1779）. **詹姆斯·库克**（1728—1779） 通常被称为"库克船长"(Captain Cook),他也许是有史以来最伟大的海上探险家。他确定了澳大利亚和太平洋地区的基本地理状况,消除了"南方大陆"(southern continent)的神话传说,并掌握了如何让自己的属下避免染患坏血病。他通过使用哈里森(Harrison)的精密计时钟表和月球距离测量法来精确地计算经度。

库克出生在约克郡,曾在惠特比(Whitby)的一个船主家做学徒。1755 年,他加入皇家海军。他绘制的航海图不久就对沃尔夫将军(General Wolfe)沿圣劳伦斯河(St Lawrence)向上游航行并成功登陆起到了帮助作用。在成为公认的航海专家后,1769 年他被任命为乘坐"奋斗"号(*Endeavour*)帆船考察队的指挥官,带领科学家们到塔希提岛(Tahiti)观察金星凌日的情况。他在探寻传说中的南方大陆期间,环绕航行了新西兰岛屿,考察了整个澳大利亚东海岸。1772 年至 1775 年,库克率领"决心"号(*Resolution*)船绕过了南极洲,还发现了汤加(Tonga)和新赫布里底群岛(New Hebrides)。库克在 1776 年至 1779 年进行的第三次重要考察,是到北太平洋寻找西北航路(North-West Passage)的终点。他

---

① 或称为主教院(House of Bishops)和教士院(House of Clergy),上院有大主教和主教,下院有主教座堂的教长和大执事等。——译者注

C

没有找到这个终点,但确实发现了夏威夷群岛。他在第二次访问夏威夷时,因一条船被偷与夏威夷人发生争吵时丧命。

Cooper,Samuel(1609—1672). **塞缪尔·库珀**(1609—1672) 享誉欧洲的英格兰微型画艺术家。他在英国内战之前、期间和之后都很活跃,他的赞助人包括克伦威尔(Cromwell)和查理二世,以及弥尔顿(Milton)和蒙克(Monck)。库珀把微型画看成一幅画作,而不是一件珠宝商的艺术品。他使用明暗绘画法,再加上精湛的绘画技巧,从而摆脱了前辈画家尤其是希利亚德(Hilliard)的绘画风格。

Co-operative movement 合作社运动 合作社运动通常单指零售业,合作社运动的基础是由"罗奇代尔先锋社"("Rochdale Pioneers")奠定的,该社创办了第一家根据合作社成员购买商品数量的多少来支付红利的商店。合作社运动的想法最初来自于罗伯特·欧文(Robert Owen),他是一个工厂主和新拉纳克(New Lanark)社会思想家。在 19 世纪 20—30 年代,许多群体开始探索建立一个基于互助合作的而不是提倡竞争的个人主义的社会,即"新道德世界"("New Moral World"),并且认为这一"新道德世界"所具有的优势将能够消灭资本主义。实现这一理想的第一步是建立一个商店,商店的盈利可投入到制造业,最终可投入到农业。罗奇代尔先锋社的体制是以合作社形式体现出来的,这对于那些试图在花钱的过程中希望能省钱的人们来说,具有一定吸引力。1844 年各先锋社出现后,合作社运动迅速蔓延开来,使拒绝信贷成为一种独特的美德。在维多利亚时代中期,合作社运动在兰开夏郡和西约克郡纺织业发达的市镇中特别受欢迎。尽管各合作社都建在地方上,但批发合作社(Co-operative Wholesale Society)从 1863 年开始,就在采购和加工方面为参与这个运动的所有人提供协调帮助。尽管合作社大多数成员都逐渐把红利视为最重要考量因素,但合作社运动从未完全丧失其理想,他们提供课程教学和图书馆,支持罢工,并且通过其妇女公会(Women's Guild)来提高工人阶层女性的政治自信心。这些合作社都是以民主的方式运作管理的,而且在 1918 年成立了合作社党(Co-operative Party),该党与工党之间的合作很默契。1945 年以后,合作社运动的发展面临着诸多困难。合作社间的合并,地方认同感的丧失,红利本身被废弃,所有这些现象,在许多人看来合作社运动似乎已经迷失了方向。合作社在零售业中的地位也因来自大型的且富有创新性的超级市场的竞争而逐渐受到削弱。

Coote,Sir Eyre(1726—1783). **艾尔·库特爵士**(1726—1783) 库特出生在利默里克(Limerick),1745 年詹姆斯党人叛乱时,参军入伍。库特最突出的表现是在印度服役期间,曾在克莱武(Clive)麾下参加了 1757 年的普拉西(Plassey)战役。1760 年 1 月 22 日,当法国军队对南印度的威胁被消除之时,他正在指挥万达瓦西(Wandewash)战役。库特在被派往加尔各答(Calcutta)后,不久就与孟加拉地方委员会(Bengal Council)成员发生了争执,并于 1762 年离开孟加拉回到英格兰。1769 年,库特以孟加拉军队总司令的身份返回孟加拉,但出于同样的原因再次辞职。1779 年,库特再一次回到孟加拉,在沃伦·黑斯廷斯(Warren Hastings)手下担任孟加拉军队总司令,并率军参加了第二次迈索尔战争(Mysore War)。但在 1781 年时,库特在波多诺伏(Porto Nuovo)被迈索尔的苏丹海德尔·阿里(Hyder Ali,the Mysore sultan)击败。1783 年,库特在马德拉斯(Madras)去世。

Copenhagen,battle of,1801. **哥本哈根战役**(1801) 1801 年 4 月 2 日,英国舰队与丹麦舰队在 3 英里长的狭窄的国王海峡(King's Channel)遭遇,双方发生交战。国王海峡与丹麦首都的东部防线相接。丹麦的东部防线系统包括有令人望而生畏的三皇冠城堡(Trekronor fort),在城堡北侧停泊的 5 艘军舰,以及在城堡南侧一字排开的可怕的 7 艘没有桅杆的战舰和 10 排漂浮在水面上的火炮。英军有 15 艘战舰,由海德·帕克爵士(Sir Hyde Parker)指挥,纳尔逊(Nelson)担任副手。经过一段冒险的航行后,英军战舰排成一个直线阵形向丹麦人发起了进攻,并突破了丹麦人的防线。在战斗过程中,纳尔逊对帕克过早发出的命令其撤退的信号采取了"视而不见"的态度。

copyhold **公簿保有地** 高额地租(rack rents),或租赁保有地地租(leasehold rent)这种由土地保有人(tenant)向地主交付的经济租金,只是到了 19

C

世纪末时才在全国普遍起来。在此之前,英格兰大部分地区,尤其是北部和西部地区,对土地保有人保有的土地有着各式各样的能够提供或多或少安全保障的安排方式。这些安排方式包括公簿保有地、习惯保有地(customaryhold)、终身租赁保有地(lifeleasehold)、三代租赁保有地(three-life lease)和99年租赁保有地(99-year lease),这些安排方式给予了土地保有人以实质上的土地所有权(ownership)。公簿保有地的字面含义为"凭法庭案卷的副本(而保有的土地——译者)"("by copy of the court roll"),换言之,即凭记录在庄园法庭案卷的一份协议(而保有的土地——译者)。到了19世纪,由于传统的地租与土地的实际价值相去甚远,所以地主试图将传统地租改变为高额地租。

copyright 版权 版权是指对文学作品、艺术品、戏剧作品、电影作品、有声作品和计算机技术等拥有所有权,同时对各种复制这些作品的手段拥有控制权。在18世纪以前,作者几乎没有任何保护性措施以防止自己的作品被盗版印刷。1709年颁布的一项法令在保护版权方面迈出了重要一步,该法令赋予作者在14年内享有印刷其作品的专有权利,而且如果可能的话,还可以把这一专有权再延长14年,以此来"鼓励学者们"(8 Anne c.19)。现在的版权期限延续到作者死后70年。根据1983年实施的《公共出借版税权》(*Public Lending Rights*)计划的条款,作者的作品一旦被英国或其他国家和地区的图书馆使用,作者就可以获得使用费(royalties)。

Coram, Thomas(1668—1751). **托马斯·科拉姆**(1668—1751) 科拉姆不仅是一个成功的船长,而且在沃波尔(Walpole)执政时期还是一个活跃的慈善家,他支持在美洲建立佐治亚(Georgia)殖民地,以作为债务人的避风港。出于对被遗弃在伦敦街头的婴幼儿悲惨境遇的关切,他为1739年时育婴堂(Foundling hospital)的成立,在幕后起到了重要推动作用。为他画像的贺加斯(Hogarth)给予了他很大支持,韩德尔(Handel)举行弥撒来帮助他筹集资金。虽然这所育婴堂在1928年被拆除了,但育婴堂入口处的门房还依然伫立在科拉姆广场(Coram's Fields)的前面,而科拉姆广场基本上已经成了孩子们玩耍的场地了。

Corbeil, treaty of, 1326. 《科尔贝条约》(1326) 1326 年 4 月 26 日,罗伯特一世布鲁斯(Robert I Bruce)与法国国王查理四世签订的一项条约,双方约定相互援助,共同对抗英格兰。这是苏格兰与法国之间形成老同盟(Auld Alliance)关系的初始一步。

Corbridge 科布里奇 科利奥斯托皮特姆(Coriostopitum)是位于泰恩河谷(valley of the Tyne)的一个重要的罗马军事基地,是东西向的斯塔内盖特(Stanegate)路与南北向的德尔街(Dere Street)交汇之处。有铭文证明,罗马人无论何时向北发动战争,科布里奇都一直是军事要地。该镇所拥有的一些建筑表明军民之间存在着商业活动。

Coritani 科利塔尼族 不列颠的一个部族,罗马统治时期的一个地方行政区。该部族位于韦兰河(Welland)与亨伯河(Humber)之间,西部与奔宁山脉(Pennines)南坡相邻。在罗马征服不列颠时期,该部族给人留下的印象是它还没有统一成一个强大的王国。这也许可以解释为什么罗马人能够迅速地通过其领土向不列颠挺近,并最终于公元 60 年在林肯建立了一座军团要塞。科利塔尼族在被罗马人安抚后的 10 或 20 年内,被罗马人赋予了公民权并实行地方自治,于是与莱斯特(Leicester)一起被称为雷提科利塔诺卢姆(Ratae Coritanorum),成为罗马统治时期不列颠行省的部落行政中心。

Cork(Corcach ma′r Muman),diocese of 科克主教区 爱尔兰的科克主教区是根据 1111 年的雷斯布莱塞尔宗教会议(Council of Raithbressail),在爱尔兰的卡舍尔教省(province of Cashel)内成立的。在王室管辖的城市中设立主教区,从而使爱尔兰从属于英格兰的统治之下,是英格兰使爱尔兰英格兰化政策的一个组成部分,科克主教区最终于 1411 年与爱尔兰的克罗因(Cloyne)主教区合并。合并后的这个天主教主教区一直合在一起,直到 1747 年科克再次单独成为主教区。同样,科克的圣公会主教区有时也与克罗因主教区和罗斯的圣公会主教区合并。这三个主教区都有自己的主教座堂。

Corn Laws 《谷物法》 《谷物法》首次被议会通过是在 1815 年,但对《谷物法》的争议一直存在。随着人口的快速增长,英国不再像以前一样是粮食的出口国,而变成了粮食的进口国。对法战争推高了英国国内的价格,刺激了对农业的投资,所以英国人担心战后会出现价格崩溃。议会规定,当国内市场上小麦价格在每夸特(quarter)80 先令以下时,禁止小麦进口。1828 年,英国引入了滑动关税制度,即允许粮食随时进口,但以浮动的关税加以限制,也就是国内粮食价格越高,则进口税率越低;反之,国内粮食价格越低,则进口税率越高。1842 年,皮尔(Peel)政府修改了 1828 年的《谷物法》,将进口粮食关税降到了一个较低的水平。尽管修改后的《谷物法》使得粮食进口趋于容易,但《谷物法》还是受到反谷物法同盟(Anti-Corn Law League)的猛烈抨击,该同盟把反复出现的工业萧条归咎于对农业实行的保护。1842 年的工业危机令皮尔政府感到忧虑不安,同时也担心食品价格过高、反谷物法同盟的鼓动以及大规模的失业等问题一旦结合在一起,会引发社会的连锁反应。皮尔政府因此得出结论认为,出于政治稳定的考虑,需要牺牲《谷物法》。于是,皮尔借口 1845 年爱尔兰马铃薯歉收,提出彻底废除《谷物法》的提案。皮尔的这一做法不仅背叛了他在保守党内部做出的承诺,也背叛了地产阶层的利益,导致保守党内后座议员的反感,尽管皮尔在 1846 年彻底废除了《谷物法》,但他领导的保守党也因此而分裂成两派,即主张自由贸易的少数派和主张贸易保护主义的多数派。《谷物法》的废除,其重要影响迟至 19 世纪 70 年代才显现出来,当时来自大西洋彼岸的廉价粮食大量倾入,致使食品价格大幅下降,农业萧条状况加剧。

Cornovii 科诺维族 不列颠的一个部族,罗马统治时期的一个地方行政区。令人感到意外的是,虽然该部族完全位于罗马行省境内,而且他们的行政首府是当时不列颠最大的城镇之一,但科诺维族却是一个鲜为人知的部族。该部族行政区覆盖了现在的什罗普郡(Shropshire)、斯塔福德郡(Staffordshire)和柴郡(Cheshire)。几乎位于该部族领地中心地带的行政首府佛罗科尼厄姆(Viriconium)即罗克塞特(Wroxeter),可能取代并借用了位于附近的铁器时代的里金山(Wrekin)上的山寨(hill-fort)的名称。

Cornwall　康沃尔　康沃尔公爵领地是英格兰最早设立的公爵领地,设立的时间是 1337 年,虽然一开始时即大约在 1140 年前后它已成为诺曼伯爵领地。康沃尔公爵领地的面积除了半岛以外,还有其他一些地区,流向南部的泰马河(Tamar)构成了康沃尔郡与德文郡的分界线。由于距离"平民城镇杜姆诺尼亚"("civitas Dumnonia")较为偏远,所以罗马人可能并未将康沃尔开拓为殖民地,但罗马人垄断了康沃尔地区锡的生产。对于康沃尔人来说,只有跨过泰马河才能进入英格兰。在英国内战时期,虽然康沃尔人应征入伍并在本郡内捍卫国王,但他们不可能进一步向东采取军事行动。史前时期康沃尔在西部地区的地位,至少可以追溯到公元前 3000 年,而在公元 5 至 6 世纪,康沃尔就有了具有爱尔兰色彩的教会,而且流行地中海东部地区的习俗。在以后的几个世纪里,康沃尔不仅在贸易方面,而且在通往南欧的朝圣之旅中均发挥了作用。在公元 5 世纪,布列塔尼(Brittany)接受了一批来自杜姆诺尼亚的移民(不列颠人),而且在布列塔尼人的学校里可能仍在学习已被废弃的凯尔特语①(Cornish language)。康沃尔人在大西洋世界的发展过程中也发挥了自己的作用。法尔茅斯(Falmouth)邮政服务创造了一个令人自豪的记录:从 1688 年至 1850 年间,一直负责处理英国发往美洲的邮件。在 19 世纪,康沃尔郡的矿工在南美洲和南非的矿山中采矿,许多矿工死在了那里。1901 年,马可尼②(Marconi)在纽芬兰接收到了由利泽德(Lizard)附近的波尔杜(Poldhu)发出的第一份越过大西洋的无线电信号。布律内尔(Brunel)回到英国后,1857 年至 1859 年间把自己所有的聪明才智都用在索尔塔什(Saltash)的泰马河上架设桥梁的工作之中,从而使康沃尔通上了铁路,给康沃尔带来了旅游业的发展。

　　早在古代时期,康沃尔各溪流中就盛产锡,到 16 世纪时,锡矿的开采越来越深,锡已经成为该地区的生命线。锡锭出口远及各地,但最开始时商人们似乎已经利用了两个北部沿海的港湾,即圣艾夫斯海尔(St Ives-Hayle)和骆驼河(Camel)港湾来出口锡锭。在英国,廷塔杰尔(Tintagel)所保留的 5 至 6 世纪时期的地中海的陶器最为丰富。英国也没有一处遗迹能比廷塔杰尔这个荒凉的海

---

① 在康沃尔郡被称为康沃尔语。——译者注
② 马可尼(1874—1937 年),意大利人,无线电报系统的发明人。——译者注

角更加充满浪漫而神秘的气息,廷塔杰尔的历史比13世纪30年代时康沃尔的理查伯爵(Earl Richard of Cornwall)在这个崎岖岩层上修建的那个城堡还要早,几乎是难以描述的,至于廷塔杰尔与"亚瑟王"的联系,我们只能靠编年史家蒙茅斯的杰弗里(Geoffrey of Monmouth)的记述了。在1086年《末日审判书》(Domesday Book)时期,康沃尔显然还是一个人口稀少之地,因为《末日审判书》里没有提到廷塔杰尔和锡矿。然而,在1346年时,福伊(Fowey)有能力派出40多条船去加莱(Calais)援助爱德华三世。在击败西班牙无敌舰队(Armada)的1588年,尽管此时康沃尔已经成为英格兰南部人口最多的郡之一,但为伊丽莎白女王效力的船只却只有1条。康沃尔郡现在的人口约为480,000人,其中人口最为集中的都市区为雷德鲁斯—坎伯恩(Redruth-Camborne)。特鲁罗(Truro)目前人口为18,000人,但只是到19世纪初才成为一个人口中心,特鲁罗的主教座堂建于1890年至1910年,该教堂使康沃尔第一次成为独立于埃克塞特的主教区。

锡矿开采者的特殊地位可能在诺曼征服(Conquest)前就已经确立起来了。当1201年国王约翰授予他们第一个确认其享有特殊司法自主权的特许状时,在锡矿区法庭(Court of the Stannaries),康沃尔郡的农业就必须给锡矿开采用地让路。1336年康沃尔公爵领地设立后,锡矿开采者的权利被直接纳入王室的监护之下,虽然锡矿区法庭只是到了19世纪中叶才正式归入郡法庭。16世纪时,康沃尔郡的一些主要家族,如拉什雷家族(Rashleighs)、埃利奥特家族(Eliots)和戈多尔芬家族(Godolphins)等,这些家族形成了关系紧密的集团,对此都铎王朝的君主们所做出的回应是:又额外授予康沃尔郡15个市镇以自治权,其中包括博斯尼(Bossiney)和彭林(Penryn),博斯尼的板岩和彭林的花岗岩采石场都很有名。然而,尽管1832年的《改革法》几乎剥夺了这些家族所有的特权,使它们的政治地位逐渐丧失,但一些大的家族如兰海德罗克(Lanhydrock)家族、考特黑尔(Cotehele)家族和特雷莱斯(Trerice)家族等,依旧保持着贵族般的骄傲。今天,尽管康沃尔沿海的沙丁鱼捕捞业已不再繁荣,康沃尔的一处处深矿也已被废弃,但康沃尔仍然保留着丰富多彩的文化。如果没有了康沃尔的艺术家和陶工,没有了康沃尔生产的奶油和莱蒙·哈特先生(Mr Lemon Hart)的朗姆酒,英国以及英国以外更广阔世界的生活将会变得更加贫乏。

Cornwall, duchy of　康沃尔公爵领地　自诺曼征服以来,康沃尔就与王室密切联系在了一起。征服者威廉把康沃尔的大片地产赠送给了他同父异母兄弟罗贝尔(Robert)。后来约翰的次子理查(Richard)成为康沃尔的伯爵,不过,理查这一支系到 1300 年绝嗣。1337 年,爱德华三世封其子黑王子爱德华(Edward the Black Prince)为康沃尔公爵,康沃尔公爵领地成为英格兰设立的第一个公爵领地。从此以后,康沃尔公爵领地就一直属于威尔士亲王,如果没有威尔士亲王,则公爵领地由国王收回。康沃尔公爵领地的治地在洛斯特威西尔(Lostwithiel)。康沃尔公爵领地属私人地产,威尔士亲王的大部分收入都来自于该领地,当然,威尔士亲王在康沃尔公爵领地以外也有财产。据估算,1996 年康沃尔公爵领地的年收入为 450 万英镑,但自 1993 年以来,威尔士亲王一直缴纳标准所得税(standard income tax)。

Cornwallis, Charles, 1st Marquis Cornwallis(1738—1805).　查尔斯·康华里,第 1 代康华里侯爵(1738—1805)　军人和行政官员。美国独立战争期间,康华里在军中服役,从 1780 年起负责指挥在南卡罗来纳(South Carolina)的英军。虽然康华里是一位很有才干的将军,但他还是被美军围困在约克敦(Yorktown)。1781 年 10 月 19 日,康华里被迫投降,美国独立战争基本结束。1786 年至 1793 年间,康华里担任孟加拉总督和司令官。他颁布了涉及土地所有权问题的永久居留法,并推行了司法改革和财税收入改革。1791 年 5 月 13 日,他还在阿里卡拉(Arikera)战役中战胜了迈索尔的提普·萨希布(Tipu Sahib of Mysore)。1798 年,康华里离开印度前往爱尔兰,担任爱尔兰总督,并成功地镇压了爱尔兰人起义。康华里主持起草了 1800 年的《联合法》,但一年后因政府拒绝批准天主教徒解放而辞职。康华里回到印度后,继续担任原来的职务,不久在加济布尔(Ghazipur)去世。

coronations　加冕典礼　虽然君主在其前任去世后是自动继位的,但举行加冕典礼是为了向公众公开宣布他的新的地位。事实上,早期的传统认为,国王只有到被加冕时,才能成为真正的国王。因此,国王在继位登基后会非常迅速地举行加冕典礼,尤其是在还有其他竞争王位人选的情况下,迅速举行加冕典礼就不会给这些人留下任何精心准备的时间。哈罗德二世就是在为忏悔者爱德华举行葬礼的同一天举行加冕典礼的。从本质上说,加冕典礼主要是一种宗教性质的仪式,表示国王把自己的一生奉献给上帝。但加冕典礼带来的种种政治机遇很快就显现出来了。君主们希望能够证明他们继任君位得到了公众的普遍认可,特别是能够证明得到了本国的那些达官显赫们的认可,并利用举行加冕典礼这个机会来提醒臣民们必须要服从自己的统治。臣民则认为,加冕典礼也恰好是提醒君主认清自己权利的机会。因此,加冕仪式的演变显示着政治力量的此消彼长。

英格兰的加冕典礼比苏格兰或爱尔兰的加冕典礼更具有宗教色彩,也更加复杂。英格兰有史料记载的首次加冕典礼既反映了其性质,也反映了其局限性。787 年,麦西亚国王奥法的儿子埃格弗里思(Ecgfrith)被公开施以涂油礼,以确保他成为王位的继承人,结果他只当了 6 个月的国王就被堂兄森伍尔夫(Cenwulf)推翻了。973 年,在巴斯为埃德加(Edgar)举行的加冕典礼表明,加冕仪式已经有了很大的发展:牧师把象征权力的指环、剑和权杖交给被加冕者,同时吟唱圣歌"祭司撒督"("zadok the Priest")。忏悔者爱德华的加冕典礼是1043 年在温切斯特举行的,但此后所有的加冕典礼都在威斯敏斯特举行。

加冕典礼的核心特征一直被保留下来。首先是君主出场,通常由坎特伯雷大主教陪同;接下来进行一系列的宣誓;再接下来是涂圣油;最后是加冕、接受权杖等象征王权的标志物、接受臣服礼。查理一世被处死后,象征古代王权的标志物大多都被卖掉了。只有金雕形状的勺子和圣瓶幸存下来。人们都相信圣瓶里面装着圣油,据说是圣母玛利亚给托马斯·贝克特(Thomas Becket)的,后来被重新发现后及时出现在 1399 年为亨利四世举行的加冕典礼上。其余的象征王权的标志物还包括 1660 年为查理二世新做的一些复制品,或后来添加的一些王权标志物。据说王朝复辟时期的王冠就是仿照着忏悔者爱德华曾经戴过的王冠制作的,1838 年时为维多利亚女王制作了一个重量较轻的王冠。爱德华一世举行加冕典礼时所坐的一把椅子,据说也是仿照着忏悔者爱德华坐过的椅子制作的。在 1996 年以前,象征王权的标志物还包括 1296 年从苏格兰带回来的斯昆石(stone of Scone)。1660 年时制作了两把象征王权的王国之剑(sword of state),其中一把随后失踪,1678 年又制作了第三把剑。1821 年祭祀用剑被制造出来。15 世纪时举行的加冕典礼上使用了宝球(orb),以此来强调英王对法国王位拥有庄严的权利。1689 年的加冕仪式上又增加了《圣经》。加冕仪式上,威斯敏斯特男孩们发出的"欢呼声"("vivate")可以追溯到 1625 年,韩德尔(Handel)创作的背景音乐——圣歌"祭司撒督"("zadok the Priest"),自 1727 年以来一直沿用。

从政治角度来说,对加冕典礼上宣读的誓词作出改动是有益的。最初的誓词充满了狂热,但内容却含混不清。出于对爱德华二世的不信任感,因此在 1308 年时又加入了新的誓词,以此来维护其臣民认可的法律。在经历了詹姆斯二世的统治之后,为威廉和玛丽准备的誓词就是为了要闩好防范天主教和专制主义的大门,迫使君主遵守"议会已经一致同意的法令",维护"依法确立的新的经过改革后的宗教"。

实际上,很多加冕仪式往往难以实现该场合应有的庄严性。征服者威廉的加冕仪式因屠杀他的新撒克逊臣民而遭到玷污,起因是撒克逊臣民的欢呼声被紧张的诺曼卫兵们误以为是发动起义的信号。王室的护卫官(champion)也经常会招惹一些麻烦。1377 年,理查二世的护卫官出现在大教堂,当时教徒们正在做弥撒,结果护卫官被要求离开教堂。1685 年,在詹姆斯二世的加冕典礼上,护卫官在詹姆斯二世眼前摔了个嘴啃泥,好在没有受到质疑。1559 年,伊丽莎白一世抱怨圣油过于油腻,而且味道不好闻。1727 年,卡罗琳王后(Queen Caroline)不得不借珠宝来参加乔治一世的加冕典礼,因为乔治一世把其余珠宝都给了他的情妇。在乔治四世加冕仪式举行到一半的时候,他那已经分居了的妻子突然出现,要求进来参加他的加冕典礼。维多利亚本人记述了当大主教将指环给她戴错手指时,她所遭受的痛苦。1937 年,乔治六世写道,大主教把王冠拿在手里玩弄了很长时间,以至于他都不知道这个环节进行得是否正确。

苏格兰君主的加冕典礼一直简单得多。在 13 世纪以前,苏格兰国王的加冕仪式通常在司昆举行,让国王坐在高处的石头上或椅子上。但后来的加冕仪式受到了限制,因为很多苏格兰君主是在婴儿或儿童时期继位的,无法出演这样一个要求过高的角色。例如,1460 年詹姆斯二世在福罗尔斯城堡(Floors castle)外战死,一周后,詹姆斯三世就在凯尔索(Kelso)宣誓继位,当时他只有 8 岁。苏格兰最后一次加冕典礼是 1651 年在困境中为查理二世匆忙举行的,仪式要求查理向圣约宣誓,而涂油礼作为迷信和天主教的习俗被取消了。

Coronel, battle of, 1914.　科罗内尔海战(1914)　第一次世界大战爆发之际,由海军上将冯·施佩(von Spee)指挥的德国太平洋分遣舰队迅速地穿越太平洋,目的是返回德国。1914 年 11 月 1 日,冯·施佩在智利沿海的科罗内尔遭到由海军少将克里斯托弗·克拉多克爵士(Rear-Admiral Sir Christopher Craddock)指挥的一支英国分遣舰队的截击。德国舰队拥有的新型战舰数量多于英国舰队,而且配备了重武器,因此,德军只在 1 小时内就将克拉多克的大部分舰只击沉。这只德国舰队后来在 12 月的福克兰群岛(Falkland Islands)战役中被消灭。

coroner　验尸官　验尸官是由国王任命的一种官职,负责"保管"或登记在郡进行的"国王之诉"(pleas of the crown)的案卷卷宗,从而维护国王的权利。尽管 1194 年时才首次提到验尸官一职,但验尸官可能在此之前就已经存在了。在诺曼和安茹王朝诸王统治时期,"国王之诉"由郡长负责记录,而涉案中归国王所有的罚金也同时由郡长负责收缴。验尸官一职的设立,就是为了制约郡长的权力。除此之外,关涉国王特别利益的一些案件,也由验尸官负责调查或"讯问",包括对不明原因的死亡进行死因调查;对地下挖掘出的或失事船只中的无主宝藏进行调查;对发现的鲟鱼进行调查[1],等等。验尸官还有一个重要的职责,那就是对猝死或不明原因的死亡案件进行调查。

Corporation Act, 1661.　《市镇社团法》(1661)　《市镇社团法》(13 Car.II c.1)是《克拉伦登法典》(Clarendon code)的第一部分,旨在王朝复辟(Restoration)后再次强调国教的至高地位。该法规定:所有担任市政职务者,都必须按照英国圣公会的规定,进行圣餐、洗礼等圣事活动。在整个 18 世纪,《市镇社团法》一直都是争论的焦点,1828 年被废除。

---

[1]　在当时,鲟鱼属王室鱼类,无论在海滩还是在海岸附近捕获,均应归王室所有。——译者注

corporations　公司　由于大量的经济活动要么非常复杂,要么成本太高,所以只能通过许多个体公司联合起来的方式才能开展。因此,所有的经济制度都是以发展国家或公司等这样的大型机构为特征,就不会让人感到意外了。早期从事的大宗业务都是以各种贸易公司的形式进行的,这些贸易公司的业务活动远及波罗的海和地中海地区。一些贸易活动能到达更远地区的重要公司,甚至获得了王室授予的垄断权。最著名的是东印度公司,1600 年王室颁发给该公司的特许状规定它拥有与印度海上贸易的垄断权,该公司 1657 年时最终成为一家能够持续自我运转的公司。到 1617 年,东印度公司已经拥有 36 条船和 934 名股东。1694 年英格兰银行获得王室颁发的特许状。在接下来的 18 世纪早期,获得王室特许状的公司还有南海公司、皇家交易所和伦敦保险公司。这些大型组织都是现代公司的前身,它们的出现大大增加了英国大公司的数量。英国政府一有机会就会向公司颁发特许状,以此来确保受益者承诺向政府提供贷款。

corresponding societies　通讯协会　尽管英国最初欢迎法国大革命(French Revolution)的人大多是来自中产阶级和持不同政见的群体,但法国大革命的思想很快就通过潘尼特激进主义(Painite radicalism)的传播,特别是通讯协会组织的散布,而广泛流行开来。1792 年,来自苏格兰的鞋匠托马斯·哈代(Thomas Hardy)成立了英国当时最著名的激进团体——伦敦通讯协会(London Corresponding Society),目的是以通讯的形式联合地方上的激进分子,推动议会改革事业的发展。这使英国政府感到十分震惊,于是逮捕了该协会的领导人,并对该协会施以重压。到 1797 年,各通讯协会要么解散,要么转入地下活动。

Corrichie, battle of, 1562.　克里奇战役(1562)　当苏格兰女王玛丽以寡妇身份于 1561 年从法国返回苏格兰时,她那同父异母的兄弟詹姆斯·斯图亚特勋爵(Lord James Stuart)给她施加了很大的影响。詹姆斯·斯图亚特是詹姆斯五世的私生子。他奉行的是亲英格兰和亲新教徒的政策。早在 1562 年,他就被封为莫里伯爵(earl of Moray),天主教领袖第四代亨特利伯爵也声称拥有这一爵位。亨特利被迫发动了叛乱,10 月 28 日在阿伯丁附近的克里奇被詹姆斯抓获。亨特利由于"身材臃肿、肥胖,呼吸急促",当晚就去世了。

Corrupt Practices Act, 1883. 《禁止选举舞弊法》(1883) 1832 年《改革法》(Reform Act)颁布后,议会选举中的舞弊行为不断发生,而且 1854 年颁布的《禁止选举舞弊法》和 1872 年实行的无记名投票制也都未能根除这些舞弊行为。1883 年颁布的《禁止选举舞弊法》(46 & 47 Vic.c.51),通过规定限制选举费用的支出,进一步强化了 1854 年法令的作用。虽然这些法令未能根除选举中的舞弊行为,但随着选民人数的不断增加,以及许多小的自治市镇的选举权被剥夺,选举舞弊行为有所减少。

Cort, Henry (1740—1800). 亨利·科特(1740—1800) 科特出生在兰开斯特(Lancaster),其父为石匠。他对生产铁的兴趣是在俄罗斯提高了铁的价格以后产生的。1784 年,他取得了"搅炼法"的发明专利,即利用反射炉炉床搅动融化了的生铁,使其具有韧性,可以锻压。科特曾与亚当·杰利科(Adam Jellicoe)签订了几个大型的船舰合同,但 1789 年杰利科去世后欺诈行为败露,致使科特彻底破产。科特的晚年仅以少量年金维持生活。

Corunna, battle of, 1809. 科伦纳战役(1809) 1808 年 10 月,英军在约翰·穆尔爵士(Sir John Moore)的率领下,向西班牙北部挺近,目的是吸引马德里(Madrid)的法军。由于敌众我寡,加之补给不足,英军面临着被包围的危险。穆尔巧妙地穿过群山向沿海撤退,苏尔特元帅(Marshal Soult)率领法军紧追不舍。1809 年 1 月 16 日,苏尔特率领 20,000 法军在科伦纳向英军发动进攻。穆尔率领 15,000 人的英军击退了法军,英军得以安全从海路撤离,但穆尔自己伤重不治。

Cotman, John Sell (1782—1842). 约翰·塞尔·科特曼(1782—1842) 建筑师,绘图员,风景画和水彩画画家。科特曼的父亲是诺里奇(Norwich)一个富有的绸商,希望科特曼能子承父业,但科特曼更喜欢艺术,1798 年他前往伦敦学习。1800 年至 1806 年,科特曼在皇家艺术院(Royal Academy)展出了自己的作品,然后于 1807 年返回诺里奇,创办了一个专门教授绘画和设计的学校。他加入了诺里奇艺术家协会(Norwich Society of Artists),并于 1811 年成为该协会的主席。今人视科特曼为最具原创性的艺术家,他在 1805 年创作的水彩画《格雷达桥》(*Greta Bridge*)堪称杰作。

Cottington,Francis,1st Baron Cottington(c.1579—1652). **弗朗西斯·科廷顿,第 1 代科廷顿男爵**(约 1579—1652) 来自萨默塞特,科廷顿的第一份工作是受雇于詹姆斯一世,负责处理西班牙事宜,因为他非常了解这个国家,而且会讲西班牙语。1622 年,他成为威尔士亲王查理(Charles,prince of Wales)的秘书,1623 年被授予男爵爵位,进入议会。他与白金汉之间发生的争吵,给他的升迁蒙上了阴影。但白金汉公爵被谋杀后,科廷顿的政治生涯又开始稳步上升。1629 年,他出任财政大臣,一直任职到 1642 年。内战爆发时,他在牛津加入了国王的阵营,充当首席财政大臣。1646 年王党军队投降后,科廷顿逃亡海外。1652 年 6 月科廷顿在西班牙去世,去世前仍保持着天主教徒的身份。

Council,Great 大谘议会(大会议) See GREAT COUNCIL【见大谘议会(大会议)】

Council for Wales in the Marches 威尔士边区委员会 作为马奇伯爵(earl of March),爱德华四世在威尔士边境地区拥有大片领地,并于 15 世纪 70 年代在什鲁斯伯里(Shrewsbury)设立了一个委员会。威尔士出生的亨利七世也如法炮制。该委员会经过了一段时间的停顿,后来似乎是由托马斯·克伦威尔恢复的。根据 1543 年的一项法令,在威尔士及位于边区的几个郡——什罗普郡(Shropshire)、赫里福德郡(Herefordshire)、伍斯特郡(Worcestershire)和格洛斯特郡(Gloucestershire)成立一个委员会。该委员会处理的事务主要是司法方面的,以使上诉人免于长途奔波到伦敦去诉讼。与北部委员会(Council of the North)不同的是,威尔士边区委员会没有被长期议会废除。1660 年经过重组后,威尔士边区委员会再也没有恢复到往日的重要地位,1689 年被废除。

Council of State,1649—1660. 国务会议(1649—1660) 继处死查理一世和废除君主制后,1649 年 2 月,"残余议会"(Rump Parliament)把国家行政权交

给了一个由 41 人组成的国务会议。国务会议成员中有 3 名贵族,包括布拉德肖(Bradshaw)在内的一些律师,以及包括克伦威尔、费尔法克斯(Fairfax)和菲利普·斯基庞(Philip Skippon)在内的高级军官等。根据一份宪法草案《施政文件》(Instrument of Government),克伦威尔在 1653 年 12 月成为护国公(lord protector),并得到一个由 21 人组成的国务会议的咨询和帮助。虽然国务会议的权力较之过去已经所剩无几,但克伦威尔仍抱怨其束手束脚。

Council of the North　北部委员会　北部委员会是都铎王朝和斯图亚特王朝早期,政府在约克郡(Yorkshire)、达勒姆(Durham)、坎伯兰(Cumberland)、威斯特摩兰(Westmorland)和诺森伯兰(Northumberland)这些动荡不安的北部各郡设置的主要权力机构。作为爱德华四世统治时期的格洛斯特公爵,理查三世与诺森伯兰伯爵共同享有统治北部的权力。1483 年理查三世攫取英格兰王位后,任命诺森伯兰伯爵担任了边区监管大臣(warden of the marches),但同时又在约克单独设立了一个委员会。该委员会在伊丽莎白一世统治时期的重要性,可以从下列事实中得到证明:1569 年危险的北部伯爵叛乱(rising of the northern earls)被平息后,该委员会的主席从 1572 年至 1595 年一直由伊丽莎白一世的堂兄亨廷登勋爵(Lord Huntingdon)担任;从 1599 到 1603 年由罗伯特·塞西尔爵士(Sir Robert Cecil)的哥哥伯利勋爵(Lord Burghley)担任;1628 年,查理一世任命斯特拉福德(Strafford)为该委员会主席。斯特拉福德在爱尔兰担任总督时,依旧保留着这一职位,但 1641 年斯特拉福德被没收财产并被处死。此后不久,该委员会被长期议会废除。从解散修道院开始到该委员会被废除这段时期,该委员会一直在位于约克的国王庄园(King's Manor),也就是委员会主席(lord president)的住宅开庭。

counties　郡　郡(也可以用 Shire 表示)是英格兰自诺曼征服以前迄于当代的主要地方性行政单位。1086 年的《末日审判书》中描述了英格兰的 32 个郡,其中有 5 个郡是将前威塞克斯王国加以分割的结果。在这 5 个郡中,汉普郡早在 757 年时就已经存在了,其他 4 个郡的历史可能也与汉普郡一样古老。这 5 个郡源自原来被并入威塞克斯的几个王国,即肯特王国、萨塞克斯王国、埃塞克斯王国和东盎格利亚王国(后来分为诺福克和萨福克)。中部地区各郡几乎都是 10 世纪设置的。只有威斯特摩兰郡(Westmorland)、坎伯兰郡(Cumberland)、兰开夏郡(Lancashire)、达勒姆郡(Durham)、诺森伯兰郡(Northumberland)和有些不合常理的拉特兰郡(Rutland)是后来被加进郡这一体系的。《末日审判书》中描述的 32 个郡,在很大程度上,仍然维持着几个世纪以前的行政区域面积。到 1066 年时,每个郡(有时是两个郡合在一起)都设有一位官员,即郡长(sheriff),负责管理王室的土地,并代表王室行使权力。郡法庭(county court)每年开庭两次,是负责审判民事和刑事案件的主要法庭。

诺曼征服以后,各郡的变化主要体现在两个方面:一是在各郡修建了城堡;二是郡法庭开庭的频率大大增加。尽管这些法庭的重要性降低了,但最重要的新的司法机构,即治安法官(justices of the peace)却以郡为基础建立起来了。随着时间的推移,治安法官获得了许多权力。在根据 1888 年颁布的《地方政府法》而设立郡议会(county councils)之前,由治安法官组成的季审法庭(quarter sessions)一直是地方政府的主要机构。

1888 年以前的几个世纪中,唯一的重大创新就是在 1549 年创设了郡最高军事长官(lord-lieutenant)一职,负责本郡的征兵工作。根据 1881 年颁布的一项法律,常备郡团(regular regiments)的建制都实现了标准化,而且普遍建立起来了。常备郡团的设置体现了 19 世纪末时的大郡意识,而这种意识也在各类考古协会、板球俱乐部和农业协会中体现出来了。1972 年颁布的一项法律给郡一级的组织带来了重大变化。一些历史悠久的郡被合并,同时还建立了一些没有历史先例的新郡。1996 年,英国的郡又出现了进一步的变化。中央政府通常很少表现出对郡的关爱之情,而公众则对郡钟爱有加。

country houses　乡间别墅　乡间别墅是光荣革命和第一次世界大战之间这段时期内人们关注的焦点和绅士阶层(gentry)崛起的象征。它已不再具有军事意义。乡间别墅很大,足以容纳这个家庭的成员和依靠这个家庭生活的人,以及为他们提供服务的一群仆从。理想情况下,乡间别墅可以接待大量客人,因为它经常成为政治活动的总部。乡间别墅通常坐落在其自带的花园里,有门房和车道,这一方面是为了留出隐私的空间,另一方面是为了给客人留下深刻印象,甚至对客人起到一种威慑作用。

乡间别墅似乎并非是描述都铎式住宅（Tudor residences）的恰当术语。类似哈特菲尔德（Hatfield）、朗利特（Longleat）、伯利（Burghley）、哈德威克（Hardwick）这样的大宫殿，对于乡间别墅来说过于壮观，会使人想起"豪华宫殿"（"prodigy houses"）。其余许多大小合适的住宅往往位于中世纪村庄的中心地区，那里的环境不是风景如画，而是肮脏不堪。18 世纪的圈地运动（enclosures），其目的之一通常是圈围一个公园，或是清除一条令人烦恼的小路。

16 世纪 40 年代解散修道院时期释放出来的大部分土地都流入到绅士和贵族的手中，很多地产后来都被建成乡间别墅，这违背了沃本大修道院（Woburn abbey，贝德福郡）、希钦小修道院（Hitchin prioroy，赫特福德郡）等的初衷。17 世纪普通乡间别墅中，最为典型的几处分别是位于泰恩河畔纽卡斯尔（Newcastle upon Tyne）以南的华盛顿老厅（Washington Old Hall）和位于多塞特郡的伍尔布里奇庄园（Woolbridge Manor）。在更大的范围内还有 1668 年在诺森伯兰郡建造的凯普希顿（Capheaton）、1670 年在牛津郡建造的米尔顿（Milton）和 1685 年至 1690 年在萨塞克斯建造的阿帕克（Uppark）。随着德比郡的查茨沃斯宅邸（Chatsworth，1687 年建成）、约克郡的霍华德城堡（Castle Howard，1699 年建成）、白金汉郡的斯托庄园（Stowe，1720 年建成）和边境地区的梅勒斯汀庄园（Mellerstain，1725 年建成）的相继建成，乡间别墅正朝着宫殿的方向发展。

18 世纪中期是一个进步的时代，兴建了大量古典风格的乡间别墅，并且投入大量资金美化公园。在凯德尔斯顿（Kedleston）、米尔顿、奇彭纳姆（Chippenham，剑桥郡）、纽纳姆考特尼（Nuneham Courtenay）和温波尔（Wimpole），整个村庄都被迁走，从而给这些乡间别墅留下更大的私人空间。乡间别墅的室内结构都经过重新安排，与中世纪时期那种大厅、半公共住房相比，留出了更大的隐私空间，也更加舒适。

虽然 18 世纪是乡间别墅发展的鼎盛时期，但 19 世纪兴建的乡间别墅比以往任何时期都要多。出人意料地成为保守党领袖的迪斯累里（Disraeli），没有自己的乡间别墅，不得不向本廷克家族（Bentincks）借钱购买位于白金汉郡的休恩登庄园（Hughenden Manor）。威廉·阿姆斯特朗爵士（Sir William Armstrong），作为东北部地区的军火大王，在诺森伯兰郡群山间的克雷格塞德（Cragside）处为自己兴建了一所非比寻常的乡间别墅,优雅胜过舒适。罗斯柴尔德(Rothschild)家族兴建的规模庞大且装饰华丽的乡间别墅群覆盖了整个艾尔斯伯里(Aylesbury)的山谷,包括 1840 年兴建的阿斯顿克林顿庄园(Aston Clinton)、1852 年至 1854 年兴建的门特莫尔庄园(Mentmore)、1873 年兴建的特灵庄园(Tring)、1874 年兴建的阿斯科特庄园(Ascott)、1880 年兴建的沃兹登庄园(Waddesdon)和 1884 年兴建的霍尔顿庄园(Halton)。

19 世纪乡间别墅的衰落是由多种原因造成的。由于乡间绅士已不在政治上占主导地位,于是乡间别墅作为政治中心的理由也就不存在了。19 世纪 70 年代以后农业的萧条,使得地产阶层的利益受到严重打击,土地在此后的几十年间已经不再是一个有吸引力的投资目标。经营别墅的成本逐渐提高,就像遗产税和歧视性税收开始让人感到疼痛一样。尽管许多乡间别墅留存了下来,但有些别墅已遭到拙劣的改造,变成了会议中心、感化院、邪教团体的总部,甚至游乐场和游乐园。

County Councils Act, **1888.** **《郡议会法》**(1888) 1835 年颁布的《市政法人法》(Municipal Corporation Act)规定,所有大的城镇的法人一律经选举产生,而乡村的行政管理权则继续保留在治安法官(juctices of the peace)手中。在 1888 年的《地方政府法》(Local Government Act)中,索尔兹伯里勋爵(Lord Salisbury)主持的政府在英格兰和威尔士设置了 62 个郡议会(county councils),一些较大的郡被再次细分。人口超过 50,000 的 61 个城镇被赋予郡级自治市(county borough)的地位,伦敦也被获准拥有自己的郡议会。在英格兰,郡议会成员的构成具有很大的连续性,而许多治安法官都是选举产生的,有些郡的最高军事长官(lords-lieutenant)成为了郡议会的主席。但在威尔士,不从国教的新教徒(nonconformist)取代绅士阶层成为了郡议会中的多数。

county courts **郡法庭** 郡法庭是盎格鲁—撒克逊时期和诺曼时期最重要的公共法庭,管辖着英格兰地方生活的方方面面。随着普通法法庭的发展和 13 世纪时议会的建立,郡法庭逐渐衰落。到了 19 世纪,英格兰仍然无法为低收入者提供一个合乎法律规范的民事诉讼场所。1846 年,为了满足人们提出的批评意见的要求,《郡法庭法》规定在每个地区都建立一个新的"郡法庭"。这些新的郡法庭成为并且一直是行使有限裁判权的民事法庭。

Courcy, John de(d.1219). **约翰·德·库西(卒于 1219 年)** 阿尔斯特(Ulster)的征服者。虽然他可能来自于萨默塞特郡,但其出身不详。据说,1171年时他曾与亨利二世一起访问爱尔兰,亨利二世向他承诺:如果他能够征服阿尔斯特,就将让他拥有之。1176 年,库西率领一支人数不多但组织良好的军队回到爱尔兰,他从都柏林向北进军,成功地夺取了巴恩(Bann)以东的土地。从1185 年至 1190 年,库西一直担任爱尔兰首席政法官(justiciar)。

court 宫廷 被称为宫廷的这一机构,在过去的几百年时间里,其含义已经改变了。在中世纪早期,宫廷或王室是政府的中心。君主与他的顾问们以及他的高官们一起在宫廷中处理政务、接受诉讼,并实施司法裁决。随着公共事务数量的增加,各种职能都委托给了专门的机构去执行:许多行政事务由谘议会来负责管理,而司法实务则交给专门的法庭来负责。但只要政治权力仍然掌握在君主的手里,公共领域与私人领域之间界限的划分就从来不可能是绝对的。有人一直认为,"都铎王朝时期的政府革命"导致宫廷从 16 世纪 30 年代开始就只是扮演着举行各种仪式的角色。这种看法过于草率。在整个都铎王朝时期和斯图亚特王朝早期,一个人既可以在宫廷成就事业,也可以在宫廷使事业遭到破灭,沃尔西(Wolsey)、莱斯特(Leicester)、埃塞克斯(Essex)、罗切斯特(Rochester)、白金汉(Buckingham)等人就是如此。但光荣革命以后,由于政府的权力流向议会和内阁,因此宫廷的重要地位开始衰减。乔治二世统治时期,宫廷生活除了几次大的场合外,平淡而宁静。君主仍然施加着广泛的影响力,但只能是通过私下与大臣们直接磋商的方式或通信的方式,而不是通过宫廷。爱德华七世时代那种宫廷的社交活动在 1900 年至 1910 年间,出现了短暂的复兴,部分原因是维多利亚隐居多年后人们对与君主见面感到新奇。但这只是"夕阳无限好"(Indian summer),1917 年就在第一次世界大战的炮火声中走向衰落。

court and country party 宫廷党与乡村党 17 世纪末 18 世纪初政府和反

对政府派别使用的名称。"乡村党"这个术语具有各种明显的优势。它的含义比托利党或教会党(church party)的含义要广泛得多,当许多党派正在联合起来推翻沃波尔(Walpole)政府的时候,乡村党这个名称可以避免必须使用像辉格党和托利党这样不同的名称。乡村党一般来说暗示着可以在全国范围内获得大量的支持。它使人们想起过去的一个黄金时代,在新兴的金钱利益冲垮一切之前,从骑士(squire)和乡下人和谐相处。另一方面,"宫廷党"暗指一个对君主卑躬屈膝的小集团,这些人整日沉溺于庇护与腐败之中。

Courtenay, William(c.1342—1396).   **威廉·库尔特尼**(约 1342—1396)   坎特伯雷大主教。库尔特尼的贵族人脉关系很快将他带上了优先升迁的阶梯。库尔特尼来自德文郡,毕业于牛津大学,主修法律专业,并于 1367 年任牛津大学校长。1370 年他成为赫里福德(Hereford)的主教,1375 年转任伦敦主教。在担任伦敦主教期间,库尔特尼亲眼目睹了当时发生的农民起义,坎特伯雷大主教西蒙·萨德伯里(Simon Sudbury)就是在这次农民起义中被杀的。库尔特尼接替萨德伯里成为坎特伯雷大主教,并在短期内担任过国玺掌管大臣。库尔特尼与年轻的国王理查二世经常发生争执。1385 年,当他试图指责查理二世野蛮的生活方式时,两人发生了激烈的争吵。尽管如此,库尔特尼大主教对1393 年颁布的抑制教皇权威的《侵犯王权罪法》(statute of Praemunire)给予了支持。

Court of Session   最高民事法庭   1532 年,在某种程度上说,詹姆斯五世是在教皇的建议下,在苏格兰成立了一个最高民事法庭,或最高民事法庭司法联合会(College of Justice)。苏格兰最高民事法庭应该由 15 名法官组成,并已得到《合并法》(Act of Union)的确认,不过,随着诉讼案件数量的增加,法官的数量也已增加。这些法官可以被礼节性地称为勋爵(Lord),但他们在议会上院没有席位,这个头衔也不能世袭。

courts leet   庄园刑事法庭   庄园刑事法庭最初是作为庄园领主享有的一项特权(franchise)而召开的法庭。根据国王授予的这一特权,庄园领主有权行使百户区法庭(hundred court)的司法审判权,可以处理本地区所有轻微的刑事案件,并收取向法庭缴纳的罚金。随着治安法官(justices of the peace)的出现,庄园刑事法庭逐渐衰退,不过一些庄园刑事法庭后来成为因合并庄园导致自治市镇不断扩大而新成立的地方政府的核心。

courts martial　军事法庭　严格地说,军事法庭执行的是军事法,即适用于军人的法规。然而,军事法庭一词也已被用来描述执行"军事管制法"("martial law")的法庭。早在玫瑰战争时期,军事指挥官就已经行使了对在战争冲突地区违反军事管制法者加以审判和处罚的权力。迄今为止,只要有适用"军事管制法"之类的原则的地方,有时就有必要进行防卫。

covenanters　圣约派　作为 1638 年苏格兰《民族圣约》(National Covenant)的支持者,圣约派试图维护苏格兰的长老会制。在 1639 年至 1640 年的主教战争(Bishops' wars)中击败查理一世后,圣约派强迫要求查理一世接受苏格兰的长老会制。尽管查理一世被处死后,查理二世于 1650 年签署了这一圣约,但克伦威尔的得胜军却迫使苏格兰人承认教派主义。1662 年苏格兰主教制度的复兴没有受到欢迎,1690 年恢复实行了长老会制。

Covent Garden(London)　**考文特花园**(伦敦)　第 4 代贝德福德伯爵(earl of Bedford)因急于恢复他那片荒芜的地产——在修道院解散之前,这片土地属于威斯敏斯特女修道院所有,于是委托伊尼戈·琼斯(Inigo Jones)为建筑师。琼斯曾在意大利学习,受其影响,创建了一个由圣保罗教堂和三排高大的房屋环绕的广场。这些房子非常抢手,但 1670 年时在这里建成的水果、花卉和蔬菜市场的扩大,降低了这些房子的时尚感。商店和咖啡馆不断增加,广场旁的第一个剧院,即现在的皇家歌剧院于 1732 年开业。

Coventry　考文垂　考文垂是沃里克郡一个有主教座堂的城市。考文垂是围绕着一个重要的女修道院发展起来的,这个修道院是 1043 年时由利奥弗里克伯爵(Earl Leofric)及其夫人戈德吉弗(Countess Godgifu),即考文垂民间传说中的"戈黛娃夫人"("Lady Godiva")创建的。14 世纪时,考文垂通过毛纺业一跃成为英格兰第四大城镇。考文垂在 16 世纪的衰落同样引人注目,但从 18 世纪开始,考文垂的工业发展又出现了新的繁荣。第二次世界大战期间,考文垂遭到德军的猛烈轰炸。

Coventry, diocese of 考文垂主教区 现在的考文垂主教区创建于 1918 年,教区辖区大致与沃里克郡重合。在盎格鲁—撒克逊时期和诺曼王朝早期,麦西亚教会一直以利奇菲尔德(Lichfield)为中心,后来又以切斯特(Chester)为中心,1102 年以后才最终以考文垂大教堂为中心。1836 年,考文垂主教区及其邻近教区被置于伍斯特主教区的管辖之下,但随着中部地区人口的大量增加,根据需要分别在 1905 年和 1918 年建立了伯明翰主教区和考文垂主教区。圣迈克尔(St Michael)堂区教堂在 1940 年被炸毁之前,一直承担着主教座堂的角色。新的主教座堂由巴兹尔·斯彭斯(Basil Spence)设计,而格雷厄姆·萨瑟兰(Graham Sutherland)制作的大挂毯——"荣耀的基督"(*Christ in Glory*)在教堂中占据着主要位置。

Coverdale, Miles(1488—1568). **迈尔斯·科弗代尔**(1488—1568) 科弗代尔从一个信奉奥古斯丁教义的修士转变成一个世俗的牧师、受欢迎的布道者和早期的宗教改革者。1528 年至 1548 年间,他大部分时间都在国外流亡。1535 年在国外流亡期间,他成为把《圣经》完整地翻译成英文的第一人。在此之前,他可能与威廉·廷代尔(William Tyndale)合作从事《圣经》的翻译工作,并且以廷代尔翻译的《新约》作为自己翻译的依据。与此同时,托马斯·克伦威尔发起了一个正式用于每个堂区教堂的《圣经》翻译项目,并委托科弗代尔为校订者。这本"大圣经"(Great Bible)于 1539 年出版。爱德华六世在位期间,科弗代尔被任命为埃克塞特主教。在玛丽·都铎统治时期,科弗代尔被剥夺了主教职位,但躲过了迫害。

Cowes regatta 考斯赛艇会 "考斯周"(Cowes week)划艇赛于每年八月初举行,是英国游艇比赛的高潮。亨利八世兴建的考斯城堡(Cowes castle)自

1856 年以来一直是皇家游艇队(Royal Yacht Squadron)的总部。东考斯(East Cowes)和西考斯(West Cowes)分别位于怀特岛(Isle of Wight)北部的梅迪纳河(river Medina)河口的两侧。

Cowper, **William**, **1st Earl Cowper** (1664—1724). **威廉·考珀,第 1 代考珀伯爵**(1664—1724) 政治家和律师。1688 年取得律师资格,他证明了自己是一名出色的律师,并于 1695 年进入议会下院。1705 年,他被任命为掌玺大臣,1706 年被封为贵族,1707 年出任大法官一职。1710 年,他主持了对萨谢弗雷尔博士(Dr Sacheverell)的审判,并于同年晚些时候与所在的政党①一起辞职。1714 年,他被乔治一世重新任命为大法官,他推动实行了《暴乱治罪法》和《七年会期法》。然而,到了 1718 年,他越来越随着保守党投票,并在被封为伯爵一个月后辞职。

Crabbe, **George** (1754—1832). **乔治·克雷布**(1754—1832) 克雷布出生在萨福克郡的奥尔德堡(Aldeburgh),在接受圣职之前,克雷布接受的是医学训练。但他爱好诗歌,并搬到了伦敦,他有幸被伯克(Burke)、约翰逊(Johnson)以及曼纳斯家族(Manners family)所接受。他 1783 年出版的诗作《村庄》(*The Village*)以忧郁的风格描述了村庄的贫穷和艰苦生活,意在与哥尔德斯密斯(Goldsmith)的理想化的《荒凉的村庄》(*Deserted Village*)形成鲜明的对比。《村庄》使克雷布名声鹊起,也使他的教士职位优先得到了提升。克雷布的另外一部代表作是 1810 年出版的《自治市镇》(*The Borough*),该作品描述了他的家乡,其中包括有曾被本杰明·布里顿(Benjamin Britten)利用过的彼得·格兰姆斯(Peter Grimes)的故事,彼得是个有施虐狂倾向的渔夫。

Craftsman, *The*; *or*, *The Countryman's Journal* 《**工匠**》 最畅销的一份报纸,自 1726 年 12 月 5 日创刊伊始,就成为反对罗伯特·沃波尔爵士(Sir Robert Walpole)的先锋。在博林布罗克(Bolingbroke)和威廉·普尔特尼(William

---

① 即辉格党。——译者注

Pulteney）的支持下，该报刊公开声明其宗旨就是为了揭露政治伎俩。该报刊试图以朴素的表达方式来创建一个政治平台，并使其强大到足以容纳托利党和持不同政见的辉格党人的观点。

Craig，James，1st Viscount Craigavon（1871—1940）. 詹姆斯·克雷格，第 1 代克雷加文子爵（1871—1940） 北爱尔兰第一任总理。克雷格的父亲是位百万富翁，经营威士忌蒸馏器。1906 年，克雷格作为东唐（East Down）的候选人当选为统一党（Unionist）议会下院议员。他与卡森（Carson）一起领导北爱尔兰统一党（Ulster Unionist）共同抵制了第三个《地方自治法案》（Home Rule Bill）。他在政府中担任了一些较低的职位，如 1919 年至 1920 年担任了养老金部（Ministry of Pensions）的政务次官；1920 年至 1921 年担任了海军部的财政司司长。克雷格对《爱尔兰政府法》的生效发挥了很大影响，并成功地推动了六郡划分方案。尽管克雷格站在威斯敏斯特的立场上，但他在 1921 年接受了新成立的北爱尔兰总理一职，到 1940 年他去世为止一直担任这一职务。

Cranfield，Lionel，1st earl of Middlesex（1575—1645）. 莱昂内尔·克兰菲尔德，第 1 代米德尔塞克斯伯爵（1575—1645） 勤劳能干的克兰菲尔德在詹姆斯一世统治时期担任财政大臣。他是一个成功的商人冒险家，1613 年，当他被任命为海关总监（surveyor-general of the customs）时，实际上等于把偷猎者变成了猎场看守人。1614 年，克兰菲尔德成为议会议员，加入了王室宠臣、后来的白金汉公爵乔治·维利尔斯（George Villiers）的阵营。1621 年，当克兰菲尔德出任财政大臣时，他发现每个细节都需要进行改革。由于克兰菲尔德削减了开支，王室里的侍臣们失去了养老金和津贴。结果克兰菲尔德很快便下台了，而把他拉下台的人恰恰是他以前的保护人白金汉公爵。克兰菲尔德在受到弹劾后被查明犯有贪腐罪，被处以罚金，并在伦敦塔遭到短期监禁。1625 年克兰菲尔德被赦免后，过上了隐居的生活。

Cranmer，Thomas（1489—1556）. 托马斯·克兰麦（1489—1556） 坎特伯雷大主教。在英国圣公会（Church of England）形成的过程中，克兰麦比其他

任何国教教徒所起的作用都大。克兰麦出生在诺丁汉郡的一个绅士家庭,就读于剑桥大学耶稣学院(Jesus College)。1529 年,克兰麦凭着向亨利八世建议就其第一次婚姻的合法性问题征询欧洲各大学学者们的看法,而一下子声名鹊起。1532 年,克兰麦在出使德意志的途中,结识并迎娶了纽伦堡(Nuremberg)的路德宗领袖的侄女安德里亚斯·欧西安德(Andreas Osiander),后来他把安德里亚斯秘密带回英格兰。在坎特伯雷大主教威廉·渥兰(William Warham)去世的同一年,克兰麦被提名作继任者。1533 年初,教皇克雷芒七世(Clement VII)以书面文件形式批准为他举行祝圣仪式。此后克兰麦主持法庭并宣告亨利和凯瑟琳的婚姻无效。后来,克兰麦以同样的办法判决亨利与安妮·博林(Anne Boleyn)的婚姻无效,祝贺亨利八世迎娶克利夫斯的安妮(Anne of Cleves),最后又帮助亨利八世解除了与安妮之间的婚姻关系。

1535 年前后至 1538 年间,在英格兰的宗教政策得以成形方面,很难把克兰麦的作用与托马斯·克伦威尔的作用分隔开来。克兰麦明显对 1539 年制定的迫使他把妻子送走的《六项条款法》(Act of Six Articles)持反对意见,但与拉蒂默(Latimer)不同的是,克兰麦并未以辞去坎特伯雷大主教一职来表示抗议。

在爱德华六世的就职仪式上,克兰麦颁行了具有决定意义的新教著作——第一版《布道书》(Book of Homilies),内含一整套正式的布道范文。相比之下,他于 1549 年主持出版的第一版《公祷书》(Book of Common Prayer)则显得他煞费苦心的保守,这让位于对立面的天主教徒们感到欢欣鼓舞,却让克兰麦的盟友们感到尴尬不已。1549 年,克兰麦欢迎一群德意志和意大利的信奉新教的新星来到英格兰。这些人帮助克兰麦制定了其最明确的反天主教礼拜仪式的纲领,即第二版的《公祷书》(1552 出版)和《四十二条信纲》(Forty-Two Articles of Religion,1553 出版),这两个作品分别为 1559 年的《祈祷书》(Prayer Book)和 1563 年的《三十九条信纲》(Thirty-Nine Artticles)打下了基础。

尽管人人皆知玛丽是天主教徒,但克兰麦对玛丽的继位没有进行任何抵制。克兰麦与其他那些信奉新教的主教们把玛丽继任国王作为上帝对自己的考验。玛丽以叛国罪剥夺了克兰麦的财产,但克兰麦将此事搁置一边,积极参加了 1554 年 4 月在牛津举行的公开辩论,在这次辩论中,克兰麦对自己的辩护不如尼古拉斯·里得雷(Nicholas Ridley)的力度大。克兰麦被关进监狱,最终被说服签署了接受天主教主要教义的悔过书。克兰麦后来又否定了自己签署过的这些悔过书，1556 年 3 月 21 日以异端罪被处以火刑。

Cravant, battle of, 1423.　克拉旺战役（1423）　1423 年夏，索尔兹伯里伯爵（earl of Salisbury）及其勃艮第盟友去解救约讷河（river Yonne）上的克拉旺。1423 年 8 月 1 日，索尔兹伯里伯爵与法军元帅巴肯伯爵（earl of Buchan）率领的围攻克拉旺军队在要塞之间遭遇，索尔兹伯里伯爵发起突袭，彻底打垮了对手。

Crécy, battle of, 1346.　克雷西战役（1346）　克雷西战役是英法百年战争中英国第一次在陆上取得胜利的战役。爱德华三世出其不意地在诺曼底登陆后，开始向北挺进。1346 年 8 月 26 日，英军在庞蒂厄（Ponthieu）的克雷西做好了战斗准备，骑士和下了马的重骑兵居中，弓箭手分列两侧。法军首先派从热那亚雇用的弩兵冲在前面，这些弩兵的武器与英军的长弓根本没法相比。英军首次在这次大战中使用的大炮，令法军胆战心惊，法军的骑兵穿过那些正在撤退的热那亚弩兵发起了冲锋。在战役的最后阶段，法军表现出了无谓的骑士精神和英雄气概，尤其是波希米亚（Bohemia）的盲人国王在混战之中，被他的骑士们用绳索将其与他们自己绑在了一起，所有人全部阵亡。爱德华在取得这场战役的胜利后，包围了加莱，1347 年 8 月加莱投降，英格兰人得以拥有了一条直接通往欧洲大陆的重要线路。

Crediton, diocese of　克雷迪顿主教区　克雷迪顿主教区是 909 年从舍伯恩（Sherborne）主教区中分离出来的，它最初覆盖德文郡和康沃尔郡的全部地区，但从 931 年到 1027 年，圣杰曼斯（St Germans）单独成为康沃尔郡的主教辖区。1050 年，利奥弗里克（Leofric）把这个主教辖区的主教座移到了埃克塞特。

cricket　板球运动　在詹姆斯一世 1617 年发布的《关于体育运动的布告》（*Book of Sports*）中，并未提到板球，但板球运动肯定是在 17 世纪末之前发展起来的。1697 年，在萨塞克斯出现两队各有 11 名队员参加的板球比赛，赌注为 50 畿尼。1709 年，肯特队在达特福德（Dartford）对阵萨里队。保龄球运动是低手投球,而板球运动则需要使用一个沉重的弧形棍棒。1744 年,人们曾尝试为板球运动制定一项统一的规则,同年全英第 11 队(All England XI)在芬斯伯里(Finsbury)的炮兵训练场(Artillery Ground)对阵肯特队。1744 年,在斯达嘉德(Star and Garter)召开的会议上制定了板球比赛的新规则,包括板球场为 22 码长的方球场、4 球一局(4-ball overs)、持球撞柱(stumping)规则和判定犯规投球(noballing)等,此外,还规定"捕手(wicket-keeper)不应发出任何噪音来妨碍击球员(striker)"。1787 年,托马斯·洛德(Thomas Lord)在玛丽勒本(Marylebone)建成了一个新的板球场。1788 年,玛丽勒本板球俱乐部(Marylebone Cricket Club)发布了修改后的板球比赛规则,即在外野手(fielder)接球的过程中,禁止做出试图阻碍外野手的任何动作。1814 年,该俱乐部搬到球场的现址。

19 世纪板球比赛规则最重要的变化,是在 1844 年经过激烈的辩论后,实行了上手投球(overarm bowling)。1806 年举办了第一届绅士队与运动员队的板球比赛,1819 年以后,这一比赛每年举行一次。牛津队与剑桥队的板球比赛可以追溯到 1827 年。到 1864 年,约翰·威斯登(John Wisden)率领的板球队参加了很多场比赛,他本人就是一个著名的投球手(bowler),还出版发行了《威斯登板球年鉴》(Cricketer's Almanack)。第一届国际板球锦标赛于 1877 年在墨尔本(Melbourne)举行,澳大利亚获得冠军。当澳大利亚队于 1882 年在椭圆球场(O-val)举办的国际板球锦标赛上再次获得冠军时,《体育时报》(Sporting Times)报道称:英国板球的文化将会被带到澳大利亚。尽管英国各郡的板球队从很早起就举行了比赛,但直到 1889 年才开始有郡一级的锦标赛。在早期的郡级板球锦标赛中,占主导地位的主要是诺丁汉郡、萨里郡、约克郡和兰开夏郡等板球队。W.G.格雷斯(W.G.Grace)所效劳的格洛斯特郡队自 19 世纪 70 年代以来一直是一支强队。格雷斯可能是维多利亚时代最著名的人物,他使板球成为英国的国球。

20 世纪的板球运动出现了两大发展:一是由于西印度群岛、印度、巴基斯坦、斯里兰卡,以及其他一些国家逐渐参与到英国、澳大利亚、新西兰和南非的板球比赛中来,因此国际性的板球比赛越来越多地开展起来;二是第二次世界大战以后,在最高水平的板球比赛中实行了限制回合比赛(limited-over)规则。限制回合比赛并不是一个创新,因为乡村、板球俱乐部以及北方板球联盟举行的板球比赛一直是按这一规则进行的。使用这一规则的必要性在于,门票(gate money)收入已不再能够支撑传统的郡级板球锦标赛,因为人们有了选择其他娱乐活动的机会。

crime 犯罪 盎格鲁—撒克逊时期的法典提出了一种赔偿性制度,该制度从本质上说是对血亲复仇(feud)做出的限制性规定。诺曼征服后,英格兰的刑事司法制度经历了一个不断发展的过程。1154 年至 1189 年亨利二世的统治,为英格兰留下了一些延续时间最为持久的法律要素。对中世纪刑事罪的程度和性质作出解释并非易事。有些犯罪团伙经常专门从事土匪的勾当,但 14 世纪某些地区对犯罪提起的诉讼却将盗窃罪视为最突出的犯罪行为,也就是现代意义上的犯罪行为。

自 16 世纪 50 年代以来,档案中保存下来的犯罪记录使得我们能够对犯罪行为进行更为系统的研究,研究的重点主要集中在重罪(felony)上,这一类的犯罪包括如杀人罪、夜盗罪、偷窃罪、强奸罪、纵火罪等各种犯罪行为。对这些重罪行为提起的诉讼在 16 世纪 90 年代末(为农业歉收时期)和 17 世纪 20 年代(这 10 年出现了严重的社会和经济问题)达到了高峰。然而,当内战结束后刑事法庭(criminal courts)恢复运转的时候,被控以重罪的犯罪率很低,而且直到 18 世纪中叶以前,一直保持着这一较低的水平。18 世纪中叶以后,伴随着工业革命的到来而出现的人口的继续增长和经济混乱,才使得重罪的犯罪率上升。

在 19 世纪早期,犯罪率的上升达到令人吃惊的程度。1815 年后士兵和水手的大规模复员导致出现了一股犯罪的高潮,而随着工业化和城市化的迅速发展,犯罪率继续上升。直到 19 世纪初,才把犯罪明确界定为现代意义上的一个社会问题。还是在 19 世纪初这一时期,犯罪学作为一门学科产生了,开始进行了全国性的犯罪数据统计,出现了诸如青少年犯罪等概念,出现了专业治安力量,以及把监禁作为惩罚犯有严重罪行者的标准手段,等等。随着工人阶级生活水平的改善,在维多利亚女王时代晚期和爱德华七世时代,被提起诉讼的犯罪案件数量略有下降。然而,从 20 世纪 50 年代开始,被提起诉讼的犯罪案件数量又开始增加,而且在 80 年代和 90 年代继续以惊人的速度增加。

罪犯在发明新的犯罪形式上总能显示出聪明才智。20 世纪初,汽车的使用导致偷车、酒后驾驶和骗取保险等犯罪行为的出现。21 世纪初,英国犯罪方面出现了两大令人担忧的发展:一是涉嫌侵入银行账户的计算机犯罪行为的增多;二是"街头犯罪"("street crime"),尤其是偷盗相机、手提包和手机等犯罪行为的增加。到 2007 年为止,英国监狱人满为患,以至于在重新把废旧船只用作监狱的问题上进行了非常认真的讨论。

Crimean War, 1853—1856. **克里米亚战争**(1853—1856) 当时的人称之为"俄国战争",这场战争源于俄国长期以来抱有的向西、南两个方向进行扩张的野心。战争爆发的直接原因是围绕奥斯曼土耳其的权利要求问题,俄国与法国之间发生的小规模的冲突。这一冲突导致俄国于 1853 年 3 月向土耳其发出最后通牒,随后出兵占领了奥斯曼帝国位于多瑙河流域的公国属地【今罗马尼亚】,11 月 27 日,俄国海军在锡诺普(Sinope)打败了土耳其海军。1854 年 3 月 27 日,英国和法国,以及后来加入的撒丁王国(Sardinia)和土耳其,向俄国发出最后通牒。

按当时人的看法,黑海(Black Sea)是克里米亚战争的主要战场。英国出动了大约 28,000 人的野战部队,法国出动的军队人数也大致相当,两国军队于 1854 年 5 月在瓦尔纳(Varna)登陆,并在此设防以阻止俄军渡过多瑙河(Danube)。当对俄军的威胁未能奏效时,联军转而向克里米亚半岛进军,并于 9 月 14 日在俄国海军基地塞瓦斯托波尔(Sebastopol)以北登陆。6 天后,联军在阿尔马(Alma)取得了首场胜利,此次胜利使得联军得以围绕塞瓦斯托波尔继续向南进军到巴拉克拉瓦(Balaclava),对俄国的海军基地形成半包围之势。

俄军在整个秋季都在试图突破联军对塞瓦斯托波尔的包围,并于 10 月和 11 月分别发动了巴拉克拉瓦会战和因克尔曼(Inkerman)会战。联军在熬过了糟糕的冬季之后,于 1855 年 5 月和 10 月,先后对俄军一个较小的基地刻赤(Kerch)和敖德萨(Odessa)附近的金布恩(Kinburn)从海上展开了进攻。与此同时,俄军为解塞瓦斯托波尔之围,于 8 月在车尔纳亚(Tchernaya)做最后一搏。在英法联军的轮番进攻下,塞瓦斯托波尔基地难以坚守,10 月,俄军放弃塞瓦斯托波尔。

现代历史研究对波罗的海海战的关注丝毫不亚于克里米亚主战场。克里米亚战争不是结束于塞瓦斯托波尔的陷落,而是结束于 1855 年 8 月英国胜利摧毁俄国在斯维堡【Sweaborg,今赫尔辛基(Helsinki)以外】的造船厂。尽管不愿面对喀琅施塔得(Cronstadt)和塞瓦斯托波尔的陷落,俄国还是同意接受了 1856 年 3 月 30 日签订的《巴黎条约》(treaty of Paris)内容并不苛刻的和平条款,根据条约,黑海中立化,多瑙河向各国船只开放。

关于克里米亚战争的结果,人们一直存有很多争议。为了实现一个有限的目标,联军控制俄国长达 30 年之久,却没有不顾自取灭亡地进军莫斯科。同样,尽管英国因在克里米亚战争中的无能表现而成为当时人的话柄,但仍要承认,到 1855 年冬,英国自身存在的大部分问题都得到了解决。

criminal law　刑法　在盎格鲁—撒克逊时期和诺曼王朝时期,英格兰的刑法和民法之间不存在任何区别。实施暴力,或对他人的人身及财产造成损害的罪犯,如果被当场抓住,通常会受到严酷的惩罚;但在其他情况下,包括杀人在内,则采用赔偿的方式进行处理,即根据赔偿金的标准,通过让犯罪者支付一定数额的金钱来使受害者得到补偿。

某些特别严重的犯罪属"国王之诉"("pleas of the crown"①)的范畴,"国王之诉"指由盎格鲁—撒克逊时期的国王们针对尤其触及到国王利益的犯罪,如破坏国王的和平(the king's peace),而提起的诉讼。诺曼人在征服英格兰后接受了这些概念,并把"国王之诉"的范畴扩大了,同时也把重罪(felony)的概念引入英格兰。这些诉讼逐渐地由国王自己的法官,也就是国王本人或他的法官们来处理。

在 1166 年颁布的《克拉伦登诏令》(Assize of Clarendon)和 1176 年颁布的《北安普敦诏令》(Assize of Northampton)中,亨利二世采用了这样一种制度,即每个百户区(hundred)由 12 个人负责将涉嫌犯有严重罪行的人带到御前会议(curia regis)的法官面前。有人将此举视为"刑法"("criminal law")的真正开端,因为此举等于承认政府是代表国王来确保犯罪行为得到处理。那些被带到法官面前的犯罪嫌疑人要接受神明裁判(ordeal),以确定有罪还是无罪。当

---

① 一般也译为"刑事诉讼"。——译者注

1215 年拉特兰宗教会议（Lateran Council）禁止神职人员参与神明裁判时，法官们转而求助于陪审团（jury）来裁决。

犯有轻微一些罪行的人被送至由郡长在郡内各百户区法庭（每年开庭 4 次）轮流召开的法庭来审理，该法庭被称为"郡长治安巡回法庭"（"sheriff's tourn"）。至于庄园的领主，他设有庄园刑事法庭（court leet），百户区的司法裁判权就由庄园刑事法庭来执行，法庭收取的罚金也要交给领主。治安法官（justices of the peace）出现后，轻微一些的犯罪就由治安法官在小治安法庭（petty sessions）或季审法庭（quarter sessions）审理。

18 和 19 世纪出现了大量的死罪（capital offences）。所称的"血腥法典"（"bloody code"）对许多罪犯实施了严酷的处罚，即使可以把被流放到很远的地方作为免除死刑的替代选择的话，那么各种惩罚仍然非常严厉。从某种程度上来说，刑罚制度的严重程度因以下四个因素而有所缓和：一是运用拟制（fiction）原则，特别是低估那些价值低于 1 英镑的被盗物品的价值；二是运用神职人员特权（benefit of clergy），可以使被判有罪的被告免除死刑；三是陪审团不愿意宣判被告有罪；四是赦免权（power of pardon）的广泛使用。在边沁（Bentham）、罗米利（Romilly）、麦金托什（Mackintosh）和皮尔（Peel）等改革者的影响下，刑法典的残酷程度逐渐减轻。

19 世纪以前，英国的刑事司法制度没有发生变化，1971 年之前变化也不大。1971 年颁布的《法院法》（Courts Act）废除了所有的巡回法庭和季审法庭。现在英国严重的刑事案件都由有陪审团的国王法庭审理。不太严重的案件在没有陪审团的法庭上，由治安法官（magistrates）以即决的方式审理（dealt with summarily），或由领薪治安法官（stipendiary magistrate）审理。

Cripps, Sir Stafford（1889—1952）. **斯塔福德·克里普斯爵士**（1889—1952） 克里普斯在 1930 年被任命为工党内阁的副总检察长（solicitor-general）之前，曾是一名成功的律师。经济危机使克里普斯变成了社会主义者，并成为社会主义联盟（Socialist League）的领袖。他因积极倡导"人民阵线"而成为著名人物，但也因此而于 1939 年被工党开除。第二次世界大战期间，克里普斯在成功地出任英国驻苏联大使后上升到前台。1945 年首相艾德礼（Attlee）任命他为贸易委员会主席(1945—1947年),后又任命他为财政大臣(1947—1950年)。克里普斯在这些工作中表现出自我牺牲和艰苦朴素的精神。1950年,克里普斯因健康状况被迫辞职,不久就去世了。

Croker,John Wilson(1780—1857). **约翰·威尔逊·克罗克**(1780—1857) 爱尔兰律师,曾就读于都柏林三一学院。克罗克有两个独立但却相关的职业:政治家和作家。1806年他进入议会,并得到坎宁的提携,成为一名托利党的强有力支持者,但他支持天主教徒解放运动(catholic emancipation)和议会改革措施。克罗克与皮尔和威灵顿(Wellington)均保持着密切的关系。1809年,在他的帮助下,《每季评论》(*Quarterly Review*)创刊,他的大部分文章都是在该刊上发表的。1809年他被珀西瓦尔(Perceval)任命为海军大臣,这是一个高薪职位,他占有这个位置长达22年之久。然而,1820年当他3岁的儿子,也是他唯一的孩子夭折以后,他事业的上升趋势就开始停滞了。1830年,他与托利党密切接触,并在反对辉格党《改革法》(Reform Act)方面扮演了一个举足轻重的角色。该法案被通过后,他辞去了议员的职务,并把余生都用在文学作品的创作上,不过,他依然与皮尔保持着密切的关系,直到改变自己在《谷物法》问题上的看法。克罗克认为《谷物法》"毁了公众人物的特性"。

Crome,John(1768—1821). **约翰·克罗姆**(1768—1821) 英国风景画家,生于诺里奇(Norwich),并在这里度过了他一生中的大部分时间。克罗姆的父亲是名旅店老板,克罗姆本人没有受过多少教育,很早就跟一个写招牌的人当学徒。他通过给别人上绘画课来贴补自己的收入,并于1801年成为当地文法学校的绘画教师。1803年,在他的帮助下,诺里奇美术家协会(Norwich Society of Artists)成立,1808年他成为该协会的主席。

Crompton,Samuel(1753—1827). **塞缪尔·克朗普顿**(1753—1827) 发明家。克朗普顿是彻底改变兰开夏郡纺织业的人之一。克朗普顿出生在博尔顿(Bolton)附近。他在1799年发明的"走锭纺纱机"("spinning mule"),对哈格里夫斯(Hargreaves)的珍妮机(jenny)加以改进。他的发明介于珍妮机和阿克赖特

（Arkwright）的水力纺纱机（water frame）之间，能生产出高质量的纱线。

Cromwell, Oliver（1599—1658）. **奥利弗·克伦威尔**（1599—1658） 将军和护国公（lord protector）。对克伦威尔一生展现出的品格，我们目前仍然难以作出客观的评价。在英格兰这样一个原本凭习惯、先例和普通法来加以管理的国家，克伦威尔完全改变了传统的统治框架，对议会实行改革，强制推行成文宪法。他通过军事征服的手段，把苏格兰和爱尔兰这两个独立的王国与英格兰合并，建立了单一的共和国。在英国历史上，克伦威尔是唯一一个终其一生都依靠权力控制和军事手段实行统治的政治家。不过，事实证明，克伦威尔曾取得的辉煌成就都已成了过眼云烟。

克伦威尔是出身于亨廷登（Huntingdon）一个中等家庭的地方绅士，在1641年至1642年长期议会的第二次会议上，克伦威尔崭露头角。他敦促议会掌握对开往爱尔兰的军队和国内民兵的控制权，并且很快与主战派取得共识。在克伦威尔的努力下，东部联盟（Eastern Association）的军队成为议会军中最具战斗力的队伍。在1644年7月取得的马斯顿荒原（Marston Moor）战役的胜利中，克伦威尔领导的军队起到了决定性的作用。

在取得马斯顿荒原战役的胜利后，克伦威尔对议会军未能乘胜追击表示了强烈不满，他指责自己的朋友，同时也是自己的上司曼彻斯特勋爵（Lord Manchester）作战不力，贻误战机，并推动通过了"自抑法"（self-denying ordinance）。根据"自抑法"，贵族和下院议员被禁止参与军队的指挥，但克伦威尔等人除外；建立了一支议会中央军——"新模范军"（New Model），由克伦威尔担任副总司令。1645年6月，克伦威尔领导的"新模范军"在内斯比战役全歼了查理一世的军队。从此，克伦威尔的地位不断上升，成为最主要的军事政治家，声望超过了上司费尔法克斯勋爵（Lord Fairfax）。在克伦威尔的带动下，先是表达了军队中存在的不满情绪，但很快克伦威尔又泛泛地表示说，军队的所作所为，体现的是其为之而战的"事业"（"cause"）。1647年7月，军队发布了《军队建议纲目》（Heads of the Proposals），这是一份旨在实行新的宪政的宣言，以此作为与查理一世谈判的基础。但《军队建议纲目》远远不能满足更为激进的军官和士兵们的要求。在平等派（Leveller）思想的影响下，激进派发表了一个《人民公约》（Agreement of the People），代表军队中各个等级和团体的"全军会议"（the army council）在帕特尼辩论（Putney debates）中，对该公约进行了讨论。

在形势发生急剧变化的这段时期，克伦威尔逐渐掌握了统治的技巧，这也使得他在其后的有生之年始终能够牢牢地控制住军队。他不能指望那些政治激进分子能够服从自己的命令；他不得不打破军官们彼此之间形成的关系网，因为这会对他的权威形成挑战；面对不同的派系，包括野心勃勃的机会主义派如兰伯特（Lambert）、宗教狂热派如托马斯·哈里森（Thomas Harrison）和职业军人派如蒙克（Monck）和蒙塔古（Montagu），等等，他必须加以平衡。克伦威尔也明白，如果罔顾普通士兵的利益和不满情绪，就会促使他们采取政治的斗争。克伦威尔毕竟懂得必须要维护军队团结的重要性。

1648 年初，王党分子发起了一系列暴动，一支支持查理一世的苏格兰军队攻入英格兰。克伦威尔和费尔法克斯迅即作出反应，一举消灭了敌军。至此，军队已经达成一致意见：国王查理一世作为"杀人犯"，必须受到惩处。接下来的行动，克伦威尔显然从中起了鼓动作用。普赖德上校（Colonel Pride）在全副武装士兵的支持下，阻止那些不被军队接受的议员进入下院。接下来与军队合作的经过清洗的议会被称为"残余议会"（Rump）。由于处死了国王，议会与王党双方因此今后不可能再有任何的妥协余地。

1649 年至 1651 年间，克伦威尔几乎没有留在威斯敏斯特，而是不间断地在从事军事征讨行动。1649—1650 年，克伦威尔对爱尔兰的用兵取得了胜利，但其采取的残忍手段尤其是德罗赫达（Drogheda）和韦克斯福德（Wexford）大屠杀，遭到普遍的谴责。克伦威尔的所作所为，是伊丽莎白时期对爱尔兰战争手段的翻版，他把这些残忍手段当成了对 1641 年爱尔兰叛军暴行实施的报复。1650—1651 年，克伦威尔进行了对苏格兰的战争，当时苏格兰人拥立查理二世为苏格兰国王。1650 年 9 月，克伦威尔在邓巴（Dunbar）打败了苏格兰人；1651 年 9 月，克伦威尔最终在伍斯特（Worcester）彻底战胜了苏格兰人。

克伦威尔实施的第二个重大策略，是他于 1653 年 4 月 20 日彻底解散了"残余议会"，从而为其尝试建立一个他认为符合上帝旨意的政体打开了大门。克伦威尔与全军会议一起指定了一个立宪机构，负责起草一份神圣的宪法，这个机构就是"贝尔朋议会"（Barebone's Parliament）或称"提名"议会（"Nominated"

Parliament)。然而,"贝尔朋议会"中一些狂热的议员却提出要废除什一税和大学,因为他们认为神职人员没有必要领薪酬,也不需要有学问,这引起克伦威尔的不满。在温和的议员退出议会,"贝尔朋议会"因此被解散后,克伦威尔又因结束英荷战争,并且在 1654 年 3 月签订的《威斯敏斯特条约》中的某些条款对战败的对手荷兰较为宽厚,进一步激怒了狂热分子。继"贝尔朋议会"解散后,英国产生了一部成文宪法,即 1653 年 12 月拟定的《施政文件》(Instrument of Government)。按照《施政文件》,国家实行一种新的统治形式,这种统治形式建立在由经过改革后按照新的代表制选举产生的一院制议会(single-chamber par-liament)、经过选举产生的行使行政权的国务会议和护国公克伦威尔三方权力平衡基础之上。1657 年,《施政文件》被《恭顺的请愿和建议书》(Humble Petition and Advice)取代,根据《恭顺的请愿和建议书》,议会又建立了一个上院,并赋予护国公克伦威尔可以指定其继承人的权力。这两部宪法都没有给人留下依此建立的统治体制可以持续保持下去的印象。这也是克伦威尔在 1657 年时为什么不愿拒绝接受国王这个令人熟悉的头衔的原因。

克伦威尔的政府在短期内发挥了作用。他维护了军队的纪律和团结,但无法完全根除所有潜在的激进分子。贵格会教徒、天主教徒,以及奉行《祈祷书》的圣公会教徒都被排除在宗教宽容之外。维持军队的费用因 1655 年开始的西班牙战争而愈发难以承受,政府的债务越积越多,最终有可能会导致出现难以解决的危机。但因护国公制度化而带来的最大的变化,是克伦威尔所代表的那项"事业"受到了侵蚀,他要建立的是一个由上帝而不是由君主行使权力的政体形式。此前的统治者,甚至包括伊丽莎白一世在内,都未能承担起并完成加诸于一个神圣国王身上的所有任务。克伦威尔的使命是要建立一个神圣的国家(godly nation),但到 1658 年,拥有他那股宗教般热诚的人已经是寥寥无几。

Cromwell, Richard(1626—1712). **理查德·克伦威尔**(1626—1712) 护国公(1658—1659 年)。理查德·克伦威尔是奥利弗·克伦威尔之子,直到 1657 年,他才拥有重要职位。根据《军队建议纲目》(Heads of the Proposals),奥利弗可以任命他的继任者。尽管缺乏经验,但理查德最初还是稳定住了局势,解决了军队的不满情绪,并召开了由传统选区选举产生的议会。造成他最终失败的原因,主要是前面遗留给他的各种难题引起的。因西班牙战争而日益恶化的债务越来越多,但主要因为用于陆军和海军方面的支出无法得到解决。更严重的问题是,军队中极端的政治激进主义的复兴。1659 年 4 月,理查德试图利用议会控制军队,但这一做法把将军们逼入激进的阵营,他们强迫理查德解散议会。理查德未被废黜,但他的权威也不再被承认。此后,从 1660 年到 1680 年,他一直过着流亡的生活,没有公开露面。

Cromwell,Thomas(c.1485—1540). 托马斯·克伦威尔(约 1485—1540)

托马斯·克伦威尔是亨利八世最为信任的第二个重臣,是使亨利八世登上英格兰教会最高首脑之位的最直接谋划者。他来自于帕特尼(Putney),其父为制衣工。他以某种方式接受了较为广泛的教育,其中包括商业和法律知识的教育。1523 年,他进入议会,并开始为托马斯·沃尔西效劳。他与沃尔西在一起的时间比大多数人都长,但在沃尔西失宠后,他却逃过一劫,并成为策划亨利八世摆脱离婚僵局的诸大臣之一。

1532 年,克伦威尔担任保管国王珠宝的官员,1534 年任首席王室秘书(principal royal secretary)。此后,虽然他还担任过其他一些官职,包括财政大臣、掌卷法官(master of the rolls)、王玺掌管大臣和国库司库(chamberlain),但他的权力还是依赖于他作为王室秘书的角色。至于克伦威尔在催生亨利八世争夺教会最高权力的斗争时究竟扮演了什么样的角色,我们现在还无法确定。各种质疑之声往往要证明的是:这场斗争早在克伦威尔拥有影响力之前就已经出现了。然而,很可能是克伦威尔把这些方面集中在一起,并且认识到议会法令是宣布这些新变化的最权威的方式。克伦威尔被认为是 1532 年《下院反对教会法官的请求》(Supplication of the Commons against the Ordinaries)的起草人。无疑,他也负责起草了 1533 年的《限制向罗马教皇上诉法》(Act in Restraint of Appeals to Roma)和 1534 年的《至尊法》(Act of Supremacy)。

同样重要的是,克伦威尔残酷地对待高调反对这一政策的那些对手。对托马斯·莫尔爵士(Sir Thomas More)的长期审问,以及因其拒绝宣誓效忠于国王至高无上的权力而对其进行的最后审判和定罪,证明克伦威尔急于让人们看到遵守法律的形式。克伦威尔在使亨利八世时期的宗教政策朝着温和的新教方向推进方面做出的努力,也导致他丧失了命运赌博的筹码。作为王室的宗教事务代理人,他从 1535 年开始负责制定 1536 年颁布的《十条信纲》(Ten Articles),以及 1536 年和 1538 年的王室禁令,有条不紊地攻击天主教教义。在更广泛的方面,克伦威尔赞成社会改革思想,特别支持改进贫困救济措施。

托马斯·克伦威尔从未享有过枢机主教沃尔西所拥有的支配地位,在其生命的最后四年中,他一直为战胜自己的对手而斗争。他利用议会的剥夺公权法,从司法上确保了 1536 年处死安妮·博林(Anne Boleyn)和 1538 年处决考特尼(Courtenay)一家和波尔(Pole)一家的公正性。在此时期,克伦威尔一直在寻求与赞成新教的德意志王公贵族们结盟。1540 年,他为了实现这一政策,给亨利八世和克利夫斯的安妮(Anne of Cleves)带来了一段不幸的婚姻。以诺福克公爵(duke of Norfolk)和主教斯蒂芬·加德纳(Bishop Stephen Gardiner)为首的政治和宗教宿敌,取得了国王的信任,并使亨利八世相信克伦威尔是个叛国者和激进的新教圣餐仪式论的异端分子。克伦威尔遭到过去他本人常对别人使用的剥夺公权法的惩罚,1540 年 7 月 28 日被处死。

Cropredy Bridge, battle of, 1644. 克罗普雷迪桥之战(1644) 在等待鲁珀特(Rupert)解救约克的消息过程中,查理一世的南方军队与沃勒(Waller)于 6 月 29 日在牛津郡班伯里(Banbury)附近的克罗普雷迪桥发生交火。当沃勒发现王军在行进中一字排开的时候,他试图通过占领克罗普雷迪桥而在王军队伍的前队和后队之间打开一个缺口。但结果发现自己面临着两线作战的局面,侥幸的是沃勒丢掉了一些轻武器从而得以脱身。在马斯顿荒原(Marston Moor)战役结果传来消息之前,克罗普雷迪桥之战中的保王党人一直保持着斗志。

croquet 槌球运动 槌球可能起源于法国,因为大多数槌球术语都源于法语,英格兰人大约在 16 世纪时已经开展了槌球运动。与许多运动一样,槌球运动的标准化也发生在维多利亚时期。1867 年在伊夫舍姆(Evesham)举行了槌球锦标赛。许多私人花园都举行简单的槌球比赛,有些比赛还发生了一些料想不到的意外,而全国槌球比赛则是由槌球协会在马球总会俱乐部举办。

Crotoy, battle of, 1347. 克罗托伊战役（1347） 1346 年,爱德华三世对加莱进行海上封锁。1347 年 6 月 25 日,一支由 40 艘运送救援物资的船只组成的法国舰队在索姆河河口的克罗托伊被打散。8 月 3 日,加莱投降,此后 200 多年,加莱一直被英国控制。

Crowley, Sir Ambrose（1658—1713）**. 安布罗斯·克劳利爵士**（1658—1713） 克劳利是一位杰出的工业巨头。他出生在伍斯特郡一个贵格会教徒的家庭,他的祖辈均为铁匠。他创办了一家大型钢铁企业,在森德兰(Sunderland)建立了第一个铸造厂,因为这里的煤炭比较便宜,可以把产品迅速运到伦敦,而且泰恩赛德(Tyneside)造船公司需要钉子。1691 年,他把企业转移到纽卡斯尔西部的温拉顿(Winlaton)。

crown 王权 See MOMARCHY（见君主制）

Cruikshank, George（1792—1878）**. 乔治·克鲁克香克**（1792—1878） 漫画家,插图画家。克鲁克香克出生在伦敦,父母都是苏格兰人,曾在他父亲的印刷厂做学徒。作为重要的政治讽刺画家(political caricaturist),他不久就成为吉尔雷(Gillray)的继承者。不过,克鲁克香克自 1824 年前后开始转向书刊插图的创作。由于摄政时期艺术风格的繁盛让位于维多利亚时代的文雅,克鲁克香克的声望在其有生之年的最后阶段逐渐消失。

crusades 十字军东征 十字军东征构成了中世纪晚期最受欢迎的民众运动。十字军东征可以被定义为一种圣战,因为它是由教皇授权进行的;一种正义之战,因为这是针对基督教徒及其领土受到侵略所做出的防卫性的反应,十字军东征的参与者们享有教皇给予的特权,也被教会法赋予了神圣性。至关重要的是,根据这一对十字军东征的定义,不需要参加十字军的战士一定要在圣地来实现他的誓言,也没有把穆斯林视为理所当然的十字军东征的标准对象。十字军东征针对的是各种敌对势力,包括在西班牙的摩尔人(Moors)、在东欧的蒙古人(Mongols)、在东欧和北欧的信奉异教的斯拉夫人(Slavs)、在波斯尼亚和法国南部的异教徒,以及教皇所面对的各种各样的政治对手。

那时,许多申请加入十字军的人都对十字军东征存在着非常不同的看法。十字军东征的概念,从 1095 年 11 月罗马教皇乌尔班二世在克莱蒙宗教会议(Council of Clermont)上号召进行第一次十字军东征开始,就存在着争议。在信奉新教的不列颠,十字军东征已经受到严厉的评判长达几个世纪之久。这一连串的想法正如大卫·休谟所说的那句著名的话语:"这是人类愚蠢行为的最为明显和最为持久的证明,迄今为止尚未在任何时代任何国家出现过"。这一传统看法阻碍着人们对英国历史上的十字军东征的重要意义进行认真的思考。十字军东征就是个可怕的令人分心的事,转移了国王对国内事务的注意力,不是吗? 十字军东征就是一种浪费资源的恶劣行为,不是吗?

时代变了,人们对待十字军东征的态度也发生了改变。最近,人们越来越倾向于深入研究十字军东征对他们所布道的那些社会的影响。目前显而易见的是,十字军东征对广大地区的生活都有影响。十字军运动的鼎盛时期,至少就英国的参与状况而言,是在 12 和 13 世纪,但作为一项制度,十字军东征只是到 16 世纪末才最终消失。1154 年至 1327 年,英格兰的每一位国王都参加了十字军,但只有一位国王,即理查一世亲自实现了东征的目的。

Crystal Palace 水晶宫 约瑟夫·帕克斯顿爵士(Sir Joseoh Paxton)1851 年在海德公园(Hyde park)为世界博览会(Great Exhibition)设计的一座展厅,水晶宫本身就是这届博览会最大的成功。帕克斯顿曾在查茨沃斯(Chatsworth)为德文希尔公爵(duke of Devonshire)建造过一个百合花屋,即一个巨大的玻璃暖房。水晶宫就是在百合花屋的基础上设计建造的,但它的规模却是《笨拙》(Punch)周刊说的水晶宫的两倍。1852 年,水晶宫被移至锡德纳姆(Sydenham),1936 年 11 月,锡德纳姆发生火灾,水晶宫被付之一炬。

Cubitt,Thomas(1788—1855). 托马斯·丘比特(1788—1855) 建筑师。丘比特的父亲是诺福克的一名木匠,丘比特迁到伦敦后,以木匠为业。1815 年伦敦研究所(London Institution)成立后,他转行从事住宅的建造、销售与出租:从海布里别墅(Highbury villas)到布卢姆茨伯里(Bloomsbury)居住区和贝尔格拉维亚(Belgravia)上流住宅区,都是他的产品。维多利亚女王——丘比特曾为维多利亚女王改建了奥斯本宫(Osborne)——认为,丘比特是一位心地善良的好男人,做人做事从不张扬。

Cuilén(d.971) 科林(卒于 971 年) 英多尔夫(Indulf)之子,从 966 年起任"苏格兰"国王。科林是在杜布(Dub)与马里人(Moray)作战中去世后继任国王的。965 年,科林曾向杜布发起挑战,但在珀斯以西的敦克卢伯(Duncrub)被打败。科林后来在洛锡安(Lothian)的一次战役中,被斯特拉斯克莱德国王戴芬沃(King Dyfnwal of Strathclyde)之子赖泽赫(Rhydderch)杀死。

Culloden, battle of, 1746. 卡洛登战役(1746) 卡洛登战役于 1746 年 4 月 16 日星期三在因弗内斯(Inverness)的东南部爆发。1746 年 2 月,撤退中的詹姆斯党人占领了因弗内斯。4 月 15 日晚,他们企图攻击前进中的坎伯兰公爵(duke of Cumberland)的军队,但遭到失败,查理·斯图亚特(Charles Stuart)又在卡洛登别墅(Culloden House)上面的光秃秃的德洛莫锡荒原(Drumossie Moor)挑起战事。詹姆斯党人只能集结起 5000 人的军队,而坎伯兰的军队则有 9000 人,其中包括许多苏格兰人。坎伯兰的野战炮在 20 分钟内打死了詹姆斯党人大量的士兵。由于查理是第一次指挥战斗,结果犯了致命的错误,未能及时发出进攻的命令。当詹姆斯党人的右翼发动进攻时,士兵虽然作战勇敢,但因缺乏训练而无济于事。詹姆斯党人左翼的麦克唐纳(Macdonalds)在骑兵的追击下,开始时还能有条不紊地撤退,后来撤退就变成了溃败。

Cumberland 坎伯兰郡 坎伯兰郡由以下地区组成:湖区(Lake District)西部地区,周围的沿海平原,两个偏远地区,一个向东通往阿尔斯通(Alston)的丘陵地区,以及哈德良长城(Hadrian's Wall)以北通往苏格兰边境的土地肥沃的地区。位于伊登河(Eden)上游的卡莱尔(Carlisle)兴起后,起到了桥梁作用,一条从纽卡斯尔通往爱尔兰的东西向道路与两条南北向的主干道在卡莱尔交汇,这两条南北向的主干道,一条是途经泰贝(Tebay)的古老的道路;另一条是从约克郡起穿过斯坦莫尔(Stainmore)的老路。

C

　　坎伯兰郡是最晚一批建成的郡之一,而且几个世纪以来一直是英格兰与苏格兰必争之地。在凯撒(Caesar)入侵不列颠时期,它属于布里甘特人(Brigantes)的领地,但布里甘特人只是一个松散的联盟,当地的部落为卡尔维蒂人(Carvetii)。罗马人对这个地方感兴趣是出于战略和经济方面的考虑。罗马人与苏格兰人的边界,最终确定在了沿哈德良长城一线。卡莱尔(Luguvalium,卢古瓦利乌姆)是罗马统治时期的一个主要市镇,罗马人在哈德诺特(Hardknott,罗马不列颠时期交通最差的地方),以及玛丽波特(Maryport)、彭里斯(Penrith)、内瑟比(Netherby)和比尤卡斯尔(Bewcastle)都建有要塞。雷文格拉斯(Ravenglass),这个麦特(Mite)、厄特(Irt)和埃斯克(Esk)诸河流交汇的地方,在被泥淤塞之前,是一个天然的良港。当地的矿产资源也得到了开采,如阿尔斯通地区的银和铅,以及其他地区的铜、煤和铁。罗马统治结束后,该地区主要是朝着苏格兰和爱尔兰方向发展,而不是向南部地区发展。这是一个民族与文化交汇的地方。该地区的基本社会阶层为威尔士人或不列颠人,坎伯兰这个名称的意思就是指坎伯里人的土地(the land of Cumbri),也即威尔士人的土地(the land of Welsh)。但撒克逊人开始从诺森伯里亚渗入到坎伯兰地区,后来还有来自于爱尔兰和马恩岛(Isle of Man)的定居者,撒克逊人把斯堪的纳维亚的一些地名,如阿斯佩特里亚(Aspatria)、克利特(Cleator)、恩纳代尔(Ennerdale)和博罗代尔(Borrowdale)等等,留在了坎伯兰。坎伯兰也是罗马基督教和凯尔特基督教相互争夺之地。圣尼尼安(St.Ninian)就在索尔韦湾(Solway Firth)对岸的惠特霍恩(Whithorn)布道,毫无疑问,6世纪时,圣肯蒂格恩(St Kentigern)从斯特拉斯克莱德(Strathclyde)来到这里传播福音。603年埃塞尔弗里思(Æthelfryth)在德格萨斯坦(Degsastan)取得胜利后,该地区归入撒克逊人的统治之下,成为诺森伯里亚的一部分。

　　但任何力量都很难牢牢地控制这个地区,随着诺森伯里亚影响的衰退,威塞克斯的影响日益上升。926年,威塞克斯的国王阿塞尔斯坦(Athelstan)在埃蒙特桥(Eamont bridge)与斯特拉斯克莱德和苏格兰的国王见面,发号施令,并以937年在布鲁南堡(Brunanburh)取得的压倒性胜利重申了他的权威地位。但威塞克斯不可能稳固地控制如此遥远的领土。

　　此时,人们已经开始使用坎布里亚(Cumbria)这个词。诺曼人一开始并没有占领该地区,1086 年的《末日审判书》中也没有把坎伯兰和威斯特摩兰(West-morland)包括在内。但 1092 年,威廉·鲁弗斯(William Rufus)把一支大部队派到坎布里亚,并开始在卡莱尔建造城堡。1133 年,亨利一世把卡莱尔确立为一个主教辖区。苏格兰人决不放弃他们对坎布里亚的主权要求。苏格兰的戴维一世利用斯蒂芬统治时期的混乱,占领了该地区,并于 1153 年在卡莱尔去世。1157 年,亨利二世再次征服了坎布里亚,使其成为英格兰的一部分。威斯特摩兰分离出来,成为一个独立的郡。到 13 世纪末,像其他各郡一样,坎伯兰郡派出两名骑士参加议会。

尽管此时坎伯兰郡已经牢牢地附着于英格兰,但它仍然是一个边界上的郡。围绕坎伯兰,英格兰与苏格兰之间你争我夺,战争不断。1296 年,苏格兰围困卡莱尔;1297 年,罗伯特·布鲁斯(Robert Bruce,罗伯特一世)在卡莱尔主教座堂向爱德华一世宣誓效忠;1307 年,爱德华一世在对抗苏格兰的伯格战役(Burgh campaigning)过程中去世。内战期间,卡莱尔在 1644 年至 1645 年间一直遭苏格兰人围困,主教座堂也遭到苏格兰人的严重损毁。在英格兰领土上所进行的最后一次重要战斗是 1745 年查理·斯图亚特王子(Prince Charles Stuart)撤退期间在坎伯兰郡发生的战斗,当时查理·斯图亚特王子把最后一线希望留在了卡莱尔城堡。

卡莱尔虽然不是一个很大的城镇,但在坎伯兰郡却占主导地位。彭里斯因其位于两条大道的结合处而具有重要的军事意义,商业市镇布兰普顿(Brampton)、威格顿(Wigton)、科克茅斯(Cockermouth)和凯西克(Keswick)都是在当地具有重要影响的重要城镇。如果让游客选择的话,一般他们不会把坎伯兰郡当成旅游目的地。但一方面由于工业革命使西坎伯兰变成了城市边缘,另一方面由于游客的兴趣发生了深刻的变化,他们旅游的目的是寻找浪漫的山川河湖风景,因此坎伯兰郡给人们留下的印象也开始发生变化。当地的地产主们都积极地开发矿产资源和开发港口。洛瑟家族(Lowthers)资助开发的怀特黑文港(Whitehaven)把煤出口到都柏林;柯温家族(Curwens)也因同样的原因资助开发了沃金顿港(Workington)。凯西克也许既是浪漫主义的主要受益者也是浪漫主义的主要受害者,凯西克位于德文特湖(Derwentwater)沿岸,从一个小市镇变成了一个维多利亚时代有钱人经常光顾的旅游胜地,此后,又变成了一个旅游陷阱。1972 年,英国地方政府重组,坎伯兰郡与威斯特摩兰郡和兰开夏郡的弗内斯区(Furness district)合并形成坎布里亚郡(Cumbria)。

Cumberland,Ernest Augustus,duke of(1771—1851). **欧内斯特·奥古斯特,坎伯兰公爵**(1771—1851) 欧内斯特·奥古斯特是乔治三世的第五个儿子,他一生中经历了很多重大的事情。15 岁时他被送到汉诺威的哥廷根大学学习,1790 年,他成为汉诺威的现役军人。作为一名勇敢的骑兵指挥官,1794 年他身负重伤,失去了一只眼睛。1799 年,他被封为坎伯兰公爵,进入议会上院,经常以一个信奉新教的托利党的身份发表言论。在 1828 年至 1832 年的危机期间,坎伯兰公爵成为那些反对废除《忠诚宣誓法》和《市镇社团法》(Test and Corporation Acts)、反对天主教徒解放运动(catholic emancipation)和《改革法案》者的代言人。1837 年,他成为汉诺威国王(King of Hanover)后,立即取消了 1833 年他的兄长威廉四世批准的自由宪法,三年后以一个对君主权力限制更大的宪法来代替之。汉诺威人很高兴又能拥有一个常驻在汉诺威的君主,并对其赞不绝口,因此他安全度过了 1848 年革命而没有遇到任何麻烦。

Cumberland,William Augustus,1st duke of(1721—1765). **威廉·奥古斯特,第 1 代坎伯兰公爵**(1721—1765) 坎伯兰是威尔士亲王,即后来的乔治二世的第二个幸存下来的儿子。1726 年,坎伯兰被封为公爵,1744 年,在参与了代廷根(Dettingen)战役之后被提拔为中将。1744 年 10 月,他被召回处理詹姆斯党人的叛乱,1746 年 4 月他在卡洛登(Culloden)彻底粉碎了詹姆斯党人的叛乱。"七年战争"(Seven Years War)开始时,他几乎用尽了英国在战争方面的所有努力,但面对实力占优的法国军队,他还是在汉诺威被彻底击败。他与法国签署了《克洛斯特—采文协定》(convention of Kloster-Zeven),但遭到乔治二世的否决。虽然他从军队退役了,但在乔治三世统治初期仍然具有强大的政治影响力。

Cumbria 坎布里亚郡 新坎布里亚郡是根据 1972 年《地方政府法》设置的,该郡把传统的坎伯兰郡和威斯特摩兰郡合并在一起,并把兰开夏郡的北部地区加到了湖区(Lake District)以南地区。

Cunedda　丘恩达　罗马不列颠末期苏格兰南部沃塔迪尼人（Votadini）部落首领。丘恩达和沃塔迪尼人从苏格兰南部迁移到北威尔士。有人认为沃塔迪尼人部落的迁移是不列颠的领袖沃蒂根（Vortigern）安排的，目的是为了加强威尔士北部地区对抗爱尔兰的力量，对此观点必须持谨慎态度。

Cunningham, Andrew, 1st Viscount Cunningham（1883—1963）.　安德鲁·坎宁安，第 1 代坎宁安子爵（1883—1963）　水手。在第一次世界大战中，坎宁安担任"蝎子"号（Scorpion）驱逐舰舰长。第二次世界大战爆发后，他以海军上将的身份，担任英军地中海舰队总司令。当 1940 年意大利参战时，坎宁安担任的这个职位至关重要。1940 年 11 月，英国皇家海军对塔兰托港（habour of Taranto）实施空袭，迫使意大利舰队北撤。1941 年 3 月，在一次夜袭战中，坎宁安在马塔潘角①（Cape Matapan）附近取得了对意大利一支舰队的决定性胜利。1943 年，他被任命为第一海务大臣和海军参谋长。

Cunobelinus　库诺比莱纳斯　大约公元 5 年时，库诺比莱纳斯接替塔西奥瓦努斯（Tasciovanus）成为卡图维劳尼人（Catuvellauni）的国王。到了公元 10 年，他已经征服了特里诺文特人（Trinovantes）王国，并把首府从维鲁拉米恩（Verulamium，圣奥尔本斯）迁到卡姆罗顿南姆（Camulodunum，科尔切斯特）。他成为不列颠最强大的君主，罗马历史学家苏埃托尼乌斯（Suetonius）称其为"Britannorum rex"，即不列颠人的国王。他在位时间超过 35 年，于公元 43 年克劳狄（Claudius）入侵不列颠前的一二年内去世。

curia regis　御前会议　See GREAT COUNCIL（见大谘议会）

Curragh mutiny　卡勒兵变　1914 年 3 月，驻扎在都柏林附近卡勒的第三骑兵旅的 57 名军官告知指挥官：他们宁愿被解散，也不愿意帮助把《地方自治法案》（Home Rule Bill）强加给阿尔斯特（Ulster）。这些军官们成功地得到一份

---

①　泰纳罗角的旧称。——译者注

不会让他们这样做的书面保证。

Curzon, **George Nathaniel**, **1st Marquis Curzon**（1859—1925）．**乔治·纳撒尼尔·寇松**，**第 1 代寇松侯爵**（1859—1925）　寇松通过 19 世纪 80 年代时进行的广泛游历，成为东方事务方面的专家。1899 年，他被派往印度，出任英国驻印度总督。他在印度工作勤勉，促进了英国和印度之间的联系，并且做出了一些突出的成绩。1905 年，在分割孟加拉省的问题上，他与担任印度军队总司令的基奇纳勋爵（Lord Kitchener）发生争执，同时也和大多数孟加拉人的想法不一致。1905 年末，在相互指责的情况下他辞去了自己的职务，此后一直被排除在公共生活以外，直到 1916 年，第一次世界大战使他重新开始了自己的政治生涯。第一次世界大战结束后他出任外交大臣（1919—1924 年），但还是好与人争执，1923 年因为没有成为首相而倍感失落。

customs and excise　**关税与货物税**　虽然君主和政府在传统上历来征收关税和货物税，但随着政府开支的增加，尤其是在 17 世纪时期，这些税就变得更加重要了。从历史上看，关税和货物税一直是民众反对的对象，例如，造船费（ship money）只是查理一世强制征收的若干税收之一，曾引起英格兰人的普遍不满。后来，1707 年英格兰与苏格兰两个王国的合并，虽然引起高度争议，但体现这一合并的关税的合并，包括提高征收麦芽酒税，曾引起了苏格兰人的骚乱。1733 年，沃波尔（Walpole）几乎因消费税危机（Excise crisis）而下台。

到 18 世纪末，征收关税和货物税带来的成效越来越大。在 19 世纪，人们越来越相信自由贸易，导致政府不得不尽可能地降低关税，但国际竞争的日益加剧导致实行保护性关税的呼声越来越高，保护性关税是约瑟夫·张伯伦提出的，结果造成保守党在 1903 年的分裂。第一次世界大战以后，贸易保护主义者的观点取得了进展，但欧洲经济共同体的宗旨之一是在成员国之间减少关税。2005 年，关税与货物税局（Customs and Excise）并入税务海关总署（Revenue and Customs Board）下属的国税局。

custos rotulorum　**案卷保管官**　14 世纪时负责保管郡季审法庭（county

sessions）案卷记录的官员，但这个职位名称直到 15 世纪时才开始使用。后来，这一职位与郡治安长官（lord-lieutenancy）为一个人。

Cuthbert, St（d.687）. 圣卡思伯特（卒于 687 年） 卡思伯特的祖上可能是盎格鲁—撒克逊贵族，约 635 年时出生在诺森伯里亚。卡思伯特是在梦见艾丹（Aidan）显灵后进入梅尔罗斯（Melrose）修道院的。7 世纪 50 年代末，他与修道院院长埃阿塔（Eata）一起，进入德伊勒的埃尔科弗里思（Alchfrith of Deira）的位于里彭（Ripon）的新修道院，但因拒绝接受罗马教会习俗，又返回梅尔罗斯修道院。664 年，卡思伯特成为副院长（prior），并在诺森伯里亚巡回布道。同年，惠特比宗教会议（Synod of Whitby）召开之后，埃阿塔移任林迪斯芳（Lindisfarne），卡思伯特随同前往并任副院长，但在修道士的管理方面遇到了一些难题。大约在 676 年，卡思伯特隐退到法恩岛（Farne Island），但在 685 年时，他又勉强在坎特伯雷大主教狄奥多尔（Theodore）管辖的诺森伯里亚的一个教区担任主教，其主教座设在林迪斯芳。卡思伯特于 686 年隐退，687 年在法恩岛去世。698 年，为了提高人们对卡思伯特的崇拜之情，人们把他的遗骸从林迪斯芳挖掘出来，盛放于神龛内供奉，在这过程中，人们发现他的遗骸并未腐烂，为此可能还制作了《林迪斯芳福音书》（Lindisfarne Gospels）。由于斯堪的纳维亚人的入侵，林迪斯芳修道院的修道士们被迫离开了这里，卡思伯特的棺木在 995 年被送到达勒姆（Durham），1104 年时在达勒姆制作了一个新的盛放其遗骸的神龛。698 片幸存下来的零散的棺木残片、卡思伯特生前佩戴的十字架，以及一些盎格鲁—撒克逊人送给他的神龛的礼物，现在都陈列在达勒姆主教座堂。

Cuthred（d.756）. 卡思雷德（卒于 756 年） 威塞克斯王国国王（约 740—756 年在位）。当卡思雷德继承威塞克斯王位时，麦西亚国王埃塞尔鲍尔德（Æthelbald）正统治着英格兰南部的诸王国。据记载，743 年时两位国王曾联合起来对付威尔士人，后来卡思雷德又花了大约 10 年的时间与威尔士人作战。752 年，卡思雷德在伯福德（Burford）击败了埃塞尔鲍尔德。这场胜利显然使威塞克斯王国获得了独立。但 756 年卡思雷德死后不久，威塞克斯似乎又重新依附于了麦西亚王国。

Cutty Sark **"短衬衫"号** 1869 年在邓巴顿(Dumbarton,挂名"短衬衫"号)下水,这是最后一艘同时也是最著名的一艘运茶快速帆船。1895 年以前,这条船还往来于澳大利亚从事羊毛贸易的运输。该船被修复后,现停泊在格林尼治。在 2007 年的一次火灾中,该船严重受损,后再次被修复。

cycling 自行车运动 1791 年,巴黎展出了一辆最原始的木制两轮自行车,但必须用脚蹬,自行车成为 19 世纪前 10 年人们喜爱谈论的话题。在 19 世纪 60 年代,一个由前轮驱动的机器被制造出来,这就是旧式自行车(boneshaker),在随后的几十年间,前轮被制作得越来越大,直到一种前轮大后轮小的脚踏车(penny-farthing)问世。1885 年在考文垂制造的罗孚(Rover)安全型自行车采用后轮链条传动,1888 年人们又把充气轮胎安装在自行车上。自行车比赛很早就开始了,19 世纪 80 年代,建成了自行车专用赛道。1878 年全国自行车运动员联合会成立,同年还成立了自行车旅行俱乐部。

Cynegils(d.643). 基内吉尔斯(卒于 643 年) 西撒克逊人国王(约611—643 年在位)。基内吉尔斯在德文郡东部的比恩登(Beandun),也可能是在宾登(Bindon)击败了不列颠人,从而扩大了边境的领土,但后来遭受了挫折。基内吉尔斯因与正在扩张的邻国麦西亚发生冲突而放缓了扩张领土的步伐,威塞克斯王国于 577 年时在塞文河谷(Severn valley)获得的土地很可能被麦西亚国王彭达(Penda)夺取。635 年,到达这里不久的传教士比林纳斯(Birinus)为基内吉尔斯举行了洗礼仪式。基内吉尔斯成为威塞克斯王国第一位基督徒国王。

Cynewulf(d.786). 基内伍尔夫(卒于 786 年) 威塞克斯王国国王(757—786 年在位)。基内伍尔夫废黜了他的前任西吉伯特(Sigeberht),登上王位。757 年,基内伍尔夫出席了麦西亚王国的法庭,提供了埃塞尔鲍尔德(Æthelbald)颁发的其中一份特许证,以表明威塞克斯王国再次成为麦西亚王国的属国。基内伍尔夫似乎是在约 777 年时在本森(Benson)被击败后,土地被奥法(Offa)夺去的。《盎格鲁—撒克逊编年史》对基内伍尔夫死亡过程的叙述,读起来就如同英雄传奇一般。经过长期的统治之后,基内伍尔夫在探望情妇的途中,遭到被废黜的西吉伯特的兄弟基内赫德(Cyneheard)的袭击并被杀害。基内伍尔夫的几个侍从为了保护他也战死了。次日,基内伍尔夫剩余的部下遭遇基内赫德。他们对基内伍尔夫赤胆忠心,拒绝了基内赫德的金钱诱惑,杀死了基内赫德及其随从。

Cyprus 塞浦路斯 地中海第三大岛。从公元647年开始,阿拉伯人统治这里长达500年之久,接下来是一个独立的法兰克人王国统治这里大约有300年,到1489年被威尼斯人统治之前,塞浦路斯还曾一度落入埃及人之手。1571年,塞浦路斯被奥斯曼土耳其征服。1878年塞浦路斯岛的行政管辖权被英国接管,1914年英国与土耳其之间爆发战争,英国吞并了塞浦路斯。第二次世界大战结束以后,塞浦路斯争取独立或与希腊合并("Enosis","塞浦路斯与希腊合并运动")的运动日益发展,自20世纪50年代,埃奥卡①(EOKA)开始发动游击战。1960年,塞浦路斯宣布独立,希腊族的塞浦路斯人马卡里奥斯大主教(Archbishop Makarios)担任总统,土耳其族的塞浦路斯人库楚克博士(Dr Kücük)担任副总统。1974年,埃奥卡组织发动政变,企图取代马卡里奥斯,结果导致土耳其的入侵,土耳其占领了塞浦路斯的北部地区。尽管塞浦路斯的希腊族与土耳其族之间偶尔也会谈判,但两族间的分裂对立难以和解。2004年,塞浦路斯加入欧洲联盟。

---

① 1971年时由希腊族塞浦路斯人成立的准军事组织,全称为"Ethniki Organosis Kyprion Agoniston",英文为"National Organisation of Cypriot Fighters"(塞浦路斯战斗者全国组织)。——译者注

D

Dafydd ap Gruffydd（**d.1283**）.　戴维德·阿普·格鲁菲兹（卒于 1283 年）威尔士亲王（1282—1283 年）。圭内斯的格鲁菲兹·阿普·卢埃林（Gruffydd ap Llywelyn of Gwynedd）第三子,他是最后一位威尔士亲王。戴维德雄心勃勃,背叛了他的兄长卢埃林（Llywelyn）,接受了英格兰国王的操控。1263 年,戴维德加入亨利三世的阵营,尽管 1267 年时卢埃林被承认为威尔士亲王时,戴维德又恢复了土地和职位,并宣誓效忠卢埃林。1274 年,戴维德密谋试图杀死卢埃林,事后他逃到爱德华一世那里。1277 年卢埃林被击败后,戴维德迎娶了爱德华一世的亲戚伊丽莎白·费勒斯（Elizabeth Ferrers）。因对自己受到的待遇感到不满,戴维德于 1282 年 3 月 21 日对哈登（Hawarden）发动袭击,卢埃林也被卷入了这场战争。1282 年 12 月卢埃林死后,戴维德拒不退让,并自封为威尔士亲王。他遭到威尔士人的背弃,并于 1283 年 10 月 3 日以叛国罪被处死。

Dafydd ap Llywelyn（**c.1208—1246**）.　戴维德·阿普·卢埃林（约 1208—1246）　1240 年至 1246 年圭内斯（Gwynedd）公国的君主。戴维德是圭内斯公国的君主卢埃林·阿普·约尔沃思（Llywelyn ab Iorwerth）与英格兰国王约翰的女儿琼（Joan）所生的唯一的儿子,他被宣布为其父的圭内斯公国的继承人。戴维德随着地位的提高,与身为私生子的兄长格鲁菲兹（Gruffydd）的关系变得疏远起来。1239 年,戴维德剥夺了格鲁菲兹的一些土地,并把他囚禁在监狱。1240 年,当卢埃林去世时,亨利三世决心遏制戴维德的野心。1240 年 5 月 15 日,戴维德在格洛斯特被亨利三世封为骑士,亨利三世则接受了戴维德所行的臣服礼。但卢埃林在圭内斯公国以外取得的财产则被亨利三世扣留,而其他威尔士贵族也宣誓效忠亨利三世。1244年3月1日,格鲁菲兹试图逃离伦敦塔时去世,此后,戴维德决心抵抗亨利三世,他获得了威尔士贵族的支持,也得到了教皇的认可,自称为威尔士亲王,并恢复了他父亲的政策——创建一个现代的封建公国。1245年,亨利三世向戴维德发起了一场远征,但1246年2月25日戴维德突然死亡,其野心也因此而终止。

Dáil Éireann　爱尔兰众议院　爱尔兰共和国议会的下院(Lower House of the Parliament of Eire)。1919年1月新芬党(Sinn Fein)在大选中赢得了73个席位后,爱尔兰议会下院在都柏林的市长官邸(Mansion House)召集了第一次会议,以抵制威斯敏斯特议会,并宣布他们自己参加的是爱尔兰共和国议会。首相就是爱尔兰共和国的总理。

***Daily Telegraph*　《每日电讯报》**　该报已逐渐体现出代表保守的、中产阶级的和英格兰中部地区的思想观念,这已远远背离其创刊时的初衷。《每日电讯报》1855年创刊时是"大众化"报刊的先驱,其售价只有2便士,后来逐渐降至1便士。到1888年,其发行量已达300,000份,远远超过发行量只有60,000份的《泰晤士报》(*The Times*)。在20世纪,卡姆罗斯勋爵(Lord Camrose)按照《每日电讯报》所代表的中产阶级思想观念的特点,对其成功地进行了改造。

Dalhousie, James Andrew Broun Ramsay, 1st Marquis and 10th Earl (1812—1860).　詹姆斯·安德鲁·布龙·拉姆齐,第1代达尔豪西侯爵和第10代达尔豪西伯爵(1812—1860)　达尔豪西出生在苏格兰达尔豪西城堡(Dalhousie castle),其父为印度军队的总司令。1843年至1845年就职于贸易委员会,1848年被任命为印度总督。他在印度任职期间,以大力推行西化政策著称,这导致了1857年的印度兵变(Indian mutiny)。他在印度辛勤工作,积劳成疾,1856年辞职时已经筋疲力尽。

Dalriada, kingdom of　达尔里阿达王国　达尔里阿达,也叫做"Dal Riata",起初是安特里姆(Antrim)海岸的一个爱尔兰王国,但在5世纪时迁徙到苏格兰西海岸。这使其与东北部的皮克特王国和东南部的斯特拉斯克莱德（Strathclyde）王国产生了接触。显然,达尔里阿达王国的国王埃丹（Ædan）野心很大,在劫掠奥克尼岛（Orkney）和马恩岛（Man）的同时,还发动了针对皮克特王国和诺森伯里亚王国的战争。大约在603年埃丹对诺森伯里亚王国的一次进攻中,在德格萨斯坦（Degsastan）遭到惨败。9世纪初北方人在西部造成的压力有可能使达尔里阿达王国的领土受到挤压,但事态发生了反转。达尔里阿达王国的前进路线显然是向东发展。843年,达尔里阿达王国国王肯尼思·麦卡尔平（Kenneth MacAlpin）接管了皮克特王国。达尔里阿达王国此后并入阿尔巴王国（kingdom of Alba）。

Dalrymple, John, 1st earl of Stair ［S］（1648—1707）. **约翰·达尔林普尔,第1代斯泰尔伯爵【苏格兰】**（1648—1707） 律师和政治家。达尔林普尔像他的父亲一样,在17世纪80年代初受到冷遇,而且两次被囚禁在爱丁堡城堡（Edinburgh castle）。但在1687年,詹姆斯七世任命他为国王的私人律师（苏格兰）,次年被任命为苏格兰最高法庭副庭长（lord justice clerk）和最高民事法庭法官（lord of Session）。不过,他强烈支持奥兰治的威廉（William of Orange）,并在1689年至1692年被重新任命为国王的私人律师。从1690年开始,他还担任苏格兰的国务大臣,但因批准实施"格伦科大屠杀"（massacre of Glencoe）而被迫辞职。1703年,安妮晋封他为斯泰尔伯爵。他在实现英格兰与苏格兰的合并方面起了积极的作用。

Dalton, John（1766—1844）. **约翰·道尔顿**（1766—1844） 化学家。道尔顿最初的兴趣是气象学和色盲,他自己就是个色盲,他是第一个对该现象进行科学研究的人。从1794年开始,他就在曼彻斯特文学与哲学学会（Manchester Literary oad Philosophical Society）工作,通过私下带学生来增加自己的收入。他得出结论认为,每个化学元素都是由不同的原子组成的,并开始利用简单的规则来解析化合物的结构。

dame schools　家庭幼儿学校 在1870年《教育法》实施之前,许多幼儿都是在自己的家里跟着未取得教师资格证的女士学习。家庭幼儿学校都是由私人资助的,需要交纳学费。这种学校的课程范围很窄,以阅读和写作为主。

Damnonii 达姆诺尼人 苏格兰中部的一个部落。这个部落也一直完全可以被称为杜姆诺尼人(Dumnonii),但这里保留的是托勒密(Ptolemy)所使用的拼写方法。目前还不知道这个部落的人与英格兰东南部地区有着同样姓氏的人们是否有关系。我们只是从托勒密的《地理学》(Geography)一书中才知道杜姆诺尼人的。如果托勒密对杜姆诺尼人的身份确认无误的话,那么这个部落就肯定位于苏格兰低地(Lowlands)的中部地区。

Danby, Thomas Osborne, 1st earl of, marquis of Carmarthen, and duke of Leeds (1632—1712). **托马斯·奥斯本,第 1 代丹比伯爵,卡马森侯爵和利兹公爵**(1632—1712) 丹比并非出身于一个显赫的家庭,他起初给第 2 代白金汉公爵(duke of Buckingham)当副职。1673 年,丹比被任命为财政大臣,在卡巴尔(cabal)集团瓦解后致力于恢复王室的财政状况,并通过推翻以往那些不受欢迎的政策而保住了自己的职位。丹比使查理二世意识到,如果没有钱,就必须放弃英荷战争。自 1663 年以来,丹比为了王室的利益,把主教和神职人员召集在一起,重启对天主教徒和不从国教者的指控。他粉碎了沙夫茨伯里(Shaftesbury)的乡村党反对派强行解散议会或使他被免职的所有企图。丹比成功地解决了后来威廉三世与玛丽二世的婚姻,但未能使查理二世承担起对法战争的责任。法国国王路易十四通过向议会下院议员们披露证明他有罪的文件,将其赶下了台。在议会的弹劾下,丹比从 1679 年到 1684 年被囚禁在伦敦塔。光荣革命期间,丹比为威廉夺取了约克和赫尔。1689 年,丹比被任命为枢密院院长后,他作为一个政治领袖和收拾局面的高手,重新活跃起来,成了托利党领袖。

Danegeld 丹麦金 这一术语通常被错误地用于埃塞尔雷德二世统治时期(978—1016 年)英格兰向维金人缴纳的贡金,这些款项在《盎格鲁—撒克逊编年史》中被称为"gafol"("贡金")。1012 年,埃塞尔雷德二世开始征收年度土地税,用于支付给"大个子"托尔凯尔(Thorkell the Tall)率领的斯堪的纳维亚人军队，托尔凯尔原来曾受雇于埃塞尔雷德为其作战。克努特(Cnut)和他的儿子们统治时期，为了支付自己的军队的费用，仍然继续征收此税。这种税在诺曼人的行政管理文件中被称为"丹麦金"。

Danelaw　丹麦法区　10世纪时，居住在英格兰东部的维金人承认英格兰国王的统治地位，而英格兰国王则允许他们按照自己的法律行事。到11世纪，"丹麦法区"这个词一般是指实行的习惯法受丹麦人习俗影响的地理区域，丹麦法区这一概念在12世纪的文件中被确定下来，涵盖位于泰晤士河(Thames)与蒂斯河(Tees)之间的英格兰东部的所有地区。

Darby, Abraham（1677—1717）．**亚伯拉罕·达比**（1677—1717）　亚伯拉罕·达比利用本地供应的煤矿和铁矿，成功地开创了什罗普郡(Shropshire)的冶铁业。他出生在伍斯特郡一个贵格会教徒家庭，曾在伯明翰学徒，并在布里斯托尔以黄铜铸工为职业。1709年，他在科尔布鲁克代尔(Coalbrookdale)租了一座熔炉炼铁，先后开办了两家亚伯拉罕·达比公司。1779年在布罗斯利(Broseley)建成的铁桥(Iron Bridge)，使达比公司走向了世界。

Dardanelles campaign　达达尼尔海峡战役　See GALLIPOLI（见加利波利）

Darien venture　达里恩公司　早先苏格兰建立殖民地的尝试都是小规模的，但成立于1695年的苏格兰公司(Company of Scotland)却有着宏大的想法。成立苏格兰公司的目的是为了能筹集到400,000英镑，这一数字似乎占整个苏格兰资本的一半。1698年7月，由5条船只和1200人组成的远洋探险队起航。经过三个月的艰苦航行，船队到达巴拿马地峡(isthmus of Panama)的达里恩，在那里他们发现了一些待人友善的印第安人，并开始在那里兴建新爱丁堡。但似乎乍看起来的一个人间天堂，在现实中却是个容易染上热病的沼泽。1699年6月22日，苏格兰殖民者撤出了这个地方。船队第二次探险中发现了一些废弃的小屋和数百个坟墓。四个月后，他们向一支西班牙军队投降。这个灾难对于苏格兰这样一个小国来说,不啻于是一次沉重的打击。

'Dark Ages' "黑暗时代" "黑暗时代"是 17、18 世纪时的人们广泛使用的一个术语,意思是指文化陷入黑暗的时期,按照这一说法,随着罗马帝国统治的结束,欧洲开始了文化黑暗的时代,直到文艺复兴时期,欧洲文化才出现了新的曙光。就英国的历史而言,所谓的"黑暗时代",有时仅仅是指 5 世纪和 6 世纪这一时期,而许多历史学家更倾向于把 5、6 世纪的英国历史称为后罗马时期。

Darling,Grace(1815—1842). 格雷斯·达林(1815—1842) 格雷斯·霍斯利·达林(Grace Horsley Darling)1815 年 11 月 24 日出生在诺森伯兰郡班堡(Bamburgh)的一个有 9 个孩子的家庭。从 1826 年开始,她的父亲就一直担任法恩群岛(Farne Islands)上的朗斯灯塔(Longstone Light)的看守人。1838 年 9 月 7 日,达林与她的父亲一起,在狂风中营救了触礁的"福法尔郡"号(Forfarshire)汽船上的 9 名乘客,此举使她成为了英国的民族女英雄。达林一直与父母住在一起,1842 年 10 月 20 日死于肺结核。

Darnley,Henry Stewart,Lord(1545—1567). 亨利·斯图尔特·达恩利勋爵(1545—1567) 第 4 代伦诺克斯伯爵马修·斯图尔特(Matthew Stewart,4th earl of Lennox)之子,玛格丽特·都铎之孙。达恩利在英格兰王位的继承顺序中仅次于玛丽·斯图亚特。达恩利是在英格兰出生并长大的。1565 年,他抵达苏格兰,随后便于 7 月 29 日按照天主教的仪式迅速与玛丽举行了婚礼。该婚姻激怒了伊丽莎白,但在苏格兰也只是引发了很小的叛乱。不过,达恩利帅气的外表掩盖了其俗不可耐的个性,他与玛丽的关系很快恶化。由于玛丽拒绝授予他王室婚姻地位,因此达恩利与那些不满王室统治的贵族们联合起来,这些贵族使用计谋使其参与了 1566 年 3 月的里奇奥(Rizzio)谋杀案。6 月 19 日,达恩利与玛丽之子,即后来的詹姆斯六世出生。目前为止,我们既不清楚到底是谁于 1567 年 2 月 10 日在爱丁堡的长老会派菲尔德教堂(Kirk o' Field)谋杀了达恩利,也不清楚玛丽是否参与了此事。然而,玛丽与博思韦尔(Bothwell)的匆匆结婚使得伦诺克斯·斯图尔特家族(Lennox Stewarts)获得了一个冠冕堂皇的机会,那就是以牺牲玛丽为代价来博取达恩利在人们心目中的光彩形象。

darts 飞镖 飞镖是从投掷长矛或射箭中演化而来的一项运动。脱手镖（Hand arrow）作为一种有用的武器,被称为"飞镖",这是中世纪和近代早期的政府感到没有必要加以禁止的为数不多的运动项目之一。19 世纪末,钟面型圆靶被确定为标准的镖盘;1898 年,装在飞镖上的纸质镖翼获得了专利。在 20 世纪,两次世界大战（生灵涂炭的时代）后随着电视的普及,飞镖运动日益走向大众化。

Darwin, Charles（1809—1882）. **查尔斯·达尔文**（1809—1882） 达尔文最初是想从事医疗工作,还在爱丁堡大学修读了医学课程,但由于无法忍受做外科手术而放弃了学业。后来他进入剑桥大学基督学院,获得学士学位,并成为一名牧师。1831 年,达尔文得到一个跟随英国皇家海军"比格尔"号（*Beagle*）船船长一起测量合恩角（Cape Horn）的机会。经过五年的环球航行,达尔文成了一个伟大的擅长描述的科学家和收藏家。通过对物种的多样性的思考,达尔文突然萌生了自然选择的想法。达尔文研究发现,动植物繁衍的后代数量比可能生存下来的要多,由此证明:那些能够较好地适应周围环境的物种将会成为大自然的"选择物",而这些物种的后代将会发生变异,同时也会承袭母体的一些特性。达尔文花了 20 多年的时间收集和整理资料,于 1859 年出版了《物种起源》（*Origin of Species*）一书。尽管达尔文的理论在当时存在着激烈的争议,但还是十分流行,而且在他的晚年得到了世人的公认。

David I（c. 1085—1153）. **戴维一世**（约 1085—1153） 苏格兰国王（1124—1153 年在位）。他是一位杰出的君主,苏格兰国王马尔科姆·坎莫尔（Malcolm Canmore）和王后玛格丽特即后来的圣玛格丽特（St Margaret）的幼子。他在其兄亚历山大一世去世后,继任苏格兰国王。戴维是在亨利一世的宫廷中接受的早期教育,他利用自己熟悉盎格鲁—诺曼人社会的经历,将苏格兰王国纳入欧洲发展的主流。"戴维革命"（"Davidian revolution"）涉及的是在苏格兰定居的盎格鲁—诺曼贵族,他们在苏格兰建立了强大的地方统治权,修筑城堡以自卫,同时还向国王的军队提供骑士。君主制因实行广泛的教会改革计划而得到了加强。戴维还通过建立自治市镇——特别是贝里克(Berwick)、爱丁堡和阿伯丁(Aberdeen)——和通过铸造第一批苏格兰硬币,来加强苏格兰王国的经济基础。

然而,究其本质,戴维既是传统的凯尔特人统治者,同时也是一位倾向于传统权力结构的新式"封建"君主。他继续利用古老的王室权力中心;那些忠于王室的本地贵族仍然享有声望,因为他们与盎格鲁—诺曼人外来者一起,构成了执政的精英集团;现有的管理模式与郡长(sheriffs)、首席政法官(justiciars)以及其他新的官员并存;税收制度仍旧以过去实行的征收实物田赋(cain)和提供招待(conveth)——即"晋献贡物和款待"("tribute and hospitality")——为基础;传统的征兵方法仍然具有十分重要的意义。戴维一世在苏格兰的权力基础,在很大程度上仅局限在苏格兰低地地区(Lowlands)。然而,当戴维一世率领大军与陷于四面楚歌的英格兰国王斯蒂芬进行争夺领土的战争时,有可能会证明正在不断变得强大的苏格兰王权这一现实。从1141年开始,戴维一世统治着里布尔河(river Ribble)和蒂斯河(river Tees)以北的"英格兰",并将这些地区纳为扩大了的苏格兰—诺森伯里亚领土范围的一个组成部分。但在1152年时,戴维唯一幸存下来的儿子亨利死在了他的前头,因此,当戴维本人去世的时候,他的王位就无法由一个成熟而有经验的人来继承,只能由他那年幼的孙子继承,这就是马尔科姆四世(Malcolm IV)。1157年,在亨利二世的坚决要求下,苏格兰人被迫退出英格兰北部。

David II (1324—1371). **戴维二世**(1324—1371) 苏格兰国王(1329—1371年在位)。戴维5岁继承苏格兰王位,执政不到三年就遭到爱德华·巴利奥尔(Edward Balliol)和英格兰的爱德华三世的入侵。期间,他不得不与年轻的妻子,即爱德华三世的妹妹乔安娜(Joan),一同在法国避难。直到1341年,他才得以返回苏格兰。1346年,他在达勒姆附近的内维尔十字路口(Neville's Cross)战役中被俘,被囚禁了11年,直到1357年才获释。

1357年戴维二世回到苏格兰后,对国家进行了有效的治理。他有能力征收重税来支付自己的赎金。他坚定地处理了1363年爆发的男爵起义和来自个别贵族的反对。他的主要弱点来自于其个人事务。他的第一任妻子似乎在 1357 年以后就抛弃了他并回到了英格兰。对于戴维来说,当务之急是需要有一个继承人。1363 年,他与玛格丽特·洛吉(Margaret Logie)建立了深厚的感情关系,并在那一年举行了婚礼。到 1370 年时,因无望有继承人,戴维二世与玛格丽特离婚,并准备迎娶阿格尼丝·邓巴(Agnes Dunbar)。1371 年初,戴维二世意外去世。

David (Dewi), St (d.c.601). **圣大卫(约卒于 601 年)** 米尼维亚【Menevia,圣戴维兹(St Davids)】的主教和威尔士的主保圣人(patron saint)。对圣大卫的所有描述都是基于约 1090 年时里基法奇(Rhygyfarch,即 Ricemarch)所著的圣徒传记。传说大卫的出生是圣帕特里克(St Patrick)预言的。大卫出生在锡里迪吉恩(Ceredigion),其母圣修女(St Non)是一位修女,被大卫的父亲桑特(Sant)强奸后生下大卫,与丘恩达家族(Cunedda family)还存在着一丝联系。大卫后来成为保利努斯(Paulinus)——可能是莱昂的圣保罗(St Paul of Leon)——的学生。据说大卫能创造奇迹。最后他定居在米尼乌(Mynyw,圣戴维兹),开始过上了十分简朴的生活。大卫从圣地朝圣归来之后,参加了布列菲宗教会议(Synod of Brefi),并被选为威尔士教会(Cambrian church)的大主教,他的大主教座就在米尼乌。人们对大卫的崇拜是在 11 世纪确立起来的,到 1200 年供奉他的教堂至少有 60 座。1120 年,大卫被正式封为圣徒。

Davies, Emily (1830—1921). **埃米莉·戴维斯(1830—1921)** 埃米莉·戴维斯出生在南安普敦,最初她是通过帮助伊丽莎白·加勒特·安德森(Elizabeth Garrett Anderson)来获得她学医所需的培训费用。1862 年,她加入了一个争取妇女参加大学考试的委员会。此后,她继续努力,并协助创办了一所女子学院。这所女子学院位于希钦(Hitchin),1869 年开始招收学生,第一届学生只有 5 名。1873 年,这所女子学院迁到格顿(Girton),当时有 15 名学生。自 1873 年至 1875 年,戴维斯一直在这所学院任教。此外,她还强烈呼吁妇女选举权,并且成为 1866 年约翰·斯图亚特·穆勒向议会递交请愿书的组织者。

Davis，John（c.1550—1605）． **约翰·戴维斯**（约 1550—1605） 探索西北航路（North-West Passage）的英国航海家之一。自 1585 年至 1587 年，戴维斯进行了三次探寻西北航路的探险活动，并都得到了沃尔辛厄姆（Walsingham）的支持。他以弗罗比歇（Frobisher）为榜样，向格陵兰岛的南部和西部航行，然后再往北深入到大约北纬 73° 的时候到达以他的名字命名的海峡。在其晚年，戴维斯曾航行到麦哲伦海峡，并与西班牙无敌舰队作过战，最后在东印度群岛的一次小规模冲突中丧生。

Davitt，Michael（1846—1906）． **迈克尔·达维特**（1846—1906） 爱兰民族主义者。达维特出生在饥荒时期，12 岁时在兰开夏郡的一个棉纺厂发生的一次事故中失去了右臂。他加入了芬尼亚兄弟会（Fenians），1870 年被判处 15 年的监禁。七年之后，他被释放。1879 年 10 月，他成立了爱尔兰土地联盟（Irish Land League），巴涅尔（Parnell）为该联盟的主席。离婚丑闻出现后，他与巴涅尔分道扬镳，并于 1895 年重返议会。尽管达维特早期的暴力主张倾向有所缓和，但还是因其反教权的观点和在土地问题上坚持的集体主义态度而疏远了其众多的支持者。

Davy，Sir Humphry（1778—1829）． **汉弗莱·戴维爵士**（1778—1829） 来自于康沃尔郡的化学家和应用科学家。当戴维应邀到布里斯托尔的一个诊所就职时，就中断了自己在药店学徒的经历。这家诊所用氧气和其他气体治疗患有肺结核的病人。他遇到了 S.T. 柯尔律治，并与柯尔律治共同发现了笑气（laughing gas）的属性。1801 年，他入职于伦敦的皇家科学研究院（Royal Institution），他那雄辩的口才使其在研究院的讲演非常受欢迎。1815 年，他应邀去帮助研究控制煤矿爆炸问题，同年还发明了以他的名字命名的安全灯，即戴维灯。正是由于安全灯的发明，使得他在 1820 年成为接任约瑟夫·班克斯爵士（Sir Joseph Banks）做皇家学会（Royal Society）主席的候选人。

D-Day 诺曼底登陆日 1944 年 6 月 6 日是对德战争具有决定意义的一天，即诺曼底登陆日。尽管这一天乌云密布，而且有风，但艾森豪威尔根据相对来说比较可靠的天气预报,做出 6 月 6 日登陆的决定,后来证明这个决定是正确的。蒙哥马利(Montgomery)指挥地面部队,他派遣了 5 个步兵师分别抢占诺曼底的 5 个海滩,加上 3 个空降师,第一天登陆的人数就超过 150,000 人。美军抢占奥马哈(Omaha)海滩时,与德军一个精锐的步兵师相遇,美军伤亡惨重。英美两国空军在 6 月 6 日的白天几乎就阻止住了德军的移动,使德军无法展开联合反攻。

deacon 助祭 基督教神品中的一个等级,地位低于主教和司祭(priest)或长老(presbyter)。《新约》《使徒行传》第六章证实了这一品级的存在。现在,助祭一职男女都可以担任,而且一般司祭任职前先受此职,为一过渡性品级。

dean 教长 教长这一职衔最为普遍的是与负责管理主教座堂僧侣生活与工作的神父有关。该词起源于拉丁语的"decem"(意思是"十"),指领导或监督由其他十人组成的小组的那个人。根据管理绝大多数英格兰主教座堂法规的规定,主教参事会(dean and chapter)被赋予很大的不受主教控制的权利。

death duties 遗产税 罗马统治时期,遗产继承税成为政府收入的一项来源。1694 年,英国开始征收遗产税,但现代意义的遗产税制度始自 1779 年至 1780 年。1894 年,威廉·哈考特爵士(Sir William Harcourt)在人们强烈反对的情况下实行了一种新的税收制度,此后,遗产税主要是以不动产税(estate duties),即对死者留下的财产征收的税的形式征收。

Declaration of Independence, 1776. 《独立宣言》(1776) 当 1776 年 7 月 4 日大陆会议(Congress)通过《独立宣言》的时候,英国与美洲十三个殖民地的冲突进一步加剧。《独立宣言》的主要起草人是托马斯·杰斐逊(Thomas Jefferson),发表该宣言的目的是增进对法国启蒙思想的理解。《独立宣言》首先强调了上帝赋予人们的不可剥夺的生命权、自由权和追求幸福的权利这些著名的"不言而喻的真理"("self-evident truths"),接下来对乔治三世进行了强烈谴责,称其作为"一个暴君,是不配充任自由人民的统治者的"。《独立宣言》郑重宣布,美洲殖民地"同大不列颠的一切政治联系从此完全解除,而且理应完全解除"。

Declaration of Rights,1689. 《权利宣言》(1689)　1689 年 2 月,非常议会(Convention)起草了一份《权利宣言》,并在怀特霍尔宫(Whitehall)的宴会厅(Banqueting House)将其呈递给威廉和玛丽。《权利宣言》陈述了詹姆斯二世的种种罪行,恳求威廉和玛丽接受王位,并宣誓效忠。威廉代表他们夫妇俩接受了非常议会的请求,并被宣布为国王和女王。See GLORIOUS REVOLUTION(见光荣革命)。

Declarations of Indulgence 《信教自由令》　查理二世对针对新教徒和不从国教的天主教徒的刑法感到十分厌恶,1672 年他发布了一份《信教自由令》。对此,议会下院提出了强烈的抗议:"陛下,在您的前任国王中,没有一位国王曾声称拥有或行使过这种权力",于是查理二世做出让步,并将该敕令收回。1687年,詹姆斯二世发布了另一个宣言,并于 1688 年再次发布了这一宣言。但这份宣言的序言写得十分愚蠢,犹如火上浇油,使问题更加复杂。这份序言宣称:"我们只能由衷地希望,而且将很容易得到认可:我们疆土内的所有人都是天主教(Catholic Church)的一分子。"

Declaratory Act,1766. 《公告法》(1766)　1766 年《公告法》宣称英国议会拥有最高统治权,反对美洲殖民地议会的主权要求。该公告法的目的是为了赢得英国国王、议会上院和下院的同意,修改或废除《印花税法》(Stamp Act)。

decolonization　非殖民化　英国实行的非殖民化政策源于 19 世纪 40 年代以来准许加拿大、澳大利亚和南非等有自治权的适宜定居的殖民地建立责任政府。但后来英国在 20 世纪补充进来的非殖民化政策绝不是有意突然放弃英国的优势。大英帝国的双头政治(dyarchy)方式的实验,反映了同样的精神,尤其是 1919 年的《印度政府法》(Government of India Act)实施后在印度所做的实验更是如此,即一些公共事务部门留在大英帝国政府,而其他部门则逐渐移交给当地政府。

第二次世界大战不能被视为非殖民化相关观点产生的原因,相反,二战更有可能是非殖民化思想造成的结果。尽管丘吉尔首相在 1941 年 8 月加入了尊重每个民族都拥有自由选择自己政府形式之权利的《大西洋宪章》(Atlantic charter),但他随后发表的"他没有成为国王陛下负责清算大英帝国的首席大臣(Chief Minister)"的声明,同样也是众所周知的。一些领地,主要是半岛马来西亚(Malaya)和缅甸(Burma)在 1941 年 12 月以后遭到侵占,但重新夺回这些领地的计划已即刻开始准备了。

非殖民化是 1945 年以后首先从南亚开始的。工党政府在印度和巴基斯坦独立(1947 年 8 月)前的准备阶段提出的基本要求,包括如下内容:一是印巴独立不能使英国的威望受到任何损失;二是独立过程应该在英国与印度和巴基斯坦达成一致的基础上进行;三是印巴独立也不能使联合王国重要的政治、战略或经济利益受到损害。尽管 1947 年印巴独立之初,英王在印度和巴基斯坦的地位保持不变,这对于英国与印度和巴基斯坦都是适宜的,但印度与巴基斯坦在 1949 年分别表达的建立共和国的愿望在以英国为首的多种族的英联邦内得到了实现。与此同时,1948 年 1 月缅甸脱离英联邦宣布独立和 1948 年 2 月锡兰的独立,构成了英国在南亚次大陆非殖民化的两个标杆。

然而,南亚发生的转变也并非一定能够成为大英帝国其他属地要效仿的先例。在丘吉尔执政的和平时期(1951 年 10 月—至 1955 年 4 月),没有一个英属殖民地宣布独立。尽管苏丹(Sudan)随后于 1956 年 1 月成为第一个英属非洲殖民地获得独立的国家,但是,苏丹的独立是过去的对苏丹实行英埃共管制度(Anglo-Egyption Condominium)解体的一部分。后来被命名为加纳的黄金海岸和半岛马来西亚在满足了英国提出的一些政治和经济条件之后,分别于 1957 年 1 月和 8 月获得独立,但是我们无法确定这些政治和经济条件是否适用于其他地区。

英国非殖民化的第二阶段始于 1959 年 10 月哈罗德·麦克米伦(Harold Macmillan)的保守党政府获得连任之后,特别是他于 1960 年 2 月 3 日在南非议会上发表演讲时所提出的"变革之风"①("winds of change")的警告。尼日利亚

① 指《变革之风吹遍非洲》的演讲。——译者注

在 1960 年获得独立,坦噶尼喀【Tanganyika,坦桑尼亚(Tanzania)】和塞拉利昂(Sierra Leone)于 1961 年独立,乌干达(Uganda)1962 年独立,肯尼亚和桑给巴尔 1963 年独立,赞比亚和马拉维(Malawi)1964 年独立,冈比亚 1965 年独立,莱索托(Lesotho)1966 年独立,斯威士兰(Swaziland)1968 年独立。英属加勒比殖民地几乎同时为非洲的独立提供了一个注脚,牙买加和特立尼达 1962 年 8 月选择独立,脱离前途未卜的西印度联邦。1960 年 8 月塞浦路斯共和国的诞生已经表明,小国也可以使用民族自决的手段,自行决定自己的归属。

如果说英国政府曾经奉行过一个明确的非殖民化"政策"(policy)的话,那么这个政策就是 1960 年至大约 1966 年间针对非洲裔加勒比人世界(Afro-Caribbean world)实行的那个政策。非殖民化成为英国政府唯一能够选择的结果这一事实表明,英国主要政党之间乃至各个主要政党内部在非殖民化的问题上存在的争议是有限的。更多的争议则是围绕着 1967 年 11 月的从亚丁撤出和放弃对亚丁湾统治者的法律责任的问题而展开的,这是真正意义上的"帝国的绝唱"("swansong of empire")。20 世纪 60 年代末和 70 年代大英帝国非殖民化最复杂和最危险的未竟事业是罗得西亚(Rhodesia),罗得西亚的白人侨民引发的叛乱未被平息,而且该领地正式宣布独立,但直到 1980 年 4 月才建立独立的津巴布韦(Zimbabwe)。

英国最后一个非殖民化的地区是香港,在 1997 年 6 月 30 日之前漫长的香港回归中国的谈判阶段,英国政府和香港总督彭定康最关注的事情无疑就是得到确保香港居民的民主与福利的承诺。被誉为当代最伟大的"自由战士"的南非总统纳尔逊·曼德拉,1996 年 7 月 5 日在议会上下两院共同所在地英国议会大厦(British Houses of Parliament)前发表演讲时,对于英国自结束殖民奴役到哈罗德·麦克米伦批准非洲"自由"为止,在国外坚持的道德立场给予认可,这证明了英国非殖民化观点的最后胜利。See BRITISH EMPIRE;IMPERIALISM(见大英帝国;帝国主义)

De facto Act, 1495. 《事实法》(1495) 这个法案的名称容易让人误解,因为这一与许多法律评论相悖的法令(11 Hen.Ⅶ c.1)的颁布,显然不是为了区别"事实上的"(de facto)国王与"法律上的"(de jure)国王之间的不同。亨利七世在博斯沃思取得胜利后,面临着一系列针对他的王权的挑战。为了巩固自己的王位,亨利七世颁布了这项法令,宣称任何为国王履行职责的人"绝不可以被判犯有重大的叛国罪",凡与此相悖的任何后续立法都将被视作无效。

Defenders　天主教护教派　天主教护教派是一群爱尔兰天主教徒,他们团结一致,与爱尔兰新教组织"黎明伙伴"(Peep o' Day Boys)展开斗争。18 世纪80 年代,他们开始组织起来,90 年代与爱尔兰人联合会合并。爱尔兰天主教徒不满情绪的蔓延最终导致 1798 年的爱尔兰起义。

Defoe, Daniel（c.1660—1731）. 丹尼尔·笛福（约 1660—1731）　多产的英国作家。笛福曾就读于一所不尊奉英国圣公会的学校,因参加蒙茅斯(Monmouth)的叛乱而被定罪,但得到了特赦。1692 年因生意倒闭而被关进监狱。1701 年他出版了当时最畅销的《真正的英国人》(*True-Born Englishman*),此后,成为威廉三世的非官方的辩护者。1702 年,他出版了《消灭不同教派的捷径》(*The Shortest Way with the Dissenters*),因在书中讽刺高教会派的顽固行为,而以诽谤罪被投入监狱,并被处以枷刑,此后,笛福被罗伯特·哈利(Robert Harley)招募为宣传员。笛福与辉格党最终讲和后,于 1719 年出版了《鲁滨逊漂流记》(*Robinson Crusoe*),这是他一系列自传体小说的第一部。笛福的自传体小说还包括 1722 年出版的《大疫年日记》(*A Journal of the Plague Year*)和《摩尔·弗兰德斯》(*Moll Flanders*),以及 1724 年出版的《罗克亚娜》(*Roxana*)。18 世纪 20 年代,笛福进行了一系列的旅行活动,尤其对商业问题颇感兴趣,并出版了令人印象深刻的《不列颠全岛记游》(*A tour through the whole island of Great Britain*)一书。

Degeangli　德金利人　铁器时代和罗马统治时期不列颠的土著部落,其领土范围覆盖威尔士北部的大部分地区。该部落在南面与奥陶维斯人(Ordovices)部落为邻。该部落被并入不列颠行省,成为地方行政区(部落行政区)。

Degsastan, battle of, 603.　德格萨斯坦战役（603）　这场战役对于达尔里阿达（Dalriada）王国的国王埃丹（Ædan）来说，显然是一次惨败，完全输给了对手诺森伯里亚王国的国王埃塞尔弗里思（Æthelfryth）。这场战役大概就发生在利兹代尔（Liddesdale）的道斯顿里格（Dawston Rigg）。

De heretico comburendo, 1401.　《镇压异端邪说者令》（1401）　该法令是专门针对罗拉德派（Lollards）而制定的，罗拉德派是"一个新教派"（"a certain new sect"），他们"披着神圣的外衣"，到处引起宗教纷争。该法令对罗拉德派的重大利益构成威胁。坎特伯雷大主教阿伦德尔（Archbishop Arundel，1399—1414年）和新国王亨利四世都对罗拉德派异端邪说采取了强有力的镇压手段。

Deheubarth（'the south part'）　德赫巴斯（"南部"）　威尔士较大的中世纪王国之一。海韦尔·迪达（Hywel Dda，卒于949/50年）统治时期，通过联姻的方式，把塞萨尔格（Seisyllwg）和达费德（Dyfed）合并建成德赫巴斯王国，王国的面积覆盖了威尔士西部和西南部地区，有时还扩展到布雷切尼奥格王国（Brycheiniog）。德赫巴斯王国的首府迪内弗尔（Dinefwr）具有传奇色彩，但是与达费德和锡里迪吉恩（Ceredigion）不同，迪内弗尔这一名字至今未被恢复。

Deira, kingdom of　德伊勒王国　盎格鲁—撒克逊王国，位于亨伯河（Humber）以北，蒂斯河（Tees）以南。公元6世纪末，埃尔（Ælle）统治时期，德伊勒王朝似乎就已经建立起来了。德伊勒王室的最后一位统治者是遭到伯尼西亚王国的奥斯威（Oswiu of Bernicia）杀害的奥斯温（Oswin，644—651年在位）。埃格弗里思（Ecgfrith）统治期间（670—685年），德伊勒王国与伯尼西亚王国完全合并，形成诺森伯里亚王国。

deism　自然神论　自然神论一词来源于拉丁语_deus_（上帝），其含义是指信仰上帝（Supreme Being），常用来描述17世纪末首先建立起来的自然宗教体系。对自然神论的经典阐述当属约翰·托兰（John Toland）于1696年所著的《基督教并不神秘》（_Christianity not Mysterious_）一书，该书反对超自然的观点。自然

D

神论者维护理性的最高权威,并否认奇迹、预言和对《圣经》进行字面意义和原教旨主义(fundamentalist)解释的有效性。18世纪以后,当自由思想家的说法出现的时候,自然神论一词几乎就不被使用了。

Delius, Frederick(1862—1934). **弗雷德里克·戴流士**(1862—1934)作曲家。戴流士出生在布拉德福德(Bradford,约克郡),是德国人的后裔。他一生中的大部分时间都生活在国外,但是当人们听他的音乐的时候,常常在脑海中浮现出英国的风景。戴流士最受欢迎的作品往往是一些较短的田园题材作品,例如《春日初听布谷鸟鸣叫》(*On Hearing the First Cuckoo in Spring*)或《布里格集市》(*Brigg Fair*)。在生命的最后几年,他双目失明,瘫痪在床,但仍然能够借助他的听写员埃里克·芬比(Eric Fenby)的笔录继续作曲。

demesne   领主自用地   领主自用地是一个法律术语,指为所有者(owner)直接带来收益的土地和财产。在中世纪时期,这一类持有地对于所有者来说,其重要性是有变化的:有时所有者通过自己经营,而使自用地更能体现出其价值;而有时如果把自用地租给佃户耕种,则更有利可图。当社会对农产品的需求增加,且收益好的时候,自用地的面积就会扩大。当生产成本上涨,如14世纪发生瘟疫之后,许多权贵就会以收取货币地租的形式将自用地出租给佃户,而只保留住宅附近那部分土地来满足家庭生活的需要。

Demetae   德梅泰人   铁器时代和罗马统治时期不列颠的土著部落,其领土覆盖彭布罗克郡(Pembrokeshire)和威尔士西南部的卡马森郡(Carmarthenshire)的大部分地区。该部落被并入不列颠行省,成为一个地方行政区,行政区的首府为卡马森(Moridunum Demetarum,德梅塔卢姆—莫里杜努姆)。

democracy   民主   在英国,从寡头政治过渡到民主政治是逐渐完成的。17世纪的内战和光荣革命确立了议会至高无上的地位,但由于没有对选举制度加以改革,所以能有效参与政治生活的仅限于极少数人。当时的公共舆论只能断断续续地被表达出来。18 世纪报刊业的繁荣和 18 世纪 70 年代以后议会辩论的公开化,扩大了舆论的范围,但直到 1832 年议会通过《改革法》(Great Reform Act)之后,选举制度本身才得到实质性的修改,如确立了选举权资格标准,赋予诸如曼彻斯特、伯明翰、谢菲尔德和利兹等大城镇以议会代表席位。1867 年和 1884 年议会选举权的进一步扩大使得大多数成年男性都拥有了投票权,1872 年无记名投票方式的实施削弱了绅士阶层的影响力,1883 年《禁止选举舞弊法》(Corrupt Practices Act)的颁布减少了贿选现象。1918 年和 1928 年进行的两次议会选举改革,使妇女获得了投票权;而根据 1969 年颁布的一项法令,投票权的年龄被降至 18 岁。

民主赋予了选民可以改换自己的政府的机会,但普通人的观点对其他问题的影响程度仍然是一个存有争论的主题。值得商榷的是,特定利益集团对政府的影响力远比每隔四、五年投一次票(尤其对一个失败的候选人来说)更有分量。在地方一级的政府中,个人的影响力本应该是最大的,但是由于集中决策的大幅度发展和许多议会的一党统治,已减弱了个人对地方政府的影响力。原则上几乎每个人都可以接受的参与性的民主,在大国是不容易实施的,因为大国的问题不仅多,而且复杂。

民主被誉为是一个将能够建立世界稳定与和平的准则,但面对非比寻常的宗教狂热或民族狂热,民主的吸引力已被证明是令人沮丧的。选民有时似乎会难以控制地被铁腕总统、宗教狂热分子,甚至军事独裁者所吸引。至于民主输出究竟可以达到怎样的程度——与本土不断发展的民主相对,我们必须保持怀疑的看法。

Democratic Unionist Party(DUP) **民主统一党**(DUP) 民主统一党成立于 1971 年,旨在向北爱尔兰统一党(Ulster Unionist Party)的地位发起挑战,代表的是传统的忠诚于统治者的工人阶级的观点。民主统一党的纲领把坚定的统一主义与社会和经济平民主义结合在一起。该党在很大程度上由其领袖伊恩·佩斯利(Ian Paisley)控制,其支持者的人数远远超出了自由长老会(Free Presbyterian Church)支持者的人数。该党一直对和平倡议持怀疑态度,并排斥 1993 年的《唐宁街宣言》(Downing Street declaration)。2005 年大选时,民主统一党取代北爱尔兰统一党,成为北爱尔兰最大的政党。2007 年,佩斯利就任权力共享政府的第一部长(First Minister)。

Denain, battle of, 1712.　德南战役(1712)　1712 年 7 月 24 日,维拉尔元帅(Marshal Villars)率领 24,000 名法军,在德南附近向阿尔比马尔(Albemarle)率领的大约由 10,000 名士兵组成的英荷联军发动突袭。欧根亲王(Prince Eugene)率领的联军增援部队试图支援阿尔比马尔,但无法渡过斯海尔德河(Scheldt river)。阿尔比马尔战败,逃出的部队不到 4000 人。

Denbighshire　登比郡　登比郡是根据 1536 年与英格兰签订的《合并法》(Act of Union),在威尔士东北部建立的一个郡。登比郡位于康威(Conwy)以东,其核心地区为珀费德乌拉德(Perfeddwlad),再加上达夫林克卢伊德(Dyffryn Clwyd)地区。诺曼征服(Norman Conquest)以后,这些地区成为登比和里辛(Ruthin)的领地。1974 年,登比成为克卢伊德郡(county of Clwyd)的一部分,而原来的登比郡被分为 3 个区:科尔温(Colwyn)、格伦道尔(Glyndŵr)和雷克瑟姆梅尔洛(Wrexham Maelor)。1996 年,重新设立登比郡,但不包括雷克瑟姆在内,雷克瑟姆成为郡级自治市(county borough)。

Derby　德比赛马　德比赛马被迪斯累里(Disraeli)描述为"跑马场的蓝色丝带"("the Blue Riband of the Turf")。德比赛马是赛马比赛季日程安排中的头等大事。德比赛马始于 1780 年 5 月 4 日,是以其创始人第 12 代德比伯爵(the 12th earl of Derby)的名字命名的。德比是指同为 3 岁的马在埃普瑟姆丘陵(Epsom downs)的赛马场上比赛。

Derby, diocese of　德比主教区　德比主教区是 1927 年从绍斯韦尔(Southwell)主教区分离出来的,教区范围大致覆盖整个德比郡,1884 年诺丁汉郡的教会与德比郡的教会试图合并,但没有成功。德比主教区的主教座堂是过去的堂区教堂。

Derby, Edward Stanley, 14th earl of（1799—1869）. **爱德华·斯坦利,第14代德比伯爵**（1799—1869） 任期最长的保守党领袖。斯坦利是有古老历史的地产的继承人,这些地产主要集中在兰开夏郡南部诺斯利（Knowsley）周围地区,曾先后就读于伊顿公学和牛津大学基督教会学院（Christ Church）,1822 年成为辉格党议会下院议员。坎宁执政时期,斯坦利所担任的职位还不算高,但格雷（Grey）执政后他进入了内阁。1833 年,作为爱尔兰事务大臣,斯坦利在爱尔兰推行了《爱尔兰教会临时法案》（Irish Church Temporalities Bill）和大众教育措施,同时,作为殖民地大臣,他废除了英属殖民地的奴隶制。在被奥康奈尔（O'Connell）及其爱尔兰民族主义者以及他在辉格党内的竞争对手罗素（Russell）排挤后,斯坦利于 1834 年率领所有辞职者离开了内阁【德比迪利派（Derby Dilly）】。斯坦利和他的大多数追随者都加入了保守党。1841 年,斯坦利成为皮尔（Peel）政府中的殖民地大臣,1844 年他选择了接受贵族爵位。利顿（Lytton）认为斯坦利为人"直率、傲慢、鲁莽,善于辩论（Rupert of debate）"。1845 年,斯坦利成为内阁中唯一一位对抗皮尔废除《谷物法》（Corn Law）的大臣,并以辞去内阁职务的方式捍卫了自己的尊严。尽管斯坦利阻止皮尔政府废除《谷物法》的努力失败了,但 1846 年 7 月保守党分裂后,他成为残余的主张实行贸易保护主义的保守党的领袖。1849 年,斯坦利任命迪斯累里（Disraeli）为该党在议会下院的领袖。

德比（1851 年他继承了伯爵爵位）三次出任首相（1852 年、1858—1859 年和 1866—1868 年）。在此期间,保守党一直是议会下院中的少数党。在第二任期内,德比试图推行议会改革的措施,并显示出比以往更为进步的态度。1859 年大选失败后,斯坦利决定支持帕默斯顿（Palmerston）的温和的自由党政府,抵制激进派的挑战,将就反对党。1866 年帕默斯顿去世后,保守党在议会改革问题上推翻了罗素的自由党政府,德比再次成为首相。他决心抢占先机,用自己的改革措施来阻止自由党进一步改革方案的出台。第二个《改革法》（德比称之为"黑暗中的飞跃"）虽然是由迪斯累里在议会下院具体操作实施,但却是德比首先提出的动议。1868 年,德比因健康状况不佳而退休,迪斯累里接任首相一职。

德比终生未能实现自己在早期政治生涯中曾做出过的承诺。他待人友善坦诚,特别是在事情悬而未决的情况下,不会让人存有戒备之心,他也非常清楚自己的社会立场是什么,然而贵族式的拘谨阻碍了他与中产阶级政治家的交往。

Derby,Edward Stanley,15th earl of(1826—1893). **爱德华·斯坦利,第15 代德比伯爵**(1826—1893) 就读于拉格比公学(Rugby)和剑桥大学三一学院(Trinity College),1848 年成为议会下院议员。19 世纪 50 年代,斯坦利与迪斯累里(Disraeli)的关系比他父亲与迪斯累里的关系更加密切。1858 年至 1859年,他担任殖民地大臣和印度事务大臣,1866 年至 1868 年任外交大臣,1869 年继承伯爵爵位后,1874 年再度出任外交大臣。"东方问题"危机(Eastern Question crisis)期间,他制定了一个独立的政策,但因与迪斯累里产生分歧,于1878 年辞职。作为格莱斯顿(Gladstone)内阁的殖民地大臣,从 1882 年开始,他就对"前进政策"("forward policy")感到不满。1886 年,他在推行爱尔兰地方自治运动问题上与格莱斯顿决裂。直到 1891 年,他一直领导议会上院的自由党统一派(Liberal Unionists)。

Derby,James Stanley,7th earl of(1607—1651). **詹姆斯·斯坦利,第 7代德比伯爵**(1607—1651) 德比是兰开夏郡的最高军事长官(lord-lieutenant)、马恩岛的领主(Lord of the Isle of Man),内战时期著名保王派贵族。1642 年,他在兰开夏郡为国王招募了 6000 多人的军队。在接下来的 7 年中,他的大部分时间都是在马恩岛上度过的。1644 年,他在马斯顿荒原(Marston Moor)战役中重新复出。1650 年,他宣布为查理二世而战,并带领一支小分队到达欧洲大陆,但1651 年 8 月 25 日在威根巷(Wigan Lane)被击败。1651 年 9 月,德比在伍斯特(Worcester)作战时被俘,在博尔顿(Bolton)被斩首。1644 年,他曾洗劫伍斯特城,杀害了 1600 名平民。

Derby,Thomas Stanley,1st earl of 托马斯·斯坦利,第 1 代德比伯爵
See STANLEY,THOMAS(见斯坦利·托马斯)

Derby Dilly 德比迪利派 德比迪利派是奥康奈尔(O'Connell)贬低温和的辉格党的词语,该政治派别由包括德比伯爵的继承人爱德华·斯坦利(Edward

Stanley）在内的 4 个内阁大臣领导，在 1834 年时退出了议会改革者的行列，并开始重组党派。Dilly 是俚语，意为一辆不停奔跑的或奔跑迅捷的公共马车。

Derbyshire　德比郡　德比郡是英格兰中部地区的一个郡，看上去就像个心脏的形状。它的郡界几乎没有发生过改变，但自 1974 年以来与大曼彻斯特（Greater Manchester）接界。

罗马人对德比郡感兴趣的地方主要是其铅矿和位于巴克斯顿（Buxton）的温泉，并在该郡建造了若干要塞和道路。656 年麦西亚王国在雷普顿（Repton）——撒克逊人的教堂地下室在这里幸存了下来——修建了第一座修道院，基督教随之传入德比郡。

在整个中世纪时期，德比郡的人口一直很少。该郡经历过严重的鼠疫，1665年最后一次鼠疫大爆发导致伊姆（Eyam）6/7 的人口死亡。到 17 世纪，卡文迪什家族（Cavendishes）已经确立了在该地区的主导地位，这在很大程度上要归功于施鲁斯伯里伯爵夫人（countess of Shrewsbury）哈德威克的贝丝（Bess of Hardwick，1520—1608 年）。18 世纪时，德比郡除建造了许多大的乡村别墅，如查茨沃斯宅邸（Chatsworth）、凯德尔斯顿庄园（Kedleston）和卡尔克庄园（Calke abbey）以外，该郡的棉纺织业，尤其是阿克赖特（Arkwright）于 1771 年在克罗姆福德（Cromford）创办的棉纺厂也发展起来，此外，德比郡在其他方面取得的令人印象深刻的发展，还有博尔索弗（Bolsover）和切斯特菲尔德（Chesterfield）周围地区的煤炭开采业和铁器生产，以及东部的贝尔珀（Belper）、伊尔基斯顿（Ilkeston）和希诺（Heanor）地区的编织业。铁路的发展使德比郡发生了深刻的变化。到 19 世纪中叶，德比市已经成为英国中部地区的铁路枢纽。今天，尽管煤炭已不再具有经济意义，但是采石业（尤其是石灰岩的开采）与纺织业和机械工程业一样，仍然是十分重要的产业，德比的罗尔斯—罗伊斯航空发动机制造厂最为著名。此外，皮克山区（Peak District）——不列颠第一个国家公园——吸引了大量的游客。

德比市是迄今为止德比郡最大的城镇，1999 年拥有居民 235,000 人，但因靠近较大城市诺丁汉，文化的发展受到很大影响。此外，由于德比市位于德比郡的南部，使得德比郡向外的辐射性发展大为加强，东北方向面向谢菲尔德辐射发展,西北方向则面向曼彻斯特辐射发展。德比郡的行政总部均集中在马特洛克（Matlock）。马特洛克是一个优质温泉小镇,它的第一个温泉浴场建于 1698 年,此后其引人注目的峭壁就一直吸引着游客。然而,因温泉而繁荣起来的是英格兰海拔最高的集镇——巴克斯顿。巴克斯顿的新月楼（Crescent）高贵奢华,是 1780 年至 1786 年由卡文迪什家族建造的,据说花费了 120,000 英镑,巴克斯顿城镇至今还保留着乔治王朝时期的那种典雅的风格。在冶铁业、棉纺织业和煤炭业占主导地位的东部和北部地区,贯穿有 M1 高速公路,途经伊尔基斯顿和奥尔弗里顿（Alfreton）。切斯特菲尔德位于伊尔基斯顿和奥尔弗里顿上方,拥有独特的哥特式教堂,教堂的顶部是著名的螺旋斜塔。德比郡西北边陲是人口最少的地区,有 1945 年投入使用的莱迪鲍尔水库（Ladybower reservoir）,该地区最大的市镇格洛瑟普（Glossop）还保留着维多利亚时代工业城镇的风貌。

Dermot MacMurrough（**c.1110—1171**）. **德莫特·麦克默罗（约 1110—1171）** 爱尔兰的伦斯特王（king of Leinster）。据说,德莫特身材高大、威猛,而且健谈。他全身心地投入到激烈的征战之中,但却在 1166 年被迫流亡,并请求亨利二世的援助。1170 年,绰号"强弩"的理查德·德·克莱尔（Richard de Clare,"Strongbow"）在爱尔兰与德莫特并肩作战。两人一起夺回了都柏林,德莫特还将自己的女儿伊娃【Eva,即 Aoife（奥伊弗）】嫁给了理查德·德·克莱尔。次年,德莫特去世。5 个月后,亨利二世亲自率军远征爱尔兰,此次远征为后来盎格鲁—诺曼人占领都柏林和佩尔地区（Pale）奠定了基础。

Derry, **diocese of** **德里主教区** 德里自 1254 年开始就一直是一个主教区,宗教改革运动期间,德里仍然是爱尔兰教会的主教区。1834 年,拉福（Raphoe）主教区与德里主教区合并。始于中世纪的主教座堂在 1566 年时发生的一次爆炸中被毁。新的主教座堂是 1628 年至 1633 年间修建的,在很大程度上成为维多利亚时代建筑风格的范本。圣尤金罗马天主教主教座堂（St Eugene's Roman catholic cathedral）是 1873 年建成的,1903 年时又添加了塔尖。

Despenser, **Hugh**, **1st earl of** **Winchester**（**1261—1326**）. **休·德斯潘塞,**

第 1 代温切斯特伯爵(1261—1326)　德斯潘塞的父亲曾经是反对亨利三世的男爵之一,并与西蒙·德·孟福尔(Simon de Montfort)在伊夫舍姆(Evesham)一同被杀。德斯潘塞是爱德华二世的狂热支持者,并且是加韦斯顿(Gaveston)死后爱德华二世最亲密的宠臣。他和他的儿子得到很多地产,非常不得人心。1321 年,爱德华二世被迫将其流放,但是 1322 年他最大的对手兰开斯特的托马斯(Thomas of Lancaster)在巴勒布里奇(Boroughbridge)战役后被处死,似乎已使他保住了自己的职位。但 1326 年时他又被迅速推翻。爱德华的王后伊莎贝拉(Isabella)发动叛乱,德斯潘塞在布里斯托尔被俘并遭处决。几天后,他的儿子也与国王一同被俘,在赫里福德被处以绞刑。两个月后,国王被废黜。

Dettingen, battle of, 1743.　代廷根战役(1743)　1743 年,英国参与了奥地利王位继承战争(War of the Austrian Succession),支持玛丽亚·特蕾西亚(Maria Theresa),并且把一支部队安置在由斯泰尔勋爵(Lord Stair)率领的德军阵地上。1743 年 6 月,英军被力量占优的法军围困在哈瑙(Hanau)附近。6 月 27 日,英军成功脱险,他们之所以能杀出重围,主要是得到了步兵部队滑膛枪的火力掩护。乔治二世率军投入战斗,他手握刀剑,表现得非常英勇。

Deusdedit　狄乌迪弟　坎特伯雷大主教(655—664 年)。狄乌迪弟是第六任坎特伯雷大主教,同时也是首位被任命为坎特伯雷大主教的英国人。他是西撒克逊人,其英文名字似乎是弗里斯乌温(Frithuwine)。664 年 7 月 14 日,狄乌迪弟在一场严重的瘟疫中去世。

de Valera, Eamon(1882—1975).　**埃蒙·德·瓦莱拉**(1882—1975)　尽管德·瓦莱拉性格冷漠,而且还是一个禁欲主义者,但他在长达 40 多年的时间里一直是爱尔兰政坛一位举足轻重的人物。德·瓦莱拉出生在纽约,在爱尔兰的利默里克郡(Co.Limerick)长大,最初是一位数学教师。他是通过爱尔兰语言运动(Irish Language Movement)逐步理解了进步的民族主义。他之所以能够取得领导职位,是因为他是复活节起义(Easter Rising)最后一位幸存下来的指挥官。1917 年初,他从拘留营被释放后,领导了拥有广泛基础的新芬党联盟(Sinn

Fein coalition）。1918 年 5 月，德·瓦莱拉被捕，1919 年 2 月，他从林肯监狱逃走，成为爱尔兰众议院（Dáil）议长。1921 年 7 月停战后，德·瓦莱拉成为爱尔兰方面的首席谈判代表，但是却没有出席和谈会议，从而引起争议。他在反对《英—爱条约》（Anglo-Irish treaty）的同时，推动外部联系作为另外一种选择。与新芬党和爱尔兰共和军（IRA）及其主张的有意不作为政策分裂之后，德·瓦莱拉建立了爱尔兰共和党（Fianna Fail Party），并于 1927 年进入众议院。在赢得 1932 年大选后，德·瓦莱拉开始推动条约改革政策，取消宣誓效忠英王。1937 年的宪法集中体现了他的社会和文化保守主义思想。在第二次世界大战中，德·瓦莱拉推行的是颇受欢迎的中立政策。他在 1948 年和 1954 年两次大选中均遭失败，但是 1951 年至 1954 年和 1957 年至 1959 年两度出任爱尔兰总理；1959 年至 1973 年，出任爱尔兰总统。德·瓦莱拉自己曾说："我本想成为一个地地道道的保守派，甚至成为一个主教，而不是一个革命领袖"。

devolution　权力下放　权力下放是一种权力委托形式，是作为使公民意识到自己能够更为直接地控制决策的手段而加以提倡的。北爱尔兰政府自建立以来就实行权力下放制度。工党（Labour Party）执政以后，人们希望工党能够阻止威尔士党（Plaid Cymru）在威尔士和苏格兰民族党（SNP）在苏格兰进行的趋于走向完全独立的势头。在苏格兰全民公决中获得"通过"投票后，苏格兰议会于 1999 年 5 月在爱丁堡召开。在威尔士，权力下放的提议在 1979 年的全民公决中遭到惨败，但在 1997 年的第 2 次全民公决中以微弱多数获得通过，1999 年在加的夫召开了国民议会。实施权力下放的结果，几乎完全超出了其倡导者的期望。苏格兰民族党在 2007 年的大选中获胜，成为苏格兰议会中的第一大党，因此得以建立了一个少数党政府，并承诺将推行一个独立的政策。在威尔士，威尔士党势力的发展使其能够与工党分享执政权。权力下放的结果，是把大不列颠联合王国的结构置于某种危险境地，以前提倡权力下放的那些人已经开始重新发现"不列颠"的价值和维护联合的优越性。

Devon　德文郡　在英国历史最悠久的郡中，德文郡是第三大郡。德文郡拥有两个海岸，分别面向不同的方向：一是沿着布里斯托尔海峡的北部海岸；二是沿着英吉利海峡的南部海岸。南部的达特穆尔（Dartmoor）、北部的埃克斯穆尔（Exmoor），以及东部的布莱克当丘陵（Blackdowns）为该郡海拔最高的地方，但德文郡的地形以丘陵为主，并伴有深谷。该地区在《盎格鲁—撒克逊编年史》851年纪事中第一次出现时，名称是迪芬萨斯格尔（Defensascir），该名称似乎源自于居住在这个地区的凯尔特部落杜姆诺尼人（Dumnonii）。在罗马不列颠时代，埃克塞特【Exeter，杜姆诺尼拉姆—伊斯卡（Isca Dumnoniorum）】是一个重要的军事基地和港口。

后罗马时期，不列颠人的杜姆诺尼亚王国（kingdom of Dumnonia）统治的区域包括德文和康沃尔，该王国至少存在到8世纪初。658年威塞克斯王国国王森沃尔赫（Cenwalh）取得彭瑟尔伍德（Penselwood）战役的胜利后，该王国的东部地区落入撒克逊人之手；而王国西部的大部分地区到7世纪末时也被撒克逊人占领。此后，该地区成为威塞克斯王国统治的一部分。705年，威塞克斯王国国王伊尼（Ine）为德文地区建立了一个主教区，主教座设在舍伯恩（Sherborne），909年时主教座被迁至克雷迪顿（Crediton），1050年又迁到埃克塞特。到11世纪，该地区形成一个郡，即德文郡。根据1086年进行的"末日调查"，埃克塞特是到那时为止该郡最大的城镇。

尽管埃克塞特是郡首府，而且在全国都具有一定的重要性，但在德文这样一个大郡中却不占主导地位。德文郡是靠港口和主要具有地方性重要影响的市镇发展起来的，重要的港口有巴恩斯特珀尔（Barnstaple）、比迪福德（Bideford）和布里克瑟姆（Brixham）；地方性的重要市镇包括奥克汉普顿（Okehampton）、塔维斯托克（Tavistock）、蒂弗顿（Tiverton）、托灵顿（Torrington）、牛顿阿博特（Newton Abbot）、霍尼顿（Honiton）和阿什伯顿（Ashburton）。直到中世纪晚期呢绒业发展起来以后，德文郡才开始完全依赖农业和渔业，此外还有少量的矿业。由于船舶的建造越来越大，需要有良港，于是普利茅斯（Plymouth）取代普莱姆顿（Plympton）成为一个海军基地发展起来了。查理二世曾在此建造城堡，威廉三世于1692年在此修建了皇家船坞。

德文郡以莫名其妙的演讲、社会动荡不安和谋求独立而闻名。1549年，德文郡发生了一次代表传统宗教利益的大规模起义，埃克塞特受到了威胁。后来，不从国教的新教派力量取得了很大的发展。内战期间，德文郡是战事最为激烈的地方。埃克塞特拥护国王,但普利茅斯这个狂热的清教徒占主导的小镇则是保王派的眼中钉。1685 年蒙茅斯(Monmouth)在莱姆(Lyme)登陆时,德文郡曾给予了一定的支持。1688 年,当奥兰治的威廉于 11 月在布里克瑟姆登陆时,德文郡也给予了较多的支持。

道路状况的改善和铁路的出现,使得德文郡的交通不再像原来那么难以通行:1844 年布律内尔(Brunel)修建的铁路线通至埃克塞特,1848 年又延伸到普利茅斯。1801 年埃克塞特的人口为 17,000 人,到 19 世纪末增长到 47,000 人。但普利茅斯的人口超过了埃克塞特,1901 年普利茅斯的人口达到 100,000 人以上。由于海边度假日益流行,因此度假村的发展更为引人注目。北部沿岸的伊尔弗勒科姆(Ilfracombe)的人口到 1901 年时上升到 8000 人以上;托基(Torquay)在 19 世纪初时只是个仅有 800 人口的小村庄,到 1901 年时成为一个有 33,000 居民的城镇;新的自治市托贝(Torbay)2004 年时的人口为 132,000 人,与之相对的是,同年埃克塞特的人口为 115,000 人。

Devonshire, Spencer Compton Cavendish, 8th duke of, marquis of Harting-ton(1833—1908). **斯潘塞·康普顿·卡文迪什,第 8 代德文希尔公爵,哈廷顿侯爵**(1833—1908) 卡文迪什家族公爵爵位的继承人,帕默斯顿(Palmerston)辉格党成员。哈廷顿 24 岁时成为议会下院议员,34 岁进入内阁。1875 年格莱斯顿(Gladstone)退出政界时,哈廷顿被选为议会下院自由党领袖。哈廷顿的势力因格莱斯顿重返政治舞台而受到削弱,因此,1880 年,当自由党在大选中获胜,哈廷顿被给予首相一职时,他并没有接受,而是推荐格莱斯顿出任首相。1886 年,哈廷顿因爱尔兰地方自治(Home Rule)问题与格莱斯顿产生分歧,两人关系破裂。作为自由党统一派(Liberal Unionists)的领袖,哈廷顿在1892 年以前一直维护索尔兹伯里(Salisbury)的保守党政府。1895 年,已经成为德文希尔公爵的哈廷顿加入索尔兹伯里的阵营,双方并且组成联合主义联盟,他担任枢密院院长。1904 年,他因抗议张伯伦(Chamberlain)鼓吹的帝国特惠制(imperial preference)而从鲍尔弗(Balfour)的内阁中辞职。

Devonshire, William Cavendish, 1st duke of(1641—1707). **威廉·卡文**

迪什,第 1 代德文希尔公爵(1641—1707)　在 1688 年的光荣革命中,德文希尔因做出了正确的选择,迅速发迹,成为几大革命家族之一。在查理二世的加冕礼上,德文希尔担任侍从(page),后在海军服役。1661 年至 1681 年,德文希尔作为德比郡的候选人当选议会下院议员,1684 年继承了伯爵爵位,成为第 4 代德文希尔伯爵。德文希尔是一位充满政治热诚的辉格党人和"排斥法案"(exclusion)的强烈支持者,是 1688 年邀请奥兰治的威廉前来英格兰的 7 人之一,并在德比郡发动了武装以示支持。在新政权中,他立即被任命为王室总管(lord steward)。1694 年,他被封为公爵。1687 年,他开始修建查茨沃斯(Chatsworth)宅邸。

Devonshire,William Cavendish,4th duke of（1720—1764）. **威廉·卡文迪什,第 4 代德文希尔公爵**(1720—1764)　卡文迪什来自于一个地位很高的辉格党家庭。他 21 岁时就代表德比进入议会,并于 1755 年继承了公爵爵位。1751 年至 1755 年,他担任御马监(master of the horse)。此后,他被任命为爱尔兰总督。在 1756 年的危机中,他在人们的劝说和信任之下担任了首席财政大臣,而皮特(Pitt)掌握实权。当皮特不得不与纽卡斯尔达成协议时,德文希尔于 1757 年至 1762 年间改任内廷大臣(lord chamberlain)。在新政府中,他和他的辉格党同仁们对于比特(Bute)的优势地位感到不满。纽卡斯尔辞职后,德文希尔拒绝出席议会,于 1762 年 11 月被乔治三世免职,他的名字从枢密院中消失。德文希尔的早逝使辉格党丧失了一个未来的领袖。

Dialogus de Scaccario **《财政署对话集》**　《财政署对话集》(*Dialogue of the Exchequer*)是英国历史上最早的行政管理手册,也是历史学家们研究王室财政问题的主要资料来源。该管理手册是 12 世纪 70 年代写成的,以师生对话的形式记述了财政署的运作情况。作为奖励,该手册的作者理查德·菲兹尼尔(Richard Fitz-Nigel,约 1130—1198 年)于 1189 年被授任伦敦主教一职。

Diamond Jubilee,1897. 维多利亚女王登基 60 周年庆典(1897)　到 1897 年,维多利亚已经超过乔治三世成为英国在位时间最长的君主。庆祝活动因女王年高体弱而受到了限制,庆祝活动最引人注目的部分是 6 月 22 日在圣保罗大教堂外举行的一个简短的仪式,当时女王坐在一个敞篷的马车里。

Diana, princess of Wales(1961—1997). **戴安娜,威尔士王妃**(1961—1997) 戴安娜·斯潘塞小姐(Lady Diana Spencer)是北安普敦郡第 8 代奥尔索普伯爵斯潘塞(the 8th Earl Spencer of Althorp)的第三个女儿。她的父亲在 1950 年至 1952 年曾经担任乔治六世的侍从武官,1952 年至 1954 年担任伊丽莎白女王的侍从武官。戴安娜小姐曾在里德尔斯沃斯学堂(Riddlesworth Hall)就读。1981 年,她与威尔士亲王查尔斯结婚,引起了公众的极大关注。她的两个儿子,威廉和亨利,分别出生于 1982 年和 1984 年。此后不久就有传言称戴安娜的生活并不幸福,而且在 1992 年时戴安娜已经与查尔斯亲王分居。1996 年两人离婚。戴安娜王妃是媒体关注的对象,也经常成为大量新闻报道的受害者,但她对媒体的态度似乎常常是矛盾的。1997 年,戴安娜在巴黎死于一场车祸,被葬在奥尔索普。

Dickens, Charles John Huffam(1812—1870). **查尔斯·约翰·赫法姆·狄更斯**(1812—1870) 小说家,出生在朴次茅斯(Portsmouth)的波特西(Portsea)地区。他曾随父亲迁居到查塔姆(Chatham),最终又迁到伦敦,这几次迁居生活对其作品中有关社会背景的描写有很大的影响。查塔姆和它附近的城市罗切斯特(Rochester),以及它们周边的风景都明显地反映在狄更斯的《匹克威克外传》(*Pickwick Papers*)、《远大前程》(*Great Expectations*)和他未完成的《埃德温·德鲁德之谜》(*The Mystery of Edwin Drood*)这些作品中。尽管如此,伦敦才是狄更斯作品关注的主要焦点。伦敦通常在狄更斯早期的小说中呈现出一个既令人困惑又令人兴奋的社会背景,但是,狄更斯从创作《荒凉山庄》(*Bleak House*,1852—1853 年)以来,伦敦似乎在他的作品中就呈现出一个新的充满黑暗、神秘和单调乏味色彩的形象。狄更斯利用他的声望,为争取英国的制度改革——诸如 1834 年《济贫法》(Poor Law)的颁布、监狱制度改革、公务员制度改革、法律制度的改革——而斗争。狄更斯 1842 年出版的《美国纪行》(*American Notes*)一书生动地讲述了他的访美经历,他也因这本书得罪了许多美国人。

Dictionary of National Biography 《英国国民传记辞典》 编写《英国国民传记辞典》是出版商乔治·史密斯想出来的主意。整个编写工作始于 1882 年，莱斯利·斯蒂芬爵士（Sir Leslie Stephen）担任编辑，该辞典的最后一卷在 1900 年出版。此后，该辞典一直在不断地增补和更新，牛津大学出版社 2004 年出版的版本是该辞典的最新版本。

Diggers 掘地派 活跃于 1649 年至 1650 年间的一个共产主义小团体，有时他们也自称为"真正平等派"（True Levellers）。他们的倡导者杰勒德·温斯坦利（Gerrard Winstanley）讲到：上帝之创造地球，目的是使它成为人类共同的财富；所有权和人与人之间隶属关系的形成都是人类堕落的结果。1649 年 4 月，一群带头者开始在萨里的圣乔治山（St George's Hill）开垦公用地（commons）。国务会议命令费尔法克斯将军（General Fairfax）将他们驱离，但最终的结果是，愤怒的当地居民摧毁了掘地派们的小木屋。

Dilke，Sir Charles（1843—1911）． **查尔斯·迪尔克爵士**（1843—1911） 自由党政治家。据认为是迪尔克本人毁掉了自己成为首相的机会，因为他在 1885 年至 1886 年受到一桩有名的离婚案的牵连，在克劳福德夫妇的离婚诉讼案（*Crawford v.Crawford*）中，他被指控与克劳福德夫人通奸而成为共同被告，但是他很可能根本就没有做过这样的事。在发生这件诉讼案之前，迪尔克是一位比较知名的激进分子，约瑟夫·张伯伦（Joseph Chamberlain）的密友，大英帝国思想的早期宣传者，以及议会下院中最令人厌烦的议长。

Dillon，John（1851—1927）． **约翰·狄龙**（1851—1927） 爱尔兰民族主义者。狄龙出生在都柏林郡的布莱克罗克（Blackrock），就读于天主教大学。他取得了医学学位，并于 1875 年进入政界，成为约翰·米切尔（John Mitchel）的支持者。1880 年他重返议会，直到 1918 年一直担任议员。与巴涅尔（Parnell）分裂之后，他加入了反巴涅尔集团，而且在贾斯廷·麦卡锡（Justin McCarthy）于 1896 年辞职后，成为反巴涅尔集团的领袖。4 年后，他把重新统一起来的政党领袖的位置让给了雷德蒙（Redmond）。狄龙在 1918 年 12 月大选中失去议员席位，而德·瓦莱拉(De Valera)获得了这一席位。

Disestablishment　政教分离　19 世纪时,人们提出了这样的疑问,即仅代表少数基督教信徒的教会是否有权成为英国的国教,而不属于国教的教民(parishioners)是否应该供养该教会的牧师。1869 年,格莱斯顿(Gladstone)首先实施了爱尔兰教会与国家的分离。在威尔士,不信奉国教的新教徒占整个信徒的80%,他们也开展了一场类似的政教分离运动。1870 年以来,所提出的若干议会法案都未能获得通过,直到 1914 年才通过了一个议会法案。然而,该法案的实施因第一次世界大战的爆发而被迫推迟,直到 1920 年才真正生效。1869 年,爱尔兰推行的政教分离,为爱尔兰教会(Church of Ireland)留下了其以往的阴影,特别是在天主教占绝对优势的农村地区。在威尔士,议会法案的延迟实施让人们看到了一个不同的结果。到 1920 年,新教教徒本身正在失去其在威尔士生活中的主导地位,威尔士的教会能够在整个威尔士公国广泛存在。英国圣公会(Church of England)与国家的分离问题一直频繁存在争议,有时争议来自教会内部,但始终未能成为一个主要问题。

dispensing power　特免权　特免权是君主声称享有的一项特权或裁量权,即在特定情况下可以为法律所禁止的行为。长期议会在其《十九条建议》(Nineteen Propositions)中,指控查理一世过度使用特免权。詹姆斯二世利用特免权免除了《忠诚宣誓法》(Test Act)对天主教军官的限制。1688 年詹姆斯二世逃走后,《权利法案》彻底废除了国王的法规中止权(suspending power),而特免权这一"近来以国王权威擅自废除法律或法律实施之权力"也被废除。

Disraeli, Benjamin, 1st earl of Beaconsfield(1804—1881).　**本杰明·迪斯累里,第 1 代比肯斯菲尔德伯爵**(1804—1881)　保守党政治家和小说家。迪斯累里出生于皈依了基督教的犹太人中产阶级上层家庭,他的父亲是一位有名的作家。迪斯累里早年的生活妨碍了他在政治上的发展。他为人任性、放荡,而且还喜好自我宣传,在对待钱财和男女关系的问题上十分轻率,但同时却具备在官场上向上爬的才干。在保护人林德赫斯特(Lyndhurst)的帮助下,迪斯累里于

1837 年成为一名保守党议会下院议员。迪斯累里渴望得到官职,但是 1841 年皮尔(Peel)组阁时却没有在新政府中给他留出任何职位。然而,他的小说却得到了公众更多的关注,他写小说一方面是为了赚钱,另一方面也是为了传播当时的社会和政治思想。自 1844 年至 1847 年,迪斯累里完成了他的三部曲:1844 年出版的《康宁斯比》(Coningsby)一书,揭露了贵族党派政治的实质;1845 年出版的《西比尔》(Sybil)是一部描写"英格兰社会状况"的小说,谴责了穷人与富人"两种国民"之间存在的鸿沟;1847 年出版了三部曲中的最后一部作品《坦克雷德》(Tancred)。迪斯累里是另外一个贵族集团的成员,即"青年英格兰"(Young England)政治浪漫主义团体的成员。他于 1845 年至 1846 年撰写的《议会下院在梅努斯与谷物法问题上的态度》(House over Maynooth and the Corn Laws)反映了他对皮尔的不满正在与日俱增。迪斯累里对皮尔的讽刺令人印象深刻,也使他第一次名声鹊起。由于政府在议会前座议员中缺乏贸易保护主义的人才,因此迪斯累里成为不可或缺的人物,到 1849 年时,斯坦利【Stanley,后来的德比伯爵(earl of Derby)】已接受他为议会下院的领袖。长期的任职经历,使迪斯累里增长了经验,提高了影响力,而 1839 年他与一位保守党议会下院议员的寡妻,富有且年龄比他大的玛丽·安妮(Mary Anne)结婚,这对他的仕途也起到了帮助作用。从原则上说,迪斯累里从来就不是贸易保护主义者,但是他不得不因德比而克制自己不在不恰当的时候匆忙抛弃贸易保护主义(实际上他是在 1852 年大选中被击败后才放弃贸易保护主义的)。因渴望得到官职,他曾谴责德比在 1851 年和 1855 年两次放弃机会。1852 年,迪斯累里用出版传记文学作品《乔治·本廷克勋爵》(Lord George Bentinck)的稿酬为自己偿还了一笔巨额债务,本廷克家族也提供资金使迪斯累里成为白金汉郡休恩登(Hughenden)的一个乡绅。

在德比于 1852 年、1858 年至 1859 年和 1866 年至 1868 年 3 次组成的少数党内阁中,虽然迪斯累里担任了财政大臣和议会下院保守党领袖,但只是到了 1867 年,他才取得了重要的胜利,在这一年他无所顾忌地处理政府的《改革法案》(Reform Bill),导致自由党发生分裂,并因此使保守党能够有足够长的执政时间来通过一项新的改革法案。保守党新通过的改革法案几乎没有体现出任何"民主"的意愿,只是最大程度地减少了自由党的改革法案给保守党的利益可能带来的损害。1868 年,迪斯累里取代德比担任首相("我已经爬到了这根油滑的竿子的顶端"),大选失败后,保守党成为在野党,迪斯累里度过了该党对其不满的艰难时期。1872 年,他在曼彻斯特和水晶宫(Crystal Palace)进行了几次重要的演讲,鼓吹他那一套所谓与众不同的保守哲学,而此时格莱斯顿(Gladstone)的自由党政府也正在走向瓦解。1874 年,保守党在大选中获胜,这是保守党自 1841 年以来在大选中首次取得胜利。尽管保守党这次获胜在很大程度上要感谢格莱斯顿而不是迪斯累里,但却延长了迪斯累里所谋求的任职期。1874 年迪斯累里组阁的政府对内采取稳定的政策,对外实行维护国家利益的爱国主张,他的执政纲领完全是帕默斯顿(Palmerston)纲领的翻版。

迪斯累里的名望主要是在 1874 年至 1880 年他出任首相期间奠定的。本届政府的社会立法是由内政部的理查德·克罗斯(Richard Cross)负责制定的,这些立法与迪斯累里原来参加的"青年英格兰"的社会理论没有明显的联系。只有 1875 年的有关工会立法明显地超出了任何政府可能通过的法律。这个阶段到 1876 年时结束,此时年迈的迪斯累里以比肯斯菲尔德伯爵的身份进入议会上院。更具有重要意义的是,迪斯累里在处理外交和殖民地事务上表现出了前瞻性。迪斯累里抓住机会购买了苏伊士运河的控股权,并派遣派头十足的利顿(Lytton)担任印度总督,此外,他在 1876 年建议议会通过了《君主尊称法》(Royal Titles Act),根据该法,维多利亚女王被宣布为印度女皇。围绕东方问题,即俄国与土耳其在巴尔干半岛地区的冲突问题,比肯斯菲尔德伯爵与前任自由党领袖格莱斯顿之间一直存在着严重的冲突,保守党政府以内阁成员全部辞职为代价,决定进行干涉,支持土耳其。比肯斯菲尔德伯爵得到的回报,首先是他个人在柏林会议上取得了胜利;其次,达成了有利于英国的巴尔干半岛问题解决方案("体面的和平");第三,土耳其同意把塞浦路斯(Cyprus)交给英国管理。但是英国在阿富汗和南非所进行的殖民战争不太顺利,这给格莱斯顿提供了在中洛锡安郡(Midlothian)举行的议会选举中对"比肯斯菲尔德主义"("Beacons-fieldism")进行攻击的机会。不仅如此,爱尔兰民族主义情绪的重新高涨和经济萧条,也成为导致迪斯累里在 1880 年的大选中惨败的重要因素,格莱斯顿重新执政。虽然迪斯累里退休时已经不是保守党的党魁,但是他对保守党的发展前景深感悲观,1881 年迪斯累里去世,保守党的命运陷入低谷。

很快,伦道夫·丘吉尔(Randolph Churchill)和"樱草会"(Primrose League)

就开始着手积极地去创造一个迪斯累里式的"托利党民主制"("Tory Democracy")的神话。其实,迪斯累里主张的政治,就其实质而言,比浪漫主义者认为的更要正统,包括维护"贵族宪政"("aristocratic constitution")、君主制、与爱尔兰的合并、财产权和社会稳定,等等。他的外交政策有助于加强保守党对爱国主义和帝国的认同感。但是比这些更加重要的,是迪斯累里带入到英国政治中的那些华丽辞藻,俏皮的话语和成语。迪斯累里与众不同之处,在于他具有无比坚韧的毅力,在于他对保守党的绝对忠诚,以及他对职位、权力和官职任命权的难以遏制的欲望。迪斯累里就是一个成功的"暴发户"(arriviste)。

dissent(**nonconformity**) **不从国教者** 尽管某些非国教教派的教义可以追溯到宗教改革(Reformation)之前,如罗拉德派(Lollards),但是宗教改革之前的非正统教派通常被称为教会分裂(schism)或异端。"Dissent"一词专指那些不信奉英国圣公会者,虽然也包括天主教徒,但通常只限于新教徒团体。

英格兰的新教教派起源于内战(Civil War)时期。当时英格兰的混乱局面使得不从国教者有机会建立自己的教派。独立派(independents)或公理宗(congregationalists)的教徒不赞同那些不从国教者的观点,厌恶长老会(presbyterian)教规的严酷性,要求获得宗教宽容;浸信会(baptists)分裂成一般浸信会教徒和与加尔文教关系密切的特定浸信会教徒;乔治·福克斯(George Fox)建立了后来被称为贵格会(quakers)的"光明之子"("Children of Light")教派;托马斯·哈里森(Thomas Harrison)寄希望于即将到来的基督的第五王国(Fifth Monarchy)的建立和圣徒的胜利。

在 1660 年 4 月的《布雷达宣言》(declaration of Breda)中,查理二世在宗教问题方面提出了"一个抚慰良心的自由权"。但是 1661 年 3 月选举产生的取代非常议会(Convention)的骑士议会(Cavalier Parliament)并非不念旧恶,1662 年新颁布的一个《礼拜仪式统一法》(Act of Uniformity)就造成大约 2000 名清教徒牧师被迫离开了他们生活的英格兰。《克拉伦登法典》("Clarendon code")的颁布等于发动了针对不从国教者的战争,1673 年颁布的《忠诚宣誓法》(Test Act)禁止不从国教者、新教徒和天主教徒成为公职人员,包括议会议员。不从国教者们在查理二世和詹姆斯二世统治时期度过了艰难的岁月,在此期间,政府一方面对他们进行残酷迫害,另一方面又努力争取他们成为国教的信徒。在 1688 年危机时期,大多数信奉新教的不从国教者都听从了哈利法克斯(Halifax)的警告:"只要你在其他时间屈服,你现在就可以坚持你的信仰"。

光荣革命之后,1689 年《信仰自由法》(Toleration Act)的颁布赋予了不从国教者信仰自由的权利,但条件是他们必须简单地宣誓效忠。与此同时,当 400 名国教会的教士决定他们不会向新政府宣誓效忠,并且还要建立一个拒绝向政府宣誓效忠的教会的时候,新的教会分裂又出现了。1688 年后,苏格兰公开宣布接受基督教长老会,并在 1707 年的《合并法》中进一步确认,证明了英国圣公会在不列颠岛已经不再具有官方宗教垄断地位。

在这些相对宽松的条件下,那些不从国教的教派团体本来有望繁荣发展起来。但实际结果是宗教宽容比宗教迫害更具破坏性。一些较为成功的不从国教者因社会或政治原因而团结一致,但不从国教者也因内部发生的动乱而受损。虽然在卫斯理(Wesley)去世之前,他的追随者们仍然留在英国圣公会中,但 18 世纪 30 年代以来,卫理公会运动(methodist movement)的发展已导致不从国教者人数的大量增加。到 18 世纪 70 年代,不从国教者已经阻止住了衰落的势头,而且他们的自信心也因美洲新教徒的成功而变得越来越强。这使得他们当中的许多人都抵制美国战争,同时也导致他们继续不受欢迎。许多不从国教者对法国大革命(French Revolution)的支持,在法国大革命的初期阶段激发了新的仇恨,1791 年普里斯特利(Priestley)位于伯明翰的房屋在"教会与国王"(church and king)组织发动的骚乱中被烧毁。1828 年,漫长的斗争终于平安地结束了,《忠诚宣誓法》和《市镇社团法》(Test and Corporation Acts)被轻而易举地废除了,这令人感到有些意外。虽然不从国教者还有很多不满,尤其是在婚姻和什一税(tithes)方面,但他们至少正式获得了平等的公民权。

事实证明,不从国教者后来取得了更好的发展。19 世纪早期,不从国教者的支持率急剧上升。卫理公会的发展为其他教派指明了前进的道路。1791 年卫斯理去世时,卫理公会的人数大约是 56,000 人,到 1836 年,有 360,000 名教徒分布在不同地区的卫理公会。公理宗的人数从 1760 年的 20,000 人增加到 1838 年的 127,000 人,浸信会成员从 11,000 人增加到 100,000 人。

这些变化的效应,在 1851 年进行的宗教人口普查时记录下来的人们在教堂参加礼拜仪式人数的变化上得到了证明。首先,这次宗教人口普查结果显示,近

40%有资格参加 3 月 30 日教堂礼拜仪式的人却没有参加。其次,该普查结果还显示,参加教堂礼拜仪式的国教教徒人数与不信奉国教的各教派教徒人数几乎相当,具体表现为:参加礼拜仪式的国教教徒人数为 3,773,000 人;而不从国教者参加的人数为 3,487,000 人,这其中卫理公会为 1,463,000 人,独立派为 793,000 人,浸礼会为 587,000 人,天主教为 305,000 人,一位论派为 37,000 人,贵格会为 18,000 人。不从国教者在英国许多北部城镇,如谢菲尔德(Sheffield)、利兹(Leeds)和布拉德福德(Bradford)等,占有相当大的比例,而且在威尔士也占了绝大多数。

为了应对对自身已有地位的另一次挑战,英国圣公会也振作起了精神应战。1868 年,什一税被废弃。1869 年,爱尔兰教会与国家分离。1920 年,威尔士教会与国家分离。但是英国圣公会拒绝实行宗教分离,直到宗教信仰的高潮明显退去。与此同时,不从国教者的影响无孔不入。1835 年颁布的《市政法人法》(Municipal Corporations Act)规定在较大的市镇设立经选举产生的议会,已使数百个不从国教者进入了地方政府。正如查尔斯·迪尔克(Charles Dilke)和巴涅尔(Parnell)所发现的那样,这些不从国教者的良知是一股强大的政治力量。不从国教者的影响力,我们在自由党中可以明显地看到:布赖特(Bright)和 W.E.福斯特是贵格会教徒;约瑟夫·张伯伦(Joseph Chamberlain)是一位论教徒;阿斯奎斯(Asquith)出身于公理会家庭;劳合·乔治出身于浸信会家庭。1905 年的议会中,自由党所占比例最大,其中包括 180 多名不从国教的新教徒。尽管如此,不从国教者和自由党也都有衰退的趋势。自由党在消除了一些不从国教者的许多苦衷之后,又说服他们在政治上走向右翼,而新工党则给那些仍然保持激进思想的不从国教者们提供了另一个容身之处。

不从国教者本身也在衰落。自 1918 年以来,英国圣公会教徒和不从国教的各个教派的教徒人数都有明显的下降。招收神职人员的难度日益加大。1900 年,英国圣公会有 20,000 神职人员,到 1984 年时下降到 10,000 人;卫理公会 1950 年有 4700 名牧师,1993 年则下降到 2500 名。对此,教会通过各种各样的方式来试图解决这个问题,如合并堂区,放弃多余的教堂,合并机构,以及任命女性教长和牧师等。尽管宗教在公众生活中仍然处于一个显眼的位置,但是,除了北爱尔兰以外,政治在很大程度上已经世俗化了。

dissenting academies   不从国教者学园   1662 年颁布的《礼拜仪式统一法》(Act of Uniformity)迫使不从国教的牧师们不得不离开了自己的职位。他们中的很多人,出于需要,后来都变成了教师。不从国教者学园尤其在德文郡、兰开夏郡、伦敦和威尔士深受欢迎,最著名的一些不从国教者学园位于蒂克斯伯里(Tewkesbury)、北安普敦(Northampton)和沃灵顿(Warrington)。利用这些学园的人大多为不能在牛津或剑桥大学进行宣誓的不从国教的新教徒。

dissolution of the monasteries   解散修道院   英格兰和威尔士修道院的解散发生在 1536 年至 1540 年间。这是一场前所未有的世俗社会对教会财产的掠夺,在当时引发了深刻的争议。到 16 世纪时,英格兰大多数修道院都出现了一定程度的衰退,但仍然拥有大量财富,这对亨利八世构成了很大的吸引力。1535 年编制的全面评估教会收入的《教产账簿》(Valor Ecclesiasticus),同时揭示了修道院的财政状况。国王亨利八世把占有教会财产的愿望和继续攻击教会机构的做法结合在了一起。在王室对教会进行的巡查过程中,就揭露了教会的一些丑闻。1536 年,年收入低于 200 英镑的修道院全部被解散。1539 年,所有在 1536 年那次解散修道院过程中得以幸存下来的大修道院也被解散。修道院的修士们每年会拿到一笔年金(annual pensions),他们中的一部分人后来成为世俗的牧师。被遣散的修女受到的待遇较为严苛,她们被禁止结婚,直到爱德华六世统治时期,修女才被容许结婚。被解散的修道院的土地由增收法庭①(Court of Augmentations)负责管理,这些土地后来大部分落入贵族和绅士之手。

distraint of knighthood   骑士身份扣押   后诺曼征服(post-Conquest)时期,拥有骑士身份者所应承担的军事义务被日益废止。从理论上说,拥有一定地位的土地所有者必须亲自出席封授骑士的仪式,即被封授为骑士。亨利三世时,曾发起过强迫要求持有年价值 20 英镑地产的自由保有地持有人(freeholders)必须接受骑士身份的运动,并签发了骑士身份扣押令状(writs of distraint)。在这个

① 全称为"增加国王岁入法庭"(Court of the Augmentations of the Revenues of the King's Crown),设立于 1535 年。——译者注

阶段,国王亨利三世扣押骑士身份主要出于军事动机,但是后来的君主们更感兴趣的则是通过容许臣民以和解的方式或支付罚金的方式而获取财政收入。查理一世在谋求议会批准以外的财政收入的过程中,重新开始实行骑士身份扣押政策。尽管国王因此而获得了相当多的财政收入,但却激起了更大的仇恨。

divine right of kings 君权神授 君主的权力来自于上帝,这一观点在近代早期的欧洲被视为是理所当然的。苏格兰国王詹姆斯六世——其母亲是天主教徒,但他本人则是新教徒——不顾长老会和耶稣会的反对,一直致力于维护自己的权威。但詹姆斯六世坚持认为的国王就其拥有的权利而言,就是上帝,国王的权利在理论上高于法律这一观点,在 1603 年他成为英格兰国王后,引起了英格兰臣民们的惊恐。查理一世统治时期,借助国王享有的征税特权,肆意践踏臣民的财产权利,同时实行无议会的统治,践踏了臣民享有的政治自由权。显然,君权神授的观点随着查理一世被处死也已经不复存在,但在斯图亚特王朝末期,这种观点又死灰复燃。只是到光荣革命结束以后,君权神授的观点才变得不那么重要了。

Dobunni 多布尼人 多布尼人是不列颠人的一个部落和行政区,以格洛斯特郡为中心。根据希腊历史学家戴奥·卡修斯(Dio Cassius)的记载,在公元43 年克劳狄(Claudius)入侵不列颠初期,一些多布尼人背弃了不列颠人的抵抗事业,与罗马入侵者媾和。随后,在公元 70 年左右,该部落获准建立行政区,首府设在赛伦塞斯特【Cirencester,科里尼厄姆(Corinium)】。

Dogger Bank, battle of the, 1915. 多格浅滩战役(1915) 1915 年 1 月 24日,多格浅滩战役在北海打响。德国一支由战列巡洋舰组成的突袭舰队受到比提(Beatty)率领的由战列巡洋舰组成的分遣舰队的拦截和猛烈打击。这次行动使得德国海军部确信,他们追求谨慎的策略是完全正确的。

Dollar, battle of, c.875. 多勒战役(约 875) 在约 875 年时发生在苏格兰阿洛厄(Alloa)以东的多勒战役中,由约克的哈夫丹(Halfdan of York)率领的北方人彻底击败了阿尔巴的康斯坦丁一世(Constantine I of Alba)。整个苏格兰北部地区被割让给入侵者。

Domesday Book 《末日审判书》 《末日审判书》是征服者威廉1085年圣诞节时在格洛斯特授权对英格兰进行大规模土地赋役调查的结果。《末日审判书》一名表明,当时被调查者表现出怎样的恐惧和疑虑。它是从事各类历史研究的基本材料,同时对地理学家、法学家和语言学家的研究也很重要。《末日审判书》主要记录的是1086年时和忏悔者爱德华统治时期,土地保有人(landholders)及其保有的庄园情况。关于实施该调查的目的和对调查结果进行编制的方式问题,现在仍然是学界争论的主题。目前强调的是,该调查主要是出于财政的目的,因为该调查似乎主要关注的是各类资源及其价值的多少。然而,《末日审判书》作为土地产权调查清册,其价值不能忽视。利用计算机对《末日审判书》的内容进行的研究也开始出现了一些引人注目的成果。

domestic service 家庭雇佣 家庭雇佣是指在别人家里充当有报酬的佣仆。在历史上的各个时期,男人和女人都在寻求做佣仆这样的工作。然而,1780年以后,男性做佣仆工作的人数要比女性少了很多,因为在这一年对所有做家内佣仆的成年男性开始进行征税。

在1914年第一次世界大战爆发以前,家庭雇佣一直是妇女最重要的就业类型;1914年以后,由于男人参军入伍,因此妇女就开始承担了男人的工作。在上层社会家庭中,往往存在着一个从管家(butler)到厨房女佣(kitchen skivvies)的"仆人"("below stairs")等级制度。这些仆人往往在雇主家工作很多年,其中一些人还和雇主家建立了亲密和信任的关系。在中下层社会中,往往只雇佣一个"全职女佣"("maid of all work"),这个女佣通常要忍受在雇主家较长的工作时间,而且在这个家里也没有什么地位。她的命运只比干"粗活"("rough work")的"日常"帮佣("daily" helping)好一些。

domestic system 家内制 指在工人自己的家里工作的生产组织形式。这种工作方式起始于中世纪时期,当时,几乎所有产品的生产都是在家中进行的。

然而,当市场迅速扩大的时候,一些生产就要集中在工厂里进行。对于某些产品来说,如纺织品、手套、靴子和鞋子等,层层分包的制度仍然存在。家内制或包买商制(putting-out system)对于雇主或资本家生产商(capitalist manufacturer)来说有许多有利之处。这种工作通常不需要很多的培训。工人只根据自己完成的产品的数量领取薪酬,雇主不需要承担照明和采暖的成本。雇主雇佣"流动商"("bagmen")来分发原材料,并收集制成品。由于薪酬的支付往往取决于产品的质量,因此代理商和工人之间经常发生纠纷。

家内制的衰落是工业革命带来的结果。随着大规模市场的发展,加之使用纺织机器进行生产的发展,工厂生产占据了主导地位。在 20 世纪,家内制或家庭生产能够幸存下来,通常与妇女工作的报酬很低有关,这些妇女很少参加工会,也没有组织起来向雇主要求获得足够的报酬和合理的工作环境。家庭生产仍然在一个很大的范围内继续进行着,从为时尚行业定制高档针织衣物,到新发展起来的在家里利用计算机从事的远程办公和与网络相关的工作,家庭生产无所不在。

Dominica　多米尼克　多米尼克位于加勒比海东部向风群岛(Windward Islands)的最北端。自 1978 以来,它一直是英联邦中的独立国家。多米尼克是 1493 年被哥伦布发现并命名的。18 世纪时,英法之间一直对多米尼克的主权存有争议。

Dominicans　多明我会　多明我会又称"黑衣兄弟会"或"布道兄弟会"("black" or "preaching" friars),是由西班牙奥古斯丁修会的修士和布道者圣多明我(St Dominic)创立的一个托钵修会(mendicant order),目的是打击法国南部的阿尔比派异端(Albigensian heresy)。1215 年,多明我会得到教皇英诺森三世(Pope Innocent III)的批准,1221 年其会规成为教会法典。多明我会修士都致力于教育活动,把自己置于学术生活的前沿,中世纪时期西欧几乎每个大学城中都有托钵修会修道院。1221 年,托钵修会首先在英格兰的牛津和伦敦建立了修道院,到 1538 年至 1539 年修道院解散为止,英格兰的托钵修会修道院已超过 50 座。

dominion status　自治领地位　"自治领地位"一词是用来描述两次世界大战之间英联邦（Commonwealth）的自治成员国的地位。在 1926 年召开的英帝国会议上，这些自治领被视为，同时被宣布为"大英帝国内的自治共同体，地位平等，任何一方都不以任何方式从属于另一方"。这是维护各个自治领的自尊所必需的。然而，1947 年以后，当印度加入英联邦的时候，"自治领"一词悄然消失，这意味着印度在一定程度上要从属于英国，尽管英国拒绝承认这一点。

Donald I（d.862）.　唐纳德一世（卒于 862 年）　皮克特王国的国王（858—862 年在位）。唐纳德一世被认为是肯尼思一世（Kenneth I）的弟弟，并继肯尼思一世之后成为苏格兰第二位国王，这种说法在时间上存在着问题。他在位于福特沃特（Forteviot）的王室中心主持过一次盖尔人的大会。他大概死于斯昆（Scone）附近的一处名为拉斯因弗拉蒙（"Rathinveramon"）的要塞。

Donald II（d.900）.　唐纳德二世（卒于 900 年）　苏格兰国王（889—900 年在位）。唐纳德是第一位被称为"至尊国王"（"*rí Alban*"）的"苏格兰国王"。然而，"苏格兰"在这一时期只包括福斯河（Forth）以北的东部地区。唐纳德是康斯坦丁一世之子。他的家族在 878 年至 889 年间已经失去了权势，但在之后的 145 年间则一直把持着王位。唐纳德统治时期，像他父亲在位时期一样，也是深陷斯堪的纳维亚人入侵的痛苦之中。

Donald III（d.c.1100）.　唐纳德三世（约卒于 1100 年）　苏格兰国王（1093—1094 年、1094—1097 年在位），被称为唐纳德·贝恩（Donald Bane）。他在其兄长马尔科姆三世（Malcolm III）去世后夺取了王位。第一个与唐纳德争夺王位的是马尔科姆的长子邓肯二世（Duncan II）。邓肯在英格兰国王威廉二世的支持下，于 1094 年把唐纳德赶下了王位，但邓肯不久就被唐纳德打败，死在了战场上。于是，唐纳德便恢复了王位。1097 年，马尔科姆和玛格丽特（Margaret）的另一个儿子埃德加（Edgar）在威廉二世的军事支持下，再次击败唐纳德。1099 年，唐纳德被埃德加刺瞎双眼后死去。

Donne,John（1572—1631）. **约翰·多恩**（1572—1631） 玄学派诗人和牧师。1596 年自愿加入远征加的斯（Cadiz）的军队后，成为托马斯·埃杰顿爵士（Sir Thomas Egerton）的秘书。然而，1601 年时他因与安妮·莫尔（Anne More）结婚而被免职并失业。到那时为止，他已经写了许多充满激情且诙谐的诗歌，并开始排斥天主教。即使作为一名圣公会的信徒，他内心深处在宗教信仰方面的矛盾斗争仍在继续。1615 年，他被授予圣职。此后，他的职位迅速得到提升，并因其有说服力的布道而著称于世。尽管他的健康状况不稳定，但是1621 年他还是被任命为圣保罗大教堂的教长。

Dorchester（Dorset） **多切斯特**（多塞特郡） 杜罗特里吉人（Durotriges）部落行政区的首府。德诺瓦利亚①（Durnovaria）位于不列颠铁器时代的梅登城堡（Maiden castle）附近，可能已经取代了第二奥古斯都军团（*legio II Augusta*）的一个军事基地。德诺瓦利亚城的东南部有一个大型的浴室，南部有一个圆形露天竞技场，该竞技场是在新石器时代一个圆形石结构纪念碑莫姆伯里灵斯（Maumbury Rings）的遗址上修建的。

Dorchester-on-Thames,diocese of **泰晤士河畔多切斯特主教区** 大约635年时创建，最初是威塞克斯的比林纳斯（Birinus）主教区的主教座所在地，大约在 663 年时主教座移至温切斯特（Winchester）。麦西亚的一个主教区的主教座曾两度设在这里，一次是在 675 年至 685 年，另一次是在 8 世纪丹麦人入侵之后。大约在 1072 年时，该主教区的主教座迁至林肯。

Dorset **多塞特郡** 英国最古老和最美丽的郡之一。该郡主要位于弗罗姆河（river Frome）盆地。几个世纪以来，多塞特郡一直是英国最为静谧的乡村型郡，该郡拥有像沙夫茨伯里（Shaftesbury）、贝明斯特（Beamingster）和布兰福德（Blandford）这样的小型市镇，以及诸如韦勒姆（Wareham）、莱姆（Lyme）和布里德波特（Bridport）这样宁静的港湾。自 19 世纪 50 年代以来，多塞特郡地区间的

①　即多切斯特。——译者注

平衡因沿海城镇的快速发展而发生了转变。1801 年,该郡没有一个城镇的人口超过 5000 人。但是到了 1931 年,多切斯特(Dorchester)的人口已达到 10,000人,普尔(Poole)的人口已经增长到 57,000 人,而韦茅斯(Weymouth)的人口则达到 22,000 人。1972 年时由于郡界的变化,汉普郡西部的伯恩茅斯(Bourne-mouth)和基督城(Christchurch)并入多塞特郡,这使得该郡的这种发展的不平衡性进一步加大。伯恩茅斯发展速度之快,令人惊奇。1841 年,伯恩茅斯拥有 26个住宅区,但随着 1870 年铁路修建到这里,伯恩茅斯到 1895 年时取得了郡级自治市的地位,到 2004 年,伯恩茅斯的人口已经超过了 163,000 人。由于到 2004年时,普尔的人口也已经增长到 137,000 人,因此,多塞特郡有近一半的人口都居住在该郡的东南角地区。

公元 43 年罗马入侵不列颠时,当地部落为杜罗特里吉人(Durotriges)。他们的梅登城堡(Maiden castle)要塞受到韦斯巴芗(Vespasian)的第二军团的猛攻,附近的多切斯特发展成罗马人的城镇德诺瓦利亚(Durnovaria)。早在 705年,舍伯恩(Sherborne)就作为一个主教区被建立起来,直到 1075 年才被迁到旧塞勒姆(Old Sarum)。该地区是威塞克斯王国的一个组成部分。

1086 年的“末日调查”确认了 4 个自治市——沙夫茨伯里、多切斯特、韦勒姆和布里德波特。布里德波特因其海上防御的脆弱性,很难维持住其自治市的地位。在中世纪晚期和都铎王朝时期,沿海城镇因受到来自法国和西班牙的报复性劫掠以及来自阿尔及尔人(Algerine)海盗的抢劫,损失惨重。韦勒姆逐渐被淤泥壅塞,其昔日的繁荣地位让位给了普尔。布里德波特以生产麻绳而闻名。17 世纪以来,对产自波特兰(Portland)的石材的需求大量增加,因为宴会厅、圣保罗大教堂和格林尼治宫(Greenwich palace)的建筑材料都使用波特兰石。珀贝克(Purbeck)出产的大理石需求量也很大。在内陆地区,纺织业繁荣——舍伯恩的丝绸、布兰福德的花边、吉灵厄姆(Gillingham)的亚麻织品和司特明斯特(Sturminster)的台面呢都很有名。但是该郡的支柱产业是多切斯特周边白垩高地地区放牧的羊群,以及北部布莱克穆尔(Blackmoor)山谷中饲养的牛群。

1731 年后,布兰福德一场严重的火灾使其有幸得以彻底重建,重建后的布兰福德成为乔治时代多塞特郡最具魅力的城镇之一。该郡另外一个重建项目是在米尔顿阿巴斯(Milton Abbas),约瑟夫·戴默(Joseph Damer)将老城拆除,聘请"能人"布朗(Capability Brown)设计建设了一个新型示范村(model village)。该郡位置偏远,鲜为人知。乔治三世的几次光顾有助于促进韦茅斯成为一个度假胜地。

20世纪时,在普尔和伯恩茅斯之间出现了大量的城市建设,该郡的产业发展也呈现出多样化的趋势:温弗里斯希思(Wynfrith Heath)有一座原子能电站,沿海附近出现了石油钻井。多塞特郡的内陆地区在很大程度上还未得到开发,他们以拥有六便士汉德利(Sixpenny Handley)、莱恩因特灵斯卡(Ryme Intrinsica)、奥克福德菲茨潘恩(okeford fitzpaine)、托勒波特拉姆(Toller Porcorum)和黑泽尔伯里布莱恩(Hazelbury Bryan)这样的村庄而感到自豪。

Douglas, Archibald Douglas, 3rd earl of〔S〕(d.1400). 阿奇博尔德·道格拉斯,第3代道格拉斯伯爵【苏格兰】(卒于1400年) 被称为"冷酷者"("the Grim")。道格拉斯是作为戴维二世的支持者而出名的。1361年,戴维任命他为爱丁堡城堡司令官(constable),1364年任命他为西部边区监管大臣(warden of the west marches),1369年又封他为加洛韦勋爵(Lord of Galloway)。1372年,他购买了威格敦(Wigtown)伯爵爵位,1388年,他通过婚姻获得博斯韦尔(Bothwell),同时还继承了道格拉斯伯爵爵位,他缔造的道格拉斯家族势力一直统治着苏格兰,直到1455年才结束。

Douglas, Archibald Douglas, 4th earl of〔S〕, Lord of Gallowway and Annandale, duke of Touraine(c.1372—1424). 阿奇博尔德·道格拉斯,第4代道格拉斯伯爵【苏格兰】,加洛韦和安嫩代尔勋爵,图赖讷伯爵(约1372—1424)
第3代道格拉斯伯爵"冷酷者"("the Grim")阿奇博尔德之子和继承人,后来被称为"泰恩河人"("the Tyneman")。也许是因为他在许多场战役中都是失败的一方,所以也被称为"失败者"(the Loser)。尽管如此,阿奇博尔德伯爵仍然是一个具有相当大影响力的巨头,而且在詹姆斯一世被囚禁时期,与奥尔巴尼(Albany)和马尔(Mar)一起建立了三头政治统治着苏格兰。后来,道格拉斯支持法国国王查理七世对抗英格兰。他被封为法国陆军中将后,在1424年8月的韦尔讷伊(Verneuil)战役中,与贝德福德公爵约翰(John, duke of Bedford)

D

的军队作战时阵亡。

Douglas,James Douglas,2nd earl of [S] (c.1358—1388). 詹姆斯·道格拉斯,第 2 代道格拉斯伯爵【苏格兰】(约 1358—1388) 第 1 代道格拉斯伯爵威廉之子,1384 年继承伯爵爵位。道格拉斯也同其他几位苏格兰伯爵一样,利用停战期满、查理二世国内麻烦不断的有利条件,于 1388 年入侵英格兰。1388 年 8 月,他的军队在奥特本(Otterburn)与"急性人"(Hotspur)亨利·珀西相遇。在随后的战斗中,珀西被俘,英格兰人战败,但道格拉斯在这场战役中阵亡。人们用民谣《切维切斯》("Chevy Chase")来纪念他,称他为"刚强的道格拉斯"("doughty Douglas")。

Douglas,William Douglas,8th earl of [S] (c.1425—1452). 威廉·道格拉斯,第 8 代道格拉斯伯爵【苏格兰】(约 1425—1452) 第 7 代道格拉斯伯爵"粗人"("the Gross")詹姆斯的长子。道格拉斯长大后成为苏格兰势力最强大的巨头。从 1444 年开始,就成为年轻的詹姆斯二世的中将。自 1444 年至 1452 年,他与其兄弟詹姆斯(继他之后成为道格拉斯伯爵)、阿奇博尔德【Archibald,莫里伯爵(earl of Moray)】、休【Hugh,奥蒙德伯爵(earl of Ormond)】和巴尔维尼勋爵约翰(John,Lord Balvenie)一起,主宰着苏格兰的政治。威廉在国外期间,已经成年的詹姆斯二世劫掠了道格拉斯在威格敦(Wigtown)和塞尔扣克(Selkirk)的土地。随后于 1451 年双方和解,但在 1452 时道格拉斯、克劳福德(Crawford)和罗斯(Ross)之间结成联盟,这为詹姆斯二世在斯特灵(Stirling)杀害道格拉斯伯爵提供了借口。

Douglas,Sir James (d.1330). 詹姆斯·道格拉斯爵士(卒于 1330 年) 苏格兰独立战争(Scottish Wars of Independence)中最成功的领导人之一。1306 年,道格拉斯刻不容缓地与罗伯特·布鲁斯(Robert Bruce)结成联盟。他最擅长的是敢于发动突袭战。1307 年初,他在道格拉斯消灭了驻扎在自己城堡的英格兰守军;1308 年,他爬上本克鲁钦(Ben Cruachan)斜坡,从后面向英格兰军队发起进攻,帮助布鲁斯取得了布兰德(Brander)关口之战的胜利。1314 年,他通过夜袭,收复了罗克斯堡(Roxburgh);率领一个旅进攻班诺克本(Bannockburn);并在此后不断地进入英格兰进行劫掠。

Douglas cause　道格拉斯诉讼案　1761 年第 1 代道格拉斯公爵去世时,在他 5 岁的表妹汉密尔顿公爵(duke of Hamilton)和自称是他侄子的 13 岁的阿奇博尔德·斯图尔特(Archibald Stewart)之间,就道格拉斯公爵地产的归属问题发生争执。1767 年,最高民事法庭(Court of Session)做出了不利于道格拉斯公爵侄子的判决,但 1769 年议会上院又推翻了最高民事法庭的判决。由于斯图尔特的母亲在他出生的时候就已经 51 岁了,因此,议会上院的判决得到接受还是多少有些让人感到意外。

Dover, treaty of, 1364.　《多佛尔条约》(1364)　该条约是 1364 年 10 月 19 日爱德华三世与佛兰德伯爵路易·德·马勒(Louis de Mâle, count of Flanders)之间达成的协议,目的是为了促成爱德华的四子埃德蒙(Edmund)与佛兰德伯爵的女儿和继承人玛格丽特(Margaret)结婚。两人的婚姻将导致英格兰对法国北部边缘地区拥有统治权利。法国国王查理五世因此向教皇乌尔班五世施压,不让教皇批准这一婚事,而是商议把玛格丽特嫁给自己的儿子腓力。

Dover, treaty of, 1670.　《多佛尔条约》(1670)　路易十四在 1667 年向荷兰人发动的进攻,因荷兰、瑞典和英格兰组成三国联盟(Triple Alliance)而被迫中断。为了做好取得决定性胜利的准备,路易十四必须要粉碎这个联盟,1669 年,路易十四开始与查理二世谈判。在 1670 年 5 月签订的这份《多佛尔条约》中,英、法两国承诺联合打击荷兰,而且双方均不能与荷兰单独媾和。该条约中有一项秘密条款,规定查理二世要声明自己是天主教徒,如果因此事导致引起英格兰国内的不满,路易十四将向查理二世提供一支军队的支持。对查理二世诚意的种种怀疑是 1678 年天主教阴谋案(Popish plot)指控的一个重要因素。

Dover castle　多佛尔城堡　多佛尔城堡是进入英格兰的门户。多佛尔是撒克逊海岸的港口之一,是罗马舰队中大不列颠舰队(*Classis Britannica*)的基地。其罗马灯塔（Roman lighthouse）的历史大概可以追溯到公元 1 世纪。目前的城堡始建于亨利二世统治时期，1185 年投入使用。该城堡的高楼（最坚固部分）与泰恩河畔纽卡斯尔（Newcastle upon Tyne）城堡的高楼一样，是由同一个建筑大师——莫里斯工程师（Maurice the Engineer）设计的。

Dowding，Hugh，1st Baron Dowding（1882—1970）. **休·道丁，第 1 代道丁男爵**（1882—1970） 英国空军元帅。道丁出生在邓弗里斯郡（Dumfriesshire），后来迁到温切斯特。入伍后，在第一次世界大战爆发之前，就获得了皇家飞行队（RFC）飞行员的资格。一战结束时，他已经成为皇家飞行队的准将，后来被调到新成立的英国皇家空军（RAF）。1936 年，他被任命为战斗机司令部（Fighter Command）的总司令（commander-in-chief）。因此，他在第二次世界大战中担任了一个非常重要的职位，1940 年 5 月，他请求不要再往法国派遣战斗机。在随后进行的不列颠战役（Battle of Britain）中，道丁一直亲自指挥。1945 年 5 月，丘吉尔在电台所做的胜利演说中，专门称赞了道丁的贡献。

Down 唐郡 1973 年地方政府重组之前北爱尔兰的六个郡之一。在北部与莱根（Lagan）接壤；南部与爱尔兰共和国的卡灵福德湾（Carlingford Lough）接壤。莫恩山脉（Mountains of Mourne）位于唐郡的西南角。

Down（**Dún Lethglaisse**）**，diocese of 唐郡主教区** 爱尔兰的唐郡主教区作为阿马教省（province of Armagh）的一个主教管区，分别于 1111 年和 1152 年被列在雷斯布莱塞尔宗教会议（Council of Raithbressail）和凯尔斯—梅利丰特宗教会议（Council of Kells-Mellifont）的日程上。1441 年至 1944 年该主教区与康纳（Connor）主教区合在一起，自 1842 年以来一直与德罗莫尔（Dromore）主教区合在一起。天主教的主教辖区是唐（Down）和康纳。

Downing Street 唐宁街 唐宁街是由乔治·唐宁爵士（Sir George Downing）在 17 世纪 80 年代时建造的。目前只有三套原始房屋保留下来，在北面的唐宁街 10 号、11 号和 12 号分别是首相、财政大臣和党鞭们的官邸。1732

年罗伯特·沃波尔爵士（Sir Robert Walpole）成为首相的那一天,从乔治二世那里接受了唐宁街 10 号作为官邸。

Downs,battle of the,1652.　唐斯战役（1652）　1652 年 5 月 18 日英格兰与荷兰之间发生的一次武装冲突,该冲突促使第一次英荷战争爆发。罗伯特·布莱克（Robert Blake）率领的英军 15 艘舰船遭到由马丁·特龙普（Martin Tromp）指挥的实力占优的荷兰舰队的攻击。尽管这次冲突并不具有决定意义,但是荷兰人在这次战役中损失了两艘舰船。

Downs,battle of the,1666.　唐斯战役（1666）　1666 年 6 月 11 日至 14 日在第二次英荷战争期间发生的一次重要海战。阿尔比马尔【Albemarle,蒙克（Monck）】率领 56 艘舰船驶离唐斯,与德·勒伊特（de Ruyter）、科内利斯·特龙普（Cornelis Tromp）和德·维特（de Witt）率领的一只大型荷兰舰队遭遇。尽管鲁珀特（Rupert）在战役的第 4 天派上了预备队,使阿尔比马尔得以退回到泰晤士河口,但英格兰舰队损失惨重。

Doyle,Sir Arthur Conan（1859—1930）.　**阿瑟·柯南·道尔爵士**（1859—1930）　作家。就读于爱丁堡大学,虽然柯南·道尔具备行医资格,但却放弃了医学而从事写作。1887 年,他出版了自己的第一部小说《血字的研究》（*A Study in Scarlet*）,其中介绍了侦探歇洛克·福尔摩斯（Sherlock Holmes）这个人物。1891 年,柯南·道尔开始以"福尔摩斯探案集"（"The Adventures of Sherlock Holmes"）之名,为《海滨杂志》（*Strand Magazine*）撰写短篇连载小说。柯南·道尔是一个狂热的帝国主义者,他曾作为一名医生参加了布尔战争（1899—1902 年）。晚年,他沉溺于唯灵论。

Drake,Sir Francis（c.1543—1596）.　**弗朗西斯·德雷克爵士**（约 1543—1596）　传说中伊丽莎白时代最伟大的"海狗"（"sea dogs"）。尽管德雷克是一个技术娴熟的水手和海军战术家,同时也是一个鼓舞人心的领导者,但是他为人贪婪、背信弃义,而且作为一个海军战略家,还缺少足够的判断力。虽然德雷克出身于一个约曼家庭,但他与一个掠夺成性而且时刻准备支持针对法国、葡萄牙,尤其是西班牙的海盗行为的贵族关系密切。由于德雷克是一位坚定的新教徒,因此,他与这些国家的斗争还具有些许宗教性质。

德雷克出生在德文郡,他从定期往返于泰晤士河的一条沿海岸航行的小帆船上学会了驾船航行的技术。但在16世纪60年代,他加入了一个亲戚霍金斯(Hawkins)的队伍,到西班牙和加勒比海从事冒险活动。德雷克至少不下三次去加勒比海地区进行海盗式的冒险活动,并在1572年那一次冒险活动中掳获了30吨白银。1577年,在伊丽莎白女王的资助下,德雷克开始了环球旅行的航程。德雷克的远征是第二次环球航行,并以伊丽莎白女王的名义宣示了对加利福尼亚(California)的主权。1580年,当"金鹿"号①(*Golden Hind*)返回英格兰的时候,德雷克成了一个富有的名人,并被封为爵士。

德雷克在随后对西班牙进行的一系列劫掠活动中,最有名的是1585年至1586年对西班牙在加勒比海周围的一些重要领地进行的袭击,以及1587年对驻扎在加的斯(Cadiz)的西班牙军队进行的袭击。这些袭击行动,再加上1588年德雷克作为副指挥击败西班牙的无敌舰队(Spanish Armada),终结了西班牙的海上霸主地位。1589年,德雷克率领一支远征军,进攻里斯本。此后,德雷克才在普利茅斯(Plymouth)定居下来,过上了稳定的生活,并成为议会下院议员。1595年,他受到鼓励重操旧业,继续从事海盗活动,但在出征西印度群岛(West Indies)时进行的一次攻击战斗中遭到失败,德雷克死在了海上。

dreadnought   无畏级战舰   "无畏级战舰"是俄日战争(Russo-Japanese War)之后主要海军舰队列入的一种战列舰的名称。无畏舰的主要创新之处在于速度更快,同时其主要武器装备为重型火炮。第一艘投入服役的英国皇家海军舰艇"无畏"号(HMS *Dreadnought*)于1906年12月下水。

Drogheda   德罗赫达   都柏林北部的一个城镇,位于博因河(river Boyne)口。1649年克伦威尔入侵爱尔兰时,德罗赫达是他进攻的第一个驻防区。当阿

---

①   德雷克此次航行的旗舰。——译者注

瑟·阿斯顿爵士(Sir Arthur Aston)拒绝投降时,克伦威尔把德罗赫达的城墙炸出了两个大洞,并于9月10日派部下从城墙的缺口攻入德罗赫达。只是在实施第二轮猛攻之后,议会军才全部占领了这个城镇,克伦威尔在此时刻发出了"凡抵抗者"一律格杀勿论的命令。克伦威尔的意图是把德罗赫达屠杀当成一个样板,使爱尔兰天主教徒迅速结束抵抗。但后来发生的事情证明他想错了。

druids 德鲁伊特 不列颠部落社会中的祭司等级。希腊地理学家斯特拉博(Strabo)指责他们大量使用人祭。虽然他们没有被具体认定为是布狄卡(Boudicca)起义军占领卡姆罗顿南姆(Camulodunum,科尔切斯特)时进行的大屠杀的煽动者,但是毫无疑问,塔西佗(Tacitus)和戴奥·卡修斯(Dio Cassius)都认为他们应该对这一暴行负责。普林尼(Pliny)的记述证实了神圣的小树林,特别是那些神圣的橡树林在德鲁伊特宗教信仰中的重要作用。普林尼还把德鲁伊特与槲寄生、白色的长袍、金色的镰刀和草药联系在了一起。

Drumclog,battle of,1679. 德拉姆克洛格战役(1679) 邓迪子爵克拉弗豪斯的约翰·格雷厄姆【John Graham(Dundee)of Claverhouse】在1679年6月1日试图驱散圣约派(covenanters)举行的一次起义时,在斯特雷文(Strathaven)附近的德拉姆克洛格发生的一次小规模战斗中遭到凌厉的反击。苏格兰小说家司各特(Scott)在《修墓老人》①(Old Mortality)一书中描写了这场战斗的场景。

Drury Lane(London) 德鲁里巷(伦敦) 德鲁里巷得名于托马斯·德鲁里爵士(Sir Thomas Drury),因为伊丽莎白一世统治时期,他在这条巷里有一处房产。1663年开业的德鲁里巷剧院是英国最古老的剧院,1665年时内尔·格温(Nell Gwyn)就是在这个剧院举办了她的首场演出。该剧院在毁于1672年的一场大火后,建筑师雷恩(Wren)在原址上重建了剧院。1742年加里克(Garrick)在该剧院举办了其首场演出,后来成了该剧院的经理,1776年加里克把剧院转给了谢里登(Sheridan)。谢里登在拆毁旧剧院后,1794年时请亨利·霍兰德

① 又译作《清教徒》。——译者注

（Henry Holland）在原址上设计建造了新剧院，1809 年，这所新剧院又被大火焚毁。目前的这所德鲁里巷剧院是本杰明·怀亚特（Benjamin Wyatt）在保留原剧院大部分风貌的基础上，重新设计建造的。

Dryden，John（1631—1700）. **约翰·德莱顿**（1631—1700）　英国诗人，剧作家和文学评论家。德莱顿对政治诗的影响十分显著。他出身于一个"中等的"地产者家庭，曾就读于威斯敏斯特公学（Westminster School）和剑桥大学三一学院（Trinity College）。1658 年德莱顿为纪念奥利弗·克伦威尔（Oliver Cromwell）逝世创作了《英雄诗章》（*Heroic Stanzas*）。此后，为了庆祝查理二世复辟，德莱顿先后于 1660 年创作了《正义恢复了》（*Astraea Redux*），1661 年创作了《献给神圣的陛下》（*To His Sacred Majesty*），1667 年创作了《奇迹之年》（*Annus Mirabilis*）。在 1668 年被封为"桂冠诗人"（poet laureate）、1670 年又被任命为皇家史官（historiographer-royal）以后，德莱顿一如既往地继续支持国王，最明显的是在 1681 年排斥法案危机（Exclusion crisis）发展到最为严重的时刻，他创作了《押沙龙与阿奇托菲尔》（*Absalom and Achitophel*）来支持国王。詹姆斯二世登上王位后，德莱顿皈依了天主教，并于 1687 年创作了一首名为《牡鹿与豹》（*The Hind and the Panther*）的宗教寓言诗。1688 年他被剥夺职务后，成功地回归戏剧创作。

Dub（d.966）. **杜布**（卒于 966 年）　"苏格兰"的国王（962— 966 年在位）。马尔科姆一世（Malcolm I）之子。杜布是在英多尔夫（Indulf）死于挪威人劫掠者之手后继承王位的。965 年，在敦克卢伯（Duncrub）战役中，杜布打败了英多尔夫的儿子科林（Cuilén）对其王位的挑战。杜布在福里斯（Forres）被马里（Moray）人征服。

Dublin　都柏林　都柏林的名称来源于爱尔兰语"*Duibhlinn*"，意思为"黑色池塘"（"black pool"）。841 年都柏林被维金人占领时，是一个基督教中心。此后，都柏林很快成为维金人在爱尔兰的主要军事基地和贸易中心，北欧裔爱尔兰人（Hiberno-North）的统治者在都柏林的内陆地区行使权力。1014 年，爱尔兰的统治者们取得克朗塔夫（Clontarf）战役胜利后，确立了他们在都柏林的国王地位，1169 年当爱尔兰受到盎格鲁—诺曼人入侵之时，都柏林已成为爱尔兰真正的首府。1170 年，都柏林陷入盎格鲁—诺曼军队的手中，成为英格兰在爱尔兰的殖民地总部。乔治时代的都柏林非常繁荣，1800 年都柏林议会的废除并未放慢这个城市扩张的脚步。由于反对爱尔兰与英格兰的联合，都柏林在 1916 年时爆发了复活节起义（Easter Rising），随后，1921 年爱尔兰自由邦（Irish Free State）建立，都柏林成为自由邦的首府，同时也再次成为爱尔兰议会的所在地。

Dublin（Áth Cliath），archiepiscopal diocese of　都柏林（Áth Cliath）大主教区　都柏林原本为斯堪的纳维亚人的一个城邦（city-state），是爱尔兰第一个隶属于坎特伯雷教省的正规的主教区，因此，都柏林与坎特伯雷之间建立了一个强有力的联系，12 世纪时都柏林主教区的主教通常都是来自于坎特伯雷教省的僧侣。不久以后，都柏林主教区就成了亨利二世的殖民统治中心，在 1152 年召开的凯尔斯—梅利丰特宗教会议（Council of Kells-Mellifont）上，都柏林被批准为大主教区。1238 年，都柏林向阿马（Armagh）大主教区发起挑战，意图成为爱尔兰的首主教区，但未成功。都柏林现在仍然是天主教会和英国圣公会大主教之主教座的所在地。

Dublin，kingdom of　都柏林王国　都柏林王国是 841 年时维金人（Vikings）建立的，并且一直存在到 1171 年爱尔兰—斯堪的纳维亚人最后一任国王阿斯高尔·马克·图尔赛尔（Asgall Mac Turcaill）被入侵的盎格鲁—诺曼人处死为止。980 年国王奥拉夫·夸兰【Olaf Cuarán，即西特里克松（Sihtricsson）】在塔拉（Tara）战役中被击败后，都柏林国王们越来越感受到爱尔兰各邦的国王们对他们的控制，最明显的表现就是 1014 年奥拉夫的儿子西特里克·西尔克比德（Sihtric Silkbeard）在克朗塔夫（Clontarf）战役中败在布赖恩·博罗（Brian Boru）之手。

Dublin，treaty of，1646.　《都柏林条约》（1646）　在 1646 年最初的几个月

里,查理一世的地位急剧恶化。1646 年 3 月 28 日,基尔肯尼联盟(Kilkenny Con-federates)与爱尔兰总督奥蒙德(Ormond)在都柏林达成一项协议。但当奥蒙德于同年 7 月发表和平条款的时候,基尔肯尼联盟却以条件不充分为由而拒绝接受。奥蒙德也因此被迫与英格兰议会进行公开谈判,1647 年 6 月,英格兰议会军抵达都柏林。

Dublin castle 都柏林城堡 到 10 世纪时,都柏林这一维金人城镇主要受一处军事堡垒的控制,1170 年该堡垒被益格鲁—诺曼人入侵者占领。1204年,英格兰国王约翰下令在都柏林建造一座城堡,后来这座城堡就变成了英格兰在爱尔兰实行殖民统治的行政管理总部,政府的各个主要机构也集中在这里。

Dudley,Edmund(c.1470—1510). 埃德蒙·达德利(约 1470—1510) 达德利出身于萨塞克斯郡的一个绅士家庭。他与理查德·恩普森爵士(Sir Richard Empson)一同受雇于王室为亨利七世筹措资金,1504 年成为议会下院议长。达德利代表国王所做的一切给自己树敌甚多,亨利八世统治伊始,他被关进伦敦塔,并于次年令人难以置信地以叛国罪被处决。

Dugdale,Sir William(1605—1686). 威廉·达格代尔爵士(1605—1686) 达格代尔 18 岁结婚,并把自己的余生都献给了历史学和文物研究。他的朋友们在纹章办公处(Herald's Office)为他谋到了一个职位。1677 年,他成为嘉德纹章官(Garter king-at-arms),并受封为爵士。1655 年,他出版了《英国圣公会修道院》(*Monasticon Anglicanum*)的第一卷,对涉及英国修道院的文件进行了梳理和汇编。他在 1656 年出版的《沃里克郡的古迹》(*Antiquities of Warwickshire*)一书,是英国最早的郡志之一,同时也是最出色的郡志之一。

duke 公爵 公爵一词源于拉丁文"Dux",是贵族阶层等级最高的称号,1448 年之前,只有王室成员才有资格被封为公爵。1448 年,亨利六世因威廉·德·拉·波尔(William de la Pole)多次在法国作战,封其为萨福克公爵。光荣革命后,辉格党的贵族们接二连三地被快速提升为公爵,包括博尔顿公爵、施鲁斯伯里公爵、利兹公爵、贝德福德公爵、德文希尔公爵和纽卡斯尔公爵,等等。乔治二世和乔治三世统治时期,又恢复了公爵爵位仅限于封给王室成员的政策。第一个非王室成员的苏格兰公爵是蒙特罗斯(Montrose,1488年),第一个爱尔兰公爵是奥蒙德(Ormond,1661年)。

Dumfries and Galloway 邓弗里斯—加洛韦 邓弗里斯—加洛韦自1973年以来一直是苏格兰的一个行政区,由前邓弗里斯郡、柯库布里郡(Kirkcudbright)和威格敦郡(Wigtown)组成。1996年以前,邓弗里斯—加洛韦行政区与其下辖的安嫩代尔(Annandale)和埃斯克代尔(Eskdale)、尼思代尔(Nithsdale)、斯图尔特里(Stewartry)和威格敦各区分享地方政府的职能,但现在已经把地方政府的所有职能都集中到行政区手里。

Dumnonia,kingdom of 杜姆诺尼亚王国 罗马人撤离不列颠后,康沃尔成为杜姆诺尼亚王国的一部分,此外,该王国还包括德文(德文一词就源于"Dumnonia")。该王国所处的地理位置,使其能够得以幸存并延续长达几个世纪之久。舍伯恩(Sherborne)的主教奥尔德赫姆(Aldhelm)十分了解杜姆诺尼亚王国,大约在705年时他给杜姆诺尼亚国王杰兰特(Geraint)写了一封信,要求国王正确遵守罗马基督教复活节的日期。虽然大约在710年时杰兰特被威塞克斯国王伊尼(Ine)击败,但杜姆诺尼亚王国还是幸存下来了。直到814年,该王国才被威塞克斯国王埃格伯特(Egbert)彻底征服。

Dumnonii 杜姆诺尼人 不列颠的一个部落和行政区。杜姆诺尼人似乎占据了整个西南半岛,以及南萨默塞特的部分地区。他们似乎没有做出任何抵抗就接受了罗马人的统治,埃克塞特城【Exeter,杜姆诺尼拉姆—伊斯卡(Isca Dumnoniorum)】成为杜姆诺尼部落的行政中心。

Dunbar,battle of,1296. 邓巴战役(1296) 1292年,爱德华一世支持约翰·巴利奥尔(John Balliol)成为苏格兰国王。三年后,英格兰与苏格兰关系破裂。1296 春,爱德华一世占领了苏格兰的贝里克郡(Berwick),并包围了邓巴。4 月 27 日,苏格兰援军被打败,守卫邓巴城堡的苏格兰军队投降。爱德华一世随后宣布自己为苏格兰国王。

Dunbar , battle of ,1650.   邓巴战役(1650)   邓巴战役是克伦威尔取得的最大胜利,双方的伤亡比例十分悬殊。苏格兰保王派军队由戴维·莱斯利(David Leslie)指挥。9 月 2 日,克伦威尔的军队因疾病受到削弱,被困在邓巴。克伦威尔选择第二天发动进攻,打垮了莱斯利的军队,抓获了 10,000 名俘虏。克伦威尔向议会报告说:"是上帝使他们任由我们宰割"。

Dunblane , diocese of   邓布兰主教区   该主教区位于珀斯郡(Perthshire),是以在苏格兰布道的圣徒布兰(Blane,约卒于 590 年)的名字命名的。1162 年戴维一世统治期间,邓布兰成为主教区,该主教区的主教座堂就建在布兰的修道院遗址之上。

Duncan I (d.1040).   邓肯一世(卒于 1040 年)   1034 年以前可能是斯特拉斯克莱德(Strathclyde)国王,1034 年至 1040 年为苏格兰国王。马尔科姆二世(Malcolm II)去世时,王室没有男性继承人,继承王位的空缺就由邓肯填补上了。邓肯是邓凯尔德修道院院长克莱奈恩(Crínán, abbot of Dunkeld,卒于 1045 年)与马尔科姆二世的女儿贝图(Bethóc)之子。邓肯非但远非莎士比亚笔下的那个老人,而且他的年龄很可能永远停留在了二十几岁上。显然,邓肯最关心的是诺森伯里亚,因为正是在那里他结识了自己的妻子,也正是在那里他于 1039 年时发动了一场灾难性的战役。这场战役为麦克佩斯[1](Macbeth)提供了挑战自己王位的机会。邓肯对麦克佩斯的挑衅展开反击,并带领一支军队进入马里(Moray),结果在马里被杀。

Duncan II (d.1094).   邓肯二世(卒于 1094 年)   苏格兰国王(1094 年在

---

[1] 又译为麦克白。——译者注

位),马尔科姆三世(Malcolm III)的长子。1072 年,马尔科姆三世在阿伯内西(Abernethy)向威廉一世降服之时,邓肯作为人质被留在了英格兰,直到 1087 年才被威廉二世释放。1094 年,威廉二世应邓肯的请求,向其提供军队助其推翻叔叔唐纳德三世的政权。邓肯是被一个名为梅尔·佩泰尔(Mael Petair)的人,即米尔恩斯(Mearns)的莫尔马尔(mormaer①)杀死的。邓肯被杀后,他的叔叔恢复了王位。

Duncan,Adam(1731—1804). **亚当·邓肯**(**1731—1804**) 邓肯出生在邓迪的兰迪(Lundie),是个身材高大,力气大得惊人的苏格兰人。美国战争(American War)期间,他在罗德尼(Rodney)的麾下参加了 1779 年的第一次直布罗陀(Gibraltar)救援战;1782 年在豪(Howe)的麾下又参加了第二次直布罗陀救援战。1787 年他 56 岁时晋升为海军上将。邓肯指挥的最著名的战役是 1797 年的北海(North Sea)战役。他在坎珀当(Camperdown)附近战胜了荷兰舰队,这是对邓肯的智谋和领导才能的最好证明。他被封为坎珀当的邓肯子爵。

Duncan Smith,Iain(**b.1954**). **伊恩·邓肯·史密斯**(**生于 1954 年**) 政治家。1975 年至 1981 年在苏格兰卫队(Scots Guards)工作 7 年后,邓肯·史密斯在 1992 年代表青福德(Chingford)选区参加大选之前,改行转入工业界。1997年,他成为保守党社会保障事务的发言人;1999 年,成为国防事务的发言人。邓肯·史密斯在保守党中属于右翼,强烈反对推进欧洲经济共同体(EEC)一体化的进程。2001 年,威廉·黑格(William Hague)辞职后,他被选为保守党领袖,并竭尽全力试图对这个因 1997 年和 2001 年大选惨败而士气低落的保守党施加自己的权威。然而,由于保守党内对他在议会中的表现不满,因此在 2003 年 11月,他的保守党党魁位置被迈克尔·霍华德(Micheal Howard)取代。

Dundalk,battle of,1318. **邓多克战役**(**1318**) 1318 年 10 月,爱德华·布鲁斯(Edward Bruce)在邓多克被约翰·德·伯明翰(John de Bermingham)率领

---

① mormaer 为中世纪早期苏格兰盖尔语中对地方统治者的称呼。——译者注

D

的一支英—爱军队击败,布鲁斯被杀,其短命的爱尔兰王国随之解体。

Dundas, Henry, 1st Viscount Melville（1742—1811）. **亨利·邓达斯, 第1代梅尔维尔子爵**（1742—1811） 苏格兰政治家。邓达斯是苏格兰最高民事法庭（Court of Session）庭长阿尼斯顿勋爵罗伯特（Robert, Lord Arniston, president of the Court of Session）之子。邓达斯延续了其家族传统,1766年被任命为苏格兰副总检察长（solicitor-general）。1774年至1790年他代表中洛锡安（Midlothian）选区当选为议会下院议员;1790年至1802年,他又代表爱丁堡进入议会,时值他被封为梅尔维尔子爵。邓达斯身材魁梧,讲话直率豪爽,具有明显的苏格兰口音,先后于1775年出任苏格兰的总检察长（Lord advocate）,1777年出任苏格兰的国王印章掌管大臣（keeper of the signet）,1782年至1783年和1784年至1800年出任枢密院顾问和海军财务主管,1791年至1794年出任英国内政大臣（home secretary）,1793年至1801年出任印度管理委员会（India Board of Control）主席,1794年至1801年出任战事国务大臣（secretary of state for war）,1800年出任苏格兰王玺掌管大臣（keeper of the privy seal）,1804年至1805年出任英国第一海军大臣。这一系列职务表明,邓达斯在皮特（Pitt）政府中是个不可或缺的人物,他不仅是皮特的得力助手,同时也是他的朋友和酒友。

Dundee　邓迪　位于泰湾（Firth of Tay）,大约在1191年敕准成为自治市时,邓迪已经是整个北欧地区兴盛的贸易中心。邓迪的纺织品生产和枪支制造十分繁荣,此外,17世纪中叶之前,邓迪一直是重要的贸易中转站。邓迪过去在造船业,以及"黄麻、果酱和新闻业"方面的名声已使自己陷入经济和社会的不安定状态。

Dundee, John Graham, 1st Viscount［S］（1648—1689）. **约翰·格雷厄姆, 第1代邓迪子爵【苏格兰】**（1648—1689） 克拉弗豪斯（Claverhouse）的约翰·格雷厄姆是邓迪附近一个小块地产的继承人。他是一个保守的保王党分子和圣公会教徒,把反对长老派激进分子以维护国内的稳定作为自己的责任。在政治上,他与约克公爵詹姆斯（James, duke of York, 后来的詹姆斯二世）团结在一起。1685年以后,克拉弗豪斯担任邓迪市长,并被封为邓迪子爵。光荣革命以后,他在1689年发动了反对苏格兰临时政府的叛乱。尽管他只能招募了一支以苏格兰高地人为主的小部队,但却在基利克兰基(Killiecrankie)打垮了对手威廉麦特(Williamite)。邓迪子爵在战斗中阵亡,他的军队也随之瓦解。

Dunes, battle of the, 1658. 迪讷战役(1658) 1658年6月14日,蒂雷纳(Turenne)指挥的法国军队在一支英军的帮助下,向守卫敦刻尔克的西班牙军队发动了进攻。唐·约翰(Don John)和孔代(Condé)率领的西班牙军队遭到了沉重打击。

Dunfermline abbey(Fife) 邓弗姆林修道院(法夫) 1150年,戴维一世在罗马征服前的一座凯尔特教堂原址上,修建了一座本笃会修道院。11至15世纪时该修道院被用作王室成员的墓地,并成为苏格兰最富有和最有影响力的修道院之一,苏格兰议会曾在这里召开,主教的选举也曾在这里进行。1587年后,该修道院所有剩余的财产都被归于王室所有。修道院的客房被扩建为王室成员的住所,1660年查理一世就是在这里出生的。

Dungeness, battle of, 1652. 邓杰内斯角战役(1652) 邓杰内斯角战役是第一次英荷战争期间,双方发生的一次激烈海战。1652年11月30日,特龙普(Tromp)在英吉利海峡执行护送商船任务时,在邓杰内斯角海岸附近向布莱克(Blake)率领的英格兰海军发起进攻。布莱克被迫指挥英军撤退,荷兰商船毫发无损地通过了英吉利海峡。

Dunkeld, battle of, 1689. 邓凯尔德战役(1689) 詹姆斯党人的领导者邓迪(Dundee)之死,使他们丧失了1689年7月在基利克兰基(Killiecrankie)战役已经取得的优势。领导威廉麦特(Williamite)军队的麦凯(Mackay)得以对部队重新进行整编。8月21日,詹姆斯党人在邓凯尔德向威廉·克莱兰(William Cleland)率领的一支小部队发起进攻。尽管克莱兰被杀,但他的部下以高昂的斗志击退了詹姆斯党人的这次进攻,詹姆斯党人的军队被打得溃不成军。

Dunkeld，diocese of　邓凯尔德主教区　邓凯尔德——"凯尔特人的要塞"（"fort of the Celts"）——的第一座修道院可能是由圣科伦巴（St Columba）创建的。肯尼思一世麦卡尔平（Kenneth I MacAlpin）将邓凯尔德和斯昆（Scone）一起定为王国的首府。在亚历山大一世（1107—1124 年）和他的兄弟戴维一世（1107—1153 年）共同统治时期，该主教区得以复兴，1127 年时他们可能已经在该修道院的遗址上修建了一座主教座堂。1312 年至 1464 年间，又修建了一所融合诺曼式与哥特式风格的新教堂。1842 年，圣公会主教区与圣安德鲁斯主教区合并。

Dunkirk　敦刻尔克　法国东北部的港口，1940 年 5 月 27 日至 6 月 4 日，200,000 名英国士兵从那里撤回英格兰。1940 年 5 月 10 日，德国军队进攻荷兰、比利时、卢森堡（Luxembourg）和法国。5 月 20 日，德国集团军逼近英吉利海峡，准备对盟军实施分割包围。5 月 25 日，戈特（Gort）指挥的英国远征军（British Expeditionary Force）放弃了试图切断德军走廊的进攻，命令英军撤退到沿海地区。无论法国发生了什么情况，丘吉尔认为应该把战争进行下去的观点，都会因敦刻尔克大撤退这一充满希望的开端而变得更加具有说服力。敦刻尔克大撤退这一戏剧性的场面，包括平民的小游艇在大撤退中所发挥的重要作用，大大提振了英国人的士气。

Dunnichen Moor，battle of　邓尼亨荒原战役　See Nechtansmere（见尼奇塔尼斯梅尔战役）

Dunning's motion　邓宁动议　1780 年 4 月 6 日，面对诺斯勋爵（Lord North）的抗议，议会下院以 233 票对 215 票通过了约翰·邓宁（John Dunning）提出的一项动议，该动议认为，王权势力已经增长，并且仍在增长，必须加以削弱。邓宁动议是反对党发起的经济改革运动的顶点。然而，1780 年 6 月发生的戈登暴动（Gordon riots）使诺斯政府得到了喘息之机。

Duns Scotus，John（c.1265—1308）.　**约翰·邓斯·司各脱**（约 1265—

1308）　据说邓斯·司各脱是方济各会的修士,他出生在贝里克郡的邓斯,曾就读于牛津大学和巴黎大学。他在语法、逻辑、哲学和神学方面广泛地著书立说,他最关注的问题是关于上帝的本质,但对信仰(神学)和理性(哲学)之间的关系做出了区分。如果说邓斯·司各脱所关注的问题本质上仍未脱离中世纪的范畴的话,那么,他所运用的方法论则具有现代性质。邓斯·司各脱严谨的思维非常值得钦佩,然而,当中世纪的经院哲学(scholastic philosophy)在 16 世纪受到冷遇的时候,他的名字就成了"蠢材"("dunce")的同义词。

Dunstan, St（c.909—988）.　圣邓斯坦（约 909—988）　邓斯坦出生在一个与威塞克斯王室有亲缘关系的贵族家庭。他早期的职业生涯基本上是在家庭和王室的庇护下发展起来的,特别是得到了国王埃德蒙(King Edmund)的支持。约 943 年,国王埃德蒙任命他为格拉斯顿伯里(Glastonbury)修道院的院长。957年他担任伍斯特(Worcester)主教区的主教,959 年担任伦敦主教区的主教,最后于 959 年至 988 年担任坎特伯雷大主教。从担任格拉斯顿伯里修道院院长开始,邓斯坦就在把经过改革后的本笃会戒规引进英格兰方面发挥了很大的作用。在 959 年至 975 年的埃德加(Edgar)统治时期,邓斯坦作为坎特伯雷大主教,对世俗和宗教事务均产生了很大的影响。973 年,邓斯坦在埃德加于巴斯举行的加冕典礼上为其施涂油礼,并将此确立为一项制度,此后英国国王的加冕典礼都要施涂油礼。邓斯坦作为圣徒受到了大众的一致拥戴,其圣徒纪念日为 5 月 19 日。

Dunwich, diocese of　邓尼奇主教区　7 世纪 30 年代,来自勃艮第的费利克斯(Felix)使东盎格鲁人皈依了基督教,并把其主教座设在了邓尼奇,此后邓尼奇成为萨福克海滨一个繁荣的港口。约 673 年,狄奥多尔(Theodore)将邓尼奇主教区一分为二,把诺福克并入埃尔姆勒姆(Elmham)主教区。9 世纪丹麦人入侵后,邓尼奇就再也没有复兴起来。

Dupplin Moor, battle of, 1332.　杜普林沼泽战役（1332）　罗伯特一世布鲁斯(Robert I Bruce)死后,爱德华·巴利奥尔(Edward Balliol)在爱德华三世的

支持下,对苏格兰王位提出了权利要求。1332 年 8 月 11 日,巴利奥尔在珀斯外围的杜普林沼泽战胜了年幼的戴维二世的摄政马尔伯爵唐纳德(Donald,earl of Mar)率领的一支军队。马尔伯爵被杀,同年 9 月,巴利奥尔在斯昆(Scone)加冕。

D

Durham　达勒姆郡　达勒姆是最后一批被完全纳入英国政治和法律体系的若干郡之一,因为几个世纪以来它一直是主教司法管辖权之下的一个巴拉丁领地(palatinate)。直到 17 世纪末,达勒姆才取得了议会代表席位资格。在地理上,达勒姆郡被三条河流划分成东西两个部分。西半部为山地,东半部的地形较为平坦。达勒姆郡一直盛产矿产,山区蕴藏着丰富的铁矿和铅矿资源,而沿海平原地区则蕴藏着丰富的煤矿资源。其北部边界为泰恩河(river Tyne)及其支流德文特河(Derwent);南部以蒂斯河(Tees)为郡界。从毕晓普奥克兰(Bishop Auckkand)流向森德兰(Sunderland)的威尔河(Wear)从达勒姆郡的中部地区穿过。

在罗马人统治时期,达勒姆地区属于布里甘特人(Brigantes)领土的一部分。萨克逊人占领达勒姆后,该地区成为诺森伯里亚王国北半部地区的伯尼西亚(Bernicia)的一部分。达勒姆郡之所以有名,在很大程度上要归功于一个人,即圣卡思伯特(St Cuthbert)。卡思伯特 687 年时在法恩群岛(Farne Islands)去世,并成为第一个被葬在林迪斯芳(Lindisfarne)的人。875 年,林迪斯芳的修士们迫于维金人的劫掠,放弃该地,他们离开这里时把卡思伯特的灵柩也一并带走了,最后在切斯特勒斯特里特(Chester-le-Street)安顿下来。995 年,面对维金人的又一次劫掠,他们再次逃离,先是把卡思伯特的灵柩带到了里彭(Ripon),然后又安置在达勒姆,并一直存放至今。圣卡思伯特的灵柩为达勒姆带来了大量财富,这些财富也成为后来达勒姆历任主教们之权力所凭依的经济基础。达诺姆(Dun-holm)——意为“山上的岛”(the island on the hill)——这个名字体现了这个地方的特征,即一个坚如磐石的海岬,几乎完全被威尔河所环抱。

在《末日审判书》中,达勒姆并不在调查的范围之内,而且对诺曼人的征服进行了强烈的抵抗。当达勒姆最终被征服时,其主教被赋予了巴拉丁领地权,一方面是为了处理当地人的事务,另一方面是为了抵御苏格兰人的入侵。1072

年,威廉一世开始修建达勒姆城堡,扼守半岛的咽喉要道。1093 年,达勒姆大教堂开始动工兴建。

虽然达勒姆郡的煤层自 13 世纪以来就已得到开采,但达勒姆的人口仍然稀少。18 世纪 20 年代,笛福(Defoe)曾到达勒姆游历,该郡并未给他留下较为深刻的印象,他说,达灵顿(Darlington)"除了脏,就没有什么可以吸引人的地方";而切斯特勒斯特里特"是个有一条主干道通过的又旧又脏的城镇"。然而,19 世纪时随着工业、采矿业和造船业的发展,达勒姆成为吸引各地人们纷纷聚集之地,到 1891 年为止,达勒姆郡的人口已经超过了 100 万。达灵顿从一个 5000 人的城镇发展到拥有 36,000 人口的较大城镇;盖茨黑德(Gateshead)的人口由 8000 人增加到 85,000 人;南希尔兹(South Shields)的人口从 8000 增加到 97,000 人;斯托克顿(Stockton)的人口则从 4000 增加到 51,000 人;森德兰此时已经成为一个重要的造船、制陶和玻璃制造中心,其人口也从 12,000 人增加到 156,000 人。

然而,19 世纪的繁荣未能延续,造船业、采矿业和钢铁业的衰落导致大量人口失业。该郡的工业基础已经走向多元化,如比灵赫姆(Billingham)发展起了化工业,森德兰发展起了汽车制造业,而轻工业则在纽卡斯尔南部的蒂姆河谷(Team valley)发展起来。

Durham, city of 达勒姆市 达勒姆市的面积虽小,但它是英国的重要城市之一。站在位于达勒姆市西部 1857 建成的铁路高架桥上,向下俯视,你会看到威尔河(river Wear)大拐弯对面的达勒姆大教堂和达勒姆城堡,这是这个城市最好看的景色。达勒姆市最早的定居点可能在埃尔维山(Elvet),约 762 年时,皮特温(Pehtwine)就是在这里被祝圣为惠特霍恩(Whithorn)主教的。这里的教堂是献给圣渥斯沃尔德(St Oswald,卒于 642 年)的,说明该教堂建立于 7 世纪或 8 世纪。然而,995 年圣卡思伯特(St Cuthbert)的遗骨迁葬到这里之后,吸引了很多朝圣者,主教教座也从切斯特勒斯特里特(Chester-le-Street)移至这里。诺曼征服后,1072 年威廉一世下令在达勒姆修建城堡,而达勒姆大教堂的基石则是 1093 年时由圣卡里利夫的威廉(William St Carilef)奠定的。目前,达勒姆市已经发展成为一个重要的区域性都市和行政中心。

Durham Report 达勒姆

Durham, diocese of　达勒姆主教区　达勒姆主教区——其辖区面积与老的达勒姆郡重合——创建于 995 年,当时主教奥尔德赫姆(Aldhelm)把自己的主教座从切斯特勒斯特里特(Chester-le-Street)移至达勒姆。随后圣卡思伯特(St Cuthbert)的遗骨迁葬到达勒姆,使达勒姆这个新主教区在精神上和经济上都受益匪浅。中世纪时期的王公兼主教们(prince-bishops)都是在政教两方面有影响的人物。今天的达勒姆主教仍然享有很高的地位,与伦敦主教和温切斯特主教地位相当,而仅位于坎特伯雷大主教和约克大主教之下。原来于 995 年时修建的那座盎格鲁—撒克逊大教堂,已被目前这座诺曼式的大教堂所取代。卡思伯特和比德的墓室就在达勒姆大教堂附属的加利利礼拜堂(Galilee chapel)。

Durham, John Lambton, 1st earl of(1792—1840).　**约翰·兰布顿, 第 1 代达勒姆伯爵**(1792—1840)　兰布顿是达勒姆一个富有的地产主,从 1813 年开始,他作为达勒姆选区的候选人当选为议会下院议员,倡导改革,获得了"激进的杰克"("radical jack")的绰号。1828 年,他被封为达勒姆男爵。1830 年,当他的岳父格雷(Grey)成为首相时,达勒姆进入内阁,并帮助起草了《改革法案》(Reform Bill)。1834 年,他被晋封为达勒姆伯爵。从 1835 年至 1837 年,他出任驻俄罗斯大使。1838 年加拿大发生叛乱后,他被派往加拿大,并在那里撰写了《达勒姆报告》(Durham Report)。虽然他很有才华,但很难与人相处,为人傲慢,脾气暴躁,很容易被激怒。

Durham, treaties of, 1136, 1139.　《达勒姆条约》(1136, 1139)　在斯蒂芬和玛蒂尔达(Matilda)之间发生的英格兰王位之争中,苏格兰国王戴维一世(David I)始终支持他的侄女玛蒂尔达。戴维一世占领了诺森伯里亚,但却于 1136 年在达勒姆与斯蒂芬达成协议。不过,该协议很快就作废了,尽管 1138 年戴维一世在"旗帜之战"(battle of the Standard)中战败,但 1139 年他又与斯蒂芬签订了类似条款,除纽卡斯尔和班堡(Bamburgh)外,继续保持对诺森伯里亚的占领。

Durham Report　《达勒姆报告》　1838 年 1 月加拿大发生叛乱后,达勒姆伯爵约翰·兰布顿(John Lambton)被任命为加拿大总督。他建议将上加拿大与下加拿大【Upper and Lower Canada,今安大略(Ontario)和魁北克(Quebec)】合并,并给予地方自治权。19世纪末,《达勒姆报告》被热心者称赞为大英帝国的《大宪章》。

Durotriges 杜罗特里吉人 不列颠的一个部落和行政区。杜罗特里吉人集中在多塞特(Dorset),在罗马统治时期,似乎是一个松散的部落联盟。在他们铸造的硬币上没有国王的名字,部落中有很多山堡,可能是当地酋长们的据点。罗马人入侵时,杜罗特里吉人进行了激烈的抵抗,几乎可以肯定的是,杜罗特里吉人是苏埃托尼乌斯(Suetonius)所记载的反抗罗马皇帝韦斯巴芗(Vespasian)的两个部落之一。杜罗特里吉人行政区的首府是德诺瓦利亚【Durnovaria,今多切斯特(Dorchester)】。

Dussindale,battle of,1549. 达森戴尔之战(1549) 1549年凯特(Kett)在诺福克的起义给摄政萨默塞特(Protector Somerset)的政府造成了巨大威胁。一支由北安普敦勋爵威廉·帕尔(William Parr,Lord Northampton)率领的援军被赶出了诺里奇(Norwich)。1549年8月,政府派沃里克勋爵(Lord Warwick,诺森伯兰)率领一支主要由德意志雇佣兵组成的大规模军队,前往镇压起义军。经过8月27日的激烈战斗,沃里克提出了赦免起义军的条件,对此大多数参加起义的农民表示接受。

Dyfed 达费德 1974年至1996年间,在威尔士西南部地区存在的一个郡。根据1972年的《地方政府法》,所赋予的这个新郡的名称源自于后罗马时期达费德王国的名称。原卡迪根郡(Cardiganshire)是根据1284年的《里兹兰法》(statute of Rhuddlan)创建的,彭布罗克郡(Pembrokeshire)和卡马森郡(Carmarthenshire)是根据1536年威尔士与英格兰《合并法》(Act of Union)设立的。到1972年,这些郡合并为一个新郡,取名达费德。由于原有的三个郡之间没有多少共同利益,因此,1996年,达费德郡的行政权力又归还给原来的三个郡,而达费德也不再是一个正式的行政区了。

Dyfed（Demetia），kingdom of　达费德（德梅泰）王国　罗马人入侵时德梅泰人（Demetae）居住的地方。该王国可能是后罗马时代由来自爱尔兰的移民迪希人（Deisi）建立的，达费德王朝一直持续到 904 年卢沃奇·阿普·海菲德（Llywarch ap Hyfaidd）去世，当时卢沃奇的女婿海韦尔·迪达（Hywel Dda）继承了其王位，而海韦尔是邻国塞萨尔格（Seisyllwg）王国国王之子，此后达费德王国成为更大的德赫巴斯（Deheubarth）王国的一部分。

Dyrham，battle of，577.　迪勒姆战役（577）　根据《盎格鲁—撒克逊编年史》记载，威塞克斯王国的国王查乌林（Ceawlin）在布里斯托尔以东的迪勒姆击败并杀死了不列颠三个国王后，乘胜追击并占领了巴斯、赛伦塞斯特（Cirencester）和格洛斯特。毫无疑问，这是撒克逊人前进中的一次重大胜利。

E

Eadgyth（c.1022—1075） **埃迪尤丝**（约 1022—1075） "忏悔者"爱德华的王后，戈德温伯爵（Earl Godwine，他那个时代最具权势的贵族）的长女，哈罗德二世的姐姐。她在爱德华于 1045 年继位后不久便嫁给了他，据传两人从未有过婚姻生活，确切的是他们没有子嗣。

Eadwig（d.959） **埃德威格**（卒于 959 年） 英格兰国王（955—959 年在位），国王埃德蒙（King Edmund）的长子。其叔父埃德雷德（Edred）死后，年约 15 岁的埃德威格继位。他与表亲埃尔夫吉夫（Ælfgifu）的婚姻或因宫廷争斗而遭致阻挠，并以近亲关系为由于 958 年宣告破裂。埃尔夫吉夫的哥哥埃塞尔沃尔德（Æthelweard）在他所著《编年史》中表示，埃德威格因其"十全十美"而闻名，他"值得爱戴"。

Ealdgyth **埃尔德吉斯** 哈罗德二世之妻，麦西亚的埃尔夫加伯爵（earl Ælfgar）之女。先是嫁给了威尔士国王格鲁菲兹（Gruffydd）。1063 年，哈罗德击败格鲁菲兹，后者为部下所弒。哈罗德与埃尔德吉斯成婚，或许意在确保她的哥哥们——麦西亚和诺森伯里亚的伯爵们的效忠。哈罗德死后，埃尔德吉斯为其育有一子。

ealdorman **方伯** 最初意指元老、亲王或国君。在威塞克斯王国国王伊尼（Ine）大约于 700 年颁布的法典中，表示掌管某 scir（郡）的一种职务。在其他语境中，这些人或许是 subreguli（国王之下的官员）。自 11 世纪早期，斯堪的纳维亚语中的"伯爵"("earl")一词就是对这些人的称谓。不过,广义上的"ealdorman"这一术语长期沿用,尤其是在城镇地区。

Eardwulf(d. c. 810) **厄德伍尔夫**(约卒于 810 年) 诺森伯里亚国王(796—约 810 年在位)。他在即位前担任郡长,于诺森伯里亚政局动荡之际成为国王,在位四年期间挫败了一场政变图谋。因麦西亚的森伍尔夫(Cenwulf)庇护其政敌,厄德伍尔夫于 801 年向其发动进攻。806 或 808 年,他被迫流亡,但又在法兰克国王查理大帝(Charles the Great)的援助下卷土重来。此后不久,其子厄恩莱德(Eanred)继位。

earls 伯爵 尽管伯爵是最古老的爵位头衔,但它在等级上低于公爵和侯爵。在撒克逊英格兰早期,伯爵只是对贵族的统称,各郡行政事务由方伯(ealdormen)掌管。但伯爵这一称呼逐渐与丹麦语中的贵族结合起来,在阿尔弗雷德(Alfred)统治时期之后,伯爵接替了方伯的职责。由于他们监管若干郡或地区,行政事务逐渐转交给郡长(shire reeve)。诺曼征服之后,伯爵成为可以继承的爵位。

East Anglia, kingdom of 东盎格利亚王国 5 世纪后期,盎格鲁—撒克逊移民在东盎格利亚定居下来。该地区的西部边界地处沼泽地带,难以逾越,这在一定程度上确保了它的相对独立。东盎格鲁人在后来成为诺福克郡和萨福克郡的地区保留了自身的社会习俗。他们的统治王朝沃芬加斯(Wuffingas)王室似乎与瑞典有着某种姻亲关系。在该王朝早期的统治者中,雷德沃尔德(Rædwald)是其中最伟大的一位,大约卒于 625 年。他或许就是萨顿胡(Sutton Hoo)古墓中受到船葬的那位国王。8 世纪,东盎格鲁人逐渐受控于麦西亚人。9 世纪时,东盎格利亚经受了丹麦人的强烈冲击。870 年,末代国王圣埃德蒙(St Edmund)以身殉国。一段时期内,东盎格利亚由来自斯堪的纳维亚的国王统治。在长者爱德华(Edward the Elder)和阿塞尔斯坦(Athelstan)统治时期,该地区逐渐复苏,成为英格兰的郡。

Easter　复活节　"Easter"这个独特的英语单词源自条顿民族(Teutonic)的女神厄俄斯特(Eostre)。复活节是基督教会的重大节日,意在纪念基督的复活,其举办日期始终因地而异。非犹太教会强调其中的复活元素,故而在某个星期日举办。亚洲地区则以阴历犹太人的逾越节(Passover)为准。325年召开的尼西亚宗教会议(Council of Nicaea)将复活节日期定于过了春分第一次满月之后的星期日。后来对日期的修改(6世纪)使凯尔特教会与罗马教会发生分歧,由此造成了6—7世纪一段时间内双方的相互憎恨。直至664年的惠特比宗教会议(Synod of Whitby)做出裁决,罗马传教士才进入不列颠岛。

Eastern Association　东部联盟　由诺福克、萨福克、剑桥、赫特福德和埃塞克斯五郡组成,是英国内战期间唯一存续较长时间的议会派各郡联盟。尽管其主要任务是保卫东部各郡,但联盟军队后来参加了更大范围的战争,其中最著名的是1644年7月的马斯顿荒原战役。1645年春,东部联盟军队被编入新模范军。

Eastern Question　东方问题　由奥斯曼(Ottoman,土耳其)帝国的缓慢崩溃所引发的问题。18世纪后期,土耳其与俄国进行了一系列战争,土耳其渐露颓势。英国人担心土耳其帝国的瓦解会使得英帝国在印度的利益受到俄国的威胁。在1854—1856年的克里米亚战争中,英国、法国、土耳其联合对抗俄国。此次战争是多种错误判断造成的结果,法国和俄国各自竭力捍卫土耳其的天主教徒和东正教徒的权利,英国则唯恐俄国会侵占君士坦丁堡【Constantinople,伊斯坦布尔(Istanbul)】。19世纪70年代,随着巴尔干半岛各国民族主义情绪的高涨,东方问题再次迸发。1875年和1876年,波斯尼亚人起义和保加利亚人起义相继发生。俄国对土耳其宣战,而其他大国则认为俄国从《圣斯特凡诺条约》(*treaty of San Stefano*,1877年)中获益过多,并在1878年柏林会议(Congress of Berlin)上做出修订。在接下来的30年里,针对奥斯曼帝国维护的相对稳定,以及巴尔干半岛新生国家带来的波动,欧洲的态度摇摆不定。可以说,东方问题引发了第一次世界大战。1908年,奥地利吞并了波斯尼亚,招致塞尔维亚(Serbia)的不满。俄国协助组建了由塞尔维亚、保加利亚、马其顿(Macedonia)和希腊构成的巴尔干同盟(Balkan League)。1912年,巴尔干同盟与土耳其发生战争。尽管同盟取得了战争的胜利,但同盟内部也发生了争斗。1914年,奥地利王储在波斯尼亚首都萨拉热窝(Sarajevo)遇刺,地区局势仍旧动荡不安。奥地利人认为塞尔维亚人得到了俄国的支持。数周后,第一次世界大战爆发。

Easter Rising　复活节起义(1916年)　起义由爱尔兰共和兄弟会军事委员会乘英国参加第一次世界大战之机而谋划。由于英国情报机关发现了起义者与美国的关联,以及起义者未能把握德国提供的武器的运送时机,起义计划宣告失败。爱尔兰共和兄弟会领导人继续进行起义,占领了都柏林的一些建筑。在设为起义总部的邮政总局(General Post Office)之外,皮尔斯(Pearse)宣读了成立爱尔兰共和国的临时声明。五天后,起义者投降。这次起义的领导者先后被处决,2000多人遭到拘禁。尽管起义在当时并未赢得公开支持,但英国人的举动使得它值得追溯。

East India Company　东印度公司　为了与荷兰争夺香料群岛的贸易,英国于1599年建立了首个英属东印度公司。不过,在1623年安波那大屠杀(Amboyna massacre)之后,东印度公司放弃了东印度群岛,将注意力聚集于印度次大陆。1757年普拉西战役(battle of Plassey)之后,公司开始谋求在印度建立一个领土型帝国。1818年,马拉地帝国(Maratha empire)战败,东印度公司取得了至高无上的地位。但是,公司的领土征服引发英国议会通过了1773年《规管法》(*Regulation Act*)和1784年《印度法》,以便直接控制公司。其后,公司几乎成为英国的一个政府部门。1857年印度兵变之后,公司被废止,其权力归属于印度事务国务大臣(secretary of state for India)。

Eastland Company　东地公司　1579年获得波罗的海沿岸贸易特许权的贸易大公司之一。外国定居点最先出现于埃尔宾(Elbing),其后出现于但泽(Danzig)。公司进口木材、焦油、亚麻、亚麻布,以及谷物,主要出口布料。

East Saxons, kingdom of　东撒克逊王国　See ESSEX.(见埃塞克斯)

East Sussex　东萨塞克斯　See Sussex,East.(见东萨塞克斯)

Ecclesiastical Commission,1686　宗教事务法庭(1686 年)　宗教事务高等法庭(Court of High Commission)在教会中强制推行一统措施,该法庭于 1641 年被长期议会(Long Parliament)废除。然而,詹姆斯二世在 1686 年时任命了 7 人组成的宗教事务委员会(ecclesiastical commissioners),他们传唤伦敦主教亨利·康普顿(Henry Compton),让其解释为何没有罢免散布反天主教言论的夏普牧师(Dr Sharp)。康普顿无视委员会的权威,致使他本人被罢免。他是在 1688 年吁请奥兰治的威廉(William of Orange)前来相助的七人中的一个。1689 年,《权利法案》宣告詹姆斯的宗教事务法庭"违法且有害"。

ecclesiastical commissioners　宗教事务委员会　1836 年成立的永久性实体,负责监督英国圣公会的财政管理。1948 年被并入"安妮女王基金会"管理员。如今被称为教会委员会。

ecclesiastical courts　教会法庭　自诺曼征服以来与世俗法庭长期并存,1688 年光荣革命之后,其活动大为削弱。除监督教士的言行之外,法院还就婚姻争端、遗嘱认证等事务拥有重要的管辖权,并负责日常的世俗行为。在 12 世纪,王室与教会管辖权的界限以及神职人员特权(benefit of clergy)的范围,都引发了激烈争论,并在很大程度上激化了亨利二世与贝克特(Becket)之间的矛盾。在宗教改革(Reformation)之前,教会法庭分为不同等级,分别是执事长法庭(archdeacons' courts)、主教(主教教区)法庭【bishops'(consistory)courts】、大主教法庭(archiepiscopal courts)和教皇法庭(papal court)。在坎特伯雷,大主教法庭之上是拱顶法庭(Court of Arches);而在约克,大主教法庭之上是约克教省法庭(Chancery Court)。

Ecclesiastical Titles Act,1851　《教阶等级法》(1851 年)　在尼古拉斯·威斯曼(Nicholas Wiseman)的鼓动下,教皇庇护九世(Pope Pius IX)于 1850 年宣布在英格兰恢复罗马天主教的教阶制度,并结合英国地名命名圣职,如威斯敏斯特大主教。这一挑衅举动在英国引发了最后一波反天主教浪潮。首相约翰·罗素勋爵(Lord John Russell)发表"达勒姆通信"("Durham letter"),并于1851年通过了《教阶等级法》,禁止罗马天主教使用英国地名命名教职,以此激励抗议活动。该法案几乎是一纸空文,被格莱斯顿(Gladstone)于1871年废止。

Ecgfrith(**d.685**) **埃格弗里思**(**卒于685年**) 诺森伯里亚国王(670—685年在位)。他在位期间,诺森伯里亚的实力臻于顶峰。他扩展了他的父亲奥斯威(Oswiu)统治时期的领土范围,甚至派重兵远征爱尔兰。为了稳固北方边境,他削弱了英国的斯特拉斯克莱德王国(kingdom of Strathclyde),但在对抗皮克特人的战役中弄巧成拙,于685年在尼奇塔尼斯梅尔(Nechtansmere)被杀。

economical reform **经济改革** 美国独立战争迫使英国政府增加税收,1799年,克里斯托弗·怀韦尔(Christopher Wyvill)发起成立了约克郡协会(Yorkshire Association)。罗金厄姆(Rockingham)反对派推行了一项紧缩计划,一方面是为了给诺思(North)内阁设置障碍,另一方面在于削弱王权的影响。1780年4月,邓宁(Dunning)提出的"应当削弱"国王权势的动议得到批准,标志着运动取得了胜利。罗金厄姆内阁在1782年上台后采取了适度的改革措施。另见普莱斯法案(PLACE ACTS)。

Eden, Anthony, 1st earl of Avon(**1897—1977**). **安东尼·艾登,第1代埃文伯爵**(**1897—1977**) 首相。曾在伊顿公学读书,其后参加第一次世界大战,在西线战场表现英勇。从牛津大学毕业后,艾登于1923年代表沃里克(Warwick)和莱明顿(Leamington)进入议会。在担任议员期间,他并未展现出太多非同寻常之处。但他迅速蹿升,在1926—1929年,被任命为奥斯汀·张伯伦(Austen Chamberlain)的驻议会私人秘书,此后便终生与外交事务结缘。

1931年之后,艾登担任外交事务副大臣,仕途扶摇直上。普遍认为,是他通过国际联盟(League of Nations)维护了集体安全。1934年1月,艾登任王玺掌管大臣(lord privy seal)。1935年6月,被任命为国际联盟事务大臣(minister for League of Nations affairs)。同年12月,塞缪尔·霍尔(Samuel Hoare)因签署《霍尔—赖伐尔协定》(Hoare-Laval Pact)失败而辞职,艾登接任外交大臣,当时年仅38岁。尽管他呼吁扩充军备,但这仍不足以表明他反对与希特勒(Hitler)和解。表面上看,英国与意大利的关系导致了艾登于1938年2月的辞职,尽管新首相内维尔·张伯伦(Neville Chamberlain)对外交事务日渐增多的干预也是个中缘由。不过,艾登的辞职确保了他作为反绥靖者的名声。

第二次世界大战爆发后,艾登成为自治领大臣(dominions secretary),1940年5月被提升到陆军部(War Office)。同年12月,艾登重返外交大臣一职,并在岗位上与丘吉尔(Churchill)建立了高效的合作关系,经常对丘吉尔丰富多彩但又过于旺盛的想法加以抑制。1942年以来,他甚至成为丘吉尔指定的继任者。

1945年,保守党在大选中落败,艾登成为指定继承人的难度有所增加。丘吉尔经常缺席议会,这实际上有利于艾登成为反对党的领袖。1951年,艾登再次担任外交大臣,此时他与丘吉尔的关系已经恶化。不过,他在最后一个任期仍旧取得了卓越的成就。在这期间,英国在世界舞台上留下了令人深刻的印象,这掩饰了1945年以来英国内在国力的衰退。

丘吉尔最终于1955年4月退休,艾登在一片欢呼声中开始了首相生涯。尽管他在5月的大选中取得压倒性胜利,但首相蜜月期很快便告一段落。同僚们意识到他的一些弱点(易怒、虚荣、极度敏感、对下属充满疑虑)或许让他无法胜任一国之首。在他的前途不被看好的情况下,1956年7月爆发了因纳赛尔(Nasser)将苏伊士运河国有化而引发的危机。英国未能及时采取军事行动,致使艾登陷于被动。纳赛尔以军事干涉为由,拒绝做出让步。经过一番秘密协议(艾登竭力试图从历史档案中抹去这一笔),英国和法国出兵埃及,表面上看是为了阻止以色列与埃及的争斗,但这种骗局很容易被识破。11月6日,迫于世界舆论,英国被迫接受停火协议。重要的是,艾登完全误判了美国对于英国的行动的反应。1957年1月,艾登的医生强令他辞去首相一职,淡出公共生活。在他的第二任妻子克拉丽莎(Clarissa)的精心照料下,艾登度过了20年的余生。

Eden, William, Lord Auckland 威廉·伊登,奥克兰勋爵 See AUCKLAND, IST BARON.(见第1代奥克兰男爵)。

Edgar（943—975）　**埃德加**（943—975）　英格兰国王（959—975 年在位），其统治时期是英国君主政体发展过程中的重要阶段。973 年，在他 30 岁之际，埃德加在巴斯完成加冕，这不但具有明确的世俗意义，而且具有强烈的宗教意义，因为他的加冕礼所包含的要素真正为未来的加冕礼奠定了基础。埃德加的早年生活颇为曲折。他与哥哥埃德威（Edwy）均是埃德蒙（Edmund，939—946 年在位）国王的儿子。在其叔父埃德雷德（Edred，946—955 年在位）去世后，埃德威继承王位，但他无力胜任。957 年，麦西亚人和诺森伯里亚人发动起义，导致了统治区域的分割，埃德威统治威塞克斯，而埃德加（年仅 14 岁）统治北方地区。959 年，埃德威去世，避免了一场内战，埃德加得以治理一个重新统一的王国。他在世俗层面为人铭记，一方面因其治下的和平，另一方面因其制定法律，认可丹麦人在定居地的社会与法律习俗的有效性。在其统治后期，大约 973 年，他推行了大规模的币制改革。在宗教事务上，他与圣邓斯坦（St Dunstan）紧密合作，后者先后被任命为伍斯特主教、伦敦主教和坎特伯雷大主教。埃德加在加冕后，立即航行至切斯特，在那里，来自威尔士、苏格兰、坎布里亚和斯堪的纳维亚的统治者们正式向他宣誓效忠。后世的历史学家多次讲述发生在迪河（river Dee）上的某次划船仪式，国王掌舵，其他统治者操桨。

Edgar（c.1074—1107）　**埃德加**（约 1074—1107）　苏格兰国王（1097—1107 年在位）。1093 年，埃德加的父亲马尔科姆·坎莫尔（Malcolm Canmore）、哥哥爱德华（Edward）均在阿尼克（Alnwick）被杀，他继承了王位。在经历了马尔科姆同父异母的弟弟唐纳德·贝恩（Donald Bane）的驱逐之后，埃德加在威廉·鲁弗斯（William Rufus）的帮助下于 1097 年重新确立了地位。他非常倚重与英格兰的结盟，1100 年，他的妹妹玛蒂尔达（Matilda）嫁给了亨利一世。

Edgar the Atheling（c.1052—c.1125）　**埃德加王子**（约 1052—约 1125）　"没有主见的"埃塞尔雷德（Æthelred the Unready）的孙子。黑斯廷斯（Hastings）战役之后，被聚集在伦敦的英格兰人指定为国王。征服者威廉对他力图继承王位的请求置之不理。1066 年之后，埃德加不时要求继位，并深深地卷入到 1069—1070 年的英格兰人叛乱中。1074 年，他与威廉和解，此后便臣服于后者。

Edgecote, battle of, 1469. 埃奇科特战役（1469） 1469 年 7 月，当沃里克（Warwick）向他发起远征时，爱德华四世正身处诺丁汉（Nottingham）。7 月 25 日，由彭布罗克伯爵（earl of Pembroke）和德文伯爵（earl of Devon）统领的国王援兵抵达班伯里（Banbury）。翌日，彭布罗克的威尔士军队在行军过程中在埃奇科特被沃里克的一支援军击溃，彭布罗克被俘并被斩首。爱德华的军队闻讯溃逃，爱德华本人成为沃里克的阶下囚。

Edgehill, battle of, 1642. 埃吉山战役（1642） 埃吉山战役是英国内战的首场战役。1642 年 8 月，查理一世在诺丁汉竖起王旗，并在中西部地区招募军队，而议会则在埃塞克斯集结军队与之抗衡。查理一世开始向伦敦挺近，埃塞克斯的军队紧随其后。保王党军队悄悄溜走，但双方最终于 10 月 23 日在班伯里（Banbury）之外的埃吉山陡坡上交战。鲁珀特亲王（Prince Rupert）率领的骑兵在交火中占得上风，但议会军步兵顽强抵抗。国王进军伦敦的道路至此畅通无阻，但他缓慢的行军速度为议会军重新集结留下了时间。

Edinburgh 爱丁堡 苏格兰首都，古老的定居地，考古证据将其历史回溯至 4000 年以前。爱丁堡是绝佳的防御要地，经过不断扩展，该城从前往炮门（Canongate）的城堡一直延伸到荷里路德修道院（abbey of Holyrood）。到 1700 年，"老城"（"Old Town"）人口熙熙攘攘，居住条件拥挤不堪。在人口持续增长的情况下，"新城"（"New Town"）建成，其建筑跨越了深深的海槽。富人们最早进入了新古典主义风格的网格状的市郊，那里有着宽阔的街道和乔治国王时代的宏伟房屋。凭借桥梁（1772—1867 年）的连接，"新城"成为一个重要的购物区。2004 年，该城人口多达 453,000 人。

　　进入 21 世纪，服务行业日渐成为该城的主要职业。苏格兰的银行、信托投资、建筑团体和保险公司提供了金融服务职业；苏格兰高等法庭——最高民事法庭（Court of Session，1532 年）与高等刑事法庭（High Court of Justiciary）——坐落在旧议会大厦（Old Parliament House，1640 年）；大学——包括赫瑞瓦特大学（Heriot-Watt，1964 年）与龙比亚大学（Napier，1992 年）、商业公司、私立与公立学校都为芸芸众生提供着服务。作为首都，爱丁堡是苏格兰的行政中心，自

1999 年以来,苏格兰议会在此办公。自 20 世纪 50 年代以来,休闲与旅游业成为这里的主要产业,国际艺术节(International Festival)是其中的独特项目。

Edinburgh,Philip,duke of(b.1921). **爱丁堡公爵菲利普(生于 1921 年)**　爱丁堡公爵是希腊与丹麦的安德鲁亲王(Prince Andrew)之子,蒙巴顿伯爵(Earl Mountbatten,1979 年被谋杀)的外甥。他在戈登斯敦(Gordonstoun)学校完成学业后,于 1938 年加入海军,直至第二次世界大战结束,据载曾被派往参加马塔潘角(Cape Matapan)海战。他的家庭关系让他接触到王室家族,1947 年 7 月与伊丽莎白公主达成婚约。在于 11 月结婚之前,他被授予嘉德勋位(Garter),受封公爵。1952 年以来,菲利普亲王一直充当王室配偶(royal consort)这一颇有难度的角色。在他所支持的诸多社团和事业中,爱丁堡公爵的青少年发展计划(1956 年)及对野生动物保护的关注影响较大。他一直保有早年海军生涯时的那份活力和率真。

Edinburgh,St Giles　爱丁堡圣贾尔斯大教堂　建于 854 年,正式启用于 1243 年,被焚后由理查二世以石头重建(1385 年),1467 年被建成一所大学教堂。诺克斯(Knox)从日内瓦(Geneva)返回后,这里成为改革后的新教的争斗场所。19 世纪,在长老会统治期间,"高教会教堂"("high kirk")得以改造,新增了礼拜堂(1911 年)。

Edinburgh,treaty of,1328. 《爱丁堡条约》(1328)　该条约认可了罗伯特一世布鲁斯(Robert I Bruce)的业绩。爱德华三世承认了苏格兰的完全独立,并放弃了对贝里克(Berwick)及周边地区的要求。该条约意在确保"最终的和平",但在罗伯特于次年去世后条约便形同虚设了。

Edinburgh,treaty of,1474. 《爱丁堡条约》(1474)　由爱德华四世与詹姆斯三世缔结,由此确立了英格兰和苏格兰在 15 世纪的首个牢固联姻关系。苏格兰国王年幼的儿子、王位继承人罗思赛公爵詹姆斯(James,duke of Rothesay)正式与爱德华四世的女儿塞西莉亚(Cecilia)订婚。计划中的婚姻从未得以隆重庆祝。不久,双方重燃战火。

Edinburgh, treaty of, 1560. 《爱丁堡条约》(1560)　该条约被视为英格兰和苏格兰关系的转折点。1558 年 11 月,伊丽莎白在英格兰即位。法国和英格兰的谈判代表于 1560 年 7 月 6 日在爱丁堡达成协议,从苏格兰撤出所有军队。1560 年 12 月,弗兰西斯一世(Francis I)去世,尽管其妻子玛丽女王于 1561 年返回苏格兰,但法国人已不再一如既往地那样支持她了,而法国宗教战争的爆发也严重削弱了他们的地位。

Edinburgh castle　爱丁堡城堡　伫立于爱丁堡市显要的城堡岩(Castle Rock)之上,穿越广场(Esplanade)即可抵达,该广场每年都会举行军乐队分列式表演。这里陈列着苏格兰王室的珠宝【"苏格兰王室宝物"(Honours)】。该城堡在苏格兰历史上占有特殊地位:1566 年,苏格兰女王玛丽在此生下了詹姆斯王子,即后来的苏格兰国王詹姆斯六世(1567 年)和英格兰国王詹姆斯一世(1603 年)。

Edinburgh Review　《爱丁堡评论》　1802 年由亨利·厄斯金(Henry Erskine)和弗朗西斯·杰弗里(Francis Jeffrey)创办,杰弗里担任该刊首任编辑长达 26 年。刊物遵循激进的辉格路线,撰稿人包括亨利·布鲁厄姆(Henry Brougham)、弗朗西斯·霍纳(Francis Horner)、悉尼·史密斯(Sydney Smith)、麦考利(Macaulay)和托马斯·卡莱尔(Thomas Carlyle)。黑兹利特(Hazlitt)写道:"我觉得,成为《爱丁堡评论》的撰稿人是现代文学社中的至高荣耀"。该刊于 1929 年停刊。

Edington, battle of, 878.　爱丁顿战役(878)　在遭遇 878 年 1 月的奇彭纳姆(Chippenham)大败之后,阿尔弗雷德(Alfred)在阿塞尔纳(Athelney)周边的沼泽地转入游击战。同年 5 月,他蓄势卷土重来,在韦斯特伯里(Westbury)附近的爱丁顿遭遇格思鲁姆(Guthrum)统领的丹麦军队。他取得了决定性的胜利,迫使格思鲁姆求和并留下人质。阿瑟(Asser)骄傲地写道:"他们以这种条款达成和平实乃前所未有。"

Edmund（**d.870**）　**埃德蒙（卒于870年）**　东盎格利亚王国国王,绰号"殉教者"（"the Martyr"）。传说中的他比实际生活中更为出名,870年11月20日被丹麦人杀害。他拒绝放弃基督教信仰,以及与他的惨死（被绑在树上乱箭射死）有关的故事迅速流传。他所安葬的贝里圣埃德蒙兹（Bury St Edmunds）成为一处圣祠,建于此地的大修道院也让他永为世人铭记。

Edmund I（**c.922—946**）　**埃德蒙一世（约922—946）**　英格兰国王（939—946年在位）。埃德蒙于939年继承其兄阿塞尔斯坦（Athelstan）之位。作为王子,他在布鲁南堡（Brunanburh）之战（937年）中英勇作战,留下美名。在位期间,他制定了一些法规。这都潜在地表明了他的非凡。不过,946年5月26日,他在格洛斯特郡的帕克尔彻奇（Pucklechurch）为私敌所杀,年仅24或25岁。

Edmund II（**d.1016**）　**埃德蒙二世（卒于1016年）**　英格兰国王（1016年在位）,被称为"勇敢者"（"Ironside"）。埃塞尔雷德（Æthelred）于1016年4月死后,他的刚刚二十岁出头的儿子埃德蒙（Edmund）被认定为继任者,并指挥军队对抗克努特（Cnut）。在一段时期的艰苦战斗之后,双方境遇发生变化。克努特未能占领伦敦,而埃德蒙在秋天于埃塞克斯的阿兴顿（Ashingdon）进行的战斗中被打败。克努特同意媾和,并在迪尔赫斯特（Deerhurst）附近达成了划分王国的协议,将威塞克斯交由埃德蒙统治。然而,埃德蒙本人于1016年11月30日去世,克努特被视为整个英格兰的统治者。

Edmund　**埃德蒙**　马尔科姆·坎莫尔（Malcolm Canmore）与玛格丽特（Margaret,爱德华王子之女）之子,据传在1094—1097年间与其伯父唐纳德三世（Donald III）共掌苏格兰王位,他们后来被埃德蒙的弟弟埃德加（Edgar）驱逐。

Edred（**d.955**）　**埃德雷德（卒于955年）**　英格兰国王（946—955年在位）。长者爱德华的第三子,继承了西撒克逊王位。在任期间的大部分时间里,他都面临着由独立的斯堪的纳维亚人组成的约克王国带来的问题。埃德雷德仅在去世前才实现了对整个英格兰王国的统治。他是虔诚的基督教徒,也是格拉斯顿伯里(Glastonbury)修道院院长邓斯坦的密友。

Education Acts **《教育法》** 自 19 世纪开始颁布的一系列教育法案,标志着教育的全面整顿。由自由党的 W.E.福斯特制定并经议会通过的 1870 年教育法案在英格兰和威尔士确立了一套初等教育体制。由经选举产生的地方学校委员会在教会力量尚未兴办学校的地方增设学校。该法案开启了延续至今的所谓的"双轨制"("dual system")。1880 年颁布的一项教育法案强制 10 岁以下的儿童必须接受普遍的义务教育。

由保守党成员 A.J.鲍尔弗起草的 1902 年教育法案建立了一种国家教育协调机制,由中央教育委员会管理。废除学校委员会,由地方教育局取而代之。建立文法学校,并为处于初等教育阶段的学生提供免费名额。

由保守党人 R.A.巴特勒提出的 1944 年教育法案规定,教育应当划分为初等教育、中等教育和继续教育三个阶段,学校应当分为文法学校、技术学校和现代学校三种类型。教育委员会为教育部(Ministry of Education)所取代。学生的离校年龄由 14 岁提升至 15 岁,1972 年教育法案又将这一年龄提升至 16 岁。在接下来的 40 年里,1944 年法案始终有效。不过,对不同学校的选择引发了一些难题。自 1964 年以来,工党政府鼓励设立综合学校。

Edward(**d.924**) **爱德华**(**卒于 924 年**) 英格兰国王(899—924 年在位),即人们熟知的"长者爱德华"。爱德华先是镇压了由其堂兄埃塞尔沃尔德(Æthelweard)领导的叛乱,后来又尽力阻止丹麦军队的侵扰,直至 910 年在斯塔福德郡的泰坦霍尔(Tettenhall)与丹麦人的战斗中取得了决定性的胜利。泰坦霍尔一战之后,爱德华实现了对亨伯河(Humber)以南所有英格兰地区的有效统治。他的成功在某种程度上可能一方面缘于适应了乡村生活的丹麦人情愿屈从于一位能带来和平的合法国王,另一方面缘于西撒克逊人与麦西亚人之间的合作。爱德华最初与他的姐夫、麦西亚郡长埃塞尔雷德(Æthelred)顺利合作,在后者于 911 年死后,他又与埃塞尔雷德的遗孀,即爱德华本人的姐姐、令人生畏的

E

"麦西亚的夫人"("Lady of the Mercians")埃塞尔弗莱德(Æthelfleda)精诚合作。在他们所推行的措施中,不同凡响的一项是"城镇"政策的实施,即在由周边庄园提供的军队把控的城镇里筑起防御工事。一些地点建造了市区,一些已经建有防御工事的地方则重修了市区,这些地点诸如爱德华统治下的赫特福德(Hertford)、威特姆(Witham)、白金汉(Buckingham)、贝德福德(Bedford)、莫尔登(Maldon)、托斯特(Towcester,专由石墙防御)、坦普斯福德(Tempsford)和科尔切斯特(Colchester),以及埃塞尔弗莱德统治下的布里奇诺斯(Bridgnorth)、塔姆沃思(Tamworth)、斯塔福德(Stafford)、沃里克(Warwick)和朗科恩(Rouncorn)。

爱德华在位期间,他的统治还得到了威尔士诸亲王、苏格兰诸国王、斯特拉斯克莱德(Strathclyde)地区的不列颠人,以及在班堡(Bamburgh)握有实权的诺森伯里亚诸贵族等的认可。不过,他在英格兰的最终统一中所作出的主要贡献在于他在亨伯河以南的英格兰地区取得的军事成就及开展的制度建设。

Edward(d.978) 爱德华(卒于 978 年) 英格兰国王(975—978 年在位),别称"殉教者"("the Martyr")。975 年 7 月 8 日,埃德加突然去世,以他的两个儿子——年约 13 岁的爱德华和他年仅 7、8 岁的同父异母的弟弟埃塞尔雷德(Æthelred)为中心形成了不同派别。最终爱德华被立为国王。后世的官方文献说他性情多变、凶残暴戾,但这都不如他的死法更为传奇。978 年(很可能是 979 年)3 月 18 日,他在多塞特的科夫(Corfe)访问他的弟弟和继母时,被他弟弟的近侍蓄意刺杀。

Edward(c.1005—1066) 爱德华(约 1005—1066) 英格兰国王(1042—1066 年在位),绰号"忏悔者"。爱德华生于牛津郡的艾斯利普(Islip),是埃塞尔雷德(Æthelred)再婚后的第一个有据可查的孩子,母亲是诺曼底伯爵理查一世之女埃玛(Emma)。在丹麦人征服英格兰期间,爱德华起初于 1013 年在诺曼底避难。埃玛于 1017 年嫁给国王克努特(Cnut)。1041 年,爱德华结束了长期的流亡生活,那时正值哈撒克努特(Harthacnut,埃玛与克努特之子)统治时期。她似乎对于爱德华的回归发挥了重要作用。翌年,爱德华接替他同母异父的弟弟哈撒克努特担任国王。事实证明,他远非某些历史学家所描述的那般愚笨,理应因如下事迹而享有一些声望：他在多事之秋确保了王国的稳固，在贵族政治中调和了诸多英国因素和丹麦因素，让英格兰与欧洲大陆建立了常规的文化联系和政治联系。他的统治与威塞克斯的戈德温伯爵（Earl of Godwine）家族紧密纠缠，该家族是英国历史上最为离奇的家族之一。1045 年，爱德华迎娶戈德温之女埃迪尤丝（Eadgyth）。戈德温有五子，即斯韦恩（Sweyn）、哈罗德（Harold）、托斯蒂格（Tostig）、利奥芬（Leofwine）和格思（Gyrth），五人皆获得了伯爵头衔。1066 年，哈罗德接替姐夫爱德华担任国王。1051 年，因争端所致，爱德华放逐了整个戈德温家族。尽管该家族于 1052 年秋诉诸武力，重整旗鼓，但也被迫接受了某些条件。在戈德温家族遭到放逐期间，爱德华采取了一系列亲诺曼底的政策，但戈德温的回归促使他恢复旧制。1051 年，瑞米耶日的罗贝尔（Robert of Jumièges）被任命为坎特伯雷大主教，此事引发矛盾，其职务被斯蒂甘德（Stigand）接替。戈德温本人在结束流亡生活之后不久，在 1053 年复活节死于动荡之中。戈德温死后，爱德华公开宣示了他作为一国之主的权势，派遣哈罗德担任大使，并从匈牙利召回其侄子，与其同名的爱德华王子（Edward the Atheling），该王子很可能是备选的继承人之一。在爱德华统治期间的最后十年左右的时间里，英格兰较为繁荣。地方政府有效运行，城市生活欣欣向荣，这在伦敦和温切斯特体现得淋漓尽致。赋税和货币制度逐步完善，在当时已相当高效。1065 年10 月，诺森伯里亚爆发叛乱，致使托斯蒂格遭到放逐。国王忧伤万分，这似乎直接让他染病。他耗费巨资修建威斯敏斯特教堂，但因大病而无法参加 12 月 28日的献辞。1066 年首周，1 月 4 日或 5 日，爱德华去世，葬于威斯敏斯特教堂。在 12 世纪，爱德华成为诺曼人和英格兰人和解的某种象征。作为立法者，他享有盛誉，不过在很大程度上他受之有愧。他自身的虔诚也言过其实。1161 年，教皇亚历山大三世（Pope Alexander III）加封他为圣徒。他的绰号"忏悔者"流传至今，这是人们对他忠于信仰的认可。不过，该绰号最初只是人们用以将他与他的伯父（他父亲同父异母的哥哥）"殉教者"爱德华（Edward the Martyr）区分开来。

Edward I（1239—1307）　**爱德华一世**（1239—1307）　英格兰国王（1272—1307 年在位）。即位之时，爱德华已是颇为老道的将领和政治家。他在

1265 年击溃西蒙·德·孟福尔（Simon de Montfort）的战役中发挥了重要影响，并在 1270 年其父在十字军东征前召集的会议上起到了主导作用。他在执政的前 20 年里成绩卓著，厘定了一系列法令，在很大程度上缓解了臣民们的不满。同一时期，爱德华镇压了威尔士的独立运动，并于 1277 年和 1282—1283 年发兵征讨威尔士。

13 世纪 90 年代初期是爱德华统治时期的转折点，也是他自身命运的转折点。1297 年危机是这一时期的顶点，尽管一系列起义威胁到爱德华的统治，但它们均未形成气候，爱德华反而藉此强化了个人权势。

为人熟知的是，在威斯敏斯特教堂里爱德华的墓上，他被描述为"苏格兰之锤"（"hammer of the Scots"）。但事实远非如此。他是苏格兰王位继承人争端，即 1291—1292 年的"大业"（the Great Cause）的仲裁者，也是苏格兰王国的封建领主。约翰·巴利奥尔（John Balliol）被判定为苏格兰王位继承人，爱德华试图维护巴利奥尔并藉此彰显其权势，这引发了旷日持久的苏格兰独立战争。1296 年，爱德华发动了征讨苏格兰的战争，他打算像征服威尔士那样彻底解决苏格兰问题。他取得了战争的胜利，并象征性地将"命运之石"（"stone of destiny"）从斯昆（Scone）移至威斯敏斯特教堂。但这只是苏格兰问题的暂时缓解。他在世时，罗伯特·布鲁斯（Robert Bruce）于 1306 年成为苏格兰国王。1307 年，爱德华再次进兵苏格兰并因此殒命，彰显了他的坚定决心。

"长腿"爱德华（Edward "Longshanks"）的外表令人印象深刻。他站立时，头部和肩膀高于众人，年轻时尤其热衷于比武，以倾心于十字军东征而闻名。他残酷无情，比如他在 1306 年将布鲁斯的妹妹玛丽——巴肯伯爵夫人（countess of Buchan）——囚禁起来，境况惨无人道。但他又忠于家庭，他对第一任王后卡斯蒂利亚的埃莉诺（Eleanor of Castile）的疼爱成为一段传奇，两人的婚姻幸福美满，育有多子。埃莉诺死后，爱德华悲痛至极。他在著名的埃莉诺十字架（Eleanor crosses）碑群中建造了纪念碑，精美程度属英国王后或国王纪念碑之最。

Edward II（1284—1327） **爱德华二世**（1284—1327） 英格兰国王（1207—1327 年在位）。爱德华二世身材高挑，长相俊朗，生有成为一国之主的堂堂仪表，却鲜有其他禀赋。他喜好与工匠一起劳作，遭到时人的嘲笑。他的这一癖好无论是否出于同性之间的吸引，都可谓政治上的重大损失。

爱德华统治初期面对的主要问题就是如何处置他的宠臣皮尔斯·加韦斯顿（Piers Gaveston）。加韦斯顿于1308年遭到放逐，1309年归国，1311年再次被约法委员会（Ordainers）放逐。待他归国时，国王已因兰开斯特的托马斯（Thomas of Lancaster）统领的反对派的强烈抵制而无力庇护他，加韦斯顿于1312年被残忍处死。另一问题随之而来，在1314年的班诺克本（Bannockburn）战役中，英格兰军队被苏格兰人击溃，政府威信扫地。此事将兰开斯特伯爵（earl of Lancaster）推到了支配地位，但事实证明他并不比国王本人更加称职。

在班诺克本战役中身亡的格洛斯特伯爵（earl of Gloucester）是显要人物，他有三个姐姐，她们的丈夫因遗产分配而引发的争斗具有重要的政治意义。埃莉诺的丈夫小休·德斯潘塞（Hugh Despenser the Younger）是遗产争夺者之一，他野心勃勃，成为又一个引发不和的因素。1318年的《利克条约》（treaty of Leake）解决了一系列政治争端，但到1321年进兵威尔士时，内战爆发。行军中的男爵们与兰开斯特伯爵出现不和。德斯潘塞父子（Despensers）遭到短暂驱逐，但国王和德斯潘塞势力在1321年秋季成功逆袭。在威尔士行军中的男爵们的势力因一场小战役遭到削弱。而兰开斯特伯爵继续向北行进，在巴勒布里奇（Boroughbridge）吃到败仗，并在庞蒂弗拉克特（Pontefract）被处决，其支持者也惨遭血洗。

保王派在巴勒布里奇的胜利标志着英格兰有史以来最令人反感的一项统治制度的开启。英格兰与苏格兰的战事每况愈下。1322年，英格兰军队一路行进，远达爱丁堡，但收效甚微。其后，英格兰遭到苏格兰人的偷袭，国王本人险遭虏获。1324—1325年，英格兰因争夺加斯科涅（Gascony）而与法国进行的圣萨尔多战役（War of Saint-Sardos）更加令英格兰人名声扫地。王后伊莎贝拉（Isabella）被派往法国协助和谈，但她流亡巴黎并在那里成为罗杰·莫蒂默（Roger Mortimer）的情人。而莫蒂默是1321年叛乱中的参与者，成功从伦敦塔脱逃。

1326年秋，伊莎贝拉带着小股兵力入侵英格兰。德斯潘塞集团像纸牌屋一样轰然倒塌。爱德华及其随从逃往威尔士，但在那里被捕。德斯潘塞父子被以野蛮的方式处死，爱德华则于1327年1月遭议会废黜，后在伯克利城堡

（Berkeley castle）被谋杀。

Edward III（1312—1377） **爱德华三世**（1312—1377） 英格兰国王（1327—1377 年在位），法国王位要求者（1340—1360 年及 1369—1377 年）。1327 年，爱德华在逆境中登上王位。那时，政府操持在他寡廉鲜耻的母后伊莎贝拉（Isabella）及其情人罗杰·莫蒂默（Roger Mortimer）手中。但他理当属于英国历史上最成功的国王之一。他在对法国的战事中取得了克雷西（Crécy）战役和普瓦捷（Poitiers）战役的重大胜利。法国国王和苏格兰国王双双被擒，为英格兰赢得了巨额赎金。他所设立的嘉德勋位（Order of the Garter）集中体现了王室和军职人员身上光彩夺目的骑士风范。

1330 年，爱德华首次独立完成了政治行动，在诺丁汉发动了针对母后及罗杰·莫蒂默的政变。1333 年，他冒着很大的风险扶立爱德华·巴利奥尔（Edward Balliol）为苏格兰国王，再次开启了一场似乎已经了结的战争。爱德华取得了 1333 年哈利登山（Halidon Hill）之战的胜利，但由于法国对苏格兰人的援助等原因，他在接下来的一些战事中收效甚微。1337 年，爱德华对法宣战。他宣称因其母后而拥有法国王位继承权，这为两国之间的战争增添了新内容。

对法战争是爱德华统治期间的要事。他既取得过 1346 年克雷西战役和 1356 年普瓦捷战役的大捷，也遭遇过 1359 年的失利并因此被迫休战至 1369 年。事实证明，爱德华是一个杰出的将领，他精心策划战事，激励将士。他的战略在多大程度上确保了克雷西战役的胜利，这一问题尚可争论。但毋庸置疑的是，他从英格兰调取了额外补给，并做出了向北行军的决策，这都体现了他的深谋远虑。

战事耗资巨大。到 1339 年时，英格兰王室已经破产。1340—1341 年，议会里出现政治危机，国王的前首席顾问和大法官约翰·斯特拉特福德（John Stratford）领导反对派抵制国王。爱德华做出妥协，接受了反对派在议会中强加的一些新法令，但又在议会解散后废止了这些法令。他在得知凭借与主要将领签订的约定即可轻易地重组军队之后，甚至打算在 1352 年的兵役问题上做出让步。为了政治和谐，爱德华还在 1352 年接受了议会针对叛国罪问题提出的要求，同意大幅度缩减叛国罪罪名。1376 年，诸多达官显贵遭到弹劾，其中包括拉蒂默勋爵（Lord Latimer）、宫廷大臣、众多王室官员，乃至国王的情妇艾丽斯·佩勒斯（Alice Perrers），议会下院的权力在"贤明议会"（"Good Parliament"）中淋漓尽致地呈现出来。不过，如同1340—1341年那次危机，爱德华深知一旦解散议会，他就能卷土重来。

爱德华对家庭内部事务以及与达官显贵的关系的处理尤为成功。他能充分满足儿子们的需求，所以从未像亨利二世那样受家庭内部问题困扰。他于1337年设立了六个新的伯爵爵位，这一颇具魄力的举措原本会激起既定贵族阶层的敌意，但他在实践中老练地掌控了属下的骑士情结，亲自参与一些骑士比武并设立嘉德勋位。他无意像爱德华一世那样遏制属下贵族的权势，尽管王权对贵族的控制貌似有所削弱，但王室政策的成效在事实上证明了爱德华的睿智。

Edward IV（1442—1483） **爱德华四世**（1442—1483） 英格兰国王（1461—1470年和1471—1483年在位）。他是身材高挑、相貌英俊的"鲁昂玫瑰"（"Rose of Rouen"），生于鲁昂，约克公爵理查（Richard, duke of York）的长子。1461年3月成为王位继承人，年仅18岁。数周之后，在陶顿（Towton）战场上，爱德华继承王位的消息得到确认，并于同年6月加冕。不过，他的统治因其被废黜以及亨利六世的短暂复辟而于1470年有所中断。

爱德华的首个统治期隐患不断。他用三年时间才铲除了兰开斯特反对派。在早年的朝政中，他对沃里克伯爵（earl of Warwick）多有倚仗。然而，在兰开斯特家族的反叛活动告一段落之后不久，他就与伊丽莎白·伍德维尔（Elizabeth Woodville）秘密结婚并提拔她的家庭成员，致使他与沃里克伯爵不和。兰开斯特家族流亡法国为持不同政见者提供了集结的良机，沃里克伯爵也最终于1470年夏天参与其中。沃里克伯爵入侵英格兰时，爱德华仓促逃往尼德兰，并在那里得到了内兄勃艮第公爵（duke of Burgundy）的援助。1471年3月，爱德华在一支小型舰队的保护下在雷文斯波（Ravenspur）登陆。他成功避开了约克郡的敌对势力，在巴尼特（Barnet）战役中击溃沃里克伯爵。而后，他又急速向西进军，在蒂克斯伯里（Tewkesbury）战役中阻击并战胜了兰开斯特家族的军队。随着沃里克伯爵和兰开斯特的爱德华（Edward of Lancaster）的去世，以及身为国王的亨利六世的旋即遇害，爱德华转危为安。

在接下来的统治中,爱德华决心通过对法战争来确保国内的和谐。为此,议会投票通过了多项征税方案;与布列塔尼和勃艮第缔结了三国同盟,并与苏格兰达成休战协议。1475 年,一支庞大的英格兰军队跨越英吉利海峡。但在战争即将爆发之际,爱德华与路易十一在皮基尼(Picquigny)达成协议,接受了法国的巨额赔付。在统治后期,爱德华力图坐享胜利带来的果实。不过,他在 1477 年粉碎他的哥哥克拉伦斯(Clarence)的叛乱,并于 1478 年将其处决。两年之后,他主要迫于弟弟格洛斯特的理查(Richard of Gloucester)的压力而卷入了与苏格兰的战争。另外,法国和勃艮第在 1483 年达成了《阿拉斯协议》(treaty of Arras),这使其对外政策被破坏殆尽。

1483 年 4 月 9 日爱德华因突发疾病而平静离世。一直以来,历史学家很难评判他的功过。早期的历史学家赞美他在统治后期以不同的方式恢复了英格兰的和平与繁荣。但到 19 世纪,受他的个人德行的影响,对他的贬损取代了之前的赞誉。他所推行的革新政府、复苏王室财政措施,以及在 1471 年之后的独断专行,都令后世历史学家印象深刻,并由此将他视为王权复兴的起始,所谓的"新君主"("New Monarchy")亨利七世则在此基础上进一步加强了王权。但是,爱德华王权中的这种新颖性其实是个误判。事实上,他的王权偏于保守。他通过一系列强有力的手段实施统治,并未为君主制的永久复苏打下基础。爱德华四世志向短浅。如同两个世纪之后的查理二世,他在 1471 年之后的首要目标就是不再重蹈覆辙。同时代的历史学家证实了爱德华的个人魅力和他的淡定从容。他是一名杰出的统帅,在戎马生涯中大获全胜。在商业方面,他年轻时羽翼未丰,缺乏经验,年老时也无力顾及。很可能是过于劳累的生活方式导致了他的早逝。

Edward V(1470—c.1483) **爱德华五世**(1470—约 1483) 1483 年英格兰的无冕之王。爱德华四世和伊丽莎白·伍德维尔(Elizabeth Woodville)的长子。在拉德洛(Ludlow)由舅舅里弗斯伯爵(earl of Rivers)抚养长大。1483 年 4 月父亲去世后,这位年仅 12 岁的威尔士亲王离开拉德洛,在伦敦被宣告成为国王。但是他的叔叔格洛斯特的理查(Richard of Gloucester)在斯托尼斯特拉特福(Stony Stratford)逮捕了他的侍从,宣称他们密谋剥夺他的摄政职位。5 月中旬,爱德华被转移到位于伦敦塔的王室住处，以便为加冕礼做准备。六月中旬，他的弟弟理查德（Richard）也住了进来，那时还有人看见他们在花园里玩耍，但此后就再未有人看到过他们。围绕此事，流言纷纷，同时代记述的可靠性、两位王子的死亡方式，以及宣传自己为理查三世的格洛斯特的理查在其中扮演的角色，都引发了诸多争议。

EdwardVI（1537—1553） **爱德华六世**（1537—1553） 英格兰国王（1547—1553 年在位）。1547 年，时年九岁的爱德华继承了亨利八世的王位。他统治的绝大部分时间里都受到监护，1549 年之前的监护人是萨默塞特（Somerset），之后是诺森伯兰（Northumberland）。他一出生母亲简·西摩（Jane Seymour）就去世了。爱德华从 12 岁起记录的文字大部分都是真实的，这些文字或许有些内敛，极少显露出他的个性。同时代的人都颇为看好他。1552 年，帝国大使说他"前途无量，思维敏捷，心智成熟"。G.R.埃尔顿比较客观地认为"爱德华才智超群，良好的教育使他很早就对新教满怀热情，成为一个冷酷的自命清高的人"。

尽管爱德华一再支持宗教政策，但他必定得到了两位首席大臣的辅助。他在位期间推行的诸多措施使英格兰成为新教的大本营。改革者取代了天主教主教。对于很多新教徒而言，1559 年的新祈祷书（new Prayer Book）并未有太多改动，但它仍然激起了德文郡和康沃尔郡的天主教徒的反叛。这位年轻的国王于 1552 年患上麻疹和天花，1553 年初又染上了肺结核。爱德华的最后一个重大举动就是"遗赠王位"（"devise of the crown"），他试图藉此阻止天主教势力，避免玛丽继承王位。他让简·格雷夫人（Lady Jane Grey）继承王位的做法过于轻率，其程度甚至超过他此前让她匆忙嫁给诺森伯兰之子一事。由于疾病缠身，爱德华临终的最后几周尤为凄惨，外交官以天后来以小时为单位来推测他的存活时日。7 月 6 日，爱德华在格林尼治宫（Greenwich palace）去世。于他而言意义重大的继任问题，在此后不到两周便尘埃落定了。

EdwardVII（1814—1910） **爱德华七世**（1841—1910） 大不列颠和爱尔兰国王、印度皇帝（1901—1910 年）。爱德华七世在统治期间取得的成功很令父母惊异。他尤为懒惰,因此当年只有 18 岁的穷小子艾伯特写道,"当有人认为他随时有可能接管政府时,我苦恼至极。"

爱德华有诸多缺陷。他智力平庸,心绪不宁,爱耍小孩子脾气,且鲜有改观。他私通甚多,品位低俗,墨守成规。他在身为威尔士亲王之时,便因离婚案而遭到传唤,并卷入一起因赌博欺诈而引发的令人生厌的法律诉讼之中。

然而,他也具有某些特质。他欣赏同伴,具有即兴演讲的天赋;善于识记人名和面孔;善于处理与法德两国的关系。尤其重要的是,他于 1863 年娶丹麦人亚历山德拉(Alexandra)为妻,可谓锦上添花。

在 1901 年执政伊始,他便宣称要按自己的原则行事,他希望他不是因为姓阿尔伯特(Albert),而是作为爱德华为世人熟知,这难免令他满怀憧憬的父母大失所望。多年来,爱德华时代的英国都给人以安宁平和的印象,直至第一次世界大战的恐怖来袭。其实,英国动荡不已,行业动荡明显增加。1905 年,女性争取选举权的运动进入了激进阶段,爱德华·格雷爵士(Sir Edward Grey)在曼彻斯特遭喝倒彩。工党迅速崛起,并在 1906 年大选中赢得不少席位,这预示着阶级政治的迫近,国王爱德华对此深感不满。自由党在赢得大选之后,被工党和爱尔兰人推向左派。1909 年,议会上院否决了劳合·乔治的财政预算,这将国王牵扯进政治竞技场。爱德华明确表示,他不愿新增 500 个自由党议席来推行议会法案,他认为这种做法卑劣不堪。他在这场危机中去世,阿斯奎斯(Asquith)只从他那毫无执政经验的儿子乔治五世那里争得了一丝允诺。

在国际层面,爱德华在任期间抛弃了以往那种"光荣的"或其他名义的孤立政策,因为这种政策在布尔战争时期已显得不合时宜。英国先是于 1902 年与日本达成联盟;接下来又于 1904 年和法国达成协约(Entente),并最终与法国的盟友俄国消除歧见,达成同盟。在爱德华去世之前,英国始终坚定地站在协约国阵营之中,抵制由德国、奥地利和意大利组成的三国同盟。

爱德华的影响主要体现在两个方面。首先,他热衷武力,支持费希尔(Fisher)的海军改革,并鼓励霍尔丹(Haldane)对军队进行彻底改革。另外,他提升了王室的形象。爱德华的遗孀活到了 81 岁,无论哪位国王继任,都能从她那里分享前任国王积得的美誉。

爱德华死于严重的支气管炎。他的病情因他终生嗜烟、喜好吃喝而恶化。

他死得恰是时候。他的统治期较为短暂，并未遭致民众的不满。而放眼欧洲，各位国王、帝王、沙皇、皇帝等首脑依然频繁出入于各种竞赛、演习、婚礼和葬礼。国王仍然是一国之首，而国家也需要首脑。每逢长周末，乡间别墅都会上演大型狩猎会。英国的贵族统治，直至第一次世界大战的爆发和惩罚性征税措施出台以前，尚未终结。爱德华安葬于温莎城堡，在他之前已有九位国王埋葬于此。

Edward VIII（1894—1972） **爱德华八世**（1894—1972） 大不列颠和爱尔兰国王，印度皇帝（1936 年）。爱德华是约克公爵乔治即后来的国王乔治五世的长子。他曾在牛津居住过一小段时间，其后作为非战斗人员加入英国远征军（British Expeditionary Force），在法国从事艰苦的服务工作。作为王位继承人，他不应在前线服务，但他依然不顾危险，拜访军队，共享他们的香烟，倾听他们的故事。他于 1919 年拜访了加拿大和美国，于 1920 年出访澳大利亚和新西兰，于 1921 年至 1922 年出访印度和远东地区，于 1925 年和 1931 年前往南美旅行。这些行程都大获成功。

爱德华是声名远播的少妇杀手，与多位已婚妇女有染，其中一位就是弗内斯夫人（Lady Furness），她将他介绍给了沃利斯·辛普森夫人（Mrs Wallis Simpson），后者令他神魂颠倒。他还沉湎于平民捍卫者的角色，时常光顾贫困地区。英国报刊并未报道爱德华对辛普森夫人的迷恋，但此事在政坛已尽人皆知。爱德华一心娶她为妻。辛普森先生默许了离婚之事，并最终于 1936 年 10 月底在伊普斯威奇（Ipswich）办理了离婚手续。

那时，爱德华已经登上王位九个月了，期间他处理了国王要面对的各种事务。首相斯坦利·鲍德温（Stanley Baldwin）劝告他说和辛普森夫人结婚将不得人心。原因并不仅出于她是一介平民，而在于她是一个离过两次婚的美国人。普通的保守党成员也都感受到他那令人难堪的政治干预。在 1936 年 11 月中旬去南威尔士访问期间，爱德华的一些言论给他们造成侵害。在评论失业现象时，他说"必须采取某些措施让他们做些工作了"。这句原本毫无指涉的话被广为解读成对保守党经济政策的攻击。鲍德温反对爱德华的婚事。12 月 10 日，爱德华签署了退位诏书。他第二天便不再履行国王职责，偕沃利斯前往法国，并在法国结婚。

　　爱德华的弟弟乔治成为新任国王,他同意授予爱德华温莎公爵(duke of Windsor)的头衔,但不允许沃利斯·辛普森夫人公开自称殿下。爱德华和王室的关系一直较为紧张,其后亦然。1937 年 10 月,爱德华公开拜访希特勒(Hitler)并没有想象中那般凶险。同样,法国沦陷后,爱德华和沃利斯逃往法西斯控制的西班牙时,当时的首相丘吉尔把他们送到了巴哈马群岛(Bahamas),爱德华还成为巴哈马的总督。不过,在爱德华于巴黎逝世后,他被葬于温莎的皇家陵墓,沃利斯获允参加了葬礼。

　　Edward,duke of York　**约克公爵爱德华**　See YORK,DUKE OF.(见约克公爵)

　　Edward,prince of Wales（1330—1376）.　**威尔士亲王爱德华**（1330—**1376**）　被称为"黑太子"（"Black Prince"）,是一名伟大的骑士英雄。他是爱德华三世的长子,1337 年受封切斯特伯爵(earl of Chester),1343 年受封威尔士亲王。1362 年成为阿基坦亲王(prince of Aquitaine),在实质上成为那里的独立的统治者。他的军旅生涯始于克雷西(Crécy)战役,他英勇作战,接连取得了法国的普瓦捷(Poitiers)战役（1356 年）和西班牙的纳赫拉战役（Najerá,1367 年）的胜利,这使他成为中世纪的伟大将领。1371 年,他因病回到英格兰。1376 年,他先于父亲去世,留下幼子理查为王位继承人。

　　Edward,prince of Wales（1453—1471）.　**威尔士亲王爱德华**（1453—**1471**）　亨利六世的继承人,流亡于法国。他的命运因 1470 年父王复辟而发生转变。六个月后,他返回英格兰,结果发现亨利六世再次被爱德华四世废黜。在 5 月 4 日的蒂克斯伯里(Tewkesbury)战役中,爱德华王子的军队被击败,他很可能在逃离战场时被杀害。

　　Edward,prince of Wales（1476—1484）.　**威尔士亲王爱德华**（1476—**1484**）　理查三世与安妮·内维尔(Anne Neville)唯一的孩子。出生于约克郡的米德尔赫姆城堡(Middleham castle)。1483 年 9 月在理查于约克举行的第二次加冕礼上,他受封威尔士亲王。1484 年 4 月死于米德尔赫姆,葬于约克郡的谢里夫哈顿(Sheriff Hutton)。

Edward the Atheling(d.1057). **爱德华王子(卒于 1057 年)**　被称为"流亡者"("the Exile")。爱德华王子于 1057 年返回英格兰,他的回归迷雾重重。他是国王"勇敢者"埃德蒙(Edmund Ironside,卒于 1016 年)的儿子,自幼便因丹麦国王克努特(Cnut)对英格兰的征服而被迫流亡。他在匈牙利受到善待,并迎娶了王室公主阿加莎(Agatha)。1054 年,英格兰派出一位使节协商他的回国事宜,但爱德华王子在返回之后不久便去世了。对此,某个版本的《盎格鲁—撒克逊编年史》简洁却又疑惑地写道:"我们不知是何缘故导致他不得探望(当面?)他的亲属爱德华国王"。

Edward Balliol　爱德华·巴利奥尔　See BALLIOL, EDWARD.(见爱德华·巴利奥尔)

Edward Bruce　爱德华·布鲁斯　See BRUCE, EDWARD.(见爱德华·布鲁斯)

Edwin(d.633)　**埃德温(卒于 633 年)**　诺森伯里亚王国国王(617—633 年在位)。他是德伊勒(Deira)王国国王埃尔(Ælle)之子,在埃塞尔弗里思(Æthelfryth)统治诺森伯里亚王国期间遭到流放。617 年,他在东盎格鲁人的帮助下,打败并杀死了埃塞尔弗里思。他在 625 年迎娶了肯特王国的一位公主,主教保利努斯(Paulinus)藉此引领了基督教往诺森伯里亚的传播。据比德描述,埃德温获得了对整个不列颠的统治权力,包括安格尔西岛(Anglesey)和马恩岛(Isle of Man),但肯特王国除外。633 年,他在希思菲尔德(Heathfield)被麦西亚国王彭达(Penda)和圭内斯(Gwynedd)国王卡德瓦隆(Cadwallon)打败并杀死。

Egbert(d.839)　**埃格伯特(卒于 839 年)**　威塞克斯王国国王。埃格伯特于 802 年继承西撒克逊王位。他是国王伊尼(Ine,688—726 年在位)的哥哥英吉尔德(Ingild)的后代。在 9 世纪 20 年代,他趁麦西亚虚弱之际,于 825 年取得了埃伦登(Ellendun)战役的胜利,这是盎格鲁—撒克逊历史上的一次决定性战役。《盎格鲁—撒克逊编年史》记载他征服了麦西亚王国,并被公认为"盎格鲁—撒克逊盟主"(bretwalda)。不过,认为他是真正统一的英格兰的首位国王这种观点,是一个误解。他将注意力主要置于王国的西部中心地带,于 838 年在兴斯顿唐(Hingston Down)赢得了抵抗丹麦人和他们的康沃尔人联军的战役的重大胜利。他的永久性纪念馆证明了西撒克逊统领泰晤士河南部的英格兰时所取得的功绩,这终结了麦西亚人试图建立霸权的所有希望。

Egypt 埃及 英国对埃及的兴趣源于对通往印度航路的保护情况的关注。1798 年,拿破仑占领埃及,三年后的《亚眠和约》(peace of Amiens)终结了法国的占领,埃及重归奥斯曼帝国统治。1869 年,苏伊士运河的通航提升了埃及的战略价值,英国军队于 1882 年占领该国。1914 年,德国和奥斯曼帝国建立联盟,对埃及构成新的威胁,英国宣布成为埃及的保护国。1922 年,立宪政体下埃及恢复了形式上的独立,但英国一直在埃及保有军事基地,直至 1952 年贾迈勒·阿卜杜勒·纳赛尔(Gamal Abdel Nasser)政权上台并于 1956 年将苏伊士运河国有化。

Eikon basilike 《圣容》 或称《国王书卷》(King's Book),是曾经出版过的最成功地确立了查理一世的殉道者形象的一本书。1649 年 1 月,该书在国王被处死后的数个小时内出版,其中掺杂着奇奇怪怪的祷文和政治评论。该书最具冲击力的或许是卷首的一幅木刻版画,这幅画描绘的是祈祷中的查理一世。

eisteddfod 诗人乐人大会[1] 意为会议或集会,是威尔士吟游诗人的竞技大会。这一传统尤为古老,早在海韦尔·迪达(Hywel Dda,卒于 950 年)的法律中就描述了吟游诗人大会的安排情况。1568 年,伊丽莎白发布了一项奇怪的委任状。她认为威尔士到处都是吟游诗人,但他们水平不一,所以委派专人从中识

---

[1] 或音译为艾斯特福德。——译者注

别出高水平的吟游诗人,而"其余诗人不配回归正常的劳动生活"。到 18 世纪,随着"土著居民协会"(Society of Cymmrodorion)在 1751 年的创立,人们对威尔士文化的兴趣显著增加。当地的诗人和乐人随之复兴,并于 1789 年在科文(Corwen)和巴拉(Bala)举行集会。"首届现代诗人乐人大会"于 1819 年在卡马森(Carmarthen)举行,全国诗人乐人协会(National Eisteddfod Association)成立于 1880 年,负责召集一年一度的大会。

El Alamein, battle of, 1942. 阿拉曼战役(1942) 1942 年发生于埃及阿拉曼。此战是英国对德国陆军取得的首次决定性、不可逆转的胜利,德军被强迫向突尼斯(Tunisia)撤退 1500 英里。因燃料短缺以及慑于英军的空中优势,隆美尔(Rommel)未能发起抗衡蒙哥马利(Montgomery)作战部队的机动攻势。第八集团军有将近 200,000 兵力,其中超过半数来自英国,而对方只有 100,000 兵力,由意大利和德国士兵组成。此战使英国教堂长久沉默的钟声重又响起,这钟声是为了庆祝战争的胜利。蒙哥马利也因此战成为国家英雄。

Eldon, John Scott, 1st earl of(1751—1838) 约翰·斯科特,第 1 代埃尔登伯爵(1751—1838) 大法官。斯科特是纽卡斯尔煤商之子,职业生涯平步青云。他于 1783 年进入议会,1788 年成为副总检察长(solicitor-general),1793 年成为总检察长(attorney-general)。1799 年被任命为普通民事诉讼法庭首席大法官(lord chief justice of Common Pleas),成为埃尔登男爵。1801 年成为大法官。在 1827 年之前,他先后在阿丁顿(Addington)、皮特(Pitt)、珀西瓦尔(Perceval)和利物浦(Liverpool)内阁任职。埃尔登后来成为愚民政策的象征,但他是一位能力出众的律师。他和蔼可亲,性情平和。

Eleanor of Aquitaine(c.1122—1204) 阿基坦的埃莉诺(约 1122—1204) 亨利二世的王后。作为广阔的阿基坦领地的女继承人,埃莉诺最先于 1137 年嫁给了法国国王路易七世,但于 1152 年离婚,主要原因在于埃莉诺生的孩子都是女孩。此后,阿基坦重新归属于埃莉诺。1152 年,她嫁给了安茹的亨利(Henry of Anjou)。亨利不久就成为英格兰国王,但他们的婚姻关系开始恶化。

这在某种程度上致使埃莉诺于 1173 年起而反抗亨利,支持她的儿子们。她被亨利逮捕并遭到严格监禁。理查一世即位后,她重启政治生涯,在理查离开英格兰参加十字军东征期间发挥了重要作用。

Eleanor of Castile(c. 1242—1290) **卡斯蒂利亚的埃莉诺**(约 1242—1290) 爱德华一世的王后,斐迪南三世(Ferdinand III)之女。1253 年 10 月嫁给爱德华一世,并带来了法国的加斯科涅(Gascony),那时他俩还都是孩子。这对夫妇亲密无间,在几次十字军东征期间,埃莉诺都时刻陪伴爱德华。爱德华忠贞不二,在她死后深切悼念。他在埃莉诺的送葬队伍从哈比(Harby)到威斯敏斯特教堂的经停之处,设置了 12 个石制十字架,即有名的"埃莉诺十字架"("Eleanor crosses")。

Eleanor of Provence(1223—1291) **普罗旺斯的埃莉诺**(1223—1291) 亨利三世的王后,普罗旺斯伯爵雷蒙德·贝朗热四世(Raymond Berenger IV, count of Provence)之女。埃莉诺于 1236 年结婚。她和她普罗旺斯的亲戚不受欢迎。她在男爵们彼此争斗期间为丈夫筹集资金,集结兵力。她于 1291 年 6 月 25 日在埃姆斯伯里(Amesbury)去世,其子爱德华一世为她举行了隆重的葬礼。

Eleanorcrosses 埃莉诺十字架 是爱德华一世为了纪念王后埃莉诺的送葬队伍从哈比(Harby,埃莉诺的死亡地)到威斯敏斯特教堂的经停之处而建立的纪念物,这些十字架建于 1291 年至 1294 年,分布于林肯(Lincoln)、格兰瑟姆(Grantham)、斯坦福德(Stamford)、盖丁顿(Geddington)、北安普敦【Northampton,位于哈丁斯通(Hardingstone)】、斯托尼斯特拉特福(Stony Stratford)、沃本(Woburn)、邓斯特布尔(Dunstable)、圣奥尔本斯(St Albans)、沃尔瑟姆(Waltham)、伦敦城的西齐普(West Cheap)和查令(Charing)。其中沃尔瑟姆、盖丁顿和哈丁斯通的十字架保留至今。

'Eleven Years Tyranny'(1629—1640) **"十一年暴政"**(1629—1640) 1629 年议会【见约翰·埃利奥特爵士(ELIOT, SIR JOHN)】在乱中收场,此后,查

理一世打破常规,进行了长达 11 年的无议会统治。他通过征收特许税的方式来解决财政需求,其中最臭名昭著的是造船费(ship money)。星室法庭(court of Star Chamber)是维护统治秩序的特权法庭。查理一世的统治很难说是暴政,因为他没有设立警察或军队等强制力量。因在主教战争(Bishops' wars)问题上查理一世错误判断了形势,最终导致"十一年暴政"终结。

Elgar,Edward(1857—1934). 爱德华·埃尔加(1857—1934) 生于伍斯特郡西部、莫尔文丘陵(Malvern hills)附近的布罗德希思(Broadheath),是自学成才的音乐家。早年在地方上指挥乐队和唱诗班,教授小提琴。他的成名作是《谜之变奏曲》(*Enigma Variations*,1899 年),该乐曲的主题是纪念他身边的朋友。其后他又相继创作了《海景》(*Sea Pictures*,1899 年)、《杰隆休斯之梦》(*The Dream of Gerontius*,1900 年)、《第一交响曲》(*First Symphony*,1908 年)、《小提琴协奏曲》(*the Violin Concerto*,1910 年)、《第二交响曲》(*the Second Symphony*,1911 年)和悲伤的《大提琴协奏曲》(*Cello Concerto*,1919 年)。其间荣誉接踵而至,相继于 1904 年获封爵士,1911 年获得功绩勋章(Order of Merit),1924 年成为英王御前音乐教师,1931 年受封从男爵。他创作的高雅作品和极为流行的《威仪堂堂》(*Pomp and Circumstance*)进行曲让人以为他与现实格格不入。埃尔加看上去像是一位退役的陆军上校,经常被人指责为沙文主义者。其实,他尤为敏感,内心很脆弱。

Elgin marbles 埃尔金石雕 包括雅典帕台农神庙(Parthenon)的部分横饰带和墙饰,由第 7 代埃尔金伯爵(the 7th earl of Elgin)运送回英格兰。在担任奥斯曼帝国大使期间,埃尔金率先从土耳其人那里获得了研究并搬移某些古代遗物的权力。1816 年,埃尔金收到 35,000 英镑酬金,这笔钱远远少于他的开支。那些石雕被安放在不列颠博物馆(British Museum)。希腊政府不时要求英国归还这批文物。

Eliot,George(1819—1880). 乔治·艾略特(1819—1880) 小说家,本名玛丽·安妮·埃文斯(Mary Anne Evans),后写为玛丽安·埃文斯(Marian

Evans),生于沃里克郡。其大多作品都反映了英国中部城镇的景致和日常生活节奏,最为有名的两部小说是以第一次议会改革为背景的《激进分子费利克斯·霍尔特》(*Felix Holt*,*the Radical*,1866 年)和杰作《米德尔马奇》(*Middlemarch*:*A Tale of Provincial*,1871—1872 年)。

Eliot,**Sir John**(1592—1632)　　**约翰·埃利奥特爵士**(1592—1632)　　埃利奥特,议会党人(parliamentarian),最初是国王宠臣白金汉(Buckingham)的代理人,但后来成为他的对手,并于 1626 年参与了对白金汉的弹劾,查理一世因此将其囚禁在伦敦塔。1627 年,埃利奥特又因拒绝提供国王强制性贷款(forced loan)而再遭监禁。1629 年,他带领议会下院抨击了阿明尼乌主义和国王凭特权征税的行为,并组织了 3 月 2 日的造反行为,将下院议长按到椅子上,以免议会提前休会。埃利奥特再次被关入伦敦塔,并在那里度过了余生。

Eliot,**T.S.**(1888—1965).　**T.S.艾略特**(1888—1965)　　诗人。他生于美国圣路易斯(St Louis),在哈佛大学毕业后赴欧洲从事研究,1927 年成为英国公民。诗作《荒原》(*The Waste Land*,1922 年)通常被视为对在第一次世界大战中垮掉的西方文明的注解。对他人而言,宗教长诗《灰色星期三》(*Ash-Wednesday*,1930 年)和《四个四重奏》(*Four Quartets*,1943 年)是他作出的最为深刻的答复。艾略特致力于在伦敦西区(West End)恢复诗剧(poetic drama)演出。尽管他的剧作《大教堂凶杀案》(*Murder in the Cathedral*,1935 年)经久不衰,但恢复诗剧的尝试并不成功。

Elizabeth I(1533—1603)　**伊丽莎白一世**(1533—1603)　　英格兰女王(1558—1603 年在位)。母亲为亨利八世第二任妻子安妮·博林(Anne Boleyn)。在她父母结婚 5 个月之后,伊丽莎白于 1533 年 9 月出生于格林尼治(Greenwich)。1536 年 5 月,她的母亲被处死。新的《继承法》宣布亨利八世与安妮的婚姻无效,伊丽莎白为私生女,并认为亨利八世与第三任妻子简·西摩(Jane Seymour)的婚姻"白璧无瑕,光明正大"。1537 年 10 月,与她同父异母的弟弟爱德华(Edward)出生,她继承王位的希望似乎十分渺茫。第三部继承法即

1543 年继承法恢复了她的继承权,宣称如果爱德华死后无嗣,王位将按顺位传承给玛丽和伊丽莎白。

伊丽莎白在哈特菲尔德(Hatfield)离宫度过了少女时代的大多时光。她接受了高强度的古典教育,因此学会了拉丁语和希腊语,并能"非常流畅地"讲一口法语、西班牙语和意大利语。她与亨利八世的最后一任妻子凯瑟琳·帕尔(Catherine Parr)关系融洽。亨利八世死后,凯瑟琳嫁给了萨默塞特的弟弟西摩勋爵(Lord Seymour),伊丽莎白随之移居。其后,西摩开始轻佻地追求伊丽莎白,她对此有所迁就,她的生活开始发生变动。凯瑟琳因难产而去世。此后西摩向伊丽莎白求婚,但伊丽莎白相当慎重,她认为此事应提交枢密院讨论。1549年,西摩以叛逆罪被捕,伊丽莎白遭到反复审讯。

1553 年,爱德华行将不久于人世,他不同意由天主教徒继承王位,因此绕开伊丽莎白,指定诺森伯兰的儿媳妇简·格雷夫人(Lady Jane Grey)为他的继任者。在接踵而至的政治危机期间,伊丽莎白以身体不适为托辞,深居哈特菲尔德离宫。玛丽继位之后,伊丽莎白并未因她对玛丽的默许而得到犒赏。玛丽上台不到一个月,便敦促伊丽莎白去参加弥撒。不知出于真心还是假意,伊丽莎白泪如泉涌,她乞求玛丽给她些时间来学习相关仪式。

1554 年 2 月,反对玛丽与西班牙联姻的怀亚特起义(Wyatt's rising)使得伊丽莎白危在旦夕。她被紧急传唤到伦敦,尽管她声称有病在身,但仍旧勉强顺从。同年 3 月,她被关入伦敦塔,而同谋则受尽折磨,被要求提供不利于她的证据。西班牙国王的使节门多萨(Mendoza)得意洋洋地写道:"她将难逃一死"。她最终又回到了哈特菲尔德,定期参加弥撒,拒绝任何求婚。西班牙大使雷纳德(Renard)告知国王,称"她聪明绝顶,所以能化险为夷"。

伊丽莎白最终于 1558 年 11 月 17 日安然无恙地登上王位,即便玛丽本人也在行将离世时承认这是必然的。伊丽莎白立刻面对着玛丽在五年前即位时遭遇的同样问题——宗教问题和她的婚姻问题。在其统治早期,伊丽莎白的宗教政策就已显露无疑。她以在传道中有过激言论为名逮捕了玛丽时期的两名主教,并在首届议会中撤销了天主教会的职位。此时的伊丽莎白面临着进退两难的境地。如果她接受天主教,就意味着她认可了自己的私生女身份,而这进一步意味着她无权继承王位。著名的中庸之道(via media)在很大程度上是强加给她的宗教政策。

　　伊丽莎白的婚姻问题早已引发事端。反对政治婚姻的声音相当强大,她的枢密院和议会虽从中敦促,但均徒劳无功。婚姻意味着迁就和约束,与外国联姻将把整个国家牵扯进欧洲大陆的争端之中,再次引发宗教纠纷。尽管她主要因为一些负面因素而独身,但她将这化为自身优势,宣称已委身于她的子民。

　　伊丽莎白还面对着另外两个不容耽搁的决策:挑选王室顾问以及处理自玛丽在任时期就已存在的对法战争问题。她在上任首日就任命威廉·塞西尔【William Cecil,伯利(Burghley)】为私人秘书。塞西尔此前就被伊丽莎白雇为地产测量员。

　　伊丽莎白担心卷入对法战争,但她也不敢疏远作为盟友的西班牙国王腓力(Philip),唯恐西班牙、法国和苏格兰形成强大的天主教联盟。此外,她也一直因失去加莱(Calais)而耿耿于怀。面对此番情境,她必须想出一个万全之策。孰料一波未平一波又起。1560 年,她听信劝服,卷入了新教上院议员与法国人的冲突。尽管伊丽莎白对法国人占领的利斯城堡(Leith castle)的袭击以惨败告终,但吉斯的玛丽(Mary of Guise)在同年去世,使得法国人失去了继续抵抗下去的决心。在签署了《爱丁堡条约》之后,法国同意撤兵。

　　随后的诸多外交事务完全发生在另外一个层级,它们并非有限干预,而是伊丽莎白统治时期的重大危机。16 世纪 70 年代至 80 年代,她要同时面对三个大问题:国际宗教问题、苏格兰女王玛丽的问题,以及与西班牙国王腓力因低地国家(Low Countries)起义而引发的日渐扩大的分歧。在北部伯爵叛乱(rising of the northern earls)遭到挫败之后,庇护五世(Pius V)——他远不如前任庇护四世(Pius IV)温和——立即于 1570 年下令开除伊丽莎白的教籍。她随后遭遇了一系列谋杀活动——1572 年的里多尔菲(Ridolfi)谋杀、1584 年的思罗克莫顿(Throckmorton)谋杀、1585 年的帕里(Parry)谋杀和 1586 年的巴宾顿(Babington)谋杀。第二个日趋严峻的危机源自苏格兰女王玛丽的决策。在先后与达恩利(Darnley)和博思韦尔(Bothwell)经历了两段灾难性的婚姻之后,玛丽于 1568 年逃离苏格兰,去寻求伊丽莎白的庇护。她很快就遭到严密拘禁。满怀绝望的玛丽屡次卷入谋杀案之中,在每次谋杀案之后,群情激昂的新教徒都提出新的理由要求将她处死。尽管伊丽莎白多次出面袒护,但玛丽的命运还是在巴宾顿谋杀案之后发生扭转,她于 1587 年被处以极刑。第三个问题就是她与前盟友腓力的关系宣告破裂。自 1585 年起,伊丽莎白转而支持荷兰反叛者。腓力为此开始策划入侵英格兰,1588 年 7 月,强大的无敌舰队(Armada)驶离科伦纳(Corunna)。伊丽莎白在蒂尔伯里(Tilbury)发表了她最为著名的演说:"毋庸置疑,我们用不了多长时间,将战胜上帝之敌,我国之敌和我的人民之敌,赢得一场辉煌的胜利"。

击溃无敌舰队使得伊丽莎白成为一个活生生的传奇人物,也成为英格兰历史上最为有名的君主。腓力多次发起攻势,而此时令人焦虑的中心转移到了爱尔兰,因为那里发生的蒂龙叛乱(Tyrone's rebellion)得到了西班牙的支持。她的很多对策都以失败告终,埃塞克斯(Essex)在爱尔兰采取了拙劣的应对措施,其后又发动叛乱未果,这些都令伊丽莎白的临终之日黯淡无光。但她直至去世时仍大权在握,临朝听政,并在临终前任命"我们在苏格兰的亲戚"詹姆斯六世为继任者。

Elizabeth II(b.1926) **伊丽莎白二世(生于 1926 年)** 大不列颠及北爱尔兰女王(1952—)。伊丽莎白公主出生于 1926 年,是约克公爵和公爵夫人的后代。那时毫无征兆预示她将成为一国之主。她的叔叔是威尔士亲王,时年仅 31 岁,正处于谈婚论嫁的年龄。而她的父母也很可能还会生育男孩,这个男孩将比她优先拥有继承权。但他叔叔于 1936 年逊位,她父亲由此登上王位,是为乔治六世。

伊丽莎白公主长相甜美,惹人喜爱,性情温顺。她具有强烈的责任感,这不由得让人想起她的祖父乔治五世和维多利亚女王。温莎城堡里冲突不断,在她 18 岁时,随着冲突的逐渐结束,伊丽莎白获允参加女子辅助服务团(ATS),每天都前往奥尔德肖特(Aldershot)接受车辆驾驶和维修培训。那时她已许身于堂兄菲利普·蒙巴顿(Philip Mountbatten),而蒙巴顿是一名海军军官。他们于 1947 年 11 月结婚,一年之后生下了第一个孩子,即查尔斯王子。1952 年,她接替父亲成为英国女王,时年 25 岁。

1953 年的加冕礼大获成功,尽管第二次世界大战后的英国依旧萧瑟,但全国仍张灯结彩,隆重庆祝。激动不已的记者写道,一个新的伊丽莎白时代到来了。但批评之声也接踵而至。尽管女王落落大方,但她过于缄默。1957 年,奥特林厄姆勋爵(Lord Altrincham)嫌她说起话来如同一个"死板的女学生",可以想见的是,他遭到了猛烈抨击。政治氛围也风起云涌,英国很难摆脱金融危机和经济危机,1956 年的苏伊士运河危机仍在时时提醒着这个国家无论实力还是信心都大不如前了。

伊丽莎白统治早期经历了艰难的经济复苏和帝国撤离。到 1953 年,千疮百孔的欧洲经济开始复苏,尤其是德国成为一个强有力的竞争者。远东经济也随之复苏,日本、韩国都脱颖而出。她的政府既要应对财政短缺、通货膨胀、高失业率等困难,又要面对传统产业衰退而替代产业缓慢跟进的窘境。

苏伊士运河危机只是英国撤离帝国过程中诸多戏剧性插曲中的一个。英国在伊丽莎白登基之前的 1948 年便从印度撤离。其后,一系列国家相继独立:半岛马来西亚(1957 年)、加纳(1957 年)、尼日利亚(1960 年)、塞拉利昂(1961 年)、坦噶尼喀(1961 年)、乌干达(1962 年)、牙买加(1962 年)、特立尼达(1962 年)、赞比亚(1964 年)和亚丁(1967 年)。大多撤离过程都相对平和,但仍在某些地方发生了冲突:半岛马来西亚(1948—1960 年)、亚丁(1963—1973 年)、南罗德西亚(Southern Rhodesia)的长期危机(1965—1980 年),以及从 1952 年至 1955 年在肯尼亚遭遇的茅茅暴动(Mau Mau)。在从帝国向各成员国之间彼此平等的英联邦转型的过程中,女王及王室发挥了积极作用。不过,绝大多数新生国家都倾向于成为共和国,尽管女王依旧是英联邦的首脑,但她的作用主要体现于社会层面。

伊丽莎白统治后期在经济方面取得了显著进步。麦克米伦(Macmillan)认为 1957 年英国的"绝大多数国民从未如此富足",尽管这一定论为时过早,但英国的国民生产总值一直在增长。这在某种程度上源于 1975 年以来北海石油抵消了急速攀升的世界石油价格。

随着英帝国的萎缩和经济的衰退,英国与欧洲的关系逐渐成为一个大问题。这一问题将对英国产生一些后果,因为建立联邦制欧洲(federal Europe)这种先进方案将影响到主权。英国曾两次申请加入欧洲经济共同体,但均被戴高乐分别于 1963 和 1967 年否决。直至 1972 年爱德华·希思(Edward Heath)政府上台,英国才获准加入。20 世纪 80 年代,随着贸易共同体向政治一体化的发展,

"欧洲"问题逐渐成为一项重要政治议题。

对伊丽莎白而言,她最为直接的关切或许就是君主政体自身的发展和王室的命运。王室的发展之路并非一帆风顺,这种迹象最先在1953年显露出来。这一年,女王的妹妹想要嫁给空军上校彼得·汤森(Peter Townsend),而后者正欲与其妻子离婚。这位公主在劝说之下没有嫁给他,而是在1960年与安东尼·阿姆斯特朗·琼斯(Anthony Armstrong Jones)结婚,但她们的婚姻也以离婚收场。而这只不过是山雨欲来前的毛毛雨罢了。王室已婚子女中有三位经历了离婚。1992年11月,伊丽莎白在伦敦市政厅悲叹她在这年见证了温莎城堡里的一场离婚,两次婚姻破裂和一场毁灭性大火,她说:"这真是多灾之年,它带给我的伤痛将经年不消……"

现在对伊丽莎白在英国宪政中的作用作出全面评价还为时过早。尽管她的首相们都竞相出版他们的回忆录,但他们在提及女王时都显得默然乏味。当艾登(Eden)于1957年因身体问题被迫辞职,由麦克米伦而非巴特勒(Butler)接任时,很多人批评了其中的程序问题。大法官和枢密院院长【基尔穆尔(Kilmuir)和索尔兹伯里(Salisbury)】曾受命探听内阁的意见,内阁对麦克米伦的强烈偏爱得到了很多人的应验,他们包括党鞭长(chief whip)、1922年委员会主席、保守党领袖,以及温斯顿·丘吉尔爵士(Sir Winston Churchill)。女王当然依照忠告行事。1963年霍姆勋爵(Lord Home)接替麦克米伦时,她也不足为奇地表示支持。她在医院探访了麦克米伦,并听取了他的建议。1965年,保守党领袖的选举规则发生变化。这使得皇家特权不会在未来造成尴尬局面。

毫无疑问,自20世纪80年代以来,尽管伊丽莎白本人并未受到多少苛责,但王室却屡遭诟病。人们对王室的尊重度每况愈下,这是一种普遍情况,也反映在人们对待其他一些制度,如教会、法规、议会,尤其是媒体自身的态度上。《王室》(Royal Family,1966年)这部影片开启了某种带有风险的开放政策。20世纪60年代盛行的讽刺作品诙谐睿智,提神醒脑,但也往往粗俗不堪,恶意中伤。王室不得不精心权衡内部信息曝光的尺度。过于掩饰也会遭致风险。艾伯特去世后,隐退王宫的维多利亚女王不得人心即是一例明证。不过,因掩饰信息而造成的问题比过度曝光带来的麻烦更容易解决。

最近十余年来,尽管英国卷入了发生在伊拉克和阿富汗的漫漫冲突,并面临着国际恐怖主义的攻击,但这是伊丽莎白统治最为稳定的一个时期。直至 2007 年,英国经济持续繁荣,女王一直得到公众的关注。后来,她的儿子查尔斯王子和她的两个孙子威廉王子和哈里王子暂露头脚,进入公众视野。在 2003 年女王就职 50 周年之际,英国举国欢庆。到 2007 年,伊丽莎白超越在位 81 年的维多利亚女王,成为统治时间最长的君主。

Elizabeth of Bohemia(1596—1662）　**波西米亚的伊丽莎白**(1596—1662）
詹姆斯六世也即詹姆斯一世的长女,查理一世的姐姐。她于 1613 年嫁给巴拉丁的腓特烈(Frederick of the Palatinate),五年之后,波西米亚人选举腓特烈为国王,以抵抗哈布斯堡家族势力。在接下来的战争中,她们被赶出了新王国,巴拉丁遭到侵占。她只于 1619 年 10 月至 1620 年 11 月在布拉格(Prague)待过很短时间,因此常被称为"冬日女王"("Winter Queen")。她是鲁珀特亲王(Prince Rupert)之母。经由她的女儿索菲娅(Sophia),汉诺威家族的成员于 1714 年登上了英国王位。

Elizabeth Bowes-Lyon(1900—2002）　**伊丽莎白·鲍斯—莱昂**(1900—2002）　乔治六世的王后,英国王太后。伊丽莎白或许是现代王室里最引人瞩目的家族成员,她出生于位于赫特福德郡的圣保罗的沃尔登伯里(St Paul's Waldenbury)。父亲是苏格兰贵族,受封斯特拉斯莫尔(Strathmore)的第 14 代伯爵。母亲具有高雅的兴致,受其影响,她的童年时光尤为幸福。她在 19 岁那年初遇艾伯特王子(Prince Albert,约克公爵,未来的乔治六世),并几经犹豫,于 1923 年同意嫁给他。她俩的女儿伊丽莎白和玛格丽特·罗斯(Margaret Rose)分别于 1926 年和 1930 年出生。1936 年,爱德华八世退位,她的丈夫接任国王,她则成为王后。第二次世界大战期间,夫妇二人功勋卓著,她们坚守伦敦,绝不撤离的举动极大地鼓舞了整个国家的斗志。乔治六世于 1952 年去世,时年 56 岁,留得她长期守寡。她赢得了"女王陛下伊丽莎白女王太后"(Her Majesty Queen Elizabeth the Queen Mother)的称号。她在老年时仍旧频繁参与公务。2000 年 8 月,在她百岁生日之际,举国欢庆。

Elizabeth Woodville（c.1437—1492） **伊丽莎白·伍德维尔**（约 1437—1492） 爱德华四世的王后。1464 年 5 月 1 日,伊丽莎白与爱德华四世秘密结婚,那时她已是带有两个孩子的寡妇。父亲是里弗斯伯爵(Earl Rivers)。尽管几乎可以肯定地说,她们的婚姻具有牢固的爱情基础,但人们认为她配不上国王的高贵,这种不够明智的婚姻引发了政治纠纷,后来的理查三世宣告她们的孩子是私生子。其实,她犯下的过错,远不如她那不忠的丈夫和野心勃勃的小叔给她带来的伤害。博斯沃思(Bosworth)战役之后,尽管她的女儿伊丽莎白成为王后,但她本人仍旧被逐出宫廷,退隐柏蒙西修道院(Bermondsey abbey)。

Elizabeth of York（1465—1503） **约克的伊丽莎白**（1465—1503） 亨利七世的王后。伊丽莎白是爱德华四世的女儿和继承人。1486 年 1 月,亨利七世与她结婚,此事确保了他在 1485 年 8 月博斯沃思战役中取得的辉煌胜果,将约克家族与兰开斯特家族统一起来。1503 年 2 月 11 日,她最后一个孩子在伦敦塔出生不久,她就去世了,被葬于亨利七世在威斯敏斯特大教堂新建的宏伟的礼拜堂之中。

Ellendun, battle of,825. **埃伦登战役**（825） 埃格伯特(Egbert)在埃伦登战役中取得的对伯恩伍尔夫(Beornwulf)的胜利,标志着盎格鲁—撒克逊诸王国的霸主地位从麦西亚王国转移到威塞克斯王国手中。战斗在斯温登(Swindon)南部打响,埃格伯特由此掌控了通往泰晤士河谷中部的战略要地。

Elmet, kingdom of 埃尔米特王国 位于约克郡西南部的不列颠王国,包括利兹(Leeds)周边的区域。现代带有"in-Elmet"后缀的地名用于表示其东部边界。在 7 世纪末之前,该王国已被并入德伊勒(Deira)王国。

Elmham, diocese of 埃尔姆勒姆主教区 埃尔姆勒姆主教区面积与诺福克郡大体一致,大约于 673 年由狄奥多尔(Theodore)从东盎格鲁人的邓尼奇(Dunwich)主教区划分而来。1072 年,该主教区的主教座迁至塞特福德(Thetford),旋即又迁至诺里奇(Norwich)。

Ely, diocese of 伊利主教区 该主教区面积如今与剑桥郡大体一致,设立于 1109 年。970 年,国王埃德加(Edgar)和埃塞尔沃尔德(Æthelwold)在此建立修道院,以取代建于 673 年但在 870 年被丹麦人摧毁的双修修道院。1072 年,多切斯特主教座迁至林肯,但修道院院长直至 1109 年亨利一世将伊利主教区从广阔的林肯主教区划分出来才获得主教职位。伊利主教区以这个富裕的修道院为基础,最早发展成集经济和政治实力于一身的教区。不过,尽管该主教区约于1083 年在沼泽之上建起了地标性的宏伟的大教堂,但该地长期被视为污秽和不洁之地。

Elyot, Sir Thomas(c.1490—1546). 托马斯·埃利奥特爵士(约 1490—1546) 人文主义者,政治家,政治理论家。早年在牛津大学和中殿律师公会(Middle Temple)接受教育。埃利奥特曾担任巡回法官的书记官(1511—1526年)和亨利八世枢密院秘书(约 1523—1530 年),1530 年退职,同年受封爵士。1531—1532 年被任命为拜会查理五世的大使。埃利奥特在《治人者》(*Book Named the Governor*,1531 年)中提倡英格兰建立君主制的"公共福利"("public weal")制度,并阐释了加强教育,提高英国人素质,以维护国王统治的必要性。他广泛使用英语,试图以此证明本国语言能够有效地激励出明智之举。

Emma of Normandy(d.1052) 诺曼底的埃玛(卒于 1052 年) 埃塞尔雷德二世(Æthelred II)和克努特(Cnut)两人的妻子。埃玛在 1016 年至 1066 年英格兰混乱的王位继承中扮演了重要角色。她在早年成为埃塞尔雷德的第二任妻子(1002 年),她的第一个儿子爱德华于 1042 年继任英格兰国王,她的侄孙就是征服者威廉。埃塞尔雷德于 1016 年去世后,她又嫁给了克努特。1035 年,克努特去世,埃玛试图为他俩的儿子,时年 16 岁的哈撒克努特(Harthacnut)获得王国。1037 年,她被迫前往佛兰德(Flanders)避难。1040 年偕哈撒克努特回到英格兰。两年后,哈撒克努特去世,此前一直被她疏远的第一个儿子接替王位。亨廷登的亨利(Henry of Huntingdon)称她是"诺曼人的宝石"("the gem of Normans")。

Emmet, Robert（1778—1803）. **罗伯特·埃米特**（1778—1803） 爱尔兰爱国志士。埃米特是出身中产阶级的信仰新教的共和主义者，1798 年反英起义失败后脱颖而出。他在 1799 年复兴爱尔兰人联合会运动和 1801 年前往巴黎谋求法国援助的过程中发挥了重要作用。1803 年 3 月以后，埃米特和爱尔兰人联合会的其他志士策划第二次起义。7 月 23 日，他们在都柏林仓促起义，但很快便遭到镇压。埃米特逃往都柏林山区，但在 8 月份被捕并被处以叛国罪。他坦然接受判罚，其后被定罪并处以绞刑。

Empson, Sir Richard（d.1510）. **理查德·恩普森爵士**（卒于 1510 年） 恩普森与其同僚兼邻居埃德蒙·达德利（Edmund Dudley）都是亨利八世的残暴政策的首批牺牲品。恩普森来自托斯特（Towcester），接受过法律训练，1491 年代表北安普敦郡当选议会下院议员，后被选为下院议长。1504 年，他受封爵士并受命为兰开斯特公爵领地事务大臣（chancellor of the duchy of Lancaster）。他积极地为亨利七世征收赋税，这使他四面树敌。亨利八世上任后的第二天便以莫须有的叛国罪名义将其逮捕。他与达德利都在陶尔希尔（Tower Hill）遭到处决。

enclosures 圈地运动 圈地运动即将土地"圈占"为"私人"占有（"private"holdings）的过程，该过程可以向前追溯数个世纪之久，是由敞田耕作制（system of open field farming）发展而来的。圈地运动改变了土地受共同体管理从而在相互协作制度下运行的农业生产模式。取而代之的是，农业用地不再受共同体的管理，人造边界将各个农场区隔开来。

在 16 世纪，领主（landlords）为了养殖更多的羊而尽力圈占土地。这一举动受到教会的谴责，也遭致政府的反对。到 17 世纪 30 年代，政府的抵制宣告失败。在大约 1630 年至大约 1750 年这一时期，一大批"协议"（"by agreement"）圈地运动接连发生。

自 1750 年始，议会通过多项法案，允许在某些具体条件下圈占土地。受其影响，在 1750 年至 1830 年，英格兰先后通过了 4000 多项圈地法令。这一进程持续到整个 19 世纪，直至再无敞田（open fields）可以圈占。现今唯有诺丁汉郡的拉克斯顿(Laxton)村庄还维持着公地制度(common field system)。

苏格兰的圈地运动主要发生于 18 世纪,具体表现为 18 世纪 60 年代和 70 年代在低地地区(Lowlands)以及 18 世纪末在高地地区(uplands)进行的圈地。

Encyclopaedia Britannica　《**不列颠百科全书**》　该书是启蒙运动(Enlightenment)的特有产物。在启蒙运动时期,大量新知识得以散播,公众阅读人数急速增加。该书是对法国《百科全书》(*Encyclopédie*)的回应,在 1768 年至 1771 年期间由爱丁堡的一些印刷厂印刷发行。该书现在已是第 15 版(1992 年)。

Engagement,1647.　《**约定书**》(1647)　查理一世于 1646 年向苏格兰人屈服,并开启谈判。1647 年 12 月,他签署了一纸密约或约定。根据该约定,苏格兰应建立长老会制度,而英格兰则要在三年后实行。作为交换条件,苏格兰许诺发兵。其结果便是 1648 年第二次内战的发生。但汉密尔顿麾下入侵英格兰的苏格兰军队于 1648 年 8 月在普雷斯顿(Preston)被克伦威尔击溃。

Engels,**Friedrich**(1820—1895).　**弗里德里希·恩格斯**(1820—1895)　恩格斯是卡尔·马克思的毕生合作伙伴。他出身于德国一纺织厂厂主家庭,在曼彻斯特一家家庭棉纺织厂工作。他在 1842 年遇到马克思,二人在 1848 年革命期间共同写作了《共产党宣言》。恩格斯慷慨资助马克思,并密切参与了马克思所有著述的写作,还在马克思去世之后成为马克思学说的真正传播者。此外,恩格斯还为被称作“辩证唯物主义”的马克思主义意识形态做出了自己的贡献。

England,**kingdom of**　**英格兰王国**　英格兰王国由英格兰历代君主创立。这些君主或出于雄心壮志,或迫于担惊受怕,而招兵买马,开疆拓土,强加律令于争吵不休的臣民,统一币制,完善政府管理,力图实现一统。英格兰王国曾数次行将消散或瓦解——9 世纪时,维金人侵占了绝大部分国土;而内战时期则又几乎自取灭亡。

因此,英格兰王国的演变可以分成两个层面。一是它与不列颠人、维金人、法国人、苏格兰人、威尔士人和爱尔兰人等其他族群的关系,二是它作为一个有效的政治和军事有机体的发展情况。英格兰王国所具有的很多特点都与盎格鲁—撒克逊殖民息息相关,这些殖民主要来自石勒苏益格—荷尔斯泰因(Schleswig-Holstein)地区。英格兰北部和西部的大部分地区都是山地,这直接影响了撒克逊人和凯尔特人的不同分布。对盎格鲁—撒克逊殖民而言,威尔士和苏格兰的山地没有吸引力,也不值得征服,这些地方成为某些人的避难所。

移居到英格兰的人分成了若干个王国,彼此间战事不断。如果凯尔特人组织有序的话,他们完全可以趁机反扑。但他们内部也是四分五裂,尽管能够迅速挫败撒克逊人,却无法赶走他们。而东盎格利亚、肯特、埃塞克斯、麦西亚、诺森伯里亚和威塞克斯等一众小王国都在争权夺势,一个统一的英格兰王国还远未实现。不过,“盎格鲁—撒克逊盟主”(“bretwalda”)这一头衔或许能够反映出人们对于统一王国的渴望,尽管这种渴望十分朦胧,稍纵即逝。假若诺森伯里亚能够巩固它在7世纪确立的优势,一个主要以北方势力为基础的英格兰王国或许已经形成。但是,随着诺森伯里亚的衰落,麦西亚和威塞克斯成为争斗的双方,建立英格兰王国的可能性只能寄望于南方势力了。

麦西亚王国从撒克逊移居者的连绵战事中崛起。8世纪后期,奥法(卒于796年)征服了肯特和埃塞克斯以及伦敦,将威尔士人赶出英格兰,并把威塞克斯的疆域限定在泰晤士河以南地区。他一度自称“英格兰国王”(Rex Anglorum)。但麦西亚的霸权主要建立在奥法的个人声望之上,而麦西亚在维金人于9世纪入侵之前就开始衰落了。到878年,英格兰北部和中部地区,包括麦西亚,都落入丹麦人之手,威塞克斯的阿尔弗雷德(Alfred)则在萨默塞特的沼泽地区寻机抵抗丹麦人。

有一段时间,不列颠诸岛看似将要成为大斯堪的纳维亚帝国的一部分。但维金人的入侵却加速了统一的英格兰王国的出现。首先,他们摧毁了诺森伯里亚和麦西亚,由此为威塞克斯取得霸权扫清了道路。其次,威塞克斯在阻止入侵者的过程中获得了新的活力。阿尔弗雷德的反击强劲有力,因此有能力在英格兰维持威塞克斯与丹麦法区(Danelaw)相互抗衡的局面,他的继任者也都承袭了他的基业。他的儿子爱德华(Edward)和女儿埃塞尔弗莱德(Æthelfleda)开始尽力夺回失地,最远处已达亨伯河(Humber)。到爱德华于924年去世时,英格兰北部地区已经向他们屈服。据说在973年,埃德加(Edgar)在切斯特的迪河

(Dee)上受到英格兰、威尔士和苏格兰国王的拥戴。不过我们无法得知他们是想建立联盟还是出于敬重。

因此,当诺曼人于1066年征服英格兰时,英格兰王国并未面临险象环生的境地。尽管王国的上层人物几乎全部变更,但并未出现大规模的殖民,为数不多的诺曼人必定在不久之后就被同化了。而诺曼国王的残暴统治意味着英格兰王国不会比以往更加支离破碎。这产生了双重影响,一方面,英格兰人和英语连续几代都要受到管制;另一方面,英格兰发觉自身处于更为广阔的西欧之中,成为帝国的一部分,该帝国在某段时间曾囊括了法兰西的大部分地区。

但是英格兰王国很快就恢复了其英格兰属性。征服者威廉的小儿子亨利一世于1068年出生在英格兰,讲英语。他在1100年继任王位不到三个月便迎娶了一位英格兰公主,即"勇敢者"埃德蒙(Edmund Ironside)的曾孙女。在王公贵族和政府管理层面,英语曾让位于诺曼人的法语或拉丁语,它的地位的恢复绝非一朝一夕可以实现,这在某种程度上缘于整个欧洲对拉丁语的推崇。不过,到1362年,议会允许用英语发言,法庭也受命接手以英语陈述的案例。

在接管了盎格鲁—撒克逊王国之后,诺曼人接下来又掌管了不列颠诸岛的其余各国。英格兰北部从未完全整合进盎格鲁—撒克逊王国,这主要缘于威廉一世在1069—1070年对该地区的残酷掠夺。1072年,威廉发起了一场针对苏格兰的征讨活动,最远达到泰河(Tay),藉此取得了暂时的霸权。诺曼人针对威尔士和爱尔兰的行动取得了持续时间更为长久的效果。威廉在边境地区设立伯爵领地,为诺曼人最终征服威尔士奠定了基础。1171年,亨利二世登陆沃特福德(Waterford),接受了爱尔兰众多首领的臣服。

威塞克斯这个小王国融入不列颠王国的进程建立在这些基础之上。爱德华一世在任期间完成了对威尔士的征服,威尔士公国通过1536年的《合并法》进入英格兰的政治体系与管理体系之中。由于英格兰人在其他地方受到一定牵制,所以他们对爱尔兰的征服进程断断续续。1541年,亨利八世自称爱尔兰国王。伊丽莎白一世时期前往爱尔兰的殖民,苏格兰人往阿尔斯特(Ulster)的迁移,以及克伦威尔统治时期的土地再分配,都巩固了英格兰的地位。

苏格兰的融入之路有所不同。英格兰人曾数次尝试通过外交或武力途径将两个国家联合起来。在1314年的班诺克本(Bannockburn)战役中,爱德华二世遭遇惨败，爱德华一世时期取得的统一进展功亏一篑。英格兰试图让爱德华六世与苏格兰王后玛丽联姻，但该计划并未实现。伊丽莎白终身未婚，这反而促成了苏格兰与英格兰的联合。亨利八世的姐姐玛格丽特于 1503 年结婚，这份婚姻在 100 年后收到了好的回报，她的曾孙詹姆斯六世成为英格兰国王，即詹姆斯一世。

对詹姆斯而言，两个王国在政府上的联合是头等大事。他为此设计了联合旗帜，并提出了"大不列颠"的名称。他向持保守态度的议会列举了其中的好处："难道我们已经记不得这个王国除了威尔士之外，还曾被分割成七个小王国吗？……难道威尔士与英格兰的合并不会让我们更加强大吗？"但他的游说徒劳无功，他的反对者们认为"我们因此将会失去英格兰这一古老名称，而这个名称是如此出名，如此辉煌"。联合大业因此搁浅。

詹姆斯白费一番口舌，而克伦威尔则凭借武力取得了成功。克伦威尔分别取得了针对苏格兰人的邓巴（Dunbar）战役和针对爱尔兰人的德罗赫达（Drogheda）战役的胜利，此后，苏格兰和爱尔兰的议会被终结。1653 年的《施政文件》（Instrument of Government）创立了一个共和国议会（Commonwealth Parliament），苏格兰和爱尔兰各自派出 30 名议会下院议员。这种安排在斯图亚特王朝复辟时期被终止，尽管要求联合的呼声依然高涨，但查理二世不愿借助克伦威尔的基业。

1688 年以来英格兰与路易十四之间的大战接连不断，同时还面临着詹姆斯党人占据的苏格兰进行的颠覆活动的风险，王国联合一事变得尤为紧迫。威廉三世至死都在推动此事。1702 年，一系列谈判活动相继进行，但均以失败告终，苏格兰与英格兰两国的关系降到了自 16 世纪 40 年代以来的最低点。两国于 1707 年的合并，实际上是辉格党为确保汉诺威家族继承王位而采取的对策。苏格兰由此获得了进入英格兰市场的机会，同时又可以保留自身的法律、教育和教会制度。英格兰则进一步增进了军事安全。

新国家称为"大不列颠"，政府费尽心思劝说所有民众抛开旧有恩怨，但民众一连数年都对这种呼求充耳不闻。伦敦人曾在佩皮斯时代（Pepys's day）嘲讽过威尔士人，他们也在威尔克斯时代（Wilkes's day）嘲讽过苏格兰人。人们通常以苏格兰人的视角，将合并之事称作"老歌尾声"（"the end of an auld song"）。

但很多英格兰人怀着复杂的感情看待此事,他们提出反对意见,认为苏格兰人没有承担相应的责任,并因他们保留了长老制的教会政府而满怀疑窦。

英国的联合大业不断推进。另一个重大危机发生于法国大革命时期,大不列颠这个新的国家与爱尔兰在 1801 年联合起来,并又一次经历了名称的变化,成为"联合王国"。威塞克斯曾经吞并了它在英格兰的周边王国,如今吞并了它在英国的邻地。但事实证明,爱尔兰不易消化。与威尔士和苏格兰的合并无疑增强了英国的实力,但与爱尔兰的联合却不好妄下定论。1916 年的英国面临着严重危机,却无法征调爱尔兰士兵。政府无法号召子民保家卫国,这使得双方的联合显得有些怪异。爱尔兰自由邦(Irish Free State)的脱离表明,长达一千余年的联合进程在向着相反方向发展,这一趋向还将持续多久尚不可得知。很多人认为权力下放(devolution)政策能阻止威尔士和苏格兰民族主义的抬头。在这种政策之下,威尔士党(Plaid Cymru)和苏格兰民族党(SNP)均在政府中谋得了席位,但它们依然保有民族独立的目标。

不过,即便英格兰王国的一统之路退回出发点,由威塞克斯的霸业所产生的两个结果也会持续一段时间。首先,在 17、18 世纪的英帝国大扩张中,美国、加拿大、澳大利亚和新西兰相继诞生,议会制政府遍及世界各地。其次,数个世纪以来,亨吉斯特(Hengist)和霍萨(Horsa)兄弟二人、埃尔(Ælle)和西萨(Cissa)父子俩所操持的英语已经成为国际外交和国际交流的通用语言。

Englefield, battle of, 871.　恩格尔菲尔德战役(871)　871 年初发生在雷丁(Reading)附近的恩格尔菲尔德战役,标志着西撒克逊人与丹麦人之间的惨烈斗争的开始。国王埃塞尔雷德(Æthelred)与其弟弟阿尔弗雷德(Alfred)共同指挥西撒克逊人驱逐丹麦人,但以失败告终,伯克郡郡长埃塞尔伍尔夫(Æthelwulf)在战斗中被杀死。此次战败直接开启了所谓的"战事之年"("year of battles"),国王埃塞尔雷德死后,阿尔弗雷德继任。

English Heritage　英国遗产　根据 1983 年《国家遗产法》(National Heritage Act),英国历史建筑和古迹委员会(Historic Buildings and Monuments Commission for England)成立。一大批遗址被列入英国遗产名录,它们得以陈列

展示,用于增进知识,有时也用于再现历史事件。

Englishry　英格兰人　在征服英格兰之后的动荡时期,为了保护势单力薄的诺曼人,威廉一世宣称,假如无法证明某个被谋杀的人是英格兰人,那他就被认定为诺曼人,百户区的民众将被处以罚金。到理查一世统治时期,随着不同民族的融合,这一规定已经废弃。不过,直到 1341 年,该规定才正式废止。

entail　限嗣继承　从 16 世纪中期至 19 世纪 80 年代,英格兰地产持续增加,这在某种程度上是实行财产限嗣继承制度的结果。在 17 世纪中期之前,限嗣制度的形式受到严格限制。但在此之后,法庭允许地产主可以通过"不确定的剩余地产权"①("contingent remainders")程序将财产保留给第二代和第三代。过去曾有学者认为,这种制度会造成大地产被整合在一起。但现代学者认为,财产限嗣继承制度的出现,在某种程度上是为了保护年幼子女的财产权益;有些限嗣继承的地产会受到一定的限制,而有些则完全不受限制;而造成地产集中的原因并非限嗣继承,而是其他因素。

Entente cordiale　《英法协约》　英法两国凭借协约达成友好关系,建立了正式的联盟。这一术语由法国公使雅尔纳克伯爵(comte de Jarnac)于 1843 年在第 4 代阿伯丁伯爵的乡间住宅建筑哈多宅邸(Haddo House)中提出,后来用于描述由 1904 年英法协约开启的两国关系。该协约最终将英国卷入第一次世界大战,与法、俄两国站在了一起。

Eochaid　埃奥查伊德　皮克特人国王(877/8—885/889 年在位)。埃奥查伊德的父亲是斯特拉斯克莱德(Strathclyde)国王卢恩(Rhun),母亲是肯尼思一世(Kenneth I)之女。只有一处文献提及他担任国王,而且是变相提及:"别人说

---

①　也译期待性剩余地产权。该种地产权因取决于地产接受人或导致在先地产权终止的事件而不确定,故在先地产权可能已经终止而剩余地产权并不生效。不确定的剩余地产权只是一种可能或期待的地产权,并由于先决条件的成就而转化为确定的剩余地产权(vested remainder)。录自《元照英美法词典》"contingent remainder"条。——译者注

吉里克(Giric)……在这一时期进行着统治"。同一文献认为吉里克或许曾是埃奥查伊德的监护人,二人都在 885 年 6 月遭到驱逐。

Episcopal Church of Scotland　苏格兰圣公会　苏格兰直至 12 世纪才设立主教辖区,直到 15 世纪后期才有了大主教职位。尽管在宗教改革之后,教会日益强调长老会派的重要性,但主教依旧是 1560—1690 年期间盘桓在教权与王权冲突之中的实际问题。此后,苏格兰依旧维持主教制,由此与英格兰拒绝向政府宣誓效忠者(non-jurors)建立了联系,他们于 1711 年共同祝圣主教。在他们的牧师宣誓效忠安妮女王的前提下,1712 年的《宽容法》(Act of Toleration)授予他们合法的地位。苏格兰圣公会在 19 世纪经历了实质性改造:到 1837 年时,已设立了七个主教教区;到 1857 年时,教堂与神职人员已经翻番;1876 年设立了教会委员会(Church Council);1905 年设立了教会立法咨询委员会(Consultative Council on Church Legislation),后来的公会议(General Synod)从整体上提升了圣公会。

episcopalianism　主教制　是基督教教政体制中的一种,在该体制下,主教掌管主要职权。与之相对的是长老制(presbyterianism)和公理制(congregationalism),前者由牧师和长老主掌职权,后者由会众集中行使教政职权。到公元 200 年时,该体制已普遍为基督教徒接受,成为欧洲基督教教政体制的主要形式。宗教改革(Reformation)以来,这一术语通常指代圣公会,特指安立甘宗(Anglican Communion),与罗马天主教会毫无瓜葛。

Epstein,Sir Jacob(1880—1959). **雅各布·爱泼斯坦爵士**(1880—1959) 雕塑家,画家,绘图员。他生于纽约,在巴黎接受教育,1905 年定居伦敦,成为英国公民。1907/1908 年,他首次受托为建在斯特兰德(Strand)的英国医学会(BMA)总部大楼设计 18 个人物雕塑,很多人认为这些作品过于淫秽。他的作品始终饱受争议。他制作的位于巴黎的拉雪兹神父(Père Lachaise)公墓的奥斯卡·王尔德纪念碑(Oscar Wilde memorial,1910—1911 年)最初曾因其不合体统而遭禁。他最为出名的两尊雕塑作品是存于兰达夫大教堂(Llandaff cathedral)

的《环以光轮的圣像》(*Christ in Majesty*,1954/1955 年)和藏于考文垂大教堂的《圣米迦勒和恶魔》(*St Michael and the Devil*,1955/1958 年)。

Erik Bloodaxe（d.954） "血斧"埃里克（卒于 954 年）　约克国王（947—954 年在位）。埃里克是短命的约克王国的最后一位具有斯堪的纳维亚血统的统治者。他是挪威国王"金发"哈罗尔(Harold Fairhair)之子,是一名典型的战场将领。在被从挪威驱逐出来之后,他于 947 年成为约克国王,并因抗击西撒克逊人而颇受欢迎。后来,他遭到埃德雷德(Edred)的驱逐,但于 952 年卷土重来。他在约克推行的货币制度彰显出他的杰出才能。954 年,他在斯坦莫尔(Stainmore)战役中阵亡,那时他或许正在逃往挪威人占领的都柏林王国或不列颠群岛。

Ermengarde de Beaumont（d.1233）　博蒙的埃芒加尔（卒于 1233 年）苏格兰国王威廉一世的妻子。她于 1186 年 12 月 5 日嫁给"狮王"威廉(William the Lion),这门婚事是亨利二世(当时是苏格兰的领主)操持的。她的父亲里夏尔(Richard)是萨尔特河畔博蒙子爵(vicomte of Beaumont-sur-Sarthe),也是亨利二世在法国的一个封臣。自 1214 年以来,她长期孀居,建立了巴尔梅里诺【Balmerino,法夫(Fife)】的西多会修道院,并在死后葬于此地。

Ermine Street　埃尔迈恩街　是英格兰境内的古罗马大北路(Great North Road)的前身,起自伦敦,经林肯(Lincoln)至约克。其名称源于盎格鲁—撒克逊人的 *Earninga Strœt*,意为"the street of the ? eagle's people"("鹰民之街")。

Erskine, Thomas（1750—1823）．托马斯·厄斯金（1750—1823）　厄斯金的父亲是苏格兰的巴肯伯爵(earl of Buchan)。他曾在英国海军和陆军服役,之后进入剑桥大学三一学院(Trinity College),并取得律师资格。他在一系列重要的"政治"审判中担任辩护律师,并因此声名鹊起,他辩护的对象包括贝利(Baillie)、斯托克代尔(Stockdale)、著有《人权论》(*The Rights of Man*)的托马斯·潘恩(Tom Paine),以及主张议会改革的哈迪(Hardy)。他两次代表朴次茅斯

（Portsmouth）当选议会下院议员，并一度担任威尔士亲王的总检察长（attorney-general），1806—1807 年任英国大法官。他反对压制性的立法，并于 1820 年为卡罗琳王后（Queen Caroline）辩护，这都为他赢得了极高的威望。

Essex　埃塞克斯　埃塞克斯最初是英格兰的一个王国。库诺比莱纳斯（Cunobelinus）将卡图维劳尼人（Catuvellauni）的首府从维鲁拉米恩（Verulamium）迁到科尔切斯特（Colchester），在凯撒入侵之前征服了特里诺文特人（Trinovantes）。罗马人接管该地后，将其设为首府，即卡姆罗顿南姆（Camulo-dunum，科尔切斯特），后在公元 61 年的布狄卡起义（Boudican revolt）中遭到洗劫。5 世纪时，这一区域落入撒克逊人之手。东撒克逊人建立的王国一直存续到 7 世纪早期。整个地区处于风雨飘摇之中，到 9 世纪时沦为附庸国，最初依附于麦西亚，后来依附于威塞克斯。9 世纪晚期，该地区被丹麦人侵占，并根据 878 年《韦德莫尔和约》（peace of Wedmore）划归给了丹麦人。长者爱德华（Edward the Elder）夺回该地，并将其设为郡。该郡首府设在切姆斯福德（Chelmsford）而非科尔切斯特，或许因为前者的位置更为重要。

一连数个世纪，埃塞克斯都是死水一潭。科尔切斯特城市规模庞大，是一个生机勃勃的呢绒贸易中心。但其他城市大多都默默无闻，诸如萨弗伦沃尔登（Saffron Walden）、撒克斯特德（Thaxted）、布伦特里（Braintree）、罗姆福德（Rom-ford）、沃尔瑟姆阿比（Waltham Abbey）、邓莫（Dunmow）、霍尔斯特德（Halstead）和昂加尔（Ongar）。埃塞克斯向伦敦供应新鲜蔬菜，但多年来，沼泽一直影响着它的城区的外扩。直至 1907 年，《维多利亚郡志》（Victoria County History）对该郡的描述依旧是"英格兰的一个纯农业郡，其经济发展几乎完全依赖农业耕作"。

埃塞克斯郡的一个重要特点是在宗教信仰上不信奉英国圣公会。由于临近欧洲大陆，该郡在都铎王朝时期很容易接触到宗教改革思想。在玛丽统治期间，埃塞克斯的城市涌现出一批新教殉教者。在 17 世纪 40 年代议会与国王势力的对抗中，该郡因其对清教徒的支持而严重失势。1698 年，英国女作家西莉亚·法因斯（Celia Fiennes）写道：科尔切斯特"有很多再洗礼派和教友派信徒，到处都是不从国教者（dissenters）"。

进入 19 世纪,随着伦敦人口的外溢,埃塞克斯的经济发展出现转机。大量人口先是通过泰晤士河的航运,后又经由肖尔迪奇(Shoreditch)通往罗姆福德的铁路进入埃塞克斯。这条铁路线建于 1839 年,在斯特拉特福(Stratford)建有重要枢纽,并在此从事铁路修护工作。在埃塞克斯西南部的街道上,码头工人和铁路工人取代了农场主。1801 年,达格南(Dagenham)、巴金(Barking)、伊尔福德(Ilford)、沃尔瑟姆斯托(Walthamstow)、东汉姆(East Ham)以及西汉姆(West Ham)仍旧是各自独立的小村庄或城镇。但该郡一度是所有郡中人口增长速度最快的郡。西汉姆在 1801 年时不足 5000 人,但到 1901 年时,其人口已达267,000 人,远远超越该郡首府的 13,000 人。人们对海水浴的热衷让绍森德(Southend)富裕起来,这里成为伦敦人的首选度假胜地。1929 年,福特汽车公司(Ford Motor Company)落户达格南,一个新的大城市由此发展起来。尽管在第二次世界大战之后,郊区的发展有所衰退,但哈洛(Harlow)和巴西尔登(Basildon)等新城市以及斯坦斯特德(Stansted)机场都确保了人口数量的增加,而埃平(Epping)、布伦特里和切姆斯福德(Chelmsford)则成为卧城,与利物浦街车站(Liverpool Street)相互吐纳。在 20 世纪 80 年代,"埃塞克斯人"("Essex man")这一概念代表着地位攀升、快速移动、思想保守,它恢复了埃塞克斯郡的民族意识。

Essex,Arthur Capel,1st earl of(1631—1683). **阿瑟·卡佩尔,第 1 代埃塞克斯伯爵**(1631—1683) 1670 年,卡佩尔作为埃塞克斯的使者前往丹麦履行外交使命。他在 1672—1677 年担任爱尔兰总督;两年后任财务主管,为期六个月。他于 1679 年 11 月辞职,强烈支持《排斥法案》(*Exclusion Bill*),并向蒙茅斯(Monmouth)靠拢。1683 年,他因卷入麦酒店阴谋案(Rye House plot)而被捕。不过,据传他在等待审判的时候便在伦敦塔割喉而死。

Essex,kingdom of 埃塞克斯王国 埃塞克斯王国由撒克逊定居者建于 6世纪。统治王朝宣称其祖先是一位不可描述的撒克逊神灵希克斯尼特(Seax-neat)。在 7 世纪早期,伦敦被视为埃塞克斯王国的一部分。在来自诺森伯里亚的切德(Cedd)主教的管理下,王国最终在 7 世纪 50 年代皈依基督教。切德死后,伦敦城的政治管理权托付给他人,主教职权由此过渡给伦敦主教。事实上,尽管埃塞克斯王国在9世纪之前都保有自己的国王,但该王国的影响已微乎其微。西撒克逊人在825年和829年取得了针对麦西亚人的胜利,并由此取得了对埃塞克斯王国的统治权,这进一步巩固了埃塞克斯王国的从属地位。此后,该王国一直由方伯(ealdormen)而非国王治理。阿尔弗雷德(Alfred)与丹麦人在878年划定的边界将埃塞克斯留在了丹麦法区(Danelaw),尽管根本就没有丹麦人在此定居的迹象。10世纪早期,埃塞克斯被重新纳入英格兰王国之中。

Essex, Robert Devereux, 2nd earl of(1566—1601). **罗伯特·德弗罗,第2代埃塞克斯伯爵**(1566—1601) 廷臣。他在1586年的聚特芬(Zutphen)战役中在继父莱斯特(Leicester)手下服役,并因作战勇猛而获封爵位。1587年以来,他担任伊丽莎白一世的御马官,并于1588年获得嘉德勋位(Garter)。他于1596年夺得加的斯(Cadiz),其仕途似乎将要一帆风顺。但他在1597年的第二次远征却无果而终。1599年,他成为爱尔兰总督,但他在短短任期内几乎一事无成。他夸下海口要制服蒂龙(Tyrone)伯爵,但并未如愿以偿,而是与蒂龙进行了私下协商。后来,埃塞克斯伯爵明目张胆地违抗伊丽莎白的命令,返回英格兰,这致使他失宠。在1600年的一次宫廷政变中,他因立场不够坚定,导致遭到处决。

Essex, Robert Devereux, 3rd earl of(1591—1646). **罗伯特·德弗罗,第3代埃塞克斯伯爵**(1591—1646) 埃塞克斯伯爵是伊丽莎白一世宠臣之子。1642年,埃吉山(Edgehill)战役和特纳姆格林(Turnham Green)战役刚刚打响,他就被任命为议会军总指挥,负责统领这些审慎的防御战。1644年9月,他在谋划不周的情况之下贸然突袭康沃尔,结果在洛斯特威西尔(Lostwithiel)战役中遭遇惨败。埃塞克斯伯爵依据自抑法(self-denying ordinance)于1645年辞职,翌年去世。

Étaples, treaty of, 1492. **《埃塔普勒条约》**(1492) 1492年10月,亨利七世入侵法国,他意在支持布列塔尼人,并引诱法国的查理八世与珀金·沃贝克(Perkin Warbeck)断绝关系。他于11月3日接受了法国人列出的条约款项,法国提供赔款并同意不再援助沃贝克。亨利七世这一个月的作战赢得了丰厚回报。

Eton College 伊顿公学 1440年由亨利六世创建,该学校仿照了怀克姆的威廉(William of Wykeham)建立的温切斯特公学(Winchester College)和牛津大学新学院(New College, Oxford)。

European Communities Act, 1972.《欧洲共同体法》(1972) 英国议会通过该法案落实了欧洲共同体的法律效力,在实际上表明议会同意英国加入欧洲共同体。

European Economic Community 欧洲经济共同体 EEC的全称,英国于1973年1月1日加入。也称为"共同市场",后来称为"欧洲共同体"。在《马斯特里赫特条约》(treaty of Maastricht)之后,称为"欧洲联盟"。

英国游离于欧共体的前身,即成立于1952年的"欧洲煤钢共同体"(European Coal and Steel Community, ECSC)。"欧洲煤钢共同体"由法国提出倡议,意在确保对德国鲁尔区(Ruhr)的煤炭和钢铁生产持续施加影响。那时,工党政府刚刚宣布将英国的煤炭产业国有化,并面对着工会反对"将煤炭生产移交给外国资本家"的呼声。1955年,"欧洲煤钢共同体"成员国同意将合作范围进一步扩展到经济与原子能领域。英国拒绝派出代表参会,因此并未对确立了"欧洲经济共同体"的《罗马条约》施加任何影响。麦克米伦于1961年7月提交了加入申请,但被法国总统戴高乐在1963年否决。威尔逊(Wilson)于1967年的再次申请也遭否决。1969年,戴高乐下台,加之法国经济的衰退,都为英国希思(Heath)政府在1970—1971年第三次申请获得成功铺平了道路。不过,欧洲经济共同体在1970年就达成协议,制定了"共同农业政策"(Common Agricultural Policy, CAP)和预算支出份额,而这些协议对于英国未来的会员身份都是不利的。

1979年,撒切尔(Thatcher)上台。她在任初期,始终为因英国在欧洲经济共同体中的预算支出份额产生的争论所困扰。1984年6月的欧洲理事会枫丹白露会议(Fontainebleau European Council)最终给予英国以有利待遇。围绕撒切尔政府在其中发挥的作用,争论纷纷,众说纷纭。不过,这些争论进一步让其他国家将英国视为欧洲经济共同体的发展障碍。预算争论尘埃落定之后,撒切尔执政中期的英国继续发挥积极作用。一套新颖且更加精妙的方案,使得英国能够与其他国家共同努力,在最终的单一市场提案的引导下,以最低限度的制度改革实现贸易自由化的目标。1985 年 2 月 17 日的卢森堡(Luxembourg)会议通过了《单一欧洲法》(*Single European Act*),该法于 1987 年 7 月 1 日生效,实现了上述目标。部长理事会(Council of Ministers)投票表决中多数都主张放宽对欧洲立法的限制。

不过,撒切尔政府依旧受到孤立。她反对加入汇率体制(Exchange Rate Mechanism,ERM)或欧洲货币同盟(European Monetary Union,EMU),这导致了内阁大臣劳森(Lawson)和豪(Howe)的辞职。其他一些人则嘲笑欧洲一体化会危及国家认同这一观点。撒切尔对这些看法的抵制,淋漓尽致地体现在她于1988 年 9 月 20 日在布鲁日的演讲:"欧洲之所以将愈发强大,正是因为法国还是法国,西班牙还是西班牙,英国还是英国,它们各自保有自己的风俗、传统和认同⋯⋯我们在英国未能成功地恢复国家的边界,不料却发现在欧洲层面上又强加给我们新的边界,一个欧洲超国家组织在布鲁塞尔支配着我们"。1990 年,约翰·梅杰(John Major)上台,保守党内部的分裂造成消极影响。1992 年 9 月,梅杰政府被迫退出汇率机制。1993 年 8 月,梅杰表态支持《马斯特里赫特条约》,他经过一番重新协商之后,才通过了信任投票。1997 年上台的工党政府最初对欧洲抱有热情,但随着欧元这种于 1999 年 1 月投入使用的新式统一货币渐渐步入困境,工党政府的热情明显下降。与此同时,联合王国内部的权力下放(devolution)政策奇妙地影响了欧洲大陆一些发言人公开宣称的抱负,他们力求进一步推动欧洲的一体化进程,而这势必会增强布鲁塞尔的权力。

European Free Trade Association(EFTA) **欧洲自由贸易联盟**(EFTA)英国于 1956 年提议成立,由欧洲的非共产主义国家组成的旨在削减贸易关税的政府间组织。瑞士政府邀请不愿加入欧洲经济共同体(EEC)的国家——冰岛、挪威、英国、丹麦,以及因为苏联对欧洲经济共同体的反对和因对欧洲经济共同体持中立立场而无法加入其中的国家——芬兰、瑞典、瑞士、奥地利——进行磋商,并签署了《斯德哥尔摩公约》(Stockholm convention),该公约标志着欧洲自由贸易联盟的成立(1960 年 5 月 3 日)。芬兰后来成为欧洲自由贸易联盟的准成员国,而葡萄牙则作为正式成员国加入了欧洲经济共同体。在 1966 年底之前,这些国家致力于消除成员国之间的关税。不过,英国在 1961 年申请加入欧洲经济共同体。20 世纪 90 年代,欧洲自由贸易联盟与欧洲经济共同体达成协议。不过,到 2000 年时,该组织的成员国只剩下挪威、瑞士、冰岛和列支敦士登。

Eustace, **Prince**(**c.1127—1153**). **尤斯塔斯王子**(**约 1127—1153**) 尤斯塔斯是斯蒂芬国王的次子,他的哥哥鲍德温(Baudouin)大约于 1135 年去世,他由此成为法定继承人。尤斯塔斯于 1153 年 8 月 10 日去世。其后,斯蒂芬与其最主要的对手玛蒂尔达(Matilda)达成妥协,由她的儿子亨利接替王位。

evangelicalism 福音主义 发端于 18 世纪中期,主要有英国圣公会教徒参与的宗教运动,最初与怀特菲尔德(Whitefield)和循道会(methodism)有所关联,具有加尔文主义的某些特征,强调按照字面意思解读《圣经》;严守星期日为安息日;主张通过布道劝人皈依;强调内心的革新;认为人具有原罪;主张自我救赎。第二代福音派成员大都较为富有,且与政治势力走得较近。威廉·威尔伯福斯(William Wilberforce)、他的堂弟亨利·桑顿(Henry Thornton)、克拉珀姆(Clapham)牧师约翰·韦恩(John Venn),以及查尔斯·西米恩(Charles Simeon)组成了克拉珀姆教派。他们力图移风易俗,废除奴隶制度【见反对奴隶制(ANTI-SLAVERY)】。汉娜·莫尔(Hannah More)是一位伟大的布道者,她的《论伟人风范对世风的重要性》(*Thoughts on the Importance of the Manners of the Great to General Society*,1787 年)这部著作,以及威尔伯福斯创建的公告协会(Proclamation Society)都号召人们不仅要进行道德感化,也要尊重政府,倡导有序社会,勤奋工作。福音主义还试图在世界范围内传播福音,并为此成立了英国圣公会传教会(Church Missionary Society,1799 年)和英国及海外圣经公会(British and Foreign Bible Society,1804 年)。

Evelyn, John（1620—1706）. **约翰·伊夫林**（1620—1706） 他所处时代的第二位伟大的日记作者。相比塞缪尔·佩皮斯（Samuel Pepys）的日记，他的日记的时间跨度（1641—1706 年）更长，但前者更善于揭露自我。他是一名狂热的保王党人，在内战时期游历欧洲。但在 1660 年之后，他成为一名专员，负责照料 1665—1667 年英荷战争中的伤病海员，并负责铸币事宜。伊夫林是皇家学会（Royal Society）奠基者之一。

Evesham, battle of, 1265. 伊夫舍姆战役（1265） 在 1264 年 5 月的刘易斯（Lewes）战役中，西蒙·德·孟福尔（Simon de Montfort）打败了亨利三世的军队。之后，他控制了国王与政府。但亨利之子爱德华王子在 1265 年 5 月脱逃，并在英国西部集结了一支军队。德·孟福尔进军伊夫舍姆，希望与他的儿子西蒙建立联系，但被一支更为强大的王党军队阻截。8 月 4 日，德·孟福尔连同其部下都在伊夫舍姆北部地区遭到屠杀，"这根本算不上什么战争"。

Exchequer 财政署 财政机构。该术语由"方格布"（chequered cloth）衍生而来，这种布类似棋盘，置于桌面之上，用以辅助计算应该交给国王的资产数额。对其功用的描述最初见诸于 *Dialogus de Scaccario*【*Dialogue of the Exchequer*（《财政署对话集》），约 1179 年】：下财政署（Lower Exchequer）负责国库收支；上财政署（Upper Exchequer）实质上主要处理账户问题，负责管理国家税入，审计账目，处理争端。因此，财政署兼具审判和财政双重功能。到 12 世纪末期，财政署的办公地点永久性地固定在了威斯敏斯特。16 至 17 世纪，财政部（Treasury）发展成一个独立的部门，财政署的管理职能由此弱化。如今，尽管严格按照法律意义来讲，首相是第一财政大臣，但财政部成为一个由财政大臣领导的部级部门。

Excise crisis, 1733. 消费税危机（1733） 1733 年，乔治二世的第一大臣罗伯特·沃波尔爵士（Sir Robert Walpole）渴望通过将土地税削减至每镑 1 先令的办法来安抚乡绅。因此，他提议用烟、酒的消费税替代这些物品的关税，以最大化地增加国库税入，阻止走私活动。不过，这一提议在伦敦和一些大城市遭到全面抵制。沃波尔几乎丧失了他在议会下院的多数优势,他因此取消了该措施。

Exclusion crisis　排斥法案危机　在 1679 年至 1681 年这一时期,政治冲突接连不断。其根源在于议会内部因阻止查理二世的弟弟,即信仰天主教的约克公爵詹姆斯(James,duke of York)继任国王所产生的矛盾。1678 年,泰特斯·奥茨(Titus Oates)揭露了一场天主教阴谋案(Popish plot),此事引发普遍恐慌,人们认为詹姆斯将要开启天主教的"绝对主义"君主专制。在 1679 年至 1681 年召集的三次议会中,心怀不满的"辉格"派充分利用他们在议会下院的多数优势,但他们每次都因国王利用特权关闭议会而未能如愿以偿。

Exeter　埃克塞特　从公元 1 世纪 50 年代中期至 70 年代中期,埃克塞特城【杜姆诺尼拉姆—伊斯卡(Isca Dumnoniorum)】依次成为第二奥古斯都军团(*legio II Augusta*)的要塞和杜姆诺尼人(Dumnonii)的行政中心。埃克塞特城中已经发掘出一些房屋,但从中可知,罗马文化的发展程度似乎不高。阿尔弗雷德(Alfred)对埃克塞特进行了重建,将其改造成一个设防城市。到 10—12 世纪,它已发展成英格兰首屈一指的城市,获得一个主教教区(1050 年),在后米对抗诺曼人的叛乱中,这里又建造了城堡(1068 年)。埃克塞特从未真正经历过工业化,如今它依然是一个中型区域中心。

Exeter,diocese of　埃克塞特主教区　该主教区辖区如今与德文大致重合,为克雷迪顿的主教利奥弗里克(Leofric,bishop of Credition)在 1050 年将其主教座转移到埃克塞特时所建。在长达 800 年的时间里,该主教区包含了德文和康沃尔两地。但在 1877 年,康沃尔被分离出去,形成了新的特鲁罗主教区(diocese of Truro)。1260—1307 年重建的埃克塞特大教堂是盛饰时期(Decorated period)的典型范例。

Exeter,John Holand,1st duke of(1395—1447）.　**约翰·霍兰德,第 1 代埃克塞特公爵(1395—1447)**　亨利五世在推行和解政策期间,于 1416 年将霍兰德的父亲在 1400 年被剥夺的伯爵爵位恢复给了霍兰德。1415—1421 年,霍兰德在军队服役,参加了对法战争,为英格兰赢得了赔款。他在 1421 年的博热(Baugé)战役中被俘。霍兰德从 1429 年起重又参加对法战争,1435—1436 年担任苏格兰边区联合监管大臣(Joint Warden),自 1439 年起连续六年担任加斯科涅(Gascony)的代理官员。1444 年,霍兰德被亨利六世封授公爵爵位。

exploration　探险活动　这一概念意指欧洲人发现其他民族并告知他们真实身份、所居何处。如今,这一概念颇受质疑。探险活动曾与政治实力和经济力量的运作联系在一起,有时也与宗教上的福音传道有关。英国日渐增多的对探险对象的控制显然与英国人的崛起,以及 1500 年以来英国成为世界强国息息相关。

探险者成为男孩子们想要在探险故事里模仿的英雄,也成为无数传记作家的描述对象。早在 1589 年,哈克卢特(Hakluyt)就出版了《主要航海……》(*Principall Navigations……*)一书。18 世纪的旅行手册延续了这一传统。1846 年,威廉·德斯伯勒·库利(William Desborough Cooley)创办了哈克卢特学会(Hakluyt Society),专事出版与航行有关的历史记录。

尽管哈克卢特有所记载,但英国人在航海大发现时代的探险活动很有限度。约翰·卡伯特和塞巴斯蒂安·卡伯特(John and Sebastian Cabot)父子在 1497 和 1509 年的航行,对发现美洲有所贡献。但都铎时期的大多数英国海上探险者只是追寻葡萄牙人、西班牙人的脚步,试图捡拾他们的财富。尽管德雷克(Drake)在 1577—1578 年进行了环球航行并参与了对加利福尼亚(California)的发现,但他仍旧是步他人后尘。不过,英国人的确尝试过开辟通往东方的新航线。1558 年威洛比(Willoughby)与钱塞勒(Chancellor)前往俄罗斯的航行,以及同一时期詹金森(Jenkinson)在中亚的旅行,加之弗罗比歇(Frobisher)于 1576 年、戴维斯(Davis)于 1585—1587 年去往西方的航行,都是为探索东北航路(North-East Passage)和西北航路(North-West Passage)而做出的尝试。1607—1611 年,哈得孙(Hudson)抵达了如今依他的名字命名的哈得孙湾(Hudson's Bay)。

在 18 世纪,随着丹皮尔(Dampier)的《环球新航行》(*New Voyage round the World*)一书在 1697 年的出版,以及安森(Anson)在 1740—1744 年的环球航行,太平洋吸引了更多英国人的目光。库克(Cook)在 1768—1771 年的首次航行中发现了新西兰和澳大利亚东部地区,但他在 1772—1775 年的再次航行有效地驳斥了地球表面存有南大陆的说法。库克的第三次航行抵达了太平洋北部海域,大系列的科学探险终得圆满完成。班克斯(Banks)曾经参与了库克的首次航行,他后来统领了英国的探险活动,在 1788 年建立非洲协会(African Association)时有所贡献。非洲协会旨在如库克探索太平洋那样探索非洲内陆。1795—1796 年,芒戈·帕克(Mungo Park)抵达尼日尔河(Niger)上游地区。英国政府接管了由克拉珀顿(Clapperton)和他人组成的探险组织。1830 年,兰德(Lander)终于找到了尼日尔河的入海口。1830 年,皇家地理学会(Royal Geographical Society)成立,该学会以非洲协会为基础发展而来,派遣探险家前往世界各地,尤其是东非、中非和极地。利文斯通(Livingstone)、伯顿(Burton)、抵达尼罗河(Nile)源头的斯皮克(Speke)、卡梅伦(Cameron)、斯坦利(Stanley)和汤姆森(Thomson)等人都是伟大的非洲探险家。源于英国人传统上对于西北航路的痴迷,帕里(Parry)和富兰克林进行了一系列相关的探险活动,尤其是在富兰克林于 1845 年失踪之后,更是引发了不下 40 次搜索探险。罗斯(Ross)、布鲁斯(Bruce)、沙克尔顿(Shackleton)和斯科特(Scott)等人都在南极地区进行了伟大的探险活动。

Eyre　巡回法庭　总巡回审(General Eyre)很可能源自亨利一世统治时期,据说其名称出自拉丁语 *iter*,是国王向御前会议(curia regis)官员发布的一种委任状,这些官员每隔几年都要巡游整个王国。总巡回审法官的权力相当宽泛。尽管总巡回审在产生之初并非强制性的,但它不得人心,在 14 世纪退出历史。

F

Fabian Society　费边社　该社团名称源自古罗马统帅费边(Fabius)，绰号"拖延者"("Cunctator")。费边社在 1884 年由一群中间阶层的知识分子创建而成，旨在"根据最高的道德原则重建社会"，不过其重建是以"渐进的方式"进行的。社团的首本宣传册《为何是多数穷人》(*Why are the Many Poor*)清楚地表达了社会主义的最高信念。不久之后，悉尼·韦布(Sidney Webb)和萧伯纳(Bernard Shaw)这两位最重要的会员加入社团。费边社是英国所有的社会主义组织中存续时间最长的社团。

Factory Acts　《工厂法》　《工厂法》的出台是为了防止雇主强迫劳动工人在厂房从事危险工作。首先出台的 1809 和 1823 年《工厂法》没有包含有效执行条款。1833 年，阿什利勋爵(Lord Ashley)【后来的沙夫茨伯里伯爵(earl of Shaftesbury)】推出了第一部具有法律效力的工厂法，规定向厂房派驻拥有实权的监督员，并要求工厂许诺绝不雇用女工和童工。直至 1969 年成立健康与安全部(Health and Safety Executive)，英国才有了一部明确与工作安全相关的法律。

factory system　工厂制度　在以工业革命著称的日渐加速的工业化进程中，"工厂制度"是一项重要因素。随着英国工业在 18 世纪的扩展，传统的在小作坊(workshops)或工人家里进行生产的雇工制，即"家内制"("domestic system")已经无法满足需要，一个更加严密的生产组织形式变得尤为必要。一些大型的制造企业应运而生，在这些企业中，工人受到严密监控，他们的劳动时间被严格限制。在这种制度下，雇主能将原材料的被盗损失降到最低，并用强有力的动力源(水轮或蒸汽机)带动机器。

从受雇工人角度而言,这种工厂制度显然有诸多优点,所以广为接受,尤其受到纺织工厂的推广。德比郡的洛姆丝厂(Lombe silk factory)成为那个时代的一个奇迹。事实上,工厂制度在整个19世纪成为主要的工业组织形式,在20世纪依然重要。但是,电力的使用以及公路运输的普及都推动了工业的快速扩散,现代电子工业带来的"信息革命"更是使得越来越多的人能够在家工作。

从建筑角度而言,工厂制度的发展经过了几个阶段。早期工厂都建造得相当牢固,以便放置必需的机器和能源。很多工厂都是结实的建筑物,装饰考究,配有华丽的烟囱。罗伯特·欧文(Robert Owen)和泰特斯·索尔特(Titus Salt)等带有理想主义情结的企业家还为工人们建造了舒适的房屋和公共设施。现代"工业园区"("industrial estates")则都是由清一色的临时性厂房组成。

Fairfax,Sir Thomas(1612—1671). **托马斯·费尔法克斯爵士**(1612—**1671**) 在历次内战中,费尔法克斯很可能是议会军中最优秀的指挥官。他的指挥生涯开局不利。1643年3月,他在约克郡的锡克罗夫特荒原(Seacroft Moor)被戈林(Goring)打败,但他在同年5月扭转败局,在韦克菲尔德(Wakefield)俘获戈林。随后他又接连在温斯比(Winceby)、楠特威奇(Nantwich)、塞尔比(Selby)和马斯顿荒原(Marston Moor)等一系列战役中取得胜利。1644年冬,他在较短的时间内将新模范军(New Model)训练成一只高标准的军队。1645年春,他替代埃塞克斯(Essex)成为军队总指挥,并分别在6月的内斯比(Naseby)战役和7月的兰波特(Langport)战役中取得大胜,有力地阻击了王党势力的反抗。

fairs 定期集市 定期举行的售卖物品的集市,出现于中世纪。定期集市吸引了来自集市周边广阔区域的商人,这些集市大都每周举办一次,有些城镇和村庄的定期集市更为频繁,每两次集市之间的间隔天数是固定的。它们需要获得特许状的批准,这些特许状通常由国王颁发。定期集市也让那些租赁摊位的富人和团体获利丰厚。一些集市因其所售物品而闻名,比如售卖鱼干和呢绒的斯陶尔布里奇(Stourbridge,剑桥郡),售卖羊毛、兽皮和呢绒的圣艾夫斯(St Ives,

剑桥郡),以及出售酒类和羊毛的波士顿(Boston,林肯郡)。

进入19世纪,定期集市依旧举办周期性的农业贸易,交易物品包括谷物、牛、羊等,雇用工人的习俗也保留了下来。不过,随着铁路运输便捷地将农产品运送到一些大市场,定期集市的一些特点逐渐消失,其他形式的劳工招聘也成为常态。定期集市越来越向娱乐功能发展。

Falaise, treaty of, 1174. 《法莱斯条约》(1174) 英格兰人与苏格兰人签署的最早的条约,其条款全文已为人所知。1174年12月,亨利二世在诺曼底的法莱斯强迫被俘的"狮王"威廉签署了条约,并于1175年8月在约克批准生效。为确保自己的人身自由,威廉明确认可亨利为苏格兰的封建领主。

Falkirk, battle of, 1298. 福尔柯克战役(1298) 华莱士(Wallace)在1297年的斯特灵桥(Stirling Bridge)战役中获胜,动摇了英格兰对苏格兰的统治。爱德华一世集结了一支大军,于1298年7月22日在卡伦河(Carron)附近打败了威廉·华莱士的军队。

Falkirk, battle of, 1746. 福尔柯克战役(1746) 詹姆斯党人于1745年12月撤离德比之后,查理·斯图亚特并非想放弃,而是想巩固苏格兰的形势。坎伯兰(Cumberland)公爵将追击任务交给了霍利将军(General Hawley)。在1746年1月12日的福尔柯克战役中,高地冲锋(Highland charge)战术再次奏效,汉诺威军队遭受重创。坎伯兰公爵返回爱丁堡接管该地。

Falkland, Lucius Cary, 2nd Viscount[S](1610—1643). 卢修斯·卡里,第2代福克兰子爵【苏格兰】(1610—1643) 福克兰子爵在爱尔兰接受教育,其父是爱尔兰总督,但他定居在牛津城之外的大陶(Great Tew)。用克拉伦登(Clarendon)的话来说,他的住宅仿佛是"一所小型大学"。他在1640年当选议员之后,谴责专横统治,但反对激进变革。1642年1月,他接受国务大臣一职,并妄想弥合国王与议会之间的裂痕。1643年9月,这个"绝世无双的年轻人"在战斗中身亡。

Falkland palace　福克兰宫　位于法夫(Fife)的皇家住宅和狩猎地。福克兰城堡【法夫伯爵和奥尔巴尼公爵(duke of Albany)的住宅】被詹姆斯二世占有之后,他在15世纪50年代扩展出的空间成为福克兰宫的北部区域。詹姆斯四世整修了北部区域的大厅(1502年),并增加了东部和南部区域。詹姆斯五世对东、南两个区域进行了美化,他的法国工匠在16世纪30年代将它们改造为苏格兰的第一批文艺复兴建筑。如今,它们已经成为英国在那个时代最好的作品,代表着苏格兰和法国这对"老同盟"("Auld Alliance")关系的顶点。

Falklands, battle of the, 1914.　福克兰群岛海战(1914)　冯·施佩(von Spee)在科罗内尔海战(battle of Coronel)迅速解决了克拉多克(Craddock)指挥的英国分遣舰队后,率领舰队绕过合恩角(Cape Horn),并于1914年12月8日袭击了福克兰群岛中的斯坦利港(Stanley)。但是,德国人发现他们正在面对一支力量更为强大的英国分遣舰队,这支舰队由海军中将斯特迪(Vice-Admiral Sturdee)指挥,除了冯·施佩的战舰之外,所有德国军舰均被击沉。

Falklands War, 1982.　福克兰群岛战争(1982)　自1833年以来,福克兰群岛一直处于英国人的控制之下,但阿根廷日益渴望夺取之。1982年3月19日,阿根廷的一群废金属商人登上南乔治亚岛(South Georgia),阿根廷的军队随后于4月2日全面进入该岛。英国政府旋即采取行动,组织了一支由10,000名官兵和44艘战舰组成的特遣舰队。这支舰队长驱8000英里抵达南大西洋(South Atalantic),利用阿森松岛(Ascension Island)为前沿阵地。

5月21日,英国军队在阿根廷空军的轰炸中在福克兰群岛的圣卡洛斯(San Carlos)登陆。经过激烈交火,英军重新夺回达尔文(Darwin)和古斯格林(Goose Green)。6月14日,阿根廷守军投降。在战争中,英、阿双方各自损失了236名和750名士兵。此次战争是撒切尔保守党政府命运的转折点,但在阿根廷,加尔铁里(Galtieri)总统的军政府在一年后下台。

family history　家庭史　在最早时期,对于富贵人家,尤其是统治阶层而言,追溯先祖,确立亲属关系具有尤为实际的重要性。在英格兰,与王室贵戚有关的档案通常由王室典礼官（earl marshal）保管；而在苏格兰，则由皇家纹章大臣（Lyon king-of-arms）保管。不过，在 1484 年，纹章院（College of Arms）被合并为一个永久性机构，该机构的组成包括纹章官（heralds）。纹章官的任务就是调查血统，并明确定立继承权。对财产权的认定明确了每个阶层的社会地位和社会认可度。在 17 世纪中期内战之后的英格兰和威尔士，无论贵族还是绅士都赞同详细描述郡史的出版物，其中就包括家庭史。这些郡史的描述对象主要是各郡的富裕阶层，而很少关注其他社会阶层。

在 20 世纪，家庭史开始广受关注。人们意识到各个阶层的家庭都很重要，因此，追溯家庭史成为一项大众活动。到 1960 年，英格兰和威尔士的各个地区都建立了郡档案局（county record offices），人们能够轻易地获取家庭史资料，诸如堂区档案、先人遗嘱，以及某些地方的家族文献。

famine　饥荒　或可界定为因严重的食物短缺而导致的人口大量死亡的现象。饥荒期间的死亡率并非纯粹是饥馑所致，其原因还包括同步发生的一些疾病，诸如腹泻、伤寒和斑疹伤寒等。

最近千年英格兰历史上记载的最严重的饥荒发生在 1315—1318 年，那时刚刚经历了长达一个世纪的人口增长。不过，在 1348 年黑死病传到英国之后，英格兰的农业经济已经能够养活现有人口中的大多数。直到 16 世纪人口增长再次加速之时，因饥荒而导致的死亡现象才终告消失。

英格兰的凯尔特人邻居经历了更为长久的大饥荒。苏格兰在 1623—1624 年发生的大饥荒造成大量人口死亡，某些地区的死亡率增长了八倍。18 世纪对草地农业的过于推崇似乎加剧了人口的脆弱性。在 17 世纪 90 年代，苏格兰的大饥荒几乎让总人口减少了 15%。苏格兰低地地区在 1740—1741 年发生饥荒，苏格兰高地的一些地区也在 18 世纪末经历饥荒。爱尔兰在 17 世纪 20 年代、40 年代和 50 年代经历饥荒。由于越来越多的爱尔兰穷人以马铃薯为主食，这使得爱尔兰更易爆发饥荒。1727—1729 年和 1740—1741 年发生的大饥荒使爱尔兰丧失了约 25 万人。1744—1746 年、1800—1801 年和 1817—1819 年，爱尔兰再次发生了饥荒，但它们与最近一次大饥荒（Great Famine）相比，都相形见绌。1845—1848 年，爱尔兰因马铃薯枯萎病而导致马铃薯歉收。据最新研究估计，此次饥荒造成的死亡人数约为 100 万。

Famine, Irish（1845—1851）. **爱尔兰大饥荒**（1845—1851） 此次饥荒源于马铃薯产量的连续降低,爱尔兰约有 100 万人死于饥饿或疾病,其中疾病是更常见的死因。灾难的发生与疫霉病菌(*phytophtora infestans*)有关,这种真菌造成爱尔兰的马铃薯产量在 1845 年减少一半,1846 年近乎绝收。1847 年的马铃薯产量虽有所恢复,但被该年度马铃薯种植面积的大幅缩减所抵消,因此,尽管种植区每亩的收成都很可观,但总体产量很小。1848 年的马铃薯几乎绝产。

通过购买印度谷物,进行食物储备,罗伯特·皮尔爵士(Sir Robert Peel)的保守党政府最初应对马铃薯枯萎病的举措取得了一定的成功。1846 年 6 月,皮尔政府下台,更加教条主义的辉格党政府上台。辉格党政府最初仰赖于大量的公共工程,但这一举措在 1847 年遭弃,代之以赈济政策。1847 年的马铃薯产量有所恢复,政府因此认为灾情已经结束,并取消了一切救济措施。英国这种志得意满的态度激起了 19 世纪后期爱尔兰的民族主义情绪。

Faraday, Michael（1791—1867）. **迈克尔·法拉第**（1791—1867） 化学家,电磁学先驱。法拉第曾是书籍装订工学徒,后参与汉弗莱·戴维(Humphry Davy)在皇家科学研究院(Royal Institution)举办的讲座并受邀任其助手。到 1820 年,他自己也成为一名杰出的化学家,因其实验技能而闻名。他在 1825 年分离出苯。1829 年,戴维逝世,法拉第那时正在研究电流、磁力和光的性质。

Farington, Joseph（1747—1821）. **约瑟夫·法林顿**（1747—1821） 英国景观画家,制图员。自皇家艺术院(Royal Academy)于 1768 年建成以来,法林顿就在此从事研究。1921 年,他的大量日记公之于世,它们呈现出法林顿在艺术、文学、社会和政治方面的杰出造诣。法林顿有很多议员朋友,并深谙法国政治,他的作品记载了大量与政治领袖有关的奇闻轶事。

Fascists, British Union of 英国法西斯联盟 See BRITISH UNION OF FAS-CISTS.(见英国法西斯联盟)

Fashoda crisis, 1898. 法绍达危机（1898） 由于英国持续控制埃及，法国决定于 1893 年向南方进发，谋取白尼罗河（White Nile）上的法绍达。马尔尚上校（Colonel Marchand）率领一支法国远征军，于 1898 年 7 月 10 日抵达法绍达。9 月 18 日，他们与基奇纳（Kitchener）率领的一支英军相遇。接下来发生的一切，便是双方统领坐在一起，打开香槟，静候各自国家的外交部解决问题。最终，11 月 3 日，法国做出让步。

Faulkner, Brian（1921—1977）**. 布赖恩·福克纳**（1921—1977） 北爱尔兰统一党（Northern Irish Unionist）最有能力的总理之一。福克纳出自商人家庭，而非农业家庭。1971 年 3 月，他成为北爱尔兰总理，并赢得了英国政府对严厉的安全政策的支持，这一政策一度升格为拘留政策。该政策的失败促使他改变立场，同意分享行政权力，并接受了 1973 年的《桑宁代尔协议》（Sunningdale agreement）。他成为新政府的行政首脑，不过这一政府在 1974 年受到忠英派的打击并因此崩溃。福克纳死于一场狩猎事故。

Fawkes, Guy（Guido）（1570—1606）**. 盖伊（吉多）·福克斯**（1570—1606） 福克斯生于约克郡新教教会律师家庭，但他后来成为一名天主教徒。1604 年，罗伯特·凯茨比（Robert Catesby）及其同谋对詹姆斯一世对天主教徒的救济感到绝望，他们将福克斯卷入阴谋，企图炸死国王和议员，将伊丽莎白公主（Princess Elizabeth）推上王位。福克斯被安排负责地下室，这个地下室是他们租来的，刚好位于议会上院的下方。他的任务是点燃慢速保险丝，进而引燃火药。后来，芒特伊格尔勋爵（Lord Mounteagle）收到一封警告信，地下室受到搜查，福克斯被捕。他在伦敦塔泰然面对酷刑，但在听闻同谋被捕的消息后认罪。1606 年 1 月 31 日，福克斯在威斯敏斯特被处死。

Fenians 芬尼亚兄弟会 See IRISH REPUBLICAN BROTHERHOOD.（见爱尔兰共和兄弟会）

Fens, drainage of 沼泽排水 自 13 世纪始，英格兰东部沼泽地的排水专员就负责想方设法阻止洪水泛滥。1621年,詹姆斯一世宣称他不想让涝渍地荒芜,为后续的沼泽排水打下了一个坚实的基础。荷兰人工程师科尼利厄斯·费尔默伊登爵士(Sir Cornelius Vermuyden)于1626年开始排除哈特菲尔德狩猎地(Hatfield Chase)和阿克斯霍姆岛(Isle of Axholme)的积水。斯图亚特王朝复辟(Restoration)之后,排涝工程得以延续。但直到18世纪后半期,英国人才投入大量精力进行沼泽排水。19世纪30至40年代,随着蒸汽水泵的出现,在实质上避免了暴发洪水的风险。见贝德福德排水工程(See BEDFORD LEVEL.)。

Fermanagh 弗马纳郡   在1973年地方政府重组之前的北爱尔兰六郡之一,位于爱尔兰共和国的边界地区。该郡主要城市恩尼斯基伦(Enniskillen)在17世纪早期是新教徒的聚集地,在1689年经受住了围攻,从而缓解了詹姆斯二世党人围攻伦敦德里(Londonderry)所产生的压力。该地区主要经济产业是旅游业、畜牧业和渔业,有少量轻工业;宗教信仰多元。

Fethanleag, battle of, c.584. 费桑里格战役(约584年)   费桑里格这一地址尚有争议,但很可能位于牛津郡比斯特(Bicester)附近的斯托克莱恩村(Stoke Lyne)。战役双方是西撒克逊人和不列颠人。据说尽管西撒克逊王国国王查乌林(Ceawlin)占领了一些城镇,获得大量战利品,但他仍愤怒地打道回府。西撒克逊人西扩的步伐似乎因此战受到阻遏。

feudal aids 封建协助金   诺曼征服之后,国王在耗资巨大时会向其直属封臣(tenants-in-chief)征收"协助金"("auxilium"),领主(lord)同样也会向其自由佃户(free tenants)征收协助金,这种行为逐渐成为一种惯例。《大宪章》(Magna Carta,1215年)列出了国王或领主可以征收一笔"合理"数额的协助金的情形,具体包括:其长子受封骑士;其长女婚嫁(一次);其本人被俘时的赎金。

feudalism 封建主义   一个通常用于凸显中世纪西欧社会的突出特征的抽象术语。该术语源自拉丁词语"采邑制"(feudum或feodum),"采邑制"现今通常译作"封地"("fief"),意为佃户因其服务而获得的财产。这一概念被16世纪法国的法律史学者用作理解罗马帝国衰亡之后数个世纪里法国贵族权利的起源问题。亨利·斯佩尔曼爵士(Sir Henry Spelman)认为,"封建主义"这一概念由诺曼人引入英格兰。梅特兰(Maitland)则风趣地说,是斯佩尔曼将封建制度(feudal system)引入英格兰的。很多人认为诺曼人将"封建主义"这一术语引入英格兰,法国和英国的入侵者和移居者在接下来的两个世纪里又将它带入苏格兰、威尔士和爱尔兰。这种观点广为接受也饱受争议。显而易见的是,1066 年之前的统治者期望拥有土地的精英为他提供政治和军事上的服务。既然如此,那些持有征服者威廉(William the Conqueror)将英格兰封建化这一观点的历史学家,就必须严格按照威廉所引入的封建主义的一系列特征来界定这一概念,即城堡、"封建配额"(feudal quota)和"封建附属义务"("feudal incidents")。

与封建主义有关的一个问题是,它在理论上仰赖的一些"事实"是自相矛盾的,这些"事实"诸如 9 世纪法国的封地是世袭的,或者威廉一世引入了"封建附属义务"和封建配额。关于封建主义的定义或假说层出不穷,千差万别,这就难免造成混乱。形容词"封建的"通常用于指代几乎所有被视为压迫或落后的社会制度。在此情况之下不足为奇的是,美国和英国的很多中世纪史学家认为,封建主义这个词汇和概念已经过了保质期。

fidei defensor(**Defender of the Faith**) **护教者** 最初是教皇利奥十世(Pope Leo X)在 1521 年赐给亨利八世的称号,以表彰他写作的《驳路德派有关七项圣礼之言论》(*Assertio septem sacramentorum*)。亨利八世与罗马教会决裂之后,议会于 1544 年认可"护教者"为王室头衔,这一称号保留至今,英国现今的硬币上依然印有相关标识。

fief(**or fee**) **封地** 佃户依据封建土地保有制(feudal tenure)而从领主处持有的地产(estate)。如果是直属封臣(tenants-in-chief)的话,他们需要向国王履行提供骑士义务(knight service)。在诺曼征服早期,英格兰约需要 2500 名骑士。坎特伯雷大主教提供 60 名骑士,贝里圣埃德蒙兹(Bury St Edmunds)修道院院长提供 40 名,格洛斯特的罗伯特(Robert of Gloucester)提供 100 名,托特尼斯(Totnes)约为 75 名。直属封臣往往将这些义务分派给他自己的封臣(vassals)。

随着马匹和装备所需费用的增加,而封建税收减少,骑士义务中受雇人员的比例有所增加。

Field, **John** (1782—1837). **约翰·菲尔德**(1782—1837) 菲尔德是一位钢琴家和作曲家,他创作的柔和、伤感的夜曲对肖邦(Chopin)、门德尔松(Mendelssohn)及其他音乐家产生了重要影响。他出生于都柏林的一个音乐世家,跟随克莱门蒂(Clementi)前往圣彼得堡(St Petersburg),并在俄罗斯度过了生命中的大多时光。

Fielden, **John** (1784—1849). **约翰·菲尔登**(1784—1849) 工厂改革家。菲尔登是一个富裕的棉纺纱工,其工厂在托德莫登(Todmorden)首屈一指。他是科贝特(Cobbett)的朋友,且尤为欣赏他。他认为劳动人民的幸福应当是所有政府的目标。自1832年始,他就代表奥尔德姆(Oldham)选区担任议会下院议员,并以此身份孜孜不倦地推动调整工厂童工的最低工资和劳动时间的立法议案。1833—1834年,他与罗伯特·欧文(Robert Owen)携手在"民族复兴社"(National Regeneration Society)实行每天八小时工作制。他于1836年出版了《工厂制度的诅咒》(*The Curse of the Factory System*),但他的《十小时工作制法案》(Ten Hours Bill)直到1847年才最终被议会通过。

Fielding, **Henry** (1707—1754). **亨利·菲尔丁**(1707—1754) 英格兰作家,地方法官。菲尔丁在伊顿公学和莱顿大学(Leiden)接受教育。在1737年剧场《许可经营法》(Licensing Act)出台之前,他著有数本戏剧集,也包括精彩绝伦的讽刺沃波尔(Walpole)政府的政治讽刺诗集。1740年,菲尔丁开始执律师业,此后他一方面从事法律事务工作,一方面从事文学创作,先后著有《约瑟夫·安德鲁斯》(*Joseph Andrews*,1742年)和《汤姆·琼斯》(*Tom Jones*,1749年),其中后者是其代表作。1748年,菲尔丁受命担任弓街(Bow Street)的治安法官,并积极寻求降低犯罪、腐败和公共骚乱的有效措施。他积劳成疾,在出版了最后一部小说《阿梅莉亚》(*Amelia*)后,旅居里斯本,后在那里去世。

Field of Cloth of Gold, 1520.　金布围场之会（1520）　英格兰的亨利八世与法国的弗兰西斯一世（Francis I, 1515—1547 年）于 1520 年 6 月 7—24 日在吉讷（Guînes）附近的瓦勒多（Val d'Or）举行的奢华外交盛会。两位国王在此进行马上比武、摔跤，宴请宾客，最后以大型宴会收场。此次会晤是一场文化盛事，但它并未有效增进英法两国的情谊。

Fields, Gracie（1898—1979）.　格雷西·菲尔茨（1898—1979）　杂耍戏院演员，影星。菲尔茨出生于兰开夏，原名格雷斯·斯坦斯菲尔德（Grace Stansfield），后加入一家巡演杂耍戏院公司（1913 年），迅速成为伦敦西区（West End）的明星（1924 年）。她聪慧过人，多才多艺且勤奋专注。她仅靠头巾这种道具就能征服观众，游刃有余地在"万福玛利亚"（"Ave Maria"）和《世上最大的叶兰》（"The Biggest Aspidistra in the World"）等曲目间转换。杂耍戏院衰落之后，"我们的格雷西"成功转行电影业。她在二战后定居卡普里（Capri），后被封为女爵士（1979 年）。

field systems　田地制度　最为人熟知的田地制度或许是公用田制（common）或敞田制（open field），在这种耕作制度下，一个堂区的土地会根据当地条件划分为两块或更多块。这一制度通常可以回溯到盎格鲁—撒克逊时期，伴随一批小土地持有者对土地和牲畜的分配而出现。随着公共土地需求的增加，共同管理相互交错的田地变得尤为必要。

公用田制度主要出现于英格兰中部地区，其他田地制度的分布则较为广泛。在一些山地，尤其是苏格兰高地地区，出现了内田—外田（infield-outfield）耕作制度。在苏格兰，内田是指可以连续耕种的田地，外田则指定居点周边远近不一、大小不等的零散地块。内田与外田被分割开来，根据不同的田地制度进行耕种。每块地或许连续耕种四到五年后再闲置五年。另见圈地运动（See also ENCLOSURES）。

Fife　法伊夫　位于英国福斯河（Forth）和泰河（Tay）河口之间的半岛之上。其名字源于皮克特族统治时期，那时的西部边界远比现今广阔。这一区域现在有时仍旧称为法伊夫王国。1973 年,苏格兰地方政府重组,法伊夫成功地争取成为了一个区域,避免了被划分给两个相邻地区——泰赛德区(Tayside)和洛锡安区(Lothian)——的命运。该地区有着肥沃的农业耕地,部分区域分布有煤层,早先有很多人在此工作。在其海岸线周边,建有数量众多的小城镇。

Fifteen rising　1715 年詹姆斯党人叛乱　See JACOBITE RISING.(见詹姆斯党人叛乱)

Fifth Monarchy men　第五王国派　兴起于 1649 年的极端千禧年运动。第五王国派信徒将但以理(Daniel)梦中的四头怪兽(但以理书第七章)演绎为古代世界的四大王国。第四王国为罗马,该王国被教皇篡权。他们将教皇称为敌基督,或启示录中的怪兽(启示录第十一至第二十章)。第五王国是基督的王国,由其圣徒代为统治一千年(启示录第二十章第三至第五节),直至基督亲自做出最后的审判。信徒们不同意诉诸武力,但激进分子仍于 1657 年与 1661 年在伦敦试图发动起义。

Fiji　斐济　斐济共和国是太平洋上的一众小岛,位于新西兰北方 1000 英里。最先由荷兰航海者塔斯曼(Tasman)于 17 世纪发现;1874 年成为英国殖民地;1970 年获得独立,成为英联邦成员。2005 年时全国总人口为 893,000 人。

financial revolution　金融革命　该术语指代 1688 年光荣革命至 18 世纪 20 年代期间英国金融体系发生的重大变革。18 世纪 20 年代创立的金融制度使得国家能够通过公债积累财富,政府能够在税收范围之外支配这些财富。这场变革源于 1688 年至 1815 年间繁重的军费开支。与此同时,商业的扩展也需要一种安全的支付手段以及一套稳定的信用体系。此次革命主要体现在三个方面:金融交易中汇票的使用;股份公司里的股票交易;政府发行永续年金,由此规避了违约风险。

这些举措具有深刻的经济影响。它们确立的制度框架,推动了经济活动的扩展。地方性商业活动得以开展,并与位于伦敦的金融中心联系起来。最重要的是,伦敦与欧洲的主要金融中心阿姆斯特丹(Amsterdam)整合在一起。到 18 世纪末,伦敦已取代了后者的地位。另外,这场变革提供的渠道,极大地刺激了投资活动。在整个 18 世纪,政府依然是主要的消费者。因此,国家在金融体系的发展过程中扮演了主要角色。

Finn Barr,St (d.c.623). 圣芬恩·巴尔(约卒于 623 年) 科克(Cork)主教。芬恩·巴尔隐居古迦巴拉湖畔(Lake Gougane Barra),吸引了众多追随者。他建立了埃塔加贝尔(Etargabail)修道院,该修道院因其经院和礼拜中心而闻名。更加知名的是,以他创建的这些场所为中心,科克城发展起来,而他死后也葬于此地。

first fruits 初年圣俸 一种税金,通常指某些人员献给国王或教皇的第一年薪俸。在宗教改革之前,所有教职人员的初年圣俸连同十分之一的年均收入,都要献给教皇。《限制初年圣俸法》(Act of Annates,1532 年)宣布这笔税金是非法的,并将其转交王室,由一名财务主管和侍臣负责征收。1704 年,这笔税金转给安妮女王基金会(Queen Anne's Bounty),用以增加贫困牧师的职俸。

First World War 第一次世界大战 1914 年 8 月,英国因德国入侵比利时而在表面上卷入对德战争。而英国参加第一次世界大战的真实目的,在于阻止德国在奥地利和土耳其等盟友的支持下统治欧洲,威胁英帝国的地位。英国外交政策制定者试图和平解决争端,在削减德国实力的同时,确保俄国与法国均无法改变欧洲的均势,威胁英帝国的主导地位。

1914 年,阿斯奎斯(Asquith)政府认为战争将在 1917 年达到高潮,坚信其欧陆盟友将承担主要攻势,英国只须象征性地施以援手,便可以最小的代价实现目标。阿斯奎斯政府还坚信,英国皇家海军将通过封锁手段破坏德国经济,英国将向其盟友提供经济援助。但是,由于法、俄两国不想在得不到英国军事援助的情况下维持三年战事,该政策以失败告终。到 1915 年后期,阿斯奎斯政府无奈地接受了如下现实,即一旦英国无法在欧洲大陆给予盟友大量支援,法、俄两国或将谋求和平谈判。但同样无奈的是,英国因欧洲大陆战事而投入的与日俱增的花费,也将拖垮英国。英国于 1916 年参与索姆河(Somme)战役可谓孤注一掷。英国政府估计,在国家破产之前,协约国能够赢得这场战争。

英国在索姆河一役中未能获胜,尽管英、德双方都伤亡惨重,但德军无意谋求和谈。相反,德国试图向英国船只发起无限制潜艇战,藉此封锁英国,迫使其投降。这正是劳合·乔治于 1916 年 11 月继任首相时的战略情势。劳合·乔治清楚,他必须让人民确信,他们的牺牲将换来切实的胜利,即便英国无法赢得西线战事,他们也将在其他地方收获战果。他支持在希腊的萨洛尼卡①(Salonika)、巴勒斯坦与意大利北部发动攻势的理由之一,在于他相信这些战线中的任何一场胜仗都能及时地提升英军的士气。

新政府还意识到,唯有与盟友合作,方能获得战争的胜利。但在 1917 年春,英国战略所仰赖的诸多支柱开始崩塌。1917 年 3 月,英国怀着审慎的热忱看待俄国的第一场革命,期望俄国能像 1794 年的法国那样,在沙皇制度的废墟上诞生一个军事巨人。然而,英国人的希望很快便化为担忧,他们深怕俄国退出协约国阵营,德国人将大量兵力转移到西线。与此同时,一大部分法国军队发生兵变。而在海上,德国潜艇击沉了大量商船,英国几近绝境。令协约国阵营感到乐观的唯一理由,就是美国于 1917 年 4 月对德宣战。

因此,到 1917 年夏天,围绕英国未来战略的争论主要关乎一个问题,即英国何时向德国发起致命一击。其中一个选择,就是将部队转移到意大利北部。意大利人于 1915 年 5 月加入英国阵营,参与到战争之中。如果他们能击溃奥地利军队,就将摧毁德国试图建立一个从汉堡经奥匈帝国、保加利亚、土耳其,至巴格达的帝国的野心。另一个选择就是让英军总司令道格拉斯·黑格爵士(Sir Douglas Haig)坚持现有策略,对佛兰德(Flanders)发起攻势。黑格坚信他能迫使德国人在 1917 年圣诞节之前谋求和谈。尽管政客们犹疑不决,但仍允许他放手一试。

英军在 1917 年 7 月第三次伊普尔(Ypres)战役中落败。其后,黑格动用大规模坦克军团在康布雷(Cambrai)发起第二次攻势,但也以失败告终。同年 10 月,意大利在卡波雷托(Caporetto)遭遇惨败。11 月,布尔什维克夺得俄国政权,

---

① 塞萨洛尼基的旧称。——译者注

并很快签署了停战协议。而美国军队的参战也比英国人预期的进度缓慢。劳合·乔治在1918年认定,英国应当保留其军队及经济后劲,将对德国的致命一击推延到1919年,届时美军的参战会让协约国集团拥有压倒性优势。

1918年春,德军发起最后攻势,旨在赢得战事,劳合·乔治制定的1919年胜算规划破灭。但到1918年6月,德军的最后攻势受阻。7月,协约国军队发起反攻,迫使德军撤退。战争的终结方式令英国及其盟国颇感惊讶。直至10月中旬,黑格都未曾料到德军惨遭损失,迫使德国政府接受停战协议。在停战和谈之前,英国人不得不考量一系列相互矛盾的因素。他们是否应当将战事延续至1919年,侵入德国,迫使德国人接受一份迦太基式和约(Carthaginian peace)?这种停战方式会不会致使法国过于强大,让德国人抱有复仇之心,进而威胁未来的欧洲和平?英国人是否情愿再战一年?唯有在权衡这些因素之后,英国才选择了提早和谈。1918年11月11日,第一次世界大战宣告结束。

Fishbourne　菲什本　一个建于很久以前的、庞大、奢华的罗马人的住宅区或"宫殿"。菲什本位于奇切斯特(Chichester)向西一英里之处,最初是罗马入侵时期的物资供应基地。尼禄统治时期,该地建起首座石头建筑。该建筑群及其装饰(黑白马赛克及粉饰)都具有地中海式风格,这在1世纪晚期的不列颠显得尤为独特。在2世纪至3世纪,尽管该建筑群仍适于居住,但逐渐没落。3世纪晚期,菲什本毁于大火。

Fisher,John（1469—1535）.　**约翰·费希尔**（1469—1535）　主教。费希尔在剑桥大学接受教育,其后成为迈克尔学院(Michaelhouse)教员,并于1491年担任神父。在玛格丽特·博福特夫人(Lady Margaret Beaufort)的资助下,他于1502年成为神学讲师,并在两年后成为罗切斯特(Rochester)主教。他在剑桥大学推动了文艺复兴时期的人文主义研究。他写了大量反驳马丁·路德(Martin Luther)的作品,其中包括《驳路德之言论》(*Assertionis Lutheranae confutatio*,1522—1523年)、《为国王的言论辩护》(*Defensio regiae assertionis*,1523年)与《为教皇辩护》(*Sacri sacerdotii defensio*,1525年)。亨利八世试图与其首任妻子阿拉贡的凯瑟琳(Catherine of Aragon)离婚时,费希尔是公开反对国王的人之一,并于 1533 年被捕入狱。1534 年,他拒绝向国王宣誓。1535 年,就在他被保罗三世提拔为枢机主教之时,他遭到审判并于同年 6 月 22 日遭到处决。1935 年,费希尔受封为圣徒。

Fisher,Sir John,1st Baron Fisher(1841—1920). **约翰·费希尔爵士,第1 代费希尔男爵**(1841—1920) 海军上将。"杰基"·费希尔("Jackie" Fisher)是英国在 1914 年参加第一次世界大战时的舰队的主要缔造者。1905 年至 1910年,费希尔出任第一海务大臣。其间,他引入了两种新型战舰,一种是装备有全重型火炮、涡轮驱动的无畏级战舰(dreadnought),一种是无敌级轻型装甲巡洋舰。1914 年 10 月,他再度受召出任第一海务大臣。但因与其政治领袖温斯顿·丘吉尔就英国海军在达达尼尔海峡(Dardanelles)战役中日渐繁重的军备投入产生不和,费希尔于 1915 年 5 月在剧烈的争执中辞职。

Fishguard invasion,1797. **菲什加德入侵**(1797) 法国革命战争(Revolutionary War)时期发生的一段离奇插曲。法国督政府(Directory)征集了 1,200人,其中多是囚犯,他们于 1797 年 2 月 23 日乘三艘战舰和一艘帆船在菲什加德附近登陆。两天后,他们向考德勋爵(Lord Cawdor)指挥下的当地民兵投降。据传,入侵者误将身着红外套的威尔士妇女看作骑兵。

fishing **钓鱼术** See ANGLING(见钓鱼术)

Fitzgerald,Lord Edward(1763—1798). **爱德华·菲茨杰拉德勋爵**(1763—1798) 爱尔兰爱国者。菲茨杰拉德出生于爱尔兰一个富有贵族家庭,父亲是第 1 代伦斯特公爵詹姆斯(James,1st duke of Leinster)。他是代表阿赛(Athy)选区的爱尔兰议会下院议员(1783 年),后于 1790 年转而代表基尔代尔郡(Co.Kildare)担任下院议员。菲茨杰拉德是狂热的亲法分子,认为爱尔兰议会已无可救药,因此转而加入爱尔兰人联合会(United Irish Society)。他最终被捕,并因伤重于 1798 年 5 月 19 日去世。

F

Fitzgerald, Gerald, 8th earl of Kildare〔I〕(c.1457—1513). 杰拉德·菲茨杰拉德,第8代基尔代尔伯爵【爱尔兰】(约1457—1513) 菲茨杰拉德的父亲,第7代基尔代尔伯爵,是有名的约克派(Yorkist)成员,在很多场合下担任爱尔兰总督的代理人。菲茨杰拉德继续担任爱德华四世、理查三世、亨利七世的代理人,成为爱尔兰的实际统治者。1487年,他与弟弟托马斯支持兰伯特·西姆内尔(Lambert Simnel)争夺王位。据说,西姆内尔伯爵在都柏林加冕,而托马斯·菲茨杰拉德为之在斯托克(Stoke)战役中战死。不过,菲茨杰拉德得以赦免。1505年,他获授嘉德勋位(Garter),亨利八世保留了他的职位。在金斯郡(King's County)的莱梅瓦纳(Lemyvanna)的一次冲突中,菲茨杰拉德被杀。

Fitzgerald, Gerald, 9th earl of Kildare〔I〕(1487—1534). 杰拉德·菲茨杰拉德,第9代基尔代尔伯爵【爱尔兰】(约1487—1534) 他受命接替其父担任国王在爱尔兰的代理人,直至1520年。他陪同亨利参加了金布围场(Field of Cloth of Gold)会晤。1524年他击败主要对手奥蒙德(Ormond),官复原职。1526年,他被召回,被关入伦敦塔。1530年,他再度返回爱尔兰,并于1532年复职国王代理人。1534年,他再度被召回并关入伦敦塔。其时,其子托马斯正发动一场起义。菲茨杰拉德曾在1533年的一次冲突中受伤,翌年9月去世。

Fitzgerald, Gerald, 14th earl of Desmond〔I〕(c.1533—1583). 杰拉德·菲茨杰拉德,第14代德斯蒙德伯爵【爱尔兰】(约1533—1583) 菲茨杰拉德于1558年在其二十余岁之时继承了父亲的伯爵爵位。1565年,他在与奥蒙德(Ormond)的私下战斗中受伤,后在1567年至1570年间被关入伦敦塔。自1574年起,他密谋反抗伊丽莎白。1579年以来,在教皇的怂恿下,他公开起义。1583年,他被杀,其头颅被悬挂于伦敦桥之上。

Fitzgerald, James Fitzmaurice(d.1579). 詹姆斯·菲茨莫里斯·菲茨杰拉德(卒于1579年) 菲茨杰拉德是第14代德斯蒙德伯爵【爱尔兰】杰拉德(Gerald)的堂兄。他于1569年索得伯爵爵位,并发起一场天主教改革运动。1573年,他被迫屈服,回到欧洲大陆。教皇格列高利十三世怂恿他远征爱尔兰,他于 1579 年在丁格尔(Dingle)登陆,在斯梅里克(Smerwick)构筑防御工事。但他在某次骚乱中被杀,驻守斯梅里克的卫戍部队遭格雷勋爵(Lord Grey)屠杀。

Fitzgerald, Thomas, 10th earl of Kildare［I］(1513—1537). 托马斯·菲茨杰拉德,第 10 代基尔代尔伯爵【爱尔兰】(1513—1537) 1534 年,菲茨杰拉德的父亲,即第 9 代基尔代尔伯爵,受召回英格兰担任总督,后因失宠被囚于伦敦塔。那时,菲茨杰拉德是奥法利勋爵(Lord Offaly),他开始反抗亨利七世,并发展成公然反叛。1534 年 9 月,其父去世,菲茨杰拉德继承了伯爵爵位。威廉·斯凯芬顿(William Skeffington)的援兵于 10 月抵达,攻克了菲茨杰拉德设在梅努斯(Maynooth)的要塞,杀死卫戍士兵,粉碎了叛乱。为保全性命,菲茨杰拉德宣告投降,后被送往伦敦。1537 年,他连同五位父辈成员在伦敦被处死。

FitzGibbon, John, 1st earl of Clare［I］(1748—1802). 约翰·菲茨吉本,第 1 代克莱尔伯爵【爱尔兰】(1748—1802) 菲茨吉本的父亲是一名律师,代表利默里克郡(Co.Limerick)的爱尔兰议会下院议员。菲茨吉本在都柏林三一学院和牛津大学基督教会学院接受教育。在爱尔兰议会中,他在 1778 年至 1783 年代表都柏林三一学院,在 1783 年至 1789 年代表基尔马勒克(Killmallock)。菲茨吉本在 1783 年至 1789 年间任爱尔兰总检察长(attorney-general);从 1789 年起到去世,他一直担任爱尔兰大法官(lord chancellor)。1789 年他受封为菲茨吉本男爵【爱尔兰】,1793 年晋升为子爵,1795 年晋封克莱尔伯爵【爱尔兰】。他积极主张爱尔兰与英格兰联合,认为爱尔兰在更大的政治舞台上方能充分发挥其作用。

Fitzhamon, Robert（d.1107）. 罗伯特·菲茨哈蒙(卒于 1107 年) 菲茨哈蒙是诺曼人殖民南威尔士时的主要统领之一。他好像离开其在格洛斯特(Gloucester)领地,转而在格拉摩根(Glamorgan)建立了统治。他于 1080 年开始建造加的夫城堡(Cardiff castle)。

FitzNigel, Richard（d.1198）. 理查德·菲兹尼尔(卒于 1198 年) 伦敦主

教(1189—1198年),英格兰财政大臣(约1158—1198年)。菲兹尼尔出身名门,其家族完善了12世纪的英格兰行政管理体系。父亲奈杰尔(Nigel)是伊利(Ely)主教、财政大臣,叔父索尔兹伯里的罗杰(Roger of Salisbury)是亨利二世的首席政法官(justiciar)。他主要因写作《财政署对话集》(*Dialogus de Scaccario*)而为人铭记。

Fitzosbern, William, earl of Hereford (d.1071). **威廉·菲茨奥斯本,赫里福德伯爵(卒于1071年)** 菲茨奥斯本,诺曼底宫廷总管(steward),是征服者威廉最信赖的顾问之一,参与了黑斯廷斯(Hastings)战役。作为犒赏,他获赐英格兰西南部的大量地产,受封伯爵,并被赋予巴拉丁的权势。他平生主要忙于征讨威尔士人,确立诺曼人在格拉摩根郡(Glamorgan)的地位。

Fitzwilliam, William Wentworth, 2nd Earl (1748—1833). **威廉·温特沃思,第2代菲茨威廉伯爵(1748—1833)** 菲茨威廉于1782年继承了叔父罗金厄姆勋爵(Lord Rockingham)的财产和大量地产,成为辉格党在约克郡的政治领袖。他是福克斯(Fox)的终生挚友,他在1782年还接替罗金厄姆成为埃德蒙·伯克(Edmund Burke)的保护人。1794年,他无奈地与福克斯决裂,加入皮特(Pitt)内阁,并于1795年1月被送往爱尔兰担任总督。受伯克影响,他试图劝说内阁解放天主教徒,但在3月份遭到罢免。1802年以来,他重新加入福克斯内阁与格伦维尔(Grenville)内阁,并于1806年成为格伦维尔内阁的枢密院院长。

Five Knights' case, 1627. **五骑士案(1627)** 1626年,查理一世因未能获得议会拨款而解散议会,其后,他通过强制性贷款等多种手段筹款。1627年,五名骑士因拒绝缴纳税金而遭到监禁,他们诉诸人身保护令(habeas corpus),但首席大法官海德拒绝保释。查理一世的这一举措,非常有效地将有产阶级隔离开来。

five members, 1642. **五议员(1642)** 查理一世对议会下院反对派大为光火,他亲自于1642年1月4日前往逮捕反对派的五位领袖——约翰·皮姆

（John Pym）、约翰·汉普登（John Hampden）、登齐尔·霍利斯（Denzil Holles）、阿瑟·赫塞尔里格（Arthur Haselrig）与威廉·斯特罗德（William Strode）。因事先得到消息，五人得以逃脱，徒留国王喃喃自语："我看到我的鸟儿飞走了。"不到五周，查理一世便离开了伦敦，自此再未以自由身重返此地。

Five Mile Act,1665. 《五英里法》（1665） 该法（17 Car.II c.2）是《克拉伦登法典》（Clarendon code）的一部分，旨在重建英国圣公会的最高地位。法令严禁神职人员与教师居住在任何城市或议会自治市镇周边 5 英里之内的区域，除非他们宣誓不会图谋推翻教会政府或国家。

fives 英式墙手球 英式墙手球这种游戏最早可回溯至都铎时代，尽管其名称由来不详。该游戏的必备用具是一个硬球、用以取代球拍的护手手套以及一面墙或一个球场。

Flambard,Ranulf 雷纳夫·弗朗巴尔 See RANULF FLAMBARD（见雷纳夫·弗朗巴尔）

Flamsteed,John（1646—1719）. 约翰·弗拉姆斯蒂德（1646—1719） 弗拉姆斯蒂德是首位皇家天文学家。他因病致残，而后开始观测天文。1675 年，他在某次会议上受任调查与海上经度有关的断言。同年，查理二世任命他监管在格林尼治新建的皇家天文台。1677 年，他被选入皇家学会。几经周折，弗拉姆斯蒂德于 1707 年出版了首部天文观测目录。

Flaxman,John（1755—1826）. 约翰·弗拉克斯曼（1755—1826） 英格兰雕刻家，设计师，书籍插画家。他在皇家艺术院艺术学校（Royal Academy Schools）接受学习，其后成为乔赛亚·韦奇伍德（Josiah Wedgwood）工厂的设计师。1787 年，弗拉克斯曼前往意大利深造。在驻留意大利的七年时间里，他为《伊利亚特》（Iliad）、《奥德赛》（Odyssey）以及但丁（Dante）、埃斯库罗斯（Aeschylus）等人的作品绘制过插图，赢得了国际声望。回到英格兰后，他很快便成为颇受欢迎的纪念物与人像雕刻家。

Fleet prison（London） **弗利特监狱**（伦敦） 自诺曼征服时期一直使用至维多利亚女王时代,用于关押拖欠王室财产的犯人。

Fleet Street（London） **弗利特街**（伦敦） 一连数个世纪都是报业所在地,如今其名字依然用于指代国家的出版业。这条街从弗利特河(Fleet river)这条臭水沟一直延伸到伦敦的斯特兰德(Strand)大街,是伦敦与法庭之间的要地。在 20 世纪 80 年代,这里的大量报业都迁到了别处更为宽敞的地点。

Fleming,Sir Alexander（1881—1955）. **亚历山大·弗莱明爵士**（1881—1955） 青霉素的发现者。弗莱明是艾尔郡(Ayrshire)一农场主之子,他在 13 岁时迁至伦敦,而后到圣玛丽医院接受医学训练。他担任阿尔姆罗思·赖特爵士(Sir Almroth Wright)的助手,从事细菌研究。1928 年,他注意到在他凌乱的实验室中培养的葡萄球菌受到一种霉菌的攻击,他将这种霉菌分离出来并进行培养。弗莱明对这种霉菌抱有厚望,但直到第二次世界大战时期,在牛津大学的 H.W.弗洛里与 E.B.钱恩的研究中,青霉素才得以提纯,并有效地应用于临床医学。三人共享了 1945 年的诺贝尔医学奖。

Fletcher,Andrew（1655—1716）. **安德鲁·弗莱彻**（1655—1716） 政治家。索尔顿(Saltoun)的弗莱彻曾受教于吉尔伯特·伯内特(Gilbert Burnet),后者后来称他是"最为暴烈的共和主义者,极其狂热"。他代表东洛锡安(East Lothian)参加非常会议(convention of estates),出席苏格兰议会,并强烈反对劳德戴尔(Lauderdale)与约克公爵詹姆斯(James,duke of York,后来的詹姆斯二世)。自 1682 年始,他被流放到荷兰。光荣革命之后,他回到苏格兰,但很快便反对威廉三世。1703 年,他重新进入议会,成为反对党中的杰出发言人。他强烈反对《合并法》,主张以王权的分离取而代之。

Flight of the Earls,1607. **伯爵出逃**（1607） 1602 年,曾公开反叛伊丽莎

白的蒂龙（Tyrone）与罗里·奥唐奈（Rory O'Donnell）表示屈服。奥唐奈受封第 1 代泰尔康内尔伯爵（1st earl of Tyrconnel）。但他们日渐对自身的处境心生不满，并于 1607 年 9 月 4 日偕约 90 名家眷、随从出逃，在罗马避难。他们均再未返回爱尔兰。

Flinders，Matthew（1774—1814）. 马修·弗林德斯（1774—1814） 弗林德斯精确地绘制出澳洲的海岸线，并开始用澳大利亚来命名。弗林德斯于 1789 年加入皇家海军，跟随布莱（Bligh）率领的船队。其后，他于 1795 年勘测了新南威尔士（New South Wales）的海岸线。1798—1799 年，他与巴斯（Bass）完成了环绕塔斯马尼亚（Tasmania）的航行。1801—1803 年，他主持了一次新的科学探险，几乎绘制出整个澳洲的海岸线。

Flintshire 弗林特郡 位于威尔士东北部地区的一个郡，位于迪河（river Dee）河口。该郡根据 1284 年《里兹兰法》（statute of Rhuddlan）而创立，相当于威尔士的特里金格尔百户区【cantref（hundred）of Tregeingl】。弗林特郡一直维持到 1974 年，在这一年，该郡成为克卢伊德郡（Clwyd）的一部分，并被划分为三个区，即里兹兰、德林（Delyn）以及艾林和迪赛德（Alyn and Deeside）。1996 年，这三个区重新组成了弗林特郡。

该郡的主要经济产业为旅游业（在北部海岸蓬勃推进）和工业。1996 年，位于艾尔角（Point of Ayr）的最后一座煤矿关停，钢铁生产也就此中止。不过，一系列工程及电子工业都取得了成功。该郡位于边境，这里说威尔士语的居民所占比例较低，这一比例在艾林和迪赛德为 9.6%，在德林为 17.8%，在里兹兰为 16.2%。

Flodden，battle of，1513. 弗洛登战役（1513） 就在年轻的亨利八世忙于对抗法国，追求军事荣光之时，他的姐夫詹姆斯四世（法国的盟友）宣战。詹姆斯四世跨过位于科尔德斯特里姆（Coldstream）的特威德河（Tweed），占领了诺勒姆（Norham）、伊塔尔（Etal）、沃克（Wark）和福德（Ford）诸城堡。萨里勋爵【Lord Surrey，诺福克（Norfolk）】统帅军队从纽卡斯尔（Newcastle）向伍勒（Wooler）一路北上。双方于 9 月 9 日在弗洛登附近的布兰克斯顿山（Branxton Hill）交火。此战鲜有战术可言，只是进行了 4 个小时惨烈的近身肉搏。詹姆斯四世在战事正酣之时被杀死，这成为战役的转折点。苏格兰人经受了他们有史以来最惨烈的失败，他们的高贵随着国王一同逝去。

Foliot，Gilbert（c.1108—1187）.　吉尔伯特·福利奥特（约 1108—1187）　一位博学多识、简朴苦修又胸怀壮志的高级教士，贝克特（Becket）的公开反对者。他抗议贝克特被任命为坎特伯雷大主教，并处处与贝内特为敌。在贝克特与国王争执之时，福利奥特成为国王的首席顾问之一。他最初是克吕尼会修士，之后先后担任格洛斯特（Gloucester）修道院院长（1139—1148 年）、赫里福德（Hereford）主教（1148—1163 年）、伦敦主教（1163—1187 年）等职位，可谓一帆风顺。但贝克特的朋友们认为吉尔伯特觊觎坎特伯雷大主教一职。

Fontenoy，battle of，1745.　丰特努瓦战役（1745）　在奥地利王位继承战争（War of the Austrian Succession）期间，法军围困了图尔奈（Tournai）。5 月 11 日，坎伯兰公爵（duke of Cumberland）袭击了由萨克斯元帅（Marshall Saxe）统领的一支法军精锐部队。激战之后，袭击失败，爱尔兰的詹姆斯党人（Irish Jacobite）在战斗中表现不凡。

fools and jesters　弄臣与小丑　古代宫廷中受雇的插科打诨之人，用于娱乐逗趣、调节氛围、缓解僵局等。中世纪后期至近代早期，弄臣风行一时。15 世纪，小丑的行头逐渐固定——黄绿相间的外套、帽子、喇叭裤及拐杖。他们大都各具特长，诸如唱歌、跳舞、杂耍、翻腾、模仿，等等。

Foot，Michael（1913—2010）.　迈克尔·富特（1913—2010）　工党（Labour Party）副党魁（1976—1980 年）、党魁（1980—1983 年）。富特是知名的左翼作家、记者，担任《论坛报》（Tribune）的编辑和主管，他在 20 世纪 50 年代是"比万们"（Bevanite）的代表人物。1958 年之后，他在核裁军运动（Campaign for Nuclear Disarmament）中表现突出。他自 1945 年就担任议会下院议员，在

1974—1976 年初次担任就业大臣。1976—1979 年,他担任枢密院大臣及议会下院领袖,其后继詹姆斯·卡拉汉(James Callaghan)任工党党魁。不过,他领导下的工党出现分裂,直至在 1983 年惨败给撒切尔夫人,其竞选政纲被称为"历史上篇幅最长的遗书"。

football(soccer)　足球(英式足球)　中世纪的足球运动尤为暴烈,类似于现代足球流氓的行径。统治当局认为这种运动危险且混乱,与练习射术的初衷相背离,因此一再试图加以废止。

现代足球伴随大型工业城镇的发展而产生。19 世纪初,这项运动逐渐衰落,但一些公学的男生将其延续下来。1848 年,剑桥大学首次尝试制定共同的足球比赛规则。先前的规则都是地方性的,对冲撞、蹬踏、比赛用球的尺寸、形状以及比赛时长均不一致。1863 年,进一步制定标准比赛规则的行动,推动了足球协会(Football Association)的形成。一些俱足球乐部很快便退出足球协会,开始遵循标准的比赛规则。

严格说来,这一时期的足球比赛都是业余的。1872 年,新的足球协会组织了一次杯赛。在 2000 名观众的注视下,流浪者队(Wanderers)在椭圆球场(Oval)以 1:0 的比分击败了皇家工兵团队(Royal Engineers)。足球运动逐渐传播到英格兰中部和北部,这些地方的俱乐部开始有了资金支出。1883 年总决赛(Cup Final)是一个分水岭,布莱克本奥林匹克队(Blackburn Olympics)以 2:1 的比分击败了老伊顿生队(Old Etonians)。1885 年,虽几经波折,职业化足球最终得以推进,观众人数逐年上升。在 1893 年于曼彻斯特举办的总决赛上,狼队(Wolves)与埃弗顿队(Everton)的比赛吸引了 45,000 名观众到场。随着职业球队对杯赛的垄断,英格兰足总于 1893 年设立了业余杯(Amateur Cup)比赛。

1888 年,来自英格兰中部、北部 12 支俱乐部,包括普雷斯顿队(Preston North End)、阿克灵顿斯坦利队(Accrington Stanley)以及布莱克本流浪者队(Blackburn Rovers),组成了英格兰足球联赛(Football League)。在接下来的四年里,另有 16 支球队加入联赛,其中包括诺丁汉森林队(Nottingham Forest)、森德兰队(Sunderland)以及埃弗顿队。1892 年,联赛增设了乙级联赛(second division)。到 1914 年,英格兰足球联赛已扩展至英格兰南部,吸纳了切尔西队

(Chelsea)、阿森纳队(Arsenal)、托特纳姆队(Tottenham)、富勒姆队(Fulham)以及布里斯托尔城队(Bristol City)。苏格兰联赛开始于1890年,爱尔兰也于同年开始举办联赛。

第二次世界大战之后,斯托克城队(Stoke)与布莱克浦队(Blackpool)的边锋斯坦利·马修斯(Stanley Matthews)、率队夺得1966年世界杯冠军的教练阿尔夫·拉姆齐(Alf Ramsay)、曼彻斯特联队(Manchester United)教练马特·巴斯比(Matt Busby)获封爵士,足球这项运动进一步得到认可。但到了20世纪80年代,随着其他休闲活动的出现,以及足球流氓在球场看台不时制造骚乱,观众人数呈下降趋势。在这种困境之下,电视在很大程度上拯救了这项运动。

第一场国际足球比赛于1872年在帕尔蒂克球场(Partick)举行,由英格兰队对阵苏格兰队,两队最终0:0战平。国际足球联合会(FIFA)成立于1904年,但直至第一次世界大战之后,国际赛事才有所推进,并于1930年首次举行世界杯赛事。英格兰直到第二次世界大战之后才参加世界杯比赛,由此得以保有某种优势。但这种优越感很快便被打破,英格兰队在1950年以0:1的比分败给美国,三年后又在温布利球场(Wembley)以3:6的比分输给匈牙利。尽管英格兰队于1966年在温布利球场获得了世界杯冠军,但球队并未完全走出颓势。在欧洲赛事中,英国俱乐部在面对国外球队时往往能所向披靡,取得优异成绩,但英格兰国家队除了在1966年夺得世界杯冠军之外,却一再令球迷失望。

近年来,随着超级联赛的发展,一些小型俱乐部已难以维系,被迫解散。但除了组成英格兰足球联赛的大约90个职业足球俱乐部之外,下面还有一些半职业足球团体以及大量的业足球爱好者,这些团体规模不一,队员天赋各异,但他们会在周六或周日的联赛上登场亮相,到场观众屈指可数,有的球队到场队员甚至只有9人。

四个方面的变化彻底改变了足球运动的特质。1995年的"博斯曼"法案("Bosman" ruling)允许球员在经纪人的协助下就自身合同进行谈判,保护了他们的利益。其次,电视媒介往足球领域注入了大笔资金,一些顶级赛事吸纳的资金更是前所未有。再次,国外球员、国外教练甚至是国外老板日益增多,使得英格兰本土球员的出场机会有限,英格兰国家队也因此受到影响。另外,随着非洲、亚洲国家足球队的加入,连同早已存在的南美国家足球队,国际赛事中的竞争越发激烈。

forced loans　强制性贷款　英格兰君主向富裕阶层征收的非议会税。1626 年的强制性贷款有所不同，当年的贷款面向所有纳税人征收。这种绕开议会征税的举动，引发了极度不满，1628 年的《权利请愿书》宣布此举非法。

Foreign Office　外交部　作为一个独立的部门，外交部创立于 1782 年。外交部由外交大臣统领，其地位往往仅次于首相本人。外交大臣由两名副大臣协助，常任副大臣是一名文职人员。在 1841 年，外交部的其余人员编制包括 1 名行政文员、6 名高级文员、10 名办事员、7 名低级文员、8 名负责其他专项职务的办事员、1 名图书管理员、1 名图书副管理员、1 名翻译、1 名私人秘书、1 名记录员以及 1 名印刷员。最初，这些人员完全通过花钱征召而来，直到 1856 年才通过资格考试选拔人才，1908 年开始实行有限竞争准入制。随着外交部变得越发专业，其对决策的影响日益增加。帕默斯顿勋爵（Lord Palmerston）只是将其属下看作办事员。甚至在 20 世纪末，索尔兹伯里勋爵（Lord Salisbury）很少期望外交部能够有所"建议"。

foreign policy　外交政策　在君主行使个人权威时，我们很难将外交政策与每个国王的处境和品性分离开来。不过，在英国早期历史上，就形成了某些基调。1066 年，英法两国发生关联，尽管事出偶然，却开启了一个延续 500 年之久的模式。自威廉·鲁弗斯（William Rufus）至亨利八世统治时期，英国君主都力图保有或扩展他们的法国领地。直至 1558 年失去加来（Calais），这种热望才告结束。这转而对英格兰的另外一个计划产生了深刻影响，该计划早在诺曼征服之前就订立了目标，即将英格兰南部以威塞克斯（Wessex）为基础的王国纳入英国王国，而后者应当囊括英格兰北部、威尔士、苏格兰及爱尔兰。

　　在这种宏阔的大政方略之外，还有诸多其他政策模式值得关注。尽管支持敌人的敌人这条外交原则相当浅显，但它产生了重要后果。在长期争取独立的斗争中，苏格兰人很快意识到与法国达成协议所带来的好处。自 1295 年签署《巴黎条约》（treaty of Paris）开始，苏格兰与法国之间的"老同盟"（"Auld Alliance")一直维持到 1560 年。英格兰也采取了类似的政策，支持布列塔尼(Brittany)与勃艮第(Burgundy)对抗法国。早在均势(balance of power)这一措辞出现之前，相关政策就已经出台。在 16 与 17 世纪，西班牙与法国争夺欧洲霸权，英国面临着支持哪一方的选择，而昏庸无能的查理一世居然同时与法、西双方为敌。

基督教世界在 16 世纪出现裂痕，这为外交政策增添了新的因素，但这种因素并不具有决定性影响。各国君主必定支持持有同一信仰的国家，但这些具有同一信仰的国家都很清楚，它们之间的承诺相当脆弱。天主教联盟未能终止法国与西班牙之间的连年争斗，而新教联盟也未能防范 17 世纪的三次英荷战争。

直至 1688 年光荣革命，英国才形成了具有现代意义的外交政策，有三种因素共同改变了当时的外交性质。其一，驻外国宫廷使节的普遍流行，使外交政策变得更加常规化，不再像往常那样只是一时之需。其二，1688 年以来，议会的地位有所变化，推动了外交政策从个人政策向国家政策的转变。其三，帝国的发展。1600 年时，英国尚无海外殖民地。而到 1700 年，除了美洲的 12 个殖民地之外，英国还要守护印度、西印度群岛以及非洲等重要属地。

18 世纪英国外交政策的轮廓较为简略。随着西班牙的迅速衰落以及路易十四统治下的法国的迅速崛起，欧洲的霸主归属尘埃落定。与此同时，法国还是英国殖民扩张时的一大竞争对手。这些都导致了所谓第二次百年战争的发生。自 1689 年至 1815 年近乎一半的时间里，英国与法国争战不已。法国在人口与物资上都占有明显优势，成为英国难以逾越的障碍，但法国也无法轻易组建起封锁英国的同盟。

这些因素限定了英国的整体外交政策。普遍认为英国理当在欧洲大陆拥有某个盟国，否则就会发生丢掉美洲殖民地之类的事情。事实上，在 18 世纪 80 年代美国独立战争行将结束之时，英国的处境尤为艰难。英国在 1763 年"七年战争"结束时获利颇丰，这使其成为一个强国，也让此前处于均势状态的诸国群起而攻之：西班牙、法国与荷兰在 1780 年共同对抗英国，它们得到了由俄国、丹麦、瑞典、普鲁士、葡萄牙和神圣罗马帝国组成的"武装中立同盟"(League of Armed Neutrality)的支持。

1815 年的欧洲和平为法国革命战争与拿破仑战争(Revolutionary and Napoleonic wars)画上了一个句号,这种和平主要得益于对均势的考量。法国被迫归还在拿破仑统治时期获取的巨大收益,但其他国家并不试图将其削弱为二流国家。尽管奥地利与普鲁士的地盘都大为扩充,但其他国家仍旧认为有必要保持二者在德意志地区的相互制衡。

维多利亚时代的英国外交政策刻上了"约翰牛"帕默斯顿勋爵(John Bullish Lord Palmerston)的烙印。这一时期的英国主导了世界贸易;构建了自由的宪政体制,支持欧洲大陆抵抗暴政的民族运动和自由运动;到 19 世纪末,英国成为世界上最大的帝国。尽管这番景象并非完全虚幻,但它在很大程度上要归功于帕默斯顿与迪斯累里(Disraeli)等政治家的谋划。英国只是在 18 世纪才稳固地跻身欧洲强国之列,并因美国独立战争近乎失去这一地位。在法国革命战争与拿破仑战争期间,英国的海军力量显赫一时,但它缺少一支大型常备军,欧洲的其他列强为此只是将其视为欧洲的二流国家。

在 1815 年至 1865 年间,卡斯尔雷(Castlereagh)、坎宁(Canning)、威灵顿(Wellington)、阿伯丁(Aberdeen)以及帕默斯顿等英国外交政策的制定者无不回头借鉴小威廉·皮特(William Pit the Younger)的外交方针。1814—1815 年的《维也纳最后议定书》(Vienna settlement)大致沿袭了皮特在 1805 年提出的设想,列强同意定期会晤,以维护和平局势。卡斯尔雷感到英国有必要退出定期会议制度(Congress system),因为他认为该制度旨在镇压任何有可能威胁专制制度的反叛活动,背离了维护国际和平的初衷。

这一时期的主要问题就是东方问题,即因奥斯曼帝国衰落所留下的危险真空,以及西欧、中欧地区自由主义运动和民族主义运动的兴起。在 19 世纪 40 年代的一系列危机和克里米亚战争期间,英国无奈地追随了支持奥斯曼帝国,遏制俄国势头的政策。尽管英国民众非常同情欧洲尤其是意大利的自由运动和民族运动,但英国政府始终谨慎行事。

到 19 世纪 60 年代,各国之间的势力均衡发生改变。英国海军依然称霸海域,但英国在工业领域的霸主地位正在遭遇其他国家,尤其是美国与德国的挑战。在帕默斯顿最后一届政府任期里,英国差点灾难性地卷入美国内战,帕默斯顿对丹麦的恐吓也被俾斯麦看破。在 1866 年的奥地利与普鲁士之间的战争中,英国袖手旁观。迪斯累里强作姿态,声称英国的节制态度出于英国国力的增强,而非衰落。

迪斯累里与格莱斯顿(Gladstone)在外交思想上的分歧比他们的前任之间的分歧更加明显。格莱斯顿很清楚国际事务的处理原则,他依法行事,通过仲裁解决争端。在欧洲,他被俾斯麦挫败。俾斯麦缔造了紧密且危险的同盟体系,以保护新生的统一的德国。迪斯累里则在国际事务中求助于德意志帝国,藉此成就了保守党的一番事业。

英国在 19 世纪后期构建了一个新型帝国,这往往被视为英国采取守势的表现,反映了英国的劣势而非优势。英国在印度拥有一个强大的帝国,不过有时仍然需要进一步扩充疆域,以增强防御。具有讽刺意味的是,在列强争霸的时代,自由党执政时期的英国在非洲获得的领土比保守党执政时期在非洲的获益还要多。其他国家——往往是法国或德国——往往能给英国造成冲击。帕默斯顿、迪斯累里以及他们的后继者都以花言巧语让民众相信英国的伟大。但那些头脑清醒的政治家,如索尔兹伯里勋爵(Lord Salisbury)、鲍尔弗(Balfour)或格雷(Grey)等人都深知境况的艰险。"光荣孤立"("Splendid isolation")并不光荣。1902 年,在布尔战争所产生的世界性影响的刺激下,英国与日本达成了同盟。在接下来的 12 年里,英国改变了索尔兹伯里的政策,即"依靠"德国、奥地利与意大利之间的三国同盟(Triple Alliance),转而与两个传统的对手法国与俄国建立了亲密关系。英国无法承担德国再次击败法国的风险。为了维护均势,防止一强独霸欧洲,英国于 1914 年对德宣战,一如此前对腓力二世(Philip II)、路易十四或拿破仑宣战。

1918 年之后,英国如愿以偿但也损耗惨重。随着俄国陷入革命与内战,甚至在第一次世界大战结束之前,曾经击败了同盟国集团的协约国集团就已开始瓦解。美国转向孤立主义;英日同盟(Anglo-Japanese alliance)在 1922 年之后便告终结;作为英国主要盟友的法国也难以赢得英国的信赖,因为法国在 20 世纪20 年代四面树敌,在 20 世纪 30 年代又接连碰壁。国际联盟在处理中国的东北地区危机(Manchurian crisis)时的无力,是一个初期信号,它提醒人们集体安全无法提供充分保护。其后,纳粹政权于 1933 年登上德国的权力舞台。随着绥靖政策的推行,英国需要找寻新的盟友。尽管俄国在 1934 年得到了国际联盟的承认,但双方互不信任。1939 年,斯大林转而与希特勒达成协议。英国高估了意大利的实力,并极力拉拢意大利。在这种情况下,英国的外交政策陡然变化。1938年,英国放弃了对捷克斯洛伐克的保护,却向波兰许下了几乎无法兑现的承诺。

第二次世界大战之后,诸多类似的情节再次出现。经济与金融实力的薄弱直接影响着外交政策。随着战后世界的定型,两个问题浮现出来——面对苏联时的安全问题与英国对欧洲的态度问题。前者的解决得益于如下要素,即核威慑;英国加入北大西洋公约组织(NATO,1949);与美国达成紧密关系。苏伊士运河危机只是暂时威胁到英国的安全问题。英国针对欧洲的态度问题受制于三个因素。其一,英国在地理上与文化上与欧洲保持着若即若离的关系。其二,欧洲的统一从经济合作延伸到政治一体化。欧洲统一计划的最初意图,只是避免欧洲诸国再次兵戎相见。英国投票加入的"共同市场"掩盖了欧洲大陆某些支持国的政治意愿。其三,英国申请加入共同市场的时间选择。1963年,戴高乐否决了英国的申请。1967年,戴高乐再次否决了英国的申请。此时,联邦欧洲(federal Europe)几乎刚刚提上日程。但待英国于1973年加入欧洲经济共同体(EEC)时,欧洲政治一体化的速度已与日俱增。在某种程度上,英国好似一个失灵的制动器,往往惹恼那些渴望欧洲统一的人,又无法取悦那些反对欧洲统一的人。如今已进入21世纪,英国与欧洲的关系问题依旧悬而未决。

20世纪末,国际恐怖主义(international terrorism)的蔓延为外交政策增添了新的问题,"政权更迭"("regime change")成为许多势力的目标之一。伊拉克与阿富汗境内一再爆发冲突,这表明他国很难将民主、法治移植到依然由宗教或部族派系统治的国家。在此情形下,各国逐渐失去了干预他国的热情。

forest laws　森林法　在诺曼列位国王统治时期,王室森林面积稳步增加,很可能在亨利二世统治时期臻于最广,其时的森林面积约占全国土地的30%,它们被留作王室游娱之用。森林法旨在保护"森林里的动物"(麋鹿、狍、黇鹿与野猪)、树木以及动物们赖以藏身的林下植物。亨利二世时期制定了明确的森林法,其中最有名的要属1184年的《森林法令》【*Assize of the Forest*,也称《伍德斯托克法令》(*Assize of Woodstock*)】。法令规定,任何人都不能在王室森林里携带弓箭,狗必须剪除脚趾,以防在森林里追逐打闹。但有违反,严惩不贷。在约翰统治时期,人们对森林法的不满使得森林成为一个重大的政治问题。这一问题在《森林宪章》(*Charter of the Forest*,1217 年)中达到顶点,直至大面积森林在 14 世纪遭到砍伐时,这种政治争议才告平息。

forma regiminis　政权形式　或称统治形式,是西蒙·德·孟福尔(Simon de Montfort)在取得刘易斯战役胜利之后,于 1264 年 6 月设置的临时政权。直至孟福尔与亨利三世的争端得到解决,这种统治形式才告结束。在这种统治形式之下,由 9 人组成的委员会向国王提供咨议。1265 年 5 月,曾身为人质的爱德华王子脱逃,孟福尔与亨利三世的谈判告一段落,德·孟福尔在伊夫舍姆(Evesham)战役中阵亡。

Formby, George（1904—1961）.　乔治·丰比（1904—1961）　喜剧演员。丰比出生于兰开夏郡的威根(Wigan),他像其父亲一样,延续了旧式的音乐厅表演传统。他在舞台上塑造了愚笨却和善的兰开夏人形象,嗓音尖利,笑而露齿,弹得一手优美的尤克里里。他在 1935 年首次出演电影《无极限》(*No Limit*),其后至 1946 年,他平均每年参演两部电影。丰比由此成为英国收入最高的艺人,也成为高票房的保证。

Formigny, battle of, 1450.　福尔米尼战役（1450）　1450 年,在英格兰面临四面楚歌的亨利六世顶着巨大的压力保卫其法国领地。4 月 15 日,由托马斯·基里尔爵士(Sir Thomas Kyriel)与马修·高夫爵士(Sir Matthew Gough)统帅的一支救援远征军在诺曼底受到德·克莱蒙伯爵(comte de Clermont)的阻击而惨遭失败。法军在此役中使用的炮兵确保他们在 3 年之后的卡斯蒂永(Castillon)战役中取得了压倒性胜利。

Fornham St Genevieve, battle of, 1173.　福纳姆圣热讷维耶沃战役（1173）　亨利二世的大儿子"幼王亨利"(Henry the Young King)于 1173 年发动叛乱。在法国的路易七世与苏格兰的"狮王威廉"(William the Lion)的支持下,叛乱活动势如破竹。亨利二世击退了针对诺曼底的一次袭击,留下首席政法官(Justiciar)

理查德·德·鲁西(Richard de Lucy)负责守护英格兰。9 月,莱斯特伯爵罗伯特(Robert,earl of Leicester)在萨福克登陆。德·鲁西带兵前去阻截叛乱者。10 月 17 日,他在贝里圣埃德蒙兹(Bury St Edmunds)北部的福纳姆圣热讷维耶沃击溃并俘获了莱斯特伯爵。

Forster,William Edward(1818—1886). **威廉·爱德华·福斯特**(1818—1886) 福斯特是一位工作勤勉的政治家,其最大的贡献是 1870 年《教育法》。他是贵格会传教士之子,最初在布拉德福德(Bradford)从事约克郡羊毛贸易活动。1861 年,他以自由党成员身份重返布拉德福德。1865 年,他在罗素(Russell)政府中任职。后在格莱斯顿(Gladstone)第一届政府中任职,负责教育工作。他提出的《教育法案》提议,尚未建立民办学校的地方所设立的公办学校应由选举产生的学校委员会进行管理。《考珀—坦普尔条款》(Cowper-Temple clause)解决了宗教难题,条款规定学校推行非教派性质的宗教教学活动。福斯特还于 1872 年成功推行了秘密投票选举(secret ballot)。1880 年,福斯特受任为爱尔兰事务首席大臣。他于 1882 年辞职,那时,格莱斯顿正与巴涅尔(Parnell)就基尔曼哈姆"条约"(Kilmainham "treaty")进行谈判。

Fortescue,Sir John(*c.*1394—*c.*1476). **约翰·福蒂斯丘爵士**(约 1394—约 1476) 律师。福蒂斯丘在林肯律师公会学习法律,并于 1442 年成为首席大法官(lord chief justice)。他坚定地拥护兰开斯特派的事业,在蒂克斯伯里(Tewkesbury)战役中站在战败者阵营一方并被俘虏。其后,他与获胜的约克派谈判。他最重要的著作是颂扬英格兰法律的《英格兰法律颂》(*De laudibus legum Angliae*)与大约在 1470 年之后写就的《论英格兰的治理》(*On the Governance of the Kingdom of England*)。福蒂斯丘尽力区分绝对君主制(如法国的制度)与有限君主制或君主立宪制(如英格兰的制度)。他藉此推动人们对英国政府的自由特性引以为豪。如同白哲特(Bagehot)一样,福蒂斯丘缔造了他所描绘的那般境况。

Fortriu 福特日乌 盖尔人对皮克特人某处领地的称谓。福特日乌及这里的人、国王频繁见诸 7 世纪至 904 年有关的当代文献中。904 年,康斯坦丁二世(Constantine II)率军在珀斯郡(Perthshire)的斯特拉森(Strathearn)战胜了丹麦人,其后便很少见到与福特日乌有关的消息。"福特日乌国王"似乎是"皮克特人国王"的另一种称谓。

Forty-five rising　1745 年詹姆斯党人叛乱　See JACOBITE RISINGS.(见詹姆斯党人叛乱)

Fosse Way　福斯大道　罗马人建造的自埃克塞特(Exeter)至林肯(Lincoln)的道路,因其连通了自伦敦辐射出的主要道路系统而非同寻常。其现代名称源自"凹面"(*fossa*)一词,或许用于堆积土方。

Fotheringhay, treaty of, 1482.　《福瑟陵埃条约》(1482)　1480 年,英格兰与苏格兰的关系恶化。一些桀骜不驯的苏格兰领主袭击了英格兰北部。1482 年 6 月 11 日,被流放的詹姆斯三世的兄弟,即奥尔巴尼公爵亚历山大(Alexander, duke of Albany)在福瑟陵埃城堡承诺,假如有英格兰军队威胁到爱德华四世的王位,他们将承认他为苏格兰君主。由格洛斯特的理查(Richard of Gloucester,即后来的理查三世)率领的这支英格兰军队抵达了爱丁堡,但奥尔巴尼放弃了该条约。格洛斯特仅获得了特威德河畔贝里克(Berwick-on-Tweed)的城堡。

Fountains abbey(Yorks)　方廷斯修道院(约克郡)　1132 年由约克郡本笃会(Benedictine)圣玛丽修道院里一群持不同整改意见的修道士在斯凯尔代尔(Skelldale)建造而成。1133 年,他们采纳了西多会(Cistercian)的戒规。因 13 世纪末教会经济大都经营不善,方廷斯修道院几近毁坏。不过,在中世纪后期,修道院得以持续修建。到解散修道院之时,方廷斯修道院仍是英格兰最富有的西多会修道院。

Fourth Party　第四党　对 1880 年保守党(Conservative Party)内一群议会

核心成员的谑称(其余三党为自由党、保守党与爱尔兰人)。第四党成员有伦道夫·丘吉尔勋爵(Lord Randolph Churchill)、J.E.戈斯特(J.E.Gorst)、H.D.沃尔夫爵士(Sir H.D.Wolff)以及立场较为超然的阿瑟·鲍尔弗(Arthur Balfour)。第四党在英国议会及格莱斯顿(Gladstone)政府中都很不受重视。该群体的主要成就就是帮助伦道夫勋爵开启了辉煌的职业生涯。

Fox,Charles James(1749—1806). **查尔斯·詹姆斯·福克斯**(1749—1806) 福克斯在伊顿公学与牛津大学接受教育,其后在未成年时便于1768年进入议会下院。他在诺斯(North)政府里担任闲职,但仍从《王室婚姻法》(Royal Marriages Act)中感受到国王受到的束缚。成为反对党成员之后,福克斯与罗金厄姆(Rockingham)的辉格党(Whigs)联合起来。他开始批评王权造成的影响,反对英国针对美洲移民的政策。与此同时,他支持议会改革,废除《忠诚宣誓法》和《市镇社团法》(*Test and Corporation Acts*)。

诺斯于1782年下台后,福克斯成为罗金厄姆政府里的外交大臣。他希望在确保美国人有意和谈的情况下承认美国的独立,但他不同意谢尔本(Shelburne)在罗金厄姆去世后辞去职务。事实证明,福克斯的判断有误。他被迫寻找新的政治同盟,转而加入他的老对手诺斯的阵营。诺斯派在和平条款草案问题上战胜了谢尔本,藉此将该问题强加给国王。他们试图改革东印度公司,但乔治三世促使议会上院否决了《印度法案》,并解散了福克斯与诺斯的联盟。1783年12月,国王将皮特安插到政府之中,担任首相,并在1784年的大选中赢得了决定性的胜利。福克斯面临着长期处于反对党的境地。

尽管皮特在议会改革与爱尔兰自由贸易问题上被打败,但福克斯并未从中感到些许宽慰。1788年,乔治三世染病。福克斯期望一旦威尔士亲王摄政,他能谋得一官半职。孰料乔治三世在1789年2月康复,福克斯因处理摄政问题不当而被同僚们指责,其仕途再遭打击。

1789年,法国大革命爆发。福克斯认为法国总算重演了1688年的英国革命。不过,福克斯所在的政党出现分裂,到1794年时,他在议会下院仅有60位支持者。尽管他嫌恶雅各宾派所取得的成功,但他反对同法国开战。1806年1月,皮特去世。直至此时,国王才准备接纳福克斯为格伦维尔(Grenville)政府中的外交大臣,但此时的福克斯已重病缠身。他试图与拿破仑和谈,却一无所获。唯一令福克斯在晚年感到宽慰的是议会下院对奴隶贸易的谴责。1806 年 9 月,福克斯去世。他被渲染为辉格党的传奇人物。颇具讽刺意味的一点是,作为维多利亚时代的自由主义英雄,福克斯的私人生活与时代风气很不相符。他在年轻时好赌成性,拈花惹草。尽管他在与情妇伊丽莎白·阿米斯特德(Elizabeth Armistead)的交往中感受到了幸福,而且两人还于 1795 年结了婚,不过,福克斯始终对其私人财产管理不善。

Fox,George(1624—1691). **乔治·福克斯**(1624—1691)　基督教公谊会【Society of Friends,贵格会(quakers)】的创立者。福克斯出身于莱斯特郡(Leicestershire)一清教徒家庭,自幼学习制鞋。经过几番宗教活动,他对各个教派颇为失望。他开始(1647 年)四处布道,将"寻求者"("Seekers")的众多小团体集结起来。他们拒绝权贵,摈弃当时的社会习俗乃至宗教礼仪,不信奉圣礼或圣经,而是信奉神秘的"内心灵光"("Inner Light")。福克斯的信众被称为"光明之子"("Children of Light"),即通常所说的贵格会信徒(1654 年)。直到 1660 年之后,他们才成为非政治性的和平主义者。

Fox,Henry(1705—1774). **亨利·福克斯**(1705—1774)　福克斯于 1735 年进入议会并得到沃波尔(Walpole)重用。沃波尔的继任者亨利·佩勒姆(Henry Pelham)也很器重福克斯,并于 1746 年任命他为战事大臣(secretary at war)。福克斯是老练的辩手,也是优秀的人力与资金管理者。他于 1755—1756 年短时间内担任国务大臣,但他在外交事务方面,诸如"七年战争"中,专业素养不足,对他的发展产生了不利影响。1757 年,福克斯的对手威廉·皮特(William Pitt)与纽卡斯尔(Newcastle)达成联盟,他被"收买"担任财政部主计长(paymaster-general)这个有利可图却不甚起眼的职务。1762—1763 年,比特(Bute)与乔治三世命他负责在议会下院通过《巴黎和约》(*peace of Paris*),他的复仇机会来了。他获封荷兰勋爵(Lord Holland),但乔治三世对他玩世不恭的做事方式心生不满,其仕途就此终结。

Foxe，John（1516—1587）．**约翰·福克斯**（1516—1587）　殉教史研究者。福克斯出生于林肯郡,在牛津大学接受教育,后成为莫德林学院(Magdalen College,1539年)职员。他主要因其《殉教者名录》(*Actes and Monuments*,1554年拉丁版,1563年英文版)或《殉教者书》(*Book of Martyrs*)而闻名,这本献给伊丽莎白一世的畅销书强化了英格兰是上帝选出的国家这种观念。其主要内容涉及大量偏颇乃至错误的新教知识。

Foxe，Richard（*c.*1448—1528）．**理查德·福克斯**（约1448—1528）　主教,政治家。福克斯在牛津大学莫德林学院(Magdalen College)接受教育。亨利七世任命他为埃克塞特(Exeter)主教、国王秘书、王玺掌管大臣(lord privy seal)。他在外交事务与婚姻事务的谈判中得到重用。福克斯的工作地点几经调动,1492年前往巴斯和韦尔斯(Bath and Wells),1494年前往达勒姆(Durham),1501年前往温切斯特(Winchester)。1507—1519年,他担任剑桥大学彭布罗克学院(Pembroke College)院长。在亨利八世统治时期,随着沃尔西声名渐起,他的影响日渐衰退。1516年,他卸任王玺掌管大臣一职。

Fox's martyrs　福克斯的殉教者　对福克斯—诺斯(Fox-North)联合政府大约90位支持者的谑称。在1784年大选中,皮特(Pitt)大获全胜,他们则丢掉了职位。这一谑称出自约翰·福克斯(John Foxe)在1563年出版的那本著名的《殉教者书》。

Fox-Talbot，W.H.　W.H.福克斯—塔尔博特　See TALBOT，W.H.FOX.(见威廉·亨利·福克斯·塔尔博特)

franchise　特权　See SUFFRAGE.(见选举权)

Franciscans　方济各会　【或称"小兄弟会"("friars minor")、"灰袍僧会"("grey friars")】是由阿西西的圣方济各(St Francis of Assisi,1181/2—1226年)在1209年创立的托钵修道会。圣方济各是富商之子,他教导信徒像他那样关爱穷人,救助病者。方济各无意整合迅速膨胀的传教士队伍,他很快便失去了对该团体的控制。1223 年,教皇洪诺留三世(Pope Honorius Ⅲ)推行更加制度化的管理方式,强调赤贫。其后,修道会迅速膨胀,尤其对城市里的捐助者产生了很大的吸引力。方济各会修士主要在城镇里居住、布道。

1224 年,方济各将第一批方济各会修士派往英格兰,他们在坎特伯雷、伦敦与牛津建立了团体。其后,英格兰的方济各会迅速扩充,到 1300 年时约有 60 处修道院。在牛津,方济各会修士很快便凭他们的学识赢得了声望,引领了 13 世纪与 14 世纪的智识活动,其成员包括罗杰·培根(Roger Bacon)、邓斯·司各脱(Duns Scotus)与奥卡姆的威廉(William of Occam)。在 16 世纪 30 年代解散修道院前夕,牛津约有 50 多处方济各会修道院。

Franco-Scottish alliance 法国—苏格兰同盟 也被称为老同盟(Auld Alliance)。它是一个攻守同盟,意在通过在两个侧面施以战争威胁,削弱英格兰征服苏格兰或法国的企图。该同盟最初于 1295 年在巴黎达成,其后定期续订,直至苏格兰于 1560 年宣布放弃该同盟。

Franklin, Sir John(1786—1847). **约翰·富兰克林爵士**(1786—1847)富兰克林曾在对抗拿破仑(Napoleon)的海战中卓立战功,后来成为当时英国最有名的北极探险家,之后甚至因其探索未知之地而成为英国家喻户晓的人物。富兰克林分别于 1818—1822 年与 1825—1827 年进行了两次伟大的陆上发现之旅,探索了加拿大大陆北部的广袤区域。1834—1843 年,他担任塔斯马尼亚岛(Tasmania)总督。其后,他受命乘坐"厄列贝斯"号(Erebus)和"特罗尔"号(Terror)这两艘南极探险船只前往北极,探寻西北航路(North-West Passage)。在通过前往威廉国王岛(King William Island)西侧的海路之后,两艘船只便因冰封而无法前行。富兰克林去世,但他的船员在历经坏血病、饥饿以及因听装食物导致的铅中毒等诸多危机而幸存下来。直至 1859 年,此次灾难的真相才完全为人所知。

frankpledge 十户联保制 一种集体负责制,用以端正行为。在这种制度之下，十家区（tithing）或十户中的每一户都对其他户的端正品行负责，否则就要被处以罚金。盎格鲁—撒克逊时期与丹麦人统治时期的英格兰已经出现了十户联保制的某些因素，但这种制度在诺曼征服之后才真正形成，或许是用于确保势单力薄的诺曼人在这片充满敌意的地域的安全。

Frazer，Sir James（1854—1941）． **詹姆斯·弗雷泽爵士**（1854—1941）人类学家。弗雷泽出生于格拉斯哥，后于 1879 年受任剑桥大学三一学院（Trinity College）研究员，并在此度过余生。他出版的《金枝》（*The Golden Bough*，1890 年）一书是比较人类学的开创之作。在 20 世纪 30 年代之前，他一直在从事比较人类学研究。弗雷泽认为，社会经历了从巫术到宗教再到科学的演进过程。弗雷泽倾注巨大精力搜集了海量资料，其中很大一部分见诸出版的《人类学辑录》（*Anthologia anthropologica*，1938 年，1939 年）。

Frederick Lewis，prince of Wales（1707—1751）． **威尔士亲王弗雷德里克·刘易斯**（1707—1751） 乔治二世与卡罗琳王后（Queen Caroline）的长子，乔治三世之父。弗雷德里克平生大多时间都与父母不和。18 世纪 30 年代中期，他成为被反对派政客利用的得心工具。他自幼在汉诺威长大，后于 1728 年去往英格兰。1736 年，他与萨克森—科堡公国的奥古斯塔（Augusta of Saxe-Coburg）成婚，其后在莱斯特宅邸（Leicester House）建立了反对派阵营，该地成为沃波尔（Walpole）领导的反对派的重要汇聚地。在 18 世纪 40 年代，"莱斯特官邸集团"对议会影响甚微。1751 年，威尔士亲王突然去世，该集团遂告破裂。

Free Church of Scotland 苏格兰自由教会 1843 年，苏格兰教会发生分裂（Disruption of 1843）。那些反对苏格兰长老会（Church of Scotland）如同在奥赫特拉德事件（Auchterarder case，1838—1839 年）中那样侵犯自治权利的人，在托马斯·查尔默斯（Thomas Chalmers，1780—1847 年）的调解下从教会中脱离出来。在爱丁堡的强力领导下，教会持续削弱在神学上的保守性，强化在政治上的自由性，形成了一套不同于长老会制的集中的财政体制，并将其他长老会分离派团结起来。这些派别包括最初分离者（original seceders，1852 年）、改革宗长老会

（Reformed Presbyterian Church，1876年）和联合长老会（United Presbyterians，1900年），由此形成了联合自由教会（United Free Church）。该教会在1929年与苏格兰教会合而为一，双方都必然做出某些让步。

freeholder　自由地产保有人　原则上而言，任何完全拥有地产的人都是自由地产保有人，但这一术语在历史上通常用于与投票权相关的语境之中。自由地产保有人往往拥有每年价值40先令（2英镑）的地产，由此在郡区选举中拥有投票权，这种特权至少延续至19世纪投票权扩大之时。"自由地产保有人"往往被视为能够在不受任何威胁的情况下，独立地行使其合法权利的选民。

freemasons　共济会　会员最初都是中世纪时期的熟练石匠，他们四处游走，逐渐形成了一套用于私下交流的秘密符号和口令。后来，他们逐渐同手工业行会（craft guilds）区分开来，发展成颇具影响的社会团体，致力于慈善事业。1691年以来，随着会所条件的逐步改善，他们定期集会并准许更广泛的社会阶层加入其中。1717年，首个共济会总会所建成。共济会蓬勃发展，很多会所拥有自身的地产。1802年，他们发展成一个全国性组织。共济会主要因其神秘性而遭致诸多批评，尤其是罗马天主教会的批评。天主教会认为共济会纲领不过是为自由思想打掩护，其他人则对共济会产生的神秘的政治影响心存疑窦，或指责共济会会员以不当手段行利己之事。

free trade　自由贸易　该理论的基本信条是，自由贸易是国际市场里最好的组织形式。所谓自由贸易，是指在商品交易时，不得以任何手段人为地限制贸易标准、商品种类或价格。自由贸易假定了一个完全竞争（perfect competition）的状态。

　　事实上，很少会有几个国家遵循完全意义上的自由贸易政策，而维多利亚时代的英国就是这种典型的例外。传统上，为了确保将廉价的进口食物输往工业区，英国会对农业施以保护措施。而1846年的《谷物法》抛弃了这一做法，改变了人们的政治观念。【见保护主义（See PROTECTIONISM.）】在维多利亚时代，英国经济严重依赖国际贸易与国际金融，尤其是后者。在此前或之后，尚无任何一个国家像此时的英国一样,将巨大份额的国民收入转变为海外投资。而且,英国的工业严重依赖出口商品市场。因此,正是为了确保英国的经济利益,国际贸易才繁盛起来。

第一次世界大战期间,英国卖掉了大量海外资产,以维持战争开支,其收支平衡遭到严重破坏。1929—1932 年大萧条标志着自由贸易的终结。1932 年,英国引入普遍关税制,对进口商品课以 10% 的关税,但给予英联邦国家以最惠国待遇,以换取它们对英国出口商品的准入。但 20 世纪 50 年代以来的欧洲经济共同体(EEC)的一大目标,便是消减关税壁垒,至少是成员国之间的关税壁垒。【见欧洲自由贸易联盟(See EFTA)】。

French,Sir John(1852—1925). **约翰·弗伦奇爵士**(1852—1925) 军人。在第二次布尔战争(Boer War)期间,弗伦奇率领一支骑兵师参战;后任帝国总参谋长。1914—1915 年,"约翰尼"·弗伦奇("Johnnie" French)担任驻法英军第一指挥官。事实证明,他并不胜任这一职务。作为具有超凡魅力的骑兵统帅,他对行政工作或外交事务知之甚少。1915 年 9 月至 10 月,他在洛斯(Loos)战役中落败;同年 12 月,他被解除职务。1918—1921 年,他担任爱尔兰总督,并于 1922 年获授第 1 代伊普尔伯爵(1st earl of Ypres),成为贵族。

friars **修士** (friars 源自拉丁词汇 *fratres*,即兄弟)出自所谓的托钵(即行乞)修行制度。四个最重要的修会分别是方济各会(Franciscans)、多明我会(Dominicans)、加尔默罗会(Carmelites)和奥古斯丁教团(Augustinians)。修会出现于 13 世纪早期,一方面满足了社会变革(尤其是城市化迅速推进)时期的精神需求,另一方面也是为了通过言传身教对抗异端邪说。

尽管修士们往往遵循各种旧式的修行制度,但他们在很多方面与修道士截然不同。他们习惯了清贫的生活,拒绝接受捐赠和财产,而是依靠行乞度日。他们的修行目的(raison d'être)是融入世俗世界,而非远离世俗世界。作为正统的福音传道者,他们尤其强调既要在自身团体内部学习,又要在大学中学习。因此,不足为奇的是,中世纪后期欧洲几乎所有最有影响的知识分子,包括托马斯·阿奎那(Thomas Aquinas)和邓斯·司各脱(Duns Scotus),皆为修士。

friendly societies　互助会　工人们的互助会可以追溯至 17 世纪晚期,但它们直到 1760 年才取得迅猛发展。工人们会每周或每月向共同基金中捐助一小笔资金,作为回报,他们能在生病时或去世后得到救济。互助会最初只是拥有不足 100 名会员的地方性机构。但在 19 世纪 30 年代与 40 年代,它们的面貌焕然一新,其组织结构连为一体(一个总部),另外划分成多个地区和修道院,成员包括秘密共济会会员(the Oddfellows)、林业工人(Foresters)、德鲁伊特教会员(Druids)、古不列颠人(Ancient Britons)、远古野牛(Antediluvian Buffaloes)与禁酒会员(Rechabites)。1815 年,互助会约有 925,000 名会员。到 1872 年,会员数量已增至大约 400 万。1875 年以来,互助会在保险方面的重要性日渐增加。根据 1911 年的《国民保险法》(*National Insurance Act*),互助会获得了新的角色,成为全民健康保险计划中的代理人。

Friends of the People　人民之友　1792 年,由激进的辉格派贵族与议会议员组成的联盟,发起者为约翰・罗素勋爵(Lord John Russell)、查尔斯・格雷(Charles Grey)以及他们的朋友。他们主张温和的议会改革,以保持现有体制。他们对议会改革最重要的贡献,或许就是他们对议会代表、腐败及影响的报道。

Frobisher, Sir Martin(*c.* 1535—1594)　**马丁・弗罗比歇爵士**(约 1535—1594)　16 世纪 50 年代,弗罗比歇在西非和东地中海经营海上贸易;后与德雷克(Drake)联手,于 1585—1586 年间去西印度群岛(West Indies)探险,在 1588 年战胜西班牙无敌舰队(Armada)。尽管他因此声名鹊起,但他最为人铭记的是他曾于 1576—1578 年间三次探索西北航路(North-West Passage)。16 世纪 90 年代,弗罗比歇数次与西班牙人遭遇,他在布雷斯特(Brest)遇害。

Fry, Elizabeth(1780—1845)　**伊丽莎白・弗赖**(1780—1845)　改革家。伊丽莎白・弗赖出生于格尼(Gurney)的贵格会教徒家庭,父母为诺里奇(Norwich)银行职员,自幼在厄勒姆府(Earlham Hall)长大。她在 20 岁时嫁给了另外一个贵格会教徒、银行家约瑟夫・弗赖(Joseph Fry),开始养育一个大家庭。

其后,伊丽莎白·弗赖开始走访纽盖特监狱(Newgate)并于1817年建立了一个旨在帮助女性犯人的社团。1818年,她向议会委员会提供证据,坚称为犯人提供有益工作的重要性。到19世纪20年代,她已经颇具国际声望,尽管她因丈夫在1828年时破产而不得不对自己的改革活动有所削减。

Fuentes de Onoro, battle of, 1811　丰特斯—德奥尼奥罗战役（1811）
1811年5月3日,威灵顿(Wellington)率领英国与葡萄牙联军37,000名士兵,试图阻击马塞纳元帅(Marshal Masséna)统帅由47,000名法国士兵组成的精锐军队前去支援阿尔梅达(Almeida)。马塞纳向丰特斯—德奥尼奥罗村庄发起攻击,但遭失败。丰特斯—德奥尼奥罗战役与阿尔布埃拉(Albuera)战役使葡萄牙边境的战事陷入僵局。

Fulford, battle of, 1066　富尔福德战役（1066）　1066年1月,哈罗德·戈德温森(Harold Godwineson)继位。8个月后,挪威国王哈罗尔·哈德拉达(Harold Hardrada)联合弟弟托斯蒂格(Tostig),发动了一次猛烈袭击。他们沿乌斯河(Ouse)抵达约克南部的里科尔(Riccall)。9月20日,埃德温(Edwin)与莫卡(Morcar)——二人是哈罗德的内兄弟,分别为麦西亚伯爵和诺森伯里亚伯爵——在富尔福德与挪威一方接战,但惨遭失败。

Fursa, St（d.c.649）　圣福尔西（卒于约649）　他在爱尔兰成功建造了一所修道院,其后离开身边的信众,大约于633年抵达东盎格利亚,在雅茅斯(Yarmouth)附近建造了另一所修道院。在动身前往高卢之际,他的生活像隐士一样简朴。他约于644年在巴黎东部的拉尼(Lagny)建造了另一所修道院。不过,尽管有上述事迹,弗萨的声望主要建立在他对另一个世界的想象之上。

fyrd　民军　从理论上而言,盎格鲁—撒克逊时期英格兰的所有自由人都有义务在必要时应召加入民军。由于当时实际情况诸如:沟通不畅,险情突发,海盗或维京人的突袭来去无踪,因此这些国家军队很少能及时得到征召。一旦某地发生突袭,多由当地方郡长(ealdormen)带领地方民军进行抗击。诺曼征服之后,尽管重新制定了以骑士役(knight service)为基础的军事征召,但民军仍旧存在,并得到了威廉一世与威廉二世鲁夫斯(Rufus)的征召。武器的日渐专业化使得地方民军的效用越发微小。但多少有些幸运的是,民军后继发展出的形式:经过训练的武装团队、民兵或地方军无须应对大规模入侵。

G

Gabbard, battle of the, 1653. **加伯德海战**（1653） 第一次英荷战争（Anglo-Dutch War）末期的一次重要海战。蒙克（Monck）与布莱克（Blake）率领的一支大型舰队在哈里奇（Harwich）东面的加伯德沙洲附近与马丁·特龙普（Martin Tromp）的舰队发生交火。战役从 6 月 12 日延续到 13 日，荷兰损失了 17 艘舰船。

Gaelic **盖尔语** 凯尔特语族的一支，是所谓的戈伊德尔语（Goidelic）的分支，包括爱尔兰盖尔语、苏格兰盖尔语与马恩岛语。4 世纪后期，操爱尔兰语的移民推动了苏格兰盖尔语与马恩岛语的发展。自达尔里阿达（Dalriada）王国奠立伊始，盖尔人便经苏格兰，顶着当地皮克特人的抵抗，向北、向东流动。6 世纪，科伦巴（Columba）在艾奥纳（Iona）建立了盖尔人教堂。其后，盖尔人获得了扩散他们的影响与语言的平台。9 世纪，盖尔人与皮克特人最终团结在一个或许具有混合血统的盖尔人国王之下。11 世纪，邓肯之子马尔科姆·坎莫尔（Malcolm Canmore）在英格兰人的协助下登上王位，并开始引入盎格鲁—诺曼人的习俗与语言。其后代延续了这一政策，在行政机构与教会事务中，盖尔语逐渐为英语取代。

据估计，1755 年时约有近 1/4 苏格兰居民，即大约 290,000 人都说盖尔语。但到 1971 年，在 5,228,000 人中，只讲盖尔语的人数已不足 477 人。19 世纪始，人们开始密切关注盖尔语的发展。1882 年，与盖尔语相关的研究开始进入大学学位课程。如今，孩子们可以在初等教育阶段接受盖尔语教育，也可以在中等教育阶段学习盖尔语。随着这些拯救措施的推行，讲盖尔语的人的数量有所增加。

Gaelic League　盖尔人联盟　于 1893 年在爱尔兰创立,首位主席为道格拉斯·海德,联盟的宗旨是复兴爱尔兰语。尽管该组织在表面上看似无关政治,但联盟难免引发了爱尔兰民族主义者的关注。在盖尔人联盟推动下,盖尔语在 1922 年被指定为民族语言,道格拉斯·海德于 1938 年当选为首任爱尔兰总统。

Gag Acts　《限制言论自由法令》　See SIX ACTS.(见《六法令》)

Gainsborough,Thomas(1727—1788).　托马斯·庚斯博罗(1727—1788)　画家。庚斯博罗出生于萨德伯里(Sudbury,位于萨福克郡),是家庭里 9 个孩子中最小的一个。他很小就展露出成为风景画画家的天赋,并在 13 岁时去伦敦学习绘画。1752 年,他成为一名肖像画家,最初在伊普斯威奇(Ipswich)作画,后在 1760 年去往巴斯(Bath)。在王室、艺术家、贵族与政治家的资助下,他取得了一系列成就。

Gaitskell,Hugh(1906—1963).　休·盖茨克尔(1906—1963)　作为工党领袖,盖茨克尔对英国政治产生了深远影响,其程度或许甚至超过他短暂任职内阁时造成的影响。盖茨克尔先后在温切斯特公学(winchester)与牛津大学接受教育,并在其后从事了 11 年的学术研究。之后,他成为战时经济部(Ministry of Economic Warfare)里的一名文官。

　　盖茨克尔于 1945 年进入议会,成为工党最令人瞩目的新人。他在担任燃料动力部(Ministry of Fuel and Power)取得的显著成就,帮助他平步青云。1950 年大选后,他成为经济事务大臣,这一时间节点刚好有助于他的仕途的升迁。内阁中的很多要人都已身居现职十年左右,而盖茨克尔似乎有望成为未来的工党领袖。1950 年 10 月,斯塔福德·克里普斯(Stafford Cripps)因病辞职,44 岁的盖茨克尔顺理成章地成为财政大臣的继任者。

　　事实证明,盖茨克尔在 1951 年做出的唯一一次财政预算充满争议。他决定对公共医疗卫生服务征收一定的费用,这导致了安奈林·比万(Aneurin Bevan)、哈罗德·威尔逊(Harold Wilson)与约翰·弗里曼(John Freeman)的辞职。1955 年 12 月,艾德礼(Attlee)最终辞去工党领袖职务,盖茨克尔轻松战胜比万与赫伯特·莫里森(Herbert Morrison)而继任。他在任初期的前几年相对平静,甚至与比万达成了和解。盖茨克尔在议会中有效地处理了苏伊士运河危机。由于保守党受到苏伊士运河危机的重创,工党信心满满地迎来了1959年大选。

不过,大选以保守党的第三次连任告终,而且保守党赢得了很大的多数优势。这个结果无疑给盖茨克尔带来相当沉重的打击。他决定推进工党的现代化,以便适应中产阶级选民的意愿。然而,对那些因循守旧者而言,这意味着要削减工党思想体系中的社会主义内容。这些反对声音致使盖茨克尔未能在1960年删除工党章程中的第4条款(生产资料公有制)。但在一年之后,他推翻了左翼人士试图让工党接受单方面核裁军的决议,藉此重新树立了威信。

1963年,盖茨克尔突然去世。他生前尽力将工党重新塑造为一个可信的政府党派。哈罗德·威尔逊在1964年10月赢得大选就受益于盖茨克尔的这些成就。

Gallipoli/Dardanelles campaign,1915—1916. **加利波利/达达尼尔海峡战役**(1915—1916) 1915年2月至3月,英国与法国海军在向他们的俄国盟友寻求支援之后,向加利波利半岛的土耳其的防御工事发起攻击。经过激烈战斗,英国、法国、澳大利亚与新西兰等国的军队只是拿下一些小型滩头堡。具有讽刺意味的是,此次战役最为成功之处在于联军在1915年12月至1916年1月的撤离。

Galsworthy,**John**(1867—1933) **约翰·高尔斯华绥**(1867—1933) 高尔斯华绥曾在哈罗公学和牛津大学新学院(New College)学习,最初是一名律师,但在遇到约瑟夫·康拉德(Joseph Conrad)之后开始从事写作。他的剧作《银匣》(*The Silver Box*,1906年)、《斗争》(*Strife*,1909年)与《法网》(*Justice*,1910年)揭示了法律给穷人造成的沉重压力。他创作的关于福尔赛(Forsyte)家族的首部小说,在1906年以《有产业的人》(*The Man of Property*)为名出版,之后又出版了《在裁判所》(*In Chancery*,1920年)与《出租》(*To Let*,1921年),这些作品汇集为1922年出版的《福尔赛世家》(*The Forsyte Saga*)。高尔斯华绥在1918年婉拒了授予他的爵士头衔,1929年获得功绩勋章(OM),1932年获得诺贝尔文学奖。他的剧作已跟不上时代,但他的小说依然受到欢迎,《福尔赛世家》于 20 世纪 70 年代被搬上电视荧幕时大获成功。

Gambia 冈比亚 冈比亚原为英国在非洲西部的保护国。16 世纪后期,英国开始关注冈比亚地区,在冈比亚河(冈比亚因此河而得名)建立据点,藉此开展贸易。尽管冈比亚的地理面积很小,但它在 1965 年实现了独立。

game laws 狩猎法 自 14 世纪后期始,进行狩猎活动,尤其是狩猎鹿、野鸡、野兔与松鸡等可食性动物的权利,在法律上只授予那些年收入在 40 英镑以上的人。1671 年,狩猎法进一步得到强化,以防止任何人狩猎野兔、松鸡和雷鸟,除非他们每年至少拥有 100 英镑以上的不动产。不足为奇的是,这些法律在乡村地区引发了很大的摩擦。自 18 世纪 70 年代开始,很多人就试图废除这些法令,但直至 1831 年才取得成功。不过,非法狩猎依然遭到禁止。正因如此,在整个 19 世纪,乡村地区一直冲突不断。

Gandhi,Mohandas Karamchand(1869—1948) **莫汉达斯·卡拉姆昌德·甘地**(1869—1948) "圣雄"("Mahatma")或伟大的灵魂(Great Soul)。甘地出生于印度某个土邦,后在伦敦大学学习法律。1893 年,他开始在南非的纳塔尔(Natal)从事法律服务,但他很快便对政治活动产生兴趣。他将印度各地区反种族歧视性法律的力量联合起来,发起了非暴力不合作运动(Satyagraha)。自 20 世纪 20 年代至 40 年代早期,甘地领导了一系列追求自治(Swaraj)的消极抵抗运动。这种运动形式重新定义了印度民族主义的特质。他致力于促进印度教徒与穆斯林之间的宽容,消除种姓隔阂。他拒绝庆祝印度在 1947 年的独立,反对巴基斯坦的分离。1948 年,甘地因其亲穆斯林立场而遭一名印度教狂热分子刺杀。

garden cities 花园城市 19 世纪早期,罗伯特·欧文与泰特斯·索尔特规划了一些社区。19 世纪 80 年代,卡德伯里家族(Cadbury family)在伯恩维尔(Bournville)也建造了一些规划区。建设花园城市这个构想是由埃比尼泽·霍华德(Ebenezer Howard)提出来的。他所针对的是那些建在市属低成本农业土地上的小型城市。在他的设想中,花园是这些城市的中心,环以民用设施和文化设施、市政厅、博物馆、图书馆及剧院。这些花园城市由铁路贯通起来,使用新型的低污染电能。1899 年,花园城市协会成立。第一座花园城市自 1903 年开始在莱奇沃思(Letchworth)开建。1919 年,韦林也开始建造花园城市。这些城市的建造极大地影响了第二次世界大战之后的新城镇建设。

Gardiner, **Stephen**(**c.1497—1555**)　斯蒂芬·加德纳(约 1497—1555)　主教。加德纳最初在剑桥大学任教,1524 年出任沃尔西的秘书。1525 年,沃尔西担保他成为三一霍尔学院院长。沃尔西被解职之后,加德纳成为亨利八世的首席秘书,于 1531 年受任温切斯特(winchester)主教这一肥差。在亨利八世的离婚诉讼中,他维护亨利八世的利益,并于 1535 年写成《论真正的服从》【*De vera obedientia*("On True Obedience")】为国王的行为辩护。1539 年,他促成了《六项条款法》(*Act of Six Articles*) 的颁布。翌年,他参与了推翻克伦威尔的行动。1542—1547 年,他是亨利八世的顾问班子中的一员。爱德华六世继位之后,加德纳公开反对摄政萨默塞特的宗教改革(Protector Somerset's Reformation)。他因此自 1548 年夏天起被关进伦敦塔,并于 1551 年 2 月失去了主教职位。玛丽一世继位后,他得以恢复所有职务,并于 1553 年 8 月受任为大法官。加德纳先后娶玛丽与菲利普为妻;迎接枢机主教波尔(Cardinal Pole)前往英格兰;部分地参与了对新教徒领袖的迫害。加德纳于 1555 年 11 月 12 日去世。

Garrick, **David**(**1717—1779**)　戴维·加里克(1717—1779)　演员。自幼在利奇菲尔德(Lichfield)长大,后随约翰逊前往伦敦(1737 年)。但他很快便因酒业经营而放弃了法律学习,而他对表演的喜好以及因扮演理查三世而一夜走红(1741 年)进一步加速了他的变化。在成为德鲁里巷(Drury Lane)剧院股份的持有者之后,加里克着手改革剧本、演员和观众,调整剧院布局、舞台设计,后来又引入隐蔽灯光。他挚爱莎士比亚,为此恢复了许多在王朝复辟时期被删减的台词。不过,加里克并不总是一帆风顺,他所珍视的在埃文河畔斯特拉特福(Stratford-upon-Avon)举办的莎士比亚周年纪念黯然收场。

Garter,Order of the　嘉德勋位　历史最古老、级别最高的勋位。1348 年，爱德华三世效仿亚瑟王与骑士精神(chivalry)的伟大事迹而设立这一勋位。授予嘉德勋位的成员仅限于君主、威尔士亲王以及 24 名骑士。该勋位的总部设在温莎，爱德华四世曾在此建造了圣乔治礼拜堂(St George's chapel)。获勋者的重要装饰是：佩戴嘉德之星(Star)，左膝部下方穿有皮袜带，斜着佩带一条蓝色绶带。

G

Gascony　加斯科涅　法国一地区，位于加龙河(river Garonne)与比利牛斯山脉(Pyrenees)之间。11 世纪，阿基坦的公爵获得该地。1152 年，阿基坦的埃莉诺(Eleanor of Aquitaine)嫁给亨利二世，这意味着加斯科涅转入英格兰国王之手。由于约翰统治时期的接连战败，自 13 世纪早期起，阿基坦公国通常只是包含加斯科涅很小的一部分地区。1450 年，亨利六世的统治混乱不堪，致使法国的查理六世几乎兵不血刃地进入加斯科涅。

gavelkind　平均继承制　一种平均继承遗产的制度，与长子继承制(primogeniture)相对。该制度主要推行于肯特郡，其他地方尤其是威尔士和爱尔兰也推行这一制度。

Gaveston,Piers(1284—1312)　皮尔斯·加韦斯顿(1284—1312)　爱德华二世最臭名昭著的宠臣。其父为加斯科涅一骑士，曾服侍爱德华一世时期的王室。人们无法确知他是否与爱德华二世有性关系，但有可能存在这种情况。爱德华二世登基后，便对他这位鲁莽的"兄弟"宠爱有加，封他为康沃尔伯爵(earldom of Cornwall)，还授予他更多的土地与财富。1309 年和 1311 年，加韦斯顿两次遭到国王反对派流放。他回来后在约克郡的斯卡伯勒(Scarborough)投降。1312 年，他在沃里克郡的布莱克洛山(Blacklow Hill)死于政敌之手。

Gay,John(1685—1732)　约翰·盖伊(1685—1732)　18 世纪早期颇有影响的作家群体中代表人物之一。盖伊与蒲柏(Pope)、斯威夫特(Swift)和阿巴思诺特(Arbuthnot)很是熟稔。因德文的股份问题，他前往伦敦，不久之后便放弃了丝绸生意,转而成为一名小诗人。1728 年,他的《乞丐的歌剧》(*Beggar's Opera*)在由约翰·里奇(John Rich)建造的林肯律师公会广场(Lincoln's Inn Fields)剧院演出并大获成功,据言,这"让盖伊富裕起来,也让里奇成了同性恋者"。

genealogy　系谱学　对血统与家族世系的研究,是历史学的不可或缺的婢女。在罗马统治时期之后的不列颠,对君主而言,无论在何种情形下,谋得令人敬佩的信誉是很重要的事情。比德坚称亨吉斯特(Hengist)和霍萨(Horsa)是沃登(Woden)神的后代。中世纪时期,系谱学与纹章学(heraldry)关联起来,主要涉及君主与特权阶层。随着绅士地位的提升,他们也对系谱学产生兴趣。理查三世于 1484 年创立了纹章院(Collage of Arms)。自 15 世纪至 1688 年,纹章官(heralds)造访各处,负责确认或否决纹章诉求。系谱调查也为 19 世纪很多地方史学会的建立提供了强大动力。系谱学家学会(Society of Genealogist)成立于 1911 年。20 世纪后期,平民大众利用档案馆和图书馆追溯家庭史的兴趣明显高涨。

General Assembly of the Church of Scotland　苏格兰长老会全会　设立于 1560 年,18 世纪以来每年召开一次。会议章程宣布该全会是苏格兰长老会的最高法庭。王室高级专员(lord high commissioner,或君主)的与会,以及全会可随意将王室高级专员置于会场坐席之外的旁听席的情况,都象征了全会在苏格兰长老会中的地位。

general elections　大选　大选随时间变迁而有所变化。在 17 世纪之前,大选的频率尚无法定要求。1694 年的《三年会期法》(*Triennial Act*)规定了至多每三年举行一次大选的要求,这是首个有效的法律规定。1716 年的《七年会期法》(Septennial Act)将这一周期延长至七年,并一直施行至 1911 年《议会法》的颁布,该法令将这一周期调整为五年。

在 19 世纪末之前,很多席位并未引发任何争议。1900 年,英国有 165 名候选人遭到遣返,爱尔兰也有 69 人遭到遣返,但这并未招致反对。而现如今,每个席位都会引发竞争已是常态。

在17世纪与18世纪,大选很难称得上是名副其实的"大"选。那时的大选其实是富人与地方权贵之间的利益争夺,其中的国家因素少之又少。事实上,晚至1830年时,人们还难以确定是辉格党还是托利党赢得大选,因为很多议会下院议员受党派的约束很少。18世纪的选举并未选出政府,在强大的保护力量影响下,人们通常可以随意选举。保护力量的下降使得这种情况难以维系,也为有组织的政党创造了一个真空。如今,举行大选是为了选出政府,议员的选择通常随之进行。

General Strike,1926. 1926年总罢工 该总罢工因煤炭工业问题而起。4月30日,煤矿工人开始罢工。工会代表大会(TUC)与政府进行谈判,但当《每日邮报》印刷工拒绝印刷某则头条新闻时,鲍德温政府中断了谈判,由此引发了总罢工。总罢工始于5月3日午夜,印刷、运输、钢铁制造、煤气、电力、建筑等行业的工人率先被号召起来。但政府的准备工作确保了必要的供应和服务,使得总罢工宣告失败。在持续了9天之后,罢工被叫停。尽管煤矿工人继续坚持了数月,直至1926年与1927年之交的冬天。

general warrants 一般逮捕令 18世纪,英国国务大臣要求在处理具有煽动性的诽谤罪时,有权随意发布一般逮捕令,逮捕那些无名人士。1763年,因第45期《北不列颠人》(*North Briton*)周刊的印刷或发行所引起的恐惧,哈利法克斯勋爵(Lord Halifax)发布了一则一般逮捕令。49人被捕,其中包括涉事文章的作者威尔克斯(Wilkes)。但在1763年12月,首席大法官普拉特【Pratt,卡姆登(Camden)】裁定一般逮捕令为非法。议会下议于1766年批准了这一裁定。1769年,威尔克斯因遭到哈利法克斯误捕而获得4000英镑赔偿金。

***Gentleman's Magazine* 《绅士杂志》** 月刊,由爱德华·凯夫(Edward Cave)创办,取得了很大的成功。首期于1731年发行,包括评论、随笔、歌曲以及与生、死、婚姻相关的信息。到18世纪30年代末,凯夫宣称该杂志已售出一万份。杂志后经改版,一直发行至1907年,凯夫在克勒肯维尔(Clerkenwell)的经

营场所得以保存下来。

gentry 绅士 严格说来,绅士包括四个各不相同的群体,他们的社会等级仅次于贵族阶层。四个群体中地位较高的是准男爵(baronet),该爵位由詹姆斯一世设立于1611年,爵位持有人拥有获封爵士的世袭权利。第二等级是骑士群体。骑士最初是一种军事荣誉,后逐渐成为因服务于君主而获得的一种世俗赏赐。第三个术语"从骑士"(esquire)最初的涵义与战场有关。在14世纪,得到国王的赏赐是一种荣耀。到16世纪时,由一个特定的纹章办公室(Office of Arms)负责确定资格。纹章官的探察始于1530年,旨在促使那些宣称拥有绅士地位的人能够证明他们享有这一地位的权利。16至17世纪,纹章官越来越发现难以维护自身的权威,骑士阶层尤其是第四等级绅士群体的申请者数量激增。"绅士"这一独立称谓与1413年的《头衔法令》(statute of Additions)有关。如同从骑士一样,"绅士"最初的定义也很精准。

绅士生活方式这个概念在16世纪时就已流行,到19世纪时变得越发重要。绅士就是那些拥有特定社会地位的人,他们通常不必从事体力劳动,而且这种生活方式暗含着对荣誉的捍卫。

当时的社会评论者,诸如金与约瑟夫·马西(Joseph Massie),根据财富标准,直接将绅士阶层置于贵族阶层之下。而丹尼尔·笛福则认为,一个想要成为绅士的人的最低年收入应是100英镑。而100英镑其实是有资格成为治安法官(JPs)与土地税专员(land tax commissioners)的年收入数额。不过,由于没有自动进入绅士阶层的途径,一些非常富有的人便仅仅因为没有头衔而在社会上被称为绅士。1883年,约翰·巴特曼通过调查土地所有权得知,在持有1万英亩或更多地产的331名土地所有者中,有186人都是此类绅士,这种反常现象显露无疑。

据一些估算可知,自17世纪以降,绅士阶层大约占有联合王国50%的地产。富商巨贾、银行家与实业家将他们的部分资产投入到地产之中,他们维持了这种状态。由于同时代的人没有明晰认知,所以在处理绅士阶层与土地所有权的关联时需要慎之又慎。后来,绅士逐渐与生活方式挂钩,而无须考量地产持有量。这引发了历史学家对城市绅士(urban gentry)这个概念的关注。所谓城市绅士,是指那些居住在城镇之中,收入可观,但不像乡村绅士(country gentry)那样拥有大量地产或豪华宅邸的人。这些人中有很多都是从事律师、医生或神职的专业人士,他们的地位与数量在 18 世纪都有所提升。因此,绅士这一社会群体在传统上就缺少凝聚力。

Geoffrey of Brittany(1158—1186)　**布列塔尼的杰弗里**(1158—1186)　亨利二世与阿基坦的埃莉诺(Eleanor of Aquitaine)的第三子,好惹是生非。1166年,亨利二世入侵布列塔尼,强迫科南公爵(Duke Conan)退位并同意杰弗里与其女儿康斯坦丝(Constance)订立婚约。杰弗里由此成为布列塔尼公爵(最初只是徒有虚名)。杰弗里与康斯坦丝在 1181 年成婚。杰弗里死后,康斯坦丝怀上了阿瑟的孩子。1173 年以来,杰弗里参与了母亲反抗父亲的叛乱,卷入金雀花家族的历次争端。在一次比赛活动中,他因意外而被践踏至死。那时他正在巴黎与法国国王腓力·奥古斯都(Philip Augustus)密谋反叛。

Geoffrey de Mandeville(d.1144)　**杰弗里·德·曼德维尔**(卒于 1144 年)　英格兰男爵,因其变幻莫测的职业生涯而在生前身后都处于争议之中。作为伦敦塔的看守以及埃塞克斯与东盎格利亚大宗地产的持有者,他在斯蒂芬统治时期的混乱政治生活中扮演了主要角色。尽管在 1140 年被国王赐封为埃塞克斯伯爵,但他在 1141 年加入玛蒂尔达(Matilda)阵营之中,被任命为埃塞克斯的世袭郡长。他像很多人那样,逐渐对玛蒂尔达的统治失去兴趣,便在同年夏末重返斯蒂芬阵营。在围攻伯韦尔(Burwell)时,他身负重伤。而他在此前的所作所为,让人对斯蒂芬的统治产生了"混乱无序"的印象。

Geoffrey of Monmouth(*c.*1100—1155)　**蒙茅斯的杰弗里**(约 1100—1155)　杰弗里自幼在威尔士长大。他在年轻时去往牛津,有可能是圣乔治教堂(St George's church)里的一名修士。其主要作品《不列颠诸王史》(*History of the Kings of Britain*,约 1136 年)使其名声大噪。它以编年体写就,因其对漫长且辉煌的威尔士历史的描绘而大受欢迎(尤其是在威尔士)。该书引发了欧洲文学作品对亚瑟王传说的浪漫书写。

Geoffrey 'Plantagenet'（1113—1151）　**杰弗里·"金雀花"**（1113—1151）

安茹伯爵（1129—1151 年），诺曼底公爵（1144—1151 年）。他在 1128 年 6 月 17 日成为亨利一世女继承人、玛蒂尔达女皇（Empress Matilda）的丈夫。他的政治野心似乎始终仅限于成为安茹伯爵，征服诺曼底这一传统目标。在妻子与国王斯蒂芬始于 1135 年的内战期间，他从未造访英格兰。但他最终在 1144 年征服了诺曼底，为儿子亨利二世建立安茹帝国（Angevin empire）打下了基础，进而对不列颠历史产生巨大影响。

George I（1660—1727）　**乔治一世**（1660—1727）　大不列颠及爱尔兰国王（1714—1727 年在位），汉诺威选侯（elector of Hanover）。乔治是汉诺威选侯欧内斯特·奥古斯特（Ernest Augustus，1692—1698 年）与索菲娅的长子。索菲娅是英格兰的詹姆斯一世的外孙女，根据 1701 年《王位继承法》，她是英国王位的继承人。1714 年 6 月 8 日，索菲娅去世。不久之后，安妮女王去世，乔治在 8 月 1 日平静继位。

乔治偏爱辉格党政府，不过他也起用了少数托利党高官，直至 1715 年的詹姆斯党人叛乱（Jacobite Rebellion）导致托利党遭到清理。辉格党赢得了 1715 年大选，确立了未来 45 年在英国政坛的统治地位。

乔治似乎勤于政治，尤其重视外国事务、外交与军队这几个他所擅长的领域。他的宫廷较为私密，相比英国顾问，他更为喜欢他的德国大臣以及肯德尔公爵夫人（duchess of Kendal）和达灵顿伯爵夫人（countess of Darlington）。据传后二者长期与乔治保持着情人关系。事实上，肯德尔公爵夫人自 1691 年才成为他的情妇，而达灵顿伯爵夫人是他同父异母的妹妹。

乔治与儿子威尔士亲王（后来的乔治二世）的关系通常不和，并于 1717 年发生一场激烈争吵。威尔士亲王及其妻子被赶出宫廷，他们在莱斯特宅邸（Leicester House）纠集了一股反对力量。此次争吵正值辉格党出现分裂，沃波尔（Walpole）和汤森（Townshend）从森德兰（Sunderland）与斯坦诺普（Stanhope）内阁中辞职。1720 年 4 月，随着内阁与分离派辉格党的和解，王室内讧逐渐平息。

在夏季月份，乔治时常返回汉诺威。国王对选区的依恋与他对英国外交政策的巨大影响，二者之间产生了一系列摩擦。不过，乔治与他的一些英国大臣，尤其是斯坦诺普和森德兰走得很近,其中斯坦诺普负责管理外交政策。正是国王对森德兰的亲信,才使其在 1720 年南海泡沫(他统治时期最严重的危机)事件与 1721 年斯坦诺普去世之后继续当政。1722 年 4 月,森德兰意外死亡,乔治被迫接受沃波尔(他睿智地处理了金融灾难,在事实上维持了乔治一世的统治)与汤森为其首席大臣。1727 年,乔治一世因中风在奥斯纳布吕克(Osnabrück)去世。

George Ⅱ(1683—1760) **乔治二世**(1683—1760) 大不列颠及爱尔兰国王(1727—1760 年在位),汉诺威选侯(elector of Hanover)。乔治最为人铭记的,是因他是最后一位领兵打仗(1743 年)的英国君主。但他不仅仅是一名军人,他还合理地利用了 18 世纪宪法赋予他的依然相当重要的政治权力。

乔治二世可以为自己挑选大臣。沃波尔(Walpole)多年服侍乔治一世,乔治二世很快便成功地与他建立了同样良好的关系。沃波尔劝说国王让英国避免卷入波兰王位继承战争,并度过了消费税危机(Excise crisis)引发的骚乱。尽管沃波尔于 1742 年下台,但辉格党仍然延续了他们的统治地位,乔治二世转而宠信卡特里特(Carteret)这位操着德语的前外交大臣。不过,在政敌佩勒姆(Pelham)兄弟(得到威廉·皮特的协助)施加的压力下,卡特里特被迫于 1744 年 11 月辞职。1746 年 2 月,佩勒姆兄弟以请求辞职威胁国王,试图赢得国王的完全信任,进而巩固了他们的优势。乔治二世虽然怒不可遏,却无力打造另一个可行的政府。乔治逐渐赏识亨利·佩勒姆(Henry Pelham)的审慎风格。亨利·佩勒姆是首席财政大臣(lord of the Treasury),1754 年去世。其后,乔治二世的统治进入动荡期。佩勒姆的哥哥纽卡斯尔公爵成为首席财政大臣,但议会下院焦虑不安,皮特与亨利·福克斯也在嘲讽政府(他俩既是议会下院议员,又是政府官员)。战争与私利促使纽卡斯尔公爵和皮特于 1757 年联起手来,组成了英国历史上最强大的内阁之一。乔治从不喜欢皮特,但他们却能有效合作。即便在晚年,乔治二世依然是政府的核心,掌管着最终的决策权。

关于乔治二世的节俭美誉,并不仅限于他对经费的管控。他还是一个颇为情绪化的守财者,少有(如果有的话)密友。这种倾向延伸到政府之中。众所周知,他很不愿意以新事物"削弱"贵族的地位,尽管这些新事物具有政治价值。

暴烈的脾气是他自然流露出来的情绪之一。他粗鲁、暴躁，极其缺乏社交风度。乔治对文化或知识事务【除了对韩德尔(Handel)的赞助之外】漠不关心。不过，其妻卡罗琳王后(Queen Caroline)却因好学、机敏而闻名。乔治深爱着她，但他依然拥有很多情人。

乔治二世心爱的小儿子是坎伯兰公爵(duke of Cumberland)，他很像父亲那样热爱军事。坎伯兰公爵的错误判断以及随后在 1757 年的辞职，给乔治的晚年投上了一抹阴影。不然的话，乔治的晚年将是一番盛景。国王对坎伯兰公爵引以为豪，与此形成对比的是他(以及卡罗琳王后)对他们的继承人——威尔士亲王弗雷德里克(Frederick, prince of Wales)的憎恶。1751 年，弗雷德里克早逝，为国王与威尔士公主及其孙子与继承人之间的和解提供了机会。

乔治二世在统治期间展示了他对军事的热爱绝非徒有虚名。早在 1708 年，他在战斗中的勇武就展露无遗。那时，身为汉诺威的乔治·奥古斯特亲王(Prince George Augustus of Hanover)的他作为英军盟友中的一员，参加了西班牙王位继承战争。在奥地利王位继承战争中，他的勇气再次展现。他在代廷根(Dettingen)战役中以及在面对查理·爱德华·斯图亚特(Charles Edward Stuart)于 1745 年发起的入侵时都勇往直前。即便在詹姆斯党人(Jacobites)抵达德比之时，乔治也有信心获胜。在"七年战争"中，英国在殖民地与欧洲都大获全胜。乔治精心策划军事行动，筹备军事设施。不过，相比皮特所推崇的更具进取心的年轻军官，他更喜欢起用年纪稍长的将领。

George III(1738—1820)　**乔治三世**(1738—1820)　大不列颠及爱尔兰国王(1760—1820 年在位)，汉诺威选侯(elector of Hanover)。乔治三世在后世的声望几经变化，其程度远超其他任何君主。他出生于英格兰，是首个成长于英国本土的汉诺威君主。其父亲弗雷德里克(Frederick)于 1751 年去世，乔治成为王位继承人。年轻的亲王与其祖父乔治二世关系不和，他认为老国王是腐败政客们的工具。这种幼稚观点的形成，深受比特勋爵(Lord Bute)的影响，因为比特自 1755 年就开始担任乔治的家庭教师。1760 年，乔治登基，比特旋即从朝臣攀升至内阁大臣，并于 1762 年成为首相。然而，比特的表现很是令人失望，上任不到一年便辞职了。其后，首相频繁更换。自比特下台至 1770 年诺斯受任，先后经历了四位首相。

诺斯内阁的组建,开启了一段政治稳定期。在诺斯任职首相的 12 年里,国王完美地维护了宪政制度,内阁大臣而非国王对政策负责。这尤其体现于对美洲事务的处理。然而,一旦战事爆发,反叛者自然会以不同的姿态看待问题,而 1776 年的《独立宣言》也将国王描绘成反面角色。

乔治三世对军事斗争深感兴趣,即便英军在 1781 年惨败于约克敦(Yorktown)之时,他也拒绝接受失去美洲这一事实。在屈服于内阁拒绝继续战事的政策之后,国王无奈舍弃诺斯。乔治三世利用谢尔本(Shelburne)与罗金厄姆(Rockingham)之间的竞争,试图掌控某些权力。二人皆是反对派政客,如今形成了新的内阁。1782 年 7 月,罗金厄姆意外死亡,乔治三世任命谢尔本继任。但在查尔斯·福克斯(Charles Fox)与诺斯勋爵的追随者的联合攻击下,谢尔本被迫辞职。国王将诺斯的行径视为个人背叛,因而一直对他们之间的联合心怀不满。国王的不悦促使小皮特(the younger Pitt)进行私下交涉,意在瓦解这个联合,并最终在 1783 年《印度法案》危机期间解决了此事。尽管手段较为低劣,但事实证明国王对皮特的选择是非常正确的。政治局面重归安定,在 1788 年秋天国王病倒之前,没有发生任何大的动荡。国王的癫狂引发了接下来的摄政危机(Regency crisis)。根据现代诊断,他所患的是急性间歇性卟啉病(acute intermittent porphyria),为一种遗传性代谢病。经过一番治疗,国王得以康复。

皮特继续控制着议会政治活动,但受法国大革命的影响,他觉得有必要通过联合波特兰(Portland)与保守的辉格党人来巩固内阁。国王从人们对君主政体的狂热中受益,他本人成为国家力量的象征。但革命的风险无法忽略,发生在爱尔兰的叛乱令内阁感到有必要实现议会合并。这一目标很快便实现了,但乔治三世拒绝废止针对天主教徒的某些惩罚措施,皮特因此于 1801 年辞职。乔治认为他在加冕礼上的宣誓,即支持新教,有绝对的约束力。皮特的下台引发了一段时期的派系之争,这与乔治三世统治早期的情形颇为相似。但人们对国王的精神状态的担忧,使这种情况变得更加复杂。1807 年,联合内阁(Talents ministry)提出了一项温和的救济议案,引发了一场内阁危机。在此期间,国王再次表现出拒不妥协的态度。

1810 年,国王最后一次陷于精神错乱,听力与视力的日渐退化进一步加重了病情。翌年,在其长子,即未来的乔治四世的主持下,成立了摄政政府。乔治三世是勤勉的君主,忠诚的丈夫,虔诚的基督徒。与他那风流成性的继任者相比,他显然胜出一筹。

George IV(1762—1830) **乔治四世**(1762—1830) 大不列颠及爱尔兰联合王国国王(1820—1830 年在位),汉诺威国王。他自幼受到父亲乔治三世与母亲夏洛特王后(Queen Charlotte)的严格管教,是个斗志昂扬的孩子。1780 年,他父亲不得不花钱买回他写给女演员玛丽·"珀迪塔"·罗宾逊(Mary "Perdita" Robinson)的信件。随后,乔治又陷入了玛丽亚·菲茨赫伯特(Maria Fitzherbert)的爱河。未经父亲同意,他们便于 1785 年秘密成婚。因此,根据《王室婚姻法》,这桩婚事是非法的。另外,玛丽亚·菲茨赫伯特是罗马天主教徒,这使乔治无法继承王位。

乔治痴迷艺术,终生热衷于建筑。1787 年,他请求议会拨出额外经费来偿还他的债务,但又必须委托他的朋友查尔斯·福克斯(Charles Fox)在议会下院中掩盖他已结婚的事实。接下来,他将事实披露给了查尔斯·格雷(Charles Grey),致使他与辉格派政治盟友之间的关系出现裂痕。1788 年,乔治三世初次受到精神疾病的折磨,乔治与辉格党发生冲突。辉格党人提议乔治充分利用王室特权,组建摄政政权,希望按照他们的偏好重组政府。皮特提议限制摄政权力,藉此挫败了他们的诡计。但在摄政掌权之前,国王就康复了。

1793 年,当法国革命战争爆发时,乔治因耗资建造房屋,装饰他在伦敦的卡尔顿府邸(Carlton House)以及建在布赖顿(Brighton)的穹顶宫(pavilion)而再次债台高筑。在乔治回来寻求财政帮助时,国王坚持让他与信仰新教的公主结婚,以确保王位继承。1795 年,乔治与不伦瑞克—沃尔芬比特尔的卡罗琳(Caroline of Brunswick-Wolfenbüttel)成婚,但乔治很快便对她的粗俗无礼心生厌恶。尽管在婚后 9 个月便生下了夏洛特公主(Princess Charlotte),但他们很快就分居了。

在 1803 年至 1815 年的拿破仑战争期间,乔治再次未能参与军事指挥。福克斯于 1806 年死后,他断绝了与辉格党人的政治联系。1810 年,其父病魔缠身,他被任命为摄政王(prince regent),继而认可了在任的托利党阁僚。在之后的战时和战后时期里,他在英国很不得人心。与此相对的是,在国家穷困之际,他的生活却相当奢靡。1820 年,他成为国王。其后,他试图以所谓的不忠为由,通过议会的《特别处刑法案》(*Bill of Pains and Penalties*)与妻子离婚。这引发了公众的强烈不满,抗议他自身对婚姻的不忠,他的威望由此降至最低点。然而,卡罗琳于 1821 年去世,加之经济发展水平的复苏,这成为一个转折点。乔治热衷于排场,这在其亲自设计的于 1821 年举办的声势浩大的加冕礼上展露无遗,这有助于宣扬他的名气。

乔治四世向大臣们及其政策施加影响,但他缺少政治技巧和毅力。不过,他始终能凭借策略取胜或勇敢面对困局。1828 年至 1829 年,他被迫接受废除针对异教徒与天主教徒的宗教歧视政策。在他统治时期,"王权的影响"进一步下降。

George V (1865—1936)　　**乔治五世** (1865—1936)　　大不列颠及爱尔兰联合王国国王,印度皇帝(1910—1936 年在位)。乔治是威尔士亲王爱德华(后来的爱德华七世)的第二个儿子,他并非生而为王。他在接受私人教育之后入职海军。然而,他的哥哥克拉伦斯公爵(duke of Clarence)于 1892 年初去世,这意味着他拥有了在父亲之后直接继承王位的权利。翌年他与泰克的玛丽公主(Princess Mary of Teck,原为克拉伦斯公爵的未婚妻)结婚。他们一直恩爱有加,并生了六个孩子。乔治的海军工作经历使他具有很强的遵照程序观念。

维多利亚死后(1901 年 1 月 22 日),乔治的父亲继任。作为王位继承人,乔治承担了一系列艰苦的国际事务,出访了澳大利亚、南非、加拿大和欧洲。爱德华七世于 1910 年去世,乔治成为国王,他首先要面对的就是一系列宪政问题和政治问题,不过他对这些问题处理得很妥当。

议会上院拒绝批准自由党政府的 1909 年预算,这导致政府在大选中(1910 年 1 月 28 日)席位有所减少,但仍然得到了多数有效选票。乔治做出承诺,如有必要(其实并没必要),他会同意晋封一大批贵族,以确保预算写入法律。1910 年 12 月,他授权进行第二次大选,以试探人们对改革议会上院权力的看法。1911 年《议会法》的通过,剥夺了上院对财政法案的否决权,严格限制他们延迟其它法案的可能性。这在某种程度上归功于乔治自身的判断力。另一场危机接踵而至。政府意图承认爱尔兰地方自治,承认受到保守党反对派支持的北爱尔兰新教徒(Ulster protestants),并表示如果北爱尔兰脱离联合王国,政府将诉诸武力。国王在这场争论中没有偏袒任何一方,但他利用自己对保守党领袖的影响,缓和了公众的对峙情绪,并于 1914 年 7 月 21 日邀请各方代表在白金汉宫举行了圆桌讨论。

在第一次世界大战期间,乔治出于与德国王室之间的敏感关系,他命令用英文名字取代德国名字:温莎王朝因此创始。1918 年至 1924 年,英国政治形势发生了根本性变化。作为唯一有望取代保守党的工党接替了自由党。1924 年 1 月,拉姆齐·麦克唐纳(Ramsay MacDonald)的首届少数派工党政府上任,国王为政府的顺利交接做了大量工作。1929 年,第二届工党政府成立之际,他又做了大量工作。在 1931 年 8 月危机中,麦克唐纳"背叛"了政府并同意领导全国各党派的行政机构。国王的角色变得更具争议性。他劝说麦克唐纳组建联合政府,并劝说自由党和保守党领导人【赫伯特·塞缪尔(Herbert Samuel)和斯坦利·鲍德温(Stanley Baldwin)】参与其中,接受麦克唐纳的领导。

乔治矜持、腼腆,尽管并无过人之处,但他大公无私,尽职尽责。他设法拉近君主制与百姓之间的距离。为此,他于 1924 年首次制作了一系列覆盖整个英帝国的无线电广播节目;于 1932 年开始设立国王年度圣诞广播。他参加了在特威克南(Twickenham)体育场举行的橄榄球比赛、在贵族板球场(Lord's)举行的板球比赛、在温布尔登举行的网球比赛,还在温布利举办的足总杯决赛中颁发奖杯。乔治五世给君主制以沉静的尊贵,使其变得真正国家化、大众化。

George VI(1895—1952) **乔治六世**(1895—1952) 大不列颠及北爱尔兰联合王国国王(1936—1952 年在位),印度皇帝。1895 年 12 月 14 日,乔治出生于桑德灵厄姆(Sandringham),是未来的乔治五世和玛丽王后的次子,被取名艾伯特·弗雷德里克·阿瑟·乔治(Albert Frederick Arthur George),在家庭中被称为伯蒂(Bertie)。幼年的艾伯特亲王与父母缺乏密切的感情联系,常常在哥哥爱德华面前相形见绌。随着他的不安全感的增强,他变得越发害羞并出现了口吃现象。

1903 年至 1913 年,他先后在奥斯本(Osborne)和达特茅斯(Dartmouth)的海军学院学习。其后,艾伯特亲王在科林伍德号(Collingwood)战舰上度过了一段时光。他积极行事,但并未取得成就。尽管他参加了1916年5月31日的日德兰海战,但他习惯性晕船,并因胃病而长期休病假。

1920年,他获封约克公爵,至此他开始专心于公务。1919年,他成为旅游工业区工业福利协会(Industrial Welfare Society)的主席,表现出对诸多问题的真正关切,彰显出他的"人情味"。他还于1921年创立了约克公爵营地,促进具有不同阶级背景的男孩们建立更好的关系。那时,他爱上了年轻、活泼、妩媚的伊丽莎白·鲍斯-莱昂夫人(Lady Elizabeth Bowes-Lyon)。1923年,她终于同意和他结婚,婚礼于4月26日在威斯敏斯特教堂举行。她让他的生活变得从容起来,带给他从未有的爱与支持。他们育有两个女儿,伊丽莎白·亚历山德拉(Elizabeth Alexandra)出生于1926年4月21日,玛格丽特·罗斯出生于1930年8月21日。他们彼此相爱,组成了亲密的家庭。

公爵和公爵夫人巡游帝国,于1924年访问爱尔兰和东非;于1925年访问新西兰和澳大利亚,并在5月9日参加了堪培拉新国会大厦的开幕仪式。他的口吃仍然明显,这使其难以发表公开演讲。1925年,他与语言治疗师莱昂内尔·罗格(Lionel Rogue)取得联系。在罗格多年来的帮助下,他成为一位更加自信的演讲者。

1936年1月20日,乔治五世去世。同年底,爱德华八世退位。公爵不想成为国王,但他听天由命。在1937年5月12日的加冕礼上,他加冕成为乔治六世,致力于恢复国家的连贯性和稳定性。

尽管白金汉宫在闪电战中被轰炸九次,但国王和王后拒绝离开伦敦,王室与国家就这样共同面对危险。他们访问灾区,拜访民工。为表彰平民的英勇事迹,国王设计了乔治十字勋章(George Cross medal)。当他最小的弟弟肯特公爵乔治(George, duke of Kent)在战斗中丧生时,他也悲伤告知大家。

第二次世界大战之后的时期里,面对重重压力的国王总是烦躁不安。1945年,工党获胜,他对新的立法方案的范围和速度感到担忧。然而,尽管他是一个传统主义者,但他不反对在必要时进行社会改革。印度帝国的分裂令他遗憾万分。1947年,他巡视南非,试图强化南非与英联邦的纽带,确保未来关系安然无虞。战时与战后的操劳损害了他的健康。1949年3月12日,他动手术切除了右腿上的一个血栓。1951年9月23日,他切除了整个左肺。两次手术都成功了,但他未能恢复健康,于 1952 年 2 月 6 日在桑德灵厄姆的睡梦中去世。

George, St 圣乔治 圣乔治是英格兰及其他几个国家的主保圣人,传说于 4 世纪时在巴勒斯坦的卢德(Lydda)遇害,6 世纪时开始受到尊奉。晚至 12 世纪时,才出现了关于龙的传说,这可能是人们对珀修斯(Perseus)与忒修斯(Theseus)的怀恋。在诺曼征服之后,人们才将圣乔治奉为英格兰的主保圣人,并于 1061 年在唐克斯特(Doncaster)建造了一座纪念他的教堂。十字军战士或许带回了关于中东地区尊奉圣乔治的相关描述,而红十字或许也源自于此。1348 年,嘉德勋位(Order of the Garter)创立,人们很可能在此之后强化了尊奉行为,将骑士精神(chivalry)和圣乔治视为守护神。

George of Denmark, Prince(1653—1708) 丹麦王子乔治(1653—1708) 安妮女王的配偶。乔治是丹麦的腓特烈三世的小儿子,他友善可亲却又愚钝无趣。查理二世曾评论道,"我曾将他灌醉,又让他清醒过来,他没有什么心计"。他于 1683 年与安妮成婚,标志着丹麦与英格兰两国共同对抗荷兰的开始。尽管一直有病在身,但他在女王经历个人困境与政治磨难时,始终是她的依靠。

George Cross and Medal 乔治十字勋章 1940 年 9 月,该奖项由乔治六世设立,用以嘉奖那些杰出的英雄事迹,尤其是在伦敦大轰炸(Blitz)中表现突出的平民,诸如消防员、警察、救护队员及民防人员。

Gerald of Wales(1146—1223). 威尔士的杰拉尔德(1146—1223) 杰拉尔德出生于彭布罗克郡(Pembrokeshire)的马诺比尔(Manorbier),父亲是诺曼人,母亲是威尔士人。杰拉尔德在格洛斯特与巴黎接受教育,其后在教会中任职【1175 年时任布雷肯(Brecon)副主教】,但好景不长。于困境之中,他在写作中找到慰藉。他受到威尔士亲王的鼎力相助,这或许令英格兰人有所担心,致使他未能成为圣大卫(St Davids)教区的主教。他的代表性著作是《爱尔兰地志》(*Topography of Ireland*,1188 年)、《爱尔兰的征服》(*Conquest of Ireland*,1189 年),《威尔士行程记》(*Journey through Wales*,1191 年)以及《威尔士记述》(*De-*

scription of Wales,1194 年),这些书都是他对爱尔兰和威尔士的记述。

Germain,Lord George(1716—1785) **乔治·杰曼爵士(1716—1785)** 原名萨克维尔(Sackville)。他早年作为政客与军官的职业生涯顺风顺水,但他在 1759 年的明登(Minden)战役中违抗命令,并因而受到军法审判。他被剥去军职,逐出政府,直至 18 世纪 60 年代才恢复声誉,最终于 1775 年任殖民地事务大臣。他是一个畏手畏脚的战略家,在萨拉托加(Saratoga,1777 年)战役中,他兵分两路发起攻势,错误地认为每路英军都能取胜,对英军的最终失败负有一定的责任。

Germanus of Auxerre,St **欧塞尔的圣杰马努斯** 军人,主教。429 年,他作为基督教特使前往不列颠整治异教徒。5 世纪早期,贝拉基(Pelagius)的学说在不列颠颇为流行。429 年,处于高卢的罗马教会当局派遣杰马努斯前往不列颠,在不列颠教会与乡村地区宣扬真正的信义——神的恩典(Divine Grace),藉此反驳贝拉基主义(Pelagianism)。在成为主教之前,杰马努斯是一名军人,曾在某次战斗中击败皮克特人和撒克逊人。在此次战斗中,他命令部队高呼"哈利路亚"("Alleluia")。

Ghana **加纳** 原名黄金海岸(Gold Coast),英国在西非的殖民地与保护国。17 世纪后半叶,受黄金贸易以及愈益增长的供给美洲的奴隶贸易的吸引,英国商人开始关注黄金海岸。1874 年,英国决定在此建立直辖殖民地。作为一种出口作物,可可的种植给该国带来财富,也使得欧洲的教育扩展到这里。后来,黄金海岸率先引领了英属非洲殖民地的民族独立运动,并于 1957 年赢得独立,易名为加纳。

Ghent,treaty of,1815. **《根特条约》(1815)** 为结束 1812 年战争,英美双方于 1814 年 8 月开始在根特(属于现在的比利时)进行和谈。12 月 4 日,双方签署条约。条约并未解决任何引发战争的问题。由于和谈进程缓慢,以致在条约签署之后,双方仍于 1815 年 1 月在新奥尔良打了一场大战。

Gibbon, Edward(1737—1794) **爱德华·吉本**(1737—1794) 历史学家。吉本在牛津大学莫德林学院(Magdalen College)学习了 14 个月,指导老师的懒散令"我度过了一生中最空虚无益的一段时光"。其后,他加入天主教并因此离开牛津。他父亲尤为生气,将他送往洛桑(Lausanne,瑞士)。他在那里由一位加尔文派牧师指导他学习法语,并转而皈依了新教。他决心要写出伟大作品。1773 年,他开始正式写作《罗马帝国衰亡史》(*Decline and Fall of the Roman Empire*),其灵感源自他在 1764 年的罗马之旅,对此,他在《回忆录》(*Memoirs*)中有所记述。翌年,他进入议会,成为诺斯勋爵(Lord North)手下的一名小官,但他从未发过声。他后来回忆道,"伟大的演说家们让我充满绝望,这是群令人生厌的坏蛋"。《罗马帝国衰亡史》首卷于 1776 年出版,吉本旋即名声大噪。全书完成于 1788 年。该书富有学术性,文风晓畅,哲辨超脱,是一部永恒的经典。

Gibbons, Grinling(1648—1721) **格林林·吉本斯**(1648—1721) 木雕师,雕刻家。他出生于鹿特丹,很可能在荷兰接受训练,1688 年来到英格兰。他的装饰见诸温莎城堡、汉普顿宫,以及圣保罗大教堂里的圣诗班座席与风琴屏风。作为有史以来最为精巧的木雕师,他在水果、花朵、小动物以及天使上雕饰的花环令霍勒斯·沃波尔(Horace Walpole)赞不绝口,"吉本斯的木雕花如此恣肆、空灵,可谓前无古人"。

Gibbons, Orlando(1583—1625) **奥兰多·吉本斯**(1583—1625) 詹姆斯一世时期的作曲家,管风琴师,对同时代的音乐体裁贡献最巨。1596 年,他是剑桥大学国王学院的唱诗班成员。到 1605 年,吉本斯已是皇家教堂里的显赫人物,后来担任管风琴师。1623 年,他还任威斯敏斯特教堂管风琴师。吉本斯创作的歌曲带有浓重的道德色彩,其代表作便是《银色天鹅》(*Silver Swan*),歌中唱到,"而今笨鹅多于天鹅,庸人多于智者"。

Gibbs, James(1682—1754) **詹姆斯·吉布斯**(1682—1754) 作为一名建筑师,吉布斯在他所处时代里非同寻常。一方面,他出生于苏格兰,是一名罗马天主教徒。另一方面,他在罗马待了六年(1703—1709 年),跟随卡洛·丰塔纳

（Carlo Fontana）学习建筑设计。他的设计带有明显的巴洛克风格。1711 年,他受命担任伦敦法定"50 座新教堂"的测量员。吉布斯于 1714 年建造了位于斯特兰德大街的圣玛丽教堂(St Mary-le-Strand),但他在翌年失去了作为"政治"测量员的机会。1722 年至 1726 年,他受命设计、建造了非巴洛克色彩的圣马丁教堂(St Martin-in-the-Fields)。他设计的最为人熟知的世俗建筑,或许是牛津大学的拉德克利夫图书馆(Radcliffe library),这座圆形图书馆建成于 1748 年。他还在剑桥大学建造了参议厅(Senate House),并在国王学院建造了吉布斯大楼(Gibbs's Building)。

Gibraltar 直布罗陀 位于西班牙南端,最高处达 1270 英尺,"磐石山"("The Rock")扼守着通往地中海的西部门户。"直布罗陀"这个名字源自"塔里克山"(Djebel Tarik)。塔里克·伊本·齐亚德(Tarik ibn Ziyad)总督率领摩尔人于 711 年入侵西班牙,其后他以自己的名字给这块巨岩命名。1704 年,在西班牙王位继承战争期间,乔治·鲁克爵士率领一支英—荷联合舰队占领了该地,后根据《乌得勒支条约》(1713 年)让与英国。自此至今,该地一直处于英国的控制之下。

Gibson,Edmund(1669—1748) **埃德蒙·吉布森**(1669—1748) 伦敦主教,学者与高级教士。吉布森在牛津大学接受教育,翻译了几本重要历史著作,其中包括卡姆登(Camden)的《不列颠志》(*Britannia*),其后于 1697 年被授以圣职。他对教会法深有研究,并于 1713 年出版了《教会法典》(*Codex juris*)这部名著。作为一名高教会派(high-church)辉格党人,他于 1716 年被任命为林肯主教,后于 1723 年转为伦敦主教。早年的沃波尔(Walpole)政府在教会事务与任免问题上非常倚重吉布森。1736 年,他们之间的联合宣告结束。其原因在于沃波尔支持贵格会(Quakers)的法案,而吉布森劝告他的主教同道反对法案。1737 年,吉布森被派往坎特伯雷任职。

Gielgud,John(1904—2000) **约翰·吉尔古德**(1904—2000) 演员,导演,制片人。吉尔古德是埃伦·特里(Ellen Terry)的侄孙,他延续了她对莎士比亚的热爱,并具有特里般甜美的嗓音。他全身心地投入到戏剧表演之中,成为他那个时代最伟大的舞台与荧幕演员之一。1929 年,他加入了老维克剧团(the Old Vic),塑造了哈姆雷特这一角色。在此之后,他又扮演了诸多令人印象深刻的角色。20 世纪 30 年代,他开始在女王剧院与海马基特剧院(Queen's and Haymarket theatres)导演戏剧。在第二次世界大战时期,他在英国与国外从事影片制作。20 世纪 50 年代,相比新型戏剧艺术,他似乎更乐于看到古典戏剧的复兴以及莎士比亚的独幕剧。1953 年,他被授以爵士爵位。尽管他对古典戏剧情有独钟,但他的多才多艺确保他后来的表演也取得了成功。

Gilbert, Sir Humphrey(*c.* 1537—1583) **汉弗莱·吉尔伯特爵士(约 1537—1583)** 吉尔伯特是雷利(Ralegh)同母异父的哥哥,因其对海外活动的兴致而得到官方支持。他早年在爱尔兰任职并成为议会议员,后被封为爵士。其后,他得到女王恩准,开始前往北美拓展殖民地。1578—1579 年,他与雷利联合进行了一次探险,但以失败告终。1583 年,他占领了纽芬兰,尽管该地已无人定居。但在返航过程中,他与船队都迷失在大海上。

Gilbert, William Schwenck(1836—1911) **威廉·施文克·吉尔伯特(1836—1911)** 吉尔伯特是少有的身兼剧作家与作曲家的人物之一。他与沙利文(Sullivan)合作,取得了很大成就,主要包括三个方面。首先,他像优秀的剧作家那样激励沙利文,帮他创作灵动的音乐。其次,吉尔伯特以其对当时时代的讽刺给戏剧情节增色不少,推动了票房的增加,引领了戏剧潮流,也使作品更具持久性。最后,如同所有伟大的剧作家一样,他自创了一种风格——温和批判、单纯质朴、狡黠诡辩,并通过一些显著人物演绎出来,这些人物包括令人生厌的警察、正派的爱国海盗、冷静的哨兵、时髦的少将以及《陪审团的审判》(*Trial by Jury*)中善变的法官。

吉尔伯特出生于伦敦,在国王学院接受教育。他早年研习法律,生活窘迫,后转而从事戏剧创作并大获成功。他于 1871 年遇到沙利文,二人于 1875 年成功创作出《陪审团的审判》。他们合作至 1896 年,是年,他们创作了《大公》(*The Grand Duke*),但未获成功。吉尔伯特创作了很多作品,这使其相当富有。1907

年,他获封爵士爵位。同年,他在自己家乡一湖中拯救一名落水妇女后去世。

Gilbert and Ellis islands **吉尔伯特与埃利斯群岛** See KIRIBATI(见基里巴斯)

Gilbert of Sempringham, St(*c*.1083—1189) **森普林哈姆的圣吉尔伯特**(约 1083—1189) 吉尔伯特修会(Gilbertines)的创建者,该修会是一个纯正的英格兰修会。他的父亲是一位富有的诺曼骑士。吉尔伯特在森普林哈姆(林肯郡)成为神职人员,他那时(约 1131 年)允许一群虔诚的妇女使用教堂隔壁的一处建筑。由于他未能说服西多(Cîteaux)隐修院监管该处修会,教皇尤金三世(Eugenius III)便批准他担任修会的管理者。该修会人数激增,至他去世时,已达 1500—2000 人。

Gilbertines **吉尔伯特修会** 在约 1131 年,圣吉尔伯特(St Gilbert)成为 7 位女修道者的精神导师。随着信众人数的增加,她们于 1147 年组织成一个修会。该修会在英格兰东部颇为成功,到 1189 年吉尔伯特去世时,修会已拥有 9 栋并联式房屋,其中只有 4 栋留给教士使用。不过,吉尔伯特修会从未成功地传播到英格兰之外的地方。在 1538 年至 1539 年,其他 24 个修会遭到解散,该修会随之解散。

Gildas(fl.some time between *c*.475 and *c*.550) **吉尔达斯(生卒年份在约 475 年与约 550 年之间有所浮动)** 吉尔达斯是英国历史上的一位重要修士,主要因其《不列颠的毁灭》(*On the Ruin of Britain*)这本小册子而出名。该书梳理了 4 世纪至 5 世纪不列颠的某些历史。他是唯一一位记述首批撒克逊人在不列颠殖民的作家。

Gillray, James(1756—1815) **詹姆斯·吉尔雷(1756—1815)** 讽刺画家。吉尔雷抛弃了蚀刻复制版画的讽刺画风,他的作品深受詹姆斯·塞耶斯(James Sayers)的政治讽刺诗的影响。通过创作通俗易懂的讽刺画,他在图片新闻的发展中扮演了重要角色。吉尔雷的讽刺画色彩鲜明,人物特征夸张可笑,描绘对象包括王室人物、政客、社会人物、浮夸之人以及江湖骗子。

Giric, king of Picts(877/8—885/9) **皮克特人国王吉里克**(877/8—885/9) 关于苏格兰王位继承(约 900 年)问题的资料少之又少。这一时期有可能担任国王的有两个人,即埃奥查伊德(Eochaid)和吉里克。吉里克或许是埃奥查伊德的监护人。不过,在 12 世纪的传说中,他已经成为将苏格兰教会从皮克特人的压迫中解放出来的解放者,并(难以置信地)成为爱尔兰与英格兰大部分地区的征服者。

Girl Guides 女童子军 童子军活动的女童分支,创始于 1910 年。在 1909 年 9 月于水晶宫(Crystal Palace)举行的首次童子军(Boy Scouts)大集会中,大批身着童子军帽和围巾的女孩参与其间。巴登-鲍威尔(Baden-Powell)认为女童的参与会打击男童加入童子军的积极性,因此不想让女童加入。1910 年,巴登-鲍威尔的妹妹阿格尼丝(Agnes)创立了女童子军,二人还合编了童子军手册(Guide Handbook)《女童如何能够帮助建立帝国》(*How Girls Can Help Build up the Empire*)。1914 年,一支处于 8 至 11 岁的女童子军组成。他们最初称为玫瑰花蕾(Rosebuds),1918 年改为"布朗尼①"(Brownie)。在当今 100 多个国家里,共约有 850 万女童子军。

Gladstone, William Ewart(1809—1898). **威廉·尤尔特·格莱斯顿**(1809—1898) 政治家,作家。自 19 世纪 30 年代至 90 年代的每个年代中,格莱斯顿都有所任职,最初是托利党议员,最后时则成为自由党激进派一员。格莱斯顿于 1809 年 12 月 29 日出生于利物浦,父亲约翰·格莱斯顿(John Gladstone)是来自苏格兰的商人。他曾就读于伊顿公学与牛津大学基督教会学院(Christ Church)。他具有浓烈的宗教情结,最初对英国圣公会的圣职授予深感兴趣,但最终无力扭转父亲的反对意见。他在担任牛津大学学生会(Oxford Union)主席

---

① 即幼年女童子军,由七到十或十一岁的女童组成。——译者注

时,强烈反对辉格党进行议会改革的提议,并于 1832 年 12 月以托利党人身份当选议会下院议员。受柯尔律治(Coleridge)与牛津运动(Oxford movement)的影响,他出版了《国家与教会之关系》(*The State in its Relations with the Church*,1838 年)与《教会宗旨》(*Church Principles*,1840 年),认为英国圣公会理当是国家的道德良知。麦考利(Macaulay)给予他猛烈批驳,称他是"那些冥顽不化的托利党人的希望之星"。1841 年至 1845 年,他先后在皮尔政府里任商业副大臣与商业大臣。1845 年,他因梅努斯(Maynooth)的拨款问题而辞职。翌年,格莱斯顿重新进入内阁,主要担任殖民地事务大臣,主张废除《谷物法》。

1852 年,格莱斯顿作为阿伯丁(Aberdeen)联合内阁中的一员,开启了他四届财政大臣(其余几个任期分别为 1859—1866 年,1873—1874 年,1880—1882 年)的首个任期,其间最伟大的预算是 1853 年与 1860 年的预算。格莱斯顿的财政政策强调均衡的预算,将政府开支降到最低,废除保护性关税,维持直接税与间接税的相对均衡。在 1853 年预算中,他大约废除了 140 项关税。而在 1860 年预算中,他又废除了 371 种物品的关税,其中涉及的很多内容源于英国与法国签署的条约的推动。该条约由格莱斯顿策划,由理查德·科布登(Richard Cobden)负责谈判。

在 19 世纪 50 年代至 60 年代,格莱斯顿成为一个抱有国家立场的政客,因其雄辩而闻名。尽管他在 1847 年至 1866 年代表牛津大学担任议会下院议员,但他的立场越发激进,尤其是在针对议会改革这类问题时。然而,格莱斯顿与罗素于 1866 年倡导的温和的《改革法案》导致了自由党的暂时分裂以及政府的辞职。格莱斯顿以愈益激进的态度回应其他问题,诸如要求废除强制性缴纳教堂费(church rates),要求爱尔兰政府与教会分离。他率领自由党赢得 1868 年大选,并于同年 12 月成为首相。在接到女王的召唤电报那一刻,他就声明"我的使命就是安抚爱尔兰"。他的首届内阁是英国历史上最具改革精神的政府,他使爱尔兰政府与教会分离开来(1869 年),通过了一项重要的《爱尔兰土地法案》(*Irish Land Bill*,1870 年)。不过,格莱斯顿的《爱尔兰大学法案》(*Irish University Bill*,1873 年)未获通过【格莱斯顿政府因此于 1873 年辞职,但迪斯累里(Disraeli)拒绝组阁】。他的政府还废除了军队里实行的购买委任状(commissions)制度和大学里进行的宗教忠诚宣誓,确立了秘密投票选举(secret ballot)制度,并首次在英格兰、威尔士和苏格兰设立国家教育体系(1870—1872年)。格莱斯顿参加了 1874 年 1 月的大选,但未能成功。而后,他宣布放弃自由党领袖职务。

1874 年,时年 64 岁的格莱斯顿以学术研究迎来了他的退休生活。他毕生出版了 30 多本书和小册子,还发表了大约 200 篇文章。在他出版于 1851—1852年的小册子以及后来的一系列著述中,格莱斯顿反对教皇掌有"俗权"(temporal power)。他在 1870 年反对宣称教皇永无谬误论,并试图在正教(Orthodoxy)与英国圣公会(Anglicanism)之间建立联系,以消解罗马天主教的权威。因而不足为奇的是,他很快便卷入 1876 年的保加利亚暴动之中。格莱斯顿发表了一系列演讲和小册子,发起了对"比肯斯菲尔德主义"("Beaconsfieldism")的全面攻击,参与了 1879—1880 年的中洛锡安选战(Midlothian campaign)并代表中洛锡安当选为议会下院议员。1880 年,格莱斯顿再度成为首相。他的第二届政府通过了重要的《爱尔兰土地法》(1881 年)和 1884 年《改革法》,尽管后者最初遭到了议会上院的否决。不过,他未能为爱尔兰或大不列颠建立选举产生的地方政府。

自 19 世纪 60 年代始,格莱斯顿就尽力满足爱尔兰人的需求。他强制颁布了特许的《土地法》(1881 年),并囚禁巴涅尔(Parnell),破坏了爱尔兰土地联盟(Irish Land League)的势力。从 1882 年以来,他不顾在凤凰公园谋杀案(Phoenix Park murders)中遭遇的挫折,尽力推进具有宪政色彩的爱尔兰地方自治运动(Home Rule)。他的政府未能就爱尔兰地方政府问题达成一致,于 1885 年辞职。格莱斯顿鼓励巴涅尔提出一个地方自治提案,并参加了 1885 年 12 月的大选。他在竞选声明中小心地提及这一问题。1886 年 1 月,他的儿子赫伯特放飞了"哈登风筝"("Hawarden Kite"),索尔兹伯里勋爵拒绝了格莱斯顿的提议,即托利党政府采纳一项由两党支持的地方自治措施。其后,格莱斯顿组建了他的第三届内阁。他认为权力下放是维持爱尔兰并入联合王国的最佳手段,为此,他起草了一项《爱尔兰地方自治法案》(Home Rule Bill),该法案在都柏林设置了拥有两个议院的立法机构。对自由党而言,这些措施过于唐突,因此,议会下院在 1886 年 6 月否决了该法案。很多自由党统一派(Liberal Unionists)成员倒戈,并最终组建了自己的政党。

在外交政策方面,格莱斯顿赞成由道义掌控国际秩序。他的首届政府在

"亚拉巴马"号（*Alabama*）争端中主张国际仲裁，赔付了巨额赔款，由此为英美良好关系的缔结铺平了道路。在中洛锡安选战中，格莱斯顿提出了外交政策"六原则"，承认各国之间的平等权利，渴望和平。然而，在19世纪80年代，格莱斯顿以令人生厌的方式干涉了别国事务。为维持埃及秩序，他于1882年轰炸了亚历山大港，而后以所谓的短期占领的方式侵入埃及。英国与布尔人于1881年在南非进行的战争，造成了马朱巴山（Majuba Hill）之难。苏丹的秩序也有待确立，尽管格莱斯顿疑虑重重，但他未能阻止哈廷顿勋爵（Lord Hartington）与其他人使查尔斯·戈登卷入一场在某种程度上因戈登本人而起的苏丹纠纷中。戈登于1885年被杀，令政府进一步陷入窘迫之中。

格莱斯顿首届政府提出的《爱尔兰地方自治法案》遭到否决时，他已时年75岁。为再次参加大选，他在1886年至1892年领导了在野的自由党，并赢得1892年大选。1892年，他组建了他的第四届也是最后一届政府。1893年，经过82次会议讨论，他成功地在议会下院通过了爱尔兰地方自治法案，但该法案直接遭到议会上院否决。因视力衰退，他最终于1894年3月辞去首相职务，时年84岁。1898年5月19日，他于耶稣升天日（Ascension Day）去世。

格莱斯顿头颅硕大，嗓音洪亮，给人以深刻印象。远足以及据传他喜好伐木，使他的身体一直保持着健康状态。他性欲强烈，又有虔诚的宗教信仰，二者相互矛盾。而在他处理娼妓问题时，也难以平衡二者之间的关系。这些内心冲突连同外在的自信，使其成为一个典型的维多利亚时代的人。

Glamorgan　格拉摩根郡　南威尔士一郡。该地区是格利维辛（Glywysing）的威尔士王国的一部分，但在10世纪时处于摩根·亨（Morgan Hen）的控制之下，称作格莱德摩根（Gwlad Morgan）。在诺曼人统治时期，该地区转归格拉摩根统治，这种状态一直维持到1536年。是年，根据威尔士与英格兰的《合并法》，该地区划设为郡。1974年，该郡一分为三，划分为南、中、西格拉摩根三郡。

该郡因其煤田与沿山谷一字排开的采矿村落而闻名。18世纪至19世纪，梅瑟蒂德菲尔（Merthyr Tydfil）等地的北部岩层上发展起了铁与钢产业。位于西格拉摩根郡的马格姆镇（Margam）的英国钢铁厂正是在当时的基础上建成的。如今，这里的采煤业几乎已经停止。现代产业沿M4高速公路发展起来，而加的夫也发展成一个港口,如今是威尔士的首都。

Glamorgan, Edward Somerset, 1st earl of, 2nd marquis of Worcester
(1603—1667). 爱德华·萨默塞特·格拉摩根,第 1 代伍斯特伯爵,第 2 代伍
斯特侯爵(1603—1667)　萨默塞特出生于拉格伦(Raglan),于 1642 年至 1645
年替国王掌管南威尔士。内斯比战役之后,赫伯特(Herbert)受封为格拉摩根伯
爵,并被送往爱尔兰处理基尔肯尼联盟(Kilkenny Confederation)暴动中的天主教
徒。他的私人指令是不惜任何代价打赢爱尔兰军队。查理一世的外交政策颇为
圆滑,受其影响,格拉摩根在秘密条约中向天主教徒全面让步,以致于国王被迫
否决了这一条约。格拉摩根在斯图亚特王朝复辟时期恢复了身份。

Glamorgan, kingdom of　格拉摩根王国　中世纪时期威尔士的一个王国,
在一个被称为摩根韦格(Morgannwg)的早期王国的基础上发展而来。该王国或
许相当于后罗马时期的格利维辛(Glywysing)王国,后者的王位世系从穆里格·
阿普·图德里格(Meurig ap Tewdrig)一直延续到 11 世纪晚期。11 世纪 90 年代
以来,罗伯特·菲茨哈蒙(Robert Fitzhamon)及诺曼人占领了低地地区,确立了
对该地区的领主权,称作格拉摩根。

Glamorgan, Mid, South, and West　中、南、西格拉摩根　根据 1972 年《地
方政府法》形成的三个郡,1974 年正式生效,但它们只存在了 22 年。1996 年,三
个郡被八个单独行政区取代。这八个行政区(括号内数字为人口约数)为斯旺
西(225,000),尼思与塔尔伯特港(136,000),布里真德(130,000),格拉摩根谷
(122,000),朗达、卡农、塔夫(232,000),梅瑟蒂德菲尔(55,000),卡菲利
(171,000)和加的夫(317,000)。

Glanvill, Ranulf(d.1190). 雷纳夫·格兰维尔(卒于 1190 年)　亨利二世
时期最有影响的法律与行政人物之一。尽管人们不再认为他是《论英格兰的法
律和习惯》(*The Laws and Customs of the Kingdom of England*)这本首部系统论述
英格兰习惯法的巨著的作者,但这不会削弱他的影响。他是一位萨福克男爵的

幼子。他于 1164 年出任约克郡郡长,后作为军人因在 1174 年的阿尼克(Alnwick)战役中擒获苏格兰的威廉国王而闻名,并在服侍亨利二世时期平步青云。1180 年以来,他担任首席政法官(justiciar)。这一时期的英格兰法律体系取得了质的发展。

Glasgow　格拉斯哥　古代的一个城镇(1175—1178 年),最初是建在大教堂附近一座小山上的教会中心。自 14 世纪早期以来,这里就设立了一所文法学校。1451 年,根据教皇敕令,该城堡设立了大学,并于 1492 年成为大主教管区。自 17 世纪中期始,格拉斯哥开始发展与欧洲及美洲殖民地的海外贸易。在英格兰与苏格兰于 1707 年合并之后,格拉斯哥主宰了烟草贸易。该城在 1700 年时约有 12,000 名居民,此后逐渐发展成一个制造业中心。

到 1776 年,格拉斯哥商人输入了英国一半多的烟草,并在欧洲打开了获利丰厚的再出口市场。格拉斯哥海港得到改进,多元的工业经济渐次发展起来。美国独立战争引发的问题,推动了格拉斯哥商会(Glasgow Chamber of Commerce,1783 年)的成立,也带动了西印度群岛贸易的增长。棉花进口变得尤为重要。到 1850 年,格拉斯哥发展成一个拥有 345,000 人口的工业城市。由于所在的地区拥有丰富的煤矿和铁矿,格拉斯哥成为主要的造船中心和制造中心。克莱德(Clyde)运河引领了当时世界上最大的吃水吨位,轰鸣的火车运送着这里生产的货物和机器。在 20 世纪,这里的重工业有所衰落。服务业逐渐提供了更多的就业机会,消费行业变得越发重要。

Glasgow cathedral　格拉斯哥大教堂　最早的教堂。为纪念圣三一(Holy Trinity)而建,是圣肯蒂格恩【St Kentigern,通常称为圣芒戈(St Mungo),卒于 603 年】建造的修道院的一部分。该修道院所处场地是由圣尼尼安(St Ninian)在 5 世纪捐献的。如今,这处地点已被布莱克德(Blacader)侧廊覆盖。戴维一世重新确立了格拉斯哥主教区,并于 1136 年亲自见证了首座石砌建筑的落成。如今,这里已属于王室财产,由长老会管辖,苏格兰长老会按照改革后的传统在此做礼拜。

Glastonbury 格拉斯顿伯里 萨默塞特郡的一个市镇,因格拉斯顿伯里突岩(Glastonbury Tor)这座锥形丘而知名。这里因铁器时代的湖村村落而闻名。在诸多关于亚瑟、阿里马西斯的约瑟夫(Joseph of Arimathea)及圣杯的复杂传说的启示下,这里宏伟的中世纪本笃会大修道院成为朝圣中心。至少自 6 世纪开始,这里就建有一座修道院。修道院遭到解散时(1539 年),阿博特·怀廷(Abbot Whiting)被吊死在格拉斯顿伯里突岩上。

glebe 圣职田 圣职田是分配给教士的以供养其生活所需的一部分土地。虽然圣职田最初是教士的唯一生活来源,但后来在圣职田之外的捐献——通常以什一税(tithes)的形式体现出来——大量增加。

Glencoe massacre 格伦科大屠杀 1689 年至 1690 年詹姆斯党人叛乱平息之后,王室规定所有部落首领都要向威廉与玛丽宣誓效忠,以平定苏格兰高地地区。位于威廉堡(Fort William)附近的格伦科的首领麦克唐纳(Macdonalds)在 1 月 1 日这个限期之后才宣誓效忠。苏格兰的国务大臣约翰·达尔林普尔爵士(Sir John Dalrymple)以其超过限期为由发兵格伦科,要求他们屈服。这支军队里的官员与士兵皆来自坎贝尔家族(Campbells),而该家族是麦克唐纳的宿敌。麦克唐纳部族根据苏格兰高地传统热情招待了他们,但士兵们却于 1692 年 2 月 13 日屠杀了大约 40 名当地人,很多逃脱的人也死于冬季的风暴中。

Glenfruin, battle of, 1603. 格伦夫林战役(1603) 苏格兰的格雷戈(Gregor)部落长期以来一直引发事端,他们于 1603 年 2 月 7 日袭击了洛蒙德湖(Loch Lomond)附近的科尔库洪(Colquhouns)。其后,为根除他们,政府施以相当严厉的措施。

Glenlivet, battle of, 1594. 格伦利维特战役(1594) 自 16 世纪 80 年代至 90 年代,苏格兰的天主教贵族一直与西班牙的腓力二世保持着联系,意图入侵英格兰,恢复天主教的地位。1594 年 10 月,亨特利(Huntly)与埃罗尔(Erroll)组成联军,于 10 月 3 日在格伦利维特击溃了由缺乏军事经验的阿盖尔(Argyll)统率的一支人数更多的王室军队。但叛军并未乘胜追击,西班牙军队也没有前来参战。

Glenshiel, battle of, 1719. 格伦希尔战役(1719) 1719 年 4 月,一小股西班牙军队在阿尔什湾(Loch Alsh)登陆,前往支援詹姆斯党人的叛乱,但他们几乎未能得到当地人的支援。怀特曼自因弗内斯(Inverness)出发去迎击他们。6月 10 日,双方在格伦希尔遭遇。短暂交火之后,苏格兰詹姆斯党人脱逃,西班牙军队投降。

Globe theatre 环球剧场 于 1598 年和 1599 年之交由演员理查德·伯比奇(Richard Burbage)在萨瑟克(Southwark)的班克赛德(Bankside)建造而成。剧场标志就是大力神赫拉克勒斯(Hercules)用肩膀背着地球。1613 年,剧场被烧毁,其后经过了重建,但于 1642 年被清教徒关停,后被拆毁。莎士比亚是环球剧场的股东和演员,他的《罗密欧与朱丽叶》《奥瑟罗》《李尔王》和《麦克白》等几部剧作均在此首演。复制的第一剧场于 1996 年开放。

Glorious First of June, 1794. 光荣的六月一日大海战(1794) 英法之间的一场海战,发生于距布列塔尼半岛(Breton peninsula)约 400 英里的大西洋上。布列塔尼半岛庇护着法国在布雷斯特(Brest)的海军基地。豪勋爵(Lord Howe)的策略是自托贝(Torbay)监视布雷斯特港。战役的导火线是维拉雷·德·茹瓦约斯(Villaret de Joyeuse)避开豪,以护卫一支拥有 117 艘船只的舰队。这支由美国驶往布雷斯特的舰队载有 67,000 桶小麦面粉,而这些面粉是即将提供给法国首都的急需品。在大雾的掩护下,豪成功地追击并拦截了法军舰队,取得了俘获 6 艘,击沉 1 艘舰船的战绩。但来自美国的法国舰队于 6 月 5 日安全抵达布雷斯特。

Glorious Revolution 光荣革命 对 1688—1689 年革命的称谓。此次革命导致了詹姆斯二世的退位,由威廉三世与玛丽二世继位。革命的参与者有着不同的目的。托利党与圣公会教徒试图阻止詹姆斯危害教会。辉格党则试图废黜詹姆斯的王位,限制王权。普通人则厌恶詹姆斯的天主教徒身份。威廉力图革除有可能与路易十四达成的盟友关系,将英格兰引入刚刚开始的针对法国的战争中。

1688 年 6 月,威廉唆使 2 名托利党人、4 名辉格党人与康普顿(Compton)主教邀请他出面调停。詹姆斯的孩子于同月出生,小王子的出生改变了未来的政治面貌,亦即他将替代玛丽(詹姆斯的大女儿,新教徒,已嫁给威廉)接替詹姆斯的王位。由于詹姆斯拥有一支强大的职业军队,威廉的介入变得不可或缺。不过,威廉得到承诺说詹姆斯的大多数官员届时将倒戈。当威廉于 11 月 5 日在托贝登陆后不久,革命就发生了。詹姆斯发觉不能诉诸武力,他意志消沉,试图逃离英格兰,但未能成行。后在威廉的施压下,詹姆斯才成功逃往法国。这留下了一个真空。《权利法案》(1689 年)遵循了辉格党人的方案,将詹姆斯的逃离视为退位,宣布王位空缺,由威廉和玛丽担任联合君主。

Gloucester　格洛斯特　罗马人最早大约于公元 50 年在金士赫姆(Kingsholm)建立军事据点。1 世纪 60 年代中期,罗马人前往现有据点,建立了一个军事要塞。96 年至 98 年,这里变成内尔瓦(Nerva)手下退伍军人的殖民城镇(*colonia*)。如同在别处一样,格洛斯特在 3 世纪到 4 世纪时就已普遍出现了设施齐全的房子。在 577 年的迪勒姆(Dyrham)战役中,盎格鲁—撒克逊人占领该地。该地在此后的存续情况已无从得知。

7 世纪时,格洛斯特得以复兴,成为一个王室领地中心和教会中心。9 世纪时,这里已发展成一个防御工事齐备、规划整齐的市镇(burth)。它位于塞文河谷的最低处(在 1966 年之前),长久以来都是一个重要的内陆港口。圣彼得(St Peter)修道院(1541 年建立了大教堂)与诺曼人的城堡控制着这个中世纪市镇:诺曼国王每年都在格洛斯特戴上王冠,这里因而成为英格兰最富有的十个城镇之一。

Gloucester, diocese of　格洛斯特主教区　该主教区辖区面积与格洛斯特郡(Gloucestershire)重合,由亨利八世创立于 1541 年,从伍斯特主教区划分而来。诺曼大教堂的前身是圣彼得本笃会教堂,在某种程度上是按照垂直式风格改造而成,据说这是最早的改造范例。改造经费出自朝圣者供奉给爱德华二世的神龛的资金。这座扇形拱顶修道院是英格兰最精美的修道院之一。

Gloucester, Gilbert de Clare, 4th earl of (d.1230). 吉尔伯特·德·克莱尔,第 4 代格洛斯特伯爵(卒于 1230 年) 格洛斯特曾是反抗约翰的男爵中的一员,于 1215 年受命连同其他 24 人见证《大宪章》的签署。因此,在约翰与教皇达成交易之后,他被英诺森三世逐出教会。约翰死后,格洛斯特支持法国王太子继承王位,并在 1217 年的林肯战役中被俘。在后来数年里,他参与了反对威尔士人的活动。

Gloucester, Gilbert de Clare, 6th earl of (1243—1295). 吉尔伯特·德·克莱尔,第 6 代格洛斯特伯爵(1243—1295) 格洛斯特于 1262 年继承父亲的爵位,其后加入德·孟福尔反对亨利三世的集团,并在 1264 年的刘易斯战役中俘获国王。但他很快便改变了立场,加入爱德华王子阵营,并在 1265 年击溃德·孟福尔的伊夫舍姆(Evesham)战役中表现突出。他一生中的大多时间都献身于抵御卢埃林(Llewelyn)统率的威尔士人。他还负责建造了卡菲利(Caerphilly)大城堡。

Gloucester, Humphrey, 1st duke of (1390—1447). 汉弗莱,第 1 代格洛斯特公爵(1390—1447) 亨利四世最小的儿子,亨利五世的弟弟。格洛斯特于 1414 年受封为格洛斯特公爵,于其兄统治期间,他在法国和英格兰都扮演了重要角色。在亨利于 1422 年死后,他成为英格兰摄政。1429 年,亨利六世加冕,他交出了摄政一职,但在 1437 年之前仍旧担任年幼的亨利六世咨议会的主席。其间,他与首席大臣博福特(Beaufort)争斗不已,致使双方关系在 1425—1426 年、1432 年和 1440 年多次破裂。公爵夫人尝试巫术的丑闻最终令他于 1442 年身败名裂。1447 年,他被指控犯有叛国罪并囚禁于贝里圣埃德蒙兹(Bury St Edmunds)。在受到审判之前,他便在质疑声中去世了。他将大量藏书遗赠给牛津大学,这些书成为牛津大学图书馆的重要藏品。

Gloucester, statute of, 1278. 《格洛斯特法令》(1278) 是爱德华一世强化王权的重要措施。权利开示令状(writ of *quo warranto*)的发布对象,是每个宣称拥有领地特权者。

Gloucester, Thomas, duke of (1355—1397). **托马斯,格洛斯特公爵** (1355—1397) 因其出生地,也被称为伍德斯托克的托马斯(Thomas of Wood-stock)。他是爱德华三世最小的儿子,也是理查三世的叔父。1376年,他被封为英格兰的军事和司法官(constable)。其后,他在法国任职,参与抗击苏格兰人,于1385年获封格洛斯特公爵。他在对抗国王宠臣米夏埃尔·德·拉·波尔(Michael de la Pole)的斗争中扮演了重要角色。1387年,他在拉德科特桥(Radcot Bridge)战役中打败德·维尔(de Vere,牛津伯爵),占领伦敦,捕获国王,利用"无情议会"(Merciless Parliament)打击政敌。数年来,他与理查的关系一直不够和睦。但格洛斯特在1397年被捕,被带往加来并死在那里,他显然是被闷死在羽毛床上的。

Gloucestershire 格洛斯特郡 面积最大的郡之一。即便在1972年的地方政府重组中将其南部边区让给了埃文郡,该郡依旧位列最大的郡的行列。该郡的均衡状态深受两大城镇的影响。布里斯托尔这个大城市在诺曼征服之前便拥有造币厂。1373年,该城成为一个独立的郡,因而脱离了郡的管制。切尔滕纳姆(Cheltenham)是18世纪后期迅速发展起来的一个城市。1789年,乔治三世隆重出访此地,这里的温泉因此声名远播。

罗马统治时期的格洛斯特郡非常繁荣。格洛斯特(Glevum)很快便建起了一个军事基地;赛伦塞斯特【Corinium,科里尼厄姆(Corinium)】成为罗马统治时期不列颠第二大城镇;伍德切斯特(Woodchester)与切德沃思(Chedworth)的大型维拉建筑证明了某些居民的富有。当地居民来自多布尼人(Dobunni)部落。罗马军团撤离后,格洛斯特郡的大部分地区都在577年落入撒克逊人之手。是年,威塞克斯王国的查乌林(Ceawlin)在赛伦塞斯特附近打败了不列颠人首领。但威塞克斯王国未能长期占据该地区。628年,麦西亚的异教徒国王彭达(Penda)击败了威塞克斯军队,接管了格洛斯特郡。该地区的东部成为麦西亚国王控制下的赫威赛人王国（kingdom of the Hwicce）；迪恩森林区（Forest of Dean）的西部边区成为麦肯赛特人（Magonsaetans）自治王国的一部分。此次划分在教会机构中体现出来。赫威赛人王国成为伍斯特主教区的一部分，而麦肯赛特人王国成为建立于676年的赫里福德主教区的管辖范围。后来，该地区又经过转手，再次落入威塞克斯王国之手：阿塞尔斯坦（Athelstan）击退了威尔士人，该地区的边界变成了瓦伊河（Wye）而非塞文河。940年，阿塞尔斯坦在格洛斯特去世。

诺曼征服之后，格洛斯特郡（于1016年首次被称作一个郡）仍旧是一个边疆地区，格洛斯特伯爵拥有巴拉丁领地权（palatine powers）。事实证明，科茨沃尔德（Cotswold）牧场非常适于放牧，斯特劳德（Stroud）与德斯利（Dursley）周边发展起一系列呢绒纺织业。1541年，格洛斯特成立了一个主教辖区。此事发生在解散修道院运动之后，给该郡城镇的发展注入了兴奋剂。

随着该郡东部地区的呢绒纺织业和西部地区的矿业的衰退，这里的产业呈现出多元化特点。格洛斯特盛行货运业，布里斯托尔的航空工业尤为发达，科茨沃尔德山谷一带则以钢琴制造、印刷、家具、化工产品和旅游业见长。20世纪60年代，东西走向的M4高速公路与南北走向的M5高速公路在该郡纵横交错，处于两条公路交汇处的阿蒙兹伯里（Almondsbury）成为一个交通枢纽。更为重要的是塞文河大桥于1966年建成，比奇利-奥斯特（Beachley-Aust）之间的旧式摆渡成为历史。第二座塞文河大桥于1996年开通。

Glyndŵr（Glendower），Owain（c. 1359—c. 1415） 欧文·格伦道尔（约1359—约1415） 自封的威尔士亲王。其父亲是威尔士东北地区的富有地主，是波伊斯（Powys）王国王室的后代；母亲是德赫巴斯（Deheubarth）王国王室后代。欧文是一个富裕绅士，在1387年时已经成为彻克勋爵（Lord Chirk）、阿伦德尔伯爵理查德·菲查伦（Richard Fitzalan, earl of Arundel）的家臣。到1400年，在威尔士举行起义的条件已经成熟。

部分地出于个人对里辛的格雷勋爵（Lord Grey of Ruthin）及亨利四世的不满，格伦道尔领导了起义。1400年9月16日，他被亲戚朋友拥戴为威尔士亲王。其后，他率众袭击了靠近英格兰边境的格雷的地产。在取得了普林利蒙山

(Plynlimmon mountains)战役(1401 年)的胜利之后,欧文挺进到威尔士中部和南部。他俘获格雷勋爵(4 月)以及埃德蒙·莫蒂默【Edmund Mortimer,马奇伯爵(earl of March)】的叔父,同时提出英格兰王位的要求(6 月 22 日),是一个政治谋略,尤其是被俘的莫蒂默此时迎娶了欧文的女儿。尽管亨利四世 1403 年 7 月 21 日在什鲁斯伯里(Shrewsbury)战役中取得胜利,但欧文尽力联合其他反叛者,尤其是珀西家族与马奇伯爵的支持者。欧文重点进击威尔士南部地区,除占领了阿伯里斯特威斯(Aberystwyth)和哈勒赫(Harlech)之外,还攻占了几个城堡(1404 年)。他与法国的查理六世签署了《巴黎条约》(1404 年 7 月 14 日)。他还"与他的山区居民(hillmen)"在马汉莱斯(Machynlleth)、哈勒赫与彭纳尔(Pennal)举行集会(1404—1406 年),意在建立独立的公国。尽管法国军队在米尔福德峡湾(Milford Sound)登陆,前往支援,但局势在 1405—1406 年发生大逆转,他的法国及珀西家族的联军都四散而逃。欧文于 1410 年袭击了什罗普郡(Shropshire),其后便不知去向。1415 年时,他拒绝接受亨利五世的宽恕。他很可能在之后不久便去世了。

Goderich,Frederick John Robinson,1st Viscount(1782—1859)　**弗雷德里克·约翰·鲁滨逊,第 1 代戈德里奇子爵**(1782—1859)　首相。戈德里奇在哈罗公学和剑桥大学圣约翰学院接受教育,其后以温和的托利党人身份,分别于 1806 年代表卡洛(Carlow),于 1807—1827 年代表里彭(Ripon)两地的利益。他先后担任过一系列职务——海军大臣(1810—1812 年)、贸易委员会副主席(vice-president of the Board of Trade,1812—1818 年)、财政大臣(1812—1813 年)、财政部联合主计长(joint paymaster general,1813—1817 年)、贸易委员会主席(1818—1823 年,1841—1843 年)、海军财务主管(treasure of the navy,1818—1823 年)、战事国务大臣及殖民地大臣(1827 年,1830—1833 年)、王玺掌管大臣(1833—1834 年)、印度管理委员会主席(1834—1836 年)。他于 1827 年获封子爵,1833 年获封里彭伯爵。他在 1823—1827 年担任财政大臣期间,赢得了"繁荣的罗宾逊"的昵称。不过,他的 1827 年 9 月至 1828 年 1 月的首相任期并不成功,内阁争吵不休。迪斯累里(Disraeli)简短地评价他是"一个转瞬即逝的尴尬幻影"。

Godiva(Godgifu)(d.between 1057 and 1086)．　戈黛娃(戈德吉弗)(卒于 1057 年至 1086 年之间)　麦西亚的利奥弗里克伯爵(Earl Leofric)的妻子。据说为了让丈夫接受请求,减免考文垂的一项重税,她裸身骑马穿过了市场。这个传说遮蔽了她援建宗教设施的声望。她与利奥弗里克都被葬在了他们的考文垂教堂里。13 世纪时文多弗的罗杰(Roger of Wendover)最早提及了她的裸身骑行事迹。18 世纪的作家进一步美化了这一传说,并增添了一些生动的细节,诸如"偷窥狂"(Peeping Tom)。

G

Gododdin, kingdom of the　哥多丁王国　6 世纪时不列颠人在苏格兰东南部建立的王国。安奈林(Aneurin)创作的英雄史诗讲述了哥多丁王国对伯尼西亚(Bernicia)王国和德伊勒(Deira)王国的盎格鲁—撒克逊人的袭击,以及发生在卡特里克(Catterick)的战斗(约 6 世纪)。哥多丁王国溃不成军,"三百兵士,除一人外,无人生还"。

Godolphin, Sidney Godolphin, 1st earl of(1645—1712)．　悉尼·戈多尔芬,第 1 代戈多尔芬伯爵(1645—1712)　首相。戈多尔芬先后代表赫尔斯顿(Helston,1668—1679 年)和圣莫斯(St Mawes,1679—1681 年)当选议会下院议员,后获封男爵(1684 年)和伯爵(1706 年)。作为一个具有托利党倾向的人,他生来就适于做官僚政客。他先后担任过财政大臣(1679 年)、北方事务部国务大臣(secretary of state for the northern department,1684 年)、第一财政大臣(1684—1685 年,1690—1696 年,1700—1701 年)、摩德纳的玛丽王后(Queen Mary of Modena)的内廷大臣(chamberlain),以及财政专员(commissioner of the Treasury,1687 年)。安妮女王就职后,他与马尔伯勒(Marlborough)(组成"二头政治"),共同掌管政府。戈多尔芬担任财政大臣,实际上行使首相职务(1702—1710 年)。他擅长财政事务,他负责筹集的资金确保英格兰有实力参与 20 年的欧洲大陆战争。

Godwin, William(1756—1836)．　威廉·戈德温(1756—1836)　英国作家,小说家。1793 年,戈德温出版了他的无政府主义杰作《政治正义论》

（*Enquiry Concerning Political Justice*），引发了公众的想象，也让他名声大噪。他反对任何形式的高压措施，无论这些措施是政治措施、宗教措施还是军事措施，因为高压措施容易滋生腐败，且毫无成效。在他看来较为理想的社会中，没有政府，也没有惩罚，人人操持理性，因而和睦相处。

Godwine, earl of Wessex（d.1053）.　戈德温，威塞克斯伯爵（卒于 1053 年）
在克努特统治时期，戈德温是他的首席顾问，地位日渐显赫。传统来说，他对于"没有主见的"埃塞尔雷德（Æthelred the Unready）的被流放的儿子阿尔弗雷德于 1036 年的惨死负有责任。丹麦王统断绝（1042 年）之后，戈德温支持阿尔弗雷德的哥哥爱德华（迎娶了戈德温的女儿）继位。随着他的儿子们纷纷获得伯爵爵位，他的影响范围变得相当广泛。1053 年，戈德温去世，他的政敌们颇感悲恸，但又认为他对阿尔弗雷德的死负有责任。威塞克斯王国传入他的儿子哈罗德之手。哈罗德于 1066 年在黑斯廷斯战役中战死。

Gold Coast　黄金海岸　See GHANA.（见加纳）

Golden Jubilee, 1887.　登基 50 周年庆典（1887）　精心策划的维多利亚登基 50 周年庆典充分展示了人们对女王的效忠。位于温莎城堡的圆塔（Round Tower）由电灯光照亮，大赦犯人，铸造奖章，竖立雕像，舰队在斯皮特黑德（Spithead）巡游，威斯敏斯特大教堂举行了感恩仪式，仪式上播放着已故的艾伯特亲王（Prince Albert）创作的音乐。维多利亚后来写道，"一切都完美无瑕"。

Goldsmith, Oliver（1728—1774）.　奥利弗·哥尔德斯密斯（1728—1774）
作家。哥尔德斯密斯出生于爱尔兰，在都柏林三一学院接受教育，后在爱丁堡大学与莱顿大学学过很短一段时间的医学。1756 年始，他定居伦敦，有时从事医生职业，有时身为雇佣文人，还有时需要向朋友借钱养活自己。但他渐渐走出了格拉布街（Grub Street）。他创作的诗歌《旅行者》（*The Traveller*，1764 年）深受人们喜爱；小说《韦克菲尔德的牧师》（*The Vicar of Wakefield*，1766 年）如今依旧是一部经典；喜剧《好脾气的人》（*The Good-Natured Man*，1768 年）屡次在舞台上演出;《荒凉的村庄》(*The Deserted Village*,1770 年)触发了人们的怀旧之情,颇受好评;《委曲求全》(*She Stoops to Conquer*,1773 年)也大获成功。哥尔德斯密斯是个奇怪的人,软弱,幼稚,天真,慷慨。他死的时候债台高筑,霍勒斯·沃波尔(Horace Walpole)称他"有时神通广大,但从来不明事理"。

golf 高尔夫球 尽管有人认为荷兰的高尔夫运动是高尔夫球运动的前身,但首次明确提及高尔夫球是在 1457 年。是年,苏格兰议会认为这项运动使得年轻人不再从事箭术活动,因而对其流行予以了谴责。但高尔夫球运动在 19 世纪后期取得了很大的发展。高尔夫球俱乐部的数量从 19 世纪早期的寥寥几家发展为 1870 年的十余家,而到 1914 年时,已增长为 1000 多家。设在圣安德鲁斯(St Andrews)的皇家古典高尔夫俱乐部(Royal and Ancient Club)成立于 1754 年,是英国最古老的高尔夫球俱乐部。

Good Parliament(1376) **贤明议会**(1376) 在此次议会上,下院首次使用弹劾权(impeachment),并首次出现了议长这一职务。人们普遍对政府的低效与腐败心生不满,并将矛头指向宫廷大臣威廉·拉蒂默(William Latimer)、国王的情妇艾丽斯·佩勒斯(Alice Perrers)、王室总管约翰·内维尔及其他人。下院的胜利并未持续太久,由冈特的约翰操控的政府在次年便废止了他们的大多措施。

Gordon, Charles George(1833—1885). **查尔斯·乔治·戈登**(1833—1885) 英国军人,基督教神秘主义者。戈登曾参加过克里米亚战争(1853—1856 年),后因其在中国的"壮举"(1860—1865 年)而受到公众的称赞。在太平天国运动期间,他指挥非正规军守卫上海,展现出高超的才能。后来,戈登被埃及总督任命为赤道省(Equatoria)省长(1873—1876 年),后任苏丹总督,直至 1880 年,期间他绘制了白尼罗河(White Nile)的上支地图。1884 年,他回到苏丹,疏散受到穆斯林宗教复兴运动领袖马赫迪(Mahdi)围攻的埃及军队。由于援军未能及时赶到,戈登在 1885 年 1 月的喀土穆(Khartoum)战役中被杀。

Gordon, **Lord George**(1751—1793). **乔治·戈登勋爵**(1751—1793) 在 1774 年当选为议员后不久,第 3 代戈登公爵的第三子乔治勋爵便展露出宗教狂的迹象。1780 年 6 月 2 日,他作为新教联盟(Protestant Association)的领袖向议会呈递了一份巨大的请愿书,谴责议会对天主教徒的让步。其后,他们进行了为期 6 天的骚乱、抢劫。戈登被判犯有叛国罪。据说戈登宣称自己并没有叛国意图,并被判无罪。随后,他改信犹太教。后来,他被判犯有诽谤罪,在纽盖特监狱(Newgate prison)的软禁中度过了 5 年余生。另见戈登暴乱(*See also* GORDON RIOTS)。

Gordon riots,1780. **戈登暴乱** 现代英国历史上爆发的最大规模的市民骚乱。骚乱从 6 月 2 日持续到 6 月 8 日,共计 6 天时间,给伦敦造成了严重损害。骚乱始于乔治·戈登勋爵向议会呈递请愿书,抗议议会近来向天主教徒让步的行为,但抗议活动很快便演变成暴力冲突与犯罪活动。很多暴民在骚乱中失去生命,要么遭到军队袭击,要么葬身火海,或被埋入碎石堆。骚乱之后,共有 135 人受到审判,59 人被判处重罪,26 人被施以绞刑,其中包括一名犹太人,一个女黑人,一个独臂人以及"一个喝醉的穷鞋匠"。

Goring,**George**(1608—1657). **乔治·戈林**(1608—1657) 内战时期的王党军队将领。尽管乔治·戈林勋爵普遍招人嫌恶,但他依然在国王身边升至高位。他最初受在约克郡受纽卡斯尔的指挥,后在 1643 年 3 月的锡克罗夫特荒原(Seacroft Moor)战役中打败了托马斯·费尔法克斯爵士(Sir Thomas Fairfax),并因此名声大振。在 1644 年的马斯顿荒原战役中,他指挥左翼的王党军队。内斯比战役之后,由于托马斯·费尔法克斯爵士率军前来,戈林被迫放弃了对汤顿的围攻。尽管戈林在兰波特(Langport)战役中充分运用才智,以巧妙的战术调动他的军队,但他仍在 1645 年 7 月被轻松打败了。此后,戈林逃离英国,转而为西班牙政府服务,直至去世。

Goschen,**George Joachim**,**1st Viscount**(1831—1907). **乔治·乔基姆,第 1 代戈申子爵**(1831—1907) 戈申在他那个时代位居高官,长期从政,而今人们

主要在短语里记起他了。戈申的祖父是莱比锡的一名出版商,父亲于1814年定居伦敦。戈申被送往拉格比公学(Rugby)和牛津大学接受英文教育,在古典学方面取得一流成绩,并担任学生会主席。他于1863年以自由党人身份代表伦敦进入议会下院,此后一直留在议会里,直至去世。1865年,他在罗素政府中觅得不重要的职务。翌年,他被调入内阁,担任兰开斯特公爵领地事务大臣。其后,他先后担任济贫法委员会主席(1868—1871年)、第一海军大臣(1871—1874年,1895—1900年)、财政大臣(1887—1892年)。1886年爱尔兰地方自治危机之后,他加入了哈廷顿领导的自由党统一派(Liberal Unionists)。1886年,伦道夫·丘吉尔勋爵戏剧性地从索尔兹伯里政府辞职。丘吉尔原本希望他能被召回政府,但出乎意料的是,戈申取代了他的职位。伦道夫勋爵感伤地说,"我居然忘记了戈申"。

Gower,**John**(*c*.1330—1408). **约翰·高尔**(约 1330—1408) 诗人。高尔是乔叟的朋友,他很可能出生于肯特。其主要作品《情人的忏悔》(*Confessio Amantis*,约1386年)以一个恋人阿芒(Amans)与维纳斯的一位牧师吉涅斯(Genius)对话的形式,讲述了141则爱情故事。待到恋人通晓了爱情的本质,他已垂垂老矣,无力去爱。在都铎王朝时期,高尔的作品受到高度赞扬。但他缺少幽默感,致使他不如乔叟的影响大。

Gowrie,**William Ruthven**,**1st earl of**〔S〕(*c*.1541—1584). **威廉·拉斯文**,**第1代高里伯爵【苏格兰】**(约 1541—1584) 拉斯文的地产位于珀斯郡(Perthshire),其信仰新教的家族是英格兰利益所在。他在1582年领导了拉斯文突袭行动(Ruthven raid),将国王詹姆斯六世囚禁了10个月。1584年,他错误地判断了与阿伦的和解形势,导致了他的下台,并在斯特灵(Stirling)被处死。他的两个儿子因卷入1600年的"高里阴谋案"(Gowrie conspiracy),都被处死。

Gowrie conspiracy,**1600**. **高里阴谋案**(1600) 苏格兰的詹姆斯六世对高里家族有所猜疑。第1代高里伯爵曾在1582年拉斯文突袭行动(Ruthven raid)中囚禁了詹姆斯。1600年8月5日,正在狩猎的詹姆斯突然接到亚历山大·拉斯文的邀请。据国王所说,拉斯文请他前往高里家族位于珀斯的住宅,是去调查一个携有金壶的神秘陌生人。但詹姆斯并未看到什么陌生人。饭后,他与拉斯文一起登上高处的一座角楼。据詹姆斯所言,拉斯文随后斥责他处死了第 1 代伯爵,并威胁说让他等着受死,他挣脱后,在窗户边高喊"谋反",于是他的随从拯救了他,杀死了拉斯文和他哥哥高里勋爵。如若拉斯文兄弟二人是谋反者,妄图再现拉斯文突袭行动,那么他们将成为苏格兰史上最不光彩的人。

Grace，W.G.（1848—1915）． **W.G.格雷斯（1848—1915）**　格雷斯很可能是维多利亚时代晚期和爱德华时代英国最伟大的体育英雄。他身材魁梧,蓄着黑色的大胡子,极易辨认。他在布里斯托尔从事外科医生一职。不到 17 岁时,他就在椭圆球场（Oval）和贵族板球场（Lord's）参赛,代表绅士队对抗球手队。1870 年,他开始代表格洛斯特郡参赛。他一生共获得 126 个 100 分,使 2876 名击球手出局。1908 年,他最后一次参加顶级比赛,时年 60 岁。

Grafton，Augustus Henry Fitzroy，3rd duke of（1735—1811）． **奥古斯塔斯·亨利·菲茨罗伊,第 3 代格拉夫顿公爵（1735—1811）**　首相。格拉夫顿在罗金厄姆（Rochingham）首届政府时期成为国务大臣,但他因未能协助皮特进入内阁而于 1766 年 4 月辞职。同年 7 月,皮特【当时的查塔姆伯爵（earl of Chatham）】接替罗金厄姆成为首相,格拉夫顿再次入职。尽管格拉夫顿成为第一财政大臣,但查塔姆以王玺掌管大臣的身份主掌了内阁。这种非同寻常的安排因查塔姆身体状况的恶化而渐告终结。1767 年,格拉夫顿事实上逐渐在行使首相职务。1768 年 10 月,查塔姆最终辞去首相,格拉夫顿正式行使职务。格拉夫顿政府受到一系列问题的困扰,诸如威尔克斯（Wilkes）事件、汤森税法（Townshend duties）危机。格拉夫顿本人也受到朱尼厄斯（Junius）等媒体人的嘲讽。压力之下,格拉夫顿于 1770 年 1 月辞职。此后,他再未接手一线政务,只在 1771—1775 年和 1782—1783 年担任了王玺掌管大臣。

Graham，Sir James（1792—1861）． **詹姆斯·格雷厄姆爵士（1792—1861）**格雷厄姆是某块重要的边界地产的继承人,他在威斯敏斯特学校公学（Westminster School)和牛津大学接受教育。他在议会中加入了辉格党的反对派,支持天主教徒解放运动(catholic emancipation)和议会改革。1830 年,他成为格雷内阁中的第一海军大臣,也是《改革法》四位起草者中的一员。在担任海军大臣期间,他改革了行政管理,直至 1834 年因提议改革既有的爱尔兰教会而辞职。在1841—1846 年内阁中,他成为内务大臣和皮尔的得力助手。1846 年,他随内阁一同辞职。皮尔死后,格雷厄姆依旧是表现突出的皮尔派政客,后重返阿伯丁(Aberdeen)1853—1855 年联合内阁中担任海军大臣。

Grampian 格兰扁区 【因位于其中的格兰扁山脉(Grampian mountains)东麓而得名】自 1973 年至 1996 年,是苏格兰的一个地方自治区。1996 年 4 月以来,之前的格兰扁区划分为几个新型的多功能地方政府:阿伯丁(Aberdeen)、阿伯丁郡(Aberdeenshire)和马里(Moray)。该区域 40%以上的居民生活在苏格兰的第三大城市阿伯丁。

Granby,John Manners,marquis of(1721—1770). 约翰·曼纳斯,格兰比侯爵(1721—1770)   格兰比是拉特兰公爵领地(dukedom of Rutland)继承人。"七年战争"期间,他在明登(Minden,1759 年)战役与瓦尔堡(Warburg,1760 年)战役中率领骑兵屡创佳绩,成为国家英雄。他尚未年满 21 岁时便被选入议会,并一直担任议会下院议员,直至去世。他在 1763—1770 年主管军械署,并于1766 年担任英军总司令。他于 1770 年 1 月辞职,此时他已改变了对威尔克斯(Wilkes)问题的看法。霍勒斯·沃波尔(Horace Walpole)写道,"他以不甚了解的理由,撤回了不得其解的提议"。他在 49 岁时意外死亡。雷诺兹(Reynolds)多次为他画像,画像中的他色彩绚丽,头发稀少,面色红润。不过,数十年来,与他相关的精美画像已很少见到。

grand jury 大陪审团 《克拉伦登诏令》(Assize of Clarendon)规定,每个百户区由 12 人向巡回法官宣誓,指控那些具有重罪嫌疑的人。自 14 世纪后期以来,大陪审团的工作还包括审查公诉书(indictments),以审查是否将被指控者交付审判。

Grandmontines　格朗蒙修会　由隐士米雷的圣斯蒂芬（St Stephen of Muret，约 1054—1124 年）在利摩日（Limoges）附近创立的修会。它是一个由唱诗班和普通修士组成的苦修团体。斯蒂芬死后，该团体在格朗蒙稳定下来，并更加严格地遵循了本笃会（Benedictine）教规。格朗蒙修会在英格兰建立了三个小修道院，但到解散修道院（dissolution）运动时，只有一个【格罗斯蒙特（Grosmont），约克郡】得以保存下来。

Grand National　英国国家障碍赛马大赛　世界最有名的障碍赛马大赛。障碍赛最早举办于 1839 年，参赛马匹为 6 岁以上的马，举办场地为利物浦安特里（Aintree）的边界末端。障碍赛全程为 4 英里 856 码，共计 30 次跳跃，诸如急转障碍（Canal Turn Fence）、瓦伦丁溪（Valentine's Brook）障碍以及臭名昭著的比彻溪（Becher's Brook）障碍。

Grand National Consolidated Trade Union　全国大团结工会联合会　由全国社团代表成立于 1834 年，意在回应那些被排除在联合社团之外的德比手工业者与劳工的号召。联合会与罗伯特·欧文有关。欧文在托尔帕德尔蒙难者（Tolpuddle martyrs）于 3 月受审之后，才开始担任联合会主席。联合会自建立伊始便受制于资金匮乏，因财务主管于 1834 年 12 月携款潜逃，联合会遂告解散。

Grand Remonstrance，1641.　《大抗议书》（1641）　皮姆（Pym）力图在议会与查理一世的斗争中握有主动权，这份篇幅较长的请愿书便是他所采取的行动中的一部分。11 月 18 日，议会以 159 票对 148 票的微弱优势通过了一份针对国王罪行的长篇控告书。控告书要求国王以后应当录用议会"信得过的"顾问。查理的答复是，"遴选我们的顾问……是英格兰国王毋庸置疑的权利，他有权选用在我们看来能够胜任的人"。

grand tour　游学大旅行　王朝复辟至 1789 年法国革命战争与拿破仑战争爆发时期英国贵族教育中的重要组成部分，往往需要两到三年时间，耗资巨大，只有少数人有能力承担。因此，参加大旅行的人往往是各家长子。游学大旅行有如下目的:开阔心智;引导旅行者接触古典文明;培养社交风度;提高语言修养;建立有益的个人联系与外部联系;在异国他乡谈情说爱。斯摩莱特(Smollett)、约翰逊、吉本等人都对此持反对态度,认为大旅行激起了挥霍放荡之风,那些年轻贵族还不会品鉴他们所看到的事物。随着19世纪早期铁路的出现,几周内即可完成一些旅行,传统形式的大旅行已不复存在。

Grantham, Thomas Robinson, 1st Baron(1695—1770). **托马斯·鲁滨逊,第1代格兰瑟姆男爵**(1695—1770) 鲁滨逊的父亲是里彭(Ripon)东部的纽比霍尔(Newby Hall)的准男爵。他最早于1727年首先代表瑟斯克(Thirsk)出任议员。他在威斯敏斯特公学期间与亨利·佩勒姆(Henry Pelham)和纽卡斯尔公爵结成友谊,并在生前一直得到他们的照顾。1748年,艾克斯拉沙佩勒(Aix-la-Chapelle)和约签署,在此之前,他一直从事外交工作。自1749年至1754年,他在政府里担任次要角色。1754年,亨利·佩勒姆意外去世,纽卡斯尔需要一名议会下院发言人,鲁滨逊由此被推到要位。但他在担任国务大臣的数月时间里,屡遭福克斯与皮特的攻讦,而且往往是联合夹击,令他颇为痛苦。1755年,福克斯取而代之,他在之后只是担任次要职务。但他获得了丰厚报偿——一笔可观的退休金并于1761年获封男爵,而且即便他的职务不甚起眼,但仍被一些人求之不得。

Granville, Granville George Leveson-Gower, 2nd Earl(1815—1891). **格兰维尔·乔治·莱韦森—高尔,第2代格兰维尔伯爵**(1815—1891) 政治家。他是第1代格兰维尔伯爵之子,在伊顿公学与牛津大学接受教育。他毕生都是辉格党人,在继承爵位之前,先后代表莫珀斯(Morpeth,1836—1841年)和利奇菲尔德(Lichfield,1841—1846年)出任议会下院议员。他于1840年至1841年担任外交事务副大臣,并继帕默斯顿勋爵(Lord Palmerston)于1851年至1852年任外交大臣。格兰维尔在1859年与1865年都有望成为首相,但迟迟未能升迁,直到后来才受任殖民地事务大臣(1868—1870年)、外交大臣(1870—1874年,1880—1885年),并出任格莱斯顿(Gladstone)政府的殖民地事务大臣(1886年)。他温文尔雅,受人爱戴,但他并不是一个有活力的政治家。

Grattan, Henry（1746—1820）．**亨利·格拉顿**（1746—1820） 政治家。格拉顿在都柏林三一学院接受教育，1772 年在爱尔兰执律师业。他于 1775 年代表查利蒙特（Charlemont）出任爱尔兰议会议员，并很快以其卓越的口才赢得声望，成为爱国团体的领袖，致力于爱尔兰的立法独立，并最终于 1782 年实现这一目标。1790 年，他成立了爱尔兰辉格党俱乐部，并代表都柏林出任议员，谴责议会腐败，支持向天主教徒让步。1798 年爱尔兰举行起义时，他住在英格兰，但于 1800 年入选爱尔兰议会，针对《联合法》开展抗议活动。1805 年，他受劝代表菲茨威廉（Fitzwilliam）的莫尔顿（Malton）自治市进入威斯敏斯特议会。自 1806 年至 1820 年，他重又代表都柏林担任爱尔兰议会议员。他拒绝出任官职，持续致力于天主教徒解放运动（catholic emancipation），但他的愿望仍旧没有实现。

Gray, Thomas（1716—1771）．**托马斯·格雷**（1716—1771） 格雷一直生活在庇护之下，如他所言，"平生波澜不惊"。他在伊顿公学接受教育，而后进入剑桥大学彼得豪斯学院（Peterhouse）。在以可和研究员同桌吃饭的大学生（fellow-commoner）身份参加了游学大旅行（grand tour）之后，他返回剑桥大学。1756 年，他因厌烦彼得豪斯学院同人的喧闹而转入对面的彭布罗克学院（Pembroke College）。1768 年，他成为历史学教授，其典型表现就是，不举办讲座却屡受此事困扰。他于 1750 年发表了长诗《墓畔哀歌》（"Elegy in a Country Churchyard"），为其赢得了诗人的名声。这首诗触及 18 世纪的诸多主题，尤其是人类愿景的虚妄，"荣光之路终将通往坟墓"。

Great Britain 大不列颠 作为地理术语的大不列颠用于将不列颠群岛中最大的岛屿与布列塔尼（Brittany）或小不列颠（Little Britain）区分开来。詹姆斯一世于 1603 年继伊丽莎白之位成为英格兰国王，他提议王权合并后，政府也应该联合起来，并建议改用大不列颠这个名称。尽管英格兰议会并不同意，但詹姆斯在公告里采纳了这一名称，并将其印制到钱币之上。随着英格兰与苏格兰于 1707 年签署了《合并法》，大不列颠这一名称获得了法定权威。该名称一直沿用到英格兰与爱尔兰在 1801 年签署《联合法》（*Act of Union*），其后被"大不列颠及爱尔兰联合王国"取代。

G

Great Britain "大不列颠"号 I.K.布律内尔设计的三艘高度创新的汽船中的第二艘。大西方汽船公司(Great Western Steamship Company)想把这艘船设计成布律内尔的"大西方"号(*Great Western*)的姊妹船。"大西方"号是一艘木质船身明轮船,1837年由布里斯托尔下水。但布律内尔设计了一艘更大的船,这艘船是第一艘大型铁船,也是第一艘大型螺旋桨驱动船。"大不列颠"号(3270吨,而"大西方"号是1340吨)于1843年7月19日由艾伯特亲王(Prince Consort)主持下从布里斯托尔下水,于1845年投入使用,航行于利物浦与纽约之间。这艘船最终于1886年在福克兰群岛(Falkland Islands)停运,于1970年被拖回英国的布里斯托尔,供人观瞻。

Great Cause 大业 1286年,亚历山大三世去世,苏格兰王位继承问题引发争端。亚历山大只留下一个年幼的外孙女"挪威少女"(Maid of Norway),而她也于1290年在奥克尼岛(Orkney)去世。爱德华一世应邀在12名"王位竞争者"中作出裁定,12人中为首者是约翰·科明(John Comyn)、约翰·巴利奥尔(John Balliol)和罗伯特·布鲁斯(Robert Bruce)。这一争端最终因爱德华自任苏格兰国王而告结束。

Great Contract, 1610. 《大契约》(1610) 詹姆斯一世登临王位之时,王室财政深受通货膨胀影响。1610年,财政大臣罗伯特·塞西尔(Robert Cecil)提议议会应当每年定期拨给国王一笔收入。作为回报,国王将放弃此前令人不满的对地产所有者之未成年继承人的监护权,以及将受监护的未成年继承人之地产的控制权卖给最高竞价者的做法。《大契约》如期生效,但在议会休会期间,议员们得知他们的选民坚决反对这一契约。詹姆斯深知他的财政状况不会有所好转,便在一片反对声音中放弃了大契约。

great council and king's council 大咨议会(大会议)与御前会议 依照惯例,中世纪君主应当最大化地听取臣民们的建议,赢得他们的支持。盎格鲁一撒克逊时期的君主召开贤人会议(witan)。诺曼时期与金雀花王朝(Plantagenet)时期的君主以不同的名义召集咨议会。随着事务的日渐复杂,咨议会逐渐依具体事项有所划分。大咨议会与御前会议（king's council, curia regis）由此产生。大咨议会最初是大贵族与男爵们出席的会议，主要发挥咨询作用。由此形成了一个更加专业化的、由王室官员组成的咨议会，这便是御前会议。在 13 世纪后期之前，御前会议并不是一个拥有明确功能的正式机构。

御前会议延续下来，它所处理的事务日渐繁重。16 世纪，它摆脱星室法庭（Star Chamber），接手了更多的司法工作。在亨利八世统治时期，它发展成拥有少数成员的枢密院，这些成员大都是经济拮据的行政人员，枢密院频繁开会。在长达百年的时间里，枢密院都是行政机构里的主要部门。但在王朝复辟之后，枢密院逐渐让位于内阁。

Great Eastern **"大东方"号** 是 I. K. 布律内尔继"大西方"号（*Great Western*）和"大不列颠"号（*Great Britain*）之后所设计的第三艘汽船。这艘巨船重达 18, 915 吨，是 20 世纪之前最大的船只。她于 1858 年 1 月从侧面在泰晤士河下水。"大东方"号未能充分发挥其载客功能，反倒在铺设穿越大西洋与印度洋的跨洋电缆时发挥了重要作用。

Great Exhibition, 1851. 世界博览会（1851） 由艾伯特筹办的世界博览会是世界上前所未见的最大的展销会。约瑟夫·帕克斯顿（Joseoh Paxton）设计的水晶宫（Crystal Palace）淘汰了其余 233 项设计，最终被采纳，水晶宫位于伦敦海德公园，占地 19 英亩。自 1851 年 5 月 1 日至 10 月 11 日，约有 600 万人（其中很多人乘火车）前往博览会，参观了 100, 000 种展品。始终热衷于丈夫的成就的维多利亚女王 34 次莅临参观。博览会所得收益投入到肯辛顿（Kensington）的建设之中，该地后来建造了维多利亚与艾伯特博物馆（Victoria and Albert Museum）、科学博物馆（Science Museum）与自然历史博物馆（Natural History Museum）。

Great Reform Act, 1832. 《改革法》（1832） 自克伦威尔统治时期以来代议制的首次重大改革。格雷勋爵（Lord Grey）认为改革有助于满足相当数量的中产阶级对更多代表席位的需求，而此次《改革法》的特点也相对较有节制。它带来的主要变革是:(一)重新分配议席。人口不足 4000 人的市镇要么被取消选区资格,要么将议席由两个削减至一个。增设的议席被分配给乡村各郡或某些城市,诸如伯明翰和曼彻斯特。(二)变更选举资格。在各郡,除"拥有 40 先令财产的自由地产保有人(freeholders)"外,将拥有 40 先令财产的长期租赁地保有人(long leaseholders)也补充了进来;在市镇,拥有 10 英镑以上财产的户主(householders)均可获得选民资格。(三)确立选举规则。《改革法》满足了中产阶级的普遍利益,但在工人阶级中引发了更加激进的改革需求,这一普遍需求直到 1867 年才有所实现。

Great Schism,1378—1417. **教会大分裂**(1378—1417) 自 1309 年始,教皇驻留阿维尼翁(Avignon),阿维尼翁是位于法国南部的一块飞地。1378 年,罗马民众要求选出一位意大利人担任教皇。在受到恐吓之后,教皇选举会议最终选择了乌尔班六世。但不到三个月,乌尔班六世的所作所为便令许多支持者敬而远之,并重新选择克雷芒七世(Clement VII)为教皇。克雷芒七世也在阿维尼翁自立为教皇。双方的裂痕一直延续下来。为维护教会统一,1409 年的比萨宗教会议(Council of Pisa)只是成功选出了第三位教皇亚历山大五世。直至 1417 年康斯坦茨宗教会议(Council of Constance)召开,选举马丁五世为教皇,教会才恢复了统一。由于阿维尼翁的诸位教皇更有可能会受到法国的影响,因此得到法国国王的支持。而强烈反对法国的英格兰人则认可罗马教皇。苏格兰人与法国达成同盟,因而也认可阿维尼翁的教皇。

great seal **国玺** 国玺起源于"忏悔者"爱德华统治时期,样子仿照皇帝的印玺,其直径约为 3 英寸。国王被塑造成拥有至高无上权力的人。诺曼时期的统治者沿用了国玺的用法,并将国玺交由大法官(chancellor)保管。新国王上任伊始,将销毁旧玺,打造新玺。由于国玺的分量较为沉重,所以出现了以王玺以及后来的御玺(signet)代替国玺的使用。国玺常印在公告、令状、专利证书及条约之上。根据 1707 年的《合并法》,苏格兰拥有单独的国玺,由苏格兰国务大臣掌管。

Great Yarmouth 大雅茅斯 位于诺福克郡的耶尔河（Yare）河口，在 11 世纪发展成一个渔镇，尤以捕捞北海的鲱鱼而闻名。自此至第一次世界大战，大雅茅斯一直是重要的港口，也是英格兰最大的城镇之一。

Greene，Graham（1904—1991）. 格雷厄姆·格林（1904—1991） 20 世纪中期最有才、最多产的大众作家之一。格林出生于伯克姆斯特德（Berkhamsted，赫特福德郡），父亲是公学校长。他在牛津大学巴利奥尔学院（Balliol College）接受教育，于 1927 年结婚之时转信天主教。格林于 1925 年出版了诗集《潺潺的四月》（*Babbling April*），后于 1929 年出版历史小说《内心人》（*The Man Within*）。后来，他创作了一系列惊险小说【"消遣作品"（entertainments）】，从《斯坦布尔列车》（*Stamboul Train*，1932 年）到后来的《第三个男人》（*The Third Man*，1950 年），后者被成功地拍成一部电影。格林还在很多作品中探究了天主教徒的罪行，这些作品包括《布莱顿硬糖》（*Brighton Rock*，1938 年）、《权力与荣耀》（*The Power and the Glory*，1940 年）、《问题的核心》（*The Heart of the Matter*，1948 年）以及《爱情的结局》（*The End of the Affair*，1951 年）。他的作品基调充满暧昧、背叛与低级趣味，反映了他那个时代的特点。

Green Party 绿党 英国绿党最早以反映环境压力的团体于 1973 年开始活动，称"人民党"（"People"）。两年后改称"生态党"（"Ecology Party"）。在 1983 年大选中，该党 108 名候选人只得到 1% 的选票。1985 年，该党将名称改为绿党，以与类似的国际环保运动保持一致。不过，绿党从未像欧洲大陆的同行们那样取得过成功。其最大的成功，是在 1989 年 6 月的欧洲选举中赢得了 15% 的选票。但在 1997 年选举中，88 名绿党候选人只得到 1% 选票中不足 1/4 的选票。而在 2005 年选举中，绿党得到了 258,000 张选票，只占总票数的 1%。绿党受到了威斯敏斯特议会选举制度的冲击，但它在欧洲议会有两个议席。

Green Ribbon Club 绿丝带俱乐部 辉格党设在伦敦的重要聚集地之一，成立于 17 世纪 70 年代中期，名称源自俱乐部成员帽子上的配色。由于俱乐部设在国王的重要机构所在地点——大法官巷（Chancery Lane），它在排斥法案危机（Exclusion crisis）期间发挥了重要作用，筹划了一系列抵制活动。

Greenwich，treaty of，1543. **《格林尼治条约》（1543）**　在经历了 1542 年索尔韦莫斯（Solway Moss）战役的失利之后，苏格兰人于 1543 年 7 月 1 日求和，同意年幼的玛丽女王与亨利八世的继承人爱德华王子订婚，这将有助于两个王国的合并。1543 年 11 月，苏格兰议会否决了条约款项。翌年，战事重开。

Greenwich palace　**格林尼治宫**　最初名为贝拉宫（Bella Court），由亨利五世的弟弟格洛斯特公爵汉弗莱（Humphrey，duke of Gloucester）建造。在传到安茹的玛格丽特（Margaret of Anjou）之后，宫殿在亨利七世时期得到大规模修建，亨利八世及其两个女儿玛丽和伊丽莎白就出生在那里。詹姆斯一世将宫殿转给了妻子丹麦的安妮（Anne of Denmark），她雇用伊尼戈·琼斯（Inigo Jones）建造女王行宫（Queen's House）。而后，宫殿传给了亨丽埃塔·玛丽亚（Henrietta Maria），但在内战期间遭到损毁。查理二世时期开始大规模重建宫殿，甚至从 1676 年至 1677 年前后便开始在格林尼治山上建造天文台，但他未能完成所有工程。1694 年，威廉三世雇用雷恩（Wren）建造一所新的大型海军医院。

Grenada　**格林纳达**　加勒比海向风群岛（Windward Islands）最南端的岛屿，1974 年独立。该国实行立宪君主制，是英联邦成员国之一，英国女王是国家元首。

Grenville，George（1712—1770）.　**乔治·格伦维尔（1712—1770）**　首相。格伦维尔于 1741 年进入议会，此前接受过律师教育。1744 年，他开始担任一些次要职务。直至 1761 年 10 月，他才得以升迁，成为议会下院领袖。此后不久，他进入内阁，于 1762 年 5 月成为北方事务部国务大臣。但他因任免与政策问题与比特（Bute）发生冲突，于同年 10 月被转入海军部（Admiralty）。因而，当比特在 1763 年 4 月辞职时，格伦维尔并不是排名靠前的首相候选人。不过，当亨利·福克斯下台时，他顺理成章地成为第一财政大臣。作为首相，他负责制定了 1765 年的《印花税法》（Stamp Act），激起了北美的反抗。而在英国，人们并未明显反对《印花税法》，直至发生危机后这一态度才有所转变。1765 年 7 月，格伦维尔下台，不过他的下台并未受到北美事件的影响。格伦维尔喜好训诫国王，这加重了因比特辞职而造成的政治猜疑氛围，危及政治稳定。格伦维尔没有在1765 年春季遭到免职，其后，他决定利用他所掌握的公开证据，坚持免除比特的弟弟苏格兰王玺掌管大臣职务，由此迫使乔治三世违背了准许王玺掌管大臣终身任职的承诺。国王未能及时实施反击，而是在第一时间切断了与格伦维尔的关联。政治生涯末期的格伦维尔四面树敌，顽强地捍卫着他的首相地位和北美政策。

Grenville，Sir Richard（1542—1591）. **理查德·格伦维尔爵士（1542—1591）** 格伦维尔出身于地主家庭，出生在塔维斯托克（Tavistock）与普利茅斯（Plymouth）之间的巴克兰修道院（Buckland abbey），该修道院被他于 1581 年卖给了弗朗西斯·德雷克（Francis Drake）。格伦维尔是雷利（Ralegh）的亲戚，他以议会下院议员与实干家的身份参与了跨大西洋殖民活动，尤其是 1585—1586年向罗阿诺克岛【Roanoke Island，今北卡罗来纳（North Carolina）】殖民。1588年，他装备船只，迎击西班牙无敌舰队。1591 年，格伦维尔在托马斯·霍华德勋爵（Lord Thomas Howard）的率领下航行到亚速尔群岛（Azores），拦截西班牙珍宝船队。在《复仇号》（*Revenge*）这首诗歌中，格伦维尔独自面对 50 多艘西班牙战船。在投降之前，他击沉一艘，击毁其余西班牙船只。他后来因伤而死，"复仇"号（*Revenge*）被击毁。格伦维尔的最后一次航行成为一个传奇。

Grenville，William Wyndham，1st Lord（1759—1834）. **威廉·温德姆，第1 代格伦维尔勋爵（1759—1834）** 首相。他是首相乔治·格伦维尔（1763—1765 年在任）的第三子，在伊顿公学与牛津大学基督教会学院接受教育，并在牛津大学成为一名杰出的古典学者。他于 1782 年进入议会，与堂兄小威廉·皮特休戚与共。谢尔本（Shelburne）于 1782 年任命他为爱尔兰首席事务大臣。而在皮特政府里，他于 1783 年至 1789 年担任军队里的军需官。

1789 年 1 月，格伦维尔成为议会下院议长，但他渴望在内阁中谋得职务。摄政危机（Regency crisis）之后，他被任命为内政大臣。1790 年，他升迁为议会上院议员。他于 1791 年转任外交大臣,在法国革命战争期间,连续十年负责制定英国的外交政策。1801 年,他与皮特因国王拒绝救济天主教徒而辞职。不过,与皮特不同的是,格伦维尔决定不再任职,除非国王撤回他的否决权。因此,他没有和皮特一起于 1804 年回到政府,而是和福克斯派辉格党人(Foxite Whigs)结成同盟,在 1806—1807 年间服务于联合内阁(Ministry of All the Talents)。

作为首相,格伦维尔除了禁止奴隶贸易之外,几乎毫无建树。格伦维尔政府试图对爱尔兰天主教徒做出某些让步,这种有违新教道义的做法遭到乔治三世反对。其后,格伦维尔政府下台。接下来的十年间,格伦威尔和福克斯的继任者格雷领导反对党,对抗波特兰、珀西瓦尔(Perceval)和利物浦。1817 年,他们因政府为应对激烈骚动而暂停人身保护令(habeas corpus)问题产生分歧,反对党联盟瓦解。格伦维尔自此退出政治生活,晚年致力于古典学术研究。

Gresham, **Thomas**(1519—1579). **托马斯·格雷欣**(1519—1579) 理查德·格雷欣爵士(Sir Richard Gresham)的次子,银行家,商人,王室代理商。作为伊丽莎白一世女王的顾问,他倡导合理的货币政策,重新铸造基准货币,减少债务,并由国王立即支付。这被誉为"格雷欣法则"(Gresham's Law),即"劣币驱逐良币"("bad money drives out good")法则。他在伦敦创立了皇家交易所。

Grey, **Charles**, **2nd Earl Grey**(1764—1845). **查尔斯·格雷**, **第 2 代格雷伯爵**(1764—1845) 首相。格雷的父亲是诺森伯兰的法洛登的查尔斯·格雷爵士、将军(General Sir Charles Grey of Fallodon, Northumberland)。他于 1786 年以诺森伯兰议员的身份进入议会。福克斯死后,格雷继任辉格党领袖。他于 1808 年继承了豪伊克(Howick),他在那里几乎不可能尽到作为辉格党领袖的职责。

作为一个刚愎自用的年轻人,格雷深受福克斯及其圈子吸引,并加入了皮特的反对派阵营。他在议会下院里很快便凭借出色的口才脱颖而出。1792 年,他致力于议会改革,协助创立了人民之友协会(Association of the Friends of the People)。他希冀通过议会改革运动实现职位的升迁,但这造成了辉格党的分裂。

法国大革命的蔓延令波特兰公爵和菲茨威廉伯爵(Earl Fitzwilliam)等贵族阶层感到害怕。他们于1794年加入皮特阵营,而福克斯与格雷则继续领导另一部分反对派辉格党人。

《亚眠和约》(peace of Amiens)签署及此后对抗拿破仑的战事重启之后,辉格党人与格伦维尔勋爵(Lord Grenville)领导的团队结成联盟。但他们持有保守主义立场,这意味着格雷无法积极支持改革。在1806—1807年联合内阁(Ministry of All the Talents)里,格雷担任第一海军大臣。福克斯去世后,他接任外交大臣。联合内阁下台后,格雷尽力在激进主义与保守主义之间找寻一条中间道路。

1807年,格雷在失望中继承了阿丁顿于1802年授予他父亲的爵位。这样一来,他就需要在余生待在议会上院,而他的雄辩才能就没有用武之地了。尽管他从未完全放弃对辉格党反对派的领导,但该党仍旧缺少方向感。他坚定地支持天主教徒解放运动(catholic emancipation),并在1829年向致力于此事的威灵顿提供了重要援助。

1830年,乔治四世去世,由此消除了王室对格雷的限制因素。与此同时,要求议会改革的呼声再度出现。威灵顿拒绝进行议会改革,致使他的政府下台。威廉四世召唤时年66岁的格雷组阁,通过了《改革法》。这是格雷的主要成就。改革秉承了格雷早在1792年就提出的原则,即满足体面阶层对更多议席的需求,而无视平民大众的权力。他劝说威廉四世勉力支持这一举措,并最终使其允诺在必要时封授足够多的新的贵族,以促使议会上院通过改革法案。格雷内阁是一个利益联盟而非统一政党,该内阁在1834年因爱尔兰教会问题而公开分裂,导致格雷辞职,卸去了繁重职务。他退休后在豪伊克度过余生。

Grey, Sir Edward(1862—1933). **爱德华·格雷爵士**(1862—1933) 外交大臣。有人称格雷好奇地"游走于政治漩涡与田园风情之间"。他喜好垂钓和研究鸟类学,以此排解政治事务带来的困扰。而在这种淡然背后,他却是一位意志坚定的政治家形象。他是支持布尔战争(Boer War)的自由党成员,迫使坎贝尔-班纳曼(Campbell-Bannerman)在1905年成为首相之后就转入上院。不过,正是他在担任外交大臣(1905年12月至1916年12月,是该职位的最长连续任期)期间,才吸引了历史学家对他的关注。

19 世纪 90 年代中期,格雷在罗斯伯里勋爵(Lord Rosebery)政府的外交部(Foreign Office)首次任职。自由党政府是否会削弱英国在世界上的地位,作为外交大臣的格雷很快便消除了这种担忧。在应对与德国相关的摩洛哥危机(1905—1906 年)中,他比前任外交大臣更进一步,同意与法国进行预防性军事人员会谈。他还打消了某些内阁同僚的疑虑,顺利与俄国缔结了 1907 年协定。

1914 年 7 月,欧洲逐渐滑向战争。内阁的分裂,使得格雷无法明确宣示英国将为保卫法国而战,他本人扬言宁可辞职也不愿放弃法国。不过,德国对中立国比利时的入侵,使得内阁绝大多数成员选择在 8 月 4 日参战。

Grey,Lady Jane(1537—1554). **简·格雷夫人**(1537—1554) 简是多塞特侯爵【marquis of Dorset,后来的萨福克公爵(duke of Suffolk)】亨利·格雷(Henry Grey)的长女,爱德华六世的堂妹。诺森伯兰公爵(duke of Northumberland)原指望在爱德华死后,利用她夺得继承权。她不得已于 1553 年 5 月 21 日嫁给了诺森伯兰的第四子吉尔福德·达德利(Guildford Dudley)。1553 年 7 月 6 日,爱德华去世,她被宣布成为女王。玛丽·都铎的支持者集结起来,7 月 9 日,简的父亲承认失败。简夫人的统治仅仅维持了 9 天,之后便被关入伦敦塔,并于 1554 年 2 月 12 日被处死。

greyhound racing 赛狗 又称赛猎狗。尽管饲养猎狗并用于比赛的历史已有数个世纪,但赛猎狗作为一项有组织的运动发端于美国。这项运动的场地为椭圆形,猎狗进行策略性赛跑,人们藉此赌博。全国赛狗俱乐部(National Greyhound Racing Club)成立于 1928 年。

Griqualand,East and West 东格里夸兰与西格里夸兰 西格里夸兰是一片干旱区域,原由格里夸人(Griqua)占据,该地区发现钻石后,于 1871 年与开普殖民地(Cape Colony)合并起来。其中心城市是金伯利(Kimberley)。该地区现是南非开普省(Cape Province)的一部分。东格里夸兰于 1880 年与开普殖民地合并,但现今分属于特兰斯凯(Transkei)与纳塔尔(Natal)。

Grosseteste, Robert(*c.*1170—1253). **罗伯特·格罗斯泰特**（约 1170—1253） 学者,主教。格罗斯泰特出身于萨福克郡一个不起眼的家庭,在剑桥大学接受教育,后去牛津大学讲学。他最初担任威尔特郡(Wiltshire)、北安普顿(Northampton)和莱斯特(Leicester)等地副主教,后于 1235 年当选为林肯主教区主教。他致力于改革主教区教规,并为此在余生中争执不休。格罗斯泰特是个饱学之士,留有无数译作和评论。他既好斗又虔诚,比之现今,这种秉性在 13 世纪更为常见。因而波威克(Powicke)形容他是"教会斗士"(church militant)。

Grub Street 格拉布街 一个用于形容低劣作品的贬义词。这种比喻用法在 18 世纪就已司空见惯。乔纳森·斯威夫特(Jonathan Swift)称某篇提及他的文章是"格拉布街上的鸡零狗碎"。

Gruffydd ap Cynan(*c.*1055—1137) **格鲁菲兹·阿普·卡南**（约 1055—1137） 圭内斯(Gwynedd)国王(1081—1137 年在位)。他是卡南·阿布·雅各(Cynan ab Iago)之子,罗德里·莫尔(Rhodri Mawr)的后代,但被流放于爱尔兰。在维金人与诺曼人的协助下,他于 1075 年回到圭内斯,重新创立罗德里家族的基业,但他未能挫败对手。1081 年,他卷土重来并再次得到维金人的援助,他联合了德赫巴斯(Deheubarth)的里斯·阿普·图德(Rhys ap Tewdwr),但被出卖给诺曼人而遭囚禁。他参与了 1094 年大起义,但于 1098 年再次被流放爱尔兰。在征得诺曼人的同意后,他才得以于 1099 年返回圭内斯并长留此地,统治安格尔西岛(Anglesey)。他由此巩固了对圭内斯的统治,创立了一个稳定、繁荣的王国。

Gruffydd ap Llywelyn(d.1063) **格鲁菲兹·阿普·卢埃林**（卒于 1063年） 圭内斯(Gwynedd)与波伊斯(Powys)国王(1039—1063 年在位)。格鲁菲兹的父亲是圭内斯国王卢埃林·阿普·塞萨尔(Llywelyn ap Seisyll),母亲安加拉德(Angharad)是德赫巴斯(Deheubarth)国王的女儿。他与英格兰人和斯堪的纳维亚人结成联盟,实现了个人对威尔士大部分区域的统治。他在 1039 年的战斗中赢得圭内斯与波伊斯,并在塞文河上击败了麦西亚人。他征服德赫巴斯的过程尤为漫长(1040—1055年),在此期间,他杀死了他的两位国王。在与麦西亚的埃尔夫加伯爵(earl Ælfgar,格鲁菲兹迎娶了他的女儿)结盟期间,他与哈罗德·戈德温森(Harold Godwineson,后来的哈罗德二世)进行了长期的斗争。1062年,哈罗德袭击了格鲁菲兹建在里兹兰(Rhuddlan)的宫廷,格鲁菲兹逃跑,不久之后(1063年8月5日)被他自己的人杀死。

Guardian 《卫报》 这份报纸体现了大众认知中英格兰的自由主义、中产阶级、地区性与都市意识形态。它于1821年以《曼彻斯特卫报》(*Manchester Guardian*)周刊的形式创刊,代表了激进声音,呼吁带有自由色彩的经济改革和政治改革。它于1855年改为日报,但直到1959年才去掉了"曼彻斯特"这个前缀。

Guildford, diocese of 吉尔福德主教区 该主教区主要由萨里郡组成。20世纪早期,该地区通勤人口大幅增加,使得新主教辖区的创立成为必要,该辖区从温切斯特主教区中划分出来。吉尔福德主教区大教堂由爱德华·莫菲(Edward Maufe)爵士设计,1936—1961年建造,是一座精简哥特式教堂。

guilds 行会 行会是中世纪晚期最具特色的组织之一,是地方性城市垄断经营的手段,一般由某个特定手工业或商业行会来经营。在一些重要城市,不同行业都有特定行会。伦敦的行会种类尤其繁多,既有诸如杂货商、金匠、酒商等商业行会,也有裁缝、马具商等制造商行会。行会的目的在于规范地方市场,具体途径往往包括控制价格和商品质量。行会成员从中受益颇丰。南安普顿的行会会员可以免缴地方税和关税,有权优先购买运抵此地的商品。

Guild Socialists 基尔特社会主义 主张工人通过将工会转变为垄断性生产者行会来控制工业。这些行会将代表作为平等的消费者的个体,成为国家多元权力结构中的一部分。基尔特社会主义的产生,在某种程度上是对费边社(Fabian)"国家社会主义"("state socialism")的回应。西莱尔·贝洛克(Hilaire Belloc)担心国家干预会使工人"配备了优良的生产工具",却维持着"工资奴隶制"("wage slavery")。工会代表逐渐侵占雇主的角色,倡导和平变革。但在现实层面,基尔特社会主义收效甚微。

Guilford courthouse, battle of, 1781. **吉尔福德县府战役**(1781) 直至1781年春天,驻美英军才有能力给予反抗者以沉重打击。1780年8月,康华里(Cornwallis)取得卡姆登(Camden)一役的胜利。随后,他向北挺进到弗吉尼亚(Virginia),与纳撒尼尔·格林(Nathaniel Greene)的军队遭遇。格林于3月15日在吉尔福德县府挑起战争。康华里只有区区两千名士兵,在人数上远远少于对方,但他取得了胜利,缴获了美军武器。

Gulf War, 1990—1991. **海湾战争**(1990—1991) 1990年8月2日,伊拉克入侵了科威特这个小小的邻国,致使伊拉克独裁者萨达姆·侯赛因控制了世界上大约15%的石油。美国作出强烈回应,利用联合国安理会谴责伊拉克的行径,而几近解体的苏联并未阻止美国。美国总统乔治·布什组建了一个由29个国家组成的反伊拉克联盟,英国全力支持美国,表明了它作为盟友的可靠性,也展示了作为世界第二强国的重要性。

联军用几个月的时间在沙特阿拉伯集结。伊拉克的策略是通过打泛阿拉伯感情牌,特别是宣扬美国过去对以色列的支持,阻止联盟的形成。11月29日,联合国安理会为伊拉克设定了在1991年1月15日之前撤离科威特的最后期限。1991年1月17日早,联军开始大规模空袭伊拉克,而伊拉克则以远程导弹攻击以色列(并未采取任何军事行动)作为回应。为绝对保证盟军的团结,以色列拒绝反击。2月24日,联军发动地面攻势,将伊拉克军队从科威特清除出去。伊拉克军队只是进行了象征性的抵抗,这表明美国人大大高估了他们的战斗力。

随着科威特的解放,伊拉克境内的异见团体,特别是北方的库尔德人开始叛乱。在接下里的一年里,萨达姆逐渐恢复了统治,强权治国。但是第二次海湾战争于2003年爆发,包括美国和英国在内的联军侵入了伊拉克。萨达姆很快倒台,他遭到伊拉克法庭审判,并于2006年被处以绞刑。不过,事实证明,伊拉克的完全平定和重建是旷日持久的过程。

Gulliver's Travels 《**格列佛游记**》 乔纳森·斯威夫特（Jonathan Swift）最畅销的作品，出版于 1726 年 10 月 28 日。该书以自传体的形式描述了格列佛"在世界上一些遥远国度的游记"，但同时代的人将它解读为关于罗伯特·沃波尔爵士（Sir Robert Walpole）执政时期的政治寓言。虽然斯威夫特笔下的残忍怪兽雅虎（Yahoos）令维多利亚大为光火，但《格列佛游记》依然是一部经典的儿童作品。

Gunpowder plot, 1605. **火药阴谋案**（**1605**） 詹姆斯一世于 1603 年成为英格兰国王后不久，他就放宽了针对天主教徒的刑法，诸如罚款、监禁乃至处死。然而，接下来在议会内部发生的喧嚣，令詹姆斯一世不得不改变政策，致使天主教徒感到被出卖。一帮年轻的天主教激进分子决定先发制人，摧毁整个英格兰政府。他们偷偷地将火药桶运到议会之下的地窖，盖伊·福克斯（Guy Fawkes）打算在 1605 年 11 月 5 日点燃火药桶，而这个时间正是国王与议会上、下院开会的时候。不过，这个阴谋被泄露出去，共谋者遭到逮捕、审判、处决。此事镌刻在英国人的集体记忆里，篝火以及"焚烧那家伙"依然是篝火之夜（Bonfire Night）庆典活动中的传统项目。

Gurkhas（**or Gorkhas**） **廓尔喀人** 加德满都谷地（Kathmandu valley）的主要部落，他们在 18 世纪将帝国扩张到尼泊尔的大部分地区。1814 年至 1816 年，他们被黑斯廷斯勋爵（Lord Hastings）打败。不过，他们的战斗精神，尤其是携带反曲刀（*kukri*）时的战斗品质，赢得了人们的尊重。尼泊尔国王受邀向英国驻印度军队提供廓尔喀士兵。廓尔喀士兵在很多殖民活动中都表现出众，其中就包括印度兵变（Indian mutiny）以及两次世界大战。

Guthrum（**d.890**） **格思鲁姆**（**卒于 890 年**） 维金人领袖，东盎格利亚（East Anglia）国王，国王阿尔弗雷德的主要对手。格思鲁姆很可能最初以"大夏军队"（"great summer army"）领袖的身份出现在英格兰，这支军队于 871 年在雷丁（Reading）加入了哈夫丹（Halfdan）统率的军队。军队在 875 年分裂之后，格思鲁姆率领他的队伍返回威塞克斯。878 年，他在奇彭纳姆（Chippenham）战役中差一点俘获阿尔弗雷德。但在同年稍后发生的爱丁顿战役中,他被阿尔弗雷德击败。格思鲁姆随后接受了阿尔弗雷德的洗礼,认他为教父并起用新名阿塞尔斯坦(Athelstan)。他带领军队撤离至东盎格利亚,并在那里以他的洗礼名发行钱币。

Guyana 圭亚那 是英联邦内于 1970 年赢得独立的共和国,是英国在南美大陆的唯一殖民地。2005 年时人口约为 765,000 人,首都为乔治敦。

Gwent 格温特郡 位于威尔士东南边界的郡,其行政沿革尤为复杂。这里最初是威尔士人的格温特王国,但在 1066 年之后很快便被向西挺进的盎格鲁-诺曼人夺走,并在上格温特(Gwent Uwchcoed)与下格温特(Gwent Iscoed)设立了一系列统治者。这些地方在 1536 年合而形成新的蒙茅斯郡(Monmouthshire)。根据 1972 年的《地方政府法》,蒙茅斯郡正式划入威尔士,并被重新命名为格温特郡。该郡首府从蒙茅斯迁往魁布兰(Cwmbran)。不过,在 1996 年的再次重组过程中,格温特郡被划分为四个单独的行政区,即布莱奈格温特(Blaenau Gwent)、托法恩(Torfaen)、蒙茅斯郡(重用旧名)和纽波特(Newport)。**另见蒙茅斯郡(MONMOUTHSHIRE)。**

Gwent, kingdom of 格温特王国 罗马人统治时期之后位于瓦伊河(Wye)和阿斯克河(Usk)之间的一个王国,起名字源于罗马人建造的凯尔文特(Caerwent)这个市镇。王国一直延续到 11 世纪后期诺曼人入侵。自 1070 年以来,诺曼征服者迅速在更容易到达的地区建立了一些边区领主权(marcher lordships)。当地一些王朝在别处延续下来,甚至承认德赫巴斯的里斯勋爵(lord Rhys of Deheubarth)的霸主地位,以及圭内斯(Gwynedd)诸位君主在 13 世纪时的统治。

Gwyn, Nell(1650—1687). 内尔·格温(1650—1687) 内尔于 1650 年出生在赫里福德(Hereford),最初在伦敦德鲁里巷(Drury Lane)皇家剧院(Theatre Royal)外做酒吧女侍、售卖橘子,后来受到查理二世的关注,成为他的情妇。不过,她同时还与他人保持着感情交往。她诱人的身体和天生的睿智很是让查理沉迷。她先后在 1670 年 5 月 8 日和 1671 年 12 月 25 日为查理生了两个儿子，即查理·博克莱尔【Charles Beauclerk，后来的伯福德伯爵（earl of Burford）和圣奥尔本斯公爵（duke of St Albans）】和詹姆斯。他俩的出生确保她依然受宠。1685 年，查理二世去世，她被安顿在诺丁汉附近的贝斯特伍德公园（Bestwood Park），直至她在 1687 年 11 月 16 日死于中风。

Gwynedd 圭内斯郡 威尔士西北部一郡，根据 1972 年《地方政府法》（Local Government Act）设立而成。自 1974 年至 1996 年，该郡维持着最初版图。1996 年，安格尔西岛【Anglesey，蒙岛（Ynys Môn）】从该郡抽离出去，成为一个单独的行政区。该郡最初是罗马人统治时期之后和中世纪的圭内斯王国所在地，爱德华一世征服此地之后，根据 1284 年的《里兹兰法》（statute of Rhuddlan）将其划分为安格尔西岛、卡那封郡（Caernarfonshire）和梅里奥尼斯郡（Merionethshire）三郡。

Gwynedd, kingdom of 圭内斯王国 圭内斯王国以斯诺登尼亚（Snowdonia）和安格尔西岛（Anglesey）为主要领地，最盛时的疆域延伸至康威（Conwy）东部地区。它是 6 世纪时在罗马人统治时期之后迅速形成的王国之一，统治者是马格温【Maelgwn，马格温·圭内斯（Maelgwn Gwynedd）】，据说他是丘恩达（Cunedda）的后代。圭内斯王国自始就是威尔士王国里最重要的一个王国，不断谋求霸主地位，推行扩张政策。不过，王国内部资源有限，连年扩张使其走向衰败。在亨利三世统治时期，圭内斯王国利用英格兰的分裂再次崛起。1267 年的《蒙哥马利条约》带给它大量领土收益。不过，在爱德华一世于 1277 年和 1282—1283 年的征讨活动之后，圭内斯王国成为英格兰国王控制下的公国的一部分，不再是一个政治实体。

H

---

habeas corpus　人身保护令　在《大宪章》之前，人身保护（habeas corpus①）令状构成了以国王的名义发布的一项将被告本人带至法庭的命令，在当时它本身并不具备使得被告取得人身自由（libertarian）的作用。17 世纪时，人身保护令被用来抗衡王室政府对人们随意实施的逮捕行为。在 1627 年的丹尼尔（Darnel）的案件里，法官们拒绝保释因"以国王特许命令"而被拘禁的人。1628 年的《权利请愿书》实际上就是对国王的这一特权的抗议，但是国王的反对者如约翰·埃利奥特爵士（Sir John Eliot）和约翰·塞尔登（John Selden）仍旧因为政治的原因而被指控有罪。

当国王在 1640 年失去对时局的掌控后，其敌对者转向捍卫人身保护令。废除星室法庭（Star Chamber）的 1641 年的法令宣称，人身保护令状可以确保被国王和议会囚禁者要被按时带到法庭，不得因其在囚禁中而被拖延。

王朝复辟之后，关于人身保护令的斗争重新复燃，1679 年的《人身保护法》（*Habeas Corpus Act*）堵住了人身保护令中存在的许多漏洞，并加强了其执行的机制。在苏格兰，与人身保护令具有同等作用的《防止错误囚禁法》也于 1701 年颁布。

Haddington, Thomas Hamilton, 1st earl of［S］（1563—1637）.　托马斯·汉密尔顿，第 1 代哈丁顿伯爵【苏格兰】（1563—1637）　汉密尔顿在巴黎学习法

---

①　"Habeas Corpus"，拉丁文，意思为"你可拥有你的人身"。中世纪时期的人身保护令状用拉丁文书写，开头字句为"Habeas Corpus"。——译者注

律,29 岁时以德拉姆凯恩勋爵(Lord Drumcairn)的身份成为苏格兰最高民事法庭法官(lord of Session),他被詹姆斯六世任命为八人财政会议(Octavians)中的一员,负责王室的财政开支。1596 年,他成为国王的支持者。1603 年他被封为爵士,1613 年被封为宾宁勋爵(Lord Binning),1619 年晋封为梅尔罗斯伯爵(earl of Melrose),1627 年成为哈丁顿伯爵。1612—1626 年,他担任苏格兰国务大臣;1616—1626 年担任苏格兰最高民事法庭(Court of Session)的庭长;1627—1637 年担任苏格兰王玺掌管大臣(lord privy seal)。詹姆斯给他起了一个绰号叫"牛门边戴便帽的人"("Tam o' the Cowgate"),这个绰号是由爱丁堡的街头上来的。

Haddington, treaty of, 1548. 《哈丁顿条约》(1548) 针对英格兰人在1544—1548 年间的"粗暴求婚"("rough wooing"),吉斯的玛丽(Mary of Guise)和亲法派作出回应,就是在 1548 年 7 月 7 日签订了《哈丁顿条约》。根据条约,当时年仅 5 岁的苏格兰女王玛丽将嫁给法国王太子。签订条约的次月,玛丽被送往法国以养育成人。1558 年 4 月,玛丽与法国的王太子举行了婚礼。

Hadrian 哈德良 罗马皇帝(117—138 年在位)。哈德良出生于公元 76 年,出生地可能是距离塞维利亚(Seville)不远的伊塔利卡(Italica)。他通过婚姻与图拉真(Trajan)建立了联系,成为皇位继承人。图拉真在位期间,他先后担任了一系列军事与民政官职,获得连续晋升,117 年继承图拉真之位成为罗马皇帝。在他统治的早期,哈德良巡视了他的帝国,122 年来到不列颠,在这里他下令修建了以他的名字命名的长城。

Hadrian IV 哈德良四世 See ADRIAN IV (见阿德里安四世)

Hadrian's Wall 哈德良长城 哈德良长城是公元 2 世纪早期的罗马边境建筑,全长 70 英里,起于纽卡斯尔附近的泰恩河(Tyne),止于卡莱尔(Carlisle)西部的索尔韦湾(Solway),122 年哈德良(Hadrian)巡视到不列颠时命令建造。最初,长城的正前方挖有一条阻碍通行的壕沟(长城中部峭壁地段除外);长城设有通道,通道由每隔一英里所设的堡垒即里堡(mile-castle)防御;在每两座里堡之间有两座塔楼(turret),作为哨所。该长城作为边境线,显然并不是要阻碍人们的通行,而是为了加强对通行的监视。建造这座长城也不是指望其能起到防御大规模进攻的作用,而是万一敌人越境进犯,罗马的军队可以在长城以南集结,将入侵者驱逐出去。

Hague William(b.1961) **威廉·黑格(生于 1961 年)** 政治家。黑格之所以能平步青云,并成为保守党的领袖,得益于其在 1997 年的党内选举中大败对手,而且这次党内选举也帮助他消除了议会中许多潜在的竞争对手。1981年,黑格担任牛津大学同学会(Oxford Union)主席,1989 年他回到里士满(Richmond,约克郡)。1994 年到 1995 年,黑格出任社会保障大臣(minister for social security);1995 年到 1997 年,出任威尔士事务大臣(secretary of state for Wales)。从 1997 年起,黑格的政治使命是恢复连遭重挫和处于分裂状态的保守党的士气和信誉。他成为令人敬畏的议会下院执行人,工党首相托尼·布莱尔(Tony Blair)的强有力对手。但是保守党在 2001 年的大选中落败,黑格随即辞去保守党领袖职务。从 2005 年开始,他出任影子内阁外交大臣(shadow Foreign Secretary)。

Haig,Sir Douglas,1st Earl Haig(1861—1928). **道格拉斯·黑格爵士,第1 代黑格伯爵**(1861—1928) 军人。在 1914 年之前,黑格被公认为是他那一代人中最出色的军人。1915 年 12 月,黑格接替约翰·弗伦奇爵士(Sir John French)出任驻法英军总司令。他参与了在英国历史上代价最高也是最富争议的两次战役——1916 年的索姆河(Somme)战役和 1917 年的第三次伊普尔(Ypres)战役,他确信如果他继续进攻下去,德国的军队会溃败。黑格一直是个颇具争议的人物。尽管有些历史学家试图把他描绘成一位"训练有素的军人"("educated soldier"),但在人们的普遍印象中,他依旧是个冷酷无情的屠夫。

Hailsham,Quintin Hogg,2nd Baron(1907—2001). **昆廷·霍格,第 2 代黑尔什姆男爵**(1907—2001) 保守党政治家,律师。1938 年,霍格通过在牛津进行的递补选举(by-election)进入议会,是一名绥靖政策(appeasement)的支持

者。1940 年张伯伦(Chamberlain)垮台之前,霍格转而反对张伯伦。1950 年其父亲去世后,霍格被提升进入到议会上院,当时他的愿望是做一名出庭律师。但黑尔什姆被艾登(Eden)召回政府,并在麦克米伦(Macmillan)执政期间身居高位,其间他作为保守党主席度过了一段得意时光。1963 年,他宣布放弃爵位并参加了保守党领袖的竞选,但遭到失败,之后他回到了议会下院。1970 年,他本想能出任希思(Heath)政府的内政大臣,但因获封终身贵族(life peer),转而出任了大法官之职。在玛格丽特·撒切尔(Margaret Thatcher)执政期间,黑尔什姆以其较强的应变能力,依然保持住了自己的前座议员地位,并于 1979 年再次出任大法官之职。

Hakluyt,Revd Richard（c.1551—1616）. 理查德·哈克卢特牧师(约 1551—1616） 1589 年,以"为了我生活和呼吸的国家的利益和荣誉"的名义,哈克卢特出版了《英格兰民族的主要航海、航行、交通和发现》(*Principall Navigations,Voiages,Traffiques and Discoveries of the English Nation*)。他希望说服英国人在更广阔的世界开拓殖民事业。哈克卢特后来成为威斯敏斯特大教堂的一名法政牧师(canon),并成为西北航路(North-West Passage)理念的宣传者,1600 年担任了新成立的东印度公司(East India Company)的顾问。

Haldane,Richard Burdon,1st Viscount Haldane(1856—1928）. 理查德·伯登·霍尔丹,第 1 代霍尔丹子爵(1856—1928） 珀斯郡(Perthshire)一地主之子,伦敦杰出的大法官法庭出庭律师(Chancery barrister)。1885 年,他代表东洛锡安(East Lothian)被选入议会,直到 1911 年他离开议会下院到议会上院以前,一直担任议会下院议员。1905 年,霍尔丹在阿斯奎斯(Asquith)自由党政府担任战事国务大臣(secretary for war)。他对军队的改革为其赢得了相当的尊重。1911 年他被封为子爵,1912 年担任大法官。1914 年他回到了陆军部(War Office),但是他对德国的感情引起了公众的质疑,1915 年被阿斯奎斯解职。他曾经在拉姆齐·麦克唐纳(Ramsay MacDonald)的第一届工党政府中短暂地担任过大法官一职。

Halidon Hill, Battle of, 1333. 哈利登山战役（1333） 继 1334 年取得班诺克本（Bannockburn）之战的重大胜利后，有几年的时间苏格兰都处于对英格兰在战略优势地位。但 1329 年罗伯特·布鲁斯（Robert Bruce）去世之后，其子戴维二世尚且年幼，爱德华三世乘机再次干涉苏格兰事务，支持爱德华·巴利奥尔（Edward Balliol）对苏格兰王位的要求。1333 年春，爱德华三世亲自率兵包围了贝里克（Berwick），阿奇博尔德·道格拉斯爵士（Sir Archibald Douglas）率领一只苏格兰大军前来解围。7 月 19 日，苏格兰和英格兰两军在哈利登山相遇，苏格兰军队向山上的英格兰军队发起仰攻，但在英格兰军队的箭矢之下伤亡巨大。此役苏格兰军队损失惨重，道格拉斯爵士阵亡。爱德华·巴利奥尔恢复了苏格兰王位。

Halifax, Charles Montagu, 1st earl of（1661—1715）. 查尔斯·蒙塔古，第 1 代哈利法克斯伯爵（1661—1715） 虽然有着贵族出身这一背景，但蒙塔古凭着无与伦比的口才，以及通过玩弄权术等手段，达到了其在政治上取得人们认同的目的。1689 年进入议会后，他很快就以宫廷管理人的身份声名鹊起，1692 年成为财政部专员，1694 年成为财政大臣，1697 年成为首席财政大臣，1699 年因被指控贪污而被迫辞职，但在 1700 年被封为男爵。1701 年曾有动议对他进行弹劾，但未成功。在安妮女王统治时期，他是议会上院中的一个秘密政治团体（Junto）的领袖。1714 年乔治一世即位以后，他被重新任命为首席财政大臣，并获封伯爵爵位。

Halifax, George Savile, 1st marquis of（1633—1695）. 乔治·萨维尔，第 1 代哈利法克斯侯爵（1633—1695） 政治家，散文作家。哈利法克斯是在政治上走"中间路线"（"middle path"）即"骑墙者"（"The Trimmer"）的集大成者和鼓吹者。作为约克郡一个富有的准男爵，他在 17 世纪 60 年代进入政界并在 1668 年获封子爵。最初他敌视克拉伦登（Clarendon），后来对查理二世的卡巴尔（cabal）政府的亲天主教政策持批评立场，再后来对丹比（Danby）实行的英国圣公会反动政策表示不满。1679 年，他因坚定反对"排斥法案"（"exclusion"）而在政治上崛起，再次被任命为枢密院大臣，并在 1682 年被封为侯爵。然而，作为王玺掌管大臣(lord privy seal)，他对保守党独立小集团势力的日益壮大越来越感到不满，1685年詹姆斯二世将其解职，虽然在1688年他抛弃了中立立场，支持奥兰治的威廉(William of Orange)，但他很快就发现自己已经失宠，1690年辞职。【See TRIMMER(见"骑墙者")】。

Halifax，Edward Wood，1st earl of（1881—1959）．**爱德华·伍德，第1代哈利法克斯伯爵**（1881—1959）　保守党政治家。哈利法克斯担任印度总督期间（1926—1931年），在与印度民族主义领袖圣雄甘地(Mahatma Gandhi)关于推进宪法改革的谈判中取得了一定的进展。作为外交大臣（1938—1941年），直到1939年9月，他一直在寻求与纳粹德国的和解。但在1938年慕尼黑危机期间，他表现出了很复杂的感受，并在1939年初力主对德国实行强硬政策，包括加快军备工作。在1940年5月领导危机期间，他得到一些人的信任，这些人并且支持他接任张伯伦(Chamberlain)担任首相一职。1941年到1946年间，这位身材高大，性情孤傲的贵族担任了驻美国大使，取得了出乎意料的成功。

Halley，Edmond（1656—1742）．**埃德蒙·哈雷**（1656—1742）　天文学家，人们之所以记住了他，是因为一颗彗星就是以他的名字命名的。1676年，他在未取得学位的情况下离开了牛津大学女王学院(Queen's College)。他去了圣赫勒拿岛(St Helena)测定南天恒星方位图，在与雷恩(Wren)和胡克(Hooke)著名的会面之后，他去剑桥拜访了牛顿，在了解到牛顿的万有引力研究后，劝说牛顿把研究成果发表出来。1703年他成为了牛津大学的一名天文学教授，在1720年成为王室天文学家。他计算出数颗彗星运行的轨道，并且推导出在1456年、1531年、1607年以及1682年出现的彗星都是同一个天体所作的周期性的回归运动。

Halsbury，Hardinge Gifford，1st earl of（1823—1921）．**哈丁·吉福德，第1代霍尔斯伯里伯爵**（1823—1921）　保守党律师。保守党刊物《标准报》(Standard)编辑之子，在法律和政党政治方面都有着较深的造诣。他甚至在成为议会下院议员之前，就于1875年出任了迪斯累里(Disraeli)政府的副总检察长（solicitor-general），是令布雷德洛（Bradlaugh）感到困扰的保守党人物。在保守党全部执政期间，也包括1885年到1905年的自由党统一派（Unionist）执政期间，总共17年的时间里，他一直担任大法官一职，并从政治的角度安排任命了多名法官。作为一个多产的法律改革家，他监督编纂了《英国法律》（*The Laws of England*，1905—1916年）的摘要，他也因此被人铭记。

Hamilton，William Douglas，duke of［S］（1634—1694）. 威廉·道格拉斯，汉密尔顿公爵【苏格兰】（1634—1694） 苏格兰第1代道格拉斯侯爵（the 1st marquis of Douglas）的小儿子，1646年他被封为赛尔扣克伯爵（earl of Selkirk）。1656年，他娶了第1代汉密尔顿公爵的女儿为妻，而他的妻子依其自身的权利也是女公爵。王朝复辟（Restoration）后，他被封为终身公爵。他支持长老会派，在查理二世统治期间的大部分时间里一直与劳德戴尔（Lauderdale）明争暗斗。詹姆斯二世对他十分宠信。1682年，他被授予嘉德勋位（Garter），1686年到1689年间出任苏格兰财政部专员，1687年被任命为英格兰枢密院大臣。但在1688年时，他加入了威廉麦特（williamite）的事业，并主持了于1689年在爱丁堡召开的非常议会（Convention），这次议会提出将王位传给威廉和玛丽。

Hamilton，Emma（1765—1815）. 埃玛·汉密尔顿（1765—1815） 出生在威勒尔半岛（Wirral），原名埃米·莱昂（Amy Lyon）。埃玛有着迷人的美貌，再通过她早年的导师乔治·罗姆尼（George Romney，1734—1802年）的艺术作品，其美貌更是名闻遐迩。埃玛是哈里·费瑟斯通豪爵士（Sir Harry Fetherstonhaugh）的情妇，后来在1782年又成为查尔斯·格雷维尔（Charles Greville）的情人，并深深地爱上了格雷维尔，但查尔斯在1786年把她送给了自己的鳏夫舅父、英国驻那不勒斯（Naples）和西西里（Sicily）公使威廉·汉密尔顿爵士（Sir William Hamilton，1703—1803年）。汉密尔顿十分欣赏埃玛的表演天分，在1791年迎娶了她。埃玛是那不勒斯的玛丽亚·卡罗琳娜王后（Queen Maria Carolina）的密友，所以在1798年8月的尼罗河战役前，能及时地为纳尔逊（Nelson）的船队提供补给。从此纳尔逊对她的迷恋塑造了她的未来，也使纳尔逊本人的未来发生了戏剧化的变化。1810年，埃玛的母亲去世后，她生活陷入逆境无力自拔,最终沦落得无药可救,在加莱(Calais)去世。

Hamilton,James Hamilton,1st duke of [S] (1606—1649). 詹姆斯·汉密尔顿,第 1 代汉密尔顿公爵【苏格兰】(1606—1649) 英国内战时期查理一世的苏格兰事务顾问。汉密尔顿就读于牛津大学埃克塞特学院(Exeter College),后在查理一世统治时期成为枢密院顾问官,并在 17 世纪 30 年代站在新教徒一方在德国参加了三十年战争。他未能平息 17 世纪 30 年代末在苏格兰发生的宗教纷争,也未能夺取 1639 年时被圣约派(covenanters)所控制的阿伯丁(Aberdeen)。1644 年,他逃离苏格兰,到了查理一世在牛津的大本营,但被查理一世逮捕并监禁。1646 年他被议会军释放,但他竭力说服苏格兰人支持保王党—长老会派在英格兰发动起义。当这次起义于 1648 年真的发生后,汉密尔顿并没有像当初承诺的那样领军出现,而是直到 7 月才抵达英格兰。他的骑兵部队稀稀拉拉地列成超过 20 英里长的阵势,克伦威尔(Cromwell)率领的能征惯战的老兵们在普雷斯顿(Preston,1648 年 8 月)很轻松地就将其击败了。汉密尔顿在尤托克西特(Uttoxeter)投降,并于 1649 年 3 月 9 日被处死。

Hamilton,James Hamilton,4th duke of [S] (1658—1712). 詹姆斯·汉密尔顿,第 4 代汉密尔顿公爵【苏格兰】(1658—1712) 汉密尔顿的祖父作为保王党人在 1649 年被处死,他的叔祖在伍斯特为查理二世的战斗中战死。他的依照权利成为了女公爵的母亲在 1698 年时将爵位传给了他。虽然他的父亲在光荣革命中支持奥兰治的威廉(William of Orange),但汉密尔顿还是长期被怀疑为是詹姆斯党人。1700 年在他出任苏格兰议会议员之后,他成为一个党派的领导人,他领导的这个党派在 1703 年因为《安全法》(Act of Security)与英格兰发生了对抗。但在 1705 年他的态度发生了改变,他变通说女王应该任命专门的委员来执行《合并法》。由于他没有进入这个委员会,因此对《合并法》的条款表示强烈反对。英格兰与苏格兰实现合并以后,在 1708 年至 1712 年间,他是议会上院议员的苏格兰贵族(representative peer),1711 年被晋封为大不列颠布兰登公爵(dukedom of Brandon)。但议会上院拒绝他担任上院议员。1712 年,他的运气似乎回来了:他被任命为总军需官(master-general of the ordnance)并被授予嘉德勋位(Garter),但在海德公园的决斗中身亡,他的对手莫恩勋爵(Lord Mohun)也在决斗中被杀。

Hamilton, William Hamilton, 2nd duke of [S] **(1616—1651). 威廉·汉密尔顿,第 2 代汉密尔顿公爵【苏格兰】(1616—1651)** 英国内战中苏格兰的保王党人领袖。汉密尔顿就读于格拉斯哥大学,1639 年被封为拉纳克伯爵(earl of Lanark),次年出任苏格兰事务大臣(secretary of state for Scotland)。由于他和圣约派(covenanters)有联系,因此受到英格兰保王党人的猜忌。1646 年,他重新取得了国王的信任,并在 1647 年全年致力于与苏格兰达成一项条约即《约定书》(*Engagement*)。根据《约定书》,苏格兰支持查理一世恢复其英格兰的王位,而查理一世则同意在英格兰建立长老会教派。1648 年,他的哥哥第 1 代汉密尔顿公爵准备入侵英格兰,他从中起了主要作用。1649 年他继承了哥哥的爵位之后,于 1651 年参加了对英格兰的第二次入侵。"和这么少的人一起进入英格兰",他写到,看来是"根本没有指望了"。他说的没错。在伍斯特的战斗中他身负重伤,几天后死去,被葬于伍斯特大教堂。

Hamilton, John (c.1511—1571). 约翰·汉密尔顿(约 1511—1571) 圣安德鲁斯大主教(Archbisop of St Andrews)。汉密尔顿是第 1 代阿伦伯爵(the Ist earl of Arran)的私生子。在他还是个孩童时,就成为了本笃会的一名修士。在巴黎学习之后,他利用自己的影响,和他的同父异母的弟弟摄政阿伦(Regent Arran)一起,成为传统宗教的代表,并在 1543 年被任命为王玺掌管大臣(lord privy seal)。1544 年他成为邓凯尔德(Dunkeld)主教区的主教;三年后,在枢机主教比顿(Cardinal Beaton)被谋杀后,他转任圣安德鲁斯(St Andrews)大主教和荣誉首座(天主教会在苏格兰所有主教中的荣誉首席地位)(primacy)。玛丽的事业瓦解后,他于 1571 年被捕,被指控是谋杀达恩利(Darnley)和莫里(Moray)的共犯,在斯特灵(Stirling)被处绞刑。

Hamilton, Sir Thomas 托马斯·汉密尔顿爵士 See HADDINGTON, IST EARL OF(见第 1 代哈丁顿伯爵)

Hampden, John（1594—1643）. **约翰·汉普登**（1594—1643） 汉普登是议会党人,从 1621 年开始直到他去世,在每届议会中都一直担任议员。1627 年因拒绝提供国王强制性贷款（forced loan）而被监禁,后来与约翰·埃利奥特爵士（Sir John Eliot）成为密友。他因质疑造船费（ship money,1637—1638 年）的合法性而成为全国知名人物。在短期议会和长期议会（Short and Long Parliaments）中,他的声望仅次于皮姆（Pym）。他在自己的家乡白金汉郡召集了一只步兵团,埃吉山（Edgehill）战役中,与鲁珀特（Rupert）的骑兵在查尔格罗夫原野（Chalgrove Field）发生的一次小规模战斗中受了致命伤。

H

Hampden clubs（1812—1817）. **汉普登俱乐部**（1812—1817） 以 17 世纪的议会党人之名命名,标志着开启了继 18 世纪 90 年代激进主义之后议会改革风潮的新时代。由约翰·卡特赖特少校（Major John Cartwright）建立,此后俱乐部在各地的工人阶级中间得到迅速发展。1817 年俱乐部召开了全国大会,此后俱乐部被政府立法取消。

Hampshire 汉普郡 从根本上说,汉普郡是大港口南安普敦（Southampton）的腹地,汉普郡也是因这个港口而得名的,郡辖区还包括怀特岛（Isle of Wight）在内。在罗马占领时期,这个区域的东南部居住着雷格尼人（Regni）,比利其人（Belgae）居住在西南部,阿特雷巴特人（Atrebates）居住在北部。韦斯巴芗（Vespasian）率领的罗马军队很早就彻底征服占领了这里。这里有两大主要城镇——两者可能都起源于前罗马时期——北面的锡尔切斯特【Silchester,罗马名"卡勒瓦阿特勒巴通"（"Calleva Atrebatum"）】以及南面的温切斯特【Winchester,罗马名"温塔伯尔格"（Venta Belgae）】。

撒克逊人的定居相对容易,温切斯特成为威塞克斯王国的首都,锡尔切斯特却被放弃了。怀特岛以及米恩（Meon）东部山谷是朱特人的定居地,并一度成为萨塞克斯王国的一部分。到 8 世纪时,在罗马人的小港口比特内克劳森特姆（Bitterne Clausentum）原址附近,已经发展起来了汉普顿（Hampton）港口。《盎格鲁—撒克逊编年史》755 年的纪事中提到了汉普顿—郡（Hampton-shire）,但我们不能确定它指的具体的区域。随着威塞克斯的繁荣,温切斯特成为了英格兰的首都,忏悔者爱德华在那里加冕,包括阿尔弗雷德大帝(Alfred the Great)和克努特(Cnut)在内的许多国王都葬在那里。

在12世纪,首都从温切斯特迁到了威斯敏斯特,但温切斯特作为主教辖区,依然保持着非常重要的地位:新的主教座堂于1079年开始动工,它也是欧洲建筑史上历时最长的教堂。与诺曼底和欧洲大陆的联系提升了南安普敦的贸易。在该郡西部,新森林(New Forest)被威廉一世攫为己有,当做了禁猎区。

在1086年的"末日调查"("Domesday survey")中,温切斯特和南安普敦已经明显是十分重要的城镇,而贝辛斯托克(Basingstoke)、克赖斯特彻奇(Christchurch)以及斯托克布里奇(Stockbridge)也都是在各自当地具有重要影响的城镇。虽然《末日审判书》并未提及朴次茅斯(Portsmouth),但它于1194年获得了特许状。随着皇家海军(Royal Navy)的建设,朴次茅斯进一步繁荣起来,到1801年它已成为英格兰第九大城市,人口是南安普敦的4倍多。安多弗(Andover)发展成为该郡西北部的中心,贝辛斯托克发展成为该郡东北部的中心。由于这两个城镇都距离南安普敦和朴次茅斯很远,所以各自都有自己的影响范围。

虽然工业革命对该郡的影响很小,但是该郡在19世纪和20世纪还是发生了巨大变化。因为海边度假的流行,伯恩茅斯(Bournemouth)的经济取得了非凡的增长。怀特岛也从中受益,当然,还有一部分原因是公众对于奥斯本宫(Osborn House)的宣传。该郡东北部地区经济也取得了同样显著的增长。1854年,军队在奥尔德肖特(Aldershot)开始修建营房,把这里的一个小村落改造成为一个颇具规模的城镇。1963年,贝辛斯托克入选城市发展计划,人口由25,000人发展到将近155,000人。

Hampton Court conference, 1604. 汉普顿宫会议(1604) 虽然伊丽莎白一世1559年时在英格兰建立了新教教会,却因保留了天主教的许多传统而触怒了清教徒。1603年詹姆斯一世继位后,清教徒向他提交了《千人请愿书》(*millenary petition*)。詹姆斯喜欢关于神学的论辩,以于1604年1月在汉普顿宫召开有清教徒和主教参加的会议作为答复。这场大讨论在诸多细节问题上达成一致,但是唯一的主要成就是授权翻译《圣经》的一个新译本,即"国王詹姆斯本"("King James version")《圣经》。

Hampton Court palace（Middx） **汉普顿宫**（米德尔塞克斯） 王室驻地，坐落在泰晤士河畔，伦敦的西南部。1514 年由枢机主教沃尔西（Cardinal Wolsey）建造，1529 年亨利八世将之没收，随后亨利八世又加盖了大厅（great hall）和一个新的庭院，也就是现在的喷泉庭院（Fountain Cours）所在位置，还改建了王室礼拜堂（Chapel Royal）和钟庭（Clock Court）。从 1689 年起，克里斯托弗·雷恩爵士（Sir Christopher Wren）就致力于新的喷泉庭院的建设，包括从东到南的屋前空地直至花园的范围，同时还重新划分了钟庭的范围。雷恩爵士的建筑是砖石建筑的经典之作。威廉三世的私人花园（Privy Garden）在 20 世纪 90 年代进行了修复。

Handel, George Frideric（1685—1759）. **乔治·弗里德里希·韩德尔**（1685—1759） 出生于德国的作曲家，后加入英国国籍。韩德尔一开始时在自己的家乡哈雷（Halle）的一个大教堂里担任风琴演奏师，后在汉堡的剧院演奏小提琴和风琴，也就是在那里韩德尔于 1705 年时写出了他最早的两部歌剧。1710年，他被任命为汉诺威选帝候（elector of Hanover）即后来的英格兰国王乔治一世的管弦乐队指挥（Kapellmeister），不过他几个月后就去了伦敦。伦敦丰富多彩的咏叹调和华丽炫目的舞台对他的歌剧《里纳尔多》（Rinaldo，1711 年）产生了影响，这部歌剧也引起了一时的轰动。到 1712 年，他已经在英格兰永久定居，1717 年到 1719 年出任未来的钱多斯公爵（duke of Chandos）在坎农斯（Cannons）——埃奇韦尔（Edgware）附近——的剧团常驻作曲家。

虽然韩德尔一直到 1741 年都还在创作歌剧，但日益加剧的财政压力迫使他转向创作新的剧种即英国清唱剧（English oratorio）。以 1732 年的《以斯帖》（Esther）开始，他创作出了一系列的清唱剧。清唱剧逐渐取代了歌剧成为对公众更具吸引力的剧种，韩德尔去世后，尤其以《弥撒亚》（Messiah，1742 年）为代表，这类清唱剧奠定了持久延续的英国合唱形式的基础。

Handley, Tommy（1892—1949） **汤米·汉德利**（1892—1949） 喜剧演员。汉德利职业生涯最辉煌的时候是第二次世界大战时期，当时很多娱乐节目都被暂时中止了，只以无线电广播节目为主。汉德利出生在利物浦，他最初是在各种演出中充当旅行推销员和歌手，没有取得多少成功，直到 1939 年时因《又是那个人》(*ITMA*，即 *It's That Man Again*)这档广播节目而一炮走红。这个每周都播出的节目吸引了大量的观众，他们熟知了这些喜剧角色——莫普太太(Mrs Mopp)、琴斯泰普上校(Colonel Chinstrap)、莫纳·洛特(Mona Lott)、芬夫(Funf)，还有一些脍炙人口的短语。到汉德利 57 岁去世时，这档节目还在播出。

Hanover　汉诺威　1714 年，乔治一世依据《王位继承法》(*Act of Settlement*)继承了安妮女王的王位，且自该年起汉诺威与不列颠私下结成了联合体，一直持续到 1837 年。1837 年依据《萨利克法》(*Salic Law*)，维多利亚女王不能再保留汉诺威，汉诺威被转给了她的叔叔，坎伯兰公爵欧内斯特·奥古斯特(Ernest Augustus, duke of Cumberland)。1714 年汉诺威的人口数刚刚超过 500,000 人，比约克郡大一些。主要城镇汉诺威大约有 10,000 居民。1719 年从瑞典手中取得了不来梅(Bremen)和费尔登(Verden)，这给汉诺威提供了通向北海的通道。

在大多数英国人看来，与汉诺威的联合就是一场灾难，即使在最好的情况下也不过是一种必然的邪恶结果。《王位继承法》已经显示出了对乔治明显的不信任。这位新任君主不能任命德国人在英国担任任何官职，未经议会同意不能宣战帮助汉诺威，没有议会批准甚至不能够访问自己的故乡。虽然最后一个限制条件因属于对君主人身的冒犯而很快被放弃了，但对乔治的猜疑依旧没有变化。1742 年 12 月，威廉·皮特(William Pitt)因为公开宣称"这个伟大的、强大的难以对付的王国，在我们看来只是一个卑劣的选帝侯的一个管区"这一言论而大受欢迎。

1760 年之后，英国人对汉诺威的敌意减弱了。新国王乔治三世打出了一张民族主义牌，称"我出生在英国，在英国接受教育，我以英国而自豪"，结果取得了成效；而且聚集在比特周围的苏格兰人让英国人又有了新的仇视对象。乔治三世从未到访过汉诺威，不过在危机时期他确实有过在那里隐居的想法。

Hanseatic League　汉萨同盟　汉萨同盟是一个贸易联盟，在其发展的顶峰时期，成员有 200 多个城镇，其中包括最重要城镇如吕贝克(Lübeck)、汉堡

（Hamburg）、不来梅（Bremen）、科隆（Cologne）和但泽（Danzig）。该同盟建立于13世纪，一直存续到17世纪，具有强大的海军上、外交以及经济实力。德语 *hens* 意为一个行会（guild）或公司，其在伦敦的基地——钢院商站（Steelyard）——位于伦敦桥的正西方，一直到1598年被伊丽莎白一世关闭。

Harcourt，Simon Harcourt，1st Viscount（1661—1727）. 西蒙·哈考特，第1代哈考特子爵（1661—1727） 西蒙·哈考特出身于牛津郡的乡绅家庭，学习过法律，并在1690年回到了阿宾登（Abingdon），支持托利党。他的命运与校友罗伯特·哈利（Robert Harley）息息相关。1702年到1708年间，他先是出任副总检察长（solicitor-general），然后担任了总检察长（attorney-general），后与哈利一起辞职。1710年，当萨谢弗雷尔（Sacheverell）受到弹劾之时，他为之辩护并大获好评。在接下来的托利党执政过程中，他担任了掌玺大臣（lord keeper），后又出任大法官，1711年获封男爵爵位。乔治一世即位后，他被免职。

Harcourt，Sir William Vernon（1827—1904）. 威廉·弗农·哈考特爵士（1827—1904） 自由党政治家。哈考特很可能认为自己是个失败者。他是一位极具天赋的律师、政治家、辩论家。他历任内政大臣（1880—1885年）和财政大臣（1886年，1892—1895年），一度被看作是继格莱斯顿（Gladstone）之后的下一任首相，由于后者在退休时（1894年）提拔了罗斯伯里（Rosebery），致使他未被擢升。他对英国历史最大的贡献是在1894年的财政预算案中引入了遗产税（death duties），他称"我们现在都是社会主义者了"，应该实行遗产税。

Hardie，James Keir（1856—1915）. 詹姆斯·基尔·哈迪（1856—1915） 社会主义政治家。哈迪出生在拉纳克郡（Lanarkshire），是在极度的贫苦中长大的。在当记者的同时，他把拉纳克郡和艾尔郡（Ayrshire）的矿工们组织在了一起，1886年成为苏格兰矿工联合会（Scottish Miners' Federation）秘书，1887年成为苏格兰工党（Scottish Labour Party）主席。1892年，他以一名独立工党党员身份代表西南汉普郡（South West Ham）当选议会下院议员；次年，他成立了独立工党（Independent Labour Party）。哈迪是一个具有真正阶级意识的社会主义者，他在下院头戴布帽子,身穿斜纹短上衣,令威斯敏斯特的议员们大为不满。他有意淡化自己的社会主义信条,以便说服工会代表大会(Trades Union Congress)感到有必要建立劳工代表权委员会(Labour Representation Committee)(1900 年),劳工代表权委员会即工党的前身。

Hardwicke,Philip Yorke,1st earl of(1690—1764). **菲利普·约克,第 1 代哈德威克伯爵**(1690—1764) 作为 18 世纪任职时间最长的大法官,哈德威克的声望与其在司法上取得的卓越成就可谓名实相符,尤其在衡平法(laws of equity)方面有着很深的造诣。他 29 岁时担任副总检察长(solicitor-general),42 岁时担任首席法官并获封贵族,1737 年即 46 岁时成为大法官。他生活十分俭朴,与纽卡斯尔公爵(duke of Newcastle)是一生的挚友。他虽然在 1756 年辞去了大法官职务,但直至 1762 年以前他一直是"执行内阁"("effective cabinet")中的成员之一。

Hardy,Thomas(1840—1928). **托马斯·哈代**(1840—1928) 小说家,诗人,哈代最初学习建筑,想成为一名建筑师。他离开了自己的故乡多塞特——也就是他书中的"威塞克斯"——前往伦敦。他在伦敦时因受到达尔文(Darwin)和赫胥黎(Huxley)的影响,抛弃了原本的信仰。他那著名的悲观主义情感从很早时就已经形成了,这影响了他未来经历的每一件事情。19 世纪 70 年代,他嗅到了英国快速发展的城市化气息,在 1872 年出版的《绿林荫下》(*Under the Greenwood Tree*)、1874 年出版的《远离尘嚣》(*Far from the Madding Crowd*)中,他描绘了一个正在日渐消逝的世界。作为一位无与伦比的乡村观察者,他并没有从中寻找到华兹华斯式(Wordsworthian)的慰藉,也没有从自己那不幸的婚姻中寻求到慰藉。他的大部分小说都反映出当时的社会问题,1891 年出版的《伯德家的苔丝》(*Tess of the D'Urbervilles*)映射出社会的双重标准;1895 年出版的《无名的裘德》(*Jude the Obsure*)反映出了离婚法的不公平。由于这两部小说受到人们的仇视,促使哈代转而回归到他最初喜爱的诗歌创作上去。

Hargreaves,James(1720—1778). **詹姆斯·哈格里夫斯**(1720—1778)

发明家。哈格里夫斯来自兰开夏郡,主要靠自学成才的纺织工,1746 年他发明了珍妮纺纱机(spinning jenny)并在 1770 年注册专利。此前凯(Kay)发明的飞梭(flying-shuttle)大大地提高了织布的效率,而哈格里夫斯发明的珍妮机可以同时操作多个纱锭,从而使纺纱的速度赶上了织布的速度。

Harlech castle 哈勒赫城堡 该城堡是为爱德华一世建造的诸多防御工事之一,目的是为其征服北方威尔士提供安全保障。城堡于 1283 年 5 月动工,用了 7 年的时间基本建成,是建筑大师圣乔治的詹姆斯(Master James of St George)最伟大的建筑作品之一。1400—1413 年威尔士人起义期间,城堡落入欧文·格伦道尔(Owain Glyndŵr)之手,成为其宫廷及其家庭的驻地。他也很有可能是在这里被加冕为威尔士亲王的。

Harley, Robert, 1st earl of Oxford and Earl Mortimer(1661—1724). 罗伯特·哈利,第 1 代牛津伯爵和莫蒂默伯爵(1661—1724) 首相。哈利出身于赫里福德郡的一个清教徒家庭,1689—1690 年代表特里戈尼城(Tregony)、1690—1711 年代表新拉德诺城(New Radnor Boroughs)当选议会下院议员,17 世纪 90 年代成为新乡村党(new country party)的领袖,同时两次担任议会下院议长(Speaker of the Commons)。1702—1705 年他再次担任议会下院议长,1704 年在戈多尔芬(Godolphin)政府中被任命为北方事务部国务大臣(secretary of state for the northern department)。由于日益趋近于托利党,加上为人不够光明正大,被迫在 1708 年辞职。为了一雪前耻,他博得了安妮女王的信任,在 1710 年一手策划了时任政府的倒台,并在接下来的四年里一直担任财政大臣。

虽然哈利本质上是托利党的领袖,但他还是想建立一个超越党派的政府。由于托利党内部极端主义的日益盛行,他的愿望落空。安妮女王在去世一周前,将哈利解职。1715 年哈利受到弹劾,还主要是因为他参与了乌得勒支(Utrecht)的和平处置,而这正是乔治一世所反对的。直到 1717 年时他一直被关押在伦敦塔,同年对他的弹劾撤销。

Harmsworth, Alfred, 1st Viscount Northcliffe(1865—1922). 阿尔弗雷

德·哈姆斯沃思,第 1 代诺思克利夫子爵(1865—1922)　报业主。诺思克利夫的父亲是都柏林的出庭律师(barrister),1867 年搬到伦敦。他是家中的长子,主要是靠自学成才的。他被记者这个行业所吸引,而且发现自己天生就具有从事这个职业的才能。1887 年他成立了自己的出版社,并和弟弟哈罗德(Harold)一同经营。他首先创办了《晚报》(*Evening News*),后来创办了《每日邮报》(*Daily Mail*)、《每日镜报》(*Daily Mirror*)、《观察家报》(*Observer*),1908 年创办了《泰晤士报》(*Times*)。1905 年他被封为男爵,1918 年被封为子爵。

Harmsworth, Harold, 1st Viscount Rothermere(1868—1940). 哈罗德·哈姆斯沃思,第 1 代罗瑟米尔子爵(1868—1940)　报业主。他是诺思克利夫子爵阿尔弗雷德·哈姆斯沃思(Alfred Harmsworth, Viscount Northcliffe)的弟弟,不过他不像自己的哥哥一样乐于成为公众关注的人物,但是在 1917 年,他接受了劳合·乔治(Lloyd George)的邀请,掌管航空部(Air Ministry)。与此同时,他扩大了自己的报业经营范围,1915 年出版了《星期日画报》(*Sunday Pictorial*),这是伦敦第一份带有图画的星期日报刊。1914 年他被封为男爵,1918 年晋封为子爵。1922 年他的哥哥去世后,联合报业公司(Associated Newspapers)一并由其掌管。他利用这个机会,为《每日邮报》(*Daily Mail*)写出有力的文章,对希特勒(Hitler)和墨索里尼(Mussolini)表示赞赏。

Harold I(c.1016—1040)　哈罗德一世(约 1016—1040)　英格兰国王(约1035—1040 年在位),被称作"飞毛腿"("Harefoot"),是克努特(Cnut)和他第一任妻子北安普敦的埃尔夫吉夫(Ælfgifu of Northampton)之子。1035 年克努特死后,他对英格兰的王位提出权利要求,与其同父异母弟弟哈撒克努特(Harthacnut)——克努特的第二任妻子埃玛(Emma)所生——抗衡。因为克努特的儿子们此时都还年轻,这就存在着会被他们那令人敬畏的母亲们所控制的可能。到1037 年,哈罗德已经确立了其作为整个王国国王的地位。1040 年,哈撒克努特准备入侵英格兰,但由于哈罗德在牛津去世,哈撒克努特得以和平继位。

Harold II(**Harold Godwineson**)(c.1022—1066). 哈罗德二世(哈罗德·

戈德温森）（约 1022—1066） 英格兰国王（1066 年在位），黑斯廷斯（Hastings）战役中败于征服者威廉（William the Conqueror）并被威廉所杀。在忏悔者爱德华统治期间，哈罗德连同其家族其余成员一起，地位不断上升，1044 年他取得东盎格利亚伯爵领（earldom of East Anglia），1053 年继承其父戈德温（Godwine）的爵位成为威塞克斯伯爵（earl of Wessex）。在接下来的日子里，他成为王国内仅次于国王的最有权势者。在爱德华临终前明确指定他为自己的继承人之前，没有任何证据表明哈罗德已经做好了继承王位的准备，或者表现出对王位的垂涎。对于 1053 年到 1066 年这一期间哈罗德的事业来说，最有可能的解释就是他是一个十分谨慎的政治家，完全不希望冒任何风险。爱德华在临终前指定哈罗德为王国的继承人，可能就是承认了哈罗德是唯一可能被全体英格兰人一致接受为继任国王的人。哈罗德在爱德华去世当天即举行了加冕礼，之后，他在努力捍卫自己的王权，打击王位竞争对手的行动中，既表现出胆识，也是卓有成效的。1066 年黑斯廷斯战役中他得到的广泛支持，确实说明他已经被广泛接受为英格兰的国王了。他向北方进军并赢得斯坦福德布里奇（Stamford Bridge）战役的胜利，是一次非凡的军事壮举，而他由北方再返回来，迎击征服者威廉亦是如此。黑斯廷斯战役持续时间之长，战斗之激烈，表明他对英格兰人的领导有方，组织有方。哈罗德是在战斗接近尾声时战死的。

Harold Sigurdsson（d.1066） **哈罗尔·西居尔松**（卒于 1066 年） 挪威国王。哈罗尔是圣奥拉夫（St Olaf）同父异母兄弟，是最后一位入侵英格兰的伟大的维京人。哈罗尔绰号是"哈德拉达"（Hardrada）——意为谘议会中的严厉者（stern in council），他身材伟岸，力量惊人，1066 年加入了托斯蒂格（Tostig）的队伍，托斯蒂格是哈罗德二世戈德温森（Harold II Godwineson）的被流放的兄弟。哈罗尔提出了英格兰王位的要求，托斯蒂格则要求恢复其诺森伯里亚伯爵领。苏格兰本土的伯爵埃德温（Edwin）和莫卡（Morcar）在约克城以外的富尔福德（Fulford）被打败，但五天之后，取胜的北欧人在斯坦福德布里奇（Stamford Bridge）遭到率军北上的哈罗德的进攻。一场血战之后，哈罗尔和托斯蒂格均被杀。

Harrington, James（1611—1677）. 詹姆斯·哈林顿（1611—1677） 政治哲学家。他 1656 年写作的《大洋国》（*Commonwealth of Oceana*）虽然是献给克伦威尔的,但含沙射影地谴责了护国政体（Protectorate）。该书的主旨是,一个国家的财产分配方式决定了其政体形式。如果一个国家的统治者有权力处置所有的土地,则一定会产生绝对君主制（absolute monarchy）政体;如果贵族领主掌握了绝大部分土地,则国家的统治形式自然是混合君主制（mixed monarchy）;但如果财产是在人民之间普遍加以分配,则只有共和政体（republic）才可以提供稳定的统治。

Harrington, William Stanhope, 1st earl of（c.1683—1756）. 威廉·斯坦诺普,第 1 代哈林顿伯爵（约 1683—1756） 威廉·斯坦诺普是家中的小儿子,因为有着很好的人脉,事业很出色。安妮女王抱怨说他"为人乏味懒散",赫维勋爵（Lord Hervey）也说他"懒得出奇"。但是切斯特菲尔德（Chesterfield）的伯爵们是他的远亲,英军驻西班牙司令官、一度成为首席大臣的詹姆斯·斯坦诺普（James Stanhope）也是他的亲戚。威廉·斯坦诺普在驻西班牙的英军中服役,很快掌管了一个团,并升任将军之职。1715 年他代表德比郡进入议会,任驻西班牙大使,从此开始了其外交事业生涯。1730 年,他加入了沃波尔（Walpole）的内阁,担任国务大臣,受封男爵。他与纽卡斯尔公爵（duke of Newcastle）关系密切,沃波尔政府倒台时他未受牵连,还在 1742 年被晋封为伯爵,1742 年到 1745 年间出任枢密院院长。1744 年他重新担任国务大臣,并且在 1746 年到 1750 年以爱尔兰总督身份结束了自己的事业。

Harris, Sir Arthur Travers（1892—1984）. 阿瑟·特拉弗斯·哈里斯爵士（1892—1984） 皇家空军元帅,因在 1942—1945 年间担任皇家空军轰炸机指挥部（RAF Bomber Command）总司令而成为著名人物。哈里斯一再坚持认为,只有破坏德国大型城镇才能赢得这场战争。英国实施的"轰炸战略"造成了大量平民的伤亡,许多美丽的建筑物被毁,也使很多轰炸机机组人员付出了生命,但结果却没有赢得战争。哈里斯坚决不同意进行"精确轰炸"（"precision bombing"）,但他倾向的轰炸方式也未能如他计划的那样减少德国战时的生产。他不是一个从事"种族灭绝"("genocide")的人,也不是"战争犯"("war criminal")。尽管如此,他没有得到贵族爵位,1992年当在伦敦树立他的雕像时,引发了不满群众的示威游行。

Harris, Howell(1714—1773) **豪厄尔·哈里斯**(1714—1773) 威尔士加尔文教派卫理公会的创始人之一。哈里斯出生于邻近布雷肯(Brecon)的塔尔加斯(Talgarth)的特里费卡(Trefecca),并在当地接受教育。他本来的愿望是能在圣公会任职,但是在1730年时却做了一名教师。在经历了皈依过程之后,1735年他开始在牛津学习,但很快回到了故乡。虽然他直到去世时还是圣公会教徒,但1737年他已经开始巡回露天布道活动。由于他的布道工作卓有成效,到1739年时已经有很多威尔士人皈依。他与亨廷登伯爵夫人塞利娜(Selina, countess of Huntingdon)和怀特菲尔德(Whitefield)接触密切。

Harrowby, Dudley Ryder, 1st earl of(1762—1847). **达德利·赖德,第1代哈罗比伯爵**(1762—1847) 1784年哈罗比21岁时,为了其家族在蒂弗顿(Tiverton)的利益而当选议员,支持皮特(Pitt),并且步步高升。1789年被任命为外交部副大臣(under-secretary at the Foreign Office),1791年到1800年担任财政部主计长(paymaster),1804年到1805年担任外交大臣,1805年到1806年担任兰开斯特公爵领地事务大臣(chancellor of the duchy of Lancaster)。1803年他继承了父亲的爵位,成为第2代男爵,1809年晋封伯爵。从1812年到1827年,他在利物浦(Liverpool)政府中担任枢密院院长,1827年12月被提名担任首相,但他以健康状况不佳为由拒绝了。1831年到1832年的议会改革危机期间,他作为动摇派的领袖,从中起了重要作用,动摇派最终还是为改革法案投了赞成票。

Harrow School 哈罗公学 由约翰·莱昂(John Lyon)创办,他是邻近普雷斯顿(Preston)的一个村庄的约曼(yeoman),1571年他创办这所学校时,是作为一所免费文法学校为30名穷孩子提供教育的场所。学校经过一段衰落时期之后,被卓越的校长查尔斯·沃恩博士(Dr Charles Vaughan, 1816—1897年)基本上带回了正轨。

Harthacnut（c.1019—1042）. **哈撒克努特**（约 1019—1042） 英格兰国王（1040—1042 年在位），他是克努特（Cnut）和埃塞尔雷德二世的孀妇、诺曼底的埃玛（Emma of Normandy）所生之子。1035 年他父亲去世时他正在丹麦，但他的母亲提出由他继承英格兰王位的要求，而反对他的同父异母的哥哥"飞毛腿"哈罗德（Harold Harefoot）继承王位。1040 年"飞毛腿"哈罗德去世后，哈撒克努特继承了王位。1042 年，在他的旗手"傲慢者"托菲格（Tofig the Proud）的婚宴上，他"站着喝酒时，突然身体发生可怕的痉挛，结果倒在地上死去了"。

Harvey,William（1578—1657）. **威廉·哈维**（1578—1657） 医生。哈维从剑桥大学毕业后，去了帕多瓦（Padua）的著名医学学校学习。返回英格兰后，他在伦敦定居，经历了一帆风顺的医生执业，成为查理一世的私人医生和坚定的保王主义者。通过对心脏结构和静脉瓣膜的研究，他确信血液在人体里是一直循环的，而不是像当时生理学上的观点所认为的血液是有涨有落的。

Haselrig,Sir Arthur（c.1600—1661）. **阿瑟·赫塞尔里格爵士**（约 1600—1661） 赫塞尔里格是来自于莱斯特郡的一位准男爵，内战期间一直担任议会方面的领导人。他是虔诚的清教徒，就读于剑桥大学和格雷律师公会（Gray's Inn），与皮姆（Pym）私交甚笃。他代表自己的家乡莱斯特郡，在短期议会和长期议会（Short and Long Parliaments）中担任议员，由于强烈反对斯特拉福德（Strafford）和劳德（Laud），结果成为查理一世 1642 年 1 月"点名"逮捕的五名议员之一。第一次内战期间，他是一位活跃的骑兵指挥官，负责指挥"龙虾"（"lobsters"）骑兵团。1647 年他担任了泰恩河畔纽卡斯尔（Newcastle upon Tyne）的郡长。他拒绝在审判查理一世的高等法庭（High Court）担任法官，而当克伦威尔（Cromwell）解散残余议会（Rump Parliament）时，他又与克伦威尔发生了争执。在与兰伯特（Lambert）出现争执后，他将自己的命运押在了蒙克（Monck）身上。王朝复辟（Restoration）之后，他陷入困境，不过蒙克救了他的命，他生命的最后几个月是在伦敦塔里度过的。

Hastenbeck, battle of, 1757. 哈施滕贝克之战（1757） 坎伯兰
（Cumberland）这位卡洛登（Culloden）战役中的英雄,在"七年战争"（Seven Years
War）中负责指挥侦察部队（Army of Observation）。7 月 26 日,在哈默尔恩
（Hameln）附近的威悉河（Weser）,坎伯兰遭到德特雷元帅（Marshal d'Estrées）率
领的人数占优的法军的攻击,被迫撤退。后来他按照父亲乔治二世的私下指令
行事,井然有序地撤退到施塔德（Stade）,并在那里谈判签署了《克洛斯特—采文
协定》（convention of Kloster-Zeven）,解散了自己的武装,但英国政府拒绝承认该
协定。

H

Hastings, battle of, 1066. 黑斯廷斯战役（1066） 这场战役发生在 1066 年
10 月 14 日,地点位于现在的苏塞克斯郡的巴特尔（Battle）。哈罗德（Harold）取
得斯坦福德布里奇（Stamford Bridge）之战的胜利还不到三周时间,其核心部队便
向南挺进了。哈罗德与威廉双方军队在人数上几乎相当,但威廉的军队中有骑
兵。威廉的军队通过真真假假的撤退战术,打乱了哈罗德所率英军的密集防御,
将英军从山脊上的防御阵地中吸引了下来。在当天晚些时候,哈罗德战死,由此
决定了战役的结局。

Hastings, William Hastings, 1st Lord（c.1430—1483）. 威廉·黑斯廷斯,
第 1 代黑斯廷斯勋爵（约 1430—1483） 黑斯廷斯是爱德华四世一生信赖的人。
在爱德华四世统治的最后几年,他是爱德华可以依赖的 6 人之一。出于对朝廷
的无限忠诚,他在 1483 年初夏给予年轻的爱德华五世以全力支持。由于他对伍
德维尔家族（Woodvilles）的反感,他最初本来是打算支持格洛斯特的理查
（Richard of Gloucester）的,认为理查将取得权力。但他自己成了一个牺牲品,他
突然被格洛斯特逮捕并在 6 月 13 日遭处决。

Hastings, Francis Rawdon-Hastings, 1st Marquis, and 4th Baron Moira
（1754—1826）. 弗朗西斯·罗顿—黑斯廷斯,**第 1 代黑斯廷斯侯爵,第 4 代莫
伊拉男爵**（1754—1826） 黑斯廷斯出生在爱尔兰,就读于哈罗公学和牛津大
学。1771 年参军,参加了 1776—1781 年的美国独立战争。此后他一直在家乡

任职,直到1813年被任命为英属印度总督,他任职期间以在印度进行多次重要军事征服著称,这些征服行动巩固了英国在印度的势力。1823年从印度退休后,1824—1826年出任英属马耳他总督。

Hastings,Warren(1732—1818). **沃伦·黑斯廷斯**(1732—1818) 黑斯廷斯在1750年加入东印度公司。他晋升很快,到1757年已成为孟加拉地方委员会(Bengal Council)中的一员,当时罗伯特·克莱武(Robert Clive)的军队取得了最初一系列的军事胜利。1764年他辞职带着一大笔财产回到英格兰,但很快挥霍殆尽。1769年他又回到印度,三年之后被任命为孟加拉省督。1773年他成为印度第一任总督。在任职期间,他改革了东印度公司的税收和商业体系,并将公司的影响力扩大到整个恒河河谷(Ganges valley)。他带着第二笔财产退休了,但被弹劾犯有谋杀罪和勒索罪。这次弹劾是由埃德蒙·伯克(Edmund Burke)提出的,而对他审讯的过程从1788年一直持续到1795年。1795年,黑斯廷斯被宣判无罪,但此时他已经穷困潦倒。

Hatfield,Council of,680. **哈特菲尔德宗教会议**(680) 该宗教会议是出于对基督教的一性论派异端邪说(Monothelite heresy)的关注而召开的,这一派在东部教会的影响力尤其显著,在680—681年的君士坦丁堡宗教会议(Council of Constantinople)上受到谴责。在哈特菲尔德(赫特福德郡)宗教会议上,主教们和教师们一致声明维护正统的天主教信仰。

Hatton,Sir Christopher(1540—1591). **克里斯托弗·哈顿爵士**(1540—1591) 大法官。出身于北安普敦郡绅士阶层,因仪表堂堂,善于跳舞,得到伊丽莎白女王的关切。尽管对伊丽莎白倾情投入,但他的政治事业发展得却很缓慢,1587年他被任命为大法官,缺乏系统的法律训练是他的不足之处,但凭着为人公正、出色的判断力以及在星室法庭工作的经历,这些不足完全得到了弥补。

Havelock,Sir Henry(1795—1857). **亨利·哈夫洛克爵士**(1795—1857) 哈夫洛克出生在森德兰(Sunderland),1815年从军。他在1824—1826年的第

一次缅甸战争（Burmese War）、1838—1842 年的第一次阿富汗战争（Afghan War）以及 1845—1846 的锡克战争（Sikh War）中都有优异的表现。在詹姆斯·乌特勒姆爵士（Sir James Outram）1857 年对波斯的远征中,他是其中的重要一员,但在印度兵变（Indian mutiny）爆发之后,他返回印度。虽然他在印度取得了一些胜利,但丢掉了坎普尔（Cawnpore）,也没能解除勒克瑙之围（the siege of Lucknow）。直到科林·坎贝尔爵士（Sir Colin Campbell）的军队到达后,勒克瑙之围才得以解除。1857 年 7 月 11 日,也就是勒克瑙之围解除后不久,他因染患痢疾死于勒克瑙。

'Hawarden Kite' "哈登风筝"（哈登空头支票） 在 1885 年大选之后,格莱斯顿（Gladstone）领导的自由党取得 333 个席位,但优势被保守党的 251 个席位抵消,因为保守党与巴涅尔（Parnell）的 86 个爱尔兰议会下院议员达成了一项谅解。1885 年 12 月,格莱斯顿的儿子赫伯特（Herbert）向媒体透露说他的父亲计划推行一项爱尔兰地方自治方案。保守党政府被击败并辞职,格莱斯顿组成了第三届政府,但因爱尔兰的问题导致自由党内部出现了分裂。赫伯特·格莱斯顿得到的"哈登风筝"这一带有嘲讽性的名字,源于弗林特郡（Flintshire）的哈登,即格莱斯顿安家之处。

Hawke, Sir Edward（1710—1781）. **爱德华·霍克爵士（1710—1781）**
霍克的父亲是一名出庭律师（barrister）。他 24 岁时成为船长,37 岁成为海军少将（rear-admiral）,奥地利王位继承战争（War of the Austrian Succession）即将结束之际也正是他机会到来之时,因为当时海峡舰队（Channel fleet）的指挥官彼得·沃伦爵士（Sir Peter Warren）生病,霍克接手了指挥权。在 1747 年 10 月进行的菲尼斯特雷角（Cape Finisterre）战役中,他取得了决定性胜利,法军九艘舰船被其击沉了六艘。在"七年战争"（Seven Years War）中,霍克再次参战。虽然 1757 年远征罗什福尔（Rochefort）的行动遭受了令人沮丧的失败,但是在 1759 年他封锁了布雷斯特（Brest）,并在 11 月的基伯龙湾（Quiberon Bay）之战中赢得了漂亮的胜利,从而终结了法国入侵英格兰的所有妄想。

Hawkins, **Sir John**（1532—1595）. **约翰·霍金斯爵士**（1532—1595） 霍金斯的事业始于1562到1569年间,当时他作为西班牙的盟友,将西非的奴隶运送到西属西印度群岛和南美殖民地。当德雷克（Drake）和他最后一次远航到西属殖民地的时候,英格兰与西班牙的关系已经相互敌对。他随后成为了议会下院议员和海军财务总管。在他的推动下,英格兰的海军取得了进一步的发展。在接下来的时间里,霍金斯多次指挥了海军作战,包括打击西班牙无敌舰队以及转年对葡萄牙的远征行动。1595年他与德雷克合作,实施了打击西属西印度群岛的军事远征,遭到惨败,他也死于波多黎各（Puerto Rico）。

Hawksmoor, **Nicholas**（c. 1661—1736）. **尼古拉斯·霍克斯穆尔**（约 1661—1736） 在霍克斯穆尔去世250年后,一些评论家盛赞他是英格兰有史以来最大胆且最富有独创性的建筑师。霍克斯穆尔自学了古典时代的建筑学知识,在1712年到1724年这十二年间,他在伦敦建了7座教堂,展现出其对建筑群深刻而独特的掌控能力,这种能力即使不是体现于光线在建筑的运用上,至少也体现在虚虚实实的建筑外观的互补上。

Haydon, **Benjamin Robert**（1786—1846）. **本杰明·罗伯特·海登**（1786—1846） 历史人物画家,出生在普利茅斯,是一位画家兼出版商之子。他的名字之所以到现在还能被人们记住,主要是因为他在1853年出版的《自传与回忆录》（*Autobiography and Memoirs*）。

Hazlitt, **William**（1778—1830）. **威廉·黑兹利特**（1778—1830） 一位上帝一位论派牧师之子,他在什罗普郡（Shropshire）的韦姆（Wem）长大。由于对宗教抱有怀疑,他没有像其父亲那样从事宗教工作。他先是做了一名画家,后来开始为期刊撰写文学作品。他脾气很糟——"我与几乎所有的老朋友们都发生过争执",两段婚姻都以失败告终,还频频陷入财政危机。黑兹利特事业发展最好的时期是当兼职散文作家那段时光,他对尼特（Neate）和煤矿瓦斯检查员（Gas-man）之间针锋相对斗争的描述作品被很多文集选入。他的最佳作品是1825年出版的《时代精神》（*The Spirit of the Age*）,书中对当时的人情风貌进行了生动且尖锐的描绘。

Heads of the Proposals，1647. 《军队建议纲目》(1647) 1647 年 6 月，军队已经羁押了查理一世，7 月兰伯特(Lambert)和艾尔顿(Ireton)起草出一份与查理一世谈判的基本方案。主要内容包括：继续保留君主制，继续保留君主的否决权；继续保留主教制，但主教们将失去原来的权力；保证实行宗教宽容；议会控制民兵十年；议会必须每两年召开一次，议会选举必须按照改革后的体制进行；应设立国务会议(council of state)。虽然这些在内战后提出的建议已经十分温和了，但还是被查理一世当即拒绝。

Heath，Sir Edward(1916—2005). **爱德华·希思爵士**(1916—2005) 首相。希思曾就读于牛津大学的巴利奥尔学院(Balliol College)，获得了管风琴演奏奖学金并成为牛津大学学生俱乐部主席。第二次世界大战进一步使希思确信，他那一代人面临的最大挑战就是欧洲的重建和统一。他是 1950 年大选中当选的令人印象深刻的诸新保守党议会下院议员中的一员，加入了保守党内一个对社会政策尤为感兴趣的"一国"("One Nation")保守主义组织。他作为议员发表的首次演说，主题就是欧洲，这也是他事业的一贯主题。

希思与艾登(Eden)和麦克米伦(Macmillan)保持着良好的关系，并且在麦克米伦政府中，他的事业蒸蒸日上。1959 年大选之后，他担任了劳工大臣(minister of labour)。然而，1960 年麦克米伦决定由霍姆勋爵(Lord Home)出任外交大臣，希思则担任议会下院第二内阁大臣。这成为希思事业的一个转折点。1961 年英国政府决定谋求成为欧洲共同市场(Common Market)的成员国，希思在准入条款的谈判工作中表现得十分娴熟。虽然希思的使命最终以失败告终，但是他对于谈判处理的得当为他赢来了许多赞许。

由于希思一直强调自己还没有做好独当一面的准备，所以选择霍姆在 1963 年出任短期执政的首相一职对希思来说是合适的。在保守党政府的最后一年中，希思作为贸易委员会(Board of Trade)主席，引入了有争议的废除零售业价格保护制立法，这一做法出乎许多人的意料。1965 年，他作为影子大臣，进一步给人们留下了深刻的印象。在继任党魁问题上，他作为反对党的头面人物，与其主要竞争对手雷金纳德·莫德林（Reginald Maudling）形成了鲜明的对比。当霍姆在 7 月突然辞职之后,希思险胜莫德林出任党魁。但与工党领袖威尔逊（Wilson）相比,希思始终缺乏敏锐性和政治才干,因此无法与之展开有效的竞争。即使是保守党在大选中保持着良好势头的情况下,他在民众中受欢迎的程度也与对一名首相的要求有着一定的距离。但不管怎样,希斯还是努力地为组建政府做着准备。在一份"让英国沿着正确的道路前进"（"Putting Britain Right Ahead"）文件中,希思向人们展示了一项重要的施政观,即提出鼓励竞争经济,把税制由直接税改为间接税,在社会服务方面应有更大的选择性,使英国融入欧洲。

对于 1966 年的大选,人们普遍寄希望于希思的败选,但希思在 1970 年 6 月的大选中轻而易举取胜还是让很多评论家都大感意外。不管希思真正的想法是什么,他的政府似乎比第二次世界大战以来的各届政府都更保守。当然这里肯定有厄运困扰的因素。大选之后不到一个月,财政大臣伊恩·麦克劳德（Iain Macleod）去世;北爱尔兰也为新政府带来了之前没有预料到的种种难题;世界经济危机,尤其是 1973 年阿拉伯石油价格翻了两番,使得国内政策发生了扭曲,加大了通货通胀。无论如何,只能得出的结论是:希思的政府是失败的。希思政府所取得的一个持久的成就就是让英国加入了欧洲经济共同体（EEC）,虽然这仍然是一个有争议的问题。

由于失业率不断上升,到 1971 年底,希思政府的政策突然发生了改变。当时,希思政府成了自二战以来最为奉行干涉主义的政府之一。到 1972 年,他重新启用了收入政策的概念。所实行的劳资关系政策,结果证明是一场灾难。在 1973—1974 年的矿工罢工浪潮中,希思以实行三天工作周以及最终举行大选作为回应,但结果还是未能摆脱垮台的命运。在接下来的大选中,希思措置失当。在希思未能与自由党达成谈判协议后,在议会中占少数席位的工党政府上台了。

在接下来的 10 月进行的第二次大选中,希思再遭失败。至此希思已经疏远了许多自己的后座议员。在经历了 1975 年 2 月党内第一轮投票的失利后,面对玛格丽特·撒切尔的挑战,希思退出了党魁竞选。面对一系列的失败,希思从来没有甘心过,时间也未能抚平或者甚至减轻他的创伤。在撒切尔担任首相期间,希思一直是议会下院议员,只是已经没有了当日的风采。直到 2001 年,他一直在议会下院,成为了"下院之父"。

Heathfield（Haeth felth, Hatfield Chase）, battle of, 633. **希思菲尔德（希思菲尔斯,哈特菲尔德切斯）战役（633）** 该战役发生在林齐—埃尔米特（Lindsey-Elmet）的边境,哈特菲尔德切斯北面的艾德尔河（Idle）,诺森伯里亚国王德伊勒的埃德温（Edwin of Deira）战死在了这里,而且也因此成为了圣人。10月12日,埃德温被麦西亚的彭达（Penda, 异教徒）和圭内斯的卡德瓦隆（Cadwallon of Gwynedd, 基督教徒）组成的联盟打败,后两人均受到诺森伯里亚扩张的威胁。

Heathfield, George Augustus Eliott, 1st Baron（1717—1790）. **乔治·奥古斯塔斯·埃利奥特,第1代希思菲尔德男爵（1717—1790）** 他是罗克斯堡郡（Roxburghshire）一位苏格兰准男爵的小儿子。1739年埃利奥特在他叔叔的兵团成为掷弹兵骑兵（Horse Grenadiers）之前,曾在莱顿大学（University of Leiden）学习,在普鲁士军队中服役,1765年,他被提拔为中将（lieutenant-general）,1774—1775年成为爱尔兰军队总司令,1778年当上将军。1776年被任命为直布罗陀（Gibraltar）的长官,在他的余生中一直担任这个职位。在美国独立战争期间,直布罗陀抵抗住了西班牙和法国长达四年之久（1779—1783年）的围攻。1782年9月,埃利奥特与西班牙舰队展开激战,损失惨重,10月,豪（Howe）解除了对直布罗陀的封锁。

Heavenfield, battle of, 634. **哈文菲尔德战役（634）** 战役发生在赫克瑟姆（Hexham）附近,诺森伯里亚的渥斯沃尔德（Oswald）击败并杀死了圭内斯的卡德瓦隆（Cadwallon of Gwynedd）。卡德瓦隆自一年前杀死德伊勒的奥斯里克（Osric of Deira）和渥斯沃尔德的兄弟伯尼西亚的恩弗里思（Eanfrith of Bernicia）之后,一直劫掠这些地区。通过这次胜利,渥斯沃尔德确保了自己作为德伊勒和伯尼西亚的国王的地位,同时也确保了诺森伯里亚在经过一年的异教信仰后,重新皈依基督教。

Hebrides 赫布里底群岛 See WESTERN ISLANDS(见西部群岛)

Hedgeley Moor, battle of, 1464. 海德杰里穆尔之战(1464) 尽管 1461 年时在陶顿(Towton)遭到惨败,但玛格丽特王后(Queen Margaret)在英格兰北部依然拥有一批追随者,同时也得到了苏格兰人给予的帮助。1464 年春天,萨默塞特公爵(duke of Somerset)和拉尔夫·帕西爵士(Sir Ralph Percy)拉起一支颇具实力的武装队伍。4 月 25 日,蒙塔古(Montagu),也就是沃里克(Warwick)的弟弟在位于阿尼克(Alnwick)和伍勒(Wooler)之间的海德杰里穆尔击败了这支队伍,拉尔夫·珀西被杀,但是萨默塞特公爵幸免,三周后他向赫克瑟姆(Hexham)发动了进攻。

Heligoland Bight, battle of, 1914. 黑尔戈兰湾之战(1914) 1914 年 8 月 28 日发生的一次混乱的海军遭遇战,比提(Beatty)率领的战列巡洋舰击沉了三艘德国轻型巡洋舰和一艘驱逐舰。这次战斗尽管很激烈,但取得的战果却很有限。当然,在德国人依然在向巴黎推进之际,取得的任何胜利都是受欢迎的。

Henderson, Arthur (1863—1935). 阿瑟·亨德森(1863—1935) 工党政治家,在泰恩赛德(Tyneside)长大,曾做过铁器铸造学徒。亨德森当时是格莱斯顿派的自由党成员,后来他的观点逐渐发生转变,认为工人阶级的政治未来在于脱离自由党。1903 年,在劳工代表权委员会(Labour Representation Committee)的支持下,亨德森代表巴纳德城堡(Barnard Castle)当选议会议员;1911 年,亨德森成为了工党(劳工代表权委员会是其前身)的书记。与拉姆齐·麦克唐纳(Ramsay MacDonald)不同,亨德森支持英国参加 1914 年爆发的第一次世界大战;他继麦克唐纳之后成为议会下院工党领袖,1915 年同意在阿斯奎斯(Asquith)政府效力,次年成为劳合·乔治的战时内阁成员。1917 年因支持和平谈判,他从政府辞职,在第二届工党政府中出任外交大臣。

Hengist and Horsa 亨吉斯特和霍萨 公认为肯特王国的奠基者,该王国王室的始祖。比德(Bede)是首次明确认为两兄弟是被沃蒂根(Vortigern)在 449

年时邀请到不列颠的日耳曼人军队的领袖。9世纪的《盎格鲁—撒克逊编年史》和《不列颠历史》(*Historia Brittonum*)两部著作对他们有着非常详尽的描述。

Henrietta Maria(1609—1669). **亨丽埃塔·玛丽亚**(1609—1669)　查理一世的王后。查理一世与西班牙联姻计划落空之后,在1625年5月迎娶了法国国王亨利四世最小的女儿玛丽亚。玛丽亚当时15岁,她身材娇小,性格活泼,长着一双棕色的大眼睛和一头乌黑的卷发,龅牙。相比之下,她的丈夫查理一世就严肃得多。1626年因为查理一世遣散了她的所有仆人,玛丽亚与之发生了激烈的争吵。她后来与查理的关系变得亲近起来,特别是1628年白金汉死了以后,两人关系更为亲密。17世纪30年代,就在她眷恋于此时的美好时光之际,却由于她丈夫面临的与日俱增的政治危机,两人的生活被蒙上了阴影。1642年2月,她带着王室的珠宝逃亡到荷兰,在那里筹集队伍和资金。1643年7月,她返回英格兰并与查理一世在牛津会合。1644年,她挺着大肚子再次逃亡。6月她在逃亡法国的路上,在埃克塞特生下了小女儿。她从此再也没有见过自己的丈夫。在克伦威尔执政时期,她一直在法国,1660年王朝复辟时她回到了英格兰。1665年她彻底告别了英格兰。

Henry Ⅰ(1068—1135)　**亨利一世**(1068—1135)　英格兰国王(1100—1135年在位)和诺曼底公爵(1106—1135年),征服者威廉最小的儿子。在他的两位兄长罗贝尔·柯索斯(Robert Curthose)和威廉·鲁弗斯(William Rufus)争夺盎格鲁—诺曼王国控制权的斗争中,他扮演了一个居间调停者的角色,并抓住了1100年威廉·鲁弗斯死亡的机遇,接管了英格兰王国。亨利采取了迅速行动来巩固他的政变成果:发布加冕宪章,允诺放弃威廉二世统治时期被认为是滥用的权力;召回被流放的坎特伯雷大主教安瑟伦(Archbisop Anselm);迎娶了埃德加王子(Edgar the Atheling)的侄女、马尔科姆·坎莫尔(Malcolm Canmore)的女儿玛蒂尔达(Matilda),从而使自己的王朝与古老的英格兰统治家族之间建立了王朝联系,而且与苏格兰王国结成了联盟。到1101年,他已经拥有足够的实力来抵御罗贝尔对英格兰的入侵,并与罗贝尔达成协议,使自己在英格兰的王权得到确认。1105—1106年,他入侵诺曼底。在1106年坦什布赖(Tinchebrai)战役中,他击败了罗贝尔,借此完成了对诺曼底公国的占领,从而重建了征服者威廉的盎格鲁—诺曼王国。亨利在他的余生中,统治着英格兰和诺曼底这两个地方,但是他对于诺曼底的控制始终受到罗贝尔之子威廉·克利托(William Clito)的威胁,直到 1128 年克利托死去后,这一威胁才消除。亨利一世还采用联姻的手段来确保与有用的盟友的关系,其中一个例子就是他的外甥,即未来的斯蒂芬国王和布洛涅伯国(county of Boulogne)的女继承人玛蒂尔达(Matilda)之间的联姻。他唯一的合法婚生之子在"白船"(Whitee Ship)沉船事件中的溺亡,为其增添了麻烦;他寄希望于通过与勒芬的阿德拉(Adela of Louvain)的第二段婚姻来获得一个子嗣,结果也未能如愿,这迫使他在 1128 年把自己的女儿,即玛蒂尔达皇后,嫁给了安茹伯爵杰弗里·金雀花(Count Geoffrey Plantagenet of Anjou)。

　　法国北部地区频繁发生的战事对英格兰也有一定影响,因为亨利不得不为此而筹措资金。他的行政管理在索尔兹伯里的罗杰主教(Bishop Roger of Salisbury)的监督之下,以高效见称,而且一直被历史学家们认为非常具有创新性。他统治期间,在其他方面也取得了发展,例如王室法官对于地方事务的更加频繁的干涉,也可以被认为是实行一种投机性的中央集权,因为从根本上说这些王室法官还是依赖于现有的郡法庭结构,而不是像后来的亨利二世统治时期确立巡回审判制度以后,对地方进行常规的巡回审判。尽管问题一直不断,但亨利仍是一位非常成功的统治者。在经历了他统治的最初若干年后,英格兰处于和平之中,诺曼底也处于安稳的状态。他对威尔士的统治,可谓前人所不及;他与自己的外甥、苏格兰的戴维一世也保持着良好的关系。在他统治的早期阶段,与教会的关系存在着很多问题,其中最有名的事件是坎特伯雷大主教安瑟伦在世俗授职权问题上采取的坚决不让步的立场,1103 年,安瑟伦被流放。亨利和教皇在 1107 年达成和解,从此以后,亨利与教会通常维持着良好的关系。他是一位伟大的修道院赞助者,最有名的是他赞助修建的雷丁修道院(Reading abbey),也就是他死后埋葬之地。尽管他的许多功绩来源于战争、外交和政府,但亨利留下的遗产却是存有争议的王位继承权以及几乎不可避免的内战。

Henry Ⅱ(1133—1189)　**亨利二世**(1133—1189)　英格兰国王(1154—1189 年在位),英格兰金雀花王朝的第一任国王,是英国历任君主中最成功者之一。如果考虑到他承担的责任,则他的成就更加显著,因为他统治的地区不仅仅是英格兰,还涵盖三分之二的法国——亨利也是诺曼底公爵、安茹伯爵,而凭借妻子埃莉诺(Eleanor)的权利,还是阿基坦公爵。英格兰不过是广袤的安茹帝国的一部分。1154年亨利继任英格兰国王时,他要统治的这个王国因斯蒂芬国王统治时期的政治分裂,而遭受了严重的影响。他首先致力于恢复王国的秩序,接下来才是发展继承自他的外祖父亨利一世的政府结构。但是为了恢复王权整体地位,包括恢复斯蒂芬国王统治时期失去的土地、官职和城堡,亨利需要与大权贵们合作。同样地,亨利也需要向这同一权贵集团要求恢复原本属于国王的权利——一个表面上看来似乎不可能完成的任务。当权贵们折服于他的意志时,他也成功地抚慰了他们,并在他的政权中为他们谋得了一席之地。因此,在亨利的统治时期,英格兰在政治稳定方面举世瞩目。仅仅是在1173—1174年间出现过严重的动荡,而这与发生在英格兰和法国的所谓的"大叛乱"(Great Rebellion)有关联,但即使在当时,卷入叛乱事件的英格兰贵族也是寥寥无几。

这一政治解决有助于为王权活动的显著扩大提供稳定的环境,尤其是通过引入著名的巡回审判制度。到那时为止,国王正在发挥着较之以往更加积极的作用,借此,国王的法律正在逐渐真正成为整个王国通行的法律。亨利二世采取了一些重视贸易和商业的政策,例如对葡萄酒、麦芽酒、面包以及度量衡实行审查,同时颁布了与王国防御有关的《武装敕令》(Assize of Arms)。但在各种巡回审判中,最重要的是那些使民法和刑法发生改变的做法。根据《克拉伦登诏令》(Assize of Clarendon)建立的大陪审团(grand jury),从此以后一直是起诉犯罪的根基,因为英国直到1879年时才建立了公诉局长(director of public prosecutions)制度。

亨利二世中等身材,体格健壮,年轻时精力非常旺盛,但在晚年变得肥胖。在12世纪80年代,他比实际年龄显得更加苍老,不间断的巡行和体力消耗损害了他的健康。即使不巡行时,除了吃饭和下棋,他也很少长时间安静地坐着不动。甚至在做弥撒时,他也不忘书写备忘录或与侍臣低声谈论政务问题。他脾气暴躁,很容易发怒。他充满敌意,这最明显地表现在他与托马斯·贝克特(Thomas Becket)的斗争中。但其性格中最可怕的一面,是凡事均经过深思熟虑且一意孤行。当然,亨利也有其性格中的另一面,那就是享受单纯的、善良的快乐。

亨利二世有一个难题从未得到满意解决,即如何在诸子中划分安茹帝国。这一问题毁掉了他人生的最后二十年,也毒害了家庭内部之间的关系。也正是因为这个问题,他被自己的儿子理查和法国的腓力二世打败,并在悲愤中去世。

Henry Ⅲ(1207—1272) **亨利三世**(1207—1272) 英格兰国王(1216—1272 年在位)。亨利是到他那个时候为止历任英格兰君主中最有文化修养者之一,从他花费大量的钱财购买银器、金器以及陶瓷艺术品、饰品和刺绣等,以及用壁画来装饰他的王室宫殿上可以看出,他深深地受到这些艺术品本身所具有的美的影响。相应地,他选择在艺术品上花费大量金钱,也使他本已加强的君主制观念给人们留下了深刻的视觉印象。在这方面,没有任何地方能够比威斯敏斯特大教堂更有代表性,它被亨利确定为王室墓地。1245 年以后,他不顾不断恶化的财政状况,投入巨资对威斯敏斯特大教堂进行重建。他刻意地提升人们对忏悔者爱德华的崇拜,同时将自己的墓冢安排在威斯敏斯特大教堂,置于忏悔者爱德华坟墓的圣洁的光环之中。

他的君主制观念可以回溯到《大宪章》时期以前,那时王权还是不受限制的——即使这只是在理论上而不是在实践上如此。他早年间的痛苦经历——由他的父亲约翰国王的被击败、法国的入侵和内战、男爵摄政委员会(baronial regency council)对他的监护所带来——也很可能是促使他朝着加强君主权力这个趋势发展的因素。1232 年他开始亲政后出现的统治危机,与他这种态度有着密切的联系。这一统治危机在 1258 年爆发,男爵们要求进行激进的改革,随后在男爵们迫使他接受《牛津条例》(*Provisions of Oxford*)中达到了顶峰,也揭开了导致这个国家分裂的所谓的男爵战争(Baron's War)的序幕,并且直到 1265 年西蒙·德·孟福尔(Simon de Montfort)在伊夫舍姆(Evesham)战役被打败才结束。但无论如何,真正决定命运的还不仅仅是宪政问题,甚至这都不是最主要的问题。更关键的问题是如何防范和抵御他的那些令人可恨的同父异母的吕西尼昂家族(Lusignans)的兄弟们,这些人在 1247 年之后来到英格兰,并在 1258 年的男爵联盟中居于核心地位。

亨利在 1258 年特别脆弱,因为如果他不能偿还欠给教皇的巨额债务的话,将面临着马上被开除教籍的危险。这笔巨额债务是 1254 年时他接受了将西西里王国(kingdom of Sicily)给予他儿子埃德蒙(Edmund)造成的。这是亨利好大喜功的对外政策达到顶峰的体现。起初,亨利的首要任务是恢复安茹帝国在约翰国王统治时期失去的部分领地。这是完全合理的。但是,随着法国路易九世及其兄弟们的实力的增强,阻碍亨利胜算的因素增加了。收复领地的失败,把亨利引向了实行一项牵涉面更广的欧洲战略,涉及组成一个外交联盟的网络,这其中包括皇帝腓特烈二世(Emperor Frederick II)——他在 1236 年迎娶了亨利的姐姐伊莎贝拉(Isabella),以及萨瓦人(Savoyards)——普罗旺斯的埃莉诺(Eleanor of Provence)之有权势的亲戚,亨利本人在 1236 年娶其为妻。当腓特烈在 1245 年被教皇英诺森四世(Innocent IV)废黜时,亨利也被牵涉其中,不得不尽力去保护帝国继承来的不同地区。

这些计划没有一项带来任何实际效果,而追求西西里王国造成的巨额债务,也最终迫使亨利不得不放弃之。在 1259 年亦是如此,他最终接受了现实,同意签署《巴黎条约》(treaty of Paris),据此亨利放弃了对法国的领土要求。亨利有下大赌注的能力,然而却输了,着实不同寻常。

Herry IV(1366—1413)　**亨利四世**(1366—1413)　英格兰国王(1399—1413 年在位)。亨利是兰开斯特公爵冈特的约翰(John of Gaunt, duke of Lancaster)的长子兼继承人,出生在林肯郡的博林布罗克(Bolingbroke),其堂兄弟理查二世也在同年出生,1399 年时被他废黜。亨利是从流放中返回英格兰的,并声明只是为了恢复他的领地继承权,却在回国后不到三个月的时间里篡夺了王位。虽然他也是爱德华三世的后代,但是他对王位提出的权利要求,理由并不充分。

亨利统治的头七年是在一系列危机中度过的。1400 年 1 月,他面对了一群被逐出宫廷的原理查二世的一帮廷臣所发动的第一次叛乱。这次叛乱主要的牺牲品就是理查本人,没过多久,他就死于被监禁的所在地庞蒂弗拉克特(Pontefract)。其他的男爵叛乱接踵而至,特别是在 1399 年曾支持过亨利的珀西家族(Percys)的叛乱。1403 年,诺森伯兰伯爵(earl of Northumberland)的继承人"急性人"(Hotspur)即亨利·珀西在什鲁斯伯里(Shrewsbury)被杀。1405 年诺森伯兰伯爵本人在一次失败的反叛后逃往苏格兰,最后在 1408 年的一次入侵英格兰的行动中被杀。对于亨利四世和英格兰王国来说,真正的考验是 1400 年欧文·格伦道尔(Owain Glyndŵr)领导的威尔士人起义。尽管英格兰每年都对威尔士采取军事行动,但是到 1405 年,这场起义导致威尔士获得了完全解放。此外,与苏格兰的战争,无休止的海上战争,以及英格兰在法国剩余领地不断遭受的威胁,等等,均让亨利备受困扰。亨利为捍卫王权的开支越来越多,不得不频繁召开议会,频繁要求征税,并常遭到议会下院的敌对,1401 年、1404 年和 1406 年议会下院的敌对尤其明显。

亨利之所以能够从这难熬的几年里挺过来,原因有以下几点:他自己表现出的坚强意志和充沛的精力;得到的强有力的支持,以及他个人奉行的实用主义。敌对者阵营内部的分裂也帮助了他,特别是在法国内战的发展时期。结果,到 1406 年底时,他面临的最大困难已经得到解决。但是,之前的殚精竭虑已经耗损了他的健康。1406 年春天,亨利第一次患中风,而这只是开始。到 1410 年,亨利因中风而丧失了行动能力。但是在此期间,亨利的王位并未受到威胁,而当他在 1413 年去世,他那很有感召力的儿子在继承王位时,也没有受到任何挑战。

Herry V(1386/7—1422) **亨利五世**(1386/7—1422) 英格兰国王(1413—1422 年在位)。亨利五世是亨利四世和他第一任妻子玛丽·博亨(Mary Bohun)的长子,出生在蒙茅斯(Monmouth),出生时间很可能是 1386 年的 8 月 9 日或 9 月 16 日,或者是 1387 年。1399 年其父亲篡夺王位后,他被推向了一个非常显眼的位置。此后,亨利在处理各种事务方面表现出优异的才干。1400 年到 1408 年间,他大部分的时间和精力都放在了西部,一直致力于与威尔士的战争。1403 年 7 月 21 日,他和他的父亲在什鲁斯伯里(Shrewsbury)战役中并肩作战,打败了"急性人"亨利·珀西(Henry Percy, "Hotspure")领导的英格兰人叛乱。1410 年到 1413 年间,亨利四世与王子的关系看起来有些紧张,可能是因为王子认为他身体不佳,要求他退位,但是被亨利四世拒绝。在亨利四世统治的最后 15 个月,王子似乎在政府中没有起到多大作用。亨利五世在 1413 年 3 月 20 日继位。

亨利的继位被当时的人们视为是一个新的开始,亨利也没有辜负当时人们的期望。他的统治充满活力,并普遍激发了人们的热情,他还大力宣扬民族主义情感和国家情感。亨利鼓励保留英格兰圣徒的节庆,推动英语的使用。他利用与法国的战争,宣扬英格兰是上帝佑护的国度这一思想。英格兰人在对法国战争中表现出的激情,可以从大量贵族追随他奔赴到法国,以及在对法国发动第一场战役之前议会给予的慷慨的税收补贴得到证明。当时流行的阿金库尔(Agincourt)颂歌,就是将这场战役作为英格兰人取得的一场伟大胜利来纪念的。

亨利一开始时并没有对法国王位提出要求,而是开始不断要求法国履行1360 年时双方签署的《加莱条约》(treaty of Calais),就是根据这个条约,法国已经将阿基坦(Aquitaine)让给了英格兰,而此时亨利又根据该条约对诺曼底、图赖讷(Touraine)和曼恩(Maine)提出了主权要求。亨利是否想通过外交斡旋的手段来得到自己想要的结果,这一点还不能确定,因为他已经为战争做好了充分的准备。接下来实施的一系列旨在征服法国的战役都是经过精心组织的。亨利的外交让勃艮第公爵约翰(John, duke of Burgundy)在早期保持了中立的立场,在阿金库尔战役之后也得到了皇帝西吉斯蒙德(Emperor Sigismund)全心全意的支持。对法国的第一场战役使亨利在 1415 年 9 月赢得了阿夫勒尔(Harfleur),1415 年 10 月 25 日的阿金库尔战役也取得了胜利。接下来的战役,亨利的目标是征服诺曼底,期间,鲁昂(Rouen)在 1419 年 1 月落入英格兰人之手。亨利取得的胜利,迫使法国在 1420 年 5 月同意签署了《特鲁瓦条约》(treaty of Troyes),根据该条约,法国承认亨利为法国王位的继承人。6 月 2 日,亨利通过与卡特琳公主(Princess Catherine)的联姻巩固了这个条约。此后亨利继续征战,以蚕食那些一直忠于被废黜的法国王太子查理(Charles)的地区。在围攻默伦(Melun)和莫城(Meaux)的时候,他的身体状况每况愈下,最后在 1422 年 8 月 31 日死于布瓦德万塞讷(Bois de Vincennes),可能是死于痢疾,身后留下了不满一岁的儿子亨利作为两个王位的继承人。

Herry VI(1421—1471)　**亨利六世**(1421—1471)　英格兰国王(1422—1461 年和 1470—1471 年在位)。亨利六世是英格兰历史上在继承王位时年龄最小的国王;唯一一位曾被加冕为法国国王的英格兰国王;可能在英国历史上,他也是最糟糕的一位国王,他同时继承了两个王国,但同时也失去了这两个王国。他的统治可以分为三个阶段:第一个阶段是他的幼年统治时期(1422—1437

年);第二个阶段是充满活力的成年统治时期(1437—1453 年);第三个阶段是他患精神障碍时的统治时期(1453 年到他去世)。考虑到他继位时固有的危险,亨利幼年执政时期可以说是相当成功的。15 年后,亨利不仅依然待在王位之上(1429 年加冕成为英格兰国王,1431 年加冕成为法国国王),而且他的王国没有乱到那么无法无天的程度,作为国王他具有化解危机的能力,亨利五世在法国所征服的领地绝大部分也仍旧掌握在兰开斯特家族的手里。

命运真的跟亨利五世开了一个残酷的玩笑,让他的儿子对于兰开斯特家族那尚武的传统没有任何的热情。亨利六世目光短浅,性情易变,优柔寡断,而且对权术也丝毫不感兴趣,他尤其对其祖上热衷的骑士世界没有丝毫的好感。1440 年关键时刻到来了,当时他 18 岁,有机会在诺曼底征战,但是他却没有去,相反他派遣了表兄约克公爵(duke of York)作为其代理前往,而自己却全身心投入到创办伊顿公学(Eton College)上去了。不到十年时间,朝权落入了以萨福克公爵威廉·德·拉·波尔(William de la Pole, duke of Suffolk)为首的不择手段的宫廷派手中,王室债台高筑,诺曼底也丧失了。1450 年,亨利的统治在凯德领导的起义打击下,摇摇欲坠,这是自 1381 年以来影响范围最广泛的一次起义。

1453 年 8 月,亨利陷入昏迷。直到 1454 年圣诞节即将来临之前,亨利才恢复了意识,但是这次昏迷给他造成了不可恢复的创伤。到 1459 年,王室政府权力几近全失,法律的执行崩溃,王室财政破产。在内战期间,亨利只是充当了被动的旁观者角色。1461 年,他成为了牺牲品,被胜利者爱德华四世废黜,但是他保住了性命。这里没有任何感情色彩的因素可言:在整个 15 世纪 60 年代,亨利事业的希望落在了其唯一的儿子和继承人爱德华身上,当时爱德华正流亡在法国;而如果爱德华四世杀死亨利,只能激起兰开斯特家族对王位提出更为合理的要求。1470 年,亨利复位,又做了 6 个月的国王。当他走出伦敦塔,看到迎接他的人寥寥无几时,不禁触目伤情。但随着 1471 年时威尔士亲王在蒂克斯伯里(Tewkesbury)死去,他自己的命运也彻底结束了,几天后亨利被害。

Henry VII(1457—1509)　**亨利七世**(1457—1509)　英格兰国王(1485—1509 年在位)。虽然那种认为亨利七世是新君主制(a new kind of monarchy)下的新型统治者(a new kind of ruler)的观点早已被抛弃了,但他确实是一位不平凡的统治者。他是一位很有能力的军人,尽管这是事实,但是他却不热衷于追求军事上的荣耀。其次,他不像其他君主一样,把难题留给大臣们,看起来他对统治与管理细节问题表现出积极的乐趣。再者,他看起来喜欢敛财而不是挥霍。

亨利对王位提出要求之理由不够充分的问题被夸大了。他的父亲是亨利六世同母异父的兄弟;他的祖母是亨利五世的王后同时也是法国的公主;他的高祖父是爱德华三世的儿子冈特的约翰(John of Gaunt)。另外,亨利早年的生活是不幸的。他的父亲里士满伯爵埃德蒙·都铎(Edmund Tudor,earl of Richmond)在他出生前3个月,战死在彭布罗克城堡(Pembroke castle);他年轻的母亲玛格丽特·博福特夫人(Lady Margaret Beaufort)再婚。1461年,当兰开斯特派在莫蒂默十字路口(Mortimer's Cross)战役战败时,他的祖父欧文·都铎(Owen Tudor)在赫里福德(Hereford)被枭首。他的叔叔彭布罗克伯爵贾斯珀·都铎(Jasper Tudor,earl of Pembroke)被迫逃走。1470年在亨利六世短暂恢复王位之后,他与叔叔重新团聚。但在蒂克斯伯里(Tewkesbury)惨败后,他们一起逃到了布列塔尼。直到1483年理查三世篡夺王位后,亨利的前途才出现了光明。经过与爱德华四世遗孀的秘密谈判,后者同意亨利可以迎娶她的女儿伊丽莎白(Elizabeth),以维系兰开斯特与约克两个家族的联合。但1483年亨利试图取得王位的尝试却被证明是草率之举。他的同盟者白金汉(Buckingham)被俘,而后被斩首;亨利自己率领的远征英格兰南面海岸的舰船被突如其来的大风吹散。1484年,理查向布列塔尼施压,迫使对方交出亨利。在此紧要关头,亨利逃往了法国。在随后的1485年,亨利率领2000人的队伍渡过海峡,在米尔福德港(Milford Haven)登陆,进军至博斯沃思(Bosworth)并最终夺得了王位。

亨利必须尽快掌握统治的手段,因为在博斯沃思战役之前,他的那段到处流浪的经历并没有给他提供多少统治的经验。他从很早时起,就懂得了不要过于信任别人的道理。林肯勋爵(Lord Lincoln)虽然在博斯沃思战役中曾是他的对手,但亨利宽宥了他,而且加以任用,让他参加谘议会决定如何处置兰伯特·西姆内尔(Lambert Simnel)——他曾参加反叛亨利的队伍。但是亨利对人有很好的判断能力,并且得到约翰·莫顿(John Morton)和理查德·福克斯(Richard Foxe)的辅佐,前者自1486年起任坎特伯雷大主教,后者正好结束温切斯特主教的职务。

亨利的主要目标就是保住他的地位,建立一个王朝,建立一个稳固的政府。他之前的四位国王,两位被谋杀,一位战死,最后一位(爱德华四世)在统治中期被耻辱地逐出王国。亨利成功的基础就是和约克的伊丽莎白(Elizabeth of York)的婚姻。约克派顽固分子对亨利发起的第一次挑战是在 1486 年 4 月,是由洛弗尔勋爵(Lord Lovel)和黑斯廷斯家族(Hastings)兄弟带领的,但亨利毫不费力地就将其镇压下去了。接下来发生的是 1487 年"西姆内尔阴谋"(Simnel plot)。西姆内尔自称是沃里克伯爵爱德华(Edward,earl of Warwick),尽管真正的沃里克仍然被关在伦敦塔。西姆内尔的支持者——由于德意志雇佣军的加入使之力量大增——在纽瓦克(Newark)附近的斯托克(Stoke)经过一场苦战之后屈服了。西姆内尔当时不过是个小孩子,给了个在王室厨房干活儿的差事,终身生活无忧。珀金·沃贝克(Perkin Warbeck)声称自己是约克公爵理查(Richard, duke of York),苏格兰的詹姆斯四世承认他为理查四世。珀金在 1498 年被俘,次年和沃里克一起被处死。

在这种环境下,亨利的外交政策几乎不可能体现出他的抱负。他没有能力阻止布列塔尼并入法国,而当布列塔尼公爵夫人(duchess of Brittany)嫁给法国国王后,就更不可能了。1496—1497 年与苏格兰短暂的战争并不是亨利挑起的,而是因为詹姆斯四世支持沃贝克的反叛。亨利处于守势,并利用议会提供的大笔津贴取得了可观的收益。到他统治的末期,英格兰在欧洲的地位大大提高了。在国内,贵族受到制约,但这一制约与其说是限制仆从与荫庇(livery and maintenance)的立法,还不如说是套在他们脖子上的财政枷锁。亨利通过对各种机会的耐心挖掘,以及利用对国王放开的征税权,逐渐有了财政上的保障,这为亨利大部分时间里在没有议会的情况下进行统治提供了有利条件。贵族们向亨利争宠的结果,是他的奴仆恩普森(Empson)和达德利(Dudley)成为王国最受痛恨之人,而 1509 年亨利八世统治伊始,这两人很快就成了牺牲品。

Henry VIII(1491—1547) **亨利八世**(1491—1547) 英格兰国王(1509—1547 年在位)。亨利于 1491 年 6 月 23 日出生在格林尼治。他是亨利七世和约克的伊丽莎白(Elizabeth of York)的第三个孩子也是第二个儿子。1502 年 4 月亨利的长兄阿瑟(Arthur)去世之后,他显然成为王位继承人。在他那位不受欢迎的父亲去世几天之后,亨利在 1509 年 4 月 23 日宣布继任王位。尽管当时他只有 17 岁,但亨利立即凭着自己的力量,履行国王的职责。就在他继位不久,他就隆重庆祝了他与凯瑟琳(Catherine)之间命中注定的这段婚姻。凯瑟琳是西班牙的费迪南德(Ferdinand)和伊莎贝拉(Isabella)的女儿,也是其兄阿瑟的遗孀。然而,除了牺牲他父亲统治时期最令人憎恨的两位仆人理查德·恩普森(Richard Empson)和埃德蒙·达德利(Edmund Dudley)之外,他在关键顾问人选上并未做出大的改变。他几乎立刻开始在欧洲国家间玩起了军事联盟的游戏:1512 年在比利牛斯(Pyrenees)发动了惨烈的战役;接着 1513 年成功地夺取了图尔奈(Tournai)和泰鲁阿讷(Thérouanne),而萨里伯爵(earl of Surrey)在弗洛登(Flodden)之战中解除了苏格兰贵族的威胁。1514 年一切都归于平静。

这一政治前景被托马斯·沃尔西(Thomas Wolsey)改变了。沃尔西利用他担任宫廷司铎(royal chaplain)和施赈吏(almoner)的身份,建立了一个强有力的由教会和政府支撑的联合体,1515 年成为大法官,1518 年成为教皇驻英国枢机主教—使节,即 a latere(助手)。随着法国弗兰西斯一世(Francis I)的继位(1515—1547 年在位),亨利发现他有了一位既厌恶又要效法的对手。在几年的时间内,亨利一直在外交博弈中大展身手,直到 1518 年在他和沃尔西的精心安排下,签署了涉及整个大欧洲的和平条约:《伦敦和约》。次年,另一个极具魅力的领导者,奥地利、勃艮第和西班牙的查理五世(Charles V),成为了神圣罗马帝国(Holy Roman)皇帝,亨利就此开始了插手查理与弗兰西斯之间没完没了的争斗。1522 年到 1523 年,亨利对法国展开了进攻,但他过快地退出了联盟,未能从弗兰西斯的战败及其在帕维亚(Pavia)被俘(1525 年)当中获益。

在 16 世纪 20 年代,亨利与凯瑟琳的婚姻关系已经恶化。1516 年凯瑟琳生下公主(后来的玛丽一世)之后,王后就经历了一系列的流产和死胎,这使亨利早年时对这一婚姻的顾虑死灰复燃。到 1527 年初,人们已经在公开地讨论他们的婚姻是否合法有效的问题。然而,正是在那一年,查理五世的军队洗劫了罗马,迫使教皇克雷芒七世(Pope Clement VII)向查理五世寻求保护。因为受制于皇帝,所以教皇绝不会以宣布其姑妈婚姻无效的方式来羞辱皇帝。沃尔西试图说服教皇把这个问题留在英格兰内部解决,但未能成功。当所有的努力失败后,沃尔西被剥夺了职位,他唯有以死来逃脱叛国罪的指控(1530 年)。

亨利关于其国王的地位是上帝赋予他的在人间的代表的观念,现在成为了一种强有力的政治因素,这一点被新近崛起的大臣、也是沃尔西原来的代理人托马斯·克伦威尔(1485—1540年)领导的政治理论家团体所利用。在《限制向罗马教皇上诉法》(Act in Restraint of Appeals,24 Hen.VILL c.12,1533)的序言部分,清晰地阐述了亨利自称的对教士与俗众的"至高无上的"的权力,除亨利之外,俗世再无主宰。1533年1月,亨利秘密与安妮·博林(Anne Boleyn)结婚,5月正式与凯瑟琳离婚。教皇虽在此前已经将亨利开除教籍,但亨利的政府到1536年时颁布了更多的法令,这些法令从财政、法律和信仰上切断了一切与罗马教廷的联系,并且使英格兰的教会与罗马教会分裂开来。

与罗马教廷关系破裂后,教义的问题便成了不可回避的问题。亨利的一方有王后安妮·博林,坎特伯雷大主教托马斯·克兰麦(Thomas Cranmer)以及首席大臣克伦威尔,他们这些人都不同程度地支持路德教派。亨利本人对路德(Luther)十分厌恶——两人曾在16世纪20年代相互进行过论战,加之亨利极端痛恨他所称的"圣事"("sacramentarian")异端邪说,结果使宗教政策成为了各派系之间的掌上玩物。不管怎样,过多的改革创新,不论是宗教上的还是财政上的改革创新,结果引发了1536年秋天的被称为"求恩朝圣"("Pilgrimage of Grace")的起义。亨利的政权只是依靠等待时机以及保持贵族和南方对王室的忠诚,才得以幸存下来。1539年的《六项条款法》(Act of Six Articles)再次重申了某些传统的观点原则,同时重申了对"异端分子"的打击。与此同时,亨利八世的政府对教会实行了掠夺政策,对教士收取重税,解散了修道院并没收了其财产(1536—1540年)。

与官方教义的摇摆不定相伴而来的是宫廷血腥斗争。1536年5月,喜怒无常的安妮在生下一个女儿(未来的伊丽莎白一世)和经历一次流产后,以所谓的通奸罪连同她的哥哥和几个侍者一起被处死。5月底,国王娶了简·西摩(Jane Seymour),她为亨利生下了唯一的儿子,未来的爱德华六世,时间是1537年10月12日,但西摩在生下爱德华仅12天后就去世了。宫廷斗争和宗教不稳定与亨利国王寻求第四任妻子交织在了一起。尽管在宗教政策上有了明显的反动压力,亨利在被人哄骗之下,与克利夫斯公爵(duke of Cleves)这个宗教改革赞同者的妹妹安妮(Anne)订立了婚约。亨利是在看到安妮的那张实际上比她本人长得好看的画像后才接受她的,并于 1540 年 1 月 6 日与她结了婚,但两人的品位天差地别。托马斯·克伦威尔因这场灾难性的婚姻,仅仅苟延偷生了几个月的时间。

在其人生的最后几年,亨利变得更加不可琢磨和脆弱。就在克伦威尔被行刑那天,亨利娶了诺福克公爵(duke of Norfolk)的外甥女凯瑟琳·霍华德(Catherine Howard),但后来证明她对亨利不忠。凯瑟琳·霍华德于 1542 年 2 月 13 日被废并被执行了死刑,而亨利也彻底陷入了绝望。亨利再次将自己置身于外交和战争之中。1542 年沃顿勋爵(Lord Wharton)取得对苏格兰战役的胜利,苏格兰军队溃败,其国王也因此加快了死亡的步伐,但是亨利没有乘胜追击。相反,他向查理五世重新示好,并且在 1544 年 6 月再次入侵法国,在查理五世与弗兰西斯一世(Francis I)单独媾和之前,以巨大的代价才攻陷了布洛涅(Boulogne)。在最后的几年,亨利不断地与异端做着斗争,1543 年——当时威胁到了克兰麦——和 1546 年——威胁到了亨利的最后一位王后凯瑟琳·帕尔(Catherine Parr)——是高峰。同时亨利在这一时期允许克兰麦着手对旧的礼拜仪式采取谨慎而局部性的改革。亨利八世生命的最后数月里,由赫特福德伯爵【earl of Hertford,萨默塞特(Somerset)】领导的宗教改革派确保了保守的霍华德派(Howards)的近乎完全失败;当亨利八世在 1547 年 1 月 28 日去世的时候,诺福克公爵正等着被执行死刑。年轻的爱德华六世所接受的教育,主要来自主张宗教改革的人文主义导师,所以,老国王保守的遗产并没有延续到新君主的统治当中。

在英格兰,刻意去树立君主光荣形象的国王没有几位,亨利是第一位被称为"陛下"("Majesty")的国王,第一位捍卫信仰的国王,也是教会的最高首脑。他擅长竞技运动,有着很高的音乐天赋,对神学有着极端的热情。从这个角度来看,他给人的印象是众多的优点都被浪费掉了。他继位时十分富有,但却给后世遗留下了债务,货币贬值,通货膨胀不断上升。他对于他所处的那个时代历史影响巨大,不过,他留下的几乎每一部分遗产到他的继承人手中时,要么遭到了否认,要么被彻底重新改造了。

Henry, prince of Wales(1594—1612). 威尔士亲王亨利(1594—1612)

詹姆斯六世(同时也是英格兰詹姆斯一世)和丹麦安妮公主(Anne of Denmark)的长子。1603年6月,他跟随父亲去英格兰的时候,以其精湛的马术和笔直的身态,给人们留下了深刻的印象。他的许诺和广受欢迎引起詹姆斯的戒备。亨利是雷利(Ralegh)的拥护者,厌恶王室宠臣卡尔(Carr),加上对海军与军事的兴趣,进一步加剧了他们父子之间的紧张关系。亨利因伤寒症突然离世,他的婚姻大计也被打乱,留下他那少有才华的弟弟查理做了继承人。

Henry, the Young King(1155—1183). **幼王亨利**(1155—1183) 亨利是亨利二世与阿基坦的埃莉诺(Eleanor of Aquitaine)之子,也是存活下来的最大的儿子。1169年1月,亨利二世在曼恩(Maine)的蒙米拉伊(Montmirail)宣布将其统治的广大地区进行分割的计划,小亨利作为年龄最大的儿子将得到英格兰、诺曼底和安茹,这些地区都是亨利二世自己继承得来的。1170年5月,小亨利如愿以偿地被加冕为英格兰的国王,与亨利二世联合执政,但是由于亨利二世无意退位,小亨利仍然没有实权。然而,小亨利不仅无能,而且不负责任,对重要的政事全然不感兴趣。这导致他在1173年卷入叛乱之中。父子之间的关系再也没能完全恢复。1183年小亨利再次发动叛乱,不久后他就去世了。

Henry of Grosmont(c.1300—1361) **格罗斯蒙特的亨利**(约1300—1361)

他是爱德华三世的表兄亦是国王的得力助手。他的父亲是兰开斯特和莱斯特伯爵(earl of Lancaster and Leicester)。他出生于格罗斯蒙特,1337年被封为德比伯爵(earl of Derby),1345年继承了他父亲的爵位,成为兰开斯特伯爵。1349年被封为林肯伯爵(earl of Lincoln),1351年被封为兰开斯特公爵(duke of Lancaster)。1359年,他又被封为苏格兰的莫里伯爵(earl of Moray)。当设立嘉德勋位(Order of the Garter)的时候,他的地位仅次于威尔士亲王。亨利不断的与法国和苏格兰交战,他与国王一起取得了1340年斯鲁伊斯(Sluys)海战的胜利,1347年迫使加莱(Calais)投降。他的萨伏依宫(Savoy)十分华丽。他的小女儿和最终继承人嫁给了冈特的约翰(John of Gaunt),约翰是兰开斯特公爵领地(dukedom of Lancaster)得以复兴者。

Henry Stewart 亨利·斯图尔特 See DARNLEY, LORD（见达恩利勋爵）

Hepplewhite, George（d.1786）. 乔治·赫普尔怀特（卒于 1786 年） 细木工和家具设计师。赫普尔怀特把奇彭代尔（Chippendale）华丽的装饰风格和谢拉顿（Sheraton）更精确的线条设计联系在一起。他起初给兰开斯特的罗伯特·吉洛（Robert Gillow of Lancaster）当学徒，后大约在 1760 年时在伦敦开始了自己的生意。他因《家具制造和室内装潢指南》（*The Cabinet-Marker and Upholsterer's Guide*）一书而闻名，这本书是在他去世两年后出版的。

heptarchy 七国时代 将 7 世纪的英格兰描述为"七国时代"这一说法，很可能根源于历史学家亨廷登的亨利（Henry of Huntingdon）12 世纪早期时的作品。这一概念指的是当时存在的七个王国：诺森伯里亚王国、麦西亚王国、东盎格利亚王国、埃塞克斯王国、肯特王国、萨塞克斯王国和威塞克斯王国。尽管当时实际的情况较之这一说法要远为复杂，但该表达方式还是很有用的，而且被人们长期使用。

heraldry 纹章学 在 12 世纪后期的英格兰和苏格兰以及 13 世纪的威尔士，在盾牌和旗帜上留下个人标识的习惯似乎已经形成。这些标识迅速延续并因袭下来，并且得到了更广泛的使用，诸如用在印章、铠甲上衣、建筑和彩绘玻璃之上。使用纹章来作为一个人的身份的证明，这一初衷始终是一贯的，但后来又有了进一步的发展，其社会意义越来越重要，纹章被用来区别一个人究竟是贵族出身，还是绅士出身，其社会地位如何。正是因为纹章的使用很复杂，而且引起的社会敏感度很高，所以对纹章的使用需要越来越严格的审查，这一工作就落在了纹章官（heralds）身上。纹章官之首次正式出现，是在爱德华一世统治时期的英格兰王室的记录中。苏格兰的皇家纹章大臣（Lord Lyon）一职出现于 1318 年，英格兰的嘉德纹章官（Garter king-of arms）出现于 1417 年，这些职位在 1484 年时全部被理查三世纳入到纹章院（College of Arms）。都铎和斯图亚特王朝时期，纹章官们曾着手到各郡开展巡查，目的是"去除所有伪造的纹章"，并"记下佩带纹章者的血统"。

Herbert, George（1593—1633）. **乔治·赫伯特**（1593—1633） 诗人。在威斯敏斯特公学学习了古典文学,后又从剑桥大学三一学院（Trinity College）毕业,1620 年当选为剑桥大学的讲演员（1620—1627 年在任）,这是他正式担任公职前的初步作为。但到 1625 年,他的"宫廷梦"（"Court-hopes"）随着赞助人的死亡逐渐破灭了,所以赫伯特重新拾起对宗教事务的兴趣,最终在 1630 年被授予了圣职,担任邻近索尔兹伯里（Salisbury）的贝默登（Bemerton）教区长。在其人生余下的几年里,赫伯特把自己的精力主要集中在了堂区建设和教堂的修缮上,这在当时也为他赢得了"圣赫伯特先生"（"Holy Mr Herbert"）的尊称。赫伯特以其创作的圣诗而闻名于世,1633 年他去世后出版的诗集《圣殿》（*The Temple*）描绘了他内心世界的矛盾冲突。

Herbert, Sidney, 1st Baron Herbert of Lea（1810—1861）. **悉尼·赫伯特,第 1 代利的赫伯特男爵**（1810—1861） 政治家。赫伯特在哈罗公学和牛津大学接受教育。1832 年赫伯特作为保守党成员进入议会下院,并在 1834—1835 年和 1841—1846 年一直担任议员。在 1845—1846 年和 1852—1855 年间,赫伯特任战事大臣（secretary of war）,在克里米亚战争期间,较之其他人因在军队的组织上做得较差而受到 1855 年罗巴克委员会（Roebuck Commission）的指责相比,赫伯特受到的指责并不多。1859 年赫伯特回到陆军部（War Office）,开始积极推进军队改革计划。由于过度操劳,加之染患上布赖特氏病（Bright's disease）,赫伯特英年早逝。

Herbert, William, 3rd earl of Pembroke（1580—1630）. **威廉·赫伯特,第 3 代彭布罗克伯爵**（1580—1630） 1601 年,赫伯特在 21 岁时继承了伯爵爵位。因使伊丽莎白宠爱的女仆玛丽·菲顿（Mary Fitton）怀孕,赫伯特在宫廷中失宠。赫伯特与詹姆斯一世交好,并从 1615 年起就担任内廷大臣（lord chamberlain）。1626 年他成为王室总管（lord steward）。他总是与王室政策意见相左,与白金汉（Buckingham）的关系也非常糟糕,却深受詹姆斯一世和查理一世喜欢。不管怎样,他的财富和待人友善的态度使他得以立足,他不仅是牛津大学的校长,而且彭布罗克学院(Pembroke College)也是以他的名义重建的。

Hereford,diocese of 赫里福德主教区 该主教区是大约 679 年时由狄奥多尔(Theodore)创立的,所辖区域覆盖赫里福德郡(Herefordshire)与什罗普郡(Shropshire)南部地区,主要为处于麦西亚主教区之外的麦肯赛特人部落(Magonsaetan tribe)提供宗教服务。赫里福德易受到威尔士人攻击,他们于 1055 年洗劫了该教堂,并杀死了主教利奥弗加尔(leofgar)。威廉一世通过将它建成诺曼巴拉丁伯爵领地(Norman palatine earldom)来加强了这一地区的防御(直到 1076 年)。赫里福德大教堂是共同献给圣母玛利亚(Virgin Mary)和埃塞尔伯特(Æthelbert)——殉道的东盎格利亚国王(753 年)的,该大教堂主要是诺曼式风格,15 世纪创办的隶属于大教堂的牧师学院(College of Vicars)至今依然保存完整。

Hereford and Worcester 赫里福德—伍斯特 根据 1972 年《地方政府法》(Local Government Act)设立的新郡。它包括郡府伍斯特市、原赫里福德郡以及除达德利(Dudley)、黑尔斯欧文(Halesowen)、斯陶尔布里奇(Stourbridge)——这些地区分离出来并入西米德兰兹郡(West Midlands)——以外的整个伍斯特郡。当时设立该新郡时,受到赫里福德郡的强烈反对,赫里福德属于小郡,其抱怨称与伍斯特郡北部工业化的地区几乎没有共同之处。但是依照 1994 年班纳姆委员会(Banham Commission)的意见,这两个郡在 1998 年再度分离开来。

Herefordshire 赫里福德郡 赫里福德郡是一个城堡遍布的边境小郡,西起布莱克山(Black Mountains),东到莫尔文丘陵(Malverns)。几百年来赫里福德郡一直是抵御威尔士人的要地,控制着瓦伊河(Wye)渡口。

在前罗马统治时期,赫里福德郡还只是西卢尔人(Silures)领地的一部分,卡拉塔库斯(Caratacus)在与罗马人作战时曾向西卢尔人求助。7 世纪中期以后,赫里福德郡落入麦西亚人的异教徒国王彭达(Penda)手中。彭达战死不久,赫里福德作为一个主教区在 676 年时建立。一个世纪以后,奥法堤(Offa's Dike)划定了麦西亚扩张的界限。奥法堤纵贯该郡西部地区,起自金顿(Kington),经过海伊(Hay),到达怀特堡(White Castle)。

阿塞尔斯坦(Athelstan)统治时期,历任威尔士亲王向其宣誓效忠的地点就在赫里福德,但是赫里福德郡依然脆弱,不堪一击。当时几乎所有的城镇都分布在东边,处于威尔士人不能到达之地,这些城镇包括赫里福德、莱姆斯特(Leominster)、布罗姆亚德(Bromyard)、罗斯(Ross)和莱德伯里(Ledbury)。赫里福德城本身在1055年时遭受到格鲁菲兹·阿普·卢埃林(Gruffydd ap Llywelyn)的劫掠,新建的大教堂也被毁坏。赫里福德的下一任主教是好战的利奥弗加尔(leofgar),他任主教仅11周就被杀死了。诺曼人控制了边界。威廉·菲茨奥斯本(William Fitzosbern)作为赫里福德伯爵,被赋予了巴拉丁的地位,并在赫里福德开始修建坚固的城堡。13世纪时,英格兰人正是利用赫里福德郡来抵御大卢埃林(Llywelyn the Great)入侵的,15世纪早期时,赫里福德郡再次受到格伦道尔(Glyndŵr)的威胁。

工业革命对赫里福德郡的影响很小,以至于它现在还保持着静谧的乡村风貌。在1972年地方政府的重组中,尽管抗议声一片,赫里福德郡这个人口数量排名全英倒数第四位的郡还是与其东边稍大的伍斯特郡合并在了一起。但是这种带有强制性的合并在1998年4月1日被撤销,赫里福德重新成为了一个郡。

heresy **异端** 异端指教会无法接受的或是反对的宗教观点。英国最早的著名异端派是5世纪的贝拉基[①](Pelagius)和塞里提乌斯(Celestius),他们反对奥古斯丁(Augustine)的学说,坚持认为个人通过自身努力就可以实现得救。在教皇英诺森一世的谴责和抨击下,贝拉基主义(Pelagianism)继续在不列颠寻求支持者,为此教皇在429年专门派圣杰马努斯(St Germanus)前往不列颠处理此事。在盎格鲁—撒克逊教会时期,异端并不是棘手的问题,只有少数几例案件记录在案。对异端学说的关注可追溯至威克利夫(Wyclif)对圣餐变体说(doctrine of transubstantiation)的挑战以及他对教会拥有财富的攻击。虽然亨利四世《镇压异端邪说者令》(*De heretico comburendo*)早在1401年就已经通过,然而直到罗

---

① 也译作佩拉吉乌斯。——译者注

拉德派信徒奥尔德卡斯尔（Oldcastle）在 1414 年叛乱之后，正统教会对异端有组织的迫害才真正开始。16 世纪早期，罗拉德教派与路德宗内部的异端合并，这标志罗拉德教派明显得到复兴。1533 年，亨利八世废除了《镇压异端邪说者令》，但是仍然保留了对异端分子施以火刑的处罚。爱德华六世随后也废除了所有反对异端的法令，尽管在普通法中异端依然是一种罪行。玛丽登基后，以前涉及异端分子的所有法令都被恢复了，伊丽莎白又在 1558 年予以全部废除。在苏格兰地区，反对异端学说的法令在 1560 年被宗教改革议会（Reformation Parliament）废除。

　　虽然对有异端倾向的在俗教士的迫害终止了，但是牧师或研究基督教的学者（有圣职品级）的工作仍可能有被指控为异端罪的危险，亵渎上帝罪仍然是危险的。詹姆斯·内勒（James Nayler）是一名贵格教会教徒，因为亵渎神明而被鞭笞、烙印，并在 1656/1657 年遭受在舌头上穿孔的刑罚。1697 年，当时还不过是个青年人的托马斯·艾肯海德（Thomas Aikenhead）在爱丁堡被处死。1710 年，牛顿（Newton）在剑桥大学的继任者威廉·惠斯顿（William Whiston）因为信奉阿里乌斯教派（Arianism）被剥夺了卢卡斯数学教授席位。之后的控告事件还有 1797 年、1812 年和 1819 年对潘恩（Paine）的《理性时代》（*The Age of Reason*）的出版商以及 1821 年对雪莱（Shelley）的《仙后麦布》（*Queen Mab*）的出版商的控告。现存反对亵渎神明的立法只是保护基督教的，但一直存在着将保护对象扩大到伊斯兰教和其他宗教上的压力。

Hereward（11th cent.）　**赫里沃德**（11 世纪）　以"觉醒者"（"the wake"）而闻名，他是反抗征服者威廉（William the Conqueror）的沼泽起义的主要领袖。1070 年，一支丹麦舰队出现在了伊利（Ely）水域，这燃起了当地很多英格兰人——他们中很多人都有着丹麦的血统——抵抗威廉的希望。赫里沃德带领着一队亡命之徒和丹麦的联军洗劫了位于彼得伯勒（Peterborough）的修道院。1071 年，威廉利用舰船向赫里沃德发动了进攻，并为其主力部队修建了一条堤道。赫里沃德从水上逃脱，此后再也没有关于他的确切记载。

heriot　**上佳牲畜贡赋权**　起源于盎格鲁—撒克逊语"作战装备"（"wargear",在苏格兰写作为 *hereyeld*)。这是佃户(tenant)在死亡时对其领主(lord)承担的一种封建义务。起初,佃户死亡时,他的继承人将向领主返还当初借给该佃户的铠甲和武器,但是后来逐渐发展成领主要求献出其最好的牲畜或最值钱的动产。虽然该项义务所影响的范围极其广泛,但实际上就是一种遗产税(death duty)。到14世纪时,以金钱支付来代替上佳牲畜贡赋越来越普遍。

heritable jurisdictions　世袭管辖权　在1747年以前的苏格兰法律体系中,国王的很多臣民无论在地方层面,还是在中央层面,均不受王室法庭司法的管辖。相反,这些臣民只对封建贵族手中掌握的那种世袭的或凭特权而拥有的复杂的司法管辖权负责。只有严重的叛国罪,王室法庭才能干预。尽管国王对贵族的这一世袭司法管辖权深恶痛绝,但这样一种法律体系确实为人们提供了一种廉价、快捷的地方司法审判形式。1745年詹姆斯党人叛乱(Jacobite rising)之后,1747年颁布的《(苏格兰)世袭管辖权法》【*Heritable Jurisdictions (Scotland) Act*】废除了该世袭管辖权。

Herrick,Robert(1591—1674)．　**罗伯特·赫里克**(1591—1674)　诗人。齐普赛街(Cheapside)一金匠之子。最初学做生意,但最终在1617年毕业于剑桥大学,1623年被授予圣职。他回到伦敦开始和其他作家——尤其是本·琼森(Ben Jonson)、音乐家和宫廷文人有了接触,并确立了自己的诗人地位,被接纳在德文郡的迪恩普里奥尔(Dean Prior)生活,他在这里度过了大部分余生。他的诗作广受好评,被收录进各种汇编,有的诗作还被谱了曲。

Herschel,John(1792—1871)．　**约翰·赫舍尔**(1792—1871)　维多利亚时代早期杰出的物理学家。他的父亲威廉(William)是著名的天文学家,约翰后去了剑桥大学,并在那里和查尔斯·巴贝奇(Charles Babbage)一起对数学课程进行了改革。在曾一度迷恋上法律之后,他最终将方向转到物理学上,致力于从事当时作为新兴学科的光学以及天文学的研究。1833年他航行到好望角观察南部星空(观测的结果在1847年时发表)。

Herschel，William（1738—1822）． **威廉·赫舍尔**（1738—1822） 作为一名天文学家,他在自古典时代以来就为人熟知的星球单上又添加了天王星(Uranus)。他以音乐家的身份从汉诺威来到英格兰。为了研究天文,他自制了一个反射望远镜,并且利用这个望远镜在 1781 年发现了该星体,他最初将之当作了一颗彗星,赫舍尔以国王乔治三世之名将该星体命名为"乔治亚行星"(*Georgium Sidus*)。

Hertford，Synod of，672． **赫特福德宗教会议**（672） 是继 664 年惠特比宗教会议(Synod of Whitby)——该会议确定凯尔特教会让位于罗马教会传统——之后,由坎特伯雷大主教狄奥多尔(Theodore)召集的意在重组教会的一次宗教会议。该宗教会议是第一次代表全英格兰教会的全体会议。罗马教会的复活节日期正是在该宗教会议上得到确认的;至于主教先后位次的排列,该宗教会议决定按照任职资历来确定。

Hertfordshire 赫特福德郡 赫特福德郡虽然只是一个小郡,但在地理上却没有统一性。其南部地区位于伦敦圈内,乘火车上下班的人纷纷涌入尤思顿(Euston)、圣潘克拉斯(St Pancras)、国王十字火车站(King's Cross)以及利物浦大街(Liverpool Street)。北部保留了几处安静的地方,例如西北部的加德斯登(Gaddesden)和东北部的韦德奥(Wyddial)。

该地是最早被撒克逊人占领的地区之一,开始是伦敦主教区的一部分。伦敦主教区建立于 7 世纪早期,服务于东撒克逊人。随后出现了教会组织重组,一直到 1877 年新的圣奥尔本斯主教区(diocese of St Albans)的建立为止,赫特福德郡大部分区域属于林肯主教区(diocese of Lincoln)。8 世纪,该地区成为麦西亚王国的一部分。在 9、10 世纪,该地区成为丹麦人和撒克逊人相互争夺之地。根据 878 年的《韦德莫尔和约》(*treaty of Wedmore*),威塞克斯的阿尔弗雷德(Alfred)和格思鲁姆(Guthrum)双方以利河(Lea)为线,划定了各自的边界。长者爱德华(Edward the Elder)在 913 年实施的反击中,将赫特福德建造成牢固的防御据点,同时也成为这个正在崛起之郡的中心。赫特福德郡这个名称之首次出现,是在《盎格鲁—撒克逊编年史》的公元 1011 年纪事中。13 世纪,赫特福德和圣奥尔本斯确立了在议会有代表的权利。赫特福德因稍微偏离该郡中心,所以从来没有像某些郡治城镇那样,确立起在本郡的主导地位。在赫特福德郡,相当数量的小市镇发展起来,直接服务于当地,比如阿什韦尔(Ashwell)、班廷福德(Buntingford)、罗伊斯顿(Royston)、鲍尔多克(Baldock)、希钦(Hitchin)以及霍兹登(Hoddesdon)。圣奥尔本斯一直比赫特福德大些。当1889年郡议会首次设立时,议会就在两个城镇轮流召开。

直到很晚的时期,该郡还保留着乡村特色。大量的敞田(open fields)一直幸存至维多利亚女王统治时期,对该郡的赞誉之词不断涌现。1801年时,该郡没有一座城镇的人口达到4000人。但是到1901年时,其20世纪的轮廓已逐步清晰可见。沃特福德(Watford)人口增加到32,000人,是人口仅次于它的圣奥尔本斯的2倍。切森特(Cheshunt)和巴尼特(Barnet)位于伦敦的边缘,人口分别上升到12,000人和7000人。两年后,出现了一种产生深远影响的发展现象。第一座花园城市建设始于莱奇沃思(Letchworth),选择它主要是因为它距离伦敦很近。第一次世界大战后,莱奇沃思与第二座花园城市韦林(Welwyn)连成一片。花园城市建设的成功,促使政府将赫特福德郡发展的希望寄托在新型城镇的建设上。斯蒂夫尼奇(Stevenage)是第二次世界大战后建成的首个花园城市,接着是哈特菲尔德(Hatfield)和赫默尔亨普斯特德(Hemel Hempstead);韦林则被当做一座新城重新进行了建设。5座相互如此邻近的新型城镇给这个小郡造成的影响,完全在意料之中。赫特福德郡逐渐被缩小成为数块非常安静的口袋式飞地,尽管在高速公路与道路交汇的网络之中,这个古老之郡的各个碎片式的地区都幸存了下来。

Hervey, John, Lord(1696—1743). **约翰·赫维勋爵**(1696—1743) 第1代布里斯托尔伯爵(the Ist earl of Bristol)的次子。1723年,他代表贝里圣埃德蒙兹(Bury St Edmunds)被选入议会。他是沃波尔(Walpole)的支持者,并且被任以副宫务大臣(vice-chamberlain)以及枢密院顾问的职位。赫维深受卡罗琳王后(Queen Caroline)的宠信,在乔治二世的宫廷中是个相当有影响的人物,这也为他写作极具诙谐色彩且妙趣横生的《回忆录》(Memoirs)提供了现成的素材,也使《回忆录》成为一部完美的传世之作。

Hexham, battle of, 1464.　赫克瑟姆之战（1464）　1464 年 4 月，支持亨利六世的萨默塞特公爵（duke of Somerset）在海德杰里穆尔（Hedgeley Moor）被击败，但萨默塞特在 5 月时又重新将队伍集结在了一起。不过，他们被沃里克（Warwick）的弟弟蒙塔古（Montagu）包围，并在 5 月 15 日这一天被打得七零八落。此战之后萨默塞特被处死。

Hexham, diocese of　赫克瑟姆主教区　该主教区创立于 678 年，是诺森伯里亚的一部分。狄奥多尔（Theodore）曾劝说卡思伯特（Cuthbert）出任主教，而后者虽然已经接受了祝圣，但还是拒绝了。该主教区在丹麦人入侵时（大约在 821年）被摧毁，此后再未恢复。

hides　海德　在《末日审判书》（*Domesday Book*，1086 年）中，英格兰南部和西部的所有村庄和地产都是以海德①为面积单位进行评估的【而在英格兰北部和东部的大部分地区，与之对应的评估面积单位是卡勒凯特（carucate）】。该评估体系是综合性的，牵扯到征税和民军军役以及海军军役。在有些郡，几乎每个村庄都是按照标准的 5 个海德的面积加以评估的；而在另外一些郡，稍微大一些的地区则是按照比如说 20 个海德的面积标准评估的。从词源学上看，海德一词与一个家户（household）的概念有关。伯戈尔土地税（Burghal Hidage，约 900 年）表明了土地税是怎么运用于城堡的维护的。到 13 世纪时，人们已经很少使用"海德"一词，而且也只是限于局部一些地区使用。

high church　高教会派　在英国圣公会内部，高教会派强调自己与宗教改革前的教会的一致性，秉承教会、主教以及圣事礼权威的"高"（"high"）的观念。斯图亚特王朝晚期，高教会派因坚持主张君权神授学说（divine right of kings），得以兴盛起来。高教会派主张的神学理论和教会观点幸存了下来，并且在 19 世纪 30 年代的牛津运动（Oxford movement）中被重新发掘出来。

---

①　海德为中世纪时期英格兰土地面积单位，大约相当于 60—120 英亩。——译者注

High Commission, Court of　宗教事务高等法庭　大约从 1570 年起才有此称呼。该法庭起源于早期的宗教事务法庭（Ecclesiastical Commissions，1547 年之后），1559 年被赋予了法定权限，1583 年时被重组，并受理教会的上诉案件以及行使着作为最高统治者的国王的专属司法权。该法庭的讯问方式以迅捷和秘密著称，较之主教法庭（diocesan courts）效率更高，惠特吉夫特（Whitgift）、班克罗夫特（Bancroft）和劳德（Laud）都曾广泛利用之。由于人人对该法庭心存畏惧而且十分痛恨，所以在 1641 年时与星室法庭（Star Chamber）一起被废除，1661 年也未再恢复，詹姆斯二世曾以"宗教事务法庭"（"Ecclesiastical Commission"）的名头让它又短暂地存在了一段时间（1686—1688 年）。

high king of Ireland　爱尔兰至尊国王　See IRELAND, HIGH KINGS OF.（见爱尔兰至尊国王）

Highland 高地　苏格兰的行政区，1973 年由凯斯内斯郡（Caithness）、奈恩郡（Nairn）、萨瑟兰郡（Sutherland）、因弗内斯郡【Inverness，外赫布里底群岛（Outer Hebrides）除外】、罗斯（Ross）和克罗默蒂（Cromarty）【刘易斯岛（Lewis）除外】诸郡以及阿盖尔郡（Argyll）北部的一部分组成。1973 年到 1996 年间，高地行政区只是作为一个区与它自身包含的八个区共同分享地方政府的职能，但是现在则履行全部地方政府的职能。高地行政区北部和西部以及岛上仍以小农场式的农业经营为主，但整个高地地区也发展着旅游业。

Highland clearance　高地清除　指的是将大量讲盖尔语的族群从苏格兰高地和苏格兰岛屿（Islands of Scotland）驱逐出去。1763 年到 1775 年间，数千名高地居民因为不满高额的地租和农场兼并，迁徙到英属北美殖民地。后来，大规模的养羊业在高地地区发展起来，这一产业是以商业价值更高的诸如黑脸林顿羊（black-faced Linton）取代本地体型较小的羊为基础的。到 19 世纪早期，这场变革已经扩展到因弗内斯（Inverness）北部的萨瑟兰郡（Sutherland）广阔的地产。佃农们重新在沿海地区定居，他们把渔业和农业结合起来，并且发展辅助产业比如从藻类里提炼工业用碱。1860 年以后，由于要建鹿苑，佃农们被清除撤离。

Highland games 高地运动会 最初为宗族大会。在 19 世纪的第一个十年里,在苏格兰古代风俗习惯复兴的影响下,由司各特(Scott)和其他人将其发展成为一种更加正式的集会。在 19 世纪 20 年代因弗加里(Invergarry)举行的高地运动会上,比赛项目不仅包括吹笛、投棒、掷链球、摔跤和赛跑,也包括扭动牛的四肢。现代的高地运动会经常在夏末举行。

Highland Land League 高地土地同盟 19 世纪 70 年代,当苏格兰的佃农们(crofters)看到爱尔兰人在土地问题上成功取得政府的各种让步之后,便萌生了"进行反抗的念头"。1882 年苏格兰高地土地同盟成立,在 1885 年的大选中,该同盟选出了 4 名同情同盟的议会下院议员。这一做法很快就取得了成效。1886 年格莱斯顿(Gladstone)政府颁布了《佃农土地法》(*Crofter's Act*),佃农的土地保有权得到了保障;同年,索尔兹伯里(Salisbury)政府单独设立了苏格兰事务大臣(secretary of state for Scotland)一职。

highwaymen 拦路强盗 在小说和回忆录中,拦路强盗的形象远比现实中的他们更生动鲜活。拦路强盗活动的全盛期始于王朝复辟时期,并一直延续到 18 世纪末。在王朝复辟时期,由于有大量的长途马车行驶在公路上,所以干这一行当获利颇丰;而到了 18 世纪末,因为公共马车上配备了全副武装的警卫,治安状况才有所好转。由于来往车辆的密集,伦敦郊区尤其是强盗们频繁光顾之地,芬奇利康芒(Finchley Common)、豪恩斯洛希思(Hounslow Heath)、巴格肖特希思(Bagshot Heath)和布莱克希思(Blackheath)都因聚集有大量的强盗而恶名昭彰。拦路强盗很快成了受大众欢迎的英雄式人物,以之为题材的作品非常畅销,这些作品通常都附有表现绞刑场面的木版画。

Hilda, St（614—680）. 圣希尔达（614—680） 627 年,圣希尔达和她的同族者诺森伯里亚国王埃德温(Edwin)一同接受了洗礼。希尔达在 33 岁时成为一名修女,并加入了位于威尔河(Wear)河畔的一个宗教团体。一年之后,她成为了哈特尔浦(Hartlepool)女修道院院长,并于 657 年在惠特比的斯特里奈沙尔克【Streanaeshalch,今惠特比(Whitby)】建立了男女同修的修道院。王公贵族们寻求她的建议,加之她代表着凯尔特人的传统,所以她在惠特比宗教会议(Synod of Whitby)上成为举足轻重的人物。

Hill,Octavia(1838—1912). 奥克塔维娅·希尔(1838—1912) 社会改革家。早年受其祖父——卫生改革家索思伍德·史密斯博士(Dr Southwood Smith)的影响,他曾劝说希尔要为穷人提供更好的居住条件。1865年,她利用约翰·罗斯金(John Ruskin)提供的资金,在位于伦敦的马里波恩(Marylebone)的天堂广场(Paradise Place)购买了污秽不堪的房产,她向租户要求及时缴纳房租,同时保持房间的清洁,而从中获得的收益则直接用于房屋的维修和居住条件的改善。这一实验非常成功,她的计划因此迅速普及开来。希尔强烈主张将公共空间留给公众使用,这推动了全国托管协会(National Trust)于1895年的成立。

Hill,Rowland,1st Viscount Hill(1772—1842). 罗兰·希尔,第1代希尔子爵(1772—1842) 军人。希尔是什罗普郡(Shropshire)准男爵约翰·希尔爵士(Sir John Hill)的小儿子。1801年,他在亚历山大港(Alexandria)附近负伤,1805年被提升为少将。后来,他在葡萄牙服役,1809年在塔拉韦拉(Talavera)再次负伤。当拿破仑从厄尔巴岛(Elba)返回法国的时候,希尔迅速赶到布鲁塞尔(Brussels)并且参加了滑铁卢(Waterloo)战役。在滑铁卢,他的坐骑被杀死。

Hill,Sir Rowland(1795—1879). 罗兰·希尔爵士(1795—1879) 便士邮资(penny postage)的发明者。希尔出生在基德明斯特(Kidderminster),他的父亲是一位校长。他接管了父亲的学校,但最终放弃了教书。1835年,他在南澳大利亚殖民委员会任职。后来,他对邮政事业产生了浓厚的兴趣。当时英国的邮资昂贵得让人不敢问津,致使在人口大增、商业扩张的时期,邮政收益也在逐渐减少。希尔建议采取预付款方式,实行无关距离远近的标准投递费用并且使用可粘贴的邮票。他虽然开始负责此事,但是来自当时邮政局(Post Office)巨大的阻力使他在1842年被解职。1846年,罗素(Russell)使其复职,到1864年他一直主管邮政局。

Hillary, Sir Edmund（1919—2007）. **埃德蒙·希拉里爵士**（1919—2007）
新西兰人,希拉里是作为一名登山家而知名的,尤其是他攀登喜马拉雅山(Himalayan)的经历,使他受邀加入1953年珠穆朗玛峰①(Everest)探险队。队长约翰·亨特爵士(Sir John Hunt)选了希拉里和夏尔巴人(Sherpa)登津(Tenzing)向珠穆朗玛峰峰顶发起冲刺。1953年5月,他们两人成为最先登上世界最高峰之顶的人。希拉里还在南极洲进行了探险活动,在1958年到达了南极。他后半生大部分时间都用于了帮助夏尔巴人社群的工作上。

Hilliard, Nicholas（1547—1619）. **尼古拉斯·希利亚德**（1547—1619） 英国最伟大的微型图画画家。1570年,他在宫廷当值。在那里,他的珠宝匠的技能迎合了伊丽莎白一世想拥有一副威严画像的需要。大约在1600年,他撰写了专著《绘画艺术》(*The Arte of Limning*)一书。在该书中,他提到在作画时不加阴影的方法十分符合伊丽莎白女王的口味,"因为从鉴赏角度看,无阴影的线条能够很好地展现出全部"。

Hingston Down, battle of, 838. **兴斯顿唐之战**（838） 康沃尔【Cornwall,杜姆诺尼亚(Dumnonia)】的不列颠人数十年来一直抵抗着来自威塞克斯王国日益加大的压力。838年,他们和一支可能来自于爱尔兰的维金人军队联合起来,但在位于卡林顿(Callington)和泰马河(Tamar)之间的兴斯顿唐被埃格伯特(Egbert)打败。康沃尔随后被并入威塞克斯王国。

Hoadly, Benjamin（1676—1761）. **本杰明·霍德利**（1676—1761） 主教。霍德利出生在肯特郡,就读于剑桥大学凯瑟琳学院(Catherine Hall),在伦敦生活,并相继成为班戈(Bangor,1716年)、赫里福德(Hereford,1721年)、索尔兹伯里(Salisbury,1723年)和温切斯特(Winchester,1734年)的主教。1705年以后,作为一名辉格党辩论家,他与阿特伯里(Atterbury)发生了冲突,而他得到的回报是做了乔治一世的专职牧师,不过他之后被任命为班戈的主教,即使是他的支持

---

① 西方曾名之为埃佛勒斯峰。——译者注

者也对此大感意外。他在 1717 年的布道中,鼓吹个人的内心判断和真诚的信仰要高于教会的权威,这些都对高教会派(high churchmen)和国教构成了挑战,也因此引发了激烈的班戈之争(Bangorian controversy),教牧人员代表会议(convocation)随后也因此暂时中止。

Hoare,Samuel,1st Viscount Templewood(1880—1959). 塞缪尔·霍尔,第 1 代坦普尔伍德子爵(1880—1959) 霍尔在哈罗公学和牛津大学新学院(New College)接受教育,1910 年作为保守党成员进入议会,直到 1944 年被封授贵族以前,他一直代表切尔西(Chelsea)选区保持着在下院的议员席位。1922 年,他在博纳·劳(Bonar Law)政府中担任空军大臣(secretary of state for air),鲍德温(Baldwin)执政时,他再次担任此职。1931 年,他在国民政府(National Governnment)中出任印度事务大臣(secretary of state for India),负责执行旨在推进印度自治的《印度政府法案》(Government of India Bill)。1935 年,鲍德温把他调动到外交部。霍尔被直接牵扯进意大利事先设计好的关于埃塞俄比亚(Abyssinia)问题的危机之中。1935 年 12 月,他和法国外交大臣皮埃尔·赖伐尔(Pierre Laval)一同起草了将导致埃塞俄比亚被瓜分的计划,结果激起了强烈的民愤,被迫辞职。虽然在 1936 年他又回到政府出任第一海军大臣、王玺掌管大臣(lord privy seal)、空军大臣,但是他的事业并不顺利。1940 年同张伯伦一道辞职之后,在紧要关头,他担任了四年的驻西班牙大使。

Hobbes,Thomas (1588—1679). 托马斯·霍布斯(1588—1679) 哲学家。毫无疑问,霍布斯是使用英语写作的最伟大的政治哲学家。从牛津大学毕业之后,他大部分时间都是担任私人家庭教师并从事研究工作。1651 年他出版了英文版的《利维坦》(Leviathan),在这部杰作中,他从社会契约的角度,系统地并独创性地论述了建立有充分权威的政府的必要性。霍布斯认为,"自然状态"("the state of nature"),即"前政治状态"("the pre-political condition")是一种"所有人对所有人的战争"("war of all against all")的状态,因为人类天生就是被竞争、恐惧和强迫他人这种自然的状态所推动而前进的。他们会一起以协议的形式来确立一位绝对统治者(absolute ruler),因为这是确保他们安全的唯一办法。

Hobson,John AtKingson（1858—1940）. **约翰·阿特金森·霍布森** （1858—1940） 霍布森是个有着非传统观点的经济学家,以兼职讲课和做记者为生。他有两本书引起了轰动。在 1889 年的《产业生理机能》(*The Physiology of Industry*)一书中,他坚持认为自由放任主义(*Laissez-faire*)经济的趋势就是过度生产,从而逐渐削弱了自由主义经济学(*Laissez-faire economics*)的影响。在 1902 年《帝国主义:一项研究》(*Imperialism:A Study*)一书中,他把殖民扩张的原因归咎于是商品和资本过剩的结果。通过这种方式,他奠定了 20 世纪最重要的两种意识形态的基础:凯恩斯主义经济学和列宁主义(*Leninist*)的帝国主义理论解释。

hockey 曲棍球 号称有着非常古老的传统,因为墓室绘画和古典时代浮雕上刻有男人用曲棍打球的画面。像大多数游戏一样,它在 19 世纪已被正式化、规范化。在 1861 年之前,布莱克希思(Blackheath)有一个曲棍球俱乐部;在 19 世纪 70 年代,特丁顿(Teddington)引入了硬球这一项目。1886 年,主要以伦敦的一些俱乐部为主,成立了全国曲棍球协会(National Association)。1924 年,成立了国际曲棍球联合会(Federation of International Hockey)。

Hogarth,William（1697—1764）. **威廉·贺加斯**（1697—1764） 艺术家。贺加斯出生在伦敦,主要凭自学成才。他是从插图画家起步的,之后才转向创作"人物风俗画"、反映当时生活场景的版画以及历史题材画。他为人好斗,性格冲动,是富有激情的忠实的自然主义信徒,认为正规的绘画训练不会产生真正的好作品。他因嘲讽那种当时人们所固守的基于文艺复兴的典雅绘画理论,付出了相当的代价。作为一名画家,他的价值被低估了。他广为人知是因为他的德行及其具有讽刺意味的版画,如《浪子生涯》(*Rake's Progress*)、《时髦婚姻》(*Marriage à la Mode*)和《杜松子酒小巷》(*Gin Lane*)。

Hogue,La,battle of 拉乌格之战 See LA HOGUE,BATTLE OF.(见拉乌格之战)

Holbein, Hans（**c.1497—1543**）．　**汉斯·霍尔拜因**（约 1497—1543）　画家。毫不夸张地说，我们对于亨利八世和他的侍臣们的视觉印象来自于霍尔拜因的肖像画。霍尔拜因是奥格斯堡（Augsburg）一位艺术家之子，并在那里出生。他曾两次拜访英格兰，一次是在 1526—1527 年间，是短期的；另一次是在1532—1543 年间，是长期的。他在第一次拜访英格兰时，随身携带了伊拉斯谟（Erasmus）写给托马斯·莫尔爵士（Sir Thomas More）的引荐信，并画了一幅著名的莫尔家庭肖像画。在他第二次来英格兰时，他的赞助人莫尔已经失势，但是霍尔拜因却接到了很多任务，并进入宫廷为亨利八世服务。他为亨利八世画了一幅家庭复原图，画中有亨利本人、亨利的父母以及简·西摩（Jane Seymour）。一位早期的评论者这样评价霍尔拜因："他不是一个诗人，而是一个历史学家。"

H

Holinshed, Raphael（**c.1520—c.1581**）．　**拉斐尔·霍林斯赫德**（约 1520—约 1581）　霍林斯赫德是《英格兰、苏格兰和爱尔兰编年史》（*Chronicles of England, Scotlande and Irelande*）一书的作者及汇编者，该书出版于 1577 年。他在这本书的写作中，几乎没有采取历史的方法，材料和观点也不加以甄别，但他这种"兼收并蓄"的做法却为历史剧作家提供了颇有价值的素材。莎士比亚（Shakespeare）就在他的数部历史剧中用到了这部编年史，包括《李尔王》（*Lear*）、《麦克白》（*Macbeth*）、《辛白林》（*Cymbeline*）以及他后期创作的历史剧。

Holles, Denzil（**1599—1680**）．　**登齐尔·霍利斯**（**1599—1680**）　霍利斯，议会党人，自 1629 年 5 月 2 日他和埃利奥特（Eliot）一起将议会下院议长（Commons' Speaker）强行按在椅子上那一刻起，他就成了声名远扬的人物。在经受一段短暂的监禁惩罚后，他在 1640 年又被重新选举为议会议员。尽管他是查理一世在 1642 年 1 月威胁要逮捕的五名议员之一，但他仍然主张与国王通过谈判解决问题。这使他与军队发生了冲突，1648 年 12 月他逃到法国。1654 年克伦威尔（Cromwell）允许他返回英格兰，但直到查理二世复辟之前，他一直未参与政治生活。查理二世复辟后，将他封为了男爵。

Holst, Gustav（**1874—1934**）．　**古斯塔夫·霍尔斯特**（**1874—1934**）　霍尔

斯特有着德国/瑞典人的血统,他是他那个年代最具有独创性的英国作曲家之一,也是一位颇有影响的教师。霍尔斯特和斯坦福德(Stanford)一起在伦敦的皇家音乐学院(Royal College of Music)学习作曲。和他一起在皇家音乐学院学习的还有他一生的挚友沃恩·威廉斯(Vaughan Williams),两人对民歌有着共同的强烈兴趣。他后期创作的作品几乎不考虑经济效益,加之这些作品对和声的大胆探索以及复调性的运用,被当时许多人认为是过于理性了。不过,他1914—1916年间创作完成的《行星》(*The Planets*)在1919年首次演奏时,立刻取得了成功,而且经久不衰。

H

'Holy Alliance' "神圣同盟" 是对俄国的亚历山大一世(Alexander I)、普鲁士的腓特烈·威廉三世(Frederick William III)、奥地利的弗兰西斯一世(Francis I)1815年9月在巴黎共同发表的声明给予的嘲讽性称呼,他们声称要根据基督教的原则来管理国际事务并相互协作。同盟是由亚历山大一世倡议的。尽管英国摄政王(prince regent)表达了个人的赞成意见,但英国以其宪法地位为由,没有在盟约上签字。时任外交大臣的卡斯尔雷(Castlereagh)在私底下对这个同盟嗤之以鼻,称其是"一个既无意义又昙花一现的怪物"。由于这份声明中没有包含任何协调机制,各签字国之间很快就出现了分歧。

Holyrood(Edinburgh) 荷里路德宫(爱丁堡) 荷里路德宫位于爱丁堡老城(Old Town of Edinburgh)的炮门(Canongate)底下,亚瑟王座(Arthur's Seat)山峰的背风面。荷里路德修道院(Holyrood abbey)是为奥古斯丁教团修建的。荷里路德宫是苏格兰君主的御用住地,始建于苏格兰詹姆斯四世执政期间,詹姆斯五世进行了扩建。它四面被大庭院包围,尽管内部是英荷风格(Anglo-Dutch style),但外部却是法国的特色。荷里路德宫有一段时间几乎被人遗忘了,查理·爱德华·斯图亚特王子(Prince Charles Edward Stuart)1745年带着王室成员回到了这里,但荷里路德宫真正重现其辉煌,则要等到1822年乔治四世的光临之时。

homage 臣服礼 是封臣(vassal)在保有自己领主的土地或者接受自己的

领主权时,正式且公开向自己的领主(lord)表达忠诚并履行义务的承诺。通过行臣服礼,封臣自己的权利能够被其领主所确认。臣服礼的仪式包括封臣跪在领主面前,将双手放于领主双手之间,讲出承认封君的领主权的关键话语,以及献上象征着与领主达成契约的吻。目前,王国内的贵族在国王加冕礼上行臣服礼仍然是加冕礼的一个组成部分。

Home, Sir Alec Douglas-Home, 14th earl of〔S〕(1903—1995). 亚历克·道格拉斯—霍姆爵士,第 14 代霍姆伯爵【苏格兰】(1903—1995) 首相。1951 年道格拉斯—霍姆继承了伯爵爵位,但在 1963 年时放弃了爵位,并重新进入议会下院,并继哈罗德·麦克米伦(Harold Macmillan)之后担任首相。1974 年,他以夏塞尔的霍姆勋爵(Lord Home of the Hirsel)的身份进入议会上院。1931 年他首次当选议会下院议员,并担任内维尔·张伯伦(Neville Chamberlain)的私人秘书(1937—1940 年),此后担任苏格兰事务大臣(1951—1955 年)、英联邦事务大臣(Commonwealth secretary, 1955—1960 年)、外交大臣(1960—1963 年)。他还担任过议会上院副议长,议会上院议长和枢密院院长(1959—1960 年)。

他为人极其真诚、坦率,作为首相他似乎是脱离政治现实的。他不擅长公开演讲,不擅长在电视上抛头露面,而遭遇到反对派领袖哈罗德·威尔逊(Harold Wilson)这个对手也属他的不幸。他出身上层,这一"松鸡猎射区"("grouse moor")的形象成为他的另一块短板,而伊恩·麦克劳德(Iain Macleod)和伊诺克·鲍威尔(Enoch Powell)两人拒绝在他手下任职,这件事损害了他的声誉。面对人们对他的教养进行的种种攻击,他明显感到愤怒。在一次著名的演讲中,他指出,如果说他是第 14 代霍姆伯爵,那么威尔逊先生就是"第 14 位威尔逊先生"("the fourteenth Mr Wilson")。

然而,经过一年的几乎马不停蹄的竞选活动后,亚历克爵士——他的竞选演说主要集中在外交和国防等问题上——在 1964 年大选中以极其微弱的差距败给了工党。至于失败的原因,即使有麦克米伦给他留下来的经济问题和丑闻因素,但也证明了他的性格存在不小的问题。

考虑到有关他成为首相的方式上存在的不同意见,以及考虑到女王不会选择当时已处于反对党地位的保守党的领袖做首相之后,亚历克爵士作出决定,即选出接任他的党魁。这个人就是爱德华·希思(Edward Heath)。1970 年至1974 年,他在希思政府中担任外交大臣。他和希思之间一直保持着平稳的关系,这与十年后希思与他的继任者的关系是不一样的。作为外交大臣,亚历克爵士是帮助英国在 1973 年加入欧洲共同市场者之一。

Home Guard　地方军① 1940 年 5 月时由战事国务大臣(secretary of state for war)安东尼·艾登(Anthony Eden)建立的志愿军组织。最初被称作地方防御志愿军(Local Defence Volunteers),其任务是帮助防御德国对英国可能发动的入侵。截止到 1943 年,超过 200 多万英国人曾利用业余时间参加了志愿军。1944 年 12 月 31 日,地方军解散,但因电视连续剧《父亲的军队》(Dad's Army)的播出,地方军被人们永远铭记在了心中。

Home Office　内政部 截止到 1782 年时,两位国务大臣已经划定了他们各自的职责范围,即分别负责欧洲南、北两部分事务,享有各自处理天主教和新教问题的权力。国内的职责不需要太操心:大多数法律和秩序问题可以由治安法官(Justices of the peace)来处理;如果发生战争,需要军队介入进来的话,战事大臣(secretary at war)会着手处理。1782 年,罗金厄姆政府(Rockinghams)同意对国务大臣的职责作出新的分工:一位大臣统管国内和殖民地事务,另一位大臣负责外交事务。第一任内政大臣谢尔本爵士(Lord Shelburne)手下有两位副大臣、一位首席书记员,以及其他 10 名文职人员。但在 19 世纪时,随着内政部承担起对外国人、监狱和治安监督等职责,其负责的事务急剧增加。1833 年,内政大臣被赋予委任工厂监督员(factory inspectors)之权。到 20 世纪,内政大臣已成为政府中地位最高,同时也最难干的一个职位。

Home Rule　地方自治运动 See IRISH HOME RULE.(见《爱尔兰地方自治法案》)

---

① 也译为英国国民军。——译者注

Homildon Hill, battle of, 1402.　霍米尔顿山之战（1402）　继 1388 年在奥特本（Otterburn）发生冲突之后，随之而来的是英格兰—苏格兰边境的为期 10 年的休战。1402 年 6 月，"急性人"（Hotspur）亨利·珀西在贝里克郡（Berwickshire）尼斯比特荒原（Nisbet Moor）发生的小规模冲突中占了上风。格伦道尔（Glyndŵr）领导的威尔士人起义给苏格兰人提供了一次复仇的机会。1402 年 9 月，道格拉斯（Douglas）率领的一支大军洗劫了诺森伯兰，"急性人"在伍勒（Wooler）附近切断他们的退路，道格拉斯在霍米尔顿山与之展开交战。苏格兰军队部署得很糟糕，英格兰弓箭手一阵乱箭猛攻，道格拉斯被俘。

Hong Kong　香港　香港岛开始时被英国人当做鸦片贸易的中转站，鸦片战争期间（1839—1842 年），英国夺占了香港岛，并使其成为自由贸易港口。通过不平等的《南京条约》，英国强迫清政府同意了其对香港岛的占领。1860 年，英国又将九龙半岛增为贸易港口；1899 年，英国从清政府手中获得新界 99 年的租期。20 世纪 30 年代，香港的经济增长很快，当时大陆许多人为躲避内战和日本对中国发动的侵略战争，纷纷逃往香港，使香港人口翻了一倍，达到 160 万。1941 年圣诞节当天，香港被日本占领，直到 1945 年 8 月 30 日才获得解放。20 世纪 60 年代，香港成为重要的制造业中心，到 1991 年时其人口超过 400 万。1997 年，英国对新界的租期到期，中华人民共和国将整个香港收回。

Honours of Scotland　苏格兰王室宝物　苏格兰王室的宝物包括教皇亚历山大六世（Pope Alexander VI）1494 年时送给詹姆斯四世（1488—1513 年在位）的一只权杖，教皇尤利乌斯二世（Pope Julius Ⅱ）1507 年时送的一把剑，以及 1540 年时为詹姆斯五世（1513—1542 年在位）制作的一顶王冠。为了躲避奥利弗·克伦威尔（Oliver Cromwell）的注意，这些宝物被埋藏在金纳夫柯克（Kinneff kirk，1652—1660 年）。1707 年苏格兰与英格兰合并以后，苏格兰人担心失去这些宝物。1818 年，沃尔特·司各特爵士（Sir Walter Scott）最终发现这些宝物埋藏在爱丁堡城堡（Edinburgh castle）内。这些宝物至今还保留在那里。

Hood, Alexander（1726—1814）**.　亚历山大·胡德**（1726—1814）　海军上

将。塞缪尔·胡德(Samuel Hood)的弟弟,亚历山大有54年活跃的海军生涯,他先是在1746年时受命执行作战任务,1800年封锁布雷斯特(Brest)时,他依旧担任指挥官。1755年,他隶属桑德斯(Saunders),在北美洲服役;1759年与霍克(Hawke)一起在基伯龙湾(Quiberon Bay)战役中并肩作战;1761年,在贝勒岛(Belle Île)海岸,经过与法国人的激烈战斗,从法国人手中重新夺回了"沃里克"号(*Warwick*)战舰。1778年,他隶属凯佩尔(Keppel),在韦桑岛(Ushant)服役;1782年,他参加了第二次直布罗陀(Gibraltar)救援战。1794年,在"光荣的六月一日大海战"(Glorious First of June)中,他是仅次于豪(Howe)的第二指挥官,随后被晋封为布里德波特勋爵(Lord Bridport),跻身爱尔兰贵族行列。

Hood, Samuel(1724—1816). **塞缪尔·胡德**(1724—1816)   海军上将。出生在多塞特一职员家庭,和他的弟弟亚历山大同时进入海军。1746年受命执行作战任务,他经历了整个"七年战争",并出现在1759年的基伯龙湾(Quiberon Bay)战场上。1767年——他当时还是一名舰长——被任命为驻北美英军总司令;随后从1771年到1780年他驻扎在朴次茅斯(Portsmouth)。1778年被晋封为准男爵,1780年升任海军少将。在1782年4月的圣徒岛(Saints)战役中,他是罗德尼(Rodney)的副手,并严厉批评罗德尼未能乘胜追击法国人。

Hooke, Robert(1635—1703). **罗伯特·胡克**(1635—1703)   胡克使显微镜成为众所周知的科学仪器,1665年他出版了《微观画集》(*Micrographia*)一书。该书中的极佳的跳蚤雕刻画给人留下了深刻的印象。此前,胡克曾与罗伯特·玻意耳(Robert Boyle)合作制作空气泵,并在1662年被任命为皇家学会(Royal Society)的实验主管,以执行学会会议期间的实验任务。

Hooker Richard(1554—1660)   **理查德·胡克**(1554—1660)   神学家和政治理论家。胡克在牛津大学接受教育,成为基督圣体学院(Corpus Christi College)研究员,并担任过坦普尔教堂(Temple)牧师,后来"退隐",到乡下生活,着手那部为伊丽莎白统治制度极力辩护的《论教会体制的法则》(*The Laws of Ecclesiastical*)一书的写作。他认为,在英格兰,教会和政府之间的关系在本质上是统一体(unity),两者只是单一共同体中的不同方面,都服从于君主的权威。胡克的理论为英国圣公会的理论基础提供了最有力的说明,对后来的诸如约翰·洛克(John Locke)和埃德蒙·伯克(Edmund Burke)等政治理论家的观点产生了极大的影响。

Hooper,John(d.1555). **约翰·胡珀(卒于1555年)** 格洛斯特和伍斯特的主教,出生在萨默塞特,并在牛津大学接受教育,他大概是在格洛斯特宣誓加入西多会的。修道院解散(dissolution)之后,他返回到牛津大学学习宗教改革后的神学,但是他乔装逃亡国外,最终在苏黎世(Zurich)定居(1547年到1549年),后回到伦敦做摄政萨默塞特(Protector Somerset)的牧师。在担任格洛斯特主教一职时(1550年),他同克兰麦(Cranmer)在教士做礼拜时穿着的法衣问题上产生了分歧,这导致他在1551年遭受短时监禁之后,完全同意穿长袍献祭(1551年)。玛丽执政时期,他遭关押,1554年被剥夺了一切,最终在格洛斯特被处以火刑。

Hopton,Sir Ralph(1596—1652). **拉尔夫·霍普顿爵士(1596—1652)** 内战期间最有成就的保王党人将军之一,1643年获封男爵。在长期议会(Long Parliament)期间,他最初是反对国王的,1641年他投票赞成褫夺斯特拉福德(Strafford)的公权。次年,他加入了保王党事业。他的出生地是在西部农村地区,他几乎花了全部时间在该地区从事保王党事业。他取得了一系列的胜利,包括1643年1月的布雷多克丘陵(Braddock Down)战役,1643年5月的斯特拉顿(Stratton)战役,1643年7月的兰斯当(Lansdowne)之战,1643年7月的朗德威高地(Roundway Down)战役,直到1644年3月在切里顿(Cheriton)被沃勒(Waller)击败。后又在托灵顿(Torrington)被费尔法克斯(Fairfax)击败(1646年2月),他被迫有条件投降并流亡。

Horner,Francis(1778—1817). **弗朗西斯·霍纳(1778—1817)** 霍纳对世人产生了深远的影响,而且这种影响超出了他所从事的职业或所取得的成就本身的范畴。他出生和受教育的地方均在爱丁堡,1800年开始执律师业。两年之后他和弗朗西斯·杰弗里(Francis Jeffrey)、悉尼·史密斯(Sydney Smith)一同创办了《爱丁堡评论》(*Edinburgh Review*)这一激进的辉格党期刊。1806 年进入议会并以精通财政而声名大噪,他在一个重要的贵金属委员会任主席职位。1816 年末,他离开英国出国看病,病逝于意大利,年仅 38 岁。

Horne Tooke,John(1736—1812). **约翰·霍恩·图克**(1736—1812) 图克多才多艺(教士,语言学家,智者),从 18 世纪 60 年代到 19 世纪初期,他一直奉行着激进主义思想。在大力支持威尔克斯(Wilkes)的过程中,他向世人首次展现了自己在法律和组织方面的才干。他后来因支持美洲殖民地人民而被判入狱。1781 年,他加入了宪政知识学会(Society for Constitutional Information),并很快就确立了在该学会中的主导地位。1792 年他帮助组建了伦敦通讯协会(London Corresponding Society)。1794 年因被指控犯有严重叛国罪而受审,后被宣判无罪。

horse-racing 赛马 赛马包括平道赛(flat racing)或跳跃赛(jumping),即"跨越横杆"。16 世纪赛马比赛开始流行起来,1540 年在切斯特的鲁迪(Roodee)修建了首个用于每年比赛的固定赛马场。历任君主都支持赛马比赛。詹姆斯一世在纽马基特(Newmarket)建了赛马用的马厩,查理二世则让赛马流行开来。赛马场像雨后春笋般遍及各地,比如唐克斯特(Doncaster,1595 年)、约克(1709 年)、阿斯科特(Ascot,1711 年)、埃普瑟姆(Epsom,1730 年)、古德伍德(Goodwood,1801 年)和安特里(Aintree,1827 年),赛马因此普及开来。1750 年建立的赛马总会(Jockey Club)使这项运动规范化。乔治·本廷克勋爵(Lord George Bentinck,1802—1848 年)设计出了无障碍赛跑、比赛程序单和赛马游行,以及许多现代赛马程序规则。高水平的无障碍赛马包括德比赛马(Derby)、奥克斯赛马(Oaks)和圣雷杰尔赛马(St Leger)。

障碍赛(Steeple-chasing)源于越野马赛,参加比赛者要跨郡到达距离最近的教堂的尖塔处。带有人造围栏的赛马场的概念起源于 1794 年纽马基特克雷文(Newmarket Craven)的集会上。年度障碍赛马大赛(Grand Annual Steeplechase)大约在 1815 年始于切尔滕纳姆(Cheltenham)。1866 年,英国国家障碍赛马大赛委员会(Grand National Hunt Steeplechase Committee)成立,并由该委员会确定赛马规则,1867 年出现了第一份《竞赛记事录》(*Calendar*)。1889 年,英国国家障碍赛马大赛委员会变为全国赛马委员会(National Hunt Committee)。高规格的赛事包括英国国家障碍赛马大赛和切尔腾纳姆金杯赛(Cheltenham Gold Cup)。

Hospitallers 医院骑士团 最初建立于 11 世纪末,目的是为了照顾前往耶路撒冷的朝圣者。随着第一次十字军的胜利,医院骑士团的作用扩大到——得到教皇的支持——照顾病人以及对朝圣者的保护。在 12 世纪,医院骑士团迅速在十字军国家和西欧地区普遍发展起来。大约在 1144 年,英格兰第一座医院骑士团女修道院在克勒肯维尔(Clerkenwell)建立。1540 年,医院骑士团在英格兰的财产被没收。

Hotspur 急性人 See PERCY, HENRY.(见亨利·珀西)

housecarls 护卫 是丹麦和撒克逊时代晚期国王的贴身侍卫,是军队的核心。护卫是由克努特(Cnut)带进英格兰来的,与撒克逊时期的塞恩(thegns)相似。护卫具有一定的社会地位,其荣誉和义务均有非常明确的法律规定。

household 王室 王室最初不仅仅是指君主居住之地,也是他统治王国的地方,两者之间的功能不存在严格的区别。但是随着行政管理越来越复杂,人们对司法活动的要求越来越普遍,所以各部门趋于专门化。开始时,整个王室没有固定的住所,从一个地方到另一个地方移来移去,只是把骨干人员留在原地。当国王不在国内而在诺曼底的时候,留在英格兰的政府官员必须掌控一些自由裁量权。王室这种巡行管理的方式变得越来越不方便。1215 年颁布的《大宪章》第 17 条规定,普通民事诉讼案件应在一个固定的地点审理。最终,王室及由其衍生而出的分支机构都固定在了威斯敏斯特。有了永久固定的总部,不仅居住更加舒适,也更加正式,王室因此逐渐发展成为宫廷(court)。

Housman, A.E. (1859—1936). A.E.豪斯曼(1859—1936) 诗人,古典学

家,他在牛津大学的不成功经历只是使其在伦敦和剑桥大学(1911年)获任拉丁语系主任一职被延迟了。他的感情生活均被其写进了诗歌之中,包括1896年的《什罗普郡一少年》(*A Shropshire Lad*)和1922年的《最后的诗篇》(*Last Poems*)。在他的诗篇中,什罗普郡这个位于他的家乡伍斯特郡另一侧的地方,成为了"失乐园",那里只有大自然的美景,人们从来不用提防背叛和死亡。他去世后葬于拉德洛(Ludlow)。

Howard, Charles, 2nd baron Howard of Effingham and 1st earl of Nottingham (c.1536—1624). 查尔斯·霍华德,第2代埃芬厄姆男爵霍华德和第1代诺丁汉伯爵(约1536—1624) 霍华德利用自己高贵的出身,开创了一番持久且宏伟的事业。安妮·博林(Anne Boleyn)是他的表姐。他是第2代诺福克公爵(the 2nd duke of Norfolk)——弗洛登(Flodden)的英雄——的孙子;玛丽女王统治时期任海军事务大臣(lord high admiral),伊丽莎白一世统治时期任内廷大臣(lord chamberlain)。1569年他随同亨斯顿(Hunsdon)一起镇压了北方的叛乱,1575年被授予嘉德勋位(Garter)。1585年他被任命为终身海军事务大臣,直到83岁时才退下来。在1588年击败西班牙"无敌舰队"(Armada)的战斗中,他担任总指挥。1596年,他联合埃塞克斯(Essex)突袭了加的斯(Cadiz),预先阻止了西班牙的另一支"无敌舰队"对英格兰的入侵。次年,他被封为诺丁汉伯爵,并出任贵族审判法庭庭长(lord high steward),他在这个职务上一直干到1615年。

Howard, Henry, 1st earl of Northampton (1540—1614). 亨利·霍华德,第1代北安普敦伯爵(1540—1614) 霍华德的父亲萨里勋爵(Lord Surrey)被处死之时,他年仅7岁。爱德华六世统治时期,他被约翰·福克斯(John Foxe)聘为家庭教师,后者是一位新教殉教者,但是在玛丽在位时期,一位天主教主教接替了其位置。16世纪70年代,他的大好前程被第4代诺福克公爵(the 4th duke of Norfolk)也就是他的举止轻浮的哥哥葬送了。直到1600年,伊丽莎白一世才同意接收他进入宫廷。到那时,他一直着力培养苏格兰的詹姆斯六世,并以通信的形式为其提供建议,这使他收获颇丰。1604年,他被封为北安普敦伯爵,1605

年被授予嘉德勋位(Garter),并在 1608 年成为王玺掌管大臣(lord privy seal)。

Howard,John(1726—1790). **约翰·霍华德(1726—1790)** 监狱管理改革者。霍华德出生在伦敦,在贝德福德郡的卡丁顿(Cardington)有一小块儿地产。他在宗教上特立独行——在曾经服务过的班扬小教堂(chapel Bunyan)受到尊崇,是一位禁酒主义者、素食主义者和苦行者。1773 年被任命为贝德福德郡郡长,期间他发现那些已经被宣判无罪的囚犯如果不向狱卒缴纳一笔费用,仍会被羁留在狱中。这促使霍华德开启了一段非同寻常的人生,即着手对整个不列颠的监狱进行走访调查,后来他还走访了欧洲大部分国家的监狱。1777 年他写作了《英格兰及威尔士监狱状况》(*State of the Prisons in England and Wales*),披露了众多监狱存在的卫生条件恶劣与残忍对待犯人的现象。他在走访俄罗斯的途中,因染患斑疹伤寒去世,并葬于此地。

Howard,Michael(b.1941). **迈克尔·霍华德(生于 1941 年)** 政治家。霍华德是信仰犹太教的罗马尼亚人——姓氏为赫克特(Hecht)——移民之子,在拉内利文法学校(Llanelli grammar school)和剑桥大学彼得豪斯学院(Peterhouse)接受教育。他起初从事法律职业,但 1983 年代表福克斯通(Folkestone)进入议会。在担任过一段时间的低级职务后,升任国务大臣,包括 1987—1990年任环境部(Department of Environment)大臣,1990—1992 年任就业大臣(Secretary of State for Employment),1992—1993 年任环境大臣(Secretary of State for the Environment)以及 1993—1997 年任内政大臣(Secretary of State for the Home Department)。在保守党成为反对党期间,他任影子内阁外交大臣(Shadow Foreign Secretary,2001—2003 年)。当时,他以一名保守党右翼党员和反对英国亲近欧盟者著称。他在议会下院的强劲表现,使其在 2003 年 10 月成为继伊恩·邓肯·史密斯(Iain Duncan Smith)之后的保守党领袖的不二人选。在 2005年的大选中,他领导的保守党赢得诸多席位,但并未对赢得多数席位的工党构成威胁,霍华德随即辞去党魁职务。

Howard,Thomas,1st baron Howard de Walden and earl of Suffolk

（1561—1626）． **托马斯·霍华德，第 1 代霍华德·德·沃尔登男爵和萨福克伯爵**（1561—1626） 霍华德的父亲，也就是第 4 代诺福克公爵，因为参与密谋营救苏格兰女王玛丽而在 1572 年被处死，那时托马斯 11 岁。他的母亲是沃尔登的奥德利男爵（Baron Audley of Walden）——曾为亨利八世的大法官——的女继承人，他继承了奥德利恩德（Audley End）。1584 年，他的贵族血统得到了恢复，四年之后因为抗击"无敌舰队"（Armada）的英勇表现而被封为爵士。16 世纪 90 年代他在海军服役，并且在 1597 年获得了嘉德勋位（Garter）。他深得詹姆斯一世的宠信，詹姆斯一世晋封他为萨福克伯爵，还让他在 1603 年到 1614 年间担任内廷大臣（lord chamberlain）。1614 年到 1618 年，他担任首席财政大臣。在奥德利恩德的工程中，他花费巨大并负债累累。1619 年，他被囚禁在伦敦塔，并且因为挪用公款而被罚 30,000 英镑。

Howard, William, 1st Baron Howard of Effingham（c.1510—1573）． **威廉·霍华德，第 1 代埃芬厄姆男爵霍华德**（约 1510—1573） 霍华德是第 2 代诺福克公爵托马斯（Thomas, 2nd duke of Norfolk, 卒于 1524 年）的小儿子。他是伊丽莎白公主的舅公。16 世纪 30 年代，他担任驻苏格兰和驻法国的大使，但在 1542 年她的侄女凯瑟琳·霍华德（Catherine Howard）被处死，这让他一度身处险境。在余生的最后 20 年里，他一直身居高位，1553—1558 年担任海军事务大臣（lord high admiral），1558—1572 年担任内廷大臣（lord chamberlain），1572—1573 年担任王玺掌管大臣（lord privy seal）。他曾因保护伊丽莎白公主，招致某些不快之事，但伊丽莎白在 1558 即位后，他受到极大宠信。在抗击西班牙"无敌舰队"（Armada）的战斗中，他的儿子查尔斯（Charles）担任英格兰舰队的指挥官。

Howe, Richard（1726—1799）． **理查德·豪**（1726—1799） 豪通过他的母亲，与乔治一世同父异母的姐妹有着血缘关系，1745 年他成为一名海军，一直服役到 1758 年。是年，他继承了其兄的爱尔兰贵族爵位，成为第 4 代子爵，并且在 1782 年以前一直代表达特茅斯（Dartmouth）担任议会下院议员。1770 年豪晋升为海军上将，他的地位和温和的性情使其在 1776 年获得了广泛的权力，由此可以致力于在美洲进行和平谈判。他有两年的时间处于犹豫不决的状态，加之没有得到自己期望的来自内阁的支持,豪放弃了幻想。1782 年,他被晋封为英国贵族,同年 10 月他解除了直布罗陀(Gibraltar)之围。从 1783 年到 1788 年——当时他已成为伯爵——他担任了第一海军大臣。他的地位因"光荣的六月一日大海战"(Glorious First of June)胜利(1794 年)而进一步提高。在 1797 年春季的平息"斯皮特黑德海军兵变"(Spithead mutiny)过程中,其威望起到了非常重要的作用,同年他获得了嘉德勋位(Garter)。

Howe,William(1729—1814). **威廉·豪**(1729—1814) 理查德·豪(Richard Howe)的弟弟。1747—1748 年,威廉在佛兰德尔(Flanders)服役;1759 年到 1762 年分别在加拿大和古巴(Cuba)服役,表现突出。1758—1780 年间,他一直代表诺丁汉担任议会下院议员,而诺丁汉正是其家族利益之所在。之前他曾拒绝在北美爆发反抗英国统治时去那里服役,1775 年 5 月,他抵达波士顿(Boston),邦克山(Bunker Hill)之战后被任命为英国驻北美军队最高司令官。1793 年,豪晋升为上将,成为了特威德河畔贝里克(Berwick-on-Tweed)的长官,并于 1805 年任普利茅斯长官,他最后在普利茅斯去世。

Hudson,Henry(d.1611). **亨利·哈得孙**(卒于 1611 年) 尽管人们都很清楚他是一位卓有建树的航海家,但对他的生平却了解得很少。1607 年,他受雇于莫斯科公司(Muscovy Company),并且在此期间他到达了斯瓦尔巴群岛【Svalbad,斯匹次卑尔根岛(Spitsbergen)】。继再次进行北上探险之后,他受雇于荷兰东印度公司从事探险活动,他沿着哈得孙河(Hudson river)一直深入到内陆的奥尔巴尼(Albany),勘探了切萨皮克(Chesapeake)和特拉华湾(Delaware bays),最后未能寻找到西北航路(North-West Passage)。1610 年,哈得孙重新为英格兰从事探险活动,再次寻找通往印度的航路,并进入到了现在以他的名字命名的哈得孙湾(Hudson's Bay)。但因为船员暴动,他和他的儿子被抛弃,哈得孙只身回到英格兰。

Hudson's Bay Company 哈得孙湾公司 该公司是在鲁珀特亲王(Prince Rupert)的赞助下,于 1670 年 5 月 2 日成立的,而鲁珀特亲王之所以赞助,是因为在 1688 年的一次航行之后发现可以在哈得孙湾建立一条皮毛生意的航线。为了争夺哈得孙湾的控制权,该公司与法国在 1713 年以前一直交战不断。1869 年,该公司将这一地区的土地出售给了加拿大自治领(the dominion of Canada),但公司的经营还在继续。

hue and cry　喊捉声　早期英格兰普通法中捉拿重罪犯的程序,要"吹号角和大声呼喊"("with horn and with voice", *hutesium et clamor*)。维持治安的官员或普通民众都可以首先高喊捉贼;听到喊捉声者,无论何人,均有义务骑马或徒步搜查和捉拿罪犯。1827 年,这些主要法规以及这些法规的修正法(1285 年,1585 年,1735 年)均被废除,但"民众有义务捉拿罪犯"("citizen's arrest")这一因素一直延续了下来。

Hugh of Lincoln, St（1140—1200）.　林肯的圣休（1140—1200）　主教。休出生在勃艮第(Burgundy),并且在维拉尔伯诺伊特(Villard-Benoît)的一座女修道院接受教育。他 19 岁时成为执事,随后在圣马可希曼(Saint-Maximin)获得的一块小农地上盖起了一座小修道院。1160 年在访问了大沙特勒斯修道院(Grand Chartreuse)之后,成为了加尔都西会修士(Carthusian)。由于仰慕他的圣名,1175 年亨利二世任命他为萨默塞特郡威特姆(Witham)加尔都西会修道院院长,该修道院也是英格兰第一座加尔都西会修道院。1186 年休当选为林肯主教区主教,不久即开始对主教座堂进行重建。据说,他十分关心麻风病人,亲自照顾他们,还经常与他们一起进餐。1190—1191 年间,英格兰全国范围内出现了迫害犹太人现象,休对此予以了谴责。他去世 20 年后,教皇洪诺留三世(Pope Honorius III)正式宣布他为圣徒,他也是第一位加尔都西会圣徒。

Hugh de puisset　休·德·皮塞　See PUISSET, HUGH DE.(见休·德·皮塞)

Huguenots　胡格诺派　该术语起源不明。胡格诺派是一群讲法语【有的讲瓦隆语(Walloon-speaking)】的加尔文派新教徒,他们经历了两个世纪的迫害,希望到那些对于宗教改革态度宽容的国家的寻求庇护。1572 年圣巴塞洛缪惨案（St Bartholomew's Day massacre）之后，第一波到达不列颠的避难者被已在伦敦、坎特伯雷以及诺里奇（Norwich）建立的法国人教堂接收。此后，法国相对平静的状态仅仅持续到 1661 年，当时法国正式开始坚决逐步取消胡格诺派教徒的诸多特权，这一政策到废止《南特赦令》（Edict of Nantes，1685 年）时达到顶峰。此后，涓涓细流般的移民潮逐渐汇成洪水般移民潮，然后全部迸发出来。据估计，大约有 40,000 到 50,000 名胡格诺教徒到英格兰定居，大部分定居在伦敦。胡格诺教徒对于他们新的东道国有着高度的积极性，并且创造了可观的经济财富。今天，虽然伦敦仅留存下来一座法国人教堂，但是诸多的胡格诺教徒的名字，如考陶尔德（Courtauld）和奥利维耶（Olivier），却是尽人皆知。

Hull, Kingston upon　赫尔河畔金斯顿　See KINGSTON UPON HULL.（见赫尔河畔金斯顿）

'humanism'　"人文主义"　"人文主义"这个术语通常用于描述主要与15、16 世纪文艺复兴相关的道德、文学价值以及技艺。它包含着以下内容：热情提倡希腊和拉丁古典文学；与使用逻辑的方法相比，更喜欢用修辞的方式来令人感到信服；相信文学教育将会使人变得更好；对人的尊严和价值持乐观态度。

文艺复兴时期的"人文主义"起源于意大利。15 世纪上半叶，人文主义通过与意大利的文学和教会联系传播到英格兰。起初，一些英格兰赞助者付钱给意大利的书记员和抄写员，让他们为自己抄写古代手稿和新近的文本。亨利五世最小的弟弟格洛斯特公爵汉弗莱（Humphrey, duke of Gloucester，1390—1447 年）雇佣抄写员，比如蒂托·利维奥·弗鲁洛维斯（Tito Livio Frulovisi）、安东尼奥·贝卡利亚（Antonio Beccaria）、利奥纳多·布鲁尼（Lionardo Bruni）和皮埃尔·坎迪多·德琴布里奥（Pier Candido Decembrio）为他抄写文本。

大约到 1500 年时，在中世纪被忽视的修辞、诗歌教学和那些古典作家在牛津大学和剑桥大学受到重视。1491 年，威廉·格罗辛（William Grocyn，约1449—1519 年）从意大利回来后把希腊语学习引进牛津大学。皇家医生和牛津大学学者托马斯·利纳克尔（Thomas Linacre，约 1460—1524 年）不仅用拉丁语写作,还鼓励良好的医疗实践。1511 年至 1514 年间,约翰·费希尔(John Fisher)招募荷兰著名人文主义者德西德里乌斯·伊拉斯谟(Desiderius Erasmus, 约 1466—1536 年)到剑桥大学教授希腊语。

16 世纪第一个四十年,英国人文主义发展到顶峰。约翰·科利特(John Colet,1467—1519 年)在意大利学习希腊语,并大约从 1497 年开始在牛津大学教授希腊语;从 1504 年起,作为圣保罗大教堂的教长,他重建了圣保罗公学(St Paul School),所安排的新课程以古典学习为基础。托马斯·莫尔(Thomas More,1478—1535 年)是一位非常著名的人文主义世俗律师,而非神职人员,与伊拉斯谟建立了友谊,1516 年写作了这次运动中最令人不可思议的文学幻想作品《乌托邦》(Utopia)。托马斯·埃利奥特爵士(Sir Thomas Elyot,约 1490—1546 年)用英文写作了《治人者》(The Book Named the Governor),书中许多有关教育和政治方面的论文可以和当时欧洲流行的作品相媲美。

到 16 世纪中期,人们不可能再将"人文主义"说成是一个独立的实在物,因为它的影响实在太广泛了。文艺复兴时期学习古典语言和编辑古典文本的技艺已被普遍接受。人们都相信,通过大量接触希腊语和拉丁文学,再辅之以充满活力的体育运动,将会造就出身体健康、品行高尚的年轻人,这种观念一直延续到 20 世纪下半叶。

Humberside 亨伯赛德郡 根据 1972 年的《地方政府法》新建立的郡。该郡是以郡自治市赫尔(Hull)和格里姆斯比(Grimsby)为中心建立起来的,面积包括得自于约克郡东赖丁(East Riding of Yorkshire)的广阔腹地,得自于林肯郡的林齐(Lindsey)之部分地区,以及原为西赖丁(West Riding)之一部分的古尔(Goole)。这种行政区域的改变当时遭到许多人的反对,尤其遭到林肯郡北部地区人们的反对,在投票中表示反对意见的比例超过 2∶1。1981 年,试图将两个部分连接在一起的亨伯桥(Humber bridge)开通。1996 年,亨伯赛德郡被废除。

Humble Petition and Advice 《恭顺的请愿和建议书》 1657 年初,护国政体(Protectorate)时期第二届议会制定的第二部成文宪法。起初,它的主要目的是使克伦威尔成为国王,但也建议成立由克伦威尔提名组成的新的第二个议院

【"另一个议院"（"the other house"）】。克伦威尔非常希望拥有一部能够对议会权威施加影响的宪法，《施政文件》（*Instrument of Government*）只是军队的宪法，但《施政文件》要求他要么全盘接受，要么全盘否定，而克伦威尔并不想成为国王。他巧妙地把谈判拖延了六个星期，直到议会同意让他把这个新的宪法冠上旧名。至于继承问题，克伦威尔通过授权他提名自己的继任者得以解决。

Hume，David（1711—1776）． **大卫·休谟**（**1711—1776**） 哲学家和历史学家，一个严厉的长老派地主的小儿子。18 世纪 20 年代，休谟在爱丁堡大学失去了他的基督教信仰。他的《人性论》（*Treatises of Human Nature*，1739—1740年）犀利地批判了当代形而上学，为真正实证性人性理解的描述扫清了道路。他那大部头的《英格兰史》（*History of England*，1754—1763 年）是一本在畅销一个多世纪后，已被人们遗忘了的杰作。总之，休谟想向他的同时代人介绍一种"持怀疑主义的辉格党原则"，作为对党派狂热和商业盟友的矫正。

Hume，Joseph（1777—1855）． **约瑟夫·休姆**（**1777—1855**） 典型的中产阶级议会激进派分子。作为一位坚定的功利主义者（Benthamite），休姆在议会是一位不倦的演说家，是各种委员会、压力团体（pressure groups）和为了提升自由事业而寻求结盟的人的组织者。在他所从事的这些自由事业中，包括废除《结社法》（Combination Acts），主张天主教徒解放，《济贫法》（Poor Law）改革，英国圣公会与政治分离，废除《谷物法》（Corn Laws），实行自由贸易，扩大选举权，节省政府开支，市政改革以及创建伦敦大学，等等。

hundreds **百户区** 在诺曼征服（Conquest）以前以及在此后许多世纪里，百户区是大多数英格兰诸郡基本的下级行政区划。在诺森伯兰郡、达勒姆郡和坎伯兰郡，与之相对应的区划被称作"区"（"ward"）；在丹麦法区（Danelaw）六郡，称"百户邑"（"wapentakes"）。《埃德蒙法典》（*laws of Edmund*，约 940 年颁布）里第一次提到百户区这一名称。它们有可能源于在较早时期发生的一次地方政府的重组。在中世纪的大部分时间里，百户区的主要职能是司法上的。百户区法庭通常每三周开一次庭，履行着少许的民事案件审判权。百户区法庭的衰落经历了漫长的过程,直到维多利亚时期才以立法(尤其指 1867 年颁布的一项法令)的形式将之解散。

Hundred Years War 百年战争 这个描述 1337—1453 年间英法敌对状态的术语是在 18 世纪 60 年代创造出来的,此后被广泛认可。当卡佩王室(Capetian)嫡系后裔中的最后一代人在 1328 年绝嗣时,爱德华三世通过其母亲与卡佩王室的血缘关系,对法国王位提出了权利要求。这场战争爆发于 1337 年,主要原因是爱德华在阿基坦的封地在法兰西国王分封体制下的归属问题;同时,王朝的野心,以及英格兰人对法国人介入苏格兰事务感到愤怒,也是助推战争爆发的重要原因。然而,直到 1340 年 1 月爱德华三世才采用了法国国王这一头衔,而且在一开始时似乎赢得了佛兰德尔反叛者对自己事业的支持。爱德华三世对法国的军事行动确实是成功的,但是当 1369 年战争重启时,法国人则占据了上风,这种局面一直持续到亨利五世取得一系列胜利(1415—1419 年)为止。根据双方签订的《特鲁瓦条约》(treaty of Troyes),亨利五世成为法国国王查理六世(Charles Ⅵ)的继承人和摄政。从 1420 年到 1435 年,英格兰人控制着法国北部的大部分地区,而且亨利六世 1431 年时在巴黎加冕。阿拉斯会议(Congress of Arras)之后,圣女贞德(Joan of Arc)取得一系列军事上的胜利,加之勃艮第公爵(duke of Burgundy)的背叛,英格兰的力量遭到削弱。1450 年英格兰人被赶出诺曼底,1453 年又被赶出加斯科涅(Gascony)。虽然英格兰人控制的地区只剩下了加莱(Calais,到 1558 年),但在 1802 年以前,历代英国国王都一直自称为法国国王。

Hunsdon, Henry, Carey, 1st Baron(1526—1596). 亨利·凯里,第 1 代亨斯顿男爵(1526—1596) 亨斯顿的母亲是玛丽·博林(Mary Boleyn),因此他是伊丽莎白的表兄。因玛丽·博林有一段时间曾是亨利八世的情妇,所以有传言说他与伊丽莎白是同母异父的兄妹。伊丽莎白继承王位后,他被封授男爵爵位,1561 年又被授予嘉德勋位(Garter)。1568 年,他被任命为贝里克(Berwick)行政长官。次年,他在卡莱尔(Carlisle)附近赢得对伦纳德·戴克斯爵士(Sir Leonard Dacres)的一场重要胜利,后者是北部伯爵叛乱(rising of the northern earls)的主要领导者之一。在 1588 年西班牙"无敌舰队"（Armada）入侵英格兰的危机中，他在蒂尔伯里（Tilbury）负责指挥英军。

Hunt，Henry（1773—1835）. 亨利·亨特（1773—1835） 激进的改革者。"演说家"亨特是威尔特郡一位绅士出身的农场主，他坚持主张需要对现有政治体制进行彻底改革，而改革的基础是实行普选权、每年召开议会以及实行无记名投票。1816—1817 年，他在伦敦温泉场（Spa Fields）先后领导了三次声势浩大的反政府示威游行。他因在彼得卢（Peterloo）集会中扮演了非常重要的角色而被逮捕，并在伊尔切斯特监狱（Ilchester gaol）坐了两年半的牢。在经历数次竞选议员的失败后，1830 年他代表普雷斯顿（Preston）进入议会，他反对 1832 年的《改革法案》（Reform Bill），认为这只是一个折衷的法案，没有关注到工人阶级的利益。

Hunt，William Holman（1827—1910）. 威廉·霍尔曼·亨特（1827—1910） 画家，家中长子，父亲为仓库管理人。1844 年进入了皇家艺术院艺术学校（Royal Academy Schools），在那里他遇见了密莱司（Millais）和罗塞蒂（Rossetti），并和他们一起创建了拉斐尔前派兄弟会（Pre-Raphaelite Brotherhood）。亨特策划了兄弟会的绘画技艺，即采用鲜艳的色彩和没有那么明显的光影对比度。在他所有最广为人知的作品中，《世界之光》（*The Light of the World*）、《牧羊人》（*The Hireling Shepherd*）在维多利亚时期的不列颠一再被大量重印。

hunting 狩猎 See BEAGLING（见携猎兔犬打猎）

Huntingdon，Henry Hastings，3rd earl of（1536—1595）. 亨利·黑斯廷斯，第 3 代亨廷登伯爵（1536—1595） 亨廷登有着王室血统，并且可以算得上是在能够继承王位人选的范围之内。他的曾祖母是克拉伦斯公爵（duke of Clarence）之女，也是爱德华四世的侄女。1559 年他以其父亲的男爵身份被招入议会，1560 年继承了其父的爵位。两年后，当人们都认为染患天花的伊丽莎白女王将难逃一死之时，便商讨将身为新教徒的亨廷登立为下一任君主，以此将苏格兰女王玛丽排除在外。后来,伊丽莎白女王痊愈,亨廷登成为其忠实的仆从。

Huntingdon, Lady（1707—1791）. **亨廷登夫人**（1707—1791） 即塞利娜·雪莉（Selina Shirley）,亨廷登家族首位伯爵夫人,第 2 代费勒斯伯爵（the 2nd Earl Ferrers）的女儿,1728 年嫁给第 9 代亨廷登伯爵（卒于 1746 年）。尽管她有贵族背景,但是她的财产并不多,且她是恋爱结婚。受妯娌玛格丽特·黑斯廷斯夫人（Lady Margaret Hastings）的影响,她改变了信仰,于 1739 年在费特巷（Fetter Lane）加入了卫理公会。后来她结识了卫斯理家族（Wesleys）的一些人,包括威尔士的布道者豪厄尔·哈里斯（Howell Harris）和乔治·怀特菲尔德（George Whitefield）。她在许多地方建立了礼拜堂,比如布赖顿（Brighton, 1761年）、巴斯（1765 年）、坦布里奇韦尔斯（Tunbridge Wells, 1769 年）、伍斯特（1773年）、伦敦的温泉场（Spa Fields, 1779 年）。1768 年以后,在受训于多位牧师之后,她在自己在塔尔加斯（Talgarth）附近的特里维卡（Trevecca）建立的学院里任职。她共建立了 60 座礼拜堂,她去世之后,许多礼拜堂连同她建立的学院都保存了下来。

Huntingdonshire 亨廷登郡 在 1972 年与剑桥郡合并前,亨廷登郡的人口在英国诸郡中排列倒数第三位。该郡的起源几乎可以肯定地追溯到罗马统治时期的一个定居点。就在该定居点,分别起自剑桥和桑迪（Sandy）的两条道路在埃尔迈恩街穿乌斯河而过之前与其交汇在一起。在该地兴起的戈德曼彻斯特（Godmanchester）几个世纪以来,与在桥北发展起来的亨廷登城形成了时而呵护,时而竞争的关系。该地区先是落入东盎格鲁人王国之手,后又被麦西亚王国所统治。9 世纪晚期,该地区遭到丹麦人的劫掠。920 年,威塞克斯国王长者爱德华（Edward the Elder）再次征服了这一地区,并在这里修建了防御工事。到 10世纪中叶,这里出现了一座铸币厂,并形成了一个交易市场。在《盎格鲁—撒克逊编年史》的 1101 年纪事中,首次提到了亨廷登郡这个名称,当时该地再次遭到丹麦人的劫掠。到"末日调查"（Domesday survey）时期,亨廷登已是王国境内最大的城镇之一。

亨廷登郡绝大部分地区依然保持着乡村风情。乌斯河流经该郡,郡西部是肥沃的耕地,东部是优良的牧场。1822 年,科贝特(Cobbett)附和了 16 世纪 80 年代时卡姆登(Camden)的话语,对亨廷登周围的牧场赞不绝口,称这是"我这辈子见到过的最美的牧场"。戈德曼彻斯特城和金博尔顿(Kimbolton)的发展可谓步履蹒跚,但其他数个日益繁荣的城镇似乎抑制了亨廷登的发展——圣艾夫斯(St Ives)和圣尼茨(St Neots)依然保持着相当的规模,而东北部的拉姆齐(Ramsey)的规模更是大得多。

Huntly, George Gordon, 4th earl of [S] (1513—1562). 乔治·戈登,第 4 代亨特利伯爵【苏格兰】(1513—1562) 戈登的母亲是苏格兰詹姆斯四世的私生女。1542 年,亨特利在哈登瑞格(Hadden Rigg)成功击败了英格兰人,并在詹姆斯五世去世后成为摄政,但是 1547 年在平其克鲁(Pinkie Cleugh)战役中被萨默塞特(Somerset)俘获。1546—1549 年,他担任苏格兰大法官,1561 年复任大法官,但玛丽女王从法国回来之后,他失去了玛丽的宠信。当玛丽女王将莫里伯爵爵位(earldom of Moray)封赐给她的同为私生子的兄弟詹姆斯·斯图尔特勋爵(Lord James Stewart)之时,对该伯爵爵位同样提出权利要求的亨特利于是举兵反叛。他的军队在克里奇(Corrichie)战败,战斗甫一结束,亨特利就因为"身材臃肿、肥胖,呼吸急促"而去世。

Huntly, George Gordon, 2nd marquis of [S] (1592—1649). 乔治·戈登,第 2 代亨特利侯爵【苏格兰】(1592—1649) 英国内战期间,亨特利在苏格兰发挥的作用不大,这有些令人感到奇怪。他早年大部分时间是在詹姆斯一世的宫廷中度过的,后来又去了法国。1632 年,他成为苏格兰阿博因子爵(Viscount Aboyne),1636 年继承其父爵位成为第 2 代亨特利侯爵。由于他在东北部地区有着广泛的影响力,查理一世钦点他为国王在北部的代理人。但是他为人自负,喜怒无常,并且优柔寡断。在 1639 年爆发的规模不大的战斗中,他被蒙特罗斯(Montrose)完败,后来与圣约派(covenanters)站在了一起。怀恨在心的亨特利一直对蒙特罗斯刻意逢迎,使王室在苏格兰的事业受到严重削弱。1647 年亨特利被捕,1649 年 3 月被斩首。

Huskisson, William (1770—1830). **威廉·赫斯基森**(1770—1830) 赫斯基森的父亲是来自斯塔福德郡的一名乡绅,并且赫斯基森有自己的一份事业。法国大革命爆发之际他正在法国,在那里他结识了驻法大使同时也是斯塔福德郡人的高尔勋爵(Lord Gower)。1792 年他们返回英格兰时,赫斯基森受雇帮助法国难民,同时结识了坎宁(Canning)、皮特(Pitt)和邓达斯(Dundas)。1795 年他成为战事副国务大臣(under-secretary for war),1796 年进入议会。他虽然不善言谈,但作为行政管理者,他还是为自己赢得了良好的声誉。1809 年他随坎宁离开政府,又在 1814 年回归,担任职位相对卑微的林地和森林委员会委员,在这个位置上他一直干到 1823 年。接下来,他担任了贸易委员会主席。坎宁去世后,戈德里奇(Goderich)让他出任了殖民地大臣(colonial secretary)和议会下院领袖。这时的赫斯基森已经成为主张实行自由贸易的托利党的一名领导人。他在威灵顿(Wellington)的政府中继续担任原来的职务,但是双方的分歧越来越大,在议会改革问题上的分歧尤其突出,1828 年 5 月他递交辞呈,威灵顿则迫不及待地予以了批准。1830 年 9 月,在利物浦到曼彻斯特的铁路开通仪式上,他被"火箭"号(*Rocket*)机车撞倒,遭碾压身亡,当时他"看上去似乎手足无措"。赫斯基森性格内向,行动笨拙,在当时的贵族圈子里,他就是个怪人,但他也是一位有着非凡才能的人。

Huxley, T.H. (1825—1895). **托马斯·亨利·赫胥黎**(1825—1895) 生物学家,达尔文(Darwin)的坚定追随者,散文作家,公众人物,圣贤,维多利亚时代最杰出的科学家之一。在大体接受过一段教育之后,他依靠一份奖学金在伦敦学习医学,并成为一名海军外科医生。他在英国皇家海军舰船"响尾蛇"号(*Rattlesnake*)上担任助理医师,当时这艘舰船正在从事对澳大利亚海域勘测工作,期间他捕捞海洋无脊椎动物,并对之加以描述和分类。离开海军之后,他试图谋求一份学术职位,后来被安排在一所矿业学院(School of Mines)任职,这所学院即是伦敦帝国理工学院(Imperial College, London)的前身。1859 年以后,他成为达尔文《物种起源》(*Origin of Species*)的著名捍卫者。

Hwicce, kingdom of the **赫威赛人王国** 盎格鲁—撒克逊王国,版图与伍斯特主教区大致相当。最早被记载下来的国王伊恩赫尔（Eanhere）及其兄弟伊恩弗里德（Eanfrid）都是 7 世纪后半叶的人物，赫威赛人的王国可能是在麦西亚人的帮助下建造的。目前所知有五代统治者，期间出现过数次兄弟共治的情形。赫威赛人看来越来越受到麦西亚人的控制，最后一些独立的赫威赛人统治者是以藩属王的身份，出现在麦西亚国王埃塞尔鲍尔德（Æthelbald）和奥法（Offa）颁发的特许状中的。

Hyde, Anne（1637—1671）．**安妮·海德**（1637—1671）　虽然她自己没有长命百岁成为女王，但是她的两个女儿玛丽（生于 1662 年）和安妮（生于 1665 年）都成为了女王。她的父亲是爱德华·海德（Edward Hyde），即克拉伦登伯爵（earl of Claredon）和查理二世的大法官。安妮遇上了约克公爵詹姆斯（James, duke of York），她此时是长公主玛丽的侍女，后者既是英格兰王室的公主也是奥兰治的公主（princess of Orange）。安妮的婚礼直到 1660 年 9 月才举行，此时她已有 8 个月的身孕，怀的是个男孩，但这个孩子在婴儿时期就夭折了。佩皮斯（Pepys）认为这位新公爵夫人相貌实在平平，而她很快又变得肥胖起来，1688 年他如此评论道："除了遮阴布，约克公爵任何事情都被他的妻子牵着鼻子走。"

Hyde Park riots, 1886．**海德公园骚乱**（1886）　帕默斯顿（Palmerston）去世后不久，罗素勋爵（Lord Russell）政府出台了第二个《改革法案》（*Reform Bill*），扩大了选举权范围。由于对该法案不满的自由党的反对，导致罗素政府在 1886 年 6 月垮台，议会中占少数席位的保守党执政，德比勋爵（Lord Derby）出任首相。7 月 23 日，改革同盟（Reform League）号召在海德公园举行大型集会，却发现公园已被关闭。集会者拆毁了栏杆，并在公园里和警察发生了冲突。内阁成员斯坦利勋爵（Lord Stanley）评论道，这仅仅是"一次恶作剧而不是一次有预谋的骚乱，或者说，这与其说是一次恶作剧或一次有预谋的暴动，还不如说是一次简单的胡闹"，一名警员在这次事件中被杀害。不过，当 1867 年发生更大的骚乱时，内政大臣斯潘塞·沃波尔（Spencer Walpole）被迫辞职。

Hyndman，Henry Mayers（1842—1921）. **亨利·迈耶斯·海因德曼**（1842—1921）社会主义者。出生在富裕的家庭，他通过阅读《资本论》（*Das Kapital*），转变成为马克思主义信仰者。1881年他以《英国是全体英国人民的英国》（*England for All*）作为书名，出版了概述《资本论》之大意的著作，并将之散发给参加第一次（社会）民主联盟【（Social）Democratic Federation】会议的代表们，以使他们来信仰社会主义。从1884年起，他负责编辑英国著名的宣传马克思主义的杂志《正义》（*Justice*）。作为一名坚定的反帝国主义者，他反对布尔战争（Boer War），但后来他支持英国参加第一次世界大战，结果使自己与大多数社会主义者同伴的关系变得疏远起来。

Hywel（d.949/50）**海韦尔**（卒于949/50）海韦尔（约生于904年）是统治威尔士大部分地区的国王，以海韦尔·迪达（Hywel Dda），即"好人"（"the Good"）闻名。他是圭内斯（Gwynedd）的国王罗德里·莫尔（Rhodri Mawr）的孙子，他和自己的兄弟从他们的父亲卡德尔（Cadell）那里继承了塞萨尔格（Seisyllwg）。大约904年时，他将自己的权威扩展到了达费德（Dyfed），当时他还娶了埃伦（Elen），她可能是达费德末代国王之女。942年，当圭内斯和波伊斯（Powys）两个王国的国王被英格兰人杀死之后，这两个王国也落入到了他的手中。面对维金人的威胁，海韦尔把英格兰国王长者爱德华（Edward the Elder，918年）和阿塞尔斯坦（Athelstan）视为他的领主。与阿尔弗雷德（Alfred）国王一样，他在928年也访问了罗马；阿尔弗雷德编订法典的例子可能促进了威尔士法的法典化，而这一传统也应归功于海韦尔。现存最早的"海韦尔·迪达法律"（"The Laws of Hywel Dda"）文本可以追溯到13世纪，但是其中有些内容貌似更古老，可能已经被海韦尔编纂过。

I

ice hockey　冰球运动　冰球运动于 1880 年由麦吉尔大学(McGill University)开创,并在加拿大和美国迅速普及开来。1903 年,英国组织了小型的冰球联赛,苏格兰举行的第一场冰球比赛是在 1908 年。不列颠冰球协会(British Ice Hocky Association)成立于 1914 年,1920 年这项运动被列入奥林匹克运动会比赛项目。

Iceni　爱西尼人　爱西尼人为不列颠部落,也是罗马统治时期的一个行政区。该部落的铸币带有 ECEN 或 ECENI 的名称,说明该部落的活动范围限于诺福克地区以及萨福克与剑桥的部分地区。该部落之最早被提及,可能是在凯撒(Caesar)关于其对不列颠进行远征的记述中。凯撒提到了一个名为森内马尼人(Cenimagni)的部落。爱西尼人最初与罗马入侵者的交往并非不睦,爱西尼国王普拉苏塔古斯(Prasutagus)成为了罗马的藩属王。然而,在普拉苏塔古斯去世之际,其王国被并入罗马行省,此举加之罗马人的其他所谓暴行,引发了爱西尼人的暴动,而领导这场暴动的是普拉苏塔古斯的遗孀布狄卡(Boudicca)。爱西尼人发动的这次暴动,无疑使罗马人推迟了赋予其作为一个行政区而享有的自治地位的计划。然而,该部落最终还是被赋予了自治地位,其首府位于凯斯特圣埃蒙德(Caistor St Edmund),即温塔艾斯诺拉姆(Venta Icenorum)。

ice-skating　滑冰运动　滑冰的最古朴的形式可以回溯到数世纪之前,当时的冰鞋是由动物的骨骼制成的。18 世纪时,滑冰开始流行开来,1842 年成立了伦敦滑冰俱乐部(London Skating Club)。1885 年在汉堡举行了首届国际速度滑冰比赛,1924 年速度滑冰被列入奥林匹克运动会比赛项目。1877 年曼彻斯特的一处冰场开业后,大量的冰场被建立起来。

Icknield Way　伊克尼尔德驿道　这一古道起于泰晤士河中部,穿过奇尔特恩(Chiltern)地区,向北抵达亨斯坦顿(Hunstanton)附近的沃什湾(Wash)。尽管有说法称该驿道起源于史前时期,但最早直至铁器时代之前,存在如此之长的古道令人怀疑,至少作为一体化的完整古道很难令人信服。

Ida（d.c.559）　艾达（约卒于 559 年）　伯尼西亚国王(约 547—约 559 年在位)。伯尼西亚王室的创建者,随后的伯尼西亚诸王,以及奥斯威(Oswiu)统治之后有王谱存续的诺森伯里亚诸王均声称是其后代。比德认为,艾达于 547 年登上王位并统治了 12 年。在诺森伯里亚传统中,艾达与对班堡(Bamburgh)附近地区的征服有所联系。

Idle, River, battle of the　艾德尔河战役　See RIVER IDLE, BATTLE OF THE.（见艾德尔河战役）

impeachment　弹劾　弹劾是由议会上院进行的审判方式,它由议会下院发起,下院呈递起诉状并安排筹划。首个明确的弹劾案发生在 1386 年,即对萨福克伯爵米歇尔·德·拉·波尔(Michael de la Pole, earl of Suffolk)的弹劾,但在 17 世纪时,伴随着君主与议会之间的斗争,弹劾在实践中成为普遍现象,当时有许多王室大臣——培根(Bacon)、米德尔塞克斯【Middlesex, 克兰菲尔德(Cranfield)】、斯特拉福德(Strafford)以及丹比(Danby)——受到弹劾。对沃伦·黑斯廷斯(Warren Hastings)的弹劾持续 7 年之久,最终以无罪开释而告终,这使得人们对弹劾的诉讼程序产生了质疑,而 1806 年指控梅尔维尔子爵亨利·邓达斯(Henry Dundas, Viscount Melville)贪污的弹劾则是最后一例弹劾案。

imperialism　帝国主义　在 19 世纪晚期以前,人们并不是按照其现代的含义来使用"帝国主义"这个术语的。在此之前,该术语通常是指拿破仑·波拿巴

（Napoleon Bonaparte）的侵略。当然,这并不意味着该术语不能被回溯性地使用,例如,用来描述斯图亚特以及汉诺威时期不列颠帝国（British empire）的发端与壮大;不过,人们习惯上把这些过程称为"殖民化"（"colonization"）。帝国主义这个术语本身也具有更为宽泛的含义。它通常指获得领土,但也可意指获得领土之后权力或影响力的扩张。举例来说,"经济帝国主义"（"Economic imperialism"）就是指经济体扩张使其在金融上控制其他经济体的过程。

　　人们对帝国主义有多种不同方式的解释。传教士曾经把不列颠帝国的成功归之于上帝的意旨;"社会达尔文主义者"（"Social Darwinists"）认为,这证明了不列颠种族"最适"（"fittest"）生存。然而,对帝国主义的最热门的理论解释是经济学上的。帝国主义的根源在于不列颠工业革命之后随之而来的商业扩张,这在世界范围内给英国带来了物质利益,同时也需要英国去维护帝国的安全。后来,根据 J.A.霍布森、马克思主义者以及部分资本主义者如罗德斯（Rhodes）的说法,由于资本主义开始"过度生产"而工业国家开始为市场相互竞争,这种维护帝国安全的需要极度增强。不过,这类说法存在争议。

　　大约在 1900 年前后,帝国主义达到顶峰之际,它同时也具有了某种本土性特征。英国人忘记了旧时的拿破仑帝国主义观念并开始为他们自己的帝国主义而自豪。这种自豪最为粗鄙的形式表现在极端爱国主义（jingoism）之中;不过,它也有更为可靠的一面。所有主要的政党——甚至工党——都发展出了帝国主义的派别。

　　时至 1902 年,一个明显的事实在于:帝国已经扩张到濒临崩溃的极限,帝国主义者也由扩张转变为维稳。一派帝国主义者主张帝国的联邦化,这种联邦化包括经济层面【通过帝国特惠制（imperial preference）】、军事层面甚至政治层面。就其设想的多民族帝国而言,这些帝国主义者中的许多人都具有高度的理想主义,甚或自由主义。他们中的某些人希望第二次世界大战之后的英联邦能够实现这一切,但从长期来看,却只能落于失望。

　　imperial preference　帝国特惠制　这是 19 世纪晚期、20 世纪早期最热门的万灵妙策。帝国主义者通过对从殖民地进口的产品征收比其他对象更低的关税,把帝国联合在一起。约瑟夫·张伯伦（Joseph Chamberlain）从 1903 年起就支持这一主张,但这里却存在着一个障碍,那就是英国此时依然坚持自由贸易。人们根本无法赋予更多的特惠关税。张伯伦希望对于进口谷物征收关税,并力图使其成为可能,但却在 1906 年的大选中被选民拒绝,因为这意味着面包将更加昂贵。因此,帝国主义者不得不等待,直至 1932 年,这时食物进口关税再一次被普遍引入。此后,帝国的贸易增加了,尽管这或许并不能完全归因于这项政策。第二次世界大战后,这项政策逐渐消亡,这既是 1947 年时美国主导签订的关税及贸易总协定(General Agreement on Tariffs and Trade)的压力所致,也是英国于 1973 年与其竞争的贸易体——欧洲经济共同体——相融合的结果。

Imphal, battle of, 1944.　因帕尔战役(1944)　1944 年 3 月,日军第 15 军在牟田口廉也(Mutaguchi)的指挥下,向前推进渡过钦敦江(river Chindwin)进入印度,逼近因帕尔。斯利姆(Slim)率领的英军第 14 集团军对日军的出现颇感意外,但斯利姆的三个师仍能于 4 月 4 日时占据了因帕尔城周边的防御阵地。次日,日军对因帕尔展开围攻,但双方经过激烈的近距战后,日军的围攻于 6 月 22 日解除。日军的进攻力量在因帕尔遭到重创,被迫重返缅甸。

impositions　附加税　都铎王朝时期,君主终身都会得到经议会批准的被称为吨税和磅税(tonnage and poundage)的关税补助金。然而,由于通货膨胀致使王室收入减少,所以君主们不得不转而寻求征收附加税——即对进口货物额外征税的特权,这种税由玛丽一世首征。议会下院从未承认这类未经议会同意而加以征收之税的合法性,而这类税也成为议会与詹姆斯一世及查理一世长期摩擦的原因之一。1641 年颁布的《吨税和磅税法》(Tonnage and Poundage Act)最终宣布征收附加税为非法。

impropriations　圣俸转交俗人　这是指将圣俸交给世俗业主,而非拨付给修道院。当修道院解散之际,许多拨付给修道院的圣俸被转移到私人手中,这给作为大主教的马修·帕克(Matthew Parker),举例来说,约束伊丽莎白朝臣的贪婪造成巨大的困难。领受圣俸的俗人,正如 1713 年时特尼森(Tenison)所述,因亟于猎取廉价而且通常是无关紧要的助理牧师而闻名。19 世纪 30 年代辉格党的一项卓有成效的改革规定,教区牧师应该常驻教堂。

Inchiquin, Murrough O'Brien, 1st earl of [**I**] (c.1614—1674). **默罗·奥布赖恩,第 1 代英奇昆伯爵【爱尔兰】**(约 1614—1674)   英奇昆是一位清教徒,在 1641 年爱尔兰起义(Irish rising)后混乱的时局中,他是数位扮演半独立角色的军事指挥官之一。他拿起武器反抗天主教联盟(catholic Confederacy),在芒斯特(Munster)遭到数次失败。正如他期望的那样,他因管辖芒斯特而被查理一世宽恕,此后,英奇昆于 1644 年 7 月加入议会一方,并与蒙克(Monck)一起协作在 1647 年于马洛(Mallow)附近的诺克曼努斯(Knockmanus)赢得了一场针对天主教联盟军队的重要胜利。然而,英奇昆于次年再次加入王党。当克伦威尔(Cromwell)登陆后,英奇昆遭流放,此后他又于 1654 年被查理二世晋封为伯爵爵位,皈依天主教并为法国人而战。在王朝复辟时期,他在爱尔兰的地产被归还,同时还有大量的补偿。

income tax   所得税   所得税于 1799 年由威廉·皮特政府引入,用以资助对法战争。新税的需求是英国军队空前高昂的支出以及支付给盟友的高额补助金造成的。许多人认为所得税不过是战争时期暂时的应急手段,而事实上议会于 1816 年废止了所得税,并且要求负责税收事务的专员们销毁他们的记录。

增加税收依然对财政大臣造成困扰。1842 年,罗伯特·皮尔爵士(Sir Robert Peel)建议"在一段有限的时间里,国家的收入应该为消除这种不断增长的罪恶(赤字)有所贡献"。自 1842 年始,财政大臣一直没有解除所得税。

1853 年,尽管迪斯累里(Disraeli)建议到 1860 年时废除所得税,但克里米亚战争的军费支出促使格莱斯顿(Gladstone)继续保留了该税。政府用于防卫的支出继续增长,而在 1906 年以后,防卫与社会福利的开销极速上升。1909 年,戴维·劳合·乔治(David Lloyd George)的"人民预算"("people's Budget")第一次根据收入能力的不同等级征收所得税。第一次世界大战期间,所得税率的变更在一定程度上抵销了战争的开支。最高的个人税率以"超额税"("supertax")之名而为人所知,同时,因卷入战时活动而繁荣的公司则必须缴纳超额利润税(Excess Profits Duty)。

尽管两次世界大战期间所得税税率有所变化,但第二次世界大战期间,政府一方面要求有更多的税收,同时又要限制通货膨胀。后一种挑战源于通过谋取更高工资来弥补货物与服务的不足。1941 年出现了一种新型的征税形式:补偿性战后信贷(reimbursable post-war credits),税率为每镑 10 先令(50 便士),用以增强储蓄。但还款却十分缓慢,许多纳税人为了他们的钱财甚至等待长达 20 年之久。同时,附加税税率则上升至每镑 19 先令 6 便士。

1945 年后,的确出现了税率标准降低的情况,不过,税率一直高于早先的和平时期。

Indemnity and Oblivion, Act of, 1660. 《补偿与赦免法》(1660)　由于有太多的要求需要满足,经过长期流亡后的王朝复辟常常使王党分子感到失望。在《布雷达宣言》(declaration of Breda)中,查理二世曾承诺实行大赦,"查理二世在位第 12 年第 11 章法令"则使大赦生效,以"埋葬所有导致未来混乱的种子"。然而,该法忽略了共和国(Commonwealth)期间许多土地所有权已经发生变更的问题,这使得为此遭受重大损失的王党分子嘲笑该法是在补偿敌人,赦免朋友。

Independent Irish Party　独立爱尔兰党　独立爱尔兰党是爱尔兰议会党(Irish National Party)的前身,通过艾萨克·巴特(Isaac Butt)与巴涅尔(Parnell)的联合而产生。该党于 1852 年由大约 40 位爱尔兰议会下院议员组成,致力于支持佃农联盟运动(Tenant League campaign)并废除《教阶等级法》(Ecclesiastical Titles Act)。然而,由于天主教徒与新教徒之间的矛盾,自由党与保守党各自支持者之间的矛盾,以及支持优先进行土地改革而非处理宗教问题的人士之间的矛盾,独立爱尔兰党严重分裂。支持优先进行土地改革而非处理宗教问题的人被其支持者称为"爱尔兰旅"("the Irish brigade"),其诋毁者则称其为"教皇的铜管乐队"("the Pope's brass band")。

Independent Labour Party(ILP)　独立工党　这一党派成立于 1893 年在布拉德福德(Bradford)召开的一次大会,这次大会共有 120 名代表参加,主要来自北方工业区和苏格兰,由基尔·哈迪(Keir Hardie)主持。由于长期缺乏党派经费且在地方及议会选举中取得的胜利极为有限,独立工党于 1900 年开始主动组建劳工代表权委员会(Labour Representation Committee)。随着 1914 年第一次世界大战的爆发,独立工党中相当多的成员,包括拉姆齐·麦克唐纳(Ramsay MacDonald),均采取了和平主义者的立场。有些人参与到民主控制联盟(Union of Democratic Control)之中,因此加强了工党与左翼自由党之间的接触。

对于第二届工党政府(1929—1931 年)的失望加速了独立工党左倾化并使其成员在议会中纷纷造反。结果,独立工党在克莱德塞德派(Clydeside)吉米·马克斯顿(Jimmy Maxton)的鼓动下,于 1932 年脱离工党。到 1935 年,独立工党呈现出一种新马克思主义者的特征,其成员只有不到 5000 人,只到之前人数的四分之一。

India 印度 印度或印度斯坦,依希腊人以印度河河谷所命之名,其占主导地位的文明为印度教与佛教,不过,自 11 世纪始,印度臣服于来自北方穆斯林的征服。这些征服者中最为著名的是莫卧儿人(Mughals),他们于 1526 年建立了自己的帝国。在大发现时代,第一批抵达这里的是葡萄牙人,他们以果阿(Goa)为中心发展出了一个海运帝国。17 世纪早期,荷兰人取代了葡萄牙人,但就荷兰人在爪哇(Java)的核心利益而言,印度只是其外围。自 17 世纪一十年代起,英国东印度公司开始进入印度,而法国人也于 17 世纪 60 年代到达印度。从 18 世纪 20 年代开始,莫卧儿帝国(Mughal empire)的实力开始衰落。在欧洲,这一时期的法国和英国自身均处于战争之中,而它们各自的公司则通过与莫卧儿帝国后继诸土邦建立联盟来延续两国之间的冲突。最初,杜布雷①(Dupleix)领导下的法国人占据了上风。然而,自 18 世纪 40 年代始,在罗伯特·克莱武(Robert Clive)赢得一系列军事胜利后,英国的公司开始时来运转。法国人构成的主要威胁在 1760 年的万达瓦西(Wandewash)战役后被彻底消除。在接下来的 30 年中,英国人对在这种形势下应如何运作有些犹豫不决。然而,在法国大革命与拿破仑战争(Revolutionary and Napoleonic wars)期间,英国人抓住了机遇。到了 1818 年,随着马拉塔帝国(Maratha empire)被击败,东印度公司赢得了在印

---

① 杜布雷(Dupleix, Joseph-Francois, 1697—1763),法国殖民官员,法属印度总督。——译者注

度的支配地位。然而,在 1857 年印度兵变(Indian mutiny)之后,东印度公司被废除,其在印度享有的统治权被移交给英国王室。19 世纪时,印度无疑是英国最重要的殖民地。第一次世界大战后,英国的军事和经济地位都开始衰落,而在圣雄甘地(Mahatma Gandhi)的领导下,印度兴起了大规模的民族主义运动。早在 1920 年,英国便开始为实施"负责任的自治"("responsible self-government")铺路,到了 1935 年,已经为印度最终建国制定了计划。然而,第二次世界大战缩短了这一移权的计划,并导致极为仓促的撤离。英属印度被分割为巴基斯坦和印度两个自治领,而印度于 1947 年 8 月 15 日独立。

India Bill,1783. **《印度法案》(1783)** 这是东印度公司进行的一次失败的改革,法案基本是由埃德蒙·伯克(Edmund Burke)起草的,并由福克斯—诺斯(Fox-North)联合政府引入。反对派认为,该法案所创立的监管权会进一步巩固联合政府的权力,故而表现出十分严重的担忧。该法案之所以在 1783 年 12 月未能获得议会上院通过,其原因在于乔治三世对其内阁的憎恶以及他在暗中施加的压力:他放话说任何人投票赞成该法案都将会被他视为敌人。先前与皮特(Pitt)的秘密谈判使国王立刻解散了联合政府。

Indian mutiny 印度兵变 1857 年 5 月 10 日,孟加拉军团的印度士兵枪杀了他们的英国指挥官并进军德里(Delhi),意图使年迈的莫卧儿皇帝巴哈杜尔·沙(Mughal emperor,Bahadur Shah)复位。尚存"忠诚"的军队无法平息起义,故不得不从中国征召援军。直至 1857 年 12 月,科林·坎贝尔爵士(Sir Colin Campbell)的军队才重新占领恒河流域(Ganges valley)的战略要地。造成这次兵变的原因在于,英国当局试图强制执行英式的军纪——这一著名的在弹药之上涂抹动物油脂的问题只是更广泛的问题的一个表象。1857 年的兵变事件是印—英关系的分水岭。此后,英国人开始质疑推进印度快速社会转型的可行性,并以日益增长的怀疑态度对待他们的印度臣民。军队则被重组以利英国人监督。

Indulf(d.962) **英多尔夫(卒于 962 年)** "苏格兰"国王(954—962 年在

位)。其父亲是康斯坦丁二世(Constantine II),其母亲(可能)是丹麦人。他继承了马尔科姆一世(Malcolm I)之位,并把王国的领地向南扩展至福斯湾(Firth of Forth),将爱丁堡囊括其中。在他统治时期,斯堪的纳维亚人的入侵再起。一支维金人舰队在巴肯(Buchan)被击败,但英多尔夫本人却在"因弗库伦"("Invercullen")与一支挪威军队作战时战死。

indulgences　赎罪券　赎罪起源于罗马法观念,兴起于十字军时代——最早的例证出现在1063年,赎罪成为中世纪晚期每位十字军战士,以及朝圣者必须履行之义务的组成部分。在忏悔圣事、赦罪以及苦行之后,教会还代表上帝给予有罪之人在免于原罪之后不可避免的"暂时性惩罚"。后来,赎罪制度被普遍滥用,通常是金钱性的,使得人们的宗教义务成为一种程式化的东西,而赎罪券受到16世纪宗教改革家们的普遍抨击。

Industrial Relations Act, 1971.　《劳资关系法》(1971)　该法是由新近胜选的保守党政府设计的,旨在削弱工会在与资方谈判中的实力。该法的制定,缘起于早先时候政府在执政过程中遇到的一些问题,比如过度的工资要求,未经官方许可举行的罢工以及各工会之间发生的争端等。根据该法,工会必须进行注册才能保持它们的法律特权;在罢工前,工会成员必须举行无记名投票,有效贯彻冷静期(cooling-off period)。

industrial revolution　工业革命　1837年,路易·奥古斯特·布朗基(Louis-Auguste Blanqui)使用了工业革命这一术语,来描述英国于此前半个世纪在社会与经济生活方面发生的变化。在阿诺德·汤因比(Arnold Toynbee)的《18世纪英国工业革命讲稿》(*Lectures on the Industrial Revolution of the Eighteenth Century in England*)于1884年出版后,该术语被广泛使用。关于工业革命的精确时段及其意义的争论,反映出学者们在试图证明究竟是何种原因引发了英国由农业占主导地位的社会转型为快速城市化的国家而付出的努力:前者生计的主要资源来自于土地,而后者的财富则来源于商业和制造业。

工业革命的标志是使用煤作为能源的来源。煤转化为焦炭后,不仅使得熔炼更廉价的铁矿成为可能,而且同时生产出了民用煤气,这种资源自19世纪开始被用来照明。燃煤锅炉提供的蒸汽动力用于矿井排水、工厂机器以及火车头,使得生产的速度加快,而那些重复性的生产活动也不再令人感到枯燥乏味,进而极大地增加了产出。与这些变化联系尤为紧密的是棉纺业,制造了大量的廉价产品。

与工业革命同时发生的是社会变化。18世纪末至19世纪中叶,创造出了许多新的工作岗位,这些新的工作岗位来源于对新技术的广泛应用,比如煤气制造、化学工业、运河与铁路运输以及纺织业。工业生产的新方法同样需要大量人群迁往城市。有些既有的城镇,比如曼彻斯特,扩张得十分迅速,而新的城镇也不断涌现,比如默西赛德郡(Merseyside)的圣海伦斯(St Helens)。快速的城市发展也造成了许多前所未见的问题,比如过度拥挤的住宅问题,卫生设施不足问题以及法律与秩序问题,等等。

为什么在18世纪下半叶会发生这些变革?以及这些变革为何会发生于英国?对于这些问题,许多历史学家、地理学家以及政治经济学家一直都在致力于做出解释。出于对主要潜在原因的探寻,促使人们把经济活动与社会发展结合起来仔细研究,包括地理决定因素,对非国教徒的宗教歧视,动力来源方面的技术创新以及读写能力的发展,等等。

与此相对的是,其他的历史学家开始对工业革命概念本身发起了挑战。例如,N.F.R.克拉夫茨(N.F.R.Crafts)以及其他人通过应用计量经济学技术,证明英国经济生活发生的变化频率很低。技术和组织领域的创新只是在不同的经济部门中零星出现的,这表明关于革命的想象似乎并不合适。

Ine(d.726)　伊尼(卒于726年)　威塞克斯王国国王(688—726年在位)。伊尼的声誉奠定在法律与教会两大基础之上。他的统治自688年开始,延续了很长时期,共37年,而且他有十足的自信把王位让给年轻人,而自己则前往罗马朝圣并最终在那里去世。他的法律令人印象深刻。阿尔弗雷德(871—899年在位)是伊尼兄弟的后代,在起草他本人关于公正法律的声明时,使用了伊尼的法令。在教会领域,伊尼本人主持召开了西撒克逊人的第一次宗教会议,并且在舍伯恩(Sherborne)建立了主教区,服务于他在塞尔伍德(Selwood)以西的臣民。伊尼法典包含的内在证据显示出对教会法的深切关注。如果没有使婴儿受洗或是没有付给教会应得的捐税,都要被施以重罚。他的法律也体现出对吸收到王国中的威尔士人地位的极大关注。很明显,法典中提到的威尔士人是指西撒克逊国王根据日耳曼法律,接收并统治的西部地区的不列颠居民。伊尼有时也奔忙于东南地区。694 年,他迫使肯特人支付了一大笔赔偿金,因为他们谋杀了西撒克逊王子穆尔(Mul),穆尔是伊尼前任国王的兄弟。不过,伊尼主要努力的地方和取得的成就还是在威塞克斯的中心地带以及西南地区。威塞克斯王国的学术活动因受到马姆斯伯里(Malmesbury)修道院院长奥尔德赫姆(Aldhelm)的鼓舞而繁荣起来,奥尔德赫姆后来成为舍伯恩(Sherborne)主教区的首任主教。伊尼取得的最主要的成就是完成了对德文的政治征服,在接下来的大约一代人时间里,撒克逊人在军队的保护下,稳定地迁移到西南富饶的河谷地带并过上了农业定居生活。

Inkerman, battle of, 1854. 因克尔曼战役(1854) 1854 年 11 月,英法联军的一支部队围攻克里米亚的塞瓦斯托波尔(Sebastopol)。11 月 5 日,一支俄军在缅希科夫(Menshikov)的率领下对因克尔曼发起进攻。尽管俄军具有人数上的优势,大概为 50,000 名俄军对 15,000 名联军,但俄军的协同攻击能力却很糟糕。联军援军的抵达最终迫使俄军撤退,俄方损失大约 12,000 人,而联军方面为 3400 人。

Inns of Court 出庭律师公会 起源于中世纪时期的法律机构,位于伦敦,负责出庭律师(barristers)的教育。这些机构一开始时是被用来提供食宿的地方,也是学院、俱乐部和公会的交汇地。最初共有 20 多个有名的出庭律师公会,但存在下来的只有 4 个,分别是内殿律师公会(Inner Temple)、中殿律师公会(Middle Temple)、格雷律师公会(Gray's Temple)以及林肯律师公会(Lincoln's Temple)。在 15 世纪,这些出庭律师公会逐渐开始承担起培养学生的职责,而在今天,任何有志于成为出庭律师的人都必须首先加入其中一个公会。当学生被认为适合从事法律职业时,他便被其公会"招收"("called")到律师界中,并有权在高级别的法庭中履职。

inoculation　疫苗接种　See VACCINATION（见疫苗接种）

Instrument of Government　《施政文件》　即成文宪法，奥利弗·克伦威尔（Oliver Cromwell）正是依据它于 1653 年 12 月 16 日成为护国公（lord protector）的。《施政文件》的起草者是兰伯特少将（Major-General Lambert），兰伯特还参与起草了军队先前的《军队建议纲目》（*Heads of the Proposals*）。与《军队建议纲目》一样，《施政文件》也是一份旨在限制君主权力的方案，而且它最初称克伦威尔为国王。克伦威尔拒绝了王冠，但最终接受在《施政文件》的条款下担任护国公。

　　这些条款包括：克伦威尔应该在国务会议的建议下进行统治，国务会议的成员由施政文件指定的成员组成；在克伦威尔去世之际，其继承人由国务会议选举产生；立法权被赋予了一个代表英格兰、威尔士、苏格兰以及爱尔兰的一院制议会（single-chamber parliament），议会至少每 3 年选举一次，选举人必须有财产资格限制；民族教会将继续保留，但保障新教不从国教者信仰之自由。

intercursus magnus and intercursus malus　大通商条约　这是亨利七世与勃艮第大公腓力（Archduke Philip of the Burgundy）之间签订的条约，主要是为了鼓励英格兰与低地国家（Low Countries）之间的贸易。在 1496 年签订的第一份条约中，腓力同意不支持英格兰王位的觊觎者珀金·沃贝克（Perkin Warbeck），限制征收通行费，以及为商人提供快速补偿。不过，双方之间贸易的困难依旧存在，而 1506 年签订的第二份条约允许英格兰出口呢绒免除关税，但这份条约并未被批准。1507 年签订的第三份条约重申了 1496 年协议的条款。

interdict　褫夺教权的禁令　由教皇颁布的禁令，可以在不同的层面上实施。一般的禁令只能由教皇施加。当"狮王"威廉（William the Lion）于 1178 年拒绝教皇提名者担任圣安德鲁斯主教之际，教皇亚历山大三世把苏格兰置于禁令之下；1206 年当约翰拒绝斯蒂芬·兰顿（Stephen Langton）担任坎特伯雷大主教时，英诺森三世发布了针对英格兰的禁令。对苏格兰的禁令历经 10 年以妥协收场，而英诺森的禁令禁止了除为婴儿施洗以及为临终者告解之外的所有圣事。

约翰对该禁令进行了强烈抵抗,但在 1213 年,由于为男爵们的反对所困扰,约翰彻底投降,同意把他的王国作为教皇的附庸。这份禁令于 1214 年解除。

Interregnum　空位期　有时,空位期是指君主制于 1649 年 2 月被废除至查理二世于 1660 年 5 月复辟这段时期。王党分子则坚称查理二世在其父被处决之后便已立即继位为王。

在苏格兰,1290 年 9 月"挪威少女"玛格丽特女王(Queen Margaret,the Maid of Norway)去世后,有两个空位期。第一个空位期一直延续到 1292 年 11 月约翰·巴利奥尔(John Balliol)被提名为苏格兰国王;第二个空位期从 1296 年 7 月约翰·巴利奥尔被爱德华一世废黜开始,持续至 1306 年 3 月布鲁斯家族的罗伯特一世加冕为止。

'Intolerable Acts',1774.　《强制法》(1774)　这些法令是英国政府对波士顿茶党案(Boston Tea Party)所做的回应。《波士顿港口法》(*Boston Port Act*)、《马萨诸塞政府法》(*Massachusetts Government Act*)以及《马萨诸塞司法法》(*Massachusetts Justice Act*)暂时关闭了波士顿港,以王室任命的委员会取代了民选议会,同时允许对士兵与官员的重罪审判可以转移至马萨诸塞之外。

Invergordon mutiny　因弗戈登兵变　由于 1931 年政府强制大幅削减薪饷,致使英国大西洋舰队(British Atlantic fleet)的士兵在苏格兰的克罗默蒂湾(Cromarty Firth)军港拒绝继续履职。降薪的幅度后来被轻微调整。兵变的头目被开除出海军。

Inverlochy,battle of,1645.　因弗洛奇战役(1645)　蒙特罗斯(Montrose)于 1644 年 9 月在阿伯丁(Aberdeen)取得的胜利乃是一场洗劫,由于受到阿盖尔(Argyll)亲自率领的优势兵力的追击,蒙特罗斯很快继续机动作战。当圣约派(covenanters)因冬季到来而撤退之际,蒙特罗斯经他人劝说,下定决心,大胆深入到因弗拉里(Inverary)附近坎贝尔(Campbell)地区的核心地带。1645 年 2 月 2 日,蒙特罗斯借助本内维斯山(Ben Nevis)的掩护,在因弗洛奇彻底击败了阿盖尔的军队。

Inverurie, battle of, 1308. 因弗鲁里战役（1308） 这是苏格兰国王罗伯特一世对巴肯伯爵约翰·科明（John Comyn, earl of Buchan）所取得的一场决定性胜利，时间大约在 5 月 23 日。在他躲避于斯利奥赫（Slioch）之际，罗伯特能够得以在返回因弗鲁里附近的巴肯之前，占领马里沿岸平原以及黑岛（Black Isle）上的据点，故而能击溃巴肯伯爵的军队。这场战役使得罗伯特得以控制了北方。

Investiture contest 授职权之争 历史学家用这一术语指称 11 世纪时，教会改革者——诸如格列高利七世（1073—1085 年）那样的教皇站在了改革的最前沿——试图使从属于世俗世界的教会获得自由而引发的冲突。对教会改革者而言，这种从属关系以授职仪式为象征。在这项仪式中，新任主教或修道院院长要从俗世统治者手中接受象征该职位的牧杖和戒指，这实际上是俗世统治者任命了他。在德意志和意大利，这场帝国与教廷之间冲突的时段长达 50 年。在英格兰，国王与诸如安瑟伦（Anselm）那样的教会改革者之间的冲突，时间相对较短，于 1107 年通过妥协而告终。亨利一世宣布放弃其授职权，然而，一如以往那样，高级教士的挑选依然要符合王室的意愿并要向国王宣誓效忠。

Iona 艾奥纳 563 年，圣科伦巴（St Columba）在艾奥纳岛建立了一座修道院，该修道院一经建立，便成为了凯尔特基督教的中心，还把传教士派往苏格兰与诸森伯里亚。尽管 800 年前后维金人残酷的劫掠使居住于艾奥纳岛变得更加危险，但该修道院一直到 9 世纪时始终声名赫赫。根据传统，苏格兰国王继续埋葬在这里，而苏格兰国王马尔科姆三世（Malcolm III）的妻子玛格丽特为能拥有这座修院而感到十分高兴。

1204 年，艾奥纳岛上建造了一座新的本笃会修道院，随后又建造了一座奥古斯丁会修女院，这使得艾奥纳岛再次财运亨通。自 14 世纪起，艾奥纳岛修道院与群岛领主（Lords of the Isles）联系紧密，而这里有时也是群岛主教座堂的所在地。中世纪晚期，艾奥纳岛是伟大的雕塑中心。随着 1493 年领主权的丧失以及宗教改革的缘故，艾奥纳岛修道院开始真正衰落。

Ipswich 伊普斯威奇 萨福克郡的一座城镇,位于奥韦尔(Orwell)河口。这是不列颠最早的后罗马时期的城镇之一,起源于 7 世纪,为贸易港口【威奇(wic)】。在大约 650 年至 850 年间,该城不仅规模大,而且十分富裕,但在中世纪盛期及晚期,其重要性下降。在都铎和斯图亚特王朝时期,伊普斯威奇城作为港口和呢绒城镇迎来了其第二个全盛期,是英国 6 个最大的郡治城市之一。

Iraq 伊拉克 伊拉克是土耳其帝国的一个组成部分,第一次世界大战时是战斗激烈的战场,英国人于 1917 年占领了巴格达。一战结束之际,这块领土成为了国际联盟的托管地。从 1921 年到 1958 年费萨尔二世(Faisal II)遇刺,该国实行君主制。第二届工党政府于 1929 年宣布将于 1932 年结束托管,1932 年当年伊拉克将作为独立国家加入国际联盟。托管被一份英伊条约所取代,根据这份条约,英国在伊拉克设置了军事基地,英国对伊拉克的控制直至第二次世界大战之后。1979 年萨达姆·侯赛因(Saddam Hussein)上台,1990 年萨达姆进攻科威特(Kuwait)从而引发海湾战争(Gulf War)。在联合国的支持下,英国出兵介入了这场战争。2003 年第二次海湾战争爆发,英国和美国出兵干预,用了三周的时间推翻了萨达姆政权,然而,伊拉克进入到稳定、和平以及民主的状态却步履维艰。

Ireland, Government of, Act, 1920—1921. 《爱尔兰政府法》(1920—1921) 从由政策替换需求产生的 1800—1801 年《联合法》(Act of Union)到第三个《地方自治法案》(Home Rule Bill)——该法案于 1914 年被悬置,不再为南爱尔兰民族主义者的意见所支持,1920—1921 年的《爱尔兰政府法》是实行的第一次重要宪政改革。制定该法的目的是为处于东北部地区的 6 个郡以及处于南部和西部地区的 26 个郡建立两个权力下放的政府。核心权力将依然由威斯敏斯特议会(Westminster Parliament)掌握,在议会选举中将实行比例代表制(proportional representation),同时将建立一个爱尔兰议会(Council of Ireland)。但该法被爱尔兰众议院(Dáil)否决,并被 1921 年的《英—爱条约》(Anglo-Irish treaty)所取代。《爱尔兰政府法》在 80 年的时间里为北爱尔兰的存在提供了合法性基础。

Ireland, high kings of　爱尔兰至尊国王　虽然一般人感觉爱尔兰"至尊国王"十分重要,但中世纪早期的爱尔兰并不具有能够有效统治整个爱尔兰的君主。不过,乌伊尼尔(Uí Néill)作为最强大的王朝——该王朝统治该岛的北半部分,常常能够迫使大部分其他地区的国王臣服。然而,布赖恩·博罗(Brian Boru)打破了乌伊尼尔的主宰地位,而在11世纪与12世纪,爱尔兰的至尊国王通常都是"带有对手"的。最后一位至尊国王是罗里·奥康奈尔(Rory O'Connor),这位至尊国王在位的时间正值1169年盎格鲁—诺曼人入侵爱尔兰之际。

Ireland, lordship of　爱尔兰的领主权　爱尔兰第一次进入历史,与5世纪时基督教的引入有关,而对此加以记述的文献则被归于不列颠传教士圣帕特里克(St Patrick)。在此之后,爱尔兰发展成为一个读写能力达到较高水平的社会,为我们留下了大量的拉丁文献和方言作品。7至8世纪,深受圣经影响的法律文书则为我们勾勒出了一个等级程度日益强化的社会。

居于社会等级最高位的是王(kings),整个社会都是以这些人为中心运转的。爱尔兰的土地上有许多王,法律文书为之界定了三个等级:地方小国之王(kings of petty local kingdoms),统领许多小国的王上王(overkings)以及"王上王之上的王"("kings of overkings"),这些人有效地统治着一整片地区。尽管法律几乎极少提及全爱尔兰的至尊国王(high king of all Ireland),但数世纪以来一直占据主导地位的王朝乌伊尼尔(Uí Néill,根据地在爱尔兰北半部分)的确宣称,有时也能够以强力实现对全岛的霸权,这是明显的事实。他们的霸权被突然崛起的芒斯特王布赖恩·博罗(Munster king Brian Boru,卒于1014年)所粉碎。

8世纪末维金人的入侵,似乎曾一度使整个爱尔兰陷入可能倾覆的地步。当然,维金人增加了战争的密集程度,而且通过在都柏林(Dublin)、沃特福德(Waterford)、利默里克(Limerick)、韦克斯福德(Wexford)以及科克(Cork)的城镇发展,原本在很大程度上是农村经济的区域得到了额外的财富。后来,维金人的飞地被吸收到爱尔兰的政治结构之中,而能够成功控制这些飞地的爱尔兰王在同其他对手竞争至尊国王地位时,便获得了较大优势。在都柏林,情况尤其如此,10世纪晚期,通常是成功成为至尊国王之人才能确保获得这一地区最高领主的位置。

因为盎格鲁—诺曼人的入侵,这种或许应该被称为民族君主制的演进过程在 12 世纪中期被打断。入侵者由理查德·德·克莱尔(Richard de Clare)率领,克莱尔是彭布罗克伯爵(earl of Pembroke),更为人知的绰号是"强弩"(Strongbow)。适逢此时,1171 年末,亨利二世(他得到了教皇许可得以入侵爱尔兰)亲自来到爱尔兰,他是首位如此行事的英格兰国王,并且确立了英格兰对爱尔兰的领主权。一场大范围的殖民化进程由此开启,其内容包括在爱尔兰引入英格兰的普通法和相关制度。到 13 世纪末,英格兰可能能够有效地统治该岛三分之二以上的地区。

就在此时,英格兰这块殖民地的命运却开始逐渐衰落。与这一变化相伴的是爱尔兰本地领主的权力戏剧性的复兴,他们的文化被许多殖民者所采纳,尽管爱尔兰议会曾多次试图通过立法与之对抗。14 世纪下半叶代价高昂的军事行动也未能扭转这一趋势,而其中两场战役还是由理查二世亲自指挥的。全心全意投入与法国人的战争意味着英格兰在 15 世纪时对爱尔兰政府的承诺,即把资源输入到都柏林周边被称为"佩尔地区"(Pale)的被封锁的飞地,大打折扣。

在盎格鲁—爱尔兰共同体中日益增长的分离主义倾向,于 1460 年一份议会独立的宣言中到达高潮【尽管在 1494 年《波伊宁斯法》(Poynings's Law)的段落中才对之加以抑制】,致使基尔代尔(Kildare)的诸伯爵成为掌握"佩尔地区"实权的人,尽管他们在名义上只是国王的代理人。基尔代尔权贵的支配地位一直延续到 1534 年第 9 代伯爵之子托马斯·菲茨杰拉德(Thomas FitzGerald)发动叛乱为止,这次叛乱也成了亨利八世摧毁基尔代尔权贵的借口。1536 年召开的爱尔兰"改革议会"("Reformation Parliament")宣布亨利为教会的至尊,而在 1541 年该议会第一次赋予英格兰君主爱尔兰国王的头衔【与领主(lord)相对】,这一过程也使中世纪的领主制走向终结。

Ireland Act,1949. **《爱尔兰法》(1949)**   继 1948 年 9 月爱尔兰自由邦(Irish Free State)政府宣布建立共和国之后,该《爱尔兰法》作出保证,未经北爱尔兰议会的同意,北爱尔兰的宪法地位不会改变。自 1969 年以来,每隔一段时间,该保证均被频繁地重申,尽管措辞变为:未经多数选民同意,北爱尔兰的宪法地位不得改变。然而,该法从未彻底打消联合派(unionist)的疑虑,他们一直处于担心英国背叛的担忧之中。

Ireton, Henry(1611—1651). **亨利·艾尔顿**(1611—1651) 在查理一世举兵诺丁汉两个月之前,艾尔顿也在诺丁汉被议会任命为骑兵指挥官,由此卷入内战。埃尔顿参加了埃吉山(Edgehill)战役,并在纽伯里(Newbury)的第一次战斗中负伤,同时,他很快成为克伦威尔最信任的副官之一。1646 年,埃尔顿与克伦威尔的女儿布里奇特(Bridget)结婚。布尔斯特罗德·怀特洛克(Bulstrode Whitelocke)把他描述为杰出的实干家,是能对克伦威尔产生巨大影响的人物。在 1647 年 11 月的帕特尼全军辩论(Putney army debates)中,他发挥了突出作用,针对极端派和平等派者的主张,坚决捍卫财产权。第二次内战的爆发,使他确信与查理无法妥协,1649 年 1 月,他签署了国王的死刑令。他随同克伦威尔前往爱尔兰,并在克伦威尔于 1650 年 5 月返回英格兰后,继续负责爱尔兰的相关事务。艾尔顿于次年死于热病。

Irish Constabulary / Royal Irish Constabulary(after 1867). **爱尔兰警队/皇家爱尔兰警队**(1867 年后) 爱尔兰警队创建于 1836 年,最初的警力大约有 7500 人,这一数字在 1850 年升至 12,358 人,最后固定在 10,000 人左右。这支警队力量与英国的警队不同,他们全副武装并由中央掌控。1867 年,出于对芬尼亚起义(Fenian rising)期间警队行动的认可,这支队伍被冠以"皇家"("Royal")的前缀。1919—1921 年间,皇家爱尔兰警队担负着抗击爱尔兰共和军(Irish Republican Army)大屠杀的重任,死亡大约 416 人,近 700 人负伤。1922 年,《英—爱条约》(Anglo-Irish treaty)得到伦敦和都柏林批准之后,这支警队被解散。

Irish Famine **爱尔兰饥荒** See FAMINE, IRISH(见爱尔兰饥荒)

Irish Free State, 1922—1948. **爱尔兰自由邦**(1922—1948) 根据 1921 年 12 月的《英爱条约》(Anglo-Irish treaty),爱尔兰西部和南部的 26 个郡被赋予自

治全权,得以拥有防卫武装,爱尔兰自由邦借此而成立。该邦最初的岁月,即从1922 年 12 月到 1923 年 4 月,见证了惨烈内战的结束。自由邦政府执行的策略,特别是死刑的执行,使得冲突长期存在。此后,由于压倒性的天主教农业人口以及东南诸郡被排除在外,自由邦相当稳定。盖尔人协会(Cumann na nGaedhael①,1922—1932 年执政)和共和党(Fianna Fail,自 1932 年起执政)政府均采取了贸易保护主义的经济政策以及认可天主教的社会政策。20 世纪 30 年代,德·瓦莱拉(De Valera)的政府通过废除对王室的誓约以及废除总督而成功地放宽了《英爱条约》的内容。1937 年的宪法建立了事实上的共和国,而其在国际事务中的独立地位因其在第二次世界大战期间所持的中立政策而被确认。1948 年 9 月,在渥太华(Ottawa)的新闻发布会上,联合政府最终宣布建立共和国。

Irish Home Rule 《爱尔兰地方自治法案》 自艾萨克·巴特(Isaac Butt)领导的地方自治运动协会(Home Government Association)于 1870 年成立以来,"地方自治"(Home Rule)这一模糊不清的术语便体现了宪政民族主义者的诉求。"地方自治"缘起于 19 世纪 40 年代丹尼尔·奥康奈尔(Daniel O'Connell)的"废除联合法运动"("Repeal Movement")。与丹尼尔·奥康奈尔一样,1870 年至 1918 年间的地方自治论者从未清楚准确地表明 1800—1801 年的《联合法》(*Act of Union*)应该进行何种形式的修订。当时形成的共识认为,运动的策略应该建立在赢得英国议会让步的基础上,实施方式为影响议会下院议员以及在下院中树立发挥实际作用的爱尔兰代表。然而,在 19 世纪 70 年代,巴特领导的处于萌芽期的党派及其领导地位均未能取得成效。自 1881 年始,地方自治运动在其最具超凡魅力且独断专行的领袖查尔斯·斯图尔特·巴涅尔(Charles Stewart Parnell)的引领下,进入最为成功的时期。通过对爱尔兰土地联盟(Irish Land League)的领导,巴涅尔能够为下院的爱尔兰议员提供群众支持。格莱斯顿(Gladstone)依赖爱尔兰党派来延续其执政地位,巴涅尔利用这点使其于 1886 年提出第一个《地方自治法案》(*Home Rule Bill*)。这份法案只允许有限的权力下

---

① 爱尔兰语,即"Society of the Gaels"。——译者注

放:英国政府依然保留对爱尔兰的安全、外交政策和金融机构的管控。尽管这一法案没能在下院获得通过,它却代表着爱尔兰民族主义的胜利以及对爱尔兰可以实行自治的承认。自 1886 年始,随着新的保守党政府的出现,巴涅尔的党派失去了影响力并且由于巴涅尔卷入奥谢离婚案(O'Shea divorce case)而陷入分裂。1893 年,格莱斯顿提出第二个《地方自治法案》,这份法案在议会上院惨遭否决。在 1893 年至 1910 年期间,执政的托利党和自由党政府还考虑了更多的有限自治形式,同时,文化民族主义在爱尔兰的发展开始挑战议会党派的霸权。由 1910 年至 1911 年议会上院改革而引发的宪政危机,致使再次出现了依赖爱尔兰议会党(Irish Parliamentary Party)的自由党以少数党地位执政的局面,这使得第三个《地方自治法案》得以提出。1912—1914 年,由于托利党在背后支持的阿尔斯特(Ulster)叛乱,使得英国政治中的爱尔兰地方自治进程经受了重大考验。到 1914 年,围绕爱尔兰地方自治法案的斗争进入最后阶段,可能造成暂时或长期分离危险的内战似乎成为仅有的选择。当第一次世界大战的因素介入之际,《地方自治法案》已经被收入法令汇编,但它在战争期间被悬置起来。随着复活节起义(Easter Rising)的爆发,劳合·乔治做了另一种尝试以期达成协议,但这一尝试再次因分离问题而失败。到 1918 年末,局势因爱尔兰议会党的瓦解以及新芬党(Sinn Fein)要求超越于地方自治的解决方案而改变。1920—1921 年的《爱尔兰政府法》按东北部和南部把议会分割开来,以此力图达成地方自治的协议:具有讽刺意味的是,北方的亲英人士接受了这份法令。至今,爱尔兰海(Irish Sea)两岸依然能够感受到地方自治失败的后果。

Irish Land League,1879—1882. **爱尔兰土地联盟**(1879—1882) 爱尔兰土地联盟成立于农业萧条之际,成立联盟的目的是为了维护佃户的权利,包括缴纳公平地租的权利和佃户的土地保有权的保障等。联盟的势力在爱尔兰西部和南部大部分地区得到扩展,把大小农场主的利益、地方性城镇与乡村的利益统合起来。联盟针对领主征收高额地租而采取的联合抵制策略,迫使格莱斯顿(Gladstone)于 1881 年提出了他的《土地法》(*Land Act*),同意了联盟的许多诉求。联盟的主席巴涅尔(Parnell)接受了修订版的《土地法》,但基于 1882 年的《基尔曼哈姆条约》(*Kilmainham treaty*),他拒绝进一步对联盟进行鼓动,这在实质上终结了土地联盟运动。

Irish National Party（Irish Parliamentary Party）　爱尔兰议会党　爱尔兰议会党始于 1870 年,最初由艾萨克·巴特(Issac Butt)的地方自治运动协会(Home Government Association)领导,不过,该党于 1880—1890 年间在巴涅尔(Parnell)的领导下才转变为纪律严明的成功政党。巴涅尔于 1890—1891 年失势后,爱尔兰议会党分裂为相互争斗的宗派,直到约翰·雷德蒙(John Redmond)时该党才恢复统一。当 1912 年第三个《地方自治法案》(*Home Rule Bill*)被提出,爱尔兰议会党即将取得成功之际,它却在阿尔斯特(Ulster)遭到实质性反对,同时保守党对该法案的反对也使其受到打击。在第一次世界大战中,该党支持英国政府,结果遭到日益厌恶战争的民众的谴责,在 1918 年的大选中,该党被新芬党(Sinn Fein)击败。

Irish rebellion,1798.　爱尔兰起义（1798）　这场起义发生在 1798 年的夏季,卷入其中的起义者人数在 30,000 到 50,000 人之间,政府军的人数大约为 76,000 人。起义的知识分子领袖来自于亲法的爱尔兰人联合会运动(United Irish movement,1791 年),这些人最初都是中产阶级和市民,以及倾向于实行宪政改革者。18 世纪 90 年代,随着非暴力改革的可能性消失,爱尔兰人联合会运动建立起了自己的武装。由于政府的暴行,特别是 1798 年 4、5 月间对煽动行为和密谋的镇压,起义突然就爆发了。起义的中心主要有两处:一处在阿尔斯特(Ulster)东部,起义者在安特里姆(Antrim)与巴利纳欣奇(Ballynahinch)被彻底击败;一处在伦斯特(Leinster)南部,起义军的主力于 6 月 21 日在韦克斯福德郡(Wexford)的维尼格山(Vinegar Hill)被击败。法国人于 8 月在梅奥郡(Mayo)的基拉拉(Killala)登陆,但为时已晚。这次起义进一步破坏了威廉·皮特治下爱尔兰地方政府的声誉,同时强化了他对于英国与爱尔兰宪制联合的赞同。

Irish rebellions,1641,1848,1867,1916.　1916 年爱尔兰起义（1641,1848,1867,1916）　See KILKENNY, CONFEDERATION OF; O'BRIEN, WILLIAM SMITH; IRISH REPUBLICAN BROTHERHOOD; EASTER RISING.(见基尔肯尼

联盟;威廉·史密斯·奥布赖恩;爱尔兰共和兄弟会;复活节起义)

Irish Republican Army（**IRA**） **爱尔兰共和军** 爱尔兰志愿军（Irish Volunteers）成立于 1913/14 年。复活节起义（Easter Rising）后,被按照一般的军事序列加以整编,该组织以爱尔兰共和军之名为人所知始于 1919 年。1919—1921年英—爱战争（Anglo-Irish War）期间,它成为爱尔兰政府方面决定性的军事力量。以 1921 年 12 月的《英—爱条约》（*Anglo-Irish treaty*）为分界,小部分志愿军组成了临时政府/自由邦军（Provisional Government/Free State Army）,而大部分志愿军则在 1922—1923 年的内战中武装起来对抗新成立的政府,1923 年 4 月的停火暗含着后者的失败。由于在与英王室的关系上究竟是与之分离,还是继续对其效忠的分歧等原因,这一组织依然还有存在的理由。从 1969 年开始,德里（Derry）和贝尔法斯特爆发的暴力活动表明,这一组织依然致力于充当保护天主教少数派的传统角色:各种涂鸦宣称爱尔兰共和军支持"我离开"（"I ran away"）之后,以贝尔法斯特为基地的传统的、民族主义的"临时爱尔兰共和军"（Provisional IRA）与马克思主义的"正式爱尔兰共和军"（Marxist Official IRA）之间出现了分裂,后者收缩或分裂为更小的共和军组织。临时爱尔兰共和军则高调地从事恐怖活动,这些活动在 1972 年的斯托蒙特（Stormont）议会崩溃以及争取分享权力等方面均发挥了作用,但它失去了支持和上升的势头,不得不于1974/1975 年实行不甚成功的休战。由于 1981 年的绝食抗议危机,爱尔兰共和军再度获得较大支持,与新芬党（Sinn Fein）的"阿玛莱特步枪加投票箱政策"（Armalite and ballot policy）一道,共和军也采取了更加政治化的策略。该组织拒绝开始实质性解除武装危害了 21 世纪的和平进程。爱尔兰共和军拒绝解散但同意不使用武器,该组织于 2005 年宣布结束武装斗争。

Irish Republican Brotherhood **爱尔兰共和兄弟会** 爱尔兰共和兄弟会更以"芬尼亚运动"（Fenian movement）而知名。这是一个按照细胞系（cell line）式的组织形态组织起来的秘密社会团体,并成为致力于策划爱尔兰起义的长期性机构。1867 年夭折的爱尔兰起义,1867 年至 1870 年间未获成功的"入侵"加拿大行动,背后均有该组织的支持。它的军事委员会策划了复活节起义（Easter

Rising);许多激进的民族主义者因这次起义失败而谴责该组织,认为它已经没有任何用处了。

Irish Volunteers　爱尔兰志愿军　See VOLUNTEER MOVEMENT(见爱尔兰志愿军运动)

Ironsides　铁军　"铁军"是鲁珀特亲王(Prince Rupert)在马斯顿荒原(Marston Moor)战役(1644年7月)后送给奥利弗·克伦威尔的绰号。这一称号来源于"克伦威尔领导的军队坚不可摧的力量,他们根本无法被突破或分割"。之后,这个称号则扩展到士兵本身——这两个骑兵队在内战爆发之时由克伦威尔在东盎格利亚征召,以其严明的纪律和极度的虔诚而著称。

Irving,Edward(1792—1834).　爱德华·欧文(1792—1834)　爱德华·欧文是宗教领袖,他出生在安嫩(Annan),在爱丁堡大学接受教育。他先后担任过柯科迪学校(Kirkcaldy Academy)校长,格拉斯哥大学圣约翰学院(St John's College)院长助理,伦敦哈顿花园(Hatton Garden)礼拜堂牧师(1822年)。在伦敦,他热情洋溢的布道打动了许多人。欧文确信耶稣即将第二次来临,主张"说方言"("speaking with tongues"),1827年翻译了西班牙耶稣会士的《在荣光与威严中来临的弥赛亚》(*The Coming of the Messiah in Glory and Majesty*)。1828年他回到苏格兰后,被指控为异端,并在1832年时被赶出摄政广场(Regent Square)。他的会众大都追随他创建了使徒公教会或称欧文派(Irvingites)。

Irving,Hery(1838—1905).　亨利·欧文(1838—1905)　亨利·欧文是演员与剧院经理,原名约翰·亨利·布罗德里布(John Henry Brodribb)。1871年,欧文在表演死亡主题剧方面展现出极高的天赋,一举成名。成为伦敦兰心剧院(Lyceum theatre)的承租人和经理后,他安排上演了一系列制作精妙且盛大华丽的剧目,他非常关注演出的细节,雇请最优秀的舞台设计师和作曲家。由于兰心剧院失火造成严重损失,加之他在1898年身患重病,虽经勉力维持,兰心剧院公司还是在1902年破产。

Isabella of Angoulême（c.1188—1246） **昂古莱姆的伊莎贝拉**（约 1188—1246） 国王约翰的王后。伊莎贝拉是约翰的第二任妻子,1200 年 8 月他们结婚时她大约 12 岁。就约翰而言,这一联姻是爱情与外交政策的混合物,因为昂古莱姆位于阿基坦(Aquitaine)的心脏地带,约翰一直致力于维持该地。他们的第一个孩子,即未来的亨利三世,出生于 1207 年。约翰死后,伊莎贝拉回到法国并于 1220 年与拉马什伯爵休·德·吕西尼昂(Hugh de Lusignan,comte de la Marche)结婚,而她之前曾与吕西尼昂的父亲订过婚。

Isabella of France（1292—1358） **法国的伊莎贝拉**（1292—1358） 爱德华二世的王后。伊莎贝拉是法国国王腓力四世(Philip IV)之女,1308 年 1 月,她与爱德华二世在布洛涅(Boulogne)结婚,此时,爱德华二世刚刚即位不久。由于迷恋皮尔斯·加韦斯顿(Piers Gaveston),爱德华对伊莎贝拉很是冷落。尽管如此,他们还是生下了四个孩子。未来的爱德华三世出生于 1312 年。由于受到德斯潘塞父子(Despensers)的影响,她与自己丈夫的关系逐渐疏远,并于 1325 年逃往法国避难。1326 年,她与情夫罗杰·莫蒂默(Roger Mortimer)一起入侵英格兰,轻而易举地横扫了爱德华的势力。伦敦的叛乱有利于她,德斯潘塞父子被处决,爱德华于 1327 年 1 月被废黜并于 1327 年 9 月被谋杀于伯克利城堡(Berkeley castle)。她与莫蒂默以年幼的爱德华三世的名义,统治英格兰长达 3 年。然而,在 1330 年,他们在诺丁汉的政变中被推翻,莫蒂默被即行处决,而伊莎贝拉在进入修女院度过其晚年之前,则安然地过着退隐生活。

Isabella of France（1389—1409） **法国的伊莎贝拉**（1389—1409） 理查二世的王后。伊莎贝拉是法国国王查理六世(Charles VI)的次女,她于 1396 年 11 月成为理查二世的第二任妻子。她结婚时年仅 7 岁,但却说出了"他们告之我说,我将成为一位伟大的妇人"这样的话。理查二世赠送了大量礼物给他这位年幼的新娘,看似真心喜欢她。然而,1399 年 5 月,查理二世前往爱尔兰并在返回后被博林布罗克的亨利(Henry of Bolingbroke)废黜。作为理查的继承人,亨利四世有意让伊莎贝拉与威尔士亲王亨利(Henry,prince of Wales)结婚,但她却于 1401 年返回法国。1406 年,她与其堂兄昂古莱姆伯爵查理(Charles,count of Angoulême）结婚，但在当年 9 月死于分娩。

Isabella of Gloucester（d.1217） 格洛斯特的伊莎贝拉（卒于 1217 年）
国王约翰的王后。伊莎贝拉另外为人所知的名字还有阿维丝（Avice）或哈维丝（Hawisa）等，是第 2 代格洛斯特伯爵威廉（William）最小的女儿以及女性共同继承人。1176 年她与亨利二世的儿子约翰订婚，是年约翰仅有 9 岁，亨利二世很可能为约翰提供了地产。但直至 1189 年两人才举行了婚礼，此时约翰的兄长理查一世已经即位。两人婚后是否曾住在一起，人们对此存有疑问。1199 年约翰成为国王时，伊莎贝拉并未被加冕为王后，次年两人宣告离婚，理由是两人作为表亲，属于被禁止结婚的关系之内。约翰几乎是在与伊莎贝拉离婚的同时，马上与他第二任妻子昂古莱姆的伊莎贝拉（Isabella of Angoulême）结婚的。格洛斯特的伊莎贝拉依然是一位富有的女继承人，而且看起来过着荣耀的软禁生活。然而，1214 年，她作为新娘，被嫁给杰弗里·德·曼德维尔（Geoffrey de Mandeville），这或许是一种报偿。1216 年杰弗里死后，伊莎贝拉又嫁给了休伯特·德·伯格（Hubert de Burgh），但她在婚后不久即去世了。

Isandhlwana 伊桑德尔瓦纳 这座山丘位于南非的彼得马里茨堡（Pieter-maritzburg）以北 75 英里处，祖鲁战争（Zulu War）中一次重要的战役就发生在这里。侵入祖鲁兰地区（Zululand）的英军中路纵队的一部于 1879 年 1 月 22 日遭到祖鲁军队的突然袭击。英军凭借严密的枪弹射击进行防御，最后因弹药用尽，英军溃败，几乎被全歼。

Isle of Man 马恩岛 马恩岛位于爱尔兰海，距离安格尔西岛（Anglesey）48 英里，距离爱尔兰海岸 38 英里，距离苏格兰仅有 20 英里。该岛南北距离大约 30 英里，东西距离 10 英里——换言之，该岛的确比安格尔西岛小，但却比怀特岛（Isle of Wight）大。2001 年该岛的人口是 76,000 人，他们中的许多人是退休人士。从公元 800 年起，该岛便是北欧帝国的组成部分，尽管挪威国王对之的控制断断续续，代议制机构却体现着北欧的影响。1266 年，该岛在拉格斯（Largs）之战后被割让给苏格兰，但苏格兰也未能长久地拥有马恩岛。苏格兰与英格兰一直在争夺该岛,直至 1333 年爱德华三世并吞并持有该岛。索德和马恩(Sodor and Man)主教区建立于 1134 年,一直处于特隆赫姆(Trondhjem)大主教区的管辖之下,但自 15 世纪起被置于约克大主教区的管辖之下。自 1406 年起,该岛属于历代为德比伯爵的斯坦利家族(Stanleys),该家族以"马恩岛领主"(lords of Man)的身份进行统治,1736 年之前一直保有该岛。1736 年后,该岛被转归阿索尔公爵(Dukes of Atroll),然而,为了遏制走私,英国政府于 1765 年购买了该岛并于 1828 年全权控制该岛。

马恩岛是王室财产,在代理总督的管治下拥有广泛的独立权。它有两院制的议会,马恩岛议会(Tynwald),该议会的下院是钥匙议院(House of Keys)。该岛的标志物是三条腿,这个设计出自于古代,有可能回溯至北欧时期。该岛的曼克斯语(Manx language),大体属于凯尔特语,直至 19 世纪之前都被广泛使用,但在目前,该语言属于后天学习的方言。该岛最大的城镇和首府是道格拉斯(Douglas),人口为 25,000 人;其后是拉姆齐(Ramsey),人口为 7000 人;皮尔(Peel),人口为 3800 人,以及旧都卡斯尔顿(Castletown),人口为 3000 人。

Isle of Wight　怀特岛　罗马人称这座岛为维克提斯(Vectis)。怀特岛基本由白垩岩构成,东西距离 22 英里,南北距离 13 英里。罗马统治末期,该岛由朱特人定居并一度有自己的国王。但面对威塞克斯、麦西亚与威塞克斯诸王国,它难以为继。威塞克斯国王卡德沃拉(Cædwalla)在大约 687 年时占领了该岛,并且为了教会把该岛四分之一的土地赠予了圣威尔弗里德(St Wilfrid)。998 年,丹麦人把该岛作为大本营使用,1371 年,纽波特(Newport)遭到法国人的洗劫。19 世纪 40 年代为女王修建的奥斯本宫(Osborne House)以及 1856 年在考斯(Cowes)附近组建的皇家游艇队使得该岛名气大增。怀特岛的人口从 1801 年的 20,000 人出头一路增长,到 1901 年维多利亚女王去世之际已经超过 80,000 人,截止到 2004 年已达到 138,000 人。从撒克逊时代起,该岛就是汉普郡的一部分,并受温切斯特主教管辖。1890 年该岛获准设立了郡议会,目前该岛成为单独的郡。

Isles, kingdom of the　群岛王国　群岛王国的起源可以远溯至 9 世纪 40

年代。这一王国显然是达尔里阿达(Dalriada)王国(爱尔兰编年史的 839 年纪事最后一次提到该王国)在西苏格兰的后继王国。肯尼思·麦卡尔平(Kenneth MacAlpin)离开这里后出现权力真空,群岛王国由此得到发展。肯尼思·麦卡尔平是达尔里阿达王国的国王,号称皮克特人的"征服者",他于 842 年征服了福特日乌(Fortriu)。群岛王国初创时,肯尼思可能给予了帮助,因为该王国的首位国王是他的盟友,很可能是他的岳父戈福莱德·马可·费尔古萨(Gofraid mac Fherghusa),文献描述 851 年费尔古萨去世时被称为 Toisech 或 Rí Innse Gall,即"群岛之王"("king of the Isles")。该国的统治范围并不清楚,但在 10 世纪晚期,它包括马恩岛(Isle of Man)。

在经过了一段完全模糊的时期之后,自 10 世纪 30 年代起,群岛与都柏林之间发展出一种紧密的关系。937 年,一位名叫盖本纳赫(Gébennach)的"群岛之王"在布鲁南堡(Brunanburh)战役中被杀,与之交战的是盎格鲁—撒克逊时期的国王阿塞尔斯坦(Athelstan),阿塞尔斯坦明显是都柏林王奥拉夫·格思弗里思(Olaf Godfreyson, or Guthfrithsson)的部下。

除了群岛与都柏林之间持续紧密的关系之外,掌握两者王权的君主有时是同一个人。11 世纪清楚地见证了奥克尼伯爵"强大的"托尔芬(Thorfinn the Mighty, jarl of Orkney),在自 11 世纪 40 年代起至大约 1065 年他去世的那段时间里征服群岛。然而,对于群岛未来历史而言,最重要的事件是戈弗雷·克罗万(Godfrey Crovan)的统治。戈弗雷能征惯战,曾作为雇佣兵参加了斯坦福德布里奇(Stamford Bridge)战役。他以赫布里底岛人组成的军队征服了马恩岛,并于大约 1079 年取得王权。他的后裔在接下来近 200 年的时间里都是马恩岛和群岛之王。到 1266 年《珀斯条约》(treaty of Perth)签订时,马恩岛和群岛(挪威在当地的领主权不断被动摇)成为苏格兰王国的组成部分。在 15 世纪詹姆斯四世的统治时期,群岛的领主权委任给苏格兰王室。

J

Jacobins　雅各宾派　雅各宾派最初是巴黎的一个政治派系,反对比其更为温和的吉伦特派(Girondin group)。雅各宾的名称源于他们经常在位于圣雅克(St Jacques)教堂中的多明我会修道院(Dominican convent)中集会,这一名称很快便被英国人借用,并不加区分地用来指称激进分子和改革者。在刊发于1789/9 年的《反雅各宾派评论》(Anti-Jacobin)中,坎宁和他的朋友常把该词用作诙谐妙语。

Jacobite risings　詹姆斯党人叛乱　1689 年以后詹姆斯党人发动多次叛乱,企图使被驱逐的斯图亚特家族嫡系(senior branch)复辟。流亡的斯图亚特王朝的支持者被称为詹姆斯党人,这一名称源于詹姆斯名字的拉丁语形式"Jacobus"。1688 年 12 月,詹姆斯七世/二世自英格兰出逃,1689 年 3 月随法国军队一起在爱尔兰登陆,但 1690 年时在博因河(Boyne)战败后离开爱尔兰。

1689 年,詹姆斯党人在苏格兰发动了第一次叛乱,由邓迪子爵(Viscount Dundee)领导。世家贵族和达官要人对于镇压叛乱都比较懈怠,但坎贝尔家族(Campbells)例外,该家族的领袖是阿盖尔,经过 1688—1689 年的一系列事件,他的伯爵身份得到恢复。1689 年 7 月,邓迪在基利克兰基(Killiecrankie)取胜但却战死,而詹姆斯党人的军队最终于 1690 年 5 月在克罗姆代尔的霍斯(Haughs of Cromdale)溃败。

直到 1707 年《合并法》的条文激怒苏格兰的民族主义情绪之际,詹姆斯党人再次发动了叛乱,这也在预料之中。1701 年詹姆斯二世去世后,詹姆斯党人宣称其子詹姆斯·弗朗西斯·爱德华·斯图亚特(James Francis Edward Stuart)

应该继任国王。1708 年 3 月,詹姆斯·弗朗西斯·爱德华·斯图亚特曾随同一支法国远征军出现在法夫郡(Fife)沿岸地区,但法军发现皇家海军舰船后立刻向北而逃了。

1714 年安妮女王去世后,清教的汉诺威王朝顺利即位。乔治一世在位时的辉格党政变把许多托利党成员赶到绝境,某些人甚至造反。由于无法从乔治一世那里谋得一份差事,马尔伯爵(earl of Mar)发动了一场全国性的苏格兰人叛乱,在诺森伯兰郡也有小规模的英格兰人叛乱。由于阿盖尔公爵行动有力,而马尔伯爵实在无能,苏格兰人叛乱归于失败。同一天(11 月 14 日),在普雷斯顿(Preston),煽动兰开夏郡天主教徒反叛的阴谋也被挫败,而马尔伯爵也未能在谢里夫缪尔(Sheriffmuir)彻底击败阿盖尔公爵。

詹姆斯党人接下来发动的一次叛乱依然以惨败收场。具有讽刺意味的是,这次叛乱是由西班牙政府资助的,当时西班牙与英国正围绕着地中海问题争执不休。入侵军队主力的目标是袭击英格兰西部,但却被风暴驱散。一支纯属牵制性的军队的确侵入了苏格兰高地的西北部地区,但于 1719 年 6 月在格伦希尔(Glenshiel)被怀特曼将军(General Wightman)击溃。

到 1744 年时,英法之间爆发战争。法方把詹姆斯·斯图亚特的长子查理·斯特亚特王子(Prince Charles Stuart)带到法国,想使之充当入侵英格兰的前锋。之后,法国人放弃了这个念头。1745 年夏末,查理抵达苏格兰高地西部地区,试图通过占领防御欠佳的苏格兰进而入侵英格兰以引发法国干涉的方式,使法国改变之前的决定。在卡梅伦家族(Camerons)以及中部高地地区一些小家族的帮助下,查理在普雷斯顿潘斯(Prestonpans)击败科普(Cope)率领的政府军之前,占领了爱丁堡。之后,许多苏格兰詹姆斯党人勉强同意于 1745 年末入侵英格兰。即便是战地司令官乔治·默里勋爵(Lord George Murray)也只是把这一入侵行动视为对英格兰人复辟斯图亚特王朝意愿的一种试探。叛军抵达德比后,他们已经清楚地认识到没有一个英格兰人希望复辟斯图亚特王朝,于是在面临优势敌军的情况下撤退是明智之举。霍利将军(General Hawley)1746 年针对英国追军在福尔柯克(Falkirk)取得的胜利只是延缓了最终的清算。4 月 16 日,在因弗内斯(Inverness)以东的卡洛登(Culloden),詹姆斯党人被乔治二世的幼子坎伯兰公爵(duke of Cumberland)彻底击溃。

Jacobitism　詹姆斯主义运动　詹姆斯二世在 1688 年的光荣革命（Glorious Revolution）中被赶下王位，之后逃往法国；而詹姆斯主义运动意指支持被流放的斯图亚特家族复辟的一系列政治运动。詹姆斯党人继续支持詹姆斯之子詹姆斯·弗朗西斯·爱德华·斯图亚特——"老觊觎王位者"（the Old Pretender）或"詹姆斯三世"以及他的两个孙子查理·爱德华·斯图亚特——"小王位觊觎者"（the Young Pretender）或"查理三世"与亨利·斯图亚特——枢机主教约克公爵或"亨利九世"等对于王位的要求。

詹姆斯主义运动同时兼有宗教和政治的维度。詹姆斯二世、他的儿子和孙子均是天主教徒，他们拒绝皈依新教，这使他们除了借助武力入侵手段之外不可能恢复王位。然而，他们的许多支持者是新教徒，绝大多数是拒绝向政府宣誓效忠者（non-jurors）——这些人拒绝宣誓效忠于威廉和玛丽，进而失掉了他们世俗或宗教的职位。詹姆斯党人在苏格兰的势力最为强大，经过光荣革命，主教制教会被解散，于是许多主教制信奉者都成为詹姆斯党徒。苏格兰的詹姆斯主义运动也是许多反对 1707 年与英格兰合并之人的避难所。

发生于 1715 年与 1745 年的两次主要叛乱表明，苏格兰是詹姆斯主义运动的活动中心。高地地区的许多领主和宗族都为斯图亚特家族的事业而战，并以死尽忠。英格兰的詹姆斯党人几乎无人表示支持这两次叛乱。作为一股政治势力，詹姆斯主义运动在"小王位觊觎者"率领的军队从德比撤退并于 1746 年在卡洛登（Culloden）被击溃之后，基本被摧毁。从那以后，这一运动的浪漫色彩与文化维度逐渐成为其主导特征，并总能吸引到支持者。

Jamaica　牙买加　紧邻古巴的南部，是加勒比群岛的第三大岛。它在 1494 年被哥伦布发现，但是它的名称起源于美洲印第安文化。在西班牙人的占领下，阿拉瓦克人（Arawak）的人口急剧减少。在克伦威尔统治时期，在彭威廉（William Penn）的进攻下，该岛于 1665 年被英国人占领。牙买加于 1962 年独立，它成为立宪君主国并由女王担任国家元首，同时它也是英联邦的一员。

James I（1394—1437）　詹姆斯一世（1394—1437）　苏格兰国王（1406—1437 年在位）。詹姆斯是罗伯特三世（1390—1406 年在位）的第三子，出生于

1394 年 7 月。7 岁时,他便已经是唯一幸存的男性王位继承人。1405—1406 年间,苏格兰陷入内战之灾,效忠于罗伯特三世者支持年轻的詹姆斯王子对抗强大的奥尔巴尼/道格拉斯(Albany/Douglas)集团。1406 年初,内战的关键时刻到来。是时,詹姆斯乘船前往法国,结果在海上被俘(3 月 22 日)并被解送给英格兰的亨利四世。不到两星期,罗伯特三世撒手人寰(4 月 4 日),于是詹姆斯在 12 岁时成为国王,但在接下来的 18 年里,他一直未加冕并被英格兰人所控制。

以上便是詹姆斯一世性格形成时期的情况,这些经历使他对英格兰王室政府充满钦佩之情。詹姆斯本已对奥尔巴尼公爵的斯图尔特家族产生怀疑,而罗伯特公爵之子和继承人默达克(Murdac)即奥尔巴尼公爵于 1416 年被从英格兰的囚房状态中释放,这一事件进一步加剧了詹姆斯对奥尔巴尼公爵野心的恐惧。不过这位国王还要再等待 8 年才能赢得自己的获释。

1424 年 4 月,詹姆斯再次进入苏格兰,此时他已 30 岁,随他一同回到苏格兰的还有他的英格兰籍妻子琼·博福特(Joan Beaufort)。由于参加过英格兰在法国的战争,加之有时还对抗他的苏格兰臣民,詹姆斯几乎无法成为受欢迎的国王,而苏格兰还要为他担负 40,000 英镑的赎金。

尽管开局不利,但詹姆斯所具有的优点为他赢得了赞誉。修道院长鲍尔(Abbot Bower)描述了许多他的成就,包括在运动、音乐以及文学追求方面的超凡之处:这位国王是自传式爱情诗《国王书》("The Kingis Quair")的作者。他是一位忠实的丈夫,这在斯图尔特家族中并不典型,而王后琼(Queen Joan)则生下了双胞胎儿子和数位女儿,忠诚地报答着他的夫君。

为了提高权威、掌控资源以及巩固王位,詹姆斯对贵族成员采取了先发制人的进攻策略。1425 年,奥尔巴尼公爵的斯图尔特家族几乎被彻底根除;1431 年,道格拉斯伯爵被突然逮捕;马奇伯爵(earl of March)于 1434 年被突然逮捕。1436 年 8 月詹姆斯围攻罗克斯堡(Roxburgh)失败后,罗伯特·格雷厄姆爵士(Sir Robert Graham)试图在将军会议上逮捕詹姆斯,但归于失败。1437 年 2 月 20—21 日,詹姆斯被阿索尔伯爵沃尔特·斯图尔特(Walter Stewart, earl of Atholl)谋杀于珀斯(Perth)。最终,这位国王自食其果:阿索尔伯爵发现自己在斯特拉森(Stratheam)的影响力受到国王的威胁,于是对国王采取了先发制人的行动。

James II（1430—1460） **詹姆斯二世**（1430—1460） 苏格兰国王（1437—1460 年在位）。詹姆斯二世是首位我们能够相当确定其外貌的苏格兰国王。他被描绘为一位自信的年轻人，手握腰带上的短剑，但他的整个左脸被铁青的红色胎记所毁。在其短暂的一生中——他 29 岁去世，他延续其父的既定政策，粉碎了最大权贵"黑道格拉斯"家族（Black Douglases）的势力，确保了王室权力在苏格兰的不断加强，也使苏格兰在国外的声誉日益扩大。

詹姆斯是詹姆斯一世与琼·博福特（Joan Beaufort）于 1430 年 10 月在荷里路德宫（Holyrood）所生的双胞胎弟弟——双胞胎哥哥亚历山大在婴儿时夭折。1437 年詹姆斯的父亲在珀斯（Perth）遭到暗杀，于是詹姆斯在年仅 6 岁时便被推上王位，不可避免地要度过一个漫长的幼主执政期（1437—1449 年）。许多大贵族家族的消失以及由此引发的政治失衡，使得"黑道格拉斯"家族集中了极大的权力。该家族的领袖是年轻的威廉，第 8 代道格拉斯伯爵，詹姆斯二世的中将（约 1444 年）。

1449 年 7 月，詹姆斯二世与盖尔德斯的玛丽（Mary of Gueldres）结婚，这位玛丽是盖尔德斯的阿诺德公爵（Duke Arnold of Gueldres）的独女，勃艮第公爵"好人"腓力（Philip the Good of Burgundy）的侄女。由此，詹姆斯二世自信而又残忍地摆脱了处于权臣监控的困境。詹姆斯二世的目标是"黑道格拉斯"家族。结果，道格拉斯的地产遭到攻击，随之而来的是詹姆斯二世统治时最大的罪恶：詹姆斯二世于 1452 年 2 月 22 日在斯特灵城堡（Stirling castle）谋杀了道格拉斯，此事发生于一场为期两天的会议之后，而道格拉斯是在持有王室安全通行证的情况下参会的。

随之而来的是内战，第 9 代道格拉斯伯爵对抗决心已定的詹姆斯二世。当道格拉斯于谋杀发生两个月后抵达斯特灵城堡与国王对峙之际，国王与他的妻子幸运地逃脱。此后，情势开始有利于国王。1452 年 5 月，盖尔德斯的玛丽在圣安德鲁斯生下了男性继承人；王党议会使对道格拉斯的谋杀合法化；国王在满足自己支持者的要求以及同道格拉斯谈判的政治钢丝上小心平衡，直到自身强大到足以发出致命一击。1455 年，国王围攻阿伯康（Abercorn）和特雷夫（Threave），并在埃斯克河（river Esk）的阿金厄姆（Arkinholm）进行了小规模的战斗，彻底摧毁了"黑道格拉斯"家族。

在余下 5 年的统治中,詹姆斯二世的精力和攻击性依然强劲。他的死与他作为永恒斗士的人生相配。1460 年 8 月,在围攻罗克斯堡城堡(Roxburgh castle)的战斗中,詹姆斯二世死于自己枪械爆炸造成的致命伤。

James III(1452—1488) **詹姆斯三世**(1452—1488) 苏格兰国王(1460—1488 年在位)。詹姆斯三世是詹姆斯二世与盖尔德斯的玛丽(Mary of Gueldres)所生三个儿子中的长子。詹姆斯 1452 年出生在圣安德鲁斯。其父在围攻罗克斯堡(Roxburgh)时受伤死去后(1460 年 8 月),年仅 8 岁的詹姆斯三世旋即在凯尔索修道院(Kelso abbey)附近加冕为王。虽然在接下来的幼年执政时期(1460—1469 年),詹姆斯三世面临着很多的困难,但由于其母盖尔德斯的玛丽(卒于 1463 年)的明智领导,苏格兰保住了来此避难的兰开斯特家族(1461年)割让的贝里克(Berwick),而后又改弦更张支持获胜的约克派。上任国王的婚姻和领土计划最终在 1468 年的《哥本哈根条约》(treaty of Copenhagen)中得以实现。根据这份条约,詹姆斯三世将与玛格丽特结婚,她是丹麦—挪威王国的克里斯蒂安一世(Christian I)的女儿。由于克里斯蒂安无法担负女儿的嫁妆,这最终导致他先是将奥克尼伯爵领(earldom of Orkney),而后又将设得兰群岛的领主权(lordship of Shetland)当作抵押;1472 年,这两处都被并入苏格兰王国。由此,在詹姆斯三世个人统治的早期,苏格兰王国达到了其领土扩展的极致。

我们关于詹姆斯三世的观点基本来自于 16 世纪时的作家。他们的作品把国王描述为一位隐士,他无视贵族们的建议,但却宠信出身卑微的密友;他厌恶战争。这些晚近的传奇故事明显无法令人信服。对于一位计划在 1471 至 1473年间兼并或侵夺布列塔尼、盖尔德斯以及圣通日(Saintonge)的统治者来说,很难看出他是一位厌战的国王,而就厌战国王的形象而言,我们或许只能在詹姆斯与约克派的英格兰先是媾和之后再结盟的政策中窥得些许相关性。此外,关于他无视权贵们的抱怨或许反映出詹姆斯在回报他们的支持方面十分失败,对此,一个经典的例子来自亨特利伯爵(earl of Huntly)。亨特利伯爵 1476 年为了国王侵入罗斯(Ross)并占领了丁沃尔城堡(Dingwall castle),但得到的回报却只是价值 100 马克的土地。

实际上,对于詹姆斯三世失败原因的解释基本与晚近的传奇故事无关。他是个不好动的国王,在他的成年期几乎从未离开过爱丁堡。连续数届的议会都屡次批评他的这个缺点。此外,詹姆斯的成年兄弟都成为了他的潜在对手,这点非常不幸,尽管他对待他们的方式也十分恐怖。奥尔巴尼公爵亚历山大(Alexander, duke of Albany)于 1479 年逃往法国,而马尔伯爵约翰(John, earl of Mar)于该年稍晚时被逮捕,后来不久便在被监禁时离奇死亡。奥尔巴尼公爵在爱德华四世的支持下,于 1482 年返回苏格兰。这一行动,加之其他事件,包括詹姆斯三世在劳德(Lauder)被捕,贝里克郡永久性地丧失给英格兰,奥尔巴尼公爵暂时取得中将之职,国王被监禁于爱丁堡城堡,以及随后因东北地区王室贵族适时介入使得国王被释放并恢复权力,等等,导致斯图尔特家族的巨大危机升级。

然而,国王与权贵间的相互不信任一如既往,而国王颁布的牵涉面广泛的《叛国法》(Treasons Act)表明,他并未从 1482 年受到的警告中吸取任何教训。当他的长子,15 岁的罗思赛公爵詹姆斯(James, duke of Rothesay),于 1488 年春发起反对他的行动时,北部地区先前忠于国王的人却没有一个派出武装前来支援他。6 月 11 日,詹姆斯三世带着罗伯特·布鲁斯(Robert Bruce)的宝剑以及一只装满金银珠宝的箱子,被他儿子的军队杀死于"斯特灵原野"("field of Stirling")【见"绍奇伯恩战役"(Sauchie Burn)】。

James IV（1473—1513）　　**詹姆斯四世**（1473—1513）　　苏格兰国王(1488—1513 年在位)。詹姆斯四世于 1473 年 3 月 17 日生于斯特灵城堡(Stirling castle),是詹姆斯三世与丹麦的玛格丽特的长子。1488 年针对其父亲的成功造反夺权,使他的名字与杀父弑君的行为联系在了一起,而他则以努力苦行赎罪的方式来弥补其在詹姆斯三世之死中扮演的角色。不过,这位年轻的君主却也因其即位方式而受益良多,因为很多权贵都帮助他,这些人都认为其父的统治不可接受,他们除了帮助詹姆斯四世别无选择。他主政伊始,即 1495 年春,并未出现政治动荡,权力转移十分平稳。

詹姆斯国王的政府几乎在每个方面都与其父亲的政府形成了鲜明的对比。这位国王是位不知疲倦的旅行者,他徜徉于南部与东北部地区法官的巡回审判区(Justice ayres),干预重大的血仇复仇事件,并把自己置身于庄严光辉的法庭中心。他在建筑方面的开销十分巨大,特别是在荷里路德宫(Holyrood)、国王宫

（King's House）以及斯特灵城堡的大厅的建设上，他还为气派的皇家海军花费了大笔钱财。我们不仅从财政署的账目上了解到詹姆斯宫廷的详细情况，威廉·邓巴（William Dunbar）的诗歌以及罗伯特·卡弗①（Robert Carver）令人赞叹的19声部经文歌"噢，耶稣之骨"（"O bone Jesu"）也是深入探查詹姆斯宫廷情况的材料来源。

由于意识到议会通常是批评国王的中心，詹姆斯四世在其成年后17年的统治期内只召开过三次议会。通过司法利益带来的收入、向忠诚的神职人员征税、强加两项撤销法案（1498年与1504年）以及通过在其统治后期将王室地产以租佃保有地产形式出租（feu-farm）——这一点可能最为重要，詹姆斯得到了营建海军、从事土木工程建设以及战争所需的钱财，但这些行为也使封建体制内的人员遭到了严酷的剥削。

在对外事务方面，詹姆斯四世采用了风险极高的政策，但最终取得了广泛的成功。他入侵诺森伯兰的行动（1496—1497年），表面上是支持约克派的王位觊觎者珀金·沃贝克（Perkin Warbeck），但实际上却是在利用苏格兰贵族的军事才能向亨利七世施加压力，这惹怒了英格兰国王并招致其反击。然而，1497年康沃尔郡发生暴动，出现暴动的部分原因在于该郡对为了支持与苏格兰的战争而征收重税不满。这一暴动使得亨利七世惩罚苏格兰人的努力付诸东流；最终的结果便是1502年的《永久和平条约》（treaty of Perpetual Peace）的签订，根据这份条约，1503年8月，詹姆斯四世迎娶了亨利七世的女儿玛格丽特·都铎（Margaret Tudor）。

蓟花（Thistle）与玫瑰（Rose）的这次联合对于改善苏格兰与英格兰的关系没有任何帮助。真正与苏格兰达成默契的是法国的路易十二，自1502年至1513年，他一直向詹姆斯四世提供造船工匠、士兵、船只、资金和军火。与英格兰进行海军竞赛的结果是，苏格兰的"玛格丽特"号（Margaret）战舰造成后不久，英格兰的"玛丽玫瑰"号（Mary Rose）战舰就问世了；而在1511年10月，詹姆斯参加了"迈克尔"号（Michael）在纽黑文（Newhaven）的入水仪式，它一度是当时北欧最

①　罗伯特·卡弗（1490—1547?），苏格兰杰出作曲家，现存作品包括5首弥撒曲和2首经文歌，其中一首经文歌含19个声部。——译者注

大的战舰。当年轻的亨利八世试图于 1512—1513 年再续百年战争（Hundred Years War）之际，詹姆斯与路易十二缔结了一份正式条约，入侵了英格兰并迅速占领了诺勒姆城堡（Norham castle）。然而，1513 年 9 月 9 日，在弗洛登（Flodden）进行的与萨里伯爵（earl of Surrey）的战斗中，詹姆斯鲁莽地亲自上阵，结果他本人连同至少 9 位他的伯爵均被杀死，这幕悲剧也以一种令人震撼的方式反映出他在苏格兰受到的极大拥戴。

James V（1512—1542）　**詹姆斯五世**（1512—1542）　苏格兰国王（1513—1542 年在位）。詹姆斯五世生于 1512 年 4 月 10 日，其父死于弗洛登（Flodden）之战后，年仅 18 个月大的詹姆斯继承了王位。随之而来的漫长的摄政期，见证了接二连三的那种在斯图尔特君主交替时操控幼主的权力斗争。然而，在詹姆斯五世的个案中，第 1 代阿伦伯爵詹姆斯·汉密尔顿（James Hamilton, Ist earl of Arran）与第 6 代安格斯伯爵阿奇博尔德·道格拉斯（Archibald Douglas, 6th earl of Angus）之间的冲突却要严重得多，原因在于后者于 1514 年娶了亨利八世的姐姐、王太后玛格丽特·都铎；另外，国王出生于法国的亲戚奥尔巴尼公爵约翰·斯图尔特（John Steward, duke of Albany）也被卷入其中。虽然奥尔巴尼公爵于 1515 年至 1524 年担任摄政，但主宰政权的安格斯伯爵软禁了国王，而 16 岁的国王于 1528 年 5 月成功地使自己逃脱。

致力于向之前抓他的道格拉斯复仇，这通常被视为詹姆斯亲政后政策的主旋律。然而，随着安格斯伯爵于 1529 年被强制流放英格兰，国王对于道格拉斯家族那种情有可原的猜忌几乎不可能意味着要进行残酷的报复。同样，指责他对其贵族具有妄想型恐惧，故致使他无情没收他们的土地也同样过于夸大。

像厄斯金（Erskine）那样的律师们很有可能主张将司法权置于君主的专制统治风格之下，而这正是詹姆斯梦寐以求的当时能够体现王权最为强大的标志：封闭的"帝国"君主。如果真是这样，教士与贵族一样，有同样足够的理由惧怕君主。尽管詹姆斯之前的导师，即格拉斯哥大主教加文·邓巴（Gavin Dunbar, archbishop of Glasgow），在詹姆斯统治时期依然担任大法官，但教士垄断法律和行政等专业部门的状况正在不断瓦解。詹姆斯既利用了他自己教士官员体系的弱点，也利用了教皇的弱点：教皇担心詹姆斯像他舅父亨利八世那样与罗马完全断绝关系。因此,伴随着教皇的祝福,他得以巩固王室对于主要圣职任命权的控制,榨取宗教机构的收入,并对神职人员的所得征收苏格兰教会(ecclesia Scoticana)成立以来最重的税。由于一心要确立一种与一位文艺复兴时代的君主相配的宫廷生活,詹姆斯五世花费了大量资财以维持庞大的王室家族,并且在福克兰(Falkland)、林利斯戈(Linlithgow)以及斯特灵(Stirling)等地大兴土木,这些建筑充分展现了他的王权之威严。

虽然极大地增加了收入,但詹姆斯依然无法取得与诸如亨利八世、查理五世(Charles V)或是弗兰西斯一世(Francis I)等同时代其他君主一样的地位。尽管如此,法兰西、英格兰以及神圣罗马帝国之间加剧的敌对关系依然赋予苏格兰非同寻常的外交分量。对于婚姻外交的精心安排,使他首先娶到了弗兰西斯一世那有幸活得时间最长的女儿玛德莱纳(Madeleine),而在玛德莱纳去世后又娶了吉斯的玛丽(Mary of Guise)。尽管亨利八世力图割断他们之间的这种关系,但苏格兰同法国与罗马的传统联系依然牢固。然而,与法国联盟的代价是与英格兰发生了战争——这场战争的军事逆转致使詹姆斯五世的声誉再也未能恢复。虽然1542年11月24日一支苏格兰军队在索尔韦莫斯(Solway Moss)被击溃,但这既非国王个人的耻辱(他当时并不在场),亦非贵族背叛的结果。事实上,詹姆斯的战争政策有着坚实的后盾,当他于1542年12月14日去世时,进一步针对英格兰的战役已经准备就绪。就此而言,国王之死几乎不可能是由于感到耻辱或绝望的结果。更有可能的情况是,鼠疫或霍乱使其充满活力的统治过早结束。

James VI(1566—1625) **詹姆斯六世**(1566—1625) 苏格兰国王(1567—1625年在位),以及作为詹姆斯一世,英格兰国王(1603—1625年在位)。詹姆斯六世是苏格兰女王玛丽之子,女王被强制退位使他在不到2岁时便登上了王位。詹姆斯受教于一系列严厉的教师,这其中包括乔治·布坎南(George Buchanan)。布坎南坚持认为国王是其人民的仆人,而这反而刺激国王相信了相反的观点。詹姆斯于1585年真正掌权是具有标志性的转折点,因为他在把贵族安排到政府机构的同时,又使他们对自己惟命是从。詹姆斯主要的对手是苏格兰长老会,后者宣称其权威直接来源于上帝,位在君主本人之上。然而,詹姆斯通过扶植温和派以及复兴主教机构,巧妙地挫败了长老会的领袖。他还利用自己的学识来巩固自己的地位。《真正法则》(The Trew Law)与《王室礼物》(Basilikon doron)均写作于 16 世纪 90 年代,这些作品宣称国王是上帝在大地上的投影,理应得到上帝投影所得到的尊崇。

由于在其性格形成期缺少女性的陪伴,詹姆斯在其男宠那里找到了他最深层情感需求的发泄口。埃斯米·斯图亚特(Esmé Stuart)于 1581 年被冲龄之年的国王封为伦诺克斯公爵(duke of Lennox),是一长串这类宠幸者中的第一位。不过,詹姆斯也具有与同女性相处的能力。1589 年,他跨海前往挪威,并把丹麦的安妮(Anne of Denmark)带了回来作妻子。这场婚姻有着良好的开端并繁育出许多孩子,其中有两个儿子,亨利和查理(后来的查理一世),与一个女儿伊丽莎白(Elizabeth),这三个孩子都活到了成年。

1586 年,詹姆斯与伊丽莎白一世达成一份条约,这份条约给予詹姆斯一笔巨额的年金并承认他有权继承英格兰王位。当 1603 年初伊丽莎白的死讯传来之际,詹姆斯迫不及待地离开了他那贫穷的王国,但他绝不羞于自己的苏格兰人身份。相反,他一俟在英格兰站稳脚跟后,要实现的首要目标就是通过两个王国的联合进而完成王室的联合。伴随着对联合问题的争论,1604 年詹姆斯召开议会时,就议会的主要事务产生的分歧表现出英格兰人对于苏格兰所抱有的极深的偏见。议员们的看法也表明,詹姆斯的臣民极为敏感地怀疑他的意图。在他的作品和演讲中,詹姆斯使用了专制主义的语言,他对建立在《大宪章》和普通法基础上的十分不同的英格兰政治传统相当陌生。

詹姆斯为人豪爽而慷慨,对他的苏格兰同伴尤其如此,而这使他在英格兰人中几乎没有赢得任何朋友。同样,公共生活领域腐败蔓延也使詹姆斯丧失了人望,这其中就包括卖官鬻爵,而很多腐败行为就源于诸如卡尔(Carr)与白金汉(Buckingham)那样的王室宠臣。由于议会确信国王将挥霍任何拨款,这使得《大契约》(Great Contract)归于流产,詹姆斯只能求诸于非议会性税收,比如附加税,而这使得情况更加糟糕,最终导致"腐败"议会("Addled" Parliament)的失败。1620 年后,事态在一定程度上有所改观,这时他任命商人兼金融家莱昂内尔·克兰菲尔德(Lionel Cranfield)为财政大臣,但到了那时,损失已无法挽回。

詹姆斯在宗教方面更为成功,特别是由于其新教立场的确定不移。在汉普顿宫会议(Hampton Court conference)之后,詹姆斯意识到英格兰的清教徒远不及苏格兰长老会危险,到了1610年,他任命低教会派的乔治·阿博特(George Abbot)为坎特伯雷大主教,由此取悦于英格兰的清教徒。同时,詹姆斯对他的天主教臣民也保持宽容,即便在"火药阴谋案"(Gunpowder plot)事件之后也是如此。对詹姆斯来说,问题在于宗教与政治无可避免地纠缠在了一起。由于希望自己的行为配得上欧洲和平缔造者,他把自己的女儿嫁给了一位新教王子,同时计划安排自己的儿子与西班牙国王的女儿之间的联姻。对国际政策使用这种普世教会式的方式,这令他的臣民感到困扰甚至引发了他们的愤怒,他们认为英格兰国际地位的首要问题在于传布新教。

詹姆斯死于1625年3月,时值内战爆发之前,这对他来说颇为幸运。人们并未对他的死感到悲痛万分:他毫无威严而又刚愎自用,说话啰嗦而又脾气暴躁,对于冒犯别人,他本人甚至毫无意识。然而,在他的统治下,王国在国内以及国外均保持了和平;他维护了王室的权力,而在教会问题上奉行坚定的中庸政策。

James VII(1633—1701) **詹姆斯七世**(1633—1701) 苏格兰国王,以及作为詹姆斯二世,英格兰国王(1685—1688年在位)。1660年以前,即詹姆斯性格形成的时期,他主要生活在法国和西班牙的军队中。流亡中的经历使其永远无法得到大多数英格兰人的同情。在其兄长查理二世统治时,他作为约克公爵拥有担任海军大臣(lord admiral)的经历,曾在洛斯托夫特(Lowestoft)击败荷兰(1665年)并在索莱湾【Sole Bay,绍斯沃尔德(Southwold)】坐镇指挥。出于加强王室权力的目的,特别是减轻王室对于议会和民兵的依赖,詹姆斯支持对荷战争。

1667年后,詹姆斯一直致力于同法国建立联盟。1672年前后,他成为天主教徒,并在1673年拒绝按照《忠诚宣誓法》(Test Act)要求的那样进行安立甘宗的圣事,同时他辞去了海军大臣之职。他力劝查理否决《忠诚宣誓法》,解散议会,并且与法国结盟继续第三次荷兰战争(Dutch War)。当他再次与意大利天主教徒摩德纳的玛丽(Mary of Modena)结婚时,反对派的政治家开始利用一种日益增强的观念,即詹姆斯并不适合做查理的继承人。1678年,谋杀查理以使詹姆斯登上王位的天主教阴谋案（Popish plot）被"揭露"出来，这使得沙夫茨伯里（Shaftesbury）与辉格党领导了旨在阻止詹姆斯继承王位的议会和民众运动。这个问题在 1679 年、1680 年以及 1681 年的议会上三度成为主导性议案。詹姆斯担心查理可能会废除他的王位继承权，但国王顶住了所有来自辉格党的压力，而且在与法国达成了后者向其支付补助金的条约之后，在不召开议会的状态下进行了他最后四年的统治。1685 年 2 月，詹姆斯在没有遭到反对的情况下即位。

由于托利党议会投票同意拨给国王收入，加之外贸的发展，这些使得詹姆斯得以不再像其前任国王们那样依赖于议会拨款。蒙茅斯叛乱（Monmouth's rebellion）轻而易举地便被镇压。国教徒大都默认不对天主教徒强制执行各种惩治性的法律。然而，詹姆斯的目标却是使王室彻底摆脱对臣民的依赖。宗教事务法庭（Ecclesiastical Commission）——为惩戒攻击天主教的国教会教士而建立的机构——中止了伦敦主教的职务。詹姆斯动用他的特免权，使天主教徒担任公职。民兵的力量变弱了，而职业军队的实力则得到扩展。为了通过法律以赋予天主教徒在民事与宗教方面平等的权利，詹姆斯向贵族和议会下院的议员们展开了游说活动，但归于失败。这些人的拒绝导致国王于 1687 年 4 月颁布了《信教自由令》（Declaration of Indulgence），以中止歧视天主教徒的法律。此举引发了人们的恐惧，因为人们担忧这种所谓的本身值得怀疑的王权可能会被用来废止任何旨在限制国王行为的法律。爱尔兰出现了颠覆性的变化，天主教徒取代了政府、军队、法庭、各专业部门以及社团中的新教徒，这似乎表明了某种特殊的意图。在英格兰，詹姆斯发起了一场政治运动，旨在操控未来议会的选举，这涉及到清理法官以及各郡及城市社团中的代表。

一些辉格党和托利党贵族与奥兰治的威廉（William of Orange）建立了秘密联系，但大部分人相信詹姆斯将不久于人世。詹姆斯那位嫁给了威廉的新教徒女儿玛丽，有可能在詹姆斯之后改变他的政策。然而，怀有身孕的王后在 1688 年 6 月生下王子，使得所有这些希望破灭。辉格、托利两党领袖向威廉发出邀请，请他出面干预局势，陆军和海军的军官哗变，各地都拥护威廉，甚至国教神职人员也对此持守中立。詹姆斯在心理上完全崩溃，逃往法国。路易十四（Louis XIV）将詹姆斯送往爱尔兰并置于法国人的监控之下。1690 年 7 月博因河（Boyne）战役失败后，詹姆斯作为路易的食客，生活于圣日尔曼（Saint-Germain），终日祈祷着另一次复辟。

Jameson Raid, 1895.　詹姆森突袭行动（1895）　在当时（1895 年 12 月 29 日），这次突袭被标榜为一次英勇的行动，它是由利安德·斯塔尔·詹姆森医生（Dr Leander Starr Jameson）率领的骑兵发动的。詹姆森是英国南非公司（British South Africa Company）驻罗得西亚（Rhodesia）的代表，而这次行动的目的据说是为了营救遭到德兰士瓦（Transvaal）邪恶的布尔人政府迫害的英国妇女与儿童。然而，这次行动实际上是塞西尔·罗德斯（Cecil Rhodes）策划的卑鄙阴谋，目的是为不列颠帝国攫取德兰士瓦，而且几乎可以肯定事先得到了英国殖民地大臣约瑟夫·张伯伦（Joseph Chamberlain）的许可。袭击遭到了可耻的失败，并使罗德斯、张伯伦以及帝国的声誉受损。

Jane Seymour（c.1509—1537），3rd queen of Henry VIII.　简·西摩（约 1509—1537），亨利八世第三任王后　1534 年，当简·西摩开始吸引亨利八世的注意时，她还是安妮·博林（Anne Boleyn）的侍女。西摩出身于威尔特郡狼厅（Wolf Hall）的乡绅家庭。据说，当安妮变得越来越高度神经紧张而专横之际，西摩反而表现得文静可亲。到了 1536 年 5 月，安妮被捕，而简的婚礼也在安妮被处决后不久举行。新的《继承法》剥夺了玛丽公主和伊丽莎白公主的继承权，这无疑有利于简的后代。1537 年 10 月，她生下了未来的爱德华六世，但却在 12 天后去世。

Jeffreys, Georges（1648—1689）.　乔治·杰弗里斯（1648—1689）　乔治·杰弗里斯因担任主持"血腥的巡回审判"（Bloody Assizes）的法官而臭名昭著。杰弗里斯是职业律师，但后来明显变成了一位激进的公诉人和有偏袒倾向的法官。自 1677 年投靠詹姆斯二世后，他于 1685 年成为大法官，并以韦姆男爵（Baron Wem）的身份担任议会上院议长（Speaker of the Lords）。卷入"血腥的巡回审判"的其他法官同意由杰弗里斯承担粗暴审理蒙茅斯叛乱（Monmouth's rebels）案的责任。因此，杰弗里斯在光荣革命后被当作替罪羊，但他在被捕后不久就去世了。

Jehovah's witnesses 耶和华见证会 这一排外的千禧年分子的宗派由查尔斯·罗素（Charles Russell）的"国际学生查经会"（International Bible Students Association）发展而来【于 1872 年成立于匹兹堡（Pittsburgh）】,目前已遍及世界。罗素的继承者,"士师"拉瑟福德（Judge Rutherford）,竭力断言耶和华是真正的上帝,发展出了"神权王国"（"theocratic Kingdom"）的概念,并认为该王国将在善恶大决战之后出现。该派施行浸礼受洗,秉持高度正直的道德,依据圣经而反对输血,撰写并出版了大量作品,主要期刊有《守望楼》（*The Watchtower*）与《觉醒!》（*Awake !*）,该派在培训完毕后,满腔热情地挨家敲门布道。

Jellicoe, Sir John（1859—1935）. **约翰·杰利科爵士**（1859—1935） 海军上将。到 1916 年 12 月之前他一直担任"大舰队"（Grand Fleet）的总司令,在此期间,他认为任何一项错误的决定都将会导致丧失制海权,从而使英国付出战争的代价。日德兰半岛（Jutland）海战时,他对"大舰队"的指挥以过度谨慎而闻名,丧失了所有能够决定性击败德军的机会。1916 年 12 月,当被调任海军部担任第一海务大臣（Ist Sea Lord）时,杰利科已疲惫不堪。1917 年 12 月,杰利科被解职。1925 年,他终于获封伯爵。

Jenkins, Roy（1920—2003）. **罗伊·詹金斯**（1920—2003） 牛津大学校长;之前为工党副党魁（1970—1972 年）与社会民主党党魁（1982—1983 年）。作为作家、生活达人以及典型的领袖人物,詹金斯于 1987 年获封希尔海德（Hil-head）勋爵。他受命担任的政治职位包括航空大臣（minister of aviation, 1964—1965 年）,内政大臣（1965—1967 年;1974—1976 年）和财政大臣（1967—1970年）。自 1977 年到 1981 年,他担任欧盟委员会主席。詹金斯最主要的政治成就,是其作为内政大臣时期推动的"20 世纪 60 年代的道德革命"（捍卫作为"文明社会"的"宽容社会"）,大力支持移民欧洲并于 20 世纪 80 年代、90 年代竭力维持排斥工党于权力之外的局面。

Jenkins's Ear, War of 詹金斯断耳之战 尽管詹金斯船长的耳朵在 1731年的一次冲突中被西班牙人割下,但西班牙与不列颠之间直至 1739 年 10 月前却并未爆发战争。同西班牙开战的国内压力标志着沃波尔(Walpole)政府倒台的苗头出现。自 1740 年 12 月起,詹金斯断耳之战被纳入到奥地利王位继承战争(War of the Austrian Succession)之中。

Jenner, Edward(1749—1823). **爱德华·詹纳**(1749—1823) 牛痘接种法的创始人。作为约翰·亨特(John Hunter)的首位入室弟子以及伦敦圣乔治医院(St George' hospital)的外科医生助手,詹纳接受了亨特的重视实验理念,但他却把实验的地点选择在了位于伯克利(Berkeley,格洛斯特郡)的家里进行,并开始执着于这样的观念:就预防天花而言,接种牛痘比利用天花患者的分泌物更有效。在最初的论文被拒绝采用后,他于 1798 年私人出版了《牛痘调研》(*An Inquiry into Cow-pox*),之后不久,"接种牛痘"的观念开始缓慢地流行开来。

Jervis, John, 1st earl of St Vincent(1735—1823). **约翰·杰维斯,第 1 代圣文森特伯爵**(1735—1823) 随着杰维斯于 1797 年 2 月战胜西班牙舰队,他被晋封为伯爵。杰维斯的父亲是斯塔福德郡一名黑心律师,因此他的人生是从糟糕而贫穷的状况下起步的。1759 年,杰维斯与沃尔夫一同在魁北克(Quebec)服役,随后在北海以及地中海的服役期中,他作为水兵的才能被认可。1778 年 7 月,他参加了凯佩尔(Keppel)撤离韦桑岛(Ushant)的优柔寡断的行动,而在国内,他在 1783—1794 年间是议会下院议员。1787 年他被晋升为海军上将并且在 1793 年与西印度群岛的陆军打成了一片。不过,真正奠定其声誉的是他在 1795—1799 年间运筹帷幄于地中海地区的经历,以及他对其下属纳尔逊(Nelson)充满感情的教导。1801 年,作为第一海军大臣(Ist Lord of the Admiralty),圣文森特伯爵依法彻查了海军船厂的盗窃问题,这导致了 1806 年因贪污公款而对梅尔维尔勋爵(Lord Melville)的弹劾。

Jesuits 耶稣会 耶稣会(Society of Jesus)由伊纳爵·罗耀拉(Ignatius Loyola)创建,并于 1540 年由教皇保罗三世正式批准。耶稣会完全服从教廷,并在致力于恢复因宗教改革而失去的天主教领地方面作用突出。尽管玛丽·都铎(Mary Tudor)是虔诚的天主教徒,但她并不信任这一修会,并没有邀请其进入英格兰。然而,随着伊丽莎白与教廷关系的恶化——这一过程以 1570 年教皇的绝罚令而达到高潮,情况出现了改变。威廉·艾伦(William Allen)原本已在杜埃(Douai)创建了一所神学院,而到了 1580 年,大约有 100 名天主教神父排除困难返回英格兰,过着秘密的地下生活,隐藏在秘密的藏身处(priest hole),并由天主教乡绅所保护。就在 1580 年,两位耶稣会的神父——坎皮恩(Campion)与帕森斯(Parsons)——来到英格兰。他们的传教活动只持续了几个月,但却极大地鼓舞了英格兰天主教徒的斗志。坎皮恩很快被逮捕并于 1581 年 12 月被处决;帕森斯逃离英格兰前往大陆并且再未返回。16 世纪 80 年代剩余岁月发生的大事——强大法国和天主教在苏格兰的影响;针对女王生命的阴谋以及无敌舰队(Armada)的威胁——结合在一起,使得英格兰的反天主教情绪得到增强。然而,英格兰天主教徒的终极灾难乃是 1605 年的"火药阴谋案"(Gunpowder plot),这一事件导致亨利·加尼特(Henry Garnett)被捕,他在将近 20 年的时间里一直是耶稣会在英格兰的首脑。尽管加尼特宣称他只是通过忏悔才知悉了这一阴谋,但依然被作为叛国者处决。在数十年的时间里,"耶稣会的"("Jesuitical")成为一个被滥用的词汇,意指宣誓或讲话时内心保留(mental reservation)、说谎以及颠倒是非的诡辩。然而,从长远来看,与直接迫害相比,启蒙运动对这一修会的损害更大。耶稣会士被指控在其狂热追求皈依者的活动中不择手段,而在 1773 年后,当法国、西班牙和葡萄牙都行动起来反对它时,耶稣会被教皇克雷芒十四世(Pope Clement XIV)解散。虽然教皇庇护七世(Pope Pius VII)于 1814 年重建了耶稣会,但使耶稣会遭到极度痛恨的大环境已经不存在。该修会在英国的分会于 1829 年被重建。尽管反天主教情绪猛烈爆发的可能性依然存在,特别是在 1850 年"教廷侵略"("papal aggression")之时,但耶稣会再也没有被视为国家的怪物。

Jevons, W.S.(1835—1882). W.S.杰文斯(1835—1882) 著名的新古典主义经济学家。杰文斯生于利物浦,并在利物浦和伦敦接受教育。他曾在伦敦大学学院(Universiy College London)学习化学并在澳大利亚担任化验师。此后,他于 1859 年回到大学学院研习政治经济学、哲学和数学。自 1863 年起,他在曼彻斯特的欧文斯学院(Owens college)先后成为助教、讲师和教授。1876 年,他作为讲席教授调往伦敦大学学院(直至 1880 年)。杰文斯的主要贡献在于他在边际效用价值论(marginal utility theory of value)方面的研究【《政治经济学理论》(*Theory of Political Economy*),1872 年】。引入边际分析标志着"古典经济理论和现代经济理论之间真正的分野"。

Jewel, John（1522—1571）. **约翰·朱厄尔**（1522—1571） 主教。朱厄尔生于德文郡,在牛津大学默顿学院(Merton College)接受教育,此后他成为牛津大学基督圣体学院(Corpus Christi College)的研究员。然而,在玛丽即位后,他被剥夺职务并逃往大陆。1559 年伊丽莎白即位后,他返回英格兰并被任命为索尔兹伯里(Salisbury)主教。1562 年他发表了《为英国教会辩护》(*Apologia pro Ecclesia Anglicana*),针对英国圣公会是异端的指控,为国教会进行辩护。

Jews 犹太人 虽然在盎格鲁—撒克逊时期肯定有个别的犹太人生活在英格兰,但这一时期却没有定居的犹太人社群的证据。然而,在诺曼征服(Norman Conquest)之后,大量的犹太人进入这个王国,主要来自于他们曾经定居的诺曼底。随着人数的增加,犹太人搬出伦敦进入各地方城镇,而族群间的张力也由此加剧。早在 1144 年就出现了针对犹太人仪式谋杀的指控,这类指控说犹太人在诺里奇(Norwich)杀了一位小男孩,即"圣威廉"("St William")。犹太人从此受到了种种严格的限制。他们的活动范围被限制在犹太人区(Jewries)之内;自 1218 年起,他们必须带特定的身份标识;1232 年,伦敦建立了"改教者之家"机构(*domus conversorum*),用来劝诱犹太人皈依基督教。伴随着十字军运动的进行,出现了对犹太人的新的仇视。理查一世是著名的十字军战士,1189 年他即位时,伦敦出现了针对犹太人的袭击活动,而这类活动很快就在各地蔓延开来,并以 150 名犹太人被杀于约克的城堡而达到高潮。宗教的狂热因贪婪和嫉妒而加强。某些犹太人已经非常富有——林肯的阿龙(Aaron of Lincoln)在 12 世纪 70 年代曾与国王、大主教、自治城市以及修道院做生意。

犹太人遭受的各种磨难 13 世纪时依然在延续。诺里奇的威廉的故事 1255 年再次重现,而这次的故事是林肯的休·Hugh of Lincoln)——另一位据说被屠宰的男孩,他也被赋予了圣徒的身份。1290 年,为了换取议会批准的大额补助金,爱德华一世驱逐了他王国内的所有犹太人:限他们在三个月的时间内离开英格兰。

从 1290 年到 17 世纪 50 年代之间,英格兰不存在任何规模的犹太社群,尽管个别的可能会被漏掉,他们有时公开宣布改宗。时近 17 世纪 50 年代,克伦威尔比他的议会更加同情犹太人,这或许是由于他在间谍和外交方面利用了某些犹太人。虽然没有根本性的政策转变,但犹太人再次获准前来英格兰。犹太人的数量和社会地位都有所提高,而 18 世纪早期的金融和商业革命也为犹太人提高社会地位提供了可能性。塞缪尔·吉迪恩爵士(Sir Samuel Gideon)在 1745 年危机时帮助政府举债,作用十分突出,而他的儿子在 1789 年被赋予了爱尔兰的贵族身份。然而,古老的仇视十分顽固。当佩勒姆政府(Pelhams)以适度的方式引入一项措施,在 1753 年推动犹太人入籍①时,公众的抗议极为强烈,以致于政府不得不废除了这项措施。

1829 年天主教徒的解放,使得犹太人成为唯一受到各种严酷限制的宗教团体。不过,在社会中,犹太人的进步十分明显。戴维·所罗门(David Salomons)在 1835 年成为伦敦郡长(sheriff of London)并在 1855 年成为伦敦市长(lord mayor);弗朗西斯·戈德斯米德(Francis Goldsmid)是第一位获封准男爵的犹太人,时间是 1841 年。当莱昂内尔·罗斯柴尔德(Lionel Rothschild)于 1847 年、所罗门(Salomons)于 1851 年先后被选举进入议会时,他们唯一没有资格做的事情是以基督徒的身份宣誓,犹太人的誓约问题引人注目,而相关的法律于 1858 年被修改。第一位犹太信仰的政府部长于 1871 年被任命,而第一位犹太信仰的法官于 1873 年被任命。虽然犹太人面临的阻碍依然强大,但这些阻碍多是私人或社会层面而非法律层面的。

Jex-Blake,Sophia(1840—1912）.　**索菲娅·杰克斯—布莱克**(1840—1912）　医学领域的妇女先驱。索菲娅·杰克斯—布莱克曾是伦敦女王学院(Queen's College)的数学助教(1859 年),但因一份来自美国的友谊把她带进了医学研究的领域,她先是在纽约学习医学,但随后转至爱丁堡学习医学,直至日

---

① 即《犹太人入籍法》(The Jewish Naturalization Act)。——译者注

益增加的敌对情势使临床培训无法进行。作为回应,她于 1874 年推动创立了伦敦女子医学院(London School of Medicine for Women)。她在伯尔尼大学(Berne)获得医学博士学位,而后在都柏林获得行医许可证,但她在伦敦女子医学院却遭遇挫折——该医学院任命了伊丽莎白·加勒特·安德森(Elizabeth Garrett Anderson)为院长,她心怀伤痛地回到爱丁堡,并在那里创建了她自己的女子医学院(1886 年)。这座出色的医学院得以创建,但仅仅由于她本人的不妥协态度学院才得以维持。杰克斯—布莱克最终承认失败(1899 年)并去了萨塞克斯。

jingoism 极端爱国主义 极端爱国主义①这个词汇来源于 1876—1878 年东方危机时音乐厅中的一支流行歌曲:"我们也不想打呀,但哎呀我们要是动起手来……"("We don't want to fight, but by jingo if we do…")。之后,这个词被用来描述涉外战争期间民众好战性的表现。

Jinnah, Mohammed Ali(1876—1948). **穆罕默德·阿里·真纳**(1876—**1948**) 真纳,"巴基斯坦之父",生于卡拉奇(Karachi),是一位训练有素的出庭律师(barrister)。最初,他对印度国民大会党(Indian National Congress)抱有同情,在 1913 年之前都没有加入穆斯林联盟(Muslim League)。他帮助起草了《勒克瑙协定》(Lucknow pact, 1916 年),并组织了哈里发运动(Khilafat movement, 1919—1922 年),通过这些活动,穆斯林联盟在反英抗议活动领域已与印度国民大会党并驾齐驱。然而,他开始怀疑印度国民大会党正在被狭隘的印度民族主义所控制,在甘地领导时期尤其如此。1934 年,他成为穆斯林联盟的主席并主持了 1940 年在拉合尔(Lahore)召开的联盟会议,在这次会议上,第一次通过了建立独立的巴基斯坦国的决议。在 1946—1947 年的谈判中,他固执地拒绝印度应作为单一民族国家而独立的建议。巴基斯坦于 1947 年 8 月 15 日宣布独立,真纳成为这个新的国家的第一任总督。

---

① Jingoism 直译为"哎呀主义",文中的"by jingo"即"哎呀",是极端爱国主义这个词的由来。——译者注

Joan（**Joanna**）（**1210—1238**） **琼**（**乔安娜**）（**1210—1238**） 苏格兰亚历山大二世的王后。约翰国王的长女,亨利三世的妹妹。她于 1221 年 6 月 19 日在约克与亚历山大结婚,这场婚姻有助于巩固英格兰—苏格兰的和平,这一和平状态从 1217 年一直延续到 1296 年。

Joan,Princess（**d.1237**）．**琼公主**（**卒于 1237 年**） 琼是约翰国王的私生女,1205/1206 年嫁给了北威尔士王子卢埃林·阿普·约尔沃思（Llywelyn ab Iorwerth,prince of North Wales）。此后,她成为其丈夫的明智顾问,并且成为英格兰与威尔士之间和平的缔造者,这之前二者的关系并不确定,时有战争。为了纪念琼,其丈夫在安格尔西岛（Anglesey）的兰费耶斯（Llanfaes）修建了一座方济各会修道院,琼就葬于这座修道院。

Joan Beaufort（**c.1400—1445**）．**琼·博福特**（**约 1400—1445**） 苏格兰詹姆斯一世的王后。作为萨默塞特伯爵约翰·博福特（John Beaufort,earl of Somerset）的女儿,她与苏格兰的詹姆斯一世于 1424 年 2 月在萨瑟克（Southwark）成婚,詹姆斯在其诗集《国王书》（"The Kingis Quair"）中赞美了这一婚姻。1437 年,在针对詹姆斯国王的谋杀中,琼负伤逃脱,并主持其幼子的国政。

Joan of Kent,princess of Wales（**c.1328—1385**）．**肯特的琼,威尔士公主**（**约 1328—1385**） 琼是肯特伯爵埃德蒙（Edmund,earl of Kent,卒于 1330 年）的女儿,并于 1353 年继位为女伯爵。由于远未达到结婚的年龄,她与托马斯·霍兰德（Thomas Holand）秘密成婚。当霍兰德去了普鲁士而不在英格兰时,琼很快与索尔兹伯里伯爵（earl of Salisbury）缔结了第二桩婚姻;这场婚姻在 9 年之后,即 1349 年,被宣告无效。在霍兰德死去不到一年的时间里,这位驰名的美人与黑太子爱德华（Edward the Black Prince）结婚并陪伴他前往加斯科涅（Gascony）,他们的儿子爱德华（卒于 1370 年）和理查（二世）都是在加斯科涅出生的。

Joan of Navarre（**c.1370—1437**） **纳瓦拉的琼**（**约 1370—1437**） 亨利四

世的王后。她是纳瓦拉国王"坏人"查理（Charles the Bad）的女儿。琼与布列塔尼公爵约翰四世（John IV, duke of Brittany）于 1386 年成婚。1399 年约翰去世后，她以公爵约翰五世摄政者的身份主政，直至他于 1401 年就职。亨利（四世）在其流亡期间曾拜访过布雷顿宫廷（Breton Court）。琼于 1403 年加冕为王后，但她与亨利的这场婚姻并没有孕育出后代。亨利去世后，她选择留在了英格兰。她与继子亨利五世的关系直至 1419 年之前一直十分和睦，是年，她被指控施巫术谋害国王的性命。在 1422 年以前，她一直遭到监禁却未被审判。琼因亨利的临终遗愿而被释放。

Joanna of the Tower（1321—1362） **伦敦塔的乔安娜**（1321—1362） 乔安娜是苏格兰戴维二世的王后，爱德华二世的小女儿，生于伦敦塔。1328 年，年仅 7 岁的她嫁给了戴维·布鲁斯（David Bruce），布鲁斯是苏格兰罗伯特一世的儿子和继承人，于 1329 年即位。1346 年，英格兰人在内维尔十字路口（Neville's Cross）战役中俘获了戴维并将其带往伦敦。乔安娜曾看望过戴维，但在 1357 年戴维被释放不久后便离开了他，并在其兄弟爱德华三世的宫廷中度过了她的余生。

John（1167—1216） **约翰**（1167—1216） 英格兰国王（1199—1216 年在位）。正如每个小学生都知道的那样，约翰是个怪物和暴君。这种名声有着深刻的历史根源，并在诸如 J.R.格林这类维多利亚时代史学家的评判中被推向极致。维多利亚时代关于约翰的观点立足于高度道德的视角，对这种观点的支持几乎全部来自当时的编年史家，而这些人对涉及约翰的大部分臭名昭著的轶事负有责任。

最近以来的研究表明，许多这类编年史材料并不可信。新视角下的约翰是以称职的行政官形象出现的，并且在组织和实践层面握有大权。目前，没有人会质疑约翰既有天分，又有能力。约翰组建的针对法国腓力二世的大陆联盟体系先于 1214 年发生的灾难性的布汶（Bouvines）战役，它体现出了约翰的外交能力以及对战略的准确把握。1213 年约翰向罗马教廷表示臣服，使英格兰成为教皇的领地，这一做法是精密策略中的一招妙棋，一下子便把教皇从在英格兰与法国正在形成中的针对他的图谋中划了出去。

尽管如此,现代学术研究的结果也强化了传统的针对约翰的某些指责。其中或许关于约翰最为邪恶之举的指责,即他谋杀了——或是导致出现谋杀——自己的亲侄子,即布列塔尼的阿瑟(Arthur of Brittany),这件事目前看来几乎可以确定无疑。约翰其它残忍的行为也得到了证实,他在 1212 年绞死了 28 名人质,这些人都是反叛的威尔士首领的儿子;还有把威廉·德·布劳斯(William de Braose)的妻儿活活饿死于王家监狱之中。尽管约翰那个时代的人可能都十分残忍,但约翰的残忍性超越了极限,这点已经成为共识。

作为国王,约翰有负众望。与哥哥理查一世相比,约翰似乎不善战事。而对约翰的声望尤其构成损害的,便是早在 1200 年他就被冠以了"软剑"("Softword")的绰号。同样,约翰在执行法律方面过于严苛,他的臣民常常抱怨其判决显得偏颇不公。

假如约翰能够成功地收复失去的领地,《大宪章》事件几乎不可能发生,而关于他的种种传奇故事也不可能发展起来。不过约翰失败了,而且在死后也为此付出了受到惩罚的代价。约翰失败最主要的原因之一,在于他以极其恶劣的方式对待自己手下的权贵。作为统治者,无论约翰在技术层面有多胜任,这些优势都不断地被他对手下的猜忌,他的嫉妒,他的多变,以及任性所抵销。没有谁能与这样一位统治者轻松相处。以令人感到恐惧的方式来统治,也许可以抑制住这些权贵,但从长远来看,约翰的政权并不稳固。约翰依然令人感到困惑和神秘。正如刘易斯·沃伦(Lewis Warren)对约翰所做的简要总结那样:"他具有伟大君主的心智,但却倾向于成为一位小暴君。"

John, Augustus Edwin(1878—1961). **奥古斯塔斯·埃德温·约翰**(1878—1961) 英国画家。约翰出生于威尔士的腾比(Tenby),是一位律师的儿子。作为一名出色的学生,他曾在斯莱德学校(Slade School)受训,之后他去了利物浦并做了一名艺术教师。在 20 世纪头十年,他的才智达到了巅峰状态,在艺术与生活中表达出一种独立和叛逆的特性。

John, lord of the Isles **群岛领主约翰** See MACDONALD, JOHN.(见约

翰·麦克唐纳）

John Balliol　约翰·巴利奥尔　See BALLIOL, JOHN.（见约翰·巴利奥尔）

John Bull　约翰·布尔　又译"约翰牛"。约翰·布尔这个人物形象,是约翰·阿巴思诺特（John Arbuthnot）在其出版于 1712 年的一系列的小册子——《法律是个无底洞》（*Law is a Bottomless Pit*）中创造出来的。布尔的憨厚诚实与法国人刘易斯·巴布（Lewis Baboon）的狡猾形成了对比。19 世纪早期,因为漫画家们的努力,约翰·布尔成为家喻户晓的人物,并且得到了一顶匹克威克式的蹲顶礼帽（Pickwickian squat top hat）以及一件绘有英国国旗的背心（Union Jack waistcoat）。

John of Gaunt, 1st duke of Lancaster（1340—1399）.　**冈特的约翰,第 1 代兰开斯特公爵**（1340—1399）　约翰生于根特（Ghent）,是爱德华三世第三个存活下来的儿子。随着其岳父格罗斯蒙特的亨利（Henry of Grosmont）离世,他成为英格兰最大的领地贵族。作为里士满伯爵（earl of Richmond, 1342—1372 年）,他自 1355 年起卷入对法战争。约翰还管辖着苏格兰边境。他的财富使其组建了最大规模的骑士和扈从队。自 1372 年起,他凭其第二任妻子之权利,谋求卡斯蒂利亚（Castile）的王位,在 1386—1387 年远征失败后,他放弃了这一要求。他对威克利夫（Wyclif）的庇护与对伦敦主教的敌视引发了暴动;他的萨伏伊宫（Savoy palace）在 1381 年被洗劫。尽管敌视他的朝臣声称他犯有叛国罪,但他的支持对于理查二世非常重要。他的儿子于 1399 年登上王位,以亨利四世之名进行统治。

John of Salisbury（c.1120—1180）　**索尔兹伯里的约翰**（约 1120—1180）学者,教士作家。约翰出生在索尔兹伯里,曾于阿伯拉尔（Abelard）的时代在巴黎求学（1136—1146 年）。在其《元逻辑》（*Metalogicon*）中,他捍卫了逻辑学作为知识学科规范的价值。作为坎特伯雷大主教西奥博尔德（Theobald, 1147—

1161)的政治秘书,他利用自己与阿德里安四世(Adrian IV)的友谊,在教廷(papal curia)中为坎特伯雷谋求权益。当贝克特(Becket)与亨利二世发生争执时,他曾是贝克特的顾问,而贝克特被谋杀后,约翰推动了人们对这位大主教的崇拜。

Johnson,Samuel(**1709—1784**). **塞缪尔·约翰逊**(**1709—1784**)　约翰逊是斯塔福德郡利奇菲尔德(Lichfield)一位书商之子。他曾于1728—1729年进入牛津大学彭布罗克学院(Pembroke College)学习了一年,在此之前,他一直在当地一所学校学习。约翰逊早先曾试图从事教学工作,未能如愿,但他在1735年娶了寡妇伊丽莎白·波特(Elizabeth Porter)。然而,接下来在伦敦格拉布街(Grub Street)的艰苦生活正悄然向他走来。在这一时期,约翰逊创作了他的名诗《伦敦》(*London*,1738年),其中有"受到贫困的压抑,才智将难以出人头地"("Slow rises worth,by poverty depressed")这样的名句。1746—1755年,约翰逊致力于其《辞典》(*Dictionary*)的编纂工作,这是第一本全面收集了英国人的语言的辞典,同时也是一部散文杰作。1749年,他创作了《人生希望多空幻》(*The Vanity of Human Wishes*),三年之后妻子亡故。为了支付母亲葬礼的费用,1759年约翰逊在一周之内便完成了《拉塞拉斯》(*Rasselas*),这可能是他最好的作品,一部关于"人生抉择"的杰出小说。在创作大部头作品的间隙,约翰逊还为《漫步者》(*Rambler*)、《袖手旁观者》(*Idler*)以及《冒险家》(*Adventurer*)等刊物撰写了许多道德类文章。1762年,比特勋爵(Lord Bute)给予约翰逊每年300英镑的津贴,结束了他的经济困难。在得到津贴之后,约翰逊的文学产出较之以前变得更少了,但在1765年编辑完成了代表作《莎士比亚戏剧集》,1775年完成了《苏格兰西部岛屿旅行记》(*Journey to the Western Islands of Scotland*),1779—1781年完成了《诗人传》(*Lives of the Poets*)。

约翰逊的声誉在很大程度上来源于他的人格魅力。列举他的朋友就是在罗列18世纪文化人物的佼佼者:画家乔舒亚·雷诺兹爵士(Sir Joshua Reynolds)、小说家奥利弗·哥尔德斯密斯(Oliver Goldsmith)、政治家埃德蒙·伯克(Edmund Burke)以及演员戴维·加里克(David Garrick)。所有这些人均是一家著名的文学俱乐部(Literary Club)的成员,而约翰逊正是该俱乐部的一位创建者;博斯韦尔(Boswell)在其 1791 年创作完成的无与伦比的《约翰逊传》(*Life of Johnson*)中,记录了许多发生在那里的伟大讨论。对于很多人来说,塞缪尔·约翰逊就是 18 世纪的化身。

Jones,**Inigo**(1573—1652). **伊尼戈·琼斯**(1573—1652) 假面剧设计者,建筑师,朝臣。直至 18 世纪早期,通过"新帕拉弟奥运动"(neo-Palladian movement),琼斯的建筑遗产才结出硕果。令人沮丧的是,作为国王工程总监(1615—1644 年),他为人傲慢且独揽大权,这使其个性难以令人捉摸。除了令人着迷的舞台和服装设计,琼斯设计的 45 座建筑作品中只有 7 座保存了下来:最著名的是怀特霍尔宫(Whitehall)的宴会厅(Banqueting House),圣詹姆斯宫中的女王教堂(Queen's chapel at St James's),位于格林尼治的女王行宫(Queen's House at Greenwich),以及因属于查理时代城市规划背景下设计的,因此显得非常重要的圣保罗大教堂和考文特花园(Covent Garden)。

Jones,**Sir William**(1746—1794). **威廉·琼斯爵士**(1746—1794) 东方学家。琼斯曾在哈罗公学(Harrow)和牛津大学大学学院(University College)接受教育,是一位极具天赋的语言学家。他最终精熟掌握 13 种语言并知晓 28 种其它语言。他于 1774 年开始执律师业,1783 年受封爵士并被任命为加尔各答最高法院(High Court of Calcutta)法官。直至其英年早逝之前,他一直留在印度。1784 年,他创建了孟加拉亚细亚学会(Bengal Asiatic Society)。他对印度的法律与文化有着真知灼见,这对一位欧洲人而言极不寻常。

Jonson,**Ben**(1572—1637). **本·琼森**(1572—1637) 英格兰文艺复兴时期的诗人,剧作家,他是其同时代人中为人最为直率但在政治上又最为保守的人物。他的作品——诗歌、戏剧以及评论——是一种古怪的混合物,融合了严格的古典风格与狂欢怪诞的风格。他最有名的戏剧包括 1605 年创作的《沃尔波内》(*Volpone*)、1610 年创作的《炼金术士》(*The Alchemist*)以及 1614 年创作的《巴塞洛缪市集》(*Bartholomew Fair*)。由于在社会和文化方面的抱负,琼森得到了王室的庇护,创作了一系列的宫廷假面剧【与伊尼戈·琼斯(Inigo Jones)合作】,并从詹姆斯一世那里取得终身津贴。

Jordan 约旦 约旦之前以"外约旦"(Trans-Jordan)之名为人所知,1914年成为土耳其帝国的一部分。第一次世界大战后,成为在国际联盟(League of Nations)监督之下的英国的托管地。1946年,约旦宣布独立,并在埃米尔·阿卜杜拉(Amir Abdullah)的领导下建立了约旦王国。1990年海湾战争(Gulf War)期间,约旦严守中立。

Jowett, Benjamin(1817—1893). **本杰明·乔伊特**(1817—1893) 学者。乔伊特在牛津大学稳坐钦定希腊语讲席教授将近40年,担任巴利奥尔学院(Balliol College)院长超过20年。他于1855年成为希腊语教授,成功地开启了一系列关于希腊哲学的讲座;同时投入大量时间培养学生。1870年被选为院长后,他翻译的四卷本《柏拉图对话集》(Plato)于1871年问世,之后他又翻译了修昔底德(Thucydides)的作品(1881年)以及亚里士多德(Aristotle)的《政治学》(*Politics*,1885年)。沃特豪斯(Waterhouse)正是在乔伊特任院长期间,完成了巴利奥尔学院前的宽街(Broad Street)的重建;而该学院在乔伊特的影响下,成为牛津大学最著名的学院。

Joyce, James(1882—1941). **詹姆斯·乔伊斯**(1882—1941) 现代主义的主要代表,意志最为坚定的小说家。在1914年出版的短篇小说集《都柏林人》(*Dubliners*)中,他"以处心积虑的刻薄语体",系统地描绘了自己国家的道德史。在1916年出版的《青年艺术家的肖像》(*A Portrait of the Artist as a Young Man*)中,他在自己与天主教以及他少年时代的唯美主义之间设置了一段具有讽刺意义的距离。其代表作《尤利西斯》(*Ulysses*)依时间顺序描写了1904年6月的一天里都柏林发生的事,但写作的时间却用了8年,而且直到1933年才通过审查。他以更具尝试性手法创作的《为芬尼根守灵》(*Finnegans Wake*)只有极少的读者能够理解。

Julian of Norwich(1342—c.1416) **诺里奇的朱利安**(1342—约1416)

女隐士,神秘主义者,或许曾受教于本笃修女院。1373 年,她在遭遇一次濒临死亡的经历后,得到了 16 次宗教体验——"显圣迹"("shewings"),并且决定在圣朱利安教堂(St Julian church)成为隐居者和灵修顾问,在那里她给自己取了"朱利安"这个名字。20 年后,她写下了《神恩的启示》(*The Revelations of Divine Love*),书中记述了她对"显圣迹"的沉思,这是目前已知的第一本由妇女撰写的英文书籍。

Junius　朱尼厄斯　朱尼厄斯是 1769—1722 年间给《公众广告者》(*Public Advertiser*)报写下 69 封信的作者的笔名,但作者的真实姓名至今仍不得而知。这些信在最初很寻常,但很快就引发了政治轰动,使得《公众广告者》报销量猛增,而这些信件也被广泛转载。朱尼厄斯从与威廉·德雷珀(William Draper)的一场交易为起始,不断地攻击首席大臣格拉夫顿公爵(duke of Grafton),最终以一封著名的冒犯国王本人的信结束。有许多人被认为可能是这些信件的作者,但证据强烈地指向菲利普·弗朗西斯(Philip Francis)——当时陆军部的一位高级职员。

Junto　秘密政治团体　"Junto"这一名称被用来指称威廉三世统治后期以及安妮统治时期的辉格党集团。这些人在议会上院的势力特别强大,其领袖包括萨默斯(Somers)、哈利法克斯(Halifax)、奥福德(Orford)、森德兰(Sunderland)和沃顿(Wharton)。

jury system　陪审制　陪审制的起源目前依然没有定论。"陪审"这一名称意指经过宣誓的团体对某事做出声明。尽管有人认为陪审团有着日耳曼—盎格鲁—撒克逊的起源,但这种某个团体在誓约之下就某个特定问题给出裁定结果的制度更有可能起源于法兰克人的审讯制。普通法中的第一个陪审团是由亨利二世设立的,目的在于就某些严重的罪行向巡回法官(travelling justices)提出指控。

"小陪审团"("trial jury")缘起于 1215 年拉特兰宗教会议(Lateran Council)做出的禁止教士参与神明裁判(ordeals)的决定。在当时,神明裁判是判定一个人是否有罪的手段之一。在神明裁判被禁止后,法官开始利用宣过誓的邻人团体来决定被指控的人是否有罪。渐渐地,由 12 个人组成的"小陪审团"在经过一系列试验之后发展起来。

1670 年,通过"布谢尔案"(Bushell's case),作出一项决定:陪审团的成员再也不会因得出与证据相反或与法庭意愿相悖的裁断而被褫夺民事权(attainted),即被没收财物和监禁。在 20 世纪,引入了陪审团成员多数裁断的原则。由于某些案件的审理所具有的复杂性,特别是涉及欺诈案件的审理,导致有人提出应对利用陪审团而做出的裁断结果进行复议(reviewed)。

justice Eyre 巡回法官 See EYRE(见巡回法庭)

justices of the peace 治安法官 治安法官的前身是治安维持官(conservators of the peace),在理查一世统治时期首次得到任命。在 13 世纪时,治安维持官由一郡之中的骑士和绅士构成,他们主要承担着担任巡回审判委员会(commissions of assize)成员,参与听审并裁决(oyer and terminer)以及监狱出空(gaol delivery)的职责。在爱德华三世统治时期,治安维持官被赋予了惩罚犯人的权力。1344 年时,被赋予了听审并裁决刑事案件的权力。黑死病(Black Death)造成大量人口死亡之后,治安维持官又增加了一些新的职能:《劳工法》(statutes of Labourers)规定由他们来确定雇工的工资标准。

从那时起,立法机构不断地扩大治安法官的职能。治安法官的司法功能在刑事司法的实施中依然至关重要。除了司法和维持治安的职责,他们还要负责济贫法的实施,并且通过季审法庭监督整个地方政府的运作。在英格兰和威尔士,治安法庭①(magistrates' courts)在刑事司法的实施中依然扮演着关键角色,审理着大部分的刑事案件。

justiciar 首席政法官 也译作"摄政官"。由于诺曼王朝诸王经常驻留欧洲大陆而时常不在英格兰,所以需要有一名胜任的总督(viceroy)或摄政

---

① 在英国也称作"court of petty sessions"或"court of summary jurisdiction"。——译者注

（regent）对英格兰的事务进行管理。这一职能与首席政法官联系到了一起,此人以首席大臣（chief minister）的身份履行大量的职能,包括指挥作战以及主持御前会议（curia regis）。在威廉二世和亨利一世统治时期,雷纳夫·弗朗巴尔（Ranulf Flambard）与索尔兹伯里的罗杰（Roger of Salisbury）便是在没有官衔的情况下行使这些职权的。之后,担任这一职务的富有才干者包括理查德·德·鲁西（Richard de Lucy）、雷纳夫·格兰维尔（Ranulf Glanvill）、休伯特·沃尔特（Hubert Walter）、彼得·德罗什（Peter des Roches）以及休伯特·德·伯格（Hubert de Burgh）。在伯格于 1232 年被亨利三世打倒后,这一机构被废止,其法律职责被大法官（chancellor）或首席大法官（lord chief justice）接管。

Justiciary Court（Scotland） 刑事法庭（苏格兰） 高等刑事法庭（High Court of Justiciary）是苏格兰的最高刑事法庭,建于 1672 年,由最高法庭庭长（lord justice general）、法庭副庭长（lord justice clerk）以及 5 位最高民事法庭法官（lords of Session）组成。刑事法庭对苏格兰的重大犯罪拥有司法管辖权,同时也是上诉法庭（court of appeal）。

Justus , St.（d.c.627）. 圣贾斯特斯（约卒于 627 年） 根据比德的记载,601 年,圣贾斯特斯与梅利特斯（Mellitus）一起被教皇格列高利一世（Pope Gregory I）派往肯特,于 604 年由奥古斯丁（Augustine）祝圣为罗切斯特（Rochester）主教,他与坎特伯雷大主教劳伦蒂乌斯（Laurentius）一起以罗马的方式布道。异教徒登上肯特王位并控制东撒克逊人后,上述三人被迫决定返回罗马,然而,在高卢静待事态发展一年之后,贾斯特斯与梅利特斯被重新召回英格兰。624 年,贾斯特斯接任第四任坎特伯雷大主教。

Jutes 朱特人 比德对于朱特人的记载极为明确:他们是日耳曼人的一支,居住在盎格鲁人以北的地区,他们在英格兰的定居地在肯特（Kent）、怀特岛（Isle of Wight）以及索伦特海峡（Solent）以北的陆地,领袖为亨吉斯特（Hengist）和霍萨（Horsa）。现代研究修正了这些观点,认为盎格鲁人、撒克逊人与朱特人之间的差异比设想的要小,他们来自于南石勒苏益格（south Schleswig）的可能似乎小于弗里西亚(Frisia)甚或莱茵河(Rhine)河口。朱特人定居的方式也受到了质疑。来自墓葬习俗以及地名的证据表明,肯特地区存在多种文化,包括带有很强的罗马—不列颠文化特征的遗存,而定居在西部的被视为2次移民,而非直接来自于大陆的移民。

Jutland, battle of, 1916. **日德兰半岛之战**(1916) 对于皇家海军(Royal Navy)而言,北海(North Sea)战争的经历是令人沮丧的。大舰队(Grand Fleet)从未取得它所渴望的针对德国公海舰队(German High Seas Fleet)的压倒性胜利。英国人进行第二次特拉法尔加(Trafalgar)之战的最佳机遇出现在1916年3月31日,当时比提(Beatty)成功引诱德国公海舰队进入大舰队的攻击范围。然而,战斗的结果只是暴露出了英国舰队的弱点。大舰队的测距仪存在缺陷,它绘制目标图的装置容易出错,而它的重炮测算、参谋团队以及装甲防护都有问题。英国在舰只和人员方面均蒙受了巨大损失,这证明了德国建造的重炮以及舰艇的卓越性能。尽管在日德兰半岛之战中德军取得了战术上的成功,但英军却取得了战略上的胜利。协约国海军对德军的封锁依然未被打破,而这极大地削弱了德国的经济。

Juxon, William(1582—1663). **威廉·贾克森**(1582—1663) 作为主教和政治家,贾克森由于受到劳德(Laud)的青睐而走红。在劳德的游说下,1663年查理一世任命贾克森为伦敦主教;三年后,被任命为财政大臣。贾克森坚定地献身于国教会使其成为国王的亲信。他担任查理的属灵事务的顾问,直到查理生命的最后一刻:在断头台上站在查理的身边。此后,他平静地生活在乡村直至1660年查理二世复辟,是年,他被任命为坎特伯雷大主教,但由于年事已高,只不过是挂名而已。

K

Kames, Henry Home, Lord（1696—1782）. **亨利·霍姆, 凯姆斯勋爵**（1696—1782） 法官, 学者。作为一位小地主的儿子, 凯姆斯于1752年成为最高民事法庭法官（lord of Session）。他是爱丁堡学术界的著名人物之一, 也是一位主要的学术资助人, 其资助对象包括亚当·斯密（Adam Smith）和约翰·米勒（John Millar）。其1762年出版的《批判原理》（*Elements of Criticism*）是早期一部颇具影响力的教科书, 在英语世界受到广泛称赞。

Kay, John（1704—c.1780）. **约翰·凯**（1704—约1780） 工程师和发明家。1704年出生在兰开夏郡的伯里（Bury）附近。1773年, 凯发明的运用于织机上的飞梭（flying-shuttle）获得专利。飞梭极大地提高了纺织的速度, 但是凯在开发这项发明时经历了极大的困难。1753年, 他的住所被一群担心失业的暴徒捣毁, 而利兹的织造商们则相互勾结, 规避法律诉讼判给凯的专利费。

Kay-Shuttleworth, Sir James Phillips（1804—1877）. **詹姆斯·菲利普·凯—夏特沃斯爵士**（1804—1877） 行政管理者。凯就读于爱丁堡大学, 1827年毕业后做了一名医生。在曼彻斯特工作时, 凯（夏特沃斯这个名字是他结婚后加上去的）对公共卫生与教育改革产生了浓厚兴趣。1835年, 他被任命为东部诸郡以及伦敦地区济贫法委员会助理（assistant Poor Law commissioner）。他于1839年迎来了发展国民教育的良机, 是年, 他被任命为枢密院委员会（Committee of the Privy Council）秘书。在接下来的十年, 直至其健康出现问题以前, 凯一直以极大的热情, 致力于创建由国家督察机构监督的公费初等教育制度的工作。

Kean，Edmund（1787—1833）. **埃德蒙·基恩**（1787—1833）　演员。作为一位巡回女演员之子，基恩被培养成为一名天才神童。1814年，他在德鲁里巷（Drury Lane）剧院登台扮演夏洛克（Shylock）这一角色时，凭着演出的激情，很快便使剧院赚得盆满钵满。基恩身材不高，几乎还不到人们平均的高度，但他在演出中展现出的光芒——有时以一种令人着魔的方式——使其成为19世纪早期最具争议的演员之一，毕竟他的演出风格与肯布尔（Kemble）流派的标准格格不入。他以出演悲剧角色理查三世、夏洛克（Shylock）以及奥赛罗（Othello）而出名，但其年轻时不负责任的个性，很快发展为鲁莽、虚荣、对对手的不宽容以及酗酒放荡。

Keats，John（1795—1821）. **约翰·济慈**（1795—1821）　诗人，还做过一段时间的外科医生学徒。由于与利·亨特（Leigh Hunt）以及"伦敦佬学派"（"Cockney School"）的联系，济慈早期的作品受到了压制。在浪漫主义诗人中，济慈是最富有感性的，对爱情和死亡具有舒伯特（Schubert）一般的敏锐性；阿诺德（Arnold）在其作品中感受到的"难以形容的热情"一直对人们具有极大的吸引力。济慈是个律己甚严的人，1818年他抱着歉意之情发表了长诗《恩底弥翁》（Endymion），而在次年则放弃了弥尔顿式风格过于浓厚的《许佩里翁》（Hyperion）的创作。济慈最好的作品收录在1819年出版的《夜莺颂》（Odes）里。

Keble，John（1792—1866）. **约翰·基布尔**（1792—1866）　一般认为，1833年约翰·基布尔的巡回布道（Assize Sermon）活动开启了牛津运动（Oxford movement），而这些布道活动是因1833年《爱尔兰教会世俗财产法》（Irish Church Temporalities Act）促发的轻度改革而激起的。对基布尔来说，这一法令是世俗权力对教会秩序进行的亵渎神明般的干涉。在牛津大学，他被视为才华横溢之人，任诗歌教授（1831—1835年），直至他结婚并离开牛津前往汉普郡的赫斯利（Hursley）堂区，他在那里度过了余生。

Kells，Book of　**《凯尔斯书》**　四福音书与一些正文前的内容的拉丁语抄本，可能是属于8世纪晚期的作品。不过，首次出现关于该书的记载是在1007

年的凯尔斯修道院(米斯郡),这时该书已遭人窃盗并丢失了封面。克伦威尔(Cromwell)时期出现了破坏偶像运动,出于安全,市政官员于1654年将该书送到了都柏林,此后,该书便被赠送给了三一学院(Trinity College)。

Kelvin,William Thomson,1st Baron(1824—1907). **威廉·汤姆孙,第1代开尔文男爵**(1824—1907) 热力学先驱,最伟大的古典物理学家之一。先后就读于贝尔法斯特大学、格拉斯哥大学以及剑桥大学。1846年,汤姆孙被选为格拉斯哥大学的自然哲学教授,他在那里工作了50年,退休时注册成为一名研究生。作为英国物理科学家的领军人物,汤姆孙于1892年晋封贵族。

Kemble,Charles(1775—1854). **查尔斯·肯布尔**(1775—1854) 演员,经理。肯布尔是演员兼经理罗杰·肯布尔(Roger Kemble)的幼子,他放弃了邮政局的差事而转向舞台,先是在地方演出(1972年),而后是在伦敦的德鲁里巷(Drury Lane)剧院演出(1794年)。肯布尔经常与他的哥哥约翰·菲利普(John Philip)和姐姐萨拉(Sarah),即西登斯夫人(Mrs Siddons)同台演出,由此积累了大量的剧目储备,但他在喜剧表演方面表现得最为突出。1822/1823年,他开始着手经营考文特花园(Covent Garden)剧院,但经营不佳,只是由于1829年其女儿范妮(Fanny)的登台演出才免于破产。

Kemp,John(d.1454). **约翰·肯普**(卒于1454年) 曾任约克大主教与坎特伯雷大主教。与奇切利(Chichele)一样,肯普是牛津的教会法博士(DCL),并且在教会法庭中开始了自己的职业生涯。在作为使节出使阿拉贡(Aragon)之后,他成为亨利五世在法国谘议会的成员,担任诺曼底大法官(chancellor of Normandy)以及王玺掌管大臣(lord privy seal)。在亨利六世年幼时期,他在谘议会中是亨利·博福特(Henry Beaufort)的支持者之一,于1426年被任命为英格兰大法官。那时,他在主教职位上也获得了擢升,从罗切斯特主教(1419年),奇切斯特主教(1421年)以及伦敦主教(1421年)升为约克大主教(1426年)。1432年,肯普被格洛斯特公爵汉弗莱(Duke Humphrey of Gloucestor)从大法官法庭(Chancery)中清除出去,但他仍是谘议会成员,还间或担任过大使。1450年,当萨福克公爵威廉·德·拉·波尔（Willian de la Pole,duke of Suffolk）的权势崩溃后,肯普再次担任大法官。自 1452 年起,他是坎特伯雷大主教。他的离世——同时亨利发疯——对于兰开斯特家族的政权而言是永远无法挽回的损失。

Kempe,Margery（c.1373—c.1440）. 玛热丽·肯普（约 1373—约 1440） 玛热丽·肯普的回忆录是根据她本人在其人生最后的岁月所做的口述记录而成的,回忆录的手稿在 1934 年时被发现,1947 年首次出版,目前被认为是最早的英文自传。肯普的父亲是诺福克郡金斯林（king's Lynn）的市长,家境富有。肯普在生完第一个孩子之后,遭遇到了属灵方面的危机。在其之后的人生中,她变得极度虔诚,并且前往多地朝觐,其中包括圣地、罗马以及圣地亚哥—德孔波斯特拉（Santiago de Compostela）。

Ken,Thomas（1637— 1711）. 托马斯·肯（1637—1711） 巴斯和韦尔斯（Bath and Wells）主教。肯受教于温切斯特公学以及牛津大学新学院（New College）,曾是温切斯特主教莫利（Morley,1665 年）与玛丽公主（之后的玛丽二世）身居海牙（The Hague）时期（1679—1680 年）的专职牧师。1684 年他成为巴斯和韦尔斯主教,1685 年蒙茅斯（Monmouth）被处以绞刑时他在现场。作为七位向詹姆斯二世请愿要求撤销《信教自由令》（Declaration of Indulgence）的主教之一,他被关进了伦敦塔（1688 年）,但被无罪释放。尽管如此,作为一个有良知的人,他拒绝承认詹姆斯退位以及威廉即位,因此被撤销教职（1691 年 4 月）。此后,他居住于朗利特（Longleat）直至去世。

Kenilworth castle（War） 凯尼尔沃思城堡（战役） 凯尼尔沃思城堡拥有坚固的堡垒,同时也具有宫殿般的居住设施。伊夫舍姆（Evesham）之战后,西蒙·德·孟福尔（Simon de Montfort）的支持者据守此城堡抵抗亨利三世达一年之久,而后还能于 1266 年 12 月有条件地投降,这充分证明了该城堡防御上的有效性。莱斯特伯爵罗伯特·达德利（Robert Dudley,earl of Leicester）负责该城堡的主要修建工作,伊丽莎白一世光顾过该城堡,司各特（Scott）在其《凯尼尔沃思》（Kenilworth）中对伊丽莎白光顾城堡的过程有过生动的描述。

Kennedy, Charles (b.1959). **查尔斯·肯尼迪**（生于 1959 年） 政治家。查尔斯·肯尼迪出生在因弗内斯（Inverness），曾受教于威廉堡（Fort William），之后在格拉斯哥大学攻读政治学。1983 年，年仅 23 岁的肯尼迪以社会民主党（SDP）成员的身份，代表罗斯（Ross）、克罗默蒂（Cromartry）以及斯凯岛（Skye）当选为议会议员。社会民主党被合并后，他加入了自由民主党（Liberal Democrats）并于 1999 年接替帕迪·阿什当（Paddy Ashdown）成为党魁。肯尼迪精力充沛而富有魅力，他领导的党派在 2001 年和 2005 年的大选中表现抢眼，但在 2006 年，他承认自己有酗酒问题并辞去党魁职务。

Kennedy, James (d.1465). **詹姆斯·肯尼迪**（卒于 1465 年） 1437 年，詹姆斯·肯尼迪被其叔父詹姆斯一世任命为邓凯尔德（Dunkeld）主教。在詹姆斯二世幼年时期，他支持王太后琼（Joan），反对巴塞尔公会议派（Basle conciliarists），由此于 1440 年被擢升为圣安德鲁斯主教。他在圣安德鲁斯大学设立的圣救主学院（St Salvator's College）是其留下的最持久的遗产。詹姆斯二世死后（1460 年），他前往海外，因为盖尔德斯的玛丽（Mary of Gueldres）在分派幼主政府中的职务时，忽视了他。最终，1463 年 12 月玛丽去世后，他从詹姆斯三世那里获得职位，到 1465 年 5 月去世以前他一直担任王室护卫。

Kenneth II (d.995) **肯尼思二世**（卒于 995 年） "苏格兰"国王（971—995 年在位）。他的父亲是马尔科姆一世（Malcolm I），他的哥哥是杜布王（King Dub）。他接替科林（Cuilén）成为国王，但却要应对科林的兄弟奥拉夫（Olaf）对王位的要求，奥拉夫于 977 年为他所杀。他不断地掳掠英格兰北部，并且攻击斯特拉斯克莱德（Strathclyde）的不列颠人，后者在"莫因瓦康纳"（"Moin Uacornar"，尚未确定）将其打败。975 年前后，英格兰国王埃德加（Edgar）承认了他对洛锡安（Lothian）的统治。肯尼思二世死于费特凯恩【Fettercairn，阿伯丁（Aberdeen）南 30 英里处】，他在那里被安格斯伯爵（earl of Angus）的女儿刺杀，她是为了被国王所杀的唯一的儿子复仇。

Kenneth III (d.1005) **肯尼思三世**（卒于 1005 年） "苏格兰"国王

（997—1005 年在位）。肯尼思三世是杜布王之子，他在拉斯因弗拉蒙【Rathinve-ramon，可能距离珀斯（Perth）数英里】之战中杀死康斯坦丁三世（Constantine III）之后当上了国王。这场战争也见证着王室中肯尼思家族的支脉最终战胜了他们的对手——埃德（Æd，卒于 878 年）的后代。然而，肯尼思的王位受到来自于他自己支脉者的挑战。在蒙齐维尔德（Monzievaird，珀斯以西 15 英里）之战中，肯尼思三世被其堂兄弟马尔科姆二世（Malcolm II）所杀。

Kenneth I MacAlpin（d.858） **肯尼思一世麦卡尔平（卒于 858 年）** 达尔里阿达（Dalriada）国王（约 840/1—858 年在位）与"皮克特人国王"（842/3—858 年在位）。一般认为肯尼思是第一位苏格兰国王，因为人们认为他统一了皮克特人【福斯湾（Firth of Forth）以北】与达尔里阿达（阿盖尔）的盖尔人（在拉丁语中为"Scoti"），但这其中有年代错误。直至公元 900 年之前，"苏格兰"【盖尔语中称为"阿尔巴"（Alba）】还没有出现，而且，苏格兰发源的地域似乎也远远小于皮克特人与达尔里阿达人统一后的地域。

肯尼思的祖先可能是达尔里阿达的国王，他的父亲阿尔平（Alpin）也许在他之前做过国王。在斯堪的纳维亚人的第一次大规模侵袭中，达尔里阿达人和皮克特人均损失惨重，盖尔人的王朝于 839 年被消灭——该王朝自 789 年起就一直统治着皮克特人的核心地带福特日乌（Fortriu）。到 849 年时，肯尼思已经稳固了自己的王权。无论他对皮克特人持何种态度，肯尼思都明确地向盖尔人的王国寻求支持。849 年，肯尼思在邓凯尔德（Dunkeld）建立教堂，并把圣科伦巴（St Columba）的遗物安放于此，这表明肯尼思试图扶植科伦巴创建的修道院系统，这一系统具有巨大的影响力。

肯尼思屡次劫掠诺森伯里亚，但他的王国也遭到了来自斯特拉斯克莱德（Strathclyde）的不列颠人以及斯堪的纳维亚人的攻击。他于 858 年 2 月 13 日在福特沃特（Forteviot，珀斯西南 5 英里）死于肿瘤。

Kensington palace 肯辛顿宫 从建筑方面看，肯辛顿宫是最为朴实的王室宅邸之一，但从历史方面看，它却充满着魅力。它最初是芬奇家族（Finch fam-ily）的私人宅邸，之后威廉三世于 1689 年将其买下，因为这里空气清新，而且离伦敦又很近。工程总监雷恩(Wren)受雇对之进行重修扩建,但它的规模依然有限,部分原因在于那里有奢华的汉普顿宫。安妮统治时期,范布勒(Vanbrugh)为肯辛顿宫添加了令人喜爱的橘园。后来的许多室内装饰,包括国王的楼梯间,都出自威廉·肯特(William Kent)之手。乔治·伦敦(George London)、亨利·怀斯(Henry Wise)以及查尔斯·布里奇曼(Charles Bridgeman)规划并重新开发了花园。圆形池塘(Round Pond)以及蜿蜒的回廊(Serpentine)于乔治一世统治时期最终完工。

Kent 肯特 肯特是最古老的郡之一,在撒克逊时代曾经是一个王国【见肯特王国(See KENT, KINGDOM OF.)】。肯特的战略位置一直都十分重要,因为它是通往大陆的门户。

在前罗马时代,这里的居民是坎蒂人(Cantiaci),凯撒(Caesar)的两次远征都遭到了这个部落的强烈抵抗。里奇伯勒(Richborough)——即鲁图皮埃(Rutupiae)——是罗马的一个主要港口,目前那里依然保留有罗马时期宏伟的灯塔遗迹。从港口出发,有一条大道通往坎特伯雷——即杜罗佛努姆(Durovernum),该大道在到达伦敦之前,在罗切斯特(Rochester)——即杜罗布里威(Durobrivae)——穿过梅德韦河(Medway)。这条大道后来以"华特灵大道"(Watling Street)闻名。

5世纪中期,朱特人殖民者侵入肯特地区并在此建立了王国。埃塞尔伯特(Æthelbert)把肯特王国的势力推到顶点,占领了伦敦并控制了东撒克逊人。他皈依了基督教并建立了坎特伯雷主教区(597年)和罗切斯特主教区(604年)。后来的肯特国王们发现,他们很难在与周遭诸强邻的对抗中保持自己的独立地位,最终先是落于麦西亚的霸权之中,而后落于威塞克斯的统治之下。

肯特社会具有一系列非同寻常的特征。该郡被分为五大部分或五大特区(lathes),之后又被分成了60个小的百户区(hundreds)。被称为"肯特郡土地保有习惯"("gavelkind")的地方习惯支持诸子平均析产继承(gavelkind),而且肯特人以热爱独立著称。受两个主教区的影响而将肯特郡划分为东、西两个部分,这一色彩至今仍很突出。习惯上,代表本郡的议会议员由东部与西部共同分享,而治安法官(JPs)也是各自在他们的区域内行使权力。位于坎特伯雷的季审法庭（Quarter sessions）为东肯特（east Kent）地区服务，而位于梅德斯通（Maidstone）的季审法庭则为西肯特（west Kent）地区服务。

到 1086 年进行"末日调查"（Domesday survey）时，多佛尔（Dover）发展成为一座重要的自治市，与坎特伯雷和罗切斯特并驾齐驱。同样重要的城镇还有罗姆尼（Romney）、海斯（Hythe）与桑威奇（Sandwich），之后还有著名的五港同盟（Cinque Ports），它被赋予特权，作为回报则要承担很重的防御责任。诺曼征服（Norman Conquest）使肯特郡同大陆的联系更加紧密，进而使该郡更加繁荣，同时也使该郡与皇家造船厂的发展紧密地连在了一起。到 1801 年，肯特郡最大的城市为德特福德（Deptford，17,000 人）、格林尼治（Greenwich，14,000 人）以及查塔姆（Chatham，10,000 人）。为了向日益增长的伦敦市场提供产品，肯特郡的水果种植业、蔬菜种植业、啤酒花种植业以及牛羊饲养业日益发展起来。由于伦敦的发展持续强劲，肯特郡的人口平衡开始向西北倾斜。刘易舍姆（Lewisham）1801 年时人口只有 4,000 人，到 1921 年时已达到 17,4000 人。德特福德的人口升至 11,9000 人，普拉姆斯特德（Plumstead）的人口升至 76,000 人，布罗姆利（Bromley）的人口升至 68,000 人。另一座快速发展的城市吉灵厄姆（Gillingham）人口达到了 95,000 人。1888 年，肯特失去了伦敦郊区的一部分，这部分被并入新的伦敦郡议会（London County Council），1965 年，埃里斯（Erith）、布罗姆利、贝克斯利（Bexley）、奇斯尔赫斯特（Chislehurst）以及奥平顿（Orpington）也被移出并入大伦敦议会（Greater London Council）。

Kent, kingdom of　肯特王国　根据传说，肯特王国创立于 5 世纪中叶，其创立者是具有朱特人血统的两兄弟亨吉斯特（Hengist）和霍萨（Horsa），他们来到不列颠是为了保护当地居民对抗皮克特人和盖尔人，结果兄弟二人转而对抗邀请他们的人并为自己赢得了一个王国。王权并不是一直都统一，肯特内部沿梅德韦河（Medway）明显分为两部分：肯特人（the men of Kent，生活于梅德韦河东岸的人）与肯特郡人（Kentishmen，生活于梅德韦河西岸的人）。当时，罗马行政划分的残余影响依然发挥着作用。在埃塞尔伯特（卒于 616 年）统治下，肯特王国的政治权力达到顶点，但 7 世纪之后，王国衰落，此时霸主的权势短暂地转移到了东盎格利亚，之后又转移到了诺森伯里亚。埃塞尔伯特之所以声名显赫，主要原因在于他接受了基督教,在圣奥古斯丁(St Augustine)率领的传教团的帮助下,他建构了能够容纳新的教会的法律。然而,从政治上看,肯特王国并没有更高的抱负,最终,在8世纪时臣服于麦西亚王国,而在825年之后又被威塞克斯王国征服。825年以后,肯特王国再也没有一位独立的国王,尽管坎特伯雷作为大主教区还一直保留着其特殊的威望。

Kent,**William**(1685—1748). **威廉·肯特**(1685—1748) 建筑师、画家与园林建筑师。1719年,肯特被伯林顿勋爵(Lord Burlington)从罗马带回英国,两人一起成为英国建筑界帕拉弟奥主义(Palladianism)的主要倡导者。1727年,肯特出版了《伊尼戈·琼斯的设计》(*The Designs of Inigo Jones*)。尽管肯特设计了骑兵禁卫军大楼(Horse Guards)、皇家马厩(Royal Mews)以及国库大楼(Treasury buildings),但他的大部分建筑均是为私人客户服务。一个明显的例子是1734年时他与伯林顿合作,在诺福克郡建造的霍尔克姆大厅(Holkham Hall),这座大厅具有引人注目的立柱拱形入口、方格天花板和宏大的楼梯。同样重要的是肯特在奇西克(Chiswick)、罗夏姆(Rousham)、斯托(Stowe)以及克莱尔蒙特(Claremont)的园林设计与建筑。

Kenya **肯尼亚** 原为英国在东非的保护地和殖民地。1895年,该地被宣布为英国的保护地。由于行政管理方面有增加收益的需求,加之从1897年起开始修建乌干达铁路,所以白人殖民者推动农业资源的发展成为可能。20世纪50年代,英国对于依附性殖民地的态度发生转变,导致肯尼亚于1963年独立,由非洲人来进行统治。

Kenyatta,**Jomo**(c.1894—1978). **乔莫·肯雅塔**(约1894—1978) 肯尼亚民族主义政治家。早在1922年,肯雅塔便卷入政治事务之中,当时他为恢复其基库尤人(Kikuyu)部落损失的土地而展开积极活动,这些土地被白人殖民者所占。1929年,他前往伦敦,为基库尤的案子进行辩护并留在了欧洲。1946年,肯雅塔返回肯尼亚,并于1947年当选为肯尼亚非洲人联盟(Kenya African Union)主席。1952年,他以策划茅茅暴动(Mau Mau rebellion)的主谋罪名而被判有罪,尽管指控他的证据远远不足以支撑结论。1961 年他被释放。1963 年当肯尼亚获得独立之际,他成为该国总理。1964 年,肯尼亚成为共和国,他担任总统。

Keppel, Arnold Joost van, 1st earl of Albemarle（c.1670—1718）. **阿诺尔德·约斯特·范凯佩尔,第 1 代阿尔比马尔伯爵（约 1670—1718）**　威廉三世的荷兰密友。凯佩尔生于荷兰,1688 年他陪伴奥兰治的威廉（William of Orange）前往英格兰,这成为其人生中光辉的一页。在国王的眷顾下,他迅速升迁,1961 年被任命为侍寝官（groom of the bedchamber）,1695 年被任命为袍服总管（master of the robes）。不正当关系的传闻不可避免地传播开来,而在议会中,他【与波特兰（Portland）一起】被认为是散播荷兰影响的险恶之徒。1702 年国王去世后,凯佩尔返回荷兰,并在反路易十四（Louis XIV）的联盟中担任荷兰军队的司令。

Kett, Robert（d.1549）. **罗伯特·凯特（卒于 1549 年）**　与历次农民起义相比,凯特表现出更高超的组织才能。他是一位制革工和小地主,在诺福克郡拥有怀门德姆庄园（manor of Wymondham）。修道院的解散导致的余恨、地方性的争斗,以及圈地所引发的愤怒于 1549 年夏天在城镇中引发了骚乱,随后发展为一场大起义。起义者在毛斯霍尔德荒野（Mousehold Heath）设立的大本营一直维持了 6 个星期,而且起义军以凯特实行的严格军纪而闻名。凯特攻占诺里奇（Norwich）后,政府方面集结了军队,由北安普敦勋爵（Lord Northampton）统率,击溃了起义军。三周之后,第二支军队——因雇佣兵而实力得到加强,在达森戴尔（Dussindale）彻底打败了起义军。凯特在诺里奇被绞死,他的兄弟威廉（William）在怀门德姆被绞死。

Kew Gardens（Surrey）　**基尤植物园（萨里）**　作为皇家植物园（Royal Botanical Gardens）,基尤植物园拥有收集于世界各地的草本植物、树木以及灌木。基尤植物园是在两片相连的 18 世纪的皇家地产基础上发展起来的:属于乔治二世的里士满花园（Richmond Gardens）以及乔治二世之子威尔士亲王弗雷德里克（Frederick, prince of Wales）的宅邸基尤宫（Kew House）。查尔斯·布里奇曼（Charles Bridgeman）帮助规划了里士满花园,威廉·肯特（William Kent）设计了那里的修道院(Hermitage,1730 年)与默林之洞(Merlin's Cave,1735 年)。在毗邻的基尤,随着弗雷德里克于 1751 年去世,王太后奥古斯塔(Dowager Princess Augusta)聘请威廉·钱伯斯爵士(Sir William Chambers)对之进行规划并且营建了各种寺院和园林建筑,包括橘园(orangery,1757—1761 年)、阿尔罕布拉(Alhambra,1758 年)、太阳神庙(Temple of the Sun,1761 年)以及宝塔(pagoda,1761—1762 年)。

Keynes,John Maynard(1883—1946). **约翰·梅纳德·凯恩斯**(1883—1946) 凯恩斯大概是 20 世纪最重要的经济学家。他出生在剑桥,拥有成功的学术生涯,同时还是公务员与政府顾问。他在 1930 年出版的论著《货币论》(*Treatise on Money*)与 1936 年出版的《就业,利息和货币通论》(*The General Theory of Employment,Interest and Money*)预示着凯恩斯革命(Keynesian revolution),该理论认为政府对消费的控制是提供充分就业的关键。

Keys,House of 钥匙议院 马恩岛议会(Tynwald)的选举室,马恩岛(Isle of Man)的议会。其时间可以回溯到北欧时代(Nordic times),当时马恩岛是一个西部海洋帝国的核心,据称钥匙议院是世界现存历史最悠久的议会组织。从很早的时代起,钥匙议院便有 24 位成员。它的名称可能是源于英格兰人对马恩岛语 Manx Yn Kiare-as-feed,即"四与二十"的模仿。

Kilkenny,Confederation of,1642. 基尔肯尼联盟(1642) 1641 年的爱尔兰叛乱并非自发的农民起义,而是一场有计划的暴动。叛乱者一方面反对效忠查理一世,同时也采取行动将他们所控制的大片地区组织起来。为此,他们于 1642 年 10 月在基尔肯尼召开了大会或议会,会议通过了一项临时宪法,并通过了一个由全体会议选举产生的最高委员会。新的联盟有权在四个地区征兵、征税,并确认了天主教会的特权。查理一世对基尔肯尼联盟采取的政策是通过向其提出条件,换取联盟能向英格兰派出军队以改变内战的局势,而随着查理一世权位的日益恶化,他给联盟的条件也相应地提高了。联盟中的许多人打算持观望立场,直到查理一世被迫答应不仅要放宽针对天主教徒的刑法,而且完全废除之。此外,当教廷大使里努奇尼(Rinuccini)于 1645 年 11 月抵达并带来了不予妥协的计划时,联盟方面的势力还得到了加强。查理一世的外交政策具有可回旋的余地,但却归于无效,因为切斯特于 1646 年 2 月时投降,爱尔兰援军再也没有可以登陆的地方。现在,联盟方面发现,与查理一世相比,英格兰议会是一个更加强大的对手,而且联盟的军队也在拉斯敏斯(Rathmines)被迈克尔·琼斯(Michael Jones)击溃。克伦威尔在 1649 年与 1650 年的战役恢复了英格兰的最高统治权。

Kilkenny, convention of, 1341.　基尔肯尼会议(1341)　爱德华一世统治时期,威尔士和苏格兰的事务过多地占用了国王的精力;而在爱德华二世统治时期,两地的局势因极其不稳定,所以无暇关注在爱尔兰的英格兰佩尔地区(English Pale)。1341 年,爱德华三世不得不把关注的目光投向先是在都柏林召开,休会后又在基尔肯尼继续召开的议会上,因为当时英格兰王室大臣已无法控制局势。英裔爱尔兰人强烈反对取消自 1307 年以来赋予他们的种种特权,要求采取措施抵制对爱尔兰一无所知的英格兰大臣,同时警告说很多领土正在被爱尔兰本地人夺走。对于这些要求,爱德华三世给予了安抚性的回复,撤销了大部分大臣。英格兰佩尔地区的局势因此得到持续关注。

Kelkenny, statutes of, 1366.　《基尔肯尼法》(1366)　1361 年,克拉伦斯公爵莱昂内尔(Lionel, duke of Clarence),即爱德华三世的次子,被任命为国王在爱尔兰的总督。1366 年,莱昂内尔在基尔肯尼召开议会,通过了一系列旨在巩固在爱尔兰的英格兰人地位的法令。根据这些法令,英格兰人不得使用爱尔兰语,或者与爱尔兰人通婚;不得将马匹和武器装备卖给爱尔兰人;不能打爱尔兰式曲棍球,但必须练习弓箭。尽管后来一再重申这些法令,但并无法阻止英裔爱尔兰人成为讲爱尔兰语的人。

Killiecrankie, battle of, 1689.　基利克兰基之战(1689)　1689 年春,邓迪(Dundee)发动支持詹姆斯七世的战役,结果引发了一场峡谷追击战,一方是邓迪率领的小部队,另一方是由休·麦凯(Hugh Mackay)指挥的规模稍大于邓迪的威廉麦特（Williamite）的部队。7月27日，邓迪在皮特洛赫里（Pitlochry）附近的基利克兰基隘口追上麦凯的部队并重创之，但邓迪也在战斗中中枪而亡。8月，詹姆斯党人的军队在邓凯尔德（Dunkeld）战役之后溃散。

Kilmainham'treaty',1882. 基尔曼哈姆"条约"（1882） 1881年10月，查尔斯·斯图尔特·巴涅尔（Charles Stewart Parnell）因"有充分的证据涉嫌"鼓动暴动而被捕，并被关押于都柏林的基尔曼哈姆监狱。1882年4月，格莱斯顿（Gladstone）开启与巴涅尔的谈判。巴涅尔以自己获释，同时政府承诺帮助解决欠租的佃农问题作为交换条件，同意谴责暴力。爱尔兰首席事务大臣（Irish chief secretary）W.E.福斯特（W.E.Forster）为此辞职以示抗议。福斯特的继任者弗雷德里克·卡文迪什勋爵（Lord Frederick Cavendish）在其抵达都柏林当天在凤凰公园（Phoenix Park）被暗杀。

Kilmore（Cell Mór），diocese of 基尔莫尔主教区 该爱尔兰主教区最初名为阿达（Ardagh）主教区，而后在1152年召开的凯尔斯—梅利丰特宗教会议（Council of Kells-Mellifont）上改称为凯尔斯（Kells）主教区。后来，当大约1185年凯尔斯主教被米斯（Meath）主教驱逐之际，凯尔斯主教区被废除。由于领主之间争夺领地的斗争造成各地在归属上出现混乱，于是大约在1453年，教皇同意把基尔莫尔的堂区教堂升格为主教座堂。后来，基尔莫尔主教区与埃尔芬（Elphin）和阿达主教区合并（1841年）。目前，无论在天主教还是安立甘教会中，基尔莫尔都依然还是一个主教区。

Kilsyth，battle of，1645. 基尔赛斯之战（1645） 1645年7月，贝利（Baillie）在阿伯丁（Aberdeen）外围的奥尔福德（Alford）被蒙特罗斯（Montrose）击败，6天之后，圣约派在斯特灵（Stirling）召开议会。蒙特罗斯率军向南机动，准备对斯特灵发起攻击。8月15日，贝利在斯特灵以南的基尔赛斯与蒙特罗斯对阵。圣约派的军队尚未部署完毕便遭到蒙特罗斯的进攻，伤亡惨重。但该战役是蒙特罗斯取得的最后一次胜利。

Kilvert, Robert Francis（1840—1879）. **罗伯特·弗朗西斯·基尔弗特**（1840—1879） 基尔弗特是维多利亚时代的一名年轻助理牧师,他写有一本 19 世纪 70 年代的日记,那段时间他在瓦伊河畔海伊(Hay-on-Wye)附近的克莱罗(Clyro)供职,之后在奇彭纳姆(Chippenham)附近的兰利伯勒尔(Langley Burrell)做其父亲的助手。基尔弗特简单直率的风格以及他在游历中对其遇到的乡村人士所抱持的强烈兴趣,使得他的日记成为对那段时期生动而感人的记录。基尔弗特在结婚四周之后死于腹膜炎,葬于布雷德沃丁(Bredwardine),这是他最后生活的地方。

Kilwardby, Robert（c.1210—1279）. **罗伯特·基尔沃比**（约 1210—1279） 多明我会学者,坎特伯雷大主教,枢机主教。基尔沃比在巴黎接受教育,在成为多明我会托钵僧之前(约 1240 年),他教授语法和逻辑。之后,由于坚持传统的经院神学,反对新的亚里士多德学说,他成为阿奎那(Aquinas)最重要的反对者,尽管后者是其多明我会的同侪。1272 年,他被教皇任命为坎特伯雷大主教,成为第一位担任高级教职的英格兰托钵僧。由于他很少卷入政治,所以与爱德华一世的关系较为和睦。1278 年,教皇将他调离坎特伯雷,并擢升他为波尔图(Porto)的枢机主教,进入教廷。他卒于维泰博(Viterbo)。

Kimberley, John Wodehouse, 1st earl of（1826—1902）. **约翰·沃德豪斯,第 1 代金伯利伯爵**（1826—1902） 作为一位辉格党政治家,金伯利一直在格莱斯顿(Gladstone)的内阁中供职。在殖民部(Colonial Office)与印度事务部(India Office),他获得了"帝国万能手"("imperial handyman")的声誉。某些人认为他在 1880—1881 年的第一次布尔战争(Boer War)中优柔寡断,但他断定一场军事胜利不可能实现英国对德兰士瓦(Transvaal)的真正控制。该地之后在英国宗主权之下实行了自治。他还接受了爱尔兰地方自治的要求。作为 1894—1895 年的外交大臣,他认识到英国不应该响应大众的要求去干涉土耳其人对亚美尼亚起义(Armenian uprising)的野蛮镇压。

Kimberley, siege of 金伯利之围 金伯利之围是第二次布尔战争（Boer

War，1899—1902 年)中的一段插曲。金伯利是一座拥有 50,000 居民的钻石采矿业城市。自 1899 年 11 月起,该城便被大约 7,500 名布尔人毫无章法地围困起来,而陆军上校 R.G.凯克威奇(Colonel R.G.Kekewitch)则率领大约 1,000 人的军队以及 3,800 名非正规军坚守该城。1900 年 2 月 15 日,约翰·弗伦奇少将(Major-General John French)的骑兵师以英勇的冲锋最终解除了金伯利之围。

'Kingis Quair' 《国王书》 《国王书》是一部诗集,一般认为是苏格兰国王詹姆斯一世在摆脱英格兰的囚禁(1424 年)、返回故国之后所作。它由苏格兰方言写就,受到了英格兰的影响,以自传的方式记述了国王的被囚禁、他对未来王后的爱情以及他们最终的婚姻。

King's Bench，Court of 王座法庭 王座法庭是普通法三大中央法庭之一,由御前会议(curia regis)发展而来,最初是通过巡回来处理王国内的政务的王室法庭。王座法庭的起源可以回溯到 1178 年,根据当时彼得伯勒修道院院长贝内迪克特(Abbot Benedict of Peterborough)的记载,亨利二世命令御前会议要常设五位法官坐堂,听审其臣民的冤诉。1268 年,王座法庭的第一位首席大法官获得任命,而该法庭拥有王国范围内的终级刑事审判权。1873 年的《司法组织法》(Judicature Act)合并了法庭系统,并把司法权移交给了一个单一的高等法庭(High Court of Justice)。

King's College chapel(Cambridge) 国王学院礼拜堂(剑桥) 伊顿公学(Eton)和剑桥大学的国王学院均由亨利六世在 1437 年时为庆祝其成年(15 岁)而创立,那时他的统治还没有因对法战败以及内战而崩溃。1441 年,国王学院初建时称圣尼古拉斯学院(College of St Nicholas),1443 年更名为国王学院。1446 年 7 月 25 日,亨利六世为礼拜堂奠基。礼拜堂直到 1515 年才竣工,并且在此后多年一直是该地区的地标,因为能够与之相提并论的吉布斯大楼(Gibbs's building)直到 1723 年才开始破土动工,而威尔金斯(Wilkins)的新哥特风格的国王巡阅大道(King's Parade)只是到了 1824 年才开始修建。礼拜堂的扇形穹顶(礼拜堂内部最引人注目的特征)、彩色玻璃以及隔墙围屏均出于亨利八世统治时期。

king's counsel　国王顾问　See QUEEN's COUNSEL(见女王顾问)

king's evil, touching for　国王抚摸法治愈瘰疬　See TOUCHING FOR THE KING's EVIL(见国王抚摸法治愈瘰疬)

king's friends　国王之友　1770 年伯克(Burke)出版的《论当前不满的原因》(*Thoughts on the Present Discontents*),使得人们相信了"国王之友"的存在。伯克将罗金厄姆派(Rochingham party)企图通过"双重内阁"("double cabinet")来把持朝政却未能成功的原因,解释为王室成员的阴谋。事实上,根本不存在这样一个高度组织化的、险恶的、奴性的团体。然而,乔治三世渴望创建无党派的行政体系的愿望吸引了很多人,年轻君主的出现总是能增强王室的影响力,而托利党放弃毫无效果的反对则意味着政府决心的相应加强。

Kingsley, Charles (1819—1875).　查尔斯·金斯利(1819—1875)　汉普郡埃弗斯利(Eversley)牧师、社会改革家、小说家以及"能力出众的基督徒"。金斯利深受 F.D.莫里斯(F.D.Maurice)与托马斯·卡莱尔(Thomas Carlyle)影响,由此成为 1848—1854 年基督教社会主义运动(Christian Socialist movement)的精神领袖,同时,他还以"帕森·洛特"("Parson Lot")的笔名创作了《人民的政治学》(*Politics for the People*,1848 年)与《基督教社会主义者》(*The Christian Socialist*,1850—1851 年)。他的小说《酵母》(*Yeast*,1848 年)与《阿尔顿·洛克》(*Alton Locke*,1850 年)是中产阶级对劳动阶层生活充满同情的描述。

King's Lynn　金斯林　金斯林位于诺福克郡大乌斯河(Great Ouse)的河口,数世纪以来一直是英格兰的重要港口之一。该城由首任诺里奇(Norwich)主教于 11 世纪 90 年代发展起来,第三任主教时,该城规模扩大,每个区都有自己的集市和教堂。中世纪时该城的贸易是国际性的,但 16 世纪之后主要转向了国内贸易。

Kingston, treaty of, 1217.　《金斯顿条约》(1217)　在其支持者于 1217 年

5 月在林肯（Lincoln）被击败之后，法国王太子路易（Louis，dauphin of France）立刻展开和平谈判。他们于夏天的溃败加之海军在桑威奇（Sandwich）再次被击败，迫使路易同意接受条约。作为一大笔补偿金的交换，路易宣布放弃对英格兰王位的要求。

Kingston upon Hull　赫尔河畔金斯顿　约克郡港口，位于赫尔河与亨伯河（Humber）的交汇之地，通常直接被称为"赫尔"。该城最初是作为修道院的羊毛出口港而出现的，但 1293 年时为爱德华一世所得并更名。到 1800 年，金斯顿已经是仅次于伦敦和利物浦的英国第三大港口。该城（如其在 1897 年那样）在第二次世界大战中遭到空袭的严重破坏，而 20 世纪 70 年代其水产业的崩溃也使该城受到巨大打击。

Kinnock，Neil G.（b.1943）.　尼尔·G.金诺克（生于 1943 年）　工党领袖（1983—1992 年），自 1995 年起担任欧盟委员会委员。金诺克生于特里迪格（Tredegar），并于 1970 年代表贝德韦尔蒂（Bedwellty）被选入议会。金诺克在两次大选（1987 年、1992 年）中均败给了保守党，他心平气和地承认了失败。他的左翼观点（特别是对核裁军运动的支持）使得许多支持者疏离了他，此外，甚至很多金诺克本人支持者也认为他的修辞风格过于繁冗。尽管他在面对自己党内的左翼极端主义者时展现出极大的勇气，放弃了不受大众欢迎的政策，并且开启了工党现代化的进程，但人们依然认为他缺乏首相所必需的庄重举止。1992 年大选之后，他随即辞去工党领袖一职。2005 年，他获封终身贵族（life peer）。

Kinsale，battle of，1601.　金塞尔之战（1601）　为了协助蒂龙伯爵休·奥尼尔（Hugh O'Neill，earl of Tyrone）对抗伊丽莎白一世，西班牙派出了一只人数大约为 4,000 人的军队。这支军队于 1601 年 9 月在金塞尔登陆，结果被从埃塞克斯来此地换防的芒乔伊勋爵包围。12 月 24 日，西班牙人在从城中突围失败后，有条件投降。

Kipling，Rudyard（1865—1936）.　拉迪亚德·吉卜林（1865—1936）　吉

卜林通常主要被视为帝国的鼓吹手,但他的作品与这种印象出入很大,而他也远非一位帝国必胜论者。吉卜林生于孟买(Bombay),其父在孟买拥有建筑学教授职位。他的名字源自于斯塔福德郡利克(Leek)附近的拉迪亚德湖(Rudyard Lake),其父母就是在那里相遇的。在德文的联合服务学院(United Services College)学习后,他作为一名记者重返印度,很快便声名鹊起。24 岁时,他居住在伦敦。1891 年他出版的《生命的阻力》(*Life's Handicap*)一举奠定了他作为伦敦代表性人物的形象;他随后又于 1894/1895 年出版了《丛林故事》(*The Jungle Book*)。1897 年,他为维多利亚女王登基 60 周年庆典(Diamond Jubilee)创作了诗歌《曲终人散》("Recessional"),其中的名句"唯恐我们忘记"("lest we forget")使其成为全国知名的人物。1899 年出版的《斯托基公司》(*Stalky and Co.*)描述了他的学生时代生活,而 1901 年出版的《吉姆》(*Kim*)则描述了他在印度的经历。1902 年迁往萨塞克斯的巴特曼(Bateman)庄园后,他出版了《原来如此的故事》(*Just So Stories*),这是当时为数不多的受到孩子们喜爱的儿童书籍;他还于 1906 年出版了以后罗马时代作为故事背景的《普克山的帕克》(*Puck of Pook's Hill*)。虽然作为全国知名人物的声誉在不断衰落,但他在 1907 年获得了诺贝尔文学奖(Nobel prize for literature)。他唯一的儿子在 1915 年的第一次世界大战中丧生。

Kiribati 基里巴斯 基里巴斯即原来的吉尔伯特群岛(Gilbert Islands),是英联邦内的一个独立的共和国。它位于斐济东北部,1979 年独立。

Kitchener,Horatio Herbert,1st Earl（1850—1916）. 霍拉肖·赫伯特,第 1 代基奇纳伯爵(1850—1916) 军人与帝国政治家。作为军人和帝国行政官员,基奇纳在埃及、南非和印度有着丰富的工作经历。他取得的众多成就中包括重新征服苏丹(1898 年)、强制布尔共和国接受英国的和平条约(1902 年)。然而,他对大英帝国做出的最重要的贡献是在 1914—1916 年,当时他担任战事国务大臣(secretary of state for war)。正如劳合·乔治所宣称的,基奇纳绝不仅仅是个伟大的榜样,他更是有先见之明的战略家。为了确保英国取得胜利,他通过征召大量新志愿军的方式使小规模的正规军得到扩充。当皇家海军舰艇"汉普郡"号（HMS *Hampshire*）在奥克尼岛（Orkney）被德国水雷炸沉时，他随舰溺亡。

Kit Kat Club 基特—卡特俱乐部 18世纪初时伦敦一家餐饮俱乐部，其名称来源于克里斯托弗·卡特（Christopher Cat），他在俱乐部初次在这个酒馆开会时便收购了它。尽管基特—卡特俱乐部不是政治俱乐部，但其成员却都是辉格党中声名显赫的人物。内勒（Kneller）受托绘制了俱乐部成员的肖像。目前，42幅肖像中除了一幅之外，全部陈列在国家肖像美术馆（National Portrait Gallery）。

Kloster-Zeven, convention of, 1757. 《克洛斯特—采文协定》（1757）1757年7月，坎伯兰（Cumberland）在哈施滕贝克（Hastenbeck）战败后，撤往施塔德（Stade）并开启了与法国人的谈判。坎伯兰公爵借重其父乔治二世的权威来解释自己的命令，以图不惜一切代价保留住自己的军队。9月8日，他签署了《克洛斯特—采文协定》并根据该协定安排解散军队。乔治二世拒绝了协定。坎伯兰公爵匆忙赶往肯辛顿宫（Kensington palace），并收到这样的问候："这便是我的儿子，他毁了我并使他自己蒙羞。"出于抗议，坎伯兰公爵辞去了他担任的所有军职，从此再未发号施令。

Kneller, Sir Godfrey（c.1646—1723）. 戈弗雷·内勒爵士（约1646—1723） 作为吕贝克（Lübeck）本地人，内勒大约在1676年时前往英格兰。他成为威廉与玛丽、安妮以及乔治一世的宫廷肖像画师，其享有的声誉明显可使凡·戴克（Van Dyck）黯然失色。内勒更著名的作品包括受玛丽二世委托而创作的八幅《汉普顿宫美人》（Hampton Court Beauties）以及他在1697年至1721年间完成的"基特—卡特俱乐部"肖像（"Kit Kat Club" portraits）。

knights 骑士 在欧洲大陆，从10世纪开始，"骑士"（"miles"）一词通常被用来指称那些依附于更大领主的骑马武士。《末日审判书》的证据表明，这一定义适用于诺曼时代英格兰的骑士。在之后的两个世纪中，骑士被授予封土，由此以更深的程度卷入土地社会之中。尽管"骑士"从未丧失其军事含义，但到了14世纪晚期，它已经变成了位居贵族之下、从骑士（squirearchy）之上的社会等级。到 15 世纪中期,骑士的人数只有几百人。骑士人数的下降通常被解释为个人倾向所致:具有社会地位的人反抗王室通过骑士身份扣押(distrain of Knight-hood)等方式力图强迫他们成为骑士等级,因为他们担心额外的花费与责任。在骑士等级中,人数最多的是下级爵士(knight bachelor);其头衔并不世袭,也不能授予贵族等级,因此骑士在议会中的代表均在下院。军旗骑士(knight banneret)出现于 13 世纪初,是骑士中地位较高的一个等级,而且在最初阶段可能与特殊的军事含义有关。17 世纪早期,创立了能够世袭的准男爵(baronetcies),这使得骑士的地位进一步下降。尽管骑士与军事役务的联系并未完全消失,而且成功的海军上将通常都会被封授爵士,但是在 18 世纪,骑士的身份地位已经变得与外交官、伦敦市长或是富商差不多了。

Knollys,Sir Francis(1512— 1596). **弗朗西斯·诺利斯爵士**(1512—1596) 在伊丽莎白统治时期,诺利斯是一位卓越的廷臣和议会议员。他的生涯起步于他与玛丽·博林(Mary Boleyn)的女儿结婚以后,后者是伊丽莎白公主的嫡亲表妹。玛丽女王统治的大部分时期,他都在国外,但伊丽莎白即位后,他成为枢密院顾问与副宫务大臣(vice-chamberlain)。他通过积累的地产以及他的大家族,获得了丰厚的选举利益:他 7 个儿子中有 6 个都是议会议员,而诺利斯本人在伊丽莎白议会中是主要的政府发言人。1567 年他成为内廷财务总管(treasurer of the chamber),1570 年成为王室财务主管(treasurer of the household),1593 年被授予嘉德勋位(Garter)。

Knox,John(c.1514—1572). **约翰·诺克斯**(约 1514—1572) 苏格兰新教牧师。诺克斯生于哈丁顿(Haddington),受教于圣安德鲁斯大学,在 1547 年受召成为新教牧师之前,他曾被祝圣为天主教神父。1549 年,在被关押于一艘法国帆船中达两年之后,他定居于英格兰。在英格兰,他强有力的布道以及对圣经权威的绝对依赖确立了其激进信徒的名声。1553 年玛丽·都铎即位后,他被放逐到欧洲大陆,他的激进主义发展成为强有力的政治优势,而这在其 1558 年时发表的抨击女性统治的《反对女人残暴统治的第一声号角》(*The First Blast of the Trumpet against the Monstrous Regiment of Women*)中达到了高峰。伊丽莎白即位后,诺克斯回到了苏格兰。1559 年,他在苏格兰进行的打破传统的布道激发了新教徒反对吉斯的玛丽(Mary of Guise)摄政的暴动。然而,1560 年宗教改革后的政治安排,却因为 1561 年信奉天主教的玛丽·斯图亚特(Mary Stuart)返回苏格兰而陷入危机之中。虽然诺克斯在爱丁堡的讲道台上对玛丽的偶像崇拜政策进行了谴责,但在政治层面上他却逐渐被边缘化,在随后玛丽垮台的过程中并未扮演重要的角色。

Korean War,1950—1953. **朝鲜战争**(1950—1953) 1950 年 6 月 25 日,北朝鲜(North Korea)军队向大韩民国(Republic of South Korea)发起进攻,越过了被人为划成边界的三八线(38th Parallel)。南韩的军队被迫退却。6 月 27 日,联合国通过了向南韩提供军事援助的决议,美国领导由 15 个国家组成的联军出兵朝鲜半岛。9 月 15 日,联合国军通过在仁川进行两栖登陆,取得了军事上的主动权,并向北推进,意图占领北朝鲜的首都平壤。然而,1951 年 1 月,北朝鲜在中国援军的帮助下实力大增,再次向南方挺进。7 月 10 日,双方停火协议生效。两个朝鲜不可调和的敌对状态一直延续到 21 世纪。

Kruger,**Paul**(1825—1904). **保罗·克留格尔**(1825—1904) 布尔人【Boer,阿非利卡人(操南非荷兰语的荷兰殖民者后代)(Afrikaner)】政治家与虔诚的加尔文教徒。克留格尔花费大半生的精力试图摆脱英国人的统治。孩童时代,他伴随父母在大迁徙(Great Trek)中离开英国的开普殖民地(Cape Colony)。1852 年《桑德河公约》(Sand River convention)签署时他也在场,而且他还是1856 年南非共和国【South African Republic,德兰士瓦(Transvaal)】的创建者。当英国人于 1877 年吞并共和国之后,他领导了反抗英国统治的活动,这些活动以 1880—1881 年的第一次英布战争(Anglo-Boer War)达到高潮。他的外交政策导致了两个协定——1881 年的《比勒陀利亚协定》(convention of Pretoria)与1884 年的《伦敦协定》(convention of London),这些协定承认了德兰士瓦的内部自治。1883 年,他成为德兰士瓦总统。英国人对德兰士瓦的重新规划导致了第二次英布战争(1899—1902 年)。年迈的克留格尔前往欧洲寻求帮助,1904 年在欧洲逝世。

L

labour aristocracy　工人贵族　19 世纪时,位居前 10%—15% 的体力工资收入者表现出以下特征:收入较高而且稳定,具有工会会员资格,拥有体面的生活方式。在 19 世纪 40 年代到 19 世纪 90 年代之间,熟练技工中的精英——工程师、细木工、印刷工、棉纺纱工——成为工人阶级中的领导阶层。有些历史学家曾认为,思想观念保守,同时与维持当时社会现状有着休戚相关利益的工人贵族阶层的存在,有助于维护维多利亚中期英国社会的稳定。然而,工人贵族凭借其控制的工会,始终维持着工人阶级独有的意识形态,并且在某些激进的改革运动中发挥着领导作用。

Labourers, statute of, 1351.　《劳工法》(1351)　这部法律是早期冻结工资的一次尝试,是一项几乎不受人们欢迎的政策。黑死病(Black Death)的灾祸造成劳动力严重短缺,所以当 1351 年议会召开时,出现了不少关于劳动力缺乏而导致工资上涨的抱怨。有鉴于此,议会通过了《劳工法》(25 Edw.III s.1),规定雇工需按照 1349 年前的工资水平工作,并且禁止雇主向雇工提供更高的工资。60 岁以下没有工作的人不得拒绝为其提供的工作。由于人民的不满申述无门,最终导致了 1381 年农民起义的爆发。

Labour Party　工党　自 20 世纪 20 年代起,工党已经成为保守党最主要的带有进步倾向的轮流执政的竞争对手。该党在 1924 年、1929—1931 年、1945—1951 年、1964—1970 年、1974 年—1979 年以及 1997 年均成功组建政府。1900 年,工团主义者大会(conference of trade unionists)与基尔·哈迪(Keir Hardie）精心组织起来的社会主义者联合成立了劳工代表权委员会（Labour Representation Committee）。尽管该委员会在 1900 年的"卡叽"（"khaki"）大选中只赢得两个议会席位，但 1903 年拉姆齐·麦克唐纳（Ramsay MacDonald）与自由党达成的秘密选举协定，帮助改名后的工党在 1906 年大选后赢得了 30 个议会下院席位。

第一次世界大战成为工党的转折点。阿瑟·亨德森（Arthur Henderson）——麦克唐纳于战争爆发辞职后的议会工党主席——在 1915 年战时联合政府形成之际进入内阁，自 1917 年 8 月起，他还与悉尼·韦布（Sidney Webb）一起设计了新的工党党章。1918 年，工党正式承诺实行"生产资料公有制"（第 4 条款）的社会主义目标。

在成年男性才具有选举权的情况下，1918 年的"推举"选举（"coupon" election）使工党赢得了 63 个议席。1922 年，工党赢得 142 个议席并成为正式的在野党。1923 年的没有结果的选举后，工党在 1924 年 1 月至 10 月间以 191 个议席组建了短期政府，并展现出了执政能力。然而，第二届的麦克唐纳政府在面对 1931 年失业率上升和金融危机时，大臣们暴露出固守金融正统政策的问题。工党内阁于 8 月辞职，随后麦克唐纳——在仅有少数工党人物，例如斯诺登（Snowden）和 J.H.托马斯的支持下——组建了国民（联合）政府【National（coalition）Government】，这导致了工党内部出现了长期的不和。在经历了 1931 年灾难性的大选之后（工党的议席数从 288 个降至 52 个），工党开始逐渐恢复，并在 1935 年以 38% 的选票赢得 154 个席位。在大选之前，为人谦逊的克莱门特·艾德礼（Clement Attlee）已被选为工党主席。1945 年 5 月以来，工党通过参加丘吉尔的联合政府，在选民中重建了自身的形象，而贝文（Bevin）、莫里森（Morrison）以及克里普斯（Cripps）等人在"大后方"（"home front"）成为现身率极高的人物。对工党而言，1945 年预示着一场出乎意料的大胜利：以 48% 的选票赢得了 393 个席位。这一强大的政府以贝文为外交大臣，道尔顿（Dalton）以及后来的克里普斯为大法官，比万（Bevan）为卫生大臣，这是工党"最为辉煌的时刻"。尽管受到经济的困扰，但到了 1950 年，混合型经济（mixed economy）连同福利国家（welfare state）的"艾德礼共识"（"Attlee consensus"）已经被稳固地建立起来。

尽管 1951 年投票支持工党的人数达到了历史最高，但从这年起工党开始做了 13 年的在野党。这一时期工党内部经历了左翼"比万派"（"Bevanites"）与追随休·盖茨克尔（Hugh Gaitskell）——他于 1955 年当选工党领袖——的右翼之间的分裂斗争。作为对连续 3 次（越来越惨痛）大选失败的回应，盖茨克尔于 1959 年作出了不成功的尝试，力图说服工党大会放弃第 4 条款。翌年，工党的反战传统在支持单边核裁军的大会上再次展现出来（1961 年出现逆转）。

不过，摇摇欲坠的经济，加上哈罗德·威尔逊（Harold Wilson）充满活力的领导，使得工党在 1964 年 10 月以 4 席的多数重新挤入政府各部。1966 年，工党在"后续大选"（"follow-up" election）中轻松获胜，以 97 个席位成为多数党。尽管在教育领域以及社会立法自由化方面取得了积极成就，威尔逊的政府仍要竭力应对英国经济相对衰落的遗留问题，而且在 1967 年，英镑贬值以及随后的政策逆转使得政府信誉受到损害。

1970 年成为在野党之后，工党在围绕英国是否加入欧洲经济共同体（EEC）的问题上发生了分裂，左翼要求实行更深程度的公有制。威尔逊在 1974 年两次大选中的险胜，掩盖了自 20 世纪 60 年代以来工党支持率的弱化。针对失业率上升以及通货膨胀，政府采取通货紧缩加以应对【1976 年起由卡拉汉（Callaghan）领导】，这导致了左翼的疏离，而左派的疏离使工党在 1979 年后很长一段时间里处于在野党地位的情况下，继续走下坡路。

1980 年和 1981 年，托尼·本（Tony Benn）的支持者成功地改变了工党党章后，导致右翼脱离工党并另行组建了社会民主党（Social Democratic Party）。随后，迈克尔·富特（Michael Foot）领导的工党在 1983 年的大选中遭到惨败。在尼尔·金诺克（Neil Kinnock，1983—1992 年）以及约翰·史密斯（John Smith，1992—1994 年）的领导下，工党重新回归"中心"而且使自身摆脱了激进分子的渗透，这使工党的境遇得以缓慢恢复起来。1994 年以来，托尼·布莱尔的"新工党"（"New Labour"）策略加速了工党复兴的趋势，而随着梅杰（Major）的保守党政府陷入混乱状态，工党在 1997 年的大选中取得大胜。在 2001 年和 2005 年的大选中，工党依然保持着强势多数。2007 年布莱尔辞去首相职务，戈登·布朗接替他成为首相。

labour services　劳役　劳役是佃户向给予其耕种或使用土地之权利的地

主(landowner)所承担的义务的一个组成部分。在中世纪"庄园制"("manorial system")下,这些劳役义务是佃户向地主缴纳地租义务的一部分而出现的。对土地持有人(landholder)承担的劳役的确切说法,在"庄园惯例簿"("custumal")——在庄园法庭(manorial court)上经过宣誓后制定的文件——中有规定。14世纪时,地主发现将劳役折算成固定数额的现金支付更加有利可图。在某些经济不发达的地区,一些劳役一直延续到18世纪早期。

Ladysmith　莱迪史密斯　纳塔尔省(Natal)北部的城镇,在第二次英布战争(Anglo-Boer War)中曾受到南非白人(Afrikaner)军队的围攻。1897年,莱迪史密斯成为英国在纳塔尔省主要的军需供给基地。1899年战争爆发后,当布尔人进军到殖民地之际,英国指挥官乔治·怀特爵士(Sir George White)遭到惨败,而且发现自己在莱迪史密斯被布尔人包围。对怀特而言,幸运的是布尔人的指挥官朱波特(Joubert)并未乘胜发起进攻,该城于1900年2月底解围。

Lagos, battle of, 1693.　拉古什之战(1693)　1693年6月17日,乔治·鲁克爵士(Sir George Rooke)护航的400艘船只驶离葡萄牙南部的拉古什,前往地中海。途中,船队遭到法国海军上将德·图维尔(de Tourville)率领的占据绝对优势兵力的攻击。100名英国和荷兰商人丧生。

Lagos, battle of, 1759.　拉古什之战(1759)　1759年夏,德·拉·克吕(de la Clue)率领的一只法国入侵舰队的主力从土伦(Toulon)出发,在直布罗陀(Gibraltar)与爱德华·博斯科恩(Edward Boscawen)的分遣舰队擦肩而过。一场追逐战由此开始。8月18日,四艘法国战舰试图在葡萄牙南部的拉古什湾(Lagos Bay)躲避。结果这四艘战舰受到英军的攻击,两艘战舰被英军俘获、两艘战舰被烧毁,德·拉·克吕阵亡。葡萄牙人对英法武力破坏其中立提出了抗议。

La Hogue, battle of, 1692.　拉乌格之战(1692)　1690年比奇角(Beachy Head)战役失败后,英军失去了对英吉利海峡的控制权,而1692年5月在巴夫勒尔(Barfleur)附近的拉乌格获得的胜利,又使得英军恢复了对海峡的控制权。

法国舰队司令德·图维尔（de Tourville）在等待来自地中海的援军的同时，下令交战。奥福德伯爵爱德华·罗素（Edward Russell）因此在军力上取得了对法军几乎是2比1的优势。法国人遭到痛击。詹姆斯二世与一支来自法国的入侵军队在岸上目睹了其希望破灭的过程。

lairds　地主，族长　"laird"是个苏格兰词汇，是古老的苏格兰词汇"laverd"的缩写形式，而"laverd"来源于盎格鲁—撒克逊词汇，意思为"lord"（领主）。15世纪以前，"lairds"被宽泛地用来指直接从国王那里保有土地并因此有权参加议会的小地主（lesser landowner），即便如此，这些人还是与高级贵族或出席议会上院者有着明确的区别。16、17世纪，"lairds"通常是指除族长头衔之外，不拥有其他头衔的苏格兰高地家族的族长（chief of a Highland clan），例如"麦格雷戈族长"（"the laird of McGregor"）。因此，"lairds"是苏格兰乡村人数众多的一个阶层，而随着时间的推移，高级贵族的人数一直在相应减少。"lairds"并不是一个由单一类型之人组成的阶级，在奥克尼群岛（Orkney）和设得兰群岛（Shetland）就出现了商人—地主阶层（merchant-lairds）。

***laissez-faire*　自由放任主义**　从中世纪向现代经济的转变，其特征为逐渐取消对个人和团体的各种限制，支持市场力量的运作。如何在完全取消限制与在某种程度上加以控制的问题上搞好平衡，这一问题依然处于热烈的争议中。在现实中，从来就没有存在过实行完全意义上的自由放任主义政策的国家。约翰·斯图亚特·穆勒（John Stuart Mill）界定了什么是可接受的最低限度的政府干预。在这类为了多数人的利益而做出的干预中，穆勒把政府的权力总结为强制执行合同的权力、保护财产权的权力、司法行政权力，以及为了提供诸如运输系统、卫生与公共健康、国家支持的教育等公共利益而征税的权力。

由于自由放任主义的观念通常是与中世纪以及重商主义经济体制的衰落联系在一起的，所以在第一代和第二代新古典主义经济学家眼中，自由放任主义总是有一个持久的现代对应物。这些经济学家或许使用不同的术语，但他们的基本观点在于：个体可以在不受限制的市场中自由发挥作用，政府几乎不牵涉其中，这代表着经济组织的最佳类型。所有这类思想潮流都在肯定个体的权利，并把国家卷入经济描述为无效的和恶意的。

Lamb, **Charles**（1775—1834）. **查尔斯·兰姆**（1775—1834）　兰姆出生在伦敦,在一所基督医院（Christ's Hospital）度过了他"令人愉悦的学生时代",而后在东印度公司总部（East India House）做办事员以养家糊口。兰姆的姐姐玛丽（Mary）因精神病发作杀死了母亲,所以兰姆大部分时间都用来负责照顾姐姐。兰姆最为成功的著作是 1807 年为青年读者撰写的《莎士比亚故事集》（*Tales from Shakespeare*）,以及《伊利亚随笔集》（*Essays of Elia*,1823 年、1833 年）。

Lambert, **John**（1619—1683）. **约翰·兰伯特**（1619—1683）　在第一次内战期间,兰伯特是名优秀的骑兵指挥官;在而后的第二次内战期间,他与克伦威尔（Cromwell）并肩在普雷斯顿（Preston）作战,成为著名的将军。在 1650 年的邓巴（Dunbar）战役和 1651 年的伍斯特（Worcester）战役中,兰伯特进一步提高了自己在军中的声望。由他主要负责起草的《施政文件》（Instrument of Government）为 1653 年护国政体（Protectorate）的建立奠定了基础。他也被普遍猜测为克伦威尔的继任者。然而,1657 年他因在反对《恭顺的请愿和建议书》（Humble Petition and Advice）问题上走得太远而被免去军政职务。1659 年,在军队推翻理查德·克伦威尔（Richard Cromwell）的统治之际,兰伯特意气风发地官复原职,看起来就像正在崛起的蒙克（Monck）。但兰伯特的地位很快便垮掉了。当蒙克在苏格兰发出威胁要为了"残余议会"（Rump）而介入英格兰事务时,兰伯特率军北上迎战蒙克,结果被打得大败。兰伯特被俘并被投入伦敦塔。兰伯特以囚犯身份度过了他余下的 23 年,主要被监禁于海峡群岛（Channel Islands）。

Lambeth, **treaty of**, **1217**. **《兰贝斯条约》**（1217）　1216 年约翰去世后,其幼子亨利三世的拥护者们在林肯打败了法国王子路易的支持者。1217 年 9 月 20 日,双方签署了《兰贝斯条约》,确认了此前双方在泰晤士河畔金斯顿（Kingston upon Thames）达成的条款。根据《兰贝斯条约》,路易放弃所有对英格兰王位的要求并退回法国,但得到了 10,000 马克作为补偿。

Lambeth palace　兰贝斯宫　大约在 1185 年时,鲍德温(Baldwin)购买了兰贝斯及兰贝斯庄园宅邸。1658 年以前,兰贝斯一直以兰贝斯宅邸(Lambeth House)而闻名,因为它距离行政中心威斯敏斯特和怀特霍尔宫(Whitehall)很近,为担任"全英格兰的首主教"("Primates of all England")的历代坎特伯雷大主教们提供了便利。

Lancashire　兰开夏　由于被茂密的森林所隔绝,这一位处英格兰西北之地即使到"末日调查"(Domesday survey)时期依然遥远而荒凉。到 1194 年,兰开夏被真正承认为英格兰的一个郡。自 1351 年起,兰开夏成为巴拉丁领地(palatinate)。巴拉丁领地权随后归于兰开斯特公爵(duke of Lancaster)的治权之中。

兰开夏的纺织业开始时是受软水及温和湿润的气候影响,作为高地农场的补充性就业行业出现的。纺织机器的发明——哈格里夫斯(Hargreaves)的珍妮纺纱机(spinning jenny)、阿克赖特(Arkwright)的水力纺纱机(water frame)以及克朗普顿(Crompton)的走锭纺纱机(mule)——以及 18 世纪后期蒸汽动力的发展,推动了对煤田的开发,并且使纺织业从家内制转变为工厂制,同时纺织业也越来越集中于更为容易操作的棉纺织上。随着通讯和交通的改善,加之曼彻斯特作为商业中心而利物浦作为大西洋港口发展起来,棉纺业得以扩张,进而使兰开夏确立了在英国纺织工业中的主导地位。商业、棉纺、化工以及工程学催生了工业的发展,带动了人口以及地方财富的大规模增长,但也付出了山谷地区受到破坏的代价。玻璃与肥皂制造业以及航运业依然繁荣,但随着纺织业和矿业的衰落,兰开夏出现了失业、城市衰退以及人口外迁加速的现象。板球和英式足球依然受到民众热情的支持,然而,尽管在地域上具有独特性,但兰开夏郡因 1972 年时默西赛德(Merseyside)、大曼彻斯特(Greater Manchester)以及南部的湖区(Lakeland)边缘地带被划出而面积缩减,一直处于向其原来所处的边缘地位后退的状态。

Lancaster, duchy of　兰开斯特公爵领地　亨利三世在谋划使其幼子埃德蒙·克劳奇贝克(Edmund Crouchback)成为西西里(Sicily)国王的计划失败后,希望为其提供封地,兰开斯特公爵领地即起源于此。西蒙·德·孟福尔(Simon de Montfort)于伊夫舍姆(Evesham)被杀后,他的大量地产都被封授给了克劳奇贝克,而在 1267 年,克劳奇贝克又得到了王室在兰开夏的所有地产,并且获封伯爵头衔。埃德蒙的孙子,即格罗斯蒙特的亨利(Henry of Grosmont)于 1351 年被爱德华三世封为公爵,拥有相当大的巴拉丁领地权(palatine powers)。亨利留下一女,她嫁给了爱德华三世的儿子冈特的约翰(John of Gaunt)。当约翰之子亨利 1399 年夺取王位成为亨利四世时,兰开斯特公爵领地便与王室合并在了一起。

Lancaster,Joseph(1778—1838). **约瑟夫·兰开斯特**(1778—1838) 兰开斯特式教育体系(Lancasterian system of education)的创始人。兰开斯特是一位不从国教的新教徒之子,他于 1798 年在伦敦南部的巴勒路(Borough Road)开办学校,为无力支付学费的学生提供免费教育。他把学生划分为小班教学,一组班级由一名班长(head monitor)管理。1805 年,乔治三世接见了兰开斯特并承诺给予他支持,这标志着兰开斯特的教学方式获得了承认。皇家兰开斯特学会(Royal Lancasterian Society),即之后的英国及海外学校协会(British and Foreign School Society)于 1808 年创建,但是兰开斯特与学校理事反目并移民美国。

Lancastrians 兰开斯特派 1399 年至 1461 年间,英格兰的三位国王(亨利四世、亨利五世和亨利六世)被称为兰开斯特派,因为他们都是兰开斯特公爵冈特的约翰(John of Gaunt,duke of Lancaster)的后代。这一术语也应用于三位国王的扈从,在许多肖像画中,可以通过带有兰开斯特双 S 纹饰衣领的特征认出他们;另外,该术语也适用于玫瑰战争中亨利六世的支持者。

Land Acts 土地法 土地法是个集合术语,指 19 世纪末 20 世纪初爱尔兰实行的历次土地改革。这些立法活动试图平息爱尔兰农民日益增长的民族主义情绪,因为这威胁到了英国在爱尔兰统治的稳定。这些立法大致包括两方面内容:首先,直接提高佃户在契约中的地位;第二,逐步鼓励支持农民的土地所有权。1870 年格莱斯顿(Gladstone)的《土地法》(Land Act)试图赋予"阿尔斯特习俗"(Ulster custom)以法律强制力,从而提高佃户土地保有权的安全性。保守党的立法发展了格莱斯顿的先例,尽管土地购买的原则(1870年土地法的第二个特征)已经变得更加突出:1885年的《"阿什伯恩"土地买卖法》("Ashbourne" Land Purchase Act)提供了500万英镑作为向持有土地的佃户出售土地的基金。这一举措为1903年的基金量更大、更为成功的《温德姆土地法》(Wyndham Land Act)提供了先例。在1919年至1921年的英—爱战争(Anglo-Irish War)爆发前,这些土地法早已在爱尔兰引发了社会革命。

Landen, battle of   兰登战役   See NEERWINDEN(见内尔温登战役)

landscape gardening   造园   18世纪英格兰的景观园林对欧洲艺术作出了重大贡献。它取代了之前高度严肃正统的园林风尚,表现出自然的效果:起伏的草坪紧挨着一所房屋,远处则有丛生的树木。

建造这类景观的高昂花费无疑使拥有这些园林的贵族在其脑海中激起一种权势感和优越感,尽管他们也拥有并展现出英格兰自由的精神。诗人亚历山大·蒲柏(Alexander Pope)十分喜爱开创这种园艺新风尚的先驱,包括斯蒂芬·斯维策(Stephen Switzer, 1682—1745年)、查尔斯·布里奇曼(Charles Bridgeman,活跃期为1709—1738年)——他以发明"隐篱"("ha-ha")而闻名,以及威廉·肯特(William Kent, 1685—1748年)。新的园林规划通常是复杂而具有象征意义的"方案",它们建立在文学或政治暗示的基础上,例如白金汉郡斯托园(Stowe)。大量的园林主要是自1713年起由科巴姆子爵(Viscount Cobham)及其后继者坦普尔伯爵(Earl Temple)规划的。同样,造园方案最初由布里奇曼设计,之后肯特对之加以改进;而大约1749年时兰斯洛特·布朗(Lancelot Brown)则开启了一系列的简化或扩大园林的过程。

18世纪末期,英国景观园林的设计建造开启了其最后阶段,追求优美风景的理论家们开始拒绝布朗那种他们视为重复、过于模式化的方式。因此,汉弗莱·雷普顿(Humphry Repton, 1752—1818年)采用了更富有变化性的手法,包括追求自然的"意外"效果以及建筑与园林之间更加有机的联系。

Landseer, Sir Edwin（1802—1873）．　**埃德温·兰西尔爵士**（1802—1873）
英国画家、雕塑家以及动物雕刻家。兰西尔是个早熟的天才，他首次在皇家艺术
院（Royal Academy）举办展览时只有 13 岁，而当他成为皇家艺术院准会员
（ARA）时只有 24 岁，5 年后他成为正式会员。1865 年，他拒绝了担任皇家艺术
院主席职位。兰西尔顺应高涨的苏格兰浪漫主义，创作了许多以高地
（Highland）为主题的绘画作品，其中最出名的是《海湾的雄鹿》（*The Stag at
Bay*）与《格伦的君主》（*The Monarch of the Glen*）。他还雕刻了伦敦纳尔逊纪念
碑（Nelson's Column）底座上的狮子。

land tax　土地税　土地税是施加于土地价值上的间接税，通常是广义上的
财产税的组成部分。17 世纪中期到 20 世纪 80 年代，地方政府大部分财政收入
靠的是土地税（以不动产税的形式征收）。纵观整个 18 世纪，土地税是政府财
政收入的主要来源。土地税于 1693 年引入，用于威廉三世统治时期对法战争的
支出。这一税收一直足用，直至 1799 年法国革命战争（Revolutionary War）的开
销迫使皮特（Pitt）不得不作为权宜之计而征收更激进的所得税。沃波尔（Wal-
pole）政府的既定目标是尽量避免卷入战争，因此土地税的征收得到控制，乡绅
对此感到满意。

Lanfranc（c.1010—1089）　**兰弗朗克**（约 1010—1089）　坎特伯雷大主教
（1070—1089 年）。兰弗朗克是来自帕维亚（Pavia）的意大利人，11 世纪 30 年代
移居法国北部。在 1066 年成为征服者威廉（William the Conqueror）的主要宗教
事务顾问之前，已在诺曼底获得擢升。1070 年后，他在诺曼化的英格兰教会中
的影响力达到无处不在的程度。他坚决主张并维护坎特伯雷大主教高于约克大
主教的地位，由此使得他能够主持整个英格兰教会的宗教大会，而这也为新的诺
曼诸主教们的事工提供了最高指示。他与征服者威廉紧密而和谐的合作推动了
诺曼人在英格兰的殖民定居。

Lang, Cosmo Gordon（1864—1945）．　**科斯莫·戈登·兰**（1864—1945）
坎特伯雷大主教。兰是苏格兰本地人。他在牛津大学的大学教堂担任一段时间

不长的牧师职位之后,于 1896 年成为波特西(Portsea)教区牧师。在年仅 37 岁时,他被任命为斯泰普尼(Stepney)的副主教,之后(1908 年)被擢升为约克大主教。在约克大主教这个位置上,他与担任坎特伯雷大主教的自己的苏格兰同乡兰德尔·戴维森(Randall Davidson)形成了鲜明对照:戴维森在思想上更为保守,行为上更为谨慎,而手段上更为老练。1928 年,兰接替戴维森成为坎特伯雷大主教,但他作为大主教的事工却因在 1936 年爱德华八世退位危机中所受的抨击而失去光彩。兰于 1942 年退休。

Langham,**Simon**(d.1376). **西蒙·兰厄姆**(**卒于 1376 年**) 坎特伯雷大主教,大法官,罗马教廷的枢机主教。兰厄姆生于拉特兰(Rutland),大约 1335 年时在威斯敏斯特进入本笃修道院,先后成为副修道院长和修道院长。此后,1360 年担任英格兰的司库,1362 年担任伊利主教,1363 年担任大法官,1366—1368 年担任坎特伯雷大主教。在短暂担任大主教一段时间后,爱德华三世强迫他辞职,于是他在未得到王室允许的情况下接受了枢机主教之职,并由此成为阿维尼翁(Avignon)教廷(1368 年)一位重要的外交官。当 1374 年坎特伯雷的僧侣们再次把他选为大主教时,教皇对之依依不舍。

Langland,**William**(1330s—90s). **威廉·朗格兰**(**14 世纪 30—90 年代**)《农夫皮尔斯》(*Piers Plowman*)的作者。关于朗格兰的情况人们所知甚少,除了从他伟大的寓言诗中所做的猜测:他是一位低品级的神职人员,与某位基特(Kit)结婚,他可能生于西南地区,与莫尔文(Malvern)修道院有关,并且在伦敦居住过一段时间。

Langport,**battle of**,**1645**. **兰波特之战**(**1645**) 1645 年 6 月,查理一世在内斯比(Naseby)被击败后,他在英格兰的兵员所剩无几。他试图再召集起一支军队,基本从威尔士招募,而戈林(Goring)依然执着于对汤顿(Taunton)进行毫无章法的围攻。费尔法克斯(Fairfax)领军迎战戈林,并于 7 月 10 日在兰波特给予其沉重打击。当卡莱尔(Carlisle)投降以及蒙特罗斯(Montrose)于菲利普霍赫(Philiphaugh)战败的消息传来时,保王党人如同噩梦般的夏季终于彻底画上了句号。

Langside, battle of, 1568. **朗斯德之战**（1568） 苏格兰女王玛丽在洛赫利文城堡（Lochleven castle）被囚禁近一年后，1568 年 5 月 2 日成功逃脱并将支持者召集在了一起。她的军队由阿盖尔伯爵（earl of Argyll）统率，于 5 月 13 日在格拉斯哥附近与摄政莫里（Moray）率领的一只小部队遭遇。莫里发动的一次骑兵冲锋使问题彻底得到了解决，玛丽的支持者被打败。

Langton, Stephen（c.1156—1228）. **斯蒂芬·兰顿**（约 1156—1228） 作为圣经学者以及教会政治家，兰顿帮助制订了《大宪章》。兰顿受教于巴黎，并在那里教授神学。教皇英诺森三世于 1206 年使其成为枢机主教，并于次年祝圣其为坎特伯雷大主教，以抵制国王约翰所中意的大主教人选。由于约翰拒绝兰顿进入英格兰，致使国王与教皇之间发生争执，直至 1213 年约翰屈服。兰顿一到英格兰，他关于合法政府的关切便使其成为国王及与国王对立的男爵们之间的重要调解人。在亨利三世年幼时期，他和缓的表现以及他与休伯特·德·伯格（Hubert de Burgh）的合作对于维持和平贡献良多。兰顿直至他去世前的那一年才不再从事政治。

Lansbury, George（1859—1940）. **乔治·兰斯伯里**（1859—1940） 基督教社会主义者与和平主义者。兰斯伯里出身于工人阶级，并且将他自己视为持社会主义政见者。1921 年，兰斯伯里与其他波普勒自治市议会（Poplar Borough Council）成员遭到监禁，因为他们拒绝赋予向伦敦郡议会（London County Council）支付款项的授权，他们声称这笔款项并非贫困的伦敦郡各自治市所能担负。尽管兰斯伯里被排除在 1924 年的工党政府之外，但在 1929 年，他成为劳动部门首任长官。1931 年，兰斯伯里被选为议会下院的工党领袖。兰斯伯里固守和平主义，因此，在墨索里尼的军队入侵埃塞俄比亚（Abyssinia）之后，他反对制裁意大利。在 1935 年的工党大会上，他以颇具戏剧性的姿态宣布辞去工党领袖。

Lansdowne, battle of, 1643.　兰斯当之战（1643）　这场在内战期间发生的遭遇战,是内战初期争夺西部地区控制权总体部署斗争的一个组成部分,交战的双方是两位老朋友:威廉·沃勒爵士（Sir William Waller）与拉尔夫·霍普顿爵士（Sir Ralph Hopton）。7月5日,霍普顿率领的王军向沃勒发起进攻,试图将沃勒赶出兰斯当山脊（位于巴斯以北5英里处）。在双方的肉搏战中,霍普顿的军队向前推进到林木茂密的山坡,而沃勒则在夜间有序地撤出了战场。该战场上目前有一座缅怀比维尔·格伦维尔爵士（Sir Bevil Grenville）的纪念碑,他是康沃尔人的指挥官,在战斗中阵亡。

Lansdowne, William Petty, marquis of　威廉·佩蒂,兰斯多恩侯爵　See SHELBURNE, 2ND EARL OF.（见第2代谢尔本伯爵）

Lansdowne, Henry Petty-Fitzmaurice, 3rd marquis of（1780—1863）．**亨利·佩蒂—菲茨莫里斯,第3代兰斯多恩侯爵**（1780—1863）　政治家。兰斯多恩是辉格党要人,在数十年的时间里,威尔特郡的伯伍德（Bowood）以及位于伦敦的兰斯多恩宅邸（Lansdowne House）都是辉格党的大本营。他的父亲——其更为人知的头衔是谢尔本伯爵（Shelburne）——在1782—1783年间担任首相。1809年兰斯多恩承袭了侯爵爵位,并在26岁时成为联合内阁（Ministry of All the Talents）的财政大臣。1827年,他支持坎宁（Canning）短暂的内阁,之后在1827—1828年戈德里奇（Goderich）执政时担任内政大臣。1830—1834年、1835—1841年以及1846—1852年间辉格党当政时,兰斯多恩一直担任枢密院院长,并于1852—1858年间在没有大臣职位的情况下,作为福克斯党人传统（Foxite tradition）的捍卫者留任内阁。

Lansdowne, Henry Petty-Fitzmaurice, 5th marquis of（1845—1927）．**亨利·佩蒂—菲茨莫里斯,第5代兰斯多恩侯爵**（1845—1927）　自由党政治家,因为1880年的爱尔兰土地改革问题退出格莱斯顿（Gladstone）的政府。在担任加拿大总督和印度总督之后,他加入了索尔兹伯里（Salisbury）的1895年内阁。自1900年起,作为外交大臣,他致力于使那些相信英国再也担负不起所谓"光荣孤立"（"splendid isolation"）政策后果的人能够感到满意。1901年,他解决了英美两国间悬而未决的问题,而后在1902年与日本结盟。1904年与法国达成的协议解决了帝国间的许多问题——特别是围绕着摩洛哥与埃及之间的分歧。1903—1906年,作为议会上院联合派贵族的领袖,他反对阿斯奎斯（Asquith）自由党政府的行动受到许多批评。他起初强烈主张与德国开战,但1917年11月却给《每日电讯报》（*Daily Telegraph*）写了一封信,主张通过妥协与德国达成和平,结果引起很大的争议。

Largs, battle of, 1263. 拉格斯之战（1263） 在苏格兰的亚历山大三世整个统治时期,西部群岛（Western Isles）的主权问题一直存在争端——该岛处于挪威主权控制之下。1263年秋,挪威的哈康四世（Haakon IV）召集了一支大舰队,意在进行劫掠和筹集财政收入。10月初,哈康四世的一些舰只被驱逐至拉格斯附近的海岸。目前还不清楚哪一方在战斗中占了上风,但哈康四世回到柯克沃尔（Kirkwall）后,双方开启了将西部群岛割让给苏格兰的谈判,而哈康四世最终死于柯克沃尔。

Larkin, James（1876—1947）. **詹姆斯·拉金**（1876—1947） 拉金是近代英国工会运动中涌现出的最像革命领袖人物。作为工团主义者,拉金不仅希望凭借工会之力争取资方让步,更希望工会能像攻城锤一样彻底捣毁资本主义。拉金出生在英格兰的利物浦,父母为爱尔兰人,受此影响,他去往爱尔兰组织码头工人。拉金的首要任务就是劝说新教徒和天主教徒团结合作。1908年,他成立了爱尔兰运输及普通工人工会（Irish Transport and General Workers' Union）。1913年秋,都柏林电车工人罢工,导致电车工人同雇主长时间的对抗,也成就了拉金之名。面对被拘捕的威胁,他在奥康奈尔街（O'Connell Street）帝国饭店（Imperial hotel）的阳台上一把扯下了他用来伪装的假胡子,以此来鼓舞参与罢工的工人。随着时间的流逝,收效甚微的罢工运动渐渐停止,而爱尔兰人的注意力也转移到了其他事务之上。

Larkin, Philip（1922—1985）. **菲利普·拉金**（1922—1985） 诗人,自由

主义者,小说家,此外,据说他还是"1945 年后英国非官方的桂冠诗人"。哈代(Hardy)的诗歌之被发现,对他寻找到自己独特的声音起到了帮助作用,并在他 1956 年创作的诗集《较少受骗的人》(*The Less Deceived*)中首次体现出来。随后,由于他要负责管理赫尔(Hull)的一座很大的大学图书馆,创作被置于边缘地位,期间只有两部诗集出版,即 1964 年的《圣灵降临节的婚礼》(*The Whitsun Weddings*)和 1974 年的《高窗》(*High Windows*)。作为隐居人物,他一直在自我贬低和自我厌恶的心境中徘徊,他 1992 年出版的书信集引发了一些对他的态度和偏见的批评。

Latimer,**Hugh**(c.1485—1555). **休·拉蒂默**(约 1485—1555) 主教。拉蒂默是"牛津殉教者"("Oxford martyrs")之一,也是都铎教会在宗教改革(Reformation)早期最著名、最具效率的布道者之一。他是莱斯特郡一个约曼(yeoman)的儿子,在剑桥大学接受教育并被任命为牧师。1522 年,他获准成为剑桥大学的布道师。1535 年,在英格兰与罗马教廷关系破裂之后,他被任命为伍斯特主教。作为主教,他表现出对穷人的关心。1539 年,出于对《六项条款法》(Act of Six Articles)的抗议,他辞去了主教职务,并因此在 40 年代两次入狱。爱德华六世即位后,他被释放,继续以满腔的热情和充满个性的方式从事布道事业。玛丽一世即位后,他被召至伦敦,放弃了逃跑流亡的机会。1554 年 4 月,他在牛津辩论中与天主教方面的代言人展开了面对面的交锋。1555 年,在经历了两次指控其信奉异端的审讯后,他与前任伦敦主教尼古拉斯·里得雷(Nicholas Ridley)一起,于当年 10 月 16 日在牛津被处以火刑。

latitudinarianism **宗教自由主义** 宗教自由主义是对 17 世纪神学争论与内战的一种反映,不强调任何明确的教义观点,主张宽容。高教会(Highchurch)的反对者驳斥说宽容容易滑向自然神论,如同洛克(Locke)那样;或者直接造成漠视一切,这正是他们控告霍德利(Hoadly)的原因。

Laud,**William**(1573—1645). **威廉·劳德**(1573—1645) 坎特伯雷大主教。劳德一直是个颇具争议的人物。他出生于雷丁(Reading),1594 年毕业于牛津大学圣约翰学院(St John's College),接下来先后成为德文希尔伯爵(earl of Devonshire)的专职牧师(1603年)、圣约翰学院院长(1611—1621年)、格洛斯特教士长(1616年)、圣戴维兹(St Davids)主教(1621—1626年)、巴斯和韦尔斯(Bath and Wells)主教(1626—1628年)、伦敦主教(1628年—1633年),1633—1645年担任坎特伯雷大主教。历史学家曾把他利用宗教事务高等法庭(Court of High Commission),特别是所谓的他在1637年强制在苏格兰推行《英格兰祈祷书》(English Prayer Book)的行为,视为查理一世统治时的分水岭。1640年12月他遭到长期议会(Long Parliament)的弹劾,并于1641年被关进伦敦塔,1644年受到审判。1645年1月10日被斩首。以往的历史学家要么把他评价为一个秘密的天主教徒,正是他导致了教会的腐败;要么把他评价为英国圣公会真正的殉教者。然而,现代人根据他本人的作品所做的研究却揭示出一幅完全不同的画面:劳德的目的并不是要激起争端,而是平息争端。他不是神学家,并不关心教义的细枝末节;他唯一著名的神学作品绝非支持天主教,而是针对天主教而勇敢地捍卫国教会。《苏格兰祈祷书》(Scottish Prayer Book)并非劳德的作品,而是苏格兰主教们的作品,这些人的靠山是查理。

***Laudabiliter*, c.1155—1160. 《褒扬令》(约 1155—1160)** 这份由阿德里安四世(Adrian IV)发出并承认亨利二世为爱尔兰领主的教皇敕令,其可信度一直饱受争议。虽然各种学术观点都寻找有利于自己的内容,但无论如何,人们对教廷支持亨利的借口没有异议。继阿德里安之后担任教皇的亚历山大三世(Alexander III)对亨利二世为征服爱尔兰人而付出的努力进行了褒奖,称他要征服的是"粗野而无知的民族,因为他们无视神圣的律法"。

Lauder, Sir Harry(1870—1950). 哈里·劳德爵士(1870—1950) 杂耍喜剧演员。劳德是位和蔼而节俭的低地苏格兰人,在以爱尔兰杂耍喜剧演员的身份在伯肯黑德(Birkenhead)登场之前,劳德的事业一路从业余演唱会发展到小音乐厅。凭借在伦敦冒险演唱苏格兰歌曲(1900年),他很快成为歌舞剧杂耍表演最具票房吸引力的演员之一,两次世界大战时,他均不辞辛苦地劳军演出,并于1919年获封爵士。这位"娱乐殿堂之主"("The Laird of the Halls")利用传统曲调,创造出了简单而具吸引力的轻快曲调【"我爱一位姑娘"("I love a lassie")】,并能轻而易举地把他的观众从对日常生活琐事的关注中吸引到欣赏更加严肃的民谣上去。

Lauderdale,John Maitland,2nd earl of［S］（1616—1682）. **约翰·梅特兰,第2代劳德戴尔伯爵【苏格兰】**（1616—1682） 劳德戴尔出生在苏格兰低地地区,1638年时签署了苏格兰《民族圣约》（National Covenant）。劳德戴尔在整个内战期间的所作所为,昭示了他的苏格兰保王主义立场——他于1647年12月在同查理一世达成"约定书"（"Engagement"）的谈判以及1650年时劝说查理二世去苏格兰等事件中,均发挥了突出作用。共和国时期,他在英格兰遭受牢狱之灾以及巨大的物质损失。他一反常态地坚持支持查理二世使他在60和70年代的苏格兰政府中成为主宰性的角色,但也使其同胞对他感到恐惧和厌恶。

Lauffeld,battle of,1747. **劳费德之战**（1747） 1746年战胜詹姆斯党人之后,坎伯兰公爵威廉（William,duke of Cumberland）奉命统率一支位于低地国家（Low Countries）的联军,即指挥来自英格兰、汉诺威、荷兰和奥地利的军队。1747年7月2日,在马斯特里赫特（Maastricht）以西的劳费德,威廉遭到德·萨克斯元帅（Marshal de Saxe）率领的法国大军的攻击。双方经过激烈交战后,坎伯兰被迫撤退。接下来双方很快进行了旨在结束奥地利王位继承战争（War of the Austrian Succession）的和平谈判。

Laurentius（Lawrence）（d.619） **劳伦蒂乌斯**（劳伦斯）（卒于619年） 第二任坎特伯雷大主教。劳伦蒂乌斯被称为"神父"劳伦斯（Lawrence "the priest"）,597年他与奥古斯丁（Augustine）一起在肯特登陆。601年,他应奥古斯丁的请求,返回罗马去征召新的布道团并为其取来象征大主教职位的披肩。奥古斯丁在去世之前,将劳伦蒂乌斯祝圣为自己的继任者（约604年）。616年肯特国王埃塞尔伯特（Æthelbert）去世后,埃德博尔德（Eadbald）统治时似乎发生过回归异教的情况,但与梅利特斯（Mellitus）和贾斯特斯（Justus）不同的是,劳伦蒂乌斯留在了肯特王国并最终使埃德博尔德皈依基督教。

Lausanne conference, November 1922—July 1923. 洛桑会议（1922 年 11 月—1923 年 7 月） 召开此次会议的目的在于与土耳其谈判达成一份条约，以取代未被批准而饱受争议的 1920 年的《色佛尔条约》(treaty of Sèvres)，该条约是第一次世界大战之后强加给土耳其的。土耳其宣布放弃所有非土耳其人居住的前奥斯曼帝国(Ottoman empire)领土，但要求收回在欧洲的东色雷斯(eastern Thrace)。

Law, Andrew Bonar (1858—1923). 安德鲁·博纳·劳(1858—1923) 首相。博纳·劳是个为人谦逊而性格忧郁的人，1916 年到 1921 年间，他甘心充当劳合·乔治(Lloyd George)的副手，去世之际被称为"无名首相"（"Unknown Prime Minister"）。

劳本人的阿尔斯特—苏格兰出身，加之受到的严格的长老会教育，强化了他那极其顽强的性格。他加入了家族在格拉斯哥的钢铁商行生意，并为克莱兹代尔银行(Clydesdale Bank)工作。这意味着尽管他自 1900 年起便担任了议会下院议员，却往往还对商业事务有着自己的独到见解。凭着惊人的记忆力和进取心，他很快使自己在关税改革日益成为保守党核心政策之际成为有力的演说家。

然而，在 1911 年鲍尔弗(Balfour)被迫辞职之前，劳一直没能以保守党领袖的形象出现在公众面前，当时保守党在沃尔特·朗(Walter Long)与奥斯汀·张伯伦(Austen Chamberlain)之间分裂为势均力敌的两派。由于马克斯·艾特肯【Max Aitken，比弗布鲁克勋爵(Beaverbrook)】的热切提携，劳以双方都能接受的候选人身份出现。不过，他几乎没有任何组织政府的经验，也缺乏强硬势力的赞助，而且领导的还是一个因关税问题而深受分裂困扰的政党。结果，他鼓励支持自己的极端人士攻击爱尔兰地方自治，他认为这样做是恢复党内统一的最佳策略。

1914 年 8 月第一次世界大战的爆发虽然解决了一个困境，但却制造了另外一个问题。1915 年，劳与阿斯奎斯(Asquith)达成一项私人协议，组成联合政府。特别值得注意的是，劳未能成功地为自己保留住一个主要位置，只担任了殖民地大臣一职。当阿斯奎斯于 1916 年 12 月辞职时，劳获得了抓住首相职位的良机，然而，他却在劳合·乔治手下担任了财政大臣和战时内阁成员。一个以合作为特征的时期随之而来,而作为议会下院的领袖,劳在维持联合政府整体的稳定上发挥了关键性作用。

1918 年,劳认为保守党的最大利益在于保持联合政府的存在,同时在劳合·乔治的领导下为大选而斗争。劳最终因健康状况不得不于 1921 年 3 月隐退。然而,此时许多保守党分子已经对劳合·乔治感到十分不耐烦,并在 1922 年 10 月的会议上投票赞成与劳合·乔治断绝关系。劳表示自己愿意回归担任党魁。结果,他最终成功取得首相职位,并赢得了眼前的大选。尽管几个月后因健康状况不佳而辞职,但劳依然对在保守党遭受更严重的影响之前与劳合·乔治断绝关系,从而引导自己的党度过危险的时期感到满意。

Law, Edward, 1st Baron Ellenborough(1750—1818). **爱德华·劳,第 1 代埃伦伯勒男爵**(1750—1818) 律师。劳于 1780 年获得律师执业资格,并且在北部巡回区有出色的表现。他在沃伦·黑斯廷斯(Warren Hastings)弹劾案中担任首席辩护律师,通过此案的胜诉,他在伦敦的律师从业界获得了丰厚的收入。在阿丁顿(Addington)任首相时,他接受了总检察长(attorney-general)之职并于 1801 年进入议会,一年之后成为普通民事诉讼法庭首席大法官(lord chief justice of Common Pleas)。他在议会上院中拥有强势发言权,并于 1806 年被延揽入内阁以强化阿丁顿的力量。他是一位"冷酷无情的审讯者",为人过于严苛且不宽容,这让他很难受到大众的欢迎,但在牌桌上他却是一位令人感到愉悦的人。

Law, Edward, 1st earl of Ellenborough(1790—1871). **爱德华·劳,第 1 代埃伦伯勒伯爵**(1790—1871) 劳于 1818 年继承了其父亲的爵位。1813 年,他作为托利党的一员当选议会议员,并开始了他漫长而多变的政治生涯。在 1828—1829 年的威灵顿(Wellington)政府中,他任王玺(privy seal)掌管大臣;1828—1830 年间任印度管理委员会(Board of Control for India)主席,此后又三度短暂担任过此职;1841—1844 年间担任印度总督;1846 年担任第一海军大臣(Ist Lord of the Admiralty)。在他的总督任期中,主要从事的工作包括参与了第一次(第一次鸦片战争)、终结了命运坎坷的阿富汗战争以及吞并了信德(Sind)。

Law,John (1671—1729). **约翰·劳**(1671—1729) 苏格兰金融天才,银行家,投机商。1716 年,在法国摄政的允许下,他在法国开设了自己的银行,但该银行深受路易十四(Louis XIV)屡屡发动的战争之苦,债台高筑。1719 年,他的密西西比公司(Mississippi Company)取得了法国海外贸易的垄断权,该公司发行的股票上市,由于股票的需求量很大,投机者因此大发其财。与此同时,劳成为了皇家银行(Banque Royale)——先前的通用银行(Banque Générale)——总裁,该银行发行了与其密西西比公司发行的股票相配套的纸币。纸币的持有者开始以纸币兑换铸币,但铸币的存量并不足以兑现所有的纸币;于是法国政府颁布了一道法令,宣布将纸币的币值折半,结果导致民众对纸币失去了信心,引发了社会恐慌和混乱(1720 年)。劳逃离法国,在英格兰和意大利度过了他的余生。

Law,William (1686—1761). **威廉·劳**(1686—1761) 劳是他所处时代最具影响力的宗教作家之一,他来自于斯坦福德(Stamford)附近金斯克利夫(King's Cliffe)的一个中产家庭,在剑桥大学伊曼纽尔学院(Emmanuel College)被选为研究员。但在 1714 年时,他拒绝向乔治一世履行效忠宣誓,结果被剥夺了研究员的职位。他最著名的作品是 1728 年出版的《严肃号召过虔诚和神圣的生活》(A Serious Call to a Devout and Holy Life),提倡一种宁静而冥思的基督教,节制、谦卑而仁慈。约翰逊曾说过在其还是学生时这部作品就对他产生了巨大影响,而卫斯理(Wesley)和怀特菲尔德(Whitefield)同样深受这部作品的影响。1732 年,他出版了《理性的事实》(The Case of Reason),以信仰驳斥自然神论的怀疑主义。从 1740 年起,他在金斯克利夫创建了一个虔诚之家,成员包括议会下院议员阿奇博尔德·哈奇森(Archibald Hutcheson)的遗孀以及吉本(Gibbon)的姊娘赫斯特(Hester)。

lawn tennis 草地网球 草地网球是 19 世纪 70 年代时从室内(庭院)网球发展而来的。沃尔特·温菲尔德少校(Major Walter Wingfield)是草地网球的开创者之一,他在 1873 年为其圣诞节客人引入了名为"斯费里斯蒂克"(Sphairistike)的游戏,其中包含着网球的元素。1875 年时玛丽勒本板球俱乐部

（MCC）曾试图起草草地网球的规则，并于 1877 年首次在温布尔登（Wimbledon）举办了网球锦标赛，决赛时观众达到 200 人。至关重要的计分制或许起源于时钟计时（clock quarters）。

Lawrence，D.H.（1885—1930）． **D.H.劳伦斯**（1885—1930） 诺丁汉郡矿工之子，他注定由于是 1928 年出版的《查特莱夫人的情人》（*Lady Chatterley's Lover*）的作者而声名狼藉。劳伦斯 1913 年出版的自传体小说《儿子与情人》（*Sons and Lovers*）概略地叙述了他所逃离的生活背景：先是去了伦敦，而后又去了欧洲大陆。劳伦斯与弗里达·冯·里希特霍芬（Frieda von Richthofen）一同前往德国，他们早期生活的艰辛记录在他 1917 年创作的组诗《看！我们胜利了！》（*Look！We Have Come Through！*）之中。劳伦斯直白的创作手法使其 1915 年出版的《彩虹》（*The Rainbow*）受到了指控。他 1920 年出版的《恋爱中的女人》（*Women in Love*）与乔伊斯（Joyce）的《尤利西斯》（*Ulysses*）比肩，成为 20 世纪最伟大的小说。

Lawrence，Sir Henry（1806—1857）． **亨利·劳伦斯爵士**（1806—1857） 军人。亨利·劳伦斯是约翰·劳伦斯（John Lawrence）的长兄，后者后来成为印度总督。劳伦斯于 1822 年进入孟加拉炮兵队，在灾难性的溃退之后，1842 年参加了对喀布尔（Kabul）的远征，并在 1846 年的锡克战争（Sikh War）中参加过战斗。1849 年起，他负责管理旁遮普（Punjab）；1853 年，在与其弟约翰出现意见分歧之后，他辞去职务。1857 年 5 月，当印度兵变（Indian mutiny）爆发之际，他正在勒克瑙（Lucknow）。6 月，勒克瑙落入兵变分子手中，劳伦斯被强制送返住处，在那里，他被炮火击中并于两天后去世。

Lawence，John Laird Mair，1st Baron（1811—1879）． **约翰·莱尔德·梅尔，第 1 代劳伦斯男爵**（1811—1879） 劳伦斯生于约克郡，在黑利伯里学院（Haileybury School）接受教育，1830 年进入东印度公司（East India Company）任职。锡克战争（Sikh Wars，1845—1846 年以及 1848—1849 年）期间及其后，他成为名人。作为贾朗达尔区（Jullundur district）的首位专员，他奠定了"旁遮普学

派"（"the Punjab School"）的行政基础：紧密联系于农民的利益，力图保存社会和法律的传统形式。1864 年到 1869 年，他担任印度总督，离任时获封男爵。

Lawrence, Sir Thomas（1769—1830）. **托马斯·劳伦斯爵士**（1769—1830） 画家。劳伦斯生于布里斯托尔，是一位旅店老板的儿子，几乎完全是自学成才。1791 年他成为皇家艺术院（Royal Academy）准会员（ARA），三年后成为全职会员，1820 年担任皇家艺术院院长。他的一幅绘于 1790 年的夏洛特王后（Queen Charlotte）肖像画取得了巨大成功，而在 1792 年雷诺兹（Reynolds）去世后，他被任命为国王的御用画师。与之相比稍微逊色的画家同行本杰明·海登（Benjamin Haydon）对他的评论是："劳伦斯……适合于他的时代，时代也适合于他。他迎合了时代的浮华，纵容了时代的缺陷，满足了这个时代庸俗的品位。"

Lawrence, T.E.（Lawrence of Arabia）（1888—1935）. **T.E.劳伦斯**（阿拉伯的劳伦斯）（1888—1935） 劳伦斯生于北威尔士，在牛津高中（Oxford High School）和牛津大学耶稣学院（Jesus College）接受教育。劳伦斯对中世纪的军事建筑兴趣浓厚，这使他获得了到中东进行考古发掘的职位。凭着对阿拉伯事务罕有的精通，1914 年他在埃及从事情报工作。他并非是唯一卷入阿拉伯起义的英国官员，但他的游击战战术，特别是对交通线的攻击，极为有效地分散了土耳其军队的注意力。在以陆军上校的军衔退役后，他被任命为丘吉尔（Churchill）在殖民部（Colonial Office）的阿拉伯事务顾问，期间撰写了他的战争回忆录《七根智慧之柱》（*Seven Pillars of Wisdom*）。之后，他应征进入英国皇家空军（RAF）做了一名飞行员，先是化名为罗斯（Ross），之后又于 1927 年时在单方契据上化名为肖（Shaw）。1935 年，他在一场摩托车事故中丧生。他在皇家空军的经历记述于 1955 年出版的《造币厂》（*The Mint*）。

lead-mining 铅矿开采 早在罗马入侵以前，不列颠就已经有了铅矿开采，在门迪普丘陵所分布的萨默塞特、德文、康沃尔、奔宁山脉（Pennines）以及威尔士等地区，均发现了铅矿的考古遗存。罗马占领时期，对铅的需求不断增加，并被广泛用于各个方面,包括用于水管的制造。罗马人离开不列颠后,铅矿的开采依然持续。铅有很多种用途,比如铺设教堂和城堡的屋顶、固定窗户上的装饰性玻璃以及制作锡器和颜料。

铅矿工拥有自己特殊的司法权,并凭借这些司法权来规范他们的开矿活动和社会生活。这些司法特权一直存在,直到 16 世纪或 16 世纪之后随着商业开采公司的出现,其中的大部分才被取代。这些商业开采公司组织之所以出现,是因为需要它们为在更深的矿层开采铅矿所需的设备支付钱款。然而,当来自海外的廉价铅进入不列颠时,铅矿开采变得越来越不合算。1850 年后,铅矿业在英国的重要性急速下降。

League of Armed Neutrality　武装中立同盟　该同盟成立于 1780 年,当时正值美国独立战争(American War of Independence)期间抗击英国对反抗者的封锁。创建同盟的成员包括瑞典、丹麦和俄国,之后荷兰、神圣罗马帝国、普鲁士与葡萄牙也加入了同盟。问题的关键在于英国是否拥有搜查中立国船只的权利,以及同盟诉诸武装护航。第二个武装中立同盟成立于 1800 年,当时正值拿破仑战争期间,同盟成员包括丹麦、瑞典、俄国和普鲁士。对此,英国做出的回应是派遣纳尔逊勋爵(Lord Nelson)在哥本哈根向丹麦舰队发起了攻击。

League of Nations　国际联盟　国际联盟正式成立于 1920 年 1 月 10 日,永久性总部设于日内瓦。国际联盟之成立,在很大程度上要归功于伍德罗·威尔逊总统(President Woodrow Wilson)的想法。作为一个维护和平的组织,国际联盟存在着两个无法克服的障碍。第一,某些世界上最重要的列强并非联盟的成员:直至 1926 年以前,德国一直被排除在联盟之外;俄国的布尔什维克政府则谴责联盟是个资本主义俱乐部,而且在 1934 年以前并没有加入;最糟糕的是,威尔逊没能说服美国参议院批准《凡尔赛条约》,由此世界上最强大的国家缺位了。第二,国际联盟没有自己的军队,而成员国又不愿意为之提供军队,因此联盟只能主要依赖于经济制裁措施,而这很难有强制力,而且产生的效果也很缓慢。

国际联盟在早期阶段也取得过一些有限的成功。它的一些特殊机构为推进国际间的合作以对抗奴隶制、毒品和疾病付出了很多努力;而由联盟于 1920 年创立的常设国际法院(Permanent Court of International Justice)则解决了许多小的国际争端。1925年12月,在洛迦诺(Locarno),英国、法国、德国、比利时和意大利重申了对和平的承诺,这是德国于1926年加入国际联盟前的一个序曲。

1931年,国际联盟遭遇到了其第一次重大考验,是时,日本入侵了中国的东北地区(Manchuria)。国际联盟对日本违反国际公约的行为进行了谴责,而日本迅即于1933年3月退出国际联盟。国际联盟遭遇到的第二次挑战出现在1935年10月,是时,墨索里尼统治的意大利入侵了埃塞俄比亚(Ethiopia)。这次,国际联盟的确试图对意大利强制实行经济制裁,尽管在制裁发挥作用之前意大利已经完成了对埃塞俄比亚的侵略。然而,无论如何,纳粹德国的崛起表明国际联盟在更大范围内受到挑战。希特勒一直很明确地表达了他对国际联盟的蔑视态度,称其为一个"清谈俱乐部"(a talking shop),是被凡尔赛条约胜利者一方操纵的工具。希特勒迫不及待地使德国退出国际联盟。此后,德国使莱茵兰地区的重新军事化、吞并奥地利、肢解捷克斯洛伐克(Czechoslovakia)以及入侵波兰,一步一步紧锣密鼓,而国际联盟却对此无可奈何。第二次世界大战爆发后,国际联盟仅开过一次理事会。1946年4月8日,国际联盟将其权力移交给了新成立的联合国。

Lear,Edward(1812—1888). **爱德华·利尔**(1812—1888) 艺术家。其职业生涯最初是为其他人绘制插画,特别是鸟类画。他于1832—1837年为德比伯爵(earl of Derby)位于诺斯利(Knowsley)的私人动物园做插图画,当时,利尔正以其幽默的诗句、讲述传奇故事和画素描来取悦于他资助人的孙子。这些作品随后集结成无厘头的系列书籍,而利尔时至今日还能为人们记住,主要就是靠了这类作品。他在地中海地区的国家广泛游历,孜孜不倦且多产。利尔以景观画谋生,既绘制水彩画,也绘制油画。

Leeds 利兹 利兹之最早被提及,是在比德的《英吉利教会史》中所说到的7世纪的洛伊迪斯(Loidis)地区。利兹是自14世纪以来随着纺织品贸易的发展而发展起来的,所以,利兹当时与其说是制造业中心,还不如说是周边村庄的商品的市场集散地。1626年,查理一世为利兹颁发了一份特许状,而17世纪30

年代对利兹缴纳的造船费(ship money)的评估表明,它当时已经成为一座重要的城镇——其承担的造船费大约为 200 英镑,与之相比,约克(York)承担的造船费则为 520 英镑,赫尔(Hull)为 140 英镑。1698 年西莉亚·法因斯(Celia Fiennes)发现,利兹"作为一座杰出的城镇而受到人们的尊重,因为它是王国的大城镇,约克郡拥有的毛纺织业,利兹全都有,利兹既富裕又自豪"。1770 年至1816 年间,由于在利兹与利物浦(Liverpool)之间分阶段地开凿了运河,利兹的交通状况得到了提升。利兹复杂的铁路网络中的第一条铁路是 1834 年时修建的通往塞尔比(Selby)的铁路,之后又修建了通往德比(Derby,1840 年)、曼彻斯特(Manchester,1841 年)以及瑟斯克(Thirsk,1849)的铁路。到 1801 年时,利兹成为第五大地方性城市,人口达到 53,000 人。20 世纪,随着纺织品贸易转移到了布拉德福德(Bradford),利兹的产业趋于多元化,工程业、化工业、银行业以及服务业变得越来越重要。20 世纪 70 年代修建的 M1 和 M62 高速公路,不仅使利兹继续保持住了作为大型商业中心的重要地位,而且成为南北和东西高速公路的交汇之处。

Leeds,Francis Godolphin Osborne,5th duke of(1751—1799). **弗朗西斯·戈多尔芬·奥斯本,第 5 代利兹公爵**(1751—1799) 1790 年以前,利兹公爵一直以卡马森勋爵(Lord Carmarthen)之名而为人所知,但他自 1776 年起就已经作为奥斯本男爵(Baron Osborne)进入议会上院。他最初是诺斯勋爵(Lord North)的支持者,后来转而反对诺斯,结果在 1780 年遭到了惩罚,被撤销了所担任的约克郡东赖丁(East Riding)最高军事长官(lord-lieutenancy)之职。1782 年,他官复原职。在查尔斯·福克斯(Charles Fox)辞职后,他支持谢尔本(Shelburne)。威廉·皮特(William Pitt)主政时,由于身边缺少干才,1783 年 12 月任命他为外交大臣。作为一位活跃却不杰出的外交大臣,利兹公爵于 1791 年 4 月辞职,当时皮特拒绝回到他主张的对俄国实行的进攻性政策。

Leeward Islands 背风群岛 背风群岛位于加勒比海,是小安的列斯群岛(Lesser Antilles)的组成部分,地处多米尼加共和国(Dominican republic)以东。它包括维尔京群岛(Virgin Islands)、圣基茨岛(St Kitts)和尼维斯岛(Nevis)、安提瓜岛（Antigua）和巴布达岛（Barbuda）、蒙特塞拉特（Montserrat）以及瓜德罗普（Guadeloupe）等岛屿。

legions，Roman 罗马军团 See Roman Legions（见罗马军团）

Le Goulet，peace of，1200. 《勒古莱和约》（1200） 1199 年理查一世去世后，国王约翰与他的侄子布列塔尼的阿瑟（Arthur of Brittany）之间围绕王位继承问题展开争夺。法国的腓力二世"奥古斯都"（Philip II "Augustus"）借兵给阿瑟作为支持，并入侵了诺曼底与曼恩（Maine），但腓力二世不得不考虑和平。约翰也需要喘息之机以稳固自己的地位。两人在勒古莱（诺曼底南部）相见，并于 1200 年 5 月 22 日签订了一份条约。腓力二世承认约翰是理查的继承人，接受约翰的臣服礼，并放弃支持阿瑟。但约翰必须支付一大笔钱给腓力二世，约翰最后同意向作为其领主的腓力二世支付高达 20,000 马克的继承金（relief）。

Leicester 莱斯特 莱斯特是罗马—不列颠时期市镇雷提科利塔诺卢姆（Ratae Corieltavorum），即原来的科利塔诺卢姆（Coritanorum）的平民城镇首府（civitas-capital）。哈德良（Hadrian）统治时期，这里建起了一个中心广场，稍后不久，在中心广场以东的街区（insula）又建造了一系列公共浴室。相对而言，城镇中私人建筑的发展情况人们几乎一无所知，不过，中心广场以北的街区是重要的次中心，那里有带有壁画的私人宅邸。莱斯特位于麦西亚城镇附近，曾是五个丹麦人自治市镇之一，英格兰人直至 918 年才控制该城。在诺曼统治时期，莱斯特是领主城市，其领主是居于城堡中的莱斯特伯爵。之后，莱斯特的领主权被转交给兰开斯特伯爵和公爵，到了 1399 年，领主权被归于王室：莱斯特城堡作为公爵宅邸的终结对于莱斯特的繁荣是个巨大的打击。17 世纪起，莱斯特借由针织袜业而后是制鞋业得以复兴；到了 1901 年，莱斯特成为英国第 15 大城镇，从 1919 年起成为城市，从 1926 年起成为主教座堂在地。

Leicester，diocese of 莱斯特主教区 现代的莱斯特主教区是 1926 年时从彼得伯勒（Peterborough）主教区中析出来的，包括除拉特兰（Rutland）之外的莱斯特郡。该主教区在737年时就已经开始存在了,在奥法(Offa)规划的利奇菲尔德(Lichfield)大主教区中,莱斯特是其中的6个主教区之一。然而,面对9世纪时丹麦人的屡次入侵,莱斯特主教区难以立足,于是在大约870年时移到了多切斯特(Dorchester)。

Leicester, Robert Dudley, 1st earl of(c.1532—1588). **罗伯特·达德利,第1代莱斯特伯爵(约1532—1588)** 诺森伯兰公爵约翰·达德利(John Dudley, duke of Northumberland)之子,他是伊丽莎白一世时期最显赫的廷臣之一。直至1588年去世之际,他一直是女王的御马监(master of the queen's horse)和枢密官。1585年,他被任命为英格兰驻尼德兰军队的指挥官,但他在这一职位上的表现大大激怒了伊丽莎白一世。

莱斯特是一位颇具争议的人物。1554年1月,他曾因卷入其父拥立简·格雷夫人(Lady Jane Grey)继承王位的计划而被判死刑,但在当年10月获得赦免。他一直想方设法与伊丽莎白一世结婚,但1560年时其第一任夫人埃米·罗布萨特(Amy Robsart)以令人质疑的方式死亡,其一切愿望随之破灭。之后他又有与苏格兰女王玛丽结婚的计划,而1564年他受封伯爵无疑使其成为一位更能被接受的丈夫。但最终他的第二任妻子是莱蒂斯·诺利斯(Lettice Knollys)——第1代埃塞克斯伯爵(earl of Essex)的遗孀(1587年)。莱斯特伯爵于1588年9月去世,此时正值他指挥驻蒂尔伯里(Tilbury)的英军以对抗西班牙无敌舰队(Armada)不久。

Leicester House opposition 莱斯特宅邸的反对派 莱斯特宅邸建于17世纪30年代,1718年时被威尔士亲王乔治(George, prince of Wales)租了下来,成为乔治反对其父亲手下大臣们的中心。25年后,乔治自己的儿子威尔士亲王弗雷德里克(Frederick, prince of Wales)也在莱斯特宅邸建立起了反对派,而弗雷德里克死后,这一反对派传统又通过其遗孀奥古斯塔王妃(Princess Augusta)和其子——即未来的乔治三世——得到了延续。尽管莱斯特宅邸的政治家们通常都搞派系斗争,但却始终没有沾染上詹姆斯党人那样的恶习,而是在使反对派成为人们可以接受的概念上起到了助推作用。

Leicestershire　莱斯特郡　莱斯特是地理形状最为规整的郡之一,位于索尔(river Soar)河畔的莱斯特城几乎就处于该郡的中央地带。与沃里克郡相接的西部边界沿华特灵大道(Watling Street)延伸开来,西北与德比郡和诺丁汉郡交界的中间地带是索尔河汇入特伦特河(Trent)所围成的三角地,南部与北安普敦郡的边界则是沿着埃文河(river Avon)与韦兰河(river Welland)展开。

　　莱斯特与两条古罗马大道——华特灵大道和福斯大道(Fosse Way)——的交汇点很近。作为科利塔尼族(Coritani)的部落首府,它曾被称为雷提科利塔诺卢姆(Ratae Corieltavorum),是一座拥有 2000—3000 人口的重要市镇。6 世纪以来,这一区域被盎格鲁—撒克逊定居者所占据,7 世纪成为麦西亚王国的一部分,并受到利奇菲尔德(Lichfield)主教司法权的管辖。9 世纪晚期丹麦人入侵这一地区时,莱斯特成为五个丹麦人自治市镇之一。之后,尽管该地区于 918 年被埃塞尔弗莱德(Æthelfleda)重新征服并入麦西亚,但丹麦文化依然发挥着实质性的影响。该郡被划分为百户邑(wapentakes)而非百户区(hundreds),很多地名均起源于斯堪的纳维亚,比如因加斯比(Ingarsby),斯克拉普托夫特(Scraptoft),以及巴尔克比索普(Barkby Thorpe)。

　　在整个中世纪时期,莱斯特一直都是个重要的城镇,约翰统治时还给该城颁发过一份特许状。13 世纪时德·孟福尔(de Montfort)家族就是从莱斯特郡获得了伯爵领。被誉为宗教改革启明星的威克利夫(Wyclif)在 14 世纪晚期时是拉特沃斯(Lutterworth)的牧师。1414 年到 1426 年间莱斯特召开过议会,而理查三世正是在 1485 年 8 月从莱斯特征召完军队,然后从这里出发,在博斯沃思(Bosworth)进行了其最后一战。

　　该郡西北地区的查恩伍德森林(Charnwood Forest)直至今天依然林木茂密,而索尔河以东的旷野则是牧羊的理想场所。当地的羊毛成为纺织工业繁盛的基础,尽管该郡的人口密度十分稀疏,但拉夫伯勒(Loughborough)、梅尔顿莫布雷(Melton Mowbray)、马基特哈伯勒(Market Harborough)、欣克利(Hinckley)以及阿什比德拉祖什(Ashby de la Zouch)都作为小型市镇发展了起来。在伊丽莎白统治时期,卡姆登(Camden)将莱斯特郡描述成"平原之乡,粮产丰富"。

　　18 世纪 20 年代,笛福(Defoe)曾造访过莱斯特郡,认为莱斯特的羊为英国提供了最优质的羊毛,他评论说:"整个郡似乎都在从事国家的商业。"然而,在

18 世纪晚期,该郡某些地区的特征开始改变。人们开始努力克服一些不利因素:从 17 世纪起,该郡的主要河流索尔河变得无法航行。然而,收费高速公路、运河、而后还有铁路等设施的改善,加快了莱斯特郡进入全国交通网络的步伐。由于煤炭运输费用的大幅下降,莱斯特郡西北地区出现了许多煤矿。

这一时期莱斯特郡的工业和人口增长十分显著。纺织生产的家内制(domestic system)很快让位于工厂制。就莱斯特城本身来说,1801 年时人口约为 17,000 人,到 1861 年时达到 60,000 人,而到了 1901 年时则升至 211,000 人:该城的人口一直在该郡居于主导地位,1951 年时莱斯特城的人口几乎占该郡人口的一半。科尔维尔(Coalville)几乎是在一夜之间发展起来的。1801 年时它甚至还不存在。1824 年惠特威克(Whitwick)煤矿的开发,使得该城到 1846 年时人口达到 1200 人,到 1901 年时达到 15,000 人,而到了 1951 年时则升至 25,000 人。欣克利和拉夫伯勒的发展也很迅速。通过 1972 年地方政府的重组,莱斯特郡接管了相邻的拉特兰郡,但后者在 1995 年时又恢复了设置。

L

Leighton,Frederic(1830—1896). **弗里德里克·莱顿**(1830—1896) 画家。莱顿生于斯卡伯勒(Scarborough),是位医生的儿子。他曾在法兰克福(Frankfurt)、罗马和巴黎学习艺术。凭着过人的天赋和优雅的风度,莱顿很快就有了一些富有的资助人。1864 年莱顿成为皇家艺术院(Royal Academy)准会员(ARA),1878 年成为院长。其最佳的作品包括 1875 年绘制的理查德·伯顿爵士(Sir Richard Burton)的肖像以及 1892 年绘制的《赫斯珀里得斯的乐园》(*The Garden of the Hesperides*)。莱顿日益恶化的健康状况使其备受折磨,他在临终前受封准男爵,但这个非同寻常的贵族爵位只维持了一天。

Leinster 伦斯特 伦斯特的名称源于一个以"莱琴"(Laigin)之名而为人知的族群。中世纪早期,伦斯特被乌伊达恩林(Uí Dúnlainge)和乌伊琴斯林格(Uí Chennselaig)两个王朝所统治。早在盎格鲁—诺曼人入侵以前,乌伊琴斯林格王朝已经对维金人的市镇都柏林行使着最高领主权。当盎格鲁—诺曼人入侵时,乌伊琴斯林格王朝正在伦斯特占据着统治地位,并处于德莫特·麦克默罗(Dermot MacMurrough)——他曾策动了一次试图恢复其王权的入侵——的领导之下。德莫特的女儿嫁给了入侵者的领袖"强弩"（Strongbow，彭布罗克伯爵），此人在德莫特之后继承了伦斯特，并使伦斯特成为盎格鲁—诺曼人在爱尔兰的新的殖民地的核心区，"强弩"同时把都柏林作为了其统治的首府。

Leland，John（**c.1506—1552**）．　**约翰·利兰（约 1506—1552）**　利兰是著名的文物学家，他出生在伦敦，在圣保罗公学（St Paul's）和剑桥大学基督学院（Christ's College）接受教育。他担任圣职，为诺福克公爵（duke of Norfolk）服务，并被亨利八世任命为皇家图书馆管理员。1533 年，他成为国王文物收藏官，并在随后的 10 年里用大部分时间对主教座堂和教堂进行了一次非凡的搜寻活动。利兰的工作得到了大力的支持，但在他收集的文物得以印刷出版之前，却精神错乱了。虽然他的笔记散落在各处，但在约翰·斯托（John Stow）的关于伦敦的作品以及威廉·卡姆登（William Camden）的《不列颠志》（*Britannia*）中，都用到了他的笔记。他的《行迹》（*Itinerary*）直至 1710 年时才由托马斯·赫恩（Thomas Hearne）在牛津出版。

Lely，Peter（**1618—1680**）．　**彼得·莱利（1618—1680）**　肖像画家。原名彼得·范德法斯（Pieter van der Faes），"莱利"是借用其在海牙（The Hague）的家乡的昵称。他似乎是在 17 世纪 40 年代早期时来到英格兰的，当时他立志要成为一名风景画家。莱利天生的进取心使他获得了来自共和国政府的资助，到了查理二世复辟的时代，他作为肖像画家已经享有盛名。在不到两年的时间内他就入了英格兰籍，并收到了来自王室的津贴。

Lennox，Esmé Stewart，1st duke of［**S**］（**1542—1583**）．　**埃斯米·斯图尔特，第 1 代伦诺克斯公爵【苏格兰】（1542—1583）**　伦诺克斯就像颗流星一样，在苏格兰的天空发出耀眼的光芒，而后消逝不见。他的父亲是伦诺克斯伯爵马修·斯图尔特（Matthew Stewart）——1570—1571 年间任摄政——的一位兄弟，拥有在法国欧比尼（Aubigny）的领主权。1567 年，伦诺克斯继承了其父亲在欧比尼的领主权。1579 年，伦诺克斯以一位来自法国宫廷的外籍访问者身份抵达苏格兰，并迷住了年仅 13 岁的詹姆斯六世。詹姆斯六世封其为伦诺克斯伯爵，

又于 1581 年晋封其为公爵。与此同时，伦诺克斯宣布自己皈依新教并使原来的
摄政莫顿（Morton）倒台。1582 年，詹姆斯六世在拉斯文突袭行动（Ruthven raid）
中被高里（Gowrie）和其他贵族劫持，被迫下令伦诺克斯离开苏格兰。伦诺克斯
不久之后离世。

Lennox, Margaret Stewart, countess of（1515—1578）. **玛格丽特·斯图
尔特，伦诺克斯伯爵夫人**（1515—1578）　玛格丽特是玛格丽特·都铎夫人
（Lady Margaret Tudor）与其第二任丈夫安格斯伯爵阿奇博尔德（Archibald, earl of
Angus）的女儿，而玛格丽特·都铎夫人是亨利八世的侄女，如果伊丽莎白被判
定为私生子，那么伦诺克斯伯爵夫人离王位就会更近了。1544 年，她与伦诺克
斯伯爵马修（Matthew）在威斯敏斯特的圣詹姆斯宫（St James's）成婚，马修是苏
格兰国王詹姆斯二世的曾孙。在玛丽统治时期，伯爵夫人作为天主教徒十分受
宠，被给予了优先于伊丽莎白继承王位的地位。1565 年，当她的儿子与苏格兰
女王玛丽结婚后，她被关进了伦敦塔。在其孙子詹姆斯六世（詹姆斯一世）登上
王位的问题上，伦诺克斯夫人孤注一掷，但赢得胜利时她已身死。

Lennox, Matthew Stewart, 13th earl of［S］（1516—1571）. **马修·斯图
尔特，第 13 代伦诺克斯伯爵【苏格兰】**（1516—1571）　伦诺克斯的曾祖母是苏
格兰国王詹姆斯二世的女儿。伦诺克斯在法国生活数年，在 1544 年亨利八世把
自己的侄女玛格丽特·道格拉斯（Margaret Douglas）嫁给他之前，对英格兰的利
益一直十分敌视。由于与英格兰和苏格兰两个王室都有着联系，伦诺克斯成为
举足轻重的人物。在玛丽统治时期，他和他的妻子两人作为天主教徒，均十分受
宠，但伊丽莎白则对他们心存疑虑。1562 年，他被关进了伦敦塔；1565 年当他的
儿子达恩利勋爵（Lord Darnley）与苏格兰女王玛丽结婚之后，他再次失宠。伊丽
莎白允许他返回苏格兰，并于 1570 年使他被选为其孙子的摄政，但她也保持着
警惕，继续把伯爵夫人留在了英格兰。苏格兰随后爆发内战，1571 年，伦诺克斯
伯爵在爱丁堡被玛丽的手下刺杀。

Leofric, earl of Mercia（d.1057）. **利奥弗里克，麦西亚伯爵**（卒于 1057

年） 利奥弗里克在克努特（Cnut）统治时期崛起并执掌大权，是参与统治英格兰的三大伯爵之一。1051 年，当戈德温（Godwine）反抗忏悔者爱德华时，利奥弗里克和西瓦尔德（Siward）以强大的实力支持国王。很多地方因为他的赠礼而变得华丽而富足，特别是他与其著名的妻子戈德吉弗【Godgifu，戈黛娃（Godiva）】修建的修道院和教堂。

Leslie, Alexander（c.1580—1661）. 亚历山大·莱斯利（约 1580—1661）
莱斯利是一位出色的职业军人，在瑞典军队中服役多年。1632 年曾与古斯塔夫·阿道夫（Gustav Adolf）一起在吕岑（Lützen）并肩战斗。1639 年，当苏格兰长老派开始武装反抗时，他担任圣约派军队的司令。1640 年，莱斯利扫除了在纽本（Newburn）的王党抵抗力量，占领了纽卡斯尔。他一直领导苏格兰军队与英格兰议会联合，并参加了马斯顿荒原（Marston Moor）的战斗。查理二世在其父被处死之后与苏格兰长老派达成谅解，莱斯利再次被任命为苏格兰军队的司令，但 1650 年时在邓巴（Dunbar）遭到了克伦威尔的痛击。

Leslie, David（c.1600—1682）. 戴维·莱斯利（约 1600—1682） 与同姓的亚历山大·莱斯利（Alexander Leslie）一样，戴维·莱斯利也曾与瑞典的古斯塔夫·阿道夫（Gustav Adolf）一起并肩战斗过。他于 1640 年回到苏格兰，并在 1644 年的马斯顿荒原（Marston Moor）之战中负责指挥苏格兰骑兵。之后，他被召回苏格兰对付蒙特罗斯（Montrose），并于 1645 年 9 月在菲利普霍赫（Philiphaugh）打败了蒙特罗斯。当查理二世于 1650 年接受圣约之后，戴维·莱斯利在亚历山大·莱斯利的统领下，实际控制着苏格兰的军队抵抗克伦威尔，但他们在邓巴（Dunbar）遭到惨败。他指挥保王党人进军英格兰，但在伍斯特（Worcester）被击败，而他本人也被俘虏。王朝复辟之前，他一直是囚徒，之后被封为苏格兰的纽瓦克勋爵（Lord Newark）。

Lesotho, kingdom of 莱索托王国 原英国的英王直辖殖民地巴苏陀兰（Basutoland）。由于受到奥兰治自由邦（Orange Free State）的布尔人的威胁，巴苏陀人（Basuto）的统治者莫舒舒（Mshweshwe）于 1843 年寻求英国的保护，并于

1869 年同意将其王国并入英国的领地。1965 年莱索托独立以前,巴苏陀兰一直在英国的监管下由其传统的统治者治理。

Levant Company　黎凡特公司　该公司于 1581 年获得伊丽莎白颁发的特许状,垄断了与奥斯曼帝国的贸易权。1592 年的新特许状增加了贸易者的数量,并把与威尼斯(Venice)的贸易权添加进来。这个公司通常被称为土耳其公司(Turkey Company)。

Levellers　平等派　这场群众民主运动在 1647 年时充分展现出其力量,尽管该运动的著名舆论家如约翰·利尔伯恩(John Lilburne)、理查德·奥弗顿(Richard Overton)以及威廉·沃尔温(William Walwyn)等在此之前就已经为争取特定的权利和社会改革而发起过类似的运动。平等派的基本主张是所有男女生而平等,除经一致协议或同意,任何人理所当然地不屈从于任何权威。到 1647 年时,针对议会要解散新模范军(New Model)的威胁,新模范军开始抵抗,于是平等派开始着手培养新选出的鼓动员(agitators)。在著名的帕特尼(Putney)全军辩论中,他们说服 6 个骑兵军团把一份革命性的《人民公约》(Agreement of the People)带到了全军会议上。这份公约提出废除君主制和议会上院,建议以两年一届的民选议会行使最高权力。在第二次内战期间,平等派暂时搁置了他们的不满,然而,当共和国建立之后,平等派的领袖(沃尔温除外)在《揭露英格兰的新枷锁》(*Englands New Chains Discovered*)中公开恶意谴责共和国。他们还在军队中掀起了一场新的、更严重的兵变,但在兵变被镇压后,他们失去了作为一个有组织的运动的内聚力。

Leviathan（1651）　《利维坦》（1651）　托马斯·霍布斯(Thomas Hobbes)的《利维坦》是政治哲学的杰作,这部作品证明绝对的主权是合理的。霍布斯认为,对人类安全的最大威胁在于"自然状态"(the "State of Nature")的无政府混乱,要避免这种可怕的状况,避免那种"孤独、贫困、卑污、残忍而短寿"的生活,人们必须协议建立有充分权威的统治力量,以强制执行法律并维持秩序。

Lewes, battle of, 1264.　刘易斯之战（1264）　1264 年 5 月 14 日拂晓，西蒙·德·孟福尔（Simon de Montfort）的军队行进至刘易斯（萨塞克斯郡），而亨利三世的军队已经在此陈兵列阵。尽管力量相差悬殊，但孟福尔依然赢得了彻底的胜利。此役之后，孟福尔确立了自己的摄政权，直至他 1265 年时在伊夫舍姆（Evesham）战死。

Lewis, C.S.（1898—1963）.　C.S.刘易斯（1898—1963）　自 1925 年到 1954 年，刘易斯在牛津大学莫德林学院（Magdalen College）担任研究员，而后在剑桥大学担任中世纪与文艺复兴时期英国文学教授，直至其去世前的几个月。他最具盛名的学术著作是 1954 年出版的《16 世纪的英语文学》（*English Literature in the Sixteenth Century*）。刘易斯对更大范围的公众产生影响根源于战时广播，根源于他 1940 年写作的为基督教辩护的作品《痛苦的问题》（*The Problem of Pain*）和 1942 年写作的《斯克鲁塔普书简》（*The Screwtape Letter*），再有就是他为儿童创作的高度寓言化、高度成功的故事集《纳尔尼亚纪事》（*Narnia books*），该故事集的第一篇是 1950 年写作的《狮子、女巫和衣柜》（*The Lion, the Witch and the Wardrobe*）。

Lexington, battle of, 1775.　列克星敦战役（1775）　列克星敦战役是美国独立战争中发生的第一场严重军事冲突。当时，盖奇将军（General Gage）于 4 月 18 日派遣了一支 700 人的英军部队从波士顿出发，前往离此 20 英里的康科德（Concord）搜查武器和军火。当英军抵达康科德并展开搜查时，美国人拿起了武器，双方展开了激烈的战斗。英军在回撤列克星敦的途中，遭到美方狙击手的袭扰，但最终在列克星敦与阿尔杰农·珀西勋爵（Lord Algernon Percy）率领的颇具规模的援军汇合。

Libel Act, 1792.　《诽谤法》（1792）　在 1792 年以前的诽谤案件审理中，陪审团只是有权裁定出版物的内容是否属实，而无权就其内容是否构成诽谤罪作出裁定，因为该裁定权属于法官。1791 年 5 月，查尔斯·福克斯（Charles Fox）指出，只有把陪审团的权限扩展到整个诽谤问题，公民权利才能得到保护。这一举措施未遭到威廉·皮特首相的反对,于是在转年正式成为法律。

Liberal Democrats　自由民主党　英国政党。1987 年,社会民主党(SDP)与自由党的联盟在大选中表现不佳,于是 1988 年两党合并,自由民主党得以成立。其党魁帕迪·阿什当(Paddy Ashdown)日益高涨的人气,使自由民主党赢回了大部分失去的支持者。该党强烈主张投入欧洲,在 1997 年的大选中赢得 46 席,2001 年赢得 52 席,2005 年赢得 62 席。自由民主党党魁之位接下来由查尔斯·肯尼迪(Charles Kennedy)担任,而后是孟席斯·坎贝尔爵士(Sir Menzies Campbell),2007 年担任党魁的是尼克·克莱格(Nick Clegg)。

Liberal Imperialists　自由帝国主义者　自由帝国主义者是 1900 年前后自由党中的小派别。他们反对自由党领袖在对布尔战争问题上采取的冷漠立场。自由帝国主义者的领袖是罗斯伯里(Rosebery)、格雷(Grey)和霍尔丹(Haldane)。

Liberal League　自由联盟党　自由党内部的一个政治组织,成立于 1902 年 2 月,由罗斯伯里勋爵(Lord Rosebery)担任主席,H. H. 阿斯奎斯(H. H. Asquith)以及爱德华·格雷爵士(Sir Edward Grey)担任副主席。该组织在自由党内部成功地团结了一部分人,在对布尔战争的态度问题上,这些人对政府的谨慎表示不满。该组织在 1905 年的自由党政府中占有举足轻重的地位(尽管首相不是该组织的主席)。

Liberal Party　自由党　在 1868 年以前,自由党曾是辉格党与激进派的不稳定的联合体。1867 年的《改革法》扩大了自治市的选举权,加强了激进派的力量,而 1868—1874 年的格莱斯顿(Gladstone)政府也因此成为现代最伟大的实行改革的行政机构之一。辉格党的忧虑不安与日俱增,特别是在 1880 年到 1885 年格莱斯顿的第二届政府时期。在辉格党内部,已经出现了向保守党靠近的暗流,而格莱斯顿在 1886 年推出的《地方自治法案》(Home Rule Bill)则成为党内重新改组的催化剂,事实上,这一变化长期以来早有征兆。1886 年 6 月,在通过

《地方自治法案》的二读程序中,有 93 名自由党议员投票表示反对。在失去了张伯伦及其最亲密的伙伴之后,分裂造成的影响在于使自由党变得更加激进,也使得自由党更加走向派系化。

较之辉格党的分裂,激进主义性质的变化更为重要。直至 1868 年,激进主义是一种个人主义的信条。19 世纪中期,自由党的口号——"和平、紧缩和改革"概括了激进派的愿望。该世纪中期的激进派显然是自由放任主义(*Laissez-faire*)的拥护者。激进派的方案具有消极性:主张解散英国圣公会,对其他非国教徒受到的冤屈给予补偿;试图限制政府的权力并要求政府不干预经济和社会事务。

1868 年以后,激进主义的性质出现了缓慢而重要的变化。激进派开始提出工业社会的问题。因此,约瑟夫·张伯伦(Joseph Chamberlain)作为伯明翰市市长,开始在该城着手进行一项重要的社会改革计划。

19 世纪 90 年代,一种新的分裂愈加强化。格莱斯顿放弃领导地位之后,自由党中的一些要人,比如罗斯伯里(Rosebery)——他接替格莱斯顿担任首相,要求重新定位该党的立场。自由党必须向世人证明,可以将大英帝国的治理权放心地交给自己。自由帝国主义在各个方面均与英格兰本土主义出现了对抗。在 1906 年之后的自由党政府中,阿斯奎斯(Asquith)、格雷(Grey)和霍尔丹(Haldane)均身居要职,而他们都是新组织"自由联盟党"(Liberal League)的领袖。布尔战争的爆发导致自由党的分裂更加尖锐。

最终,统一派(Unionists)所犯的错误使自由党得以恢复统一。1902 年的《教育法》打破了 1870 年自由党的《教育法》(Education Act)达成的宗教平衡。非国教徒被激怒,很多在 1886 年抛弃自由党的人再次回归。更重要的是,1903 年,当时统一派政府中的领袖人物张伯伦否定自由贸易,这是两派追随了 50 多年的信条。《教育法》与关税改革弥合了自由党内部的裂隙,使其在 1906 年的大选中取得压倒性的胜利。

自由党独揽政权的地位一直延续到 1915 年。在这 9 年期间,自由党大体完成了维多利亚时期激进主义未完成的计划,限制了议会上院的权力,引入了《爱尔兰地方自治法案》(Irish Home Rule),并且解散了威尔士的英国圣公会。与此同时,自由党表现出超前的眼光,在 1908 年引入了养老金制度,1909 年通过了

《贸易委员会法》(Trade Boards Act)，1911 年通过了《国民保险法》(National Insurance Act)，由此也在向 20 世纪的集体主义的方针转变。

1910 年有两次大选，都与议会上院的问题有着紧密的联系。此时由阿斯奎斯领导的自由党丧失了在议会中的压倒性多数的地位，他们能否继续执政取决于新近成立的工党以及爱尔兰的民族主义分子。之后数年，围绕着爱尔兰地方自治问题展开了痛苦的政治斗争，而两个主要政党发生分裂的危险仅仅由于 1914 年第一次世界大战的爆发才得以避免。阿斯奎斯领导的联合政府于 1915 年成立，对其领导的不满又导致成立了新的联合政府，由阿斯奎斯的对手劳合·乔治任首相。阿斯奎斯依然是党魁，但他与保守党以及一部分劳合·乔治的追随者一起成为反对派。在 1918 年第一次世界大战结束之际举行的大选中，劳合·乔治和他的自由党与保守党联手，对抗阿斯奎斯的独立的自由党和工党。结果，劳合·乔治获胜，但对自由党来说却是个灾难。即便把两翼加在一起，自由党也只赢得了 170 个席位。

一战后最初的几年，工党迎来了期盼已久的最好形势。高失业率导致联合政府不得人心，而工党却可以充分利用自己的议席多于阿斯奎斯派的有利条件。1922 年，保守党与劳合·乔治决裂，建立了一个纯粹的保守党政府，并且呼吁提前举行大选。自由党作为反对派与保守党展开了斗争。自由党的联合总共也只是使议席数跌至 115 席，而工党的代表则至少翻了一番，达到 142 席。对工党来说，这是一场决定性的胜利，因为它现在正式成为议会中的反对派，并且从此以后与保守党一起成为轮流执政的政党。之后的两年及举行的两次大选，重新确立了英国政党制度的格局。1924 年，自由党尽管重新统一起来，但在议会下院中的席位却降至 40 席。

1930 年，围绕着是否支持少数派工党政府的问题，自由党再次发生分裂。1932 年，自由党发生了永久性的分裂，当时有超过一半的自由党议会下院议员以"国家自由党"(National Liberal)的名义，决定支持国民政府(National Government)。分立的自由党继续奋斗，但在 1935 年的大选中却仅仅得到了 19 个席位。第二次世界大战之后，自由党持续走向衰落，在 1957 年的大选中，自由党的席位数降至 5 个。

之后，自由党出现了战后的第一次复兴。但 1958 年和 1962 年出现的复兴转瞬即逝;不过,在 20 世纪 70 年代初取得的另一次复兴之后,自由党在 1974 年举行的两次大选中表现不俗,当年 10 月,自由党赢得了五分之一的选票,获 13 个席位。工党在 1981 年的分裂导致了自由党—社会民主党联盟的出现:1983 年,它在选举中赢得了 25% 的选票(仅落后工党 2 个百分点),获 23 个席位,这是自 1929 年以来自由党在大选中表现最好的一次。联盟内部的张力造成两党于 1987 年合并,成立自由民主党(Liberal Democrats)。该党及其前身自由党在所有三大政党中,是最一贯坚持亲欧政策的。在 1997 年的大选中自由民主党赢得 46 席,2005 年则赢得 62 席。就党魁而言,阿什当(Ashdown)之后由查尔斯·肯尼迪(Charles Kennedy)继任,后者于 2006 年辞职。自由民主党未来的命运如何,似乎依然取决于其影响代表比例的能力。

Liberal Unionists　自由党统一派　1866 年,自由党政府关于爱尔兰地方自治的计划和土地改革在党内引发了本质性的对立,并致使政府在 1886 年倒台。反对格莱斯顿(Gladstone)解决爱尔兰问题方式的人,形成了自由党统一派,他们相信实行地方自治将导致爱尔兰分离出去。在经历了 1886 年的大选——自由党统一派得到大约 55 个席位,以及 1887 年双方会谈的失败以后,统一派中的一些人回归自由党。19 世纪 90 年代,自由党统一派与联合派(Unionists)的联系日益密切。1895 年,张伯伦(Chamberlain)与德文希尔(Devonshire)进入了索尔兹伯里(Salisbury)政府。在 20 世纪的头十年里,围绕着关税改革,统一派发生分裂。一些人追随张伯伦主张实行贸易保护政策,另一些人与托利党一起组建了"联合免费食品联盟"(Unionist Free Food League)。1912 年,自由党统一派融入保守党,其成员在卡尔顿俱乐部(Carlton Club)被予以承认。

Lib-Labs　自由党—工党分子　自由党—工党分子是劳工阶层的议会下院议员,他们一方面站在"劳工"的立场上时时准备着直抒己见,同时又接受了自由党的"党鞭"之位。1874 年,莫珀斯(Morpeth)的托马斯·伯特(Thomas Burt)与亚历山大·麦克唐纳【Alexander Macdonald,斯塔福德(Stafford)】成为最早的这类议会下院议员。1908 年矿工做出的加入工党的决定,对自由党—工党分子的信条造成了致命打击,尽管少数自由党的劳工阶层议会下院议员一直坚持到了 1918 年。

Licensing Act,1662　《许可经营法》(1662)　共和国(Commonwealth)时期社会的一大特点,是出现了空前多的小册子和大字报。1662 年,查理二世的政府开始着手对这些小册子和报纸加以管制。查理二世在位第 13—14 年间颁布的第 33 款法令,对"近来普遍出现的无法无天之举"进行了谴责。从此以后,任何出版物必须带有刊印者与作者的名字,并提交给颁发印刷许可证的官员加以批准。1688 年后,这一问题变得更具争议性。担任颁发印刷许可证的官员辉格党人弗雷泽(Fraser)被迫辞职;另一名担任颁发印刷许可证的官员托利党人博亨(Bohun)被解职。1693 年后,该《许可经营法》仅仅维持了 2 年,1695 年根本就没有重申。在该法失效的十年间,伦敦与各地方的报业得以确立。

Lichfield,*diocese of*　利奇菲尔德主教区　从 656 年起,利奇菲尔德就有凯尔特人主教驻跸于此,但直到大约 669 年时才正式设立了主教区,该主教区效忠于林迪斯芳(Lindisfarne),而非坎特伯雷。坎特伯雷大主教狄奥多尔(Theodore)任命查德(Chad)为利奇菲尔德主教区第一任主教(查德于 672 年去世)。利奇菲尔德曾短暂地成为大主教区(788—803 年),当时,奥法(Offa)作为"盎格鲁—撒克逊盟主",正与坎特伯雷处于敌对状态。1541 年创建的独立的切斯特(Chester)主教区,使得利奇菲尔德主教区的重要性下降。1836 年,考文垂(Coventry)归入伍斯特(Worcester)主教区,再次降低了利奇菲尔德主教区的影响力。利奇菲尔德主教区的红砂岩主教座堂建于 12—13 世纪,有三个尖顶,但在内战中严重受损,17 世纪 60 年代时进行了重建,到 19 世纪时再次进行了翻修。

Lilburne,**John**(1615—1657).　**约翰·利尔伯恩**(1615—1657)　平等派领袖。利尔伯恩出身于达勒姆(Durham)的一个小乡绅家庭,曾被送往伦敦一呢绒商那里做学徒。1638 年,因传播非法宣传反国教言论的作品,遭传唤至星室法庭(Star Chamber)接受审讯,被判处鞭笞、枷刑和监禁。1640 年克伦威尔(Cromwell)将他释放,并且升任他为克伦威尔的东部联盟骑兵团(Eastern Association cavalry)中校,但他于 1645 年卸任。利尔伯恩为人争强好胜,意志顽强而且喜欢自我表现,这使他在 1647 年以后成为平等派运动(Leveller movement)的精神领袖,由此也与克伦威尔决裂。1649 年,他在《揭露英格兰的新枷锁》(*Englands New Chains Discovered*)中谴责新成立的共和国(Commonwealth),策划了一场严重的兵变,并公开要求弹劾克伦威尔。他最终以贵格会教徒的身份去世。

'Lillibullero' 《里里伯利若》 《里里伯利若》"歌唱了一位出自三个王国的王子",是一首打油诗性质的民谣,由沃顿勋爵(Lord Wharton)填词,普赛尔(Purcell)作曲。据说这首民谣是爱尔兰当地人在 1687 年欢迎詹姆斯二世的爱尔兰总督泰尔康内尔(Tyrconnel)伯爵前来"割断英格兰人喉咙"。民谣中的叠句"里里伯利若"可能是毫无意义的韵句。

Limerick(Luimnech),diocese of 利默里克主教区 爱尔兰的利默里克首次被称为主教区,是在 1111 年的雷斯布莱塞尔宗教会议(Council of Raithbressail)上,尽管它的第一任主教吉利(Gilli)在 1106 年时就已经当选了。目前天主教和安立甘宗都在该主教区拥有主教座堂。

Limerick,treaty of,1691. 《利默里克条约》(1691) 这份条约结束了对利默里克的围攻以及与詹姆斯党人的战争,签署的时间是 10 月 3 日。该条约中的军事条款十分宽容,允许被围困的军队前往法国,英格兰的船只加入路易十四(Louis XIV)的军队。直到 1697 年,爱尔兰议会才勉强批准了该条约的一个已经被严重修改后的版本,后来又借通过刑法,使该条约的宽容精神完全落空。

Limited Liability Act 《有限责任法》 这项立法于 19 世纪 50 年代引入联合王国(United Kingdom),1862 年通过的一项法令使之得到强化。在此之前,任何在商业活动中拥有投资额的人,在破产时均负有无限债务责任,这显然吓住了潜在的投资者。这项立法把债务责任的范围限定为最初的投资额。

Lincoln 林肯 林肯原为一座罗马军团的要塞,当时是被称为林杜姆(Lindum)的殖民城镇,这里有威瑟姆河(Witham)穿过林肯断崖(Lincoln Edge)的所在高地向东流去。要塞大门,包括保持下来的纽波特拱门(Newport Arch),令人印象深刻。在 4 世纪,林肯或许已经成为地方性的首府;该城主教可能参加了 314 年的阿尔勒宗教会议(Council of Arles)。在经历了长达 5 个世纪的近乎被遗弃的状态后,林肯因被维金人用作河港而得以复兴。诺曼人在林肯的上半城(罗马遗址)建造了一座城堡和一座教堂;商业中心则延伸至山下,目前依然如此。林肯的全盛期是在 12 和 13 世纪,当时它是英格兰最大的六个城镇之一,拥有 47 座堂区教堂以及蒸蒸日上的纺织工业。14、15 世纪时,林肯明显衰落,只是在 18 世纪时作为社会中心、19 世纪时作为工业城镇而稍微得到复兴。

Lincoln, battle of, 1141. 林肯之战(1141) 当斯蒂芬围攻玛蒂尔达(Matilda)——她当时是斯蒂芬的王位竞争者——的支持者所占据的林肯城堡时,受到对方援军的攻击,该援军由玛蒂尔达同母异父的兄弟格洛斯特伯爵罗伯特(Robert, Earl of Gloucester)统帅。2 月 2 日,在经过一场激烈的巷战后,斯蒂芬被俘并被送至布里斯托尔监禁。

Lincoln, battle of, 1217. 林肯之战(1217) 在该战役中,国王约翰的反对者们请来了法国的王太子路易(Louis, dauphin of France)帮助他们。在约翰于 1217 年死后,路易继续采取军事行动。1217 年 5 月 20 日,当路易的支持者们正在围攻林肯城堡时,遭到约翰幼子亨利三世的摄政威廉·马歇尔率领的援军的攻击。法军统帅德·拉·佩尔什伯爵(comte de la Perche)阵亡,法军溃败。

Lincoln, diocese of 林肯主教区 林肯主教区的辖区目前只与林肯郡相重合,但该主教区于 1072 年前后创建时,曾是中世纪最大的主教区之一。10 世纪重新征服丹麦法区(Danelaw)之后,多切斯特(Dorchester)主教区的辖区从泰晤士河(Thames)扩展到了亨伯河(Humber)。1072 年,多切斯特主教座迁往林肯。随着 1109 年时伊利主教区、1541 年时彼得伯勒(Peterborough)主教区以及 1542 年时牛津主教区的相继设立,林肯这一辖区面积广大的主教区变小了。主教座堂于 1192 年时由圣休(St Hugh)开始兴建,巍然矗立于山岗之上,是 13 世纪教堂建筑的典范,甚至可能是 13 世纪教堂建筑的缩影。

Lincoln, John de la Pole, 1st earl of（c.1462—1487）. **约翰·德·拉·波尔,第 1 代林肯伯爵**（约 1462—1487） 波尔的母亲是爱德华四世的妹妹伊丽莎白,父亲是第 2 代萨福克公爵约翰·德·拉·波尔（John de la Pole, 2nd duke of Suffolk）。理查三世统治时,他十分得宠,担任北部委员会（Council of the North）的主席并在博斯沃思（Bosworth）为理查三世而战。林肯和他的父亲向亨利七世投降。但由于当时沃里克（Warwick）被关在伦敦塔,而且还仅是个 10 岁的孩子,他由此成为约克派最有力的王位竞争者。1487 年,他突然逃离英格兰,后带着一支支持号称是沃里克伯爵的兰伯特·西姆内尔（Lambert Simnel）的侵略军返回英格兰。林肯在斯托克（Stoke）战役中被杀。

Lincolnshire 林肯郡 林肯郡是英格兰第二大郡,却是人口密度最为稀少的郡。该郡大部分地区地势平坦,还有三条平行的南北纵贯的山脉。林肯城矗立于西部山脉的缺口林肯郡断崖之上,劳斯（Louth）位于东部山脉的缺口之上。

在罗马入侵的时代,这一地区是科利塔尼族（Coritani）领地的组成部分。罗马人在此曾建立了一个军团基地,而后在林肯建立了殖民城镇【林杜姆（Lindum）】,福斯大道（Fosse Way）与埃尔迈恩街（Ermine Street）在此交汇。凯斯托（Caistor）是另一座重要的罗马城镇,该城或许有温泉。除了南部地区的盐沼难以通行外,这一地区对早期的撒克逊人殖民定居几乎没有造成任何障碍。北部地区的林齐（Lindsey）或许形成过一个附属国,与西边的麦西亚和北边的诺森伯里亚争斗不已。

自 9 世纪 70 年代以降,该地区成为丹麦法区（Danelaw）的组成部分,林肯与斯坦福德（Stamford）是五座自治市中的两座。这里有许多地名都源自丹麦语——格里姆斯比（Grimsby）、萨克斯比（Saxby）、贝克比（Beckby）、斯温思罗普（Swinthorp）。这一地区被分成三个行政区（trithing）——林齐、凯斯蒂文（Kesteven）与霍兰（Holland）——而最大的林齐又被进一步分成三个赖丁（riding）。在其他地区被称为百户区（hundreds）的更小的行政区划在这里被称为百户邑（wapentakes）。林肯郡本身似乎在 1016 年后形成。"末日调查"是将其作为一个整体单位来进行调查的。

1066 年,林肯是英格兰主要的城镇之一,大约有 5000 人口。林肯和斯坦福德都建造了城堡,1072 年时多切斯特(Dorchester)主教区也转移到了林肯。巴顿(Barton)并没能长期保持住其重要地位,部分原因在于大北路(Great North Road)自埃尔迈恩街转而向西,完全绕过了林肯郡;另外,赫尔分走了它的大部分河道交通。虽然《末日审判书》中并未提及波士顿(Boston),但该城发展迅速,到 1204 年时,波士顿支付的补助金(subsidy)仅次于伦敦。属于主教司法管辖权之下的劳斯(Louth)与斯利福德(Sleaford),凭着分别距离林肯 26 英里和 17 英里的有利条件,均发展成地方中心。

中世纪晚期,林肯郡开始缓慢衰落。斯坦福德和林肯深受 1349 年黑死病的打击,许多小港口受到了海岸淤积的侵害。随着新大陆(New World)殖民地的发展,整个贸易的轴心开始向西部港口偏移。卡姆登(Camden)在 1586 年描述该郡时,基本都是在说它过去的荣光。

都铎王朝和斯特亚特王朝时期,林肯郡默默无闻,只是个由小市镇组成的非常安静的郡。1536 年,林肯郡参与了"求恩朝圣"(Pilgrimage of Grace),结果激怒了亨利八世,他谴责该郡居民是"整个王国中最残忍和野蛮的人"。西莉亚·法因斯(Celia Fiennes)在 17 世纪 90 年代注意到林肯的水道已经被堵塞,20 年后,笛福(Defoe)虽然对林肯的大教堂和乡村心怀仰慕之情,却把林肯城贬得一文不值,称其为"一座老旧、破烂、衰败并且还在继续衰败的城市",如果它还的确能被称之为一座城市的话。

19 世纪时工业的发展推动了该郡的多元化发展。交通的改善——收费高速公路、运河、铁路——有助于将该郡连为一体,但在推动该郡与全国其他地区的紧密联系上,作用相对不大。原本在北部修建一条穿越林肯郡的铁路干线的计划未能实现,最终,这条铁路干线基本是沿着大北路修建的,几乎绕过了该郡。然而,农业产业的发展给林肯、盖恩斯伯勒(Gainsborough)以及格兰瑟姆(Grantham)带来了就业。格里姆斯比在 1800 年启用了它的新码头,1848 年铁路修及此处后,渔业贸易因此受益,格里姆斯比取得了令人瞩目的发展。到 1901 年,格里姆斯比已经取代林肯成为该郡最大的城镇。该郡西北部地区铁矿的发现,使得炼钢工业得到发展,而斯肯索普(Scunthorpe)作为城镇开始出现,到 1961 年时,它已成为林肯郡的第三大城镇,拥有 67,000 人口。铁路交通和海岸度假深受欢迎,催生了克利索普斯(Cleethorpes)、斯凯格内斯(Skegness)以及梅布尔索普(Mablethorpe),这些城市都有度假营地和房车露营地。

Lindemann,Frederick,1st Viscount Cherwell（1886—1957）. 弗雷德里克·林德曼,第1代彻韦尔子爵（1886—1957） 林德曼是少数能把科学与政治结合在一起的人。林德曼在德国接受教育,1910年取得博士学位,并继续研究低温物理学。1919年,他在牛津大学获得教席,尽管他是在基督教会学院工作,但重组了克拉伦登实验室(Clarendon Laboratory)并将该实验室加入瓦德汉学院(Wadham College)。作为贵族世界中的奇特人物,他的财富可以使其经常出入于上流社会,但他却以"教授"（"the Prof."）的身份而闻名。第二次世界大战爆发后,丘吉尔(Churchill)十分倚重他的科学知识,于1941年使他被封为男爵,并任命他为财政部主计长(paymaster-general)。1951年,当丘吉尔进入其第二个任期时,他擢升"教授"为子爵,并再次任命他担任主计长直至1953年。作为战时顾问,他表现得非常自信而且傲慢,是个令人难以琢磨的人物。

Lindisfarne（Holy Island） 林迪斯芳（霍利岛） 林迪斯芳是诺森伯兰沿海的小岛,位于特威德河畔贝里克(Berwick-on-Tweed)之南。该岛通过堤道与陆地相连,堤道涨潮时无法通行。自635年到883年,林迪斯芳是16位主教的主教座堂在地,他们之中最著名的是圣艾丹(St Aidan)。为了使北部地区皈依基督教,渥斯沃尔德(Oswald)把他从艾奥纳(Iona)带到这里。继圣艾丹之后的著名主教是圣卡思伯特(St Cuthbert),他在惠特比宗教会议(Synod of Whitby)后担任罗马化的主教区主教。8世纪至9世纪,该岛遭到维金人(Vikings)洗劫,致使宗教团体离开这里去寻找新的避难所,最终定居在达勒姆(Durham)。

Lindisfarne,diocese of 林迪斯芳主教区 林迪斯芳主教区最初是在艾丹(Aidan)约635年时在该岛上创建的修道院基础上发展起来的,之后成为凯尔特基督教徒在英格兰传教的跳板。685年,卡思伯特(Cuthbert)成为林迪斯芳的主教,但他在687年去世。在该岛于793年和875年两度被丹麦人洗劫之后,修道士们带着卡思伯特的圣物以及《林迪斯芳福音书》(Lindisfarne Gospels)逃到了切斯特勒斯特里特(Chester-le-Street),之后前往达勒姆(Durham)。

Lindisfarne, Gospels 《林迪斯芳福音书》 现藏于大英图书馆(Cotton MS Nero D.iv.)。是福音书的拉丁抄本,带有之后盎格鲁—撒克逊语的翻译或评注。该福音书由埃德弗里思(Eadfrith)制作于林迪斯芳修道院,埃德弗里思在698—721 年时担任林迪斯芳主教。这部作品的装饰十分精巧。制作这部手抄本似乎是为了在698 年使圣卡思伯特(St Cuthbert)的圣物升天。

Lindsey, diocese of 林齐主教区 该主教区是狄奥多尔(Theodore)在677 年前后从约克的诺森伯里亚主教区中分离出来的,用以服务于现在的林肯郡。873 年前后,该主教区毁于丹麦人的入侵,此后未能恢复。

Lindsey, kingdom of 林齐王国 林齐是盎格鲁—撒克逊早期英格兰的一个小王国一直处于风雨飘摇之中。该王国在北部以亨伯河(Humber)为界,东部以北海(North Sea)为界,西部沿特伦特河(Trent)展开并将阿克斯霍姆岛(Isle of Axholme)囊括在内,南部以威瑟姆河(Witham)为界并将林肯城(Lincoln)纳入其中。林齐王国有一份历代国王的年表留存了下来,但斯滕顿(Stenton)仍称该王国为"最让人感到模糊的英格兰王朝"。通常认为,该王朝大约存在于8 世纪,起于沃登(Woden),终于奥尔德弗里思(Aldfrith)。由于这一地区深受斯堪的纳维亚人定居的影响,它成为之后林肯郡的一个赖丁(ridings),而它本身也被划分成若干个赖丁,这些划分一直延续。1888 年,林齐有了自己的郡议会,郡的首府是林肯。

Linlithgow, Victor Alexander John Hope, 2nd Marquis (1887—1952). 维克托·亚历山大·约翰·霍普,第2 代林利斯戈侯爵(1887—1952) 林利斯戈生于苏格兰,受教于伊顿公学(Eton)。由于曾担任过印度皇家农业委员会(Royal Commission on Agriculture in India)主席(1926—1928 年)以及印度宪法改革特别委员会(Select Committee on Indian Constitutional Reform)主席(1930—1932 年),他与印度的联系越来越紧密。1936 年,他被任命为印度总督。在担任总督期间,他见证了越来越多的民众对印度国民大会党(Indian National Congress)的支持、印度国民大会党取消与英国在第二次世界大战中的合作,以及印度国民大会党领导的 1942 年退出印度运动(Quit India movement)。由于他粗暴回应退出印度运动,使印度人民抵抗英国统治的游击战日益扩大。1943 年,他辞去印度总督职务。

Linlithgow palace(Lothian) 林利斯戈宫(洛锡安) 林利斯戈宫最初是湖(Loch)边的一座王室庄园宅邸,爱德华一世在此居住时对之进行了加固(1301—1303 年)。在遭受了 1424 年的一场大火之后,苏格兰的詹姆斯一世用石头对之进行了重建。虽然这里是詹姆斯五世的出生地(1512 年),但自 1513 年詹姆斯四世死于弗洛登(Flodden)以后,直到 30 年代之前,它一直被空置。此后,林利斯戈宫像福克兰(Falkland)的宫殿一样,按照詹姆斯五世的旨趣进行了改建。这里也是苏格兰女王玛丽的出生地(1542 年),尚为婴儿的詹姆斯六世即位后(1567 年),该宫处于失修状态。查理一世是最后一位在这里下榻的君主(1633 年)。

Lister,Joseph(1827—1912). 约瑟夫·利斯特(1827—1912) 外科医生,消毒法的先驱。利斯特在伦敦取得医师资质,而后在爱丁堡执教,1860 年被任命为格拉斯哥大学钦定临床外科学教授。他是格拉斯哥大学中为数不多的继续从事探寻巴斯德(Pasteur)新近关于发酵以及刚刚开始的细菌病原理论研究的价值的人。在其工作获得承认之后,他在爱丁堡和伦敦都得到了教授席位,并成为皇家学会(Royal Society)主席,1897 年获封男爵。他的研究提高了公众对医院和外科手术室的信心,刺激了处于萌芽阶段的细菌学的发展。

Liverpool 利物浦 利物浦作为便于向爱尔兰发动军事行动之地,于 1207 年根据王室的意志被创建为自治市。其经济到 17 世纪早期开始繁荣,是时,爱尔兰的工业发展起来,而切斯特(Chester)则已经衰落(因河口淤塞)。利物浦一直控制着与爱尔兰贸易的大部分份额,并从与种植园(糖、烟草、棉花)的利润丰厚的商业贸易及曼彻斯特快速发展的纺织工业中赢得发展动力。卷入奴隶贸易虽然为利物浦带来了财富,却也使其声名狼藉。在遭受第二次世界大战的野蛮轰炸之后,尽管利物浦进行了大规模的商业区重建活动,但由于随后的去工业化政策,使其闻名于世的却是足球队、流行乐队以及喜剧演员。利物浦是 2008 年度的"欧洲文化之城"①(European city of culture)。

Liverpool,Charles Jenkinson,1st earl of(1729—1808). **查尔斯·詹金森,第 1 代利物浦伯爵**(1729—1808) 托利党政治家。詹金森是个"办事能手"("man of business"),1761—1762 年担任比特勋爵(Lord Bute)的私人秘书和副国务大臣(Under-Secretary of State),同时,担任类似的副职一直到 1782 年。在诺斯勋爵(Lord North)主政期间,人们普遍认为他在"幕后"影响巨大,是乔治三世在政府部门中的密使。诺斯倒台后,他离职而去,但在 1784 年皮特主政时重返政坛,在 1786—1804 年间担任贸易委员会主席,在 1786—1803 年间任兰开斯特公爵领地事务大臣(chancellor of the duchy of Lancaster)。1791 年,他受封霍克斯伯里勋爵(Lord Hawkesbury),1796 年晋封为利物浦伯爵。

Liverpool,Robert Banks Jenkinson,2nd earl of(1770—1828). **罗伯特·班克斯·詹金森,第 2 代利物浦伯爵**(1770—1828) 利物浦是位有能力和才干的政治家。1790 年,他在未及法定年龄时便进入了议会下院,并在 1793 年后支持对法战争。在印度委员会(India Board)获取足够经验之后,他为阿丁顿(Addington)政府效力,担任外交大臣,还两度担任内政大臣。他在 1809 年至 1812 年间担任战事大臣(war secretary),做事高效。他于 1812 年成为首相时,其政府的前景并不明朗,但利物浦迅速表明一切尽在其掌握之中。对拿破仑的战争已经转为对同盟方面有利。在处理摄政王(prince regent)的问题上,利物浦显得成熟老道:在 1820 年时,他已经预先知晓如果他被迫辞职,同僚们都将追随他离职。利物浦正是凭着个人能力,力阻了摄政王加入神圣同盟(Holy Alliance)。利物浦主张保护土地所有者的利益,尽管他赞赏谷物法,但还是被迫于 1815 年接受了固定的关税,因为他的支持者并不准备接受浮动关税。他反对议会改革,但热切希望在不能全面解放天主教徒的情况下,能就天主教问题达成某些妥协。利

① 欧盟每年评选欧洲若干城市为欧洲文化之城,以推广该城市的文化生活和文化发展。该活动从 1985 年开始,雅典成为首个文化之城。从 1999 年开始,欧洲文化之城改名为欧洲文化之都(European Capital of Culture)。——译者注

物浦有决心维持公共秩序,却无心加强中央政府的权力。由于警力不足,他不得不依赖地方治安法官(magistrate)来维持法律和秩序。1819 年彼得卢(Peterloo)事件发生时,利物浦私下批评了曼彻斯特的治安法官,但在公开场合却又维护他们。1820 年后,形势出现改善。在经济复苏的情况下,利物浦给予他的大臣们以极大的自由去降低关税、刺激贸易。他任命坎宁为外交大臣,并赋予皮尔(Peel)、赫斯基森(Huskisson)以及鲁滨逊【Robinson,戈德里奇(Goderich)】以更多权力空间。1827 年,他因中风被迫隐退,而政府对于他的依赖程度也因他的隐退而暴露无遗。

Liverpool cathedrals 利物浦的大教堂 当贾尔斯·吉尔伯特·斯科特(Giles Gilbert Scott,1880—1960 年)以浪漫哥特式设计赢得修建安立甘宗大教堂的竞标时,年仅 22 岁。1904 年,爱德华七世为这座大教堂奠基。经过 1924 年的祝圣,大教堂于 1978 年最终完工。该大教堂坐落在一处凸起之地上,拥有英国所有教堂中最高的内部空间,成为默西赛德(Merseyside)天际线的标杆,其轮廓非常醒目,令敬拜者敬畏。

大都会大教堂(metropolitan cathedral)最初由埃德温·勒琴斯(Edwin Lutyens)设计,但只完成了地下室部分。弗雷德里克·吉伯德(Frederick Gibberd)的获奖设计(1959 年)成就了一座圆形建筑,其放射状的扶壁以及玻璃幕墙筑成的中央塔楼为其获得了许多充满关爱之情的昵称。这座大教堂于 1967 年 5 月祝圣。

livery andmaintenance 仆从与荫庇 See BASTARD FEUDALISM(见变异封建主义)

livery companies 同业公会 同业公会是指中世纪时期由店主师傅(master tradesman)在伦敦城中发展起来的社会组织。他们的目的在于控制新入行者的人数和品性。最初,"livery"是指扈从或仆从的特殊服装,但之后这个词开始与在盛大场合穿着的特殊服装产生了联系。富有的公会建有自己的公会大厅(guildhalls),并捐资建造用来供奉庇护本行业圣徒的教堂,同时建有供本公会使用的祈祷室。同业公会在很大程度上都保持着自己的独立性,公会成员通常拥有伦敦城自由人的身份。截至 1979 年,英国还有 84 个同业公会。

Livingstone, David（1813—1873）. **戴维·利文斯通**（1813—1873） 苏格兰传教士与探险家。利文斯通于 1841 年抵达南非,协助伦敦传教会（London Missionary Society）的工作。他很快被北方地区所吸引,希望在中非地区传播福音。他游历广泛,先是到了大西洋沿岸,之后又穿越大陆到了印度洋。他的探险发现在英国不仅为其赢得了盛名,而且赢得了皇家地理学会（Royal Geographical Society）的支持。1873 年,在他最后一次游历时,非洲内陆的环境导致其死亡,而这种环境也成为推动英国反对东非奴隶贸易的决定性因素。

Llandaff, diocese of **兰达夫主教区** 通常认为 6 世纪的圣徒泰罗（saint Teilo）与尤道格维（saint Euddogwy）是兰达夫教堂的创建者,而前者的圣龛直到宗教改革之前都是人们的朝觐之地。然而,目前这座教堂的建造,以及这一主教区辖区范围的确立,乃是 12 世纪早期第一位诺曼主教乌尔班（Urban）的功劳。兰达夫主教区在威尔士是人口最多的教区,其辖区最初覆盖格拉摩根郡（Glamorgan）与蒙茅斯郡【Monmouth,格温特郡（Gwent）】,不过,后者在 1921 年时单独成为主教区。

Lloyd, Marie（1870—1922）. **玛丽·劳埃德**（1870—1922） 杂耍艺人。原名玛蒂尔达·伍德（Matilda Wood）,她 15 岁首次亮相音乐厅时,便把艺名"贝拉·德尔马"（"Bella Delmare"）改为"玛丽·劳埃德"。她不久以后在伦敦西区（London's West End）从事表演。尽管也出演一些滑稽剧角色,但她的强项是杂耍表演,擅长在杂耍剧场演唱充满活力、刺激和带有表演的个性化歌曲。

Lloyd George, David, 1st earl Lloyd George（1863—1945）. **戴维·劳合·乔治,第 1 代劳合·乔治伯爵**（1863—1945） 首相。劳合·乔治为英国后来成为福利国家（welfare state）奠定了基础,并把累进所得税体系（progressive income tax system）置于政府财政的核心地位。1918 年,他被誉为"赢得战争的人"

（"Man Who Won the War"），这并非浪得虚名。然而，直到 20 世纪 70 年代出版了大量对他持同情态度的书籍以前，劳合·乔治的声望一直相当低。

劳合·乔治成长在北威尔士一个简朴但并不贫穷的家庭。在取得事务律师（solicitor）资质后，他得以凭稳定的收入去成就政治事业。1890 年，作为自由党成员，他在卡那封自治市（Caernarfon Boroughs）保守党边缘席位的补缺选举（by-election）中获胜。直至 1945 年，他一直保有这个席位。在近 10 年的时间里，他一直是后座议员中活跃的反对派，由于勇敢地反对南非战争（South African War，1899—1902 年），他成了全国公众人物。1905 年 12 月，他的才能得到坎贝尔—班纳曼（Campbell-Bannerman）的承认，这位新的自由党首相任命他为贸易委员会（Board of Trade）主席。

劳合·乔治在政治事业上真正取得突破是在 1908 年，当时，阿斯奎斯（Asquith）任命他担任了财政大臣。由于感到因私人收入有限而在政治上处于劣势，劳合·乔治想抓住机遇迅速致富，结果卷入了"马可尼丑闻"（"Marconi scandal"）之中。然而，阿斯奎斯敏锐地发现劳合·乔治具有成为内阁大臣所必需的政治天分。他制定的著名的 1909 年"人民预算案"（"People's Budget"），通过向少数巨额收入者以及诸如汽车等特定消费品征收附加税，解决了政府的财政问题。这一举措使得政府有能力支付养老金，同时建造无畏级战舰。当预算案遭到同僚们的反对时，他抓住机会，攻击保守党试图保护享有特权的精英阶层的利益。此举使自由党重获主动权，并使自由党在 1910 年的两次大选中保住了工人阶级的选票。随后，劳合·乔治凭借 1911 年的《国民保险法》（National Insurance Act），使人们继续保持了对他的异乎寻常的信任。这一法案为千百万人同时带来了健康和失业保险。

第一次世界大战爆发后，劳合·乔治挺身而出，成为唯一一位声誉卓著的大臣。这在很大程度上源于他自 1915 年 5 月以来任军需大臣（minister of munitions）所取得的成功。然而，他担任战事国务大臣（secretary of state for war）的那段短暂经历并不愉快，因为他发现自己受到军方人士保守思想的限制。这一挫折促使他与博纳·劳（Bonar Law）联手向阿斯奎斯施压，以精简战争机器。结果，阿斯奎斯于 1916 年 12 月辞职。劳合·乔治在得到保守党的支持，同时得到多数工党成员以及少数自由党成员支持的基础上，联合各党派组建了政府。他通过组建 5 人战时内阁,直接对战争的进程施加影响,而为战时内阁提供服务的则是由莫里斯·汉基(Maurice Hankey)领导的内阁秘书处。劳合·乔治还设立了新的政府部门,包括粮食部、航运部、航空局、国民服务部、养老金部、劳工部,以解决因战争而引发的各类问题,诸如埃里克·格迪斯爵士(Sir Eric Geddes)那样的无党派专家和商人,经常被劳合·乔治任命到这些部门担任职务。

尽管如此,劳合·乔治的首相职位依然不安稳。大多数保守党人士既不喜欢他,也不信任他。1918 年 11 月突如其来的军事胜利,为劳合·乔治带来巨大声望的同时,也在一定程度上使其掌握了讨价还价的筹码。劳合·乔治并未重返自由党,而是决定把拥护自己的自由党成员组织起来,与保守党联合去竞争选战。

劳合·乔治的政府在 1918 年大选中赢得了压倒性胜利,他的首相一职也一直维持到 1922 年。尽管受到人数占优势的保守党的限制,但他依然取得了许多值得赞誉的重要成就。1918 年实行的议会改革使妇女获得了选举权;通过了 1918 年《教育法》;通过了 1919 年的《住房法》;1921 年解决了爱尔兰问题,当然,还有签署了《凡尔赛条约》(treaty of Versailles)。但在任职末期自由党和保守党的追随者都对劳合·乔治日益感到不满。围绕首相"鬻爵"而积累的巨额竞选基金问题的争论,彻底葬送了劳合·乔治:只要支付 12,000 英镑便可随意取得爵士身份,而取得从男爵爵位只要花费 30,000 英镑。最终在 1922 年 10 月召开的议会上,保守党议员投票决定终止与劳合·乔治的联合。劳合·乔治随即辞职,并从此再也没有担任任何职务。

20 世纪 20 年代,尽管劳合·乔治花费了大量时间致力于自由党内部的斗争,但他依然通过与 J.M.凯恩斯(J.M.Keynes)和其他人合作,围绕制定解决失业问题的详细策略对英国政治产生了重要影响。1931 年,他因重病在身,没有参加国民政府(National Government)。1940 年之后,尽管人们普遍期待劳合·乔治能在丘吉尔的联合政府中效力,但他对此事却无甚热心,而丘吉尔也从未邀请他入阁。

Lloyd's of London　劳埃德保险社　自 17 世纪末到 18 世纪末,伦敦的咖啡馆成为社会与商业生活的中心。从 17 世纪 90 年代起,商人、银行家和船员们便在爱德华·劳埃德（Edward Lloyd）在伦巴德街（Lombard Street）开设的咖啡馆里聚会，并在此商谈航运业务。那些准备在海运中承担一份风险的商人将逐一把自己的名字写在保险单上，成为"保险人"（"underwriter"）。自 20 世纪 70 年代起，劳埃德保险社经历了一段动荡时期：索赔，特别是由于自然灾难造成的索赔，数额变得更大，而保险社本身也存在着不能胜任业务、欺诈、盗窃资产与人员纷纷辞职等问题。

Llywelyn ap Gruffydd（**d.1282**）　**卢埃林·阿普·格鲁菲兹**（**卒于 1282 年**）　威尔士亲王（1246—1282 年）。卢埃林·阿普·格鲁菲兹以"末代王"卢埃林（Llywelyn "the Last"）而闻名，他力图创建永恒独立的威尔士邦国的抱负差一点成为现实。他是卢埃林·阿普·约尔沃思（Llywelyn ab Iorwerth）的孙子，有可能被指定为叔父戴维德·阿普·卢埃林（Dafydd ap Llywelyn）的继承人。在 1246 年戴维德去世以及 1247 年与亨利三世签署《伍德斯托克条约》（treaty of Woodstock）之后，卢埃林的统治范围被限制在康韦河（river Conwy）以西的圭内斯（Gwynedd）。1255 年，卢埃林击败了他的诸兄弟，向康韦河以东进军，并开发英格兰的一些地区，恢复了叔父的统治范围。大多数威尔士领主都视其为宗主（1258 年），而他也取用了威尔士亲王的头衔。西蒙·德·孟福尔（Simon de Montfort）在皮普顿（Pipton）承认了他的地位，并许诺把自己的女儿嫁给他。1267 年，亨利三世在蒙哥马利（Montgomery）作出让步，对其地位予以承认，但卢埃林对爱德华一世判断失误，拒绝向其履行作为封臣的义务。1276—1277 年的战争对卢埃林而言是灾难性的，根据双方 1277 年签署的《阿伯康韦和约》（treaty of Aberconwy），卢埃林的统治范围再次被限制在西圭内斯。1282 年，这一不稳定的和平因卢埃林的兄弟戴维德进攻哈登（Hawarden）而被打破，在与爱德华的新一轮战争中，卢埃林于 12 月 11 日在比尔斯（Builth）附近被杀。

Llywelyn ab Iorwerth（**1173—1240**）　**卢埃林·阿普·约尔沃思**（**1173—1240**）　圭内斯亲王（prince of Gwynedd，1195—1240 年）。以"伟大者"（"the Great"）而闻名。作为"扁鼻"约尔沃思（Iorwerth "flatnose"）与波伊斯公主玛格丽特（Margaret，prince of Powys）的儿子，卢埃林把一生大部分的精力投入到恢复

和加强其祖父欧文·圭内斯(Owain Gwynedd)的霸业之中。由于与约翰国王关系良好,其地位不仅得到约翰的承认,还娶了约翰的私生女琼(Joan)。然而,他对波伊斯的侵略之举招致约翰的报复(1210—1211 年),而卢埃林则与法国结盟。他计划通过使王和教皇(1220—1222 年)确认其子戴维德作为他的唯一继承人而永久保有自己的王国。他采用了颇具号召力的头衔"阿伯弗劳亲王"(prince of Aberffraw)以及"斯诺登之主"(lord of Snowdon)(1230 年),还把自己与苏格兰国王相提并论。

Locarno, treaties of, 1925. **《洛迦诺公约》(1925)** 这些条约(1925 年 12 月 1 日)使欧洲在经历了第一次世界大战后,暂时燃起了最终安定下来的希望。这些条约确认了法国、比利时与德国的边界不可侵犯,使莱茵兰(Rhineland)非军事化。德国随后于 1926 年加入国际联盟。

Locke, John (1632—1704). **约翰·洛克**(1632—1704) 洛克可能是英语世界最具影响力的哲学家和政治理论家,被认为是开创了自由主义的思想家。洛克生活在辉格党领袖沙夫茨伯里伯爵(Shaftesbury)的宅邸中,并与伯爵一样,不得不流亡他乡。他于 1689 年出版的《论宗教宽容信札》(*Letter Concerning Toleration*)包含着两个基本预设:宗教是每一个人的事务,教会是自愿性社团。从逻辑上看,他的观点自然导向教会与国家分离的原则与实践。他在《两篇关于政府的论文》(*Two Treatises of Government*)中指出,政府应建立在被统治者同意的基础上,而被统治者之所以同意建立政府,是因为他们需要权威来保护他们的财产。一个把自己变成了暴君的统治者,就像查理二世和詹姆斯二世那样,等于丧失了权威,人民有权抵抗其统治。洛克最具影响力的出版物之一是《教育漫话》(*Some Thoughts concerning Education*),这部作品主张为儿童提供内容更为广博的教学大纲,应该以更加人道的态度对待儿童。

lollardy **罗拉德派** 近来被描述为"早熟的宗教改革"("the premature reformation"),罗拉德派最初由威克利夫(Wyclif)的教义发展而来。罗拉德分子("Lollard",来自中古荷兰语"lollaerd",意为喃喃说话的人)是在神学上缺乏连贯性的、人员混杂的群体。该派别也吸引了有影响力的人物加入进来,这些人中有的与宫廷联系紧密,有的是被真正的清教精神所驱动,有的秉持反教士主义,有的则出于自私而对教会的财富报以冷眼。他们为罗拉德派从事写作和抄写圣经提供避难所,保护罗拉德派的布道者,结果引起了政府当局的警觉,并于 1401 年颁布了《镇压异端邪说者令》(*De heretico comburendo*),逮捕没有得到批准的布道者,有时甚至将这些布道者交出去公开处以火刑。约翰·奥尔德卡斯尔爵士(Sir John Oldcastle)于 1414 年举行起义,但起义失败,他于 1417 年去世。此后,贵族罗拉德派已成强弩之末。在被从大学和贵族那里赶出来后,罗拉德派开始吸收地方工匠和约曼农场主(yeomen farmers),这些人通常持消极而单纯的观点。尽管当局惧怕罗拉德派以读写方式进行危险的表达,但除去强调阅读圣经,该派否定性的观念对民众影响不大。

London(**Roman**) **伦敦**(**罗马时期**) 自大约公元 60 年以来,伦迪尼乌姆(Londinium)是罗马不列颠行省的首府。其罗马时的遗址位于泰晤士河(Thames)与弗利特河(Fleet)的交汇处。科尔切斯特(Colchester,最初的罗马不列颠行省首府)于公元 60 年的布狄卡起义(Boudican revolt)中被毁之后,伦敦的地位得到提升。新省督盖乌斯·尤利乌斯·科拉西亚努斯(Gaius Julius Classicianus)的墓碑——立于布狄卡起义的余波之际——表明,伦敦当时已经成为行政中心。

London, diocese of 伦敦主教区 伦敦主教区是位居坎特伯雷大主教区和约克大主教区之下的高级别主教区,辖区范围包括大伦敦(Greater London)以及泰晤士河(Thames)以北的萨里(Surrey)的一部分。尽管有一位来自伦敦的不列颠主教参加了 314 年的阿尔勒宗教会议(Council of Arles),但直到 604 年以前,奥古斯丁(Augustine)并未给东撒克逊人设立主教区。伦敦主教的真正继承者是从瓦恩(Wine)重新开始的,他在 666 年时接任了切德(Cedd)这位东撒克逊人的凯尔特主教,而切德从未把伦敦作为其主教座的所在地。中世纪建造的圣保罗大教堂毁于 1666 年的伦敦大火(Great Fire)。目前这座圣保罗大教堂是由克里斯托弗·雷恩(Christopher Wren)在 1675—1710 年间设计建造的,属于文艺复兴风格,并奇迹般地在 1940—1941 年的伦敦大轰炸(London Blitz)中幸存下来。

London, fire of, 1666. 伦敦大火(1666) 这场著名的"大火"是 9 月 2 日星期日凌晨时,从位于伦敦桥(London bridge)附近普丁巷(Pudding Lane)的托马斯·法里纳(Thomas Farriner)的烘焙坊燃起的。在强劲东风的裹挟下,大火越过了防火带,尽管堂区官员和市长尽力灭火,但火势很快失去了控制。大风一直刮到星期二的夜晚,但直到星期五以前,消防员和民兵都无法对大火造成的损失进行评估。(东部的)伦敦塔得以幸免,但旧圣保罗大教堂(Old St Paul's Cathedral)、伦敦市政厅(Guildhall)、皇家交易所(Royal Exchange)、87 座堂区教堂、52 座公司大楼、市场、监狱以及 13,200 间住房化为灰烬。查理二世在大火期间任命自己的兄弟来掌控城市,以维持秩序并阻止抢劫,大火后立即采取了重建措施。为了纪念所发生的这些事件,1677 年时人们在着火点附近竖立起了一座纪念碑,1681 年时碑文中添加上了这样一句话:"但带来如此恐怖的天主教狂热,却至今依然没有被扑灭"("But Popish frenzy, which wrought such horrors, is not yet quenched"),这句话在 1830 年被去除。

London, government and politics 伦敦,政府与政治 伦敦超凡的规模和拥有的资源,不仅使其作为首都在政治上具有非常重要的地位,而且在军事上也具有特殊的重要性。征服者威廉(William the Conqueror)为伦敦颁发了一份特许状,在确认伦敦之前享有之特权的同时,也开始修建白塔(White Tower)作为要塞,这便是伦敦塔(Tower of London)的核心部分。直到 12 世纪,伦敦才取代了旧时威塞克斯的都城温切斯特(Winchester)的地位。诺曼征服(Conquest)前,撒克逊统治者已经赋予伦敦非常显著的特权——可以每年召开 3 次城镇民众大会(folk moot);可以每周召开一次审议会【husting,丹麦语"hus-ting",意为室内集会(house assembly)】;市政官(aldermen)有权在区法庭(ward moots)监督司法。1018 年,在全英格兰支付给克努特(Cnut)的贡金中,伦敦就承担了其中的七分之一,而在诺曼征服之前的几十年里,在伦敦召开贤人会议(witan)的频次也比其他地方更高。13 世纪晚期和 14 世纪早期,当自治市的代表被召入议会之际,出席议会的伦敦代表通常是 4 名,而其他自治市通常只有 2 名代表。

伦敦的政府部门由以下机构组成：一个市政官法庭（Court of Aldermen），其成员终身任职；一个伦敦议会（Common Council），由大约 200 名成员组成，由各区（wards）每年选举产生；一个伦敦市政厅（Common Hall），成员达数千人，代表着同业公会成员（liverymen）；再有就是区法庭或堂区会议（parish meetings）。伦敦的行政官员包括市长【mayor，1283 年以后逐渐被称为"市长大人"（lord mayor）】；2 名郡长（sheriffs）；为数不少的领薪官员，这其中最重要的是记录法官（recorder）和城镇书记官（town clerk）；再有就是大量的领薪或不领薪的低级公务人员，包括下至区一层级的公务人员，如清道夫（scavenger）、治安官员（constable）、守夜人（night-watchmen）以及地方税税吏（rate-collector）。政府各部门之间争斗不已。伦敦议会，尤其是伦敦市政厅不对中央政府抱有任何幻想，而由社会上层和富商组成的市政官则与当时的中央政府有着密切联系。由中世纪行会即基尔特（guilds）发展而来的同业公会（livery companies）也发挥着巨大的影响力：1155 年织工公会（Weavers' Company）取得特许状，1272 年鱼商公会（Fishmongers' Company）取得特许状，金饰商公会（Goldsmiths' Company）、成衣商公会（Merchant Taylors' Company）和生皮商公会（Skinners' Company）取得特许状的时间是 1327 年，呢布商公会（Drapers' Company）是在 1364 年，绸布商公会（Mercers' Company）是在 1394 年，而香料批发商公会（Grocers' Company）是在 1428 年。

伦敦曾有数次落于叛乱者之手——1381 年落于沃特·泰勒（Wat Tyler）之手，1450 年落入杰克·凯德（Jack Cade）之手，1554 年落入托马斯·怀亚特（Thomas Wyatt）之手——他们都试图夺取或威胁政权。这些攻击基本不会成功，一方面在于伦敦几无政权可夺，另一方面在于一旦叛乱者进入伦敦，其领袖就很难控制手下。更重要的是，凡遇到这些情况，伦敦就会以团结和勇气，自行行动起来。伦敦人因与低地国家之间有着紧密的金融与贸易联系，十分乐于接受都铎王朝早期改革后的宗教教义，而伦敦也成为英国宗教改革的先锋。一百年后，伦敦成为反对查理一世的前线，在某种意义上，甚至可以将英国的内战视为伦敦与其余地区的对抗。19 世纪晚期，伦敦的激进主义变得不再那么明显，部分原因在于诸如伯明翰、曼彻斯特和谢菲尔德等城镇的脱颖而出。

伦敦的发展也为其行政机构带来巨大压力。伦敦本身早已超越了伦敦城的边界,1550 年萨瑟克(Southwark)被并入进来。到 1811 年时,首都人口中属于伦敦城司法管辖范围的人口只占十分之一。伦敦城之外的行政管理基本被撇给了得到信托机构、各种委员会以及慈善团体等五花八门的机构支持的各个堂区和教区委员会(vestries)。随着 1829 年《大都市警察法》(Metropolitan Police Act)的颁行,伦敦各行政机构之间的协调程度显著提升。1888 年,伦敦郡议会(London County Council)成立,其下是第二层级的 28 个自治市议会(borough councils),在伦敦郡议会的领导下运作,并各负其责。位于泰晤士河(Thames)南岸的伦敦郡政厅(London County Hall)作为伦敦郡议会这一新的权力机构的总部,于 1922 年启用。1965 年,伦敦再次重组,这一方面是出于使政党获利,另一方面也在于大伦敦已经超出了伦敦郡议会的辖制范围。大伦敦议会(Greater London Council)监管 31 个自治市以及伦敦城和威斯敏斯特城。由于厌恶大伦敦议会的左翼政策,加之嫉恨有任何对立的权力机构的存在,撒切尔(Thatcher)政府于 1986 年废除了大伦敦议会,伦敦由此仅仅成为一座首都城市(capital city),而不再拥有任何至高无上的权威。1997 年,工党政府准许伦敦民主选举产生自己的行政长官市长,不过,当选伦敦市长这个职位的最终并不是工党心仪的候选人,而是肯·利文斯通(Ken Livingstone)。

London, growth of 伦敦的发展 早在公元 7 世纪时,伦敦就已经成为不列颠最大的人口定居地。10 世纪后期,该城开始进入一个快速发展的阶段,1100 年时其人口可能达到了 25,000 人。最近的研究表明,到 1300 年时,伦敦的人口大致在 80,000 到 100,000 之间。1348 年的黑死病以后,伦敦的人口下降,到 1500 年时,其人口仍然停留在只有 50,000 人左右。

16 世纪时,伦敦的发展速度快于英格兰。对伦敦人口进行的第一次有充分依据支撑的评估表明,1550 年时其人口大约为 75,000 人,1600 年时为 200,000 人,1650 年时为 400,000 人,而到 1700 年,伦敦的人口已经超过 50 万。18 世纪时,伦敦作为大都市,发展速度首次放缓,然而,1801 年进行的首次人口普查表明,其人口大约为 1,117,000 人。到 1851 年,伦敦的人口再次翻番,而到 1901 年时,伦敦已经成为拥有 6,586,000 人口的大都市。第二次世界大战前夕,伦敦的人口达到顶点,约为 8,700,000 人。

伦敦的早期壮大,在很大程度上归功于它在 13、14 世纪时作为政治中心而得到的发展,以及它在全国海外贸易中日益增加的份额。此后,伦敦出现了不成比例的发展,因为它已经成为一座世界性的城市,而不仅仅是一个国家的首都。伦敦金融机构在 17 世纪的发展,以及它在 18、19 世纪时先后充当的殖民地和帝国首都的角色,都充分解释了其扩张现象。

London, treaty of, 1357. 《伦敦条约》(1357) 1346 年,苏格兰的戴维二世在内维尔十字路口(Neville's Cross)战役中被俘,并被关入伦敦塔。直到 1357 年 5 月签署《伦敦条约》之前,关于释放他的谈判一直没有结果。苏格兰人赔付了大笔赎金并送出人质。10 月,该条约在贝里克(Berwick)得到确认。

London, treaty of, 1358. 《伦敦条约》(1358) 该条约为一份草约。爱德华三世在普瓦捷(Poitiers)俘获了法王约翰二世(John II),由此掌握了更多的外交筹码。根据该条约,爱德华将得到阿基坦(Aquitaine)、普瓦图(Poitou)、庞蒂厄(Ponthieu)以及加莱(Calais)的全部主权,同时还有一笔 4 百万埃居(écu)的赎金,而且爱德华可以保有对法国王位的要求。但英格兰从未批准这份草约,而且爱德华随后进一步加码,还要求得到诺曼底(Normandy)、安茹(Anjou)以及曼恩(Maine)的主权。爱德华也许是有意把要求定得过高,这样必然遭到法国拒绝,如此再启战端就名正言顺了。

London, treaty of, 1423. 《伦敦条约》(1423) 英格兰与苏格兰之间签署的协议,最终敲定了将詹姆斯一世从英格兰的监管中释放的条款。詹姆斯国王为此要向英格兰支付 60,000 马克,但其中的 10,000 马克将被免除,用作王后琼·博福特(Joan Beaufort)的嫁妆。

London, treaty of, 1474. 《伦敦条约》(1474) 1473 年,爱德华四世准备进攻法王路易十一世(Louis XI),但在召集盟友方面遇到困难。1474 年 7 月,通过《伦敦条约》,勃艮第的查理(Charles of Burgundy)同意承认爱德华为法国国王,并加入了其组织的战役。

London, treaty of, 1518. 《伦敦条约》(1518)　1515 年时年轻的法王弗兰西斯一世(Francis I)在马里尼亚诺(Marignano)对瑞士人取得的胜利,威胁到西欧地区的权力均衡。沃尔西(Wolsey)和亨利八世开始组建反法同盟。1518 年,两人改变政策,与法国和解,随后与法国签订了《伦敦条约》。根据该条约,英格兰在 1513 年时占领的图尔奈(Tournai)将交还给法国;亨利两岁的女儿玛丽(Mary)将嫁给法国王太子;法国将不再支持苏格兰的反英派。该条约还约定,双方未来将签订一份全面和平的条约,并发动针对土耳其人的十字军远征。尽管弗兰西斯与亨利于 1520 年在金布围场(Field of Cloth of Gold)的会晤中均表示赞同这份条约,但和平并未因此而得到保持,双方的和解也未能取得进展。

London, treaty of, 1604. 《伦敦条约》(1604)　当詹姆斯一世继承伊丽莎白之位成为英格兰国王后,他发现自己的新王国正为了支持荷兰而与西班牙处于交战状态。经过漫长的谈判,英格兰与西班牙之间从搁置敌对转变为和平相处。根据该条约,詹姆斯拒绝召回在荷兰作战的英格兰"志愿者",但同意从此不再从他所统治的英格兰招募"志愿者";在西班牙的英格兰人如果没有造成公共丑闻,宗教裁判所(Inquisition)就不能找他们的麻烦。在詹姆斯余下的统治时期,与西班牙的和解一直是他追求的主要目标。

London, treaty of, 1827. 《伦敦条约》(1827)　在希腊人反抗土耳其人统治的起义期间,坎宁与俄国、法国一起力图保护英国的利益。三个列强要求希腊与土耳其双方立即休战,同时派出了由海军上将科德林顿(Admiral Codrington)率领的联合舰队,带着内容模糊的指令前去阻止战争的进一步发生。在此期间,奥斯曼帝国的舰队于 1827 年 10 月在纳瓦里诺(Navarino)被歼灭。该条约是希腊在 1832 年实现独立过程中的重要一步。

London, treaty of, 1831. 《伦敦条约》(1831)　帕默斯顿(Palmerston)担任格雷勋爵(Lord Grey)政府的外交大臣之后,遇到的第一个挑战就是处理比利时问题。比利时原为奥地利所属的尼德兰(Austrian Netherlands),1815 年时与荷兰统一为一个国家,进而成为阻止法国扩张的屏障。但在 1830 年 8 月,比利时人发动起义,并宣布独立。1831 年 2 月,诸大国列强在伦敦召开会议,承认了比利时的独立,当荷兰拒绝服从时,法国出兵比利时。当法国表现出不愿从比利时撤军时,帕默斯顿发出了战争的暗示。通过 1831 年 11 月签订的这份《伦敦条约》,比利时的独立和中立得到了保证。

London, treaty of, 1840. 《伦敦条约》(1840) 这份条约是英国与俄国、奥地利和普鲁士之间签署的,目的是最终确保将叙利亚从埃及手中交还给土耳其。根据该条约,一方面博斯普鲁斯海峡和达达尼尔海峡对所有国家的军舰实行封锁,另一方面也终结了俄国根据 1833 年的《温卡尔—伊斯凯勒西条约》(treaty of Unkiar-Skelessi)单方面享有的在达达尼尔海峡的优势地位。

London, treaty of, 1871. 《伦敦条约》(1871) 克里米亚战争末期签订的《巴黎和约》宣布黑海实行中立和非军事化。1870 年,在普法战争期间,俄国趁机拒不履行此条款。由于在伦敦召开的会议也无济于事,会议便通过了一项冠冕堂皇的决议:只要经过条约的其他签字国的同意,任何国家都"可以不受该条约约束"。

London bridge 伦敦桥 在长达数世纪的时间里,伦敦桥一直是跨越泰晤士河(Thames)的唯一通路,它既见证了彬彬有礼的进入伦敦的来客,也迎来过叛乱分子;将叛逆者的首级悬于桥堡之上的恐怖习俗始于威廉·华莱士(William Wallace,1305 年),这一做法在 1661 年时被废止。伦尼(Rennie)在 1831 年时建造的石桥在 1969 年被出售,在亚利桑那(Arizona)重建。

Londonderry 伦敦德里 直到 1973 年时,伦敦德里还是北爱尔兰的六郡之一。靠近福伊尔河(Foyle)口的伦敦德里是该郡的首府,大约有 100,000 人口。1610 年,伦敦城接管这片地区用于殖民,并开始修建城墙。1689 年,伦敦德里作为新教徒的堡垒,经受了詹姆斯二世军队的猛烈围攻。之后,伦敦德里成为亚麻产品制造业的中心,20 世纪时,其产业又扩大到化工和轻工业。1969 年伦敦德里爆发了民权示威活动,这标志着一直饱受问题困扰的北爱尔兰又出现了新麻烦。

Londonderry, siege of, 1689. **伦敦德里围攻战**（1689） 奥兰治的威廉（William of Orange）在布里克瑟姆（Brixham）登陆之际，爱尔兰总督泰尔康内尔（Tyrconnel）向英格兰提供爱尔兰军队，从而削弱了阿尔斯特（Ulster）的驻防。12 月，伦敦德里和恩尼斯基伦（Enniskillen）均紧闭城门拒绝新的卫戍部队进入。4 月，詹姆斯二世亲自率军对伦敦德里发动进攻。伦敦德里的长官罗伯特·伦迪（Robert Lundy）准备投降，却被武装反抗的民众推翻，其职位被乔治·沃克牧师（Revd George Walker）取代。在威廉麦特（Williamite）的供给船于 7 月 28 日在福伊尔湖（Lough Foyle）突破重围之前，伦敦德里的形势已经相当危急。

London Missionary Society **伦敦传教会** 作为一个不限于特定宗教派别的团体，它创建于 1795 年，旨在向海外"传布上帝光辉的福音"。1818 年，该团体采用了伦敦传教会这一名称，主要由公理宗支持。在塞拉利昂（Sierra Leone）取得短暂成功后，该组织在南非取得了持久的成功，其中最具名望的传教士是戴维·利文斯通（David Livingstone）。

London University **伦敦大学** 伦敦大学的创建，在很大程度上归于布鲁厄姆勋爵（Lord Brougham）的倡议。自 1828 年开办以来，大学学院（University College）没有宗教方面的准入要求，并以"高尔街的无神机构"（"the godless institution of Gower Street"）而闻名。与之形成鲜明对照的是，翌年建立的国王学院（King's College）的目的是提升"基督教的教义和义务"。1900 年，该大学采用了一种联邦制的架构。伦敦大学设有一位副校长（vice-chancellor）和一位校长（principal），包括若干个大学学院、医学院以及高级研究机构。20 世纪 30 年代后期，评议会大楼（Senate House）以及核心学院在布卢姆茨伯里（Bloomsbury）建成。

Long, Walter （1854—1924）. **沃尔特·朗**（1854—1924） 保守党政治家。在担任过一段低级职务之后，朗于 1895 年进入内阁。1911 年 11 月，他是保守党领袖的竞争者,但他与奥斯汀·张伯伦(Austen Chamberlain)一起退出,支持博纳·劳(Bonar Law)。1915 年 5 月,在第一届战时联合政府中,他被任命为地方政府委员会(Local Government Board)主席,并于 1916 年 12 月开始在劳合·乔治(Lloyd George)的联合政府中担任殖民地大臣。他还担任过第一海军大臣(1st Lord of the Admiralty),这是他担任的最后一个部长级职位,时间为 1917 年 1 月至 1921 年 2 月。

Longchamp, William (d.1197). 威廉·朗香(卒于 1197 年) 主教、政治家。朗香出生在诺曼底,得到亨利二世的继承人理查的提携,被任命为阿基坦(Aquitaine)的大法官。理查于 1189 年即位后,朗香成为英格兰大法官,被授任伊利主教区主教,并且成为教皇特使。在理查长期不在英格兰的日子里,他是王国中最有权势的人物。理查的弟弟约翰是反对朗香势力的核心人物。朗香抓捕约克大主教杰弗里(Geoffrey, archbishop of York)之举,引起了很多人的愤慨。1191 年,他被迫流亡欧洲大陆。

Long Parliament, 1640—1660. 长期议会(1640—1660) 查理一世在主教战争(Bishops' wars)中被苏格兰人击败,这既折损了他的声誉,也减少了他的财政来源。无奈之下,查理在 1640 年 11 月召开议会。然而,查理提出征税的动议被批评的声音所淹没,议会不仅弹劾了其首席大臣斯特拉福德(Strafford),而且推出一项议案:未经议会本身同意,禁止解散议会。1641 年中期,议会进一步通过了多个法案。根据这些法案,废除了诸如星室法庭(Star Chamber)一类的特权统治机构;宣布凭特权征税为非法;规定三年召开一次议会,由此来恢复传统的宪政。

从 1648 年始,英格兰便由长期议会的"残余议会"("Rump")统治。"残余议会"处决了国王,废除了君主制和议会上院,并且宣布建立共和国。1653 年 2 月,克伦威尔(Cromwell)召集军队解散了"残余议会"。在军队中的将军们于 1659 年使"残余议会"短暂复会以前,长期议会一直处于中止状态。直到 17 世纪 60 年代初,当蒙克(Monck)下令重新接纳被逐出的议员之后,完整的议会才重新召开。1660 年 3 月,长期议会经投票同意解散。

lord advocate　总检察长　这一职位的历史可以回溯到 15 世纪,当时,总检察长迅速成为苏格兰王室最突出的官员。1746 年以降,总检察长主要负责苏格兰的行政事务,这种状况一直延续到苏格兰事务部(department of the secretary for Scotland)于 1885 年建立。今天,总检察长的职责主要是就苏格兰的法律问题为政府提供咨询。

lord chancellor　大法官　大法官一职最早由忏悔者爱德华设立。自设立以来,该职位就一直是英国政府中最重要的官职之一。大法官也是国玺掌管大臣(keeper of the great seal),同时充任国王的首席秘书(chief secretary),负责起草特许状(charters)和令状(writs)。14 世纪,大法官进入司法系统,听审所有在普通法法庭(common law courts)中无法获得正义的臣民的上诉。由此,大法官逐渐成为自己的法庭,即大法官法庭(Court of Chancery)的一名法官。大法官负责主持全国最高上诉法院(highest court of appeal),也就是议会上院。2005 年,作为极具争议的、改造大法官职能的部分举措,大法官主持议会上院辩论的职能被转给了上院的议长(Lord Speaker)。与此同时,大法官,连同司法大臣(Secretaryship of State for Justice),都成为议会下院的成员。

lord chancellor of Ireland　爱尔兰大法官　最早担任爱尔兰大法官的是斯蒂芬·里德尔(Stephen Ridel),他是在 1189 年被任命的。爱尔兰的大法官法庭(Irish Chancery)于 1232 年创立,而大法官的职位被授予了英格兰的大法官。从 1922 年起,整个联合王国只设有一个大法官,而且该职位一直由英格兰的法官(English bench)或律师担任。

lord chief justice　首席大法官　在司法领域职位等级中,首席大法官的地位仅次于大法官。自爱德华·柯克爵士(Sir Edward Coke)的时代开始,王座法庭的首席法官(chief justice of King's Bench)便非正式地使用这一头衔。与大法官不同,首席大法官不担任政治角色,即使政府发生变动,首席大法官依然保留其职位。

lord high steward　贵族审判法庭庭长　贵族审判法庭庭长最初纯粹是王室官员,从事管家(steward)或执事(seneschal)的工作,负责把盘碟摆上王室餐桌。然而,与其他类似职位一样,该职位也积聚了其他方面的职责,而且威望不断提高。后来,贵族审判法庭庭长可以在国王加冕典礼上执行某些仪式性任务,并主持对贵族的审判。在苏格兰,自 12 世纪始,这一职位便在斯图尔特家族(Stewart family)中世袭,而该家族在 14 世纪时取得君主之位。

lord justice clerk　最高法庭副庭长　苏格兰的司法职位。最初,苏格兰的最高法庭副庭长是苏格兰刑事法庭(Justiciar's Court)的书记官(clerk)和顾问(assessor)。这一法庭通常由贵族主持,由专业律师充当书记官。最高法庭副庭长的职位变得越来越重要。到 16 世纪晚期时,担任这一职位的人一直都是枢密院(Privy Council)成员。到了 17 世纪晚期,最高法庭副庭长已经成为刑事法庭的其中一名法官。目前,最高法庭副庭长在苏格兰司法领域职位中的地位列在第二位。

lord justice-general　最高刑事法庭庭长　苏格兰的司法职位。从 15 世纪起,人们便认可"lord justice-general"是苏格兰负责审理刑事案件的最高法官,该职位也逐渐取代了"首席司法官"(Justiciar)之职。1830 年,《最高民事法庭法》(Court of Session Act)宣布,在现任最高刑事法庭庭长的第 3 代蒙特罗斯公爵(the 3rd duke of Montrose)去世后,最高刑事法庭庭长的职位将与最高民事法庭(Court of Session)庭长职位合而为一。

lord keeper　掌玺大臣　英格兰的国玺通常由大法官掌管。但在 12 世纪时,大法官助理(vice-chancellor)或掌玺官(sealbearer)的职位逐步出现,并单独成为掌玺大臣(lord keeper)。似乎只有在掌管国玺的人不具备担任大法官一职所必需的社会身份时,通常才会使用掌玺大臣这一头衔。

lord president of the council　枢密院院长　基于几乎与王玺掌管大臣(lord privy seal)一样的理由,枢密院院长也是内阁的固定成员——对于首相来说,其手下的大臣们担当的职责越小,而且又可以要求他们去承担某些特别的责任,或是充任政界元老,是十分有用的。这一职位起源于都铎王朝时期,当时,中世纪时的谘议会(council)正在逐渐向枢密院(Privy Council)转化。

lord privy seal   王玺掌管大臣   使用王玺是在 13 世纪早期时发展起来的,因为当时使用国玺(great seal)非常麻烦。从 1275 年起,出现了王玺掌管者。1487 年,福克斯主教(Bishop Foxe)被指定为王玺掌管大臣,这一职位的地位得以提高。到 1884 年时,最终废除了使用王玺,然而在那时,王玺掌管大臣作为内阁成员的定例已确立许久。作为无具体部门职务的内阁成员,目前王玺掌管大臣可以随时被赋予特别的政府职责。

Lords, House of   议会上院   英国议会的上院。它最初是诺曼与金雀花王朝君主的大谘议会(great council)或御前会议(king's council)的组成部分,爱德华三世时,议会上院与下院分离开来。此后,议会上院一直存在,只有 1649 年到 1660 年这段时间除外——1649 年时正值英国内战结束,议会下院一致表决废除了议会上院。宗教改革(Reformation)之前,教会贵族(当时包括大小修道院院长)在上院占据多数。1529 年以后,当修道院院长被排除出去时,世俗贵族主宰了上院,他们的人数大增。1958 年,终身贵族(life peerages)进入上院。1997 年的工党政府废除了世袭贵族自动成为议会上院议员的权利,与此同时,对任何组成第二院(second chamber)问题的全面审查则延期进行。这一改革在当时或许使议会上院的权力得到了加强,或者只是增加了政府的影响力。

议会上院是最高上诉法院(highest court of appeal),这一职能早在 13 世纪晚期就已逐步发展起来,当时议会被视为王室司法的最高法庭。整个上院都可以听审上诉案件,所以任何上院议员都可以参加。由于审理案件的工作量过于繁重,寻求专门的司法人员处理案件的问题被提上日程。最终,根据 1876 年通过的《上诉管辖权法》(Appellate Jurisdiction Act),产生了上院的现代意义上的司法权力与实践。这其中包括领取薪酬的"常任上诉法官"("lords of appeal in ordinary"),他们只有在担任这一职务期间才保有贵族头衔。1887 年时通过的《上诉管辖权法》则允许常任上诉法官终身保有贵族头衔。

岁月变迁,与议会下院相比,议会上院的权力逐步被大幅削减。这一过程或许始于1407年,当时亨利四世同意拨款的动议由议会下院提出。1909年议会上院拒绝《拨款法案》(Finance Bill)——包括劳合·乔治(Lloyd George)的"人民预算案"("People's Budget"),引发了一场重大的宪政危机,这场危机通过两次大选以及国王乔治五世向阿斯奎斯(Asquith)许诺大量封授贵族才得以解决。议会上院的不作为以及针对于此而通过的1911年《议会法》(Parliament Act),大大削减了议会上院的权力,上院只拥有有限的延搁权(delay)。即使议会上院拒绝通过,"财税法案"(money bill)只要在一个月之后得到英王同意即可成为法令,而其他的公共法案(public bills)只要下院通过,议会上院也只能延搁两年,之后即可自动成为法律。1949年的《议会法》将议会上院的延搁权缩短为一年。

Lord's cricket ground 贵族板球场 玛丽勒本板球俱乐部(Marylebone Cricket Club)以及米德尔塞克斯郡板球俱乐部(Middlesex County Cricket Club)的所在地,1787年由托马斯·洛德(Thomas Lord)在摄政公园(Regent's Park)附近的多塞特广场(Dorset Square)揭牌开业。第一场比赛是在米德尔塞克斯与埃塞克斯两支队伍间进行的。1809年,托马斯·洛德(Thomas Lord)被迫将板球场迁至圣约翰林区(St John's Wood)。1884年,该球场举办了第一场国际板球锦标赛,由英格兰军队对阵澳大利亚队。

lords-lieutenant 郡最高军事长官 亨利八世去世后,英格兰社会动荡不安,郡最高军事长官正是在这一时期出现的。1547年,摄政萨默塞特(Protector Somerset)任命施鲁斯伯里伯爵(earl of Shrewsbury)为他在约克郡、兰开夏郡、柴郡、德比郡、什罗普郡、诺丁汉郡的代理官(lieutenat),负责征兵。1549年,因各地都出现了骚乱,适用该制度的地区被进一步扩大。郡最高军事长官成为王室在各郡的主要代表。常备军的增加以及1871年的改革,使得郡最高军事长官的大部分军事职责被剥夺,但其社会威望依然如故。

Losecoat Field,battle of,1470. "脱衣"之战(1470) 爱德华四世的军队在埃奇科特(Edgecote)被击溃后,他本人曾被沃里克(Warwick)的支持者俘获。

此后不久,爱德华四世重新赢得一些行动自由。翌年春天,沃里克转而支持发生在林肯郡的兰开斯特家族的叛乱,这场叛乱由罗伯特·韦尔斯爵士(Sir Robert Welles)领导。1470 年 3 月 12 日,爱德华不费吹灰之力,在距离斯坦福德(Stamford)以西 5 英里处的恩平厄姆(Empingham)附近击溃叛军。在溃逃中,叛军扯掉了显示他们罪证的外套和徽章。

Losinga,Herbert de(c.1054—1119). **赫伯特·德·洛辛伽**(约 1054—1119) 第一任诺里奇(Norwich)主教(约 1094—1119 年)。洛辛伽的祖上可能是洛塔林基亚人(Lotharingian),但他出生于英格兰,并在费康(Fécamp,位于诺曼底)接受教育,还在费康当上了修道长,后来他移至拉姆齐(Ramsey,亨廷登郡)并成为拉姆齐修道院的院长(约 1088 年),1091 年他又花钱买下了塞特福德(Thetford)主教的职位。由于当时人们对圣职买卖十分敏感,他被迫隐退,但教皇乌尔班(Pope Urban)又使其复职。1094 年,洛辛伽将其主教座移至当时正处于繁华时期的诺里奇,并从 1096 年开始在诺里奇修建令人印象深刻的主教座堂。

Lostwithiel campaign,1644. **洛斯特威西尔战役**(1644) 查理一世在洛斯特威西尔取得的重大胜利,在王党军队几近覆灭之际挽救了王党大业。1644 年 7 月初的马斯顿荒原(Marston Moor)战役,已经对国王造成了毁灭性打击。由于埃塞克斯(Essex)在谋划不周的情况下,孤军深入康沃尔(Cornwall),使查理获得了喘息之机。果不其然,查理不仅出兵追击埃塞克斯,而且还切断了其退路。埃塞克斯手下的骑兵设法突破了包围,而埃塞克斯本人则抛弃了部队,致使 6,000 步兵被迫在 9 月 2 日向王军投降。

Lothian 洛锡安 "洛锡安"是指位于福斯河(Forth)与特威德河(Tweed)之间的大片地区,该地区在 7 世纪时归入诺森伯里亚王国,10 世纪时被苏格兰牢牢掌握在手中。从 1977 年到 1996 年,洛锡安一直是苏格兰的一个行政区。1996 年时洛锡安行政区被废除,其辖地被分成四个标准区(all-purpose councils),即爱丁堡区(Edinburgh)、东洛锡安区(East Lothian)、中洛锡安区

（Midlothian）和西洛锡安区（West Lothian）。由于有为数众多且影响力很大的机构设在了爱丁堡，这确保了爱丁堡及其周边地区在全国的领导地位，其实，爱丁堡的这一领导地位早在中世纪时期苏格兰的国王们将其定为都城之时，以及当船队在利斯（Leith）码头区倾销来自法国的红葡萄酒或传播加尔文宗的神学之时，就已经确立下来了。

Loudoun，John Campbell，1st earl of〔S〕（1598—1662）. 约翰·坎贝尔，第1代劳登伯爵【苏格兰】（1598—1662） 劳登伯爵在17世纪中叶苏格兰曲折的政治中扮演着灵活的角色。他于1633年5月晋封伯爵，然而由于他反对查理一世的政策，这一晋封直到1641年时才得到确认。与此同时，他还是圣约派（covenanting party）中的突出人物。由于失去了朋友的支持，查理一世被迫在1641年时任命他为苏格兰大法官和财政部首席委员。他支持苏格兰介入内战（Civil War），而且是1645年在阿克斯布里奇（Uxbridge）、1647年在卡里斯布鲁克（Carisbrooke）同国王进行谈判的团队成员之一。在邓巴（Dunbar）战役中，他是失败的一方，参加了查理二世1651年在斯昆（Scone）举行的加冕典礼，但他在1655年时向蒙克（Monck）投降。王朝复辟后，他的大法官职位被剥夺，并被处以罚金。

Loudoun Hill，battle of，1307. 劳登山之战（1307） 1306年，在梅斯文（Methven）之战中被击败后，罗伯特一世布鲁斯（Robert I Bruce）逃跑，而他的手下遭到残酷镇压。次年春天，罗伯特一世重新发起军事行动，并于5月10日在基尔马诺克（Kilmarnock）附近的劳登山重创了艾梅·德·瓦朗斯（Aymer de Valence）统率的实力占优的军队。

Louisbourg 路易斯堡 位于布雷顿角岛（Cape Breton Island）的路易斯堡是18世纪法国在北大西洋战略中最重要的要塞。1719—1720年，路易斯堡开始兴建大规模防御工事，完工后不久就于1745年被一支英国和美洲殖民地的军队攻占。1748年路易斯堡重新归属法国，但在1758年，经过一场猛烈的炮击之后，它再次被英军占领，英军于1760年将其彻底摧毁。

Louviers, treaty of, 1196. 《卢维耶条约》（1196） 当理查一世离开第三次东征的十字军并被囚禁在德意志地区时,法国的腓力·奥古斯都（Philip Augustus）向诺曼底发动了进攻。理查一世被释放后,成功发起反击。1196 年 1 月,理查一世在卢维耶收复了大部分此前的失地。但约翰即位后,在 1204 年时失去了整个诺曼底公国（duchy of Normandy）。

Lovett, William（1800—1877）. **威廉·洛维特**（1800—1877） 宪章运动者。洛维特生于纽林（Newlyn）,1821 年迁往伦敦并成为一名细木工。1836 年,他创建了伦敦工人协会（London Working Men's Association）,宪章运动（chartist movement）便于此滥觞。在弗朗西斯·普莱斯（Francis Place）以及 J.A.罗巴克的帮助下,洛维特起草了《人民宪章》（People's Charter）,并在 1838 年后成为全国宪章运动的领袖。1839 年伯明翰骚乱之后,洛维特被捕,入狱一年。获释后,他专注于从事"知识宪章主义"（"knowledge chartism"）的研究,强调教育、自助以及与中产阶级的联合。

low church 低教会派 作为英国圣公会中与高教会派（high-church）观点对立的派别,低教会派极度轻视同中世纪的联系,并把主教及圣事的作用降到最低。在 17 世纪晚期与 18 世纪,他们的观点通常被描述为"宽和派"（"latitudinarian"）。19 世纪之前,"低教会派"这一术语曾一度因过时而被弃用,但在与牛津运动中高教会派观点对立的过程中,该词又被重新使用。此时,低教会派已经具有福音复兴运动（evangelical revival）的某些特点,同时摆脱了它原先那种不冷不热的宗教自由主义（latitudinarianism）观点。

Lowe, Robert（1811—1892）. **罗伯特·洛**（1811—1892） 自由党政治家。作为白化病患者和尖刻的辩论家,洛成为一名极其独特的政治人物。洛出生于安立甘宗神职人员家庭,先后在温切斯特公学和牛津大学接受教育。作为自由党议员,他以反民主观点著名,而在澳大利亚的生活经历显然使他这种观念变得更加强烈。作为枢密院副院长（vice-president of the Privy Council）并负责大众教育的官员,他引入了 1862 年"修订准则"（"revised code"）,将政府发放的补助金与基础课程的考试成绩联系起来。卸职后,洛领导自由党"亚杜兰集团"
("Adullamite")反对 1866 年的《改革法案》(Reform Bill),致使罗素(Russell)政
府倒台,保守党上台。当保守党通过类似的"民主化"举措时,洛评论说这必然
"迫使我们未来的老爷们去修他们的学问"。作为 1868 年格莱斯顿(Gladstone)
政府的财政大臣,洛不得不撤回 1871 年预算案,并于 1873 年转任内政大臣。

Lowestoft, battle of, 1665. 洛斯托夫特之战(1665) 第二次英荷战争
(Anglo-Dutch War)中英荷舰队之间在 6 月 3 日发生的一次激烈交锋。英格兰舰
队的指挥官是约克公爵詹姆斯(James, duke of York,即后来的詹姆斯二世)、桑
威奇(Sandwich)与鲁珀特亲王(Prince Rupert),荷兰舰队的指挥官是雅各布·
范奥普丹(Jacob van Opdam)。奥普丹的旗舰爆炸,他本人阵亡,荷兰舰队损失
惨重。佩皮斯(Pepys)总结说:"这是一场史无前例的伟大胜利。"

Lucan, George Charles Bingham, 3rd earl of(1800—1888). **乔治·查尔
斯·宾厄姆,第 3 代卢肯伯爵**(1800—1888) 乔治·宾厄姆出身于贵族之家。
1816 年,他用金钱贿买成为英国军队的一名军官。1837 年,宾厄姆放弃了军官
职位,两年后承袭了卢肯伯爵爵位。但在 1854 年时,他受命指挥骑兵师对抗俄
国人。在克里米亚(Crimea)登陆后,他指挥的骑兵与其他部队一起开进到塞瓦
斯托波尔(Sebastopol);10 月 25 日,在巴拉克拉瓦(Balaclava)战役中,卢肯伯爵
与卡迪根勋爵(Lord Cardigan)之间糟糕的联系导致卡迪根勋爵发出了"轻骑旅
的冲锋"("Charge of the Light Brigade")的命令。1887 年,卢肯伯爵被晋升为陆
军元帅(field marshall)。

Lucknow 勒克瑙 或称 Luknau,是阿瓦德(Awadh)的首府,该地区于
1856 年被英国吞并。印度兵变(Indian mutiny)期间,英国人在勒克瑙的住所于
1857 年 6 月遭到围困。首席专员亨利·劳伦斯爵士(Sir Henry Lawrence)于 8
月被杀,该镇直到 11 月 16 日才得以解围。

Lucy, Richard de(d.1179). **理查德·德·鲁西**(卒于 1179 年) 首席政

法官(Justiciar)。德·鲁西是亨利二世统治时期最重要的支柱之一。他最初支持斯蒂芬,根据 1153 年的《温切斯特条约》(treaty of Winchester)——该条约对王位继承问题做出了安排,德·鲁西被安排管理伦敦塔。在 1168 年之前,他与莱斯特伯爵(earl of Leicester)共同担任首席政法官,此后,首席政法官由他一人担任,直至 1178 年。他支持国王与托马斯·贝克特(Thomas Becket)的斗争,后者把他作为"王室暴政的推动者"而对其施以绝罚。1173—1174 年,亨利二世的统治出现重大危机。是时,亨利正在大陆征战,德·鲁西成为国内的中流砥柱,他赶走了苏格兰的"狮王"威廉(William the Lion),在福纳姆圣热讷维耶沃(Fornham St Genevieve)击败了反叛的莱斯特伯爵。

Luddites 卢德派 机器破坏者,以其神秘的领袖"卢德将军"(General Ludd)而得名。1811—1816 年,兰开夏郡以南、约克郡以西以及东米德兰兹(east midlands)的纺织工人在酒馆(public houses)或沼泽地秘密集会,举行宣誓活动,并捣毁拒绝他们要求的工厂主的机器。在当时,工会尚属非法,所以卢德主义(Luddism)或许可被解释为以暴力为手段进行的讨价还价,如东米德兰兹的卢德运动就是试图以此强迫雇主接受他们的要求,而非那么仇视机器。最终,卢德团伙遭到追捕,其领袖被处决或流放。

Ludford Bridge, battle of, 1459. 拉德福德桥之战(1459) 索尔兹伯里伯爵(Salisbury)在布洛希思(Blore Heath)取胜后,率军前往拉德洛(Ludlow)与盟友沃里克伯爵(Warwick)和约克公爵(York)汇合。面对兰开斯特派的大军,约克派的指挥者们纷纷逃跑,被他们抛弃的军队宣告投降。

Ludlow, Edmund (c.1617—1692). 爱德蒙·勒德洛(约 1617—1692) 勒德洛是激进共和派团体的成员之一,该团体还包括范内(Vane)和赫塞尔里格(Haselrig)。勒德洛于 1642 年加入埃塞克斯(Essex)的军队,他主要在赫塞尔里格的骑兵队,并经历了所有的战争。他于 1646 年返回威尔特郡,于 1649 年签署了国王的死刑令。1651—1655 年,勒德洛在爱尔兰服役,不过他并不赞成克伦威尔实行的护国公制(Protectorate)。1659 年重返议会后,他反对理查德·克伦威尔。在克伦威尔倒台后，勒德洛在国务会议（Council of State）中加入了赫塞尔里格一派。1660 年王朝复辟后，他逃往欧洲大陆。1689 年，由于误判了英格兰的形势，他回到伦敦，而当要逮捕他的公告发布后，被迫再次逃亡。

Ludlow castle（Shropshire） 拉德洛城堡（什罗普郡） 拉德洛城堡矗立于蒂姆河（river Teme）河畔的峭壁之上，长久以来，一直被视为一处浪漫而风景迷人的遗址，吸引着大量艺术家和作家前往。拉德洛城堡是诺曼征服（Conquest）后不久，由德·莱西（de Lacy）家族作为边境动荡地区的坚固据点加以修建的，该城堡及拉德洛镇在整个中世纪时期一直都保持着重要地位。1473 年，当爱德华四世将其子送往拉德洛时，这座城堡成为刚组建的边区委员会（Council of the Marches）的司令部，而在 1534 年到 1641 年间，这里一直是对威尔士边境地区进行管控的核心。

Lugard，Sir Frederick，Baron Lugard（1858—1945）. 弗雷德里克·卢格德爵士，卢格德男爵（1858—1945） 殖民地行政官员。卢格德最初是一名军人和冒险家。之后，他为位于西非的皇家尼日尔公司（Royal Niger Company）工作，当该公司的特许状到期后，卢格德成为英国在北尼日利亚的高级专员。在此期间，卢格德摸索出统治"原住民"的新方法，他称之为"间接统治"（"indirect rule"），即以原住民自身的习俗统治他们，而非把外来的习俗强加给他们。他后来从哲学层面论证了这一做法的合理性，并于 1922 年出版了具有重大影响的著作《英属赤道非洲的二元托管》（*The Dual Mandate in British Tropical Africa*）。卢格德的上述见解，使他成为出任国际常设委任统治委员会（League of Nations Permanent Mandates Commission）的不二人选，自 1922 年到 1936 年，他一直在该机构工作。

Lulach（d.1058） 卢拉赫（卒于 1058 年） "苏格兰"与马里（Moray）国王（1057—1058 年在位）。卢拉赫的父亲是马里国王吉勒·康加因（Gille Comgáin），于 1032 年死于麦克佩斯（Macbeth）之手。康加因死后，卢拉赫的母亲格鲁赫（Gruoch）与麦克佩斯结婚。卢拉赫可能与马尔科姆·坎莫尔（Malcolm

Canmore)结盟对抗麦克佩斯,并在马尔科姆于 1057 年杀死麦克佩斯之际成为苏格兰国王。4 个半月之后,卢拉赫本人也成了马尔科姆的牺牲品,被"背信弃义"的马尔科姆杀害于埃西【Essie,阿伯丁(Aberdeen)以西】,时间大概是在 1058 年3 月 17 日。

Lumphanan, battle of, 1057.　伦法南之战(1057)　1057 年 8 月 15 日,马尔科姆·坎莫尔(Malcolm Canmore)击败并杀死了麦克佩斯(Macbeth)。这一出现于莎士比亚(Shakespeare)戏剧中的说法,与许多其他地方的不同说法同时都在流传。

Lutheranism　路德主义　又译信义宗。加尔文(Calvin)大体上在《基督教原理》(*Institutes*)中阐明了他的观点。相比之下,要认识马丁·路德(1483—1546 年)的观点,需对他大量的小册子和布道词进行收集和整理才可以。路德视《圣经》为基督徒的最高权威,其主要信条是"唯独因信称义"(justification by faith alone):由此理解《圣经》对基督徒而言至关重要,而路德本人以把《圣经》翻译成德语版而著称。他承认三件圣事:洗礼、两类圣餐以及忏悔。他在人类意志中找不到自由,像加尔文一样笃信预定论(predestination)。

　　路德主义取得最大成功的地方是在德意志北部与斯堪的纳维亚。在英格兰,路德的名声与亨利八世针对他的尖锐的神学论战紧密联系在一起。亨利为此在 1521 年撰写了《捍卫七圣事》(*Defence of the Seven Sacraments*),而这部作品也为亨利国王从教廷那里赢得了"护教者"("Defender of the Faith")的称号;作为回应,路德在 1522 年时写作了《反英格兰国王亨利》(*Against Henry King of England*)。许多英格兰的教会人士认为与路德保持距离十分明智,并坚持认为英格兰宗教改革(English Reformation)是自发产生的,而且是独立进行的。路德死后,英格兰神职人员,当然还有苏格兰神职人员,受加尔文与日内瓦(Geneva)的影响远远大于路德主义。

Lutyens, Sir Edwin Landseer(1869—1944).　埃德温·兰西尔·勒琴斯爵士(1869—1944)　英国建筑师。他最初设计的作品是作为向园林设计师格特鲁德·杰基尔（Gertrude Jekyll，1843—1942 年）表达敬意的芒斯特德伍德住宅【Munstead Wood，萨里（Surrey）】。勒琴斯早期设计的住宅作品包括：位于伯克郡桑宁（Sonning）的迪奈瑞花园别墅（Denery Gardens，1899—1902 年）；位于萨里的维特利（Witley）的堤溪宅（Tigbourne Court，1899—1901 年），以及位于伯克郡苏哈姆斯泰德（Sulhamstead）的佛利农场（Folly Farm，1905 年）。所有这些作品都淋漓尽致地展示出他利用砖、瓦以及其他传统材料方面的天赋与他的才华、灵感和智慧。勒琴斯沉浸于古典主义，这点可以在诸如不列颠宅邸（Britannic House，1920—1924 年）和米德兰银行（Midland Bank，1924—1937 年）那样的伦敦办公楼以及他设计的利物浦罗马天主教堂（1929—1944 年）中得到最佳体现。与他在法国索姆省（Somme）阿拉斯（Arras）附近为缅怀逝者而建的蒂耶普瓦勒（Thiepval）纪念碑（1927—1932 年）相比，勒琴斯在怀特霍尔宫（Whitehall）建造的和平纪念碑（Cenotaph，1919—1920 年）少了一丝令人敬畏的气势。

Lyndhurst, John Singleton Copley, 1st Baron（1772—1863）. **约翰·辛格尔顿·科普利，第 1 代林德赫斯特男爵**（1772—1863） 大法官（Lord chancellor）。科普利生于波士顿（Boston，马萨诸塞州），肖像画家 J.S.科普利（J.S.Copley）之子。他后来前往英国，进入剑桥大学，并于 1804 年取得律师资格。他于 1819 年被任命为副总检察长（solicitor-general），对加图街阴谋（Cato Street conspiracy）涉案人提起诉讼，还参与了对卡罗琳王后（Queen Caroline）的"审判"。他于 1824 年成为总检察长（attorney-general），于 1826 年成为掌卷法官（master of the rolls），并于 1827—1830 年、1834—1835 年以及 1841—1846 年担任托利党政府的大法官。作为反对《改革法案》（Reform Bill）的领袖以及 1830 年后保守党在议会上院力量的象征，他在晚年依然是充满活力、有着巨大影响的发言人。

Lytton, Edward Robert Bulwer-Lytton, 1st Earl（1831—1891）. **爱德华·罗伯特·布尔沃—利顿，第 1 代利顿伯爵**（1831—1891） 利顿是历史小说家的儿子，受教于哈罗公学（Harrow）。他在外交领域成就了一番事业，并逐渐与保守党的利益紧密联系在一起。1875 年，利顿被迪斯累里（Disraeli）任命为印度总督。1877年,在利顿组织的印度王公出席的盛大国宴上,维多利亚女王被正式宣布为印度女王。利顿的行政管理主要以实行对外扩张政策为特征,这一政策在1878年导致了第二次阿富汗战争的爆发。1887年,利顿被索尔兹伯里勋爵(Lord Salisbury)任命为驻法公使。

M

Maastricht, treaty of 《马斯特里赫特条约》 《马斯特里赫特条约》是《欧洲联盟条约》（treaty on European Union）更常用的名称，该条约由欧洲经济共同体（EEC）的 12 个成员国于 1992 年 2 月 7 日在荷兰马斯特里赫特正式签订。该条约修订了《罗马条约》（treaty of Rome）和《单一欧洲法》（Single European Act），增加了欧盟（欧洲经济共同体）的权限，在防卫和移民方面赋予欧洲理事会——各成员国首脑会议——更大的权力。英国首相约翰·梅杰（John Major）成功退出关于社会政策和单一货币的条款，并盛赞英国进行的相关谈判是一场胜利。

McAdam, John Loudoun（1756—1836）. 约翰·劳登·麦克亚当（1756—1836） 筑路总监。作为亲英分子，麦克亚当于 1783 年从纽约返回英国，定居在艾尔郡（Ayrshire）并经营英国柏油公司（British Tar Company）。1798—1814 年，他花费 1900 天的时间，行走了将近 19,000 英里，在此过程中，他把徒步旅行从爱好变为职业。麦克亚当通过观测，形成了他的"筑路原则"：在底土上直接铺小块碎石，以此作为确保通行道路防水性的方法。自 1816 年起，麦克亚当一直担任布里斯托尔的筑路总监，并且以令人嫉恨的方式巩固着他纵横英国的道路王朝：1816—1861 年，麦克亚当协同他三个儿子、四个孙子以及一位妻弟，在英格兰总监了 136 条道路的建设，在苏格兰总监了 8 条道路的建设。他的名声使得"碎石路面"（"macadamize"）这一专门术语早在 1824 年时便被使用开来。

Macartney, George, 1st Earl Macartney（1737—1806）. **乔治·马嘎尔尼,第1代马嘎尔尼伯爵**（1733—1806）　马嘎尔尼出生在爱尔兰,在都柏林三一学院（Trinity College, Dublin）接受教育,拥有多彩的人生经历。他曾任驻圣彼得堡（St Petersburg）全权公使（1764—1767 年）;爱尔兰事务首席大臣（chief secretary for Ireland, 1769—1772 年）;以及加勒比群岛（Caribbee Islands）总督（1775—1779 年）。1780 年,他被任命为马德拉斯（Madras）总督。当时,马德拉斯议会因腐败而千疮百孔,而迈索尔的苏丹海德尔·阿里（Hyder Ali, the sultan of Mysore）直接站在议会大门之前,威胁要把英国人赶下大海。马嘎尔尼重新确立了内部秩序,使迈索尔保持休战状态。1786 年返回英格兰后,他最重要的职务是作为第一位出使北京宫廷的英国大使（1792—1794 年）。他最后担任的职务是好望角（Cape of Good Hope）总督（1796—1799 年）。

Macaulay, Thomas Babington, 1st Baron（1800—1859）. **托马斯·巴宾顿,第1代麦考利男爵**（1800—1859）　诗人,历史学家与政治家。麦考利的祖上属于苏格兰长老会,其父扎卡里·麦考利（Zachary Macaulay）是一位福音派废奴主义者,也是克拉珀姆（Clapham）教派联合创始人。麦考利在剑桥大学三一学院（Trinity College）接受教育。作为辉格党雄辩家,他很早便声名鹊起。稍后,作为《爱丁堡评论》（*Edinburgh Review*）的令人敬畏的撰稿人,他再次赢得巨大的声誉。作为代表卡恩（Calne）、利兹（Leeds）以及爱丁堡的辉格党议员,他担任过战事大臣（secretary at war）,财政部主计长（paymaster-general）,还参与过印度新刑法的起草。他的《古罗马叙事诗》（*Lays of Ancient Rome*）出版于 1842 年,而此时他已经构思之后出版的《英国史》达四年之久。最初,麦考利计划写作一部自 1688 年以来的英国史,但直至他去世,这部作品才推进到 1702 年。这部著作作为新的辉格史学（Whig historiography）立下了规矩,其影响一直延续到 20 世纪中叶。

Macbeth（d.1057）　**麦克佩斯**（卒于 1057 年）　马里（Moray）国王（1032—1057 年在位）与"苏格兰"国王（1040—1057 年在位）。麦克佩斯作为暴虐篡位者的名声显然是一种年代误植的错误。他是唯一一位来自北苏格兰却统治苏格兰王国超过数月的人,也是唯一一位朝觐罗马(1050 年)的苏格兰国王。据说,在罗马,"他施舍钱财就如同把种子给穷人"。尽管在邓锡南【Dunsinnan,珀斯(Perth)以北】被击败,他的地位却十分稳固——于 1054 年保住了苏格兰王位。

麦克佩斯的家族因世仇而四分五裂,他的父亲就是在 1020 年死于家族世仇的,而后出于报复,麦克佩斯于 1032 年烧死了他的堂兄马里国王吉勒·康加因(Gille Comgáin)。他娶了吉勒·康加因的遗孀格鲁赫(Gruoch),这或许是一种想要和解的尝试。1040 年,他(可能)在埃尔金(Elgin)附近的毕加文尼(Pitgaveny)杀了邓肯一世(Duncan I);而在 1045 年,当麦克佩斯击垮邓肯之父时,他达到了自己人生的顶峰。不过,在邓锡南之役后,他被迫同意让邓肯流亡的儿子马尔科姆·坎莫尔(Malcolm Canmore)回国。1057 年,他被马尔科姆杀死在伦法南【Lumphanan,阿伯丁(Aberdeen)以西 25 英里】。

Macclesfield, Thomas Parker, 1st earl of(1667—1732). 托马斯·帕克,第 1 代麦克尔斯菲尔德伯爵(1667—1732) 帕克是斯塔福德郡一位律师的儿子,在剑桥大学三一学院(Trinity College)接受教育。1705 年,他被选举为德比郡的辉格党国会议员,并在 1710 年起诉萨谢弗雷尔博士(Dr Sacheverell)的案件中扮演着主要角色。自 1710 年到 1718 年,他担任王座法庭的首席大法官(chief justice of King's Bench)。1716 年,他受封为帕克男爵。他于 1718 年转任大法官并于 1721 年成为麦克尔斯菲尔德伯爵。1725 年,他因被指控侵吞公款而被迫辞职。

MacCormick, John MacDonald(1904—1961). 约翰·麦克唐纳·麦考密克(1904—1961) 麦考密克是格拉斯哥的律师,一位船长之子。1928 年苏格兰民族党(National Party of Scotland)成立时,他是主要创始人之一。1934 年,民族党与苏格兰党(Scottish Party)合并,组成苏格兰民族党(Scottish National Party)。1942 年,麦考密克失去了对该党的控制权,权力被更加激进的领导人夺走,这些人对战争持反对意见。此后,他组建了苏格兰大会(Scottish Convention),该组织于 1947 年召开了"苏格兰国民议会"("Scottish National Assembly"),要求权力下放。

MacDonald, Flora（1722—1790）.　**弗洛拉·麦克唐纳**（1722—1790）　麦克唐纳出生在南尤伊斯特岛（South Uist），但在爱丁堡接受教育。她在前往本贝丘拉岛（island of Benbecula）的一次旅行中，帮助在卡洛登（Culloden）战败的查理·爱德华·斯图亚特（Charles Edward Stuart）逃往斯凯岛（Skye）。她带着一名男仆和"一位名叫贝蒂·伯克（Betty Burke）的爱尔兰纺织姑娘①"穿过了明奇（Minch）；接着他们一行从基尔布赖德（Kilbride）出发，来到波特里（Portree）并在那里找到了一条船将查理送往拉赛岛（Raasay）。

MacDonald, James Ramsay（1866—1937）.　**詹姆斯·拉姆齐·麦克唐纳**（1866—1937）　首相。1900 年至 1929 年间，就把工党建设成值得信赖的、全国性的执政党而言，拉姆齐·麦克唐纳作出的贡献比其他任何人都多。纵观其事业生涯，他对民主社会主义运动一直保持着明确的看法，这一运动有助于把中产阶级的激进主义主张与工人阶级的选票联合起来。作为 1924 年第一届工党政府的首相和外交大臣，他花了很大功夫来证明工党是有能力执政的。然而，在压力之下，性格的缺陷破坏了他作为有执行力的领袖的形象。麦克唐纳基本上是一位腼腆而缺乏安全感的人，孤僻的性格使他之后在贵族圈内的朋友关系十分脆弱。正因如此，他因为第二次执政失败而参加 1931 年国民政府（National Government）的经历便显得更加自然。这一决定立即颠覆了他在左派中的地位，自此以后，他一直被视为叛徒。

麦克唐纳出生于苏格兰东北沿岸洛西茅斯（Lossiemouth）的一个贫困家庭，是一位女仆与农场雇工的私生子。然而，到了 19 世纪 90 年代，他已经成为新近成立的独立工党（Independent Labour Party）的领袖人物。到 1900 年时，他已是声名赫赫，因受到尊敬，他受邀担任新近成立的劳工代表权委员会（Labour Representation Committee）的书记，该组织于 1906 年转变为工党。1903 年，他与自由党党鞭赫伯特·格莱斯顿（Herbert Gladstone）谈判达成选举协议。根据这份协议，在 1906 年大选中，自由党在 50 个选区中的 29 个选区将不派出候选人与工党竞争。结果，工党候选人成功地在 29 个选区中得到了 24 个议席，这其中包括

---

①　即乔装打扮的查理·爱德华·斯图亚特。——译者注

在莱斯特(Leicester)选区当选的麦克唐纳本人。

作为下院议员,麦克唐纳的雄辩力以及熟练掌握立法细节的能力使其成为在议会的工党议员中的佼佼者。1911 年,他成为议会党团(parliamentary party)主席。直至 1914 年,麦克唐纳似乎都力图维持与自由党的协议。第一次世界大战的爆发既打断了麦克唐纳的战略,也中断了他的稳步升迁。由于反对英国参战,他使自己置身于少数派之中,不得不放弃党主席的职位。在沙文主义情绪盛行的 1918 年选举中,麦克唐纳在莱斯特选区遭到惨败。

1922 年,他东山再起,代表阿伯拉文(Aberavon)成为议会议员。此时,主流观点已经转为反对战前的军备竞赛以及战时的惨重伤亡,他因自己在 1914 年所持的原则立场而赢得信任。在党主席的竞选中,他险胜 J.R.克莱因斯。

在 1923 年选举后的局势中,麦克唐纳施展手段赢得了一场硬仗,从这点看他是值得信赖的。工党虽然只有 191 个议席,但他依然受邀组建政府。麦克唐纳有意回避同自由党打交道,以免重蹈 1914 年以前工党处于依附关系的覆辙。麦克唐纳依靠之前自由党和保守党的大臣,加强了他的行政体系,而作为外交大臣,他在削减德国赔款的问题上发挥着建设性作用。尽管 9 个月之后,这个政府在议会中失败,但在把工党营建成一个胜任的执政党方面,麦克唐纳大体实现了他的目标。

在接下来的 5 年,鲍德温(Baldwin)政府处理失业问题的无力,进一步提升了工党的地位。1929 年,工党赢得 288 个议席。然而,这次麦克唐纳传统的经济政策被证明存在问题。随着失业的增加,首相似乎显得优柔寡断,而且有些自怨自艾——用丘吉尔(Churchill)的话说,他是个"没有骨气的奇才"("Boneless Wonder")。到了 1931 年 8 月,国家收支逆差迫使内阁力图通过平衡预算来恢复人们的信心。然而,工党内阁围绕着削减失业救济金的提案出现分裂。麦克唐纳接受了国王的提议——领导一个包括自由党和保守党在内的国民政府,这件事使其同僚对他大为失望。尽管最初成立国民政府似乎只是权宜之计,但 1931 年 10 月的大选使其迅速成为一种长久的形式。麦克唐纳由此在首相这个位置上干到了 1935 年,此后一直到 1937 年,他都担任政府官职。

MacDonald,John,4th lord of the Isles(1434—1503). **约翰·麦克唐纳,**

第 4 代群岛领主（1434—1503） 1449 年,约翰·麦克唐纳承袭了他父亲——第 3 代群岛领主亚历山大——的权位,当时他 15 岁。此后他几乎立刻卷入捍卫其庞大遗产的事业之中,这份遗产不仅包括赫布里底群岛（Hebrides）以及从刘易斯（Lewis）到金泰尔半岛（Kintyre）的西部沿岸,而且还包括罗斯伯爵领（earldom of Ross）。麦克唐纳于 1451 年发动的叛乱,使其在 15 世纪 50 年代詹姆斯二世与"黑道格拉斯"（Black Douglas）的内战中站错了队。1462 年,他与英格兰的爱德华四世签订了《威斯敏斯特—阿德托尼什协议》（treaty of Westminster-Ardtornish）,这一夭折的协议设想在他自己、他的堂兄弟唐纳德·巴洛赫（Donald Balloch）以及被没收财产的第 9 代道格拉斯伯爵三人之间瓜分苏格兰。由于因叛国罪被传唤,麦克唐纳最终于 1476 年被没收罗斯伯爵领,同时在群岛地区也丧失了威信。领主权的丧失（1493 年）使得约翰·麦克唐纳成为依靠王室施舍生活的可怜人,直至他于 1503 年 1 月去世。

Mackenzie, Sir Geogre（1636—1691）. **乔治·麦肯齐爵士**（1636—1691） "血腥的麦肯齐"（"Bloody Mackenzie"）是苏格兰第 2 代锡福斯岛伯爵（the 2nd earl of Seaforth）的侄子,曾在查理二世流亡之际短暂地担任苏格兰国务大臣。作为一名职业律师,他最初反对劳德戴尔（Lauderdale）的统治,但在 1677 年,他被任命为苏格兰国王的检察官（king's advocate）,在这一权位上,他大肆迫害圣约派（covenanters）,特别是在 1679 年博斯韦尔桥（Bothwell Bridge）的冲突之后。他实施酷刑,因此得到了"血腥的麦肯齐"的绰号,而 17 世纪 80 年代则被圣约派称为"杀戮的时代"。光荣革命后,他不再参与公共生活。

Mackenzie, William Lyon（1795—1861）. **威廉·莱昂·麦肯齐**（1795—1861） 麦肯齐出生在邓迪（Dundee）,于 1820 年迁往上加拿大（Upper Canada,今安大略地区）,并在那里成为新闻记者和激进的政治家。1834 年,麦肯齐成为多伦多（Toronto）的首任市长,但改革派在 1836 年议会选举中失利。1837 年,麦肯齐组织了武装示威游行活动,但事态失控。12 月 4 日,暴动发生,麦肯齐逃往美国。1849 年,他因特赦而返回加拿大。

Mackintosh, Charles Rennie (1868—1928). **查尔斯·伦尼·麦金托什**
(1868—1928) 苏格兰建筑师与设计师,格拉斯哥艺术学院(Glasgow School of
Art)新艺术运动的领军人物。他在世纪之交设计了格拉斯哥及其周边的许多宅
邸,但他设计的最佳作品当属格拉斯哥艺术学院。他的家具设计和室内设计具
有新艺术运动的典型特征,同时又避免了繁冗的华丽。

Mackintosh, Sir James (1765—1832). **詹姆斯·麦金托什爵士**(1765—
1832) 苏格兰哲学家,历史学家,律师与政治家。作为具有多种天分的奇才,
麦金托什在阿伯丁大学(Aberdeen University)攻读哲学,于 1787 年在爱丁堡获
得了医师资格,于 1795 年在伦敦取得律师执业资格。他为文学杂志撰稿,就伯
克(Burke)的《法国大革命反思录》(*Reflections on the Revolution in France*)写过著
名的评论,这些评论被冠以《高卢人的民主政治辩护》(*Vindiciae Gallicae*)的名称
(1791 年)。1804 年,麦金托什成为孟买(Bombay)的记录法官(recorder)。1813
年,他返回英格兰并在议会中取得一席之地,他极力捍卫民权,反对战后保守党
统治时引入的独裁政策。

Maclise, Daniel (1806—1870). **丹尼尔·麦克利斯**(1806—1870) 历史
与肖像画家,讽刺画家。麦克利斯出生在科克(Cork),是一位苏格兰军人之子。
1822 年,当科克艺术学校(Cork Academy)创立时,他成为该校的学生。1828 年,
他进入伦敦皇家艺术院艺术学校(Royal Academy Schools)学习。1840 年,他当
选为院士(RA),但之后却拒绝担任主席以及成为爵士。

Macmillan, Harold (1894—1986). **哈罗德·麦克米伦**(1894—1986) 首
相。麦克米伦是英裔美国人出身,先后在伊顿公学(Eton)和牛津大学巴利奥尔
学院(Balliol College)接受教育,曾在牛津大学古典学学士学位第一次考试中夺
魁。战争期间,他身负重伤。战后,在进入家族的出版公司之前,他曾作为副官
在加拿大总督手下任职。
1924 年,麦克米伦在经过第二次努力后,代表斯托克顿(Stockton)选区当选
为议会议员。在议会中,他把自己与被称为"基督教青年会"(YMCA)的进步的

保守党群体联系起来。然而,他在 1929 年的大选中失去了在议会的席位,这使他的政治生涯蒙受了打击。1931 年,他东山再起。1938 年发表的《中间道路》(*The Middle Way*)表明,麦克米伦致力于构建一种政府在相当程度上进行干预的混合型经济(mixed economy)。他对国民政府(National Government)的对外政策也持异议,因此他在鲍德温首相任期的最后一年辞去了保守党党鞭之职。

1940 年 5 月,丘吉尔(Churchill)成为首相,而麦克米伦的阁臣生涯一开始时依然平淡。不过,在 1942 年,随着被任命为北非事务大臣(minister of state for north Africa),麦克米伦迎来了他政治生涯的第一次重大飞跃。他在这一职务上干得顺风顺水,并且与艾森豪威尔将军(General Eisenhower)建立起良好的工作关系。

1945 年大选,麦克米伦再次失去了他代表斯托克顿选区的议员席位,但他很快通过在布罗姆利(Bromley)的补缺选举重返议院。1951 年后,作为住房大臣(minister of housing),麦克米伦实现了保守党在一年内建成 300,000 套住宅的许诺,由此赢得信赖。他曾短暂地担任国防大臣,但在艾登于 1955 年接任首相后,他转任外交大臣。由于他在这个职位上表现得过于强硬,不受艾登的喜欢,6 个月后他转任财政大臣。

虽然麦克米伦是 1956 年苏伊士冒险的热切支持者,但这场冒险的失败却为他提供了政治机遇。尽管他出于财政压力而将这场冒险行动予以终止,但他早先的热情确保了保守党右翼对他的支持。令许多人惊诧的是,当 1957 年 1 月艾登因病被迫辞职时,他比巴特勒(Butler)更受人们的青睐。

作为首相,很少有人能预见麦克米伦施展的政治手段。他迎难而上,在苏伊士危机之后恢复了保守党的士气,并带领保守党在 1959 年大选中取得三连胜。到 1960 年时,麦克米伦站到了其权力的巅峰。"超级麦克"("Supermac")的绰号概括了公众对他的褒扬。然而,此后问题接踵而至。1960 年首脑峰会的失败,对麦克米伦来说是一次特别沉重的打击,使他下决心力争让英国进入欧洲共同市场(European Common Market),但这一申请最终被戴高乐将军(General de Gaulle)否决。与此同时,国内问题的困难也显现出来。1962 年 7 月,麦克米伦在著名的"长剑之夜"("Night of the Long Knives")解除了其包括大法官在内的三分之一内阁大臣的职务,引起许多人的恐慌。在此之后,这一政府被一系列性丑闻和间谍丑闻所困扰,而病痛则促使麦克米伦在 1963 年 10 月召开的保守党大会上辞职。

麦克米伦是一位十分复杂的人物。他外表自信,但内心多疑,而他妻子与罗伯特·布思比(Robert Boothby)之间长期的婚外情无疑加剧了他的多疑。他担任首相的岁月依然充满争议。对某些人而言,它代表着一段空前繁荣的时期;而对另一些人而言,他任首相的这段时期对于英国经济的深层问题却是视而不见。

Macready,William(1793—1873). **威廉·麦克雷迪**(1793—1873) 演员。在西登斯夫人(Mrs Siddons)与基恩(Kean)的时代,麦克雷迪的演艺生涯取得了长期的成功。麦克雷迪是一位爱尔兰演员的儿子,定居于伦敦,其父投机失败之际他开始登台表演,以饰演罗密欧(Romeo)的形象出现于 1810 年的伯明翰。1816 年,他第一次在伦敦的考文特花园(Covent Garden)剧院登台,不过直至 1819 年,他出演理查三世之后,其当红地位才得以稳固确立。

McTaggart,William(1835—1910). **威廉·麦克塔格特**(1835—1910) 画家。麦克塔格特出生在金泰尔半岛【Kintyre,斯特拉斯克莱德(Strathclyde)】一户贫穷的劳工家庭。他在格拉斯哥与爱丁堡学习,通过绘制肖像画贴补花销。麦克塔格特在 1856 年举办首场画展,之后,他成为在皇家艺术院(Royal Academy)和苏格兰皇家学院(Royal Scottish Academy)举办画展的常客。他很早便决定集中画风景画,而到了 19 世纪 70 年代,大海与船成为其作品中最常见的主题。

Madeleine of France(1520—1537) **法国的玛德莱纳**(1520—1537) 苏格兰国王詹姆斯五世的王后。作为法国国王弗兰西斯一世(Francis I)存活下来时间最长的女儿,玛德莱纳于 1537 年 1 月 1 日在巴黎嫁给了詹姆斯五世。玛德莱纳本人有股不服输的劲头,尽管有人告诫她,她那羸弱的身体在苏格兰的气候条件下很难活下来,但她依然在 1537 年 5 月行船到达苏格兰。7 月 7 日,玛德莱纳去世,距离她到苏格兰仅数周时间。

Madog ap Maredudd（**d.1160**），**prince of Powys**（**1132—1160**）． **马多格·阿普·马雷都德（卒于 1160 年），波伊斯王子（1132—1160）** 这位威尔士王子利用斯蒂芬统治时期英格兰发生的内战，试图重建波伊斯在亨利一世统治结束之后时的地位。马多格于 1132 年从他父亲马雷都德·阿普·布莱迪恩（Maredudd ap Bleddyn）那里继承了波伊斯，同时，他需要应对位于其北部边境的圭内斯王子（Gwynedd）欧文（Owain）的扩张野心。

Madras（**Chennai**） **马德拉斯（金奈）** 马德拉斯于 1639 年由英国东印度公司（East India Company）的弗朗西斯·戴（Francis Day）创建。这座城市位于科罗曼德尔（Coromandel）海岸地带，以其纺织品驰名。该地修建了以圣乔治（St George）命名的要塞，是公司活动的总部。19 世纪时，这座城市曾成为管区首府，却受到经济萧条的打击。

Mael Snechta（**d.1085**） **梅尔·斯奈塔（卒于 1085 年）** 马里国王（约 1058—约 1078 年在位）。斯奈塔是卢拉赫（Lulach）的其中一个儿子，他可能在其父死于马尔科姆三世（Malcolm III）之手后，继承其父之位成为马里国王的。斯奈塔本人在马尔科姆三世面前连遭败绩，权力支离破碎。1085 年，斯奈塔安详辞世。

Mafeking 马菲肯 马菲肯是座小城镇，位于南非开普省（Cape Province）的东北角。第二次布尔战争期间，这里的一座英国人的要塞曾被围困长达 7 个月之久，直到 1900 年 5 月 17 日才得以解围。这件事激发了英国的极端爱国主义（jingoism），同时，创造出一个新的词汇——"狂欢庆祝"（"mafficking"）。

Magersfontein, battle of, 1899. 马赫斯方丹之战（1899） 当梅修因勋爵（Lord Methuen）统帅英国师团全速进军，以期解除布尔人对金伯利（Kimberley）的围攻之际，他到达了马赫斯方丹高地附近。一支由克龙涅将军（General Cronje）率领的布尔人军队早已在此以逸待劳，12 月 11 日，当梅修因的高地旅团（Highland Brigade）试图对敌人的侧翼展开进攻时，遭到布尔人的痛击。

Magna Carta **《大宪章》** 《大宪章》由国王约翰于 1215 年 6 月 15 日在伯克郡的兰尼米德（Runnymede）签署。这一文件是约翰在布汶（Bouvines）战役失败后紧张的政治与军事行动中产生的，是经过漫长而艰辛的谈判的结果。《大宪章》是通过谈判而达成的和平协议，使得激进的反叛者与国王约翰及其支持者达成了和解。然而，就此而言，《大宪章》是完全失败的，因为约翰根本无意遵守《大宪章》，他之所以签署这份文件只是为了争取时间。1215 年 9 月，内战正式开始。《大宪章》的成就与意义乃是在另外的方面，它设定了未来国王将要遵守的规则，第一次以成文法的形式限定了国王的权利。随着其 1216 年版本、1217 年版本以及 1225 年的最终版本（较之最初的版本，内容上要简短了很多）的不断发布，《大宪章》成为正式的法律。

Magnus, St（**c.1075—c.1117**）. **圣马格努斯**（**约 1075—约 1117**） 马格努斯是其野心勃勃的堂兄哈康（Haakon）的牺牲品，哈康伙同挪威国王马格努斯·贝尔富特（Magnus Barefoot），密谋推翻他们的父亲，他们的父亲是统治奥克尼群岛（Orkneys Islands）的伯爵。当挪威国王去世后，哈康返回，去统治奥克尼。马格努斯要求分享伯爵领，但几年之后，哈康便决定除掉他的对手。马格努斯受邀参加会晤以确认一份和平协议，他仅带了少数侍从。然而，他面对的却是带着庞大武装力量的哈康。马格努斯没有抵抗，主动受死。柯克沃尔大教堂（Kirkwall cathedral）便是题献给他的。

Magonsaete, kingdom of the **麦肯赛特王国** 尽管与赫里福德（Hereford）主教区联系在一起的那个盎格鲁—撒克逊王国通常被称为麦肯赛特王国，但麦肯赛特这一名称直至 9 世纪之前都没有出现在记载之中。这一地区的人最初以"西盎格鲁人"（West Angles）之名而为人所知。"麦肯赛特"最初可能源自马格尼斯（Magnis），这是罗马时期肯特切斯特（Kentchester）的一座城镇。最早被记录在案的国王是梅里沃（Merewalh），据说他是麦西亚国王彭达（Penda）的儿子。最后一位为人知晓的统治者是梅里沃的儿子米尔德弗瑞斯（Mildfrith），他大约在 735 年时去世，此后，这片地区似乎成为了麦西亚的伯爵领。

Maiden castle　梅登城堡　在不列颠,梅登城堡可能是铁器时代最为壮观的山丘堡垒。这座山丘有 50 英尺高,位于多切斯特(Dorchester)以南 3 英里处,而其历史则可回溯至新石器时代。这座铁器时代的堡垒大概建于公元前 600 年至公元前 500 年间,最初占地 25 英里,建在一座新石器时代的营地之上。通过不断增加附属工事,这座城堡的防卫能力逐渐完善。直至公元前 100 年左右,城堡最终呈现出现在的样貌。该城堡曾在公元 43—45 年时抵御过罗马人的进攻,在其东部的入口处发现了掩埋起来的抛石机螺栓以及受过剑伤的骨骼。

Maidstone, battle of, 1648.　梅德斯通之战(1648)　尽管肯特郡的保王党分子在 1648 年集结了 11,000 人的队伍,但这些队伍被分散在数个城镇,梅德斯通仅由 2,000 人守卫。在集结了 4,000 人的精锐议会军之后,托马斯·费尔法克斯爵士(Sir Thomas Fairfax)于 6 月 1 日向梅德斯通发动了进攻。在倾盆大雨之下,王党军队最终被击败。

Main plot, 1603.　"主要阴谋"(1603)　该阴谋之所以被政府视为"主要阴谋",是为了与"次要阴谋"("Bye plot")区别开来。据说,西班牙人支持了一个以詹姆斯一世堂妹阿拉贝拉·斯图亚特(Arabella Stuart)取代詹姆斯的计划,并希望能借此获得和平。

Maitland, Frederick William(1850—1906).　弗雷德里克·威廉·梅特兰(1850—1906)　历史学家。梅特兰被公认为英国最伟大的历史学家之一,与其巨大的影响相比,他的学术生涯显得短暂。他先后在伊顿公学(Eton)与剑桥大学三一学院(Trinity College)接受教育,先是成为一名律师,而后转向历史研究。梅特兰最著名的著作是 1895 年出版的《英格兰法律史》(*History of English Law*),这部著作的共同作者弗雷德里克·波洛克爵士(Sir Frederick Pollock)只撰写了其中一小部分内容。

Maitland, John Maitland, 1st Baron〔S〕(c.1545—1595).　约翰·梅特兰,第 1 代梅特兰男爵【苏格兰】(约 1545—1595)　梅特兰在 1567 年时因袭其

父之位,担任了苏格兰的王玺掌管大臣(lord privy seal)。他与其兄威廉·梅特兰(William Maitland)都是苏格兰女王玛丽的坚定支持者。然而,当詹姆斯六世成年后,梅特兰发现他本人十分得宠。1584年,他受封爵士并成为终身国务大臣。自1587年直至去世,他一直担任苏格兰的大法官。

Major,John(b.1943). **约翰·梅杰(生于1943年)**   首相。在从事过一段时间的银行工作之后,梅杰于1979年进入议会下院,此后10年,他迅速上升到权力中心。他的议会生涯始于党鞭办公室(whips' office,1983—1985年),而后进入卫生和社会保障部(Department of Health and Social Services)任职(1985—1987年)。1987年,梅杰成为财政部首席大臣,而在两年之后——这时他在政治领域依然不甚有名——他被撒切尔选中接替杰弗里·豪爵士(Sir Geoffrey Howe)担任外交大臣,而后又接替奈杰尔·劳森(Nigel Lawson)担任财政大臣。1990年,撒切尔辞职,梅杰在党魁的竞选中击败了道格拉斯·赫德(Douglas Hurd)和迈克尔·赫塞尔廷(Michael Heseltine)。他因作为撒切尔的政治继承人而获得支持。1992年,他迎难而上,赢得大选。

作为首相,与欧洲的关系是梅杰面临的最大难题。围绕这一问题,保守党出现了分裂。然而在1992年,他在马斯特里赫特(Maastricht)同意签署欧洲联盟条约,这一条约为单一货币的实行设定了时间表,并在几乎每个领域的政策实施方面建立了多数表决机制。梅杰在谈判中赢得的让步都是在装点门面,至于他宣称的所谓赢得了"全面的胜利",人们对此很难理解。

梅杰的人气——部分建立在他与其前任的反差之上——极速衰落。他提出的旨在提升国民道德风气的"回归民生"("back-to-basics")的创议,却因保守党内出现的丑闻和劣行而遭到失败。1994年,梅杰试图通过处理爱尔兰问题重掌主动权,但这涉及要与爱尔兰共和军(Irish Republican Army)谈判的问题,而且这与之前做出的种种保证并不相符。尽管经济在很大程度上有所恢复,保守党围绕欧洲问题的分裂却在恶化,梅杰于1995年击败了约翰·雷德伍德(John Redwood)对其领导地位的挑战——雷德伍德代表反对入欧的怀疑论者。梅杰竭尽可能推迟大选。1997年,保守党遭到惨败,梅杰随即辞职,尽管他作为政界元老依然留在议会下院。人们普遍认为梅杰为人诚实且充满善意,比他的党派更具人气,但他作为领导人的那些年却并不走运,而且他似乎对问题也缺乏前瞻性。

major-generals, rule of the　少将统治　之所以将英格兰划分为 12 个军区(military districts),而每个军区由一名少将直接统治,这一措施一方面是《施政文件》(Instrument of Government)崩溃的结果,另一方面是因为克伦威尔(Cromwell)针对 1655 年 3 月彭拉多克起义(Penruddock's rising)做出的反应。许多地方乡绅(gentry)对这一应急举措深恶痛绝,这些人都是各郡天然的统治者,而少将们因出身卑微也遭到了他们的猛烈抨击。

Majuba Hill, battle of, 1881.　马朱巴山之战(1881)　马朱巴山之战是第一次布尔战争(1880—1881 年)中唯一一次大战役,它起因于英国在 1877 年兼并了德兰士瓦共和国(Republic of the Transvaal)。1880 年 12 月,布尔人发动起义,对英军分散在各处的要塞实施了包围。在马朱巴山,英军被赶出要塞,同时有 287 人伤亡,而布尔人仅伤亡 7 人。根据 4 月 5 日的《比勒陀利亚协定》(convention of Pretoria),德兰士瓦重新赢得独立。

Malachy, St(c.1094—1148).　圣马拉奇(约 1094—1148)　马拉奇是爱尔兰一位伟大的改革派主教,当时爱尔兰流行的世袭继承制把教会与家族联系在一起,圣事遭到忽视,而旧习俗的地位也往往压倒教会法(cannon law)。他本人在 1129 年时被任命为阿马(Armagh)大主教这件事,便因为遭到其前任大主教的亲族的强烈反对,拖了数年才得到解决。

Malawi　马拉维　马拉维是前英属中非的尼亚萨兰保护地(protectorate of Nyasaland)。1859 年时,传教士探险家戴维·利文斯通(David Livingstone)曾带领第一批英国人来到这一地区,在经历了最初的挫折之后,尼亚萨兰日益成为传教活动的中心。1893 年,英国宣布这一地区为保护地。1964 年,尼亚萨兰独立并更名为马拉维,1966 年马拉维成为一个共和国。

Malaysia　马来西亚　也称马来群岛,长期以来以贸易而闻名。英国在这一地区的利益始于 1786 年槟榔屿(Penang)殖民地的建立,此后在 19 世纪 20 年代,英国的利益随着海峡殖民地(Straits Settlement)的发展而增加。1867 年,海峡殖民地成为英国王室直辖殖民地。1948 年,海峡殖民地与其他之前被当作英国保护地的苏丹领地合并,组成了马来亚联邦。1957 年,马拉西亚联邦独立。

Malcolm I（d.954）　马尔科姆一世(卒于 954 年)　唐纳德二世(Donald II)之子。他在 10 世纪 40 年代驱逐了年迈的康斯坦丁二世(Constantine II),成为"苏格兰"国王。他率领得胜之军进入马里(Moray),劫掠英格兰北部,一直深入到蒂斯河(Tees)地区。945 年,他战胜威塞克斯王国国王埃德蒙,并使埃德蒙承认斯特拉斯克莱德/坎布里亚(Strathclyde/Cumbria)王国在自己的势力范围之内。他在费特雷索【Fetteresso,阿伯丁(Aberdeen)以南】被米尔恩斯(Mearns)的人杀死。

Malcolm II（d.1034）　马尔科姆二世(卒于 1034 年)　"苏格兰"国王(1005—1034 年在位)。马尔科姆二世是肯尼思二世(Kenneth II)之子,后世都知道他是个"常胜者"("the most victorious"),不过他的实际经历并非总是如此。1005 年,他在蒙泽瓦瑞德【Monzievaird,珀斯(Perth)以西】杀死了堂兄弟肯尼思三世(Kenneth III)并成为国王。次年,他侵入英格兰北部,兵锋远至达勒姆(Durham),却彻底失败。但通过 1018 年在卡罕(Carham,贝里克郡以西)取得的著名胜利,他依然成功地恢复了对洛锡安(Lothian)的控制。然而,他没能逃出克努特(Cnut)的权力范围,1031/2 年他向克努特臣服。

Malcolm III（d.1093）　马尔科姆三世(卒于 1093 年)　"苏格兰"国王(1058—1093 年在位)。马尔科姆·坎莫尔【Canmore 意为"大头目"("big head")或"伟大的领袖"("dreat leader")】是邓肯一世(Duncan I)的儿子。邓肯一世在 1040 年被麦克佩斯(Macbeth)杀害时,他还是个孩子。马尔科姆到英格兰寻求避难,得到了盎格鲁—丹麦裔的诺森伯里亚伯爵西瓦尔德(Siward,earl of Northumberland)的支持。1054 年,西瓦尔德率军进入苏格兰,并在珀斯(Perth)

以北的邓锡南(Dunsinnan)打败了麦克佩斯。1057年8月15日,马尔科姆在阿伯丁(Aberdeen)以西的伦法南(Lumphanan)杀死了麦克佩斯,但麦克佩斯的继子与堂兄弟卢拉赫(Lulach)赢得了王权。仅在18周之后,卢拉赫便因"背叛"而被马尔科姆杀死在埃西(Essie,阿伯丁以西)。然而,马尔科姆对王权的掌握直到1078年时才稳固下来,是年,他击败了卢拉赫的儿子,即马里国王梅尔·斯奈塔(Mael Snechta)。

马尔科姆与梅尔·斯奈塔的斗争使他成为马里宿敌——奥克尼伯爵(earl of Orkney)的盟友,并与奥克尼伯爵的近亲英伊比奥格(Ingibiorg)结婚。然而,当盎格鲁—撒克逊王室于1070年逃到苏格兰之时,马尔科姆已是鳏夫,于是他娶埃德加王子(Edgar the Atheling)的妹妹玛格丽特(Margaret)为第二任妻子。此时,他把精力全部集中在诺森伯里亚并屡次劫掠这一地区,尽管他已于1072年在阿伯内西(Abernethy,珀斯东南)臣服于征服者威廉。1093年8月,他为达勒姆(Durham)主教座堂奠基,两个月之后,他在一次袭击阿尼克(Alnwick)的行动中被杀。

Malcolm IV(c.1141—1165) **马尔科姆四世**(约1141—1165) 苏格兰国王(1153—1165年在位)。马尔科姆四世以"处子"("the maiden")的绰号为后人所知,是戴维一世的孙子与继承人。1153年,年仅12岁的他毫无争议地登上王位,这反映出苏格兰君主制在当时所具有的影响力和声望。他和他的顾问们不顾来自地方的日益强烈的反对,继续推行戴维一世的诺曼化政策。斯蒂芬统治时期的危机结束后,亨利二世迅速致力于恢复英格兰在苏格兰的王权。1157年,马尔科姆在切斯特(Chester)不得不把英格兰北部诸郡交出,换取亨廷登伯爵领(earldom of Huntingdon)。

Maldives **马尔代夫** 马尔代夫群岛位于斯里兰卡西南方向400英里处。1518年至1528年,葡萄牙人曾在这里短暂地建立了殖民地。但在1887年,英国政府取代葡萄牙人,在这里建立了直辖的保护国。

Maldon, battle of, 991. **莫尔登之战**(991) 991年8月,在埃塞克斯布莱

克沃特河(river Blackwater)沿岸的莫尔登之战中,埃塞克斯方伯布里特诺思(Byrhtnoth)被古思蒙德(Guthmund)与奥拉夫·特里格瓦松(Olaf Tryggvason)率领的丹麦军队杀死。布里特诺思的英勇牺牲后来被写入伟大的盎格鲁—撒克逊战争史诗《莫尔登之战》(*The Battle of Maldon*),以兹纪念。

Malory, Sir Thomas (d.1471). 托马斯·马洛礼爵士(卒于 1471 年) 马洛礼是《亚瑟王之死》(*Le Morte Darthur*)的作者,身份不明。最有可能的假设是他是纽波特莱维尔(Newbold Revel,位于沃里克郡)的托马斯·马洛礼爵士。如果这一假设属实,则他于 1445 年受封骑士,同年进入沃里克郡议会,而且他是"造王者"沃里克(Warwick the Kingmaker)的追随者。马洛礼的名著是由各种不同的材料——主要是法语材料——汇编而成的,由卡克斯顿(Caxton)于 1485 年出版。

Malplaquet, battle of, 1709. 马尔普拉凯战役(1709) 在马尔伯勒公爵(Marlborough)和欧根亲王(Prince Eugene)统率的英荷奥联军围攻蒙斯(Mons)的过程中,一支由维拉尔元帅(Marshal Villars)统率的法军向联军逼近。9 月 11 日,联军向法军展开进攻,遭到法军的顽强抵抗。尽管法军最终被迫撤退,但双方的损失都极其惨重。

Malta 马耳他 马耳他岛位于西西里以南 60 英里处,横长 17 英里,纵跨 9 英里,战略地位十分重要。1814 年拿破仑战争(Napoleonic wars)结束时英国得到了该岛。从 1940 年意大利加入第二次世界大战起,直至 1943 年,马耳他一直遭到狂轰滥炸,同时也被授予包含敬意的圣乔治十字勋章(George Cross)。1964 年马耳他独立,1974 年宣布成立共和国。自 2004 年起,马耳他成为欧盟(European Union)成员国之一。

Malthus, Thomas Robert (1766—1834). 托马斯·罗伯特·马尔萨斯(1766—1834) 马尔萨斯出生在吉尔福德(Guildford)附近,其父十分富有。在进入剑桥大学耶稣学院(Jesus College)学习后,他被选为该学院研究员(1793

年），并被授予圣职，成为萨里（Surrey）的助理牧师。自 1805 年起，他在东印度公司创办的黑利伯里（Haileybury）学院任教。1798 年，他针对孔多塞（Condorcet）和戈德温（Godwin）的轻率的乐观主义，发表了最著名的著作《人口论》（*Essay on Population*），指出如果不加限制，人口将按几何级数增长，而生活资料只能按照算术级数增加。由此，任何生活标准的提高都将很快化为乌有。那些倾向于认为进步必然是幻象的人，对他的理论如获至宝，而他谴责《济贫法》鼓励生育的观点也产生了重要的影响。

Man, Isle of　马恩岛　See ISLE OF MAN（见马恩岛）

Manchester　曼彻斯特　曼彻斯特的交通条件便利，便于桥梁维护，这里曾是罗马人的军事基地曼木西乌姆（Mamucium）或曼库尼乌姆（Mancunium），该基地控制着布里甘特人（Brigantes），同时也是给养的补给地。受潮湿气候、软水，以及附近煤炭供给的推动，这一地区的纺织工业极其繁荣，这使得曼彻斯特城成为该地区主要的商业中心，同时也是制造业和产品加工业中心。曼彻斯特拥挤、临时搭建的简陋住所以及恶劣的卫生状况，引发了工人阶级强烈的激进运动，进而导致发生了所谓的"彼得卢大屠杀"（"Peterloo massacre"，1819 年），不过，失业以及卢德主义（Luddism）由于工团主义与循道宗的兴起而趋于缓和。出于对自由贸易的坚定信念，科布登（Cobden）与布赖特（Bright）极力争取废除《谷物法》，而这座城市的政治性格开始表现出强烈的自由主义。作为《曼彻斯特卫报》（*Manchester Guardian*）、维多利亚大学（Victoria University）以及哈勒管弦乐团（Hallé Orchestra）的家园，曼彻斯特在文化和智识生活方面充满了活力。

Manchester, diocese of　曼彻斯特主教区　鉴于北部工业区人口的快速增长，1835 年成立的宗教事务委员会（Ecclesiastical Commissioners）建议建立里彭（Ripon）与曼彻斯特两个新的主教区，以缓解切斯特（Chester）主教区的压力。最初的曼彻斯特和兰开夏副主教辖区包括兰开夏，但不包括利物浦区（Liverpool district）、弗内斯（Furness）以及卡特梅尔（Cartmel），随后因增加了布莱克本（Blackburn，1877 年）和罗奇代尔（Rochdale，1910 年）而使辖区扩大；1926 年时布莱克本成为单独的主教区。

Manchester，Edward Montagu，2nd earl of（1602—1671）. **爱德华·蒙塔古，第 2 代曼彻斯特伯爵**（1602—1671） 内战时期议会军的司令官。曼彻斯特伯爵同情长老会派，内战爆发之前就是国王反对派的领袖。他曾参加埃吉山（Edgehill）之战，在马斯顿荒原（Marston Moor）战役以及第二次纽伯里（Newbury）战役中担任指挥官。1644 年 11 月，克伦威尔对他进行了猛烈的抨击，指责他麻木且寻求妥协。根据 1645 年的"自抑法"，他被迫辞职。曼彻斯特伯爵有幸活了下来，并推动了查理二世的复辟。在余生之中，曼彻斯特伯爵一直在宫廷中担任要职。

Manchester，Greater. **大曼彻斯特** 该术语于 1914 年被首次使用，用以描述英国西北部地区的商业中心，而非行政中心。不过现在这一术语被用来指称有卫星城的大城市，即在 1972 年实行地方政府改革后设立的大都市郡（metropolitan county）。在所设立的 6 个大都市郡中，大曼彻斯特是唯一一个以其中心城市来命名的。

Manchester，martyrs，1867. **曼彻斯特的"烈士们"**（1867） 1867 年 9 月 18 日，有人试图营救被警方拘押在曼彻斯特的芬尼亚（Fenian）运动领袖托马斯·凯利（Thomas Kelly）和蒂莫西·迪希（Timothy Deasy）。在这场劫囚行动中，警察队长查尔斯·布雷特（Charles Brett）被杀，从而激起人们强烈的反爱尔兰情绪。三位芬尼亚兄弟会成员，即威廉·艾伦（William Allen）、迈克尔·拉金（Michael Larkin）以及迈克尔·奥布赖恩（Michael O'Brien），以谋杀罪于 11 月 23 日被处决。爱尔兰群情激愤，并为所谓的"烈士们"举行了有 60,000 人参加的公开葬礼。

Manchester School 曼彻斯特学派 所谓的"曼彻斯特学派"，是给 19 世纪时许多拥护自由放任主义（*Laissez-faire*），特别是自由贸易的人贴上的便利标签。兰开夏郡和柴郡棉纺工业的制造商主张普遍支持自由贸易。这场运动中的核心知识分子包括理查德·科布登(Richard Cobden)和约翰·布赖特(John Bright)。最初主张在贸易中消除重商主义限制的个案研究是亚当·斯密于1776年出版的《国富论》(*The Wealth of Nations*)。

Mandates 委任统治权 第一次世界大战后,战败列强的殖民地领地在国际联盟的整体监督下,被分配给胜利的协约国,为此建立了常设委任统治委员会(Permanent Mandates Commission)。当时坚持的原则是,被委任统治的领土要向自治方向发展。英国从土耳其得到了伊拉克、外约旦(Trans-Jordan)和巴勒斯坦;从德国得到了坦噶尼喀(Tanganyika)、西多哥兰(West Togoland)以及南喀麦隆(South Cameroons)。南非接管了德国的西南非洲(South West Africa);澳大利亚接管了新几内亚(New Guinea);新西兰接管了西萨摩亚(Western Samoa)。伊拉克于1932年独立。第二次世界大战后,联合国的托管制度(trusteeship)取代了委任统治体制,各托管地迅速走向独立。

Mann,Tom(1856—1941). 汤姆·曼(1856—1941) 社会主义者与工会领袖。曼出生在考文垂附近,曾在伯明翰做见习工程师。曼于1877年搬到伦敦,自1885年起,在社会民主联盟(Social Democratic Federation)中表现得非常踊跃。他因领导了1889年伦敦码头工人罢工而声名狼藉。1893年,他当选独立工党(Independent Labour Party)的第一书记。

Manners,Society for the Reformation of 世风改进会 这些社会组织出现于17世纪90年代的伦敦与一些大的地方性城镇中,是福音派与社会控制的混合物。教会法庭不再热衷于强制执行道德和守安息日。这些组织致力于检举恶习,并反对下流的戏剧和包括诸如化装舞会在内的放荡的娱乐活动。

Manning,Henry Edward(1808—1892). 亨利·爱德华·曼宁(1808—1892) 枢机主教。曼宁出生在赫特福德郡,他的父亲是一位富裕的银行家和议会下院议员。曼宁先后在哈罗公学(Harrow)和牛津大学巴利奥尔学院(Balliol College)接受教育。1829年,他成为牛津大学联合会主席(president of the Union)。作为神秘而复杂的人物,他是牛津运动高教会派人士,在教会中的地位迅速上升。1840 年,他成为奇切斯特执事长(archdeacon of Chichester),此后他一直担任此职直至 10 年后皈依天主教。曼宁强烈支持教皇国,在 1869—1870 年召开的第一次梵蒂冈大公会议(Vatican Council)上,他是教皇无谬论的主要支持者。从 1865 年起,他成为第二个担任威斯敏斯特大主教兼枢机主教的人。

Manorial courts　庄园法庭　诺曼征服后,封建土地保有制度(system of feudal landholding)要求庄园领主为其佃户提供法庭。所谓的"领地"法庭("seigneurial" courts),包括管辖自由佃户(free tenants)的荣誉法庭(court of the honor)和封臣法庭(court baron),以及管辖不自由佃户(unfree tenants)或维兰(villeins)的习惯法庭(court customary)。所有的自由佃户都要参加封臣法庭,他们既是该法庭的起诉人(suitor)也是法官。习惯法庭,或称庄园法庭(hallmoot)乃是不自由佃户或维兰的法庭,由领主的总管(steward)或管家(bailiff)主持。

最终,封臣法庭销声匿迹,而习惯法庭延续下来,并成为既管辖不自由佃户也管辖自由佃户的法庭。

manorial system　庄园制　庄园制是历史学家用来描述中世纪以及都铎王朝和斯图亚特王朝时期土地所有者的地产管理方式的一个术语。土地所有者的地产通常包括某个村庄的大部分或者一整群小村落,对这些土地所有者而言,通过建立一座庄园来管理这些地产十分方便。在某些地区,一座大村庄的所有权可以被多个土地所有者所分割,这里因此就会出现多个庄园。

到 13 世纪时,绝大多数庄园领主都已经建立起两种法庭,即庄园刑事法庭(leet)与封臣法庭(baron),这两种法庭同时在庄园开庭。这些法庭由领主的高级官员甚至领主本人来主持,所有佃户,无论他们在身份上是自由人,还是农奴,都被要求参加。所有佃户之间发生的涉及保有地地界纠纷、财产纠纷以及土地保有权的变更等一切事务,均由这些法庭负责审理。诸如在公用田(common fields)中的作物轮种等农业耕作方式的管理,以及庄园市场的管理等,也由这些法庭负责。在那些领主自己拥有自用地农场(demesne farm)的庄园,法庭会任命庄头(reeve)来负责监督农事活动、安排劳役以及收取地租。

Mansfield,William Murray,1st earl of（1705—1793）． **威廉·默里,第 1 代曼斯菲尔德伯爵**（1705—1793） 法官。1742 年曼斯菲尔德伯爵成为副总检察长(solicitor-general),并代表巴勒布里奇(Boroughbridge)在议会中占有一个议席。纽卡斯尔公爵(Newcastle)十分倚重曼斯菲尔德伯爵,所以当他在 1756 年成为王座法庭的首席大法官(chief justice of King's Bench)时,很不情愿。不过,在 1763 年以前,曼斯菲尔德伯爵依然留在内阁,并因此受到朱尼厄斯(Junius)的抨击,被称为"政治法官"（"political judge"）。他两次拒绝出任大法官之职,更倾向于非政治性的职位。

Maori wars,（New Zealand）1844—1872． **毛利战争**（新西兰）（1844—1872） 1840 年的《怀唐伊条约》（treaty of Waitangi）并没有被所有酋长接受。毛利人(Maoris)是好战的民族,而毛利人与殖民者之间的冲突依然在延续。战争的第一阶段始于 1844 年的科罗拉瑞卡(Kororareka),规模较小,大部分毛利人部落没有参与其中。第二次冲突在塔拉纳基(Taranaki)屡次出现事件之后发展起来,这一阶段始于 1860 年,并以游击战的方式一直延续到 1872 年。一千殖民者和殖民军队士兵丧生,毛利人的死亡人数大概是此数的两倍。

Mar,John Erskine,earl of［S］（c.1510—1572）． **约翰·厄斯金,马尔伯爵【苏格兰】**（约 1510—1572） 马尔伯爵于 1555 年继承其父的爵位,成为厄斯金勋爵,并于 1565 被承认为合法的马尔伯爵。作为改革派一员,他照顾着还处于冲龄的詹姆斯六世。1571—1572 年,他担任摄政,尽管真正的权力掌握在莫顿(Morton)手中。

Mar,John Erskine,11th earl of［S］（1675—1732）． **约翰·厄斯金,第 11 代马尔伯爵【苏格兰】**（1675—1732） 1696 年,马尔伯爵作为苏格兰的宫廷党(court party)官吏(placeman)进入政界,他一直受昆斯伯里公爵(duke of Queensberry)领导直至后者在 1704 年倒台。1705 年,马尔伯爵再次与昆斯伯里公爵联合掌权。1707 年,他帮助昆斯伯里公爵在苏格兰议会推进《合并法》(*Act of U-nion*)。他作为苏格兰贵族代表被选入威斯敏斯特,但他却在 1713 年支持废除合并的动议。由于未能博得乔治一世的青睐,他乘船前往苏格兰,竖起了詹姆斯党人反叛的大旗。苏格兰人的回应十分积极,但完全由于马尔伯爵的无能,叛乱失败。

marches of Scotland 苏格兰边区 英格兰与苏格兰的边界。英格兰与苏格兰的边界地区被划分为两个或三个边区。诺森伯兰郡与特威德河畔贝里克(Berwick-on-Tweed)构成"面对苏格兰"的东部边区(east march);坎伯兰郡和威斯特摩兰郡是西部边区(west march)。在两个王国中,边区监管大臣(warden)的职责包括在休战时期限制边区居民跨境犯罪,以及在战时动员边区居民。在边地占有土地及佃农的边区贵族(Magnates)通常都是被委任的。珀西(Percy)和内维尔(Neville)两位监管大臣曾率领他们边区的私人武装对抗国王,而两者之间也彼此争斗。1603 年,边区监管制度(wardenship)被废除,当时,两个王国因詹姆斯六世/一世的个人因素而处于联合之中。

marches of Wales 威尔士边区 See WALES, MARCHES OF.(见威尔士边区)

Marconi scandal 马可尼丑闻 爱德华时期政治—金融领域的争议性事件。丑闻起于英国马可尼公司(English Marconi Company)与英国政府之间签订的一份关于建立一系列无线电台的合同。时任财政大臣的劳合·乔治(Lloyd George)与自由党党鞭长(chief whip)亚历山大·默里(Alexander Murray)在该公司股票以每股 3.5 英镑公开发售前,均在美国马可尼公司(American Marconi Company)以每股 2 英镑的价格购入了该股票,这导致议会下院任命了特别委员会。尽管特别委员会使相关大臣免责,但其裁断却带有浓重的党派政治性,因为默里为了筹集自由党基金,又额外购买了股票。

Margaret(1283—1290) **玛格丽特**(1283—1290) 苏格兰女王(1286—

1290 年在位）。玛格丽特被称为"挪威少女"（"Maid of Norway"）。她是挪威王埃里克二世（Eric II）的女儿，1286 年，年仅 3 岁的玛格丽特继承了外祖父亚历山大三世之位，成为苏格兰女王。她与卡那封的爱德华（Edward of Caernarfon, 即后来的爱德华二世）订立了婚约——该婚约得到《伯厄姆条约》（*treaty of Birgham*）的批准，目的在于通过王朝联姻实现英格兰与苏格兰的长久和平。然而，在从卑尔根（Bergen）返回苏格兰的途中，玛格丽特死在了奥克尼群岛（Orkney）的柯克沃尔（Kirkwall）。这一悲剧造成苏格兰王位继承出现争端，使爱德华一世出现误判并介入到苏格兰事务中，也引发了苏格兰独立战争。

Margaret, St（c.1045—1093）. 圣玛格丽特（约 1045—1093） 圣玛格丽特是苏格兰国王马尔科姆三世（Malcolm III）的王后，是埃德加、亚历山大与戴维诸国王的母亲。其父亲爱德华是"勇敢者"埃德蒙（Edmund Ironside）的儿子，曾遭克努特（Cnut）流放出英格兰并最终在匈牙利找到避难所。玛格丽特随父返回英格兰后不久，其父去世。1066 年的诺曼征服使得玛格丽特的弟弟埃德加成为英格兰王朝最后的希望；然而，在 1070 年的起义失败之后，埃德加和他的家族逃到苏格兰避难。在苏格兰，玛格丽特很快与马尔科姆三世成婚。玛格丽特的后世价值在于她赋予苏格兰王室巨大的鼓舞和声望。

Margaret of Anjou（1430—1482） 安茹的玛格丽特（1430—1482） 安茹的玛格丽特是亨利六世的王后。作为安茹的雷内一世（René of Anjou）的女儿，她与亨利六世的婚姻是《图尔休战协定》（truce of Tours）的内容之一。1453 年，她的丈夫精神失常，而她还怀上了自己唯一的孩子，这使她的人生更加艰辛。她的儿子出生后，玛格丽特开始成为政治中活跃的角色，到 1456 年时，她已经是宫廷派系的领袖。最终，她最担心的事情还是发生了：爱德华四世篡夺了王位。1471 年，她发动的入侵以灾难性的失败告终，她的儿子在蒂克斯伯里（Tewkesbury）被杀，而她的丈夫则在两周后被谋害。约克派的政治宣传把她描述为粗鲁的悍妇，而真正使其名誉受损的在于她致命的法国出身以及她处于失败的一方。

Margaret of Denmark（1457—1486） 丹麦的玛格丽特（1457—1486） 苏

格兰国王詹姆斯三世的王后。玛格丽特是丹麦—挪威国王克里斯蒂安一世（Christian I,1448—1481 年）的女儿。1469 年 7 月,她在荷里路德宫（Holyrood）与詹姆斯结婚。这位王后为她的丈夫生了三个儿子:詹姆斯（四世）、詹姆斯（罗斯公爵）以及约翰（马尔伯爵）。

Margaret of England（1240—1275） **英格兰的玛格丽特**（1240—1275）苏格兰国王亚历山大三世（Alexander III）的王后。玛格丽特是亨利三世的长女,她于 1251 年 12 月 26 日在约克嫁给了亚历山大三世。她早年的婚姻生活因亚历山大幼年执政时期（1249—1260 年）的派系争斗而受到影响,而亨利三世时常关心她的福祉。到 1284 年时,她的 3 个孩子全部去世,这使她的外孙女"挪威少女"玛格丽特（Margaret,"the Maid of Norway"）成为苏格兰王位的继承人。

Margaret of Fracne（c.1282—1318） **法国的玛格丽特**（约 1282—1318）爱德华一世的王后。玛格丽特与爱德华于 1299 年成婚,是爱德华的第二任妻子,大约比爱德华小 40 岁。这场婚姻是 1294—1297 年英法战争余波所造成的外交行为。玛格丽特是法王腓力三世第二次婚姻诞下的女儿。她很快为爱德华生下儿子托马斯。后来她还为爱德华生下了第二个儿子埃德蒙和女儿埃莉诺（Eleanor）。

Margaret Logie（d.c.1375） **玛格丽特·洛吉**（约卒于 1375 年） 苏格兰国王戴维二世的王后。玛格丽特·洛吉是马尔科姆·德拉蒙德爵士（Sir Malcolm Drummond）的女儿,也是约翰·洛吉爵士（Sir John Logie）的遗孀。1362 年,戴维二世的第一任妻子去世,国王公开承认玛格丽特·洛吉是其所爱之人。二人于 1363 年成婚,但他们没有生育孩子。1370 年,国王与之离婚,以便获得自由之身再次结婚。

Margaret Tudor（1489—1541） **玛格丽特·都铎**（1489—1541） 苏格兰国王詹姆斯四世的王后。英格兰国王亨利七世的长女,1503 年 8 月 8 日在荷里路德宫（Holyrood）与詹姆斯举行了婚礼,并为其生下了 6 个孩子。这些孩子中只有一个存活了下来，即 1512 年 4 月出生的詹姆斯王子（詹姆斯五世）。1513 年詹姆斯四世在弗洛登（Flodden）去世后，玛格丽特在她儿子幼年时期（1513—1528 年）的权贵斗争中，把所有的精力投入到政治领域。1514 年她与安格斯伯爵阿奇博尔德·道格拉斯（Archibald Douglas, earl of Angus）结婚，1526 年与安格斯伯爵离婚并再嫁梅斯文勋爵亨利·斯图尔特（Henry Stewart, Lord Methven）。在 1528 年 6 月詹姆斯五世发动的政变中，她扮演了非常重要的角色。1541 年，她死于梅斯文。

Marischal, George Keith, 10th Earl [S] (c.1693—1778).　乔治·基思，第 10 代马歇尔伯爵【苏格兰】（约 1693—1778）　马歇尔于 1712 年继承了伯爵爵位。这一爵位头衔同时世袭苏格兰的典礼官之职（marshalship）。1715 年，他站在王位觊觎者一边，加入马尔伯爵（earl of Mar）的叛乱，在谢里夫缪尔（Sheriffmuir）作战并被俘虏。1719 年，他伙同弟弟詹姆斯进行了一场失败的叛乱，他本人在格伦希尔（Glenshiel）负伤。此后，他们人生的大部分是在国外，主要服务于腓特烈大帝（Frederick the Great）。1763 年，他返回自己的故乡苏格兰并恢复了许多家族地产。然而，马歇尔伯爵对苏格兰的气候感到不适应，便返回了他心仪的普鲁士。

markets　市场　中世纪时期，庄园领主在其地产上的定居地的中心或者主要道路的交汇之处设立市场。直到工业革命以及永久性的商店发展起来以前，市场一直是交易日常货物的常规场所；特殊物什要在定期的集市（fair）或较大的城镇中才能买到。庄园领主对每个摊贩征收租金，以此作为摊贩在一周特定的日子里从事贸易的权利交换。市场通常为方圆 10 或 12 英里范围内的人口服务，这一距离范围最远乃是装载货物的马车行进一天、同时打出进行贸易的时间之后的路程。然而，某些市场以其销售特殊产品而闻名，这类市场可以吸引到来自更远地方的商人。

Marlborough, John Churchill, 1st duke of（1650—1722）.　约翰·丘吉尔，第 1 代马尔伯勒公爵（1650—1722）　马尔伯勒公爵是其所处时代最成功的将

军,自 1704 年到 1710 年,他都是欧洲著名的政治家。他从一个侍从做到了约克公爵(duke of York,未来的詹姆斯二世)的密使;在击败蒙茅斯(Monmouth)叛军的过程中,他起到了决定性作用。1685 年,他成为少将。1683 年后,他和妻子萨拉(Sarah)还与未来的安妮女王发展起长期的关系。

丘吉尔通过人际网络,把众多军官组织起来投靠威廉,为光荣革命的成功做出了巨大贡献。作为回报,威廉晋封他为马尔伯勒伯爵。1690 年,他组织并领导了一次联合军事行动,取得了南爱尔兰的科克和金塞尔(Kinsale)。然而,由于支持安妮对抗其姐玛丽,导致他在 1692 年被免去一切职务。

1700 年后,面对迫在眉睫的欧洲战争,威廉指派马尔伯勒指挥英格兰在低地国家的军队。1702 年,他施展手段使法军撤出荷兰共和国。安妮晋升他为马尔伯勒公爵。然而,1704 年,驻巴伐利亚的法军威胁要强迫德意志联盟的诸侯屈服,以孤立英格兰另一个主要盟友神圣罗马帝国皇帝。马尔伯勒行军前往多瑙河,8 月 13 日在布伦海姆(Blenheim)重创法军,这也是法国 150 年来遭受的最惨重的失败。

1705 年,马尔伯勒侵入法国,在摩泽尔河谷(Moselle valley)附近失败。但在 1706 年,他在拉米伊(Ramillies)赢得了第二次巨大的胜利。1708 年,他在奥德纳尔德(Oudenarde)彻底击溃法国的反攻,占领了里尔(Lille)要塞并策划对法国的终极入侵。1709 年 9 月,马尔伯勒在马尔普拉凯(Malplaquet)取得胜利,但这场胜利也使英军付出了高昂的代价,他的终极入侵法国的计划受阻,而已对战争感到厌倦的英国人相信,马尔伯勒进行的将是一场无休无止的战争。1711 年 12 月被托利党解职后,马尔伯勒自行放逐。由于乔治一世的任命,马尔伯勒作为总司令东山再起,并在 1715 年指挥镇压了詹姆斯党人的叛乱。

Marlborough, statute of, 1267. 《**马尔伯勒法**》(**1267**) 《马尔伯勒法》缘起于国王亨利三世与男爵反对派之间的争执,该法的基础是《牛津条例》(*provisions of Oxford*,1258 年)与《威斯敏斯特条例》(*provisions of Westminster*,1259 年)。它确认了《大宪章》(*Magna Carta*),但其最初的目的是规范监护权(wardship),同时制止强制不属于领主司法管辖权范围的人参加该领主的法庭。

Marlowe,Christopher（1564—1593）. **克里斯托弗·马洛**（1564—1593）

英格兰剧作家,诗人,间谍。马洛出生在坎特伯雷,在剑桥大学基督圣体学院（Corpus Christi College）接受教育。他的剧本,从大约1587年时创作的《迦太基女王狄多》（*Dido，Queen of Carthage*）开始,充满活力与焦躁,大胆地探究了人的自私本性。1587—1588年创作的上、下两部史诗《帖木儿大帝》（*Tamburlaine*）讲述了野心与战争,为他带来了巨大的成功。自1588年至1593年,他又创作了四部戏剧:《巴黎大屠杀》（*The Massacre at Paris*）、《马耳他岛的犹太人》（*The Jew of Malta*）、《浮士德》（*Doctor Faustus*）以及《爱德华二世》（*Edward II*）。1593年5月,枢密院针对马洛不信神的指控,对其发出了拘捕令,此后不久,马洛在一次酒馆斗殴中被杀。

Marprelate tracts 马尔普雷特宣传册 1588—1589年,某人化名"马丁·马尔普雷特"（"Martin Marprelate"）出版了6份小册子和1份大报,对主教等级制以及相关的印刷审查制进行了猛烈抨击。这些宣传册表现出的大不敬激怒了伊丽莎白、枢密院以及既得利益阶层。尽管约翰·彭里（John Penry）遭处决,并且尼古拉斯·尤德尔（Nicholas Udall）死于狱中,但目前认为,最有可能的作者是极端的清教徒乔布·思罗克莫顿（Job Throckmorton）。

Marquis 侯爵 侯爵爵位在等级上仅次于公爵,是最后一个被引入贵族体系的,而且流行起来的速度很慢。第一位侯爵是罗伯特·德·维尔（Robert de Vere）,他原来是牛津伯爵（earl of Oxford）。1385年,理查二世封其为都柏林侯爵（marquis of Dublin）,但一年之内他又被晋封为爱尔兰公爵（duke of Ireland）。接下来的一位侯爵是约翰·博福特（John Beaufort）,即原来的萨默塞特伯爵（earl of Somerset）,他在1397年时被晋封为多塞特侯爵（marquis of Dorset）,1399年他被降爵,1402年曾有计划令其恢复侯爵爵位,但他表示拒绝,给出的理由是这一爵号有异国味道。1714年时,整个英国贵族阶层中只有两名侯爵,相比之下,当时公爵有22位,伯爵有74位。

Marriage Act,1753. **《婚姻法》（1753）** 有时被称为《哈德威克勋爵法》

（Lord Hardwicke's Act, 26 Geo. II c. 33），是英国婚姻法律的一次根本性变革。1753 年之前，男女双方自由交换誓言即可缔结完美有效的婚姻。该婚姻法规定，只有发布结婚公告，并根据《英格兰祈祷书》里的礼仪指示在教堂举行婚礼方为有效。直至 1836 年《不从国教者婚姻法》（*Dissenters' Marriage Act*）颁布，不从国教的新教徒才被允许在他们自己的礼拜堂或通过民事婚约结婚。

Married Women's Property Acts, 1870, 1882.　《已婚妇女财产保护法》（**1870, 1882**）　在这些法律颁布以前，妇女的财产因为婚姻而成为其丈夫的财产。同时，这一原则也被承认：在某些情况下，妇女应该保留和掌握她们自己的财产。1870 年的财产保护法被认为是一种"软弱的妥协"，而已婚妇女财产保护委员会（Married Women's Property Committee）全力推动更大的改革。1882 年的财产保护法允许妻子获得、持有、使用以及处置她们各自的财产，这是一个巨大的胜利。

marshal　御马监　御马监是中世纪重要的国家官员之一。它由军事和司法官（constable）的助手发展而来，曾经负责管理马匹。之后，它获得了一系列新职能，包括保存军役记录以及调和对先例（precedence）的歧见等。从这些职能中产生了监管纹章与纹章院（College of Arms）、组织加冕仪式等职能，王室典礼官（earl marshal）依然在履行这些职能。

Marshal, William（c. 1147—1219）　威廉·马歇尔（约 1147—1219）　威廉·马歇尔的人生是从他作为一个小领主的第四子开始的。从这一低微的起点，他上升为彭布罗克伯爵（earl of Pembroke, 自 1189 年）。他通过与女继承人伊莎贝拉（Isabella）的婚姻，最终在亨利三世幼年执政时期成为英格兰的摄政（1216—1219 年）。威廉成功的秘密在于他对威廉二世及其诸子的辅佐，他们的庇护推动着他执掌大权。1189 年威廉结婚后，他才拥有了巨大的财富。从那时起，他便是王室主要的权臣之一。他曾被约翰疏远，但在《大宪章》之后的内战中，他对约翰的事业给予了支持。约翰死后，法国入侵英格兰，在此危难之际，威廉拯救了英格兰的金雀花王朝。

Marshall, Alfred (1842—1924). **阿尔弗雷德·马歇尔**(1842—1924) 阿尔弗雷德·马歇尔出生在伦敦的柏蒙西(Bermondsey),在剑桥大学圣约翰学院(St John's College)接受教育,通过了数学荣誉学位考试(1862—1865 年)。到 1868 年时,他已经是圣约翰学院道德科学的讲师,主要负责教授政治经济学。凭借其 1890 年出版的巨著《经济学原理》,马歇尔成为他那个时代英国最伟大的经济学家。

Marston Moor, battle of, 1644. **马斯顿荒原战役**(1644) 1644 年初夏,查理一世在北方的军队受到苏格兰军和议会军的夹击,移兵约克郡南部,苏格兰军由利文勋爵亚历山大·莱斯利(Alexander Leslie, Lord Leven)率领,议会军由费尔法克斯(Fairfax)和曼彻斯特统率。纽卡斯尔侯爵(marquis of Newcastle)退守约克,并在那里加强防御。6 月,鲁珀特亲王(Prince Rupert)从兰开夏郡出发援救约克城。7 月 2 日,他在马斯顿荒原——约克城以西一片平坦的牧场——发起攻击,以己方 18,000 人大战对手 27,000 人。鲁珀特惨败,据说他被迫藏身于一片豆田之中。

Martello towers **马尔泰洛塔**(圆形炮塔) 1794 年 2 月 8 日,英国人历尽艰辛,终于占领了科西嘉岛(Corsica)上莫特拉角(Cape Mortella)的一座很小的堡垒。虽然这只不过是一座堡垒(pill-box),但却给英国政府留下了非常深刻的印象。1804 年时,面临拿破仑(Napoleon)入侵的威胁,英国人开始在南部海岸着手实施建造类似堡垒的计划。按照设计,每个堡垒都架设一门大炮,由 1 名军官和 24 名士兵守卫。1940 年时,很多类似堡垒迅速建造起来。由于这些堡垒从未经历过战争的检验,所以其有效性究竟几何,人们将永远无法知晓。

martial law **军事管制法** 该术语可以在两种意义上加以使用,而这有可能会造成混乱:1. 指适用于军队纪律及相关事务中的规章。2. 当出现紧急公共状况时,取代常规法律原则的规章和纪律。后一种情况对于宪政具有更大的重要性。在《权利请愿书》以及《权利法案》中,都有部分内容表达了对军事管制的不满和反对。

普遍的法律观点认为,除了国王必须掌握某些权力以应对紧急情况之外,比如平息叛乱,并不存在所谓的"军事管制法"。军事管制法不是一种特定的法典,它只不过是必要性原则的一个实例。

Marvell,Andrew(1621—1678). **安德鲁·马韦尔**(1621—1678) 讽刺作家,诗人。马韦尔是约克郡一位牧师的儿子,曾在剑桥大学接受教育。在最终被任命为弥尔顿(Milton)的拉丁语秘书助理(1657年)之前,他曾担任过费尔法克斯勋爵(Lord Fairfax)女儿的家庭教师,并担任过克伦威尔的护卫(ward)。尽管他曾为护国政体(protectorate)效过力,但也能够接受复辟。1659年,马韦尔代表赫尔(Hull)当选议会下院议员。尽管他在议会中有一定的活动能力,但在乡村党(country party)中却作用有限。同时代的人把他视为政治讽刺作家,但现在人们一般视其为玄学派诗人,其作品具有折中主义色彩,但充满感情,令人喜爱。

Marx,Karl(1818—1883). **卡尔·马克思**(1818—1883) 德意志革命社会主义者。马克思出生于莱茵兰(Rhineland)的一个犹太家庭。1841年,他在耶拿大学(Jena)取得希腊哲学博士学位,在此之前,他在波恩大学和柏林大学接受法律、历史和哲学教育。作为年轻而激进的黑格尔哲学信徒,他进入新闻行业,在科隆编辑自由派报纸《莱茵报》,直至该报在1843年时被普鲁士当局取缔。从那时起,马克思实际上变成了一位流浪者。他首先移居巴黎,在那里开启了与弗里德里希·恩格斯(Friedrich Engels)一生的伙伴关系。之后,他前往布鲁塞尔与工人团体会面,并与恩格斯一起于1848年在那里完成了《共产党宣言》,号召无产阶级推翻资产阶级。1849年,马克思因煽动言论罪受到审讯,尽管最终罪名不成立,但他再一次被流放并在伦敦安家。马克思在大英博物馆(British Museum)学习和写作,依靠恩格斯的慷慨资助生活。他最重要的作品是《资本论》,他在这部作品中表明,资本主义建立在永恒的供需法则之上,它并非中立的经济制度,而是一种具有高度剥削性的制度,资本主义的矛盾性特征最终将颠覆并摧毁自身。通过这些研究,马克思揭露了古典政治经济学的种种缺陷。

Mary(1542—1587) **玛丽**(1542—1587) 苏格兰女王(1542—1567年在

位)。玛丽是詹姆斯五世唯一的合法继承人,她于 1542 年 12 月 14 日继承王位,当时她出生仅 6 天。接下来的幼主执政时期,苏格兰的局势被英法之间为控制苏格兰而发生的冲突所主导,英、法都希望能得到婴儿女王的婚姻,从而达到自己的目的。玛丽最初与亨利八世之子爱德华订婚,但苏格兰人反对这一婚约,导致了同英格兰的战争。1548 年玛丽被送往法国,并最终与法国王太子结婚。

维护法国天主教在苏格兰的利益,是女王母亲吉斯的玛丽(Mary of Guise)的首要目标。1558 年 4 月,她女儿与法国的联姻不仅把苏格兰与法国君主紧紧绑在了一起,而且深受激进的天主教以及年轻女王在吉斯的亲属们的王朝野心的影响。当亨利二世于 1559 年 7 月去世后,刚刚登位的法国君主弗兰西斯二世与玛丽联合在一起的王朝遗产不仅包括潜在的法兰西和苏格兰,而且涉及了英格兰和爱尔兰。

然而,随着弗兰西斯二世于 1560 年 12 月 5 日去世,玛丽成了没有孩子的寡妇,这种潜在的可能性最终未能实现。在苏格兰,1559—1560 年的新教革命失败,吉斯的玛丽去世,统治大权由玛丽的异母哥哥詹姆斯·斯图尔特勋爵(Lord James Stewart)掌握,此人的后台是英格兰。所有这些使得玛丽于 1561 年 8 月决定返回苏格兰,去实现她在不列颠的王朝野心。

然而,玛丽的统治稳定与否,取决于能否采取维持微妙平衡的措施,而这其中玛丽的婚姻这一带有爆炸性的问题似乎总是惹出麻烦。1565 年 7 月 29 日,玛丽与达恩利(Darnley)按照天主教仪式结婚,这场婚姻出于自由恋爱,但因为她与达恩利的关系迅速恶化,证明这一问题无法得到解决。由于当时已怀有身孕的女王拒绝授予达恩利王室婚姻地位,达恩利心生怨恨,参与了 1566 年 3 月的里奇奥(Rizzio)谋杀案。1566 年 6 月 19 日,玛丽生下了自己的儿子,12 月 17 日,这位未来的詹姆斯六世按天主教的仪式受洗。

1567 年 2 月 10 日,达恩利被谋杀,玛丽是否也牵连其中,目前无法完全确定。然而,5 月 15 日她与谋杀案首要疑犯博思韦尔伯爵(earl of Bothwell)结婚,这为反对者提供了置其于死地的机会。反对者发动的从博思韦尔伯爵那里"解放"女王的行动,迫使玛丽在 1567 年 7 月不得不退位。尽管在朗斯德(Langside)被击败,但真正终结其命运的是她逃到英格兰的错误决定。伊丽莎白在签署其王位对手的死刑令时,极尽拖延搪塞之能事,这符合伊丽莎白的性格。然而,由于玛丽不断制造阴谋,终于使她于 1587 年 2 月 8 日在福瑟陵埃(Fotheringhay)被处决。

Mary I(1516—1558) **玛丽一世**(1516—1558) 英格兰女王(1553—1558 年在位)。很少有人的人生如玛丽·都铎这般悲惨,也很少有谁的统治如玛丽·都铎这般血腥。她从一出生开始,就成了外交博弈的筹码。1518 年,在她年仅 2 岁时,与法国王太子订婚,但在两年之后,又有了同皇帝查理五世(Emperor Charles V)的婚约,而到了 1523 年,又有传言说她将会与苏格兰的詹姆斯五世(James V)结婚。就在此时,她的父亲可能要离婚这一阴影开始降临到她身上。

1533 年,其父母的婚姻被宣布为不合法,这一事件的影响是毁灭性的。在 16 世纪欧洲强大的王朝世界,她的婚姻前景一片黯淡。更糟的事情接踵而至。虽然安妮·博林(Anne Boleyn)被处决而她的父亲与简·西摩再婚,但这依然未能缓解她的处境,因为国王依然要求她承认她母亲的婚姻无效。不过,1537 年 6 月,在托马斯·克伦威尔的推动下,她屈服了,而后被授予了属于她自己的府邸,也像以前一样,受到了并不可靠的荣宠。1537 年 10 月,她同父异母的弟弟爱德华(Edward)出生,她成为女王的所有可能性似乎都不存在了。

亨利人生余下的岁月对于玛丽而言更显平静,而她也与其父最后一任妻子凯瑟琳·帕尔(Catherine Parr)关系和睦。1543 年的一份法令恢复了玛丽的王位继承权,但她排在爱德华王子以及凯瑟琳·帕尔可能生下的任何孩子之后。从 1547 年起,爱德华六世的统治为她带来了新的考验。国王的两位主要顾问,萨默塞特(Somerset)与诺森伯兰(Northumberland),大力抬升新教教义的地位,而年轻的国王也成长为一位热心于宗教改革的人物。1549 年的《礼拜仪式统一法》(Act of Uniformity)禁止使用弥撒的名称,但玛丽依然如故,她因此遭到警告。1551 年 3 月,爱德华把她召到枢密院,宣布他"无法容忍其行为",而玛丽的回应则是"她的灵魂属于上帝,她不会改变信仰"。她之所以能在这种僵局中保全自己,原因在于 1553 年 7 月 6 日置爱德华于死地的疾病此时已经开始发作。

即便在那时,玛丽能否即位也绝非定事。此前爱德华已经宣布简·格雷夫人(Lady Jane Grey)为他的继承人,7 月 9 日,格雷被宣布成为女王。玛丽此时已经逃到东盎格利亚的肯宁霍尔（Kenninghall），并于 7 月 10 日宣布自己为女王。诺森伯兰公爵的支持者在数日之内土崩瓦解，而玛丽于 8 月 7 日进入伦敦开始了她的统治，此时她 37 岁。玛丽破除万难取得成功，她把这归于自己坚定不移的信仰以及得自欧洲共同信仰者的帮助。

正如帝国大使雷纳德（Renard）所指出的那样，玛丽根本没有统治经验。她立即向雷纳德寻求建议。玛丽的统治是要实现两个密不可分的目标，即恢复天主教信仰；以及缔结一桩婚姻，寄希望于王位不至传至其同父异母的妹妹伊丽莎白公主手里。

要弥合与罗马教廷的裂痕，这件事情并不简单。尽管弥撒又可以公开举行，某些新教的主教也很快被停职，但教会发生的许多变化都是由此前颁布的各项法规带来的，只有召开议会，才能将这些法规废除。1553 年秋，玛丽召开了第一届议会，会议一开始就宣布玛丽母亲的婚姻是合法的，并废除了爱德华六世时期的大部分宗教立法。然而，绅士和贵族对于让他们交出已经占有的修道院地产的要求，没有表现出任何兴趣。

考虑到玛丽的年龄以及需要有继承人，必须对她的婚姻迅速做出安排。当皇帝查理五世推荐自己刚刚成为鳏夫的儿子腓力时，玛丽为能同西班牙建立关系而动心，欣然同意。为了反对玛丽与西班牙联姻，怀亚特（Wyatt）发动了起义——这场起义是更大密谋的组成部分，但最终失败。该事件曾一度对玛丽构成了威胁，但玛丽不为所动。一开始时，这场婚姻似乎实现了它的主要目标。1554 年，玛丽宣布自己怀孕。1555 年夏，华丽的摇篮已经准备就绪，就连摇篮手也任命到位了。然而，并没有婴儿降生。1555 年 8 月，腓力因紧急事务动身前往低地国家。

与此同时，与罗马教廷的和解工作依然在继续进行。1554 年 11 月，当波尔（Pole）最终从欧洲大陆归来并宣布赦免分裂教会之罪时，这一天对玛丽而言可谓欣喜异常。1556 年 3 月，波尔接替克兰麦（Cranmer）成为坎特伯雷大主教。1554 年 12 月，议会撤销了国王的教会最高首脑头衔，同时承认教皇在教会中的权威地位。玛丽出于天性，最初对新教徒比较有耐心。然而，随着反对之声日益高涨，玛丽的态度也变得强硬起来。第一个牺牲品是约翰·罗杰斯（John Rogers），他是伦敦的布道者，于 1555 年 2 月在史密斯菲尔德（Smithfield）走向火刑柱,此后又有大约 300 人被处死。温和的天主教徒对此感到沮丧,认为"对于宗教事务上的问题,不能草率行事",雷纳德在给腓力的信中写道,"残酷的惩罚并不是最好的办法。"

尽管在玛丽的婚姻协议中含有禁止英格兰为了协助西班牙而向他国开战的条款,但这场婚姻的目的就是要协助西班牙。1557 年 6 月,玛丽对法国宣战。1558 年 1 月,法国人掌握了战争的主动权并包围了加莱。加莱是伟大的帝国前哨站,英格兰人对它的控制超过了 200 年,在数周之内便告投降了。

此后,玛丽所剩不多的人生中依然少有慰藉。1557 年,腓力第二次,也是最后一次来到英格兰,仅仅逗留了不到三个月的时间。然而,1558 年 1 月,玛丽告诉腓力,说她再次怀孕了,而且孩子即将降生。但这一次她只是自欺欺人。到了夏季,她的病情已经越来越重,而越来越多的人把他们的爱戴之情投给了伊丽莎白。10 月,玛丽在其遗嘱中增加了一条令人感到悲哀的附录:"那时我想我自己就快要和孩子团聚了"。1558 年 11 月 17 日,玛丽去世,而枢机主教波尔仅仅比她多活了 12 个小时。

玛丽的失败是彻底的,她临死时已生无可恋。虽然现代历史学家已经指出她统治时期的建设性成就——货币改革、注重发展海军以及重新整理习惯法,但就玛丽本人而言,与她那垮掉的宏大理想相比,这些事情可能一文不值。火刑使她钟爱的教会声誉扫地,种下了无数的仇恨,在之后数世纪一直困扰着天主教事业的发展。就把英格兰变成新教国家而言,没有人比玛丽出力更多。

Mary II(1662—1694) **玛丽二世**(1662—1694) 英格兰、苏格兰与爱尔兰女王(1689—1694 年在位)。玛丽是约克公爵詹姆斯(James, duke of York)与第一任妻子安妮·海德(Anne Hyde)的长女,安妮·海德是查理二世的第一任大法官克拉伦登伯爵(earl of Clarendon)的女儿。直到 17 世纪 60 年代,玛丽的父母才皈依天主教,而她和她的妹妹安妮(生于 1665 年)是作为新教徒被抚养长大的。姐妹俩的新教信仰在她们的人生中一直居于核心地位。玛丽身材高挑,美貌异常,魅力十足。1677 年与其表兄奥兰治的威廉的婚姻最初曾使她令人误解;而这场婚姻最终也没有后代诞生。然而,她最终克服了自己心中的疑虑,尽管威廉对她并不忠诚,他们还是享有单纯的家庭生活。

玛丽甘于听从威廉的做法,使得威廉在联合君主制下拥有了行政权。她与安妮的关系比较冷淡,因为安妮对威廉成为联合君主表示强烈不满。当威廉在爱尔兰迁延日久以及 1690—1694 年在欧洲大陆时,玛丽主持朝政。1694 年 12 月,她因染患天花去世。她的死令人们普遍感到悲痛,尤其是国王本人。

Mary Bohun（c.1370—1394）　**玛丽·博亨**（约 1370—1394）　玛丽·博亨是亨利·博林布罗克（Henry Bolingbroke）,即后来的亨利四世的妻子。玛丽是亨利的第一任妻子,她是赫里福德伯爵汉弗莱·博亨（Humphrey Bohun, earl of Hereford,卒于 1373 年）的小女儿和共同女继承人。1380 年她嫁给了时为德比伯爵的亨利（Henry, earl of Derby）,亨利由此成为了赫里福德伯爵。他们存活下来的孩子有亨利（后来的亨利五世）、托马斯、约翰、汉弗莱【Humphrey,即后来的克拉伦斯公爵、贝德福德公爵与格洛斯特公爵（dukes of Clarence, Bedford, and Gloucester）】、布兰奇（Blanche）——她嫁给了后来成为莱茵巴拉丁选侯（elector of the Rhine Palatinate）的刘易斯（刘易斯四世）,以及菲利帕（Philippa）——她嫁给了丹麦国王埃里克七世（Eric VII）。玛丽死于分娩。

Mary of Gueldres（d.1463）　**盖尔德斯的玛丽**（卒于 1463 年）　苏格兰国王詹姆斯二世王后。玛丽是盖尔德斯的阿诺德公爵（Duke Arnold of Gueldres）的女儿,于 1449 年 7 月成为詹姆斯的王后,并至少为詹姆斯生下 7 个孩子。在生育孩子这十年以后,她的丈夫在罗克斯堡（Roxburgh）去世（1460 年 8 月）,玛丽由此掌握统治大权,并展现出她出色的外交才能。她先是与兰开斯特派展开谈判（于 1461 年得到贝里克郡）,而后改变立场转向胜利的约克派。

Mary of Guise（1515—1560）　**吉斯的玛丽**（1515—1560）　苏格兰国王詹姆斯五世的王后。玛丽是吉斯公爵克劳德（Claude, duke of Guise）的女儿,她于 1538 年 6 月嫁给了詹姆斯。她与詹姆斯生下两个儿子,但全部夭折;还生有一个女儿玛丽。在玛丽出生不到一周时,詹姆斯便于 1542 年 12 月 14 日去世了。在随后的玛丽幼年执政时期,这位遗孀王后坚定地维护法国天主教在苏格兰的利益。1548 年,她的女儿与法国王太子订婚;1554 年,玛丽被正式任命为摄政。

虽然这标志着法国对苏格兰的控制更加紧密，但玛丽执行调和性的宗教政策，以此确保新教贵族默许与法国联姻。之后，玛丽开始执行更具压迫性的政策，致使一场结果不定的新教叛乱于 1559 年 5 月爆发。这场叛乱的结果最终取决于外部因素。英格兰代表新教利益干涉其中，法国无法与之抗衡。玛丽的军队被围困在利斯（Leith），玛丽本人生病并逃往爱丁堡城堡避难，于 6 月 11 日在那里去世。

Mary of Modena（1658—1718） **摩德纳的玛丽**（1658—1718） 詹姆斯二世的王后。摩德纳的玛丽是詹姆斯二世的第二任妻子，他的第一任妻子安妮·海德（Anne Hyde）死于 1671 年。她强化了詹姆斯的天主教热情，虽然她对与詹姆斯的结合在一开始时有些摇摆不定，而且在初次见到詹姆斯时嚎啕大哭，但这场婚姻后来发展出了浓厚的感情。1687 年，在拜访巴斯（Bath）之后，她于 1688 年 6 月生下一个儿子。新教徒对这个新生的婴儿既心存怀疑，认为这不是她的孩子，又感到绝望，而这也是促成他们迎来奥兰治的威廉（William of Orange）的一个因素。1688 年 12 月，玛丽带着襁褓中的婴儿逃到法国，詹姆斯也接踵而至。1701 年，詹姆斯去世，玛丽依旧留在了圣日耳曼（Saint-Germain）。

Mary of Teck（1867—1953） **泰克的玛丽**（1867—1953） 乔治五世的王后。在结婚之前，泰克的玛丽被称为梅公主（Princess May）。对她来说，继亚历山德拉（Alexandra）之后成为王后绝非一件轻松的事，因为大众极其爱戴前任王后。然而，她天生威严，性格坚定，又有极强的责任感，这些使她非常适合担任王后的角色。她是泰克公爵（duke of Teck）的独生女，母亲是乔治三世的外曾孙女以及维多利亚女王的堂妹。25 岁时，她与克拉伦斯公爵阿尔伯特·维克托（"埃迪"）【Albert Victor, duke of Clarence,（"Eddie"）】订婚，在他突然去世后，玛丽与他的弟弟乔治（George）成婚，后者借此成为约克公爵。

Mary Tudor（1495—1533） **玛丽·都铎**（1495—1533） 法国王后，萨福克女伯爵。玛丽·都铎是亨利八世的妹妹，她的后人简夫人（Lady Jane）和凯瑟琳·格雷夫人（Lady Catherine Grey）均对王位提出了要求。1514 年，她与年迈的法国国王路易十二世结婚。她做了三个月的法国王后,其丈夫便于 1515 年 1 月 1 日去世。亨利之前曾公开允诺,一旦她丧偶便有权为自己选择婚姻,于是,数周之内,她便与萨福克公爵查尔斯·布兰登(Charles Brandon, duke of Suffolk)秘密结婚。至于她的哥哥亨利八世因此而生的怒火,则被她用钱财珠宝等礼物摆平。

Marylebone Cricket Club 玛丽勒本板球俱乐部 世界上最早出现的板球俱乐部。1787 年,玛丽勒本板球俱乐部由一群贵族创建于伦敦,位于托马斯·洛德(Thomas Lord)在多塞特广场(Dorset Square)的空地。玛丽勒本板球俱乐部取代汉布尔登板球俱乐部(Hambledon Cricket Club)的全国俱乐部领袖的地位,主管板球运动长达 182 年,直到 1969 年,板球运动的管理权才被转给板球理事会(Cricket Council)。

***Mary Rose* "玛丽玫瑰"号** "玛丽玫瑰"号于 1512 年至 1514 年建造完成,当时是亨利八世海军中最好的舰船之一。1545 年 7 月 19 日,由国王亲自观礼,她从朴次茅斯(Portsmouth)起航,加入了同法国舰队的作战行列。然而,在离岸不久还处于启航之际,"玛丽玫瑰"号沉没,船上数百人员,包括海军中将在内,全部葬身大海。1979 年,玛丽玫瑰信托基金会(Mary Rose Trust)成立,基金会得到威尔士亲王的支持,该组织于 1982 年 10 月 11 日成功地把船体打捞出水。

Maserfield, battle of, 642. 马瑟费尔德之战(642) 麦西亚王国国王彭达(Penda)在这次战斗中击败并杀死了诺森伯里亚王国国王渥斯沃尔德(Oswald)。据比德(Bede)所载,彭达曾割下渥斯沃尔德的首级和双手钉于木桩之上,这或许是向异教战神献祭。这场战斗的发生地并不确切,一度有人认为是在什罗普郡的奥斯沃斯特里【Oswestry,意即"渥斯沃尔德之树"("Oswald's tree")】,但更可能是在靠近麦西亚—诺森伯里亚边境的某个地方。

master of the king's (queen's) music 国王(女王)音乐主管 这一头衔用

来指称君主的私人乐师主管。该职位由查理一世于 1625 年设立,首先授予尼古拉斯·拉尼尔(Nicholas Lanier)。王朝复辟(Restoration)时期,这一职务得到发展,将查理二世的 24 人小提琴乐队纳入其中。然而,在今天,国王的音乐师只负责为国家或王室重大活动创作临时性作品。

master of the rolls 掌卷法官 掌卷法官是高级法官之一,其职责包括保管大法官法庭(Chancery)的卷宗以及公共档案(Public Records),后一项职能一直延续至 1958 年,此后公共档案转由大法官(lord chancellor)保管。掌卷法官也是上诉法院(Court of Appeal)民事庭庭长。

Matapan, battle of, 1941. 马塔潘之战(1941) 当英国独自对抗轴心国时,几乎很少取得胜果。然而在地中海,意大利舰队的指挥很糟糕。1941 年 3 月 28 日,一支由海军中将普里德姆—威佩尔(Pridham-Wippell)率领的英国舰队与意大利舰队在马塔潘角(Cape Matapan)遭遇。英方行动以使用舰载机和雷达为特点,击沉了意大利最先进的三艘巡洋舰和两艘驱逐舰。

Matilda(c.1030—1083) 玛蒂尔达(约 1030—1083) 威廉一世的王后,诺曼底公爵夫人。玛蒂尔达是佛兰德伯国鲍德温五世(Count Baldwin V of Flanders)的女儿。她与威廉大约于 1050 年结婚,这场婚姻最初被教廷禁止,原因在于某种(未指明)血缘关系,而这对夫妇则通过在卡昂(Caen)修建两座修道院来赎罪。玛蒂尔达的婚姻似乎一直极为成功,在威廉不在诺曼底时,她经常担任摄政。

Matilda(c.1080—1118) 玛蒂尔达(约 1080—1118) 亨利一世的王后,诺曼底公爵夫人。玛蒂尔达是亨利一世的第一任妻子,是苏格兰国王马尔科姆·坎莫尔(Malcolm Canmore)与其王后圣玛格丽特(St Margaret)的女儿,圣玛格丽特是埃德加王子(Edgar the Atheling)的妹妹。玛蒂尔达与亨利一世于 1100 年成婚,这场婚姻很明显是希望通过与旧英格兰王室建立联系而加强亨利王权的合法性。据说,玛蒂尔达把宫廷维持得豪华而虔诚,而且她还是艺术家和音乐家慷慨的资助人。

Matilda（Maud）（d.1131）　**玛蒂尔达**（莫德）（卒于 1131 年）　苏格兰国王戴维一世王后。玛蒂尔达是诺森伯里亚的瓦尔塞奥夫伯爵（Earl Waltheof of Northumbria）与其妻，即征服者威廉（William the Conqueror）的侄女朱迪思（Judith）所生的女儿，曾嫁于西蒙·德·森利斯（Simon de Senlis）而成孀妇。她与未来的戴维一世于 1113 年结婚。这桩婚姻给苏格兰王室带来了亨廷登伯爵领（earldom of Huntingdon，瓦尔塞奥夫的另一处伯爵领），并使其深深卷入到英格兰社会之中。

Matilda（Maud），**Empress**（1102—1167）.　**玛蒂尔达**（莫德），**神圣罗马帝国皇后**（1102—1167）　玛蒂尔达是亨利一世的女儿。她在 8 岁时便离开英格兰前往德意志与皇帝亨利五世结婚，直至 1125 年亨利去世她才重返英格兰。1127 年，玛蒂尔达被指定为亨利一世在英格兰和诺曼底的继承人，因为在当时她是亨利一世唯一尚在世的合法后代。威廉王子因白船（White Ship）失事而丧生（1120 年）。她的第二任丈夫是安茹的杰弗里（Geoffrey of Anjou），二人于 1128 年 6 月结婚，当时杰弗里只有 14 岁。这是一桩十分不幸的婚姻，但期待中的继承人，即未来的亨利二世于 1133 年降生。1135 年亨利一世去世后，他的侄子布卢瓦的斯蒂芬（Stephen of Blois）发动政变，夺取了英格兰王位。玛蒂尔达于 1139 年登陆英格兰去捍卫她的权利。她在 1141 年几乎就要成功，当时她俘获了斯蒂芬，但她却与王冠无缘，部分原因是由于她对当时的局势处置不当。她有时充当亨利二世的副摄政，而亨利二世在很多重要事务上也都依赖她的建议。

Matilda of Boulogne（c.1103—1152）　**布洛涅的玛蒂尔达**（约 1103—1152）　斯蒂芬的王后。在斯蒂芬与皇后玛蒂尔达（Empress Matilda）进行的内战中，玛蒂尔达是斯蒂芬事业坚定的支持者。当斯蒂芬于 1141—1142 年间被囚禁时，她在粉碎皇后计划的过程中担当着核心角色。斯蒂芬的事业在她去世后急速衰落。

Matthew Pairs（**c.1200—1259**）　**马修·帕里斯**（约 1200—1259）　马修·帕里斯于 1217 年进入圣奥尔本斯修道院（monastery of St Albans），并花费大半生时间在那里写作历史。他撰写的《修道院纪事》（*Gesta abbatum*）记录了他所在的修道院的历史。他最伟大的作品是不朽杰作《大编年史》（*Chronica majora*），马修·帕里斯因这部作品而闻名，而这部作品也是当时在英格兰撰写的最全面的历史。

Matthews, Sir Stanley（**1915—2000**）　**斯坦利·马修斯爵士**（1915—2000）　足球运动员。斯坦利·马修斯爵士生于波特里斯（Potteries）的汉利（Hanley），1932 年首次代表斯托克城（Stoke City）队参加比赛，1934 年首次代表英格兰队出战。1947 年至 1961 年，他为布莱克浦（Blackpool）队效力。1961 年，他返回斯托克城队，并于 50 岁时退役。在其退役之际，他被授封为爵士。

Mau Mau rebellion　**茅茅暴动**　茅茅暴动发生于 20 世纪 50 年代，是由基库尤人（Kikuyu）发动的反抗英国在肯尼亚的殖民统治的猛烈底层反抗运动。暴动缘起于基库尤人感觉自己遭到剥削，他们的大片土地被白人殖民者夺走。

Maurice, Frederick Dension（**1805—1872**）．　**弗雷德里克·丹尼森·莫里斯**（1805—1872）　安立甘宗神学家，社会改革家。莫里斯在英国圣公会（Church of England）被授予圣职，在伦敦的国王学院成为神学教授。然而，由于他关于永罚的非正统观点，莫里斯不得不于 1853 年辞职。他被 1848 年的政治事件深深触动，并宣布自己是基督教社会主义者（Christian socialist）。1854 年，他在伦敦创建工人学院（Working Men's College），而他基督教社会改革领袖的地位也日益得到承认。

Mauritius　**毛里求斯**　阿拉伯人很早就知道毛里求斯。发现毛里求斯的是葡萄牙人，却被荷兰人殖民，荷兰人以拿骚总督莫里斯（Maurice of Nassau）的名字命名之。1810 年，英国人占领毛里求斯并使其成为王室直辖殖民地。1947 年，毛里求斯建立了代议制政府。1968 年，毛里求斯在英联邦中获得独立。

Maxton, James（1885—1946）． **詹姆斯·马克斯顿**（1885—1946） 社会主义鼓动家。马克斯顿是一位格拉斯哥教师的儿子,他于 1904 年加入独立工党（Independent Labour Party,LLP）。作为社会主义事业的炽烈而又诙谐的演说家,他赢得了良好的声誉。1919 年,马克斯顿成为独立工党的组织者,并于 1926 年成为该党主席;与此同时,他代表格拉斯哥布里奇顿（Glasgow Bridgeton）被选为独立工党的议会下院议员（1922—1946 年）。吉米·马克斯顿①（Jimmie Maxton）曾经是一位叛乱者,是克莱德塞德派（Clydesiders）的领袖成员。

Maxwell, James Clerk（1831—1879）． **詹姆斯·克拉克·麦克斯韦**（1831—1879） 麦克斯韦是数学物理学家,尤其以关于电磁学和气体理论的研究而闻名。他曾在阿伯丁（Aberdeen）和伦敦执教,此后在 1871 年他被剑桥大学任命为讲座教授,创设这一教授席位是为了纪念亨利·卡文迪什（Henry Cavendish）。在他的督导下,卡文迪什实验室（Cavendish Laboratory）建立起来,J. J. 汤姆孙以及卢瑟福勋爵（Lord Rutherford）后来都曾在该实验室工作过。

M

Mayflower **"五月花"号** 虽然"五月花"号仅重 180 吨,并不显眼,但它却名垂千古,因为它搭载了第一批前往新英格兰（New England）的移民,而 1620 年 11 月 21 日的《五月花公约》（*Mayflower Compact*）也是在这艘船上签署的。这份公约是自治政府的早期实践,在它之后出现了正式的经由选举产生的统治者和议会。

Mayne, Cuthbert（c.1543—1577） **卡思伯特·梅恩**（约 1543—1577） 天主教殉教者。梅恩出生在巴恩斯特珀尔（Barnstaple）附近,年轻时便成为安立甘宗的牧师。因为受到坎皮恩（Campion）的影响,他皈依天主教,加入杜埃（Douai）的神学院,并于 1575 年被祝圣为神父。1576 年 4 月,他被派往康沃尔,但不到 3 个月就遭到逮捕。1577 年 11 月,梅恩以叛国者罪名在朗斯顿（Launceston）被处决,成为首位殉难的由杜埃神学院培养的神父。

---

① 即詹姆斯·马克斯顿,吉米是詹姆斯的昵称。——译者注

Maynooth seminary　梅努斯神学院　当法国的天主教神学院因大革命而被关闭之际,爱尔兰主教团请求在爱尔兰开设一座天主教神学院。英国政府表示同意,因为此举或许可以使年轻的爱尔兰神父免受来自大陆的革命教义的影响。政府为其提供年度资助。1845 年,作为重组爱尔兰高等教育计划的组成部分,皮尔(Peel)再次提高了资助额。对于倔强的保守党来说,皮尔的行为不过是另一项背叛,因此有大量请愿反对这项法案。

mayors　市长　"市长"【*major*,意即"较大的"("greater")】一词在后罗马时期的西欧被用来指称具有监管职责的官员,之后被法国北部地区革命性的市镇政府用来指称被选举出的市镇领袖。出于对它们的模仿,当伦敦人在 1190 年左右组成誓约性的社团时,他们选出了一位市长,而约翰国王在 1215 年承认了伦敦的市长职位。中世纪后期,英格兰大部分著名城镇都遵循伦敦的先例,选出了自己的市长。自 1835 年起的市政改革,允许相当多的城镇设置市长或市长大人(lord mayor),但把他们的实权减到最低:他们通常仅仅是城市议会的主席,并且只是希望他们把大部分的时间投入到点缀性的或是礼仪性的职能中。然而,根据 2000 年的《地方政府法》(Local Government Act),某些自治市镇已经可以选举具有行政权的市长。

maypoles　五朔节花柱　五朔节花柱是古代丰产的象征,由五朔节(May Day)仪式上使用的树杆发展而来,它一般竖立在村庄的草地上,用花予以装饰,是节庆期间的核心要素。由于这一习俗与异教联系在一起,有伤风化,因而清教徒对之强烈谴责,致使竖立五朔节花柱于 1664 年被禁止,但在王朝复辟之后,这一习俗在五朔节或王朝复辟纪念日(Oak Apple Day,5 月 29 日)的庆典上再次出现。

Meath(Mide),diocese of　米斯(中部地区)主教区　米斯这一爱尔兰主教区位于阿马教省(Armagh province),创立于 1216 年,通过合并克洛纳德(Clonard)、凯尔斯(Kells)以及德利克(Duleek)等主教区而成。今天,无论天主教还是安立甘教会,都有米斯主教区,其主教座堂分别位于特里姆(Trim)和基尔代尔(Kildare)。

Meath, kingdom of 米斯王国 当乌伊尼尔(Uí Néill)于 5 世纪在爱尔兰中部和北部确立霸权之后,米斯【Mide,"中部地区"("middle province")】继阿尔斯特(Ulster)、伦斯特(Leinster)、芒斯特(Munster)及康诺特(Connacht)之后,成为爱尔兰的第五个行政区(province)。然而,米斯王国在 8 世纪时瓦解,一个单独的布雷加王国(kingdom of Brega)形成。尽管两者于 11 世纪重新统一,但米斯王国再也未能恢复之前的重要地位。

mechanics' institutes 技工讲习所 1823 年,伦敦技工讲习所(London mechanics' institutes)——即后来的伯克贝克学院(Birkbeck College)创立。此后这类成人教育机构快速扩展,特别是在北部和中部的工业地带。这些机构最初的目的是为技工提供科学知识,然而事实证明这一目标不切实际。到 1840 年时,经常进入这些机构的都是中产阶级下层的职员、零售商以及少数家境较好的工匠。19 世纪 60 年代以后,技工讲习所获得了新的角色,成为艺术社(Society of Arts)以及科学和艺术系(Science and Art Department)的夜校(night schools),由此,逐渐成为技术学院的先驱。

Medina del Campo, treaty of, 1489. 《坎波城条约》(1489) 1489 年,亨利七世试图支持布列塔尼(Brittany)抵抗法国的入侵,同时也寻求能够在他的继承人阿瑟(Arthur)与尚是婴儿的凯瑟琳(Catherine)——阿拉贡与西班牙的费迪南德(Ferdinand of Aragon and Spain)之女——之间缔结婚姻。1489 年,英格兰与西班牙签订《坎波城条约》,双方确认了这一婚姻安排并结成反法联盟。然而,1491 年布列塔尼女伯爵(duchess of Brittany)与查理八世(Charles VIII)结婚,他们的领地由此统一。凯瑟琳与阿瑟的婚礼一直推迟到 1501 年才举行,而在 5 个月之后,阿瑟便因病去世。

Medway, battle of, AD 43. 梅德韦河之战(公元 43 年) 对于罗马入侵战役中发生的这场重要战斗,目前只能确认其发生的地点位于滩头堡(beachhead)

与泰晤士河(Thames)之间的一条河流上,几乎可以肯定这条河就是梅德韦河。罗马的后备部队渡过该河,杀掉了不列颠人战车的战马,而罗马军团则在未来皇帝韦斯巴芗(Vespasian)的率领下强渡梅德韦河。

Medway,Dutch attack in the,1667. 荷兰在梅德韦河的攻击(1667) 英格兰海军历史上最为"骄人"的战绩之一。6月10—14日,荷兰舰队向梅德韦河的英格兰海军锚地展开进攻,当时英格兰正努力从伦敦大瘟疫(Plague)和伦敦大火(Great Fire)的灾难中恢复元气。英格兰人以凿沉船只、建造水栅的方式,对梅德韦河的锚地加以保护,以使荷兰舰队难以接近。然而,荷兰舰队突破了这些防御,由此造成了英格兰海军的恐慌。"皇家查理"号(*Royal Charles*)被荷兰人掠回本国,而"皇家詹姆斯"号(*Royal James*)、"忠诚伦敦"号(*Loyal London*)以及"皇家橡树"号(*Royal Oak*)被荷兰舰队击沉。

Melba,Nellie(1859—1931). **内莉·梅尔巴**(1859—1931) 歌剧演唱家。梅尔巴生于澳大利亚的墨尔本(Melbourne)附近,父母是苏格兰人,原名海伦·波特·米切尔(Helen Porter Mitchell)。只是在嫁给查尔斯·阿姆斯特朗(Charles Armstrong)之后,她的天赋才得到了发展。在巴黎学习后,她以"梅尔巴夫人"("Mme Melba")之名在布鲁塞尔惊艳首秀,而"梅尔巴"的艺名明显源于她的出生地。之后,她在世界范围内受到称赞。由于她在战争期间为慈善事业所做的工作,梅尔巴被授予"女爵士"("Dame")勋位,赢得了巨大的人望和荣誉。1926年,她在考文特花园(Covent Garden)进行了告别演出。

Melbourne,William Lamb,2nd Viscount(1779—1848). **威廉·兰姆,第2代墨尔本子爵**(1779—1848) 首相。墨尔本子爵在某些方面本质上是18世纪的人物:他关于政府的观念即使不是否定的,也是固定不变的——维护法律和秩序,管理外交关系,完成那些既不能拖延也不能避免的变革。

他的外表属于典型的老辉格党人风格——懒散、贵族气派、和蔼可亲以及一副外行像。然而,这样的外表具有欺骗性。墨尔本子爵愤世嫉俗的态度并非只是摆摆样子而已,他能够做到勤奋工作,并一直致力于把想法应用于实践。26

岁时,他与卡罗琳·庞森比女士(Lady Caroline Ponsonby)结婚,这桩婚姻对他来说极其不幸,妻子的轻率、敏感和易怒加深了墨尔本子爵对不幸和对抗的恐惧,而她却乐此不疲。他们唯一的孩子智力迟钝。

墨尔本成长在一个庞大且钩心斗角的家族。他先后在伊顿公学(Eton)和剑桥大学三一学院(Trinity College)接受教育,并且在约翰·米勒(John Millar)教授的教导下在格拉斯哥度过一年时光。1805年,他的命运骤然变化,当时,他的哥哥去世使得他成为贵族爵位的继承人。他放弃了已经开始的法律事业,转向政治。他加入了辉格党反对派,但却处于该党的右翼,与皮尔(Peel)、赫斯基森(Huskisson)以及自由派的托利党有许多共同之处。1827年他还不满48岁时,墨尔本在坎宁的政府中担任爱尔兰事务大臣,在不到一年的时间里,他便与赫斯基森一起辞职。

尽管这一从政经历的时间十分有限,但却十分重要,因为于1830年取得执政地位的辉格党经验不足,所以墨尔本在格雷(Grey)的政府中担任了内政大臣之职。1831年在处理斯温骚乱(Swing riots)以及1834年在处理托尔帕德尔蒙难者(Tolpuddle martyrs)事件时,他表现出超乎预料的坚定。1834年,墨尔本接替格雷已是显而易见之事。威廉四世不信任墨尔本政府,6个月后,国王撤换政府,托利党上台。皮尔政府因未能赢得议会多数席位而解散,墨尔本子爵再度组阁,并抓住机会弃用了布鲁厄姆(Brougham)——他是不可能胜任大臣职位者之一。

无法说墨尔本子爵第二次主政有多么骄人的业绩。这个政府依赖爱尔兰和激进分子的支持,而托利党控制的议会上院扼杀了它的许多举措。墨尔本子爵迎难而上,时而发誓赌咒,时而调侃戏谑,时而绝望无助。然而,1837年,维多利亚女王的即位改变了一切。他经历了一个小阳春(Indian Summer),其间享受到了王室的青睐,年轻的女王对他的每句话都洗耳恭听,同时欣赏他的每个玩笑。她与墨尔本子爵在赛场遭人嘘声,而"墨尔本夫人"("Mrs Melbourne")这个名号更是对她粗鲁的嘲讽。1839年的侍寝官危机(Bedchamber crisis)时,皮尔面对女王明显的敌意未能组成政府,这又给了墨尔本政府两年的执政时间。然而,在1841年他解散议会举行大选时,他失败了。次年,墨尔本子爵不幸中风。1848年去世以前,墨尔本子爵一直与现实格格不入。"他并非一位优秀或意志坚定的大臣",这便是对墨尔本这位维多利亚女王曾经仰慕之人的冷静评价。

Mellitus　梅利特斯　伦敦主教(604—619 年),坎特伯雷大主教(619—624 年)。梅利特斯是 601 年罗马教廷派出的布道团成员之一,派出这一布道团的目的是加强最初于 597 年派出的奥古斯丁(Augustine)布道团的力量。617 年,当埃塞克斯皈依基督教的国王王位传至其异教徒儿子的时候,梅利特斯被从伦敦驱逐。(大约同时)肯特也出现了即位的异教国王,因而梅利特斯不得不逃亡高卢(Gual),之后他返回英格兰并担任了坎特伯雷大主教。

Melun, treaty of, 1593.　《默伦条约》(1593)　伊丽莎白一世与法国的亨利四世(Henri IV)在默伦签订的条约,双方誓言不单独与西班牙媾和。当亨利四世 1598 年在韦尔万(Vervins)决定与西班牙达成和解协议时,伊丽莎白一世愤怒异常。

Melville, George Melville, 1st earl of [S] (1636—1707).　乔治·梅尔维尔,第 1 代梅尔维尔伯爵【苏格兰】(1636—1707)　梅尔维尔 7 岁时继承了其父的男爵爵位。作为一位来自法夫(Fife)地区的热忱的长老会信徒,他与麦酒店阴谋案(Rye House plot)有牵连,并且支持蒙茅斯叛乱(Monmouth rising)。在流亡中,他投靠了奥兰治的威廉(William of Orange)。1690 年他被晋封为伯爵爵位,而他的家族在威廉当政时在苏格兰有巨大影响。梅尔维尔本人在 1689—1690 年间担任苏格兰国务大臣,1690—1696 年间担任苏格兰王玺掌管大臣(lord privy seal),1696—1702 年间担任苏格兰枢密院院长。

mercantilism　重商主义　这一概括性的术语是 1763 年时由米拉博(Mirabeau)创造出来的,通常用来指盛行于 16 世纪至 18 世纪的经济政策体系。重商主义者认为,只有通过与敌对国家的竞争,才能提升民族国家的实力。重商主义者的最大特点是其关于贸易与黄金的观点。财富被纯粹以储存的金块来界定,因此顺差贸易变成了增加货币储存的首要政策目标。这套观念支持获取殖民地以提供必要的进口,否则这些物资便不得不通过使用贵金属从敌对国购买。17

世纪由英国政府引入的《航海条例》(Navigation Acts)代表着典型的重商主义作法,通过规定殖民地贸易的货物必须由英国船只运输,重商主义者力图操控贸易成本。

现代经济学思想基本不支持重商主义的基本观念。货币理论把限制贸易视为破坏经济增长的行为。同样,垄断性的市场控制以及对经济行为的规定管理被视为效率低下之源。

Merchants, statute of, 1285.   《商人法》(1285)   这项在威斯敏斯特颁布的法令(13 Edw.I s.3),加强了《阿克顿·伯内尔法》(statute of Acton Burnell)中出于提升贸易的利益而快速收回债务的条款。债务人如未能偿还债款将被立即监禁,而且有可能会丧失他们所有的土地。

Merchant Venturers   商人冒险家公司   商人冒险家公司是最大的贸易公司之一。伦敦商人冒险家公司(London Merchant Venturers)与绸布商公会(Mercers' Company)联系紧密,直到 1666 年伦敦大火(Great Fire)之前,它们一直共享绸布商公会大厅(Mercers Hall),其对手是羊毛商公司(Staplers' Company),这一公司专门从事羊毛出口业务。1505 年,亨利七世为商人冒险家公司授予了特许状,设立了一位主管和 24 位顾问。为了维护对呢绒贸易的垄断,商人冒险家公司同许多对手和敌人展开对抗。在海外,商人冒险家公司同汉萨同盟(Hanseatic League)以及变幻无常的外交政策进行斗争。1689 年光荣革命(Glorious Revolution)后不久,呢绒出口面向所有国民开放,由此剥夺了商人冒险家公司的垄断权。

Mercia, kingdom of   麦西亚王国   麦西亚在 7 世纪末至 8 世纪主宰着盎格鲁—撒克逊人的政治。"麦西亚人"("Mercian")的名称意为"边境居民"("the borderers"),一般认为该名称缘起于他们居住的位置,这一位置在东海岸的盎格鲁—撒克逊人定居点与西部的不列颠人诸王国之间。麦西亚王国的核心地带位于特伦特河谷(Trent valley)的中部。麦西亚的教会中心利奇菲尔德(Lichfield,设立于 669 年)以及重要的王室中心雷普顿(Repton)和塔姆沃思(Tamworth）均位于这一区域之内。

第一位能够得到确证的麦西亚国王是凯尔（Cearl），他的女儿昆伯（Cwenburh）与德伊勒的埃德温（Edwin of Deira）在7世纪早期结婚。通常认为，彭达（Penda，约626—655年）把麦西亚变成了一个重要的盎格鲁—撒克逊王国。他的儿子伍尔夫希尔（Wulfhere，658—675年）遵循侵略性的军事政策，这使他们能够从南部的盎格鲁—撒克逊诸王国、诺森伯里亚王国，或许还有某些不列颠人王国收取贡金。

8世纪时，麦西亚王国的主宰者是两位强势君主：埃塞尔鲍尔德（Æthelbald，716—757年在位）与奥法（757—796年在位）。这两人都宣称自己是彭达兄弟埃奥瓦（Eowa）的后裔。他们试图把麦西亚的控制区扩展到威尔士东部、东盎格利亚以及泰晤士河（Thames）以南的各个地区。肯特王国和萨塞克斯王国变成了麦西亚的属地，威塞克斯王国依然保持独立，但麦西亚夺走了其在泰晤士河和埃文河（Avon）以南的领土。森伍尔夫（Cenwulf，796—821年在位）依然维持着麦西亚扩张后的边界，然而，麦西亚统治下的肯特、东盎格利亚以及威塞克斯地区日益增加的不满削弱了麦西亚的霸权。威塞克斯的埃格伯特（Egbert）于825年在埃伦登（Ellendun）击败了麦西亚的伯恩伍尔夫（Beornwulf），使肯特、萨塞克斯、萨里以及东撒克逊人永久性地摆脱了麦西亚的控制。

然而，西撒克逊人的成功并未真正威胁到麦西亚的核心地区。这个王国统治的崩溃是874年时由"丹麦大军"（"great Danish army"）造成的。麦西亚的生存日益依赖威塞克斯王国。威塞克斯的埃塞尔弗莱德（Æthelfleda）——阿尔弗雷德（Alfred）的女儿——与切奥尔伍尔夫（Ceolwulf）的继承者埃塞尔雷德（Æthelred）结婚，埃塞尔雷德是10世纪早期麦西亚地区的统治者。当埃塞尔弗莱德于918年去世之际，她的兄弟长者爱德华（Edward the Elder）吞并了西麦西亚，而此前，他已经从维金人（Vikings）那里赢得了东麦西亚的控制权。

'Merciless' Parliament, 1388. "无情"议会（1388） 接任贵族①（lords

---

① 也译为代位贵族，指在理查二世政府中接任理查二世的5个贵族，在短时期控制政府后，又被理查二世接任。——译者注

appellant)继 1387 年 12 月在拉德科特桥(Radcot Bridge)击败了他们的对手之后,又控制了 1388 年 2 月至 6 月召开的议会。萨福克公爵米夏埃尔·德·拉·波尔(Michael de la Pole)和牛津伯爵(Oxford)已经逃到法国,但他们的很多支持者被处死。理查二世于次年重申了他的权力。

Merionethshire(**Meirionydd**)　**梅里奥尼思郡**(**梅里昂尼德**)　梅里奥尼思郡位于威尔士北部,其郡名源于梅里昂(Meirion),他是丘恩达(Cunedda)诸子中的一子。据说梅里昂在后罗马时代晚期为了应对爱尔兰人的入侵,率领他的人民沃塔迪尼人(Votadini)迁离了斯特拉斯克莱德(Strathclyde)。梅里奥尼思很可能是一个早期的王国,但之后成为圭内斯(Gwynedd)王国的一部分。爱德华一世兼并卢埃林(Llywelyn)最后的领土,致使梅里奥尼思郡于 1284 年设立。

梅里奥尼思郡有 65.4% 的人会讲威尔士语。1974 年梅里奥尼思再次与圭内斯联系在一起,那年梅里奥尼思成为新的圭内斯郡的一部分,并于 1996 年和卡那封郡(Caernarfonshire)一起组成改革后的圭内斯郡。

Merit,Order of　**功绩勋章**　此勋章由爱德华七世创立于 1902 年 6 月,当时仅限定 24 个名额,颁发给在军队中建有特殊功绩以及在艺术、科学、文学领域有卓越贡献者。功绩勋章效仿了腓特烈大帝(Frederick the Great)的功勋勋章(*Pour la Mérite*),属君主的私人赠礼。

Merlin　**墨林**　在神话中,墨林以亚瑟王宫廷中的预言家和魔法师而闻名。早期口头传统的零散证据暗示,墨林最早的原型是神话中威尔士的疯子诗人米尔丁(Myrddin)。很可能是蒙茅斯的杰弗里(Geoffrey of Monmouth,约 1100—1154 年)的作品把这一人物转变为墨林,杰弗里把墨林融入到了亚瑟王的神话中。

Merseyside　**默西赛德**　默西赛德是英格兰西北部地区包括卫星城镇和市郊在内的大都市,以利物浦(Liverpool)为中心,1972 年地方政府改革后成为都市郡(metropolitan county)。与众不同的方言("scouse","利物浦方言")以及讽刺性的幽默成为这一地区的身份特征,而利物浦则是主要的文化核心。根据1985 年的《地方政府法》,都市郡议会被废除,但"默西赛德"这一术语作为一种地理表达方式,依然被人们使用着。

Merton, statute of, 1236. 《默顿法》(1236) 《默顿法》既是一部法律,也是一份讨论性文件。这部法律产生于亨利三世统治时期,即 1236 年 1 月在萨里的默顿召开的一次会议上,其目的在于厘清一系列繁杂的法律要点问题。在这诸多问题中,包括寡妇的权利、继承人的权利以及放牧权等,教会法与普通法之间存在分歧:教会法认为,后续婚姻(subsequent marriage)可以使非婚生子女(natural children)取得婚生子女的地位,但普通法认为不可。尽管罗伯特·格罗斯泰特(Robert Grosseteste)极力呼吁,但男爵们拒绝改变英格兰的法律。

Merton, Walter de(**d.1277**) **沃尔特·德·默顿**(**卒于 1277 年**) 教士政治家。沃尔特在牛津大学接受教育,之后成为大法官法庭(Chancery)的书记员,积聚了大量的财产。1261—1263 年,他担任大法官,但因孟福尔(Montfort)派的缘故被迫离职,而且在王室于伊夫舍姆(Evesham)取胜后也未能复职。然而,在亨利三世去世而爱德华一世因参加十字军而不在英格兰之际,他于 1272—1274 年间再次担任大法官。在其人生的最后三年,他担任罗切斯特(Rochester)主教。1264 年,他创建了牛津大学默顿学院(Merton College)。

Mesopotamian campaign, 1914—1918. **美索不达米亚战役**(**1914—1918**) 随着土耳其人于 1914 年 11 月加入第一次世界大战,一支英国—印度军队在美索不达米亚登陆。由于受到先前胜利的鼓舞,英军向巴格达(Baghdad)开进,但却在 1915 年 11 月被土耳其军队阻击。一支人数相当多的英军被围困在库特(Kut),并于 1916 年 4 月投降。出于荣誉的考虑,英军必须为这次失败进行复仇,于是英军在 1917 年 3 月占领了巴格达。

Messiah 《弥赛亚》 《弥赛亚》是韩德尔(Handel)创作的最著名也是最经常上演的清唱剧,他创作这部作品只用了大约三周时间,第一次上演是 1742 年

4 月 13 日在都柏林。它获得了巨大的成功,为慈善事业筹集了 400 英镑。文雅的抒情咏叹调,例如"我知道我的救赎主活着",以及合唱队宏伟地欢呼"哈利路亚"("Hallelujah"),留下了无数重新组合的可能以及出乎人们意料的表演。

Metcalf,John(1717—1810). **约翰·梅特卡夫**(1717—1810) 筑路专家,以"纳尔斯伯勒的盲人杰克"("Blind Jack of Knaresborough")而闻名。梅特卡夫 6 岁时因染患天花而双目失明,他展现出超乎寻常的适应能力,成功地成为旅行提琴手和贩马商。1745 年,梅特卡夫应征进入坎伯兰(Cumberland)的军队;福尔柯克(Falkirk)战役和卡洛登(Culloden)战役爆发时,他均参与其中。梅特卡夫在 1765 年正式签订其第一份筑路合同之前,曾于 1754 年搭乘一辆驿站马车去约克贩卖马匹和粮秣。他在最多雇佣 400 人的情况下,最终在英格兰北部修筑了 180 英里的道路。

methodism 循道会 循道会发端于 18 世纪的宗教奋兴运动,最终发展成为最大的非国教会的基督教宗派。在约翰·卫斯理(John Wesley)的领导下,培养宗教团契关系的社团被组建起来。组建社团最初的目的是成为建制教会的辅弼,但由于神职人员的敌视,这些社团被迫独立。从 18 世纪 40 年代起,这一奋兴运动成长迅速,发展出独特的制度,其中最突出的是每周由 10 至 12 位成员参加的班会(class meeting)以及巡回的俗人布道团体,这些俗人布道者拜访社团,并在该派成员的家中和户外布道。到 1850 年,该派成员已有大约 50 万人,另外,估计有 200 万人(总人口的十分之一)处于循道会的直接影响之下。

从社会层面看,循道会是一股变革力量。在 18 世纪的大部分时间里,被称为循道会信徒的人大都出身低微而且在教育、财富以及社会地位方面没有任何优势。然而,他们的清教美德使他们在俗世获得成功,到 19 世纪 30 年代和 40 年代,北部城镇里循道会的大礼拜堂都被富裕的工厂主和商人所控制。然而,在这背后潜藏着一种更加自由与民主的精神。这一教派的分裂,例如循道宗新宗会(Methodist New Connexion)、始初循道会(primitive Methodists)、圣经基督徒会(Bible Christians)、新教循道会(protestant Methodists)、巴克派(Barkerites)、卫斯理改革会(Wesleyan reformers),是以不同的组织和个性为特征,而非教义。围绕着礼拜堂发展出一个凝聚着个人和社会联系的紧密世界,它一直持续到现代。1932 年,循道会中最大的三个团体联合形成了英国循道公会(Methodist Church of Great Britain)。

通过提供自学教育的机会以及在运作礼拜堂的实践中训练领导和组织能力,循道会对诸如工联主义(trade unionism)和宪章运动(chartism)等工人阶级运动领导层的形成做出了重要贡献。循道会关于尊严的基本文化要求过一种有节制、俭省、努力向上的生活。事实上,历史学家指出(某种程度上有所夸大),正是循道会使英国在 1789—1848 年的革命岁月避免了革命的爆发。

Methuen,treaty,1703. 《**梅休因条约**》(**1703**) 1701 年,西班牙王位继承战争爆发后,取得葡萄牙的帮助对英国来说变得至关重要。根据双方签订的一份商业条约,两国随即在 1703 年 12 月达成政治联盟,英国方面负责谈判的是约翰·梅休因(John Methuen)。葡萄牙同意进口英国的羊毛产品,而英国则对葡萄牙的葡萄酒提供特惠关税。

Methven,battle of,1306. **梅斯文之战**(**1306**) 1306 年 6 月 19 日,罗伯特一世布鲁斯(Robert I Bruce)率领的一支小部队在珀斯(Perth)附近的梅斯文被一支由彭布罗克伯爵艾梅·德·瓦朗斯(Aymer de Valence,earl of Pembroke)指挥的军队击溃。艾梅·德·瓦朗斯为爱德华一世效力。然而,在一年的时间里,布鲁斯便重获主动权。

Middle Angles,kingdom of 中盎格鲁王国 比德在其《英吉利教会史》第一卷中把中盎格鲁人包括在盎格鲁—撒克逊时期英格兰的主要族群之中,但目前所知的、整个中盎格鲁人的国王只有麦西亚的皮达(Peada)。正是在他的统治时期,中盎格鲁人通过一个来自诺森伯里亚的布道团而正式皈依基督教。就中盎格鲁人而言,在其被麦西亚统治之前缺乏群体共同的历史,这使得某些历史学家对中盎格鲁人之前是否出现过任何政治上的统一表示质疑,进而把中盎格鲁人视为麦西亚统治的产物。

Middlesex　米德尔塞克斯　米德尔塞克斯是所有郡中最小、最古老也最为奇怪的郡之一。罗马统治时期，它是特里诺文特人（Trinovantes）领地的组成部分，其竞争对手是卡西维劳尼人（Cassivellauni）。罗马人进入不列颠后不久，伦迪尼乌姆（Londinium）发展成为当时最大的城镇，而这决定了该地区随后的历史。与萨塞克斯、埃塞克斯和威塞克斯不同，作为米德尔塞克斯留下的那部分领地或许太小，以致无法维持一个独立的王国。然而，萨里【Surrey，南部的土地（the south land）】的存在表明，曾短暂存在过一个跨越泰晤士河（Thames）的中撒克逊王国（Middle Saxon kingdom）。到公元6世纪，这一地区成为埃塞克斯王国的一块辖地，而到8世纪，它又被麦西亚王国占领。9世纪晚期，在阿尔弗雷德（Alfred）与丹麦人大战之后，这一地区成为威塞克斯王国的一部分。此时，米德尔塞克斯作为一个郡，已经获得承认。

作为郡，米德尔塞克斯的发展因伦敦的影响而受到阻碍。它十分自然地被划入创立于604年的伦敦主教区。12世纪，伦敦城被赋予了任命米德尔塞克斯郡长之权，而巡回法庭的开庭地点设在老贝利（Old Bailey）。伦敦具有压倒性的影响，以致米德尔塞克斯几乎没有发展出任何有规模的城镇。经济上也是如此，该郡完全依赖伦敦，在很早时便在某种意义上成为蔬果市场以及绅士的花园，在这其中，汉普顿宫（Hampton Court，王室）、锡永庄园（Sion House，诺森伯兰）、奥斯特利庄园【Osterley，柴尔德（Child）】以及坎农斯庄园【Cannons，钱多斯（Chandos）】最为著名。

到1700年，伦敦有50万居民；到了1800年，将近100万。而在那时，米德尔塞克斯郡最大城镇的情况是：恩菲尔德（Enfield），6000人；艾尔沃斯（Isleworth），4000人；阿克斯布里奇（Uxbridge），2100人；亨登（Hendon），1900人；斯泰恩斯（Staines），1700人；布伦特福德（Brentford），1400人。

19世纪，伦敦加快了在政治上吸收米德尔塞克斯郡的步伐。1888年，米德尔塞克斯东南相当大的一片地区，包括海布里（Highbury）、汉普斯特德（Hampstead）以及哈默史密斯（Hammersmith）在内，被划入新的伦敦郡（county of London）。1965年，在另一次区划调整中，米德尔塞克斯完全消失，并入大伦敦（Greater London）。

Middleton, Charles Middleton, 2nd earl of [S]（c.1650—1719）. 查尔斯·米德尔顿,第2代米德尔顿伯爵【苏格兰】(约 1650—1719)　米德尔顿于1673 年继承了贵族爵位,1682—1684 年担任苏格兰国务大臣,1684—1688 年担任英格兰国务大臣,尽管他秉持新教观点。作为詹姆斯二世的主要支持者之一,1693 年米德尔顿前往圣日耳曼(Saint-Germain),加入到流亡的詹姆斯二世的队伍中,他由此被剥夺民事权利。1688 年之后,他成为著名的和解人(Compounders)之一,极力主张与詹姆斯二世达成和解。

Middleton, John Middleton, 1st earl of [S]（c.1608—1673）. 约翰·米德尔顿,第1代米德尔顿伯爵【苏格兰】(约 1608—1673)　米德尔顿来自金卡丁郡(Kincardineshire),是一名幸运的军人,他于 1639 年参加了苏格兰圣约派的军队,之后转而为英格兰议会效力,在内战期间表现活跃。回到苏格兰后,他在菲利普霍赫(Philiphaugh)与蒙特罗斯(Montrose)交战。此后,他转换阵营,为国王而战,在普雷斯顿(Preston)战败被俘,在伍斯特(Worcester)的战斗中负伤(1651年)。1654 年,他参加了格伦凯恩伯爵(earl of Glencairn)在苏格兰的王党叛乱,但被蒙克(Monck)击败。王朝复辟(Restoration)时期,他被封为伯爵,并担任苏格兰军队总司令兼驻苏格兰议会高级专员。然而,他的政治生涯并不成功。1663 年,在劳德戴尔(Lauderdale)的鼓动下,他被解职。1668 年,米德尔顿被任命为丹吉尔(Tangiers)总督,死于任上。

Midlothian campaign, 1879—1880. 中洛锡安选战(1879—1880)　由于对其格林尼治(Greenwich)选区感到不快,以及从自由党领袖的位置上隐退,格莱斯顿(Gladstone)于 1878 年 5 月接受邀请,在 1880 年的选举中与达尔基思勋爵(Lord Dalkeith)争夺爱丁堡郡(即中洛锡安,该郡环绕于苏格兰首府)选区。达尔基思勋爵是保守党候选人,也是权势人物布克卢公爵(duke of Buccleuch)之子。格莱斯顿进行了一系列卓有成效的全国性报告演讲,攻击他讥讽的所谓"比肯斯菲尔德主义"【"Beaconsfieldism",迪斯累里(Disraeli)政府的政策】。他轻而易举地赢得了议席,重新成为自由党领袖和首相。

militia　民兵　英国地方层面建立起的由志愿者组成的武装力量,该词源于拉丁语"*miles*",即"士兵"(a soldier)之意。民兵制起源于盎格鲁—撒克逊时期,甚至更早,而 1181 年的《武装敕令》(*Assize of Arms*)把组建民兵规定为所有自由人的义务。尽管从军事角度看,民兵从其存在伊始便一直微不足道,但建立它的目的就在于抵御任何外来入侵,维护地方秩序,并且作为区域性的"宪政力量"("constitutional force")制衡君主控制的常备军。1907 年的《本土预备役法》(Territorial and Reserve Forces Act)通过把所有志愿者武装力量编入本土部队(Territorial Force)而废除了民兵,之后这支军队于 1921 年更名为本土军(Territorial Army)并延续至今。

Mill,James (1773—1836).　詹姆斯·穆勒(1773—1836)　功利主义哲学家。穆勒是苏格兰鞋商之子,在爱丁堡大学接受教育。他最初成为一名布道者但失去了信仰,之后于 1802 年作为记者前往伦敦。他深受杰里米·边沁(Jeremy Bentham)的影响,并把自己的观念发展为一套系统性的哲学,以严格的清教道德取代了边沁的快乐论。穆勒,而非边沁,系统地阐释了 19 世纪英国秉持功利主义的"哲学激进分子"的特征。

Mill,John Stuart (1806—1873).　约翰·斯图亚特·穆勒(1806—1873)　功利主义和自由主义哲学家。作为詹姆斯·穆勒(James Mill)的儿子,杰里米·边沁(Jeremy Bentham)的信徒,约翰·斯图亚特·穆勒在 15 岁时便真心赞同边沁的功利主义,但之后,他拒绝了边沁功利主义的利己心理学与快乐的机械概念。穆勒在东印度公司工作了 35 年,此后,他担任代表威斯敏斯特选区的独立议员(1865—1868 年),支持一些激进的举措,比如妇女选举权。在《论自由》(*On Liberty*,1859 年)中,穆勒用英语写出了最为著名的捍卫个人自由的篇章。

Millais,John Everett (1829—1896).　约翰·埃弗里特·密莱司(1829—1896)　画家,图书插画家。密莱司是一个古老诺曼家族的后裔,该家族曾在诺曼征服(Conquest)后定居于泽西(Jersey)。密莱司是个奇才。他于 1840 年进入皇家艺术院艺术学校(Royal Academy Schools),16 岁时在这里举办了第一次画展。1848 年,他与霍尔曼·亨特(Holman Hunt)以及 D.G.罗赛蒂(D.G.Rossetti)一起创立了拉斐尔前派兄弟会(Pre-Raphaelite Brotherhood),在这其中他的技巧才能最为出众。在逐渐脱离拉斐尔前派的风格之后,他成为一名肖像及服装史的流行画家。

Millar, John(1735—1801). **约翰·米勒**(1735—1801) 米勒出生在拉纳克郡(Lanarkshire),是一位牧师的儿子。他先后在汉密尔顿文法学校(Hamilton Grammar School)和格拉斯哥大学接受教育,后成为一名律师。1761 年,米勒被认定为格拉斯哥大学钦定教授,并在其余生一直担任此职。在他监督之下,格拉斯哥法学院(Glasgow Law School)兴盛起来,他的学生包括劳德戴尔(Lauderdale)和墨尔本(Melbourne)。他最具影响力的著述是 1771 年出版的《等级差别的起源》(*The Origin of the Distinction of Ranks*)。这部作品深受孟德斯鸠和休谟的影响,是比较社会学的先驱之作。

millenarianism 千禧年主义 相信在未来基督复临之前【前千禧年主义(premillenarianism)】或之后【后千禧年主义(postmillenarianism)】的 1000 年,耶稣将在尘世统治其圣徒王国。对现实中事件的解释往往依据圣经预言或上帝启示,而这些预言或启示都涉及基督将很快降临尘世。千禧年的希望和幻想在农民起义(Peasant's Revolt,1381 年)时浮现出来,在 17 世纪的一些教派中再次显现,例如喧嚣派(ranters)、马格尔顿派(Muggletonians)、第五王国派(Fifth Monarchy men)以及早期的一些贵格会信徒(Quakers)。稍后的千禧年教派包括基督复临安息日会(seventh-day adventists)、普利茅斯兄弟会(Plymouth Brethren)以及耶和华见证会(Jehovah's witnesses)。

millenary petition,1603. 《千人请愿书》(1603) 伊丽莎白一世授权在英格兰建立新教教会,但坚定拒绝任何更进一步的变革。这激怒了那些具有清教倾向者,这些人认为国教会在教会结构和敬拜方式上保留了天主教的太多残余。他们于 1603 年向詹姆斯一世递交了一份据说有 1000 人签名的请愿书,陈述了他们的观点。詹姆斯通过召开汉普顿宫会议(Hampton Court conference)

对之进行回应。

Milner，Alfred（1854—1925）．　**阿尔弗雷德·米尔纳**（1854—1925）　英国行政官员，狂热的帝国主义分子。米尔纳曾在埃及工作（1889—1892 年），还担任过内地税收委员会（Inland Board of Revenue）主席（1892—1897 年）。此后，米尔纳于 1897 年成为南非高级专员以及开普殖民地（Cape Colony）总督。米尔纳确信，毗邻的布尔人南非共和国（Boer South African Republic，德兰士瓦）政府并不胜任，由此他开展了一场批判运动，而这直接引发了第二次英布战争（1899—1902 年）。他于 1901 年受封男爵，1902 年受封子爵。米尔纳于 1905 年返回英格兰，并在劳合·乔治的战时内阁中任职。

Milton，John（1608—1674）．　**约翰·弥尔顿**（1608—1674）　弥尔顿的父亲是伦敦一位富裕的公证员，他希望儿子在政府任职。弥尔顿先后在圣保罗公学和剑桥大学基督学院（Christ's College）接受教育。然而，他却日益沉浸于诗歌之中，感受到要创作一部伟大的基督教史诗的呼召。不过，在长期议会召开后，弥尔顿迅速把创作诗歌的愿望放在一旁，因为他相信英格兰正处于一场伟大的新变革的边缘，而他必须以写作的方式为这场变革服务。他在 1644 年出版的《论出版自由》（*Areopagitica*）是一份追求出版自由的抗辩书，它把英格兰的景象描绘为"一个高贵而伟大的国家在长眠后，挣脱牢固的枷锁，像伟大的英雄一样唤醒自己"。共和国（Commonwealth）的建立带给了他崭新的希望，然而，他的《论国王和官吏的职权》（*Tenure of Kings and Magistrates*）雄辩地证明了审判查理一世的合法性。出于感激，国务会议（Council of State）任命他为外语秘书。除了各种外交职责之外，他还必须以英语和拉丁语为共和国撰写（以其最后仅存的视力）各种长篇辩护文的任务。他还赞颂克伦威尔（Cromwell）的护国政体（Protectorate），但逐渐开始反对其教会政策与君主倾向。王朝复辟（Restoration）之际，弥尔顿曾被短暂关押，但最终被宽恕，这使得他能够完成史诗杰作《失乐园》（*Paradise Lost*）、《复乐园》（*Paradise Regained*）以及《力士参孙》（*Samson Agonistes*），这些史诗的创作已经被他拖延了很长一段时间。

Minden , battle of , 1759.　明登之战（1759）　不伦瑞克的斐迪南（Ferdinand of Brunswick）指挥着一支由汉诺威、英国和普鲁士士兵组成的 54,000 人的联军,试图在明登诱使拥有 64,000 人的强大法军离开他们看似坚不可摧的阵地。8 月 1 日,英国和汉诺威的两个步兵旅由于误解了命令,径直向位于中央的法国骑兵发动正面进攻,而在法军反击时,他们坚守住了阵地。不幸的是,乔治·萨克维尔爵士(杰曼)指挥的英国的骑兵却贻误了战机。法军在损失超过 7000 人之后撤退。

Mines Act , 1842.　《矿山法》（1842）　19 世纪 30 年代进行的一系列深入煤矿矿井的调查,揭露出支付实物工资(即支付食物和特定物品)的程度、雇佣妇女和儿童的情况以及忽视安全的程度。1842 年第一份关于雇佣儿童的报告生动地阐明了事实,引发轰动。阿什利勋爵(沙夫茨伯里)利用人们的义愤,设法使《矿山法》(5 & 6 Vic.c.99)得以通过,该法禁止秘密雇佣妇女以及 10 岁以下的男童。

M

Minorca　梅诺卡岛　梅诺卡是巴利阿里群岛（Balearic island）中具有重要战略地位的岛屿,拥有良港马翁（Mahon）。该地于 1708 年被英国占领。1756 年"七年战争"（Seven Years War）爆发之际,海军少将宾（Admiral Byng）没能阻止法国人占领该岛,致使纽卡斯尔（Newcastle）的政府垮台,同时也使他本人被处决。通过 1763 年的《巴黎条约》（treaty of Paris）,英国再次控制该岛。1782 年,在败给法国和西班牙的联军之后,该岛于 1783 年被割让给西班牙。尽管英国于 1798 年又一次占领了梅卡诺岛,但在 1802 年的《亚眠和约》（peace of Amiens）签订后,该岛被归还给西班牙。

Minto , Gilbert Elliot-Murray-Kynynmound , 1st Earl（1751—1814）.　**吉尔伯特·埃利奥特—默里—基宁蒙德,第 1 代明托伯爵**（1751—1814）　明托伯爵于 1774 年取得律师资格,1776 年进入议会。他是埃德蒙·伯克（Edmund Burke）的密友,曾在弹劾沃伦·黑斯廷斯（Warren Hastings）的程序中帮助过伯克。1794 年,他被任命为科西嘉长官（governr of Corsica）。从 1799 年至 1801

年,任维也纳宫廷(court of Vienna)特使。1805年,他担任东印度事务管理委员会(Board of Control for East India Affairs)主席。1806年,他担任印度总督。他的总督任期见证了英国势力在次大陆的逐步巩固、对拿破仑战争(Napoleonic wars)的进行以及英国势力在东南亚的扩展。他于1813年退休。

Minto, Gilbert John Elliot-Murray-Kynynmound, 4st Earl（1845—1914）. **吉尔伯特·约翰·埃利奥特—默里—基宁蒙德,第4代明托伯爵**（1845—1914）明托伯爵先后在伊顿公学(Eton)和剑桥大学接受教育,并于1867年加入苏格兰禁卫军(Scots Guards)。作为一名自由党成员,他于1898—1904年间被任命为加拿大总督,1905年成为印度总督。他主政时期最著名的事迹是与国务大臣约翰·莫利(John Morley)一起推动的宪政改革。这场改革把代议制选举的原则引入印度的统治之中。"莫利—明托改革"(Morley-Minto reforms)另一个值得纪念之处,在于将印度教徒和穆斯林之间对立"教族"的选民分开。明托于1910年退休。

M

missionary activity　传教活动　伴随着传播福音的热忱,传教事工中经常体现的一个特征在于基督教宗派之间的竞争。后罗马不列颠时代的第一位传教士或许是杰马努斯(Germanus),教皇塞莱斯廷一世(Pope Celestine I)于429年把他派出,去与贝拉基派异端(Pelagian heresy)斗争。宗派之间的竞争并未持续太久,因为597年奥古斯丁的布道团重新振兴了教会。不过,在一个世纪之内,英格兰教会的建设便已完备到足以派出自己的传教士:威利布罗德(Willibrord)被派往弗里西亚(Frisians);卜尼法斯(Boniface)被派往日耳曼地区。

宗教改革(Reformation)使基督教正式分化,宗派间由此再次恢复了竞争。后宗教改革时期最早的传教士是来自杜埃(Douai)的耶稣会牧师,他们致力于在伊丽莎白时期的英格兰维持天主教信仰。新教反制行动的最初形式便是搜捕这些耶稣会士。之后,在17世纪,耶稣会在美洲、印度、日本以及中国取得了巨大成功,这刺激了新教的传教。1698年,英国圣公会神职人员托马斯·布雷(Thomas Bray)起草创建"基督教知识促进会"(Society for Promoting Christian Knowledge)的计划,致力于为殖民地提供图书馆和布道团。三年之后,传教工作被转交给国外福音传播协会(Society for the Propagation of the Gospel)。随着循道会力量的聚积,他们也转向传教事工。循道会传教会(Methodist Missionary Society)于 1786 年被建立起来,而浸礼宗传教会(Baptist Missionary Society)于 1792 年被建立起来。伦敦传教会(London Missionary Society)创建于 1795 年,英国圣公会传教会(Church Missionary Society)创建于 1799 年,而英国及海外圣经公会(British and Foreign Bible Society)创建于 1804 年。在 19 世纪稍晚的时期,很多传教士对非洲发生兴趣,这在一定程度上是戴维·利文斯通(David Livingstone)带来的影响,他于 1841 年开始为伦敦传教会工作。慢慢地,传教士和他们支持者的态度都发生了改变。人们日益认定宣教最终应该造就出自管自治的地方教会。1910 年在爱丁堡召开的普世宣教会议(World Missionary Conference)创建了"国际基督教宣教协会"(International Missionary Council),这在世界范围内具有划时代的意义。1961 年,这一机构并入成立于 1948 年的世界基督教协进会(World Council of Churches)。

'Model' Parliament　"模范"议会　1295 年 11 月爱德华一世于威斯敏斯特召开议会,基于这次议会首次囊括各郡骑士以及市民的代表,斯塔布斯(Stubbs)称其为模范议会。之后发现的令状表明,之前的议会存在相似的组成部分。不过,1295 年的议会构成并非只是沿袭前例,因为议会逐渐不再召集低品级的神职人员,他们要去参加教牧人员代表会议(convocation)。

monarchy　君主制　如果我们接受凯尔特人作为英国君主的创立者,则英格兰的君主制可以回溯到 519 年前后。苏格兰的君主制或许可以追溯到 843 年左右,当时达尔里阿达(Dalriada)的肯尼思·麦卡尔平(Kenneth MacAlpin)统一了皮克特人(Picts)和苏格兰人,组建了阿尔巴王国(kingdom of Alba)。君主最关键的角色是战争领袖。结果,严格的长子继承制逐步确立起来,但这却导致孩童和痴呆被扶上王座。只有极少数的君主能长期统治,这成为一大问题。由于生命预期较短,长子在担任君主之际也很难达到适宜的年龄。埃德加(Edgar)的长子爱德华于 975 年被选立之际只有 13 岁,但埃德加的革新似乎并不受人们欢迎,而爱德华在 3 年之内便遭谋杀。

除了发动战争——很明显,有时这是角色需要——早期的国王几乎无事可做。他们极少尝试进行现代国家的活动。司法被分派给地主(landowners)自身;国王不制定法律,尽管他可能把已有的法律宣布出来;几乎也没有收入可供征收,尽管他有权要求获得供奉和款待。同样,也没有经济或教育的政策供其监管。

不过,在9世纪和10世纪,由于赶走丹麦人需付出很大的努力,这使威塞克斯王国的制度建设出现重要的发展。作为强固据点的市镇(burh)建立起来,并有军队戍卫,海军舰船被派出执行任务并有专人指挥,而所有这些都需要资金维持。到了阿塞尔斯坦(Athelstan)统治时期,一套比较复杂的政府结构已经露出端倪,英格兰王国出现。事实上,到埃德加统治时期,人们可以看到他在宣示其对不列颠的霸权方面已经初具轮廓:苏格兰、威尔士和不列颠诸王在973年驱船于迪河(Dee)之上,前往承认其权势。

1066年的诺曼征服使得英格兰王国再次落入异族之手。前三位诺曼王朝的统治者十分强势。较之内政改革,他们的重要性更多体现于与不列颠群岛其他统治者之间的关系上。苏格兰很快便感受到这种变化。1072年,威廉一世发动了对泰河(Tay)地区的远征,使得马尔科姆·坎莫尔(Malcolm Canmore)臣服,此举堪与1031年克努特(Cnut)的远征相比。他的儿子威廉·鲁弗斯(William Rufus)于1092年重新占领了坎伯兰(Cumberland)。就威尔士而言,早在黑斯廷斯(Hastings)战役一年之后,诺曼领主便开始侵入这里,特别是南部地区。诺曼人对爱尔兰的进攻被推迟到12世纪亨利二世统治之时。

由于中世纪时期的统治是以国王为中心,因而其统治效率变化极大。在强势君主统治时,君主制的先进性便展现出来,王室的司法权得到伸张,税收增加,地方政府也重新组织起来。然而,在弱势君主统治时,君主的控制力松弛,有时还要向臣下做出重大妥协——1215年的《大宪章》,即便其直接的受益者是诸男爵。君主时常处于危险之中,因为人们依然期待他们领导战斗:爱德华二世、理查二世以及亨利六世被废黜和杀害,爱德华五世被谋杀,理查三世在战场上被杀。另一方面,在战争中赢得胜利即便无法使国王获得坚不可摧的地位,也可以使其获得一种强势性地位——比如威廉一世、爱德华一世、爱德华三世以及亨利五世。

君主的声望和地位可以通过多种方式加以巩固。加冕典礼变得更加精致复杂，也变得更具威严尊荣。早期的某些加冕典礼十分草率，几乎不可能有预演。亨利一世因自己在继承鲁弗斯之位三天之后才进行加冕而向安瑟伦（Anselm）致歉，亨利解释说："敌人有可能造反反对我"。君主之间往往争强好胜。法国国王十分自豪，因为在克洛维（Clovis）加冕时，出现了带着圣油的天使。幸运的是，这种情况被扭转过来——据说圣母玛利亚本人带着圣油出现在贝克特（Becket）面前，而这迅速被吸收进英格兰的加冕典礼之中。

君主与伟大的建筑和事迹联系在一起，也具有重要的价值。忏悔者爱德华建造了威斯敏斯特大修道院，他在去世之前被封圣，而亨利三世重新修建了它。鲁弗斯建造了威斯敏斯特大厅（westminster hall），理查二世对之进行了修葺装饰。苏格兰的戴维一世创建了荷里路德（Holyrood）与邓弗姆林（Dunfermline）两座修道院，之后变成了王室宅邸。位于温莎的一座新教堂在爱德华三世的嘉德勋位（Order of the Garter）制度中占有重要地位，爱德华四世最终完成了这座教堂的修建，其内部设计有意呼应了亚瑟王的传奇事迹。

都铎王朝时期通常被认为是英格兰君主制的顶峰。毫无疑问，这一时期的君主比15世纪时强势，彼时的玫瑰战争使得英格兰统治者频繁变换。然而，要想清除违法行为和叛乱并不容易，某些君主的政策反过来还会对他们的后继者造成困扰。接管教会的权力极大地增加了君主的保护力，但也使其更加直接地卷入到宗教争端之中，而当时正是宗教争端开始高涨的时代。毕竟，内战正是始于查理一世与其苏格兰臣民的宗教争端。解散修道院而得到的巨大收益并非只是被王室挥霍了，而且也惠及贵族，这有助于加强君主的地位。亨利八世利用议会推动宗教改革，玛丽和伊丽莎白习惯于适应议会，这些赋予议会以自信，使其在随后的世纪对君主制发起了挑战。

尽管在某个层面上内战对君主制是巨大的灾难——国王被斩首，君主制被废除——但最终它或许有助于君主制存活下来。17世纪50年代军队扮演的角色以及共和国时期的社会动乱，使得绅士和贵族清醒起来，这为查理二世于1660年的和平复辟奠定了基础。在17世纪40年代早期的复杂谈判中，查理一世曾把君主的角色描述为均衡者，指出了一种在王权与议会之间妥协的方式。从詹姆斯二世统治时期的戏剧性事件来看，君主制表现得更为强化——尽管在其正式权力和特权方面受到限制,但它却越来越与国家的意志联系在了一起。

1688 年以降,尽管君主体制依然具有一种根本性的权力,但它却逐渐退隐于宪政之中。《权利法案》使得君主无法再像过去那样行使法规中止权(suspending power)和特免权(dispensing power)。安妮统治时期,君主的否决权也被中止。虽然选择内阁大臣依然是君主的重要特权,但随着党派效忠的发展,这项特权也日益受到限制。乔治三世统治初期比特勋爵(Lord Bute)的惨败表明,王室的宠幸不再发挥作用。即便是授予荣誉的权力也在很大程度上落入首相之手,以致于需要新设一些勋位以便君主个人能对这些荣誉的授予保持一定程度的掌控。

然而,君主角色的变化也得到了某种补偿,王权的退却为其承担更多的国家职能开辟了道路。在三位乔治国王——他们没有任何意愿向其臣民展示自身——之后,乔治四世引入了新的乐音:他高姿态地出访了苏格兰和威尔士。尽管维多利亚并不是一位战争领袖,但她毫无疑问地成为国家和帝国的象征,正如 1887 年的登基 50 周年庆典(Golden Jubilee)与 1897 年的登基 60 周年庆典(Diamond Jubilee)所展示的那样。

20 世纪,当其他大部分国家的君主制因面对民主制而溃败消失之际,英国的君主制维持下来。不过,英国君主制最终的危险依然在那里静静地等待着它,这一危险既非红色革命,亦非共和式的平等主义(republican egalitarianism),它在于一种隐含的困境:在标准快速变化的时代,君主制应该表现为何种形象,以及如何表现。1936 年,爱德华八世退位,回思这一事件,它似乎并不是一个严肃的宪政问题,而是对君主或王室家族成员未做好准备履行其职责而引发问题的预警。大众化的、挑剔而庸俗的新闻传媒对于君主制并无助益。普及教育造就了挑剔的国民,他们远不及其 17 世纪的祖先那般谦恭礼貌。

monasteries 修道院 修道院,或者生活于世俗社会之外的男女宗教社团,起源于早期位于埃及的教会,在那里,隐士们——"monk"一词源于希腊语"*monos*",单独一人之意——来到一起过凝思的生活,并在修道院长——"abbot"一词源于阿拉姆语(Aramaic)"*abba*",父亲之意——的指导下工作。不列颠群岛上的第一座修道院建于 5 世纪的爱尔兰,该修道社团或许来自于高卢。此后,修道社团开始遍布凯尔特人的不列颠,最著名的修道中心位于圣科伦巴(St Columba)领导的位于艾奥纳(Iona)的修道院、圣戴维兹(St Davids)修道院,以及之后的林迪斯芳(Lindisfarne)修道院【或霍利岛(Holy Island)修道院】。修道制经由本人即为僧侣的坎特伯雷大主教奥古斯丁(Augustine)引进到盎格鲁—撒克逊时期的英格兰,第一座修道院是位于坎特伯雷的圣奥古斯丁修道院(约598年)。到650年左右,不列颠各地已经建起许多座修道院,有些还是男女共同生活的修道院,最有名的当属女修道院长希尔达(Hilda)领导的惠特比(Whitby)修道院。这些修道院遵循的规则和习惯不尽相同。里彭与赫克瑟姆的威尔弗里德(Wilfrid of Ripon and Hexham)、贾罗—芒克威尔茅斯的贝内迪克特·比斯科普(Benedict Biscop of Jarrow-Monkwearmouth)、坎特伯雷的狄奥多尔(Theodore of Canterbury),以及其他一些人都曾试图以本笃会规来使各修道院的规则标准化,但没能完全成功。维金人的劫掠始于787年并延续超过一个世纪,北部和东部的修道院全部被毁,与此同时,在受影响较小的地区,修道院大都落入世俗领主的控制之中,这些人划拨其财产建立修道院,并任命其家族成员为俗人修道院长。在威塞克斯王国的统治下,盎格鲁—撒克逊的政治有所恢复,与之相伴,修道院的状况也有所好转。到1066年时,只有35座男修道院和10座女修道院,而所有这些修道院全部集中于旧时的威塞克斯王国、西米德兰兹(West Midlands)和沼泽地带。

诺曼征服致使一些修道院的土地被入侵者占有,但从总体上看,衰退是暂时的,由于新修道院的建立,例如切斯特(Chester)修道院、什鲁斯伯里(Shrewsbury)修道院、圣玛丽约克(St Mary's York)修道院以及达勒姆(Durham)修道院,修道制蓬勃发展。11世纪晚期和12世纪还见证了女修道院数量的上升,其中某些修道院属于新的修会,比如吉尔伯特修会(Gilbertines)。1128年,不列颠的第一座西多会修道院在萨里(Surrey)的韦弗利(Waverley)建造起来。

此后,修道院的发展明显放缓。教会专注于支持新的托钵修会(mendicant orders of friars)以及附属礼拜堂(chantry)。附属礼拜堂通常建于主教座堂或其他教堂之中,用来为捐赠者及其家族成员的灵魂祈祷,它试图在涉及俗人虔诚感情的方面取代修道院。人们对中世纪晚期修道院中灵修以及智识的状况争议颇大,但对修道院已经从12世纪、13世纪的"黄金时代"中衰败下来却都不存疑义。托钵修会成为神学辩论中的执牛耳者,而作为教育的中心,修道院也开始被大学取代。到了解散修道院(1535—1540 年)的时候,许多修道院已经很难吸引足够的新生力量了。

Monck, George, 1st duke of Albemarle(1608—1670). **乔治·蒙克, 第 1 代阿尔比马尔公爵**(1608—1670) 蒙克是一位沉默寡言的军人,但在 1660 年的王朝复辟(Restoration)中发挥了关键作用。17 世纪 30 年代,他在荷兰服役,但在内战(Civil War)爆发后加入了王党军队。在爱尔兰镇压叛乱一年之后,他于 1644 年在楠特威奇(Nantwich)被俘。在内战行将结束之际,他站在议会一边,再次回到爱尔兰,进行了一场艰难的战役,于 1649 年被王党的军队俘虏。获释后,克伦威尔(Cromwell)把他带到苏格兰,蒙克在苏格兰指挥的步兵团最后成为科尔德斯特里姆禁卫军(Coldstream Guards)。克伦威尔死后,蒙克作为拥立国王者的潜在角色几乎显露无疑。蒙克部署他的军队渡过特威德河(Tweed),重启了与查理二世的谈判,对查理二世复辟起到了积极作用,并在多佛尔海滩迎接查理二世。次日,他获得嘉德勋位(Garter),一周之后受封公爵。第二次英荷战争(Anglo-Dutch War)时他再次出海作战,并且自 1667 年起挂名首席财政大臣。

Monmouth, diocese of 蒙茅斯主教区 蒙茅斯主教区创建于 1921 年,是从古老的兰达夫(Llandaff)主教区中分出来的,辖区面积实际上与格温特郡(county of Gwent)相当。蒙茅斯主教区在威尔士教会中是最小的教区,其下辖各堂区很少有距离主教座堂超过 25 英里的。当创建这一主教区时,几乎没有理所当然之地可供选择以成为主教座堂的所在地。最终,圣沃卢(St Woolo)的堂区教堂中选,它位于人口最多的市镇纽波特(Newport)。

Monmouth, James Scott, 1st duke of(1649—1685). **詹姆斯·斯科特, 第 1 代蒙茅斯公爵**(1649—1685) 查理二世的长子,也是查理二世最宠爱的私生子。1672—1674 年,在与法国军队的作战中,他赢得了宝贵的经验。蒙茅斯公爵于 1678 年成为英格兰的将军,并于 1679 年镇压了苏格兰的叛乱。沙夫茨伯里伯爵(Shaftesbury)发动了致力于把未来的詹姆斯二世排除出继位人选的运动,为此,沙夫茨伯里伯爵利用了查理曾秘密与蒙茅斯公爵去世已久的母亲露西·沃尔特(Lucy Walter)结婚的故事。值此之际,蒙茅斯公爵的政治野心开始膨胀。由于牵连进辉格党试图暗杀查理和詹姆斯的麦酒店阴谋案(Rye House plot),蒙茅斯公爵逃往荷兰。詹姆斯继承查理之位后,身在荷兰的蒙茅斯公爵发动入侵,给自己带来灾难。战败之后,蒙茅斯公爵遭剥夺公权并被处决。

Monmouth rising　蒙茅斯叛乱　在蒙茅斯公爵流亡荷兰时,极端的辉格党分子说服他乘阿盖尔(Argyll)入侵苏格兰之机,入侵英格兰。1685 年 6 月 11 日,蒙茅斯公爵在多塞特郡的莱姆(Lyme)登陆,当时身边只有 80 名追随者。依靠辉格党的支持,其军力很快发展到 2000 人。预先商定在伦敦和柴郡发动的牵制性叛乱未能起事。然而,支持辉格党的民众却组成了一支大约 3000 人的步兵军队,这些人大都来自已经萧条的纺织工业中的技工,但没有接受过正规军事训练。蒙茅斯知道这样的队伍无法与王室的职业军队抗衡,因此在战役中犹豫不决。他宣布自己取代詹姆斯成为国王。在丧失主动权的情况下,他孤注一掷发动夜袭(7 月 5 日—6 日),地点选在萨默塞特郡布里奇沃特(Bridgwater)外围的塞奇莫尔(Sedgemoor)。他的军队溃败。蒙茅斯公爵被俘(第八次)并于一周之后在伦敦被处决。

Monmouthshire　蒙茅斯郡　在威尔士所有诸郡中,蒙茅斯郡的边界线是最长的,在其 400 多年的历史中,其边界一直横跨英格兰与威尔士。

前罗马时期,这一地区是西卢尔人(Silures)领地的组成部分,但很快落入罗马人的控制之下。在英国所有的历史遗迹中,卡利恩(Caerleon)和凯尔文特(Caerwent)的遗存依然给人们以最深刻的印象。罗马人撤离后,不列颠人仍驻留这片地区,在某段时间这里出现过一个独立的格温特王国(kingdom of Gwent),其他一些地方则是德赫巴斯王国(kingdom of Deheubarth)的组成部分。

1066 年后,诺曼人开始在这一地区开展系统性的殖民,在切普斯托(Chepstow)、拉格伦(Raglan)、阿斯克(Usk)、蒙茅斯(Monmouth)、怀特堡(White Castle)、斯肯弗里斯(Skenfrith)、格罗斯蒙特(Grosmont)和阿伯加文尼(Abergavenny)等地建造了城堡,同时还营建了纽波特(Newport)那样的设防市镇。这一遥远的地区主要因其出色的弓箭手以及流行的蒙茅斯羊毛帽而闻名。亨利五世出生在蒙茅斯,市政厅中还装饰着他的雕像。都铎这一威尔士王朝的出现改变了这一地区的状况。通过 1536 年的《合并法》,这片地区被并入英格兰,与阿斯克以西的土地合并而组成新的蒙茅斯郡。其特殊的地位反映在下述事实之中:与英格兰诸郡一样,它被赋予选举两名骑士进入议会的资格,但按照威尔士的模式,蒙茅斯郡只能选举一名议员,而另一名议员是与 6 个共同具有议员选举权的自治市共同选举产生。

蒙茅斯郡西部的发展没有什么起色,尽管卡姆登(Camden)在 1586 年曾经说"对勤劳的农夫而言,它们不是无用之地"。大规模开发蒙茅斯郡的煤炭和钢铁资源是在 19 世纪早期,这改变了经济与政治的平衡。蒙茅斯是该郡最大的市镇,在 1801 年时有 3300 人,但到了 1871 年,它已经被阿伯加文尼、庞蒂浦(Pontypool)、布莱纳文(Blaenavon)、特里迪格(Tredegar)以及纽波特赶超。政治上,该郡先是自由党的基地,而后成为工党的据点。到 20 世纪时,威尔士语已经衰落,而 1996 年塞文大桥(Severn bridge)的开通表明蒙茅斯被重新推回到英国的经济轨道之中。1972 年的《地方政府法》把该郡归入威尔士,并恢复其格温特的郡名,蒙茅斯的首府地位被位于纽波特正北的新兴城市魁布兰(Cwmbran)所取代。然而,事情到这里依然没有结束。1996 年,地方政府进一步进行重组,格温特被分成四个单一管理区,其中一个依然被称为蒙茅斯郡。

Monopolies 垄断 严格说来,在市场中只有单一的供应者时才存在垄断。亚当·斯密在《国富论》中对垄断大肆攻击,但他更多地把垄断理解为由法律保护的牢不可破的工业,与之相类的是中世纪的行会。

对于垄断的态度随着时间的变化而有所不同。伊丽莎白一世与詹姆斯一世授予宠臣的垄断权遭到人们强烈的愤恨,由此在议会中引发了激烈的抗议。授予垄断之权是一种刺激投资的传统方式——比如道路中的收费公路体系。从国际层面看,为发展殖民地而赋予诸如东印度公司(1600 年)等机构的特殊权力中,垄断贸易的权力是关键要素。

现代人开始关注垄断权力对受其剥削的消费者造成的影响,这导致国家对垄断进行管制——通过控制价格或限制利润。凡导致垄断的企业合并行为都必须受到详细的审查。大规模的国有垄断是现代才出现的现象,它的出现起源于1945—1950年工党政府的国有化计划。近来(自1979年以来),出现了对私人垄断加以控制的回潮。

Montagu-Chelmsford Report 《蒙塔古—切姆斯福德报告》 第一次世界大战使英国对印度人力和资源的需求增加,而这为印度的民族运动提供了进行宪政改革的机会。国务大臣埃德温·蒙塔古(Edwin Montagu)于1917年被派往印度,他与印度总督切姆斯福德一起准备的报告将把印度带向"责任制的自治政府"("responsible self-government")。然而,他们的改革举措过于保守,令印度国民极度失望。

Montfort IV, Simon de, earl of Leicester (1208—1265). **西蒙·德·孟福尔①四世,莱斯特伯爵**(1208—1265) 自从西蒙伯爵在伊夫舍姆(Evesham)之战(1265年)战死,他便成为了各方争论的话题人物。当时,获胜的王党分子出于报复的狂喜而肢解了他的尸体——这是可恶叛徒应得的下场。不过,他的追随者则在很快出现的对他的崇拜中得到了安慰。一位"政治"圣徒("political" saint)诞生了。

之后在很大程度上西蒙被作为正义的殉道者,既招来诋毁也引来赞颂。19世纪,学者们把男爵们致力于改革的运动——西蒙担任其领袖——视为造就英国宪政的建构阶段,这是通往民主之路的关键一步。波威克(Powicke)的反应尤其突出,他把西蒙视为一位狂热而有道德的政治十字军战士,他的傲慢和固执使他早期承诺的并在《牛津条例》(1258年)中作出庄严规定的改革化为了泡影。较为清楚的一点在于,西蒙并非伟大的激进分子或社会改革家,相反,他对他那时的社会秩序是接受的,也争取到了凡是可能争取到的地方的支持。

Montgomery, Bernard (1887—1976). **伯纳德·蒙哥马利**(1887—1976) 将军,后来成为陆军元帅(1944年8月)。蒙哥马利是第二次世界大战中最受

---

① 又译蒙特福特。——译者注

争议的将军。他为人傲慢、自信而且以自我为中心,从未被与之平级者或上级喜爱,但"蒙蒂"("Monty")却赢得了属下和普通士兵的信赖。1942 年,他在北非,作为第八集团军的总司令声名鹊起。借助优势兵力以及对对手的充分了解,他取得了阿拉曼战役的胜利,迫使意大利和德国的军队撤回突尼斯。从 1944 年他指挥地面部队进攻诺曼底,到当年的 9 月这段时间,其军事生涯达到了顶点。盟军登陆日(D-Day)之后,他在进军占领卡昂(Caen)的问题上引发争议,有人认为他因前进缓慢造成危机。在小心谨慎方面,他表现出极高的才能,以致于"抵销"了所有为意外之事而做的预案。然而,他却宣称对他而言没有什么是意料之外的。

Montgomery,treaty of,1267. 《蒙哥马利条约》(1267) 1265 年,当卢埃林(Llywelyn)的同盟西蒙·德·孟福尔(Simon de Montfort)被击败之际,他与亨利三世在蒙哥马利达成妥协。他的威尔士亲王的地位获得承认,作为交换,卢埃林需要向亨利效忠并缴纳 25,000 马克的钱财。这一条约使卢埃林的权力达到了顶点。

Montgomeryshire(**Sir Drefaldwyn**①) **蒙哥马利郡** 中威尔士的边界郡。该郡通过 1536 年与英格兰的《合并法》而得以设立,地域大致与南波伊斯(southern Powys)的威尔士王国相一致,其英文郡名源于原籍法兰西的早期征服者罗杰·德·蒙哥马利(Roger de Montgomery)。

位于塞文河谷(Severn valley)中的一些城镇曾出现过早期的粗纺工业,但随着这些工业消失以及该地区铅矿与更大的资本化农业的衰败,致使这一地区的人口急剧减少。出于某种回应,自 1967 年起,一些新城镇以及一系列轻工业在该郡发展起来。1974 年,蒙哥马利郡成为波伊斯郡的一个区,并于 1996 年并入波伊斯单一管理区之中。

---

① "Sir Drefaldwyn"为威尔士语,意为"鲍德温之城郡"("the Shire of Baldwin's town")。——译者注

Montrose, James Graham, 1st marquis of [S] (1612—1650). **詹姆斯·格雷厄姆,第 1 代蒙特罗斯侯爵【苏格兰】**(1612—1550) 蒙特罗斯侯爵是内战期间王党方面最出色的司令官,也是王党事业逐步衰亡过程中的一线希望。1639 年,他曾加入圣约派(covenanters),但改变了阵营。他在牛津加入国王的队伍,于 1644 年被擢升为侯爵,并被任命为驻苏格兰的王军司令,虽然这些军队实力堪忧。他的运动速度、勇气以及战术技巧使得他赢得了一系列辉煌胜利——包括发生在蒂帕摩(Tippermuir,1644 年 9 月)、阿伯丁(Aberdeen,1644 年 9 月)、因弗洛奇(Inverlochy,1645 年 2 月)、奥尔德恩(Auldearn,1645 年 5 月)、奥尔福德(Alford,1645 年 7 月)以及基尔赛斯(Kilsyth,1645 年 8 月)的历次战役。然而,没有人能够一直在逆境中处于不败。1645 年 9 月,他在菲利普霍赫(Philiphaugh)被击败并被迫逃亡海外。1650 年,他怀着决绝之心返回,但在卡比斯代尔(Carbisdale)被打败,5 月在爱丁堡被处以绞刑。

Montserrat 蒙特塞拉特 蒙特塞拉特岛是背风群岛(Leeward Islands)中的一座岛屿,也是英国的殖民地。该岛于 1493 年被哥伦布(Columbus)发现,英法曾对之展开争夺,最终 1783 年的《凡尔赛条约》确认该岛属于英国。蒙特塞拉特岛的主要经济支柱是旅游业、棉纺业和轻工业,但 1995 年的火山爆发对该岛造成了严重破坏。

Moore, Henry (1898—1986). **亨利·穆尔**(1898—1986) 亨利·穆尔是 20 世纪最伟大的雕塑家之一。穆尔从原始雕塑和意大利壁画中汲取灵感,力图使自己的作品具有"一种被凝固住的能量,一种它本身充满张力的生命"。穆尔于 1925—1932 年在皇家艺术院(Royal College of Art)任教,1932—1939 年在切尔西艺术学校(Chelsea School of Art)任教。就在他完成第一个公共项目,即为伦敦交通局新厦(London Transport Building)而创作《北风》(*North Wind*)浮雕(1928 年)的同时,穆尔完成了他的第一座侧卧雕像。这一主题,与母与子的主题一道,成为其一生中不断重复的主题。

Moore, Sir John (1761—1809). **约翰·穆尔爵士**(1761—1809) 军人与

军事改革家。穆尔于 1776 年参军。1794 年 8 月 10 日,在科西嘉,他领导了围攻卡尔维(Calvi)的强击队。1796 年在一次进攻圣卢西亚(St Lucia)的战役之后,他一度被任命为该岛的总督。1801 年 3 月 22 日在埃及的阿布基尔(Aboukir)进行的夜间登陆行动使穆尔成名。1808 年,他在半岛战争(Peninsular War)中担任英军指挥,然而,在完成那次充满危险但却十分成功的撤退之后,他在科伦纳(Corunna)阵亡(1809 年 1 月 16 日)。

Moray, kingdom of 马里王国 从 12 世纪被创立以来直至 1975 年,马里郡一直以埃尔金(Elgin)为中心,但它只是马里王国的一小部分。这个王国最初从面对着斯凯岛(Isle of Skye)的西部海岸向外延展,一直向东跨越斯佩河(river Spey)。这个王国由北阿盖尔(northern Argyll)的盖尔人(Gaels)创建,他们与来自奥克尼群岛(Orkney)的北方人一起,于 9 世纪战胜了苏格兰北部的皮克特人。纵观其历史,马里王国的国王都要同时在南方和北方应对强敌。在北方,他们要与北方人的奥克尼诸伯爵斗争;在南方,他们要竭尽所能对抗苏格兰国王的野心——苏格兰致力于把马里变成其王国的一部分。马里王国最著名的国王是麦克佩斯(Macbeth),他成功地把弱势转到了南部的苏格兰国王一方,并且在 1040 年杀死邓肯一世(Duncan I)之后成为苏格兰国王。尽管存在征服、殖民与驱逐,但马里的头面家族抵抗苏格兰国王的斗争一直持续到 1230 年,毕竟,苏格兰由各个区域性王国拼缀而成的时代结束了。

Moray, Thomas Randolph, 1st earl of [S] (d.1332). 托马斯·伦道夫,第 1 代莫里伯爵【苏格兰】(卒于 1332 年) 伦道夫是罗伯特一世布鲁斯(Robert I Bruce)的侄子。1306 年的梅斯文(Methven)之战中,他为布鲁斯而战却被俘,伦道夫改换阵营,但再次被俘,这次是被布鲁斯的人俘获。他再次加入布鲁斯的队伍,在这些不愉快的开端之后,伦道夫成为了布鲁斯最信任的同盟以及最依赖的指挥官之一。1314 年 3 月,在一场出色的夜袭战之后,他从英格兰人手中夺取了爱丁堡城堡,并在班诺克本(Bannockburn)战役中表现出色。在 1319 年的迈顿(Myton)战役以及 1322 年的拜兰(Byland)战役中,伦道夫取得了更多的胜利。布鲁斯去世之际,他于 1329—1332 年间担任年轻的戴维二世的摄政。

Moray, **Sir Robert** (**c.1609—1673**). **罗伯特·莫里爵士**(**约 1609—1673**)
军人,科学家与政治家。莫里的父亲是一位来自珀斯郡(Perthshire)的苏格兰
地主(laird)。他有很长时间在法军服役,充当查理一世的居间调停人。在重新
回到欧洲大陆之前,他参加了格伦凯恩伯爵(earl of Glencairn)于 1654 年在苏格
兰发动的叛乱。此后,他研究音乐与化学。王朝复辟后,莫里在皇家学会(Royal
Society)的创建中扮演着突出角色,作为学会主席,他管理着查理二世在怀特霍
尔宫(Whitehall)的私人实验室。

Moray, **Alexander Stewart**, **5th earl of**〔S〕(**1634—1701**). **亚历山大·斯
图尔特,第 5 代莫里伯爵【苏格兰】**(**1634—1701**) 莫里伯爵是摄政莫里
(Regent Moray)的后代,他本人是詹姆斯五世的私生子。王朝复辟(Restoration)
之后,他升至高位。自 1675 年至 1676 年,他担任过最高刑事法官(苏格兰)和财
政大臣。1680 年至 1689 年,他担任国务大臣(苏格兰)。光荣革命(Glorious
Revolution)后,他的所有职务都被撤销。

Moray, **James Stewart**, **1st earl of**〔S〕(**1531—1570**). **詹姆斯·斯图尔
特,第 1 代莫里伯爵【苏格兰】**(**1531—1570**) 他是詹姆斯五世的私生子,也是
玛丽·斯图亚特的同父异母哥哥。作为詹姆斯·斯图尔特勋爵,他在 1559—
1560 年的新教叛乱中担任重要角色,随后控制着临时政府,这一政府通过谈判,
使玛丽于 1561 年和平地返回苏格兰。1562 年,他获封莫里伯爵,但他"亲善"英
格兰的政策因 1565 年玛丽与达恩利(Darnley)的婚姻而被毁,这迫使莫里伯爵
造反并暂时逃亡英格兰。1567 年他重返苏格兰,成为尚属婴儿的詹姆斯六世的
摄政。1568 年,他在朗斯德(Langside)击败了玛丽,这使他的政权获得了某种程
度的公信力。1570 年 1 月,他被汉密尔顿家族暗杀,该家族是被流放的女王的
坚定支持者。

More, **Hannah** (**1745—1833**). **汉娜·莫尔**(**1745—1833**) 汉娜·莫尔是
她所处时代最出名的辩论家。她出生于布里斯托尔附近的斯泰普尔顿(Staple-
ton),与其姐妹们一起开办了一所学校。她的诗歌《埃尔德雷德爵士》(*Sir*

Eldred)深受欢迎,由于戴维·加里克(David Garrick)的支持,她的剧本《珀西》(*Percy*)于 1777 年在考文特花园(Covent Garden)上演时也十分出彩。她对福音派的兴趣日益浓厚,这点在其 1788 年写作《论伟人风范对世风的重要性》(*Thoughts on the Importance of the Manners of the Great to General Society*)中表现得十分明显。18 世纪 90 年代之后,她在布里斯托尔南部靠近布拉格登(Blagdon)的考斯利普格林(Cowslip Green)的茅舍中,开始为门迪普(Mendip)地区各村庄开办主日学校(Sunday Schools)。与此同时,法国大革命的爆发也给了她撰写单纯的说教性小册子的机会,她在这些小册子中教导穷人知足常乐。

More,Sir Thomas（1478—1535）.　**托马斯·莫尔爵士**（1478—1535）　莫尔是律师,人文主义者和业余的神学家。在亨利八世统治英格兰时期,他拥有巨大的影响力和道德声望,直至他因捍卫罗马天主教而失势。他的法律和政治生涯在 16 世纪 10 年代到 20 年代发达起来,先后于 1510 年担任伦敦代理司法行政官(under-sheriff)、1518 年担任上请法官(master of requests)以及 1523 年担任议会下院议长(Speaker of the Commons)。他于 1521 年受封爵士,并于 1529 年接替沃尔西(Wolsey)成为大法官。与此同时,莫尔还是著名的狂热的人文主义者,他是德西德里乌斯·伊拉斯谟(Desiderius Erasmus)的朋友。他的《乌托邦》(*Utopia*)描绘了一片想象中的乐土,其中的居民依据其自然理性而塑造自己的生活,这部作品为其带来了文学声誉。国王的第一次婚姻危机把莫尔置于窘境。他试图说服亨利八世与凯瑟琳和好并惩治异端,然而莫尔的努力失败,这迫使他于 1532 年 5 月辞职。1534 年,当他被要求宣誓同意新的王室继承法时,莫尔加以拒绝。在遭到快速审讯以及通过伪证而被定罪的情况下,莫尔最终发表了捍卫教廷的言论并于 1535 年 7 月 6 日被处决。1935 年,莫尔被封圣。

Morgan,Sir Henry（c.1635—1688）.　**亨利·摩根爵士**（约 1635—1688）　摩根是主要活动于西班牙控制地区的海盗冒险者。他于 1666 年参加了由海盗爱德华·曼斯菲尔德(Edward Mansfield)领导的远征军。曼斯菲尔德被杀之后,摩根被“选”为海盗的指挥官。他们占领了贝卢港(Porto Bello),屠杀了西班牙的守军,并洗劫了该城。之后,他继续前往占领巴拿马,与该城守军发生了激战。

摩根赢得了查理二世的青睐,于 1674 年被任命为牙买加副总督并受封爵士。他在牙买加度过余生,并坚定地维护着那里的法律与秩序。

Morgannwg, kingdom of 摩根韦格王国 后罗马时期东南威尔士最先出现的王国是格利维辛(Glywysing),该王国很快被摩根韦格王国所取代,这个王国的名称也许是源于摩根·亨("老摩根"之意)的名字,亨卒于 974 年。这片地区在 1066 年之后被诺曼人渗透,而在 1080 年左右,随着罗伯特·菲茨哈蒙(Robert Fitzhamon)在加的夫(Cardiff)建起城堡,他在格拉摩根(Glamorgan)确立了领主权。

Morley, John(1838—1923). **约翰·莫利**(1838—1923) 记者和政治家。约翰·莫利是英格兰北部一位外科医生的儿子,他以自由撰稿新闻记者身份作为进身之阶,成为《双周评论》(*Fortnightly Review*,1867—1882 年)的编辑,而这份期刊正是宣传新的激进的保守党主张的主要阵地。莫利于 1883 年被选入议会,此时他已是爱尔兰地方自治论者,在爱尔兰问题上与张伯伦(Chamberlain)决裂,同时他在格莱斯顿(Gladstone)的最后一届政府(1892—1894 年)以及罗斯伯里(Rosebery)的政府(1894—1895 年)中担任爱尔兰事务大臣。布尔战争(Boer War)期间,莫利谴责英国在南非的政策,不过,他为撰写后来备受赞誉的格莱斯顿的生平而实际上处于退隐状态。作为 1905—1914 年自由党政府的成员,他负责英国在印度的行政改革。1914 年,他因与德国开战的问题而辞职。

mormaers 莫尔马尔 莫尔马尔是 10 世纪至 12 世纪苏格兰王国中对地方统治者的盖尔语称呼。他们征召辖域内的人员保卫王国,从辖域内的农户那里收取贡税,并在辖域内治安官的协助下维持司法。莫尔马尔最初被提及是在 918 年,即苏格兰人的新王国出现不久之后。12 世纪时,主要由于实行长子继承制(primogeniture)和"军事封建主义"("military feudalism"),莫尔马尔逐步演变为地方的伯爵(earls)。

Mormons 摩门教徒 摩门教,或曰耶稣基督末世圣徒教会(Church of

Jesus Christ of Latter Day Saints），缘起于约瑟夫·史密斯（Joseph Smith，1805—1844年）于19世纪20年代期间在纽约州的曼彻斯特所经历的启示，这些启示使他得以查明并翻译了《摩门经》（*The Book of Mormon*，1827年），这部经书记述了自巴别塔（Babel）至公元5世纪的美洲宗教史。据说该经原本是用世俗体的古埃及文写于金板之上，史密斯使用神圣水晶将之破译，事后又将水晶归还了天使摩罗乃（Moroni）。随后的17年，该宗派一直处于漂泊之中：摩门教创立于1830年，这一宗派于1847年抵达犹他州（Utah）的大盐湖谷地（Great Salt Lake Valley）。到了12使徒被任命的时候，史密斯成为了该派的第一位会长（president），并收到了关于实行一夫多妻制的启示（1843年），他最后在狱中被害。因此，摩门教的存续仰赖于史密斯的继任者杨百翰（Brigham Young，1801—1877年），他使犹他州成为了一个模范州（一夫多妻制于1890年废止）。摩门教徒的所有事工在紧张简朴的生活和充满进取精神的传教活动中被表达出来。第一个摩门教的布道团于1837年抵达英格兰。

Morris，William（1834—1896）．　**威廉·莫里斯**（1834—1896）　诗人，艺术家，手工艺人和社会主义者。莫里斯先后在莫尔伯勒（Marlborough）和牛津接受教育。最初他打算投身于教会，但在罗赛蒂（Rossetti）的影响下成为一名画家。不过，莫里斯很快意识到自己并没有伟大的绘画天赋，却精于设计。1861年，他成立了莫里斯公司（Morris & Co.），生产墙纸、家具以及彩色玻璃窗。莫里斯使英国的设计和工艺水平得到提升，此外，通过他于1890年创办的凯尔姆斯科特出版社（Kelmscott Press），也使图书设计和印刷的水平得到了提升。

Morrison，Herbert（1888—1965）．　**赫伯特·莫里森**（1888—1965）　工党政治家。1915年成为工党书记之后，莫里森的组织才能使伦敦工党的稳定崛起得以加速。1920—1921年，莫里森担任哈克尼市（Hackney）市长；自1922年起被选入伦敦郡议会（London County Council）；1923—1924年、1929—1931年、1935—1945年代表南哈克尼（South Hackney）当选议会下院议员（1945—1959年代表刘易舍姆进入议会），他领导工党在1934年赢得伦敦郡议会的选举。他以伦敦为根据地取得的最大成功是在1951年举办了英国节（Festival of

Britain）。在战争的大部分时期中，除了担任过很短一段时间的供给大臣（1940年5月—10月）外，莫里森一直担任丘吉尔政府中颇具人望的内政大臣（1940—1945年）。在战后的工党政府中，他作为枢密院院长和下院工党领袖（1945—1951年），一直发挥着协调性作用，不过，这些均是在他担任外交大臣（1951年3月—10月）之前，外交大臣的任职经历对他而言十分不快。尽管他做艾德礼的副手长达10年，但莫里森在1955年竞争工党领袖时依然败北，正如他在1935年时所经历的那样。

Mortimer，Roger，6th Baron Wigmore（c.1231—1282）． **罗杰·莫蒂默，第6代威格莫尔男爵**（约1231—1282） 莫蒂默是亨利三世统治时期最具权势的边区男爵（marcher barons）之一，致力于抵抗威尔士的扩张。他的母亲是卢埃林·阿普·约尔沃思（Llywelyn ab Iorwerth）的女儿。1258年，莫蒂默处于对抗亨利三世的男爵反对派之中。然而，德·孟福尔（de Montfort）与卢埃林·阿普·格鲁菲兹（Llywelyn ap Gruffydd）修好导致莫蒂默改换阵营，因为他与格鲁菲兹之间一直有仇。1264年，他在刘易斯与失利的王军一起战斗，随后帮助爱德华王子免于被俘。在1265年击败德·孟福尔的伊夫舍姆（Evesham）之战中，他扮演着主要角色。

Mortimer，Roger，1st earl of March（c.1287—1330）． **罗杰·莫蒂默，第1代马奇伯爵**（约1287年—1330年） 罗杰·莫蒂默是威尔士边区的领主（lord of the Welsh march），1321年向爱德华二世投降的叛乱者之一。1324年，他戏剧性地逃出了伦敦塔并流亡巴黎；或许正是在巴黎，莫蒂默成为了王后伊莎贝拉（Queen Isabella）的情人。1326年入侵英格兰期间，他站在王后一边；废黜爱德华二世之后，莫蒂默与王后一起主宰政局直至1330年。事实证明，这段时期的统治与它所接续的德斯潘塞父子（Despensers）的统治一样腐败和不称职。1330年，年轻的国王爱德华三世带领一小群追随者在诺丁汉（Nottingham）包围了莫蒂默。在经过议会审判之后，莫蒂默被处决。

Mortimer's Cross，battle of，1461． **莫蒂默十字路口战役**（1461） 当其父

在韦克菲尔德(Wakefield)战败被杀之际,年轻的马奇伯爵(earl of March,未来的爱德华四世)正在格洛斯特。他向北行军,意图阻截由威尔特希尔伯爵(earl of Wiltshire)与彭布罗克伯爵贾斯珀·都铎(Jasper Tudor,earl of Pembroke)率领的一支强大的兰开斯特派军队。2 月 2 日在威格莫尔(Wigmore)以南 4 英里的莫蒂默十字路口,马奇伯爵击败了对手。这是爱德华取得的第一次重要胜利。欧文·都铎(Owen Tudor),即彭布罗克伯爵的父亲以及未来亨利七世的祖父,被关进监狱,并在赫里福德(Hereford)的市场被斩首。

Mortmain, statute of, 1279. 《**永久管业条例**》(**1279**)　永久管业①是指"死手"("dead hand")保有的财产,这样的财产不能分割或转让。国王和男爵们反对人们将其土地转让给某一宗教机构,然后再转手收回的行为,在这一过程中,这些人得以逃避他们的军事和其他封建义务。1259 年的《威斯敏斯特条例》(provisions of Westminster)宣布,未经领主许可不得转让土地。爱德华一世出于对神职人员的懊恼,于 1279 年颁布该条例禁止类似的土地转让,违者将以没收财产论处。

Morton, James Douglas, 4th earl of〔S〕(c.1516—1581). 詹**姆斯·道格拉斯,第 4 代莫顿伯爵【苏格兰】(约 1516—1581)**　担任苏格兰年轻君主詹姆斯六世的摄政并非值得羡慕之事。第一任摄政莫里伯爵(Moray)于 1570 年被枪杀;伦诺克斯公爵(Lennox)于 1571 年被刺伤;马尔伯爵(Mar)在支撑一年之后出乎意料地死去,遭人毒杀的谣言四起;莫顿伯爵是第四任也是最后一任摄政,曾在之前两任摄政当职时行使实权。1561 年,玛丽从法国归来后,莫顿伯爵发挥着日益重要的作用,于 1562—1566 年第一次担任苏格兰大法官,1567—1573 年再任此职。他在谋杀里奇奥(Rizzio)的事件中扮演了领导的角色;在谋杀达恩利(Darnley)的事件中也有嫌疑,但在 1567 年,他却是反对玛丽和博思韦尔(Bothwell)的领袖,并且于 1568 年的朗斯德(Langside)之战中击败了他们的支持者。莫顿伯爵于 1572 年接替马尔伯爵担任摄政,他的强势政策引发了苏格兰

---

①　也译"土地死手保有"。——译者注

贵族和教会的反抗。1578年,他被阿索尔伯爵(Atholl)和阿盖尔伯爵(Argyll)推翻。由于伊丽莎白的介入,尽管莫顿几乎无法掌握任何权力,他还是艰难地复位,直至1580年,他被指控涉嫌达恩利勋爵谋杀案,并于1581年被斩首。

Morton,John(**c.1420—1500**). **约翰·莫顿**(**约1420—1500**) 枢机主教。莫顿是15世纪最伟大的教会政治家之一。作为可堪重用的教会律师,莫顿在坎特伯雷大主教鲍彻(Archbishop Bourchier)的庇护下平步青云,然而,由于他是兰开斯特家族的支持者,因而于1461年的陶顿(Towton)之战后备受冷落。他逃到欧洲大陆,并随同沃里克伯爵(Warwick)于1470年回到英格兰。1471年,随着兰开斯特派在蒂克斯伯里(Tewkesbury)遭到灾难性的打击,莫顿与爱德华四世和解。1473年,他被任命为掌卷法官(master of the rolls),1479年被任命为伊利主教。在理查三世短暂的统治时期,他被迫再次逃离出国,并于亨利七世取得博斯沃思(Bosworth)之战的胜利后回到英格兰。自此以后,他成为新王朝的重臣,1486年任坎特伯雷大主教,1487年任大法官。1493年,亨利为他从教皇亚历山大六世那里取得了枢机主教的红帽。他异乎寻常的主政期几乎与20年之后的沃尔西不相上下。

mortuary **死手捐** 之前是指已故的堂区教友将次好的牲畜作为贡礼交给现任的堂区神甫,之后这一贡礼转变为个人财产中次好的动产。直至18世纪,这种习惯依然零星存在。目前,这一术语通常用来指暂时接收死者的地方。

Mosley,Sir Oswald(**1896—1980**). **奥斯瓦尔德·莫斯利爵士**(**1896—1980**) 工党政客,演说家,法西斯分子。莫斯利生于土地贵族家庭,在温切斯特(Winchester)接受教育。第一次世界大战期间,他在任上表现出色。1918年至1924年,他代表哈罗选区出任议会下院议员,先是作为保守党成员,而后作为无党派人士(Independent)。1924年,莫斯利加入独立工党(Independent Labour Party),并于1924—1931年代表斯梅西克(Smethwick)选区出任工党议员。莫斯利几乎是1918年后年轻人对于传统党派政治不满的一个缩影,他感到这种政治模式无法处理当时的社会和经济问题。他的英国法西斯主义者同盟(British

Union of Fascists)——创建于 1932 年——没能在议会中赢得议席,并于 1940 年被取缔,当时莫斯利本人也被拘禁。

Mothers' Union　母亲会　英国妇女的教会组织,由玛丽·萨姆纳(Mary Sumner)创立于 1876 年。萨姆纳是汉普郡一位教区长的妻子。作为堂区团体,该组织最初的目的在于支持"婚姻的神圣性"。到 1885 年时,母亲会已发展成为教区性组织,其扩展极为迅速,还发行了自己的杂志,组建了中央议事会(1895 年)并被授予王室特许状(1926 年)。该组织的第一个海外分支机构创建于 1897 年。

motor-cycle racing　摩托车赛　1885 年戴姆勒(Daimler)研制的摩托车的时速已经可以达到 12 英里。最初,英国在发展摩托车比赛方面落后于法国和德国。然而,在 1907 年,布鲁克兰兹(Brooklands)车道投入使用,第一届游客奖杯赛(Tourist Trophy)在马恩岛(Isle of Man)举办。20 世纪 20 年代,赛车道比赛从美国传至英国,而自 1929 年起开始举办摩托车联合会赛。历经世事变幻之后,该联合会赛得以重新进行,并由赛道管制局(Speedway Control Board)进行组织。

motor racing　汽车比赛　1885 年卡尔·本茨(Karl Benz)发明汽油驱动的汽车之后不久便有了汽车比赛。第一次比赛举办于 1895 年 6 月 11—13 日,起点在巴黎,终点在波尔多(Bordeaux)。1906 年,H.F.洛克·金(H.F.Locke King)在其位于萨里(Surrey)的地产上建造了一条 2.75 英里长的混凝土车道,命名为"布鲁克兰兹"(Brooklands)。该车道的特点是不仅很长,而且弯道倾斜度大,可以使汽车在高速状态下转弯。

英国很快出现了很多新的赛道:包括德比郡附近的唐宁顿公园(Donnington Park)赛道(1933 年);北安普敦郡的锡尔弗斯通(Silverstone)赛道(1948 年);肯特郡的布兰兹哈奇(Brands Hatch)赛道(1949 年);柴郡的奥尔顿公园(Oulton Park)赛道(1953 年)。首届英国大奖赛(British Grand Prix)于 1948 年举行。英国在这类赛事中崭露头角要到 1950 年引入世界车手锦标赛(World Drivers' Championship)。那一年见证了英式赛车(British Racing Motors,BRM)努力达到了欧洲竞赛的水平。1958 年,斯特林·莫斯(Stirling Moss)驾驶着一辆库柏(Cooper),在阿根廷大奖赛(Argentine GP)上取胜。

20 世纪 50 年代,莫斯和麦克·霍索恩(Mike Hawthorn)都是家喻户晓的人物。格雷厄姆·希尔(Graham Hill)于 1962 年和 1968 年赢得了车手总冠军。吉姆·克拉克(Jim Clark)于 1963 年和 1965 年夺冠;杰基·斯图尔特(Jackie Stewart)于 1969 年、1971 年以及 1973 年夺冠。詹姆斯·亨特(James Hunt)与奈杰尔·曼塞尔(Nigel Mansell)分别在 1976 年和 1992 年再续辉煌,而戴蒙·希尔(Damon Hill)则在 1996 年夺冠。

Motorways 高速公路 高速公路是特别用于干线机动车交通的道路,与相反方向的行车道之间有一条中间地带。第一条真正意义上的高速公路是 1958 年的普雷斯顿旁道(Preston bypass),它是 1959 年首部分开通的 M1 高速公路的先驱。高速公路网络的发展比较缓慢:到 1963 年 4 月,只开通了 194 英里;1973 年达到 957 英里;1984 年达到 1731 英里;1994 年达到 1969 英里。

高速公路缩短了行程所需时间,1960 年时从伯明翰乘坐驿站马车前往伦敦,时间减少了一半;同时,高速公路还使致命的交通事故降至不到普通公路一半的几率。高速公路扩展了通勤区域(commuting zone),特别是伦敦周围;改变了工业的布局,比如"M4 走廊"("M4 corridor");在城市之内以未知的方式分割了自铁路修建以来形成的社区。20 世纪 90 年代,人们开始以征缴养路费和交通费的方式来偿付私募融资,以规避"公共开支"的种种限制,而这又回到了1938 年的计划。

Mount Badon, battle of, c.AD.500. 巴登山之战(约公元 500 年) 吉尔达斯(Gildas)这位记述罗马不列颠衰落的年代记作家,为这一不列颠人的胜利赋予了巨大的意义。就他而言,自撒克逊人推进以来,这次胜利使不列颠人得到了 40 年的安稳时期。最有可能的战斗地点是斯温登(Swindon)附近的巴德伯里(Badbury),或是兰伯恩(Lambourn)附近的拜登(Baydon)。吉尔达斯把这场胜利与安布罗修斯·奥雷利阿努斯(Ambrosius Aurelianus)联系起来;而内尼厄斯(Nennius)则于 9 世纪早期把亚瑟王的名字引入这次战斗,并把它的时间断为 516 年。

Mountbatten, Louis Francis Albert Victor Nicholas, 1st Earl Mountbatten of Burma（1900—1979）. 路易斯·弗朗西斯·艾伯特·维克托·尼古拉斯·蒙巴顿, 第 1 代缅甸的蒙巴顿伯爵（1900—1979） 海军司令, 政治家。蒙巴顿出生的家庭与温莎家族有着密切关系。他在海军有过出色的经历, 此后在 1942 年 4 月, 他被任命为针对欧洲敌占区进行联合作战的指挥官。1943 年 8 月, 他担任东南亚战区盟军最高统帅, 并领导了从日寇手中光复缅甸和半岛马来西亚的战役。1946 年 12 月, 他被任命为最后一任印度总督, 负责监督于 1947 年 8 月 15 日进行的权力移交。自 1959 年至 1965 年, 他担任国防参谋长。蒙巴顿被爱尔兰共和军谋杀于爱尔兰。

Mountjoy, Charles Blount, 8th Baron（c.1562—1606）. 查尔斯·布朗特, 第 8 代芒乔伊男爵（约 1562—1606） 查尔斯·布朗特于 1594 年继承了其兄的爵位。他曾在莱斯特伯爵（Leicester）麾下在低地国家（Low Countries）作战, 并在击败西班牙舰队（Armada）的战斗中担任一艘战舰的指挥官。1600 年后, 芒乔伊迎来了人生的巨大机遇。当时, 他的一位政治盟友埃塞克斯伯爵（Essex）遭到惨败, 并在爱尔兰向蒂龙伯爵（Tyrone）投降。芒乔伊被任命为爱尔兰总督（lord deputy）, 并在 1601 年在金塞尔（Kinsale）赢得一次关键性胜利, 当时西班牙的远征队抵达, 迫使蒂龙伯爵放弃游击战而正面对决。到 1603 年, 蒂龙伯爵投降。詹姆斯一世重新任命芒乔伊为爱尔兰总督（lord-lieutenant）, 授命其执掌军械, 并晋封其为德文希尔伯爵（earl of Devonshire）。作为作家的资助者, 布朗特也是后起之秀, 但他却在 44 岁时死于肺炎。

Mugabe, Robert（b.1924）. 罗伯特·穆加贝（生于 1924 年） 津巴布韦民族主义政治家。穆加贝是 1963 年成立的津巴布韦非洲民族联盟（Zimbabwe African Naitonal Union, ZANU）的创建人之一, 但他却在 1964 年被捕并遭监禁。他于 1975 年获释, 并在此前一年成为津巴布韦非洲民族联盟的领袖。他与乔舒亚·恩科莫（Joshua Nkomo）是爱国阵线（Patriotic Front）的共同领导人, 获释后便立刻发动了针对伊恩·史密斯(Ian Smith)领导的白人少数派政府的武装斗争。在 1979 年的和平谈判中,他发挥着决定性作用,并通过次年举行的选举成为津巴布韦第一位非洲裔总理。作为一名坚定的马克思主义者,他希望建立一个一党制的国家;然而随着共产主义在东欧的崩溃,穆加贝于 1991 年放弃他的计划,但仍然坚持重新分配土地以使非洲人获益。就其对津巴布韦的长期统治而言,其一表现为金融和经济的长期衰落,其二是受到诸如操控选举、实行恐吓统治以及干涉司法的指控。

Muggletonians　马格尔顿派　马格尔顿派,或曰"第三使命的信徒"("believers in the third commission")是拉德维克·马格尔顿(1609—1698 年)及其堂兄约翰·里夫(1608—1658 年)的追随者。据说两人于 1651—1652 年成为启示的见证人,就此而言,里夫是信使,而马格尔顿是代言人。他们的追随者一直延续到 19 世纪,并且在伦敦拥有一处宗教研究所。

Munich agreement　《慕尼黑协定》　"Munich"——《慕尼黑协定》是由内维尔·张伯伦(Neville Chamberlain)与阿道夫·希特勒(Adolf Hitler)签署的——作为软弱的同义词,已经写入英语之中,而历史学家一直在争论英国冒险开战,而非要求捷克斯洛伐克(Czechoslovakia)将苏台德区(Sudetenland)交给希特勒,是否更加明智。不过,在当时(1938 年 9 月 30 日),英国普遍的感受是一种忧虑解除后的欢欣。

Municipal Corporations Act,1835.　《市政法人法》(1835)　1832 年议会改革带来的必然结果,便是地方政府的改革。该《市政法人法》取消了当时存在的多样化市镇机构,并以一种标准化的地方管理机关市政委员会取而代之,市政委员会由市长、市政官(aldermen)以及由地方纳税人选举产生的委员会委员构成。该法还就诸如曼彻斯特和伯明翰那种原先没有市政机构的市区建立起同样的机构做出了规定。

Munster　芒斯特　自 7 世纪中期到 10 世纪,芒斯特一直由欧文纳赫特

(Eóganacht)王朝统治,这一王朝之后被达尔凯斯(Dál Cais)王朝取代,布赖恩·博罗(Brian Boru,卒于 1014 年)便属于这一王朝。1169 年盎格鲁—诺曼人的入侵对这一地区造成了直接影响,殖民化普遍出现,奥布赖恩家族(O'Briens)与麦卡锡家族(MacCarthys)被限制在西部的偏远地区。1579 年的德斯蒙德(Desmond)叛乱使得英格兰的新教殖民者开始定居于这片地区,而爱尔兰军队于 1601 年在金塞尔(Kinsale)之战中被击败则意味着盖尔人的优势地位在整个爱尔兰的瓦解。此后,芒斯特是各类游击战争的核心地区,而游击战也成为1919—1921 年独立战争的典型特征。

Murray,**Andrew**(**d.1297**)　**安德鲁·默里(卒于 1297 年)**　安德鲁·默里是苏格兰独立战争中不可磨灭的英雄。他于 1297 年走上历史前台,当时大部分显赫的苏格兰人都屈服于爱德华一世。他策划了苏格兰北部的大规模起义,与其支持者一路南下,加入威廉·华莱士(William Wallace)的军队之中。他俩一起精明地利用了英格兰人在斯特灵桥战役(battle of Stirling Bridge,1297 年 9月 11 日)中犯下的战术错误,取得大胜。华莱士继续入侵英格兰北部,但默里却在不久后去世,很明显是在斯特灵桥战役中受伤所致。

Murray,**Lord George**(1694—1760).　**乔治·默里勋爵**(1694—1760)詹姆斯党人的将军。乔治·默里是第 1 代阿索尔公爵的小儿子,一位辉格党徒,但他反对 1707 年的《合并法》。他于 1715 年从法国返回,为詹姆斯党人战斗。再次逃亡法国之后,他于 1719 年随同入侵苏格兰的詹姆斯党人回到苏格兰。

1745 年 8 月,他在珀斯加入查理王子(Prince Charles)的队伍。作为中将,他是詹姆斯党人真正的司令官。普雷斯顿潘斯(Prestonpans)的胜利、面对强势骑兵时撤离英格兰以及在克利夫顿(Clifton)与福尔柯克(Falkirk)取得的胜利,这些均归功于他。尽管默里勋爵不赞成在卡洛登(Culloden)正面作战,但在这场战斗中他依然奋勇作战。默里勋爵最终卒于荷兰。

Murray,**James**　**詹姆斯·默里**　See ATHOLL,MARQUIS OF.(见阿索尔侯爵)

Muscovy Company　莫斯科公司　See RUSSIA COMPANY.（见俄罗斯公司）

Mutiny Act　《军纪法》　光荣革命以前,詹姆斯二世曾在豪恩斯洛荒原（Hounslow Heath）集结起一只庞大的军队来威胁伦敦。1689 年的《权利法案》宣布,未经议会同意,和平时期在王国境内维持常备军属于违法。从此,议会每年都要进行通过《军纪法》的程序,从法律上授权军纪的执行。

Myddleton,Sir Hugh（c.1560—1631）.　**休·米德尔顿爵士**（约 1560—**1631**）　理查德·米德尔顿（Richard Myddleton）的第六子,登比城堡（Denbigh castle）行政长官,托马斯的弟弟,伦敦市长。休·米德尔顿曾被送往伦敦以期被作为金匠/银行家加以培养。尽管他保持着自己与登比市的关系并在 1603 年至1628 年间 6 次代表登比市当选议员,但人们缅怀他主要是由于其建造新河（New River）的伟大事迹,营建这条人工水道是为了改善伦敦的供水需求。

Mynydd Carn,battle of,1081.　迈奈德卡恩之战（1081）　1066 年以后,诺曼人开始进逼威尔士的南部和北部地区,同时,威尔士诸王的混战时期到来。但在圣戴维兹（St Davids）附近的迈奈德卡恩,格鲁菲兹·阿普·卡南（Gruffydd ap Cynan）与里斯·阿普·图德（Rhys ap Tewdwr）战胜并杀死了他们的对手特拉海恩（Trahaearn）、卡拉多格·阿普·格鲁菲兹（Caradog ap Gruffydd）以及波伊斯的梅利斯·阿普·瑞沃伦（Meilys ap Rhiwallon of Powys）,建立了圭内斯（Gwynedd）和德赫巴斯（Deheubarth）的霸权。

mystery plays　神秘剧　神秘剧是保存最为完好的地方宗教戏剧,这种戏剧在中世纪盛期的英格兰走向繁盛,亦被称为"基督圣体节的戏剧"（"the play of Corpus Christi"）,因为这类戏剧最初是在这一节日时上演。它把圣经和次经中有关人类堕落与救赎的叙述改编成诗歌或戏剧,并强调耶稣的审判、死亡、复活以及地狱中的折磨。这类戏剧为人们提供了宗教教育与娱乐,有力地塑造着市民的自豪感,具有较大的商业利益。其增强戏剧感染力的方式包括音乐、特效、片段性的喜剧以及通过表演而体现出的现实相关性——例如高级祭司代表着主教,而牧羊人则代表着中世纪约克郡人(Yorkshiremen)。

Myton,battle of,1319. 迈顿之战(1319) 1319 年,当爱德华二世围攻贝里克(Berwick)之际,罗伯特一世布鲁斯(Robert I Bruce)派遣詹姆斯·道格拉斯爵士(Sir James Douglas)与莫里伯爵(earl of Moray)展开突袭行动,并深入到约克郡。在巴勒布里奇(Boroughbridge)正东的斯韦尔河畔迈顿(Myton-on-Swale),他们与约克大主教威廉·梅尔顿(William Melton)匆忙召集起来的杂牌军遭遇。苏格兰人击溃了他们的对手,爱德华放弃了对贝里克的围攻。由于许多教士加入到大主教军队中,以致于这一幕被嘲讽地称为"迈顿的教士会"(Chapter of Myton)。

N

Nabobs　在印度发财归国的欧洲人　"Nabobs"一词是乌尔都语 *nawab*——意为地方行政长官(governor)或贵族(nobleman)——的讹用,是当时的时尚用语,用来形容从印度发财归国的欧洲人,这些人通常喜好奢靡的生活方式和政治文明。塞缪尔·富特(Samuel Foote)在一部极其成功的戏剧《在印度发财归国的欧洲人》(*The Nabob*)中,对这些人进行了讽刺,这部戏剧于 1772 年在秣市街(Haymarket)上演。

Najerá, battle of, 1367.　纳赫拉战役(1367)　这场战役发生在西班牙北部,此战大大提高了黑王子爱德华(Edward, the Black Prince)的声望。黑王子曾介入卡斯蒂利亚(Castile)事务,帮助被自己的同父异母兄弟特拉斯塔马拉的亨利(Henry of Trastamara)废黜的佩德罗二世("残酷者")。4 月 3 日的获胜使佩德罗二世恢复了王位。

Namibia　纳米比亚　在经过大量传教活动之后,1884 年西南非洲被德国吞并。第一次世界大战后,该地作为托管地由南非管理。1966 年联合国决定结束托管,但南非不顾日益加大的由西南非洲人民组织(South West Africa People's Organization)发起的游击战争的风险,继续加以控制。1990 年该地区取得独立,并组建了以西南非洲人民组织(SWAPO)为首的政府。

Nanking, treaty of, 1842.　《南京条约》(1842)　1839—1842 年的第一次对华战争的爆发是因为清政府查封并销毁了大量英国商人进口的鸦片。在经过零星的战斗和海上行动后,清政府被迫同意开放对外贸易,赔偿销毁鸦片给英国商人造成的损失,并割让香港给英国。

Nantwich, battle of, 1644. 楠特威奇战役(1644) 在整个内战期间,查理一世对获得爱尔兰的帮助寄予厚望。1643 年夏,查理一世经过与天主教联盟(catholic Confederacy)进行谈判,后者同意签署停战协议,而查理一世则允许来自爱尔兰的大量保王党分子进入英格兰。为国王守卫切斯特(Chester)的拜伦勋爵(Lord Byron)设法将这些人组织起来,并在 1644 年 1 月对楠特威奇展开围攻。1 月 24 日,拜伦勋爵遭到托马斯·费尔法克斯爵士(Sir Thomas Fairfax)的攻击,他虽然使自己的骑兵成功逃脱,但新组建的步兵却折损大半。

Napier, Sir Charles James(1782—1853). **查尔斯·詹姆斯·内皮尔爵士**(1782—1853) 军人。内皮尔 12 岁时参军,参加过 1808—1811 年的半岛战争(Peninsular War)和 1812—1814 年的美国战争。1819 年至 1830 年,他随军驻扎在希腊。1839 年宪章运动风潮中,他被任命为英格兰北方军队指挥官。1841 年,他接受了一个待遇优渥的在印度工作的职位,挑起了对信德(Sind)的征服,并从中掠夺了 50,000 英镑的财富。他用有名的暗号"Peccavi"("我有罪")宣告了自己取得的胜利。他于 1847 年离开了印度,但 1849 年时他又作为印度军队的总指挥回到印度。然而,因与印度总督达尔豪西勋爵(Lord Dalhousie)发生冲突,他于 1851 年辞职。

Napier, John(1550—1617). **约翰·内皮尔**(1550—1617) 数学家。内皮尔发明了对数,极大地简化了需要大量乘除法的运算。正如开普勒所说,他使天文学家增寿一倍(通过缩减他们一半的数字处理时间)。他先后在法国和圣安德鲁斯大学(St Andrews)接受教育,1614 年,他出版了《神妙的对数规则之描述》(*Mirifici logarithmorum canonis descriptio*),内含表格和解释。1617 年,他出版了《筹算集》(*Rabdologia*)一书,书中描述了作为计算工具来校准对数的"内皮尔骨算筹"("Napier's bones")或棒条体,这种计算工具后来发展成对数计算尺。

Napier, Robert, 1st Baron Napier（1810— 1890）．　**罗伯特·内皮尔**（1810—1890），**第1代内皮尔男爵**　军人。内皮尔生于锡兰（Ceylon），他的职业生涯几乎全部是在印度度过的。1826 年,他加入了孟加拉工兵队（Bengal Engineers）,在 19 世纪 40 年代的锡克战争（Sikh wars）中,他两次负伤;在 1857 年印度兵变中,他为守卫勒克瑙（Lucknow）而第三次负伤。1858 年,他被封为爵士。内皮尔参加过对华战争,并在 1867 年指挥一支远征军进军埃塞俄比亚。内皮尔于 1870 年至 1876 年间担任驻印度英军总司令,1876—1882 年任直布罗陀总督,1883 年任陆军元帅。

Naseby Battle of, 1645．　内斯比战役（1645）　内斯比战役是第一次内战期间发生的一场战役,这场战役使得保王党人继马斯顿荒原（Marston Moor）战役大败后,希望彻底破灭,此前保王党人主要寄希望于蒙特罗斯（Montrose）指挥的出色的苏格兰战役。1645 年 5 月鲁珀特亲王（Prince Rupert）夺取了莱斯特（Leicester）,迫使议会党人决定对牛津展开围攻。1645 年 6 月 14 日,两军在拉格比（Rugby）以东的内斯比相遇。王党军队开始时占了上风,但最终惨败给兵力占优的议会军。

Nash, John（1752—1835）．　**约翰·纳什**（1752—1835）　纳什出生在伦敦,技工之子,19 世纪英格兰最成功的建筑师。纳什接受的首个公共建筑工作是建造卡马森郡监狱（Carmarthen county gaol）。返回伦敦后,纳什很快积累了大量实践经验,他最初是与园林设计师汉弗莱·雷普顿（Humphry Repton）合作,随后开始独立工作。他一生中的大部分时间都在为摄政的威尔士亲王[①]建造大型工程,最具创意的设计就是在伦敦中心建造的花园之城。在纳什去世之前,这些工程大部分都已竣工,只有摄政公园（Regent's Park）到现在为止依然停留在筹划阶段。

Nash, Paul（1889—1946）．　**保罗·纳什**（1889—1946）　画家和平面造型

---

① 即后来的乔治四世。——译者注

艺术家。纳什在1914—1918年的第一次世界大战中曾负过伤,当时他被任命为官方战地美术工作者,期间创作的代表作《我们正在创造一个新世界》(*We are Making a New World*)和《梅嫩公路》(*The Menin Road*)目前被帝国战争博物馆(Imperial War Museum)收藏。纳什主要是一位风景画家,他自认为是布莱克(Blake)和特纳(Turner)的继承者,他的作品充满了浓厚的有时又带有预言性的象征主义风格。在第二次世界大战中,他再次成为官方战地美术工作者,他在此期间创作的《死亡之海》(*Totes Meer*,Dead Sea)和《农田中的轰炸机》(*Bomber in the Corn*)目前悬挂在泰特美术馆(Tate Gallery)。

Nash,**Richard**(1674—1762). **理查德·纳什**(1674—1762) 后来以"纨绔子弟"纳什("Beau" Nash)而知名。纳什是斯旺西(Swansea)的玻璃匠之子,1693年进入内殿律师公会(Inner Temple)学习。1705年他因沉溺赌博而去了巴斯(Bath),尽管巴斯属于时尚之地,但娱乐或休闲活动安排并不多。在巴斯,他凭着优秀的组织能力和活动能量成了礼仪大师,并对该领域存在的过度收费、争斗和不拘礼节的行为展开讨伐。纳什虽然是个"高雅的仲裁者"("arbiter elegantarium"),但他主要还是一个职业赌徒。尽管他对巴斯的繁荣和创建温泉医院(Mineral Water Hospital)做出了贡献,但巴斯市自治机构还是冷漠地看着这位无冕之王一步步陷入贫困。尽管如此,纳什最终还是被葬在巴斯修道院(Bath abbey)。

Natal 纳塔尔 英国在南非的原殖民地。早在1824年时,就有英国商人和传教士在纳塔尔港【Port Natal,今德班(Durban)】定居。1843年,为了遏制南非白人(Afrikaner)势力的扩张,英国宣布纳塔尔为英国的殖民地。19世纪80年代和90年代时,该殖民地的疆域通过瓜分祖鲁兰(Zululand)而得以扩大。1910年,纳塔尔殖民地的居民被迫同意将他们的国家并入南非联邦。

national anthem 国歌 英国最早出现具有国歌性质的歌曲是在1744年,当时的歌词中并没有指明是哪一位国王,只是含混地表达为"天佑吾主国王"("God save our Lord the King"),但1745年9月在德鲁里巷(Drury Lane)剧院演唱时,明确地提出乔治三世之名,以反击詹姆斯党人的威胁。这首歌实际上是将一些对王室表达忠诚的短语编辑在一起,再经过改编而成的都铎嘉雅舞曲(Tudor galliard),但很快就得到广泛的流传。到1819年时,人们已经将这首歌认同为国歌,尽管其内容涉嫌反苏格兰性质(这首歌到现在还为北部边界地区的一些人所深恶痛绝)。

national debt 国债 就整个历史而言,政府始终难以在财政收入与支出方面做到平衡,因为收入要靠税收,而税收从来就不是一件受人们欢迎的事情。国债是指财政支出中超出财政收入的那部分,这些赤字通常在累计数年后,通过借贷的形式筹集资金。18世纪时,由于介入战争的次数过多,导致国债急剧增加【见金融革命(See FINANCIAL REVOLUTION)】。在20世纪,由于战争以及政府承担的用于社会保障和养老金等福利支出越来越多,国债再次增加。

National Front 民族阵线 民族阵线由一些小型极端右翼组织于1967年建立。20世纪70年代以后,民族战线利用人们对逐渐增长的移民数量的恐惧,发展日渐显著。尽管该组织距离赢得议会席位还相差甚远,但它在伦敦的某些区域、英格兰中部和一些北方城市中却拥有强大的支持力量。1977年初,该组织获得的支持达到顶峰,之后逐渐消减。1982年,民族阵线主席约翰·廷代尔(John Tyndall)脱离该组织,组建了英国国家党(British National Party),该党此后取代了民族阵线组织,成为极端右翼政党。

National Government 国民政府 1931年拉姆齐·麦克唐纳(Ramsay MacDonald)的工党政府遇到了非常严重的经济危机,失业人口超过2百万,民众纷纷挤兑英镑。8月,内阁就一项削减失业救济金的建议产生分歧,工党倒台。为此,麦克唐纳与保守党领袖鲍德温(Baldwin)和在劳合·乔治抱病期间负责领导自由党的赫伯特·塞缪尔爵士(Sir Herbert Samuel)进行了商议。塞缪尔力主组建联合政府,而鲍德温则表态同意在麦克唐纳政府中任职。尽管最初的想法只是将组建联合政府作为一项临时性举措,但联合政府却一直维持到第二次世界大战爆发。在接下来于1931年10月举行的大选中,国民政府以压倒性优势获胜,保守党赢得了 473 个席位,参加国民政府的自由党赢得了 35 个席位,参加国民政府的工党赢得了 13 个席位,而作为反对党的工党获得的议会席位则减少到 52 个。1935 年 6 月,鲍德温取代麦克唐纳出任首相。11 月,鲍德温解散议会,尽管工党获得的议会席位上升到 154 个,但国民政府还是赢得了可观的多数席位。1937 年,鲍德温让位给内维尔·张伯伦(Neville Chamberlain)。在工党制定的对手名单中,麦克唐纳被列为头号人物,也是政治骗子,而国民政府则被看作保守党的骗局。

National Health Service　国民保健服务计划　国民保健服务计划确立于 1948 年。该计划源于第二次世界大战后实施的社会医疗服务重建计划,此前曾就关于医疗保健的条款进行了很长时间的讨论【1920 年的《道森报告》(Dawson Report);1936 年的《卡思卡特报告》(Cathcart Report)和 1937 年的桑基委员会(Sankey Commission)】。1942 年的《贝弗里奇报告》(Beveridge Report)提出,实施一项令人满意的社会保障计划,其基础是"为人们提供综合性的保健和康复服务,以预防和治疗疾病,使之恢复工作的能力"。安奈林·比万(Aneurin Bevan)建立了三方管理机制:地方政府(负责管理现有的诊所和新成立的保健中心),国民健康保险医生和国有化的医院(允许私人行医开业,赋予教学医院以特殊地位)。既然新的国民保健服务对患者全部实行免费,则医疗基金只能通过税收加以解决,但在贝弗里奇看来,随着国民保健水平的逐渐提高,即使不考虑诸如关节置换一类医疗技术手段的进步等因素,费用也会逐渐降下来。1951 年,因为对门诊、配眼镜和假牙实行收费,坚持免费原则的比万辞职。有人指控比万生活奢侈,结果证明纯属子虚乌有【《吉尔博报告》(Guillebaud Report),1956 年】,而且医院建设、医疗技术的应用以及从事保健服务人员队伍的扩大等,也随着经济增长而持续保持。国民保健服务的总支出也在不断增加。由于各种资源从对病人的关怀越来越向行政管理上转移,导致大量从事国民保健服务计划的雇员积极性下降。之前几十年里普遍达成的对国民保健服务的共识,尽管因在 20 世纪 80 年代出现的一系列对抗政府的行为而受到冲击,但民众对此依然保持着高度信心。当然,考虑到国民保健服务的费用一直在不断升高,所以有人提出应该与私人医疗领域进行紧密合作。

national hunt　全国赛马委员会　See HORSE-RACING.(见赛马)

National Insurance　国民保险制度　1911 年,阿斯奎斯(Asquith)政府通过了《国民保险法》(National Insurance Act-Health and Unemployment)。该法提出,疾病和失业的保险金由雇主缴纳与雇员个人分担构成。保险金由雇主与雇员共同分担(contributory)由此开始,同时开启了半数英国人无论其经济状况如何均享受保险的社会保障制度。1925 年,政府将养老金的缴纳也纳入雇主与雇员共同分担范畴。

1946 年的《国民保险法》确立了一项综合性的国民社会保险计划:雇主、雇员以及自雇人员都要分担缴纳保险金,这样保险人本人及其家人在失业、疾病、丧偶以及年老的情况下,均能合法享受保险福利。

nationalism　民族主义　民族主义是一种基于共同的历史、语言、文化和传统基础,具有共通性的个体认同和忠诚感。尽管与宗教和地域忠诚十分相近,但这种情感仍因为几乎永远被作为政府的根基而与前者有所区别。

近年来的学界趋向于认为,欧洲民族主义有着深厚的历史根源,而不是之前认为的是 19 世纪的现象。英格兰民族主义(English nationalism)情感似乎在驱逐丹麦人的斗争过程中,就已经发展起来了,尽管诺森伯里亚、威塞克斯、麦西亚和东盎格利亚之间几个世纪的不信任感在当时仍在延续。1066 年以后,出于对诺曼—法国人统治的仇恨,这一民族情感得到进一步强化。诺曼人对不列颠岛其他地区的进逼,相应地激发了对方的民族主义。华莱士和罗伯特·布鲁斯(罗伯特一世)领导的军事斗争,以 1320 年的《阿布罗斯宣言》(*declaration of Ar-broath*)的签署而告终结。而由卢埃林·阿普·格鲁菲兹(Llywelyn ap Gruffydd)和格兰道尔(Glyndwr)在威尔士领导的斗争,由于他们使很多人相信他们是为了把威尔士人从英格兰的压迫中解放出来而战,从而获得了广泛的支持。

从 1603 年英格兰和苏格兰开始形成君合国(personal union),尤其是从 1707 年开始两个王国实现了政府的合并,英格兰和苏格兰为增进英国民族主义(British nationalism)的情感,付出了大量的艰辛和努力。伴随着军事上的胜利、帝国的成就和经济的增长,民族主义情感蓬勃发展起来。20 世纪,尤其是 1945

年后,随着经济和政治问题越来越多,英国民族主义观念产生了动摇,各个凯尔特民族主义派别开始取得一定的成功。

爱尔兰人由于持有这样的观念,即英国人对应的是英国政府,所以总是提出各种特别的难题。而新教与英国国民性(Britishness)之间的联系,使得英国历届政府都不情愿让占爱尔兰人口多数的天主教徒分享各种权利,因为这些权利正是基于普遍的英国国民性基础之上的。至于一些天主教徒向西班牙、法国或者德国寻求帮助的倾向,更使得英国人将他们看作潜在的背叛者。

1801年签署《联合法》(Act of Union)以后对爱尔兰天主教徒做出的种种让步(称让步"过少,过晚",不过是种随便说说的陈词滥调),并未能阻止越来越趋向于采取军事手段来解决问题的爱尔兰民族主义情绪的增长,而这种民族主义情绪反过来又导致新教徒极力反对爱尔兰自治("忠英派"),并最终导致爱尔兰在1921年分裂。

在威尔士,幸存下来的威尔士语为民族主义提供了文化上的聚焦点。19世纪时,自由党利用威尔士人对英格兰化的地主掌握的权力以及英国圣公会在威尔士占有特权地位的不满,争取正在致力于威尔士文化复兴的讲威尔士语的人口的支持。威尔士民族主义党,即威尔士党(Plaid Cymru),尽管最初在南威尔士受到占统治地位的讲英语者的压制,但在20世纪90年代,其力量取得了可观的发展,在1997年的大选中,有4人进入英国议会下院。2003年,威尔士党宣称该党在威尔士国民议会(Welsh Assembly)中的60多个议席中占了12席。2004年大选后,威尔士党与工党在加的夫组成了一个权力共享政府。

现代苏格兰的民族主义是根据1707年《合并法》取得的公民社会与地方政府的自治权利而兴起的,但随着通讯速度、英国经济一体化速度的不断加快,以及英国政府对全国事务干预权力的不断扩大,苏格兰民族主义开始受到侵蚀。苏格兰很多地区出现的对怀特霍尔宫(Whitehall)的仇视,甚至可以呈现为一种民族主义的形式。然而,尽管苏格兰各地出现的骚动促使英国政府于1885年在内阁中重新设立了苏格兰事务大臣,也导致苏格兰自治协会(Scottish Home Rule Association)于1886年建立,但是苏格兰民族主义并未把广大群众都发动起来。由于保守党和工党对苏格兰自治缺乏兴趣,结果促使苏格兰的民族党(National Party of Scotland)于1928年建立,该党于1934年转变为苏格兰民族党(Scottish

National Party，SNP）。

由于人们对经济和政治集权化的反感越来越强烈，加之对北海（North Sea）出产石油后可能会带来的美好前景所抱有的乐观态度，苏格兰民族党出乎意料地赢得了在汉密尔顿（1967 年）和戈万（Govan，1973 年）补缺选举的胜利。在 1974 年 10 月的大选中，苏格兰民族党赢得了 30% 的选票和 11 个席位。尽管来自苏格兰民族党的挑战在 1979 年举行的无结果的权力移交全民公投后下降了，但在撒切尔（Thatcher）执政的那些年，英国政府在苏格兰被普遍认为是由一个英国民族主义者所统治。在 1997 年的大选中，苏格兰民族党赢得了 6 个英国议会席位。在 2003 年的选举中，苏格兰民族党在苏格兰议会的 129 个席位中占据了 27 席。2007 年，该党在亚历克斯·萨蒙德（Alex Salmond）的领导下，在爱丁堡组成了少数党政府。

进入 21 世纪，民族主义表现出的交错涌动的潮流令人困惑不已。一种观点认为，世界已经成为一个整体，跨国公司以及像欧盟一类的跨国组织促使国家间本已密切的合作更为加强。另一种观点认为，随着大帝国——奥斯曼帝国、奥匈帝国、英帝国以及苏俄——都分裂成为各个成员国，面积很小的独立国家的数量一直在惊人地增加。在一些国家如波兰，自然存在着悖论，为了独立而经过几个世纪的英勇斗争，目的难道就是为了使她的很多国民可以选择在别的地方生活吗？

nationalization　国有化　尽管在将英国经济的公有部分扩大到占国内生产总值（GDP）的 20% 以上这件事上，1945 年的工党政府要负主要责任，但在爱德华时代，社会主义者和激进主义者就一直在鼓吹对煤炭、铁路，甚至土地实行国有化。第一次世界大战提升了国家对工业干预在人们心目中的可信度，1918 年，工党承诺致力于实行"生产资料的公有制"。

第二次世界大战进一步促进了人们要求实行财产公有制的呼声；接下来执政的工党政府遵循了其 1945 年的宣言"让我们面对未来"，实行了一系列国有化政策，包括 1946 年将英格兰银行（Bank of England）、大东电报公司（Cable & Wireless）和煤炭国有化；1947 年将内陆运输国有化；1947 年将电力国有化；1948 年将燃气国有化以及 1949 年将钢铁国有化。因钢铁国有化（1953 年曾对钢铁实行去国有化,但工党在 1967 年再度实行钢铁国有化)问题而发生的党派政治冲突几乎没有转移保守党对艾德礼(Attlee)的"混合型经济"("mixed economy")理论的关注。然而,撒切尔(Thatcher)政府终止了这一国有化进程,并于 1981 年开始实施"私有化"("privatization")计划;到 1996 年,公有经济部分几乎被全部消除。

national parks　国家公园　随着工业城镇规模的不断扩大和郊区的膨胀,19 世纪首次有人提出建立国家公园的建议。英国于 1895 年成立了全国托管协会(National Trust)、1912 年成立了自然保护区保护协会(Society for the Protection of Nature Reserves)、1926 年成立了英格兰乡村保护委员会(Council for the Protection of Rural England)。第二次世界大战后,建立国家公园这个问题被再次提出。1949 年,英国成立了国家公园委员会(National Parks Commission),该委员会拥有认定国家公园的权力,同时有权确认虽不在国家公园范围之内,但需要保护的著名的自然风景区。1951 年,英国建立的第一批国家公园包括达特穆尔(Dartmoor)、斯诺登尼亚(Snowdonia)、皮克山区(Peak District)以及湖区(Lake District)等。此后,英国又建立了一系列国家公园,包括 1952 年在彭布克罗海岸(Pembrokeshire coast)和北约克郡高沼区(north Yorkshire moors)、1954 年在埃克斯穆尔(Exmoor)和约克郡河谷(Yorkshire Dales)、1956 年在诺森伯兰(Northumberland),以及 1957 年在布雷肯山(Brecon Beacons)建立的国家公园等。苏格兰没有建立国家公园,但是设定了国家风景名胜区,并提供了一些保护。

National Schools Society　全国学校协会　约瑟夫·兰开斯特(Joseph Lancaster)在建立不属于任何宗教派别学校方面取得的成功,推动了不列颠及海外学校协会(British and Foreign School Society)的成立,英国圣公会的主教们也因此而急于成立一个能够与之竞争的学校组织团体。1811 年 10 月,"根据国教原则促进贫民教育全国协会"(National Society for Promoting the Education of the Poor in the Principles of the Established Church)成立。安德鲁·贝尔博士(Dr Andrew Bell)致力于创办导生制学校(monitorial schools),并在学校中讲授世俗与宗教两种课程。1833 年,英国政府首次为建立学校拨款,1853 年政府为维护校舍再次拨款。到 1888 年,在该协会所属学校中接受教育的儿童人数达到 230 万。

National Society for the Prevention of Cruelty to Children　全国防止虐待儿童协会　尽管 18 世纪末存在着人道主义主张和慈善事业,但在 1870 年以前,很少有人对忽视与虐待儿童的问题给予关注。1881 年,利物浦的银行家托马斯·阿格纽(Thomas Agnew)注意到美国在防止虐待儿童方面所做的开创性工作,导致若干地方性防止虐待儿童协会在 1883 年至 1885 年间被建立起来。1889 年,伦敦防止虐待儿童协会与一些同类的地方性协会合并,共同组建了全国防止虐待儿童协会(NSPCC)。

National Theatre　国家剧院　1848 年,埃芬厄姆·威尔森(Effingham Wilson)首次提出建立国家剧院;1949 年,该设想得到议会的批准,但承诺的资金却没有到位。1963 年,国家剧院剧团终于组建成立,劳伦斯·奥利弗(Laurence Olivier)担任导演,但是直到 1976 年,也就是在经历了资金困难和社会批评后,国家剧院剧团迁至它的永久地址,即泰晤士河南岸,这是一座有 3 个剧场的综合剧院(伦敦)。

National Trust　全国托管协会　全国托管协会成立于 1895 年,主要创始人有奥克塔维娅·希尔(Octavia Hill)、罗伯特·亨特爵士(Sir Robert Hunter)以及威斯特摩兰的法政牧师坎农·H.D.罗恩斯利(Canon H.D.Rawnsley)。建立该协会的目的是保护古建筑和名胜古迹。协会获得托管的首个名胜是能够俯瞰卡迪根湾(Cardigan Bay)的悬崖峭壁;1901 年,协会第一次广泛地呼吁购买位于德文特湖(Derwentwater)的修士的峭壁(Friar's Crag)。全国托管协会现在是超过 350 个开放供参观的豪华古宅或名胜的托管方,苏格兰全国托管协会是另外 100 处名胜古迹的托管方。

NATO　北大西洋公约组织　NATO 是北大西洋公约组织(North Atlantic Treaty Organization)的首字母缩写,于 1949 年 4 月 4 日在华盛顿特区

（Washington，DC）建立，成员国包括美国、加拿大、英国、法国和西欧其他一些国家。该组织的建立，是包括英国政府在内的一些国家外交努力达到顶点的体现，这些国家认为，建立一个集体防御联盟对于西欧抗衡可能来自苏联（USSR）的威胁至关重要。北大西洋公约组织各缔约国承诺，任何成员国一旦受到攻击，其他各成员国将采取"必要之行动"以提供帮助。受朝鲜战争（Korean War）的刺激，北大西洋公约组织建立了一个联合军事指挥机制，到冷战（Cold War）结束以前，该机制一直运作良好。北大西洋公约组织因存在时间较长并消除了来自苏联的挑战，堪称历史上最成功的联盟之一。不过，就 21 世纪该组织所面对的问题而言，成功也可能为自身带来挑战。

Nauru　瑙鲁　瑙鲁是波利尼西亚岛（Polynesia island）上一个面积很小的岛国，位于新几内亚（New Guinea）的东部，经济支柱主要为磷酸盐。1798 年，欧洲人首次到达该岛，后来该岛成为德国的殖民地，1914 年该岛被澳大利亚占领。第一次世界大战后，该岛作为托管地由英国、澳大利亚和新西兰管理，第二次世界大战期间被日本人占领。1968 年，瑙鲁成为独立共和国，并且是英联邦的准成员国。

Navarino，battle of，1827．　纳瓦里诺战役（1827）　该战役是一场意外遭遇战，发生于 1827 年 10 月 20 日，交战双方是土耳其—埃及联合舰队和由英国、法国和俄国组成的联合舰队，前者拥有 70 艘舰船，后者虽然只有 28 艘舰船，但舰船的吨位较之对手要大得多。战役的发生地纳瓦里诺湾（Navarino Bay）位于希腊的摩里亚半岛（Morea），为一片水域宽敞的下锚地。在希腊人举行反抗土耳其统治的起义期间，面对英、法、俄三国的停战斡旋，土耳其政府一直持敷衍搪塞的态度。在此情况下，爱德华·柯德林顿爵士（Sir Edward Codrington）率领的联合舰队驶入纳瓦里诺湾，以将埃及舰队"护送"到达亚历山大港，将土耳其舰队"护送"到君士坦丁堡。然而，一个多疑的土耳其指挥官首先开火，在接下来的交战中，土耳其舰队几乎全军覆没。

Navarrete battle of　纳瓦雷特战役　See NAJER.（见纳赫拉）

Navigation Acts　航海条例　颁布航海条例是为了保护英格兰(后为保护英国)的商业免遭外来竞争的影响。它假定世界贸易的总量是有限的,而一个国家的任何收益都意味着另一个国家的损失。1651 年颁布的大《航海条例》,针对的是荷兰的转口贸易,条例规定凡是英格兰进口的货物,都要由英格兰国民或货物产地国国民的船只来载运。1849 年,英国废除了航海条例,这是英国走向自由贸易经济而迈出的最后一步。

navy　海军　不列颠在"维金人世界"("Viking World")中的重要地位被克努特(Cnut,1016—1035 年在位)发挥到极致。克努特不仅是英格兰的国王,同时也是丹麦(1019 年)和挪威(1028 年)的国王,或者说是最高统治者。在 17 世纪晚期查理二世统治以前,英格兰还没有哪一位君主能够再次统治疆域如此辽阔的领土。克努特的海军看起来不是他个人的专属物,而是一支辅助部队。1051 年,忏悔者爱德华出于经济原因,解散了海军。威廉一世自 1066 年 9 月第一次采取了将军队用船只运送到佩文西(Pevensey)这一具有决定性意义的军事行动后,在他执政时期,一直就离不开跨英吉利海峡的海上运输需要;而威廉一世、威廉二世和亨利一世三位国王来回渡过海峡的次数加起来大概已有 40 次之多。在约翰统治时期(1199—1216 年),朴次茅斯成为一个新兴的海军基地,无论是朴次茅斯还是南安普敦(Southampton),两地通常都作为英格兰人运输的目的地。到 12 世纪晚期,五港同盟(Cinque Ports)因为每年向国王提供船只和人员而长期享受国王给予的特权。在整个 13 世纪,这些港口,以及后来加入五港同盟的温奇尔西(Winchelsea)和拉伊(Rye)一直为需要进行装配工作的皇家军舰提供"驱动力"。到这个时期,用桨划动的单桅"长船"("long ship")或单层甲板的大帆船逐渐让位给梁更宽、侧船舷更高的船只,这种船只首尾都建造有船楼。后者比前者更不易操纵,但是却能在船楼中运载弓箭手和射弹,并且更便于登上敌舰。1340 年,爱德华三世在斯鲁伊斯(Sluys)战胜法国肯定确定性地展示了这种船的重要作用。14 世纪以前,最重要的发展是三桅船。古老的边舵也让位给与龙骨对齐成一线的艉柱舵,亦便于更好地利用风力驾驶。

海军在 15 世纪取得的发展,可以通过向冰岛、波罗的海诸港口、巴斯克海岸(Basque coast)和葡萄牙,以及纽芬兰浅滩(Newfoundland Banks)不断增长的贸易航行量体现出来。至于路途更为遥远的贸易,利用大船运输货物更为经济划算。亨利五世的三艘大船都超过 550 吨;1420 年的"主恩"号(Grace Dieu)超过1000 吨,现在还位于汉布尔河(Hamble river)河底。但大约 170 多年后,当 1588年英格兰面对西班牙无敌舰队(Armada)时,在投入战斗的所有 177 艘私人舰船中,只有 14 艘超过 200 吨,而在 34 艘"女王之舰船"("Queen's Ships")中只有 5艘超过 500 吨。都铎王朝是英国海军的真正创建时期,在朴次茅斯、查塔姆(Chatham)、德特福德(Deptford)以及伍尔维奇(Woolwich)都建有海军船坞,尽管中世纪晚期的那种体型很小的舰船在都铎王朝的海军中还在长期沿用。1546年,也就是亨利八世统治的最后一年,英国成立了由海军主要官员组成的海军部(Navy Board),负责执行舰队的创建、维护和供给等职责,到 19 世纪以前,海军建设成为国家最大的工业企业。1588 年以前的 40 年里,战舰结构设计发生了关键性的改变,为了降低上部构造,移除了中世纪时期舰船上的"船楼",两边的船舷穿凿有孔洞,以便摆放架在轮式支架上的火炮。在以蒸汽为动力的"装甲舰"时代到来以前,这一直是战舰的基本形态;在弗农(Vernon)、霍克(Hawke)、罗德尼(Rodney)和纳尔逊(Nelson)所处的世纪,这种舰船以相互协作,加之以高速率的枪炮发射为保障,为英国奠定令人生畏的海上声誉做出了卓越贡献。

在特拉法尔加(Trafalgar)海战之后,英国海军的战略关注点最终集中在其中持续时间最长、也最令英国分散精力的问题上,此即自威廉三世统治之日起,让善于思考的海军官员们绞尽脑汁的确保英属西印度群岛的安全问题。这一关切与英国在 16 世纪和 17 世纪时开始谋求建立商业帝国密切相关,当时英国建立了一系列商业贸易公司,包括 1592 年建立的黎凡特公司(Levant Company),1609 年建立的弗吉尼亚冒险家公司(Virginia Adventurers),1660 年建立的皇家非洲公司(Royal Africa Company),尤其是 1600 年建立的东印度公司,所有这些公司都需要船只,而这必然使得伊丽莎白一世的战舰规模显得相形见绌。到1677 年佩皮斯(Pepys)制定建造"30 艘舰船"计划时,当时英国配备的火炮超过70 门的舰船,平均载重量为 1200 吨,相比之下,1660 年时英国舰船的载重量只有 940 吨。最终,英国海军以"皇家海军"命名,隶属查理二世名下。

皇家海军中第一批以蒸汽为动力的舰船,是 19 世纪 20 年代出现的划桨护卫舰或者单桅帆船,但是在克里米亚战争中,皇家海军使用的舰船与 75 年前的舰船相比,样式并没有太大变化。即使是英国第一艘依靠螺旋桨驱动的装甲舰(1860 年)"勇士"号(*Warrior*),在 1887 年改造后依然保留着帆驱动装置。19 世纪 90 年代,在与德国进行海军竞争过程中,产生了一位将皇家海军带入 20 世纪的人物,他就是富有魅力且具有强大预见力的海军教育家约翰·阿巴思诺特·费希尔(John Arbuthnot Fisher)。我们所知道的是费希尔提出建造排水量为 18,000 吨,航速为每小时 20 节的"无畏"号(*Dreadnought*)舰(该舰于 1906 年 2 月入水),当时有一批这样的舰船正在待建。这种舰船的涡轮机不是往复式引擎驱动,并要配备型号统一的重型火炮,以保证舰船两侧火炮齐射时的精准度。然而,"无畏"号很快就被威力更大,速度也更快的姊妹舰超越,而且在第一次世界大战中,"无畏"号也没有起到什么作用。但是费希尔在临终前(1920 年),他被人说服,并认为在未来的任何冲突中,空中力量是海上力量不可分割的组成部分,而且主力舰(capital ship)已经过时了——只需瞥一眼第二次世界大战中"威尔士亲王"号(*Prince of Wales*)、"反击"号(*Repulse*)、"胡德"号(*Hood*)战舰都发生了什么,就会明白这一点。水雷、鱼雷和潜水艇已率先发起了变革;在 1953 年英国的海上阅兵中,只保留了一艘战舰,即 42,000 吨的"先锋"号(*Vanguard*),而这艘战舰从未上过战场。然而,1982 年发生的福克兰群岛战争(Falklands War)再次凸显了海上力量无可替代的重要性。

Nechtansmere battle of , 685.　尼奇塔尼斯梅尔战役(685)　发生在福法尔(Forfar)附近的邓尼亨(Dunnichen)的尼奇塔尼斯梅尔战役,对诺森伯里亚王国来说是一场灾难,这场战役很可能使得皮克特人占据了福斯湾(Forth)南部的领土,并确立了其在北方的统治地位。国王埃格弗里思(Ecgfrith)不顾所有人的劝阻,对皮克特人发起猛烈反击。在劝阻国王的人中,包括林迪斯芳主教卡思伯特(Cuthbert, bishop of Lindisfarne),他此前曾预料过国王会早亡。埃格弗里思和他率领的军队被皮克特人引诱进山中小径,全军覆没。尼奇塔尼斯梅尔战役的失败,标志着诺森伯里亚王国势力衰败的开始。

Neerwinden , battle of , 1693.　内尔温登战役(1693)　1693 年 7 月 29 日,马歇尔·卢森堡(Marshal Luxembourg)所率 80,000 人的军队在列日附近向威廉

三世及其率领的 50,000 英军发起进攻。威廉在人员和军备上遭受了重大损失，但却有条不紊地撤出了战场，并拯救了布鲁塞尔（Brussels）。

Nehru, Jawaharlal（1889—1964）. 贾瓦哈拉尔·尼赫鲁（1889—1964）
印度独立后的第一任总理。尼赫鲁的父亲莫提拉尔·尼赫鲁（Motilal Nehru）是一位著名律师，也是印度国民大会党（Indian National Congress）的领导人。尼赫鲁在哈罗公学和剑桥大学接受教育，还接受过律师从业资格的训练。在甘地发动的第一次不合作运动（noncooperation movement，1920—1922 年）中，他成为活跃的政治人物。1939 年，尼赫鲁被甘地选中，取代同为社会主义者的 S.C.博斯（S.C.Bose），成为印度国民大会党主席。在 1946—1947 年关于印度独立的谈判中，尼赫鲁扮演着领导角色，并出任印度第一届临时政府的总理。在随后的三次大选中，尼赫鲁连续当选为总理。

Nelson, Horatio（1758—1805）. 霍雷肖·纳尔逊（1758—1805） 纳尔逊出生于东盎格利亚这一背景应该始终得到强调。纳尔逊通过他的父母，在当地形成了牢固的根基。从他的母亲凯瑟琳·萨克林（Catherine née Suckling）一脉算起，纳尔逊应该是罗伯特·沃波尔爵士（Sir Robert Walpole）的玄侄孙；而他的父亲埃德蒙·纳尔逊（Edmund Nelson）生前曾是纳尔逊的出生地伯纳姆索普（Burnham Thorpe）的牧师（纳尔逊 1758 年 9 月 29 日就出生在这里），牧师的职业使得埃德蒙·纳尔逊这 8 个幸存下来的孩子能够在日常生活中有机会接触到堂区中那些生活异常艰辛，依靠田地、沼泽和海岸边糊口谋生的教友。

1770 年，纳尔逊在他舅舅莫里斯·萨克林（Maurice Suckling）的帮助下，加入了海军，莫里斯·萨克林于 1775—1778 年间曾在海军中担任审计官。再通过被"拉入"合适的岗位，纳尔逊很早就开始了去西印度群岛和北极的航程，后来纳尔逊又在东印度公司待过一段时间，期间他染上了疟疾，只是靠詹姆斯·皮戈特上校（Captain James Pigot）的照料才得以死里逃生。1777 年 4 月，纳尔逊考取了海军中尉军衔，随即返回西印度群岛，那里的生涯让他成为一名海军军官。

莫里斯·萨克林在去世以前，就预料到自己的外甥今后将成为海军上将（1797 年 2 月纳尔逊担任了该职务），当时萨克林的一个朋友胡德（Hood）注意到纳尔逊这名年轻上校有着他人所不具备的奉献精神。纳尔逊对军队的指挥要领非常精熟,同时在行政管理方面非常严谨,而后者促使他对在西印度群岛进行的非法美洲贸易活动提出了异议,尽管他采取的政策合情合理,但这仍使他的事业前途被置于危险境地。纳尔逊对女性的迷恋,说明他在感情上有着很强烈的渴求。也许是某种程度上的"自知之明"促使他于 1787 年 3 月与弗朗西斯·尼斯比特【Frances Nisbet,娘家姓武尔沃德(Woolward)】步入了婚姻的殿堂,至于结婚的理由,当然只是基于"尊重"。这桩婚事引起了人们对弗朗西斯是否有资格做海军军官的妻子的严重误判。

如果弗朗西斯·纳尔逊不能理解丈夫对事业的热忱,她便不会在纳尔逊一直到 1793 年 1 月这段闲赋时间里不离不弃,随他一起到北诺福克去。纳尔逊最终被任命为拥有 64 门火炮的"阿加曼侬"号(Agamemnon)战舰舰长。纳尔逊曾向妻子保证,说他"有一天会带着微笑回家",然而他并没有实现当初的承诺,毕竟这场没有子嗣的婚姻是不可能让他主动回家的。他在地中海连续服役七年,先后在胡德、霍瑟姆(Hotham)、杰维斯(Jervis)和相处很不愉快的基斯(Keith)手下任职,期间只是在 1797 年 9 月到 1798 年 3 月间因患病才离开一段时间。这七年的时间,对于纳尔逊手下的人来说,见证了他成长为一名卓越的指挥官的过程,而在同胞尤其是女性的心目中,纳尔逊就是一位英雄。但是,纳尔逊也为地位和荣誉付出了相当的代价,他多次负伤,正如他不屑一顾地说的那样,"在战争中负伤不算什么"。1794 年 7 月,纳尔逊在科西嘉岛(Corsica)的卡尔维(Calvi)之战中失去了右眼;1797 年 2 月,在圣文森特(St Vincent)之战中,纳尔逊内脏破裂;同年 7 月在特内里费岛(Tenerife)之战中,纳尔逊失去了右臂;在 1798 年 8 月的尼罗河(Nile)之战中,纳尔逊头部负伤,几乎可以肯定的是,这次负伤严重影响了他的精神状态,加剧了他对失明的恐惧。如果说以上这些解释说明对他还带有同情的色彩,但他接下来的所作所为,包括他对埃玛·汉密尔顿的如痴如醉的迷恋;他对荣誉的痴迷,包括乔治三世给他的荣誉,以及那不勒斯、君士坦丁堡和马耳他等战役给他带来的荣誉;在哥本哈根之战时公然抗拒上级的命令等等,所有这一切似乎都在意料之中。纳尔逊是民族英雄,同时也并非白璧无瑕。在 1803—1805 年他人生的最后三年里,纳尔逊又一次在地中海服役,还进行了一次结果令人沮丧的将维尔纳夫(Villeneuve)一直追逐到西印度群岛的战斗,直到特拉法尔加(Trafalgar)海战爆发前的夏天他才从西印度群岛返回。所有这一切,都展现了纳尔逊作为一名统帅所具有的威望,他几乎完全是在凭着精神的力量来表达在抵御拿破仑的斗争体现的国家意志。在取得尼罗河之战的胜利后,纳尔逊被封为男爵;在哥本哈根之战后,纳尔逊被晋封为子爵。

Nennius　内尼厄斯　《不列颠人的历史》(*Historia Brittonum*)一书的作者,该书成书于公元800年前后,是了解后罗马时期的主要资料。《不列颠人的历史》一书中的大部分内容被认为是出自内尼厄斯之手,而且这些内容被认为"全部是具有历史可靠性的神话传说"。内尼厄斯在书中提到的亚瑟(Arthur)可能也完全属于这种情况。内尼厄斯本人在该书的前言中写道:"我已把自己所能找到的任何资料都汇集在了一起"("coacervavi omne quod inveni")。内尼厄斯为该书的写作而付出的努力,尽管是出于善意,但实际上在解释5世纪、6世纪的不列颠历史时,有时显得过于离奇。

Nepal　尼泊尔　尼泊尔是位于喜马拉雅山脉(Himalayas)中的一个王国,18世纪时因为廓尔喀部族(Gurkha clan)从加德满都谷地(Kathmandu valley)向外扩张而形成。1814—1816年,尼泊尔王国被黑斯廷斯勋爵(Lord Hastings)打败,并被英国纳入到与英属印度的朝贡关系之中。尼泊尔王国的王朝制度,即神圣的印度王权制度一直保存了下来,直到最近才接受了君主立宪制政体。

netball　女子无挡板篮球运动　女子无挡板篮球运动项目由篮球运动项目发展而来,1891年发明于美国,1895年时传入英国。在女性教育大发展时期,由于该项运动尤其适合于女孩,所以发展十分迅速。1926年,英国成立了全英格兰女子无挡板篮球协会(All-England Women's Netball Association),目前全国性女子无挡板篮球比赛由该协会负责管理。

Neville's Cross, battle of, 1346.　内维尔十字路口战役(1346)　1346年爱德华三世重启对法国的战争,并在8月的克雷西(Crécy)战役中取得重大胜利。法国人鼓动其苏格兰盟友向英格兰施加压力,10月,苏格兰国王戴维二世率领一支大军越过边境进入英格兰。10 月 17 日,戴维二世到达勒姆(Durham),并与当地英格兰军队在内维尔十字路口相遇交战。苏格兰人惨败,戴维二世被俘,被英格兰一直囚禁到 1357 年。

New Brunswick　新不伦瑞克省　1784 年,14,000 名亲英难民从美国涌入该地区,结果造成该地区从新斯科舍(Nova Scotia)中分离出来,进而单独形成了一块殖民地。1809 年以后,由于拿破仑的封锁,英国来自波罗的海的木材供应被切断,该殖民地的经济迅速繁荣起来。1848 年,新不伦瑞克实行自治;1865—1866 年间,新不伦瑞克成为英属北美联合的支持者与反对者的主要战场。讲法语的阿卡迪亚人(Acadians)占新不伦瑞克总人口的三分之一。1867 年,新不伦瑞克在相当顾虑的情况下,成为加拿大联邦(Canadian confederation)的正式省份之一。

Newburn, battle of, 1640.　纽本之战(1640)　纽本之战尽管只是一次规模很小的军事冲突,却对将查理一世送上绞刑架起到了助推作用。1639 年的第一次主教战争(Bishop's War)经过双方的谈判宣告结束,但转年一支大规模的苏格兰军队在亚历山大·莱斯利(Alexander Leslie)的率领下,越过英格兰与苏格兰边界,与康韦勋爵(Lord Conway)率领的试图据守泰恩河(Tyne)一线的英格兰军队遭遇。1640 年 8 月 28 日,苏格兰军队顺利渡过纽卡斯尔以西的纽本浅滩,占领了纽卡斯尔,并向查理一世提出经济条件要求,在此情况下查理一世只能在此召开议会。转年,长期议会(Long Parliament)处死了斯特拉福德(Strafford),并宣布不经议会同意,议会所拥有的一切权利绝不能动摇。

Newbury, battle of, 1643.　纽伯里战役(1643)　1643 年 9 月,埃塞克斯(Essex)解除了格洛斯特之围后,在返回伦敦的途中遭到查理军队的阻击而前景不妙。王党军队早于埃塞克斯几个小时到达纽伯里,切断了他的退路。王党军队大约有 10,000 人,埃塞克斯的军队可能要少一些。9 月 20 日,战斗打响,开始时双方相互炮击,尽管战斗很激烈,但不具有决定性意义。查理一世因缺少弹药,不得不退回牛津,任由埃塞克斯回到伦敦。

Newbury, battle of, 1644. 纽伯里战役（1644） 1644年9月，查理一世在洛斯特威西尔（Lostwithiel）取得令人难以置信的胜利，使他在战场上再次争取到主动。当议会军再次集结并重新武装时，查理调动军队以解除班伯里（Banbury）、纽伯里附近的唐宁顿城堡（Donnington castle）和贝辛庄园（Basing House）之围。10月27日，王党军队在纽伯里挖掘战壕，以应对曼彻斯特（Manchester）率领的人数占优的议会军。议会军本来可以凭借人数的优势包围王党军队，但因东西两线的进攻欠缺配合，结果均被王党军队击败。在黑夜的掩护下，王党军队退回牛津。

Newcastle, William Cavendish, 1st duke of（1593—1676）. 威廉·卡文迪什，第1代纽卡斯尔公爵（1593—1676） 纽卡斯尔是内战时期王党军队的主要指挥官之一。他在诺丁汉郡和德比郡拥有大量地产，他晋升的速度惊人，很快便跻身于贵族的上层：1620年获封子爵，1628年获封伯爵，1643年获封侯爵，最终在1665年晋封为公爵。当内战爆发时，他成为北方王党军队的指挥官几乎是顺理成章的事。1643年6月，纽卡斯尔取得阿德沃尔顿荒原（Adwalton Moor）战役的胜利。1644年，因为苏格兰军队的进逼，纽卡斯尔被迫退到约克，而鲁珀特（Rupert）在试图解救约克之围时，却以马斯顿荒原（Marston Moor）惨败而告终。纽卡斯尔随即离开约克前往欧洲大陆，直到王朝复辟时才返回英格兰。

Newcastle, Thomas Pelham-Holles, 1st duke of（1693—1768）. 托马斯·佩勒姆—霍利斯，第1代纽卡斯尔公爵（1693—1768） 纽卡斯尔在政府中官居要职长达40多年之久。如果人们的关注点只是他个人的习性，诸如说话唠唠叨叨，那么就有可能忽略了他在事业方面取得的更大的成功。

1715年，纽卡斯尔晋封为公爵，并很快官居高位。1717年他担任了内廷大臣（lord chamberlain），1724年担任了南方事务部国务大臣（secretary of state for the southern department）。他虽然是同为国务大臣的汤森（Townshend）的属下，但是当沃波尔（Walpole）于1730年逼走汤森后，他的声望不断提高。随着沃波尔对权力控制的放松，纽斯卡尔对沃波尔的忠诚也随之松懈了下来。1742年沃波尔的倒台，导致乔治二世的宠臣卡特里特（Carteret）被提升为北方事务部国务大臣(secretary of state for the northern department)。纽卡斯尔及其兄弟亨利·佩勒姆(Henry Pelham)利用议会的支持,极力压制卡特里特的纯属个人的权力,并强迫乔治二世在1744年将卡特里特解职。1746年,纽卡斯尔和亨利·佩勒姆兄弟二人先是辞职,然后又迫使国王重新起用他们,从而控制了政府的权力。

尽管亨利·佩勒姆作为首席财政大臣,很快就成了"首席"大臣("prime" minister),但纽卡斯尔在外交事务和官员的任免,尤其是在英国圣公会问题上,仍然保持着非常广泛的权力。1754年亨利·佩勒姆去世,这给纽卡斯尔以沉重的打击。纽卡斯尔接任首席财政大臣,却不愿意给各位大臣以实权,而皮特和亨利·福克斯则使政府招致猛烈的抨击。与法国的战争,一开始就连连遭到惨败。重压之下,纽卡斯尔在1756年辞职。然而,转瞬之间,纽卡斯尔便在1757—1761年的皮特—纽卡斯尔联合执政的这届最为成功的政府中,再次出任首席财政大臣一职。在这届政府中,皮特负责指挥战争,而纽卡斯尔则负责官员的任免和财政事务。1760年乔治三世继位,政局由此发生了戏剧性的变化,1762年,当"七年战争"接近尾声时,纽卡斯尔很快继皮特之后去职。

尽管纽卡斯尔在1765—1766年的罗金厄姆(Rockingham)政府中再次任职,担任王玺掌管大臣(lord privy seal),但他的地位还是越来越被边缘化。纵观纽卡斯尔的职业生涯,他在担任像沃波尔、佩勒姆或皮特那样更具才干之人的副手那段时间,工作最有成效。

Newcastle Programme,1891. **《纽卡斯尔方案》(1891)**　1890年,自由党因《爱尔兰地方自治法案》(Irish Home Rule)问题发生了分裂,降低了地方自治法案成功通过的可能性,而格莱斯顿(Gladstone)也未参加当年举行的全国自由党联盟(National Liberal Federation)会议。1891年,在泰恩河畔纽卡斯尔(Newcastle upon Tyne)召开的会议上,10月2日格莱斯顿重申了爱尔兰地方自治的极端重要性,但他也采纳了全国自由党联盟委员会(NLF Council)提出的各种建议,将爱尔兰地方自治与在爱尔兰本地实行的各项改革联系在了一起,尤其是实行土地改革;进行领主权改革;缩短议会会期;建立行政区与堂区俗务委员会(parish councils);改革人口登记制度和废除一人多次投票制;地方拥有售酒否决权;雇主对工人的工伤承担责任;撤销苏格兰和威尔士事务部。《纽卡斯尔方案》列举的如此详细的"清单",这在英国政治中是一次创新之举。

Newcastle propositions,1646.　纽卡斯尔提案（1646）　第一次内战即将结束之际,查理一世向苏格兰人投降,后者将其转移至纽卡斯尔。查理一世与议会就如何解决战后问题开始谈判。7月,议会代表要求国王必须接受圣约（covenant）,建立一个由长老会掌权的教会管理机构,交出军权20年,接受对主要保王党分子的惩罚。尽管查理一世一直在与议会谈判,但是这些条款对他来说完全不可接受,所以他的心思逐渐转向寻求如何逃走。

Newcastle upon Tyne　泰恩河畔纽卡斯尔　纽卡斯尔是诺森伯兰郡的一个港口城市,也是英格兰东北部的行政和商业中心。纽卡斯尔的城市历史开始的有些突然:1080年时,征服者威廉之子罗贝尔（Robert）修建了一座"新城堡"（"New Castle"）,并在这座新城堡的大门处建立了一个自治市镇。由于有煤炭出口作为支撑,纽卡斯尔的重要性越来越突出,城市的大权也落入富有且势力强大的赫斯特曼公司（Company of Hostmen）之手。18世纪时,纽卡斯尔的煤炭出口进一步增长;19世纪时,纽卡斯尔的经济又受到造船业和工程业的推动;到20世纪,纽卡斯尔城已经成为一座跨越泰恩河的巨型都市的组成部分。在经历传统工业明显衰落带来的一段困难时期以后,纽卡斯尔城的好运再次降临,同时沿河两岸因码头区（Quayside）异乎寻常的发展重新焕发了活力。

Newcastle upon Tyne,diocese of　泰恩河畔纽卡斯尔主教区　该主教区建立于1882年,是从达勒姆（Durham）主教区分离出来的。建立该主教区的目的是为了向工业城市纽卡斯尔快速增加的人口提供宗教关怀,与该主教区同时建立的还有韦克菲尔德（Wakefield）、绍斯韦尔（Southwell）以及利物浦等主教区。林迪斯芳（Lindisfarne）这个7世纪、8世纪时凯尔特人向英格兰北部地区进行传教的历史性起点也位于该主教区之内。

Newcomen,Thomas（1663—1729）.　托马斯·纽科门（1663—1729）　纽科门是达特茅斯（Dartmouth）的五金商人,也是蒸汽机的发明者。纽科门把萨弗里(Savery)发明的独立锅炉与自己于 1712 年在达德利(Dudley)安装的第一台"蒸汽机"("fire engine")上的活塞结合起来,将气压应用于气缸的顶部,当蒸汽在气缸中凝结而形成部分真空时,则由大气压强将活塞推下。当时,这种蒸汽机的用途仅限于矿井排水。经过斯米顿(Smeaton)的改进,这种蒸汽机大约在 1800 年前后使用时,已能提供最大马力;至于弗朗西斯·汤普森(Francis Thompson)在 1792 年取得的专利,则是能让这种蒸汽机的转动更加有效。

New Delhi　新德里　1912 年,新德里取代加尔各答(Calcutta)成为英属印度的首都。新德里在建设选址时,不得不选择紧邻莫卧儿帝国(Mughal empire)的旧都老德里(Old Delhi),以强调两个帝国传统之间的延续性。新德里的很多公共建筑由埃德温·勒琴斯爵士(Sir Edwin Lutyens)设计,体现出雄伟庄严感。不过,在此后不到 35 年的时间里,英国人就离开了印度。

New England　新英格兰　新英格兰是约翰·史密斯船长(Captain John Smith)1614 年时为哈得孙河(Hudson river)以北的美洲海岸地区所起的名字。两年之后,他出版了《新英格兰概述》(*Description of New England*),称新英格兰至少有 25 个良港。1620 年,当殖民者乘坐"五月花"号(*Mayflower*)在普利茅斯(Plymouth)登陆时,新英格兰这个名称除了用来表示这个殖民地【该殖民地后来被并入马萨诸塞州】以外,还包括纽黑文【New Haven,后来成为康涅狄格州(Connecticut)的一部分】、马萨诸塞、康涅狄格、罗得岛(Rhode Island)、新汉普郡(New Hampshire)以及缅因(Maine)。新英格兰诸殖民地有着强大的清教徒传统,最终成为独立战争中美国人反抗英国殖民统治的中心。

Newfoundland　纽芬兰　纽芬兰可能是由约翰·卡伯特(John Cabot)在 1497 年时"发现"的。欧洲人很快就开发了那里的鳕鱼捕捞业。尽管 1583 年时汉弗莱·吉尔伯特爵士(Sir Humphery Gilbert)宣布纽芬兰属于英格兰所有,但在 1713 年以前,纽芬兰的主权归属一直存在争议,而在 1904 年以前,法国一直保留着进入纽芬兰海岸的权利。1832 年,纽芬兰引入民选议会(assembly)制度;1855 年,纽芬兰实行自治。1869 年,纽芬兰人拒绝与加拿大联合。第二次世界大战期间,纽芬兰成为军事基地,得以繁荣发展。1948 年,纽芬兰人经过公投,决定加入加拿大联邦,纽芬兰成为加拿大的第十个省。

Newgate prison　纽盖特监狱　纽盖特监狱是亨利一世统治时期,在伦敦城的一处门房建立的。它主要囚禁重罪犯,从 1783 年起,开始取代泰伯恩行刑场(Tyburn)成为公开执行死刑的场所。该监狱曾两次被毁,又两次重建,一次重建是在 1666 年伦敦大火(Great Fire)后,另一次重建是在 1780 年戈登(Gordon)暴乱后。1902 年,纽盖特监狱最终被关闭。

New Guinea　新几内亚　See Papua New GUINEA.(见巴布亚新几内亚)

New Hebrides　新赫布里底群岛　See VANUATU.(见瓦努阿图)

New Lanark(Strathclyde)　新拉纳克(斯特拉斯克莱德)　新拉纳克是一个工业村庄,1784—1785 年由戴维·戴尔(David Dale)建立,以开发克莱德河(Clyde)的水利资源。1799 年,戴尔将新拉纳克卖给他的女婿罗伯特·欧文(Robert Owen),而这个村庄一直有着既能赚钱又宜居的美誉。

Newman,John Henry(1801—1890).　约翰·亨利·纽曼(1801—1890)　枢机主教。纽曼是牛津运动中著名的皈依者。他写作的关于基督教会的作品受到教会的责难,在经过一段时间的思考后,他于 1845 年成为天主教徒。纽曼公开出版的著述,包括 1845 年的《论基督教义的发展》(*An Essay on the Development of Christian Doctrine*)、布道集以及《信件与日记》(*Letters and Diaries*)等,对 1962—1965 年召开的第二次梵蒂冈宗教会议(Vatican Council)产生了深远影响,这次会议因此也通常被称为“纽曼宗教会议”(“Newman's Council”)。纽曼因为对世俗教徒的看法而被告上罗马教廷,直到 1878 年他被任命为枢机主教时,这一遭受怀疑的阴影才得以消除。在 1864 年发表的《为自己的一生辩护》(*Apologia pro vita sua*)一文中,纽曼诠释了自己的精神和宗教观点。1852 年,纽曼出版了《大学的理念》(*The Idea of a Universisty*),呼吁大学应向人们提供自由教育,培育人们的心灵。

Newmarket（**Suffolk and Cambs**） **纽马基特**（萨福克郡和剑桥郡） 纽马基特是赛马总会所在地。这项在丘陵地举行的赛马运动始于查理二世时期,查理二世还建立了纽马基特镇广场(Newmarket Town Plate),"旧罗利"("Old Rowley")一英里赛也是以查理二世的名字命名的。赛马总会(Jockey Club)的本部就在纽马基特,1752 年赛马总会在赛马道处建立了一间咖啡屋。

New Model Army **新模范军** 新模范军是在 1645 年年初由长期议会创建的,由当时埃塞克斯(Essex)、曼彻斯特(Manchester)和威廉·沃勒爵士(Sir William Waller)率领的三支军队组成。新模范军的创建,代表了奥利弗·克伦威尔在与埃塞克斯和曼彻斯特进行的政治斗争中取得的胜利。新模范军由托马斯·费尔法克斯爵士(Sir Thomas Fairfax)领导,在 1645 年 6 月的内斯比战役中几乎全歼王党军队。

Newport,**treaty of**,**1648.** 《**纽波特条约**》(1648) 第二次内战即将结束时,查理一世仍然在怀特岛(Isle of Wight)上的卡里斯布鲁克(Carisbrooke)。1648 年 9 月,议会在纽波特的市政厅重新开启了与国王的谈判。查理一世虽然在主教制和军队控制权方面做出了很大让步,但在私下却承认,他之所以同意与议会谈判,"只是为了便于自己逃跑"。双方的谈判破裂后,查理一世被转移到赫斯特城堡(Hurst castle),并在接受审判前一直被关押在那里。

'Newport rising',**1839.** "**纽波特起义**"(1839) 由于宪章派(chartist)的第一次请愿在 1839 年 7 月被议会拒绝,导致其领导层陷入进退两难的境地。如果举行一次"神圣月"("sacred month")大罢工,却缺乏足够的支持;而如果再进行一场规模更大的请愿活动,似乎又让人感到有些望而却步。在威尔士山谷地区,事态因亨利·文森特(Henry Vincent)被关入蒙茅斯(Monmouth)监狱这一事件而激化。不过,11 月 3 日约翰·弗罗斯特(John Frost)领导的向纽波特的进军,原本不过是一次群众示威游行活动。军队向游行的队伍开了枪,至少有 15

人被杀。这次"起义"是力量的显示,只是路走错了。

New River 新河 随着伦敦城市规模在伊丽莎白时期的扩张,水的供应开始无法满足需求。受此刺激,休·米德尔顿爵士(Sir Hugh Myddleton)在1609—1613年间修建了一条从赫特福德郡的韦尔(Ware)到伦敦的人工水道。这条水道蜿蜒39英里,终点在邻近国王十字路(King's Cross Road)的新河头(New River Head)。

New Ross, battle of, 1798. 新罗斯战役(1798) 1798年6月5日,来自爱尔兰韦克斯福德(Wexford)的大约30,000名反抗者,在巴格纳尔·哈维(Bagenal Harvey)和菲利普·罗奇神父(Father Philip Roche)的率领下,对新罗斯发起了攻击。守卫新罗斯的是亨利·约翰斯顿将军(General Henry Johnston),他手下有1,500名军纪严明且意志坚定的英军。英军的炮击给这些反抗者造成重大伤亡,在经过殊死的赤膊战后,反抗者最终被击退。

New South Wales 新南威尔士 澳大利亚联邦(Commonwealth of Australia)的一个州。新南威尔士是1788年1月26日作为英国流放罪犯的殖民地而建立的,当时澳大利亚大陆超过三分之二的地区已被英国吞并。新南威尔士后来被分成几个不同的部分,包括1825年分出的塔斯马尼亚(1803年开始殖民),1834年分出的南澳大利亚(1836年开始殖民),1851年分出的维多利亚(1834年开始殖民),1863年分出的北领地(Northern Territory,1910年并入澳大利亚联邦,但是完全享有州的地位),1859年分出的昆士兰(Queensland,1824年开始殖民),以及1911年分出的澳大利亚首都直辖区(Australian Capital Territory)。

由于新南威尔士是传统上流放罪犯之地,拥有大量工会化的工业人口,其政治态度属于中间偏左,小麦和羊毛出口处于领先地位,此外,位于新南威尔士的悉尼(Sydney)不仅拥有澳大利亚最重要的证券交易所,而且作为各公司总部集中的城市,其重要地位也不断增强,因此新南威尔士是澳大利亚联邦中政治、经济影响力最大的一个州。

Newton, Sir Isaac (1642—1727). **艾萨克·牛顿爵士**(1642—1727) 牛顿于 1642 年圣诞节那天出生在格兰瑟姆(Grantham)附近,在他出生前父亲已经去世。1661 年,牛顿开始在剑桥大学三一学院求学;1665—1666 年大瘟疫期间,学院的本科学生都被送回了家,而据说此时的牛顿已经在思考光的性质、微分学以及万有引力理论等问题了。1669 年,牛顿被授予剑桥大学卢卡斯数学教授席位(Lucasian chair of mathematics),但他在剑桥大学同时从事数学科学、炼金术和圣经的研究。1672 年,牛顿把他的第一篇论文投给了皇家学会(Royal Society),这篇论文中包含了他证明白色的光是所有颜色的混合体的"关键实验"内容。因为牛顿相信,光的折射不可避免地会产生有彩色的边缘,他因此力主制作反射望远镜,并且自己还制作了一个。

1684 年,埃德蒙·哈雷(Edmond Halley)前来拜访牛顿,在此之前哈雷曾和胡克(Hooke)、克里斯托弗·雷恩(Christopher Wren)讨论过行星轨道运动问题。通过这次拜访,哈雷发现牛顿已经解决了运动定律和万有引力定律。在哈雷的协助下,牛顿于 1687 年出版了《自然哲学的数学原理》(*Principia*)。牛顿这本著作的开篇讨论了空间、时间和运动的本质;接下来他提出了力学定律,从而提出证据证明漩涡说不能解释这种现象;最后,牛顿证明万有引力和惯性符合物质运动的事实。牛顿代表剑桥大学当选了议会下院议员,1696 年被任命为伦敦造币厂的厂长(后升为局长),负责监督铸币。牛顿在生前一直是个令人敬畏的人物,也是启蒙运动的象征性人物。

Newtown Butler, battle of, 1689. **纽敦巴特勒战役**(1689) 1689 年夏天,爱尔兰北部地区地位仅次于德里(Derry)的恩尼斯基伦(Enniskillen)依旧在顽强阻击詹姆斯党人的进军。但是当芒卡斯尔(Mountcashel)接到命令要扫平恩尼斯基伦时,该城的守军主动出击,于 7 月 31 日在纽敦巴特勒向芒卡斯尔的军队发起进攻。尽管芒卡斯尔的军队在人数上占据绝对优势,但威廉麦特(Williamite)最终取得了胜利。

new towns **新城** See GARDEN CITIES(见花园城市)

New Zealand　新西兰　新西兰两个主要岛屿的面积加在一起,比联合王国(United Kingdom)的面积要大。南岛(South Island)的面积比北岛(North Island)大很多,但南岛的人口只占全国的1/4。2005年,新西兰总人口为400万,其中大多数人口居住在城镇。新西兰的首都是惠灵顿(Wellington),位于北岛上,人口为341,000人。位于北岛上的奥克兰(Auckland)人口接近100万,而克赖斯特彻奇(Christchurch)有318,000人口。位于南阿尔卑斯山的库克峰(Mount Cook),海拔高度超过12,000英尺。北岛到处都是间歇性喷泉和温泉。新西兰的经济目前依然主要依赖牛羊饲养业,但酿酒业也很繁荣,工业的发展也很快,而随着快捷的航空旅行的普及,旅游业也得到了迅速扩张。

最早在新西兰定居的是波利尼西亚人(Polynesian people),他们是毛利人(Maoris)的祖先,于8世纪时就在这里定居了。1642年,荷兰探险家阿贝尔·塔斯曼(Abel Tasman)发现了南岛的西海岸,但是并未上岸。荷兰人只是把这个地区命名为新西兰,并未对这个地区显示出更多的兴趣。

继塔斯曼首次发现南岛之后,一直到了1769年时,库克才在其第一次航海中进行了环绕南、北两岛的航行。在其第二次和第三次航海中,库克故地重游,并且在他的报告里说,这里可以养活勤勉的人民。1814年,新西兰建立了一个规模很小的基督教传教组织,但起初的传教工作并不是很成功,在50年的时间里,传教工作近乎处于一种自然的状态。与外界接触的不断扩大,给毛利人带来了极易受到感染的疾病;而通过获得枪支武器,又使得毛利人自相残杀。新西兰的土著人口因此急剧减少。到1838年时,在新西兰生活的欧洲人大约有2,000人左右,其中英格兰人,按照达尔文(Darwin)的观点,是"十足的社会垃圾"。1837年,在达勒姆勋爵(Lord Durham)和E.G.韦克菲尔德(E.G.Wakefield)的支持下,成立了一个名为新西兰协会(New Zealand Association)的组织,该协会鼓励大规模向新西兰移民。1839年,对新西兰并不太感兴趣的英国政府派威廉·霍布森船长(Captain William Hobson)向毛利人提出一项建议,即毛利人将新西兰的领土主权割让给英国,而英国负责保护毛利人,使其土地免于被任意征用。1840年,英国政府与毛利人签署了《怀唐伊条约》(treaty of Waitangi)。根据该条约,毛利人将领土主权割让给英国,同时换取英国承诺的安全保护和土地所有权的保障。

19 世纪 50 年代,南岛发现金矿后,新西兰的经济发展突飞猛进;而 80 年代出现冷藏技术后,新西兰的经济更是得以保持了持续增长的势头。尽管旷日持久的毛利战争(Maori wars)一直持续到 1872 年,但新西兰经济的发展实质上还是非常迅速的。1852 年,新西兰联邦宪法获得通过,接着在 1856 年,新西兰成立了真正意义上的代议制政府。1867 年,新西兰将首都从奥克兰迁到惠灵顿。1907 年,新西兰成为自治领。

新西兰人口的增长起初并不明显。1896 年时,毛利人的人口低至只有42,000 人,似乎要趋于灭绝。到 20 世纪 90 年代,毛利人的人口超过 400,000人。1907 年,新西兰的总人口数依然不到 100 万人;20 世纪 20 年代,新西兰人口的增长仍然很缓慢,部分原因是战时的巨大伤亡造成的;但到 1945 年时,新西兰的人口上升到 170 万。此后,新西兰的人口迅速增加,到 1975 年,人口超过300 万。与南非一样,对于新西兰这样的新兴国家来说,体育运动成为一种民族凝结力,新西兰橄榄球队全黑人队(All Blacks')在比赛中,会跳起毛利人的哈卡舞(haka),并利用毛利人的威望吓唬对手。

Nigeria　尼日利亚　尼日利亚原来是英国在西非的殖民地和保护国。19世纪 40 年代,英国传教士来到尼日利亚。1853 年,作为遏制西非奴隶贸易的一个组成部分,英国将拉各斯(Lagos)作为殖民地而兼并。当英国商人在尼日尔河三角洲(Niger delta)地区进行的合法贸易受到竞争对手法国的威胁时,英国政府承担起在 1900 年征服尼日利亚内陆地区的责任。1960 年,尼日利亚独立,但由于南、北地区在宗教和经济上存在的差异,建立统一的联邦制政府殊非易事。

Nightingale, Florence(1820—1910).　弗洛伦斯·南丁格尔(1820—1910)
护理事业改革者。南丁格尔的名字来自于她出生的城市,她一直为和自己一样身份的女性的发展机会受到限制而感到不满。南丁格尔曾向凯撒斯韦特(Kaiserwerth)的女执事学习护理技术,但是她真正的才华在管理上。1854 年,南丁格尔应邀去了克里米亚(Crimea),她通过严密的组织,科学的方法和辛勤的工作,成功地缓解了司库台(Scutari)令人震惊的护理状况。从克里米亚回国后,南丁格尔利用自己在身体长期不适的情况下提灯工作而留下的传奇故事,着手从事军队医疗服务改革。南丁格尔后来还在印度对医院建筑、护理教育以及卫生事业进行了改革。

Nijmegen , treaties of , 1678—1679.　《奈梅亨条约》（1678—1679）　由于第三次英荷战争（Anglo-Dutch War , 1672—1674 年）以《威斯敏斯特条约》（treaty of Westminster）的签订而宣告结束，所以尽管英格兰并未直接介入奈梅亨谈判，但其利益却受到威胁。路易十四原本摧毁荷兰的目的显然遭到了失败，不过他在领土上却获益匪浅，得到了包括 15 个边境城镇和弗朗什—孔泰（Franche-Comté）在内的不少领土。

Nile , battle of the , 1798.　尼罗河战役（1798）　这次遭遇歼灭战发生在阿布基尔湾（Aboukir Bay）的最西端，亚历山大港（Alexandria）以东，靠近尼罗河三角洲（Nile delta）的罗塞塔（Rosetta）。1798 年 8 月 1 日夜晚，纳尔逊（Nelson）在阿布基尔湾发现了布吕埃斯（Brueys）的法国舰队，在此以前一个月，"埃及军队"已奉拿破仑之命在那儿登陆。在当晚的战斗中，五艘英国舰船对法国防御不足的陆地方向展开进攻，而乘坐"先锋"号（Vanguard）战舰的纳尔逊指挥 7 艘舰船从海上向法军发起进攻。到 8 月 2 日正午，布吕埃斯的舰队除两艘舰船外，悉数投降，英国舰队毫发无损。

Nineteen Propositions　《十九条建议》　1642 年夏天，查理一世离开伦敦，着手战争的准备。6 月 1 日，议会向在约克的国王提出《十九条建议》，要求掌握全部政治和军事权力。由科尔佩珀（Colepeper）和福克兰（Falkland）负责起草的国王的答复很有技巧，它针对议会的建议，阐述了建立君主与议会的权力平衡宪政问题。尽管查理一世的答复主要是出于在战术上采取妥协策略的考虑，但却留存了下来，而且后来在某种形式上被作为建立有限君主制的理论基础而大加讨论。

Nine Years War , 1689—1697.　九年战争（1689—1697）　也被称为"威廉国王战争"，或"英格兰王位继承战争"。1688 年奥兰治的威廉（William of

Orange)接受了英格兰的王位后,希望能将英格兰的海上力量和财力用于对抗路易十四对尼德兰和德国的野心。由于法国国王对流亡的詹姆斯二世的支持,战争已不可避免。1689 年 5 月,威廉组建了包括英格兰、荷兰和神圣罗马帝国在内的反法大同盟(Grand Alliance)。在爱尔兰,詹姆斯的法国—爱尔兰联军很快于 1690 年 7 月在博因河(Boyne)被击败,而爱尔兰叛乱最终也在 1691 年被平息。但在战争开始阶段,英格兰海军对英吉利海峡的控制权被法国舰队削弱,而且多次受到法军入侵的威胁,直到 1692 年 5 月,大同盟的联军才将法军击败并赶出拉乌格(La Hogue)。1697 年 9 月,疲惫的交战双方签署了《赖斯韦克条约》(treaty of Ryswick),九年战争宣告结束。

Ninian,St, 圣尼尼安 圣尼尼安是比德提到的一个形象有些模糊的人物,很晚以后里沃的艾尔雷德(Ailred of Rievaulx)也提到过他。比德说圣尼尼安是布立吞人,而且似乎是生活在罗马统治不列颠的末期,很可能是 5 世纪前后。圣尼尼安通过与诺文特人(Novantae)生活地区的惠特霍恩【Whithorn,邓弗里斯—加洛韦(Dumfries and Galloway)】建立的联系,而与罗马长城之外的西南苏格兰地区联系在了一起。

Nkrumah,Kwame（1909—1972）. 克瓦米·恩克鲁玛（1909—1972） 恩克鲁玛在美国接受大学教育后,于 1945 年帮助组织了在英国召开的第五届泛非大会(Pan-African Congress)。1947 年他回到黄金海岸后,建立了民粹主义的人民大会党(Convention Peoples' Party)。1950 年,他因组织不合作运动被捕入狱;1951 年,他被选入国会,并被解除监禁。1952 年,他成为黄金海岸的总理。当黄金海岸这个国家被重新命名为加纳时,他依然担任总理职务。1957 年加纳取得独立,他在 1960 年成为加纳共和国的总统。由于造成国家财政的浪费,加之统治上的愈发独裁,1966 年他被赶下台。

nobility 贵族 See ARISTOCRACY(见贵族)

Nollekens,Joseph（1737—1823）. 约瑟夫·诺勒肯斯（1737—1823） 诺

勒肯斯是英格兰雕刻家,是一位定居在英格兰的安特卫普(Antwerp)画匠之子。1760 年至 1770 年他在罗马度过的这段时间为其经济收入和艺术创作的成功打下了基础。他创作的很多纪念碑和半身雕像目前都存放在威斯敏斯特大教堂。

Nominated Parliament　提名议会　See BAREBONES PARLIAMENT(见贝尔朋议会)

nonconformists　不从国教的新教徒　See DISSENT(见不从国教者)

non-jurors　拒誓者　即拒绝向政府宣誓效忠者,指 17 世纪晚期英国圣公会中的高教会派人员(high churchmen),这些人在 1688 年时拒绝向威廉和玛丽宣誓效忠。他们坚持君权神授学说,并因此相信斯图亚特王室依然保有合法的君主权。当时共有包括坎特伯雷大主教桑克罗夫特(Sancroft of Canterbury)在内的 8 名主教、400 名牧师和一些世俗人士拒绝向威廉和玛丽宣誓效忠。

non-residence　(圣职人员)不在其教区居住　自很早以来,所有主教和享有圣俸的神职人员就被强制要求居住在其任期内的工作地,但是在中世纪晚期,圣职人员不在其教区居住实际上已成为一种权力的滥用。圣职人员不在其教区居住是改革者的一个主要目标。这一现象在 18 世纪时非常普遍,因为很多人生活非常贫困,根本无法养活自己,更无法去养活牧师。

non-resistance　不抵抗主义　英国内战(Civil War)结束以后,不抵抗主义的信条盛行。该观点认为,君主拥有完全的司法管辖权,而臣民应无条件地服从于他。王朝复辟以后,1661 年颁布的《市镇社团法》(Corporation Act)和 1662 年颁布的《礼拜仪式统一法》(Act of Uniformity)都坚持要人们宣誓:"以任何借口武力反抗国王都是非法的"。然而,詹姆斯二世对英国圣公会的攻击使不少托利党人陷入进退两难的境地,大多数托利党人最终放弃了不抵抗主义,转而支持奥兰治的威廉(William of Orange)。1689 年,威廉国王和玛丽女王颁布的第 1 号法令第 8 条款(I Wm.& Mar.c.8)明确规定:之前所做的禁止对国王进行合法抵抗的宣誓,"从此以后不得再做要求"。

Nonsuch, treaty of, 1585. **《无双宫条约》** 1585 年 8 月,伊丽莎白一世做出了一项重大决定。安特卫普的陷落使她确信,如果得不到救援,荷兰的反抗就会被西班牙的腓力二世镇压下去。伊丽莎白在无双宫决定同意派遣 7,000 名英军奔赴荷兰战场,由莱斯特(Leicester)负责指挥。腓力二世对此做出的回应是准备了著名的"无敌舰队"(Armada)。

Nonsuch palace **无双宫** 无双宫邻近萨里(Surrey)的奇姆(Cheam),是亨利八世自 1538 年开始围绕着两座庭院大规模兴建的,玛丽后来将无双宫出售,1592 年时伊丽莎白又将其购买回来。查理二世把它送给了克利夫兰女公爵(duchess of Cleveland),后者在 1682 年时将之拆毁。

Nore naval mutiny, 1797. **诺尔海军兵变(1797)** 诺尔与斯皮特黑德(Spithead)不同,它并不是舰队的基地,而只是个集结地。由于旗舰"桑威奇"号(*Sandwich*)的补给条件十分恶劣,结果激起了骚动,该舰在诺尔抛锚后,骚动迅速扩散开来,只是由于过度的饥饿,这次兵变才没有闹大。兵变的领导者理查德·帕克(Richard Parker),连同 29 名参与者都被绞死。

Norfolk **诺福克** 英国第四大古老的郡。从东部的雅茅斯(Yarmouth)到西部的萨顿布里奇(Sutton Bridge),两地距离超过 70 英里。从雅茅斯绕到沃什湾(Wash),就是被卡姆登(Camden)所称的"波涛汹涌的大海"冲击着的海岸。

诺福克这个郡的名称取自撒克逊时期定居的北方人(Northfolk)。在罗马统治时期,诺福克属于爱西尼人(Iceni)的领地。后来它成为撒克逊人的东盎格利亚王国的一部分,并在 9 世纪以前一直保留着一定的独立性,从 9 世纪开始落入丹麦人的控制之中。1004 年,塞特福德(Thetford)和诺里奇(Norwich)遭到丹麦人的劫掠。尽管诺福克地区因此受到了严重的破坏,但是这一地区依然人口增长,经济繁荣。塞特福德、雅茅斯以及诺里奇在 1086 年进行的"末日调查"(Domesday survey)中,都是富有活力的城镇。1072 年,当主教座从北埃尔姆勒姆

(North Elmham)移至塞特福德时,它一度取得了发展优势,但在1094年时,主教座的地点再次发生变化,这一次是迁到了诺里奇,此后没有变化。1096年,诺里奇主教座堂开始启用。虽然毕晓普斯林(Bishop's Lynn)可能在诺曼征服(Norman Conquest)前就已经存在了,但作为重要的港口,其发展是在11世纪和12世纪。1536年宗教改革(Reformation)时毕晓普斯林改名为金斯林(King's Lynn)。

诺福克的繁荣在很大程度上取决于其所处的地理位置。漫长的海岸线尽管险象环生,却提供了充足的鱼类资源。雅茅斯腌熏鲱鱼很快闻名全国,而直到18世纪晚期,该城还位居全国前十名的行列。与诺森伯兰或者赫里福德郡不同,诺福克不必面对来自苏格兰或者威尔士边境地区的袭扰。1549年发生的凯特起义(Kett's rising),主要是出于反对圈地,尽管诺里奇曾反复易手,但并未造成什么持久性的损害。在诺福克郡西南部,通过改进排水计划,上千亩沼泽变成了良田。诺里奇是著名的呢绒业生产中心之一,而到都铎王朝时期,则成为英格兰王国的第二大城镇。

到1800年时,诺福克郡的相对繁荣结束了。随着海外殖民地的建立,西部海岸港口——布里斯托尔(Bristol)、利物浦(Liverpool)和格拉斯哥(Glasgow)——取得了发展优势;而在人口方面,诺里奇也被新兴的工业城镇曼彻斯特(Manchester)、谢菲尔德(Sheffield)和利兹(Leeds)超越。来自约克郡的毛纺业,以及随后来自兰开夏郡的棉纺业的竞争非常激烈。

在19世纪,诺福克成为闭塞落后之地。海滨度假业的兴起为亨斯坦顿(Hunstanton)、克罗默(Cromer)以及谢灵厄姆(Sheringham)带来了有限的繁荣;从19世纪70年代开始,布罗兹湿地(Broads)作为一处休闲游乐的场所发展起来。但是在最近的几十年里,随着产业的多样化,包括科尔曼(Colman)生产的芥末、马修(Matthew)饲养的火鸡以及诺里奇联合保险公司(Norwich Union)的带动,诺福克郡发展的速度加快了,而来自伦敦的航班更是加快了诺福克郡发展的脚步。

Norfolk,Roger Bigod,5th earl of　罗杰·比戈德,第5代诺福克伯爵　See BIGOD,ROGER.(见罗杰·比戈德)

Norfolk，John Howard，1st duke of（d.1485）．**约翰·霍华德，第 1 代诺福克公爵**（卒于 1485 年）　霍华德是第 3 代约克公爵爱德华的侍从，很可能就是通过爱德华的提名，霍华德在 1461 年时成为第一个担任诺福克郡郡长（sheriff）的约克派人物，而这件事就发生在唐顿（Towton）战场上爱德华四世封他为爵士之前不久。从此以后，霍华德就成为国王最看重的臣子之一。1470 年，霍华德获封勋爵。1483 年，霍华德因支持理查三世的篡位，获封诺福克公爵。他是唯一一个在博斯沃思（Bosworth）为理查作战阵亡的大贵族。

Norfolk，Thomas Howard，2st duke of（1443—1524）．**托马斯·霍华德，第 2 代诺福克公爵**（1443—1524）　尽管诺福克在事业的起步阶段很糟糕，但其后来的政治和军事生涯却异常显赫。诺福克的父亲是一位杰出的约克派人物，在博斯沃思为理查三世作战身亡。在 1471 年巴尼特（Barnet）战役中，诺福克负伤，被关押在博斯沃思。在亨利七世恢复其萨里伯爵（earl of Surrey）头衔之前，诺福克在伦敦塔被关押了好几年。1489 年，亨利七世任命他为特伦特河（Trent）以北地区巡回法庭（Eyre）的首席法官。从 1501 年至 1522 年间，他担任首席财政大臣。1510 年，亨利八世任命他为终身王室典礼官（earl marshal for life）。1513 年，他在弗洛登（Flodden）战役中全歼了苏格兰人，因此获得诺福克公爵爵位。1520 年亨利八世赴法国金布围场（Field of Cloth of Gold）之会而不在英格兰期间，他担任了英格兰的监国。对于一个一开始就站错了队的人来说，这是一项至高无上的成就。

Norfolk，Thomas Howard，3rd duke of（1473—1554）．**托马斯·霍华德，第 3 代诺福克公爵**（1473—1554）　诺福克的第一任妻子是爱德华四世的女儿；他是安妮·博林（Anne Boleyn）和凯瑟琳·霍华德（Catherine Howard）的叔叔。霍华德曾在其父亲手下参加了弗洛登（Flodden）战役，战后他的父亲受封诺福克公爵，而他自己受封萨里伯爵（earl of Surrey）。1513 年至 1525 年间，他担任海军事务大臣（lord high admiral）；1520 年至 1522 年间，他担任爱尔兰总督（lord-lieutenant of Ireland）；1522 年至 1547 年间，他担任首席财政大臣。沃尔西之所以倒台，他起了很大作用。1534 年，他主持了对侄女安妮·博林的审判。1537

年,他残酷地镇压了"求恩巡礼"(Pilgrimage of Grace)起义。1540 年,他成功地将托马斯·克伦威尔赶下台。他的儿子即萨里勋爵,因轻率动用皇家军队而在1546 年被判处叛国罪,诺福克仅仅因为亨利八世的去世才免于一死。爱德华六世统治时期,诺福克仍被关在伦敦塔,但因为他是一名天主教徒,玛丽继位后将其释放,他所有的头衔也得以恢复,而且还在 1554 年 1 月镇压怀亚特(Wyatt)的起义中为玛丽效力。

Norfolk,Thomas Howard,4th duke of(1538—1572). **托马斯·霍华德,第 4 代诺福克公爵**(1538—1572) 诺福克是第 3 代诺福克公爵的孙子。他的父亲萨里勋爵(Lord Surrey)在他 8 岁时被处死。1553 年玛丽继位后,他和祖父的所有头衔才得以恢复,次年他继承了公爵爵位。1559 年,伊丽莎白授予他嘉德勋位(Garter),并任命他前往苏格兰驱逐法国党人。这件事证明了他身上的弱点。1567 年他的第三任妻子去世后,他准备与苏格兰女王玛丽结婚。他们两人完全没有见过面,但有大量的书信往来,相互倾诉衷肠。1569 年 10 月,他被定罪并关入伦敦塔,11 月他的姐夫威斯特摩兰伯爵(earl of Westmorland)以玛丽和旧宗教①的名义,领导了北方伯爵叛乱(rising of the northern earls)。1570 年,诺福克获释,但是被卷入里多尔菲(Ridolfi)之拥立玛丽取代伊丽莎白为英格兰国王的阴谋。1572 年 6 月,诺福克被处死。

Norfolk,Thomas Mowbray,1st duke of(1366—1399). **托马斯·莫布雷,第 1 代诺福克公爵**(1366—1399) 1383 年,莫布雷被封为诺丁汉伯爵(earl of Nottingham);1386 年,他被授任王室典礼官(earl marshal)职衔。他是 1387—1388 年间指控理查二世诸宠臣的接任贵族(lords appellant)之一。此后,他又助长了理查二世实行专制统治的野心。1397 年,他将格洛斯特公爵(duke of Gloucester)逮捕,并在加莱(Calais)将其杀害。作为奖赏,他于同年获封公爵爵位。不久之后,赫里福德公爵亨利(Henry,duke of Hereford),即后来的亨利四世,指控诺福克犯有叛国罪,结果两人均被流放。诺福克死于威尼斯。

---

① 指天主教。——译者注

Norham, treaty of, 1209. 《诺勒姆条约》（1209） 1209 年 8 月，国王约翰派大军抵达特威德河畔贝里克（Berwick-on-Tweed）以西的诺勒姆。为了换取和平，"狮王"威廉（William the Lion）答应向英格兰支付 10,000 英镑的赔款，并且将长女和次女嫁入英格兰王室。尽管约翰未能确保对苏格兰的最高封建领主地位，但这些协定加强了威廉对与英格兰亲善关系的依赖。

Norham adjudication, 1291—1292. 诺勒姆裁定（1291—1292） 针对约翰·巴利奥尔（John Balliol）及其他 12 人提出的对空缺中的苏格兰王位的权利要求，爱德华一世于 1291 年 5 月 10 日在特威德河畔贝里克（Berwick-on-Tweed）附近的诺勒姆开始进行裁定。由 104 位"法庭审计官"【"auditors"，法庭顾问（assessors）】组成的法庭对这些人的权利要求进行了详细的审查，最终于 1292 年 11 月 17 日公布了裁定结果，由约翰·巴利奥尔任苏格兰国王。1292 年 11 月 30 日，约翰·巴利奥尔在斯昆（Scone）登上王位。

Norman Conquest 诺曼征服 继 1066 年 10 月取得黑斯廷斯（Hastings）之战的胜利后，在接下来的 6 年里，征服者威廉连续发动战事。在随后的几十年中，诺曼王朝诸国王及其追随者们将权力扩张到了威尔士和苏格兰低地地区（Lowland Scotland）。一场对英格兰的土地和资源的大规模接管工作，是在名义上合法的框架内实现的，到 1086 年，接管工作已完成大部分，是年着手编纂《末日审判书》。

从长远的角度来看，那种认为诺曼征服本身对英国的经济、社会、地貌景观以及语言等范围更为广泛的演进过程影响不大的观点，是有争议的。这些新来者是一小撮军事精英阶层，他们渐渐同化于不列颠。从另一方面来说，那种认为诺曼征服在英国范围更为广泛的演进过程中，是一个具有决定性意义的转折点的看法，也并非毫无道理：从诺曼军事征服中发展起来的英格兰和不列颠，与如果哈罗德（Harold）在黑斯廷斯获胜而发展起来的英格兰和不列颠相比，肯定迥然有异。可以肯定的是，威廉及其继任者们是通过采用本质上属于原来的英格兰王国的机制来实行统治的。诺曼新贵族宣称，他们加诸农民身上的各种权力，与他们的英格兰前辈们的做法毫无二致。然而，这种表面上看来两者之间似乎存在的连续性,并非所有人都愿意接受。威廉一世、威廉二世以及亨利一世全都愈发频繁地干预各郡的事务。另外一件事亦是如此。由征服所创建的跨英吉利海峡的盎格鲁—诺曼王国,到英法百年战争(Hundred Years War)爆发前,两个地区在长达数个世纪的时间里联结在一起。英格兰与法国之间建立的这种新的联系,也同样确立了两者间文化上的交流关系,从而保证了英格兰在12世纪文艺复兴中所占有的地位,而这一地位与法国文艺复兴的发展有着更为紧密的联系,英格兰自身很可能不会取得这样的成就。通过诺曼征服,英格兰从原本由斯韦恩·福克比尔德(Sweyn Forkbeard)和克努特(Cnut)的早期征服而被纳入的斯堪的纳维亚人的政治轨道中脱离开来。如果没有那些好战的新贵族的出现,威尔士、苏格兰,最后还有爱尔兰会不会如此集中地被英格兰殖民,这还很难说。

Normandy, duchy of **诺曼底公国** 诺曼底公国起源于10世纪早期时西法兰克人的国王向维金人首领罗洛(Rollo)让与的以鲁昂(Rouen)为中心的一片土地。这片土地,再补充以通过各种方式取得的其他土地,在10世纪时被罗洛的后人们缔造成一个统一的政治实体。截至11世纪最初若干年,诺曼底仍然与斯堪的纳维亚以及定居在不列颠和爱尔兰的斯堪的纳维亚人保持着政治和经济联系。但在诺曼底,修道院的重建、主教区制度的恢复,以及政府的管理,却都是按照法兰克人的模式进行的。与此同时,诺曼底也成为在11世纪大部分时间里持续进行的对南欧和不列颠广泛征服与殖民运动的中心。究竟是何原因造成了这一征服与殖民运动,目前还很难解释清楚。至于对地中海地区和不列颠进行的大征服,最好的解释是,它是由诺曼人领导的一场运动,其中来自法国北部很多地区的大量富于进取的个体力量也被吸收进来。诺曼底作为殖民运动的中心,这一地位到12世纪最初的几十年时结束了,不过它与其他地区的广泛联系持续了更长的时间。从此以后,诺曼底的历史一直被与法国其他公国间持续不断的战争所主宰。亨利一世为了保住诺曼底,不得不付出极大的努力。1144年,杰弗里·金雀花(Geoffrey Plantagenet)征服了诺曼底,并将之纳入安茹帝国(Angevin empire)的统治。后来诺曼底又被腓力·奥古斯都(Philip Augustus)征服,随即于1204年被纳入法兰西王国。诺曼底的历史,最终必须在法兰西王国的历史背景下加以分析。诺曼底的贵族中有很多人在诺曼底和英格兰都拥有土地,但是其他人则主要居住在公爵领地;后者的行为对诺曼底之成为法国的一个省起到了助推作用。

'Norman Yoke' **"诺曼之轭"** 有一种观点认为,盎格鲁—撒克逊时期英格兰的制度本质上是民主的,这种民主制度后来被诺曼人实行的专制统治所取代。尽管这种观点难以令人置信,但在 17 世纪、18 世纪时还是有很多激进分子坚持这一看法。对于反对查理一世专制统治的人来说,该理论的有利之处在于,他们能够摆脱被认为是危险的制度创新者的指控,并且他们可以坚称自己只是希望能恢复那些古老的权利。

North,Frederick,Lord,2nd earl of Guilford(1732—1792). **弗雷德里克·诺斯勋爵,第 2 代吉尔福德伯爵**(1732—1792) 诺斯是第 1 代吉尔福德伯爵弗朗西斯(Francis)的长子。1754 年,时年 22 岁的诺斯代表家族在班伯里(Banbury)的席位进入议会下院,并很快开启了升迁之路。他工作勤奋,是个能给人带来快乐的胖子。他一生的时间几乎都是在议会下院度过的,而且根据吉本(Gibbon)的说法,他是个"完美的辩论家"。1759 年,诺斯被堂兄纽卡斯尔公爵(duke of Newcastle)带入财政委员会(Treasury Board)。1762 年纽卡斯尔公爵离开财政委员会,诺斯则继续留在该委员会,主要原因是他需要这份工钱。1765 年,诺斯因不愿为罗金厄姆政府(Rockinghams)效力,而与格伦维尔(Grenville)一起离任。1766 年,诺斯重返政府,在格拉夫顿(Grafton)政府中担任了一名级别不高的官职。1767 年查尔斯·汤森(Charles Townshend)猝死,诺斯迎来了发展机遇,接任汤森成为财政大臣。1770 年 1 月,格拉夫顿辞职,诺斯在国王的恳求下,接任首席财政大臣,当时他 37 岁。

诺斯任职的最初几年,给人们留下了深刻的印象。多数党的执政地位得到了恢复,威尔克斯(Wilkes)问题逐渐淡出人们的视线,诺斯的声誉也逐步提升。作为公认的财政专家,他编制的财政预算几乎没有遇到反对的声音。1774 年他制定的《魁北克法》(Quebec Act)对天主教徒做出了重要让步,该法案有助于他于 1776 年说服加拿大人没有将自己的命运同反抗殖民统治的美洲人连在一起。但美洲问题毕竟有着很深的历史根源【见美国独立战争(SEE AMERICAN WAR

OF INDEPENDENCE)】，诺斯最终还是因此而倒台。美国独立战争后，英国人因负担沉重，对殖民地拒交税款严重不满。格伦维尔的《印花税法》(Stamp Act)和汤森对美洲殖民地实行的征税给英国带来的财政收入非常有限。诺斯采取的第一项措施具有安抚性：除保留茶税外，将汤森在美洲殖民地征收的一切税赋废除。美洲殖民地对此作出的回应，则是没收了缉私船"葛斯比"号(Gaspée)，恐吓海关官员，以及波士顿茶党案(Boston Tea Party)事件。针对殖民地的反抗，英国政府只能采取高压手段。然而，战斗一俟打响，诺斯就被边缘化了，政府实权落入军界人士之手。诺斯再三请求辞职，却被国王拒绝，因为国王非常了解诺斯在议会中展现政府政策的能力。只是到1781年英军在约克敦(Yorktown)投降后，诺斯的支持率也降至个位数时，他才被获允辞职。

诺斯生命中的最后十年，在很大程度上只不过是他事业生涯的一个补缀。1783年春，诺斯与查尔斯·福克斯(Charles Fox)组成联合政府，并担任内政大臣一职，但因有几个月的时间身体不适而甘愿由他那些精力更为充沛的同事们代行职权。1783年12月下台后，他华丽转身，成了不成熟的政治元老人物。针对来自各方的攻击，他努力捍卫英国圣公会的地位；而针对有害的所谓制度创新，他努力捍卫宪政的地位。

Northampton, Assize of, 1176. 《北安普敦诏令》(1176)　在亨利二世统治时期强制推行英格兰的法律过程中，《北安普敦诏令》是一个非常重要的阶段。通过向王室法官发出各种指令的形式，《北安普敦诏令》进一步强化了10年前颁布的《克拉伦登诏令》(Assize of Clarendon)中的诸条款，同时《北安普敦诏令》也被视为是对当时犯罪潮的一种回应。根据《北安普敦诏令》，当时的审判方式依然采取水审裁判法(ordeal by water)。

Northampton, battle of, 1460. 北安普敦战役(1460)　1459年拉德福德桥(Ludford Bridge)之战，约克派的指挥者们不光彩地纷纷逃跑，之后在国外流亡，但是在1460年夏天，这些人又返回了英格兰。1460年7月10日，沃里克(War-wick)和后来的爱德华四世在北安普敦的正南方与白金汉公爵(duke of Bucking-ham)率领的亨利六世军队遭遇。当卢森的格雷勋爵(Lord Grey of Ruthyn)背弃国王从战场上逃走时,战斗很快有了分晓。亨利六世被俘,包括白金汉公爵在内的亨利六世的主要支持者均被处死。

Northampton, treaty of, 1328. **《北安普敦条约》(1328)** 1328 年 5 月 4 日,爱德华三世,或者更确切地说,他的母亲伊莎贝拉和当时执掌朝政的罗杰·莫蒂默(Roger Mortimer),承认罗伯特一世(Robert I,布鲁斯)为苏格兰国王,并且不需要他向英格兰宣誓效忠。爱德华三世随后决心推翻这个"有违道德的和平"。受爱德华·巴利奥尔(Edward Balliol)成功击败罗伯特的继承人的鼓舞,爱德华三世于 1333 年入侵苏格兰以恢复英格兰的统治。

Northamptonshire **北安普敦郡** 北安普敦郡是英国较为宁静的郡之一,与西面相邻的诸郡比起来,它受工业革命的影响很小。北安普敦郡覆盖了英格兰中部一大片土地,西部的布拉克利(Brackley)看起来很像是科茨沃尔德(Cotswold)丘陵城镇;东部的彼得伯勒(Peterborough)的艾伊(Eye)看起来很像是一个沼泽村庄。

在罗马统治时期,这个地区属于科利塔尼族(Coritani)的领地。华特灵大道(Watling Street)上的托斯特(Towcester)是一个罗马小镇;埃尔迈恩街(Ermine Street)上位于宁河河谷(Nene valley)的卡斯托(Castor)是一个重要的制陶中心。在撒克逊时代,北安普敦郡是麦西亚王国之一部分。公元 657 年前后,彭达(Penda)之子皮达(Peada)在彼得伯勒建立了一座大修道院,在 870 年丹麦人的劫掠中,该修道院得以幸免。北安普敦这一名称首次被提及,是在 917 年丹麦军队占领该地的时候。不久之后,北安普敦地区被长者爱德华(Edward the Elder)重新收复,这片曾被丹麦人统治的地区似乎成了这个新兴之郡发展的基础。

在中世纪时期,北安普敦郡土地肥沃,经济繁荣。北安普敦是一座重要的城镇,它取得特许状的时间可以追溯到 1189 年,议会曾多次在这里召开。北安普敦郡主要出产谷物和牛羊,根据卡姆登(Camden)的记述,这里"羊群泛滥成灾"。北安普敦的马市在全国占有重要地位。

尽管工业革命波及北安普敦郡,但对这里的影响却比其他地区要小得多。随着运河网络的不断发展,北安普敦城也慢慢地被绑定在一起,但是在 1815 年大章克申（Grand Junction）支流开发后,北安普敦城开始成为工业城镇,主要从事制靴业。但于 1838 年开通的从伦敦到伯明翰的铁路却绕过了北安普敦城,而通往伯明翰的环形铁路只是到 1872 年才开通。亨利八世统治时期,彼得伯勒被提升为主教辖区,加之受益于铁路时代的到来,成为主要交通枢纽,并且发展起了重工业。韦灵伯勒（Wellingborough）、凯特林（Kettering）以及拉什登（Rushden）,也全都因受益于铁路交通线,而成为制靴业中心。科比（Corby）在 1801 年时不过是个小村子,通过开发当地铁矿资源,发展成为一个生产钢铁的城镇。

北安普敦郡的边界变动相当频繁。1888 年,彼得伯勒的司法裁判权（soke）——即其保留的特别司法权（special jurisdictions）——交给了所在郡的郡议会。1965 年,彼得伯勒被并入亨廷登郡（Huntingdonshire）,之后在 1972 年又以自己的方式并入幅员面积有了质的飞跃的剑桥郡。

North Briton 《北不列颠人》 《北不列颠人》是约翰·威尔克斯（John Wilkes）给自己创办的周刊起的带有戏谑性的名称。该杂志于 1762 年 6 月问世,目的是对抗斯摩莱特（Smollett）创办的支持比特（Bute）政府的《不列颠人》（*Briton*）杂志。该杂志含有一些严厉抨击《巴黎和约》（peace of Paris）以及辱骂苏格兰人的内容。当政府在 1763 年 4 月决定指控该杂志第 45 期犯了诽谤政府罪时,这让"威尔克斯与自由"（"Wilkes and Liberty"）挣脱了牢笼。

Northbrook, Thomas George Baring, 1st earl of（1826—1904）. **托马斯·乔治·巴林,第 1 代诺斯布鲁克伯爵**（1826—1904） 巴林的父亲是投资银行创始人的孙子,1839—1841 年间在墨尔本（Melbourne）政府中担任财政大臣（chancellor of the Exchequer）,1866 年被册封为男爵。1857—1866 年,托马斯·巴林以自由党党员的身份担任议会下院议员;在 1872—1876 年间担任英国驻印度总督之前,他曾担任过多种低级职务。在印度,他继任了遭暗杀的梅奥勋爵（Lord Mayo）之职。他把自己的大部分时间都用在了解决孟加拉（Bengal）饥荒问题上,并成功地控制了饥荒的蔓延。当他退休时,被封授伯爵爵位,并于 1880—1885 年间在格莱斯顿（Gladstone）的第二届政府中担任第一海军大臣（Ist Lord of the Admiralty)。1886 年,他因《爱尔兰地方自治法案》(Home Rule)问题与自由党分道扬镳,并且从此不再担任公职。

Northcliffe,Viscount 诺斯克利夫子爵 See HARMSWORTH, ALFRED.
(见阿尔弗雷德·哈姆斯沃思)

Northcote,Sir Stafford,8th baronet,1st earl of Iddesleigh(1818—1887).
斯塔福德·诺思科特爵士,第 8 代准男爵,第 1 代伊兹利伯爵(1818—1887)

诺思科特出身于德文郡的一个绅士家庭,在伊顿公学和牛津大学的巴利奥尔学院(Balliol College)接受教育,在贸易委员会(Board of Trade)担任格莱斯顿(Gladstone)的秘书,随后担任了 1851 年世界博览会的联合秘书,并与他人合写了有关文官制度的《诺思科特—特里维廉报告》(Northcote Trevelyan Report)。从 1855 年起,他担任了议会下院议员;1859 年,他被迪斯累里(Disraeli)聘入保守党部,并于 1866—1868 年间在内阁任职。1874—1880 年,他担任财政大臣,1876 年接替迪斯累里成为议会下院保守党领袖,尽管此时他已经明显地表现出对首相的"东方问题"政策的忧虑。从 1881 年起,他与索尔兹伯里(Salisbury)共同领导保守党,但是他奉行的温和的中间路线招致己方的批评,尤其是第四党(Fourth Party)投石党(*frondeurs*)的批评。1885 年,此时已经担任首相的索尔兹伯里将他从下院保守党领袖的位置上调离,给予他伯爵爵位和首席财政大臣职位。伊兹利伯爵在 1886 年短暂担任外交大臣一段时间后,突然去世。

northern earls,rising of the,1569. 北部伯爵叛乱(1569) 北部伯爵叛乱是都铎王朝时期贵族们为了维护传统宗教利益而发动的最严重的叛乱之一。诺森伯兰伯爵托马斯(Thomas,earl of Northumberland)和威斯特摩兰伯爵查尔斯(Charles,earl of Westmorland),在北部诸郡召集了一支反叛队伍,并在叛乱的初始阶段连连得手。叛军高举带有基督五处伤口的天主教旗帜,毁掉英语版圣经和伊丽莎白时代的公祷书(Books of Common Prayer),恢复传统的祭坛,并且在达勒姆主教座堂举行弥撒礼。叛乱最终被萨塞克斯勋爵率领的军队平息。威斯特摩兰伯爵逃脱并过上了流亡生活,而诺森伯兰伯爵则被斩首。

Northern Ireland　北爱尔兰　北爱尔兰是根据 1920—1921 年《爱尔兰政府法》（Government of Ireland Act）而形成的。它由爱尔兰岛东北部的六个郡组成：安特里姆郡（Antrim）、唐郡（Down）、阿马郡（Armagh）、伦敦德里郡（Londonderry）、弗马纳郡（Fermanagh）和蒂龙郡（Tyrone）。为了保证新教徒占人口的多数，历史悠久的阿尔斯特省（province of Ulster）的九个郡被拒绝作为分界线，而弗马纳郡和蒂龙郡尽管天主教徒在人口中稍占多数，但为了保证地理实体的可信度而被纳入了进来。

阿尔斯特省的构成背景决定了它后续动荡不安的历史。人口占少数的天主教徒，在总人口的比例中一直保持在 30% 以上，不仅从未接受过对爱尔兰的划分，而且时常抵制贝尔法斯特议会（Belfast Parliament）。新兴的自由邦（Free State）拒绝承认北爱尔兰。出于特别强调安全的考虑，新省也是为了维护新教徒民众的利益而沿着新教邦一线来建立的。

1925 年以后，北爱尔兰的未来看起来似乎更为确定。但是其经济因为过度依赖英国财政，同时也过度依赖正在走下坡路的传统工业，发展迟缓。政府一直被狭隘的土地利益阶层和商业利益阶层控制，完全由奥兰治党（Orange order）成员组成。1921—1940 年，詹姆斯·克雷格爵士（Sir James Craig）担任总理；1943—1963 年，布鲁克勋爵（Lord Brooke）担任总理。与自由邦的中立立场形成鲜明对比的是，联合派（unionist）的信心因他们成为大西洋船队提供补给基地和港口而不断增加。

1948 年爱尔兰共和国宣告成立，使得北爱尔兰的宪法地位有必要在 1949 年的《爱尔兰法》（Ireland Act）中加以阐明。特伦斯·奥尼尔（Terence O'Neill）自 1963 年起成为总理，力图使北爱尔兰的经济实现现代化，并对原有的宗教基础实施改革，结果激化了固有的矛盾。警察和专门保安队对民众争取公民权利的游行活动所做出的反应，导致德里（Derry）和贝尔法斯特发生了严重暴乱，后来还招致英国军队的干预。1969—1972 年间，安全状况迅速恶化，天主教徒民众与英国军队的关系日渐疏远，临时爱尔兰共和军（Provisional IRA）也出现了。1972 年，英国政府在威斯敏斯特宣布对北爱尔兰实行直接统治；接下来在 1974 年 1 月，成立了权力分享行政机构，但该机构在不到五个月的时间里就因为亲英派（loyalist）的罢工而倒台。

20 世纪 70、80 年代,爱尔兰共和军(IRA)对安全部队和经济展开了持续的攻击;亲英派准军事部队的报复行动则进一步升级;北爱尔兰地区和整个英国都发生了大量的不同宗教派别的暗杀和爆炸活动,偶尔还波及爱尔兰共和国。1981 年,被囚禁的爱尔兰共和国人士要求取得政治地位,这使得信奉天主教的民众与政府的关系进一步疏远,并支持新芬党(Sinn Fein)。

到 1985 年《英爱协定》(Anglo-Irish agreement)签订之时,关注点转移到爱尔兰共和国与英国政府的合作上来。在经历了 25 年之久的冲突后产生的疲劳感、英—爱政府间更为良好的沟通、欧洲和美国的关切,乃至社会民主工党(SDLP)领袖约翰·休姆(John Hume)与新芬党领袖格里·亚当斯(Gerry Adams)之间进行的谈判,所有这一切对于 1993 年 12 月《唐宁街宣言》(Downing Street declaration)的发表、爱尔兰共和军在 1994 年 8 月宣布停火,以及两个月后亲英派准军事部队宣布停火,都起到了促进作用。在经过一次全民公决之后,北爱尔兰的管理权在 1998 年交回由 108 人组成的北爱尔兰议会(Northern Ireland Assembly),在该议会中,社会民主工党代表有 24 人,新芬党代表有 18 人。但是,和平进程的希望因爱尔兰共和军拒绝真正解除武装而破灭。2002 年,北爱尔兰议会被暂停,英国政府再次对北爱尔兰实行直接统治。2005 年 7 月,爱尔兰共和军宣布停止武装反抗,但是由于英国政府对此持不信任态度,所以北爱尔兰议会直到 2007 年才得以恢复。同年,新芬党和民主统一党(DUP)组成联合政府,共同执政。尽管双方的敌对情绪依然存在,但社会和经济发展的迹象也显现出来了。

Northern Ireland Labour Party(NILP) **北爱尔兰工党** 建立于 1924 年,是阿尔斯特(Ulster)主要党派政治中的一个社会主义性质的党派。在爱尔兰划分问题上,北爱尔兰工党尽力保持中立,但是在 1949 年,也就是爱尔兰共和国宣布成立后,它表明了自己的立场,支持北爱尔兰与英国保持宪政联系。1969 年公开暴力冲突重新出现,加剧了党派分裂主义,并对北爱尔兰工党的选举基础产生了压力。1970—1971 年,一些新的党派【社会民主工党(Social Democratic and Labour Party),联盟党(Alliance)】的建立,在不同方面侵蚀了北爱尔兰工党受到的支持。自此之后,北爱尔兰工党迅速衰落,截至 1987 年,它仅靠一小撮选举支持者来维持。

Northern Rhodesia　北罗得西亚　See ZAMBIA（见赞比亚）

North Foreland, battle of, 1666.　北福尔兰战役（1666）　是第二次英—荷战争（Anglo-Dutch War）中的一场重要战役，发生在 1666 年 8 月 4—5 日，地点在在泰晤士河（Thames）口和萨福克海岸。这场战役是双方在经过休整和补充弹药后，对唐斯（Downs）战役的延续。阿尔比马尔【Albemarle，蒙克（Monck）】和鲁珀特亲王（Prince Rupert）率领 89 艘舰船，与科内利斯·特龙普（Cornelis Tromp）和德·勒伊特（de Ruyter）指挥的由 88 艘舰船组成的荷兰舰队遭遇。虽然英军在交战中占了上风，但荷兰人顺利进港。

Northumberland　诺森伯兰郡　诺森伯兰是一个大郡，古代时曾是一个独立的王国，当时也是不列颠最早的基督教中心之一。诺森伯兰郡边区面积辽阔，那里到处是堡塞和城堡。泰恩赛德（Tyneside）的工业发展被限制在东南一角。其余的地方是高峡深谷，人口稀少，只有几个小型市镇，如科布里奇（Corbridge）、霍特惠斯尔（Haltwhistle）、莫珀斯（Morpeth）、赫克瑟姆（Hexham）、罗斯伯里（Rothbury）、伍勒（Wooler）以及阿尼克（Alnwick）。特威德河畔贝里克（Berwick-on-Tweed）在地理上属于诺森伯兰郡的组成部分，不过就其自身拥有的权利而言，它也是一个郡。

在前罗马时期，诺森伯兰北方地区的主要部落是布里甘特人（Brigantes）的部落。泰恩河（Tyne）在彭尼斯埃利姆（Pones Aelium）的交汇处应该很快就成了一处定居点，也就是纽卡斯尔的核心区。在撒克逊时代早期，这一地区成为伯尼西亚王国（kingdom of Bernicia）的一部分。651 年，该王国与德伊勒（Deira）合在一起，区域扩展到南部，构成了诺森伯里亚——意即亨伯河以北的土地（the land north of the Humber）王国。诺森伯里亚王国与麦西亚王国、威塞克斯王国争夺霸主地位，历时数个世纪之久。8 世纪晚期，该地区开始受到丹麦人的劫掠；而在接下来的一个世纪里，这里一直与维金人的约克王国对峙。920 年，诺森伯里亚王国在贝克韦尔（Bakewell）向威塞克斯王国国王爱德华臣服，后来虽多次试图恢复独立地位，但均无果而终。

黑斯廷斯（Hastings）战役之后，由于诺森伯里亚人对诺曼人的入侵进行了抵抗,导致威廉一世在1069年时对这里大肆劫掠。正是因为诺森伯兰尚未从荒芜中恢复过来,所以在进行"末日调查"时并没有将它包括在内。中世纪后期,诺森伯兰成为抵御苏格兰人的第一道防线,其边界地区被分成若干边区(marches),边区的大权掌握在地方领主尤其是阿尼克的珀西家族(Percies of Alnwick)之手。该郡的边远地区如雷德斯代尔(Redesdale)、科凯特代尔(Coquetdale)和艾伦代尔(Allendale)的控制权经常易手,边境劫掠成了家常便饭,像1388年珀西与道格拉斯(Douglas)争斗时发生的奥特本(Otterburn)之战那样的流血冲突也属寻常之事。1603年英格兰与苏格兰的合并,使劫掠造成的紧张局势有所缓解。这里的最后一次突发性违法事件,是由詹姆斯党人运动造成的。1715年,托马斯·福斯特(Thomas Forster)在郡中若干绅士的支持下发动叛乱,不过,他们除了在沃克沃思(Warkworth)宣称支持那位"老觊觎王位者"("Old Pretender")并将霍利岛(Holy Island)只占领了一天以外,并没有折腾出什么大事。

像诺森伯兰这样区域如此辽阔的大郡,其管理注定不是集权制的。该郡的巡回法庭设置在纽卡斯尔,但是代表郡的议会下院议员的选举地点在阿尼克,季审法庭(Quarter sessions)则轮流设置在纽卡斯尔、阿尼克、莫珀斯以及赫克瑟姆。但是,迄今为止,纽卡斯尔一直是最重要的一座城镇。19世纪时,纽卡斯尔的发展与相邻的地区拉开了距离。1801年时,纽卡斯尔的人口基数大约为28,000人;到1851年时,人口达到87,000人;而到1914年时,纽卡斯尔合并了周边所有的村庄,人口已经达到了271,000人。人口迅速扩张的原因,主要是煤矿开采和造船业发展的结果。1850年以后,有着悠久传统的造船业发生了转型。1847年,阿姆斯特朗(Armstrong)在埃尔西克(Elswick)建立的机械厂开业;1889年,帕森斯(Parsons)在希顿(Heaton)建立的发电站开始运营。1974年,随着泰恩—威尔(Tyne and Wear)这个新郡的设立,人们认识到政治对经济发展产生的影响,尽管这个新郡在1986年时被撤销,但紧靠着泰恩河以北的这些地区却再也没有被划回诺森伯兰郡。

Northumberland,John Dudley,1st duke of (c.1505—1553). **约翰·达德利,第1代诺森伯兰公爵(约1505—1553)** 在都铎王朝政治发展到顶峰之际,

达德利的事业也达到了辉煌,但很短暂。他的父亲埃德蒙·达德利(Edmund Dudley)曾负责管理亨利七世的金融事务,1510年时被处死。他的母亲伊丽莎白·格雷(Elizabeth Grey),是莱尔子爵(Viscount Lisle)的女儿,1511年时再婚。她的第二任丈夫是爱德华四世的私生子阿瑟·金雀花(Arthur Plantagenet),因此也是亨利八世的叔叔。约翰·达德利从一名士兵做起,因参加马上长矛比武而出名,1523年被封为骑士,协助镇压了"求恩朝圣"(Pilgrimage of Grace)起义,1538年担任加莱的副长官。1542年,他以海军大臣的身份被任命为苏格兰边区监管大臣(warden),接下来又被封为莱尔子爵,1544年从法国人手中夺取了布洛涅(Boulogne)。亨利八世去世以后,他与爱德华六世的叔叔萨默塞特(Somerset)密切合作,并晋封为沃里克伯爵。在与苏格兰人进行的平其克鲁(Pinkie Cleugh)战役中,他与萨默塞特并肩作战;1549年,他在达森戴尔(Dussindale)之战中镇压了诺福克起义军。从1549年10月开始,他取代了萨默塞特,并在爱德华六世短暂统治余下的时间里,以枢密院院长(lord president of the council)身份执掌大权。1551年,他被封为诺森伯兰公爵。但由于年轻的国王爱德华六世身体越来越糟糕,给诺森伯兰的地位带来了不确定性。1553年,为了维系自己的权力,他决定孤注一掷。诺森伯兰安排他的儿子吉尔福德·达德利勋爵(Lord Guildford Dudley)与简·格雷夫人(Lady Jane Grey)结婚,并要爱德华六世立下遗嘱,在他去世后将王位传给格雷夫人。他的计划以惨败收场,他本人也在1553年8月与其父亲一样在相同的地点被处死。

Northumberland,John Neville,1st earl of(c.1431—1471). **约翰·内维尔,第1代诺森伯兰伯爵(约1431—1471)** 约翰是索尔兹伯里伯爵理查德·内维尔(Richard Neville,earl of Salisbury)的第三子,他曾在布洛希思(Blore Heath)战役中与其父并肩作战,1459年被褫夺权利,但是又被恢复了权利,并被封为蒙塔古男爵(Baron Montagu),1460年约克派执政后,他被任命为亨利六世的内廷大臣(chamberlain)。在第二次圣奥尔本斯(St Albans)战役中,他被俘入狱,直到爱德华四世在陶顿(Towton)战役获胜后才被释放。从那以后,他成为爱德华的北方代理官员(chief lieutenant),于1464年在海德杰里穆尔(Hedgeley Moor)和赫克瑟姆(Hexham)击败兰开斯特家族的军队。随后他转变立场,支持自己的兄弟沃里克(Warwick)帮助亨利四世复位,在巴尼特战役(battle of Barnet)中被杀。

Northumberland, Henry Percy, 1st earl of (1341—1408). 亨利·珀西,第1代诺森伯兰伯爵(1341—1408) 珀西的军旅生涯始于法国,当时他在亨利公爵和兰开斯特的约翰公爵手下;他与后者,即冈特的约翰保持着政治联系。1377年在理查二世的加冕典礼上,他被封为伯爵。冈特被任命为英格兰与苏格兰边境地区的代理人,导致两人关系破裂,由此诺森伯兰在1384年成为边区唯一的监管大臣(warden)。他和他的儿子"急性人"(Hotspur)在亨利四世篡位的过程中起到了关键作用,作为回报,亨利四世于1399年任命他们父子共同担任边区监管大臣。出于担心自身在边区的霸权地位受到威胁,父子俩在1403年发动了叛乱。在与儿子合兵一处的计划受阻后,躲过一劫的诺森伯兰又怂恿约克大主教斯克罗普(Archbishop Scrope)发动叛乱;在叛乱瓦解后,他逃到苏格兰,所有财产和地位都被剥夺。他在约克郡的布拉默姆荒原(Bramham Moor)一战中被杀。

Northumberland, Henry Percy, 4th earl of (c.1449—1489). 亨利·珀西,第4代诺森伯兰伯爵(约1449—1489) 亨利·珀西在父亲,即第3代诺森伯兰伯爵1461年死后,仍遭爱德华四世囚禁。1470年,他被恢复伯爵爵位,并且被任命为东部边区监管大臣(warden of the east march)。他支持理查1483年的篡权行为,并且遵从号令召集军队对抗亨利·都铎(Henry Tudor),但在博斯沃思原野(Bosworth field)之战中,表现得不甚积极。

Northumberland, Henry Percy, 9th earl of (1564—1632). 亨利·珀西,第9代诺森伯兰伯爵(1564—1632) 1585年,当亨利·珀西那位被囚禁在伦敦塔中的父亲中枪而亡后,他继承了诺森伯兰伯爵爵位。1593年,他被授予嘉德勋位(Garter),并服过一段军役。伊丽莎白女王去世后,他的机遇来了。他与詹姆斯一世通信,敦促他向天主教徒作出让步,还被詹姆斯一世任命为侍卫长(captain of the gentlemen pensioners)。1605年11月,他因涉嫌卷入"火药阴谋案"(Gunpowder plot)而被捕。参与火药阴谋案的托马斯·珀西(Thomas Percy)

是他的一个远房堂兄,并且在盖伊·福克斯(Guy Fawkes)被捕的那天,正在锡永庄园(Sion House)与他共进晚餐。诺森伯兰坚称自己是无辜的,但还是被囚禁在伦敦塔,直到 1621 年才获释。诺森伯兰伯爵喜爱下棋,拥有一间不错的藏书室,一间实验室,还经常赞助学者。他对科学表现出的兴趣,使他赢得了一个绰号"奇才伯爵"("the wizard earl")。他为人十分执拗,批准释放他的命令下达 16 年后,他才不情愿地走出伦敦塔。

Northumberland, Thomas Percy, 7th earl of(1528—1572）. **托马斯·珀西,第 7 代诺森伯兰伯爵(1528—1572)** 1549 年,托马斯·珀西被恢复了家族的血统;1557 年,珀西在帮助镇压北方发生的一次叛乱后,被玛丽封为诺森伯兰伯爵。1588 年,他被任命为东部边区监管大臣(warden of the east march),1563 年被授予嘉德勋位(Garter)。1569 年,他参加了北部伯爵叛乱(rising of the northern earls),叛乱贵族夺取了达勒姆(Durham),并在主教座堂里举行了弥撒礼。叛乱被平息后,珀西于 1572 年在约克被斩首。

Northumbria, kingdom of 诺森伯里亚王国 从 6 世纪中叶到 9 世纪 70 年代,当丹麦人占据约克之时,那些居住在亨伯河(Humber)以北的盎格鲁—撒克逊人也开创了属于他们自己的政治生活,由各自的国王来统治。在这些王国之间,边界变化频仍。当诺森伯里亚王国的扩张达到极限之际,其领土从南部的亨伯河和默西河(Mersey)一直扩展到克莱德河(Clyde)和福斯河(Forth)地区。诺森伯里亚王国的政治根基有两个主要来源,一个是北方的以建在荒凉岩石层之上的要塞班堡(Bamburgh)为中心的伯尼西亚王国(kingdom of Bernicia),另一个是位于约克富饶溪谷中的德伊勒王国(kingdom of Deira)。7 世纪,诺森伯里亚连续出现了多位强有力的统治者,包括伯尼西亚的埃塞尔弗里思(Æthelfryth,卒于 616 年)、德伊勒的埃德温(Edwin,616—632 年)、圣渥斯沃尔德兄弟(brothers St Oswald,633—641 年)以及奥斯威(Oswiu,641—670 年)等,在他们的统治下,诺森伯里亚成为英格兰政治生活的一支主导力量。但是当奥斯威的儿子埃格弗里思(Ecgfrith)在 685 年被皮克特人(Picts)打败并杀死后,诺森伯里亚失去了对霸主地位的奢望,而 8 世纪和 9 世纪的王室则充满了动荡和暴力的惨痛故事。不过,在比德(Bede)时代(672—735年)出现了所谓的"诺森伯里亚复兴"(Northumbrian renaissance)的繁荣。当时,在北方王国产生了中世纪早期最优秀的文学和艺术作品,这些作品以"可敬的"比德(Venerable Bede)的著述和著名的《福音书》(Gospel Books)为代表,其中《林迪斯芳福音书》(Lindisfarne Gospels)最有代表性。到8世纪末,随着维金人(Vikong)的第一次入侵,一个新的却是灾难性的元素被引入诺森伯里亚王国的生活。793年6月,维金人残忍地洗劫了林迪斯芳修道院,这个事件震惊了整个西方基督教世界。斯堪的纳维亚人对北海交通的控制,将诺森伯里亚推向战争的前沿。在阿尔弗雷德(Alfred)统治时期(871—899年),当丹麦人竭力征服英格兰之时,诺森伯里亚王国瓦解。878年以后,约克被牢牢掌握在丹麦国王之手,诺森伯里亚王国只有更北部的地区还为方伯(ealdormen)所控制,显示出本地英格兰人在那里的残余权力。954年以前,丹麦人一直保持着对约克的政治控制。从那以后,没有出现过任何试图复兴诺森伯里亚王权的努力,因为诺森伯里亚王国已经与英格兰王国整合在了一起,尽管偶尔还会表现出独立性。

North Yorkshire　北约克郡　See YORKSHIRE, NORTH.(见北约克郡)

Norton, Caroline(1808—1877).　**卡罗琳·诺顿**(1808—1877)　作家和改革家。1827年,时年19岁的卡罗琳嫁给了乔治·诺顿阁下(Hon. George Norton)。乔治·诺顿是一个令人厌恶的恶棍,1836年以私通罪(通奸)向时任首相墨尔本勋爵(Lord Melbourne)提起诉讼,法庭对此一笑置之,此事也成了狄更斯(Dickens)的"巴德尔诉匹克威克"(*Bardell v. Pickwick*)故事情节的根据。诺顿一直虐待卡罗琳,不仅不让她看望自己的孩子,而且还要占有她的稿费。为了维护自己的权益,诺顿夫人发表文章和著述,呼吁母亲对自己的子女应有监护权,妻子应有独立的财产权。1839年颁布的《婴儿监护权法》(Custody of Infants Act)赋予法庭自由裁定权,从而将7岁以下儿童的监护权给予了母亲。至于妻子的独立财产权,在1870年、1882年和1893年陆续颁布的《已婚妇女财产保护法》(Married Women's Property Acts)中作出规定。尽管诺顿夫人的文学名望已经褪色,但是她作为保护女性权利之开拓者的地位却一直很稳固。

Norwich　诺里奇　诺福克郡的首府,濒临文瑟姆河(river Wensum),1094年以后成为主教座所在地城市。公元 900 年以前,没有任何关于诺里奇的记载,但是到 1066 年时,诺里奇已经成为英格兰最重要的城镇之一,排在第三位或第四位,而且这一地位一直保持到乔治时代晚期。诺曼人在这里修建了一座城堡和一座主教教堂,从而使诺里奇的面貌发生了改变,呈现出一座新型的法国城镇的样子。16 世纪和 17 世纪,诺里奇超越了诸竞争对手,成为仅次于伦敦的最大、最富有的城镇。诺里奇的经济之所以能长期保持繁荣,其中一部分原因得益于西属尼德兰大量躲避宗教迫害的移民的到来,这些移民为诺里奇带来了"新呢绒"(New Draperies)生产技术。18 世纪末 19 世纪初,面对约克郡的竞争,诺里奇的纺织业衰落了,重新恢复到其传统的作为市镇和贸易城镇所发挥的功能,工业的发展很有限。

Norwich, diocese of　诺里奇主教区　该主教区建立于 1094 年,教区面积与诺福克相当。大约在 1072 年时,赫尔法斯特(Herfast,1070—1085 年)为了顺从伦敦宗教会议(Council of London)的决定,将东盎格利亚主教区的主教座从埃尔姆勒姆(Elmham)迁到塞特福德(Thetford)。但大约在 1094 年时,赫伯特·洛辛伽(Herbert Losinga,1091—1119 年)再次将主教座从塞特福德迁至诺里奇,并在那里创建了本笃会修道士团体。诺里奇主教座堂是一座精致的诺曼建筑,但15 世纪时增加了枝肋拱顶和尖顶。诺里奇主教区以拥有众多优美的堂区教堂而闻名。

Norwich Crusade, 1383.　诺里奇十字军(1383)　由诺里奇主教亨利·德斯潘塞(Henry Despenser,1370—1404 年)领导的这个"十字军"无耻地混杂着教会的、商业的和政治的动机,结果带来了灾难性的后果。德斯潘塞领导十字军的目的是解除勃艮第的腓力(Philip of Burgundy)对佛兰德羊毛贸易的遏制,十字军的费用靠普通民众的施舍来承担。罗马教廷的教皇乌尔班六世(Pope Urban VI)出于对抗阿维尼翁(Avignon)的教皇克雷芒七世(Pope Clement VII)的目的,支持德斯潘塞领导的十字军。德斯潘塞虽有军事经验,但他不是一个战略家。他在 5 月登陆,占据了沿海城镇并包围了伊普尔(Ypres),但是在腓力率军逼近时,匆忙放弃了所有战果。

Norttingham 诺丁汉 诺丁汉郡的首府,濒临特伦特河(river Trent),自 1897 年起成为一个城市。诺丁汉之首次见诸记载,是作为丹麦人的"五个自治市"之一,921 年后成为英格兰的一个设防城镇(burh)。12 世纪和 13 世纪,诺丁汉成为地区性中心,设有自治政府,建有城墙,还有一个大型集市。王朝复辟以后,诺丁汉成为该郡绅士阶层的社交中心。1700 年以后,诺丁汉发展起编织业,后来蕾丝编织业也发展起来,诺丁汉城也因此取得了快速发展。20 世纪,诺丁汉以生产烟草、自行车、药品以及拥有一所著名大学而闻名。

Norttingham,Daniel Finch,2nd earl of（1647—1730）. 丹尼尔·芬奇,第 2 代诺丁汉伯爵（1647—1730） 诺丁汉伯爵是一位头脑清醒而且有原则的托利党政治家,威廉三世和安妮女王时期"高教会派"政治活动的主要领袖。他反对詹姆斯二世的亲天主教举措,但只是在詹姆斯二世于 1688 年逃走后,他才站到奥兰治的威廉(William of Orange)一边。在被任命为国务大臣之后,诺丁汉 1689 年的《信仰自由法》(Toleration Act)保障了光荣革命后安立甘教继续保持的至高无上的地位。1693 年,他失去公职。在 1702 年至 1704 年第二次担任国务大臣期间,其特立独行的想法再次让他成为同僚们难以相处的人物,而他针对一项反对《间或尊奉国教法》(occasional conformity)的议案所进行的斗争,危害了政府部门在议会提出的战时措施。1710 年至 1714 年托利党主政期间,他被排除在外。1714 年,他被乔治一世任命为枢密院院长(lord president),但在 1716 年因与辉格党大臣们发生争执而被解职。

Nottingham,Heneage Finch,1st earl of（1621—1682）. 赫尼奇·芬奇,第 1 代诺丁汉伯爵（1621—1686） 芬奇是一名出庭律师(barrister),父亲是议会下院的议长,叔父约翰·芬奇爵士(Sir John Finch)也是议会下院的议长。共和国(Commonwealth)时期,他回避担任公职,但在王朝复辟以后,获得快速晋升。1660 年,他代表坎特伯雷当选议会下院议员;1661 年,转而代表牛津大学成为议会下院议员。1660 年,他作为副总检察长(solicitor-general),起诉了弑君者;

1670 年升任总检察长(attorney-general);1674 年被册封为男爵。从 1675 年到去世前,他一直担任大法官。

Norttinghamshire　诺丁汉郡　诺丁汉郡是特伦特河(river Trent)沿岸的一个郡,特伦特河从西南向东北方向流经诺丁汉全郡,诺丁汉城是重要的河流交汇点。大北路(Great North Road)在纽瓦克(Newark)穿过特伦特河,途经塔克斯福德(Tuxford)、东雷特福德(East Retford)到达鲍特里(Bawtry),纵横于诺丁汉郡的东部一侧;福斯大道(Fosse Way)起于诺丁汉郡的西南部地区,到达东北地区,沿途经过纽瓦克通往林肯。

诺丁汉郡是在撒克逊时期围绕着诺丁汉城本身发展起来的,该城盛产石头,可以修建坚固的防御工事。诺丁汉有多个派生出来的名称,但是最早使用的名称是斯诺丁汉(Snotengaham),是斯诺特人(Snot's people)的居住地。由于诺曼人感到斯诺丁汉的第一个字母 S 发音有困难,所以在诺曼征服后将之省掉了。根据 878 年的《韦德莫尔和约》(treaty of Wedmore),诺丁汉城由丹麦人据有,并成为丹麦人管辖的五个自治市镇之一。尽管丹麦人对诺丁汉的统治还不到五十年的时间,但丹麦的居住地却表现出很鲜明的特征:这里有大量的斯堪的纳维亚地名——菲斯克顿(Fiskerton)、甘索普(Gunthorpe)、索尔斯比(Thoresby)、格兰比(Granby)——而且郡不是划分为"hundreds"(百户区),而是划分为"wapentakes"(百户邑)。在 10 世纪 20 年代初,长者爱德华(Edward the Elder)收复了诺丁汉城,并在这里建造了若干防御工事和一座桥梁。

在整个中世纪时期,诺丁汉城始终保持着自身的重要地位,10 月在这里举行的鹅市(goose fair)吸引着来自全国各地的商人。东雷特福德、纽瓦克、曼斯菲尔德(Mansfield)以及沃克索普(Worksop)都发展成为市镇,但是这个地区的人口仍然稀少。解散修道院(dissolution of the monasteries)运动发生后,绅士(gentry)与贵族在该郡的影响力得到了加强。原属于谢尔福德小修道院(Shelford priory)所有的 20 个村庄归了斯坦诺普家族(Stanhopes);韦尔贝克修道院(Welbeck abbey)落入卡文迪什家族(Cavendish family)之手;拉福德小修道院(Rufford priory)归了萨维尔家族(Saviles),而纽斯特德修道院(Newstead abbey)则归了拜伦家族(Byrons)。随着绅士阶层向上一层社会等级的迈进,诺丁汉郡北部地区以有多个公爵领地（Dukeries）而著称,纽卡斯尔以有克伦伯（Clumber）、波特兰（Portland）以有韦尔贝克,而拉特兰（Rutland）以有凯勒姆（Kelham）而知名。金斯顿公爵（duke of Kingston）的地产位于诺丁汉东部的霍姆皮尔庞特（Holme Pierrepoint）。

18 世纪晚期,诺丁汉郡作为农业郡的特点开始发生变化。特伦特河一直是繁忙的交通要道,但到了 18 世纪 70 年代,特伦特河的货物运载量大大增加,这得益于特伦特和默西运河（Trent and Mersey canal）的开通,得益于 1777 年开通的服务于沃克索普和东雷特福德的切斯特菲尔德运河（Chesterfield cannal）,还得益于 1793 年开通的格兰瑟姆运河（Grantham cannal）。运河网络的发展,大大降低了煤炭运输的费用,也大大促进了诺丁汉郡煤矿开采的规模。同一时期,诺丁汉郡的纺织业也取得了发展,哈格里夫斯（Hargreaves）和阿克赖特（Arkwright）在诺丁汉建立了纺纱厂。但是在拿破仑战争之后,诺丁汉郡的经济出现了严重的衰退,导致人民的生活陷入极度的痛苦之中,地方政治也蒙上了激进的色彩。1817 年布兰德雷思（Brandreth）领导的彭特里奇起义（Pentrich rising）,一部分原因就是由失业和工资低造成的;在 1831 年的议会改革危机中,纽卡斯尔公爵在诺丁汉的宅邸被焚毁;诺丁汉也是第一个推出宪章派人物担任议会下院议员的城镇,1847 年他们选择了奥康奈尔（O'Connor）。19 世纪晚期,诺丁汉郡重新开始走向繁荣,地方工业更为多元化。1883 年,建立了布特纯净药物公司（Boot's Pure Drug Company）;1896 年时,罗利自行车公司（Raleigh bicycle company）拥有 800 名工人;普雷尔烟草公司（Player's tobacco company）到1898 年时,员工超过 1000 人。诸如塔克斯福德和布莱斯（Blyth）那样的驿站城镇,即使通铁路的时候,也依然保持着繁荣,但是曼斯菲尔德和沃克索普规模扩张的速度与诺丁汉相比大致相差无几,它们之间的平衡关系也始终没有被打破。

Nova Scotia 新斯科舍 新斯科舍这个名称源自 17 世纪时苏格兰人在此试图进行的一次殖民活动。1749 年建立了哈利法克斯（Halifax）,1758 年新斯科舍引入了议会制度。19 世纪时,新斯科舍开发了林木资源,并面向大西洋开始了以航运为基础的贸易经济。1848 年,新斯科舍实现了自治。在经过激烈的争论后,1867 年新斯科舍加入加拿大自治领。

Nuffield, William Morris, 1st Viscount（1877—1963）. 威廉·莫里斯，第1代纳菲尔德子爵（1877—1963） 纳菲尔德出生于伍斯特，在考利（Cowley）的一所学校学习，后来在当地做了一名自行车修理工，1896 年成为自行车生产商。1903 年以后，他从事汽车修理工作；1909 年，他开始经营莫里斯车行（Morris Garage），销售各种品牌的汽车，同时成立了一个人员招聘部门。1912 年他建立了 WRM 汽车厂（WRM Motors），以 150 英镑的价格销售自己生产的莫里斯—牛津牌汽车（Morris Oxford cars），1914 年共生产了 1000 辆该品牌汽车。1951 年，他经营的莫里斯汽车公司与奥斯汀（Austin）汽车公司合并，成立了英国汽车公司（British Motor Corporation）。纳菲尔德通过英国互助联合会（British United Provident Association）、纳菲尔德基金（Nuffield Foundation），以及牛津大学纳菲尔德学院（Nuffield College of Oxford University）等机构，从事捐助教育与医疗等事业的活动。

nunneries 女修道院 在盎格鲁—撒克逊时代早期，女性的修道生活几乎总是在男女同修的修道院中，对此，狄奥多尔（Theodore）并不认可。在大多数修道院里，修道士和修女均共用一座教堂，但是在多塞特的温伯恩（Wimborne），修道士和修女分别有各自的教堂。修女由女修道院院长负责管理，她通常出身王室或贵族之家。数个世纪以来，女修道院一直都是贵族妇女的容身之地。

维金人入侵时期，很多男女同修的修道院被毁。10 世纪修道院复兴过程中，单独供修士和修女使用的独立修道院受到青睐。到 1275 年时，英格兰和威尔士仍然有 10 座撒克逊时期的女修道院存在了下来，另有 118 座女修道院是在诺曼征服（Conquest）后修建的。在 1275 年到 1535 年间，英国共有 138 座女修道院，其中超过半数属于本笃会（Benedictine），28 座属于西多会（Cistercian），18 座属于奥古斯丁修会（Augustinian），4 座属于方济各会（Franciscan），2 座属于克吕尼修会（Cluniac），还有 2 座属于普雷蒙特雷修会（Premonstratensian）。到修道院被解散时，英格兰大约还有 125 座女修道院，有大约 2000 名修女。

Nyasaland 尼亚萨兰 See MALAWI（见马拉维）

O

Oakboys　橡树会会员　在 1771 年,爱尔兰的橡树会会员是爱尔兰北部人以及等同于白衣会(Whiteboys)的新教徒,他们坚决反对强制性的修路劳动。这场恐吓行动的暴力程度远不及芒斯特(Munster)运动,而且仅仅持续了几个月。

Oastler,Richard（1789—1861）.　理查德·奥斯特勒（1789—1861）　工厂改革家和反对《济贫法》鼓吹者。奥斯特勒出生于利兹(Leeds),在富尔内克(Fulneck)接受了摩拉维亚教徒(Moravians)的教育。但是,当他在 1820 年接替其父亲担任托马斯·桑希尔(Thomas Thornhill)的管家时,他成了英国圣公会的信仰者,托马斯·桑希尔是哈利法克斯(Halifax)附近费克斯比厅(Fixby Hall)的不居乡的领主(absentee landlord)。奥斯特勒是一个浪漫主义的保守党党员,他维护传统的价值观,反对功利的激进主义和政治经济学,1830 年时对布拉德福德(Bradford)的精纺工厂雇佣童工的行为提出了批评,主张实行工厂改革,并领导了 10 小时工作日运动(Ten Hours campaign),公开谴责 1834 年的《新济贫法》。他的极端言辞以及颇高的名望使其与雇主的关系日益疏远,并且因为欠雇主的债务而遭受 4 年囚禁(1840—1844 年)。他的座右铭是"祭坛,王位和茅舍"("Altar,Throne and Cottage")。

Oates,Lawrence Edward Grace（1880—1912）.　劳伦斯·爱德华·格雷斯·奥茨（1880—1912）　奥茨于 1898 年参军,亲身经历了南非战争(South African War)。他对航海、狩猎及类似活动极具兴趣,这促使他申请了斯科特(Scott)所组织的 1910 年南极洲探险的一个职位。有 5 人于 1912 年 1 月到达南极点(South Pole),他是其中之一。在返回途中,由于脚被严重冻伤,奥茨无法正常行走,因此他决定不给同伴增加负担,以保证同伴们生存的机会。1912 年 3 月 17 日,暴风雪肆虐,奥茨站起来说:"我要到外面走走,可能会需要一些时间。"他的尸体一直没能找到。

Oates,Titus(1649—1705)．　泰特斯·奥茨(1649—1705)　天主教阴谋案(Popish plot)的杜撰者和作伪证者。尽管他是英国圣公会的牧师,但有爱说谎和轻微犯罪的倾向。17 世纪 70 年代中期,他认为推动进步的最可靠方法,是满足公众对天主教散布恐慌的渴望。他设法骗取信任进入天主教顾问团,并于 1677 年成为信仰自己组织的一员。1678 年,他向政府公开了其精心杜撰的阴谋,意在推翻新教。全国兴起臆想之风,对政治影响重大,出现了排斥法案危机(Exclusion crisis)。奥茨的指控致使 35 人遭到处决,其中包括 9 名耶稣会神父。1685 年,奥茨因作伪证而受到审判,被判终身监禁,于 1689 年被赦免。

O'Brien,James(Bronterre)(1805—1864)．　詹姆斯·奥布赖恩(布隆泰尔)(1805—1864)　被称为"宪章派教师"("the schoolmaster of chartism")。奥布赖恩是一名爱尔兰出庭律师(barrister),最著名的宪章派理论家,如果不是因为性格无常,他能与奥康奈尔(O'Connor)齐名。他倡导革命运动,包括必要时使用武力。但是,1840 年,奥布赖恩因发表煽动性的演说入狱,之后,他得出结论认为暴力是不切实际的,并且支持与中产阶级激进分子有策略地结盟。他与奥康奈尔意见不合而分手之后,为社会主义和土地国有精心策划制定了全国改革同盟(National Reform League,1850 年)。

O'Brien,Murrough　摩罗·奥布赖恩　See INCHIQUIN,EARL OF.(见英奇昆伯爵)

O'Brien William(1852—1928)．　威廉·奥布赖恩(1852—1928)　爱尔兰民族主义者。科克郡(Co.Cork)的记者。1881 年,奥布赖恩成为《联合的爱尔兰》(United Ireland)的主编,因成立爱尔兰土地联盟(Irish Land League)引起骚

动而入狱,直到《基尔曼哈姆条约》(Kilmainham treaty)签订时才被释放。1883
年,他重返威斯敏斯特议会,并在 1918 年以前一直担任议员。在巴涅尔
(Parnell)分裂活动中,他是温和派,并于 1900 年为爱尔兰议会党(Irish Parlia-
mentary Party)的重新统一工作。他强烈反对分裂,投入了新芬党(Sinn Fein)。
因为拒绝接受条约,他对 1918 年的重新选举表示反对,并拒绝了进入爱尔兰自
由邦参议院(Senate of the Irish Free State)的提名。

O'Brien, William, Smith(1803—1864). **威廉·史密斯·奥布赖恩**
(1803—1864) 史密斯·奥布赖恩是位没前途的、固执的、不成功的爱尔兰反
抗者。他是家中的次子,其父是克莱尔郡(Co.Clare)的新教准男爵,与托蒙德伯
爵(earls of Thomond)有亲属关系。他在哈罗公学(Harrow)和剑桥大学三一学院
(Trinity College)接受教育。1828 年至 1831 年,他在议会工作。1835 年,他返回
利默里克郡(Co.Limerick)。他在民族主义立场上稳定前进,深受青年爱尔兰
(Young Ireland)团体的影响,他于 1843 年宣布废除爱尔兰与英格兰的《联合
法》。1848 年 8 月计划的一次起义逐渐演变成蒂珀雷里郡(Co.Tipperary)巴林
加里(Ballingarry)的一场滑稽的暴乱。奥布赖恩声称自己不打算对财产施加任
何暴力行动。他躲藏在寡妇麦科马克(Widow McCormack)的小屋中对 46 名警
察进行的袭击,以失败告终。奥布赖恩被判死刑,但他最终被赦免并遭到流放。

O'Casey, Sean(1880—1964). **肖恩·奥卡西**(1880—1964) 爱尔兰剧作
家和作家。他的真实姓名为约翰·凯西(John Casey),但后来改名为更为盖尔
人化的肖恩·奥卡西。他曾做过临时工,直到 30 岁时才卷入爱尔兰的政治生
活,先后成为盖尔人联盟(Gaelic League)、爱尔兰共和兄弟会(Irish Republican
Brotherhood)、吉姆·拉金联盟(Jim Larkin's Union)、爱尔兰公民军(Irish Citizen
Army)和爱尔兰社会主义党(Irish Socialist Party)的一员。1916 年,他转向写作
剧本,但是直到 1923 年,他的一个剧本才在舞台上上演。他早期的三个剧本《枪
手的影子》(*The Shadow of a Gunman*,1923 年)、《朱诺与孔雀》(*Juno and the
Paycock*,1924 年)和《犁与星》(*The Plough and the Stars*,1926 年),内容涉及经济
萧条对平民生活的影响问题。

Occasional Conformity Act, 1711.　《间或尊奉国教法》（1711）　该法是根据《市镇社团法》和《忠诚宣誓法》（Corporation and Test Acts），旨在禁止不信奉国教者在英国圣公会教堂领受圣餐和担任国家公职及市政公职。因为托利党（其目的是剥夺支持辉格党的不信奉国教者的选举权）占多数的议会下院遭到辉格党占多数的议会上院的阻挠，结果该法案三次（1702 年、1703 年和 1704 年）被否决。1719 年，该法被废除。

O'Connell, Daniel（1775—1847）.　**丹尼尔·奥康奈尔**（1775—1847）　爱尔兰天主教政治家。奥康奈尔出身于爱尔兰信仰天主教的贵族之家，1798 年取得爱尔兰律师资格。到 1815 年，他被公认为天主教徒解放运动（catholic emancipation）的领导者。1823 年，他发起组织天主教协会（Catholic Association），来调动信奉天主教的农民支持天主教徒解放运动，废除与英格兰的《联合法》，进行土地改革，废除什一税和实行民主选举。1828 年，尽管他作为天主教徒而无资格担任议员，但通过递补选举，仍成功代表克莱尔郡（Co. Clare）当选为议员。1829 年，在面临内战的情况下，威灵顿（Wellington）政府作出让步，颁布了天主教徒解禁法。通过 1841 年成立的全国废除联合法协会（National Repeal Association），他仍得到大多数爱尔兰人的支持。1846 年，由于他与青年爱尔兰（Young Ireland）那更具革命性的爱尔兰民族主义观点产生分歧，双方决裂。

O'Connor, Feargus（1794—1855）.　**费格斯·奥康奈尔**（1794—1855）　宪章运动者，爱尔兰出庭律师（barrister）。1832 年，奥康奈尔代表科克（Cork）当选议会下院议员【是丹尼尔·奥康奈尔（Daniel O'Connell）的追随者】；1847 年，代表诺丁汉（Nottingham）当选议会下院议员（作为一名宪章运动者）。他是宪章运动最杰出的领导者，领导宪章运动长达 10 年。他的影响力来自他神秘浮夸的演讲风格和他对主流宪章运动报纸《北方之星》（Northern Star）拥有的所有权。1840 年，他以煽动叛乱罪入狱。1848 年 4 月 10 日，在肯宁顿公地（Kennington Common）举行的宪章运动最后一次大规模示威活动中，奥康奈尔现身，这次示威活动标志着宪章运动作为一种流行的、激进主义模式的民众运动走向了终结。

O'Connor, Rory（Ruaidri Ua Conchobair）（d.1198）. 罗里·奥康奈尔（卒于 1198 年） 最后一位统治爱尔兰的至尊国王(high king)，1156 年成为康诺特(Connacht)的国王并于 1166 年成为至尊国王。他将伦斯特(Leinster)国王德莫特·麦克默罗(Dermot MacMurrough)放逐到海外。后者于 1167 年在盎格鲁—诺曼人的帮助下回到爱尔兰。在亨利二世于 1171 年至 1172 年远征爱尔兰期间，罗里没有向亨利二世屈服，但 1175 年时根据维系时间很短的《温莎"条约"》("treaty" of Windsor)，双方达成和解，该条约保证了他对未被英格兰征服地区的统治。

Octennial Act, 1768. 《八年会期法》（1768） 1768 年以前，爱尔兰议会议员的任期仍为国王之有生之年，因此很少举行议会选举。18 世纪 60 年代，一场激进运动要求实行《七年会期法》(Septennial Act)和人身保护令(Habeas corpus)制度。1768 年英格兰政府作出让步，接受一个《八年会期法》，但是仍然拒绝承认人身保护令。

October Club 十月俱乐部 1710 年保守党赢得大选之后，由托利党议会下院议员们成立的一个颇具活力的组织，目的在于监视哈利(Harley)及温和派的活动，并对辉格党施以侵扰。该组织以十月麦芽酒(October ale)命名，受到了乡绅们的爱戴，并且定期在威斯敏斯特的贝尔酒馆(Bell Tavern)聚会。

O

Odo of Bayeux（c.1036—1097）. 巴约的奥多（约 1036—1097） 诺曼底公爵威廉二世(后成为英格兰的国王威廉一世)同父异母的弟弟。他注定要成为一名神职人员，当他从威廉那里接受巴约主教一职时，年龄可能只在 13 岁左右。他参与了威廉 1066 年入侵英格兰的行动。巴约挂毯(Bayeux Tapestry)几乎可以说是专门为奥多而制作的，用来夸赞他的功绩。此后，他偶尔担任过征服者威廉(William the Conqueror)的副摄政，并在英格兰积累了大量的财富。然而在 1082 年，因为一些至今说不清楚的原因，威廉剥夺了他在英格兰的土地，并将他囚禁了起来。1087 年他被释放，1088 年他参加了反对"鲁弗斯"("Rufus")威廉二世的叛乱。这一次，他被永远地逐出了英格兰，返回到诺曼底。

O'Donnell, Rory, 1st earl of Tyrconnel [I] (1575—1608). 罗里·奥唐奈,第 1 代泰尔康内尔伯爵【爱尔兰】(1575—1608) 罗里是部族首领奥唐奈的次子,1598 年到 1602 年间他参与了哥哥休·罗伊(Hugh Roe)和蒂龙(Tyrone)反叛伊丽莎白统治的行动。在金塞尔(Kinsale)遭到惨败后,休·罗伊逃到西班牙,死于 1602 年 9 月。罗里接任部落酋长,臣服于伊丽莎白任命的爱尔兰总督芒乔伊(Mountjoy)。1603 年 6 月在拜访了詹姆斯一世后,他被封为泰尔康内尔伯爵,但他的欲求却越来越多。1607 年 9 月,他在伯爵出逃(Flight of the Earls)中加入了蒂龙的队伍。在其生命的最后几个月,他一直待在罗马,1608 年 7 月去世,死因疑为中毒。

Offa（d.796）. 奥法（卒于 796 年） 麦西亚王国国王（757—796 年在位）。奥法是在继国王埃塞尔鲍尔德(Æthelbald)被谋杀,并解决了与伯恩雷德(Beornred)的王位争端的情况下继承王位的。他立足于中部地区,继续扩张麦西亚王国的版图。在其统治末期,已扩张至赫威赛人(Hwicce)王国、南撒克逊人王国和肯特王国诸地区,而这些王国的王室要么遭到驱逐,要么被降至方伯(ealdormen)的地位。但奥法也不得不面对强烈的抵抗。尽管他已经在 764 年控制了肯特王国,但在 776 年经奥特福德(Otford)战役之后,肯特人恢复了独立,并坚持到 785 年。大约在 779 年,威塞克斯王国的基内伍尔夫(Cynewulf)在本森(Benson)与奥法交手,尽管威塞克斯王国北部的部分地区被奥法夺取,但基内伍尔夫仍旧保住了作为独立国王的地位。据推测,东盎格利亚的埃塞尔伯特(Æthelbert)也发起了对奥法的反抗行动,因为他在 794 年时被奥法斩首了。至今尚存的奥法堤(Offa's Dike)见证了他在抵御威尔士人过程中,所面临事态的严重性,同时也见证了他向臣民强征兵役的能力。

与其同时代的查理大帝认为,奥法的权势如日中天,通过各方来贡,足以保证将其影响力扩展到各个地区。奥法把在法兰克流通的"便士"硬币引入麦西亚王国,并仿照法兰克人的做法,按照罗马皇帝的样式把自己的画像铸在钱币之上。他通过争取教皇的支持,使麦西亚的利奇菲尔德(Lichfield)主教区在 787 年被赋予大主教区的地位,在同一年的晚些时候,奥法的儿子埃格弗里思(Ecgfrith)接受涂油成为麦西亚王国国王。

Olaf Guthfrithsson (d.941). **奥拉夫·格思弗里思**(卒于 941 年) 都柏林国王。奥拉夫于 934 年继位成为国王。他在统治伊始便奠定了在爱尔兰的地位,并得以腾出手来实现自己的意图——重新征服维金人的约克王国—— 927 年时其父曾被阿塞尔斯坦(Athelstan)逐出此地。但是奥拉夫的宏伟蓝图被阿塞尔斯坦在布鲁南堡(Brunanburh)一战(937 年)中粉碎。939 年阿塞尔斯坦离世之后,奥拉夫重振旗鼓,一举攻下了约克,并劫掠了麦西亚,洗劫了塔姆沃思(Tamworth),还迫使埃德蒙(Edmund)交出了华特灵大道(Watling Street)东北部的全部领土。第二年,奥拉夫在邓巴(Dunbar)附近被杀,他夺回的领土也在其继位者手中逐渐丧失。

Olaf Sihtricsson (d.981). **奥拉夫·西特里克松**(卒于 981 年) 德伊勒(Deira)国王(941—943 年、949—952 年在位),都柏林国王(945—981 年在位)。奥拉夫的父王是德伊勒国王西特里克(Sihtric)。927 年,西特里克驾崩的时候,其兄弟格思弗里思(Guthfrith)继承了王位(当时奥拉夫还是个孩子),但是不久便被阿塞尔斯坦(Athelstan)夺了权。939 年,奥拉夫·格思弗里思重新夺回了王位。941 年,格思弗里思去世的时候,王位传给奥拉夫·西特里克松,他此前已经娶了苏格兰国王康斯坦丁的女儿。由于他无法统治从阿塞尔斯坦的继承者埃德蒙手上夺回的此前失去的领土,在 943 年被逐出都城约克。然而,945 年,他又重新夺回了丹麦人的都柏林王国的王位。在其生命的最后时间里,他在塔拉(Tara,980 年)遭受重创并退位,在艾奥纳岛(Iona)度过了最后几个月。

old-age pensions **养老金** 1909 年 1 月 1 日,英国首次向 70 岁以上的老年人支付养老金。因为管理支出过高,这一由国家利用税收每周固定支付的养老金后来更倾向于实行共同分担计划。当时具有领取养老金资格的人口几近 50 万人。1925 年之后,有资格领取养老金者的年龄被降到 65 岁。1925 年,领取养老金的资格被写入《国民健康保险法》(National Health and Insurance Act),由工人、雇主和国家共同支付。

Old Bailey **老贝利** 位于伦敦的中央刑事法庭(Central Criminal Court)的

俗称,1834 年设立。老贝利的设立,取代了原来专门开庭清监提审纽盖特监狱 (Newgate prison)囚犯的老贝利季审法庭,负责开庭听审并裁决(oyer and terminer)伦敦城及米德尔塞克斯郡(county of Middlesex)的犯罪案件。

Old Sarum　旧塞勒姆　索尔兹伯里城的原址,因较为靠近埃文河(river Avon),于 1220 年被遗弃,到都铎王朝期间彻底荒芜。在 1832 年以前,旧塞勒姆一直具有选举两名议会议员的资格,因此成为旧制度的象征。

Olivier,Sir Laurence（1907—1989）.　劳伦斯·奥利维尔爵士(1907—1989)　演员,导演。奥利维尔在一次学校表演时得到埃伦·特里(Ellen Terry)的赏识,最终成为同时代最杰出的演员之一。他从搜集各种剧目着手,通过扮演莎士比亚笔下的戏剧人物而确立了名声,后加入老维克剧团(Old Vic);在美国出演了电影版的《呼啸山庄》(*Wuthering Heights*)和《蝴蝶梦》(*Rebecca*)后,他回到英国并在海军航空兵(Fleet Air Arm)服役,第二次世界大战之后,他帮助重建老维克剧团。他英俊潇洒,魅力非凡,是最年轻的舞台爵士(1947 年)。从 1950 年起,他开始自导自演,将莎士比亚的戏剧《亨利五世》《哈姆雷特》《理查三世》改编成电影,使莎士比亚的戏剧艺术发生了革命性的变化。国家剧团公司(National Theatre Company)成立伊始,他担任导演(1962—1973 年),也是第一位获得终身贵族爵位(life peerage)的演员。

Omdurman　恩图曼　苏丹中部城市。1885 年,宗教领袖马赫迪(mahdi)向埃及政府发起了圣战,将恩图曼定为首都,从此恩图曼享誉盛名。1898 年,赫伯特·基奇纳爵士(Sir Herbert Kitchener)带领一支英—埃联军进军苏丹。9 月初,恩图曼战役爆发,马赫迪的军队全军覆没。

O'Neill,Hugh,3rd earl of Tyrone〔I〕（1550—1616）.　休·奥尼尔,第 3 代蒂龙伯爵【爱尔兰】(1550—1616)　奥尼尔由亨利·西德尼爵士(Sir Henry Sidney)和莱斯特(Leicester)监护,在英格兰长大。1562 年,其兄长布赖恩(Brien)去世,他继承了伯爵之位。在沙恩·奥尼尔(Shane O'Neill)去世之后,特

洛·奥尼尔(Turlough O'Neill)宣称自己掌握家族领导权,为平衡特洛·奥尼尔的影响,休·奥尼尔在 1568 年被送到爱尔兰。但是,到 1595 年,他一建立起自己的霸权,就对伊丽莎白发起了大规模的反叛行动。1598 年,他在黄滩(Yellow Ford)打败并杀死了亨利·巴格纳尔爵士(Sir Henry Bagenal);1599 年 9 月,他未费吹灰之力就攻占了埃塞克斯,并据守埃塞克斯,直到 1602 年被芒乔伊(Mountjoy)击败。他顺从了詹姆斯一世,但是在 1607 年 9 月和泰尔康内尔伯爵(earl of Tyrconnel)一起逃到国外。奥尼尔在流亡罗马期间去世,当时他已经失明,没有任何权力。

O'Neill, Owen Roe (c.1590—1649).　欧文·罗·奥尼尔(约 1590—1649)

1641 年爱尔兰爆发反英起义之后,天主教联盟(Confederation)力求获得对爱尔兰的控制权,而奥尼尔是联盟中军事上的关键人物。他是第 3 代蒂龙伯爵休·奥尼尔(Hugh O'Neill, 3rd earl of Tyrone)的侄子。起义之初,他并没有在爱尔兰,但他于 1642 年 7 月抵达爱尔兰,并且从费利姆·奥尼尔爵士(Sir Phelim O'Neill)手中接管了阿尔斯特(Ulster)军队的指挥权。接下来的几年中,尽管经历了各种重大政治风云变幻,但他设法使军队保持了统一,并于 1646 年在本伯布(Benburb)打败了门罗(Monro)和苏格兰的军队,取得了一场重大胜利。但英国内战的结束,使得议会强化了其在爱尔兰的地位。1649 年 8 月,克伦威尔率军进入爱尔兰,奥尼尔是否有足够的实力抵挡得住克伦威尔,令人怀疑,但他在同年 11 月去世。

O'Neill, Sir Phelim (c.1604—1653)　费利姆·奥尼尔爵士(约 1604—1653)

奥尼尔是爱尔兰反抗英格兰统治起义者或天主教联盟(Confederation)的军事指挥官之一。他宣称自己代表查理一世采取军事行动,但在欧文·罗·奥尼尔(Owen Roe O'Neill)前来帮助他以前,甚至都很难保住自己的地位。他一直为爱尔兰天主教联盟战斗,也参加了 1646 年获胜的本伯布(Benburb)战役,但是在 1650 年被迫向英格兰议会军投降。他曾策划逃走,但未能如愿,最后以叛国罪在都柏林被处决。

O'Neill, Shane(c.1530—1567). **沙恩·奥尼尔**（约1530—1567） 康·奥尼尔（Con O'Neill）的婚生子。1542年，他的父亲被封为蒂龙伯爵（earl of Tyrone），其父亲的一个非婚生子马修取得了将来享有的剩余继承权（remainder），至于沙恩则完全被忽视。沙恩长大后，宣称自己才有继承的权利。到1557年，他将其父和马修·奥尼尔驱逐到佩尔地区（Pale）避难。1558年，沙恩杀死了马修。伊丽莎白继位以后，向他提出只要其顺从爱尔兰总督（lord deputy）萨塞克斯，其继承权利便会获得认可。双方的谈判最终破裂，但奥尼尔顶住了萨塞克斯的反对，于1562年带着随从（大部分说爱尔兰语）前往伦敦拜访伊丽莎白，一时引起轰动。沙恩一回到爱尔兰，就倾其全部热情挑起了战事，尤其是与麦克唐奈尔家族（Macdonnells）的战事。1567年6月，沙恩被暗杀。

O'Neill, Terence, Lord O'Neill of the Maine（1914—1990）. **特伦斯·奥尼尔，曼恩的奥尼尔勋爵**（1914—1990） 北爱尔兰总理（1963—1969年）。奥尼尔热切希望促进北爱尔兰经济的发展，也热切希望消除联合主义者与民族独立主义者之间、贝尔法斯特与都柏林之间有史以来的敌意。然而，他并没有向阿尔斯特（Ulster）的天主教徒做出实质性让步，就成功地排斥了强硬的效忠派。北爱尔兰公民权利协会（Northern Ireland Civil Rights Association，成立于1967年1月）的出现，进一步给奥尼尔带来了压力。1968年11月，他承认了五点改革计划，但此举既未能满足北爱尔兰公民权利协会中活跃分子的要求，也令其许多联合主义者同事感到失望。1969年4月28日，在联合主义派自身分裂和北爱尔兰公民权利协会没完没了的压力下，奥尼尔被迫辞职。

On Liberty（1859）. **《论自由》**（1859） 《论自由》是约翰·斯图亚特·穆勒（John Stuart Mill）对个人自由最强有力的辩护。在此书中，穆勒想要确立一个"简单原则"（"simple principle"），那就是干扰他人行动的一个合法缘由就是出于保护他人的目的。穆勒所论及的自由建立在功利主义基础之上，而不是基于自然权利（natural right）为基础的自由。穆勒认为，如果由人们自己去选择他们的生活方式，他们的生活就会更加幸福。有人认为《论自由》是一部经典之作，但也有人嗤之以鼻，认为其内容很肤浅。

Opium War　鸦片战争　See CHINA WARS.(见对华战争)

Oporto,battle of,1809.　波尔图战役(1809)　1809 年 5 月 12 日,在伊比利亚半岛,韦尔斯利(Wellesley)率领的英军面对苏尔特(Soult)率领的 11,000 名法军,试图渡过波尔图对岸的杜罗河(Douro)。英军用 4 艘装葡萄酒的驳船运送军队过河,此举大大出乎苏尔特的意料。当法军从杜罗河河滩撤退时,波尔图城的居民为英军提供了更多的运输船只,加快了英军渡河的速度。苏尔特被迫撤退。到 5 月 19 日,法国军队被逐出葡萄牙。

Orange Free State　奥兰治自由邦　英国在南非的前殖民地。是 19 世纪中期时由逃离英国在开普殖民地(Cape Colony)统治的布尔人【Boers,南非白人(Afrikaners)】建立的共和国。可能是由于该地资源匮乏,不足以吸引贪婪的外国人的到来,所以直到 1900 年时奥兰治自由邦还一直保持着独立的地位。1899 年,当德兰士瓦(Transvaal)向英国宣战时,奥兰治自由邦的领导人义不容辞地支援了德兰士瓦。布尔人战败后,奥兰治自由邦在 1900 年沦为奥兰治河殖民地(Orange River Colony)。1910 年,奥兰治自由邦并入南非联邦(Union of South Africa)。

Orange order　奥兰治党　爱尔兰新教组织。该组织旨在维护新教宪法,保持对 1690 年博因河(Boyne)战役的胜利者威廉三世"光荣而不朽的记忆"。由于教派之间的冲突,发生了戴蒙德之战(battle of Diamond),1795 年 9 月新教退役老兵在阿马郡(Co.Armagh)的洛赫戈尔(Loughgall)建立该党。19 世纪后期,该党经历了复兴,成为 19 世纪 80 年代最受欢迎的主张联合主义的组织之一。自 1905 年起,奥兰治党正式与北爱尔兰统一党(Ulster Unionist Party)联合。奥兰治党最为引人瞩目的行动是举行高度有组织的季节游行。

Ordainers　约法委员会　到 1310 年,爱德华二世统治时期出现的政治危机达到了顶点,国王被迫同意任命一个经过复杂的选举而产生的 21 人约法委员会。该委员继颁布了六点约法之后,又于 1311 年 9 月颁布了主要约法,即革新朝政的详细计划,其中包括要求流放国王的宠臣皮尔斯·加韦斯顿(Piers Gaveston)。约法中的许多条款涉及王室财政和司法管理的问题。根据1322年的《约克法》(statute of York),该约法被废除。

Orderic Vitalis(1075—c.1142). **奥德里克·维塔利斯**(1075—约1142) 伟大的诺曼历史学家。出生在什鲁斯伯里(Shrewsbury)附近一个父母说英语、法语的混合家庭,但从1085年之后,他的一生都是在诺曼底南部的圣埃夫罗尔(Saint-Evroult)修道院度过的。他最优秀的历史著作是大部头的《基督教史》(*Ecclesiastical History*),该著的写作始于1123年,里面包括了他生活时代中的许多重要事件,其中最著名的事件是诺曼势力在欧洲的扩张和对英格兰的诺曼征服。

orders in council **国王会同枢密院令** 1806年11月,拿破仑颁布《柏林敕令》(Berlin Decree),试图禁止英国与欧洲大陆通商,英国政府则利用君主在紧急情况下拥有的权力,并经枢密院(Privy Council)的批准,以国王会同枢密院令予以回击。1807年11月和12月颁布的国王会同枢密院令宣布,除与英国的贸易外,所有港口一律加以封锁。美国对此表示强烈抗议,这也是引发1812年战争的原因之一。

Ordnance Survey **英国地形测量局** 1745年叛乱最有益的结果之一。在卡洛登(Culloden)战役中遭遇到的困难,使担任军需副官(deputy quartermaster-general)的沃森中将(lieutenant-General Watson)意识到需要有更好的苏格兰高地地区(Highlands)地图。后来,测量绘制地图的工作延伸到苏格兰低地地区(Lowlands),其中的大部分工作都是由威廉·罗伊(William Roy)完成的。1765年,罗伊被安排去勘测英国沿海地区并且将勘测情况上报军需官(master-general of the ordnance)。与此同时,刚刚成立的英国皇家艺术学会(Royal Society of Arts)为绘制各郡地图提供报酬。罗伊于1790年去世之后,军需官里士满公爵(duke of Richmond)在1791年任命了一支勘测小队,继续进行勘测任务。1801年,他们发布了一英寸单位的肯特郡地图,这是第一张各郡系列地图。对爱尔兰的勘测始于 1825 年。

Ordovices　奥陶维斯人　生活于铁器时代和罗马统治时期的不列颠土著部落,其领地覆盖了威尔士中部的大部分地区。奥陶维斯人与西卢尔人(Silures)北部相邻,与德金利人(Degeangl)南部毗邻。克劳狄(Claudius)入侵奥陶维斯人之后,西卢尔人在卡拉塔库斯(Caratacus)的带领下加入了反抗行动。

Oregon treaty,1846.　《俄勒冈条约》(1846)　根据 1842 年的《阿什伯顿条约》(Ashburton treaty),加拿大与美国的东部边界争端问题得以解决。根据该条约,落基山脉(Rockies)和太平洋之间被称为"俄勒冈土地"(Oregon Territory)的辽阔地区——该地区从 1818 年开始扩大,加拿大与美国两个国家的人民都有权进入。1845 年,詹姆斯·K.波尔克以"要么 54°50′,要么战斗"为竞选口号,成功当选总统。他在就职演说中坚持认为,必要时美国对上述土地权利的主张将会以诉诸武力的形式来实现。皮尔政府在其执政的最后几个月,以 49°纬线为基础与美国进行了谈判,该纬度的划定在 1872 年仅仅按要求进行了小幅度的修改。

Orford,Edward Russell,1st earl of（1652—1727）.　爱德华·罗素,第 1 代奥福德伯爵(1652—1727)　罗素是第 1 代贝德福德公爵(duke of Bedford)的侄子,于 1671 年参加海军,并在第二次英荷战争(Anglo-Dutch War)中参与了大部分战斗。因表兄罗素勋爵(Lord Russell)被处决,他疏远了与宫廷的关系。1688 年,在邀请奥兰治的威廉主政英格兰问题上,他签上了自己的名字,并陪同威廉在布里克瑟姆(Brixham)登陆。1689 年,他被擢升为海军上将,并于 1692 年与法国作战时,取得了拉乌格(La Hogue)战役的胜利。1694 年至 1699 年间,他担任第一海军大臣,1709 年至 1710 年再次担任此职。乔治一世统治期间,他继续担任第一海军大臣直至 1717 年。他无后而终。1742 年,奥福德伯爵的头衔被恢复,给了罗伯特·沃波尔爵士。

Origin of Species,The　**《物种起源》**　查尔斯·达尔文在 1859 年出版的

一部关于新的物种通过自然选择、遗传与变异不断进化的著作。它的可读性以及其中多种多样的证据使其获得成功，并且使进化论在科学上获得了尊重。

Orkney　奥克尼群岛　位于苏格兰东北部顶端的群岛。该群岛历史遗迹丰富。斯卡拉布雷（Skara Brae）是一个保存完好的史前村落；麦斯豪（Maes Howe）石室在诸多令人叹为观止的史前石冢中，是保存最好的；大量史前圆形石塔和居民点证实了在该群岛存在过皮克特人时代和维金人时代。1469 年，作为丹麦—挪威人的玛格丽特（Margaret）和苏格兰国王詹姆斯三世联姻的结果，奥克尼群岛和设得兰群岛（Shetland）一起成为苏格兰的一部分。

Orkney，jarldom of　王公治下的奥克尼群岛　从 9 世纪后期起，富饶的奥克尼群岛是挪威王公贵族的核心统治区，在数个世纪里都是苏格兰北部的主宰力量。根据阿达姆南（Adomnán）记载，奥克尼群岛在 6 世纪时曾是皮克特人的藩属王国的所在地。第一位王公是罗格瓦尔（RØgnvald），他也是挪威西部摩尔（MØre）王公。他把王公之位传给了弟弟，"强大的"西居尔（Sigurd the Mighty）。西居尔同赫布里底群岛（Hebrides）的"红人"索尔斯坦（Thorsteinn the Red）合作，并把注意力转向了苏格兰大陆。由于他们征服了凯斯内斯（Caithness）、萨瑟兰（Sutherland）、马里（Moray）和罗斯（Ross），按照冰岛人的传统，他们获得了公众的认可。

在"壮汉"西居尔（Sigurd the Stout）和他与"苏格兰国王""强大的"托尔芬（Thorfinn the Mighty）的女儿所生之子的统治下，王公治下的奥克尼群岛的实力和影响力在 10 世纪晚期到 11 世纪中期达到顶峰。在此期间，王公们的权势延伸至南部，并沿着西部海路及至都柏林。西居尔出现在赫布里底群岛是否意味着他征服了群岛，人们至今尚不清楚，但根据冰岛传说，他向马恩岛（Man）和赫布里底群岛征收了贡税。根据冰岛历史学家斯诺里·斯蒂德吕松（Snorri Sturluson）的记述，托尔芬是"这些群岛中最有能力的王公，是所有奥克尼群岛的王公中最伟大的统治者"。1065 年西居尔去世之后，他统治的地区四分五裂。

Ormond，James Butler，1st duke of（1610—1688）．**詹姆斯·巴特勒，第 1**

代奥蒙德公爵（1610—1688）　奥蒙德是个清教徒,英—爱优势阶层（Anglo-Irish ascendancy）中的一名代表人物,1633 年继承伯爵爵位。1640 年斯特拉福德（Strafford）离开爱尔兰后,奥蒙德成为王室在爱尔兰权威的支柱,起初担任英格兰军队总司令,后来担任驻爱尔兰的总督（lord-lieutenant）。1642 年 3 月,他在基尔拉什（Kilrush）挫败了爱尔兰的反叛,1643 年在罗斯再次挫败爱尔兰的反叛。但是,压力很大的国王查理一世却一直催促他与爱尔兰人谈判,希望他抽出军队以帮助扭转内战（Civil War）局势。但到 1646 年他与爱尔兰达成协议之时,查理一世已经在英格兰失去了自己的地位。第二年,奥蒙德离开爱尔兰,把都柏林移交给代表英格兰议会的迈克尔·琼斯（Michael Jones）。在王朝复辟以前,奥蒙德一直在外流亡。查理二世统治时期,奥蒙德恢复了其在爱尔兰的职位,于 1662 年至 1669 年期间担任爱尔兰总督,1677 年至 1685 年再次担任该职务。1661 年,他被封授了爱尔兰公爵爵位,1682 年被封授了英格兰公爵爵位。詹姆斯二世继任国王时,他退出了公共政治生涯。

Ormond,James Butler,2nd duke of（1665—1745）.　**詹姆斯·巴特勒,第 2 代奥蒙德公爵**（1665—1745）　1688 年 7 月,詹姆斯·巴特勒继承了祖父的爵位,他支持向詹姆斯二世提出的自由议会的请愿,后又接受了奥兰治的威廉（William of Orange）,并在爱尔兰和佛兰德（Flanders）为威廉作战。作为托利党和英国圣公会的一名核心成员,他指挥了 1702 年对加的斯（Cadiz）的远征,但并未成功;两次担任爱尔兰总督也是备受争议。1712 年,他取代了马尔伯勒（Marlborough）的职务,在战场上限制其军队的行动,以推动托利党与法国的谈判。1714 年,他被解职,同时受到辉格党要弹劾他的威胁。出于恐慌,他逃往了詹姆斯党人的宫廷。他在流亡中去世,没有引起任何的反响。

Orthez,battle of,1814.　奥尔泰兹战役（1814）　1813 年 10 月,威灵顿（Wellington）的军队渡过比达索阿河（Bidassoa）,进入法国,但苏尔特（Soult）率领的法军一直顽强抵抗,威灵顿不得不退回到比达索阿河沿线。1814 年 2 月 27 日,苏尔特试图守住位于奥尔泰兹的波河（Gave de Pau）战线,但遭到威灵顿的重创。

Orthodox church　东正教　东正教可追溯至最早的基督教时期,其中心在君士坦丁堡【Constantinople,伊斯坦布尔(Istanbul)】,即普世牧首(ecumenical patriarch)的驻地。普世牧首在东部基督教会"最精美的挂毯"("intricate tapestry")这一地区的绝大部分地区享有至高无上的荣誉,这些地区包括希腊人(Greeks)、塞尔维亚人(Serbs)、保加利亚人(Bulgars)、格鲁吉亚人(Georgians)和俄国人(Russians)。1995 年,全世界大约有 1 亿 9 千万东正教教徒。英国人与东正教有联系开始于 16 世纪的英国商人,1698 年彼得大帝曾拜访英格兰。20 世纪 50 年代以后,东正教在英国繁盛起来,大约有 271,000 名东正教教徒(2008 年)。

Orwell,George(1903—1950).　**乔治·奥韦尔**(1903—1950)　奥韦尔,真实姓名埃里克·布莱尔(Eric Blair),他既代表着左派在 20 世纪 30 年代的希望,也是战后幻想破灭的代表。起初,他在缅甸(Burma)当警察,但于 1927 年回到英格兰成为一名作家。穷困潦倒的生活经历使他在 1930 年完成了《巴黎伦敦落魄记》(*Down and Out in Paris and London*)的写作;接下来他在 1931 年创作了《缅甸岁月》(*Burmese Days*)。但是,当他受左翼书籍俱乐部(Left Book Club)戈兰茨(Gollancz)委托,写一份关于英格兰贫穷的研究报告时,他迎来了写作上的重大突破。1937 年他写作的《通往威根码头之路》(*Road to Wigan Pier*)出色地体现了工人阶级生活的情感。

在西班牙与马克思主义统一联合党(POUM)民兵组织共同对抗法西斯分子的经历,加强了奥韦尔的社会主义理想。《向加泰罗尼亚致敬》(*Homage to Catalonia*,1938 年)形象地描述了西班牙革命。《兽园》(*Animal Farm*,1945 年)对斯大林主义进行了尖锐而辛辣的嘲讽。他的最后一本书《1984 年》(1984,1949 年)是在朱拉岛(Isle of Jura)上隐居时完成的,该书针对极权主义的危害向人们提出了严厉警告。

Osborne House(Isle of Wight).　**奥斯本宫**(怀特岛)　维多利亚和艾伯特结婚之后不久,就四处寻找一处私人住所,供这个越来越大的家庭享受海边假日风光之用。1845 年,他们购买了毗邻考斯(Cowes)的一处奥斯本地产。在贝尔格拉维亚(Belgravia)住宅区的建筑师托马斯·丘比特(Thomas Cubitt)的帮助下,艾伯特设计出了一栋意大利风格的豪宅。奥斯本宫目前向公众开放,里面存放有大量维多利亚时期的纪念品。

Osborne judgment, 1909. 奥斯本判决(1909) 奥斯本是自由党人,他提起诉讼来阻止他的工会,即铁路员工工会(Railway Servants)向工党提供资金支持。该案件送达议会上院。上院最终判决工会不能擅用其基金资助政党,这对工党是一次沉重的打击。

Ossian 莪相 芬戈尔(Fingal)之子,奥斯卡(Oscar)之父,正如詹姆斯·麦克弗森(James MacPherson)所说,他的离世标志着凯尔特文明在苏格兰的终结。麦克弗森对莪相《诗集》("poems",1762—1765年)的翻译引起了文学上的轰动。但最终结果证明,这部诗集不过是个混合物,里面既有口耳相传保留下来的原作,也有翻译过程中译者自己的创作,还有编辑者的模仿拼凑之作。

Oswald, St (c.604—642). 圣渥斯沃尔德(约604—642) 诺森伯里亚国王(634—642年在位)。埃塞尔弗里思(Æthelfryth)和阿查(Acha)之子,埃德温(Edwin)统治时期,渥斯沃尔德流亡爱尔兰,在此期间,他成为一名基督徒。634年,他在哈文菲尔德(Heavenfield)打败了圭内斯(Gwynedd)王国国王卡德瓦隆(Cadwallon),占领了伯尼西亚(Bernicia)和德伊勒(Deira)。他与来自艾奥纳岛(Iona)的艾丹(Aidan)一起,恢复了诺森伯里亚的基督教信仰,渥斯沃尔德在威塞克斯——当时由基内吉尔斯(Cynegils)掌权——建立了最高领主权,可能也在皮克特人南部和苏格兰人的达尔里阿达(Dalriada)建立了同样的最高领主权,成为所谓的"盎格鲁—撒克逊盟主"(Bretwaldas)之一。他在抵抗异教徒麦西亚的彭达(Penda of Mercia)的战斗中,被杀死于马瑟费尔德(Maserfield)。他的侄女麦西亚的女王奥斯丽丝(Osthryth, queen of Mercia)和威尔弗里德(Wilfrid),增进了人们对他的崇拜之情。

Oswald, St (d.992). 圣奥斯瓦尔德(卒于992年) 约克大主教,10世纪

修道院改革中三位最伟大的修道院主教之一。961 年,他被任命为伍斯特(Worcester)主教,并在 971 年被任命为约克大主教后继续担任伍斯特主教。奥斯瓦尔德将修道制度引入伍斯特牧师会(Worcester chapter),在特里姆河畔韦斯特伯里(Westbury-on-Trym)、温奇科姆(Winchcombe)和珀肖尔(Pershore)以及位于他祖居地东盎格利亚的拉姆齐(Ramsey),他建立或者重建了多座修道院。

Oswin(d.651). **奥斯温**(卒于 **651** 年) 德伊勒(Deira)国王(644—651 年在位)。在比德笔下,奥斯温是一位英俊潇洒,说话得体,彬彬有礼,心地善良,慷慨大方的国王,他治国有方,深受爱戴。谦恭是他最大的美德。奥斯温和伯尼西亚的国王奥斯威(Oswiu, king of Bernicia)发生冲突。这两位诺森伯里亚人一同集结军队准备开战,但奥斯温意识到奥斯威的军队更强大,便遣送自己的军队回家,只带着一名随从躲避到朋友家里,但被朋友出卖。奥斯威令人将奥斯温杀死。

Oswiu(d.670). **奥斯威**(卒于 **670** 年) 诺森伯里亚国王(642—670 年在位)。奥斯威在统治伯尼西亚(Bernicia)时,他妻子的亲戚德伊勒(Deira)国王奥斯温(Oswin)在 651 年被杀害,奥斯威应对此负有责任。奥斯温的继任者与非常强大的麦西亚国王彭达(Penda)结为联盟,后者于 655 年向诺森伯里亚发起进攻,但被击败,彭达本人在毗邻利兹的温韦德(Winwaed)战役中被杀。奥斯威先前曾承诺,如果他大获全胜,将赠予修道院 12 处地产,且将其未成年的女儿献给上帝。奥斯威兑现了他的承诺。他利用自己的影响,使麦西亚公主皮达(Peada)信奉了基督教,还使基督教在东撒克逊人中得到复兴。

Otford, battle of, c.776. 奥特福德战役(约 **776** 年) 8 世纪后期,麦西亚王国的实力不断增强,肯特则一直竭力与之抗争,以保持自身独立的地位。根据亨廷登的亨利(Henry of Huntingdon)描述,麦西亚人在邻近塞文奥克斯(Sevenoaks)的奥特福德这场战役中取得了胜利。但斯滕顿(Stenton)却认为是肯特的埃格伯特(Egbert)打败了奥法,因此肯特保持了若干年的独立。

Otterburn, battle of, 1388. 奥特本之战(1388) 尽管这仅仅是发生在边境上的一场常规性的小冲突,但因为以此战为题材创造出了大量的民歌,其中包括《切维切斯》(Chevy Chase),使这场本来名不见经传的战斗成了一场引人注目的事件。1388 年夏天,大量苏格兰人在杰德堡(Jedburgh)附近集结,决定兵分两路,一路向西进攻卡莱尔(Carlisle),另一路越过卡特巴(Carter Bar)进攻雷德斯代尔(Redesdale)。道格拉斯伯爵詹姆斯(James, earl of Douglas)率领的东路军一路劫掠,兵锋远至达勒姆(Durham),但在撤退时遭到"急性人"("Hotspur")亨利·珀西(Henry Percy)的追击。8 月 15 日傍晚,英格兰人赶到奥特本,直接加入战斗当中。夜幕降临时,战斗变成了赤膊战。珀西被俘,但道格拉斯本人被杀。战死者被葬在埃尔斯登(Elsdon)附近。

Oudenarde, battle of, 1708. 奥德纳尔德战役(1708) 在勃艮第公爵(duke of Burgundy)和旺多姆元帅(Marshal Vendôme)的率领下,法军对奥德纳尔德实施了围攻。马尔伯勒公爵(duke of Marlborough)带领大约有 78,000 人的英国、荷兰及德国军队前去迎击法军。7 月 11 日,法军主动挑起了战事,但军队的部署非常糟糕。随着法军右翼的溃败,超过 6000 人战死,另有 7000 名法军被俘。

Outiawry 逐出法外 起初是共同体(community)用来处理有暴力倾向或有危险的犯罪者的方法。宣布将一个人逐出法外,意味着该人丧失了受国王或法律保护的权利,其财产将被收归国王,任何杀死他的人则免于处罚。

Owain ap Gruffydd（Owain Cyfeiliog）(c.1130—1197). 欧文·阿普·格鲁菲兹(欧文·赛菲里奥格)(约 1130—1197) 南波伊斯(southern Powys)王子,波伊斯王子马多格·阿普·马雷都德(Madog ap Maredudd)的侄子。欧文·格鲁菲兹以赛菲里奥格的名义效力于马多格·马雷都德(从 1149 年开始),他的名字也由此而来。他拒绝了欧文·圭内斯(Owain Gwynedd)和德赫巴斯(Deheubarth)王国的里斯·阿普·格鲁菲兹(Rhys ap Gruffydd)的提拔(尽管他依次迎娶了他们的女儿);在马多格死后及马多格的长子被害(1160 年)之后,他与波伊斯其他王子及亨利二世达成协议,以确立自己在南波伊斯的统治地位,他最初的统治很可能是从威尔士浦(Welshpool)开始的。

Owain Gwynedd(**c.1100—1170**)　**欧文·圭内斯**(**约 1100—1170**)　圭内斯(Gwynedd)国王(1132—1170 年在位)。圭内斯以智慧、英勇和为人谨慎而成为同代人中的知名人物,他在圭内斯创建的大封建公国对后来的继任者起到了鼓舞作用。圭内斯国王格鲁菲兹·阿普·卡南(Gruffydd ap Cynan,卒于 1137 年)的第二个儿子及其哥哥卡德瓦隆(Cadwallon)一起帮助他们的父亲扩张圭内斯势力(12 世纪 20 年代)。作为国王(卡德瓦隆于 1132 年去世),他加强了对圭内斯的教会和政府的监管,利用英格兰内部的混乱向南扩张,并将势力向东扩展至迪河(Dee)。到他去世(1170 年 11 月 28 日)时,他已成为威尔士杰出的统治者。

Owen David(**b.1938**).　**欧文·戴维**(**生于 1938 年**)　社会民主党(Social Democratic Party,SDP)的前领导人。他先是成为一名医生,后作为工党议会下院议员进入政界。他晋升得很快,1977 年,时年 38 岁的他担任了外交大臣。由于工党的立场越来越"左"倾,欧文对此愈发不满,因此作为"四人帮"("gang of four")的成员之一,帮助建立了社会民主党。1983 年,他成为社会民主党的领袖,并且一直主持残缺不整的社会民主党,直至 1990 年该党终结。1992 年,他从议会下院辞职,被封为终身贵族(life peer)。他曾作为欧洲共同体和平特使前往前南斯拉夫(1992—1995 年)。

Owen,Robert(**1771—1858**).　**罗伯特·欧文**(**1771—1858**)　棉纺织大亨,乌托邦社会主义者。欧文出生在波伊斯郡(Powys)的纽敦(Newtown),后来成为位于兰开夏郡和新拉纳克【New Lanark,斯特拉斯克莱德(Strathclyde)】的棉纺公司的合伙人,负责管理企业和新拉纳克村镇(1800—1825 年)。作为一个成功且具有人道主义精神的商人,他赢得了很高的声誉。他根据自己的生活经历,撰写了《新社会观》(*A New View of Society*,1814—1818 年)一书。他在该书中指出,人的性格是由环境造成的,村庄合作制度比无计划的大型工业城镇更有利于促进社会的进步。欧文被称为是"英国社会主义之父"("Father of British Social-ism"),同时也被认为是科学管理的主要倡导者。

Owen, Wilfred(1893—1918). **威尔弗雷德·欧文**(1893—1918) 欧文是战死在沙场上的最有天赋的诗人。1915 年参军,两年后他与西格弗里德·沙逊(Siegfried Sassoon)在克雷格洛克哈特(Craiglockhart)军中医院的一次会晤,对他此后的人生发展起到了决定性作用。一年后,他的诗作已经超越了沙逊那种更为直白地抨击国内自满情绪的风格。"我关心的不是诗",他写道,"诗就存在于悲悯之中。"1918 年 10 月,他获得了十字军功勋章(Military Cross)。同年 11 月,在停战前一星期,他在一次军事行动中阵亡。

Oxford, diocese of **牛津主教区** 该主教区是亨利八世在 1542 年时从广阔的林肯主教区划分出来的,目前主教区面积与牛津郡、伯克郡和白金汉郡几乎相当。该主教区的第一任主教是罗伯特·金——他是奥斯尼(Osney)修道院的最后一任院长。由于一开始时牛津主教区面积很小,只包括牛津郡在内,而且也很贫穷,所以在 17 世纪晚期和 18 世纪时,绝大多数主教都迫不及待想要晋升到别的地区。主教区的主教座堂原来是具有诺曼风格的圣弗赖德斯怀德(St Frideswide)的奥古斯丁修道院教堂(1158—1185 年),现在是牛津大学基督教会学院(Christ Church college)的组成部分。

Oxford, provisions of, 1258. **《牛津条例》**(1258) 亨利三世和男爵反对派之间的冲突在 1264 年至 1265 年的内战期间达到了顶峰。1258 年,贵族反对派的不满主要是由于亨利企图为次子埃德蒙(Edmund)获得西西里王国(kingdom of Sicily),同时,他还打算扩大普瓦特万(Poitevin)顾问团的影响力。为此,由 24 人所组成的委员会在牛津召开会议,以限制国王的行为。会议恢复了首席政法官一职(justiciarship)的设置,任命了一个由 15 人组成的常设会议(standing council),议会每年召集三次。尽管男爵对亨利的控制很快就瓦解了,但该条例却是力图限制王权的一次明确尝试,条例要求国王必须听取贵族团体的意见。

Oxford, Robert de Vere, 9th earl of,（1362—1392）. **罗伯特·德·维尔，第9代牛津伯爵**（1362—1392）　根据一位编年史家的记载，第9代牛津伯爵是与理查二世一起长大的年轻人之一，他们一起策划了1384年置冈特的约翰（John of Gaunt）于死地的阴谋。由于受到理查的宠幸，罗伯特变得富有起来；他跻身贵族行列，1385年受封为都柏林侯爵（marquis of Dublin），1386年受封为爱尔兰公爵（duke of Ireland）。1387年，当理查计划重新夺得政府控制权之际，牛津伯爵在柴郡集结军队试图响应，但在牛津郡的拉德科特桥（Radcot Bridge）被击败。他是1388年无情议会（Merciless Parliament）所要起诉的王室宠臣之一，但是他提前逃跑了，一直在外流亡。

Oxford, St Mary the Virgin　牛津圣母玛利亚教堂　大学和堂区教堂。作为新兴的中世纪大学中心，到17世纪中叶以前，圣母玛利亚教堂一直是大学的管理、学术讨论和学位授予中心。1554—1556年间，它成为牛津殉教者（Oxford martyrs）——拉蒂默（Latimer）、里得雷（Ridley）、克兰麦（Cranmer）——的审判地。

Oxford movement　牛津运动　19世纪30年代和40年代，一个由牛津大学牧师教师组成的团体，试图通过重新发现英国圣公会中的天主教的遗产，来寻求国教会的新生。这是对英国圣公会堕落成危险的自由主义教会以及受到议会过多控制的回应。1833年基布尔的巡回布道（Keble's Assize Sermon），通常被看作是此次运动的起点。在1833年到1841年间，其领导者出版了《时论册集》（*Tracts for the Times*），牛津运动的别名"书册运动"（"tractarianism"）即由此而来。

Oxford Parliament, 1258.　牛津议会（1258）　因不满亨利三世的统治，牛津议会于1258年6月召开。根据《牛津条例》（provisions of Oxford），孟福尔（Montfort）及其支持者们成立了一个限制国王、监督政府的委员会。此次尝试以失败告终，遂导致1264年内战爆发。

Oxford Parliament, 1681. **牛津议会**（1681） 牛津议会是排斥法案危机（Exclusion crisis）的产物，它确立起查理二世在其最后四年统治的至高无上权威。沙夫茨伯里（Shaftesbury）领导的辉格党反对查理二世的统治，并且于1679年至1681年间赢得三次大选。因牛津受伦敦激进分子影响较小，1681年4月，查理在牛津召开议会。但仅过一周后，查理与路易十四达成了一项秘密协议，后者向查理提供资金支持，查理因此解散了牛津议会。辉格党对此没有进行任何抵制。三个月后，沙夫茨伯里被捕，辉格党的权势瓦解。

Oxfordshire **牛津郡** 罗马时期，该地区属于多布尼人（Dobunni）部落。其面积覆盖了奇平诺顿（Chipping Norton）的科茨沃尔德丘陵（Cotswolds）和沃灵顿（Walyington）的奇尔特恩丘陵（Chilterns）之间的区域，而且直到现代，其大部分地区仍然植被繁茂。

牛津城起初是一个军事要塞，后来发展成为一个渡口。这里从很早时期起，就成为撒克逊人一个重要的活动中心。11世纪初时，谘议会（Councils）多次在这里召开；到1066年，牛津成为王国境内第六大城镇。晚至1901年，牛津城的人口达到50,000人，几乎是牛津郡其他所有城镇人口总和的两倍：班伯里（Banbury）为7300人，奇平诺顿为3700人，亨利（Henley）为3500人，泰姆（Thame）为2900人，威特尼（Witney）为2800人，比斯特（Bicester）为2700人。

7世纪和8世纪，牛津地区成为泰晤士河以南的威塞克斯王国和英格兰中部的麦西亚王国相互争夺之地。825年，威塞克斯王国在埃伦登（Ellendun）打败麦西亚军队，重新夺回牛津。11世纪早期，牛津成为一个郡。当时爱德华和埃塞尔弗莱德（Æthelfleda）一起，重新组织威塞克斯军队抵抗丹麦人的进攻。1009年，丹麦人焚毁了牛津城。

教会的组织机构在牛津也同样动荡不安。最早的主教区是634年时建立的，主教座位于多切斯特（Dorchester），大概是因为多切斯特过去曾是罗马城镇的缘故。但在680年以后，多切斯特主教区隶属于威塞克斯的舍伯恩（Sherborne）主教区。当麦西亚人重新控制牛津地区时，主教座被移至莱斯特（Leicester）。大约在870年时，多切斯特恢复了其主教座的地位，原因可能是莱斯特被丹麦人占领了。诺曼征服以后，该主教区的主教座仍然是在多切斯特，但

1072 年时被移至林肯。在此后长达五个世纪的时间里,牛津郡一直都是幅员辽阔的林肯主教区的一个偏僻所在,这一局面一直持续到 1542 年,当时牛津自己建立了新的主教区。

尽管牛津在文化和宗教方面具有重要的地位,但该郡仍然保持着田园风光和与世隔绝的状态。那些真正发展起来的工业都建立在农业的基础之上,而且规模很小。威特尼、奇平诺顿和班伯里发展起各种纺织业;伯福德(Burford)发展起马鞍制造业;比斯特生产花边和拖鞋;班普顿(Bampton)发展起皮革业;亨利发展起酿酒业;牛津和伍德斯托克(Woodstock)发展起手套生产。晚至 19 世纪 30 年代,牛津郡都还可以被描述为"没有任何值得称道的制造业,还是以农业为主"的地区。但到 1901 年,威廉·莫里斯(William Morris)在牛津经营了一家自行车修理店,该店是著名的考利(Cowley)汽车制造厂的先驱。

17 世纪内战(Civil War)期间,牛津成为国王的首都。公园与建筑物成了战时营地,树木、灌木均遭砍伐,学术活动备受冷落。1646 年,查理一世化装成仆人逃离牛津,几周后,牛津投降。在政治上,牛津城和牛津郡一直同情国王,属于保王派。1681 年,查理二世在牛津召开议会,并打败了其辉格党对手。

1790 年,牛津运河开凿;19 世纪,牛津郡开始了铁路网建设。这些都加快了牛津郡各地区之间的交通联系,但对大工业的发展并没有起到多大的作用。1972 年颁布的《地方政府法》(Local Government Act)将牛津郡的辖区向南扩展到泰晤士河,将阿宾登(Abingdon)、沃灵福德(Wallingford)及旺蒂奇(Wantage)并入牛津郡——这是麦西亚人打败威塞克斯人的另一胜利成果。M40 高速公路将该地区从东南到西北,从阿斯顿罗恩特(Aston Rowant)到班伯里,均分为两部分。但是牛津郡北部地区依然保持着静谧的状态,环境没有受到污染。曾是辉格党堡垒的布伦海姆(Blenheim)位于托利党人控制的郊区,在所有地貌公园中可能是风景最优美的。

Oxford University　牛津大学　1167 年,亨利二世和法王腓力·奥古斯都(Philip Augustus)发生争执,使得英国学生无法再进入巴黎大学读书,但这也为在牛津建立一个与巴黎大学相类似的大学机构创造了机会。1221 年,多明我会修士一到达英格兰，就在牛津建立了属于该教派的主要学习场所；1224年，方济各会修士也同样在牛津建立了自己的学习场所。在当时，神学学科的地位最高，招收已经获得文学学位的学生。

在得到各种赞助的情况下，大学各学院逐渐成形，在整个漫长的学习过程中，学生们的膳宿就在学院。1249年，达勒姆的威廉（William of Durham）创立了大学学院（University College）。1282年，约翰·巴利奥尔（John Balliol）留下巨额遗产，他的遗孀用这笔遗产建立了巴利奥尔学院（Balliol College）。而在更早些时候的1264年，英格兰的大法官沃尔特·德·默顿（Walter de Merton）捐献出了大部分财产，建立了默顿学院（Merton College）。1500年前后，牛津大学首次招收本科生。到伊丽莎白统治时期，牛津大学已经拥有15个学院。与剑桥大学一样，牛津大学吸收了越来越多富裕家庭或者是贵族家庭的子弟，而来自贫困家庭的学生则寥寥无几。

在坎特伯雷大主教劳德（Archbishop Laud）的影响下，牛津大学与高教会派的观点产生了联系。17世纪40年代内战期间，牛津城作为保王党军队的总部，牛津大学的高教会派观点得到进一步加强。在汉诺威王朝统治前期，牛津大学被认为是詹姆斯党人的巢穴，但这种对现任王朝的不忠也仅仅在当政者中引起了一时的不满。在牛津大学的毕业生中，有超过三分之二的人都加入了英国圣公会，加上19世纪发生的牛津运动，反映出牛津大学的毕业生对神职的关注。

19世纪是牛津大学开始发生转变的时期。学生如果不参加书面考试，就不能获得学位。1801年，牛津大学的古典学和数学引入了荣誉学位（Honours degrees），首次实行了"双科优等生"（"double first"）制度；1890年，科学和法学也引入了同样的规定。从19世纪最后25年开始，牛津大学的学院数量开始增加。1879年，玛格丽特夫人学堂（Lady Margaret Hall）和萨默维尔学院（Somerville）成为首批两个招收女性的学院。自1937年开始，牛津大学建立了一系列培养研究生的学院，如纳菲尔德学院（Nuffield）、圣安东尼学院（St Antony）、利纳克尔学院（Linacre）和沃尔夫森学院（Wolfson）。尽管牛津大学依然被批评为是精英教育，但它也一直积极鼓励更多的公立学校（state schools）的学生提出入学申请。

Oyer and terminer 听审并裁决 《克拉伦登诏令》(Assize of Clarendon)和《北安普敦诏令》(Assize of Northampton)颁布后,刑事听审委任状(commission of oyer and terminer)被签发给巡回法官(travelling justices),授权巡回法官到某些郡去巡视,并接受每个百户区(hundred)发生的犯罪行为的指控。按照指令,巡回法官要对每一件案件进行听审并作出裁决。

P

Pacifico, David（1784—1854）. **戴维·帕西菲科**（1784—1854） "唐·帕西菲科"（"Don Pacifico"）事件，给帕默斯顿（Palmerston）带来了一场非常成功的演说。作为葡萄牙裔的犹太人，帕西菲科出生在直布罗陀，因此他是一个英国臣民。1847 年，帕西菲科在雅典（Athens）经商时，他的房子在一场反犹太人的骚乱中被毁，希腊政府拒绝赔偿，认为他的索赔要求太高，于是帕默斯顿派出一支海军分遣舰队到比雷埃夫斯（Piraeus），扣押了当地所有希腊船只。帕默斯顿的立场为他赢得了广泛的支持，确立了他后半生在政治上的主导地位。

paganism 异教 在罗马世界的后期，*paganus*（"异教徒"）一词只是指"乡下人"（"rustic"），当这个词的词义从"乡下人"转变为"非基督徒"（"non-Christian"）时，反映了基督教在那个时期已经在上层社会和城镇中得到了传播，但没有在乡村的农民中传播。异教徒无需分享任何公共的土地，但是在不列颠，盎格鲁—撒克逊人和维金人认可同样的神和女神，只是在名称上有细微的变化，例如，沃登/奥丁（Woden/Odin）。尽管本土的不列颠人也有不同的神，但是这些神却只负责生活中相似的方面，如战争和繁衍。罗马人很容易地把任何一组的神纳入自己的神庙。

人们不应该把凯尔特或日耳曼异教想象成如同基督教会那样有组织、有教义。建造神庙和存在专业神职阶层，看起来更像是凯尔特人的而不是日耳曼人宗教活动的特征。对于大多数人来说，当地那些能够保佑他们的神灵可能更为重要，人们可能会在诸如温泉、树林或小山顶这样的自然场所膜拜这些神灵。

基督教毫不费力地消灭了诸神、诸女神的主要神庙，异教纪年中的主要节日如冬至节(midwinter)可以用基督教中相应的节日如圣诞节来取代。比较难以根除的是地方圣地对人们的吸引力,例如,即使有治疗作用的泉水有时候也会被吸收到当地的圣徒崇拜之列。

Paine, Thomas(1737—1809). **托马斯·潘恩**(1737—1809) 激进作家,革命活动家。潘恩早年是一名胸衣制造商和税务官,一直过着平凡的生活,直到1774年他移民到费城后,才参加了美国独立运动。在1776年出版的《常识》(*Common Sense*)中,他主张美国从大英帝国中分离出去。当法国的革命力量逐渐增强时,他前往巴黎予以支持,同时出版了《人权论》(*The Rights of Man*,第一部分发表于1791年,第二部分发表于1792年),针对伯克(Burke)在其《法国大革命反思录》(*Reflections on the Revolution in France*)一书中对法国大革命发起的攻击,潘恩为大革命进行辩护。1792年,他被选入法国国民公会(French National Convention)。然而潘恩并不赞同无神论,在他的《理性时代》(*Age of Reason*,第一部分发表于1794年,第二部分发表于1795年)一书中,他在攻击基督教时,主张把神的存在作为首要根据。潘恩被囚禁在卢森堡监狱①(Luxembourg prison)时侥幸没有被处死。当他在法国无法忍受拿破仑统治下的生活时,于1802年返回美国,并在此定居。

Paisley, Revd Ian(b.1926). **伊恩·佩斯利牧师**(生于1926年) 佩斯利是不妥协的阿尔斯特联合主义(Ulster unionism)和反天主教的鼓吹者,他频频现身于各种场合并发表演讲,体现了19世纪阿尔斯特福音派的传统。1951年他与人合作共同建立了自由长老会(Free Presbyterian Church),极力反对普世基督教会运动。他带头抵制奥尼尔(O'Neill)政府的改革,团结支持传统的效忠派,反对起源于1967年的民权运动。他在1970年成为议会议员,在1971年组建了代表工人阶级忠诚的民主统一党(Democratic Unionist Party)。支持他的力量远不止他所在的教会,他还成功挑战了中产阶级统一党(Unionist Party)的地位。佩斯利支持1974年阿尔斯特的工人罢工,这次罢工摧毁了联合执政;他反对1973

---

① 位于巴黎。——译者注

年的《桑宁代尔协议》(Sunningdale agreement)、1985 年的《英爱协定》(Anglo-Irish agreement),以及 1993 年的《唐宁街宣言》(Downing Street declaration)。从 1979 年起,佩斯利作为欧洲议会成员,成为阿尔斯特省最成功的选举获胜者。在 20 世纪 90 年代,他强烈反对"和平进程",谴责该运动是对恐怖主义的屈服。但是,他突然转而于 2007 年同意与新芬党(Sinn Fein)共同执掌政权,成为第一部长(First Minister)。他于 2008 年辞职。

Pakistan 巴基斯坦　1947 年 8 月 14 日,巴基斯坦获得独立,这是英属印度分裂的结果。巴基斯坦包括以前的信德省(Sindh)、俾路支(Baluchistan)以及西北边疆(North-West Frontier)与孟加拉东部和旁遮普(Punjab)的西部地区。这些地区穆斯林占主导地位,穆斯林联盟(Muslim League)领导人 M.A.真纳是巴基斯坦建国的主要倡议者。分裂时的混乱局势导致至少 50 万人在残忍的"种族"("communal")暴力中被杀死。自独立以来,巴基斯坦的历史一直处于曲折的发展之中。巴基斯坦与印度之间高度紧张的关系,已导致了三次印巴战争。1971 年东巴基斯坦(East Pakistan)脱离巴基斯坦国,形成独立的孟加拉国,其间发生了大量流血事件。直到 1970 年,巴基斯坦才举行正式大选。民主制度依然面临着来自军事政变的威胁。作为一个重要的穆斯林国家,自从美英对伊拉克和阿富汗进行干涉以来,巴基斯坦地位变得日益突出。

palatinates　巴拉丁领地　巴拉丁地区属于边境地区,为了维护安全当地统治者拥有特殊的权力,尤其是招募军队和行使各级行政司法的权力。切斯特伯爵领(earldom of Chester)创设于 1071 年,逐渐获得了巴拉丁领地的特权,其直属封臣(tenants-in-chief)直接由切斯特伯爵掌控,并且向其缴纳各种税赋。但是,在 1237 年之后,切斯特伯爵领被纳入王室领地,不久就顺理成章地变成了威尔士亲王领土的一部分。另外一个大的巴拉丁领地是达勒姆,其权限可以上溯到独立的诺森伯里亚王国被征服之前。该巴拉丁领地权力由主教们行使。1351 年,兰开斯特郡被授予巴拉丁领地地位,但其享有的特权没有切斯特①或达勒姆

---

①　原文为 Cheshire(柴郡),疑为笔误。——译者注

多。兰开斯特的巴拉丁领地地位一直归冈特的约翰所有,后来经亨利四世而转归王室控制。

Pale, The 佩尔地区　原指围栏,根据推理是指由该围栏所围成的区域。佩尔地区是中世纪后期对爱尔兰某个地区的命名,类似于 15 世纪在加来(Calais)建立的英格兰佩尔区(English Pale)。在爱尔兰文献记录中,最早使用佩尔地区这一名称可以追溯到 1446—1447 年,当时的佩尔地区无疑是指都柏林的周边地区,英格兰对爱尔兰这一地区的有效管理已经收缩。

Palestine 巴勒斯坦　1922 年,巴勒斯坦被国际联盟裁定给英国作为托管地,这是一项并不轻松的任务。1917 年,《鲍尔弗宣言》(Balfour's declaration)试图解决这一两难之局表示英国愿意在不侵害巴勒斯坦非犹太人地位的情况下,支持在巴勒斯坦为犹太人建立一个国家。此后持续不断的犹太移民潮引起了阿拉伯人的强烈抵抗。二战结束之后,由于经济困境、犹太复国主义(Zionist)恐怖组织以及国际上对犹太人定居点的同情等因素,英国对这一地区的控制遭到打击。联合国提出的分裂巴勒斯坦的方案,几乎没有被接受的可能性,在 1948 年 5 月英国人离开之前,内战就爆发了。犹太人立即宣布建立以色列国,并且很快得到了美国政府的承认。此后,巴勒斯坦人一直在为赢得巴勒斯坦国家的独立而斗争,而且取得了一定的胜利。

Paley, William(1743—1805).　**威廉·佩利**(1743—1805)　佩利写了许多关于论证基督教问题的优秀作品。作为剑桥大学数学荣誉学位考试的第一名,佩利被授予圣职。在辞去剑桥大学教师职位后,他来到卡莱尔(Carlisle)主教区担任牧师,随后又去了芒克威尔茅斯(Monkwearmouth,森德兰)。他 1794 年出版的《证据》(Evidence)和 1802 年出版的《自然神学》(Natural Theology)均获得了极大的成功,此后再版 20 多次,并被剑桥大学和新成立的达勒姆大学(university of Durham)指定为本科生必读书。

Palmer, Samuel(1805—1881).　**塞缪尔·帕尔默**(1805—1881)　英国风

景画家和蚀刻师。帕尔默是不信奉国教的书商的儿子,他的童年善学而富有宗教色彩。14 岁时,他的作品首次在皇家艺术院(Royal Academy)展览,并通过画家约翰·林内尔(John Linnell)——他后来的岳父,结识了威廉·布莱克(William Blake)。通过布莱克的作品,帕尔默看到了表达自己的神秘主义倾向的方法,后来他成为布莱克的追随者中最杰出的画家。1826 年帕尔默移居肯特的肖勒姆(Shoreham),在那儿的七年中,他创作了最令人赞叹的幻想主义作品——《在肖勒姆的花园》(*In a Shoreham Garden*)和《魔力苹果树》(*The Magic Apple Tree*)。

Palmerston,**Henry John Temple**,**3rd Viscount**(1784—1865). **亨利·约翰·坦普尔,第 3 代帕默斯顿子爵**(**1784—1865**) 首相。帕默斯顿在爱丁堡大学时,曾经是杜格尔·斯图尔特(Dugald Steward)的学生,后来他进入剑桥大学学习。1807 年,他代表怀特岛(Isle of Wight)上的一个口袋选区(pocket borough)当选为议会议员,随后又分别代表剑桥大学(1811—1831 年)、布莱钦利(Bletchingley,1831—1832 年)、南汉普郡(Hampshire South,1832—1834 年)以及蒂弗顿(Tiverton,1835—1865 年)当选议会议员。

帕默斯顿可能是 19 世纪最著名的外交大臣。从 1807—1809 年担任海军大臣(lord of Admiralty)开始,他开启了漫长的职业生涯,在 1809 年至 1828 年战争期间,担任职位略低的战事大臣(secretary at war)。在议会下院,他在大多数时间只是把自己局限在本部门的工作。他养赛马,因而深受女士们的喜爱。然而,这种刻意培养出来的花花公子形象掩饰了他在工作上的勤勉。

帕默斯顿是坎宁(Canning)的追随者,1828 年因议会改革之事,他与坎宁派同僚一同从威灵顿(Wellington)政府辞职。然而,他并不是个狂热的改革者,当他决定加入格雷(Grey)内阁的时候,又一次证实了其发现获胜方的能力。对于格雷的《改革法案》(Reform Bill),他并不十分支持。

在外交政策上,帕默斯顿完全效仿坎宁。1830—1841 年,除了皮尔"百日当政"期间帕默斯顿一直担任外交大臣,1846—1851 年,他再次担任外交大臣。他的原则是保护英国在欧洲以及海外的政治、战略和经济利益,尽可能对长期的承诺保持冷淡态度,调停欧洲争端问题以维护和平,并在必要的时候动用英国的力量。他取得的第一个伟大成功是解决了 1830—1839 年的荷兰危机,当时作为伦敦会议的主席,他在国际社会的保证下,使比利时获得独立。这使低地国家(Low Countries)免受法国的控制。他视法国为英国潜在的敌人,且一直对维护 1815 年的《维也纳最后议定书》(Vienna settlement)感到担忧,该议定书约束了法国未来的扩张。因此,他也设法阻止西班牙和葡萄牙国王受到法国的影响。他大体上支持欧洲的"自由主义"宪政运动,因为这比专制政权更有益于英国,但是他的态度完全是实用主义的。他与俄国对立并不是因为沙皇的专制,而是因为英国在南欧和亚洲的利益受到了威胁。英国与土耳其的贸易在 1830—1850 年间增长了八倍。他在阿富汗较少成功,但是遵循了在印度西北地区扩大英国控制权的政策。

作为外交大臣,帕默斯顿是十分出色且成功的。1850 年他因为名叫唐·帕西菲科(Don Pacifico)的葡萄牙商人进行强有力辩护,而被封以"约翰牛"("John Bull")的称号,该商人自称是英国公民,似乎是受到了希腊政府的迫害。然而,由于过度自信,1851 年,在没有与女王以及同僚事先协商的情况下,他对路易·拿破仑(Louis Napoleon)在巴黎的政变表示祝贺,因此被免职。他仍然在政府内任内政大臣,但是在克里米亚战争期间当阿伯丁(Aberdeen)的内阁倒台时,他应公众的要求成为首相。

帕默斯顿的外交政策给自由党在选举方面带来一种有点不和谐的吸引力。但是在国内事务上,他的态度却从未特别"自由"。他强烈反对进一步的选举改革。在欧洲,他支持"自由"运动,例如意大利独立,1848 年的欧洲革命,但相比之下,他更关注英国的国家利益,维护欧洲的稳定。

帕默斯顿是个高个儿的英俊男子,绰号"丘比特"("Cupid"),他直到 55 岁才结婚,主要是因为他对考珀勋爵(Lord Cowper)夫人埃米莉·兰姆(Emily Lamb)的爱慕,这段恋情始于 1813 年,一直持续到他去世。他们婚外至少共有四个孩子,他与别的女人也育有儿女。1839 年,在考珀死后的两年,他们结婚了,在接下来的 25 年中,他们享受着"彼此不熟悉的幸福的婚姻生活"。

Pandulf(d.1226). **潘德尔夫(卒于 1226 年)** 诺里奇(Norwich)主教区主教。潘德尔夫出生在罗马,他接受教皇英诺森三世的派遣,前往英格兰与国王约翰进行谈判,结束约翰与教皇之间的争端,争端期间教皇宣布的禁教令几乎使英格兰所有的教会事务处于停顿的状态。潘德尔夫于 1211 年到达英格兰后,要求恢复坎特伯雷大主教兰顿(Archbishop Langton)的职务。在遭到约翰拒绝后,潘德尔夫离开英格兰。1213 年他又被派回英格兰,此时约翰的地位已经被削弱,潘德尔夫提出条件,要求约翰为了他的王国向教皇效忠。从此以后,潘德尔夫开始辅佐约翰,并于 1215 年被封为诺里奇(Norwich)主教区的主教。约翰死后,在亨利三世未成年时期,潘德尔夫在管理国家事务中扮演了重要的角色,与休伯特·德·伯格(Hubert de Burgh)和彼得·德罗什(Peter des Roches)形成三人共同执政的局面。

Pankhurst, Emmeline(1858—1928). 埃米琳·潘克赫斯特(1858—1928)

女性参政运动的领导者。埃米琳·潘克赫斯特是一位杰出的演讲者,也拥有姣好的体态,成为女性争取议会投票权的形象代表。

埃米琳继承了她的父亲罗伯特·古尔登(Robert Goulden)———一个曼彻斯特的棉纺生产商的激进观点。1874 年,她嫁给了自由党律师理查德·潘克赫斯特博士(Dr Richard Pankhurst),并追随他加入费边社(Fabian Society)和独立工党(Independent Labour Party)。1898 年理查德去世之后,她受到长女克里斯特贝尔(Christabel)的影响,对于独立工党未能优先考虑女性选举权失去了耐心。因此,她们于 1913 年成立了妇女社会政治联盟(Women's Social and Political Union),并移居伦敦,采取激进策略。她决定通过攻击财产权来改变斗争方式:"关于碎玻璃片的争论是现代政治中最有价值的争论"。1912 年 3 月,在伦敦西区(West End)砸碎多扇窗子后,她被指控蓄谋破坏,获刑 9 个月。1913 年 2 月,她承认对用炸弹炸毁沃尔顿希思(Walton Heath)的劳合·乔治(Lloyd George)住宅事件负责,被判 3 年苦役。根据《猫和老鼠法》(Cat and Mouse Act)条款,她要被拘捕 12 次。

Papineau, Louis-Joseph(1786—1871). 路易斯—约瑟夫·帕皮诺(1786—1871) 帕皮诺是下加拿大【Lower Canada,今魁北克(Quebec)】爱国党(*patriote* party)的领导人,是敢于直言的民族主义者的喉舌。到 1834 年,加拿大

的民族主义迫使英国政府对该省采取果断控制。作为回应,1837 年 3 月英国议会下院授权加拿大总督对下加拿大的民选下议院(Assembly)采取不予理睬的态度。下加拿大的抗议活动一触即发,直到 11 月,逮捕帕皮诺的企图终于引发了公开的反抗。英国军队镇压了这次起义,造成很多人员伤亡。帕皮诺遭到流放,1845 年才返回加拿大。

Papua New Guinea **巴布亚新几内亚** 英联邦内的独立君主国家,英女王为该国家的元首。它由东半部分的大岛新几内亚,以及东部、北部彼此相邻的众多岛屿组成。岛的西部曾被荷兰人占有,现在是印度尼西亚的组成部分。第二次世界大战期间,日本人侵入巴布亚新几内亚之后,该地发生了激烈的战事。

Paradise Lost **《失乐园》** 《失乐园》是约翰·弥尔顿(John Milton)于 1667 年创作的一部史诗,它讲述的是人类①因受撒旦(Satan)的诱惑违犯禁令,最终被逐出伊甸园的故事。《失乐园》因其生动的全景式描写和语言技巧,而成为这位盲人诗人最著名的作品。

Paris,treaty of,1259. **《巴黎条约》(1259)** 根据 1259 年 10 月 13 日英法双方签订的这份条约,亨利三世放弃对金雀花王朝在法国北部土地的要求,该地区是其父约翰在 1200 年至 1210 年间失去的。反过来,法国国王路易九世确认了亨利三世对法国西南部阿基坦(Aquitaine)的占有权。该条约明确规定,亨利三世应该为其占有法国领地而向法国国王路易九世行臣服礼。

Paris,treaty of,1295. **《巴黎条约》(1295)** 1292 年,爱德华一世将约翰·巴利奥尔(John Balliol)推上苏格兰王位。两年后,当爱德华一世与法国国王腓力四世(Philip IV)之间爆发战争时,爱德华一世要求巴利奥尔向其提供支持。但是苏格兰的许多贵族遣使到法国,并于 1295 年 10 月 23 日与法国签订了一个互助条约。该条约成为持久的法国—苏格兰联盟"老同盟"("Auld

---

① 指亚当和夏娃。——译者注

Alliance")的基础。

Paris, treaty of, 1303. 《巴黎条约》(1303) 1259 年的《巴黎条约》并没有结束因英格兰占有加斯科涅(Gascony)所引发的冲突。1294 年法国国王腓力四世与英格兰国王爱德华一世之间的战争再度爆发。经多次谈判后,双方于 1303 年签订《巴黎条约》。该条约确认了爱德华一世因领有加斯科涅而应对腓力四世效忠,并确定了爱德华王子与法国公主伊莎贝拉(Isabella)的婚事。爱德华一世把精力转向他在苏格兰的最后军事行动。

Paris, treaty of, 1727. 《巴黎条约》(1727) 西班牙王位继承战争之后,梅诺卡岛(Minorca)和直布罗陀(Gibraltar)被英国占有,对此西班牙国王腓力五世颇不甘心。1725 年,西班牙与奥地利达成和解,迫使英国、法国、荷兰三方签定了一个《汉诺威防御条约》(defensive treaty of Hanover)。1727 年 2 月,西班牙人开始围攻直布罗陀,但被英国击退,1727 年 5 月,双方在巴黎达成初步协议。

Paris, treaty of, 1763. 《巴黎条约》(1763) 尽管《巴黎条约》结束了"七年战争",给英国带来了巨大利益,英国从中得到了加拿大、格林纳达(Grenada)、圣文森特(St Vincent)、多米尼克(Dominica)、多巴哥(Tobago)、塞内加尔(Senegal)和梅诺卡岛(Minorca),以及印度的统治权,但是参与谈判的英国代表仍然被在野党公开指责为完全不胜任。首席谈判者贝德福德公爵(duke of Bedford)被指控卖国,皮特(Pitt)抱怨说我们已经放弃了我们的普鲁士盟友腓特烈(Frederick),并称该条约"已使所有的战争荣耀变得暗淡,并放弃了国家最宝贵的利益"。

Paris, treaty of, 1814. 《巴黎和约》(1814) 该和约是在法国与取得胜利的反法联盟(奥地利、英国、葡萄牙、普鲁士、俄国、西班牙和瑞典)之间于 1814 年 5 月 30 日达成的。拿破仑·波拿巴 4 月 6 日退位,反法联盟希望给予法国极大的和平,以帮助已恢复王位的法国国王路易十八。根据该条约,法国被允许保持 1792 年 1 月 1 日时的边界,这样就保存了法国大革命时期的一些成果。除了一部分地区外,法国重新获得了殖民地。

Paris,treaty of,1815. 《**巴黎和约**》(**1815**)   该和约是法国与反法联盟于 1815 年 11 月 20 日签订的,时值拿破仑百日王朝(Napoleon's Hundred Days)和他在滑铁卢(Waterloo)被击败之后。较之于 1814 年的第一个《巴黎和约》,该和约的内容更加苛刻。和约规定:除了几个地区以外,法国必须后撤到 1790 年时的边界线,同时法国还要支付 700,000,000 法郎的赔款,并同意由反法联盟军队占领 5 年。之前双方还曾达成协议:法国将掠夺的艺术品归还给它们的主人。

Paris,treaty of,1856. 《**巴黎和约**》(**1856**)   该条约是在克里米亚战争结束时,由奥地利、法国、英国、普鲁士、俄国、撒丁王国(Sardinia)以及土耳其等国签署的,旨在加强奥斯曼帝国(土耳其)的安全,限制俄国的力量。其他列强承诺尊重土耳其的领土完整,把土耳其纳入欧洲协调(Concert of Europe)保护之中;反过来,土耳其苏丹也承诺要善待他的基督教臣民。黑海(Black sea)作为中立地区,其水域只对各国商船开放,而不对各国军舰开放。这就意味着俄罗斯的黑海舰队(Black sea fleet)将被迫解散。1870 年,俄罗斯单方废除了有关黑海的条款。

P

parish churches 堂区教堂   英国有各种不同规模、年代、建筑风格的堂区教堂,其内部设施也是多种多样。所有这些堂区教堂的共同之处,就是它们都位于所在社区的中心位置。崇拜上帝方法的正确与否引起了人们巨大的热情,在整个历史发展中,各个堂区一直都在修建和重建自己的教堂,并对其不断地修饰,来适应崇拜目标的变化。

从 10 世纪开始,堂区体系逐渐零星发展起来,但直到 13 世纪才发展成熟。从那时起到 19 世纪早期,堂区教士都要依靠各种捐赠和赋税等来供养,包括地产的捐献,即圣职田(glebe);堂区居民支付的一种税,即"什一税"(tithe);以及各种的供奉如死手绢(mortuaries)等。到 13 世纪早期,已经确定堂区长(rector)只能指望利用自己的收入来维护教堂圣坛的结构,堂区居民则负责教堂正厅的保养以及教堂所需的经书和教士所穿的法衣。在中世纪后期,这种共同负担的课税制度形成了真正意义的共同体,在这个共同体中,人们能够通过掌管堂区世俗事务的"堂区俗人执事"("churchwardens")这些自己选出的代表,在堂区生活的组织和教堂的建筑形式及其内部装修等方面发挥主导作用。

不同时期的堂区教堂都各有范例,如达勒姆郡埃斯孔布(Escomb)的撒克逊教堂、赫里福德郡基尔佩克(Kilpeck)的罗马式教堂,或者装饰华丽的布里斯托尔圣玛丽雷德克利夫(St Mary Redcliffe)教堂。宗教改革(Reformation)结束了中世纪后期教堂的过度重建之风,相对而言,自16世纪中期至19世纪早期兴建的教堂数量就很少。在伦敦大火(Great Fire)之后,除了由雷恩(Wren)建筑的众多教堂,另外还有位于斯托克伊迪斯(Stoke Edith)的精美的汉诺威王朝风格的教堂(1740—1742年),以及赫里福德郡的肖伯顿(Shobdon)教堂(1752—1756年)。在19世纪,英国又出现了一次大规模修建教堂的运动,原因是英国圣公会试图为正在增加的人口作准备。

16世纪之后,虽然不再经常重建堂区教堂,但是教堂内部设施却总是在更新。大量的祭坛,以及石制、木制、玻璃的圣人塑像,绘画和针织作品,在宗教改革期间都遭到清理。19世纪教堂的内部装饰完全是按照维多利亚时期改革者们所提倡的风格进行的,目的是为举行特定的礼拜仪式提供空间。因此,堂区教堂具有非常不同的建筑风格,它们的内部设置总体上属于19世纪的风格。圣所用屏风隔开,并被抬升高出中殿地面许多,需要通过阶梯进入。祭坛又重新回到靠近东面墙的中世纪时的位置,在向前的台阶上突起,并由栏杆隔开,这样就给唱诗班留出了空间,而风琴则放置在东边靠墙的位置。

Parish Councils Act,1894. **《堂区俗务委员会法》**(1894) 更确切地说应该是《地方政府法》(local Government Act)。该法完成了19世纪地方政府的重大改革。根据1835年颁布的《市政法人法》(Municipal Corporations Act),城镇已经被赋予用选举的方式建立议会的权力,1888年时郡议会(county councils)也已建立起来了。自由党在利用堂区俗务委员会发展基层民主方面曾承受了相当大的压力,这些内容被包含在1891年的《纽卡斯尔方案》(Newcastle programme)中。格莱斯顿(Gladstone)的立法引进了城市堂区和乡村堂区,为300人以上的村庄设立了堂区俗务委员会,为小村庄设立了堂区会议(parish meetings)。该法赋予女性投票选举和担任公职的权利,无论婚否。1972 年颁布的《地方政府法》,撤销了城市堂区和乡村堂区建置,但堂区俗务委员会被保留下来。威尔士是个例外,这里用社区委员会(community councils)取代了被撤销的堂区俗务委员会。

parishes,origins of 堂区的起源 传统理论认为,英国的堂区制度是由塔尔苏斯的坎特伯雷大主教狄奥多尔(Archbishop Theodore of Tarsus,668—690年)设想出来的,但是现在人们已经不再坚持这种观点了。英国的主教辖区,从地域上讲,要比意大利类似的主教辖区大得多,无法从中心进行管理。约克的主教保利努斯(Paulinus,627—634 年)建立了一些地方教会,同样,7 世纪时凯尔特的传教团也在诺森伯里亚建立了一些地方教会。比德(卒于 735 年)提到了祈祷屋。734 年,他向大主教埃格伯特(Archbishop Egbert)提出的建议表明,那时并不存在任何组织系统。他曾建议大主教通过"任命那些愿意在各个村落全身心地投入到传播上帝福音的工作中的人们为牧师和教士"的方式来寻求帮助。由此可见,堂区制度是在 8 世纪逐渐形成的。它的形成可能是通过一个双向的过程实现的:一方面是从主教辖区中心向外延伸;另一方面是从当地私人教堂向主教辖区中心发展。人们对这些当地教堂的了解甚少,因为盎格鲁—撒克逊时代英格兰的塞恩(thegn)并没有得到国王颁发的正式的特许状,他的教堂也只是木制的简易建筑物,因此并未留下任何可以追溯的痕迹。教堂是塞恩的私有财产,由一个贫穷的神职人员主持,作为回报,塞恩为其提供两威格特(virgates)的圣职田(glebe),相当于自由民刻尔(ceorl)拥有的土地的两倍。另外,神职人员可以对洗礼、婚礼或者监督神明裁判(ordeals)的执行而收取费用。私人教堂成为塞恩的正式所属物。其他由国王、主教为他们自己修建的教堂,后来被称为"特殊教堂"或"特殊堂区"("peculiars"),不再受一般主教区的司法管辖。在整个盎格鲁—撒克逊时期,堂区制度因乡村不断修建教堂而得以发展;到了诺曼征服(Norman Conquest)时期,堂区制度已得到极大的发展。随着时间的推移,政府发现,堂区是个有用的行政单位,尤其适合处理济贫问题。再接下来需要解决的就是确定各堂区确切的边界问题。每年一度的勘察或"踩出边界"("beating the bounds")的行为通常是在祈祷日(Rogation day)那天进行,后来逐渐成为一项重要的活动。然而,在进入19世纪以前,为数多达10,000个堂区的格局仍然处于混乱状态:零散孤立,各堂区之间的辖区存在争议,特点也是千差万别。

parish registers 堂区登记簿 遵照1538年托马斯·克伦威尔下达的命令,洗礼、葬礼、婚礼的记录在英格兰都要保存下来。尽管苏格兰的堂区登记制度始于16世纪50、60年代,但17世纪之前的堂区登记簿却很少被保存下来。通常认为,爱尔兰的堂区登记制度也始于17世纪以后,而且那些登记簿仅涉及爱尔兰的新教教堂。直到18世纪才开始登记人口众多的天主教徒。

在1837年的居民登记之前,堂区登记簿为历史上的人口统计学家们提供了推断人口统计数据的最佳途径。然而统计结果的可靠性取决于能否克服圣公会教区登记的各种缺陷,因为它们记录的是在教堂举行的仪式,而不是出生、死亡和婚嫁状况。许多婴儿在洗礼之前就已夭折,而且越来越多的人抛弃了英国圣公会,因此,到19世纪的前十年,英国登记的人口只包括大约全国出生和死亡人数的三分之二。

Parisi 帕里西人 罗马统治时期不列颠的一个部落和行政区。帕里西人的名称似乎暗示着该部落与高卢人(Gallic)某个具有相同名称的部落有着共同的祖先,尤其是他们独特的"车马葬"习俗,更是揭示了这种关联性。该部落位于约克郡的东赖丁(East Riding),他们可能默认了罗马人对其领土的占领。地理学家托勒密(Ptolemy)认为有一个镇是属于他们的,即佩图阿里亚【Petuaria,亨伯河畔布拉夫(Brough on Humber)】,那里幸存下来的一块碑铭似乎确认了该城市的存在。佩图阿里亚很可能是该部族的都城。

Park, Mungo (1771—1806). 芒戈·帕克(1771—1806) 苏格兰启蒙运动(Scottish Enlightenment)之子。帕克在爱丁堡大学接受的医学和植物学教育背景,以及他在苏门答腊(Sumatran)的经历,使得班克斯(Banks)在1795年选择他为非洲协会(African Association)去探索西非腹地。他从冈比亚(Gambian)海岸出发,到达塞古(Segu)附近的尼日尔河(Niger),证明这条河的流向是向东的,从而结束了尼日尔河流向问题的长期纷争。英国政府进行的一次更具雄心的探险活动于 1806 年的一次灾难中结束,当时帕克就在尼日尔河下游远处的布萨(Bussa)遇难。

Parker,Matthew（1504—1575）. **马修·帕克**（1504—1575）　坎特伯雷大主教。帕克出生在诺里奇(Norwich),在剑桥大学基督圣体学院(Corpus Christi College)接受教育,先后担任安妮·博林(Anne Boleyn)的忏悔神父,基督圣体学院院长(1544 年),剑桥大学副校长(1545 年和 1549 年),林肯学院院长(1552 年)和坎特伯雷大主教。他与布塞尔(Bucer)关系密切,也是简·格雷夫人(Lady Jane Grey)的支持者,在玛丽女王统治时期,他被撤职,过着默默无闻的生活。作为一位谦虚谨慎的有识之士,他勉强答应了伊丽莎白的请求,接受了大主教的职位。帕克在伊丽莎白一世在位时期主持解决宗教问题,他大胆地在符合礼拜仪式的范围内提升了对神学的解释,提供了一条介于罗马天主教与加尔文教派之间的中间路线。

Parkes,Joseph（1796—1865）. **约瑟夫·帕克斯**（1796—1865）　帕克斯是政治游说所需的那类人,即议会代理人的早期代表。他出生在沃里克(Warwick),深受边沁(Bentham)影响,成为一名事务律师(solicitor),并娶约瑟夫·普里斯特利(Joseph Priestley)的女儿为妻。1828 年,作为某个委员会的秘书,他通过成功的游说,把东雷特福德(East Retford)的议会席位转给了伯明翰。在 1832 年的议会改革危机中,他作为中间人,解决了辉格党政府与伯明翰政治联盟(Birmingham Political Union)之间的纷争。1833 年,帕克斯被任命为自治市政府调查委员会的秘书,不足为奇,他的报告称存在着诸多不满,需要对地方政府进行重大改革。1847 年以前,他一直为辉格党的选举事务效力,那年,他被任命为大法官法庭(Chancery)的诉讼费核定主事官(taxing master)。

Parliament　议会

English Parliament　英国议会　议会最初是仆人,后来变成了主人。议会的建立来源于王室三个方面的需要:君主需要得到建议和信息;君主意识到如果臣民(subjects)知道他们为什么纳税,就可能会更愿意纳税;君主需要找到某种解决申诉和请愿的办法。由于结构完善的地方法庭和国家法庭的网络系统在中世纪时期的建立,议会的第三个功能逐渐衰退,尽管议会①(High Court of Parliament)的概念仍然被保留在议会上院的上诉司法权(appellate jurisdiction)中。

从一般意义上来说,议会可以被追溯到撒克逊时期的贤人会议(witan)和诺曼时期的谘议会(council),二者都是由王国的重要人物组成的。但是议会发展成为一个更广泛意义上的,带有代表因素的国家性质的机构,反映了政府对更多金钱的持续需求。诸如支付国王结婚的费用、支付国王赎金的费用,以及支付王子受封骑士的费用等封建捐税,不在议会的权限之内,但是长期的战事总是需要不断增加税赋,国王不可能保证"依靠自己过活"("live of his own")。

撒克逊和诺曼时期,大量公共事务都在国王加冕、圣诞节庆典、复活节和圣灵降临节时达成。因为那些大人物有望在这个时刻出席活动以示对国王的尊重,所以国王很容易借机向这些人提出咨询。在 13 世纪,此类会面逐渐被称为讨论会(discussions):座谈会(*colloquia*)或者商讨会(*parliamenta*)。然而,尽管他们的目的是要协助国王,但他们也可能会反对那些不受爱戴或失败的君主。1203 年 12 月,约翰离开诺曼底去寻求他在牛津的男爵们的紧急援助,以挽救诺曼底公国。男爵们承诺服从国王的命令,但提出"王国的权利不受侵犯"的要求。1257 年,亨利三世未能参加在加斯科涅(Gascony)的战斗,他的摄政者们召集了另外一个议会来筹集经费。尽管通过吸收低级教士的代表和每郡两名骑士的方式增加了男爵数量,但是经费却未能立即兑现。在西蒙·德·孟福尔(Simon de Montfort)派与国王发生冲突期间,双方轮流利用议会,德·孟福尔在1265 年 1 月召开的议会中,包括了骑士和一些来自自治市镇的市民。

到这一时期,议会正在变成一个常设机构,但其成员仍存在很大差异。低级教士在 1257 年第一次被召集参加议会,此后不定期地参加议会,最后退出,以参加教牧人员代表会议(convocation)取代参加议会。1295 年,爱德华一世召开"模范"议会("model" Parliament),议会成员总计超过 400 人。尽管随后召开的议会的成员组成并未以模范议会为标准,从这个意义上讲,模范议会并非模范,

---

① 英国的议会包括上院和下院,其中上院有司法职能。——译者注

但是模范议会完全有别于那些由 40 至 50 个成员组成的小议会。

然而,我们不能夸大这一阶段议会的重要性。议会成员并不总是能全员出席会议,一方面是因为交通不便,另一方面是因为不是所有议员出席议会都会受到欢迎。议会的会期是短暂的,有时不超过一个星期。但议会下院开始维护自身的利益。曾由两院共同投票决定的课税,据说在亨利四世统治时期变为"在上院同意的情况下",由下院决定——这是一个重大的改变。

在都铎王朝时期,议会权力和君主权力同时有了很大的飞跃。亨利八世利用议会调整王位继承和改革教会,从而巩固了自己的权力,此外,他把修道院院长从议会上院清除出去,从而使世俗贵族在上院占据了绝大多数。1536 年,《合并法》(Act of Union)把威尔士公国纳入议会范畴。然而,总的来说,议会仍然在王室的控制之下。在伊丽莎白统治时期,议会出现了几次难以驾驭的状况,但是,在她统治的最后十年中,议会仅存在了七个月左右。

在 17 世纪,议会的发展取得了决定性突破。詹姆斯一世和查理一世的愚蠢无能导致 1642 年内战的爆发,结果使英格兰陷入僵局。1660 年的王朝复辟(Restoration)进一步证明,正如国王们一贯坚持的那样,议会才是防范无政府主义或者专制独裁的堡垒。但是,1660 年的议会却是难以令人信服的。议会已经展示出其临时统治与发动战争的非凡能力,查理二世结束流亡返回伦敦时,受到市民欢迎的一个重要因素就是他承诺召集一个自由的议会。即便如此,在他余下的统治时间里,他与议会之间的关系也常常令人担忧。1688 年,权力的天平倾斜了。在詹姆斯二世逃亡之后,议会下院借机在建立与新君主的关系问题上提高自己的地位。威廉三世的财政解决方案有意吝啬,"当君主们不需要钱的时候",约瑟夫·威廉姆森爵士(Sir Joseph Williamson)极其坦率地说,"他们也不需要我们"。持续将近 25 年的战争不仅确保了议会每年都要召开,而且使议会成为政府机构中一个固定的、不可缺少的部分。诸如哈利(Harley)和沃波尔(Walpole)这样的大臣,都学会了怎样通过赞助与利诱的方式来控制议会,并作为议会的管理者为自己打造良好声誉。1707 年英格兰与苏格兰签署的《合并法》给他们的工作带来了极大的帮助,因为来到威斯敏斯特的 45 位下院议员和 16 位贵族代表,基本上都是贫穷且可以收买的。

光荣革命结束之后,议会在许多方面都达到了巅峰时期。由垄断着财富、闲暇时间和教育的贵族和绅士组成政府看起来是自然而然且不可避免的事,这样的政府也能够炫耀其取得的显著成就。君主立宪制在国内外获得了广泛赞誉。由普尔特尼(Pulteney)、默里(Murray)、老皮特(Pitt the Elder)、诺斯(North)、福克斯(Fox)、伯克(Burke)、谢里登(Sheridan)、小皮特(Pitt the Younger)和坎宁(Canning)这些雄辩家参与的关于君主立宪制的辩论,规格极高。1801 年,英格兰与爱尔兰签署的《联合法》(Act of Union),首次明确了议会对不列颠诸岛的至高无上的权力,尽管结果对于英国来说并非是一件纯粹的幸运之事。

然而,即使是在议会最强大的时候,议会本身也不稳定。1776 年美国的独立就预示着加拿大、澳大利亚、印度、新西兰、爱尔兰以及其他殖民地将步其后尘。与此同时,议会极不情愿地批准了在报纸上报道美国独立这一事件的整个进程。普尔特尼曾经说过,"这就像是让我们在没有房门的情况下,为我们自己在屋里所说的话负责"。他是对的,通过这一缺口,公众舆论强行进入。人口的流动,大型无代表城镇的增多,以及更具批判性和实用性态度的发展,都在蚕食着贵族统治的基础。1832 年,英国议会进行了第一次伟大的改革。正如改革的反对派悲观预测的那样,议会改革虽然没有按照他们设想的速度推进,但还是分阶段地给英国带来了充分的民主。连续一系列的调整(其中许多调整都是逐步进行的)改变了议会的本质,如废除宗教忠诚宣誓,重新调整选区以使选区更趋于平衡,实行议员工资制,而选举权的扩大就一直延续到1948 年。此外,妇女也于1918 年获得了选举权。尽管1911 年的《议会法》剥夺了议会上院剩余权力中的大部分权力,但是1958 年终身贵族(life peerages)身份的引进使上院又获得了意想不到的生机。

Irish Parliament 爱尔兰议会 爱尔兰议会几乎是与英格兰议会同时建立的。1295 年,约翰·沃根爵士(Sir John Wogan)在基尔肯尼(Kilkenny)召开爱尔兰议会,议会成员包括有爵位的贵族和从一些郡选出的两名骑士。1311 年,英格兰自治市的代表(Burgesses)加入爱尔兰议会。爱尔兰本地人被排除在外,因为他们"不是商议爱尔兰王国国事的合适人选"。1494 年,英格兰通过《波伊宁斯法》(Poynings's Law)对爱尔兰议会行使控制权,该法律规定爱尔兰议会必须服从英格兰枢密院(Privy Council)。在17 世纪,更多的郡和地区被包括进来。

光荣革命以后,议会下院由 64 名骑士,234 名自治市代表和 2 名来自都柏林三一学院(Trinity College, Dublin)的代表组成。议会上院大约有 80 名贵族议员。

尽管爱尔兰议会自 1729 年就开始在位于都柏林三一学院草坪(College Green)上一幢辉煌的建筑物中办公,但爱尔兰议会的真正权力却掌握在爱尔兰总督和英格兰政府手中。虽然议会中发生的辩论往往都是意味深长的,但是辩论者们都没有直接利用权力杠杆。直到 1768 年通过的《八年会期法》(Octennial Act)之后,每届议会的任期才得以延长。1666 年至 1692 年间,爱尔兰根本就不存在议会(除了 1689 年詹姆斯二世召集的议会),乔治二世召集的第一届议会从 1727 年持续到 1760 年,期间每隔一年举行一次会议。

在 18 世纪的大部分时间里,爱尔兰议会反复做出试图挣脱英格兰控制的尝试。直到"七年战争"结束,英格兰陷入困境后才开始对此有所让步。1768 年《八年会期法》的通过恰逢其时,因为当时英格兰人正急于在爱尔兰增兵。1782 年时《波伊宁斯法》之所以被废除,是因为爱尔兰志愿军(Volunteers)在美国战争期间给英格兰带来了明显的威胁。

一直沐浴在"格拉顿议会"(Grattan's Parliament)的金光之下的爱尔兰议会,在最后阶段才开始成为一个独立的立法机构,而 1798 年大起义中法律和秩序的破坏是最终造成这一结果的决定性因素。爱尔兰总督卡姆登(Camden)写道:没有联合,爱尔兰"在未来的战争中将是极其脆弱的"。根据 1801 年的《联合法》(Act of Union),爱尔兰议会被废止,原有议员均转入英国议会。都柏林新建成的议会大厦因不再需要而改成爱尔兰银行。

Scottish Parliament　苏格兰议会　苏格兰议会与英格兰议会有很大的不同。苏格兰议会没有类似于英格兰的议会下院和议会上院,相反,神职人员、贵族和自治市的代表这三个等级的代表在同一个房间开会。从 15 世纪初开始就由三个等级选出的一个小型委员会,即议会立法委员会(Lords of the Articles)起草法律,然后再经议会全体会议通过。在 15 世纪后期之前,苏格兰议会一直由一般委员会(general council)的各个机构进行补充,从 16 世纪起,苏格兰议会便开始由非常议会(Convention of Estates)的各个机构加以补充。实际上,非常议会就是没有司法权的议会。

从由主教和伯爵组成的御前会议演变而来的苏格兰议会留下的第一份历史记录,是 1235 年作为讨论会(*colloquium*)被记录下来的。在 14 世纪早期,骑士和自由地产保有人(freeholders)的出席变得重要起来。1326 年,自治城市代表开始出席议会,因为议会需要确保他们同意征税。在这一时期,议会平均每年召开不止一次,国王期待议会为许多王室政策提供支持。然而,议会对于君主来说,可能是个危险的地方,詹姆斯四世(1488—1513 年)在 1509 年之后就避免召开议会。

随着苏格兰宪制问题的解决(1640—1641 年),王室特权受到遏制,苏格兰议会控制了行政权,成为英格兰长期议会(Long Parliament)的先例。“空位期”(Interregnum)出现了两个王国的联合议会(1657 年),但是在 1660 年王朝复辟(Restoration)以后,苏格兰议会便强势回归。1689 年,神职人员出席议会遭到禁止。随后,1690 年便建立了法规委员会(Committee of the Articles)。与其说是占主导地位的联合主义,倒不如说是贿赂和议会分裂,能最好地诠释王权可以确保议会大多数人赞同与英格兰的合并(1707 年 1 月 16 日)的原因。苏格兰议会最终在 1707 年 4 月 28 日解散,但它对于苏格兰的民族认同仍然很重要,因而 1999 年,经过全民公决,苏格兰议会得以重新恢复。2004 年 10 月,一个崭新的议会大厦在爱丁堡投入使用。

Welsh Parliament　威尔士议会　尽管没有证据表明议会属于威尔士政府的常设机构,但威尔士的确存在着政治协商的传统。1216 年,卢埃林(Llywelyn)在阿伯多维(Aberdovey)召开了一个由权贵们参加的会议,来决定南威尔士边界划分问题。据说,格兰道尔(Glyndwr)分别于 1404 年在马汉莱斯(Machynlleth)和 1405 年在哈勒赫(Harlech)召集了两次议会。1322 年和 1327 年,一些来自威尔士的代表曾应邀出席英格兰议会,但直到 1536 年后,威尔士才成为正式代表。威尔士议会于 1999 年创立。

Parliament, Acts of　议会立法　一项议案最终能成为一项议会立法,要经过冗长的程序,并经历了几个世纪的演化过程。在议会下院,议案要通过一读(reading)、二读、委员会审议、报告以及三读等主要程序。一读非常正式。如果在一读过程中该议案存有争议,二读的辩论很可能是全体议员参与的。辩论的主要内容是该议案的原则问题,而不是细节问题。

在二读之后,大部分议案被送到常务委员会(standing committee)作详细的讨论。所有议案(除非是被终止辩论的议案)都要经过逐条审议,逐项修改。政府内置主体确保了绝大多数反对者的修正方案都将失败,但偶尔也有来自政府支持者的反抗。

经过修订的议案返回议院全体会议,进入报告阶段:这是委员会审议阶段不太完善的版本。最后阶段是三读,议会将对议案中的原则问题再次讨论。如果议案在这个阶段能够得以通过,那么,该议案将被送至议会上院再经过一个类似程序。主要的差别在于,议会上院的委员会审议阶段(通常)是全体参与。如果议案是在修正的情况下通过的,那么该修正案将被送回下院让其考虑修改部分。要想让该议案在这个阶段变成法律,两院必须全文通过,然后将其呈交国王批准,国王批准几乎是确定无疑的。

上述程序仅适用于公议案(public bills)。涉及具体社团、个人或公司的私议案(private bills),需要经过一个特殊、复杂且半司法性的程序。

Parliament, Houses of (London). 议会大厦(伦敦) 1836 年,在议会大厦工程的竞标中,查尔斯·巴里爵士(Sir Charles Barry)设计的"哥特式或伊丽莎白式"风格的方案一举中标。该工程于 1840 年动工,但是二十年后巴里去世时,该大厦尚未完工,其子爱德华·米德尔顿·巴里(Edward Middleton Barry,1830—1880 年)在 1860 年至 1870 年间完成了大厦的建造。包括全部内装修在内的大部分细节工作是由 A.W.N.皮金(A.W.N.Pugin)完成的。虽然下院使用的大厦毁于第二次世界大战,但是由贾尔斯·吉尔伯特·斯科特爵士(Sir Giles Gilbert Scott)和阿德里安·斯科特(Adrian Scott)采用哥特式建筑风格将其重建。

Parliament Act, 1911. 《议会法》(1911) 尽管 1911 年《议会法》产生的直接原因是 1909 年议会上院拒绝了劳合·乔治的预算案,但是更深层次的原因是 19 世纪后期辉格党的瓦解,因为辉格党的瓦解造成自由党统一派(Liberal

Unionists)加入了保守党阵营,从而巩固了保守党在议会上院长期占有的多数地位,并使自由党的立法掌握在贵族手中。该法强调:即使没有获得议会上院通过的财政议案,一个月之后也可以申请御准,其他公议案(public bills)可申请御准的时间为两年之后;议会期限由 7 年减少为 5 年。该法案只是在阿斯奎斯(Asquith)首相从乔治五世那里获得勉强承诺——如果有必要的话,将封授足够多的自由党贵族来支持该措施——之后,才在上院以 131 票对 114 票通过。根据 1949 年《议会法》,议会上院拥有的延迟权(delaying power)被减少到 1 年。

parliamentarians 议会党人 内战时期,对查理一世对手的礼貌称呼,轻蔑的称呼则是"圆颅党"(round-heads)。直到 1644 年,查理一世才决定在牛津建立自己的议会,而他对议会的明显不信任又使对手获得了某种优势。

parliamentary reform 议会改革 议会改革是个通用语,包括各种需要仔细区分的建议和变革。自从 13 世纪召开第一次议会以来,对议会的成分、权力、程序、结构的修正一直在持续,但是直到 18 世纪,持续的议会改革运动才得以开展。1716 年《七年会期法》(Septennial Act)制定之后,人们就不间断地呼吁缩短议会会期、减少傀儡官吏的数量,并废除一些衰败选邑(rotten boroughs)以给各郡更多的代表名额。这些最温和的建议增强了贵族和绅士业已形成的压倒性的影响。18 世纪 70 年代威尔克斯风潮(Wilkes agitation)期间出现了更为激进的议会改革建议:人们自内战时期以来第一次提出了男性公民选举权的要求。隶属于约克郡协会(Yorkshire Association)的威斯敏斯特委员会(Westminster Committee)于 1780 年提出了一个综合改革方案,呼吁成年男性公民拥有选举权,平等选区,举行年度议会,实行无记名投票,支付议员工资,取消对议员的财产资格要求,以上六点都出现在 60 年后制定的《人民宪章》(Charter)中。

立法机构对此做出的回应一开始较为缓慢。虽然议会于 18 世纪 70、80 年代对几个严重腐败的小选邑进行了改革,但是并没有对整个选举系统进行评估。针对贿选颁布的法令绝大部分都未生效。不过,1828 年至 1832 年间则出现了一些重要的变化。1828 年,议会废除了《忠诚宣誓法》和《市镇社团法》(Test and Corporations Acts),这使得不信奉国教的新教徒可以进入议会。次年,议会又将这一让步延伸到罗马天主教徒的身上。1832 年的《改革法》（Great Reform Act）废除了 56 个最小的衰败选邑，将代表名额给予更大的新城镇，如曼彻斯特、伯明翰、谢菲尔德和利兹等，并在自治市镇推行一种规范的选举权。1867 年、1884 年、1918 年、1928 年和 1969 年的立法，最终将投票权扩大到所有 18 岁以上的男性和女性公民。1858 年和 1886 年，当犹太人和无神论者先后被允许进入议会的时候，宗教限制因素彻底消失。1872 年，议会曾以无记名投票的方式处理了选举中长期存在的贿选和恐吓问题，而 1883 年议会颁布的《禁止选举舞弊法》（Corrupt Practices Act）又进一步解决了这一问题。

Parnell，Charles Stewart（1846—1891）．　**查尔斯·斯图尔特·巴涅尔**（1846—1891）　充满魅力的爱尔兰宪政民族主义领袖。巴涅尔出生在威克洛郡（Co.Wicklow）的一个英—爱新教徒家庭，继承了埃文代尔（Avondale）的地产，于 1875 年代表米斯郡（Meath）进入议会。1878 年至 1879 年，他领导了“新分离”（“New Departure”）运动，该运动把前芬尼亚兄弟会（fenians），爱尔兰裔美国民族主义者和土地改革的倡导者联合在一起。1879 年，他成为爱尔兰土地联盟（Irish Land League）的主席，并迫使格莱斯顿（Gladstone）于 1881 年通过的《土地法》（Land Act）中做出重大让步。为了维护这一日益激进的新分离运动的控制权，巴涅尔最初抵制该法的实施，并遭到监禁。1882 年，他签署了所谓的《基尔曼哈姆条约》（Kilmainham treaty），同意土地法修正案，只是坚持对议会的反对立场。巴涅尔在保守党与自由党之间的巧妙周旋，在 1886 年格莱斯顿推出《地方自治法案》（Home Rule Bill）时，发挥到了极点。随着该法案的失败，他的实际作用因自由联盟（Liberal alliance）和他与爱尔兰关系的疏远而削弱。1887 年，他因《泰晤士报》（*The Times*）的报道而被指控与芬尼亚暴动有牵连，1889 年 2 月他被证明是清白的，只是在 1889 年至 1890 年间，因在奥谢（O'shea）离婚案件中作为共同被告被法庭传讯而名誉尽毁。巴涅尔于 1891 年 6 月迎娶了凯瑟琳·奥谢（Katharine O'shea），但在当年秋天就去世了。

Parry，Sir Hubert（1848—1918）．　**休伯特·帕里爵士**（1848—1918）　尽管帕里厌恶查尔斯·斯坦福德（Charles Stanford）的音乐风格，但是他与查尔

斯·斯坦福德一同促成了所谓 19 世纪后期"英国音乐的复兴"（"English musical renaissance"）。他创作了一些不错的二流作品，《第四交响曲》（Fourth Symphony）、《钢琴四重奏》（Piano Quartet）和一些篇幅较短的合唱曲目可能是其中最佳作品。他为布莱克（Blake）的《耶路撒冷》（"Jerusalem"）所谱写的曲子是其最著名的作品，这首曲子最早在 1916 年的一场爱国音乐会上演奏。1895 年，他继乔治·格鲁夫爵士（Sir George Grove）之后，成为皇家音乐学院（Royal College of Music）院长。

Parsons, Sir Charles（1854—1931）. 查尔斯·帕森斯爵士（1854—1931）

工程师。帕森斯是第 3 代罗斯伯爵（earl of Rosse，爱尔兰）的儿子，在爱尔兰的比尔城堡（Birr castle）长大后，前往都柏林三一学院（Trinity College, Dublin）和剑桥大学的圣约翰学院（St John's College）接受教育。他的父亲是一位杰出的化学家和天文学家。帕森斯受到了良好的科学教育。他从剑桥大学毕业后，就在威廉·阿姆斯特朗爵士（Sir William Armstrong）位于纽卡斯尔的埃尔西克机械厂（Elswick works）当学徒。后来，他对阿姆斯特朗评价甚高。他开始从事电力供应工作，到 1884 年，他已经建造了一台涡轮发电机。1889 年，他在泰恩河（Tyne）河畔建立了希顿发电站（Parsons of Heaton）；1890 年，纽卡斯尔的一个发电站也采用了他的涡轮机发电。此后，帕森斯把涡轮机应用到船舶上，建造了当时海上行驶速度最快的"透平尼亚"号（"Turbinia"）汽艇。

Parsons, Robert（1546—1610）. 罗伯特·帕森斯（1546—1610） 耶稣会传教士。罗伯特出生在萨默塞特，父母为新教徒，他放弃了牛津大学巴利奥尔学院（Balliol）的奖学金，在勒芬（Louvain）加入罗马教会，随后于 1575 年投身于耶稣会。1580 年，他与坎皮恩（Campion）一起被派往英格兰，并在异常危险的环境中待了一年。在将近二十年的时间里，他是西班牙侵略扩张最热心的推动者之一。在无敌舰队（Armada）失败后，他集中精力处理他所在教派的内部事务。他的传教热情与他的政治阴谋结合在一起，在很大程度上形成了大众心目中耶稣会主义（Jesuitry）的形象。

partition treaties, 1698, 1700. 《瓜分条约》(1698, 1700) "九年战争" (Nine Years War)结束后不久,没有子嗣的西班牙国王卡洛斯二世(Carlos II)行将离世之际,欧洲列强试图在不发生流血冲突的情况下,解决西班牙王位继承问题。根据路易十四(Louis XIV)和威廉三世(William III)1698 年 10 月签署的第一个条约,西班牙王位由巴伐利亚选帝侯约瑟夫·斐迪南(Joseph Ferdinand, electoral prince of Bavaria)继承。然而,斐迪南在几周后就去世了。根据 1700 年签署的第二个条约,查理大公(Archduke Charles)应该得到最大的份额,法国可以得到那不勒斯(Naples)、西西里(Sicily)和米兰(Milan),条件是交出洛林(Lorraine)作为交换。但是卡洛斯二世在 1700 年 10 月去世时留下遗嘱:路易十四的孙子即安茹的腓力(Philip of Anjou)为西班牙王位的唯一继承人。路易放弃了他的条约义务,并表示接受该遗嘱。西班牙王位继承战争(War of the Spanish Succession)随后爆发。

Passaro, Cape, battle of 帕萨罗角战役 See CAPE PASSARO, BATTLE OF.(见帕萨罗角战役)

Passchendaele, battle of, 1917. **巴雪戴尔战役**(1917) 出于多种原因考虑,英军试图从比利时南部的伊普尔(Ypres)向比利时的两个港口奥斯坦德(Ostend)和泽布吕赫(Zeebrugge)进军。英军指挥官黑格(Haig)认为他能够在 1917 年赢得这场战争。海军给予他支持,因为他们想把德国人从位于英吉利海峡的诸港口赶走。劳合·乔治(Lloyd George)支持黑格继续战斗,因为他担心如果英国不积极战斗,法国人可能会重蹈沙俄的覆辙而崩溃。这场战役于 1917 年 7 月 31 日打响,但是由于德国的激烈抵抗,天降暴雨,以及佛兰德平原(Flanders plain)的排水系统被大炮摧毁,这些都意味着前进实际上就是陷入泥淖。在这场战役中,英军付出了大约 260,000 人伤亡的代价。

Paston letters 帕斯顿信札 诺福克家族的私人信件(15—17 世纪),尤其是 15 世纪时的信件,让人们对前宗教改革(pre-Reformation)时期英格兰的社会历史有了了解。帕斯顿信札不只是讲述了一个家族的传说——1469 年玛热丽

（Margery）私下嫁给他们的地产管理者引发惊恐，其中所涉及的商业事务、财产问题以及相关的法律诉讼还反映出"新型"绅士阶层（"new" gentry）的发展轨迹。

Patay, battle of, 1429.　帕泰之战（1429）　圣女贞德（Joan of Arc）拯救了奥尔良（Orléans）之后，英格兰人返回位于卢瓦尔（Loire）河畔的默恩（Meung）、雅尔若（Jargeau）和博让西（Beaugency）的桥头堡阵地。前两个阵地很快沦陷，在试图拯救第三个阵地时，塔尔博特勋爵（Lord Talbot, 施鲁斯伯里）和斯凯尔斯勋爵（Lord Scales）率领的军队于 6 月 18 日被贞德所配合的法军击败。塔尔博特被俘，并被囚禁到 1433 年。

Paterson, William（1658—1719）.　威廉·佩特森（1658—1719）　英格兰银行创始人。佩特森出生在邓弗里斯（Dumfries），却是在英格兰长大的。他在美洲和低地国家（Low Countries）的贸易中迅速致富。作为光荣革命（Glorious Revolution）的支持者，在"九年战争"（Nine Years War）期间，他主管政府的财政，并向政府施压，要求建立国家银行，以便从财政方面支持战争。1694 年，当国家银行成立时，佩特森担任行长。他是达里恩公司（Darien venture）的主要领导人之一，并为苏格兰公司（Company of Scotland）募集资金。1698 年，在他的第一次探险旅行中，他的妻子和独子不幸遇难，但他幸免于难，继续为政府提供咨询，敦促政府与苏格兰联合。

Patrick, St（c.389—c.461）.　圣帕特里克（约 389—约 461）　爱尔兰的守护神。圣帕特里克出生在不列颠，年轻时被劫掠者抓到爱尔兰，在被奴役的六年里，他靠祈祷支撑下来。他曾在梦里梦到有人告诉他赶紧回家，于是他设法来到海岸边，登上了一艘商船，历经很多艰难困苦后，重新与家人团聚。他似乎花了几年时间在法国接受牧师培训，而且很可能也是在法国被圣杰马努斯（St Germanus）封为圣徒后，前往爱尔兰从事传播福音的工作。他虽然经常身处险境，义无反顾地致力于与异教的斗争。他通过不懈努力，使无数人受洗皈依，很多神职人员被授予圣职，他的主教教座设在阿马（Armagh），从那以后，他开始按照罗马主教管区的方式组织这一正在形成中的新教会。

patriot king　爱国者君主　爱国者君主的概念很大程度上是作为反对党的武器出现在汉诺威王朝早期。这暗示着最早的两位乔治国王对汉诺威比对不列颠更感兴趣,并对赋予辉格党的独家信任深感遗憾。博林布罗克(Bolingbroke)在 1738 年为当时带头反对沃波尔(Walpole)的威尔士亲王弗雷德里克(Frederick,prince of Wales)所撰写的《爱国者君主观》(*The Idea of a Patriot King*)一文中,将爱国者君主这一概念最完整地呈现出来。爱国者君主的"本质特征"是"不支持任何党派,像国父一样治理国家"。

patriots　爱国者　沃波尔(Walpole)的反对者们用"爱国者"一词来形容自己,因为它象征着国家的利益被一个懒散而腐败的政府所忽略。威廉·皮特(William Pitt)为此特地敲响了爱国主义的战鼓,他对英国在汉诺威面前表现出的恭顺进行了猛烈抨击,称汉诺威"是个卑鄙的选侯"。作为回击,大臣们对爱国者的言论大加嘲讽,沃波尔声称"这不过是拒绝满足了一个不合理且傲慢的请求","然后突然冒出一个爱国者"。

Paulinus,St（d.644）.　圣保利努斯（卒于 644 年）　诺森伯里亚人的第一任主教。圣保利努斯是一位罗马教士,高个儿,黑皮肤,瘦脸,鹰钩鼻,根据比德(Bede)的记述,他属于梅利特斯(Mellitus)派中的一员。601 年,教皇格列高利一世(Pope Gregory I)派他去肯特帮助奥古斯丁(Augustine)。贾斯特斯(Justus)为他祝圣,并派他陪伴埃塞尔伯公主(Princess Æthelburg)到诺森伯里亚与埃德温(Edwin)结婚。他在叶维林(Yeavering)、卡特里克(Catterick)、林肯(Lincoln)和其他一些地方传教,同时引进用石头建造教堂的技术。633 年,埃德温在希思菲尔德切斯(Heathfield Chase)战役被杀以后,圣保利努斯逃到肯特,担任罗切斯特(Rochester)的主教。

Peacock,Thomas Love（1785—1866）.　托马斯·洛夫·皮科克（1785—1866）　皮科克的私人收入并不算多,只是在东印度公司担任某个职务谋生。

他最出名地方是他写的小说,如 1816 年的《黑德朗大厅》(*Headlong Hall*)、1817 年的《梅林宫》(*Melincourt*)、1818 年的《恶梦隐修院》(*Nightmare Abbey*)、1831 年的《科罗切特城堡》(Crotchet Castle)和 1860 年至 1861 年的《格里尔农庄》(*Gryll Grange*)。皮科克年轻时就是雪莱(Shelley)的朋友,政治上比较激进,但后来他的思想日渐独立,他的讽刺对象包括热情的浪漫主义者和像亨利·布鲁厄姆(Henry Brougham)一样的"思想进步"("march of mind")之人。虽然他写的这些小说都十分离奇,而且套路相似,没有多少情节,只有大量对话,但是提供了很多皮科克同时代人的小插曲。

Peada（d.656）， 皮达（卒于 656 年） 中盎格鲁人(Middle Angles)的国王(约 653—656 年在位)。皮达是麦西亚王国彭达(Penda)的儿子,并被彭达指定为国王。不久以后,皮达迎娶诺森伯里亚王国国王奥斯威(Oswiu)的女儿阿尔夫莱德(Alhflæd)。作为结婚的条件,他同意成为基督教徒,而且允许来自林迪斯芳(Lindisfarne)的传教团在此传教。公元 655 年,奥斯威在温韦德(Winwæd)战役中击败彭达后,任命皮达为南麦西亚王国的国王,而他自己则控制北麦西亚。但根据比德(Bede)的记载,皮达在转年的复活节因阿尔夫莱德的背叛而遭暗杀。

Pearse，Patrick（1879—1916）. 帕特里克·皮尔斯（1879—1916） 皮尔斯是英国出生的石匠之子,是个非执业的律师,剧作家,同时也是以盖尔语复兴作为办学方针的都柏林的圣恩达学校(St Enda's School)的校长。作为盖尔人联盟(Gaelic League)的主要成员,1912 年之前他一直支持爱尔兰地方自治运动,阿尔斯特(Ulster)危机导致他拥护激进民族主义,并参加了爱尔兰共和兄弟会(Irish Republican Brotherhood)。他成为爱尔兰共和兄弟会军事委员会的成员,参与制定了复活节起义(Easter Rising)计划。1916 年 4 月 24 日,皮尔斯在邮政总局(General Post Office)门外宣告临时爱尔兰共和国(Provisional Irish Republic)成立。5 天后,他下令向英国人投降,5 月 3 日,他被处决。

peasantry 农民 中世纪史专家对英国是否存在过一个能用"农民"一词

概括的社会群体存有疑问,也自然对这一群体在中世纪之后是否还继续存在心存质疑。从文学根源上看,这个词偶尔用来形容劳动者,暗指一些出身卑微、身份低下之人。当我们用农民来描绘快速消失的农村社会中的卑微成员,一个吃苦耐劳的团体(Hardyesque chorus)的时候,该词还被赋予了一些感情色彩。

因此,"农民"一词一直是作为一个没有明确定义的简单的表达方式来使用的。大多数历史学家使用这个术语来指小土地所有者(small landowners)和/或小农场主(small farmers),但在泛泛的意义上,也可以将茅舍农(cottager)、享有使用公地权利者(commoner)和擅自占地者(squatter)包括在内。

农民这个词也成为因王朝复辟(Restoration)以后或者圈地运动中普遍存在的经济状况而被迫颠沛流离的社会群体的总称。有人反驳说农民这个词在1750年之后就不再适用了,因为到那时为止,英格兰已经不存在像欧洲大陆这个词意义上的农民了。不过人们还是接受了这样一个事实,即在爱尔兰,以及威尔士和苏格兰那些人口稀少的地区还存在着农民。

Peasants' Revolt　农民起义　发生在1381年的农民起义是英格兰第一次大规模的民众起义。这次起义首先在埃塞克斯的福宾村(village of Fobbing)爆发。不久,肯特也爆发了起义,起义军迅速攻到伦敦。东盎格利亚、贝里圣埃德蒙兹(Bury St Edmunds)和圣奥尔本斯(St Albans)也出现了具有重大意义的起义。起义的导火索是征收第三次人头税(poll tax),这极大地加重了穷人的负担。起义给伦敦带来了巨大而强烈的政治变化,起义军在伦敦抓获并处决了坎特伯雷大主教、财政大臣和其他一些人。农民起义领袖之一沃特·泰勒(Wat Tyler)在史密斯菲尔德(Smithfield)与国王理查二世的谈判中,提出了一些激进的要求:取消农奴制;废除一切反动法令;领主权应由所有人共享;英格兰应该只有一名主教,一名高级教士;教会的财富要分配给人民群众。泰勒在与国王的这次当面谈判中被杀,其他地区的反抗也没有坚持多长时间。

Pecock, Reginald（c. 1395—c. 1460）.　雷金纳德·皮科克(约 1395—约 1460)　奇切斯特(Chichester)主教(1450—1459 年)。皮科克是威尔士人,就读于牛津大学奥里尔学院(Oriel College)。1414 年至 1424 年在牛津大学担任研究

员,在格洛斯特公爵汉弗莱(Humphrey, duke of Gloucester)的支持下,皮科克先后担任伦敦惠廷顿学院(Whittington College)的院长(1431—1444 年)、圣阿瑟夫(St Asaph)主教(1444 年)、奇切斯特主教(1450 年)和枢密院顾问官(1454—1457 年)。作为一名理性主义者,他试图通过有力的论点,而不是通过火刑来赢得罗拉德派(lollards)的支持。他于 1455 年写作的《对神职人员指责的抑制》(*Repressor of Over Much Blaming of the Clergy*)一文,是 1066 年以来用英语写成的第一篇神学论文。他于 1456 年出版的《信仰之书》(*Book of Faith*),提升了理性的权威。1457 年,他因异端罪而遭到控告,随后被逐出枢密院,并于 1459 年在公开放弃信仰后,被迫辞去主教一职。

Peel, **Sir Robert**(1788—1850). **罗伯特·皮尔爵士**(1788—1850) 首相。皮尔出生在一个通过棉纺织业而致富时间不长的家庭,在哈罗公学(Harrow)和牛津大学接受教育。在皮尔 21 岁时,他的父亲为他买了一个代表爱尔兰自治市卡舍尔(Cashel)的议员席位。皮尔是公认的能人,于 1809 年 6 月担任战争和殖民地副大臣(under-secretary for war and colonies)。1812 年,他担任了爱尔兰事务首席大臣(chief secretary for Ireland)。皮尔原本身体强壮,但是到 1818 年时,过度的劳累已经损害了他的健康,他因此而辞职。1822 年,皮尔在利物浦(Liverpool)组阁的政府中担任内政大臣。他推行了一些重要举措,包括具有广泛影响的刑法改革和大都市警察(Metropolitan Police)系统的创建。此外,他还因带头反对天主教徒解放运动(catholic emancipation)而声名远扬,在议会内外的托利党人中间提高了自己的地位。他于 1827 年辞职,拒绝为支持天主教徒解放运动的坎宁政府效劳,但在坎宁早逝后,他又返回政府工作。1829 年,当威灵顿(Wellington)感到必须要对天主教徒解放运动做出让步时,皮尔巧妙地使其在议会下院顺利通过。这招致许多过去崇拜他的人对他产生敌意。1830 年托利党政府倒台后,皮尔日渐成为新的辉格党政府的反对派领袖。他虽然反对《改革法》,但试图约束右翼托利党对辉格党的敌对程度。

皮尔开始在全国范围内确立起折中派的名声。以其《塔姆沃思宣言》(Tamworth manifesto)为例,他在宣言中表示已经接受 1832 年的《改革法》,并承诺他领导的保守党将执行谨慎的改革政策。1834 年年底,当威廉四世解散辉格党政府以后,皮尔为赢得大选发布了上述宣言。皮尔以微弱多数成为首相。但在随后的选举中,他的政党赢得了大约 100 个席位,但不是多数党。辉格党迫使皮尔辞职,重新掌权。但在 1837 年的大选中,保守党获得了更多的席位。日益严重的经济危机和政治动乱,使得辉格党在 1841 年提出了一项更为激进的涉及削减关税的财政政策,其中包括保护农业的《谷物法》。随后,皮尔在一份不信任案(no-confidence motion)上击败了辉格党政府的内阁大臣,走马上任,并解散议会。在随后的大选中,皮尔取得了决定性的胜利。虽然国家正在经历着严重的社会危机和经济动荡,但皮尔利用 1841 年至 1842 年的冬季这段时间,慎重地制定出一份经济复苏计划,并在 1842 年的预算案上取得重大成功。他削减阻碍商业发展的关税,并修订《谷物法》,下调衡量谷物进口的粮价标准。与辉格党不同,他有足够强大的力量,通过制定收入直接税弥补财政岁入损失。随后几年的发展说明英国进一步走向自由贸易,由于皮尔维护《谷物法》的承诺越来越令人怀疑,某些保守党控制的地区也越来越难以驾驭。反谷物法同盟(Anti-Corn Law League)的鼓动增加了右翼的焦虑。从 1842 年起,皮尔的保守党批评者便警告说,自由贸易政策会失败,但是到 1845 年,经济的复苏似乎让他们产生了挫败感。那时皮尔在内心深处是一个自由贸易者。1845 年,马铃薯受灾给爱尔兰带来了巨大的灾难。皮尔决心抓住这一机会,废除《谷物法》。他未能说服自己的内阁成员支持这一举措,并因此辞职,但因辉格党在 1845 年年底时还未能重新组阁,他又重新担任了首相。他巧妙地推行废除《谷物法》的措施,并向地产利益集团做出让步。但当贵族乔治·本廷克勋爵(Lord George Bentinck)和政治冒险家本杰明·迪斯累里(Benjamin Disraeli)成功地组织贸易保护主义者进行抗议的时候,他未能保住自己的位置。1846 年,皮尔依靠自己在保守党中的追随者和辉格党与激进分子的支持,成功地废除了《谷物法》。与此同时,那些对废除《谷物法》不满的保守党分子,为了使皮尔下台,加入了反对派,导致皮尔提出的《爱尔兰强制法案》(Irish Coercion Bill)落空。遭此挫败后,皮尔随即辞职,从此再未担任任何职务。皮尔在其余生中,仍然拥有巨大的影响力,并在全国享有很高声望。他之所以拥有这样崇高的地位,在很大程度上是因为他信奉这样一个广为流传的信条:作为一名大臣,他维护公众的利益胜过维护自己的权力。

peel towers　皮塔　皮塔为临时避难场所,大致建于 15 世纪和 16 世纪,属于庄园住宅、农场或教堂的附属建筑。一般说来,皮塔分上、下两层,下层用于圈居牲畜,即便有窗户的话,也是建在厚厚的石墙上的狭缝窗户,此外还有一个通往上层的狭窄的楼梯或梯子。皮塔对于抵御正规部队没有多大用处,只是为防止边境袭击提供一些保护,主要分布在英格兰—苏格兰边境的两侧。

Peep o'Day Boys　"黎明伙伴"　"黎明伙伴"是 18 世纪 80 年代和 90 年代北爱尔兰长老会教徒用来对付天主教护教派(catholic defenders)的名称。1795 年 9 月 1 日,他们在阿马(Armagh)附近的戴蒙德(Diamond)的激战中,击溃对手,杀死对方很多人。

peerage　贵族　指正式的贵族群体,其与一般人的区别在于拥有头衔以及有权利进入议会上院。虽然伯爵(earl)这一等级早在诺曼征服之前就已存在,但是直到上院在 13 世纪的议会中作为一个常规的组成部分而建立起来的时候,人们才认为贵族(peerage)应该有一个严格的定义。在男爵(baron)和伯爵等级之外,1337 年、1385 年和 1440 年又先后增加了公爵(duke)、侯爵(marquis)和子爵(viscount)三个等级。除了有权出席议会,他们的主要特权还包括能够接近君主,以及在上院接受审判的权利。1780 年以来,为了扩充土地贵族(landed aristocracy)的队伍,一些银行家、企业家、科学家和文人都被授予贵族爵位,这使得贵族人数大为增加。然而,贵族制度中最大的变化莫过于从 1958 年开始引入的终身贵族制(life peerages)。工党政府于 1999 年剥夺了世袭贵族(hereditary peers)在议会上院的席位。

Peerage Bill　《贵族法案》　1719 年 3 月,森德兰/斯坦诺普(Sunderland/Stanhope)内阁将《贵族法案》提交议会上院,同年 4 月又撤回。提出该法案的目的有三个:一是保护主要大臣免受威尔士亲王的弹劾,如果反对他们的威尔士亲王继承王位的话;二是安抚议会上院那些不满的苏格兰议员;三是限制授予新爵位,以维护现有贵族的社会地位。该法案规定国王最多只能再封 6 个贵族爵位,更多的爵位只有等待现有爵位出现空缺;苏格兰选举产生的 16

个贵族将会被 25 个世袭贵族所取代。该法案于 1719 年 12 月被重新审议,在上院轻松通过,但在下院未被通过,在很大程度上是由于罗伯特·沃波尔(Robert Walpole)的反对。

peine forte et dure　酷刑折磨　1215 年拉特兰宗教会议(Lateran Council)禁止神职人员参加神明裁判(ordeals)之后,国王的法官没有办法审判犯罪嫌疑人是有罪还是无罪。在经历许多尝试后,他们发展出由十二个人组成的"小陪审团"(trial jury)来判决的方法。根据 1275 年的《威斯敏斯特法 I》(statute of Westminster I),议会规定任何拒绝接受陪审团审判的人都应该经历"监狱的严酷刑讯"("prison forte et dure"),直到他同意为止。由于某个错误,这一条款逐渐被解释为"酷刑折磨",而"酷刑折磨"又从字面上被解释为将重物放置在不幸的囚犯的身上,然后逐渐增加重量,直到他要么同意陪审团审判要么死去为止。1772 年,酷刑折磨被废除。

Pelagius　贝拉基①　5 世纪初生于不列颠或爱尔兰的基督教神学家。大约公元 400 年时,贝拉基作为修士旅行到罗马,对那里宽松的道德标准深感失望。他反复劝诫那里的人们:只有奋发努力才能实现个人救赎。神学家奥古斯丁(Augustine)对于他坚持自由意志的有效性感到震惊。贝拉基曾两次被逐出教会,他去世的时间和地点不详。对于贝拉基主义(Pelagianism)这一新教派,罗马教廷将之视为异端邪说而加以抨击。429 年,圣·杰马努斯(St Germanus)被派往不列颠,回击贝拉基主义在不列颠基督教会中的影响。

Pelham,Henry(c.1696—1754).　亨利·佩勒姆(约 1696—1754)　首相。佩勒姆担任首席财政大臣十余年(1743—1754 年)。但随着时间的推移,他的声望与其前任首相沃波尔(Walpole)和后面的首相老皮特(Pitt the Elder)那生动鲜明的事业生涯相比,显得暗淡无光。佩勒姆的事业生涯是在其长兄纽卡斯尔公爵(duke of Newcastle)的帮助下开始的,后者把他带入议会——佩勒姆在 1717

---

　　① 也译作佩拉吉乌斯。——译者注

年至 1722 年和 1722 年至 1754 年先后代表锡福德（Seaford）和萨塞克斯选区进入议会。1724 年他担任战事大臣（secretary at war），1730 年担任财政部主计长（Paymaster-General），尽管在 18 世纪 30 年代的地位确实比他的职位要高。

沃波尔于 1742 年倒台之后，曾向乔治二世推荐佩勒姆作为他的继任者，但乔治二世更倾向于新任的北方事务部国务大臣（secretary of state for the northern department）卡特里特（Carteret）。不过，佩勒姆于 1743 年获得了财政大臣一职，并巩固了自己的权力基础，到 1744 年年底卡特里特辞职。1746 年 2 月，随着詹姆斯党人的退却，国王开始考虑撤换自己的大臣。佩勒姆兄弟及其众多追随者集体辞职，迫使国王按照他们的条件将他们官复原职。

尽管佩勒姆现在被认为是"首席"大臣（"prime" minister），但是政府实际上处在佩勒姆、纽卡斯尔和哈德威克（Hardwicke）的三头统治之下。纽卡斯尔制定外交政策，佩勒姆则控制着财政大权。佩勒姆所推行的政策是在政府中使用尽可能多的政治派别，从而使其进入一个确实平稳的时代。

佩勒姆的常识和内敛的风格在一些方面发挥了重要作用，如对防止 1745 年詹姆斯党人叛乱之后对苏格兰高地人的过度报复，抑制纽卡斯尔在奥地利王位继承战争中给盟国补贴款的政策，以及平复 1753 年归化犹太人法案引起的喧嚣均有影响。鼓励变革既不属于他的政治哲学，也不是他的个人倾向。

佩勒姆在 1754 年的去世令他的同事非常惊讶，这标志着英国一个时代政治进程的改变。乔治二世在获知此事后的声明中提道："我以后将不再有安宁的日子"，这应该是对亨利·佩勒姆的最高赞誉。

Pembroke, Richard de Clare, earl of（c.1130—1176）. 理查德·德·克莱尔，彭布罗克伯爵（约 1130—1176） 俗称"强弩"（"Strong Bow"）。克莱尔贵族家族的一员，虽然他在 1148 年继承了父亲彭布罗克的伯爵爵位，但是，作为斯蒂芬的支持者，当亨利二世继承王位时，理查德失去了伯爵爵位。1166 年，由于他仍然失宠，因此决定接受德莫特·麦克默罗（Dermot MacMurrough）把女儿伊娃【Eva，即奥伊弗（Aoife）】嫁给他，并继承伦斯特（Leinster）王国王位的提议。作为回报，理查德为德莫特提供军事援助，协助对抗爱尔兰敌人。1170 年，理查德无视亨利的要求，率军进入爱尔兰，并在那里与奥伊弗结婚。1171 年，他继承了德莫特的王位。亨利二世对此感到惊恐不安,于是入侵爱尔兰,迫使爱尔兰的大部分国王们承认他。但当亨利二世于1172年离开爱尔兰的时候,他不仅承认理查德为伯爵,而且还让他代表自己统治爱尔兰。"强弩"的赌博成功了,英格兰也已经开始入侵爱尔兰。

Pembroke, William Herbert, 1st earl of (c.1507—1570). 威廉·赫伯特,第1代彭布罗克伯爵(约1507—1570)　威廉·赫伯特的祖父是拥护约克王朝的彭布罗克伯爵,于1469年被处死,而他的父亲是个私生子。他们家族的地产位于阿伯加文尼(Abergavenny)东北部的尤雅斯哈罗德(Ewyas Harold)。1543年,由于他的弟媳凯瑟琳·帕尔(Catherine Parr)嫁给了亨利八世,这给他的人生带来了重大机遇,在此之前,他只是法庭的一名小官员。1543年之后,他先是被封为骑士,获得了威尔顿(Wilton)修道院的地产,然后被任命为国王内宫侍臣。1549年,他帮助国王镇压了西部起义,被授予嘉德勋位(Garter)。他在支持诺森伯兰公爵(duke of Northumberland)战胜其对手萨默塞特之后,得到了被处死的萨默塞特公爵的很多地产,并于1551年被封为彭布罗克伯爵。1553年,他虽然向简·格雷夫人(Lady Jane Grey)宣誓效忠,但是很机敏地改变步骤,因此依然赢得了玛丽女王的偏爱。1554年,他指挥女王的军队进攻怀亚特(Wyatt)。在其生命的最后两年里,他在伊丽莎白的宫廷中担任王室总管(lord steward)。

P

Pembrokeshire　彭布罗克郡　彭布罗克郡是威尔士西南部的一个郡,该郡是根据1536年与英格兰签订的《合并法》(Act of Union)创建的。半岛是威尔士德赫巴斯王国(kingdom of Deheubarth)的一部分,大约在1090年时被阿努尔夫·德·蒙哥马利(Arnulf de Montgomery)征服,他在南部建立了彭布罗克领地。亨利一世通过促进佛兰德人移民,巩固了自己对南部的占领。结果使该郡产生了鲜明的两面性:英格兰人在南部打上了深刻的印记,而威尔士人则在北部留下了烙印。1974年,该郡成为达费德(Dyfed)的一部分,但作为单一的行政区重新组建于1996年。

彭布罗克郡在很大程度上一直都是农业郡,是威尔士为数不多的几块可耕地之一,其温和的海洋性气候促进了早熟蔬菜和花卉的成长。整个海岸被命名为自然遗产海岸,成为彭布罗克郡国家公园(Pembrokeshire National Park)的组成部分。该海岸被米尔福德港(Milford Haven)的主要入海口(河口)切断。米尔福德港过去曾经是重要的渔港,现在占主导地位的企业是为发展超级油轮服务的炼油厂。

penal laws　刑事法规　一般是指从伊丽莎白一世继位至1700年间颁布的针对罗马天主教的法令。1563年颁布的效忠宣誓法令将拒绝教皇权威强加于民众,该法令规定:"任何外国君主在这个王国境内都没有或不应该拥有任何宗教或精神方面的司法权、权力、优越性、显赫地位或权威"。在伊丽莎白一世于1570年被开除教籍后,立法的目的从巩固王室至高无上的权威变为打击新的拒不参加国教礼拜仪式者的传教活动。尤其是在1584年至1585年间颁布的一系列将进入英格兰的牧师定为叛国罪的法令之后,大量牧师遭到处决。

王朝复辟时期颁布的法律,特别是《忠诚宣誓法》和《市镇社团法》(Test and Corporation Acts),使天主教徒成为社会边缘群体。天主教徒因最后一个天主教国王詹姆斯二世灾难性的统治而遭受痛苦,当时的法律禁止他们携带武器,继承或买取财产,送孩子出国接受教育或在学校教书。

如果如此数量的刑事法规得到执行的话,那么英国的天主教早就被根除了。不过,只有个别地区断断续续地执行了这些法规,同时汉诺威王朝认为宗教迫害令人反感。詹姆斯党人的威胁消失之后,废除这些刑事法规成为可能。1778年、1791年和1829年通过的三个主要的《济贫法》(relief Acts)中就含有废除这些刑事法规的相关内容。

Penda(d.655).　彭达(卒于655年)　麦西亚国王。彭达在比德(Bede)的《英吉利教会史》中,在很多方面都可以被视为一个非传统英雄式的人物,比德将其描写成一个坚定的异教徒,在战场上杀死了许多信奉基督教的国王,其中包括在642年的马瑟费尔德(Maserfield)战役中遇难的国王圣渥斯沃尔德(St Oswald)。彭达第一次出现在历史记载中,是626年与西撒克逊人的统治者争夺赫威赛人(Hwicce)地区的控制权。显然,诺森伯里亚人于633年在希思菲尔德(Heathfield)的战场上首先同与圭内斯的卡德瓦隆(Cadwallon of Gwynedd)结盟的彭达交战。此外,彭达还与东盎格鲁人至少打了两场重大战役。彭达以中部地区为基地积极扩张领土,从麦西亚人那里取得了大片领土。正是伯尼西亚的奥斯威(Oswiu of Bernicia)挑战彭达的权威,才导致他于 655 年在温韦德(Winwæd)战役中死去。

Peninsular War, 1808—1814. **半岛战争**(1808—1814)　半岛战争起因于拿破仑干预葡萄牙内政,并迫使西班牙王室承认他的哥哥约瑟夫(Joseph)为西班牙国王,伊比利亚半岛(Iberian peninsula)发生的战争是拿破仑战争(Napoleonic War)的转折点。拿破仑禁止英国向西班牙和葡萄牙港口输入商品,希望以此迫使英国与法国讲和,但他的干预引起了西班牙和葡萄牙民众的普遍敌意。虽然西班牙军队经常被法军打败,但是他们仍然继续与法国对抗,与此同时,西班牙的游击队牵制了大量的法军。在威灵顿(Wellington)的领导下,英国人与葡萄牙人进行了有效的协调,葡萄牙的军队由英国军官重新训练。1810 年至 1811 年的冬季,马塞纳(Masséna)意在迫使英国进行海战的企图被军事工程杰作——托里什韦德拉什防线(Lines of Torres Vedras)挫败。1812 年,威灵顿赢得了那场振奋人心的萨拉曼卡战役(battle of Salamanca)的胜利。1813 年,他利用英国的海上力量在西班牙北部出色地组织了一次军事行动,这次军事行动将维多利亚战役(battle of Victoria)推向高潮。1814 年,威灵顿将法军逐出西班牙后,侵入法国南部。西班牙战争使法国军事力量大伤元气,鼓舞了俄国、普鲁士和奥地利人抵抗拿破仑的信心。威灵顿将军因此战威名远扬,而英军在战场上的声誉也因此得以恢复。

Penn, **William**(1644—1718). **彭威廉**(1644—1718)　彭威廉是海军上将威廉·佩恩爵士(Admiral Sir William Penn)之子,在牛津大学和林肯律师公会(Lincoln's Inn)接受教育,早年就表现出对宗教的敏感性,拒绝循规蹈矩的生活并加入了贵格会。作为贵格会教徒的主要法定发言人、国际传道者和公众的见证者,他对信教自由和宗教宽容的倡导,获得来自查理二世和约克公爵詹姆斯(James, duke of York)的一些支持。此外,彭威廉个人的财富,也有助于其宗教事业的发展。1681 年,彭威廉取得了美洲一块面积广阔的殖民地业主(proprietary)身份。这块殖民地就是宾夕法尼亚(Pennsylvania)。为宾夕法尼亚构思的殖民社会方案充分体现了他的自由主义政治思想。殖民地的失去给他带来的损失远远超过(他所期望的)带来的财富;他在那里以及英格兰都要面对着日益增长的反对意见。

penny post 便士邮政 See HILL, SIR ROWLAND(见罗兰·希尔爵士);POST OFFICE.(见邮政局)

Penruddock's rising, 1655. 彭拉多克起义(1655) 1651年查理二世在伍斯特(Worcester)被击败后,流亡国外,不久他的支持者们就开始计划在英格兰发动全国性起义。该计划由一个名为"密封结"("sealed Knot")的保王党阴谋组织实施,但很快就被克伦威尔(Cromwell)政府破获。1655年3月8日,只有100名支持者到达位于马斯顿荒原(Marston Moor)的指定集结地,打算占领约克;集结在莫珀斯(Morpeth)附近准备袭击泰恩河畔纽卡斯尔(Newcastle upon Tyne)的人数更少。威尔特郡当地绅士约翰·彭拉多克(John Penruddock)领导的一小股起义军4天后发动起义,但人数从未超过数百人。他们在南莫尔顿(South Molton)被一支小骑兵部队围捕。彭拉多克于1655年5月在埃克塞特(Exeter)被处决。面对无序的社会状况,克伦威尔采取了少将(major-generals)统治方式。

Penselwood, battle of, 1016. 彭瑟尔伍德战役(1016) 在埃塞尔雷德(Æthelred)死后,"勇敢者"埃德蒙(Edmund Ironside)和克努特(Cnut)为争夺王位而发生的一场遭遇战。根据《盎格鲁—撒克逊编年史》的记载,这场战役发生于吉灵厄姆(Gillingham)附近的彭南(Peonnan),因此一直确认为在肯特郡或在多塞特—萨默塞特(Dorest-Somerset)边界的彭瑟尔伍德。对于这次战役,人们有不同的说法,但战役的结果却不具有决定性意义。

pensions, old-age 养老金 See OLD-AGE PENSIONS.(见养老金)

Pentecostal churches   五旬节派教会   五旬节派教会认为,信徒可以获得圣灵降临的体验,因此他们强调"圣灵的洗礼"(baptism in the Spirit),并将这一洗礼与皈依或水的洗礼分开来。圣灵的洗礼为受洗者输送了力量,使他们能够践行神灵恩赐给他们的那些能力,即翻译他人所说的方言(speaking in tongues)、说预言、治病和驱除邪魔的能力。在英国,最大的五旬节派教会是 1914 年成立于美国的神召会(assemblies of God),以及使徒信心会(Apostolic Faith Church)、以琳教会(Elim churches)和新约神教会(New Testament Church of God)。该教派在西印度群岛(West Indies)的土著居民中拥有强大的民意基础。五旬节派信徒都自发做礼拜,强调即兴祈祷、信徒受洗和圣餐礼(the Lord's supper)。

Pentland rising, 1666.   彭特兰起义(1666)   王朝复辟(Restoration)之后,苏格兰西南部地区支持圣约派(covenant)的力量十分强大,而且教派的秘密集会仍然在继续。1666 年 11 月,在新加洛韦(New Galloway)附近的达尔赖(Dalry)发生的一起偶然事件成为这次起义的导火索。圣约派占领了邓弗里斯(Dumfries),取道拉纳克(Lanark)进击爱丁堡。但在暴雨中,他们的人数逐渐减少,在彭特兰丘陵(Pentland Hills)佩尼库克(Penicuik)附近的鲁利厄恩格林(Rullion Green)遭到拦截并被驱散的起义军不到 1,000 人。起义者遭到残酷报复,有 30 人被执行死刑,许多人被流放。

Pentrich rising, 1817.   彭特里奇起义(1817)   士兵复员、快速工业化和农业衰退,使得战后几年的生活非常悲惨。1816 年 11 月,骚乱者袭击伦敦塔从而将温泉场(Spa Fields)骚乱推向高潮之后,政府立即终止了人身保护令(habeas corpus)。随之而来的是 1817 年 3 月从曼彻斯特出发的披毯者的进军(march of the Blanketeers)行动。东米德兰兹(East Midlands)自身也存在着纺织工人失业问题。6 月 8 日,有数百人聚集在彭特里奇和里普利(Ripley),开始向诺丁汉行进,道路全长 14 英里。在诺丁汉,他们的领导者杰里迈亚·布兰德雷思(Jeremiah Brandreth)向他们保证会寻求到支持。然而,他们不仅没有得到任何支持,反而在暴雨中被轻骑兵很轻易地驱散了。布兰德雷思因在行进中杀死了一个人,与另外两人一起被处决,另有 30 名暴徒被流放。

Pepys，Samuel（1633—1703）． **塞缪尔·佩皮斯**（1633—1703） 日记作家，海军官员，藏书家，音乐家，议会议员，皇家学会（Royal Society）主席，两届海商促进公会（Trinity House）主席。佩皮斯生活的时代，是个人可以凭能力和魄力步步高升的时代，尤其是还有人给予关照的话。佩皮斯的庇护人是他的表哥爱德华·蒙塔古（Edward Montagu），他是共和国时期的海军指挥官，曾帮助查理二世复辟，被封为桑威奇伯爵（earl of Sandwich）。1660 年，佩皮斯在海军部（Navy Board）供职，被任命为海军部书记官【clerk of the acts，即秘书（secretary）】。当时海军部在约克公爵詹姆斯（James，duke of York）的领导下，正有效地管理着海军。在经受了第二次英荷战争（Anglo-Dutch War）的考验之后，佩皮斯于 1673 年被任命为海军部第一大臣（first secretary of the Admiralty）。

然而，从他以速记和绝密形式保存下来的 1660 年 1 月至 1669 年 5 月的日记或"日志"中，我们可以发现：就其对海军发展所做的所有贡献来说，佩皮斯已经成为 17 世纪最著名的英国人。这些日记间或显示出其自命不凡的心理，但也流露出他的诚实厚道。

Perceval，Spencer（1762—1812）． **斯潘塞·珀西瓦尔**（1762—1812） 首相。珀西瓦尔是约翰·埃格蒙特伯爵（John，earl of Egmont）的第七个儿子。他在剑桥大学三一学院（Trinity College）读书期间，与由艾萨克·米尔纳（Isaac Milner）领导的福音派团体建立了联系。由于他不得不自谋生路，因此经过律师职业训练之后，他开始在米德兰巡回审判区（midland circuit）执律师业。1790 年，他被委任为专理破产事务的专员，这使他有能力迎娶代表萨塞克斯选区的议会下院议员托马斯·威尔逊爵士（Sir Thomas Wilson）的女儿简。他开始引起人们的注意，是在审判激进分子托马斯·潘恩（Tom Paine）和霍恩·图克（Horne Tooke）的案件中担任国王的初级出庭律师（junior counsel），但是他在 1795 年拒绝了皮特为他提供的爱尔兰首席秘书的职位，因为这份薪水不够支撑其人口不断增加的家庭。1796 年，珀西瓦尔凭着在米德兰司法界积累的人脉，代表北安普敦选区平稳当选为议会下院议员，当时他在北安普敦担任副记录法官（deputy recorder）。

威尔伯福斯（Wilberforce）认为珀西瓦尔是最慷慨的福音派基督徒，因为他把自己能够节省下来的所有财产都送给了穷人,他强烈反对赌博和狩猎(尽管他是北安普敦郡的赛马管理人),并将通奸列为刑事犯罪。他拒绝在周日办理业务,定期举行家庭祈祷,而且专门研究《圣经》中的预言。他认为英国圣公会至高无上的地位对于国家的安全至关重要,他是天主教徒解放运动(catholic e-mancipation)最坚定的反对者。

珀西瓦尔的法庭辩论技能使其成为一位有影响力的议长,从而在政治上迅速高升。1801 年,他在阿丁顿(Addington)政府中担任副总检察长(solicitor-general),1802 年晋升为总检察长(attorney-general)。1804 年,他同意继续在皮特政府中任职,唯一的条件是不向天主教徒妥协。在 1807—1809 年间的波特兰(Portland)内阁中,他在出任财政大臣的同时,还是兰开斯特公爵领地事务大臣(Chancellor of the Duchy of Lancaster),以增加收入。卡斯尔雷(Castlereagh)和坎宁之间的对抗导致波特兰辞职之后,珀西瓦尔勉强同意作为下院领袖的候选人。1809 年 10 月,在国王的积极认可下,珀西瓦尔被任命为首相。

珀西瓦尔绝不是一个没有能力的首相。1810 年,他经历了对瓦尔赫伦岛远征(Walcheren Expedition)的调查和伦敦发生的伯德特(Burdett)骚乱,并从这些事件带来的危机中走了出来,坚持不懈地支持远征半岛,这对于最终击败拿破仑(Napoleon)起到了重要作用。他以皮特为榜样来制定自己的金融政策,至少保证了战争能够继续进行。1810 年,当乔治三世精神病复发时,他作为摄政,其职权得以确认,然而,他的职业生涯在 1812 年 5 月 11 日结束了,当天他在议会下院的大厅遭到一个名为约翰·贝林厄姆(John Bellingham)的俄罗斯商人的暗杀,凶手受过迫害,且神经错乱,误以为他是卡斯尔雷。

Percy,Henry(1364—1403). 亨利·珀西(1364—1403) 亨利·珀西被称为"急性子人"("Hotspur"),他是诺森伯兰伯爵(earl of Northumberland)的长子。1385 年,珀西被任命为东部边区唯一的监管大臣(sole warden of the east march);苏格兰边境居民很快就把他称作"急性子人"("Haatspore")。1388 年 8 月初,他在追击苏格兰军队时,在奥特本(Otterburn)被俘,这场战役因《切维切斯》("Chevy Chase")这首诗歌而广为人知。不久他被赎回,他从 1390 年开始担任西部边区监管大臣(warden of the west march)长达 5 年之久。1396 年,他接替其父重新担任东部边区监管大臣,因其在亨利四世篡位过程中出过力,因此亨利四世篡位后,他继续留任此职。1402 年,他们父子二人在霍米尔顿山(Homildon Hill)击退了苏格兰军队的入侵。亨利四世下令不得赎回他们的囚犯,是他们父子反叛的原因之一。当国王在什鲁斯伯里(Shrewsbury)附近拦截他时,珀西正决定到威尔士加入欧文·格伦道尔(Owain Glyndŵr)的队伍;他在战斗中被杀。

Percy, **Thomas**(1729—1812). **托马斯·珀西**(1729—1812) 珀西是什罗普郡布里奇诺斯(Bridgnorth)一杂货商之子,在牛津大学基督教会学院(Christ Church)接受教育。他先后担任过不同的圣职,从 1757 年到 1782 年在北安普敦郡伊斯顿莫迪(Easton Maudit)生活,此后他前往唐郡(Co. Down),并一直在德罗莫尔(Dromore)担任主教。作为一位学者和古文物学家,珀西早年就收集古老的歌谣,曾在希夫纳尔(Shifnal)从朋友处拯救出一份对开本诗歌的旧手稿,当时他这位朋友的女佣们正准备用这份手稿生火。他编辑的《英诗辑古》(*Reliques of Ancient English Poetry*)一书出版于 1765 年,该书在中世纪民谣的保护和理解方面是一个飞跃。

'perpetual peace', **treaty of**, **1502**. 《永久和平条约》(1502) 15 世纪 90 年代,苏格兰国王詹姆斯四世给予反对亨利七世的约克派王位觊觎者珀金·沃贝克(Perkin Warbeck)相当大的帮助。但在沃贝克死后的政策中,他于 1502 年与英格兰谈判达成一份永久和平条约,并在 1503 年与亨利长女玛格丽特—邓巴(Margaret-Dunbar)的"蓟花与玫瑰的婚礼"("Marriage of the Thistle and the Rose")上,由教皇担保并署印。该条约本身比大多数永久条约持续的时间都短。到 1513 年,两国发生战争,詹姆斯在弗洛登(Flodden)被杀。

Perth, **treaty of**, **1266**. 《珀斯条约》(1266) 1263 年 10 月哈康四世(Haakon IV)在拉格斯(Largs)的伟大远征失败,导致苏格兰发动了一场强有力的反击,这次反击使得内赫布里底群岛(Inner Hebrides)不得不屈服。1266 年 7 月 2 日,哈康的继任者挪威国王马格努斯四世(Magnus IV)与苏格兰国王亚历山大三世签署了《珀斯条约》。根据该条约,挪威将西部群岛(Western Islands)和马恩岛(Isle of Man)的全部主权让给苏格兰；作为回报，挪威获得分四次支付的4000 马克和每年 100 马克的永久性贡金。挪威依然拥有奥克尼群岛(Orkney)和设得兰群岛(Shetland)的主权。

Peterborough, Charles Mordaunt 3rd earl of（1658—1735）. **查尔斯·莫当特，第3 代彼得伯勒伯爵**（1658—1735） 政治家，军人，外交家。在 1697 年之前，彼得伯勒是以蒙茅斯伯爵(earl of Monmouth) 这一早期称谓为世人所知。1697 年之后，他聪明反被聪明误，发展到失信于人，这对于任何一个内阁来说，都是一种不利因素。作为詹姆斯二世的反对者，他与辉格党激进分子混在一起，是奥兰治的威廉(William of Orange) 早期的一个追随者。1689 年，他得到了财政部首席专员这一高级职位，但他根本不适合这一职位，于一年后辞职。1696年，当他指控施鲁斯伯里(Shrewsbury) 和马尔伯勒(Marlborough) 在费尼克(Fenwick)谋反时，他被关进伦敦塔。1705 年，他指挥远征军占领了巴塞罗那(Barcelona)和巴伦西亚(Valencia)之后，保守党党员在自己的宣传中声称他为他们的英雄，但由于他得不到人们的信赖，因而限制了其进一步升迁。

Peterborough, diocese of 彼得伯勒主教区 彼得伯勒主教区是亨利八世于 1541 年在林肯(Lincoln)主教区基础上建立的，该主教区现包括北安普敦郡，以及剑桥郡和莱斯特郡的部分地区。彼得伯勒大教堂，作为本笃会的修道院教堂，建于 1118 年至 1237 年间，阿拉贡的凯瑟琳(Catherine of Aragon) 就葬在这里。

Peterloo 彼得卢 1819 年 8 月 16 日发生在曼彻斯特圣彼得广场(St peter's Field)上的一场流血惨案，被讽为"彼得卢大屠杀"。这场要求实行激进改革的大会，参加人数达到 6000—100,000 人。当地义勇骑兵队(yeomanry)接到地方治安法官(magistrates)要求逮捕演讲者亨利·亨特(Henry Hunt)命令，以暴力手段驱散了集会者。该事件当场造成 11 人遇难，400 多人受伤。政府旋即向地方治安法官表示祝贺，并匆匆忙忙地通过了《六法令》(Six Acts)。彼得卢大屠杀后，英国全国举行群众集会加以谴责，为此举行的纪念活动持续了许多年。

Peter's Pence　圣彼得奉金　或称罗马—斯科特税（Rome-scot），始于撒克逊时代，从每个家庭收取 1 便士作为年度奉金给教皇。诺曼征服以后，英格兰每年缴纳的奉金总共约 200 英镑，由各个主教区的主教负责征收。君主可以通过拒绝支付的手段向教皇施压，根据亨利八世的 1533 年法令（25 Hen.Ⅷ c.21），圣彼得奉金被完全废除。

petition of right,1628.　《权利请愿书》（1628）　1626—1627 年间，查理一世推行强制性贷款（Forced loans），并监禁拒绝缴费者，这导致议会下院于 1628 年拟订了一份请愿书，宣布非经议会同意进行征税和未经一定程序而任意监禁臣民的行为，均属非法。查理一世对议会的答复模棱两可，于是下院拒绝提供国王急需的资金。因此，国王批准第二份约定的书面答复，该答复将该请愿书变为法律。尽管请愿书付梓时，只包括了查理所做的第一个答复，但最终他还是谨慎地遵守了请愿书的具体内容。

Petroc,St（6th cent.）.　圣彼得罗克（6 世纪）　据说彼得罗克放弃王室对威尔士宗教生活的责任与康沃尔有很大的关系。他与追随者们一同来到康沃尔郡，并在该郡的帕德斯托（Padstow）和小佩瑟里克（Little Petherick）建立了修道院。后来一些有关其生活的记述涵盖了他的旅行故事和他所做的各种令人惊叹的事情，他在这里被描述为典型的凯尔特圣徒，时而过着社区生活，时而隐居。他在特雷拉维尔（Treravel）去世，被葬在帕德斯托。

Petty,Sir William（1623—1687）.　威廉·配第爵士（1623—1687）　配第出生在汉普郡的拉姆西（Romsey），他先是在法国卡昂（Caen）的耶稣会学院（Jesuit College）就读，后来又前往莱顿（Leiden）、乌得勒支（Utrecht）、阿姆斯特丹（Amsterdam）、牛津和伦敦等大学接受教育，并在伦敦全身心地专注于医学研究。配第在获得物理学和医学两个博士学位之后，成为医学教授。1648 年，他担任牛津大学解剖学教授，1651 年担任伦敦格雷沙姆学院（Gresham College）音乐教授,同时他还是驻爱尔兰英军的军医官。他最著名和最有影响力的出版物是两部经济学著作:1678 年出版的《政治算术》(*Political Arithmetic*)和 1662 年出版的《赋税论》(*Treatise of Taxes and Contributions*)。

petty sessions　小治安法庭　小治安法庭是由治安法官(justices of the peace)主持开庭的常规法庭,按照简化的诉讼程序审理轻微刑事犯罪,没有陪审团(jury)。这些法庭最初被称为小治安法庭是在 19 世纪上半叶("Petty"一词源于法语的"petit"一词,意为小或次要的)。小治安法庭作为治安法庭(magistrates'court),要处理大多数刑事案件,现在仍然如此。

Pevensey,battle of,491.　佩文西战役(491)　《盎格鲁—撒克逊编年史》记录了 491 年埃尔(Ælle)及其子西萨(Cissa)领导一支撒克逊人,向盘踞在佩文西附近的原罗马要塞安德里达(Anderida)或安德雷兹—切斯特(Andredes-cester)的不列颠人进攻的史实,其详细程度非同寻常且令人质疑。那个要塞受到了猛烈攻击,"甚至连一个不列颠人都没有留下"。

Pevsner,Sir Nikolaus Bernhard Leon (1902—1983).　尼古劳斯·伯恩哈德·莱昂·佩夫斯纳爵士(1902—1983)　生于德国的艺术史学家。1934 年,佩夫斯纳作为逃避纳粹统治的难民来到英国。他在艺术和建筑方面拥有大量著作,是威廉·莫里斯和维多利亚协会(William Morris and Victorian societies)的创始成员之一,同时也是牛津大学和剑桥大学的斯莱德(Slade)新艺术教授,以及伦敦大学伯克贝克学院(Birkbeck College)的艺术史教授。在他的众多作品中,包括 1953 年开始撰写的企鹅版《艺术史》(*History of Art*)在内,最有名的是《英国的建筑》(*The Buildings of England*),他从 1949 年开始撰写,耗费了 21 年的时间才完成这部巨著。

Philip II of Spain (1527—1598).　西班牙国王腓力二世(1527—1598)　玛丽·都铎(Mary Tudor)的丈夫。1554 年 7 月,腓力与玛丽结婚,这是西班牙对法长期斗争的一部分。作为神圣罗马帝国皇帝查理五世(Emperor Charles V)之子,腓力在 1542 年至 1548 年间曾是西班牙的摄政王,1556 年成为西班牙国王,直到去世。虽然腓力未被加冕,但他有着英格兰国王的风格。尽管玛丽与她那年轻的丈夫在一起时感到无比幸福,但她也因这段婚姻没有留下任何子嗣而感到非常失望。从腓力的角度来看,他与玛丽结婚是为了造成英格兰与法国之间的冲突,他的目的实现了。

1558 年玛丽去世后,腓力提出迎娶伊丽莎白的请求。虽然伊丽莎白拒绝了腓力的求婚,但英格兰需要西班牙作为一支制衡法国的力量。1569 年,英格兰制定的政策突然转向反对西班牙,而且为伊丽莎白以后的统治定下了基调。腓力数次被卷入针对伊丽莎白的阴谋之中,如里多尔菲(Ridolfi)阴谋案和巴宾顿(Babington)阴谋案,并制定正式入侵英格兰的计划,如 1588 年建立无敌舰队(Armada),并于 1595 年、1596 年和 1597 年对英格兰造成了进一步的恐慌。就伊丽莎白而言,她在 1585 年曾派遣军队入侵西属尼德兰。

Philiphaugh, battle of, 1645. 菲利普霍赫战役(1645) 蒙特罗斯(Montrose)指挥的一次"出色"的苏格兰军事行动,这场战役早在 1644 年 8 月就打响了,当蒙特罗斯率军离开苏格兰高地时,他们在塞尔扣克(Selkirk)附近的菲利普霍赫遭到第一次阻击。由于士兵纷纷开了小差,其军力遭到削弱。1645 年 9 月 13 日,他的军队遭到莱斯利(Leslie)出其不意的攻击,而且莱斯利的军队在人数上占有优势。虽然蒙特罗斯的骑兵大部分逃脱,幸存下来的爱尔兰步兵投降了,不料还是遭到残酷而血腥的屠杀。

Philippa of Hainault(c.1314—1369). **埃诺的菲利帕**(约 1314—1369) 爱德华三世的王后。爱德华于 1328 年与菲利帕结婚。她的最大成就就是为爱德华生了至少 12 个孩子,其中 9 个活过了婴儿期。与其他王后相比,她陪伴自己丈夫的时间最长,甚至有时陪他去法国。也许最令人称道的是她 1347 年的一次干政行为,据说,当年她曾恳求爱德华不要对六名"加莱义民"("The Burghers of Calais")执行死刑,因为他们交出了加莱城门的钥匙。

philosophical radicals 哲学激进分子 哲学激进分子是个含义很宽泛的

术语,泛指 19 世纪早期的一群改革者,尽管他们深受马尔萨斯(Malthus)、李嘉图(Ricardo)和哈特利(Hartley)的影响,但主要还是根据杰里米·边沁(Jeremy Bentham)的社会功利主义理论来研究政府与社会。这一群体的主要倡导者是得到《纪事晨报》(*Morning Chronicle*)、《威斯敏斯特评论》(*Westminster Review*)和《伦敦评论》(*London Review*)支持的詹姆斯·穆勒(James Mill)、约翰·斯图亚特·穆勒(John Stuart Mill)、乔治·格罗特(George Grote)和约翰·罗巴克(John Roebuck)。他们在 1832 年后曾努力在议会建立一个激进党,但未成功:"他们很少宣传自己的主张",约翰·斯图亚特·穆勒写道,"他们几乎没有制定什么计划,也没有开展什么活动。"但功利主义思想的普遍影响已经渗透到政治活动中,特别是在 1820 年至 1850 年间,从而导致"改革时代"("age of reform")的产生。

Phoenix Park murders 凤凰公园谋杀 1882 年 5 月 6 日傍晚时分,新任爱尔兰事务首席大臣(chief secretary for Ireland)弗雷德里克·卡文迪什勋爵(Lord Frederick Cavendish)和他的副大臣托马斯·伯克(Thomas Burke)正在都柏林的凤凰公园散步的时候,有 4 个人突然从一辆出租车上跳下来将他们刺死。不久,都柏林报社收到黑边卡片,声称所谓的民族主义组织"爱尔兰常胜军"("Irish Invincibles")对此暴行负责。凶手一直未被抓获。

Picton, Sir Thomas(1758—1815). **托马斯·皮克顿爵士**(1758—1815)
军人。皮克顿出生在彭布罗克郡,他 13 岁入伍,但在 1783 年的和平时期只能拿到半薪。1794 年,他自愿去西印度群岛打仗,并因表现突出而被任命为 1797 年从西班牙人手中夺来的特立尼达(Trinidad)的总督。1810 年他和威灵顿(Wellington)一起在葡萄牙,并在半岛战役(Peninsular campaign)中表现英勇。1813 年,他被封为爵士,同时晋升为中将。拿破仑一离开厄尔巴岛(Elba),皮克顿就与威灵顿重新会合,尽管皮克顿在卡特勒布拉(Quatre Bras)身负重伤,但两天后他仍然在滑铁卢(Waterloo)占领了拿破仑的要地。皮克顿是在对手下咆哮时,被下属枪击头部而死的。

Picquigny, treaty of, 1475. 《**皮基尼条约**》（1475） 1475 年，爱德华四世在法国发动的战役只是虚张之事。由于爱德华四世对于勃艮第（Burgundian）的盟友给予他的援助感到非常不满，于是同年 8 月 29 日爱德华四世乐于在亚眠（Amiens）附近的皮基尼缔结条约。该条约的内容包括七年休战，商业自由贸易，争议由仲裁解决，法国王太子与约克的伊丽莎白（Elizabeth of York）结婚，法王路易十一（Louis XI）定期向爱德华支付赔款。这笔钱在英国被视为进贡；但在法国则被视为行贿或保证金。这一友好关系并未得到延续，法国王太子与约克的伊丽莎白的婚礼根本就没有举行。

Picts 皮克特人 罗马时期及后罗马时期生活在苏格兰的一个土著部落或部落联盟。皮克特人第一次在文献中被提及是公元 297 年，当时欧梅尼乌斯（Eumenius）称他们为不列颠人的"身体半裸的敌人"。"皮克特人"可能是一个拉丁词，意指"身上涂着彩绘的民族"（"painted people"）。

皮克特人是否真正拥有一个单独的种族身份？"皮克特人"是否只是古典作家给罗马后期苏格兰所有部族贴上的一个便于使用的标签？关于这些问题，我们很难给出明确的答案。一个罗马诗人在 310 年观察到皇帝君士坦提乌斯（Constantius）决定不从"卡列登人"（"Caleddones"）和其他皮克特人手中收购森林和湿地。

阿米亚努斯·马切利努斯（Ammianus Marcellinus）为皮克特人提供了一个重要的历史证据，他记录了皮克特人、苏格兰人、爱尔兰人和撒克逊人在 367 年至 368 年"皮克特战争"（"Picts' War"）高潮时期向罗马统治下的不列颠发动的多次进攻。吉尔达斯（Gildas）曾提到"到处抢劫的皮克特人"，他们是野蛮人，脸上的毛发比穿在身上的衣服还要多，他们乘船来自北方，突袭了后罗马时期的不列颠。传说皮克特人的最后一位国王大约是 842 年时在肯尼思·麦卡尔平（Kenneth MacAlpin）的煽动下被杀害的。

piepowder courts 泥足法庭 泥足法庭①是附设在集市（fairs）或市场

---

① 也译为小贩法庭。——译者注

(markets)中的法庭,泥足法庭这一名称很可能源于客商们布满灰尘的脚(*pieds poudrés*)。泥足法庭的法官都是商人。泥足法庭处理案件迅速有效,而且不会因程序上的技术细节而受到过分限制,因此深受商人群体的欢迎。然而,到 16 世纪末,大部分泥足法庭都遭到废弃。

Piers Plowman 《农夫皮尔斯》 14 世纪晚期威廉·朗格兰(William Langland)的诗作。作者以中世纪常见的探索方式,利用一系列梦境在寻找真理,寻求好、更好和最好的过程中,来展现从学术论争到精神领悟的曲折发展的"愿望"。

pigeon-fancying 放鸽子 尽管鸽子俱乐部通常都是限于在小范围区域放鸽子,以确保天气条件的同等性,但是鸽子的飞行距离一次可以长达 500 英里。过去一般用火车把鸽子送到放飞点,现在则由专门建造的在公路上行驶的车辆送到放飞点。每只鸽子的表现都会受到密切监控,鸽子的繁殖和喂养也都会受到严格控制。这些用于放飞的鸽子都是岩鸽(哥伦比亚野鸽)的后代,自古以来就被用于传递信息。

Pilgrimage of Grace, 1536—1537. **求恩朝圣**(1536—1537) 求恩朝圣是一场波及广泛的反抗亨利八世宗教政策的北方起义。这次起义似乎是由解散小修道院而引发的,从林肯郡的劳斯(Louth)发起,蔓延到约克郡,再到坎伯兰(Cumberland)和威斯特摩兰(Westmorland)。起义者以基督的 5 个伤口为徽章,并自称为朝圣者,由罗伯特·阿斯克(Robert Aske)领导。亨利八世采取了拖延、赦免反叛者,以及将绅士从平民中分裂出来的应对措施。到 1537 年春,大部分起义者已被驱散的时候,亨利八世得以采取血腥手段报复朝圣者。起义者领袖阿斯克在约克被执行死刑,达西勋爵(Lord Darcy)因向起义者屈服并交出庞蒂弗拉克特城堡(Pontefract castle),而在陶尔希尔(Tower Hill)遭到斩首。这次起义暴露出王室对地方控制的弱点,于是,英格兰于 1537 年 10 月建立了北部委员会(Council of the North),以重申政府的权威。

pilgrimages 朝圣 人们对神殿或神圣地方的访问参拜,有多种原因,如出于虔诚之心,作为感恩或忏悔的方式,祈求治愈疾病,或作为一种度假形式。大人物和有势力的人能够访问罗马、耶路撒冷或孔波斯特拉(Compostela)。其他人参观伟大的国家圣地——坎特伯雷的贝克特(Becket)圣地、达勒姆(Durham)的卡思伯特(Cuthbert)圣地,以及沃尔辛厄姆(Walsingham)的圣母玛利亚(Virgin Mary)圣地。不过,也有许多在当地闻名的圣地,如林肯(Lincoln)的圣休(St. Hugh)、克罗兰(Crowland)的圣古思拉克(St. Guthlac)、格拉斯顿伯里(Glastonbury)的圣约瑟夫(St. Joseph)、惠特霍恩(Whithorn)的圣尼尼安(St. Ninian)、利奇菲尔德(Lichfield)的圣查德(St. Chad)和西威尔士(west Wales)的圣大卫(St. David)等圣地。对宗教社区和他们所在地的城镇来说,拥有圣徒的遗骸具有巨大的精神和经济价值。伊拉斯谟(Erasmus)曾说沃尔辛厄姆"除了旅游业以外,几乎没有其他任何支柱产业"。虽然新教改革者强烈反对朝圣,但是班扬(Bunyan)的《天路历程》(*Pilgrim's Progress*)中还是保存了那种作为朝圣的生命观念。

Pilgrim Fathers 清教徒前辈移民 清教徒前辈移民是指在科德角(Cape Cod)的普利茅斯(Plymouth)殖民地的领导者们,他们在 17 世纪 20 年代末获得建立弗吉尼亚公司(Virginia Company)的特许权。来自诺丁汉郡斯克鲁比(Scrooby)的异教徒流亡到荷兰的莱顿(Leiden)以后,认为自己拥有的英国人属性能够在英属北美殖民地更好地保留下来,于是他们乘"五月花"号(*Mayflower*)驶向北美。尽管初期他们经历了可怕的死亡威胁,但在印第安人的帮助下,殖民者们幸存下来,而且人口有所增长。

***Pilgrim's Progress* 《天路历程》** 约翰·班扬(John Bunyan)创作的宗教寓言小说,1678 年和 1684 年先后分两部分出版。该小说被普遍视为清教文学中的一部经典之作。它将班扬自己的心路历程【班扬在《丰盛的恩典》(*Grace Abounding*)中也曾详述自己的心路历程】,渲染成一个目的性较强且带有普遍意义的神话,并从一个名叫基督徒的孤独的朝圣者寻找天国之旅中体现出来。书中对寓言人物,如绝望巨人(Giant Despair)和有希望者(Holpful)的描绘,对伪君

子或堕落者,如精通世故先生(Mr Worldly-Wiseman)的嘲讽刻画,再加上作者现实主义的写作态度,使得偶然发生的一系列冒险情节变得活灵活现。

pillory　颈手枷　上颈手枷是将公共羞辱与皮肉之苦(偶尔会造成死亡)结合在一起的社会惩罚手段。罪犯的手和脖子都被固定在一付铰链木板内,木板被绑在立柱上,立柱一般竖立在空地的一个平台上,犯人通常是在赶集日被示众1小时。旁观者的心情可能各不相同。迪福(Defoe)对他们表示同情(1703年),但嘲笑、向罪犯身上扔鸡蛋、蔬菜和害虫的情况则更为多见;如果真正的愤怒占了上风,那么投掷石头可能造成致命伤。上颈手枷这种做法在1837年被废除。

Pinkie Cleugh, battle of, 1547.　平其克鲁战役(1547)　当萨默塞特(Somerset)在1547年成为爱德华六世的摄政者时,平其克鲁战役是他做出的第一批决定之一,即给予苏格兰致命的打击,以解决对苏格兰旷日持久的战争。苏格兰人拒绝了英格兰年轻的国王迎娶苏格兰未成年女王玛丽的提议,并与法国结盟。与英格兰军队相比,由亨特利(Huntly)和阿伦(Arran)率领的苏格兰军队在人数上占优。当双方军队于9月10日在爱丁堡东部的平其克鲁相遇时,萨默塞特依靠骑兵的优势和军舰的帮助取得了胜利。

pipe rolls　财税卷宗　从亨利二世到威廉四世统治时期,财政署(Exchequer)的大量卷宗就被保存在公共档案馆(Public Record Office)。其昵称卷筒卷宗来自它们的管状外观。因为这些卷宗包括有各个郡长的账目并涉及王室收入和王室土地,所以是非常宝贵的历史资料。

Pipton-on-Wye, treaty of, 1265.　《瓦伊河畔皮普顿条约》(1265)　卢埃林·阿普·格鲁菲兹(Llywelyn ap Gruffydd)与扣押亨利三世的贵族领袖西蒙·德·孟福尔(Simon de Montfort)签署的条约。1265年6月19日,卢埃林利用英格兰发生的内战,确保了他在签约中从英格兰贵族手中获得一些有利的条款,巩固了他对威尔士中部边境的控制。虽然西蒙很快在伊夫舍姆(Evesham)死去(8

月 4 日），但是亨利三世与卢埃林于 1267 年 9 月 25 日在蒙哥马利（Montgomery）达成了类似的和平协议，确认了卢埃林的头衔及其威尔士亲王的地位，以及他要求威尔士贵族对其忠诚的权利。卢埃林的权力此时达到了顶峰。

Pitt，William，1st earl of Chatham（1708—1778）. 威廉·皮特，第 1 代查塔姆伯爵（1708—1778） 被称为老皮特（Pitt the Elder）。1735 年，皮特在其子的婚姻问题上侮辱了国王乔治二世，从此开始了他好战的政治生涯，并因此失去了自 1731 年来担任的军事职务。此后，皮特迅速地确立了作为反对沃波尔（Walpole）政府及其支持汉诺威政策的主要发言人的地位。

尽管沃波尔的倒台并未使皮特立即进入政府，但是 1746 年，当皮特将其雄辩的言辞对准卡特里特（Carteret）后，他获得了财政部主计长（paymaster-general）的职位。然而，国王的敌意使他仍然被排斥在内阁之外。首相亨利·佩勒姆（Henry Pelham）让皮特保持沉默，但在 1754 年佩勒姆去世后，皮特陷入主要政治家们之间的激烈斗争之中。当"七年战争"失去梅诺卡岛（Minorca）以及英军在美洲的挫败开始以后，许多人都认为皮特才是国家唯一的希望。1756 年 12 月，乔治二世极不情愿地邀请皮特组阁，并任命德文希尔公爵（duke of Devonshire）为名义上的内阁领袖。形势很快就变得明朗了，任何政府都不可能在议会中整合战争所需的技术和兵力，除非皮特和纽卡斯尔（Newcastle）联手行动；因此，1757 年 7 月，乔治三世任命纽卡斯尔为首相，皮特为南方事务部国务大臣（secretary of state for the southern department）。

皮特无疑充当了战争领袖。他激发了整个军队和国家的士气，赢得了英国的主要盟友普鲁士的信任。皮特的目标是殖民扩张，到 1761 年英国已经将法国人驱逐出加拿大、印度和加勒比海的大部分地区。

尽管乔治二世不喜欢皮特，但是到乔治二世于 1760 年去世之前，皮特已经赢得了这位国王对自己的尊重。然而，当乔治三世登上王位之后，皮特的地位就不太稳定了。新国王乔治三世在他的老师比特（Bute）的怂恿下，选择了和平方式。皮特不赞同和平方式，在又取得了一年的军事胜利之后，他因内阁拒绝批准他主动进攻西班牙的决定而于 1761 年 10 月辞职，而同西班牙的战争随后便爆发了。尽管皮特在议会下院谴责了和平决定，但福克斯高超的操纵议会的能力使得和平协定以压倒性的多数获得了议会的通过。

18 世纪 60 年代是皮特政治地位极不稳定的十年,这在很大程度上应该归咎于他自己。他拒绝与任何政治派别结为盟友,始终支持国王,或选择辞职。他对美洲仍然保留着强烈的情感,并尖锐地抨击他的姐夫首相格伦维尔(Grenville)不应该通过《印花税法》(Stamp Act)。然而,他与废除该法案的罗金厄姆(Rockingham)派别的观点也不一致。

1766 年 7 月,国王说服皮特组阁。皮特【到那时为止一直号称"伟大的平民"("the Great Commoner")】被封为查塔姆伯爵,并被任命为王玺掌管大臣【lord privy seal,格拉夫顿公爵(duke of Grafton)被任命为首席财政大臣】。在几个月内,他陷入精神错乱的状态。查塔姆伯爵于 1768 年 10 月正式辞职,但直到 1769 年底,他的精神状态才得以恢复。查塔姆伯爵生命的最后十年除了治病就是在上院猛烈攻击诺斯(North)的美洲政策。他反对美国独立,直到 1778 年仍然相信能够达成一个帝国协议。1778 年 4 月,查塔姆伯爵在他最喜欢的儿子小威廉·皮特(William Pitt the Younger)的护送下来到议会上院,但是在辩论中突然失去控制,神志不清,并于 5 月 11 日去世。

对于一个有着如此多问题的人来说,能够在如此短暂的政治生涯中被视为这个国家最伟大的首相之一,这就足以证明他所取得的成就如此重要。

Pitt,William(1759—1806). **威廉·皮特**(1759—1806)　被称为小皮特(Pitt the Younger)。首相。小皮特是查塔姆伯爵威廉·皮特(William Pitt,earl of Chatham)的次子,先是在家里接受家庭教师的教育,后来就读于剑桥大学。小皮特自幼在父亲的监督下成长,父亲特别注意培养他在公众场合的演讲技能。他在 1781 年进入议会,很快便在下院引起关注。他是诺斯(North)的批评者,指责诺斯丢掉了美洲,并倡导经济和议会改革。他醉心于金融和商业问题,了解亚当·斯密(Adam Smith)和理查德·普赖斯(Richard Price)的著作。当 1782 年诺斯倒台时,皮特拒绝了罗金厄姆(Rockingham)政府给予他的一个区区低级职位。罗金厄姆去世之后,皮特成为谢尔本(Shelburne)政府的财政大臣。尽管他对福克斯与诺斯的联盟深恶痛绝,但还是非常明智地拒绝了乔治三世的邀请,没有在谢尔本倒台之后出任首相,宁愿等待对他更有利的时刻。福克斯的《印度法案》(India Bill)危机,给乔治三世和皮特提供了机会。皮特同意出任首相,但条件是乔治三世必须公开表示对福克斯—诺斯联合政府的敌意,因为这才能表明国王对皮特的信任。

当皮特在 1783 年 12 月就职时,几乎没有人认为他的内阁能够存续下去。尽管他面临反对党在议会下院占大多数的局面,但是有几个因素对他有利:国王对他有坚定信心;福克斯—诺斯联合政府不受欢迎;他在观点上能够赢得议会下院的支持。在 1784 年的大选中,皮特取得了决定性的胜利。

在和平时期的执政中,皮特在财政、经济和商业改革等领域取得了很大成绩。他削减关税,刺激贸易发展,并建立偿债基金,希望以此来偿还国家债务。在确立了对公共财政的控制权之后,他与法国谈判签订了一项商业条约,并通过与普鲁士和荷兰结盟的方式,结束了 1787 年荷兰危机以来英国外交孤立的状况。但皮特政府也有令人失望的地方:皮特的温和议会改革建议未能获得通过;他被迫放弃与爱尔兰的自由贸易计划和提高朴次茅斯(Portsmouth)和普利茅斯(Plymouth)防御能力的计划;废除奴隶贸易仍然是政府未解决的一个问题。1788 年乔治三世患病,这预示着政府将要发生变动,皮特的地位受到威胁。1789 年,国王康复之后,皮特似乎又开始立于不败之地。他知道什么时候应该屈服于政治压力(例如应对黑斯廷斯的弹劾时),并善于将别人的思想变成切实可行的政策。

1789 年法国大革命爆发时,皮特对法国的改革深感同情,但他还是决定如果可能的话远离欧洲的复杂局面。迟至 1792 年 2 月,他才断言欧洲将会保持 15 年的和平。然而,法国君主政体的崩溃和法兰西共和国追求侵略政策使他的希望破碎了。1793 年爆发的战争对皮特是一场灾难。他进一步改革的希望被无限期地推迟了,自己也变成了"经受暴风雨考验的舵手"。这场战争是长期、艰巨和不确定的。尽管忠诚在英国仍占主导地位,但是英国依然存在着很多经济困境,而且 1798 年还爆发了爱尔兰起义。皮特曾试图安抚爱尔兰,给予爱尔兰天主教徒以公民权利,并赋予爱尔兰地区信奉天主教的不动产权所有者以选举权。尽管起义被镇压了,但是皮特确信都柏林议会(Dublin Parliament)的公信力已遭到破坏。他颁布了与爱尔兰的《联合法》(Act of Union),并希望随后就解放天主教徒。他在天主教问题上受挫的原因可以部分归咎于乔治三世的反对。

他于 1801 年辞职,并以后座议员身份给予阿丁顿(Addington)内阁一般性支持,并对 1802 年签署的《亚眠和约》(peace of Amiens)表示赞成。

在他不执政的几年间,他因未能建立起自己的政党而遭到批评。1804 年阿丁顿卸任后,皮特组建了另一个内阁。尽管皮特与福克斯之间存在着意见分歧,但他还是想让福克斯作为外交大臣进入联合政府。由于乔治三世否决了这项任命,因此,福克斯派(Foxites)和格伦维尔派(Grenvillites)拒绝出仕。皮特的健康每况愈下,工作过度劳累困扰着他。他建立了一个联盟以击败拿破仑(Napoleon),但是他果断结束战争的希望,被拿破仑于 1805 年在奥斯特利茨(Austerlitz)的胜利击碎。1806 年 1 月 23 日,皮特去世。他留下一群自己认可和培养起来的有才能的年轻人,同时也留下一个塑造了 19 世纪早期受欢迎的保守主义的传奇。

Place,Francis(1771—1854). **弗朗西斯·普莱斯**(1771—1854)   弗朗西斯·普莱斯这位"查灵十字街(Charling Cross)的激进裁缝",从通讯协会(corresponding societies)到宪章运动(chartism),几乎参加了所有的社会改革运动。他从一个制作短裤的熟练工变成一个生意兴隆的店主和雇主,从雅各宾主义者(Jacobirnism)变成受人尊敬的体面之人,成为边沁(Bentham)和穆勒(Mill)的信徒。他作为幕后组织者的能力在伦敦通讯协会(London Corresponding Society)、威斯敏斯特选举、废除《结社法》(Combination Acts)、1832 年《改革法案》风潮和宪章运动中都得到了明显体现。

plague   鼠疫   腺鼠疫(Bubonic plague)是老鼠身上的一种疾病,通过叮咬过已死或将死的老鼠宿主的跳蚤,传染给人类。黑死病主要在夏季爆发,它会引起发烧,呕吐和淋巴结发炎,从而导致淋巴腺体肿大或腹股沟淋巴结炎等典型病征的出现。黑死病造成 60% 到 80% 的感染者死亡。更致命的是肺鼠疫(*pneumonic* plague),这种疾病在杆菌进入肺部时发生,然后通过飞沫传染。

1348 年,鼠疫作为欧洲传染病的一部分在英格兰出现,并一直延续到 18 世纪初。后来出现的流行性瘟疫都没有黑死病(Black Death)的影响那么凶猛可怕。最近的估计显示,黑死病造成的死亡人口占整个人口总数的 47%。虽然

1413 年、1434 年、1439 年和 1464 年黑死病是在全国范围内爆发的，但是 14 世纪末以后，黑死病大多是区域性，而不是在全国范围内爆发。

然而，鼠疫对全国人口死亡率的总体影响在逐步减弱。从 15 世纪末开始，鼠疫逐渐成为一种困扰城镇的疾病，因为在这里人与老鼠住得最近，鼠疫也会侵袭位于传染源上的村庄。我们的历史认识往往会受到被瘟疫蹂躏的少数群体的经历的影响。1579 年，诺里奇（Norwich）失去了三分之一的人口。1570 年至 1670 年间，发生在英格兰的鼠疫所造成的死亡人口中，伦敦的死亡人口就占了三分之一。1563 年，发生在首都伦敦的鼠疫造成的死亡人数至少占整个伦敦居民的 25%；另外有大约 20% 的人口在 1603 年和 1625 年再度爆发的鼠疫中死亡。根据佩皮斯（Pepys）的记载，伦敦的最后一次"大瘟疫"（"Great Plague"）发生于 1665 年，这次瘟疫造成约 56,000 人死亡。鼠疫在 17 世纪中期之后才从不列颠消失。苏格兰最后一次严重的鼠疫爆发于 1645—1649 年间，英格兰的最后一次鼠疫爆发是在 1665—1666 年间。

Plaid Cymru（Welsh Nationalist Party） 威尔士党（威尔士民族主义党）

1925 年成立威尔士党的主要目的是保护威尔士的语言和文化。第二次世界大战之后，该组织具有了政党的功能，走上通过议会来实现威尔士独立的道路。该党在 20 世纪 60 年代制定政策时，其经济动机变得越来越明显，目标是降低失业率，终止威尔士年轻人移居国外，替代日趋衰落的传统产业。但威尔士党几乎没有获得任何成功，直到 1966 年，该党才在卡马森（Carmarthen）的补选中获胜。在 1974 年 2 月的大选中，他们赢得了两个选区——卡那封（Caernarfon）和梅里奥尼思（Merioneth）。1974 年至 1979 年间，工党为议会中的少数党，威尔士党利用这个机会，迫使议会讨论修宪。然而，1979 年 3 月权力下放的全民公投对威尔士党是一个打击。58.3% 的投票率只有 11.8% 投给了威尔士国民议会。

威尔士党一直在寻找的突破点终于在 1997 年 9 月全民公投时到来，这次公投以微弱多数通过了建立国民议会（National Assembly）的决定。随后在 1999 年的大选中，威尔士党赢得了议会 60 个席位中的 17 个，实质性地夺走了工党的选票，在艾斯尔温（Islwyn）、拉内利（Llanelli）和朗达（Rhondda）获得了席位。在经历了 2003 年令人失望的大选结果之后，威尔士党在 2007 年获得了 15 个席位，并联合工党共同分享行政权力。

Plantagenets　金雀花王朝　金雀花王朝的名称源于 *Planta Genesta*（普兰塔金雀花），或者 broom（金雀花），传说它是安茹伯爵（counts of Anjou）的标志。这个王朝的成员从 1154 年至 1399 年统治英格兰，然而在传统的历史惯例中，亨利二世【安茹伯爵杰弗里（Count Geoffrey of Anjou）之子】及其子理查一世与约翰，通常被称为安茹王朝的国王（Angevin kings）；他们的继承人，一直到理查二世，都被称为金雀花王朝的国王。

Plassey，battle of，1757.　普拉西战役（1757）　在得知法国支持的印度行政长官西拉杰·乌德·达乌拉（Siraj-ud-Daula）有意进一步反抗东印度公司的统治以后，罗伯特·克莱武（Robert Clive）率领一支小部队前去应对。1757 年 6 月 23 日，克莱武在普拉西发现了西拉杰，他率领了一支 50,000 人组成的部队。然而，暴雨浸泡了西拉杰炮兵部队的火药，而克莱武的火药未被水浸，因此当这位印度行政长官的骑兵准备冲锋时，克莱武对其进行了毁灭性的打击。西拉杰逃离，将孟加拉（Bengal）的控制权留给了克莱武。

Playfair，William Henry（1790—1857）.　威廉·亨利·普莱费尔（1790—1857）　苏格兰建筑师，很可能在伦敦曾师从怀亚特（Wyatt）和斯默克（Smirke）。他于 1816 年回到苏格兰，完成了罗伯特·亚当（Robert Adam）为爱丁堡大学所做的建筑设计，此后他在苏格兰首府设计的一些公共建筑使其成名，特别是丘山（Mound）上的那些建筑——多利安式的皇家科学研究院【Doric Royal Institution，现为苏格兰皇家学院（Royal Scottish Academy），1822—1826 年间建造，1832—1835 年间扩建】和爱奥尼亚式的苏格兰国家美术馆（Ionic National Gallery of Scotland，建于 1850—1857 年），在自由教会学院【Free Church College，现为新学院（New College）】建于 1846—1850 年的哥特式塔楼上可以眺望到这两座建筑。1818 年，他在卡尔顿山（Calton Hill）上设计了城市天文台（City Observatory），1824 年至 1829 年，他与 C.R.科克雷尔（C.R.Cockerell）合作设计了国家纪念碑（National Monument），但未完成。

pleas of the crown　国王之诉　国王之诉的概念可以追溯到盎格鲁—撒克逊时代,用来描述那些引起国王特别关注的,而国王有权对之处以罚金【处罚金（wite）】的不法行为（wrongs）。后来在诺曼国王及其继任者们统治时期,该词意指那些涉及国王的诉讼或案件,以区别于发生在臣民们之间的诉讼或案件——民事诉讼（common pleas）。

Plimsoll,Samuel（1824—1898）.　塞缪尔·普利姆索尔（1824—1898）　激进的议会议员,出生在布里斯托尔,公理会派信徒。普利姆索尔先后担任过事务律师（solicitor）的文员、酿酒厂的经理和1851年世界博览会（Great Exhibition）的荣誉秘书。1853年,他成为伦敦的煤商,积累了煤炭运输的大量知识。1868年,他代表德比（Derby）选区进入议会后,提出要设立一个强制性的船舶载重线（load line）,以防止船舶过载,并于1873年获得了一份王室委任状。他愤恨那些抵制他的计划的贪婪船主们,这导致他在1875年被暂时挤出议会下院,但他坚持不懈,终于在1876年使《商船法》（Merchant Shipping Act）在议会得以通过,不久,载重线以他的名字命名。

Plunket,St Oliver（1629—1681）.　圣奥利弗·普伦基特（1629—1681）　阿马（Armagh）大主教区的大主教和爱尔兰首主教（primate of Ireland,1670—1681年）。普伦基特出生在米斯（Meath）,曾就读于罗马。1657年至1669年,他在罗马担任神学教授,在根特（Ghent）举行圣职授任仪式后,成为阿马的大主教。英国颁布《忠诚宣誓法》（Test Act）之后,普伦基特受到被驱逐的威胁,尽管他于1674年躲藏起来,但1678年时还是在都柏林被捕,并被诬告参与了天主教阴谋案（Popish plot）。普伦基特在伦敦以一个莫须有罪名接受审判,被判叛国罪,在泰伯恩行刑场（Tyburn）被处以绞刑,并被挖出内脏、肢解尸体。他的遗骸被安放在萨默塞特郡的唐塞德修道院（Downside abbey）。1975年,普伦基特被封为圣徒。

pluralism　有俸圣职兼任　指同时持有超过一个具有宗教管辖权（cure of souls）的有俸圣职。这种情况虽然一直受到教会的谴责,但有俸圣职兼任的现象从来就没有停止过。造成这一状况持续存在的原因有很多。许多圣俸收入很少，所以神职人员不得不经常多兼任几份圣职。神职人员短缺的问题在二十世纪日益严重，这是造成有俸圣职兼任现象的另一个原因。

Plymouth　普利茅斯　普利茅斯之所以重要，是因为它是一个具有重要意义的入海河口，普利姆河（Plym）和泰马河（Tamar）均注入这个河口。普利茅斯最早的定居点位于萨顿（Sutton），普利茅斯的名称就得自这个港口。在 16 世纪30 年代的利兰时代（Leland's time），普利茅斯港口的面积"非常大"，可以"停泊许多大型船只"。内战期间，普利茅斯的战略地位非常重要，是议会军在王军优势地区的堡垒，抵抗住了王军一系列意在征服它的企图。王朝复辟（Restoration）后，普利茅斯随着海军的发展而成长起来。普利茅斯作为一个至关重要的海军基地，处于德军从被占领的法国出发轻易实施轰炸的范围之内，因此在第二次世界大战中城市遭受了重创。战后随之而来的对普利茅斯的重新规划并未投入应有的全部热情。

Plymouth brethren　普利茅斯兄弟会　普利茅斯兄弟会也称为基督徒兄弟会（Christian Brethren）或达比派（Darbyites）。19 世纪 20 年代中期，来自包括都柏林三一学院（Trinity College）在内的各个群体的年轻人，打破了宗教派别之见，在都柏林举办擘饼聚会。起初他们并没有想发动一场分离运动，但是在 J.N.达比（J.N.Darby，1800—1882 年）的推动下，他们确实发动了这样一场运动。达比是一位刚刚辞去英国圣公会职位的非执业出庭律师（barrister）。尽管兄弟会分裂为开放兄弟会和闭关兄弟会两派，但是这两派在信仰和组织结构方面仍然具有很多相似性：均属于拒世的虔信派；均将《圣经》奉为至高无上的教规；均关注预言书和基督复临（Second Coming）；信徒均受洗；每周均举行擘饼聚会；均没有既定的礼拜仪式；尽管两派都有许多专职的福音传道者，但没有晋秩职务；均采用会众制，没有统筹组织。普利茅斯兄弟会通常带有排外的色彩，他们的理想氛围更多地被视为根植于兄弟之情中的心灵与思想的自由。

poaching　偷猎　诺曼王朝时期，在国王猎场（king's forest）偷猎的行为要受到十分严厉的惩罚:理查一世在 1198 年颁布的法令曾用挖眼和阉割的手段来威慑猎鹿者。然而,各个王室猎场(royal forest)属于例外,没有严格执行野蛮的惩罚方式,各种不同形式的偷猎,作为主要刺激物仍然存在。直到 19 世纪后期,乡村社会让位于城市生活之后,这种状况才结束。虽然在民间流传的神话里,偷猎者是单独行动的,但是有组织的偷猎团体却很早就出现了。在 17 世纪内战期间,法律和社会治安的松弛使偷猎者获得了很多行动自由;王朝复辟(Restoration)之后,政府在 1671 年曾尝试对偷猎行为加强控制。狩猎活动只留给年收入财产 100 英镑以上的自由地产保有人(freeholders)、年收入财产 150 英镑的公簿持有农(copyholders),以及从骑士(esquires)和地位高于从骑士者两者之子与继承人,这些人可以在别人的地面上打猎,并有权委派猎场看守人(gamekeepers)去搜寻猎物。同时,枪支改进也促进了土地所有者养殖更多的猎物。那时的偷猎已不再是在公用地(common)抓兔子那样的问题,而是有组织的侵犯私有财产的行为。18 世纪后期和 19 世纪早期的偷猎战争,是因土地所有人用弹簧枪和陷阱保卫他们的猎物,而引起的流血冲突。1827 年,有人曾在《布莱克伍德杂志》(Blackwood's Magazine)中写道,那是"一场暴力反抗上层社会的战争",而偷猎是 1830 年发生的"斯温骚乱"(Swing riots)的重要诱因。1831 年颁布的《狩猎改革法》(Game Reform Act)废除了之前的 27 个相关法令,明确了禁猎期,允许佃户(tenants)在他们自己的土地上打猎与狩猎,并推行许可证制度:允许在服从侵权法限制的情况下狩杀猎物。然而,任何关系的改善都是暂时的,枪支的进一步改进导致大量捕杀猎物活动的出现,其中鸟类可能会在一天内被猎杀 1,000 只。繁殖足够的鸟群成为一个庞大的产业,而养鸟消耗的粮食激起了民怨。猎场看守人和偷猎者的对峙一直持续到第一次世界大战后,那时偷猎成了一个偶然事件,而不再是一种频繁出现的行为。

pocket boroughs 口袋选区 口袋选区也被称为提名选区(nomination boroughs),是指那些庇护人通常可以操纵议会选举结果报告(return)的选区。这些选区通常是(尽管不一定全都是)有着少量选民的不动产(burgage)或法人自治市镇(corporation boroughs)。1761 年在议会席位总数为 558 个的情况下,经庇护人而获得的席位数量超过了 250 个。

poet laureate　桂冠诗人　詹姆斯一世于 1616 年奖励给本·琼森(Ben Jonson)一份年金,而他与威廉·戴夫南特爵士(Sir William Davenant,1637 年)都是公认的桂冠诗人。然而,第一个获得桂冠诗人称号的是德莱顿(Dryden),他于 1668 年被查理二世任命为桂冠诗人。较为杰出的桂冠诗人包括华兹华斯(Wordsworth,1843 年)和丁尼生(Tennyson,1850 年);稍逊一筹的有怀特黑德(Whitehead,1757 年),派伊(Pye,1790 年),以及阿尔弗雷德·奥斯汀(Alfred Austin,1896 年)。

Poitiers,battle of,1356.　普瓦捷战役(1356)　1346 年,黑太子爱德华(Edward,the Black Prince)在克雷西(Crécy)大胜法军。1356 年 8 月,他率军兵临布尔日(Bourges)城下,但受到法国国王约翰二世(John II)率领的人数更多的法军的威胁。英军试图撤退,但发现他们的退路已在普瓦捷被堵住。黑太子提出谈判条款,但是 9 月 19 日法军开始发动进攻。隐蔽在战壕中和树篱后面的英军弓箭手粉碎了法军的第一次进攻,法军在最后一次进攻中,侧翼被英军攻破。此战,大量法军被俘,其中包括法国国王约翰二世。

Pole,Margaret de la　玛格丽特·德·拉·波尔　See SALISBURY, COUNTESS OF.(见索尔兹伯里伯爵夫人)

Pole,Michael de la（c.1330—1389）.　米夏埃尔·德·拉·波尔(约 1330—1389)　威廉·德·拉·波尔(William de la Pole,卒于 1366 年)之子,赫尔(Hull)的商人,爱德华三世对法战争经费的主要提供者。早在于 1383 年成为英格兰大法官以前,米夏埃尔就施展其军事和外交方面的各种才能为国王效力。他深得理查二世的赏识,于 1385 年被封为萨福克伯爵(earl of Suffolk)。当理查在 1386 年失去对政府的控制时,由于对法国的战事趋于恶化,米夏埃尔以所谓的舞弊罪受到弹劾,被剥夺了所有的领地和头衔。1389 年 9 月,米夏埃尔在流放中死于巴黎。

Pole,Reginald（1500—1558）.　雷金纳德·波尔(1500—1558)　枢机主

教,坎特伯雷大主教。波尔是索尔兹伯里伯爵夫人玛格丽特(Margaret, countess of Salisbury)的小儿子,而玛格丽特又是克拉伦斯公爵乔治(George, duke of Clarence)的女儿,因此波尔拥有王室血统。从一开始他便按照教会的旨意,于1521—1527年间在欧洲大陆学习。他回国后就被任命为温莎(Windsor)的教长,但由于他不断反对国王的离婚政策,1532年又一次出国。1536年当国王寻求他的意见时,遭到波尔的强烈反对,这使他在英格兰的亲属们被置于极度危险的境地。波尔被任命为枢机主教后,其亲属们面临的险境进一步恶化:其长兄遭到处决,侄子死在伦敦塔,母亲在1541年被斩首。他本人在欧洲大陆一直处于被暗杀的恐惧之中。1553年玛丽继位,1554年11月他作为罗马教皇的使节返回英格兰,1556年3月接替克兰麦(Cranmer)担任坎特伯雷大主教。恢复英格兰人的天主教信仰是波尔一生追求的目标,但是它带来了各种问题:将新教徒处以火刑的做法激起了极大的民愤;贵族极不情愿地返还了教会的土地;玛丽的丈夫腓力(Philip)发现自己与教皇处于交战状态;波尔的教皇使节身份被撤销。1558年11月,波尔与玛丽于同一天去世。

police 警察 多年来英国人一直反对拥有一支专门的警察部队,因为这使他们联想到镇压,特别是法国式的镇压。他们还担心这会增加他们的赋税。他们唯一的求助对象就是靠严厉制裁手段支撑起来的军队。这可能会适得其反。例如,彼得卢(Peterloo)大屠杀和加图街(Cato Street)阴谋案相关人员的被处决,点燃了人民反对政府的怒火。英国需要一个温和的公共控制手段。

罗伯特·皮尔爵士(Sir Robert Peel)在担任爱尔兰事务首席大臣(chief secretary for Ireland)时设计了他的第一个警察法案,这使皇家爱尔兰警队(Irish Constabulary)于1822年诞生。1829年,他说服议会使伦敦接受了类似的机构,该机构被称为大都市警察(Metropolitan Police)。所有的警察都身着特殊制服,这样他们就不会被当做"间谍"。除了短警棍之外,他们不佩戴任何武器。在第一批招募的2,800人中,有2,238人被开除,开除的原因有时仅仅是因为喝了点水或打了个盹。但它很有效。英国的其他地区都叫"大都市警察"("Met")来帮忙。1833年以后,其他地区也被批准按照伦敦模式设立自己的警队。那些没有设立警队的地区,分别根据英格兰和威尔士在1856年颁布的法案和苏格兰在 1857 年颁布的法案,最终也设立了警队。

后来,警队中又发展出一个分支——便衣侦探(plain clothes detective)。1842 年,便衣侦探在伦敦出现,最初只有 8 人。1877 年,一支由 4 名侦探组成的小分队在调查一个赛马欺诈案时,其中 3 人牵涉丑闻。这一事件引起对便衣侦探队伍的重大改组,1878 年,我们现在看到的刑事调查局(Criminal Investigation Department)由此诞生。

维护社会治安一直是警察最具争议的角色。它的问题在于警察在内乱时期维持秩序可能被解释为代表国家反对民主。罢工是最棘手的案件。虽然偶尔被指责为带有"种族歧视",但是英国警方大体上还是成功地维护了自身能够使"双方满意"的形象。

近年来,对警察的角色和表现的批评在不断增加。特别是在警察界,人们普遍承认警察把太多的时间投入到文案工作中。与此同时,汽车拥有数量的剧增意味着必须投入大量警力专门监控汽车驾驶。因此,人们开始抱怨警方似乎不愿面对犯罪或处理纠纷。北爱尔兰前任警察局长(Chief Constable)龙尼·弗拉纳根爵士(Sir Ronnie Flanagan)在 2008 年写的独立报告中,提醒民众关注如何更好地利用警察资源,以及警察如何改进与当地民众的合作问题。内政大臣愉快地接受了他的建议。

Political Register 《政治纪事》 19 世纪早期最有名的激进报纸。《政治纪事》是威廉·科贝特(William Cobbett)在威廉·温德姆(William Windham)的赞助下于 1802 年 1 月创建的一份周刊。该报坚持一种强烈的右翼反法立场。但科贝特很快就转向激进的立场,谴责辉格党只是一味见风使舵,并不断地呼吁议会改革。他于 1816 年推出了一个廉价版,即著名的"两便士垃圾"("Twopenny Trash"),销售数量数以万计。

poll tax 人头税 即按照人头征收的固定数额的税金。人头税首次引起社会关注是在 14 世纪后期,当时为了支付在法国进行的战争【百年战争】的费用而强行征收人头税。1381 年爆发的农民起义(Peasants' Revolt)就源于当年人均 1 先令的人头税。15 世纪至 17 世纪时,人头税只是偶尔征收,最后一次征收人头税是在 1698 年。然而,20 世纪末期,玛格丽特·撒切尔的保守党政府以社区税(community charge)的名义重新征收人头税,取代了原来的家庭税。正如 14 世纪一样,逃税和骚乱的现象接踵而至。在某种程度上,人头税是造成撒切尔夫人下台的原因之一。

polo　马球运动　马球一词来自于藏语的柳树棍之意,马球运动起源于东方,很可能是在中亚骑兵中产生的。英国的茶叶种植者和骑兵军官在印度曾经进行过这种运动。英国第一场马球比赛于 1871 年在伦敦举办,1875 年在富勒姆(Fulham)成立的马球总会俱乐部(Hurlingham Club)成为这项运动的主管机构。

poor　贫困　塞缪尔·约翰逊(Samuel Johnson)认为:"体面地为穷人提供食品是对文明的真正考验。"然而,对于那些希望帮助他们的人和希望研究他们的历史学家而言,却很难精确地识别谁是穷人。

18 世纪后期以降,人们一直试图使用系统的衡量手段来识别穷人。弗雷德里克·伊登爵士(Sir Frederick Eden)在 1797 年曾试图从食品、燃料、衣服和住所等方面的支出来记录穷人的生活,但他的研究被批评为缺乏系统性。亨利·梅休(Henry Mayhew)于 1851 年出版的《伦敦劳工与伦敦穷人》(*London Labour and the London Poor*)一书也有类似的不足之处。伦敦统计学会(London Statistical Society)和曼彻斯特统计学会(Manchester Statistical Society)的调查员们试图通过启动对每个人摄入的各种食品和饮料的研究而使其更具有科学性,但直到 1886 年才由查尔斯·布斯(Charles Booth)进行了一项对伦敦穷人的大样本预算的调查。

布斯的计算是以消费水平达到维持健康生活水平的假设为前提的。他的调查显示,即使仅仅以必需品的支出为限,也有将近 30% 的伦敦人口生活于"贫困线"之下。1900 年,西博姆·朗特里(Seebohm Rowntree)利用类似于布斯的标准开展了一项对约克穷人的调查,发现生活在贫困线以下的约克人口比例与伦敦类似。在布尔战争和两次世界大战中志愿服役的那些男性的体检报告证明了长期贫困对他们的身体造成的影响。这一证据被用于支持 20 世纪 40 年代建立综合性社会福利和"福利国家"的争论。

poor laws 《济贫法》 在中世纪,教会法要求堂区的每个成员将自己总收入的十分之一交给教会,这就是什一税(tithe)。按照要求,堂区长(rector)每年从这项收入中拨出三分之一用于救济穷人。当什一税收入被挪作他用时,这种堂区救济制度开始受到破坏。当什一税成了固定的征收项目,而不是堂区内真正的十分之一收入时,堂区救济制度状况进一步恶化。

1388 年和 1391 年,政府先后颁布法令进行干预来弥补堂区救济制度的不足。这些法令使乞讨合法化,并且规定身体健康的穷人应该向他们所出生的堂区或他们平时所居住的堂区寻求帮助。在 1536 年的《济贫法》出台之前,英国解决贫困问题的途径有两条:在有什一税收入的地区,依靠什一税的分配来解决;在没有什一税收入的地区,只能选择到外地乞讨的方式来解决。那些失业的身体健康者不能指望得到直接救济。然而,如果有堂区资金的话,可以用来为他们提供就业机会。

1601 年的《济贫法》为英格兰和威尔士设置了一脉相承的制度,从而替代了那些零碎的立法。1601 年的《济贫法》要求各堂区负责救济自己区域内的穷人。治安法官(justice of the peace)负责制定执行该法的框架,并与堂区牧师和那些被指定为堂区会议或堂区委员会成员的户主一起承担救济穷人的组织工作。堂区委员会有权力通过收取地方税来筹集所需救济资金。

各地区对穷人的关怀方式是不一样的。一些堂区或通过购买茅舍来安置无家可归者,或通过建造房屋以供当地的穷人居住。在乡村小堂区的救济中,有时会为穷人家庭提供金钱和实物。这一制度的推行可以形成一个定居的农业社会,因此就不会出现寻求帮助的游民。1662 年颁布的《定居法》(Act of Settlement)要求堂区主管部门只对那些长期居住或出生在本堂区的穷人给予救济,所有其他的人不得不回原籍寻求帮助。

18 世纪,政府做出许多改变来救济日益增多的包括移居到工业区在内的穷人。早期推行的济贫制度依然得到执行,但对法律条文进行了修改,目的是允许执行济贫法的部门有权尝试新的解决方案,以解决越来越多的人寻求救济的问题。一些堂区联合起来结成堂区联盟,设置一所济贫院(workhouse),要求那些生活贫困但有能力工作的人住在这里。进入济贫院的穷人必须穿统一的制服，并被称为贫民（paupers）。在 18 世纪末，英格兰南部农村贫困人口持续增长，致使伯克郡治安法官（magistrates）在斯品汉姆兰（Speenhamland）召开会议，设计了一个现金救济制度，以补充穷人工资的不足。该制度被其他政府机关采纳，并在一些地方坚持下来，直到 1834 年《济贫法修正法》（Poor Law Amendment Act）出台为止。

根据 1834 年颁布的《济贫法修正法》，只有那些同意接受济贫院的严格制度的穷人才能得到救济，济贫院提供的资助是以一个人的工作所得还不足以担负起生活这一标准为前提条件。此外，根据该法令，还建立了一个委员会来监督英格兰和威尔士的堂区联盟创建状况。这些堂区联盟要由监护人委员会进行管理，该委员会由治安法官、国教会牧师，以及由地方税纳税人选举出来的堂区代表组成。

来自于官方报告和通俗文学的所有证据都表明，穷人对这个《济贫法修正法》感到厌恶。然而，尽管为了更恰当地满足城市大片区域的需求和解决贸易低迷及儿童的特殊需求问题，英国政府对这一法令进行了数次修订，但其基本体系原封未动，直到 1929 年，为穷人提供救济的责任才被移交给郡议会和郡级自治市议会。

Pope, Alexander（1688—1744）. **亚历山大·蒲柏**（1688—1744） 英国诗人。蒲柏出生在一个信仰罗马天主教的布商之家，主要在家中自学，而且还因结核病致残，因此一直是一个圈外人。他以 1709 年发表的《田园诗集》（*Pastorals*）、1711 年发表的长诗《批评论》（*Essay on Criticism*），以及 1712 年和 1714 年发表的英雄滑稽诗《夺发记》（*Rape of the Lock*）而赢得声誉。他于 1713 年发表的《温莎森林》（*Windsor-Forest*），在赞美和平的同时也颂扬了英帝国主义，这部作品的出版使他与斯威夫特（Swift）、盖伊（Gay）和涂鸦社（Scriblerus Club）建立了重要的联系。他后来涉足政治讽刺文学，尤其是以沃波尔（Walpole）为讽刺对象的文学创作，始于 1728 年发表的《群愚史诗》（*The Dunciad*）。虽然他于 1731—1735 年发表的《道德文集》（*Moral Essays*）和 1733—1734 年发表的《人论》（*An Essays on Man*）采用道德和哲学主题来揭露当时那个时代的弱点,但是《仿贺拉斯》(*Imitations of Horace*)的批评更为尖锐,它为1743年以启示录方式修订的《群愚史诗》(*Dunciad*)铺平了道路。

Popish plot,1678. **天主教阴谋案**(1678) 1678年9月,泰特斯·奥茨(Titus Oates)和伊斯雷尔·汤奇(Israel Tonge)这两个高明的骗子在伦敦地方法官面前所例举的43个天主教组织谋害国王的"阴谋",就是一整套谎言。谎言的制造者声称,他们要揭露一起耶稣会会士为确保信仰天主教的约克公爵詹姆斯(James,duke of York)继承王位而试图暗杀查理二世的阴谋。

population 人口 就诺曼征服以前不列颠群岛的人口总数而言,几乎还未得出已被大家共同认可的结论。盎格鲁人、撒克逊人、朱特人、丹麦人和斯堪的纳维亚人的大规模迁移,以及爱尔兰、苏格兰和威尔士之间的大规模的人口流动,给人口统计带来了很大的不确定性。罗马统治时期,不列颠的人口数量在很大程度上仍然是臆测的结果,随后学者们对于公元2世纪不列颠人口数量的判定从100万到600万人不等,意见分歧较大,令人不安。有人提出威尔士有2万人,但是没有办法来核实它。推测随后的撒克逊时期的人口数字也非易事,因为我们不能确定新生儿能够在多大程度上抵消因灾难和战争造成的人口损失。大多数人认为,撒克逊末期的英格兰人口大约为150万。最谨慎的爱尔兰和苏格兰历史学家们都拒绝对爱尔兰和英格兰的人口做出估算,同时也拒绝认可任何估算。

大家几乎一致认为:1066年至14世纪中期瘟疫爆发之间的这段时期,是英格兰人口大量增加的时期。如果基于《末日审判书》(*Domesday Book*)的报告,对威廉一世统治时期的人口估计是正确的,那么当时的人口约为150万,到1300年增长了1倍多,约为400万。这是欧洲整体人口模式中的一部分,诺曼征服之后英格兰不仅没有遭受较为重大的入侵,而且英格兰的内部冲突也逐渐减少,这使得英格兰的人口得到增长。之后,在1349年至1375年间,瘟疫在英格兰肆虐四次,给英格兰带来了灾难性的后果。40%以上的人口似乎都是因此而死亡的。黑死病(Black Death)还肆虐了爱尔兰、威尔士和苏格兰,只是苏格兰的死亡率似乎一直明显低于爱尔兰和威尔士,这可能是因为瘟疫给人口拥挤的城镇和港口带来的危害最为致命。

黑死病之后，人口恢复是缓慢的。英格兰的人口可能已减少到约 250 万。直到 15 世纪中叶，人口回升的速度才得到提高。不过，到了都铎王朝时代，英格兰的人口就恢复到瘟疫前的水平，而到 16 世纪末，就超过了 400 万。爱尔兰的人口约为 100 万，苏格兰也许要少一点。威尔士人口仍然非常稀少，约为 350,000 人。人口超过 200,000 的伦敦在西欧已经是最大的城镇，超过了所有的竞争对手。

从 17 世纪起，人口研究的资料来源开始得到改善。托马斯·克伦威尔（Thomas Cromwell）下令从 1538 年起保存堂区登记簿（parish registers），但很多堂区牧师最初并没有照做，一些堂区登记簿被毁于火灾、洪水、战争和鼠害。都铎时代的人口高速增长并没有在整个 17 世纪持续下来，当时向外移民、内战和瘟疫都抑制了人口的增长。到 1656 年，英格兰和威尔士的人口上升到约 540 万后，开始企稳，甚至略有下降。在 17 世纪 40 年代，苏格兰遭受瘟疫，再加上 90 年代的严重饥荒，导致苏格兰大量人口移民到阿尔斯特（Ulster）。1700 年苏格兰的人口数量只比 1600 年略高一点，人口在 30,000—40,000 人之间的爱丁堡是当时苏格兰最大的城市。尽管爱尔兰经历了严酷的战争，但是到 1687 年，爱尔兰的人口大约增长了一倍，到 1700 年达到并超过了 200 万，都柏林的人口开始快速增长。伦敦人口数量继续不成比例地增长，到 1700 年已经达到了 50 万，而且比所有其他城市中心的人口数之和还要多。

没有多少迹象表明，在 18 世纪初不列颠群岛已处在人口爆炸的边缘。人口增长加速到来的原因已被广泛讨论。慈善医院的建立和医治（预防）天花方法的改进，注定会非常缓慢，因为在市区以外经营的慈善医院还不够多。瘟疫最终消失了。农业产量也在提高，收费公路和运河的发展使得食物能够在 18 世纪后期较为迅速地被运到食物短缺的地区。但是，任何解释都应该以欧洲视角为基础，因为人口增长在欧洲具有普遍性。早期观点认为人口增长的主要原因是死亡率的下降，但是这一观点正日益受到挑战，部分原因在于人口增长伴随着广泛的城市化，而且 18 世纪的城市绝不属于健康之地。现在的观点则更多地强调生育率，认为人们结婚年龄较低，且未婚人口所占比重较小是人口增加的原因。移居到城镇可能使年轻男子能够自由结婚。

虽然人们对人口增长加速的原因还远未达成共识,但其结果是显而易见的。自18世纪40年代以来,人口开始持续增量上升,而不是像过去那么频繁地再次下降。从1750年的570万开始,英格兰的人口到1800年达到860万,1850年达到1,650万。苏格兰的人口也增加了,特别是处于中心地区的工业和贸易城镇,从1750年的120万增加至1800年的160万,再增加至1850年的280万。不过,爱尔兰的人口增长最令人吃惊:1750年的爱尔兰人口大约为300万,到1800年达到了500万。1845年,当爱尔兰处于饥荒的边缘时,他们就依赖马铃薯的收成,人口还是超过了800万。

1845年至1848年的爱尔兰饥荒,是现代欧洲人口学上的一个独特事件。100万人死于饥饿和疾病,人口出生率下降,而在灾难发生之后的几十年间,发生了大规模的人口出走,其中以年轻人为主。19世纪40年代,超过100万爱尔兰人离开爱尔兰,19世纪50年代又有100万人离开爱尔兰,19世纪60年代还有85万人离开爱尔兰,北美是这些人的主要目的地,尤其是那些来自于芒斯特(Munster)和阿尔斯特的爱尔兰人。到1851年爱尔兰人口下降到650万,1861年下降到580万,1901年下降到440万。

在英国的其他地区,公共生活的每个部分都能感受到人口的持续增长。在国际上,人口增长改变了英国的相对地位。1550年西班牙和葡萄牙的人口是不列颠群岛的两倍,而1914年情况则正好相反:英国的人口是西班牙和葡萄牙人口的两倍。就在1914年之前,联合王国的人口就超过了法国。尽管马尔萨斯担心英国需要抚养更多的人,但农业的改进意味着少数农场工人就可以养活越来越多的工厂工人。人口增长为产业扩张提供了劳动力和维持产业扩张的购买力。由于北方大工业城市的发展,英格兰的内部平衡发生了转变。在苏格兰,格拉斯哥(Glasgow)在1688年时仅仅是一个人口只有1万人的小镇,1901年时发展成一个拥有卫星城的100万人的大都市。在威尔士,人口重心转移到了南部矿区和加的夫,1801年时加的夫只是一个拥有1800人的小镇,到1901年时加的夫有12.8万名居民。

20世纪时,英格兰和威尔士的人口持续上涨。到2001年,英格兰和威尔士的人口总计5200万人,苏格兰有500万人,北爱尔兰有150万人,爱尔兰有400万人。迄今为止,在欧洲主要大国中,英国的人口密度最高,是法国人口密度的四倍,与荷兰和比利时的人口密度相当。英国因人口密度过高引发了很多社会问题:如法律与秩序问题,让人们记忆犹新的是在 20 世纪 90 年代,一场乙级足球联赛(second-division football match)就可以很容易地吸引一个比斯图亚特王朝时期英格兰第二大城市的人口规模还要大一倍的人群;此外还有交通拥堵,路怒症和总体的交通政策问题;以及噪音污染问题和更为广泛的环境问题。第二次世界大战以后,出生率的下降意味着人口老龄化,以及对医疗和养老金的沉重需求。旧城镇的整体搬迁导致城市中心的衰落。尽管人口统计学是一门高深而苛刻的学科,但是它的意义却十分深远。

Porson, Richard(1759—1808). **理查德·波森**(1759—1808) 学者。波森出生在诺福克一个地位相对卑微的家庭,年轻时就很有出息,家人想尽一切办法送他去伊顿公学。此后,他又获得更多的资助,被送到剑桥大学三一学院(Trinity College)学习,并在那里荣获了研究员职位。1792 年 7 月,他因不愿意担任圣职而失去了研究员的职位,但 5 个月后,他入选希腊语钦定教授。他不作演讲,很少访问剑桥大学,而是在伦敦进行研究,他勘订的欧里庇得斯(Euripides)的剧本是一著名版本。

Portal, Charles, 1st Viscount Portal(1893—1971). **查尔斯·波特尔,第 1 代波特尔子爵**(1893—1971) 波特尔出生在一个绅士家庭,其祖上为胡格诺教徒。他在温切斯特公学(Winchester)和牛津大学基督教会学院(Christ Church)毕业之后,于 1914 年入伍,但在 1915 年转入皇家飞行队(Royal Flying Corps),并且在 1918 年之前就出击 900 多次。他在 1939 年晋升为空军中将后,于 1940 年接管了轰炸机指挥部(Bomber Command),半年后成为空军总参谋长(chief of the air staff),并且一直任职到战争结束。艾森豪威尔认为波特尔是最优秀的战争领袖,“比丘吉尔更伟大”,而丘吉尔本人也称赞波特尔“无所不能”。

Porteous riots, 1736. **波蒂厄斯暴动**(1736) 1736 年 4 月 14 日,在爱丁堡绞死一名走私者的行为,激起了群众的愤怒,人们向守城官兵投掷石块。军队随后向群众开火,造成 6 人死亡,大概超过 12 人受伤。但指挥官约翰·波蒂厄斯

(John Porteous)始终否认开火的命令是自己下达的。爱丁堡市长逮捕了约翰·波蒂厄斯,尽管他遭到审判并被判处死刑,但政府并未立即执行。9月7日,4000名暴民冲进监狱(Tolbooth prison),抓住波蒂厄斯并将其绞死。尽管议会于1737年对该事件进行了质询,并出台了针对爱丁堡市的惩罚措施,但这段插曲仍然使沃波尔(Walpole)在议会中丧失了来自苏格兰的许多支持。

Portland, battle of, 1653.　波特兰战役(1653)　第一次英荷战争(Anglo-Dutch War)中的一场海上战役。1653年2月18日至20日,这场海战发展成英吉利海峡上的一场追击战。马丁·特龙普(Martin Tromp)率领自己的舰队为一支商船队保驾护航,在波特兰角(Portland Bill)附近遭遇布莱克(Blake)率领的一支大型舰队。特龙普虽然损失12艘战舰,但保住了大部分商船。

Portland, Hans Willem van Bentinck, 1st earl of (c.1649—1709).　汉斯·威廉·范本廷克,第1代波特兰伯爵(约1649—1709)　荷兰人,威廉三世的密友。在17世纪60年代早期,本廷克进入奥兰治的威廉(William of Orange)的家族,成为威廉王子的密友。1688年在威廉筹备入侵英格兰时,他起到了重要的外交作用。威廉登上王位后,马上就慷慨地奖励本廷克,赐予其英格兰的土地和各种荣誉,并于1689年4月封授其伯爵爵位。1701年,虽然他因没有让英国大臣了解他与法国进行瓜分西班牙的谈判而受到弹劾,但从未接受过审判。1702年威廉去世后,他退出宫廷。

Portland, William Cavendish-Bentinck, 3rd duke of (1738—1809).　威廉·卡文迪什—本廷克,第3代波特兰公爵(1738—1809)　波特兰从作为纽卡斯尔(Newcastle)的追随者开始其政治生涯,其地位上升到第二位,仅次于罗金厄姆(Rockingham),并于1782年取代罗金厄姆成为辉格党反对派的正式首脑。他与议会下院议长查尔斯·福克斯(Charles Fox)共同领导该党。作为福克斯—诺斯(Fox-North)联合政府中名义上的首相,波特兰与国王进行了一系列艰难的谈判,这掩盖了他在这个联合政府中有名无实的劣势地位。导致福克斯—诺斯联合政府倒台的《印度法案》危机,确立了波特兰和福克斯共同领导组织体系日益健全的辉格党反对派的为期十年的政治格局。尽管长期以来,波特兰公爵一直抵制与福克斯分裂的压力,但他还是在 1794 年带领保守的辉格党人与皮特(Pitt)联合在一起。作为内政大臣(1794—1801 年),波特兰赞成使用监视和镇压手段对抗激进主义的威胁。在天主教徒解放的问题上,他也是从爱尔兰召回菲茨威廉(Fitzwilliam)的主要发起者。到 19 世纪早期,波特兰已经不再是一个党魁,而是一位资深的政治家。由于这个原因,这位年老体弱的公爵在一个蕴含着保守主义萌芽的内阁中,成了有名无实的首相(1807—1809 年)。后来,保守主义萌芽在利物浦(Liverpool)的领导下蓬勃发展。

Portsmouth　朴次茅斯　虽然 1086 年的《末日审判书》没有提到朴次茅斯,但当罗马遗址上的波特切斯特(Portchester)开始淤塞的时候,朴次茅斯就开始在波特西岛(Portsea Island)上发展起来了。1194 年,理查一世授予朴次茅斯自治市镇特许状。16 世纪,海军的发展确立了其重要市镇的地位。从查理二世时代起,朴次茅斯成为主要的海军基地。1720 年,皇家海军学院(Royal Naval College)在朴次茅斯建立。1782 年,"皇家乔治"号(*Royal George*)在该港口下水。1805 年 9 月 15 日,纳尔逊(Nelson)从朴次茅斯扬帆起航,在"胜利"号(*Victory*)旗舰上指挥了特拉法尔加(Trafalgar)海战。到 1801 年,该镇有居民 3.2 万人,1861 年达到 9.4 万人,2004 年达到 18.8 万人。

Portsmouth, diocese of　朴次茅斯主教区　该主教区包括汉普郡东南部和怀特岛(Isle of Wight),1927 年与吉尔福德(Guildford)一起从温切斯特(Winchester)主教区分离出去。该主教区的主教座堂就设在前坎特伯雷的圣托马斯(St Thomas)堂区教堂,大概始建于 1190 年,教堂东端建筑属于早期英国式风格,而建于 1683 年至 1695 年间的中殿和塔楼则属于英国 17 世纪晚期的风格。

Portsmouth, Louise de Kéroualle, duchess of（1649—1734）.　路易丝·德·凯鲁阿尔,朴次茅斯女公爵(1649—1734)　拥有布列塔尼血统的路易丝·德·凯鲁阿尔于 1670 年曾陪同查理二世的妹妹亨丽埃塔·安妮(Henrietta Anne)到英格兰。亨丽埃塔的猝死使查理二世伤心欲绝,加之查理二世明显痴情于路易丝,促使路易十四派遣路易丝前往英格兰。路易丝迅速攀升为"国王绝对的情妇"。1672 年,她的儿子被查理二世封为里士满公爵(duke of Richmond),而她本人于 1673 年被授予朴次茅斯女公爵。人们普遍认为,这个不受欢迎的信奉天主教的法国女人,唯利是图,极度奢侈,而且对手下人很傲慢。

Post Office　邮政局　17 世纪之前,王室大臣们有他们自己的皇家信使,但私人都是通过仆人或朋友送信。1512 年,亨利八世设立了一个主管邮政的职位,但只为政府服务。1635 年,英国首次尝试建立公共邮政系统,当时公共邮政业务仅集中在重要城镇,80 英里以内送达每封信的价格为 2 便士。1680 年,伦敦便士邮政(penny post)业务开启后,很快被政府接管。18 世纪后期,便士邮政业务在大的地方性城镇纷纷建立。18 世纪的英国邮政有两大发展:首先是拉尔夫·艾伦(Ralph Allen)提出的覆盖全国的邮政方案;随后是约翰·帕尔默(John Palmer)提出的定期邮车方案。1840 年,罗兰·希尔(Rowland Hill)提出的便士邮资(penny postage)方案(即以邮票方式预付邮费,不再额外收取里程费),在强大的反对压力下仍然得到了采纳。随后,在 19 世纪 50 年代,安东尼·特罗洛普(Anthony Trollope)又提出了使用邮筒的建议。邮政局提供的业务不断扩大,例如利用邮差送电报,1861 年时格莱斯顿(Gladstone)建立的邮政储蓄银行(Post Office Savings Bank),以及 1883 年开始的包裹邮递。利用邮政局来支付各种福利的决定起始于 1908 年,这样养老金就可以通过邮政局送达。在 21 世纪,竞争和不断上升的管理成本使许多小型邮政局面临关闭的威胁。

Potsdam conference,16 July−2 August 1945.　**波茨坦会议(1945 年 7 月 16 日至 8 月 2 日)**　波茨坦会议召开的时间与英国大选的时间重叠,因此新任首相艾德礼(Attlee)和新任外交大臣贝文(Bevin)在波茨坦会议中途分别接替丘吉尔(Churchill)和艾登(Eden)继续参加会议。虽然贝文的好战精神给美、苏双方带来了冲击,但是在他们看来,英国的政策并未发生显著变化。丘吉尔希望美国对原子弹的掌握将会增加西方世界与苏联进行讨价还价的筹码,并加快对日战争的结束。

Potter, Beatrix（1866—1943）.　**比阿特丽克斯·波特**（1866—1943）　作家和儿童读物插图画家。比阿特丽克斯出生在伦敦,她将自己从小对绘画的热爱和对自然史的浓厚兴趣结合在了一起,临摹花卉,描绘小动物。她把自己的宠物兔的奇闻轶事用插图表现出来,送给一个正在康复的孩子,逗其开心,这激发她于1901年出版了自己的第一本书《彼得兔的故事》(*The Tale of Peter Rabbit*)。随后,她很快又创作了《松鼠纳特金的故事》(*The Tale of Squirrel Nutkin*)、《格洛斯特的裁缝》(*The Tailor of Gloucester*),以及其他一些故事书。这些书一出版就赢得了读者的喜爱。它们和刺猬温克尔夫人(Mrs Tiggywinkle)、小鱼杰瑞米(Jeremy Fisher)、小鸭杰迈玛(Jemima Puddleduck)等许多深受人们喜爱的动物形象,仍然堪称幼儿作品中的经典形象。

Powell, J. Enoch（1912—1998）.　**约翰·伊诺克·鲍威尔**（1912—1998）　鲍威尔曾就读于伯明翰的爱德华国王学校(King Edward School),最初为古典学者,是剑桥大学三一学院(Trinity College)的研究员,然后在澳大利亚悉尼大学担任希腊语教授。第二次世界大战期间,他被提升为陆军准将。1950年,鲍威尔当选议会议员。他是一位货币主义的热心倡导者,曾于1957年辞去麦克米伦(Macmillan)政府财政部财务秘书一职,但于1960年作为卫生大臣又重新为政府效劳。1963年,他拒绝为霍姆(Home)政府提供服务,而且未再担任公职。1968年,因他直言不讳,敌视有色移民,导致希思(Heath)将其排除在影子内阁(shadow cabinet)之外。他在欧洲问题上再次与他所在的政党产生分歧,对英国主权的丧失进行了猛烈的谴责。他于1974年2月退休时,建议自己的支持者为工党投票。1974年10月,他作为北爱尔兰统一党(Ulster Unionist)成员,出人意料地在政坛复出,赢得了唐索斯(Down South)的席位,并在1987年之前一直留在议会。期间,他顽强抵御对北爱尔兰地位的侵犯。

Powys　**波伊斯郡**　威尔士边疆中部的一个郡。波伊斯这个名称源于后罗马时代的威尔士王国。在诺曼统治时期,该郡被划分成一系列边区领主(marchers)的领地。1536年,这些领地分别融入登比郡(Denbighshire)和蒙哥马利郡(Montgomeryshire)。直到1972年《地方政府法》(*Local Government Act*)出台,波伊斯这一名称才得以恢复,由蒙哥马利郡、拉德诺郡(Radnorshire)和布雷肯郡(Breconshire)融合而成的新郡被称为波伊斯郡。尽管蒙哥马利郡积极开展活动,但波伊斯郡在 1996 年仍然作为一个单一的行政体被保留下来。

Powys, kingdom of　波伊斯王国　波伊斯王国是在英格兰征服过程中,作为威尔士边区的一部分幸存下来的一个威尔士王国。波伊斯王国第一次被提及是在 9 世纪,波伊斯王国的国王们都声称他们是来自北部的不列颠人的后代,王室中心位于"彭沃恩"("Pengwern")或什鲁斯伯里(Shrewsbury),在抵御早期英格兰侵略者的斗争中扮演了主要角色。以前似乎的确存在着一个覆盖威尔士中部和现代什罗普郡(Shropshire)的王国,该王国的东部地区自 7 世纪中期以来一直饱受麦西亚王国的蹂躏。在其存在期间,虽然可分割继承的威尔士习俗造成了统治家族之间的内部争斗,但是该王国还是顶住了来自英格兰和圭内斯(Gwynedd)的入侵。

Poynings's law, 1494.　《波伊宁斯法》(1494)　1494 年至 1496 年爱德华·波伊宁斯爵士(Sir Edward Poynings)担任英王派驻爱尔兰的总督(Lord Deputy)。1494 年 12 月,他在德罗赫达(Drogheda)召集议会,宣布英格兰枢密院必须批准爱尔兰召集任何的议会,并同意爱尔兰立法,同时宣布英格兰的法律适用于爱尔兰。直到 1782 年罗金厄姆政府(Rockinghams)承认爱尔兰的立法自主权时,《波伊宁斯法》才被废除。

Praemunire statutes　《侵犯王权罪法》　第一次通过《侵犯王权罪法》的时间可以追溯到 1351 年,目的是防止教皇干涉国王在处理英格兰神职人员兼领圣俸方面所拥有的权利。该法令规定:任何援引教皇权力来取代国王法庭的司法权的人都会遭到惩罚。该法令的颁布在宗教改革时期具有极其重要的意义,同时也成为在亨利八世与罗马教廷关系破裂后,对那些试图到罗马上诉或接受教皇权威的人进行指控的重要依据之一。

Pragmatic Sanction　《国事诏书》　《国事诏书》是 1713 年颁布的一份敕

令,目的在于确保查理六世去世后,他自己的女儿们能毫无争议地继承哈布斯堡的领地,而将其兄的女儿们的继承权排除在外。18 世纪 20、30 年代开展的重大外交活动未能阻止普鲁士、法国、西班牙、萨克森和巴伐利亚于 1740 年向玛丽亚·特蕾西亚(Maria Theresa)发起进攻。英国向特蕾西亚提供了援助,并在战场上安插了一支国事遗诏军(pragmatic army)。

Prayer Book 《祈祷书》 See BOOK OF COMMON PRAYER(见《公祷书》)

Prayer Book rising,1549. **祈祷书起义**(1549) 爱德华六世即位时,摄政萨默塞特(Protector Somerset)的政权突然转向新教教会。1549 年 1 月,议会下令使用新的英文版《公祷书》(Book of Common Prayer)。议会下令的第二天,新版英文《公祷书》就被推广到德文郡的萨姆福德考特尼村(Sampford Courtenay),该村村民要求他们的牧师应该讲解旧的弥撒曲,并抱怨他们无法理解新版圣歌所使用的语言。由于摄政萨默塞特同时还要应对诺福克的凯特起义(Kett's rising),因此,他在采取行动时均小心谨慎。8 月 17 日,贝德福德(Bedford)的拉塞尔勋爵(Lord Russell)在萨姆福德考特尼村镇压了起义军。萨默塞特的犹豫,削弱了他的地位。

P

Premonstratensians **普雷蒙特雷修会** 普雷蒙特雷修会也被称为"白衣修会"("white Canons")或"诺贝尔修会"("Norbertines"),由法国修士圣诺贝尔(St. Norbert)于 1120 年在法国东北部的普雷蒙特雷(Prémontré)创立。圣诺贝尔在改变信仰之后,就在自己的出生地克桑滕(Xanten)担任教士,后来成为一个浪迹天涯的布道者。这个团体早期在话语上非常隐晦,然而,由于受到西多会的极大影响,它们遵循奥古斯丁教规中对禁欲主义的解读。1143 年,该修会在英格兰的纽豪斯(Newhouse)建立了第一座修道院。到修道院遭解散时,该修会在英国共有 35 个团体,其中在威尔士有 1 个,在苏格兰有若干个,包括德赖堡(Dryburgh)。

prerogative　特权　See ROYAL PREROGATIVE.(见君主特权)

presbyterians　长老会　长老会教徒均为加尔文教派的支持者,宣扬选民的教义,鼓吹按照宫廷阶层治理教会。《圣经》是最终的权威,宗教仪式在布道中有突出的意义。长老派在伊丽莎白一世时代教会的代表人物是托马斯·卡特赖特(Thomas Cartwright)。1603年,他负责向詹姆斯一世呈递《千人请愿书》(millenary petition),抗议教士穿白袈裟、以耶稣的名义鞠躬,以及其他一些仪式。他们强烈反对大主教劳德(Archbishop Laud),并在劳德被监禁之后控制了1643年议会召开的旨在改革教会的威斯敏斯特会议(Westminster Assembly)。这次教会改革取消了主教制,撤掉了一些雕像和图像,净化了宗教仪式。约翰·诺克斯(John Knox)自1559年从日内瓦将长老会引进苏格兰以来,长老会在苏格兰取得了突飞猛进的发展,并成为1643年正式通过的《庄严联盟与圣约》(solemn league and covent)的核心。

王朝复辟之后,英格兰长老会和苏格兰长老会分道扬镳。在英格兰,因1662年颁布的《礼拜仪式统一法》(Act of Uniformity)而遭到封杀的2,000名牧师中,有许多人都是长老会成员。此后,长老会形成了一个不断走向衰落的不从国教的教派。该教派在18世纪早期容易受到索齐尼派教徒(socinian)和一位论派教徒(unitarian)的攻击,而在18世纪晚期又被循道会(Methodists)抛在后头。经过查理二世、詹姆斯二世时期的残酷迫害之后,1690年苏格兰的长老会迎来了辉煌,那时,苏格兰长老会被视为苏格兰国教(Church of Scotland)。1707年的《合并法》确保了苏格兰长老会的特殊地位。

press-gangs　强征入伍　英国国王自古拥有一项权利,即有权抓捕为海军服役的"水手、海员及任何需要安排其在海船或河船上工作的人"。后来英国曾数次做出试图以别的办法来取代这一强制性征兵制度的努力,但均以失败告终。1711年,英国废除了1696年制定的一项对在册海员规定服役期限的计划。利用强制手段征召的海员要么来自于各个战船,要么来自于强制服兵役制度(Impress Service)。强制服兵役制度的推行在拿破仑战争期间达到顶峰。由于海军的死亡率非常高,尤其是在西印度群岛,因此强制入伍的抓捕工作殊非易事。

Preston, battle of, 1648. **普雷斯顿战役**（1648） 1648 年春,各地发生了彼此没有什么关联的起义,这预示着第二次内战的来临。7 月,汉密尔顿（Hamilton）率领一支规模庞大的苏格兰军队,在兰伯特（Lambert）的掩护下,越过卡莱尔（Carlisle）附近的边界进入英格兰。汉密尔顿拥有人数上的绝对优势,但是士兵们大多吸毒成瘾,8 月 17 日在普雷斯顿城外与议会军遭遇时,仍然是一盘散沙。当保王党军队在夜间向南部撤退时,追击战开始了。汉密尔顿的步兵在沃灵顿（Warrington）投降,汉密尔顿和他的骑兵最终在尤托克西特（Uttoxeter）遭到围捕。

Preston, battle of, 1715. **普雷斯顿战役**（1715） 在诺森伯兰郡发生的詹姆斯党人叛乱是由托马斯·福斯特（Thomas Forster）领导的,福斯特是代表该郡的议会议员。他对霍利岛（Holy Island）的占领仅维持了一天的时间,在试图夺取纽卡斯尔（Newcastle）未果后,随即向兰开夏郡挺进,希望在那里可以找到援助。福斯特的军队在普雷斯顿遭到卡彭特（Carpenter）和威尔斯（Wills）率领的汉诺威军队的包围,于 11 月 14 日全部被俘。

Prestonpans, battle of, 1745. **普雷斯顿潘斯战役**（1745） 在 1745 年的起义中,查理·爱德华·斯图亚特（Charles Edward Stuart）获得的第一场具有重大意义的胜利是 9 月 21 日在爱丁堡东部取得的普雷斯顿潘斯战役的胜利。约翰·科普爵士（Sir John Cope）率领大约由 2,300 人组成的汉诺威军队,乘船从因弗内斯（Inverness）出发,前往邓巴（Dunbar）以阻止叛军向南方进军。黎明时分,斯图亚特发起猛烈的高地冲锋（Highland charge）,不到几分钟,战事便彻底宣告结束。

Pretoria, convention of, 1881. **《比勒陀利亚协定》**（1881） 英国于 1877年兼并德兰士瓦（Transvaal）后,于 1881 年与德兰士瓦签订了《比勒陀利亚协定》,从而结束了第一次布尔战争。布尔人实现了自治,但英国仍然保留对德兰士瓦的宗主权,把持着德兰士瓦的对外关系。1886 年,在比勒陀利亚南部的威特沃特斯兰德（Witwatersrand）发现金矿以后,双方之间建立起来的这种不可靠的妥协关系渐渐遭到了破坏。

Pride's Purge　普赖德清洗　费尔法克斯（Fairfax）军队发起的一次军事"政变"（coup）。此次政变由军需官（Commissary—General）艾尔顿（Ireton）组织，1648 年 12 月 6 日和 7 日，由陆军上校托马斯·普赖德（Colonel Thomas Pride）实施，目的是阻止长期议会和查理一世达成所谓的《纽波特条约》（treaty of Newport）。艾尔顿本来打算解散议会，但最终还是听从了心怀善意的议员们的劝告，改为净化议会。普赖德阻止了 231 名该条约的知名支持者进入议会，剩下的人被称作"残余议会"（Rump）。

Priestley，Joseph（1733—1804）.　约瑟夫·普里斯特利（1733—1804）　化学家，牧师和政治理论家。普里斯特利出生在约克郡，在巴特利文法学校（Batley Grammar School）和达文特里（Daventry）一所由不信奉国教者建立的学院接受教育。他是一位享有盛名的业余科学家。他发现的"脱燃素气体"，后来被拉瓦锡（Lavoisier）命名为氧气，改变了化学研究。作为一名神学家，普里斯特利从一名长老会信徒改信阿里乌斯教，最后成为一位论派者。他于 1768 年出版的《论政府的原则》（*Essay on the Principles of Government*）表达了他对自由的强烈要求，他为废除《忠诚宣誓法》、《市镇社团法》（Test and Corporation Acts）以及奴隶贸易而斗争。他在 1790 年《写给爱德华·伯恩的信》（*Letter to Edward Burn*）中，因措辞不慎而被挖苦为密谋炸掉英国宪法的"火药普里斯特利"（"Gunpowder Priestley"），并导致伯明翰一群崇敬"教会与国王"的暴民对他心存愤怒。1791 年 7 月，这群暴民烧毁了他的房子，将他的实验室夷为平地，并毁掉了他的大部分论文。普里斯特利离开了英格兰，在宾夕法尼亚（Pennsylvania）度过了余生。

prime minister　首相　现代意义上的首相一职是数个世纪发展演变的结果。中世纪和近代早期的君主通常设有首席大臣（chief ministers）来行使广泛的权力，比如在亨利七世统治时期的枢机主教莫顿（Cardinal Morton）、女王伊丽莎白统治时期的伯利（Burghley）和詹姆斯一世及查理一世在位时的白金汉

(Buckingham)。但是他们的命运完全取决于君主的宠爱,沃尔西、托马斯·克伦威尔和克拉伦登(Clarendon)的命运就证明了这一点。1688 年以后,这种状况发生了至关重要的变化,由于英国每年都要召开一次议会,因此组织管理议会的能力成为一个极其重要的政治资格。后来成为牛津伯爵(earl of Oxford)的罗伯特·哈利(Robert Harley),在安妮女王统治时期,具有一些做首相的特质,他能敏锐地观察到新闻界的力量越来越强大。但是第一任首相是罗伯特·沃波尔爵士(Sir Robert Walpole),尽管当时首相是具有贬义的术语,而且罗伯特也拒绝用首相一词来称呼自己。首相一职随后的发展取决于政党的逐步发展(而政党的发展则限制了君主对大臣的选择权)、公共事务的日益复杂(因此就需要有人负责协调)、君主影响力的日益下降和系统化的公共舆论的发展。系统的公共舆论是通过改革过的选举制度表达出来的,这一选举制度的实行将选民的选择取代了君主的选择。

随着首相一职的地位日益提高,首相逐渐接管了君主手中的诸多权利——批准并适时地解散议会,对内阁大臣的任命和替换,最重要的是有权授勋。对于首相不断扩大的权力,君主一直做顽强的挣扎,虽偶有成功,但总的趋势却是朝着对君主不利的方向发展。先后有两次对君主沉重的打击接踵而至。1832 年,威廉四世极不情愿地同意必要时会授予足够多的辉格党人以贵族身份,来推动格雷勋爵(Lord Grey)的改革法案,从而使得一项至关重要的君主特权落入一个既定的首相手中。3 年后,当他解除墨尔本勋爵(Lord Melbourne)的职务时,在皮尔未能在大选中赢得多数选票的情况下,他不得不重新召回墨尔本勋爵。

尽管没有明确的界定,但首相拥有很多权利。其他所有大臣都由首相任命,首相有权调换所有大臣的职务,也有权完全解除他们的职务。首相负责主持内阁会议,并选派大臣进入各个内阁委员会。爵士、贵族,以及其他勋章等荣誉标志的授予都由首相推荐。作为政府首脑,他大体上握有——即使不是一直握有——一个清晰明确的决策权。

最近几年流行将首相一职描述为一种总统式(presidential)的职务。根据官方制定的原则,首相一职只是相当于同侪之首(the first among equals),集体负责制(collective responsibility)强调的是内阁的共治特征。每当强势首相出现的时候,就会有人提出总统化开始的断言,并将 19 世纪的首相与当今首相进行对照。

这样的比较带有某种感染力。现代世界许多决策的紧迫性、外交事务重要性的增强，以及媒体对首相个性品格的强调，都倾向于以牺牲各部门大臣的权利为代价，来提高首相的地位。然而，这些改变很容易被放大。格莱斯顿（Gladstone）和迪斯累里（Disraeli）之间的激烈竞争，让人们提前看到了现代社会对于各个对立党党魁的关注。

撒切尔（Thatcher）这样的首相总是会让人形成首相无所不能的印象。虽然人们已经承认首相权力的提高是长期趋势，但是实际情况却经常发生变化，接任强势首相的人可能完全是另外一种风格，例如，接任撒切尔的梅杰（Major），接任麦克米伦（Macmillan）的道格拉斯—霍姆（Douglas-Home）。撒切尔为她专横的统治风格付出的惨痛代价表明，过度揽权会自食其果。

primitive methodists　始初循道会　1811 年，始初循道会教徒从卫斯理公会中脱离出来并形成自己的宗会，由木匠休·伯恩（Hugh Bourne）和陶艺工人威廉·克洛斯（William Clowes）领导。威廉·克洛斯曾经因为在斯塔福德郡的莫考普（Mow Cop）主持美式风格的野营集会而遭到驱逐。始初循道会教徒被中产阶级教徒谴责为喧嚣派（ranters），但他们迎合劳动人民的需求，为之提供了一种福音传道形式。他们以地狱之火般风格的户外布道、领导宗教复兴运动、举行野营集会、允许女人讲道和绝对禁酒而闻名。到 19 世纪 50 年代，始初循道会教徒已经超过 10 万人。1932 年，在他们的帮助下，联合卫理公会（United Methodist Church）成立。

primogeniture　长子继承制　继承习惯对一个国家的社会和政治演变有着非常重要的影响。长子继承制，也就是由最年长的儿子继承的制度，是在诺曼征服之后才在英格兰发展起来的，并且具有军事含义，因为封地（fief）不能被细分，以免封建义务无法得到履行。总是有一些地区不采用长子继承的习惯——在肯特郡和威尔士的部分地区就普遍实行平均继承制习惯（gavelkind），此外，英格兰的一些自治城镇实行幼子继承制（borough English）。由于长子继承制也适用于对贵族头衔的继承，这就意味着英国贵族与欧洲大陆很多地方存在的成千上万的穷困潦倒的贵族相比，只是一个小群体而已。

Primrose League　樱草会　维多利亚时期的保守党组织。1883 年由伦道夫·丘吉尔勋爵（Lord Randolph Churchill）和约翰·戈斯特（John Gorst）成立，旨在使保守党适应民主主义的扩张。樱草会成功的关键在于他们将政治宣传和定期的社会活动计划结合了起来，包括音乐厅、舞蹈、茶点、夏季招待会、游览车和自行车俱乐部，而且所有这些活动的支出都非常低廉。到 1886 年为止，已有 20 万人加入樱草会；到 1891 年，樱草会的成员已经超过 100 万，其中一半为妇女。

Prince Edward Island　爱德华王子岛　1763 年，爱德华王子岛被法国割让给英国，1769 年成为独立的殖民地。在 1799 年以前，爱德华王子岛被称作圣约翰岛（St John's Island）。尽管 1864 年就在爱德华王子岛的首府夏洛特敦（Charlottetown）召开会议，计划建立加拿大自治领，但是在 1873 年之前，爱德华王子岛一直处于超然离群的状态。

prince of Wales　威尔士亲王　"威尔士亲王"的头衔并不是非常古老。1301 年，爱德华一世赐予他 16 岁的儿子爱德华"威尔士亲王"封号。1244 年，戴维德·阿普·卢埃林（Dafydd ap Llywelyn）取得了"威尔士亲王"头衔，尽管他没有得到教皇的认可，但在 13 世纪 60 年代，亨利三世被迫承认了卢埃林·阿普·鲁格菲兹（Llywelyn ap Gruffydd）的"威尔士亲王"称号。1282 年，卢埃林被杀。据推测，爱德华一世大概是在 1301 年采用"威尔士亲王"称号作为一个安抚举措，但是他把那个出生于卡那封城堡（Caernarfon castle）尚在襁褓中的儿子展示给人们的传说是后来虚构的。自 1301 年之后，先后有 21 人被封为威尔士亲王，其中有 14 人继承王位。

prisons　监狱　英格兰最早使用监狱是用来拘留那些等待审判的被告或者关押那些等待执行刑罚的被判刑的罪犯。从盎格鲁—撒克逊和诺曼人统治时期，一直到整个中世纪时期，对于一般的罪犯是处以罚金；罪行严重者则被判处死刑或者肉刑。因此，第一批监狱或是地方临时拘留所或是城堡主楼。

在民法范围内，每个中央普通法法庭都要有自己的监狱，比如王室内务法庭监狱（Marshalsea）就是王座法庭（Court of King's Bench）的监狱。一直以来，蔑视法庭的人将遭到监禁,大法官法庭(Court of Chancery)因关押那些被认为蔑视法庭的人而臭名昭著。关押债务人的监狱也很常见,直到 19 世纪后期才被废除。

19 世纪,监狱成为重要的刑事制裁工具,虽然直到 19 世纪 50 年代,尤其是不再实行流放(transportation)刑罚之后,监狱才成为最普遍的惩罚方式。因为空间狭小拥挤,环境卫生糟糕,餐饮条件恶劣,监狱里特别容易滋生疾病,比如伤寒——实际上是被称为"恶性伤寒"("gaol fever")的一种疾病,在监狱里十分常见,许多犯人死于狱中。

18 世纪,一些改革者注意到英格兰监狱令人担忧的环境问题。他们当中最有名的两位是约翰·霍华德(John Howard)和伊丽莎白·弗赖(Elizabeth Fry),前者是伟大的监狱改革者,旨在推动刑法改革的霍华德联盟(Howard League)就是以他的名字命名的;后者则致力于改善监狱中女囚犯的命运。

1865 年,监狱引进了犯人工作制度。1895 年,格莱斯顿委员会(Gladstone Committee)成立,负责检查监狱状况并进行改良。在 20 世纪,对囚犯实施的肉刑、劳役拘禁和苦役逐渐被废除,监狱对囚犯的改造重新得到强调。然而,在 21 世纪,由于监狱人满为患,已有人提议建造更大的监狱,甚至重新使用监狱船(prison hulks)。

Privy Council 枢密院 大多数咨议会或委员会的命运都是因人数增长太多,以至于缺乏效率,因而被一个执行委员会或内部核心会议所取代,就像"俄罗斯套娃"(Russian dolls)一样。中世纪晚期,由于咨议会人数太多,于是在 16 世纪 30 年代建立了一个人数较少的枢密院。在相当大的程度上来看,这是托马斯·克伦威尔的杰作。1540 年,枢密院大约有 20 名成员,还有一名书记员(clerk)和一本会议记录簿(minute book)。枢密院成为都铎王朝统治后期的主要机构。1649 年的长期议会用国务会议(Council of State)取代了枢密院,但是理查德·克伦威尔又将其恢复。1660 年以后,查理二世将其延续下来。尽管如此,枢密院的辉煌时代到那时已经结束了。17 世纪 70 年代卡巴尔(Cabal)阴谋集团的出现和 80 年代詹姆斯二世之利用核心内阁(inner cabinet),昭示了枢密院的命运,它开始失去重要性,首先是让位给内阁会议(cabinet council),然后让位给内阁。由于枢密院继续发展,其职责几乎只变成社交的正式场和。到 1994

年,枢密院的人数已经超过 400 人。

pro-Boer　亲布尔人派　这是给那些反对政府制定政策发动 1899—1902 年布尔战争的人们贴上的一个误导性标签。实际上,他们当中没有多少人同情自己国家的敌人。大多数人要么是旧式的格莱斯顿派的自由党人,要么是社会主义者。劳合·乔治和 J.A.霍布森两人把自己伪造成亲布尔人派。

proclamations　公告　公告是王室特权的组成部分,是指在没有召开议会的情况下,王室有权处理紧急事务或者颁布法令。在都铎王朝统治时期,王室利用公告处理了大量各种各样的事务——肉类的销售、礼遇法国大使、流放再洗礼派教徒、减少使用温莎城堡(Windsor castle)、禁止出口皮革,以及禁止掷骰子、纸牌,或者网球运动。1539 年的公告法提醒臣民,公告有法律效力,"就如同议会法制定法律一样"。詹姆斯一世使用公告导致民众在 1610 年发起了诉冤请愿抗议活动,因为这些公告侵害了国家的法令,可能"给王国带来一种新的专制统治模式"。查理一世曾大量发布公告,尽管公告的使用在王朝复辟以后没有再引起争论,而且这些公告通常都带有劝诫的特征,但是这些公告对于王朝的统治来说是十分必要的,以至于难以被废除。

Promenade Concerts　漫步音乐会　漫步音乐会是伦敦举行的著名系列音乐会。女王大厅漫步音乐会(Queen's Hall Promenade Concerts)是演出主办人罗伯特·纽曼(Robert Newman)和乐队指挥亨利·伍德(Henry Wood)于 1895 年创办的。最初,系列音乐会均由伍德举办,但当英国广播公司交响乐团在 1930 年采用系列音乐会的演出形式之后,女王大厅管弦乐团(Queen's Hall Orchestra)就被取而代之。女王大厅在 1941 年被炸毁以后,系列音乐会移至皇家艾伯特音乐厅(Royal Albert Hall),并在 1944 年伍德去世时,开始被称为亨利·伍德漫步音乐会(Henry Wood Promenade Concerts)。亨利·伍德漫步音乐会充满活力的独特气氛在极其华丽的"终场之夜"("Last Night of The Proms")中达到巅峰。

prorogation　休会　是国王暂停召开议会的权力,现在由首相行使。显然,策略性地使用休会特权,像解散议会一样,能够为协商或平复情绪留出时间。1628 年 6 月,查理一世解散了议会,而不是倾听人们反对吨税和磅税(Tonnage and poundage)的更多抗议。1629 年,查理一世下令议会休会时,下院议长被按在了自己的椅子上,以便允许议员们对宗教革新提出抗议。

prostitution　卖淫　卖淫是一种性交易行为,受文化价值观影响,主要是在女性卖淫者与男性嫖客之间进行。妓院最初出现在萨瑟克(Southwark)——当时罗马士兵在萨瑟克守卫泰晤士河口——后来妓院区在泰晤士河南岸班克赛德(Bankside)发展起来。亨利二世统治期间,曾于 1162 年对这里的妓院区进行管制,但是由于国家从中获得的税收十分可观,因此教会也对卖淫行为采取务实的态度。宗教改革后,关注道德而不是健康的观念开始流行,所以卖淫者被公众不齿且被关进监狱加以"改正"。清教主义只是强化了人们既有的态度。19 世纪,政府努力规范这种行为,尤其是在海军和军事要塞周围地区(到 1864 年为止,军队的病例中有三分之一是性传播引起的)。19 世纪 60 年代颁布的《传染性疾病法》(Contagious Diseases Acts)使得从事卖淫行为的女性成为被羞辱的对象,受到无情的对待。直到 1886 年约瑟芬·巴特勒(Josephine Butler)发起废除《传染性疾病法》运动之后,该法才被废除。现在,虽然禁止公开拉客,但是法律容许女性从事卖淫活动,尽管如此,年轻女性因家庭贫困或无家可归仍然不得不从事该行业。男同性恋的卖淫行为日益增加,尤其在大城市中。

protectionism　保护主义　尽管国际贸易在整个历史发展过程中一直被视为影响世界经济增长的主要因素,但是实际上几乎所有的国家都试图通过设置贸易壁垒来保护整体经济,或者至少是保护其经济的一部分,以免在残酷的国际竞争中受到损害。设置贸易壁垒往往是以关税的形式出现,政府对进口商品征税,从而提高进口商品的价格,甚至使其高于国产商品的价格。欧洲经济共同体(European Economic Community)对农业的支持就是人们熟悉的现代贸易保护主义的一个范例,这一做法非常成功,以至于不但没有出现最初设计共同农业政策(Common Agricultural Policy,CAP)时所担心的被大量廉价的进口食品所淹没的状况,而且,欧盟成员国的农场主也成了世界其他地区的大规模出口商。

对进口商品征收的关税,提高了国内市场价格,也导致消费者的生活状况恶化。政府从关税中获得税收,生产者也从价格上涨中获得利益。1846 年《谷物法》的废除,使收入的再分配从富裕农民(wealthy agriculturalists)手中转移到了制造商手中,尽管这种转移的程度不是很大。张伯伦于 1903 年开展的关税运动,目的是通过保护像钢铁工业这样的部门不受廉价的进口商品的影响,把收入重新分配给工业家们。与自由贸易相比,贸易保护政策总会蒙受效率丧失,因为较高的补贴价格取代了通过竞争可获得的最低价格。实行保护主义的结果,是造成了由供应商供应商品的本土市场的生产过剩,而供应商们若参与世界范围的竞争,则他们的效率会比他们应有的更低。

Protectorate　护国政体　护国政体建立于 1653 年 12 月 16 日,即奥利弗·克伦威尔以护国公(lord protector)身份成为国家元首之时。因为克伦威尔的权力主要依赖于一支强大的军队,而且军官们已经制定出了护国政体的宪法,即《施政文件》(Instrument of Government),所以他的政治制度通常叫做军事独裁制度(military dictatorship)。这种说法有待证明。《施政文件》带来的管制力度是相当大的,同时克伦威尔也乐见其成。但在克伦威尔的国务会议(Council of State)中,平民的数量一直超过军官的人数,而且在治安法官(justices of the peace)中,军官出身的人也只是占其中极小的一部分,而地方统治秩序的恢复靠的就是治安法官。

克伦威尔的第一届议会拒绝批准这部宪法,并随之制定出了自己的宪法。1655 年 1 月,克伦威尔解散了议会。此后不久,彭拉多克起义(Penruddock's rising)使得国务会议中军官出身的委员们取得了暂时的优势,并最终建立了少将制度(regime of the major-generals)。这些少将们引起了人们的痛恨,尤其是他们那卑微的出身。

在第二届护国议会(Protectorate Parliament,1656—1658 年)中,国务会议把100 多名当选议员排除在议会之外,这反映了保守的平民和军队支持者之间日益扩大的分歧。在前者的领导下,议会上呈给克伦威尔一部新宪法,即《恭顺的请愿和建议书》(Humble Petition and Advice),决定加冕他为国王,并建议恢复其他一些更为传统的统治形式。克伦威尔的高级军官们对此表示强烈反对,尽管如此,克伦威尔还是接受了新宪法,但它没有改变克伦威尔护国公的头衔。克伦威尔于 1658 年 9 月 3 日去世。他的儿子理查德(Richard)的护国政体只维持了 8 个月,与其说是因为他自身能力的欠缺,倒不如说是因为心怀不满的军队"显贵们"("grandees")一心想恢复他们之前的政治影响力。他们因推翻理查德也毁掉了自己一直声称效忠的"美好古老事业"("Good Old Cause")。

protestantism　新教　新教一词最初与 1529 年在神圣罗马帝国议会施派尔会议(diet of Spires)上主张进行宗教改革的少数派对天主教多数派的抗议有关。一般来说,当我们采用新教一词描述反对天主教的立场时,应小心谨慎:在新分离运动中产生的几个教派,彼此之间相互攻讦;而保守的教派却不急于强调个人良心在宗教事务中的作用。新教的共同点是拒绝承认罗马教皇的权威,强调《圣经》的地位,致力于布道,主张教士可以结婚,以及举行比较简朴的宗教仪式。新教主要的分支是加尔文主义(Calvinism)、路德主义(Lutheranism)和茨温利主义(Zwinglianism),而英国圣公会(Church of England)声称有自主权和独立地位。

天主教辩论家认为,强调个人良心的作用最终一定会导致宗教上的混乱。新教没多长时间就出现了分裂——实际上新教从其诞生之日起在诸如圣餐的性质、主教的角色、善行的重要性和洗礼方式等问题上就存在着分歧。新教运动的分裂倾向一直持续到 20 世纪,大多数新教教派中都存有教派分裂、教徒脱离教派和拉帮结派的现象。20 世纪后期,教徒人数下降,财政遇到困难,以及一种更具普遍意义的基督教精神这些因素的出现,推动了新教许多教派的重新联合。尽管与 19 世纪相比,新教教徒与天主教徒之间的关系缓和了很多,但是双方的重新统一却远非指日可待。

Provisors, statute of, 1351.　《空缺圣职继任者法》(1351)　罗马教皇任命圣职(预先委任,provisions),或者授予归复权(reversions)的做法引起英格兰人的强烈不满,尤其是在英格兰担任圣职的人有很多都是外国人。爱德华三世极力主张自己享有圣职任命权,坚决反对主教座堂牧师会(cathedral chapters)和教皇的这一权力。1351 年,英格兰议会以立法的形式(25 Edw.III s.4)对教皇的这一做法表示反对,并宣布教皇的任命权无效。

Prynne, William（1600—1669）. **威廉·普林**（1600—1669） 清教徒律师,古文物研究者和政治家。普林曾就读于牛津大学奥里尔学院（Oriel College）和林肯律师公会（Lincoln's Inn）。1634 年,普林因出版《演员的悲剧》（*Histrio-mastix*）一书而被带上星室法庭（Court of Star Chamber）。这部厚达 1,000 页的谴责女演员和剧院行为的作品被解读为对查理一世和亨丽埃塔·玛丽亚（Henrietta Maria）的攻击。法庭对普林的判决是将其左右耳各割掉一部分。1637 年,普林因攻击主教,第二次被带上星室法庭,这一次法庭对他的判决是割掉他双耳的残留部分。1640 年,在被长期议会释放后,普林在宣判他的敌人大主教劳德（Archbishop Laud）有罪并判其死刑过程中发挥了一定的作用。17 世纪 50 年代,普林继续撰写冗长的小册子来反对共和政体、罗马天主教和贵格会。当长期议会重新召开时,普林于 1660 年 3 月提出了将其解散的议案。作为非常会议（Convention）和骑士议会（Cavalier）的成员,他仍然持有长老会派的身份,并且重新开始对主教进行抨击。

Public Health Act, 1848. **《公共卫生法》**（1848） 《公共卫生法》是议会在埃德温·查德威克（Edwin Chadwick）和城镇健康协会（Health of Towns Association）组织了一场抗议之后,为英格兰和威尔士制定的一项法令（11 & 12 Vic.c.63）。根据该法令,在伦敦成立卫生委员会（General Board of Health）,各地方成立地方卫生委员会。该法令赋予这些地方卫生委员会以广泛的权力,允许他们在那些死亡率超过千分之二十三的地方,或者是超过 10% 的纳税人请求建立地方卫生委员会的地方,强化公共卫生标准。

public schools 公学 中世纪时期,文法学校（grammar school）为贵族的儿子和想要进入教堂的贫穷学生提供教育。这其中就包括伊顿（Eton）和温切斯特（Winchester）两所公学。到 18 世纪,英国出现了很多"优质学校"（"Great Schools"）,包括哈罗公学（Harrow）、拉格比公学（Rugby）、舍伯恩公学（Sherborne）和坎特伯雷公学（Canterbury）。19 世纪早期其他方面发生的变化,刺激了对公学的需求。身为牧师的什鲁斯伯里公学(Shrewsbury)校长塞缪尔·巴特勒(Samuel Butler,1793—1836年)和拉格比公学校长托马斯·阿诺德博士(Dr.Thomas Arnold,1828—1842年)等曾提出对公学进行改革。公学的附属教堂成为学校生活中的重要地点,学校纪律由各个年级的级长(prefects)负责,此外,学校还强调体能训练。

由于对一些公学的批评之声始终不断,英国于1861年专门任命了由克拉伦敦勋爵(Lord Clarendon)领导的皇家委员会,去调查9大公学的办学状况。这9所学校分别是:温切斯特公学(Winchester)、伊顿公学(Eton)、威斯敏斯特公学(Westminster)、查特豪斯公学(Charterhouse)、哈罗公学(Harrow)、拉格比公学(Rugby)、什鲁斯伯里公学、圣保罗公学(St.Paul's)和麦钱特·泰勒斯公学(Merchant Taylors')。尽管该委员会从总体上来说,对调查结果感到满意,但是他们也提出了一些建议,这些建议体现在1868年的《公学法》(Public School Act)中。公学的管理机制改革了,哈罗等公学逐渐展现出现代教育的一面。

20世纪,英国政府付诸了一系列努力,以弥合公学与国立学校之间的差距。1944年的《弗莱明报告》(Flyming Report)和1968年纽瑟姆(Newsom)的《公学委员会第一次报告》(the first report of the Public Schools Commission)都不具可行性。1970年唐尼森(Donnison)的《公学委员会第二次报告》更具有建设性,但是保守党政府的出现避免了公学受到进一步威胁。"公学"一词现已被独立学校(independent school)所替代。

Pugin,Augustus Welby(1812—1852). 奥古斯塔斯·韦尔比·皮金(1812—1852) 建筑师,维多利亚时代复兴哥特式建筑运动的先锋。在皮金之前,"哥特式"建筑已经在很大程度上成了富有的业余艺术爱好者的浪漫玩物。奥古斯塔斯·皮金则从中发现了一些更为深奥的东西。在皮金看来,哥特式是唯一的基督教——他意指罗马天主教——风格。奥古斯塔斯·皮金的一些建筑设计成果包括1836年建成的奥尔顿塔(Alton Towers)、1837年建成的斯凯里斯布里克大厅(Scarisbrick Hall)、1841年建成的伯明翰天主教教堂、1844年建成的纽卡斯尔天主教教堂,以及1840年至1852年建成的由古典主义者查尔斯·巴里(Charles Barry)制定主要方案的新议会大厦(Houses of Parliament)丰富的细节设计。虽然这些成果并不是该类型建筑的最佳范例,但要对皮金做出真正的评价,则应根据他对后来的优秀建筑师们——如斯科特(Scott)和威廉·巴特菲尔德(William Butterfield)——所赋予的灵感来进行。

Puisset,Hugh de(1125— 1195). **休·德·皮塞**(1125— 1195) 达勒姆(Durham)主教。皮塞是一位伟大的贵族神职人员,掌管富有的达勒姆主教区长达 40 余年。皮塞是国王斯蒂芬的侄子并且从斯蒂芬的哥哥、也就是温切斯特主教布卢瓦的亨利(Henry of Blois,bishop of Winchester)那里获得了第一份美差(副主教的职位)。接下来,他的另一个亲戚,即约克大主教威廉·菲茨赫伯特(William Fitzherbert,archbishop of York)又让他在约克主教区担任财务主管。1153 年,还不到 30 岁的皮塞就被任命为达勒姆主教。在理查一世统治初期,当国王为十字军东征筹集资金时,皮塞暴露了本质上的世俗倾向。他购买了诺森伯兰伯爵爵位(earldom of Northumberland)和首席政法官职位(justiciarship)。1193 年,威廉·朗香(William Longchamp)解除其首席政法官的职位,并迫使他交出伯爵爵位。皮塞讲究奢侈的生活方式,建造豪华的居所,赞助学术,并极力维护自己的地位和利益。

Pulteney,William,1st earl of Bath(1684—1764). **威廉·普尔特尼,第 1代巴思伯爵**(1684—1764) 普尔特尼以辉格党员的身份,曾先后代表赫登(Hedon,1705—1734 年)和米德尔塞克斯(Middlesex,1734—1742 年)担任议会下院议员,于 1741 年成为战事大臣(secretary at war)。在 1717 年至 1720 年辉格党分裂期间,他支持沃波尔(Walpole)和汤森(Townshend)代表的反对派,但当他在重新团结起来的辉格党政府中未获得任何职位时,他感到备受侮辱。此后,他开始疏远沃波尔,并且在 1725 年与博林布罗克(Bolingbroke)合资出版期刊《工匠》(*Craftsman*),抨击现政府。1727 年乔治二世登基时,他因为没有取代沃波尔而感到失望。在反对沃波尔过程中,他最大的成就是在 1733 年粉碎了其征收货物税计划(excise scheme),此外,他鼓动的对西班牙的战争最终在 1742 年使沃波尔倒台。但普尔特尼拒绝就职,并被封为巴思伯爵。1743 年,他因未能成为第一大臣而再次感到失望。1746 年,他试图推翻亨利·佩勒姆(Henry Pelham),

组建新政府,但是失败了。此后,他没有在公共事务中扮演任何角色。

Punch **《笨拙》** 《笨拙》是由亨利·梅休(Henry Mayhew)和马克·莱蒙(Mark Lemon)担任编辑,于1841年创办的一份讽刺性周刊。其早期撰稿人包括撒克里(Thackeray)、胡德(Hood)和坦尼尔(Tenniel)。《笨拙》因其漫画和在牙科候诊室进行前期准备而闻名。1992年,该刊物因欠债而倒闭,但在变更所有权之后,于1996年复刊。

Purcell, **Henry**(1658—1695). **亨利·普赛尔**(1658—1695) 普赛尔是英国同时期杰出的音乐家和作曲家。与17世纪其他音乐家一样,普赛尔的职业生涯始于教堂,他最初是皇家礼拜堂(Chapel Royal)中唱诗班的歌手,后来作为威斯敏斯特大教堂的风琴演奏者,创作圣歌。尽管他在宫廷中享受着数代君主的宠爱,在特殊场合创作颂歌,但他为玛丽二世创作的那些颂歌最为著名,这些作品都是普赛尔达英年早逝之前,在其事业巅峰时创作的。他为玛丽二世的葬礼创作的音乐庄严且深奥。

puritans **清教徒** 在信仰天主教的玛丽·都铎(Mary Tudor, 1553—1558年在位)统治时期,许多英国新教徒流亡到欧洲大陆,在那里他们体验的礼拜形式比1552年《祈祷书》(Prayer Book)中所规定的礼拜形式"更加纯洁",因为在这些礼拜形式中几乎找不到任何天主教的痕迹。伊丽莎白一世统治初期,这些英国清教徒回到英格兰,希望创建一个更加接近欧洲大陆模式的英国圣公会,但女王坚持一个全面的解决方案。他们因背负"清教徒"名号,而受到政府的迫害。大多数遵从国教者,包括神职人员和非神职人员,尽管保留了他们的很多意见,但还是愿意(虽然有些勉强)服从王室统治者的命令。英国圣公会即使在宗教仪式上不属于加尔文教派,也拥有加尔文教的神学理论,这一事实给了遵从国教者以很大的支持。在詹姆斯一世统治时期,情况一直如此,尽管汉普顿宫会议(Hampton Court conference)失败,但1625年查理一世的登基给高教会派的阿明尼乌派(high-church Arminian)教徒带来权力。阿明尼乌派将所有低教会派(low-church)对手均称为清教徒,从而把大多数遵从国教者推向了自己的对立面。这使得英国圣公会在查理统治崩溃之后,开始走向衰落。当要求崇拜自由的教派增多时,问题变得更加复杂。清教在"空位期"(Interregnum)的继续分裂产生了强烈反应。这种强烈反应体现在英国圣公会在 1660 年王权恢复之后被重新确立起来。《克拉伦登法典》(Clarendon code)规定对不信奉国教的人处以严厉的惩罚。在光荣革命之前,对清教徒的迫害现象在英国一直断断续续地存在。

Purveyancing 征购特权 由王室官员以固定价格或者王室出价征购或征用国王及其宫廷在巡视时所需生活必需品和劳役的供应方式。因此,即使臣民得不到足额的付款,甚至根本就得不到付款,亦属幸运。因为国王不可能在每个地方都有自己的宫殿和仓储,所以征购是他唯一可以巡视全国的方法。《大宪章》曾经试图对征购制度加以约束;大约在 1331 年成书的《统治镜鉴》(*Speculum regis*)认为这是一项被诅咒的特权。1310 年,约法委员会(Ordainers)行动起来反对征购制度。在詹姆斯一世和查理一世统治期间,征购制度仍然是一项引起极大民怨的政策。内战期间,征购制度最终被废除。

Pusey,Edward Bouverie(1800—1882). **爱德华·布弗里·皮由兹**(1800—1882) 牛津运动领导者。牛津运动也被描述为"书册运动",皮由兹作为"书册派"("tractarians"),是书册的主要撰稿人。在纽曼(Newman)脱离英国圣公会皈依罗马天主教之后,皮由兹以在英国圣公会内维护书册派传统为名,给这场运动取了一个别名。他竭尽全力阻止其他人追随纽曼,他的拥护者被称为"皮由兹者"("Puseyites")。皮由兹 28 岁时,被任命为牛津大学希伯来语的钦定讲座教授。

Putney debates 帕特尼辩论 从 1647 年 10 月 28 日至 11 月 1 日,帕特尼辩论占据了全军会议①(general council of the army)的全部时间,全军会议的秘

① 克伦威尔提议建立。正式名称是"军事大会"(General Council of War),但主要讨论国家政治问题,所以实际上是全军会议(General Council of Army)。由军队里所有的高级军官和每团两个军官代表、两个士兵代表——"鼓动员"组成,作为代表全军讨论重大问题的机构。——译者注

书威廉·克拉克(William Clarke)几乎是逐字逐句地把帕特尼辩论记录下来。辩论的核心问题为是否要继续与国王寻求协商方案。平等派(Levellers)代表提出了一个革命性的选择,即《人民公约》(*Agreement of the People*),接下来关于支持和反对男性公民选举权的辩论,让人印象深刻,很有说服力。

Pym,John(1584—1643). **约翰·皮姆**(1584—1643) 议会议员。皮姆是议会下院中意识到贫困正驱使着查理一世走向独断专政的为数不多的议员之一,他一贯坚持主张恢复王室的财政。但是,当他确信查理一世以资助阿明尼乌派(Arminians)的方式向天主教敞开大门后,他对国王的态度变得强硬起来。1640年11月,当长期议会召开时,皮姆成为弹劾查理一世的首席大臣斯特拉福德(Strafford)背后的中坚力量。1641年,爱尔兰天主教徒发生叛乱,这使皮姆更加确信国王与要毁掉英国的宗教和自由的天主教阴谋案(popish plot)有关,于是他推动通过了《大抗议书》(Grand Remonstrance)。不足为奇的是,他成为国王1642年1月要抓捕的五名议员之一。皮姆对议会事业的主要贡献,是他在1643年成功说服议会成员征收消费税来满足军费开支,并接受《庄严同盟与圣约》(Solemn League and Covenant)作为换取苏格兰人支持的代价。

Pyrenees,battle of the,1813. **比利牛斯战役**(1813) 1813年春,威灵顿(Wellington)发动进攻,苏尔特元帅(Marshal Soult)随后率领一支88,000人的军队,试图解除法国据守的西班牙北部城镇圣塞瓦斯蒂安(San Sebastián)和潘普洛纳(Pamplona)之围。7月28日,威灵顿和苏尔特在潘普洛纳附近的索尔特(Sorauren)发生交战。7月30日,两人再次交手,经过激战,威灵顿均取得胜利。

Q

Quadruple Alliance 1.1718.　第一次四国同盟（1718）　西班牙王位继承战争（War of the Spanish Succession）之后,西班牙的腓力五世（Philip V）急于收回失去的领土。1717 年,法国、英国与荷兰结成防卫性的三国同盟。1718 年,皇帝查理六世（Emperor Charles VI）也加入了该同盟。1718 年四国同盟协议签订之后,一支英国海军分遣舰队随即在帕萨罗角（Cape Passaro）击败了西班牙舰队。1719 年,法国入侵西班牙,腓力五世不得不求和。

Quadruple Alliance 2.1815.　第二次四国同盟（1815）　在 1815 年法国革命战争与拿破仑战争（Revolutionary and Napoleonic wars）接近尾声时,战胜方——英国,俄国,普鲁士和奥地利——组成了四国同盟,以定期举行会议的形式商议共同利益事宜,也就是所谓的定期会议制度（Congress system）。四国联盟先后在艾克斯拉沙佩勒（Aix la Chapelle,1818 年）、特罗保（Troppau,1820—1821 年）以及维罗纳（Verona,1822 年）召开会议,但是各国之间的分歧很快暴露无遗。【见《神圣同盟》（See HOLY ALLIANCE）】。

Quadruple Alliance 3.1834.　第三次四国同盟（1834）　19 世纪 30 年代,年轻的葡萄牙和西班牙诸女王的权力受到她们的叔叔们的挑战。1834 年,英国、法国与葡萄牙和西班牙组成了一个四国同盟,来保护她们——她们是立宪制君主,反对梅特涅（Metternich）的干涉。

quakers　贵格会　也称基督教公谊会（Society of friends）,据说该名称或者来自于狂喜得浑身颤抖,或者来自于乔治·福克斯(George Fox)——1650 年时,他警告法官贝内特(Justice Bennet)说,当我们诵念上帝的话时,你们会吓得浑身颤抖。贵格会起源于 17 世纪 50 年代发生的宗教骚动,它没有专职的神职人员和正式的宗教仪式,并信奉"内心灵光"("inner light")的原则,以及强调直接依靠圣灵的启示。贵格会的信徒拒绝支付什一税(tithes);主张人人平等,坚持称每个人为"你"(thou),不向权贵低头,见到权贵也不向其脱帽致敬,其中一些信徒过于出格的行为让当时强调社会等级秩序者感到震惊,贵格会也因此在王朝复辟前后遭到残酷的迫害。贵格会信徒拒绝服兵役,但是在救护和医疗队中常常表现突出。

Quarterly Review 《每季评论》 是保守党针对 1802 年创刊且办得十分成功的《爱丁堡评论》(*Edinburgh Review*)所做出的反应。由沃尔特·司各特爵士(Sir Walter Scott)、乔治·艾利斯(George Ellis)和约翰·威尔逊·克罗克(John Wilson Crocker)创办于 1809 年,威廉·吉福德(William Gifford)任主编。早期的供稿人包括坎宁(Canning)和罗伯特·骚塞(Robert Southey)。

quarter sessions 季审法庭 治安法官(justice of the peace)一职可以上溯到 1195 年的"治安维持官"("keepers of the peace")和亨利三世及爱德华一世时期的"治安监护官"("conservators of the peace"),但规定设置治安法官的主要法律条款出现于 14 世纪,尤其是 1361 年的《治安法官法》(Justices of the Peace Act)。根据 1362 年颁布的一项法令,各郡的治安法官每年应四次开庭,这些每季召开一次的庭审因此被称为"季审法庭"。

在 18 世纪,"季审法庭"在实践中将许多死刑案件留给了巡回法庭(assizes)承办。根据 1842 年的《季审法庭法》(Quarter Sessions Act),季审法庭原来对叛国罪、谋杀罪、可判终身惩罚性劳役的重罪以及其他一些犯罪的审判权被取消。根据 1971 年的《法院法》(Courts Act),季审法庭被废止。

Quatre Bras, battle of, 1815. 卡特勒布拉战役(1815) 1815 年,拿破仑逃离厄尔巴岛(Elba),并重掌法国政权后,挥师进入比利时,以主力部队在利尼

(Ligny)打击普鲁士军队。奈伊元帅(Marshal Ney)率领的一支法军预备队向位于卡特勒布拉的重要十字路口进军。尽管法军人数占优,但英—荷联军进行了顽强抵抗,一直坚持到增援部队以及威灵顿(Wellington)的亲自到来。夜幕降临时,威灵顿率领的军队达到 36,000 人,而奈伊率领的法军为 20,000 人,威灵顿在最终赢得这场重要的战略性胜利后,得以退却到滑铁卢(Waterloo)的阵地。

Quebec,capture of,1759. 夺取魁北克(1759) 该事件结束了法国在加拿大的主权。尽管英军担心法国人有坚固的防御阵地,又有杰出的将领蒙卡尔姆(Montcalm)的指挥,只有经过长期围困才能将其逐出魁北克,但沃尔夫(Wolfe)率领的英军凭着一次夜间突袭行动,以及随之而来的一场激战,取得了史诗般的胜利。

Quebec Act,1774. 《魁北克法》(1774) 该法是继一系列的《强制法》(Intolerable Acts)之后颁布的,但又不包括在该系列法之内。该法通过承认天主教会,允许在魁北克实行法国的法律,取消魁北克的民选议会以及将魁北克的边界扩展到俄亥俄河(Ohio)等内容,解决了英国取得法属加拿大后引起的相关问题。

Queen Anne's Bounty 安妮女王基金会 该基金会是安妮女王统治时期英国圣公会大力复兴的产物,基金会的成立,某种程度上还源于女王对自光荣革命(Glorious Revolution)以来不从国教者力量显著发展的担忧。1703 年,安妮女王宣布将得自初年圣俸(first fruits)的收入——该项献给教皇的收入在宗教改革(Reformation)时期被国王取得——贡献出来,用于救助生活贫困的牧师,并任命受托人来负责管理救助项目。

Queensberry,James Douglas,2nd duke of [S] (1662—1711). 詹姆斯·道格拉斯,第 2 代昆斯伯里公爵【苏格兰】(1662—1711) 道格拉斯——在 1695年继承爵位前,名为德拉姆兰里格(Drumlanrig)——是第一批在光荣革命中加入威廉阵营者之一,1689—1702 年任侍寝官,1696—1702 年间任苏格兰王玺掌管大臣（lord privy seal），1701 年获得嘉德勋位（Garter）。作为苏格兰议会委员，昆斯伯里在安妮女王统治时期执行英格兰与苏格兰的《合并法》过程中发挥了非常重要的作用。安妮女王也对他给予了慷慨回报，使他得到了一大笔养老金，1707—1708 年他以苏格兰贵族身份进入议会上院，即身为议会上院议员的苏格兰贵族（representative peer），1708 年在英国爵位中被封为多佛尔公爵（duke of Dover）。从 1709 年开始，他负责苏格兰事务，但过早地去世了。

queen's counsel（king's counsel）. 皇家大律师 这些人是在 16 世纪晚期时受聘帮助王室法律官员处理法律事务的出庭律师（barristers）。18 世纪期间，他们不再与王室保持密切的联系，而皇家大律师这个头衔也逐渐成为成绩卓越的出庭律师的一项荣誉称号而已。据说他们在担任皇家大律师期间"穿着丝绸"（"take silk"），一如当时他们穿着丝制法袍而不是"毛料"法袍（"stuff" gowns）。

Queenston Heights, battle of, 1812. 昆士顿高地之战（1812） 1812 年战争中的第一场主要战斗。当时纽约州 1000 名民兵渡过尼亚加拉河（Niagara river），并爬上河边的悬崖。英军指挥官艾萨克·布洛克爵士（Sir Isaac Brock）在指挥一次冲锋中阵亡。最终，英国增援部队和印第安人盟军以 28 人阵亡的代价迫使 900 多名美国人投降。昆士顿高地之战也因此成为加拿大反抗美国入侵的标志。

Queen's University 女王大学 根据罗伯特·皮尔爵士（Sir Robert Peel）的《学院法》（Colleges Act，1845 年）规定，建立了贝尔法斯特女王学院（Queen's College, Belfast）。根据《爱尔兰大学法》（Irish Universities Act，1908 年），既建立了爱尔兰国立大学（National University of Ireland）——合并了科克、戈尔韦和都柏林学院（colleges of Cork, Galway, and Dublin），也在前女王学院的基础上建立了新的贝尔法斯特女王大学（Queen's University of Belfast）。目前，女王大学反映出了北爱尔兰天主教团体不断增长的政治和经济力量，尽管这一反映还不够充分。

quia emptores **《封地买卖法》** 也被称为 1290 年《威斯敏斯特法》(statute of Westminster)。爱德华一世颁布该法令结束了领地次级分封(subinfeudation)的做法。法令规定,佃户(tenant)转让土地后,不能与买受人建立新的领主(lord)与佃户关系。该法令可以维持现有封建等级秩序,防止封建等级"阶梯"扩大化,同时也保护了领主在其佃户承担的义务中的利益。

Quiberon Bay,battle of,1759. **基伯龙湾战役**(1759) 该海湾位于法国比斯开(Biscay)海岸。1759 年 11 月 20 日,这里发生了海军战争史上最重要的一场战争。当时英国面临着法国入侵的危险,爱德华·霍克爵士(Sir Edward Hawke)于此前 5 月起就在布雷斯特(Brest)封锁了孔夫兰(Conflans)的舰队。当天气变化将霍克舰队吹离驻扎港时,孔夫兰突破英军的包围,但是在 20 日早些时候,霍克得到孔夫兰的 24 艘船已经进入基伯龙湾的消息。在昏暗的光线和暴风中,霍克冒着极大的风险跟随法国人进入这个之前毫不熟悉的下锚地。在接下来的交战中,法国 6 艘军舰被摧毁,剩下的许多军舰也受损到无法修复的程度。

quo warranto proceedings **权利开示令状诉讼** 权利开示令状调查(*quo warranto* inquiry)是爱德华一世在 1272 年登上王位后实施的。爱德华一世创设权利开示令状诉讼程序,其王室法官借此可以对每一个声称享有召开百户区法庭(hundred court)———一种刑事法庭(court leet)———特权的主张展开调查,即问询该领主(lord)是"依据什么权利"("by what warrant")提出此种权利主张的,而该领主需要证明他的司法权是经过授予的。不过,爱德华一世允许领主表明他们通过"自古有之"的惯例获得了此种特权。

Q

R

R101 airship R101 号飞艇 R101 号飞艇是 1924 年时由政府委托建造的两架硬式飞艇(rigid airships)中体积较大的那一艘。该飞艇由巴恩斯·沃利斯(Barnes Wallis)设计建造,用于将乘客运送至印度,最大载客量为 50 人。1930 年 10 月 4 日,R101 首航载着包括空军大臣在内的一批官员从英国卡丁顿(Cardington)出发,下午两点,在进入博韦市(Beauvais)时坠地,起火并爆炸,仅有 4 人幸免于难。这场空难终止了飞艇在英国的使用。

Radcot Bridge, battle of, 1387. 拉德科特桥战役(1387) 1337 年,年仅 10 岁的国王理查二世继位引发了男爵叛乱。1386 年,阿伦德尔(Arundel)、德比(Derby,后来的亨利四世)、格洛斯特(Gloucester)、诺丁汉(Nottingham)和沃里克(Warwick)等 5 位接任贵族(lords appellant)组成联盟,撤销了国王两个宠臣萨福克公爵米夏埃尔·德·拉·波尔(Michael de la Pole, duke of Suffolk)和牛津伯爵德·维尔(De Vere, duke of Oxford)的职务。萨福克公爵遭到弹劾后被迫逃亡。牛津伯爵则于 1387 年 12 月在柴郡起兵,并南进加入国王的军队。12 月 20 日,牛津伯爵在莱赫雷德(Lechlade)以西的拉德科特桥处遭到阻击,并陷入德比和格洛斯特所率领军队的前后夹击之中。牛津伯爵逃跑后在法国加入萨福克公爵的部队。

Radnorshire(Sir Faesyfed) 拉德诺郡 拉德诺郡是 1536 年时根据威尔士与英格兰的《合并法》(Act of Union),在威尔士中部设置的一个郡。该郡原为威尔士的波伊斯王国(kingdom of Powys)的一部分,但在奥法堤(Offa's Dike)建成前后,经常受到撒克逊人的攻击。波伊斯王国很快受到诺曼人的蹂躏,北部成为莫蒂默人(Mortimer)的领地,而南部则被布劳人(Braoses)占领。这两个地区最终被并入拉德诺这个新郡,即威尔士面积最小的郡。1974年,拉德诺郡作为一个行政区,被并入波伊斯郡,并于1996年成为波伊斯郡中单一自治体的一部分。

Raeburn, Sir Henry（1756—1823）. **亨利·雷伯恩爵士**（1756—1823）雷伯恩出生在爱丁堡,并在爱丁堡工作了一辈子。他是当时苏格兰最重要的肖像画家。雷伯恩在很大程度上属于自学成才,1784年他在去意大利学习途中访问了伦敦,并在那里结识了雷诺兹(Reynolds),雷诺兹的艺术风格对他产生了深刻的影响,这是他从意大利的学习经历中无法得到的收获。1812年,他当选为爱丁堡艺术家协会准会员(ARA)。三年之后,他成为英国皇家艺术院(Royal Academy)正式会员。1822年,当乔治四世访问爱丁堡时,雷伯恩被封为爵士,次年又被授予国王画师和苏格兰画家的称号。

Raedwald（early 7th cent.）. **雷德沃尔德**（7世纪早期） 东盎格利亚王国国王。他在肯特王国的国王埃塞尔伯特(Æthelbert)的影响下接受洗礼后,与信奉异教的妻子妥协,在其庙宇中异教神位旁边增加了基督教祭坛。大概在616年左右,他因庇护流亡的德伊勒(Deiran)王室的埃德温(Edwin),而受到诺森伯里亚王国国王埃塞尔弗里思(Æthelfryth)的威胁:如果不交出埃德温,埃塞尔弗里思就将其杀死。雷德沃尔德先发制人,在艾德尔河(river Idle,林肯郡)发起进攻,打败并杀死了埃塞尔弗里思,为埃德温保住了诺森伯里亚王国。雷德沃尔德的名字往往与萨顿胡(Sutton Hoo)的著名船葬联系在一起。

Raffles, Sir Thomas Stamford（1781—1826）. **托马斯·斯坦福德·莱佛士爵士**（1781—1826） 莱佛士于1795年加入东印度公司(East India Company),并被派往槟榔屿(Penang),在那里他很快被提升为英国驻当地委员会的秘书。1810年,他被任命为马来亚联合邦(Malay states)的代理人,准备入侵当时在巴达维亚共和国(Batavian Republic)控制之下的爪哇(Java)。1811年至 1816 年间,他在代理爪哇总督期间,推动了具有深远意义的经济改革。1818年,他成为马尔堡【Fort Marlborough,苏门答腊(Sumatra)】的代理总督。因担心荷兰的影响,他劝说东印度公司在新加坡(Singapore)建立一个殖民地。1819 年6 月 2 日,他在新加坡升起英国国旗;当他于 1824 年最后一次回到英格兰时,已经将新加坡建设成一个重要的港口。

ragged schools 贫民儿童免费学校 贫民儿童免费学校是 19 世纪初,朴次茅斯(Portsmouth)的一位制鞋匠约翰·庞兹(John Pounds)率先为街头流浪儿童创办的小学,目的是"赶走愚昧,减轻贫困,传播福音"。为了进一步实现这一目标,1884 年成立了贫民儿童免费学校联盟(Ragged School Union),第 7 代沙夫茨伯里伯爵(the 7th earl of Shaftesbury)担任该联盟的主席。

Raglan,Fitzroy James Henry Somerset,1st Baron(1788—1855). 菲茨罗伊·詹姆斯·亨利·萨默塞特,第 1 代拉格伦男爵(1788—1855) 菲茨罗伊·萨默塞特勋爵是博福特公爵(duke of Beaufort)的第八个儿子,于 1808 年被任命为后来的威灵顿公爵(duke of Wellington)的侍从武官。他随同威灵顿公爵参加了伊比利亚半岛(Iberian Peninsula)的所有战事(1808—1814 年),并且在滑铁卢(Waterloo)战役中身负重伤。1852 年,萨默塞特被封为拉格伦男爵,两年后他受命指挥英国军队对抗俄军。1854 年,当英军进入克里米亚的时候,人们很快就发现拉格伦根本无法胜任高级指挥官的职位。尽管他被提升为陆军元帅,但是他因指挥错误,造成 10 月 25 日英国在巴拉克拉瓦(Balaclava)发起的轻骑旅的冲锋(Charge of the Light Brigade)中伤亡惨重。1855 年 6 月 25 日,他因患痢疾在克里米亚去世。

Ralegh,Sir Walter(c.1554—1618). 沃尔特·雷利爵士(约 1554—1618) 雷利出身于德文郡一个有着绅士血统的家庭,是汉弗莱·吉尔伯特爵士(Sir Humphrey Gilbert)同母异父的弟弟。1580 年至 1581 年间,他是在爱尔兰度过的。他一回到英格兰,就在莱斯特(Leicester)的栽培下,迅速成为王室的宠臣。1584 年,他被封为爵士,并重新进入议会,担任过锡矿区主管、女王侍卫长、以及康沃尔郡的最高军事长官(lord-lieutenant)。尽管成功地将烟草和土豆引进英格兰，但是他为推动弗吉尼亚(Virginia)的殖民化所做的努力还是以失败而告终。不过，随着埃塞克斯(Essex)在王室的地位如明星般冉冉升起，雷利的影响力逐渐减弱。1595年，他率领一支远征队到奥里诺科河(Orinoco)寻找金矿；1596年，他又参加了对加的斯(Cadiz)发动的进攻。北安普敦伯爵亨利·霍华德(Henry Howard,earl of Northampton)与苏格兰国王詹姆斯六世达成一致，成功地使雷利名誉扫地，从而断送了他的美好前程。1603年，詹姆斯六世登基之后，雷利立即就被剥夺了所有职务，以叛国罪受到审判，被判死刑后，关入伦敦塔。直到1617年，雷利获释后才获得了第二次去奥里诺科河探险的机会，但这次探险对他来说就是一场灾难。他不仅没有找到黄金，自己的儿子也被杀死了。于是，詹姆斯六世根据原有的判决将其处死。雷利在被囚禁于伦敦塔的漫长岁月中，写下了《世界历史》一书，对时间和历史的兴衰进行了大量的思考。这本内容华丽的作品很快流行起来，但是雷利只写到公元前130年，而作为一部历史著作，在其尚未问世时，就已经过时了。约翰·奥布里(John Aubrey)将雷利囊括在其《名人小传》(Brief Lives)中，他在书中写道：雷利是一个"身材高大、帅气，还有些秃顶的男人，但是令人可恶地高傲……到死都说泛德文郡的方言"。

Ramillies, battle of, 1706.　拉米伊战役(1706)　拉米伊战役是马尔伯勒(Marlborough)在西班牙王位继承战争(War of the Spanish Succession)中取得的第二场重大胜利。这场战役发生于1706年，地点在西属尼德兰(今比利时)那慕尔(Namur)北部的拉米伊，被视为马尔伯勒的杰作。维勒鲁瓦(Villeroi)率领的约70,000名法军冒险发动进攻，结果遭到马尔伯勒率领的人数大致相当的联军(英国—荷兰—丹麦)的阻击。在战术细节决定成败的情况下，法军尝到败绩。

Ramsay, Allan (1713—1784).　埃兰·拉姆齐(1713—1784)　肖像画家，出生在爱丁堡，诗人埃兰·拉姆齐之子。他曾在爱丁堡、伦敦、罗马和那不勒斯学习，于1739年定居伦敦，并很快成为伦敦一流的肖像画家。他尤其擅长画女性肖像。1773年，他因右臂意外受伤而结束了作为肖像画家的生涯。

Ramsay, Sir William（1852—1916）．**威廉·拉姆齐爵士**（1852—1916）
化学家。拉姆齐出生在格拉斯哥，就读于格拉斯哥大学。他对化学产生兴趣，并
在德国学习。1874 年，他被聘为格拉斯哥大学教师。1880 年，他移居布里斯托
尔，被聘为布里斯托尔学院化学系主任，1881 年成为布里斯托尔学院院长。自
1887 年至 1912 年退休，他一直是伦敦大学学院的教授。拉姆齐最大的科学成
就是发现了惰性气体氩、氦、氖、氪和氙。

Ramsbury, diocese of **拉姆斯伯里主教区** 该主教区是长者爱德华
（Edward the Elder）于 909 年重组温切斯特（Winchester）主教区时建立的，辖区
包括威尔特郡（Wiltshire）和伯克郡（Berkshire）。1058 年，该主教区与舍伯恩
（Sherborne）合并，并于 1075 年移至索尔兹伯里【Salisbury，旧塞勒姆（Old Sa-
rum）】。

Ramsey, Michael（1904—1988）．**迈克尔·拉姆齐**（1904—1988） 坎特
伯雷大主教。拉姆齐出生在剑桥，大学数学教师之子，受教于由杰弗里·费希尔
（Geoffrey Fisher）任校长的雷普顿（Repton）学校。拉姆齐也是最终从杰弗里手
中接过大主教职位的人。1928 年，拉姆齐被任命为利物浦（Liverpool）的助理牧
师。但当他于 1930 年加入林肯（Lincoln）的主教之家（Bishop's Hostel）团队，对
领受圣职者进行培训时，他又重新回归学术生活。35 岁时，他在达勒姆
（Durham）做神学教授，战后回到剑桥大学成为神学钦定讲座教授。1952 年他
被祝圣为达勒姆主教，1956 年成为约克大主教，并最终于 1961 年成为坎特伯雷
大主教。拉姆齐是一个充满热情的泛基督教主义者，他与教皇保罗六世（Pope
Paul VI）私交甚笃。

Ranelagh **拉内拉赫花园** 作为沃克斯霍尔（Vauxhall）休闲花园的主要竞
争者，拉内拉赫休闲花园号称比对手要胜出一筹。拉内拉赫休闲花园是在拉内
拉赫勋爵（Lord Ranelagh）于 17 世纪 90 年代所建造的一所房屋的宅基地上建成
的，1742 年 4 月对外开放。拉内拉赫花园中最引人注目的是那个巨大的圆形建
筑，花园于 1803 年关闭时，这个圆形建筑也被拆除。拉内拉赫花园坐落的位置

邻近切尔西医院(Chelsea hospital),19 世纪 60 年代在这里建造的新花园现在依然存在。

ranters 喧嚣派 给正统的清教徒带来恐惧感的喧嚣派是 1648 年出现的一场处于无序状态的半宗教运动。喧嚣派是一个没有组织的教派,他们的作品多种多样,以至于作为一场运动,喧嚣派最近已经遭到否定。然而,同代人并未质疑喧嚣派的存在。喧嚣派中的某些群体利用肆无忌惮的舞蹈、酗酒、抽烟、咒骂和共享性伙伴的方式来诽谤神灵。喧嚣派最嚣张的时期非常短暂。

Ranulf Flambard(**c.1060—1128**). **雷纳夫·弗朗巴尔**(约 1060—1128) 诺曼传教士,弗朗巴尔是他的绰号,意为煽动者,因为他在与国王的敌人进行争论时,雄辩力极强。他作为威廉·鲁弗斯(William Rufus)的政治和财政顾问,这个身份使其在教会圈子中声名狼藉。1099 年,雷纳夫被任命为达勒姆主教。1100 年,亨利一世为了赢得支持,将他投入伦敦塔。但被关押不到六个月,他逃至诺曼底。1101 年,他帮助罗贝尔公爵(Duke Robert)策划了入侵英格兰的计划,但此后不久就重新成为亨利一世的宠臣,并恢复了达勒姆主教一职。

rapes 雷普 《末日审判书》显示,1086 年时萨塞克斯郡被划分为 5 个世俗"雷普"行政区,呈带状从南到北分布,每个行政区都以其诺曼领主的名字命名,都有一座城堡和一个港口。每个行政区都设有一个行政司法官(sheriff),这些行政区实际上就是些小型的郡。

rates 不动产税 对土地和房屋的拥有者所征收的税。16 世纪颁布的各种法令规定,所有居民都要交纳济贫税以便救济患病和贫困的人口,但是在英格兰,"不动产税"的颁布在形式上可以追溯到 1601 年颁布的《济贫法》(Poor Relief Act),该法令使堂区成为缴纳不动产税的基本行政单位。1925 年颁布的《计征不动产税和估价法》(Rating and Valuation Act)推行普通税率,并使郡级自治市镇以及一般的自治市镇等成为收税机关和税收单位。由于不动产税逐渐走向倒退,而且只要求一部分选民支付,因此不得人心。苏格兰在 1989 年至 1993

年间废除了住宅税（Domestic rates），英格兰和威尔士在 1990 年至 1993 年间也废除了住宅税，此时它已被社区费（Community charge）或人头税（Poll tax）所取代，但商业税（business rates）未被废除。

Rathmines, battle of, 1649.　拉斯敏斯战役（1649）　1649 年 6 月，迈克尔·琼斯（Michael Jones）和议会军在都柏林被奥蒙德（Ormond）包围。英格兰的增援部队使迈克尔得以在 8 月 2 日突围，并摧毁了奥蒙德在拉斯敏斯的营地。

Ray, John（1607—1705）.　约翰·雷（1607—1705）　博物学家。雷是埃塞克斯一位铁匠之子，就读于剑桥大学，并在剑桥大学任教 13 年。在富有的朋友们的资助下，雷继续从事博物学研究，他试图系统地描述所有的生物。植物学一直是他最热爱的学科，他根据动植物所有结构特征，奠定了分类系统的基础，开创了现在仍被动植物学家使用的自然分类系统。

Reading　雷丁　伯克郡的郡治，位于肯尼特河（river Kennet）与泰晤士河的交汇处。1086 年时雷丁还是一个小自治市，1121 年亨利一世在这里创立了重要的克吕尼修道院（Cluniac abbey），他本人也葬在这个修道院里，这是雷丁这座城市能够发展起来的一部分原因。从 14 世纪至 17 世纪，雷丁因呢绒业而日益繁荣，亨利八世统治时期在英格兰最富有的城镇中曾一度排名第 11 位。

Reading, Rufus David Isaacs, 1st marquis of（1860—1935）.　鲁弗斯·戴维·艾萨克，第 1 代雷丁侯爵（1860—1935）　在经历了最初的重重困难之后，艾萨克的事业出现转机，并且取得了令人瞩目的成就。他是伦敦东区（East End of London）一位犹太水果商之子，14 岁时就辍学进入家族企业。后来，他转而致力于股票经济活动，但是在 1884 年"遭到打击"。其事业的第三个开端是攻读法律。1887 年，他取得律师资格，并很快建立起自己的律师事务所。1904 年，艾萨克作为自由党代表代表雷丁选区进入议会，1910 年成为副总检察长（solicitor-general），次年成为总检察长（attorney-general）。尽管他在 1912 年的马可尼丑闻（Marconi scandal）案中也受到牵连，但他还是在 1913 年被任命为首席大法官

(lord chief justice），并被封为男爵。随后，从 1918 年 1 月开始直到 1919 年，他在战争的关键时刻出任驻美大使。雷丁男爵重新开始了他的法律事业，然而，1921 年，他被派到印度，截至 1926 年，他一直担任印度总督。

Rebecca riots，1838—1844．丽贝卡骚乱（1838—1844） 丽贝卡骚乱是指发生在威尔士西部的一系列暴乱，与引起政府极大关注的宪章运动风潮恰好重合。丽贝卡骚乱源自人们对收费公路（turnpikes）的抗议，该项收费给农民和当地人民带来了沉重的负担。他们以夜袭的方式攻击公路上的收费处和收费站，抗议者往往组织有序，蒙着面，并且男扮女装。他们的名字来自于圣经百科（biblical reference）——"愿利百加的后裔得着仇敌的城门"（"the seed of Rebecca shall possess the gates of her enemies"）【创世纪 24：60（Gen.24：60）】。政府试图通过动用军队、警察和间谍等手段来控制局势，但是最终的补救措施还是 1844 年法令（7 & 8 Vic.c.91）的颁布，该法令减轻并降低了通行税的征收。

recruiters 招募人员 1641 年，查理一世被迫对议会宣布的一项法案做出让步：即长期议会（Long Parliament）在未得到议会同意的情况下不得解散。1645 年以后，议会缺席者被"招募人员"所取代，恢复补缺选举，截至 1647 年 3 月，议会共递补了 244 名新成员。在长期议会解散的时候，出席议会的内战前的下院议员还剩下不到 100 名。

recusants 不服从英国圣公会者 是指拒绝遵照 1559 年的法律参加英国圣公会仪式的天主教徒。尽管开始时政府对此一直抱着容忍的态度，但是 1568 年苏格兰女王玛丽的到来、1569 年的北部伯爵叛乱（rising of the northern earls）、1570 年伊丽莎白被革除教籍，以及 1571 年的里多尔菲阴谋案（Ridolfi plot）等，均使政府对待不服从英国圣公会者的态度变得强硬起来。1574 年来自杜埃（Douai）的英格兰牧师的布道团，以及 1580 年的耶稣会士布道团，如坎皮恩（Campion）和帕森斯（Parsons）等，加强了天主教会的力量，到 1603 年为止，英格兰大概已有 400 名天主教牧师。不服从英国圣公会者要面对更多的处罚：凡讲弥撒或听弥撒者会遭到罚款或拘禁的惩罚（1581 年），对不服从国教者的罚款一个月内就增加到 20 英镑,而且如果成为天主教牧师可被处以死刑(1585 年)。这些惩罚措施因 1672 年、1687 年和 1688 年颁布的《信教自由令》(Declaration of Indulgence)而得到暂时减轻后,并未被正式列入《信仰自由法》(Toleration Act)中,尽管此后当局一般来说对他们的礼拜仪式都采取视而不见的态度。直到1829 年颁布《天主教徒解禁法》(Catholic Emancipation Act)后,才停止了对天主教徒公民权利的剥夺。

Redmond, John(1856—1918). **约翰·雷德蒙**(1856—1918)　雷德蒙出生在爱尔兰的韦克斯福德郡(Co. Wexford),职业是律师。1880 年,他在议会下院担任书记官(clerk of the House of Commons),并从 1881 年开始代表爱尔兰议会党(Irish Parliamentary Party)成为下院议员。他从 1891 年开始领导巴涅尔派(Parnellites),并且从 1900 年开始成为爱尔兰议会党的领袖。1912 年,第三个《地方自治法案》(Home Rule Bill)的推行似乎给雷德蒙带来了极好的机会,但是当阿尔斯特(Ulster)和托利党中的反对力量日益强大之时,雷德蒙似乎过于依赖自由联盟(Liberal alliance)。1916 年,英国对复活节起义(Easter Rising)的领导者处以死刑,雷德蒙对此未能做出有效的反抗;在与劳合·乔治(Lloyd George)进行地方自治谈判期间,他的地位也因爱尔兰的划分问题而受到削弱。1917 年,面对新芬党(Sinn Fine)的挑战,雷德蒙失去了其爱尔兰民族主义领袖的地位。

R

Red river rebellion, 1869. **红河暴动**(1869)　1869 年,哈得孙湾公司(Hudson's Bay Company)将自己的领土权卖给了新自治领——加拿大。双方完全忽视了居住在红河的梅蒂斯人(Métis)的感受,梅蒂斯人是一个有部分印第安人血统的讲法语的混血族群。1869 年 12 月,在路易·里埃尔(Louis Riel)的领导下,梅蒂斯人建立了临时政府。1870 年 8 月,一支由加尼特·吴士礼(Garnet Wolseley)率领的远征军,在里埃尔逃跑之后,到达梅蒂斯人的居住区。1870 年,红河成为马尼托巴省(Manitoba)的一部分。里埃尔在领导了第二次西部叛乱后,于 1885 年被绞死。

reeve（Anglo—Saxon *gerefa*） **地方长官**（盎格鲁—撒克逊语为 *gerefa*，意指地方行政长官） 一般来说，中世纪时期通常把负责监管职责的官员（supervising official）称作地方长官，这一术语可以在很多不同的背景下使用。由国王任命的郡长（shire-reeve）数个世纪以来一直都是王室在各郡的首席代表。郡长的副手是负责主持百户区法庭（hundred court）的百户长（hundred-reeve）。"reeve"这一术语也被用来指一个城镇的首席长官——港口长官（port-reeve）或堡垒长官（burh-reeve）——直到在更大的城镇中出现了市长或市长大人的称谓时，地方长官一词才显得黯然失色。庄园的庄头（reeve）是大部分农民最熟悉的官员。庄头是佃户们选举产生的，但有时由领主任命，负责组织整个庄园的公共性工作。

Reflections on the revolution in France（1790）. **《法国大革命反思录》**（1790） 埃德蒙·伯克（Edmund Bruke）撰写的《法国大革命反思录》一书是保守主义思想的代表作。作者在这部著作的第一部分中，驳斥了理查德·普赖斯博士（Dr Richard Price）关于法国大革命者是追寻了 1688 年英国革命者的足迹，要求获得决定法国宪政体系的权力这一论断。在该书的第二部分中，伯克列举了法国大革命者的一些错误原则，包括自由思想、平均主义、不尊重私有财产、无神论，以及最重要的理性主义。

Reform Acts 《改革法》 从 1830 年未经改革的制度向 20 世纪完全民主化的转变，是在 7 个扩大选举权改革法的推动下完成的——包括 1832 年、1867 年、1884 年、1918 年、1928 年、1948 年和 1969 年颁布的改革法，以及其他一些起辅助作用的改革措施。

格雷的《改革法》所使用的选民标准不仅在城镇中把选民扩大到年收入在 10 镑以上的户主，而且规定凡符合钱多斯条款（Chandos clause）的租户都拥有选举权，从而增加了郡中选民的人数。大多数新选民都是城市中产阶级市民，而许多工人阶级则令人失望地被排除在外。在约翰·罗素勋爵（Lord John Russell）的改革措施因党内分裂而失败之后，迪斯累里（Disraeli）于 1867 年推出了第二个《改革法》，该法将城市的工人阶级家庭也纳入选民范围，从而增加了约

938,000 名选民,使选民人数达到 1,056,000 人。到 1884 年,人口的自然增长已使英国的选民人数达到 300 万左右,而同年颁布的《格莱斯顿法》(Gladstone's Act)又将选民人数提高到 500 万,其中大量的新选民为郡选民。由于大多数成年男性均获得了选举权,因此女性被排斥在选举权之外的问题就显得非常突出。第一次世界大战与其说是改变了政治家们的态度,不如说是使他们能够体面地做出了一些让步,因此 1918 年的改革法在没有遇到多少阻力的情况下便获得了通过。尽管如此,女性获得选举权的年龄仍然严格控制在 30 岁以上,考虑到男性在战争中大量死亡的状况,这样她们就不会成为选民的主体。另外三项措施几乎完善了成人普选权。1928 年的改革法使女性选民的年龄限制下降到 21 岁,从而使选民群体中又增加了 500 万"新潮女性"。1948 年工党通过的改革法废除了企业选区和专门的大学选区,从而结束了一人多次投票制。1969 年的改革法,几乎在毫无争议的情况下,就将选民的年龄降低到 18 岁,于是又增加了 300 万选民。

随之而来的下院议席再分配措施的制定、针对不正当影响和腐败行为的立法,以及地方政府民主化的推行,同样具有重要意义。1832 年《改革法》的最大特色大概就是对下院议席进行再分配的那些条款,例如,彻底废除包括旧塞勒姆(Old Sarum)和邓尼奇(Dunwich)在内的"A 表"中的 56 个自治市镇单独拥有议席资格的条款,以及首次将议席分配给包括曼彻斯特(Manchester)、伯明翰(Birmingham)、利兹(Leeds)、谢菲尔德(Sheffield)、布拉德福德(Bradford)和伍尔弗汉普顿(wolverhampton)在内的大工业城镇的条款。1867 年的改革法又对下院的议席分配做出了进一步的调整,该法将 38 个诸如霍尼顿(Honiton)和多切斯特(Dorchester)这样的小型自治市镇原有的两个席位减为一个席位;给予伯恩利(Burnley)、米德尔斯伯勒(Middlesbrough)、格雷夫森德(Gravesend)和其他 7 个自治市镇一个席位(切尔西得到两个席位);给予伯明翰、利物浦、利兹和曼彻斯特三个席位。随着 1884 年改革法的颁布,重新分配的议席更加广泛。79 个人口少于 15,000 人的城镇失去两个议席,此外,还有 36 个人口少于 50,000 的城镇失去一个议席。

整个 19 世纪,英国为消除选举腐败进行了艰苦的努力。1872 年推行的匿名投票方式并没有解决这个问题。1883 年,英国颁布了《禁止选举舞弊法》

(Corrupt Practices Act)，严格控制选举费用，效果较为明显。

1834 年《市政法人法》(Municipal Corporation Act)的颁布实现了地方政府的改革，规模较大的城镇均依据该法建立了经选举产生的议会；1888 年颁布的《郡议会法》(County Councils Act)以 62 个经选举产生的郡议会取代了由治安法官(justices of the peace)组成的原郡政府；1894 年颁布的《堂区俗务委员会法》(Parish Councils Act)曾被称赞为实现地方民主的强有力的措施，但因财政限制而受阻，同时，20 世纪的立法也削弱了它的重要性。

Reformation　宗教改革　尽管"reform"一词拥有很多含义，但是"the Reformation"一词一直是指 16 世纪拉丁基督教世界被分裂为新教和天主教。新教反对只能通过圣礼获取恩典而得到救赎的天主教教义；新教认为教会的角色只是负责宣布不应得到上帝的宽恕。毫无疑问，1559 年依照法规建立起来的英国圣公会就属于新教。

1500 年前后的英格兰教会属于虔诚的天主教教会，并忠诚于教皇。许多堂区教堂的重建都十分铺张，所使用的器皿和装饰品过度奢华。国王和教皇通常相处融洽。16 世纪 20 年代，德国宗教改革运动领袖马丁·路德（1483—1546年）的名望给他的一些英国追随者留下了想象的空间。包括托马斯·比尔尼(Thomas Bilney，约 1495—1531 年)、罗伯特·巴恩斯(Robert Barnes，卒于 1540年)，以及曾经将《圣经》翻译成英文的雄辩家威廉·廷代尔(William Tyndale，约1494—1536 年)在内的圣职人员重新解释了宗教改革运动的启示。然而，他们的支持者仅限于年轻的大学生和与国外有联系的那些人。

亨利八世未能使教皇宣布他的第一次婚姻无效，这导致他与教皇在 1532 年至 1536 年间的决裂。如果亨利八世想让英国这样一个天主教传统如此深厚的国家与天主教分裂的话，那么他的这一政策就需要有正当的理论依据。托马斯·克伦威尔(Thomas Cromwell)聘请了好几个年轻的人文主义作家撰写宣传性的文章，批判教皇制度和旧教派的一些观点，如出售教皇赎罪券等。不过，这些举动都不算是公然的"抗议"，亨利八世曾诅咒过路德。尽管 1535 年至 1536年间托马斯·克伦威尔政府中那些巡查行将关闭的修道院的专员们曾嘲讽修道院伪造的圣骨，并追捕那些淫乱的僧侣，但是接下来宣布废除修道院制度的命令则缺少一个正式公开的宗教理由。

在爱德华六世统治时期,英格兰彻底改变了天主教与新教模糊不清的局面。爱德华六世继位不久就开始修订弥撒经书,这直接导致 1549 年托马斯·克兰麦(Thomas Cranmer)编著的第一部《公祷书》(Book of Common Prayer)的出版。与此同时,王室的专员们毫不手软地彻底搬走了堂区教堂大多数与天主教相关的装饰物和家具。欧洲大陆杰出的宗教改革家,如马丁·布塞尔(Martin Bucer)和皮埃尔·马泰尔·韦尔米利(Pier Martire Vermigli)等都住在大学里,他们进一步推动了祈祷仪式的改革。1552 年对 1549 年出版的《公祷书》的修订,简化了祈祷仪式,只保留了新教的精髓。

玛丽一世继位后,在她眼中爱德华六世确立新教为国教是超越权限且无效的,她用了大约 18 个月的时间重新恢复了天主教的地位。不管怎样,王室仅仅进行了一下暗示,牧师和普通信徒就恢复了弥撒。原来的修道院地产主们都确保了自己的权益,教皇的权威重新在狂热声中得到恢复。在 1555 年至 1558 年间,大约 280 个新教徒被处以火刑,这一事件所带来的影响,事后看来比当时更大【福克斯的殉教史(martyrology)说明了这一点】。

安妮·博林(Anne Boleyn)之女伊丽莎白是新教的继承者,她继位后发现英格兰的天主教等级制度比 1531 年至 1533 年间表现得更为顽固,因此,要想废除天主教的重要仪式弥撒,重新确立英格兰王室的至尊地位,就必须彻底清算主教团。1563 年教牧人员代表会议(convocation)通过的《三十九条信纲》(Thirty-Nine Articles)甚至经过了伊丽莎白女王亲自修改,其目的很可能是为了安抚保守分子。

新主教均为伊丽莎白于 1559 年从信奉新教的主要神职人员中挑选出来的,而且他们都是最狂热的新教徒,并认为向传统做出的这一让步只是权宜之策。令他们感到日益恐惧和困惑的是,伊丽莎白女王一直执意拒绝撕掉天主教仪式的外衣。她担心斗志旺盛的新教徒的布道可能会引发王国部分地区的宗教危机,进而导致宗教战争。1569 年北部伯爵叛乱(rising of the northern earls)期间,英格兰恢复了天主教的弥撒仪式;1570 年,女王本人被教皇逐出天主教会。这两件事为女王的担心提供了依据。在 16 世纪 70 年代的"清教"辩论中,伊丽莎白女王培养了一个以约翰·惠特吉夫特(John Whitgift,1583—1604 年任坎特伯雷大主教)为首的教士集团,他们既信奉新教教义,同时也对代表国教的政府和传统的宗教仪式保持着同等的热情。而英国的"圣公会"("Anglican")就是这样的一个特殊混合体,它是依据福克斯的《殉教者书》(*Martyrs*)和胡克(Hooker)的《教会政体》(*Ecclesiastical Polity*)于16世纪末创立的。

Reform Club 改革俱乐部 该俱乐部成立于1836年,是一个激进的原创组织,逐渐获得了辉格党的支持。改革俱乐部的成立是对托利党创办的卡尔顿俱乐部(Carlton Club)的回击,反映了英国在1832年《改革法》通过之后,人们试图建立一个更好的选民登记机构的愿望。

Reform League,1856—1859. 改革同盟(1856—1859) 创立于1856年的改革同盟迫切要求成年男性的选举权和投票权。它与较为温和的中产阶级改革联盟(Reform Union)进行合作,改革同盟在议会的代言人包括格莱斯顿(Gladstone)和约翰·布赖特(John Bright)。改革同盟坚决支持1866年的罗素(Russell)法案和海德公园骚乱(Hyde Park riots),这次骚乱是1866年7月群众抗议集会而导致的结果,对于迪斯累里(Disraeli)的第二个《改革法》(Reform Act)的通过起到了很大作用。

regalia 加冕典礼上所用的王冠、权杖和饰物 英国国王加冕典礼上所使用的王冠、权杖和饰物等存放在伦敦塔(Tower of London)的皇家珍宝馆中。收藏用于加冕典礼的这些物品,增加了这一仪式的庄严性以及历史特征,这一收藏形式似乎始于威斯敏斯特大教堂(Westminster abbey)的修士。但是在共和国(Commonwealth)时期,几乎所有的这些物品都被视为迷信之物而遭到销毁。唯一幸存下来的就是12世纪开始在英格兰的国王加冕礼上主教为国王举行涂油仪式所使用的一种器皿,这是一个装有圣油的金鹰形状的圣瓶,它是为1661年查理二世举行加冕典礼而专门制作的。关于苏格兰王室的王冠、权杖和饰物,见苏格兰王室宝物(See HONOURS OF SCOTLAND.)。

Regency 摄政时期 尽管在英国历史上出现过若干个摄政时期,但是一般来说,摄政时期专指 1810 年至 1820 年,期间威尔士亲王乔治(George,prince of Wales)代表身患精神疾病的乔治三世行使国王的权力。那是一段反差极其明显的时期。在 1815 年滑铁卢(Waterloo)战役结束之前,英国不仅一直处于战争状态,而且食物短缺,卢德派骚乱(Luddite riot)不断出现,危机四伏。在战争结束之后的若干年间,英国的社会状况也未得到较好的改善:农业减产、大量人口的失业和工业化初期的社会混乱导致英国出现了激进的抗议行为,彼得卢(Peterloo)血案堪称例证。而与此同时,上流社会却依旧泰然自若。威尔士亲王摄政后,就加紧建造他在布赖顿(Brighton)的皇家穹顶宫(Pavilion),直到首相利物浦勋爵(Lord Liverpool)向他指出在国家危难之际,这一行为会冒犯社会之后,他才住手。激进分子科贝特(Cobbett)、亨特(Hunt)、黑兹利特(Hazlitt)和雪莱(Shelley),以及讽刺画家克鲁克香克(Cruikshank)和罗兰森(Rowlandson)就找到了不少嘲讽目标。这一时期的建筑、服装和家具的流行品味极其古典,追求平衡和克制。摄政时期最精美的不朽作品是由约翰·纳什(John Nash)设计建造的摄政街(Regent Street)和摄政公园(Regent Park)建筑群。

Regency crisis,1788—1789.　摄政危机(1788—1789)　1788 年 10 月,乔治三世似乎已经精神失常。人们希望威尔士亲王能够摄政,解除皮特(Pitt)的职务,并呼吁波特兰(Portland)和福克斯(Fox)组织一个内阁政府。尽管摄政议案已经准备就绪却因 1789 年 2 月国王病情意外好转而未能执行。

regicides　弑君党人　1648 年第二次内战结束之后,大多数军事领导人对与国王查理一世达成一致感到绝望,并决定将其关押起来。1649 年 1 月,59 个人在查理一世死刑执行令(death warrant)上签了名。王朝复辟(Restoration)期间,克伦威尔(Cromwell)的余党艾尔顿(Ireton)和布拉德肖(Bradshaw)在威斯敏斯特大教堂被捕,并在泰伯恩行刑场(Tyburn)被绞死。在依然健在的 41 位弑君党人中,有 9 人被处死。

regium donum(royal gift)　王室赠金　王室赠金始于查理二世。1672 年,查理二世为了赢得爱尔兰长老会牧师们对他签署的《信教自由令》

（Declaration of Indulgence）的支持,每年拨款 600 英镑,用来增加这些人的收入。威廉三世在位时,恢复了这一惯例,并将每年的拨款数额增加到 1200 英镑,但是这一做法受到高教会派圣公会教徒的反对,因为它违背了只有英国圣公会才能获得国家支持的原则。1795 年,当皮特政府决定支持对爱尔兰天主教牧师进行培训时,王室赠金才成为一个重要的先例。

Regni　雷格尼人　罗马时期不列颠行省的一个地方行政区。雷格尼人行政区是罗马政府人为设立的。该行政区看起来是在罗马人于公元 43 年为他们的藩属王科吉杜努斯（Cogidubnus）建立的王国的基础上形成的,位于现代萨塞克斯阿特雷巴特人（Atrebates）领地的南部。公元 80 年前后,当科吉杜努斯去世之后,该王国就消失了,被行政区取而代之。然而,这个新行政区的首府位于它的西南角,这个地方在铁器时代曾经是奇切斯特（Chichester）的要塞,罗马时期被城镇诺维奥马古斯（Noviomagus）所取代。

Reith,John,1st Baron Reith（1889—1971）.　**约翰·里思,第 1 代里思男爵**（1889—1971）　里思把自己的形象深深地刻在了英国广播公司（British Broadcasting Corporation）最初的四十年里。他是苏格兰自由教会（Free Church of Scotland）牧师的儿子,出生在金卡丁郡（Kincardineshire）的斯通黑文（Stonehaven）。他最初是一名铁路工程师,第一次世界大战时身负重伤。1922 年,他看到新成立的英国广播公司招聘总经理的广告,并且获得了这个职位。里思用重要的教育和宗教责任感,创造了严肃质朴、冷静清醒和敢于担当的公司管理理念。他在英国广播公司一直工作到 1938 年,然后前往帝国航空公司（Imperial Airways）,但是在第二次世界大战爆发后进入议会,曾担任信息大臣、交通大臣和工程大臣。他与丘吉尔（Churchill）彼此反感,并于 1942 年 2 月突然遭到解职。他是一个身材又高又瘦,令人印象深刻且脾气暴躁之人。在他的头脑中没有妥协的概念,他在日记中对同事的评论充满了令人不快和猛烈抨击的话语。

reivers　劫掠者　劫掠者或流寇是对边境袭击者的称呼。除了建造皮塔

(peel tower)和设防农舍(bastle-house)作为临时避难所之外,人们几乎无法防范他们的侵扰。苏格兰一侧的利兹代尔(Liddesdale)和英格兰一侧的雷德斯代尔(Redesdale)都是臭名昭著的劫掠者老巢。

religious toleration　宗教宽容　宗教宽容的原则在21世纪无疑已得到大多数人的接受,这一原则的出现与其说是论证取得的胜利,不如说是全面而透彻的研究过程所带来的结果。在16世纪,几乎所有的人都坚信:国家和教会不仅有权力而且有义务镇压不从国教的异端。他们认为神授的宗教真理是绝对真理;因宗教原因而分裂的国家注定会日益削弱;不从国教的新教徒(nonconformists)都是潜在的叛徒;个人判断的行使最终会破坏所有的权威,从而导致一个破裂的、没有任何限制的无政府社会的出现。

宗教宽容是宗教改革(Reformation)带来的副产品,既不是预先设计好的目标,也不是直接产生的结果。路德(Luther)、加尔文(Calvin)和茨温利(Zwingli)这些宗教改革运动中的伟大人物,都没有对他们的对手采取宽容的态度。为了捍卫自己的立场,路德首先不得不挑战教皇的权威,然后详细阐述了世俗君主所拥有的宣布本国的宗教政策的权利。世俗统治者决定本国宗教信仰这一准则在1555年的《奥格斯堡和约》(Augsburg peace)中被采纳。人们只能在天主教和路德教中选择自己的宗教信仰,这里不存在任何宗教宽容的规定。但是实际上,统治者考虑到政治因素,有时也会采纳宗教宽容的政策。像普鲁士那样长期缺乏劳动力的国家,不仅有可能认为向外驱逐臣民是个鲁莽的行为,而且还可能欢迎那些来自被宗教政策严厉的国家驱逐出来的流亡者。

14世纪末,威克利夫(Wyclif)的学说与动荡的社会现实导致罗拉德派的教义及其信仰的产生,在此之前,英格兰一直就不需要搜捕异教徒。当局对罗拉德派作出的回应,是在1401年颁布了《镇压异端邪说者令》(*De heretico comburendo*),对异教徒处以火刑。内战结束之后,英格兰的宗教宽容政策进入发展阶段,教派数量成倍增长,凯旋的议会军要求长老派对浸礼宗信徒、公理会教友和其他独立派采取宗教宽容的态度。

1660年的王朝复辟见证了英国宗教宽容政策的倒退,议会通过了严厉的针对天主教徒和不从国教者(dissenters)的法律。然而,政治上的紧迫状态需要再次改变策略,查理二世和詹姆斯二世都颁布了《信教自由令》(Declaration of Indulgence)。在 1688 年的危机中,当不从国教者在圣公会信徒与国王之间掌握了主动权的时候,他们选择了支持革命,并得到了回报:威廉三世于 1689 年颁布《信仰自由法》(Toleration Act),该法至少允许他们信仰自由。然而,事情还远未结束。宗教宽容政策并不适用于天主教徒,他们仍然要面对一连串刑法的惩罚,也不适用于三位一体说的反对者。在苏格兰,主教制信奉者被当作詹姆斯党人秘密成员(crypto-Jacobite)而饱受迫害。甚至不从国教的新教徒也没有完整的公民权利,既不能进入议会,也不能进入市政委员会,除非他们的信仰是灵活多变的。但是随着英国在宣誓仪式方面对贵格会作出让步,并将世俗任免权向苏格兰主教信奉者放开,英国宗教宽容的基础逐渐扩大。态度的转变是政策改变的基础。洛克在其 1689 年出版的《论宗教宽容信札》(Letter on Toleration)一书中,指出了一个平静理智的新倾向:宗教迫害创造的是伪君子,而不是皈依者,“因为没有人能够转变自己的信仰以服从另一个人的命令,即使他想要这样去做”。

民权平等的问题仍然存在。所有的天主教徒和几乎所有的不从国教者都不能成为议会议员。尽管天主教徒的解禁法案曾因乔治三世 1801 年拒绝批准而被搁置,但是到了 1829 年,该法案还是得到了批准。不从国教者于 1828 年被允许进入议会,随后英国政府在什一税(tithes)和婚姻方面又做出了更多让步。1858 年,犹太人被允许进入议会。最后,1886 年,在布雷德洛案(Bradlaugh case)结束之后,甚至无神论者都被允许进入威斯敏斯特。从宗教改革运动开始,实现宗教宽容的整个过程只用了 350 年。

Renaissance(rebirth) 文艺复兴(再生) 起源于意大利的文艺复兴是一场通过发现和利用古典时代的成就,来推动当代世界发展的运动。这场运动的极盛时期是从彼得拉克(Petrarch,1304—1374 年)时代开始的,历经“漫长的 16 世纪”(1450—1625 年)。“文艺复兴”一词,现在一般用来描述那个时期的政治、信仰、哲学、科学、学术、演讲、文学、书法、印刷、绘画、雕刻、雕塑、建筑和音乐。

“文艺复兴”一词最初只是在 19 世纪使用,但是乔治·瓦萨里(Giorgio Vasari)曾于 1550 年在他所生活的那个年代看到了"艺术的复兴"("rinascita delle arti"),而伏尔泰在两个世纪后也在佛罗伦萨的美第奇家族(Medicean)中看到了"文学和艺术的复兴"("renaissance des letters et des beaux-arts")。以"探索世界与人本身"为标志的新时代思想在雅各布·布克哈特(Jakob Burchhardt)于 1860 年出版的《意大利文艺复兴时期的文化》(Kultur der Renaissance in Italien)一书中占据了很大的篇幅。对于布克哈特来说,文艺复兴的定义着重强调的是世俗社会和个体,他在意大利发现的那个时代对自然、道德、宗教、公共事务、艺术和文学的态度,让他感到那个时代就是现代文明的开端。

英格兰的文艺复兴不是意大利直接影响的结果,而是通过法国、勃艮第(Burgundy)和尼德兰(Netherlands)间接传播的结果。在英格兰文艺复兴的初期阶段,格洛斯特公爵汉弗莱(Humphrey, duke of Gloucester, 1390—1447 年)的资助和藏书起到了非常重要的作用;随后,在亨利七世统治时期,威廉·格罗辛(William Grocyn)和托马斯·利纳克尔(Thomas Linacre)以精通希腊语而闻名。然而,从大概 1500 年开始,英格兰人文主义的主要推动力就是与伊拉斯谟(Erasmus)密切相关的虔敬文学(pietas literata)的概念,或福音派的人文主义概念。伊拉斯谟与约翰·科利特(John Colet)及托马斯·莫尔(Thomas More)之间的友谊尤其重要,他与莫尔一起翻译了希腊著作。

文艺复兴时期,英格兰并未出现一流的人文主义学者,莫尔的《乌托邦》(Utopia)是都铎早期最优秀的拉丁文成果。然而,很多古典作品和人文主义作品都被翻译成欧洲各国的本地语言。托马斯·埃利奥特爵士(Sir Thomas Elyot)于 1531 年出版的《治人者》(Book Named the Governor)和托马斯·霍比爵士(Sir Thomas Hobby)于 1561 年翻译的卡斯蒂廖内(Castiglione)撰写的《廷臣论》(Courtier),为人们提供了意大利式的礼貌行为准则。从 16 世纪 20 年代开始,尤其是与宗教改革(Reformation)运动密切相关的希腊研究令人瞩目。马丁·路德(Martin Luther)于 1521 年利用伊拉斯谟带有拉丁原文的希腊文本《新约》(1516—1519 年),翻译完成了德文版的《新约》。而威廉·廷代尔(William Tyndale)则利用前两者的版本翻译完成了英文版的《新约》(1526—1534 年)。

文艺复兴时期,尽管意大利雕塑家和北欧画家,如小汉斯·霍尔拜因(Hans Holbein the Younger)、鲁宾斯(Rubens)和凡·戴克(Van Dyck)等已经在英国出现,但是英格兰的视觉艺术与建筑仍然以传统形式为主。第一个具有国际水平的英格兰建筑设计师是帕拉弟奥(Palladian)的弟子伊尼戈·琼斯(Inigo Jones, 1573—1652年)。同样,在意大利音乐流行(1575—1625年)之前,英国的音乐也一直保持着传统形式。

Rennie, John(1761—1821). **约翰·伦尼**(1761—1821) 来自洛锡安(Lothian)凡塔西(Phantassie)的磨坊设计师和土木工程师。伦尼师从安德鲁·米克尔(Andrew Meikle)学习磨坊设计与建造,随后又在爱丁堡补上了学历教育。1784年至1788年,伦尼得到了平生第一个重大项目——位于伦敦的瓦特的阿尔比恩磨坊(Watt's Albion Mills)工程。虽然他继续为磨坊设计提供咨询服务,但他主要还是一位土木工程师,他承担的工程包括运河的开凿,如肯尼特(Kennet)和埃文(Avon)运河的开凿(1810年)和罗奇代尔(Rochdale)运河的开凿(1804年);桥梁建设,如闻名遐迩的滑铁卢(Waterloo)大桥(1817年)、萨瑟克(Southwark)大桥(1819年)和伦敦大桥(1831年);贝尔灯塔(Bell Rock lighthouse)的建造(1810年);还有数不清的码头和港湾工程,如1805年的伦敦工程、1824年竣工的霍利黑德(Holyhead)工程,以及1811年动工的位于普利茅斯(Plymouth)的大型防波堤。

Repeal Association(1840—1848). **废除联合法协会**(1840—1848) 1829年,当天主教徒解禁法案获得通过的时候,奥康奈尔(O'Connell)领导的天主教协会(Catholic Association)遭到压制,但是废除英爱联合的煽动性宣传不久就又恢复了。1840年,面对皮尔(Peel)将要建立保守党政府的现实,奥康奈尔在"废除租金"("repeal rent")协会的支持下,创办了废除联合法协会来应对这一挑战。该协会起草了请愿书,组织候选人,发起巨型会议,并且雇佣了50位总部工作人员。1843年,政府取缔了该协会在克朗塔夫(Clontarf)召开的会议。四个月之后,奥康奈尔因阴谋罪而被收入监狱。1848年,该协会被短命的爱尔兰联盟(Irish League)取而代之。

representative peers **身为上议院议员的苏格兰和爱尔兰贵族** 1707年,

在英格兰与苏格兰合并的谈判期间,英格兰与苏格兰的贵族议员分别是 170 名和 130 多名。将他们统一在一个议会中,这种比例失调将会使苏格兰人有一种被歧视的感觉。根据《合并法》(Act of Union),苏格兰获得了 16 个贵族代表名额,在每次议会召开之前由贵族同侪自行选出。这种做法不久就发展为执政党与在野党循环竞争的状态,一般情况下,苏格兰贵族代表是政府在议会上院的有效同盟军。1801 年,英爱联合时也采用了类似的做法。

Repton　雷普顿　雷普顿是一座"男女双修修道院",建立于 7 世纪晚期,与麦西亚王室关系紧密。麦西亚王子圣古思拉克(St Guthlac)的修士生涯就是从雷普顿修道院开始的,好几个麦西亚国王和王子都葬在雷普顿修道院,包括梅里沃(Merewalh)、埃塞尔鲍尔德(Æthelbald,卒于 757 年)和维格拉夫(Wiglaf,卒于 840 年)。

Repton, Humphry（1752—1818）.　汉弗莱 · 雷普顿（1752—1818）　汉弗莱 · 雷普顿是继绰号"能人"的兰斯洛特 · 布朗("Capability"Lancelot Brown)之后英国最重要的园艺设计师,与他同时代的著名园艺设计师还有尤维达尔 · 普赖斯爵士(Sir Uvedale Price,1747—1829 年)和理查德 · 佩恩 · 奈特(Richard Payne Knight,1750—1824)。总体来看,雷普顿追随布朗的风格,但是在作品中引入了正式的花坛、露台和房屋附近的台阶,并使用藤架、温室、小屋,以及农舍等设计元素。雷普顿解释其设计理念所使用的最有名的技术就是使用带有滑动面板的"红皮书"("Red Book"),以标明改进"之前"和"之后"的影响。

republicanism　共和主义　1649 年至 1660 年,英国曾建立了共和国(Commonwealth),这是英国经历的唯一共和制政府,此后英国并未在此基础上建立共和性质的政党。然而,共和主义观点在 18、19 世纪的英国激进分子中普遍存在。美国革命和法国大革命的支持者以及托马斯 · 潘恩(Thomas Paine)的仰慕者通常都是共和主义者,19 世纪 20 年代和 30 年代的平民极端分子也是如此,尤其是理查德 · 卡莱尔(Richard Carlile)的追随者们,理查德 · 卡莱尔曾在 1819 年至 1826 年出版了《共和主义者》(*Republican*)一书。有些宪章运动者就是公开的共和主义者,C.G.哈丁(C.G.Harding)在 1848 年创办的《共和主义者》(*Republican*)和 *W.J.*林顿(*W.J.Linton*)于 1851 年至 1855 年创办的《英格兰共和政体》(*English Republic*)这两个宪章派晚期的刊物就可作为证明。君主制不得人心的时期刺激了共和主义的发展,摄政时期(Regency)是这样,19 世纪 60 年代末和 70 年代初也是如此,当时包括查尔斯·迪尔克爵士(Sir Charles Dilke)和约瑟夫·张伯伦(Joseph Chamberlain)在内的一些自由党议员,在维多利亚女王退出公众生活这一有利因素的推动下,重新开始振兴共和大业。与此同时,受欢迎的共和主义也因查尔斯·布雷德洛(Charles Bradlaugh)和世俗主义运动而得到传播,《共和主义者》(*Republican*)期刊虽然存在的时间不长,但毕竟早在 1870 年就创刊了。19 世纪 80 年代和 90 年代的工人和社会主义运动从原则上说都是主张共和主义的运动。但是共和主义只是这些运动的组成部分之一,而不是重要部分。

Restoration　王朝复辟　1660 年君主制的恢复与其说是保王派努力的结果,不如说是共和政体失败的结果。1659 年 10 月,一个军事集团用武力解散了残余议会(Rump Parliament),但未能将平民支持者团结起来。持不同政见的守军重新恢复了残余议会,驻扎在苏格兰的蒙克将军(General Monck)率军侵入英格兰。蒙克很快发现残余议会已经不再拥有国家的支持,于是他以同意解散议会并开始重新选举为条件,恢复了 1648 年从下院被遣散的议会议员们的职位。作为这种条件的产物,非常议会(Convention)决定邀请查理二世返回英格兰。

王朝复辟意味着法制的回归,专制或"刀剑"政府的结束,而这些改变都是在政治化了的军队的胁迫下实现的。专制的高等法庭消失了,查理一世的特权法庭也没有恢复。议会选举依然是在传统的特许权和旧选区的基础上进行。议会上院的议员重新回到上院。由于大部分军队被解散,课税锐减。《补偿法》(Indemnity Act)赦免了所有人,但弑君党人(regicides)不在赦免之列。

retainers　扈从　See BASTARD FEUDALISM(见变异封建主义)

Revocation Act,1625.　《撤销法》(1625)　当查理一世继任父亲的王位

时,他与苏格兰长老会派(Scottish kirk)之间的关系就已经出现了问题。1625年,查理一世通过了带有特权性质的《撤销法》(Act of Revocation)。根据这项法律,1540年以来被没收的教会财产或王室财产均被国王收回,从而使他与教会之间的关系更加恶化。该法律也使贵族惊恐不安,加深了人们对大规模打击财产权的恐惧。

Revolutionary and Napoleonic wars,1793—1815. 法国革命战争与拿破仑战争(1793—1815) 1792年9月普鲁士在瓦尔米(Valmy)被击败后,法国革命军向维护旧制度的国家宣战。作为回应,1793年英国派出一支由约克公爵(duke of York)率领的军队直抵佛兰德(Flanders),加入荷兰与奥地利的阵营,发起"第一次反法同盟战争"("War of the First Coalition")。荷兰在经历了一次愚蠢的战役而被法军击败后,与法国讲和,而约克公爵的残余力量在1795年3月从布雷达(Breda)撤退。尽管1793年至1796年间对法国在西印度群岛(West Indies)的殖民地实施的远征并没有完全成功,但是1795年英国从之前的盟友荷兰手中夺取了开普敦(Cape Town)和锡兰(Ceylon)。英军于1794年在海上战胜了法军【"光荣的六月一日大海战"(Glorious First of June)】,于1797年2月在圣文森特角(Cape St Vincent)战胜了西班牙,于1797年10月在坎珀当(Camperdown)战胜了荷兰,由此确定了英国的海上控制权。

1795年,普鲁士和西班牙与法国议和。1797年10月,奥地利与法国议和并签订了《坎波福尔米奥条约》(treaty of Campo Formio),奥地利的失败标志着第一次反法同盟的解体。随后拿破仑(Napoleon)于1798年远征埃及,目的是支持英国在印度的敌对者,然而由于法国舰队1798年8月在尼罗河被摧毁,迈索尔的提普(Tipu of Mysore)在1799年5月又被阿瑟·韦尔斯利【Arthur Wellesley,威灵顿(Wellington)】率领的英—印联军击败,致使拿破仑一无所获。1801年3月,法国在埃及的军队被阿伯克龙比(Abercromby)在亚历山大港歼灭。

1798年秋季,英国组织了"第二次反法同盟",成员包括奥地利、俄国、葡萄牙、那不勒斯(Naples)和奥斯曼土耳其,但是1799年约克公爵领导的对尼德兰的再次远征,仍然收获寥寥。1800年6月,奥地利在马伦戈(Marengo)被拿破仑击败。1801年2月,双方议和,签订了《吕内维尔条约》(treaty of Lunéville)。俄国也与法国议和,1800 年与瑞典、丹麦和普鲁士组成了武装中立同盟(League of Armed Neutrality)。1801 年 4 月,这一同盟在俄罗斯沙皇保罗一世(Tsar Paul)遭到暗杀,以及丹麦舰队在哥本哈根被英国摧毁后瓦解。

1802 年 3 月英法之间签订《亚眠条约》(treaty of Amiens),结束了"第二次反法同盟战争"("War of the Second Coalition")。但是法国在南欧的继续扩张使得英国在 1803 年再次对法宣战。1804 年 12 月 2 日,拿破仑自封为法国皇帝,导致英国与俄国、奥地利及瑞典签订条约,开启了"第三次反法同盟战争"("War of the Third Coalition")。尽管拿破仑入侵英国的计划没有成功,他的舰队也于 1805 年 10 月在特拉法尔加(Trafalgar)被纳尔逊(Nelson)击败,但是他在乌尔姆(Ulm)和奥斯特利茨(Austerlitz)取得的胜利,促使奥地利脱离战争,并在 12 月签订了《普雷斯堡①条约》(treaty of Pressburg)。随后,1806 年 10 月,拿破仑在耶拿(Jena)战胜了普鲁士的军队。俄国也在埃劳(Eylau)和弗里德兰(Friedland)战败,并于 1807 年 7 月接受了《蒂尔西特②条约》(treaty of Tilsit),让法国在欧洲中部占据了主导地位。

为了抗击他仅存的敌人——英国,拿破仑采用了经济战【"大陆体系"("the Continental System")】的手段。法国针对葡萄牙的战役从 1807 年 11 月开始,但由于 1808 年 5 月西班牙的反叛和 8 月【"半岛战争"("Peninsular War")爆发】韦尔斯利率领的英国军队的到来而复杂化。由于韦尔斯利于 1809 年 7 月在塔拉韦拉(Talavera)——他也因此战而被封为威灵顿子爵(Viscount Wellington)、1811 年 5 月在丰特斯—德奥尼奥罗(Fuentes de Onoro)、1812 年 4 月和 7 月在巴达霍斯(Badajoz)和萨拉曼卡(Salamanca),以及 1813 年 6 月在维多利亚(Vitoria)先后战胜法国,于是这里成为英国的主要战区。

1812 年 6 月,拿破仑进攻俄国,直抵莫斯科。从那之后,他的军队由于补给问题、疾病、俄军的袭击,以及寒冷的冬季而日渐瓦解。奥地利和普鲁士掀起反抗,1813 年 10 月拿破仑在莱比锡(Leipzig)再次被俄—奥—普联军打败【"民族大会战"("the battle of the Nations")】。1814 年 2 月,威灵顿子爵从西班牙绕道

① 布拉迪斯拉发的旧称。——译者注
② 苏维埃茨克的旧称。——译者注

进入法国。3月,普鲁士的军队已抵达巴黎。4月20日,拿破仑退位,被流放到厄尔巴岛(Elba)。

拿破仑战争的最后辉煌是"百日王朝"("Hundred Days")。1815年3月1日,拿破仑逃离厄尔巴岛,重掌法国政权。1815年6月18日,拿破仑最终在滑铁卢被威灵顿率领的联军彻底击败,后被流放到圣赫勒拿岛(St Helena)。

Reynolds,Sir Joshua(1723—1792). **乔舒亚·雷诺兹爵士**(1723—1792) 肖像画家,出生在德文一个学者和牧师家庭。雷诺兹在父亲的学校中接受教育,很早就显示出素描和肖像绘画的天赋。1743年,他开始尝试绘画。在18世纪后半期,几乎所有的知名人士都让雷诺兹为自己画过肖像。1764年,他创办了俱乐部,成员包括塞缪尔·约翰逊(Samuel Johnson)、埃德蒙·伯克(Edmund Burke)、奥利弗·哥尔德斯密斯(Oliver Goldsmith),以及亚当·斯密。1768年创办皇家艺术院时,雷诺兹成为院长的不二人选。1769年至1790年间,他撰写了一系列有影响的艺术论文,并进行了大量有关艺术方面的演讲。

Rheged,kindom of 雷吉德王国 6世纪时不列颠的一个王国,位于索尔韦湾(Solway Firth)和加洛韦(Galloway)南部附近,其首府很可能是在卡莱尔(Carlisle)。罗马时期,这个区域的居民是诺文特人(Novantae)。雷吉德王国最有名的统治者是于里安(Urien),塔利辛(Taliesin)对其给予了很高的评价。据说于里安在580年前后曾进攻伯尼西亚人(Bernician),并且在围攻班堡(Bamburgh)大约10年后遭到杀害。

Rhodes,Cecil(1853—1902). **塞西尔·罗德斯**(1853—1902) 帝国主义者和资本主义者。1870年,罗德斯到纳塔尔(Natal)帮助他的哥哥种植棉花,但却在钻石和黄金上积累了大量财富。1890年他成为开普殖民地(Cape Colony)的总理,开发了林波波河(Limpopo)以北地区,并谨慎地将其命名为罗得西亚(Rhodesia)。此外,他还参与了詹姆森突袭行动(Jameson Raid)。他去世时留下遗嘱,为牛津大学提供了一系列奖学金。

Rhodesia 罗得西亚 罗得西亚是指南非一片不规则领土形成的地区,与贝专纳兰(Bechuanaland)、刚果(Congo)、德属东非【坦噶尼喀(Tanganyika)】以及莫桑比克(Mozambique)相邻,在19世纪90年代最先被罗德斯(Rhodes)的英国南非公司(British South Africa Company)开发。1964年,罗得西亚的北部地区建成了独立国家赞比亚;在南罗德西亚(Southern Rhodesia),占少数的白人随后于1965年"单方宣布独立",脱离英国宗主权,上演了反抗黑人统治的一幕。当地居民最终在国际制裁的帮助下,赢得了胜利;而罗得西亚作为多数主政国家的津巴布韦(Zimbabwe),于1980年获得了独立。从那时开始,罗得西亚一直被罗伯特·穆加贝(Robert Mugabe)和津巴布韦非洲民族联盟—爱国阵线(ZANU-PF party)所统治。

Rhodri (d.878). 罗德里(卒于878年) 罗德里是圭内斯(Gwynedd)王国、波伊斯(Powys)王国和德赫巴斯(Deheubarth)王国的国王(844—878年在位),被称为罗德里·莫尔大帝(Rhodri Mawr "the Great")。作为圭内斯王国和波伊斯王国国王梅尔芬·弗林奇(Merfyn Frych)【"雀斑脸"("Freckled")】之子,罗德里组建了一个自治同盟,此举也鼓励了其他人如法炮制。罗德里在父亲于844年去世后获得了圭内斯王国的统治权,于855年从母亲和舅舅那里继承了波伊斯王国的统治权,并在妻兄死后获得了塞萨尔格【Seisyllwg,现在的卡马森郡(Carmarthenshire)和卡迪根郡(Cardiganshire)】的统治权。

Rhuddlan, statute of, 1284. 《里兹兰法》(1284) 《里兹兰法》有时也被称为《威尔士法》,它实际上是一部王家法,而不是由议会颁布的。颁布该法的目的是在戴维德·阿普·格鲁菲兹(Dafydd ap Gruffydd)于1283年被处死后,稳定威尔士政府。尽管该法需要引入英格兰的刑法,但是威尔士的风俗习惯和法律仍然将在民事诉讼程序中起作用。根据该法,在安格尔西岛(Anglesey)、卡那封(Caernarfon)、梅里奥尼思(Merioneth)、弗林特(Flint)、卡马森(Carmarthen)和卡迪根郡(Cardiganshire)共建立了六个郡区。

Rhys ap Gruffydd (1132—1197). 里斯·阿普·格鲁菲兹(1132—1197)

德赫巴斯(Deheubarth)王国国王(1155—1197 年在位),也被称作"里斯勋爵"("the Lord Rhys")。他是德赫巴斯王国国王格鲁菲兹·阿普·里斯(Gruffydd ap Rhys)与圭内斯(Gwynedd)王国国王格鲁菲兹·阿普·卡南(Gruffydd ap Cynan)的女儿格温莲(Gwenllian)所生的小儿子。他娶了波伊斯(Powys)王国国王马多格·阿普·马雷都德(Madog ap Maredudd)的女儿格温莲(Gwenllian)。虽然他承认试图限制其统治权的亨利二世的领主权(1158 年),却发起了反叛行动,并在 1164 年至 1165 年间占据了卡迪根(Cardigan)。亨利二世尊重他的权力,1169 年,当盎格鲁—诺曼领主们的注意力转向爱尔兰后,双方达成了协议。理查一世对里斯缺乏好感,在里斯于 1197 年 4 月 28 日去世之前的几年间,两人一直处于敌对状态。最终,里斯的王国在他儿子们的争吵声中分崩离析。

Rhys ap Tewdwr(d.1093). **里斯·阿普·图德**(卒于 1093) 德赫巴斯(Deheubarth)王国国王(约 1078—1093 年在位),后来被称为里斯大帝(Rhys the Great)。作为海韦尔·迪达(Hywel Dda)的后代,里斯于 1075 年开始执掌政权。但直到 1081 年的迈奈德卡恩之战(battle of Mynydd Carn),他在格鲁菲兹·阿普·卡南(Gruffydd ap Cynan)的帮助下,才真正打败了自己的对手和亲属。那时,诺曼人已经开始侵入威尔士。1081 年,威廉一世前往圣戴维兹(St Davids),很可能是为了维护他对里斯的权威,而里斯可能也已承认了威廉的领主权。1087 年威廉一世去世之后,里斯曾试图阻止诺曼人的进一步入侵,却在布雷肯(Brecon)附近被杀。

R

Ricardo, David(1772—1823). **大卫·李嘉图**(1772—1823) 李嘉图出生在伦敦,父母为荷兰人。1793 年至 1814 年间,李嘉图从事股票经纪人的工作。当他积累了一定财富的时候,他于 1814 年买下了盖特库姆帕克(Gatcombe Park)这片乡间地产,于 1819 年被选为议会下院议员。李嘉图把自己的大部分时间都用来研究数学、科学和政治经济学,并于 1817 年出版了《政治经济学及赋税原理》(*On Principles of Political Economy and Taxation*)一书,在这部著作中,我们可以看到他受到了亚当·斯密《国富论》的影响。

Rich, St Edmund（c.1170—1240）. 圣埃德蒙·里奇（约 1170—1240） 坎特伯雷大主教。他出生在阿宾登（Abingdon），曾在牛津大学和巴黎大学求学，并成为巴黎大学颇有声望的教授逻辑的教师（约 1185—1190 年）。从 1234 年开始，作为大主教，他主张通过抵制封建君主和罗马教廷的权威来维护兰顿（Langton）的理念。1240 年，由于他与国王、教皇，以及坎特伯雷教士们的见解存在着很大的分歧，以至于他退隐蓬蒂尼（Pontingny），并在那里终老。

Richard I（1157—1199）. 理查一世（1157—1199） 英格兰国王（1189—1199 年在位）。如同蜜罐总能吸引来蜜蜂，理查总是带来传奇。这个过程在他出生之时就开始了。到 1199 年，他便获得了"狮心王"、"狮心"（Cœur de Lion/Lionheart）的绰号。

在当代人的心目中，理查是英国的民族英雄、勇敢的武士以及荣耀的十字军战士。在第三次十字军东征中，他在极为不利的条件下，差一点就从同样具有传奇色彩的萨拉丁（Saladin）手中重获耶路撒冷。威斯敏斯特宫花园（Westminster Palace Yard）中高大的理查青铜塑像，极佳地捕捉到理查几个世纪来为人欣赏的气质：一个肌肉发达，威风凛凛的理查骑在马背上，全副武装，头戴王冠，耀武扬威地将手中的剑指向天空。

但是英格兰的理查甚至都不是盎格鲁—诺曼人。尽管他出生在牛津，但他在 1189 年继位之前，仅仅两次短暂地造访过英格兰。作为国王，他只在英格兰呆了六个月的时间。他的父母分别是亨利二世和阿基坦的埃莉诺（Eleanor of Aquitaine），他们都是法国人。理查不会讲英语，他留下遗嘱，死后将躯体葬于普瓦图（Poitou）的丰特夫罗修道院（Fontevraud abbey），将心葬在诺曼底的鲁昂大教堂（Rouen cathedral）。他是一个彻头彻尾的法国人。

但是除了这些，大多数近代历史学家都从以英格兰为中心的视角对他进行评价。他们认为，理查或许是一位无人能出其右的武士却是一位对英格兰完全不负责任的国王，他为了追求自己在法国和圣地的荣耀而掠夺英格兰的财富，还曾毫无顾忌地将其岛国的安全与稳固置于危险之中。

现代研究已经摆脱了对历史进行过分谄媚或极端谴责的做法，终于开始从另一个角度揭示理查的形象，更为不偏不倚，忠实可信。要想实现这一目的，首先就不能把理查视为英格兰的国王,而是先要将其视为具有法国背景的安茹帝国(Angevin empire)的君主,这个帝国是他在1189年完全继承下来的。他在军事领域取得的声望不仅无法撼动,实际上还有所提高。据说他在战场上是一位卓越的指挥官和出色的战略家,从阿科(Acre)向雅法(Jaffa)进军和1191年的阿尔苏夫战役(battle of Arsuf)都可以证明这一点。此外,他越来越被人们视为策划和后勤保障方面的专家。尤其是他领导的十字军东征,从兵员筹集、装备补给,到派遣一支舰队从北方水域到东地中海,整个过程就是一个高效管理的顶级范本。

很明显,如果理查未曾遭遇海难且未曾被俘,他可能已经回到国内,并开始发挥他在1190年东征之前就已建立的完整的安茹帝国政府结构的功能。理查根本不是一心东征而对包括英格兰在内的各个领土的安全置之不理,他只是在短时间内做了自己该做的事情。

Richard Ⅱ（1367—1400）. **理查二世**（1367—1400）　英格兰国王（1377—1399在位）。1377年,理查9岁时成为英格兰国王,当时英格兰没有正式的摄政统治,但是在理查继位后的最初几年,政府大权实际上掌握在他的叔叔冈特的约翰（John of Gaunt）手中。第三次征收人头税（poll tax）是导致1381年农民起义（Peasants' Revolt）的主要原因,这是理查第一次独立地处理政治事件。他在史密斯菲尔德（Smithfield）与起义者见面,亲眼看着手下杀死了起义者领袖沃特·泰勒（Wat Tyler）,并亲自出面调停挽救了整个局面。理查紧接着试图发挥更大的政治作用,遂导致危机不断升级。1386年,大法官米夏埃尔·德·拉·波尔（Michael de la Pole）遭议会弹劾,对此,理查宣布他不会应议会的请求而开除哪怕一个厨房的小工,从而激怒了议会。他任命自己的宠臣牛津伯爵罗伯特·德·维尔（Robert de Vere, earl of Oxford）为爱尔兰公爵（duke of Ireland）,以此来挑衅贵族。1387年秋,德·维尔在拉德科特桥（Radcot Bridge）的失败,使得理查在其贵族政敌面前无言以对。1388年,所谓的"无情议会"（Merciless Parliament）以控告和弹劾为武器,开始对理查政府进行大清洗,包括德·拉·波尔和德·维尔在内的一系列王室大臣和宠臣都受到弹劾。

1389年,冈特的约翰从西班牙返回英格兰,带来了复兴政府的新目标和新方向。1389 年,无情议会竭尽全力要完成未尽事宜,而理查十分明智,没有再次采取引发 1387 年危机的过分行为。1397 年 9 月,当理查采取行动在谨慎管理的议会中反对被他视为敌人的那些人的时候,王权危机的最后时刻到来了。坎特伯雷大主教阿伦德尔(Archbishop Arundel)遭到指控并被流放。保王派权贵们对格洛斯特(Gloucester)、阿伦德尔(Arundel)和沃里克(Warwick)几位伯爵提起上诉。阿伦德尔被处死,沃里克被流放,格洛斯特几乎可以肯定是被谋杀的。1398 年,赫里福德公爵亨利·博林布罗克(Henry Bolingbroke,duke of Hereford)即后来的亨利四世和诺福克公爵(duke of Norfolk)之间发生争执,理查先是禁止他们在考文垂(Coventry)进行司法决斗,后将两人流放。1399 年 3 月,博林布罗克的兰开斯特家族继承权被没收。5 月,国王开始对爱尔兰进行新的远征。事实证明,这次远征是一场灾难,因为已经在其父去世之后继承了兰开斯特公爵(duke of Lancaster)爵位的博林布罗克在 6 月入侵了英格兰。由于国王不在国内,因而博林布罗克未遇任何抵抗。理查在从爱尔兰返回英格兰的途中,在北威尔士被俘,9 月 30 日,理查这个亡命之徒同意退位,并被议会废黜王位。大概是在 1400 年初,理查离开王位后不久,就在庞蒂弗拉克特(Pontefract)去世了。

Richard Ⅲ(1452—1485). **理查三世**(1452—1485) 英格兰国王(1483—1485 年在位)。理查是英格兰最具争议的人物之一,是莎士比亚(Shakespeare)的不朽名作中邪恶的化身,又被致力于洗清其怨名的社会群体神圣化。他出生在北安普敦郡的福瑟灵海堡(Fortheringhay),是约克的理查(Richard of York)与塞西莉·内维尔(Cecily Neville)所生的最小的儿子。当他的哥哥爱德华四世成为国王的时候,他还是个孩子。理查在巴尼特(Barnet)战役中表现突出,他坚定地效忠于爱德华四世,与之共同赢得了 1471 年这场战役的胜利。他受到爱德华四世的嘉奖,获得了内维尔(Neville)的地产和王室在英格兰北部的官职。有了这些,再加上沃里克(Warwick)的女儿安妮(Anne)成为自己的公爵夫人,他甚至比"造王者"(Kingmaker)更有权势。1480 年,他领导了对抗苏格兰的战争,确保了 1482 年时对贝里克(Berwick)的收复。

1483 年 4 月,理查的未来因哥哥爱德华四世的去世而变得扑朔迷离。经过一系列的宫廷政变,理查夺取了政权,首先,他在尚属年幼的侄子爱德华五世面前确立了自己作为王国摄政的地位;其次,他于6月登上王位。7月6日,他正式加冕。9月,南部诸郡中以理查为敌的那些人以亨利·都铎的名义发动了叛乱。尽管白金汉公爵(duke of Buckingham)加入叛乱的队伍,但是他们还是被理查轻松击败。由于亨利·都铎计划入侵英格兰,危机日益加剧,在这种状况下,理查又继任了两年。1485年8月22日,理查和亨利·都铎最后在博斯沃思附近展开对决。尽管理查作战勇猛,但还是招架不住,在混战中被杀死。

理查执政生涯的每个方面几乎都存在着争议。1483年政变被解释为合理的自我保护,或者是巧妙地篡权,也可以被解释为一连串欠考虑的冲动反应。他的统治被认为是对秉公执政的一次勇敢尝试,但也因其北方的扈从占领南方而被视为暴政。一方面他是真正的虔诚者,另一方面他是愤世嫉俗的伪君子。

在所有的问题中,争议最大的是他的罪行。也许没有足够证据可以证明是他将两位王子关入了伦敦塔。一直有观点认为亨利七世和白金汉公爵才是罪魁祸首。但事实依然是,这两个孩子被普遍认为是在1483年9月中旬死去的,而理查本人在当时被认为应对此事负责。我们对于这些争议,几乎无法探出究竟,一部分原因是没有足够的证据流传下来;另一部分原因是很多证据被大加渲染;还有一部分原因是理查那个时代的人对他的看法不一;最后一部分原因是,500多年来有关理查三世的种种故事,自身已经具有了独立的生命力。因此,理查三世已经变成了一个文学人物。他的这一形象从一开始就是如此,人们对他独特的出身以及他那出了名的驼背的猜测,只不过是用来表示其邪恶的一种虚构。

R

Richard, earl of Cornwall(1209—1272)**. 康沃尔伯爵理查**(1209—1272) 罗马人国王(1257—1272年在位)。理查是亨利三世的弟弟,被赐予康沃尔伯爵领(他的伯爵领地包括那里的锡矿山),这使得理查在英格兰成为仅次于国王的最富有之人。13世纪30年代,尽管他曾领导男爵反对亨利,但是在男爵改革和叛乱的过程中(1258—1265年),他仍然坚定地效忠于国王。1264年刘易斯(Lewes)战役后,他在一个风车磨坊中被俘并遭到羞辱。1257年,他被选为德意志王国国王,但直到去世之前,他从未在德意志确立起自己的权威。

Richardson, Samuel(1689—1761)**. 塞缪尔·理查森**(1689—1761) 小

说家。理查森出生在德比郡(Derbyshire),在伦敦定居,并成了一位印刷业主。他的第一部小说《帕梅拉》【又称《美德的回报》(*Pamela or Virtue Rewarded*,1740—1742 年)】出版时已经 51 岁了。之后他的《克拉丽莎·哈洛》(*Clarissa Harlowe*)与《查尔斯·格兰迪森爵士》(*Sir Charles Grandison*)于 1744 年和 1753 年相继出版。出版后立即大受欢迎。这些小说侧重描写相对普通的人们试图在乱世中略带快乐和自尊地求生的行为举止和道德思想。小说中对风流韵事的描写足以吸引读者的注意力。

Richmond Palace　里士满宫　里士满宫位于萨里(Surrey)的希恩(Sheen),最初是一处领主宅地。爱德华三世经常住在这里,并且是在这里去世的。亨利五世对其进行了修复。1497 年一场灾难性的大火发生之后,亨利七世进行了大规模的重建,并用自己的里士满封号为其命名。玛丽也经常住在这里,伊丽莎白是在这里去世的,但是在内战期间,里士满宫变成了一片废墟。

riding　赖丁　形容三个组成部分之一的术语。1086 年约克郡被分为北赖丁(North riding)、西赖丁(West riding)和东赖丁(East riding),这三部分共同汇合于约克。这种安排很可能起源于斯堪的纳维亚人。根据 1888 年法案,约克郡的北、东、西三个赖丁分别成为独立的郡,这种安排在 1972 年和 1996 年的地方政府立法中得到了很大改变。

Ridley, Nicholas(c.1500—1555)．**尼古拉斯·里得雷**(约 1500—1555)
里得雷是著名的"牛津殉教者"("Oxford martyrs")之一,他在爱德华六世时期新教性质的英国圣公会形成过程中扮演了重要角色。他出生在诺森伯兰,曾在纽卡斯尔、剑桥、巴黎和勒芬(Louvain)学习,1524 年左右成为剑桥大学彭布罗克学院(Pembroke College)的研究员。1537 年,坎特伯雷大主教克兰麦(Archbishop Cranmer)选择他作为自己的助理牧师。1540 年,他以院长的身份回到彭布罗克学院。不久,爱德华六世继任后,他被任命为罗切斯特(Rochester)主教。1550 年,里得雷作为伦敦主教,引入了一些显然属于新教礼拜仪式的改革措施,这些礼拜仪式被纳入 1552 年出版的第二版《公祷书》(Book of Common

Prayer)中,在全国范围内被采用。他被牵连进诺森伯兰公爵(duke of Northumberland)将王位继承权转移给简·格雷夫人(Lady Jane Grey)的阴谋中,然而,玛丽一世追捕他的原因与其说是叛国罪不如说是异端信仰问题。在 1554 年的牛津辩论中,他勇敢地为自己辩护。10 月 16 日,他与前任伍斯特主教休·拉蒂默(Hugh Latimer)一同在牛津被处以火刑。

Ridolfi plot（1571）.　里多尔菲阴谋案（1571）　由意大利银行家罗伯托·里多尔菲(Roberto Ridolfi)组织,是诸多策划解救苏格兰女王玛丽的密谋之一,推动了天主教事业的发展。1570 年,里多尔菲开始与诺福克公爵托马斯(Thomas,duke of Norfolk)、西班牙的腓力二世(Philip II)、西班牙驻英格兰大使以及教皇一起策划帮助玛丽脱逃一事。这一阴谋是由伯利勋爵威廉·塞西尔(William Cecil,Lord Burghley)揭露出来的,并导致诺福克公爵因叛国罪于 1572 年被处死。里多尔菲逃脱。

Rievaulx abbey（Yorks.）　里沃修道院（约克郡）　里沃修道院是赫尔姆斯利附近的勋爵沃尔特·埃斯佩克(Walter Espec,Lord of nearby Helmsley)在与克莱尔沃修道院院长圣伯尔纳(St Bernard,abbot of Clairvaux)和约克大主教瑟斯坦(Archbishop Thurstan of York)磋商后,于 1131 年在里谷(Rie valley)创办的。这是在英格兰建立的第二座西多会修道院。里沃修道院的大片遗迹可能是所有英格兰西多会教堂中保存最好的建筑,而 1225 年前后重建的修道院教堂的东区是英格兰哥特式建筑中的杰作。

***Rights of Man*,*The*　《人权论》**　《人权论》第一部分发表于 1791 年,第二部分发表于 1792 年。《人权论》是托马斯·潘恩(Thomas Paine)针对埃德蒙·伯克(Edmund Burke)在《法国大革命反思录》(*Reflections on the Revolution in France*,1790 年)中对法国大革命的攻击,为法国大革命进行辩护而撰写的著作。《人权论》的第一部分追溯了法国大革命的起源并阐述了国民议会(National Assembly)制定的《人权宣言》(*Declaration of the Rights of Man*);第二部分批判了世袭制度,预言君主政体将很快会被推翻,认为只有可辩护的政府形式才是代议制

民主(representative democracy),并勾画了国家福利体系的雏形。

Riot Act,1715. **《暴乱治罪法》(1715)** 为了应对詹姆斯党人暴乱带来的威胁,辉格党把持的议会于 1715 年匆忙通过了《暴乱治罪法》(1 Geo. Ⅰ s.2c.5)。该法规定:如果有 12 人或 12 人以上聚集在一起喧哗,并且在治安法官(magistrate)宣读公告后一小时内拒绝解散,那么这些人就构成了重罪,并可能要受到判处死刑的惩罚。但是,如果颁布该法的目的是为了强化治安法官的权力,那么它的成功就值得怀疑了。"宣读暴乱治罪法"的程序很难执行:治安法官不愿意宣读公告,军队更不情愿开火。最后一次宣读公告是在 1919 年,但是该法直到 1967 年才被废除。

Ripon,diocese of 里彭主教区 尽管现代的里彭主教区在 1836 年以前不是从约克主教区中划分出去的,但是它早期的教会历史与威尔弗里德(Wilfrid)密不可分。650 年左右,来自梅尔罗斯(Melrose)和艾奥纳(Iona)的凯尔特人修道士在这里建立了修道院。但是 661 年时威尔弗里德已按照罗马基督教的教阶制度,被任命为该修道院的院长,并且采用了本笃会规。威尔弗里德在高卢时就被任命为约克主教,并在返回英格兰途中得知查德(Chad)已经在约克就任,他原本也想将里彭作为自己的主教座所在地。后来,他被流放以后,威尔弗里德生命中最后的时光大部分都是在里彭度过的。19 世纪工业人口的增加,尤其是利兹(Leeds)附近人口的增长,导致现代该主教区的出现。现存的撒克逊时期的教堂地下室都是威尔弗里德在 678 年前后修建的石头教堂的遗迹。

R

Ripon,George Frederick Robinson,1st Marquis(1827—1909). 乔治·弗雷德里克·鲁滨逊,第 1 代里彭侯爵(1827—1909) 第 1 代里彭伯爵戈德里奇(Goderich)之子。1852 年,他以自由党的身份重新进入议会下院,于 1859 年继承了其父里彭伯爵的爵位。他是忠诚的格莱斯顿主义者,先是担任战事副国务大臣和印度事务副大臣,后担任战事国务大臣和印度事务大臣。1880 年,格莱斯顿(Gladstone)再次当选为首相后,他立即被任命为印度总督,来扭转其前任利顿勋爵(Lord Lytton)与阿富汗交战的政策。他推进了印度的教育和地方自治事业的发展。格莱斯顿政府在 1885 年大选中失利后,从印度退休,但他在晚年仍然活跃在政治舞台上,于 1892 年担任殖民地大臣,1905 年至 1908 年还担任了王玺掌管大臣(lord privy seal)。

Ripon, treaty of, 1640. **《里彭条约》**(1640)　《里彭条约》结束了查理一世与苏格兰圣约派(covenanters)之间的第二次主教战争(Bishops' war)。查理一世没有掌握多少能够谈判的条件。根据停战条款,查理一世同意苏格兰军队占领6 个北方郡,并每天向苏格兰军队支付 860 英镑的费用。国王失去了对局势的控制。

River Idle, battle of the, 616. **艾德尔河战役**(616)　根据比德(Bede)的说法,德伊勒(Deira)王国的国王埃尔(Aelle)的小儿子埃德温(Edwin),被伯尼西亚(Bernicia)王国的国王埃塞尔弗里克(Æthelfric)逐出王国,并长期在东盎格利亚王国国王雷德沃尔德(Rædwald)处避难。雷德沃尔德拒绝埃塞尔弗里克的继任者埃塞尔弗里思(Æthelfryth)提出的交出埃德温的要求,并一直陪伴他到盖恩斯伯勒(Gainsborough)以西的艾德尔河,他们在那里取得了一场大胜。

River Plate, battle of the, 1939. **拉普拉塔河战役**(1939)　全副武装的德国"袖珍战列舰""格拉夫·施佩"号(Graf Spee),装备有 11 英寸口径的火炮,出没于南大西洋,不断击沉英国商船。1939 年 12 月 13 日,装备 8 英寸口径火炮的"埃克塞特"号(Exeter)、分别装备 6 英寸口径火炮的"阿贾克斯"号(Ajax)和"阿基利斯"号(Achilles)三艘英国巡洋舰向"格拉夫·施佩"号发动攻击。尽管"埃克塞特"号受损,但是"格拉夫·施佩"号却被迫撤到拉普拉塔河口的蒙得维的亚(Montevideo)。"格拉夫·施佩"号舰长朗斯多夫(Captain Langsdorff)宁可炸毁"格拉夫·施佩"号使其沉没,也不愿与实力占优的英国海军继续战斗,朗斯多夫本人也饮弹自尽。

Rivers, Anthony Woodville, 2nd Earl (1442—1483)．**安东尼·伍德维尔,第 2 代里弗斯伯爵**(1442—1483)　伊丽莎白·伍德维尔(Elizabeth Woodville)

的长兄。里弗斯在他妹妹与爱德华四世的联姻中获益不少。爱德华四世死后不久,里弗斯在斯托尼斯特拉特福(Stony Stratford)被格洛斯特的理查(Richard of Gloucester)抓获,而在此之前,理查一直被里弗斯视为同盟者。6 月 22 日,里弗斯在庞蒂弗拉克特(Pontefract)被草率处决。里弗斯在他那个时代因乐善好施、虔诚和好学而享有很高的声誉。

Rizzio,David（c.1533—1566）. 戴维·里奇奥(约 1533—1566) 玛丽·斯图亚特的仆人。戴维·里奇奥是在怀孕的女王面前被包括女王丈夫达恩利(Darnley)在内的阴谋者们用残忍的手段杀害的。戴维·里奇奥出生在都灵,1561 年作为萨瓦(Savoyard)大使的侍从来到苏格兰,里奇奥因为音乐才华而受到玛丽的注意,但随后成了她的秘书。

Robert I（Robert Bruce）(1274—1329). 罗伯特一世(罗伯特·布鲁斯)(1274—1329) 卡里克伯爵(earl of Carrick,1292—1306 年),苏格兰王国国王罗伯特一世(1306—1329 年在位)。罗伯特一世是罗伯特·布鲁斯(Robert Bruce)的孙子,在 1291 年时是苏格兰王位的竞争者,他从未丝毫放松对王位的要求。1296 年,约翰·巴利奥尔(John Balliol)退位后,爱德华一世断然拒绝考虑布鲁斯提出的王位要求。尽管苏格兰人继续效忠于他们那已经被废黜的国王,但是布鲁斯则深深卷入了 1297 年的叛乱,即使 1298 年 6 月 22 日在福尔柯克(Falkirk)被打败后,也未停止反抗。大概从 1298 年至 1300 年初,布鲁斯一直担任联合摄政,并在 1302 年以前一直坚决维护苏格兰的利益。不过,随后他与爱德华一世和解。布鲁斯立场的转变显然减少了巴利奥尔复位的机会,对爱德华一世的抵抗也于 1304 年瓦解。

1306 年政变是布鲁斯的下一个举动,至于他为什么发动政变,原因一直难以解释清楚。我们知道他在 1306 年初公开反叛之前,曾尝试与巴德诺赫的约翰·科明(John Comyn of Badenoch)谈判,结果双方发生争吵,科明在争吵中被杀。巴罗(Barrow)曾经暗示说布鲁斯一直在等待时机,等待生命垂危的爱德华一世去世,而 1306 年时布鲁斯断定时机已经成熟。

1306 年 3 月 25 日,布鲁斯加冕为王,称罗伯特一世。然而,尽管爱德华一世抱病在身，但仍不可小觑。1306 年 6 月 19 日，罗伯特本人就在梅斯文（Methven）被爱德华新任命的代理人艾梅·德·瓦朗斯（Aymer de Valence）击败。罗伯特的支持者和亲眷受到追捕，被抓获后均遭处死，罗伯特本人不得不隐匿起来。1307 年春，罗伯特再次出现在艾尔郡（Ayrshire），同年 7 月，爱德华一世驾崩。由于爱德华二世多年来在苏格兰没有花费多少精力，这使得罗伯特能够较容易地战胜国内的敌人。科明的势力在因弗鲁里（Inverurie）战役中被摧毁。包括罗斯伯爵（earl of Ross）在内的其他人则均被争取过来。到 1314 年为止，英格兰在苏格兰的有效势力范围仅限于洛锡安（Lothian）地区。

1308 年后的几年间，罗伯特把政权握得更紧。1309 年在圣安德鲁斯（St Andrews）召开的议会，正式宣布罗伯特作为亚历山大三世的合法继承人，并对爱德华一世入侵苏格兰的行为进行了谴责。此时，罗伯特一世作为合法国王，已被苏格兰人普遍接受。1314 年 6 月 24 日，继夺回爱丁堡和年初收复罗克斯堡（Roxburgh）之后，罗伯特一世在班诺克本（Bannockburn）取得了决定性胜利，其权威得到了确认。

在他统治的余下时间里，罗伯特一世给人留下的印象是老练成熟。他愿意与之前的敌人和解，乐于接受愿意降服者的效忠。他面对的两个主要问题是确保王位的延续，并获得其他统治者的认可。1317 年，他因拒绝遵守教皇的停战要求，而与教皇发生冲突，并因此在 1320 年被逐出教会。革除教籍一事，因"阿布罗斯宣言"（"declaration of Arbroath"）的诉求，而被暂时搁置起来。从那时开始，教皇已准备至少给国王罗伯特一世一个名正言顺的头衔。英格兰对罗伯特一世的认可更为困难。爱德华二世不愿意承认苏格兰独立，而只有在罗伯特一世被废黜后，英格兰才有可能承认苏格兰独立。最后在 1328 年，通过《爱丁堡/北安普敦条约》（treaty of Edinburgh/Northampton），英格兰政府承认了罗伯特的国王地位，并同意了罗伯特一世的继承人与年轻的爱德华三世的妹妹联姻一事，作为实现两国和平的保证。

罗伯特一世在确保自己的国王地位和王国的独立之后，于 1329 年 6 月 7 日去世，很可能是死于麻风病。罗伯特一世去世以后，一直被奉为苏格兰独立战争（Wars of Independence）的大英雄，他不仅阻止了爱德华一世称霸苏格兰的企图，而且挫败了爱德华二世为恢复爱德华一世 1306 年失去的在苏格兰的地位所做出的全部努力。

Robert Ⅱ (1316—1390). **罗伯特二世**(1316—1390) 苏格兰王室总管 (steward,1326—1371年),斯特拉森伯爵(earl of Strathearn,1357—1369年及 1370—1371年),苏格兰斯图尔特王朝(Steward)第一任国王(1371—1390年在位)。罗伯特一世的儿子于1324年出生后,罗伯特就成为紧随戴维二世(罗伯特一世的儿子)之后的王位假定继承人。在戴维二世处于幼年执政和被囚禁期间,他曾数次担任国王的代理人。

当罗伯特最终从身后无嗣的戴维二世手中继承王位时,他已经五十五岁了。有一段时间,他展现出的能力比他早期职业生涯中所表现出的能力更强。由于年事已高,无法出征,他就充分利用年轻贵族来挖掘在爱德华三世老年时期和理查二世幼年时期英格兰在苏格兰权威的弱点。戴维的赎金到1377年停止缴纳,14世纪80年代初,苏格兰收复了英格兰占领的大部分领土。然而,那时的罗伯特二世已经到了垂暮之年,而理查二世作为既定的统治者已经脱颖而出。1384年,随着更为公开的战争的爆发,贵族会议剥夺了罗伯特的司法控制权,并将这一权力移交给他的儿子卡里克伯爵约翰(John,earl of Carrick),即后来的罗伯特三世。1388年,罗伯特二世的第二个儿子法夫伯爵罗伯特(Robert,earl of Fife),也就是后来的奥尔巴尼公爵(duke of Albany)代替罗伯特三世进行统治。罗伯特二世死于1390年4月,享年74岁。

Robert Ⅲ (c.1337—1406). **罗伯特三世**(约1337—1406) 卡里克伯爵 (earl of Carrick,1368—1390年),苏格兰王国国王(1390—1406年在位)。罗伯特三世是苏格兰王室总管(steward),即后来的罗伯特二世的长子。虽然他受洗时取名为约翰(John),但继位后被称为罗伯特。在他自己的词典里,罗伯特三世就是"最差的国王和最不幸的人!"

从1384年开始,由于父亲丧失执政能力,约翰开始负责管理司法事务。但他在1388年因被马踢伤致残,他的兄弟法夫伯爵罗伯特(Robert,earl of Fife)成为了他的监护人。无论是法夫伯爵还是国王本人,均未能显示出对如潮水般的暴力活动的控制能力,尤其是在北方,福里斯(Forres)于1390年遭到洗劫;埃尔金(Elgin)于 1391 年遭到国王的另一个兄弟、被称作"巴德诺赫之狼"的巴肯伯爵亚历山大(Alexander, earl of Bucan, the "wolf of Badenoch")的劫掠。

1398 年,罗伯特三世面对着复杂的权力斗争,即当年已擢升为奥尔巴尼公爵(duke of Albany)的法夫伯爵与罗伯特三世自己的 20 岁的儿子戴维(David)之间的权力纠葛,戴维此时已被封为罗思赛公爵(duke of Rothesay)且已受命担任了为期 3 年的代理人。罗思赛公爵显得精力充沛,但是他于 1402 年在一场明显由奥尔巴尼公爵组织的阴谋中,被逐出权力部门并在遭囚禁不久后死去。罗伯特三世没有能力扼制这些贵族的权力,纵使这些贵族于 1402 年 9 月 14 日在霍米尔顿山(Homildon Hill)向英格兰挑衅并造成了严重后果,罗伯特三世对此也是无能为力。1406 年,他试图把自己唯一活下来的儿子詹姆斯(James, 生于1394 年)送到法国避难,但是詹姆斯在弗兰伯勒角(Flamborough Head)被抓获,并被囚禁在英格兰。罗伯特在得知这个消息后,当即震惊而亡。

Robert, earl of Gloucester(c.1090—1147)．**罗伯特,格洛斯特伯爵(约1090—1147)**　罗伯特是亨利一世众多私生子中的宠儿,并被亨利一世提升为盎格鲁—诺曼王国的权贵之一。1135 年,罗伯特表面上接受了国王斯蒂芬的继承权,但他却于 1138 年宣布支持自己同父异母的妹妹玛蒂尔达(Matilda),并从此成为玛蒂尔达王后最重要的支持者。他对玛蒂尔达事业的重要性,体现在他于 1142 年在斯托克布里奇(Stockbridge)被俘后,王后同意以 1141 年在林肯战役(battle of Lincoln)中俘获的斯蒂芬国王作为交换筹码,也可以从他死后不久玛蒂尔达就离开英格兰一事中窥见一斑。

Robert Curthose, duke of Normandy(c.1050—1134)．**罗贝尔·柯索斯,诺曼底公爵(约 1050—1134)**　罗贝尔是征服者威廉(William the Conqueror)的长子,1066 年前就被既定为诺曼底公国的继承人。然而,罗贝尔获得英格兰王位的可能性却因 1087 年他父亲临终时的遗赠破灭了。罗贝尔在 1088 年和 1101年先后两次企图从他兄弟威廉二世和亨利一世手中夺取英格兰王国,但均未成功。1106 年坦什布赖(Tinchebrai)之战后,他自己也被亨利逐出诺曼底公国。此后,直到去世他一直被囚禁在监狱中。他在第一次十字军东征中作出的巨大贡献表明,他是一位能够在伟大的军事事业中获得成功的令人敬畏的武士。他的绰号,字面意思是"短靴"("Short Boots"),据说是由他父亲授予的。

Robert of Jumièges(d.c.1052). **瑞米耶日的罗贝尔(约卒于 1052 年)** 坎特伯雷大主教。罗贝尔·尚帕尔(Robert Champart)出生在诺曼底,1037 年成为瑞米耶日修道院院长,并与后来的忏悔者爱德华熟识。他随爱德华来到英格兰,于 1044 年成为伦敦主教。罗贝尔深受国王的宠爱,与势力强大的戈德温(Godwine family)家族势不两立。1051 年,国王任命他为坎特伯雷大主教。戈德温家族遭到短暂流放,但戈德温家族的势力在 1052 年得到了恢复,罗贝尔便逃往欧洲大陆。尽管他获得了教皇的支持,但还是不能官复原职,而戈德温伯爵(Earl of Godwine)的同盟者斯蒂甘德(Stigand)接替了他的坎特伯雷大主教职位。

Roberts,Frederick Sleigh(1832—1914). **弗雷德里克·斯莱·罗伯茨(1832—1914)** 陆军元帅。罗伯茨作为陆军军官的天赋最初是在印度兵变(Indian mutiny,1857—1858 年)期间展现出来的。第二次阿富汗战争(Afghan War,1878—1880 年)期间,他在坎大哈(Kandahar)战役中击败了阿尤布·汗(Ayub Khan)的军队,于 1892 年被封为坎大哈男爵(baron of Kandahar)。1885 年至 1893 年间,他担任驻印度英军总司令,并在第二次英布战争(Anglo-Boer War,1899—1902 年)中再次有出众的表现。在罗伯茨被派往南非之前,英军经历了数次耻辱性的失败,而罗伯茨成功的战略使英军占领了两个布尔人【Boer,南非白人(Afrikaner)】共和国的首都:布隆方丹(Bloemfontein)和比勒陀利亚(Pretoria)。

Robin Hood 罗宾汉 与亚瑟王(King Arthur)一样,罗宾汉也是流传最久的传奇英雄之一。早期的故事版本强调罗宾汉娴熟的箭术,后期的版本则强调其劫富济贫。16 世纪时将玛丽安(Marian)这个人物添加到罗宾汉的故事中,使其有了些许爱情趣味。最早提到罗宾汉的是朗格兰(Langland)大约在 1377 年出版的《农夫皮尔斯》(Piers Plowman)一书,这部书中的一个人物曾说他知道罗宾汉的韵律诗。罗宾汉的故事发生的背景是 12 世纪 90 年代,当理查国王率军进行十字军东征的时候,他那诡计多端的兄弟约翰对英格兰施行暴政。绿林地区通常被认为是在诺丁汉郡的舍伍德森林(Sherwood Forest),或者是约克郡文特布里奇(Wentbridge)附近的巴恩斯代尔(Barnsdale),但也可能是拉特兰郡的巴恩斯代尔(Barnsdale)。很多以罗宾汉为名的井和山洞都是后来命名的。起初,罗宾汉的故事只是为吟游诗人表演而作的诗歌,但后来发展成戏剧、小说、电影以及卡通片。

Robinson Crusoe **《鲁滨逊漂流记》** 《鲁滨逊漂流记》是一部自传体小说,1719 年由丹尼尔·笛福(Daniel Defoe)匿名出版,当时曾保持着一种神秘的色彩。尽管这个故事源于被夸大的亚历山大·塞尔扣克(Alexander Selkirh)的真实经历,但是故事的主人公克鲁索(Crusoe)所遭遇的海难和随后他在荒岛求生的经历,一直以来都是游记、宗教寓言以及长篇小说的主体内容。

Rochdale Pioneers **罗奇代尔先锋社** 罗奇代尔先锋社的开拓者是指威廉·库珀(William Cooper)、查尔斯·豪沃思(Charles Howarth)和其他 26 位合作社运动(Co-operative movement)的发起人,他们创办的合作社于 1844 年在蟾蜍巷(Toad Lane)开业。这些人都被乔治·霍利约克(George Holyoake)所做的自助方面的演讲所鼓舞。起初,先锋社的规模很小,只在周六和周一晚间营业,会员充当店员。先锋社的原则是以红利的形式将利润在购买者中进行再分配。截止到 1851 年,类似店铺已发展到 130 家,到 1862 年,已有 450 家合作企业。随着业务量的增加,商业考量已使最初创办先锋社的社会、政治和教育宗旨成为背景。

Roches, Peter des(**c.1175—1238**). **彼得·德罗什**(**约 1175—1238**) 来自图赖讷(Touraine)的牧师。12 世纪 90 年代,彼得开始为王室服务。1205 年,他被任命为温切斯特(Winchester)主教。在约翰与教皇的争论中,他始终效忠国王,并在 1213 年被任命为首席政法官(justiciar),随后在 1216 年又成为年轻的亨利三世的监护人。他是亨利三世幼年执政时期政府中的关键性人物,他的军事才能帮助英格兰在 1217 年赢得了林肯之战的胜利。

Rochester, diocese of **罗切斯特主教区** 该主教区由肯特王国国王埃塞尔伯特(Æthelbert)于 604 年创建,目前辖区包括西肯特(West Kent)在内,是英格兰第二个最古老的主教区。贾斯特斯(Justus)为罗切斯特主教区的第一任主教。被派往诺森伯里亚传教的保利努斯(Paulinus)于 632 年被驱逐出境,于 635 年至 644 年任罗切斯特主教。尽管罗切斯特主教区在 9 世纪时因丹麦人入侵而受到破坏,但它还是被完整地保存下来。中世纪时,罗切斯特主教区的人口较少,但是到了 19、20 世纪,该主教区的人口密度很高。位于 12 世纪城堡旁边的天主教堂的中殿令人瞩目,它属于诺曼晚期的风格,1130 年建成,1179 年至 1240 年间又增加了一些附属建筑。

Rochester, Laurence Hyde, 1st earl of (1642—1711). **劳伦斯·海德,第 1 代罗切斯特伯爵**(1642—1711) 劳伦斯·海德是第 2 代克拉伦登伯爵(earl of Clarendon)的弟弟的次子。劳伦斯·海德的父亲既是史学家也是大法官(lord chancellor),他的妹妹安妮(Anne)在 1660 年嫁给了约克公爵(duke of York,后来的詹姆斯二世),于 1671 年去世。1660 年至 1681 年,海德在议会下院工作,负责处理外交事务;1679 年至 1684 年,他担任首席财政大臣(Ist lord of the Treasurer,不是后期所任的职务)。詹姆斯于 1685 年登基后,罗切斯特伯爵和国王的妻兄克拉伦登(Clarendon)获得全面胜利。罗切斯特伯爵获得了嘉德勋位(Garter),1684—1685 年被任命为枢密院院长,随后担任财政大臣(lord treasurer)。1686 年,詹姆斯因其不肯皈依天主教而解除了他的职务。作为热情高涨的保守党成员,他在光荣革命(Glorious Revolution)后接受了威廉和玛丽,1700 年至 1703 年,他担任爱尔兰总督,1710 年至 1711 年再次担任枢密院院长。

Rochester, John Wilmot, 2nd earl of (1647—1680). **约翰·威尔莫特,第 2 代罗切斯特伯爵**(1647—1680) 诗人和朝臣。威尔莫特的父亲在内战期间为国王而战,1643 年被封为男爵,1652 年被晋封为伯爵。威尔莫特 11 岁时继承了父亲的爵位,在牛津大学瓦德汉学院(Wadham College)学习了一年,1665 年以志愿兵的身份参加了洛斯托夫特(Lowestoft)海战,次年被任命为侍寝官(groom of the bedchamber)。他是白金汉的亲信,以机智、放荡、嗜酒和资助者而闻名。

他的一些诗句在他的有生之年以手抄本的形式流传,他的诗集分别于 1680 年和 1691 年出版。他的大部分作品内容乏味粗俗,而其中也偶有闪光点。他针对查理二世所创作的讽刺短诗因言辞恰如其分而出名:"他从不说蠢话,也从不做聪明事。"

Rochester castle(Kent) 罗切斯特城堡(肯特) 罗切斯特城堡横跨梅德韦河(river Medway)。现在的城堡是 1087 年至 1089 年由罗切斯特主教冈多夫(Gundulf)为威廉·鲁弗斯(William Rufus)修建的。亨利一世将城堡赐予坎特伯雷大主教后,该城堡自 1127 年至 1140 年一直处在改造之中。1215 年,当反叛的男爵们据守该城堡抵抗国王约翰时,城堡的防御能力得到了证明。约翰的军队只是在设法破坏了东南转角塔后,才得以控制了整个城堡。

Rockingham,Charles Watson−Wentworth,2nd marquis of(1730—1782). 查尔斯·沃森—温特沃思,第 2 代罗金厄姆侯爵(1730—1782) 罗金厄姆是一位通常被低估了的政治家,他为清晰的辉格党思想的出现作出了卓越贡献。尽管罗金厄姆在担任首相的两个短暂时期(1765—1766 年,1782 年)并不快乐,但是他作为政党领袖却收获颇多。1751 年他接受了王室的一项任命,1762 年辞去王室的职位,并加入了反对比特勋爵(Lord Bute)的行列。1765 年他被任命为首席财政大臣,并在 1765 年成功地废除了《印花税法》(Stamp Act)。然而,罗金厄姆却认同殖民地的从属地位,在废除印花税的同时还通过了《公告令》(Declaratory Act),以确保英国在殖民地至高无上的法律地位。1766 年 3 月,罗金厄姆因对比特的影响力不断提出质疑而被解职,但在随后的 16 年中,他一直属于反对派。罗金厄姆及其追随者们不断重申他们才是唯一真正的辉格党人,并且正是凭着反复的申明,辉格党这个已经传播开来的术语被他们收归己有:罗金厄姆派将"辉格党"逐渐发展成近乎完全被他们把持的称谓。许多事情证明国王的权力可能会增加,有人认为国王的政治优势地位源于封授官职的权力,应该加以削弱。但相对于议会改革而言,罗金厄姆更倾向于实行经济改革。在诺斯勋爵(Lord North)倒台后,由于辉格党是最大的反对党,因此罗金厄姆毫无阻力地恢复了权力。罗金厄姆坚持担任首席财政大臣,但是他的首相职位因国王坚持让谢尔本(Shelburne)组阁而失去了基础,所以他不信任谢尔本也是十分正确的。内阁大臣们之间很快便出现了严重的分歧,而罗金厄姆在1782年7月的意外死亡则加速了逐渐逼近的政治危机的到来。

Rockingham, Council of, 1095. 罗金厄姆谘议会(1095) 1093年,安瑟伦(Anselm)成为坎特伯雷大主教。当时存在着两位相互竞争的教皇:乌尔班二世(Urban II)和克雷芒三世(Clement III)。安瑟伦请求威廉·鲁弗斯(William Rufus)同意他去乌尔班那里寻求白羊毛披肩带,但遭到拒绝。1095年2月25日,在罗金厄姆召开的谘议会试图解决在忠诚问题上发生的分裂,并要求安瑟伦顺从国王的意愿。尽管冲突双方达成了妥协,鲁弗斯承认乌尔班的教皇地位,但是教皇拒绝解除安瑟伦的职位。自1097年至1100年,安瑟伦大主教一直都在国外生活,鲁弗斯突然死亡后才回到英格兰。

Rodney, George Brydges(1719—1792). 乔治·布里奇斯·罗德尼(1719—1792) 海军上将。罗德尼很重视与普通士兵的关系,但他与军官之间的关系却较为疏远。他对财富的贪婪追求,导致他的奖赏多体现为金钱奖励。他参加了18世纪中期的战争,熟悉西印度群岛(West Indies)的所有战区。他于1759年被提升为海军少将,这并没有给他带来未来的经济保障。1775—1778年,他实际上已经破产,不得不背井离乡。现在看来是美国战争拯救了他,1779年,他解了直布罗陀(Gibraltar)之围。1782年4月12日,他因在"圣徒岛"("the Saints")战役击败德·格拉斯(de Grasset)而拯救了牙买加(Jamaica)。所有这一切尽管没有给罗德尼带来财富,但是使他获得了永久的名望。

Roebuck, John Arthur(1801—1879). 约翰·阿瑟·罗巴克(1801—1879) 罗巴克先后作为巴斯(Bath,1832—1837年,1841—1847年)和谢菲尔德(Sheffield,1849—1868年,1874—1879年)选区的候选人进入议会,他是一位激进的议员。罗巴克出生在马德拉斯(Madras),并获得出庭律师(barrister)资格。罗巴克因猛烈抨击贵族、特权和低效无能而获得了"撕碎他们"("Tear' Em")的昵称。作为边沁主义的信徒和J.S.穆勒的朋友,罗巴克建议实施国家教育体系,支持《新济贫法》(*New Poor Law*)，并帮助洛维特(Lovett)起草了《人民宪章》。1855年，在他提出的动议下，成立了克里米亚战争指挥问题调查委员会，导致阿伯丁政府倒台。罗巴克从曝光军事效率低下开始，继而为行政(文职机关)机构的改革而斗争。

Rogers, John（**c.1500—1555**）. **约翰·罗杰斯**（**约1500—1555**） 殉教者。罗杰斯出生在伯明翰，受教于剑桥大学彭布罗克学院(Pembroke College)。他虽然接受了圣职，但是在廷代尔(Tyndale)的影响下，却成了一位宗教改革家，并准备将廷代尔的英文版《圣经》付梓。爱德华六世在位时期，罗杰斯受宠，并在伦敦获得升迁，而在国王死后，他就立即遵照简·格雷夫人(Lady Jane Grey)委员会的命令，在圣保罗大教堂向民众布道，鼓动人们反对教皇制度。玛丽宣布继承王位后，罗杰斯被投入监狱。1555年2月，罗杰斯在史密斯菲尔德(Smithfield)被处以火刑，他是第一个新教殉教者，临死时表现出了极大的勇气。

Rolls, Charles Stewart（**1877—1910**）. **查尔斯·斯图尔特·罗尔斯**（**1877—1910**） 罗尔斯是一位富有的蒙茅斯(Monmouth)地主的第三个儿子，1880年至1885年，他以保守党的身份代表蒙茅斯选区当选议会下院议员，并在1892年被封为兰加托克勋爵(Lord Llangattock)。他在剑桥大学三一学院学习机械工程专业，期间热衷于自行车骑行。1895年，他从法国进口了一辆标志牌汽车(Peugeot car)，途中被警察拦住，警察告之以需要有个人拿面红旗为其开路，他返回剑桥的路途几乎花费了12个小时。1905年，他与另一位工程师F.H.罗伊斯(F.H.Royce)一起入伍，在德比创办了一家生产汽车的公司。罗尔斯对航空有着极大的兴趣，他生产了很多飞行气球。1910年6月，他乘坐莱特(Wright)兄弟的飞机不间断飞行，往返英吉利海峡。随后的一个月，他在伯恩茅斯(Bournemouth)的一次飞行事故中丧生，并被埋在蒙茅斯附近的兰加托克—万博—阿韦尔(Llangattock-Vibon-Avel)。

Roman Britain 罗马不列颠 在公元43年至410年间，不列颠是罗马的不列颠行省。尽管在铁器时代晚期，不列颠与古典世界之间的联系日益紧密，但是第一位正式出现在不列颠的罗马人是尤利乌斯·凯撒,时间为公元前 55 年至公元前 54 年。公元 43 年,克劳狄皇帝(Emperor Claudius)以处理为非作歹的部落王子和德鲁伊特(druids)为借口,入侵不列颠。罗马人最终占领了不列颠,并从不列颠的矿业和农业财富中获得了好处。

罗马人仅仅用了一代人的时间,就使不列颠的大地景观发生了显著的改变。罗马军队建造了军事堡垒、要塞、营地和道路,并且帮助不列颠人进行城镇建设。很多重要的军事设施,尤其是军事堡垒,都建在过去的部落中心【奥皮达(oppida)】附近,这些地方随后都成了重要的罗马—不列颠城镇,如科尔切斯特(Colchester)。罗马人也将他们独特的建筑风格用在了不列颠乡村维拉(villas)的建筑中。

我们从塔西佗(Tacitus)的著作中得知:公元 1 世纪罗马人经历了不列颠人部落的一系列反抗,并且利用在长期实践中形成的将签订条约与采取果断的军事行动结合起来的手段,来平息骚乱。罗马人建立了 3 个附属王国:爱西尼王国(Iceni)、布里甘特王国(Brigantes)和阿特雷巴特王国(Atrebates)。公元 60 年,爱西尼王国在布狄卡(Boudicca)的领导下发动起义,摧毁了罗马城镇科尔切斯特、伦敦和圣奥尔本斯(St Albans)。镇压了布狄卡起义(Boudican revolt)之后,罗马行省进入扩张时期,包括征服了南威尔士。公元 77 年至 83 年间,新任不列颠行省总督阿古利可拉(Agricola)发动了一系列战役,使不列颠行省的范围得到了明显的扩大,取得了整个威尔士、安格尔西岛(Anglesey)、英格兰北部地区和苏格兰南部地区。

公元 2 世纪时,不列颠的军事和城市也得到显著发展,尤其是在哈德良皇帝(Emperor Hadrian)统治时期。他在军事骚乱之后巡视了不列颠,并于 122 年下令在泰恩河(Tyne)和索尔韦湾(Solway)之间建造哈德良长城(Hadrian's Wall)。表面上看,建造哈德良长城的目的是为了将不列颠行省与北方蛮族分隔开来,但是哈德良长城很可能还发挥了有效的关税壁垒和彰显罗马权力的作用。公元 139 年至 142 年,安东尼·庇护皇帝(Emperor Antoninus Pius)放弃哈德良长城,在福斯河(Forth)和克莱德河(Clyde)之间建造了一个新的边界防御系统——安东尼长城(Antonine Wall),但是安东尼长城的使用时间很短,到公元 164 年,哈德良长城再次成为北方的主要边疆界限。

不列颠的罗马城镇归为三种类型：殖民城镇（*Coloniae*），自治城镇（*municipia*）和平民城镇（*civitates*）。殖民城镇包括科尔切斯特、林肯（Lincoln）、格洛斯特（Gloucester）、约克（York），很可能还包括伦敦，居住在这些城镇的居民都是罗马公民。唯一能确定的自治城镇是维鲁拉米恩（Verulamium，圣奥尔本斯），这是一个享有一定法律特权的自治共同体。平民城镇为非罗马公民城镇，包括不列颠的大部分行政中心，如部落首府锡尔切斯特（Silchester）、温切斯特（Winchester）和坎特伯雷。城镇通常包括有庙宇、公共浴室、水道和一个圆形剧场，大部分城镇到 2 世纪中叶时，就完成了这些设施的建设。

到 4 世纪时，这些城镇的建筑主要以石头建造的"宅邸"为主，乡村也发生了深刻的变化。维拉的规模越来越大，而且更为封闭，以"庭院里的维拉"切德沃思（Chedworth）最为典型。4 世纪初，不列颠的大多数维拉都饰以马赛克。很明显，对乡村投资的增长说明了这一时期以农业为基础的不列颠行省达到的繁荣程度。碑文和文字证据显示，不列颠人采用了拉丁名字，如台比留·克劳狄·科吉杜努斯（Tiberius Claudius Cogidubnus），社会精英（至少）说和写都用拉丁文。罗马不列颠行省本土的盖尔语或者"凯尔特"语仍然继续使用，它们就是今天幸存下来的威尔士语和康沃尔语。

经过旷日持久的一连串蛮族侵袭以及蛮族人在西北欧的殖民活动，如公元 367 年至 368 年的"皮克特战争"（"Picts' War"），罗马不列颠行省走向了终结。公元 401 年至 402 年，斯提里科（Stilicho）将罗马军队撤出不列颠，回国保卫意大利。408 年至 409 年，不列颠遭到撒克逊人的袭击。410 年，罗马皇帝霍诺留（Honorius）告诉不列颠诸城镇让他们自行防御。

Roman Catholicism 罗马天主教 See CATHOLICISM.（见天主教）

Roman legions 罗马军团 罗马军团是罗马军队的核心。每个军团大约由 5000 人左右的全副武装的步兵组成，都是罗马公民。罗马军团招募的士兵的年龄都在 18—20 岁之间，服役期限为 25 年。较好的升迁前景，加上政府授予土地以作养老之用，使得新兵的招募源源不断。其他的军队——步兵和骑兵——由辅助人员组成，不一定必须是罗马公民。

公元43年,普劳提乌斯(Plautius)率领罗马军团入侵不列颠。这支军团包括第二奥古斯都军团(*II Augusta*)、第九西班牙军团①(*IX Hispana*)、第十四合组军团(*XIV Gemina*)和第二十英勇凯旋军团(*X X Valeria*),再加上辅助人员,共40,000人左右。每个军团都以一个军团要塞为基地。例如第二奥古斯都军团就分别驻扎在埃克塞特(Exeter)、格洛斯特(Gloucester)和卡利恩(Caerleon)要塞中。

Rome,treaty of 《**罗马条约**》 法国、比利时、意大利、德意志联邦共和国、荷兰和卢森堡于1957年3月25日在罗马签署的国际条约。根据条约,从1958年1月开始,建立欧洲经济共同体(EEC)和欧洲原子能共同体(European Atomic Energy Community,Euratom)。欧洲经济共同体条约制定了12年内所要实现的目标,如消除相互之间的关税壁垒和制定共同农业政策(Common Agricultural Policy)等,并勾画出共同体的制度和规章。英国因不能接受暗含在条约中的超国家机构的共享主权,因此置身事外,同时希望与此相关的磋商不会成功。

Romilly,Sir Samuel(1757—1818). **塞缪尔·罗米利爵士**(1757—1818) 法律改革家。罗米利出生在伦敦的一个胡格诺派家庭,一开始是法国大革命的热情追随者,他在1979年的一场骚乱指控中,成功地为爱尔兰激进分子约翰·宾斯(John Binns)做了辩护。1800年,他成为大法官法庭(Chancery)上的国王法律顾问。1806年,他成为辉格党政府的副总检察长(solicitor-general)。他曾代表昆伯勒(Queenborough)选区(1806年),韦勒姆(Wareham)选区(1808年),阿伦德尔(Arundel)选区(1812年)和威斯敏斯特选区(1818年)当选议会下院议员。他反对1815年的《谷物法》和1817年的人身保护令(habeas corpus)的悬置,并支持废除奴隶制和天主教徒解放运动(catholic emancipation)。罗米利希望能够减少死刑,但是他的大部分精力都用在了无权无势的反对党上。

---

① 第九西班牙军团(拉丁语:Legio nona"Hispana")是公元前65年庞培在西班牙组建的一支罗马军团。公元前61年,凯撒作为远西班牙行省总督获得了该军团的指挥权,并带领这支军团参加了高卢战争。公元前49年,凯撒将该军团部署在西班牙,这也许是该军团拥有"西班牙"称号的由来。——译者注

1818 年,他妻子死后的第四天,罗米利自杀身亡。

Romney,George（1734—1802）. 乔治·罗姆尼（1734—1802）　画家,主要是肖像画家。罗姆尼出生在兰开夏郡,并一直在英格兰北部工作,直到 1762 年才离开妻儿前往伦敦。大约在 1781 年,他开始迷恋埃玛·汉密尔顿(Emma Hamilton),并且很可能是因为他给埃玛画的那几幅肖像画才使自己闻名于世。罗姆尼很少举办个人画展,更没有参加过皇家艺术院(Royal Academy)的画展。他在晚年时精神失常,返回兰开夏郡并在那里终老。

Rooke,George（1650—1709）. 乔治·鲁克（1650—1709）　海军上将。鲁克是同时代最著名的海军指挥官之一,在 1690 年晋升为海军上将。在鲁克的三次婚姻中,有两次与著名的托利党人白金汉伯爵(earl of Buckingham)有关,白金汉伯爵是威廉三世在位时期的国务大臣(北方事务部),1689 年至 1694 年间成为事实上的海军大臣。鲁克参加了 1689 年的班特里湾(Bantry Bay)战役、1690 年的比奇角(Beachy Head)战役和 1692 年 5/6 月的拉乌格(La Hogue)战役,并且表现突出,受封爵士。一年以后(1693 年),他指挥的由 300 艘舰船组成的士麦那(Smyrna)护航队命运不济,但是并没有在这次溃退中受到谴责。1698 年至 1708 年,鲁克代表朴次茅斯(Portsmouth)选区当选议会下院议员;1700 年,他奉命与荷兰舰队共同控制了哥本哈根海峡(Copenhagen Sound),并呼吁丹麦和瑞典保持谨慎的外交关系。1702 年,他在维哥湾(Vigo)焚毁了法国与西班牙的一支联合舰队。1704 年 8 月,他指挥英军夺取直布罗陀(Gibraltar)。

root and branch petition,1640. 废除主教制请愿①（1640）　查理一世的反对者们在很大程度上控制了 1640 年的短期议会和长期议会(Short and Long Parliaments)。1640 年 12 月 11 日,议会下院收到伦敦人要求废除主教制的请愿书,即"根枝请愿书"。1641 年,有人提出了一项废除主教制代之以长老会政府的议案,但是没有取得任何进展。1642 年,当国王的地位因其试图拘捕五名议

---

①　也译根枝请愿书。——译者注

会下院议员而迅速恶化的时候,他在 2 月不得不同意将主教从议会上院清除出去的法令条款(17 Car.I c.27)。根据该条款,主教被排除在议会上院之外。

Rorke's Drift, battle of, 1879.　罗克渡口之战(1879)　祖鲁战争(Zulu War)中发生的一场战斗,地点在南非的彼得马里茨堡(Pietermaritzburg)以北的布法罗河(Buffalo river)对面的浅滩。1879 年 1 月 22 日,前去守卫浅滩的一支由 139 人组成的英国军队遭到一支人数在 3000 到 4000 人之间的祖鲁军队的攻击,这支祖鲁军队没有直接参与当天早些时候祖鲁人在伊桑德尔瓦纳(Isandhlwana)取得胜利的那次战斗。英军早已迅速修筑好了一个坚固的防御阵地,而祖鲁军队的进攻策略在遭遇了英军勇敢而有序的来福枪火力阻击后,被证明是无效的。英军幸存者中至少有 11 人获得了维多利亚勋章。

Rosebery, Archibald Philip Primrose, 5th earl of(1847—1929).　**阿奇博尔德·菲利浦·普里姆罗斯,第 5 代罗斯伯里伯爵**(1847—1929)　首相。罗斯伯里的仕途似乎注定引人瞩目,但是性格问题严重阻碍了他的发展。他因坚持参加德比赛马而被牛津大学开除,没有拿到学位。他终生热爱赛马事业,曾三次在德比赛马中夺冠,这使他与拘谨古板的自由党的关系更加复杂化。罗斯伯里的不自信表现在 1872 年和 1880 年他曾两次拒绝进入格莱斯顿(Gladstone)组阁的政府,1881 年至 1883 年在政府中短期任职后又辞职,同一年他还拒绝在苏格兰事务部(Scottish Office)任职。但是他的政治声望却持续上升。1886 年,很多辉格党人因反对《爱尔兰地方自治法案》而脱离辉格党,这使罗斯伯里成为议会上院中至关重要的人物,他也因此在那年成为英国年轻的外交大臣。

罗斯伯里曾经一度受到相当广泛的赞誉。一方面,他得到了女王的信任,女王于 1894 年任命他接替格莱斯顿的首相一职。另一方面,对于自由党的许多极端分子来说,他比格莱斯顿看起来更熟悉社会问题,这主要表现在他在 1889 年被选为伦敦郡议会(London County Council)的第一任主席。

但罗斯伯里感兴趣的主要是外交和帝国事务。他进一步发展了自由党的观点,提出要将英帝国视为"英联邦"("commonwealth of Nations")。作为帝国联邦联盟(Imperial Federation League)的主席,他提出了要定期召开殖民地会议以及在枢密院有正式殖民地代表的倡议。作为外交大臣(1892—1894年),他顶住了自由党坚持要从乌干达撤军的压力,并强行使乌干达成为英国的保护国。

1894年,当罗斯伯里继任首相一职时,他的事业已开始走向衰落。他在哈考特(Harcourt)财政预算案中引入遗产税(death duties)和他本人希望终止爱尔兰地方自治两大问题上,与同僚产生了严重分歧。1895年,当他的政府因在一些问题上遭到议会下院的否决后,他立即辞职,结果也迫使自由党陷入灾难性的选举。一年之后,他辞去了自由党领袖职务。后来,他攻击了自由党在南非战争(South African War)中的立场,主张单独建立一个自由帝国主义者(Liberal Imperialists)组织。然而,罗斯伯里轻而易举地就被坎贝尔—班纳曼(Campbell-Bannerman)智胜。此后,他只是作为中立议员越来越不赞成爱德华时代自由主义的激进改良方案。

Roses, Wars of the 玫瑰战争 这个名称现在是指发生在1455年到1487年间的一系列阴谋、叛乱和战争。这些事件之所以被称为玫瑰战争,是因为这场战争是在兰开斯特家族和约克家族之间展开的,兰开斯特家族的族徽是红玫瑰,而约克家族的族徽是白玫瑰。事实上,"交战的玫瑰"(warring roses)的概念是亨利七世在1485年夺取王位以后才提出来的。尽管直到19世纪才真正出现"玫瑰战争"一词,但是"交战的玫瑰"的概念来自都铎王朝的宣传。

玫瑰战争有三个不同的阶段:1455年至1464年、1469年至1471年和1483年至1487年。在前两个阶段中,两大家族争夺王室控制权的斗争导致王位争夺战的爆发,第三阶段的战争从一开始就是王朝战争。至于战争的规模和混乱程度,在都铎王朝时期作家的笔下被甚为夸大。实际上,在整个30年的时间里,真正有军事行动的时间仅仅两年多。

不管怎样,尤其是在1459年至1461年和1469年至1471年间,英格兰的政局因兰开斯特家族和约克家族争夺王位的斗争而变得动荡不安。1455年,约克公爵(duke of York)率领他的支持者们成功地发动了一场反抗亨利六世的叛乱。他们于1459年再次举行反叛,虽然开始被击退,但随后在1460年7月,他们就在北安普敦(Northampton)取得了胜利。四个月之后,约克公爵宣布自己为王位继承人。尽管约克公爵在韦克菲尔德(Wakefield)战役中被击败并战死沙场,但是他的继承人爱德华夺取了王位,并在陶顿(Towton)战役获得决定性的胜利。1469 年,爱德华又面对"造王者"沃里克(Warwick the Kingmaker)制造的叛乱。沃里克以恢复亨利六世王位为借口,发动了反抗爱德华四世的叛乱,然而,战争胜负的最后决定权掌握在爱德华四世手中,爱德华四世最终在巴尼特(Barnet)击败了沃里克伯爵,并在蒂克斯伯里(Tewkesbury)击败了一支兰开斯特派军队。兰开斯特家族的战败,似乎代表了战争的结束。然而,1483 年,当爱德华的弟弟理查三世自称国王后,战争再次爆发。此时,亨利·都铎(Henry Tudor)横空而出,并提出了王位的权利要求。亨利·都铎率领一支由兰开斯特派的铁杆支持者和被废黜的爱德华五世的支持者们组成的联军,于 1485 年 8 月在博斯沃思(Bosworth)一举取得了政权。1487 年,亨利·都铎在诺丁汉郡纽瓦克(Newark)附近的斯托克(Stoke)击败了约克派的入侵,从而彻底结束了这场战争。

Ross,**Sir James Clark**(1800—1862). **詹姆斯·克拉克·罗斯爵士**(1800—1862) 罗斯在 1812 年加入海军之后,先后参与了八次北极和南极探险。1818 年和 1829 年至 1833 年间的探险活动是他与自己的叔叔约翰·罗斯(John Ross)一起完成的;而 1819 年至 1820 年、1821 年至 1823 年,以及 1824 年的探险活动是他与威廉·帕里爵士(Sir William Parry)一起完成的。他与约翰·罗斯一起探险的时候,发现了磁极(Magnetic Pole);与帕里一起探险的时候,曾到达梅尔维尔湾(Melville Sound)以西 110 度。1839 年,他受命率领海军进行第一次全面南极探险。罗斯爵士率领"厄列贝斯"号(*Erebus*)和"特罗尔"号(*Terror*)这两艘特别加固的船只,到达了那时人类所知的最南端。

Ross,**Sir John**(1777—1856). **约翰·罗斯爵士**(1777—1856) 罗斯最初在东印度公司(East India Company)工作,于 1805 年加入海军,并成为北极探险者。1818 年,他率领探险队由巴芬湾(Baffin Bay)驶入兰开斯特海峡(Lancaster Sound),但是最终莫名其妙地中途返程。1829 年至 1833 年间,为了弥补上次探险的缺憾,他自筹经费,雇佣了一些非常低效的蒸汽船,首次前往北极进行探险活动。这些船扬帆远航穿过海峡,探索了布西亚半岛(Boothia Peninsula)和威廉国王岛(King William Island)。

Ross，James Stewart，1st duke of〔S〕（c.1477—1504）. 詹姆斯·斯图尔特，第 1 代罗斯公爵【苏格兰】（约 1477—1504） 詹姆斯三世的次子。詹姆斯·斯图尔特比罗思赛公爵（duke of Rothesay），即未来的詹姆斯四世，更受父亲宠爱。尤其是 1486 年，詹姆斯三世提出让詹姆斯·斯图尔特而不是他的长兄罗思赛公爵与英格兰联姻，并且封他为罗斯公爵，这一做法促使罗思赛公爵于 1488 年发动了叛乱，这场叛乱直接导致詹姆斯三世在绍奇伯恩（Sauchie Burn）的死亡。潜在的动乱还在继续。1497 年，詹姆斯四世任命罗斯为圣安德鲁斯（St Andrews）的大主教，从而解决了这个问题。但自 1501 年起，罗斯只是名义上的大主教，因为按照教会的法规，只有达到 27 岁才可以授予圣职，而罗斯在快要达到这个年龄之前就去世了。

Rossetti，Dante Gabriel（1828—1882）. 丹蒂·加布里埃尔·罗赛蒂（1828—1882） 诗人和画家。罗赛蒂出生在伦敦一个意大利难民家庭。他在 1848 年接受霍尔曼·亨特（Holman Hunt）指导之前，曾师从科特曼（Cotman）学习绘画，也曾与福特·马多克斯·布朗（Ford Madox Brown）一起共事。他的第一幅代表作《童贞玛丽的少女时代》（*The Girlhood of Mary Virgin*）也是第一批贴上 PRB【Pre-Raphaelite Brotherhood（拉斐尔前派兄弟会）】这三个字首的作品。他很快脱离了兄弟会的宗旨，遵循密莱司（Millais）所说的"他自己的奇特幻想"去发展，他最好的绘画作品出现在他与模特伊丽莎白·西德尔（Elizabeth Siddal）交往期间，二人于 1860 年结婚。

Rotary clubs　扶轮社 第一个扶轮社是由芝加哥（Chicago）律师保罗·P.哈里斯（Paul P.Harris）于 1905 年创办的，旨在促进工商界内部的服务和友情。每一行职业或者商业分支都派出一名代表，会议轮流在他们的办公室召开。1912 年，一个带有国际性质的扶轮社形成。

Rothermere，Viscount　罗瑟米尔子爵 See HARMSWORTH，HAROLD.（见哈罗德·哈姆斯沃思）

Rothes,John Leslie,1st duke of ［S］（1630—1681）. 约翰·莱斯利,第 1
代罗西斯公爵【苏格兰】（1630—1681） 莱斯利的父亲,即第 6 代罗西斯伯爵非
常支持查理一世,但是在 1641 年 41 岁时就去世了。1651 年,莱斯利与查理二
世一起向南进军,在伍斯特(Worcester)被俘入狱。王朝复辟(Restoration)时期,
莱斯利获得了许多荣誉。1660 年,他成为苏格兰枢密院院长;1663 年,他担任苏
格兰王室财政大臣(lord high treasurer);1664 年,出任苏格兰军队总司令。1667
年,因受劳德戴尔(Lauderdale)的影响,他被解职,但是被任命为苏格兰议会上
院终身大法官(lord chancellor for life)。1680 年,当约克公爵(duke of York)在苏
格兰时,莱斯利被封为罗西斯公爵(苏格兰),但他次年便去世了。

Rothschild,Lionel（1808—1879）. 莱昂内尔·罗斯柴尔德（1808—1879）
银行家和政治家。罗斯柴尔德的父亲出生在一个德意志犹太人家庭,于 1797
年来到英格兰从事商业活动,并大举投资拿破仑战争(Napoleonic Wars)。莱昂
内尔于 1836 年接管了英格兰的商业事务,在克里米亚战争(Crimean War)期间
为英国政府提供贷款,并且在 1876 年为迪斯累里(Disraeli)提供了 400 万英镑,
用于购买苏伊士运河(Suez)的股份。1847 年,他以自由党的身份代表伦敦选区
重新进入议会之后,他不能像基督徒那样按照要求宣誓,也不被允许落座。尽管
他在 1849 年、1852 年和 1857 年反复当选议员,但在 1858 年修改法律之前,他一
直无法就座。

rotten boroughs 衰败选邑 衰败选邑在 1832 年之前被用来描述某些几
乎见不到选民的议会选邑。最典型的例子是旧塞勒姆(Old Sarum)选邑,自从这
里的居民于 1220 年沿着河谷移民到索尔兹伯里后,这个选邑就已空寂无人了。
但是其他自治市还在依旧运行,如萨里(Surrey)的加顿(Gatton),该选邑在王朝
复辟时期,选民下降到 20 人,100 年之后只剩 2 人。大多数此类选邑都在 1832
年《改革法》(Great Reform Act)的"A 表"(Schedule A)中被取消了。

Roubiliac,Louis Francois（c.1705—1762）. 路易斯·弗朗索瓦·鲁比里
亚克(约 1705—1762) 法国雕刻家。鲁比里亚克于 1732 年左右在英国定居,

并以创作的韩德尔(Handel)雕像而闻名,现在这座雕像被保存在维多利亚和艾伯特博物馆(Victoria and Albert Museum)。他的半身雕像栩栩如生,充满活力,向观众传达着人物的性格和时代特征。

Rouen, treaty of, 1517. 《鲁昂条约》(1517) 弗洛登(Flodden)之战的失败,给苏格兰留下了一个婴儿国王,即詹姆斯五世。1515 年,奥尔巴尼公爵(duke of Albany)成为摄政,1517 年 8 月 26 日,摄政与法国国王弗兰西斯一世(Francis I)就《鲁昂条约》进行商议。通过让年轻的苏格兰国王与法国联姻,进一步加强苏格兰与法国之间的相互支持,共同反对英格兰。直到 1522 年,该条约才被批准生效。此后,奥尔巴尼对英格兰北部发动进攻,结果损失惨重。直到1537 年,詹姆斯才与弗兰西斯一世的女儿玛德莱纳(Madeleine)结婚。

'rough wooing', 1544—1548. "粗暴求婚"(1544—1548) 苏格兰王国女王玛丽于 1542 年 12 月出生,她出生一周之后父亲去世,这似乎是统一英格兰与苏格兰王权的理想时机。亨利八世的继承人爱德华王子已经五岁了,英格兰王国迫切希望爱德华王子与玛丽订立婚约。1543 年 7 月的《格林尼治条约》(treaty of Greenwich)规定,玛丽在 10 岁之前就要订婚。1543 年 12 月,苏格兰议会拒绝承认这个条约。对此,亨利八世派赫特福德勋爵【Lord Hertford,萨默塞特(Somerset)】率军兴师问罪,对苏格兰王国的东南边境地区进行了毁灭性的打击,英格兰的这次行动被讽为"粗暴求婚"。对此,苏格兰的回答是:根据《哈丁顿条约》(treaty of Haddington),苏格兰王室已经接受了法国王太子对玛丽的求婚。1548 年 7 月,玛丽被送往法国。

roundheads 圆颅党 "圆颅党"一词是对内战(Civil War)期间首先支持议会的那些士兵的轻蔑称谓。卢西·哈钦森(Lucy Hutchinson)曾解释说:"圆颅党"一词"源自清教徒将头发剪到只靠近头顶一圈的习惯",与学徒(apprentices)一样,他们用剪短发来表示对前额卷发的鄙视。这与保王派的骑士党(cavaliers)的飘逸长发形成鲜明对比。

Roundway Down, battle of, 1643.　朗德威高地战役（1643）　查理一世于 1642 年进军伦敦的行动被迫中止后,次年战事发展成一场运动战。1643 年 7 月 5 日残酷的兰斯当(Lansdowne)之战结束之后,双方都受到重创。霍普顿(Hopton)撤离战场,前往迪韦齐斯(Devizes),他在那里频频受到沃勒(Waller)的炮击。但是在来自牛津的增援部队的援助下,霍普顿于 7 月 13 日在城外起伏的白垩丘陵地向对手发动反攻。陡峭的草坡对沃勒的骑兵造成严重影响,他的部队不仅辎重尽失,而且损失了 1400 人。

rowing　赛艇运动　是指有组织的划船竞赛。尽管爱尔兰喜剧演员多格特(Doggett)于 1715 年在泰晤士河上创办了多格特外套和徽章(Coat and Badge)赛艇比赛,但是与大多数运动一样,赛艇运动也是在 19 世纪才发展起来的。牛津大学和剑桥大学校际赛艇对抗赛初创于 1829 年。亨利河段赛艇会(Henley regatta)始于 1839 年,主要项目包括 8 人对抗的大挑战杯(Grant Challenge Cup)比赛和钻石单人双桨划艇(Diamond Sculls)比赛。

Rowlandson, Thomas（1756/7—1827）.　**托马斯·罗兰森**（1756/7—1827）　艺术家。与其说罗兰森是一位讽刺画家,不如说他是一位社会评论员。他对生活带有喜剧性的观察,使他更倾向于描绘不同类型的人物而不是单独的个体人物。作为皇家艺术院(Royal Academy)的学生,他创作的大量铅笔画、水彩画和印刷品充满了巨大的活力,以至于他被视为那个时代的化身。他是吉尔雷(Gillray)的朋友,为出版商阿克曼(Ackermann)工作,创造了"Dr 语法"("Dr Syntax")。但在 1800 年以后,由于他提高创作效率的缘故,其绘画技法和想象力的水平都有所下降。

Rowntree, Benjamin Seebohm（1871—1954）.　**本杰明·西博姆·朗特里**（1871—1954）　朗特里来自约克,自由党人,贵格会教徒。他出身于一个巧克力制造商家庭,一生中共对他的家乡约克进行了三次贫困问题调查,第一次调查结果以《贫困:城镇生活研究》(*Poverty:A Study of Town Life*)为名于 1901 年出版。朗特里得出了如下结论:约克 9.91%的人口生活在初级贫困水平,17.93%

处于二级贫困水平。这些综合数据与布斯（Booth）之前为了证明贫困问题普遍存在而计算出来的伦敦地区的贫困率非常接近。

Rowton Heath, battle of, 1645.　罗顿希思战役（1645）　内斯比（Naseby）战役结束之后，查理一世希望要么得到来自爱尔兰的援兵，要么与常胜者蒙特罗斯（Montrose）在苏格兰合兵一处。无论哪个方案，被保王派军队控制的切斯特（Chester）都是关键因素。1645 年 9 月，查理一世移师北上，直奔切斯特，但他没有意识到蒙特罗斯接二连三的辉煌胜利已经在菲利普霍赫（Philiphaugh）走到了尽头。9 月 23 日，查理一世让切斯特的守军松了一口气，但他的骑兵次日就被波因茨（Poyntz）的骑兵在城南的罗顿希思打得大败。

Roxburgh, John Ker, 1st duke of［S］(c.1680—1741).　约翰·克尔，第 1 代罗克斯堡公爵【苏格兰】（约 1680—1741）　克尔在 16 岁的时候继承哥哥的爵位，成为罗克斯堡伯爵。1704 年至 1705 年，20 多岁的他出任苏格兰国务大臣，与特威代尔侯爵（marquis of Tweeddale）共掌大权。他积极倡导苏格兰与英格兰合并，于 1707 年被封为公爵，并成为 1707 年、1708 年、1715 年和 1727 年议会上院议员的苏格兰贵族（representative peer）。1714 年至 1716 年间，他被任命为苏格兰王玺掌管大臣（lord privy seal）。1715 年，他在谢里夫缪尔（Sheriffmuir）勇敢地为汉诺威王朝而战。1715 年至 1725 年间，他再次担任苏格兰国务大臣。1725 年，他因被人怀疑鼓动反对征收麦芽税的肖菲尔德（Shawfield）骚乱，以及拥护卡特里特（Carteret）反对沃波尔（Walpole）而失宠。

Royal Academy of Arts (London)　皇家艺术院（伦敦）　1768 年，艺术家本杰明·韦斯特（Benjamin West）和建筑师威廉·钱伯斯（William Chambers）请求乔治三世同意建立一所培养艺术类学生的国家学院，树立高品位的标准，为佳作提供自由展览的机会。皇家艺术院第一任院长是乔舒亚·雷诺兹爵士（Sir Joshua Reynolds），他的名作《艺术演讲录》（*Discourses*）奠定了学院发展的基本理念。

Royal Africa Company **皇家非洲公司** 16世纪末17世纪初,英国在特定地区颁发了一系列短期有效的特许状,而皇家非洲公司直到1672年才成立。该公司与西非洲进行黄金和象牙贸易,但是主要目的还是向西印度群岛提供奴隶。

Royal Air Force（RAF） **英国皇家空军** 1918年4月,为了提高联合作战能力,皇家飞行队（Royal Flying Corps）与皇家海军航空勤务队（Royal Naval Air Service）合并组建了皇家空军（RAF）。停战协定签署之后,这支新成立的军队力量被大大压缩,到1922年时,皇家空军用于国土防御的飞机只剩下不到50架。皇家空军也在为保证自己的独立地位而与陆军、海军进行抗争,特伦查德勋爵（Lord Trenchard）为捍卫皇家空军的独立地位付出了极大的努力。尽管如此,1924年,皇家海军航空勤务队以海军防空兵（Fleet Air Arm）的面貌重新出现,并一直由空军和海军共同管理,直到1937年,海军防空兵移交给海军部管理。1920年,在克兰韦尔（Cranwell）成立了一所空军学院；1922年,又在安多弗（Andover）成立了一所空军参谋学院。长期以来,人们总是认为轰炸机应该是在战争最困难的时候才使用,尤其是首相鲍德温（Baldwin）也赞同这一说法,这意味着空军在防御方面起不了什么作用。但是1935年雷达的发明,以及飓风式（Hurricanes）战斗机（1935年）和喷火式（Spitfires）战斗机（1936年）的成功飞行,将进攻与防御平衡起来。

第二次世界大战于1939年爆发的时候,德国空军在数量上有着实质性但并非压倒性的优势,德军拥有大约4000架飞机,而英国只有2000架飞机,法国空军更差,只有大约1500架。但是英军的飞机包括稳重的格洛斯特角斗士（Gloster Gladiators）战斗机和霍克雷霆（Hawker Furies）战斗机（速度最快只有每小时223英里,所以并不算雷霆之速,1931年采用）,而德国空军（Luftwaffe）在希特勒上台后全部进行了重新装备。

皇家空军面临的一个主要问题是承担的作战任务越来越多,尤其是在加入与意大利的战事（1940年）和日本的战事（1941年）之后,战争扩展到了北非和太平洋地区。法国于1940年5月战败以后,皇家空军的防御作用就显得更为重要了。不列颠战役（Battle of Britain）期间,皇家空军兵源紧缺,由于战斗机飞行员的预期寿命下降到4至5周,因此,经过训练的机组人员甚至比机械师更加紧缺。1940 年 8 月 8 日,戈林(Goering)下达命令:"把英国空军彻底从天上抹去。"但首先令戈林吃惊的是,曾让波兰和法国普遍感到恐怖的斯卡图俯冲式轰炸机(Stuka dive-bombers),在皇家空军的喷火式战斗机和飓风式战斗机面前,不仅速度较慢,而且不堪一击。皇家空军没有被摧毁,戈林于是转向软目标,开始对英国的城市展开轰炸,至于入侵英国的"海狮"计划(operation Sealion),则被取消。

现在英国可以展开反攻了。一个亟待解决的战略问题是:在不实施可能会造成惨重伤亡的地面进攻的情况下,采取大规模轰炸战略是否就可以重创德国并迫使其投降。主张实施轰炸战略这一观点的最大支持者是"轰炸将军"哈里斯("Bomber"Harris)。1942 年 6 月,哈里斯集结了 1000 多架飞机(包括训练有素的机组人员),对科隆(Cologne)进行了一次证明轰炸效果的毁灭性轰炸行动,进而又以反对"欧洲地面战役中军事干预的灾难性政策"的备忘录形式,来延续他的成功。但是,关于轰炸效果的证据令人质疑。丘吉尔指出,在不堪忍受的痛苦面前,平民士气的恢复往往出乎人们的意料,而空军的损失却十分严重。皇家空军轰炸机指挥部(Bomber Command)在战争中折损了 55,000 人,据说比第一次世界大战中全部阵亡的军官数量还要多。到 1944 年底,德国的坦克、大炮和战斗机的生产仍然在持续增长,而这些兵工厂的位置都是隐蔽和分散的。

自第二次世界大战结束以来,皇家空军已经参加过很多次战役。在 1948 年和 1949 年的柏林空运(Berlin Airlift)中,皇家空军共出动了 147 架飞机,飞行架次超过 63,000 次;在 1956 年的苏伊士运河行动(Suez operation)中,皇家空军轰炸了埃及的飞机场;在 1982 年的福克兰群岛战争(Falklands War)中,占领阿森松岛(Ascension Island)至关重要,英军的空中掩护任务主要由舰载鹞式战斗机(Harriers)承担;在 1990 年的海湾战争(Gulf War)中,龙卷风飞行中队(Tornado squadron)在实施低空进攻中,第一周遭受了很大挫折。此外,皇家空军还参加了 2003 年的第二次海湾战争,以及在阿富汗的旷日持久的军事行动。但是自 20 世纪 50 年代以来,皇家空军的主要任务就是用 V 型轰炸机运载英国的核威慑力量,以及在资源缩减的情况下保持有效的作战能力。

Royal British Legion　皇家英国退伍军人协会　皇家英国退伍军人协会实质上是第一次世界大战的产物,是由战争双方的志愿者团体融合在一起于1921年成立的一个无党派退伍军人协会。该协会将筹来的基金用于减轻退伍军人因疾病和失业所带来的痛苦、职业介绍所的运作和就业计划的执行、退伍残废军人就业再培训,以及提高社会对退伍军人抚恤金的关注。罂粟花义卖日(Poppy Day)——源自佛兰德战场(Flanders's fields)的徽章——的纪念活动起始于1921年,成为最有名的募捐活动。1925年,该协会取得皇家特许状,随后获得王室的资助。

Royal College of Music　皇家音乐学院　为培养演奏家、作曲家和音乐教师而设立的伦敦公立艺术学校。皇家音乐学院创建于1883年,是在此前国家音乐培训学校(National Taining School of Music)的基础上创办的,该学院初设时有50名获得奖学金的学生和42名付费学生,院长为乔治·格鲁夫(George Grove)。

royal commissions　皇家委员会　除非放任不管,18世纪时英国乐于采用的调查问题的方式就是成立议会下院特别委员会(select parliamentary committee)。但议会下院特别委员会存在一些弊端:一是由于这个特别委员会的成员是由议会下院议员组成的,所以容易造成偏袒;二是没有多少议员有时间对问题进行彻底调查;三是几乎不可能让这个委员会的成员在全国范围内收集证据。从1800年开始,随着社会问题日渐增多,皇家委员会的数量骤增——在第一个十年中就有11个,到第四个十年中就增加到了46个,而第六个十年中增加到75个。皇家委员会的缺陷是值得思考的。利用皇家委员会进行调查不仅费用高且效率低,而且还不能确保进行追踪调查。事实上,怀疑者认为皇家委员会就是以一种令人钦佩的方式将棘手问题搁置下来,然后留给下一届大选来处理。

Royal Exchange　皇家交易所　第一座皇家交易所大楼是由托马斯·格雷欣爵士(Sir Thomas Gresham)于1565年至1567年间设计建造的,用作商人和银行家相互见面的交易场所。皇家交易所位于伦敦的针线街(Threadneedle Street)和康希尔街(Cornhill)之间,建筑风格以安特卫普证券交易所(Antwerp Bourse)为蓝本。1570 年,伊丽莎白一世访问针线街时就宣布在那里建立皇家交易所。1982 年,皇家交易所中央的玻璃圆拱庭院重新修缮,改为金融期货市场。

Royal Flying Corps　皇家飞行队　皇家工程师在 19 世纪 70 年代曾试验气球飞行,于 1883 年在查塔姆(Chatham)建立了一个小工厂。1909 年,布莱里奥(Blériot)驾驶飞行器飞越英吉利海峡。1911 年,德国的齐柏林飞艇(Zeppelin)项目促使英国建立了一个空军大队(Air Battalion)。1912 年 4 月,皇家飞行队成立。1914 年,4 个空军中队带着 63 架飞机前往法国,这些飞机大多为在法恩伯勒(Farnborough)生产的 BE2 双翼飞机(布莱里奥实验型)。皇家飞行队早期从事搜索工作,但随着武器的装备和可以从螺旋桨推进器处开火同步机枪的发明,空中格斗频繁出现。1916 年 9 月 3 日,威廉·利夫·鲁滨逊(William Leefe Robinson)击落了正在空袭伦敦的齐柏林 SL11 飞艇,皇家飞行队的防御能力由此得到证明。1918 年,空军力量被重组以便协同作战。皇家飞行队与皇家海军航空勤务队(Royal Naval Air Service)合并组建了皇家空军(Royal Air Force),并设有自己的空军大臣。

Royal Institution　皇家科学研究院　成立于 1799 年的皇家科学研究院,旨在通过利用科学和技术手段来改善贫困者的生活。皇家科学研究院的领导成员包括班克斯(Banks)、拉姆福德伯爵(Count Rumford)、亨利·卡文迪什(Henry Cavendish)和威尔伯福斯(Wilberforce)。研究院成立的第二年获得了王室特许状,并迁入阿尔比马尔街(Albemarle Street)的一座建筑中,至今仍在使用。它的主要活动一直是通过公众演说的方式普及科学知识,皇家科学研究院所取得的成就与汉弗莱·戴维(Humphry Davy)和从 1813 年开始担任其助手的迈克尔·法拉第(Michael Faraday)的努力是分不开的。

Royal Irish Academy　爱尔兰皇家学术院　爱尔兰皇家学术院于 1785 年

在都柏林成立,转年获得王室的承认。学术院旨在搜集和保护爱尔兰文献,收集各种手稿以及出版事宜。它的第一任主席是查利蒙特勋爵(Lord Charlemont),创始成员包括格拉顿(Grattan)和冈顿(Gandon)。

Royal Irish Constabulary　皇家爱尔兰警队　See IRISH CONSTABULARY.(见爱尔兰警队)

royalists　保王党　See CAVALIERS.(见骑士党)

Royal Marriages Act, 1772.　《王室婚姻法》(1772)　该法因乔治三世的兄弟坎伯兰公爵亨利(Henry, duke of Cumberland)在未经国王同意的情况下结婚而推动产生,1772 年获得议会通过。此后,所有年龄未满 25 周岁的王室成员,如果在事先未经国王同意的情况下结婚,在法律上都是无效婚姻。1785 年,当 23 岁的后来的乔治四世迎娶菲茨赫伯特夫人(Mrs Fitzherbert)时,《王室婚姻法》给他带来了麻烦。该法目前仍然有效。

Royal Naval Air Service　皇家海军航空勤务队　1912 年,皇家飞行队(Royal Flying Corps)成立时,就有一个与其地位平行的海军作战机构。这个机构不久就被称为皇家海军航空勤务队,并于 1914 年 7 月获得官方认可。那时,皇家海军航空勤务队拥有 39 架飞机、52 架海上飞机和 7 艘飞艇。1918 年,皇家海军航空勤务队与皇家飞行队合并,成立了皇家空军(Royal Air Force)。但是由于海军的特殊要求,又建立了海军防空兵(Fleet Air Arm),采取海军和空军联合管理的方式,直到 1937 年才完全由海军控制。

Royal Navy　皇家海军　See NAVY.(见海军)

Royal Opera House(Covent Garden, London)　皇家歌剧院(伦敦考文特花园)　最初为考文特花园歌剧院,于 1732 年由约翰·里奇(John Rich)建造;韩德尔(Handel)曾在此表演他的歌剧和清唱剧,他的清唱剧《弥赛亚》

R

（Messiah）在伦敦的首次公演就是在这家剧院。1808年,该剧院被大火烧毁,次年重新开放。1847年,考文特花园歌剧院开始上演意大利皇家歌剧。1856年,该剧院再次被大火烧毁,目前的歌剧院建筑是由建筑师E.M.巴里（E.M.Barry）设计的,于1858年对观众开放。20世纪第一阶段的主要指挥是比彻姆（Beecham）,而新近的音乐指挥包括佐尔蒂（Solti）和戴维斯（Davis）。第二次世界大战后,该剧院成为考文特花园歌剧院公司（Covent Garden Opera Company）和萨德勒的韦尔斯芭蕾舞团（Sadler's Wells Ballet）——后来以皇家歌剧院（Royal Opera）和皇家芭蕾舞团（Royal Ballet）知名——永久驻地。

Royal Philharmonic Society　皇家爱乐协会　1813年由职业音乐家建立的伦敦音乐协会（London concert society）,旨在推动以管弦乐和器乐为主的音乐发展。在第一场爱乐协会音乐会上,管弦乐由小提琴手萨洛蒙（Salomon）领奏,钢琴指挥为克莱门蒂（Clementi）。后来的指挥家包括门德尔松（Mendelssohn）、斯滕代尔·本涅特（Sterndale Bennett）、沙利文（Sullivan）、柴可夫斯基（Tchaikovsky）、伍德（Wood）和比彻姆（Beecham）。此外,瓦格纳（Wagner）也曾在这里担任了一个灾难性音乐季的指挥。1913年,该协会被授予"皇家"的名称。

royal prerogative　君主特权　君主特权是一个已经在很大程度上改变了本意的专有名词。在近现代时期,君主特权主要是指君主所拥有的保留权（reserve）或自由裁量权（discretionary power）;但在中世纪时期,君主特权则主要指君主拥有的封建权利（feudal rights）。保留权在中世纪时期没有任何意义,因为那时的封建君主拥有大量直接的权力,所有重要的官职都由君主任命,所有的荣誉称号、地产和特许状都由君主授予,此外,君主还拥有发布公告、司法审判和宣战与媾和的权力。

围绕君主特权问题而产生的巨大冲突,主要是在17世纪解决的。伊丽莎白在位末期,她因凭借君主特权授予垄断权而饱受批评,不得不答应加以纠正。詹姆斯一世不得不在这个问题上彻底作出让步,1624年颁布的《垄断法》（statute of Monopolies）宣布这些垄断权"完全违反了这个王国的法律"。在1604年的《议会下院权利声明》（Apology）中,议会下院伤感地记录道:"君主的特权很容易被扩大,而且的确在日益扩大……而臣民的权力一旦失去则永远无法恢复,只能忧心忡忡。"历经八十年的忧虑,这种状态终于改变了。议会首先试图捍卫自己的地位,因为只要君主有权随时解散和召集议会,议会的权力就不稳定。1641年的法令规定每三年必须召开一届议会,尽管这个《三年会期法》在王朝复辟(Restoration)之后有所调整,但在 1694 年重新生效。征购特权(Purveyancing),即国王以自定价格征购生活必需品或征用车马或劳役的特权,在 1660 年被正式废除。此外,贡金(benevolences)、强制性贷款(Forced loans),以及其他仍然存在的封建税费也在 1660 年被一并废除。1679 年颁布的人身保护令(Habeas corpus)规定:臣民未经审判,不得被投入监狱。1688 年光荣革命(Glorious Revolution)之后,根据《权利法案》(*Bill of Rights*),更多的君主特权被废除,包括在具体案件中,"根据一直以来假定的和近来实际行使的"国王享有的法规中止权(power to suspend laws)和特免权(power to dispense with laws)。

1688 年以后,君主仍然保留着非常大的权力,但在随后的 150 年中,君主的大多数特权要么被搁置,要么被首相移为己用。1708 年以后,国王就从未再行使过否决立法的权力,这项权力估计现在已经失效了。呼吁举行大选的权力,现在是在首相的建议下行使。在整个 18 世纪,在遴选大臣这个问题上,一直斗争激烈,但现在这项权力已归首相拥有。至于 20 世纪末留给君主的特权还有哪些,我们已难以知晓。在发生危机时期,国王或女王仍然享有创议权(power of initiative),如乔治五世先后于 1910 年和 1914 年两次请求势不两立的政治家们进行协商谈判,但是结果却不那么令人鼓舞。

Royal Scottish Academy　苏格兰皇家学院　18 世纪,苏格兰画家已经有机会在爱丁堡办画展,但这并未阻止苏格兰画家们涌向伦敦。在艺术家们自己的倡议下,苏格兰学院于 1826 年成立,于 1838 年获得皇家特许状。

Royal Society　皇家学会　现存世界最古老的科学团体。1660 年创办的皇家学会,旨在促进自然科学的发展,于 1662 年获得第一份皇家特许状。1665年,皇家学会的秘书亨利·奥尔登堡(Henry Oldenburg)创办了一份期刊——《哲学会刊》(*Philosophical Transactions*),从开始时发表信件演变为发表论文,至今仍然存在。与随后不久建立的巴黎科学院（Paris Academy of Sciences）不同，皇家学会无论过去还是现在，一直都像是一种俱乐部，在19世纪20年代汉弗莱·戴维（Humphry Davy）担任皇家学会主席之前，理事会中的大多数成员都未出版过任何科学论著。到19世纪70年代，皇家学会已成为一个杰出科学家的团体，而在此之前，大多数成员都是科学爱好者。自19世纪中叶以来，皇家学会已经得到英国议会的科研资助，并且在科学方面为政府提供越来越多的建议。皇家学会拥有非常庞大的图书馆，但是从未拥有过实验室。

Royal Society for the Prevention of Cruelty to Animals 皇家防止虐待动物协会 皇家防止虐待动物协会（RSPCA）是最大的动物福利组织，源于保护动物运动对虐待役畜，利用动物进行娱乐性活动（如斗鸡），以及屠宰场条件状况的关注。皇家防止虐待动物协会形成于1824年，在维多利亚公主的支持下，于1840年获得皇家认可。在伦敦之外蓬勃发展的各种附属团体提高了该协会的声望，促进了该协会的繁荣。

Royal Society of Arts 皇家艺术学会 皇家艺术学会是在福克斯通子爵（Viscount Folkestone）和罗姆尼勋爵（Lord Romney）的支持下，由北安普敦的绘画大师威廉·希普利（William Shipley）于1754年创办的，旨在"鼓励艺术，制造业和商业的发展"。皇家艺术学会通过募捐的方式来筹集资金，奖励有用人才和各种发明。该学会的早期成员包括约翰逊（Johnson）、哥尔德斯密斯（Goldsmith）、贺加斯（Hogarth）、吉本（Gibbon）、皮特（Pitt）、奇彭代尔（Chippendale）和班克斯（Banks）。1774年，该学会迁至现址——由亚当兄弟（Adam brothers）在艾德菲（Adelphi）设计建造的建筑。

Royal Titles Act, 1876.《君主尊称法》（1876） 1857年印度兵变（Indian mutiny）之后，英国对印度的行政管辖权被转交给国王，而印度总督（governor-general）变成了代表国王行使权力的总督（viceroy）。德国皇帝威廉一世至高无上的称谓似乎已经让维多利亚感到心烦意乱，她在1873年对自己的私人秘书说："为何我从未被正式赋予这个头衔？"1874年，迪斯累里（Disraeli）取代格莱斯顿(Gladstone)成为首相,迪斯累里任职期间将女王的尊称向前推进了一步,通过了《君主尊称法》(39 & 40 Vic.c.10),于是女王变成印度女皇。

Royal Ulster Constabulary(RUC). 北爱尔兰皇家骑警队 北爱尔兰皇家骑警队是根据1922年的《警察法》(Constabulary Act),仿效1922年解散的皇家爱尔兰警队(Royal Irish Constabulary)而创建的一支警察部队,这支部队全副武装,直接受中央控制。北爱尔兰皇家骑警队建立初期有3000人,而且最初计划留给天主教徒三分之一的名额,但是从未招满。从1969年开始的"麻烦"中,骑警队有300多名军官遇难。在1999年的《帕滕报告》(Patten report)之后,骑警队的重组是北爱尔兰和平进程中一个极具争议的问题。

Royal Victorian Order 维多利亚皇家勋位 维多利亚皇家勋位是1896年为王室成员设置的勋位①,君主个人拥有授予维多利亚皇家勋位的支配权。授予勋位的教堂是位于伦敦的萨伏依(Savoy)女王教堂(Queen's Chapel)。

Royce,Sir(Frederick)Henry(1863—1933). 亨利(弗雷德里克)· 罗伊斯爵士(1863—1933) 罗伊斯是一名工程师,1882年他承担的第一项工程就是在利物浦安装一套路灯系统。两年之后,他搬到曼彻斯特,创办了自己的电力工程公司。在汽车出现后,他投身于这个新的领域,并在1904年生产出他的第一辆摩托车。他生产的早期交通工具引起了汽车爱好者C.S.罗尔斯(C.S.Rolls)的极大关注,以至于两人于1906年成为商业伙伴,共同组建了劳斯莱斯有限公司(Rolls-Royce Ltd.)。在第一次世界大战中,罗伊斯响应英国政府的要求,生产战鹰飞机引擎,并继续研制其他飞机引擎。

rugby football 英式橄榄球运动 威廉·韦布·艾利斯(William Webb Ellis)被认为是英式橄榄球运动的发明人。1823年,当他在拉格比公学(Rugby School)踢足球时,捡起球来抱着球跑,英式橄榄球运动由此诞生。虽然这一说

---

① 原文似有误,该勋位应为授予对王室作出贡献者。——译者注

法颇具争议,但是英式橄榄球运动无疑是从公学(public shools)中大规模且没有太多规则的围挤争球运动中产生的。1863年,英国足球协会(Football Society)成立后,开始制定比赛规则,将用手(臂)击球和踢对方(小腿)视为犯规。而里士满(Richmond)、布莱克希思(Blackheath)以及伦敦的一些俱乐部则坚持认为手球不应该算作犯规,于是英式橄榄球联合会(Rugby football Union)于1871年形成。与足球相似,英式橄榄球的发展也偏重于北部地区的俱乐部,并在那里走向职业化。1895年,圣海伦斯(St Helens)、威根(Wigan),以及北部地区的一些俱乐部组成了脱离联盟,该联盟于1922年发展成为英式橄榄球联盟(Rugby football League)。比赛的选手从15人减少为13人,选手之间相互扭打的行为受到限制,使得这项运动成为一项比赛速度的运动。

多年以来,英式橄榄球的业余选手和职业选手之间一直相互鄙视。但在第二次世界大战以后,电视的出现导致二者之间的关系逐渐得以缓和。英式橄榄球联合会采用了升级和降级的联赛系统,花销也更大。1995年,禁止球员在参加英式橄榄球联盟比赛后再回到英式橄榄球联合会比赛的规定被解除。随后在实行全面职业化的同时,也对比赛进行了重要调整。由于定位球成为主要的得分手段,以至于大多数比赛的结果都取决于犯规,以及随后所罚的定位球。

Rugby School 拉格比公学 拉格比公学是一所招收男孩的公学,由伦敦杂货商劳伦斯·谢里夫(Laurence Sheriff)于1567年创办。1748年,学校不再适合继续使用,于是,拉格比公学原地重建,包括校舍、广场、小礼拜堂,以及一个设施一流的运动场。学校后来所获盛誉源于托马斯·阿诺德(Thomas Arnold)担任校长时期。

'Rule, Britannia!' 《不列颠万岁!》 这首合唱歌曲出自托马斯·阿恩(Thomas Arne)的假面舞剧《阿尔弗雷德》(*Alfred*)的最后一场【由詹姆斯·汤姆逊(James Thomson)和戴维·马利特(David Mallett)填词】,1740年,在威尔士亲王所居住的克利夫登(Cliveden)进行了首场演出。此后不久,"为了纪念伟大的不列颠,这首著名的颂歌就以不列颠万岁为名"公开发表。

Rump Parliament　残余议会　残余议会是指在普赖德清洗（Pride's Purge）之后，长期议会的下院残留议员所召开的议会。它拥有完整的法律权威，其早期（1649 年 1 月至 5 月）通过的法案包括成立判处查理一世死刑的法庭、废除君主政体和议会上院，以及宣布英格兰为共和国。残余议会最终采用了一则法案建立了真正全新的议会，但是军队仍然不满意。1653 年 4 月 20 日，克伦威尔强令解散了残余议会。1659 年 5 月，军队在发动了一次针对理查德·克伦威尔（Richard Cromwell）的政变之后，又恢复了残余议会。1660 年 2 月 21 日，当蒙克将军（General Monck）重新接纳了那些在普赖德清洗中"隐退"的议员时，残余议会最终解散。

Runcie，Robert（1921—2000）．　罗伯特·朗西（1921—2000）　坎特伯雷大主教。第二次世界大战时期曾担任坦克指挥官，战后从牛津大学布雷齐诺斯学院（Brasenose College）毕业，并获得了甲级荣誉学位（MC）。他先后担任卡兹登神学院（Cuddesdon Theological College）院长职务（1960 年），圣奥尔本斯（St Albans）主教（1970 年），以及坎特伯雷大主教（1980—1991 年）。他是一位自由主义的天主教徒，通过频繁的海外访问为坎特伯雷树立了准家长的地位。作为第一位提出罗马"在整个基督教世界具有主导地位"的大主教，朗西欢迎教皇约翰·保罗二世（Pope John Paul II）于 1982 年访问了坎特伯雷天主教堂，这也是第一位造访这里的教皇。

Rupert，Prince（1619—1682）．　鲁珀特亲王（1619—1682）　鲁珀特亲王经历了两段军事生涯，1646 年之前，他是一名陆军军官；1646 年之后，他担任海军指挥官。他是波西米亚女王伊丽莎白（Elizabeth，queen of Bohemia）之子，也是查理二世的嫡表兄。他在布拉格（Prague）出生后不久，他的父母就在"三十年战争"（Thirty Years War）爆发之际被驱逐出去。内战（Civil War）爆发时，他为自己的舅父查理一世效劳。在随后的四年间，他是一位受保王派称赞、令圆颅党（roundheads）胆战心惊的人，更是在这场战争中成为支持国王的中流砥柱。他擅长利用骑兵发动突袭行动，向对手的前哨阵地发起突然袭击，在对手猝不及防的情况下，一举将之歼灭。1644 年 11 月，王党军队的一切指挥权集于他一身，但为时已晚。1645 年 6 月,王党军队在内斯比(Naseby)被击溃。他奉命守卫布里斯托尔(Bristol),他于 1645 年 9 月向议会军投降,这一行为是对国王的背叛,查理一世谴责其"行径如此卑鄙"。1646 年 7 月,鲁珀特离开了英格兰。

在接下来的几年里,他负责指挥规模不大的海军分遣舰队。1649 年,他率领一支舰队前往爱尔兰,但被布莱克(Blake)打得毫无还手之力。自 1650 年至 1652 年,鲁珀特一直在地中海和西印度群岛游弋,猎获议会军的船只。王朝复辟后,他回到英格兰,担任海军高级指挥官,与蒙克【Monck,阿尔比马尔(Albemarle)】和约克公爵詹姆斯(James,duke of York)共同负责指挥第二次和第三次英荷战争(Anglo-Dutch Wars)。面对顽强且老练的荷兰海军上将,尽管鲁珀特于 1665 年在洛斯托夫特(Lowestoft)之战中取得了一场重要胜利,但这次胜利不如他在陆地战中取得的胜利那么令人感到兴奋。

Ruskin,John(1819—1900). **约翰·罗斯金**(1819—1900)　罗斯金是他生活的那个时代最有影响力的艺术评论家,同时也是杰出的绘图师和水彩画家。由于他出生在一个富裕的红酒商人家庭,因此从牛津大学毕业后有能力广泛游历,增进他的艺术知识。他的大量文字作品使其在公众舆论中产生了巨大的影响,他成功地捍卫了拉斐尔前派绘画艺术,并支持特纳(Turner)。1870 年,他被任命为牛津大学斯莱德(Slade)教授,并捐助那里的绘画学校(Drawing School)。他那位于阿尔斯沃特湖(Ullswater)湖畔的居所,目前已被保留下来供公众参观。

Russell,Bertrand,3rd Earl Russell(1872—1970). **伯特兰·罗素,第 3 代罗素伯爵**(1872—1970)　罗素在他漫长而复杂的一生中,扮演过很多种角色。在剑桥大学三一学院(Trinity College)出色完成了数学和哲学课程之后,他成功地获得了三一学院研究员的职位。他早期的代表作是写于 1910 年但直到 1930 年才出版的《数学原理》(*Principles of Mathematics*)。在第一次世界大战期间,罗素因为自己的和平主义行为而失去了研究员的职位。在两次大战之间,他大量演讲和写作,并越来越倾向于做一名哲人。1938 年他接受了美国的一个学术职位,第二次世界大战期间他大部分时间都住在美国。1949 年,他被授予功绩勋章(OM)。1950 年,他被授予诺贝尔文学奖。从 1954 年开始,他在核裁军运动

（Campaign for Nuclear Disarmament）中扮演了重要角色。但他的判断力已经变得越来越愚蠢，甚至宣称哈罗德·麦克米伦（Harold Macmillan）比希特勒还要糟糕。

Russell，Lord John，1st Earl Russell（1792—1878）. **约翰·罗素勋爵，第1代罗素伯爵**（1792—1878） 首相。罗素是一位身材矮小但傲慢自大之人，他是贝德福德公爵（duke of Bedford）的第三个儿子，在威斯敏斯特和爱丁堡大学接受教育。他于1818年进入议会，在1841年代表伦敦城（City of London）选区之前，曾代表过不少选区。从1841年起，直到成为罗素伯爵之前，他一直代表伦敦城选区。他最初的成就包括：于1828年带头废除《忠诚宣誓法》和《市镇社团法》（Test and Corporation Acts）以及于1829年支持天主教徒解放运动（catholic emancipation）。在格雷（Grey）组阁的政府中，他协助草拟了《改革法案》（Reform Bill），并在确保该法案获得议会通过方面起了重要的作用。罗素非常热衷使用"定局"（"finality"）进行争论，所以获得了"定局杰克"（"finality" Jack）的昵称。在其漫长的职业生涯中，罗素在很多机构中任职。他在墨尔本（Melbourne）手下曾担任内政大臣和殖民地大臣，在阿伯丁（Aberdeen）手下担任议会领袖，并先后在阿伯丁和帕默斯顿（Palmerston）手下担任外交大臣。1846年至1852年和1865年至1866年，他曾两次出任首相。1845年，他转而支持废除《谷物法》（Corn Laws）。他对教皇侵略行径十分愤怒，公开抨击1850年英格兰恢复天主教主教区的做法，并在1851年推出了颇具争议的《教阶等级法案》（Ecclesiastical Titles Bill）。尽管在公众心目中，罗素与帕默斯顿合作融洽，但实际上他与这个著名同事之间的关系却颇为紧张。罗素对路易·拿破仑（Louis Napoleon）在1851年12月发动的政变持支持态度，也为帕默斯顿赞同他的立场感到高兴。反过来，1852年，当他的政府在关于民兵问题的提议中失利时，他又成为帕默斯顿复仇欲望的牺牲品。罗素是一个难以相处的首相和同事。在其第二个首相任期中，他提出议会改革法案，并认为此事已被帕默斯顿阻挠了很长时间。但他最终只能带着屈辱离开首相职位，眼睁睁地看着迪斯累里（Disraeli）推行比自己的法案更好的议会改革法案。

Russell, Lord William (1639—1683). **威廉·罗素勋爵**(1639—1683)
罗素是贝德福德伯爵(earl of Bedford)之子,于1660年代表塔维斯托克
(Tavistock)选区进入议会,并成为沙夫茨伯里(Shaftesbury)辉格党领袖。1678
年,他给国王写信,请求查理二世解除他的兄弟约克公爵詹姆斯(James, duke of
York)的国王法律顾问的职位。1680年,他加入了指控约克公爵为臭名昭著的
天主教徒的行列。但是法庭很快就对他采取了报复行动。1683年,罗素被指控
参与谋杀詹姆斯和查理二世的麦酒店阴谋案(Rye House plot),并在林肯律师公
会广场(Lincoln Inn Field)被斩首。

Russia Company 俄罗斯公司 1555年,最先通过东北航路(North-East
Passage)前往俄罗斯的先驱者们得到英格兰政府的回报,获得了享有专属贸易
权的特许状。沙皇也给予了他们一些特权。1566年的一项法令确认了这份特
许状。该公司主要从事进口皮毛和木材,出口呢绒的贸易。

Rutherford, Ernest (1871—1937). **欧内斯特·卢瑟福**(1871—1937) 卢
瑟福在放射线和核物理方面的工作改变了我们对物质的看法。他出生在新西
兰,获得奖学金后前往剑桥大学与J.J.汤姆孙(J.J.Thomson)一起工作。1898年,
他来到加拿大的麦吉尔大学(McGill University),在那里他证明了放射性是亚原
子的化学变化。这个新成果确立了他的学术地位。1907年他移居曼彻斯特,
1919年接替了汤姆孙在剑桥大学卡文迪什实验室(Cavendish Laboratory)的工
作,并在那里建立了一个科学史上最伟大的研究学派之一。

Ruthven raid, 1582. 拉斯文突袭行动(1582) 苏格兰国王詹姆斯六世幼
年执政时期发生的一段插曲。因对亲法国和亲天主教派别的领导者,并于1581
年被封为伦诺克斯公爵(duke of Lennox)的国王表兄埃斯米·斯图尔特(Esmé
Stuart)的权势感到不满,一个由第1代高里伯爵(Ist earl of Gowrie)领导的清
教徒组织逮捕了16岁的国王,并将其拘禁了10个月。斯图尔特被迫回到法
国,但是詹姆斯在1583年6月逃跑。1584年,在处死高里后,双方表面上达
成和解。

Rutland 拉特兰 在七个多世纪中,拉特兰一直是一个小郡,疆域跨度约为 17 英里,其面积只有约克郡的四十分之一。它虽然没有明确的地理定义,但却拥有舒适、温和和树木茂盛的乡村,自 18 世纪 20 年代开始就受科茨莫尔(Cottesmore)的侵扰。该郡只有两个城镇:郡府奥克姆(Oakham)和因创办于1584 年的学校而闻名的阿平厄姆(Uppingham)。

诺曼征服时期,拉特兰虽然还没有取得郡的地位,但是被历代国王作为私人领地赐予王后。1204 年,当约翰将该领地赐予伊莎贝拉(Isabella)时,该领地被描述为一个郡。到 13 世纪末,拉特兰郡与其他郡一样,也拥有了两个在议会中的骑士代表。根据 1972 年的《地方政府法》(*Local Government Act*),拉特兰郡与莱斯特郡(Leicestershire)合并,尽管轰轰烈烈的抗议运动一直不断。1997 年,抗议者取得胜利,拉特兰重新成为单一自治体。

Rye House plot, 1683. 麦酒店阴谋案(1683) 这个准共和性质的阴谋案,针对的是查理二世和约克公爵詹姆斯(James, duke of York)的人身——如果说不是要他们的性命的话。1683 年 6 月,如果不是这个阴谋被泄露给王室,那么国王及其兄弟就会在从纽马基特(Newmarket)返程途中,在赫特福德郡霍兹登(Hoddesdon)附近的麦酒店中遭到劫持。查理二世在《排斥法案》(*Exclusion*)失败后,继续不遗余力地支持詹姆斯的王位继承权,而诸如罗素(Russell)和西德尼(Sidney)这样的对手,都因叛国罪法律的广泛应用而受到惩处。

Rysbrack, John Michael（1694—1770）. 约翰·迈克尔·赖斯布雷克（1694—1770） 赖斯布雷克是出生于佛兰德的雕塑家,在 1720 年前后定居英格兰,此后不久,他就开始为同时代大多数重要人物制作半身雕像。他通常使用对英国来说相对新颖的古典风格,例如他制作的罗伯特·沃波尔(Robert Walpole)的肖像就如同一个古罗马元老院的议员,目前被存放在诺福克郡的霍顿霍尔(Houghton Hall)。尽管鲁比里亚克(Roubiliac)比赖斯布雷克更受大众欢迎,但里赖斯布雷克仍然不失为一位强大的竞争对手。

Ryswick, treaty of, 1697. 《赖斯韦克条约》(1697) 1697 年 7 月,《赖斯

韦克条约》的签订宣告了"九年战争"的结束。在"九年战争"中，法国国王路易十四要面对由英格兰、神圣罗马帝国皇帝、荷兰和西班牙所结成的强大联盟。路易十四同意归还他自《奈梅亨条约》(Nijmegen)以后兼并的大多数领土，但是仍保留重要的军事要塞城镇斯特拉斯堡(Strasbourg)。此外，条约还规定：荷兰人可以驻守西属尼德兰的边界要塞。该条约仅维持了四年，就爆发了西班牙王位继承战争。

R

S

Sabbatarianism 安息日论（严守安息日） 根据《摩西十诫》中的第四诫：
"当记念安息日，守为圣日"（"Remember the Sabbath day, to keep it holy"），应严
格遵守安息日（希伯来语的"*shabath*"一词的含义是休息）作为休息日的规定。
17 世纪时，尤其是在"空位期"（Interregnum）时期，英格兰和苏格兰的长老会使
严守安息日的规定得到了绝无仅有的强制执行。福音派的复兴使安息日论流行
起来，以至于在维多利亚时代，星期日都没有体育运动或休闲活动，甚至都不能
阅读内容严肃的世俗文学作品。20 世纪时，此规定逐渐放宽，在此之前，星期日
是不可以自由从事交易的。

sac and soc 领主审判权 中世纪的法律用语，可能源自于丹麦语，指庄园
的司法审判权（manorial jurisdiction）。虽然每个字都有原始且确切的含义，但
"sac and soc"后来成为斯塔布斯（Stubbs）所说的"只是头韵体的顺口溜"（"a
mere alliterative jingle"），没有必要进行仔细分析。

Sacheverell riots, 1710. 萨谢弗雷尔暴动（1710） 1710 年 3 月中旬，就在
亨利·萨谢弗雷尔博士（Dr Henry Sacheverell）遭到指控的第三天夜间，伦敦西
区（London's West End）发生了一系列暴动。亨利·萨谢弗雷尔博士是个直言不
讳的英格兰高教会派传教士、牛津大学学监（don），因发表一篇谴责辉格党政府
偏袒不从国教者的布道文章，而在威斯敏斯特大厅受到审判。暴乱者们以洗劫
和焚烧 6 座有名的不从国教者的小教堂的方式，来表达他们对亨利·萨谢弗雷
尔博士的同情之心。

Sacket's harbour, battle of, 1813.　萨基茨港战役（1813）　在1812年战争期间,为争夺安大略湖（Lake Ontario）的控制权,英、美双方军队发生了战斗。1813年5月,加拿大总督乔治·普雷沃斯特爵士（Sir George Prevost）向美军基地萨基茨港发动了进攻,但被击退。

sailing　帆船运动　帆船运动的范围很广,既包括在海洋上举行的帆船比赛,也包括12英尺的小舢板比赛,或者其他一些只是驾驶小船的简单活动。这项运动最高级别的比赛,是以1851年访问考斯（Cowes）而引起轰动的那艘著名游艇的名字命名的美洲杯（America's Cup）帆船比赛。1925年开启的法斯耐特帆船赛（Fastnet race）从考斯出发,到达爱尔兰后再返回普利茅斯（Plymouth）。这项赛事由英国皇家游艇协会（Royal Yachting Association）主办,每年8月组织考斯帆船周比赛。此外,还有一个小舢板巡航协会（Dinghy Cruising Association）,当地比赛都由俱乐部安排在河流港湾、采沙坑,以及水库中进行。

St Albans, battle of, 1455.　圣奥尔本斯战役（1455）　1455年5月22日爆发的第一次圣奥尔本斯战役只是小规模的白刃战。但由于这场战役引发了玫瑰战争（Wars of the Roses）,因此其后果很严重。约克公爵理查（Richard, duke of York）已经率军向南进军,而约克公爵的对手萨默塞特公爵（duke of Somerset）却接到亨利六世要求其撤退的命令。约克派的胜利在很大程度上归功于"造王者"（"the Kingmaker"）沃里克伯爵理查德（Richard, earl of Warwick）。萨默塞特公爵被杀,亨利六世被俘,事态发展还有待观察。

St Albans, battle of, 1461.　圣奥尔本斯战役（1461）　第二次圣奥尔本斯战役发生在1461年2月17日。玛格丽特王后（Queen Margaret）利用她在韦克菲尔德（Wakefield）取得的压倒性胜利,立即乘胜南下解救她的丈夫——被沃里克伯爵（earl of Warwick）俘虏的亨利六世。尽管约克派再次被击败,但沃里克伯爵还是救出一部分军队,并加入来自威尔士的后来成为爱德华四世的队伍。玛格丽特虽然解救了她的丈夫亨利六世,但未能乘胜追击。

St Albans，diocese of **圣奥尔本斯主教区** 1877 年，赫特福德、埃塞克斯和北伍尔维奇（north Woolwich）从罗切斯特（Rochester）主教区中分离出来，成立了圣奥尔本斯主教区，该主教区辖区现与贝德福德郡和赫特福德郡的辖区面积重合。这次的主教区重组并非成功之举，因为埃塞克斯和北伍尔维奇在 1914 年时又从圣奥尔本斯主教区中分离出去，组成新的切姆斯福德（Chelmsford）主教区；而圣奥尔本斯主教区则从伊利主教区得到了贝德福德，这一重组更加顺其自然。圣奥尔本斯主教座堂曾经是修道院的教堂，修道院解散（dissolution）后，被用作堂区教堂。

St Andrews **圣安德鲁斯** 圣安德鲁斯市是王家自治市，也是苏格兰法夫郡（Fife）东北部的大学城。它是从皮克特人（Picts）所在地的一个王家要塞发展起来的，后来该地建有圣安德鲁斯城堡（St Andrews castle）。严格地说，圣安德鲁斯市不属于中世纪自治市的一部分，这个地区孕育了后来传遍全国的对圣安德鲁斯（St Andrews）的崇拜之情。圣安德鲁斯大教堂建于 1160 年至 1318 年间，是苏格兰最大的教堂，教堂正厅长 357 英尺。

1140 年前后，罗伯特主教（Bisop Robert）在位期间，圣安德鲁斯城区建成。1412 年至 1413 年间，主教沃德洛（Bishop Wardlaw）和教皇本尼狄克八世（Pope Benedict XIII）合并并批准成立圣安德鲁斯大学（St Andrews University），这是苏格兰第一所大学。圣安德鲁斯是宗教改革的战场。约翰·诺克斯（John Knox）就是在圣安德鲁斯退隐的，而苏格兰长老会之父、詹姆斯六世和詹姆斯一世的灾星安德鲁·梅尔维尔（Andrew Melville）当时则担任了圣安德鲁斯大学圣玛丽学院（St Mary's College）的院长。圣安德鲁斯皇家古代高尔夫俱乐部（Royal and Ancient club）独一无二的高尔夫球场设施，使圣安德鲁斯市自 19 世纪中叶以来，就成为宜居城市与度假中心。

St Asaph，diocese of **圣阿瑟夫主教区** 据说圣阿瑟夫教堂（威尔士语为Llanelwy）是由 6 世纪时来自斯特拉斯克莱德（Strathclyde）的逃犯圣肯蒂格恩【St Kentigern，Mungo（芒戈）】创建的。然而，该教堂的名字是以他的继任者阿瑟夫之名命名的。后来，该主教区的辖区范围大致与威尔士土著的波伊斯公国

（principality of Powys）辖区面积大致相当。威尔士北部沿海许多颇受欢迎的度假村、迪赛德（Deeside）工业中心、人口稠密的城镇雷克瑟姆（Wrexham），以及以威尔士语为主的梅里奥尼思郡（Merionethshire）的山地农业区，都属于该主教区的管辖范围。该主教区的大多数教堂都始建于 14 世纪。圣阿瑟夫教堂在欧文·格伦道尔（Owain Glyndŵr）起义中严重受损。吉尔伯特·斯科特（Gilbert Scott）在英联邦政府的支持下，1867 年至 1875 年间进行一次大规模整修。

St Brice's Day massacre　圣布赖斯节大屠杀　埃塞尔雷德国王（King Æthelred）在 1002 年 11 月 13 日犯下了一个最愚蠢的错误。据说，他下令在这一天屠杀英格兰境内的所有丹麦人。与此相关的死亡人数简直难以令人置信。然而，埃塞尔雷德国王之所以采取这一行动，可能因为丹麦人帕利格（Pallig）接受了埃塞尔雷德国王的礼物，却违反了向他效忠的诺言。被杀害的丹麦人中包括帕利格的妻子贡希尔德（Gunnhild），而贡希尔德是丹麦国王斯韦恩（Sweyn）的妹妹，这件事很可能是导致斯韦恩于 1003 年怒而入侵英格兰的原因。此后，英格兰受到丹麦人的持续劫掠，直到丹麦国王于 1017 年登上了英格兰的王位。

St Christopher and Nevis　圣克里斯托弗和尼维斯　圣克里斯托弗和尼维斯是加勒比海东部背风群岛（Leeward Islands）的一部分，二者在英联邦内形成一个独立的共和国。哥伦布曾经来过这些岛屿。一段时期内，西班牙、法国和英国曾在其所有权问题上存有争议。根据 1714 年签订的《乌得勒支条约》，这些岛屿被确认为是英国殖民地。

St Davids, diocese of　圣戴维兹主教区　仍然存放着威尔士守护神遗骨的圣戴维兹大教堂是威尔士公国的著名建筑之一。伯尔纳（Bernard）说服教皇加里斯都二世（Pope Calixtus II）正式宣布戴维（David）为圣徒，并颁布教令：到圣戴维兹教堂朝拜两次相当于到罗马朝圣一次。圣戴维兹主教区覆盖了威尔士西南部和中部的大部分地区，直到 1923 年，新创建的斯旺西和布雷肯主教区（see of Swansea and Brecon）才使布雷肯郡（Breconshire）、拉德诺郡（Radnorshire）和西格拉摩根郡（west Glamorgan）的部分地区脱离了圣戴维兹主教区。

Saint-Germain, treaty of, 1919. 《圣日耳曼条约》(1919) 第一次世界大战后,协约国与奥地利于 1919 年 9 月 10 日签订的和平条约。根据《圣日耳曼条约》,奥地利失去了前帝国时期所拥有的全部非德语地区。南蒂罗尔(South Tyrol)归意大利;斯洛文尼亚(Slovenia)、波斯尼亚和黑塞哥维那①(Bosnia-Herzegovnia)及达尔马提亚(Dalmatia)归南斯拉夫(Yugoslavia);波西米亚(Bohemia)和摩拉维亚(Moravia)归捷克斯洛伐克(Czechoslovakia);加利西亚(Galicia)归波兰(Poland);布科维纳(Bukovina)归罗马尼亚(Romania)。此外,奥地利和德国联盟正式解体,奥地利保留的军队不得超过 30,000 人。

St Germans, diocese of 圣杰曼斯主教区 931 年,威塞克斯国王阿塞尔斯坦(Athelstan)把克雷迪顿(Crediton)主教区一分为二,专门建立了康沃尔人的这个主教区。然而,1027 年,贫困又使其与克雷迪顿主教区合并。1050 年,合并后的主教座迁到埃克塞特(Exeter)。

St Helena 圣赫勒拿岛 圣赫勒拿岛是南大西洋上的一座火山岛,距离非洲 1200 英里,距离南美 1800 英里。该岛长 10 英里,宽 6 英里,与泽西岛(Jersey)的面积大致相等。1659 年,英国东印度公司占领了该岛,把它作为一个沿途停靠的港口。此后,它一直是英国的一个殖民地。英国政府在滑铁卢(Waterloo)战役后,经过与拿破仑的多次较量,知道如何对付这位不受欢迎的客人——拿破仑皇帝,认为把拿破仑流放到圣赫勒拿岛比厄尔巴岛(Elba)更保险,因为拿破仑曾毫不费劲地从厄尔巴岛逃脱。

St James's palace 圣詹姆斯宫 圣詹姆斯宫在名义上仍然是英国君主的总部,因为外国的驻英大使们都要在这个王宫呈递国书。尽管如此,圣詹姆斯宫却不是那么有名,而且还有很多处修补的痕迹。圣詹姆斯宫的前身是圣詹姆斯麻风病院(leper hospital of St James's)。1532 年,亨利八世购置了这块位于伦敦郊外、当时还是田野的地产,并用建筑物围起了 4 个庭院。圣詹姆斯宫的基本建

---

① 简称波黑。——译者注

筑式样还是以红砖为主的都铎式建筑风格。王朝复辟后,这座宫殿的利用率很高,因为格林尼治宫(Greenwich)已被弃置不用,而怀特霍尔宫(Whitehall)又在1698年遭到焚毁。1688年6月,后来成为"老觊觎王位者"(the old pretender)的"温锅里的宝宝"①("warming-pan baby")就是在这里出生的,当时詹姆斯二世的妻子摩德纳的玛丽(Mary of Modena)就居住在圣詹姆斯宫。后来,白金汉宫(Buckingham palace)逐渐取代圣詹姆斯宫,成为举行大多数国事活动的场合,圣詹姆斯宫现在只是偶尔举行盛大的招待会。

St Kitts 圣基茨岛 See CHRISTOPHER(见圣克里斯托弗)

St Leger, Sir Anthony(c.1496—1559). 圣莱杰,安东尼爵士(约1496—1559) 爱尔兰总督(Lord deputy of Ireland)。圣莱杰出身于肯特郡的一个家庭,与坎特伯雷大主教渥兰(Warham, archbishop of Canterbury)的侄女和继承人结了婚,在托马斯·克伦威尔(Thomas Cromwell)的关照下,官职越来越高。1540年,他取代格雷(Grey)成为爱尔兰总督,并在爱尔兰实行强调英格兰王权的政策,这是亨利八世采用爱尔兰国王称号的第一步。1547年亨利八世去世时,圣莱杰仍然保留公职,但于1548年回到英格兰。不久,当圣莱杰的继任者去世时,他又被派到爱尔兰,再次担任爱尔兰总督。1551年,由于圣莱杰对爱尔兰的天主教徒过于温和,被召回英格兰。玛丽统治时期,他于1553年第三次出任爱尔兰总督,直到1556年他被指控侵吞公款,才结束了爱尔兰总督生涯。

St Lucia 圣卢西亚 圣卢西亚是东加勒比海东部向风群岛(Windward Islands)中的一个岛屿。它是一个独立的英联邦成员国,英国女王是这个国家的元首。17世纪时,圣卢西亚是法属殖民地,18世纪时频繁转手,直到1814年最终被割让给英国。

St Michael and St George, Order of 圣米迦勒和圣乔治爵士勋位 1818

---

① 即詹姆斯二世之子詹姆斯·弗朗西斯·爱德华·斯图亚特。——译者注

年由英国摄政王(prince regent)设立的爵士勋位,保留这一殊荣主要是出于外交方面的考虑。设立这一爵士勋位最初是为了纪念英国对马耳他(Malta)和伊奥尼亚群岛(Ionian Islands)的统治,但后来获此殊荣的范围已被扩大。

St Paul's cathedral 圣保罗大教堂 最早的圣保罗大教堂是由肯特国王埃塞尔伯特(Æthelbert)于604年在一座罗马神殿的遗址上建立的,被大火焚毁后,675年至685年间,主教厄孔威尔德(Bishop Earconweald)用石头作为建筑材料对其重建,但它在962年又被维金人(Vikings)毁掉。第3次重建起来的圣保罗大教堂于1087年被烧毁,第4次重建的圣保罗大教堂被称为"老圣保罗"("Old St Paul's"),比以前在伦敦所见过的任何建筑都出色,是英国最大的教堂,同时也是欧洲第三大教堂。宗教改革(Reformation)运动剥夺了圣保罗大教堂的大部分收入,其建筑开始呈现出破败的迹象,紧靠着大教堂的外墙盖起许多房屋和商店,教堂正厅成为一条公共通道【"保罗人行道"("Paul's Walk")】和交易场所。圣保罗大教堂在1666年的伦敦大火(Great Fire)中被焚毁后,雷恩(Wren)又在他的有生之年设计完成了一座新教堂。这座新建成的圣保罗大教堂继续作为英国最大的教堂而受到人们的关注,不仅在德国人实施的伦敦大轰炸(Blitz)中幸存下来,而且还与其所在的城市伦敦保持着密切的关系。

Saints, battle of the, 1782. 圣徒岛战役(1782) 这是美国独立战争(American War of Independence)中最后一次重要的海军行动。1781年海军优势的丧失迫使康华里(Cornwallis)不得不在约克敦(Yorktown)投降。法国人和西班牙人开始逐个清除英属西印度群岛(West Indian Islands)中的岛屿,并且期待入侵牙买加(Jamaica)。1782年1月,罗德尼(Rodney)率领援军从普利茅斯(Plymouth)出发,同年4月10日在背风群岛(Leeward Islands)的圣徒岛战役中战胜了德·格拉斯(de Grasse)率领的法国舰队,赢得了一场重要的胜利。

St Vincent and the Grenadines 圣文森特和格林纳丁斯 圣文森特和格林纳丁斯是东加勒比海向风群岛(Windward Islands)的一部分,二者构成英联邦内的一个独立国家。一般认为这两个岛是哥伦布命名的,却成为法国的殖民地,直到 1763 年签订结束"七年战争"的《巴黎和约》，才将其割让给英国。

Salamanca，battle of，1812.　萨拉曼卡战役（1812）　1812 年 7 月，法国元帅马尔蒙（Marshal Marmont）率领一支 42,000 人的法军切断了威灵顿（Wellington）与他在萨拉曼卡的基地之间的联系。威灵顿指挥着一支 46,000 人的军队，作出退让，似乎是在撤退。7 月 22 日，马尔蒙派他的先头部队袭击英军。然而，威灵顿早已严阵以待，并很快战胜了马尔蒙的先头部队，然后在猛烈的步枪扫射中向马尔蒙的主力部队发起攻击，并用刺刀刺杀敌人。马尔蒙在战斗中负伤，法军被赶出战场，损失 13,000 人。

Salisbury（Sarum）　索尔兹伯里（塞勒姆）　威尔特郡一主教驻节城市（Cathedral city）。索尔兹伯里最初为铁器时代的一个山堡，在接下来的罗马人、盎格鲁—撒克逊人和诺曼人统治时期，索尔兹伯里一直是个城镇。11 世纪 70 年代，索尔兹伯里成为主教驻节地，12 世纪时，围绕着这个主教座堂形成一个重要的学术中心。1219 年，主教座堂迁到 1.5 英里以南一个同等高度的新地点，该主教座堂始建于大约 1220 年，至 1320 年完成，采用欧洲标准的教堂建筑风格，教堂塔楼顶端的塔尖是欧洲幸存下来的中世纪最高的塔尖。索尔兹伯里市因呢绒业的发展繁荣起来，15 世纪时成为英国第四大城镇。

Salisbury，diocese of　索尔兹伯里主教区　1058 年时，西萨克逊的舍伯恩（Sherborne）主教区与拉姆斯伯里（Ramsbury）主教区合并。大约在 1075 年，当舍伯恩的主教座迁到旧塞勒姆（Old Sarum）的时候，索尔兹伯里主教区建立起来。目前，该主教区辖区范围大致与威尔特郡（Wiltshire）和多塞特（Dorset）重合。1542 年，多塞特和威尔特郡的一些堂区被不恰当地并入新建立的布里斯托尔（Bristol）主教区。直到 1836 年，索尔兹伯里主教区才重新收回多塞特。布里斯托尔主教区保留了威尔特郡北部的一些教区。坐落在旧塞勒姆的诺曼教堂现在已是一片废墟，取而代之的是大约 1258 年时在一地势较低处建成的这座宏伟的教堂建筑。该教堂的外部设计属于非常典型的早期英国建筑风格，其细长的 14 世纪塔尖是英格兰最高的塔尖，高出浸水草地（water-meadows）404 英尺。

Salisbury, Robert Gascoyne-Cecil, 3rd marquis of（1830—1903）. 罗伯特·加斯科因—塞西尔，第 3 代索尔兹伯里侯爵（1830—1903） 首相。索尔兹伯里是任期最长的英国首相。他是一个老牌保守党分子的幼子，异常聪明（对贵族运动几乎没有什么兴趣），但很孤僻。从 1863 年开始，他就因自己不选择与贵族家庭结婚而和家人发生分歧，他通过为报社撰稿来补贴自己的开销——他曾在《星期六评论》（*Saturday Review*）上发表过 600 多篇文章；在《每季评论》（*Quarterly Review*）上发表过 33 篇文章，因此我们可以通过出版物对他的思想进行更多的了解，这是其他任何英国首相都无法与之相比的地方。虽然他从 1853 年开始，便代表家乡的自治市成为议会下院议员，而且在 1666 年成为德比（Derby）的内阁成员，但是他那易怒且顽固的性格使其难以与同事相处。他反对民主政体和民粹主义，长期不信任迪斯累里（Disraeli），并视其为政治骗子。1867 年初，克兰伯恩（Cranborne，罗伯特·加斯科因—塞西尔当时叫的名字）因对政府的《改革法案》（*Reform Bill*）中所涉及的自治市镇选举权问题表现出不满，而与两名内阁同僚一同辞职。离开政府后，他继续对迪斯累里提出尖锐的批评，而且使迪斯累里的领导地位受到威胁。1869 年，他继承了索尔兹伯里侯爵爵位和位于哈特菲尔德（Hatfield）的豪宅，而且继德比之后，成为牛津大学的名誉校长（chancellor）和牛津大学圣公会特色的重要捍卫者。尽管他于 1874 年勉强同意进入迪斯累里的内阁政府，但在东方问题危机（Eastern Question crisis）发生时，他很可能与政府意见不一致。不过，迪斯累里努力改善与索尔兹伯里的关系。1878 年初，在德比和卡那封伯爵（earl of Carnarvon）辞职的关键时刻，索尔兹伯里出任外交大臣，与迪斯累里同甘共苦。1881 年，迪斯累里【比肯斯菲尔德伯爵（Beaconsfield）】去世后，索尔兹伯里继任议会上院保守党领袖，与诺思科特（Northcote）共同领导保守党。他对自由党提出的爱尔兰土地法措施表示愤怒，并带头阻止该法案在议会上院通过。丘吉尔在议会下院的不服从行为帮助索尔兹伯里战胜了他的对手——较为温和的诺思科特。1885 年，他成为过渡时期保守党政府的首相。大选后，格莱斯顿（Glastone）刚一宣布支持《爱尔兰地方自治法案》（*Home Rule*），索尔兹伯里就抛出《联合法》予以强有力的回击，并且巧妙地利用了自由党内部的分裂。1886 年夏，索尔兹伯里依靠自由党统一派（Liberal Unionists）的支持，重新开始执政。索尔兹伯里不得不制定各种妥协的政策(例如爱尔兰的土地购买政策、教育政策和郡议会选举政策等)来安抚他的盟友,特别是要满足条件苛刻的张伯伦(Chamberlain)的要求,这些政策的实施使索尔兹伯里组阁的政府看上去比推行其他政策更为进步。索尔兹伯里在这个令人尴尬的位置上一直坚持到 1892 年。1891 年,索尔兹伯里曾任命他的外甥鲍尔弗(Balfour)为议会下院保守党领袖,鲍尔弗因在爱尔兰推行高压政策已经成为众所周知的人物。索尔兹伯里在担任首相的大部分时间里,一直兼管外交部而不是担任首席财政大臣(Ist lordship of the Treasury)。在外交上,他表现出这样一种才能,即他能够使英国的政策始终保持在一个稳定的轨道内运行,而避免出现早些时候格莱斯顿和迪斯累里来回走极端的现象。此外,虽然他使英国摆脱了纠缠不清的联盟①,但是他在调和殖民地的不同要求方面,是一个成功的谈判专家。

1893 年,作为在野党,索尔兹伯里使议会上院以 419 票对 41 票的绝对优势否决了格莱斯顿第二次提交的《爱尔兰地方自治法案》(Home Rule Bill)。1895 年,自由党辞职后,索尔兹伯里使哈廷顿(Hartington)领导的自由党统一派(Liberal Unionists)成为保守党的正式盟友,这个联合政府抓住布尔战争(Boer War)的机会,赢得了这次大选和 1900 年的另一次大选【"卡叽"选举("khaki" election)】。到那时为止,索尔兹伯里的活力日趋下降,他的政策对于年轻的政治家们来说,似乎也显得过时了。1900 年,他辞去外交大臣一职。1902 年,他辞去首相一职。

虽然索尔兹伯里是一位地位颇高的贵族,但是每次发生反对贵族的事件,特别是 1885 年通过了《议席重新分配法案》(Redistribution Act)之后,他都会认清改善与中产阶级的关系和都市民众舆论的重要性。索尔兹伯里之所以能够成功,在很大程度上还取决于格莱斯顿自 1886 年以来给自由党和哈廷顿为首的自由党统一派带来的那场浩劫。

Salisbury, Robert Gascoyne-Cecil, 5th marquis of(1893—1972). **罗伯特·加斯科因—塞西尔,第 5 代索尔兹伯里侯爵**(1893—1972) 保守党政治

① 即保持光荣孤立。——译者注

家。塞西尔于 1929 年进入议会,在外交部(Foreign Office)是一名资历较浅的大臣。1938 年 2 月,他辞去外交部的职务,支持艾登(Eden)反对与墨索里尼(Mussolini)会谈。丘吉尔(Churchill)执政后,塞西尔重新进入内阁,他被提名为外交大臣的候选人。塞西尔与艾登之间的亲密关系,使得他的政治生涯在战后仍然能够继续发展。然而,在国内问题上,塞西尔发现自己与战后强制推行的保守主义思想格格不入,并且很快就与哈罗德·麦克米伦(Harold Macmillan)首相发生分歧。塞西尔的第二次辞职使得 1957 年被监禁的塞浦路斯(Cypriot)领导人马卡里奥斯(Makarios)获得释放。

Salisbury, Richard Neville, 5th earl of(1400—1460). **理查德·内维尔,第 5 代索尔兹伯里伯爵**(1400—1460) 内维尔是第 1 代威斯特摩兰伯爵拉尔夫(Ralph, 1st earl of Westmorland)第二次婚姻所生的第一个儿子,内维尔的母亲是冈特的约翰的女儿安妮·博福特(Anne Beaufort)。1420 年至 1436 年,内维尔担任西部边区监管大臣(warden of the west march)。英格兰王室提高了内维尔在北方的主导地位。内维尔与索尔兹伯里伯爵的继承人结婚后,获得了索尔兹伯里伯爵爵位。珀西对内维尔在当地占据的绝对优势地位的强烈反对,导致了暴力冲突的发生,同时也成为索尔兹伯里 1453 年后与王室决裂并与约克公爵理查(Richard of York)结盟的理由。内维尔成为约克公国第一块保护领地的大臣,并在圣奥尔本斯(St Albans)战役中与约克公爵并肩作战。1459 年,内维尔在布洛希思(Blore Heath,斯塔福德郡)击败了反对他与约克结盟的王军。约克派垮台后,内维尔受到觊夺权利的处罚,被迫到加来(Calais)避难。他后来带着儿子沃里克(Warwick)返回英格兰,在北安普敦(Northampton)击败了王军。他是在韦克菲尔德战役(battle of Wakefield)后被谋杀的。

Salisbury, Margaret Pole, countess of(1473—1541). **玛格丽特·波尔,索尔兹伯里伯爵夫人**(1473—1541) 玛格丽特是克拉伦斯公爵乔治(George, duke of Clarence)的女儿,理查三世的侄女。1499 年,玛格丽特的弟弟沃里克伯爵(earl of Warwick)被处决后,她成为克拉伦斯公爵领以及索尔兹伯里伯爵领和沃里克伯爵领的唯一继承人。1513 年,玛格丽特被授予索尔兹伯里伯爵夫人的称号。然而,1536 年,玛格丽特的儿子雷金纳德·波尔(Reginald Pole)成为枢机主教后,亨利八世采取行动反对波尔家族。1539 年,玛格丽特的长子蒙塔古勋爵(Lord Montagu)被处决,她的小儿子杰弗里(Geoffrey)被判处死刑。玛格丽特伯爵夫人在伦敦塔被处决,刽子手笨手笨脚地砍下了玛格丽特的头颅。玛格丽特是金雀花家族的最后一人。

Salisbury, oath of, 1086. **索尔兹伯里宣誓**(1086) 1086 年 8 月,威廉一世在索尔兹伯里召开宣誓效忠大会,要求"所有记录在册的土地所有者"都必须出席,而且要当场向他宣誓效忠,并忠实地反对除国王以外的其他所有人。征服者威廉(William the Conqueror)是在面临内部叛乱和外敌入侵的危机时刻,要求这些人向其宣誓效忠的。毫无疑问,威廉一世举行索尔兹伯里宣誓的目的是想得到一个实际的保证,并对这些人作出提醒,而不是得到一个带有宪法性的声明。

Salisbury, treaty of, 1289. **《索尔兹伯里条约》**(1289) 1286 年 3 月,苏格兰国王亚历山大三世在金霍恩(kinghorn)从马上坠落而亡,身后无子,只有一个 3 岁的孙女——"挪威少女"玛格丽特(Margaret, "the Maid of Norway")。1289 年 11 月,来自挪威、英格兰和苏格兰的委员们在索尔兹伯里达成一项协议,后来苏格兰人在伯厄姆(Birgham)确认了该协议。按照协议,年轻的女王将在一年内被带到苏格兰,而且未经爱德华一世的同意,不得结婚。然而,随着 1290 年 9 月"挪威少女"玛格丽特的死亡,所有这一切均陷入了混乱状况。

S

Salmond, Alex (b.1954). **亚历克斯·萨蒙德(生于 1954 年)** 政治家。萨蒙德出生在林利斯戈(Linlithgow),就读于圣安德鲁斯大学,学习历史学和政治学,毕业后在银行工作。1987 年,他重新以苏格兰民族党(SNP)的身份作为班夫(Banf)和巴肯(Buchan)的候选人进入威斯敏斯特议会(Westminster Parliament)。1990 年,他被选为苏格兰民族党的领袖。1997 年,他发起争取苏格兰独立的全民公投(Yes vote)运动。2000 年,他辞去民族党领袖一职。2004 年,他再次当选为苏格兰民族党党魁后,重新进入苏格兰议会。2007 年,苏格兰民族党成为苏格兰第一大政党,萨蒙德作为苏格兰首席大臣(First minister)在苏格兰建立了一个少数党政府。他在与人相处时所表现出的和蔼可亲和幽默风趣的态度对他帮助极大,但是对他提出批评意见的那些人则暗示他的亲和力和幽默感是伪装出来的。然而,不管怎样,苏格兰独立的目标是他一直坚持的。

Salt, Sir Titus(1803—1876). **泰特斯·索尔特爵士**(1803—1876) 索尔特是一名精纺毛料的制造商和索尔泰尔示范村(model village of Saltaire)的缔造者。他是从一名羊毛纤维分类工进入羊毛贸易行业的,然后于1834年转入羊毛精纺领域。索尔特是一位激进的自由主义者,他在企业中实行家长制的统治,试图给工人提供一个良好的工作环境。1850年至1875年间,他从布拉德福德(Bradford)中心区迁出来,创办了索尔泰尔示范村。索尔泰尔示范村的住房和社区设施都是一流的。

Salvation Army 救世军 1865年,威廉·布斯(William Booth)和他的妻子在伦敦的怀特查佩尔(Whitechapel)发起了"把基督教传到我们国家的异教徒中去"的运动。1878年,这个布道工作扩展到救世军。救世军的信条就是福音复兴运动的信条:罪恶、皈依、因信称义、地狱和天堂(sin, conversion, justification by faith, hell, and heaven)。救世军的军官和士兵(即救世军成员)本身都是从业人员,既有男性也有女性,他们皈依基督教,培养克己忘我的精神。从19世纪80年代末开始,救世军致力于社会活动,他们建立贫民救济所、夜间收容所,并提出一些援助失业者的方案。

Sampford Courtenay, battle of, 1549. 萨姆福德考特尼战役(1549) 1549年夏,反对英文版《祈祷书》(Prayer Book)的康沃尔人反叛者宣称:他们不会接受这项"如同圣诞游戏般"的新的仪式。1549年6月,反叛者越过泰马河(Tamar),围攻了埃克塞特(Exeter)。8月初,罗素勋爵【Lord Russell,贝德福德(Bedford)】奉命率领一支军队前去平定叛乱,他们将反叛者从克利斯特圣玛丽(Clyst St Mary)驱逐出去,反叛者损失惨重,埃克塞特之围得以解除。8月17日,其余的反叛者在靠近奥克汉普顿(Okehampton)的萨姆福德考特尼被击败。

Samson, **St**（c.485—c.565）. **圣萨姆森**（约 485—约 565）　圣萨姆森出生在威尔士,在兰特怀特（llantwit）接受教育并在那里接受了圣职。圣萨姆森在传教方面的贡献使其在康沃尔（Cornwall）、海峡群岛（Channel Islands）和布列塔尼（Brittany）都有很高的威望。他在布雷顿（Breton）度过了生命中的最后几年。圣萨姆森位列布雷顿圣徒之首,他最后是在多尔（Dol）去世的。

Samuel, **Sir Herbert**, **1st Viscount Samuel**（1870—1963）. **赫伯特·塞缪尔爵士,第 1 代塞缪尔子爵**（1870—1963）　塞缪尔的父亲是一名犹太人,银行家。塞缪尔 7 岁时,父亲去世。塞缪尔在牛津大学巴利奥尔学院（Balliol College）获得了他的第一个学位——历史学学位后,于 1902 年以自由党的身份进入议会,并在 1906 年自由党组阁的政府中担任内政部副大臣（under-secretary for the Home Office）。1909 年,塞缪尔进入内阁,成为兰开斯特公爵领地事务大臣（chancellor of the duchy of Lancaster）,1910 年转任邮政大臣（postmaster-generalship）。当于 1916 年辞职的阿斯奎斯（Asquith）跟随塞缪尔进入反对党阵营的时候,塞缪尔是内政大臣,并在 1918 年的“推举”选举（“coupon” election）中失去了自己的议员席位。塞缪尔在 1929 年重新进入议会,并在 1931 年劳合·乔治（Lloyd George）缺席的危机时刻,代理自由党领袖。他加入麦克唐纳（MacDonald）的国民政府（National Government）,任内政大臣,但次年因政府推行贸易保护政策而辞职。

Sancroft, **William**（1617—1693）. **威廉·桑克罗夫特**（1617—1693）　坎特伯雷大主教。1637 年,桑克罗夫特成为剑桥大学伊曼纽尔学院（Emmanuel College）的研究员,但在“空位期”（Interregnum）时期,于 1651 年迁到萨福克,1657 年迁到欧洲大陆。1662 年,他成为伊曼纽尔学院的宗教领袖,后担任约克的教长（dean）,于 1644 年 12 月担任圣保罗大教堂教长。在设计建造圣保罗大教堂的过程中,他与建筑师雷恩（Wren）合作密切。作为坎特伯雷大主教（1678 年成为大主教）,他于 1685 年为詹姆斯二世加冕,但拒绝进入詹姆斯二世的宗教事务法庭（Court of Ecclesiastical Commission）。作为请求詹姆斯二世不要颁布解除对天主教徒和不从国教者禁令的 1688 年《信教自由令》（*Declaration of Indul-*

gence)的 7 位主教之首,桑克罗夫特被关进伦敦塔,但后来被无罪释放。詹姆斯二世下台后,桑克罗夫特因拒绝宣誓效忠威廉,于 1690 年被解除了坎特伯雷大主教的职务,作为主要的拒绝向政府宣誓效忠者(non-juror),到去世前一直居住在萨福克。

sanctions　制裁　是指一个国家因拒绝遵守国际公约而受到的经济抵制。制裁是国际联盟(League of Nations)根据公约第 16 条采取的主要强制措施。1935 年 10 月,意大利入侵埃塞俄比亚(Abyssinia)后,受到制裁。然而,重要的物资不在制裁之列,而且意大利与非盟成员国之间的贸易也没有受影响。联合国(United Nations)最近实行的强制性制裁,主要涉及 1965 年罗得西亚(Rhodesia)单方面宣布独立后对其实行的贸易限制、20 世纪 80 年代因南非推行种族隔离政策而对其实行的贸易限制,以及 1990 年伊拉克入侵科威特后对其进行的贸易限制。贸易制裁的有效性令人生疑,因为这些制裁手段很容易被规避。

sanctuary　圣所　根据英国的普通法,基督教的圣所是受保护的,任何受到指控的罪犯(犯有渎圣罪和叛国罪的罪犯除外)逃奔圣所,从他抓住教堂大门上的门环那一刻起,都可以推迟接受刑罚的时间。他可以选择接受审判或穿粗麻布衣服,或向验尸官(coroner)坦白自己的罪行,也可以选择发誓 40 天后离开英国。圣所的庇护权往往被滥用,因而成为教会和国家之间发生争执的根源。1623 年,英国的刑事案件中废除了圣所的庇护权。1723 年,民事案件中也废除了圣所的庇护权。

Sandringham House（Norfolk）　桑德灵厄姆宅邸（诺福克）　女王陛下的私人田庄。桑德灵厄姆宅邸是 1860 年时由爱德华七世(他当时是威尔士亲王)购买下来的,此后被 4 代君主拥有。爱德华七世起初只是对其做了一些微小的改动,但是 1870 年,他与亚历山德拉王妃(Princess Alexandra)开始重建这所宅邸。重建采用了伊丽莎白时代的建筑风格,建筑材料使用的是粗糙的红砖和石材敷料。

Sand River convention, 1852. **《桑德河公约》**（1852） 1847 年，哈里·史密斯爵士（Sir Harry Smith）被任命为开普殖民地（Cape Colony）总督和南非事务高级专员，他起初试图把英国的权威强加给若干年前离开这个殖民地的荷兰血统的布尔人（Boers）。后来，史密斯认为这样的政策可能会导致无休止的冲突，于是他不得不重新考虑其计划，并同意签订《桑德河公约》，该公约承认生活在法尔河（Vaal river）以北的布尔人的独立地位。

Sandwich, battle of, 1217. **桑威奇战役**（1217） 1217 年 5 月，法国王子路易（Prince Louis）在林肯战役（battle of Lincoln）中遭受重创后，派人回国请求派遣更多的援军，助其实现登上英格兰王位的目的。国王亨利三世的摄政委员会（regency council）认为必须要阻止法国的援军登陆，1217 年 8 月 24 日，英法在桑威奇附近爆发了激烈的海战。这是一次具有决定性意义的战役，它终结了路易对英国王位的觊觎。

Sandwich, Edward Montagu, 1st earl of （1625—1672）. **爱德华·蒙塔古，第 1 代桑威奇伯爵**（1625—1672） 蒙塔古的表兄弟是第 2 代曼彻斯特伯爵（the 2nd earl of Manchester），英国内战（Civil War）时期为议会军的领袖。蒙塔古年轻时加入了他领导的部队，并参加了马斯顿荒原（Marston Moor）战役和内斯比（Naseby）战役。他是历届共和国（Commonwealth）议会的议员，于 1653 年成为国务会议（Council of State）成员。1658 年，他进入克伦威尔（Cromwell）的议会"另一院"（"other house"）。他还见证了英格兰重大的海军行动。1660 年初，他重新被任命为舰队司令，护送查理二世回英格兰。他被授予嘉德勋位（Garter）和桑威奇伯爵爵位。在第二次英荷战争（Anglo-Dutch War）中，他取得了洛斯托夫特之战（battle of Lowestoft）的胜利；但在第三次英荷战争中，他在 1672 年绍斯沃尔德湾（Southwold Bay）的战斗中失去了生命。

Sandwich, John Montagu, 4th earl of （1718—1792）. **约翰·蒙塔古，第 4 代桑威奇伯爵**（1718—1792） 桑威奇勋爵是一位颇有成就的政治家和对艺术特别是音乐很有鉴赏力的赞助者。桑威奇勋爵往往被人们视为三明治的发明者,因为他每次在赌桌旁能坚持很长时间都是靠面包夹肉①来充饥。桑威奇的政治抱负都集中在海军部,他曾于 1748 年至 1751 年、1763 年、1771 年至 1782 年三次担任第一海军大臣(Ist Lord of the Admiralty),显示了出色的管理能力。英国在美国独立战争(American War of Independence)中的失败被认为是海军准备不足,桑威奇因此受到指责,其实这是不公正的。

Saragossa, battle of, 1710.　萨拉戈萨战役(1710)　1710 年 8 月 19 日,查理大公(Archduke Charles)率领一支由奥地利人、荷兰人、英国人和葡萄牙人组成的联军向防守萨拉戈萨的西班牙人发动了进攻。斯坦诺普(Stanhope)指挥左翼的英国军队。在取得一场决定性的胜利之后,他们乘胜占领了萨拉戈萨,并向马德里(Madrid)挺进。

Saratoga, surrender of, 1777.　萨拉托加投降(1777)　约翰·伯戈因(John Burgoyne)在 1777 年的那次远征可谓雄心勃勃,但实际结果却非常糟糕。按照该计划,英军从加拿大出发,向南沿着哈得孙河(Hudson river)到达奥尔巴尼(Albany),以孤立新英格兰(New England)殖民地。这一计划听起来似乎很有道理。然而,如何在茂密的森林地区孤立新英格兰人? 伯戈因到达奥尔巴尼后要干什么? 甚至他们是否能够到达奥尔巴尼? 这些问题都不明确。伯戈因离开加拿大的时候已近 6 月底,当美军放弃泰孔德罗加要塞(Fort Ticonderoga)的时候,伯戈因取得了初步胜利。但在同年 8 月,英军一支大规模的粮草征收队在本宁顿(Bennington)全军覆没。英军的行进艰难、缓慢,给养也不足,而美军的警惕性又很高。9 月 19 日,伯戈因在比米斯高地(Bemis Heights)遭遇盖茨(Gates)后,又失去了更多战斗力。伯戈因退守萨拉托加后被美军包围了。10 月 17 日,根据双方签订的《萨拉托加协定》,伯戈因率领近 6000 名英军向美军投降。

Sarawak(north-west Borneo)　沙捞越(婆罗洲西北部)　沙捞越与暹罗(Siam)和中国长期保持着贸易关系,15 世纪时被置于文莱苏丹王国(the

① 这种吃法就以桑威奇的名字命名为 sandwich,中文译为三明治。——译者注

sultanate Brunei)的势力之下。1841 年,詹姆斯·布鲁克爵士(Sir James Brooke)因帮助苏丹平定当地达雅克人(Dayaks)和马来人(Malays)的反叛有功,被苏丹封为沙捞越的罗阇(rajadom)。美国和英国分别于 1850 年和 1864 年承认沙捞越为独立国家。1963 年,沙捞越成立代议制政府(representative government),并加入了马来西亚联邦(Malaysian Federation)。

Sargent, John Singer(1856—1925). **约翰·辛格·萨金特**(1856—1925) 萨金特是一位定居在英国的美国画家,是他那个时代的著名肖像画家。他出生在意大利,并在意大利和巴黎学习绘画,他在巴黎时与莫奈(Monet)成为好朋友。尽管他经常造访美国,并且保留着美国国籍,但他于 1885 年到伦敦定居,直到去世。第一次世界大战期间,他是一位公派战地艺术家,他那幅大型作品《毒气战》(Gassed)被悬挂在帝国战争博物馆(Imperial War Museum)。

Sark battle of, 1448. 萨克之战(1448) 1488 年 10 月 23 日,在重新燃起的边境冲突中,后来的第 3 代诺森伯兰伯爵(3rd earl of Northumberland)亨利·珀西(Henry Percy)被奥蒙德伯爵休·道格拉斯(Hugh Douglas, earl of Ormond)击败。双方的冲突发生在格雷特纳(Gretna)附近的萨克河(river Sark)上,珀西被俘,不得不支付赎金才获释。

Sarsfield, Patrick(c. 1650— 1693). **帕特里克·萨斯菲尔德**(约 1650—1693) 萨斯菲尔德是詹姆斯党人,卢肯伯爵(earl of Lucan)。他出生在一个天主教家庭,于 1678 年加入爱尔兰军队。此后,他进入查理二世派到法国在路易十四(Louis XIV)的军队中作战的英国军团中任职,但当詹姆斯二世于 1685 年继承王位时,萨斯菲尔德回到英格兰,并帮助国王镇压蒙茅斯叛乱(Monmouth's rising)。1688 年,萨斯菲尔德指挥在英格兰的爱尔兰军队,然后,与詹姆斯二世一起逃到法国,1689 年,又与詹姆斯二世一起回到爱尔兰。

在随后发生的战争中,萨斯菲尔德被快速提升为少将。他向威廉麦特(Williamite)补给线发动的进攻,导致其在利默里克(Limerick)第一次被围;但在奥赫里姆(Aughrim)被击败后,他再次被围困在利默里克,他答应投降,但条件是他可以起航去往法国。他在兰登(Landen)战役中身负重伤后死亡。

Sauchie Burn, battle of, 1488.　绍奇伯恩战役(1488)　1488年夏,苏格兰国王詹姆斯三世面临着一个由安格斯伯爵阿奇博尔德·道格拉斯(Archibald Douglas, earl of Angus)领导的,并得到王位继承人——15岁的詹姆斯王子支持的大叛乱。国王詹姆斯三世穿过斯特灵(Stirling)向班诺克本(Bannockburn)挺进。6月11日,詹姆斯三世的军队被击败,詹姆斯三世本人可能是在逃跑的过程中被打死的。

Savery, Thomas(c.1650—1715).　托马斯·萨弗里(1650—1715)　萨弗里是一位军事工程师,1696年时就进入煤矿排水专家的行列,并获得"上校"("Captain")头衔。他的发明也许是受到他在家乡德文郡获得的关于锡和铜矿知识的启发。萨弗里最杰出的成就是发明了用于矿井抽水的蒸汽泵,他称之为"矿工之友",他因此于1698年获得一项专利(专利号为356)。托马斯·纽科门(Thomas Newcomen)于1712年发明的更加完善的大气压力式蒸汽机,就是在改进萨弗里的这项发明专利的基础上完成的。

Savoy conference, 1661.　萨伏依会议(1661)　王朝复辟时期,长老会与圣公会之间为达成妥协而举行的一次会议。1661年4月,双方各派出12位教牧人员在萨伏依医院(Savoy hospital)召开会议,会议由后来成为坎特伯雷大主教的伦敦主教谢尔登主持。双方谈判破裂,7月,与会代表们报告说,"他们根本无法达成一致"。建立综合教会的梦想由此破灭。

Saxons　撒克逊人　See ANGLO-SAXONS(见盎格鲁—撒克逊人)

Saxon Shore　撒克逊海岸　在罗马统治的末期,为了击退撒克逊人的进攻,罗马人从布兰克斯特(Brancaster)到波特切斯特(Portchester)的沿海地带修建了一系列军事要塞,被称为"撒克逊海岸"。"撒克逊海岸"(litoris Saxonici)这一说法仅出现在大约公元408年时草拟的一份被称为《百官志》(*Notitia dignita-*

tum)的文件中。这个军事网络的总指挥被称为 *comes*，通常被翻译为"撒克逊海岸伯爵"（"the Count of the Saxon Shore"）。

Saye and Sele, William Fiennes, 1st Viscount（1582—1662）. **威廉·法因斯，第 1 代塞伊和塞尔子爵**（1582—1662）　塞伊和塞尔子爵是激进派的领导成员，属于 17 世纪 40 年代议会上院中的主张赢得战争派（win-the-war faction）。早在 17 世纪 20 年代，他就对专制政府和不合法的税收提出了尖锐的批评。他拒绝支付造船费（ship money），并拒绝接受查理在与苏格兰的主教战争（Bishop's wars）爆发时强行对贵族提出军事性宣誓的要求。他既支持 1645 年颁布的把贵族从议会军的领导集团中排除出去的自抑法（self-denying ordinance），也支持创建新模范军（New Model Army）。1649 年以后，他几乎在政治舞台上消失，全身心投入于宗教事业。

Scapa Flow　斯卡帕湾　位于奥克尼群岛（Orkneys）中的斯卡帕湾是一个巨大的天然港口和海军基地，控制着北大西洋和北海的出海口。斯卡帕湾是在第一次世界大战前迅速发展起来的，当时该基地舰队的数量和舰只的规模都有了很大的发展。1918 年，德国的公海舰队（high seas fleet）被押送到斯卡帕湾，1919 年 6 月 21 日，公海舰队 74 艘舰只集体自沉。1956 年，该海军基地被关闭。

Scheveningen, battle of, 1653.　斯海弗宁恩战役（1653）　第一次英荷战争（Anglo-Dutch War）期间，发生在荷兰海面上的海战。马丁·特龙普（Martin Tromp）奉命出海，以期打破蒙克（Monck）率领的英军封锁线。特龙普在 8 月 10 日的战斗爆发后不久就阵亡了，荷兰方面损失了 11 艘舰船。

Schism Act, 1714.　《教会分裂法》（1714）　该法令是托利党采取的一个极端保守的措施，旨在通过阻止不从国教的新教徒（nonconformists）和天主教徒在他们自己的学校教育他们的子女来清除不从国教者（dissent）。教师上岗必须要申请教师许可证，而申请许可证的人只有在前一年宣誓加入英国圣公会才能获得。安妮女王恰好是在该法令即将生效的这一天去世的，她的继任者乔治一世没有采取任何措施来执行该法令。1719 年,该法令被废除。

Schomberg, Frederick Herman, 1st duke of (1615—1690). **腓特烈·赫尔曼, 第 1 代朔姆贝格公爵**(1615—1690) 朔姆贝格是 17 世纪一位伟大的军人,他出生在海德堡(Heidelberg)。朔姆贝格的职业军人生涯是从瑞典和荷兰开始的,1652 年他加入法国军队,后来被授予法国元帅的头衔。他在宗教上属于胡格诺派(Huguenot),1685 年因路易十四废除了《南特敕令》(*edict of Nantes*),他被迫离开法国。1688 年 11 月,朔姆贝格陪同奥兰治的威廉(William of Orange)回到英格兰。光荣革命成功后,他被授予嘉德勋位(Garter),并被封为朔姆贝格公爵。1689 年夏,他在爱尔兰接管了威廉的军队,后在博因河(Boyne)战役中阵亡。

Schools Act (Scotland), 1696. **《学校法》**(苏格兰)(1696) 1616 年,苏格兰枢密院(Scottish Privy Council)颁布了一项法令,规定苏格兰每个堂区都应该建立一所学校。1633 年苏格兰议会批准了这项法案。1646 年,苏格兰议会又通过了一项《建立学校法》(Act for Founding Schools)。在英格兰,200 年之后类似的教育系统才确立起来。

Schooneveld, battle of, 1673. 斯库内维尔德战役(1673) 1673 年 5 月,第三次英荷战争(Anglo-Dutch War)期间,英军决定在瓦尔赫伦(Walcheren)附近的斯库内维尔德向荷兰发动进攻。一支法国舰队加入了鲁珀特(Rupert)领导的英军,这给鲁珀特增添了战胜德·勒伊特(de Ruyter)和科内利斯·特龙普(Cornelis Tromp)率领的荷兰舰队的一些优势。双方于 6 月 7 日进行的第一次交战没有取得任何结果。6 月 14 日,荷兰转而发动进攻,由此展开了追击战,但还是没有取得决定性结果。

Science Museums (Kensington) **科学博物馆**(肯辛顿) 肯辛顿科学博物馆的创建是 1851 年英国举办的第一届世界博览会的成果。世界博览会的举办给英国带来了利润,艾伯特亲王(Prince Albert)希望在世界博览会所在地伦敦建

立一个大型的文化中心。1864 年,英国政府批准兴建地铁站,英国科学艺术部
(Department of Science and Arts)也开始兴建文化中心,后来发展成科学博物馆。
1881 年,自然历史博物馆(Natural History Museum)也投入使用。

scientific revolution　科学革命　1948 年,赫伯特·巴特菲尔德(Herbert
Butterfield)呼吁人们要重视他所看到的 17 世纪发生的思维方式的巨大变化。
17 世纪时,弗朗西斯·培根、伽利略、笛卡尔,以及他们的弟子们提出了现代科
学的世界观。这一变化反映在以英国皇家学会和巴黎科学院(Paris Academy of
Sciences)为代表的很多科学机构中,也反映在出版物,特别是各个科学学会的期
刊中。

巴特菲尔德看到的只不过是一场科学革命,但科学革命可能发生了若干次。
例如,我们有与伽利略、艾萨克·牛顿和查尔斯·达尔文相关的科学革命,也许
还有与迈克尔·法拉第、J.J.弗洛伊德、汤姆孙(Thomson)和爱因斯坦相关的科
学革命。

19 世纪的科学史研究使我们了解到 19 世纪而不是更早时期的科学发展对
现代科学的贡献,同时也会使我们产生这样的疑问:19 世纪到底是不是科学时
代,或科学开始改变生活的时代? 1831 年,更为开放和民主的英国科学促进会
(British Association for Advancement of Science)加入皇家学会,提高了公众的科
学意识和所在地区的自豪感。在此之前,就有一些专门致力于自然史、地质学和
天文学研究的社团加入了皇家学会,在此之后,从事化学、统计学和物理学研究
的专业协会也加入了皇家学会。教育学开始把科学家——科学家一词是威廉·
休厄尔(William Whewell)1833 年时提出来的——从人文学家中区别开来,科学
家被分为化学家和物理学家,后来又进一步划分为有机化学家或物理化学家,而
人文学家则是指获取历史学或英国语言文学学位的学者。

科学发展的速度在 19 世纪明显加快,于是人们产生了这样的疑问:历史上
究竟存在着一场科学革命,还是多次科学革命? 究竟是科学革命还是科学发展?
显然,科学只能以培根梦想的方式发展起来,而且科学已经改变了我们了解世界
的方式。

Scilly Isles　锡利群岛　锡利群岛由 50 个花岗岩岛屿组成,其中 5 个岛有人居住,位于康沃尔郡,距离兰兹角(Land's End)有 30 英里。最大的岛屿是圣玛丽斯岛(St Mary's)和特雷斯科岛(Tresco)。在花卉与蔬菜栽培和旅游业发展起来之前,锡利群岛是有名的海盗巢穴、船舶失事和走私的场所。

Scone, stone of　斯昆石　早期苏格兰国王在斯昆【Scone,珀斯郡(Perthshire)】宣誓加冕时使用的一块长方形的砂石,但 1296 年时被爱德华一世夺取。自 1308 年以来,每一位被施以涂油礼的英国君主都要在嵌有这块石头的特制宝座上加冕,从而宣称拥有对苏格兰的统治权。1996 年,在英格兰夺取这块石头700 年后,伊丽莎白二世批准将这块石头送回苏格兰。

scot and lot　按能力负担的教役税　该税用于市政开支,其中很大一部分用于救济穷人。scot 为税款的数额,lot 为税款的份额。1832 年以前,在 37 个有议会选举资格的自治市中,只有交纳这项税款的人才拥有投票权。

Scots, kingdom of　苏格兰王国　9 世纪,在福特日乌王国(kingdom of Fortriu)的废墟上出现了一个新的王国,这个新王国在接下来的几个世纪里成为一支在不列颠北部占主导地位的政治力量。该王国是在斯堪的纳维亚人(Scandinavian)在苏格兰东部的反复入侵之后造成的废墟上诞生的。福特日乌王国在珀斯郡(Perthshire)东部的腹地遭到反复蹂躏后,在 875 年进入其最绝望的时期,当时丹麦人在斯特灵(Stirling)以东的多勒战役(battle of Dollar)中彻底击败了福特日乌王国。然而,斯堪的纳维亚人对福特日乌王国进行多次劫掠后,并没有尝试在苏格兰东部建立殖民地。给许多人造成不幸的东西,也可以为少数人提供重建对他们有利的政治关系的机遇。10 世纪初,作为肯尼思·麦卡尔平(Kenneth MacAlpin)后裔的一支盖尔人世系已经成功地确立了他们在苏格兰东部的统治地位。这是苏格兰东部的王权首次被一个单一的王朝所垄断。从 900年开始,福特日乌王国【或者称为"皮克特王国"("Pictland")】就不存在了,取而代之的是阿尔巴王国(Alba),阿尔巴是盖尔语,意思是苏格兰。

苏格兰王国早期的国王们牢固控制在自己手里的领地,也许比 11 世纪时的一个英格兰伯爵领地大不了多少。迟至 13 世纪初,阿尔巴王国时期的"苏格兰"【拉丁语为阿尔巴尼亚/斯科舍(Albania/Scotia)】指的是格兰扁山脉(Grampian mountains)以东地区,从北面的福斯河(river Forth)一直延伸到与马里(Moray)的交界处。在 13 世纪,"苏格兰"一词才逐渐地被苏格兰人用来指现在苏格兰的整个大陆。

这个新王国能够幸存下来,在很大程度上要归功于康斯坦丁二世(Constantine II)的长期统治。公元 900 年,他接替他的堂兄苏格兰王国(阿尔巴王国)有史以来的第一位国王唐纳德二世(Donald II),成为苏格兰国王,并统治苏格兰长达 40 多年之久。这一时期出现的苏格兰可以与其他在被斯堪的纳维亚人践踏过的废墟上崛起的同样大小的新王国,如佛兰德和诺曼底等相抗衡。

康斯坦丁二世的统治对于苏格兰王国的生存来说也是至关重要的,因为他终止了斯堪的纳维亚人入侵的浪潮。904 年,伊瓦尔(Ivarr)的儿子们率领的一支丹麦军队在珀斯郡南部的斯特拉森(Strathearn)战役中被击败。在此后的 50 多年中,维金人再也没有袭击过苏格兰王国。康斯坦丁二世之所以能够成功地把丹麦人置于海湾地区,主要是通过推行"睦邻友好"(rapprochement)的政策取得的。他把自己的女儿嫁给了丹麦人的都柏林国王,与此同时,康斯坦丁二世本人也娶了一个丹麦人为妻,他的儿子取了一个斯堪的纳维亚人的名字英多尔夫(Indulf)。

10 世纪时,当这个"苏格兰"新王国在严酷的生存竞争中崛起之时,它在不列颠北部扩张,并控制着这个地区。马里王国是苏格兰王国在北方的天然对手,因为马里王国控制着马里湾(Moray Firth)周边低地地区丰富的资源。但是,马里的国王们却一直要面对来自斯堪的纳维亚人的奥克尼伯爵们(earls of Orkney)的入侵压力。事实上,马里王国成了保护苏格兰王国的一个缓冲器,使得奥克尼伯爵们无法集中全部力量对付苏格兰王国。对于苏格兰王国的国王们来说,维护自己长期统治的最大危险来自于已经恢复元气的诺森伯里亚王国,该王国从爱丁堡一直延伸到约克。7 世纪时,诺森伯里亚王国已经确立了其在不列颠北部的主导地位,但此后由于内部陷入混乱的局面,已在很大程度上被丹麦人征服了。在 10 世纪末,诺森伯里亚王国的特威德河(Tweed)以南地区又被恢复为伯爵领地,有时甚至可以与苏格兰的国王平起平坐,但是当马尔科姆二世

（Malcolm II）在 1018 年的卡罕（Carham，贝里克郡的西南部）战役中果断地宣称特威德河为苏格兰王国的领土时，该地区又处于了苏格兰王国的统治之下。此时，斯特拉斯克莱德（Strathclyde）王国的布立吞人（Britons）的国王或坎布里亚人（Cumbrians）的国王已经成为苏格兰国王的扈从。1034 年，坎布里亚人国王邓肯一世（Duncan I）登上苏格兰王位后，这两个王国似乎由一个王朝统治。当马里国王麦克佩斯（Macbeth）在 1040 年成为苏格兰国王的时候，马里也被划进苏格兰王国的领土范围。因此，到 11 世纪中叶，苏格兰王国已经开始呈现出中世纪时期，乃至中世纪以后的苏格兰王国的外部形态。

苏格兰王国在这一时期的成功仅次于威塞克斯王国取得的成就。毫无疑问，这个新的盎格鲁—撒克逊王国比其在不列颠北部的同类王国更加强大。这一点在 10 世纪 30 年代已经表现得很明显了，一方面是一支英格兰的军队长驱直入到了苏格兰；另一方面，苏格兰人、丹麦人和不列颠人在英格兰组成的一支联军则被消灭。然而，英格兰的国王们却没有一鼓作气乘胜追击，从而征服苏格兰王国。不列颠开始被分裂为两个强大的对手，并最终形成了英格兰王国和苏格兰王国。

Scotsman 《苏格兰人报》 苏格兰两个日报之一。《苏格兰人报》一直号称是苏格兰的"国家"报纸（"National" newspaper），另一个是前身为《格拉斯哥先驱报》（Glasgow Herald）的《先驱报》（Herald）。这两大报刊之间进行的竞争，成了爱丁堡与格拉斯哥为争夺苏格兰的主导地位而进行的斗争的标志。这两大报刊在创刊时都是周报，《先驱报》作为《格拉斯哥广告报》（Glasgow Advertiser）创刊于 1783 年，而《苏格兰人报》创刊于 1817 年。19 世纪 50 年代，两份报刊都改为日报。

Scott，Sir George Gilbert（1811—1878）. 乔治·吉尔伯特·斯科特爵士（1811—1878） 建筑师。斯科特是最著名和最成功的维多利亚鼎盛时期仿哥特式建筑大师，他严格遵守哥特式建筑风格，但他设计的火车站是个例外。在斯科特的非哥特式建筑风格作品中，最有名的是 1865 年他设计的伦敦圣潘克拉斯火车站（St Pancras），他采用明亮的橙黄色砖建成的这座火车站类似于迪士尼乐园的城堡(Disneyland castle)。斯科特的天赋被他的孙子贾尔斯·吉尔伯特·斯科特爵士(Sir Giles Gilbert Scott,1880—1960 年)继承了下来,贾尔斯设计建造的利物浦圣公会大教堂(Liverpool's Anglican cathedral)就采用了他祖父斯科特最喜爱的建筑风格。

Scott,Sir Robert Falcon(1868—1912)。 **罗伯特·福尔肯·斯科特爵士**(1868—1912) 1880 年斯科特加入海军时还是一个孩童,1897 年他成为一名海军上尉和鱼雷军官。他的表现引起了克莱门特·马卡姆爵士(Sir Clements Markham)的关注,在克莱门特的影响下,斯科特被任命为皇家地理学会(Royal Geographical Society)主席,并成为 1901 年至 1904 年皇家学会南极探险队(Royal Society Antarctic Expedition)的领导者。1910 年,已经成名的斯科特奉命率领一支探险队乘坐"特拉诺瓦"号(Terra Nova)赴南极进行一次官方探险。1912 年 1 月 18 日,当斯科特带领 4 名队员到达南极时,发现阿蒙森(Amundsen)早在一个多月前就已到达南极,这使他们大失所望。他们 5 个人最终都死在了返回基地的那段可怕的路上。

Scott,Sir Walter(1771—1832)。 **沃尔特·司各特爵士**(1771—1832) 诗人,小说家,学者。司各特将苏格兰启蒙运动(Scottish Enlightenment)中的文学和历史文化的精华都注入进了欧洲第一批杰出的历史小说之中。他是一位爱国者和政论家,他把苏格兰作为一片开明和浪漫之地置于国际旅游版图上。作为一个爱丁堡律师的儿子,司各特在他的余生一直是一位活跃的律师,后来成为塞尔扣克郡(Selkirk)的副郡长(sheriff deputy)和最高民事法庭(Session)的主要书记官(principal Clerk)。司各特最初是作为一名诗人而崭露头角,收集、编辑和改编边境地区的歌谣,后来又创作了大量受欢迎的叙事诗,其中 1805 年创作的《最末一个行吟诗人之歌》(Lay of the Last Minstrel)和 1808 年创作的《玛密恩》(Marmion)可能是他最好的作品。他从 1814 年开始写小说,出版了《威弗利》(Waverley)。他用自己的大量积蓄扩建了阿伯茨福德(Abbotsford),把它变成诗人自己玩味古玩——无论是真品还是赝品——的具体化身。

Scottish Enlightenment　苏格兰启蒙运动　苏格兰启蒙运动是一个相对较新的术语,据说是在 1909 年时被发明出来的,当时 W.R.司各特(W.R.Scott)把弗朗西斯·哈奇森(Francis Hutcheson,1694—1746 年)描述成了苏格兰启蒙运动之父。现在苏格兰启蒙运动一词往往被用来描述 18 世纪苏格兰的思想文化、物质文化和道德文化。这种文化与苏格兰的中产阶级、苏格兰的大学,以及爱丁堡的俱乐部、社团和沙龙密切相关。在思想上,苏格兰启蒙运动就是一种文化,这种文化与下列因素有关:对革命聚集地的捍卫、汉诺威王朝的延续、《合并法》(Act of Union)和长老会的建立。苏格兰启蒙运动关注的是商业和文化的教化功能,以及与维护自由商业体制相适应的制度和态度的建设问题。哈奇森、休谟(Hume)、斯密(Smith)、弗格森(Ferguson)和里德(Reid)这些哲学家们感兴趣的是人性的原理、社交的意义和自然宗教的真理。他们得出的结论能够形成一个非凡的进化论,这个进化论能够帮助斯密形成他的政治经济学理论、帮助休谟和威廉·罗伯逊(William Robertson)构建他们的历史学,帮助司各特完成他的历史小说。

Scottish National Party　苏格兰民族党(SNP)　苏格兰民族党是 1934 年苏格兰民族党与苏格兰党(Scottish Party)合并后成立的。该党致力于为苏格兰争取一个独立的议会。

1945 年,当罗伯特·麦金太尔博士(Dr Robert McIntyre)在马瑟韦尔(Motherwell)的补缺选举中获胜,重新进入议会的时候,苏格兰民族党赢得了他们在议会中的首个席位。然而,直到 20 世纪 60 年代,苏格兰民族党也没有在大选中取得成功。1967 年 11 月,温妮·尤因(Winnie Ewing)从工党手中夺回了汉密尔顿(Hamilton)选区的选票,这导致苏格兰民族党在 1968 年的地方选举中获得了不俗的成绩。1974 年,苏格兰民族党在议会中获得 11 个席位,在苏格兰获得了超过 30%的选票。就此而言,苏格兰民族党后来的时运则日益衰退。在 1979 年的大选中,他们获得的选票下降到 17%,而且在议会中只保留了 2 个席位。

1990 年,亚历克斯·萨蒙德(Alex Salmond)成为苏格兰民族党领袖,他把苏格兰民族党确定为中间偏左的社会民主党(left-of-centre social democratic party)。苏格兰民族党把苏格兰议会的独立视为在一个欧洲框架内走向完全独立的一个步骤。在 1997 年的大选中,苏格兰民族党在英国议会获得了 6 个席位。在 1999 年的苏格兰议会选举中,苏格兰民族党获得了 129 个席位中的 35 席。次年,约翰·斯温尼(John Swinney)取代萨蒙德担任苏格兰民族党的领导人,但在 2003 年的选举中遭受挫折。萨蒙德在 2004 年重新夺回苏格兰民族党党魁的位置。在 2007 年的选举中,苏格兰民族党成为苏格兰议会第一大党,之后萨蒙德作为首席大臣(First Minister)组建了一个少数党政府。

Scottish Wars of Independence, 1296—1357. **苏格兰独立战争**(1296—1357) 苏格兰独立战争通常是指 1286 年苏格兰国王亚历山大三世(Alexander III)去世后,英格兰和苏格兰之间爆发的旷日持久的战争。1290 年,亚历山大三世的继承人玛格丽特【Margaret,"挪威少女"("the Maid of Norway")】去世后,留下了若干个苏格兰王位"竞争者",其中最主要的是约翰·巴利奥尔(John Balliol)和后来的罗伯特一世(Robert I)的祖父罗伯特·布鲁斯(Robert Bruce)。1292 年,宣称"苏格兰最高领主"的英格兰国王爱德华一世,把王冠授予了巴利奥尔。但是由于爱德华一世决心要维护自己在不列颠的最高统治权,因此巴利奥尔发现自己很难在爱德华一世的压力下保持苏格兰王国的独立性。1295 年,苏格兰的贵族们从巴利奥尔手中夺取了政权,并与爱德华一世的对手——法国国王腓力四世(Philip IV)结盟,准备与爱德华一世决一雌雄。巴利奥尔在 1296 年的战役中被彻底击败后,被迫放弃王位。

然而,这仅仅是一场战争的开始,这场战争一直持续到 1357 年,前后分为三个阶段:第一个阶段是以国王约翰的名义"起义"反抗爱德华一世,这次起义到 1304 年还没有完全被制伏。第二个阶段是 1306 年罗伯特·布鲁斯起义后的恢复期,罗伯特·布鲁斯领导的起义最终使苏格兰王国的独立权于 1328 年得到承认。第三阶段是爱德华三世统治时期,苏格兰在英格兰的征服下试图恢复独立权的时期,这一阶段一直持续到 1357 年《贝里克条约》(treaty of Berwick)的签订。

第一阶段起始于 1297 年最初几个月里苏格兰各地广泛发动的起义,南方的起义军由威廉·华莱士(William Wallace)领导,北方的起义军由安德鲁·默里(Andrew Murray)领导。在 1297 年的斯特灵桥(Stirling Bridge)战役中,他们联手取得了重大胜利,但在 1298 年,威廉·华莱士在福尔柯克(Falkirk)战役中被击败,起义军的领导权落入贵族们之手,此后,贵族领导起义军继续抵抗爱德华一世的统治直到 1304 年。

小罗伯特·布鲁斯(Younger Robert Bruce)在 1306 年领导的苏格兰起义,使爱德华一世的希望彻底破灭。不久,布鲁斯就被加冕为罗伯特一世,但由于罗伯特被爱德华一世的军队迅速击败了两次,因而到 1306 年底,罗伯特就隐匿了起来。然而,爱德华一世却于 1307 年 7 月 7 日去世,这给罗伯特提供了一个必要的喘息之机。在接下来的几年里,他熟练地运用游击战术逐渐地消灭了驻扎在苏格兰的英格兰军队。到 1314 年时,英格兰在苏格兰的驻军已经所剩无几,最终罗伯特在班诺克本(Bannockburn)战役中彻底击败爱德华二世,取得了决定性的胜利。

只是在爱德华二世被废黜以后,苏格兰才迎来了和平的契机。根据 1328 年双方签订的《爱丁堡/北安普敦条约》(treaty of Edinburgh/Northampton),罗伯特一世被正式确立为苏格兰国王,他的儿子和继承人,即后来的戴维二世(David II),迎娶了爱德华三世的妹妹伦敦塔的乔安娜(Joan of the Tower)。和平并没有持续多长时间。罗伯特一世于 1329 年去世,当时戴维只有 5 岁。这对于爱德华三世来说是个极大的诱惑,他鼓励约翰·巴利奥尔的儿子爱德华·巴利奥尔(Edward Balliol)去设法夺取苏格兰的王位,苏格兰的统治者们被迫与入侵者交战,其中英格兰取得了两次胜利:一次是 1332 年爱德华·巴利奥尔领导的杜普林沼泽(Dupplin Moor)战役,另一次是 1333 年爱德华三世亲自领导的哈利登山(Halidon Hill)战役。巴利奥尔被确立为苏格兰国王,苏格兰南部的很多土地都被割让给了英格兰。

长期的游击战争逐渐地使英格兰占领者疲惫不堪,1341 年戴维二世返回苏格兰。不幸的是,戴维二世继续推行袭击英格兰的政策,他在 1346 年袭击英格兰时被英格兰军队俘获,直到 1357 年才被英格兰释放出来。这导致英格兰重新占领了苏格兰,苏格兰南部的部分地区长期被英格兰控制。然而,到 1357 年,爱德华三世同意苏格兰在交纳足够赎金的情况下可以释放戴维二世。虽然《贝里克条约》忽略了苏格兰独立的现实问题,但是在 16 世纪 40 年代以前,英格兰再也没有采取过任何意在征服苏格兰的行动,因此,我们可以说,伴随着 1357 年

S

《贝里克条约》的签订,苏格兰独立战争已经结束了。

Scott Memorial（Edinburgh）　司各特纪念馆（爱丁堡）　在王子街（Princes Street）占有重要位置的司各特纪念馆是为纪念苏格兰小说家沃尔特·司各特爵士（Sir Walter Scott）而建的。这个纪念馆由水彩画家和自学成才的设计师乔治·米克尔·肯普（George Meikle Kemp）设计,1844年肯普被发现淹死在联合运河（Union canal）中,1846年司各特纪念馆最终建成。

Scrope,Richard（c.1350—1405）.　理查德·斯克罗普（约1350—1405）　约克大主教。斯克罗普是马瑟姆的斯克罗普勋爵亨利（Henry,Lord Scrope of Masham）的第三个儿子。1378年,他出任剑桥大学校长并被授予法学博士学位。1386年,他被任命为考文垂（Coventry）和利奇菲尔德（Lichfield）主教。1398年,他升任为约克大主教。在此之前,斯克罗普曾为理查二世处理过一些外交事务。尽管他没有反对亨利四世篡夺王位,但1405年诺森伯兰公开怂恿他反叛。在王室典礼官诺福克伯爵（Norfolk,the earl marshal）的支持下,他在约克发表宣言谴责亨利治国无方,吸引了一大群追随他的危险分子,这些人聚集在希普顿荒原（Shipton Moor）。斯克罗普大主教和诺福克伯爵被诱骗来与威斯特摩兰伯爵拉尔夫·内维尔（Ralph Neville,earl of Westmorland）在指定的地点见面后,遭到拉尔夫·内维尔的逮捕。国王到来后,他们二人被当场处决。

scutage　免服兵役税　也被称为盾牌钱（shield-money）,是指针对封地征收一笔固定的费用,以替代骑士役（knight service）。早在诺曼征服后的初期之时,就很难招募到足够数量的骑士加入国王的军队,而且骑士们的军事实力也难尽人意,因为持有封地的人有可能是年老体弱者,甚或女性。因此,允许封地持有人以金钱买得免除服兵役的义务对双方都有好处。早在1100年,免服兵役税一词就已经被开始使用了。

Sebastopol,siege of　塞瓦斯托波尔围攻战　1853年至1856年克里米亚战争（Crimean War）中的主要事件。从1854年9月27日开始,英国、法国和土耳其(以及后来的撒丁)的军队一直坚持围攻俄罗斯在克里米亚的重要海军基地——塞瓦斯托波尔。法军于1855年6月7日占领了白塔(White Tower),但是6月17日英军对凸角堡(Redan)的进攻遭到失败。在9月8日英法军队的联合进攻中,英军还是未能拿下凸角堡,但法军占领了通往城镇的关键之地马拉霍夫(Malakov)。俄军当晚就撤离了受到炮火攻击的塞瓦斯托波尔。

Second World War **第二次世界大战** 德国一手发动了第二次世界大战,因为二战爆发的一个必要条件是民族主义的德国政府准备,甚至是渴望使用武力来保障其远期目标的实现。希特勒(Hitler)的上台是在德国保守派人士的帮助下实现的,保守派与纳粹分子结合在一起,反对愿意与社会主义者一起阻止纳粹党的社会民主党。截止到1939年,希特勒在英国的默许下,不费一兵一卒就取得了一次又一次的成功,包括恢复义务兵役制、建立空军、重新把莱茵(Rhineland)地区划为武装区、吞并奥地利、兼并捷克斯洛伐克的德国人居住区,以及最后在1939年3月,摧毁了整个捷克斯洛伐克。外交上的成功和国内人口的充分就业,使得希特勒在德国得到了越来越多的人的支持,他本人也越来越为所欲为。

然而在英国,绥靖政策(appeasement)变得越来越不受欢迎。1939年3月31日,内维尔·张伯伦(Neville Chamberlain)许诺英国向波兰提供军事保障,最后还尝试着建立一条"和平阵线"("peace front")。但是他在英国、法国和苏联之间建立联盟所做的努力却失败了。斯大林认为苏联单独与希特勒交涉更加安全,接受了绥靖政策,并同意帮助希特勒消灭波兰。德国在努力说服英国不要干涉之后,向波兰发动了进攻。1939年9月1日凌晨,德国发动了第二次世界大战。9月3日,英法两国对德宣战。正如人们所预料的那样,面对德国的进攻,波兰的抵抗未能坚持多久,被德国和苏联两国瓜分。英法两国采取防御性的策略,以待机加强自己的武装力量。1940年5月和6月的局势变得非常糟糕。法国在1940年5月德国对其发动的进攻中被击败,法国的主要力量比预想的更往南,6月,法国向德国投降。意大利加入了德国的阵营,憧憬着参加很有希望召开的和平会议的美好前景。1940年英国皇家空军在不列颠战役(Battle of Britain)中取得的胜利,阻止了德国人对英国的入侵,但1941年德国发动的潜艇战险些打败英国,6月,英国破译了德军的密码才免于失败。

1941年,希特勒决定在打败英国之前先进攻苏联。希特勒的顾问们都期待能在1941年打败苏联。但结果却事与愿违。罗斯福认为维护世界力量的均衡是至关重要的,于是向苏联伸出了援助之手。与丘吉尔一样,罗斯福竭尽全力使苏联红军保持战斗力。在苏联红军挫败德国军队的同时,美国则制造坦克、飞机和船只,从而导致了希特勒的失败。

在20世纪,日本通过加入国际贸易体系或强行掠夺原材料,特别是燃料,来维持人口的不断增长。由于德国受到苏联的威胁,日本决定要用武力攫取不可或缺的资源。1941年12月,在德国的鼓励下,日本袭击了美国驻扎在珍珠港的太平洋舰队,并入侵半岛马来西亚、缅甸和荷属东印度群岛。尽管希特勒早已意识到美国已经是自己的对手,而且仍然对战胜苏联充满希望,但他还是以对美宣战的方式使战争的敌对双方更加明朗。

英帝国和美国共同面对的是一场世界大战。双方都认为首先要打败希特勒。打击日本的主要力量来自美国。由于中国未能守住可凭以向日本发动进攻的领土,这就削弱了英军在缅甸所能发挥的从扩大通往中国的交通线,到印度的防御,乃至最终重申英国在半岛马来西亚和新加坡的势力的作用。

在欧洲,美军希望把英美所有的资源都集中在英国,以尽早进军欧洲大陆。丘吉尔和英国人认为,德国肯定是第一个在北非和意大利的战役中受到削弱的国家。因此,英国和美国的地面部队于1944年6月在诺曼底登陆后,就开始向德军发起了全面进攻。到1944年9月,盟军已经击败了德军,英美联军抵近莱茵河,苏联红军占领了罗马尼亚。领土的丧失和英美联军势不可挡的轰炸使得德国丧失了将这场战争继续打下去的能力。然而,纳粹党卫队的高压和对盟军特别是苏联红军的恐惧,使得希特勒能够把二战的结束时间推迟到1945年5月。

在太平洋地区,尽管美国利用潜艇对日本运输船的攻击和对日本工业的轰炸已经挫败日本很长时间了,但是日本仍然在继续这场战争。日本当局在天皇的领导下,只是在美国最终使用两枚原子弹后才接受了失败的结果。

丘吉尔曾经预测:战争的艰苦将会大大削弱英国的实力,紧接着就会出现非殖民化。第二次世界大战后,美国崛起,成为世界上最强大的国家,而随着20世纪 90 年代苏联的解体,美国成了世界上唯一的超级大国。

secretaries of state 国务大臣 与许多重要职位一样,国务大臣一职也是从最初很低的职位上发展起来的。到了 16 世纪,这一职位才从一名小办事员发展成为一名决策者的角色。"secretary"一词在中世纪时期多少还带有一些阴险之意,意为"知晓秘密的人"(one who was privy to secrets)。在爱德华四世统治时期,国王任命了一个掌管御玺(signet)的首席大臣(principal secretary),但这一职位的地位并未发生太大的变化,直到 1534 年,托马斯·克伦威尔成为首席大臣后,这一职位的地位才显著提升。两年后,托马斯·克伦威尔身上多了一项王玺(privy seal)掌管大臣职务,成为政府运作的引擎。在詹姆斯一世统治时期,英国形成了任命两名国务大臣的惯例。王朝复辟后,两名国务大臣各有分工:一个负责北方事务;一个负责南方事务。负责北方事务的国务大臣与新教的北欧各国开展外交活动,负责南方事务的国务大臣与天主教的南欧各国开展外交活动。

1782 年,英国政府对这两个国务大臣的职能进行了重大调整:负责南方事务的国务大臣变为内政大臣;负责北方事务的国务大臣改为外交大臣。此后,国务大臣的数量也在定期增加。在 20 世纪,虽然内政大臣和外交大臣还保留着他们的身份和重要地位,但是其他大臣随着时代的变迁也进行了重新包装。虽然1947 年印度独立后,负责印度事务的国务大臣一职不复存在,但与此同时,大臣的数量也在增加,如 1963 年增加了工业大臣、1964 年增加了教育与科学大臣、1968 年增加了就业大臣和社会服务大臣、1970 年增加了环境大臣、1976 年增加了交通运输(transport)大臣。大臣数量的增加证明了这样一个法则:高级职位的数量在增加,而权力则在减弱。

苏格兰的国务大臣一职起始于戴维二世统治时期,其发展过程与英格兰类似,也是从御玺掌管大臣演变而来的。自 1558 年至 1571 年,苏格兰的国务大臣由威廉·梅特兰(William Maitland)担任;1661 年至 1680 年为劳德戴尔(Lauderdale);1680 年以后,苏格兰的国务大臣通常由两人担任。这种安排一直持续到1745 年詹姆斯党人叛乱。1745 年至 1885 年,苏格兰没有任命国务大臣。威尔士的国务大臣一职是 1964 年设立的。在爱尔兰,虽然总督(lord-lieutenant)负主要责任,但他有一个强有力的首席行政官(chief secretary)来协助工作。1922

年,当爱尔兰自由邦(Irish Free State)成立的时候,首席行政官一职才消失。不过,1972 年时,英国政府任命了一位北爱尔兰事务大臣(secretary of state for Northern Ireland),当时英国政府已经直接管理该大行政区。

secret ballot 秘密投票选举   对于秘密投票选举,早在 1656 年,詹姆斯·哈林顿(James Harrington)就在其《大洋国》(*Oceana*)中提倡过,光荣革命(Glorious Revolution)时期出版的小册子也讨论过,1708 年时笛福(Defoe)也坚决主张,而到了 18 世纪,这一问题成为人们坚持不懈要实现的根本要求。然而,1831 年,当议会改革委员会(reform committee)提出秘密投票选举议案的时候,格雷(Grey)及其内阁删除了这一条,这让威廉四世大大松了一口气。此后,乔治·格罗特(George Grote)开始为之奋斗,并使秘密投票选举成为宪章派(chartists)提出的六点要求(six points)之一。1869 年组成的特别委员会(select committee)在报告中对秘密投票选举表示了赞同意见,1872 年,福斯特(Forster)抵制了议会上院的一些反对意见,成功地使其得以实施。

sects 教派   See DISSENT(见不从国教者)

secularism 现世主义   "现世主义"一词在 19 世纪 50 年代初为乔治·雅各布·霍利约克(George Jacob Holyoake)所采用,用来描述不考虑宗教信仰,只考虑现世而形成的道德与社会行为体系的词汇。该词来源于把宗教教义与其他教育形式完全隔离开来的世俗教育运动(secular education movement)。

地方性的世俗协会是在 19 世纪 50 年代形成的,它们与早期的反教权主义组织和曾支持理查德·卡莱尔(Richard Carlile)和罗伯特·欧文(Robert Owen)的无神论者中的激进分子结合在一起。1866 年,查尔斯·布雷德洛(Charles Bradlaugh)把这些团体和派别团结在一起,建立了英国现世主义协会(National Secular Society)。具有讽刺意味的是,作为一场运动,现世主义从 19 世纪 80 年代中期开始就已走向衰落,部分原因在于社会变得更加世俗化,似乎现世主义运动没有开展的必要了。

Security, Act of [S], 1704. **《安全法》【苏格兰】**（**1704**） 令人难以理解的是,苏格兰《安全法》是苏格兰与英格兰走向联合的重要一步。1700 年,达里恩方案（Darien scheme）失败后,苏格兰人对英格兰怀恨在心。苏格兰议会拒绝执行 1701 年英格兰提出的保证汉诺威继承权的《王位继承法》。相反,苏格兰人制定的《安全法》则规定:以后苏格兰的王位继承权由议会决定,并宣布如果苏格兰人在宗教、自由和贸易方面的诉求得不到解决,英格兰的王位继任者就不会在苏格兰得到确认。此后英格兰和苏格兰两国进入冲突状态,1707 年英格兰与苏格兰的合并是双方谈判的结果。

Sedgemoor, battle of, 1685. **塞奇莫尔之战**（**1685**） 塞奇莫尔之战是最孤注一掷的一次冒险行动,一次夜间突袭战斗。1685 年 6 月 11 日,蒙茅斯（Monmouth）在莱姆里吉斯（Lyme Regis）登陆,20 日在汤顿（Taunton）自立为王。但蒙茅斯没有得到多少人的支持,他那东拼西凑来的军队未能占领布里斯托尔（Bristol）或巴斯（Bath）。费弗沙姆勋爵（Lord Feversham）和副指挥约翰·丘吉尔即后来的马尔伯勒公爵（duke of Marlborough）率领的一支国王军队将蒙茅斯追至布里奇沃特（Bridgwater）。王军在布里奇沃特以东,布塞克斯莱茵（Bussex rhine）一线,即一条水沟的后面,布下阵来。7 月 5 日夜间,蒙茅斯悄无声息地带领他的部队开始了夜袭行动,他们乘着夜色穿过切德左伊村（village of Chedzoy）。但在一英里以外,警报就响了。一旦失去偷袭的作用,蒙茅斯失败的命运就被注定了。破晓时分,费弗沙姆的军队发起了进攻,战斗结束。

Seditious Meetings Act, 1795. **《叛乱集会法》**（**1795**） 1795 年秋,居高不下的面包价格进一步加剧了人们对议会实行改革的要求,10 月 26 日,伦敦通讯协会（London Corresponding Society）在伊斯灵顿（Islington）的哥本哈根大厦（Copenhagen House）举行了一个露天集会。三天后,乔治三世在前往议会大厦的途中,遭到人们的嘘声,而且他乘坐的四轮马车的窗子也被砸碎了。为此,皮特（Pitt）政府制定了《叛乱集会法》（36 Geo.III c.8）,按照该法律,凡举行 50 人以上的集会,须事先经过一名治安法官（magistrate）的批准。

Seisyllwg, kingdom of　塞萨尔格王国　一个早期威尔士王国,起源不详,很可能是由锡里迪吉恩(Ceredigion)国王塞萨尔·阿普·克莱道格(Seisyll ap Clydog)于730年向南扩张领土到特依瓦河谷(Tywi valley)时建立起来的。后来(904年),该王国被并入海韦尔·迪达(Hywel Dda)统治下的领土范围更大的德赫巴斯王国(kingdom of Deheubarth)内。

Selborne, Roundell Palmer, 1st earl of(1812—1895).　**朗德尔·帕尔默,第1代塞尔伯恩伯爵**(1812—1895)　律师。帕尔默一开始就有一个良好的开端。他曾就读于拉格比(Rugby)和温切斯特(Winchester)两所公学,然后转到牛津大学基督教会学院(Christ Church),担任过牛津大学联合会主席,并以一流成绩获得学位。他是在林肯律师公会(Lincoln's Inn)学习的法律,并在1847年作为皮尔(Peel)的支持者进入议会。1861年,他在帕默斯顿(Palmerston)组阁的政府中担任副总检察长(solicitor-general),并于1863年被提升为总检察长(attorney-general),直到1866年才离开这一职位。帕尔默是一位意志坚定的教士,对1869年撤销爱尔兰圣公会的国教地位持强烈反对意见,并且拒绝接受格莱斯顿(Gladstone)为他提供的大法官一职。然而,1872年,当哈瑟利勋爵(Lord Hatherley)因视力下降而辞职时,帕尔默接替了他的位置,出任大法官,任职期为1872年至1874年和1880年至1885年。此后,帕尔默对自由党的激进思潮越来越感到焦虑,1886年,他在《爱尔兰地方自治法案》(*Irish Home Rule*)问题上与自由党彻底决裂。他在自己的碑文中悲伤地写道:"我的偶像破碎了。"从那以后,他全力支持保守党。

S

Selby, battle of, 1644.　塞尔比战役(1644)　1644年春,北方的王党军队在纽卡斯尔(Newcastle)的率领下,在达勒姆(Durham)阻止苏格兰军队与费尔法克斯父子(Fairfaxes)率领的议会军会合。但在4月11日,守卫约克南部的塞尔比的约翰·贝拉塞瑟(John Bellasyse)遭到惨败。国王在北方的总部约克面临着迫在眉睫的危险,纽卡斯尔一听到这个消息,马上移师南下,占领了塞尔比。后来,鲁珀特(Rupert)在1644年夏所做出的解救约克的努力导致王军在马斯顿荒原(Marston Moor)大败。塞尔比战役奠定了议会军彻底打败王军的基础。

Selden, **John**（1584—1654）.　**约翰·塞尔登**（1584—1654）　被誉为"英国法律史之父"（"the father of English legal history"）的塞尔登是斯图亚特王朝时期英格兰最杰出的古文物研究者。作为内殿律师公会（Inner Temple）的一名律师，塞尔登分别于 1623 年代表兰开斯特（Lancaster）、1626 年代表大贝德温（Great Bedwyn）、1628 年代表拉德格舍尔（Ludgershall）进入议会，成为议会下院议员，并于 1640 年代表牛津大学进入长期议会。自 1607 年以来，他发表了一系列学术著作，以法律史为主，其中最著名的是 1617 年撰写的有关什一税（tithes）历史的著作。在长期议会初期，他是一个温和主义者，有传闻说他可能会进入法庭任职，但是他没有这样做。1643 年，他因受到指控而被投入伦敦塔。与此同时，塞尔登继续从事著述，包括 1838 年完成的一部论海洋法的重要著作和 1641 年完成的论贵族特权的著作。1886 年，梅特兰与其他一些学者一起成立了塞尔登学会（Selden Society），以推动英国法律的研究。

self-denying ordinance, 1645.　**自抑法**（1645）　由于埃塞克斯（Essex）和曼彻斯特（Manchester）无力结束内战，议会对此愈发感到不满，结果在 1644 年底提出了一个"自抑法案"。根据该法案，议会上院和下院的议员都不能再保留在军中的职务。在保王党军队接连取得一些胜利之后，该法案于 1645 年在议会上被再次提出，并于 4 月 3 日获得通过。埃塞克斯、曼彻斯特和沃勒（Waller）辞去军中的职务，保守派被从军中清除了出去，从而为托马斯·费尔法克斯爵士（Sir Thomas Fairfax）领导的新模范军（New Model Army）铺平了道路。但克伦威尔被给予了特别豁免权，不受自抑法的约束。

Selgovae　**塞尔戈瓦伊人**　苏格兰南部的一个不列颠部落。希腊地理学家托勒密（Ptolemy）曾提到过该部落，"Selgovae"的意思据说是"猎人"（"hunter"）。根据托勒密提供的信息，塞尔戈瓦伊人就生活在以特威德河（Tweed）上游流域为中心的苏格兰南部高地地区，该地区东面是沃塔迪尼人（Votadini），西面是诺文特人（novantes），塞尔戈瓦伊人被夹在中间。

Selsey, **diocese of**　**塞尔西主教区**　681 年时由威尔弗里德（Wilfrid）创建，

辖区范围与萨塞克斯重合,原为里彭(Ripon)和约克主教区。686 年,当威尔弗里德回到赫克瑟姆(Hexham)时,塞尔西主教区与温切斯特主教区合并,直到若干年后塞尔西主教区复兴,才从温切斯特主教区中分离出来。1075 年伦敦宗教会议(Council of London)召开之后,塞尔西主教区才被迁至奇切斯特。

Senior , Nassau(1790—1864). **纳索·西尼尔**(1790—1864) 古典经济学家。西尼尔出生在伯克郡一个西班牙裔的牧师家庭,是当时最具影响力的经济学家之一。西尼尔在伊顿公学和牛津大学莫德林学院(Magdalen College)毕业后,于 1819 年获得了律师资格。他曾两度作为政治经济学教授就职于牛津大学。西尼尔在调查济贫法的实施,以及后来在对工厂工作条件和教育状况的调查中发挥了重要作用。由于西尼尔深受马尔萨斯和李嘉图的影响,因此,他强烈批评工团主义,但也不赞同"工资铁律"("iron law of wages")的理论,认为有些人利用这一理论拒绝改善工人阶级的生活状况。

Septennial Act , 1716. **《七年会期法》**(1716) 根据该法,每届议会任期由最多 3 年——1694 年的《三年会期法》(Triennial Act)规定的——延长到了 7 年。1715 年詹姆斯党人叛乱是该法出台的借口。不过,新上台的辉格党大臣们把下一次选举成功地推迟到 1722 年,从而使他们在面临下次选举之前,有充分的时间来巩固自身的权力,并削弱其对手——托利党的势力。1911 年的《议会法》把每届议会任期又缩短为 5 年。

Septimius Severus **塞普蒂米乌斯·塞维鲁** 罗马皇帝(193—211 年在位)。卢修斯·塞普蒂米乌斯·塞维鲁(Lucius Septimius Severus)出生在北非的大莱普提斯(Lepcis Magna),190 年成为罗马执政官(Consul)。当罗马皇帝康茂德(Commodus)被暗杀时,当时任驻多瑙河(Danube)的上潘诺尼亚(Pannonia Superior)总督的塞维鲁被拥立为皇帝。197 年 2 月,塞维鲁在里昂(Lyons)战役中杀死了他的对手——不列颠总督克劳狄·阿尔比努斯(Clodius Albinus)。在与帕提亚人(Parthians)的一系列战争结束之后,因与苏格兰的一些部落发生冲突,塞维鲁的注意力又被拉回到不列颠。208 年,他与其子卡拉卡拉(Caracalla)

和盖塔(Geta)亲自上阵,重新占领了低地地区(Lowlands)。由于健康状况日益恶化,塞维鲁于 211 年初病逝于约克。

serfdom 农奴制(农奴身份) 农奴制泛指被领主奴役的状态,但是农奴制是根据习惯(custom)来进行控制的,在这一点上,农奴制有别于奴隶制。在农奴制这个名称下,其实掩盖了存在着差异颇大的制度安排。英格兰有很大的区域从来就不存在农奴制,特别是在肯特郡、原来的丹麦法区(Danelaw)和西南部部分地区。虽然非自由人的基本义务是除了每周要在领主的自用地(demesne)上耕作 3 天,并在谷物收获的季节向领主提供助工外,还要向领主缴纳一定的租税,但在具体义务的规定上,不同庄园之间存在着差异。诺曼征服后的两个世纪是农奴制逐步走向完善的时期。到了 13 世纪,随着越来越多的维兰(villeins)获得自由,并成为公簿持有农(copyholders),农奴制开始瓦解。

serjeant at law 高级律师 高级律师这一等级至少起源于 14 世纪初,由法律界的领导者们组成。截止到 1846 年以前,只有高级律师才有权利从事普通民事诉讼法庭(Court of Common Pleas)的出庭业务。高级律师一职之有别于其他律师,是他们头戴用以表明他们独特身份的"白色小帽"("coif"),他们是高级律师公会(Serjeants' Inn)的成员。

Settlement, Act of, 1701. 《王位继承法》(1701) 该法律(12 & 13 Wm. III c.2)有些令人感到奇怪,也背离了起草者们当时复杂的动机。1700 年 7 月,安妮女王之子格洛斯特公爵(duke of Gloucester)去世后,随之而来的一个直接问题是如何使新教徒能够继承王位。这项法律的制定,使得 50 多个信奉天主教的具有王位继承资格者被排除在外,汉诺威选侯夫人(electress of Hanover)、詹姆斯一世的孙女索菲娅(Sophia)成为王位继承人。但托利党占多数的议会为了限制国王的权力,趁机添加了若干显得与法律内容不协调的条款,如未经议会批准,国王不得离境,不得发动战争。该法律还规定,对于受到议会弹劾者,国王不得赦免。1714 年安妮女王去世后,与王位继承相关的各项条款生效,索菲娅的儿子乔治一世继承了王位。其他条款要么被废止,要么被规避。

S

Settlements and Removals, Act of, 1662. 《定居与遣送法》（1662） 内战结束后，伊丽莎白时期推行的《济贫法》（Poor Law）处于混乱状态，因为很多人都已离开原来居住的村庄和城镇。查理二世的骑士议会（Cavalier Parliament）提出了一项"更好地救济这个王国中的穷人"的法案（13&14 Car. II c.12），直到1834年济贫法修正法出台以前，该法案一直主导着英格兰的济贫工作。1662年的《定居与遣送法》提供的济贫解决方案较为极端，该法规定：任何人，不一定是乞讨者或请求救济者，只要有"受到指控的可能性"，两名治安法官（JPS）就可以下令将其从本堂区中驱逐出去，遣送至原堂区。除了明显侵犯人身自由外，《定居与遣送法》的推行还必然会导致堂区间的纠纷，根据1822年里克曼（Rickman）的说法，解决堂区间因此而产生的纠纷成了"光荣革命（Glorious Revolution）以来季审法庭（Quarter Sessions）的主要工作"。

seven bishops, trial of the, 1688. 审判七主教（1688） 1688年，包括坎特伯雷大主教桑克罗夫特（Archbishop Sancroft）在内的7名主教，因请求取消公开宣读国王詹姆斯二世第二次颁布的《信教自由令》（Declaration of Indulgence）而遭逮捕，并以"诽谤性煽动罪"受到审判。当这7名主教被宣判无罪时，驻扎在豪恩斯洛希思（Hounslow Heath）的詹姆斯二世的士兵们欢呼雀跃，对于詹姆斯二世来说，这是个不祥的预兆。

Sevenoaks, battle of, 1450. 塞文奥克斯战役（1450） 1450年6月，亨利六世率领一支大军向肯特挺近，迎战杰克·凯德（Jack Cade）领导的反叛者。然而，6月18日，汉弗莱·斯塔福德爵士（Sir Humphry Stafford）率领的一支分遣队被击败，指挥官汉弗莱本人阵亡。亨利六世离开战场，躲到安全地带，凯德进而占领了伦敦。

seventh-day Adventists 基督复临安息日会信徒 基督复临安息日会是关注基督再临（基督光荣归来审判活着的人和死去的人）的教派中最大的一个教派。该教派1831年起源于美国，当时一个名叫威廉·米勒的浸信会的农场主宣布基督将于1843年再次降临人间，后来又把基督再次降临日推算到1844年。由于该教派的信徒们从星期五的日落到星期六的日落遵守安息日，于是就被称为基督复临安息日会,该名称在 1861 年被正式采用。该教派的信徒于 1878 年到达英格兰,他们的任务是到南安普敦传教。

Seven Years' War,1756—1763. **七年战争**(1756—1763) 奥地利王位继承战争结束后的几年里,欧洲发生了一场"外交革命"("diplomatic revolution")。法国和奥地利在俄罗斯、瑞典和萨克森(Saxony)的支持下,结成联盟反对普鲁士的国王腓特烈二世(Frederick II)。1756 年,腓特烈二世先发制人,突然向萨克森发动进攻,翌年又进军波希米亚。当对手们作出反应,从四面八方威胁普鲁士时,腓特烈二世向英国请求援助。由坎伯兰公爵(duke of Cumberland)率领的一支"观察军"("Army of Observation")被派遣到德意志西部,但当法军入侵的时候,坎伯兰在哈施滕贝克(Hastenbeck)被击败(1757 年 7 月 26 日),并被迫签署了将其军队解散的条约。但这个条约被英国首相老威廉·皮特(William Pitt, the Elder)取消了,他派遣英军去增援坎伯兰的残余部队,并任命不伦瑞克的菲迪南(Ferdinand of Brunswick)为总指挥。1759 年 8 月 1 日,一场来之不易的胜利使得"执行军"("Army of Execution")巩固了英国对德意志西部的占领,但战争还远远没有结束。再往东,腓特烈二世在 1758 年的佐恩多夫(Zorndorf)战役和 1759 年的库涅斯多夫(Kunersdorf)战役中,孤注一掷,在付出了高昂代价之后,才设法得以保全自身。接下来,1760 年和 1762 年,腓特烈二世又不得不在利格尼茨(Liegnitz)和托尔高(Torgau),以及施韦德尼兹①(Schweidnitz)继续战斗,先后击败了法国、奥地利和俄罗斯。1762 年沙俄女皇伊丽莎白(Tsarina Elizabeth)去世,俄罗斯退出战争,这才使腓特烈二世得到一丝喘息之机。1763 年 2 月,七年战争结束,双方签订《巴黎和约》(peace of Paris)。

但七年战争并未仅仅局限在欧洲范围内。1758 年,皮特派遣一支由 12,000 人组成的远征军,在阿默斯特将军(General Amherst)的率领下占领了路易斯堡(Louisbourg)要塞,而且当此举成功之后,他更加雄心勃勃地命令英军向法国人占领的加拿大进军。1759 年 9 月 12 日至 13 日的夜间,詹姆斯·沃尔夫少将(Major-General James Wolfe)指挥不到 3000 人的英军,对魁北克(Quebec)发起

---

① 希维德尼察的旧称。——译者注

了突袭。接下来的战斗虽然持续时间很短,但却具有决定性意义,尽管沃尔夫和他的对手蒙卡尔姆(Montcalm)均身受重伤,但是法国人撤退了,魁北克和蒙特利尔(Montreal)先后落入英军之手,英军控制了加拿大的大部分地区。

到那时为止,英国已经巩固了他们在印度的势力,亲法的印度行政长官西拉杰·乌德·达乌拉(Siraj-ud-Daula)在1757年的普拉西(Plassey)战役中被罗伯特·克莱武(Robert Clive)击败,使得英国东印度公司控制了孟加拉(Bengal)。1761年,当法国在本地治里(Pondicherry)的前哨基地向艾尔·库特将军(General Eyre Coote)投降的时候,英国对印度的控制就扩展到了卡纳蒂克(Carnatic)。

Seville,treaty of,1729. 《塞维利亚条约》(1729) 1727年,西班牙在哈布斯堡(Habsburg)王朝的支持下,开始围攻自1704年以来一直被英国占领的直布罗陀。这场战斗并不激烈,1728年双方达成停战协议。根据1729年的《塞维利亚条约》,西班牙恢复给予英国的商业特权,而英国则同意支持西班牙对意大利的领土要求。

Seychelles 塞舌尔 塞舌尔群岛位于印度洋,1502年第一次被标注在葡萄牙人的航海图上。但直到1742年,当拉扎尔·皮科(Lazare Picault)为法国东印度公司占领了塞舌尔群岛的时候,才有白人在此定居。1810年,塞舌尔群岛被英军占领,并根据《巴黎和约》被保留在英帝国中。1976年6月27日,塞舌尔共和国(Republic of the Seychelles)成立。

S

Seymour,Thomas Seymour,1st Baron(1508—1549). 托马斯·西摩,第1代西摩男爵(1508—1549) 西摩下了很大的赌注,并且赌输了。他是亨利八世第三任妻子简·西摩(Jane Seymour)的哥哥和年幼的爱德华六世的摄政萨默塞特(Somerset)的弟弟。西摩的崛起是从1536年5月他妹妹嫁给亨利八世开始的。1544年,他被任命为终身军需官(master-general of ordnance)和海军大臣。1547年,他的外甥成为国王后,他立即就被封为贵族,并被授予嘉德勋位(Garter)。在亨利八世去世后的几个月内,他就迎娶了亨利八世的遗孀凯瑟琳·帕尔(Catherine Parr)。就在凯瑟琳因分娩而去世之际,他似乎已经计划与亲密已久的伊丽莎白公主结婚。但 1549 年 1 月,他被指控因嫉妒而策划针对其兄的阴谋。在被处以剥夺财产和公民权后,他在伦敦塔被处死。

Shackleton,Sir Ernest Henry(1874—1922). 欧内斯特·亨利·沙克尔顿爵士(1874—1922) 作为一名探险家,沙克尔顿几乎就是斯科特(Scott)的对照,始终是一个鲁莽冲动和焦躁不安的人。他成功地申请加入了斯科特 1901 年至 1904 年的南极探险队。1902 年,他与斯科特一起乘雪橇到达南纬 82 度之地。1907 年至 1908 年,沙克尔顿筹集了足够的资助,组织自己的探险队回到南极,他在南极发现并命名了比尔德莫尔冰川(Beardmore Glacier)。沙克尔顿本人到达南纬 88 度,距离南极只有 97 英里。沙克尔顿受到鼓励后,又率领一支官方探险队从威德尔海(Weddell sea)出发,横跨南极大陆到达罗斯海(Ross Sea)。尽管当时爆发了第一次世界大战,但是英国政府仍然命令沙克尔顿的探险队继续前进。1915 年 11 月,沙克尔顿的探险船"持久"号(*Endurance*)受到浮冰的挤压后破损。他利用雪橇和小船带领他的手下于翌年 4 月到达象岛(Elephant Island),他乘坐一条没有甲板的小船来到南乔治亚岛(South Georgia),然后又返回象岛救出滞留在那里的探险队员,还在罗斯海逗留了片刻。1921 年,他第三次出发去南极探险,但在到达南乔治亚岛后突然去世。

Shaftesbury,Anthony Ashley Cooper,1st earl of(1621—1683). 安东尼·阿什利·库珀,第 1 代沙夫茨伯里伯爵(1621—1683) 政治家。沙夫茨伯里(当时的阿什利勋爵)作为 1661 年至 1672 年的财政大臣,在为查理二世服务的早期大臣中是个年纪较小但却勤奋、能干的一员。1672 年,擢升为大法官之后,他的自然神论观点和对议会制政府的忠诚,使其与国王日益明显的亲法和亲天主教的政策产生了分歧,结果在 1673 年被解职。此后,沙夫茨伯里逐渐成为反对派成员。1679 年,他利用天主教阴谋案(Popish plot)把人们反对天主教的情绪调动起来,使下院通过了《排斥法案》,阻止信奉天主教的约克公爵(duke of York)继承王位。在他去世前的几个月里,他因涉嫌叛国罪而受到追捕。1683 年初,沙夫茨伯里在荷兰去世。

S

Shaftesbury, **Antony Ashley Cooper**, **7th earl of**（1801—1885）. **安东尼·阿什利·库珀**，**第7代沙夫茨伯里伯爵**（1801—1885）　慈善家和社会改革家。阿什利勋爵（1851年之前，沙夫茨伯里一直自称阿什利勋爵）是一名严格的福音派教徒，他毕生致力于推动一系列社会改革事业，如《10小时工作制法案》(*Ten Hour Bill*)、1842年的《矿山法》(*Mines Act*)、精神错乱法案的改革、禁止儿童扫烟囱的法案、公共卫生和贫民区的住房法案、贫民学校(ragged schools)法案、帮助农业劳动者摆脱困境法案和特困儿童教育法案(沙夫茨伯里之家)等。他做这一切的动机，均源于他那简单、严格和唯一的虔诚宗教信仰。沙夫茨伯里是维多利亚时期福音派最积极的捍卫者，他把福音派的思想应用到公共生活的各个方面。在政治上，他是保守党，反对一切形式的大众民主政治。

Shakespeare, **William**（1564—1616）. **威廉·莎士比亚**（1564—1616）　剧作家，诗人。1564年4月26日，威廉在埃文河畔斯特拉特福(Stratford-upon-Avon)接受了洗礼。威廉的父亲约翰·莎士比亚生产手套，是斯特拉特福镇的杰出市民，在威廉小的时候，成为斯特拉特福镇的镇长和治安法官(justice of the peace)。威廉就读于斯特拉特福文法学校(Stratford grammar school)，1582年他与比长自己8岁的安妮·哈瑟维(Anne Hathaway)奉子成婚，安妮是当地一位富裕的农场主之女。威廉的职业生涯是从做演员开始的，继而成为一名剧作家，并发展成为管理者和企业家。1616年4月23日威廉·莎士比亚去世时，他作为国王供奉剧团(King's Men)的主要股东，已经确立了自己在该剧团中的地位，国王供奉剧团是当时英国最重要的演员剧团，莎士比亚是一个成功者和富豪。

　　莎士比亚大概创作了42部戏剧。在人们的日常用语中常常会不自觉地出现莎士比亚作品中的语言，莎士比亚的戏剧作品仍然广受欢迎，无论是在剧场还是在电影院。莎士比亚的早期作品主要是喜剧和历史剧，《维洛那二绅士》(*The Two Gentlemen of Verona*)和《驯悍记》(*The Taming of the Shrew*)可能是他最早创作的作品。1591年，莎士比亚创作了《亨利六世》三部曲，1592年，他又把自己早期最有名的历史剧《理查三世》与此合在一起，构成了他的第一个四部曲(the "first tetralogy")。

　　这第一个四部曲是在1594年莎士比亚成为张伯伦勋爵剧团（Lord

Chamberlain' Men)的合伙人之前完成的。正是为了这家公司,也就是他们的第一个剧场(Theatre),莎士比亚创作了自己的第二个四部曲:《理查二世》《亨利四世》(第一、二部)和《亨利五世》,这些都是莎士比亚最受欢迎的历史剧。这两个四部曲证明了莎士比亚对玫瑰战争时期英国社会的持久影响。

1598年至1599年,该剧团迁入新建成的环球剧场(Globe theatre),这标志着莎士比亚创作生涯新阶段的开始和他的历史剧创作的"彻底"结束。莎士比亚为了环球剧场,开始转向其他类型的戏剧创作。这一时期他创作了《皆大欢喜》(As You Like It)和《第十二夜》(Twelfth Night)等较为成熟的喜剧,以及主要悲剧如《哈姆雷特》(Hamlet)、《奥瑟罗》(Othello)、《李尔王》(King Lear)和《麦克白》(Macbeth)。后来他还创作了悲喜剧或浪漫剧,如《佩里克利斯》(Pericles)、《冬天的故事》(The Winter's Tale)、《辛白林》(Cymbeline)和《暴风雨》(The Tempest)。

詹姆斯一世继位以后,张伯伦勋爵剧团成为国王供奉剧团,并且定期在王宫里演出。例如,《李尔王》和《麦克白》就是通过描绘黑暗中的选择,来确认詹姆斯一世在重新统一不列颠的过程中所起的作用,而《李尔王》和《辛白林》都是在寻求错综复杂的政治共鸣中,探索不列颠历史的奥秘。

莎士比亚是在英国戏剧历史发展的一个独特时期,为满足不同观众群体的需要,为建立剧场制度的文化意义而进行创作的,所以他的戏剧不能被简单地视为"纯粹"虚构出来的或纯属供人们娱乐的作品而抱有不屑一顾的态度。当前文学批评界普遍认为:莎士比亚的戏剧是在一个值得注意的非常富有成效的文化饥渴时期,即英国人"正在幻想"建立民族国家(nation-state)的时期,对历史和政治做出的回应,同时也塑造了公众对历史和政治的态度。

Sharp,Granville(1735—1813). **格兰维尔·夏普**(1735—1813) 反对奴隶制运动的推动者。夏普出生在达勒姆(Durham),其祖父为约克大主教。1765年,当夏普在伦敦的一个政府部门当职员的时候,就以朋友的方式对待一个名叫乔纳森·斯特朗(Jonathan Strong)的逃亡奴隶。接踵而至的法律辩论在1772年处理萨默塞特案(Somerset case)时最为激烈,在该案件的判决中,法官宣布奴隶制在英格兰是违法的。1783年,夏普产生了为获得自由的奴隶建立一个非洲人定居点的想法,并在 1787 年建立了塞拉利昂(Sierra Leone)定居点。1787 年,夏普成为废除奴隶贸易委员会的主席。1807 年,奴隶贸易在英帝国被废除后,夏普成立了一个致力于彻底禁止奴隶贸易的非洲协会(African Institution)。

Sharp,James(1613—1679). **詹姆斯·夏普**(1613—1679) 大主教。夏普曾就读于阿伯丁大学(Aberdeen University),并被任命为圣安德鲁斯大学(St Andrews)的哲学教授。王朝复辟期间,他曾与蒙克(Monck)紧密合作,并被派往布雷达(Breda)与查理二世谈判。他曾被任命为苏格兰王室附属教堂的牧师,并于 1661 年成为圣安德鲁斯大主教。此后他决定向他刚刚离开的长老会教士发起攻击。1668 年,他躲过了一次针对他的暗杀活动,但 1679 年,他落入法夫(Fife)的一个圣约组织(covenanting group)手中,并遭到暗杀。这一事件导致了圣约派的起义,但这次起义在博斯韦尔桥(Bothwell Bridge)被镇压下去。

Shaw,George Bernard(1856—1950). **萧伯纳**(1856—1950) 剧作家。1876 年,萧伯纳抱着成为一名作家的雄心,告别了都柏林和他那童年时代贫穷的上流社会生活,来到伦敦与他的母亲和姐妹们团聚在了一起。萧伯纳的小说接连遭到出版商的拒绝,他最终在评论界找到了一份稳定的工作,成为文学评论人、音乐【"巴赛特管"("Corno di Bassetto")】评论人和戏剧评论人。在费边社(Fabian Society)的支持下,萧伯纳开始自己创作剧本,他的剧本深受易卜生(Ibsen)的影响,试图用沉稳和庄重来取代英国舞台上的做作和虚伪。1892 年萧伯纳推出了《鳏夫的房产》(Widowers' Houses),矛头直指贫民窟的房租剥削制度。《华伦夫人的职业》(Mrs Warren's Profession)描写了一位以开妓院为业的女性,思想内容激进,但缺少浪漫,而且冒犯了许多人。1924 年创作的《圣女贞德》(St Joan)被认为是萧伯纳的杰作,但是萧伯纳最受欢迎的作品仍然是 1916 年创作的《皮格马利翁》①(Pygmalion)。

Shawfield riots,1725. **肖菲尔德骚乱**(1725) 1707 年《合并法》通过后,

---

① 也译为《卖花女》。——译者注

税收政策仍然是苏格兰遗留下来的一个敏感问题。1712 年,恼羞成怒的托利党试图对苏格兰强征麦芽税的举动导致苏格兰做出了试图废除《合并法》的决定,这一做法使得托利党在苏格兰强征麦芽税的愿望未能实现。1724 年,对每蒲式耳(bushel)的麦芽提高 3 便士税收的动议在格拉斯哥引起了严重的骚乱。代表格拉斯哥自治市进入议会的丹尼尔·坎贝尔(Daniel Campbell)的家乡肖菲尔德遭到抢劫。

Sheffield 谢菲尔德 在英国各大城市中,谢菲尔德属于开发较晚的城市。谢伊夫河(river Sheaf)与当河(Don)的汇合限定了谢菲尔德的位置。12 世纪时,威廉·德·洛维托特(William de Lovetot)在此建造了一座城堡和一座桥梁。早在 14 世纪,谢菲尔德就以生产刀具享誉全国,在乔叟的《坎特伯雷故事集》中,来自特兰平顿(Trumpington)的磨坊主(Miller)就把一把"谢菲尔德刀"(匕首或短刀)放在他的紧身裤里。谢菲尔德依靠当地供应的铁矿石,再加上洛克斯利河(Loxley)、里夫林河(Rivelin)、波特河(Porter),以及谢伊夫河和当河的水利资源,以及当地优质的砂岩(作磨石用),发展成为钢铁制造业中心。16 世纪 80 年代卡姆登(Camden)在撰写《不列颠志》(*Britannia*)一书时发现:谢菲尔德"在其附近的其他许多地方中,以铁匠而闻名,该地开采有大量的铁矿"。1624 年,谢菲尔德的刀具商公司(Cutler's Company)被授予优秀刀具商的特许证。到 1801 年,谢菲尔德已经成为英格兰第十大城镇,人口数量为 31,000 人。1832 年的《改革法》(*Great Reform Act*)使谢菲尔德获得了议会代表权。1843 年,谢菲尔德拥有了镇议会。到 1861 年,谢菲尔德成为英格兰第五大城镇,人口数量增加到 185,000 人。1893 年,谢菲尔德发展为城市;1905 年,谢菲尔德拥有了一所大学;1914 年,谢菲尔德拥有了主教座堂。

Sheffield, diocese of 谢菲尔德主教区 1914 年,谢菲尔德从约克主教区中独立出来,成为一个单独的主教区,管辖范围覆盖南约克郡(south Yorkshire)。虽然早在 1901 年谢菲尔德副主教区(suffragan see)就已经建立起来了,但是直到 1913 年,随着唐克斯特(Doncaster)煤田范围的迅速扩大才使得《三个主教辖区法案》(*Three Bishoprics Bill*)——三个主教辖区包括谢菲尔德、切姆斯福德

（Chelmsford）和贝里圣埃德蒙兹（Bury St Edmunds）——得以通过。1880 年,谢菲尔德主教座堂在大约 1430 年所建造的垂直式堂区教堂的基础上得以重建,该主教座堂的扩建工程于 1966 年完成。

Shelburne, William Petty, 2nd earl of（1737—1805）. **威廉·佩蒂·谢尔本, 第 2 代谢尔本伯爵**（1737—1805） 谢尔本聪明能干,但却被同时代的大多数人视为不可信赖之人。1757 年,谢尔本参军入伍,1760 年成为议会下院议员,1761 年进入议会上院。起初,谢尔本是比特（Bute）的追随者,后来转而忠于老皮特【the elder Pitt,后来的查塔姆伯爵（earl of Chatham）】,并从 1766 年开始,作为南方事务部大臣在其手下供职。谢尔本经常与同僚们发生争执,并在外交政策问题上与事实上的首相格拉夫顿（Grafton）发生分歧后被免职。查塔姆伯爵在病中误判了形势,认为谢尔本已经辞职,结果也辞职了。1778 年查塔姆去世后,谢尔本成为查塔姆一派的领袖,因而无法得到罗金厄姆（Rockingham）一派的信任,被他们称为马拉格里达（Malagrida）,马拉格里达是一个臭名昭著的耶稣会的阴谋家。1782 年,诺斯（North）倒台之后,乔治三世挑动谢尔本与罗金厄姆派之间相互斗争以坐收渔利。1782 年 3 月至 7 月,谢尔本出任内政大臣。作为内政大臣,谢尔本与外交大臣查尔斯·福克斯（Charles Fox）在和谈问题上发生分歧,二者所领导的内政部和外交部都被卷入其中。1782 年 7 月罗金厄姆的去世,导致内阁危机,国王坚持让谢尔本接替首相一职。福克斯辞职后与诺斯派联合,迫使谢尔本于 1783 年 2 月辞去首相一职。虽然 1784 年谢尔本被封为兰斯多恩侯爵（marquis of Lansdowne）,但是他再也没有担任过高级职位。

S

Sheldon, Gilbert（1598—1677）. **吉尔伯特·谢尔登**（1598—1677） 坎特伯雷大主教（1663—1677 年）。谢尔登在牛津大学三一学院（Trinity College）毕业后,成为牛津大学万灵学院（All Souls）的研究员,并于 1626 年担任该学院的院长。在内战期间,谢尔登作为查理一世属灵事务的顾问,而于 1648 年被逐出万灵学院,并遭到短期监禁。王朝复辟时期,谢尔登成为伦敦的主教。作为热衷于统一运动的领导者,谢尔登于 1663 年接替贾克森（Juxon）成为坎特伯雷大主教。1667 年至 1669 年,谢尔登作为牛津大学的校长,自己出钱请建筑师雷恩

（Wren）建起了谢尔登剧院（Sheldon theatre）。

Shelley，Mary Wollstonecraft（1797—1851）. **玛丽·沃斯通克拉夫特·雪莱**（1797—1851） 作家。玛丽·沃斯通克拉夫特·雪莱是激进的哲学家威廉·戈德温（William Godwin）和早期女权主义者玛丽·沃斯通克拉夫特夫妇的独生女儿。漂亮、书生气十足的玛丽与年轻的珀西·比希·雪莱（Percy Bysshe Shelley）于1814年私奔到欧洲大陆，并于1816年雪莱的妻子哈丽雅特（Harriet）自杀之后嫁给了雪莱。她所创作的最有名的小说《弗兰肯斯坦》（*Frankenstein*，1818年）不仅创立了"科学与哥特式浪漫主义相结合"的科幻小说流派，而且后来还被许多恐怖电影制片人改编成电影。1822年诗人雪莱去世后，为了培养他们夫妇留下来的唯一孩子珀西·弗洛伦斯·雪莱（Percy Florence Shelley），玛丽回到英国，成为一名职业作家。

Shelley，Percy Bysshe（1792—1822）. **珀西·比希·雪莱**（1792—1822） 雪莱的父亲是辉格党成员，拥有大量田产。雪莱先后就读于伊顿公学（Eton）和牛津大学，但他的职业生涯比他的同窗们起步要早，而且有悖于传统。离校后雪莱就仓促地进入了第一次婚姻。婚后不久，他就与威廉·戈德温（William Godwin）和玛丽·沃斯通克拉夫特（Mary Wollstonecraft）的女儿私奔到欧洲大陆。此时，他已经发表了长诗《仙后麦布》（*Queen Mab*，1813年），这首诗后来对宪章派（Chartist）产生了重要影响。1819年出版的《西风颂》（*Ode to the West Wind*）最能代表诗人雪莱那冲动的理想主义，甚至超过了他于1820年出版的《解放了的普罗米修斯》（*Prometheus Unbound*）。在《解放了的普罗米修斯》中，雪莱想象了一场没有流血的革命，在这场革命中，"人类但愿世间不应有邪恶的存在，而且将来更没有邪恶的存在"。雪莱是在意大利沿海附近发生的一次海难中突然离世的。

Sheraton，Thomas（1751—1806）. **托马斯·谢拉顿**（1751—1806） 英国家具设计师。谢拉顿出生在蒂斯河畔斯托克顿（Stockton-on-Tees），并在那里学会了细木工艺。1790年左右他搬到伦敦后，本来可能永远也不会再重操旧业。

那时他主要忙于撰写几部家具设计手册,其中最受欢迎的是 1791 年至 1794 年出版的《家具制造和装潢画册》(*The Cabinet-Maker and Upholsterer's Drawing Book*)一书,书中涵盖了他对几何学、建筑学和透视画法的论述。谢拉顿的许多椅背设计简单而优雅,他采用的是直线画法,并把动物、花卉或乐器的图案精致地镶嵌其中。

Sherborne, diocese of 舍伯恩主教区 舍伯恩主教区是 705 年时由国王伊尼(King Ine)从温切斯特(Winchester)主教区中分离出来的,909 年时长者爱德华(Edward the Elder)再次对舍伯恩主教区进行了分割,该主教区保留了多塞特(Dorset),德文(Devon)和康沃尔(Cornwall)被并入克雷迪顿(Crediton)主教区,萨默塞特(Somerset)并入韦尔斯(Wells)主教区,威尔特郡(Wiltshire)和伯克郡(Berkshire)并入拉姆斯伯里(Ramsbury)主教区。1058 年,舍伯恩主教区与拉姆斯伯里主教区合并;1075 年,这个合并后的新主教区的主教座堂迁至旧塞勒姆【Old Sarum,索尔兹伯里(Salisbury)】。

Sheridan, Richard Brinsley(1751—1816). **理查德·布林斯利·谢里登**(**1751—1816**) 谢里登是一位爱尔兰演员的儿子,他既是一位有名的剧作家,也是一位有名的政治家。谢里登的主要作品都是在 1780 年他进入议会之前创作的,包括 1775 年出版的《情敌》(*The Rivals*)和《少女的监护人》(*The Duenna*)、1777 年出版的《造谣学校》(*The School for Scandal*)和 1779 年出版的《批评家》(*The Critic*)。

谢里登是一位高超的政治演说家。1787 年 2 月 8 日,在反对沃伦·黑斯廷斯(Warren Hastings)的运动中,谢里登的演讲持续了 5 小时 40 分钟,给人们留下了深刻的印象,实现了预期的效果。尽管谢里登能力超群,但是他始终未能进入内阁,而只是在 1782 年担任过外交部的副大臣,1783 年担任过财政部副大臣,1806 年至 1807 年担任海军部的财务官员。谢里登曾公开表示他赞赏伯克(Burke)所鄙视的法国大革命的原则,两人之间的相互对立造成了 18 世纪 90 年代辉格党的瓦解。谢里登死于贫困,与其密切相关的德鲁里巷剧院(Drury Lane theatre)遭受损失是导致其贫困的原因之一。

Sheriffmuir, battle of, 1715.　谢里夫缪尔战役（1715）　作为詹姆斯党人叛乱的领导者,马尔(Mar)在珀斯(Perth)集合了一支 9000 人的队伍。相比之下,阿盖尔率领的军队人数则要少得多,他们占据了斯特灵(Stirling)。1715 年 11 月 13 日,双方军队在邓布兰(Dunblane)附近的谢里夫缪尔展开交战。阿盖尔有序地退到斯特灵。马尔无法继续保持他的优势,退到阿伯丁,最后乘船前往法国。

sheriffs　郡长　里夫①(Reeves)是指盎格鲁—撒克逊时期的地方官,代表国王的里夫拥有维护秩序和为王室收税的特殊职责。11 世纪时,英格兰国王把每个郡都交给一个名为"*scirgerefa*"的人来管理,*scirgerefa* 即郡长("shire-reeve",Sheriff),行使本郡的司法权,并负责税收。诺曼征服后,郡长的权力和职责大为增加,同时也因使用高压手段而变得臭名远扬。国王解决地方管理权的长远办法是分散地方的行政权和司法权,尤其是在 14 世纪,国王通过设立治安法官(justices of the peace)来分散郡长的司法权。自 16 世纪以来,郡长在很大程度上已经成为各郡有名无实的长官。

Shetland　设得兰群岛　设得兰群岛是北海北部的一群岛屿,距离苏格兰大陆的东北端大约有 150 英里。设得兰群岛曾被维金人吞并,后来又成为挪威王国的一部分。1469 年,设得兰群岛【连同奥克尼群岛(Orkney)】成为苏格兰王国的一部分,是苏格兰的一个郡,而且一直是一个单独的地方行政单位。

ship money　造船费　造船费是一种临时征收的财产税,传统上为了保证沿海城镇的海防安全而向沿海城镇征税,用于海军建设。1629 年议会被解散后,查理一世失去了用于舰队和其他各项支出的经费。1634 年,查理一世下令在伦敦征收造船费,翌年把征收范围扩大到全国。造船费在 1635 年、1636 年和 1637 年,分别给国王带来了高收益,但 1638 年只带来了预期收益的三分之一。白金汉郡的从骑士约翰·汉普登(John Hampden)和其他一些人坚持原则,拒绝

---

①　即司法行政官。——译者注

交纳该项税款。1641 年,议会宣布造船费为非法。

Shippen, William(1673—1743). **威廉·希彭**(1673—1743) 威廉·希彭是支持詹姆斯二世的议会党人。希彭的父亲是一名牧师,他本人是一位训练有素的出庭律师(barrister)。1707 年,他成为托利党议会下院议员,除了 1709 年至 1710 年短暂离开议会之外,直到去世为止,希彭一直担任议员。托利党执政期间(1710—1714 年),他作为托利党中支持詹姆斯二世一派的成员直言不讳。1714 年乔治一世登上王位后,托利党遭到排斥,希彭渐渐走上了不屈不挠地与接连上台的辉格党大臣进行斗争的道路。

shires 郡 See COUNTIES(见郡)

shooting 射击 作为一项运动,射击可以分为动物或鸟类的射击和靶向射击比赛。射杀野鸡和松鸡在爱德华七世时期英格兰乡间别墅举行的聚会中极为盛行。这个游戏被严格地保存下来,但偷猎在乡村社会中引起了很多人的不满。19 世纪和 20 世纪非常流行的大型射击比赛,主要是在非洲和印度举行。英国有组织的靶向射击始于 19 世纪中叶。1860 年,英国在温布尔登(Wimbledon)成立了全国步枪协会(National Rifle Association),1880 年该协会迁到萨里(Surrey)的比斯利(Bisley)。

Short Parliament, April-May 1640. 短期议会(1640 年 4 月至 5 月) 因为查理一世的力量还不足以和苏格兰进行对抗,第一次主教战争(Bishops' war)无果而终。1640 年,查理一世召开议会,期望议会可以为他提供对抗苏格兰的费用。但议会下院更关心的是人们对国王的不满,特别是阿明尼乌主义(Arminianism)的发展和国王凭借君权征税,如造船费(ship money)的征收。最后,查理一世失去了耐心,粗暴地解散了议会。

Shovell, Sir Clowdesley(1650—1707). **克洛迪斯利·肖维尔爵士**(1650—1707) 海军指挥官。1664 年肖维尔入伍时,还是一个小孩子。17 世

纪 80 年代肖维尔在地中海指挥作战时,他那勇往直前的精神和高超的指挥技能给人们留下了深刻印象,1690 年他晋升为海军少将。在 17 世纪 90 年代的对法海战中,肖维尔证明了自己是一名高效的作战指挥官,他为英军取得 1690 年的比奇角(Beachy Head)战役和 1692 年的巴夫勒尔(Barfleur)战役的胜利做出了重要的贡献。在安妮统治英国最初的几年里,他指挥了数次地中海军事行动,包括夺取直布罗陀(Gibraltar)的战役,以及 1704 年马拉加(Malaga)附近的战役。1707 年,肖维尔在未完成任务的情况下从土伦(Toulon)返回英国,他的旗舰在锡利群岛(Scilly Isles)附近遇难,肖维尔溺亡。

Shrewsbury,battle of,1403. 什鲁斯伯里战役(1403) 1403 年,亨利四世在伯顿(Burton)得知"急性人"【Hotspur,亨利·珀西(Henry Percy)】与欧文·格伦道尔(Owain Glyndŵr)、伍斯特伯爵托马斯·珀西(Thomas Percy,earl of Worcester)、道格拉斯伯爵阿奇博尔德(Archibald,earl of Douglas),以及埃德蒙·莫蒂默(Edmund Mortimer)结盟并发动叛乱后,就命令他的部队强行军开往西部的什鲁斯伯里,与他的儿子威尔士亲王亨利(Henry,prince of Wales)会合,当时亨利正在威尔士作战。亨利·珀西抵达什鲁斯伯里后,发现该镇已被国王控制,而欧文·格伦道尔并未参加他领导的反叛,他的父亲诺森伯兰伯爵(earl of Northumberland)至多才到达庞蒂弗拉克特(Pontefract)。亨利·珀西尽管在人数上处于劣势,但他下定决心,宁愿战斗到底也不冒退却和溃散的风险。在 7 月 31 日最初的交手中,叛军占优势,但亨利·珀西被杀后,其追随者落荒而逃。

Shrewsbury,Charles Talbot,1st duke of(1660—1718). 查尔斯·塔尔博特,第 1 代施鲁斯伯里公爵(1660—1718) 塔尔博特从小信奉罗马天主教,1679 年改宗圣公会,他是 1688 年在邀请奥兰治的威廉(William of Orange)入侵英格兰的那封信上签名的"名垂青史之七人"("Immortal Seven")之一。1689 年,他被任命为国务大臣,但 1690 年他辞去了这一职务。1694 年他再度出任国务大臣,而且被封为公爵。1699 年他被任命为内廷大臣(lord chamberlain),1700 年他以健康理由辞职。1710 年至 1714 年间,他在保守党的内阁中担任内廷大臣,1713 年还出任了爱尔兰总督。哈利(Harley)被解职后,安妮女王立即任命施鲁斯伯里公爵为财政大臣,挫败了博林布罗克(Bolingbroke)的野心。8月1日安妮女王去世后,在施鲁斯伯里公爵的帮助下,确保了汉诺威王室入主英格兰。施鲁斯伯里公爵最后的职位仍然是内廷大臣,任职期为1714年至1715年。

Shrewsbury, Elizabeth Talbot, countess of(1518—1608). **伊丽莎白·塔尔博特,施鲁斯伯里伯爵夫人**(1518—1608) "哈德威克的贝丝"("Bess of Hardwick")是伊丽莎白时代英格兰最杰出的女性。她是德比郡一位从骑士(squire)的女儿,通过四次婚姻获得了财富和地位,而且这四任丈夫一个比一个地位高。她的最后一任丈夫是施鲁斯伯里伯爵乔治·塔尔博特(George Talbot, earl of Shrewsbury),他们于1567年结婚。贝丝这个工于心计和性格泼辣的女人,在伯爵去世后,就毫无顾忌地把自己的全部精力都用于查茨沃斯(Chatsworth)和哈德威克霍尔(Hardwick Hall)的建筑和家装陈设上。

Shrewsbury, John Talbot, 1st earl of(c.1387—1453). **约翰·塔尔博特,第1代施鲁斯伯里伯爵**(约1387—1453) 塔尔博特是英法百年战争(Hundred Years War)最后阶段法国人最惧怕的英军指挥官之一。塔尔博特在亨利五世手下作战的时间并不长,就于1427年回到法国。此后,直到1453年在卡斯蒂永(Castillon)阵亡,他一直在法国作战。塔尔博特性情粗暴、残忍,并好争吵,他被认为是最后一位具有传统骑士精神的人。

shrines 圣地 在中世纪人们的生活中,朝圣中心是一个重要元素。英格兰的朝圣中心无法与朝圣者们的首选地耶路撒冷相比,也无法与拥有很多神圣遗物的罗马乃至孔波斯特拉(Compostela)相比。然而,与其他国家一样,英格兰也拥有著名的宗教圣地,而且去这些地方既不困难,也不需要花费很多钱。1066年以前,英格兰最受欢迎的宗教圣地包括圣卡思伯特(St Cuthbert)的纪念地达勒姆(Durham)、圣奥尔本的纪念地圣奥尔本斯(St Albans)和圣埃德蒙(St Edmund)的纪念地贝里(Bury),但是到12世纪末,这些宗教圣地与更加耀眼的圣地如圣爱德华(St Edward)的纪念地威斯敏斯特、圣伍尔夫斯坦(St Wulfstan)的纪念地伍斯特(Worcester),以及到那时为止最受欢迎的圣托马斯·贝克特(St

Thomas Becket)的纪念地坎特伯雷相比,则逐渐变得黯然失色了。中世纪晚期的英格兰与其他地方一样,随着人们对纪念圣母玛利亚的活动日益重视,圣母玛利亚在威斯敏斯特、唐克斯特(Doncaster)、伊普斯威奇(Ipswich),尤其是沃尔辛厄姆(Walsingham)的纪念地也变得越来越重要。

Shropshire 什罗普郡 什罗普郡是个美丽的大郡。南部地区以丘陵为主,有里金山(Wrekin)、长山(Long Mynd)、克里山(Clee Hill)和文洛克埃奇山(Wenlock Edge);北部地区毗邻柴郡(Cheshire),地势较为平坦,还有一些著名的湖泊。什鲁斯伯里(Shrewsbury)是作为塞文河(Severn)上的一个重要渡口和防御威尔士人入侵的堡垒而发展起来的。惠特彻奇(Whitchurch)是什罗普郡北半部地区的主要城镇,而南部地区的主要城镇是拉德洛(Ludlow),该地在都铎王朝时期是威尔士边区委员会(Council in the Marches of Wales)的所在地。

在罗马统治时期,什罗普郡落入科诺维族(Cornovii)和奥陶维斯人(Ordovices)的控制之中。罗马人修建的华特灵大道(Watling Street)穿过什罗普郡,并在罗马军团的重要基地佛罗科尼厄姆(Viriconium),即罗克塞特(Wroxeter),穿过塞文河。什罗普郡一直是不列颠人和撒克逊人相互争夺之地,并在某段时期其大部分地区还曾隶属于波伊斯(Powys)王国,该王国的首府彭沃恩(Pengwern)可能就在什鲁斯伯里。到8世纪时,什罗普郡又成为麦西亚王国的一部分,奥法堤(Offa's Dike)穿过该郡的西部地区。直到10世纪时,什罗普郡才作为一个郡而存在下来。

对于诺曼人来说,什罗普的撒克逊语发音较为困难,因此他们称该郡为"Salopescira"。诺曼人在该郡的什鲁斯伯里、拉德洛和克兰(Clun)修建了很多城堡(主教的城堡在拉德洛)。即便如此,西部地区仍然很难抵御威尔士人的入侵。15世纪初格伦道尔(Glyndŵr)起义期间,当克兰遭到毁灭的时候,什罗普郡再次处于危险之中,不过,格伦道尔的盟友珀西家族的军队于1403年在什鲁斯伯里以北被击败,亨利·珀西【Henry Percy,"急性人"(Hotspur)】阵亡。

直到18世纪,什罗普郡在很大程度上还属于以农业为主的郡,什罗普郡的绵羊闻名于世,但达比(Darby)家族在科尔布鲁克代尔(Coalbrookdale)建立起来的巨大的采矿业和钢铁业导致该地区出现了一个奇特现象——在郁郁葱葱的森林峡谷中到处都点缀着鼓风炉和烟囱。建于1777年的铁桥(Iron Bridge),现已成为精美的铁桥博物馆建筑群的中心,几十年来一直被人们誉为技术进步的奇迹之一。

什鲁斯伯里很容易地保持了什罗普郡首府的重要地位,是召开巡回法庭和进行议会选举之地。笛福(Defoe)认为,什鲁斯伯里这个城镇"风景很美,面积很大,气候宜人,人口稠密,而且物产丰富。这个城镇的居民在城里讲英语,但在集市开市的日子里,你仿佛置身于威尔士"。19世纪中叶,铁路的出现确立了什鲁斯伯里作为铁路枢纽的中心地位。1972年颁布的《地方政府法》(*Local Government Act*)并未使其受到任何影响,但是东部新城的建立,则打破了什鲁斯伯里的人口平衡,人们开始向东迁移。东部新城将道利(Dawley)、奥肯盖茨(Oakengates)和威灵顿(Wellington)合并在一起,并重新以一位杰出的工程师的名字特尔福德(Telford)命名,因为特尔福德自1788年至1834年一直在这里担任市政建设的总监。

Sickert, Walter Richard(1860—1942). **沃尔特·理查德·西克特**(1860—1942) 英国艺术家。西克特生在慕尼黑,他的父母是丹麦裔的爱尔兰人,他们于1868年来到英格兰。西克特在进入斯莱德学校(Slade School)之前,曾有过一段短暂的演员经历。离开斯莱德学校后,西克特加入了惠司勒(Whistler)工作室,并通过惠斯勒的介绍,与后来的密友德加(Degas)相识。

Siddons, Sarah(1755—1831). **萨拉·西登斯**(1755—1831) 女演员。她是罗杰·肯布尔(Roger Kenble)家中12个孩子里最大的孩子,在嫁给年轻演员威廉·西登斯(William Siddons)之前,一直跟随家族公司到处演出。1775年至1776年她在伦敦的第一轮演出并未获得成功,但是,由于她在各地已经享有盛誉,因此她又出现在德鲁里巷(Drury Lane)剧院的舞台上,不久就重新获得了观众的认可。1812年,她在考文特花园(Covent Garden)的告别演出中,扮演了她最著名的角色——麦克白夫人(Lady Macbeth)。

Sidney, Algernon(1622—1683). **阿尔杰农·西德尼**(1622—1683) 著

名的辉格党烈士。西德尼在马斯顿荒原（Marston Moor）战役中为议会军而战，并在这次战役中身负重伤。虽然他拒绝在审判查理一世的法庭中任职，但在1652年却加入了国务会议（Council of State）。尽管他因不赞成克伦威尔（Cromwell）的护国公制（Protectorate）而退出了政坛，但却于1659年重返国务会议。1677年，正值天主教阴谋案（Popish plot）即将发生之际，他回到英格兰，加入了沙夫茨伯里（Shaftesbury）的辉格党。1683年，他被指控参与麦酒店阴谋案（Rye House plot）而被迫在杰弗里斯（Jeffreys）面前接受审判，但定罪的证据则不足。西德尼在声明中写道，他是为"年轻时就从事的古老事业①（Old Cause）"而死的。

Sidney，Sir Henry（1529—1586）. **亨利·西德尼爵士**（1529—1586）　爱尔兰勋爵。1551年，西德尼与诺森伯兰的女儿结婚。他支持1553年诺森伯兰代表简·格雷夫人（Lady Jane Grey）发动的未遂政变，不过，他适时全身而退，从而使自己及时地避开了这场灾难。虽然诺森伯兰死了，但西德尼还有莱斯特（Leicester）这位内弟和保护人。1559年伊丽莎白女王任命他为威尔士边区委员会主席，1565年又派他回到爱尔兰，任爱尔兰总督。西德尼回到爱尔兰后面临的第一项任务就是应对沙恩·奥尼尔（Shane O'Neill）的叛乱，但沙恩·奥尼尔在1567年遭到暗杀。1571年，当西德尼对安抚爱尔兰的工作感到厌烦的时候，就辞去了爱尔兰总督一职。1575年，因爱尔兰又出现了新的叛乱，西德尼被重新任命为爱尔兰总督。这一次他面临的困难是经费问题，因为伊丽莎白不愿接受必须以高昂代价才能制伏爱尔兰的事实。于是，1578年，西德尼的爱尔兰总督职位又被撤销了。

Sidney，Sir Philip（1554—1586）. **菲利普·锡德尼爵士**（1554—1586）　军人和诗人。就读于什鲁斯伯里公学（Shrewsbury）和牛津大学基督教会学院（Christ Church），专门从事研究工作。1583年，他迎娶了弗朗西斯·沃尔辛厄姆

---

①　内战时期新模范军的士兵们把推动自己从事的事业，即为议会而战的原因，称为为了"古老的事业"。——译者注

爵士(Sir Francis Walsingham)的女儿,同时在议会供职,其工作得到了高度评价。但 1585 年,当锡德尼的叔叔莱斯特(Leicester)奉命前往低地国家(Low Countries)指挥军队与西班牙作战的时候,他被任命为弗拉辛城(Flushing)的总督。锡德尼主动参加了莱斯特对聚特芬(Zutphen)的进攻,在战斗中大腿负伤,不到一个月死于坏疽。锡德尼在战场上把自己的一瓶水让给一位频临死亡的士兵的故事,是许多年后锡德尼的朋友富尔克·格雷维尔(Fulke Greville)首先吐露出来的,很像传说中的亚历山大大帝(Alexander the Great)的故事。锡德尼留下了大量未出版的作品,他身后留下的声誉不只是得益于他的诗歌,还归因于他的品格和勇气。

Sierra Leone 塞拉利昂 前英属西非殖民地和保护地。1797 年,英国反对奴隶制运动人士在弗里敦①(Freetown)为已经获得自由的奴隶们建立了一个家园。1808 年,这个定居点成为英属殖民地后,英国政府将其作为打击奴隶贸易的一个海军基地。1961 年,塞拉利昂获得独立。

Sihtric（Sigtryggr）(d.927). 西特里克(西格特里格)(卒于 927 年) 约克国王,北欧人。西特里克是"无骨者"伊瓦尔(Ivarr the Boneless)的孙子,绰号"斗鸡眼"("Squinty")。917 年,西特里克与伊瓦尔的另一个孙子拉格纳尔(Ragnall)联手,收复了 902 年时失去的都柏林。920 年,西特里克离开爱尔兰,继拉格纳尔之位,成为约克的国王。西特里克拒绝承认长者爱德华(Edward the Elder)的盟主地位,但 924 年长者爱德华死后,西特里克提出与他的继任者结盟,并在 926 年迎娶了威塞克斯国王阿塞尔斯坦(Athelstan)的姐姐埃迪尤丝(Eadgyth)。根据文多弗的罗杰(Roger of Wendover)的记载,西特里克拒绝接受他的妻子和他的新宗教。西特里克当时很有可能已经被剥夺了权力,因为一年后他就去世了,而阿塞尔斯坦成了约克的统治者。

Sikh wars 锡克战争 1845 年至 1846 年和 1848 年至 1849 年的战争,都

---

① 意为"自由城"。——译者注

起源于旁遮普(Punjap)的锡克教派和英国之间对印度西北部的萨特莱杰河(Sutelej river)地区的争夺。英国将军休·高夫爵士(General Sir Hugh Gough)先后于1845年12月18日在穆德吉(Mudki)、12月21日在菲罗兹沙阿(Feroze-shah),以及1846年2月10日在索布拉翁(Sobraon)以少胜多,击败了锡克教军队。锡克教徒被迫放弃该地区的领土。不过,1848年,锡克教徒重新发起抵抗英军的斗争。同年11月22日,高夫在拉姆讷格尔(Ramnagar)扭转了最初的战局后,又于1849年1月14日在贾利安瓦拉(Jallianwalla)击败了锡克教徒,但伤亡惨重。英军在得到增援之后,最终于1849年2月22日在古吉拉特(Gujrat)粉碎了锡克教徒的抵抗力量。

Silchester 锡尔切斯特 锡尔切斯特是罗马不列颠时期阿特雷巴特人(Atrebates)部落的首府,位于现在的汉普郡(Hampshire)和伯克郡(Berkshire)边界地区。罗马入侵后,这个城镇发展迅速,大型重要的木质建筑坐落在方格网状的街道上,此外,还可能拥有一些浴室的遗址。用石头建造的哈德良广场(Hadrianic forum)位于市镇中心。其他公共建筑还包括一座圆形露天剧场和一些神庙。这些建筑表明,罗马人对这一地区的占领一直到5世纪,此后这个遗址才被遗弃。

Silures 西卢尔人 西卢尔人是不列颠的一个部落,也是一个行政区。古罗马时期有许多作家都曾在自己的作品中提到过西卢尔人,其中包括普林尼(Pliny)、托勒密(Ptolemy)和塔西佗(Tacitus)。事实上,塔西佗把西卢尔人的体貌特征都描写得很清楚,如皮肤黝黑,头发卷曲等。西卢尔人的领地就位于威尔士的东南部地区,大约在公元45年至57年间的一段时期内,他们曾带领不列颠人抵抗罗马人的西进行动。

silver jubilees,1935,1977. 银婚纪念日,1935,1977 1887年和1897年维多利亚女王金婚纪念日(Golden Jubilees)和钻石婚纪念日(Diamond Jubilees)的成功举办,使得乔治五世的顾问们确信:一定要在乔治五世登基25年的时候为其举办银婚纪念活动,包括感恩仪式、街头派对和银婚纪念杯等。乔治五世的孙女伊丽莎白二世的银婚纪念活动也是依据类似模式举办的,这为伊丽莎白在很多方面显得死气沉沉的统治增添了些许色彩。

Simeon, Charles（1759—1836）. **查尔斯·西米恩**（1759—1836）　福音派领袖。西米恩出生在雷丁(Reading),1776 年在伊顿公学获得了一些宗教体验,后来又在剑桥大学的国王学院(King's College)继续接受宗教教育。西米恩先后成为剑桥大学女王学院(Queen's College)的研究员和国王学院的副院长。1783 年至 1836 年,他一直在剑桥大学圣三一教堂(Holy Trinity)领受教士俸金。尽管人们最初对他怀有敌意,但他的传教工作赢得了人们的支持。随后在 1797 年,他参与创办了圣公会传教会(Church Missionary Society)。

Simnel, Lambert（c. 1745—c. 1535）. **兰伯特·西姆内尔**（约 1475—约 1535）　西姆内尔是亨利七世王位的众多觊觎者之一,他是被当作理查三世的侄子沃里克伯爵爱德华(Edward, earl of Warwick)而登上政治舞台的。他好像出生在一个牛津商人的家庭。1487 年 5 月,他在都柏林被加冕为爱德华六世,并在 6 月随同一支强大的侵略军被带到英格兰。亨利七世在纽瓦克(Newark)附近的斯托克(Stoke)与这支军队相遇,并取得了胜利。当时的西姆内尔只不过是个棋子,他被亨利七世赦免后,做了王室厨房的一名杂役。

Simon, Sir John（1873—1954）. **约翰·西蒙爵士**（1873—1954）　自由党政治家和知名出庭律师(barrister)。西蒙担任过一系列高级职位,包括内政大臣、外交大臣、财政大臣和大法官,这一经历在 20 世纪的英国是独一无二的。在第一次世界大战爆发之前,他已于 1910 年被任命为副总检察长(solicitor-general),1913 年被任命为总检察长(attorney-general),并进入内阁。此后,他的政治生涯随着自由党的衰落而受挫。然而,1931 年,西蒙又重新登上政治舞台,在以自由党为首的国民政府中担任外交大臣。担任外交大臣这段时期对西蒙来说非常艰难,他的声望因日本、意大利和德国先后挑战国际联盟的权威而日益下降。西蒙更适合于担任内政大臣(1935 年至 1937 年在任),在爱德华八世退位危机中他发挥了重要作用,但是作为财政大臣(1937 年至 1940 年在任),由于西蒙在金融控制方面过于谨慎,因此未能充分考虑重整军备的需要。1940 年丘吉尔把西蒙安排到议会上院,担任大法官,他在法律方面的才能使其非常胜任这一职位。

Simpson,Sir James(1811—1870). **詹姆斯·辛普森爵士**(1811—1870) 麻醉剂的开发者。辛普森是苏格兰一位乡村面包师的幼子,1825 进入爱丁堡大学学习,1832 年毕业,获得医学博士学位。1839 年,他迅速地晋升为产科教授。他对把乙醚用于麻醉剂的新想法感到异常兴奋。1847 年,他亲自使用其它一些挥发性液体进行试验,并最终选定使用氯仿做麻醉剂。尽管氯仿的使用得到了迅速普及,但在自然分娩中使用氯仿仍然受到道德主义者和神学家的激烈批评,直到 1853 年,维多利亚女王的第 9 个孩子分娩后,她才高兴地给予认可。1866 年,辛普森被封为准男爵。

Simpson,Mrs Wallis(1896—1968). **沃利斯·辛普森夫人**(1896—1986) 温莎公爵爱德华(Edward,duke of Windsor)的妻子。她出生在巴尔的摩(Baltimore),贝西·沃利斯·沃菲尔德(Bessie Wallis Warfield)的第一任丈夫是飞行员温菲尔德·斯潘塞伯爵(Earl Winfield Spencer),但因其酗酒而离婚。在回巴尔的摩的途中,她遇到了一位英国商人——欧内斯特·辛普森(Ernest Simpson),1928 年两人结婚之后,她作为辛普森夫人随同自己的丈夫一起去了伦敦。两年后,她的一位美国朋友,即弗内斯夫人特尔玛(Thelma,Lady Furness)把她介绍给威尔士亲王爱德华(Eaward,the prince of Wales)。辛普森夫人虽然长得不算很美,但却全身透着机智和迷人的魅力;爱德华发现她具有女性的同情心,并且通情达理,而这恰恰是爱德华所渴望得到的。1936 年,她与辛普森先生离婚,爱德华为了迎娶她也不得不放弃了王位。这对夫妇享受了大约 35 年挚爱但无子女的婚姻生活。她去世后葬在弗罗格莫尔(Frogmore),墓地就在自己丈夫墓地的旁边。

Sinclair,Sir Archibald,1st Viscount Thurso(1890—1970). **阿奇博尔德·辛克莱爵士,第 1 代瑟索子爵**(1890—1970) 辛克莱自 1940 年丘吉尔

（Churchill）组阁至第二次世界大战结束，一直担任空军大臣一职。他是苏格兰一位准男爵的儿子，1910年加入皇家近卫骑士团（Life Guards），成为温斯顿·丘吉尔的亲密朋友。1922年，辛克莱作为劳合·乔治领导的自由党成员重返议会。他与塞缪尔（Samuel）一起在1931年的国民政府（National Government）中就职，但1年之后，因贸易保护问题而辞职。1935年，当塞缪尔失去议会席位时，辛克莱接任了自由党领袖一职。1939年，他拒绝为张伯伦（Chamberlain）效劳，但却接受了丘吉尔的邀请。虽然辛克莱在1945年就失去了议会中的席位，但是丘吉尔在1952年帮助他获得了子爵的身份。

Sinn Fein 新芬党 "Sinn Fein"是盖尔语，意思是"我们自己"（"we ourselves"）。新芬党是20世纪初作为爱尔兰的一系列俱乐部而形成的，直到1916年，新芬党还处于想法重于组织的阶段。自1917年开始，新芬党就被用来作为取代议会党的爱尔兰先进的民族主义党（nationalist party）的保护伞。新芬党在1918年的大选中获胜后，就组成了自己的爱尔兰众议院（Dáil），但在英爱战争（Anglo-Irish War）中，新芬党在英国议会中退居后座，成为爱尔兰共和军（Irish Republican Army）的政治武器。新芬党在《英—爱条约》（Anglo-Irish treaty）问题上发生分裂以后，德·瓦莱拉（de Valera）领导的新芬党人在1922年至1923年的内战中，支持爱尔兰人为实现共和而进行的斗争。1926年，新芬党内部在承认爱尔兰自由邦众议院（Free State Dáil）的问题上再次出现分歧：少数派坚持回避政策并保留新芬党的头衔；而多数派则建立了爱尔兰共和党（Fianna Fail Party）。新芬党在1981年的绝食抗议中，放弃其传统的回避政策，而且在工人阶级的天主教徒中日益受到欢迎。在格里·亚当斯（Gerry Adams）的领导下，新芬党在1999年至2002年间分享了英国的行政管理权。到2005年，新芬党作为爱尔兰两个民族主义政党中较大的一个党派，已经取代了另外一个民族主义政党，即社会民主工党（SDLP）。2007年大选，当新芬党在众议院中获得了28个议席后，与佩斯利（Paisley）领导的北爱尔兰民主统一党（DUP）一起分享了北爱尔兰政府的管理权，马丁·麦吉尼斯（Martin McGuinness）成为北爱尔兰第一副部长（Deputy First Minister）。

Singapore　新加坡　新加坡在 11 至 16 世纪时,是一个重要的贸易港口。1819 年,斯坦福德·莱佛士爵士(Sir Stamford Raffles)重新建立新加坡,来抗衡荷兰在该地区的影响。1867 年,新加坡成为英国王室直辖殖民地。第二次世界大战以后,新加坡从马来亚联邦(Malay Union)中独立出来,并于 1955 年制定了自己的宪法,这一宪法引导新加坡于 1959 年实现了自治。

Siward,earl of Northumbria（d.1055）.　西瓦尔德,诺森伯里亚伯爵(卒于1055 年)　西瓦尔德拥有丹麦血统,身材高大,大概是随同克努特(Cnut)一起来到英格兰的,并于 1026 年被封为德伊勒伯爵(earl of Deira)。随后,他为哈撒克努特(Harthacnut)和忏悔者爱德华效劳,成为整个诺森伯里亚的伯爵。1054 年,他率领一支远征军开往苏格兰,击败了麦克佩斯(Macbeth),并使马尔科姆·坎莫尔(Malcolm Canmore)登上了苏格兰的王位。

Six Acts,1819.　《六法令》①（1819）　1819 年,英国政府为了镇压激进的改革风潮而制定的措施。这场风潮在彼得卢(Peterloo)发展到顶峰。这六项法令内容包括:(一)禁止绝大多数人员超过 50 人的集会;(二)赋予治安法官(Magistrate)进入私人住宅搜查武器的权力;(三)禁止平民百姓进行演习和军事训练;(四)在法律上加强对亵渎上帝和煽动性诽谤的惩罚力度;(五)限制被告为准备辩护而请求延期审判的权利;(六)将报纸和廉价小册子的印花税增加到4 便士。

Six Articles,Act of,1539.　《六项条款法》（1539）　该法令(31 Hen.VIII c.14)对一整套极其保守的关于宗教信仰和宗教活动的观点赋予了法律和刑事方面的权力。该法令包括以下六项内容:(一)赞成化质说的天主教教义;(二)支持人们在圣餐仪式上无需接受面包和酒的观点;(三)确认牧师有保持独身的义务;(四)坚持贞洁誓言的约束性;(五)支持私人弥撒;(六)支持秘密忏悔(auricular confession)。索尔兹伯里的沙克斯顿主教(Bishop Shaxton of Salisbury)和伍

---

① 也称《限制言论自由法令》(Gagging Acts)。——译者注

斯特的拉蒂默主教(Bishop Latimer of Worcester)以辞职的方式表示抗议。该法令之所以能够通过,大概是因为托马斯·克伦威尔在御前会议(king's council)中的保守派对手们,特别是诺福克公爵(duke of Norfolk)和斯蒂芬·加德纳主教(Bishop Stephen Gardiner)暂时处于优势。1547年,该法令在爱德华六世的第一届议会上被废除。

slave trade　奴隶贸易　英国以及其他欧洲国家进行的奴隶贸易改变了非洲的土著居民,并超过了与穆斯林的贸易。英国的奴隶贸易成了全国最大的贸易。17世纪,英国商船共运走大约75,000名非洲奴隶。在1701年至1800年间,在被运出的613万非洲奴隶中,由英国商船运送的人数就达到了250万,这反映了英国殖民地种植园对劳动力的需求不断扩大,尤其是生产糖的殖民地,有些非洲奴隶也被输送到西班牙所属美洲殖民地。

1600年以后,英国的奴隶贸易开始由特许公司进行垄断经营,其中1618年成立的几内亚公司(Guinea Company)一直维持到17世纪50年代;经营非洲贸易的皇家冒险家公司(Royal Adventurers,1660年,1663年)则被皇家非洲公司(Royal Africa Company,1672—1752年)所取代。然而,即使是在1698年皇家非洲公司结束准垄断贸易之前,私人奴隶贸易活动也一直十分活跃。

奴隶贸易对殖民地主要商品的生产来说至关重要,尤其是糖、烟草和大米的生产。奴隶贸易对于某些英国港口的重要意义也是众所周知的。利物浦(Liverpool)在英国的奴隶贸易中占据明显的优势,因此利物浦人首先反对奴隶贸易改革。1750年至1776年的贸易数据显示:到达非洲的船只中,有1868只来自利物浦、588只来自布里斯托尔,260只来自伦敦。不过,认为奴隶贸易为英国工业革命提供重要资本并做出巨大贡献的观点,现已遭到质疑。见"反对奴隶制度"(See ANTISLAVERY.)。

Slim, William, 1st Viscount Slim (1891—1970). **威廉·斯利姆,第1代斯利姆子爵**(1891—1970)　军人。斯利姆出生在布里斯托尔,在伯明翰长大。斯利姆于1914年入伍,担任陆军少校时就崭露头角。两次世界大战期间的大部分时间,他都是在英国驻印度的军队中度过的。1940年,他随一个旅被派往厄立特里亚（Eritrea）与意大利军队作战。1942年,他成为驻缅甸英军的一名指挥官;1943年10月接管第14集团军。1944年,他取得了一场重大胜利,成功地击退了日军的一次重要进攻,进而发动反击,从日军手中收复了缅甸。战争结束后,斯利姆从1948年开始担任英帝国总参谋长（chief of the imperial general staff）,并自1953年至1960年出任澳大利亚总督。

Slioch, battle of, 1307.　斯利奥赫战役（1307）　斯利奥赫战役是爱德华一世去世后,苏格兰国王罗伯特一世为了确认其王位的合法性而进行的两场战役中的第一场战役。大约在1307年10月,罗伯特一世占领了因弗洛奇（Inverlochy）的科明城堡（Comyn castle）,并向埃尔金（Elgin）和班夫（Banff）发起了进攻。之后,罗伯特一世身患重病,不得不撤退到亨特利（Huntly）以东的斯利奥赫。他的敌人,巴肯伯爵（earl of Buchan）和阿索尔伯爵（earl of Atholl）,在圣诞节那天向他发起进攻,但未成功。

Sluys, battle of, 1340.　斯鲁伊斯海战（1340）　1337年,爱德华三世与法国国王腓力六世（Philip VI）进入战争状态。为了入侵英格兰,腓力六世在佛兰德沿海的斯鲁伊斯建立了一支规模庞大的无敌舰队。1340年6月24日,爱德华向斯鲁伊斯的法军舰队发动进攻,虽然有几艘法国舰船脱逃,但无敌舰队被完全摧毁。

Smeaton, John（1724—1792）.　**约翰·斯米顿**（1724—1792）　土木工程专业的创建人之一。斯米顿出生在利兹（Leeds）,他父亲是利兹的一名律师。斯米顿作为一名工匠和仪器制造者,其实际操作能力迅速得到了人们的认可。斯米顿受命在普利茅斯（Plymouth）以南15英里的埃迪斯通礁石（Eddystone Rock）上重建灯塔,他于1759年完成了这项工程,其中的一项创新设计引人注目,为此后近海灯塔的建造提供了标准。1771年,他带头建立了土木工程师学会（Society of Civil Engineers）,这是土木工程师的第一个专业机构。

Smiles, Samuel（1812—1904）.　**塞缪尔·斯迈尔斯**（1812—1904）　维多

利亚时代英国中产阶级主流社会价值观的推广者。塞缪尔本来是一名医生,放弃这一职业后,他在利兹(Leeds)作为一名较为激进的新闻记者工作了一段时间。此后,塞缪尔相继在一系列铁路公司中出任行政总裁等职务。塞缪尔利用闲暇时间,撰写了一系列著作,其中 1859 年出版的《自助》(Self-Help)一书是他最畅销的作品,该书的销售量在他生前就超过了 250,000 册。

Smith,Adam(1723—1790). **亚当·斯密**(1723—1790) 著名的法夫(Fife)柯科迪(Kirkcaldy)地区之子,14 岁时进入格拉斯哥大学学习,毕业后又在牛津大学巴利奥尔学院(Balliol College)学习了 6 年,之后回到格拉斯哥,先后成为格拉斯哥大学的逻辑学教授和道德哲学教授。尽管 1759 年出版的《道德情操论》(The Theory of Moral Sentiments)一书使其名声鹊起,但是他的代表作则是 1776 年出版的巨著(magnum opus)《国民财富的性质和原因的研究》(An Inquiry into the Nature and Causes of the Wealth of Nations)(简称《国富论》)。他在《国富论》中分析了自由市场经济的运作,他认为在自由市场经济中起主要作用的人们都是以自身利益和利润最大化为动机的。经济的发展将会受到"一只看不见的手"("an invisible hands")的引导。对该书的大多数解读都把亚当·斯密视为自由放任主义经济学(Laissez-faire economics)之父,但是与他的自由放任主义的经济主张相比,他还有更多体现干涉主义的经济主张。

Smith,Frederick E.,1st Lord Birkenhead(1872—1930). **弗雷德里克 E.史密斯,第 1 代伯肯黑德勋爵**(1872—1930) 大法官。史密斯曾就读于伯肯黑德大学和牛津大学,他开始为人所知是 1906 年在利物浦做出庭律师(barrister)时代表保守党当选为议会下院议员。1915 年,他被任命为副总检察长(solicitor-general),随后在战时联合政府中出任总检察长(attorney-general),并在 1919 年被任命为大法官。自 1924 年至 1928 年,他出任印度事务大臣。虽然史密斯支持阿尔斯特(Ulster)拥有退出爱尔兰地方自治的权利,但是在爱尔兰问题上,他还是竭尽全力促成妥协,并且在 1921 年缔结《英—爱条约》的谈判中发挥了至关重要的作用。

Smith，Ian Douglas（1919—2007）．　**伊恩·道格拉斯·史密斯**（1919—2007）　罗得西亚政治家,白人统治的鼓吹者。1961 年,史密斯创立了一个名为罗得西亚阵线(Rhodesian Front)的政党,该党拒绝接受罗得西亚和尼亚萨兰联邦政府(Federation of Rhodesia and Nyasaland)关于在议会中给予黑人更多席位的提案。1963 年,当联邦政府解散的时候,史密斯于 1964 年成为南罗得西亚(Southern Rhodesia)总理。他拒绝接受英国政府关于在殖民地建立多数黑人统治的计划,并在 1965 年单方面宣布罗得西亚独立。随后,由黑人民族主义者发动的内战迫使史密斯参加了在伦敦举行的谈判。谈判结果是 1979 年罗得西亚开始实行黑人多数统治。

Smith，John（1938—1994）．　**约翰·史密斯**（1938—1994）　苏格兰王室法律顾问（QC）,1992 年至 1994 年担任工党领袖。史密斯被选为金诺克(Kinnock)的接班人,他既拥有实际职位——1975 年至 1976 年任能源部(Department of Energy)大臣;1976 年至 1978 年任枢密院大臣;1978 年至 1979 年任贸易大臣,同时作为一个政要,他拥有金诺克所缺乏的睿智。1994 年,史密斯因第二次心脏病发作而导致猝死,年轻的托尼·布莱尔成为他的接班人。

Smith，Sir Sidney（1764—1840）．　**悉尼·史密斯爵士**（1764—1840）　海军上将。1777 年,史密斯加入英国海军,并参加了美国独立战争。1793 年,他被派往土伦(Toulon),并在土伦陷落之后,与分遣舰队一起回到英国。回国后,史密斯担任"钻石"号(*Diamond*)护卫舰舰长,他指挥这支舰队在法国沿岸进行游击战。1796 年,史密斯在勒阿弗尔(Le Havre)港口附近被法军俘虏,并被关押在巴黎的坦普尔(Temple)。两年后,他逃了出来,在黎凡特(Levant)担任"蒂格雷"号(*Tigre*)舰长。在史密斯的职业生涯中,最引人注目的事件发生在 1799 年的 3 月至 8 月,期间史密斯承担了保卫圣让—德阿卡(Saint-Jean d'Acre)的任务,并英勇地击败了拿破仑。

S

Smith，Sydney（1771—1845）．　**悉尼·史密斯**（1771—1845）　史密斯曾就读于温切斯特大学和牛津大学新学院(New College),并在牛津大学新学院接受了圣职,成为牛津大学的一名研究员。史密斯在威尔特郡做了两年的教区牧师之后,于 1797 年先后成为迈克尔·希克斯·比奇(Michael Hicks Beach)和他的弟弟威廉(William)的家庭教师。由于战争,史密斯无法进入欧洲大陆,一家人只能在爱丁堡定居。在爱丁堡居住期间,史密斯与他的朋友布鲁厄姆(Brougham)和弗朗西斯·杰弗里(Francis Jeffrey)于 1802 年创办了《爱丁堡评论》(Edinburgh Review),并为之奋斗了 25 年之久。1806 年至 1829 年,史密斯担任约克郡附近的福斯顿(Foston)的堂区长(rector)。1829 年,他移居萨默塞特郡(Somerset)的库姆弗洛里(Combe Florey)。1807 年,史密斯出版的《彼得·普列姆莱书信集》(Peter Plymley)一书强烈要求宗教自由,曾获得巨大的成功。史密斯强烈鼓吹天主教徒解放,对于卫理公会派放肆的行为极为厌恶。1831 年他在汤顿(Taunton)所做的关于议会改革——"帕廷顿夫人与大西洋"("Mrs Partington and the Atlantic Ocean")——的演讲一时成为经典。1830 年,当史密斯的辉格党朋友上台后,格雷(Grey)给了他一个在圣保罗大教堂担任教士的职位,但却没有给他主教职位,这对史密斯造成了伤害。

Smith,Sir Thomas(1513—1577). **托马斯·史密斯爵士**(1513—1577) 学者与政治家。史密斯出生在萨夫伦沃尔登(Saffron Walden),就读于剑桥大学女王学院。早在 16 世纪 40 年代,他就投入到有关希腊语发音的讨论之中。1543 年,他成为民法教授。在摄政萨默塞特(Somerset)统治时期,史密斯作为一名新教徒非常成功。他先后被任命为伊顿公学(Eton)的校长、卡莱尔(Carlisle)的教长和国务大臣,并被封为爵士。萨默塞特倒台后,史密斯虽然幸免,但是在玛丽统治时期,则退到议会的后座。伊丽莎白登上王位后,史密斯的王室宠臣地位又得以恢复,参与了 1564 年《特鲁瓦条约》(treaty of Troyes)的谈判。1572 年再次被任命为国务大臣后,他利用自己的影响力维护苏格兰改革者的利益。史密斯最著名的作品是《论英吉利共和国》(Discourse on the Commonwealth of England),书中描述了 1565 年时英格兰政府的机制,其中对议会作用的论述颇为著名,也曾引起广泛的争议。

Smith,W.H.   W.H.史密斯   一个全国性的连锁零售店,销售书籍、报纸、办公用品、电脑、唱片、游戏机，以及其他休闲类商品。威廉·亨利·史密斯（William Henry Smith，1792—1865年）出生在伦敦，他母亲一直守寡，在伦敦经营一个规模很小的报纸生意。W.H.史密斯不断地扩大这项生意，为19世纪下半期该企业的发展奠定了基础。W.H.史密斯的儿子（也叫W.H.史密斯）进入政界，1877年至1880年任第一海军大臣（Ist Lord of the Admiralty），当时被吉尔伯特（Gilbert）和沙利文（Sullivan）讽刺为"女王海军的统治者"（"ruler of the Queen's Navee"）。

Smollett，Tobias（1721—1774）．托拜厄斯·斯摩莱特（1721—1774） 小说家。斯摩莱特出生在邓巴顿（Dumbarton）一个富有的地主（laird）家庭，是他那一代伦敦最著名的苏格兰作家。在其文学生涯中，他投入了大部分时间用于创作讽刺性文学作品。不过，他的讽刺小说要高人一等。他"续写"的休谟（Hume）的《英格兰史》（*History of England*）不仅使其获得了不菲的收入，而且也是其第一次以严肃的态度尝试撰写当代史。虽然他早期创作的以流浪汉为题材的小说《罗德里克·兰登历险记》（*Roderick Random*，1748年）和《佩里格林·皮克尔历险记》（*Peregrine Pickle*，1751年）在其作品中的地位不是很重要，但也属于经典之作。他的最后一部小说《汉弗莱·克林克尔探险记》（*Humphry Clinker*，1771年）是英国第一部真正意义的小说。

Smuts，Jan Christian（1870—1950）．简·克里斯蒂安·斯穆茨（1870—1950） 南非军人，外交官，政治家和学者。斯穆茨曾在英格兰接受过律师的专业训练，作为南非白人（Afrikaner），他在1899年至1902年的第二次英布战争（Anglo-Boer War）中，参加了对英作战。斯穆茨是1910年成立的南非联邦（Union of South Africa）的主要缔造者之一，该联邦隶属于英帝国，但由南非白人来领导。第一次世界大战期间，他先是在东非负责指挥英军，接下来于1916年至1919年在劳合·乔治（Lloyd George）的战时内阁中任职，表现出色，并参与了在凡尔赛（Versailles）进行的和平谈判工作。1919年至1924年和1939年至1948年这两段时间，斯穆茨作为南非联邦的总理，却没有取得以往那样的成功，因为他对英帝国和英联邦的依附令南非白人极度不满。

Snowden, Philip（1864—1937）． **菲利普·斯诺登**（1864—1937）　工党政治家。斯诺登出生于约克郡一个织工家庭,经过努力,在政府部门成为一名小公务员。他加入了独立工党（Independent Labour Party）,并在 1903 年至 1906 年和 1917 年至 1920 年两度担任独立工党全国主席。1906 年,斯诺登代表布莱克本（Blackburn）选区当选为议会下院议员,后来又代表科恩瓦利（Colne Valley）选区进入议会。20 世纪 20 年代,他的革命热情逐渐减退,他反对 1926 年的总罢工（General Strike）,并于 1927 年脱离了独立工党。斯诺登熟悉财政事务,1924 年和 1929—1931 年的工党政府任命他为财政大臣,但他在任期间非但没有推行社会主义经济政策,反而极力推行平衡预算。1931 年,少数党工党政府垮台后,斯诺登加入了拉姆齐·麦克唐纳（Ramsay MacDonald）的国民政府（National Government）,继续担任财政大臣,但在 1932 年（此时他已被封为子爵）,因自由贸易问题而辞职。

Soane, Sir John（1753—1837）． **约翰·索恩爵士**（1753—1837）　英国建筑师。索恩在皇家艺术院（Royal Academy）经历了一段成功的学习经历后,获得乔治三世颁给的旅行奖学金,于 1778 年至 1780 年周游意大利。1788 年,他在竞争新的英格兰银行建筑设计中胜出。该建筑设计是索恩最重要的作品,但迄今只有一些精细的内饰被保存下来。索恩为自己设计的两处宅邸显示出他成熟的设计风格:一处是位于伊灵（Ealing）的皮香格庄园（Pithanger Manor）,现为图书馆;另一处是第 13 林肯律师公会广场（13 Lincoln's Inn Fields）,现在是约翰·索恩爵士博物馆（Sir John Soane Museum）,里面有他收藏的古玩字画。

S

soccer　英式足球　See FOOTBALL（见足球）

Social Democratic and Labour Party（SDLP）． **社会民主工党**　社会民主工党自北爱尔兰大行政区建立以来,一直是北爱尔兰代表占人口少数的天主教徒的重要机构。该党成立于 1971 年,是由老的民族主义党（Nationalist Party）成员、共和党的社会主义者和民权运动者组成的联盟。北爱尔兰社会民主工党的第一位领导人是格里·菲特（Gerry Fitt）,代表着贝尔法斯特的工党的传统。

1973 年至 1974 年，社会民主工党与其他政党分享了政府的权力，也遭受了迅速的衰败。1979 年，约翰·休姆（John Hume）当选为社会民主工党的领导人，并且与都柏林、布鲁塞尔和美国的政治家们建立了有效的联系。社会民主工党在天主教社区的选举优势受到新芬党（Sinn Fein）的挑战，在 2007 年 3 月举行的众议院选举中，社会民主工党只获得了 16 个席位，而新芬党则获得了 28 个席位。

Social Democratic Federation　社会民主联盟　成立于 1881 年 6 月，但当时并没有"社会"一词，该词直到 1884 年才添加上去。那时，社会民主联盟在 H. M.海因德曼（H.M.Hyndman）的影响下，已经具有了马克思主义意义上的社会主义（social*ist*）性质。社会民主联盟从来就不是一个群众性的政党，但是确实发挥了相当大的影响力，并且于 1900 年协助建立了工党。

Social Democratic Party　社会民主党　20 世纪 70 年代末期，工党内部左翼的力量明显上升。对卡拉汉（Callaghan）政府（1976—1979 年）的不满，进一步加剧了这种压力。几位著名前工党内阁大臣开始考虑脱离工党，组建一个新的政党。组建新党的信号是 1981 年 1 月工党召开会议投票选举党魁的时候出现的，当时的工党议会下院议员在选举团中只有 30% 的投票权。12 位下院议员在舍利·威廉斯（Shirley Williams）、比尔·罗杰斯（Bill Rodgers）、戴维·欧文（David Owen），以及罗伊·詹金斯【Roy Jenkins，在 1966 年的威尔逊（Wilson）内阁中担任财政大臣】的领导下，成立了一个社会民主委员会（Council for Social Democracy），不久这个委员会就变成了社会民主党。

社会民主党成立后的第一项任务是创建一个政党体系，其次是与自由党协商建立两党之间的联盟。该联盟需要完成在两党之间选区的划分和当选首相的提名，詹金斯成为入选者。该联盟在成立后的最初几个月中非常成功，分别在克罗斯比（Crosby）东北部的克罗伊登（Croydon）选区和格拉斯哥希尔黑德（Glasgow Hillhead）选区——詹金斯被退回来的选区——赢得了议会议员的补缺选举。到 1982 年 4 月为止，已有 29 名现任工党议会下院议员和 1 名保守党议员加入了社会民主党。

早在 1982 年，民意调查就显示出社会民主党的支持率下降了，其中一个原因就是福克兰群岛战争(Falklands War),这场战争使得撒切尔的保守党政府在舆论上重新获得了支持。社会民主党支持率下降的另一个原因是英国出现了经济复苏的迹象。在 1983 年的大选中,社会民主党与自由党的联盟赢得了全国选票的 26%,仅落后于工党两个百分点。但根据英国选举制度,结果联盟只赢得了 23 个席位,而工党则赢得了 209 个席位。

大选后,詹金斯立即辞去了社会民主党领袖的职务,由戴维·欧文接替。此后,社会民主党与自由党的关系变得更加紧张。由于工党内部左翼的退出,联盟的发展受到了阻碍。在 1987 年的大选中,联盟的得票率下降到 23%。自由党领袖戴维·斯蒂尔(David Steel)发出了最后通牒:要么两党合并,要么联盟解散。当社会民主党的大部分成员都表示支持两党合并这一主张时,欧文辞职。随后,社会民主党和自由党合并,形成了新的社会自由民主党(Social and Liberal Democrat Party)。欧文和社会民主党的其他两个议会下院议员在社会民主党中保持独立。在 1992 年的议会选举中,欧文退出,其他两个社会民主党下院议员险胜。

socialism 社会主义 "社会主义"一词最早出现于 1827 年,用来描述罗伯特·欧文(Robert Owen)的学说。社会主义者反对个人主义的生活方式,强调社会的生活方式,尤其是经济组织。欧文主义者所提倡的社会主义旨在通过建立一个实验社区来改变社会,在这个社区中,财产为全体成员共同所有,各成员的社会和经济活动都是在合作的基础上组织起来的。1825 年至 1847 年间,英国先后成立了 7 个欧文式社区。虽然这 7 个社区的活跃期都不长,但从其举办的合作贸易商店中发展出了近代合作社运动(Co-operative)。合作社会主义的思想被 1848 年至 1854 年的中产阶级基督教社会主义者延续下来了。

1884 年社会主义的复兴始于 1881 年成立的社会民主联盟(SDF)。该联盟基本上属于马克思主义性质的联盟。社会主义同盟(Socialist League)在威廉·莫里斯(William Morris)的领导下,于 1884 年脱离了社会民主联盟。同年,一群来自中产阶级的知识分子建立了费边社(Fabian Society),他们的社会主义思想不是源于马克思主义而是源于功利主义(utilitarianism)。1893 年,独立工党(Independent Labour Party)在布拉德福德(Bradford)成立,尽管被称为独立工党,但是该党却投身于社会主义事业。

从人数上说,社会主义者只是一个小团体,19 世纪 80 年代时人数可能不超过 2000 人,到 1900 年为止也许才有 20,000 至 30,000 人。1900 年,以社会主义团体和工会的联合为基础的劳工代表权委员会(Labour Representation Committee)成立;1906 年,该委员会成为工党(Labour Party)。1918 年以前,工党没有正式通过一个具体的社会主义纲领。此后,工党成为英国主要的以经验主义、改良主义以及福利国家(welfare state)等形态表现出来的社会主义的宣传者。1945 年赢得大选后,随着工党的国有化和福利立法计划的成功推行,社会主义在英国发展到了顶峰。

socialism, Christian　基督教社会主义　基督教社会主义是一种信仰,持有这种信仰的人坚信:基督的教义将导致社会主义,基督教会应该积极推动社会改革。欧文的空想社会主义和宪章运动瓦解之后,一批中产阶级的基督教社会主义者在 F.D.莫里斯(F.D.Maurice)、查尔斯·金斯利(Charles Kingsley)和 J.M.勒德洛(J.M.Ludlow)的领导下,自 1848 年至 1854 年间在工人阶级中推动合作社会主义运动。

Society for Constitutional Information　宪政知识学会　为了推动议会改革,1780 年以梅杰·约翰·卡特赖特(Major John Cartwright)为主,成立了宪政知识学会,该社团于 1783 年发展到顶峰,此后进展甚微。宪政知识学会(SCI)积极宣传潘恩(Paine)的《人权论》(*Rights of Man*)和其他一些较为激进的出版物。在霍恩·图克(Horne Tooke)的领导下,宪政知识学会与其他主张改革的各大都市和地方学会进行了合作。1794 年,政府对这些社团采取镇压手段,并以叛国罪进行审判之后,宪政知识学会停止了聚会。

Society for Promoting Christian Knowledge(SPCK).　基督教知识促进会　1698 年时由托马斯·布雷(Thomas Bray,1656—1730 年)等人建立,目的是为附近没有图书馆的人们提供宗教作品,并促进慈善学校(charity schools)的建立。虽然基督教知识促进会把在美洲和西印度群岛传教的工作交给了国外福音传播协会(Society for the Propagation of the Gospel),但其(虽然属于圣公会)仍然要监督德国—丹麦路德会（German-Danish Lutheran Mission）在南印度的传教工作，直到 1825 年，福音传播协会才接管了这项任务。印刷和散发宣传品是基督教知识促进会的主要任务。

Society for the Propagation of the Gospel in Foreign Parts（SPG）　国外福音传播协会（SPG）　该协会是在基督教知识促进会（Society for Promoting Christian Knowledge）的奠基人托马斯·布雷（Thomas Bray）的建议下，于 1701 年成立的。它的目标是"确定国教，并在种植园中的英国人中传播国教……然后，继续用最好的方法转变当地人的宗教信仰"。起初该协会针对的是美洲殖民地和西印度群岛的种植园。福音传播协会推动了传教活动的发展，使其成为圣公会信徒生活的一部分。

socinians　索齐尼派教徒　索齐尼派源自于意大利人莱利奥·索齐尼（Lelio Sozzini，socinus）和他的侄子福斯托（Fausto），该教派虽然否认基督的神性，但坚持认为基督的出生是个奇迹。特别是在 17 和 18 世纪，索齐尼派这个词被用来辱骂所有怀疑三位一体的异端观点，该词实际上描述的是神体一位论（unitarianism）的主张，并强调该教派在国际上的发展。

Sodor and Man, diocese of　索德和马恩主教区　根据传说，帕特里克（Patrick）约于 447 年时使马恩岛人皈依了基督教。当然，虽然这里也有凯尔特人主教，但大概直到忏悔者爱德华登上王位，现在的苏德雷斯（Sudreys，南部岛屿）主教区才正式成立，该主教区包括马恩岛（Isle of Man）和赫布里底群岛（Hebrides）。1152 年，该主教区的管辖权从约克教省（York province）转到挪威的特隆赫姆教省（province of Trondheim）。1542 年，苏德雷斯本身又回归约克教省。1765 年和 1772 年，曼克斯语版的《祈祷书》（*Prayer Book*）和《圣经》先后出版。

Solemn League and Covenant　《庄严同盟与圣约》　《庄严同盟与圣约》是长期议会（Long Parliament）在反对国王的战争遭到挫折后，与苏格兰签订的一份协议。1643 年 8 月 17 日苏格兰非常议会（Scots Estates）通过了这项协定，而英格兰议会下院的议员们也在 9 月 25 日进行了宣誓，圣约保证改革英格兰和爱尔兰的宗教，使其符合苏格兰的长老会制。作为回报，苏格兰要出兵 20,000 人进入英格兰。

solicitor-general　副总检察长　是指王室两个法律官员中的那个"职位较低者"。这一职务的前身是 1461 年首次提到的"王室事务律师"（"king's solicitor"），第一次使用副总检察长的头衔是在 1515 年。1525 年以来，副总检察长这一职务就是总检察长（attorney-general）的一个"垫脚石"（"stepping stone"），副总检察长是总检察长的副手和下属。苏格兰有一个单独的副总检察长，作为总检察长（lord advocate）的代理人。

Solomon Islands　所罗门群岛　所罗门群岛位于南太平洋（South Pacific），新几内亚（New Guinea）以东，出口椰干和椰子。第二次世界大战期间，这里曾发生过非常激烈的战事，尤以日美之间为争夺一重要机场的控制权而在瓜达尔卡纳尔岛（Guadalcanal）发生的战事为甚。所罗门群岛是由代表英王的总督统治的独立国家。

Solway Moss, battle of, 1542.　索尔韦莫斯战役（1542）　1542 年 8 月当亨利八世与他的侄子苏格兰国王詹姆斯五世之间的战争爆发时，英格兰在哈登瑞格（Hadden Rig）对苏格兰发动的一次突然袭击遭到失败。詹姆斯五世随后集结大量兵力，向英格兰的卡莱尔（Carlisle）进行反击。苏格兰的军队在奥利弗·辛克莱（Oliver Sinclair）的率领下，沿着埃斯克峡谷（Esk valley）向南挺近。11 月24 日，他们在索尔韦莫斯意外地与托马斯·沃顿（Thomas Wharton）、托马斯·戴克（Thomas Dacre）和约翰·马斯格雷夫（John Musgrave）率领的一支规模很小的英格兰军队遭遇，结果被击败。这一失败彻底击垮了健康状况早已不佳的詹姆斯五世的精神。

Somerled, Lord of the Isles（d.1164）.　索默莱德，群岛领主（卒于 1164

年）　索默莱德声称自己是达尔里阿达（Dalriada）王国缔造者的儿子戈福莱德·马可·费尔古萨（Gofraid mac Fherghusa）的后裔。他以牺牲北欧人为代价在阿盖尔（Argyll）和金泰尔（Kintyre）地区确立了自己的地位，并在 1138 年的"旗帜之战"（battle of the Standard）中为戴维一世（David I）而战。1158 年，在取得一次海战胜利后，他迫使马恩岛的戈福莱德（Gofraid of Man）逃到挪威避难。1160 年，索默莱德与戴维一世的继任者马尔科姆四世（Malcolm IV）和睦相处，但四年之后，他们之间发生冲突，索默莱德对伦弗鲁（Renfrew）发起了一次远征行动，结果在那里被杀。

Somers, John, 1st Baron Somers（1651—1716）.　**约翰·萨默斯，第 1 代萨默斯男爵**（1651—1716）　律师和辉格党政治家。萨默斯于 1676 年执律师业，并成为一名杰出的出庭律师（barrister）。1689 年，他进入非常议会（Convention Parliament），并且成为《权利法案》的主要起草人之一。此后他迅速升迁：1689年任副总检察长（solicitor-general），1692 年任总检察长（attorney-general），1693年任掌玺大臣（lord keeper），1697 年任大法官（lord chancellor）并在同年晋封为贵族。萨默斯作为辉格党秘密政治团体（Junto Whig）的领袖，是威廉三世可以吐露心声的为数不多的政治家之一，但因受到托利党人的嫉妒，被迫于 1700 年辞职。到了 1708 年，安妮女王已经改变了对他的冷淡态度，开始欣赏其政治家的才干，并任命他为枢密院院长，但 1710 年托利党控制政府时，萨默斯与其他辉格党成员又失去了权力。乔治一世登上王位后，萨默斯重新进入内阁。

Somerset　萨默塞特　萨默塞特是位于布里斯托尔湾（Bristol channel）南部的一块腹地，地形独特：威尔士北部的门迪普丘陵（Mendips）光秃秃一片；格拉斯顿伯里（Glastonbury）周围是一片沼泽；布里奇沃特（Bridgewater）西部的夸恩陶克斯（Quantocks）长满树木；巴斯（Bath）北部的科茨沃尔德丘陵（Cotswolds）是高地。尽管萨默塞特的呢绒业蓬勃发展，而且蕴藏着丰富的煤、铁和铅矿资源，但避开了工业化对本地区的摧残，因此，萨默塞特仍然是景色最美丽的郡之一。

在恺撒（Caesar）时代，萨默塞特属于比利其人（Belgae）的领地。此后很快落入罗马人手中，罗马人早在公元 49 年就开始开发门迪普的铅矿。可以肯定的是,巴斯的温泉在罗马入侵之前就已为人所知,苏利斯泉(Aquae Sulis)这座城市迅速发展起来。罗马撤军后,该地区之所以能够在一段时间内免受撒克逊人的进攻,是因为东部有塞尔伍德(Selwood)森林的保护。亚瑟(Arthur)传奇就起源于不列颠人对撒克逊人入侵的抵抗。公元 500 年左右发生的巴登山(Mount Badon)战役,地点可能就是在巴斯附近的小索尔兹伯里山(Little Solsbury Hill),不列颠人的防守取得了胜利,阻止了萨克逊人的入侵。但在 577 年,撒克逊人在布里斯托尔东部的迪勒姆(Dyrham)战胜了不列颠人,进而控制了北部地区。658 年,当森伍尔夫(Cenwulf)在彭南(Peonnan)取得胜利,不列颠人逃到帕雷特(Parrett)的时候,其他地区也落入撒克逊人的手中。此后该地区成为威塞克斯王国的一部分。据说伊尼(Ine)重建了格拉斯顿伯里的修道院。大约在 704 年时,伊尼的外甥奥尔德赫姆(Aldhelm)在韦尔斯(Wells)修建了一座教堂,909 年韦尔斯成为主教区。到这时为止,萨默塞特地区才成为一个郡,以当时该郡的首府萨默顿(Somerton)的名字,并在该词的后面添加后缀"sœte"——意为"……的人"("the people of"),取名萨默塞特郡。在《末日审判书》中,巴斯是一个具有全国性影响的重要城市,而伊尔切斯特(Ilchester)、米尔本港(Milborne Port)、汤顿(Taunton)、兰波特(Langport)、阿克斯布里奇(Axbridge)和布鲁顿(Bruton)则都是在地方上具有较大影响力的城镇。

诺曼征服(Norman Conquest)后,格拉斯顿伯里修道院成为英格兰王国中最富有的修道院。大约在 1184 年时,新的韦尔斯主教座堂开始破土动工。都铎王朝时期,萨默顿和伊尔切斯特急剧衰落,但汤顿、弗罗姆(Frome)和约维尔(Yeovil)作为呢绒业发达的城镇则日益繁荣起来。修道院解散(dissolution of the monasteries)时,格拉斯顿伯里修道院失去了财产,该修道院的最后一任院长在托尔被绞死。除了拥有呢绒业发达的城镇以外,萨默塞特郡还以独立闻名,有着强烈的不从国教的宗教传统。在内战期间,该郡的城镇基本上都支持议会。1645 年,在罗伯特·布莱克的领导下,汤顿经受住了来自戈林(Goring)部队的旷日持久的围攻,保王党的军队后来在兰波特被费尔法克斯(Fairfax)击败。在王朝复辟(Restoration)时期,汤顿因支持议会而受到惩罚,特许状被没收,城墙被拆除。1685 年,蒙茅斯(Monmouth)在汤顿受到热烈欢迎,但汤顿也为此付出了代价,蒙茅斯在塞奇莫尔(Sedgemoor)战役中战败后,无数尸体悬挂在汤顿的

S

绞刑架上。

在 18 和 19 世纪,萨默塞特郡发生了巨大的变化。18 世纪 50 年代,巴斯在"纨绔子弟"纳什(Beau Nash)的领导下迎来了其时尚之都的黄金时代。1801年,巴斯仍然是英格兰第 9 大城镇。1825 年,克拉克斯制鞋厂(Clarks shoe factory)建成之后,原本只是一个小村庄的斯特里特(Street)成了一个颇具规模的城镇;很长时间以来只是作为当地港口的布里奇沃特,增加了砖瓦制造业;谢普顿马利特(Shepton Mallett)是伴随着苹果酒的生产而发展起来的。布伦登丘陵(Brendon hills)一直为南威尔士生产铁,直到 1911 年才关闭最后一家铁矿。萨默塞特煤田也曾出现过短暂的繁荣。到 1868 年为止,拉德斯托克(Radstock)周围开工的煤矿就有 64 座。1945 年,这些煤矿的经营急剧衰落,直到 1973 年最后一个煤矿被关闭。萨默塞特郡发展最明显的地区是约维尔和滨海韦斯顿(Weston-super-Mare)。1801 年时,约维尔的人口不到 3,000 人,但却发展成为一个工业城镇,专门从事飞机制造。韦斯顿的发展更加引人注目。1801 年时,韦斯顿只有 138 个居民,但是人们对海滨度假的喜爱和 1841 年布律内尔(Brunle)铁路的开通,使韦斯顿步入了发展的轨道。到 1914 年,韦斯顿的人口数量已经超过了汤顿。克利夫登(Clevedon)和波蒂斯黑德(Portishead)虽然没有能与韦斯顿相媲美的海滩,但是这两个城市却更多地保留了维多利亚时代的魅力。

根据 1972 年的一份奇怪的立法,萨默塞特郡北部的一些堂区被剥离了出去,构成新建成的埃文郡(county of Avon)的南部。虽然埃文郡本身在 1996 年被废除了,但是原来被分离出去并入埃文郡南部的各堂区都没有重新回到萨默塞特郡。尽管取消该郡的所有功能,只保留其礼仪功能的种种建议遭到了彻底的抵制,但北部地区仍然被分成两个单独的权力机构:一个是巴斯与东北萨默塞特(Bath and North East Somerset);另一个是以滨海韦斯顿为基础的北萨默塞特(North Somerset)。

Somerset, Edmund Beaufort, 1st duke of(c.1406—1455). **埃德蒙·博福特,第 1 代萨默塞特公爵**(约 1406—1455) 有枢机主教博福特(Cardinal Beaufort)的叔叔做后盾,博福特频繁地受雇于兰开斯特家族,防御法国对英格兰的进攻。1444 年,其兄约翰(John)去世,博福特只是继承了约翰的萨默塞特伯爵爵位,并没有继承他的领地。1447 年,博福特被任命为在法国的英军总司令,这使约克公爵理查(Richard of York)十分懊恼。到 1450 年,整个诺曼底都被法国占领。尽管约克公爵指控博福特有叛国行为,但是博福特却成了亨利六世的首席大臣,并于 1448 年被封为萨默塞特公爵。因与沃里克(Warwick)发生争执,萨默塞特公爵疏远了内维尔(Nevilles)。此后,萨默塞特公爵获得了诺森伯兰伯爵(earl of Northumberland)的支持,二者均在第一次圣奥尔本斯(St Albans)战役中遇难。

Somerset, Edward Seymour, 1st duke of(c.1500—1552). **爱德华·西摩,第 1 代萨默塞特公爵(约 1500—1552)**   萨默塞特之所以能够飞黄腾达,是因为他是亨利八世的第三任妻子简·西摩(Jane Seymour)的兄长,因此他是爱德华六世的舅舅。1536 年 5 月,他的妹妹简·西摩嫁给亨利八世之后,萨默塞特的仕途青云直上。就在简·西摩婚后一周,萨默塞特就被封为博尚子爵(Viscount Beauchamp),次年又被封为赫特福德伯爵(earl of Hertford)。随后,萨默塞特又获得了一系列的荣誉,其中包括 1541 年被授予嘉德勋位(Garter),1542 年至 1543 年间担任海军大臣,1544 年至 1545 年间担任驻北方军队的中将并发动了对苏格兰的战争。1547 年亨利八世去世,由于他的外甥只有 9 岁,萨默塞特成了摄政和萨默塞特公爵。他对英格兰实行了两年半的有效统治。1547 年 8 月,他在平其克鲁(Pinkie Cleugh)战役中战胜了苏格兰人,从而巩固了自己在英格兰的地位。

1549 年,萨默塞特公爵的地位遭到了彻底的颠覆。他支持出版的《祈祷书》导致康沃尔和德文在 1549 年 6 月发生了严重的叛乱,随后在 7 月又在诺福克出现了凯特叛乱(Kett's rebellion)。第二次叛乱被此时已成为萨默塞特公爵主要竞争对手的诺森伯兰镇压。10 月,萨默塞特公爵被剥夺了摄政之职,并被囚禁在伦敦塔。虽然萨默塞特公爵在 1550 年时被赦免,并且重新进入谘议会,但是1551 年 10 月他又被投入伦敦塔,并于 1552 年 1 月被处死。

Somerset case   萨默塞特案   1771 年,黑人奴隶詹姆斯·萨默塞特(James Somerset)的美国主人试图把他送出英格兰卖掉。废奴主义者以人身保护令(habeas corpus）作为依据为其辩护。布莱克斯通（Blackstone）在牛津演讲时就已否认英国法律承认奴隶制。在 1772 年 6 月 22 日的一份著名判决书中，曼斯菲尔德（Mansfield）宣布奴隶制是可憎的，而且在普通法里根本就不存在奴隶制。萨默塞特因此而获得了自由。

Somerville，Mary（1780—1872）. **玛丽·萨默维尔**（1780—1872） 数学家和科学家。玛丽·费尔法克斯（Mary Fairfax）出生在苏格兰一个贫穷的上流社会家庭。1812 年，她与见多识广的表兄威廉·萨默维尔（William Somerville）医生结婚，这是她的第二段婚姻。1816 年，他们一家离开爱丁堡，前往伦敦定居。玛丽从小就对数学感兴趣，而且正式拜在一流哲学家的门下，这使她的职业生涯长期以来一直与众不同。她的书给广大公众带来了知识，并理清了大家的认识。玛丽·萨默维尔被公认为是欧洲最重要的女科学家，她去世后，牛津大学成立了萨默维尔学院（Someville College）来纪念她。

Somme，battle of the，1916. **索姆河战役**（1916） 当黑格（Haig）成为总司令的时候，他想从伊普尔（Ypres）进军来解放比利时海岸。然而，协约国已经协调了他们在 1916 年的军事行动，所以他同意参加英法联军渡过索姆河向南部发起的进攻。黑格希望能在一天内突破德军的防线。虽然进行了长时间的轰炸，可当黑格的步兵在 7 月 1 日发起进攻的时候，即便付出了将近 60,000 人伤亡的代价，却只是削弱了德军的防线，并未造成德军防线的失守。

Sophia，electress of Hanover（1630—1714）. **索菲娅，汉诺威选侯夫人**（1630—1714） 索菲娅是詹姆斯一世的外孙女，她的母亲是詹姆斯一世的女儿伊丽莎白（Elizabeth），伊丽莎白嫁给了汉诺威选侯巴拉丁（elector palatine）。1700 年，安妮最后一个幸存下来的孩子格洛斯特公爵威廉（William，duke of Gloucester）去世之后，索菲娅就成了下一位非天主教徒的继承人，并在 1701 年的《王位继承法》（Act of Settlement）中得到了承认。索菲娅在黑伦豪森（Herrenhausen）去世 7 周后，安妮也去世了，索菲娅的儿子乔治·刘易斯继承了英国王位，成为乔治一世。

Sophia Dorothea（1666—1726）. **索菲娅·多罗特娅**（1666—1726） 乔治一世离婚的妻子。索菲娅·多罗特娅于 1682 年嫁给了她的表哥乔治,但令人感到意外的是,1694 年她与情人柯尼希斯马克伯爵（Count Königsmarck）约会。此后,柯尼希斯马克伯爵就再也没有现身过,而索菲娅·多罗特娅则与乔治离婚,并体面地被囚禁在策勒（Celle）的阿尔登城堡（castle of Ahlden）,一直囚禁至死。

South Africa, Republic of 南非共和国 前英联邦自治领。在法国革命战争（French Revolutionary War）时期,英国军队占领了荷兰在好望角（Cape of Good Hope）的殖民地。1802 年,英国人放弃了对好望角的控制,但 1806 年又重新占领,并使之成为开普殖民地（Cape Colony）。英国的殖民统治激怒了许多南非白人【Afrikaners,布尔人（Boers）】,他们向东向北迁徙,并建立了德兰士瓦共和国（republics of Transvaal）和奥兰治自由邦（Orange Free State）。

1868 年,人们在金伯利（Kimberley）发现金刚石后,开普殖民地立即宣称对金伯利地区拥有所有权。19 世纪 80 年代,当人们在德兰士瓦发现黄金时,在该地的土地所有权问题上并不存在争议,但是要开发这里的黄金在很大程度上要依赖外部资金。英国政府以此为借口干预德兰士瓦,从而导致了英国与布尔人之间的战争。英布战争从 1899 年开始,一直持续到 1902 年。战争结束后,德兰士瓦共和国成为英国的殖民地,并与其他原来的殖民地一起在 1910 年加入了南非联邦（Union of South Afica）。

第一次世界大战期间,大多数南非白人都支持英国,但南非的大多数白人都是布尔人,而布尔人越来越反对南非成为大英帝国的成员。南非参与第二次世界大战并没有得到很多白人的积极支持。虽然白人统治政策一直是英国和南非白人公认的政策,但国民党（National Party）在 1948 年大选中获胜后,将白人统治政策推行到了极致,以至于引起了国际社会的谴责,结果南非于 1961 年退出了英联邦,并成为共和国。1994 年,南非共和国在废除了种族隔离制度以后,重新加入了英联邦,同时成为非洲联盟（African Union）的重要成员。

Southampton 南安普敦 南安普敦是一个海港,早在 755 年时,汉普郡就以该港的名字命名了。撒克逊人时期,汉姆维克（Hamwic）是威塞克斯王国的主要港口。后来取代汉姆维克的那个港口,其坐落位置稍有变化,自 11 世纪以来就一直是一个主要港口。在都铎王朝和斯图亚特王朝时期,南安普敦的地位被伦敦取代,但 19 世纪 40 年代南安普敦又开始复兴,拥有了新的码头和铁路,现在南安普敦是英吉利海峡上最重要的深海港。

Southeott, Joanna(1750—1814)．**乔安娜·索思科特**(1750—1814)　乔安娜是一名宗教狂热分子,出生在德文(Devon)一个农场家庭,曾在埃克塞特(Exeter)从事家仆工作。她最初于 1791 年加入卫理公会,很快就有了宗教体验并开始"封存"自己的作品。1798 年,她游历了布里斯托尔(Bristol),1801 年出版了《信仰的奇异效果》(*The Strange Effects of Faith*),1802 年移居伦敦。她自称是"那个羔羊的妻子"(《圣经·新约·启示录》第十二章),1814 年将会生下"第二个基督",乔安娜不仅没有实现自己的预言,反而患脑部疾病去世了。

Southern Rhodesia　南罗得西亚　See RHODESIA.(见罗得西亚)

Southey, Robert(1774—1843)．**罗伯特·骚塞**(1774—1843)　骚塞的事业生涯与众不同,18 世纪 90 年代,他是一名极端激进主义分子,而到了 19 世纪 10 年代却成为了一名悲观的保守主义者。骚塞出生在布里斯托尔(Bristol),就读于威斯敏斯特公学(Westminster)和牛津大学的巴利奥尔学院(Balliol College),在那里他遇到了柯尔律治(Coleridge),并计划在萨斯奎汉纳河(Susquehanna)沿岸建立一个自由美国人定居地,即乌托邦式的农业公社(Pantisocracy)。1794 年,他与柯尔律治一起参加了戏剧《罗伯斯庇尔的堕落》(*The Fall of Robespierre*)的创作。他获得了一份政府年金,这使他能够在凯西克(Keswick)的格里塔霍尔(Greta Hall)定居下来,与柯尔律治和华兹华斯(Wordsworth)为邻。1813 年,他受封为桂冠诗人,并从 1835 年开始,每年从政府部门领取的年金增加到 300 英镑。他于 1813 年出版的《纳尔逊传》(*Life of Nelson*)、1823 年至 1832 年创作的《半岛战争史》(*History of the Peninsular War*)、他在《每季评论》(*Quarterly Review*)上发表的文章,以及 1829 年出版的《社会进步与远景的奇妙对话》(*Colloquies on the Progress and Prospects of Society*)长期以来一直是读者感兴趣的作品。

South Sea bubble 南海泡沫 1720 年金融危机的爆发源于南海公司的倒闭。南海公司是哈利（Harley）于 1711 年创建的一个代表托利党利益的金融机构，用以替代辉格党的金融机构。1719 年，该公司提出接管五分之三（约合 3000 万英镑）的国债。此后，掀起了一股投机热潮，每股股票的价格在 6 个月内从 130% 飙升到 1000% 以上。随后发生了恐慌性抛售，股票市场崩溃，成千上万投资者的利益严重受损。

Southwark , diocese of 萨瑟克主教区 该主教区创建于 1905 年，辖区范围大致覆盖泰晤士河（Thames）以南的大伦敦（Great London）、萨里（Surrey）的东部和中部地区。该主教区最初隶属于温切斯特（Winchester）主教区，但 1877 年以后隶属于罗切斯特（Rochester）主教区。萨瑟克主教区主教座堂的前身是 1106 年修建的奥古斯丁女修道院的圣玛丽奥弗里（St Mary Overie）教堂。

Southwell , diocese of 绍斯韦尔主教区 该主教区辖区范围大致与诺丁汉郡一致，是随着 19 世纪时人口的快速增长而于 1884 年创建的。该主教区主教座堂的前身是建于 1108 年，而在 1558 年又得以恢复的修道院附属教堂。该主教座堂拥有一个精美的诺曼式中殿，耳堂分别是 13 世纪的唱经楼和牧师会礼堂，其与众不同的绍斯韦尔叶石雕工艺是独一无二的。

Southwold or Sole Bay , battle of , 1672. 绍斯沃尔德战役，或索莱湾战役（1672） 1672 年 6 月 7 日，在第三次英荷战争（Anglo-Dutch War）中，德·勒伊特（de Ruyter）率领 91 艘荷兰舰船，与约克公爵詹姆斯（James , duke of York）率领的规模稍大些的英法联合舰队在萨福克沿岸进行了海战。虽然德·勒伊特损失的舰船多些，但英国舰队遭到重创，蓝水海军上将桑威奇勋爵（Lord Sandwich , admiral of the Blue）溺亡。

South Yorkshire 南约克郡 See YORKSHIRE , SOUTH.（见南约克郡）

Spa Fields riot, 1816. **温泉场骚乱**(1816) 法国大革命后,因饥饿和革命情绪而引发的数次民众骚乱事件之一。1816 年 11 月 15 日,"演说家"亨利·亨特(Henry Hunt)在伦敦北部发表演说的现场变成了酒后暴动,当时人群中有一部分人携带着从军械商店中偷来的武器,以威胁的方式长驱直入伦敦城。

Spanish Succession, War of the, 1702—1713. **西班牙王位继承战争**(1702—1713) 1697 年"九年战争"结束后不久,英国就卷入了与法国的一场新的战争,这场战争的爆发是源于英国国王威廉三世急于阻止法国国王路易十四(Louis XIV)将西班牙王国变成法国"统一的君主国"的一部分。1700 年 11 月,西班牙国王"低能儿"卡洛斯二世(imbecile Carlos II)去世,身后没有子嗣,路易十四不顾他于 1699 年与威廉三世签订的瓜分西班牙的协议——根据该协议,法国波旁王朝(Bourbon)和奥地利的哈布斯堡王朝(Austrian Habsburg)有权瓜分西班牙的领土,于 1701 年宣布其孙腓力(Philip)为西班牙国王,同时入侵西属尼德兰(Spanish Netherlands),并承认詹姆斯二世的儿子为"国王詹姆斯三世"("King James III")。面对法国的挑衅,威廉三世将英国、尼德兰联合省(United Provinces)和奥地利结成反法大同盟(Grand Alliance),后来加入该同盟的还有普鲁士、汉诺威和德意志其余诸邦。

在马尔伯勒(Marlborough)的指挥下,英荷联军集中力量把法军赶出了西属尼德兰。马尔伯勒与财政大臣戈多尔芬(Godolphin)密切合作,确保了英军在战争中一直拥有充足的资源保障。自 1704 年开始,反法同盟屡败法军,取得了一系列巨大的胜利。同年,当法国—巴伐利亚联军即将在德意志境内取得战争胜利的时候,马尔伯勒迅速率领 40,000 强大的佛兰德(Flanders)军队沿着莱茵河进入巴伐利亚,加入了欧根亲王(Prince Eugene)领导下的帝国军团,8 月 14 日在布伦海姆(Blenheim)击败了法军及其盟军。马尔伯勒在佛兰德奋力前进,于 1706 年 5 月取得了拉米伊(Ramillies)战役的胜利之后,夺回了尼德兰南部的大部分地区。1708 年 8 月,他又击败了法军在奥德纳尔德(Oudenarde)发起的一次主要反攻。

在西班牙,英国试图以同盟的候选人奥地利的查理大公(Archduke Charles)来取代路易十四的孙子腓力五世的斗争不是很成功。1703 年,葡萄牙加入反法同盟。然而，尽管获得了一些重要的战略利益，如 1704 年占领了直布罗陀（Gibraltar）、1708 年占领了梅诺卡岛（Minorca），但是向西班牙本土发起的进攻仍然是短暂的。1709 年，马尔伯勒在马尔普拉凯（Malplaquet）遭受的大量伤亡并近乎失败，说明在法国北部边境的战争已进入僵持的状态，而 1710 年 12 月斯坦诺普将军（General Stanhope）指挥的同盟军队在西班牙的布里韦加（Brihuega）遭到惨败。

在英国，1710 年就已掌权的托利党决心结束这场耗资巨大的战争，以稳定住不断猛增的国债。1711 年 12 月，马尔伯勒的指挥权被解除。与此同时，1711 年 4 月查理大公继承了神圣罗马帝国的皇位，这使得反法同盟国不可能再为其获得西班牙的继承权而继续作战，因为没有人愿意支持一个庞大的奥地利—西班牙君主国。1713 年 3 月，反法同盟与法国签订了《乌得勒支条约》（treaty of Utrecht）。

spas　温泉　温泉是指有含有盐分的泉水或水井的地方，据说饮用这种泉水或用这种泉水洗浴可以改善身体、心理以及精神方面的健康状况。"温泉"一词是 17 世纪流行起来的，用来描述那些模仿当时刚刚出名的比利时温泉城的城镇。早在 17 世纪以前，英国就有若干因拥有有益健康的水而繁荣起来的城镇，巴斯（Bath）就是其中之一，而巴斯的温泉在罗马占领时期的苏利斯泉（Aquae Sulis）城镇和诺福克的沃尔辛厄姆（Walsingham）都使用过，后者为中世纪晚期的朝圣中心。

17 世纪时，虽然包括王室成员在内的时尚游客的到来给巴斯城和坦布里奇韦尔斯（Tunbridge Wells）带来了声誉，但是这两个城镇和其他一些城镇后来的发展更加突出。在旅游旺季，这些城镇可以为富有的客户提供住宿。19 世纪时，切尔滕纳姆（Cheltenham）为游客提供了第一家专门建造的豪华酒店。"温泉疗养"（"taking the waters"）并未占据游客的所有时间和精力。这里还为游客精心提供了以下设施和项目：剧院、舞厅、图书馆、专营商店和专业服务、游览名胜古迹，以及宗教祈祷等等。德比郡的巴克斯顿（Buxton）虽然是后来加入温泉城镇行列的，但在整个 19 世纪都一直是很受游客欢迎之地。也有些温泉项目没有获得成功，包括 18 世纪萨默塞特郡的格拉斯顿伯里（Glastonbury）和 19 世纪莱斯特郡的阿什比德拉祖什（Ashby de la Zouch）。

S

Speaker 议长 议长最初是指 14 世纪时代表议会下院与国王打交道的那个发言人（spokesman）。第一位被正式承认为议长（Speaker）的"发言人"（"prolocutor"）是彼得·德·拉·梅尔爵士（Sir Peter de la Mare），他是代表赫里福德郡的一名骑士，1376 年即爱德华三世统治行将结束时当选为议会下院议员。最初，议长一职带有很强的政治性，是具有相当大的人身安全与政治风险的职位之一，所以公开声明不愿做议长并非虚情假意，这与现在发表这样的声明只不过是例行公事大有不同。

17 世纪早期国王与议会之间发生的激烈争执，将议长置于了一个极其艰难的境地。1629 年，议长芬奇（Speaker Finch）曾提醒下院说："我既是国王的奴仆，也是下院的奴仆"，然而，当他试图执行国王的指令，准备使议会休会时，结果被下院的议员们按在了椅子上。但在 1642 年，议长伦索尔（Speaker Lenthall）公开反对查理一世逮捕 5 位议员的要求，并声称："在这儿，我既无眼睛可看，也无舌头可言，下院指引着我。"到 20 世纪末，议长才相对摆脱了来自王室的压力。

在过去 100 年左右的时间里，议会程序的变化已赋予议长各种新的职责。议长手中最重要的两大措施就是终止辩论和对修正案进行有选择的辩论【跳议法①（the kangaroo）】。议长必须明白，对由多数人（通常是政府）同意才能通过立法这一权利的制衡，是靠尊重反对派的权利来实现的。终止辩论是一个"把该问题搁置一边"的动议。议长必须对是否接受这个动议做出决定，如果（而且很可能）执行这个动议的话，辩论即刻停止。

一项议案可能会引来大量的修正案，的确，延迟其通过的方法之一就是提出多种可替代的方案。议长有权力选择有哪些修正案让议员们进行辩论：那些未纳入辩论的修正案就会被搁置一边。对一项修正案做出的是否可以被纳入辩论的决定，可能具有重要的政治意义。

现代议长必须是一个保持中立的议会主持人。这一职位需要具备机智、敏锐和非同一般的能力等品质。议长召集议员发言（甚至更多的情况下是不让议员发言）的职责可能会引起争议；对于议员在辩论过程中使用不符合议会要求

---

① 议会下院的全院委员会通过法案时，为节省时间，委员会主席有权选出法案里的若干条款来讨论，其余的跳过不议以节省通过的时间。——译者注

的语言的现象,议长必须加以制止;议长还需要保护议员,避免他们在发言的过程中被不公正地打断。议长的工资待遇和退休金与各部大臣一样,议长在威斯敏斯特宫拥有一处套房,退休后享有贵族待遇。就地位而言,议长要在王室家族、大主教(archbishops)、大法官(lord chancellor)、首相(prime minister)和枢密院院长(lord president of the council)之下。在议会上院,议长由大法官担任,但可以在辩论中进行发言和表决。

Spectator **《旁观者》** 安妮女王统治时期最著名的期刊,从 1711 年 3 月至 1712 年 12 月这段时间,每天出版一期,并在 1714 年短暂复刊。该刊物自称"超然于政党之外",在该刊物上发表的关于社会道德、文学或哲学方面的文章大多是由艾迪生(Addison)和斯梯尔(Steele)撰写的,隐晦地宣传了辉格党的价值观。

Speenhamland poor relief system 斯品汉姆兰贫民救济制度 法国革命战争与拿破仑战争(French Revolutionary and Napoleonic wars)时期,人口的增长和极度贫困给英国的济贫法制度带来了巨大的压力。1795 年,面包价格上涨到历史最高水平。1795 年 5 月 6 日,斯品汉姆兰的法官决定按照面包的成本价格,根据家庭成员的人数给予每个家庭一定的院外救济(outdoor relief)。虽然该制度被广泛采用,但是越来越多的人对此持有批评意见,他们认为该制度的实施使国家付出了高昂的代价,导致农场主降低了工资;用贫民救济税来弥补差额,也鼓励了农场的雇工为获得额外补助而毫无限制地生育。因此,1834 年颁布的《济贫法修正法》(Poor Law Amendment Act)取消了院外救济制度,而采取了在济贫院内实施的院内救济(indoor relief)。

Speke,John Hanning(1827—1864). **约翰·汉宁·斯皮克(1827—1864)** 英国军人和探险家。斯皮克之所以成名,源于他在东非的两次探险旅程。他的第一次探险是在另一名英国人理查德·伯顿(Richard Burton)的带领下完成的,他们于 1858 年到达坦噶尼喀湖(Lake Tanganyika)。这次探险使斯皮克坚信维多利亚湖(Lake Victoria)就是白尼罗河(White Nile)的源头。1860 年至 1863 年斯皮克率领另外一支探险队证实了自己的这一判断。

Spence,Sir Basil Urwin（1907—1976）. 　巴兹尔·厄温·斯彭斯爵士
（1907—1976）　苏格兰建筑师,因设计考文垂大教堂获奖（1951 年获得考文垂
大教堂设计奖,1962 年考文垂大教堂建成）而闻名。斯彭斯毕业于爱丁堡艺术
学院（Edinburgh College of Art）,1929 年至 1930 年在勒琴斯（Lutyens）的建筑师
事务所工作,参与了位于新德里（New Delhi）的总督府（Viceroy's House）的设计
工作。20 世纪 30 年代,斯彭斯在爱丁堡从事建筑设计。他设计的其他建筑物
还包括教堂、住宅、学校,以及 1971 年完成的罗马的英国大使馆。

Spence,Thomas（1750—1814）. 　托马斯·斯彭斯（1750—1814）　一位来
自纽卡斯尔的工匠,激进的改革者和书商。他提出了一项"计划":所有的土地
都应该实行公有制。1787 年,因受到当地人的敌视,加之他本人的不幸遭遇,导
致他移居伦敦,并从 1792 年开始成为伦敦通讯协会（London Corresponding Soci-
ety）的积极分子。他销售的许多激进的小册子和代用币引起了政府的关注,先
后于 1792 年、1794 年、1798 年和 1801 年遭到逮捕并被关押在监狱内。斯彭斯
最初希望通过教育来实现自己的计划,并确实提倡过语言改革。

Spencer,Herbert（1820—1903）. 　赫伯特·斯宾塞（1820—1903）　哲学
家。斯宾塞出生在德比郡一个激进的、不信奉国教的教师家庭。19 世纪 40 年
代,斯宾塞加入了斯特奇（Sturge）的"普选联盟"（Complete Suffrage Union）,1848
年成为《经济学家》（The Economist）的副主编。1851 年,斯宾塞出版了《社会静
力学》（Social Statics）一书,提出只允许国家最低限度地发挥国防和治安作用的
观点。在 1861 年出版的《教育论》（Education）一书中,斯宾塞提倡以儿童为中
心的教育方法,并强调科学的重要性。斯宾塞提出的主要理论观点是有必要限
制国家的干预,但这一理论不符合当时的时代精神。斯宾塞繁杂的思想体系虽
然使其产生了很大的影响力,但他不是一个受过专门严格训练的思想家,因此他
的名声很快就消退了。

Spenser,Edmund（1552—1599）. 　埃德蒙·斯潘塞（1552—1599）　伊丽
莎白时代的诗人,神话收集者和殖民政府官员。斯潘塞先后就读于麦钱特·泰

勒斯公学（Merchant Taylors' School）和剑桥大学,一度成为莱斯特伯爵（earl of Leicester）家的门客。他的田园诗《牧人月历》（*The Shepheardes Calender*）实际上标志着伊丽莎白时代诗歌"黄金时代"的开始,他的杰作《仙后》（*The Faerie Queene*,1590 年出版的 1—3 卷）既是"伊丽莎白时代最受欢迎的作品",同时也是英语诗学"改革"的最佳方案。他最后一部作品《对爱尔兰现状的看法》（*A View of the Present State of Ireland*）主张对爱尔兰采取严厉的殖民措施。

Spion Kop,battle of,1900. 斯皮温山战役（1900） 第二次布尔战争（Boer War,1899—1902 年）期间发生的一场战役。这场战役的爆发源于英国试图解除莱迪史密斯（Ladysmith）之围。路易斯·博塔（Louis Botha）率领大约 7000 名布尔人军队保卫图盖拉高地（Tugela Heights）的最高点——斯皮温山【瞭望台（"Lookout Mountain"）】。中将查尔斯·沃伦爵士（Lieutenant-General Sir Charles Warren）命令少将 E.R.P.伍德盖特（Major-General E.R.P.Woodgate）率领 1700 名英军在夜间发起进攻,以占领图盖拉高地。由于 1 月 24 日凌晨以后大雾消散,英军发现自己完全暴露在敌人的炮火之下。黄昏以后英军撤退,包括伍德盖特在内大约有 250 名英军官兵阵亡,另有 1000 人受伤。

Spithead naval mutiny,1797. 斯皮特黑德海军兵变（1797） 尽管 1797 年发生的这场兵变从 4 月 16 日至 5 月 14 日一直持续了一个月,但是兵变的根源早在 100 年前就已经出现了。海峡舰队（Channel fleet）在薪酬、给养和休假方面的不满没有得到解决以前,处于停航状态,水兵拒绝服役。虽然水兵们的要求要到 1797 年 5 月 10 日才能够得到满足,但实际上,伯爵豪（Earl Howe）的威望和他以道歉的方式对水兵进行的安抚,对于舰队恢复服役起到了决定性的作用。

'splendid isolation' "光荣孤立" 19 世纪的大部分时期,英国一直奉行一种孤立的外交政策,帕默斯顿（Palmerston）曾说过,英帝国"没有永恒的盟友",不需要永远忠诚于任何国家。但反过来说,其他国家相应地也无需对英国保持忠诚。加拿大总理威尔弗里德·劳里埃爵士（Sir Wilfrid Laurier）就是在这种背景下,把 1896 年 2 月英国的处境描述为"光荣的"孤立,并认为这一光荣孤立"源于英国本身的优越感"。但当时其他一些人已经开始对英国"光荣孤立"的外交政策提出质疑,特别是约瑟夫·张伯伦(Joseph Chamberlain),他认为,如果英国不能在欧洲找到一个盟友的话,那么英帝国的未来令人堪忧,并主张与德国结盟。虽然没有与德国结成盟友,但是20世纪初,英国的确通过1902年与日本签订的条约、1904年与法国签订的"协定"和1907年与俄国签订的"协定",至少部分地放弃了孤立的外交政策,进而参加了第一次世界大战。

Spurs, battle of the, 1513.　马刺战役(1513)　1513年,亨利八世与神圣罗马帝国皇帝结盟,包围了泰鲁阿讷(Thérouanne),开始了他的第二次反法战争。8月16日,赶到此地试图解围的法国骑兵被英军打得落荒而逃。战斗开始后的第2周,泰鲁阿讷向英军投降。马刺战役的规模虽然不算太大,但足以证明亨利八世这位年轻国王超强的军事才能。

squash rackets　软式墙网球　软式墙网球是从墙球发展来的,起源于哈罗公学(Harrow)。1928年英国成立了软式墙网球协会,到1939年,加入该协会的俱乐部已有200多个。英国皇家空军(Royal Air Force)大力推动这项运动的发展,几乎在全国所有的空军基地都建起了软式墙网球场。20世纪80年代,年轻的企业家们非常热衷这项运动,并把参与这项运动当成了一种时尚。

squire　从骑士　从骑士一词在世界上已经逐渐消逝了。该词最初是指为骑士抬盾牌的年轻扈从。到14世纪末,这些扈从也有权拥有自己的盾徽。到都铎王朝时期,这一术语开始发生变化。1577年威廉·哈里森(William Harrison)提到,"所谓的squire这个词,我们通常称之为esquire(从骑士)"。17世纪时,该词普遍用来指庄园领主(lord of the manor),地位远低于贵族,但远高于约曼(yeoman)。esquire一词与gentleman(绅士)一词一样,作为后缀逐渐地被用来指任何男性,20世纪以后,esquire一词最终被降低为对穿戴得体的熟人的称呼。见绅士(See GENTRY)。

Sri Lanka　斯里兰卡　或称锡兰(Ceylon),大约公元前6世纪时就有来自印度次大陆（Indian subcontinent）的一些人在此定居下来，这些人后来皈依了佛教。公元 11 世纪时，印度的泰米尔人（Tamils）征服了该岛，但最终被赶到北部的一个飞地。1505 年，葡萄牙人在该岛的西南海岸建立了一个要塞，直到 17 世纪葡萄牙人被荷兰人所取代。根据 1802 年签订的《亚眠条约》（treaty of Amiens），锡兰最终成为英属殖民地，而且是王室的直辖殖民地。1948 年 2 月，锡兰成为英联邦中的独立国家。1972 年，锡兰共和国颁布的宪法将国名锡兰改为其古代时期使用的名称——斯里兰卡。

Stafford，William Howard，1st Viscount（1612—1680）．　威廉·霍华德，第 1 代斯塔福德子爵（1612—1680）　霍华德是阿伦德尔伯爵（earl of Arundel）的幼子，从小信奉天主教。但他在内战（Civil War）期间，并没有帮助保王党，这段时间，他主要是在荷兰度过的，而且生活贫困。1678 年，他被泰特斯·奥茨（Titus Oates）指控参与了天主教阴谋案（Popish plot），并被关入伦敦塔，直到 1680 年在威斯敏斯特大厅（westminster hall）接受审判后被执行死刑。伊夫林（Evelyn）参加了对斯塔福德的审判，他评论道："以他的这个年龄和经历，会与从未谋过面的人相从过密，我简直难以相信"，对斯塔福德的判决似乎很值得怀疑。

Staffordshire　斯塔福德郡　斯塔福德郡是受工业革命影响最大的郡之一。首府斯塔福德从未占据该郡的主导地位。在诺曼征服以前，塔姆沃思（Tamworth）和利奇菲尔德（Lichfield）在该郡的地位要高于斯塔福德；而在现代，斯塔福德的地位也要低于黑乡（Black Country）地区诸城镇和陶瓷工业发达的诸城镇。该郡的核心地区是特伦特河（river Trent）。北部为山区，一直延伸到皮克山区（Peak District）。坎诺克蔡斯（Cannock Chase）位于斯塔福德郡的东南部，几百年来几乎无法通行，直到 18 世纪，斯塔福德郡的河流才能够通航。甚至迟至 19 世纪，阿诺德·本涅特（Arnold Bennett）还把他的家乡斯塔福德郡描述为"英格兰中部默默无闻"的郡。

在罗马统治时期，该地区是科诺维族（Cornovii）领地的一部分。随后，它成为麦西亚王国的中心地区。塔姆沃思是麦西亚国王的王城，而利奇菲尔德则是教会的中心，圣查德（St Chad）于 669 年在此建立了主教区。后来，到了 8、9 世纪时,麦西亚王国的实力下降,先是被威塞克斯王国击败,然后在 9 世纪 70 年代又遭到丹麦人的蹂躏。在长者爱德华(Edward the Elder)的领导下,麦西亚人进行了反击。913 年,麦西亚的夫人埃塞尔弗莱德(Æthelfleda, Lady of the Mercians)重新夺回塔姆沃思和斯塔福德,并在这两个城镇加强了防御。斯塔福德郡的轮廓开始显现出来,在《盎格鲁—撒克逊编年史》的 1016 年的记载里提到了斯塔福德郡这一名称。

在整个中世纪时期,斯塔福德郡仍然属于边远地区,难以进入。由于郡府斯塔福德的交通不便,而且其地位相对来说无足轻重,因此,这就意味着该郡的许多集镇,如利克(Leek)、斯通(Stone)、沃尔索尔(Walsall)、伍尔弗汉普顿(Wolverhampton)、纽卡斯尔安德莱姆(Newcastle under Lyme)、鲁吉利(Rugely),以及尤托克西特(Uttoxeter)等,实际上是处于各自独立存在的状态。18 世纪 20 年代彭克里奇(Penkridge)的马市给笛福(Defoe)留下了很深的印象,但他对斯塔福德则有些失望,他说:“我们走了这么多的路,本以为在郡府还能发现更有价值的东西。”

新运河的开凿大大有助于 18 世纪斯塔福德郡的经济转型。运河网络的各种建设草案是在 18 世纪 70 年代形成的,当时布林德利(Brindley)在斯塔福德郡和伍斯特开凿运河,并与塞文河(Severn)连在了一起;特伦特河和默西河(Mersey)穿过伯顿(Burton)、鲁吉利、斯通和一些陶瓷工业城镇,与西北部地区连成一片;伯明翰运河(Birmingham canal)通向该郡的中部和南部;卡尔登运河(Caldon canal)把埃特鲁里亚(Etruria)与弗罗格豪尔(Froghall)连接起来,其支流通向利克。在这些运河的基础上,斯塔福德郡最终在铁路的带动下,完全进入全国性的发展轨道,这对该郡产生的影响是巨大的。斯塔福德郡南部蕴藏的铁矿和煤矿开始得到开发,并达到全国性的规模。1762 年,马修·博尔顿(Matthew Boulton)开始在汉兹沃思(Handsworth)创办索霍工厂(Soho Works)。1759 年,乔赛亚·韦奇伍德(Josiah Wedgwood)在该郡的北部伯斯勒姆(Burslem)创办了常春藤之家制陶厂(Ivy House works),他立志成为制陶大师,10 年后又创建了更大规模的埃特鲁里亚制陶厂(Etruria works)。18 世纪中叶,特伦特河畔伯顿(Burton upon Trent)受益于优质的水源,生产的啤酒出口到了波罗的海地区。1744 年,威廉·沃辛顿(William Worthington)在此地创办了一家啤酒厂;1777 年时威廉·巴斯(William Bass)也在这里创办了一家啤酒厂。1801 年英国进行的第一次人口普查,记录了斯塔福德郡人口变化的状况。郡府斯塔福德的人口有 3900 人,早已被斯通、利奇菲尔德、利克、伍尔弗汉普顿、纽卡斯尔、罗利雷吉斯(Rowley Regis)和西布罗米奇(West Bromwich)所超越,这些城镇的人口数量均已经超过 5000 人,伯斯勒姆的人口为 6500 人,沃尔索尔的人口为 10,000 人,而进入斯塔福德郡时间不长的斯托克(Stoke)的人口达到了 16,000 人。在整个 19 世纪,该郡南部完全被伯明翰所吞没,1910 年,6 个陶城工业城镇聚集在一起,形成了一个独特的联邦自治市——特伦特河畔斯托克(Stoke-on-Trent)。根据 1972 年地方政府重组的原则,沃尔索尔和伍尔弗汉普顿脱离斯塔福德郡,成为新成立的西米德兰兹郡(West Midlands)的一部分。20 世纪 90 年代末,斯塔福德郡仍然保留了自己的郡议会,斯托克市和桑德维尔【Sandwell,Smethwick(斯梅西克)】行政独立。

stage-coaches **驿站马车** 驿站马车是搭载乘客定时在驿站间行驶的道路交通工具。17 世纪 20 年代中期,伦敦就有了出租马车,第一辆有记载的驿站马车是在 1637 年,是从伦敦去往圣奥尔本斯(St Albans)的。1650 年至 1715 年间,以伦敦为中心,向外辐射的驿站马车服务发展了起来。到 18 世纪 50 年代末,已基本形成了以伦敦为中心的驿站马车交通网络。至于重要的地方中心之间的定期驿站马车服务网络,只是从 18 世纪 70 年代才开始建立,但巴斯(Bath)是个例外,因为巴斯从 18 世纪 50 年代开始,在"旅游旺季"就有来自埃克塞特(Exeter)、索尔兹伯里(Salisbury)和牛津的四轮大马车。1750 年,乘坐驿站马车从曼彻斯特到伦敦需要花费 80 个小时,1808 年时需要 27 个小时,而到了 1832 年时只需约 20 个小时。从 1770 年到 1840 年,驿站马车的客运里程至少增长了 10 倍,在 1836 年的高峰年,乘坐驿站马车的旅客大约有 1000 万人。

驿站马车这个行业起源于马车车主之间的合作经营,他们把小旅馆作为自己的基础设施。债务问题使得旅店老板得到了控制权,经营者之间的债务纠纷到 1750 年才基本解决。此后,驿站马车行业的合并速度加快,到 19 世纪 20 年代,伦敦的驿站马车行业已经被一些大的公司所掌控。19 世纪 40、50 年代,随着铁路时代的到来,驿站马车行业骤然衰落,转而服务于支线和铁路无法到达的边远地区。

Stainmore, battle of, 954. **斯坦莫尔战役**(954) 挪威国王"金发"哈罗尔(Harold Fairhair)的儿子"血斧"埃里克(Erik Bloodaxe)在 954 年的斯坦莫尔战役中阵亡,斯堪的纳维亚人的约克王国宣告终结,威塞克斯王国重新收复了约克。这场战役是在从斯科奇科纳(Scotch Corner)通往彭里斯(Penrith)的那条古道上爆发的,这表明埃里克是在逃往苏格兰或爱尔兰的北欧人占领区的途中遭到截击而身亡的。

Stamford Bridge, battle of, 1066. **斯坦福德布里奇战役**(1066) 这是英格兰国王哈罗德·戈德温森(King Harold Godwineson)战胜挪威国王哈罗尔·哈德拉达(Harold Hardrada)和他的兄弟托斯蒂格(Tostig)的一场战役,哈德拉达和托斯蒂格两兄弟均在这场战役中阵亡。战役的起因是哈罗尔·哈德拉达宣称,英格兰国王哈撒克努特(King Harthacnut)曾经许诺由其继承英格兰的王位。这场战役就发生在约克以东的地方。哈罗德取得的胜利间接地帮助了征服者威廉(William the Conqueror),使其有时间在黑斯廷斯(Hastings)之战爆发前在南部海岸建立了一个安全基地。

Stamp Act, 1765. **《印花税法》**(1765) 《印花税法》是乔治·格伦维尔(George Grenville)推行的在英属殖民地对商品和服务(包括法律文书、公职任命书,以及船舶证件等)征税的法令,目的是筹集资金用于英国在美洲的军事开支。《印花税》引发了殖民地人民对英国议会向殖民地征税的权利的抗议,对政治自由的广泛讨论,群体性暴力活动以及一系列的抵制贸易事件。在英国,由商人们发起的请愿活动导致罗金厄姆(Rockingham)领导的辉格党于 1766 年废除了《印花税法》。但在《印花税法》被废除的同时,英国议会又通过了《公告法》(Declaratory Act)。

Standard, battle of the, 1138. **"旗帜之战"**(1138) 12 世纪时,苏格兰和英格兰之间的边界还远未得到确定。苏格兰国王戴维一世迫切希望获得诺森伯里亚和坎布里亚(Cumbria)。英格兰内部斯蒂芬和玛蒂尔达(Matilda)之间发生的内战,使得戴维一世有机会和时间发动边境战争。苏格兰与英格兰之间的这场边境战争于 1138 年 8 月结束。苏格兰军队向北约克发起了突袭,8 月 22 日与约克大主教瑟斯坦(Thurstan)率领的当地一支军队在达灵顿(Darlington)附近的考顿荒原(Cowton Moor)遭遇。英格兰的军队打着圣卡思伯特(St Cuthbert)、约克的圣彼得(St Peter of York)、贝弗利的圣约翰(St John of Beverley)和里彭的圣威尔弗里德(St Wilfrid of Ripon)的旗帜进行战斗,因此这场战役被称为"旗帜之战"。虽然圣徒们胜利了,而苏格兰人被击败了,但戴维一世仍然占有着北部各郡,而且当他 1153 年去世时仍然居住在卡莱尔(Carlisle)。

Stanhope, James Stanhope, 1st Earl(1673—1721). **詹姆斯·斯坦诺普,第 1 代斯坦诺普伯爵**(1673—1721) 军人,外交官和政治家。西班牙王位继承战争(War of the Spanish Succession)使越来越多的人知道了斯坦诺普,当时他是 1710 年战役的主要指挥官,在布里韦加(Brihuega)遭到惨败并被俘。他是 1702 年至 1713 年和 1714 年至 1717 年两届辉格党议会下院议员,1717 年封授子爵爵位,1718 年封授伯爵爵位。乔治一世登基后,斯坦诺普一直身居高位,1714 年至 1716 年任南方事务部国务大臣(secretary of state for the southern department),1716 年至 1717 年和 1718 年至 1721 年任北方事务部国务大臣,1717 年至 1718 任首席财政大臣(1st lord of the Treasury)和财税法庭大法官(chancellor of the Exchequer)。外交政策是斯坦诺普关注的重点,他的目的是维护汉诺威王室的王位继承权。斯坦诺普与第 3 代森德兰伯爵联手,共同控制内阁政府,尤其是在 1717 年至 1720 年沃波尔(Walpole)和汤森(Townshend)辞职造成辉格党内部分裂之时,这种控制局面一直延续到他去世为止。斯坦诺普在外交方面取得的胜利,主要包括经由他主持的谈判,分别在 1717 年和 1718 年结成的英国、法国、荷兰三国同盟(Triple Alliance)和英法荷与奥地利的四国同盟(Quadruple Alliance)。在国内事务上,他支持旨在维护辉格党政治优势地位的《七年会期法》(Septennial Act,1716 年)和《贵族法案》(Peerage Bill,1719 年),并支持废除《间或尊奉国教法》(Occasional Conformity)与《教会分裂法》(Schism Act,1719 年)。

S

Stanley, Sir Henry Morton（1841—1904）．　亨利·莫顿·斯坦利爵士（1841—1904）　斯坦利是19世纪给人印象最为深刻,即使有些冷酷无情的深入非洲的探险家。斯坦利虽然出生在威尔士的一家济贫院,但后来却成了美国的一名新闻记者。1871年10月,他被《纽约先驱报》（*New York Herald*）派往非洲后,在坦噶尼喀湖（Lake Tanganyika）上的乌吉吉（Ujiji）找到了探险家利文斯通博士（Dr Livingstone）,至今人们仍然记得他最初向利文斯通发出的那句问候:"阁下就是利文斯通博士吧?"。1874年至1877年,他率领一支探险队跨越非洲大陆,解决了人们在非洲大陆基本地形方面留下的几乎所有困惑。1879年至1884年,他帮助比利时国王利奥波德（King Leopold）建立了刚果自由邦（Congo Free State）。

Stanley, Thomas, 1st earl of Derby（c.1435—1504）．　托马斯·斯坦利,第1代德比伯爵（约1435—1504）　1459年,托马斯·斯坦利承袭其父亲的爵位,成为斯坦利男爵。他先后担任爱德华四世和理查三世的王室总管（steward）,后者授予了他嘉德勋位（Garter）。但是他于1482年左右迎娶的第二任妻子是里士满伯爵（earl of Richmond）的寡妇和后来的亨利七世的母亲。在博斯沃思（Bosworth）战役爆发之前,理查三世因怀疑斯坦利的忠诚,于是把他的儿子斯特兰奇勋爵（Lord Strange）扣为人质。斯坦利并未参加这场战役,他弟弟威廉·斯坦利爵士（Sir William Stanley）在关键时刻出面调解了他与理查三世的关系。他很快就从国王那里得到了回报:被任命为兰开斯特公爵领地（duchy of Lancaster）的总管,并被授予伯爵爵位。

S

stannaries　锡矿区　该词来自拉丁语 *stannum*,即锡（tin）。康沃尔郡和德文郡的锡矿区拥有特殊的司法管辖权。锡、铅矿区的矿工由于与世隔绝,因此有着他们自己的习俗。在1201年国王约翰颁发的一份特许状中,赋予了锡矿区监管大臣（lord warden）审理除土地、死刑和身体刑以外的所有案件的权力。矿区监管大臣的这一司法权一直延续到1873年,而副监管大臣（vice-warden）的司法权则一直延续到1898年。德文郡和康沃尔郡都有各自的锡矿区议会,两个郡的锡矿区议会均由24名议员组成,两个郡都有4个锡矿区城镇,每个城镇有6个议员名额。康沃尔郡锡矿区议会最后一次召开的时间是在 1752 年。

staple　贸易中心　是指在英格兰或偶尔也在国外的一个商品交易中心,商人们在此存放商品,同时在此从事买卖活动。爱德华二世被看作是"英国的贸易中心之父",因为在他统治时期,英国强制执行了 1313 年颁布的《贸易中心条例》(Ordinance of the Staple),该条例把贸易活动限制在几个指定的贸易中心城镇,以便于收税和维护商品质量,从而规范重要商品,尤其是羊毛、呢绒、皮革和锡的交易活动。

Star Chamber　星室法庭　虽然关于王室星室法庭的起源问题一直存有争议,但无疑它是作为御前会议(king's council)的一个分支而发展起来的。星室法庭这一名称可能源于这样一个事实,即御前会议作为司法审判委员会所开庭的地点就是"星室法庭"("camera stellate"),即 1347 年建在威斯敏斯特宫里的一个天花板上装饰有星星的会议厅。在都铎王朝时期,星室法庭作为法庭的作用变得越来越突出,能够控制"势力强大的臣民"。在斯图亚特王朝时期,星室法庭最初还是受欢迎的,后来因其对诽谤罪和煽动罪日益严厉的判决和残忍的惩罚而越来越遭到人们的痛恨。星室法庭成了专制的代名词,1640 年被长期议会(Long Parliament)废除。

statutes　法令　See PARLIAMENT,ACTS OF.(见议会立法)

steam-engines　蒸汽发动机　蒸汽发动机是利用蒸汽压力和冷凝来制造动力的机器。1698 年,托马斯·萨弗里(Thomas Savery)设计了一个在没有活动件的情况下,利用局部真空来抽水的装置。虽然直到 18 世纪 90 年代,利用托马斯·萨弗里的原理制造的发动机仍在使用,但是蒸汽动力的基本原理则来源于纽科门(Newcomen)在 1712 年设计制造的气缸/活塞发动机(cylinder/piston engine)。而当 1774 年威尔金森(Wilkinson)改进的汽缸镗问世时,詹姆斯·瓦特1769 年时设计的单独的冷凝器便成为了使技术效率大为提高的源泉。

蒸汽机主要用于矿井排水,许多发动机销路不畅,只用在酿造与碾磨、供水

S

系统和后来的纺织业。18 世纪 90 年代蒸汽机的广泛应用,更应归功于特里维西克(Trevithick)的高压不凝结且直接起作用的发动机,该发动机首次成功地被用于 1802 年赛明顿(Symington)建造的"夏洛特·邓达斯"号(*Charlotte Dundas*)蒸汽机船的试航、1801 年蒸汽机车在马车道上的行驶和 1804 年蒸汽机车在铁轨上的行驶。

斯蒂芬森(Stephenson)的长锅炉和基特森(Kitson)的外框机车确立了铁路牵引动力的基本模式。1837 年大章克申(Grand Junction)的克鲁(Crewe)铁路公司建立以后,英国铁道部门开始制造自己的机车。经济型的复合式蒸汽机很少用于英国铁路,因为煤在英国很便宜。不过,蒸汽机常常被用于工厂的动力设备系统,并在 1880 年以后在其最终的三次膨胀式发展中,成为英国在海运和造船业上占统治地位的关键因素。从 20 世纪初开始,帕森斯(Parsons)的船用汽轮机使得船的速度更快,而且更为经济划算。

Steel,David(b.1938). **戴维·斯蒂尔**(生于 1938 年) 政治家。斯蒂尔是苏格兰国教会一牧师的儿子,他出生在柯科迪(Kirkcaldy),在爱丁堡大学学习法律。1965 年他 27 岁时,作为自由党成员代表罗克斯堡(Roxburgh)、塞尔扣克(Selkirk)和皮布尔斯(Peebles)选区重新进入议会。1976 年,他继杰里米·索普(Jeremy Thorpe)之后成为自由党领袖,并与卡拉汉(Callaghan)领导的工党政府达成了一项协议。1988 年,自由党与社会民主党(SDP)合并后,斯蒂尔辞去了自由党领袖一职,由帕迪·阿什当(Paddy Ashdown)接任。1997 年他被封为终身贵族(life peer),从 1999 年至 2003 年,斯蒂尔担任新的苏格兰议会的主席(Presiding Officer)。

Steele,Sir Richard(1672—1729). **理查德·斯梯尔爵士**(1672—1729)爱尔兰作家,军人,政治家。斯梯尔先后就读于查特豪斯公学(Charterhouse)和牛津大学默顿学院(Merton College),在从事剧本创作之前曾经参过军。1707 年斯梯尔被任命为公报记者,从此他开始走上了一条非常成功的新闻记者的职业道路,作为《闲谈者》(*Tatler*)和《旁观者》(*Spectator*)这两个深受大众欢迎的刊物的主要撰稿人,他得到了艾迪生(Addison)的帮助。1713 年,他代表斯托克布里奇（Stockbridge）选区当选议会下院议员，为辉格党撰稿开展反对哈利（Harley）政府的宣传活动，此外，斯梯尔还创办了一些报纸，如《卫报》（*Guardian*）和《英格兰人》（*Englishman*）等。作为其在汉诺威王朝继位问题上所作贡献的回报，斯梯尔被封为爵士，并被任命为德鲁里巷剧院（Drury Lane theatre）的经理。

Steenkirk，battle of，1692.　斯廷克尔克之战（1692）　威廉三世为了保卫布鲁塞尔免受法国的攻击，于 1692 年 8 月 3 日对远离布夫莱尔（Boufflers）的卢森堡元帅（Marshal Luxembourg）发动了突然袭击。威廉虽然暂时取得了优势，但布夫莱尔的部队在当天的晚些时候就加入了战斗。尽管双方的交战很残酷，但这场战斗本身并没有任何决定性的意义。

Stephen（1096—1154）.　斯蒂芬（1096—1154）　英格兰国王（1135—1154 年在位）和诺曼底公爵（1135—1144 年）。斯蒂芬是布卢瓦伯爵斯蒂芬（Stephen，count of Blois）与征服者威廉（William the Conqueror）的女儿阿德拉（Adela）所生的第三子。英格兰在斯蒂芬统治时期陷入了一场内战，对立的双方都不具备取得彻底胜利的资源。斯蒂芬从小是在他的舅父亨利一世的宫廷里长大的，后来成为最富有的盎格鲁—诺曼权贵之一。虽然斯蒂芬已经立誓，表示支持亨利一世的女儿玛蒂尔达（Matilda）继承王位，但他还是在 1135 年 12 月夺取了英格兰的王位。然而，尽管如此，他却没有能力使那些权贵们都忠诚于他。因为在他统治初期，就不时地发生叛乱，而且王室内部的对立最终导致格洛斯特伯爵罗伯特（Earl Robert of Gloucester）于 1138 年 5 月的背叛。作为斯蒂芬的对手，玛蒂尔达既有她丈夫杰弗里（Geoffrey）在安茹为她提供的安全基地，也有格洛斯特伯爵罗伯特在英格兰西部为她提供的安全基地，而且她的支持者还包括苏格兰国王戴维一世。自从 1139 年玛蒂尔达在英格兰确立了自己的地位，1141 年斯蒂芬在林肯（Lincoln）战役中被俘之后，斯蒂芬的统治就开始走向了衰落。虽然 1141 年至 1142 年斯蒂芬得到了他的王后玛蒂尔达（queen Matilda）的支持，而且在被格洛斯特伯爵罗伯特的支持者们俘虏后于 1142 年被释放出狱，但是他的地位受到严重损害。他的对手控制了整个英格兰西部和北部的部分地区,1144 年至 1145 年,杰弗里伯爵(Count Geoffrey)实现了征服诺曼底的愿望。斯蒂芬还在约克大主教的继任者问题上,与教皇出现分歧而发生了冲突,这件事给斯蒂芬带来了严重的后果。1152 年,教皇尤金三世(Eugenius III)拒绝接受斯蒂芬的儿子尤斯塔斯(Eustace)作为其继承人,并转而支持玛蒂尔达的儿子,即后来的亨利二世作为亨利一世的直系后代。1153 年,由于权贵们拒绝参加一场难解难分的战斗,根据《温切斯特条约》,斯蒂芬同意亨利作为其王位继承人。1154 年 10 月 25 日斯蒂芬去世后,亨利顺利地继承了王位,这说明人们都已对战争感到厌倦了。

Stephen Harding,St(d.1134). 圣哈丁·斯蒂芬(卒于 1134 年) 西多(Cîteaux)隐修院第三任院长。哈丁出生于多塞特郡(Dorset)的舍伯恩(Sherborne),并在那里成为一名修道士,后进入第戎(Dijon)附近的莫莱姆(Molesme)隐修院。作为一名虔诚的苦行僧,他帮助罗贝尔院长(Abbot Robert)严格按照本笃会的原则管理莫莱姆隐修院的生活,但在遭到反对的情况下,他与罗贝尔院长等人选择离开了莫莱姆隐修院,来到西多成立了西多隐修院,在那里过上了更符合本笃会会规精神的生活。1109 年,斯蒂芬作为西多隐修院发展的推动者,成为该院第三任院长,但是西多会修士简朴的生活导致隐修院人数下降,直到 1111 年伯尔纳(Bernard)和他的 30 个追随者来到这里,才使西多隐修院的人数得以恢复。斯蒂芬自己创办了 13 个西多会分院,并任命伯尔纳为克莱尔沃(Clairvaux)隐修院的院长。1119 年,他撰写了《西多会规章》(*Carta caritatis*),这是西多会修士的必读文献。西多会在各地迅速发展起来,在斯蒂芬生前,西多会就建立了 100 多个分院。在英格兰,第一所西多会分院是 1128 年时在萨里(Surrey)的韦弗利(Waverley)建立的。

Stephens,James(1825—1901). 詹姆斯·斯蒂芬斯(1825—1901) 芬尼亚兄弟会成员。斯蒂芬斯是来自于基尔肯尼(Kilkenny)的一名铁路工程师,他信奉新教,在 1848 年爱尔兰起义中,他是为数不多的与史密斯·奥布赖恩(Smith O'Brien)并肩战斗的起义者之一。起义失败后,他逃亡到法国,1856 年又回到爱尔兰。1858 年,他利用自己在法国参加革命团体的经历,创立了一个组织,该组织后来被称为爱尔兰共和兄弟会(Irish Republican Brotherhood)。1858 年至 1859 年,他在前往美国募集资金的旅途中,参与了芬尼亚兄弟会(Fenian Brotherhood)的创建,并于 1863 年创办了一份周刊——《爱尔兰人》(*Irish People*)。

Stephenson,George (1781—1848). **乔治·斯蒂芬森**(**1781—1848**) 斯蒂芬森是煤矿工人的儿子,虽然没有接受过正规的学校教育,但却成为最有名的工程师之一。斯蒂芬森 8 岁时就参加了工作,刚刚成年就在煤矿操作原始蒸汽机方面远近闻名。1815 年,他发明了一种用于煤矿作业的安全灯,他曾冒着生命危险对安全灯进行反复测试。他先后负责制造从斯托克顿(Stockton)至达灵顿(Darlington)和从利物浦至曼彻斯特的机车。他的"火箭"号(*Rocket*)机车在 1829 年雷恩希尔(Rainhill)的比赛中大获成功。

Stephenson,Robert (1803—1859). **罗伯特·斯蒂芬森**(**1803—1859**) 乔治·斯蒂芬森(George Stephenson)的独生子。罗伯特出生时,他的父亲还是一名默默无闻的东北煤矿工人。到 19 世纪中叶,罗伯特已经独立地获得了世界最著名工程师之一的美誉。他在国内外取得的成就包括铁路和桥梁建设,例如 1849 年在纽卡斯尔建成的海莱韦尔(High Level)大桥、1850 年在贝里克郡(Berwick)建成的皇家边境大桥(Royal Border bridge)和梅奈海峡大桥(Menai Straits bridge),以及 1859 年在蒙特利尔(Montreal)建成的维多利亚大桥(Victoria bridge)。从 1847 年开始直到他去世为止,罗伯特一直是作为保守党成员代表惠特比(Whitby)选区的议会下院议员。

Sterne,Laurence (1713—1768). **劳伦斯·斯特恩**(**1713—1768**) 小说家,作家。斯特恩出生在一个下级军官的家庭,就读于剑桥大学耶稣学院(Jesus College),并在那里接受了洛克(Locke)的哲学,同时也是在那段时间患上了肺结核。1738 年,斯特恩接受了神职,被任命为约克郡的牧师。他于 1759 年出版的小说《特里斯特拉姆·尚德》①(*Tristram Shandy*),尽管因其多愁善感和淫秽

———

① 也译为《项狄传》。——译者注

的内容而受到喝彩或谩骂,但他这部作品使小说的创作摆脱了平铺直叙式的描写方法,此后,这部小说被视为"意识流"("stream-of-consciousness")作品的奠基之作。

Stevenson, Robert Louis(1850—1894). **罗伯特·路易斯·史蒂文森**(1850—1894) 作家。史蒂文森从小是一个活泼但体弱多病的孩子,他放弃了在爱丁堡大学学习的工程专业,转而学习法律,但从未从事过法律工作。患上肺结核后,他一生的大部分时间都花在了疗养身体上。他的作品包括散文、短篇小说、诗歌【《儿童诗园》(*A Child's Garden of Verses*)】、游记等,他与继子劳埃德·奥斯本(Lloyd Osbourne)共同创作的苏格兰小说《绑架》(*Kidnapped*)、《卡特里奥娜》(*Catriona*)和故事《金银岛》(*Treasure Island*)、《杰基尔博士和海德先生》①(*Dr Jekyll and Mr Hyde*)深受读者欢迎。

Stewart, Alexander **亚历山大·斯图尔特** See BUCHAN, IST EARL OF.(见第 1 代巴肯伯爵)

Stewart, Dugald(1753—1828). **杜格尔·斯图尔特**(1753—1828) 哲学家。他的父亲是一名杰出的数学家,斯图尔特曾师从亚当·弗格森(Adam Ferguson)、托马斯·里德(Thomas Reid)和亚当·斯密(Adam Smith)。1785 年至1820 年,他是爱丁堡大学的道德哲学教授。作为一位著名的演讲者和教师,斯图尔特的课吸引了大量的听众,在知识界造就了一代年轻的辉格党政治家。他的哲学是对苏格兰启蒙运动(Scottish Enlightenment)哲学的重要升华。他的学生们创办的《爱丁堡评论》(*Edinburgh Review*)是他教学成果的一个间接但却十分重要的纪念碑。

Stewart, James **詹姆斯·斯图尔特** See ROSS, IST DUKE OF.(见第 1 代罗斯公爵)

---

① 也译为《化身博士》。——译者注

Stigand（c.1000—1072）. **斯蒂甘德**（约 1000—1072） 坎特伯雷大主教（1052—1070 年）。他是一个善于处世的高级教士,得到了忏悔者爱德华的迅速提拔。1052 年以后,他同时担任温切斯特主教和坎特伯雷大主教。诺曼人瑞米耶日的罗贝尔（Robert of Jumiègs）被迫流亡之后,斯蒂甘德被任命为坎特伯雷大主教,但是教皇认为对他的任命不合教规。最初,斯蒂甘德显然是得到了征服者威廉的认可,即使他曾为哈罗德·戈德温森（King Harold Godwineson）加冕。这也许是威廉早期制定的与当地的英格兰人合作共事的政策所导致的结果。但 1070 年,教皇在斯蒂甘德众多的违规行为中找到了一个将他免职的理由,于是斯蒂甘德被教廷使节免去了坎特伯雷大主教一职。

Stilicho 斯提里科 罗马帝国晚期的将军。公元 395 年,斯提里科成为西罗马帝国的统治者,但他的有效权力来自于他那杰出的军事才能,"具有神秘色彩的斯提里科是罗马人和日耳曼人的混血儿"。他的事业与罗马帝国的不列颠行省紧密相关。396 年至 398 年,他下令讨伐骚扰不列颠人的蛮族,并于 399 年恢复了不列颠的和平,但在 401 年至 402 年,他为了保卫意大利,把罗马军队从不列颠撤出。

stipendiary magistrates 领薪治安法官 领取薪水的治安法官是职业律师。对轻微刑事犯罪的审判通常是由非专职治安法官进行,但在 18 世纪,伦敦的犯罪问题因警力缺乏而日益加剧,于是 1792 年英国就在大都市设立了领取薪水的治安法官一职。后来英国制定法律规定:自治市镇和城市地区也可以请求任命一名领取薪水的治安法官。

Stirling Bridge, battle of, 1297. 斯特灵桥战役（1297） 1296 年爱德华一世在邓巴（Dunbar）取得的胜利并没有将苏格兰压服多久。1297 年 9 月 11 日,萨里伯爵约翰·德·瓦伦（John de warenne, earl of Surrey）和休·德·克莱辛厄姆（Hugh de Cressingham）率领的一支人数很多的英格兰军队,与正在渡过斯特灵附近的福斯河的威廉·华莱士（William Wallace）率领的苏格兰军队遭遇,克莱辛厄姆阵亡,爱德华一世不得不重启征服苏格兰的军事行动。

Stirling castle   斯特灵城堡   斯特灵城堡坐落在一个海拔 400 英尺的白云石山上,占据了控制福斯河(Forth)浅滩的重要战略位置,因此是苏格兰高地(Highlands)与低地(Lowlands)之间的连接点。在苏格兰独立战争(Wars of Scottish Independence)期间,这座城堡多次易手,被称为"苏格兰要地"("Key to Scotland")。

Stock Exchange   证券交易所   伦敦证券交易所(London Stock Exchange)成立于 1802 年,它为 18 世纪以来数额越来越大、方法越来越复杂的金融交易提供了一种机制。19 世纪下半期,正规的投资规模大幅度提高,并且明显地向伦敦所保持的那种国际运营方向发展。

stocks   公债   17 世纪末以来,因战争而导致的政府支出的增长,刺激了人们去寻求筹集资金的途径。发行政府债券这种有效的借据(IOU)形式就始于这一时期。1696 年,英国开始发行国库券(Exchequer Bill),每认购 100 英镑的国库券就可以得到每天 3 便士的利息。1749 年,英国提出了合并政府各种贷款的计划,回报率降低到年息 3%的标准。1752 年,这些合并的贷款被确定为"3 厘统一公债"("3 per cent consols")。由于人们可以通过授权人方便地购买统一公债,因此,统一公债被证明是安全且灵活的货币工具。

Stoke,battle of,1487.   斯托克战役(1487)   兰伯特·西姆内尔(Lambert Simnel)冒充沃里克伯爵(earl of Warwick)和爱德华四世的侄子爱德华,在爱尔兰得到了支持,并在都柏林被加冕为爱德华六世。他在兰开斯特附近登陆,得到了林肯伯爵(earl of Lincoln)的支持。1487 年 6 月 16 日,他的军队在纽瓦克(Newark)附近的斯托克与亨利七世的军队相遇。经过激战,林肯伯爵被杀,西姆内尔被俘,但后来西姆内尔又成了王室从事粗活的家仆,这种滑稽和宽容在玫瑰战争(Wars of the Roses)中是很少见的。

Stoke-on-Trent   特伦特河畔斯托克   特伦特河畔斯托克作为斯塔福德郡(Staffordshire)的 6 个陶乡,即坦斯特尔(Tunstall)、伯斯勒姆(Burslem)、汉利

（Hanley）、斯托克、芬顿（Fenton）和朗顿（Longton）组成的联盟，创立于 1910 年。这个城市集合区主要是 19 世纪发展起来的，它的发展在很大程度上要归功于运河网络的建立。1775 年建成的特伦特运河和默西运河（Mersey）是这个运河网络中兴建最早的运河，这两条运河极大地便利了陶器的运输。1851 年，特伦特河畔斯托克的总人口约为 137,000 人；到 1901 年，该地区的总人口已超过 300,000 人。该地区有相当长的边界线，1925 年斯托克成为一个城市。

Stonehenge（Wilts.）　斯通亨奇（巨石阵）（威尔特郡）　不列颠群岛最著名的考古遗址。巨石阵约建于公元前 4000 年至公元前 1500 年这段时间，场面十分壮观，但留存下来的只是最后阶段排列成的废墟。巨石阵的建设最初是为了表示夏至那天的日出（和冬至那天的日落），但它是否具有更进一步的天文学意义，仍然值得商榷。

Stopes，Marie（1880—1958）．　玛丽·斯托普斯（1880—1958）　英国节制生育的倡导者。她是一位做事有条不紊且才华横溢的古植物学家，但她的情感生活则较为混乱，她对理想婚姻的激进观点和对性行为的解释使英国的社会观念发生了深刻的变化。1921 年，她与其第二任丈夫在霍洛韦（Holloway）开办了英国第一家节制生育诊所，并出版了一系列颇受欢迎的社会学著作，但她的诗歌和戏剧作品则很是一般。

Stormont　斯托蒙特　贝尔法斯特郊外的一幢宏伟建筑，为 1932 年至 1972 年北爱尔兰议会的所在地。其门前长得出奇的车道上有一座巨幅雕像，其原型是富有挑战精神的爱德华·卡森爵士（Sir Edward Carson）。斯托蒙特一词已成为不妥协的爱尔兰统一主义的同义词。自 2007 年以后，斯托蒙特也是北爱尔兰政府的所在地。

Strafford，Thomas Wentworth，1st earl of（1593—1641）．　托马斯·温特沃思，第 1 代斯特拉福德伯爵（1593—1641）　温特沃思因反对 1626 年政府强制性贷款（forced loan），成为宪法的捍卫者而闻名。然而，在 1628 年召开的议会上,他建议妥协,最终导致查理一世接受了《权利请愿书》。这为他在政府中飞黄腾达开辟了道路,1633 年,查理一世任命他为爱尔兰总督。斯特拉福德专横霸道的做法在英格兰树敌甚多。主教战争(Bishops'wars)后,查理一世让斯特拉福德站在他的立场上,并封他为伯爵,同时向斯特拉福德保证"他的生命、荣誉和财产都不会被牺牲"。然而,斯特拉福德首先受到了皮姆(Pym)的攻击,皮姆指控斯特拉福德使国王疏远了他的臣民。在 1641 年 3 月的审讯中,斯特拉福德非常老练地为自己辩护,以至于法庭很可能会宣判他无罪。议会下院因此而改变了策略,通过了一项褫夺公权的法案。根据该法案,布斯特拉福德被直接宣布有罪并被判处死刑。查理一世一直拖延对斯特拉福德执行死刑,直到斯特拉福德劝他"要防止因拒绝而可能会带来的邪恶事件的发生",国王才答应了议会的要求。几天后,斯特拉福德在陶尔希尔(Tower Hill)被处死。

Stratford de Redcliffe, Stratford Canning, 1st Viscount(1786—1880). **斯特拉特福德·坎宁,第 1 代斯特拉特福子爵**(1786—1880) 外交官。斯特拉特福德·坎宁出生在一个伦敦商人家庭,乔治·坎宁(George Canning)是他的堂兄。他在外交部就职之前,先后就读于伊顿公学(Eton)和剑桥大学国王学院(King's College)。1827 年纳瓦里诺(Navarino)海战爆发时,他任驻君士坦丁堡(Constantinople)大使。1841 年至 1858 年,他再次出任驻君士坦丁堡大使。他曾敦促土耳其人抵制俄罗斯提出的最终导致克里米亚战争爆发的领土交换条件。

Stratford-upon-Avon 埃文河畔斯特拉特福 莎士比亚的出生地。1616 年莎士比亚去世后很多年来,斯特拉特福仍然是沃里克郡一个小小的市镇。1769 年,加里克(Garrick)举办的莎士比亚逝世周年纪念活动才使斯特拉特福出现在地图上。虽然这件事在人们的记忆中几乎都快消失了,但当时的确引起了极大的关注。第一座纪念莎士比亚的剧场是 1879 年完工的,但 1926 年被大火焚毁,我们现在看到的这座建筑是 1932 年在原址上建成的。

Strathclyde 斯特拉斯克莱德 1963 年,格拉斯哥的一所大学采用了斯特拉斯克莱德的名字来命名。1973 年至 1996 年,斯特拉斯克莱德指苏格兰的一个行政区,该行政区拥有 230 万人,几乎是苏格兰人口的一半。该地区之所以不受欢迎,是因为居住在更为广阔的乡村地区的人们感觉格拉斯哥在该行政区占据了主导地位。因此,1973 年建立的斯特拉斯克莱德行政区被废除,1996 年由 19 个独立的行政机构取而代之。

Strathclyde, kingdom of 斯特拉斯克莱德王国 斯特拉斯克莱德王国领土范围最大时,从北方的洛蒙德湖(Loch Lomond)一直延伸到南方的坎布里亚(Cumbria)。斯特拉斯克莱德王国的国王要么是布立吞人,要么是威尔士人,尽管他们常常被称为邓巴顿(Dumbarton)国王。邓巴顿是个要塞,位于从克莱德湾(Firth of Clyde)北岸伸出来的那块巨大岩石的顶部。我们可以确定的第一位国王是科罗提库斯【Coroticus,塞雷迪格(Ceredig)】,圣帕特里克(St Patrick)曾在 5 世纪的某个时刻向科罗提库斯的战团发出过一封措辞严厉的信件。秃头欧文(Owain the Bald)可能是成为斯特拉斯克莱德国王的最后一位布立吞人,1018 年,他在位于贝里克(Berwick)西南部的卡罕(Carham)与苏格兰的马尔科姆二世(Malcolm II)的军队作战时阵亡。

斯特拉斯克莱德王国之所以引人注目,是因为它是威尔士以外在 6、7 世纪盎格鲁—撒克逊人的劫掠下唯一幸存下来的布立吞人王国。该王国不仅在皮克特人和盖尔人,以及盎格鲁人的入侵下得以幸免,而且还取得了一些显著的胜利。然而,随着时间的推延,他们又被更强大的国王纳为保护对象。7 世纪时,他们被迫服从诺森伯里亚国王的统治。756 年,皮克特人和盎格鲁人联合入侵斯特拉斯克莱德王国后,该王国成为盎格鲁人的凯尔【Kyle,艾尔郡(Ayrshire)中部】殖民地。870 年维金人对邓巴顿进行了毁灭性打击后,945 年,斯特拉斯克莱德王国又遭受了英格兰国王埃德蒙(Edmund)的蹂躏,此后,该王国在苏格兰历代国王的统治下,日益衰落。虽然该王国作为一个政治实体已经消失了,但是在 1973 年至 1996 年,它作为苏格兰的斯特拉斯克莱德行政区,又经历了最后一段短暂的存在期。

Stratton, battle of, 1643. 斯特拉顿战役(1643) 1643 年,国王查理一世

和议会花了大量的时间致力于建立各自的地盘。即使是在保王党的根据地康沃尔(Cornwall)和德文(Devon)也存在着大量的议会支持者。4月25日,霍普顿(Hopton)在奥克汉普顿(Okehampton)附近的苏尔顿当(Sourton Down)中了詹姆斯·查德利(James Chudleigh)的埋伏,被打得十分狼狈。但5月16日,霍普顿就在康沃尔郡的斯特拉顿追上了斯坦福德勋爵(Lord Stamford)和查德利,并给予他们以沉重的打击,查德利被投入监狱。

strict settlement　严格的地产授予　See ENTAIL(见限嗣继承)

Stuart,**Arabella**(1575—1615).　**阿拉贝拉·斯图亚特**(1575—1615)　达恩利(Darnley)的侄女,苏格兰国王詹姆斯六世(同时也是英格兰国王詹姆斯一世)是她的第一代堂兄,她是伊丽莎白之后英格兰王位的可能继承人之一。虽然她避开了1603年次要阴谋和主要阴谋(Bye and Main plots)的纠缠,但由于1610年时与拥有王室血统的萨默塞特公爵威廉·西摩(William Seymour)秘密结婚,令国王大为震惊,她余生的大部分时间都是在伦敦塔中度过的。

Stuart,**Charles Edward**(1720—1788).　**查理·爱德华·斯图亚特**(1720—1788)　"小王位觊觎者"("Young Pretender")。查理是詹姆斯·弗朗西斯·爱德华·斯图亚特(James Francis Edward Stuart)的长子,流亡在外的英格兰国王詹姆斯二世和詹姆斯七世之孙,威尔士亲王和詹姆斯党人。1744年初,查理应法国国王的召唤,离开意大利前往法国,与法国共同制定了入侵英格兰的行动计划。后来,这项行动计划被取消。1745年7月,查理乘船前往苏格兰,在苏格兰高地地区组织发动了一次叛乱,并寄希望于刺激法国前来援助。凭着绝对的自信,加上对局势的一定把握,以及乔治·默里勋爵(Lord George Murray)杰出的指挥才能,使查理完成了征服苏格兰的任务,而向德比进军又使他变成了一个英雄。他在卡洛登(Culloden)战役失败后隐匿的那段日子,赢得了女士们的青睐,成了"邦尼王子查理"("Bonnie Prince Charlie")。他的余生仍然是虎头蛇尾,是在众叛亲离和酗酒中度过的。

Stuart, Cardinal Henry Benedict（1725—1807）. **枢机主教亨利·贝内迪克特·斯图亚特**（1725—1807）　詹姆斯·斯图亚特（James Stuart）的幼子，后来的詹姆斯党人的枢机主教—国王。他出生在罗马，是他父亲最宠爱的儿子。法国人—詹姆斯党人在1744年策划的种种阴谋，他完全被蒙在鼓里，但在1745年时他还是去了法国支持他的哥哥查理。1747年，在对政治感到绝望的情况下，他接受了枢机主教的职位。1788年查理去世后，亨利自称为"亨利九世"，但这只不过是个空名而已。

Stuart, house of　**斯图亚特王室**　欧洲最具韧性的王朝。从1371年至1688年，斯图尔特（Stewart）或斯图亚特王室一直以直系血统统治着苏格兰，同时在1603年继承了英格兰和爱尔兰的王位。斯图亚特王室起源于法国的布列塔尼，1158年时，沃尔特·菲查伦（Walter FitzAlan）被苏格兰国王戴维一世授任王室总管（high or royal steward）这一荣誉头衔，并在戴维一世的邀请下，全家来到苏格兰定居。王室总管这一职衔后来成为该家族的世袭职位，而该家族也以"斯图尔特"（"Steward"）这个姓氏越来越有名。到16世纪中叶，受法国的影响，斯图尔特被改为斯图亚特（Stuart）。斯图亚特家族取得苏格兰的王位继承权，源于第6代王室总管沃尔特（Walter）与罗伯特一世布鲁斯（Robert I Bruce）的女儿马乔里（Marjory）的结合。1371年，罗伯特一世唯一的儿子戴维二世去世，直系男嗣断绝，沃尔特与马乔里的唯一继承人罗伯特·斯图尔特（Robert Stewart，1316—1390年）继承了苏格兰王位，成为罗伯特二世。1688年，第12代斯图亚特王室的君主詹姆斯七世（也是英格兰国王詹姆斯二世）的政权在光荣革命中被推翻，斯图亚特王朝的好运最终被耗尽。

Stuart, James Francis Edward（1688—1766）. **詹姆斯·弗朗西斯·爱德华·斯图亚特**（1688—1766）　"老觊觎王位者"（"Old Pretender"）。詹姆斯是苏格兰国王詹姆斯七世，同时也是英格兰国王和爱尔兰国王詹姆斯二世的儿子和继承人，为詹姆斯七世与他的第二任妻子摩德纳的玛丽（Mary of Modena）所生。1688年6月詹姆斯王子的降生，加速了光荣革命的爆发。尽管对詹姆斯出身的质疑属于虚假传闻，但当詹姆斯二世于1701年去世后，法国国王路易十四承认他为英国王位的继承人这一决定,的确加速了西班牙王位继承战争的爆发。1708 年,詹姆斯参加了那场失败的入侵苏格兰的行动。1715 年底,他加入了苏格兰起义的队伍,翌年春从蒙特罗斯(Montrose)逃走。1719 年苏格兰高地地区爆发起义时,他正在西班牙,随即回到意大利迎娶了波兰公主克莱门蒂娜·索别斯卡(Clementina Sobieska),他们虽然生有查尔斯(Charles)和亨利两个儿子,但婚姻并不是很幸福。

Stubbs,George(1724—1806). **乔治·斯塔布斯**(1724—1806) 英国解剖学家和动物画家。斯塔布斯尤其擅长画马,他的作品抓住了英国绅士之乡村生活的乐趣,18 世纪中叶是他此类作品创作最繁荣的时期。斯塔布斯的赛马作品往往是应马主人或马匹饲养员之邀而创作的,其作品无论是上了油彩的还是没上油彩的,都深受欢迎。他的解剖技术确保他能够在不受情感因素的影响下,把握住动物展现出的力量和美感。

submission of the clergy,1532. **"教士的屈服"**(1532) 根据教牧人员代表会议(convocation)1532 年 5 月 15 日通过的"教士的屈服",英国教会同意放弃在没有国王批准的情况下,独立制定教省之教会法律的权利。"屈服"承认:未得国王许可,不得制订新的教会法;现存教会法规提交给国王指定的委员会进行修订。托马斯·莫尔爵士(Sir Thomas More)作为教会豁免权的支持者,5 月 16 日辞去大法官一职。

Succession,Acts of(1534,1536,1543). **《继承法》**(1534,1536,1543) 由于亨利八世拥有几段复杂的婚史,因此,他不得不利用法规来调整王位继承权。第一项法规(25 Hen.VBI c.22)宣布,玛丽作为他与已经离婚的妻子阿拉贡的凯瑟琳(Catherine of Aragon)所生的孩子,属私生子。第二项法规(28 Hen.VIII c.7)在安妮·博林(Anne Boleyn)被处死后颁布,宣布玛丽和伊丽莎白都是私生子,王位继承权将给予亨利与新娶的妻子简·西摩(Jane Seymour)将来所生的任何子嗣。第三项法规(35 Hen.VIII c.1)在承认爱德华的王位继承权的同时,宣布如果爱德华去世后没有继承人,依次由玛丽和伊丽莎白继承王位。根据

1546 年 12 月立下的遗嘱,亨利八世重申了这些安排,但补充规定在玛丽和伊丽莎白之后,王位继承权将由萨福克(Suffolk)这一支脉延续下去,萨福克是他妹妹玛丽的后代。至于他姐姐玛格丽特(Margaret)的后代,即斯图亚特一支则被忽略。亨利八世因急于确定一个明确的王位继承关系而朝令夕改的做法,只能给未来的英格兰留下麻烦。

Sudan　苏丹　前英国和埃及的共管地。1882 年英国占领埃及后,开始插手苏丹事务。英国由于担心法国的殖民扩张可能会威胁到英国通往印度的出海口——红海的控制权,因此同意帮助埃及夺回苏丹,1898 年的恩图曼(Omdurman)战役使英国实现了这一目的。

Sudbury,Simon（d.1381）.　西蒙·萨德伯里(卒于 1381 年)　坎特伯雷大主教。1362 年萨德伯里被提升为伦敦主教区的主教。1375 年被任命为坎特伯雷大主教后,他因支持冈特的约翰(John of Gaunt)而招致公愤。1380 年,他被任命为大法官,并要求议会批准征收第三次人头税(poll tax)。农民起义期间,他对起义军充满敌意的报告导致起义军到处追捕他,后来他在伦敦塔被抓获,并被斩首。

Suetonius Paullinus　苏埃托尼乌斯·保里努斯　罗马不列颠行省总督(58—61 年)。苏埃托尼乌斯·保里努斯出生在意大利的翁布里亚(Umbria),他任不列颠行省总督期间,大部分时间都在威尔士作战。当东盎格利亚的布狄卡起义(Boudican revolt)的消息传来之时,苏埃托尼乌斯率领他的骑兵到达伦敦,但未能解救伦敦或维鲁拉米恩(Verulamium)。他又回到英格兰中部地区与其前锋部队重新会合,并在该地区彻底击败了起义军。

Suez canal and crisis　苏伊士运河与危机　106 英里长的苏伊士运河连接着地中海与红海。运河是在费迪南·德·雷赛布(Ferdinand de Lesseps)的领导下,由国际性的苏伊士运河公司(Suez Canal Company)建造的,1869 年通航。1875 年,迪斯累里(Disraeli)从埃及总督手中为英国政府购买了苏伊士运河

40％股份,英国从此获得了苏伊士运河的权益。自1883年至1956年,苏伊士运河一直由英国军队保护。尽管苏伊士运河公司对苏伊士运河所有权的期限要延续到1968年,但是1956年7月,纳赛尔(Nasser)领导下的埃及政府将苏伊士运河收归国有。同年11月,英法出兵进行军事干预,但未能重新得到苏伊士运河的控制权。1957年4月,苏伊士运河重新开放。1967年6月的"六日战争"期间,苏伊士运河再次关闭,直到1975年才重新开放。

Suffolk　萨福克郡 萨福克郡是英国最大和最美丽的郡之一,它因远离伦敦,因而没有受到像位于南部的邻居埃塞克斯那样所遭受的劫掠。萨福克郡的名称源于"南方人"("south folk"),曾经是东盎格利亚王国的一部分。该郡有两个中心:一个是被利兰(Leland)描述为"太阳从未见过的整洁的城市"贝里圣埃德蒙兹(Bury St Edmunds),另一个是被卡姆登(Camden)称为"萨福克郡之眼"的伊普斯威奇(Ipswich)。长期以来,萨福克郡一直被分为东萨福克、西萨福克两部分,从1888年开始,东、西萨福克分别建立了自己的郡议会,1972年东、西萨福克两个行政郡再次合并。

在罗马时代,萨福克属于爱西尼人(Iceni)领土的一部分。7世纪时,东盎格利亚王国的地位十分重要。时间大约为630年的伍德布里奇(Woodbridge)附近的萨顿胡(Sutton Hoo)船葬,几乎可以肯定是东盎格利亚王国其中一位国王的坟墓,很可能是625年前后去世的雷德沃尔德的墓葬。

到了8世纪,东盎格利亚王国在抵御麦西亚王国和威塞克斯王国入侵的过程中经历了很多的困难。从861年开始,该地区就遭受了来自丹麦人的严重劫掠。870年,国王埃德蒙(King Edmund)以身殉国,据说是被乱箭穿身而死,他的遗体最终被运送到贝奥垂克斯沃斯(Beodricsworthe),该地后来被称为贝里圣埃德蒙兹。从878年开始,该地区沦为丹麦人的统治,但10世纪20年代,该地区又被长者爱德华(Edward the Elder)收复。大约在630年建立的邓尼奇(Dunwich)主教区先后让位于塞特福德(Thetford)和诺里奇(Norwich)。

在整个中世纪时期,萨福克被许多修道院所控制。贝里修道院院长与市民之间发生了激烈的冲突。1327年,市民发动了暴乱,烧毁了修道院的大部分建筑。在1381年的农民起义期间,首席大法官(lord chief justice)和修道院院长被斩首。解散修道院之时,该修道院被洗劫一空。

　　萨福克的繁荣主要源于羊、谷物和鱼的生产。中世纪晚期的呢布贸易为朗梅尔福德(Long Melford)、弗拉姆灵厄姆(Framlingham)、拉文纳姆(Lavenham)、艾伊(Eye)和贝里的精美教堂带来了利润。由于萨福克缺少矿产资源和重工业,因此人口增长缓慢。14世纪时,邓尼奇因受到自然环境的侵蚀而明显衰落,但伊普斯威奇仍然是一个繁忙的港口,洛斯托夫特(Lowestoft)也成为一个主要的渔港。费利克斯托(Felixstowe)在19世纪时发展成为海滨度假胜地,1945年后成为货柜港口,与欧洲进行贸易往来。

Suffolk, Charles Brandon, 1st duke of(1484—1545). **查尔斯·布兰登,第1代萨福克公爵**(1484—1545)　布兰登的事业生涯虽起步平平,最终却很辉煌。他的父亲威廉·布兰登爵士(Sir William Brandon)在博斯沃思(Bosworth)战役中阵亡,当时是亨利七世的掌旗官。布兰登的崛起始于1509年亨利八世登上王位。他们两个人都喜欢运动,布兰登擅长马上长矛比武。1515年,他被封为莱尔子爵(Viscount Lisle),随后又被授予嘉德勋位(Garter)。1513年他参加了对法战争,1514年2月被封为萨福克公爵。1515年是他发达最快的一年,玛丽的丈夫法国国王路易十二死后六周,布兰登就娶了玛丽,玛丽不仅是法国王后,同时也是亨利八世的妹妹。这件事惹恼了亨利八世,但布兰登用礼物平息了亨利八世的怒气。此后,他依旧受宠于亨利八世,1524年至1533年间担任王室典礼官(earl marshal),1530年至1545年间担任枢密院院长(lord president),1534年至1545年间还兼任特伦特河(Trent)以南地区巡回法庭首席法官(chief justice in Eyre),1540年至1545年间任王室总管(lord steward)。

suffrage　选举权　随着代议制的出现,由于选举权(投票权)能够成为决定政治权力的关键因素,因此选举权问题一直是个不断引起争议的话题。最初,所有的自由人(freemen)似乎都享有郡一级的选举权。但1429年亨利六世统治时期颁布的一项法令宣称"选民人数过多",因此规定选民只限于每年拥有价值40先令以上土地的自由地产保有人(freeholder)。这项选民资格的规定一直延续到1832年。选举权问题的争论在内战结束之后变得越来越激烈。在帕特尼全军辩论(Putney army debates)上,克伦威尔和艾尔顿(Ireton)针对雷恩巴勒(Rainborough)和激进分子提出的扩大选举权的要求表示反对,克伦威尔曾问对方,如果赋予那些"除了能喘气,一无所有的人"以选举权的话,将会出现什么样的结果呢?

在有议员选举权的选区,选民的情况不一,但主要是以4个群体为主,即法人、自由人、城镇土地保有权人和房屋持有人。各选区选民的人数差异很大,威斯敏斯特和考文垂的选民有数千人,而加顿(Gatton)这个衰败选邑(rotten borough)只有两个选民。苏格兰的代表名额在1707年《合并法》通过前后,十分有限。

在18世纪,人们越来越频繁地听到有关扩大选举权的争论。1776年,威尔克斯(Wilkes)认为,"社会地位最为卑微的技工、最贫穷的农民和按日计酬的劳工"都应该拥有投票权,但是没有人支持他的主张。然而,从1832开始,一些措施的制定扩大了选举权。根据1832年《改革法》(Great Reform Act),城市的选举权一律扩大到年收入在10英镑的房屋持有人;各郡的选举权扩大到年收入50英镑的公簿持有农(copyholder),这些人被视同为自由地产保有人。苏格兰的选民人数从5000人左右上升到65,000人。激进分子的要求还远远不能得到满足,在短短的几年内,成年男性公民应该拥有选举权的主张成为宪章运动的"六点要求"之一,这一主张遭到极力反对。1842年,麦考利(Macaulay)坚持认为,普选权"与文明的生活方式完全不相容"。1867年的第二个《改革法》朝普选权方向迈进了一步,自治市镇所有的房屋持有人都拥有了投票权;1884年的《改革法》把同样条件的选举权扩大到了各郡,使选民总数超过了500万。

到19世纪末,妇女争取选举权的运动开展起来,但是直到1918年,30岁以上的妇女才获得投票权。选民人数成倍增长,达到2200万,非常接近于麦考利所担心的普选权的实现了。1929年,30岁以下的妇女也获得了与男性同样的选举权。1969年,英国把选举权扩大到18—24岁之间的公民,使选民人数又多增加了300万。被定罪的重罪犯和被鉴定犯有精神病的患者没有选举权。爱尔兰共和国(Republic of Eire)的常驻公民拥有选举权。1999年,英国剥夺了世袭贵族在议会上院的议席,同时赋予他们议会下院的选举权和被选举权。

suffragettes　妇女选举权论者　妇女选举权论者是指采用激进的方式为妇

女争取议会选举权的女权主义者(feminist)。虽然到目前为止,她们是 1914 年以前最有名的女权运动的成员,但她们为赢得妇女选举权而做出的贡献,一直受到现代学者们的贬低。

"妇女选举权论者"这一术语是《每日邮报》(Daily Mail)创造出来的,用以区分 1866 年以来一直为妇女投票权而努力的主张妇女拥有选举权的人(suffragist)。争取妇女投票权的运动起源于埃米琳·潘克赫斯特夫人(Mrs Emmeline Pankhurst)和她的两个女儿克里斯塔贝尔(Christabel)和西尔维娅(Sylvia),她们于 1903 年创建了妇女社会与政治同盟(Women's Social and Political Union)。鉴于长达 40 年的争取妇女选举权的运动均以失败告终,她们认为只有采取抗争行动才是正当的选择。最初,她们的抗争活动包括打断政界领导人的会议,试图进入议会下院大厅,以及干扰补缺选举,要求选民投票反对自由党候选人,等等。然而,随着警方越来越多地采取暴力镇压的手段,加之公众对妇女选举权论者的敌视,她们改变了斗争的策略。新的斗争方式包括砸破窗户,焚烧邮筒和建筑物,破坏高尔夫球场的草坪,以及制造其他一些能引起人们关注的事件,如 1914 年玛丽·理查森(Mary Richardson)曾要用刀乱砍一幅名画《镜前的维纳斯》①(Rokeby Venus)。

结果,当局开始对妇女选举权论者处以监禁的惩罚,而妇女选举权论者则继续进行绝食斗争。为了避免羁押中的一位妇女选举权论者死亡,监狱试图采取强制进食的手段。然而,这种手段又被证明非常有害于健康,因而政府于 1913 年不得不专门立法,这一法案被称为《猫和老鼠法》("Cat and Mouse Act"),该法令允许当局释放绝食者,但当他们的健康状况得到改善后再行收监。1913 年,艾米莉·怀尔丁·戴维森(Emily Wilding Davison)在英国一年一度的德比赛马日(Derby Day)上将自己摔在国王的马下后因伤去世,从而挫败了政府的策略。

显然,她们的抗争活动推迟了英国妇女获得选举权的进程,因为这些活动不仅使人们对许多非激进妇女也产生了反感,而且也疏远了议会中赞成给予妇女

---

① 目的是引起公众对潘克赫斯特所受到的政府的粗暴对待的重视,理查森因此被判处最高 6 个月的监禁。——译者注

选举权的议员。尽管如此，最关键的失误还在于潘克赫斯特未能发动工人阶级男女大众。政府之所以能够很容易地使用警察来对付她们，就是因为这一抗争本身不是一场真正的群众运动。

1914 年 8 月第一次世界大战的爆发，使妇女选举权论者摆脱了困境。她们很快接受了大赦，所有的囚犯都得到释放，抗争活动暂时停止。事实上，潘克赫斯特夫人和克里斯塔贝尔放弃的不仅是斗争的形式，而且是女权事业本身。在战争期间，她们试图通过招募新成员和敦促工人不要罢工的方式，为自己树立一个崭新的形象。在这个过程中，她们继续向着右倾的方向发展。尽管潘克赫斯特的抗争活动暂停，也许就是因为如此，1918 年 6 月，840 万英国妇女获得了选举权。此后，潘克赫斯特夫人的大部分时间都是在北美从事演讲，克里斯塔贝尔则放弃政治转而热衷于宗教事业，而西尔维娅则从事了若干种革命事业，其中包括英国共产党（British Communist Party）的革命事业。

Sullivan, Sir Arthur（1842—1900）．　阿瑟·沙利文爵士（1842—1900）
沙利文出生在伦敦的兰贝斯小径（Lambeth Walk），他的父亲是一位专业音乐工作者，曾经在桑德赫斯特（Sandhurst）做过乐队指挥。沙利文天生就有一副好嗓子，他是皇家礼拜堂（Chapel Royal）唱诗班的歌手。1856 年，他获得了门德尔松奖学金（Mendelssohn scholarship），并进入皇家音乐学院（Royal Academy of Music）学习。1866 年，他创作了其唯一的一部交响乐，获得了皇家音乐学院作曲教授的职位。1871 年，他与吉尔伯特（Gilbert）合作完成的《泰斯庇斯》（*Thespis*）反应平平，但是 1875 年两人再次合作完成的《陪审团的审判》（*Trial by Jury*）则一鸣惊人。随后，他们又合作完成了《皇家海军舰艇"围裙"号》（*Pinafore*，1878 年）、《彭赞斯的海盗》（*The Pirates of Penzance*，1879 年）和《日本天皇》（*Mikado*，1885 年），均迅速走红。沙利文同时仍然继续创作严肃的作品，如《黄金的传奇》（*The Golden Legend*，1886 年）和《艾凡赫》（*Ivanhoe*，1891 年）。他与吉尔伯特合作的最后一部作品是 1896 年上演的《大公》（*The Grand Duke*）。沙利文最受欢迎的作品包括 1871 年创作的赞美诗《信徒精兵歌》（*Onward Christian Soldiers*）和 1877 年创作的歌曲《失去的和弦》（*The Lost Chord*）。他一生创作了大量的歌曲，辉煌的管弦乐曲，相当数量的诗歌和很多幽默作品。沙利文不仅创作的严肃作品十分优秀,而且创作的滑稽歌剧也是无与伦比。

sumptuary laws　反奢侈法　14 至 17 世纪时,许多国家都制定有反奢侈的法令,以此来防止富人肆意炫富的行为,并使下层社会能安于现状。1337 年英格兰颁布的一项法令限定:年收入达到 100 英镑的人才能穿皮草。到了都铎王朝时期,英格兰颁布的反奢侈法仅限于服装方面,到 16 世纪末时这类法令被废止。

Sunday observance　严守安息日　See SABBATARIANISM(见安息日论)

Sunday schools　主日学校　英国的主日学校运动通常与主日学校联盟(Sunday School Union)的创始人格洛斯特的罗伯特·雷克斯(Robert Raikes of Gloucester,1735—1811 年)有关。从 1782 年开始,雷克斯经常利用星期六和星期日的时间,为星期一至星期五需要工作的穷人的孩子开设一些课程。这项运动开展了一个世纪之后,英格兰已有超过 575 万的孩子在主日学校上学。

Sunderland,Charles Spencer,3rd earl of(1674—1722).　查尔斯·斯潘塞,第 3 代森德兰伯爵(1674—1722)　辉格党政治家。他是第 2 代森德兰伯爵之子,1695 年进入议会,作为一个颇具才华的辉格党发言人,表现突出。1700 年,他与马尔伯勒家族(Marlboroughs)的女儿结婚,由此扩大了他在政界的人脉关系。至于他能在 1706 年被任命为国务大臣(南方事务部),则应感谢公爵夫人萨拉·马尔伯勒和财政大臣戈多尔芬(Godolphin)。乔治一世登上王位以后,只让他担任了有名无实的职位,这让他很失颜面。他密谋反对有影响力的领导人沃波尔(Walpole)和汤森(Townshend),到 1717 年他取代后者成为国务大臣(北方事务部)。1718 年,他出任首席财政大臣,与斯坦诺普(Stanhope)一起领导内阁政府。他试图减少国债的计划导致 1720 年南海泡沫(South Sea bubble)事件的发生,不得不在 1721 年把首相一职留给沃波尔。尽管如此,他个人对国王仍然保持着影响力。1722 年,他突然去世。

S

Sunderland, Robert Spencer, 2nd earl of（1641—1702）. **罗伯特·斯潘塞，第 2 代森德兰伯爵**（1641—1702） 森德兰为人聪明，文雅，自信，无疑是斯图亚特王朝末期最经得起事的政治家。在经历了一段时期的大使生涯之后，森德兰于 1679 年被任命为国务大臣，但 1681 年因支持《排斥法案》而被解职。1683 年，他官复原职，并在以后的 6 年间一直是名副其实的首席大臣。威廉"入侵"（"invasion"）英格兰后，刚刚改奉天主教的森德兰力主詹姆斯改变政策，但被驳回。在荷兰度过了短暂的流亡生活之后，森德兰又于 1690 年放弃天主教信仰，并回国。到 1693 年时，森德兰已经成为威廉三世幕后没有官职的政治"策士"（"manager"），1697 年他被任命为内廷大臣（lord chamberlain）。

Supremacy, Act of, 1534. **《至尊法》**（1534） 《至尊法》（26 Hen. VIII c.1）是于 1534 年 11 月至 12 月召开的宗教改革议会（Reformation Parliament）第六次会议上通过的。该法要求"确认并支持"国王是英国圣公会在尘世上的最高首脑（supreme head）。1535 年 1 月 15 日，亨利八世把英国圣公会最高首脑列入国王的称呼中，并将该权力转移给一位精神上的"摄政"（"vicegerent"），即平信徒托马斯·克伦威尔。最高首脑这一头衔在 1554 年至 1555 年间被玛丽废除；伊丽莎白统治时期，又被一个更为温和的头衔，即"最高统治者"（"Supreme Governor"）所取代。

Surrey **萨里** 当"suthrige"一词具有了南方人居住的土地或地区之含义的时候，说明该地区可能在撒克逊时代早期就已成为较大的米德尔塞克斯（Middlesex）或埃塞克斯王国的一部分了。萨里作为如此弱小的一个王国，注定难以抵御来自诸如肯特王国、麦西亚王国和威塞克斯王国这些强大邻国的进攻。

到 11 世纪初，萨里已经发展成为一个公认的郡一级的行政单位。位于泰晤士河畔的金斯顿（Kingston upon Thames）是王室城镇，紧邻威塞克斯—麦西亚边界，威塞克斯王国国王的加冕仪式和葬礼很多都是在这里举行的。然而，早在 1086 年进行"末日调查"（Domesday survey）时，萨里郡的未来发展模式已经呈现端倪。当时被确定下来的城镇只有两个：一个是郡府吉尔福德（Guildford）；另一个是本身为伦敦郊区的萨瑟克（Southwark）。萨里郡一直是一个以农业为主的郡,主要供应伦敦市场。不过,18 世纪 20 年代当笛福在萨里郡的西部地区进行调查的时候,该地区并没有给他留下深刻的印象:"这里是一大片土地,非常贫瘠,甚至寸草不生,因为大部分地区都是沙漠"。尽管吉尔福德还算是个繁华的城镇,但这里也没有巡回法庭。沃金(Woking)这个地方"在英格兰很少有人听说过"。莱瑟黑德(Leatherhead)只是"一个能在联运票价上看到的小城镇"。但邻近伦敦的地方,情况就大不一样了。这里有大量绅士们活动的场所,克罗伊登(Croydon)是服务首都伦敦的"一个大型谷物市场",萨瑟克的"居民数量十分惊人"。

在 1801 年进行的第一次人口普查中,我们可以洞悉伦敦对萨里郡的影响。地处萨里郡内地的城镇依然很小:金斯顿有 4400 人;埃普瑟姆(Epsom)有 4400 人;法纳姆(Farnham)有 4300 人;戈德尔明(Godalming)有 3400 人;多金(Dorking)有 3000 人;吉尔福德有 2600 人。相比之下,兰贝斯(Lambeth)的人口有 28,000 人,纽因顿(Newington)有 10,000 人,萨瑟克达到 66,000 人。19 世纪40 年代,铁路延长到萨里郡。1851 年,兰贝斯拥有 139,000 人,萨瑟克的人口超过了 100,000 人。1901 年,郊区人口已经占了上风:兰贝斯的人口为 299,000人,坎伯韦尔(Camberwell)的人口为 259,000 人,巴特西(Battersea)的人口为169,000 人,克罗伊登的人口为 134,000 人。萨里郡从一个伦敦供应市场的供应者变成了公共交通枢纽。

Surrey,Henry Howard,Lord(1517—1547). **亨利·霍华德,萨里勋爵**(1517—1547) 萨里是弗洛登(Flodden)战役的胜利者诺福克公爵托马斯(Thomas,duke of Norfolk)之孙。萨里在亨利八世的宫廷中十分得宠,被授予嘉德勋位(Garter),一度有可能成为玛丽公主的丈夫。然而,1546 年 12 月,由于他为爱德华的军队提供住宿而被指控犯有叛国罪,并于 1547 年 1 月 19 日在陶尔希尔(Tower Hill)被斩首。尽管萨里傲慢轻率,但他是亨利老年多疑的受害者,也是他的对手赫特福德伯爵【earl of Hertford,萨默塞特(Somerset)】所制造的阴谋的牺牲品。萨里还是位有点名气的诗人。

Surrey,kingdom of **萨里王国** "萨里"的含义是南部地区,而且肯定在某一时刻与泰晤士河（Thames）以北的米德尔塞克斯（Middlesex）相连。萨里王国没有独立的世系王朝。关于萨里的早期历史，最明显的证据是一份时间大约在672—674年的赐地特许状，该特许状是由弗里塞沃尔德（Frithuwold）颁发的，将位于彻特西（Chertsey）的土地赐予了伦敦主教埃尔森沃尔德（Eorcenwold, bishop of London），而弗里塞沃尔德是麦西亚王国的统治者伍尔夫希尔（Wulfhere）的藩属王。当然，萨里的命运与伦敦的命运也息息相关。8世纪时，强大的麦西亚诸国王维护着对萨里的统治权，但825年当威塞克斯王国的埃格伯特（Egbert）在埃伦登（Ellendun）击败麦西亚人的时候，萨里的老百姓都成了埃格伯特的臣民。从那时候起，萨里王国就成了比它大的威塞克斯王国的一个组成部分。

Susa, treaty of（1629）.　**《苏萨条约》**（1629）　1627年，已经与西班牙进入战争状态的查理一世又与法国国王路易斯十三发生冲突。黎塞留（Richelieu）的军队包围了拉罗歇尔（La Rochelle）的胡格诺港（Huguenot port），为解救该港口所做的努力失败之后，英法双方于1629年4月在萨伏伊（Savoy）的苏萨签订了和约。

suspending power　**法规中止权**　尽管君主不能擅自废除任何法规，但他宣称，作为行政首脑，他有权停止法规的实施。当查理二世表示反对针对不从国教者的刑法，而于1672年颁布《信教自由令》（Declaration of Indulgence）以防止他们受到惩罚之时，关于国王是否拥有这一权力的争论就开始了。迫于议会下院的压力，查理二世不得不撤销了这一信教自由令。1687年，詹姆斯二世再次试图使用这一权力，并起诉了7位质疑其行为合法性的主教。1689年，议会通过《权利法案》（Bill of Rights），废除了国王的法规中止权。见特免权（See DISPENSING POWER）。

Sussex　**萨塞克斯**　几个世纪以来，萨塞克斯一直是交通不便的代名词，北部的丘陵和茂密的森林将萨塞克斯与外部世界隔绝开来，萨塞克斯还以道路泥泞而闻名。在古罗马时期，居住在该地区的是雷格尼人（Regni）部落。在罗马征服时期，萨塞克斯的国王是科吉杜努斯（Cogidubnus），他顺从了罗马人的统治，罗马人也承认了他的国王地位。罗马人在这个地区的首府是奇切斯特【Chichester, 雷格纳姆（Regnum）】。关于撒克逊人在该地区定居的记载, 准确得令人感到惊奇（也许也令人感到难以置信）。《盎格鲁—撒克逊编年史》中讲到, 埃尔（Ælle）和他的三个儿子于 477 年来到不列颠（也许更早?）, 其中的一个儿子西萨（Cissa）于 491 年占领了佩文西（Pevensey）。到了比德（Bede）生活的那个时期, 南撒克逊人的萨塞克斯王国已经建立起来了。萨塞克斯国王的世系一直延续到 8 世纪末, 此后该地区先后落入麦西亚王国和威塞克斯王国之手。

英格兰的郡制在 10 世纪时发展起来, 而萨塞克斯的面积大小恰好能成为一个郡, 但萨塞克斯郡也有其不同于其他郡的地方。首先, 该郡分别以奇切斯特（Chichester）、阿伦德尔（Arundel）、布兰贝尔（Bramber）、刘易斯（Lewes）、佩文西和黑斯廷斯（Hastings）为中心, 被分成 6 个呈带状的"雷普"（rapes）行政区。其次, 由于东部和西部之间交通不便, 这就意味着萨塞克斯之各行政区的划分是自然形成的。黑斯廷斯行政区可能属于黑斯廷格斯部落（Haestingas）的领地, 该部落曾经建立了一个藩属国。后来, 萨塞克斯被划分成两部分, 分别为以奇切斯特为中心的西萨塞克斯和以刘易斯为中心的东萨塞克斯。当代议制在中世纪后期发展起来的时候, 根据惯例, 东、西萨塞克斯各推选一名议员进入议会。

萨塞克斯沿海地区的自然条件不是很好, 只有奇切斯特和拉伊（Rye）两处较大的港湾, 所以萨塞克斯的诸港口始终面向本地。中世纪时期, 该郡以冶铁业为主, 依靠走私勉强维持。16 世纪 80 年代, 卡姆登（Camden）曾在自己的作品中记载说, 萨塞克斯郡"到处都是铁矿, ……工场不停运转, 火花四溅; 锤子敲打铁块的声音昼夜不停, 连周围地区都能听个满耳"。但到了 17 世纪末, 来自瑞典的廉价的铁矿石, 本地森林资源的枯竭, 以及来自什罗普郡的竞争, 导致萨塞克斯郡的冶铁业不断衰落, 到 1788 年时, 该郡只剩下两座冶铁高炉。

萨塞克斯之所以能从一个以农业和小市镇为主的地处偏远的乡村型郡成功转型, 归因于两个方面的原因, 分别是人们对海滨度假兴趣的增长和铁路时代的到来。18 世纪 20 年代, 笛福把布赖特赫尔姆斯通（Brighthelmostone）描述为"一个贫穷的渔村, 老旧不堪", 彻底地被"无情的"大海吞噬了。1782 年, 摄政王威尔士亲王乔治（George, prince of Wales）来到布赖特赫尔姆斯通巡视, 他为皇家穹顶宫（Pavilion）制定的建设规划使得布赖顿（Brighton）成为深受上层社会欢迎的地方,此后发展速度十分惊人。到 1801 年时,布赖特赫尔姆斯通的人口几乎是奇切斯特人口的两倍。到 1851 年,布赖特赫尔姆斯通的人口达到 65,000 人,比萨塞克斯郡其他所有城镇的人口加在一起还要多。其他地方度假胜地的开发紧随其后。霍夫(Hove)是布赖特赫尔姆斯通附近的一个城镇,1801 年时人口只有 100 人,但一个世纪以后,霍夫的人口达到 29,000 人。到 1901 年,伊斯特本(Eastbourne) 的人口为 42,000 人;黑斯廷斯的人口为 52,000 人;沃辛(Worthing)的人口为 20,000 人。直到 20 世纪,博格诺里吉斯(Bognor Regis)人口的快速增长才停了下来,1929 年乔治五世身体的痊愈给这个海边度假地带来很大的收益。

Sussex, East　东萨塞克斯　根据长久以来就存在的传统,萨塞克斯这个大郡分成东萨塞克斯、西萨塞克斯两个部分,东萨塞克斯以刘易斯(Lewes)为中心,西萨塞克斯以奇切斯特(Chichester)为中心。郡法庭(county courts)、季审法庭(quarter sessions)以及巡回法庭(assizes)通常在两个地区轮流开庭。1832 年的《改革法》(Reform Act)承认了这一现状,分别给予东萨塞克斯和西萨塞克斯各两个议员名额。1888 年,东、西萨塞克斯各自成立了郡议会。根据 1972 年的《地方政府法》(*Local Government Act*),这种安排被保留下来,但布赖顿(Brighton)变成了一个单独的行政区。

Sussex, kingdom of　萨塞克斯王国　从埃尔(Ælle)时代开始(约公元 477 年),萨塞克斯王国就开始由自己的国王来统治了。比德(Bede)曾经说过,虽然埃尔是 8 世纪末之前英格兰南部的第一个最高领主【"盎格鲁—撒克逊盟主"(bretwalda)】,但是那时的大部分时间里,萨塞克斯王国的国王们都臣服于其他统治者。萨塞克斯是一个复杂的政治单位。王国最早时期的特许状显示,该王国不时地被若干国王所划分,最明显的是东、西萨塞克斯的划分,东萨塞克斯(East Sussex)可能以刘易斯为中心,西萨塞克斯(West Sussex)以奇切斯特(Chichester)为中心。黑斯廷斯(Hastings)及其周边地区则总是保留一些与肯特类似的特征。萨塞克斯王国是最后一个接受基督教的重要王国,圣威尔弗里德(St Wilfrid)在 7 世纪 80 年代初被诺森伯里亚王国驱除出境以后,帮助萨塞克斯王国皈依了基督教。825 年以后,埃格伯特(Egbert)和他的继任者统治下的西撒克逊王朝控制了萨塞克斯王国,把萨塞克斯王国视为西撒克逊王国的一个宜居的附属国。

Sussex,Thomas Radcliffe,3rd earl of（c.1525—1583）. **托马斯·拉德克利夫,第 3 代萨塞克斯伯爵(约 1525—1583)** 拉德克利夫的母亲是第 2 代诺福克公爵(the 2nd duke of Norfolk)的女儿。在 1544 年的对法战争和 1547 年的平其(Pinkie)战役中,拉德克利夫表现不俗。尽管 1553 年他在简·格雷夫人(Lady Jane Grey)发表的继承王位的声明上签了名,但他的父亲宣布支持玛丽,并且在弗拉姆灵厄姆(Framlingham)负责指挥玛丽的军队。拉德克利夫摇摆不定的立场似乎并没有对他构成伤害。他受玛丽的委托,镇压了怀亚特起义(Wyatt's rising)。1557 年,他继承了伯爵爵位,并被授予嘉德勋位(Garter)。1556 年,玛丽任命他为爱尔兰总督,赴爱尔兰以促进天主教在那里的发展。伊丽莎白再次任命他为爱尔兰总督,但他未能彻底制服奥尼尔家族(O'Neills)。1565 年,他辞去了爱尔兰总督一职,从 1568 年至 1572 年,他担任北部委员会(Council of the North)主席,帮助平息了 1569 年的北部伯爵叛乱(rising of the northern earls)。从 1572 年开始直到去世为止,他一直担任内廷大臣(lord chamberlain)。

Sussex,West 西萨塞克斯 1888 年,西萨塞克斯拥有了单独的郡议会,首府在奇切斯特(Chichester),这种安排在 1972 年后继续保留。布赖顿(Brighton)是一个单独的行政单位。见东萨塞克斯(See SUSSEX,EAST.)。

Sutherland,Graham（1903—1980）. **格雷厄姆·萨瑟兰(1903—1980)** 画家。萨瑟兰在伦敦戈德史密斯学院(Goldsmiths College,London)学习艺术。他早期的作品深受塞缪尔·帕尔默(Samuel Palmer)的影响,在进入陶瓷和绘画领域之前,一直从事蚀刻和雕刻工作。第二次世界大战期间,作为战地美术工作者,他对空袭给伦敦和斯旺西(Swansea)造成的破坏进行了相当多的研究。他于 1949 年创作了萨默塞特·毛姆(Somerset Maugham)肖像画,这是他创作的一组著名人物肖像画的首幅。他受议会委托创作了温斯顿·丘吉尔(Winston Churchill)的肖像画,但被丘吉尔的妻子给毁掉了。

Sutton Hoo 萨顿胡 萨顿胡位于萨福克郡东南的德本河(Deben)河口东岸,内有多达20座属于约公元400年至700年这一时期盎格鲁—撒克逊的古墓。1939年,那座120英尺长、12英尺高的最大的古墓被挖掘出来。该墓的随葬品极为丰富,而且埋藏得很深,由此几乎可以断定这是一位国王的墓葬,可能就是大约死于公元625年的东盎格利亚王国国王雷德沃尔德的坟墓,深埋随葬品的目的是防止有人盗墓。随葬品被安置在一只90英尺长的船的中央部位。这些随葬品包括代表了当地最高水平的金制手工艺品,少量来自地中海东部的银制手工艺品,以及一支磨石权杖和一件神秘的"铁制度量衡器",这些物品大大地丰富了我们对中世纪"黑暗时代"("Dark Age")文化的认识。该墓对于揭秘"民族大迁徙时代"("Age of Migrations")日耳曼人世界的重要性,丝毫不亚于古埃及法老图坦卡蒙(Tutankhamun)墓的出土。

Swan,Sir Joseph Wilson(1828—1914). **约瑟夫·威尔逊·斯旺爵士**(1828—1914) 斯旺出生在森德兰(Sunderland),在当地学校接受的教育,并成为当地一位药剂师的学徒。在泰恩河畔纽卡斯尔,他成了一家药房的合伙人。不久,他的药房又添加了摄影业务和一个科学仪器检测车间。斯旺发明了一种改良的照相冲印技术,这种技术现在仍在使用。1878年12月和1879年2月,他展示了他的第一批白炽灯泡。斯旺和爱迪生之间因电灯专利权发生过法律纠纷,但两人通过建立合股公司解决了这一问题。

Swansea 斯旺西 斯旺西是南威尔士的一个镇,位于塔韦河(river Tawe)河口("Swansea"的威尔士文为"Abertawe")。斯旺西这一名称最初源于斯堪的纳维亚人,反映出罗马统治结束之后维金人的活动情况,但直到高尔(Gower)地区的第一个诺曼领主亨利·德·博蒙特(Henry de Beaumont)在该地区建立城堡之前,还没有证据表明这里有居民。1717年后,斯旺西成为威尔士早期的冶金工业中心,主要有铜、铅和银的冶炼。1969年,斯旺西获得城市地位,现在的斯旺西是一个工业和行政中心。

Swansea and Brecon , diocese of **斯旺西和布雷肯主教区** 1923 年,在威尔士政教分离三年之后,古老的圣戴维兹(St Davids)主教区的那些位于布雷肯郡(Breconshire)、拉德诺郡(Radnorshire)和格拉摩根郡(Glamorgan)西部等地的辖区部分,合并成一个新的斯旺西和布雷肯主教区,位于布雷肯的圣约翰(St John)修道院教堂成为新教区的主教座堂,该教堂修建于中世纪时期。从斯旺西和布雷肯这个主教区名称来看,该主教区有两个中心。

Swaziland **斯威士兰** 前英国保护地。在 19 世纪,斯威士兰的班图王国(Bantu kingdom of Swaziland)不断地受到祖鲁人(Zulus)、布尔人【Boer,南非白人(Afrikaner)】和英国驻纳塔尔(Natal)的行政官员的威胁。1906 年,斯威士兰、博茨瓦纳(Botswana)和莱索托(Lesotho)一起成为英国的保护地。1968 年,斯威士兰成为一个独立的国家。

Swedenborgians **斯韦登堡派** 埃马努埃尔·斯韦登堡(Emanuel Swedenborg,1688—1772 年)的追随者。斯韦登堡是瑞典的科学家和外交家,他告诫人们:自然的可见形式与精神的不可见世界之间存在着对应关系。1787 年,他的一些追随者创建了新耶路撒冷教会(New Jerusalem church)。斯韦登堡派的力量在曼彻斯特特别强大,在那里,他们被称为圣经基督徒(Bible Christians)。

Sweyn Estrithsson(d.1074). 斯韦恩·埃斯特里特森(卒于 1074 年) 丹麦国王(1047—1074 年在位)。虽然斯韦恩与他的对手挪威国王哈罗尔·哈德拉达(Harold Hardrada)相比黯然失色,但是斯韦恩对英格兰的统治者构成了严重的威胁。斯韦恩是克努特(Cnut)的妹妹埃斯特里特(Estrith)和亚尔·乌尔夫(Jarl Ulf)所生的儿子,忏悔者爱德华死后无嗣,斯韦恩作为王位继承人的候选者,在当时纠缠不清的北欧政治中,还能够得到各方的认可。1066 年 9 月,当哈罗尔·哈德拉达在斯坦福德布里奇(Stamford Bridge)战死以后,诺曼人征服了英格兰,斯韦恩进入英格兰政治的最前沿。1069 年,他派出一支庞大的舰队,洗劫

S

了约克,同时使诺曼人遭受了一次罕见的失败。然而,威廉做出让步,或多或少想收买斯韦恩,1074 年 4 月 28 日斯韦恩去世,这意味着克努特要实现的盎格鲁一丹麦王国的复兴已经是不可能的事情了。

Sweyn Forkbeard(**d.1014**). **斯韦恩·福克比尔德**(**卒于 1014 年**) 丹麦国王(约 985—1014 年在位),英格兰国王(1013—1014 年在位)。在 1013 年以前的 20 年时间里,斯韦恩对英格兰进行了疯狂的劫掠。1004 年以后,丹麦人加强了对英格兰的进攻,有人说这是斯韦恩针对 1002 年圣布赖斯节大屠杀(massacre of St Brice's Day)期间,他的妹妹贡希尔德(Gunnhild)遭到谋杀所采取的报复措施。他对英格兰的最大的报复行动发生在 1013 年。这一年,他与儿子克努特(Cnut)经亨伯河(Humber)和特伦特河(Trent)侵入英格兰,在盖恩斯伯勒(Gainsborough)建立了自己的根据地,并在那里被大多数盎格鲁一丹麦人公认为英格兰的国王。此后,斯韦恩开始向英格兰南部进军,不久牛津和温切斯特投降,当伦敦最后在 1013 年末投降的时候,国王埃塞尔雷德(Æthelred)被迫逃往诺曼底。斯韦恩对这个新征服的英格兰王国只统治了 5 周或 6 周的时间,就于 1014 年 2 月在盖恩斯伯勒去世。

Sweyn Godwineson(**d.1052**). **斯韦恩·戈德温森**(**卒于 1052 年**) 戈德温伯爵(Earl Godwine)的长子。斯韦恩个人的不幸源于其狂野的性格。1046 年,他先是勾引莱姆斯特(Leominster)女修道院院长,之后逃到丹麦,又在被迫返回英格兰的途中,谋杀了自己的表弟——贝奥恩伯爵(Earl Beorn)。根据特殊的法律程序(较多地依据斯堪的纳维亚的法律程序而不是英格兰的法律程序),全军大会宣判斯韦恩为一个"败类",换言之,就是"一个不知廉耻的人"。他在被逐出法外之后,在佛兰德(Flanders)寻求避难。凭着他父亲的影响力和主教埃尔德雷德(Bishop Ealdred)的支持,他得以回到英格兰,但在 1051 年秋季,他又遭到流放,这次流放是与戈德温家族的其他成员在一起。他是在去耶路撒冷忏悔后回来的路上去世的。

Swift,**Jonathan**(**1667—1745**). **乔纳森·斯威夫特**(**1667—1745**) 爱尔

兰作家和牧师。斯威夫特先后就读于基尔肯尼学校（Kilkenny School）和都柏林三一学院（Trinity College, Dublin），曾担任威廉·坦普尔爵士（Sir William Temple）的私人秘书，1695 年接受圣职。斯威夫特于 1704 年出版的《一只澡盆的故事》（*A Tale of a Tub*），语言诙谐，家喻户晓，很快使其名声鹊起。1710 年，他被托利党政府招募为政治宣传员，1710 年至 1711 年担任《考查者》①（*Examiner*）的主编。1711 年他撰写的《盟国的行为》（*The Conduct of the Allies*）是一本十分有影响的小册子，为保守党政府对法国的和平提议进行了辩护。斯威夫特的工作得到了报偿，被授任都柏林的圣帕特里克（St Patrick）大教堂的教长，由此他在 1714 年后卷入了爱尔兰的政治旋涡。尽管斯威夫特在 1726 年写成的《格列佛游记》（*Gulliver's Travels*）具有持久的影响力，但他的声誉还是因其讽刺作品中表现出来的野蛮风格和对淫秽内容的热衷而受到影响。

swimming 游泳 直到不久以前，游泳仍然只是局限于那些居住在湖泊、河流或大海附近的人们的生活中。19 世纪公共浴室和泳池的发展，才第一次给了大量人群学习游泳的机会。大都会游泳协会（Metropolitan Swimming Association）在经历了早期的几次失败的尝试之后，终于在 1869 年成立了，后来该协会成为业余游泳协会（Amateur Swimming Association）。1875 年，马修·韦布船长（Captain Matthew Webb）从多佛尔（Dover）到加莱（Calais）的横渡英吉利海峡的壮举，引起了人们对这项运动更多的关注。

Swing riots, 1830. 斯温骚乱（1830） 1830 年 8 月末，农业工人首先在肯特郡（Kent）东部采取了集体行动，他们破坏了让他们痛恨不已的两台打谷机，因为他们认为正是打谷机使农业雇工失去了冬季的工作。这场骚乱一直持续到 12 月，并蔓延到英格兰南部和东部的大部分地区。谷仓和干草堆都被焚毁了，由虚构的"斯温首领"（"Captain Swing"）签署的恐吓信飞向四面八方。骚乱之后，19 人被处决，481 人遭到流放，700 多人遭到监禁。

S

---

① 托利党的刊物。——译者注

syndicalists 工团主义者 工团主义者憎恨资本主义,同时也担心共产主义的胜利只会带来另一种国家压迫形式,他们主张将权力移交给工会。在英国,他们的主要贡献就是提出了"基尔特社会主义"(guild socialism)的概念。英国的工团主义者(Trade unionists)对工团主义的理论和以此为基础而建立起来的工党没有多大的兴趣,这是对工团主义策略的直接否定。虽然"一切权力归工会"的口号似乎并没有引起同时代人的过多关注,但是对资本主义性质的国家或共产主义性质的国家的权力的担忧,仍然是一个尚在争论中的问题。

Synge,J.M.(1871—1909). J.M.辛格(1871—1909) 辛格是阿比剧院(Abbey theatre)早期最有才华的戏剧家。辛格曾多次到访阿兰群岛(Aran Islands),促进了以方言模式为基础的诗歌散文创作的发展。在 1904 年出版的《骑马下海人》(*Riders to the Sea*)里,辛格将希腊悲剧中体现出的尊严因素融入进了对阿兰群岛生活的描写之中。辛格 1907 年出版的《西方世界的花花公子》(*The Playboy of the Western World*)比叶芝(Yeats)和格雷戈里夫人(Lady Gregory)所做的一切更能很好地体现新文学的精神。

synods 宗教会议 宗教会议是指神职人员召开的会议,或者神职人员和信众一起召开的会议,目的是讨论和决定教义、教会政策和教规问题。现在,英国圣公会(Church of England)一般每年召开一次或两次传统议程的宗教会议。

S

T

Tacitus　塔西佗　罗马历史学家。约出生于公元 55 年。塔西坨是罗马不列颠行省时期幸存下来的主要历史学家,负责处理不列颠行省最初 40 年的事务。公元 77 年,塔西佗在迎娶了阿古利可拉(Agricola)的女儿后不久,阿古利可拉就被任命为不列颠行省的总督,塔西佗为岳父写的传记《阿古利可拉传》一书被保存了下来。

Taff Vale judgment,1902.　塔夫河谷罢工案的审判(1902 年)　1901 年,塔夫河谷 1000 多名铁路员工举行罢工。塔夫河谷铁路公司(Taff Vale Railway Company)控告铁路员工联合会(Amalgamated Society of Railway Servants),要求赔偿公司因此而遭受的损失。1902 年 12 月塔夫河谷铁路公司得到了 23,000 英镑的赔偿。这使工会制度受到了严重的打击,这一判决是导致工会支持刚刚成立的劳工代表权委员会(Labour Representation Committee)的原因之一。

Talavera,battle of,1809.　塔拉韦拉战役(1809)　1809 年 7 月 28 日,法国国王约瑟夫·波拿巴(King Joseph Bonaparte)和茹尔当元帅(Marshal Jourdan)指挥 46,000 名法军,向韦尔斯利(Wellesley)率领的 20,000 名英军和配合英军作战的奎斯塔(Cuesta)率领的 34,000 名西班牙军队发动进攻。法军在英军的中心地区展开了一系列的攻势后,转而向北部地区发动进攻,但所有这一切行动都未取得成功。英国国王为了奖励韦尔斯利作战有功,封其为威灵顿子爵(Viscount Wellington)。

Talbot，William Henry Fox（1800—1877）. **威廉·亨利·福克斯·塔尔博特**（1800—1877） 摄影先驱者。塔尔博特出生于威尔特郡莱科克（Lacock）一个富有的乡绅家庭，曾就读于哈罗公学（Harrow）和剑桥大学三一学院（Trinity College）。作为一名业余的科学工作者，他从 1833 年开始进行实验，试图证明是否可以在感光纸上记录下永久性的图像。1839 年 1 月，他解释了如何"在没有艺术家画笔的帮助下，勾画出自然物本身"，他将这一研究进展汇报给了皇家科学研究院（Royal Institution）和皇家学会（Royal Society）。塔尔博特的《自然界素描》（*The pencil of Nature*）一书于 1844 年至 1846 年出版，书中包括 24 幅照片，其中一幅是著名的巴黎林荫大道的照片，此外还有一幅是非常能够打动人心的"敞开的门"（"The Open Door"）的照片。

Talents，Ministry of All the，1806—1807. **联合内阁**（1806—1807） 是皮特去世后在 1806 年 2 月建立的一个联合政府。据说联合内阁囊括进了"所有的天才"（"All the Talents"），由格伦维尔勋爵（Lord Grenville）和查尔斯·福克斯（Charles Fox）的追随者所组成。此外，联合内阁还得到了西德默斯勋爵【Lord Sidmouth，阿丁顿（Addington）】的追随者们的支持。1807 年 3 月，联合内阁辞职，因为乔治三世否决了内阁提出的对天主教徒进行有限解放的举措，并要求内阁不许再提出这一问题。然而，这一重大变化并未损害联合内阁在任期间取得的最大成就，即 1807 年 5 月废除了奴隶贸易。

Taliesin（6th cent.）. **塔利辛**（6 世纪） 吟游诗人。塔利辛和安奈林（Aneurin）都是内尼厄斯（Nennius）所写的《不列颠人的历史》（*Historia Brittonum*，约 796 年）一书中所提到的 5 位伟大的吟游诗人之一。塔利辛幸存下来的作品记录了不列颠人的国王于里安（Urien）在雷吉德（Rheged）的事迹，以及他与盎格鲁—撒克逊人的斗争情况，就如同安奈林所创作的《哥多丁》（*Gododdin*）一样，于里安说："当我老了的时候，死亡很难接近我，我只有在赞美于里安的时候才会感到幸福"。

tallage **塔利税** 塔利税是国王（以及其他领主）拥有的在其自用地（demesne)上,也包括在其自治市镇上强行征收捐税的一种很有价值的权利。尽管这种税的数额有谈判的余地,但佃户不能拒绝缴纳。爱德华一世统治时期,由于战争连绵不断,加重了对臣民的税收。在爱德华一世离开英格兰前往法国后发生的 1297 年危机中,人们提出了应将塔利税交由议会控制的要求。直到 1340 年爱德华三世同意征税必须事先得到议会批准之前,国王一直在不时地收取塔利税。

Tallis, Thomas(**c.1505—1585**). **托马斯·塔利斯**(**约 1505—1585**) 英国作曲家和风琴师。塔利斯早期的职业生涯包括分别在多佛尔修道院、伦敦的圣玛丽—埃特—希尔(St Mary-at-Hill)、埃塞克斯的沃尔瑟姆(Waltham)修道院和坎特伯雷大教堂短期任职。1545 年,塔利斯成为皇家礼拜堂(Chapel Royal)中的神职人员,他一直在那里担任风琴师,直到去世为止。因此,塔利斯的与众不同之处在于他先后为英格兰的 4 位君主效劳,这在他的音乐作品中多少都有所体现。

Tamworth manifesto, 1835. **《塔姆沃思宣言》**(**1835**) 《塔姆沃思宣言》是皮尔(Peel)对其选民发表的宣言,通常被视为当代保守党主张的重要文件。托利党在 1832 年的大选中遭到惨败后,面对下一次大选,几乎无法掀起废除《改革法》(Great Reform Act),剥夺伯明翰、利兹和谢菲尔德这些新选区代表的资格,并恢复加顿(Gatton)和旧塞勒姆(Old Sarum)选区资格的运动。作为少数党政府的领袖,皮尔在宣言中解释说,他现在把《改革法》视为"一个最终的和不可改变的解决方案",他的总体政策将是"坚定地维护既定的权利,纠正权利的滥用,缓解人们真正的不满情绪"。这样一来,谁将决定什么是证据?"真正"一词的具体含义到底指什么?如果滥用权利的改革威胁到既定权利的话,那么将会发生什么?所有这些问题都是悬而未决的。皮尔承认他的说法"必然会含糊不清"。这一宣言已被视为对政策进行慎重调整的基础,同时也是不断做出让步的秘诀。

Tanzania **坦桑尼亚** 原坦噶尼喀(Tanganyika)和桑给巴尔(Zanzibar)。

坦噶尼喀原为德国的一个属地,第一次世界大战后成为英国的托管地。由于坦噶尼喀的自然资源较为贫乏,因此对白人殖民者没有形成很大的吸引力。坦噶尼喀之所以能够和平发展,除了这一点外,还因为这里没有一个试图成为霸主的重要民族群体。到 1961 年坦噶尼喀取得独立的过程中,也同样没有发生严重的事件。1962 年,坦噶尼喀成为共和国。1964 年,坦噶尼喀与桑给巴尔合并,组成坦桑尼亚。

Tara, hill of（Co.Meath）　**塔拉山**（米斯郡）　塔拉山是至少有着两千年历史的圣地,一直可以追溯到新石器时代（Neolithic period）,塔拉山的山顶上显示了曾有过许多建筑物的证据。后来塔拉山成为附近 5 个行政区举行集会和进行市场交易的一个中心。在爱尔兰神话中,塔拉（Tara）是国王宝座的意思。

Taranto, battle of, 1940.　**塔兰托战役**（1940）　1940 年 11 月 11 日,英国皇家海军舰艇"光辉"号（HMS *Illustrious*）搭载 21 架剑鱼机（Swordfish）在夜间向停泊在塔兰托军港的意大利舰队发动了一次鱼雷袭击战。英军损失了两架剑鱼机,但是意大利的舰队受到了沉重的打击,剩下的军舰被转移到其余地处偏远的港口。

tariff reform　**关税改革**　See PROTECTIONISM（见保护主义）

Tasmania　**塔斯马尼亚**　旧称范迪门地区（Van Diemen's Land）。塔斯马尼亚是澳大利亚联邦的一个岛州,2007 年拥有人口 478,000 人。1803 年成立的霍巴特（Hobart）是塔斯马尼亚最大的城市,同时也是该州的首府,人口为 206,000 人。荷兰航海家阿贝尔·塔斯曼（Abel Tasman）于 1642 年首先发现了该岛,并命名为范迪门地区。1803 年被英国占领后,该岛就因虐待囚犯——特别是被关在地狱之门（Hell's Gate）和亚瑟港（Port Arthur）的囚犯——和对土著居民实行的人口灭绝政策,而变得臭名昭著。1856 年,该岛改名为塔斯马尼亚,目的是摆脱其邪恶的名声。

　　塔斯马尼亚岛的农业居民和典型的小农场都集中在该岛北部和东南部的低地地区,西部三分之二的地区主要以崎岖不平、多山和高降雨量的森林地形为主,基本上无人居住。塔斯马尼亚的自然美景鼓励人们开展了一场大规模的环境运动。

Tate Gallery　泰特美术馆　1890 年,糖业巨头亨利·泰特(Henry Tate)向英国国家美术馆(National Gallery)捐赠了 60 幅当代英国绘画作品,但条件是要建立一个画廊专门展出这些作品。最终,英国政府在伦敦的米尔班克(Millbank)提供了一处监狱的遗址作为兴建泰特美术馆的场地,1897 泰特美术馆对外开放。富人们接连不断的捐赠行为使泰特美术馆的藏品数量不断扩大。1987 年,遵照艺术家特纳(Turner)的意愿,特纳的遗赠最终被泰特美术馆收藏,克洛尔基金会(Clore Foundation)提供资金扩建泰特美术馆,增建的新馆专门陈列画家特纳的绘画作品。班克赛德(Bankside)发电站变成了泰特现代艺术馆(Tate Modern),2000 年对外开放,原馆改称为泰特英国美术馆(Tate Britain)。

Tatler　**《闲谈者》**　理查德·斯梯尔(Richard Steele)以"艾萨克·比克斯塔夫"(Isaac Bickerstaff)为笔名主编的一份期刊。1709 年 4 月至 1711 年 1 月,《闲谈者》每周出版 3 期。艾迪生是该刊的重要合作者。

Tawney,R.H.(1880—1962).　R.H.托尼(1880—1962)　作为基督教社会主义者,社会哲学家,教育家和经济史学家,托尼在这四个相互关联的角色中都发挥了重要的影响力。1908 年,他在工人教育协会(Workers' Educational Association)与牛津大学之间签订的一份协议中,成为第一任工人辅导班的教师。他所讲授的课程闻名遐迩。作为一名社会主义者,他于 1922 年撰写了《面向所有人的中等教育》(*Secondary Education for All*)一书,该书为一代人讲述了劳工政策。他撰写的最有影响力的两部著作分别是 1921 年出版的《贪得无厌的社会》(*The Acquisitive Society*)和 1931 年出版的《平等》(*Equality*)。这两部著作对英国海内外的社会主义者们都产生了深远的影响,并且提前就考虑到了福利国家(welfare state)即将到来。托尼从 1931 年开始也是一位经济史教授,他于 1926 年出版的《宗教与资本主义的兴起》(*Religion and the Rise of Capitalism*)一书使其在经济史学界名声鹊起。

Tay bridge　泰河桥　苏格兰东海岸宽阔的泰河河口是交通运输难以逾越的障碍。泰河河口上的第一座桥是由托马斯·鲍奇(Thomas Bouch)为北不列颠铁路公司(North British Railway Company)设计的。该桥建成于1877年,长度接近2英里。1879年夏,维多利亚女王曾通过这座桥,并当场将托马斯·鲍奇封为了爵士。但就在那一年的年末,即1879年12月28日,该桥有数段在狂风暴雨中垮塌,当时正值一列火车从桥上通过,造成74人死亡。随后调查得出的结论认为:这座桥的"设计糟糕,施工糟糕,维护也很糟糕"。1966年,在泰河河口又新建了一座公路桥。

Tayside　泰赛德区　泰赛德区是1973年在苏格兰东部设置的一个行政区,由以前的邓迪市(city of Dundee)、安格斯郡(Angus)和金罗斯郡(Kinross)的全部,以及珀斯郡(Perthshire)的大部分地区组成。1996年,泰赛德区又被分成安格斯、邓迪市和珀斯—金罗斯三个全功能行政区,这三个区的边界几乎与1973年合并之前的边界相同。除了一些较为古老的产业幸存下来以外(如现在仍在从事的黄麻纤维纺织),对该地区的经济发展较为重要的产业还包括农业(特别是无核小果)、食品加工业和设在墙内的自动取款机的生产制造业。

Tedder,Sir Arthur(1890—1967).　**阿瑟·特德爵士**(1890—1967)　特德曾就读于剑桥大学历史学专业,第一次世界大战时加入了英国皇家飞行队(RFC)。1941年5月至1943年2月,他被任命为英国皇家空军中东司令部的最高指挥官。此后,他负责指挥地中海地区所有盟军空军的作战行动,之后成为盟军最高指挥官[1]的副手。特德对于盟军的胜利,尤其是1944年盟军在诺曼底的登陆做出了贡献,包括"封锁"诺曼底海滩、通过轰炸公路和铁路运输线来阻止敌人的补给和援兵进入阵地、使用战斗轰炸机作为移动火炮来直接而迅速地支持地面部队,以及临时转移英国和美国的重型轰炸机来支持盟军的大规模攻势等。1946年,他成为英国皇家空军元帅,并被封为子爵。

---

[1]　即艾森豪威尔。——译者注

Teheran conference 德黑兰会议 1943 年 11 月 28 日至 12 月 1 日"三巨头"①("Big Three")进行的第一次战时会晤。正是在这次会议上,丘吉尔不情愿地感受到了英国在盟国中的影响力正在不断下降。他不得不同意尽早(1944 年 6 月)在法国北部开辟第二战场(second front)。丘吉尔尽其所能地保护了波兰流亡政府的未来地位,同时完全接受战后波兰边境西移这一重大决定。

Teilo,St(6th cent.). 圣泰罗(6 世纪) 作为三位神圣来客(Three Blessed Visitors)中的一分子,圣泰罗在威尔士与圣大卫(St David)和圣卡多克(St Cadoc)三人一同来到不列颠岛。来自 12 世纪的史料表明,圣泰罗曾遇见圣大卫,是圣大卫陪同他去耶路撒冷朝圣的。然而,他所担任的圣职都集中在兰代洛福尔(Llandeilo Fawr)的修道院,他最终也是在那里去世的。

Tel-el-Kebir,battle of,1882. 泰勒凯比尔战役(1882) 从 19 世纪 50 年代初至 70 年代中叶,埃及的外债越来越多,以至于英国和法国控制了埃及的财政。在一位名叫艾哈迈德·阿拉比(Ahmed Arabi)的陆军军官的领导下,处于重税压力下的埃及农民奋起反抗。英国军队在加尼特·吴士礼爵士(Sir Garnet Wolseley)的指挥下,在埃及登陆支持埃及总督,并发动一次突袭,在距离开罗东北部 130 英里的泰勒凯比尔彻底击败了阿拉比的军队。

Telford,Thomas(1757—1834). 托马斯·特尔福德(1757—1834) 来自邓弗里斯(Dumfries)埃斯克代尔(Eskdale)的土木工程师。早年的石匠学徒经历为特尔福德 1782 年经爱丁堡前往伦敦被引荐给威廉·钱伯斯爵士(Sir William Chambers)和亚当(Adam)在萨默塞特宫(Somerset House)工作奠定了基础。两年后,他来到朴次茅斯(Portsmouth)船舶修造厂工作(1784 年)。特尔福德在英国的运河建设方面的成就引人注目。1805 年,他设计完成了庞特基西斯特渡槽②(Pontcysyllte)。1822 年,他负责开凿喀里多尼亚运河(Caledonian

---

① 即罗斯福、丘吉尔和斯大林。——译者注
② 伦敦最长最高的渡槽。——译者注

canal）；1832 年,他还帮助瑞典开凿了与喀里多尼亚运河类似的哥达运河（Gotha Cannal）。1835 年,他负责开凿伯明翰与利物浦之间的运河。在 1803 年至 1824 年间,他负责建造和扩建一条 1200 英里长的公路。他从 1802 年就开始扩建什鲁斯伯里（Shrewsbury）至霍利黑德（Holyhead）的公路,与此同时还在 1825 年和 1826 年分别在梅奈海峡（Menai）和康韦河（Conwy）上建造了两座悬索桥,这使他成为悬索桥的开拓者。他是继伦尼（Rennie）之后英国最著名的土木工程师,是 1828 年成立的英国土木工程师学会（Institute of Civil Engineers）的创始成员。

temperance movement　戒酒运动　戒酒运动是维多利亚时期英国一股强大的社会和政治力量。虽然这场运动未能成功地在英国实现禁酒的目的,但是确实有助于控制英国人的饮酒行为。在 1831 年至 1931 年间,英国人每年人均烈酒的消费从 1.11 加仑下降到 0.22 加仑,啤酒的消费从 21.6 加仑下降到 13.3 加仑。直接宣传并不是导致这一变化产生的唯一因素,造成这个变化的其他因素还包括戒酒运动声望的不断提高,环境的改善,以及更加温暖舒适的家庭和重体力工作（靠喝酒来恢复体力的工作）的需求量的下降。戒酒运动的主要支持力量来自于反对饮酒的机构,他们把戒酒作为一个问题抛给自由党,自由党采纳了当地人的选择,并使酒的销售纳入 1891 年自由党通过的《纽卡斯尔方案》（Newcastle Programme）。

英国戒酒运动的领导组织有 1831 年成立的英国与戒酒协会（British and Temperance Society）、1835 年成立的英国戒酒运动促进会（Britiah Association for the Promotion of Temperance）、1842 年成立的全国禁酒协会（National Temperance Society）和 1853 年成立的英国联盟（United Kingdom Alliance）。1847 年,为了引起孩子们注意而在利兹（Leeds）成立的英国少年禁酒会（Band of Hope）是最好的禁酒宣传组织之一。说服饮酒者"发誓"被视为一种可靠的劝诫方法,这种方法最初是 1832 年普雷斯顿（Preston）的 7 个工人商定的。这场戒酒运动往往是以宗教复兴的形式出现的,被称为十字军运动。酒是"恶魔",发誓类似于洗礼,而严肃地读到复饮者的名字就意味着把他们逐出教会。

Templars　圣殿骑士团　1118 年,一小群骑士在耶路撒冷建立了圣殿骑士团,发誓要保护前往圣地朝圣的香客。1128年,他们得到了教皇的支持,克莱尔沃的圣伯尔纳(St Bernard of Clairvaux)为他们编制了一个教规。他们在英格兰建立的第一个据点就位于伦敦城外,并于1161年转移到弗利特街(Fleet Street)附近的一个地方(新的圣殿)。他们的财富(以及他们最终在军事上的失败)成为异教徒指责他们的借口,尤其是在法国,国王腓力四世(King Philip IV)与教皇克雷芒五世(Pope Clement V)联合在一起,残酷地置圣殿骑士团于死地,1312年,圣殿骑士团最终被镇压下去。

Temple, Sir William(1628—1699). **威廉·坦普尔爵士**(1628—1699)
外交官和作家。坦普尔曾就读于剑桥大学,1663年他从爱尔兰移民到英格兰,成为阿林顿(Arlington)的门生。1665年,坦普尔出任英格兰驻布鲁塞尔的外交官。1668年,他作为英格兰驻海牙(The Hague)的大使,参加谈判并缔结了英格兰、荷兰和瑞典的三国同盟(Triple Alliance),但当英荷之间关系日益恶化时,坦普尔回到了英格兰。由于坦普尔亲荷兰,因此,1674年他又被英格兰政府召回,参加谈判缔结了结束英荷战争(Anglo-Dutch War)的条约。1677年,他与丹比(Danby)一起成功地安排了查理二世的侄女玛丽和奥兰治的威廉(William of Orange)之间的婚姻。1681年,坦普尔退出政界,在穆尔公园(Moor Park)从事园艺、水果种植和写作。

Temple, William(1881—1944). **威廉·坦普尔**(1881—1944) 坎特伯雷大主教。坦普尔出生在埃克塞特(Exeter),曾就读于牛津大学巴利奥尔学院(Balliol College)。1904年至1910年,他在牛津大学女王学院(Queen's College)当研究员的时候被授予圣职。1910年,他担任雷普顿(Repton)公学校长。1914年,他担任皮卡迪利(Piccadilly)圣詹姆斯(St James)的堂区长(rector)。1921年,他担任曼彻斯特的主教。1929年,他担任约克大主教。1942年,他成为坎特伯雷大主教。受工人教育协会(Workers' Educational Association)和学生基督教运动(Student Christian Movement)的影响,他与他的朋友R.H.托尼一样,在思想上是一个社会主义者。后来,他被称为继"安瑟伦(Anselm)之后最智慧的大主教"。此外,他还具备很好的行政管理能力,在这方面他远远超过他的那些英国教会同仁们。

Tempsford, battle of, c.918. 坦普斯福德战役（**约 918 年**） 长者爱德华（Edward the Elder）和他的姐姐，即麦西亚的夫人埃塞尔弗莱德（Æthelfleda, Lady of the Mercians），对丹麦占领区展开了持续的反攻。约在 918 年，爱德华攻占了丹麦人在贝德福德以东的坦普斯福德大本营，杀死了丹麦人国王格思鲁姆二世（Guthrum Ⅱ）。丹麦人在东盎格利亚的抵抗彻底瓦解。

Tenant League 佃农联盟 爱尔兰佃农联盟（Irish Tenant League）成立于 1850 年，旨在激起政府对爱尔兰佃农权利的关注，部分地取代废除联合法运动。建立爱尔兰佃农联盟的目标之一就是扩大阿尔斯特习惯法（Ulster custom）的适用范围，这会在一定程度上保护佃农交付的租金是公正的，而且租地不会被收回。1870 年，格莱斯顿（Gladstone）颁布的《土地法》对佃农所主张的一些权利给予了认可。

tenant right 佃农权利 佃农权利是一个在爱尔兰政治中使用频繁的术语，尤其是在 1846 年饥荒之后。地主抱怨称，佃农在旧的权利让出之后立即就设想出新的权利。佃农联盟后来为之奋斗的三个"F"分别是允许土地自由买卖（free sale）、固定土地租期（fixity of tenure）和缴纳公平地租（fair rent），三者都是难以量化的口号。1870 年格莱斯顿（Gladstone）颁布的《土地法》（Land Act）使得业已存在的阿尔斯特习惯法（Ulster custom）合法化了。1881 年格莱斯顿第二次颁布的《土地法》承认了土地的自由买卖、提高了土地租期的安全性，并引入了一个决定地租是否公平的机制。帕默斯顿（Palmerston）的"对佃农来说正确的权利往往对地主来说就是错误的权利"的评论反映了事情的另一面。

tenants-in-chief 直属封臣 直属封臣是指诺曼征服后那些直接从国王手中持有土地的人。1086 年的《末日审判书》中记录有国王直属封臣的名字，这些人主要是指那些曾和威廉一起在黑斯廷斯并肩作战的人或者是他们的后代。大约有 1,400 名国王直属封臣被记录在《末日审判书》中。虽然他们有义务根据国王的要求提供一定数量的骑士跟随国王作战,但他们可以以转租【sublet,次分封(subinfeudate)】的形式把该义务转嫁给自己的附庸,只要他们能够满足国王要求的义务就可以了。较大的国王直属封臣可以被视为后来出现的贵族阶层的先驱。

Tenerife, battle of, 1657. **特内里费战役(1657)** 1657 年 4 月 20 日,布莱克(Blake)在圣克鲁斯港(Santa Cruz)向 16 艘西班牙战舰发起进攻,尽管对方得到了陆地上一排排火炮的掩护,但布莱克还是赢得了他一生中最后一次伟大的胜利。西班牙所有的舰船均被摧毁,而布莱克的舰船尽管也有一些严重受损,但没有一艘被击毁。

Ten Hours Act, 1847. **《10 小时工作制法》(1847)** 该法对在纺织厂工作的妇女和 13 至 18 岁的年轻人的工作时间进行了限定:周一至周五每天最多工作 10 小时,周六最多工作 8 小时。这是自 19 世纪 30 年代以来阿什利勋爵【Lord Ashley,沙夫茨伯里(Shaftesbury)】和约翰·菲尔登(John Fielden)在议会中不断努力的结果。该法的通过标志着福利立法战胜了自由放任主义(*Laissez-faire*)学说。

tennis **网球运动** See LAWN TENNIS(见草地网球)

Tennyson, Alfred, 1st Baron Tennyson (1809—1892). **阿尔弗雷德·丁尼生,第 1 代丁尼生男爵(1809—1892)** 丁尼生是第一位被封为贵族的诗人,而《古罗马叙事诗》(*Lays of Ancient Rome*)的作者麦考利(Macaulay)则一直是一位活跃的政治家。丁尼生的父亲是林肯郡的一位堂区长,丁尼生曾先后就读于劳斯文法学校(Louth Grammar School)和剑桥大学三一学院(Trinity College)。他于 1830 年出版的第一部诗集销售状况不佳,尽管这部诗集中包含《玛丽安娜》("Mariana")这首诗。1832 年出版的下一部诗集中收集了《夏洛蒂小姐》("The Lady of Shalott")一篇。他于 1842 年出版的诗集确立了他在英国诗歌界的重要地位。继华兹华斯(Wordsworth)之后,1850 年他成为桂冠诗人。1884

年,格莱斯顿(Gladstone)执政期间,丁尼生被封为男爵。

Territorials　英国本土防卫义勇军士兵　英国尽管有一支强大的海军作为支撑,但一直需要增强其陆军作为后备力量。民兵(militia)并不总是受人欢迎,而且也不是特别有效,在危机时刻还要有志愿军(volunteer)和国防军作为补充。1907 年,自由党人霍尔丹(Haldane)作为战事国务大臣(secretary of state for war),决定建立一支吸收民兵参加的国防后备力量,使陷入混乱的局面有序化。1921 年,这支军队发展成为英国本土军(Territorial Army)。

terrorism　恐怖主义　21 世纪初,有迹象表明:过去一直以孤立的暗杀和爆炸事件的形式而呈现出来的恐怖主义日益流行,并且向全世界蔓延,令人恐惧。2001 年 9 月 11 日,两架被劫持的飞机撞毁了纽约的世界贸易中心,将近3000 人失去了生命。"9·11"恐怖袭击造成的一个直接后果就是经济危机,航空业受到的影响尤其严重,再有就是加强了安全防范措施。此后,以美国为首的反恐力量开始搜寻这次恐怖袭击的幕后人物乌萨马·本·拉登(Osama bin Laden),并向阿富汗塔利班政权(Taliban regime)发动攻击,铲除"基地"组织(al-qa'eda)成员。随后,美国于 2003 年在伊拉克发动了一场为期 3 周的战役,推翻了萨达姆·侯赛因(Saddam Hussein)的政权。2004 年 3 月,西班牙马德里(Madrid)的铁路系统遭到恐怖主义分子的袭击,造成 191 名乘客死亡;2005 年 7 月,伦敦遭到有组织协调的恐怖袭击①,造成 50 多人死亡。

Terry,Ellen(1847—1928).　**埃伦·特里**(1847—1928)　女演员。艾丽斯·埃伦·特里(Alice Ellen Terry)出生在一个演艺世家,她在离开舞台多年后,为了抚养自己的孩子,于 1874 年又重返舞台。1878 年,她与亨利·欧文(Irving)合作,成为欧文的兰心剧院(Lyceum theatre)的女主角。特里的美貌与魅力,使欧文的作品大为增色,他们的演出遍及英国和美国。特里与欧文之间一流的合作关系一直持续到 1902 年。特里的表演深受欢迎,她的活力和舞台艺术

---

①　这次受到的袭击包括三个地铁站和一辆公交车。——译者注

均源于她的聪明才智。不过,在特里所有成功扮演的角色中,除了莎士比亚(Shakespeare)的作品以外,均为伤感的情节剧中的角色。

Test Act,1673. 《忠诚宣誓法》(1673) 《忠诚宣誓法》通常与《市镇社团法》(Corporation Act)有关,但《忠诚宣誓法》后来制定的一个补充法令规定非英国圣公会教徒不准担任公职(25 Car.II c.2)。该法令要求所有公职人员,包括议会议员在内,都要根据英国圣公会的仪式,每年至少参加一次圣餐礼,并发表反对圣餐变体论的声明。《忠诚宣誓法》是针对天主教徒制定的法律,19 世纪 20 年代末由丹尼尔·奥康奈尔(Daniel O'Connell)领导的天主教徒解放运动(catholic emancipation)取得成功,其主要目标就是废除《忠诚宣誓法》。

Tettenhall,battle of,910. 泰坦霍尔战役(910 年) 899 年,阿尔弗雷德大帝(Alfred the Great)去世后,他的儿子长者爱德华(Edward the Elder)继承了威塞克斯王国的王位。爱德华与他的妹妹"麦西亚的夫人"埃塞尔弗莱德(Æthelfleda,"the Lady of the Mercians")一起开始建立一个强大的英格兰王国。910 年,他们遭到丹麦人的袭击,爱德华国王率领他的军队向斯塔福德郡(Staffordshire)进军去截击丹麦军队。8 月 5 日,爱德华取得了一场令丹麦人心悦诚服的胜利,并把其王国的领土扩张到亨伯河(Humber)以北地区。

Tewkesbury,battle of,1471. 蒂克斯伯里之役(1471) 蒂克斯伯里之役是玫瑰战争(Wars of the Roses)中发生的最后一次战斗,同时也是最为血腥的一次战斗。就在爱德华四世在巴尼特(Barnet)击败沃里克(Warwick)的那一天,依然坚持捍卫其丈夫亨利六世对王位要求的玛格丽特王后(Queen Margaret)在韦茅斯(Weymouth)登陆,她率领自己的军队向威尔士和西北部地区挺进,目的是集中增援,而爱德华四世的军队则从温莎(Windsor)出发对她的军队进行拦截。1471 年 5 月 4 日,玛格丽特的军队还未渡过塞文河(Severn),就不得不在蒂克斯伯里与爱德华四世的军队展开决战。年轻的兰开斯特家族的威尔士亲王爱德华阵亡,玛格丽特王后被俘,亨利六世也于当月被谋杀。

Texel , battle of the , 1673.　泰瑟尔岛海战（1673）　该战役发生于 1673 年 8 月 21 日，是第三次英荷战争（Anglo-Dutch War）中的最后一次战役。当时来自印度的一支大型护航舰队正在逼近荷兰，同时荷兰还面临着英法入侵的威胁。荷兰舰队司令德·勒伊特（De Ruyter）抢得先机，对鲁珀特（Rupert）指挥的英法联合舰队发动进攻。尽管双方的主要战舰均未受损，但荷兰舰队凭借重炮的优势在这场战斗中占了上风。随着护航舰队撤离战场，英国被迫放弃了从泰瑟尔岛登陆荷兰的计划。

Teyte , Dame Maggie（1888—1976）.　**玛吉·泰特女爵士**（1888—1976）英国女高音歌唱家。泰特曾在伦敦和巴黎求学，1906 年在巴黎举行的莫扎特音乐节（Mozart festival）上，不到 18 岁的泰特举办了她的第一场音乐会。1908 年，德彪西（Debussy）选中了她，并亲自指导她接替玛丽·加登（Mary Garden）扮演德彪西的歌剧《佩里亚斯与梅丽桑德》（*Pelléas et Mélisande*）中的女主角梅丽桑德。在两次世界大战之间，她在英国的演出活动主要集中在轻歌剧和音乐喜剧上，但后来她又回到独唱音乐会和录制唱片的音乐创作轨道上来，尤其是法国歌曲的演唱。

Thackeray , William Makepeace（1811—1863）.　**威廉·梅克皮斯·撒克里**（1811—1863）　小说家。撒克里出生在印度的加尔各答（Calcutta），曾先后就读于查特豪斯公学（Charterhouse）和剑桥大学。他的这一印度出生背景和他在公学的学习生活经历，在他于 1853 年至 1855 年创作的小说《纽卡姆一家》（*The Newcomes*）中占据了突出的地位。他是英国 1841 年创办的杂志《笨拙》（*Punch*）和 19 世纪 30 年代创办的《弗雷泽杂志》（*Fraser's Magazine*）的早期著名撰稿人。1860 年，撒克里成为充满活力的新期刊《康希尔杂志》（*Cornhill Maga-zine*）的主编。撒克里的成名作是他在 1847 年至 1848 年间以每月连载的形式发表的《名利场》（*Vanity Fair*），该书是撒克里以滑铁卢（Waterloo）战役及其后果为背景而创作的一部小说。

thanes　塞恩　See THEGNS（见塞恩）

Thatcher, Margaret（b.1925）. 玛格丽特·撒切尔夫人（出生于 1925 年）
首相。撒切尔夫人是英国第一位女首相,同时也是英国最具争议的人物之一,她
于 1979 年、1983 年和 1987 年连续 3 届为保守党赢得了大选的胜利。1990 年,
英国人拒绝让她继续担任保守党领袖和首相,这是政治上忘恩负义的残酷行为。

撒切尔夫人最初是在凯斯蒂文—格兰瑟姆女子学校(Kesteven and Grantham
Girls' School) 接受教育,后来就读于牛津大学萨默维尔学院 (Somerville
College)。她于 1959 年进入议会。1947 年至 1954 年,她一直从事化学研究工
作;1954 年,她取得了律师执业资格。1970 年至 1974 年间,她担任教育和科学
大臣。1975 年至 1979 年间,作为反对党的领袖,撒切尔夫人在基思·约瑟夫爵
士(Sir Keith Joseph)的影响下,在政治上提倡爱国主义的理想;在经济上主张低
税收、私有化、控制货币和鼓励个体能动性,后来这些内容被称为撒切尔主义
(Thatcherism)。然而,如果撒切尔夫人的目标是稳定金融市场、保持长期低通
胀、减少政府开支和降低税收的话,那么,这个目标已被证明是虚无缥缈的。从
她担任首相伊始到任期结束这段时期,英国一直都处于严重的经济衰退时期
(20 世纪 30 年代以来英国经济最糟糕的时期),这不仅导致英国工业基础被削
弱,也使英国整体的经济增长率处于低水平运行状态。撒切尔夫人执政期间,英
国的工会受到抑制,大多数国有企业私有化,个人所得税明显降低。然而,间接
税的增加、利率的上升、高通胀,以及非常不受欢迎的人头税(poll tax)的征收,
这一切都意味着当 1990 年经济危机在整个欧洲爆发的时候,撒切尔夫人缺乏维
持生存所需的政治支持。

正如人们并没有预料到撒切尔夫人能够在 1975 年战胜希思(Heath)成为保
守党领袖一样,她的国际知名度的迅速提升也令很多人大感意外。从担任首相
开始,她就在国际事务中留下了自己的印记。1979 年在兰开斯特宫(Lancaster
House)举行的和平谈判解决了罗得西亚(Rhodesian)问题,为建立一个独立的津
巴布韦(Zimbabwe)铺平了道路。随后撒切尔夫人在 1982 年的福克兰群岛战争
(Falklands War)中战胜阿根廷,使她的国际声誉大为提高。英军展现出的勇敢
和效率,反动的阿根廷独裁政府的垮台和首相的领导才能,所有这一切使得撒切
尔夫人赢得了 1983 年大选的绝对胜利。此后,她与美国总统罗纳德·里根
(Ronald Reagan)建立了一个"非常非常特殊的关系",而且尽管他们之间存在着

T

一些分歧,但是她与里根密切合作,结束了冷战。她还设法与苏联领导人米哈伊尔·戈尔巴乔夫(Mikhail Gorbachev)建立了密切的关系。当她最后一次访问莫斯科(Moscow)的时候,欢迎仪式极其隆重盛大。

然而,撒切尔夫人最具争议之处是她针对欧洲共同体(European Community)为英国制定的政策。她的天性还是传统的。她曾积极热情地为1975年公投中获得更多的赞成票而努力,并且始终认为自己的治国方略对英国具有建设性意义。在另一方面,雅克·德洛尔(Jacques Delors)关于制定欧洲社会宪章(European Social Charter)的思想则使她感到震惊,而令她更为担忧的是雅克·德洛尔组建欧洲经济和货币联盟(European Economic and Monetary Union)的计划。她在1988年著名的布鲁日(Bruges)演讲中声明:尽管在她的内阁同僚杰弗里·豪爵士(Sir Geoffrey Howe)和奈杰尔·劳森(Nigel Lawson)的说服下,她答应英国可以进入欧洲汇率机制,但是她反对英国将来被整合成欧共体的一部分。然而,1990年,在罗马举行的首脑高峰会议上,当撒切尔夫人排斥欧洲经济和货币联盟之后,她遭到杰弗里·豪爵士的抛弃,杰弗里·豪不仅辞去了在撒切尔政府中担任的职务,而且挑战迈克尔·赫塞尔廷(Michael Heseltine)参加保守党领袖的竞选。在随后的竞选中,撒切尔夫人虽然赢得第一轮,但是她退出了竞选,没有参加第二轮投票。约翰·梅杰(John Major)继撒切尔之后成为保守党领袖。1992年,撒切尔夫人退出议会下院,同时被封为终身贵族(life peer)。

thegns　塞恩　塞恩是盎格鲁—撒克逊时代末期英格兰授予那些至少占有5个海德的土地,并为国王承担兵役的社会成员的头衔。虽然在塞恩阶层中存在着许多不同的等级,但是在麦西亚王国和威塞克斯王国,他们的赎罪赔偿金(wergeld)是刻尔(ceorl)的六倍。"thegns"一词的拼写方式最初是历史学家提出来的,目的是区别于苏格兰的"thanes",该词指贵族或部族首领(clan leaders)。

Theodore of Tarsus(602—690).　**塔尔苏斯的狄奥多尔**(602—690)　狄奥多尔被教皇维塔利安(Pope Vitalian)任命为坎特伯雷大主教后,于669年到达坎特伯雷。前两任坎特伯雷大主教的去世已使这一职位空缺了5年。当时英格兰的教会缺乏组织,没有实现664年惠特比宗教会议(Synod of Whitby)承诺的统一性。狄奥多尔走遍了坎特伯雷教省,消除弊端,为主教们举行祝圣仪式,并于672年在赫特福德(Hertford)召开了全英格兰第一次宗教会议。

Thirty-Nine Articles 《三十九条信纲》 《三十九条信纲》是1571年英国圣公会召开的教牧人员代表会议(convocations)上最终达成一致的那些条款,其中包括旨在确定宗教改革后英国圣公会地位的一整套教义陈述。《三十九条信纲》是作为1662年版的《公祷书》(Book of Common Prayer)的一个附录被印制出来的,目的是"为了避免意见的分歧和建立大家都能接触的真正宗教"。这些条款在天主教教义和宗教改革后的教义之间开辟了一条谨慎而且有时会不太明确的道路。虽然英国圣公会要求所有神职人员都要遵守这39条教义,但是自1865年以来,神职人员只需承认《三十九条信纲》即可。

Thirty Years War 三十年战争 1618年至1648年的三十年战争主要是在哈布斯堡王朝(Habsburgs)和西班牙组成的联盟与反对这一联盟的法国、瑞典和荷兰之间发生的冲突。英格兰之所以被拉进这场战争,原因有两点。首先,这场战争爆发的原因(casus belli)是波希米亚人(Bohemians)公开反抗哈布斯堡王朝的统治,并提出把波希米亚的王位交给与詹姆斯一世的女儿伊丽莎白结婚的巴拉丁选侯腓特烈(Frederick of the Palatinate)。其次,这场战争的爆发还存在着一个宗教因素,尽管法国反对哈布斯堡王朝,但是许多新教徒都把这场战争看作是天主教发动的一场圣战。查理一世几次试图干预,都遭受了很大损失。幸运的是,查理一世与议会的关系非常糟糕,以至于他不得不决定议和。1648年签订的《威斯特伐利亚条约》(treaty of Westphalia)结束了这场冲突,而那时的查理一世已经是个等着受审的囚犯了。

Thistle, Order of the 蓟勋位 这一苏格兰骑士团勋位(Scottish order of knighthood)的起源尚不清楚,但似乎是在大约1480年时由詹姆斯三世(James III)创立的。宗教改革之后,蓟勋位一度退出历史舞台,但詹姆斯七世(英格兰的詹姆斯二世)在 1687 年、安妮女王在 1703 年又分别使其得以恢复。现在的蓟勋位名额为 16 个,其中包括君主在内。

Thomas,Dylan(1914—1953). **迪伦·托马斯**(1914—1953) 诗人。托马斯出生在斯旺西(Swansea)的一个教师家庭。他的职业生涯是从做记者开始的,1934 年他出版了自己的第一部诗集《诗十八首》(*18 Poems*),1936 年又出版了第二部诗集《诗二十五首》(*25 Poems*)。他于 1937 年结婚,并在卡马森(Carmarthen)以南的沿海村庄拉恩(Laugharne)定居下来,一边为英国广播公司(BBC)工作,一边讲课。虽然他不了解威尔士人,但是托马斯酗酒的生活方式使得有些人指责他是一个舞台上的威尔士人。他在 1954 年创作的广播剧《奶树林下》(*Under Milk Wood*)深受欢迎,他在剧中虚构的拉瑞加德村庄的生活,被视为威尔士人生活的真实写照。

Thomas of Lancaster(c.1278—1322). **兰开斯特的托马斯**(约 1278—1322) 托马斯是爱德华二世统治时期势力最大的权贵之一,也是爱德华二世的眼中钉。托马斯的父亲是亨利三世的幼子埃德蒙·克劳奇贝克(Edmund Crouchback),因此也是爱德华二世的第一代堂兄。当爱德华二世继承王位的时候,托马斯作为国王的侄子,立即加入了反对爱德华二世的阵营。托马斯在反对王室宠臣加韦斯顿(Gaveston)的斗争起到了积极作用,他被任命为监督年轻的国王爱德华二世的约法委员会(Ordainers)成员之一,并迫使国王于 1312 年处死了加韦斯顿。1314 年,托马斯拒绝参加班诺克本(Bannockburn)战役,爱德华二世因在这场战役中大败而名誉扫地,托马斯的影响力则因此而大为提高。然而,1321 年,他与国王爱德华二世在德斯潘塞父子(Despensers)的问题上再次发生争执,最终托马斯迫使德斯潘塞父子流亡国外。1322 年,托马斯在巴勒布里奇(Boroughbridge)被俘,国王爱德华二世亲自在庞蒂弗拉克特(Pontefract)处死了托马斯。

Thomas of Woodstock **伍德斯托克的托马斯** See GLOUCESTER,THOMAS,DUKE OF.(见托马斯,格洛斯特公爵)

Thomson,J.J.(1856—1940). 约瑟夫·约翰·汤姆孙(1856—1940) 汤姆孙是电子的发现者。从曼彻斯特毕业后,汤姆孙获得了一笔奖学金,这使他得以进入剑桥大学三一学院(Trinity College)继续其学业。1884 年,他成为卡文迪什(Cavendish)实验室的教授,致力于与电和气体相关的研究工作。迈克尔·法拉第(Michael Faraday)曾认为:来自负极或阴极的射线都是带电粒子,但是随着威廉·伦琴(Wilhelm Röntgen)发现了 X 射线,大多数德国人都认为阴极射线是相似的,类似于光的辐射。汤姆孙用实验证明了阴极射线经过磁场时会发生偏转,再经过电场时会转回原地。汤姆孙的实验证明了阴极射线是带负电荷的粒子,他认为也可以把这些粒子称为罗伯特·玻意耳(Robert Boyle)所说的"微粒"。从 1918 年开始直到他去世为止,汤姆孙一直担任剑桥大学三一学院的院长。

Thorfinn,earl of Orkney(c.1009—1065). 托尔芬,奥克尼伯爵(约 1009—1065) 显而易见,"强大的托尔芬"("Thorfinn the Mighty")行使着很大的权力。1014 年,还是小孩子的托尔芬继承了其父西居尔(Sigurd)的奥克尼伯爵爵位。托尔芬是苏格兰国王马尔科姆二世(Malcolm II)的孙子。托尔芬一直与他的堂兄邓肯一世(Duncan I)进行争斗,而且可能已经和麦克佩斯(Macbeth)一起瓜分了苏格兰王国。可以肯定的是,他们击败并杀死了邓肯一世,而且两人似乎已经和睦相处,直到麦克佩斯在伦法南(Lumphanan)被杀为止。据说他们曾一同访问过罗马。

Thorpe,Jeremy(b.1929). 杰里米·索普(生于 1929 年) 政治家。索普是他那个时代富于多彩的政治家之一,曾就读于伊顿公学和牛津大学三一学院(Trinity College)。1959 年,索普作为自由党成员,代表北德文(North Devon)当选为议会议员。1967 年,索普继乔·格里蒙德(Jo Grimond)之后,成为自由党领袖。1970 年,自由党在大选中失败,在议会中的席位减少到只有 6 个,尽管索普在这场灾难性的选举中得以幸存,但是 1976 年又因受到离奇的指控(他被指控与男模有染)而被打倒。1978 年,索普在受到谋杀未遂的指控后被证明无罪,但这次他失去了自己在议会中的席位。索普的晚年一直饱受疾病的折磨。

Three Choirs Festival 三大教堂唱诗班音乐节 一年一度的由格洛斯特（Gloucester）大教堂、赫里福德（Hereford）大教堂和伍斯特（Worcester）大教堂轮流举办的唱诗班音乐节，最初被称为"音乐聚会"（"Music Meeting"）。这个音乐节大概发起于 1716 年前后，是为了向慈善活动提供帮助。早期的音乐节特别专注于韩德尔（Handel）乐曲的演奏。

Throckmorton plot，1583. 思罗克莫顿阴谋（1583） 思罗克莫顿阴谋是诸多试图解救苏格兰女王玛丽，然后使之取代伊丽莎白从而登上英格兰王位的阴谋之一。弗朗西斯·思罗克莫顿（Francis Throckmorton）是 1579 年遭到贬黜的切斯特首席法官约翰·思罗克莫顿爵士（Sir John Throckmorton，chief justice of Chester）的儿子。弗朗西斯·思罗克莫顿是一名天主教徒，16 世纪 80 年代初，他是在欧洲大陆度过的。1583 年，他充当了玛丽和西班牙驻伦敦大使门多萨（Mendoza）的中间人。思罗克莫顿被捕后，在他那里发现了一份记有共同参与此阴谋的天主教徒的名单，上面还记有一些可能要入侵的港口的细节情况。思罗克莫顿在酷刑下供认不讳，并于 1584 年 7 月在泰伯恩行刑场（Tyburn）被处死。

Thurloe，John（1616—1668）. 约翰·瑟洛（1616—1668） 瑟洛出生在埃塞克斯郡的一个牧师家庭，在圣约翰大教堂的奥利弗（Oliver）的资助下，成为一名律师。内战（Civil War）期间，他虽然没有拿起武器作战，但在 1652 年却被任命为国务会议（Council of State）的秘书，负责成立不久的共和国（Commonwealth）的情报收集工作。他于 1654 年和 1656 年成为两届议会下院议员，是克伦威尔（Cromwell）第二届国务会议的成员。瑟洛不仅工作出色，而且忠于克伦威尔，他指挥着一个国际间谍网。理查德·克伦威尔（Richard Cromwell）下台之后，瑟洛被重新任命为国务大臣，并试图劝阻蒙克（Monck）不要把查理二世带回英格兰。

Thurlow，Edward，1st Baron Thurlow（1731—1806）. 爱德华·瑟洛，第 1 代瑟洛男爵（1731—1806） 瑟洛是一位杰出的律师，曾成功地为若干有关宪政方面的重要案件进行过辩护。1770 年他担任了副总检察长（solicitor-general），

1771 年至 1778 年间担任了总检察长(attorney-general),1778 年以瑟洛男爵的身份出任英格兰大法官。他是一位令人敬畏的议长,在议会上院居于支配地位。除了 1783 年福克斯(Fox)组阁期间以外,自 1778 年至 1792 年,他一直担任大法官,但他在 1788 年至 1789 年的摄政危机(Regency crisis)期间,暗中与威尔士亲王勾结而疏远了皮特(Pitt)。

Thurstan(**d.1140**). **瑟斯坦**(**卒于 1140 年**) 约克大主教。瑟斯坦出生在巴约(Bayeux),亨利一世时期的大臣。1114 年,瑟斯坦拒绝接受坎特伯雷大主教为其举行授圣职礼,而最终于 1119 年在兰斯(Rheims)接受圣职,并从教皇加里斯都二世(Pope Calixtus Ⅱ)手中接受了白羊毛披肩带,这也是坎特伯雷与约克两个大主教之间无休止的权力之争的一部分。他极力主张约克大主教独立于坎特伯雷大主教。1126 年,教皇决定支持约克大主教的要求,尽管由于坎特伯雷大主教拥有教皇使节的权威,仍然可以要求约克大主教服从。瑟斯坦曾组织和激励约克郡的军队抗击苏格兰国王戴维一世(David I)的入侵,并在 1138 年的"旗帜之战"(battle of the Standard)中击败了戴维一世。他在庞蒂弗拉克特修道院(Pontefract abbey)去世之前,已经加入了克吕尼派。

Tien-Tsin,**treaty of**,**1858**. **《天津条约》**(**1858**) 第二次鸦片战争(the second Opium War)开始于 1856 年 10 月,当时广东水师抓获了在英国注过册的"亚罗"号(Arrow)走私商船。1856 年 6 月英国与清政府在天津签订《天津条约》,根据该条约,清政府同意英国派 1 名外交官常驻北京,开放更多的通商口岸,赔款和鸦片贸易合法化。1860 年英国派遣了一支远征军进入北京兴师问罪,不仅强行确认了以上条款,而且把香港对面的九龙司①(Kowloon)永久割让给英国。

Tierney,**George**(**1761—1830**). **乔治·蒂尔尼**(**1761—1830**) 辉格党政治家,1790 年和 1796—1830 年间担任议会下院议员。他是民主原则的早期提

---

① 根据《北京条约》,中国割让九龙司地方一区给英国,而不是整个九龙司。——译者注

倡者,绰号为"公民蒂尔尼"("Citizen Tierney")。他加入人民之友协会(Association of the Friends of the People)之后,曾于 1792 年至 1793 年帮助该协会起草报告批评代议制。1801 年以后,他主张辉格党人与阿丁顿(Addington)合作,并于 1803 年进入阿丁顿政府,担任海军部的财务大臣。作为威尔士亲王的密友,他在 1806 年至 1807 年的联合内阁("Talents" ministry)中曾担任印度委员会(India Board)主席。辉格党成为在野党后,蒂尔尼充当了格雷(Grey)领导下的辉格党的党鞭,1817 年他被选为辉格党在议会下院的领袖。坎宁组阁期间,他担任皇家铸币厂的监管,但未能说服格雷进入坎宁政府。

Tillett,Ben(1860—1943). **本·蒂利特**(1860—1943)　工联主义者。蒂利特出生在布里斯托尔,早年在海军和商船上工作。来到伦敦码头后,他对这里的临时工所遭受的苦难和贫穷感到震惊,因而组织了码头工人工会。1889 年为争取每小时 6 便士的最低工资而举行的码头工人大罢工曾轰动一时,罢工取得胜利,部分原因应该归于枢机主教曼宁(Cardinal Manning)的调解。蒂利特陆续建立了一些码头工人组织和运输组织,1922 年这些组织合并成英国运输与普通工人工会(Transport and General Workers' Union)。蒂利特分别于 1917—1924 年和 1929—1931 年两次代表北索尔福德(North Salford)进入议会。1928 年至 1929 年,他出任工会代表大会(TUC)主席。

Tillotson,John(1630—1694). **约翰·蒂洛森**(1630—1694)　坎特伯雷大主教。作为一名剑桥大学卡莱尔学堂(Clare Hall)1651 年的毕业生和研究员,加尔文教派的作品给蒂洛森留下了深刻的印象。查理二世非常欣赏他的布道,并在 1672 年任命他为王室牧师和坎特伯雷教长。1674 年至 1675 年间,他与巴克斯特(Baxter)一起支持对不从国教的新教徒(nonconformists)采取包容政策。他受到威廉三世的青睐,1689 年成为圣保罗大教堂的教长,并在坎特伯雷牧师例行会议上被提名为桑克罗夫特(Sancroft)停职期间的临时大主教,行使大主教的权力。1691 年,当桑克罗夫特被解职时,蒂洛森勉强接受了坎特伯雷大主教一职。

Times*, *The 《泰晤士报》 在大众的心目中,该报一直是英国"传统社会"("establishment")和英国新闻媒体的代表。该报创刊于 1785 年,当时名为《每日环球纪事报》①(*Daily Universal Register*),3 年之后,改名为《泰晤士报》,1804年采用钟为其报头标志。19 世纪末,《泰晤士报》走向衰落。1908 年,该报被哈姆斯沃思(Harmsworth)收购并改版,此后该报又先后被阿斯特勋爵(Lord Astor)和汤姆森勋爵(Lord Thomson)收购,目前该报属于鲁珀特·默多克(Rupert Murdoch)所有。

Tinchebrai, battle of, 1106. **坦什布赖之战(1106)** 亨利一世和他的哥哥诺曼底的罗贝尔(Robert of Normandy)自 1100 年威廉二世"鲁弗斯"去世之后,一直在争夺英格兰和诺曼底的继承权。1106 年,亨利一世试图解决这一问题。虽然亨利包围了位于诺曼底西南部的坦什布赖城堡,但决定冒险一战的罗贝尔向他发起了挑战。这场战斗于 1106 年 9 月 28 日打响,虽然仅仅持续了 1 个小时,但一劳永逸地解决了这个政治问题。罗贝尔的军队被打垮,他本人则被带到了英格兰,并在囚禁中度过了他的余生。

Tindal, Matthew(1655—1733). **马修·廷德尔(1655—1733)** 18 世纪初重要的自然神论者之一。廷德尔出生在德文,就读于牛津大学林肯学院(Lincoln College)。1678 年,他获得了牛津大学万灵学院(All Souls)研究员的职位。1730 年,他发表了自己最著名的作品《基督教探源》(*Christianity as Old as Creation*),廷德尔在这部书中强调自然宗教。虽然他经常指责自由思想,但是他依然保住了在万灵学院的研究员职位,直到他去世为止。

tin-mining **锡矿开采** 康沃尔(Cornwall)和德文(Devon)的锡矿开采始于史前时代,并一直持续到 20 世纪。早期矿山开采的是地表附近的冲积层中蕴藏的锡矿,但到了 16 世纪,开采地下矿脉已成为常态。洪水限制了一些锡矿床的开采,直到 18 世纪,当纽科门(Newcomen)发明了可以将水从矿坑里排出来的连

---

① 也有译为《世鉴日报》。——译者注

杆式蒸汽机,深井开采才成为可能。19 世纪以前,康沃尔的锡矿开采满足了英国和欧洲的大部分需求;19 世纪以后,欧洲才有许多锡矿被开发出来。

Tintern(Gwent) **廷特恩修道院**(**格温特郡**) 廷特恩修道院为一所西多会修道院,由切普斯托的领主理查德·德·克莱尔(Richard de Clare, lord of Chepstow)1131 年建成,也是威尔士第一个西多会团体。与大多数西多会修道院一样,廷特恩修道院的经济状况在中世纪晚期呈现衰落的趋势,修道士的人数也在减少。该修道院幸存下来的建筑因华兹华斯(Wordsworth)的诗歌而变得闻名,这些建筑在欧洲所有西多会修道院中是最为精致的。

Tippermuir, battle of, 1644. 蒂帕摩战役(1644) 这场战役发生在 1644 年 9 月 1 日,这是蒙特罗斯(Montrose)取得的一系列伟大胜利中的首场胜利。尽管埃尔科勋爵(Lord Elcho)率领的军队在人数上是蒙特罗斯的两倍多,但因训练欠佳,被蒙特罗斯在珀斯(Perth)城外彻底打败,蒙特罗斯随即占领了珀斯。

Tippett, Sir Michael(1905—1998). **迈克尔·蒂皮特爵士**(1905—1998) 作曲家。蒂皮特的祖先来自康沃尔,因此他具有凯尔特人的气质。蒂皮特曾就读于皇家音乐学院(Royal School of Music)。第一次世界大战的现实使他的幻想破灭之后,他开始改变自己的信仰,先是信仰社会主义,然后是和平主义(1943 年他因在第二次世界大战期间拒服兵役,而遭到短期监禁)。虽然蒂皮特的音乐最初偏于保守,但是他很快就以复杂的节奏和抒情的长句为基础,建立起他个性鲜明的音乐风格,并在交响乐和室内音乐之外又增加了清唱剧——如 1941 年创作的《我们时代的孩子》(*A Child of Our Time*)——和歌剧,歌剧的剧本都是他自己创作的,例如《仲夏良缘》(*The Midsummer Marriage*)、《国王普里阿摩斯①》(*King Priam*)和《烦恼园》(*The Knot Garden*)。

Tiptoft, John, 1st earl of Worcester(c.1427—1470). **约翰·蒂普托夫特,**

---

① 普里阿摩斯,希腊传说中的特洛伊国王。——译者注

第 1 代伍斯特伯爵（约 1427—1470） 蒂普托夫特与一般的贵族继承人不同之处在于,他花了三年时间在牛津大学大学学院(University College)与一位导师在一起学习。1452 年至 1454 年,他担任英格兰的财政大臣,可能是约克的理查(Richard of York)的支持者。1458 年他远离了这一切,前往耶路撒冷,后来又游历了意大利,在帕多瓦(Padua)从事研究工作,直到 1461 年为止。当他因卖国罪受到审判而臭名远扬之时,爱德华四世任命他为英格兰王室的顾问、军事和司法官(constable)。当沃里克(Warwick)恢复了亨利六世的统治之后,蒂普托夫特被抓获,并被处死。

Tironensians 蒂龙会修道院 是由蒂龙的圣伯尔纳(St Bernard of Tiron,约 1046—1117 年)创建的一所修道院,圣伯尔纳以前是本笃会僧侣,后来在沙特尔(Chartres)附近的蒂龙做了一名隐士,蒂龙会修道院这个本笃会僧侣聚集的地方是 12 世纪初建立的几个实行禁欲主义的团体之一,实行禁欲主义最成功的团体是西多会。

***Titanic* "泰坦尼克"号** 1912 年 4 月 15 日清晨,"泰坦尼克"号这艘截止到当时为止海上最大的定期客轮,在跨越大西洋的首次航行中,撞上了冰山而沉没。船上共有 2224 人,其中 1513 人遇难。船下沉时,船上的乐队仍然在倾斜的甲板上演奏,结束曲选择的是著名的"更近我主"("Nearer, my God, to thee")。"泰坦尼克"号成为代表傲慢和勇气的民族象征。

tithe 什一税 原本为实物税,即缴纳土地产出物的十分之一,该税起初是人们为了穷人、朝圣者和教会的利益而自愿承担的一项宗教义务,但到了 10 世纪时,缴纳什一税成为一种义务。当领主在自己的领地内建私人教堂的时候,什一税很快就落入了领主之手,而留给教士的只是其中的一部分。17 世纪随着新教的普及,人们对缴纳什一税的争论也十分激烈。1830 年发生的斯温骚乱(Swing riots)和 1842 年至 1843 年在南威尔士发生的丽贝卡骚乱(Rebecca riots),原因之一就是人们对缴纳什一税的不满。根据 1836 年的《什一税折算法》(Tithe Commutation Act),所有的什一税都改为征收什一税租费(rent-charges)。

Tobruk, battle of, 1941.　图卜鲁格战役（1941）　利比亚的港口图卜鲁格距离埃及边境 50 英里。1941 年 1 月 22 日,英国军队从意大利人手中夺取了图卜鲁格港口。随后,隆美尔（Rommel）领导的轴心国军队打败了英军,但却决定占领图卜鲁格。1941 年 4 月 10 日图卜鲁格包围战打响,1941 年 12 月 10 日,英军解除了意大利军队对图卜鲁格港口的包围。此后,1942 年 6 月 21 日,隆美尔占领了该港口。1942 年 11 月,阿拉曼战役（battle of El Alamein）结束后,英军最终收复了图卜鲁格港口。

Toleration Act, 1689.　《信仰自由法》（1689）　尽管该法令没有真正给予信仰的自由,但它一直被誉为"不从国教者（dissent）历史上的一个重要标志",因为它从法律上认可了教会分立。那些无法接受圣公会礼拜仪式的人们,只要牧师赞成除去洗礼和教会政府之外的《三十九条信纲》（Thirty-Nine Artticles）,就可以在得到主教许可的未上锁的礼拜堂中做礼拜。该法令不适用于天主教徒和上帝一位论派（unitarians）教徒。

Tolpuddle martyrs　托尔帕德尔蒙难者　1834 年,6 名来自多塞特郡（Dorset）的托尔帕德尔村的农业工人成立了一个工会分会,根据 1797 年通过的禁止"非法宣誓"的法令,他们被处以 7 年流放的刑罚①。尽管《结社法》（Combination Acts）被废除后,工会不再被视为非法组织,但是政府担心农村会出现骚乱,包括焚烧干草堆和破坏机器。政府对这 6 个农民的严厉判决引发了一场请愿活动和大规模的示威游行。两年之后,这 6 名农业工人才被赦免。他们于 1838 年回国,但其中 5 人后来移居加拿大。

Tone, Wolfe（1763—1798）.　沃尔夫·托恩（1763—1798）　爱尔兰爱国者。托恩出生在都柏林的一个中产阶级家庭,就读于都柏林三一学院,后来被训练成一名律师。他能言善辩,拥护天主教徒解救法案,1792 年成为天主教委员会（Catholic Committee）的助理秘书。1791 年,他参与创办了爱尔兰人联合会

---

① 这 6 个人被流放到澳大利亚殖民地。——译者注

（United Irish Society），这是一个本质上十分激进的组织。然而，他的政治立场变得愈发激进。1794 年至 1795 年，他因涉嫌叛国罪，被牵涉进对法国特工威廉·杰克逊（William Jackson）的审讯之中。1795 年 8 月至 12 月，托恩在经历了短暂的被流放到美国的生活之后，于 1796 年至 1798 年作为爱尔兰人联合会的密使，前往法国，寻求法国对爱尔兰共和事业的军事援助。1796 年和 1798 年，他曾先后两次参加法国远征军，但都失败了。1798 年 10 月，托恩被捕，并被指控犯有叛国罪。他因不愿忍受公开绞刑的折磨而选择了自杀。

Tonga　汤加　汤加是一群火山岛，位于斐济东部，是英联邦内的一个独立王国。18 世纪 70 年代，库克（Cook）在其第二次和第三次航行中曾在其中的几个岛屿上逗留，他将汤加群岛称为"友爱群岛"（Friendly Islands）。

tonnage and poundage　吨税和磅税　吨税和磅税是议会批准都铎王朝的君主可以终身征收的关税。然而，国王查理一世在未经议会批准的情况下强行征收吨税和磅税的做法，导致第一届议会通过决议禁止国王终身享有这两种津贴。国王对此做出的反应是下令先实行临时征税，直到议会批准为止，但是议会拒绝这样做。1629 年召开的议会是在一片喧嚣中结束的，会议通过了一个由约翰·埃利奥特爵士（Sir John Eliot）设计的反对国王征收吨税和磅税的决议。1641 年，长期议会（Long Parliament）才最后批准国王可以在有限的时间内征收吨税和磅税，但同时宣布国王以前依靠特权任意征税的做法是非法的。

Torres Vedras　托里什韦德拉什防线　托里什韦德拉什防线是威灵顿（Wellington）的工程师在 1809 年建造的一个防御工程，位于里斯本（Lisbon）以北 40 英里，目的是在半岛战争（Peninsular War）期间保护里斯本免受法国的攻击。1810 年 10 月，威灵顿退守至该防线，并使马塞纳（Masséna）率领的法军陷入困境。

Torrington, battle of, 1646.　托灵顿战役（1646）　继内斯比（Naseby）、兰波特（Langport）和菲利普霍赫（Philiphaugh）等战役的大胜之后，到 1646 年，内战

（Civil War）在很大程度上已经成了议会军的扫荡行动。霍普顿（Hopton）接管了戈林（Goring）在西南部的残余部队，大约有 3000 人。2 月 16 日，霍普顿在德文郡北部的托灵顿受到托马斯·费尔法克斯爵士（Sir Thomas Fairfax）率领的大部队的攻击，受伤后被迫撤退到康沃尔（Cornwall）。3 月，霍普顿在康沃尔投降。

Torture　施刑　大法官福蒂斯丘（Chief Justice Fortescue，约 1385—1477/9年）在其重要著作《英格兰法律颂》（*De laudibus legum Angliae*）中指出，英格兰的法律从来就不支持施刑。当福蒂斯丘将英格兰的法律与欧洲大陆的民法进行比较时，他对英格兰的法律礼赞有加。然而，尽管普通法法庭没有使用过施刑，但是地方议会在调查罪行时使用过施刑，特别是在亨利八世和伊丽莎白一世统治时期。苏格兰法律允许使用施刑，但英格兰和苏格兰合并之后，根据 1708 年的法案（7 Anne c.21 s.5），施刑在苏格兰被废除。

Tories　托利党　托利党是 17 世纪末至 19 世纪中叶英国两大主要政党之一。"Tory"一词源于爱尔兰语"totaighe"，意为不法之徒（bandit）或爱尔兰乡巴佬（bog-trotter）。辉格党首先使用托利党这个名称，用来指 1679 年至 1681 年《排斥法案》危机（Exclusion crisis）期间王室中支持约克公爵詹姆斯（James，duke of York）继承王位的那些人。托利党君权神授的思想，源于他们与英国圣公会的深厚关系。詹姆斯二世的天主教主张迫使他们必须要在国王和他们的教会之间做出选择，虽然大多数人选择了后者，但是许多人仍然不愿意把威廉三世视为合法的国王。在安妮女王统治时期（1702—1714 年），托利党过得非常逍遥自在，因为他们把安妮女王视为詹姆斯二世的合法继承人。但不管他们的选举人有多么受欢迎，托利党的大臣之间和议会内部，经常在战争策略、对不从国教者（dissenters）的迫害，以及汉诺威家族继承英格兰王位等问题上发生分歧。

1714 年乔治一世即位后，由于一些顽固的托利党人支持詹姆斯党人，使得辉格党人对任何托利党人都持不信任的态度，并把托利党人视为缺乏忠诚的危险分子，而且在 18 世纪 60 年代以前，托利党人一直被排除在政府之外。18 世纪 60 年代初，乔治三世结束了对托利党人的排斥，导致托利党走上了不同的道路。然而，托利党的价值观在政治论争中仍然占有重要地位，特别是在美洲殖民地问题的辩论中,以及 18 世纪末英国向"保守主义"的转变,都起了重要的作用。在法国大革命(French Revolution)的影响下,小皮特(the younger Pitt)的内阁常被福克斯党人反对派(Foxite opposition)嘲笑为"保守派"("Tory")。19 世纪初,利物浦(Liverpool)和皮尔(Peel)的保守党(Toryism)在英国 19 世纪初的党派斗争中兴起,而提出保守党思想的人恰恰是皮尔。

Tostig, earl of Northumbria(c.1025—1066). **托斯蒂格,诺森伯里亚伯爵**（**约 1025—1066**） 托斯蒂格是 1066 年曾短暂登上英格兰王位的哈罗德(Harold)的弟弟。托斯蒂格被派往诺森伯里亚任职以后,他的家族似乎开始在英格兰王国中占据了主导地位。但 1065 年,他因一次地方叛乱而被驱逐出诺森伯里亚。他指责哈罗德没有作出努力,从而确保他官复原职。他在流亡期间招募了一支军队,并对英格兰沿海地区进行劫掠。在一无所获的情况下,他加入了挪威国王哈罗尔·哈德拉达(Harold Hardrada)的军队,最后在斯坦福德布里奇(Stamford Bridge)战役中阵亡。

touching for the king's evil 国王抚摸法治愈瘰疬 国王采用抚摸法为患者治疗疾病曾一度成为中世纪时期的王室传统。当英格兰国王们了解到他们的竞争对手法国卡佩王朝(Capetian)的国王们都声称自己拥有治愈疾病的神圣力量之时,从亨利一世开始,英格兰的国王们也如法炮制。奇怪的是,这种神力只能治愈瘰疬(淋巴结结核肿大)。这一活动后来逐渐地变为一种非常正式的仪式。虽然汉诺威王朝统治时期,英国国王放弃了这种做法,但在法国,当查理十世(Charles X)的王位在 1830 年的革命中被废除时,他却仍然还在进行抚摸治疗。

Toulouse, battle of, 1814. 图卢兹战役（1814） 1814 年 4 月,威灵顿(Wellington)对图卢兹市发起了一次进攻,损失了 5000 人。然而,经过激烈的战斗,苏尔特元帅(Marshal Soult)和法军被赶出图卢兹市,法军伤亡 3000 人。英军此战胜利几个小时后,拿破仑在巴黎宣布退位。

tournaments 锦标赛 到中世纪晚期,锦标赛这个术语已经涵盖了各种类型的比武,包括所有个人和团队的公开比赛。锦标赛主要满足运动和社交的需要,而不是提高作战技能的手段。社会地位较低的年轻男子可以通过自己的高超技艺在锦标赛上为自己扬名,但一般来说,锦标赛的参与者已经是贵族了,至少是骑士出身。此外,任何锦标赛都是一项费用高昂的活动,需要配备越来越复杂的装备,这不仅是出于炫耀和显示身份的需要,也是为了保护参赛者,因为竞赛往往都是非常危险的活动。

Tours, truce of, 1444. 《图尔休战协定》(1444) 15 世纪 40 年代,由于法国人行动起来反对英格兰的斗争不断发展,因而英格兰想以亨利六世与法国联姻的方式与之取得和解。1444 年 5 月,萨福克公爵威廉·德·拉·波尔(William de la Pole)在图尔承诺以放弃曼恩(Maine)为条件换取两年的休战期,同时亨利六世与法国国王查理七世的侄女安茹的玛格丽特(Margaret of Anjou)订婚。英法双方停止敌对状态并未持续很长时间,1449 年当查理向诺曼底发动进攻时,双方又恢复了敌对状态。

Tower of London(White Tower) 伦敦塔(白塔) 伦敦塔是由征服者威廉在伦敦的古罗马城墙东南角建造的三个要塞之一,目的是为了确保伦敦城市的安全。随着伦敦作为政治和商业中心的地位变得越来越重要,这座要塞先后被历代国王特别是爱德华一世和爱德华三世不断地改建、扩建,最终成为一个复杂的以白塔为圆心的防御要塞。

即使是在中世纪末,国王们在伦敦时也一直比较喜欢住在威斯敏斯特的宫殿里。然而,英国有一个传统,新国王在举行加冕典礼的前一个晚上要在伦敦塔里度过,然后从这里列队前往威斯敏斯特参加加冕典礼。最后一个按照这种形式即位的国王是查理二世。伦敦塔的其他大部分功能都已逐渐地丧失了。尽管它仍然是一座皇家城堡,存放着王室的珠宝,并保留了一小部分军事人员,但里面的其他机关已被迁出。军械库中收藏的历史上的各种武器是英国皇家兵工厂的所有遗存,1841 年后被转移到伍尔维奇,1995 年后又被转移到利兹。

towns　城镇　虽然在铁器时代不列颠地区就出现了大型的居住区,但是英国真正的城市化过程始于罗马占领不列颠南部时期。罗马—不列颠时期的重要城镇在工业革命之前的城镇排行榜中占有相当高的比例,包括伦敦、林肯、约克、温切斯特和坎特伯雷。

一些罗马城镇可能在当地人的领导下一直维持着原状,而且作为"中心地区"挤满了盎格鲁—撒克逊人,但真正的城镇生活似乎在 7 世纪和 8 世纪时才得以恢复。较大的贸易城镇(wics 或商业中心)基本上都是在古老的罗马要塞遗址【如伦敦、约克和南安普敦(Southampton)】附近发展起来的,但至少有一个商贸重镇是在一个新的非罗马要塞遗址【伊普斯威奇(Ipswich)】附近发展起来的。与此同时,内地的小城镇也在王宫附近和教堂中心区发展起来,尤其是在大教堂和主要教堂建立之后。在英格兰王国统一期间(954—1066 年),不仅已有的城镇持续繁荣,而且新的城镇也不断兴起。

1066 年诺曼征服进一步促进了英格兰和南威尔士城镇的发展,其中许多城镇被置于城堡(castle)的保护之中。12 和 13 世纪商业经济的发展导致许多老城镇的扩张和新城镇的兴起。较大的城镇都有公共防御措施,而且获得了特许权。伦敦作为首府很快获得了独一无二的重要地位,成为唯一能够与欧洲大陆城镇相媲美的不列颠城镇。1348 年至 1350 年爆发的黑死病(Black Death)使得城镇人口的死亡率占有很高的比例,一些历史学家将其视为中世纪晚期城市衰落的开始。然而,大量证据表明,许多城镇仍然繁荣,尽管人口规模缩小了。

英国城镇人口规模在 16 和 17 世纪得到了一定程度的恢复,因为虽然这些城镇的死亡率很高,但却吸引了大量移民。最突出的例子是伦敦,到 1700 年时,伦敦已成为西欧人口规模最大的城市。然而,18 世纪工商业的发展,以及通讯手段的改善,使得其他许多城镇也快速发展起来。城镇规模的巨大增长打破了陈旧的制度和观念,导致 19 世纪 30 年代以来市政改革的出现。

19 世纪和 20 世纪,城镇的相对增长和绝对增长仍在继续,几乎所有的英国人都在逐渐地分享城市文化的基础,无论他们是否居住在城镇。1851 年,英国和威尔士的城市总人口占 54%,到 1951 年已占 81%(苏格兰 1851 年时城市人口占 52%,1891 年时占 65%)。

Townshend，Charles（1725—1767）．　**查尔斯·汤森**（1725—1767）　汤森就像一颗彗星，划过 18 世纪 60 年代英国政治的天空。他是"芜菁"汤森（"Turnip" Townshend）的孙子，21 岁时他代表大雅茅斯（Great Yarmouth）重返议会。自 18 世纪 50 年代至 60 年代初，汤森担任了多种不太重要的职位。1766 年，他出任查塔姆（Chatham，皮特）内阁的财政大臣。1767 年 5 月，他承诺要通过向英属美洲殖民地征税的方式来提高英国的税收。点燃了美洲这颗定时炸弹的导火索后，汤森于 1767 年 9 月去世，时年 42 岁。

Townshend，Charles Townshend，2nd Viscount（1674—1738）．　**查尔斯·汤森，第 2 代汤森子爵**（1674—1738）　1687 年，汤森继承了贵族爵位。他成了一名辉格党人，专门处理外交事务。1713 年，他娶了罗伯特·沃波尔（Robert Walpole）的妹妹，次年出任北方事务部国务大臣（secretary of state for the northern department）。1717 年，他被降为爱尔兰总督后，与沃波尔一起辞去了政府官职，并在辉格党内部分裂期间成为辉格党内的反对派，直到 1720 年，他才出任枢密院院长，次年官复原职，重新担任国务大臣。从 1722 年起，他与沃波尔一起执掌大权。1730 年，他因在外交政策上与沃波尔产生分歧而辞职。退休后的汤森回到他在雷纳姆（Rainham）的地产致力于农业发展，并被后代称为"芜菁汤森"（"Turnip Townshend"）。

Townshend，George（1724—1807）．　**乔治·汤森**（1724—1807）　乔治·汤森是查尔斯·汤森（Charles Townshend）的兄长，他的军事和政治生涯与众不同。他是沃尔夫（Wolfe）在加拿大作战时的副手，并在沃尔夫遇难时接替了他的职位。1764 年，汤森继承了子爵爵位。自 1767 年至 1772 年，他出任爱尔兰总督。回国后，他在诺斯（North）政府余下的执政期间担任军需大臣。1783 年，联合政府统治时期，汤森又出任军需大臣。虽然他于 1784 年离职，但是 1796 年他又被提拔为陆军元帅（field marshal）。

townswomen's guilds　城市妇女公会　英国城市妇女公会成立于 1928 年，是在妇女选举权运动过程中仿照成就卓著的乡村妇女协会（women's institutes）

建立的,其宗旨是加强城市普通家庭主妇之间的"友谊和工艺技术的交流,提高她们的公民权利"。20 世纪 70 年代,城市妇女公会会员人数开始下降,一方面是由于组织结构更加严格,另一方面的原因是自愿加入该社团的年轻女性越来越少。妇女们加入该社团的目的已经从学习如何服务,转变为满足其不断变化的愿望和摆脱经济束缚。尽管如此,城市妇女公会还是能够有力地表达自己的主张。

Towton,battle of,1461. 陶顿战役(1461) 陶顿战役在英格兰所有战役中是独一无二的,因为这场战役是在令人目眩的暴风雪中进行的。19 岁的爱德华四世于 1461 年 3 月初在伦敦被宣布为国王,在玫瑰战争中率领约克派继续向北追击敌人。王后玛格丽特(Queen Margaret)和她那不幸的丈夫亨利六世此时都在约克。3 月 28 日双方军队在费里布里奇(Ferrybridge)发生了交锋,29 日双方在塔德卡斯特(Tadcaster)附近的陶顿展开激战。这场战役夺去了很多人的性命,最终兰开斯特家族被击溃。

tractarianism "书册运动" "书册运动"是对牛津运动(Oxford movement)第一个阶段的称呼,该名称源于包括赫里尔·弗劳德(Hurrell Froude)、基布尔(Keble)、纽曼(Newman)、皮由兹(Pusey)和艾萨克·威廉斯(Isaac Williams)在内的一群牛津高教会派成员在 1833 年至 1841 年间发表的一系列名为《时论册集》(*Tracts for the Times*)的小册子。1833 年 7 月 14 日,基布尔在牛津讲坛布道,题目为"举国叛教"("National Apostasy"),攻击罗马天主教派、不从国教教派和"自由主义派"。虽然纽曼针对《三十九条信纲》(*Thirty-Nine Artticles*)发表的第 90 号《时论册集》小册子引发的风波,导致政府做出禁止他们继续出版《时论册集》的决定,但是他们对 19 世纪下半叶圣公会的发展步伐影响甚大。

trade 贸易 生产的专业化是贸易出现的原因之一。有些例子是显而易见的,比如欧洲国家在香蕉种植方面不是很成功。同样,煤炭、铁矿石和石油之类的自然资源的分布,一直是不均衡的。每个国家专门生产的商品都有自己的竞争优势。专业化生产导致规模经济的出现,因为它能更有效地满足比一个民族市场更大的国际市场的需求。因此,贸易对参与者各方都是有益的,不论贸易是否公平,也不论国家是否有竞争力。

然而,贸易带来普惠的事实并不意味着贸易各方会均等受益。帝国自由贸易政策对 19 世纪印度的影响促使印度把棉花出口到英国,但同时也给印度的棉花生产带来了毁灭性的影响。某些国家(如俄罗斯)的自然资源丰富,某些国家(如日本)的自然资源贫乏,各国在自然资源、技术、贸易壁垒和发展经验方面的差异不仅会一直存在,而且还会扩大这些差异。

毫无疑问,国际贸易和专业化生产在 18 世纪,特别是 19 世纪的工业经济增长中起到了重要作用。但是欠发达国家则认为,贸易并没有给他们带来好处,因为他们一直被那些拥有较大竞争优势的国家边缘化。贸易的繁荣是通过工业发达国家对欠发达国家的剥削实现的,事实上,这已成为对自由市场经济体系的批评。因此,他们认为要支持进口替代政策,并试图说服发达国家开展对欠发达国家有利的贸易活动来帮助欠发达国家。

Trade,Board of 贸易委员会　贸易委员会这一部门的起源可以追溯到 1621 年,当时,面对贸易衰退,在克兰菲尔德(Cranfield)的领导下成立了数个小型委员会,来考虑如何解决此事。王朝复辟时期,查理二世把专门负责贸易和殖民的委员会独立出来。1696 年,当货币问题又给英国政府带来麻烦的时候,英国成立了一个由 8 位核心成员组成的常设贸易和殖民委员会(Board of Trade and Plantations)。该委员会主要围绕着殖民地的行政管理和政策制定开展工作。1782 年,该委员会成了罗金厄姆政府(Rockinghams)经济改革的牺牲品。委员会的撤销很快就给政府造成了压力,英国需要建立一个新的机构来处理贸易和殖民事务。早在 1784 年 3 月,皮特政府就批准成立了一个新的小型委员会,1786 年这个新成立的小委员会升级为委员会,詹金森(Jenkinson)被任命为委员会主席,并被授予贵族头衔,成为利物浦勋爵(Lord Liverpool)。由于经济增长成为英国要关注的一个首要问题,因此殖民事务部门的地位也随之上升,格莱斯顿(Gladstone)、约瑟夫·张伯伦、丘吉尔、劳合·乔治、克里普斯(Cripps)和威尔逊这样有才能的政治家,都曾任职于该部门。

Trades Disputes Act,1906. 《劳资纠纷法》（1906） 根据 1903 年皇家专门调查委员会的建议，自由党政府提出了一项法案。工党议员对政府提出的这项法案感到不满，并提出了一项私议案。工党提出的法案得到了自由党的认可，成为《劳资纠纷法》的基础。这项法案确认了工会的豁免权，即工会不会因为采取罢工或其他行动而受到民事处罚；工会基金不负责赔偿会员侵权行为所造成的损失。以上规定使 1902 年塔夫河谷罢工案的审判（Taff Vale judgment）大打折扣。工会的这一特权一直存在到 1927 年。

trades Union Congress 工会代表大会 建立一个协调机构的想法出现于工会发展的早期阶段。1834 年，全国大团结工会联合会（Grand National Consolidated Trade Union）成立。它吸引了许多会员，但缺少基金，甚至联合会的秘书都携物潜逃了。但是在接下来的 3 年中，工会会员的人数，特别是熟练工人会员人数，大幅增长。1868 年，来自全国的 34 名工会代表在曼彻斯特召开会议，并决定每年都要定期召开会议。这个新成立的组织在 1871 年建立了一个议会委员会（parliamentary committee），目的是对议员进行游说，从而影响国家的立法。1900 年，劳工代表权委员会（Labour Representation Committee）成立，这是 1906 年成立的工党的前身。苏格兰工会代表大会（Scottish TUC）成立于 1897 年。

Trade Union Act,1871. 《工会法》（1871） 《工会法》是 1871 年格莱斯顿（Gladstone）政府根据 1867 年皇家工会委员会（Royal Commission on Trade Societies）的建议，通过的一项法案。该法案明确了工会的合法性，并规定工会的基金受 1855 年《互助会法》（Friendly Society Act）的保护。1875 年，迪斯累里（Disraeli）政府通过一项法案，将罢工时工会设立纠察以和平方式保护工人视为合法行为【《共谋罪及财产保护法》（Conspiracy and Protection of Property Act）】。

trade unions 工会 由于 18 世纪劳资冲突加剧，而在工厂制度（factory system）兴起之前国家又无法对劳动者给予有力的保护，因此工会组织便应运而生，它保留了过去的手工业行会（craft guilds）所拥有的一些有益的功能。政府因担心爆发革命,因而在 1799 年至 1800 年间制定了结社法(combination laws),但这项立法并没有起作用,工会活动只是被迫转入地下。1825 年颁布的法令最终使工会合法化。大多数工会组织都是以酒馆或"客栈"("houses of call")为基地的地方性小型社团。

欧文主义者的乌托邦理想刺激了总工会的兴起。老工联主义与建立全国大团结工会联合会(Grand National Consolidated Trade Union)的尝试并存,当这个最大的工会组织于 1834 年至 1835 年间解体的时候,"工人贵族"("the aristocracy of labour")取而代之,并使其继续发展。全国性的熟练工人工会经过 19 世纪 40 年代初的衰落之后,开始复兴,不仅如此,还建立了一些新的熟练工人工会。此外,工会组织还创建了各种各样的工会委员会,1868 年出现的全国工会代表大会(Trades Union Congress)就诞生于伦敦工会委员会(London Trades Council)。

工会会员的人数从 1888 年的 750,000 人上升到 1913 年的 400 万人。个别工会的规模日益扩大。1914 年以前,因生活水平下降和与工团主义者思想相关的激进主义思想的发展而导致的产业工人的斗争普遍存在。运输工人工会、矿工工会和铁路工人工会在 1914 年组成三大工会联盟(Triple Alliance),该联盟计划在适当的时候共同发起罢工运动。20 世纪 20 年代包括 1926 年总罢工(General Strike)在内的尖锐的阶级冲突的基础,就是这样形成的。在大萧条(Great Slump)时期,工会会员人数开始下降,20 世纪 30 年代末才得以恢复。

第二次世界大战期间(1939—1945 年),工会会员的人数从 1939 年的 625 万增加到 1945 年的近 800 万。到 1979 年,工会会员人数大约为 1350 万,其中就业人数占 58%。1979 年以后,工会会员人数开始下降,1988 年下降到 1025 万,其中劳动力占 37.6%。以剥夺工会权力为目的,制定不利于工会发展的法律法规是撒切尔领导的保守党政策的特征。工厂谈判开始取代国家协商。最明显的变化是工党疏远了其自诞生之日起就有着密切联系的工会运动。

Trafalgar, battle of, 1805.　特拉法尔加战役(1805)　这场战役是 1805 年 10 月 21 日在加的斯(Cadiz)以南和特拉法尔加角(Cape Trafalgar)西南的浅海水域爆发的,是大航海时代最著名的一场海战。战斗从中午开始,一直持续到下午

5 时左右。在交战过程中,法国和西班牙的联合舰队共有战列舰 33 艘,其中 18 艘向纳尔逊勋爵(Lord Nelson)率领的英国舰队投降。英国舰队分成上风中队和下风中队:纳尔逊坐镇旗舰"胜利"号(Victory)指挥上风中队,卡思伯特·科林伍德(Cuthbert Collingwood)指挥下风中队,另外由诺斯伊斯克勋爵(Lord Northesk)负责殿后。虽然法军舰队主帅维尔纳夫(Villeneuve)手下的那些没有经验的船员作战十分勇敢,但是他的战术安排极为混乱。英军在近距离内仓促应战,他们用当时其他舰队无法达到的射速来响应纳尔逊发出的"每个人都要恪尽职守"的号召,没有损失一艘军舰。纳尔逊用生命换来的胜利消除了拿破仑(Napoleon)入侵英国的一切可能性。

trained bands 民兵团 指以郡、市为基础的民兵团,但是在内战中,只有伦敦和几个郡的民兵团扮演了重要的角色。伦敦的民兵团在特纳姆格林(Turnham Green)围攻格洛斯特(Gloucester)的战役和第一次纽伯里(Newbury)战役中均发挥了重要作用。当民兵团越来越不愿意离开伦敦的时候,他们发现自己的角色在 1643 年和 1644 年被常备军(standing armies)取代了。

transportation 流放 流放是英格兰发明的一种惩罚罪犯的方式。从大约 1650 年开始,英格兰就把罪犯流放到美洲殖民地,美国独立战争(War of Independence)后,这种方式在美洲被废除,因此,自 1788 年至 1868 年间,又把罪犯流放到澳大利亚。流放制度的出现源于英格兰缺少国家建立的监狱,而且现有的为数寥寥的监狱也十分拥挤,甚至停泊在泰晤士河(Thames)中的军舰(废旧船)也被改造为监狱。据估计,1650 年至 1868 年间,大约有 210,000 名犯人遭到流放,其中 50,000 人被流放到了美洲殖民地,剩下的被流放到了澳大利亚。

Transvaal 德兰士瓦 德兰士瓦是 19 世纪中叶逃离英国统治的布尔人【Boers,南非白人(Afrikaners)】建立的一个独立共和国,1877 年被英国吞并,1881 年又重新获得内部自治的权力。此后的数年间,德兰士瓦发现了巨大的黄金储量,于是以英国为主的外国开采者大量涌入德兰士瓦,布尔人政府对待黄金开采者的态度被英国政府用来当做借口,声称布尔人拒绝了英国人的要求,并最终导致 1899 年英布战争的爆发。德兰士瓦再次被英国占领后,于 1910 年成为南非联邦(Union of South Africa)的一部分。

treason 叛国罪 几个世纪以来,叛国法的发展就是增加了叛国罪名的数量及其处罚的力度。叛国罪是一种背叛国家,实际上就是背叛君主的罪行。《阿尔弗雷德法典》规定:如果有人密谋反对国王,那么他的生命和财产都将丧失。1283 年,爱德华一世在什鲁斯伯里(Shrewsbury)对戴维德·阿普·格鲁菲兹(Dafydd ap Gruffydd)的残酷惩罚为叛国罪的惩处留下了一个先例。当时,戴维德被拖到绞刑架上吊起来,活生生地被砍死,然后剖腹,他的头和四肢被放在英格兰不同的城镇示众。爱德华三世 1352 年颁布的叛国法规定了叛国罪的基本定义,将杀死国王,或强奸王后及国王长女(如果未婚的话)或国王长子之妻的行为都定为叛国罪。1381 年农民起义之后,鼓动暴乱也被定为叛国罪。亨利五世把剪切硬币定为叛国罪,亨利六世把以威胁烧毁房子的手段来敲诈钱财定为叛国罪。叛国罪的范围因"推定叛国"("constructive treason")而进一步扩大,"推定叛国"使得法官可以有权"解释"1352 年的叛国法。都铎王朝又增加了 60多条叛国法规。亨利八世制定了一个新的叛国法,将否认或拒绝承认其至高无上的王权均定为叛国罪,而他的每一次婚姻、分居或离婚都能得到一个新制定的叛国法的支持。亨利八世的女儿伊丽莎白把公开说她是异端或篡权者的行为定为叛国罪。

减轻叛国罪责立法的步伐非常缓慢。1695 年颁布的一项法律使得被告的辩护人可以在审判前五天得到起诉书的副本,同时规定必须有两个直接证人出庭作证。1814 年,罗米利(Romilly)成功地使议会通过了不能将犯有叛国罪者活生生地砍死并剖腹的法案,但议会上院仍然坚持认为叛国者应该受到肢解的惩罚。

treasurer 司库 威廉一世统治时期,在温切斯特(Winchester)负责保管诺曼王室财宝的官员似乎只是一个保管人而不是一个大臣或顾问。现代的财政大臣一职可以一直追溯到亨利一世治时期,时间大约为 1126 年,并迅速确立了其重要地位。财政大臣或首席财政大臣(lord high treasurer)的头衔是在都铎王朝时期开始使用的。然而,1612 年,将财政委托给一个委员会①的财政部开始形成,罗切斯特勋爵(Lord Rochester)成了最后一任首席财政大臣,他在任的时间是 1679 年至 1684 年。财政部的成立为首席财政大臣(the 1st lord of the Treasury)成为政府首脑或首相开辟了道路。由于对首相职责的要求不断增加,财政问题也变得越来越复杂,因此,财政大臣一职的重要性也在不断提高。

Treasury　财政部　财政部的前身可以追溯到很早的时期,因为所有的政府都曾面临过如何确保财政收入能满足财政支出的需要的问题。然而,具有明确的现代意义的财政部主要源于 17 世纪末和 18 世纪初。英国的财政部,作为一个重要的国家机关,是因政府支出突然大幅度增加而加速形成的。20 世纪以前,这样大幅度地增加财政支出无疑是军需造成的结果【见"国债"(See NATIONAL DEBT)】。财政支出的增加导致政府要制定出各种策略来支付这些不断增加的费用。英国政府使用的手段之一,当然是增加新税,即征收盐税、印花税、车马税,尤其是土地税。此外,还引进了新的关税和消费税,同时增加已被征收的那些税的税额。税收的如此扩张需要一个官僚机构来组织税收系统的运作,而反过来,税收制度本身也需要管理。这就是财政部的任务。1866 年制定的《财政和审计署法》(Exchequer and Audit Department Act)为英国财政树立了一个惯例:将年度税收计划合并为一个单一的《拨款法案》(Finance Bill),它不仅为具有追溯力的对政府开支进行年度审计创造出第一个有效机制,而且使财政部真正成为财政支出是否合理的监管人。这种观点因 19 世纪政策制定的两大重心(消除国债和保护自由贸易)而更具说服力,因为消除国债和保护自由贸易都需要严格的财政监督。

20 世纪,由于政府对经济事务的参与程度日益加大,因此,财政部的作用和影响就变得极其重要。现任政府通常会吸收财政部的观点,并采纳符合其宗旨的政策。财政部与伦敦城的密切联系及其对英国央行即英格兰银行(Bank of England)的控制,确保了英国在制定经济政策时,首先要考虑财政部在财政方面的意见。财政部的另一个战略一直就是控制开支,考虑到在两次世界大战中政

---

① 即不是一个人。——译者注

府支出的大幅度增加,以及政府承诺支付养老金、失业保险和福利待遇的需求,控制开支就是一场艰苦的斗争。

Trenchard, Hugh, 1st Viscount Trenchard(1873—1956). **休·特伦查德,第1代特伦查德子爵**(1873—1956) 军人和飞行员。"轰炸机"部队指挥专家特伦查德的军旅生涯是从做一名步兵开始的。1912年,当他学会飞行技术时,还只是一名不知未来向何处发展的空军少校。但到1915年,他已晋升为少将,负责指挥在法国作战的英国皇家飞行队(Royal Flying Corps)。1918年,当英国皇家空军(Royal Air Force)成为世界上第一支独立空军的时候,特伦查德被任命为第一任英国皇家空军参谋长(chief of air staff),并在截止到1929年的这段时间里,除了只有一次短期中断外,一直担任这一职位。

Trent, battle on the, 679. **特伦特河战役**(679) 679年,麦西亚国王埃塞尔雷德击败了诺森伯里亚国王埃格弗里思(Ecgfrith),重新夺回了林齐(Lindsey)的控制权。比德讲述了一个名叫伊马(Imma)的诺森伯里亚贵族被麦西亚人俘虏的奇特故事。这个故事表明:将被俘的贵族杀死是惯例,而不太重要的俘虏往往被卖给一个弗里斯兰(Frisian)奴隶贩子,他把这些俘虏拴在一起,带到伦敦然后再卖到国外。

***Trent* case, 1861.** **"特伦特"号事件**(1861) 1861年11月,美国内战(American Civil War)爆发后不久,联邦军队"圣哈辛托"号(*San Jacinto*)军舰拦截了英国邮轮"特伦特"号,并带走了船上两名美国南部邦联特使(Confederate envoys)梅森(Mason)和斯莱德尔(Slidell)。英国首相帕默斯顿(Palmerston)中止了向美国北方出口武器,并向加拿大派遣援军,为战争做好准备。战争似乎一触即发,但是女王的丈夫艾伯特亲王在临终前使英国内阁的抗议态度有所缓和。联邦政府作出道歉,否认了"圣哈辛托"号舰长应承担的责任,并释放了南部邦联的两名特使。

Trenton, battle of, 1776. **托伦顿战役**(1776) 华盛顿向新泽西(New

Jersey)的托伦顿发动的一次进攻,这是他1776年9月丢掉纽约后,赢得的一次可喜的胜利。在圣诞节那天的早晨,美军突然袭击了拉尔上校(Colonell Rall)率领的黑森(Hessian)雇佣军的兵营。近1000名黑森雇佣军被俘,其指挥官阵亡。

Trevithick,Richard(1771—1833). **理查德·特里维西克**(1771—1833) 康沃尔的工程师和发明家。自1790年开始,特里维西克就是一名煤矿工程师,1795年,他建造了第一台蒸汽机火车头;1797年,他开始开发高压非冷凝发动机,1802年就获得了高压和非冷凝这两项专利。他的成就包括1801年在坎伯恩(Camborne)展出的第一辆实用蒸汽机车和1804年在佩尼达兰(Penydarran)展出的蒸汽机车;1798年发明的矿用液压机和柱塞泵;1805年发明的蒸汽驳船;1808年至1809年发明的铁制储存罐和铁船;1809年接近完成的泰晤士河(Thames)隧道;1812年发明的康沃尔式锅炉(Cornish boiler)和发动机;1812年发明的便携式农用发动机;1815年发明的螺旋桨;1816年发明的管式锅炉。1811年他破产,1816年被矿业公司带到南美洲,1827年他在肯特铸造厂(Kentish foundry)工作时去世。

trial by battle 决斗裁判 在诺曼征服之前,当发生法律纠纷时,一方面,会采用宣誓断案法(compurgation)来确定一个人是否有罪,其中当事人一方要找出一定数量的"宣誓助诉人"("oath helpers")在法庭上以宣誓的方式证明他的宣誓是可信的;另一方面,尤其是在"刑事案"的指控中,往往会采用神明裁判(ordeals)中的一种,如火审(fire)、冷水审(cold water)、热水审(hot water)或食物吞咽法(accursed morsel)【见"神明裁判"(see TRIAL BY ORDEAL)】。诺曼征服后,又增加了决斗裁判,这源于诺曼人强烈的穷兵黩武的传统。当事人双方,或双方的替手(champion),将正式进行一对一的格斗,战胜者将被视为赢得这场诉讼的一方。1819年,在阿什福德(Ashford)诉桑顿(Thornton)的案件①结束后,决斗裁判被废除。

---

① 该案中的被告桑顿犯罪事实确凿,但英国的法律容许桑顿选择决斗裁判。面对强壮的被告桑顿,身材矮小、体格虚弱的原告阿什福德只得放弃决斗,桑顿最终胜诉,被无罪开释。——译者注

trial by ordeal　神明裁判　神明裁判是诉诸神灵来判定一名犯罪嫌疑人是否有罪的审判形式。在盎格鲁—撒克逊时期和诺曼王朝时期的英格兰,存在着若干种形式的神明裁判。一种形式是让被告用手拿住一块儿烧得通红滚烫的铁块(a red hot iron)或把手放入火焰之中。如果伤口愈合,被告将被判为无罪。冷水审(ordeal by cold water)——主要用在维兰身上——是指将被告捆绑起来,扔进池塘或河里,如果他沉入水中,就被判为无罪,但如果他漂浮在水面上,则被判为有罪。食物吞咽法(ordeal by accursed morsel)是指让被告吃下一片带有羽毛或其他异物的肉,如果他被噎住就被判为有罪。当1215年拉特兰宗教会议(Lateran Council)禁止神职人员参与神明裁判时,神明裁判被废弃,并最终被陪审团审判(Jury trial)方式所取代。

Triennial Acts,1641,1664,1694.　《三年会期法》(1641,1664,1694)　制定这三个《三年会期法》的目的都是试图遏制国王的权力,保证定期召开议会。1641年2月通过的第一个《三年会期法》(16 Car.1 c.1)要求查理一世每隔三年必须召集一次议会,每次议会召开的时间不能少于50天。该法在1664年被废除,取而代之的是1664年的第二个《三年会期法》(16 Car.II c.1),声明国王应该至少每三年召集一次议会,但没有规定任何执行机制。查理二世和詹姆斯二世分别从1684年3月和1688年11月开始就违背了这一法律。第三个《三年会期法》①(6 & 7 Wm.& Mar.c.2)是在威廉已经否决了第二个《三年会期法》之后,于1694年通过的。该《三年会期法》规定,议会必须每隔三年召开一次,每届议会任期不得超过三年。第一项规定因战争筹款需要每年召开议会而导致无效;第二项规定因1716年颁布的《七年会期法》(Septennial Act)而被废除。

Trimble,David(b.1944).　戴维·特林布尔(生于1944年)　政治家。特林布尔曾就读于北爱尔兰的班戈学院(Bangor),后来前往贝尔法斯特在女王大学(Queen's University)学习法律。1990年,作为北爱尔兰统一党(Ulster Unionist)成员,他代表上巴恩(Upper Bann)进入英国议会,并于1996年成为北

---

①　该法确切地说,应为《议会三年任期法》。——译者注

爱尔兰统一党领袖。由于他在确保统一党同意签署《耶稣受难日协议》①（Good Friday agreement）中发挥了重要作用，因此，他与北爱尔兰社会民主工党（SDLP）领袖约翰·休姆（John Hume）一起荣获了1998年度诺贝尔和平奖（Nobel Peace prize）。特林布尔在权力共享的内阁中担任第一部长，但是他领导北爱尔兰统一党受到民主统一党（DUP）的阻挠，2005年特林布尔失去了自己在议会中的席位。2006年，他被封为终身贵族，并加入了保守党。他是众多已经找到抑制北爱尔兰政治急剧衰落方法的政治家之一。

trimmer 骑墙者 骑墙者一词是在1688年哈利法克斯（Halifax）的小册子《一个骑墙者的性格》（*The Character of a Trimmer*）出版之后流行起来的。作者在这个小册子里呼吁持温和的政治态度，同时谴责"赞成靠直觉制定叛国罪（make common sense treason）的走向两个极端的疯子"。哈利法克斯在这个小册子里提出了质问：为什么我们像小孩子玩雪球一样干出把辉格党和托利党的名字抛向对方的蠢事？由于温和政治得不到赞赏，骑墙者一词很快便成为一个贬义词，意为摇摆不定或趋炎附势者。

Trinidad and Tobago（neighbouring islands） 特立尼达和多巴哥（邻近的岛屿） 位于委内瑞拉（Venezuela）沿海地区的特立尼达和多巴哥是英联邦内的一个独立共和国。哥伦布（Columbus）发现特立尼达后，西班牙在这里进行了殖民统治。1797年时拉尔夫·阿伯克龙比爵士（Sir Ralph Abercromby）占领了特立尼达，1802年特立尼达被割让给英国。多巴哥原本是荷兰殖民地，1793年，英国从法国人手中夺走了多巴哥。1802年，根据《亚眠条约》（treaty of Amiens），英国把多巴哥归还给法国，1803年英国又重新夺回多巴哥。特立尼达和多巴哥于1962年才获得独立。

Trinity College, Dublin 都柏林三一学院 都柏林三一学院是按照伊丽莎白一世颁发的特许状，主要参照剑桥大学的模式于1591年12月21日创建的。

---

① 即《北爱和平协议》。——译者注

18 世纪是三一学院的发展期,期间爱尔兰总督多塞特公爵(duke of Dorset)在 1731 年曾将其子送进三一学院读书。此后,三一学院吸引了贵族和上层社会人士来此就读。三一学院的毕业生包括伯克利(Berkeley)、伯克(Burke)、哥尔德斯密斯(Goldsmith)和格拉顿(Grattan)。与这一时期的牛津大学和剑桥大学不同,三一学院实行宽容的宗教政策。

Trinovantes 特里诺文特人 不列颠的一个部落和城邦。特里诺文特人是罗马作家提到的第一个不列颠部落,出现在公元前 54 年凯撒(Caesar)入侵不列颠的记述中。虽然恺撒把特里诺文特人置于自己的保护之下,但是最终他们还是被库诺比莱纳斯(Cunobelinus)吞并,库诺比莱纳斯把卡图维劳尼人(Catuvellauni)的首府迁到卡姆罗顿南姆【Camulodunum,科尔切斯特(Colchester)】。因此,在被克劳狄征服时,特里诺文特人并不是独立存在的。尽管如此,他们古老的部落中心被迫成为罗马殖民地的事实还是激起了人们的愤恨,最终于公元 60 年至 61 年爆发了布狄卡起义(Boudiccan revolt)。尽管特里诺文特人曾经扮演了起义者的角色,但是他们在 15 年内作为罗马的一个城邦获得了地方自治的地位。他们的政府所在地可能是在卡姆罗顿南姆,但也有可能是在切姆斯福德【Chelmsford,凯撒大市场(Caesaromagus)】。

Triple Alliance 1,1668. 三国同盟 1(1668) 由于担心法国路易十四的势力日益强大,荷兰与英国于 1668 年建立了一个防御同盟,不久瑞典也加入其中,从而形成三国同盟。在这种情况下,路易十四不得不谋求和平,而在艾克斯拉沙佩勒(Aix-la-Chapelle)签订的和约使法国得到的利益非常有限。于是,路易十四开始着手要打破三国同盟。1670 年,当英格兰国王查理二世以牺牲荷兰的利益为代价与法国签署了《多佛尔条约》(treaty of Dover)的时候,三国同盟被成功打破。随后,路易十四于 1672 年大举入侵荷兰。

Triple Alliance 2,1717. 三国同盟 2(1717) 1715 年路易十四去世后不久,法国的摄政奥尔良(Regent d'Orléans)与英国寻求和解来抑制西班牙腓力五世的野心。1716 年英法双方达成谅解,以确保法国和英国王位的顺利继承。

1717 年 1 月，荷兰加入了这个英法同盟，于是三国同盟形成。1718 年，当神圣罗马帝国皇帝查理六世也依附于这一同盟的时候，三国同盟就变成了四国同盟（Quadruple Alliance）。

Triple Alliance 3,1788.　三国同盟 3（1788）　美国独立战争之后，皮特政府为英国外交上的孤立而忧虑重重。1786 年，荷兰政局不稳造成了对法国势力扩大的担忧，1787 年普鲁士军队出面镇压亲法派。随后普鲁士、英国和荷兰三国之间于 1788 年签订了一系列条约，来保证对方的领土不受侵犯，形成三国同盟。

Triple Alliance 4,1882.　三国同盟 4（1882）　1882 年意大利、德国与奥匈帝国三国同盟的形成是以此前意大利与德国和奥匈帝国分别建立的两国同盟为基础的，这个三国同盟一直维持到 1914 年第一次世界大战爆发。作为回应，法国、俄罗斯和英国建立了三国协约（Triple Entente），从而使欧洲分裂为两大军事阵营。

Trojan legend　特洛伊传说　See BRUTUS（见布鲁特斯）

Trollope,Anthony（1815—1882）.　安东尼·特罗洛普（1815—1882）　特罗洛普在 1883 年的《自传》（*Autobiography*）中坦言，他是看着手表每小时固定写 1000 字，这使他的名誉大为下降。很多人以此为证据，说他只不过是个码字的熟练工。尽管如此，此时人们对他的信任程度已经大幅上升。与艾略特（Eliot）和本涅特（Bennett）一样，特罗洛普也是一位历史小说家，并以谨慎的态度在小说中加入了社会背景。尽管人们对他的政治小说大为赞赏，但是也有一些人批评他以个人的政见来解释政界。在其以巴切斯特（Barchester）为背景的系列小说中，他擅长描写牧师，如 1857 出版的《巴切斯特塔楼》（*Barchester Towers*）中的牧师奥巴代亚·斯洛普大人（Revd-Obadiah Slope）和 1855 年出版的《养老院院长》（*The Warden*）中的牧师塞普蒂默斯·哈丁大人（Revd Septimus Harding）。此外，他还在 1847 年早期出版的小说《巴利克罗兰德马德莫一家》（*Tdee*

Macdermots of Ballycloran）中描写了爱尔兰阴谋分子,在 1858 年出版的小说《三个文书》(*The Three Clerks*)中描写了公务员之间的竞争。最令人印象深刻的是他在 1876 年出版的小说《首相》(*The Prime Minister*)中描写的诸如费迪南德·洛佩兹(Ferdinand Lopez)这种躲在阴暗角落中的花言巧语的骗子,或是 1875 年出版的小说《如今世道》(*The Way We Live Now*)中的恶棍梅尔莫特(Melmotte),这部小说在 100 多年后仍然萦绕在人们的心头。特罗洛普的一生是平凡的,他只是在邮政局(Post Office)工作的一名勤奋的公务员而已,之所以能够成名是因为他在 19 世纪 50 年代使用和推广邮筒。

Trotskyites 托派分子 托洛茨基(Trotsky)谴责斯大林统治时期的苏联是一个邪恶的国家官僚机构,这种观点在英国拥有相当多的支持者,但支持他的不断革命论(permanent revolution)的人并不多。1940 年托洛茨基被暗杀后,托洛茨基主义(Trotskyism)在英国的革命社会主义联盟(Revolutionary Socialist League)和工人国际联盟(Workers' International League)之间引发了争论,1944 年两派联合形成革命共产党(Revolutionary Communist Party)。后来赞成托洛茨基观点的党派是社会主义工人党(Socialist Workers' Party)和工人革命党(Workers' Revolutionary Party),但更具影响力的是激进派(Militant Tendency)的支持者,他们在 20 世纪 80 年代初的工党中获得了相当高的支持率。

Troyes, treaty of, 1420. 《特鲁瓦条约》(1420) 根据 1420 年 5 月 21 日英法之间签订的这个条约,亨利五世成为法国国王"疯人"查理六世(mad Charles VI)的继承人和摄政;查理去世之后,法国和英国将由一个国王统治。法国的王太子,即后来的查理七世(Charles VII)就这样被剥夺了王位继承权。事实上,亨利五世去世之前,他的幼子亨利六世成为"两个君主国"的国王。

Troyes, treaty of, 1564 《特鲁瓦条约》(1564) 1558 年伊丽莎白即位,同时也从玛丽女王那里继承了已经失去加莱(Calais)的对法战争。根据 1559 年签订的《卡托—康布雷齐和约》(treaty of Cateau-Cambrésis),法国承诺 8 年之后归还加莱,否则支付巨额赔款。1562 年,伊丽莎白冒险插手法国宗教战争,支持法国胡格诺派教徒,占领了勒阿弗尔(Le Havre),作为要回加莱的抵押物。但由于在勒阿弗尔的英格兰守军因疾病而大量死亡,被迫放弃勒阿弗尔。1564 年 4 月,英法双方在特鲁瓦签订了和平条约。根据该条约,双方保留各自在加莱的权利,但实际上对英格兰来说,就意味着永远失去了加莱。

Truro, diocese of 特鲁罗主教区 该主教区建立于 1877 年,辖区面积大致与康沃尔(Cornwall)和锡利群岛(Isles of Scilly)一致。耸立在特鲁罗小镇上的大教堂于 1903 年竣工,属于早期英国新哥特复兴式(neo-Gothic Revival)建筑风格,设计者为建筑师 J.L.皮尔逊。

Tuam, archiepiscopal diocese of 蒂厄姆大主教区 尽管这个爱尔兰主教区在 12 世纪初就拥有主教,但是 1152 年的凯尔斯—梅利丰特宗教会议(Council of Kells-Mellifont)将其从阿马教省(Armagh province)中分离出来,建成了一个大主教区,爱尔兰西部边远地区的 6 个主教区为其附属教区。目前蒂厄姆仍然是一个天主教的大主教区,但是圣公会的蒂厄姆教省(Anglican province of Tuam)在 1839 年时被重新并入阿马教省。

Tudor, house of 都铎王室 "都铎王室"这个说法多少有点儿用词不当。都铎王朝是亨利七世在博斯沃思击败了理查三世之后建立的王朝,亨利七世的重要血统通过冈特的约翰(John of Gaunt)直接来自于爱德华三世和萨默塞特公爵博福特(Beaufort dukes of Somerset)。尽管亨利拥有那么多的威尔士血脉,但这完全是次要的。亨利五世的遗孀瓦卢瓦的卡特琳(Catherine de Valois)私下与地位卑微的侍臣欧文·都铎(Owen Tudor)结婚。他们的儿子埃德蒙(Edmund)娶了玛格丽特·博福特(Margaret Beaufort)——爱德华三世之子冈特的约翰的曾孙女——为妻,从而再次给这个家族注入皇家血脉。都铎王室本质上属于兰开斯特王朝,红玫瑰似乎一直是博福特夫妇所佩戴的徽章之一。

Tudor, Jasper, 1st earl of Pembroke and 1st duke of Bedford(1431—1495). 贾斯珀·都铎,第 1 代彭布罗克伯爵和第 1 代贝德福德公爵(1431—

1495）　贾斯珀是欧文·都铎（Owen Tudor）和瓦卢瓦的卡特琳（Catherine de Valois）的次子,1452 年被封为彭布罗克伯爵。他是为数极少的兰开斯特派顽固分子之一。从 1457 年开始,他就代表亨利六世统治威尔士。1461 年以后,他拒绝向爱德华四世妥协。但 1471 年 5 月兰开斯特家族在蒂克斯伯里（Tewkesbury）被击败后,他带着 13 岁的侄子里士满伯爵亨利·都铎（Henry Tudor, earl of Richmond,后来的亨利七世）再次逃走。他在外流亡了 14 年,1485 年以胜利者的姿态回国。此后,他回到威尔士,并被晋封为贝德福德公爵,并且在去世之前一直是亨利七世在威尔士公国及其边区的重要领导者。

Tudor, Owen（1400—1461）．　**欧文·都铎**（1400—1461）　作为一名地位卑微的威尔士人,欧文·都铎曾经做过亨利五世的遗孀瓦卢瓦的卡特琳（Catherine of Valois）的侍臣。1428 年左右,欧文·都铎与卡特琳秘密结婚。他们的第一个孩子埃德蒙（Edmund）是亨利七世的父亲。欧文·都铎的儿子们得到了与他们同母异父的哥哥亨利六世的提携。欧文·都铎是玫瑰战争（Wars of the Roses）的牺牲品,在莫蒂默十字路口战役（battle of Mortimer's Cross）之后,他被马奇伯爵爱德华（Edward, earl of March）——后来的爱德华四世——在赫里福德（Hereford）处决。

Tull, Jethro（1674—1741）．　**杰思罗·塔尔**（1674—1741）　由于塔尔于 1700 年前后在沃灵福德（Wallingford）附近经营农场时发明了条播机,而一度被视为农业革命（agricultural revolution）的先驱。塔尔于 1733 年出版的《马力耕作法》（*The Horse-Hoing Husbandry*）一书使这一"发明"闻名遐迩,但今天他似乎没有那么大的影响力了。

Turner, Joseph Mallord William（1775—1851）．　**约瑟夫·马洛德·威廉·特纳**（1775—1851）　英国的地形景物和海景画家。特纳[①]出生于伦敦的一个理发师家庭,很小就表现出绘画才能。1789 年,他进入英国皇家艺术院艺术

---

　　① 又译透纳。——译者注

学校(Royal Academy Schools)学习,并于 1790 年在该校展出了他的一幅水彩画。1802 年,特纳成为皇家艺术院的正院士(full academician)。1807 年,他担任了透视学教授。特纳是一位多产的艺术家,其作品的题材和风格十分广泛,令人惊奇。他从水彩画的创作开始,不久就因此而赢得了声誉和财富,这使他不再靠迎合不断变化的公众品味而创作。他的作品虽然不是每个人都喜欢,但是欣赏其作品的人包括托马斯·劳伦斯(Thomas Lawrence)、约翰·罗斯金(John Ruskin)和埃格勒蒙特伯爵(earl of Egremont),他们在萨塞克斯郡的佩特沃思(Petworth)的大量收藏品现在属于全国托管协会(National Trust)所有。怪异的是,他以一个假名字默默无闻地离开了人世。

Turnham Green, battle of, 1642. 特纳姆格林战役(1642) 查理一世赢得内战(Civil War)的最大希望是在议会力量大增之前,结束这场战争。1642 年 10 月 23 日,双方在埃吉山(Edgehill)的交战未分胜负之后,国王重新开始从容地向伦敦进军。11 月 12 日,国王的军队攻占布伦特福德(Brentford)时,埃塞克斯(Essex)的残余部队已经得到了民兵团(trained bands)的增援,兵力达到 24,000 人。经过一些小规模的冲突后,查理一世于次日在特纳姆格林命令军队停止前进。在寡不敌众又无法使用骑兵的情况下,查理一世撤回到牛津。此后,他未能再次接近伦敦,直到 1649 年 1 月被带到伦敦接受审判。

turnpikes 收费公路 是指通过向使用道路的用户收取通行费,用于道路维护的一种融资手段,其名称来自于限制进入道路的栅门。1663 年,英国首次将这种收费制度临时应用于大北路(Great North Road)的部分路段。从 1695 年开始,收费公路原则就出现在一系列的私有条例中,来取代 1555 年法规中不适于堂区以下地方行政区道路维护的规定。收费工作最初由治安法官(justices of the peace)负责,1706 年开始有专门的收费站负责收费,这一收费方式于 1714 年开始推广。1750 年至 1772 年的"收费公路热"("Turnpike mania")期间,仅英格兰就增加了 500 个收费站,覆盖 15,000 英里。同时,收费公路制度扩大到威尔士和苏格兰。实行这一制度的好处体现在旅行时间的缩短,例如,1754 年从伦敦到爱丁堡,乘坐最快的长途客运汽车也得需要 10 天;而 1776 年时,只需要 4

天;到 1840 年时,则只用 40 个小时。

Turpin, Dick(1706—1739). **迪克·特平**(1706—1739) 拦路抢劫的强盗。迪克·特平成了一个深受欢迎的英雄和传奇人物。事实上,他是埃塞克斯郡一伙暴徒的领袖,这伙儿暴徒专门从事暴力抢劫。他曾与汤姆·金(Tom King)合谋作案,但却在一次小冲突中,意外将其打死。此后,特平逃到约克,并在那里经营马匹生意。1739 年 4 月 7 日,他因盗马而被处以绞刑。至于那个为了证明自己不在犯罪现场而骑马去了约克的著名故事,则讲的是约翰·内维森(John Nevision)——也被称为"飞人尼克"("Swift Nick")——的事迹,1685 年约翰·内维森在约克被处以绞刑。

Tuvalu 图瓦卢 图瓦卢原称埃利斯群岛(Ellice Islands),是吉尔伯特(Gilbert)和埃利斯(Ellice)殖民地的一部分,1978 年成为英联邦内一个独立的国家。图瓦卢的 9 个小岛位于澳大利亚东北约 2500 英里处。

Tweeddale, John Hay, 1st marquis of[S](1625—1697). **约翰·海,第 1 代特威代尔侯爵【苏格兰】**(1625—1697) 海一直同情圣约派(covenant),并在马斯顿荒原(Marston Moor)战役中参加了打击英格兰国王的战斗。但在 1648 年,他转而支持与查理一世达成"约定书"(Engagement),并加入了在普雷斯顿(Preston)被击败的苏格兰军队。1651 年,他参加了查理二世在斯昆(Scone)举行的加冕典礼。1653 年,他继承了其父的伯爵爵位。此后,他与克伦威尔(Cromwell)政府妥协。王朝复辟之后,从 1661 年开始,他成为苏格兰枢密院的成员,1674 年因受劳德戴尔(Lauderdale)的影响而被解职,但 1680 年又官复原职。他对威廉和光荣革命给予了有力的支持,1694 年被封为侯爵。自 1692 年至 1696 年,他出任苏格兰大法官,并成为 1695 年英国议会中的重要成员。1696 年他被威廉解职,成为英格兰对达里恩公司(Darien venture)严重不满的替罪羊。

Twickenham stadium(Middx). **特威克南体育场(米德尔塞克斯郡)** 橄榄球联盟(Rugby Football Union)总部。1907 年威廉·威廉斯(William

Williams)买下该场地,设计了看台,并建有停车场。此后,该体育场容纳观众的数量逐渐增加,目前可容纳 60,000 多名观众。

Two Treatises of Government(1690). **《政府论》**(1690) 约翰·洛克(John Locke)的《政府论》由两篇论文组成,完成于 1681 年至 1689 年间,但发表于 1690 年。洛克写作这两篇论文有双重目的:第一篇论文是为了驳斥罗伯特·菲尔默爵士(Sir Robert Filmer)所持的君权神授论;第二篇论文则基于对政府须取得被统治者的同意和对自然权利的尊重的论述,建立起他自己的政府理论。

Tyburn 泰伯恩行刑场 "泰伯恩"这一名称借自米德尔塞克斯绞刑架(Middlesex gallows),指称其附近的一条泰晤士河(Thames)支流,1388 年至 1783 年间是伦敦执行死刑的主要地方,位于近代建成的伦敦大理石拱门(Marble Arch)附近。由于政府认为观看执行死刑能够起到威慑作用,所以绞刑都选择在公共假期执行,人数多到难以控制的人群(富人们坐在看台座位上)都在这里等待来自纽盖特监狱(Newgate gaol)的马车。

Tyler,Wat(d.1381). 沃特·泰勒(卒于 1381 年) 1381 年农民起义(Peasants' Revolt)最著名的领袖。他可能曾经是埃塞克斯的一名瓦匠。据说他在法国曾为一个名为理查德·莱昂斯(Richard Lyons)的伦敦富商效力。1381 年 6 月第 1 周的周末,他在肯特郡被推选为起义军的主要首领,6 月 10 日,他率领的起义军占领了坎特伯雷,并开始向伦敦进军。6 月 15 日,泰勒作为起义军的发言人,在史密斯菲尔德(Smithfield)向国王提出了一些十分激进的要求。年轻的国王理查二世命令伦敦市长约翰·沃尔沃思(John Walworth)逮捕泰勒,泰勒在搏斗中被杀。

Tyndale,William(c.1494—1536). 威廉·廷代尔(约 1494—1536) 《圣经》的译者。廷代尔可能出生在格洛斯特郡的一个家庭,1510 年就读于牛津大学莫德林学院(Magdalen College)。他曾受聘于旧索德伯里的约翰·沃尔什爵士(Sir John Walsh of Old Sodbury),担任孩子们的家庭教师,但不久后他就迁到伦敦和欧洲大陆,并在维滕堡(Wittenberg)拜访了路德(Luther)。与此同时,他一直致力于把《新约》翻译成英文。他在德国印刷了其英文版《新约》,并偷运到英格兰,结果被当局烧毁。1535 年,廷代尔被皇帝查理五世(Emperor Charles V)的仆人抓获,1536 年 10 月,在布鲁塞尔附近的维尔福德(Vilvoorde)以异端分子的罪名被处以火刑。廷代尔翻译的英文版《新约》以伊拉斯谟(Erasmus)的希腊版《新约》为底本,1611 年出版的钦定本(Authorized Version)《圣经》大量利用了廷代尔的译本。无论是基督徒还是非基督徒,廷代尔译本中的大量用语都给他们留下了难以磨灭的印象。

Tyne and Wear　泰恩—威尔　1974 年英格兰建立的 6 个都市郡议会(metropolitan county councils)之一,1986 年被废除。以纽卡斯尔和森德兰(Sunderland)两大城市为基础的泰恩—威尔仍然是对前都市郡议会的一个地域描述。

Tynwald　马恩岛议会　意为议会召开的场地,是马恩岛(Isle of Man)独有的一种机构,是北方自由人会议的延续。马恩岛议会与冰岛议会(Icelandic Althing)一样,都宣称是现存最古老的议会机构。

Tyrconnel,Richard Talbot,1st Earl（I）(1630—1691)．理查德·塔尔博特,第 1 代泰尔康内尔伯爵(爱尔兰)(1630—1691)　塔尔博特是来自基尔代尔郡(Co.Kildare)一家庭的幼子,17 世纪 60 年代曾为国王而战,1649 年德罗赫达(Drogheda)惨败后逃跑。17 世纪 50 年代,他被任命为流亡中的约克公爵(duke of York)的侍寝官(groom of the bedchamber),在他的余生中,他的命运一直与其庇护者约克公爵的命运息息相关。约克公爵成为詹姆斯二世后不久,塔尔博特就被封为伯爵,1686 年他被任命为爱尔兰军队陆军中将。1687 年,他取代克拉伦登(Clarendon)成为爱尔兰总督,并且开始在此巩固天主教的地位。泰尔康内尔伯爵是民谣《里里伯利若》("Lillibullero")中深受"爱尔兰兄弟"("brother Teague")欢迎的"新的代理人"("new deputy")。光荣革命后,他被封为只有詹姆斯党人承认的公爵(Jacobite duke),在博因河(Boyne)作战。就在利默里克(Limerick)被迫投降的前夕,塔尔博特死在了这里。

Tyrone　蒂龙郡　1973 年地方政府重组前,蒂龙郡是北爱尔兰 6 个郡中最大的一个郡。蒂龙郡的主要城镇奥马(Omagh)在 1998 年受到炸弹的袭击,损失严重,26 人被炸死。斯特拉班(Strabane)、邓甘嫩(Dungannon)和库克斯敦(Cookstown)是地方性中心。

U

Uganda 乌干达 乌干达位于东非,原为英国的保护国。19 世纪 60 年代在寻找白尼罗河(White Nile)源头的过程中,英国首次注意到乌干达这一地区。1877 年英国传教士来到乌干达,但随后传教工作陷入困境,从而使英国于 1894 年宣布乌干达为保护国。乌干达从 1962 年开始走向独立的道路,只是由于要解决位于联邦中心地区的势力强大的布干达王国(kingdom of Buganda)的问题,才使得独立之路显得曲折不易。

Ulster 阿尔斯特 阿尔斯特是爱尔兰北方的一个省,由安特里姆(Antrim)、唐(Down)、阿马(Armagh)、卡文(Cavan)、莫纳亨(Monaghan)、弗马纳(Fermanagh)、多尼戈尔(Donegal)、蒂龙(Tyrone)和伦敦德里(Londonderry)各郡组成。无论从社会意义上还是从地理意义上来说,诺曼人的入侵对阿尔斯特的影响都十分有限。盖尔人在阿尔斯特仍然占绝大多数,从都柏林的英国统治者角度来讲,在 1609 年实施"种植园计划"之前,阿尔斯特都是爱尔兰难以进入的地区。种植园计划涉及阿尔斯特的 6 个中心郡和一个西部郡,1691 年威廉麦特(Williamite)军队在爱尔兰取得的胜利确立了这一地区的格局,也打开了英国本土居民移民阿尔斯特的大门。18 世纪中后期,最为典型的特征就是爱尔兰大部分地区经济增长,这时阿尔斯特成为爱尔兰的亚麻生产中心,而贝尔法斯特则发展成爱尔兰重要的工业中心。到 1886 年第一个《爱尔兰地方自治法案》(Home Rule Bill)颁布的时候,当地人多数都支持爱尔兰在宪法上与英国保持联系。1920 年,爱尔兰岛正式分裂,由 6 个最支持统一的郡所组成的新北爱尔兰建立了独立的议会和政府。然而,占主导地位的支持统一的北爱尔兰社会和政治文化受到了来自民族主义少数派越来越大的挑战。在 1969 年至 1994 年间,亲英派与共和派之间、北爱尔兰皇家骑警队(Royal Ulster Constabulary)和英军之间接连爆发的冲突,使得联合派不堪一击的政治主导地位逐渐削弱。然而,自 2007 年重新实行北爱尔兰分权自治以来,阿尔斯特出现了令人鼓舞的经济和社会进步的迹象。

Ulster（Ulaid）kingdom of   阿尔斯特（阿雷德）王国   阿尔斯特省是连同康诺特(Connachta,Connacht)、伦斯特(Laigin,Leinster)和芒斯特省(Mumu,Munster)在一起的四省中最强大的一个省。阿尔斯特省包括整个北爱尔兰地区,最高点为阿马(Armagh)附近的埃蒙马查高地(Emain Macha)。由于政治动乱和 5 世纪乌伊尔尼尔(Uí Néill)的崛起,爱尔兰随后被划分为五部分。阿马成为最重要的爱尔兰城镇,随后又成为大主教的所在地。阿尔斯特王国逐渐遭到了破坏,并被尼尔(Niall Noigíallach)的儿子们所瓜分。通过征服,乌伊尼尔在北部确立起了统治地位,其领土包括阿马、莫纳亨(Monaghan)、蒂龙(Tyrone),以及弗马纳(Fermanagh)和德里(Derry)的大部分地区。征服的结果是建立了两个新王国:第一次征服之后建立了爱尔吉亚拉土国(Airgialla);大约 428 年多尼格尔征服(conquest of Donegal)后又建立了艾黎赫王国(Ailech)。自 9 世纪以来,随着维金人的入侵,乌伊尼尔王国的势力被极大地削弱了。

Ulster covenant,1912. 阿尔斯特盟约（1912）   1911 年的《议会法》(Parliament Act)缩短了议会上院的延搁权(delay)时间。1912 年 4 月第三个《爱尔兰地方自治法案》(Home Rule Bill)被推出。对此,新教徒作出的反应是在 1912 年 9 月 28 日"阿尔斯特日"("Ulster Day")提出了一份盟约,在盟约上签字者一致宣誓要利用"一切必要的手段来粉碎目前在爱尔兰建立地方自治议会(Home Rule Parliament)的阴谋"。双方开始为武装冲突做准备,1913 年 1 月北爱尔兰志愿军(Ulster Volunteer Force)成立。

Ulster custom   阿尔斯特习惯法   阿尔斯特习惯法是指给予阿尔斯特的佃农的非正式权利的名称。这些习惯法包括了佃农土地保有权(tenure)的安全保障问题,即只要佃农在全部付清地租的情况下,在承租期内就享有对土地的保有权,同时享有将土地的保有权出卖给得到领主认可的新佃户的自由。1847 年,佃农权利的倡导者威廉·沙曼·克劳福德(William Sharman Crawford)试图以立法的形式将这一习惯法固定下来,但未如愿。直到 1870 年,这一目标才凭借格莱斯顿(Gladstone)的《土地法》(Land Act)在名义上得以实现。

Ulster Special Constabulary, 1920—1970.　北爱尔兰特警(1920—1970)
北爱尔兰特警是新成立的北爱尔兰政府于 1922 年建立的一支起辅助作用的武装警察部队,分为 A 类全职特警、B 类兼职特警和 C 类后备人员三种,其中 A 类5500 人,B 类 19,000 人,C 类 7500 人。原有的北爱尔兰志愿军(Ulster Volunteer Force)和奥兰治党(Orange Order)成员在北爱尔兰特警中占主导地位,占人口少数的天主教徒将北爱尔兰特警视为一支残酷无情的教派力量,英国财政部并不愿意为这支部队提供资金支持。北爱尔兰特警在成立的最初几年间,一直因职权问题而混乱不堪。此后,北爱尔兰特警的 A 类和 C 类特警被解散,而 B 类特警因在 20 世纪 60 年代末的民权游行中维持治安时带有偏见而饱受批评。1969年 10 月的《亨特报告》(The Hunt Report)建议将 B 类特警更换成一支新的兼职安全部队,不久,这支新部队就被称为北爱尔兰防卫团(Ulster Defence Regiment)。这支全新的、明确申明不属于任何宗教派别的武装力量也未能招募到大量天主教徒,几乎与过去的 B 类特警一样存在着争议。

Ulster Unionist Council　北爱尔兰联合主义委员会　北爱尔兰联合主义委员会成立于 1904 年至 1905 年,是北爱尔兰联合主义的代表机构。该委员会最初由 200 名成员组成,其中 100 人为地方联合派团体的代表,50 人为奥兰治党(Orange Order)的代表,50 人为增补委员,后来该委员会经过扩展和重组,最终成立了一个由 30 人组成的常务委员会(standing committee)作为领导机构。新宪法于 1946 年得到认可。虽然北爱尔兰联合主义委员会(UUC)在北爱尔兰下议院的代表意义因统一议会党的出现而黯然失色,但其战略重要性自 1972 年以来已得到恢复。

Ulster Unionist Party　北爱尔兰统一党　北爱尔兰统一党,作为北爱尔兰联合主义委员会(Ulster Unionist Council)于1904年至1905年成立,目的在于抵制全爱尔兰权力下放的威胁。北爱尔兰统一党是由地方联合派各机构的代表、基督教长老会(presbyterian church)、奥兰治党(Orange Order)和亲英派的议会下院议员们组成的。1912年至1914年间,北爱尔兰统一党成功地将信奉新教的土地所有者、商人和工人阶级团结在一起,成功地抵制了第三个《爱尔兰地方自治法案》(Home Rule Bill)。1910年至1921年,北爱尔兰统一党的领导人为南部的联合主义者爱德华·卡森(Edward Carson)。1921年至1940年,北爱尔兰统一党的领导人为詹姆斯·克雷格(James Craig),他是该党创建前期的重要组织者,北爱尔兰第一任总理。1921年至1968年间,北爱尔兰统一党是控制北爱尔兰政府和议会的唯一政党。1967年以来的民权危机和英国政府的不断介入,破坏了北爱尔兰统一党内部的团结,并导致传统的联合派发起者对北爱尔兰统一党的质疑。1973年至1974年,北爱尔兰统一党在行政权力分享(power-sharing executive)问题上产生分裂,党内的大多数人抛弃了布赖恩·福克纳(Brian Faulkner)的领导,加速了该党的解体。尽管来自民主统一党(Democratic Unionist Party)的挑战越来越大,但是北爱尔兰统一党仍然在北方持有统一观点的人群中占绝大多数。北爱尔兰统一党反对1985年英国和爱尔兰签订的《英爱协定》(Anglo-Irish agreement),但却极其谨慎地支持着1993年的《唐宁街宣言》(Downing Street declaration)和1998年的《耶稣受难日协议》(Good Friday agreement)。1998年的协议给北爱尔兰统一党带来了沉重的压力,因为爱尔兰共和军(IRA)违背了其解除武装的承诺,北爱尔兰统一党在2005年的大选中惨败给佩斯利(Paisley)领导的民主统一党:北爱尔兰统一党在英国议会中仅获得1个席位,而民主统一党则获得9个席位。在2007年的北爱尔兰议会选举中,北爱尔兰统一党再次败给民主统一党:北爱尔兰统一党在北爱尔兰议会中获得18个席位,而民主统一党则获得了36个席位。

Ulster Volunteer Force(UVF)　北爱尔兰志愿军　北爱尔兰志愿军建立于1913年,是作为支持北爱尔兰亲英派抵制第三个《爱尔兰地方自治法案》(Home Rule Bill)的军事保障力量建立的。北爱尔兰志愿军曾在拉恩(Larne)成功地私运军火。这支队伍在第一次世界大战期间解散,但其退役人员又成了1920年至1921年建立的北爱尔兰特警(Ulster Special Constabulary)的基本力量。20世纪60年代中期,因建立了一支秘密的新教徒准军事部队,北爱尔兰志愿军的名称又得以恢复使用。由于北爱尔兰志愿军在20世纪70年代被视为非法武装组织,因而其受欢迎程度和活跃程度都不如北爱尔兰防卫团(UDA),双方经常发生冲突。

Ulundi, battle of, 1879.　乌伦迪之战(1879)　乌伦迪之战是1879年祖—英战争(Zulu-British War)中的最后一场战役。切姆斯福德将军(General Chelmsford)率领10,000名英军直逼祖鲁首领塞奇瓦约(Cetewayo)的所在地乌伦迪。1879年7月4日,祖鲁人集结了20,000人的军队应战。祖鲁军队对英军发起了进攻,但在英军的扫射中被击退,溃败的祖鲁军队又遭到了英军骑兵的追杀。

unauthorized programme, 1885.　未经授权的纲领(1885)　1883年至1885年间,约瑟夫·张伯伦(Joseph Chamberlain)和约翰·莫利(John Morley)将刊登在《双周评论》(Fortnightly Review)上的一系列关于土地、房屋、宗教、教育和税收方面内容的文章组织出版,并于1885年以《激进纲领》(The Redical Programme)为名再版。由于这一纲领未得到自由党领导人的认可,因而被称为"未经授权的纲领"。

undertaker system　承办人制度　多年来,英国在都柏林城堡(Dublin castle)的行政机构对爱尔兰议会的控制,主要是通过与爱尔兰自治市的主要赞助人达成协议的方式来进行的,这些人负责"承办"搞定政府中的大多数并使提案能够在议会中顺利通过。作为交换,这些承办人会得到英国政府的大量恩惠。1767年被任命为爱尔兰总督的汤森勋爵(Lord Townshend)下决心结束这一制度,但也仅仅是对人员进行重新调整,至于更多的变革,他也无能为力。

Uniformity, Acts of, 1549, 1552, 1559, 1662.　《礼拜仪式统一法》(1549,

1552,1559,1662） 一系列《礼拜仪式统一法》的颁布是通过强制使用同一版本的《祈祷书》(Prayer Books)，从而用《公祷书》(*Books of Common Prayer*)取代塞勒姆(Sarum)、约克(York)、班戈(Bangor)和林肯(Lincoln)地区使用不同版本的《祈祷书》，来统一礼拜仪式。虽然从礼拜仪式上来说，1549年《礼拜仪式统一法》的颁布并非是"一个重大时刻"，但是从宪法和教会的角度来说，它确实是一个重要时刻，因为议会掌握了自1534年以来一直由国王所持有的教义和礼拜仪式的批准权，这是前所未有的。1552年的公祷书标志着茨温利教义(Zwinglian)的转变；弥撒成为圣餐仪式，圣桌取代了祭台，白法衣取代了圣餐法衣。1559年的公祷书涵盖的内容绝对是最全面的。1552年的公祷书中添加了天主教的元素，但牧师的法衣依然依据1548年公祷书的要求。1661年的公祷书(1662年授权)大体上遵循了1559年公祷书的内容，并且被统一使用到20世纪。2000名牧师脱离了英国圣公会以示抗议，这更激发了不从国教者(dissent)的气势。

Union, Act of（Ireland），1801.　《联合法》（与爱尔兰联合法，1801）　1801年实施的《联合法》统一了大不列颠议会和爱尔兰议会、同时废除了在都柏林的爱尔兰议会，并终结了爱尔兰自1782年以来所拥有的独立的立法权。颁布该法案的背景是英国统治爱尔兰越来越困难，特别是在1798年爱尔兰起义(Irish rising)之后，同时也是为了加强英国的安全，免受法国的侵扰。该法案于1801年1月1日生效后，英国议会分配给爱尔兰100个下院席位，以此取代爱尔兰自己原来的议会下院的300个席位；与此同时，爱尔兰的全体贵族以选举的方式推选出28名贵族作为他们的代表终身进入英国议会上院。首相皮特(Pitt)策划该法案时，本打算为爱尔兰天主教徒的解放铺平道路，但乔治三世拒绝批准解放天主教徒的措施，皮特被迫辞职。

Union, Act of（Scotland），1707.　《合并法》（与苏格兰合并法，1707）　1707年实施的《合并法》将英格兰和苏格兰合并在了一起，大不列颠王国(kingdom of Great Britain)由此成立。1603年，虽然苏格兰国王詹姆斯六世同时也是英格兰国王詹姆斯一世，使两国国王合二为一，但是在1707年之前，这两个王国仍然处于相互独立的状态。1688年后，威廉三世迫切希望统一英格兰和苏格兰,但遭到下院的反对。英格兰和苏格兰统一的进程在1702年安妮继位后重新开启,但直到1706年4月,下院议员们才召开会议。1705年,当英格兰政府为了获取经济特权而试图寻求统一的时候,苏格兰议会通过了一项法案,该法案规定在安妮女王过世后,苏格兰拥有自主选择王位继承人的权利,从而使得汉诺威王室成员继位的前景危机四伏。

1707年5月12日,大不列颠王国正式成立,安妮为王国的女王,同时确定了汉诺威王室成员为大不列颠王国王位的继承人。苏格兰议会被废止,苏格兰人在英国议会下院中占有45个议席,在议会上院中占有16个议席(这个比例是按照英格兰和苏格兰两个王国各自的经济规模确定的)。不列颠北部(苏格兰)和不列颠南部(英格兰)之间建立起了自由贸易经济,英格兰的殖民地也以平等开放的态度对待苏格兰人。在法律上,苏格兰人保留了他们自己的法律体系,以及他们自己的枢密院(Privy Council,直到1708年才被废止)。英格兰和苏格兰已经确立起来的教会保持不变:英格兰仍为圣公会;苏格兰仍为长老会。

Union, Act of(Wales) 《合并法》(与威尔士合并法) "合并法"这一术语是20世纪的人们对1536年和1542年至1543年通过的两个议会法案的描述。这两个法案公开宣布威尔士被"并入、联合到和附属于"英国版图。1536年的《合并法》制定了这样的原则:"在这个王国内执行的法律与司法,也以同样的方式在威尔士得到执行"。1542年至1543年的《合并法》则包含了更为详尽的内容。根据1536的《合并法》,威尔士除了包括原来的6个公国,即卡马森(Carmarthen)、卡迪根(Cardigan)、安格尔西岛(Anglesey)、卡那封(Caernarfon)、梅里奥尼思(Merioneth)和弗林特(Flint),以及现有的彭布罗克(Pembroke)和格拉摩根(Glamorgan)两个郡级巴拉丁领地之外新建了5个郡,即蒙茅斯郡(Monmouth)、布雷肯郡(Brecon)、拉德诺郡(Radnor)、登比郡(Denbigh)和蒙哥马利郡(Montgomery)。威尔士人被赋予了法律平等的权利,英国法律成为威尔士官方通用的法律。威尔士的每个郡在英国议会中都有一个席位(富裕的蒙茅思郡有两个席位),且每个郡的首府都有一位代表自治市的议会议员【贫穷的哈勒赫(Harlech)除外】。根据1542年至1543年的《合并法》,威尔士设立了巡回法庭(Court of Great Sessions),威尔士的12个郡被划分成4个巡回审判区,而蒙茅思郡则归入了牛津巡回审判区,这就使得人们常常产生这样的疑惑:蒙茅思郡是否属于威尔士。

Union Jack　米字旗　联合王国国旗。1603 年,苏格兰国王詹姆斯六世同时也是英格兰国王的詹姆斯一世即位后,将英格兰的圣乔治白地红色正十字旗(the red cross of St George)与苏格兰的蓝地白色圣安德鲁交叉十字旗(the saltire of St Andrew)结合在一起,作为大不列颠的国旗。1801 年,爱尔兰并入英国后,英国国旗中又增加了圣帕特里克白地红色交叉十字旗(the diagonal red cross of St Patrick)。

Union of Democratic Control　民主控制联盟　民主控制联盟是由 J.A.霍布森(J.A.Hobson)、诺曼·安杰尔(Norman Angell)和伯特兰·罗素(Bertrand Russell)等一群自由派知识分子于 1914 年 9 月建立的组织,他们认为战争产生于秘密外交。第一次世界大战期间,他们积极推动协商解决问题。此后,他们一直开展反对军备竞赛和军事结盟的活动,直到 1967 年,民主控制联盟(UDC)解散。

Unitarians　一位论派　一位论派否认基督的神性。他们认为应该得到崇拜的只有上帝,但他们对待耶稣的态度却存在着差异,这反映出他们把合理的个人判断用于解读《圣经》,并且不愿制定信条。他们的观点在宗教改革(Reformation)中,尤其是通过内科医生迈克尔·塞尔韦图斯(Michael Servetus,1511—1553 年)在日内瓦(Geneva)被处以火刑这一事件,而得到了发展。到 17 世纪时,一位论派已经在波兰、匈牙利和英国建立了自己的团体,期间约翰·比德尔(John Biddle,1615—1662 年)因撰写了《证明圣灵不具有神性的十二论点》(*XII Arguments*)一书而使自己成为英国一位论派的创始人。在 1825 年英国与国外一位论者协会(British and Foreign Unitarian Association)成立之前,英国的一位论者在没有任何协同机构的情况下,依然创造出一种以马蒂诺家族(Martineaus)、张伯伦家族(Chamberlains)、威克斯第德家族(Wicksteeds)和霍尔特家族(Holts)等为代表的独特的社会、政治和思想文化。

United Empire Loyalists　联合帝国效忠者　"联合帝国效忠者"是英属北美总督多尔切斯特勋爵(Lord Dorchester)于 1789 年创造出来的一个名称,专指那些在美国独立战争期间仍然效忠英国,并逃到今加拿大或是回到英格兰的北美 13 个殖民地的市民。

United Irishmen　爱尔兰人联合会　爱尔兰人联合会是由西奥博尔德·沃尔夫·托恩(Theobald Wolfe Tone)和詹姆斯·纳珀·坦迪(James Napper Tandy)于 1791 年在贝尔法斯特和都柏林建立的组织,他们积极主张进行议会改革,追求平等的宗教权利。1793 年,法国大革命中发生的一些重大事件使他们变得更加激进,与此同时,对于天主教实力增长的担忧也导致许多新教徒脱离了这个组织,并成立了奥兰治协会(Orange Society)。1795 年,爱尔兰人联合会重组为一个秘密组织,并宣誓为共和国效力。1796 年,他们在法国帮助下举行了一次起义,但是当侵入英国的这支法军因在班特里湾(Bantry Bay)附近遭遇风暴而被吹散之后,起义夭折。爱尔兰人联合会拟定于 1798 年 5 月再次举行起义,但因起义领导人被捕或逃跑,起义被迫中止,6 月,就在托恩率领的一小股法军侵入英国之前不久,农民起义军在维尼格山(Vinegar hill)被击溃。

United Kingdom　联合王国　See GREAT BRITAIN(见大不列颠)

United Nations　联合国　第二次世界大战后联合国取代了失败的国际联盟(League of Nations)。俄罗斯、美国、中国和英国之间通过战时谈判,为新的全球安全机构的建立勾画了一幅蓝图。联合国于 1945 年 10 月 24 日由 51 个成员国共同成立。2006 年 6 月,黑山共和国(Montenegro)的加入,使联合国成员国的数量增加到 192 个。

联合国的机构与国际联盟的机构有一定的相似之处,虽然联合国大会被授权按照多数票,而不是一致同意的原则行事。然而,英国、美国、苏联、法国和中国这五大联合国安理会常任理事国在安理会中享有否决权,对此英国保留了自己的权利。

联合国维护全球安全的有效性在很大程度上是在大国一致的基础上实现

的。在冷战(Cold War)时期和 1989 年以后,联合国维和活动的数量在缓和时期激增,但在 20 世纪 50 年代和 80 年代当美苏两个超级大国相互使用否决权的时候,联合国维和活动则较为罕见。联合国之所以能够干预朝鲜战争是因为当时苏联拒绝参加安理会。英国军队参与了联合国的维和行动,尤其是在塞浦路斯(Cyprus)和波斯尼亚(Bosnia)的维和行动。然而,2003 年联合国在对待伊拉克的政策上产生的强烈分歧,致使联合国的权威性受到削弱,而且联合国一直很难说服一些成员国以实际行动来表达良好的意愿。

'Unlearned' Parliament, 1404. "不学无术"议会(1404) 由于身为律师的议员们过于专注自己的职业事宜,国王亨利四世下令所有的律师议员都不要返回议会,于是,人们把 1404 年亨利四世在考文垂(Coventry)召集的议会称为"不学无术"议会。亨利四世的命令遭到人们的不满,1405 年,反对者们要求建立一个自由的议会。

Urien 于里安 于里安是 6 世纪晚期时雷吉德(Rheged)王国的统治者,雷吉德是以卡莱尔(Carlisle)为中心的不列颠王国。9 世纪的英国作家南尼厄斯(Nennius)描述了于里安的势力,于里安的宫廷诗人塔利辛(Taliesin)称赞他为勇士和保护人。据塔利辛的描述,于里安曾经领导一个联盟对抗北方伯尼西亚王国(kingdom of Bernicia)的盎格鲁人。590 年前后,于里安在围攻班堡(Bamburgh)时被杀害。

Uses, statute of, 1535. 《用益权法》(1535) 用益权是一种法律手段,指当土地所有者不在其领地内时,如参加十字军东征,他人可以代管其财产的收益。然而,通过这种权利的延伸,有些人利用它躲避或逃脱义务,欺骗债权人,或规避针对永久管业(mortmain)的法律法规。亨利八世强制要求限制用益权,因为他认为他的财政收益会因此而受到影响,但是 1532 年的议会不愿意就此立法,于是,亨利八世严厉地警告议会说:"不要与我作对"。1535 年,议会接受了亨利八世的用益权法(27 Hen. VIII c.),该法对那些"狡猾的构想及行为"("subtle inventions and practices")提出了抗议,并恢复了受益人的义务。

Ushant, battle of, 1778.　韦桑岛战役（1778）　在法国加入到美国战争之后，奥古斯塔斯·凯佩尔（Augustus Keppel）受命率领一支由 30 艘舰船组成的舰队前去监视法国的布雷斯特（Brest）。7 月 23 日，凯佩尔在布列塔尼沿岸附近发现了一支与自己的舰队规模相近的由奥维利耶（d'Orvilliers）率领的法国舰队。凯佩尔虽然花费了 4 天的时间来谋划部署，但是没有取得决定性战果，并且遭受了大量的损失，没有捕获或击沉一艘敌舰。凯佩尔因此被送上了军事法庭，但被无罪释放，后来成为辉格党的代言人。

Ussher, James（1581—1656）.　**詹姆斯·厄谢尔**（1581—1656）　阿马大主教（Archbishop of Armagh）。厄谢尔出生在都柏林，受教于都柏林三一学院（Trinity College, Dublin），先后成为神学教授、大学副校长（1615 年）、米斯主教（bishop of Meath, 1621 年）和阿马大主教（1625 年）。1623 年 6 月，厄谢尔回到英格兰，1626 年签署了爱尔兰主教关于反对天主教信仰自由的声明。虽然厄谢尔的神学思想中含有宿命论的成分，但他与劳德的关系甚好。在其任期内，他按照有利于阿马的利益原则解决了有关爱尔兰大主教职位的争议，并批准发行了爱尔兰语版的《圣经》。1640 年，他离开爱尔兰后，暂时担任了卡莱尔（Carlisle）主教区主教。厄谢尔是一名出色的学者，对早期爱尔兰历史和圣经年表的研究都作出过贡献。他认为世界是在公元前 4004 年被创造出来的，这一观点在该领域内盛行了几十年。

usury laws　高利贷法　从借出的钱中获取利润是错误的行为这一观点见于《旧约》，它与公平价格（just or fair price）的信念有关，即每件商品都存在着一个公正合理的价格。然而教会的教义并不禁止用利息来补偿因经商而借出的资本。这种双重标准在整个中世纪一直存在。

utilitarianism　功利主义　功利主义是道德哲学中的一个理论，提倡追求"最大幸福"是人类一切行为的最终目标。使功利主义系统化的哲学家杰里米·边沁（Jeremy Bentham）认为，任何促进最大多数人的最大幸福的行为都是正确的行为。

边沁认为,功利主义既是个人也是集体制定决策时所需要的实用准则,应依据行动方案建立一个"幸福微积分"来衡量快乐时间延长的净值。自 19 世纪中期以来,功利主义已经对英国社会政策的制定产生了相当大的实际影响。功利主义成了哲学激进主义改革运动的思想驱动力,这场运动用功利原则检验所有的制度。

然而,功利主义饱受批评。反对者以不可能把复杂的哲学问题简化成简单的数学公式为理由对功利主义进行驳斥,不管功利主义多么巧妙,夺走一个人的财产分给另外 200 个人给这个人造成的极大痛苦与得到其财产的那 200 个人所获得的潜在幸福之间,不存在一个使二者得到平衡的合理标准。批评功利主义的人们还认为,公平需要保护基本人权,如生命和自由,这不需要进行功利计算。约翰·斯图亚特·穆勒(John Stuart Mill)曾试图回应这种批评,他指出公平的原则如果不总是在即时短期内提高社会效用的话,从长远来看,也会提高社会效用。

Utopia 《乌托邦》 《乌托邦》是托马斯·莫尔(Thomas More)于 1516 年出版的一部政治哲学著作,他开创了一个文学流派。由于莫尔始终沉浸在人文主义文学中,因此,他试图通过自己与虚构的拉斐尔·希斯拉德(Raphael Hythloday)的讨论来寻求政府的最佳形式。随后,莫尔让希斯拉德描述了这个"新乌托邦岛"("New Island of Utopia")即"乌有之邦"("Noplace"),但这个平等的共和国(commonwealth)似乎也存在着缺陷,因为尽管这个岛上的居民享有宗教自由,而且有吃有住,但是个人自由仍受到限制。

Utrecht, treaty of, 1713. 《乌得勒支条约》(1713) 《乌得勒支条约》是结束西班牙王位继承战争(War of the Spanish Succession)的总体解决办法的一部分。法国和西班牙承认汉诺威王朝继位。西班牙的腓力五世(Philip V)放弃了他对法国王位的诉求。法国保住了阿尔萨斯(Alsace),腓力保住了西班牙和西印度群岛,但把他在尼德兰和意大利的其他领地让给神圣罗马帝国皇帝查理六世(Emperor Charles VI),英国获得了法国在北美的殖民地以及西班牙的直布罗陀(Gibraltar)和梅诺卡岛(Minorca)。

Uxbridge, treaty of, 1645. 《**阿克斯布里奇条约**》（1645）　所谓的《阿克斯布里奇条约》实际上是一次失败的谈判。1644 年，由于战局的变幻莫测，迫使议会提出了休战议案。议员们于 1 月 29 日在阿克斯布里奇就教会、民兵（militia）和爱尔兰三个主要议题进行了协商。然而，这三方面均未取得任何进展。议会于 2 月 22 日停止了协商。以和解方式结束战争的最后机会错过了。

V

vaccination　疫苗接种　1798 年詹纳（Jenner）最先使用了疫苗接种这个术语，以此来表示接种牛痘疫苗【*vacca*，即"牛"（Cow）】使人体产生免疫力，从而抵抗有致命性危害的天花病毒对人体的侵害。从那时起，这个术语用来表示通过人为制造免疫力以抵抗一般的传染性疾病。1840 年的《天花接种法》（Vaccination Act）禁止人们用人痘接种的方法，并允许穷人进行疫苗接种，费用由地方纳税人承担。1853 年的接种法对 1840 年《天花接种法》进行了扩充，使疫苗接种成为一项强制措施，尽管这种强制性还不具有普遍意义。由于对传染性疾病实行法定疫情报告制度，而且公共健康机构也得到了更好的培训，因此疫苗接种大大降低了天花病毒的传播和致死率。随后，针对白喉、小儿麻痹症、麻疹、百日咳以及风疹的疫苗接种也已在很大程度上控制了这些疾病。

Vagrancy Acts　《流浪法》　在中世纪晚期和都铎王朝时期，社会上存在的流浪现象尤其令人感到担忧，因为这往往会导致犯罪现象的出现，不仅如此，这些"没有主人的人"（"masterless men"）似乎还会对整个社会结构的稳定构成威胁。庄园领主（lords of the manor）权力的瓦解使得庄园内的男男女女获得了迁徙的自由，而随后发生的失业、军人复员、圈地运动和高物价这些因素结合在一起，使这些人陷入贫困和漂泊无依的状态。

　　在黑死病（Black Death）造成了英国劳动力的严重匮乏之后，英国政府于 1351 年实施了干预，这是英国政府实施的最早的干预措施之一。1351 年的立法不仅试图控制工资并强制签订契约，并且声明对于那些从一个郡逃到另一个郡的人要给予惩罚。另一次立法风潮发生在 1381 年农民起义之后。1383 年颁布的一项法令授予治安法官(JPs)有逮捕流浪者的权力。1388 年颁布的另一项法令则规定任何要离开住所和工作岗位的人,都必须有证明信来说明外出的目的。都铎王朝时期这方面的立法既频繁又严格。亨利七世在位时,议会于 1495 年颁布法令规定,流浪者要被戴上脚镣三天三夜,而且只为其提供面包和水。1535年颁布的法令规定,第二次违法的"胆大的乞丐或身体健壮的流浪者"都会失去右耳的一部分,如果再犯第三次就会被绞死。王朝复辟(Restoration)之后流浪问题就不复存在了,一方面是由于乞丐可以在他们出生地所在的堂区得到帮助,另一方面经济增长也给他们提供了更多的就业机会。济贫方面支出的不断增长,导致 19 世纪早期整个制度的重组,但流浪现象已不再令人担忧了。

Valence,Aymer de,earl of Pembroke(c.1270—1324)．**艾梅·德·瓦朗斯,彭布罗克伯爵**(约 1270—1324)　瓦朗斯的父亲威廉(William)是亨利三世同父异母的兄弟,母亲是约翰(John)的遗孀伊莎贝拉(Isabella)。伊莎贝拉第二次结婚嫁给了威廉,他们的儿子瓦朗斯于 1247 年来到英格兰。1296 年,艾梅·德·瓦朗斯继承父业。在其早期生涯中,瓦朗斯一直在苏格兰作战,1298 年,他参与了福尔柯克(Falkirk)战役,并于 1306 年在梅斯文(Methven)击败了罗伯特一世布鲁斯(Robert I Bruce)。次年,他在劳登山(Loudoun Hill)被布鲁斯击败。1307 年,瓦朗斯从母亲那里继承了彭布罗克伯爵的封号,其母伊莎贝拉为彭布罗克伯爵威廉·马歇尔(William Marshal,earl of Pembroke,卒于 1219 年)的孙女。在爱德华二世统治期间,他先是作为受圣职者(Ordainer),在谋杀了被夺取监护权的加韦斯顿(Gaveston)之后,又转而投入国王的阵营。他在班诺克本(Bannockburn)为国王作战,后来受命监视苏格兰人,并担任外交使节。

Vanbrugh,Sir John(1664—1726)．**约翰·范布勒爵士**(1664—1726)　剧作家,建筑师。范布勒是一个有着荷兰血统,且能很好地再现文艺复兴时期风格的人。范布勒是军人出身,后来晋升为上尉。1688—1692 年,他被俘囚禁在法国。1696 年,他凭借喜剧《故态萌生》(*The Relapse,or Virtue in Danger*)以及其中对领主弗宾顿(Lord Foppington)这一角色的大胆刻画,为自己赢得了巨大的成功。随后,他于 1697 年发表了《河东狮吼》(*The Provok's Wife*),1705 年的作品

《合谋》(*The Confederacy*)更是被搬上了他本人设计建造的位于秣市街(Haymarket)的女王剧院。与此同时,范布勒在 1701 年开始为卡莱尔伯爵(earl of Carlisle)设计霍华德城堡(Castle Howard)之后,他的建筑事业也获得了发展。1702 年,范布勒被任命为建筑工程委员会的审计官,1703 年被任命为卡莱尔纹章官(Carlisle herald),1704 年被任命为克拉伦斯克斯纹章官(Clarenceux herald)。1705 年,范布勒开始设计布伦海姆宫(Blenheim Palace),而且他与马尔伯勒公爵夫人莎拉(Sarah,duchess of Marlborough)之间还发生了缠绵不断的感情纠葛。范布勒的作品一贯具有追求奢华新奇的巴洛克风格。

Van Dyck,Anthony(1599—1641)．　**安东尼·凡·戴克**(1599—1641)肖像画家。凡·戴克出生在比利时北部的安特卫普(Antwerp)。1632 年,他成为查理一世的"宫廷御用画家"("Principal Painter in Ordinary"),并在 1633 年被封授爵士。他承接的很多作品都展现了王室贵族的神秘。在这十年期间,凡·戴克用如此精练的技法描绘出了欧洲君主们的脆弱性,以至于在英国肖像画界,只有庚斯博罗(Gainsborough)和劳伦斯(lawrence)能够与之相媲美。

Vane,Sir Henry the elder(1589—1655)**and Sir Henry the younger**(1613—1662)．　**老亨利·范内**(1589—1655)**和小亨利·范内爵士**(1613—1662)　一对具有相反性格的政治家。父亲老亨利是一个世俗且心胸狭窄的朝臣,一心只想为自己积累地产。儿子小亨利则是一个拥有玄妙学问的激进的清教徒,他在中年时期,成了一个空谈理论的共和主义者。

老亨利通过购买以及赞助的手段,在王室中获得了一系列的职位,并赢得了查理一世的信任,于 1630 年成为一名枢密院顾问官。因深受王后的喜爱,他于 1640 年 2 月被晋升为国务大臣。他逐渐地与未来的议会议员结盟,直到查理一世撤销了他的所有职务。

1635 年,为了马萨诸塞的宗教自由,小亨利牺牲了自己在法庭中一份颇有前途的事业,6 个月后,他被选为马萨诸塞总督。他深深地陷入了宗教争论之中,在与常设法庭经历了一场激烈的争论之后,他辞职并于 1637 年回到故乡。在长期议会中,他立刻成为主战派的领导人,并与克伦威尔结成了紧密的联盟。

但是到 1648 年时,他与克伦威尔分道扬镳,并在审判国王问题上采取了回避的立场。然而,他在共和国(Commonwealth)政府中非常活跃,他将克伦威尔的护国政体(Protectorate)视为对共和原则的一种背叛。在王朝复辟时期,他本应得到赦免,但却于 1662 年被处死。

Vanuatu 瓦努阿图 瓦努阿图是英联邦中的一个独立的共和国,其旧称为新赫布里底群岛(New Hebrides),是由库克(Cook)命名的。瓦努阿图的支柱产业是农业(可可豆、咖啡和椰子肉)、渔业和旅游业。从 1906 年开始,瓦努阿图就一直由法国和英国共管,1980 年才取得独立。

vassal 封臣 封臣一词是指向领主正式宣誓效忠的人,源于凯尔特语,意思是"青年人"("youth")。在其最简单的形式中,封臣仅仅意味着把自己交托给封建领主以求得领主的庇护,但当地产和恩惠土地保有(benefices)被用来换取具体义务时,封臣的意思就变得复杂了,臣服礼(homage)是维系其存在的一个重要保证。诺曼人将欧洲大陆上实行的授予封臣采邑(fief)的做法引进英格兰,但这并不代表封臣完全拥有这块土地,他们不能转让这块土地,而只能转租。作为交换,封臣要向自己的领主履行既定的义务,例如骑士义务(knight service)或其他特殊情况下的帮助义务(aids)。到了 13 世纪,由于越来越多的领主愿意用支付免服兵役税(scutage)的方式取代服兵役,而且封臣们也试图以支付免服兵役税的方式来取代自己对领主应尽的义务,因此领主与封臣之间原有的那种交换关系逐渐瓦解。

Vaughan,Henry(1622—1695). **亨利·沃恩**(1622—1695) 诗人,神秘主义者。沃恩在牛津大学就读两年后,就前往伦敦学习法律。但 1642 年内战爆发后,他回到家乡布雷肯郡(Breconshire)。1646 年,他开始发表自己的诗歌,但在乔治·赫伯特(George Herbert)的影响下,他抛弃了"休闲诗"("idle books"),转而开始创作宗教诗歌,从而一举成名。他于 1650 年出版的《闪光的燧石》(*Silex Scintillans*,"The Glittering Flint",其第二部分于 1655 年出版)和 1652 年出版的散文《橄榄山》(*The Mount of Olives*)反映了他虔诚的心灵和鲜活的创造力。

Vaughan Williams, Ralph（1872—1958）. **拉尔夫·沃恩·威廉斯**（1872—1958） 热衷于与观众直接交流的英国作曲家。沃恩曾与查尔斯·伍德（Charles Wood）一同在剑桥大学学习作曲,后与帕里（Parry）和斯坦福德（Stanford）一起在伦敦的皇家音乐学院（Royal College of Music）学习,并在那他结识了一生的挚友与作曲搭档古斯塔夫·霍尔斯特（Gustav Holst）。他于1902年发表的第一部作品,节奏欢快的歌曲《菩提地》（"Linden Lea"）获得了很大成功。拉尔夫·沃恩·威廉斯很重视本土文化的传承:他于1906年编辑的《英国赞美诗集》（*The English Hymnal*）,以及其他作品如1909年的《托马斯·塔利斯主题幻想曲》（*Fantasia on a Theme of Thomas Tallis*）,都反映了他对伊丽莎白时代音乐的兴趣。他还收集民歌,这影响了他音乐的和谐调式和旋律风格,并对有影响力的"英国式音乐"作出了贡献。

Vauxhall gardens 沃克斯霍尔花园（伦敦） 沃克斯霍尔花园坐落在泰晤士河（Thames）南岸,王朝复辟（Restoration）后不久就以"新喷泉花园"（New Spring gardons）之名对外开放了,到此游览的佩皮斯（Pepys）曾抱怨花园的造价太高。1732年,乔纳森·泰尔斯（Jonathan Tyers）曾在此为花园的重新开放举行了一个盛大仪式,威尔士亲王弗雷德里克（Frederick,prince of Wales）应邀出席。沃克斯霍尔花园的特色景观是圆顶建筑（Rotunda）和1738年鲁比里亚克（Roubiliac）创作的韩德尔（Handel）雕像。到了19世纪,人们对沃克斯霍尔花园的喧闹和粗俗越来越无法容忍,遂使花园于1859年夏关闭。不久,沃克斯霍尔花园就被其他建筑物所覆盖。

Vereeniging, treaty of 《弗里尼欣条约》 该条约的签订标志着第二次布尔战争的结束。1902年5月31日,在德兰士瓦（Transvaal）南部的弗里尼欣,布尔人接受了英国人开出的最后条件:只要布尔人宣布接受英国国王爱德华七世的统治,他们就可以重新得到自己的土地,得到因战争损坏的房屋和庄稼的补偿。同时,在学校和法庭可以使用自己的语言,并且政府会尽快享有自治权,如果布尔人真心期待的话,也可以获得种族特权。

V

Verneuil, battle of, 1424. 　**韦尔讷伊战役**（1424）　作为未成年的国王亨利六世的摄政，贝德福德公爵约翰（John, duke of Bedford）的首要任务是保护亨利五世在法国的利益。1424 年夏，他发动了征服安茹（Anjou）和曼恩（Maine）的战争，但 8 月 17 日就在韦尔讷伊遭遇由两位苏格兰人率领的实力强于自己的法军。这两个苏格兰人分别是刚刚就任法国治安官的巴肯伯爵（earl of Buchan）和亨利四世时期一位老兵道格拉斯伯爵阿奇博尔德（Archibald, earl of Douglas）。这一次，英国弓箭手再次上演了九年前阿让库尔（Agincourt）战役获胜的一幕。在韦尔讷伊战役中，巴肯伯爵和道格拉斯伯爵双双阵亡。

Vernon, Edward（1684—1757）.　**爱德华·弗农**（1684—1757）　英国海军上将。弗农是威廉三世时期的国务大臣詹姆斯·弗农（James Vernon）的次子，15 岁时参加了海军。1722 年，弗农作为彭林（Penryn）选区的候选人当选议会下院议员，但转而加入了反对党，并于 1734 年失去了议席。1739 年英格兰与西班牙战争爆发时，弗农入伍，并以海军中将的身份被派往西印度群岛（West Indies）。1739 年 11 月 21 日，他的军队在巴拿马（Panama）猛攻波托韦洛（Porto-bello）要塞，弗农成了民族英雄。他被授予伦敦荣誉市民的称号，有些旅馆以他的名字命名，爱丁堡外还建了一个小旅游胜地来纪念他取得的这次伟大的胜利。然而，他在后来的卡塔赫纳（Cartagena）、圣地亚哥（Santiago）和巴拿马等诸战役中均未能重现以往的胜利。他代表伊普斯威奇（Ipswich）选区重新进入议会后，经常批评政府，并于 1746 年被革职。

Versailles, treaty of, 1783.　**《凡尔赛条约》**（1783）　在美国独立战争结束时，《凡尔赛条约》对英国的不利因素似乎比想象的要少，这一方面是由于 1782 年 4 月，罗德尼（Rodney）率领的海军在圣徒岛（Saints）战役取得了胜利，另一方面是由于德彪西（de Bussy）对印度远征的失败。英国被迫承认美洲 13 个殖民地的独立，然而，这也是 1781 年英国在约克敦（Yorktown）投降后难以避免的事情。美国人保留了他们在纽芬兰（Newfoundland）附近的捕鱼权，美国国会承诺将土地赔偿事宜"真诚地交付"给亲英分子。在西印度群岛，法国归还其征服的领土，但多巴哥（Tobago）除外。在印度，英国归还法国曾征服过的土地。英国将佛罗里达让给西班牙，保留了被西班牙步步紧逼的直布罗陀，但放弃了梅诺卡岛（Minorca）。

Versailles, treaty of, 1919. **《凡尔赛条约》**（1919） 《凡尔赛条约》是第一次世界大战结束时德国与取得胜利的同盟国之间于 1919 年 6 月 28 日在凡尔赛宫（palace of Versailles）的镜殿（hall of mirrors）签订的和平条约。凡尔赛宫的镜殿也是 1871 年德意志帝国皇帝举行加冕典礼的地方。德国不得不将阿尔萨斯（Alsace）和洛林（Lorraine）归还给法国，同时还要把大片领土归还给重组后的波兰。《凡尔赛条约》强迫德国解除武装。让德国人尤其感到愤怒的是：他们必须承担因战争而造成的全部损失，并向同盟国支付战争赔款。此外，该条约还成立了新的国际联盟（League of Nations）。

Verulamium **维鲁拉米恩** 维鲁拉米恩是罗马不列颠时期的一座城镇，卡图维劳尼人（Catuvellauni）的首府和圣奥尔本斯（St Albans，赫特福德郡）的前身。在铁器时代末期，维鲁拉米恩就是一个重要的奥皮达（oppidum）。卡图维劳尼似乎在罗马人入侵之前就已存在，经过短暂的军事占领之后，新的维鲁拉米恩开始发展起来。到公元 60 年维鲁拉米恩遭到布狄卡（Boudicca）破坏时，该城镇只剩下一个小规模的路网和若干罗马式建筑。到公元 79 年，该城镇已能够建造出精美绝伦的新广场，不久又依次建成公共浴室、剧院、庙宇建筑群、食品市场（封闭市场）和具有纪念意义的拱门。维鲁拉米恩是奥尔本（Alban）殉道的所在地。429 年，欧塞尔的杰马努斯主教（bishop Germanus of Auxerre）参观了奥尔本的圣祠，现存的大教堂可能会使这个地方永久地保留下去。

Vespasian **韦斯巴芗** 罗马皇帝，公元 69—79 年在位。提图斯·弗拉维乌斯·韦斯帕西亚努斯（Titus Flavius Vespasianus）于公元 9 年出生在萨宾（Sabine）地区的里雅提（Reate）。公元 43 年，他作为第二奥古斯都军团（*Legio II Augusta*）的司令官参加了入侵不列颠，在梅德韦河（Medway）战役中，战绩显赫，并继续向西南部逼近，击败了两个强大的部落，消灭了 20 个山上要塞。公元 69 年，尼禄（Nero）自杀后，韦斯巴芗被加冕为皇帝。在不列颠，在其姻亲皮蒂里乌斯·切里亚里斯(Petillius Cerialis)的率领下,罗马人继续向北挺进。

Victoria(1819—1901). **维多利亚**(1819—1901) 大不列颠及爱尔兰联合王国女王(1837—1901年在位)和印度女皇(1877—1901年在位)。维多利亚的一生可以分为三个阶段:遇到艾伯特(Albert)之前;和艾伯特一起生活;艾伯特离世之后。1817年11月,摄政王(prince regent)唯一的女儿及继承人夏洛特公主(Princess Charlotte)夭折,导致王位继承权的变动。剑桥公爵(duke of Cambridge)于1818年5月结婚。他的两个哥哥克拉伦斯公爵(duke of Clarence)和肯特公爵(duke of Kent)在一个月后共同举行了婚礼。克拉伦斯公爵的两个女儿在婴儿时期夭折,于是王位继承权留给了肯特公爵的女儿,即维多利亚公主。维多利亚公主生于1819年5月18日,受洗礼时取名为亚历山德里娜(Alexandrina),最初被称为德里娜(Drina)。她出生后8个月,她的父亲因肺炎在冬季死于锡德茅斯(Sidmouth)。此后,她是在一个几乎全部由德国女人组成的家庭中成长起来的。她的母亲是萨克森—科堡家族(house of Saxe-Coburg)的莱宁根的维多利亚公主(Princess Victoria of Leiningen),她来英国的时间不长,用英语交流还很困难。另外一个在维多利亚身边时刻照顾她的是来自汉诺威的莱赞小姐(Fräulein Lehzen),她在维多利亚6个月大的时候,就以家庭教师和玩伴的身份来到她身边。她们住在肯辛顿宫(Kensington palace),维多利亚在登上王位之前,一直住在母亲的房间。维多利亚公主的生活中心是她的132个玩偶,她给这些玩偶都取了名字,并穿上了精心制作的衣服。

维多利亚长大以后,聪颖且沉着冷静。在她成长的过程中虽然备受呵护,但却养成了其缺少内省的淳朴直率的性格,这种珍贵的品质始终伴随着她。无疑,肯特公爵夫人与乔治四世之间的关系不太和谐,与其继承人威廉四世的分歧更大,并暗暗地盼望和等待威廉四世的去世。肯特公爵夫人和年幼的维多利亚公主曾拒绝参加1831年威廉的加冕典礼,而且维多利亚公主还曾写道"即便是她的玩偶也不能给予她安慰",这一切说明他们在王位继承序位上存在着冲突。维多利亚16岁的时候曾写信给舅舅利奥波德(Leopold),说"我十分想获得欢乐,但最近三个月我们一直被囚禁在旧宫殿里"。1837年,当国王威廉四世病重的消息曝光时,维多利亚公主又在给舅舅利奥波德的信中说道:"我静静地期待

V

着即将发生的事情,毫不慌乱。"查尔斯·格雷维尔(Charles Greville)曾描写了维多利亚出席第一次会议的情景:"她看上去似乎充满敬畏,但却没有畏缩"。

维多利亚一生中所受到的教育始于她的第一任首相墨尔本(Melbourne),她对他一见钟情,他充当了父亲和初恋的角色。墨尔本温文尔雅的举止,柔和而又自在的言谈使维多利亚轻松地承担起了自己的职责,五天后她又在信中给舅舅利奥波德写道,"我做着重复乏味的工作,但我却甘之如饴。"1839年,当女王维多利亚对首相的爱慕之情使她陷入侍寝官危机(Bedchamber crisis)的时候,格雷维尔友善地写道:"墨尔本是她的一切,……她对他的爱慕之情是女人对男人的情感,尽管她自己还未意识到。"

维多利亚告诉墨尔本说,她可能根本就不会结婚,墨尔本则理智地回应以"我也不知道"。1839年10月,维多利亚的舅舅利奥波德使出了王牌,他把维多利亚的表弟艾伯特从萨克森—科堡叫过来,试着与维多利亚相处。结果,维多利亚对艾伯特一见钟情,"我一见到艾伯特就有些动心了",她写道,"他是那么的英俊……那么的潇洒。"与艾伯特见面两天后,维多利亚全然不顾及温文尔雅的墨尔本的心情,宣布说不能再等了。第三天,维多利亚就派了人到艾伯特那里去求婚。从此,维多利亚开始了她第二阶段的生活。

维多利亚精神饱满地开始了婚姻生活。新婚之夜后她在日记中吐露:"那一夜,我们没怎么睡。"6周后,维多利亚沮丧地发现自己有怀孕的迹象。维多利亚十分不喜欢小孩,她认为小孩子是"肮脏的东西",但是在1840年11月公主降生以后,他们又接连生养了8个孩子。她的私人生活也进入了公共视野。1841年4月,他们的女儿维多利亚公主6个月时,正值中英爆发战争之际:"艾伯特很高兴我们得到了香港岛,我们认为维多利亚公主除了是英国的公主以外,也应被称为香港公主。"艾伯特的影响力逐年增长,特别是在1851年世界博览会成功举办之后,以至于维多利亚女王于1857年时前所未有地称艾伯特为"女王的丈夫"(prince consort)。然而,由于工作压力和自身的责任感把艾伯特的身体搞垮了。1861年12月,艾伯特因染患伤寒去世,享年42岁。

维多利亚此后孀居40余年。从某种角度上来说,在她独居的日子里,她极度悲伤。1883年,当她所尊重的苏格兰男仆约翰·布朗(John Brown)去世的时候,维多利亚的身体出现了轻微的病态,她总是在重复着某些动作。有几年的时间,她完全消失在公众视野中。但随着孩子们的长大,家庭无可改变地逐渐占据了她的生活,她毫无热情的写道"这么一大堆孩子"。生活对于她来说变成了一团乱麻:找对象、办婚礼、受洗、长牙、患腮腺炎、看望、过生日(记得的或不记得的),以及年老与死亡带来的惩罚。曾因对老朋友罗伯特·皮尔爵士(Sir Robert Peel)不友善而遭到憎恨的迪斯累里(Disraeli)于 1881 年去世,维多利亚女王向死者鞠躬以示哀悼。1892 年,威尔士亲王的长子埃迪(Eddy)在桑德灵厄姆(Sandringham)死于肺炎,这一消息对维多利亚是个极大的打击。渐渐地,欧洲的宫廷和王位上都有维多利亚女王的亲戚或后裔。这个坐在轮椅上的瘦小女人成了"欧洲的女家长"("the matriarch of Europe")。

作为女王,维多利亚的政治影响力已被人们进行过大量的讨论和分析,但是不应该包含过于苛刻的要求。她最不信任的两个政治家分别是帕默斯顿(Palmerston)——被称为"朝圣的石头"("pilgerstein")和格莱斯顿(Gladstone)——被称为"半个疯子"("half-crazy"),但这并未阻止住前者在长达十余年的时间里担任首相,直到 81 岁时死于任上;也未能阻止住后者连任四届首相之职。作为女王,她的重要性在于同艾伯特一起恢复了君主的尊严与声望。维多利亚女王的威望逐年上升。在 1887 年和 1897 年为她举行的继位 50 周年和 60 周年庆典仪式上,维多利亚女王享受了令她难忘的成功喜悦。当然,场面极具奢华。女王的母亲皇后是一个个子矮小、身体较胖的老妇人,她高度近视,吃东西狼吞虎咽不知餍足,但是没有人嘲笑她。关于她的男仆约翰·布朗的粗俗笑话,她也充耳不闻。虽然维多利亚女王本身与"维多利亚时代的英格兰"("Victorian England")的清规戒律不相吻合(她从未摆脱从儿时起对于主教的厌恶),但是"维多利亚时代的英格兰"这个习惯说法已经根深蒂固,以至于人们都会好奇在没有"维多利亚时代的"这个形容词的情况下,其他国家会怎么办。直到最后,维多利亚女王都是一个矛盾体:以自我为中心,同时也体贴他人且有责任感;平凡却又伟大;富有激情却又精明理智。维多利亚于 1901 年 1 月 23 日在奥斯本(Osborne)去世,被葬在弗罗格莫尔(Frogmore),墓地就在艾伯特陵墓的旁边。

V

Victoria and Albert Museum　维多利亚和艾伯特博物馆　继成功举办 1851 年世界博览会之后,一座制成品博物馆迅速在马尔伯勒大厦(Marlborough

House）建立了起来，但其馆藏方针却日益偏向于古文物的收藏。这座博物馆的第一任馆长，公关活动的先驱亨利·科尔（Henry Cole）负责监管南肯辛顿（South Kensington）这个由各式各样新建筑组成的博物馆的施工，选址听取了艾伯特亲王的建议，博物馆于1857年对外开放。壮观但不实用的新博物馆，经过重新命名①，于1908年竣工。维多利亚和艾伯特博物馆从此成为一座引领世界的装饰艺术博物馆。

Victoria Cross　维多利亚十字勋章　维多利亚十字勋章于1856年克里米亚战争（Crimean War）期间设置，是颁发给那些"勇敢无畏"之人的最高荣誉。与以往大多数荣誉勋章不同，维多利亚十字勋章面向所有等级的人，不分阶层。勋章的缎带为深红色，按照维多利亚女王的建议，勋章上面刻有"骁勇善战"的字样。最初的十字勋章是用在塞瓦斯托波尔（Sebastopol）缴获的俄式枪支铸成的。

***Victory*, HMS　皇家海军舰艇"胜利"号**　"胜利"号是英国皇家海军最老的现役战舰，是海军司令部总司令的固定旗舰。1759年，"胜利"号被设计成一艘装载100门炮的战舰，但直到1765年才下水，1778年美国独立战争（American War of Independence）期间首次服役。该战舰是英国海军中第5艘以"胜利"号命名的战舰，在1803年7月30日悬挂纳尔逊（Nelson）的旗帜之前，"胜利"号上先后飘扬过凯佩尔（Keppel）、肯彭费尔特（Kempenfelt）以及理查德·豪勋爵（Lord Howe）的旗帜。作为纳尔逊在特拉法尔加（Trafalgar）海战中的旗舰，"胜利"号受到重创，但1824年在朴次茅斯港（Portsmouth）退役之前，仍在服役。

Vienna, Congress of, 1814—1815.　维也纳会议（1814—1815）　1814年4月拿破仑（Napoleon）退位后，接下来签订的第一次《巴黎条约》（treaty of Paris）形成了初步解决方案。根据该条约，波旁王朝（Bourbon monarchy）的统治得以恢复，法国的大部分殖民地被归还，允许法国保留1792年时的疆界，并认可比利

---

① 1899年，博物馆改名为维多利亚和艾伯特博物馆。

时与荷兰的联合。然而,1815 年 3 月拿破仑逃出厄尔巴岛(Elba)后,这一切努力都化为了乌有,直到 6 月拿破仑在滑铁卢被打败之后,《巴黎条约》的内容才有了保障。维也纳会议签订的条约对法国更加苛刻,只容许法国保留 18 世纪 90 年代时的疆界,此外,法国还需向反法同盟支付赔偿,并认可联盟各国在法国派驻的占领军。条约还规定比利时与荷兰联合,从而成为一道比过去的西班牙或奥属尼德兰阻挡法国入侵更有效的屏障;强化皮埃蒙特(Piedmont)作为意大利屏障的地位,使奥地利与米兰(Milan)、伦巴第(Lombardy)和威尼斯(Venetia)一起成为意大利的主导力量;建立由沙皇亚历山大(Tsar Alexander)统治的波兰王国;作为对东部失去的领土的补偿,普鲁士得到了西部的领土;确认了瑞士的中立地位;因瑞典在最后一刻改变了立场,所以丹麦将挪威让与瑞典;汉诺威王朝获得了东弗里西亚(East Frisia);英国保留了好望角(Cape of Good Hope)、锡兰(Ceylon)、多巴哥(Tobago)、圣卢西亚(St Lucia)、马耳他(Malta)、毛里求斯(Mauritius)、伊奥尼亚群岛(Ionian Islands)和黑尔戈兰岛(Heligoland)。1830 年比利时与荷兰联合体解体,标志着维也纳体系的第一次失败。

Vienna, treaty of, 1731. 《维也纳条约》(1731) 根据 1731 年 3 月在维也纳签订的第二个条约,英国以国事诏书来确保玛丽亚·特蕾西亚(Maria Theresa)对哈布斯堡王朝的继承权,而皇帝查理六世(Emperor Charles VI)同意关闭东印度公司(East India Company)的竞争对手奥斯坦德公司(Ostend Company)。但是当玛丽亚·特蕾西亚 1740 年受到攻击后,英国的援助则远未做到尽心尽力。

Vigo Bay, battle of, 1702. 维哥湾海战(1702) 1702 年 8 月,在西班牙王位继承战争(War of the Spanish Succession)初期,乔治·鲁克爵士(Sir George Rooke)和奥蒙德公爵(Duke of Ormond)远征加的斯(Cadiz)失败。在返回的途中他们得到了消息:一支大型的西班牙珍宝船队及其护航舰队在维哥湾入港停泊。10 月 12 日他们击败了对手,击沉 11 艘军舰,捕获了 10 艘战舰和 11 艘西班牙大帆船。尽管大多数财宝此前已被卸载到岸上并被运走,但他们仍收获颇丰。

Viking 维金人 维金人是古斯堪的纳维亚语中的一个专有名词,19世纪才得到广泛使用,用来描述出身于斯堪的纳维亚的入侵者、殖民者和商人,他们在8世纪末至11世纪,给北欧和大西洋沿岸的大片地区带来了长期而深远的影响。

考古资料表明,早在6世纪时,不列颠与斯堪的纳维亚之间就已经开始有了贸易活动。然而,根据当时的文献记录,8世纪末就出现了侵略性的接触,维金人对不列颠岛和法兰克王国防御力量较弱的沿海地区发动了袭击,793年对林迪斯芳(Lindisfarne)的劫掠就包含在这一系列挑衅之中。然而,维金人对英格兰展开的这种攻击形式在850年丹麦军队在肯特郡的萨尼特(Thanet)过冬时,发生了重大改变,英格兰要面对维金人持续时间更为长久的入侵。866年,在与加洛林王朝进行了数年战斗之后,"强大的维金人劫掠大军"侵入东盎格利亚,随后,其中的一支维金人军队于867年占领了英格兰王国的商业和政治中心约克,维金人以此为基地,又陆续对麦西亚、东盎格利亚以及威塞克斯展开了进攻。在9世纪的最后几年里,丹麦人与威塞克斯王国的国王阿尔弗雷德大帝(Alfred the Great,871—899年在位)之间,就英格兰南部的权力争夺展开了军事和政治斗争,威塞克斯是仅存的盎格鲁—撒克逊王国。在此期间,随着约866年时丹麦法区(Danelaw)的建立,以泰晤士—切斯特(Thames-Chester)一线为界,北部的斯堪的纳维亚人居住区一套完全不同的法律和行政系统得到了认可。只是在954年最后一位维金人的约克国王"血斧"埃里克(Erik Bloodaxe)被逐出英格兰后,阿尔弗雷德的继承人于10世纪最初的数年间逐步夺回了盎格鲁—斯堪的纳维亚人中部和北部地区的控制权,英格兰才实现了由一位国王统治的但仍动荡不安的政治上的统一。居住在英格兰东部丹麦法区的斯堪的纳维亚人大部分都是丹麦人。然而,在10世纪的前20年中,挪威人以及熟知苏格兰西部的第二代定居者都来到了坎布里亚(Cumbria)。

10世纪中期的英格兰已经在很大程度上摆脱了斯堪的纳维亚人的入侵活动,但是埃塞尔雷德(Æthelred)在位(978—1016年)初期,维金人大规模劫掠的浪潮再次出现。他们的最终目的是在政治上掌控英格兰,克努特(Cnut)最终实现了这个目的,1017年他成为了英格兰和丹麦的国王。1035年克努特死后,盎格鲁—斯堪的纳维亚的关系经历了一段复杂的历史,但是哈罗尔·哈德拉达

(Harold Hardrada)在斯坦福德布里奇(Stamford Bridge)战役的失败却是斯堪的纳维亚人为征服英格兰所作的最后一次重要努力。

在不列颠的其他地区(爱尔兰除外),斯堪的纳维亚人的侵袭及殖民情况没有被很好地记录下来。除了一些沿海地名之外,在其他方面维金人对威尔士的影响没有留下多少痕迹。相反,奥克尼群岛(Orkney)、设得兰群岛(Shetland)、赫布里底群岛(Hebrideds)以及曼恩岛(Isle of Man)的一些考古发现和专有名词则能证明9世纪初就有大量挪威人在这些地方定居的痕迹。西部的大部分地区在1266年之前一直是一个被认可的政治实体【"群岛王国"("kingdom of the Isles")】,与此同时,斯堪的纳维亚人在奥克尼群岛和设得兰群岛进行的殖民活动直到1469年为止,说明他们仍然效忠于挪威。

villas, Roman　罗马人的维拉　"维拉"是一个拉丁词,意指农场(farm),但却一直被古玩商人和考古学家用来表示罗马人在不列颠建造的展示罗马建筑风格的乡间住宅,无论其品质有多么低劣。维拉起源于公元1世纪晚期,往往与铁器时代的住宅相重叠,并被视为贵族模仿罗马风格的本土建筑。到4世纪前半期,从简单的单幢住所到巨大的复式建筑群,如萨塞克斯的比格诺(Bignor)和伍德切斯特(Woodchester),不列颠大概有1000所维拉。但在4世纪后期,维拉开始衰落,在5世纪前半期已基本上不再使用。

villein　维兰　维兰用来描述具有农奴身份(serfdom)——即人身隶属于领主,需要服劳役——的农民。"villanus"一词最先出现在《末日审判书》(Domesday Book)中,当时没有任何的贬义,指居住在"村邑"("vills")中的人们,因而是构成人数最多的社会阶级。尽管维兰不是自由人,但地位却高于拥有少量土地的边地农(bordars)和茅舍农(cottars),更高于萨克逊时代英格兰为数众多的奴隶。但维兰一词的含义并不明确,维兰的身份地位和义务,因庄园而有所不同,因地而异,也随着时间的变化而有所区别。他们可以有多种方式来摆脱维兰身份(villeinage)的束缚:从领主那里赎买自由【劳役折算(Commutation)】;逃到城镇里住满一年零一天;接受圣职(在征得领主的同意下)等。到14世纪末,农奴制明显处于瓦解之中,维兰的身份不断发生着变化,向公簿持有农

（copyholders）转化。

Vimeiro, battle of, 1808.　维梅鲁战役（1808）　半岛战争（Peninsular War）中发生的首场重要战役。英军在阿瑟·韦尔斯利【Arthur Wellesley，威灵顿（Wellington）】的率领下，于 1808 年 8 月 1 日在葡萄牙蒙德古湾（Mondego Bay）登陆，并向 30 英里以南的里斯本（Lisbon）进军来援助葡萄牙人。8 月 21 日，14,000 名法军在朱诺（Junot）的指挥下向英军展开进攻，但被韦尔斯利率领的 17,000 名英军击退。

Vinegar Hill, battle of, 1798.　维尼格山战役（1798）　在爱尔兰起义过程中，部分韦克斯福德起义军（Wexford rebels）在恩尼斯科西（Enniscorthy）外的维尼格山上安营扎寨，他们对恩尼斯科西周边的新教徒进行恐吓。1798 年 6 月 21 日，政府军在莱克将军（General Lake）的率领下闪击维尼格山，派克斯（Pikes）领导的起义军完全抵挡不住炮火的攻击。

Virgin Islands　维尔京群岛　位于波多黎各（Puerto Rico）东部的群岛，由美国和英国共有。英属维尔京群岛是王室直辖的殖民地，这些岛屿最初是由哥伦布（Columbus）发现并命名的，但 17 世纪后期成为英国殖民地。

viscounts　子爵　子爵在贵族爵位中排列第四，地位高于男爵。子爵也是五个贵族等级中最晚出现的爵位。1440 年，亨利六世封授博蒙特勋爵约翰（John, Lord Beaumont）子爵爵位。但是子爵这个爵位在英国并没有被广泛使用。1838 年，当墨尔本（Melbourne）在给年幼的维多利亚女王上课的时候，她说参加自己的加冕典礼的子爵人数非常少，墨尔本答道："子爵是其他国家的爵位，并非真正的英格兰爵位。"

V

Vitoria, battle of, 1813.　维多利亚战役（1813）　维多利亚战役是半岛战争（Peninsular War）中的决定性战役，对阵的双方是威灵顿（Wellington）率领的 75,000 名联军与约瑟夫·波拿巴（Joseph Bonaparte）率领的 58,000 名法军。威灵顿在距离维多利亚 8 英里的地方向法军发起了进攻。尽管粉碎了法军占领的核心据点,但两次侧翼包围都以失败告终。法军损失 7000 人、143 件枪炮以及很多物资。这场战役结束了拿破仑在西班牙的统治,法军翻过比利牛斯山脉(Pyrenees)撤退。

Volunteer movement 爱尔兰志愿军运动 在法国和西班牙加入美国独立战争之后,很多爱尔兰人自愿保卫家园,抵御外敌。到 1780 年,40,000 名爱尔兰人入伍。这也为爱尔兰人在与英国政府的谈判中迫使其作出尽量多的让步争取到了政治筹码。爱尔兰人先是于 1780 年从诺斯(North)那里争取到了商业利益,随后又使英国政府废除了《波伊宁斯法》(Poynings's Law),并于 1782 年从罗金厄姆政府(Rockinghams)手中获得了立法自主权。但是当爱尔兰志愿军进一步提出要讨论议会改革问题时,双方在有关天主教的问题上谈判破裂。

volunteers 志愿军 自远古时期以来,保家卫国一直被视为自由民的义务。如果志愿者在国家危机时刻自告奋勇为国家做贡献的话,政府几乎是不可以拒绝的。然而,他们未必是一支非常有效的力量,他们的个人需求往往也是令人厌倦,而且正如爱尔兰志愿军(Irish Volunteers)所表现的那样,他们是政府一个潜在的政治威胁。1690 年,爱尔兰招募了若干个军事团体,以应对法国入侵的威胁。同样,在 1715 和 1745 年爱尔兰政府镇压詹姆斯党人叛乱以及 1779 年美国独立战争(American War of Independence)期间,爱尔兰政府也招募了若干个军事团体。招募人数最多是法国革命战争与拿破仑战争(Revolutionary and Napoleonic wars)期间,以及 1859 年另一次面临对法战争威胁的时刻。到 1901 年,英国共有 230,000 名志愿军,由皇家海军志愿军(Royal Navy Volunteers)和皇家炮兵志愿军(Royal Artillery Volunteers)、民兵(militia)以及义勇骑兵队(yeomanry)充实而成。1907 年的霍尔丹(Haldane)改革将这些志愿军先后重组为本土部队(Territorial Force)和本土军(Territorial Army)。

Vortigern 沃蒂根 沃蒂根是后罗马时代刚刚开始时的一位不列颠人领袖。比德(Bede)把公元 449 年视为撒克逊人到达不列颠之年,沃蒂根的故事就发生在此后的若干年间。沃蒂根好像是英格兰南部一位依附于罗马人的统治者,据说他为了保护自己的领土,曾请求两个名为亨吉斯特(Hengist)和霍萨(Horsa)的撒克逊人勇士率领他们的军队以雇佣军的形式进入不列颠。这两位勇士随后背叛了沃蒂根,并于 5 世纪 50 年代在肯特建立了自己的政权。

Votadini 沃塔迪尼人 铁器时代和罗马占领时期的不列颠土著部落。该部落的领土覆盖了苏格兰低地的东部地区。古代地理学家托勒密(Ptolemy)曾在其 2 世纪中期的作品中提到过居住在福斯河—克莱德河(Forth-Clyde)南部地峡的四个部落人群:诺文特人(Novantae)、塞尔戈瓦伊人(Selgovae)、沃塔迪尼人和达姆诺尼人(Damnonii)。

W

Wade,George（1673—1748）. **乔治·韦德**（1673—1748） 乔治·韦德是汉诺威王朝早期英国最著名的军人之一,其祖父为克伦威尔(Cromwell)时期的一名军官,一直定居在爱尔兰的韦斯特米斯(Westmeath)。韦德于 1690 年参军,1714 年西班牙王位继承战争(War of the Spanish Succession)接近尾声时,晋升为少将。1715 年,他代表欣登(Hindon)重返议会。1722 年,他被调往巴斯(Bath),并在此地建立了强大的政治基础,他在巴斯修道院庭院里修建的精美住宅至今还保留着。1724 年至 1740 年间,韦德赴苏格兰指挥战斗,他设计的军事道路修建方案方便了部队的调遣。1745 年詹姆斯党人入侵期间,他负责在纽卡斯尔(Newcastle)指挥作战,但是他似乎已经表现出行动迟缓的迹象。

Waitangi,treaty of,1840. 《**怀唐伊条约**》(1840) 1839 年英国政府派遣威廉·霍布森船长(Captain William Hobson)到新西兰,当时新西兰毫无节制地发展已经破坏了传统的毛利(Maori)文化。1840 年 2 月大多数在怀唐伊出席会议的毛利酋长都同意将主权让给维多利亚女王,以换取英国对他们土地的承认和保护。然而,毛利人的土地不断遭到蚕食,这使他们感到十分失望,最终导致了 1844 年至 1872 年毛利战争(Maori wars)的爆发。1994 年,新西兰新政府为违反条约的行为向毛利人道歉,并承诺给予赔偿。

Wakefield,battle of,1460. **韦克菲尔德战役**(1460) 1460 年夏,约克派在北安普敦(Northampton)取得的胜利已使亨利六世被置于约克公爵理查(Richard,duke of York)的控制之下。10 月双方达成和解,亨利据此仍是最高统治者,但承认约克公爵是其继承人。对此,玛格丽特王后(Queen Margaret)拒绝承认,并在北方集结军队。约克公爵和沃里克(Warwick)的父亲索尔兹伯里(Salisbury)率军前往与之交锋,但是 12 月 30 日在韦克菲尔德遭到惨败。战后,索尔兹伯里和约克公爵均被处死,约克公爵被戴上纸糊的王冠悬首约克城墙上。

Wakefield,diocese of 韦克菲尔德主教区 成立于 1888 年的韦克菲尔德主教区是为了应对人口的迅速增长,其管辖范围包括南约克郡的部分地区,但却不包括坚决保持独立的谢菲尔德(Sheffield)。韦克菲尔德的主教座堂是从前的万圣堂区教堂(All Saints' parish church),该教堂的主体结构始建于 14 世纪,西塔楼建于 15 世纪,东塔楼由吉尔伯特·斯科特(Gilbert Scott)于 20 世纪设计完成。

Wakefield,Edward Gibbon(1796—1862). **爱德华·吉本·韦克菲尔德**(1796—1862) 韦克菲尔德年轻时就是一名狂热分子,曾要求威斯敏斯特公学(Westminster School)将自己除名,对爱丁堡高中(Edinburgh High School)也感到厌恶,并和一位受英国大法官监护的未成年人私奔结婚。妻子亡故后,他摆脱了这段勉强维持的生活,又与一女学生私奔,并因此而受到了三年的牢狱惩罚。出狱后,他开始从事殖民事业,敦促英国向澳大利亚移民,并指出劳动力严重短缺是由政府授予免费土地的政策造成的。此后他的兴趣转向新西兰,组织了一个派遣移民的公司,为 1840 年英国正式吞并了新西兰作出了贡献。

Walcheren landing,1809. 瓦尔赫伦岛登陆(1809) 英国认为对拿破仑控制的欧洲发动战争并非易事。尽管 1799 在荷兰登陆惨遭失败,但是英国政府决定在 1809 年再次登陆。登陆的目的是占领弗卢辛(Flushing)所在的瓦尔赫伦岛,对安特卫普(Antwerp)形成威慑力,并激起荷兰人反抗法国。查塔姆勋爵(Lord Chatham)指挥 40,000 人,与率领一个庞大舰队的理查德·斯特罗恩爵士(Sir Richard Strachan)联合作战。不足为奇,他们遭到了法国军队的猛烈抵抗,指挥官之间发生争执,军队中由于痢疾和发热大批死亡。战斗中牺牲的人数大约是 106 人,还有 4000 多人死于疾病。该计划最终被放弃。

W

Wales, march（or marches）of 威尔士边区 "march"一词与德语的
"mark"一词和法语的"marche"一词类似，从 11 世纪起就指英国各郡和未被征
服的威尔士王国之间的边界地区。这一地区是从 11 世纪盎格鲁—诺曼语征服
开始兴起的，其中部分地区在 13 世纪末之前一直是战区。到 1300 年，威尔士边
区的政治与军事，以及政府与社会都趋于稳定。在威尔士边区与众不同的社会
中既包含本土居民，也包括移民；既接受威尔士语、英语和法语，也包括各种独特
的习俗和法律。"边区贵族"（"Marcher Lords"）享有管理和开发这片区域的大
权，国王的法令在那里起不到任何作用，习惯法也无法正常执行。威尔士边区以
独立和不受法律约束而闻名，缺少有效的监督机构。这些问题早在爱德华四世
统治时期就由边区委员会（Council of the March）提出来了，这个边区委员会是由
威尔士亲王的地方议会发展而来的。根据 1536 年的《合并法》（Act of Union），
所有威尔士边区的最高统治权都被纳入新建或现存的英国或威尔士各郡，但边
区贵族及其对土地和佃户的部分权力仍然保留。

Wales, principality of 威尔士公国 威尔士公国一词有三种含义：一是指
在威尔士出生的最后一位威尔士亲王（princes of Wales）所拥有的领土范围；二
是指 1301 年后封给英国王储威尔士亲王的土地；三是指根据 1536 年的《合并
法》（Act of Union），威尔士所拥有的全部土地。1244 年，戴维德·阿普·卢埃
林（Llywelyn ap Dafydd）自称为威尔士亲王，他是第一位自称为威尔士亲王的威
尔士统治者。戴维德的侄子威尔士亲王格鲁菲兹·阿普·卢埃林（Llywelyn ap
Gruffydd，卒于 1282 年）统治威尔士时期，威尔士公国的领土范围向北部、东北部
和中部地区扩张，格鲁菲兹作为直接统治者或最高统治者拥有这片扩张后的领
土。1267 年，亨利三世确认格鲁菲兹的威尔士亲王的头衔和他拥有的威尔士公
国可以世袭。1283 年，卢埃林的兄弟戴维德（Dafydd，卒于 1283 年）自称为威尔
士亲王，但他统治下的威尔士公国很快就被爱德华一世占领，1284 年，爱德华一
世将威尔士公国并入英格兰。1301 年，这个更迭后的威尔士公国被授予爱德华
一世依然健在的长子爱德华，他成为第一位英格兰出生的威尔士亲王。此后，威
尔士公国成为英国王位继承者从国王那里得到的领土捐赠。1301 年的威尔士
公国包括威尔士一半的土地，而且"任何时候都不能脱离国王，必须永远完整地

掌握在英格兰国王之手"。

爱德华一世在 1284 年的《威尔士法》(statute of Wales) 中,为威尔士公国勾画了一个详尽的政府规划方案。该方案以现有布局为基础划分为两个部分,威尔士北部的三个郡,即安格尔西岛郡(Anglesey)、卡那封郡(Caernarfonshire)和梅里奥尼思郡(Merioneth),以卡那封郡为基础;威尔士西部的两个郡,即卡马森郡(Carmarthenshire)、卡迪根郡(Cardiganshire),以卡马森郡为基础。两个部分经常被错误地叫作北威尔士公国和西(或南)威尔士公国。爱德华一世规划出的威尔士公国是从卢埃林时期的威尔士公国中发展而来的,并非与其没有任何关系,而且与其相比,还在某些方面有所扩大。

爱德华四世的长子作为威尔士亲王,所设立的威尔士议会不仅在威尔士公国的范围内开始承担起维护秩序的责任,而且从 1476 年开始还对威尔士各边区贵族,以及与威尔士公国接壤的英格兰各郡负有责任,此外,根据 1536 年《合并法》,威尔士议会【作为边区议会(Council of the March)】对威尔士全境都享有监管的权力。这些措施把威尔士公国政府机构的管辖权扩大到威尔士全境,包括弗林特郡(Flintshire)和边界地区,从而使威尔士的行政和法律地位得以巩固。1689 年,威尔上及边区委员会(Council of Wales and the March)作为特权法庭被废除。1830 年,威尔士巡回法庭被废除,其司法制度与英格兰的司法制度保持一致。在此之前,虽然威尔士公国执行英国的普通法,但是威尔士公国仍保持其本身法律和司法的独特性,单独设立法庭。

威尔士公国的观念之所以能够在联合王国内部存留下来,多半是由于威尔士独特的文化、语言和社会认同感。虽然在 20 世纪以前的近代时期,威尔士亲王很少访问威尔士公国,但是威尔士亲王和威尔士公国凝结着威尔士人对威尔士的情结。

Wales, statute of 《威尔士法》 See RHUDDLAN.(见《里兹兰法》)

Walker, George（1618—1690）. **乔治·沃克**（1618—1690） 沃克是爱尔兰国教会中较为年长的一位牧师,他是光荣革命(Glorious Revolution)后伦敦德里(Londonderry)抵抗詹姆斯二世的灵魂人物。他居住在邓甘嫩(Dungannon)附近的多纳赫莫尔(Donaghmore),1689 年初开始招兵买马。1689 年 4 月,他前往伦敦德里。在该城被詹姆斯二世包围的整个过程中,沃克作为联合指挥官负责指挥战斗。在爱尔兰战役初期,沃克就加入了威廉三世的军队,随后在博因河(Boyne)战役中中枪身亡。

Wallace,William（d.1305）. 威廉·华莱士（卒于 1305 年） 苏格兰爱国者。华莱士出身于一个中产阶级家庭,是佩斯利(Paisley)附近的斯图尔特家族(Stewarts)的侍从。1297 年,众多杰出的苏格兰人热心于抵抗爱德华一世 1296 年对苏格兰的"接管",其中就包括华莱士的主人——苏格兰王室世袭总管(steward)詹姆斯(James)。1297 年 5 月,华莱士在一次骚乱中杀死了英格兰拉纳克郡(Lanark)的郡长。威廉·道格拉斯爵士(Sir William Douglas)和华莱士一起在斯昆(Scone)向英格兰的最高司法官发动攻击,包括罗伯特·布鲁斯(Robert Bruce)、卡里克伯爵(earl of Carrick),以及后来的罗伯特一世等其他人也都参加了这次行动。无疑,这次反叛行动可能一无所获,但是 5 月苏格兰人在马里(Moray)又打响了另外一场战役,这一次是由年轻的安德鲁·默里(Andrew Murray)指挥的对因弗内斯(Inverness)发动的进攻。同年 8 月,默里和华莱士联手对斯特灵(Stirling)构成了威胁。两人在斯特灵桥(Stirling Bridge)采取了机智灵活的战略战术,再加上英格兰指挥官瓦伦伯爵(Earl Warenne)指挥不当,结果大获全胜。

1298 年初,华莱士被封为爵士,成为苏格兰王国唯一的监护人。但是在福尔柯克(Falkirk),华莱士遭到英格兰的骑士和弓弩手的毁灭性打击,苏格兰军队溃败,华莱士逃匿。

华莱士的下一个使命在国外。1299 年,他率领一个使团出使法国以争取腓力四世更多的有效支持。1300 年,他的大部分时间似乎都是在巴黎度过的。1303 年,华莱士返回苏格兰,继续在南方坚持战斗。到 1304 年为止,爱德华一世已经取得了胜利,并迫使几乎所有的苏格兰抵抗运动的领导人接受了谈判条款。

华莱士此时成了逃亡者。1305 年 8 月华莱士被捕,8 月 23 日受到公开审判,并以"叛国罪"之名被立即执行了死刑。由于华莱士从未向爱德华一世宣誓效忠过,所以指控他犯有"叛国罪"是不公平的。从他被处决的那天起,华莱士就被视为苏格兰民族历史上最伟大的英雄之一。

Waller,Sir William（1598—1668）. **威廉·沃勒爵士**（1598—1668）　内战（Civil War）时期的议会议员和议会军司令。沃勒曾就读于牛津大学的莫德林学院（Magdalen Hall）和格雷律师公会（Gray's Inn）,三十年战争（Thirty Years War）期间,他在欧洲大陆服兵役。他曾当选为长期议会（Long Parliament）的议员,并被任命为陆军上校,成为埃塞克斯（Essex）的部下,不久又被提升为格洛斯特（Gloucester）周边地区的少将。早期的军事成功使其胆大妄为,专门批评埃塞克斯的领导集团。然而,他的个人声誉却因 1643 年 7 月在朗德威高地（Roundway Down）和 1644 年 6 月在克罗普雷迪桥（Cropredy Bridge）的战败而大打折扣。他那"征服者威廉"（"William the Conqueror"）的绰号称号成了对他的讽刺。

Wallingford,treaty of　**《沃灵福德条约》**　See WINCHESTER,TREATY OF.（见《温切斯特条约》）

Walpole,Horace,4th earl of Orford（1717—1797）. **霍勒斯·沃波尔,第4 代奥福德伯爵**（1717—1797）　霍勒斯·沃波尔是首相罗伯特·沃波尔（Robert Walpole）的幼子,后来成为英国历史上最有才华的作家。当 1741 年他进入议会时,其父长时期的政治生涯正值江河日下之际。尽管 1768 年之前他一直留在议会下院,但却没有作出任何成绩,而且他更喜欢观察员这样的角色。他父亲为他提供的社会地位和津贴使他能够过上一种舒适的单身汉生活。他把全部心思都花费在了位于特威克南（Twickenham）的草莓坡（Strawberry Hill）的一座哥特式别墅之上,并于 1748 年将之买了下来。与众多朋友和熟人的通信占用了他大部分时间,不过,他也创作了一些内容充实的作品。他于 1764 年创作的《奥特朗托堡》（*The Castle of Otranto*）是哥特式恐怖小说的早期代表作,1768 年创作的《对国王查理三世的生活与统治的历史质疑》（*Historic Doubts on Richard III*①）

---

①　全称为 *Historic Doubts on the Life and Reign of Richard the Third*。——译者注

开拓了一个不大的学术领域。

Walpole, Sir Robert, 1st earl of Orford（1676—1745）．　**罗伯特·沃波尔爵士, 第 1 代奥福德伯爵**（1676—1745）　罗伯特·沃波尔习惯上被称为英国的第一任首相。沃波尔来自于诺福克的一个绅士家庭,1701 至 1702 年代表赖辛堡（Castle Rising）成为议会下院辉格党议员;1702 年至 1712 年和 1713 年至 1742 年,代表金斯林（King's lynn）进入议会。他最初担任的职务是战事大臣（secretary at war,1708 年）和海军财务总监（1710 年）。在西班牙王位继承战争（War of the Spanish Succession）中的表现,以及他对萨谢弗雷尔博士（Dr.Sacheverell）审讯的操纵,使得托利党对他怀恨在心。1710 年他被撤职,1711 年以贪污罪被关进伦敦塔,1712 年被逐出议会。汉诺威选侯乔治一世继位后,沃波尔与其姐夫汤森子爵（Viscount Townshend）一起重回政府,出任财政部主计长（paymaster-general）。1715 年,他又晋升为财政委员会首席委员兼财政大臣。1717 年他和汤森及若干追随者离开了森德兰/斯坦诺普（Sunderland/Stanhope）领导的内阁。在随后的辉格党分裂中,沃波尔对 1718 年废除《间或尊奉国教法》（Occasional Conformity）和《教会分裂法》（Schism Acts）表示了反对,并于 1719 年在下院成功地否决了《贵族法案》（Peerage Bill）。1720 年 4 月,他与大多数主张分裂的辉格党人一起重返政府,任财政部主计长,1721 年继续任财政委员会首席委员兼财政大臣。

尽管他在金融方面有着敏锐的眼光,这使其从 1720—1721 年发生的南海泡沫（South Sea bubble）事件所造成的灾难中挽救了政府和王朝,但他还未达到权倾内阁的程度。斯坦诺普（1721 年过早去世）和森德兰（1722 年 4 月也突然去世）,尤其是后者,在他们去世之前,一直深受乔治一世的信任。同时,截止到 1724 年卡特里特（Carteret）被哄骗调往爱尔兰任总督以前,也一直是沃波尔潜在的竞争对手。此外,从 1720 年辉格党和解之初,汤森就是一个不容忽视的重要力量,特别是 1721 年以后外交政策的制定均由他来控制。汤森在 1730 年辞职之前一直在政府工作,18 世纪 20 年代的大部分时间实际是沃波尔和汤森两人共同掌权。只是到了 18 世纪 20 年代末,沃波尔才成为无可争议的首相,这在一定程度上是由于沃波尔迫使以普尔特尼（Pulteney）为首的反对他的那些最有才干的辉格党人变成了反对派。

沃波尔在政治上主要有三大贡献：一是他发展了内阁制（cabinet system）；二是他在哈利（Harley）的基础上，通过广泛运用任免权发展了王党（"party of the crown"）；三是他把议会下院发展成议会的权力中心。南海危机（South Sea crisis）之后，沃波尔确立了辉格党的霸主地位，这在很大程度上是由于他在1722—1723年间处理阿特伯里阴谋（Atterbury plot）所取得的成果。沃波尔非常成功地把过去常常令其担忧的詹姆斯党人的标签贴在了他的对手托利党的身上。

虽然沃波尔在政治上大权在握，但他的政权也有风吹草动的时候。例如，1733年的货物税计划（Excise scheme）就曾遭到很多人的反对，以至于沃波尔不得不在二读之前放弃了这一提案；还有一次是他反对1739年对西班牙的战争，但他也不得不接受爱国的在野党和政府内部成员的意见。由于指挥战争不力，导致他于1742年2月下台。

沃波尔辞职后被封为奥福德伯爵，在议会上院的帮助下，他才从因贪污被弹劾一事中解脱出来。此后，当乔治二世征求他的意见时，沃波尔仍会给他一些建议。此外，沃波尔把大部分时间都花在了他在诺福克的霍顿（Houghton）所建成的那座藏有艺术珍品的富丽堂皇的别墅上。他最终在债务缠身中过世。

Walsingham　沃尔辛厄姆　诺福克的圣母玛利亚神殿。该神殿是献给纳萨雷特的神圣家族（Holy House of Nazareth）最早的神殿，由庄园女领主里歇尔黛丝·德·法弗切斯（Richeldis de Faverches）修建于1061年，传说是为了纪念她梦见圣母玛利亚。该神殿和与此相邻的奥古斯丁修道院都从朝圣者及其遗赠中名利双收，直到1538—1539年才被毁坏。

Walsingham, Sir Francis（c.1532—1590）.　弗朗西斯·沃尔辛厄姆爵士（约1532—1590）　沃尔辛厄姆1548年被剑桥大学的国王学院录取，师从杰出的人文主义者约翰·奇克爵士（Sir John Cheke），也就是塞西尔的岳父。1571年他成为女王伊丽莎白一世的私人律师和首席秘书，至死一直担任这个职务。沃尔辛厄姆是一位坚定的新教徒，时刻警惕天主教徒制造阴谋，渴望欧洲新教力量的联合。

Walter，Hubert（c.1140—1205）． 休伯特·沃尔特（约 1140—1205） 休伯特·沃尔特被许多人视为英国有史以来最伟大的王室大臣之一。他经其舅父雷纳夫·格兰维尔（Ranulf Glanvill）的引荐，进入王室开始为亨利二世效劳。理查一世在位时，他的职业生涯进入鼎盛时期。1189 年他被任命为索尔兹伯里（Salisbury）主教，作为理查一世的最高行政官（首席幕僚），跟随他参加了十字军东征。面对各种挑战，他都有出色的表现，这使他于 1193 年得到晋升，同时出任首席政法官（justiciar）和坎特伯雷大主教，掌控着世俗和教会的管理权。

Waltham Black Act，1722． 《沃尔瑟姆·布莱克法》（1722） 该法（9 Geo. I c.22）长期以来一直被视为严苛的 18 世纪立法的样本。该立法起因于温莎森林（Windsor Forest）和汉普郡的沃尔瑟姆附近发生的非法狩猎活动，该法规定以乔装或蒙面的方式前往野外森林地带将被定为刑事重罪，不得享有神职人员特权（benefit of clergy），并可判处死刑。由于偷猎团伙越来越让人感到恐惧，以至于越来越多的行为被界定为犯罪行为，直到该法对农村的骚乱状况，如砍伐树木，残害牛羊，纵火烧干草堆，破坏鱼塘，写恐吓信和开枪打人等行为作出梳理为止。1823 年，主要是在麦金托什（Mackintosh）和皮尔（Peel）的鼓动下，该法被废除。

Waltheof（d.1076）． 瓦尔塞奥夫（卒于 1076 年） 瓦尔塞奥夫为诺森伯兰伯爵西瓦尔德（Siward，earl of Northumberland）之子。西瓦尔德曾战胜过麦克佩斯（Macbeth），1055 年去世。瓦尔塞奥夫当时并未继承其父的伯爵爵位，大概是由于他的年龄太小，该爵位传给了哈罗德·戈德温森（Harold Godwineson）的兄弟托斯蒂格（Tostig）。但托斯蒂格 1065 年被流放，瓦尔塞奥夫成为亨廷登伯爵（earl of Huntingdon）。1069 年，他加入了丹麦人进攻约克的队伍，但 1070 年又向征服者威廉（William the Conqueror）投降，两年后获得了诺森伯兰伯爵爵位。此外，他还获准与国王的侄女结婚，但 1075 年他差一点儿又参与另一次背叛威廉的阴谋，1076 年威廉在温切斯特（Winchester）将其处决。

Walton,Izaak（1593—1683）. **艾萨克·沃尔顿**(1593—1683) 传记作家。艾萨克·沃尔顿出身于斯塔福德郡的约曼（yeoman）家庭,五金公司（Ironmongers' Company）的成员。艾萨克·沃尔顿这位弗利特街（Fleet Street）为人和气的商人因在 1653 年出版了一部颇具闲情雅致的作品《垂钓大全》①（*Compleat Angler*）而成为一位不朽的人物。与他同时代的人了解他更多的地方则是他与多恩（Donne）、沃顿（Wootton）、胡克（Hooker）、赫伯特（Herbert）和桑德森（Sanderson）这些人之间的交往。后来的评论家们尽管承认他的创作初衷很好,但还是强调其作品的主观性及其存在的各种谬误。

Walton,Sir William（1902—1983）. **威廉·沃尔顿爵士**（1902—1983）英国作曲家。沃尔顿是牛津大学基督教堂唱诗班的歌手,并在牛津大学接受了大学教育。不过,他作曲主要靠的是自学。他曾被西特韦尔家族（Sitwell family）收养,1921—1922 年间他为伊迪丝·西特韦尔（Edith Sitwell）通过扩音器所作的配乐诗朗诵《门面》（*Facade*）引起了轰动。他于 1929 年创作的《中提琴协奏曲》（Viola Concerto）减少了人们对其声誉的质疑。完成于 1931 年的《伯沙撒王的宴会》（*Belshazzar's Feast*）是戏剧中的神话,虽然最初因其原始的活力和强烈的管弦乐配器效果而令观众感到吃惊,但这部作品还是和英国唱诗班的传统有着紧密的联系。沃尔顿的电影音乐,尤其是为奥利维尔（Olivier）导演的《亨利五世》（*Henry V*,1943—1944 年）所创作的总谱,也同样有名。

Wandewash,battle of,1760. **万达瓦西战役**（1760） 1760 年 1 月 22 日艾尔·库特爵士（Sir Eyre Coote）在南印度的万达瓦西战胜了德·拉利伯爵（Count de Lally）,这意味着英国东印度公司（East India Company）取得了对法国东印度公司的主导权。在取得万达瓦西战役胜利后,库特进而又夺取了法国人占据的首府本地治里（Pondicherry）。

Wantage code **《旺蒂奇法典》** 《旺蒂奇法典》是国王埃塞尔雷德

---

① 也被译为《高明的垂钓者》。——译者注

（Æthelred）在位时颁布的第三部法典。这部法典大约是 997 年时在旺蒂奇（伯克郡）颁布的，它表明国王对丹麦法区（Danelaw）的 5 个自治市的地方习惯法予以了认可。根据这部法典，每个百户邑（wapentake）的 12 名塞恩（thegns）都要在圣物前进行宣誓：既不指控一个无辜之人，也不包庇一个有罪者。实际上，这就是英国法律中最早提到的经宣誓组成的指控陪审团（jury of presentment）。

wapentakes 百户邑 百户邑是指 10 世纪以来英格兰丹麦法区（Danelaw）郡以下的行政区，相当于其他地方的百户区（hundreds）。百户邑这一术语适用于德比郡（Derbyshire）、兰开夏郡（Lancashire）的部分地区、莱斯特郡（Leicestershire）、林肯郡（Lincolnshire）、诺丁汉郡（Nottinghamshire）、拉特兰郡（Rutland）和约克郡（Yorkshire）。"wapentake"一词意指在会上举起武器表示赞同。

Warbeck, Perkin（1474—1499）. 珀金·沃贝克（1474—1499） 沃贝克是个令人讨厌的骗子，都铎王朝亨利七世的王位觊觎者。他冒充是爱德华四世的小儿子约克公爵理查（Richard, duke of York），而事实上他出生在图尔奈（Tournail）。当他 1491 年在科克现身时，引起了一些想找亨利七世麻烦者的关注。苏格兰国王詹姆斯四世也对沃贝克表示欢迎，并将自己的表妹嫁给了他。1497 年，沃贝克率军在康沃尔（Cornwall）登陆，但未能攻下埃克塞特（Exeter）或汤顿（Taunton）。沃贝克在比尤利（Beaulieu）投降后，在忏悔中打发时光。1499 年，他因企图从伦敦塔逃跑而被绞死在泰伯恩行刑场（Tyburn）。

wardrobe 衣柜 财政机构。"wardrobe"一词，闻如其名，最初是指妥善保管国王长袍的地方，同时也是用于存放支付国王个人开销的现金的地方。该衣柜的保管人同时也是王室财务主管，他负责领取用于王宫维修保养的钱款、核对王室各部门的账目，并将其提交给财政署（Exchequer）。爱德华一世及其后继者发动的一系列战争，使"wardrobe"一词的含义扩大到存放作战时国王所使用的战争经费。然而，尽管约克和都铎王朝早期的国王们更加强调"chamber"（私人储钱室）是存放他们私人和"秘密"费用之处，但是后来的统治者们仍然继续沿用"wardrobe"这个词来指存放王室的日常开销和军费开支费用之处。

Wards, Court of　王室监护法庭　王室监护法庭是亨利八世 1540 年时设立的,旨在加强领主对封臣的监护权和婚姻同意权,这些权利作为封建附属权利(feudal incidents),自诺曼征服(Norman Conquest)以来便一直存在。亨利八世设立王室监护法庭,目的是强制封臣向王室缴纳这些古老的封建捐税,从而增加国王的收入。1656 年,王室监护法庭被废除。

Warenne, John de, 7th earl of Surrey（**c.1231—1304**）**.　约翰·德·瓦伦,第 7 代萨里伯爵**(约 1231—1304)　1240 年,尚为孩童的瓦伦继承了伯爵爵位。1247 年,他迎娶了亨利三世同父异母的妹妹艾丽斯·德·吕济尼昂(Alice de Lusignan)。内战期间他支持亨利三世,在 1264 年的刘易斯(Lewes)战役中,他是遭到失败的王军这边的人。次年,他加入了爱德华王子(Prince Edward)的队伍参加战斗,最后以孟福尔(Montfort)在伊夫舍姆(Evesham)战役中阵亡而收场。爱德华一世继位最初几周不在英格兰,瓦伦任监守使。在 13 世纪 70 年代末及 80 年代英格兰征服威尔士和 90 年代征服苏格兰的过程中,瓦伦都发挥了重要作用。1296 年他在邓巴(Dunbar)战役中令苏格兰惨败,但次年在斯特灵桥(Stirling Bridge)则被华莱士(Wallace)彻底击败。1298 年,他参加了爱德华对苏格兰的战役,取得福尔柯克(Falkirk)大捷。

Warham, William（**c.1450—1532**）**.　威廉·渥兰**(约 1450—1532)　坎特伯雷大主教。渥兰出生在汉普郡,在牛津大学新学院(New College)学习法律。1491 年至 1502 年间,他常被委以外交使命,1496 年曾被派去商谈阿瑟王子(Prince Arthur)与阿拉贡的凯瑟琳(Catherine of Aragon)的婚事。他先后成功地出任掌卷法官(master of the rolls,1494 年)、伦敦主教(1502 年)、坎特伯雷大主教(1504 年)和大法官(1504—1515 年)。从 1515 年起,沃尔西作为枢机主教、大法官和教廷使节,其光芒逐渐盖过了渥兰。渥兰在重压下被迫签下请愿书要求教皇同意亨利八世离婚。尽管渥兰被描述为一个"孤僻且刻板"之人,但事实上他非常能干,而且尽职尽责。

War of 1812　1812 年战争　当英国封锁拿破仑统治的欧洲并强征美国海

员入伍使得两国关系日益紧张之时,英美两国之间的最后冲突终于爆发了。代表美国西部开拓者利益的政治家们发起了一场运动,征服加拿大以扩大拓居地,并消除印第安人的抵抗力量。美国国会于 1812 年 6 月 16 日向英国宣战。尽管美国取得了包括 1812 年昆士顿高地(Queenston Heights)在内的几次战役的胜利,但未能彻底征服加拿大。英国为了报复美国于 1813 年 4 月对加拿大约克地区(后来成为多伦多的一部分)的破坏,于 1814 年 8 月占领了华盛顿并烧毁了白宫。《根特条约》(treaty of Ghent)签订后,这场战争正式结束,但促使这场战争爆发的那些原因仍未得到解决。

War Office　陆军部　至少从 1661 年起,到 1963 年国防部(Ministry of Defence)出现为止,陆军部就一直是英国陆军的管理中心。设置陆军部的目的是让文职人员掌控军事事务。1855 年之前,英国的陆军一直由一个怪怪的名为"战事大臣"(secretary at war)的人来负责,但是鉴于在克里米亚战争中遭受的灾难性损失,陆军的所有行政职责均由内阁所设置的战事国务大臣(secretary of state for war)统一负责。由于政治家们越来越需要军事方面的建议,因此国务大臣(secretary of state)与军人之间的冲突不可避免。1914 年,作战经验丰富的基奇纳勋爵(Lord Kitchener)被任命为国务大臣,这些冲突才得以解决。第二次世界大战期间,温斯顿·丘吉尔作为首相,担起了"国防大臣"("minister of defence")的角色,削弱了陆军部的影响。虽然陆军部的影响在 1945 年以后得到恢复,但是鉴于英国要统一不同军种间的政策与经济的需要,因此,陆军部继续独立的希望日渐渺茫。陆军部最终被国防部取代。

Warwick,Richard Neville,1st earl of（1428—1471）.　理查德·内维尔,第 1 代沃里克伯爵(1428—1471)　被称为"造王者"("the kingmaker")的沃里克伯爵曾经权倾一时,1461 年,他出力将爱德华四世推上王位,1470 年又将其废黜,使亨利六世恢复了王位。沃里克的权力归功于他所拥有的大片领地,他至少拥有 4 个伯爵领。内维尔提供的财力物力使得约克派能够在 1461 年成功地推翻了亨利六世。在此后的四年中,沃里克伯爵向爱德华四世证明了自己是其不可或缺的人物。爱德华四世对沃里克伯爵大肆奖赏,并让他成为英格兰北部的实际控制者。1465 年之后，沃里克权力渐失，心生不满。1467 年，他第一次退出朝廷，并最终在 1469 年和 1470 年两次发动叛乱失败后，决定恢复亨利六世的王位。然而，此次恢复王位是短暂的，1471 年复活节这一天，沃里克伯爵战败，并在巴尼特(Barnet)被爱德华四世所杀。他是一位不称职的将军，把恢复亨利六世的王位当作最后解决问题的手段，结果是自取灭亡。

Warwick, Edward Plantagenet, 2nd earl of（1475—1499）．**爱德华·金雀花，第 2 代沃里克伯爵**（1475—1499）　沃里克的父亲是爱德华四世和理查三世的兄弟克拉伦斯公爵乔治(George, duke of Clarence)，他在沃里克三岁时被谋杀。亨利七世在博斯沃思(Bosworth)获胜后，沃里克被关进伦敦塔。1487 年，兰伯特·西姆内尔(Lambert Simnel)冒充沃里克，并在都柏林被加冕为国王，于是沃里克被公开带到圣保罗大教堂(St Paul's)去平息谣言。沃里克一直被拘押在伦敦塔，直到 1499 年 11 月他因被指控与珀金·沃贝克(Perkin Warbeck)密谋叛国而被处死。

Warwick castle　沃里克城堡　沃里克城堡是 1068 年时征服者威廉在埃文河(Avon)边的悬崖上建造的，自 11 世纪以来这座城堡就一直是沃里克伯爵们的所在地。起初，它只是一个由丛林和栅栏围起来的城堡，至少是 12 世纪以后，它才变成一个由石头建成的城堡。如今我们所见到的城堡，在很大程度上是经位高权重的诸博尚伯爵(Beauchamp earls)，即托马斯(Thomas, 卒于 1369 年)和他同样被称为托马斯(卒于 1401 年)的儿子重建的结果。

Warwickshire　沃里克郡　沃里克郡是麦西亚郡的原型，其地貌很规则，沃里克郡是以该郡的主要城镇沃里克的名字命名的。卡姆登(Camden)将其置于科诺维族(Cornovii)的领地内，并将其划分为适于农耕的南部地区【或菲尔登(Fielden)】和以阿登森林(forest of Arden)为中心的北部林区。菲尔登地区一直是赫威赛人(Hwicce)领地的一部分。8 世纪和 9 世纪时，沃里克郡成为麦西亚王国的中心地区。塔姆沃思(Tamworth)是麦西亚君主主要居住的地方，914 年，麦西亚的夫人埃塞尔弗莱德(Æthelfleda, Lady of the Mercians)对沃里克进行了重建。

中世纪时期,沃里克一直是一个以农业为主的郡。沃里克城本身是重要的地方性城市。凯尼尔沃思城堡(Kenilworth castle)和沃里克城堡(Warwick castle)在内战之前一直起着重要的作用。考文垂(Coventry)一直以其制衣业而闻名。内河航运、高速公路,以及铁路运输的不断改善使沃里克城成为国家级城市。从利物浦(Liverpool)到伯明翰(Birmingham)、从伦敦到伯明翰的铁路分别于1837年和1838年开通。

沃里克的现代史就是以伯明翰和考文垂为中心的北部地区的工业发展史,是对邻近的森林、煤炭和铁矿资源开发的历史。卡姆登(Camden)这样描述了伊丽莎白在位时期的伯明翰:"居民分群而居,铁砧噪声回荡"。17世纪时沃里克的城市规模超过了考文垂,到1700年,沃里克的人口已经增长到15,000人。在1832年《改革法》(Great Reform Act)中,沃里克城获得了两个议会下院议员议席。在19世纪晚期,伯明翰获准取得了城市地位,并在约瑟夫·张伯伦(Joseph Chamberlain)担任市长期间,率先走上了地方政府改革之路。沃里克的工业已经覆盖了各行各业,如制钉、小型武器、刀具制造业、按钮制作等,1879年吉百利食品有限公司(Cadbury)从伯明翰搬到了伯恩维尔(Bournville),1905年奥斯汀汽车公司(Austin Motor Company)在长桥(long bridge)开业。1911年,沃里克的人口超过了50万。

埃文河畔斯特拉特福(Stratford-upon-Avon)之所以能够成为一个著名的旅游胜地,在很大程度上要归功于戴维·加里克(David Garrick),他于1769年在这里组织了第一届莎士比亚节(Shakespeare Jubilee)。莱明顿(Leamington)的盐泉早在都铎王朝时期就已闻名于世,但是莱明顿镇的发展却是在19世纪,因为1814年时这里的矿泉泵房(Pump Room)开业。纳尼顿(Nuneaton)发展成为纺织品中心。1920年在考陶尔德(Courtauld)建立起一座工厂。拉格比(Rugby)在伦敦开往伯明翰的铁路投入运营后,稳步发展成一个重要交通枢纽。

W

Washington, George(1732—1799). **乔治·华盛顿**(**1732—1799**) 美国首任总统。华盛顿的祖辈来自北安普敦郡,1657年定居弗吉尼亚(Virginia)。1752年,在同父异母的哥哥去世后,华盛顿成了芒特弗农(Mount Vernon)地产的继承人。华盛顿是在弗吉尼亚民兵组织中获得了他的第一次作战经历。23 岁时，他被任命为弗吉尼亚武装力量的指挥官，并当选为弗吉尼亚州议员。1774 年和 1775 年，他先后参加了第一次和第二次大陆会议（continental congresses），后被选为大陆军总司令。1776 年 12 月，他在托伦顿（Trenton）取得了第一次具有一定重要意义的胜利。1777 年至 1778 年，他带领自己的部队在瓦利福奇（Valley Forge）度过了严冬。战争结束后，1783 年 4 月 19 日，他率领凯旋大军挺进纽约。美国联邦宪法通过后，华盛顿成为美国总统的不二人选，1789 年和 1793 年他均以全票当选为总统。1797 年，华盛顿退休后回到芒特弗农度过了他生命中的最后两年。

Washington, treaty of, 1871. 《华盛顿条约》(1871) 美国针对英国在美国内战（Civil War）期间为南方建造的"亚拉巴马"号（Alabama）战舰对北方所造成的破坏，要求英国进行赔偿。同时双方还在加拿大渔场使用权以及不列颠哥伦比亚（British Columbia）附近的圣胡安群岛（San Juan Island）的所有权方面存在着争议。英国接受了仲裁结果：将圣胡安群岛让给美国，并为"亚拉巴马"号造成的损失赔偿美国 1550 万美元。尽管对于英国和加拿大来说，这不是一种理想的解决方案，但是该条约本身在国际仲裁方面具有里程碑的意义。

watch and ward 昼夜巡逻 因某个特殊事件的发生而始于 1233 年的昼夜巡逻是建立更加有效率的治安系统的一次尝试。在经历了社会的动荡不安之后，亨利三世命令所有的村邑（vills）即村镇（townships）在夜里也要安排巡逻任务，逮捕可疑人员。1242 年这些命令再次被重申，并于 1285 年爱德华一世统治期间被纳入《温切斯特法》（statute of Winchester）正式颁布。20 世纪 80 年代许多郊区和村镇建立的邻里联防制度就是该法令的延续。

Waterford (Port Láirge), diocese of 沃特福德（莱格港①）主教区 沃特福德最初是斯堪的纳维亚人建立的一座城市，由此成为盎格鲁—诺曼人在爱尔

W

---

① 沃特福德的爱尔兰语名称。——译者注

兰进行殖民扩张的目标。从 1096 年起,沃特福德一直是坎特伯雷的副主教辖区(suffragan see)。在 1152 年召开的凯尔斯—梅利丰特宗教会议(Council of Kells-Mellifont)上,沃特福德首次被列为主教区,即便在 1175 年之前,沃特福德都没有规范的主教接替制。尽管沃特福德和利斯莫尔(Lismore)在卡舍尔教省(province of Cashel)仍然是一个天主教的主教区,但是 1833 年英国圣公会的主教辖区和卡舍尔主教区合并。

Waterloo, battle of, 1815.　滑铁卢战役(1815)　1815 年 6 月,拿破仑对比利时发动了突然袭击,并寄希望于能在威灵顿(Wellington)率领的英荷联军和布吕歇尔(Blücher)麾下的普鲁士军队两军会和之前,将他们消灭。6 月 16 日,卡特勒布拉战役(battle of Quatre Bras)结束之后,威灵顿率领的那支 67,000 人组成的缺乏作战经验的部队撤退至滑铁卢附近的一个山脊上。同一天,89,000 人组成的普鲁士精锐部队在利尼(Ligny)遭受重创,也被迫撤退。

1815 年 6 月 18 日,滑铁卢战役打响。战役从拿破仑进攻乌古蒙(Hougoumont)开始,威灵顿的右翼军队在农舍筑起了防御工事,严阵以待,拿破仑进攻失败。随着普鲁士军队的抵达,迫使拿破仑不得不派遣其精英部队帝国近卫军(Imperial Guard)的一部奔赴其右翼。到了下午六点半,具有决定战局地位的拉阿耶桑特(La Haye Sainte)农舍已经被法国军队占领,如果法军能够全力以赴展开攻击,可能早已打破了威灵顿的防线。然而,拿破仑动作迟缓,到七点时才派出了他的后备部队帝国近卫军。帝国近卫军的败退成了拿破仑军队溃败的信号。随着布吕歇尔的军队进入战场,拿破仑最终战败。

Watling Street　华特灵大道　华特灵大道是罗马时期修建的一条从多佛尔(Dover)经由坎特伯雷到达伦敦,之后经由维鲁拉米恩(Verulamium)到达罗克塞特(Wroxeter)的主要道路,后来的特尔德福(Telford)的霍利黑德路(Holyhead road),即 A5 高速公路就是在这条大道的基础上修建的。华特灵大道是后来的名称,这条大道的古英语名称为"Wæcelinga Stræt",意思是"沃塞尔人的大道"("the street of the people of Wæcel")。

Watson-Watt, Robert（1892—1973）. **罗伯特·沃森—瓦特**（1892—1973）
科学家。沃森—瓦特出生在布里金（Brechin），他们家与詹姆斯·瓦特（James Watt）有亲戚关系。沃森—瓦特曾在邓迪大学学院（University College, Dundee）学习工程学。第一次世界大战期间,他被派往在法恩伯勒（Farnborough）的英国皇家飞机制造厂（Royal Aircraft Factory）,在那里他开始研究利用无线电来预测大气风暴。20世纪30年代,他的团队开始参与针对轰炸机的空中防御工作。到1935年,沃森—瓦特提交了一份关于"利用无线电侦查飞机"的报告。到了1938年,雷达防御系统的主要部分已经建立起来,并且在1940年的不列颠战役（Battle of Britain）中发挥了关键性的作用。

Watt, James（1736—1819）. **詹姆斯·瓦特**（1736—1819）　瓦特曾在格拉斯哥大学负责仪器制造,在那里他将潜热的原理应用在一台纽科门（Newcomen）蒸汽机上,并于1769年获得了分离冷凝器的专利。瓦特主要是在1775年至1800年与博尔顿（Boulton）的合作中,确立了自己作为第一位蒸汽机设计者的地位。瓦特结束了蒸汽机车实验的助理工作,积极地保护自己的各项专利,决心从事低压运转方面的研究,这可能延缓了1800年之前蒸汽机的创新。瓦特其他研究成果还包括:湿纸透印技术的专利（1780年）、空气性能的实验研究、船用螺旋桨的原理研究和许多测量仪器的研究,此外,他还重新规定了将萨弗里（Savery）提出的"马力"（"horsepower"）作为动力标准单位。

Waugh, Evelyn（1903—1966）. **伊夫林·沃**（1903—1966）　伊夫林是一位小说家和讽刺作家,其早期作品《衰亡》（*Decline and Fall*,1928年）和《邪恶的躯体》（*Vile Bodies*,1930年）以一种讽刺甚至接近荒诞的手法记述了他在牛津大学读书时和毕业后所度过的"光彩年华"（Bright Young Things）。1930年,伊夫林皈依了罗马天主教,这是他一生中最重要的事情。虽然他本人属于中产阶级,其父为著名出版商,但是他却像其作品《旧地重游》（*Brideshead Revisited*,1945年）中的那个叙述者一样,描绘了贵族阶级和旧秩序。如果说他后期作品中的人物比如性格暴躁的乡绅（country gentlemen）有时近乎自嘲的话,那么,在《荣誉之剑》（*The Sword of Honour*,1962年）中,他则使我们确信:理念不只是荣誉的另一个名称。

Wavell，Archibald Percival（1883—1950）．　**阿奇博尔德·珀西瓦尔·韦维尔**（1883—1950）　英国陆军元帅。1939 年 7 月，韦维尔出任中东英军总司令，1940 年 6 月以后，他曾率军抵抗意大利军队。从 1940 年 12 月至 1941 年 2 月，他在昔兰尼加（Cyrenaica）取得了一系列惊人的胜利，俘虏了 130，000 意大利军队。之后，他受命先去援助希腊。在希腊和非洲，韦维尔的英军遭到德国军队的重创，1941 年春，昔兰尼加和希腊均沦陷。同年 7 月，奥金莱克（Auchinleck）接替了韦维尔的中东英军总司令职务，韦维尔被调往印度任英军总司令。他未能阻止住日军占领半岛马来西亚（Malaya）、新加坡、荷属东印度群岛（Dutch East Indies）和缅甸。在被提升为陆军元帅并被封为子爵之后，他于 1943 年 6 月出任印度总督。

Wealth of Nations，The　**《国富论》**　亚当·斯密（Adam Smith）的这部著作出版于 1776 年，当时正值传统的重商主义制度迅速崩溃之际。斯密用简洁而直接的语言提出了以政府最低限度的干预为特征的"自由放任主义"（Laissez-faire）经济命题，尽管他承认需要政府的干预来保障国家安全，例如促进航运业的发展。斯密不相信政治家具有指导经济活动的能力，也不欣赏他们的动机——"朘百姓之财以自肥，乃政府最习熟之技艺，它事须学而能之，此事则近乎不学而能之"。

Webb，Sidney（1859—1947）**and Beatrice**（1858—1943）．　**悉尼·韦布**（1859—1947）**和比阿特丽斯·韦布**（1858—1943）**夫妇**　费边社会主义者，社会改革家和历史学家。悉尼·韦布和比阿特丽斯于 1882 年结婚，结为伉俪的韦布夫妇对英国左翼社会政策的发展产生了无与伦比的影响。1892 年至 1910 年，悉尼任职于伦敦郡议会（London County Council），1922 年代表锡厄姆（Seaham）成为工党议会下院议员，1924 年担任贸易委员会主席，1929 年作为帕斯菲尔德男爵（Baron Passfield），短暂地担任过负责自治领与殖民地的国务大臣。

　　韦布夫妇主张的社会改革方式是渐进式的。但是，在 20 世纪 30 年代，他们对英国社会主义取得的进步大失所望,并将注意力转向了苏联。苏联给他们留下了非常深刻的印象,以至于他们在 1935 年出版的最后一部重要著作《苏维埃共产主义:一种新文明?》(*Soviet Communism: A New Civilization?*)中放弃了对政治和社会变革采取渐进式的方法。

Wedderburn, Alexander, 1st earl of Rosslyn(1733—1805). **亚历山大·韦德伯恩,第 1 代罗斯林伯爵**(1733—1805) 韦德伯恩出身于苏格兰的一个法律世家,1757 年他取得在英格兰执律师业资格,1761 年进入议会。他支持比特(Bute)、格伦维尔(Grenville)和诺斯(North),1771—1778 年任副总检察长(solicitor-general),1778—1880 年任总检察长(attorney-general)。他是议会下院工作很有成效的议长,拥有自我发展的清誉。作为拉夫伯勒男爵(Baron Loughborough),他于 1780 年被任命为普通民事诉讼法庭首席大法官(lord chief justice of Common Pleas),他一直追随诺斯,并于 1783 年协助诺斯与福克斯进行联合执政的谈判。法国大革命后,他试图通过以谈判的方式,找到皮特(Pitt)和反对派之间的结合点,以支持对法国的战争,但是他受到了皮特为他提供的财政大臣一职的诱惑,与议会下院的立场发生了对立。1801 年,他与皮特双双离职,并获封罗斯林伯爵。

Wedgwood, Josiah(1730—1795). **乔赛亚·韦奇伍德**(1730—1795) 陶瓷艺人,实业家,社会改革家。韦奇伍德出生在斯塔福德郡的一个陶工家庭,9 岁开始从事陶艺工作。他在陶器的制作、设计和营销方面眼光敏锐,富于创新,他利用 18 世纪的时尚感和势利感,于 1758 年开始独立创业,并于 1769 年创办了著名的埃特鲁里亚工厂(Etrurial factory)。1774 年,韦奇伍德的工厂为俄国女皇叶卡捷琳娜大帝(Catherine the Great)制作了一组 952 件套的餐具,这套瓷器每件都绘有精致的 18 世纪房屋和乡村景象,如今保存在圣彼得堡(St Petersburg)的赫米蒂奇博物馆(Hermitage Museum)。

韦奇伍德对自己所处时代的社会和政治问题非常感兴趣,他积极参与道路和运河的开发,并且时常检查自己员工的工作和生活条件。他的观点是自由/激进的,对 18 世纪 70 年代发生的美国独立斗争持同情态度,对法国大革命

（French Revolution）表示欢迎,并且是废除奴隶制的狂热支持者。

Wedmore,treaty of,878. 《韦德莫尔和约》（878） 该和约是威塞克斯王国国王阿尔弗雷德（Alfred）与丹麦人首领格思鲁姆（Guthrum）在韦德莫尔达成的,成为英格兰人与丹麦人战争的转折点。丹麦人以设防的奇彭纳姆（Chippen-ham）作为根据地,威胁要占领整个威塞克斯王国,但阿尔弗雷德在其避难地阿塞尔纳（Athelney）再次崛起,并在爱丁顿（Edington）大败丹麦人。格思鲁姆被迫接受和解,条件是他自己接受洗礼,并将自己的军队撤离威塞克斯。丹麦人按和约撤回赛伦塞斯特（Cirencester）,最终撤至东盎格利亚。

Welles,Richard and Robert（d.1470）. 理查德·韦尔斯和罗伯特·韦尔斯父子（均卒于1470年） 韦尔斯勋爵莱昂内尔（Lionel,Lord Welles）和他的儿子威洛比勋爵理查德（Richard,Lord Willoughby）于1461年在陶顿（Towton）与爱德华四世作战,莱昂内尔战死。1464年,理查德因站在爱德华一边打击兰开斯特家族而重新获得了其父莱昂内尔的头衔和领地。之后,他出于私人恩怨,在盖恩斯伯勒（Gainsborough）洗劫了托马斯·伯格（Thomas Burgh）的住所。爱德华决定恢复秩序,于是传唤了理查德,并且计划对林肯郡进行一次盛大的视察。此时,沃里克（Warwick）和克拉伦斯（Clarence）显然煽动了一场叛乱,目的是反对爱德华的到来。但由于爱德华行军快速,结果使得二人猝不及防。1470年3月12日,理查德之子罗伯特召集起来的当地人在恩平厄姆（Empingham）的激战中四散而逃,这次战斗又被称为"脱衣之战"（Losecoat Field）。理查德·韦尔斯和罗伯特·韦尔斯父子均被处决,沃里克和克拉伦斯逃至法国。

Wellesley,Richard,1st Marquis Wellesley（1760—1842）. 理查德·韦尔斯利,第1代韦尔斯利侯爵（1760—1842） 韦尔斯利是威灵顿公爵（duke of Wellington）的长兄,1784年代表比阿斯顿（Beeralston）成为议会下院议员。1793年他成为印度委员会委员,自1797年到1805年他出任孟加拉总督。法国联合迈索尔的提普·萨希布（Tipu Sahib of Mysore）和海得拉巴的尼扎姆（Nizam of Hyderabad）,对英国的统治造成威胁。韦尔斯利发起反击,控制了迈索尔、卡纳蒂克(Carnatic)、海得拉巴和奥德(Oudh),并使当地的王公贵族置于英国的影响之下。珀西瓦尔(Perceval)组阁期间,韦尔斯利曾出任外交大臣。韦尔斯利支持爱尔兰天主教徒的权利,并于 1821 年至 1828 年和 1833 年至 1834 年两度出任爱尔兰总督。1835 年,他被任命为内廷大臣(lord chamberlain)。

Wellington, Arthur Wellesley, 1st duke of（1769—1852）. 阿瑟·韦尔斯利,第 1 代威灵顿公爵(1769—1852)　军人,首相。阿瑟·韦尔斯利是爱尔兰穷贵族莫宁顿伯爵(earl of Mornington)存活下来的第三个儿子。他在昂热(Angers)的一所法国军事学院学习一年后,以捐纳的方式,参军入伍。在法国革命战争(Revolutionary War)最初的岁月中,早期在低地国家(Low Countries)作战的经历,使他懂得了哪些事情不应该做。由于阿瑟的兄长是印度总督,因此,他到印度后时来运转。1803 年,阿瑟在阿瑟耶(Assaye)战役和阿尔加姆(Argaum)战役中大败马拉塔人(Mahrattas),这使他的军事声誉大为提高。1808 年,他作为英国军队第一分遣队指挥官被派往葡萄牙。尽管韦尔斯利取得了维梅鲁(Vimeiro)之战的胜利,但是他签署了《辛特拉协定》(Convention of Cintra),他因此而被召回接受法庭调查,因为此举在英格兰被认为是懦夫行为。虽然韦尔斯利是奉命签署了该协定,但却遭到了反对派政治家们的强烈攻击。调查宣告无罪后,韦尔斯利取代阵亡的穆尔(Moore)重新担任在葡萄牙作战的英军指挥官。他巧妙地利用天然的地形特征和英军的工程技能,筑造了防御工事——托里什韦德拉什防线(Lines of Torres Vedras),从而确保了英军不会退至海岸。然而,他不只是个防守将军。在攻打巴达霍斯(Badajoz)和罗德里戈城(Ciudad Rodrigo)两个要塞的战斗中,他表现得异常英勇,在萨拉曼卡(Salamanca)之战、维多利亚(Victoria)之战和比利牛斯(Pyrenees)战役中,他在进攻方面的表现,如同其在防守方面的表现一样,足智多谋。半岛战争(Peninsular War)结束后,他被认为是继马尔伯勒公爵(Duke of Marlborough)之后最著名的英国将军。1815 年的滑铁卢(Waterloo)战役令他名声倍增。他体恤将士,爱惜生命,鄙视放纵的行为,轻视名气。

　　1815 年后,威灵顿公爵已是一位卓越的外交家和政治家。卡斯尔雷(Castlereagh)曾给予过威灵顿很大的帮助,后来在战后复杂的外交环境下,成了威灵

W

顿最信赖的副官之一。利物浦（Liverpool）组阁时，威灵顿也是内阁成员之一，他认为无论职位高低，为国服务是自己的职责。坎宁过世后，戈德里奇（Goderich）内阁又惨遭失败，于是威灵顿1828年1月成为首相。1828年，当爱尔兰危机爆发时，威灵顿没有冒险发动内战，而是选择了以解放爱尔兰天主教徒的方式解决了爱尔兰危机。威灵顿的这一做法遭到了托利党极端派的憎恨，并导致他与温奇尔西勋爵（Lord Winchilsea）展开了一场对决。1830年，威灵顿坚决支持反对议会改革的主张，试图以此来表示自己与保守派的观点是一致的。威灵顿的这一策略未能恢复人们对其施政的信任感。1830年11月，威灵顿因内务开支问题在议会下院被击败后被迫辞职。虽然威灵顿反对《改革法案》（Reform Bill），但他意识到，反对派也得适应政治现实。他宁肯选择改革也不愿意看到议会上院将被新近册封的贵族湮没的前景，于是，他领导100名议会上院的托利党人辞职，从而保证了改革法案于1832年6月获得通过。1834年，墨尔本（Melbourne）辞职引发了危机，在此期间，威灵顿当了大约三个星期的临时首相。1835年之后，他作为政界元老发挥了重要作用。

Wells, H. G. (1866—1946). **赫伯特·乔治·韦尔斯**（1866—1946）　虽然韦尔斯出身于一个店主之家，但他却跳出柜台成了一名成功的作家，并最终成为一名从事人类研究的全才教师（teacher-at-large）。荣获伦敦帝国理工学院（Imperial College, London）的奖学金并师从T. H. 赫胥黎（T. H. Huxley），使他意识到"科学的力量使我们自由"，即使这只是一种想象的力量，这种力量在其早期的科学浪漫小说如1895年出版的《时间机器》（*The Time Machine*）和1898年出版的《星际战争》（*The War of the Worlds*）中得到了充分的体现。韦尔斯在进入文学创作并成为费边社（Fabians）成员的同时，将小说视作讨论现实问题的一种媒介。他于1905年出版的《基普斯》（*Kipps*）和1910年出版的《波里先生和他的历史》（*The History of Mr. Polly*）刻画了小人物形象，而1909年出版的《托诺—邦盖》（*Tono-Bungay*）则描绘了商界风云。韦尔斯于1920年出版的最畅销的作品《世界史纲》（*Outline of History*）为人类提供了"历史的救赎"，即只有吸取历史的经验教训才能保证世界的持久和平。

Wells cathedral　韦尔斯大教堂　See BATH AND WELLS.（见巴斯和韦尔斯）

Welsh language　威尔士语　威尔士语是不列颠最古老的语言,起源于凯尔特语族布立吞语支(Brythonic),其历史未曾中断过。凯尔特语族属大多数欧洲语言源头的印欧语系(Indo-European languages)。日耳曼语和英语的向西发展导致布立吞凯尔特语在威尔士、坎布里亚(Cumbria)和康沃尔(Cornwall)的独立发展,但是坎布里亚的布立吞凯尔特语在 11 世纪消失,康沃尔的布立吞凯尔特语在 18 世纪消亡,只有威尔士的布立吞凯尔特语幸存下来。操该语言者自称为"Cymry"【即威尔士人的同胞(fellow-countrymen)】。

早在公元 600 年以前,威尔士语就得到认可;到 12 世纪中叶,当法语和英语的影响日益强大的时候,古老的威尔士语留下的痕迹除了铭文、手稿注释及威尔士英雄史诗和预言诗之外,鲜有存世。自 12 世纪中叶至 15 世纪初,中古威尔士语被用来创作了大量的散文和通俗诗篇,它们的作者曾得到了威尔士亲王的资助,1283 年以后,还得到了威尔士本土贵族和具有移民血统的贵族的资助。使威尔士语变得日益丰富的那些因素同样也导致了其衰落,为了适应政府、社会、移民和创建城镇的发展趋势,拉丁语、法语,特别是英语在中世纪晚期普及起来。1536 年的《合并法》(Act of Union)主张用英语替代威尔士语作为官方语言,该法不赞成使用和赞助威尔士语。威尔士贵族逐渐减少用威尔士语讲话,并采用英语的姓氏来代替威尔士的父姓。

随着印刷术的推广和宗教改革,特别是《圣经》和《祈祷书》在 1567 年和 1588 年被翻译成威尔士语,威尔士语迎来了转机。17、18 世纪在教育、古文物研究、出版和宗教方面出现的各种运动,使威尔士语重又作为口语和书面语存留下来;威尔士文化的确在 18 世纪得到了重生。经历了半个世纪的工业化之后,1801 年有 80%的人操威尔士语。工业化起初并没有给威尔士语带来不良影响,因为众多到南部山谷的移民都讲威尔士语,但是在不断扩大的人口中,讲威尔士语的人所占的比例,却呈下降趋势。英语在上流社会中的普及,对英国教育的需求、国际化的工商业中心、移民和大众传媒,都削弱了威尔士语的特色,并把其描绘成一种过时的语言。到 1901 年,占总人口 50%的威尔士人讲威尔士语,此后,这一下降的趋势就未停止。

　　然而,自 18 世纪以来,威尔士的文学文化就已显示出一定的创造性,体现在人们对威尔士历史和传统的兴趣(包括威尔士诗歌音乐比赛大会)、蓬勃发展的威尔士新闻出版业、活跃的不从国教者、民族意识的增长和 19 世纪末 20 世纪初国家公共机构的建立(特别是图书馆、博物馆和大学的建立)。最近,公众舆论集中在威尔士语的生存问题上。支持威尔士语存在下去的力量不仅来自学术研究、文学复兴和各级教育机构,而且还来自于群众的压力,他们甚至可能采用暴力抗议的形式来实现自己的目标。这一举措是否会增强威尔士语的活力,阻止其整体衰落的趋势,还有待进一步观察。

Welsh Nationalist Party　威尔士民族主义党　See PLAID CYMRU(见威尔士党)

Wembley stadium　温布利球场　温布利球场坐落在伦敦的温布利公园(Wembley Park)内,是为 1923 年举办的大英帝国博览会(British Empire Exhibition)而建的。球场竣工只有四天,即 1923 年 4 月 29 日,这里就首次迎来了足总杯(Football Association Cup)的决赛。1929 年至 2000 年间(1932 年除外),每年的拉格比橄榄球联赛杯(The Rugby League Cup)的决赛都在温布利球场举行。温布利球场迎来的最伟大的历史时刻是作为东道主,分别于 1948 年举办的奥运会(Olympic Games)和 1966 年举办的世界杯足球赛(World Cup)。从 2000 年开始,英国对该体育场进行整体重建,到 2007 年重新投入使用时,可容纳 90,000 名观众。

Wensleydale's peerage case　文斯利代尔贵族爵位事件　1856 年,英国财税法庭(Court of Exchequer)的法官詹姆斯·帕克爵士(Sir James Parke)被授予文斯利代尔男爵(Baron Wensleydale)爵位。但是,帕克被授予的男爵爵位"只限于其个人有生之年",不能世袭。林德赫斯特勋爵(lord Lyndhurst)、布鲁厄姆勋爵(lord Brougham)和坎贝尔勋爵(lord Campbell)联合起来共同反对这一变化。几经争论,政府作出让步,并向詹姆斯·帕克授予了一般的世袭贵族爵位。终身贵族(life peerages)的问题直到 1958 年才解决。

wergeld　赎罪赔偿金　赎罪赔偿金是由凶手及其亲属应付给受害者亲属的固定数额的钱款或者说血债。虽然受害者的亲属理应为其过早离世而复仇，但是得到了赎罪赔偿金，就不能再选择血亲复仇(blood-feud)，这也是暴力社会维持秩序的一种手段。赎罪赔偿金的数额也是一个人社会地位的一个重要标志。

Wesley，Charles（1707—1788）．**查理·卫斯理**（1707—1788）　赞美诗作家。查理和哥哥约翰·卫斯理(John Wesley)一样，受教于牛津大学。查理在英国圣公会(Church of England)被任命为牧师，并进入循道宗牧师的领导层。据说，循道宗是在诗歌中产生的，而查理·卫斯理创作的大量赞美诗促进了循道宗的产生和发展，他可能是英格兰公认的最伟大的赞美诗创作者。在他那些深受欢迎的作品中，如"听啊！天使高声唱"（"Hark! The Herald Angels Sing"）和"耶稣，我灵好友朋"（"Jesu，Lover of my Soul"）等，远远超出了循道宗派的范围，广为人们所熟知与喜爱。

Wesley，John（1703—1791）．**约翰·卫斯理**（1703—1791）　循道宗的创立者。受教于牛津大学基督教会学院(Christ Church College)，被选为牛津大学林肯学院(Lincoln College)的院士，在英国圣公会(Church of England)担任圣职。1729 年在牛津，他的周围聚集了一群虔诚的基督徒，别名为循道会友(methodists)，因为他们追求严格地遵循教会章程中制定的学习方法和做法。在乔治亚(Georgia)传教的短暂过程中，卫斯理深受摩拉维亚弟兄会(Moravian brethren)的影响，1738 年，他突然改变信仰。50 多年来，他在马背上跑遍了整个英国，平均每年 5000 英里，讲经布道成千上万次，往往一天进行三次布道。他希望循道宗留在英国圣公会内，但是考虑到作为英国官方教会的圣公会对循道宗的敌对态度和循道宗的最高权力机构的独立要求，卫斯理的这个愿望是不可能实现的。

Wessex，kingdom of　威塞克斯王国　威塞克斯王国的起源并非一清二楚。

考古证据表明,5 世纪末 6 世纪初在泰晤士河(Thames)中部地区建立的日耳曼人定居区,是构成威塞克斯王国的主要因素之一。但是文字考据则强调,威塞克斯王国起源于塞迪克(Cerdic)和他的继承者在 6 世纪早期从朴次茅斯(Portsmouth)地区的一个基地向汉普郡(Hampshire)和威尔特郡(Wiltshire)迁徙的过程中,在南部所建的定居区。威塞克斯王国历史上的版图在 560 年至 591 年查乌林(Ceawlin)统治时期已经形成,查乌林自称为塞迪克的后裔,并被比德(Bede)描述为在不列颠定居的日耳曼人的盟主(bretwalda)。577 年在巴斯(Bath)附近的迪勒姆(Dyrham)战役中,查乌林战胜了不列颠人,控制了巴斯、赛伦塞斯特(Cirencester)和格洛斯特(Gloucester)。西撒克逊人在两个强大的国王卡德沃拉(685—688 年在位)和伊尼(Ine,688—726 年在位)的统治下,扩大了他们在德文(Devon)和萨默塞特(Somerset)的政治控制权。伊尼死于去罗马朝圣的途中,在 8 世纪余下的时间里,在英格兰事务中,威塞克斯王国一直从属于麦西亚王国。到 9 世纪埃格伯特(Egbert,802—839 年在位)统治时,威塞克斯王国的地位才得以重新恢复。825 年,埃格伯特在埃伦登(Ellendun)击败了麦西亚王国的军队之后,在《盎格鲁—撒克逊编年史》中,他被称为不列颠的盟主。虽然埃格伯特的盟主地位不具有永久性,但是英格兰东南部和东部地区仍然承认他的霸主地位。埃格伯特的儿子埃塞尔伍尔夫(Æthelwulf,839—858 年在位)和他的孙子们,特别是最小的孙子阿尔弗雷德大帝(Alfred the Great,871—899 年在位),巩固了西撒克逊王国对萨塞克斯(Sussex)、萨里(Surrey)和肯特(Kent)的控制权。然而,在 9 世纪下半叶,英格兰的政治结构因丹麦人入侵而发生了彻底的改变。878 年,阿尔弗雷德的英勇抵抗大败丹麦军队,迫使丹麦人签订了《韦德莫尔和约》(peace of Wedmore),该和约规定丹麦人对英格兰的控制只能局限在华特灵大道(Watling Street)及利河(river Lea)以北和以东地区。886 年后,阿尔弗雷德巧妙地利用其作为古代英格兰唯一幸存下来的王朝统治者的地位,收复了伦敦。从这一点来看,威塞克斯王国的历史完全与英格兰王国的历史重叠在一起了。阿尔弗雷德之子长者爱德华(Edward the Elder)的征战巩固了他的成果,使威塞克斯王国控制的领土面积翻了一倍。

W

West, Benjamin（1738—1820）.　本杰明·韦斯特（1738—1820）　历史人

物画家和肖像画家。韦斯特出生于宾夕法尼亚(Pennsylvania)的一个英籍人家庭,毕生忠诚于英国国王。他在美国开始学习绘画,然后在意大利又学习了三年,1763 年定居伦敦。他是皇家艺术院(Royal Academy)的创立者之一,是继雷诺兹(Reynolds)去世后的第二任院长。他 1771 年创作的作品《沃尔夫将军之死》(Death of Wolfe)破除了用古典服装来描绘英雄人物的传统,而是用现代服装来展示他们的形象。

Westbury, Richard Bethell, 1st Baron(1800—1873). **理查德·贝瑟尔,第 1 代韦斯特伯里男爵**(1800—1873) 律师。贝瑟尔出生在威尔特郡的埃文河畔布拉德福德(Bradford on Avon),曾就读于牛津大学的瓦德汉学院(Wadham College)。他在中殿律师公会(Middle Temple)毕业后,开始从事律师工作,并获得了成功。1851 年他作为自由党人代表艾尔斯伯里(Aylesbury)进入议会,1852 年担任副总检察长(solicitor-general),1856 年成为总检察长(attorney-general)。他想成为首席大法官(Lord Chancellorship)的野心人尽皆知,并且如愿以偿,1861 年,他跻身于贵族行列。之后他开展了一系列法律改革,但 1865 年他所在的部门被查出侵吞公款,特别委员会发现他"玩忽职守,应给予警告"。于是,他遭到议会下院的弹劾,被迫辞职。

Western European Union(WEU) **西欧联盟** 德意志联邦共和国(Federal Republic Germany)和意大利加入既有的布鲁塞尔条约组织(Brussels Treaty Organization)之后,国际安全组织西欧联盟于 1995 年 5 月 6 日正式成立。该组织的建立是法国国民议会(French National Assembly)拒绝批准欧洲防务共同体计划(European Defence Community plan, EDC)的结果。和平时期英国在欧洲维持军队的承诺是其外交政策的一个重要创举。

北大西洋公约组织仍然是西欧最重要的安全组织,但从 1958 年至 1973 年,西欧联盟的组织结构允许英国政府与六个西欧联盟成员国进行协商,这六个国家曾经在没有其他北约成员国参与的情况下建立了欧洲经济共同体(EEC)。1984 年,西欧联盟重又恢复活动,目的是加强欧洲在北约内部的影响和促进欧共体外交政策的协调【欧洲政治合作(EPC)】。西欧联盟在 20 世纪 90 年代的波斯尼亚危机(Bosnian crisis)中发挥了显著的作用。

Western Isles（Na h-Eileanan Siar） 西部群岛（埃利安锡尔） 西部群岛是一个行政区域,自1973年起,外赫布里底群岛(Outer Hebrides)——包括刘易斯(Lewis)、哈里斯(Harris)、南尤伊斯特岛和北尤伊斯特岛(North and South Uist)、本贝丘拉岛(Benbecula)、巴拉岛(Barra)、埃里斯凯岛(Eriskay),以及其他一些小岛——就属于该行政区地方政府的管辖范围。尽管从地质上来说,这些岛屿各有不同,但是大部分都是岩石或多泥煤的沙质海岸,农业发展有限,主要是从事亚麻漂白的小镇,为毛织品制造业提供原料,哈里斯(Harris)就是因此而闻名的。西部群岛与世隔绝的状态曾有助于苏格兰盖尔语(Scottish Gaelic)作为一种鲜活的语言,在不同的岛屿中以各种不同的口音保存下来。

Western Samoa 西萨摩亚 西萨摩亚是位于南太平洋中的一群多山的岛屿,人口约为165,000人。1962年,这群岛屿组成一个独立的国家,并于1970年加入英联邦。1899年,东萨摩亚(Eastern Samoa)附属于美国,而西萨摩亚则附属于德国。1914年,新西兰军队占领了西萨摩亚,1920年西萨摩亚成为新西兰的托管地。

West Indies 西印度群岛 西印度群岛是描述加勒比海地区大部分岛屿的一个概括性的地理名称,其中最大的一些岛屿包括古巴(Cuba)、伊斯帕尼奥拉岛(Hispaniola)——政治上的海地(Haiti)和多米尼加共和国(Dominican Republic)、牙买加(Jamaica)、波多黎各(Puerto Rico)、特立尼达(Trinidad)、瓜德罗普岛(Guadeloupe)和马提尼克岛(Martinique)。1492年,哥伦布(Columbus)在圣萨尔瓦多(San Salvador)登陆之后,西班牙宣称整个西印度群岛属于西班牙所有。此后,西班牙人在这里建立了甘蔗种植园,并把非洲的黑人奴隶运到这里。17世纪初,当西班牙人还在为镇压荷兰人在欧洲的反抗而进行斗争的时候,他们遇到了第一批威胁他们在美洲垄断权的殖民者。英国的殖民进程起始于1623年的圣基茨岛(St Kitts),1627年占领巴巴多斯岛(Barbados),1632年占领了安提瓜岛(Antigua)和蒙特塞拉特岛(Montserrat),1650年占领了安圭拉岛

(Anguilla),1655 年克伦威尔的一支远征军又征服了牙买加。与此同时,法国于 1635 年获得了瓜德罗普岛和马提尼克岛,17 世纪 40 年代占领了格林纳达(Grenada),并在伊斯帕尼奥拉岛的西部建立了据点。17 世纪 30 年代,荷兰殖民者占领了库拉索岛(Curacao)和圣尤斯特歇斯(St Eustatius)。欧洲政府对美洲殖民地的控制是断断续续的,西印度群岛因海盗行为而闻名于世。

18 世纪见证了殖民列强之间连续不断的战争,城镇不断地遭到洗劫,岛屿被占领和收复。多巴哥(Tobago)曾在殖民者手中频繁易手,以至于当时生活在多巴哥的居民被说成是生活在中间地带。没有得到此地的查理二世,曾在某段时期将该地授予库兰公爵(duke of Courland)。1763 年"七年战争"结束的时候,英国以牺牲法国利益为代价,保留了格林纳达、多米尼克(Dominica)、圣文森特(St Vincent)和多巴哥。美国独立战争期间,当英国海上力量发生动摇的时候,法国和西班牙夺走了格林纳达、蒙特塞拉特岛、圣基茨岛、圣文森特和巴哈马群岛(Bahamas),但根据《凡尔赛条约》(treaty of Versailles),法国和西班牙于 1783 年又不得不将这些岛屿归还给英国,仅保留了多巴哥。

法国革命战争与拿破仑战争期间,英国于 1802 年从西班牙手中得到了特立尼达,1814 年又从法国手中得到了圣卢西亚(St Lucia)。此时,西印度群岛对英国经济的重要性已经开始丧失,西印度群岛的人们向议会议员游说西印度群岛对英国的一些影响。1807 年,奴隶贸易被废除,1833 年奴隶制度从大英帝国消失。1865 年牙买加爆发的一场起义动摇了英国在牙买加的统治,虽然总督爱德华·艾尔(Edward Eyre)很不光彩的被召回英国,但英国重申了对牙买加的控制权。

第二次世界大战以来,大多数西印度群岛的国家,不论大小,都已成为主权国家。1945 年仅有古巴、海地和多米尼加共和国独立。1958 年,英国成立了西印度联邦(West Indian Federation),其更大的野心是加强西印度联邦内部在政治和经济方面的合作,但这一举措不久就变成了岛与岛之间竞争的牺牲品。西印度联邦于 1962 年解体。继牙买加和特立尼达独立之后,巴巴多斯(Barbados,1966 年)、巴哈马群岛(1973 年)、格林纳达(1974 年)、多米尼克(1978 年)、圣卢西亚(1979 年)、圣文森特(1979 年)、安提瓜岛(1981 年)、圣基茨岛和尼维斯(1983 年)也相继独立。英国殖民主义给西印度群岛留下的两个永恒的遗产分

W

别是英语的使用和可怕的板球运动成瘾症。

West Midlands　西米德兰兹　西米德兰兹都市郡(metropolitan county of West Midlands)的建立是1972年《地方政府法》(Local Government Act)颁布的产物。该郡将伯明翰(Birmingham)、伍尔弗汉普顿(Wolverhampton)、沃尔索尔(Walsall)、达德利(Dudley)、沃利(Warley)、西布罗米奇(West Bromwich)、索利哈尔(Solihull)和考文垂(Coventry)这些自治市集中在一起,郡府设在伯明翰。根据1985年的《地方政府法》,西米德兰兹都市郡的权力被废除。

Westminster, Palace of　威斯敏斯特宫　从忏悔者爱德华到亨利八世统治初期,威斯敏斯特宫一直是王室的主要住所。该宫殿是围绕着忏悔者爱德华在索尼岛(Thorney Island)修建的一座修道院逐渐形成的,并于1065年12月忏悔者爱德华去世之前一周时完成。威廉·鲁弗斯统治时期建造了威斯敏斯特大厅,1099年首次在此召开法庭。理查二世统治时期对威斯敏斯特大厅进行了重修。几个世纪以来,威斯敏斯特宫一直是王室法庭的所在地、弹劾大臣和进行国家审判的场所,同时也是举办加冕典礼宴会的地方。到了15世纪,威斯敏斯特宫变成了兔窝式的住所和走廊,里面挤满了佣人和律师,而且还易受洪灾侵袭。1834年火灾之后,只有威廉二世时期所建的威斯敏斯特大厅被保存下来了。

Westminster, provisions of, 1259.　《威斯敏斯特条例》(1259)　该条例为亨利三世与以西蒙·德·孟福尔(Simon de Montfort)为首的男爵劲敌之间搭建了一个斗争的舞台。根据1258年6月制定的《牛津条例》(provisions of Oxford),亨利同意建立一种约制国王权力的机制,包括成立一个经由任命的15人组成的监督委员会。1259年10月13日,议会在威斯敏斯特大厅通过了一个详细而全面的法律改革方案,以回应一系列的请愿和诉求。该条例于1262年和1264年再次颁布,并于1267年被收入《马尔伯勒法》(statute of Marlborough)。

Westminster, statue of, 1275.　《威斯敏斯特法》(1275)　第一个《威斯敏斯特法》是1275年爱德华一世在第一次议会上颁布的,是对现存法律的全面概

W

括。该法令的 51 项条款被用来处理各种各样的问题。颁布该法令的目的在于平息 1274 年至 1275 年间百户区档卷调查（hundred roll inquiries）所揭示出来的新国王缺席期间人们的不满情绪。

Westminster, statue of, 1285. 《威斯敏斯特法》（1285） 爱德华一世颁布的冗长的第 13 号法令，通常又被称为《威斯敏斯特法 II》。颁布该法令的目的是纠正法律中存在的各种各样的不公正因素。该法令中最重要的条款是严格控制赠与人处理财产的权力。该法令是爱德华一世决定对大量法律与习惯进行调控，并强制性增加一些较为公平的解决方案所作出的尝试的一部分。

Westminster, statue of, 1290. 《威斯敏斯特法》（1290） 爱德华一世颁布的第 18 号法令也被称为《威斯敏斯特法 III》。颁布该法令的目的是为了防止在地产出售时，权贵们的封建权利（feudal rights）如土地复归权（escheat）、婚姻同意权和监护权（wardship）遭到剥夺。人们普遍认为，这个法令未能使权贵守住他们的地位。

Westminster, statue of, 1931. 《威斯敏斯特法》（1931） 该法形成的直接原因来自于加拿大总理麦肯齐·金（Mackenzie King, prime minister of Canada）的不满，因为加拿大总督在 1926 年违反宪法拒绝他解散议会。这导致当年的帝国会议讨论了宪法关系问题。哲学爱好者鲍尔弗（Balfour）将英国及其自治领均定义为"拥有自治权利的共同体，地位平等，其中一方不以任何一种方式从属于另一方"。《威斯敏斯特法》（22 Geo, V c.4）确认了自治领的自治地位，使得英国国王和英联邦成员国的资格成为英国与自治领之间的唯一纽带。

Westminster, treaty of, 1462. 《威斯敏斯特协议》（1462） 为了恢复英格兰因玫瑰战争（Wars of the Roses）而丧失的在苏格兰的影响力，爱德华四世于 1462 年在威斯敏斯特与群岛领主，同时也是罗斯伯爵的约翰·麦克唐纳（John Macdonald, lord of the Isles and earl of Ross）以及第 9 代道格拉斯伯爵詹姆斯（James, 9th earl of Douglas）达成协议：他们必须成为爱德华的封臣并且帮爱德华取得苏格兰的王位。然而,这个虚而不实的计划没有起到任何作用,爱德华花了20年的时间才重新夺回贝里克(Berwick)的边境要塞。

Westminster, treaty of, 1654. 《威斯敏斯特条约》(1654) 虽然荷兰在第一次英荷战争(Anglo-Dutch War)中所遭受的损失比英国更为严重,但战争结束时签订的条约却相对温和,因为克伦威尔急于结束对这场两个新教国家之间都有害无益的争端。1651年英国颁布的《航海条例》(Navigation Act)仍保留在法令全书(statute book)中,荷兰等级会议(Estates of Holland)同意将奥兰治家族(House of Orange)逐出公共生活的视野,从而消除了一个援助流亡中的斯图亚特王室的潜在力量。

Westminster, treaty of, 1674. 《威斯敏斯特条约》(1674) 该条约签订于1674年2月19日,标志着第三次英荷战争(Anglo-Dutch War)结束。由于荷兰急于单独讲和以集中力量击败法国,因此他们作出了一些与本次战争不相关的让步。荷兰同意向英国国旗致敬,支付给英国一小笔赔偿金,并且将1673年8月夺回的新阿姆斯特丹(New Amsterdam)归还给英国。

Westminster abbey 威斯敏斯特大教堂 自从1066年征服者威廉在忏悔者爱德华的新教堂中加冕为英国国王以来,威斯敏斯特大教堂就一直是英国君主举行加冕仪式的地方,也许是为了强调连续性,从亨利三世到乔治二世,英国有16位君主均被葬于此地。目前我们看到的威斯敏斯特大教堂是1245年由亨利三世开始修建的,并在很大程度上受到当时法国建筑风格的影响,是中世纪时期英国最高的教堂,因此其形状看起来很窄。忏悔者爱德华的遗体于1269年被移到这里安葬。

该教堂与英国君主之间的密切关系,使其免除了其他大多数修道院在宗教改革运动中所遭遇的厄运。虽然它在17世纪40年代遭到了反对偶像崇拜的那些人的破坏,但其声望在共和国期间帮助了它,威斯敏斯特大教堂为克伦威尔举办了精心设计的葬礼,但在1661年1月克伦威尔的尸体又被挖出移走。雷恩(Wren)在大教堂遭到多年忽视之后,开始着手对教堂的结构进行修复,但直到

1745 年尼古拉斯·霍克斯穆尔(Nicholas Hawksmoor)设计的教堂西端的双塔才完工。在众多的纪念碑中,最感人的是一尊"没有注明姓名和军衔的英国战士"的黄铜像,以此来纪念第一次世界大战中的阵亡者。

Westminster Assembly 威斯敏斯特会议 威斯敏斯特会议是长期议会为了对圣公会进行改革,于 1643 年召开的会议,与会者包括议会上院和下院的 30 名议员,以及 121 位观点各异的大臣。尽管大部分参加会议的成员赞同长老会制,但是令苏格兰人民惊讶的是,少数强有力的无党派人士反对这项制度。1643 年,苏格兰人接受了《庄严同盟与圣约》(*Solemn League and Covenant*),该圣约的签订导致英国长老会制被牢牢地置于议会的控制之下。

Westminster cathedral 威斯敏斯特天主教堂 威斯敏斯特天主教堂是受枢机主教赫伯特·沃恩(Cardinal Herbert Vaughan)的委托建成的,他是罗马天主教等级制度在英格兰和威尔士复辟之后的第三任大主教。威斯敏斯特天主教堂是由 J.F.本特利(J.F.Bentley)设计的新拜占庭式建筑而不是哥特式建筑,它于 1895 年开始兴建,1903 年竣工。威斯敏斯特天主教堂的外形属于新文艺复兴风格,包括高耸的钟楼以及形成强烈反差的红砖与波特兰石(Portland)相间的外饰。

Westminster hall 威斯敏斯特大厅 威斯敏斯特大厅是威廉·鲁弗斯(William Rufus)于 1097 年建造的,是忏悔者爱德华统治时期所建的威斯敏斯特宫的延伸,同时也是威斯敏斯特宫唯一幸存下来的那部分。起初,威斯敏斯特大厅被用来举行宴会,后来用作召开早期议会,并逐渐地演变为一个行政中心,成为普通民事诉讼法庭(Court of Common Pleas)、王座法庭(Court of King's Bench)、大法官法庭(Court of Chancery)、财税法庭(Court of Exchequer)和星室法庭(Court of Star Chamber)的所在地。

Westminster School 威斯敏斯特公学 威斯敏斯特公学建于威斯敏斯特大教堂竣工后不久。亨利八世于 1540 年任命最后一位男修道院院长为该校的学监。20 年后,伊丽莎白一世统治时期重建该校,并将这所学校与她父亲建立的牛津大学基督教会学院(Christ Church, Oxford)和剑桥大学三一学院(Trinity College)紧密联系在了一起。

Westmorland　威斯特摩兰郡　威斯特摩兰郡是面积较小的郡之一,位于东部的斯坦莫尔(Stainmore),距离西部的鲍弗尔(Bowfell)仅约 40 英里。该郡的大部分地区都是荒山野岭,而诸如阿普尔比(Appleby)、肯德尔(Kendal)、柯比朗斯代尔(Kirkby Lonsdale)和柯比斯蒂芬(Kirkby Stephen)这样的市镇,面积都很小。威斯特摩兰郡的行政区划体现了其地形特征。该郡分为南、北两个区(barony),每个区分别由两个分区(ward)组成。肯德尔区先后隶属于约克主教区(diocese of York)和切斯特主教区(diocese of Chester);威斯特摩兰区隶属于卡莱尔主教区(diocese of Carlisle)。1856 年以后,肯德尔区和威斯特摩兰区均隶属于卡莱尔主教区。

威斯特摩兰这个名字似乎是指沼泽【即奔宁山脉(Pennines)】以西的村庄。它是布里甘特人(Brigantes)领土的一部分,先是被罗马人占领,后来盎格鲁—撒克逊人将不列颠人从这里排挤出去并建立了殖民地,继而该地区又成为诺森伯里亚王国的一部分,但依附关系不是十分紧密。自 10 世纪初以来,大量来自爱尔兰和马恩岛(Isle of Man)的北欧人在此定居,留下了诸如荒野(fell)、峡谷(ghyll)、山中小湖(tarn)和豪(how)等词语。尽管阿塞尔斯坦(Athelstan)在 927 年建立起政治统治,但威斯特摩兰仍然是边境地区,没有融入英格兰王国,而且由于它距离政治中心太远以至于无法得到太多的关注。

1086 年“末日调查”(Domesday survey)期间,肯德尔区被视为兰开夏郡的一部分,而北部地区则未被包括在内。在威廉·鲁弗斯(William Rufus)1092 年占领卡莱尔之前,威斯特摩兰郡的大部分地区仍在苏格兰的控制之下。直到 13 世纪,威斯特摩兰作为郡的地位才得到公认。不过,直到 1290 年,才有两名骑士代表该郡进入爱德华一世的议会。

威斯特摩兰原住民在南方主要依靠牧羊业为生,在北方则以养牛业为主,肯德尔区拥有实用价值很高的呢布纺织业。由于该郡首府阿普尔比(Appleby)横跨一条通过斯坦莫尔前往达勒姆(Durham)和约克的方便易行的路线,因而饱受苏格兰人的劫掠。阿普尔比先后在1173年和1388年遭到洗劫。

在18世纪20年代浪漫主义运动发生之前,笛福在创作时曾经发现:威斯特摩兰"之所以闻名于世,是因为它是我在英格兰,甚至威尔士走过的最原始、最贫瘠和最可怕的地方"。然而,到了18世纪中期,游客们渐渐发现了湖区(the Lake District)的魅力,而且威斯特摩兰也因阿尔斯沃特湖(Ullswater)、赫尔韦林山(Helvellyn)、格拉斯米尔(Grasmere)和温德米尔(Windermere)而变得更加有名。威斯特摩兰能够成为一块民族瑰宝在很大程度上要归功于19世纪早期的湖畔诗人(Lakeland poets)。20世纪90年代,旅游业仍然是该地区的支柱产业,但同时也令人失望。不过,随着岁月的流逝,温德米尔湖、科尼斯顿湖(Coniston)和阿尔斯沃特湖上的游船,以及通往湖畔的蒸汽火车已经成为逝去的那个宁静时代的象征。直到1972年,地方政府进行重组,该郡与坎伯兰郡(Cumberland)和兰开夏郡(Lancashire)的西北地区合并,形成了坎布里亚郡(Cumbria)。

West Sussex 西萨塞克斯 See SUSSEX,WEST.(见西萨塞克斯)

West Yorkshire 西约克郡 See YORKSHIRE,WEST.(见西约克郡)

Whigs 辉格党 辉格党是17世纪末至19世纪中叶英国的两大主要政党之一。"辉格党"一词源于"whiggamore"一词,意为好斗的苏格兰长老会派教徒,是对苏格兰圣约派(covenanters)带有贬义的叫法。在排斥法案危机(Exclusion crisis)期间,围绕约克公爵詹姆斯(James,duke of York)是否有权继位的激烈争论中,托利党人(Tories)首次使用辉格党一词来谴责约克公爵詹姆斯的政敌。如此一来,辉格党的原则从一开始就是作为一种明显的反对派和民粹主义的思想意识而出现的,认为政治权力来自于人民,国王与人民之间存在着一种"契约关系"("contract"),如果国王践踏人民的利益,就会遭到人民的反抗。早期辉格党的原则在形成1689年革命决议中发挥了决定性的作用。作为汉诺威继位的坚定支持者,辉格党于1714年主持了乔治一世的登基仪式,此后,辉格党一直长期排斥对手托利党。辉格党最终形成的"辉格寡头政治"("Whig oligarchy")

W

在接下来的几十年里实现了其政治生命中前所未有的稳定性,权力都集中在辉格党的大家族手中。

到了18世纪60年代,尽管所有的政治家都随便地自称为辉格党人,但是由罗金厄姆(Rockingham)领导的作为一个贵族乡村党而重组起来的旧集团残余势力不仅有意识地使用辉格党这一概念,而且还使其成为自己的专有名称。18世纪70、80年代,伯克(Burke)主张的经济改革和削弱王权的思想,对于辉格党人正在形成的思想来说,是至关重要的,提高了他们将辉格党建成一个"政党"("party")的自觉性。美国独立战争结束后给英国带来的政治危机使辉格党获得了短暂执政的机会,直到1782年7月罗金厄姆突然去世。罗金厄姆领导的辉格党人改由波特兰公爵(duke of Portland)和查尔斯·詹姆斯·福克斯(Charles James Fox)来领导,1794年他们两人在对待法国大革命的问题上分道扬镳,波特兰公爵领导的辉格党"保守派"加入了皮特(Pitt)政府,而福克斯派则走向了对立面。福克斯派仍保留了辉格党这一称呼,将其与政治、宗教及社会改革联系在一起。19世纪中叶,辉格党党义基本融入了自由主义理论,从此,辉格党的称号从政治词汇中消失。

Whistler,James Abbott McNeill（1834—1903）.　詹姆斯·阿博特·麦克尼尔·惠斯勒(1834—1903)　出生在马萨诸塞的惠斯勒是一名画家和蚀刻师。被西点军校(West Point)开除后,惠斯勒加入了美国海军。作为美国海军的制图师,他学习了蚀刻技术,并决定开始自己的艺术生涯。1855年他前往巴黎,之后在1859年到伦敦定居,并在伦敦初获成功,他的成功不仅是在艺术上更在奢华的生活方式上。1877年,他以诽谤罪起诉罗斯金(Ruskin),尽管打赢了这场官司,并获得了1法寻的赔偿,但打官司的费用导致他破产。晚年生活中,他既取得了艺术上的成就,同时也获得了很多财富,在切尔西(Chelsea)拥有一家画廊,其后来成为上流社会阶层的一个聚会场所。

Whitby,Snyod of,664.　惠特比宗教会议（664）　诺森伯里亚王国教会起始于保利努斯(Paulinus)和罗马基督教,艾丹(Aidan)从艾奥纳(Iona)引入凯尔特的风俗后,使该教会得以复兴。确定复活节的时间是惠特比宗教会议上争论最为激烈的问题,同时也是这次会议要解决的主要问题。

在惠特比宗教会议上代表凯尔特一方的诺森伯里亚王国的重要人物有女修道院长希尔达(Abbess Hilda)、东撒克逊的主教切德(Cedd)和林迪斯芳(Lindisfarne)的主教科尔曼(Bishop Colman)。威尔弗里德(Wilfrid)是来自威塞克斯的正在此地游历的法兰克人主教阿吉贝尔(Agilbert)和他的司祭阿加托(Agatho)的发言人,他们是罗马一方的主要拥护者。国王奥斯威(Oswiu)在这次会议上作出的与占多数的罗马基督徒意见一致的决定,可能是出于政治上的权宜之计。惠特比宗教会议为下一任坎特伯雷大主教狄奥多尔(Theodore)统一英国教会铺平了道路。

White,Gibert(1720—1793). **吉尔伯特·怀特**(1720—1793) 博物学家。怀特出生在其祖父位于汉普郡塞尔伯恩村(village of Selborne)的教区牧师住所,曾就读于牛津大学奥里尔学院(Oriel College,1744 年任该学院的研究员),1747 年被授予神职。比起到别处去过一种"肥鹅般的生活"("fat goose living"),他更愿意在汉普郡做个副牧师,因为这里离他家韦克斯(The Wakes)——怀特最终获得了韦克斯这所房子连同乌龟的继承权——很近。怀特立志成为一名科学博物学家、日志作者和生态记录者,于是他从 1751 年开始写"花园日志"("Garden Kalender"),并在此基础上,于 1768 年出版了《博物学家日志》(*The Naturalist's Journal*)。这本书,再加上怀特与友人的通信和论文,为他 1788 年完成的《塞尔伯恩自然史》(*The Natural History of Selborne*)提供了原始资料,这部书出版后随即被视为一部英文经典著作。

Whiteboys 白衣会 白衣会是爱尔兰农民起义军从 1761 年开始采用的名称。引发这一起义的直接原因似乎是圈占公用地(common land)用作牧场,但不久,起义者就将发泄不满情绪的理由扩大到什一税(tithes)和过高的租金。这场运动的中心是芒斯特(Munster),在那里居住的当地爱尔兰人生活最为贫穷。由于各地以各种恐吓的手段来支持这场运动,因而政府很难应对,使得这场运动一直持续了几十年。

Whitefield，George（1714—1770）． **乔治·怀特菲尔德**（1714—1770）　福音传道者。怀特菲尔德出生在位于格洛斯特的他父亲经营的贝尔旅店（Bell Inn）。1732 年，他以工读生身份进入牛津大学的彭布罗克学院（Pembroke College）求学。他因受到牛津大学卫理公会教徒们的吸引，而于 1735 年公开加入了该教派。最初他被任命为执事，1739 年 1 月被任命为牧师。1738 年他前往美洲，这是他七次美洲之行的第一次。1739 年 2 月，当他在户外向金斯伍德（Kingswood）的 200 名矿工传播福音的时候，他的布道生涯实现了重要的突破。教徒拥护他的这一缘分在 18 世纪 40 年代末中断了他与卫斯理之间的友谊，此外，加尔文派教徒与循道宗的阿明尼乌派教徒之间的裂痕仍未愈合。1744 年，他见到亨廷登夫人（Lady Huntingdon），认为她的"高雅"无人能敌。他在爱尔兰、苏格兰、威尔士以及美洲巡回布道，最后劳累过度，于 1770 年 9 月在新罕布什尔（New Hampshire）的纽伯里波特（Newbury Port）去世。

Whitehall，palace　怀特霍尔宫　怀特霍尔宫作为英国王宫历时约 150 年。起初，怀特霍尔宫是约克大主教在伦敦的住所，被称为约克广场（York Place）。沃尔西花巨资对之进行了扩建，1529 年他垮台后，怀特霍尔宫被亨利八世占有，在 1512 年的大火中，亨利八世失去了威斯敏斯特宫的大部分建筑。詹姆斯一世决定建造一个适宜的接待大厅。他第一次尝试建造的接待大厅于 1619 年被烧毁，第二次由伊尼戈·琼斯（Inigo Jones）设计的宴会厅（Banqueting House）于 1622 年建成。1698 年发生在伦敦的那场灾难性的大火，只有宴会厅得以幸免，而这也正好成为甩掉一个很不规则、公共性太强且不方便的宫殿的机会。18 世纪时，怀特霍尔宫被用作政府办公室。

White Ship　白船　1120 年 11 月 25 日发生的白船失事事件，毁掉了亨利一世安排的王位继承计划，因为他年仅 17 岁的唯一的合法继承人威廉（William）在这场灾难中去世。亨利一世很快与勒芬的阿德拉（Adela of Louvain）结婚，但这第二次婚姻并未诞下男性继承人，所以亨利于 1126 年指定他的女儿，即皇后玛蒂尔达（Empress Matilda）作为他的继承人。当时，白船正从诺曼底驶向英格兰，在塞纳河（Seine）河口处触礁。两位当时的编年史学家认

为,造成沉船的原因是船员醉酒。

Whitgift,John（c.1530—1604）. 约翰·惠特吉夫特（约 1530—1604） 坎特伯雷大教主（1583—1604 年）。惠特吉夫特出生在林肯郡,毕业于剑桥大学彭布罗克学院（Pembroke Hall）。剑桥大学是当时英格兰宗教改革的中心,玛丽一世在位期间,惠特吉夫特一直留在剑桥大学。1560 年,惠特吉夫特授命为牧师,后来相继成为牛津大学玛格丽特夫人学堂（Lady Margaret）的神学教授（1563—1567 年）、剑桥大学彭布罗克学院的院长（1567 年）、剑桥大学三一学院（Trinity College）的院长（1567—1577 年）、剑桥大学钦定神学讲座教授（1567—1569 年）、林肯主教区的教长（1576 年）、伍斯特主教区的主教（1577 年）,最终,继埃德蒙·格林德尔（Edmund Grindal）之后成为坎特伯雷大主教。虽然他是一位坚定的加尔文教的信徒,但他坚决维护主教制度和英国圣公会的祈祷文和礼拜仪式。尽管他强烈并且无礼地反对清教徒,但对 1595 年兰贝斯信纲（Lambeth articles）中有关命定论和上帝选民的加尔文主义的学说,却持支持的态度。

Whithorn,diocese of 惠特霍恩主教区 惠特霍恩主教区是 731 年作为约克北部四个主教教区之一建立起来的,隶属于约克大主教区。该主教区的中心位于苏格兰的西南部边缘,坐落在约 440 年时由尼尼安（Ninian）建立的凯尔特修道院的旧址上,9 世纪丹麦人入侵时,毁于一旦,后来也未重建。

Whittington,Richard（d.1423）. 理查德·惠廷顿（卒于 1423 年） 绸布商人,慈善家和哑剧男主角。惠廷顿是格洛斯特郡一地主的幼子,在伦敦定居,经营进口的名贵丝绸和天鹅绒,三次担任绸布商公会（Mercers' Company）会长。1393 年惠廷顿成为伦敦市政官（alderman）,1397 年至 1398 年、1406 年至 1407 年和 1419 年至 1420 年先后三次当选为伦敦市长。由于他临终时没有配偶和子女,因此他的遗嘱执行人捐出了他的巨额财产来促进公益事业的发展,包括改善圣巴塞洛缪医院（St Bartholomew's hospital）、市政厅（Guildhall）和纽盖特监狱（Newgate gaol）。

W

Whittle，Sir Frank（1907—1996）． **弗兰克·惠特尔爵士**（1907—1996）
杰出的航空工程师和喷气式发动机发明家。弗兰克·惠特尔是以克兰韦尔皇家
空军学院（RAF College，Cranwell）实习生的身份加入皇家空军，从而开始其职业
生涯的。当他还是学生的时候，就萌生了研制燃气涡轮机或"喷气式"发动机的
想法。第二次世界大战爆发前夕，他接受委派开展一项特殊的项目，即研发喷气
式发动机。尽管缺乏原材料，官方也对这个项目支持甚少，但他仍然取得了辉煌
的成就。在第二次世界大战的最后阶段，他的团队研制出了一台可行的燃气涡
轮机并安装在飞机上，从而发明了英国第一架喷气式战斗机。

Wiglaf（d.840）． **维格拉夫**（卒于840年） 麦西亚王国国王（827年至
829年、830年至840年在位）。维格拉夫是在827年时掌握政权的，当时他有几
个弟弟与其竞争王位，也许是为了巩固王位，他娶了切奥尔伍尔夫一世（Ceolwulf
I）的女儿埃塞尔弗莱德（Æthelflæd）。829年，维格拉夫被威塞克斯王国的国王
埃格伯特（Egbert）驱逐，在此之前埃格伯特已经大大削弱了麦西亚王国对泰晤
士河（Thames）以南地区的控制权。埃格伯特统治麦西亚王国仅一年的时间，
830年维格拉夫就回到了麦西亚，并重申对米德尔塞克斯（Middlesex）以及伯克
郡（Berkshire）的控制权。维格拉夫是执行自己统治路线的唯一一人。他的孙子
威格斯坦（Wigstan）被维格拉夫的继任者伯特伍尔夫（Beorhtwulf）的儿子杀死。

Whirtred（d.725）． **威特雷德**（卒于725年） 肯特王国国王（690年曾联
合执政，692年成为唯一的统治者，694年至725年在位）。威特雷德主要是以其
695年颁布的法令而被人们铭记在心的，这是现存的第三部也是最后一部肯特
"法典"。基督教会方面的内容是该法典强调的重点。其中第一条款就准许教
会拥有免税权，其他的条款也着力于加强教会在婚姻、斋戒和安息日戒律方面的
控制权。

W

Wilberforce，William（1759—1833）． **威廉·威尔伯福斯**（1759—1833）
福音派慈善家，废奴运动的推动者。威廉·威尔伯福斯出生在赫尔（Hull）地区
的一个商人家庭，受教于剑桥大学。他曾先后于1780年代表赫尔选区、1784年

至 1812 年代表约克郡选区、1812 年至 1825 年代表布兰贝尔（Bramber）选区当选议会下院议员。1784 年至 1785 年，随着信仰的改变，他成为福音派的领导人，在他的帮助下，英国先后于 1787 年建立了旨在控告亵渎神明的言行与恶习的公告协会（Proclamation Society）、1796 年建立了改善穷人状况协会（Society for Bettering the Condition of the Poor）、1799 年建立了圣公会传教会（Church Missionary Society）、1804 年建立了圣经协会（Bible Society）。1787 年，他加入了反对奴隶贸易的运动，这是他凭借自己与首相皮特（Pitt）的友情在议会上提倡的运动，该运动于 1807 年取得成功。1823 年，他加入了反对奴隶制协会（Anti-Slavery Society），然而，由于身患疾病，1825 年他被迫退出公众生活。

Wild，Jonathan（c.1682—1725）. **乔纳森·怀尔德**（约 1682—1725） 小偷的帮凶，反英雄。怀尔德曾接受过制作皮带扣的训练，因债务而入狱的经历，使其有机会接触到黑社会，之后他开始从事销赃活动。他的行为导致英国于 1718 年制定了一项法规，即通过接受酬金而归还故意偷窃的物品可堪比重罪，但是他认为自己对公众的服务抵过了自己的罪行着实是幻想，他的生命最后终结于泰伯恩行刑场（Tyburn）。

Wilde，Oscar（1854—1900）. **奥斯卡·王尔德**（1854—1900） 王尔德出生在都柏林，是一位美学家和戏剧家。他自称为天才，在牛津大学读书期间，佩特（Pater）和罗斯金（Ruskin）对他的吸引力比经典著作还要大。1881 年出版的《诗集》（Poems）是王尔德的早期作品，虽然有受他人影响的痕迹，但是他转年在美国的旅行中显露无疑的个性，则具有独创性。"成为一件艺术品是生活的目标"，这是他在即将于 1891 年出版的《道林·格雷的肖像》（The Picture of Dorian Gray）一书中所写的一句话。在其影响力达到顶峰之时，他于 1895 年创作了喜剧《不可儿戏》（The Importance of Being Earnest），以最微妙的手法流露出他对维多利亚时代社会的矛盾心情。王尔德因诽谤罪而受到公众的指责，并在雷丁（Reading）监狱中服苦役两年。出狱后迁居巴黎，五年后去世。

'Wild Geese' **"野鹅"** 为欧洲君主效劳并信奉天主教的爱尔兰职业军

人被称为"野鹅",尤其是指 1689 年至 1691 年爱尔兰的威廉麦特战争（Williamite War）结束之后,追随詹姆斯二世流亡法国的那些爱尔兰人。爱尔兰职业军人与欧洲的这种联系事实上在 1691 年之前就早已经开始了,但根据 1691 年的《利默里克条约》（treaty of Limerick）,12,000 名爱尔兰士兵被派往法国并加入了法军队伍。

Wilfrid,St（c.634—c.709）. 圣威尔弗里德（约 634—约 709） 诺森伯里亚主教。威尔弗里德是诺森伯里亚的贵族,曾被恩弗莱德王后（Queen Eanflæd）派到林迪斯芳（Lindisfarne）学习,之后又到肯特、里昂（Lyons）、罗马游学。回国后,他把罗马的基督教介绍到从德伊勒的埃尔科弗里思（Alchfrith of Deira）手里接过来的里彭（Ripon）修道院。威塞克斯的法兰克人主教阿吉贝尔（Agilbert）任命威尔弗里德为司铎,在 664 年的惠比特宗教会议（Synod of Whitby）上,他担任阿吉贝尔的代言人,支持罗马复活节。威尔弗里德作为诺森伯里亚的主教,被派往巴黎参加授予圣职的仪式。

威尔弗里德之后的事业并非一帆风顺,他曾先后数次被革职（664—669 年,678—686 年,691—706 年）;他管辖的教区被划出一部分;他的修道院的财产被占用;他曾与诺森伯里亚王国的两位国王埃格弗里思（Ecgfrith）和奥尔德弗里思（Aldfrith）发生分歧,甚至曾与坎特伯雷的两位大主教狄奥多尔（Theodore）和伯特沃尔德（Berhtuald）反目。离开家乡后,他在怀特岛（Isle of Wight）上的南撒克逊人和西南撒克逊人中以及在麦西亚从事传教工作。709 年（或 710 年）,威尔弗里德在赫克瑟姆（Hexham）担任主教时,在昂德尔（Oundle）去世,被葬在里彭,他的圣骨大概于 948 年被坎特伯雷大主教奥达（Archbishop Oda）移至坎特伯雷。

威尔弗里德有很多值得说道的地方,他为人残暴,但他的追随者却对他无比忠诚,甚至他死亡时躺过的床如今也被视若珍宝,他既是一名主教也是一个传统的贵族军阀。在赫克瑟姆修道院的那把石椅,被认为是威尔弗里德的主教座椅。

W

Wilkes,John（1725—1797）. 约翰·威尔克斯（1725—1797） 威尔克斯是数次有关扩大普通公民政治权利的宪政论争中的中心人物,在他的灵柩上,人们把他描述成"自由之友"（"A Friend of Liberty"）。威尔克斯年轻时生活放荡,

1757年他作为艾尔斯伯里(Aylesbury)选区的候选人当选议会下院议员。他是国王的宠臣比特勋爵(Lord Bute)最主要的对手,他在自己创办的周刊《北不列颠人》(*North Briton*)1763年4月23日印发的第45期上著文反对比特内阁后,以煽动诽谤罪被捕。他虽然成功地挑战了使用已颁发的一般逮捕令(general warrants)的合法性,但却被议会谴责为传播带有诽谤性和下流的言论。1764年,威尔克斯逃往欧洲大陆。1768年他回国时,成了受欢迎的英雄,并作为米德尔塞克斯(Middlesex)选区的候选人当选议会下院议员。然而,尽管他再次代表米德尔塞克斯进入议会,但仍因诽谤罪入狱,并被逐出议会下院。伦敦人打出"威尔克斯与自由"的标语,上街示威游行来表示对他的支持。他是民众政治的捍卫者和新闻激进主义的早期典范。

Wilkie,Sir David(1785—1841). **戴维·威尔基爵士**(1785—1841) 威尔基是以描绘苏格兰日常生活见长的苏格兰画家。他的第一幅重要作品是1804年完成的《皮特莱赛集市》(*Pitlessie Fair*),而《乡村政客》(*The Village Politicians*)则奠定了他的声誉,1806年这幅作品被提交给皇家艺术院(Royal Academy)。他是三个君主的肖像画家,1836年被封为爵士。

Wilkins,John(1614—1672). **约翰·威尔金斯**(1614—1672) 威尔金斯是17世纪中叶最杰出的业余科学家之一。他受教于牛津大学,接受圣职,成为专门为若干贵族服务的专职教士。他在自己的第一部作品《在月球上发现世界》(*Discovery of a World in the Moon*,1638年)中提出人类可以登上月球,并且可以将月球改造成适于居住之地。他组织的科学家"隐形学院"("invisible college")是英国皇家学会的前身,成立于1660年,威尔金斯本人担任秘书。内战(Civil War)期间,他加入了议会军,1648年被任命为牛津大学瓦德汉学院(Wadham College)院长,1656年娶奥利弗·克伦威尔的妹妹为妻,并一直保留着院长的职务。1659年,威尔金斯被调到剑桥大学三一学院(Trinity College)任院长,尽管在王朝复辟时期他失去了这一职位,但1663年他被任命为里彭(Ripon)主教区的教长,1668年成为切斯特(Chester)主教区的主教。

W

Wilkinson，Ellen（1891—1947）． **埃伦·威尔金森**（1891—1947） 英国历史上最著名和最成功的女政治家之一。在曼彻斯特大学取得历史学专业学位后，她成为全国妇女选举权社团总工会（National Union of Women's Suffrage Societies）的组织者，1915 年又进入了全国妇女组织合作联合工会（National Women's Organization of the Amalgamated Union of Co-operative Employees）工作。1924 年至 1931 年，她作为工党成员代表米德尔斯伯勒（Middlesbrough）选区当选为议会下院议员，并从 1935 年起代表贾罗（Jarrow）选区进入议会。20 世纪 30 年代的"红色埃伦"（"Red Ellen"）事件，使其作为社会改革活动家而被公众所熟知，她广泛地参与了那些为失业者发起的联合运动（the Unity campaign），著名的贾罗游行（Jarrow march），以及反对德国和西班牙法西斯主义的运动。她在 1945 年至 1947 年担任教育大臣期间，取得了诸多成就：着力实施 1944 年颁布的《教育法》（Education Act）；不顾财政部的反对将学生离校年龄提高到 15 岁；建成了若干新学校；推行"学生奶计划"（"school milk"）。

Wilkinson，John（1728—1808）． **约翰·威尔金森**（1728—1808） 约翰·威尔金森是其所处时代最卓越的机械制造厂商和企业家之一。他出生在坎伯兰（Cumberland），其父以生产槽钢为业，后搬到了雷克瑟姆（Wrexham）附近，并在这里生产出了被瓦特（Watt）和博尔顿（Boulton）大量采用的高质量的汽缸。约翰·威尔金森在科尔布鲁克代尔（Coalbrookdale）建起炼铁炉，用煤取代木炭作为燃料，增加了产品的种类。穿梭在塞文河（Severn）上的铁壳驳船为他运送产品，1779 年修建的著名的铁桥（Iron Bridge）上的铁制铸件也是由他提供的，他还生产铅管。不过，他获利最丰的生产线还是钻孔机。他以"铁器大师威尔金森"（"Iron-mad Wilkinson"）闻名于世，去世后葬在邻近阿尔弗斯顿（Ulverston）的坎伯兰庄园一个铁质坟墓的铸铁棺里，墓顶为铁质的金字塔形，碑文是约翰·威尔金森本人在生前撰写的，也是用铁铸成的。

W

William I（1027/8—1087）． **威廉一世**（1027/8—1087） 英格兰国王（1066—1087 年在位），诺曼底公爵（1035—1087 年）。被称为"征服者"的威廉一世出生在诺曼底中部的法莱斯（Falaise）。威廉继承诺曼底公爵爵位时只有 8

岁,诺曼底的权贵们以及威廉的领主法国国王均对此心照不宣。在威廉统治的初期,诺曼底处于动荡之中,威廉本人也有多次九死一生的经历。不过,在1047年和1053年至1054年击败了诺曼底的反叛者之后,威廉在诺曼底公爵领地内创立了一套强大的控制制度,使得该领地此后未受到严重威胁。11世纪50年代,威廉开始向诺曼底以南地区进行殖民扩张。1063年,他取得了曼恩伯国(county of Maine)的大部分地区。1051年,他得到忏悔者爱德华的承诺,将拥有英格兰的王位继承权。爱德华之举,显然是出于感激他在诺曼底流亡期间,威廉对他的保护。1066年,威廉在黑斯廷斯(Hastings)战役中,击败哈罗德·戈德温森(Harold Godwineson),成功地加冕为英格兰王。在接下来的六年里,威廉一直采取军事行动,有时甚至是采取残忍的军事手段,包括1069—1070年冬季实施的臭名昭著的"北方扫荡"("harrying of the North"),从而完成了对新王国的征服。1072年以后,威廉一世只是偶尔造访英格兰,往往是处理一些政治危机,例如1075年的伯爵反叛,以及1085年的丹麦人入侵威胁等。威廉一世在临终前将他的全部土地分给了罗贝尔·柯索斯(Robert Curthose)和他在世的第二个儿子威廉·鲁弗斯(William Rufus),前者得到了诺曼底,后者得到了英格兰。

威廉一世取得的成就主要基于他强有力的个性特征,几乎所有与他接触的人都对他怀有敬畏之心,而强健的体格又使其成为当时最令人生畏的勇士。威廉作战极为勇猛,具有卓越的军事领导才能,这些品质与其不屈的意志和精明的政治头脑结合在一起,使其成为一个强人。威廉对他的妻子玛蒂尔达(Matilda)十分忠诚,这在当时的中世纪国王与贵族中也是十分罕见的。当威廉在英格兰时,其妻玛蒂尔达就代表他在诺曼底执政。威廉一世在威尔士和苏格兰也保留了封建君主的权位。他十分幸运,因为在斯坦福德布里奇战役(battle of Stamford Bridge)中,哈罗德·戈德温森战胜了挪威国王哈罗尔·哈德拉达(Harold Hardrada),从而为威廉一世清除了一个必须要战胜的竞争对手;威廉一世幸运的第二个原因是1066年后,埃德加王子(Edgar the Atheling)并不是一个英格兰人可以选择团结在其身边的理想人物。威廉一世去世后,因继承权问题在他的儿子们之间爆发的内战,直到亨利一世1106年重新统一诺曼底和英格兰后才结束。

William II（c. 1060—1100）． **威廉二世**（约 1060—1100） 英格兰国王（1087—1100 年在位）。被称为"鲁弗斯"（"Rufus"）的威廉二世是征服者威廉的次子，其名声因当时教会的观点而受损，因为他有时表现出来的对待宗教的冷嘲热讽的态度使人心生畏惧。威廉二世是根据其父的临终遗言而成为英格兰王国的国王的。人们始终在争论：他的继位是否可以解释成是对其兄长罗贝尔·柯索斯（Robert Curthose）的继承权的剥夺，根据现存的史料，尚无法得出一个明确的结论。无论情况如何，最终的结果是：威廉二世很快就在 1088 年开始面对英格兰广泛发动的支持已取得诺曼底的罗贝尔·柯索斯的叛乱。在击败这些反叛者之后，威廉二世开始着手削弱罗贝尔·柯索斯所占有的那个越来越不堪一击的诺曼底公国，并于 1091 年和 1094 年在英格兰组织了远征诺曼底的军队。1096 年，罗贝尔·柯索斯因参加第一次十字军东征，将诺曼底公国抵押给威廉二世。此后，直到罗贝尔·柯索斯去世，威廉二世都统治着他父亲留下的这片跨海峡的领土。威廉二世还在英格兰北部巩固了诺曼人的统治，在卡莱尔（Carlisle）有效地确立了王权的地位，并且支持诺曼底人继续入侵威尔士。威廉二世那些颇具煽动性的话语冒犯了小心谨慎的神职人员，不仅如此，他还缺乏他父亲那种对信仰的虔诚，而威廉一世恰恰就是凭借这一点，与教会之间保持了良好的关系。所有这些因素导致了他与圣安瑟伦（St Anselm）的争执。安瑟伦是一位极具天赋的神学家和哲学家，1093 年当国王在格洛斯特（Gloucester）病重时，安瑟伦为坎特伯雷大主教的任命戏剧化地得到了批准。1097 年，教权与王权的矛盾达到顶峰，安瑟伦大主教被驱逐出英格兰，直到威廉二世去世，安瑟伦才回到英格兰。威廉二世于 1100 年 8 月 2 日在新森林（New Forest）狩猎时被杀。他的死亡很可能是个意外，所有有关他被谋杀的观点都是建立在可信度很高的旁证的基础上。威廉二世的绰号"鲁弗斯"最早出现在 12 世纪初，不是指他的红头发，就是指他的红面孔。

William I（c. 1142—1214）． **威廉一世**（约 1142—1214） 苏格兰国王（1165—1214 年在位），后来以绰号"狮王"而闻名。威廉一世是马尔科姆四世（Malcolm IV）的弟弟和继承人。1152 年，他被其祖父戴维一世（David I）授予诺森伯兰伯爵领（earldom of Northumberland）。1157 年，他领地内的边境地区诸郡落入英格兰国王亨利二世之手,但他从未甘心。1173—1174 年,当亨利二世面对一场严重叛乱的时候,威廉殊死一搏,入侵了诺森伯兰和坎伯兰(Cumberland),企图再次宣示对苏格兰的控制权。威廉在阿尼克(Alnwick)被俘后,为求脱身,被迫签署了《法莱斯条约》(treaty of Falaise),承认亨利二世为苏格兰的最高领主。虽然威廉与英格兰王室之间的冲突转移了他对苏格兰高地地区(Highlands)和群岛(Isles)的注意力,然而,在其长期统治期间,这些地区仍然取得了重要的进步:传统的王室中心地区之外建起了新的自治市镇;英格兰—诺曼人家族获得了新的地产,尤其是在泰河(river Tay)以北地区;阿盖尔主教辖区也在 1192 年前后建立起来。然而,苏格兰东南部低地地区(Lowlands)王权的推行与苏格兰西北边远地区对王权的限制之间依然会形成反差。此外,群岛仍然处于挪威封建君主的统治之下,尽管二者之间的关系较为松散。威廉一世在斯特灵(Stirling)去世后被葬在阿布罗斯隐修院(Arbroath abbey)。14 世纪以后,威廉之所以赢得"狮王"之美誉,是因为他被视为司法公正的实施者。

William III(1650—1702). **威廉三世**(1650—1702) 英格兰国王、苏格兰国王(以威廉二世的身份就任)和爱尔兰国王(1689—1702 年在位),奥兰治亲王(prince of Orange)。1672 年 7 月,威廉被任命为荷兰(Holland)和泽兰(Zeeland)两省的执政,以及荷兰共和国各省的终身陆海军统帅。当威廉被另外选举为乌得勒支(Utrecht)和海尔德兰(Gelderland)两省执政的时候,他于 1674 年和 1675 年先后放弃了以上可以世袭的那些职位。他是奥兰治的威廉二世(William II of Orange)与英国国王查理一世长女玛丽·斯图亚特(Mary Stuart)的独子,生于 1650 年 11 月 4 日,即其父去世后的第 9 天,当时奥兰治与阿姆斯特丹(Amsterdam)的关系正处于极度紧张的危机时刻,阿姆斯特丹一直是反奥兰治党人情绪高涨的中心。随后,荷兰实行了长达 20 年的共和制,使得奥兰治党人的影响力大为降低,奥兰治党人被排除在未来的荷兰政府之外。威廉这位年轻的亲王是在他的母亲和他那令人敬畏的祖母阿马利娅·范索尔姆斯(Amalia Van Solms)的养育下长大的。1660 年,查理二世王朝复辟期间,实际上奥兰治家族重新进入荷兰的公共事务领域,年仅 10 岁的威廉在阿姆斯特丹受到了正式的迎接。

W

17世纪60年代,威廉逐渐长大成人,但是身材瘦小而且患有难以治愈的哮喘。但是在他22岁那年,即1672年,英法联合向荷兰共和国发动进攻引起奥兰治党人的强烈反应,以至于荷兰人残忍地抛弃了共和政府,转而支持22岁的威廉作为反侵略英雄的化身。在反法战线形成的过程中,已拥有欧洲人身材的威廉于1677年10月返回英格兰,迎娶了15岁的表妹玛丽公主(pricess Mary)。玛丽是约克公爵詹姆斯(James,duke of York)的长女,詹姆斯从1670年起就声称他信奉天主教,而玛丽则是一位不折不扣的新教徒。威廉试图借助这段婚姻关系而从查理二世尴尬的外交政策中得到好处。英法两国君主出于不同的动机决定默许奥兰治家族的这段婚姻。尽管这段婚姻对于性格迥异的这两个人来说是不幸福的,而且没有留下任何后代,但却使威廉能够扮演君主的角色,并为他于1688年11月插手英格兰的事务打下了基础。

1685年11月,詹姆斯二世维护非英国圣公会者特权的主张使其疏远了最忠于斯图亚特王朝的议会议员。到1688年春天,威廉三世已经可以着手准备干预英格兰的事务了,大约3个月后,6月30日,他收到了来自英格兰议会的正式"邀请"("Invitation"),英格兰议会请求威廉"及时"拯救英国人享有的自由。而促成这一切能够实现的因素是法国一连串的失败和法国国王路易十四(Louis XIV)的错误判断。

对于英国人讨厌他的同胞这一点上,威廉并不抱有幻想,但是他作为荷兰执政(奥兰治亲王)拥有比实权人物更具影响力的经历,使他得到了作为英国"革命时期"的国王应有的锻炼。他从不怀疑,而且充满感激地认可玛丽对于他们二人联合执政的策略所作出的贡献,1694年12月27日玛丽的去世使威廉悲伤了数月。不过,威廉在苏格兰统治时期没有取得什么政绩,因为他把很多权力都委托给了其他人。1701年议会通过的《王位继承法》(Act of Settlement)中限制行政官员任职的那些条款明显是吹毛求疵。1691年詹姆斯党人的军队在爱尔兰被击败后,威廉发动的反法战争使得他自己及其大臣们一直处于议会的密切监视之下。威廉主动向议会公开其外交政策,即便是不情愿的,但这一做法为王权与议会之间的关系开辟了一个新时代。1702年3月8日威廉去世时,英国王位由新教徒来继承已经得到了国际上的认可。在英国的历史上,还没有哪一位国王拥有比威廉三世更高的国际声望。

William Ⅳ（1765—1837）．**威廉四世**（1765—1837） 大不列颠及爱尔兰联合王国国王（1830—1837 年在位）和汉诺威（Hanover）国王。威廉四世是乔治三世（George Ⅲ）的第三个儿子，出生于 1765 年 8 月 21 日。他出生时并无希望成为英国国王，13 岁时，他以候补军官的身份加入皇家海军后，不久就表现出尽管热情很高，但能力有限、性格粗犷的特点。他在美国独立战争（War of American Independence）中目睹了现役军人的风采，并且成了纳尔逊（Nelson）忠实的崇拜者与朋友。不过，他在海军服役时的一些龌龊不堪的私生活很难赢得人们的尊重。1790 年，他遇到了一位女演员乔丹夫人（Mrs Jordan），并与其共同生活多年，乔丹为他生下了 10 个孩子。虽然他先后被提升为海军少将和海军中将，并在 1799 年被提升为海军上将，但是皇家海军拒绝了他恢复现役的请求。具有讽刺意义的是，1811 年，他中断了与乔丹夫人多年的感情，而就在这一年，他成为舰队司令。

1818 年，乔治四世的女儿夏洛特公主（Princess Charlotte）去世，于是，威廉迎娶了当时正守寡的巴伐利亚公主萨克森－迈宁根的阿德莱德（Adelaide of Saxe-Meiningen）。这段婚姻，总的来说还是幸福美满的，威廉那些非婚生子女均由阿德莱德来照料。1827 年，威廉被任命为海军事务大臣（lord high admiral），这使他的尊严得以恢复，但是他想要把这一名誉变成有效实权的愚蠢企图，使他在任职 15 个月后被迫辞职。1830 年 6 月 26 日，乔治四世去世，被称作"愚蠢的比利"（"Silly Billy"）的威廉在没有任何经验的情况下，继承了王位。与众不同的是，在加冕仪式上，威廉为他的非婚生子女授勋，展现出对国王这个新角色明显的有时还显得不太体面的强烈兴趣。威廉四世继位时就面临着政治危机，保守党长期以来占据的支配地位即将结束，威灵顿（Wellington）政府摇摇欲坠。与乔治四世不同，威廉没有反对辉格党大臣，并且告诉他的新首相格雷勋爵（Lord Grey），他"完全信任他的忠诚、判断、决定和经验"。在 1831 年至 1832 年的议会改革危机时期，威廉四世推动了《改革法》的颁布，这对于确保英国的和平进程具有至关重要的作用。威廉的改革热情有限，1834 年 11 月，他厌倦了辉格党大臣，解散了辉格党政府，重新召回保守党，任命皮特（Pitt）组阁保守党政府。然而，这是一个草率且失败的策略。新政府虽然在随后的大选中取得了成果，但没有取得多数党的地位，威廉被迫重新召回辉格党大臣维护他余下的统治。威廉

W

与他的弟媳,即肯特公爵的遗孀,维多利亚公主(Princess Victoria)的母亲之间的关系不太融洽。他下定决心要活下去,以便看到年轻的维多利亚公主成年,从而阻止其母摄政。威廉四世于 1837 年 6 月 20 日,即维多利亚公主 18 岁生日一个月后去世。

William, Prince (b.1982). **威廉王子**(生于 1982 年) 威尔士亲王查尔斯(Charles, prince of Wales)和戴安娜王妃(Princess Diana)的长子,王位的第二顺位继承人。起初,威廉受教于韦瑟比预备学校(Wetherby preparatory school)和拉德格罗夫(Ludgrove)寄宿学校,一年之后,进入伊顿公学(Eton)学习,最后选择在圣安德鲁斯大学(St Andrews university)进一步深造。威廉王子是一位身材高挑、品貌兼优的年轻绅士,长相酷似他的母亲,继戴安娜之后已赢得了媒体的关注度。在获得地理学学士学位之后,威廉王子加入了英国皇家海军陆战队装甲团(Blues and Royals Regiment of the Household Cavalry),在那里,他被称为威廉·威尔士(William Wales)。2008 年,他获得了皇家空军飞行员的执照。

William the Atheling (c.1102—1120). **威廉王子**(约 1102—1120) 英格兰王国和诺曼底公国的继承人。威廉的父亲是诺曼人(亨利一世),母亲是英国人【玛蒂尔达皇后(Empress Matilda)】,他承载了两个民族和解的希望。然而他父亲为他顺理成章的继承所作的准备在 1120 年 11 月 25 日成为了泡影。当白船(*White Ship*)驶离诺曼底的港口巴夫勒尔(Barfleur)的时候,不幸触礁,船上几乎所有人都在大海中丧生,威廉王子也在其中。

William of Occam (c.1289—1349). **奥卡姆的威廉**(约 1289—1349) 奥卡姆是萨里郡吉尔福德(Guildford)附近的一个小村庄,威廉的名字大概源于这个村庄的名字。他是牛津方济各会修士,据说师从邓斯·司各脱(Duns Scotus)。他的思想是在方济各会与罗马教廷之间就福音派信徒是否应保持生活的贫困的问题上发生争执期间形成的,这一争执由来已久,而方济各会则接受贫困的观点。奥卡姆所撰写的维护方济各会观点的文章导致其被传唤至阿维尼翁(Avignon),并被教皇约翰二十二世(Pope John XXII)宣布为有罪。持续的争论促使奥卡姆去考察罗马教廷与王权之间的关系。他认为教皇无权处理世俗事务,教皇在教会内部应从属于一个公会议(general council)。根据奥卡姆的方法学理论,既要强调权力,同时也要强调权力在逻辑上存在着局限性:权力不能触动已被揭示出来的真理和信念,因为权力在很大程度上处理的是命题中的词项(terms of argument),应该使用经济原则,尽量少作假设,从而形成了"奥卡姆的剃刀定律"①("Occam's razor")。

William of St Carilef(**d.1096**). **圣卡里利夫的威廉**(**卒于 1096 年**) 达勒姆(Durham)主教。威廉是巴约(Bayeux)的世俗牧师,他在曼恩(Maine)的圣卡里利夫发下隐修誓言,成为圣卡里利夫修道院的副院长,后来成为圣文森特修道院(St Vincent)院长。1080 年,威廉一世任命他为达勒姆的主教。威廉二世任命他为首席政法官(justiciar),但他因卷入 1088 年的叛乱而被捕并接受审讯。1091 年,威廉官复原职。1095 年,他出乎意料地在罗金厄姆谘议会(Council of Rockingham)上支持国王而反对安瑟伦(Anselm)。他还是一位伟大的建筑师,1091 年他在流放归来的途中,设计出雄伟的新教堂,该教堂于 1093 年开始兴建。

William of Wykeham(**1324—1404**). **怀克姆的威廉**(**1324—1404**) 温切斯特(Winchester)主教,王玺掌管大臣(lord privy seal),英格兰大法官。威廉可能出身于汉普郡的一个农奴家庭,1348 年前后为王室服务,负责监管温莎城堡(Windsor castle)的重建工作。作为温切斯特的主教(1366 年),他是那个世纪里在教会中兼职最多的神职人员,在林肯副主教(archdeaconry of Lincoln)的领导下,共拥有 12 个职位。1367 年,威廉被任命为大法官,与其说威廉具有政治家的风度,还不如说他是一个能干的大法官。1371 年发生的反教权主义的潮流迫使他下台,让位于世俗之人。威廉给人们留下的最深刻的印象是他于 1379 年创办的牛津大学新学院(New College)和 1382 年创办的温切斯特公学(Winchester College)。

---

① 该定律称为"如无必要,勿增实体"(Entities should not be multiplied unnecessarily),即"简单有效原理"。——译者注

Williams, Roger（c.1603—1683）. **罗杰·威廉斯**（约 1603—1683） 殖民者。威廉斯出生于伦敦,曾就读于剑桥大学彭布罗克学院（Pembroke College）,并担任圣职。1630 年,他离开英格兰来到马萨诸塞（Massachusetts）,但是他因持有地方行政官不应拥有对良心的控制权的信念,使其在塞勒姆（Salem）教堂任职时度过了一段不愉快的时期。1636 年,威廉斯被驱逐出马萨诸塞之后,他在普罗维登斯（Providence）定居下来,并于 1639 年创立了浸礼会,虽然后来他成了一个不承认任何教义的探索者。1644 年,他前往英格兰,并获得了建立普罗威斯登自治政府的特许权,从而建立了罗得岛（Rhode Island）殖民地。这块殖民地不久就以宗教宽容的态度而闻名,容许犹太人和贵格会教徒在此定居。1654 年至 1657 年,威廉斯担任罗得岛的总督。

Williams, Rowan（b.1950）. **罗恩·威廉斯**（生于 1950 年） 坎特伯雷大主教。威廉斯出生于斯旺西（Swansea）,曾就读于剑桥大学基督学院（Christ's College）,1975 年获得牛津大学哲学博士学位。他于 1986 年成为牛津大学玛格丽特夫人学堂（Lady Margaret）的神学教授之前,曾在剑桥担任过牧师。从 1991 年起,威廉斯就是蒙茅斯（Monmouth）主教区的主教,并于 1999 年成为威尔士大主教,2002 年继乔治·凯里（George Carey）之后成为坎特伯雷大主教。为了把教会对于同性恋关系的不同观点维系到一起,他经历了重重困难。2008 年,他因建议引进伊斯兰教法（Sharia law）的有些要素而激起强烈抗议。威廉斯既是学者又是诗人,但有时他似乎比那些接受过他忠告的人更迷茫。

Willibrord, St（658—739）. **圣威利布罗德**（658—739） 诺森伯里亚修道士,赴弗里西亚（Frisia）的传教士。圣威利布罗德曾在威尔弗里德的里彭修道院（Wilfrid's Ripon）接受教育,然后前往爱尔兰的拉斯梅尔希修道院（Rath Melsigi）,师从埃格伯特（Egbert）长达 12 年之久。威利布罗德从 690 年开始接受埃格伯特的指导,并像威尔弗里德一样,被派往弗里西亚传教。695 年,教皇塞尔吉乌斯一世（Pope Sergius I）任命威利布罗德为弗里西亚教区的大主教【与克莱门特（Clement）一样】,管辖乌得勒支（Utrecht）主教区。698 年,他又在埃希特纳赫【Echternach,今卢森堡（Luxembourg）】创办了一座以书院和藏经楼而闻名的修道院。圣威利布罗德把人们对渥斯沃尔德(Oswald)的崇拜带到了欧洲，为卜尼法斯(Boniface)的传教活动做好了铺垫。

Wills,W.D.and H.O.   W.D.威尔斯与 H.O.烟草公司   W.D.威尔斯与 H.O.烟草公司成立于布里斯托尔，到 19 世纪末为止成为英国最大的烟草公司。至 19 世纪中期，与其他烟草进口商相比，威尔斯家族企业的领导成员更懂得零售业的规律，尤其是品牌的重要性。他们利用与众不同的烟斗丝和不同系列的卷烟而获得的成功，建立了庞大的销售市场——如 1871 年的"穿越"(Passing Clouds)品牌、1877 年的"三炮台"(Three Castles)和 1888 年的"伍德拜恩"(Woodbine)品牌。1883 年，他们购买了彭萨克(Bonsack)卷烟机的使用权，这使得他们在 20 世纪之前一直能够主导英国的烟草生产行业。1902 年，在该公司的领导下，并购成立了英美烟草公司(British and American Tobacco)。

Wilmington,Spencer Compton,1st earl of(c.1674—1743)．**斯潘塞·康普顿，第 1 代威尔明顿伯爵**(约 1674—1743)   北安普敦伯爵(earl of Northampton)的幼子。斯潘塞 20 岁时进入议会下院，并于 1715 年成为下院议长。1727 年，乔治二世登基时，他有望成为首相，但却被沃波尔(Walpole)轻易取代。作为补偿，1728 年他被封为男爵，1730 年被封为伯爵，1730 年至 1742 年间担任枢密院院长。他为人沉闷拘谨，1742 年取代沃波尔成为首相，他对这一职位看得很淡，加之年迈多病，仅主政一年就去世了。

Wilson,Harold,1st Baron Wilson(1916—1995)．**哈罗德·威尔逊，第 1 代威尔逊男爵**(1916—1995)   首相。作为一名工业化学家之子，威尔逊取得了牛津大学耶稣学院(Jesus College)的奖学金，修读历史学，其哲学、政治学及经济学(PPE)三门课程的成绩均为第一名。1940 年，他作为一名经济学家加入战时内阁秘书处。1945 年，他代表奥姆斯柯克(Ormskirk)选区被选为议会下院议员，成为公共工程部(Ministry of Works)的议会秘书。1947 年，他以贸易委员会主席的身份晋身内阁，而当年他只有 31 岁。1951 年，威尔逊与安奈林·比万(Aneurin Bevan)一起辞去了政府的职务，当 19 世纪 50 年代工党开始分裂的时

W

候,威尔逊的这一行为使他被视为左派,尽管这并不完全符合实际。

身为在野党的威尔逊在全国执行委员会(National Executive Committee)和影子内阁(shadow cabinet)中的地位稳步上升,并在盖茨克尔(Gaitskell)成为工党领袖后不久,于 1956 年成为影子内阁大臣。对于 1959 年工党在大选中第三次连续失败后盖茨克尔为工党现代化所作出的努力,威尔逊并不赞成,于是他在1960 年挑战盖茨克尔竞选党魁,但未成功。1963 年 1 月,盖茨克尔的意外去世给威尔逊带来了机会,他在竞选中击败乔治·布朗与詹姆斯·卡拉汉(James Callaghan),成为工党党魁。

事后证明,威尔逊是工党领袖的合适人选。他的中左翼身份使其可以在一定程度上以盖茨克尔难以实现的方式,统一劳工运动。他相对年轻,他提倡技术革命的做法在 20 世纪 60 年代的乐观主义者中引起了共鸣。在这种情况下,工党在 1964 年大选中仅以 4 席的多数优势险胜也就不怎么让人觉得意外了。

人们对于威尔逊的当选可以给英国带来崭新一页所充满的希望,在很大程度上落空了。他仍然坚持许多传统的观点,尤其认为英国还是一个世界强国,英镑依然是重要的国际货币。他创立了经济事务部(Department of Economic Affairs),目的是摆脱财政部过分的控制,但未成功。然而,选民却把一种带有留情的偏袒给了工党,1966 年工党在民意调查中稳居多数。

不过,威尔逊似乎渐渐失去了方向感,特别是在 1967 年迟来的英镑贬值之后。政治的姿态好像代替了长期的计划。他维护了工党的团结,但却付出了模糊内部差异的代价。尽管罗伊·詹金斯(Roy Jenkins)作为财政大臣,树立了节俭管理的名声,但是国家经济却没有发生改变。1967 年,英国申请加入欧洲共同体市场,遭到戴高乐将军(General de Gaulles)的否决。工党改革工会运动的尝试似乎概括了政府的特质。威尔逊和他的劳工部大臣芭芭拉·卡斯尔(Barbara Castle),在"取缔冲突"("In Place of Strife")立法提案中倾注了自己的大量信誉,但是最终不得不接受令人羞辱的失败。

尽管如此,1970 年威尔逊被爱德华·希思(Edward Heath)击败,还是引起了相当大的震动。1974 年他的再度执政虽然还能显露出自信,但是却缺少了十年前的活力。然而,就工党的内在动力而言,最迫切的事情是成为欧洲共同体(EEC)的一员。威尔逊一直反对希思采取行动使英国在无法接受的条款下加入欧共体,他认为希思的理由多少带有欺骗性。1975 年,因内阁成员之间公然对立,威尔逊同意就英国是否留在欧共体问题进行公投。

当威尔逊于 1974 年重新执政的时候,几乎没有理由怀疑他会很快地离开首相一职。然而,他在 1976 年的辞职是遭到不信任。尽管 1983 年以前,威尔逊一直留在下院,但是也许是由于疾病的发作,他没有发挥名副其实的作用。

Wilson, Richard（1714—1782）. **理查德·威尔逊**（1714—1782） 风景画家。威尔逊出生在威尔士,牧师之子。威尔逊接受的正规训练和早期职业生涯都是肖像绘画。但 1750 年至 1756 年间,他在意大利决定集中精力创作古典风格的风景画。当他返回英格兰时,他的画作使他名声大作,但却找不到工作。他是皇家艺术院（Royal Academy）的创始人之一,1776 年他应聘为图书馆员。那段时间,他几乎已经停止了绘画。现在他被视为英国风景画之父,他对 19 世纪的风景绘画产生了重大影响。

Wilton diptych 《威尔顿双联画》 《威尔顿双联画》是一幅由两块铰链式的橡木板组成的一个小而轻便的祭祀装饰画,画板两面均上漆并镀金。几乎可以确定的是,这幅画是用来描绘理查二世私人祈祷的场景,精致的压印图案和昂贵的颜料使之富丽堂皇。尽管学术界对这幅画一直存在着争论,但是创作这幅画的画家无人知晓,甚至创作日期、作者及委托人的动机都还没有确定。据说这幅画被彭布罗克伯爵（earls of Pembroke）在威尔顿庄园（Wilton House）购买之前,詹姆斯二世曾把它送给了卡斯尔梅恩勋爵（Lord Castlemaine）。由于彭布罗克伯爵是在威尔顿庄园里购买的,因此这幅画就以威尔顿命名,但从 1929 年开始它就一直被陈列在国家美术馆（National Gallery）中。

Wiltshire 威尔特郡 威尔特郡为英国面积较大的郡之一,南北纵深 50 多英里。人们很难感受其地理上的一致性,而且该郡的天平也在不断变化。北部城镇克里克莱德（Cricklade）和马姆斯伯里（Malmesbury）与南部城镇米尔（Mere）和唐顿（Downton）之间的联系很少,只是在中部城镇迪韦齐斯（Devizes）不定期召开的全郡会议上才能有所接触。威尔特郡的大部分地区都是繁荣的农业区,北部的奶酪和南部的黄油都闻名于世,中部索尔兹伯里平原(Salisbury plain)上也布满羊群。围绕着特罗布里奇(Trowbridge)、布拉德福德(Bradford)、韦斯特伯里(Westbury)和梅尔克舍姆(Melksham)的西部边缘地区,家庭纺织业繁荣,笛福(Defoe)在其18世纪20年代的旅行中就有描述。

该郡取名于位于索尔兹伯里埃文河(Avon)的一条支流——怀利河(Wylye)附近的城镇威尔顿(Wilton)。随着威尔顿的衰落,旧塞勒姆(Old Sarum)和新塞勒姆(New Sarum)先后繁荣起来。新塞勒姆又被称为索尔兹伯里,是都铎王朝时期英格兰王国十大城镇之一,人口达到8000人。近代由于斯温登(Swindon)这个城市作为铁路枢纽发展起来了,于是该郡的天平又开始发生摇摆。1801年旧斯温登(Old Swindon)的一个人口刚过1000人的小村庄到1881年时已经发展成威尔特郡最大的城镇,人口达到17,000人,2001年甚至超过180,000人。

在前罗马时代,该地区是人口最稠密的地域之一。相比潮湿和丛林密布的山谷地区,居民更愿意居住在干燥的白垩地区。威尔特郡是史前时期留下的最富裕的一个郡。这里遍布古坟,此外还有巨石阵(Stonehenge)和埃夫伯里石圈(Avebury),二者并称欧洲最大的两个遗址。尽管杜罗特里吉人(Durotriges)和阿特雷巴特人(Atrebates)部落以勇猛善战著称,但还是被罗马人轻易地征服了。到6世纪后半期,由于撒克逊人于552年在旧塞勒姆取得了一场决定性的胜利,从而征服了这片地区。9世纪初,麦西亚王国和威塞克斯王国对这片土地的争夺十分激烈,阿尔弗雷德(Alfred)也把它当作抵抗丹麦人的中心。表明该郡形成的第一份史料证据是《盎格鲁—撒克逊编年史》中所提及的公元800年格洛斯特郡(Gloucestershire)的赫威赛王国(Hwicce)被郡长沃克斯坦(ealdorman Woxtan)率领的威尔赛特人(Wilsaetes)人击败。撒克逊时期留存下来的最有名的遗址是埃文河畔布拉德福德(Bradford on Avon)的一座多年被用作村舍的小教堂,直到1856年人们才重新发现它。

内战期间,该地区处于王军和议会军对峙的中间地带,发生了很多次战事。沃德城堡(Wardour castle)是1643年被迫投降的阿伦德尔夫人(Lady Arundell)为国王保留的地方,但被她的儿子夺回并摧毁,而没有让自己的敌人使用。1643年,霍普顿(Hopton)在朗德威高地(Roundway Down)战胜沃勒(Waller)所取得的胜利,使得该郡的大部分地区落入保王党人的手中。直到1645年,保王党人还占据着迪韦齐斯。1655 年发生的拥护查理二世的彭拉多克起义（Penruddock's rising）就是一场结果令人沮丧的闹剧，起义军占领索尔兹伯里仅仅一天，起义就失败了。

19 世纪时，威尔特郡部分地区的发展相当低迷。面对来自约克郡的纺织业的竞争，很难抵御；农业也出现萧条的景象，尤其是在 1815 年以后。1821 年，科贝特（Cobbett）在提到克里克莱德时曾经说："劳工们的生活十分贫困。他们的住处比猪窝好不了多少，在我的一生中，从来没见过生活如此悲惨的人，没有，甚至在美洲解放的黑奴中也没见过。"他断定："威尔特郡是一个可怕的郡。"在 1830 年的斯温骚乱（Swing Riots）中，威尔特郡受理的起诉比其他郡都要多，主要是在破坏机器方面。

威尔特郡人口居住分散的特点使人们很难找到一个大家都满意的适宜作行政总部的地点。季审法庭（Quarter sessions）在莫尔伯勒（Marlborough）、迪韦齐斯、索尔兹伯里和沃明斯特（Warminster）巡回开庭。威尔特郡议会成立于 1888 年，最初是在特罗布里奇（两次）、索尔兹伯里和斯温登召开会议。到 1930 年，召开议会的地点让人无法忍受，于是移至迪韦齐斯，只是为了当特罗布里奇联合足球场可以使用时，选票发生逆转。在特罗布里奇建成的郡议会大楼于 1940 年投入使用。

Wimbledon　温布尔登　全世界最著名的草地网球俱乐部。温布尔登是"草地网球锦标赛"（Lawn Tennis Championships on Grass）的发源地，草地网球锦标赛是最古老的草地网球比赛。首届温网举办于 1877 年 7 月 9 日，是在位于伦敦西南部温布尔登的沃普尔路（Worple road）的一块属于俱乐部的场地上进行的。1922 年，俱乐部将该赛事的场地移至现在的彻奇路（Church road）。

Winceby, battle of 1643.　温斯比战役（1643）　纽瓦克（Newark）的保王党领导者约翰·亨德森爵士（Sir John Henderson）为了缓和在霍恩卡斯尔（Horncastle）附近的博林布罗克城堡（Bolingbroke castle）的局势，于 1643 年 10 月率军出发。他的部队遭到曼彻斯特（Manchester）、费尔法克斯（Fairfax）和克伦威尔（Cromwell）率领的议会军骑兵的拦截，并于 11 日被击溃。虽然这只是一次小规模的战役,但这次胜利振奋了圆颅党(roundhead)日益低落的士气。

Winchelsey,Robert de(d.1313). **罗伯特·德·温切尔西**(卒于1313年)坎特伯雷大主教。温切尔西出生在肯特,受教于巴黎大学和牛津大学,并先后担任巴黎大学的校长和牛津大学的名誉校长(1288年)。温切尔西是一位杰出的学者。1293年,他被推举为坎特伯雷大主教,但1295年时他才从罗马返回。作为教会独立的坚定支持者,他拒绝爱德华一世提出的向教士收税的请求,以此来支持教皇卜尼法斯八世(Boniface VIII)于1296年颁布的教皇敕令,直到1297年教皇妥协为止。1301年,温切尔西与爱德华再次在林肯议会(Lincoln Parliament)上对质,使财政大臣沃尔特·兰顿(Walter Langton)被撤职,这使爱德华对温切尔西难以释怀。1306年,温切尔西被教皇克雷芒五世(Pope Clement V)暂时停职,并遭到流放。1307年,温切尔西官复原职以后,积极反对加韦斯顿(Gaveston)。1310年,温切尔西成为约法委员会(Ordainers)的一员。

Winchester 温切斯特 温切斯特,即温塔比尔格鲁姆(Venta Belgarum),可能是比利其人(Belgae)在罗马时期的首都。大量属于4世纪时的墓地表明,当时温切斯特仍是一个主要的人口中心,但是到了5世纪初,温切斯特就惨遭荒废。662年,温切斯特作为主教座堂的所在地,再次复兴。然而,也许在阿尔弗雷德国王(King Alfred)在古罗马城墙内将其建成一个规划有序且防御坚固的城镇以后,都市生活才得以恢复。10世纪至12世纪,温切斯特的城市规模急剧扩大,在大约1110年时的排行榜中,仅次于伦敦,与诺里奇(Norwich)并列为第二大城市,并与威斯敏斯特一起共享国都级别的开发功能。除了主教座堂之外,温切斯特还拥有王宫及其他的主教宫和57座堂区教堂。此外,温切斯特还是英格兰四大贸易集市之一。然而,12世纪以来,由于温切斯特与王室之间的关系越来越疏远,温切斯特的城市地位也在下降。15世纪以后,温切斯特只是一个中等规模,但却是令人喜欢的地方性城镇(provincial town)。

W

Winchester,battle of,1141. 温切斯特战役(1141) 1141年2月,玛蒂尔达(Matilda)在林肯(Lincoln)俘虏了她的对手斯蒂芬,并将其囚禁在布里斯托尔

(Bristol)。但是她和温切斯特主教,即斯蒂芬的哥哥布洛瓦的亨利(Henry of Blois)发生了争吵,并包围了他的城堡。后来斯蒂芬的王后在 9 月 14 日带领一支军队来到这里成功解围,并且抓获了玛蒂尔达的主要支持者——玛蒂尔达同父异母的兄弟格洛斯特的罗伯特(Robert of Gloucester)。当斯蒂芬和罗伯特被相互交换以后,玛蒂尔达就失去了她在林肯取得的优势。

Winchester, diocese of 温切斯特主教区 温切斯特主教区辖区面积大致与汉普郡(Hampshire)西部和中部以及海峡群岛(Channel Islands)相当,是继坎特伯雷、约克、伦敦和达勒姆(Durham)之后的第五大主教区,与其余 4 个大主教区一样,温切斯特的主教在议会上院也总是拥有一个席位。温切斯特主教区出现的最早迹象大约是在公元 660 年,当时森沃尔赫(Cenwalh)任命瓦恩(Wine)为主教。705 年,温切斯特主教区被分割,汉普郡、萨里(Surrey)、萨塞克斯(Sussex)和怀特岛(Isle of Wight)仍属于温切斯特主教区,剩下的塞尔伍德(Selwood)西部地区归属了新建立的舍伯恩主教区(see of Sherborne)。约 909 年时,长者爱德华(Edward the Elder)通过把伯克郡(Berkshire)和威尔特郡(Wiltshire)划入新建立的拉姆斯伯里(Ramsbury)主教区,进一步缩减了温切斯特主教区的辖区,只剩下汉普郡和萨里。1927 年,由于吉尔福德(Guildford)和朴次茅斯(Portsmouth)主教区的建立,温切斯特主教区进一步缩小。埃格伯特(Egbert)在位以来,威塞克斯霸权的建立进一步增强了教会的重要性,11 世纪时,温切斯特是英格兰王国的首府。现在的温切斯特大教堂为欧洲最长的教堂(556 英尺),是 1079 年瓦尔凯林(Walkelin)任主教时(1070—1098 年)开始兴建的,基本上以诺曼式建筑风格为主,辅以英国早期和垂直式建筑风格,教堂内保存着撒克逊国王们的遗骨和圣斯威森(Saint Swithun)的神龛。

Winchester, statute of, 1285. 《温切斯特法》(1285) 爱德华一世在位时,决定严格执行王国的法律和法规。当外地人控诉当地人不愿意公平地对待他们之后,爱德华一世于 1285 年颁布了《温切斯特法》(13 Edw.I),规定每个行政区或百户区(hundred)都要对未破案件负责。必要时人人都要拿起武器加入喊捉声(hue and cry)的行动。

W

Winchester, treaty of, 1153. 《温切斯特条约》(1153) 许多年来,这项由斯蒂芬和他的对手玛蒂尔达(Matilda)的儿子亨利达成的条约被称为《沃灵福德条约》(treaty of Wallingford)。实际上,为此而进行的所有谈判均是在温切斯特完成的,而最终条约是在威斯敏斯特签订的。斯蒂芬的儿子尤斯塔斯(Eustace)在二十多岁时去世,这伤及了斯蒂芬的要害。1153 年 11 月 6 日,斯蒂芬接受亨利为他的继承人。次年,斯蒂芬去世,亨利继位,成为亨利二世。

Winchester, William Paulet, 1st marquis of (c.1483—1572). 威廉·波利特,第 1 代温切斯特侯爵(约 1483—1572) "像柳树一样顺风而动,而不像橡树一样逆风而行"是波利特对自己的贴切的评价,实际上也是对那些和他一样度过都铎王朝的几次动荡,并且能适应四代统治者,一直身居高位的政治家的评价。许多年来,他一直与有利可图的监护权控制联系在一起。在 1529 年议会里,他是代表汉普郡的议员。从 1537 年至 1539 年,他是亨利八世的王室财务主管,1539 年被封为圣约翰男爵(Baron St John),1543 年被授予嘉德勋位(Garter)。他先后成为内廷大臣(lord chamberlain,1543—1545 年)、王室总管(lord steward,1545—1550 年)、枢密院院长(1545—1550 年)和财政大臣(1550—1572 年)。显而易见,波利特还不仅仅是个对王室尽犬马之劳的人物。在爱德华六世统治期间,他支持诺森伯兰(Northumberland)对抗萨默塞特(Somerset),并因此于 1550 年被封为威尔特希尔伯爵(earl of Wiltshire),1551 年又被封为温切斯特侯爵。波利特唯一走错的一步棋是支持简·格雷夫人(Lady Jane Grey),不过他及时地抛弃了简·格雷夫人,并重新获得玛丽女王的信任,并在后来的伊丽莎白女王手下任职。

Winchester Bible 《温切斯特圣经》 《温切斯特圣经》(1160—1170 年),可能是受布洛瓦的亨利(Henry of Blois,当时的温切斯特主教)的委托完成的。这版圣经结合了诺曼—西西里的拜占庭艺术,是 12 世纪所有版本的圣经中最精美的一版。设计这版圣经的目的是为了在仪式上使用,而不是为个人学习所用,所以书卷就像教堂内圣坛上的弥撒用书一样,装帧极为精美。

Winchester College　温切斯特公学　温切斯特主教怀克姆的威廉(William of Wykeham)大约在 1330 年时曾就读于温切斯特的一所文法学校,后来他把这所学校并入他于 1382 年 10 月 20 日根据特许权新创办的温切斯特圣玛丽学院(St Mary College of Winchester)。同时,他又从全国范围内挑选学者,充实到他于 1369 年创办的牛津大学新学院(New College)中。

Winchester Palace　温切斯特宫　温切斯特宫始建于 1682 年,是查理二世委托建筑师雷恩(Wren)负责建造的。在 1685 年查理二世去世之前,这座建筑已经取得了实质性的进展,但离竣工还有很大距离。詹姆斯二世继位后,因问题缠身放弃了这项工程。在"七年战争"和美国独立战争期间,这座建筑被用于关押成千上万的战俘。法国革命战争初期,它被当作了法国逃亡的神职人员的避难所,但 1796 年时交给了军队作为监狱之用。1894 年,其断壁残垣被焚毁。

Windham, William (1750—1810).　威廉·温德姆(1750—1810)　政治家。温德姆先后受教于伊顿公学和牛津大学大学学院,是埃德蒙·伯克(Edmund Burke)和约翰逊博士(Dr Johnson)的密友,而且在约翰逊博士的葬礼上为其扶灵。1784 年,他代表诺里奇(Norwich)选区进入议会,是负责沃伦·黑斯廷斯控告案的成员之一。1794 年至 1801 年,皮特任首相时,他是内阁成员之一,并出任战事国务大臣(secretary for war)。温德姆反对 1802 年时英国与法国的讲和,这个观点在当时非常不受欢迎,也使他丢掉了代表诺里奇的议员席位。1806 年至 1807 年他回归政界,在格伦维尔(Grenville)组成的联合内阁(Ministry of All the Talents)中任职于战争与殖民部(War and Colonial Office)。1810 年,温德姆因患癌症去世。1866 年,他的日记被公开出版。

window tax　窗税　窗税是威廉三世于 1696 年时向除了茅舍(cottages)以外的每处住所开征的税项。窗户数量低于 10 个的房屋,每年交 2 先令,10 到 20 个窗户的房屋交 6 先令,超过 20 个窗户的房屋交 10 先令。此举导致人们在核查窗户数量时暂时将一些窗户封起来,以减轻负担。拿破仑战争期间,政府曾多次上调窗税。到 1815 年时,窗税为政府带来的收入达到 200 万英镑之多。1823

W

年,政府将窗税减半,直到 1851 年窗税才被废除。

Windsor, house of　温莎王室　1714 年,汉诺威家族作为英国王位继承序列中最靠前的新教徒后代继承了英国王位,汉诺威家族因索菲娅(Sophia)而与斯图亚特王朝以及前几代王朝之间存在着血缘关系,作为汉诺威女选侯(electress of Hanover)的索菲娅不仅是 1714 年登上英国王位的乔治一世的母亲,同时还是詹姆斯六世(詹姆斯一世)的外孙女。汉诺威家族原姓居尔夫(Guelph)。他们通常被称作不伦瑞克(Brunswich)家族,因为在改姓汉诺威(Hanover)之前,该家族曾先后被称作不伦瑞克—卡伦贝格—格廷根(Brunswich-Calenberg-Gottingen)和不伦瑞克—吕内贝格(Brunswich-Luneburg)。爱德华七世之前的汉诺威家族前六位统治者,都曾与德国人联姻。

1914 年第一次世界大战爆发时,王室的德国姓氏令人尴尬,第一海务大臣路易斯·巴腾贝格王子(Prince Louis Battenburg)因此而被迫辞职。1917 年,作为认同国家的一种姿态,乔治五世宣布改家族姓氏为温莎。王室的新形象非常完美,得到了民众广泛的接受,也避免了德国皇帝的嘲讽。各种候选的姓氏都被讨论过,例如都铎(Tudor)是因亨利八世的形象而被否决;菲茨罗伊(Fitzroy)是因其带有私生子的意味而被否决;金雀花(Plantagenet)是因其难以理解而被放弃;斯图亚特(Stuart)是因其令人沮丧而被否决。

Windsor, treaty of, 1175.　《温莎条约》(1175)　1171 年,亨利二世远征爱尔兰,以期取得对爱尔兰的统治权。诺曼人和爱尔兰人都归顺了亨利二世,只有康诺特(Connacht)的国王罗里·奥康奈尔(Rory O'Connor)没有顺服,并宣称自己是爱尔兰的至尊国王(high kingship of Ireland)。但是 1175 年,奥康奈尔在温莎与英格兰王国签订协议,归顺亨利二世。作为回报,亨利二世承认奥康奈尔作为爱尔兰至尊国王在佩尔地区(Pale)之外的权威。该条约并未得到很好执行,1185 年,亨利二世派遣他的幼子约翰统治爱尔兰。

W

Windsor castle(Berks.)　温莎城堡(伯克郡)　温莎城堡不仅是英格兰最早的城堡,同时也是英格兰最大的城堡。该城堡由征服者威廉(William the Conqueror)所建,采用了诺曼底典型的城寨城堡设计方式。亨利一世最先将其用作王室住宅。1165 年至 1179 年,亨利二世对城堡进行了重修,用石头取代了最初的木结构,此外,他还建造了著名的圆塔(Round Tower)。1475 年,爱德华四世被葬在温莎的圣乔治教堂(St George's chapel),此后,该教堂一直作为国王的墓地。圣乔治教堂以其扇形穹顶、历史遗迹、牧师席位和彩色玻璃而闻名。后来从 1796 年起,詹姆斯·怀亚特(James Wyatt)为乔治三世重建温莎城堡。1820 年至 1830 年,詹姆斯·怀亚特的侄子杰弗里·怀亚特维尔爵士(Sir Jeffry Wyatville)又为乔治四世进行了同样规模的改建。弗罗格莫尔(Frogmore)周围的王室墓地(1862—1871 年)中,包括维多利亚女王及其丈夫艾伯特亲王的两尊白色大理石雕像。

Windward Islands　向风群岛　向风群岛是指位于加勒比海的小安的列斯群岛(Lesser Antilles)向南延伸的一系列岛屿,西到波多黎各(Puerto Rico),南到特立尼达(Trinidad)。向风群岛包括多米尼克(Dominica)、马提尼克岛(Martinique)、圣卢西亚(St Lucia)和圣文森特(St Vincent),巴巴多斯(Barbados)位于其东部。马提尼克岛是一个法属行政区。

Wingate,Orde（1903—1944）.　奥德·温盖特（1903—1944）　军人。温盖特出生在印度,父亲是印度军队的一名陆军军官。1923 年,温盖特服役于皇家炮兵队(Royal Artillery)。1940 年,他被派往苏丹领导埃塞俄比亚抵抗意大利的入侵。1941 年 5 月,温盖特在海尔·塞拉西(Haile Selassie)支持者的协助下,以少量兵力夺取了亚的斯亚贝巴(Addis Ababa)。随后,他受命率领"独龙军"(Chindit)在缅甸的日军后方作战。1943 年温盖特实施了一次成功的突袭行动后,着手策划在 1944 年实施一场规模更大的战役,但是在战役早期,他因飞机在丛林中失事而丧生。

Winstanley,Gerrard（b.1609）.　杰勒德·温斯坦利（生于 1609 年）　"掘地派"(Digger)领袖。温斯坦利出生在威根(Wigan),在伦敦做过学徒,后来做生意失败,从 1643 年开始在萨里(Surrey)靠替人放牧为生。他的 20 本小册子都创作于 1648 年至 1651 年间,其中 12 本篇幅很长,"掘地派运动"宣言就是其中之一。在此之前,掘地派曾是虔诚的"千禧年"的信徒,他们相信当土地所有权回归到公有并且实现人人平等时,"千禧年"就会到来。温斯坦利的最后一部作品为《自由法则》(*The Law of Freedom*),在这部著作中,他提议为自愿信奉共产主义共和国的人们建立一个国家。这部著作权威性极高,温斯坦利针对违背《自由法则》中各项条例提出的各种处罚措施,让人读了不寒而栗。

Winthrop,**John**(1588—1649). **约翰·温思罗普**(1588—1649) 马萨诸塞(Massachusetts)殖民地总督。温思罗普出生在萨福克一个富裕的纺织商家庭,曾就读于剑桥大学三一学院(Trinity College),之后在格雷律师公会(Gray's Inn)学习法律。1630 年,已被选为马萨诸塞殖民地总督的温思罗普率领一批清教徒家庭前往美洲,当时马萨诸塞殖民地的定居者还不足 700 人。自 1630 年至 1634 年,温思罗普一直担任该殖民地的总督,后来在 1637 年至 1640 年,1642 年至 1644 年和 1645 年至 1649 年又先后 3 次担任这一职位。温思罗普被卷入当时的各种宗教纠纷之中,逐渐对不从国教者采用了更为严厉的政策。

Winwaed River,**battle of**,655. **温韦德河战役**(655) 伯尼西亚的奥斯威(Oswiu of Bernicia)成功地向麦西亚的彭达(Penda)的霸主地位发起挑战,并获得了对麦西亚王国的临时统治权和对德伊勒(Deira)的永久统治权。彭达在这场战役中被杀,他的众多支持者在试图逃跑时被泛滥的河水吞没。这场战役大概发生在麦西亚王国和诺森伯里亚王国边境附近的利兹(Leeds)地区。

Wiseman,**Nicholas**(1802—1865). **尼古拉斯·威斯曼**(1802—1865) 威斯敏斯特第一任枢机主教。威斯曼出生在西班牙的塞维利亚(Seville),父母是爱尔兰人,曾先后就读于达勒姆(Durham)和罗马大学英文学院(English College),1828 年至 1844 年担任罗马大学英文学院院长,1840 年任这里的名誉主教。1848 年,罗马教皇庇护九世(Pius IX)任命威斯曼为伦敦地区代表教皇的名誉主教(pro-vicar-apostolic),1850 年,又任命他为枢机主教,目的是以威斯曼为大主教,恢复英格兰天主教的教阶制度。由于人们怨声载道,因此,议会于

1851 年通过了《教阶等级法》(Ecclesiastical Titles Act),明令禁止天主教徒担任英国圣公会地区的圣职。对此,威斯曼采取了温和的处理方式,打消了人们的疑虑。1871 年,该法被废除,此后也未再次被提出。

Wishart,George(c.1513—1546). 乔治·威沙特(约1513—1546) 首批苏格兰新教殉教者之一。威沙特来自于蒙特罗斯(Montrose)附近的皮塔罗(Pittarrow),他在游历了德意志和瑞士后,于 1543 年返回苏格兰,此前他已成为剑桥大学基督圣体学院(Corpus Christi College)的一名研究员。在英格兰,他作为乔治·诺克斯(John Knox)的门徒,开始与其一起巡回布道。1546 年他遭到逮捕,并被带至枢机主教比顿(Cardinal Beaton)位于圣安德鲁斯(St Andrews)的城堡,以传播异端邪说的罪名受到审判。威沙特被处以火刑两个月后,比顿本人在该城堡里被威沙特的朋友暗杀。

witan 贤人会议 "witan"一词是古英语"wita"的复数形式,"wita"的意思是"一个有智慧的男人","一位法律顾问"。盎格鲁—撒克逊人有时将之与"gemot"(会议)一词结合在一起,用来表示王室或全国性的会议。有些人认为,所有这些会议基本上都处于王室的控制之下。与之相反的是,维多利亚时代的人们则认为,这些会议应该是"全国性的"代议制会议。比德(Bede)在 731 年前后写到,他确信改变一个王国宗教信仰的决定也许会成为正式会议讨论的话题。

Wodehouse,P.G.(1881—1975) P.G.沃德豪斯(1881—1975) 沃德豪斯是香港一位法官的儿子,但出生在吉尔福德(Guildford)。他从两岁起便由亲戚或家庭教师在英格兰抚养长大。他认为达利奇学院(Dulwich College)就是"像天堂一样的地方"。他从自己厌恶的银行职员做起,但这又促使他走上记者的道路。他于 1919 年发表了《我的男人吉夫斯》(*My Man Jeeves*)一书。这些故事的成功促使沃德豪斯又创作了大量关于伯蒂·伍斯特(Bertie Wooster)的故事。第二次世界大战期间,沃德豪斯在法国被德国人所俘,德国人允许他向美国播报节目,这个愚蠢的行为使其在英国引起反感。战后,沃德豪斯定居美国,成为美国公民。他在临死前几天被封为爵士。沃德豪斯的故事一时间得到了年轻人的

W

青睐,也被改编成优秀的电视节目。和大多数优秀作家一样,沃德豪斯创作自己想象中的世界,一个充满了愚蠢的男人和坚定的女人的世界。

Wolfe,James(1727—1759). 詹姆斯·沃尔夫(1727—1759) 沃尔夫出生在肯特郡韦斯特勒姆(Westerham)的一个军人家庭。沃尔夫本人就是一位睿智且善于表达的职业军人。他曾在卡洛登(Culloden)作战,并在远征罗什福尔(Rochefort)的军队中表现出色。沃尔夫被威廉·皮特(William Pitt)看中,随后被派往加拿大,并在1758年的路易斯堡(Louisbourg)战役中表现英勇。被提升为少将后,沃尔夫于1759年领导了对魁北克(Quebec)的突袭行动。他在战略上取得了成功,但在1759年9月13日取得胜利之日献出了自己年轻的生命,这一切使其成为人们所崇拜的英国英雄。世人仍铭记他曾说过的话:宁愿书写格雷的"挽歌"(Gray's "Elegy"),也不愿攻陷魁北克。

Wollstonecraft,Mary(1759—1797). 玛丽·沃斯通克拉夫特(1759—1797) 作家,早期女权主义作家。沃斯通克拉夫特在1792年前往巴黎研究法国大革命之前,一直为伦敦出版商詹姆斯·约翰逊(James Johnson)工作。她在回到伦敦后,成了激进和进步的思想家团体中的一员,这个团体还包括威廉·戈德温(William Godwin)、托马斯·潘恩(Thomas Paine)、威廉·布莱克(William Blake)和威廉·华兹华斯(William Wordsworth)。1796年她和戈德温相爱,次年结婚,婚后六个月去世,女儿玛丽后来嫁给了《弗兰肯斯坦》(*Frankenstein*)的作者雪莱(Shelley)。

玛丽·沃斯通克拉夫特共有4部著作,其中最具影响力的莫过于她1792年出版的《为女权辩护》(*Vindication of the Rights of Woman*),这是英国作家第一次系统的论述女权主义,她在书中表达了女人应像男人一样享有自由和平等的革命性原则。

W

Wolseley,Garnet,1st Viscount Wolseley(1833—1913). 加尼特·吴士礼,第1代吴士礼子爵(1833—1913) 军人,爱尔兰陆军少校之子。吴士礼于1852年入伍,并在缅甸战争(Burmese War)和克里米亚战争中有出色的表现。

印度发生兵变时,他正在印度,1860 年他参加了侵略中国的第二次鸦片战争(the second Opium War)。1861 年他被派往加拿大,1870 年在加拿大镇压了"红河暴动"(Red River rebellion),之后在 1873—1874 年的阿散蒂战争(Ashanti War)中赢得了更高的声望。1882 年,他在埃及的泰勒凯比尔(Tel-el-Kebir)战役中战胜阿拉比·帕夏(Arabi Pasha),成为了民族英雄。虽然在 1885 年的远征中,吴士礼未能成功地营救出戈登(Gordon),但他不需要对此承担任何责任,反而被封为子爵。1894 年,吴士礼以陆军元帅的身份结束了他的职业生涯,他是维多利亚时期最忙碌、最成功的军人之一。

Wolsey,Thomas(c.1472—1530). **托马斯·沃尔西**(约 1472—1530) 枢机主教。托马斯·沃尔西是亨利八世的枢机主教—大臣(cardinal-minister),1515 年至 1529 年间控制着英格兰的政治生活和宗教生活。对于一个高级神职人员来说,沃尔西的与众不同之处在于其较为卑微的出身,据说他是伊普斯威奇(Ipswich)的一个屠夫之子。他的出身与其引人注目的生活方式之间形成了很大的反差。他曾在牛津大学学习,并于 1497 年前后成为牛津大学莫德林学院(Magdalen College)的研究员。不久,从 1501 年起,他就离开学术界而成为坎特伯雷大主教亨利·迪恩(Henry Deane)的随行神职人员。沃尔西自 1507 年开始任宫廷司铎(royal chaplain),1509 年成为国王的施赈吏(almoner)。1513 年,沃尔西因帮助亨利八世成功组织了第一次反法远征而受到奖励,于 1514 年获得了林肯(Lincoln)和新占据的图尔奈(Tournai)这两个主教区的主教职位,此后不久,他就被任命为约克大主教。1515 年,沃尔西又被任命为英格兰的枢机主教和大法官。1518 年,罗马教皇授予他教皇使节的特殊地位,位居历任坎特伯雷大主教所拥有的教皇使节的地位之上,1524 年这个头衔成了终身头衔。

由于沃尔西拥有在不同岗位任职的经历积累,再加上他那充沛的精力,因此,他在国王手下承担了政府几乎各个领域的政策制定的责任。他最初的目标就是帮助亨利取得军事和外交上的胜利。在第一次付出极高代价的反法远征取得成功之后,沃尔西曾试图通过和平谈判——1518 年的《伦敦条约》(treaty of London)和 1520 年的金布围场(Field of Cloth of Gold)会晤——的方式来强化自己的控制权。然而,1522 年和 1523 年,英格兰被卷入入侵法国的战争,需要强制加税,导致人们怨声载道,沃尔西因此而受到谴责。

在国内事务中,沃尔西利用其大法官的职位,用不寻常的热情和斗志继续推行传统政策。他恢复了亨利七世打击绅士与贵族的运动,因为这些绅士和贵族雇佣大量支持者,挑战王室司法权。1517 年,他成立了一个委员会,着手对那些违反法律,将耕地变为牧场的人进行调查。他扩大了特权法庭执行的衡平法的司法管辖范围,吸引了大量民事诉讼案件到星室法庭(Star Chamber)来审理,并在后来成为上访法庭(Court of Requests)的机构为贫穷的原告提供司法救济。

沃尔西对于教会的管理则没有多少创新之处,不过,他却善于发现他人的智慧之处。他在创办教育机构方面的贡献,包括未完成的牛津枢机主教学院(Cardinal College)——后被重建为牛津大学基督教会学院(Christ Church)——的创办计划,使他能够同牛津大学的主教理查德·福克斯(Richard Foxe)和剑桥大学的主教约翰·费希尔(John Fisher)并驾齐驱。

亨利迫切需要解除其第一段婚姻,于是,要求沃尔西去请求教皇批准他离婚这件教皇不可能批准的事情。沃尔西试图把问题移交给由自己和枢机主教坎佩焦(Cardinal Campeggio)组成的委员会来解决,但王后向罗马皇帝求助阻挠了这一计划。沃尔西曾打算为亨利八世筹划第二次外交联姻,让亨利迎娶一位法国新娘,但他又无法控制安妮·博林(Anne Boleyn)。数个月来,安妮·博林不断向国王亨利八世吹枕边风,助长了国王反对教会干预政治(反教权主义的思想)的思想,并发动了反沃尔西的宣传行动,这最终导致沃尔西在 1529 年 10 月突然被解除所有职务。沃尔西对针对他的一项荒唐指控——由于他教皇使节的身份而引起的侵犯王权罪(praemunire)表示认罪。然而,1530 年 11 月 29 日沃尔西在返回伦敦认罪答辩的途中,在莱斯特(Leicester)去世。

women's institutes 妇女协会 1897 年在加拿大成立的妇女协会旨在提高妇女在家政学方面的教育程度。英国第一个妇女协会于 1915 年在安格尔西岛(Anglesey,北威尔士)成立,第一个郡妇女联合会于 1917 年在萨塞克斯成立。这个郡妇女联合会,作为不会持续下去的战时实验品,已被注销,但是妇女改善乡村社会生活的决心使得妇女协会这一性质的组织得到快速扩张。虽然妇女对于节日的喜爱使得女性一贯的形象仅局限于制作果酱和吟唱布莱克的《耶路撒冷》(Blake's "Jerusalem"),但是她们已经证明妇女协会可以成为促进改变的强有力的组织。

'Wonderful' Parliament "了不起"的议会 1386 年 10 月 1 日,英格兰召开议会,要求撤销理查二世的宠臣萨福克伯爵米夏埃尔·德·拉·波尔(Michael de la Pole)的大法官职务。理查拒绝了议会的这一要求,并且妄谈要寻求法国国王的帮助。不过,他最终还是被迫同意了议会对萨福克伯爵的弹劾。

Wood, Sir Henry J.(1869—1944). 亨利·J.伍德爵士(1869—1944) 英国音乐指挥家。伍德起初是一名风琴手和作曲家,曾在伦敦皇家音乐学院(Royal College of Music)学习。他于 1888 年作为指挥首次登台演出,他还曾协助沙利文(Sullivan)为《王室卫士》(*The Yeomen Of The Guard*)和《劫后英雄传》(*Ivanhoe*)的创作做了准备。1892 年,他指挥了柴可夫斯基(Tchaikovsky)的歌剧《叶甫盖尼·奥涅金》(*Eugene Onegin*)在英国的首场演出。1895 年,伍德创办了影响巨大的女王大厅漫步音乐会(Queen's Hall Promenade Concert),并且担任指挥,直到去世。伍德为纪念特拉法尔加(Trafalgar)海战一百周年所作的《不列颠海洋之歌幻想曲》(*Fantasia on British Sea-Songs*),已经成为漫步音乐会最后一夜(Last Night of the Proms)中的保留曲目。

Woodchester 伍德切斯特 伍德切斯特是格洛斯特郡斯特劳德(Stroud)附近的科茨沃尔德丘陵(Cotswolds)的一处重要的罗马—不列颠时期的维拉(villa)。该维拉住宅起源于公元 2 世纪时的一座小型建筑,到 4 世纪上半叶,至少形成了三个排成梯形的庭院。主要的内庭院包含一个巨大的接待室,其地板由罗马—不列颠式的马赛克铺成,描绘的内容是俄耳甫斯(Orpheus)和野兽。

Woodforde, James(1740—1803). 詹姆斯·伍德福德(1740—1803) 伍德福德是一名乡村牧师,他自 1758 年至 1802 年间所写的日记被保存了下来。他的一生非常平凡。他出生在萨默塞特(Somerset)的一个牧师家庭,就读于牛津大学新学院(New College)。在萨默塞特当了 10 年副牧师后,伍德福德又回到新学院度过了短暂的一段时光,之后成为诺里奇(Norwich)附近的韦斯顿隆格维尔学院(Weston Longueville)的院长。他对食物和仆人很感兴趣,常常玩纸牌、去钓鱼。他的日记中记述了很多花絮,如那位打碎了伍德福德牙龈的年迈的里夫先生(Mr Reeve),"我觉得他的年纪太大了,不能画上牙,画上去也不好看";安德鲁斯(Andrews)是个走私犯,"当我们就要上床睡觉的时候,他却在客厅窗户旁吹起了口哨,着实吓了我们一跳";"人们都称之为布莱克·杰克(Black Jack)的汤森先生(Mr Townshend)的猎场看守人,开枪打死了伍德福德的狗庞培(Pompey)。"

Wood's halfpence, 1722. 伍德的半便士(1722) 1722 年,爱尔兰出现硬币短缺现象,大部分现存的硬币都残破不堪。由于爱尔兰本身没有铸币厂,因此一个名叫威廉·伍德(William Wood)的伍尔弗汉普顿(Wolverhampton)五金商获得了铸币的特许权,仅提供价值超过 100,000 英镑的半便士铜币和法寻(farthings)。对此,爱尔兰举行了声势浩大的抗议活动,几乎所有人都拒绝使用半便士铜币。1724—1725 年间,斯威夫特(Swift)匿名发表的《呢布商的书信》(*Drapier's Letters*)成了这一事件的导火索。1725 年,沃波尔(Walpole)收回了伍德的铸币特许权,并私下对伍德作出了补偿。这一插曲表明英格兰和爱尔兰之间的关系达到了怎样紧张的程度。

Woodstock, Assize of, 1184. 《伍德斯托克法令》(1184) 诺曼王朝时期,国王在王室森林的狩猎活动受到法律的严格保护。亨利二世之所以极为残酷地执行这些法律,一方面是由于他热衷于狩猎活动,另一方面是为了增加税收。这一法令也被称作《森林法令》(Assize of the Forest),是对以往法律的概括和总结。斯塔布斯(Stubbs)认为,该法令较之以往的法令要温和得多,但是由于惩罚的手段包含致盲、肢残和阉割,所以要取信于民并不容易。

W

Woodstock, treaty of, 1247. 《伍德斯托克条约》(1247) 《伍德斯托克条约》多年来一直被视为英格兰与威尔士斗争达到最高点的标志。1246 年,戴维德·阿普·卢埃林(Dafydd ap Llywelyn)无子而终,他的侄子欧文(Owain)和卢埃林·阿普·格鲁菲兹(Llywelyn ap Gruffydd)与亨利三世讲和。他们放弃了康威(Conwy)以东的土地,并同意采用军事手段控制北威尔士。但是亨利三世与男爵之间的斗争使卢埃林大大地恢复了实力,并于1258年自称为威尔士亲王。

Woolf,Virginia（1882—1941）. 弗吉尼亚·吴尔夫（1882—1941） 弗吉尼亚·吴尔夫是《英国国民传记辞典》(*DNB*)编辑莱斯利·斯蒂芬爵士(Sir Leslie Stephen)之女。弗吉尼亚·斯蒂芬(Virginia Stephen)是一个性格敏感的孩子,6岁时曾受到虐待,13岁时母亲的过世造成她精神崩溃。她曾一度与利顿·斯特雷奇(Lytton Strachey)订婚,但是最终于1912年嫁给了伦纳德·伍尔夫(Leonard Woolf)。因为她有同性恋倾向,所以对夫妻生活并不感兴趣。弗吉尼亚·吴尔夫和她的丈夫一同建立了霍加斯出版社(Hogarth Press),他们的房子成了由艺术家和作家们组成的布卢姆茨伯里团体(Bloomsbury Group)的活动中心。尽管她身体状况不是很好,但仍有大量散文、评论和小说问世,包括1925年的《黛洛维夫人》(*Mrs Dalloway*)、1927年的《到灯塔去》(*To the Lighthouse*)和1928年的《奥兰多》(*Orlando*)等,在这些作品中,她尝试了"意识流"（"stream of consciousness"）的写作手法,并取得了巨大成功。1929年,她出版了《一间自己的房间》(*A Room of One's Own*)一书,书中揭示了妇女面临的困境,成为女性文学的经典之作。1941年,弗吉尼亚·吴尔夫因抑郁症复发,在萨塞克斯的乌斯河(river Ouse)投河自尽。

Worcester 伍斯特 塞文河(river Severn)边的主教座堂城市,伍斯特郡的首府。伍斯特是一个大小适中的罗马城镇,公元680年时这里曾建成一座主教座堂,890年前后又被建成一座设防城镇。从14世纪到17世纪,伍斯特作为一个河港和纺织城市而繁荣一时。17世纪是伍斯特在全国城镇排名中达到顶峰的时期,1662年成为英国第12大城镇,但在内战期间因支持保王党而使其地位遭到严重削弱。

W

Worcester,battle of,1651. 伍斯特战役（1651） 1650年7月,查理二世在苏格兰登陆,并于1651年1月1日在斯昆(Scone)举行了加冕仪式。然而,当他发觉自己的军队已被克伦威尔（Cromwell）包抄的时候，他于同年 8 月开始南移，让威尔士和西米德兰兹（west midlands）作为老保王党的据点。克伦威尔以两倍的军力继续追击查理二世，并在伍斯特追上了查理二世。9 月 3 日，克伦威尔发起进攻，并以众多兵力的优势将王军消灭。查理二世被逐出伍斯特后，临时向北逃亡。克伦威尔在其战役报告中写道，"也许这是最高的仁慈"。

Worcester, diocese of　伍斯特主教区　现在的伍斯特主教区大致与伍斯特郡的边界重合。公元 679 年前后，狄奥多尔（Theodore）为了向居住在格洛斯特郡（Gloucestershire）、伍斯特郡和半个沃里克郡（Warwickshire）的赫威赛人（Hwicce people）提供宗教服务，从较大的麦西亚主教区中分离出来一个主教区，从而创建了伍斯特主教区。伍斯特主教区的辖区因 1541 年格洛斯特主教区和 1905 年伯明翰主教区的建立而不断缩小。尽管伍斯特主教座堂是诺曼人计划建造的诺曼风格的教堂地下室和牧师会礼堂（chapter house），但大部分还是 19 世纪时重建的，并增加了垂直回廊。

Worcester, pact of, 1264.　《伍斯特和约》（1264）　1264 年 5 月，西蒙·德·孟福尔（Simon de Montfort）在刘易斯（Lewes）战役中取得胜利后，试图进一步使罗杰·莫蒂默（Roger Mortimer）和边区贵族（marcher lords）顺服。1264 年 12 月 12 日，孟福尔与边区贵族双方在伍斯特签订了一项和约。根据该和约，边区贵族应在爱尔兰居住满一年零一天，爱德华王子的领地应全部移交给孟福尔，但孟福尔要将爱德华王子释放。所有这一切都因 1265 年 8 月孟福尔在伊夫舍姆（Evesham）战役中的失败和阵亡而被推翻。

Worcester, Thomas Percy, 1st earl of（c.1344—1403）.　托马斯·珀西，第 1 代伍斯特伯爵（约 1344—1403 年）　珀西是第 1 代诺森伯兰伯爵（earl of Northumberland）的弟弟，在 1369 年至 1388 年的法国战争期间，他拥有一份与众不同的职业生涯。他从 1390 年开始就一直供职于理查二世的王室，并因在摧毁国王敌人的过程中发挥了重要作用而被封为伯爵，还分得一份战利品。然而，1399 年，他背弃理查二世转而博得亨利四世的信任，并在南威尔士担任海军上

W

将、大使和总督的职务。随着博福特家族(Beauforts)和内维尔家族(Nevilles)受到王室的宠信,珀西的影响力受到威胁,这也是伍斯特伯爵托马斯·珀西加入亨利·珀西(Henry Percy)发起反叛的原因。托马斯·珀西最终在什鲁斯伯里(Shrewsbury)战役后被斩首。

Worcester, treaty of, 1218. 《伍斯特条约》(1218) 1216年约翰去世以后,年仅9岁的儿子亨利三世继位。卢埃林·阿普·约尔沃思(Llywelyn ab Iorwerth)在约翰统治的分裂中获益,并控制了威尔士大部分领土。在1218年签订的《伍斯特条约》中,约尔沃思对威尔士的控制权得到了确认,并且其在亨利幼年执政时期作为威尔士总督的地位也得到了承认。卡马森(Carmarthen)和卡迪根(Cardigan)两个王室城堡也落入了约尔沃思之手。然而,这种和谐局面不久就被打破了。

Worcestershire 伍斯特郡 塞文河(river Severn)从小镇比尤德利(Bewdley)进入伍斯特郡,将该郡一分为二,然后从蒂克斯伯里(Tewkesbury)流出该郡。莫尔文丘陵(Malverns)构成了伍斯特郡在西南部与赫里福德郡(Herefordshire)的分界线。伍斯特郡早期的重要性在于其渡口的作用,这一战略意义一直保持到17世纪。伍斯特郡名称构成因素之一威格纳西斯特(wigornaceastre)衍生于生活在怀尔森林(Wyre forest)的人们。怀尔森林区先后属于赫威赛人(Hwicce)和麦西亚人的领地。

虽然伍斯特郡的西部在赫里福德的保护下没有受到威尔士人的攻击,但是这个区域数百年来都处于边界地区,都铎王朝时期一直处于边区委员会(Council of the Marches)的管辖之下。早期建立的修道院一共有4个,分别位于珀肖尔(Pershore)、伊夫舍姆(Evesham)、莫尔文(Malvern)和伍斯特。在诺曼征服(Norman Conquest)之前,伍斯特主教座堂曾被多次重建。现存的伍斯特主教座堂源于圣伍尔夫斯坦(St Wulfstan),始建于1084年,但是直到很久之后才建成。

卡姆登(Camden)在16世纪写到伍斯特郡时曾说,"它的古老和美丽确实值得赞美",并提到伍斯特郡以梨酒和德罗伊特威奇(Droitwich)的盐田而闻名。虽然伍斯特郡的繁荣一直持续到18世纪,但是该郡的特征已经开始发生变化。

一直以来当地工业发达,塞文河是交通运输要道。德罗伊特威奇的盐田已衰退到"末日调查"(Domesday survey)时代的景象,基德明斯特(Kidderminster)以纺织业和地毯业而闻名于世,与此同时,斯陶尔布里奇(Stourbridge)自都铎王朝时期以来就存在着大量的玻璃制造商。17世纪,福利家族(Foleys)在斯陶尔布里奇大规模地兴建制钉厂。如同沃里克郡(Warwickshire)一样,运河和铁路网的发展更是把伍斯特郡置于全国发展的大背景下。斯陶尔波特(Stourport)在18世纪70年代时还只是一个孤独的小客栈,当它借助塞文河将新斯塔福德郡(Staffordshire)和伍斯特运河连接起来之后,这个小港口就发展成了一座繁忙的城镇。在19世纪中叶,大莫尔文(Great Malvern)因水疗法的流行,从当地一个小温泉浴场一跃而成为一个全国性的矿泉疗养地。位于伊夫舍姆、珀肖尔和滕伯里(Tenbury)的南部和西部的城镇规模仍然很小,但是北部已被并入黑乡(Black Country)工业区。达德利发展成了一个大的矿业和工业中心,在人口上远远超过伍斯特市。1972年,地方政府改组,伍斯特郡与相邻的赫里福德郡合并。1972年的《地方政府法》宣布:"莫尔文丘陵再也不存在了。"然而,伍斯特郡与赫里福德郡的强制合并引起了赫里福德郡人的强烈反对,1998年两郡结束合并的历史,又分拆回原有的赫里福德郡、伍斯特郡。

Wordsworth,William（1770—1850）.　威廉·华兹华斯（1770—1850）

威廉·华兹华斯是英国最伟大的浪漫主义诗人,其作品"将深厚的情感和渊博的思想结合在了一起",并受到他的朋友柯尔律治(Coleridge)的欣赏。法国大革命一周年纪念日的时候,他从剑桥去了法国,激发了他投身人民事业的热情。然而,英法战争的爆发改变了他对法国的忠诚态度,在与为他生下孩子的女人分开之后,华兹华斯与妹妹多萝西(Dorothy)在多塞特(Dorset)定居下来。他于1798年创作《抒情歌谣集》(*Lyrical Ballads*)的目的是想表明"衣衫褴褛之人并非没有深刻感受",他曾将这部歌谣集赠送给查尔斯·詹姆斯·福克斯(Charles James Fox)。1800年后,他回到了自己的故乡坎伯兰(Cumberland),期间他所创作的《序曲》(*The Prelude*)更多地揭示了他个人的心路历程,这部描述诗人自己思想成长经历的长诗,直到1850年才公开发表。

W

Workers' Educational Association（WEA）．**工人教育协会** 工人教育协会成立于 1903 年,其创建者阿尔伯特·曼斯布里奇（Albert Mansbridge,1876—1952 年）是永久合作建筑协会（Cooperative Permanent Building Society）的司库,14 岁时就结束了正规教育。曼斯布里奇考虑到 1878 年兴起的大学扩展运动（University Extension movement）已被中产阶级所接管,为了补救这一状况,他创办了工人高等教育水平提升协会（Association to Promote the Higher Education of Working Men）,两年后该协会更名为工人教育协会。第一次世界大战爆发时,这一运动已经取得了很大成绩,每所大学都为其提供了教师。不过,中产阶级对工人教育协会的渗透一直没有间断过。

workhouses 济贫院 济贫院本身是伊丽莎白时代的产物,旨在给身体健全的穷人提供一个既有纪律约束也能从事生产的环境。创办济贫院的思想直到 18 世纪才逐渐传播开来,而 1723 年的一项法令使各个堂区联合起来,从地方税（当地的财产税）收入中拿出钱来建立一个公共济贫院。这里很快就成了年老且身体虚弱的穷人和未婚妈妈的避难所,而不是受监管的济贫院。人们开始试图限制身体健全的人进入济贫院的条件,但是各种形式的院外救济（outdoor relief）还在继续。1834 年《济贫法修正法》（Poor Law Amendment Act）的实施才使济贫院真正崛起。修正法要求,每一个新的堂区联合体都要提供一个中心济贫院,按照年龄、性别及生活境遇将这些穷人进行分类,并根据"劣等处置"（"less eligible"）原则收容这些穷人,使他们更倾向于在院外生活。最初,这个新的济贫法禁止对穷人实施院外救济。实际上,这种体系的实施一般来说并没有原本打算的那样可怕。很多地方仍有院外救济,因为与济贫院相比,院外救济不仅成本要低而且更加灵活。在像南兰开夏那样的工业地区,某些堂区联合体 30 年都没有修建新的济贫院。

但是,1834 年《济贫法修正法》的重大成就却是给济贫增加了一份耻辱,并造成了人们对救济院的恐惧,以至于很多有自尊心、独立的人们宁愿挨饿或者出卖肉体,也不愿进入这个被称作"巴士底狱"（"bastille"）的济贫院。直到 19 世纪 60—70 年代,济贫院医院的条件仍旧十分恶劣,尤其是精神科病房。即使在第二次世界大战后济贫院作为医院逐渐进入国民保健服务计划（National Health

Service)的时候,济贫院的污名仍然存在,许多上了年纪的人仍然害怕进入那里。

working men's clubs 工人俱乐部 把工人们以社会组织的形式聚在一起的俱乐部有多种形式,其中既包括因互助保险而走到一起的互助会(friendly societies),也包括在酒吧或啤酒馆分享新闻信息和诸如音乐、园艺等共同爱好的聚会。然而,工人俱乐部运动本身则源于维多利亚时代的中产阶级出于博爱之心和控制欲望而对工人阶级所怀有的担忧,他们渴望把酒吧中的工人阶级从酗酒、政治和其他一些过分的行为中挽救出来。1862年建立的工人俱乐部及会馆联合会(Workingmen's Club and Institute Union)的发起人是一位拥护一位论派的牧师亨利·索利(Henry Solly),他在兰开斯特(Lancaster)所做的实验使其确信可以采用这种方法进行社会改革。然而,工人俱乐部及会馆联合会本身在成立后不久,就抛弃了联合会的赞助者最初制定的大部分限制条件,而且继音乐和喜剧节目之后,啤酒很快就成了人们前往该俱乐部的吸引物之一。与上级推出的其他文化举措一样,工人们从俱乐部中只是接受那些他们想要的东西,而拒绝接受其余的东西。

Workmen's Compensation Act, 1897. 《劳工赔偿法》(1897) 该法由索尔兹伯里勋爵(Lord Salisbury)政府通过,是建立雇主责任制的重要一步。1868年的全国工会代表大会(Trades Union Congress)见证了对工伤的赔付压力与日俱增,1878年成立了特别委员会,由罗伯特·洛(Robert Lowe)任主席。这导致了1880年法案的通过,规定由于雇工或主管的疏忽造成劳工发生工伤将赔付三年的工资。19世纪90年代约瑟夫·张伯伦作为1897年法案的主要负责人,发起"不管事故原因,一律赔偿"运动,它规定只要不是雇员由于自己的过失而受到的事故伤害,即使事故不是雇主疏忽造成的,雇员都有权利得到事故的赔偿。

World War One 第一次世界大战 See FIRST WORLD WAR.(见第一次世界大战)

World War Two 第二次世界大战 See SECOND WORLD WAR.(见第二

次世界大战）

Worms，treaty of，1743. 《**沃尔姆斯条约**》（1743） 为了在奥地利王位继承战争中寻求力量的平衡,卡特里特勋爵(Lord Carteret)劝说玛丽亚·特蕾西亚(Maria Theresa)和乔治二世与撒丁王国的查理·伊曼纽(Charles Emmanuel of Sardinia)签订《沃尔姆斯条约》。按照该条约,英国将为伊曼纽尔提供资助并在领土上向其作出让步;作为交换,伊曼纽尔向英国提供支持。但由于法国将西班牙拖入奥地利王位继承战争,而且使西班牙站在了法国一方,该动议被取消。

Wren，Sir Christopher（1632—1723）. **克里斯托弗·雷恩爵士**（1632—1723） 雷恩天生就是一位数学家和几何学家,他于 1664 年至 1669 年设计完成的牛津谢尔登剧院(Sheldonian theatre)和 1705 年至 1711 年设计完成的圣保罗大教堂(St Paul's)的圆屋顶就证明了这一说法。与伊尼戈·琼斯(Inigo Jones)相比,雷恩是个较为谨慎的个人主义者;作为一名天文学家,雷恩的个人主义风格具有牛顿(Newton)时代的特征,在牛顿时代,空间价值处于优势地位。雷恩的作品包括格林尼治(Greenwich)的皇家天文台(Royal Observatory,1675 年)、汉普顿宫(Hampton Court palace,1689—1702 年)和格林尼治医院(Greenwich hospital,1696—1702 年)。除了杰作圣保罗大教堂之外,他在 1670 年至 1694 年间,还为伦敦设计了大约 25 座教堂。1669 年,雷恩成为国王工程的总监,并在 1718 年以前一直担任这个职务。

wrestling 摔跤运动 摔跤运动是世界上最古老的运动之一,一直以来就有很多地方和民族不同形式的摔跤运动。公元前 704 年,摔跤进入奥林匹克运动会项目。在英国,坎伯兰(Cumberland)和威斯特摩兰(Westmorland),以及康沃尔(Cornwall)和德文(Devon),都发展了自己独特的摔跤形式,摔跤已成为 17 世纪在奇平卡姆登(Chipping Campden)繁荣起来的科茨沃尔德运动会(Cotswold Games)中的一个重要组成部分。20 世纪 70 年代,电视上播放的专业摔跤比赛已经吸引了很多观众,但是比赛回合确实很荒谬,选手们在筋疲力尽之后才能诉诸裁判来暂停比赛,休息后再重新开始,直至决出胜负。

Wright, Joseph（1734—1797）. **约瑟夫·赖特**（1734—1797） 画家。赖特出生在德比（Derby），并在那里度过了其人生的大部分时间，因此被称为德比的赖特（Wright of Derby）。他以画肖像画为生，同时运用光效，并且尝试表现反映他那个时代旨趣的工业和科学的题材。他最著名的两幅画就出自这个时期：一幅是1766年创作的收藏在德比艺术博物馆的《一个做太阳系演讲的哲学家》（*A Philosophyer Lecturing on the Orrery*）；另一幅是1768年创作的收藏在泰特美术馆的《气泵里的鸟实验》（*Experiment on a Bird in the Air Pump*）。1775年赖特未能在巴斯（Bath）取代庚斯博罗（Gainsborough）的地位，不过18世纪80年代初他才创作出他的一些最好的肖像画。

writs 令状 令状最初是由国王签发的行政性命令，签发对象通常是诸如郡长（sheriff）这样的政府官员。在诺曼征服之后，尤其是在亨利一世继位之后，国王可以向臣民签发一份令状，使得该臣民的案件能够被国王本人或国王的御前会议（curia regis）受理。此后，由大法官法庭（Chancery）或令状处（writ office）签发令状成为在国王法庭提起诉讼的常规方式。每一种令状的签发都有其相应的程序，特点也不一样。

Wrotham Heath, battle of, 1554. **鲁特姆希思战役**（1554） 虽然反对玛丽与西班牙的腓力（Philip）结婚的大规模起义未能如期举行，但是托马斯·怀亚特爵士（Sir Thomas Wyatt）却设法在肯特郡聚集起了一支人数相当可观的队伍。1554年1月28日，亨利·艾斯利爵士（Sir Henry Isley）率领的部分起义军在位于塞文奥克斯（Sevenoaks）和罗切斯特（Rochester）之间的鲁特姆希思与政府军遭遇，结果被肯特郡的郡长罗伯特·索思韦尔爵士（Sir Robert Southwell）驱散。虽然其余的起义军继续进逼伦敦，但是起义在2月初就失败了。

Wulfhere（d.675）. **伍尔夫希尔**（卒于675年） 麦西亚王国国王（658—675年在位）。伍尔夫希尔在其父彭达（Penda）战败阵亡后就隐匿了起来，直到658年才成功起义，驱逐了诺森伯里亚人，成为国王。伍尔夫希尔信奉基督教，他在位时期发生的一些重大事件可以解释他作为国王的角色和他的信仰之间的关系。伍尔夫希尔对埃塞克斯拥有最高统治权,他对该地教会的干预是有益的,但是还不够。664 年前后,伍尔夫希尔派了一个传教团前往埃塞克斯布道,劝导那些已放弃信仰的人重新接受基督教。666 年,他将伦敦主教的职位卖给了瓦恩(Wine),成为英国历史上第一个犯出卖圣职罪的人。他与萨塞克斯的关系也是权力和虔诚相互交织在一起。伍尔夫希尔的权力在其生命的尽头走向衰落。674 年前后,他被诺森伯里亚人击败,从而失去了对林齐(Lindsey)的控制权。

Wulfstan, St（c.1009—1095）. 圣伍尔夫斯坦（约 1009—1095） 伍斯特主教。伍尔夫斯坦出生在沃里克(Warwick)附近,曾受教于伊夫舍姆(Evesham)和彼得伯勒(Peterborough)修道院。他在伍斯特立誓修行,并成为伍斯特修道院的院长。他有圣人之誉,并关心穷人的疾苦。1062 年,他不情愿地接受了伍斯特主教一职。他在政治上颇有建树,曾作为哈罗德(Harold)的外交使者,赢得了北部的忠诚。然而,在诺曼征服之后,他宣誓效忠威廉一世。1088 年,他帮助威廉二世对抗威尔士。1203 年,他被封为圣徒。

Wyatt, Sir Thomas（c.1521—1554）. 托马斯·怀亚特爵士（约 1521—1554） 怀亚特的父亲是诗人,朝臣和外交官,在肯特郡拥有大量地产。怀亚特于 1542 年继承了父亲的财产。1554 年,玛丽要嫁给西班牙的腓力(Philip),这一决定激怒了他。无论是站在国家利益的立场上,还是站在宗教的立场上,他都有理由加入那场在全国发起但最后仅限于肯特郡而告终的民族起义。虽然起义军在鲁特姆希思(Wrotham Heath)受挫,但是当诺福克公爵(duke of Norfolk)因判断失误而错误地进军时,起义军又重新掌握了主动权。怀亚特向伦敦进发,但是玛丽拒绝逃跑。怀亚特率领的起义军在伦敦桥和伦敦塔被击退,他在金斯顿(Kingston)渡过泰晤士河,但发现勒德门(Ludgate)已被关闭,起义军军心涣散。4 月 11 日,怀亚特在陶尔希尔(Tower Hill)被处死。

Wycherley, William（1641—1716）. 威廉·威彻利（1641—1716） 英国诗人和剧作家。恰当地说,威彻利"以嬉笑怒骂的形式表达了他对自己他所生活的那个时代的珍爱之情"。威彻利先是在法国接受教育,然后就读于牛津大学女王学院(Queen's College)和内殿律师公会(Inner Temple)。此后,他开始了戏剧创作,确立其声誉的 4 部戏剧分别是 1672 年创作的《林中之恋》(*Love in a Wood*)、1673 年创作的《绅士舞蹈教师》(*The Gentleman Dancing-Master*)、1675 年创作的《乡村妻子》(*The Country Wife*)和 1677 年创作的《爽快人》(*The Plain-Dealer*)。他在这些作品中,对那个时代的人的道德品行进行了诙谐但略显粗俗的讽刺。

Wyclif,John(**c.1329—1384**).　**约翰·威克利夫**(**约 1329—1384**)　宗教改革家。威克利夫是约克郡人,曾就读于牛津大学,是他所处的那个时代最杰出的哲学家,1360 年曾短期担任牛津大学巴利奥尔学院(Balliol)的教师,1377 年任坎特伯雷学堂(Canterbury Hall)管理人。冈特的约翰(John of Gaunt)是威克利夫的支持者。威克利夫是外交家和政府宣传员,他坚持抨击教会拥有财产和享有特权。然而,1377 年,当他遭到教皇谴责时,他得到了冈特的约翰和牛津大学的保护。1378 年,教会的分裂更加激起了他对天主教基本原则(教皇权威、忏悔、圣餐变体论和禁欲主义)的批判。1381 年,威克利夫遭到牛津大学和坎特伯雷大主教库尔特尼(Archbishop Courtenay)的谴责之后,回到莱斯特郡的拉特沃斯(Lutterworth),并在那里去世。1381 年的农民起义(Peasants Revolt),使他的观点受到质疑,他的观点成了"异端邪说的试金石",罗拉德派(lollards)和波西米亚(Bohemia)的约翰·胡斯(John Hus)继续坚持他的观点。1415 年举行的康斯坦茨宗教会议(Council of Constance)谴责了威克利夫的思想,他的骸骨被挖出并被焚烧。

Wyndham,Sir William(**c.1688—1740**).　**威廉·温德姆爵士**(**约 1688—1740**)　政治家。在沃波尔(Walpole)当政期间,温德姆作为保守党的领袖,有三点引人注目:人脉甚广的萨默塞特准男爵(Somerset baronet)的身份;他的辩论能力;他是保守党中为数不多的拥有行政能力者之一。1710 年,他 21 岁时在萨默塞特的补缺选举中进入议会,恰好是保守党在大选中取胜之前。在博林布罗克(Bolingbroke)的推动下,温德姆在 1711 年至 1712 年间成为王室的猎犬师(master of buckhounds),1712 年至 1713 年任战事大臣(secretary at war),1713 年任财政大臣。1714 年,他被乔治一世迅即解职。1715 年博林布罗克逃到法国后,他策划了詹姆斯党人的叛乱。在床上被逮捕后,他被囚禁在伦敦塔好几个月,但后来依靠其岳父萨默塞特公爵(duke of Somerset)的影响力而被释放。此后,温德姆逐渐疏远了与詹姆斯党人的关系,表明自己是汉诺威的保守党人。

Wyvill, Christopher(1740—1822). 克里斯托弗·怀韦尔(1740—1822) 约克郡的从骑士(squire)和牧师。怀韦尔是郡议会改革运动的主要发动者。失去美洲和诺斯勋爵(Lord North)的政策唤醒了约克郡的绅士阶层,他们于1779年成立了约克郡协会(Yorkshire Association),强烈呼吁限制政府的支出和经济保护政策("经济改革"),要求增加独立议员的人数,每年召开议会。怀韦尔先后任该协会的秘书和主席。约克郡协会在美国战争结束后解体,而受法国大革命(French Revolution)影响出现的各种更为激进的运动,又使得怀韦尔为改革所做的努力显得黯然失色。

Y

Yalta Conference,4—11 February 1945．雅尔塔会议（1945 年 2 月 4—11日）　尽管丘吉尔对苏联力量的增长日益担心,但仍然同意苏联有权在东欧拥有一个缓冲地区。针对一些西方国家在波兰政府重组问题上施加影响,丘吉尔明确表示反对,并竭力推动在东欧实行自由选举。此外,他还确保了法国在德国也得到一处占领区,但未能成功地抵制住斯大林提出的巨额赔款的要求。总之,雅尔塔会议之后,丘吉尔似乎对未来充满了希望。

Yeats,Jack B.(1871—1957)．杰克·叶芝（1871—1957）　画家。诗人威廉·巴特勒·叶芝(W.B.Yeats)的弟弟。杰克·叶芝是当时最知名的爱尔兰画家。他出生在伦敦,为著名肖像画家之子,(间或)受教于威斯敏斯特艺术学校(Westminster School of Art)。他以水彩画和插图画开始自己的艺术生涯,之后转向油画创作。他一生中的大部分时间都是在爱尔兰度过的,1930 年他为自己的家乡斯莱戈(Sligo)创作并出版了一幅作品。

Yeats,W.B.(1865—1939)．威廉·巴特勒·叶芝（1865—1939）　爱尔兰诗人,剧作家,散文家。叶芝出生在都柏林,其父是一名画家,他小时候在英格兰生活时,他的父亲把他引荐给了威廉·莫里斯(William Morris)及其一些画家朋友。叶芝于 1889 年出版的诗作《奥辛游历记》(*The Wanderings of Oisin*)流露出一个晚期浪漫主义者对爱尔兰往事的情怀。他宁愿把自己与盎格鲁—爱尔兰联系在一起,"不受事业或国的管束……我们是伯克(Burke)、格拉顿(Grattan)的子民"。① 在爱尔兰爆发复活节起义(Easter Rising)期间,叶芝虽然身在英格兰,但他在诗中记录下了这一"可怖之美"。尽管他获得了诺贝尔文学奖,并成为参议院(Senate)的议员,但他对德·瓦莱拉(de Valera)任总统时的爱尔兰几乎没有什么好感。

Yeavering 叶维林 早期诺森伯里亚王国国王的住所。据比德(Bede)记载,阿德格夫林(Ad Gefrin)王家庄园的雷加利斯维拉(villa regalis)的确位于格伦河(river Glen)边,627 年,在国王埃德温(king Edwin)的见证下,主教保利努斯(Paulinus)在此地为诺森伯里亚王国刚刚皈依基督教的教徒们施洗。随着叶维林钟(Yeavering Bell)遗址所在地的不列颠小山顶附近的标志物被确认为是一些大厅,布赖恩·霍普—泰勒(Brian Hope-Taylor)对该遗址进行了发掘,并于 1977 年公布了发掘结果。

Yellow Ford, battle of the, 1598. 黄滩战役(1598) 黄滩战役有时也称作布莱克沃特战役(battle of Blackwater),这场战役是爱尔兰军队战胜他们的对手英格兰军队的伟大胜利之一。伟大的休·奥尼尔【Hugh O'Neill,蒂龙(Tyrone)】领导的爱尔兰人起义所聚集的军队,并非一支只能打游击战的临时拼凑而成的队伍,而是一支在恶战中能够与敌人抗衡的训练有素、装备精良的军队。1598 年 8 月 14 日,亨利·巴格纳尔爵士(Sir Henry Bagenal)组织英军发动的进攻遭到爱尔兰人的猛烈抵抗,巴格纳尔阵亡后,他手下的 5000 名英军四散而逃。

yeomanry 义勇骑兵队 一支以郡为单位自愿组成的骑兵力量,首次出现在 1794 年,目的是应对法国大革命所带来的挑战。尽管这支队伍也定期进行训练,但纪律一直欠佳。1796 年建立的爱尔兰义勇骑兵队,几乎由清一色的新教徒组成,残酷地镇压了 1798 年起义。1819 年兰开夏郡(Lancashire)和柴郡

① 该诗选自叶芝的《塔楼》(The Tower)。整段为:"我宣告,他们将继承我的豪气:不受事业或国的管束,不做啐人的暴君的奴隶,也不向被啐的奴隶屈服;我们是伯克、格拉顿的子民"。伯克,即埃德蒙·伯克(1729—1797 年),爱尔兰出生的英国政治家,支持天主教徒。格拉顿,即亨利·格拉顿(1746—1820 年),支持天主教徒独立的爱尔兰政治家。参见袁可嘉译:《叶芝诗选》,外语教学与研究出版社 2012 年版,第 125 页。

(Cheshire)的义勇骑兵队在彼得卢(Peterloo)试图驱散集会的民众时,摊上了大麻烦。1907年义勇骑兵队和志愿军(Volunteers)合并后建成本土军(Territorial Army)。

yeomen 约曼 虽然"约曼"一词在法律上是指在议会选举中有投票权的自由地产保有人(freeholder),但在实际应用中,该词的含义不止于此,还包括其他那些自由地产保有人、公簿持有农①(copyholders),有时甚至还包括租地农场主(tenant farmers)。18世纪,在坎布里亚郡(Cumbria),自由地产保有人、习惯佃户(customary tenants)以及租地农场主都被涵盖在约曼一词的定义中,但在英国的其他地方,几乎所有的人都对这个词感到陌生。1566年托马斯·史密斯爵士(Sir Thomas Smith)把他的英国同胞划分成绅士(gentlemen)、约曼和群氓(rascals)三种类型。到了19世纪初,含义范围稍有缩小的约曼定义已经被越来越多的人所接受。对于农业作家阿瑟·扬(Arthur Young)来说,约曼仅指那些不是绅士(gentry)的自由地产保有人,这一定义在1833年农业特别委员会(Select Committee on Agriculture)面前证人作证时也被使用过。自20世纪60年代以来,历史学家们越来越回避使用该词,因为它具有浪漫和感伤的色彩,就像田园诗中描写的长期离家的身体健壮的居民。

Yeomen of the Guard 王室卫士 王室卫士是为了保卫亨利七世的加冕典礼而于1485年设置的。王室卫士的着装保留了都铎王朝时期的制服,他们的职责包括在国王出席议会开幕仪式之前,对威斯敏斯特的地下室进行检查。爱德华六世统治时期,伦敦塔卫兵(The Yeomen Warders of the Tower,或称Beefeaters)的制服与王室卫士的制服类似。

York 约克 罗马军团的要塞,殖民城镇(Colonia),罗马统治下的不列颠行省的首府。伊伯阿科姆②(Eboracum)作为第九西班牙军团(legio IX Hispana)

---

① "copyholder"泛指公簿保有地持有人,因为实际持有公簿保有地之人的身份多种多样,不仅是农民,还包括绅士、商人、市民等。这里根据语义,译为"公簿持有农"。——译者注

② 即约克当时的名称。——译者注

的要塞,建于公元 70 年代初期。第九西班牙军团从此地撤离后,罗马第六凯旋军团(legio VI Victrix)又接手了该地,并一直驻扎在该要塞,直到罗马人在不列颠的统治时期结束。该要塞处于乌斯河(river Ouse)和福斯河(river Foss)的交汇处。大约在公元 3 世纪初,当约克成为一个新的不列颠行省首府的时候,乌斯河对面的居民区发展成殖民城镇。4 世纪时的约克仍为不列颠行省的首府,约克的一名主教还出席了 314 年召开的阿尔勒宗教会议(Council of Arles)。5 世纪初,约克作为要塞和殖民城镇似乎才遭到遗弃。

627 年,当诺森伯里亚王国的第一位信奉基督教的国王在此受洗的时候,约克才重新出现在历史记录中,后来还建立了约克主教区,而在 735 年以后,约克又成为大主教区。8 世纪时,约克成为一个繁荣的河港;866 年至 954 年,约克落入维金人之手,成为丹麦和挪威国王的首府,并被他们打造成重要的国际贸易城市,约克城的黄铜门(Coppergate)就体现了这一点。954 年,约克并入英格兰;12 世纪时,约克成为英格兰第四大富有城镇。尽管得到了理查三世的大力支持,但从 1460 年前后起,约克还是开始衰落了。虽然由于 1561 年至 1641 年间国王在北方的御前会议(king's council)均在约克举行,使得约克的发展开始稍显起色,但内战期间(尤其是 1644 年约克遭到围攻),约克又遭到严重破坏。斯图亚特王朝末期和汉诺威王朝时期,约克作为一个社交中心而蓬勃发展起来,但 19 世纪时,约克的城市地位下降。工业化的相对不足,以及受战争的破坏相对较少,给约克留下了一笔丰厚的历史建筑遗产,其中包括保存近乎完好的中世纪环形城墙和大门。

York, Edward of York, 2nd duke of(c.1373—1415). **约克的爱德华,第 2 代约克公爵**(约 1373—1415) 爱德华作为兰利的埃德蒙(Edmun of Langley)——第 1 代约克公爵——的长子,于 1402 年继承了其父约克公爵的爵位。1390 年,爱德华被理查二世封为拉特兰伯爵(earl of Rutland)。1397 年理查二世发动政变时,爱德华是其坚定的支持者,作为奖励,爱德华被理查二世封为奥马勒公爵(duke of Aumale)。然而,亨利四世篡权后,爱德华因背叛理查二世,又失去了其奥马勒公爵的爵位。尽管如此,爱德华在威尔士和加斯科涅(Gascony)仍然继续为亨利四世效劳。在阿让库尔(Agincourt)战役中,爱德华负

Y

责指挥亨利五世的先头部队,阵亡。

York, Frederick Augustus, duke of（1763—1827）. **弗雷德里克·奥古斯塔斯,约克公爵**（1763—1827）　弗雷德里克是国王乔治三世的次子,他在六个月大时就被任命为奥斯纳布吕克（Osnabrück）的主教,但他长大后却投身于军旅生涯。1793 年,他指挥一支远征军在佛兰德（Flanders）与法军交战。1794 年 4 月,他在博蒙（Beaumont）指挥骑兵大获全胜,之后 5 月在图尔昆（Turcoing）大败后被召回。1795 年他被任命为陆军元帅,1798 年被任命为总司令。1799 年,他指挥的第二次对荷兰的远征结果败得更惨。1809 年,当议会指责他的情妇玛丽·安妮·克拉克（Mary Anne Clarke）利用自己的影响力出售军队委任状（army commissions）后,弗雷德里克被迫辞职,但 1811 年时他官复原职,直到去世。斯托克马男爵（Baron Stockmar）这样描述弗雷德里克:“他秃头,看上去不是一个聪明人。”但不走运的是,他主要是在童谣中被人们记住的。

York, Richard Plantagenet, 3rd duke of（1411—1460）. **理查·金雀花,第 3 代约克公爵**（1411—1460）　理查·金雀花是 1415 年时曾反叛亨利五世的剑桥伯爵（Earl of Cambridge）之子,同时也是马奇伯爵（earls of March）的地产和爵位的继承人。由于他拥有王室的血统和王位继承权（1447—1453 年,他是假定的王位继承人）,他与国王和王宫常常只有一臂之遥。1436 年 7 月和 1440 年 5 月,他曾先后两次出任诺曼底总督,表现不凡。1445 年,他因未能继续就任诺曼底总督而与他的继任者萨默塞特公爵埃德蒙·博福特（Edmund Beaufort, duke of Somerset）展开了激烈的斗争。1453 年,由于国王的健康状况日益恶化,他的政治生涯出现了转机,被任命为摄政。1454 年,国王痊愈之后,理查再次受到排挤。此后他针对国王所采取的一系列军事行动终于导致他于 1460 年提出王位要求。他在韦克菲尔德（Wakefield）战役中阵亡,首级被带上纸制王冠悬挂在约克城墙上示众。

Y

York, house of　约克王室　15 世纪的王朝。从都铎王朝时期开始,历史学家就把玫瑰战争（Wars of the Roses）看作是兰开斯特王室（house of Lancaster）和约克王室之间的王朝较量。这一解释始于 1486 年教皇特许亨利七世迎娶爱德华四世的女儿——约克的伊丽莎白(Elizabeth of York)。

约克家族的创始人是爱德华三世在世的第四个儿子,即兰利的埃德蒙(Edmund of Langley),他于 1385 年被封为第 1 代约克公爵。1402 年,埃德蒙将这一爵位传给了自己的儿子爱德华。第 2 代约克公爵爱德华的继承人是其兄弟科尼斯伯勒的理查(Richard of Conisborough)的儿子——约克的理查(Richard of York)。就王位继承权而言,约克家族不及兰开斯特家族,因为兰开斯特家族是爱德华三世的第三个儿子,即冈特的约翰(John of Gaunt)的后代。1460 年,理查声称他是爱德华在世的第二个儿子莱昂内尔(Lionel)的继承人,要求继承王位。自 1455 年至 1460 年,双方之间的敌对行动接连不断,这是约克家族取得的第二次胜利,他们的同盟者赢得了对亨利六世政府的控制权。1460 年,第 3 代约克公爵理查去世后,其子被他的朋友们公认为国王,即爱德华四世。约克家族在 1461 年和之后的 1471 年战役中取得的胜利使爱德华四世的王位得到了确认,1471 年,兰开斯特王室的主要力量被消灭。

约克王朝的君主制因理查三世的篡权而被摧毁。爱德华的朝臣们认为,爱德华四世的儿子爱德华五世和理查都是被理查三世谋杀的,因此同意如果亨利·都铎(Henry Tudor)迎娶他们的妹妹,就接受其为英格兰的国王。1485 年,兰开斯特王朝的元气在博斯沃思(Bosworth)开始恢复。

York,kingdom of 约克王国 自从考古工作者在黄铜门(Coppergate)挖掘出大量有关约维克(Jorvik)及其居民的实物以来,约维克的维金人王国就引起了人们的高度关注。867 年,来自都柏林的维金人王国的丹麦人入侵者,在伊瓦尔(Ivarr)和哈夫丹(Halfdan)兄弟的率领下,占领了约克。但要保住这块新征服的土地却并非易事。877 年,哈夫丹在爱尔兰试图宣称自己对都柏林的主权时被杀。910 年开始统治该王国的哈夫丹二世(Halfdan II),因其向长者爱德华(Edward the Elder)宣战而在斯塔福德郡的泰坦霍尔(Tettenhall)被杀。约克王国的下一任国王是伊瓦尔的孙子拉格纳尔(Ragnall),他于 920 年屈服于爱德华。此后几十年该王国陷入混乱之中。英格兰的宗主地位似乎得到了延续,因为阿塞尔斯坦(Athelstan)将妹妹嫁给了拉格纳尔的继承人西特里克(Sihtric),

因此,927 年,当西特里克死后,他便接管了约克王国,同时驱逐了西特里克的兄弟格思弗里思(Guthfrith),并在截止到 939 年时一直统治着该王国。后来,格思弗里思的儿子奥拉夫(Olaf)重新占领了约克王国,但不久就去世了。西特里克的儿子奥拉夫根本就控制不了约克王国。944 年至 947 年,英格兰的国王重新接管了约克王国。947 年,"血斧"埃里克(Erik Bloodaxe)在约克王国建立了一个摇摇欲坠的政权,他是约维克的维金人王国的最后一位国王。954 年,埃里克可能在逃往都柏林的途中,在斯坦莫尔(Stainmore)被杀。此后,约克王国就成为英格兰的一部分,在国王埃德雷德(Edred)和埃德威格(Eadwig)的统治之下。繁忙的国际贸易、兴旺的手工作坊和稳固的铸币厂,约维克这一相对繁荣的景象,可能提醒人们不能把编年史作为评价约克王国的唯一根据,因为编年史更倾向于记录死亡、毁灭和灾难,而不是记录和平的发展进程。

York, metropolitan diocese of   约克都主教区   现在的约克教省建立于 735 年,辖区包括英格兰北部的 14 个主教区。约克主教区本身由主教保利努斯(Paulinus)建立于 625 年,现与东约克郡重合。为争夺英格兰的首主教(primacy)地位,坎特伯雷大主教和约克大主教之间进行了旷日持久的斗争。约克大主教宣称自己是独立于坎特伯雷大主教的都主教,这一声明随着肯特王国政治力量的衰落和麦西亚王国国王奥法一世成功地在利奇菲尔德(Lichfield)设立了大主教一职①而得到了强化。坎特伯雷大主教和约克大主教双方之间的争执在巴约的托马斯(Thomas of Bayeux,1070—1100 年)在位时期,日趋激烈。1072 年,在威廉一世的支持下,坎特伯雷大主教兰弗朗克(Lanfranc,1070—1089 年)在对自己有利的情况下,成功地解决了这一争执。1118 年,因教皇加里斯都二世(Pope Calixtus II)支持约克大主教瑟斯坦(Thurstan),双方争执再起,并持续了两个世纪,直到教皇英诺森六世(Innocent VI,1352—1405 年)制定了一个折中方案,尽管该方案对坎特伯雷大主教有利。约克大主教将作为"英格兰的首主教"("Primate of England"),在北部拥有都主教的权威;坎特伯雷大主教则

Y

---

①   788 年,麦西亚王国获得教皇批准在利奇菲尔德(Lichfield)设大主教,从而使麦西亚王国的教会摆脱了坎特伯雷大主教的控制。——译者注

作为"全英格兰的首主教"("Primate of all England"),在全国拥有最高权威。约克大主教的主教座堂约克敏斯特(York minster)的建筑属于混合风格(13—15世纪),除了拥有一个诺曼人建造的地下室以外,还拥有英格兰最为宽阔和最高的教堂中殿。

York, statute of, 1322. 《约克法》(1322) 爱德华二世在处决了兰开斯特的托马斯(Thomas of Lancaster)后,立即在约克召开议会,在通过《约克法》(16 Edw.II stat.I)的同时,废除了限制他权力的《1311年法令》【见约法委员会(See ORDAINERS)】。《约克法》还作出如下的补充规定:凡涉及国王、王国和人民的事宜必须在议会上讨论,同时要经过权贵和王国公众的同意。

York, treaty of, 1237. 《约克条约》(1237) 苏格兰王国的国王们长久以来一直觊觎坎伯兰(Cumberland)、威斯特摩兰(Westmorland)和诺森伯兰(Northumberland)。12世纪,戴维一世(David I)在纽卡斯尔(Newcastle)实行统治,并死于卡莱尔(Carlisle)。但1237年时,亚历山大二世(Alexander II)与其内兄亨利三世在约克达成了协议。苏格兰国王放弃了对北方各郡的主权要求,以换取位于这些郡中的地产,尤其是在泰恩河谷(Tynedale)和彭里斯(Penrith)地区的地产。

Yorkists 约克派 1461年至1485年间英格兰王国的三位国王(爱德华四世、爱德华五世和理查三世)均以此命名,因为他们都是约克的理查(Richard of York)的后人。约克派也指他们的家臣,因为这些人的衣领上都有太阳和玫瑰的标志,此外,约克派一词还适用于玫瑰战争期间约克家族的支持者,以及1485年之后向亨利七世发起挑战的那些人。

Yorkshire   约克郡 约克郡是英格兰最大的郡,南以亨伯河(Humber)——英格兰北部和南部之间一条古老分界线的一部分——为界,北以蒂斯河(Tees)为界,从北海(North Sea)至奔宁山脉(Pennine hills),由东向西延伸,相当于876年后哈夫丹(Halfdan)率领的丹麦侵略军占领的整个区域。为了便于行政管理,约克郡被划分为三个赖丁(ridings),即"三赖丁"("thridings"):北赖丁(north riding)的治所在亚尔斯树【Yarles tree,可能在瑟斯克(Thirsk)附近】;东赖丁(east riding)的治所在克雷克豪【Craikhow,贝弗利(Beverley)附近】;西赖丁(west riding)的治所可能在约克市。被称作"百户邑"(wapentakes)的下一级行政单位的名称源于该行政区法庭的所在地。丹麦人绝不是来到此地的第一批欧洲移民,伊伯阿科姆(Eboracum,约克)一直是6世纪时罗马不列颠塞昆达(Secunda)行省的首府。盎格鲁人构成了德伊勒(Deira)王国的核心,一些北欧移民从兰开夏郡(Lancashire)和威斯特摩兰(Westmorland)来到约克郡的西部。在诺曼征服(Norman Conquest)之后,威廉实行的"北方扫荡"("harrying of the north")对约克郡造成的破坏在"末日调查"(Domesday survey)中得到了反映。诺曼贵族的权势是通过他们的城堡,如纳尔斯伯勒(Knaresborough)、里士满(Richmond)以及斯卡伯勒(Scarborough)体现出来的。

都铎王朝时期,约克和贝弗利在羊毛贸易上的衰退使西赖丁从中获益,并使西赖丁成为英国呢绒业的三大主要区域之一;谢菲尔德(Sheffield)的餐具行业已经非常成熟,赫尔(Hull)已成为英格兰最繁忙的输出港之一;惠特比(Whitby)则以煤炭港而闻名。约克郡日益稳步地融入到整个国家的生活之中。尽管笛福(Defoe)发现约克郡在乔治时代早期就拥有繁荣的市镇,如唐克斯特(Doncaster)、里彭(Ripon)和里士满,但是当地的马和石桥比温泉给他留下的印象更为深刻。约克郡通过公路网和已经十分广阔的运河系统的完善,以及圈地运动的不断发展,加快了其工业化的步伐。约克郡的东赖丁和北赖丁仍然以农业或高沼地为主,而西赖丁已经开始转变,因为西赖丁坐落在一个大煤田的北部边缘,而且该煤田还蕴藏着铁矿。利兹(Leeds)成了毛纺织业的重要中心,布拉德福德(Bradford)是精纺贸易中心,谢菲尔德则是钢铁工业中心,这些地区的人口正在大规模地增长,而与此相关的社会问题也随之增加。19世纪铁路的出现,包括从塞特尔—卡莱尔(Settle-Carlisle)的英雄铁路线,使得某些曾经与世隔绝的地方得到了开发,与此同时,约克市发展成了一个重要的铁路枢纽。在1972年地方政府重组之前的几十年中,当北赖丁、东赖丁和西赖丁的划分被消除的时候,这几个地区的传统工业(纺织业、煤炭业和钢铁业)日趋衰落,但是强烈的共同体意识则几乎没有动摇。对于约克郡的许多人来说,英国就是一个分裂的国家,因为英国的地方主义色彩浓厚,例如,不是在约克郡出生的板球运动员长期以来一直没有资格代表约克郡参加比赛。发音生硬、生活节俭的约克郡居民保留了英国其他许多郡已经失去了的文化同一性。

Yorkshire,North　北约克郡　北约克郡是根据 1972 年的《地方政府法》(Local Government Act)建立的。它与之前存在过的北赖丁(North Riding)大不相同,过去北赖丁的一大片地区,包括吉斯伯勒(Guisborough)和亚姆(Yarm)被划入克利夫兰(Cleveland),而过去东赖丁(east riding)所属的法利(Filey)和诺顿(Norton)则被划入北约克郡,此外,北约克郡还从过去的西赖丁(West Riding)获得了一大片区域,包括哈罗盖特(Harrogate)、里彭(Ripon)、纳尔斯伯勒(Knaresborough)、斯基普顿(Skipton)、塞尔比(Selby)和塔德卡斯特(Tadcaster)。北约克郡的首府是诺思阿勒尔顿(Northallerton)。

Yorkshire,South　南约克郡　由于没有南赖丁(south riding)作为基础,根据 1972 年的《地方政府法》而建立起来的南约克都市郡(metropolitan county)是个全新的产物。它以郡级自治市谢菲尔德(Sheffield)、罗瑟勒姆(Rotherham)、巴恩斯利(Barnsley)、唐克斯特(Doncaster)为基础,并增加了原西赖丁(West Riding)的部分地区,以及来自诺丁汉郡(Nottinghamshire)的部分堂区。根据 1985 年的《地方政府法》,南约克郡被废除。

Yorkshire,West　西约克郡　这个新的西约克都市郡(metropolitan county)是根据 1972 年的《地方政府法》(Local Government Act),以郡级自治市利兹(Leeds)、布拉德福德(Bradford)、哈利法克斯(Halifax)、迪斯伯里(Dewsbury)、哈德斯菲尔德(Huddersfield)、韦克菲尔德(Wakefield)为基础而成立的。该郡与原西赖丁(West Riding)相比有了本质的不同,原西赖丁西北部的大部分地区被并入坎布里亚(Cumbria)和兰开夏郡(Lancashire);哈罗盖特(Harrogate)、里彭(Ripon)和塞尔比(Selby)并入北约克郡;佩尼斯通(Penistone)和卡德沃思(Cudworth)周围的部分地区划给了南约克郡。和其他都市郡一样,西约克郡也在 1985 年被废除。

Yorkshire Association　约克郡联盟　约克郡联盟成立于 1779 年 12 月,目的是为经济改革游说。因为当时正处于美国战争时期,英国为了战争的需要而实行高税收,使得工作职位和养老金的数量大为减少。尽管保守派公开抨击该联盟具有潜在的煽动性,但仍有许多其他郡成立了委员会,并加入到约克郡联盟向议会请愿的队伍中来。他们取得的最大成功是 1780 年 4 月通过了谴责王室权势和反对诺斯勋爵(Lord North)的邓宁动议(Dunning's motion)。1782 年,在罗金厄姆(Rockingham)的短暂首相生涯中,英国进行了一些有益的改革。与过去的威尔克斯的追随者(Wilkites)和后来的宪章派(chartists)比较,约克郡联盟在调动公众舆论并使其对议会施压方面确实作出了一个了不起的尝试。

Yorktown, surrender at, 1781.　约克敦投降(1781)　1781 年 3 月,康华里(Cornwallis)在吉尔福德(Guilford)县府取得了一场来之不易的胜利,之后他率军北上抵达了弗吉尼亚(Virginia)。8 月初,他在可以运进军需品的约克敦沿岸挖掘战壕。然而,他等来的却是法国的舰队。康华里与他率领的 6000 名英军遭到华盛顿(Washington)率领的 9000 名美军和罗尚博(Rochambeau)率领的 6000 名法军的封锁。来自纽约(New York)的救援行动为时已晚。10 月 19 日,英军在得到战败者全部礼遇的情况下投降,他们唱着"当猫被老鼠撵得钻进洞,这世界天翻又地覆"的歌声,列队离开。诺斯在英格兰得知这一消息的时候,就如同胸膛受到一击,他感叹道:"上帝啊,全完了"。

Young, Arthur (1741—1820).　阿瑟·扬(1741—1820)　农场主,记者,农业作家。扬通常被视为农业革命(agricultural revolution)的先驱,他的工作生涯是从他在位于萨福克郡的家乡布拉德菲尔德(Bradfield)做一名小农场主开始的。在爱尔兰生活两年(1776—1778 年)之后,他重新回到布拉德菲尔德经营农场,并开始了写作和新闻记者的生涯。扬从 1784 年开始着手编写《农业编年史》(Annals of Agriculture),直到 1809 年完成。1793 年,他担任农业部(Board of Agriculture)秘书,薪水 400 英镑。

Y

Young England　青年英格兰　青年英格兰是指 19 世纪 40 年代英国议会

中一个保守党小群体,成员包括约翰·曼纳斯勋爵(Lord John Manners)、乔治·斯迈思(George Smythe)、贝利—科克伦(Baillie-Cochrane)和迪斯累里(Disraeli)。他们非常关注"人民的状况",并且提出了两个较为笼统的解决办法:一是恢复曾一度存在于贵族和人民之间的信任和尊重;二是重新确认教会的地位。这很容易给人们留下笑柄。约翰·曼纳斯勋爵认为,再次提出触碰国王底线的做法可能会提高社会的声音(tone),并衍生出那句令人难忘的对联:"让财富和商业,法律和知识消失,让我们还是过去的旧贵族。"("Let wealth and commerce, Law and learning die, But leave us still our old nobility.")然而,他们对待穷人的态度即便有些居高临下,但也是宽厚仁慈的。青年英格兰引起的反响,作为后来迪斯累里的托利民主(Tory democracy)愿景中的要素得以存在下来。

Young Ireland 青年爱尔兰 青年爱尔兰是一个与丹尼尔·奥康奈尔(Daniel O'Connell)领导的天主教徒解放运动(catholic emancipation)有关的中产阶级知识分子的爱国团体。该团体成立初期的领导人包括托马斯·戴维斯(Thomas Davis,1814—1845年)、约翰·布莱克·狄龙(John Blake Dillon,1816—1866年)和查尔斯·加文·达菲(Charles Gavan Duffy,1816—1903年)。加文·达菲本人的记者经历是《民族》(Nation)报刊取得成功的主要因素,该报创刊于1842年,旨在激发青年爱尔兰运动中无性别歧视的民族主义精神。1846年7月,当青年爱尔兰和奥康奈尔的全国废除联合法协会(Repeal Association)之间的紧张关系达到高峰的时候,双方在是否使用武力问题上发生了分裂:较为激进的青年爱尔兰派从奥康奈尔的协会中脱离出来,并在威廉·史密斯·奥布赖恩(William Smith O'Brien,1803—1864年)的领导下,成立了爱尔兰联盟(Irish Confederation)。1848年,激进分子发动起义,但很快被镇压下去,但青年爱尔兰留下的精神遗产却影响深远。

Young Men's Christian Association(YMCA). 基督教青年会 基督教青年会是1844年由乔治·威廉斯(George Williams,生于1821年)领导12名年轻的布店工人成立的组织,旨在"提高呢绒业和其他行业青年的灵性修养",那时他们正生活在令人震惊的城市环境中。他们在一起祈祷和学习圣经,他们的行动感动了后来成为基督教青年会第一任主席(1851—1885年)的沙夫茨伯里勋爵(Lord Shaftesbury)。基督教青年会迅速推广到英国各地,1851年举办世界博览会(Great Exhibition)之后,又传到了全世界。

Young Women's Christian Association(YWCA). **基督教女青年会** 基督教女青年会是1855年独立于基督教青年会(YMCA)而成立的组织。基督教女青年会肇始于两个团体:一个是埃玛·罗巴茨(Emma Robarts)领导的由23名年轻女性组成的"为祈祷者提供服务"的祈祷联合会(Prayer Union);另一个是埃米莉·金奈尔德(Emily Kinnaird)领导的伦敦青年旅社(London hostel),该旅社原本是为弗洛伦斯·南丁格尔(Florence Nightingale)率领的战地护士在奔赴克里米亚(Crimea)的途中准备的旅馆,后来成为一个专门为女孩子提供安全且便宜的住宿环境的旅馆。1877年,这两个团体合并。1878年,沙夫茨伯里勋爵(Lord Shaftesbury)成为基督教女青年会第一任主席。

Y

Z

Zambia 赞比亚 旧称为北罗得西亚（Northern Rhodesia），是英联邦内的一个共和国，人口接近九百万。该地区曾在罗德斯（Rhodes）的英国南非公司（British South Africa Company）的控制之下，直到 1924 年成为英国的保护国。1953 年与尼亚萨兰①（Nyasaland）和南罗得西亚（Southern Rhodesia）合并为中非联邦（Central African Federation），但于 1963 年解体。1964 年，赞比亚独立，肯尼思·卡翁达（Kenneth Kaunda）为赞比亚共和国的第一任总统。

Zanzibar 桑给巴尔岛 前英国保护地。19 世纪时英国人首次介入桑给巴尔岛的事务，原因是桑给巴尔岛是东非奴隶贸易出口的主要港口之一。一系列颇具才干的英国总领事对该岛实施了非正式的保护，1890 年，英国正式宣布桑给巴尔为英国的保护地，并代表苏丹对其进行管理。1897 年，在苏丹控制的区域内，奴隶贸易被正式废除。1963 年，桑给巴尔独立，1964 年，桑给巴尔与坦噶尼喀（Tanganyika）合并，组成坦桑尼亚（Tanzania）。

Zeppelin raids 齐柏林飞艇空袭 1915 年 1 月，德国飞艇首次空袭英国。从理论上说，齐柏林飞艇空袭直接针对的是英国的海上和军事目标。但实际上，由于天气恶劣、夜间能见度有限，以及导航频繁出错等原因，导致德军将炸弹不加选择地投向了平民。在齐柏林飞艇的 51 次空袭中，共造成 556 人遇难，1357 人受伤。这些空袭引起了当地的恐慌，从而导致工业生产的中断，但从较长一段

---

① 现名马拉维。——译者注

时期来看,德国的空袭并未对英国为战争所做的努力产生任何明显的影响。

Zimbabwe See **津巴布韦** See RHODESIA.(见罗得西亚)

Zinoviev letter **季诺维也夫的信** 有一种说法认为,这是一封导致 1924 年第一届工党政府垮台的信件。这封信是写给英国共产党(Communist Party of Great Britain)的,信上有莫斯科(Moscow)的共产国际(第三国际)【Communist International(Comintern)】主席格里戈里·季诺维也夫(Grigori Zinoviev)的签名,内容是号召他们在军队中播下颠覆王权的种子。这封信有可能是伪造的,更有可能是英国情报部门在 1924 年 10 月大选前夕故意"泄露"出来的,目的是为了吓唬选民要把选票投给保守党。

Zoffany,Johann(c.1733—1810). **约翰·佐法尼**(约 1733—1810) 肖像画家,风俗画家和戏剧舞台画家。佐法尼出生在德意志,1758 年前后他在意大利结束学业后,就来到了英格兰。他起初画钟表面,并受雇于出版社做一些报酬很低的工作,之后他转向戏剧舞台绘画,尤其是为演员戴维·加里克(David Garrick)画像。佐法尼深受王室的喜爱。1769 年,乔治三世推荐他进入英国皇家艺术院(Royal Academy),并建议封其为图斯察尼公爵(duke of Tuscany)。

Zulu War,1879. **祖鲁战争**(1879) 这场战争是英国殖民地大臣卡那封勋爵(Lord Carnarvon)试图把南非的英国殖民地和布尔人【Boer,南非白人(Afrikaner)】共和国联合起来,以保证白人移民的安全所带来的始料未及的结果。作为高级专员被派去执行卡那封计划的巴特尔·弗里尔爵士(Sir Bartle Frere)得出如下结论:只要德兰士瓦(Transvaal)的布尔人与他们的邻居祖鲁人之间存在着矛盾,开普殖民地(Cape Colony)就不会采取合作的态度。弗里尔承认祖鲁的军事力量对南非的稳定构成了威胁。弗里尔违背了卡那封严格的指令,向祖鲁的统治者提出了其不可能接受的让步要求,并于 1879 年 1 月侵入祖鲁兰(Zululand)。英国政府接受了这一既成事实。英国先进的武器击败了祖鲁人的勇气和错误的战术,同年 7 月祖鲁人投降。继 1881 年德兰士瓦重申其享有内部自治

Z

权之后,布尔人对祖鲁的再度入侵使得英国承认了他们对祖鲁兰一部分地区的领土要求,祖鲁王国的其余地区则被并入英属殖民地纳塔尔(Natal)。

Zutphen,battle of, 1586. 聚特芬战役(1586) 尼德兰独立战争(Netherlands War of Independence)期间,伊丽莎白一世派莱斯特伯爵(earl of Leicester)率军援助反抗西班牙统治的尼德兰人。1586年,莱斯特伯爵包围了帕尔马的亚历山大亲王(Prince Alexander of Parma)所率西班牙军队据守的聚特芬城。9月22日,西班牙派出了一支救援纵队,莱斯特试图将其拦截。莱斯特在遭受惨重的损失后被迫撤退,他自己的侄子菲利普·锡德尼爵士(Sir Philip Sidney)也死于这次战役。

大 事 年 表

时　间	政府与政治	其他事件
公元前 55 年	凯撒（Caesar）的第一次远征	
公元前 54 年	凯撒的第二次远征	
公元 43 年	克劳狄（Claudius）入侵不列颠	
		塔西佗（Tacitus）于公元 55 年前后出生
61 年	布狄卡（Boudicca）起义	
约 83 年	阿古利可拉（Agricola）击败喀利多尼亚人（Caledonians）	
约 127 年	哈德良长城（Hadrian's wall）建成	
		圣奥尔本（St Alban）于 208 年前后殉难
286 年	卡劳修斯（Carausius）自立为帝	
306 年	君士坦丁（Constantine）自立为帝	
		367 年皮克特人向罗马人发动猛烈袭击
383 年	马格努斯·马克西穆斯（Magnus Maximus）自立为帝	
		408 年前后《百官志》（*Notitia Dignitaturn*）问世
410 年	罗马军队撤出不列颠	
		429 年圣杰马努斯圣（St Germanus）到达不列颠
449 年	亨吉斯特（Hengist）和霍萨（Horsa）登陆不列颠	
		461 年圣帕特里克（St Patrick）去世

续表

时　间	政府与政治	其他事件
477 年	埃尔(Ælle)在塞尔西角(Selsey)登陆?	
约 495 年	塞迪克(Cerdic)在南部登陆?	
约 500 年	不列颠人取得巴登山(Mount Badon)战役胜利	
		540 年前后吉尔达斯(Gildas)的著作问世;565 年圣科伦巴(St Columba)建立艾奥纳修道院(Iona);597 年圣奥古斯丁(St Augustine)被派往英格兰传教;601 年前后圣大卫(St David)去世
616 年	雷德沃尔德(Rædwald)取得艾德尔河战役(battle of river Idle)胜利	
		位于布拉德韦尔(Bradwell)的圣切德教堂(St Cedd's church)于 654 年前后建立
655 年	麦西亚王国国王彭达(Penda)被杀	
		惠特比宗教会议(Synod of Whitby)于 664 年召开
670 年	伯尼西亚王国国王奥斯威(Oswiu)去世	670 年前后凯德蒙(Cædmon)的诗歌问世;687 年圣卡思伯特(St Cuthbert)去世
688 年	威塞克斯王国的国王伊尼(Ine)即位	
		比德(Bede)的《英吉利教会史》(Ecclesiastical History)完成于 731 年前后
757 年	麦西亚王国国王奥法(Offa)即位	
		760 年前后《凯尔斯书》(Book of Kells)问世;《贝奥武甫》(Beowulf)问世;800 年前后《巴斯的毁灭?》【The Ruin (of Bath?)】问世
793 年	林迪斯芳修道院(Lindisfarne)遭到洗劫	
		800 年前后内尼厄斯(Nennius)的《不列颠人的历史》(Historia Brittonum)问世;804 年阿尔昆(Alcuin)去世
825 年	埃格伯特(Egberht)取得埃伦登(Ellendun)之战胜利	
850 年	肯尼思·麦卡尔平(Kenneth MacAlpin)统一皮克特人和苏格兰人	维金人(Viking)对不列颠的劫掠加剧

续表

时　间	政府与政治	其他事件
871 年	阿尔弗雷德大帝（Alfred the Great）继位；878 年阿尔弗雷德在爱丁顿（Edington）取得对丹麦人的胜利	
		《盎格鲁—撒克逊编年史》（Anglo-Saxon Chronicle）的写作大约始于 892 年
899 年	长者爱德华（Edward the Elder）继位	
937 年	阿塞尔斯坦（Athelstan）取得布鲁南堡（Brunanburh）战役的胜利	
		943 年前后海韦尔·迪达的法典（Hywel Dda's legal code）颁布
973 年	埃德加（Edgar）在巴斯（Bath）加冕为王	
978 年	埃塞尔雷德二世（Æthelred II）继位；维金人劫掠；1002 年圣布赖斯节大屠杀（St Brice's Day massacre）；1012 年坎特伯雷大主教埃尔夫赫亚克（archbishop Ælfheah）被丹麦人杀害	998 年埃尔弗里克（Ælfric）的《布道书》（Homilies）问世
1016 年	"勇敢者"埃德蒙（Edmund Ironside）去世；克努特（Cnut）即位	
1035 年	"飞毛腿"哈罗德一世（Harold I Harefoot）继位	
1040 年	哈撒克努特（Harthacnut）继位	
1042 年	忏悔者爱德华（Edward the Confessor）即位	
		威斯敏斯特大教堂（Westminster abbey）于 1050 年至 1066 年重建
1066 年	哈罗德二世（Harold II）继位；哈罗德二世在黑斯廷斯（Hastings）被杀；征服者威廉（William the Conqueror）即位	
		巴约挂毯（Bayeux Tapestry）制作于 1080 年前后；《末日审判书》（Domesday Book）于 1088 年前后问世
1087 年	威廉·鲁弗斯（William Rufus）继位	
1097 年	苏格兰王国国王埃德加（Edgar）继位	
1100 年	亨利一世（Henry I）继位	
1107 年	苏格兰王国国王亚历山大一世（Alexander I）继位	
1124 年	苏格兰王国国王戴维一世（David I）继位	

续表

时　间	政府与政治	其他事件
1135 年	斯蒂芬（Stephen）继位；与玛蒂尔达（Matild）的战争	1136 年前后蒙茅斯的杰弗里（Geoffrey of Monmouth）的《不列颠诸王史》（Historia Regum Britanniae）问世；1142 年前后奥德里克・维塔利斯（Orderic Vitalis）去世
1153 年	苏格兰王国国王马尔科姆四世（Malcolm IV）继位	
1154 年	亨利二世（Henry II）即位；1170 年绰号"强弩"（"Strongbow"）的理查德・德・克莱尔（Richard de Clare）入侵爱尔兰	1170 年贝克特（Becket）在坎特伯雷遇刺身亡
1165 年	苏格兰王国国王威廉一世（William I）继位	
1189 年	理查一世（Richard I）继位；第三次十字军东征（Third Crusade）	
1199 年	约翰（John）继位；1215 年约翰签署《大宪章》（Magna Carta）	
1214 年	苏格兰王国国王亚历山大二世（Alexander II）继位	
1216 年	亨利三世（Henry III）继位	
1249 年	苏格兰王国国王亚历山大三世（Alexander III）继位	1249 年牛津大学大学学院（University College, Oxford）成立；1259 年马修・帕里斯（Matthew Paris）去世；布雷克顿（Bracton）的《论英格兰的法律和习惯》（De legibus et consuetudinibus Angliae）于 1260 年完成；培根（Bacon）的《大著作》（Opus majus）完成于 1260 年前后
1264 年	男爵战争（Baronial wars）；1265 年孟福尔（de Montfort）在伊夫舍姆（Evesham）被杀	
1272 年	爱德华一世（Edward I）继位；13 世纪 80 年代威尔士人被征服	1284 年剑桥大学彼得豪斯学院（Peterhouse, Cambridge）成立
1286 年	苏格兰王国国王玛格丽特（Margaret）继位	
1292 年	苏格兰王国国王约翰・巴利奥尔（John Balliol）即位；苏格兰独立战争（Scottish Wars of Independence）	
1306 年	苏格兰王国国王罗伯特一世（布鲁斯）【Robert I（the Bruce）】即位	

续表

时　间	政府与政治	其他事件
1307 年	爱德华二世（Edward II）继位；1314 年苏格兰人取得班诺克本（Bannockburn）之战胜利	
1327 年	爱德华三世（Edward III）继位；英法百年战争（French wars）爆发；1346 年克雷西（Crécy）战役爆发；1361 年英国设立治安法官（JPs）一职	1349 年黑死病（Black Death）爆发
1329 年	苏格兰王国国王戴维二世（David II）继位	
		1370 年前后朗格兰（Langland）的《农夫皮尔斯》（Piers Plowman）问世
1371 年	苏格兰王国国王罗伯特二世（Robert II）继位	
1377 年	理查二世（Richard II）继位；1381 年农民起义（Peasant's Revolt）爆发	1381 年威克利夫（Wyclif）受到谴责；1390 年前后乔叟（Chaucer）的《坎特伯雷故事集》（Canterbury Tales）问世
1399 年	亨利四世（Henry IV）继位；格伦道尔起义（Glyndŵr's revolt）；1403 年"急性人"（Hotspur）被杀	
1406 年	苏格兰王国国王詹姆斯一世（James I）继位	
1413 年	亨利五世（Henry V）继位；1415 年阿让库尔（Agincourt）战役爆发	
1422 年	亨利六世（Henry VI）继位	
		1424 年前后詹姆斯一世创作了诗集《国王书》（"Kingis Quair"）
1437 年	苏格兰王国国王詹姆斯二世（James II）继位	
		1453 年音乐家邓斯塔布（Dunstable）去世
1460 年	苏格兰王国国王詹姆斯三世（James III）继位	
1461 年	爱德华四世（Edward IV）继位；玫瑰战争（Wars of the Roses）爆发；1461 年陶顿（Towton）战役爆发；1471 年巴尼特（Barnet）战役爆发	1470 年前后福蒂斯丘（Fortescue）的《论英格兰的治理》（On the Governance of England）问世；卡克斯顿（Caxton）印刷的第一部英文书于 1474 年前后问世
1483 年	爱德华五世（Edward V）继位；理查（Richard）发动政变	

续表

时　间	政府与政治	其他事件
1483 年	理查三世（Richard III）即位；1485 年博斯沃思（Bosworth）战役爆发	
1485 年	亨利七世（Henry VII）即位	
1488 年	苏格兰王国国王詹姆斯四世（James IV）继位	
		1497 年约翰·卡伯特（John Cabot）到达纽芬兰（Newfoundland）；1500 年前后伊拉斯谟（Erasmus）访问英格兰；1503 年邓巴（Dunbar）发表政治寓言诗《蓟花与玫瑰》（Thrissill and the Rois）
1509 年	亨利八世（Henry VIII）继位；1513 年弗洛登（Flodden）战役爆发	
1513 年	苏格兰王国国王詹姆斯五世（James V）继位	
1529 年	沃尔西（Wolsey）失宠；1533 年亨利八世迎娶安妮·博林（Anne Boleyn）；1534 年莫尔（More）被处决；1536 年安妮·博林被处决；1536 年亨利八世迎娶简·西摩（Jane Seymour）；1540 年亨利八世迎娶克利夫斯的安妮（Anne of Cleves）；1540 年托马斯·克伦威尔（Thomas Cromwell）被处决；1540 年亨利八世迎娶凯瑟琳·霍华德（Catherine Howard）；1542 年凯瑟琳被处决；1543 年亨利八世迎娶凯瑟琳·帕尔（Catherine Parr）	修道院解散（Dissolution of monasteries）始于 1536 年；1536 年至 1537 年求恩朝圣（Pilgrimage of Grace）
1542 年	苏格兰女王玛丽（Mary Queen of Scots）继位	
		1546 年枢机主教比顿（Cardinal Beaton）被谋杀
1547 年	爱德华六世（Edward VI）继位；1549 年凯特起义（Kett's rebellion）爆发；1549 年萨默塞特（Somerset）倒台	1549 年祈祷书起义（Prayer Book riots）爆发
1553 年	玛丽一世（Mary I）继位；1554 年简·格雷夫人（Lady Jane Grey）被处决；1558 年英国失去加莱（Calais）	英国王室与教皇和解；1556 年克兰麦（Cranmer）被处以火刑
1558 年	伊丽莎白一世（Elizabeth I）继位；1568 年苏格兰女王玛丽逃走；1569 年北部伯爵叛乱（rising of northern earls）爆发；1587 年玛丽被处决；1588 年英国击败西班牙无敌舰队（Spanish Armada）	1560 年苏格兰宗教改革运动

时　　间	政府与政治	其他事件
		1590 年前后马洛(Marlowe)的《帖木儿大帝》(Tamburlaine)问世;1590年斯潘塞(Spenser)的长诗《仙后》(Faerie Queene)问世;1591 年前后莎士比亚(Shakespeare)的《亨利六世》(Henry VI)问世
1603 年	詹姆斯一世(James I)继位;1605 年发生火药阴谋案(Gunpowder plot)事件;1618年沃尔特·雷利(Walter Ralegh)被处决	1605 年至 1606 年间琼森(Jonson)的剧作《沃尔波内》(Volpone)问世;1615 年哈维(Harvey)开始讲授血液循环理论;1617 年伊尼戈·琼斯(Inigo Jones)设计了格林尼治王后行宫(Queen's House Greenwich);1619 年设计了宴会厅(Banqueting House)
1625 年	查理一世(Charles I)继位;1628 年白金汉(Buckingham)被暗杀;1639 年至 1640年主教战争(Bishops' wars);1640 年召开短期议会和长期议会(Short and Long Parliaments);1641 年斯特拉福德(Strafford)被处决	1634 年弥尔顿(Milton)的《酒神之假面舞会》(Comus)问世
1642 年	英国内战(Civil War)爆发;1642 年 10月埃吉山(Edgehill)战役爆发;1644 年 7月马斯顿荒原(Marston Moor)战役爆发;1645 年 6月内斯比(Naseby)战役爆发	1644 年弥尔顿的《论出版自由》(Areopagitica)问世
1648 年	第二次内战(Second Civil War)爆发;1649 年查理一世被处决,英国宣布实行共和政体	
1651 年	查理二世(Charles II)在斯昆(Scone)加冕;1651 年 9月查理二世的军队在伍斯特(Worcester)被击溃;1652 年至 1654年第一次英荷战争(first Dutch War)	
1657 年	克伦威尔(Cromwell)拒绝接受国王称号	
1660 年	王朝复辟(Restoration);查理二世复辟;1665 年至 1667 年第二次英荷战争;1672年至 1674 年第三次英荷战争;1678 年至 1681 年间发生天主教阴谋案(Popish plot)和排斥法案危机(Exclusion crisis)	1660 年佩皮斯(Pepys)开始写日记;1660 年皇家学会(Royal Society)成立;1665 年伦敦发生大瘟疫(plague year);1666 年伦敦大火(Great Fire of London);1667 年弥尔顿的《失乐园》(Paradise Lost)问世;1678 年班扬(Bunyan)的《天路历程》(Pilgrim's Progress)问世
1685 年	詹姆斯二世(James II)继位;1685 年蒙茅斯叛乱(Monmouth rising)	

续表

时 间	政府与政治	其他事件
1688 年	光荣革命(Glorious Revolution);詹姆斯二世逃走	
1689 年	威廉(William)和玛丽(Mary)即位;1689年至 1697 年九年战争(Nine Years War);1694年玛丽去世	1694 年普塞尔(Purcell)的《葬礼音乐》(Funeral Music)问世;1695 年康格里夫(Congreve)的戏剧《以爱还爱》(Love for Love)问世;1696 年范布勒(Vanbrugh)的戏剧《故态萌生》(The Relapse)问世
1702 年	安妮(Anne)继位;1702 年至 1714 年西班牙王位继承战争(War of the Spanish Succession);1704 年布伦海姆(Blenheim)战役爆发;1707 年英格兰与苏格兰签署《合并法》(Act of Union);1714年签订《乌得勒支条约》(treaty of Utrecht)	
1714 年	乔治一世(George I)继位;1715 年詹姆斯党人叛乱(Jacobite rising);1721 年沃波尔(Walpole)掌权	1716 年三大教堂唱诗班音乐节(Three Choirs Festival)出现;1720 年发生南海泡沫(South Sea bubble)事件;1726 年斯威夫特(Swift)的《格列佛游记》(Gulliver's Travels)问世;牛顿(Newton)葬礼于 1727 年举行
1727 年	乔治二世(George II)继位;1733 年发生消费税危机(Excise crisis);1742 年沃尔尔辞职;1740 年至 1748 年奥地利王位继承战争(War of the Austrian Succession);1745 年至 1746 年詹姆斯党人入侵;1756 年至 1763 年"七年战争"(Seven Years War);1757 年至 1761 年纽卡斯尔—皮特联合组阁(Newcastle-Pitt administration)	1730 年菲尔丁(Fielding)的《汤姆·琼斯》(Tom Jones)问世;1740 年贺加斯(Hogarth)的《卖虾女孩》(The Shrimp Girl)问世;1742 年韩德尔(Handel)的《弥撒亚》(Messiah)问世;1754 年皇家艺术学会(Royal Society of Arts)成立;1756 年庚斯博罗(Gainsborough)的《画家的女儿们》(The Painter's Daughters)问世
1760 年	乔治三世(George III)继位;1775 年至 1783 年美国独立战争(War of American Independence);1782 年至 1801 年格拉顿议会(Grattan's Parliament)召开;1784年至 1801 年皮特掌权	1761 年布林德利(Brindley)修建沃斯利运河(Worsley canal);1768 年皇家艺术院(Roral Academy)成立;1769 年阿克赖特(Arkwright)发明水力纺纱机(water frame);1775 年博尔顿(Boulton)与瓦特(Watt)共同合作研制蒸汽机;1776 年斯密(Smith)的《国富论》(Wealth of Nations)问世;1790 年伯克(Burke)的《法国大革命反思录》(Reflections on the Revolution in France)问世
1793 年	干涉法国大革命的反法战争;1797 年发生海军兵变(naval mutinies);1798 年爱尔兰起义(Irish rebellion)爆发	1798 年华兹华斯(Wordsworth)和柯尔律治(Coleridge)共同创作的《抒情歌谣集》(Lyrical Ballads)问世

续表

时　间	政府与政治	其他事件
1801 年	大不列颠王国与爱尔兰签订《与爱尔兰联合法》(Act of Union with Ireland)；1802 年英法之间签订《亚眠和约》(peace of Amiens)；1803 年至 1815 年对拿破仑统治下的法国的战争；1805 年特拉法尔加(Trafalgar)战役；1815 年滑铁卢(Waterloo)战役；1807 年奴隶贸易的废除；1810 年至 1820 年的摄政时期(Regency)	1812 年拜伦(Byron)的《恰尔德·哈罗尔德游记》(Childe Harold)问世；1813 年奥斯汀(Austen)的《傲慢与偏见》(Pride and Prejudice)问世；1814 年司各特(Scott)的《威弗利》(Waverley)问世
1820 年	乔治四世(George IV)继位；1829 年天主教徒解放运动(catholic emancipation)	1821 年康斯太布尔(Constable)的油画《干草车》(The Hay Wain)问世；1829 年斯蒂芬森(Stephenson)的"火箭"号(Rocket)机车问世
1830 年	威廉四世(William IV)继位；1832 年议会通过《改革法》(Great Reform Act)；1833 年英国废除奴隶制；1835 年《市政改革法》(Municipal Reform Act)颁布	1836 年狄更斯(Dickens)的《匹克威克外传》(Pickwick Papers)问世
1837 年	维多利亚(Victoria)继位；1841 年至 1846 年的皮尔(Peel)内阁；1837 年至 1848 年的宪章派运动(Chartist agitation)；1845 年至 1851 年的爱尔兰饥荒(Irish Famine)；1846 年废除《谷物法》(Corn Laws)	1839 年塔尔博特(Talbot)发明摄影法；1839 年特纳(Turner)的作品《无畏号战舰》(The Fighting Téméraire)问世；1843 年布律内尔(Brunel)设计的船只"大不列颠"号(Great Britain)问世；1847 年勃朗特(C.Brontë)的《简·爱》(Jane Eyre)问世；1847 年至 1848 年撒克里(Thackeray)的《名利场》(Vanity Fair)问世；1851 年举办世界博览会(Great Exhibition)
	1853 年至 1856 年克里米亚战争(Crimean War)；1857 年印度兵变(Indian mutiny)	1859 年达尔文(Darwin)的《物种起源》(Origin of Species)问世；1859 年丁尼生(Tennyson)的《国王叙事诗》(Idylls of the King)问世
	1867 年议会通过第二个《改革法》(Reform Act)；1868 年至 1874 年格莱斯顿(Gladstone)第一次组阁	1865 年卡罗尔(Carroll)的《艾丽丝漫游奇境记》(Alice's Adventures in Wonderland)问世；1871 年艾略特(Eliot)的《米德尔马奇》(Middlemarch)问世；1874 年特罗洛普(Trollope)的《如今世道》(The Way We Live Now)问世；1879 年苏格兰泰河桥(Tay bridge)垮塌
	1874 年至 1880 年迪斯累里(Disraeli)组阁	1885 年吉尔伯特(Gilbert)和沙利文(Sullivan)共同创作的歌剧《日本天皇》(Mikado)问世

续表

时　间	政府与政治	其他事件
	1880 年至 1885 年格莱斯顿第二次组阁；1884 年议会通过第三个《改革法》（Reform Act）；1886 年《爱尔兰地方自治法案》（Irish Home Rule）未获议会通过；1899 年至 1902 年第二次布尔战争（second Boer War）	1892 年萧伯纳（Shaw）的《鳏夫的房产》（Widowers' Houses）上演；1895 年王尔德（Wilde）的《不可儿戏》（The Importance of Being Earnest）问世；1895 年哈代（Hardy）的《无名的裘德》（Jude the Obsure）问世；1899 年埃尔加（Elgar）的《谜之变奏曲》（Enigma Variations）问世
1901 年	爱德华七世（Edward VII）继位；与德国进行海军军备竞赛（naval arms race）；1904 年签订《英法协约》（Anglo-French entente）；1905 年自由党（Liberal）以压倒优势赢得大选	1902 年吉卜林（Kipling）的《原来如此的故事》（Just So Stories）问世；1905 年切斯特顿（Chesterton）的《奇职怪业俱乐部》（The Club of Queer Trades）问世；1906 年高尔斯华绥（Galsworthy）发表《有产业的人》（A Man of Property）
	妇女参政运动（suffragette campaign）；1909 年劳合·乔治（Lloyd George）政府颁布预算案	1906 年本涅特（Bennett）的《老妇人的故事》（The Old Wive's Tale）问世；1909 年韦尔斯（Wells）的《托诺—邦盖》（Tono-Bungay）问世
1910 年	乔治五世（George V）继位；1911 年议会通过《议会法》（Parliament Act）；1912 年至 1914 年地方自治危机（Home Rule crisis）；1914 年至 1918 年第一次世界大战（First World War）；1916 年复活节起义（Easter Rising）；1922 年爱尔兰自由邦（Irish Free State）成立；1923 年工党（Labour）首次组阁；1926 年总罢工（General Strike）；1931 年国民政府（National Government）建立	1912 年"泰坦尼克"号（Titanic）沉船事故；1914 年乔伊斯（Joyce）的小说集《都柏林人》（Dubliners）问世；1919 年霍尔斯特（Holst）创作的管弦乐《行星》（The Planets）问世；1922 年艾略特（Eliot）创作的诗歌《荒原》（The Waste Land）问世；1928 年伊夫林·沃（Waugh）的《衰亡》（Decline and Fall）问世；1930 年 R101 飞艇空难；1932 年赫胥黎（Huxley）的《勇敢的新世界》（Brave New World）问世
1936 年	爱德华八世（Edward VIII）继位；退位危机（abdication crisis）	
1936 年	乔治六世（George VI）继位；1939 年至 1945 年第二次世界大战（Second World War）；1945 年至 1951 年艾德礼（Attlee）政府；1948 年印度独立（Idian independence）	1945 年奥韦尔（Orwell）的《动物农场》（Animal Farm）问世；1945 年布里顿（Britten）创作的歌剧《彼得·格兰姆斯》（Peter Grimes）问世；1950 年格林（Greene）创作的《第三个男人》（The Third Man）问世

续表

时　间	政府与政治	其他事件
1952 年	伊丽莎白二世（Elizabeth II）继位；1950 年至 1953 年朝鲜战争（Korean War）；1956 年苏伊士运河危机（Suez crisis）；1972 年英国强行将北爱尔兰置于其直接统治之下；1973 年英国加入欧洲经济共同体（EEC）；1979 年至 1990 年撒切尔（Thatcher）政府执政；1982 年爆发福克兰群岛战争（Falklands War）；1991 年海湾战争（Gulf War）爆发；1997 年布莱尔（Blair）政府执政；1999 年苏格兰和威尔士权力下放（devolution）；1999 年北爱尔兰实行多党分享权力的自治政府；2002 年英国强行将北爱尔兰置于其直接统治之下；2002 年伊丽莎白二世登基 50 周年庆典（golden jubilee of Elizabeth II）；2003 年推翻萨达姆・侯赛因（Saddam Hussein）的伊拉克战争；2003 年阿富汗战火重燃；2004 年马德里（Madrid）恐怖袭击；2005 年布莱尔领导的工党赢得第三次大选；2005 年伦敦发生恐怖袭击，50 多人被炸死；2007 年北爱尔兰实行多党分享权力的自治政府；2007 年戈登・布朗（Gordon Brown）取代布莱尔成为英国首相	1954 年戈尔丁（Golding）创作的小说《蝇王》（Lord of the Flies）问世；1954 年埃米斯（Amis）创作的《幸运的吉姆》（Lucky Jim）问世；1954 年商业电视台（英国独立电视台，ITV）创建；1958 年贝杰曼（Betjeman）创作的《诗集》（Collected Poems）问世；1959 年洛瑞・李（Lee）创作的《罗西与苹果酒》（Cider with Rosie）问世；1960 年品特（Pinter）创作的戏剧《看守人》（The Caretaker）问世；1988 年拉金（Larkin）创作的《诗集》（Collected Poems）问世；1997 年罗琳（Rowling）创作的《哈利・波特与魔法石》（Harry Potter and the Philosopher's Stone）问世；2000 年泰特现代艺术馆（Tate Modern）对外开放；温布利球场（Wembley Stadium）2003 年被拆除，2007 年重新开放；2000 年索尔福德（Salford）的劳里艺术馆（Lowry Art Gallery）对外开放

问 题 答 案

1. 是伦道夫·丘吉尔勋爵（Lord Randolph Churchill）在 1886 年时把戈申（Goschen）给忘记了。

2. 1922 年①英国士兵在阿姆利则枪杀了 400 名印度民众，此举破坏了印度人与英国人之间的关系。

3. nabob 是对印度人用来指地方统治者（ruler）或地方行政长官（governor）的 *nawab* 一词的讹用，指 18 世纪中叶在印度发财归国的富商或东印度公司（East Indian Company）的行政官员。

4. 决斗裁判是 1819 年使其恢复的尝试失败之后被废除的。

5. 因为当时"泰坦尼克"号（*Titanic*）正在沉没（1912 年）。

6. 亨利八世对克利夫斯的安妮（Anne of Cleves）相貌的抱怨。

7. 卒于 927 年的西特里克（Sihtric）。

8. 在爱丁堡城堡可以找到苏格兰王室宝物。

9. 每年向罗马教皇缴纳的奉金，1553 年被亨利八世终止。

10. 根据塔西佗（Tacitus）的说法，这句话是喀利多尼亚人（Caledonian）首领卡尔加库斯（Calgacus）说的。

11. 英国是在 1839 年至 1842 年的鸦片战争（Opium War）期间得到香港的。

12. 这句话是历史学家爱德华·吉本（Edward Gibbon）在评论那些 1774 年至 1784 年间与他共事的其他议员们时说的。

---

① 原文时间有误，应为 1919 年。——译者注

索　引

G

H

L

La Hogue, battle of, 1692. 拉乌格之战 (1692) 825

lairds 地主,族长 826

laissez-faire 自由放任主义 826

Lamb, Charles (1775—1834). 查尔斯·兰姆(1775—1834) 827

Lambert, John (1619—1683). 约翰·兰伯特(1619—1683) 827

Lambeth, treaty of, 1217. 《兰贝斯条约》(1217) 827

Lambeth palace 兰贝斯宫 828

Lancashire 兰开夏 828

Lancaster, duchy of 兰开斯特公爵领地 828

Lancaster, Joseph (1778—1838). 约瑟夫·兰开斯特(1778—1838) 829

Lancastrians 兰开斯特派 829

Land Acts 土地法 829

Landen, battle of 兰登战役 See NEERWINDEN(见内尔温登战役) 830

landscape gardening 造园 830

Landseer, SirEdwin (1802—1873). 埃德温·兰西尔爵士(1802—1873) 831

land tax 土地税 831

Lanfranc (c.1010—1089) 兰弗朗克(约1010—1089) 831

Lang, Cosmo Gordon (1864—1945). 科斯莫·戈登·兰(1864—1945) 831

Langham, Simon (d.1376). 西蒙·兰厄姆(卒于1376年) 832

Langland, William (1330s—1390s). 威廉·朗格兰(14世纪30—90年代) 832

Langport, battle of, 1645. 兰波特之战 (1645) 832

Langside, battle of, 1568. 朗斯德之战 (1568) 833

Langton, Stephen (c.1156—1228). 斯蒂芬·兰顿(约1156—1228) 833

Lansbury, George (1859—1940). 乔治·兰斯伯里(1859—1940) 833

Lansdowne, battle of, 1643. 兰斯当之战 (1643) 834

Lansdowne, William Petty, marquis of 威廉·佩蒂,兰斯多恩侯爵 See SHELBURNE,2ND EARL OF.(见第2代谢尔本伯爵) 834

Lansdowne, Henry Petty-Fitzmaurice, 3rd marquis of (1780—1863). 亨利·佩蒂—菲茨莫里斯,第3代兰斯多恩侯爵(1780—1863) 834

Lansdowne, Henry Petty-Fitzmaurice, 5th marquis of (1845—1927). 亨利·佩蒂—菲茨莫里斯,第5代兰斯多恩侯爵(1845—1927) 834

Largs, battle of, 1263. 拉格斯之战(1263) 835

Larkin, James (1876—1947). 詹姆斯·拉金(1876—1947) 835

Larkin, Philip (1922—1985). 菲利普·拉金(1922—1985) 835

Latimer, Hugh (c.1485—1555). 休·拉蒂默(约1485—1555) 836

latitudinarianism 宗教自由主义 836

Laud, William (1573—1645). 威廉·劳德 (1573—1645) 836

Laudabiliter, c.1155—1160. 《褒扬令》(约1155—1160) 837

Lauder, Sir Harry (1870—1950). 哈里·劳德爵士(1870—1950) 837

Lauderdale, John Maitland, 2nd earl of [S] (1616—1682). 约翰·梅特兰,第2代劳德戴尔伯爵【苏格兰】(1616—1682) 838

Lauffeld, battle of, 1747. 劳费德之战(1747) 838

Laurentius (Lawrence) (d.619) 劳伦蒂乌

M

N

Y

译　后　记

　　这本《牛津英国历史辞典》由牛津大学出版社出版，2001年出版了第一版，2009年出版了第二版。本辞典的中文译本为第二版。

　　这项翻译工作是集体合作的结果。参加翻译的人员如下：

　　孙立田、庞玉洁、曹牧（天津师范大学历史文化学院），郑阳、杜宪兵、陈建军、陈立军、张夫妮（天津师范大学欧洲文明研究院），廉晓洁（河北大学外国语学院），周致欣（天津职业技术师范大学艺术学院），李贺琳（天津医科大学医学英语与健康传媒学院）。天津师范大学历史文化学院博士生刘莹承担了 H 部分的初译工作。在此向诸位译者不计名利付出的辛勤劳动表示由衷的敬意。

　　在本辞典翻译过程中，得到了诸多师友和同事们的无私帮助，在此一并表示由衷的感谢。

　　责任编辑柴晨清博士为本辞典的出版做了大量辛苦而细致的工作。

　　整个翻译由孙立田、庞玉洁分工校译，最后由孙立田统一校译。

　　翻译过程中，涉及的人名和地名主要参考了《世界人名翻译大辞典》（中国对外翻译出版公司）、《世界地名翻译大辞典》（中国对外翻译出版公司）。另外还参考了相关工具书和著述，恕不一一列出。

　　辞典翻译殊非易事。由于我们的经验和水平有限，文中难免存在不当乃至错误之处，敬请读者批评指正。当然，这些不当和错误之处应由总校译者负责。

孙立田

2018 年 1 月 2 日

策　　划：柴晨清
责任编辑：柴晨清
装帧设计：周方亚
责任校对：方雅丽

图书在版编目（CIP）数据

牛津英国历史辞典/孙立田 等 译. —北京：人民出版社，2018.8
书名原文：A Dictionary of British History
ISBN 978－7－01－019281－9

Ⅰ.①牛… Ⅱ.①孙… Ⅲ.①英国-历史-词典 Ⅳ.①K561.61

中国版本图书馆 CIP 数据核字（2018）第 078243 号

A DICTIONARY OF BRITISH HISTORY, REVISED EDITION was originally pub-
lished in English in 2009. This translation is published by arrangement with Oxford
University Press.

© Oxford University Press 2001,2009

牛津英国历史辞典
NIUJIN YINGGUO LISHI CIDIAN

孙立田　庞玉洁 等　译

人民出版社 出版发行
（100706　北京市东城区隆福寺街 99 号）

北京新华印刷有限公司印刷　新华书店经销

2018 年 8 月第 1 版　2018 年 8 月北京第 1 次印刷
开本：710 毫米×1000 毫米 1/16　印张：104
字数：1650 千字

ISBN 978－7－01－019281－9　定价：298.00 元

邮购地址 100706　北京市东城区隆福寺街 99 号
人民东方图书销售中心　电话 （010）65250042　65289539